AGENTES PÚBLICOS

DOUTRINA E JURISPRUDÊNCIA PARA UTILIZAÇÃO PROFISSIONAL

Coleção

USO PROFISSIONAL

Organizadores
Leonardo Garcia
Alessandro Dantas
Roberval Rocha

ALESSANDRO DANTAS

AGENTES
PÚBLICOS

DOUTRINA E JURISPRUDÊNCIA PARA UTILIZAÇÃO PROFISSIONAL

2019

www.editorajuspodivm.com.br

EDITORA *Jus*PODIVM

www.editorajuspodivm.com.br

Rua Território Rio Branco, 87 – Pituba – CEP: 41830-530 – Salvador – Bahia
Tel: (71) 3045.9051
• Contato: https://www.editorajuspodivm.com.br/sac

Copyright: Edições *Jus*PODIVM

Conselho Editorial: Eduardo Viana Portela Neves, Dirley da Cunha Jr., Leonardo de Medeiros Garcia, Fredie Didier Jr., José Henrique Mouta, José Marcelo Vigliar, Marcos Ehrhardt Júnior, Nestor Távora, Robério Nunes Filho, Roberval Rocha Ferreira Filho, Rodolfo Pamplona Filho, Rodrigo Reis Mazzei e Rogério Sanches Cunha.

Capa e Diagramação: Marcelo S. Brandão (*santibrando@gmail.com*)

D192a   Dantas, Alessandro.
             Agentes públicos / Alessandro Dantas– Salvador: Editora JusPodivm, 2019.
             1.568 p. (Uso profissional/ Organização Leonardo Garcia, Alessandro Dantas, Roberval Rocha)

             ISBN 978-85-442-2871-5.

             1. Agentes da Administração. 2. Servidores Públicos em Geral. 3. Funcionários Públicos. I. Dantas, Alessandro. II. Garcia, Leonardo. III. Rocha, Roberval.

                                                                                                      CDD 341.33

Os limites do meu conhecimento são os limites do meu mundo.

Ludwig Wittgenstein

Tem brinquedo espalhado pela casa toda

E as paredes rabiscadas com o giz de cera

Mudou de tal maneira

Nossa vida já não é a mesma

A gente já não dorme mais a noite inteira

Na mesa tem dois copos e uma mamadeira

Mudou de tal maneira

Nossa vida já não é a mesma

Tem um pinguinho de gente correndo na sala

Com o sorriso banguelo, eu não quero mais nada

Sabe aquele amor que se multiplica?

Quem nunca sonhou ter isso na vida?

Ser herói de alguém e, melhor ainda

Ter do lado a Mulher Maravilha

Sabe aquele amor que se multiplica

À minha esposa, Izabella Rosa Frigini Coutinho, por ser uma esposa maravilhosa e, em especial, ao maior presente que ela pode me dar: nossa MI, Mariazinha, Maria Izabel, nossa princesa e fenômeno que mudou minha vida e me fez enxergá-la de outra maneira

AGRADECIMENTOS

Agradeço ao amigo e novo parceiro Leonardo Garcia pela confiança de me convidar para coordenar a coleção e atuar ativamente na mesma. Léo é um exemplo de profissional preocupado com a qualidade do ensino e dos materiais que são levados aos nossos leitores.

Agradeço aos meus grandes amigos e parceiros da advocacia, especialmente ao Getúlio Pimentel e Rodrigo Klippel, meus sócios, e à Thais, nossa assistente jurídica.

Agradeço à Editora Juspodivm e o faço neste momento na pessoa do amigo Vauledir pela confiança no projeto e sempre ser um grande incentivador.

ENTENDENDO MELHOR A ESTRUTURA DO LIVRO

A obra foi estruturada e pensada para facilitar ao máximo sua utilização pelo profissional do direito, ofertando ao leitor rápida e precisa pesquisa sobre o ponto exato do tema que pretende utilizar em suas peças processuais.

A obra possui:

✓ Sumário extenso e detalhado;

✓ Índice remissivo para aumentar o êxito nas buscas;

✓ Análise de toda parte CONSTITUCIONAL sobre o tema

✓ Análise do aspecto infraconstitucional do tema, o que envolve várias leis e não apenas a Lei 8.112/90

✓ Apresentação do entendimento do TCU sobre vários pontos

✓ Mais de 1000 julgados do STJ e STF sobre o tema

✓ Mais de 1000 citações doutrinárias sobre o tema

✓ Separação e organização de todas as repercussões gerais JULGADAS relacionadas ao tema.

✓ Separação e organização de todas as repercussões gerais AINDA NÃO JULGADAS relacionadas ao tema.

✓ Separação e organização de todos os temas que o STF entendeu que não havia repercussão geral, logo o Judiciário está livre para decidir como quiser.

✓ Separação e organização de todos os Repetitivos julgados pelo STJ relacionadas ao tema.

✓ Separação e organização de todas a Súmulas Vinculantes do STF relacionadas ao tema

✓ Separação e organização de todas a Súmulas STF relacionadas ao tema

✓ Separação e organização de todas a Súmulas STJ relacionadas ao tema

✓ Informação de toda as leis federais e nacionais que tratam do tema e de seus respectivos decretos regulamentares.

Quando não há informação bibliográfica sobre determinado tópico doutrinário significa que o mesmo é de autoria do professor, advogado e autor Alessandro Dantas, cuja citação poderá ser feita da seguinte forma:

DANTAS, Alessandro. Agentes Públicos: Doutrina e Jurisprudência para utilização profissional (Coord. Leonardo Garcia, Alessandro Dantas, Roberval Rocha), Salvador, Editora Juspodivm, 2019, p.)

ENTENDENDO OS SÍMBOLOS PARA FACILITAR A PESQUISA

CONECTORES

(▶)referem-se a citações doutrinárias ou tópicos desenvolvidos pelo autor.

ASPECTO CONSTITUCIONAL DO TEMA

ART. 37, I, CF – ACESSIBILIDADE AOS CARGOS, EMPREGOS E FUNÇÕES PÚBLICAS

I – os cargos, empregos e funções públicas são acessíveis aos brasileiros que preencham os requisitos estabelecidos em lei, assim como aos estrangeiros, na forma da lei;

ACESSIBILIDADE

▶ Quanto à acessibilidade, a CF, 37, I, CF, enuncia que os cargos, empregos e funções públicas são acessíveis aos brasileiros que preencham os requisitos estabelecidos em lei, assim como aos estrangeiros, na forma da lei.

Perceba que se tem duas regras: o acesso aos brasileiros que preencham os requisitos estabelecidos em lei e os estrangeiros, na forma da lei. Em um primeiro momento a Lei 8.112/90 traz os requisitos básicos e, portanto, necessários, para o preenchimento do cargo, sem prejuízo de, conforme natureza e a complexidade do cargo ou emprego, a lei exigir outros requisitos. (DANTAS, Alessandro, KRUGER, Ronald Rodor. Manual de Direito Administrativo: Volume Único. 2ª edição, Editora Juspodivm, Salvador, 2018, p.)

(◉)referem-se a citações jurisprudenciais (Ementas, Súmulas, Repercussões Gerais, repetitivos)

BURLAS AO INSTITUTTO DO CONCURSO

◉ O instituto do acesso é incompatível com o princípio da ampla acessibilidade, preconizado pelo art. 37, II, da Constituição.

"A Lei 10.961/1992 do Estado de Minas Gerais autoriza que cargos sujeitos a preenchimento por concurso público sejam providos por "acesso", ficando preferencialmente destinados a categoria de pretendentes que já possui vínculo com a administração estadual. Com tal destinação, o instituto do acesso é, portanto, incompatível com o princípio da ampla acessibilidade, preconizado pelo art. 37, II, da Constituição." [ADI 917, rel. p/ o ac. min. Teori Zavascki, j. 6-11-2013, P, DJE de 30-10-2014.]

◙ A investidura permanente na função pública de assistente penitenciário, por parte de servidores que já exercem cargos ou funções no Poder Executivo mineiro, afronta os arts. 5º, caput, e 37, I e II, da Constituição da República.

"Criação de quadro de assistente jurídico de estabelecimento penitenciário e sua inserção na estrutura organizacional de secretaria de estado. (...) A investidura permanente na função pública de assistente penitenciário, por parte de servidores que já exercem cargos ou funções no Poder Executivo mineiro, afronta os arts. 5º, caput, e 37, I e II, da Constituição da República." [ADI 2.113, rel. min. Cármen Lúcia, j. 4-3-2009, P, DJE de 21-8-2009.]

SUMÁRIO DETALHADO

ÁREA VIP

Obtendo o livro, o leitor, após se cadastrar no site da editora, terá acesso a mais informações, como jurisprudências recentes, dicas do autor, etc.

LISTA DE ABREVIATURAS E SIGLAS

A

a.	–	ano
AASP	–	Associação dos Advogados de São Paulo
AA.VV.	–	autores vários
ABGB	–	Allgemeines bürgerliches Gesetzbuch (Código Civil Geral da Áustria) (Patente Imperial de 1.6.1811)
ABNT	–	Associação Brasileira de Normas Técnicas
Abs.	–	Absatz (parte [do texto de artigo de lei]; parágrafo [de texto]); Abschnitt (seção [de texto de lei])
a.C.	–	antes de Cristo
ac.	–	acórdão
AC	–	apelação cível
ACM	–	Revista da ACM (Associação Cearense de Magistrados) (periódico)
ACOr	–	ação cível originária
AcP	–	Archiv für die civilistische Praxis (Arquivo para a Prática Civilística) (periódico) (J.C.B.Mohr) – de v. 1 (1818) a v. 149 (1944) e de v. 150 (1948) em diante – sucessor de "Archivs für bürgerliches Recht" (ArchBürgR)
ACP	–	ação civil pública
a.D.	–	depois de Cristo (anno Domini)
ADC	–	ação declaratória de constitucionalidade
Adcoas	–	Série – Jurisprudência Adcoas
AdcoasPrev	–	Revista Adcoas Previdenciária (periódico) (Esplanada)
AdcoasTrab	–	Revista Adcoas Trabalhista (periódico) (Esplanada)
ADCT	–	Ato das Disposições Constitucionais Transitórias
ADCT-SP	–	Ato das Disposições Constitucionais Transitórias da CF-SP
ADESF	–	Associação de Defesa da Saúde do Fumante

ADI – ação declaratória incidental

ADIn – ação direta de inconstitucionalidade

ADInt - ação direta de inconstitucionalidade interventiva

ADIO – ação declaratória de inconstitucionalidade por omissão

ADPF – arguição de descumprimento de preceito fundamental

ADV – Advocacia Dinâmica

AF – Atualidades Forenses (periódico) (Forense)

AG – Amtsgericht (Tribunal local)

Ag – agravo de instrumento

AGBG – Gesetz zur Regelung des Rechts der allgemeinen Geschäftsbedingungen (Lei alemã sobre as Cláusulas Contratuais Gerais, de 9.12.1976)

AgInt – agravo interno

AgPt – agravo de petição

AgRg – agravo regimental

AgRt – agravo retido

AGU – Advogado Geral da União; Advocacia Geral da União

AI – ato institucional

AJ – Arquivo Judiciário (periódico)

Ajufe – Associação dos Juízes Federais do Brasil

Ajuris – Revista da Associação dos Juízes do Rio Grande do Sul (periódico)

Amagis – Revista da Associação dos Magistrados Mineiros (periódico)

AMB – Associação dos Magistrados Brasileiros

AMJ – Arquivos do Ministério da Justiça (periódico)

AMS – apelação em mandado de segurança

Anatel – Agência Nacional de Telecomunicações

Aneel – Agência Nacional de Energia Elétrica

AöR – Archiv des öffentlichen Rechts (Arquivo do Direito Público) (periódico) (J.C.B.Mohr) (desde 1886) (sucessor de Archiv für öffentliches Recht – Arquivo para o Direito Público: até 1910)

Ap – apelação

AP	–	ação popular
Ap c/ Rev.	–	apelação com revisão
Ap. crim.	–	apelação criminal
APA	–	área de preservação ambiental
Apamagis	–	Associação Paulista de Magistrados
APD	–	Archives de philosophie du droit (periódico temático) (Sirey)
APMP	–	Fichas de jurisprudência da Associação Paulista do Ministério Público (citação: abreviatura e n. da ficha); Associação Paulista do Ministério Público
ApMS	–	apelação em mandado de segurança
APn	–	ação penal
APP	–	área de preservação ambiental permanente
AR	–	ação rescisória
ArchBürgR	–	Archivs für bürgerliches Recht (Arquivos de Direito Civil) (periódico) (J.C.B.Mohr) – vs. 1 (1888) a 43 (1919) – sucedidos pelo "Archiv für die civilistische Praxis" (AcP)
AREsp	–	agravo de denegação de recurso especial
ARE	–	agravo de denegação de recurso extraordinário
Arpen-SP	–	Associação de Registradores de Pessoas Naturais do Estado de São Paulo
art.	–	artigo
Assentos	–	Collecção Chronológica dos Assentos das Casas da Supplicação e do Cível, 2.ª ed., augmentada em 33 Assentos, Real Imprensa da Universidade (por Resolução de S. Magestade de 2 de Setembro de 1786), Coimbra, 1817
Ass Comp	–	assunção de competência
ATARJ	–	Arquivos dos Tribunais de Alçada do Estado do Rio de Janeiro (periódico)

B

Bacen	–	Banco Central do Brasil
BDA	–	Boletim de Direito Administrativo (periódico)

BFDUC	–	Boletim da Faculdade de Direito da Universidade de Coimbra (periódico)
BGB	–	Bürgerliches Gesetzbuch (Código Civil alemão) (L Imperial de 18.8.1896)
BGBl	–	Bundesgesetzblatt (Diário Oficial Federal Alemão) (substituiu o RGBl)
BGH	–	Bundesgerichtshof (Superior Tribunal Federal da RFA)
BGHZ	–	Entscheidungen des BGH in Zivilsachen (Decisões do Superior Tribunal Federal da Alemanha em matéria civil) (periódico) (Carl Heymanns Verlag)
BMJ	–	Boletim do Ministério da Justiça (de Portugal) (periódico)
BNH	–	Banco Nacional da Habitação
BolAASP	–	Boletim da Associação dos Advogados de São Paulo (periódico)
BolIBCCrim	–	Boletim do Instituto Brasileiro de Ciências Criminais (periódico)
BRD	–	Bundesrepublik Deutschland (República Federal da Alemanha)
BSTJ	–	Boletim do Superior Tribunal de Justiça (periódico)
BVerfG	–	Bundesverfassungsgericht (Tribunal Constitucional Federal da RFA)
BVerfGE	–	Entscheidungen des Bundesverfassungsgerichts (Decisões do Tribunal Constitucional Federal da RFA) (periódico) (J.C.B.Mohr)
BVerfGG	–	Bundesverfassungsgerichtsgesetz (Lei sobre o BVerfG)
BVerwG	–	Bundesverwaltungsgericht (Tribunal Administrativo Federal da RFA)
BVerwGE	–	Entscheidungen des Bundesverwaltungsgericht (Decisões do Tribunal Administrativo Federal da RFA) (periódico) (Carl Heymanns Verlag))
BVerwGG	–	Bundesverwaltungsgerichtsgesetz (Lei sobre o BVerwG)

C

c/	–	com
CADE	–	Conselho Administrativo de Defesa Econômica

CAg	–	Código de Águas (D 24643/34)
Câm.	–	Câmara
Câm.Civ.	–	Câmara Cível
Câm.Crim.	–	Câmara Criminal
Câm.Dir.Amb.	–	Câmara Especial de Direito Ambiental
Câm.Dir.Empr.	–	Câmara Especial de Direito Empresarial
Câm.Dir.Priv.	–	Câmara de Direito Privado
Câm.Dir.Púb.	–	Câmara de Direito Público
Câm.Esp.	–	Câmara Especial
Câm.Extr.Dir.Priv.	–	Câmara Extraordinária de Direito Privado
Câm.Fal.Rec.	–	Câmara Especial de Falências e Recuperação Judicial de Empresas
Can.	–	Cânone (artigo do CDCan)
Cap.	–	capítulo
CAP	–	Código de Autorregulamentação Publicitária
CArb	–	carta arbitral
cass.	–	cassação
CAt	–	conflito de atribuições
CBA	–	Código Brasileiro de Aeronáutica (L 7565/86)
CBT	–	Código Brasileiro de Telecomunicações (L 4117/62) (revogado pela LGT – L 9472/97, salvo quanto à matéria penal não tratada na LGT e quanto à radiodifusão)
c/c	–	combinado com
CC	–	Código Civil brasileiro (L 10406/02)
CC/1916	–	Código Civil brasileiro antigo (L 3071/16) (revogado pela L 10406/02)
CC arg.	–	Código Civil argentino (L 26994, de 1.º.10.2014)
CC arg./1869	–	Código Civil argentino (L 340, de 25.9.1869) (revogado pela L 26994/14)
CC calif.	–	California Civil Code (Código Civil do Estado da Califórnia – EUA, de 21.3.1872)
CC chil.	–	Código Civil chileno (D 373, de 30.4.1997)
CC cub.	–	Código Civil cubano (L 59, de 16.7.1987)
CC esp.	–	Código Civil espanhol (Real D de 24.7.1889)

CC fr.	–	Código Civil francês (Code Napoléon) (D de 5.3.1803)
CC ital.	–	Código Civil italiano (Real D 262, de 16.3.1942)
CC louis.	–	The revised Civil Code of the State of Louisiana (Código Civil do Estado da Louisiana – EUA, de 1870)
CC par.	–	Código Civil paraguaio (L 1183, de 18.12.1985)
CC per.	–	Código Civil peruano (DLeg 295, de 25.7.1984)
CC port.	–	Código Civil português (DL 47344, de 25.11.1966)
CC queb.	–	Código Civil da Província de Québec – Canadá (D 712/93)
CC suíço	–	Código Civil suíço, de 10.12.1907 (v. ZGB)
CC urug.	–	Código Civil uruguaio (D de 20.3.1866, atualizado pela L 16603, de 19.10.1994)
CCB	–	cédula de crédito bancário
CCom	–	Código Comercial (L 556/1850)
CComp	–	conflito de competência
CCond	–	Código de Conduta
CCondAAdmFed	–	Código de Conduta da Alta Administração Federal (21.8.2000)
CCondAgentes	–	Código de Conduta Ética dos Agentes Públicos da Presidência e Vice-Presidência da República (D 4081/02)
CCV	–	Lei do Compromisso de Compra e Venda (DL 58/37)
CD	–	certificação digital; certificado digital
CDA	–	Certificado de Depósito Agropecuário
CDC	–	Código de Defesa do Consumidor (L 8078/90)
CDCA	–	Certificado de Direitos Creditórios do Agronegócio
CDCan	–	Código de Direito Canônico (promulgado em 25 de janeiro de 1983 pelo Papa João Paulo II) (em vigor desde 27.11.1983)
CDCan/1917	–	Código de Direito Canônico (promulgado em 27.5.1917 pelo Papa Benedito XV), revogado pelo CDCan de 1983
CDCCP	–	Cadernos de Direito Constitucional e Ciência Política (periódico) (RT)
CDTFP	–	Cadernos de Direito Tributário e Finanças Públicas (periódico) (RT)
CE	–	Constituição do Estado (citação: abreviatura seguida da sigla do Estado correspondente)

Cedam – Casa Editrice Dott. Antonio Milani

CEDH – Convenção Européia dos Direitos do Homem (Roma, 25.8.1950, em vigor a partir de 3.9.1953, data do depósito do 10.º instrumento de ratificação) (V. EMRK)

CEDM – Convenção sobre a Eliminação de Todas as Formas de Discriminação contra a Mulher (Nova Iorque, 31.3.1981) (DLeg 26/94; D 4377/02)

CEF – Caixa Econômica Federal

CEI – Comissão Estadual de Inquérito (parlamentar)

CEM – Código de Ética Médica (Res. 1246, de 8.1.1988, Conselho Federal de Medicina)

CEsp – Corte Especial (STJ)

CEDOAB – Código de Ética e Disciplina da OAB (de 19.10.2015)

CEDOAB/1995 – Código de Ética e Disciplina da OAB (de 13.2.1995)

CEP – Código de Ética Profissional (dos advogados)

CEPAC – Certificados de potencial adicional construtivo

CEsp – Corte Especial (STJ)

CF – Constituição Federal (CF de 5.10.1988)

CF/1891 – Constituição Federal (1891)

CF/1934 – Constituição Federal (1934)

CF/1937 – Constituição Federal (1937)

CF/1946 – Constituição Federal (1946)

CF/1967 – Constituição Federal (1967)

CF/1969 – Constituição Federal (1969) (Emenda Constitucional 1/69)

cf. – conforme

CFDD – Conselho Gestor do Fundo Federal de Defesa de Direitos Difusos e Coletivos (v. L 9008/95 no título "Ação Civil Pública – LACP")

CFlor – Código Florestal (L 12651/12)

CFOAB – Conselho Federal da OAB

CGJE-BA – Coordenação Geral dos Juizados Especiais do Estado da Bahia. Conclusões tomadas no Encontro dos Magistrados dos Juizados Cíveis e Criminais de Salvador e Região, realizado de 27 a 29.5.1998 (citação: abreviatura seguida do número da conclusão)

CGSN	–	Conselho Gestor do Simples Nacional
CGR	–	Consultor Geral da República
CI/1824	–	Constituição do Império do Brasil (1824)
CIC	–	Codex Iuris Canonici (Código de Direito Canônico), promulgado em 25.1.1983 pelo Papa João Paulo II, em vigor desde 27.11.1983
CIDACI	–	Convenção Interamericana sobre o Direito Aplicável aos Contratos Internacionais (CIDIP V, México, 1994)
CIDH	–	Convenção Interamericana de Direitos Humanos (Pacto de San José da Costa Rica, de 27.11.1969) (DLeg 27/92, D 678/92)
CIDIP	–	Conferência Interamericana de Direito Internacional Privado (CIDIP I, Panamá, 1975; CIDIP II, Montevidéu, 1979; CIDIP III, La Paz, 1984; CIDIP IV, Montevidéu, 1989; CIDIP V, México, 1994; CIDIP VI, Washington, 2002)
CIDPD	–	Convenção Internacional sobre os Direitos das Pessoas com Deficiência (Nova Iorque, 30.3.2007) (DLeg 186/08; D 6949/09)
CISG	–	Convenção de Viena sobre Contratos de Compra e Venda Internacional de Mercadorias) (Convention on Contracts for the International Sale of Goods) (10.4.1980) (DLeg 538/2012; D 8327/2014)
cit.	–	citado; citação
civ.	–	civil; cível
CJ	–	Ciência Jurídica (periódico)
CJF	–	Conselho da Justiça Federal
CLT	–	Consolidação das Leis do Trabalho (DL 5452/43)
CM	–	Código de Mineração (DL 227/67)
CMED	–	Câmara de Regulação do Mercado de Medicamentos (v. L 10742/03 5.º)
CMN	–	Conselho Monetário Nacional
CNB	–	Colégio Notarial do Brasil
CNB-CF	–	Conselho Federal do Colégio Notarial do Brasil
CND	–	Certidão Negativa de Débito
CNIR	–	Cadastro Nacional de Imóveis Rurais (L 10267/01 e D 4449/02)
CNJ	–	Conselho Nacional de Justiça

CNMP	–	Conselho Nacional do Ministério Público; Congresso Nacional do Ministério Público
CNPDC	–	Comissão Nacional Permanente de Defesa do Consumidor
CNPS	–	Conselho Nacional de Previdência Social
CNT	–	Código Nacional de Trânsito (L 5108/66 – revogado pelo CTB)
CObr. suíço	–	Código das Obrigações suíço, de 30.3.1911 (v. OR)
CodBustamante	–	Código Bustamante (Código de Direito Internacional Privado [Projeto de Antônio S. de Bustamante y Sirvén], Havana, 1928 – Vigente no Brasil pelo DLeg 5647/29, mandado executar pelo D 18871/29, Coleção das Leis do Brasil, v. 3 [1929], p. 588)
CodEl	–	Código Eleitoral (L 4737/65)
CodEtDecParlCâmDep	–	Código de Ética e Decoro Parlamentar da Câmara dos Deputados
CodÉticaMN	–	Código de Ética da Magistratura Nacional (Res. CNJ 60, de 19.9.2008)
Codex	–	Código de Justiniano
COFINS	–	Contribuição para o Financiamento da Seguridade Social
col.	–	coluna
coment(s).	–	comentário, comentários
Coment.	–	Comentários (obra jurídica)
Conamp	–	Associação Nacional dos Membros do Ministério Público
CONANDA	–	Conselho Nacional dos Direitos da Criança e do Adolescente
CONAR	–	Conselho de Autorregulamentação Publicitária
CONDEPHAAT	–	Conselho de Defesa do Patrimônio Histórico, Arqueológico, Artístico e Turístico (SP)
CongressoNMP	–	Congresso Nacional do Ministério Público
Conmetro	–	Conselho Nacional de Metrologia, Normalização e Qualidade Industrial
Contran	–	Conselho Nacional de Trânsito
Cons.	–	Conselheiro
const.	–	Constituição; constitucional

Const. amer.	–	Constituição dos Estados Unidos da América, de 17.7.1787
Const. esp.	–	Constituição da Espanha, de 27.12.1978
Const. franc.	–	Constituição Francesa, da V República, de 4.10.1958
Const. ital.	–	Constituição da República Italiana, de 27.12.1947
Const. port.	–	Constituição da República Portuguesa, de 2.4.1976
Const. suíça	–	Constituição da Confederação Suíça, de 18.4.1999
coord.	–	coordenador, coordenação, coordenadores
COPOM	–	Comitê de Política Monetária do Banco Central do Brasil
Corde	–	Coordenadoria Nacional para a Pessoa Portadora de Deficiência
CorregNJ	–	Corregedoria Nacional da Justiça
CP	–	Código Penal (DL 2848/40); Código Penal
CP ital.	–	Código Penal italiano
CPC	–	Código de Processo Civil (L 13105/15)
CPC/1973	–	Código de Processo Civil de 1973 (L 5869/73) (revogado pela L 13105/15)
CPC/1939	–	Código de Processo Civil de 1939 (DL 1608/39)
CPC-BA	–	Código do Processo do Estado da Bahia (LE-BA 1121, de 21.8.1915)
CPC-CE	–	Código do Processo Civil e Commercial do Estado do Ceará (LE-CE 1952, de 30.12.1921)
CPC-DF/1910	–	Código do Processo Civil e Commercial do Districto Federal (D 8332, de 3.11.1910)
CPC-DF/1924	–	Código do Processo Civil e Commercial para o Districto Federal (D 16752, de 31.12.1924)
CPC-MG	–	Código do Processo Civil do Estado de Minas Gerais (LE-MG 830, de 7.9.1922)
CPC-PE	–	Código do Processo Civil e Commercial do Estado de Pernambuco (LE-PE 1156, de 5.12.1922)
CPC-PI	–	Código do Processo Civil e Commercial do Estado do Piauhy (LE-PI 964, de 17.6.1920)
CPC-PR	–	Código do Processo Civil e Commercial do Estado do Paraná (LE-PR 1915, de 23.2.1920)

CPC-RS – Código do Processo Civil e Comercial do Estado do Rio Grande do Sul (LE-RS 65, de 16.1.1908)

CPC-SP – Código do Processo Civil e Commercial do Estado de São Paulo (LE-SP 2421, de 14.1.1930)

CPC esp. – Código de Processo Civil espanhol (Ley de Enjuiciamiento Civil – Ley 1/2000)

CPC fr. – Código de Processo Civil francês (Nouveau Code de Procédure Civile – D 75/1123, de 5.12.1975)

CPC ital. – Código de Processo Civil italiano (Codice di Procedura Civile – Real D 1443, de 28.10.1940)

CPC port. – Código de Processo Civil português (L 41, de 26.6.2013)

CPC port./1961 – Código de Processo Civil português revogado (DL 44129, de 28.12.1961)

CPI – Comissão Parlamentar de Inquérito (federal ou municipal)

CPInd – Código da Propriedade Industrial (L 5772/71) – Revogado expressamente pela LPI (Lei da Propriedade Industrial – L 9279, de 14.5.1996, DOU 15.5.1996, p. 8353)

CPM – Código Penal Militar (DL 1001/69)

CPMF – Contribuição Permanente sobre Movimentações Financeiras

CPMI – Comissão Parlamentar Mista de Inquérito

CPP – Código de Processo Penal (DL 3689/41)

CPP ital. – Código de Processo Penal italiano (D do Pres. da República n. 447, de 22.9.1988)

CPP port. – Código de Processo Penal português (DL 78, de 17.2.1987)

CPPM – Código de Processo Penal Militar (DL 1002/69)

CPR – Cédula de Produto Rural (L 8929/94 4.º)

CRA – Certificado de Recebíveis do Agronegócio

CRI – Cartório de Registro de Imóveis

CRog – carta rogatória

CRSFN/MP – Conselho de Recursos do Sistema Financeiro Nacional

CSCom port. – Código das Sociedades Comerciais (de Portugal) (DL 262, de 2.9.1986)

CSM – Conselho Superior da Magistratura

CSM-SP	–	Conselho Superior da Magistratura do Estado de São Paulo
CSMP	–	Conselho Superior do Ministério Público
CSMP-DFT	–	Conselho Superior do Ministério Público do Distrito Federal e dos Territórios
CSMPF	–	Conselho Superior do Ministério Público Federal
CSMPM	–	Conselho Superior do Ministério Público Militar
CSMPT	–	Conselho Superior do Ministério Público do Trabalho
CSNU	–	Conselho de Segurança das Nações Unidas
CSSL	–	contribuição social sobre o lucro líquido
CTB	–	Código de Trânsito Brasileiro (L 9503/97)
CTN	–	Código Tributário Nacional (L 5172/66)
CTNBio	–	Comissão Técnica Nacional de Biossegurança
CVM	–	Comissão de Valores Mobiliários

D

d.	–	dia
D	–	decreto
d.C.	–	depois de Cristo
DC	–	Revista de Direito do Consumidor (periódico) (RT)
DCM	–	Decreto do Conselho de Ministros
DDR	–	Deutsche Demokratische Republik (República Democrática Alemã)
DE	–	Decreto Estadual (citação: abreviatura seguida da sigla da unidade da federação)
DecTrab	–	Decisório Trabalhista (periódico) (Ed. Decisório Trabalhista)
De Jure	–	Revista Jurídica do Ministério Público do Estado de Minas Gerais (periódico)
Dep.	–	Deputado
Des.	–	Desembargador (juiz do TJ)
Des. Fed.	–	Desembargador federal (juiz do TRF)
Des. Trab.	–	Desembargador do trabalho (juiz do TRT)

Detran	–	Departamento Estadual de Trânsito
DI	–	dissísio individual
Dig.	–	Digesto de Justiniano (citação: abreviatura, livro [romano], título [romano] e fragmento [arábico]. Exemplo: Dig. V, I, 30)
Dig.Civ.	–	Digesto delle discipline privatistiche (UTET) (4.ª ed. do Digesto Italiano) (seção de Direito Civil e Direito Processual Civil) (obra coletiva) (citação: autor, verbete, volume, página)
Dig.Comm.	–	Digesto delle discipline privatistiche (UTET) (4.ª ed. do Digesto Italiano) (seção de Direito Comercial) (obra coletiva) (citação: autor, verbete, volume, página)
Dig.Ital.	–	Digesto Italiano, Torino: UTET (obra coletiva) (citação: autor, verbete, volume, página)
Dig.Pen.	–	Digesto delle discipline penalistiche (UTET) (4.ª ed. do Digesto Italiano) (seção de Direito Penal) (obra coletiva) (citação: autor, verbete, volume, página)
Dig.Proc.	–	Digesto de Processo, 5 vs., Forense, RJ, 1980/1988 (obra coletiva citada por autor, verbete, volume do Digesto e página)
Dig.Pubb.	–	Digesto delle discipline pubblicistiche (UTET) (4.ª ed. do Digesto Italiano) (seção de Direito Público) (obra coletiva) (citação: autor, verbete, volume, página)
DIPr	–	Direito Internacional Privado
DIPub	–	Direito Internacional Público
Dir.	–	Direito
DirJustiça	–	Direito & Justiça (periódico) (PUC-RS)
Direito-PUC-SP	–	Revista do Programa de Pós-Graduação em Direito da Pontifícia Universidade Católica de São Paulo (PUC-SP) (periódico) (citação: número e página)
Dir.Priv.	–	Direito Privado
div.	–	divulgado
DJE	–	Diário Oficial da Justiça do Estado (citação: abreviatura seguida da sigla do Estado)
DJU	–	Diário Oficial da Justiça da União
DJUE	–	Diário Oficial da Justiça da União – Eletrônico
DJEE	–	Diário Oficial da Justiça do Estado – Eletrônico (citação: abreviatura seguida da sigla do Estado)

DL – decreto-lei

DLeg – decreto legislativo

DM – Decreto municipal (citação: abreviatura seguida do nome do município, sigla do Estado a que pertence, número, ano e artigo)

DNPM – Departamento Nacional de Produção Mineral

DNRC – Departamento Nacional de Registro do Comércio

DOE – Diário Oficial do Estado (citação: abreviatura seguida da sigla do Estado)

DOU – Diário Oficial da União

DOUE – Diário Oficial da União – Eletrônico

DPDC – Departamento de Proteção e Defesa do Consumidor

DRiG – Deutsches Richtergesetz (Lei Orgânica da Magistratura Alemã)

DT – Decisório Trabalhista (periódico) (Ed. Decisório Trabalhista)

DUDH – Declaração Universal dos Direitos do Homem

E

EAC – embargos em apelação cível

EAR – embargos em ação rescisória

EC – emenda constitucional

ECA – Estatuto da Criança e do Adolescente (L 8069/90)

ECAD – Escritório Central de Arrecadação e Distribuição

ECid – Estatuto da Cidade (L 10257/01)

ECR – Emenda Constitucional de Revisão

ed. – edição

edit. – editor, editores

EE – Estatuto do Estrangeiro (L 6815/80) (revogado pela LMig – L 13445/2017)

e.g. – exempli gratia

EGBGB – Einführungsgesetz zum Bürgerlichen Gesetzbuch (Lei de Introdução ao Código Civil Alemão)

EGZPO – Einführungsgesetz zur Zivilprozessordnung (Lei de Introdução à Ordenança Processual Civil Alemã)

EIA – Estudo de Impacto Ambiental

EId – Estatuto do Idoso (L 10741/03)

EIV – Estudo de Impacto de Vizinhança

EJ – Estudos Jurídicos (periódico)

EJEF-TJMG – Escola Judicial Desembargador Edésio Fernandes (TJMG) (Enunciados)

EJSTJ – Ementário de Jurisprudência do STJ

EJu – Estatuto da Juventude (L 12852/13)

EJUD – Escola Judicial

em. – ementa; ementário

EmbDecl – embargos de declaração

EmbDiv – embargos de divergência

EmbInfr – embargos infringentes

EmentSTJ – Ementário da Jurisprudência do STJ (periódico) (citação: volume, n. da ementa e página)

EmReg – emenda regimental

EMRK – Europäische Konvention zum Schutz der Menschenrechte und Grundfreiheiten – Europäische Menschenrechtskonvention (Convenção Européia para a Proteção dos Direitos Humanos e das Liberdades Fundamentais, de 4.11.1950) (V. CEDH)

EncDir. – Enciclopedia del diritto,Giuffrè, Milano (obra coletiva) (citação: autor, verbete, volume, página)

EncSaraiva – Enciclopédia Saraiva de Direito (Saraiva) (obra coletiva) (citação: autor, verbete, volume, página)

ENFAM – Escola Nacional de Formação e Aperfeiçoamento de Magistrados Ministro Sálvio de Figueiredo Teixeira

ENFAM (número) – Enunciados aprovados no seminário O Poder Judiciário e o Novo Código de Processo Civil, realizado em Brasília-DF entre os dias 26 e 28.8.2015 pela Escola Nacional de Formação e Aperfeiçoamento de Magistrados Ministro Sálvio de Figueiredo Teixeira

ENJE – Encontro Nacional de Coordenadores de Juizados Especiais Cíveis e Criminais do Brasil. Conclusões tomadas nos encontros (citação: abreviatura, precedida do número do encontro e seguida do número da conclusão). III ENJE, realizado em Curitiba, em 4 e 5.5.1998; V ENJE, realizado em Salvador-BA, de 18 a 21.5.1999 (BolAASP 2126/12-supl.). VII ENJE, realizado no Espírito Santo, 24 a 27.5.2000 (BolAASP 2166/1-supl.)

ENM – Estatuto Nacional da Microempresa e da Empresa de Pequeno Porte (LC 123/06)

ENTA – Encontro Nacional de Tribunais de Alçada (v. V ENTA e VI ENTA)

EOAB – Estatuto da Ordem dos Advogados do Brasil (L 8906/94)

EPD – Estatuto da Pessoa com Deficiência (L 13146/2015)

ER – Emenda Regimental

ERE – embargos em recurso extraordinário

EReO – embargos em remessa oficial (ex officio)

ERR – embargos em recurso de revista

esp. – especial

ESPCU – Estatuto dos Servidores Públicos Civis da União, das Autarquias e Fundações Públicas Federais (L 8112/90)

est. – estadual

Est. – Estudos

Estadão – Jornal "O Estado de S. Paulo", diário de circulação nacional

EstDesarm – Estatuto do Desarmamento (L 10826/03)

EstMilit – Estatuto dos Militares (L 6880/80)

EstMuseus – Estatuto de Museus (L 11904/09)

EstRefug – Estatuto do Refugiado (L 9474/97)

ET – Estatuto da Terra (L 4504/64)

ETor – Estatuto de Defesa do Torcedor (L 10671/03)

et seq. – e seguintes

Exeg. – Exegese

ExImp – exceção de impedimento

ExInc – exceção de incompetência

ExSusp – exceção de suspeição

Ext – extradição

ExVerd – exceção da verdade

F

fed.	–	federal
FDD	–	Fundo Federal de Defesa de Direitos Difusos (D 1306/94) (v. L 9008/95 e LACP 13)
FG	–	Festgabe (escritos em honra de)
FGG	–	Gesetz über die Angelegenheiten der freiwilligen Gerichtsbarkeit (Lei sobre os assuntos de jurisdição voluntária da RFA)
FGV	–	Fundação Getúlio Vargas
FMU	–	FMU Direito – Revista da Faculdade de Direito das Faculdades Metropolitanas Unidas de São Paulo
FNMA	–	Fundo Nacional do Meio Ambiente
FNCA	–	Fundo Nacional para a Criança e para o Adolescente
FNPP	–	Forum Nacional do Poder Público (Advocacia Pública) (Enunciados)
FNPT	–	Forum Nacional de Processo do Trabalho (Curitiba-PR, 4 e 5.3.2016)
FNPT (número)	–	Enunciados do Forum Nacional de Processo do Trabalho (Curitiba-PR, 2016)
FNSP	–	Força Nacional de Segurança Pública
FONAJE	–	Fórum Nacional dos Juizados Especiais (Enunciados)
Foro Italiano	–	Il Foro Italiano (periódico) (Società Editrice del Foro Italiano)
FPPC	–	Forum Permanente de Processualistas Civis (Enunciados)
FUNAI	–	Fundação Nacional do Índio
FS	–	Festschrift (escritos em homenagem a)

G

Gaio	–	Institutas de Gaio
GCE	–	Câmara de Gestão da Crise de Energia Elétrica (MedProv 2198-5/01)
GenesisProc	–	Genesis Revista de Direito Processual Civil (periódico) (Ed. Genesis)

GenesisTrab – Genesis Revista de Direito do Trabalho (periódico) (Ed. Genesis)

GG – Grundgesetz (Lei Fundamental [Constituição Federal] da RFA, de 8.5.1949)

GmSOGB – Gemeisamer Senat der obersten Gerichtshöfe des Bundes (Câmara Comum dos mais altos Tribunais da Federação da RFA)

GS – Gedächtnisschrift (escritos em memória)

GVG – Gerichtsverfassungsgesetz (Lei de Organização Judiciária Alemã)

H

HC – habeas corpus

HD – habeas data

I

IAC – incidente de assunção de competência

IBAMA – Instituto Brasileiro do Meio Ambiente e dos Recursos Naturais Renováveis

IBDFAM – Instituto Brasileiro de Direito de Família

IBGE – Instituto Brasileiro de Geografia e Estatística

IC – inquérito civil

ICMS – imposto sobre circulação de mercadorias e prestação de serviços

ICP-Brasil – Infraestrutura de Chaves Públicas Brasileira

IDC – incidente de deslocamento de competência

ID-Doutrina – Doutrina (periódico editado pelo Instituto de Direito, RJ-RJ)

IDEC – Instituto Brasileiro de Defesa do Consumidor

IF – intervenção federal

IINAMS – incidente de inconstitucionalidade em ação de mandado de segurança

Inform. – informativo

INPC	–	Índice Nacional de Preços ao Consumidor
INPI	–	Instituto Nacional da Propriedade Industrial
Inq.	–	inquérito
Inst.	–	Institutas de Justiniano
Instit.	–	Instituições
IOB	–	Informações Objetivas (boletim de jurisprudência)
IP	–	inquérito policial
IPEM	–	Instituto de Pesos e Medidas
IPHAN	–	Instituto do Patrimônio Histórico e Artístico Nacional
IPI	–	imposto sobre produtos industrializados
IPTU	–	imposto predial e territorial urbano
IPub	–	Interesse Público (periódico) (Notadez)
IRB	–	Instituto de Resseguros do Brasil
IRDR	–	incidente de resolução de demandas repetitivas
IRPF	–	imposto sobre a renda de pessoa física
IRIB	–	Instituto de Registro Imobiliário do Brasil
IRPJ	–	imposto sobre a renda de pessoa jurídica
ISS	–	imposto sobre serviços de qualquer natureza
ITBI	–	imposto sobre transmissão de bens imóveis
ITR	–	imposto sobre a propriedade territorial rural

J

j.	–	julgado em
JA	–	Juristische Arbeitsblätter (Folhas Jurídicas de Trabalho) (periódico) (Metzner)
JB	–	Jurisprudência Brasileira – Cível e Comercial (periódico) (Juruá)
JBCrim	–	Jurisprudência Brasileira – Criminal (periódico) (Juruá)
JBTrab	–	Jurisprudência Brasileira – Trabalhista (periódico) (Juruá)
JC	–	Jurisprudência Catarinense (periódico)
JCESP	–	Junta Comercial do Estado de São Paulo
JCJ	–	Junta de Conciliação e Julgamento (extintas – EC24/99)

JD – Jurisprudência e Doutrina (periódico) (Jurídica)

JECC-BR – Enunciados do Fórum Permanente de Juízes Coordenadores dos Juizados Especiais Cíveis e Criminais do Brasil (citação: abreviatura seguida do número do enunciado tudo em negrito; conteúdo do enunciado entre aspas e em itálico. Exemplo:

JECC-BR 12: "A perícia informal é admissível na hipótese do art. 35 da Lei 9099/95".)

JEC-SP – Juizados Especiais Cíveis de São Paulo (v. 1.º JEC-SP)

JE-RJ – Juizados Especiais: Um novo tempo na justiça (periódico) (Tribunal de Justiça do Estado do Rio de Janeiro) (citação: número, ano e ementa)

JherJb1 – Jherings Jahrbücher für die Dogmatik des heutigen römischen und deutschen Privatrechts (periódico) – 1.ª parte (vs. 1 a 36 – 1856-1896)

JherJb2 – Jherings Jahrbücher für die Dogmatik des bürgerlichen Rechts (periódico) – 2.ª parte (vs. 37 a 90 – 1897-1943)

JM – Jurisprudência Mineira (periódico)

SUMÁRIO

ART. 37, INCISO, IX, CF – CONTRATAÇÃO POR TEMPO DETERMINADO PARA ATENDER A NECESSIDADE TEMPORÁRIA DE EXCEPCIONAL INTERESSE PÚBLICO 635

Art. 37, § 11. PARCELAS DE CARÁTER INDENIZATÓRIO PREVISTAS EM LEI E TETO CONSTITUCIONAL 757

CONSIDERAÇÕES INICIAIS
SOBRE OS AGENTES PÚBLICOS

▶ **Para o cumprimento de suas múltiplas atribuições, o Poder Público, por intermédio de seus inúmeros órgãos e entidades componentes, vale-se, no plano fático, de pessoas naturais que exprimam suas decisões e ações.**

"Para o cumprimento de suas múltiplas atribuições, o Poder Público, por intermédio de seus inúmeros órgãos e entidades componentes, deverá valer-se, no plano fático, de pessoas naturais que exprimam suas decisões e ações. Pessoas, portanto, que atuem em nome do Estado. Como diz Dirley da Cunha Jr., "são pessoas que agem em seu nome e por isso mesmo denominadas agentes públicos". (CUNHA JR., Dirley. Curso de direito administrativo. 9. ed. rev., ampl. e atual. Salvador: Juspodivm, 2010, p. 267.)

▶ **A expressão "agentes públicos" é admitida pela maior parte da doutrina administrativista como congregando todas as subespécies e categorias de pessoas que atuam em nome do Estado.**

A questão envolvendo a nomenclatura dos institutos jurídicos, embora seja usualmente um ponto de discórdia entre os juristas, e, por isso mesmo, motivo único, muitas vezes, para o desenvolvimento de "novos" trabalhos nesse campo, é, quase sempre, decidida de forma arbitrária, podendo ser adotadas diferentes denominações para um mesmo instituto, ao sabor do gosto de cada um. Ainda assim, existe sempre um núcleo básico de categorizações que é, pela maioria dos estudiosos do assunto, aceito como o mais correto. Sendo assim, vamos nos ater ao termo agente público como sendo o mais geral, o que é usualmente admitido como tal, absorvendo ele todas as categorias de pessoas que estão vinculadas, de alguma forma, ao Poder Público, para o fim de exercício de atribuições deste. (DANTAS, Alessandro, KRUGER, Ronald Rodor. Manual de Direito Administrativo: Volume Único. 2ª edição, Editora Juspodivm, Salvador, 2018, p. 241/242)

▶ **Pouco importa a forma de ingresso ou admissão; o prazo da atuação; se o vínculo existe diretamente com a Administração ou com aqueles que por ela são autorizados a executar serviços.**

Assim, pouco importa a forma de ingresso ou admissão, se por eleição, requisição, nomeação ou contratação; o vínculo jurídico existente, se estatutário ou contratual; o prazo da atuação, se temporário ou indeterminado; se o vínculo existe diretamente com a Administração ou com aqueles que por ela são autorizados a executar serviços públicos (empregados de permissionários, concessionários ou autorizatários). Todos são, de alguma forma, agentes públicos e, por isso mesmo, de certo modo a eles se aplicarão algumas, várias ou inúmeras regras e disposições da Constituição Federal ou das legislações administrativas em geral, atinentes com os servidores públicos. (DANTAS, Alessandro, KRUGER, Ronald Rodor. Manual de Direito Administrativo: Volume Único. 2ª edição, Editora Juspodivm, Salvador, 2018, p. 242)

1

▶ **Categorias de agentes públicos.**

Podemos, então, dividir os agentes públicos, para melhor compreensão, em diferentes categorias: a) Agentes políticos; b) Particulares em colaboração com o Poder Público; c) Militares; d) Servidores públicos, em sentido amplo, denominados por alguns de servidores estatais, categoria compreensiva dos: d.1) Servidores públicos civis do vínculo estatutário ou servidores públicos civis em sentido estrito; d.2) Empregados públicos; d.3) Servidores temporários ou contratados por designação temporária (art. 37, IX, da CF/1988). (DANTAS, Alessandro, KRUGER, Ronald Rodor. Manual de Direito Administrativo: Volume Único. 2ª edição, Editora Juspodivm, Salvador, 2018, p. 242)

▶ **Os *agentes políticos* são, em grande parte, sujeitos a um regime jurídico que é predominantemente constitucional e apenas subsidiariamente administrativo.**

Os *agentes políticos* são, em grande parte, sujeitos a um regime jurídico que é predominantemente constitucional, e apenas subsidiariamente administrativo. Isso significa dizer que, por sua relevância e *status* no quadro estatal, o próprio legislador constituinte lhes conferiu prerrogativas e atribuições, estando eles, muitas vezes, sujeitos a regras especiais, encontradas na própria Constituição ou dela diretamente derivadas, que afastam a aplicação da legislação administrativa ordinária a seus regimes jurídicos. Entretanto, esse afastamento será apenas no que a referida legislação for incompatível com os preceitos constitucionais específicos, estando eles submetidos, de qualquer modo, a várias das normas, tanto constitucionais como legais, aplicadas aos demais servidores. (DANTAS, Alessandro, KRUGER, Ronald Rodor. Manual de Direito Administrativo: Volume Único. 2ª edição, Editora Juspodivm, Salvador, 2018, p. 242)

▶ **Quanto aos particulares, o direito administrativo somente se interessa por eles quando são chamados, de algum modo, a atuar em nome do Estado.**

Quanto aos *particulares*, o direito administrativo somente se interessa por eles, para os fins aqui estudados, quando são chamados, de algum modo, a atuar em nome do Estado. Estarão aqueles, nessa condição, sujeitados ao regime jurídico administrativo, embora, em sua maior parte, apenas para fins de responsabilização por seus atos, decorrendo parte dessa submissão das normas contratuais administrativas firmadas pelo Estado com as pessoas jurídicas a que tais particulares se vinculam. Como se vê nos casos acima, a submissão ao direito administrativo é *incidental*, embora ocorra, daí por que nossa atenção principal não será destinada ao estudo deles. (DANTAS, Alessandro, KRUGER, Ronald Rodor. Manual de Direito Administrativo: Volume Único. 2ª edição, Editora Juspodivm, Salvador, 2018, p. 242)

RG ◙ Não se aplica a aposentadoria compulsória prevista no art. 40, § 1º, II, da CF aos titulares de serventias judiciais não estatizadas, desde que não sejam ocupantes de cargo público efetivo e não recebam remuneração proveniente dos cofres públicos

"Recurso extraordinário. Repercussão Geral. 2. Preliminar. A Perda superveniente do interesse de agir não impede o julgamento da tese. Relevância da questão constitucional. 3. Mérito. **Titulares de serventia judicial não estatizada. Aposentadoria compulsória. 4. Não se aplica a aposentadoria compulsória prevista no art. 40, §**

1º, II, da CF aos titulares de serventias judiciais não estatizadas, desde que não sejam ocupantes de cargo público efetivo e não recebam remuneração proveniente dos cofres públicos. 5. Negado provimento ao recurso extraordinário". (RE 647827, Relator(a): Min. GILMAR MENDES, Tribunal Pleno, julgado em 15/02/2017, ACÓRDÃO ELETRÔNICO REPERCUSSÃO GERAL – MÉRITO DJe-018 DIVULG 31-01-2018 PUBLIC 01-02-2018)

▶ **Os empregados públicos estão vinculados ao Poder Público por um *regime jurídico trabalhista* e que não serão regidos, salvo acidentalmente, pelo Direito Administrativo.**

Quanto aos servidores públicos propriamente ditos, existem aqueles que estão vinculados ao Poder Público por um *regime jurídico trabalhista*, normalmente denominado de celetista, decorrente da abreviatura de nossa principal legislação sobre o assunto (a Consolidação das Leis do Trabalho – CLT, instituída pelo Decreto-lei 5.452/1943), e que, por isso mesmo, não serão regidos, salvo acidentalmente, pelo direito administrativo. Por outro lado, existe toda uma categoria de agentes, a maioria dos que atuam em nome da Administração direta, autárquica e fundacional, que estão vinculados ao Estado por normas institucionais, geralmente denominadas de "estatutos", que são completamente disciplinadas pelo direito administrativo. (DANTAS, Alessandro, KRUGER, Ronald Rodor. Manual de Direito Administrativo: Volume Único. 2ª edição, Editora Juspodivm, Salvador, 2018, p. 243)

AGENTES POLÍTICOS

▶ **Os agentes políticos são aqueles que exercem os mais altos cargos do escalão governamental, sendo responsáveis por estabelecer as diretrizes de atuação do Estado, além de gozar de ampla independência funcional.**

Os agentes políticos são aqueles que exercem os mais altos cargos do escalão governamental, sendo responsáveis por estabelecer as diretrizes de atuação do Estado, além de gozar de ampla independência funcional. Nessa categoria entram todos aqueles que *exercem mandatos eletivos* diretamente decorrentes da Constituição: o Presidente da República e o Vice-Presidente; os governadores e os vice-governadores dos Estados e do DF; os prefeitos municipais e os vice-prefeitos; os senadores da República; os deputados federais; os deputados estaduais e os vereadores. Além destes, também integram essa categoria aqueles agentes diretamente nomeados pelos chefes dos Executivos, nas três esferas de governo, que são responsáveis, no *mais alto escalão administrativo*, pela implementação das políticas de governo, a saber: a) os ministros de Estado, nomeados pelo Presidente da República; b) os secretários de Estado, nomeados pelos governadores; c) os secretários municipais, nomeados pelos prefeitos. Existem cargos que, embora não sejam nominalmente idênticos, equivalem ao de ministro de Estado, como o Advogado-Geral da União e alguns secretários especiais da Presidência da República. No âmbito estadual, tradicionalmente, o Procurador-Geral do Estado tem status equivalente ao de Secretário. (DANTAS, Alessandro, KRUGER, Ronald Rodor. Manual de Direito Administrativo: Volume Único. 2ª edição, Editora Juspodivm, Salvador, 2018, p. 244)

▶ **Por seu relevante papel na condução do Estado e na construção das políticas públicas, eles operam com base em ampla discricionariedade, submetem-se a um regime jurídico especial, sobretudo em termos de prerrogativas e de responsabilização.**

"Por seu relevante papel na condução do Estado e na construção das políticas públicas, eles operam com base em ampla discricionariedade, submetem-se a um regime jurídico especial, sobretudo em termos de prerrogativas e de responsabilização, e dependem de alta legitimação democrática, garantida quer por meio de sua eleição direta pelo povo, quer por sua indicação por outro agente político eleito. Dessa definição extraem-se quatro características fundamentais que merecem ser ressaltadas, quais sejam: i. O exercício de "funções de cúpula" no Executivo, no Legislativo ou no Judiciário, ou seja, a execução direta do poder de criar leis, a realização de atividades governativas e da alta administração, além do desempenho da magistratura no âmbito dos tribunais superiores. ii. A "escolha direta pelo povo", para os agentes políticos que exercem mandato determinado pelo texto constitucional em obediência ao princípio republicano, ou a "indicação livre por um agente eleito", caso em que poderão assumir cargo de livre nomeação, com ou sem livre exoneração; iii. A maior "abertura de seus cargos à ação discricionária" e a influxos de ordem ideológica, política, partidária e até religiosa, dado que, em grande parte, os agentes políticos são escolhidos pelo povo em virtude de suas concepções e posicionamentos a respeito dos rumos do Estado e da sociedade; iv. A submissão a um "regime jurídico especial", delimitado em muitos aspectos pela própria Constituição da República, bem como pelas Constituições Estaduais e Leis Orgânicas dos Municípios, inclusive em matéria de responsabilização, remuneração, cumulação de cargos, empregos e funções públicas e hipóteses de perda do cargo." (MARRARA, Thiago. Manual de direito administrativo: VOLUME I: fundamentos, organização e pessoal . UNKNOWN. Edição do Kindle.)

▶ **Agentes políticos e fixação das estratégias de ação.**

"o que caracteriza o agente político não é só o fato de serem mencionados, na Constituição, mas sim o de exercerem efetivamente (e não eventualmente) função política de governo e administração, de comando e, sobretudo, de fixação das estratégias de ação, ou seja, aos agentes políticos é que cabe realmente traçar os destinos do país". (CARVALHO FILHO, José dos Santos. Manual de direito administrativo. 25. ed. São Paulo: Atlas, 2012. p. 584-585.)

▶ **Sua atuação está voltada à definição de objetivos, à eleição de meios e instrumentos adequados à sua consecução, à decisão quanto ao seu emprego e à resolução de questões sociais postas no sistema como próprias da pessoa estatal.**

"a pessoa física que, titularizando cargo político, desempenha função estatal política primária, constitucionalmente configurada, normalmente de natureza governamental ou político-partidária, segundo estatuto jurídico institucional formulado no sistema jurídico fundamental". As suas colocações podem ser assim resumidas: a definição do que seja ou não cargo político liga-se às funções inerentes a cada cargo; a função política envolve a "competência voltada à definição de objetivos, à eleição de meios e instrumentos adequados à sua consecução, à decisão quanto ao seu emprego e à resolução de questões sociais postas no sistema como próprias da pessoa estatal"; citando a lição de J.J. Gomes Canotilho, a autora observa que "tais competências expõem a natureza diretiva superior (governativa), decisória (independente) e definitiva (soberana ou autônoma, conforme o caso) das funções a serem desenvolvidas pelos titulares dos cargos políticos. (...) São consideradas funções políticas aquelas que respeitam à direção dos caminhos a serem palmilhados pelo Estado, segundo decisão definitiva e independente tomada quanto aos objetivos a serem atingidos, para os quais são adotados meios e instrumentos tidos como válidos no sistema normativo". (ANTUNES ROCHA, Cármen Lúcia. Princípios constitucionais dos servidores públicos. São Paulo: Saraiva, 1999. p. 63 e ss.)

▶ **O agente político está diretamente ligado à função política.**

Com efeito, a categoria "agente político" liga-se, indissociavelmente, à ideia de governo e de função política, a primeira designando o órgão (aspecto subjetivo) e a segunda, a atividade (aspecto objetivo). (DI PIETRO, Maria Sylvia Zanella. Tratado do Direito Administrativo: administração pública e servidores públicos / Fabrício Motta e Maria Sylvia Zanella Pietro. São Paulo, Ed. Revista dos Tribunais, 2014, Volume 2, 2014, p. 333)

▶ **O que é função política?**

"implica uma atividade de ordem superior referida à direção suprema e geral do Estado em seu conjunto e em sua unidade, dirigida a determinar os fins da ação do Estado, a assinalar as diretrizes para as outras funções, buscando a unidade de soberania estatal". (ALESSI, Renato. Instituciones de derecho administrativo. Buenos Aires: Bosch, Casa Editorial, 1970, tomo 1, p. 7-8.)

▶ **As funções políticas ficam a cargo dos órgãos governamentais e se concentram, em sua maioria, nas mãos do Poder Executivo, e, em parte, do Legislativo.**

"essas funções políticas ficam a cargo dos órgãos governamentais, ou governo propriamente dito, e se concentram, em sua maioria, nas mãos do Poder Executivo, e, em parte, do Legislativo; no Brasil, a participação do Judiciário em decisões políticas praticamente inexiste, pois a sua função se restringe, quase exclusivamente, à atividade jurisdicional, sem grande poder de influência na atuação política do governo, a não ser pelo controle a posteriori". (DI PIETRO, Maria Sylvia Zanella. Tratado do Direito Administrativo: administração pública e servidores públicos / Fabrício Motta e Maria Sylvia Zanella Pietro. São Paulo, Ed. Revista dos Tribunais, 2014, Volume 2, 2014, p. 333/334

▶ **Eventualmente, a lei pode atribuir a um agente público originalmente não enquadrado nesta última categoria o mesmo *status*, sendo comum, no âmbito federal, encontrarmos regras nesse sentido.**

Eventualmente, a lei pode atribuir a um agente público originalmente não enquadrado nesta última categoria o mesmo *status*, sendo comum, no âmbito federal, encontrarmos regras nesse sentido, algumas de duvidosa constitucionalidade e de duvidosa finalidade pública, visando, ao fim e ao cabo, apenas promover a "blindagem" de certas autoridades, como ocorreu, por exemplo, com o presidente do Banco Central do Brasil (Lei 11.036/2004). DANTAS, Alessandro, KRUGER, Ronald Rodor. Manual de Direito Administrativo: Volume Único. 2ª edição, Editora Juspodivm, Salvador, 2018, p. 244)

◙ **O STF, no entanto, quando chamado a se manifestar sobre a validade de tal disposição, considerou-a constitucional, conforme julgamento da *ADI 3.289/DF*, Rel. Min. Gilmar Mendes (j. 05.05.2005), cuja ementa se transcreve abaixo:**

"Ação direta de inconstitucionalidade contra a Medida Provisória n.º 207, de 13 de agosto de 2004 (convertida na Lei n.º 11.036/2004), que alterou disposições das Leis n.º 10.683/03 e n.º 9.650/98, para equiparar o cargo de natureza especial de Presidente do Banco Central ao cargo de Ministro de Estado. 2. Prerrogativa de foro para o Presidente do Banco Central. 3. Ofensa aos arts. 2.º, 52, III, 'd', 62, § 1.º, I, 'b', § 9.º, 69 e 192, todos da Constituição Federal. 4. Natureza política da função de Presidente do Banco Central que autoriza a transferência de competência. 5. Sistemas republicanos comparados possuem regulamentação equivalente para preservar garantias de independência e imparcialidade. 6. Inexistência, no texto constitucional de 1988, de argumento normativo contrário à regulamentação infraconstitucional impugnada. 7. Não caracterização de modelo linear ou simétrico de competências por prerrogativa de foro e ausência de proibição de sua extensão a Presidente e ex-Presidentes de Banco Central. 8. Sistemas singulares criados com o objetivo de garantir independência para cargos importantes da República: Advogado-Geral da União; Comandantes das Forças Armadas; Chefes de Missões Diplomáticas. 9. Não violação do princípio da separação de poderes, inclusive por causa da participação do Senado Federal na aprovação dos indicados ao cargo de Presidente e Diretores do Banco Central (art. 52, III, 'd', da CF/88). 10. Prerrogativa de foro como reforço à independência das funções de poder na República adotada por razões de política constitucional. 11. Situação em que se justifica a diferenciação de tratamento entre agentes políticos em virtude do interesse público evidente. 12. Garantia da prerrogativa de foro que se coaduna com a sociedade hipercomplexa e pluralista, a qual não admite um código unitarizante dos vários sistemas sociais. 13. Ação direta de inconstitucionalidade julgada improcedente".

▶ **Na linha da doutrina mais antiga, no entanto, seriam agentes políticos *todos os membros de Poder*.**

Por equiparação, estariam incluídos, ainda, os membros dos diferentes ramos do Ministério Público da União (Federal, do Trabalho, Militar e do Distrito Federal e Territórios) e os membros dos Ministérios Públicos estaduais, bem como os ministros e conselheiros dos Tribunais de Contas municipais, estaduais e da União. Isso se daria em razão do altíssimo grau de independência desses agentes, conquanto não sejam, propriamente, membros de Poder. (DANTAS, Alessandro, KRUGER, Ronald Rodor. Manual de Direito Administrativo: Volume Único. 2ª edição, Editora Juspodivm, Salvador, 2018, p. 245)

▶ **A maioria dos doutrinadores prefere limitar o termo agentes políticos apenas àqueles que têm o controle político das ações estatais.**

Essa tese ampliativa não encontra respaldo, hodiernamente, na maioria dos doutrinadores, que prefere limitar o termo agentes políticos *apenas àqueles que têm o controle político das ações estatais*, basicamente, os membros do Legislativo e os Chefes do Executivo com seus subordinados mais diretos e de alto escalão (ministros de Estado, secretários de Estado e secretários municipais). Os demais agentes, em que pese sua importância, por serem membros de Poder, como os magistrados, seriam classificados como servidores estatutários, ainda que sujeitos a um estatuto especial, com previsão constitucional, diverso daquele previsto para os servidores em geral. (DANTAS, Alessandro, KRUGER, Ronald Rodor. Manual de Direito Administrativo: Volume Único. 2ª edição, Editora Juspodivm, Salvador, 2018, p. 245)

◉ **O STF, no entanto, nunca deixou de reconhecer a qualidade de agentes políticos dos magistrados:**

"Recurso extraordinário. Responsabilidade objetiva. Ação reparatória de dano por ato ilícito. Ilegitimidade de parte passiva. 2. Responsabilidade exclusiva do Estado. A autoridade judiciária não tem responsabilidade civil pelos atos jurisdicionais praticados. **Os magistrados enquadram-se na espécie agente político**, investidos para o exercício de atribuições constitucionais, sendo dotados de plena liberdade funcional no desempenho de suas funções, com prerrogativas próprias e legislação específica. 3. Ação que deveria ter sido ajuizada contra a

Fazenda Estadual – responsável eventual pelos alegados danos causados pela autoridade judicial, ao exercer suas atribuições –, a qual, posteriormente, terá assegurado o direito de regresso contra o magistrado responsável, nas hipóteses de dolo ou culpa. 4. Legitimidade passiva reservada ao Estado. Ausência de responsabilidade concorrente em face dos eventuais prejuízos causados a terceiros pela autoridade julgadora no exercício de suas funções, a teor do art. 37, § 6.º, da CF/88. 5. Recurso extraordinário conhecido e provido". (STF, RE 228.997/SP, Rel. Min. Néri da Silveira, 2.ª T., j. 05.03.2002) (Destaque dos autores)

▶ **No mesmo sentido:** Em outro julgado mais recente, também se invocou tal condição de agente político para afastar a responsabilização, na forma da lei de improbidade administrativa, de desembargador de tribunal regional federal. (DANTAS, Alessandro, KRUGER, Ronald Rodor. Manual de Direito Administrativo: Volume Único. 2ª edição, Editora Juspodivm, Salvador, 2018, p. 246)

◉ "Agravo regimental no recurso extraordinário. Desembargador. Agente político. Ação de improbidade administrativa. O Supremo Tribunal Federal fixou entendimento nos termos do qual a Constituição do Brasil não admite concorrência entre dois regimes de responsabilidade político-administrativa para os agentes políticos. Precedentes. Agravo regimental a que se nega provimento". (STF, AgRg no RE 579.799/SP, 2.ª T., Rel. Min. Eros Grau, j. 02.12.2008)

▶ Importante observar, no entanto, que a lógica do julgado é a mesma sufragada na Reclamação 2.138, apreciada pelo Pleno do STF, em que se afastou a possibilidade de um agente público estar sujeito ao mesmo tempo a dois regimes de responsabilização, destacando-se que os agentes sujeitos a responder por crime de responsabilidade não poderiam ser julgados por atos de improbidade administrativa. Esse argumento, como se vê, não se aplicaria aos magistrados de primeiro grau, que não estão sujeitos à responsabilização por crime de responsabilidade. (DANTAS, Alessandro, KRUGER, Ronald Rodor. Manual de Direito Administrativo: Volume Único. 2ª edição, Editora Juspodivm, Salvador, 2018, p. 246)

▶ **Os agentes políticos dispõem, conforme reconhecido na jurisprudência do STF, de um sistema de responsabilização política que decorre diretamente da Constituição Federal.**

"Os agentes políticos dispõem, conforme reconhecido na jurisprudência do STF, de um sistema de responsabilização política, que decorre diretamente da Constituição Federal (arts. 85, 86 e 52, I e II), com previsão, inclusive, do *impeachment*, com regulamentação específica na legislação ordinária (Lei 1.079/1950)." (DANTAS, Alessandro, KRUGER, Ronald Rodor. Manual de Direito Administrativo: Volume Único. 2ª edição, Editora Juspodivm, Salvador, 2018, p. 247)

▶ **Os parlamentares estão sujeitos a um regime específico de responsabilização denominado de controle ético-parlamentar.**

"Os parlamentares, por outro lado, estão sujeitos a um regime específico de responsabilização, diferente de todos os demais, denominado de controle ético-parlamentar,

9

que, além das vedações constantes do art. 54 da CF/1988, é disciplinado nos respectivos códigos de ética e decoro, normalmente inseridos nos próprios regimentos ou objeto de resoluções específicas dos próprios parlamentos. *Vide* a Resolução 20/1993, do Senado Federal, aprovou o atual Código de Ética e Decoro dos senadores. Resolução 25/2001, da Câmara dos Deputados, aprovou o atual Código de Ética e Decoro dos deputados federais." (DANTAS, Alessandro, KRUGER, Ronald Rodor. Manual de Direito Administrativo: Volume Único. 2ª edição, Editora Juspodivm, Salvador, 2018, p. 247)

▶ **Situação especial do Presidente da República, como mandatário principal do país**

A Constituição Federal, ademais, é mais pródiga em dispor sobre a situação especial do Presidente da República, como mandatário principal do país, chegando mesmo a prever sua irresponsabilidade, no exercício de seu mandato, por atos estranhos ao exercício de suas funções (art. 86, § 4.º).

▶ **A Constituição traz uma série de normas próprias aos agentes políticos eleitos para cumprir mandato no Poder Legislativo.**

"A Constituição traz uma série de normas próprias aos agentes políticos eleitos para cumprir mandato no Poder Legislativo. Em primeiro lugar, ela cuida dos requisitos de elegibilidade (art. 14, § 3º) e garante a esse subgrupo de políticos: i) a inviolabilidade civil e penal por opiniões, palavras e votos; ii) submissão a julgamento pelo STF desde a expedição do diploma; iii) impossibilidade de prisão durante o mandato, salvo em flagrante por crime inafiançável, dependente de voto da maioria dos membros da Casa legislativa. Em segundo lugar, a Constituição estabelece proibições específicas para deputados federais e senadores (art. 54). Esses agentes não poderão, desde a expedição do diploma: firmar ou manter contrato com pessoa jurídica de direito público, autarquia, empresa pública, sociedade de economia mista ou empresa concessionária de serviço público, salvo quando o contrato obedecer a cláusulas uniformes, nem aceitar ou exercer cargo, função ou emprego remunerado, inclusive os de que sejam demissíveis "ad nutum", em qualquer dessas entidades. Além disso, desde a posse, não poderão: ser proprietários, controladores ou diretores de empresa que goze de favor decorrente de contrato com pessoa jurídica de direito público, ou nela exercer função remunerada; ocupar cargo ou função de que sejam demissíveis "ad nutum" na Administração Indireta ou concessionárias; patrocinar causa em que seja interessada qualquer dessas entidades; ser titulares de mais de um cargo ou mandato público eletivo. Em terceiro lugar, a Constituição aponta causas específicas de perda de mandato dos agentes políticos (art. 55) por: violação das proibições específicas (art. 54); atuação incompatível com o decoro parlamentar, o que abrange o abuso de prerrogativas e a percepção de vantagens indevidas (art. 55, § 1º); ausência, em cada sessão legislativa, à terça parte das sessões ordinárias; perda ou suspensão dos direitos políticos; decretação de perda do mandato pela justiça eleitoral e ainda por condenação criminal determinada em sentença transitada em julgado. Já no que se refere aos agentes políticos da cúpula do Executivo, a Constituição trata, entre outras coisas: dos requisitos de elegibilidade do Presidente (art. 14, § 3º e 7º); da eleição do Presidente e Vice-Presidente (art. 77); da possibilidade de reeleição (art. 14, § 5º); da posse do Presidente e seu Vice em sessão do Congresso Nacional, momento em que os eleitos deverão prestar o compromisso de manter, defender e cumprir a Constituição, observar as leis, promover o bem geral do povo brasileiro, sustentar a união, a integridade e a independência do Brasil (art. 78); dos casos de substituição do Presidente pelo Vice ou, na sua ausência, pelos presidentes da Câmara dos Deputados, do Senado e do STF (art. 79 e 80); dos procedimentos necessários em caso de vacância, isto, de novas eleições pelo povo se a vacância ocorrer nos dois primeiros anos do período presidencial ou de eleição pelo Congresso Nacional, para vacância nos dois últimos anos (art. 81); do mandato quadrienal (art. 82); dos limites temporais para ausência do país (art. 83); dos crimes de responsabilidade (art. 85). Em diversos dos dispositivos mencionados e em outros (sobretudo nos art. 14, 29 e 29-A), a Constituição também trata dos Governadores, Prefeitos e respectivos vices, de modo a reduzir o espaço de normatização das Constituições Estaduais e Leis Orgânicas Municipais. Nesse sentido, especificamente quanto à responsabilização, o STF igualmente limitou o espaço dos entes estaduais e municipais ao estipular, na Súmula Vinculante n. 46, que "a definição dos crimes de responsabilidade e o estabelecimento das respectivas normas de processo e julgamento são da competência legislativa privativa da União". Cabe somente à lei nacional, portanto, a fixação dos crimes de responsabilidade para os agentes políticos de todos os níveis federativos, não podendo Estados e Municípios legislarem sobre a questão". (MARRARA, Thiago. Manual de direito administrativo: VOLUME I: fundamentos, organização e pessoal . UNKNOWN. Edição do Kindle.)

◉ **O Estado-membro não dispõe de competência para instituir, mesmo em sua própria Constituição, cláusulas tipificadoras de crimes de responsabilidade.**

AÇÃO DIRETA DE INCONSTITUCIONALIDADE – ASSOCIAÇÃO DOS MEMBROS DOS TRIBUNAIS DE CONTAS DO BRASIL (ATRICON) – ENTIDADE DE CLASSE DE ÂMBITO NACIONAL – LEGITIMIDADE ATIVA "AD CAUSAM" – AUTONOMIA DO ESTADO-MEMBRO – A CONSTITUIÇÃO DO ESTADO- -MEMBRO COMO EXPRESSÃO DE UMA ORDEM NORMATIVA AUTÔNOMA – LIMITAÇÕES AO PODER CONSTITUINTE DECORRENTE – IMPOSIÇÃO, AOS CONSELHEIROS DO TRIBUNAL DE CONTAS, DE DIVERSAS CONDUTAS, SOB PENA DE CONFIGURAÇÃO DE CRIME DE RESPONSABILIDADE, SUJEITO A JULGAMENTO PELA ASSEMBLÉIA LEGISLATIVA – PRESCRIÇÃO NORMATIVA EMANADA DO LEGISLADOR CONSTITUINTE ESTADUAL – FALTA DE COMPETÊNCIA DO ESTADO-MEMBRO PARA LEGISLAR SOBRE CRIMES DE RESPONSABILIDADE – COMPETÊNCIA LEGISLATIVA QUE PERTENCE, EXCLUSIVAMENTE, À UNIÃO FEDERAL – PROMULGAÇÃO, PELA ASSEMBLÉIA LEGISLATIVA DO ESTADO DO RIO DE JANEIRO, DA EC Nº 40/2009 – ALEGADA TRANSGRESSÃO AO ESTATUTO JURÍDICO-INSTITUCIONAL DO TRIBUNAL DE CONTAS ESTADUAL E ÀS PRERROGATIVAS CONSTITUCIONAIS DOS CONSELHEIROS QUE O INTEGRAM – MEDIDA CAUTELAR REFERENDADA PELO SUPREMO TRIBUNAL FEDERAL. ATRICON – ENTIDADE DE CLASSE DE ÂMBITO NACIONAL – PERTINÊNCIA TEMÁTICA – LEGITIMIDADE ATIVA "AD CAUSAM". – A ATRICON qualifica-se como entidade de classe de âmbito nacional investida de legitimidade ativa "ad causam" para a instauração, perante o Supremo Tribunal Federal, de processo de controle abstrato de constitucionalidade, desde que existente nexo de afinidade entre os seus objetivos institucionais e o conteúdo material dos textos normativos impugnados. Precedentes. CONSTITUIÇÃO ESTADUAL E TRIBUNAIS DE CONTAS: CONSELHEIROS DO TRIBUNAL DE CONTAS ESTADUAL – A QUESTÃO DAS INFRAÇÕES POLÍTICO- -ADMINISTRATIVAS E DOS CRIMES DE RESPONSABILIDADE – COMPETÊNCIA LEGISLATIVA PARA TIPIFICÁ-LOS E PARA ESTABELECER O RESPECTIVO PROCEDIMENTO RITUAL (SÚMULA 722/STF). – A Constituição estadual representa, no plano local, a expressão mais elevada do exercício concreto do poder de auto- -organização deferido aos Estados-membros pela Lei Fundamental da República. Essa prerrogativa, contudo, não se reveste de caráter absoluto, pois se acha submetida, quanto ao seu exercício, a limitações jurídicas impostas pela própria Carta Federal (art. 25). – O Estado-membro não dispõe de competência para instituir, mesmo em sua própria Constituição, cláusulas tipificadoras de crimes de responsabilidade, ainda mais se as normas estaduais definidoras de tais ilícitos tiverem por finalidade viabilizar a responsabilização política dos membros integrantes do Tribunal de Contas. – A competência constitucional para legislar sobre crimes de responsabilidade (e, também, para definir-lhes a respectiva disciplina ritual) pertence, exclusivamente, à União Federal. Precedentes. Súmula 722/STF. – A questão concernente à natureza jurídica dos denominados "crimes de responsabilidade". Controvérsia doutrinária. O "status quaestionis" na jurisprudência constitucional do Supremo Tribunal Federal. Ressalva da posição pessoal do Relator (Ministro CELSO DE MELLO). PRERROGATIVA DE FORO DOS CONSELHEIROS DO TRIBUNAL DE CONTAS ESTADUAL, PERANTE O SUPERIOR TRIBUNAL DE JUSTIÇA, NAS INFRAÇÕES PENAIS COMUNS E NOS CRIMES DE RESPONSABILIDADE (CF, ART. 105, I, "a"). – Compete, originariamente, ao Superior Tribunal de Justiça, processar e julgar os membros dos Tribunais de Contas estaduais nos crimes de responsabilidade e nos ilícitos penais comuns, assim definidos em legislação emanada da União Federal. – Mostra-se incompatível com a Constituição da República – e com a regra de competência inscrita em seu art. 105, I, "a" – o deslocamento, para a esfera de atribuições da Assembleia Legislativa local, ainda que mediante emenda à Constituição do Estado, do processo e julgamento dos Conselheiros do Tribunal de Contas estadual nas infrações político-administrativas. EQUIPARAÇÃO CONSTITUCIONAL DOS MEMBROS DOS TRIBUNAIS DE CONTAS À MAGISTRATURA – GARANTIA DE VITALICIEDADE: IMPOSSIBILIDADE DE PERDA DO CARGO DE CONSELHEIRO DO TRIBUNAL DE CONTAS LOCAL, EXCETO MEDIANTE DECISÃO EMANADA DO PODER JUDICIÁRIO. – Os Conselheiros do Tribunal de Contas do Estado-membro dispõem dos mesmos predicamentos que protegem os magistrados, notadamente a prerrogativa jurídica da vitaliciedade (CF, art. 75 c/c o art. 73, § 3º), que representa garantia constitucional destinada a impedir a perda do cargo, exceto por sentença judicial transitada em julgado. Doutrina. Precedentes. – A Assembléia Legislativa do Estado-membro não tem poder para decretar, "ex propria auctoritate", a perda do cargo de Conselheiro do Tribunal de Contas local, ainda que a pretexto de exercer, sobre referido agente público, uma (inexistente) jurisdição política. A POSIÇÃO CONSTITUCIONAL DOS TRIBUNAIS DE CONTAS – ÓRGÃOS INVESTIDOS DE AUTONOMIA JURÍDICA – INEXISTÊNCIA DE QUALQUER VÍNCULO DE SUBORDINAÇÃO INSTITUCIONAL AO PODER

LEGISLATIVO – ATRIBUIÇÕES DO TRIBUNAL DE CONTAS QUE TRADUZEM DIRETA EMANAÇÃO DA PRÓPRIA CONSTITUIÇÃO DA REPÚBLICA. – Os Tribunais de Contas ostentam posição eminente na estrutura constitucional brasileira, não se achando subordinados, por qualquer vínculo de ordem hierárquica, ao Poder Legislativo, de que não são órgãos delegatários nem organismos de mero assessoramento técnico. A competência institucional dos Tribunais de Contas não deriva, por isso mesmo, de delegação dos órgãos do Poder Legislativo, mas traduz emanação que resulta, primariamente, da própria Constituição da República. Doutrina. Precedentes.

◙ **As condutas descritas na lei de improbidade administrativa, quando imputadas a autoridades detentoras de prerrogativa de foro, não se convertem em crimes de responsabilidade.**

"AÇÃO CIVIL PÚBLICA. IMPROBIDADE ADMINISTRATVA. LEI 8.429/1992. NATUREZA JURÍDICA. CRIME DE RESPONSABILIDADE. PREFEITO POSTERIORMENTE ELEITO DEPUTADO FEDERAL. IMPOSSIBILIDADE. PRERROGATIVA DE FORO. INEXISTÊNCIA. PROCESSO EM FASE DE EXECUÇÃO. INCOMPETÊNCIA DO SUPREMO TRIBUNAL FEDERAL. REMESSA DOS AUTOS AO JUÍZO DE ORIGEM. Deputado Federal, condenado em ação de improbidade administrativa, em razão de atos praticados à época em que era prefeito municipal, pleiteia que a execução da respectiva sentença condenatória tramite perante o Supremo Tribunal Federal, sob a alegação de que: (a) os agentes políticos que respondem pelos crimes de responsabilidade tipificados no Decreto-Lei 201/1967 não se submetem à Lei de Improbidade (Lei 8.429/1992), sob pena de ocorrência de bis in idem; (b) a ação de improbidade administrativa tem natureza penal e (c) encontrava-se pendente de julgamento, nesta Corte, a Reclamação 2138, relator Ministro Nelson Jobim. O pedido foi indeferido sob os seguintes fundamentos: 1) A lei 8.429/1992 regulamenta o art. 37, parágrafo 4º da Constituição, que traduz uma concretização do princípio da moralidade administrativa inscrito no caput do mesmo dispositivo constitucional. As condutas descritas na lei de improbidade administrativa, quando imputadas a autoridades detentoras de prerrogativa de foro, não se convertem em crimes de responsabilidade. 2) Crime de responsabilidade ou impeachment, desde os seus primórdios, que coincidem com o início de consolidação das atuais instituições políticas britânicas na passagem dos séculos XVII e XVIII, passando pela sua implantação e consolidação na América, na Constituição dos EUA de 1787, é instituto que traduz à perfeição os mecanismos de fiscalização postos à disposição do Legislativo para controlar os membros dos dois outros Poderes. Não se concebe a hipótese de impeachment exercido em detrimento de membro do Poder Legislativo. Trata-se de contraditio in terminis. Aliás, a Constituição de 1988 é clara nesse sentido, ao prever um juízo censório próprio e específico para os membros do Parlamento, que é o previsto em seu artigo 55. Noutras palavras, não há falar em crime de responsabilidade de parlamentar. 3) Estando o processo em fase de execução de sentença condenatória, o Supremo Tribunal Federal não tem competência para o prosseguimento da execução. O Tribunal, por unanimidade, determinou a remessa dos autos ao juízo de origem". (ADI 4190 MC-REF / RJ – RIO DE JANEIRO Data 10/03/2010.)

RG ◙ Leis que tratam dos casos de vedação ao nepotismo não são de iniciativa exclusiva do Chefe do Poder Executivo.

"RECURSO EXTRAORDINÁRIO. REPERCUSSÃO GERAL. LEI PROIBITIVA DE NEPOTISMO. VÍCIO FORMAL DE INICIATIVA LEGISLATIVA: INEXISTÊNCIA. NORMA COERENTE COM OS PRINCÍPIOS DO ART. 37, CAPUT, DA CONSTITUIÇÃO DA REPÚBLICA. RECURSO EXTRAORDINÁRIO PROVIDO. 1. O Procurador-Geral do Estado dispõe de legitimidade para interpor recurso extraordinário contra acórdão do Tribunal de Justiça proferido em representação de inconstitucionalidade (art. 125, § 2º, da Constituição da República) em defesa de lei ou ato normativo estadual ou municipal, em simetria a mesma competência atribuída ao Advogado-Geral da União (art. 103, § 3º, da Constituição da República). Teoria dos poderes implícitos. 2. Não é privativa do Chefe do Poder Executivo a competência para a iniciativa legislativa de lei sobre nepotismo na Administração Pública: leis com esse conteúdo normativo dão concretude aos princípios da moralidade e da impessoalidade do art. 37, caput, da Constituição da República, que, ademais, têm aplicabilidade imediata, ou seja, independente de lei. Precedentes. Súmula Vinculante n. 13. 3. Recurso extraordinário provido". (RE 570392, Relator(a): Min. CÁRMEN LÚCIA, Tribunal Pleno, julgado em 11/12/2014, ACÓRDÃO ELETRÔNICO REPERCUSSÃO GERAL – MÉRITO DJe-032 DIVULG 18-02-2015 PUBLIC 19-02-2015)

◙ Compete exclusivamente ao Supremo Tribunal Federal processar e julgar os delitos político-administrativos, na hipótese do art. 102, I, "c", da Constituição.

RECLAMAÇÃO. USURPAÇÃO DA COMPETÊNCIA DO SUPREMO TRIBUNAL FEDERAL. IMPROBIDADE ADMINISTRATIVA. CRIME DE RESPONSABILIDADE. AGENTES POLÍTICOS. I. PRELIMINARES. QUESTÕES DE ORDEM. I.1. Questão de ordem quanto à manutenção da competência da Corte que justificou, no primeiro momento do julgamento, o conhecimento da reclamação, diante do fato novo da cessação do exercício da função pública pelo interessado. Ministro de Estado que posteriormente assumiu cargo de Chefe de Missão Diplomática Permanente do Brasil perante a Organização das Nações Unidas. Manutenção da prerrogativa de foro perante o STF, conforme o art. 102, I, "c", da Constituição. Questão de ordem rejeitada. I.2. Questão de ordem quanto ao sobrestamento do julgamento até que seja possível realizá-lo em conjunto com outros processos sobre o mesmo tema, com participação de todos os Ministros que integram o Tribunal, tendo em vista a possibilidade de que o pronunciamento da Corte não reflita o entendimento de seus atuais membros, dentre os quais quatro não têm direito a voto, pois seus antecessores já se pronunciaram. Julgamento que já se estende por cinco anos. Celeridade processual. Existência de outro processo com matéria idêntica na seqüência da pauta de julgamentos do dia. Inutilidade do sobrestamento. Questão de ordem rejeitada. II. MÉRITO. II.1.Improbidade administrativa. Crimes de responsabilidade. Os atos de improbidade administrativa são tipificados como crime de responsabilidade na Lei nº 1.079/1950, delito de caráter político-administrativo. II.2.Distinção entre os regimes de responsabilização político-administrativa. O sistema constitucional brasileiro distingue o regime de responsabilidade dos agentes políticos dos demais agentes públicos. A Constituição não admite a concorrência entre dois regimes de responsabilidade político-administrativa para os agentes políticos: o previsto no art. 37, § 4º (regulado pela Lei nº 8.429/1992) e o regime fixado no art. 102, I, "c", (disciplinado pela Lei nº 1.079/1950). Se a competência para processar e julgar a ação de improbidade (CF, art. 37, § 4º) pudesse abranger também atos praticados pelos agentes políticos, submetidos a regime de responsabilidade especial, ter-se-ia uma interpretação ab-rogante do disposto no art. 102, I, "c", da Constituição. II.3.Regime especial. Ministros de Estado. Os Ministros de Estado, por estarem regidos por normas especiais de responsabilidade (CF, art. 102, I, "c"; Lei nº 1.079/1950), não se submetem ao modelo de competência previsto no regime comum da Lei de Improbidade Administrativa (Lei nº 8.429/1992). II.4. Crimes de responsabilidade. Competência do Supremo Tribunal Federal. Compete exclusivamente ao Supremo Tribunal Federal processar e julgar os delitos político-administrativos, na hipótese do art. 102, I, "c", da Constituição. Somente o STF pode processar e julgar Ministro de Estado no caso de crime de responsabilidade e, assim, eventualmente, determinar a perda do cargo ou a suspensão de direitos políticos. II.5.Ação de improbidade administrativa. Ministro de Estado que teve decretada a suspensão de seus direitos políticos pelo prazo de 8 anos e a perda da função pública por sentença do Juízo da 14ª Vara da Justiça Federal – Seção Judiciária do Distrito Federal. Incompetência dos juízos de primeira instância para processar e julgar ação civil de improbidade administrativa ajuizada contra agente político que possui prerrogativa de foro perante o Supremo Tribunal Federal, por crime de responsabilidade, conforme o art. 102, I, "c", da Constituição. III. RECLAMAÇÃO JULGADA PROCEDENTE. Rcl 2138 / DF – DISTRITO FEDERAL Data 13/06/2007.

◉ **Vedação aos promotores e procuradores da República do exercício de qualquer outra função pública, salvo uma de magistério.**

"Constitucional. Arguição de descumprimento de preceito fundamental. Membros do Ministério Público. Vedação: art. 128, § 5º, II, "d". 2. ADPF: Parâmetro de controle. Inegável qualidade de preceitos fundamentais da ordem constitucional dos direitos e garantias fundamentais (art. 5º, dentre outros), dos princípios protegidos por cláusula pétrea (art. 60, § 4º, da CF) e dos "princípios sensíveis" (art. 34, VII). A lesão a preceito fundamental configurar-se-á, também, com ofensa a disposições que confiram densidade normativa ou significado específico a um desses princípios. Caso concreto: alegação de violação a uma regra constitucional – vedação a promotores e procuradores da República do exercício de "qualquer outra função pública, salvo uma de magistério" (art. 128, § 5º, II, "d") –, reputada amparada nos preceitos fundamentais da independência dos poderes – art. 2º, art. 60, § 4º, III – e da independência funcional do Ministério Público – art. 127, § 1º. Configuração de potencial lesão a preceito fundamental. Ação admissível. 3. Subsidiariedade – art. 4º, § 1º, da Lei 9.882/99. Meio eficaz de sanar a lesão é aquele apto a solver a controvérsia constitucional relevante de forma ampla, geral e imediata. No juízo de subsidiariedade há de se ter em vista, especialmente, os demais processos objetivos já consolidados no sistema constitucional. Relevância do interesse público como critério para justificar a admissão da arguição de descumprimento. Caso concreto: Institucionalização de prática aparentemente contrária à Constituição. Arguição contra a norma e a prática com base nela institucionalizada, além de atos concretos já praticados. Controle objetivo e subjetivo em uma mesma ação.

Cabimento da ADPF. Precedentes. 4. Resolução 5/2006, do Conselho Nacional do Ministério Público – CNMP, que disciplina o exercício de "cargos públicos por membros do Ministério Público Nacional". Derrogação de disposições que reiteravam a proibição de exercício de "qualquer outra função pública, salvo uma de magistério" (art. 2º), vedavam o afastamento para exercício de "de outra função pública, senão o exercício da própria função institucional" (art. 3º), e afirmavam a inconstitucionalidade de disposições em contrário em leis orgânicas locais (arts. 4º), pela Resolução 72/2011. Ato fundado em suposta "grande controvérsia" doutrinária sobre a questão, a qual colocaria "em dúvida a conveniência da regulamentação da matéria pelo" CNMP. Norma derrogadora que inaugurou processo que culminou na institucionalização da autorização para o exercício de funções no Poder Executivo por membros do MP. Flagrante contrariedade à Constituição Federal. Vedação a promotores de Justiça e procuradores da República do exercício de "qualquer outra função pública, salvo uma de magistério" (art. 128, § 5º, II, "d"). Regra com uma única exceção, expressamente enunciada – "salvo uma de magistério". Os ocupantes de cargos na Administração Pública Federal, estadual, municipal e distrital, aí incluídos os ministros de estado e os secretários, exercem funções públicas. Os titulares de cargos públicos exercem funções públicas. Doutrina: "Todo cargo tem função". Como não há cargo sem função, promotores de Justiça e procuradores da República não podem exercer cargos na Administração Pública, fora da Instituição. 5. Art. 129, IX, da CF – compete ao MP "exercer outras funções que lhe forem conferidas, desde que compatíveis com sua finalidade, sendo-lhe vedada a representação judicial e a consultoria jurídica de entidades públicas". Disposição relativa às funções da instituição Ministério Público, não de seus membros. 6. Licença para exercício de cargo. A vedação ao exercício de outra função pública vige "ainda que em disponibilidade". Ou seja, enquanto não rompido o vínculo com a Instituição, a vedação persiste. 7. Comparação com as vedações aplicáveis a juízes. Ao menos do ponto de vista das funções públicas, a extensão das vedações é idêntica. 8. Cargo versus função pública. O que é central ao regime de vedações dos membros do MP é o impedimento ao exercício de cargos fora do âmbito da Instituição, não de funções. 9. Entendimento do CNMP afrontoso à Constituição Federal e à jurisprudência do STF. O Conselho não agiu em conformidade com sua missão de interpretar a Constituição e, por meio de seus próprios atos normativos, atribuir-lhes densidade. Pelo contrário, se propôs a mudar a Constituição, com base em seus próprios atos. 10. Art. 128, § 5º, II, "d". Vedação que não constitui uma regra isolada no ordenamento jurídico. Concretização da independência funcional do Ministério Público – art. 127, § 1º. A independência do Parquet é uma decorrência da independência dos poderes – art. 2º, art. 60, § 4º, 11. Ação julgada procedente em parte, para estabelecer a interpretação de que membros do Ministério Público não podem ocupar cargos públicos, fora do âmbito da Instituição, salvo cargo de professor e funções de magistério, e declarar a inconstitucionalidade da Resolução 72/2011, do CNMP. Outrossim, determinada a exoneração dos ocupantes de cargos em desconformidade com a interpretação fixada, no prazo de até vinte dias após a publicação da ata deste julgamento". (ADPF 388, Relator(a): Min. GILMAR MENDES, Tribunal Pleno, julgado em 09/03/2016, PROCESSO ELETRÔNICO DJe-159 DIVULG 29-07-2016 PUBLIC 01-08-2016).

RG ◙ O art. 14, § 5º, da CF deve ser interpretado no sentido de que a proibição da segunda reeleição é absoluta e torna inelegível para determinado cargo de Chefe do Poder Executivo o cidadão que já exerceu dois mandatos consecutivos (reeleito uma única vez) em cargo da mesma natureza, ainda que em ente da Federação diverso.

RECURSO EXTRAORDINÁRIO. REPERCUSSÃO GERAL. REELEIÇÃO. PREFEI-TO. INTERPRETAÇÃO DO ART. 14, § 5º, DA CONSTITUIÇÃO. MUDANÇA DA JURISPRUDÊNCIA EM MATÉRIA ELEITORAL. SEGURANÇA JURÍDICA. I. REE-LEIÇÃO. MUNICÍPIOS. INTERPRETAÇÃO DO ART. 14, § 5º, DA CONSTITUIÇÃO. PREFEITO. PROIBIÇÃO DE TERCEIRA ELEIÇÃO EM CARGO DA MESMA NATU-REZA, AINDA QUE EM MUNICÍPIO DIVERSO. O instituto da reeleição tem fundamento não somente no postulado da continuidade administrativa, mas também no princípio republicano, que impede a perpetuação de uma mesma pessoa ou grupo no poder. O princípio republicano condiciona a interpretação e a aplicação do próprio comando da norma constitucional, de modo que a reeleição é permitida por apenas uma única vez. Esse princípio impede a terceira eleição não apenas no mesmo município, mas em relação a qualquer outro município da federação. Entendimento contrário tornaria possível a figura do denominado "prefeito itinerante" ou do "prefeito profissional", o que claramente é incompatível com esse princípio, que também traduz um postulado de temporariedade/alternância do exercício do poder. Portanto, ambos os princípios – continuidade administrativa e republicanismo – condicionam a interpretação e a aplicação teleológicas do art. 14, § 5º, da Constituição. O cidadão que exerce dois mandatos consecutivos como prefeito de determinado município fica inelegível para o cargo da mesma natureza em qualquer outro município da federação. II. MUDANÇA DA JURISPRUDÊNCIA EM MATÉRIA ELEITORAL. SEGURANÇA JURÍDICA. AN-TERIORIDADE ELEITORAL. NECESSIDADE DE AJUSTE DOS EFEITOS DA DECI-SÃO. Mudanças radicais na interpretação da Constituição devem ser acompanhadas da devida e cuidadosa reflexão sobre suas consequências, tendo em vista o postulado da segurança jurídica. Não só a Corte Constitucional, mas também o Tribunal que exerce o papel de órgão de cúpula da Justiça Eleitoral devem adotar tais cautelas por ocasião das chamadas viragens jurisprudenciais na interpretação dos preceitos constitucionais que dizem respeito aos direitos políticos e ao processo eleitoral. Não se pode deixar de considerar o peculiar caráter normativo dos atos judiciais emanados do Tribunal Superior Eleitoral, que regem todo o processo eleitoral. Mudanças na jurisprudência eleitoral, portanto, têm efeitos normativos diretos sobre os pleitos eleitorais, com sérias repercussões sobre os direitos fundamentais dos cidadãos (eleitores e candidatos) e partidos políticos. No âmbito eleitoral, a segurança jurídica assume a sua face de princípio da confiança para proteger a estabilização das expectativas de todos aqueles que de alguma forma participam dos prélios eleitorais. A importância fundamental do princípio da segurança jurídica para o regular transcurso dos processos eleitorais está plasmada no princípio da anterioridade eleitoral positivado no art. 16 da Constituição. O Supremo Tribunal Federal fixou a interpretação desse artigo 16, entendendo-o como uma garantia constitucional (1) do devido processo legal eleitoral, (2) da igualdade de chances e (3) das minorias (RE 633.703). Em razão do caráter especialmente peculiar dos atos judiciais emanados do Tribunal Superior Eleitoral, os quais regem normativamente todo o processo eleitoral, é razoável concluir que a Constituição também alberga

17

uma norma, ainda que implícita, que traduz o postulado da segurança jurídica como princípio da anterioridade ou anualidade em relação à alteração da jurisprudência do TSE. Assim, as decisões do Tribunal Superior Eleitoral que, no curso do pleito eleitoral (ou logo após o seu encerramento), impliquem mudança de jurisprudência (e dessa forma repercutam sobre a segurança jurídica), não têm aplicabilidade imediata ao caso concreto e somente terão eficácia sobre outros casos no pleito eleitoral posterior. III. REPERCUSSÃO GERAL. Reconhecida a repercussão geral das questões constitucionais atinentes à (1) elegibilidade para o cargo de Prefeito de cidadão que já exerceu dois mandatos consecutivos em cargo da mesma natureza em Município diverso (interpretação do art. 14, § 5º, da Constituição) e (2) retroatividade ou aplicabilidade imediata no curso do período eleitoral da decisão do Tribunal Superior Eleitoral que implica mudança de sua jurisprudência, de modo a permitir aos Tribunais a adoção dos procedimentos relacionados ao exercício de retratação ou declaração de inadmissibilidade dos recursos repetitivos, sempre que as decisões recorridas contrariarem ou se pautarem pela orientação ora firmada. IV. EFEITOS DO PROVIMENTO DO RECURSO EXTRAORDINÁRIO. **Recurso extraordinário provido para: (1) resolver o caso concreto no sentido de que a decisão do TSE no RESPE 41.980-06, apesar de ter entendido corretamente que é inelegível para o cargo de Prefeito o cidadão que exerceu por dois mandatos consecutivos cargo de mesma natureza em Município diverso, não pode incidir sobre o diploma regularmente concedido ao recorrente, vencedor das eleições de 2008 para Prefeito do Município de Valença-RJ; (2) deixar assentados, sob o regime da repercussão geral, os seguintes entendimentos: (2.1) o art. 14, § 5º, da Constituição, deve ser interpretado no sentido de que a proibição da segunda reeleição é absoluta e torna inelegível para determinado cargo de Chefe do Poder Executivo o cidadão que já exerceu dois mandatos consecutivos (reeleito uma única vez) em cargo da mesma natureza, ainda que em ente da federação diverso; (2.2) as decisões do Tribunal Superior Eleitoral que, no curso do pleito eleitoral ou logo após o seu encerramento, impliquem mudança de jurisprudência, não têm aplicabilidade imediata ao caso concreto e somente terão eficácia sobre outros casos no pleito eleitoral posterior.** (RE 637485, Relator(a): Min. GILMAR MENDES, Tribunal Pleno, julgado em 01/08/2012, ACÓRDÃO ELETRÔNICO REPERCUSSÃO GERAL – MÉRITO DJe-095 DIVULG 20-05-2013 PUBLIC 21-05-2013)

RG ◉ **É inconstitucional a nomeação, pelo Chefe do Executivo, de membro do Ministério Público especial para preenchimento de cargo vago de Conselheiro de Tribunal de Contas local quando se tratar de vaga reservada à escolha da Assembleia Legislativa.**

"TRIBUNAL DE CONTAS – COMPOSIÇÃO – "VAGA CATIVA" DA ASSEMBLEIA LEGISLATIVA – EGRESSO DO MINISTÉRIO PÚBLICO – ALCANCE DO ARTIGO 73, § 2º, DA CONSTITUIÇÃO FEDERAL. **Prevalece a regra constitucional de divisão proporcional das indicações entre os Poderes Legislativo e Executivo, revelado o critério da "vaga cativa", sobre a obrigatória indicação de clientelas específicas pelos governadores, inexistente exceção, incluída a ausência de membro do Ministério Público Especial".** (RE 717424, Relator(a): Min. MARCO AURÉLIO, Tribunal

Pleno, julgado em 21/08/2014, ACÓRDÃO ELETRÔNICO REPERCUSSÃO GERAL – MÉRITO DJe-213 DIVULG 29-10-2014 PUBLIC 30-10-2014).

◙ **Transparência no acesso a documentos públicos, sendo o sigilo a exceção.**

"MANDADO DE SEGURANÇA. ATO QUE INDEFERE ACESSO A DOCUMEN-TOS RELATIVOS AO PAGAMENTO DE VERBAS PÚBLICAS. INOCORRÊNCIA DE SIGILO. CONCESSÃO DA ORDEM. 1. **A regra geral num Estado Republicano é a da total transparência no acesso a documentos públicos, sendo o sigilo a exceção. Conclusão que se extrai diretamente do texto constitucional (arts. 1º, caput e parágrafo único; 5º, XXXIII; 37, caput e § 3º, II; e 216, § 2º), bem como da Lei nº 12.527/2011, art. 3º, I. 2. As verbas indenizatórias para exercício da atividade parlamentar têm natureza pública, não havendo razões de segurança ou de intimidade que justifiquem genericamente seu caráter sigiloso.** 3. Ordem concedida". (MS 28178, Relator(a): Min. ROBERTO BARROSO, Tribunal Pleno, julgado em 04/03/2015, ACÓR-DÃO ELETRÔNICO DJe-085 DIVULG 07-05-2015 PUBLIC 08-05-2015)

RG ◙ O parlamentar, na condição de cidadão, pode exercer plenamente seu direito fundamental de acesso a informações de interesse pessoal ou coletivo, nos termos do art. 5º, inciso XXXIII, da CF e das normas de regência desse direito.

DIREITO CONSTITUCIONAL. DIREITO FUNDAMENTAL DE ACESSO À IN-FORMAÇÃO DE INTERESSE COLETIVO OU GERAL. RECURSO EXTRAOR-DINÁRIO QUE SE FUNDA NA VIOLAÇÃO DO ART. 5º, INCISO XXXIII, DA CONSTITUIÇÃO FEDERAL. PEDIDO DE VEREADOR, COMO PARLAMENTAR E CIDADÃO, FORMULADO DIRETAMENTE AO CHEFE DO PODER EXECUTI-VO SOLICITANDO INFORMAÇÕES E DOCUMENTOS SOBRE A GESTÃO MUNI-CIPAL. PLEITO INDEFERIDO. INVOCAÇÃO DO DIREITO FUNDAMENTAL DE ACESSO À INFORMAÇÃO, DO DEVER DO PODER PÚBLICO DE TRANSPARÊN-CIA E DOS PRINCÍPIOS REPUBLICANO E DA PUBLICIDADE. TESE DA MUNICI-PALIDADE FUNDADA NA SEPARAÇÃO DOS PODERES E NA DIFERENÇA ENTRE PRERROGATIVAS DA CASA LEGISLATIVA E DOS PARLAMENTARES. REPER-CUSSÃO GERAL RECONHECIDA. 1. O tribunal de origem acolheu a tese de que o pedido do vereador para que informações e documentos fossem requisitados pela Casa Legislativa foi, de fato, analisado e negado por decisão do colegiado do parlamento. 2. O jogo político há de ser jogado coletivamente, devendo suas regras ser respeitadas, sob pena de se violar a institucionalidade das relações e o princípio previsto no art. 2º da Carta da República. Entretanto, o controle político não pode ser resultado apenas da decisão da maioria. 3. O parlamentar não se despe de sua condição de cidadão no exercício do direito de acesso a informações de interesse pessoal ou coletivo. Não há como se autorizar que seja o parlamentar transformado em cidadão de segunda cate-goria. 4. Distinguishing em relação ao caso julgado na ADI nº 3.046, Relator o Minis-tro Sepúlveda Pertence. 5. Fixada a seguinte tese de repercussão geral: o parlamentar, na condição de cidadão, pode exercer plenamente seu direito fundamental de acesso a informações de interesse pessoal ou coletivo, nos termos do art. 5º, inciso XXXIII, da CF e das normas de regência desse direito. 6. Recurso extraordinário a que se dá provimento. (RE 865401, Relator(a): Min. DIAS TOFFOLI, Tribunal Pleno, julgado em 25/04/2018, ACÓRDÃO ELETRÔNICO REPERCUSSÃO GERAL – MÉRITO DJe-223 DIVULG 18-10-2018 PUBLIC 19-10-2018)

RG ◙ É inconstitucional norma que vincula pensões e proventos de aposentadoria de servidores públicos efetivos a subsídios de agentes políticos.

Embargos de declaração no recurso extraordinário. 2. Direito Administrativo e Direito Previdenciário. 3. Vinculação de pensões e proventos de aposentadoria de servidores públicos efetivos a subsídios de agentes políticos. Inconstitucionalidade material. 4. Alteração de padrão remuneratório. Matéria de iniciativa privativa do Chefe do Poder Executivo. Inconstitucionalidade formal. 5. Repercussão geral reconhecida. Reafirmação de jurisprudência. Art. 323-A do RISTF. Possibilidade. 6. Inexistência de omissão, contradição ou obscuridade. 7. Embargos de declaração rejeitados. (RE 759518 ED, Relator(a): Min. GILMAR MENDES, Tribunal Pleno, julgado em 02/12/2016, PROCESSO ELETRÔNICO DJe-021 DIVULG 03-02-2017 PUBLIC 06-02-2017)

ENTENDIMENTO DO TCU SOBRE O TEMA

ENUNCIADO	DATA	ACÓRDÃO	AUTOR DA TESE
Os benefícios estatuídos pelo IPC (Instituto de Previdência dos Congressistas) podem ser pagos simultaneamente com aposentadoria ou pensão estatutária, uma vez que o IPC era considerado uma entidade fechada de previdência privada.	22/09/2015	AC-7753/15-2	AUGUSTO NARDES
O Instituto de Previdência dos Congressistas (IPC) tem natureza de entidade fechada de previdência privada, razão por que sobre os benefícios dele oriundos não incidem nem o teto remuneratório nem a restrição à percepção cumulativa de proventos e pensões.	02/12/2014	AC-7782/14-2	MARCOS BEMQUERER
Os critérios e as normas referentes à acumulação de cargos e teto constitucional não se aplicam aos benefícios advindos do Instituto de Previdência dos Congressistas (IPC), atualmente custeados pela Câmara dos Deputados e pelo Senado Federal. Aplicam-se, contudo, aos benefícios oriundos da implantação do Plano de Seguridade Social dos Congressistas pela Lei 9.506/1997, ocasião em que foi extinto o IPC.	14/03/2018	AC-0504/18-P	MARCOS BEMQUERER

ENUNCIADO	DATA	ACÓRDÃO	AUTOR DA TESE
Ex-Deputado Federal aposentado por invalidez, sob o regime do Instituto de Previdência dos Congressistas – IPC (Lei 7.087/1982) ou do Plano de Seguridade Social dos Congressistas – PSSC (Lei 9.506/1997), que vier a exercer funções, empregos ou cargos públicos, em qualquer das esferas da Federação ou, ainda, atividade profissional na iniciativa privada, sujeita-se ao cancelamento do benefício, observado o devido processo legal, inclusive reavaliação médica, tendo em vista que o pressuposto da aposentadoria por invalidez é o impedimento de exercício de atividade laboral.	07/02/2018	AC-0198/18-P	WALTON ALENCAR RODRIGUES
É possível a ex-Deputado Federal aposentado por invalidez prestar serviços à Administração Pública, mediante contrato regularmente processado nos moldes da Lei 8.666/1993, em qualquer modalidade e em igualdade de condições com outros eventuais interessados, desde que tal contratação não conduza ao reconhecimento da insubsistência dos pressupostos que fundamentaram a aposentadoria, sob pena de cancelamento do benefício, na forma do art. 46 da Lei 8.213/1991.	07/02/2018	AC-0198/18-P	WALTON ALENCAR RODRIGUES
É possível a ex-Deputado Federal aposentado por invalidez prestar serviços de forma filantrópica ou graciosa, nos termos da Lei 9.608/1998, desde que as atividades desenvolvidas não conduzam ao reconhecimento de insubsistência dos pressupostos que fundamentaram a aposentadoria, sob pena de cancelamento do benefício, na forma do art. 46 da Lei 8.213/1991.	07/02/2018	AC-0198/18-P	WALTON ALENCAR RODRIGUES
A verba indenizatória do exercício parlamentar deve custear despesas de divulgação da atividade ou da atuação do deputado ou senador (divulgação do mandato), não divulgação pessoal do congressista, muito menos gastos de natureza político-eleitoral, pois o ressarcimento de despesas político-eleitoral é vedado constitucionalmente.	17/04/2013	AC-0942/13-P	WALTON ALENCAR RODRIGUES

ENUNCIADO	DATA	ACÓRDÃO	AUTOR DA TESE
Os benefícios oriundos do extinto IPC estão excluídos da incidência do teto (art. 37, inciso XI, da CF/1988) , tanto em razão do contido nas Resoluções 13 e 14/2006 do CNJ, quanto em função da ausência do sistema integrado previsto no art. 3º da Lei 10.887/2004.	10/12/2013	AC-3632/13-P	RAIMUNDO CARREIRO

ASPECTO CONSTITUCIONAL DO TEMA

ART. 37, I, CF - ACESSIBILIDADE AOS CARGOS, EMPREGOS E FUNÇÕES PÚBLICAS

> I – os cargos, empregos e funções públicas são acessíveis aos brasileiros que preencham os requisitos estabelecidos em lei, assim como aos estrangeiros, na forma da lei;

ACESSIBILIDADE

▶ Quanto à acessibilidade, a CF, 37, I, CF, enuncia que os cargos, empregos e funções públicas são acessíveis aos brasileiros que preencham os requisitos estabelecidos em lei, assim como aos estrangeiros, na forma da lei.

Perceba que se tem duas regras: o acesso aos brasileiros que preencham os requisitos estabelecidos em lei e os estrangeiros, na forma da lei. Em um primeiro momento a Lei 8.112/90 traz os requisitos básicos e, portanto, necessários, para o preenchimento do cargo, sem prejuízo de, conforme natureza e a complexidade do cargo ou emprego, a lei exigir outros requisitos.

▶ Os requisitos gerais de acesso ao cargo. (Art. 5º, I a VI da Lei 8.112/90)

Os requisitos gerais de acesso ao cargo em âmbito federal estão previstos nos incisos I a VI, do artigo 5º da Lei 8.112/90. São eles: I – a nacionalidade brasileira; II – o gozo dos direitos políticos; III – a quitação com as obrigações militares e eleitorais; IV – o nível de escolaridade exigido para o exercício do cargo; V – a idade mínima de dezoito anos; VI – aptidão física e mental. Como dito, as atribuições do cargo podem justificar a exigência de outros requisitos estabelecidos em lei. (Art. 5, § 1º). Inclusive o parágrafo único do artigo 10º expressamente enuncia que os demais requisitos para o ingresso e o desenvolvimento do servidor na carreira, mediante promoção, serão estabelecidos pela lei que fixar as diretrizes do sistema de carreira na Administração.

▶ No caso dos cargos públicos federais submetidos à Lei n.º 8.112/1990, o art. 5º do mencionado diploma determina como requisitos básicos para a investidura em cargo público.

"No caso dos cargos públicos federais submetidos à Lei n.º 8.112/1990, o art. 5º do mencionado diploma determina como requisitos básicos para a investidura em cargo público: (1) a nacionalidade brasileira; (2) o gozo dos direitos políticos; (3) a quitação com as obrigações militares e eleitorais; (4) o nível de escolaridade exigido para o exercício do cargo; (5) a idade mínima de 18 anos; e (6) a aptidão física e mental. O art. 5º § lº, da Lei n.º 8.112/1990 expressa que as atribuições do cargo podem justificar a exigência de outros requisitos estabelecidos em lei. (NOHARA, Irene Patrícia. Constituição Federal de 1988: comentários ao capítulo da administração pública: cap. VII do título III: da organização do Estado: artigos 37 a 43 / Irene Patrícia Nohara. – São Paulo: Atlas, 2015". (Coleção direito administrativo positivo; v. 1 / Irene Patrícia Nohara, Marco Antônio Praxedes de Moraes Filho, coordenadores), p. 23)

▶ **Primeiro requisito: *Nacionalidade Brasileira*. Nacionalidade é o vínculo jurídico que une um indivíduo a determinado Estado.**

Para ocupar cargo público é preciso ser brasileiro, nato ou naturalizado, ou português equiparado. Nacionalidade é o vínculo jurídico que une um indivíduo a determinado Estado. O art. 20 da Convenção Americana de Direitos Humanos, assinada em São José da Costa Rica, em 22.11.1969, e promulgada pelo Decreto 678, de 06.11.1992, preconiza que toda pessoa tem direito a uma nacionalidade e à nacionalidade do Estado em cujo território houver nascido, se não tiver direito a outra. Perante o Estado, o indivíduo ou é nacional ou estrangeiro. Nacional é o sujeito natural do Estado. Estrangeiro, por exclusão, é aquele a quem o direito do Estado não atribui a qualidade de nacional, sujeitando-se a outro Estado, de acordo com as regras de Direito Internacional. Por isso, a "definição de Estado é indissociável da ideia de nacionalidade", não sendo compreensível "a existência de um Estado, cuja dimensão humana fosse composta por estrangeiros e cujo governo 'soberano' se encontrasse em mãos de súditos de outros países". (BRANDÃO, 2016, p. 40)

▶ **A nacionalidade é matéria que se sujeita, unicamente, quanto à sua definição, ao poder soberano do Estado.**

Firmada a nacionalidade, o indivíduo passa a integrar o povo de determinado Estado. O povo é o conjunto de nacionais. Aos estrangeiros, no entanto, a Constituição, em seu art. 5º, caput, inc. XV, assegura o direito à vida, à liberdade, à igualdade, à segurança e à propriedade, e, em tempo de paz, garante-lhes a livre a locomoção no território nacional, podendo, nos termos da lei, nele entrar, permanecer ou dele sair com seus bens. A nacionalidade brasileira será primária ou originária, da qual emana a condição de brasileiro nato; ou secundária ou adquirida, da qual resulta o status de brasileiro naturalizado. A nacionalidade primária resulta do nascimento. Decorre de "laços sanguíneos, territoriais, ou de ambos ao mesmo tempo. É unilateral, pois é o Estado que estabelece os critérios para a sua outorga. Pouco importa o desejo humano de adquiri-la. Pelo critério sanguíneo (*ius sanguinis*) considera-se nacional o descendente de outro nacional, independentemente do local de nascimento. De acordo com o critério territorial (*ius soli*) considera-se nacional quem nasce no território de determinado Estado, independentemente de sua ascendência. A Constituição de 1988 adotou ambos os critérios, mas nenhum de forma absoluta, ao tempo em que adicionou critérios outros, como o funcional e o residencial, para identificar os brasileiros.

▶ **Com efeito, é brasileiro nato o nascido na República Federativa do Brasil, ainda que de pais estrangeiros, desde que estes não estejam a serviço de seu país**

Com efeito, é brasileiro nato o nascido na República Federativa do Brasil, ainda que de pais estrangeiros, desde que estes não estejam a serviço de seu país. Na primeira parte da alínea, a Constituição adotou o critério do *ius soli*, ou seja, são brasileiros natos todos aqueles que nascem na República Federativa do Brasil, independentemente de sua ascendência. Prevalece, nessa hipótese, o local do nascimento sobre os laços sanguíneos. A parte final da alínea "a" contém importante ressalva, ou seja, "desde que estes não estejam a serviço de seu país". Significa dizer que se um ou ambos os pais da criança nascida no território brasileiro estiverem "exercendo atividade ligada aos seus respectivos Estados originários", prevalecerão os laços sanguíneos em detrimento do local de nascimento. (BRANDÃO, Júlio Cezar Lima, Comentários ao Estatuto do Servidor Público Federal – Teoria e Prática, 3ª Edição –Revista e Atualizada, Juruá Editora, 2016, p. 41)

▶ **Também é brasileiro nato o nascido no estrangeiro, de pai brasileiro ou mãe brasileira, desde que qualquer deles esteja a serviço da República Federativa do Brasil.**

Também é brasileiro nato o nascido no estrangeiro, de pai brasileiro ou mãe brasileira, desde que qualquer deles esteja a serviço da República Federativa do Brasil. A Constituição adotou o critério *do ius sanguinis* combinado com o critério funcional consubstanciado na expressão "a serviço da República Federativa do Brasil", assim compreendida a União, os Estados, o Distrito Federal, os Municípios e até mesmo os Territórios e as entidades da administração indireta, como as autarquias, fundações e empresas governamentais. Do mesmo modo, é brasileiro nato o nascido no estrangeiro de pai brasileiro ou de mãe brasileira, desde que seja registrado em repartição brasileira competente ou venha a residir na República Federativa do Brasil e opte, em qualquer tempo, depois de atingida a maioridade, pela nacionalidade brasileira. (BRANDÃO, Júlio Cezar Lima, Comentários ao Estatuto do Servidor Público Federal – Teoria e Prática, 3ª Edição –Revista e Atualizada, Juruá Editora, 2016, p. 42)

▶ **A naturalização "é o ato pelo qual alguém adquire a nacionalidade de outro país. Torna-se por conseguinte naturalizado, perdendo a nacionalidade anterior.**

A naturalização "é o ato pelo qual alguém adquire a nacionalidade de outro país. Torna-se por conseguinte naturalizado, perdendo a nacionalidade anterior. Para o seu aperfeiçoamento "é necessária a concorrência de dois fatores: a vontade do naturalizando e a aquiescência do Estado". Depreende-se da Constituição de 1988 que são duas as espécies de naturalização: a) a ordinária e b) a extraordinária. A naturalização ordinária está prevista no art. 12, II, "a", da CF. Será deferida ao estrangeiro, residente no país, que preencha os requisitos estabelecidos em lei, exigidas aos originários de países de língua portuguesa (Portugal, Angola, Moçambique, Guiné Bissau, Açores, Cabo Verde, Príncipe, Goa, Macau, Timor Leste) apenas residência por um ano ininterrupto e idoneidade moral. A naturalização extraordinária está prevista no art. 12, II, "b", da CF. Será deferida ao estrangeiro de qualquer nacionalidade, residente na República Federativa do Brasil há mais de quinze anos ininterruptos e sem condenação penal, desde que requeira a nacionalidade brasileira. Essa espécie de naturalização constitui-se em direito subjetivo do estrangeiro que atende aos requisitos constitucionais. A aplicação dessa regra "pressupõe a prova inequívoca de que o extraditando requereu e obteve a nacionalidade brasileira". (BRANDÃO, Júlio Cezar Lima, Comentários ao Estatuto do Servidor Público Federal – Teoria e Prática, 3ª Edição –Revista e Atualizada, Juruá Editora, 2016, p. 44)

▶ **O requerimento de aquisição da nacionalidade brasileira, previsto na alínea "b" do inciso II do art. 12 da Carta de Outubro, é suficiente para viabilizar a posse no cargo triunfalmente disputado mediante concurso público. Isto quando a pessoa requerente contar com quinze anos ininterruptos de residência fixa no Brasil, sem condenação penal.**

"Com efeito, o simples requerimento [...] é suficiente para viabilizar a posse no cargo triunfalmente disputado mediante concurso público. Isto quando a pessoa requerente contar com quinze anos ininterruptos de residência fixa no Brasil, sem condenação penal. A Portaria de formal reconhecimento da naturalização, expedida pelo Ministro de Estado da Justiça, é de caráter meramente declaratório. Pelo que seus efeitos hão de retroagir à data do requerimento do interessado". (BRANDÃO, Júlio Cezar Lima, Comentários ao Estatuto do Servidor Público Federal – Teoria e Prática, 3ª Edição – Revista e Atualizada, Juruá Editora, 2016, p. 44)

◉ **Neste sentido:** "RECURSO EXTRAORDINÁRIO. CONCURSO PÚBLICO. ESTRANGEIRO. NATURALIZAÇÃO. REQUERIMENTO FORMALIZADO ANTES DA POSSE NO CARGO EXITOSAMENTE DISPUTADO MEDIAN-TE CONCURSO PÚBLICO. INEXISTÊNCIA DE OFENSA À ALÍNEA "B" DO INCISO II DO ARTIGO 12 DA MAGNA CARTA. **O requerimento de aquisi-ção da nacionalidade brasileira, previsto na alínea "b" do inciso II do art. 12 da Carta de Outubro, é suficiente para viabilizar a posse no cargo triunfal-mente disputado mediante concurso público.** Isto quando a pessoa requerente contar com quinze anos ininterruptos de residência fixa no Brasil, sem conde-nação penal. A Portaria de formal reconhecimento da naturalização, expedida pelo Ministro de Estado da Justiça, é de caráter meramente declaratório. Pelo que seus efeitos hão de retroagir à data do requerimento do interessado. Re-curso extraordinário a que se nega provimento". (RE 264848, Relator(a): Min. CARLOS BRITTO, Primeira Turma, julgado em 29/06/2005, DJ 14-10-2005 PP-00012 EMENT VOL-02209-3 PP-00489 RTJ VOL-00196-01 PP-00325)

▶ **Segundo requisito: Gozo dos direitos políticos**

"Direito político é a possibilidade jurídica de o cidadão votar, ser votado e desem-penhar funções em quaisquer dos Poderes da República. Compreende "o conjunto de regras destinadas a regular o exercício da soberania popular e que diz respeito "ao di-reito de participação no processo político como um todo, ao direito ao sufrágio uni-versal e ao voto periódico, livre, direto, secreto e igual, à autonomia de organização do sistema partidário, à igualdade de oportunidade dos partidos". (BRANDÃO, Júlio

Cezar Lima, Comentários ao Estatuto do Servidor Público Federal – Teoria e Prática, 3ª Edição –Revista e Atualizada, Juruá Editora, 2016, p. 44)

▶ **Terceiro requisito: quitação com as obrigações militares e eleitorais.**

O serviço militar é obrigatório, por determinação do art. 143 da CF. A Constituição determina, ainda, que às Forças Armadas compete, na forma da lei, atribuir serviço alternativo aos que, em tempo de paz, após alistados, alegarem imperativo de consciência, entendendo-se como tal o decorrente de crença religiosa e de convicção filosófica ou política, para se eximirem de atividades de caráter essencialmente militar, e isenta do serviço militar obrigatório em tempo de paz, as mulheres e os eclesiásticos, sujeitando-os, porém, a outros encargos que a lei lhes atribuir. (BRANDÃO, Júlio Cezar Lima, Comentários ao Estatuto do Servidor Público Federal – Teoria e Prática, 3ª Edição –Revista e Atualizada, Juruá Editora, 2016, p. 45)

▶ **Fundamento da exigência de quitação com as obrigações militares para assunção de cargo público**

"Cretella Jr. anota que é fácil entender o fundamento da exigência de quitação com as obrigações militares para assunção de cargo público, "pois não se pode admitir que o cidadão usufruindo diversas regalias, concedidas pelo Estado, não tenha o dever de, em retribuição, suportar ônus relativamente pequeno, qual seja o de dedicar pequeno período da vida em adestrar-se no exercício de atividade concernente à defesa da pátria, a fim de que possa defendê-la, caso isso se faça necessário" (BRANDÃO, Júlio Cezar Lima, Comentários ao Estatuto do Servidor Público Federal – Teoria e Prática, 3ª Edição –Revista e Atualizada, Juruá Editora, 2016, p. 45)

▶ **No ato da posse o candidato deverá apresentar o seu certificado de reservista ou o certificado de dispensa de incorporação.**

"No ato da posse o candidato deverá apresentar o seu certificado de reservista ou o certificado de dispensa de incorporação. Já o alistamento eleitoral e o voto são obrigatórios para os maiores de dezoito anos e facultativos para os analfabetos, maiores de setenta anos e para os maiores de dezesseis e menores de dezoito anos. Não podem alistar-se como eleitores os estrangeiros e, durante o período do serviço militar obrigatório, os conscritos". (BRANDÃO, Júlio Cezar Lima, Comentários ao Estatuto do Servidor Público Federal – Teoria e Prática, 3ª Edição –Revista e Atualizada, Juruá Editora, 2016, p. 45)

▶ **Quarto requisito: nível de escolaridade exigido para o exercício do cargo.**

Para ser investido em cargo público o cidadão aprovado em concurso público deverá comprovar que possui a escolaridade necessária para o exercício cargo, mediante apresentação de certificado ou diploma de conclusão de curso. (BRANDÃO, Júlio Cezar Lima, Comentários ao Estatuto do Servidor Público Federal – Teoria e Prática, 3ª Edição –Revista e Atualizada, Juruá Editora, 2016, p. 45)

▶ **Essa comprovação, no entanto, será exigida pela Administração na posse e não no momento da inscrição em concurso público.**

Essa comprovação, no entanto, será exigida pela Administração na posse e não no momento da inscrição em concurso público.

▶ **Quinto requisito: idade mínima de dezoito anos**

A lei exige a idade mínima de dezoito anos para que o cidadão possa ser titular de cargo público, cuja comprovação será feita no ato de posse e não no momento da inscrição, tendo em vista que a idade mínima é requisito para o exercício do cargo e não de inscrição em concurso público.

▶ **Sexto requisito: aptidão física e menta.**

Exige-se, ainda, de quem pretende investir-se em cargo público, a aptidão física e mental. Alguns cargos públicos – das polícias de um modo geral – exigem do candidato boas condições físicas e psicológicas, o que legitima a exigência de testes físico e psicológico. Avaliação psicológica – denominação utilizada em substituição à expressão "exame psicotécnico", a partir do advento do Decreto 7.308, de 22.09.2010, que alterou o Decreto 6.944, de 21.08.2009 – é o emprego de procedimentos científicos destinados a aferir a compatibilidade das características psicológicas do candidato com as atribuições do cargo. Se durante a avaliação médica for constatada a existência de doença grave, incurável ou contagiosa, indicada no art. 186, § 1º, desta Lei, o candidato não poderá ser empossado. Por isso que se entende como nula de pleno direito, por exemplo, a investidura de alienado mental em cargo público. (BRANDÃO, Júlio Cezar Lima, Comentários ao Estatuto do Servidor Público Federal – Teoria e Prática, 3ª Edição –Revista e Atualizada, Juruá Editora, 2016, p. 47)

▶ **O princípio da ampla acessibilidade repugna exigências, ainda que legais, que sejam excessivas, descabidas ou inoportunas ou que atinjam a própria razão de existir e os objetivos do concurso público.**

"Essas lições amoldam-se perfeitamente ao controle das espécies normativas e demais atos administrativos que se relacionem com concursos públicos. Inicialmente, relembre-se que os cargos, empregos e funções públicas são acessíveis aos brasileiros que preencham os requisitos estabelecidos em lei, assim como aos estrangeiros, na forma da lei. A lei que estabelece os requisitos para acesso não pode ser desarrazoada, contendo exigências absurdas que em nada se relacionam com o exercício dos misteres que caracterizam o cargo ou emprego público. O princípio também repugna exigências, ainda que legais, excessivas, descabidas ou inoportunas, que atinjam a própria razão de existir e os objetivos do concurso público. Por tais motivos, as regras – incluindo os critérios de correção – definidas pelos editais devem ser plausíveis, lógicas, enfim, razoáveis." (DI PIETRO, Maria Sylvia Zanella, MOTTA, Fabrício, FERRAZ, Luciano de Araújo. Servidores públicos na Constituição Federal. 3ª. ed. – São Paulo: Atlas, 2015, p. 46)

▶ **O inciso I do art. 37 da Constituição Federal estatui que os cargos, empregos e funções públicas são acessíveis aos brasileiros que preencham os requisitos estabelecidos em lei e aos estrangeiros na forma da lei.**

"O dispositivo em apreço deixa claro que não só os brasileiros, mas os estrangeiros, também, podem ascender a cargos, empregos e funções públicas, e, como não há qualquer restrição, entende-se que tanto os natos como os naturalizados têm esse direito, embora essa generalização não seja mais necessária, pois os estrangeiros gozam de idêntico direito. Assim, resta incontroverso que estrangeiros, desde a vigência da EC n. 19, têm, em qualquer esfera governamental, possibilidade de titularizar cargo, emprego ou função pública. Os portugueses com residência permanente em nosso país, se houvesse reciprocidade em favor dos brasileiros (art. 12, II, e § 1º da CF) já podiam titularizar cargo, função ou emprego público. As universidades, desde o advento da EC n. 11 de 1996, podiam admitir professores, técnicos e cientistas estrangeiros. Não há, portanto, qualquer restrição à acessibilidade a cargos, empregos e funções, nas Administrações direta ou indireta, de estrangeiros. A admissão de estrangeiros depende da existência da lei mencionada no inciso I do art. 37 da Lei Maior Federal. Somente com o advento dessa lei e nos termos e condições por ela fixados essa admissão será possível." (GASPARINI, Diógenes, Direito administrativo – 14ª. ed. – São Paulo: Saraiva, 2009, p. 176)

▶ **Princípio constitucional da ampla acessibilidade: na forma da lei**

"O art. 37, I, estipula o princípio da ampla acessibilidade, na forma da lei, aos cargos, empregos e funções. Tanto os cargos como os empregos públicos são providos originariamente mediante a realização de procedimento prévio de concurso público, à exceção dos cargos em comissão, de livre nomeação e exoneração." (NOHARA, Irene Patrícia. Constituição Federal de 1988: comentários ao capítulo da administração pública: cap. VII do título III: da organização do Estado: artigos 37 a 43 / Irene Patrícia Nohara. – São Paulo: Atlas, 2015. (Coleção direito administrativo positivo; v. 1 / Irene Patrícia Nohara, Marco Antônio Praxedes de Moraes Filho, coordenadores), p. 22)

▶ **O primeiro princípio constitucional atinente à generalidade dos servidores da Administração direta, indireta ou fundacional é o da acessibilidade aos cargos, empregos e funções públicas.**

"O primeiro princípio constitucional atinente à generalidade dos servidores da Administração direta, indireta ou fundacional é o da acessibilidade aos cargos, empregos e funções públicas a todos os brasileiros que preencham os requisitos estabelecidos em lei (art. 37, I), mediante concurso público, de provas ou de provas e títulos, com ressalva das nomeações para cargo em comissão, declarados, em lei de livre nomeação e exoneração (art. 37, II). A lei em causa será da entidade a que pertença o cargo, uma vez que União, Estados, Distrito Federal e Municípios legislam cada qual para os próprios serviços. Mesmo estes cargos em comissão e as funções de confiança, na conformidade do inciso V do mesmo artigo, devem ser exercidos, preferencialmente, por servidores ocupantes de cargo de carreira técnica ou profissional, nos termos e condições previstos em lei. Isto é, por agentes que acederam por concurso quando de seu ingresso. Reforça-se nisto o propósito constitucional estampado nos incicos I e II." (BANDEIRA DE MELLO, Celso Antônio. Regime dos servidores da administração direta e indireta (Direitos e deveres), 11ª edição, Editora Malheiros, 1991, p. 47)

▶ **Os princípios da acessibilidade e do concurso público para preenchimento de cargos, funções e empregos aplicam-se tanto à Administração direta quando à Administração indireta e fundacional.**

"Por tudo isto, é certo e de certeza absoluta que os princípios da acessibilidade e do concurso público para preenchimento de cargos, funções e empregos aplicam-se tanto à Administração direta quando à Administração indireta e fundacional. A conseqüência de sua inobservância numa ou noutra é, consoante o § 2º do art. 37, a nulidade do ato de provimento e a punição da autoridade responsável." (BANDEIRA DE MELLO, Celso Antônio. Regime dos servidores da administração direta e indireta (Direitos e deveres), 11ª edição, Editora Malheiros, 1991, p. 53)

▶ **A acessibilidade diz respeito às condições e modos pelos quais são propiciadas, aos cidadãos, oportunidades de exercer os cargos, funções e empregos públicos.**

"A acessibilidade diz respeito às condições e modos pelos quais são propiciadas, aos cidadãos, oportunidades de exercer os cargos, funções e empregos públicos. Nos termos do art. 37, I, da CF, com a redação dada pela Emenda Constitucional 19/98, os cargos, empregos e funções públicas são acessíveis aos brasileiros que preencham os requisitos estabelecidos em lei, assim como aos estrangeiros, na forma da lei. Hoje o preceito possibilita que brasileiros e estrangeiros tenham acesso a cargos, empregos e funções públicas, nas condições fixadas em lei. A Emenda Constitucional 11, de 30.04.1996, já acrescentara dois parágrafos ao art. 207 da CF, para facultar às universidades e às instituições de pesquisa científica e tecnológica a admissão de professores, técnicos e cientistas estrangeiros, na forma da lei." (MEDAUAR, Odete. *Direito Administrativo Moderno*, 20ª edição, Editora Revista dos Tribunais, São Paulo, 2016, p. 324)

▶ **A conformação legal do princípio da ampla acessibilidade.**

"Cabe à lei conformar o princípio da ampla acessibilidade, estabelecendo os requisitos necessários para o acesso aos cargos, empregos e funções públicas. A lei a que se refere é editada pelo ente político responsável pela criação do cargo, emprego ou função. É extreme de qualquer dúvida que a lei, nesta situação, está adstrita à obediência das normas constitucionais, sejam elas princípios ou regras. Importa afirmar, por exemplo, que os requisitos legais devem ser razoáveis, obrigatoriamente ligados à natureza e à complexidade das atribuições, sob pena de inconstitucionalidade." (CANOTILHO. J. J. Gomes. [et al.]. Comentários à Constituição do Brasil– São Paulo: Saraiva/Almedina, 2013, p. 826)

▶ **"Livre escolha" para os cargos de provimento em comissão, declarados, por lei, de livre nomeação e exoneração**

"É o processo de ingresso no quadro de pessoal da Administração Pública direta, autárquica e fundacional pública de pessoas físicas, independentemente de concurso.

A autoridade competente para nomear escolhe, observados os requisitos legais, o futuro servidor. Por essa forma são preenchidos os cargos de provimento em comissão, declarados, por lei, de livre nomeação e exoneração (art. 37, II, da CF). A escolha não é absolutamente livre como era antes, pois tais cargos deverão ser preenchidos por servidores de carreira nos casos, condições e percentuais mínimos previstos em lei (art. 37, V, da CF). Tais cargos, nos termos desse inciso, destinam-se apenas às atribuições de direção, chefia e assessoramento. Dita lei será da competência de cada uma das entidades federadas (União, Estado-Membro, Distrito Federal, Município). O número de deliberações e o quorum de aprovação serão os fixados no Regimento Interno da Casa de Leis competente. Para a livre escolha não se põe a problemática do deficiente, como vimos no número anterior. Assim, desde que goze da confiança da autoridade com poder de escolha e nomeação e seja qualificado pela equipe médica para o exercício do cargo, sua nomeação será legal". (GASPARINI, Diógenes, Direito administrativo – 14ª. ed. – São Paulo: Saraiva, 2009, p. 183)

▶ **Processo seletivo público referente à contratação de agentes comunitários de saúde e agentes de combate às endemias.**

"A Emenda Constitucional n. 51, de 14 de fevereiro de 2006, acrescentou ao art. 198 da Constituição Federal os §§ 4º, 5º e 6º. Pelo § 4º, "os gestores locais do Sistema Único de Saúde poderão admitir agentes comunitários de saúde e agentes de combate às endemias por meio de processo seletivo público, de acordo com a natureza e a complexidade de suas atribuições e requisitos específicos para sua atuação". A emenda em apreço não oferece um conceito para esse processo seletivo público, mas deixa a cargo de cada entidade integrante do Sistema Único de Saúde – SUS a atribuição para regulamentar, via decreto, sua realização, embora se possa imaginar válida essa regulamentação a cada processo seletivo público pela via do respectivo edital. Observe-se que não se submetem ao processo seletivo público, prescreve o parágrafo único do art. 2º da referida emenda constitucional, os profissionais que, na data da sua promulgação e a qualquer título, desempenharem as atividades de agentes comunitários de saúde e de agentes de combate às endemias, desde que contratados a partir de anterior processo de seleção pública. A Emenda Constitucional n. 63/2010, ao seu turno, alterou novamente o § 5º do art. 198, que passou a contar com a seguinte redação: "Lei federal disporá sobre o regime jurídico, o piso salarial profissional nacional, as diretrizes para os Planos de Carreira e a regulamentação das atividades de agente comunitário de saúde e agente de combate às endemias, competindo à União, nos termos da lei, prestar assistência financeira complementar aos Estados, ao Distrito Federal e aos Municípios, para o cumprimento do referido piso salarial". A Lei n. 11.350/2006 regulamentou o § 5º do art. 198 e dispôs sobre o aproveitamento de pessoal amparado pelo parágrafo único do art. 2º da Emenda Constitucional n. 51/2006. De acordo com o art. 9º da Lei n. 11.350, "a contratação de Agentes Comunitários de Saúde e de Agentes de Combate às Endemias deverá ser precedida de processo seletivo público de provas ou de provas e títulos, de acordo com a natureza e a complexidade de suas atribuições e requisitos específicos para o exercício das atividades, que atenda aos princípios de legalidade, impessoalidade, moralidade, publicidade e eficiência". A lei remeteu aos órgãos da Administração direta dos Estados, do Distrito Federal ou dos Municípios certificar, em cada caso, a existência de anterior processo de seleção pública, para efeito da dispensa referida na aludida emenda constitucional. O mesmo diploma determinou a submissão dos Agentes ao regime jurídico trabalhista, salvo se, no caso dos Estados, do Distrito Federal e dos Municípios, lei local dispuser de forma diversa. A mesma lei ainda limitou as possibilidades de rescisão unilateral do contrato de trabalho, por parte da Administração, de acordo com o regime jurídico adotado, à ocorrência de uma das seguintes hipóteses: I – prática de falta grave, dentre as enumeradas no art. 482 da Consolidação das Leis do Trabalho; II – acumulação ilegal de cargos, empregos ou funções públicas; III – necessidade de redução de quadro de pessoal, por excesso de despesa, nos termos da Lei n. 9.801, de 14 de junho de 1999; ou IV – insuficiência de desempenho, apurada em procedimento no qual se assegurem pelo menos um recurso hierárquico dotado de efeito suspensivo (art. 10). Por não se tratar de concurso público, pode-se afirmar que o processo seletivo público deverá ser menos demorado na sua execução e menos burocratizado, sem descurar do atendimento ao princípio da igualdade e da necessidade de selecionar os melhores candidatos para a execução dos serviços almejados". (GASPARINI, Diógenes, Direito administrativo – 14ª. ed. – São Paulo: Saraiva, 2009, p. 184)

REQUISITOS ESTABELECIDOS EM LEI

▶ **Os requisitos para a acessibilidade hão de estar estabelecidos em lei.**

"Os requisitos para a acessibilidade a que alude o art. 37, I – como nele claramente se lê —, hão de estar estabelecidos em lei; não, portanto, em atos subalternos, próprios da Administração, como os regulamentos, portarias ou editais de concurso. Donde, nem lei poderia, sem ofender o art. 37, I, sem agravar o princípio da independência e harmonia dos Poderes (art. 2º), sem atentar contra a repartição das competências (arts. 44-49, 76-84 e 92 e ss.) e sem violar o cânone básico segundo o qual "ninguém será obrigado a fazer ou deixar de fazer alguma coisa senão em virtude de lei" (art. 5º, II), transferir genericamente a sujeitos administrativos a fixação dos requisitos para a acessibilidade aos cargos funções e empregos. Assim, também, os cargos em comissão, para os quais se dispensa concurso (art. 37, II, última parte), serão unicamente aqueles por tal modo qualificado em lei, valendo, pois, a mesma averbação que se vem de fazer com respeito à acessibilidade. Em todos estes casos, a lei mencionada será federal, estadual, municipal, ou distrital, conforme se trate de cargo pertencente a uma ou outra destas esferas. Cada qual legisla para si, respeitados os princípios constitucionais e obedecida a legislação federal pertinente às "condições para o exercício das profissões" (art. 22, XVI). Estados fazem-no com fundamento no art. 25 e § 1 º, Municípios estribados nos arts. 30, I e V, e Distrito Federal assentando-se no art. 32, § 1º. No caso da União, sua competência legislativa para dispor sobre os próprios serviços há de ser considerada implícita, pois o constituinte esqueceu- se de prevê-la." (BANDEIRA DE MELLO, Celso Antônio. Regime dos servidores da administração direta e indireta (Direitos e deveres), 11ª edição, Editora Malheiros, 1991, p. 59/60)

▶ **O dispositivo constitucional faz referência à lei, não admitindo o estabelecimento de exigências por ato normativo inferior.**

"Não obstante, parece claro que o dispositivo constitucional faz referência à lei, não admitindo o estabelecimento de exigências por ato normativo inferior. Ainda que os regulamentos, editais de concurso público e outros atos normativos possam debulhar os conceitos legais e estabelecer regras procedimentais, não se admite que possam trazer exigências ou requisitos que exorbitem das prescrições legais." (CANOTILHO. J. J. Gomes. [et al.]. Comentários à Constituição do Brasil– São Paulo: Saraiva/Almedina, 2013, p. 826)

▶ <u>No mesmo sentido:</u> O foco deste ensaio é chegar à conclusão, frente ao ordenamento jurídico pátrio, se os requisitos necessários para um candidato assumirem um cargo público devem estar previstos na lei, seja de forma genérica ou em lei específica que criou o cargo, ou se podem ser criados e exigidos pelo edital do certame. O Princípio da legalidade se manifesta no Ordenamento Pátrio, mesmo dentro do próprio Direito Administrativo, por diversos modos distintos. Após todo desenvolvimento, concluímos, em harmonia com a doutrina pátria, que a Administração Pública só pode agir se houver lei autorizando ou determinando a conduta. Por outras palavras: o desenvolvimento das atividades administrativas está subordinado à lei, o que significa que a Administração apenas pode agir se houver legitimidade – leia-se lei.

▶ <u>No mesmo sentido:</u> "..a atividade administrativa deve não apenas ser exercida sem contraste com a lei, mas, inclusive, só pode ser exercida nos termos de autorização contida no sistema legal." (BANDEIRA DE MELLO, Celso Antônio, Curso de Direito Administrativo. 29. ed. São Paulo: Malheiros, 2012. p. 79).

▶ <u>No mesmo sentido:</u> "Reza o art. 37, I, da CF/88 que "os cargos, empregos e funções públicas são acessíveis aos brasileiros que preencham os requisitos estabelecidos em lei, assim como aos estrangeiros, na forma da lei". Veja-se que, por força do mandamento constitucional acima transcrito, a lei deverá estabelecer os requisitos para o acesso aos cargos, empregos e funções públicas. O art. 37, II, da CF188, à sua vez, estabelece que o concurso público é ato-condição 79 para a investidura nos cargos e empregos públicos. Da interpretação conjugada dos incisos 1 e II do art. 37 da Constituição da República chega-se à conclusão de que, em linha de princípio, os requisitos deverão ser exigidos por ocasião da investidura, a qual se aperfeiçoa com a posse, em se tratando de cargos, ou no momento da contratação, no caso de empregos públicos, visto que são condições de ingresso no serviço público, a não ser que a sua implementação prévia constitua pressuposto para a própria realização do concurso, que é o antecedente lógico-jurídico para o acesso profissional do cidadão ao Poder Público". (BANDEIRA DE MELLO, Celso Antônio, Curso de Direito Administrativo. 29. ed. São Paulo: Malheiros, 2012. p. 98).

◉ <u>No mesmo sentido:</u> "1. **<u>O art. 37, inciso I, da CF/88 prevê expressamente a necessidade da existência de lei em sentido formal e material para fins de restrições ou requisitos de acessos aos cargos, empregos e funções públicas.</u>** 2.

33

A Lei n. 11.091/2005, que dispõe sobre a estruturação do Plano de Carreira dos Cargos Técnico-Administrativos em Educação, no âmbito das Instituições Federais de Ensino vinculadas ao Ministério da Educação, prevê, como requisito para ingresso no cargo de Auditor, a necessidade de conclusão de curso superior em Economia, Direito ou Ciências Contábeis." (REO 0007233-45.2016.4.01.3000/AC, Rel. Desembargador Federal Kassio Nunes Marques, Conv. Juiz Federal Eduardo Morais Da Rocha (conv.), Sexta Turma, e-DJF1 p. de 23/03/2018).

▶ **No mesmo sentido:** "(...) Da leitura conjugada dos dispositivos constitucionais acima transcritos, chega-se à inarredável conclusão de que não basta a lei estabelecer os requisitos imprescindíveis para o exercício dos cargos e empregos públicos. É preciso, ainda, que a lei estabeleça requisitos que guardem relação de compatibilidade com a natureza do cargo ou do emprego público, nos termos do art. 39, § 3, in [me, da Constituição da República, que consagra expressamente o princípio da razoabilidade na questão atinente ao acesso do cidadão às fileiras profissionais do Poder Público. Embora essa disposição constitucional faça menção apenas a cargos públicos, entendemos que ela também se aplica aos empregos públicos, visto que não haveria razão plausível para a restrição, na medida em que os os empregos públicos, por força dos princípios da razoabilidade e da igualdade, também devem ter requisitos diferenciados quando a contratação os exigir." (BANDEIRA DE MELLO, Celso Antônio, Curso de Direito Administrativo. 29ª. ed. São Paulo: Malheiros, 2012. p. 102)

◉ **Não pode o edital criar restrições ao acesso a cargo público não previstas na lei que regulamenta o exercício da respectiva profissão.**

"...I – Não pode o edital criar restrições ao acesso a cargo público não previstas na lei que regulamenta o exercício da respectiva profissão. II – "'É pacífico o entendimento dessa Corte no sentido de que a regra geral é o acesso de todos aos cargos públicos, salvo limitações decorrentes de lei. Entretanto, elas só serão legitimas se forem fixadas, de forma razoável, para atender às exigências das funções do cargo' (STF/T2, AI 719268 AgR, Rel. Min. Ellen Gracie). Se a lei não exige título de especialista para acesso ao cargo de Psicólogo, área clínica, do Plano de Carreira dos Cargos Técnico-Administrativos em Educação, no âmbito das Instituições Federais de Ensino, não pode prevalecer a restrição estabelecida no edital vergastado." (AC 0019976-23.2008.4.01.3500/GO, 5ª Turma, Rel. Juiz Federal, convocado, Evaldo de Oliveira Fernandes, filho, e-DJF1 de 4.12.2015, pág. 1.892). III – Hipótese dos autos em que a Lei nº 6.684/1979, que regulamenta as profissões de Biólogo e de Biomédico, estipula em seu artigo 21, como condição essencial para o exercício das respectivas atividades, tão somente a apresentação prévia da carteira profissional emitida pelo respectivo conselho ou de certidão do Conselho Regional de que o profissional está no exercício de seus direitos, de modo que não é válida a exigência prevista no edital do certame, de inscrição há, no mínimo, 3 anos no Conselho que fiscaliza a profissão. IV – Remessa oficial a que se nega provimento." (REOMS 0044347-41.2014.4.01.3500/GO, Rel. Desembargador Federal Jirair Aram Meguerian, Sexta Turma, e-DJF1 p. de 06/04/2018)"

◉ **Neste sentido, se manifestou o SUPREMO TRIBUNAL FEDERAL:** "AÇÃO DIRETA DE INCONSTITUCIONALIDADE. LIMINAR. CONCURSO PÚBLI-CO. JUIZ DO TRABALHO SUBSTITUTO. REQUISITOS. IMPOSIÇÃO VIA ATO DO TRIBUNAL SUPERIOR DO TRABALHO. "Apenas a lei em sentido formal (ato normativo emanado do Poder Legislativo) pode estabelecer requisitos que condicionem ingresso no serviço público. As restrições e exigências que emanem de ato administrativo de caráter infra legal revestem-se de inconstitucionalidade." (Jose Celso de Mello Filho em "Constituição Federal Anotada"). Incompatibilidade da imposição de tempo de prática forense e de graduação no curso de Direito, ao primeiro exame, com a ordem constitucional." (ADI 1188 MC/DF, Relator Ministro Marco Aurélio, Tribunal Pleno, julgado em 23/02/1995).

◉ **Neste sentido:** "AGRAVO REGIMENTAL NO AGRAVO DE INSTRUMEN-TO. EXIGÊNCIA DE ALTURA MÍNIMA PARA O INGRESSO NOS QUADROS DA POLÍCIA MILITAR DO DISTRITO FEDERAL. INEXISTÊNCIA DE LEI FORMAL RESTRITIVA DE DIREITO. FIXAÇÃO EM EDITAL. IMPOSSIBILI-DADE. Concurso público para o cargo de policial militar do Distrito Federal. Altura mínima. Impossibilidade de sua inserção em edital de concurso. Norma restritiva de direito que somente na lei tem sua via adequada. Agravo regimental a que se nega provimento." (AI 518863 AgR/DF, Relator Min. Eros Grau, Primeira Turma, Julgado em 23/08/2005).

◉ **Neste sentido:** "AÇÃO DIRETA DE INCONSTITUCIONALIDADE – LIMI-NAR – CONCURSO PÚBLICO – JUIZ DO TRABALHO SUBSTITUTO – RE-QUISITOS – IMPOSIÇÃO VIA ATO DO TRIBUNAL SUPERIOR DO TRA-BALHO. Exsurgindo a relevância jurídica do tema, bem como o risco de serem mantidos com plena eficácia os dispositivos atacados, impõem-se a concessão de liminar. Isto ocorre no que previstos, em resolução administrativa do Tribunal Superior do Trabalho, requisitos para acesso ao cargo de juiz estranhos a ordem jurídica. Apenas a lei em sentido formal (ato normativo emanado do Poder Legislativo) pode estabelecer requisitos que condicionem ingresso no serviço público. As restrições e exigências que emanem de ato administrativo de caráter infra legal revestem-se de inconstitucionalidade. (Jose Celso de Mello Filho em Constituição Federal Anotada). Incompatibilidade da imposição de tempo de prática forense e de graduação no curso de Direito, ao primeiro exame, com a ordem constitucional." (ADI 1188 MC/DF, rel.: Min. Marco Aurélio, j. 23/02/1995).

▶ **Tanto os requisitos intrínsecos (exigências para assumir o cargo em si) como extrínsecos (exigências feitas em concursos públicos) são submetidos à regra da reserva legal.**

Talvez, quanto aos requisitos extrínsecos, o inciso II do artigo 37 da Carta Magna se encaixe melhor. Apenas para que não fiquemos só na teoria, vejamos alguns dispositivos da Lei 8.112/90, que dispõe sobre o regime geral dos servidores públicos da União, Autarquias e Fundações Públicas. Art. 5º São requisitos básicos para investidura em cargo público: I – a nacionalidade brasileira; II – o gozo dos direitos políticos; III – a quitação com as obrigações militares e eleitorais; IV – o nível de escolaridade exigido para o exercício do cargo; V – a idade mínima de dezoito anos; VI – aptidão física e mental. § 1º As atribuições do cargo podem justificar a exigência de outros requisitos estabelecidos em lei. Percebe-se que todas as exigências constantes nos seis incisos do artigo 5º são requisitos intrínsecos ao provimento do cargo público federal. Já o parágrafo 1º do referido artigo abre margens à possibilidade de novos requisitos (extrínsecos), como é o caso do exame psicotécnico, investigação social, prova física etc., mas, lembre-se, desde que as atribuições do cargo possam justificar tal exigência. Deste modo, não pode o edital inovar e criar exigências sem respaldo legal, pois além de afrontar a legalidade, princípio genérico direcionado a toda Administração Pública, também estará violando o princípio específico da competitividade, ou, da ampla acessibilidade aos cargos públicos.

▶ **Há delegação disfarçada de competência quando se transfere o poder de criar os requisitos de acesso ao cargo ao administrador público.**

É interessante notar que delegar ao edital a possibilidade de impor os requisitos de acesso ao cargo é, muitas vezes e de forma transversa, participar ativamente da criação do cargo por meio deste instrumento, o que é uma verdadeira arbitrariedade e inversão de valores. Veja-se que o cargo público deve ser criado por lei (ou ato de igual idoneidade). Não se cria cargo por meio de decreto, editais ou outros atos administrativos normativos. Quando o cargo é criado o certo é já dizer quais são suas atribuições (competências do agente após assumir o cargo) e os requisitos de acesso ao mesmo (escolaridade, quitação com as obrigações eleitorais, etc.). É muito comum ter-se uma carreira disciplinada por meio de lei e muitas vezes dali também se extraírem algumas competências. Ou, ainda, uma primeira lei cria o cargo, suas atribuições, requisitos e novas leis apenas aumentam o quantitativo. Mas, perceba: teve uma lei que criou o cargo e disciplinou quais são os requisitos necessários para que alguém possa assumir o mesmo! Desta maneira, a título de exemplo, caso uma lei não exija pós-graduação como condição para que o candidato aprovado em concurso tome posse, não pode, sob nenhum aspecto, o edital fazer esta previsão. Mesmo que o gestor não concorde com essas exigências, esta não é a maneira de solucionar o problema. Não se busca solucionar um problema utilizando-se de um mecanismo ilegal! Atualmente as exigências para provimento de determinado cargo devem ser maiores? Ótimo! Que se faça um projeto de lei e submeta o mesmo ao devido processo legislativo para que isso, democraticamente, passe a valer e para todos! Mas, sob nenhum aspecto, há embasamento para estipulação de requisitos de acesso aos cargos por meio de editais, por mais conveniente que isso seja à Administração. A conveniência/oportunidade administrativa tem vários limites e um é bem claro e intransponível que é a Lei e o Poder Judiciário não pode, sob nenhum aspecto, compactuar com esta ilegalidade, caso contrário, ao invés de estar fazendo um bem à sociedade, está estimulando o Poder Público se acostumar com a "inércia da omissão", de um Judiciário paterno.

◙ **Os requisitos para assumir o cargo devem estar na lei, não podendo o edital ampliá-los.**

"ADMINISTRATIVO. CONCURSO PÚBLICO. CARGO DE PROFESSOR NÍVEL 3. PÓS-GRADUAÇÃO. EXIGÊNCIA. AUSÊNCIA DE PREVISÃO NA LEGISLAÇÃO ESTADUAL. 1. Trata-se de recurso ordinário em que se discute a ilegalidade do Edital nº 002/GDRH/SEAD/2010 ao exigir diploma de pós-graduação em área de tecnologias ou informática, para o cargo de Professor Nível 3 – Multimídias integradas – da Secretaria de Estado da Educação de Rondônia, uma vez que a lei da educação estadual – Lei Complementar nº 420/2008 – prevê apenas a exigência de diploma em ensino superior. 2. Dispõe o art. 5º, inciso III, da Lei Complementar Estadual nº 420/08, que cuida do Plano de Carreira, Cargos e Remuneração dos Profissionais da Educação Básica do Estado de Rondônia que para o cargo de Professor Nível 3 é necessário "formação em curso superior de licenciatura plena, Normal Superior ou outra graduação correspondente à áreas de conhecimento específicas, do currículo escolar, em nível de bacharelado com licenciatura plena; Habilitação pedagógica nas áreas de administração escolar, supervisão escolar, orientação educacional e magistério superior Indígena." 3. O edital do certame exigiu para o Cargo de Professor Nível 3 – Multimídias Integradas – formação em curso superior de graduação em pedagogia ou outra licenciatura ou bacharel com complementação pedagógica' em qualquer área da educação com Pós--Graduação específica da área de Tecnologias ou Informática reconhecidos pelo MEC. 4. **Comparando-se o texto da Lei Complementar Estadual nº 420/2008 e o edital do certame, verifica-se que a exigência de Pós-Graduação não encontra previsão na legislação estadual, não podendo ser cobrada para a admissão no referido cargo. 5. Recurso ordinário provido.**" (RMS 33.478/RO, Rel. Ministro MAURO CAMPBELL MARQUES, SEGUNDA TURMA, julgado em 21/03/2013, DJe 01/04/2013)

◙ **Neste sentido:** "APELAÇÃO CÍVEL CONCURSO PÚBLICO CARGO DE CIRURGIÃO DENTISTA DESCLASSIFICAÇÃO DO APELANTE – EXIGÊNCIA DE ESPECIALIDADE REQUISITO NÃO PREVISTO NA LEI INSTITUIDORA DO CARGO OU REGULAMENTADORA DA PROFISSÃO IMPOSSIBILIDADE PRINCÍPIO DA LEGALIDADE CF, ART. 37, INC. I – RECURSO CONHECIDO E PROVIDO. 1) Embora o Edital nº 001/2011, em seu Anexo I, indique como escolaridade exigida para a função de cirurgião dentista/buco-maxilo, além de curso superior completo em Odontologia e registro no Conselho Regional de Classe, o título de especialista na área a que concorre (fl. 39), esta última exigência não encontra ressonância na legislação federal e municipal que disciplina a matéria. 2) A Lei Municipal nº 1.824/1995, que estabelece o plano de carreira e vencimentos dos servidores do Município da Serra, ao instituir o cargo de Técnico de Nível Superior, predestinou-o a executar atividades de exigência de formação especializada em nível superior nos termos da legislação e das normas relacionadas a sua atividade profissional, no âmbito da administração pública municipal, responsabilizando-se tecnicamente pelo serviço inerente a sua função, ao passo que a Lei Federal nº 5.081/1966, que regulamenta o exercício da Odontologia em território nacional, assegura aos cirurgiões-dentistas habilitados em curso superior e inscritos no Conselho Regional de Odontologia sob cuja jurisdição se achar o local de sua atividade, a prerrogativa de praticar todos os atos pertinentes a Odontologia, decorrentes de conhecimentos adquiridos em curso regular ou em cursos de pós-graduação (art. 6º, inciso I). 3) O cargo público, como nos esclarece José dos Santos Carvalho Filho , é o lugar dentro da organização funcional da Administração Direta e de suas autarquias e fundações públicas que, ocupado por servidor público, tem funções específicas e remuneração fixadas em lei ou diploma a ela equivalente . **4) Essa necessidade dos requisitos de acesso aos cargos públicos virem expressamente previstos em lei, além de ínsita ao princípio republicano, é expressão direta dos princípios da legalidade e da impessoalidade, pois se a res é pública e a todos pertencem, em idêntica proporção, somente aos titulares do poder, através de seus legítimos representantes, é dado estabelecer as condições de ingresso no serviço público, sob pena de se outorgar ao administrador discricionariedade incompatível com as vigas mestras de nossa ordem constitucional e com a previsão contida no art. 37, inc. I, de nossa Carta Maior. 5) Não estivessem os requisitos de acesso previamente delineados em lei da entidade a quem pertença o cargo, o administrador estaria liberto de peias jurídicas para estabelecê-los no edital do certame, podendo, ainda que a pretexto de escolher o candidato mais qualificado, recrudescer de tal forma as exigências que o universo de possíveis candidatos restasse plenamente identificável, em descompasso com o princípio da impessoalidade.** 6) Como a legislação que regulamenta a matéria não contempla a exigência que justificou a desclassificação do apelante para o cargo no qual ele restou aprovado, falece o instrumento convocatório do certame ou qualquer outro ato normativo subalterno da prerrogativa de instituir validamente dita exigência, sob pena de invadir competência privativa alheia, reservada ao legislador ordinário. Precedentes desta egrégia Corte. 7) Uma vez que a exigência administrativa não encontra suporte na lei instituidora do cargo e nem naquela que regulamento o exercício da profissão no território nacional, não se tem dúvidas em proclamar sua nulidade, na esteira da orientação deste egrégio Tribunal, determinando a nomeação do apelante, aprovado dentro do número de vagas disponibilizado pelo Edital nº 001/2011. 8) Recurso conhecido e provido. 1. in Manual de Direito Administrativo. 31ª ed., São Paulo: Atlas, 2017, p 406." (TJES, Classe: Apelação, 048120017511, Relator : ELIANA JUNQUEIRA MUNHOS FERREIRA, Órgão julgador: TERCEIRA CÂMARA CÍVEL , Data de Julgamento: 24/04/2018, Data da Publicação no Diário: 04/05/2018)

CARGO, EMPREGO E FUNÇÃO

▶ **Regime Jurídico Funcional**

Regime jurídico, ou regime de trabalho, ou regime laboral, é o vínculo que une um trabalhador ao seu empregador, o seu admissor, seja público, seja privado, e seja pessoa jurídica, seja pessoa natural (ou pessoa física conforme o modismo tributário onipresente, porque isso é terminologia do imposto de renda). Constitui-se de um conjunto de normas, legais e infralegais, que vincula, por uma relação de emprego, público ou privado, uma pessoa natural a outra natural ou jurídica. O empregado, portanto, ocupa um posto de trabalho junto ao empregador. (Tratado de direito administrativo, 2 / coordenadores Adilson Abreu Dallari, Carlos Valder do Nascimento, Ives Gandra da Silva Martins. – São Paulo: Saraiva, 2013, p. 154)

▶ **Distinção entre os regimes funcionais.**

Os postos de trabalho, que são simplesmente os lugares individuais de trabalho existentes na organização administrativa e de pessoal dos entes públicos, dentro portanto dos quadros funcionais da Administração pública brasileira, já de algumas décadas podem ter três regimes jurídicos diversos, inconfundíveis em tudo, que são: estatutários; contratuais trabalhistas, ou administrativos especiais, ou temporários. **Estatutários** são os postos de trabalho regidos por uma lei de âmbito ou abrangência local – federal para a União, estadual para cada Estado-membro da federação, distrital para o Distrito Federal e municipal para cada Município – denominada Estatuto dos Funcionários Públicos. Um modismo que se iniciou a partir da Constituição de 1988 é denominar a espécie dos funcionários pelo seu gênero servidores, de modo que muito amiúde se vislumbra a fórmula "estatuto dos servidores", a começar pela Lei federal n. 8.112, de 1990, que puxou a fila dos estatutos estaduais a municipais4. Mas essa bobagem não consegue alterar a natureza dos institutos, e o servidor estatutário continua sendo o velho funcionário público, que jamais deixou de ser. Os postos de trabalho estatutário são denominados cargos públicos e são de duas possíveis naturezas: cargos de provimento efetivo e cargos de provimento em comissão. Os primeiros são sempre tratados como cargos efetivos, e os segundos, como cargos em comissão, ou ainda cargos de confiança. **Contratuais trabalhistas** são os empregos públicos, ou seja, os postos de trabalho existentes na Administração pública regidos pela legislação trabalhista, que é enfeixada principalmente na Consolidação das Leis do Trabalho (CLT), e na suplementar legislação laboral, e por isso em nada se confundem com os cargos estatutários. Alberga duas naturezas de empregos: os empregos permanentes e os empregos de confiança do empregador – neste caso, algum Poder ou entidade integrante da Administração pública. Permanentes são os empregos nos quais o empregado tem expectativa de permanência, não dependendo da confiança imediata do empregador, e de confiança são os que dependem diretamente das boas graças do empregador e nos quais o servidor empregado estará mantido apenas enquanto delas desfrutar. **O terceiro posto de trabalho na Administração pública brasileira é de natureza administrativa especial**, em geral de caráter temporário, regido por uma lei local que dá as regras, os contornos e os parâmetros desse regime. A inspiração natural dessas regras provém do estatuto dos funcionários, mas o regime administrativo especial não é em absoluto o estatutário. Acata regras estatutárias e grosso modo se inspira nesse regime, mas as semelhanças acabam aí e o regime resultante é outro, o chamado terceiro regime jurídico do servidor público. (Tratado de direito administrativo, 2 / coordenadores Adilson Abreu Dallari, Carlos Valder do Nascimento, Ives Gandra da Silva Martins. – São Paulo: Saraiva, 2013, p. 155)

▶ **A Constituição Federal, em vários dispositivos, emprega os vocábulos cargo, emprego e função para designar realidades diversas, porém coexistentes na Administração Pública.**

"A Constituição Federal, em vários dispositivos, emprega os vocábulos cargo, emprego e função para designar realidades diversas, porém coexistentes na Administração Pública. Cumpre, pois, distingui-los. As três expressões equivalem a postos de trabalho criados por lei, com denominação, remuneração e atribuições por ela definidas, para serem ocupados pelos servidores públicos, sejam eles estatutários, empregados públicos ou temporários. Para bem compreender o sentido dessas expressões, é preciso partir da ideia de que na Administração Pública todas as competências são definidas pelo ordenamento jurídico positivo e distribuídas em três níveis diversos: pessoas jurídicas (União, Estados, Distrito Federal e Municípios, com distribuição de competências fixada pela Constituição Federal), órgãos (Ministérios, Secretarias e suas subdivisões) e agentes públicos; entre estes, os servidores públicos ocupam cargos ou empregos ou exercem função. Por outras palavras, cada pessoa jurídica estatal (União, Estados, Distrito Federal e Municípios) é titular de um plexo de atribuições que são outorgadas pela Constituição Federal e, respeitada a hierarquia das normas, pelas Constituições Estaduais e leis orgânicas dos municípios. Do mesmo modo, as pessoas jurídicas de direito público ou de direito privado que compõem a Administração Indireta também são titulares de atribuições outorgadas por meio de leis dos entes políticos que as instituíram." (DI PIETRO, Maria Sylvia Zanella. Tratado do Direito Administrativo: administração pública e servidores públicos / Fabrício Motta e Maria Sylvia Zanella Pietro. São Paulo, Ed. Revista dos Tribunais, 2014, Volume 2, 2014, p. 371

▶ **CARGOS PÚBLICOS**

A análise do alcance do presente dispositivo impõe, primeiramente, a atenção ao caput do art. 37, que determina que seus incisos devem ser obedecidos pela administração pública direta e indireta, de qualquer dos poderes e de todas as unidades da federação. Isto posto, a primeira tarefa que se apresenta ao intérprete e aplicador da Constituição, ao se deparar com o presente inciso, é precisar o sentido dos principais termos utilizados –cargo, emprego e função– em harmonia com os demais preceitos constitucionais ligados ao tema. A primeira observação cabível é que os cargos, empregos e funções tratados são públicos– em consequência, estão obrigatoriamente imantados pelos princípios da indisponibilidade e superioridade axiológica do interesse público. Isto quer dizer que somente o interesse público, devidamente justificado, autoriza a criação, manutenção, alteração e extinção dessas posições públicas; não devem as mesmas se prestar ao atendimento de interesses meramente privados. No tocante à expressão cargo, o primeiro significado a ela atribuído pela Constituição refere-se aos mandatos públicos eletivos, aos quais se habilita mediante sufrágio popular. Trata-se das posições estruturais componentes dos poderes Executivo e Legislativo, ligadas à organização do Estado e criadas pela própria Carta, que também estabelece as principais notas do regime jurídico respectivo. **A segunda acepção é, ao mesmo tempo, mais difusa no texto constitucional e também mais genérica; liga-se diretamente à estruturação da Administração Pública e comporta subclas-**

sificações, que serão posteriormente referidas. Alguns elementos que comporão o regime jurídico dos cargos públicos podem ser extraídos da própria Constituição como, por exemplo, a criação por lei, como regra (art. 48, X e art. 61, § 1º, inciso II, "a"), e remuneração fixada por lei específica, de acordo com a natureza, grau de responsabilidade, a complexidade das atribuições e os requisitos para a investidura (art. 37, X, combinado com o art. 39, § 1º). Pode-se fazer referência à acepção tratada invocando a lição de Celso Antônio Bandeira de Mello, que define cargos como "(...) as mais simples e indivisíveis unidades de competência a serem expressadas por um agente, previstas em número certo, com denominação própria, retribuída por pessoas jurídicas de Direito Público e criadas por lei, salvo quando concernentes aos serviços auxiliares do Legislativo, caso em que se criam por resolução, da Câmara ou do Senado, conforme se trate de serviços de uma ou de outra destas Casas". As características próprias de cada cargo deverão constar na lei de sua criação, que materializará sua existência no mundo jurídico. Deve-se esclarecer que o vínculo entre o ocupante do cargo público e o órgão ou entidade que congrega tal cargo é regido diretamente pelas leis, com o necessário respeito às disposições constitucionais; diz-se, por isso, que o regime jurídico é "estatutário".

▶ **Cargo é a unidade administrativa criada por lei, ou por ato de força equivalente, à qual é atribuído um plexo de atribuições a serem desempenhadas pelo funcionário.**

"Cargo é a unidade administrativa criada por lei, ou por ato de força equivalente, à qual é atribuído um plexo de atribuições a serem desempenhadas pelo funcionário. No exato dizer de Celso Antônio, "cargos são as mais simples e indivisíveis unidades de competência a serem expressadas por um agente, previstas em número certo, com denominação própria, retribuídas por pessoas jurídicas de Direito Público e criadas por lei, salvo quando concernentes aos serviços auxiliares do Legislativo, caso em que se criam por resolução, da Câmara ou do Senado, conforme se trate de serviços de uma ou de outra destas Casas". Os cargos do Poder Executivo são criados e extintos por lei (inciso X do art. 48 da CF), podendo ser extintos por decreto quando vagos (alínea "c" do inciso VI do art. 84 da CF, acrescentado pela Emenda Constitucional 32/2001). Também por lei criam-se e extinguem-se cargos no Judiciário (alínea "b" do inciso II do art. 96 da CF). No Legislativo podem ser criados e extintos por Resolução do Senado (inciso XIII do art. 52 da CF) ou da Câmara (inciso IV do art. 51 da CF)." (OLIVEIRA, Régis Fernandes de. Servidores Públicos, 2ª edição, Editora Malheiros, 2008, p. 35)

▶ **No mesmo sentido:** "Para o desempenho da função pública pode ser atribuído à pessoa um cargo público. Cargo público é o conjunto de atribuições e responsabilidades, criado por lei em número determinado, com nome certo e remuneração especificada por meio de símbolos numéricos e/ou alfabéticos. Todo cargo implica o exercício de função pública. O ato administrativo que atribui, a uma pessoa, exercício inicial de um cargo é a nomeação." (MEDAUAR, Odete. Direito Administrativo Moderno, 20ª edição, Editora Revista dos Tribunais, São Paulo, 2016, p. 323)

41

▶ **No mesmo sentido:** "Na esfera federal, a Lei 8.112, de 11.12.1990 (que dispõe sobre o regime jurídico dos servidores públicos civis da União, das autarquias e das fundações públicas) define cargo público, como "o conjunto de atribuições e responsabilidades previstas na estrutura organizacional que devem ser cometidas a um servidor" (art. 3.º). Pelo parágrafo único do mesmo dispositivo, "os cargos públicos, acessíveis a todos os brasileiros, são criados por lei, com denominação própria e vencimento pago pelos cofres públicos, para provimento em caráter efetivo ou em comissão." (DI PIETRO, Maria Sylvia Zanella. Tratado do Direito Administrativo: administração pública e servidores públicos / Fabrício Motta e Maria Sylvia Zanella Pietro. São Paulo, Ed. Revista dos Tribunais, 2014, Volume 2, 2014, p. 371

▶ **No mesmo sentido:** "é o lugar instituído na organização do funcionalismo, com denominação própria, atribuições específicas e estipêndio correspondente, para ser provido e exercido por um titular, na forma estabelecida em lei" (MEIRELLES, Hely Lopes. Direito administrativo brasileiro. 25. ed. atual. por Eurico de Andrade Azevedo, Délcio Balestero Aleixo e José Emmanuel Burle Filho. São Paulo: Malheiros, 2000, p. 380)

▶ **Características dos cargos públicos.**

"Por esses dispositivos, podem ser apontadas as seguintes características para os cargos públicos: (a) compreendem um rol de atribuições e responsabilidades; (b) são atribuídos a um servidor; (c) são criados por lei; (d) têm denominação própria; (e) têm vencimento fixado em lei; (f) podem ser providos em caráter efetivo (por concurso público, com direito à estabilidade) ou em comissão. Tais características são praticamente as mesmas que podem ser apontadas em relação aos empregos públicos, que também compreendem um rol de atribuições e responsabilidades, são incumbidas a um servidor, criados por lei, com denominação própria e vencimento fixado em lei. Embora decorrentes de concurso público, os provimentos não dão direito à estabilidade. Seus ocupantes não se sujeitam ao regime estatutário, ainda que usufruam de alguns benefícios previstos na Constituição e na legislação infraconstitucional para os servidores estatutários." (DI PIETRO, Maria Sylvia Zanella. Tratado do Direito Administrativo: administração pública e servidores públicos / Fabrício Motta e Maria Sylvia Zanella Pietro. São Paulo, Ed. Revista dos Tribunais, 2014, Volume 2, 2014, p. 371/372)

▶ **Os cargos devem, na melhor técnica, vir dispostos contendo colunas indicadoras de quantidades, denominações, cargas horárias semanais, vencimento básico, requisitos para preenchimento e, se for o caso, lotação.**

"Os cargos devem, na melhor técnica, vir dispostos contendo colunas indicadoras de quantidades, denominações, cargas horárias semanais, vencimento básico, requisitos para preenchimento e, se for o caso, lotação. Uma organização assim sinótica facilita imensamente a visualização de todo o quadro em questão, com as características principais – e fundamentais – de todos os cargos aí agrupados, sintetizando-as e racionalizando-as em grau máximo para todos os efeitos. Quase o mesmo se pode afirmar quanto ao quadro dos cargos em comissão, que na melhor técnica agrupam os cargos dessa natureza e lhes indica aquelas características; e o que mais varia quanto a isso é a carga horária, muitas vezes inexistente nos quadros em comissão, e mesmo por vezes os requisitos para preenchimento, amiúde ausentes desses cargos". (Tratado de direito administrativo, 2 / coordenadores Adilson Abreu Dallari, Carlos Valder do Nascimento, Ives Gandra da Silva Martins. – São Paulo: Saraiva, 2013, p. 160)

▶ **Iniciativa dos projetos de leis para criação de cargos públicos.**

Considerando que o cargo público deve, necessariamente, ser criado por lei, a iniciativa para tanto cabe ao chefe do Poder executivo (art. 61, § 1º, II, "a", CF), quando se trata da criação de cargos na administração direta e autárquica. No que diz respeito ao Judiciário, a iniciativa da lei é da competência do Tribunal interessado (art. 96, inciso II, "b", CF). No que toca ao Ministério Público, a iniciativa é do Procurador-Geral (art. 127, § 2º, CF). Quanto ao Tribunal de Contas, aplicam-se as mesmas regras do Poder Judiciário, isto é, compete a Corte de Contas a iniciativa da lei, conforme dispõe o art. 73 da CF que reconhece ao Tribunal as atribuições previstas no art. 96 da CF. (FORTINI, Cristiana. Servidor público: estudos em homenagem ao professor Pedro Paulo de Almeida Dutra (Locais do Kindle 8918-8926). Editora Fórum. Edição do Kindle.)

◉ **Neste sentido:** AÇÃO DIRETA DE INCONSTITUCIONALIDADE. LEI COMPLEMENTAR N.º 98/97, DO ESTADO DO ESPÍRITO SANTO. PROVIMENTO DE CARGOS PÚBLICOS POR READAPTAÇÃO. OFENSA AO ART. 61, § 1.º, II, C, DA CONSTITUIÇÃO FEDERAL. Tendo o ato normativo sob enfoque resultado de projeto iniciado por membro da Assembleia Legislativa capixaba, resta configurada violação à regra de iniciativa privativa do Chefe do Executivo para leis que disponham sobre regime jurídico dos servidores públicos. Precedentes. Ação julgada procedente. (ADI 1731, Relator(a): Min. ILMAR GALVÃO, Tribunal Pleno, julgado em 15/08/2002, DJ 25-10-2002 PP-00024 EMENT VOL-02088-01 PP-00168)

▶ **A criação e a transformação de cargos somente podem ser efetuadas, em regra, por lei.**

A criação e a transformação de cargos não podem ser estudadas em bloco nos Poderes dos diversos níveis de governo, haja vista os enunciados dos vários dispositivos constitucionais que tratam desses institutos, que, de resto, viabilizam a independência que deve reinar entre o Executivo, o Legislativo e o Judiciário. O estudo, portanto, há de ser separado. Assim, estudaremos a criação e a transformação de cargos em cada Poder nas várias esferas governamentais, fixando-lhes as notas principais, e mais adiante faremos o mesmo com a extinção.

▶ **No mesmo sentido:** "A criação e a transformação de cargos somente podem ser efetuadas, ressalvadas as observações já feitas, por lei." (OLIVEIRA, Régis Fernandes de. *Servidores Públicos, 2ª* edição, Editora Malheiros, 2008, p. 35)

43

▶ **No mesmo sentido:** Cabe dizer que a criação de cargo significa sua institucionalização, com denominação própria, quantidade certa, atribuições e correspondente estipêndio. Ademais, deve-se indicar a natureza do provimento: efetivo (admissão só por concurso público) ou em comissão (livre escolha). Não se pode, pois, criar cargo de escrevente; o que se pode é criar dois cargos de escrevente, de provimento efetivo, com a remuneração de R$ 700,00, por exemplo, cujos titulares desempenharão as funções tais e quais.

◉ **É admissível controle concentrado de constitucionalidade de Decreto que, dando execução a lei inconstitucional, crie cargos públicos remunerados e estabeleça as respectivas denominações, competências, atribuições e remunerações.**

"1. AÇÃO DIRETA DE INCONSTITUCIONALIDADE. CONDIÇÃO. OBJETO. DECRETO QUE CRIA CARGOS PÚBLICOS REMUNERADOS E ESTABELECE AS RESPECTIVAS DENOMINAÇÕES, COMPETÊNCIAS E REMUNERAÇÕES. EXECUÇÃO DE LEI INCONSTITUCIONAL. CARÁTER RESIDUAL DE DECRETO AUTÔNOMO. POSSIBILIDADE JURÍDICA DO PEDIDO. PRECEDENTES. É admissível controle concentrado de constitucionalidade de decreto que, dando execução a lei inconstitucional, crie cargos públicos remunerados e estabeleça as respectivas denominações, competências, atribuições e remunerações. 2. Inconstitucionalidade. Ação direta. Art. 5º da Lei nº 1.124/2000, do Estado do Tocantins. Administração pública. Criação de cargos e funções. Fixação de atribuições e remuneração dos servidores. Efeitos jurídicos delegados a decretos do Chefe do Executivo. Aumento de despesas. Inadmissibilidade. Necessidade de lei em sentido formal, de iniciativa privativa daquele. Ofensa aos arts. 61, § 1º, inc. II, 'a', e 84, inc. VI, 'a', da CF. Precedentes. Ações julgadas procedentes. São inconstitucionais a lei que autorize o Chefe do Poder Executivo a dispor, mediante decreto, sobre criação de cargos públicos remunerados, bem como os decretos que lhe dêem execução" (ADI nº 3.232/TO, Rel. Min. Cezar Peluso, julg. 14.08.2008).

▶ **Criação e transformação de cargos no Executivo.**

Estabelece o art. 48 da Carta Magna que cabe ao Congresso Nacional, com a sanção do Presidente da República, dispor – salvo algumas – sobre todas as matérias de competência da União e especialmente, entre outras, sobre a criação e transformação de cargos (inciso X). Dessa forma, a criação e a transformação de cargos exigem lei.

◉ **Inconstitucionalidade de lei que transforma cargo e fere a regra do concurso público.**

TRANSFORMAÇÃO, EM CARGOS DE CONSULTOR JURÍDICO, DE CARGOS OU EMPREGOS DE ASSISTENTE JURÍDICO, ASSESSOR JURÍDICO, PROCURADOR JURÍDICO E ASSISTENTE JUDICIARIO-CHEFE, BEM COMO DE OUTROS SERVIDORES ESTAVEIS JA ADMITIDOS A REPRESENTAR O ESTADO EM JUÍZO (PAR 2. E 4. DO ART. 310 DA CONSTITUIÇÃO DO ESTADO DO PARA). INCONSTITUCIONALIDADE DECLARADA POR PRETERIÇÃO DA EXIGÊNCIA DE CONCURSO PÚBLICO (ART. 37, II, DA CONSTITUIÇÃO FEDERAL). LEGITIMIDADE ATIVA E PERTINENCIA OBJETIVA DE AÇÃO RECONHECIDAS POR

MAIORIA. (ADI 159, Relator(a): Min. OCTAVIO GALLOTTI, Tribunal Pleno, julgado em 16/10/1992, DJ 02-04-1993 PP-05611 EMENT VOL-01698-01 PP-00176)

◉ **Não é possível ao Estado-membro extinguir o cargo de Auditor na Corte de Contas estadual, previsto constitucionalmente, e substituí-lo por outro cuja forma de provimento igualmente divirja do modelo definido pela CB/88**

"AÇÃO DIRETA DE INCONSTITUCIONALIDADE. § 6º DO ART. 74 E ART. 279 DA CONSTITUIÇÃO DO ESTADO DO ESPÍRITO SANTO, COM A REDAÇÃO QUE LHE FOI CONFERIDA PELA EMENDA CONSTITUCIONAL N. 17/99. ARTIGOS 25, PARÁGRAFOS, 26, 27, CAPUT E PARÁGRAFO ÚNICO, 28, PARÁGRAFOS, TODOS DA LEI COMPLEMENTAR ESTADUAL N. 32/93, COM A REDAÇÃO QUE LHE FOI CONFERIDA PELA LC N. 142/99. TRIBUNAL DE CONTAS ESTADUAL. CRIAÇÃO DO CARGO DE SUBSTITUTO DE CONSELHEIRO. DISCREPÂNCIA DO MODELO DELINEADO NA CONSTITUIÇÃO DO BRASIL. VIOLAÇÃO DO DISPOSTO NOS ARTIGOS 73, 75, PARÁGRAFO ÚNICO, 96, INC. II, AL. "B", DA CONSTITUIÇÃO DO BRASIL. 1. Estrutura dos Tribunais de Contas Estaduais. Observância necessária do modelo federal. Precedentes. 2. Não é possível ao Estado-membro extinguir o cargo de Auditor na Corte de Contas estadual, previsto constitucionalmente, e substituí--lo por outro cuja forma de provimento igualmente divirja do modelo definido pela CB/88. 3. Vício formal de iniciativa no processo legislativo que deu origem à LC 142/99. A CB/88 estabelecendo que compete ao próprio Tribunal de Contas propor a criação ou extinção dos cargos de seu quadro, o processo legislativo não pode ser deflagrado por iniciativa parlamentar [arts. 73 e 96, inciso II, al. b]. 4. Pedido julgado procedente para declarar inconstitucionais o § 6º do art. 74 e o art. 279, ambos da Constituição do Estado do Espírito Santo, com a redação que lhes foi atribuída pela Emenda Constitucional n. 17/99, e toda a Lei Complementar n. 142/99, que promoveu alterações na Lei Complementar n. 32/93, do mesmo Estado-Membro" (ADI 1994/ES, Rel. Min. Eros Grau, julg. 24.05.2006, DJ 08 set. 2006).

▶ **Geralmente, a criação e a transformação de cargos fazem-se mediante lei ordinária, salvo expressa exigência de lei complementar para tanto, consignada em legislação específica.**

Geralmente, a criação e a transformação de cargos fazem-se mediante lei ordinária, salvo expressa exigência de lei complementar para tanto, consignada em legislação específica. Em razão desses princípios, as Constituições estaduais e as leis orgânicas do Distrito Federal e dos Municípios praticamente repetiram essas disposições. De sorte que a criação e a transformação de cargos nas Administrações Públicas diretas e respectivas autarquias e fundações públicas necessitam de lei, cabendo sua iniciativa, com exclusividade, aos competentes Governadores ou aos Prefeitos, conforme o caso. Por certo, a criação de cargos ou a transformação de funções e empregos em cargos nas autarquias e fundações públicas depende de pedido de seus dirigentes ao Chefe do Executivo, em que uma e outra dessas medidas fiquem bem caracterizadas e devidamente justificadas.

▶ **A exclusividade de iniciativa não impede a apresentação de emendas por parte dos parlamentares. Essa faculdade, no entanto, não é absoluta, dado que a emenda não pode aumentar a despesa prevista no projeto originário do Executivo.**

Tal exclusividade de iniciativa não impede a apresentação de emendas por parte dos parlamentares. Essa faculdade, no entanto, não é absoluta, dado que a emenda não pode aumentar a despesa prevista no projeto originário do Executivo (art. 63, I, da CF). Por outro lado, a emenda, ainda que sem aumentar a despesa, não pode reduzir, por exemplo, o número de cargos de médico, proposto pelo Executivo, e criar igual número de cargos de engenheiro, pois, se assim fosse, estar-se-ia por iniciativa parlamentar criando cargo, numa evidente usurpação de função.

▶ **No mesmo sentido:** "Cumpre registrar que, tanto o projeto de lei de iniciativa do Poder Executivo e do Poder Judiciário, do Ministério Público e do Tribunal de Contas, quanto a resolução apresentada pelo Legislativo podem sofrer emendas dos parlamentares, desde que não desconfigurem o projeto e respeitem os limites estabelecidos no art. 63 da Constituição Federal". (FORTINI, Cristiana. Servidor público: estudos em homenagem ao professor Pedro Paulo de Almeida Dutra (Locais do Kindle 8933-8936). Editora Fórum. Edição do Kindle)

◉ **Limites das emendas parlamentares quanto aos projetos de lei relacionados à criação de cargos.**

"Ação direta de inconstitucionalidade. Artigo 110, parágrafo único, Lei nº 915, de 18 de agosto de 2005, do Estado do Amapá. Regime próprio de previdência social dos servidores estaduais. Transferência da responsabilidade do pagamento de aposentadorias. Equilíbrio financeiro e atuarial do sistema próprio de previdência. Violação do art. 40, caput, da CF/88. Inclusão por emenda parlamentar. Inconstitucionalidade formal. Ausência. Procedência da ação. 1. Durante o período de vigência do Decreto nº 87, de 6 de junho de 1991, não havia contribuição dos servidores ao antigo IPEAP para o custeio dos benefícios de aposentadoria. O art. 254 da Lei estadual nº 66, de 6 de maio de 1993, expressamente determinava que "[a]s despesas decorrentes com aposentadorias serão de responsabilidade integral do Governo do Estado do Amapá". 2. A transferência à Amapá Previdência (AMPREV) da responsabilidade pelo pagamento das aposentadorias e pensões que tenham sido concedidas pelos Poderes do Estado, pelo Ministério Público ou pelo Tribunal de Contas durante o período de vigência do Decreto 84/91 e sem que tenha havido contrapartida dos segurados ou do próprio Estado do Amapá acarreta grave ofensa à regra de equilíbrio financeiro e atuarial do sistema próprio de previdência (art. 40, caput, CF /88). Essa regra destina-se à preservação da suficiência, presente e futura, do fundo de previdência, tendo em vista o sopesamento entre as receitas e as despesas com benefícios, o qual restaria prejudicado com a assunção de obrigação desprovida de qualquer contraprestação pecuniária. 3. Não cabe à Amapá Previdência arcar com o pagamento desses benefícios, os quais devem permanecer sob responsabilidade exclusiva e integral do Tesouro estadual. **A inclusão do dispositivo ora impugnado via emenda parlamentar sem qualquer indicação de fonte de custeio total (art. 195, § 5º, c/c o art. 40, § 12, CF/88) destoa**

por completo do regime contributivo e contábil previsto no projeto legislativo original. 4. Não há ofensa à reserva de iniciativa legislativa privativa do chefe do Poder
Executivo para tratar de matéria sobre a organização e o funcionamento da Administração Pública (art. 61, § 1º, II, b e c, da CF/88). A Lei estadual nº 915/2005 é oriunda
de proposição legislativa feita pelo próprio Governador do Estado, tendo a inserção do
parágrafo único do art. 110 sido obra de emenda de origem parlamentar. A Corte tem
entendido, reiteradamente, que a Constituição Federal somente veda ao Poder Legislativo formalizar emendas a projetos de iniciativa exclusiva se delas resultar aumento de
despesa pública ou se elas forem totalmente impertinentes à matéria versada no projeto (ADI nº 3.288/MG, Rel. Min. Ayres Britto, DJ de 24/2/11; ADI nº 2.350/GO, Rel.
Min. Maurício Corrêa, DJ de 30/4/04). No caso, não houve aumento de despesa – pois
o pagamento dos benefícios de aposentadoria e pensão já vinha sendo suportado pelo
Tesouro estadual -, nem impertinência temática da emenda parlamentar em relação ao
projeto de lei apresentado pelo Executivo. 5. Modulação dos efeitos da declaração de
inconstitucionalidade, nos termos do art. 27 da Lei nº 9.868/99, para dar efeitos prospectivos à decisão, de modo que somente produza seus efeitos a partir de seis meses,
contados da data da publicação da ata do julgamento, tempo hábil para que os órgãos
estaduais envolvidos cumpram a decisão da Corte e regularizem a situação perante a
Amapá Previdência. 6. Ação direta julgada procedente". (ADI 3628, Relator(a): Min.
DIAS TOFFOLI, Tribunal Pleno, julgado em 08/03/2018, PROCESSO ELETRÔNICO
DJe-216 DIVULG 09-10-2018 PUBLIC 10-10-2018)

▣ **No mesmo sentido:** "PROCESSO OBJETIVO – ADVOGADO-GERAL DA
UNIÃO. A teor do disposto no artigo 103, § 3º, da Carta Federal, no processo
objetivo em que o Supremo aprecia a inconstitucionalidade de norma legal ou
ato normativo, o Advogado-Geral da União atua como curador, cabendo-lhe defender o ato ou texto impugnado, sendo imprópria a emissão de entendimento sobre a procedência da pecha. **PROJETO – INICIATIVA – EXECUTIVO
– EMENDA PARLAMENTAR – AUMENTO DE DESPESAS. Conflita com a
Constituição Federal introduzir, em projeto de iniciativa do Poder Executivo, alteração a implicar aumento de despesas**. Precedente: Ação Direta de Inconstitucionalidade nº 2.305/SE, relator ministro Cezar Peluso. PROVIMENTO
DERIVADO DE CARGOS OU EMPREGOS PÚBLICOS – CONCURSO PÚBLI-
CO – AUSÊNCIA. Acarreta afronta ao previsto no artigo 37, inciso II, do Di-
ploma Maior o aproveitamento de empregados, submetidos a simples processo
seletivo, sem concurso, em cargo público". (ADI 2186, Relator(a): Min. MARCO
AURÉLIO, Tribunal Pleno, julgado em 29/10/2014, ACÓRDÃO ELETRÔNICO
DJe-226 DIVULG 17-11-2014 PUBLIC 18-11-2014)

▣ **Compete exclusivamente ao Governador a iniciativa de leis que cuidem da extinção de cargos públicos e da promoção de carreiras diretamente vinculadas ao Poder Executivo, especialmente quando resultarem em acréscimo de despesa pública.**

"AÇÃO DIRETA DE INCONSTITUCIONALIDADE. LEI DO ESTADO DO ESPÍ-
RITO SANTO. ORIGEM PARLAMENTAR. EXTINÇÃO DE CARGOS E PROMOÇÃO
DE CARREIRAS DO CORPO DE BOMBEIROS MILITAR. PROCESSO LEGISLATI-

VO. SIMETRIA. VÍCIO FORMAL DE INICIATIVA. As regras previstas na Constituição Federal para o processo legislativo aplicam-se aos Estados-membros. Compete exclusivamente ao Governador a iniciativa de leis que cuidem da extinção de cargos públicos e da promoção de carreiras diretamente vinculadas ao Poder Executivo, especialmente quando resultarem em acréscimo de despesa pública (CF, artigos 61, § 1º, II, "a" e "c"; 63, I; e 144, § 6º). Precedentes. Inconstitucionalidade da Lei 7134/02, do Estado do Espírito Santo. Ação julgada procedente" (ADI nº 2.742/ES, Rel. Min. Maurício Corrêa, julg. 20.03.2003, DJ 23 maio 2003).

▶ **A transformação de cargo público pressupõe a existência de lei e se dá pela extinção do cargo anterior e criação do novo.**

"A transformação de cargo público pressupõe a existência de lei, e se dá pela extinção do cargo anterior e criação do novo. Podem ser providos por concurso ou por simples enquadramento dos servidores já integrantes da Administração, mediante apostila de seus títulos de nomeação. Assim, a investidura nos novos cargos poderá ser originária (para os estranhos ao serviço público) ou derivada (para os servidores que forem enquadrados), desde que preencham os requisitos da lei". (MEIRELLES, Hely Lopes. Direito administrativo brasileiro. 25. ed. atual. por Eurico de Andrade Azevedo, Délcio Balestero Aleixo e José Emmanuel Burle Filho. São Paulo: Malheiros, 2000, p. 383)

▶ **No mesmo sentido:** A transformação de cargo, por sua vez, significa uma alteração de molde a atingir sua natureza. O cargo era efetivo; com a transformação, passa a ser em comissão. Assim, nada se altera quando a modificação introduzida diz respeito tão só à quantidade de cargos, à denominação, ao acréscimo ou supressão de alguma de suas atribuições. Com a transformação o que se tem realmente é a extinção de um ou de alguns cargos e a criação de outro ou de outros. Essa extinção e criação acontecem sem necessidade de qualquer menção. Ocorrem automática e simultaneamente quando um cargo é transformado em outro.

▶ **Vem sendo suscitada dúvida se a transformação de cargos públicos fere a norma inserida no art. 37, incisos I e II, da CF, porque afronta o princípio do concurso público.**

"Maria Sylvia nos ensina que a exigência de concurso público não se aplica somente a primeira investidura atualmente, vez que "inclui tanto os provimentos originários como os derivados, somente sendo admissíveis as exceções previstas na própria Constituição, a saber, a reintegração, o aproveitamento, a recondução e o acesso ou promoção, além da reversão *ex officio,* que não tem base constitucional, mas ainda prevalece". Portanto, o que se vê pós-promulgação da Constituição de 1988 é uma sólida defesa do concurso público, seja pelas determinações constitucionais pertinentes, seja pelos posicionamentos reiterados dos tribunais pátrios em todas as instâncias. Para melhor entendermos a hipótese da transformação, mister é distingui-la das demais elencadas pela Professora Maria Sylvia, aceitas pela própria Carta Republicana. Assim, hábil é o instituto do aproveitamento por meio do qual os servidores estáveis, integrantes da

Administração, quando extintos os cargos ocupados, são posteriormente aproveitados em cargos com funções compatíveis. Como é sabido, aludido instituto não fere o art. 37, inciso II da CF, já que não há provimento de cargo público de forma transversa ou indireta. Portanto, nossa análise parte da premissa de que o instituto sob análise diverge das hipóteses de reintegração, aproveitamento, recondução e acesso ou promoção. Como é sabido, o instituto da transformação pressupõe, na maioria das vezes, uma reformulação do quadro funcional de determinado órgão ou entidade, com a especificação das funções inerentes ao cargo extinto na nova estrutura organizacional, com outro nome, e consequente alteração nas simbologias determinadoras dos vencimentos. Implica, pois, no deslocamento de um cargo e sua relocação em outro, alçando o servidor beneficiário do ato a um novo quadro e uma nova carreira. Tanto a doutrina como a jurisprudência vêm com ressalvas tal procedimento, entendendo de modo geral que a medida burla o concurso público. Nesse sentido, a Súmula nº 685 do STF dispõe ser "inconstitucional toda modalidade de provimento de que propicie ao servidor investir-se sem prévia aprovação em concurso público destinado ao seu provimento, em cargo que não integra a carreira na qual anteriormente investido". Ainda assim, com o fito de operacionalizar de forma adequada uma reforma administrativa, vem sendo utilizado o instituto da transformação, mas sem afrontar o texto constitucional porque não importa em investidura em novo cargo público. É exatamente o caso das que tenham por objetivo cargos vagos ou, ainda, quando o servidor já for efetivado no órgão em que se dará a relocação e quando tenha se submetido a concurso público similar em dificuldade e exigências ao realizado para o cargo no qual se dará o novo provimento, e quando houver similaridade nas atribuições do cargo. Nesses casos, o que a jurisprudência tem apontado é a viabilidade de agrupar sob uma mesma denominação os cargos cujas atribuições, requisitos de qualificação, escolaridade, remuneração, habilitação profissional ou especialização exigidos para ingresso sejam idênticos ou essencialmente similares. Em sendo assim, não há que se falar em preterição à exigência de concurso público porque presente afinidade de atribuições e equivalência de vencimentos, isto é, identidade substancial entre os cargos". (FORTINI, Cristiana. Servidor público: estudos em homenagem ao professor Pedro Paulo de Almeida Dutra (Locais do Kindle 9093-9095). Editora Fórum. Edição do Kindle.)

▶ **A criação de cargos públicos pelo Poder Executivo está adstrita aos limites previstos no art. 169 da Constituição Federal**

"Outrossim, vale destacar também que a criação de cargos públicos pelo Poder Executivo está adstrita aos limites previstos no art. 169 da Constituição Federal, isto é, só podem ocorrer se houver prévia dotação orçamentária e autorização específica na lei de diretrizes orçamentárias". (FORTINI, Cristiana. Servidor público: estudos em homenagem ao professor Pedro Paulo de Almeida Dutra (Locais do Kindle 8937-8940). Editora Fórum. Edição do Kindle.)

▶ **No mesmo sentido:** Essa competência do Executivo para criar cargos mediante projeto de lei de sua iniciativa privativa sofre os limites impostos pelo art. 169 da Constituição Federal, ou seja, somente pode acontecer, se houver:
I – prévia dotação orçamentária suficiente para atender às projeções de pesso-

al e aos acréscimos dela decorrentes; II – autorização específica na lei de diretrizes orçamentárias. Essas restrições também valem em relação às autarquias e fundações públicas.

▶ **Exceção à regra de ser a lei o ato que cria o cargo: cargos no Poder Legislativo.**

"No que diz respeito ao Poder Legislativo, o art. 48 não exige a sanção do Presidente da República nos casos de criação, transformação e extinção de cargos públicos pela Câmara e Senado Federal, já que se trata de competência privativa, conforme preceituam, respectivamente, os arts. 51, inciso IV, e 52, inciso XIII, da Constituição Federal. Assim, os cargos do legislativo são criados, transformados e extintos por meio de resolução. O Regimento Interno é que vai definir se a iniciativa será do Presidente ou da Mesa da Casa Legislativa. Portanto, já estamos diante de uma primeira exceção, visto que nessa hipótese, o cargo público pode ser criado por resolução, sem afronta às determinações legais". (Fortini, Cristiana. Servidor público: estudos em homenagem ao professor Pedro Paulo de Almeida Dutra (Locais do Kindle 8926-8928). Editora Fórum. Edição do Kindle.)

▶ **Diferenças entre transformação e transposição de cargo público.**

"A **transformação** consiste na alteração de titulação e atribuições de um cargo existente, caracterizando um novo provimento de cargo. Pressupõe a extinção de cargo anterior e criação de um novo. Já a **transposição,** na pena sempre abalizada de Maria Sylvia Zanella Di Pietro, "era o ato pelo qual o funcionário ou o servidor passava de um cargo a outro de conteúdo ocupacional diverso. Visava ao melhor aproveitamento dos recursos humanos, permitindo que o servidor, habilitado para o exercício de cargo mais elevado, fosse nele provido mediante concurso interno". (FORTINI, Cristiana. Servidor público: estudos em homenagem ao professor Pedro Paulo de Almeida Dutra (Locais do Kindle 8901-8907). Editora Fórum. Edição do Kindle.)

▶ **Alteração das competências/atribuídas do cargo público.**

"As competências próprias do cargo podem ser alteradas, desde que isso não importe modificação essencial quanto à sua natureza ou produza efeito de frustração do princípio do acesso mediante concurso público. Assim, por exemplo, é claro que um cargo de advogado não pode ter suas atribuições alteradas para compreender atuação própria de médico". (JUSTEN FILHO, Marçal. Curso de direito, 12. ed. Editora Revista dos Tribunais, São Paulo, 2016, p. 818)

▶ **O Chefe do Poder Executivo pode extinguir, por Decreto, cargo vago.**

"Merece referência a possibilidade de extinção de cargos públicos por ato do Poder Executivo, instaurada no ordenamento pela Emenda Constitucional n. 32, de 2001. A citada emenda alterou a redação do art. 84, inciso VI, e conferiu em sua alínea "b" competência privativa ao Presidente da República para dispor, mediante decreto, sobre extinção de funções ou cargos públicos, quando vagos. Independente de qualquer disputa semântica e da conhecida aversão acadêmica à utilização da expressão "decreto autônomo", o ato referido parece ter força primária: extingue, por decreto, algo que foi criado por lei. Ora, ato inferior não pode retirar do mundo jurídico algo criado por ato superior – não parece acertado entender existir, neste caso, subordinação do decreto à lei." (Comentários à Constituição do Brasil / J. J. Gomes Canotilho. [et al.]. – São Paulo: Saraiva/Almedina, 2013, p. 825)

▶ **A extinção do cargo pode gerar algumas consequências quando o mesmo estiver titularizado.**

"Vejamos: se for lotado por servidor estável, este será colocado em disponibilidade com proventos proporcionais ao tempo de serviço. Lado outro, se não for estável, será exonerado. É o caso, por exemplo, do servidor comissionado ou em estágio probatório. Ainda assim, necessário é o respeito aos princípios constitucionais da ampla defesa e do contraditório, para o atendimento do devido processo legal". (FORTINI, Cristiana. Servidor público: estudos em homenagem ao professor Pedro Paulo de Almeida Dutra (Locais do Kindle 9012-9018). Editora Fórum. Edição do Kindle.)

▶ **Extinção de cargo público não se confunde com a declaração de sua desnecessidade.**

"Fundamentalmente, **na extinção**, o cargo é abolido do quadro respectivo, conquanto suscetível de recriação no futuro, de acordo com os novos fatos que a determinarem, e, **na declaração de desnecessidade**, o cargo permanece existindo, todavia, transitoriamente desativado, por motivos de "conveniências conjunturais passageiras". (SALGADO. A disponibilidade do servidor: uma visão histórica e atual. In: WAGNER JUNIOR (Coord.). Direito público: estudos em homenagem ao professor Adilson Abreu Dallari, p. 653.)

▶ **Caracterizada a existência de cargos sujeitos à declaração de desnecessidade, em decorrência da extinção ou da reorganização de órgão ou de entidade, a Administração deverá adotar, separada ou cumulativamente, alguns critérios de análise pertinentes à situação pessoal dos respectivos ocupantes.**

Caracterizada a existência de cargos sujeitos à declaração de desnecessidade, em decorrência da extinção ou da reorganização de órgão ou de entidade, a administração deverá adotar, separada ou cumulativamente, os seguintes critérios de análise, pertinentes à situação pessoal dos respectivos ocupantes, para fins de disponibilidade: I – menor tempo de serviço; II – maior remuneração; III – idade menor; IV – menor número de dependentes.

▶ **Pode ocorrer que um cargo, originariamente criado para provimento em comissão, seja transformado em cargo de provimento efetivo. Toda alteração deve ocorrer por lei.**

"Pode ocorrer que um cargo, originariamente criado para provimento em comissão, seja transformado em cargo de provimento efetivo. Toda alteração deve ocorrer por lei. A transformação, no dizer de Diógenes Gasparini "significa uma alteração de molde a atingir sua natureza." (OLIVEIRA, Régis Fernandes de. Servidores Públicos, 2ª edição, Editora Malheiros, 2008, p. 35)

▶ **Por imperativo da hierarquia existente entre as diversas normas, como cargo público é criado por lei, somente por intermédio do mesmo instrumento é possível a efetivação de qualquer alteração em sua conformação ou mesmo sua extinção.**

"Por imperativo da hierarquia existente entre as diversas normas, como cargo público é criado por lei, somente por intermédio do mesmo instrumento é possível a efetivação de qualquer alteração em sua conformação ou mesmo sua extinção. De acordo com o entendimento do STF: "A extinção de cargos públicos, sejam eles efetivos ou em comissão, pressupõe lei específica, dispondo quantos e quais cargos serão extintos, não podendo ocorrer por meio de norma genérica inserida na Constituição. Incabível, por emenda constitucional, nos Estados-membros, que o Poder Legislativo disponha sobre espécie reservada à iniciativa privativa dos demais Poderes da República, sob pena de afronta ao art. 61 da Lei Maior." (DI PIETRO, Maria Sylvia Zanella, MOTTA, Fabrício, FERRAZ, Luciano de Araújo. Servidores públicos na Constituição Federal. 3ª. ed. – São Paulo: Atlas, 2015, p. 18)

◉ **É firme a jurisprudência do STF no sentido que a sanção do projeto de lei não convalida defeito de iniciativa.**

14 "Regime jurídico dos servidores públicos estaduais. Aposentadoria e vantagens financeiras. Inconstitucionalidade formal. Vício que persiste, não obstante a sanção do respectivo Projeto de Lei. Precedentes. 1. Dispositivo legal oriundo de emenda parlamentar referente aos servidores públicos estaduais, sua aposentadoria e vantagens financeiras. Inconstitucionalidade formal em face do disposto no art. 61, § 1º, II, 'c', da Carta Federal. 2. É firme na jurisprudência do Tribunal que a sanção do projeto de lei não convalida o defeito de iniciativa. Precedentes. Procedência da ação. Inconstitucionalidade da Lei nº 1.786, de 09 de janeiro de 1991, do Estado do Rio de Janeiro" (ADI nº 700/RJ, Rel. Min. Maurício Corrêa, julg. 23.05.2001, DJ 24 ago. 2001).

▶ **O cargo de provimento efetivo dá direito à estabilidade ao servidor se ele passar no estágio probatório.**

"Enquanto o cargo de provimento efetivo dá direito à estabilidade, após o período aquisitivo, o cargo em comissão é de livre provimento e exoneração, ou seja, seu ocupante não tem estabilidade, podendo ser afastado ad nutum, isto é, por conveniência da autoridade nomeante". (NOHARA, Irene Patrícia. Constituição Federal de 1988: comentários ao capítulo da administração pública: cap. VII do título III: da organização do Estado: artigos 37 a 43 / Irene Patrícia Nohara. – São Paulo: Atlas, 2015. (Coleção direito administrativo positivo; v. 1 / Irene Patrícia Nohara, Marco Antônio Praxedes de Moraes Filho, coordenadores), p. 21)

▶ **O ritual sagrado do cargo.**

"Como me referi em O direito na Bíblia, a investidura é ato formal e estabelece um ritual para que o servidor se habilite a exercer sua atividade. "Quando o faraó quis investir José na autoridade pública, pôs o anel em sua mão" (Gênesis, 41.32). É o ato de investidura em cargo público. Todos podem almejar ser servidores públicos. Somente o serão, no entanto, no Brasil de hoje, aqueles que prestarem concurso e, passando, sejam nomeados como agentes". Vê-se, pois, que há um ato solene para investir alguém para exercer o *munus*. A partir daí, deflagra-se um plexo de normas que fixam a atribuição (funções) para que o agente possa pôr em prática sua competência. A explicitação deste ocorre através da prática de atos administrativos. É importante que haja um ritual. A lei ou o costume criam alguns atos para dar relevo ao cargo. Ora é o uso de uma toga (magistrado) ou beca (advogado e ministério público), a existência de cancela (no Tribunal do Júri ou nas repartições públicas), entrada privativa, o uso de paletó, o uso de distintivos (deputados e senadores), o carro oficial, a linguagem etc. Tudo distingue o servidor de outros. Isso para dar respeitabilidade ao exercício da função". (OLIVEIRA, Régis Fernandes de. Servidores Públicos, 2ª edição, Editora Malheiros, 2008, p. 123/124)

▶ **EMPREGO PÚBLICO.**

"Emprego público é a designação de atribuições pautadas em vínculo contratual, sendo regido pela Consolidação das Leis do Trabalho (CLT). No caso da Administração Pública, há a contratação de empregado público geralmente nas empresas públicas e sociedades de economia mista e subsidiárias que explorem atividade econômica, conforme se extrai do art. 173, § l2, II, da Constituição". (NOHARA, Irene Patrícia. Constituição Federal de 1988: comentários ao capítulo da administração pública: cap. VII do título III: da organização do Estado: artigos 37 a 43 / Irene Patrícia Nohara. – São Paulo: Atlas, 2015. (Coleção direito administrativo positivo; v. 1 / Irene Patrícia Nohara, Marco Antônio Praxedes de Moraes Filho, coordenadores), p. 21)

▶ **No mesmo sentido:** "Quando se passou a aceitar a possibilidade de contratação de servidores sob o regime da legislação trabalhista, a expressão emprego público passou a ser utilizada, paralelamente a cargo público, também para designar uma unidade de atribuições, distinguindo-se uma da outra pelo tipo de vínculo que liga o servidor ao Estado; o ocupante de emprego público tem um vínculo contratual, sob a regência da CLT, enquanto os ocupantes de cargo público (efetivo ou em comissão) e de função (de confiança) têm um vínculo estatutário, regido pelo Estatuto dos Funcionários Públicos que, na União, está contido na lei que instituiu o regime jurídico único (Lei 8.112/1990) e em legislação esparsa que o complementa." (DI PIETRO, Maria Sylvia Zanella. Tratado do Direito Administrativo: administração pública e servidores públicos / Fabrício Motta e Maria Sylvia Zanella Pietro. São Paulo, Ed. Revista dos Tribunais, 2014, Volume 2, 2014, p. 372)

▶ **Empregos públicos: trata-se de relação jurídica regida pelas leis trabalhistas, com o Estado na qualidade de empregador.**

A expressão emprego pública, ao seu turno, possui significa do *lato* semelhante ao de cargo público, com uma diferença principal: trata-se de relação jurídica regida pelas leis trabalhistas, com o Estado na qualidade de empregador. A relação entre empregado e poder público é firmada por meio de um contrato de trabalho, não sendo, por isso, estatutária. A presença do Estado em um dos polos da relação jurídica acarreta algumas alterações no regime trabalhista verificado nos vínculos totalmente particulares, regidos pela Consolidação das Leis do Trabalho, em razão da inolvidável ligação estatal com a defesa do interesse público. As alterações de maior substância devem-se à influência direta de regras e princípios constitucionais (como a exigência de concurso público e a existência de regras para a acumulação), no regime dos empregos públicos. Na órbita federal, diante da competência privativa da União para legislar sobre direito do trabalho (art. 22, inciso I), outras características específicas podem existir, sendo atualmente a questão tratada na Lei 9.962/008. Por imposição do art. 61, § 1º, inciso II, "a", a criação de empregos públicos na administração direta e nas autarquias depende de lei de iniciativa do Presidente da República.

▶ **A Lei federal n. 9.962, de 22 de fevereiro de 2000 prescreve que leis específicas disporão sobre a criação dos empregos públicos no âmbito dessas administrações e sobre a transformação de cargos em emprego público.**

A Lei federal n. 9.962, de 22 de fevereiro de 2000, que disciplina o regime de emprego público da Administração federal direta, autárquica e fundacional, além de estabelecer que o vínculo do pessoal admitido pela União, autarquias e fundações federais será o celetista, prescreve que leis específicas disporão sobre a criação dos empregos públicos no âmbito dessas administrações e sobre a transformação de cargos em emprego público (art. 1º e § 1º). O inciso I do § 2º do art. 1º dessa lei proíbe submeter ao regime da citada lei os cargos de provimento em comissão e atingir servidores regidos pela Lei federal n. 8.112/90. A essa espécie de transformação aplicam-se, no que couber, as regras antes mencionadas. Alerte-se que, se o elemento (nome, padrão, referência, requisito de provimento, atribuição) foi instituído por lei, somente por ato igual pode ser modificado, se se tratar de cargo do Executivo, de suas autarquias e fundações públicas, do Judiciário ou das Cortes de Contas. Se se tratar de cargos do Legislativo, só podem ser modificados por resolução desse Poder.

▶ **Diferença de cargo público para emprego público.**

"A expressão emprego público, ao seu turno, possui significado lato semelhante ao de cargo público, com uma diferença principal: trata-se de relação jurídica regida pelas leis trabalhistas, com o Estado na qualidade de empregador. A relação entre empregado e poder público é firmada por meio de um contrato de trabalho, não sendo, por isso, estatutária. A presença do Estado em um dos polos da relação jurídica acarreta algumas alterações no regime trabalhista verificado nos vínculos totalmente particulares, regidos pela Consolidação das Leis do Trabalho, em razão da inolvidável ligação estatal com a defesa do interesse público. As alterações de maior substância devem-se à influência direta de regras e princípios constitucionais (como a exigência de concurso público e a existência de regras para a acumulação), no regime dos empregos públicos. Na órbita federal, diante da competência privativa da União para legislar sobre direito trabalho (art. 22, inciso I) outras características específicas podem existir, sendo atualmente a questão tratada na Lei 9.962/00. Por imposição do art. 61, § 1º, inciso II, "a", a criação de empregos públicos na administração direta e nas autarquias depende de lei de iniciativa do Presidente da República." (Comentários à Constituição do Brasil / J. J. Gomes Canotilho. [et al.]. – São Paulo: Saraiva/Almedina, 2013, p. 826)

▶ **FUNÇÕES PÚBLICAS.**

"Um primeiro sentido, demasiado amplo, entende função como sinônimo de atribuição ou conjunto de atribuições, desempenhadas por qualquer agente público, independente de cargo ou emprego. Outro sentido é o materializado na referência constante no inciso V deste artigo 37, adiante comentado, tocante às funções de confiança exercidas por titulares de cargo efetivo. Por derradeiro, também se reconhece o exercício de função pública no caso das contratações temporárias efetivadas com fundamento no art. 37, inciso IX, em razão de excepcional interesse público. Há, em todo o texto constitucional, normas que utilizam a expressão tratada nos três sentidos referidos, o que exige a atenção do intérprete em cada situação." (Comentários à Constituição do Brasil – Série Idp. Mendes, Gilmar Ferreira; Streck, Lênio Luiz; Sarlet, Ingo Wolfgang; Leoncy, Léo Ferreira; Canotilho, J. J. Gomes. Editora Saraiva, 2ª Edição, São Paulo, 2018, p. 826)

▶ **Sentidos da expressão "função pública".**

"Resta verificar que tratamento o ordenamento constitucional dispensa às funções públicas. Um primeiro sentido, demasiado amplo, entende função como sinônimo de atribuição ou conjunto de atribuições, desempenhadas por qualquer agente público, independentemente de cargo ou emprego. Outro sentido é o materializado na referência constante no inciso V deste artigo 37, adiante comentado, no tocante às funções de confiança exercidas exclusivamente por titulares de cargo efetivo. Por derradeiro, também se reconhece o exercício de função pública no caso das contratações temporárias efetivadas com fundamento no artigo 37, inciso IX, em razão de excepcional interesse público. Há, em todo o texto constitucional, normas que utilizam a expressão tratada nos três sentidos referidos, o que exige atenção do intérprete em cada situação." (DI PIETRO, Maria Sylvia Zanella, MOTTA, Fabrício, FERRAZ, Luciano de Araújo. Servidores públicos na Constituição Federal. 3ª. ed. – São Paulo: Atlas, 2015, p. 19)

▶ **Qual tratamento o ordenamento constitucional dispensa às funções públicas?**

"Um primeiro sentido, demasiado amplo, entende função como sinônimo de atribuição ou conjunto de atribuições, desempenhadas por qualquer agente público, independente de cargo ou emprego. Outro sentido é o materializado na referência constante no inciso V deste artigo 37, adiante comentado, tocante às funções de confiança exercidas por titulares de cargo efetivo. Por derradeiro, também se reconhece o exercício de função pública no caso das contratações temporárias efetivadas com fundamento no art. 37, inciso IX, em razão de excepcional interesse público. Há, em todo o texto constitucional, normas que utilizam a expressão tratada nos três sentidos referidos, o que exige a atenção do intérprete em cada situação." (Comentários à Constituição do Brasil / J. J. Gomes Canotilho. [et al.]. – São Paulo: Saraiva/Almedina, 2013, p. 826)

▶ **Ao lado do cargo e do emprego, que têm uma individualidade própria, definida em lei, existem atribuições também exercidas por servidores públicos, mas sem que lhes corresponda um cargo ou emprego. Fala-se, então, em função.**

"A função abrangia, antes da atual Constituição, pelo menos, duas modalidades diversas: 1. a de chefia, assessoramento, direção e tantas outras, remuneradas, normalmente, mediante acréscimos pecuniários ao padrão do funcionário, sob os mais variados títulos, como pro labore, representação, gratificação, função gratificada; 2. a exercida, antes da atual Constituição, pelos chamados servidores extranumerários, interinos, temporários e que compunham um quadro de funções paralelo ao quadro de cargos; normalmente essas funções tinham a mesma denominação, a mesma remuneração e idênticas atribuições dos cargos correspondentes, porém eram de livre provimento e exoneração, não conferindo estabilidade àqueles que as exerciam; sempre serviram aos propósitos de apadrinhamento próprios da Administração Pública brasileira, em todos os tempos. Era uma forma de atender às exigências do serviço público, criando-se a função sem criar-se o cargo; com isso, contornava-se a exigência constitucional de concurso público para a investidura." (DI PIETRO, Maria Sylvia Zanella. Tratado do Direito Administrativo: administração pública e servidores públicos / Fabrício Motta e Maria Sylvia Zanella Pietro. São Paulo, Ed. Revista dos Tribunais, 2014, Volume 2, 2014, p. 373

▶ **Perante a Constituição atual, quando se fala em função, deve-se ter em vista dois tipos de situações.**

"1. a função exercida por servidores contratados temporariamente com base no art. 37, IX, para a qual não se exige, necessariamente, concurso público, porque, às vezes, a própria urgência da contratação é incompatível com a demora do procedimento. Assim, a Lei 8.112/1990 definia, no art. 233, § 3.º, as hipóteses em que o concurso era dispensado; esse dispositivo foi revogado pela Lei 8.745, de 9 de dezembro de 1993, que agora disciplina a matéria, com as alterações posteriores; 2. as funções de natureza permanente, correspondentes a chefia, direção, assessoramento ou outro tipo de atividade para a qual o legislador não crie o cargo respectivo; em geral, são funções de confiança, de livre provimento e exoneração; a elas se refere o art. 37, V, ao determinar, com a redação da EC 19/1998, que "as funções de confiança serão exercidas exclusivamente por servidores ocupantes de cargo efetivo, e os cargos em comissão, a serem preenchidos por servidores de carreira nos casos, condições e percentuais mínimos previstos em lei, destinam-se apenas às atribuições de direção, chefia e assessoramento." (DI PIETRO, Maria Sylvia Zanella. Tratado do Direito Administrativo: administração pública e servidores públicos / Fabrício Motta e Maria Sylvia Zanella Pietro. São Paulo, Ed. Revista dos Tribunais, 2014, Volume 2, 2014, p. 374)

▶ **Função de confiança distingue-se de cargo em comissão pelo fato de aquela não titularizar cargo público.**

"Função de confiança distingue-se de cargo em comissão pelo fato de aquela não titularizar cargo público. Demais disso, se função nada mais é que atribuição ou conjunto de atribuições inerentes a todos os servidores públicos, função de confiança é o plexo de atribuições conferidas a determinado funcionário de carreira em razão de vinculo existente entre o Chefe do Executivo e o titular de cargo efetivo. Essas são as funções, permanentes e de livre escolha e exoneração, referidas no inciso V do art. 37 da CF, que em nada se aproximam das funções temporárias previstas no inciso IX. Para estas seria incompreensível a exigência de concurso público, pois se destinam a suprir necessidades temporárias e excepcionais, geralmente urgentes, incompatíveis com a demora de realização de concurso. Destinam-se, em última análise, a suprir uma insuficiência de pessoal, o que explica o porquê da dispensa de seleção pública." (OLIVEIRA, Régis Fernandes de. Servidores Públicos, 2ª edição, Editora Malheiros, 2008, p. 51)

▶ **A função pública pode ser exercida sem estar revestida da conotação de cargo.**

"A função pública pode ser exercida sem estar revestida da conotação de cargo. Sob esse aspecto, o sentido da expressão se específica para significar o tipo de vínculo de trabalho em que as atividades são exercidas por pessoas que não ocupam cargos, pois somente detêm funções." (MEDAUAR, Odete. Direito Administrativo Moderno, 20ª edição, Editora Revista dos Tribunais, São Paulo, 2016, p. 323)

▶ **Nem toda função pública implica exercício de cargo**

"Nem toda função pública implica exercício de cargo. Por exemplo: exercem funções públicas os contratados por tempo determinado nos termos do art. 37, IX, da CF, os antigos admitidos a título precário. Nem todas as funções são criadas por lei, em número certo; muitas decorrem das atividades típicas de cada órgão ou ente administrativo, sem número determinado; por vezes existem tabelas de lotação de pessoal para cada órgão, como atos internos, nas quais são listadas as funções de modo quantificado, em número suficiente para o órgão realizar suas atribuições legais. Por outro lado, há funções cujo exercício pressupõe vínculo com a Administração, como ocorre com as funções gratificadas, funções da carreira docente e funções de chefia acadêmica em faculdades e universidades públicas." (MEDAUAR, Odete. Direito Administrativo Moderno, 20ª edição, Editora Revista dos Tribunais, São Paulo, 2016, p. 323)

▶ **CLASSE é o agrupamento de empregos da mesma profissão ou atividade e de igual padrão de remuneração.**

"O servidor governamental, por via de regra, ocupa, nas sociedades de economia mista, empresas públicas e fundações privadas, emprego. Emprego é o centro de encargos para ser ocupado por servidor contratado pelo regime celetista. À semelhança do que ocorre com os cargos públicos, os empregos podem estar, ou não, dispostos em quadro de carreira, como, aliás, permite o § 2º do art. 461 da Consolidação das Leis do Trabalho. No primeiro caso diz-se emprego de carreira; no segundo diz-se emprego isolado, cujos conceitos exigem prévia noção do que seja classe e carreira. **Classe é o agrupamento de empregos da mesma profissão ou atividade e de igual padrão de remuneração. Carreira é o agrupamento de classes da mesma profissão ou atividades, dispostas hierarquicamente de acordo com o grau de dificuldade das atribuições e nível de responsabilidade.** Ao conjunto de empregos chamamos quadro. Os empregos, as classes e as carreiras são criados e regulados mediante atos da diretoria da entidade governamental. Não há, assim, necessidade de lei para essas finalidades". (GASPARINI, Diógenes, Direito administrativo – 14ª. ed. atualizada por Fabrício Motta – São Paulo: Saraiva, 2009, p. 169)

▶ **PROVIMENTO é a designação de uma pessoa a titularizar um cargo público, seja ele efetivo ou em comissão.**

"Aponte-se que provimento é a designação de uma pessoa a titularizar um cargo público, seja ele efetivo ou em comissão. Efetivar-se-á o provimento pelo ato da autoridade competente, neste caso, dita-nos ser aquele lançado por pessoa legalmente habilitada para tanto, que aqui se faz na pessoa do Presidente da República, acontece que este ato nem sempre é praticado pelo mesmo, podendo ela efetivar-se através de delegação de poderes inserta no parágrafo único, do art. 84, da Carta Política de 1988. Quando este artigo fala em autoridade competente de cada Poder do Estado, quer nos parecer que em cada esfera administrativa – seja do Executivo, Legislativo ou Judiciário – haverá uma pessoa investida de poderes suficientes a prover cargos públicos na forma da lei". (DUARTE NETO, Claudionor. O estatuto do servidor Público (Lei n.º 8.112/90) à luz da constituição e da jurisprudência, 2- Edição, Revista e ampliada, Sao Paulo, Editora Atlas S.A. – 2011, p. 15)

▶ **Cargos de provimento efetivo e em cargos de provimento em comissão.**

"Os cargos públicos se dividem, pela Constituição Federal, art. 37, em cargos de provimento efetivo e em cargos de provimento em comissão. Ambos são permanentes, e constitui um lapso de todo condenável confundir cargos em comissão com cargos não permanentes. O oposto de cargos permanentes são cargos temporários, ou seja, aqueles destinados à vigência de determinado tempo – por exemplo, enquanto estiverem ocupados, extinguindo-se na vacância, o que a lei pode estabelecer e é frequente que o faça nos três níveis de governo. Não existem outros cargos temporários no direito brasileiro, senão aqueles aos quais a lei, por algum motivo justo e ponderável, empreste um tempo certo de existência, o que é sempre excepcional às regras constitucionais básicas. A admissão para cargos de provimento efetivo se dá, por força da Constituição Federal, art. 37, II, por concurso público de provas ou de provas e títulos, conforme cada respectivo edital estabeleça. As regras para o edital, fora as poucas constitucionais que existem, são dadas por cada estatuto local de funcionários". (Tratado de direito administrativo, 2 / coordenadores Adilson Abreu Dallari, Carlos Valder do Nascimento, Ives Gandra da Silva Martins. – São Paulo: Saraiva, 2013, p. 157)

▶ **Organização dos cargos e dos empregos nos quadros públicos de pessoal.**

"Os cargos públicos, estatutários portanto, se dispõem em dois distintos quadros, segundo a sua natureza: o de cargos de provimento efetivo e o de cargos de provimento em comissão. É natural que as grandes organizações de pessoal poderão organizar diversos quadros de cargos efetivos e diversos de cargos em comissão, segundo a lei local o faça, dividindo-os por secretarias ou outras divisões administrativas, ou por níveis de escolaridade, ou de remuneração, ou ainda por critérios variados". (Tratado de direito administrativo, 2 / coordenadores Adilson Abreu Dallari, Carlos Valder do Nascimento, Ives Gandra da Silva Martins. – São Paulo: Saraiva, 2013, p. 160)

▶ **Os quadros de pessoal estatutário, quando assim plasmados na lei, são a referência oficial dos cargos públicos, para todos os efeitos.**

"Os quadros de pessoal estatutário, quando assim plasmados na lei, são a referência oficial dos cargos públicos, para todos os efeitos. E o mesmo se pode dizer, naturalmente, dos quadros dos empregos públicos, integrados pelos empregos criados por lei para a respectiva entidade ou Poder que adote ou tenha esse regime jurídico, compondo-se do quadro dos empregos permanentes e do quadro dos empregos de confiança, os primeiros províveis por contratação pela CLT após concurso público de provas ou provas e títulos, e os segundos pelo critério exclusivo da autoridade competente para autorizar a contratação, tudo na forma das normas locais, legais ou infralegais, pertinentes". (Tratado de direito administrativo, 2 / coordenadores Adilson Abreu Dallari, Carlos Valder do Nascimento, Ives Gandra da Silva Martins. – São Paulo: Saraiva, 2013, p. 160)

▶ **As atribuições dos cargos públicos, por seu turno, parecem demasiado que figurem na própria lei que os cria ou (re)organiza.**

"As atribuições dos cargos públicos, por seu turno, parecem demasiado que figurem na própria lei que os cria ou (re)organiza, porque são mutáveis por excelência e a sua figuração na lei soleniza e dificulta exageradamente a sua alterabilidade; seria como matar tico-tico com canhão. O que se recomenda é a utilização de um ato infralegal regulamentar (decreto, ato da mesa ou da direção, ato da presidência ou o que mais for, conforme seja a entidade)". (Tratado de direito administrativo, 2 / coordenadores Adilson Abreu Dallari, Carlos Valder do Nascimento, Ives Gandra da Silva Martins. – São Paulo: Saraiva, 2013, p. 161)

▶ **LOTAÇÃO**

"Lotação, por fim, é a designação do servidor para trabalhar em determinado local, ou em determinada divisão administrativa do ente ao qual seu cargo está afeto. Pode constar expressa, como se disse, no quadro de pessoal, como pode não constar, porque se constar isso poderá, conforme seja redigida a lei respectiva, prejudicar a movimentação física dos servidores, efeito por certo indesejável na Administração". (Tratado de direito administrativo, 2 / coordenadores Adilson Abreu Dallari, Carlos Valder do Nascimento, Ives Gandra da Silva Martins. – São Paulo: Saraiva, 2013, p. 159)

▶ **A lotação é a alocação de cargos nos órgãos e unidades administrativas, no âmbito de cada Poder, em conformidade com as necessidades da prestação do trabalho público, observando-se, ainda, nessa alocação de cargos, a carreira e quadro de pessoal respectivos.**

"A lotação é a alocação de cargos nos órgãos e unidades administrativas, no âmbito de cada Poder, em conformidade com as necessidades da prestação do trabalho público, observando-se, ainda, nessa alocação de cargos, a carreira e quadro de pessoal respectivos. Veja-se que a lotação está ligada à gestão pública de pessoal, como uma forma de distribuição desses cargos em cada unidade administrativa, segundo as necessidades da prestação de serviços públicos. A lotação é efetuada por meio de decreto ou ato regulamentar no âmbito do respectivo Poder ou órgão autônomo. Assim, o servidor nomeado e empossado no cargo público, iniciará o exercício de suas funções junto a uma unidade de trabalho ou repartição na qual exista a lotação correspondente àquele cargo. Geralmente, denomina-se de classificação esta lotação inicial do servidor público. Aberta uma vaga do respectivo cargo no local de lotação, esta vaga é preenchida por remoção, que é uma forma de movimentação do servidor de um local de lotação para outro". (MACIEL, Heriberto Roos e ANDREATTA, Sandra Regina, Estatuto e Regime Jurídico Único dos Servidores Públicos Civis do Estado do Rio Grande do Sul, Juruá Editora, 2016, p. 62)

◉ **O concurso público pode ser realizado com classificação específica para cada órgão ou unidade de lotação.**

"CONCURSO PÚBLICO: PRINCÍPIO DE IGUALDADE: OFENSA INEXISTENTE. Não ofende o princípio da igualdade o regulamento de concurso público que, destinado a preencher cargos de vários órgãos da Justiça Federal, sediados em locais diversos, determina que a classificação se faça por unidade da Federação, ainda que daí resulte que um candidato se possa classificar, em uma delas, com nota inferior ao que, em outra, não alcance a classificação respectiva". (RE 146.585, Rel. Min. Sepúlveda Pertence, j. em 18.04.1995, 1ª T., DJ de 15.09.1995).

> ◉ **No mesmo sentido:** "Administrativo. Servidor Público. Lotação. Direito da administração que não se relaciona com a ordem do provimento dos cargos. 1. A administração é sempre possível lotar o servidor em qualquer lugar, porque, salvo as exceções constitucionais, não há direito "ao exercício da mesma função, no mesmo lugar e nas mesmas condições" (Hely Lopes Meirelles), não existindo, ao nomeado em concurso público, direito de se ver lotado na repartição que lhe parecer mais conveniente. 2. Apelação desprovida". (Apelação Cível 599259652, Quarta Câmara Cível, Tribunal de Justiça do RS, Rel. Araken de Assis, j. em 08.09.1999).

RG ◉ **Os requisitos do edital para o ingresso em cargo, emprego ou função pública devem ter por fundamento lei em sentido formal e material. (Repercussão geral reconhecida com mérito julgado)**

"**Os requisitos do edital para o ingresso em cargo, emprego ou função pública devem ter por fundamento lei em sentido formal e material.** Editais de concurso público não podem estabelecer restrição a pessoas com tatuagem, salvo situações excepcionais em razão de conteúdo que viole valores constitucionais." [RE 898.450, rel. min. Luiz Fux, j. 17-8-2016, P, DJE de 31-5-2017, Tema 838.]

▶ **Não é permitido ao regulamento, ao edital ou a qualquer ato administrativo criar outras condições de acesso que não essas definidas em lei.**

"Como adverte Diogo de Figueiredo Moreira Neto, não é permitido "ao regulamento, ao edital ou a qualquer ato administrativo criar outras condições de acesso que não essas definidas em lei" Ademais disso, a lei que disciplinar o tema deverá ter derivado de projeto do Chefe do Poder Executivo, o qual é titular de iniciativa exclusiva em tais assuntos (CF/1988, art. 61, § 1.º, II, a)". (JUSTEN FILHO, Marçal. Curso de direito, 13. ed. Editora Revista dos Tribunais, São Paulo, 2018, p. 734)

▶ **Requisitos não previstos em lei fere o inciso XIII, do artigo 5º, da Constituição Federal, que diz respeito ao direito ao livre exercício de profissão.**

A Constituição Federal estabeleceu no inciso XIII do art. 5º o livre exercício de qualquer trabalho, ofício ou profissão, atendidas as qualificações profissionais estabelecidas em lei, in verbis: Art. 5º [...]. XIII–é livre o exercício de qualquer trabalho, ofício ou profissão, atendidas as qualificações profissionais que a lei estabelecer. Dessa forma, consagrou-se o direito ao livre exercício de profissão como norma constitucional de eficácia contida, pois previu a possibilidade de edição de lei que estabeleça as qualificações necessárias a seu exercício. Cita-se, a título de exemplo, a Lei nº 7.498/86, de 25 de junho de1986, que dispõe sobre a regulamentação do exercício da Enfermagem e dá outras providências, a habilitação para o exercício profissional de enfermagem, tanto na área privada, quanto na pública, independentemente de qualquer tipo de especialização, bastando apenas inscrição do graduado em enfermagem no Conselho Regional de Classe. De acordo com a Constituição Federal somente a lei–ato normativo emanado do Poder Legislativo–pode regular o exercício de qualquer trabalho, ofício ou profissão, sendo essa atribuição indelegável a qualquer outro Poder. Sendo assim, um edital que regula o concurso público, que é um ato administrativo, jamais poderia criar uma regra que contraria o disposto na Lei nº Lei nº 7.498/86, que regula a Profissão de Enfermagem, e tem abrangência nacional. A questão é bem simples, se a Lei nº 7.498/86 diz que para o exercício da profissional de enfermagem basta que o graduado se inscreva no Conselho Regional de Classe, não pode um edital impedir o exercício dessa profissão no serviço público exigindo uma qualificação não elencada pela lei. Como se vê, tal exigência editalícia além de violar aos princípios da legalidade e da razoabilidade, também impede o livre exercício da profissão de enfermeiro ao barrar determinados candidatos de ingressarem no serviço público.

◉ **Não é possível criar requisito de acesso ao cargo por meio do edital.**

"APELAÇÃO CÍVEL CONCURSO PÚBLICO CARGO DE CIRURGIÃO DENTISTA DESCLASSIFICAÇÃO DO APELANTE – EXIGÊNCIA DE ESPECIALIDADE REQUISITO NÃO PREVISTO NA LEI INSTITUIDORA DO CARGO OU REGULAMENTADORA DA PROFISSÃO IMPOSSIBILIDADE PRINCÍPIO DA LEGALIDADE CF, ART. 37, INC. I – RECURSO CONHECIDO E PROVIDO. 1) Embora o Edital nº 001/2011, em seu Anexo I, indique como escolaridade exigida para a função de cirurgião dentista/buco-maxilo, além de curso superior completo em Odontologia e registro no Conselho Regional de Classe, o título de especialista na área a que concorre (fl. 39), esta última exigência não encontra ressonância na legislação federal e municipal que disciplina a matéria. 2) A Lei Municipal nº 1.824/1995, que estabelece o plano de carreira e vencimentos dos servidores do Município da Serra, ao instituir o cargo de Técnico de Nível Superior, predestinou-o a executar atividades de exigência de formação especializada em nível superior nos termos da legislação e das normas relacionadas a sua atividade profissional , no âmbito da administração pública municipal, responsabilizando-se tecnicamente pelo serviço inerente a sua função , ao passo que a Lei Federal nº 5.081/1966, que regulamenta o exercício da Odontologia em território nacional, assegura aos cirurgiões-dentistas habilitados em curso superior e inscritos no Conselho Regional de Odontologia sob cuja jurisdição se achar o local de sua atividade, a prerrogativa de praticar todos os atos pertinentes a Odontologia, decorrentes de conhecimentos adquiridos em curso regular ou em cursos de pós-graduação (art. 6º, inciso I). 3) O cargo público, como nos esclarece José dos Santos Carvalho Filho, é o lugar dentro da organização funcional da Administração Direta e de suas autarquias e fundações públicas que, ocupado por servidor público, tem funções específicas e remuneração fixadas em lei ou diploma a ela equivalente. 4) Essa necessidade dos requisitos de acesso aos cargos públicos virem expressamente previstos em lei, além de ínsita ao princípio republicano, é expressão direta dos princípios da legalidade e da impessoalidade, pois se a res é pública e a todos pertencem, em idêntica proporção, somente aos titulares do poder, através de seus legítimos representantes, é dado estabelecer as condições de ingresso no serviço público, sob pena de se outorgar ao administrador discricionariedade incompatível com as vigas mestras de nossa ordem constitucional e com a previsão contida no art. 37, inc. I, de nossa Carta Maior. 5) Não estivessem os requisitos de acesso previamente delineados em lei da entidade a quem pertença o cargo, o administrador estaria liberto de peias jurídicas para estabelecê-los no edital do certame, podendo, ainda que a pretexto de escolher o candidato mais qualificado, recrudescer de tal forma as exigências que o universo de possíveis candidatos restasse plenamente identificável, em descompasso com o princípio da impessoalidade. 6) Como a legislação que regulamenta a matéria não contempla a exigência que justificou a desclassificação do apelante para o cargo no qual ele restou aprovado, falece o instrumento convocatório do certame ou qualquer outro ato normativo subalterno da prerrogativa de instituir validamente dita exigência, sob pena de invadir competência privativa alheia, reservada ao legislador ordinário. Precedentes desta egrégia Corte. 7) Uma vez que a exigência administrativa não encontra suporte na lei instituidora do cargo e nem naquela que regulamento o exercício da profissão no território nacional, não se tem dúvidas em proclamar sua nulidade, na esteira da orientação deste egrégio Tribunal, determinando a nomeação do apelante, aprovado dentro do número de vagas disponibilizado pelo Edital nº 001/2011. 8) Recurso conhecido e provido. 1. in Manual de Direito Administrativo. 31ª ed., São Paulo: Atlas, 2017, p 406." (TJES, Classe: Apelação, 048120017511, Relator: ELIANA JUNQUEIRA MUNHOS FERREIRA, Órgão julgador: TERCEIRA CÂMARA CÍVEL , Data de Julgamento: 24/04/2018, Data da Publicação no Diário: 04/05/2018).

ENTENDIMENTO DO TCU SOBRE O TEMA

ENUNCIADO	DATA	ACÓRDÃO	AUTOR DA TESE
A criação de funções comissionadas por meio de deliberações de órgão especial ou atos da presidência de órgão infringe o disposto no art. 48, X, da Constituição Federal. É de competência exclusiva do Congresso Nacional a criação, transformação e extinção de cargos, empregos e funções públicas.	07/12/2010	AC-8365/10-1	WEDER DE OLIVEIRA
A redistribuição por reciprocidade é admitida em caráter excepcional, desde que observados os requisitos do art. 37 da Lei 8.112/1990 e a restrição quanto à inexistência de concurso público em vigor para a especialidade do cargo envolvido na redistribuição.	24/04/2018	AC-3879/18-1	VITAL DO RÊGO
O requisito de dezoito anos como idade mínima para investidura em cargo público (art. 5º, inciso V, da Lei 8.112/1990) não é suprido por eventual emancipação civil, e deve ser comprovado na data da inscrição no certame.	14/02/2017	AC-0683/17-1	BENJAMIN ZYMLER
A redistribuição por reciprocidade é admitida em caráter excepcional, desde que atendidas as seguintes condições: a) preenchimento dos requisitos do art. 37 da Lei 8.112/1990, em especial o interesse da Administração, que deve estar devidamente comprovado nos autos do processo administrativo; b) inexistência de concurso público em andamento ou em vigência para as especialidades dos cargos interessados na redistribuição, no caso de cargo vago; c) concordância expressa do servidor, no caso de cargo ocupado.	11/07/2017	AC-5240/17-1	BENJAMIN ZYMLER
O tempo de serviço exercido em cargo isolado de provimento efetivo não pode ser aproveitado para fins de "quintos", nem de "opção".	12/11/2013	AC-8019/13-1	WALTON ALENCAR RODRIGUES

ENUNCIADO	DATA	ACÓRDÃO	AUTOR DA TESE
A redistribuição por reciprocidade se assemelha à transferência, que foi considerada inconstitucional pelo Supremo Tribunal Federal. A redistribuição limita-se às hipóteses de ajustamento de lotação ou da força de trabalho às necessidades do serviço, aplicando-se, exclusivamente, quando presente o imperativo de interesse público. A redistribuição de cargos como contrapartida à remoção de servidores para o preenchimento das lacunas surgidas na lotação do órgão não possui previsão legal e assemelha-se à transferência. A existência de concurso público em vigor impossibilita a redistribuição.	08/11/2011	AC-9705/11-1	MARCOS BEMQUERER
O procedimento de admissão para preenchimento de cargo ou emprego público pressupõe prévia existência de vaga.	26/07/2011	AC-5738/11-1	WEDER DE OLIVEIRA
Não é possível a incorporação de quintos/décimos nem o recebimento de “opção” pelo exercício de cargo isolado de provimento efetivo, mas apenas pelo exercício de cargo em comissão.	11/05/2010	AC-2328/10-1	WEDER DE OLIVEIRA
É ilegal a percepção da vantagem denominada 'quintos' e 'opção', sem que o servidor, ocupante de cargo isolado de provimento efetivo, tenha exercido cargo em comissão ou função comissionada.	18/03/2008	AC-819/08-1	MARCOS BEMQUERER
É ilegal a percepção da vantagem denominada 'quintos' e 'opção', sem que o servidor, ocupante de cargo isolado de provimento efetivo, tenha exercido cargo em comissão ou função comissionada.	04/03/2008	AC-596/08-1	MARCOS BEMQUERER
A redistribuição por reciprocidade caracteriza o instituto da transferência, considerado inconstitucional pelo STF. Excepcionalmente e alternativamente, mantém-se a situação de servidores redistribuídos por reciprocidade até a regularização do quadro de pessoal da Justiça Eleitoral nos termos da Lei 11.202/2005 e da Resolução TSE 22.138/2005, devendo a Administração abster-se de realizar novas permutas de cargos a título de redistribuição por reciprocidade.	04/11/2008	AC-4098/08-1	MARCOS VINICIOS VILAÇA

ENUNCIADO	DATA	ACÓRDÃO	AUTOR DA TESE
É indevida a percepção de vantagens próprias do exercício de cargo comissionado por servidor ocupante de cargo isolado de provimento efetivo, mesmo que tenha remuneração equiparada à de cargo em comissão.	19/02/2008	AC-298/08-1	VALMIR CAMPELO
São ilegais as funções criadas por meio de resoluções.	26/08/2008	AC-2712/08-1	GUILHERME PALMEIRA
O ocupante de cargo isolado, cuja remuneração era equiparada a de cargo em comissão, não faz jus às vantagens inerentes ao exercício de cargo comissionado, como 'opção' e 'quintos'.	12/02/2008	AC-192/08-1	MARCOS BEMQUERER
É ilegal a redistribuição por reciprocidade, que é uma dissimulação do antigo instituto da transferência, declarado inconstitucional pelo Supremo Tribunal Federal em 19/12/1995 e definitivamente banido do ordenamento jurídico pela Lei 9.527, de 10/12/1997.	28/05/2008	AC-1690/08-1	VALMIR CAMPELO
É ilegal a percepção de quintos/décimos por servidor ocupante de cargo isolado de provimento efetivo cujos vencimentos foram equiparados aos de cargo em comissão, de mesma denominação.	13/02/2007	AC-281/07-1	MARCOS BEMQUERER
Somente por meio de lei é possível o reenquadramento que resulte na criação de novas classes para um cargo ou que estabeleça outro nível de escolaridade.	23/01/2007	AC-18/07-1	MARCOS BEMQUERER
Os órgãos do Poder Judiciário não podem transformar funções por meio de ato administrativo, razão porque é ilegal o aproveitamento de tempo de serviço de função comissionada exercida nessas circunstâncias para o fim de recebimento da vantagem opção.	23/01/2007	AC-16/07-1	MARCOS BEMQUERER
Ao servidor ocupante de cargo isolado transformado em cargo em comissão não é devida a percepção de vantagens associadas ao exercício de cargo comissionado.	22/05/2007	AC-1421/07-1	RAIMUNDO CARREIRO

ENUNCIADO	DATA	ACÓRDÃO	AUTOR DA TESE
É ilegal o pagamento de parcelas inerentes ao exercício de função comissionada para detentores de cargos isolados do Poder Judiciário, sem que hajam efetivamente ocupado funções ou cargos comissionados.	08/05/2007	AC-1226/07-1	RAIMUNDO CARREIRO
Com a edição da Lei 12.774/2012 (art. 3º), os servidores da área de apoio (limpeza e conservação) do TST passaram a integrar o cargo de técnico judiciário, convalidando ato administrativo anterior do órgão nesse sentido, com efeitos sobre a legalidade dos atos de concessão de aposentadoria dos servidores reenquadrados.	25/08/2015	AC-6012/15-2	AUGUSTO NARDES
Não se pode considerar nula a posse efetivada após decorrido o prazo legal, se o candidato, tendo cumprido todas as exigências legais, não contribuiu para a mora da Administração. Não é decadencial o prazo de trinta dias, haja vista que a própria lei admite hipóteses de suspensão do trintídio para a posse e exercício.	07/02/2012	AC-0731/12-2	AUGUSTO NARDES
Não se deve nomear servidor em vaga cujo dispositivo legal que a origina ainda não tenha sido publicado no Diário Oficial da União.	12/04/2011	AC-2314/11-2	AUGUSTO NARDES
É possível a criação de empregos no âmbito da administração direta e indireta, sob o regime da Consolidação das Leis do Trabalho, decorrente da posse de antigos empregados em outro cargo público inacumulável.	14/07/2009	AC-3869/09-2	JOSÉ JORGE
A redistribuição por reciprocidade é condenável por configurar a transferência, instituto banido da legislação pátria desde 1995, por meio de decisão exarada pelo Supremo Tribunal Federal. A movimentação de um quadro para o outro, entre órgãos diferentes, entre a administração direta e autarquias, entre os Poderes que compõem o ente federado, é inconstitucional, porquanto configura provimento de cargo público sem concurso público (art. 37, § 2º, da Constituição Federal) .	07/07/2009	AC-3661/09-2	JOSÉ JORGE

ENUNCIADO	DATA	ACÓRDÃO	AUTOR DA TESE
É ilegal a admissão de servidor público realizada sem a existência prévia de cargo vago.	26/05/2009	AC-2693/09-2	JOSÉ JORGE
Os TRE têm competência para organizar zonas eleitorais, mas não para criar os cargos e as funções para desempenho dos trabalhos de zona eleitoral criada.	26/08/2008	AC-3116/08-2	ANDRÉ DE CARVALHO
É legal a criação, mediante ato administrativo, de cargo em comissão ou função comissionada no âmbito de sociedades de economia mista ou empresas públicas que desenvolvam atividades econômicas, sendo prescindível que se o faça por meio de lei.	30/01/2007	AC-56/07-2	UBIRATAN AGUIAR
É indevida a percepção de vantagens decorrentes do exercício de função comissionada por servidor ocupante de cargo isolado, que não chegou a exercer função daquela natureza.	14/10/2003	AC-1899/03-2	ADYLSON MOTTA
É indevida a inclusão da vantagem denominada 'quintos' aos proventos de aposentadoria de servidor ocupante de cargo isolado, cuja remuneração foi equiparada à de cargo em comissão, pois esse direito só é assegurado ao ocupante de cargo efetivo investido no cargo em comissão.	03/07/2003	AC-1079/03-2	BENJAMIN ZYMLER
Admite-se a redistribuição por reciprocidade, observados os requisitos do art. 37 da Lei 8.112/1990 e a restrição quanto à inexistência de concurso público em vigor para as especialidades dos cargos interessados na redistribuição, a fim de resguardar interesses de candidatos aprovados.	29/10/2014	AC-2912/14-P	ANDRÉ DE CARVALHO
É ilegal a criação ou transformação, por via administrativa, de cargo em comissão e função comissionada (arts. 48, inciso X, 96, inciso II, alínea b, e 169, § 1°, da Constituição Federal), ressalvados os atos administrativos praticados, no âmbito do TRT – 1ª Região, até a data da Resolução Administrativa 833, de 07/02/2002 (Art. 2° da Lei 11.758/2008).	24/09/2014	AC-2529/14-P	MARCOS BEMQUERER

ENUNCIADO	DATA	ACÓRDÃO	AUTOR DA TESE
É possível a realização de redistribuição, desde que observados os preceitos contidos no art. 37, caput e incisos I a VI, da Lei 8.112/1990, atentando, ainda, para os seguintes aspectos: a redistribuição tem como característica e objetivo a movimentação de cargos, não sendo o instituto adequado quando se almeja a movimentação de servidores; por sua natureza, a redistribuição deve ser utilizada em caráter excepcional e sempre no interesse da Administração, o qual deve estar devidamente comprovado nos autos do respectivo processo administrativo; a redistribuição não pode afrontar o princípio constitucional do concurso público e prejudicar o direito de terceiros, no caso de cargo ocupado, deve haver a concordância expressa do servidor.	21/05/2014	AC-1316/14-P	JOSÉ JORGE
A "redistribuição por reciprocidade" é admitida, em caráter excepcional, desde que atendidas as seguintes condições: a) preenchimento dos requisitos do art. 37 da Lei 8.112/1990, em especial o interesse da Administração, que deve estar devidamente comprovado nos autos do processo administrativo; b) inexistência de concurso público em andamento ou em vigência para as especialidades dos cargos interessados na redistribuição, no caso de cargo vago; c) concordância expressa do servidor, no caso de cargo ocupado.	21/05/2014	AC-1308/14-P	JOSÉ JORGE
Os requisitos da redistribuição, previstos no art. 37 da Lei 8.112/1990, pressupõem a necessidade de deslocamento de cargos (e não de servidores) para órgão ou entidade do mesmo Poder, com vista ordinariamente ao ajustamento de lotação e da força do trabalho, no interesse da administração e em caráter excepcional.	07/03/2012	AC-0480/12-P	AUGUSTO SHERMAN
Admite-se em situações excepcionais a redistribuição por reciprocidade, quando observados os requisitos do art. 37 da Lei nº 8.112/1990 e a restrição quanto à inexistência de concurso público em vigor para as especialidades dos cargos interessados na redistribuição.	10/12/2012	AC-3447/12-P	VALMIR CAMPELO

ENUNCIADO	DATA	ACÓRDÃO	AUTOR DA TESE
Não há previsão legal para redistribuição de cargo em razão de anterior remoção de servidor. A remoção de servidores com a contrapartida da redistribuição de cargos vagos para preenchimento das lacunas surgidas na lotação do órgão de origem assemelha-se à transferência, instituto considerado inconstitucional pelo Supremo Tribunal Federal em 19/12/1995, nos autos do Mandado de Segurança nº 22.148-8/DF, e definitivamente banido do ordenamento jurídico pela Lei nº 9.527/1997.	15/09/2010	AC-2366/10-P	VALMIR CAMPELO
A redistribuição feita sem o preenchimento dos requisitos específicos estabelecidos no art. 37 da Lei 8.112/90 viola a regra geral do concurso público, equivalendo ao instituto da transferência, já julgado inconstitucional pelo Supremo Tribunal Federal. Em decorrência da unificação dos dos quadros de cada um dos órgãos especializados do Poder Judiciário Federal pela Lei 11.416/2006, apenas por meio do instituto da redistribuição, previsto no art. 37 da Lei 8.112/90 é possível se transferir um servidor de um órgão especializado para outro.	28/05/2008	AC-962/08-P	AROLDO CEDRAZ
É ilegal a transposição decorrente de alterações, feitas mediante simples atos administrativos internos, no nível de escolaridade, estruturas de vencimento, referência e classificação de cargos.	14/05/2008	AC-867/08-P	MARCOS VINICIOS VILAÇA
É inconstitucional a criação de funções gratificadas por meio de ato administrativo.	02/04/2008	AC-520/08-P	MARCOS VINICIOS VILAÇA
A Constituição Federal permite que a Câmara dos Deputados disponha sobre criação, transformação ou extinção de seus cargos, empregos e funções por ato próprio.	04/06/2008	AC-1041/08-P	BENJAMIN ZYMLER
É inconstitucional toda modalidade de provimento que propicie ao servidor investir-se, sem prévia aprovação em concurso público destinado ao seu provimento, em cargo que não integra a carreira na qual anteriormente investido.	22/11/2006	AC-2182/06-P	MARCOS VINICIOS VILAÇA

ENUNCIADO	DATA	ACÓRDÃO	AUTOR DA TESE
O termo "cargo", constante no inciso III do § 1º do art. 40 da Constituição Federal, deve ser interpretado como carreira, quando aplicado aos membros do Ministério Público.	27/04/2005	AC-473/05-P	BENJAMIN ZYMLER
Os cargos reservados anteriormente aos juízes classistas nos Tribunais Regionais do Trabalho – TRTs podem ser providos na forma prevista no art. 115 da Constituição Federal, com a redação dada pela Emenda Constitucional 24/1999.	30/07/2003	AC-990/03-P	GUILHERME PALMEIRA
Em razão da competência conferida pelo art. 51, inciso IV, da Constituição da República de 1988, pode a Câmara dos Deputados operar a criação, transformação e extinção de cargos, empregos e funções de seus serviços e a iniciativa de lei para fixação da respectiva remuneração, observados os parâmetros estabelecidos na lei de diretrizes orçamentárias. A Câmara dos Deputados também pode criar, mediante resolução, Cargos de Natureza Especial – CNEs na quantidade e com as atribuições e características que entender necessárias ou convenientes para o suporte às atividades institucionais do órgão, incluído o apoio à atividade de representação popular exercida pelos parlamentares, não só no recinto da Câmara dos Deputados, como também junto às suas bases eleitorais nos Estados, observados mecanismos de controle para permitir a aferição da efetiva prestação de serviços.	27/08/2003	AC-1231/03-P	WALTON ALENCAR RODRIGUES
SÚMULA TCU 223: Os cargos de Ministro dos Tribunais Superiores, por serem isolados, não se enquadram na terminologia estatutária de classe imediatamente superior.	13/12/1994		IRAM SARAIVA
SÚMULA TCU 225: A investidura em cargo da esfera estadual de servidor do antigo Distrito Federal, transferido para o extinto Estado da Guanabara nos termos da Lei nº 3.752, de 14.04.60, rompe o vínculo que o mesmo, até então, mantinha com a União, não cabendo ao Tesouro Nacional qualquer despesa decorrente da aposentadoria superveniente.	13/12/1994		IRAM SARAIVA

ENUNCIADO	DATA	ACÓRDÃO	AUTOR DA TESE
SÚMULA TCU 242: O tempo de serviço exercido até a transformação do cargo isolado de provimento efetivo em cargo comissionado não pode ser aproveitado para fins de "quintos" e de concessão da vantagem prevista no art. 180 da Lei nº 1.711, de 28-10-52 (correspondente ao art. 193 da Lei nº 8.112, de 11-12-90).	13/12/1994		IRAM SARAIVA
O reenquadramento em planos de cargos e salários, com base em situações jurídicas pretéritas à admissão, que provoque tratamento diferenciado a empregados admitidos por meio do mesmo concurso público, contraria os princípios da legalidade, do concurso público, da moralidade e da impessoalidade.	24/06/2015 (Emprego público)	AC-1586/15-P	RAIMUNDO CARREIRO
A transformação de função comissionada não pode ser realizada por ato administrativo, consoante o art. 48, inciso X, da Constituição Federal, que exige lei formal para criação, transformação e extinção de cargos, empregos e funções públicas.	06/02/2018 (Função de confiança)	AC-1041/18-1	WALTON ALENCAR RODRIGUES
A função comissionada de consultor legislativo da Câmara dos Deputados não constitui vantagem permanente nem integra necessariamente a remuneração dos consultores legislativos, não tendo direito à sua percepção o servidor cedido, designado para outra função, nomeado para cargo em comissão, licenciado ou afastado, podendo retornar à função comissionada de origem, na ocorrência de vaga.	30/09/2014 (Função de confiança)	AC-5682/14-1	WALTON ALENCAR RODRIGUES
É irregular a designação de servidor não detentor de cargo efetivo ou emprego público para exercer função comissionada, nos termos do art. 37, inciso V, da Constituição Federal.	27/08/2008 (Função de confiança)	AC-1846/08-P	RAIMUNDO CARREIRO

71

ENUNCIADO	DATA	ACÓRDÃO	AUTOR DA TESE
A partir de 28/06/2002, publicação da Lei 10.475, o percentual de até 20% do total das funções comissionadas em órgãos do Poder Judiciário poderá ser preenchido por servidores não integrantes das carreiras judiciárias, porém com vínculo com a Administração Pública da União, resguardadas as situações já constituídas.	22/11/2006 (Função de confiança)	AC-2193/06-P	AUGUSTO NARDES

ART. 37, II, CF – INVESTIDURA EM CARGO OU EMPREGO PÚBLICO E CONCURSO PÚBLICO

II a investidura em cargo ou emprego público depende de aprovação prévia em concurso público de provas ou de provas e títulos, de acordo com a natureza e a complexidade do cargo ou emprego, na forma prevista em lei, ressalvadas as nomeações para cargo em comissão declarado em lei de livre nomeação e exoneração.

INVESTIDURA

▶ **Investidura e provimento: divergências doutrinárias.**

"Não há consenso entre os doutrinadores na definição de investidura. José dos Santos Carvalho Filho, baseando-se na lição de José Cretella Júnior, entende que a investidura "retrata uma operação complexa, constituída de atos do Estado e do interessado, para permitir o legítimo provimento do cargo público". Ela exige o provimento, a posse e o exercício. Hely Lopes Meirelles fala apenas em investidura, sem qualquer referência a provimento. Para o autor, "todo agente público vincula-se ao Estado por meio de ato ou procedimento legal a que se denomina investidura, variável na forma e nos efeitos, segundo a natureza do cargo, do emprego, da função ou do mandato que se atribui ao investido". O jurista distingue diferentes modalidades de investidura: administrativa (que vincula o agente a cargo, função ou mandato administrativo) e política (a que se realiza, em regra, por eleição direta ou indireta, mediante sufrágio universal); originária (que vincula inicialmente o agente ao Estado, como ocorre com a nomeação) e derivada (que decorre de vínculo anterior com a Administração, como ocorre com a promoção, a transferência, a remoção, a reintegração etc.); vitalícia (que tem caráter perpétuo e cuja destituição depende de sentença judicial), efetiva (que tem pressuposto de definitividade, para tornar o agente estável no serviço público e cuja destituição depende de processo administrativo ou sentença judicial) e em comissão (de natureza transitória, para cargos ou funções de confiança, sendo o agente exonerável ad nutum). Como se verifica, o autor utiliza o vocábulo investidura no mesmo sentido que outros falam em provimento. Para Cármen Lúcia Antunes Rocha, investidura "é o ato pelo qual o servidor se imite na condição de titular de cargo público para o qual foi nomeado ou ao qual ascendeu". Ainda segundo a autora, "a investidura decorre do ato de provimento, e é ele que aperfeiçoa o vínculo que ata, funcionalmente, o servidor à entidade estatal que tem, em sua administração, o cargo para o qual se dá a suprir e a ter as suas funções desenvolvidas". Segundo a autora, a investidura ocorre quando o servidor, depois de praticado o ato de provimento, toma posse do cargo. Em outro ponto da obra, ela distingue o provimento da investidura, dizendo que o primeiro diz respeito ao cargo e o segundo, ao agente: "o cargo é provido e o agente é investido na condição de seu titular". Para ela, "o provimento de cargo, função ou emprego público tem dupla face em sua caracterização jurídico-administrativa: pelo lado do agente, traduz ou determina a outorga que lhe é feita de desempenhar o conjunto de atribuições inerentes ao cargo, função ou emprego público; vislumbrando-se a partir do cargo ou do emprego, significa a definição administrativa daquele agente que o titulariza, quer dizer, que se põe como seu titular para o desenvolvimento das atividades que lhe são inerentes na forma da lei." (DI PIETRO, Maria Sylvia Zanella. Tratado do Direito Administrativo: administração pública e servidores públicos / Fabrício Motta e Maria Sylvia Zanella Pietro. São Paulo, Ed. Revista dos Tribunais, 2014, Volume 2, 2014, p. 381)

▶ **Distinção entre os institutos da investidura e provimento.**

"Pelo **ato de provimento** (nomeação ou promoção, por exemplo), é designado o servidor que vai ocupar o cargo; **pela investidura** (posse e exercício), o servidor público passa a ocupar o cargo, vinculando-se à entidade estatal que praticou o ato de provimento. Essa distinção decorre, implicitamente, dos conceitos adotados na Lei 8.112, de 11.12.1990. Pelo art. 6.º, "o provimento dos cargos públicos far-se-á mediante ato da autoridade competente de cada Poder". Pelo art. 7.º, "a investidura em cargo público ocorrerá com a posse". Portanto, o provimento é ato do Poder Público, enquanto a investidura é ato do servidor." (DI PIETRO, Maria Sylvia Zanella. Tratado do Direito Administrativo: administração pública e servidores públicos / Fabrício Motta e Maria Sylvia Zanella Pietro. São Paulo, Ed. Revista dos Tribunais, 2014, Volume 2, 2014, p. 382)

▶ **A investidura pode ser em caráter efetivo, vitalício e em comissão.**

"Tanto a investidura como o provimento podem ser qualificados como efetivos (feitos por concurso público, dando direito à estabilidade se cumpridos os requisitos exigidos para o estágio probatório, com a garantia de que a perda do cargo depende de procedimentos previstos na Constituição), vitalícios (por concurso ou sem ele, nas hipóteses previstas na Constituição, com a garantia de que a destituição somente ocorrerá por sentença judicial transitada em julgado) ou em comissão (quando provido sem concurso público e sem qualquer garantia de permanência no cargo, uma vez que a exoneração pode ser feita a critério da Administração). Os três qualificativos somente se aplicam ao provimento ou à investidura em cargos e não aos empregos (porque nestes, embora providos por concurso público, não dão direito à estabilidade), nem às funções (já que não dependem de concurso público nem dão direito à estabilidade)." (DI PIETRO, Maria Sylvia Zanella. Tratado do Direito Administrativo: administração pública e servidores públicos / Fabrício Motta e Maria Sylvia Zanella Pietro. São Paulo, Ed. Revista dos Tribunais, 2014, Volume 2, 2014, p. 382/383)

▶ **Embora os autores em geral tratem da investidura e do provimento em relação ao cargo, na realidade, o dispositivo fala em investidura no cargo ou emprego público.**

"Embora os autores em geral tratem da investidura e do provimento em relação ao cargo, na realidade, o dispositivo fala em investidura no cargo ou emprego público. E também não há razão para deixar de falar em investidura em função. A norma do art. 37, II, não se refere a função porque para esta não há exigência de concurso público. Contudo, nas três situações, existe um ato de provimento e um ato de investidura, abrangendo a posse e o exercício. O que muda é o tipo de ato de provimento que designa o servidor: pode ser a nomeação (para cargo), a contratação (para o emprego público e para a função temporária) e a designação ou outro ato semelhante (para a função de confiança)." (DI PIETRO, Maria Sylvia Zanella. Tratado do Direito Administrativo: administração pública e servidores públicos / Fabrício Motta e Maria Sylvia Zanella Pietro. São Paulo, Ed. Revista dos Tribunais, 2014, Volume 2, 2014, p. 382)

▶ **O inc. II do art. 37 menciona investidura em cargo ou emprego, omitindo função pública.**

"Ficaria estranho, ante o espírito da Constituição Federal e os princípios da Administração aí consagrados, que a investidura em função escapasse à exigência de concurso. Surgiu entendimento no sentido de que só existiria função no caso de contrato por tempo determinado para atender a necessidade temporária de excepcional interesse público, prevista no inc. IX do art. 37; portanto, o acesso a essa contratação independeria de aprovação em concurso público. Todos os demais vínculos seriam cargos e empregos, com investidura condicionada à aprovação em concurso público, ressalvados os cargos em comissão. No entanto, há casos de contratos de pessoal que não são regidos pela CLT, nem se inserem no referido inc. IX; trabalho realizado em virtude desses contratos qualifica-se como função pública, sem dúvida; e, ante os princípios da igualdade e da moralidade administrativa, tais contratações só podem se efetuar com pessoas habilitadas em concurso público." (MEDAUAR, Odete. Direito Administrativo Moderno, 20ª edição, Editora Revista dos Tribunais, São Paulo, 2016, p. 324)

NATUREZA E COMPLEXIDADE DO CARGO OU FUNÇÃO

▶ A validade dos requisitos de participação e dos critérios de julgamento depende da sua adequação e necessidade diante das virtudes desejáveis para o futuro servidor público.

"A validade dos requisitos de participação e dos critérios de julgamento depende da sua adequação e necessidade diante das virtudes desejáveis para o futuro servidor público, tal como da compatibilidade da exigência com os valores constitucionais fundamentais. É impossível afirmar a constitucionalidade ou inconstitucionalidade de uma exigência sem examinar as circunstâncias. Toda exigência apresenta cunho de instrumentalidade, no sentido de que se relaciona com determinados fins buscados. Se esse vínculo de instrumentalidade for defeituoso por inadequação ou excesso, haverá infração ao princípio da isonomia. Por isso, é impossível afirmar que a vedação à participação em concurso público a uma pessoa portadora de deficiência visual será necessariamente inconstitucional. Isso dependerá da natureza das atribuições inerentes ao cargo. Haverá situações em que o desempenho da competência própria do cargo pressuporá a existência de certas habilidades físicas ou de outras condições materiais ou imateriais, mas, em todo caso, não poderá o Estado furtar-se ao princípio da motivação. (JUSTEN FILHO, Marçal. Curso de direito administrativo, 13ª. ed. Editora Revista dos Tribunais, São Paulo, 2018, p. 732)

▶ **A configuração do concurso como de provas ou de provas e títulos deverá ser feita, nos termos do dispositivo constitucional, de acordo com a natureza e a complexidade do cargo ou emprego, na forma prevista em lei.**

"A lei a que se refere é a lei de criação dos cargos ou empregos, ou ainda o diploma que tratar do regime jurídico respectivo. Em qualquer situação, a previsão legal deverá ser razoável, mantendo relação harmônica com as atribuições que serão desempenhadas pelo agente público." (Comentários à Constituição do Brasil / J. J. Gomes Canotilho. [et al.]. – São Paulo: Saraiva/Almedina, 2013, p. 831)

▶ **A admissão de pontuação por títulos deve ser feita para cargos e empregos cujas atribuições recomendem experiência ou qualificação pessoal anterior necessária para o eficiente exercício de tais atribuições.**

"A admissão de pontuação por títulos deve ser feita para cargos e empregos cujas atribuições recomendem experiência ou qualificação pessoal anterior necessária para o eficiente exercício de tais atribuições, como ocorre com os cargos de professor, promotor de justiça, juiz de direito etc. Não é razoável admitir avaliação dos títulos quando as atividades a serem desempenhadas forem simples, repetitivas, sem demandar um grau mínimo de complexidade e formação. De qualquer maneira, os títulos aceitos e a valoração respectiva devem ser previstos com antecedência na lei ou no edital de concurso. A jurisprudência tem entendido que "coaduna-se com o princípio da razoabilidade constitucional conclusão sobre a circunstância de a pontuação dos títulos apenas servir à classificação do candidato, jamais definindo aprovação ou reprovação.")." (Comentários à Constituição do Brasil / J. J. Gomes Canotilho. [et al.]. – São Paulo: Saraiva/Almedina, 2013, p. 831)

▶ **A admissão de pontuação por títulos deve ser feita para cargos e empregos cujas atribuições recomendem experiência ou qualificação pessoal anterior necessária para o eficiente exercício de tais atribuições.**

"Não é razoável admitir avaliação dos títulos quando as atividades a serem desempenhadas forem simples, repetitivas, sem demandar um grau mínimo de complexidade e formação. De qualquer maneira, os títulos aceitos e a valoração respectiva devem ser previstos com antecedência na lei ou no edital de concurso. A jurisprudência tem entendido que "coaduna-se com o princípio da razoabilidade constitucional conclusão sobre a circunstância de a pontuação dos títulos apenas servir à classificação do candidato, jamais definindo aprovação ou reprovação.")." (Comentários à Constituição do Brasil / J. J. Gomes Canotilho. [et al.]. – São Paulo: Saraiva/Almedina, 2013, p. 831)

CONCURSO PÚBLICO

▶ **O que é o concurso público?**

"O concurso é o meio técnico posto à disposição da Administração Pública para obter-se moralidade, eficiência e aperfeiçoamento do serviço público e, ao mesmo tempo, propiciar igual oportunidade a todos os interes- sados que atendam aos requisitos da lei, fixados de acordo com a natureza e a complexidade do cargo ou emprego, consoante determina o art. 37, II, da CF. Pelo concurso afastam-se, pois, os ineptos e os apaniguados que costumam abarrotar as repartições, num espetáculo degradante de protecionismo e falta de escrúpulos de políticos que se alçam e se mantêm no poder leiloando cargos e empregos públicos." (MEIRELLES, Hely Lopes, Direito Administrativo Brasileiro. 42ª ed. Malheiros, 2016, p. 542)

◉ **O respeito efetivo à exigência de prévia aprovação em concurso público qualifica-se, constitucionalmente, como paradigma de legitimação ético-jurídica da investidura de qualquer cidadão em cargos, funções ou empregos públicos, ressalvadas as hipóteses de nomeação para cargos em comissão (CF, art. 37, II).**

"A razão subjacente ao postulado do concurso público traduz-se na necessidade essencial de o Estado conferir efetividade ao princípio constitucional de que todos são iguais perante a lei, sem distinção de qualquer natureza, vedando-se, desse modo, a prática inaceitável de o poder público conceder privilégios a alguns ou de dispensar tratamento discriminatório e arbitrário a outros." [ADI 2.364 MC, rel. min. Celso de Mello, j. 1º-8-2001, P, DJ de 14-12-2001.] = ADI 2.113, rel. min. Cármen Lúcia, j. 4-3-2009, P, DJE de 21-8-2009

▶ **Segundo o art. 37, II, a investidura em cargo ou emprego público depende de aprovação prévia em concurso público de provas ou de provas e títulos, salvo o cargo em comissão.**

"A exigência de concurso público para ascender a postos de trabalho no setor público atende, principalmente, ao princípio da igualdade e ao princípio da moralidade administrativa. Para os concursos públicos no âmbito da Administração Federal, direta e indireta, a Lei 12.990, de 09.06.2014, determina reserva, aos negros, de 20% (vinte por cento) das vagas oferecidas para provimento de cargos efetivos e empregos públicos. A reserva de vagas se aplica nos casos em que o número de vagas for igual ou superior a 3 (três). Referida Lei fixa outras diretrizes a respeito." (MEDAUAR, Odete. Direito Administrativo Moderno, 20ª edição, Editora Revista dos Tribunais, São Paulo, 2016, p. 324)

▶ **Os incisos I e II do artigo da CF quando estipula que "a investidura em cargo público depende de aprovação prévia em concurso público" está a se referir aos cargos de provimento efetivo, originário e autônomo.**

"Os preceitos atinentes à acessibilidade e ao concurso público, estabelecidos nos incisos I e II do art. 37, comportam a seguinte observação. Embora, o art. 37, II, estabeleça que "a investidura em cargo público depende de aprovação prévia em concurso público", obviamente, está a se referir, de modo exclusivo, ao provimento originário e autônomo, que tecnicamente se denomina nomeação. Isto é: ao provimento que independe de qualquer relação anterior que o eventual candidato à investidura tenha ou haja tido com o serviço público. Isto porque inúmeras outras formas de provimento prescindem de concurso público, pois a investidura no cargo procede de alguma anterior relação que o provido tem ou teve com o serviço público." (BANDEIRA DE MELLO, Celso Antônio. Regime dos servidores da administração direta e indireta (Direitos e deveres), 11ª edição, Editora Malheiros, 1991, p. 55)

▶ **O direito fundamental de concorrer, em igualdade de condições, às posições públicas estáveis.**

"O princípio isonômico, em apertada síntese, determina um equânime tratamento dos cidadãos, de acordo com sua situação pessoal, não havendo amparo para tratamento injustificadamente privilegiado ou desfavorecido por parte do Estado. A dimensão do princípio que ora se encarece é a igualdade de oportunidade, de todos, na disputa por cargos e empregos públicos. Em conclusão parcial, é possível afirmar que o direito fundamental de concorrer, em igualdade de condições, aos cargos e empregos públicos, é decorrente do regime republicano-democrático e do princípio da igualdade.)." (Comentários à Constituição do Brasil / J. J. Gomes Canotilho. [et al.]. – São Paulo: Saraiva/Almedina, 2013, p. 829)

▶ **A realização de certame competitivo, prévio ao acesso aos cargos e empregos públicos, objetiva realizar os princípios consagrados em nosso sistema constitucional, notadamente os princípios da democracia e isonomia.**

"A realização de certame competitivo, prévio ao acesso aos cargos e empregos públicos, objetiva realizar os princípios consagrados em nosso sistema constitucional, notadamente os princípios da democracia e isonomia, e efetiva-se por meio de processo administrativo. Utilizando este mecanismo, são atendidas também as exigências do princípio da eficiência, neste momento entendido como a necessidade de selecionar os mais aptos para ocupar as posições em disputa e proporcionar uma atuação estatal otimizada. O acesso aos cargos e empregos públicos deve ser amplo e democrático, precedido de um procedimento impessoal onde se assegurem igualdade de oportunidades a todos interessados em concorrer para exercer os encargos oferecidas pelo Estado, a quem incumbirá identificar e selecionar os mais adequados, mediante critérios objetivos.)." (Comentários à Constituição do Brasil / J. J. Gomes Canotilho. [et al.]. – São Paulo: Saraiva/Almedina, 2013, p. 830)

◉ **A exigência de concurso público para a investidura em cargo garante o respeito a vários princípios constitucionais de direito administrativo, entre eles, o da impessoalidade e o da isonomia**

"A exigência de concurso público para a investidura em cargo garante o respeito a vários princípios constitucionais de direito administrativo, entre eles, o da impessoalidade e o da isonomia. O constituinte, todavia, inseriu no art. 19 do ADCT norma transitória criando uma estabilidade excepcional para servidores não concursados da União, dos Estados, do Distrito Federal e dos Municípios que, quando da promulgação da Carta Federal, contassem com, no mínimo, cinco anos ininterruptos de serviço público. A jurisprudência desta Corte tem considerado inconstitucionais normas estaduais que ampliam a exceção à regra da exigência de concurso para o ingresso no serviço público já estabelecida no ADCT Federal. Precedentes: ADI 498, rel. min. Carlos Velloso (DJ de 9-8-1996), e ADI 208, rel. min. Moreira Alves (DJ de 19-12-2002), entre outros. [ADI 100, rel. min. Ellen Gracie, j. 9-9-2004, Plenário, DJ de 1º-10-2004.] = RE 356.612 AgR, rel. min. Joaquim Barbosa, j. 31-8-2010, 2ª T, DJE de 16-11-2010. Vide ADI 3.609, rel. min. Dias Toffoli, j. 5-2-2014, P, DJE de 30-10-2014

▶ **Quando a Constituição fala em concurso público ela está exigindo procedimento aberto a todos os interessados, ficando vedados os chamados concursos internos.**

"Quando a Constituição fala em concurso público, ela está exigindo procedimento aberto a todos os interessados, ficando vedados os chamados concursos internos, só abertos a quem já pertence ao quadro de pessoal da Administração Pública. Daí não terem mais fundamento algumas formas de provimento, sem concurso público, previstas na legislação ordinária anterior à Constituição de 1988, como a transposição (ou ascensão) e a readmissão." (PIETRO, DI, Maria Zanella. Direito Administrativo, 31ª edição. Forense, 03/2018. P. 718-724)

▶ **Existe concurso público apenas para função?**

"Uma dúvida que pode ensejar a norma do artigo 37, II, é sobre a razão de o dispositivo mencionar a exigência de concurso público apenas para cargo ou emprego público, deixando de lado as funções. José Afonso da Silva (2003:659), comentando esse preceito, diz que "deixa a Constituição, porém, uma grave lacuna nessa matéria, ao não exigir nenhuma forma de seleção para admissão às funções (autônomas) referidas no artigo 37, I, ao lado dos cargos e empregos. Admissões a funções autônomas sempre foram fontes de apadrinhamentos, de abusos e de injustiças aos concursados". Permitimo-nos discordar do jurista por entendermos que função, em paralelo a cargo e emprego, só existirá para os contratados "por tempo determinado para atender a necessidade temporária de excepcional interesse público", nos termos do artigo 37, IX, e para funções de confiança, de livre provimento e exoneração. Pelo inciso V, na nova redação, essas funções de confiança somente são possíveis nas atribuições de direção, chefia e assessoramento. (...) Com relação às funções de confiança, também não se justifica o concurso público, apenas exigindo a Constituição, no artigo 37, V, que sejam exercidas exclusivamente por servidores ocupantes de cargo efetivo e que se limitem às atribuições de direção, chefia e assessoramento. Essa exigência, que decorre de alteração introduzida nesse inciso pela Emenda Constitucional nº 19, impede que pessoas estranhas aos quadros do funcionalismo sejam admitidas para funções de confiança. Do mesmo modo, não se justifica o concurso para os cargos em comissão, tendo em vista a ressalva contida na parte final do inciso II, e a norma do inciso V, que, com a redação dada pela Emenda Constitucional no 19, exige apenas que os mesmos sejam preenchidos "por servidores de carreira nos casos, condições e percentuais mínimos previstos em lei". Isto significa que a lei que vier a disciplinar esse dispositivo deverá assegurar que um mínimo de cargos em comissão seja ocupado por servidores de carreira." (PIETRO, DI, Maria Zanella. Direito Administrativo, 31ª edição. Forense, 03/2018. P. 718-724)

▶ **Concurso público pode ser de provas ou de provas e títulos.**

"A configuração do concurso como de provas ou de provas e títulos deverá ser feita, nos termos do dispositivo constitucional, de acordo com a natureza e a complexidade do cargo ou emprego, na forma prevista em lei. A lei a que se refere é a lei de criação dos cargos ou empregos, ou ainda o diploma que tratar do regime jurídico respectivo. Em qualquer situação, a previsão legal deverá ser razoável, mantendo relação harmônica com as atribuições que serão desempenhadas pelo agente público." (Comentários à Constituição do Brasil / J. J. Gomes Canotilho. [et al.]. – São Paulo: Saraiva/Almedina, 2013, p. 831)

▶ **Não é o tipo de certame que propicia a estabilidade, mas o tipo de cargo: o cargo de provimento efetivo.**

"Há um raciocínio segundo o qual quem presta concurso público terá direito à aquisição de estabilidade após três anos de trabalho; porém, os termos da redação atual do art. 41, caput, tornam claro que somente os servidores nomeados para cargo de provimento efetivo podem adquirir estabilidade, porque reza o seguinte: "São estáveis após três anos de efetivo exercício os servidores nomeados para cargo de provimento efetivo em virtude de concurso público". Em virtude dessa associação entre concurso público e estabilidade, muitos órgãos e entes administrativos passaram a denominar processo seletivo público os certames para contratar pela CLT ou para outro tipo de contrato, reservando a locução concurso público para os cargos de provimento efetivo. Na verdade, não é o tipo de certame que propicia a estabilidade, mas o tipo de cargo, o cargo de provimento efetivo, como é mencionado no art. 41, caput; contrato algum possibilita aquisição de estabilidade. Por outro lado, o caput do art. 41 usa o termo "efetivo" e usa o termo "nomeados", típicos do desempenho de cargo de provimento efetivo, pois inexistem contratos efetivos e inexiste nomeação em vínculo contratual." (MEDAUAR, Odete. Direito Administrativo Moderno, 20ª edição, Editora Revista dos Tribunais, São Paulo, 2016, p. 325)

▶ **Obrigatoriedade da aprovação prévia em concurso público.**

"Há obrigatoriedade da aprovação prévia em concurso público, que vem a ser um certame seletivo de provas ou de provas e títulos, indispensável para qualquer investidura em cargo e emprego público, sem exceções, salvo as previstas na própria Constituição. É a institucionalização do sistema do mérito e a sacralização da impessoalidade no recrutamento de servidores públicos (CF, art. 37, II). O concurso, formalmente considerado, vem a ser um procedimento declaratório de habilitação individual à investidura, que obedece a um ato inicial de convocação de interessados, o edital, ao qual se vinculam todos os atos posteriores do certame, e se perfaz através de provas ou de provas e de títulos, de acordo com a natureza e a complexidade do cargo ou emprego, na forma prevista em lei, não sendo permitido ao regulamento, ao edital ou a qualquer ato administrativo criar outras condições de acesso que não essas definidas na lei." (MOREIRA NETO, Diogo de Figueiredo. *Curso de direito administrativo: parte introdutória, parte geral e parte especial*, 16ª. ed. rev. e atual. – Rio de Janeiro, Forense, 2014, p. 327)

◙ **Na contratação de empregado para prestação de serviços de assessoria jurídica que sejam inerentes às atividades finalísticas da entidade, deve ser promovido o devido concurso público, nos termos do art. 37, inciso II, da CF/1988.**

Na contratação de empregado para prestação de serviços de assessoria jurídica que sejam inerentes às atividades finalísticas da entidade, deve ser promovido o devido concurso público, nos termos do art. 37, inciso II, da CF/1988. (Acórdão 2124/2008-Primeira Câmara | Relator: MARCOS BEMQUERER)

◙ **Distinção do serviço a ser contratado para saber se é caso de se adotar a licitação ou o concurso público.**

No âmbito dos conselhos de fiscalização profissional, a celebração de contratos de serviços de assistência jurídica que não integram o rol das atribuições finalísticas da instituição deve-se dar mediante o devido e prévio procedimento licitatório (art. 2º da Lei 8.666/1993). Os serviços de assessoria jurídica que sejam inerentes às atividades finalísticas da entidade devem ser prestados por empregados admitidos por meio do devido concurso público (art. 37, inciso II, da Constituição Federal). (Acórdão 1797/2017-Plenário | Relator: MARCOS BEMQUERER)

> ◙ **No mesmo sentido:** No âmbito dos conselhos de fiscalização de profissões regulamentadas, a contratação de empregados para prestação dos serviços de assessoria jurídica que sejam inerentes às atividades finalísticas da entidade deve ocorrer por meio de concurso público, nos termos do art. 37, inciso II, da Constituição Federal. Para a celebração de contratos de serviços de assistência jurídica que não integram o plexo das atribuições finalísticas da instituição, cabe promover prévio procedimento licitatório, com fundamento no art. 2º da Lei 8.666/1993. (Acórdão 600/2017-Plenário | Relator: MARCOS BEMQUERER)

◙ **O preenchimento de vagas existentes no quadro de pessoal dos conselhos de fiscalização profissional deve observar a regra do prévio concurso público**

O preenchimento de vagas existentes no quadro de pessoal dos conselhos de fiscalização profissional deve observar a regra do prévio concurso público, em cumprimento ao art. 37, inciso II, da Constituição Federal e à Súmula 231 da Jurisprudência do TCU. (Acórdão 1618/2007-Primeira Câmara | Relator: MARCOS BEMQUERER)

◙ **Os conselhos de fiscalização profissional devem observar as disposições do art. 37, inciso II, da Constituição Federal e da Súmula TCU 231, promovendo a nulidade das admissões efetuadas, a partir de 18/5/2001, com inobservância da realização de concurso público.**

Os conselhos de fiscalização profissional devem observar as disposições do art. 37, inciso II, da Constituição Federal e da Súmula TCU 231, promovendo a nulidade das admissões efetuadas, a partir de 18/5/2001, com inobservância da realização de concurso público. (Acórdão 5726/2017-Primeira Câmara | Relator: WEDER DE OLIVEIRA)

CONCEITO, NATUREZA JURÍDICA, FUNDAMENTO, OBJETO E FINALIDADE DO CONCURSO PÚBLICO

▶ **Conceito de concurso público.**

"Concurso, em rigor técnico, é um processo de seleção em que se enseja disputa, competição, entre os candidatos. Difere da habilitação, que é meramente exame de suficiência. A Constituição, no inciso II do art. 37, fala em: concurso – de provas apenas, ou de provas e títulos —, isto é, exige que por tais modos seja aberta a possibilidade de disputa dos cargos pelos que preencham as condições legais para concorrer." (BANDEIRA DE MELLO, Celso Antônio. Regime dos servidores da administração direta e indireta (Direitos e deveres), 11ª edição, Editora Malheiros, 1991, p. 54/55)

▶ **No mesmo sentido:** "Quando a Constituição fala em concurso público, ela está exigindo procedimento aberto a todos os interessados, o qual se desenvolve em várias fases, abrangendo a publicação do edital, a inscrição dos candidatos, a realização das provas, o julgamento dos títulos (se o concurso for de provas e títulos) e a divulgação do resultado, além da fase de recurso. Todos os candidatos que preencham os requisitos do edital têm o direito de participar do concurso." (DI PIETRO, Maria Sylvia Zanella. Tratado do Direito Administrativo: administração pública e servidores públicos / Fabrício Motta e Maria Sylvia Zanella Pietro- São Paulo, Ed. Revista dos Tribunais, 2014, Volume 2, 2014, p. 389)

▶ **No mesmo sentido:** "Segundo José Cretella Júnior (op. cit., p. 512), concurso de ingresso é "a série complexa de procedimentos para apurar as aptidões pessoais apresentadas por um ou vários candidatos que se empenham na obtenção de uma ou mais vagas e que submetem voluntariamente seus trabalhos e atividades a julga mento de comissão examinadora". Hely Lopes Meirelles (Direito Administrativo Brasileiro. 28. ed. atual, por Eurico de Andrade Azevedo et al. São Paulo: Malheiros, 2003, p. 412) define esse instituto do Direito Administrativo, "como o meio técnico posto à disposição da Administração Pública para obter-se moralidade, eficiência e aperfeiçoamento do serviço público e, ao mesmo tempo, propiciar igual oportunidade a todos os interessados que atendam aos requisitos da lei, fixados de acordo com a natureza e a complexidade do cargo ou emprego, consoante determina o art. 37, II, da CF". Em outras o portumdades dissemos que concurso de ingresso é o procedimento administrativo posto à disposição da Administração Pública direta, autárquica, fundacional ou empresarial, de qualquer nível de governo, para a seleção do futuro melhor titular de cargo ou emprego público, necessário à execução de serviços sob suas respectivas responsabilidades. Desse modo, não há como confundi-lo com a modalidade de licitação identificada pelo art. 22, IV, da lei federal das licitações os contratos da Administração Pública, como concurso." (GASPARINI, Diogenes. Concurso Público e Constituição/Fabrício Moita (Coord.). 1ª edição., 2. tiragem. Belo Horizonte: Fórum, 2007 p. 20)

▶ **No mesmo sentido:** "O concurso público é um procedimento conduzido por autoridade específica, especializada e imparcial, subordinado a um ato administrativo prévio, norteado pelos princípios da objetividade, da isonomia, da impessoalidade, da legalidade, da publicidade e do controle público, destinado a selecionar os indivíduos mais capacitados para serem providos em cargos públicos de provimento efetivo ou em emprego público." (JUSTEN FILHO, Marçal. *Curso de direito administrativo*, 13ª. Edição, Editora Revista dos Tribunais, São Paulo, 2018, p. 729)

▶ **Quando o Estado escolhe, mediante concurso público, alguns particulares para serem investidos em cargo público isso configura um tratamento discriminatório que privilegia alguns indivíduos. O que é inadmissível é a discriminação arbitrária e injustificada.**

Deve ter-se em vista que o concurso público é um procedimento orientado à discriminação entre indivíduos. Ou seja, trata-se de uma atuação administrativa que busca identificar as diferenças entre os diversos indivíduos, para o efeito de atribuir a eles tratamento diferenciado correspondente e proporcional. Quando o Estado escolhe mediante concurso público alguns particulares para serem investidos em cargo público, isso configura um tratamento discriminatório, que privilegia alguns indivíduos. O que é inadmissível é a discriminação arbitrária e injustificada. É indispensável que os critérios de discriminação dos candidatos sejam estabelecidos em vista do desempenho apresentado, considerando o fim a que se destina o concurso. (JUSTEN FILHO, Marçal. Curso de direito administrativo, 13ª. ed. Editora Revista dos Tribunais, São Paulo, 2018, p. 732)

▶ **Fundamentos do concurso público**

"O concurso público tem como fundamento, especialmente, os princípios da igualdade, impessoalidade e da competição. Em aperta da síntese, o princípio da igualdade assegura que todos os interessa dos em ingressar no serviço público disputem uma vaga em igualdade de condições, ressalvado o tratamento diferenciado aos portadores de necessidades especiais. O princípio da impessoalidade veda favorecimento ou perseguições pessoais em concursos públicos, bem como a prática de nepotismo, visto que tais condutas prejudicarão a seleção dos melhores candidatos." (BASTOS, Ricardo. Concurso público: etapa interna e externa passo a passo/Alessandro Dantas Coutinho, William Douglas e Ricardo Bastos. – Curitiba, PR: Negócios Públicos, 2015. p. 12)

▶ **Natureza jurídica do concurso público.**

É um procedimento administrativo (sucessão ordenada de atos) que tem por finalidade aferir as aptidões pessoais (intelectual, física e psíquica) e selecionar os candidatos mais preparados para o provimento de cargos (efetivos e alguns vitalícios) e empregos públicos, dando iguais condições de participação aos interessados, ressalvado o tratamento diferenciado aos portadores de necessidades especiais e cotistas raciais, sendo, portanto, o melhor instrumento que representa o sistema de mérito.

▶ **No mesmo sentido:** "Concurso público pode ser conceituado como um processo administrativo especial, externo, ampliativo e concorrencial, que visa a selecionar e recrutar pessoas, atendidos os requisitos legais, para assumir cargos ou empregos públicos vagos na estrutura administrativa estatal, mediante realização de provas ou provas e títulos, atendida a ordem de classificação final dos candidatos." (PINHEIRO DE QUEIROZ, Ronaldo. MAIA, Márcio Barbosa. O regime jurídico do concurso público e seu controle jurisdicional, p. 15).

▶ **O concurso público como um processo administrativo especial.**

"O concurso público pode ser conceituado como um processo administrativo especial, externo, ampliativo e concorrencial, que visa a selecionar e recrutar pessoas, atendidos os requisitos legais, para assumir cargos ou empregos públicos vagos na estrutura administrativa estatal, mediante realização de provas ou provas e títulos, atendida a ordem de classificação final dos candidatos." (PINHEIRO DE QUEIROZ, Ronaldo. MAIA, Márcio Barbosa. O regime jurídico do concurso público e seu controle jurisdicional, p. 15).

▶ **São proibidos pelo ordenamento pátrio concursos internos.**

"Como a Constituição exige que o concurso seja público, ficam vedados os chamados concursos internos, só abertos a quem já pertence ao quadro de pessoal da Administração Pública. Daí não terem mais fundamento algumas formas de provimento, sem concurso público, previstas na legislação ordinária anterior à Constituição de 1988, como a transposição (ou ascensão) e a readmissão." (DI PIETRO, Maria Sylvia Zanella. Tratado do Direito Administrativo: administração pública e servidores públicos / Fabrício Motta e Maria Sylvia Zanella Pietro- São Paulo, Ed. Revista dos Tribunais, 2014, Volume 2, 2014, p. 389)

◉ **Força normativa do princípio do concurso público.**

"É preciso reconhecer que a efetividade da exigência constitucional do concurso público, como uma incomensurável conquista da cidadania no Brasil, permanece condicionada à observância, pelo Poder Público, de normas de organização e procedimento e, principalmente, de garantias fundamentais que possibilitem o seu pleno exercício pelos cidadãos." (RE 598099, Relator(a): Min. Gilmar Mendes, Tribunal Pleno, julgado em 10/08/2011, Repercussão Geral – Mérito Dje-189 Divulg 30-09-2011 Public 03-10-2011 EMENT VOL-02599-03 PP-00314 RTJ VOL-00222-01 PP-00521)

▶ **Objeto do concurso público.**

"O objeto material do concurso público (coisa sobre a qual recai o ato) são os cargos e os empregos públicos vagos em que haja necessidade de seu imediato provimento; seu objeto jurídico (efeito jurídico imediato do ato) e o preenchimento de tais lugares vagos na estrutura administrativa por pessoas previamente classificadas e selecionadas por intermédio de realização de provas ou provas e títulos, atendendo-se, rigorosamente, a ordem de classificação dos candidatos, fazendo nascer um vínculo jurídico de natureza funcional (cargo público) ou trabalhista (emprego público) entre o cidadão e o Poder Público." (PINHEIRO DE QUEIROZ, Ronaldo. MAIA, Márcio Barbosa. O regime jurídico do concurso público e seu controle jurisdicional, p. 15.).

▶ **O concurso público e sua finalidade.**

O concurso público é o meio impessoal, isonômico e moral para selecionar os candidatos mais preparados para poderem assumir um cargo ou emprego público.

> ▶ **No mesmo sentido:** "A finalidade do concurso é assegurar igualdade de condições para todos os concorrentes, evitando-se favorecimentos ou discriminações, e permitindo-se à administração selecione os melhores. Fere, pois, os princípios da impessoalidade, igualdade, publicidade, probidade e legalidade que a administração escolha com quem quer contratar independentemente de licitação ou concurso, e discrimine aqueles com quem não quer contratar. Trata-se de princípios consagrados no art. 37, caput, da Constituição." (Concurso Público na Administração, MAZZILLI, Hugo Nigro, Revista dos Tribunais | vol. 716/1995 | p. 37 – 40 | Jun / 1995)

▶ **Natureza jurídica do concurso público é de procedimento administrativo:**

"O concurso público tem a natureza jurídica de procedimento administrativo porque "não se perfaz em um único átimo. Ao contrário, desde sua instauração até sua homologação demanda um certo tempo, durante o qual são realizados, segundo certa sequência, vários atos e tomadas determinadas decisões, destinados a alcançar um único fim. O concurso não é, pois, um ato, mas um procedimento, ou seja, um conjunto de atos administrativos interligados e realizáveis segundo certa cronologia previamente estabelecida, destinados à obtenção de um só resultado final: a seleção, dentre os vários candidatos, daqueles que melhor possam atender ao interesse público." (MOTTA, Fabrício (Coordenador). Concurso Público e Constituição. 1. ed. Belo Horizonte: Fórum, 2007, p. 22-23.).

▶ **O concurso público busca a seleção dos melhores e mais preparados candidatos em todos os casos?**

"Sim! O objetivo desta competição é a seleção dos candidatos mais capacitados para atuarem no Poder Público, o que será mensurado por meio de diversos tipos de provas que avaliarão o conhecimento do candidato. Mas, atenção! Temos algumas peculiaridades em que a disputa de mérito é restrita a certos grupos de pessoas. É o caso de reserva de vagas para negros e portadores de deficiência." (DANTAS, Alessandro. Concurso Público: Manual de Direitos dos Candidatos – Salvador: JusPODIVM, 2017, p. 13)

▶ **O concurso público é utilizado como forma de realização de políticas públicas?**

"...relativizando em partes a seleção dos competidores mais preparados de uma forma geral, mas efetuando ações afirmativas e políticas públicas, o concurso público reserva um espaço de concorrência para portadores de deficiências (art. 37, VIII, CF) e aos negros, no caso, pretos e pardos, de acordo com a lei 12.990/14, os quais disputam, além da lista geral, lista própria. De todo modo, são os melhores destas listas que serão os aprovados." (DANTAS, Alessandro. Concurso Público: Manual de Direitos dos Candidatos – Salvador: JusPODIVM, 2017, p. 14)

▶ **O concurso público ostenta a natureza de um procedimento administrativo externo, ampliativo e de índole concorrencial.**

"Ostenta a natureza de um procedimento administrativo externo, ampliativo e de índole concorrencial. Externo, porque deve ser aberto à coletividade; ampliativo, pois visa ao exercício de um direito constitucionalmente assegurado; concorrencial, porque envolve uma competição entre os administrados com vistas ao credenciamento junto ao Estado do status de agente público." (Curso de Direto Administrativo, p. 301/302)

▶ **Concurso público não se confunde com procedimento seletivo simplificado.**

"Não se pode confundir concurso público com processo de seleção pública. O concurso público volta-se a seleção de pessoas para assumir cargos efetivos ou empregos públicos permanentes da União, dos Estados, do Distrito Federal, dos Municípios e das respectivas entidades autárquicas e fundacionais, das empresas públicas e das sociedades de economia mista. O processo de seleção pública, a sua vez, aplica-se as pessoas jurídicas de direito público e as pessoas jurídicas de direito privado vinculadas aos princípios da Administração, ainda que não integrantes do Poder Público, relativamente as contratações de pessoal não sujeitas ao prévio concurso público. Exemplo de processo seletivo aplicado pelas entidades públicas no âmbito federal e a contratação temporária para atender a excepcional interesse público (CF/88, art. 37, IV; Lei n. 8.745/93, art. 32)." (O regime jurídico do concurso público e seu controle jurisdicional, p. 16. PINHEIRO DE QUEIROZ, Ronaldo. MAIA, Márcio Barbosa).

◉ **As regras previstas nos editais de procedimentos seletivos vinculam não só a Administração, como também os candidatos neles inscritos.**

"As regras previstas nos editais de procedimentos seletivos vinculam não só a Administração, como também os candidatos neles inscritos. Assim, escorreita a decisão administrativa que exclui do certame o candidato que não satisfez os requisitos mínimos exigidos para habilitação." (STJ, AgInt no RMS 53356 / BA Data 03/08/2017)

PRINCÍPIOS ORIENTADORES DO CONCURSO PÚBLICO

PRINCÍPIO DA LEGALIDADE

▶ **Pedra angular e fundamental do Direito Administrativo é o princípio da legalidade administrativa**

"Pedra angular e fundamental do Direito Administrativo é o princípio da legalidade administrativa, também denominado em alguns sistemas de princípio do Estado de Direito, e que é concomitante ao princípio da separação de poderes e o controle judiciário da Administração Pública, consistindo, em inicial impressão, à necessidade de submissão da atividade administrativa à lei." (MARTINS Jr. WALLACE PAIVA, *Tratado de Direito Administrativo – Volume 1*, Editora Revista dos Tribunais, São Paulo, Edição 2015, p. 287)

▶ **A lei é tida como instrumento objetivo, democrático, impessoal e transparente do estabelecimento da vontade popular.**

"A lei é tida como instrumento objetivo, democrático, impessoal e transparente do estabelecimento da vontade popular. Portanto, a legalidade tem o valor de escudo do indivíduo em face do poder do Estado, para assegurar sua esfera de liberdades, servindo ainda como parâmetro do controle, principalmente o jurisdicional. Tão caro ao Estado Democrático de Direito, o princípio da legalidade também decorre do princípio democrático de maneira elementar, e, conhecida essa magnitude, a Constituição Federal de 1988 reforçou sua exigibilidade nas relações entre a Administração Pública e os administrados, de modo expresso no caput do art. 37. Ou seja, na atualidade, o princípio da legalidade também deve ser encarado como decorrência do princípio democrático. " (MARTINS Jr. WALLACE PAIVA, *Tratado de Direito Administrativo – Volume 1*, Editora Revista dos Tribunais, São Paulo, Edição 2015, 288)

▶ **Todas as atividades da Administração Pública são limitadas pela subordinação à ordem jurídica, ou seja, à legalidade.**

"Todas as atividades da Administração Pública são limitadas pela subordinação à ordem jurídica, ou seja, à legalidade. O procedimento administrativo não tem existência jurídica se lhe falta, como fonte primária, um texto de lei. Mas não basta que tenha sempre por fonte a lei. É preciso, ainda, que se exerça segundo a orientação dela e dentro dos limites nela traçados. Qualquer medida que tome o Poder Administrativo, em face de determinada situação individual, sem preceito de lei que a autorize, ou excedendo o âmbito de permissão da lei, será injurídica. " (FAGUNDES, Miguel Seabra. *O controle dos atos administrativos pelo Poder Judiciário*. 8ª. ed. Rio de Janeiro: Forense, 2010. p. 115)

▶ **Administrar é aplicar a lei de ofício**

"...a atividade administrativa deve não apenas ser exercida sem contraste com a lei, mas, inclusive, só pode ser exercida nos termos de autorização contida no sistema legal." (BANDEIRA DE MELLO, Celso Antônio. Curso de direito administrativo. 29ª. ed. São Paulo: Malheiros, 2012. p. 79.)

> "Administrar é aplicar a lei de ofício". (FAGUNDES, Seabra. *O controle jurisdicional dos atos administrativos pelo Poder Judiciário*. 5ª. ed. Rio de Janeiro: Forense, 1979. p. 4-5.)

▶ **Além de a Administração Pública só poder fazer o que a lei autoriza, deverá também observar "quando e como autoriza.**

"E além de a Administração Pública só poder fazer o que a lei autoriza, deverá também observar "quando e como autoriza. Vale dizer, se a lei nada dispuser, não pode a Administração Pública agir, salvo em situações excepcionais (grave perturbação da ordem e guerra quando irrompem inopinadamente)." (GASPARINI, Diógenes. *Direito Administrativo*. 16ª. ed. São Paulo: Saraiva, 2011. p. 61.)

▶ **O Poder Público não pode atuar contra ou *praeter legem*.**

"...o Poder Público não pode atuar, sob hipótese alguma, contra ou praeter legem, obrigando-se à ação legalmente vinculada." (MOREIRA NETO, Diogo de Figueiredo. *Curso de direito Administrativo*. 14ª. ed. Rio de Janeiro: Forense, 2006, p. 81.)

▶ **A Administração não pode inovar na ordem jurídica por simples atos administrativos, não pode conceder direitos, criar obrigações, impor vedações, compelir comportamentos etc.**

"..a Administração não pode inovar na ordem jurídica por simples atos administrativos, não pode conceder direitos, criar obrigações, impor vedações, compelir comportamentos: para tudo isso, e em outras hipóteses, é necessário o respaldo da lei, e mesmo que em certos casos a atividade administrativa pareça realizar-se sem essa particularidade, só será legítima se houver lastro em determinação ou autorização legal." (ARAÚJO, Edmir Netto de. *Curso de Direito Administrativo*. 5. ed. São Paulo: Saraiva, 2010. p. 73)

> ▶ <u>No mesmo sentido</u>: "...a Administração Pública não pode, por simples ato administrativo, conceder direitos de qualquer espécie, criar obrigações ou impor vedações aos administrados; para tanto, ela depende de lei." (DI PIETRO, Maria Sylvia Zanella. *Direito Administrativo*. 32ª. ed. São Paulo: Atlas, 2018. p. 98.)

▶ **A feição mais clássica do princípio da legalidade, conatural à separação de poderes e cujo conteúdo consiste na supremacia da lei (e do Poder Legislativo), não mais subsiste isoladamente; atualmente, ela tem uma dimensão ampla (legalidade) e restrita (reserva de lei).**

"A feição mais clássica do princípio da legalidade, conatural à separação de poderes e cujo conteúdo consiste na supremacia da lei (e do Poder Legislativo), não mais subsiste isoladamente; atualmente, ela tem uma dimensão ampla (legalidade) e restrita (reserva de lei). A preeminência da lei fruto do Poder Legislativo cedeu ao aumento da participação do Poder Executivo no processo de produção de normas primárias. O crescimento de sua atuação implica a posição da Administração Pública como centro de produção de normas jurídicas, já não sendo suficientes localizá-las no âmbito secundário, vinculado, acessório e dependente do poder regulamentar. A noção clássica da legalidade evoluiu em virtude de fatores diversos: necessidade de maior intervenção estatal na esfera de liberdades públicas; agilidade na produção normativa e sua constante mutabilidade; adoção de conceitos indeterminados de valor; disputa histórica entre os Poderes Executivo e Legislativo pela condução política dos negócios públicos. Destarte, "o administrador público submete-se não apenas à lei, mas ao Direito, e este pode ser instrumentalizado por outros meios que não a lei formal." (MARTINS Jr. WALLACE PAIVA, *Tratado de Direito Administrativo – Volume 1*, Editora Revista dos Tribunais, São Paulo, Edição 2015, p. 295)

▶ **Distinção entre princípio da legalidade e princípio da reserva de lei ou princípio da primazia (ou preferência da lei) e princípio da reserva de lei.**

"Trata-se de questão que envolve a extensão do princípio da legalidade. Este compreende – enuncia Hartmut Maurer – os níveis da primazia da lei e da reserva de lei. O primeiro "expressa a vinculação da administração às leis existentes e indica que os funcionários administrativos – positivamente – devem atuar em conformidade com as leis e – negativamente – não devem tomar medidas que infringem as leis", ao passo que no segundo "a administração somente se pode tornar ativa se ela foi, para isso, autorizada em lei". A diferença é significativa porque o princípio da reserva de lei "pede mais que o princípio da primazia. Enquanto este apenas (negativamente) proíbe a infração contra leis existentes, aquele pede (positivamente) um fundamento legal para a atividade administrativa. A falta de uma lei exclui um tornar-se ativo da administração não segundo o princípio da primazia, mas segundo o princípio da reserva." (MAURER, Hartmut. Direito administrativo geral. 14. ed. Trad. Luís Afonso Heck. Barueri: Manole, 2006. p. 121). (MARTINS Jr. WALLACE PAIVA, Tratado de Direito Administrativo – Volume 1, Editora Revista dos Tribunais, São Paulo, Edição 2015, p. 296)

▶ **No mesmo sentido:** "...os actos da Administração não devem contrariar as normas legais que se lhes aplicam (princípio da precedência de lei, ou da preferência de lei, ou da compatibilidade, ou, ainda, da não-contradição) " e também "a exigência de que a prática de um acto da Administração corresponda à sua previsão em lei vigente (princípio da reserva de lei ou da conformidade)." (CORREIA, José Manuel Sérvulo. *Legalidade e autonomia contratual nos contratos administrativos*. Coimbra: Almedina, 2003. p. 18 (reimp.).)

▶ **No mesmo sentido:** "Aprofundando a diferenciação a literatura indica variedade de níveis de reserva de lei. Massimo Severo Giannini anotando que a reserva de lei e a reserva de outros atos normativos constituem preceitos de normas sobre a normatização (regulando a distribuição das matérias disciplináveis normativamente),(GIANNINI, Massimo Severo. Corso di diritto amministrativo. Milano: Dott. A. Giuffrè, 1967. vol. III, t. I, p. 98.) e que o princípio da le-

91

galidade é limite regulador no confronto entre liberdade e autoridade, (Diritto amministrativo. 3. ed. Milano: Dott. A Giuffrè, 1993. vol. I, p. 86-89.) Discorre que a reserva de lei pode ser absoluta (a matéria reservada deve ser disciplinada no ato normativo escolhido) ou relativa (é suficiente que o ato normativo adotado regule os pontos fundamentais da matéria reservada, admitindo atos normativos secundários de atuação), destacando que a reserva de lei tem objeto limitado às matérias para as quais há garantia constitucional, enquanto para as demais, vale o princípio da legalidade em caráter geral. (Idem, vol. II, p. 230-233; _____. Corso di diritto amministrativo... cit., 1967, vol. III, t. I, p. 99.).ˮ (MARTINS Jr. WALLACE PAIVA, *Tratado de Direito Administrativo – Volume 1*, Editora Revista dos Tribunais, São Paulo, Edição 2015, p. 297)

▶ **No mesmo sentido:** "...Segundo Costantino Mortati, as reservas de lei são diferenciáveis entre seus múltiplos aspectos. Assim, quanto à espécie de intensidade do vínculo gravoso (encargo) sobre o legislador: (a) reserva absoluta (obrigação direta de disciplinar a matéria reservada), sendo possível as fontes secundárias do direito disciplinarem a sua execução secundum legem; (b) reserva reforçada (obrigação de regular certa matéria reservada e nessa função conferir determinado conteúdo); (c) reserva relativa (possibilidade consentida do estabelecimento de parte da disciplina pelas fontes secundárias do direito, com a condição da fonte primária prescrever determinadas diretrizes de observância obrigatória e vinculada). Segundo Mortati, o exame da natureza da reserva de lei (absoluta ou relativa) não se satisfaz completamente da leitura literal do texto constitucional (com as indicações ou remissões à lei), e por isso, é mais adequado à constatação da razão da reserva de lei é verificar se a matéria reservada atinge situações de terceiros ou concerne a proteção da minoria parlamentar. Em tais casos, a reserva será absoluta, salvo raras exceções. Também verifica em razão da impossibilidade da lei regular total e especificamente todas as matérias, a necessidade de delegação para a Administração Pública regular certas matérias, estabelecendo uma reserva normativa da Administração, observando-se, entretanto, os princípios determinados na lei. E constata que a reserva relativa de lei é admitida em matérias que não tangenciem as liberdades fundamentais (para as matérias não atinentes diretamente às liberdades fundamentais). (MORTATI, Costantino. Istituzioni di diritto pubblico. 9. ed. Padova: Cedam, 1975. vol. I, p. 340-345.). Sabino Cassese após frisar que, no direito italiano, a reserva de lei é, em geral, relativa, aponta que se a atuação administrativa é determinada em lei, esta pode variar em grande medida, podendo conter cânones de conduta o determinar somente a finalidade que é alcançada pela aplicação de standards não legislativos. (CASSESE, Sabino. Le basi del. 6. ed. Milano: Garzanti, 2000. p. 442.) Hartmut Maurer distingue reserva da lei, reserva do Parlamento e reserva de preceito jurídico: a primeira consiste em decisão parlamentar em forma de lei diferentemente da segunda; a terceira é uma regulação vinculativa juridicamente promulgada na forma da lei ou de outros atos como o regulamento jurídico. A exigibilidade da reserva legal repousa na teoria da essencialidade (aquilo que é essencial para realização dos direitos fundamentais e a ampliação de suas funções), assim exposta: "O critério da essencialidade não se direciona, como se poderia, talvez inicialmente, supor, à essência da matéria (à natureza da matéria), mas a isto, quão significativa, importante, fundamental e intensiva uma regulação é em sentido jurídico-fundamental. Nisso desempenham um papel não só os interesses do cidadão, justificado pelos direitos fundamentais, mas também os interesses complementadores ou opositores da comunidade. A 'essencialidade' mostra-se, nisso, não como conceito firme, mas, antes, um tipo de fórmula de escala móvel. Quanto mais essencial um assunto for para o cidadão e/ou a comunidade, exigências tanto mais altas são colocadas ao dador de leis. Disso resulta para a densidade regulativa: quanto mais com efeito forte e duradouro os direitos fundamentais do cidadão particular são afetados ou ameaçados, quanto mais importantes são as repercussões para a comunidade, e quanto mais debatido um complexo de perguntas é na comunidade, tanto mais precisa e estreita deve ser a regulação legal. Existe, por conseguinte, uma graduação dos assuntos totalmente essenciais, que carecem da regulação exclusiva do dador de leis parlamentar, sobre os assuntos menos essenciais, que também podem ser regulados pelo dador de regulamentos legalmente determinado, até os assuntos menos essenciais, que não caem sob a reserva da lei e, com isso, podem ser regulados pelo executivo. (Hartmut Maurer, Op. cit., p. 124-127.)" (MARTINS Jr. WALLACE PAIVA, Tratado de Direito Administrativo – Volume 1, Editora Revista dos Tribunais, São Paulo, Edição 2015, p. 298)

▶ **Legalidade não se confunde com legitimidade.**

"A Constituição Federal de 1988 mencionou ambos autonomamente no art. 70. Segundo valiosa contribuição de Diogo de Figueiredo Moreira Neto, tratam-se de duas ordens de valores a que está submetido o Estado: a vontade juridicamente positivada (legalidade) e a vontade democraticamente expressa (legitimidade). Esta deriva do princípio democrático, que informa a relação entre a vontade geral do povo e as suas expressões políticas, administrativas e judiciárias, sendo "essa vontade geral popular, em última análise, a definitória dos interesses públicos, que deve ser atendida pela ação do Estado, especialmente, em sua atividade administrativa." (MOREIRA NETO, Diogo de Figueiredo. *Curso de Direito Administrativo*. 14ª. ed. Rio de Janeiro: Forense, 2006. p. 82.)

▶ **É a legitimidade que possibilita aferir o atendimento dos interesses da sociedade pela atuação da Administração.**

"É a legitimidade que possibilita aferir o atendimento dos interesses da sociedade pela atuação da Administração. Para José Roberto Pimenta de Oliveira, enquanto legalidade tem enfoque mais restrito (submissão da atividade administrativa às regras jurídicas), os demais princípios são balizadores da legitimidade, compondo o princípio de juridicidade." (OLIVEIRA, José Roberto Pimenta. *Os princípios da razoabilidade e da proporcionalidade como normas conformadoras e limitadoras da Administração Pública*. In: DALLARI, Adilson; NASCIMENTO, Carlos Valder do; MARTINS, Ives Gandra da Silva. (coords.). Tratado de direito administrativo. São Paulo: Saraiva, 2013. vol. 1, p. 213-255.)

▶ **Foi desacreditada a posição da Administração Pública reduzida à mera executora da lei ao se demonstrar que ela é um complexo voltado a satisfazer as necessidades e os interesses coletivos.**

"Não basta à Administração Pública fazer aquilo que a lei lhe consente. Sua atuação só adquire licitude se o exercício do poder visar à satisfação do interesse público, pois Guido Zanobini desacreditou a posição da Administração Pública reduzida à mera executora da lei, ao demonstrar que ela é um complexo voltado a satisfazer as necessidades e os interesses coletivos. (ZANOBINI, Guido. Op. cit., p. 203.)" (MARTINS Jr. WALLACE PAIVA, *Tratado de Direito Administrativo – Volume 1*, Editora Revista dos Tribunais, São Paulo, Edição 2015, p. 288)

▶ **Não é apenas pela lei que o Executivo está ligado, mas ainda por regras de direito que não são obra do legislador: jurisprudência, princípios gerais do direito e costume.**

"...não é apenas pela lei que o Executivo está ligado, mas ainda por regras de direito que não são obra do legislador: jurisprudência, princípios gerais do direito e costume." (RIVERO, Jean. *Curso de direito administrativo comparado*. Trad. José Cretella Júnior. São Paulo: Ed. RT, p. 124.)

▶ **A evolução do princípio da legalidade administrativo alcançou um sentido que admite outras formas de expressão jurídica. Por isso, se apresenta o princípio da juridicidade, expressão mais ampla que abarca Constituição, lei, princípios jurídicos, atos normativos de valor semelhante ou inferior à lei, e que se traduz na ideia de submissão da Administração ao Direito.**

"A evolução do princípio da legalidade administrativo alcançou um sentido que admite outras formas de expressão jurídica. Por isso, se apresenta o princípio da juridicidade, expressão mais ampla que abarca Constituição, lei, princípios jurídicos, atos normativos de valor semelhante ou inferior à lei, e que se traduz na ideia de submissão da Administração ao Direito. Ele é adotado em várias constituições (como a alemã e a espanhola), "cujos elementos constitutivos são: Constituição, lei, regulamento, jurisprudência, precedentes administrativos", sem olvidar os princípios jurídicos. " (SESIN, Domingo. *Administración Pública. Actividad reglada, discrecional y técnica*. Buenos Aires: Depalma, 1994. p. 9.)

▶ **O princípio da juridicidade foi concebido como uma nova tendência doutrinária que outorga significativa importância aos princípios gerais de direito, os quais – junto com a lei – passam a constituir o marco de juridicidade que serve como fonte da atividade administrativa**

"Domingo Sesin explica que para superar a rígida noção do princípio da legalidade (em razão da insuficiência da lei para previamente solucionar todas as hipóteses e indicar ao administrador público a conduta a ser seguida) foi concebido o princípio da juridicidade como "uma nova tendência doutrinária que outorga significativa importância aos princípios gerais de direito, os quais – junto com a lei – passam a constituir o marco de juridicidade que serve como fonte da atividade administrativa", que rompe totalmente com a ideia de Administração Pública como mera executora de leis, pois a atuação administrativa deve levar o ordenamento jurídico inteiro, seja em face do poder vinculado, seja do poder discricionário." (MARTINS Jr. WALLACE PAIVA, *Tratado de Direito Administrativo – Volume 1*, Editora Revista dos Tribunais, São Paulo, Edição 2015, p. 321)

▶ **O princípio da juridicidade é uma expressão da vinculação da atuação da Administração Pública ao ordenamento jurídico unitária e inteiramente considerado.**

"...Em verdade, essa concepção se deve, como explicam Eduardo García de Enterría e Tomás-Ramón Fernandez , as noções de Hauriou (bloco de lalegalidad) e Merkl (juridicidade), expressando a vinculação da atuação da Administração Pública ao ordenamento jurídico unitária e inteiramente considerado (abarcando leis, regulamentos, princípios gerais e costumes), até porque seria inconcebível a coexistência do ato discricionário com a formulação original do princípio da legalidade. Hauriou chamou de bloco de lalegalidad, leis, regulamentos, princípios gerais, costumes, o que Merkl denominou princípio da juridicidade, reservando a expressão legalidade à lei formal. " (MARTINS Jr. WALLACE PAIVA, *Tratado de Direito Administrativo – Volume 1*, Editora Revista dos Tribunais, São Paulo, Edição 2015, p. 321)

▶ **O significado do princípio da legalidade na vinculação à totalidade das normas gerais, porém, salienta que "melhor do que a imagem de um 'bloco' muitas vezes invocada a seu propósito, a que convém a legalidade é a de uma pirâmide"**

"...melhor do que a imagem de um 'bloco' muitas vezes invocada a seu propósito, a que convém a legalidade é a de uma pirâmide." (RIVERO, Jean. Curso de direito administrativo comparado. Trad. José Cretella Júnior. São Paulo: Ed. RT, p. 534)

> ▶ **No mesmo sentido:** "...a verdade é que a alusão a bloco ou pirâmide resulta em idêntica conclusão para efeito de considerar a legalidade como toda forma de expressão objetiva, impessoal e geral de normas balizadoras da atividade administrativa." (MARTINS Jr. WALLACE PAIVA, *Tratado de Direito Administrativo – Volume 1*, Editora Revista dos Tribunais, São Paulo, Edição 2015, p. 321)

▶ **Requisitos de acesso aos cargos públicos.**

No que tange ao princípio da legalidade aplicável aos concursos públicos, o art. 37, incisos I e II da Constituição Federal são claros ao enunciar que: Art. 37. A administração pública direta e indireta de qualquer dos Poderes da União, dos Estados, do Distrito Federal e dos Municípios obedecerá aos princípios de legalidade, impessoalidade, moralidade, publicidade e eficiência e, também, ao seguinte: I – os cargos, empregos e funções públicas são acessíveis aos brasileiros que preencham os requisitos estabelecidos em lei, assim como aos estrangeiros, na forma da lei; II – a investidura em cargo ou emprego público depende de aprovação prévia em concurso público de provas ou de provas e títulos, de acordo com a natureza e a complexidade do cargo ou emprego, na forma prevista em lei, ressalvadas as nomeações para cargo em comissão declarado em lei de livre nomeação e exoneração;

▶ Todos os requisitos de admissibilidade a cargos, empregos e funções públicas devem estar previstos em Lei.

> "Saca-se da norma em evidência que todos os requisitos de admissibilidade a cargos, empregos e funções públicas devem estar previstos em Lei. Embora o edital seja conhecido como a "lei interna do concurso", cujas regras obrigam candidatos e Administração Pública, é imperioso sempre ressalvar que as disposições editalícias não devem distanciar-se dos preceitos legais e muito menos da Constituição Federal. O princípio da legalidade significa que a Administração Pública está, em toda sua atividade, inclusive nos concursos públicos, presa aos mandamentos da Lei, deles não se podendo se afastar sob pena de invalidade do ato e responsabilidade de seu autor. Qualquer ação da Administração sem o correspondente amparo legal ou que exceda ao âmbito delimitado pela lei é injurídica e expõe-se à anulação. Assim, a Administração Pública nada pode fazer senão o que a lei determina." (DANTAS, Alessandro. *Algumas considerações sobre o princípio da legalidade e sua aplicação aos concursos* públicos, LICICON – Revista de Licitações e Contratos. Instituto Negócios, Públicos: Curitiba, PR, ano VII, n.83, p. 187-195, novembro 2014.)

◙ Apenas a lei em sentido formal (ato normativo emanado do Poder Legislativo) pode estabelecer requisitos que condicionem ingresso no serviço público.

> "AÇÃO DIRETA DE INCONSTITUCIONALIDADE. LIMINAR. CONCURSO PÚBLICO. JUIZ DO TRABALHO SUBSTITUTO. REQUISITOS. IMPOSIÇÃO VIA ATO DO TRIBUNAL SUPERIOR DO TRABALHO. "Apenas a lei em sentido formal (ato normativo emanado do Poder Legislativo) pode estabelecer requisitos que condicionem ingresso no serviço público. As restrições e exigências que emanem de ato administrativo de caráter infralegal revestem-se de inconstitucionalidade." (Jose Celso de Mello Filho em "Constituição Federal Anotada"). Incompatibilidade da imposição de tempo de prática forense e de graduação no curso de Direito, ao primeiro exame, com a ordem constitucional." (STF – ADI 1188 MC/DF, Relator Ministro Marco Aurélio, Tribunal Pleno, julgado em 23/02/1995.)

◙ A vedação à existência de critérios discriminatórios de idade, sexo e altura, em sede concurso público, não é absoluta, em face das peculiaridades inerentes ao cargo em disputa, todavia, é imprescindível que mencionado critério esteja expressamente previsto na lei regulamentadora da carreira.

> "ADMINISTRATIVO E CONSTITUCIONAL. MANDADO DE SEGURANÇA. DECADÊNCIA. NÃO OCORRÊNCIA. NATUREZA PREVENTIVA. CONCURSO PÚBLICO. POLÍCIA MILITAR DE SANTA CATARINA. ALTURA MÍNIMA. EXIGÊNCIA EDITALÍCIA SEM AMPARO LEGAL. OCORRÊNCIA. ILEGALIDADE RECONHECIDA. 1. Tratando-se de mandado de segurança preventivo, é de ser afastada a alegação de decadência, com fulcro no art. 18 da Lei n.º 1.533/51. Precedente. 2. A vedação à existência de critérios discriminatórios de idade, sexo e altura, em sede concurso público, não é absoluta, em face das peculiaridades inerentes ao cargo em disputa, todavia,

é imprescindível que mencionado critério esteja expressamente previsto na lei regulamentadora da carreira. Precedentes do STF e STJ. 3. In casu, inexiste previsão legal de altura mínima, para ingresso na Polícia Militar do Estado de Santa Catarina, uma vez que não basta, para viabilizar a adoção do critério discriminatório, a exigência genérica de "capacidade física", prevista na Lei Estadual n.º 6.218/83. 4. Recurso ordinário conhecido e provido." (STJ – RMS 20637 – SC – PROC. 2005/0147013-9 – Relª Minª LAURITA VAZ Órgão Julgador T5 – 5ª T. – DJU 20.03.2006, p. 311)

▶ Não pode o edital inovar e criar exigências sem respaldo legal.

"Não pode o edital inovar e criar exigências sem respaldo legal, pois além de afrontar a legalidade, princípio genérico direcionado a toda Administração Pública, também estará violando o princípio específico da competitividade e da ampla acessibilidade aos cargos públicos. É muito comum em áreas enfermagem, fisioterapia, educação física o edital exigir como condição de acesso ao cargo a graduação e uma pós-graduação. A lei, se analisada, geralmente não exige a especialização para o desempenho da atividade, sendo a mesma ilegalmente exigida no edital." (COUTINHO, Alessandro Dantas. *Algumas considerações sobre o princípio da legalidade e sua aplicação aos concursos públicos,* LICICON – Revista de Licitações e Contratos. Instituto Negócios, Públicos: Curitiba, PR, ano VII, n.83, p. 187-195, novembro 2014.)

▶ Exigência, imposta pelo edital, de especialização em Fisiologia do Exercício e Registro no Conselho Regional de Classe para o exercício da profissão.

"E nesse ponto é que difere o princípio da legalidade para a Administração e o particular, pois a este tudo é permitido, desde que não haja proibição legal em sentido contrário, ou seja, em caso de omissão, o particular poderá agir, uma vez que o art. 5.º, II, da CF/1988 enuncia que "ninguém será obrigado a fazer ou deixar de fazer alguma coisa senão em virtude de lei", comando que desponta como uma garantia constitucional do cidadão. Realmente, para exercer a profissão o professor deve ter o ensino superior completo e ser registrado no Conselho de Classe, mas não é necessário ter a especialização. Aqui, neste ponto, houve uma criação abusiva do edital que ultrapassou os limites de regulamentação do certame." (COUTINHO, Alessandro Dantas. *Concurso público: os requisitos de acesso ao cargo público devem estar previstos na lei ou podem ser criados pelo edital?* Concurso Público. LICICON – Revista de Licitações e Contratos. Editora Negócios Públicos: Curitiba, PR, ano VIII, n.96, p. 145-152, dezembro de 2015.)

◉ **No mesmo sentido**: "CONCURSO. PROFESSOR. EDUCAÇÃO FÍSICA. INSCRIÇÃO. CREF: É legal a exigência feita no edital do concurso público para professor de educação física (ensino médio e fundamental) de que o candidato comprove a inscrição no respectivo Conselho Regional de Educação Física (CREF) quando do ato de sua admissão naquele cargo (art. 1º e 3º da Lei n. 9.696/1998). Precedente citado: REsp 783.417-RJ, DJe 29/3/2010." (STJ – RMS 26.316-RJ, Rel. Min. Maria Thereza de Assis Moura, julgado em 2/6/2011).

▶ **A exigência de Prova Física deve possuir previsão legal**

"As provas físicas ou exame de aptidão física tem a finalidade de avaliar a capacidade do candidato para suportar, física e organicamente, as exigências de esforços físicos que terá que fazer para o bom desempenho das tarefas típicas da categoria funcional que pretende ingressar. Essa fase deve possuir caráter exclusivamente eliminatório, pois o candidato somente prosseguirá nas demais fases do concurso se demonstrar que tem as condições físicas mínimas estabelecidas para o exercício do cargo ou emprego público oferecido e, uma vez aprovado nessa fase, sua classificação permanecerá a mesma, independentemente do desempenho apresentado no exame. Devido a essa finalidade específica, o teste de aptidão física deve ser aplicado por examinador com formação profissional compatível com a natureza dos testes a serem aplicados. Cita-se o caso da prova física em um concurso para ingresso na Polícia Militar. Normalmente as leis que regulamentam a carreira possuem a previsão de que dentre as provas que os candidatos irão se submeter existe a avaliação física. A previsão legal existe, porém cabe ao gestor decidir, pautado em parâmetros razoáveis e proporcionais, quais os exercícios físicos serão exigidos e qual será a quantidade mínima necessária à aprovação na atividade. Ocorre que muitas vezes o gestor ao realizar um concurso exige requisitos restritivos de acesso ao cargo público sem a correspondente previsão legal. Neste caso, a violação ao princípio da legalidade possui norma ainda mais específica, a que se encontra insculpida no artigo 37, inciso I, da Constituição Federal." (COUTINHO, Alessandro Dantas. *Algumas considerações sobre o princípio da legalidade e sua aplicação aos concursos públicos*, LICICON – Revista de Licitações e Contratos. Instituto Negócios, Públicos: Curitiba, PR, ano VII, n.83, p. 187-195, novembro 2014.)

◙ **Admite-se a exigência de aprovação em exame físico para preenchimento de cargo público, desde que claramente previsto em lei, guarde pertinência com a função a ser exercida e seja pautado em critérios objetivos, possibilitando ao candidato o conhecimento da fundamentação do resultado.**

"RECURSO ORDINÁRIO EM MANDADO DE SEGURANÇA. CONCURSO PÚBLICO PARA O CARGO DE SOLDADO DA POLÍCIA MILITAR. PROVA DE APTIDÃO FÍSICA. PERTINÊNCIA COM AS FUNÇÕES A SEREM EXERCIDAS. MOTIVAÇÃO DO ATO DE REPROVAÇÃO. LEGALIDADE. RECURSO DESPROVIDO. 1. Admite-se a exigência de aprovação em exame físico para preenchimento de cargo público, desde que claramente previsto em lei, guarde pertinência com a função a ser exercida e seja pautado em critérios objetivos, possibilitando ao candidato o conhecimento da fundamentação do resultado. Precedentes. 2. Todos os critérios utilizados para avaliar a aptidão física do candidato para o cargo foram expressa e previamente especificados no Edital regente do certame, que trouxe, inclusive, tabelas explicativas da correlação entre o tempo despendido para a realização do exercício da forma exigida e sua pontuação. 3. Além disso, a Administração juntou documento assinado pela própria impetrante, informando-a os motivos que ensejaram sua reprovação, com a descrição do tempo/número de exercícios praticados pela candidata e correspondente pontuação, sendo certo que a soma não atinge o mínimo exigido para a habilitação." (STJ – RMS 25.703/MS, Relator Ministro Napoleão Nunes Maia Filho, Quinta Turma, julgado em 02/06/2009.)

▶ **A exigência de exame psicotécnico deve possuir previsão legal**

"Muitas vezes o administrador, seja por despreparo ou por malícia, o que não queremos acreditar, insere esta exigência no edital para o provimento de cargos cuja lei de criação e que apresenta os requisitos de acesso ao mesmo não exige a aprovação no referido exame psicossomático. Repita-se, por necessário, a ingente força normativa externada no comando constitucional do artigo 37, inciso II, do Texto Excelso, segundo o qual "a investidura em cargo ou emprego público depende de aprovação prévia em concurso público de provas ou de provas e títulos, de acordo com a natureza e a complexidade do cargo ou emprego, na forma prevista em lei, ressalvadas as nomeações para cargo em comissão declarado em lei de livre nomeação e exoneração. Por isso o Decreto-Lei 2.320 de 26 de janeiro de 1987, que dispõe sobre o ingresso nas categorias funcionais da Carreira da Polícia Federal, enunciar em seus dispositivos (artigos 6º, 7º e 8º) os requisitos exigidos para o ingresso no cargo, tendo inclusive, de forma expressa em seu artigo 8º, inciso III, enunciado como requisito para a matrícula que o candidato possua "temperamento adequado ao exercício das atividades inerentes à categoria funcional a que concorrer, apurado em exame psicotécnico." (COUTINHO, Alessandro Dantas. *Algumas considerações sobre o princípio da legalidade e sua aplicação aos concursos públicos*, LICICON – Revista de Licitações e Contratos. Instituto Negócios, Públicos: Curitiba, PR, ano VII, n.83, p. 187-195, novembro 2014.)

▶ **O edital, sob nenhuma circunstância, pode impor em um concurso o exame psicotécnico como fase ou critério de aprovação do candidato sem que haja previsão legal.**

"O edital é um ato administrativo, portanto de inferior hierarquia em relação à LEI e à CONSTITIUÇÃO FEDERAL. Assim, quando se diz que o edital é a "lei interna do concurso", que o "edital vincula as partes" essa afirmativa somente é correta se o instrumento convocatório estiver em conformidade com a lei e a Constituição Federal, sob pena de subversão e inversão do sistema hierárquico existente entre as espécies normativas. Deve se lembrar de que a relação da Administração com a lei não é uma relação de não contrariedade – como ocorre com o particular, mas uma relação de conformidade, uma relação de vinculação positiva à lei. Por isso afirma-se que a Administração só pode agir se existir uma lei autorizando ou determinando a conduta." (COUTINHO, Alessandro Dantas. *O Concurso Público no ordenamento jurídico*. LICICON – Revista de Licitações e Contratos. Instituto Negócios Públicos: Curitiba, PR, ano VII, n.81, p. 188-206, setembro 2014.)

◉ **Súmula Vinculante 44 do Supremo Tribunal Federal: Só por lei se pode sujeitar a exame psicotécnico a habilitação de candidato a cargo público.**

▶ **Há violação ao princípio da legalidade, segurança jurídica e vinculação ao instrumento convocatório quando ocorre inovação em certame em andamento possibilitando do uso da heterodeclaração quando o edital apenas prevê a autodeclaração.**

"No que tange ao princípio da legalidade aplicável aos concursos públicos, o art. 37, incisos I e II, da Constituição Federal são claros ao enunciar que: Art. 37. A administração pública direta e indireta de qualquer dos Poderes da União, dos Estados, do Distrito Federal e dos Municípios obedecerá aos princípios de legalidade, impessoalidade, moralidade, publicidade e eficiência e, também, ao seguinte: I – os cargos, empregos e funções públicas são acessíveis aos brasileiros que preencham os requisitos estabelecidos em LEI, assim como aos estrangeiros, na forma da lei; II – a investidura em cargo ou emprego público depende de aprovação prévia em concurso público de provas ou de provas e títulos, de acordo com a natureza e a complexidade do cargo ou emprego, na forma prevista em LEI, ressalvadas as nomeações para cargo em comissão declarado em lei de livre nomeação e exoneração." (COUTINHO, Alessandro Dantas. *Algumas considerações sobre o princípio da legalidade e sua aplicação aos concursos públicos*, LICICON – Revista de Licitações e Contratos. Instituto Negócios, Públicos: Curitiba, PR, ano VII, n.83, p. 187-195, novembro 2014.)

▶ **A atribuição de competências discricionárias está necessariamente ligada ao princípio da legalidade e destina-se a dotar o administrador de um operacional apto a bem satisfazer o interesse público.**

"Diante da existência de candidatos aprovados ainda não convocados para nomeação, é difícil encontrar motivos para a ausência de prorrogação do prazo de validade do certame. Dois princípios deverão assumir essencial relevância na análise de cada situação concreta: economicidade e interesse público. Com relação ao primeiro princípio, cabe destacar que a realização de concursos demanda tempo e dispêndio de recursos, muitas vezes expressivos, que devem ser aproveitados ao máximo possível – a manutenção de relação de aprovados, nesse sentido, não acarreta qualquer ônus, ao contrário da realização de outro certame. Em relação ao princípio do interesse público, deve-se ter em conta a possibilidade de pronto provimento de cargo ou emprego, decorrente da exoneração de agente público durante o prazo de validade do concurso." (Comentários à Constituição do Brasil / J. J. Gomes Canotilho. [et al.]. – São Paulo: Saraiva/Almedina, 2013, p. 833)

▶ **Não pode o edital inovar e criar exigências sem respaldo legal, a exemplo de critérios não previsto em lei para análise dos candidatos que se inscreveram como cotistas raciais.**

Deste modo, não pode o edital inovar e criar exigências sem respaldo legal, pois além de afrontar a legalidade, princípio genérico direcionado a toda Administração Pública, também estará violando o princípio específico da competitividade ou da ampla acessibilidade aos cargos públicos. Conforme o art. 5º da referida Resolução, para concorrer às vagas reservadas, o candidato deve preencher autodeclaração de que é preto ou pardo, cujo enunciado do edital, geralmente, possui o seguinte item: "Poderão concorrer às vagas reservadas a candidatos negros aqueles que se AUTODECLARAREM pretos ou pardos no ato da inscrição no concurso público, conforme o quesito cor ou raça utilizado pela Fundação Instituto Brasileiro de Geografia e Estatística – IBGE". Mais adiante, [e comum encontrar no mesmo edital itens como: "Para concorrer às vagas reservadas, o candidato deverá, no ato da inscrição, optar por concorrer às vagas reservadas aos negros, preenchendo a AUTODECLARAÇÃO de que é preto ou pardo, conforme quesito cor ou raça utilizado pela Fundação Instituto Brasileiro de Geografia e Estatística – IBGE. Isso porque, conforme a Lei nº 12.288/2010, que institui o Estatuto da Igualdade Racial, pertence à população negra o conjunto de pessoas que se autodeclararem pretas ou pardas, in verbis: Art. 1º Esta Lei institui o Estatuto da Igualdade Racial, destinado a garantir à população negra a efetivação da igualdade de oportunidades, a defesa dos direitos étnicos individuais, coletivos e difusos e o combate à discriminação e às demais formas de intolerância étnica. Parágrafo único. Para efeito deste Estatuto, considera-se: [...].IV – população negra: o conjunto de pessoas que se AUTODECLARAM pretas e pardas, conforme o quesito cor ou raça usado pela Fundação Instituto Brasileiro de Geografia e Estatística (IBGE), ou que adotam auto definição análoga. Portanto, o critério legalmente estabelecido para a inserção na condição de "população negra" é a "AUTODECLARAÇÃO", de acordo com os critérios estabelecidos pelo IBGE.

◙ **Não é lícito à Administração Pública, após a aprovação dos candidatos nas provas objetiva e discursiva, introduzir inovação nas regras originais do certame para sujeitar os concorrentes a "entrevista" por comissão específica com o propósito de aferir a pertinência da condição de negros por eles assim declarada ao momento da inscrição no concurso.**

"PROCESSUAL CIVIL. ADMINISTRATIVO. RECURSO ORDINÁRIO EM MANDADO DE SEGURANÇA. CONCURSO PÚBLICO. VAGAS RESERVADAS PARA CANDIDATOS NEGROS. AUTODECLARAÇÃO. ÚNICA EXIGÊNCIA EDITALÍCIA. POSTERIOR REALIZAÇÃO DE ENTREVISTA PARA AFERIÇÃO DO FENÓTIPO SEM PREVISÃO NO EDITAL DE ABERTURA. FALTA DE AMPARO LEGAL. VIOLAÇÃO DO PRINCÍPIO DA VINCULAÇÃO AO INSTRUMENTO CONVOCATÓRIO. 1. Em se cuidando de disputa de cargos públicos reservados pelo critério da cota racial, ainda que válida a utilização de parâmetros outros que não a tão só autodeclaração do candidato, há de se garantir, no correspondente processo seletivo, a observância dos princípios da vinculação ao edital, da legítima confiança do administrado e da segurança jurídica. 2. O princípio da vinculação ao instrumento convocatório impõe o respeito às regras previamente estipuladas, as quais não podem ser modificadas com o certame já em andamento. 3. O Edital nº 01/2015 – TJDF, que tornou pública a abertura do concurso público destinado ao provimento de cargos no Tribunal de Justiça do Distrito Federal e Territórios, estabeleceu, como critério único para a disputa de vagas reservadas para negros, a autodeclaração do candidato, à qual foi atribuída presunção de veracidade (item 6.2.3), em conformidade, aliás, com o disposto no art. 5º, § 2º, da Resolução CNJ nº 203/2015. 4. Embora o item 6.2.4 do edital originário previsse a possibilidade de se comprovar a falsidade da autodeclaração, nenhuma referência o acompanhou quanto à forma e ao momento em que a Comissão de Concurso poderia chegar a essa constatação. Daí que a posterior implementação de uma fase específica para tal finalidade, não prevista no edital inaugural e com o certame já em andamento, não se revestiu da necessária higidez jurídica, não se podendo, na seara dos concursos públicos, atribuir validade a cláusula editalícia supostamente implícita, quando seu conteúdo possa operar em desfavor do candidato. 5. Nesse contexto, não era lícito à Administração Pública, após a aprovação dos candidatos nas provas objetiva e discursiva, introduzir inovação nas regras originais do certame (no caso concreto, por intermédio do Edital nº 15/2016) para sujeitar os concorrentes a "entrevista" por comissão específica, com o propósito de aferir a pertinência da condição de negros, por eles assim declarada ao momento da inscrição no concurso. À conta dessa conduta, restou afrontado pela Administração, dentre outros, o princípio da vinculação ao instrumento convocatório. Precedente desta Corte em caso assemelhado: AgRg no RMS 47.960/RS, Rel. Ministro NAPOLEÃO NUNES MAIA FILHO, Primeira Turma, DJe 31/05/2017. 6. Recurso ordinário provido para, reformando o acórdão recorrido, conceder a segurança, determinando-se a reinserção do nome do recorrente na lista dos candidatos que concorreram às vagas destinadas ao provimento por cota racial, respeitada sua classificação em função das notas que obteve no certame." (STJ – RMS 54.907/DF, Rel. Ministro SÉRGIO KUKINA, PRIMEIRA TURMA, julgado em 05/04/2018, DJe 18/04/2018)

◙ **A interpretação de cláusula de edital não pode restringir direito previsto em lei.**

"MANDADO DE SEGURANÇA. ATO DO CONSELHO NACIONAL DO MINISTÉRIO PÚBLICO. CONCURSO PÚBLICO. EDITAL. LEI COMPLEMENTAR Nº 72/08 DO ESTADO DO CEARÁ. CONSELHO SUPERIOR DO MINISTÉRIO PÚBLICO DO ESTADO E COLÉGIO DE PROCURADORES DE JUSTIÇA DO ESTADO DO CEARÁ. CONTROLE DE LEGALIDADE. EXERCÍCIO DE AUTOTUTELA PELA ADMINISTRAÇÃO PÚBLICA COMO MEIO DE SOLUÇÃO DE CONFLITOS. LEGITIMIDADE. DIVULGAÇÃO DA CONDIÇÃO SUB JUDICE. PRINCÍPIOS CONSTITUCIONAIS DA ISONOMIA E DA IMPESSOALIDADE. SEGURANÇA CONCEDIDA. 1. O edital é a lei do certame e vincula tanto a Administração Pública quanto os candidatos. 2. A interpretação de cláusula de edital não pode restringir direito previsto em lei. 3. A competência de órgãos internos do MPCE se restringe ao controle de legalidade de concurso público, ficando resguardada a competência da comissão do concurso, integrada por representante da OAB, para decidir quanto ao conteúdo da prova e ao mérito das questões. 4. A divulgação de resultado para fins de convocação para a fase subsequente do concurso deve diferenciar e classificar os candidatos apenas quanto ao desempenho no certame segundo os critérios de avaliação divulgados no edital, ressalvada a divulgação da condição sub judice no resultado final, quando encerrado o processo avaliativo. 5. Concessão da ordem." (MS 32176, Relator(a): Min. DIAS TOFFOLI, Primeira Turma, julgado em 18/03/2014, PROCESSO ELETRÔNICO DJe-073 DIVULG 11-04-2014 PUBLIC 14-04-2014)

PRINCÍPIO DA IMPESSOALIDADE

"Como sabido, a Administração deve atuar voltada para alcançar o interesse público, sendo essa a única razão pela qual possui uma série de prerrogativas e poderes diferenciados. Note-se que a Administração é impessoal. Quando o agente está em ação, em verdade, quem está agindo é o Estado, que possui como contingente humano seus agentes. Porém, pela teoria do órgão – que é baseada na imputação –, a conduta praticada pelo agente é imputada ao Estado. Assim, quem está fazendo obras não é o gestor, é a Administração, que naquele momento está sendo gerida por aquele agente público. Quem faz apreensão de drogas não é o policial, mas sim a polícia, órgão desconcentrado do Estado." (COUTINHO, Alessandro Dantas, KRUGER, Ronald Rodor. *Manual de Direito Administrativo: Volume Único*. 2ª edição, Editora Juspodivm, Salvador, 2018, p. 78)

▶ **O agente, quando está atuando, o faz na condição de Estado e é por isso que a responsabilidade civil é imputada a ele (Estado)**

"O agente, quando está atuando, o faz na condição de Estado e é por isso que a responsabilidade civil é imputada a ele (Estado) e, assim, a vítima deve demandar contra a pessoa jurídica estatal à qual o agente púbico pertence." (COUTINHO, Alessandro Dantas, KRUGER, Ronald Rodor. *Manual de Direito Administrativo: Volume Único*. 2ª edição, Editora Juspodivm, Salvador, 2018, p. 78)

▶ **Outro enfoque dado ao princípio da impessoalidade liga-se ao fato de que está vedada qualquer conduta do gestor voltada para outro fim que não a satisfação do interesse coletivo, sob pena de desvio de poder e ilegalidade da conduta.**

"Outro enfoque dado ao princípio da impessoalidade liga-se ao fato de que está vedada qualquer conduta do gestor voltada para outro fim que não a satisfação do interesse coletivo, sob pena de desvio de poder e ilegalidade da conduta. Isso porque as prerrogativas que foram conferidas aos gestores lhes foram dadas para que estes atuassem focados no objetivo de alcançar e satisfazer o interesse público. Por essa razão, são proibidas condutas voltadas a prejudicar ou beneficiar terceiros, sendo que a meta deve ser sempre a busca do interesse coletivo, o bem comum." (COUTINHO, Alessandro Dantas, KRUGER, Ronald Rodor. *Manual de Direito Administrativo: Volume Único*. 2ª edição, Editora Juspodivm, Salvador, 2018, p. 79)

▶ **Normas de impedimento e suspeição, que são hipóteses em que o agente público não pode agir, pois há uma presunção de que não agirá com imparcialidade, o que poderá ensejar a quebra da impessoalidade estatal.**

"Ainda, influenciado pelo princípio da impessoalidade e para garantir que o agente não perca o foco, o ordenamento jurídico prevê, na Lei 9.784/1999, normas de impedimento e suspeição, que são hipóteses em que o agente público não pode agir, pois há uma presunção de que não agirá com imparcialidade, o que poderá ensejar a quebra da impessoalidade estatal." (COUTINHO, Alessandro Dantas, KRUGER, Ronald Rodor. *Manual de Direito Administrativo: Volume Único*. 2ª edição, Editora Juspodivm, Salvador, 2018, p. 80)

◉ **Tal princípio se assemelha ao da finalidade quando se enfoca o interesse público do ato, consubstanciando desvio de finalidade toda atitude que resulta em favoritismos ou perseguições.**

"... 1. O art. 37 da CF/88 estabelece que a administração pública direta e indireta de qualquer dos Poderes da União, dos Estados, do Distrito Federal e dos Municípios obedecerá aos princípios de legalidade, impessoalidade, moralidade, publicidade e eficiência. 2. Pelo princípio da impessoalidade, a Administração deve tratar a todos os administrados sem discriminações. Tal princípio se assemelha ao da finalidade quando se enfoca o interesse público do ato, consubstanciando desvio de finalidade toda atitude que resulta em favoritismos ou perseguições. 3. A conduta do Superintendente da Polícia Federal de Mato Grosso do Sul, ao determinar a realização de barreira policial com o único objetivo de armar flagrante para apanhar o autor, que se deslocara com a família em viagem para Ponta Porã/MS, traduziu evidente retaliação ao servidor, materializando-se o vício do desvio de finalidade a invalidar o ato administrativo. 4. Correta a sentença que determinou a anulação do ato administrativo de cassação de aposentadoria do policial Itamar José Rangel e o pagamento das quantias devidas desde a inativação do referido servidor, devidamente corrigidas..." (STF, ARE 786.213/DF, Rel. Min. Gilmar Mendes, j. 19.12.2013, DJe-022, Divulg. 31.01.2014, Public. 03.02.2014).

▶ **A impessoalidade tem eficácia impeditiva aos fatores pessoais e subjetivos como verdadeiros móveis e fins das atividades administrativas.**

".Os aspectos apontados acima representam ângulos diversos do intuito essencial de impedir que fatores pessoais, subjetivos, sejam os verdadeiros móveis e fins das atividades administrativas. Com o princípio da impessoalidade, a Constituição visa obstaculizar atuações geradas por antipatias, simpatias, objetivos de vingança, represálias, nepotismo, favorecimentos diversos, muito comuns em licitações, concursos públicos, exercício do poder de polícia. Busca, desse modo, que predomine o sentido de função, isto é, a ideia de que os poderes atribuídos se finalizam ao interesse de toda a coletividade, portanto a resultados desconectados de razões pessoais. Em situações que dizem respeito a interesses coletivos ou difusos, a impessoalidade significa a exigência de ponderação equilibrada de todos os interesses envolvidos, para que não se editem decisões movidas por preconceitos ou radicalismos de qualquer tipo." (MEDAUAR, Odete. Direito Administrativo Moderno. 21ª. Ed. Fórum, Belo Horizonte, 2018. p. 119.)

▶ **No mesmo sentido**: "...sem levar em conta interesses pessoais, próprios ou de terceiros, a não ser quando o atendimento de pretensões parciais constitua concretização do interesse geral." (MENDES, Gilmar Ferreira; COELHO, Inocêncio Mártires; BRANCO, Paulo Gustavo Gonet. *Curso de direito constitucional*. 5ª. ed. São Paulo: Saraiva, 2010. p. 968.)

▶ **A impessoalidade é decorrência do princípio de utilidade pública.**

"...é decorrência do princípio de utilidade pública, inicialmente já referido como fundamento do Direito Administrativo." (LIMA, Ruy Cirne. *Princípios de direito administrativo*. 7ª. ed. São Paulo: Malheiros, 2007. p. 54.)

▶ **No mesmo sentido:** "A atividade administrativa deve ser destinada a todos os administrados, dirigida aos cidadãos em geral, sem determinação de pessoa ou discriminação de qualquer natureza. É o que impõe ao Poder Público este princípio. Com ele quer-se quebrar o velho costume do atendimento do administrado em razão de seu prestígio ou porque a ele o agente público deve alguma obrigação." (GASPARINI, Diógenes. *Direito Administrativo*. 16ª. ed. São Paulo: Saraiva, 2011. p. 63.)

▶ **A impessoalidade tem como bases a objetividade e a neutralidade da atividade administrativa, traduzindo-se na ausência de marcas pessoais e particulares correspondentes ao administrador no exercício da função pública.**

"...na ausência de marcas pessoais e particulares correspondentes ao administrador que, em determinado momento, esteja no exercício da atividade administrativa, tornando-a, assim, afeiçoada a seu modelo, pensamento ou vontade." (ROCHA, Cármen Lúcia Antunes. Princípios constitucionais da administração pública. Belo Horizonte: Del Rey, 1994. p. 147-150.)

▶ "...como única diretriz jurídica válida para os comportamentos estatais o interesse público. A impessoalidade no trato da coisa pública garante exatamente esta qualidade da res gerida pelo Estado: a sua condição de ser pública, de todos, patrimônio de todos voltado à concretização do bem de todos e não de grupos ou de algumas pessoas." (ROCHA, Cármen Lúcia Antunes. Princípios constitucionais da administração pública. Belo Horizonte: Del Rey, 1994. p. 147-150.)

▶ "...Impede e proíbe, assim, o subjetivismo na Administração Pública." (ROCHA, Cármen Lúcia Antunes. Princípios constitucionais da administração pública. Belo Horizonte: Del Rey, 1994. p. 147-150.)

▶ "...tem como conteúdo jurídico o despojamento da pessoa pública da vontade que lhe seja enxertada pelo agente público, que, se agisse segundo os seus interesses, subjetivamente definidos, jamais alcançaria aquela finalidade, que se põe, objetiva, genérica e publicamente." (ROCHA, Cármen Lúcia Antunes. Princípios constitucionais da administração pública. Belo Horizonte: Del Rey, 1994. p. 147-150.)

▶ **O fim, e não a vontade, domina todas as formas de administração.**

"...o fim, e não a vontade, domina todas as formas de administração." (LIMA, Ruy Cirne. *Princípios de direito administrativo.* 7ª. ed. São Paulo: Malheiros, 2007. p. 39)

▶ **No mesmo sentido:** "...o agente público ao agir deve ter em vista, de um lado, atender ao interesse público que é a finalidade inerente a todas as normas, e, de outro, à finalidade específica que anima a lei que esteja sendo aplicada." (PAZZAGLINI FILHO, Marino. *Princípios constitucionais reguladores da administração pública.* São Paulo: Atlas, 2000. p. 36.)

▶ **A impessoalidade se aproxima da imparcialidade pela subordinação mútua de neutralidade e isenção administrativa.**

"A atividade da Administração Pública tem como destinatários naturais as pessoas e jurídicas que se subordinam à sua disciplina. Parecerá, assim, um paradoxo que, embora deva incidir sobre pessoas, a gestão administrativa terá de ser impessoal, mormente quando a própria Constituição impõe ao Poder Público tratamento peculiar aos integrantes de categorias distintas da coletividade, como a criança, o adolescente, o idoso ou o deficiente. É que, segundo o aforismo grego que Ruy Barbosa popularizou, a igualdade consiste em tratar desigualmente os desiguais. Contudo, a Administração Pública tem como norma básica a proteção de interesses coletivos, ainda que peculiares a grupos definidos em lei e, por esta forma, submetidos a tratamento especial. O princípio da impessoalidade repele atos discriminatórios que importam favorecimento ou desapreço a membros da sociedade em detrimento da finalidade objetiva da norma de direito a ser aplicada. Não é indiferente, porém, à Administração Pública a personalidade do administrado. O que se veda é a personificação de seus atos na medida em que abandonem o interesse público para conceder favores ou lesar pessoas ou instituições. Em síntese, a atividade administrativa pode, e em certos casos, deve distinguir entre pessoas, em função de peculiaridades que a lei manda observar. Não poderá jamais discriminar entre elas, sobrepondo o juízo personalista à objetividade legal de tratamento." (TÁCITO, Caio. *Temas de Direito Público (estudos e pareceres)*. Rio de Janeiro: Renovar, 1997. 1.º vol., p 345-346.)

▶ **Em decorrência do princípio da impessoalidade o ato ilegal praticado pelo agente público na condução do concurso é imputado ao Estado.**

"Como sabido, a Administração deve atuar voltada para alcançar o interesse público, sendo essa a única razão pela qual possui uma série de prerrogativas e poderes diferenciados. Note-se que a Administração é impessoal. Quando o agente está em ação, em verdade, quem está agindo é o Estado, que possui como contingente humano seus agentes. Porém, pela teoria do órgão – que é baseada na imputação –, a conduta praticada pelo agente é imputada ao Estado." (DANTAS, Alessandro, KRUGER, Ronald Rodor. Manual de Direito Administrativo: Volume Único. 2ª edição, Editora Juspodivm, Salvador, 2018, p. 78)

▶ **Outro enfoque dado ao princípio da impessoalidade liga-se ao fato de que está vedada qualquer conduta do gestor voltada para outro fim que não a satisfação do interesse coletivo, sob pena de desvio de poder e ilegalidade da conduta.**

Isso porque as prerrogativas que foram conferidas aos gestores lhes foram dadas para que estes atuassem focados no objetivo de alcançar e satisfazer o interesse público. Por essa razão, são proibidas condutas voltadas a prejudicar ou beneficiar terceiros, sendo que a meta deve ser sempre a busca do interesse coletivo, o bem comum. Portanto, reprovável, sob o ponto de vista da impessoalidade, a prática de desapropriação com o objetivo de prejudicar inimigo, a remoção de servidores como forma de punição etc.

◙ **Pelo princípio da impessoalidade, a Administração deve tratar a todos os administrados sem discriminações. Tal princípio se assemelha ao da finalidade quando se enfoca o interesse público do ato, consubstanciando desvio de finalidade toda atitude que resulta em favoritismos ou perseguições.**

"... 1. O art. 37 da CF/88 estabelece que a administração pública direta e indireta de qualquer dos Poderes da União, dos Estados, do Distrito Federal e dos Municípios obedecerá aos princípios de legalidade, impessoalidade, moralidade, publicidade e eficiência. 2. Pelo princípio da impessoalidade, a Administração deve tratar a todos os administrados sem discriminações. Tal princípio se assemelha ao da finalidade quando se enfoca o interesse público do ato, consubstanciando desvio de finalidade toda atitude que resulta em favoritismos ou perseguições. 3. A conduta do Superintendente da Polícia Federal de Mato Grosso do Sul, ao determinar a realização de barreira policial com o único objetivo de armar flagrante para apanhar o autor, que se deslocara com a família em viagem para Ponta Porã/MS, traduziu evidente retaliação ao servidor, materializando-se o vício do desvio de finalidade a invalidar o ato administrativo. 4. Correta a sentença que determinou a anulação do ato administrativo de cassação de aposentadoria do policial Itamar José Rangel e o pagamento das quantias devidas desde a inativação do referido servidor, devidamente corrigidas..." (STF, ARE 786.213/DF, Rel. Min. Gilmar Mendes, j. 19.12.2013, DJe-022, Divulg. 31.01.2014, Public. 03.02.2014).

◙ **A exigência de concurso público para a investidura em cargo garante o respeito a vários princípios constitucionais de Direito Administrativo, entre eles, o da impessoalidade e o da isonomia**

"A exigência de concurso público para a investidura em cargo garante o respeito a vários princípios constitucionais de direito administrativo, entre eles, o da impessoalidade e o da isonomia. O constituinte, todavia, inseriu no art. 19 do ADCT norma transitória criando uma estabilidade excepcional para servidores não concursados da União, dos Estados, do Distrito Federal e dos Municípios que, quando da promulgação da Carta Federal, contassem com, no mínimo, cinco anos ininterruptos de serviço público. A jurisprudência desta Corte tem considerado inconstitucionais normas estaduais que ampliam a exceção à regra da exigência de concurso para o ingresso no serviço público já estabelecida no ADCT Federal." (Precedentes: ADI 498, rel. min. Carlos Velloso (DJ de 9-8-1996), e ADI 208, rel. min. Moreira Alves (DJ de 19-12-2002), entre outros. [ADI 100, rel. min. Ellen Gracie, j. 9-9-2004, Plenário, DJ de 1º-10-2004.] = RE 356.612 AgR, rel. min. Joaquim Barbosa, j. 31-8-2010, 2ª T, DJE de 16-11-2010. Vide ADI 3.609, rel. min. Dias Toffoli, j. 5-2-2014, P, DJE de 30-10-2014)

▶ **Princípio da isonomia, impessoalidade e prova oral em concursos públicos.**

"Quanto ao princípio da isonomia, o mesmo dificilmente pode ser alcançado nas provas orais. Geralmente os editais traçam dois critérios de avaliação nas provas orais: o sorteio de um ponto único, ou o sorteio, por parte de cada candidato, de um determinado ponto do programa. No segundo caso, é evidente que não há isonomia, uma vez que o grau de complexidade ou de dificuldade dos pontos de uma determinada disciplina é variável. No primeiro caso, mesmo que as perguntas possam ser as mesmas para cada um dos diferentes candidatos, a impessoalidade não poderá, a rigor, ser garantida. Um candidato, por exemplo, pode não oferecer uma resposta completa, mas por razões de empatia, naturais nas relações entre seres humanos, pode ele receber uma nota maior da de outro que, por timidez, ou nervosismo, tenha dado a resposta completa de modo menos simpático e direto." (FORTINI, Cristiana. *Servidor público: estudos em homenagem ao professor Pedro Paulo de Almeida Dutra* (Locais do Kindle 10226-10233). Editora Fórum. Edição do Kindle.)

▶ **A alteração do edital de um concurso público não pode ter efeitos retroativos.**

"A alteração do edital não poderá ter efeitos retroativos sob pena de quebra da igualdade, impessoalidade e moralidade que devem reger a realização dos concursos.

Os dispositivos só poderão ser alterados antes de realizados os atos sobre os quais produzirão efeitos. Isto quer dizer que, realizadas as provas, não mais poderão ser alterados critérios de correção ou classificação; apresentados os títulos, os critérios de pontuação deverão ser mantidos, comprovada a habilitação não poderão ser exigidos novos requisitos etc." (OLIVEIRA ROCHA, Francisco Lobello de. *Regime Jurídico dos Concursos Públicos.*, Ed. Dialética 2006, p. 58)

▶ **Influenciado pelo princípio da impessoalidade e para garantir que o agente não perca o foco, o ordenamento jurídico prevê, na Lei 9.784/1999, normas de impedimento e suspeição, que são hipóteses em que o agente público não pode agir.**

Isso porque há uma presunção de que não agirá com imparcialidade, o que poderá ensejar a quebra da impessoalidade estatal. Nesse sentido, prescreve o art. 18 da referida lei que: "é impedido de atuar em processo administrativo o servidor ou autoridade que: I) tenha interesse direto ou indireto na matéria; II) tenha participado ou venha a participar como perito, testemunha ou representante, ou se tais situações ocorrem quanto ao cônjuge, companheiro ou parente e afins até o terceiro grau; III) esteja litigando judicial ou administrativamente com o interessado ou respectivo cônjuge ou companheiro." (DANTAS, Alessandro, KRUGER, Ronald Rodor. Manual de Direito Administrativo: Volume Único. 2ª edição, Editora Juspodivm, Salvador, 2018, p. 80)

▶ **Não é dado à banca examinadora, por mera conveniência e oportunidade, consagrar uma posição acadêmica isolada ou polêmica no bojo de uma prova.**

"Não raro e infelizmente, alguns concursos têm contemplado questões embasadas em "doutrina", artigo ou obra pouquíssimo conhecidos dentro da área exigida para o certame, muitas vezes de autoria do próprio membro da banca examinadora. Tal situação, além de manifestamente imoral, ofende o princípio da impessoalidade e da isonomia." (OSÓRIO, Fábio Medina, *Os limites da discricionariedade técnica e as provas objetivas nos concursos públicos de ingresso nas carreiras jurídicas*, in Revista Diálogo Jurídico, n. 13, abril/maio de 2002, Salvador/BA, 110).

▶ **Os critérios de avaliação das provas discursivas e orais são os parâmetros de valoração do desempenho dos candidatos nas provas.**

"Sua determinação passa por um juízo discricionário da Administração que, no entanto, deve levar em conta os princípios da igualdade, da razoabilidade, da impessoalidade e da eficiência. Preservar o princípio da igualdade na valoração do desempenho dos candidatos implica a utilização de critérios objetivos e padronizados, que não devem permitir que candidatos que demonstrarem o mesmo desempenho recebam tratamentos diferentes." (OLIVEIRA ROCHA, Francisco Lobello de. Regime Jurídico dos Concursos Públicos., Ed. Dialética 2006, p. 125-126)

◙ **No mesmo sentido:** STJ "4. [...]. É dever das bancas examinadoras zelarem pela correta formulação das questões, sob pena de agir em desconformidade com a lei e o edital, comprometendo, sem sombra de dúvidas, o empenho realizado pelos candidatos durante quase toda uma vida. Quantas pessoas não levam dois, três, quatro, dez anos ou mais se preparando para concursos públicos, para depois se depararem com questões mal formuladas e, pior, com desculpas muitas das vezes infundadas, de que tal erro na formulação não influiria na solução da questão, como vejo acontecer na presente hipótese. Nulidade reconhecida que vai ao encontro da tese firmada pelo STF no recurso extraordinário supramencionado, pois estamos diante de evidente ilegalidade a permitir a atuação do Poder Judiciário.6. [...]. 16. Recurso em mandado de segurança a que se dá parcial provimento para declarara nulidade apenas da questão n. 2 da prova dissertativa." (STJ – RMS 49.896/RS, Rel. Ministro Og Fernandes, Segunda Turma, julgado em 20/04/2017, DJe 02/05/2017)."

▶ **A avaliação da prova discursiva e oral deve ser embasada em critérios objetivos e padronizados.**

A objetividade não se limita somente à elaboração das provas discursivas! Essa deve ser uma característica marcante em todas as fases da avaliação. Por isso também deve estar presente na correção das provas, na atribuição dos pontos aos candidatos e na apreciação dos recursos.

> ▶ **No mesmo sentido:** "(...) torna-se imprescindível, primeiro, que a Comissão examinadora expeça um regulamento, para informar previamente acerca do conteúdo dos exames, da metodologia a ser adotada nas provas – se escritas ou orais, se de múltipla escolha ou subjetiva. Depois é indispensável que a Banca examinadora apresente, ainda que sucintamente, os fundamentos da correção, o que viabilizará o posterior controle judicial." (MORAES. Germana de Oliveira. *Controle Jurisdicional da Administração Pública*, Dialética, 2004. p. 175.)

▶ **A fase de títulos nos concursos públicos deve apresentar o maior grau de objetividade possível**

"Como em qualquer outra prova de concurso público os critérios de avaliação da prova de títulos devem apresentar o maior grau de objetividade possível, devendo constar previamente no edital de abertura do certame os títulos que serão considerados e a pontuação de cada um, que será proporcional a importância para o exercício do cargo ou emprego público. Como os critérios objetivos para avaliação da prova de títulos devem constar no edital que regula o concurso público, ofende os princípios constitucionais da moralidade administrativa e da impessoalidade a fixação, após a entrega dos títulos, de critérios restritivos para a atribuição de pontos." (BASTOS, Ricardo. *Concurso público: etapa interna e externa passo a passo*/Alessandro Dantas Coutinho, William Douglas e Ricardo Bastos. – Curitiba, PR: Negócios Públicos, 2015. p. 151)

> ▶ **No mesmo sentido**: "No caso de haver avaliação de títulos, o edital do certame deve especificar, minimamente, os cargos/áreas/especialidades cujos candidatos terão seus títulos avaliados, a classificação mínima para que o candidato tenha seus títulos avaliados, os pontos que serão atribuídos a cada título, a

pontuação máxima que poderá ser atribuída para cada tipo de título, a pontuação máxima a ser atribuída na avaliação de títulos e os documentos que serão aceitos para fins de comprovação." (BASTOS, Ricardo. Concurso público: etapa interna e externa passo a passo/Alessandro Dantas Coutinho, William Douglas e Ricardo Bastos. – Curitiba, PR: Negócios Públicos, 2015. p. 55)

▶ <u>No mesmo sentido</u>: "Em certas situações, tem-se visto que, em certos concursos públicos para determinada atividade pública, a Administração Pública tem atribuído pontuação muito elevada para quem já tem atuação na mencionada atividade objeto do certame ou atividade afim, sendo mesmo a prova de títulos a definidora da classificação do certame, o que induz ao final provocar quebra na isonomia, pois quem não detiver tal experiência prévia ao concurso já estará em situação de grande desvantagem a quem a detiver." (MACHADO Jr. Agapito. *Concursos Públicos*. Editora Atlas, 2008, p. 98)

▶ **Garantia de impessoalidade nos testes psicológicos em concursos públicos.**

"A primeira ressalva que se faz é em relação ao seu art. 5º. Pretendendo garantir a impessoalidade nos exames psicológicos, o mencionado artigo determinou: "Art. 5º O psicólogo deverá declarar-se impedido de avaliar candidatos com os quais tenha relação que possa interferir na avaliação. Parágrafo único. Na hipótese de exposto no caput desse artigo, o candidato deverá ser encaminhado a outro membro da comissão de avaliação ou a outro profissional. " Todavia, conforme exposto no item relativo ao princípio da impessoalidade, nos casos disciplinados não basta a avaliação do candidato por outro membro da comissão ou outro profissional. Havendo qualquer relação de parentesco, amizade íntima ou inimizade entre o examinador e qualquer dos candidatos, deve-se afastar o examinador do concurso como única forma de garantir a impessoalidade. Isto porque, ainda que o candidato fosse examinado por outra pessoa, o examinador poderia interferir nos resultados de outras formas, v.g., prejudicando outros candidatos, através da troca de favores com outros examinadores interessados em beneficiar outros candidatos etc. Não é necessário que tais atos se concretizem, pois a simples potencialidade de afronta ao princípio da impessoalidade justifica o afastamento do examinador." (OLIVEIRA ROCHA, Francisco Lobello de. *Regime Jurídico dos Concursos Públicos*, Ed. Dialética 2006, p. 118-119)

▶ **O teste de psicotécnico deve ser padronizado.**

"Padronização implica uniformidade de procedimento na aplicação e na pontuação de cada teste. Para que os escores obtidos por pessoas diferentes possam ser comparáveis, as condições de testagem a que se submetem devem ser idênticas. Em uma situação de teste, a única variável deve ser o indivíduo que está sendo testado. Essa padronização estende-se aos materiais exatos empregados, aos limites de tempo, às instruções orais e escritas, às demonstrações preliminares, às maneiras de manejar as perguntas e a todos os outros elementos, por mais sutis que sejam, capazes de influenciar o desempenho nos testes." (OLIVEIRA ROCHA, Francisco Lobello de. Regime Jurídico dos Concursos Públicos., Ed. Dialética 2006, p. 104)

▶ **É vedado a prática de exames psicotécnicos com critérios sigilosos.**

"É, realmente, necessária a existência de algum sigilo sobre o conteúdo dos testes, a fim de impedir tentativas deliberadas de falsear escores. Por outro lado, isso não impede a efetiva aplicação do princípio da publicidade dos atos administrativos. É até mesmo desejável que todas as partes envolvidas sejam munidas de informações sobre o que se pretende medir e a adequação dos testes para isso, o que significam seus escores, dados relevantes sobre fidedignidade, validade e outras propriedades psicométricas dos testes. Neste sentido, observam Anastasi e Urbina que "garantir a segurança do conteúdo de um teste específico não precisa – e não deve – interferir com a comunicação efetiva das informações sobre a testagem dirigidas a testandos, profissionais envolvidos e público em geral". Afirmam, ainda, que "é desejável eliminar tanto quanto possível os elementos de surpresa da situação de teste, porque o inesperado e o desconhecido tendem a produzir ansiedade. Muitos testes grupais incluem uma explicação preliminar que é lida ao grupo pelo examinador. Um procedimento ainda melhor é fornecer antecipadamente, a cada testando, materiais explicando a finalidade e a natureza dos testes, com sugestões gerais e alguns itens de amostra. " Vê-se, portanto, que a divulgação de informações adequadas sobre os testes, longe de impossibilitar sua realização, contribui para a segurança e familiaridade dos testados com os procedimentos de testagem, evitando que a ansiedade impeça-os de ter um desempenho de acordo com sua habilidade máxima, que é o pretendido, também, pela Administração. Com base nessas premissas, a Resolução CFP 1/02, que regulamenta a avaliação psicológica em concursos públicos, em seu art. 3º, determina que "o edital deverá conter informações em linguagem compreensível ao leigo sobre a avaliação psicológica a ser realizada e os critérios de avaliação, relacionando-os aos aspectos psicológicos compatíveis com o desempenho esperado para o cargo". A inconstitucionalidade da avaliação psicológica realizada com base em critérios não revelados também foi reconhecida pela jurisprudência do Supremo Tribunal Federal. Obviamente, assim como nas provas de conhecimento, é necessária a manutenção do sigilo no que se refere aos testes propriamente ditos. Nos testes psicológicos, é necessária a manutenção deste sigilo mesmo após a realização das provas, pois se utilizam modelos pré-constituídos, em que, para garantir-se a fidedignidade e validade, é necessário um estudo aprofundado de seus resultados e sua aplicação em amostras de padronização, procedimento que envolve centenas e algumas vezes milhares de pessoas. Não seria viável, portanto, o desenvolvimento de novos testes para cada utilização. Assim, mesmo após a aplicação dos testes, não é o caso de revelar-se o seu conteúdo e respostas, já que a publicação indiscriminada desses testes tornaria impossível sua reaplicação." (OLIVEIRA ROCHA, Francisco Lobello de. Regime Jurídico dos Concursos Públicos., Ed. Dialética 2006, p. 112-113)

◉ **Constatado que os critérios adotados pela banca examinadora com a finalidade de aplicar a avaliação psicológica são subjetivos e sigilosos deve se reconhecer ao candidato o direito de ser submetido à nova avaliação realizada de forma objetiva e revestida de publicidade.**

"ADMINISTRATIVO. PROCESSO CIVIL. CONCURSO PÚBLICO. CARREIRA POLICIAL FEDERAL. AVALIAÇÃO PSICOLÓGICA. CANDIDATO NÃO RECO-

MENDADO. ADOÇÃO DE CRITÉRIOS SIGILOSOS PELOS EXAMINADORES. NE-CESSIDADE DE SUBMISSÃO DO CANDIDATO A NOVA AVALIAÇÃO. SENTENÇA ANULADA. RETORNO DOS AUTOS À ORIGEM. APELAÇÃO PROVIDA, EM PAR-TE. 1. Constatado que os critérios adotados pela banca examinadora com a finalidade de aplicar a avaliação psicológica são subjetivos e sigilosos deve se reconhecer ao candidato o direito de ser submetido à nova avaliação realizada de forma objetiva e revestida de publicidade (AC n. 0038808-69.2015.4.01.3400/DF, Relator Desembargador Federal Jirair Aram Meguerian, e-DJF1 de 24.02.2017). 2. No caso em apreço, o demandante pleiteou tanto a submissão a novo exame psicológico quanto a realização de perícia judicial para que fosse aferida sua real capacidade psicológica. 3. Anula-se a sentença para que os autos retornem à origem, de modo que o autor possa ser submetido a nova avaliação psicológica, conforme já explicitado. 4. Apelação provida, em parte." (TRF1 – AC 0042216-68.2015.4.01.3400/DF, Rel. Desembargador Federal Daniel Paes Ribeiro, Sexta Turma, e-DJF1 p. de 25/05/2018).

> ◙ "3. O critério fixado no "perfil profissiográfico", previsto no item 11.3 do edital, é elemento secreto, desconhecido dos próprios candidatos, e, portanto, incontrastável perante o Poder Judiciário, o que o fulmina de insanável nulidade, excedendo, assim, a autorização legal." (STJ - RMS 19.339 - PB - Proc. 2004/0176794-3 - 5ª T. - Relatora: Ministra Laurita Vaz - DJ 15.12.2009."

◙ **O resultado da fase de entrevista, sem a divulgação de notas dos candidatos, bem como sem a exposição dos critérios avaliados, afronta os princípios de impessoalidade e da publicidade, previstos no artigo 37, da Constituição Federal.**

"..2. Não obstante o Edital ser a lei do concurso, este não pode prever regras ao arrepio da norma jurídica constitucional e legal, devendo, portanto, observar os princípios da impessoalidade, publicidade, do devido processo administrativo, da motivação, da razoabilidade e proporcionalidade. 3. O resultado da fase de entrevista, sem a divulgação de notas dos candidatos, bem como sem a exposição dos critérios avaliados, afronta os princípios de impessoalidade e da publicidade, previstos no artigo 37, da Constituição Federal. 4. Recurso improvido. Sentença mantida." (TJES, Classe: Apelação / Remessa Necessária, 024140077777, Relator: TELEMACO ANTUNES DE ABREU FILHO – Relator Substituto: JULIO CESAR COSTA DE OLIVEIRA, Órgão julgador: TERCEIRA CÂMARA CÍVEL, Data de Julgamento: 13/03/2018, Data da Publicação no Diário: 23/03/2018)

▶ **Impessoalidade Vs Súmula Vinculante 13, que veda o nepotismo.**

" Segundo prescreve o referido verbete sumular, "a nomeação de cônjuge, companheiro ou parente em linha reta, colateral ou por afinidade, até o terceiro grau, inclusive, da autoridade nomeante ou de servidor da mesma pessoa jurídica investido em cargo de direção, chefia ou assessoramento, para o exercício de cargo em comissão ou de confiança ou, ainda, de função gratificada na administração pública direta e indireta em qualquer dos Poderes da União, dos Estados, do Distrito Federal e dos Municípios, compreendido o ajuste mediante designações recíprocas, viola a Constituição

Federal." (COUTINHO, Alessandro Dantas, KRUGER, Ronald Rodor. Manual de Direito Administrativo: Volume Único. 2ª edição, Editora Juspodivm, Salvador, 2018, p. 80)

PRINCÍPIO DA MORALIDADE

▶ **Pelo princípio da moralidade o administrador deve agir com honestidade, lealdade e boa-fé.**

"Pelo princípio da moralidade o administrador deve agir com honestidade, lealdade e boa-fé. Muitas vezes o ato aparenta ser legal, porém é feito com desonestidade, em meio a conluios, o que nulifica a conduta. Se analisarmos a história evolutiva do referido princípio, constatar-se-á que ele surgiu inicialmente como uma das formas para o controle jurisdicional do desvio de poder." (COUTINHO, Alessandro Dantas, KRUGER, Ronald Rodor. Manual de Direito Administrativo: Volume Único. 2ª edição, Editora Juspodivm, Salvador, 2018, p. 82)

▶ **São inconfundíveis os princípios da legalidade e da moralidade administrativa.**

".(porque a lei pode ser imoral e a moral pode ultrapassar o âmbito da lei), a imoralidade administrativa produz efeitos jurídicos, porque acarreta a invalidade do ato, que pode ser decretada pela própria Administração ou pelo Poder Judiciário. A apreciação judicial da imoralidade ficou consagrada pelo dispositivo concernente à ação popular (art. 5º, LXXIII, CF/1988) e implicitamente pelos já referidos arts. 37, § 4.º, e 85, V, este último considerando a improbidade administrativa como crime de responsabilidade." (DI PIETRO, Maria Sylvia Zanella. Direito Administrativo. 31ª. ed. São Paulo: Atlas, 2018, p. 120.)

▶ **É importante registrar que o fato de o administrador seguir a lei não significa, necessariamente, que agiu com moralidade.**

"É importante registrar que o fato de o administrador seguir a lei não significa, necessariamente, que agiu com moralidade. A conduta de acordo com o princípio da moralidade até se presume, pois, em razão do atributo da presunção de legitimidade do ato administrativo, há a presunção de que o ato foi feito corretamente. Ocorre que uma coisa é a presunção, outra bem diferente é afirmar que o ato feito de acordo com a lei também foi feito com esteio na honestidade, lealdade etc. Na prática, analisando-se a casuística, é possível aferir que a maioria dos casos tratados pela jurisprudência como de violação à moralidade administrativa também viola a legalidade em algum aspecto, ainda que não necessariamente de lei administrativa expressa, posto que a conduta, por vezes, só tem enquadramento como ilícito civil ou penal." (COUTINHO, Alessandro Dantas, KRUGER, Ronald Rodor. Manual de Direito Administrativo: Volume Único. 2ª edição, Editora Juspodivm, Salvador, 2018, p. 82)

▶ **O dever de melhor administrar.**

"...se não o fizer, em face de como está posto na Constituição Federal o princípio da moralidade administrativa, o juiz tem mais do que o poder jurisdicional, tem o dever de, no exercício do controle da referida atividade administrativa, desfazer a decisão, por ser reflexo de uma ação que infringiu a obrigação de melhor administrar." (DELGADO, José Augusto. O princípio da moralidade administrativa e a Constituição Federal de 1988. Revista dos Tribunais, n. 680, p. 39.)

▶ **A ideia predominante do dever de boa administração é a finalidade do ato administrativo, cujo desvio o macula – seja para satisfação de interesses estranhos ao serviço (particulares próprios ou alheios ao agente público, de terceiros), seja para amparo de interesses públicos não expressos na regra de competência.**

"Quanto mais se prestigia a finalidade específica da atividade administrativa mais se aprimora o controle da administração pública, mais se conforma o campo da discricionariedade para afastá-lo da arbitrariedade, uma vez que a linha que os separa é muito tênue. A contribuição do dever de boa administração como vetor da moralidade administrativa é essencial na medida em que realça a finalidade específica das atividades da administração pública. O princípio da moralidade administrativa "prega um comportamento do administrador que demonstre haver assumido como móbil da sua ação a própria ideia do dever de exercer uma boa administração", atingindo inclusive a discricionariedade como escudo de abuso ou desvio de poder, como explica José Augusto Delgado." (MARTINS Jr. WALLACE PAIVA, *Tratado de Direito Administrativo – Volume 1*, Editora Revista dos Tribunais, São Paulo, Edição 2015, p. 351)

▶ **O princípio da moralidade administrativa não pode ser reduzido como conjunto de regras deontológicas extraídas da disciplina interna da Administração.**

"Mas sim "com padrões éticos de uma determinada sociedade, de acordo com os quais não se admite a universalização de máximas de conduta que possam fazer perecer os liames sociais." (FREITAS, Juarez. O controle dos atos administrativos e os princípios fundamentais. São Paulo: Malheiros, 1997, p. 68 – 70.)

▶ **O princípio concretiza o direito subjetivo público a uma administração honesta. Ele se articula sobre qualquer forma de atuação administrativa.**

"..no âmbito dos atos discricionários que se encontra campo mais fértil para a prática de atos imorais", pois, a Administração Pública tem liberdade de escolha entre as várias alternativas válidas juridicamente, mas a mera atenção à legalidade não satisfaz porque a solução adotada pode contrariar os valores éticos subjacentes na coletividade. Se é certo que a Administração Pública deve atingir os fins determinados pela lei e, em última análise, pelo interesse público, o princípio da moralidade impõe o tipo de comportamento que os administrados dela esperam para alcance de seus fins, orientada por uma "comunidade moral de valores, expressos por meio de standards, modelos ou pautas de conduta". Destacando a eficiência do princípio da razoabilidade para a revelação de que o ato administrativo em si mesmo considerado (seu objeto, seu conteúdo) pode contrariar a ética da instituição e afrontar a norma de conduta aceita como legítima pela coletividade, discorre que "a imoralidade salta aos olhos quando a Administração Pública é pródiga em despesas legais, porém inúteis, como propaganda ou mordomia, quando a população precisa de assistência médica, alimentação, moradia, segurança, educação." (DI PIETRO, Maria Sylvia Zanella. Discricionariedade administrativa na Constituição de 1988. São Paulo: Atlas, 1991, p. 111 e 116.) (MARTINS Jr. WALLACE PAIVA, *Tratado de Direito Administrativo – Volume 1*, Editora Revista dos Tribunais, São Paulo, Edição 2015, p. 352)

▶ **O princípio da moralidade administrativa é fator de orientação do comportamento do agente público que deve primar pela honestidade para alcance do bem comum revelando sua plena habilitação para o desempenho das funções nas quais foi investido.**

"...é fator de orientação do comportamento do agente público que deve primar pela honestidade para alcance do bem comum, revelando sua plena habilitação para o desempenho das funções nas quais foi investido. (...). Serve, assim, à garantia do direito subjetivo público a uma administração honesta, cumprindo-se a partir de regras internas de conduta dirigida aos fins institucionais específicos e da incorporação dos valores éticos fundamentais de uma sociedade. (...) O agente público deve conduzir os negócios administrativos e exercer a função pública investida orientado por padrões comportamentais em que reinem valores como a lealdade, a imparcialidade, a honestidade, e a probidade, enfim, direcionando a conduta para a boa administração sem desprezar o elemento ético, abstendo-se de utilizar a administração pública para angariar vantagens indevidas, corroer os recursos do erário, cometer abuso de poder, facilitar interesses familiares, pessoais ou de estranhos, perseguir desafetos, atingir fins não queridos pela lei." (MARTINS JUNIOR, Wallace Paiva. *Probidade administrativa*. 4ª. ed. São Paulo: Saraiva, 2009, p. 34, 41, 44.)

▶ **Tanto infringe a moralidade administrativa o administrador que, para atuar, foi determinado por fins imorais ou desonestos como aquele que desprezou a ordem institucional e, embora movido por zelo profissional, invade a esfera reservada a outras funções, ou procura obter mera vantagem para o patrimônio confiado à sua guarda.**

"...tanto infringe a moralidade administrativa o administrador que, para atuar, foi determinado por fins imorais ou desonestos como aquele que desprezou a ordem institucional e, embora movido por zelo profissional, invade a esfera reservada a outras funções, ou procura obter mera vantagem para o patrimônio confiado à sua guarda." (MEIRELLES, Hely Lopes. Direito administrativo brasileiro. 35. ed., São Paulo: Malheiros, 2009, p. 90-93.)

▶ **O referido princípio está ligado ao dever de conhecer as fronteiras do lícito e do ilícito, do justo e do injusto, do honesto e do desonesto.**

"...na condição de um bom administrador, como alguém que, gerindo recursos alheios, o faz ciente de que não são seus..." (MUKAI, Toshio. Da aplicabilidade do princípio da moralidade administrativa e do seu controle jurisdicional. Cadernos de Direito Constitucional e Ciência Política, nº. 04/213.)

◙ **O princípio da moralidade administrativa – enquanto valor constitucional revestido de caráter ético-jurídico – condiciona a legitimidade e a validade dos atos estatais.**

"(...) O princípio da moralidade administrativa – enquanto valor constitucional revestido de caráter ético-jurídico – condiciona a legitimidade e a validade dos atos estatais. – A atividade estatal, qualquer que seja o domínio institucional de sua incidência, está necessariamente subordinada à observância de parâmetros ético-jurídicos que se refletem na consagração constitucional do princípio da moralidade administrativa. Esse postulado fundamental, que rege a atuação do Poder Público, confere substância e dá expressão a uma pauta de valores éticos sobre os quais se funda a ordem positiva do Estado. O princípio constitucional da moralidade administrativa, ao impor limitações ao exercício do poder estatal, legitima o controle jurisdicional de todos os atos do Poder Público que transgridam os valores éticos que devem pautar o comportamento dos agentes e órgãos governamentais. A ratio subjacente à cláusula de depósito compulsório, em instituições financeiras oficiais, das disponibilidades de caixa do Poder Público em geral (CF, art. 164, § 3.º) reflete, na concreção do seu alcance, uma exigência fundada no valor essencial da moralidade administrativa, que representa verdadeiro pressuposto de legitimação constitucional dos atos emanados do Estado. Precedente: ADIn 2.600-ES, rel. Min. Ellen Gracie. As exceções à regra geral constante do art. 164, § 3.º da Carta Política – apenas definíveis pela União Federal – hão de respeitar, igualmente, esse postulado básico, em ordem a impedir que eventuais desvios ético-jurídicos possam instituir situação de inaceitável privilégio, das quais resulte indevido favorecimento, destituído de causa legítima, outorgado a determinadas instituições financeiras de caráter privado (...)" (STF, MC na ADIn 2.661-MA, Pleno, j. 05.06.2002, v.u., rel. Min. Celso de Mello, DJ 23.08.2002.)

◙ **O tratamento privilegiado a certas pessoas somente pode ser considerado ofensivo ao princípio da igualdade ou da moralidade quando não decorrer de uma causa razoavelmente justificada.**

"....O tratamento privilegiado a certas pessoas somente pode ser considerado ofensivo ao princípio da igualdade ou da moralidade quando não decorrer de uma causa razoavelmente justificada. 3. A moralidade, como princípio da Administração Pública (art. 37) e como requisito de validade dos atos administrativos (art. 5.º, LXXIII), tem a sua fonte por excelência no sistema de direito, sobretudo no ordenamento jurídico-constitucional, sendo certo que os valores humanos que inspiram e subjazem a esse ordenamento constituem, em muitos casos, a concretização normativa de valores retirados da pauta dos direitos naturais, ou do patrimônio ético e moral consagrado pelo senso comum da sociedade. A quebra da moralidade administrativa se caracteriza pela desarmonia entre a expressão formal (= a aparência) do ato e a sua expressão real (= a sua substância), criada e derivada de impulsos subjetivos viciados quanto aos motivos, ou à causa, ou à finalidade da atuação administrativa..." (STF, RE 405.386-RJ, 2.ª T., j. 26.02.2013, m.v., rel. Min. Teori Zavascki, DJe 26.03.2013.)

◙ **O princípio da moralidade administrativa enquanto valor constitucional revestido de caráter ético-jurídico condiciona a legitimidade e a validade dos atos estatais.**

"O princípio da moralidade administrativa. Enquanto valor constitucional revestido de caráter ético-jurídico. Condiciona a legitimidade e a validade dos atos estatais. – A atividade estatal, qualquer que seja o domínio institucional de sua incidência, está necessariamente subordinada à observância de parâmetros ético-jurídicos que se refletem na consagração constitucional do princípio da moralidade administrativa. Esse postulado fundamental, que rege a atuação do Poder Público, confere substância e dá expressão a uma pauta de valores éticos sobre os quais se funda a ordem positiva do Estado. O princípio constitucional da moralidade administrativa, ao impor limitações ao exercício do poder estatal, legitima o controle jurisdicional de todos os atos do Poder Público que transgridam os valores éticos que devem pautar o comportamento dos agentes e órgãos governamentais. A ratio subjacente à cláusula de depósito compulsório, em instituições financeiras oficiais, das disponibilidades de caixa do Poder Público em geral (CF, art. 164, § 3.º) reflete, na concreção do seu alcance, uma exigência fundada no valor essencial da moralidade administrativa, que representa verdadeiro pressuposto de legitimação constitucional dos atos emanados do Estado." (STF – ADI--MC 2.661, Pleno, Rel. Min. Celso de Mello.)

▶ **É importante termos em conta que a moralidade e a ética também condicionam, ou deveriam ao menos condicionar, o trabalho do legislador, de modo que os princípios axiológicos também servem de fundamento para a criação das normas jurídicas.**

"É importante termos em conta que a moralidade e a ética também condicionam, ou deveriam ao menos condicionar, o trabalho do legislador, de modo que os princípios axiológicos também servem de fundamento para a criação das normas jurídicas. Dessa forma, na maioria das vezes, embora não necessariamente, aquilo que é ilícito será também, em alguma medida, imoral." (COUTINHO, Alessandro Dantas, KRUGER, Ronald Rodor. *Manual de Direito Administrativo: Volume Único*. 2ª edição, Editora Juspodivm, Salvador, 2018, p. 83)

◙ "**No mesmo sentido**: "AÇÃO DIRETA DE INCONSTITUCIONALIDADE – LEI ESTADUAL QUE AUTORIZA A INCLUSÃO, NO EDITAL DE VENDA DO BANCO DO ESTADO DO MARANHÃO S/A, DA OFERTA DO DEPÓSITO DAS DISPONIBILIDADES DE CAIXA DO TESOURO ESTADUAL – IMPOSSIBILIDADE – CONTRARIEDADE AO ART. 164, § 3º DA CONSTITUIÇÃO DA REPÚBLICA – AUSÊNCIA DE COMPETÊNCIA NORMATIVA DO ESTADO-MEMBRO – ALEGAÇÃO DE OFENSA AO PRINCÍPIO DA MORALIDADE ADMINISTRATIVA – PLAUSIBILIDADE JURÍDICA – EXISTÊNCIA DE PRECEDENTE ESPECÍFICO FIRMADO PELO PLENÁRIO DO SUPREMO TRIBUNAL FEDERAL – DEFERIMENTO DA MEDIDA CAUTELAR, COM EFICÁCIA EX TUNC. AS DISPONIBILIDADES DE CAIXA DOS ESTADOS-MEMBROS SERÃO DEPOSITADAS EM INSTITUIÇÕES FINANCEIRAS OFICIAIS, RESSALVADAS AS HIPÓTESES PREVISTAS EM LEI NACIONAL. – As disponibilidades de caixa dos Estados-membros, dos órgãos ou entidades que os integram e das empresas por eles controladas deverão ser depositadas em instituições financeiras oficiais, cabendo, unicamente, à União Federal, mediante lei de caráter nacional, definir as exceções autorizadas pelo art. 164, § 3º da Constituição da República. – O Estado-membro não possui competência normativa, para, mediante ato legislativo próprio, estabelecer ressalvas à incidência da cláusula geral que lhe impõe a compulsória utilização de instituições financeiras oficiais, para os fins referidos no art. 164, § 3º da Carta Política. O desrespeito, pelo Estado-membro, dessa reserva de competência legislativa, instituída em favor da União Federal, faz instaurar situação de inconstitucionalidade formal, que compromete a validade e a eficácia jurídicas da lei local, que, desviando-se do modelo normativo inscrito no art. 164, § 3º da Lei Fundamental, vem a permitir que as disponibilidades de caixa do Poder Público estadual sejam depositadas em entidades privadas integrantes do Sistema Financeiro Nacional. Precedente: ADI 2.600-ES, Rel. Min. ELLEN GRACIE. O PRINCÍPIO DA MORALIDADE ADMINISTRATIVA – ENQUANTO VALOR CONSTITUCIONAL REVESTIDO DE CARÁTER ÉTICO-JURÍDICO – CONDICIONA A LEGITIMIDADE E A VALIDADE DOS ATOS ESTATAIS. – A atividade estatal, qualquer que seja o domínio institucional de sua incidência, está necessariamente subordinada à observância de parâmetros ético-jurídicos que se refletem na consagração constitucional do princípio da moralidade administrativa. Esse postulado fundamental, que rege a atuação do Poder Público, confere substância e dá expressão a uma pauta de valores éticos sobre os quais se funda a ordem positiva do Estado. O princípio constitucional da moralidade administrativa, ao impor limitações ao exercício do poder estatal, legitima o controle jurisdicional de todos os atos do Poder Público que transgridam os valores éticos que devem pautar o comportamento dos agentes e órgãos governamentais. A *ratio* subjacente à cláusula de depósito compulsório, em instituições financeiras oficiais, das disponibilidades de caixa do Poder Público em geral (CF, art. 164, § 3º) reflete, na concreção do seu alcance, uma exigência fundada no valor essencial da moralidade administrativa, que representa verdadeiro pressuposto de legitimação constitucional dos atos emanados do Estado. Precedente: ADI 2.600-ES, Rel. Min. ELLEN GRACIE. As exceções à regra geral constante do art. 164, § 3º da Carta Política – apenas definíveis pela União Federal – hão de respeitar, igualmente, esse postulado básico, em ordem a impedir que eventuais desvios ético-jurídicos possam instituir situação de inaceitável privilégio, das quais resulte indevido favorecimento, destituído de causa legítima, outorgado a determinadas instituições financeiras de caráter privado. Precedente: ADI 2.600-ES, Rel. Min. ELLEN GRACIE. A EFICÁCIA EX TUNC DA MEDIDA CAUTELAR NÃO SE PRESUME, POIS DEPENDE DE EXPRESSA DETERMINAÇÃO CONSTANTE DA DECISÃO QUE A DEFERE, EM SEDE DE AÇÃO DIRETA DE INCONSTITUCIONALIDADE. – A medida cautelar, em ação direta de inconstitucionalidade, reveste-se, ordinariamente, de eficácia ex nunc, "operando, portanto, a partir do momento em que o Supremo Tribunal Federal a defere" (RTJ 124/80). Excepcionalmente, no entanto, e para que não se frustrem os seus objetivos, a medida cautelar poderá projetar-se com eficácia ex tunc, em caráter retroativo, com repercussão sobre situações pretéritas (RTJ 138/86). Para que se outorgue eficácia ex tunc ao provimento cautelar, em sede de ação direta de inconstitucionalidade, impõe-se que o Supremo Tribunal Federal assim o determine, expressamente, na decisão que conceder essa medida extraordinária (RTJ 164/506-509, 508, Rel. Min. CELSO DE MELLO). Situação excepcional que se verifica no caso ora em exame, apta a justificar a outorga de provimento cautelar com eficácia ex tunc." (STF – ADI 2661 MC, Relator(a): Min. CELSO DE MELLO, Tribunal Pleno, julgado em 05/06/2002, DJ 23-08-2002 PP-00070 EMENT VOL-02079-01 PP-00091)

PRINCÍPIO DA PUBLICIDADE

▶ **O princípio da publicidade desponta como aquele que determina ao gestor prestar contas com a coletividade, ser transparente, pois, ao fim e ao cabo, administra algo que é da coletividade.**

"...o Estado Brasileiro adotou a forma republicana de governo. República provém do latim *res publica*, o que significa "coisa pública", algo comum, de todos nós. Vimos, contudo, que, apesar de se tratar de bem comum, "coisa pública", sua gestão não é feita pelo povo, verdadeiro titular do poder, conforme enuncia o art. 1.º, parágrafo único, do Texto Constitucional. Existe toda uma estrutura administrativa, formada por pessoas jurídicas, órgãos e agentes que será responsável pela gestão desses interesses públicos. Trata-se, como observamos, da chamada "Administração Pública". Tendo em vista que lhe compete a administração de interesse alheio, o interesse público, deve essa Administração prestar contas de suas condutas com o legítimo e verdadeiro titular do poder: o povo. É nesse sentido que o princípio da publicidade desponta como aquele que determina ao gestor prestar contas com a coletividade, ser transparente, pois, ao fim e ao cabo, administra algo que é da coletividade. A publicidade do ato, da conduta, da atividade é condição de sua eficácia. Por outras palavras, significa dizer que o ato apenas produzirá seus efeitos após a devida publicidade, que pode ser veiculada por diversos meios, conforme a forma que prescrever a lei." (COUTINHO, Alessandro Dantas, KRUGER, Ronald Rodor. Manual de Direito Administrativo: Volume Único. 2ª edição, Editora Juspodivm, Salvador, 2018, p. 86)

▶ **O princípio da publicidade está ligado a uma atuação transparente, sem ocultações de atos e muito menos sigilo em relação aos mesmos.**

"O princípio da publicidade articula, como expõe a literatura, uma atuação transparente, sem ocultações de atos e muito menos sigilo em relação aos mesmos. Não se admite mais, nos dias de hoje, que a Administração Pública se utilize de normas e outros procedimentos que tenham o silêncio como a sua característica de atuação." (MATTOS, Mauro Roberto Gomes de. Tratado de Direito Constitucional. MARTINS, Ives Gandra da Silva; MENDES, Gilmar Ferreira e NASCIMENTO, Carlos Valder do (coords.). São Paulo: Saraiva, 2010. vol. I.)

▶ **O novo estatuto político brasileiro – que rejeita o poder que oculta e não tolera o poder que se oculta – consagrou a publicidade dos atos e das atividades estatais como valor constitucionalmente assegurado.**

"...o novo estatuto político brasileiro – que rejeita o poder que oculta e não tolera o poder que se oculta – consagrou a publicidade dos atos e das atividades estatais como valor constitucionalmente assegurado." (Min. Celso de Mello, RTJ 139/712)

▶ **A publicidade constitui um dever da Administração Pública e, ao mesmo tempo, um direito subjetivo da comunidade**

"A publicidade constitui um dever da Administração Pública e, ao mesmo tempo, um direito subjetivo da comunidade. " (MARTINS JUNIOR, Wallace Paiva. *Princípio da Publicidade*. In: NOHARA, Thiago Marrara (coord.). Princípios de Direito Administrativo. São Paulo: Atlas, 2012.)

▶ **O princípio da publicidade administrativa consiste, no sentido positivo, na obrigação de divulgação oficial dos atos da Administração Pública e, no sentido negativo, na interdição de atos ou procedimentos secretos ou sigilosos salvo as exceções normativas ditadas pela proteção do interesse público ou de qualificados interesses particulares.**

"O princípio da publicidade administrativa consiste, no sentido positivo, na obrigação de divulgação oficial dos atos da Administração Pública e, no sentido negativo, na interdição de atos ou procedimentos secretos ou sigilosos salvo as exceções normativas ditadas pela proteção do interesse público ou de qualificados interesses particulares." (MARTINS Jr. WALLACE PAIVA, *Tratado de Direito Administrativo – Volume 1*, Editora Revista dos Tribunais, São Paulo, Edição 2015, p. 426)

▶ **A publicidade um revela-se em um direito fundamental à informação cujo conteúdo revela um substrato positivo consistente no "dever estatal de promover amplo e livre acesso à informação como condição necessária ao conhecimento, à participação e ao controle da Administração**

"Há, segundo Fabrício Motta, um direito fundamental à informação cujo conteúdo revela um substrato positivo consistente no "dever estatal de promover amplo e livre acesso à informação como condição necessária ao conhecimento, à participação e ao controle da Administração" e outro negativo, pois, "salvo no que afete a segurança da sociedade e do Estado e o direito à intimidade, as ações administrativas não podem desenvolver-se em segredo." (MOTTA, Fabrício. O princípio constitucional da publicidade administrativa. Op. Cit. p. 271.) (MARTINS Jr. WALLACE PAIVA, Tratado de Direito Administrativo – Volume 1, Editora Revista dos Tribunais, São Paulo, Edição 2015, p. 434)

▶ **Em matéria de concurso público, saber quem são os membros da Banca Examinadora é um direito que deriva dos princípios da publicidade, transparência, segurança jurídica e eficiência.**

Dessa maneira, o candidato possui pleno direito de saber quem são as pessoas envolvidas na formulação e avaliação das provas, que serão etapas habilitatórias a serem perpassadas pelo candidato. É um direito que deriva dos princípios da publicidade, transparência, segurança jurídica e eficiência. Com o aumento da procura pelos concursos que dão acesso às contratações pela Administração Pública, os "concurseiros" se veem obrigados a se qualificarem cada vez mais para aumentar suas chances de aprovação dentro do número de vagas. Esses ônus são deveres dos candidatos, mas em contrapartida eles também têm o direito de saber os nomes e qualificações profissionais dos componentes das bancas examinadoras. Não é justo alguém ser submetido ao julgamento de seu conhecimento por intermédio de um processo obscuro, em que se ignoram por completo os responsáveis pela avaliação. Em alguns concursos os pré-requisitos de acesso aos cargos já requerem que o candidato para ser competitivo tenha uma boa formação acadêmica e cultural. Hoje é cada vez mais comum que os candidatos tenham qualificação superior à graduação, como títulos de pós-graduação, de mestrado e até mesmo de doutorado. Diante dessa situação nos perguntamos se os membros das bancas examinadoras dos concursos públicos estão realmente preparados para executar o trabalho de avaliar e selecionar os melhores candidatos por meio de provas? O fato é que o grande número de irregularidades ocorridas nos últimos tempos, em que os concursos públicos têm sido alvos de diversas demandas judiciais em razão de erros de avaliação e procedimento, enseja vivamente a hipótese de que alguns candidatos estão sendo avaliados por examinadores menos qualificados do que os próprios candidatos.

▶ **Direito de saber quem elaborou as questões em concurso público.**

"O direito de saber quem elabora as provas baseia-se nos princípios da publicidade, transparência, segurança jurídica e eficiência de que tratamos no item anterior. Todavia, o que já falamos não cobre inteiramente este item porque às vezes ocorre de a Banca Examinadora credenciar pessoas de fora de seus quadros para elaborar as questões. O fato é que, quer as questões tenham sido confeccionadas por membros da comissão do concurso, da banca examinadora ou indivíduos contratados especificamente para elaborá-las, em qualquer caso é necessário que essas pessoas tenham seus nomes e qualificações divulgados. O candidato tem o direito de saber quem fez a prova e saber se essa pessoa possui conhecimentos suficientes para elaborar corretamente as questões. O fato é que em praticamente todos os concursos sempre surgem questões com problemas. Muitos concursos têm um número por vezes inacreditável de questões anuladas por conterem vícios, como abordar matéria fora do programa do edital, não haver resposta adequada para a questão, haver mais de uma resposta ou existir erro na formulação da pergunta. Mais adiante abordaremos esses tópicos com mais detalhes, mas é importante ficar claro desde já que em vários campos do direito muitas questões são controvertidas e quem elabora as questões deve ter total conhecimento disso, pois é preciso sempre lembrar que concurso público não é loteria. Não é dever dos candidatos adivinhar qual corrente doutrinária foi adotada pela banca examinadora. Saber quem fez as questões e que qualificação tem esse profissional funciona como um controle de qualidade prévio da prova." (DANTAS, Alessandro, FONTENELE, Francisco. Concurso Público: direitos fundamentais dos candidatos, – Rio de Janeiro: Forense; São Paulo: Método, 2014, p. 41)

▶ **Direito de saber como são julgados os recursos em matéria de concurso público.**

" O candidato tem direito de saber como é o julgamento de seu recurso. Isso decorre dos princípios da publicidade, da transparência, da segurança jurídica e da eficiência. Quem julga o recurso? Os membros da banca? Outra comissão especialmente designada para isso? E como é feito o julgamento? O responsável pelo julgamento deve obrigatoriamente analisar o ponto embatido, ler a prova, se for discursiva, por exemplo, e ver se a banca examinadora ao analisá-la seguiu corretamente a chave de correção e atribuiu os pontos de forma correta e proporcional. É preciso também que o órgão revisor analise minuciosamente os fundamentos apresentados pelos candidatos e, sendo o caso de provê-los, aumentar sua nota ou, no caso de improcedência, manter, de forma fundamentada, a nota dos recorrentes. Entendemos que, em princípio, o responsável pelo julgamento não pode diminuir a nota do candidato. Isso porque há, no caso, um reformatio in pejus (uma "reforma da decisão para pior"). Tal conduta só seria possível, de acordo com a Lei 9.784/99 se houvesse a abertura prévia de contraditório ao recorrente quanto à pretensão de reduzir sua pontuação. Infelizmente as bancas examinadoras ameaçam com a possibilidade de que a nota do recorrente acabe alterada para baixo, o que no fundo é uma ameaça velada, uma coerção indireta para desestimular que ele entre com recurso – em suma, uma atitude altamente criticável. Também não é lícito que uma Banca Examinadora terceirizada subcontrate outra empresa para corrigir as provas ou julgar os recursos. Trata-se de elemento intrínseco ao próprio objeto da delegação contratual e que por isso não pode ser delegado. Os encarregados pelo julgamento dos recursos devem manter com a banca examinadora uma relação profissional legítima. Subcontratar uma empresa pode resultar na nulidade da correção e na contaminação do certame, com reais chances de sua total anulação." (DANTAS, Alessandro, FONTENELE, Francisco. Concurso Público: direitos fundamentais dos candidatos, – Rio de Janeiro: Forense; São Paulo: Método, 2014, p. 47)

▶ **Direito de saber a qualificação e a remuneração de todos os agentes envolvidos em matéria de concurso público.**

"Trata-se de direito que se baseia nos princípios da publicidade, da transparência e da eficiência. Hoje a transparência se tornou a bola da vez por conta das inúmeras ilegalidades que têm ocorrido na gestão pública – e é necessário que deve haver transparência total nos concursos. Em uma licitação é obrigatória a informação sobre quanto ganha cada membro da comissão, pois seus vencimentos possuem previsão legal. Isso também se aplica em relação aos demais agentes públicos efetivos e vitalícios. O fato é que os membros das bancas examinadoras, independentemente da fase em que atuem, estão agindo na condição de agentes públicos, pois nesse momento exercem função pública. A contratação da instituição que faz o exame já tem previsão legal na lei de licitações, que exige constar o valor da contratação no extrato do contrato a ser publicado no Diário Oficial. Mas ainda é pouco! É imprescindível que seja informado quanto ganha a cada agente que elabora cada questão, que corrigem as provas, que julgam os eventuais recursos, etc. Se o valor pago ao agente que julga a prova for muito baixo, por exemplo, ele tenderá a trabalhar tendo em vista primordialmente a quantidade. Imaginemos que a banca lhe pague R$ 3,00 por prova. Nesse caso, para conseguir ganhar R$ 3 mil, a pessoa terá de corrigir mil provas, o que pode ensejar, como de fato enseja, correções meramente formais, sem justificativas, com imputação de nota que não corresponde à prova. Para evitar essa indústria da correção malfeita, o edital ou no processo interno, que deve ser púbico, deve informar sobre todos os agentes envolvidos no certame e quanto cada um vai auferir por seu trabalho. Isso evidencia a responsabilidade que possuem e força a Banca Examinadora a remunerar decentemente seus agentes. Inúmeras injustiças e correções sem nenhum fundamento têm ocorrido. Para piorar a situação o próprio Judiciário, quando a matéria lhe é submetida, em muitos casos usa o subterfúgio de sair pela tangente alegando que se trata de mérito e que a a nesse caso a banca é soberana. Mas nós perguntamos: que banca? Trata-se de uma situação inadmissível. É necessário que os órgãos de controle façam um trabalho mais efetivo para que o procedimento dos concursos não seja um poço de segredos." (DANTAS, Alessandro, FONTENELE, Francisco. Concurso Público: direitos fundamentais dos candidatos, – Rio de Janeiro: Forense; São Paulo: Método, 2014, p. 49)

▶ **A publicidade do ato, da conduta, da atividade é condição de eficácia dos mesmos.**

"O ato praticado pelo administrador púbico apenas produzirá seus efeitos após sua devida publicidade, que pode ser veiculada por diversos meios, conforme a forma que prescrever a lei. Esse princípio vale tanto para a Administração quanto para as instituições contratadas para executar o concurso público, ou seja, para as chamadas "Bancas Examinadoras." (COUTINHO, Alessandro Dantas. *A importância da efetiva aplicação do princípio da publicidade nos Concursos Públicos e demais procedimentos seletivos.* LICICON – Revista de Licitações e Contratos. Instituto Negócios Públicos: Curitiba, PR, ano VIII, n.85, p. 273-284, janeiro 2015.)

> ▶ <u>No mesmo sentido:</u> "O ato administrativo existe quando estão presentes os seus elementos de conformação: sujeito (competente), forma, finalidade, motivo e objeto. A validade do ato administrativo pressupõe a sua correspondência com o ordenamento jurídico. Por fim, a eficácia do ato significa aptidão para pro- dução dos seus efeitos jurídicos. É condição de eficácia do ato administrativo a sua publicidade. A pro- dução dos efeitos jurídicos do ato não ocorre com a sua assinatura, mas, sim, com a sua publicação. É por esta razão que, mesmo após a assinatura do ato, mas antes da publicação, o servidor pode desistir da exoneração e permanecer no cargo público. O pedido de exoneração do servidor somente produz efeitos com a publicação do ato. É com a publicação do ato que o vínculo funcional é rompido e o retorno do servidor somente será possível, em regra, após a aprovação em novo concurso público." (OLIVEIRA, Rafael Rezende. *Princípios do Direito Administrativo*, 2ª edição. Método, 06/2013. VitalBook file.)

▶ **As Bancas Examinadoras não podem negar publicidade de seus atos, sob pena de nulidade dos mesmos.**

As Bancas Examinadoras não podem negar publicidade de seus atos, sob pena de nulidade do mesmo. Assim, os atos executados pela Banca Examinadora, além necessitarem ser divulgados em seu site, deverão ser remetidos (como é o casos dos resultados de fases, etc.) para que a Administração que instaurou o certame, possa, nos termos das normas pertinentes, conferir a devida publicidade do ato, o que se dará por meio de diário oficial, informando que demais dados que ensejaram aquele resultado ou ato praticado consta, se outro meio não for adotado, no site da instituição que está promovendo o certame.

▶ **A publicidade não fica restrita ao edital que regulamenta o concurso.**

O resultado de todas as fases (provas objetivas, discursivas, psicotécnico, teste físico, etc.) deve receber ampla divulgação, de forma motivada, clara e precisa, para que os candidatos interessados tenham subsídios para interpor tomar a medidas cabíveis na defesa de seus interesses.

▶ **Nos concursos públicos a publicidade significa a ampla e efetiva comunicação de todos os atos.**

"..que nos concursos públicos a publicidade significa a ampla e efetiva comunicação de todos os atos, em cada fase do concurso, informando os candidatos sobre seus deveres e obrigações e garantindo o controle destes, bem como da sociedade como um todo, sobre os atos praticados pela Administração." (OLIVEIRA ROCHA, Francisco Lobello de. Regime Jurídico dos Concursos Públicos., Ed. Dialética 2006, p. 39)

◙ **A publicidade, em concursos públicos, é uma defesa dos cidadãos contra os favoritismos ou protecionismos.**

"Em verdade, cumpre não esquecer que a publicidade, nos concursos de preenchimento de cargos do funcionalismo é, antes de tudo, uma defesa dos cidadãos contra os favoritismos ou protecionismos dos eventuais detentores do Poder. Ora um concurso não pode ser público apenas pela metade, vale dizer, apenas na aferição dos méritos dos candidatos, ficando a sua outra parte, isto é, aquela que se relaciona com os deméritos ou falhas pessoais de cada concorrente, ao puro e reservado arbítrio das autoridades processantes do concurso. O concurso sigiloso, em relação aos deméritos dos candidatos, ensejaria por via de discriminação o mesmíssimo favoritismo, cuja proibição foi colimada através da publicidade. " (Voto no julgamento do RE 17.999, 1ª Turma, cuja ementa foi publicada no DJU 1 de13.03.1968, Rel. Vitor Nunes Leal.)

▶ **O princípio da publicidade também impõe a divulgação dos critérios levados em consideração na correção das provas.**

" Além do edital de abertura do concurso e do resultado das fases que compõem o certame, o princípio da publicidade também impõe a divulgação dos critérios levados em consideração na correção das provas e na aplicação do exame psicotécnico, sendo injustificável a negativa de vista das provas." (COUTINHO, Alessandro Dantas. A importância da efetiva aplicação do princípio da publicidade nos Concursos Públicos e demais procedimentos seletivos. LICICON – Revista de Licitações e Contratos. Instituto Negócios Públicos: Curitiba, PR, ano VIII, n.85, p. 273-284, janeiro 2015.)

▶ **O princípio da publicidade ordena que o gestor informe quais os critérios de correção (grade de correção) serão levados em consideração quando do julgamento de uma prova discursiva.**

" Ainda, é possível registrar que o princípio da publicidade ordena que o gestor informe quais os critérios de correção (grade de correção) levarão em consideração quando do julgamento de uma prova discursiva. Neste tipo de prova a Banca Examinadora ao lançar o tema deve apresentar quanto vale cada ponto (subtema) a ser dissertado e junto com a divulgação do resultado deve ser apresentada a grade de correção com os critérios que foram levados em consideração na avaliação das provas. É essencial que exista pertinência entre o que foi pedido na questão e os critérios que foram levados em consideração na correção das provas. Por exemplo, em uma questão sobre atributos os atos administrativos que vale 5 (cinco) pontos deve a questão informar como serão distribuídos os pontos da questão. Isso quer dizer que o candidato apenas perderá pontos se errar a pergunta, não podendo, sob nenhuma hipótese, perder pontos por não ter desenvolvido outros temas, como, por exemplo, elementos dos atos administrativos, que não foi objeto da questão." (COUTINHO, Alessandro Dantas. A importância da efetiva aplicação do princípio da publicidade nos Concursos Públicos e demais procedimentos seletivos. LICICON – Revista de Licitações e Contratos. Instituto Negócios Públicos: Curitiba, PR, ano VIII, n.85, p. 273-284, janeiro 2015.)

◉ **A recusa da Banca Examinadora em franquear o acesso ao cartão-resposta ao candidato viola o princípio da publicidade.**

"ADMINISTRATIVO. CONCURSO PÚBLICO.PROVA OBJETIVA. ACESSO AO CARTÃO RESPOSTA.EXCEPCIONAL INTERVENÇÃO JUDICIAL CABÍVEL. INEXISTÊNCIA DE ERRO NA CORREÇÃO DA PROVA E NA ATRIBUIÇÃO DA NOTA. RECLASSIFICAÇÃO. IMPOSSIBILIDADE.1. A excepcional intervenção judicial na esfera de atuação da administração pública se legitima quando o ato impugnado desborda da legalidade ou se reveste de arbitrariedade. 2. Havendo comprovação nos autos de que a instituição organizadora do certame, em sede administrativa, se recusou a franquear o acesso ao cartão-resposta, resta patente a violação do princípio da publicidade, ao qual deve obediência a administração pública direta e indireta de qualquer dos Poderes da União, dos Estados, do Distrito Federal e dos Municípios, conforme expressamente consignado no caput do art. 37 da Constituição Federal. 3. De outra parte, uma vez dada vista do cartão-resposta, o candidato pôde constatar que a nota a ele atribuída estava rigorosamente correta, daí por que não merecia mesmo prosperar o seu pedido de atribuição de nova pontuação, seguida de nova classificação. 4. Remessa necessária a que se nega provimento." (TRF1 – REO 0003887-46.2013.4.01.3500/GO, Rel. Desembargador Federal Kassio Nunes Marques, Sexta Turma, e-DJF1 p. de 08/02/2018)

◉ **Caso a Banca Examinadora seja omissa ao informar os critérios de correção, por exemplo, como poderia se obter isso em juízo?**

"Há julgado do Superior Tribunal de Justiça no qual se decidiu caso em que foi impetrado habeas data impetrado para obter informações quanto aos critérios utilizados na correção de prova discursiva de redação realizada em concurso. O Min. Relator do caso, João Otávio de Noronha, lembrou que o habeas data é remédio constitucional que tem por fim assegurar ao indivíduo o conhecimento de informações relativas à sua pessoa registradas em banco de dados de entidades governamentais ou de caráter público, para eventual retificação. A Lei no 9.507/1997, art. 7º, elenca as hipóteses em que se justifica sua impetração e, entre elas, segundo o relator, não existe revolver os critérios utilizados na correção de provas em concurso público." (STJ – AgRg no HD 127-DF, Rel. Min. João Otávio de Noronha, julgado em 14/6/2006)"

◙ **Ao alterar o caráter objetivo de apuração administrativa, passando-se à análise subjetiva com deliberação sobre questões particulares dos candidatos, torna indispensável a intimação dos interessados.**

"MANDADO DE SEGURANÇA. CONSELHO NACIONAL DE JUSTIÇA. ANULAÇÃO DO XLI CONCURSO PÚBLICO PARA ADMISSÃO NAS ATIVIDADES NOTARIAIS E/OU REGISTRAIS DA CORREGEDORIA-GERAL DA JUSTIÇA DO ESTADO DO RIO DE JANEIRO. AMPLICAÇÃO DO OBJETO DE APURAÇÃO DO PROCEDIMENTO DE CONTROLE ADMINISTRATIVO. VIOLAÇÃO AO DEVIDO PROCESSO LEGAL. CONCESSÃO DA SEGURANÇA. I – Não está inserido no rol de competências constitucionais do Conselho Nacional de Justiça comando que autorize o exame do conteúdo de questões formuladas em provas de concursos públicos, bem como a avaliação de seus critérios de correção. II – A decisão questionada, ao examinar as respostas das candidatas, reviu os critérios adotados pela Banca Examinadora, situação vedada pela pacífica jurisprudência desta Corte. Precedentes. III – A Constituição de 1988 assegura participação de todos em concursos públicos, direito subjetivo assegurado aos cidadãos em geral, desde que atendidos os requisitos legais, não importando eventual parentesco com integrantes do órgão ou entidade que realiza o certame. IV – Ao alterar o caráter objetivo de apuração administrativa, passando-se à análise subjetiva com deliberação sobre questões particulares dos candidatos, torna indispensável a intimação dos interessados. V – A ausência de intimação dos interessados para que se manifestassem sobre a ampliação do objeto inicial de investigação do PAC, ofende a garantia constitucional do devido processo legal (art. 5º, LIV, da CF). Precedentes. VI – "Não é possível presumir a existência de má-fé ou a ocorrência de irregularidades pelo simples fato de que duas das candidatas aprovadas terem sido assessoras de desembargadores integrantes da banca examinadora". VII – Segurança concedida." (STF – MS 28775, Relator(a): Min. DIAS TOFFOLI, Relator(a) p/ Acórdão: Min. RICARDO LEWANDOWSKI, Segunda Turma, julgado em 17/10/2017, ACÓRDÃO ELETRÔNICO DJe-045 DIVULG 08-03-2018 PUBLIC 09-03-2018)

◙ **Apesar do julgado do SUPERIOR TRIBUNAL DE JUSTIÇA ser contra a possibilidade de se utilizar o Habeas Data para obter os critérios de correção de uma prova discursiva o fato é que existem decisões em sentido contrário, admitindo o manejo do remédio constitucional para tal fim.**

"CONSTITUCIONAL. HABEAS DATA. INFORMAÇÕES RELATIVAS À CONCURSO PÚBLICO – ADEQUAÇÃO DA VIA ELEITA. 1 – Correta é a utilização do habeas data para obter-se informações constantes de registros ou bancos de dados de entidades governamentais (Constituição Federal, art. 5, LXXII, a), aí inseridas aquelas relativas à pontuação e classificação em concurso público. Precedentes do Tribunal. 2 – Apelação provida. Sentença anulada." (TRF/1ª Região, Processo: 200032000057912/ AM, Sexta Turma, julgado em 19/11/2001, DJ 07/02/2002, p. 218.)

◙ **No mesmo sentido:** "CONSTITUCIONAL. HABEAS DATA. REMESSA OFI-CIAL. CF, Art. 5º, XXXIII. I. "Todos têm direito a receber dos órgãos públicos informações de seu interesse particular, ou de interesse coletivo ou geral, que serão prestadas no prazo da lei, sob pena de responsabilidade, ressalvadas aquelas cujo sigilo seja imprescindível à segurança da sociedade e do Estado" (C.F. art. 5º, XXXIII). II. Irreparável a sentença que concedeu a ordem para determinar à autoridade impetrada que forneça a certidão ao impetrante informando a pontuação e classificação obtidas no Concurso Público para o cargo de Auditor Fiscal do Tesouro Nacional. III. Negado provimento à remessa" (TRF/1ª Região, Processo: 199801000038470/ DF, Segunda Turma, julgado em 08/09/1998, DJ 17/12/1998, p. 59.)

◙ **No mesmo sentido:** "ADMINISTRATIVO E CONSTITUCIONAL. HABEAS DATA. Art. 5º, XIV, XXXIV E LXXII. ACESSO DO CANDIDATO A SUA PRO-VA, PRESTADA EM EXAME DE SELEÇÃO. INFORMAÇÕES PESSOAIS. OB-JETO DA AÇÃO. CABIMENTO. 1. O remédio constitucional do habeas data deve ser concedido em benefício de quem se encontra impedido, por norma editalícia, de ter acesso às provas realizadas em certame público, por ferir direito fundamental à informação, consagrado na Carta Magna. 2. É de se considerar como informações pessoais, para efeito de concessão do habeas data, as provas prestadas em concurso público, se houver interesse pessoal no conteúdo das mesmas para eventual impugnação posterior. 3. O objeto do habeas data é a concessão da ordem para permitir o acesso às informações de interesse do impetrante ante a recusa indevida por parte da administração, não importando em qualquer análise do mérito do ato administrativo de correção das provas. 4. Apelação e Remessa Oficial improvidas." (TRF/5a Região, Processo: 9605244152 / PE, Segunda Turma, Rel. Des. Fed. Federal Élio Wanderley de Siqueira Filho, julgado em 02/09/1997, DJ 24/10/1997, p. 89.440.)

▶ **Caso não se aceite Habeas Data, cabe Mandado de Segurança para obtenção dos critérios de correção de uma prova discursiva ou oral.**

De todo modo, mesmo que se entenda não cabível o manejo do Habeas Data, caso não sejam apresentados os critérios de correção da prova, é cabível a impetração de Mandado de Segurança. Isso porque é direito dos candidatos saber quais são os critérios de correção da prova, pois, caso contrário, não teria como se assegurar um julgamento objetivo, e, portanto, isonômico e impessoal.

▶ **Há violação ao princípio da publicidade quando há um longo lapso temporal entre as fases do concurso.**

Outro caso bem comum de violação ao princípio da publicidade ocorre quando há um tempo muito longo entre as fases do concurso ou após a homologação do certame a Administração leva anos para nomear o candidato aprovado e o faz apenas por meio de Diário Oficial. (...) Muitas vezes o instrumento convocatório nada diz sobre as datas prováveis de convocação dos candidatos, o que gera uma grande insegurança jurídica para os mesmos que, se correta for a interpretação no sentido que a convocação deve ser feita apenas via Diário Oficial, deveriam ficar escravos da leitura do Diário Oficial por muito tempo.

⬛ **No mesmo sentido:** "CONSTITUCIONAL E ADMINISTRATIVO. CONCURSO PÚBLICO. AGENTE DE POLÍCIA CIVIL DO ESTADO DA BAHIA. PRINCÍPIO DA PUBLICIDADE. NÃO-OBSERVÂNCIA. RECURSO PROVIDO. 1. O edital, em regra, deve prever a forma como tornará pública a convocação dos candidatos para as etapas do concurso público e, se possível, a data em que ocorrerá tal ato, considerando o princípio da publicidade e a circunstância de não ser razoável exigir do cidadão que, diariamente, leia o Diário Oficial. 2. Hipótese em que, no concurso público para provimento do cargo de Agente de Polícia Civil do Estado da Bahia, regido pelo Edital SAEB/001-97, não existe essa previsão editalícia. Houve tão-somente a simples publicação do ato convocatório para 3ª etapa no Diário Oficial, não havendo notícia de que tenha ocorrido nenhuma outra forma de chamamento. Dessa forma, houve violação do princípio da publicidade. 3. Ademais, o ato de convocação publicado no Diário Oficial em novembro de 1999 foi para que o candidato habilitado manifestasse interesse por vagas existentes para as regiões de Barreiras/BA e Porto Seguro/BA. Ocorre que o ora recorrente concorreu para a região de Salvador/BA, não havendo, também, nenhuma regra editalícia que o obrigasse a se manifestar a respeito de convocação para região diversa. 4. Recurso ordinário provido." (STJ – ROMS 22508 / BA; Rel. Min. ARNALDO ESTEVES LIMA, Quinta Turma, Julgamento 03/04/2008; Publicação/Fonte DJ 02.06.2008 p. 1.)

⬛ **No mesmo sentido:** "APELAÇÃO CÍVEL – MANDADO DE SEGURANÇA – CONCURSO PUBLICO – LIMINAR DEFERIDA – SATISFATIVA – EXTINÇÃO DO PROCESSO SEM JULGAMENTO DO MÉRITO – PERDA SUPERVENIENTE DO INTERESSE – INOCORRÊNCIA – NECESSIDADE DE PROVIMENTO DEFINITIVO – COISA JULGADA – COGNIÇÃO EXAURIENTE – TEORIA DA CAUSA MADURA – SENTENÇA REFORMADA – CONVOCAÇÃO DE CANDIDATO APÓS TRÊS ANOS DA HOMOLOGAÇÃO DO RESULTADO FINAL – NOTIFICAÇÃO VIA IMPRENSA OFICIAL – PRINCÍPIO DA PUBLICIDADE E RAZOABILIDADE – INTIMAÇÃO PESSOAL DA CANDIDATA – RECURSO PROVIDO – SEGURANÇA CONCEDIDA. 1 – A concessão de medida liminar satisfativa não conduz à extinção do processo sem resolução de mérito pela perda superveniente de interesse processual, porquanto o provimento judicial lastreado em cognição sumária não se sobressai àquele proferido em cognição exauriente. Ademais disso, é de curial sabença que a sentença terminativa faz retornarem as partes à situação em que se encontravam no momento anterior ao ajuizamento da ação, consoante se extrai, mutatis mutandis, do entendimento sedimentado no enunciado sumular nº 405 do Supremo Tribunal Federal, que dispõe que denegado o mandado de segurança pela sentença, ou no julgamento do agravo, dela interposto, fica sem efeito a liminar concedida, retroagindo os efeitos da decisão contrária. 2 – A jurisprudência pátria tem entendido de forma pacífica que, não obstante exista previsão editalícia de que as comunicações serão realizadas por meio da imprensa oficial, não é razoável exigir que o candidato aprovado fora do número de vagas acompanhe tais veículos diariamente, durante todo o prazo de validade do concurso. 3 – Decorridos mais de três anos da homologação do resultado final do concurso, a notificação do candidato para apresentar-se perante a Administração Pública deve ser realizada pessoalmente, sendo irrazoável esperar que acompanhe convocação através da imprensa oficial por lapso temporal tão extenso. 4 – Recurso provido. Segurança concedida." (TJES, Classe: Apelação, 021150010904, Relator : MANOEL ALVES RABELO, Órgão julgador: QUARTA CÂMARA CÍVEL , Data de Julgamento: 13/06/2016, Data da Publicação no Diário: 22/06/2016)

◙ **Fere o princípio da publicidade o ato de nomeação do candidato por diário oficial quando há cláusula editalícia que dispunha que todos os atos, editais e comunicados referentes ao concurso seriam publicados no site da empresa contratada para a realização do certame.**

"REEXAME NECESSÁRIO. Ação ordinária. Concurso Público. Candidata aprovada e convocada para nomeação apenas pelo Diário Oficial. Cláusula editalícia que dispunha que todos os atos, editais e comunicados referentes ao concurso seriam publicados no site da empresa contratada para a realização do certame. Ofensa ao princípio da publicidade. Procedência da ação bem decretada. Impossibilidade, contudo, de se determinar a posse imediata da autora. Direito desta que por ora se limita à convocação para a realização de exames pré-admissionais e entrega dos documentos previstos no Edital, em ordem a aferir o cumprimento dos requisitos necessários para a efetiva posse. Reexame necessário parcialmente provido." (TJSP; Remessa Necessária 1009819-97.2017.8.26.0405; Relator (a): Bandeira Lins; Órgão Julgador: 8ª Câmara de Direito Público; Foro de Osasco – 2ª Vara da Fazenda Pública; Data do Julgamento: 23/08/2018; Data de Registro: 23/08/2018)

▶ **Publicidade por notificação pessoal.**

"Assim, em casos como o em comento, a publicidade deveria ter se concretizado por meio de notificação pessoal, razão pela qual a inobservância a esta regra torna ineficaz o ato, não podendo, por isso, produzir qualquer efeito contra o candidato lesado. Importante ressaltar que a Administração e a Banca Examinadora possuem informações sobre o candidato, tais como endereço, telefone e e-mail, pois todas essas informações foram disponibilizadas no documento de inscrição dos mesmos. Os organizadores do certame possuem dados e meios suficientes para contatar os candidatos diretamente e esta seria a conduta mais razoável, dado o grande lapso temporal entre as fases, quando o concurso foge do padrão e se alonga prazo excessivo, mas, mesmo assim, eles optam por fazer publicação apenas no Diário Oficial, o que se mostra ilegal, conforme demonstrado acima." (COUTINHO, Alessandro Dantas. A importância da efetiva aplicação do princípio da publicidade nos Concursos Públicos e demais procedimentos seletivos. LICICON – Revista de Licitações e Contratos. Instituto Negócios Públicos: Curitiba, PR, ano VIII, n.85, p. 273-284, janeiro 2015.)

▶ **O princípio da publicidade constitui o pressuposto lógico para a eficácia e a efetividade dos demais princípios e regras jurídicas.**

"O princípio da publicidade, impende ressaltar desde logo, constitui o pressuposto lógico para a eficácia e a efetividade dos demais princípios e regras jurídicas. Ora, sem a publicação de um ato administrativo, como é possível aferir a sua compatibilidade com a lei, a sua motivação, a sua razoabilidade, a sua finalidade, e, em face de tais circunstâncias, como é possível viabilizar o seu controle pela sociedade, pelo Ministério Público e pelo Poder Judiciário? (...) É importante salientar que as únicas restrições que podem ser impostas ao princípio da publicidade em nome do interesse público e do princípio da isonomia dizem respeito ao conteúdo das provas escritas, em face da aplicação dos critérios da sigilosidade e da simultaneidade, e ao perfil profissiográfico da avaliação psicológica." (PINHEIRO DE QUEIROZ, Ronaldo. MAIA, Márcio Barbosa. *O regime jurídico do concurso público e seu controle jurisdicional*, Saraiva. p.31/32)

◉ **A restrição da publicação do Edital de concurso apenas aos limites do próprio Município viola o princípio da publicidade, pois impede que seja conferida a mais ampla divulgação do certame e, consequentemente, fere o princípio da eficiência, ao impedir seja possibilitada a mais ampla competitividade entre os candidatos, violando, assim, o disposto no art. 37 da Constituição Federal**

"(...) 2. A restrição da publicação do Edital SEMSSA nº 001/2016 apenas aos limites do próprio Município de Alegre viola o princípio da publicidade, pois impede que seja conferida a mais ampla divulgação do certame e, consequentemente, fere o princípio da eficiência, ao impedir seja possibilitada a mais ampla competitividade entre os candidatos, violando, assim, o disposto no art. 37 da Constituição Federal. 3. Comprovadas as violações de ordem constitucional que inquinam de nulidade todo o procedimento e os atos que derivam do Edital SEMSSA nº 001/2016, confirma-se a sentença de base, que declarou nulos todos os atos administrativos referentes e decorrentes do processo seletivo simplificado regido pelo referido edital." (TJES, Classe: Remessa Necessária, 002160012619, Relator: CARLOS SIMÕES FONSECA, Órgão julgador: SEGUNDA CÂMARA CÍVEL, Data de Julgamento: 22/05/2018, Data da Publicação no Diário: 30/05/2018)

PRINCÍPIO DA MOTIVAÇÃO

▶ **A descrição de todos os dados, motivo de fato, indicação do artigo legal, da penalidade, a congruência vinculada ou discricionária da sanção aplicada, constitui o que a doutrina nomina de "motivação".**

A descrição de todos os dados, motivo de fato, indicação do artigo legal, da penalidade, a congruência vinculada ou discricionária da sanção aplicada, constitui o que a doutrina nomina de "motivação". Não se pode confundir motivo (elemento do ato administrativo) com motivação. O primeiro todo ato possui, sendo elemento constitutivo deste. É o acontecimento que ensejou a prática do comportamento. Já a motivação é a exteriorização linguística dos motivos de fato e de direito. A regra é que todo ato tenha sua motivação, porém é possível sua dispensa, como ocorre, por exemplo, para a nomeação e exoneração de cargos comissionados, hipótese em que o próprio ordenamento jurídico dispensa a motivação. Por isso são chamadas de nomeação e exoneração ad nutum. Para frisar: todo ato possui motivo, mas nem todo possuirá motivação!

▶ **Decorrência dos princípios de legalidade, transparência, controle e democracia, a motivação é marco de ruptura com o antigo modelo (autoritário, opaco e sigiloso) de Administração Pública, incompatível com o Estado Democrático de Direito – sedimentado na plena visibilidade dos motivos que orientaram a condução dos negócios públicos.**

"Ela advém de uma concepção aberta, dialógica e instrumental: fazer públicos, mediante declaração formal, os motivos de fato e de direito em função dos quais se embasou o ato, proporcionando o conhecimento de suas razões pelos destinatários, segundo concluem Eduardo García de Enterría y Tomás-Ramón Fernández." (MARTINS Jr. WALLACE PAIVA, Tratado de Direito Administrativo – Volume 1, Editora Revista dos Tribunais, São Paulo, Edição 2015, p. 464)

▶ **Está relacionado à narrativa escrita dos fatos que ensejaram sua prática, identificando-se de modo claro e suficiente para o controle de sua validade a razão jurídica pela qual foram praticados**

"...o imperativo jurídico de que os atos administrativos devam conter, em regra, em sua formalização, a narrativa escrita dos fatos que ensejaram sua prática, identificando-se de modo claro e suficiente para o controle de sua validade a razão jurídica pela qual foram praticados." (CARDOZO, José Eduardo Martins. Princípios Constitucionais da Administração Pública. In: MORAES, Alexandre de (coord.). Os 10 anos da Constituição Federal. São Paulo: Atlas, 1999.p. 179.)

▶ **A motivação dos atos jurídicos da Administração Pública se entrosa ao combate do desvio de poder e à exigência da proporcionalidade pela proibição do excesso através das teorias dos motivos determinantes nos atos discricionários**

"A motivação dos atos jurídicos da Administração Pública se entrosa ao combate do desvio de poder e à exigência da proporcionalidade pela proibição do excesso através das teorias dos motivos determinantes nos atos discricionários e do controle do motivo em seus graus máximos (adequação ou inadequação entre fato e objeto revelada pela proporcionalidade), médio (exatidão ou inexatidão da qualificação jurídica do fato) e mínimo (existência ou inexistência do fato). Ela é primordial ao exame da existência ou veracidade do motivo e de sua adequação e o objeto e a finalidade, ex vi do art. 2.º, d, in fine, da Lei 4.717/1965. Através dela "se verifica se o ato decorre da vontade pessoal e arbitrária da autoridade administrativa e se observou a regra da proporcionalidade e da adequação entre os meios e os fins." (DI PIETRO, Maria Sylvia Zanella. Discricionariedade administrativa na Constituição de 1988. São Paulo: Atlas, 1991. p.

151-152.) (MARTINS Jr. WALLACE PAIVA, Tratado de Direito Administrativo – Volume 1, Editora Revista dos Tribunais, São Paulo, Edição 2015, p. 465)

▶ **Como formalidade essencial, a ausência ou imperfeição (v.g., insuficiência por obscuridade e contradição) da motivação é considerada vício de forma (em sentido lato), insanável (art. 2.º, b, da Lei 4.717/1965 c/c arts. 2.º, parágrafo único, VII, VIII, e 50, da Lei 9.784/1999).**

"Como formalidade essencial, a ausência ou imperfeição (v.g., insuficiência por obscuridade e contradição) da motivação é considerada vício de forma (em sentido lato), insanável (art. 2.º, b, da Lei 4.717/1965 c/c arts. 2.º, parágrafo único, VII, VIII, e 50, da Lei 9.784/1999). Se a omissão ou falta é vício ligado ao caráter explícito da motivação, a insuficiência é mazela de cunho íntimo, relativo à inabilidade ou incongruência do discurso justificador." (MARTINS JUNIOR, Wallace Paiva. Transparência Administrativa. Cit. p. 284, n. 41.)

▶ **É irrelevante a natureza do ato (vinculada ou discricionária) porque a motivação constitui a regra (arts. 2.º, VII, e 50).**

"Para a Lei 9.784/1999 é irrelevante a natureza do ato (vinculada ou discricionária) porque a motivação constitui a regra (arts. 2.º, VII, e 50). Segundo Irene Patrícia Nohara, a lei "além de preconizar a motivação como princípio, a lei regula minuciosamente uma série de casos em que a motivação é obrigatória. Essas hipóteses revelam-se bastante amplas, abarcando não só os atos vinculados, como também os atos discricionários." (MARTINS Jr. WALLACE PAIVA, Tratado de Direito Administrativo – Volume 1, Editora Revista dos Tribunais, São Paulo, Edição 2015, p. 466)

▶ **A exigibilidade da motivação como o controle, o direito de informação, a impressão de caráter democrático à Administração Pública e a necessidade de contenção das prerrogativas administrativas com a adoção de restrições correlatas.**

"Vários fatores concorreram para a regra da exigibilidade da motivação, como o controle, o direito de informação, a impressão de caráter democrático à Administração Pública, e a necessidade de contenção das prerrogativas administrativas com a adoção de restrições correlatas. Disso resultou (a) a inscrição do dever de decisão e a sua submissão a um prazo, (b) a obrigatoriedade de motivação explícita e suficiente a toda espécie de decisão seja favorável ou desfavorável ao administrado. O dever de motivar decorre de suas próprias finalidades e dos princípios jurídicos como legalidade, controle, transparência, de tal sorte que ela se impõe mesmo em face da omissão legal. " (MARTINS Jr. WALLACE PAIVA, Tratado de Direito Administrativo – Volume 1, Editora Revista dos Tribunais, São Paulo, Edição 2015, p. 466)

▶ **A dispensa legítima de motivação não se confunde a aparência de dispensa de motivação.**

"A dispensa legítima de motivação não se confunde a aparência de dispensa de motivação. Tal é frequente na adoção em lei de conceitos indeterminados (como as fórmulas "motivo de interesse público", "no interesse da Administração", "a critério da Administração" etc.) e na liberdade de escolha pela multiplicidade de opções. Nestes casos, a motivação é imperiosa para viabilizar o controle, como decidido: "2. A autoridade administrativa está autorizada a praticar atos discricionários apenas quando norma jurídica válida expressamente a ela atribuir essa livre atuação. Os atos administrativos que envolvem a aplicação de 'conceitos indeterminados' estão sujeitos ao exame e controle do Poder Judiciário. O controle jurisdicional pode e deve incidir sobre os elementos do ato, à luz dos princípios que regem a atuação da Administração". RTJ 195/64. Ora, nestes casos, a motivação é impositiva e deve indicar, explícita e suficientemente, o conteúdo concreto da fórmula abstratamente empregada na norma e a conveniência e oportunidade do interesse público pela opção de uma entre várias alternativas legais no caso concreto, como em várias hipóteses arquitetadas pelo ordenamento jurídico (remoção e disponibilidade compulsória de magistrados e membros do Ministério Público; remoção de servidor público; alteração da ordem cronológica dos pagamentos decorrentes de contratos administrativos; aplicação de caducidade ou sanções contratuais na inexecução total ou parcial do contrato de concessão de serviço público; desapropriação por necessidade ou utilidade pública e do interesse social; opção entre dispensa de licitação e reapresentação de propostas desclassificadas na licitação)." (MARTINS Jr. WALLACE PAIVA, Tratado de Direito Administrativo – Volume 1, Editora Revista dos Tribunais, São Paulo, Edição 2015, p. 466)

◉ **A exigência de motivação incide até mesmo na dispensa de servidor celetista.**

"Empresa brasileira de correios e telégrafos – ECT. Demissão imotivada de seus empregados. Impossibilidade. Necessidade de motivação da dispensa. RE parcialmente provido. I – Os empregados públicos não fazem jus à estabilidade prevista no art. 41 da CF, salvo aqueles admitidos em período anterior ao advento da EC 19/1998. Precedentes. II – Em atenção, no entanto, aos princípios da impessoalidade e isonomia, que regem a admissão por concurso público, a dispensa do empregado de empresas públicas e sociedades de economia mista que prestam serviços públicos deve ser motivada, assegurando-se, assim, que tais princípios, observados no momento daquela admissão, sejam também respeitados por ocasião da dispensa. III – A motivação do ato de dispensa, assim, visa a resguardar o empregado de uma possível quebra do postulado da impessoalidade por parte do agente estatal investido do poder de demitir. IV – Recurso extraordinário parcialmente provido para afastar a aplicação, ao caso, do art. 41 da CF, exigindo-se, entretanto, a motivação para legitimar a rescisão unilateral do contrato de trabalho." (STF, RE 589.998-PI, Tribunal Pleno, j. 20.03.2013, m.v., rel. Min. Ricardo Lewandowski, DJe 12.09.2013.)

▶ **A exigência de motivação incide em ato relacionado à promoção de agente público por merecimento.**

"A escolha não pode ser arbitrária e subjetiva, especialmente quando alguma norma fornece parâmetros objetivos de aferição do merecimento, compelindo a motivação da escolha e da recusa. Pois, e isso se liga também aos requisitos da motivação (explicitação e suficiência), não a satisfaz a repetição da linguagem da lei, reproduzindo seus conceitos indeterminados – que pode constituir desvio de finalidade. O desvio de finalidade foi reconhecido em razão do desvirtuamento da motivação do ato administrativo (reduzida à genérica menção ao interesse policial) informado pela competência discricionária. Julgado assentou que "constitui abuso de poder por parte da autoridade a remoção de servidor público sem justificativa das razões de ordem pública para a providência" e expondo que "a mera afirmação de discricionariedade do ato administrativo não basta para imunizá-lo de reapreciação judicial (RT 664/63)." (MARTINS Jr. WALLACE PAIVA, Tratado de Direito Administrativo – Volume 1, Editora Revista dos Tribunais, São Paulo, Edição 2015, p. 468)

◉ **Não atende a exigência de devida motivação imposta aos atos administrativos a indicação de conceitos jurídicos indeterminados**

"...II – Não atende a exigência de devida motivação imposta aos atos administrativos a indicação de conceitos jurídicos indeterminados, em relação aos quais a Administração limitou-se a conceituar o desempenho de servidor em estágio probatório como bom, regular ou ruim, sem, todavia, apresentar os elementos que conduziram a esse conceito (...)." (STJ, RMS 19.210-RS, 5.ª T., j. 14.03.2005, v.u., rel. Min. Felix Fischer, DJ 10.04.2006, p. 235.)

▶ **A adoção da teoria do silêncio eloquente – não obstante constitua paradoxo em face do dever de tempestiva decisão motivada – depende da solução dada em cada ordenamento jurídico.**

"A adoção da teoria do silêncio eloquente – não obstante constitua paradoxo em face do dever de tempestiva decisão motivada – depende da solução dada em cada ordenamento jurídico. Como a motivação é a regra, reclama-se norma jurídica expressa atribuindo efeito jurídico ao silêncio administrativo. Destarte, à míngua de lei permissiva, o silêncio não produz qualquer efeito ou, no máximo, produz efeito desfavorável ao administrado." (MARTINS Jr. WALLACE PAIVA, Tratado de Direito Administrativo – Volume 1, Editora Revista dos Tribunais, São Paulo, Edição 2015, p. 468)

▶ **A explicitação é a evidenciação das particularidades relevantes da decisão, o material de ponderação e a própria ponderação, enquanto a suficiência se liga à clareza e à congruência do discurso**

"A explicitação é a evidenciação das particularidades relevantes da decisão, o material de ponderação e a própria ponderação, enquanto a suficiência se liga à clareza e à congruência do discurso. A motivação não é somente a exposição das razões de fato e de direito que justificam o ato, sob pena de superfluidade do § 1.º do art. 50 da Lei 9.784/1999. Esses requisitos são exigências de qualidade do discurso justificativo, enquanto as razões de fato e de direito são o conteúdo devido da motivação. (...) Logo, fundamentação é uma parte da motivação, mas, a ela não equivale. Clareza é a transmissão completa do conhecimento do processo lógico e jurídico condutor da decisão; congruência é a qualidade da decisão como conclusão lógica e necessária dos motivos invocados entre si e em face da própria decisão. Elas devem permear toda a motivação: nas premissas de fato e de direito, no embasamento do juízo valorativo, na exposição das finalidades perseguidas pela solução tomada, mediante uma ponderação reflexiva, correlacional, imparcial, objetiva e racional das situações constatadas, dos preceitos normativos aplicáveis, dos resultados e dos interesses em jogo captados na fase de instrução do respectivo processo administrativo. " (MARTINS Jr. WALLACE PAIVA, Tratado de Direito Administrativo – Volume 1, Editora Revista dos Tribunais, São Paulo, Edição 2015, p. 469)

▶ **A Lei 9.784/1999, que regula o processo administrativo no âmbito da Administração Pública Federal, expressamente enuncia a motivação como princípio regente do processo no caput de seu art. 2.º, sendo a matéria disciplinada em mais detalhes em seu art. 50.**

A Lei 9.784/1999, que regula o processo administrativo no âmbito da Administração Pública Federal, expressamente enuncia a motivação como princípio regente do processo no caput de seu art. 2.º, sendo a matéria disciplinada em mais detalhes em seu art. 50, que possui a seguinte redação: "Art. 50. Os atos administrativos deverão ser motivados, com indicação dos fatos e dos fundamentos jurídicos, quando: I – neguem, limitem ou afetem direitos ou interesses; II – imponham ou agravem deveres, encargos ou sanções; II – decidam processos administrativos de concurso ou seleção pública; IV – dispensem ou declarem a inexigibilidade de processo licitatório; V – decidam recursos administrativos; VI – decorram de reexame de ofício; VII – deixem de aplicar jurisprudência firmada sobre a questão ou discrepem de pareceres, laudos, propostas e relatórios oficiais; VIII – importem anulação, revogação, suspensão ou convalidação de ato administrativo". Note-se que os atos administrativos que negam direitos devem ser devidamente fundamentados, pois a negativa sem qualquer justificativa não se coaduna com nosso Estado de Direito, retrocedendo à época em que vigorava o arbítrio. O Judiciário tem acolhido pretensões objetivando a anulação de ato restritivo de direito sem a devida fundamentação.

◉ **A falta de exposição das razões da não concessão da licença-capacitação ao servidor viola o princípio da motivação dos atos administrativos e configura ato abusivo**

"AGRAVO DE INSTRUMENTO. MANDADO DE SEGURANÇA. LICENÇA-CAPACITAÇÃO. POLICIAL CIVIL. ATO ADMINISTRATIVO. DISCRICIONARIEDADE. MOTIVAÇÃO. FUNDAMENTAÇÃO. A falta de exposição das razões da não concessão da licença-capacitação ao servidor viola o princípio da motivação dos atos administrativos e configura ato abusivo. Apesar da discricionariedade dos atos administrativos, que outorga ao administrador certa margem de liberdade para a tomada de suas decisões, de acordo com o interesse público, ele tem o dever de fundamentá-las. Recurso conhecido e não provido." (TJDF, AGI 20130020268200/DF 0027761-83.2013.8.07.0000, 1.ª Turma Cível, Rel. Leila Arlanch, j. 20.03.2014, DJE 10.04.2014, p. 122).

◉ **Mandado de segurança. Indeferimento de autorização para funcionamento de curso superior. Ausência de motivação do ato administrativo. Nulidade.**

"ADMINISTRATIVO. MANDADO DE SEGURANÇA. INDEFERIMENTO DE AUTORIZAÇÃO PARA FUNCIONAMENTO DE CURSO SUPERIOR. AUSÊNCIA DE MOTIVAÇÃO DO ATO ADMINISTRATIVO. NULIDADE. 1. A margem de liberda-

135

de de escolha da conveniência e oportunidade, conferida à Administração Pública, na prática de atos discricionários, não a dispensa do dever de motivação. O ato administrativo que nega, limita ou afeta direitos ou interesses do administrado deve indicar, de forma explícita, clara e congruente, os motivos de fato e de direito em que está fundado (art. 50, I, e § 1.º da Lei 9.784/99). Não atende a tal requisito a simples invocação da cláusula do interesse público ou a indicação genérica da causa do ato. 2. No caso, ao fundamentar o indeferimento da autorização para o funcionamento de novos cursos de ensino superior na 'evidente desnecessidade do mesmo', a autoridade impetrada não apresentou exposição detalhada dos fatos concretos e objetivos em que se embasou para chegar a essa conclusão. A explicitação dos motivos era especialmente importante e indispensável em face da existência, no processo, de pareceres das comissões de avaliação designadas pelo próprio Ministério da Educação, favoráveis ao deferimento, além de manifestações no mesmo sentido dos Poderes Executivo e Legislativo do Município sede da instituição de ensino interessada. 3. Segurança parcialmente concedida, para declarar a nulidade do ato administrativo." (STJ, MS 9.944/DF (2004/0122461-0), 1.ª S., Rel. Min. Teori Albino Zavascki, DJU 13.06.2005).

▶ **A motivação do ato deve ser explícita, clara e congruente, podendo consistir em declaração de concordância com fundamentos de anteriores pareceres, informações, decisões ou propostas.**

"É importante consignar que a motivação do ato deve ser explícita, clara e congruente, podendo consistir em declaração de concordância com fundamentos de anteriores pareceres, informações, decisões ou propostas, que, nesse caso, serão parte integrante do ato decisório. Trata-se, tecnicamente, da chamada motivação aliunde, quando a autoridade se vale, para integrar a motivação de seu ato, de pareceres, informações, decisões ou propostas. Isso é muito comum em licitações, por exemplo. As fases mais complexas do procedimento são a habilitação e o julgamento das propostas, que são privativas da comissão de licitação. Terminada a fase de julgamento de propostas, com a identificação do titular da proposta mais vantajosa, o processo é encaminhado à autoridade superior, que deverá homologar a licitação. Ocorre que a homologação é ato vinculado e só poderá ser expedido se o que se pretende homologar estiver de acordo com a lei. O problema é que a autoridade superior responsável pela homologação muitas vezes não possui muitos conhecimentos sobre as regras técnicas e jurídicas de um certame e, por isso, antes da homologação, solicita um parecer da procuradoria ou da assessoria jurídica do órgão. Depois de emitido o parecer, devidamente fundamentado e opinando pela homologação do certame, a autoridade superior simplesmente homologa a licitação fundamentando no referido parecer. Perceba que a motivação do ato de homologação não está no próprio ato, mas em outro ato (parecer) ao qual se faz remissão." (COUTINHO, Alessandro Dantas, KRUGER, Ronald Rodor. Manual de Direito Administrativo: Volume Único. 2ª edição, Editora Juspodivm, Salvador, 2018, p. 100)

▶ **Teoria dos motivos determinantes**

"Por fim, faz-se necessário tecer alguns comentários a uma teoria amplamente aceita em nossa doutrina e jurisprudência. Trata-se da importante "Teoria dos motivos determinantes", cujo berço de nascença se deu nos tribunais pertencentes ao sistema de contencioso administrativo na França. Segundo essa teoria, os motivos atribuídos para a prática de um ato se vinculam à sua validade, de forma que, se eles forem falsos ou inexistentes, estará fulminada a validade do ato. Vejamos um exemplo para elucidar a questão. Imaginemos que determinado cidadão receba em sua residência uma notifica-ção de penalidade de trânsito em que consta que o seu veículo foi flagrado avançando sinal vermelho no dia 10 de janeiro de 2014 em determinada avenida da cidade. Veja--se que, quando esse ato é produzido, ele nasce com a presunção de que efetivamente é válido (presunção de legitimidade) e que os motivos que ensejaram a sua produção são verdadeiros (presunção de veracidade). Ocorre que essa presunção é relativa, de forma que o destinatário do ato poderá derrubar a validade deste caso consiga provar que ele foi feito incorretamente. No caso, imagine-se que, um dia antes da suposta infração (dia 09 de janeiro de 2014), o referido cidadão teve seu veículo abalroado, acarretando perda total, indo, no mesmo dia, para o ferro velho. Se no recurso o condutor provar que seu veículo estava no ferro velho desde o dia 09 de janeiro de 2014, não tem como subsistir o motivo apresentado pelo agente público de que o referido carro teria avançado o sinal vermelho no dia 10 de janeiro de 2014. Nesse caso, restou provado que os motivos que embasaram a prática do ato inexistiram ou são falsos e, como estes são determinantes para sua validade, tem-se que o ato deverá ser anulado, hipótese em que se fez uso da teoria dos motivos determinantes." (COUTINHO, Alessandro Dantas, KRUGER, Ronald Rodor. Manual de Direito Administrativo: Volume Único. 2ª edição, Editora Juspodivm, Salvador, 2018, p. 100)

◙ **A Administração, ao justificar o ato administrativo, fica vinculada às razões ali expostas, para todos os efeitos jurídicos, de acordo com o preceituado na teoria dos motivos determinantes.**

"ADMINISTRATIVO. EXONERAÇÃO POR PRÁTICA DE NEPOTISMO. INEXIS-TÊNCIA. MOTIVAÇÃO. TEORIA DOS MOTIVOS DETERMINANTES. 1. A Administração, ao justificar o ato administrativo, fica vinculada às razões ali expostas, para todos os efeitos jurídicos, de acordo com o preceituado na teoria dos motivos determinantes. A motivação é que legitima e confere validade ao ato administrativo discricionário. Enunciadas pelo agente as causas em que se pautou, mesmo que a lei não haja imposto tal dever, o ato só será legítimo se elas realmente tiverem ocorrido. 2. Constatada a inexistência da razão ensejadora da demis-são do agravado pela Administração (prática de nepotismo) e considerando a vincula-ção aos motivos que determinaram o ato impugnado, este deve ser anulado, com a consequente reintegração do impetrante. Precedentes do STJ. 3. Agravo Regimental não provido." (STJ, AgRg no RMS 32.437/ MG 2010/0118191-3, 2.ª T., Rel. Min. Herman Benjamin, j. 22.02.2011, DJe 16.03.2011).

◙ **A Administração, ao justificar o ato administrativo, fica vinculada às razões ali expostas, para todos os efeitos jurídicos, de acordo com o preceituado na teoria dos motivos determinantes**

"ADMINISTRATIVO. EXONERAÇÃO POR PRÁTICA DE NEPOTISMO. INEXIS-TÊNCIA. MOTIVAÇÃO. TEORIA DOS MOTIVOS DETERMINANTES. 1. A Administração, ao justificar o ato administrativo, fica vinculada às razões ali expostas, para todos os efeitos jurídicos, de acordo com o preceituado na teoria dos motivos determinantes. A motivação é que legitima e confere validade ao ato administrativo discricionário. Enunciadas pelo agente as causas em que se pautou, mesmo que a lei não haja imposto tal dever, o ato só será legítimo se elas realmente tiverem ocorrido. 2. Constatada a inexistência da razão ensejadora da demissão do agravado pela Administração (prática de nepotismo) e considerando a vinculação aos motivos que determinaram o ato impugnado, este deve ser anulado, com a consequente reintegração do impetrante. Precedentes do STJ. 3. Agravo Regimental não provido." (STJ, AgRg no RMS 32.437/ MG 2010/0118191-3, 2.ª T., Rel. Min. Herman Benjamin, j. 22.02.2011, DJe 16.03.2011).

▶ **Os atos administrativos que negam direitos devem ser devidamente fundamentados, pois a negativa sem qualquer justificativa não se coaduna com nosso Estado de Direito, retrocedendo à época em que vigorava o arbítrio**

Note-se que os atos administrativos que negam direitos devem ser devidamente fundamentados, pois a negativa sem qualquer justificativa não se coaduna com nosso Estado de Direito, retrocedendo à época em que vigorava o arbítrio. O Judiciário tem acolhido pretensões objetivando a anulação de ato restritivo de direito sem a devida fundamentação.

◙ **Indeferimento de autorização para funcionamento de curso superior. Ausência de motivação do ato administrativo. Nulidade.**

"ADMINISTRATIVO. MANDADO DE SEGURANÇA. INDEFERIMENTO DE AUTORIZAÇÃO PARA FUNCIONAMENTO DE CURSO SUPERIOR. AUSÊNCIA DE MOTIVAÇÃO DO ATO ADMINISTRATIVO. NULIDADE. 1. A margem de liberdade de escolha da conveniência e oportunidade, conferida à Administração Pública, na prática de atos discricionários, não a dispensa do dever de motivação. O ato administrativo que nega, limita ou afeta direitos ou interesses do administrado deve indicar, de forma explícita, clara e congruente, os motivos de fato e de direito em que está fundado (art. 50, I, e § 1.º da Lei 9.784/99). Não atende a tal requisito a simples invocação da cláusula do interesse público ou a indicação genérica da causa do ato. 2. No caso, ao fundamentar o indeferimento da autorização para o funcionamento de novos cursos de ensino superior na 'evidente desnecessidade do mesmo', a autoridade impetrada não apresentou exposição detalhada dos fatos concretos e objetivos em que se embasou para chegar a essa conclusão. A explicitação dos motivos era especialmente importante e indispensável em face da existência, no processo, de pareceres das comissões de avaliação designadas pelo próprio Ministério da Educação, favoráveis ao deferimento, além de manifestações no mesmo sentido dos Poderes Executivo e Legislativo do Município sede da instituição de ensino interessada. 3. Segurança parcialmente concedida, para declarar a nulidade do ato administrativo." (STJ, MS 9.944/DF (2004/0122461-0), 1.ª S., Rel. Min. Teori Albino Zavascki, DJU 13.06.2005).

> A regra é a motivação! Infelizmente, em muitos casos, vemos atos restritivos de direito sem a devida fundamentação. Lamentavelmente, em concursos públicos, isso tem ocorrido com frequência! Em diversas fases há eliminação do candidato sem

que ele saiba dos porquês da eliminação. Isso ocorre no julgamento de recursos, nas provas (objetivas e discursivas), no exame de saúde, psicotécnico, investigação social, dentre outras fases, tendo o Judiciário, em comportamento digno de aplausos, retalhado tais atos.

◙ **Ausência de motivação da banca examinadora acerca dos recursos administrativos contra referida prova discursiva.**

"ADMINISTRATIVO. AGRAVO REGIMENTAL NO RECURSO ESPECIAL. MANDADO DE SEGURANÇA IMPETRADO NA CORTE DE ORIGEM. CONCURSO PÚBLICO PARA DELEGADO DA POLÍCIA CIVIL DO DISTRITO FEDERAL. NEGATIVA DE ACESSO AOS CRITÉRIOS UTILIZADOS NA CORREÇÃO DA PROVA SUBJETIVA. AUSÊNCIA DE MOTIVAÇÃO DA BANCA EXAMINADORA ACERCA DOS RECURSOS ADMINISTRATIVOS CONTRA REFERIDA PROVA. VIOLAÇÃO AO ART. 50 DA LEI 9.784/99. RECURSOS ESPECIAIS PROVIDOS. AGRAVO REGIMENTAL DESPROVIDO. 1. A motivação, nos recursos administrativos referentes a concursos públicos, é obrigatória e irrecusável, nos termos do que dispõe o art. 50, I, III e V, §§ 1.º e 3.º da Lei 9.784/99, não existindo, neste ponto, discricionariedade alguma por parte da Administração. 2. Com relação ao agravante João Guilherme Medeiros Carvalho salta aos olhos a total ausência de motivação na correção das provas discursivas e nos respectivos recursos administrativos. Há apenas suposições, externadas pelos ilustres relator e revisor do feito em segundo grau, de que os apelos administrativos do agravante foram examinados e devidamente motivados, não tendo sido apresentadas, entretanto, motivações idôneas e circunstanciadas, nos moldes preconizados pelo já mencionado art. 50 da Lei 9.784/99. 3. Quanto aos demais litisconsortes (Jane Klébia do Nascimento Silva Paixão e outros), constata-se a ausência de qualquer elemento que pudesse ter o condão de indicar os critérios utilizados pelo examinador para aferição das notas na prova subjetiva, bem como a sucinta, lacônica e estereotipada abordagem feita na revisão das provas. 4. Afirmativas que não traduzem reexame do material fático, mas sim valoração do conjunto probatório trazido aos autos quando da impetração do Mandado de Segurança. 5. Agravo Regimental desprovido" (AgRg no Resp 1.062.902/DF, 5.ª T, Rel. Min. Napoleão Nunes Maia Filho, j. 09.06.2009).

◙ **É nulo o ato administrativo consistente na reprovação de candidato em exame médico por falta de motivação e de acesso aos resultados no momento adequado.**

"Administrativo. Mandado de segurança. Concurso público. Exame médico. Reprovação de candidatos. Falta de acesso aos resultados dos exames. Renovação do exame. 1 – É nulo o ato administrativo consistente na reprovação de candidato em exame médico por falta de motivação e de acesso aos resultados no momento adequado. 2. Correção do ato administrativo após a concessão de liminar. 3. Questões fáticas posteriores à impetração são inteiramente impertinentes para exame no recurso, sob pena de, suprimindo-se a apreciação da instância de origem, violar o princípio do tantum devolutum quantum appellatum. 4. Segurança concedida em parte, impondo-se a submissão dos candidatos a novo exame médico. 5. Recursos ordinários parcialmente providos. Acórdão Vistos, relatados e discutidos os autos em que são partes as acima indicadas, acordam os Ministros da Segunda Turma do Superior Tribunal de Justiça 'A Turma, por unanimidade, deu parcial provimento aos recursos ordinários, nos termos do voto do(a) Sr(a). Ministro(a)-Relator(a), sem destaque.' Os Srs. Ministros Castro Meira, Humberto Martins,, Herman Benjamin e Mauro Campbell Marques votaram com a Sra. Ministra Relatora. Brasília-DF, 04 de junho de 2013(Data do Julgamento)." (RMS 40.229/SC (2012/0272915-6), Rel. Min. Eliana Calmon).

◙ **Exame psicotécnico: falta de critérios objetivos e de motivação da reprovação do candidato.**

"PROCESSUAL CIVIL E ADMINISTRATIVO. RECURSO ORDINÁRIO EM MANDADO DE SEGURANÇA. CONCURSO PÚBLICO. POLÍCIA MILITAR. PSICOTÉCNICO. FALTA DE CRITÉRIOS OBJETIVOS E DE MOTIVAÇÃO DA SUA REPROVAÇÃO. NULIDADE DO TESTE. NECESSIDADE DE SUBMISSÃO A NOVA AVALIAÇÃO. RECURSO PROVIDO. 1. O Superior Tribunal de Justiça firmou o entendimento de que a legalidade do exame psicotécnico em provas de concurso público está submetida a previsão legal, objetividade dos critérios adotados e possibilidade de revisão do resultado obtido pelo candidato. 2. Uma vez declarada a nulidade do teste psicotécnico, deve o candidato se submeter a outro exame. Precedentes do STJ. 3. Recurso provido, para determinar a submissão do candidato a nova avaliação psicológica." (STJ – RMS 32.813/MT, Recurso Ordinário em Mandado de Segurança 2010/0155859-5, DJe 24.05.2013).

◙ **É ilegal a negativa de acesso à motivação do indeferimento de recurso administrativo interposto em prova discursiva.**

"A negativa de acesso às razões do indeferimento de recurso administrativo interposto com vistas a impugnar nota obtida em prova discursiva fere os princípios da publicidade e da motivação, bem como o direito à informação, que visam possibilitar a revisão do ato administrativo, assegurando o pleno exercício do direito ao contraditório e à ampla defesa. TRF01 – APL: 00324304420084013400."

◙ **É direito do candidato saber a motivação que gerou a subtração de pontos do mesmo em prova discursiva ou oral.**

"MANDADO DE SEGURANÇA – CONCURSO PÚBLICO – PROVA DISCURSIVA – RECURSO – AUSÊNCIA DE FUNDAMENTAÇÃO QUANTO À PONTUAÇÃO ATRIBUÍDA PELA BANCA EXAMINADORA – PRINCÍPIOS CONSTITUCIONAIS. I. Quando reclamadas explicações à Banca Examinadora, em grau de recurso, faz-se necessário um pronunciamento detalhado em relação aos pontos objetivos do edital, até mesmo para perceber se há ilegalidade, passível de controle pelo Judiciário. Não se trata de revisão das notas, mas conhecimento das razões. II. Segurança parcialmente concedida." (Acórdão n.490191, 20100020161045MSG, Relator: SANDRA DE SANTIS, Conselho Especial, Data de Julgamento: 22/03/2011, Publicado no DJE: 31/03/2011. Pág.: 85)

◙ **É ilegal o ato da Banca Examinadora que não informa a motivação referente aos recursos apresentados.**

"ADMINISTRATIVO. AGRAVO REGIMENTAL NO RECURSO ESPECIAL. MANDADO DE SEGURANÇA IMPETRADO NA CORTE DE ORIGEM. CONCURSO PÚBLICO PARA DELEGADO DA POLÍCIA CIVIL DO DISTRITO FEDERAL. NEGATIVA DE ACESSO AOS CRITÉRIOS UTILIZADOS NA CORREÇÃO DA PROVA SUBJETIVA. AUSÊNCIA DE MOTIVAÇÃO DA BANCA EXAMINADORA ACERCA DOS RECURSOS ADMINISTRATIVOS CONTRA REFERIDA PROVA. VIOLAÇÃO AO ART. 50 DA LEI 9.784/99. RECURSOS ESPECIAIS PROVIDOS. AGRAVO REGIMENTAL DESPROVIDO.1. A motivação, nos recursos administrativos referentes a concursos públicos, é obrigatória e irrecusável, nos termos do que dispõe o art. 50, I, III e V, §§ 1º. e 3º. da Lei 9.784/99, não existindo, neste ponto, discricionariedade alguma por parte da Administração. 2. Com relação ao Impetrante JOÃO GUILHERME MEDEIROS CARVALHO salta aos olhos a total ausência de motivação na correção das provas discursivas e nos respectivos recursos administrativos. Há apenas suposições, externadas pelos ilustres relator e revisor do feito em segundo grau, de que os apelos administrativos do Impetrante foram examinados e devidamente motivados, não tendo sido apresentadas, entretanto, motivações idôneas e circunstanciadas, nos moldes preconizados pelo já mencionado art. 50 da Lei 9.784/99. Agravo Regimental desprovido." (STJ – AgRg no REsp 1062902/DF; Rel. Min. Napoleão Nunes Maia Filho; DJ 03/08/2009]

> ◙ **No mesmo sentido:** "A negativa de acesso às razões do indeferimento de recurso administrativo interposto com vistas a impugnar nota obtida em prova discursiva fere os princípios da publicidade e da motivação, bem como o direito à informação, que visam possibilitar a revisão do ato administrativo, assegurando o pleno exercício do direito ao contraditório e à ampla defesa. (TRF01 – APL: 00324304420084013400.)"

◙ **É ilegal a falta de motivação nos descontos da nota na prova oral.**

"A reprovação do autor na prova prático-oral de concurso público para ingresso no quadro técnico do corpo auxiliar da marinha do Brasil, com início no posto de primeiro Tenente, padece da falta de motivos suficientes e adequados ou, no mínimo, da falta de motivação suficiente, pública e convincente de sua inaptidão, contrariando o disposto no art. 50 da Lei 9.784/1999." (TRF01 – PROC: 109487920044013400)

▶ **Administração – atendendo ao princípio da motivação – deve explicar o porquê de não se efetivar a prorrogação do concurso público.**

"(...) defende-se haver direito subjetivo dos aprovados à prorrogação do prazo de validade, direito este que somente deixará de prevalecer se a Administração puder razoavelmente justificar – atendendo ao princípio da motivação – o porquê de não se efetivar a prorrogação. É que se afigura medida factível, afinada com o princípio da razoabilidade, a prorrogação do prazo de validade do concurso, afinal ele – o concurso –, é instrumento garante da isonomia, e não meio indireto de obtenção de receitas pelo Poder

Público." (FERRAZ, Luciano. Concurso público e direito à nomeação. In: MOTTA, Fabrício (coord.). Concurso público e Constituição. Belo Horizonte: Editora Fórum, 2005)

▶ **Caso não seja prorrogado o prazo de validade do certame, deve o ato ser motivado.**

"Não é demais encarecer a importância do princípio da motivação. Em razão de perseguir sempre as finalidades públicas consagradas direta ou indiretamente no ordenamento jurídico, deve a Administração sempre expor de forma clara os fatos que precedem suas ações e os fundamentos jurídicos que as autorizam. O princípio da motivação administrativa liga-se intimamente com o princípio republicano, apresentando-se também como espécie de "satisfação social" prestada pelo poder público à coletividade. A motivação apresenta especial relevância em razão de sua imprescindibilidade para o controle dos atos administrativos, em especial o exercitado pelo Poder Judiciário." (Comentários à Constituição do Brasil / J. J. Gomes Canotilho. [et al.]. – São Paulo: Saraiva/Almedina, 2013, p. 833)

> ▶ **No mesmo sentido:** "[...] enquanto houver candidatos aprovados em concurso e este estiver dentro do prazo de validade fixado no edital, eles terão prioridade para a nomeação, ainda que a Administração tenha feito outro concurso, também com candidatos habilitados." (PIETRO, D., Zanella, M. S. (03/2018). Direito Administrativo, 31ª edição [VitalSource Bookshelf version]. Retrieved from vbk://9788530979560)

> ◙ **No mesmo sentido:** "Em situação como a descrita acima o Supremo Tribunal Federal entendeu que é ilegal a não prorrogação do prazo de validade do concurso, como se verifica no seguinte acórdão: "CONCURSO PÚBLICO. VAGAS. NOMEAÇÃO. O princípio da razoabilidade é conducente a presumir-se, como objeto do concurso, o preenchimento das vagas existentes. Exsurge configurador de desvio de poder, ato da Administração Pública que implique nomeação parcial de candidatos, indeferimento da prorrogação do prazo do concurso sem justificativa socialmente aceitável e publicação de novo edital com idêntica finalidade. "Como o inciso IV (do artigo 37 da Constituição Federal) tem o objetivo manifesto de resguardar precedências na sequência dos concursos, segue-se que a Administração não poderá, sem burlar o dispositivo e sem incorrer em desvio de poder, deixar escoar deliberadamente o período de validade de concurso anterior para nomear os aprovados em certames subsequentes. Fora isto possível e o inciso IV tornar-se-ia letra morta, constituindo-se na mais rúptil das garantias." (Celso Antônio Bandeira de Mello, "Regime Constitucional dos Servidores da Administração Direta e Indireta", página 56)." (STF – RE 192568, Relator Min. Marco Aurélio, Segunda Turma, julgado em 23/04/1996.)

◙ **Necessidade de motivação do ato de não prorrogar o prazo de validade do concurso em caso de necessidade permanente de contratação e inação estatal.**

"PROCESSUAL CIVIL. APELAÇÃO CÍVEL. DEVOLUÇÃO DOS AUTOS PELO EXMO. PRESIDENTE DA CORTE. ART. 1030, II, DO CPC. CONCURSO PÚBLI-

CO. PRETERIÇÃO. AUSÊNCIA DE PRORROGAÇÃO DO PRAZO DE VALIDADE DO CONCURSO. FALTA DE MOTIVAÇÃO. DIREITO SUBJETIVO À NOMEAÇÃO. APELAÇÃO PROVIDA. 1. Processo devolvido ao exame da Turma para fim de retratação, com base no art. 1030, II, do CPC, em razão da decisão proferida pelo STF no julgamento do RE 837.311. 2. Acórdão da Turma que negou provimento à apelação dos autores, aprovados em concurso público fora do número de vagas previsto no edital, que pretendem a reforma da sentença de improcedência do pedido de nomeação e posse no cargo para o qual concorreram. 3. Configurada a divergência entre os acórdãos cotejados, tendo em vista que no RE 837.811, julgado sob o rito de repercussão geral, o STF decidiu que o reconhecimento do direito à nomeação pode estar pautado na demonstração de preterição resultante de arbitrariedade administrativa, consistente na expiração in albis do prazo de validade do concurso, a despeito da necessidade imediata de preenchimento dos cargos. 4. Evidenciada a premente necessidade de preenchimento dos cargos, inclusive por força de Termo de Ajustamento de Conduta celebrado entre a União e o Ministério Público do Trabalho, é de se reconhecer por imotivada a falta de prorrogação do prazo de validade do concurso público em debate, notadamente pela expressa previsão constitucional inserta no art. 37, III. 5. Reconhece-se o direito subjetivo à preferência na nomeação e posse dos candidatos. 5. Dar provimento à apelação, em juízo de retratação." (trf1 – AC 0026177-35.2011.4.01.3400/ DF, Rel. Desembargadora Federal Daniele Maranhão Costa, Quinta Turma, e-DJF1 p. de 12/04/2018)

PRINCÍPIO DA RAZOABILIDADE E PROPORCIONALIDADE

▶ **Oito núcleos significativos da razoabilidade.**

1) vedação geral de arbitrariedade;

2) exigência genérica de justiça;

3) requerimento de bom senso e sensatez;

4) adoção do conceito como fórmula normativa apreensível como standard jurídico;

5) imposição de racionalidade;

6) parâmetro de interpretação;

7) imperativo de proporcionalidade;

8) veiculação do dever de ponderação.

(OLIVEIRA, José Roberto Pimenta. Os princípios da razoabilidade e da proporcionalidade como normas conformadoras e limitadoras da Administração Pública. In: DALLARI, Adilson Abreu; NASCIMENTO, Carlos Valder do; MARTINS, Ives Gandra da Silva. Tratado de direito administrativo. São Paulo: Saraiva, 2013. vol. 1. 213-255.)

▶ **O princípio da proporcionalidade consiste, principalmente, no dever de não serem impostas, aos indivíduos em geral, obrigações, restrições ou sanções em medida superior àquela estritamente necessária ao atendimento do interesse público, segundo critério de razoável adequação dos meios aos fins.**

"O princípio da proporcionalidade consiste, principalmente, no dever de não serem impostas, aos indivíduos em geral, obrigações, restrições ou sanções em medida superior àquela estritamente necessária ao atendimento do interesse público, segundo critério de razoável adequação dos meios aos fins. Aplica-se a todas as atuações administrativas para que sejam tomadas decisões equilibradas, refletidas, com avaliação adequada da relação custo-benefício, aí incluído o custo social." (MEDAUAR, Odete. Direito administrativo moderno. 21ª edição, Ed. Fórum, Belo Horizonte, 2018. p. 129.)

▶ **A noção de legalidade pressupõe a harmonia perfeita entre os meios e os fins, a comunhão entre o objeto e o resultado do ato jurídico.**

"A rigor, o princípio da razoabilidade filia-se à regra da observância da finalidade da lei que, a seu turno, emana do princípio da legalidade. A noção de legalidade pressupõe a harmonia perfeita entre os meios e os fins, a comunhão entre o objeto e o resultado do ato jurídico. A vontade do legislador, como da autoridade administrativa, deve buscar a melhor solução e a menos onerosa para os direitos e liberdades, que compõem a cidadania." (TÁCITO, Caio. Temas de direito público (estudos e pareceres). Rio de Janeiro: Renovar, 1997. p. 341 e 495.)

◙ **O princípio da razoabilidade também tem serventia ao controle de atos administrativos combatendo o desvio de poder. Neste sentido, ele foi adotado em face da instauração de novo concurso público para provimento de cargos públicos, aliada à recusa de prorrogação do prazo de validade de certame anterior**

"O princípio da razoabilidade é conducente a presumir-se, como objeto do concurso, o preenchimento das vagas existentes. Exsurge configurador de desvio de poder, ato da Administração Pública que implique nomeação parcial de candidatos, indeferimento da prorrogação do prazo do concurso sem justificativa socialmente aceitável e publicação de novo edital com idêntica finalidade. 'Como o inc. IV (do art. 37 da CF/1988) tem o objetivo manifesto de resguardar precedências na sequência dos concursos, segue-se que a Administração não poderá, sem burlar o dispositivo e sem incorrer em desvio de poder, deixar escoar deliberadamente o período de validade de concurso anterior para nomear os aprovados em certames subsequentes. Fora isto possível e o inc. IV tornar-se-ia letra morta, constituindo-se na mais rúptil das garantias." (MELLO, Celso Antônio Bandeira de Regime constitucional dos servidores da Administração Direta e Indireta, p. 56) (STF, RE 192.568/PI, 2.ª T., j. 23.04.1996, m.v., rel. Min. Marco Aurélio, DJ 13.09.1996, p. 33241).

▶ **Da proporcionalidade como proibição do excesso em qualquer atividade pública, guiando-se pelo "controlo exercido pelos tribunais quanto à adequação dos meios administrativos (sobretudo coactivos) à prossecução do escopo e ao balanceamento concreto dos direitos ou interesses em conflito"**

"Da proporcionalidade decorre a proibição do excesso (Übermassverbot) e da falta ou de proteção deficiente (Untermassverbot), exigindo-se no ato estatal adequação (aptidão a produção do resultado desejado), necessidade ou exigibilidade (infungibilidade por outro meio menos gravoso e igualmente eficaz) e proporcionalidade em sentido estrito (relação entre meios e fins) da medida restritiva. Neste sentido, Gomes Canotilho salienta que o princípio da proporcionalidade passou de uma visão restrita (medida para as restrições administrativas da liberdade individual) para um sentido mais amplo, da proibição do excesso em qualquer atividade pública, guiando-se pelo "controlo exercido pelos tribunais quanto à adequação dos meios administrativos (sobretudo coactivos) à prossecução do escopo e ao balanceamento concreto dos direitos ou interesses em conflito", impondo subprincípios como conformidade (adequação entre meios e fins), exigibilidade ou necessidade (direito a menor desvantagem possível) e proporcionalidade (justa medida). Dele decorre também a proibição por defeito, quando as entidades sobre quem recai um dever de proteção "adoptam medidas insuficientes para garantir uma proteção constitucionalmente adequada dos direitos fundamentais." (MARTINS Jr. WALLACE PAIVA, Tratado de Direito Administrativo – Volume 1, Editora Revista dos Tribunais, São Paulo, Edição 2015, p. 523)

▶ **Princípios como razoabilidade e proporcionalidade alargam a dimensão do controle judiciário da Administração Pública, facilitando a fiscalização da discricionariedade administrativa.**

"Princípios como razoabilidade e proporcionalidade alargam a dimensão do controle judiciário da Administração Pública, facilitando a fiscalização da discricionariedade administrativa. Porém, não se arreceia indébita penetração do mérito porque, como acentua Celso Antônio Bandeira de Mello, "discrição é margem de liberdade para atender o sentido da lei e em seu sentido não consideram abrigadas intelecções induvidosamente desarrazoadas." (MARTINS Jr. WALLACE PAIVA, Tratado de Direito Administrativo – Volume 1, Editora Revista dos Tribunais, São Paulo, Edição 2015, p. 523)

◉ **Os princípios da razoabilidade e da proporcionalidade devem nortear a Administração Pública como parâmetros de valoração de seus atos sancionatórios.**

"...os princípios da razoabilidade e da proporcionalidade devem nortear a Administração Pública como parâmetros de valoração de seus atos sancionatórios, por isso que a não observância dessas balizas justifica a possibilidade de o Poder Judiciário sindicar decisões administrativas." (STF, RMS 28.208/DF, 1.ª T., j. 25.02.2014, v.u., rel. Min. Luiz Fux, DJe 20.03.2014.)

▶ **A Administração, quando for atuar, seja em um concurso público ou qualquer atividade, deve fazer uso de meios adequados e proporcionais aos fins que pretende alcançar.**

Ultrapassando esse limite, a conduta encontrará obstáculo no princípio da proporcionalidade e acarretará a nulidade do ato. O princípio da proporcionalidade é um princípio constitucional implícito, decorrente do devido processo legal, conforme já salientou o Supremo Tribunal Federal. Porém, no âmbito da legislação infraconstitucional, ele encontra-se positivado expressamente na Lei 9.784/1999, que disciplina o processo administrativo federal.

▶ **Diferença entre proporcionalidade e razoabilidade.**

O diferencial da proporcionalidade é que a exigência ou a conduta, se feitas corretamente, são válidas e permitidas pelo direito. Cita-se, a título de exemplo, a exigência de prova física para provimento em cargo de policial militar. A previsão é legal, porém, se, no caso concreto, forem exigidas, por exemplo, 100 barras do candidato, haverá violação ao princípio da proporcionalidade. É diferente da razoabilidade. Nesta, a exigência, por si só, já é indevida. Por exemplo, fere o referido princípio a exigência de prova física para ingresso no cargo de juiz, promotor ou procurador. Note-se que a exigência não tem nenhuma pertinência, sendo de todo desarrazoada.

▶ **O princípio da proporcionalidade desponta como grande limitador do poder discricionário dos agentes públicos.**

O princípio da proporcionalidade desponta como grande limitador do poder discricionário dos agentes públicos. É cediço que, em muitas hipóteses, a lei deixa certa margem de liberdade para que o agente, na análise do caso concreto, apreciando fatores de conveniência e oportunidade, adote a conduta que melhor atenda ao interesse público. Essa margem de liberdade é chamada de discricionariedade. Ocorre que essa discricionariedade, necessária à gestão da coisa pública, não é ilimitada, pelo contrário, possui diversos parâmetros de controle. Além da lei, da qual não pode se descurar o administrador, ultrapassando os seus limites, existem limites nos princípios constitucionais, tais como: proporcionalidade, razoabilidade, impessoalidade, segurança jurídica, entre outros.

◉ **É válido o controle das regras e das exigências dispostas em edital de concurso público quando ferem os princípios da razoabilidade ou proporcionalidade.**

"2. – O colendo Superior Tribunal de Justiça já assentou que é válido o controle das regras e das exigências dispostas em edital de concurso público pelo Poder Judiciário, a fim de adequá-los aos princípios constitucionais, como a razoabilidade e a proporcionalidade." (AgRg no AREsp 470.620/CE, Rel. Ministro Napoleão Nunes Maia Filho, Primeira Turma, julgado em 05-08-2014, DJe 19-08-2014).

◉ **Em que pese o poder de autotutela, não poderá a administração violar regras editalícias bem como os princípios da razoabilidade e segurança jurídica.**

"I – A administração deve anular seus atos, quando eivados de ilegalidade, ou revogá-los, por motivo de conveniência ou oportunidade, consoante art. 53 da Lei 9.784/1999. Ocorre que tal dispositivo deverá ser aplicado com observância dos princípios da razoabilidade, da segurança jurídica e do direito adquirido, sendo vedado, portanto, à administração, com base no poder da autotutela, violar as regras postas no edital e anular as questões, após publicado o resultado, alterando a lista de classificados e causando prejuízo para terceiros, no caso os candidatos classificados na listagem anterior." (TRF-1 – AC: 4251 DF 2006.34.00.004251-4, Relator: DESEMBARGADOR FEDERAL JIRAIR ARAM MEGUERIAN, Data de Julgamento: 11/06/2012, SEXTA TURMA, Data de Publicação: e-DJF1 p.149 de 03/07/2012.)

▶ **"Fere a razoabilidade estabelecer critério de correção em prova prático-profissional que exija do candidato formular pedido juridicamente impossível.**

"Mostra-se, pois, ilegal e destituído de razoabilidade critério de correção de prova prático-profissional que exija do candidato formular pedido juridicamente impossível, como a desclassificação para furto simples (CP, art. 155, caput), quando a qualificadora prevista no § 5º do art. 155 do Código Penal, pelas circunstâncias descritas no enunciado e da forma como descritas, restara configurada." (AMS 0041354-68.2013.4.01.3400 / DF, Rel. DESEMBARGADOR FEDERAL MARCOS AUGUSTO DE SOUSA, OITAVA TURMA, e-DJF1 p.1090 de 16/01/2015) 5. Apelação e remessa oficial não providas (art. 942 do Novo CPC e do art 2º, § 8º, inciso II, da Resolução Presi 11/2016). (Rel. Desembargadora ÂNGELA CATÃO)

◙ **Fere a razoabilidade a não motivação dos descontos de nota em provas discursivas ou orais ou eliminação de candidato em outras fases, pois tal conduta inviabiliza o direito de defesa do candidato.**

"Não há razoabilidade alguma nessas ponderações, na medida em que tal proceder causa evidente cerceamento do direito de defesa e ao direito de recorrer, integrante do devido processo legal, ao impor aos recorrentes a árdua tarefa de interporem um recurso sem saber ao certo contra o quê estavam recorrendo. Destaque-se aqui o parecer do douto Ministério Público em 1ª instância que acertadamente afirmou que admitir tal posicionamento equivaleria a chancelar manobra para contrariar disposição expressa do art. 37, caput da Constituição Federal, que determina o princípio da publicidade como inerente a toda atividade administrativa (fls. 493)." (RMS 33.825-SC, Relator: Ministro Mauro Campbell Marques, julgado em 7/6/2011.)

◙ **Fere a razoabilidade regra editalícia que atribuiu caráter eliminatório à fase de títulos.**

"CONCURSO PÚBLICO. TÍTULOS. REPROVAÇÃO. Coaduna-se com o princípio da razoabilidade constitucional conclusão sobre a circunstância de a pontuação dos títulos apenas servir à classificação do candidato, jamais definindo aprovação ou reprovação. Alcance emprestado por tribunal de justiça à legislação estadual, em tudo harmônico com o princípio da razoabilidade, não se podendo cogitar de menosprezo aos critérios da moralidade e da impessoalidade." (AI 194188 AgR, Relator: Ministro Marco Aurélio, Segunda Turma, julgado em 30/03/1998.

◙ **Fere a razoabilidade a eliminação de candidato pelo fato dele possuir colesterol alto quando da realização do exame, pois tal desnível é temporário e tratável.**

"ADMINISTRATIVO. CONCURSO PÚBLICO PARA PROVIMENTO DE CARGO JUNTO À POLÍCIA RODOVIÁRIA FEDERAL. PRELIMINAR DE LITISCONSÓR-

CIO PASSIVO NECESSÁRIO. REJEITADA. EXAMES MÉDICOS. EXCLUSÃO DE CANDIDATA POR RAZÃO DE SUA ALTA TAXA DE COLESTEROL. PROBLEMA SANÁVEL COM MEDICAMENTOS. PRINCÍPIOS DA RAZOABILIDADE E PRO-POPRCIONALIDADE. APLICAÇÃO. INAPTIDÃO PARA O CARGO. INOCORRÊN-CIA. 1. Cuida-se de candidata excluída de concurso público para provimento de cargo junto à Polícia Rodoviária Federal em razão de em seu exame laboratorial de sangue apresentar uma taxa de colesterol, acima do considerado normal. [...] 3. No mérito, é sabido por qualquer pessoa que o nível de colesterol no sangue é tratável, não apenas com uma dieta alimentar, exercícios físicos e medicamentos específicos e que as pessoas portadoras de uma taxa elevada de colesterol, não havendo falar-se em inaptidão para o trabalho. 3. Irreparável a decisão singular que assegurou a participação da autora nas demais etapas do processo seletivo, máxime quando milita em favor da autora, ora apelada, a decisão já proferida pela E. Turma, no AGTR nº 45547 PE, julgado na Sessão de 23.03.2004, que, à unanimidade, negou provimento ao Agravo da União. 4. Preliminar de nulidade rejeitada. 5. Apelação da União e remessa oficial improvidas." (TRF5, AC 200283000135923, Desembargador Federal Petrucio Ferreira, Segunda Turma, DJ – Data:16/11/2006 – Página::741 – Nº 219).

◙ **Fere a razoabilidade a eliminação do candidato que não obteve acesso aos fundamentos de sua reprovação.**

"É cediço que um dos requisitos de validade do ato administrativo (exceto se discricionário) é a motivação, porque é através dela que se tornam conhecidos os motivos que levaram o administrador a praticar o ato. 2. – Consoante venerando precedente do colendo Superior refoge à razoabilidade a eliminação do candidato que não obteve acesso aos fundamentos de sua reprovação, impedindo-o de efetuar o controle da decisão administrativa, máxime quando o próprio edital autoriza a correção visual pelo simples uso de óculos ou lentes corretivas (RMS 35.265/SC, Rel. Ministro Castro Meira, Segunda Turma, julgado em 27-11-2012, DJe 06-12-2012). 3. – Na hipótese, a Administração Pública deixou de disponibilizar ao candidato os motivos pelos quais ele foi considerado inapto no exame de saúde, em concurso público. Reconhecida a nulidade do ato administrativo e determinada a repetição do exame de saúde, tendo em vista seu caráter eliminatório e que aos candidatos deve ser assegurada igualdade de tratamento. (...)" (TJES, Classe: Apelação / Remessa Necessária, 024130305816, Relator: DAIR JOSÉ BREGUNCE DE OLIVEIRA, Órgão julgador: TERCEIRA CÂMARA CÍVEL, Data de Julgamento: 20/03/2018, Data da Publicação no Diário: 28/03/2018)

◙ **As atribuições para o cargo de perito criminal da polícia civil demonstram que as atividades são eminentemente técnicas e científicas, não demonstrando a necessidade de teste de aptidão física, razão pela qual não é razoável sua aplicação e eliminação do candidato.**

"APELAÇÃO CÍVEL. CONCURSO PÚBLICO. SEPARAÇÃO DE PODERES. POSSIBILIDADE DE CONTROLE DE ATO ADMINISTRATIVO PELO JUDICIÁRIO. POLÍCIA CIVIL. PERITO CRIMINAL. TESTE DE APTIDÃO FÍSICA. IRRAZOABILIDADE E ILEGALIDADE DO ATO. SENTENÇA EXTRA PETITA. NÃO VERIFICADA.

APELOS CONHECIDOS E IMPROVIDOS. REMESSA NECESSÁRIA PREJUDICA-DA. 1- Não obstante o respeito ao Princípio da Separação dos Poderes, jurisprudência e doutrina possuem posição firmada no sentido e que é possível a análise pelo Judiciário dos atos administrativos que não obedeçam à lei, bem como daqueles que ofendam princípios constitucionais, tais como: a moralidade, a eficiência, a razoabilidade, a proporcionalidade, além de outros. Dessa forma, o Poder Judiciário poderá, por vias tortas, atingir a conveniência e a oportunidade do ato administrativo discricionário, mas tão somente quando essas forem incompatíveis com o ordenamento vigente, portanto, quando for ilegal. 2- As atribuições para o cargo de perito criminal da polícia civil, demonstram que as atividades são eminentemente técnicas e científicas, não demonstrando a necessidade de teste de aptidão física, sendo suficiente, como para qualquer outra função em que serão desempenhadas atividades laboratoriais ou técnicas, os exames de saúde já exigidos nos editais, que demonstrem a boa condição do candidato. 3- A simples leitura da descrição sumária do cargo S06, perito criminal, 3ª categoria, presente no edital às fls. 74, demonstra que não há qualquer previsão de atividade que exija do servidor esforço ou condicionamento físico. 4- Não há aqui que se falar em sentença extra petita, tendo o Magistrado permanecido adstrito ao pedido e à causa de pedir apresentados na petição inicial. Na verdade, a menção feita à nomeação e posse do candidato, caso aprovado dentro do número de vagas, é consequência natural, uma vez que a jurisprudência pátria adota como regra o direito subjetivo à nomeação dos candidatos aprovados dentro do número de vagas estabelecido no edital. 5- Apelos conhecidos e improvidos. Remessa Necessária prejudicada." (TJES, Classe: Apelação / Remessa Necessária, 024130318355, Relator: JORGE DO NASCIMENTO VIANA, Órgão julgador: QUARTA CÂMARA CÍVEL, Data de Julgamento: 09/10/2017, Data da Publicação no Diário: 13/11/2017)

◉ **É possível haver violação à razoabilidade quando se fixa horários distintos para a realização da fase de prova física no concurso público.**

"TESTE DE APTIDÃO FÍSICA. HORÁRIO FIXADO EM DESACORDO COM OS PRINCÍPIOS DA RAZOABILIDADE E DA ISONOMIA. 1. Rechaçada a preliminar de cerceamento de defesa, porquanto o deslinde da controvérsia prescinde da produção de provas. 2. A Administração, em estabelecendo o horário de meio-dia para a realização de testes físicos para a cidade do Recife, nos cargos de Agente e Escrivão da Polícia Federal, afetou os princípios da razoabilidade e da isonomia entre os participantes do certame. 3. In casu, é de se repetir integralmente os testes físicos para os apelantes, dessa vez em horário compatível com o fixado para as demais capitais nordestinas..." (STF – ARE: 783949 PE, Relator: Min. RICARDO LEWANDOWSKI, Data de Julgamento: 03/02/2014, Data de Publicação: DJe-026 DIVULG 06/02/2014 PUBLIC 07/02/2014)".

◉ **Convocação do candidato aprovado apenas pelo diário oficial, sendo que já tinha se passado muito tempo desde a divulgação da etapa anterior, viola os princípios da razoabilidade e da publicidade.**

"Viola os princípios da razoabilidade e da publicidade a convocação para determinada fase de concurso público ou para nomeação de candidato aprovado apenas mediante publicação do chamamento em Diário Oficial quando passado muito tempo entre a realização ou a divulgação do resultado da etapa imediatamente anterior e a referida convocação, uma vez que é inviável exigir que o candidato acompanhe, diariamente, com leitura atenta, as publicações oficiais." (STJ. 2ª Turma. AgRg no RMS 37.227-RS, Rel. Min. Mauro Campbell Marques, julgado em 6/12/2012 (Info 515).

◉ **Direito do autor a se submeter a nova verificação da condição de negro/pardo.**

"REEXAME NECESSÁRIO. MANDADO DE SEGURANÇA. DETERMINAÇÃO JUDICIAL DE REAVALIAÇÃO DA CONDIÇÃO DO AUTOR DE NEGRO OU PARDO. RAZOABILIDADE. SENTENÇA CONFIRMADA. 1. Reexame necessário da sentença pela qual o Juízo, na ação de conhecimento proposta por Taciano Regis Rezende contra a União, julgou procedente em parte o pedido "para declarar o direito do autor a se submeter a nova verificação da condição de negro/pardo e, caso aprovado em todas as etapas do certame e do Curso de Formação, determinar – respeitando-se a ordem de classificação – sua nomeação e posse na vaga que, por força da decisão antecipatória, lhe foi reservada." 2. Processo administrativo de seleção de candidatos em concurso público. (A) Determinação do Juízo para que a Administração proceda à reavaliação da condição do autor de negro ou pardo. Razoabilidade. (B) Nos termos do Art. 2º, caput, da Lei 9.784, de 29 de janeiro de 1999, "[a] Administração Pública obedecerá, dentre outros, aos princípios da legalidade, finalidade, motivação, razoabilidade, proporcionalidade, moralidade, ampla defesa, contraditório, segurança jurídica, interesse público e eficiência." (C) Sentença confirmada. 3. Remessa oficial não provida." (TRF 1ª – Reexame Necessário 0005458-56.2016.4.01.3400/DF Região, 5ª Turma, Des. Subs. Rel. LEÃO APARECIDO ALVES, jul. 12 de dezembro de 2018)

◉ **A nomeação ou a convocação para determinada fase de concurso público após considerável lapso temporal entre uma fase e outra, sem a notificação pessoal do interessado, viola os princípios da publicidade e da razoabilidade, não sendo suficiente a publicação no Diário Oficial.**

"ADMINISTRATIVO. PROCESSUAL CIVIL. CONCURSO PÚBLICO. DECADÊNCIA DO DIREITO DE IMPETRAÇÃO DO WRIT. INOCORRÊNCIA. CONVOCAÇÃO PARA POSSE POR PUBLICAÇÃO NO DIÁRIO OFICIAL, SEM NOTIFICAÇÃO PESSOAL. IMPOSSIBILIDADE. ACÓRDÃO RECORRIDO EM CONSONÂNCIA COM A JURISPRUDÊNCIA DESTA CORTE. SÚMULA 83/STJ. 1. No caso dos autos, não há falar em decadência, já que o mandado de segurança foi impetrado após um mês da ciência pessoal do ato coator, portanto antes dos 120 (cento e vinte) dias do prazo decadencial para a impetração do writ. 2. A nomeação em concurso público após considerável lapso temporal da homologação do resultado final, sem a notificação pessoal do interessado, viola o princípio da publicidade e da razoabilidade, não sendo suficiente a convocação para a fase posterior do certame por meio do Diário Oficial, conforme recente jurisprudência desta Corte. Súmula 83/STJ. Agravo regimental improvido. " (AgRg no AREsp 345.191/PI, Rel. Ministro HUMBERTO MARTINS, SEGUNDA TURMA, julgado em 05/09/2013, DJe 18/09/2013)

◉ **No mesmo sentido:** "ADMINISTRATIVO. RECURSO ESPECIAL. CONCURSO PÚBLICO. NOMEAÇÃO. PUBLICAÇÃO NA IMPRENSA OFICIAL E DIVULGAÇÃO NA INTERNET. LONGO LAPSO TEMPORAL ENTRE A HOMOLOGAÇÃO DO RESULTADO FINAL DO CONCURSO E A NOMEAÇÃO. PRINCÍPIO DA RAZOABILIDADE. 1. Trata-se na origem de mandado de segurança impetrado pela ora recorrente objetivando o seu direito de tomar posse no cargo público de Educadora Infantil para o qual concorreu, ao argumento de que foi nomeada, contudo, por não ter sido comunicada pessoalmente, só tomou conhecimento de tal ato quando transcorrido o prazo para a apresentação dos documentos. 2. É incontroverso que a nomeação da recorrente foi publicada no sítio www.natal.rn.gov.br/sme, na internet, e no Diário Oficial do Município, órgão de divulgação dos atos do Poder Executivo Municipal, conforme previa o Edital do concurso. Ocorre que transcorreu mais de um ano entre a nomeação (1º.1.2009 – fl. 29) e a data em que foi publicada a homologação do resultado final do certame (28.12.2007 – fl. 29). 3. Ora, caracteriza violação ao princípio da razoabilidade a convocação para determinada fase de concurso público, mediante publicação do chamamento em diário oficial e pela internet, quando passado considerável lapso temporal entre a homologação final do certame e a publicação da nomeação, uma vez que é inviável exigir que o candidato acompanhe, diariamente, durante longo lapso temporal, as publicações no Diário Oficial e na internet. 4. E mesmo não havendo previsão expressa no edital do certame de intimação pessoal do candidato acerca de sua nomeação, em observância aos princípios constitucionais da publicidade e da razoabilidade, a Administração Pública deveria, mormente em face do longo lapso temporal decorrido entre as fases do concurso (mais de 1 ano), comunicar pessoalmente o candidato sobre a nova fase, para que pudesse exercer, se fosse de seu interesse, o exame médico. 5. Recurso especial provido." (REsp 1308588/RN, Rel. Ministro MAURO CAMPBELL MARQUES, SEGUNDA TURMA, julgado em 16/08/2012, DJe 22/08/2012).

◉ **Atenta contra os princípios da razoabilidade e proporcionalidade a negativa de viabilizar o direito de o candidato ir para o final de fila na classificação do concurso.**

"PROCESSUAL CIVIL E ADMINISTRATIVO. MANDADO DE SEGURANÇA. REEXAME NECESSÁRIO. CONCURSO PÚBLICO. REPOSICIONAMENTO. FINAL DA LISTA DE APROVADOS. POSSIBILIDADE. RAZOABILIDADE. AUSÊNCIA DE PREJUÍZO. I. Na espécie dos autos, não se afigura razoável a norma editalícia que proíbe a possibilidade do candidato aprovado em concurso público opte por seu reposicionamento para a última colocação da lista dos aprovados, não havendo qualquer prejuízo aos demais candidatos aprovados no certame ou à Administração Pública, pelo que não merece qualquer reparo o julgado monocrático que concedeu a segurança pleiteada pelo impetrante. II. Remessa oficial desprovida. Sentença confirmada. " (TRF01 – RN: 00390879820144013300, Relator: SOUZA PRUDENTE, QUINTA TURMA, Data de Publicação: 29/09/2015)

◙ **A eliminação do candidato em decorrência de exame psiquiátrico firmado por médico não especialista, sendo o mesmo induzido a erro (o candidato), afronta aos princípios da razoabilidade e da proporcionalidade.**

"CONCURSO PÚBLICO. POLICIAL RODOVIÁRIO FEDERAL. EDITAL 1/2013 – PRF. AVALIAÇÃO DE SAÚDE. EXAME PSIQUIÁTRICO FIRMADO POR MÉDICO NÃO ESPECIALISTA. ELIMINAÇÃO DO CERTAME. CANDIDATO INDUZIDO A ERRO. AFRONTA AOS PRINCÍPIOS DA RAZOABILIDADE E DA PROPORCIONALIDADE. APRESENTAÇÃO POSTERIOR DE LAUDO EM CONSONÂNCIA COM O EDITAL. IRREGULARIDADE SUPRIDA. SENTENÇA REFORMADA. ANTECIPAÇÃO DA TUTELA RECURSAL DEFERIDA. 1. Este Tribunal possui jurisprudência consolidada, no sentido de que fere os princípios da razoabilidade e da proporcionalidade a eliminação do candidato pela apresentação extemporânea de exame médico, mormente quando o próprio edital indica etapa específica para a entrega de possíveis exames complementares. (AC 00750145320134013400, Desemb. Federal KASSIO NUNES MARQUES, TRF1 – 6ª TURMA, e-DJF1 data: 08/02/2018; AC 00105761520134013304, Desemb. Federal SOUZA PRUDENTE, TRF1 – 5ª TURMA, e-DJF1 data: 17/08/2017). 2. Demonstrado nos autos que o candidato foi induzido a erro ao ter se submetido a exame psiquiátrico com médico não especialista, bem como ter posteriormente suprido a irregularidade apontada pela banca examinadora com a apresentação de novo laudo que cumpria as exigências do edital, não se afigura razoável a sua eliminação, porquanto atingida a finalidade dessa fase do certame, que é o de aferir as condições físicas e mentais do candidato para o exercício do cargo. 3. Antecipação dos efeitos da tutela recursal deferida. 4. Apelação a que se dá provimento. " (AC 0074145-90.2013.4.01.3400/DF, Rel. Desembargadora Federal Daniele Maranhão Costa, Quinta Turma, e-DJF1 p. de 10/04/2018)

◙ **Avilta o princípio da razoabilidade eleger como critério de desempate o tempo anterior na titularidade do serviço para o qual se realiza o concurso público.**

"Mostra-se conflitante com o princípio da razoabilidade eleger como critério de desempate tempo anterior na titularidade do serviço para o qual se realiza o concurso público." [ADI 3.522, rel. min. Marco Aurélio, j. 24-11-2005, P, DJ de 12-5-2006.] = ADI 4.178 MC-REF, rel. min. Cezar Peluso, j. 4-2-2010, P, DJE de 7-5-2010 Vide AI 830.011 AgR, rel. min. Luiz Fux, j. 26-6-2012, 1ª T, DJE de 14-8-2012.

▶ **O princípio da proporcionalidade é um princípio constitucional implícito, decorrente do devido processo legal, conforme já salientou o Supremo Tribunal Federal.**

O princípio da proporcionalidade é um princípio constitucional implícito, decorrente do devido processo legal, conforme já salientou o Supremo Tribunal Federal. Porém, no âmbito da legislação infraconstitucional, ele encontra-se positivado expressamente na Lei 9.784/1999, que disciplina o processo administrativo federal.

▶ **O diferencial da proporcionalidade é que a exigência ou a conduta, se feitas corretamente, são válidas e permitidas pelo direito.**

O diferencial da proporcionalidade é que a exigência ou a conduta, se feitas corretamente, são válidas e permitidas pelo direito. Há uma frase que resume bem o princípio da proporcionalidade: "não se abatem pardais utilizando balas de canhão".

▶ **O princípio da proporcionalidade desponta como grande limitador do poder discricionário dos agentes públicos.**

O princípio da proporcionalidade desponta como grande limitador do poder discricionário dos agentes públicos. É cediço que, em muitas hipóteses, a lei deixa certa margem de liberdade para que o agente, na análise do caso concreto, apreciando fatores de conveniência e oportunidade, adote a conduta que melhor atenda ao interesse público. Essa margem de liberdade é chamada de discricionariedade. Ocorre que essa discricionariedade, necessária à gestão da coisa pública, não é ilimitada, pelo contrário, possui diversos parâmetros de controle. Além da lei, da qual não pode se descurar o administrador, ultrapassando os seus limites, existem limites nos princípios constitucionais, tais como: proporcionalidade, razoabilidade, impessoalidade, segurança jurídica, entre outros. Assim, o gestor, ao adotar uma conduta em que lhe foi reservada certa margem de liberdade, deve fazer uso de meios adequados, necessários, proporcionais aos fins que se pretende atingir.

◉ **No mesmo sentido:** "(...) 3 – No mérito, deve a autoridade competente, na aplicação da penalidade, em respeito ao princípio da proporcionalidade (devida correlação na qualidade e quantidade da sanção, com a grandeza da falta e o grau de responsabilidade do servidor), observar as normas contidas no ordenamento jurídico próprio, verificando a natureza da infração, os danos para o serviço público, as circunstâncias atenuantes ou agravantes e os antecedentes funcionais do servidor. Inteligência do art. 128, da Lei n.º 8.112/90. 4 – Ademais registro que, por se tratar de demissão, pena capital aplicada a um servidor público, a afronta ao princípio supracitado constitui desvio de finalidade por parte da Administração, tornando a sanção aplicada ilegal, sujeita a revisão pelo Poder Judiciário. Deve a dosagem da pena, também, atender ao princípio da individualização inserto na Constituição Federal de 1988 (art. 5.º, XLVI), traduzindo-se na adequação da punição disciplinar à falta cometida. 5 – Precedente da 3.ª Seção (MS 6.663/DF). 6 – Preliminares rejeitadas e ordem concedida para determinar que sejam anulados os atos que impuseram a pena de demissão às impetrantes, com a consequente reintegração das mesmas nos cargos que ocupavam, sem prejuízo de que, em nova e regular decisão, a administração pública aplique a penalidade adequada à infração administrativa que ficar efetivamente comprovada. 7 – Quanto aos efeitos financeiros, estes devem ser pleiteados na via própria, a teor da Súmula 271/ STF. Custas ex lege. Sem honorários advocatícios a teor das Súmulas 512/STF e 105/STJ" (STJ, MS 7.005/DF, 3.ª S., Rel. Min. Jorge Scartezzini, DJU 04.02.2002).

▶ **É o que ocorre, com frequência, em processos punitivos em geral.**

Nesse caso, é muito comum a lei não vincular uma sanção a cada infração, deixando várias hipóteses de sanção para que o administrador, analisando o caso concreto, o dolo e a culpa do infrator, a lesão ao interesse público, aplique a penalidade que melhor se enquadre à infração cometida. Apenas a título de exemplo, registre-se o teor do art. 2.º da Lei 6.437/1977, que estabelece as infrações e sanções à legislação sanitária federal e dá outras providências: "Art. 2.º Sem prejuízo das sanções de natureza civil ou penal cabíveis, as infrações sanitárias serão punidas, alternativa ou cumulativamente, com as penalidades de: I – advertência; II – multa; III – apreensão de produto; IV – inutilização de produto; V – interdição de produto; VI – suspensão de vendas e/ou fabricação de produto; VII – cancelamento de registro de produto; VIII – interdição parcial ou total do estabelecimento; IX – proibição de propaganda; X – cancelamento de autorização para funcionamento da empresa; XI – cancelamento do alvará de licenciamento de estabelecimento; XI-A – intervenção no estabelecimento que receba recursos públicos de qualquer esfera". Por sua vez, o art. 6.º da referida legislação informa que: "Art. 6.º Para a imposição da pena e a sua graduação, a autoridade sanitária levará em conta: I – as circunstâncias atenuantes e agravantes; II – a gravidade do fato, tendo em vista as suas consequências para a saúde pública; III – os antecedentes do infrator quanto às normas sanitárias". Veja que o legislador previu várias possibilidades de sanções para infrações à legislação sanitária federal, porém condicionou a sua aplicação à análise de circunstâncias agravantes e atenuantes, à gravidade do fato, aos antecedentes do infrator.

◙ **No mesmo sentido:** "ADMINISTRATIVO. MANDADO DE SEGURANÇA. POLICIAL RODOVIÁRIO FEDERAL. SUPERINTENDENTE REGIONAL. DEMISSÃO. DESPROPORCIONALIDADE CONFIGURADA. SEGURANÇA CONCEDIDA. 1. Trata-se de mandado de segurança atacando ato do Ministro de Estado da Justiça consistente na demissão do impetrante do cargo de Policial Rodoviário Federal em razão de diversas irregularidades funcionais apuradas em processo administrativo disciplinar. 2. Defende o impetrante a ilegalidade do ato administrativo que importou na sua demissão do cargo de Policial Rodoviário Federal pelos seguintes fundamentos: o processo administrativo teve motivação política; houve cerceamento do direito de defesa diante da ausên-cia de oitiva de testemunhas por ele arroladas; inexiste ato ímprobo diante das provas colhidas no âmbito do processo administrativo; não foram demonstrados desonestidade, proveito próprio, dolo/culpa e a intenção de lesar o ente público; e, finalmente, é desproporcional a pena aplicada. 3. Das nulidades invocadas, tem razão o impetrante quando defende a desproporcionalidade da pena de demissão relativamente aos fatos a ele imputados. Com efeito, as condutas apuradas justificam reprimendas, uma vez que ferem princípios da Administração Pública, além de comprometer a prestação do serviço público e a imagem das instituições públicas perante os cidadãos; entretanto, são por si sós insuficientes para ensejar a pena de demissão, sob pena de ofensa aos princípios da proporcionalidade e da razoabilidade. 4. Segurança concedida para anular a pena de demissão e determinar a reintegração do impetrante, assegurando-se à Administração a possibilidade de aplicação de pena diversa." (STJ, MS 19.833/DF 2013/0053774-0, 1.ª S., Rel. Min. Mauro Campbell Marques, j. 26.02.2014, DJe 21.05.2014).

▶ **O administrador, analisando o caso concreto, as variantes que a lei traz, aplicará a sanção que melhor atenda ao interesse público no caso. Não é livre o gestor para aplicar qualquer penalidade sob o argumento de que todas estão na lei**

Isso significa que a penalidade concreta a ser aplicada vai ser estabelecida após um juízo de discricionariedade. Por outras palavras: o administrador, analisando o caso concreto, as variantes que a lei traz, aplicará a sanção que melhor atenda ao interesse público no caso. Não é livre o gestor para aplicar qualquer penalidade sob o argumento de que todas estão na lei. Isso porque, como registrado, além do limite da legalidade, existem outras barreiras, dentre as quais se destaca o princípio da proporcionalidade.

▶ **O Judiciário não pode substituir o ato, mas apenas anulá-lo, sob pena de violação ao princípio da separação dos poderes.**

O Judiciário não pode substituir o ato, mas apenas anulá-lo, sob pena de violação ao princípio da separação dos poderes. Quando se disse que a Administração pode fazer outro, não significa convalidá-lo, pois, como é sabido, ato que foi questionado em juízo não pode ser objeto de convalidação. A prática de outro ato, todavia, fica condicionada ao seu exercício não encontrar o óbice da decadência, pois, nesse caso, inexiste possibilidade de reiterar o ato, uma vez que o gestor perde a possibilidade de praticá-lo em razão da extinção dessa prerrogativa, que nada mais é que uma manifestação do princípio da segurança jurídica.

◉ **No mesmo sentido:** "(...) 3 – No mérito, deve a autoridade competente, na aplicação da penalidade, em respeito ao princípio da proporcionalidade (devida correlação na qualidade e quantidade da sanção, com a grandeza da falta e o grau de responsabilidade do servidor), observar as normas contidas no ordenamento jurídico próprio, verificando a natureza da infração, os danos para o serviço público, as circunstâncias atenuantes ou agravantes e os antecedentes funcionais do servidor. Inteligência do art. 128, da Lei n.º 8.112/90. 4 – Ademais registro que, por se tratar de demissão, pena capital aplicada a um servidor público, a afronta ao princípio supracitado constitui desvio de finalidade por parte da Administração, tornando a sanção aplicada ilegal, sujeita a revisão pelo Poder Judiciário. Deve a dosagem da pena, também, atender ao princípio da individualização inserto na Constituição Federal de 1988 (art. 5.º, XLVI), traduzindo-se na adequação da punição disciplinar à falta cometida. 5 – Precedente da 3.ª Seção (MS 6.663/DF). 6 – Preliminares rejeitadas e ordem concedida para determinar que sejam anulados os atos que impuseram a pena de demissão às impetrantes, com a consequente reintegração das mesmas nos cargos que ocupavam, sem prejuízo de que, em nova e regular decisão, a administração pública aplique a penalidade adequada à infração administrativa que ficar efetivamente comprovada. 7 – Quanto aos efeitos financeiros, estes devem ser pleiteados na via própria, a teor da Súmula 271/STF. Custas ex lege. Sem honorários advocatícios a teor das Súmulas 512/STF e 105/STJ." (STJ, MS 7.005/DF, 3.ª S., Rel. Min. Jorge Scartez-zini, DJU 04.02.2002).

PRINCÍPIO DA ISONOMIA

▶ **A realização de certame competitivo, prévio ao acesso aos cargos e empregos públicos, objetiva realizar os princípios consagrados em nosso sistema constitucional, notadamente os princípios da democracia e isonomia.**

"A realização de certame competitivo, prévio ao acesso aos cargos e empregos públicos, objetiva realizar os princípios consagrados em nosso sistema constitucional, notadamente os princípios da democracia e isonomia, e efetiva-se por meio de processo administrativo. Utilizando este mecanismo, são atendidas também as exigências do princípio da eficiência, neste momento entendido como a necessidade de selecionar os mais aptos para ocupar as posições em disputa e proporcionar uma atuação estatal otimizada. O acesso aos cargos e empregos públicos deve ser amplo e democrático, precedido de um procedimento impessoal onde se assegurem igualdade de oportunidades a todos interessados em concorrer para exercer os encargos oferecidas pelo Estado, a quem incumbirá identificar e selecionar os mais adequados, mediante critérios objetivos. " (Comentários à Constituição do Brasil / J. J. Gomes Canotilho. [et al.]. – São Paulo: Saraiva/Almedina, 2013, p. 830)

▶ **O concurso público deve assegurar a isonomia entre os interessados.**

"Em face de sua estrutura concorrencial, o concurso público deve assegurar a isonomia entre os interessados, visto que "os cargos, empregos e funções públicas são acessíveis aos brasileiros que preencham os requisitos estabelecidos em lei, assim como aos estrangeiros, na forma da lei" (CF/88, art. 37, 1)." (O regime jurídico do concurso público e seu controle jurisdicional, PINHEIRO DE QUEIROZ, Ronaldo. MAIA, Márcio Barbosa, p. 24).

◙ "Com efeito, em se tratando de candidatos oriundos do mesmo concurso público, devem ser submetidos aos mesmos requisitos de avaliação e aprovação, sob pena de ofensa ao princípio da isonomia." (REsp 1.217.346/RJ, 1.ª T., rel. Min. Arnaldo Esteves Lima, j. 22.11.2011, DJe 02.02.2012).

◙ **Viola o princípio constitucional da isonomia norma que estabelece como título o mero exercício de função pública.**

"Viola o princípio constitucional da isonomia norma que estabelece como título o mero exercício de função pública." [STF- ADI 3.443, rel. min. Carlos Velloso, j. 8-9-2005, P, DJ de 23-9-2005.]

▶ **Índices alarmantes de desvios e perseguições das bancas examinadoras.**

"...infelizmente, a nossa realidade histórica ainda registra índices alarmantes de desvios e perseguições das bancas examinadoras em desfavor dos candidatos-administrados, por motivos de toda ordem, compreendendo fatores ideológicos, sociológicos, raciais, físicos, geográficos e socioeconômicos." (PINHEIRO DE QUEIROZ, Ronaldo.

MAIA, Márcio Barbosa. O regime jurídico do concurso público e seu controle jurisdicional, p. 25).

▶ **A obrigatoriedade do concurso de ingresso no serviço público é uma decorrência do princípio da isonomia.**

"No sistema jurídico brasileiro a garantia de igual acesso a todos os interessados em ingressar no serviço público tem fortíssimas raízes constitucionais, a partir do próprio art. 1º da Constituição Federal, que consagra o princípio republicano, o qual não admite castas ou classes de ·cidadãos. A obrigatoriedade do concurso de ingresso no serviço público já é uma decorrência do princípio republicano, mas é reforçada ainda mais pelo princípio da isonomia e por disposições constitucionais expressas." (MOTTA, Fabrício (Coord.). Concurso Público e Constituição, 1.ª edição, 2ª tiragem, Belo Horizonte: Fórum, 2007. p. 92)

▶ **O princípio da igualdade reclama um fator externo à convivência humana para nivelar homens diferenciados cultural e economicamente.**

"..os homens são, por natureza, desiguais. O que existe, em termos de igualdade, é a inserção de todos na espécie humana, como indivíduos e pessoas. Todavia, a convivência polícia exige um "fator igualador" que provém de fora, podendo-se utilizar, para explicá-lo, a metáfora da moeda. A moeda é um fator externo, necessário para igualar as atividades do médico e do agricultor, na economia, por exemplo. Isso também é necessário na convivência social e política. O princípio da igualdade reclama um fator externo à convivência humana para nivelar homens diferenciados cultural e economicamente. E esse fator de igualdade humana só pode ser conferido pelo direito, correspondendo à própria lei. Logo, é a lei que iguala indivíduos das mais díspares naturezas. Diferentemente da igualdade formal, feita pela lei, a igualdade material parte do pressuposto de que os homens são realmente desiguais. O reconhecimento da desigualdade é o fundamento para programas de ações afirmativas, pelos quais se visa favorecer indivíduos concebidos como mais necessitados ou como credores de assistência do Estado." (PASSOS, Calmon. O princípio de não discriminação. Revista Diálogo Jurídico, p. 6)

▶ **Pela igualdade material, opera-se uma discriminação que a doutrina denomina discriminação inversa.**

"Alargam-se as oportunidades desses indivíduos, para inseri-los no mercado de trabalho, no serviço público e na sociedade. Pela igualdade material, opera-se uma discriminação que a doutrina denomina discriminação inversa. Ao proporcionar certos privilégios e facilidades a alguns indivíduos, nivelam-se os seres humanos, em termos de igualdade real e substancial. Por conseguinte, esses passam a poder competir com aqueles que se consideram providos de maiores recursos intelectuais, culturais, materiais e financeiros." (Fortini, Cristiana. Servidor público: estudos em homenagem ao professor Pedro Paulo de Almeida Dutra (Locais do Kindle 9705-9708). Editora Fórum. Edição do Kindle.)

▶ **A reserva de vagas para PNE é uma forma de efetivar o princípio da isonomia:**

O postulado isonômico assume fundamental importância no que concerne ao acesso aos cargos e empregos públicos, pois se buscam, por meio do concurso, aqueles que preencham as condições legais e intelectuais para o exercício do cargo.

> ▶ **No mesmo sentido:** "Referido princípio, para conferir igualdade de condições a pessoas que, devido às circunstâncias sociais ou físicas, se encontram em desvantagem, autoriza o legislador a estabelecer critérios que têm por objetivo afastar a condição desfavorável de modo a permitir que as pessoas possam concorrer em igualdade de condições, ou seja, trata de forma desigual os desiguais, para prevalecer o postulado da igualdade material." (MARCONDES, Pedro Carlos Bitencourt. *Servidor Público Teoria e Prática*, Belo Horizonte, 2016, p. 37)

▶ **A igualdade pode ser formal ou material. Quem são os iguais e os desiguais?**

"Saber quem são os iguais e os desiguais em matéria de concurso público constitui uma tarefa deveras tormentosa e um dos principais objetivos do presente estudo, visto que, infelizmente, a nossa realidade histórica ainda registra índices alarmantes de desvios e perseguições das bancas examinadoras em desfavor dos candidatos-administrados, por motivos de toda ordem, compreendendo fatores ideológicos, sociológicos, raciais, físicos, geográficos e socioeconômicos. Para alcançar tal mister, é preciso estabelecer, de logo, parâmetros objetivos para se detectar, ictu oculi, os casos de manifesta violação ao postulado da igualdade na seara da atividade administrativa dos concursos públicos, visto que uma especulação mais profunda acerca dos debates cientifico-teóricos dos limites da liberdade do legislador ou da discricionariedade legislativa nesse campo não se comportaria dentro dos acanhados limites do presente estudo. (...) A luz de tais diretivas, mencionem-se, a título de exemplo, as situações flagrantemente atentatórias ao postulado magno da igualdade descritas na justificação do Projeto de Lei do Senado n. 92/2000, que dispõe sobre normas gerais relativas a concursos públicos, verbis: " – imposição arbitraria de idades máximas para determinar dos cargos – exigências , contra a mulher, de condição de solteira ou de não ser mãe; – restrições a candidatos moradores de outros Municípios e Estados; – pontuação por tempo de serviço em determinado órgão; – utilização de critérios e equipamentos diferenciados nas examinações relativas as provas praticas; – utilização de critérios arbitrários nas provas físicas; – segregação e discriminação contra pessoas com determinadas condições físicas, malformações ou outras características pessoais." (PINHEIRO DE QUEIROZ, Ronaldo. MAIA, Márcio Barbosa. *O regime jurídico do concurso público e seu controle jurisdicional*, p. 25/26).

◙ **Afigura desarrazoada e viola o princípio da isonomia em seu âmbito material a exigência do teste de barra fixa, na modalidade dinâmica, para as candidatas do sexo feminino.**

"ADMINISTRATIVO. CONCURSO PÚBLICO. AGENTE DA POLÍCIA FEDERAL. EDITAL Nº 1/2009 – DGP/DPF. EXAME DE CAPACIDADE FÍSICA. TESTE DE BARRA FIXA NA MODALIDADE DINÂMICA. CANDIDATAS DO SEXO FEMININO.

OFENSA AOS PRINCÍPIOS DA ISONOMIA, DA RAZOABILIDADE E DA PROPOR-CIONALIDADE. SENTENÇA REFORMADA. 1. Este Tribunal possui entendimento pacificado no sentido de que se afigura desarrazoada e viola o princípio da isonomia em seu âmbito material a exigência do teste de barra fixa, na modalidade dinâmica, para as candidatas do sexo feminino, ante as diferenças de compleição física entre homens e mulheres. (AC 00295892820124013500, Desemb. Federal SOUZA PRUDENTE, TRF1 – 5ª TURMA, e-DJF1 06/11/2017; AC 00134470220054013400, Desemb. Federal DANIEL PAES RIBEIRO, 6ª TURMA, e-DJF1 26/10/2016) 2. Apelação a que se dá provimento." (TRF 1ª – AC 2009.34.00.035906-0/DF, Rel. Desembargadora Federal Daniele Maranhão Costa, Quinta Turma, e-DJF1 p. de 30/04/2018).

▶ **Sem expressa previsão constitucional, qualquer discriminação, ainda que inversa, em matéria de concurso público, não se legitima.**

"Sem expressa previsão constitucional, qualquer discriminação, ainda que inversa, em matéria de concurso público, não se legitima. Assim, ainda que se tenha previsão legal, as políticas públicas correspondentes a ações afirmativas de reserva de vagas para afrodescendentes e para os descendentes indígenas em concurso público são inconstitucionais. Consoante Andrei Marmor, a legislação constitui parte do discurso oficial do Estado. Não se pode, por isso, tratar o debate de determinado dever constitucional, como o é a realização de concurso público, fora do discurso oficial responsável pela validade desta norma e sem a consideração de sua inserção no corpo do sistema." (FORTINI, Cristiana. Servidor público: estudos em homenagem ao professor Pedro Paulo de Almeida Dutra (Locais do Kindle 9749-9764). Editora Fórum. Edição do Kindle.)

▶ **Não se pode, por consequência, admitir a validade de discursos assistencialistas, que se revelam aparentemente oficiais, permitindo a utilização do instituto do concurso público como política de inclusão social.**

"Não se pode, por consequência, admitir a validade de discursos assistencialistas, que se revelam aparentemente oficiais, permitindo a utilização do instituto do concurso público como política de inclusão social. Ademais, a discriminação, mesmo inversa, quando desautorizada pelo constituinte, é prejudicial à ética, dada a distorção de referências externas que guiem, com a devida neutralidade e impessoalidade, a seleção de servidores. Esses valores de neutralidade e impessoalidade da função pública profissionalizada foram definidos pelo Estado e pela sociedade, no ordenamento constitucional brasileiro. Logo, um ambiente no funcionalismo público marcado por preferências, discriminações positivas e assistencialismo a determinados cidadãos, sem a legitimação da Constituição, gerará, no futuro, mais insatisfação e desmotivação dos servidores não contemplados com a mesma benesse." (FORTINI, Cristiana. Servidor público: estudos em homenagem ao professor Pedro Paulo de Almeida Dutra (Locais do Kindle 9749-9764). Editora Fórum. Edição do Kindle.)

▶ **Princípio da isonomia VS Princípio do amplo acesso à justiça.**

É muito comum nos processos judiciais o seguinte questionamento: o acolhimento de uma ação anulando uma questão de concurso ou uma prova não apenas para um candidato não iria ferir o princípio da isonomia, pois, a final de contas, a questão e o exame são os mesmos para todos? Este tem sido, por muitas vezes, o fundamente para o indeferimento de pleitos legítimos de candidatos que levam suas pretensões ao Poder Judiciário. O objetivo do presente artigo é analisar até que ponto o princípio da isonomia pode ou não influenciar em uma decisão judicial que inviabilize o exercício de um candidato pleitear seus direitos na justiça.

▶ **O uso equivocado e retórico da isonomia.**

Um dos principais fundamentos para o não acatamento de pleitos sobre concurso público é o subterfúgio ao princípio à isonomia. Não é difícil localizar decisões que negue a anulação de um exame psicotécnico sob o fundamento de que o mesmo foi igual para todos e aceitar a anulação no caso concreto iria gerar a quebra da igualdade que deve permear o certame.

◉ **A igualdade das partes é imanente ao procedural *due process of law***

"a igualdade das partes é imanente ao procedural due *process of law*; quando uma das partes é o Estado, a jurisprudência tem transigido com alguns favores legais que, além da vetustez, têm sido reputados não arbitrários por visarem a compensar dificuldades da defesa em juízo das entidades públicas; se, ao contrário, desafiam a medida da razoabilidade ou da proporcionalidade, caracterizam privilégios inconstitucionais: parece ser esse o caso na parte em que a nova medida provisória insiste, quanto ao prazo de decadência da ação rescisória, no favorecimento unilateral das entidades estatais, aparentemente não explicável por diferenças reais entre as partes e que, somadas a outras vantagens processuais da Fazenda Pública, agravam a consequência perversa de retardar sem limites a satisfação do direito do particular já reconhecido em juízo. 4. No caminho da efetivação do due process of law – que tem particular relevo na construção sempre inacabada do Estado de direito democrático – a tendência há de ser a da gradativa superação dos privilégios processuais do Estado, à custa da melhoria de suas instituições de defesa em juízo, e nunca a da ampliação deles ou a da criação de outros como – é preciso dizê-lo – se tem observado neste decênio no Brasil." (STF, Pleno, MCADIn 1910-1-DF, rel. Min. Sepúlveda Pertence, j. 22.4.1999, v.u. (CPC 188); e m.v. (CPC 485 X), DJU 27.2.2004, p. 19)

▶ **Equívoco de percepção quanto à situação.**

Ao que parece, há um equívoco de percepção quanto à situação. O que não pode ocorrer é a Administração conferir tratamento desigual aos candidatos, com a exceção, dentro dos limites legais, aos portadores de necessidades especiais, às mulheres e aos negros. Ainda assim, no caso acima, há limites. Por exemplo: a prova objetiva, discursiva, oral, fase de títulos, a fase de psicotécnico, de investigação social tem que se operar administrativamente da mesma para todos. Ocorre que o ato praticado pela Administração goza da presunção de legitimidade, ou seja, que o mesmo foi feito corretamente. Assim, em um concurso público que possui as fases acima citadas, sempre haverá a presunção de que as mesmas foram conduzidas corretamente. Todavia, esta presunção é juris tantum, ou seja, relativa, admitindo, por isso, prova em sentido contrário da validade do ato que, se confirmada, seja administrativamente ou judicialmente, enseja a nulidade do ato questionado. O grande problema surge justamente aí.

▶ Quando a anulação de um ato ilegal vai gerar lesão à isonomia?

É interessante, mas a situação muda conforme vários fatores, como, por exemplo, se o vício é estrutural e geral ou específico a um candidato, se a anulação é feita pela Administração ou pelo Poder Judiciário, dentre outros critérios. Em se tratando de vício estrutural, geral, como fraude que comprometa a validade do certame como um todo, a anulação tem que ser total, seja ela feita pela Administração seja pelo Poder Judiciário. É o caso, por exemplo, de um concurso que a lei exige, além de outras, a fase de psicotécnico e de investigação social e estas não são aplicadas. Aqui o concurso todo está comprometido, não havendo chances de se falar em validade parcial para algum candidato. Situação diferente ocorre quando a lei exige o exame psicotécnico, este é aplicado, porém de forma equivocada. Atenção, pois aqui duas situações distintas podem ocorrer. A primeira é quando há um erro de aplicação do exame só para um candidato ou candidatos determináveis, como, por exemplo, a interpretação equivocada dos resultados de seus exames. Outro caso é quando há uma ilegalidade generalizada na fase, como, por exemplo, a exigência de psicotécnico sem previsão legal. Como se sabe, é necessário que exista lei determinando a aplicação do exame de psicotécnico em um concurso público, sob pena de nulidade. A matéria é tão pacífica que a jurisprudência inicialmente tinha evoluído para súmula e agora já está incorporada em um precedente vinculante, no caso: a súmula vinculante. No primeiro caso a situação é especifica a candidatos determináveis e estes, é claro, buscando a revisão do ato ilegal, irá bater às portas do Poder Judiciário. Todavia, é no segundo caso que há o maior problema e, muitas vezes, o não amparo judicial sob o equivocado argumento de que o tratamento diferenciado conferido pelo judiciário ira quebrar a isonomia, pois, afinal, todos se submeteram ao mesmo exame psicotécnico (mesmo que ilegal) e por isso o judiciário não poderia anular só para os candidatos que ingressaram em juízo.

▶ Se é que existe uma violação ao princípio da isonomia, o não amparo jurisdicional sob este fundamento também viola o princípio do amplo acesso à justiça.

"Em verdade, se é que existe uma violação ao princípio da isonomia, o não amparo jurisdicional sob este fundamento também viola o princípio do amplo acesso à justiça, positivado no artigo 5º, inciso XXXV da CF, segundo o qual "a lei não excluirá da apreciação do Poder Judiciário qualquer lesão ou ameaça a direito". Há no caso uma colisão de princípios. Nesse contexto, existindo essa colisão, a solução do embate exige que se faça uma ponderação entre eles, conforme a dimensão do peso ou da precedência. Para se entender e justificar as dimensões do peso ou da precedência torna-se cogente ingressarmos na teoria criada por Alexy, nominada de "lei da colisão". Segundo ALEXY: "La solución de la colisión consiste más bien en que, teniendo em cuenta las circusntancias des caso, se establece entre los príncipios una relación de precedencia condicionada. La determinación de precedencia condicionada consiste en que, tomando en cuenta el caso, se indican las condiciones bajo las cuales un principio precede al outro" (ALEXY, Robert. Teoría de los Derechos Fundamentales. Centro de Estudios Políticos y Constitucionales. Madrid, 2002, p. 92.)

▶ **O processo de ponderação de princípios envolve três etapas.**

"No direito pátrio, dentre os doutrinadores que mais se aprofundaram nos estudos sobre a ponderação, destacam-se LUIS ROBERTO BARROSO e ANA PAULA BARCELLOS. No entendimento destes o processo de ponderação envolve três etapas. Na primeira, cabe ao intérprete detectar no sistema as normas relevantes para a solução do caso, identificando eventuais conflitos entre elas. Na segunda, cabe examinar os fatos, as circunstâncias concretas do caso e sua interação com os elementos normativos. Assim, expões os autores, o exame dos fatos e os reflexos sobre as normas identificadas na primeira fase poderão apontar com maior clareza o papel de cada uma delas e a extensão de sua influência. Por fim, é na terceira etapa que a ponderação irá singularizar-se, em oposição à subsunção. Nessa fase dedicada à decisão, os diferentes grupos de normas e a repercussão dos fatos do caso concreto estarão sendo examinados de forma conjunta, de modo a apurar os pesos que devem ser atribuídos aos diversos elementos em disputa e, portanto, o grupo de normas que deve preponderar no caso." (BARROSO, Luís Roberto e BARCELLOS, Ana Paula. O começo da história. A nova interpretação constitucional e o papel dos princípios no direito brasileiro. In A nova interpretação constitucional: ponderação, direitos fundamentais e relações privadas / Luís Roberto Barroso (organizador), 2ª ed. Rio de Janeiro: Renovar, 2006, p. 335).

▶ **O grau de compressão a ser imposto a cada um dos princípios em jogo na questão dependerá da intensidade com que o mesmo esteja envolvido no caso concreto.**

"A solução do conflito terá de ser casuística, pois estará condicionada pelo modo com que se apresentarem os interesses em disputa e pelas alternativas pragmáticas viáveis para o equacionamento do problema." (ANDRADE, José Carlos Viera de. Os direitos Fundamentais na Constituição Portuguesa de 1976. 2ª ed.- Coimbra: Almedina, 2001, p. 222-223.)

▶ **Por que o princípio do amplo acesso à justiça prevalece, em regra, sobre o da isonomia?**

Enumeremos tais argumentos:

1) Os atos administrativos têm presunção de legitimidade, devendo o administrado ingressar com recurso ou ação pleiteando sua nulidade. Até que se prove em contrário, o ato é válido. No caso, a eliminação de inúmeros candidatos possui essa presunção, e norma que venha reconhecer in concreto a nulidade do ato apenas alcança o ato embatido, permanecendo válidos os demais atos;

2) Nosso sistema de controle difuso de constitucionalidade (legalidade) não permite a extensão dos efeitos de uma decisão de um caso singular para o geral, razão pela qual uma "suposta" violação ao princípio da isonomia é decorrente do próprio sistema processual;

3) Negar tutela jurisdicional ao candidato sob o argumento de que haveria violação à isonomia, sobre não resolver o problema da injustiça do certame para todos, também cercearia o direito do jurisdicionado pleitear tutela corretiva, ferindo o princípio do amplo acesso à justiça;

4) É sabido que a decisão em tela fará uma "micro justiça" (justiça no caso concreto), porém não cabe ao candidato – que sequer possui legitimidade – manejar instrumentos que venham ensejar uma "macro justiça" (que seria o caso de uma associação o Ministério Público ingressar com uma ação na defesa de interesses coletivos). O fato é que, seja micro ou macro, é dever do Judiciário prover – no sentido técnico –a justiça e prestar a tutela jurisdicional;

5) O "não acesso" à justiça criaria nos concursos públicos uma zona de total imunidade jurisdicional, pois toda ação isolada, em tese, pode ser manejada por outro candidato e Judiciário estaria de mãos atadas para fazer qualquer controle da Administração em razão do impedimento da isonomia. Seria chancelar a barbárie jurídica e aniquilar, de uma vez por todas, o princípio da inafastabilidade da jurisdição. Não há dúvidas que in casu deve-se afastar o equivocado argumento da agressão à isonomia e prestar-se a tutela jurisdicional corretiva em caso de ilegalidade.

Nesse sentido, veja o que decidiu o SUPREMO TRIBUNAL FEDERAL sobre o tema. Vejamos em particular os votos dos Min. MARCO AURÉLIO e SEPÚLVEDA PERTENCE no RE 434708 / RS, de 21/06/2005:

"Min. Marco Aurélio: Há o problema da isonomia que é resolvido pelo fato, e diante do fato, de ninguém estar obrigado a recorrer ao Judiciário, a ingressar em juízo para questionar este ou aquele ato. Assegura-se tal ingresso e, uma vez o titular do direito substancial assim procedendo, dá-se a solução do conflito de interesses mediante a entrega da prestação jurisdicional. (....)

Min. Sepúlveda Pertence "Antecipando-me a eventual embargos de declaração, digo que V.Exa. rejeitou bem a alegação, de todo improcedente, de violação ao princípio da isonomia, na medida em que se beneficiou a candidata que impetrou a segurança e não quem deixou de impugnar o ato em juízo: a pretensa discriminação é corolário absoluto da disponibilidade do direito de ação."

▶ **O problema se o princípio da isonomia prevalecer, em regra.**

Veja-se que se o argumento da isonomia prosperar haverá grave lesão ao princípio do amplo acesso à justiça e sua efetividade, vez que jamais poderá ser dada e sentença de procedência da ação em razão de suposta violação à isonomia. O direito não socorre aos que dormem. Assim, as pessoas que se sentirem lesadas deverão procurar o Poder Judiciário da mesma forma que fez o que buscou auxílio junto ao Poder Judiciário!

◙ **A falta de critérios homogêneos de correção da avaliação discursiva gera lesão ao princípio da isonomia.**

"Entretanto, constata-se que, na hipótese narrada nos presentes autos, não foram adotados critérios homogêneos de correção da avaliação discursiva, donde se infere a quebra do princípio da isonomia de tratamento e do princípio da legalidade. Desta forma, assinale-se que não é de se questionar os critérios utilizados peça comissão examinadora para aferir a nota. Porém, é necessário que haja um critério, devidamente motivado. O ato não pode ser arbitrário. É, contudo, discricionário, devendo conter, necessariamente, finalidade, forma e competência. O motivo e o objeto são de livre apreciação pela autoridade administrativa. Consistem, com efeito, no chamado mérito administrativo. Ocorre que este encontra-se subordinado à legalidade do ato, adequação entre os meios empregados e os fins pretendidos. A utilização de créditos distintos de correção para situações idênticas viola tal princípio, bem como a própria legalidade do ato, já que os critérios adotados, a partir do momento em que declinados, vinculam a atividade da Banca Examinadora na perquirição das notas. Tal se dá pela teoria dos motivos determinantes. Desta forma, a violação destes pela própria Banca Examinadora consiste em situação que enseja a intervenção do Judiciário para restaurar a legalidade do certame, bem como os princípios atinentes à concorrência pública para ingresso no serviço público. Com efeito, os critérios de avaliação de prova, envolvendo formulação de questões, correção de provas e atribuição de notas, fazem parte do mérito administrativo, não sendo passíveis de análise pelo Poder Judiciário. Entretanto, há de ser examinada, nesta sede, a garantia de igualdade de tratamento aos candidatos, bem como o critério de correção das questões e, ao que consta, tal garantia não restou observada. Constatada, portanto, a ilegalidade no critério de correção da referida prova e, assim, violação à garantia de igualdade de tratamento aos candidatos, impõe-se a manutenção da r. sentença que concedeu a segurança pleiteada. Órgão: 1ª Turma Cível, Processo N. Remessa de Ofício 20090110838379 RMO. Acórdão: 422.713)"

◉ **Exigências distintas de altura para candidatos do sexo masculino e feminino, desde que prevista em lei, é forma de efetivar o princípio da isonomia em seu sentido material.**

"ADMINISTRATIVO. CONCURSO PÚBLICO. INGRESSO NA CARREIRA DA POLÍCIA MILITAR. EXIGÊNCIA DE ALTURA MÍNIMA. POSSIBILIDADE. VIOLAÇÃO DO PRINCÍPIO DA ISONOMIA ENTRE HOMENS E MULHERES. NÃO OCORRÊNCIA. 1. Trata-se, na origem, de Mandado de Segurança impetrado contra ato administrativo de eliminação de Concurso Público para ingresso no Curso de Formação de Soldados da Polícia Militar de Mato Grosso do Sul, em razão da exigência de altura mínima de 1,65m para candidatos do sexo masculino e da alegada violação do princípio da isonomia ao se fixar estatura mínima inferior para as mulheres (1,60m). 2. A jurisprudência dos Tribunais Superiores é pacífica no sentido de que é constitucional a exigência de altura mínima para o ingresso em carreiras militares, desde que haja previsão legal específica, como se afigura no presente caso. 3. Com relação ao tratamento diferenciado entre homens e mulheres quanto à altura mínima (1,65m e 1,60m, respectivamente), a Constituição Federal a admite em situações específicas em que se consubstancie a igualdade material entre os gêneros, notadamente, como no presente caso, em que o componente distintivo orgânico indica que estatisticamente a altura média do homem brasileiro de 18 anos era de 1,72m em 2008/2009, enquanto que a da mulher brasileira era de 1,61m (fonte: IBGE; Pesquisa de Orçamentos Familiares 2008-2009) 4. Considerando o componente físico estatura, distintivo entre os gêneros, e o objetivo constitucional de proteção e inserção da mulher no mercado de trabalho como mecanismo de equilíbrio das forças produtivas (art. 7º, XX, da CF), a diferenciação de critério de altura mínima entre homem e mulher para ingresso, mediante concurso, em cargo público não se afigura, por si só, como violadora do princípio da isonomia. 5. No mesmo sentido do que acima exposto, destaco a seguinte decisão do STF: RE 658.312, Relator Min. Dias Toffoli, Tribunal Pleno, DJe 10.2.2015). 6. Recurso Ordinário não provido." (RMS 47.009/MS, Rel. Ministro HERMAN BENJAMIN, SEGUNDA TURMA, julgado em 24/05/2016, DJe 02/09/2016

◉ **Fere o princípio da isonomia em seu âmbito material a exigência do teste de barra fixa, na modalidade dinâmica, para as candidatas do sexo feminino.**

"ADMINISTRATIVO. CONCURSO PÚBLICO. AGENTE DA POLÍCIA FEDERAL. EDITAL Nº 1/2009 – DGP/DPF. EXAME DE CAPACIDADE FÍSICA. TESTE DE BARRA FIXA NA MODALIDADE DINÂMICA. CANDIDATAS DO SEXO FEMININO. OFENSA AOS PRINCÍPIOS DA ISONOMIA, DA RAZOABILIDADE E DA PROPORCIONALIDADE. SENTENÇA REFORMADA. 1. Este Tribunal possui entendimento pacificado no sentido de que se afigura desarrazoada e viola o princípio da isonomia em seu âmbito material a exigência do teste de barra fixa, na modalidade dinâmica, para as candidatas do sexo feminino, ante as diferenças de compleição física entre homens e mulheres. (AC 00295892820124013500, Desemb. Federal SOUZA PRUDENTE, TRF1 – 5ª TURMA, e-DJF1 06/11/2017; AC 00134470220054013400, Desemb. Federal DANIEL PAES RIBEIRO, 6ª TURMA, e-DJF1 26/10/2016) 2. Apelação a que se dá provimento." (AC 2009.34.00.035906-0/DF, Rel. Desembargadora Federal Daniele Maranhão Costa, Quinta Turma, e-DJF1 p. de 30/04/2018).

◉ **Fere o princípio da isonomia a fixação para a realização de testes físicos em horário de meio-dia para uns e mais cedo ou mais tarde para outros.**

"Trata-se de agravos interpostos pela UNIÃO e pela FUNDAÇÃO UNIVERSIDADE DE BRASÍLIA contra decisão que negou seguimento a recursos extraordinários interpostos de acórdão cuja segue transcrita: 'Constitucional e administrativo. Concurso público para agente e escrivão da Polícia Federal. Preliminar de cerceamento de defesa afastada. Teste de aptidão física. Horário fixado em desacordo com os princípios da razoabilidade e da isonomia. 1. Rechaçada a preliminar de cerceamento de defesa, porquanto o deslinde da controvérsia prescinde da produção de provas. 2. A Administração, em estabelecendo o horário de meio-dia para a realização de testes físicos para a cidade do Recife, nos cargos de Agente e Escrivão da Polícia Federal, afetou os princípios da razoabilidade e da isonomia entre os participantes do certame. 3. In casu, é de se repetir integralmente os testes físicos para os apelantes, dessa vez em horário compatível com o fixado para as demais capitais nordestinas. 4. Apelação parcialmente provida' (fl. 933 do e-STJ). No RE, interposto pela UNIÃO, fundado no art. 102, III, a, da Constituição, alegou-se violação aos arts. 2.º, 5.º, I, e 37, I e II, da mesma Carta. Por sua vez, a FUNDAÇÃO UNIVERSIDADE DE BRASÍLIA, em seu RE, interposto com base no art. 102, III, a, da Constituição, sustentou, em suma, violação aos arts. 2.º e 37, I e II, da Carta Magna. As pretensões recursais não merecem acolhida. Isso porque o Juízo de origem decidiu a causa nos seguintes termos: 'Na hipótese dos autos, os editais que repousam às fls. 180/219, divulgados em 20/10/2009, demonstram que o exame de aptidão física para o certame em comento foi aprazado para o dia 24/10/2009, nos seguintes horários, especificamente no caso dos Escrivães, tomando-se como parâmetro as capitais nordestinas: Aracaju/SE – 9 horas; Fortaleza/CE – 9 horas; João Pessoa/PB – 14 horas e 30 minutos; Maceió/AL – 8 horas e 30 minutos; Natal/RN – 8 horas e 30 minutos; Recife/PE – 12 horas; Salvador/BA – 9 horas; São Luís/MA – 9 horas; Teresina/PI – 8 horas e 30 minutos. Conforme o contexto acima retratado, tenho que a Administração desbordou dos princípios da razoabilidade e da isonomia ao aprazar a realização da prova de aptidão física na cidade de Recife/PE para o meio- ia, impondo desmedido esforço aos candidatos que se submeteram ao exame nesta Capital, mormente quando nas demais capitais do Nordeste os horários foram fixados quando, a toda evidência, a temperatura encontrava-se mais amena, facilitando a execução das atividades físicas. Não tenho motivos para desacreditar do laudo que repousa às fls. 53/74, dando conta da influência negativa do aumento da temperatura no desempenho do candidato submetido a exame dessa natureza, mormente quando verifico, igualmente, nos autos cópia da Instrução Normativa 02 da Secretaria de Educação do Estado de Pernambuco, na qual desaconselhado 'o funcionamento de aulas de Educação Física no horário compreendido entre 12:00 e 13:00 horas, exceto quando for possível oferecê-la em local coberto.' (fls. 321/325)'" (fl. 928 do e-STJ). Nesse contexto, resta claro que para divergir do Tribunal a quo, no concernente as condições no momento de aplicação do teste de aptidão física a que foram submetidos os agravantes, necessário seria o reexame do conjunto fático probatório constante dos autos, o que inviabiliza o extraordinário a teor da Súmula 279 do STF. Nesse sentido: 'Agravo regimental no recurso extraordinário com agravo. Concurso público. Exame de aptidão física. Realização. Condições inadequadas. Responsabilidade da Administração. Reexame de fatos e provas. Impossibilidade. Precedentes. 1. A afronta aos princípios da legalidade, do devido processo legal, da ampla defesa e do contraditório, dos limites da coisa julgada e da prestação jurisdicional, quando depende, para ser reconhecida como tal, da análise de normas infraconstitucionais, configura apenas ofensa indireta ou reflexa à Constituição da República. 2. A Corte de origem, ao conceder a segurança pleiteada, fundamentou-se nos fatos e nas provas da causa. 3. É pacífica a jurisprudência da Corte de que o recurso extraordinário não se presta ao reexame do conjunto fático-probatório. Incidência da Súmula n.º 279. 4. Agravo regimental não provido' (ARE 736.948-AgR/PE, Rel. Min. Dias Toffoli, Primeira Turma – grifos meus). Isso posto, nego seguimento aos recursos (CPC, art. 557, caput). Publique-se. Brasília, 3 de fevereiro de 2014. Ministro Ricardo Lewandowski – Relator" (STF, ARE 783.949-PE, Rel. Min. Ricardo Lewandowski, j. 03.02.2014, DJe-026 Divulg. 06.02.2014, Public. 07.02.2014).

◉ **A reserva de vagas para deficientes é uma forma de materializar o princípio da isonomia material.**

"MANDADO DE SEGURANÇA CONCURSO PÚBLICO CANDIDATO PORTADOR DE NECESSIDADES ESPECIAIS RESERVA DE VAGAS DETERMINAÇÃO CONSTITUCIONAL AÇÃO AFIRMATIVA VOLTADA A RECOMPOR MATERIAL-

MENTE O PRINCÍPIO DA ISONOMIA NOMEAÇÃO DE CANDIDATOS DA LISTA GERAL NÚMERO SUFICIENTE PARA ALCANÇAR A CLASSIFICAÇÃO DO IMPETRANTE NA LISTA DOS PNE AUSÊNCIA DE NOMEAÇÃO VIOLAÇÃO A DIREITO LÍQUIDO E CERTO ORDEM CONCEDIDA. 1) Em nosso ordenamento jurídico, o dever de promover a inclusão social daqueles que, porventura do destino, são portadores de alguma espécie de deficiência, deriva de nosso próprio texto constitucional que, no intuito de compensar, através de ações de conteúdo afirmativo, as dificuldades que afetam os indivíduos componentes desse grupo vulnerável, legitima o tratamento diferenciado em favor deles, determinando expressamente em seu art. 37, inc. VIII, a reserva de percentual de cargos e empregos públicos a serem providos por seus integrantes. 2) Indigitada medida afirmativa, acomodada no conceito de sociedade fraterna inscrito no preâmbulo de nossa Constituição, tem a finalidade de recompor materialmente o sentido de igualdade que anima as instituições republicanas, viabilizando aos portadores de deficiência física a faculdade de participarem do mercado de trabalho de forma digna, para que possam manter-se e ser mantenedores daqueles que deles dependem, a despeito da nítida desvantagem que a vida lhes impôs. 3) De acordo com o art. 37 do Decreto nº 3.298/1999, que regulamentou a Política Nacional para a Integração da Pessoa Portadora de Deficiência instituída pela Lei nº 7.853/1989, deve ser reservado o percentual mínimo de cinco por cento das vagas disponibilizadas em concurso público para os investidos de tal condição, elevando-se até o primeiro número inteiro subsequente, quando a aplicação de tal percentual resultar em número fracionado. 4) Dita previsão, reiterada pelo edital do concurso em voga, torna líquido e certo o direito do impetrante, uma vez que nomeados candidatos suficientes para alcançar sua classificação na lista dos portadores de necessidades especiais, sem que sua nomeação fosse realizada. 5) Segurança concedida." (TJES, Classe: Mandado de Segurança, 100170031551, Relator: ELIANA JUNQUEIRA MUNHOS FERREIRA – Relator Substituto: VICTOR QUEIROZ SCHNEIDER, Órgão julgador: TRIBUNAL PLENO, Data de Julgamento: 22/03/2018, Data da Publicação no Diário: 24/04/2018)

◙ **Em decorrência da garantia da liberdade religiosa a realização de concurso em horário diverso não configura violação à isonomia, à igualdade e à moralidade.**

"REMESSA NECESSÁRIA – MANDADO DE SEGURANÇA – DIREITO CONSTITUCIONAL À LIBERDADE RELIGIOSA – REALIZAÇÃO DE CONCURSO EM HORÁRIO DIVERSO – NÃO CONFIGURA VIOLAÇÃO À ISONOMIA, À IGUALDADE E À MORALIDADE – GARANTIA DA LIBERDADE RELIGIOSA – REMESSA CONHECIDA – SENTENÇA MANTIDA. 1. O texto constitucional em seu art. 5º, VI, garante a liberdade de consciência religiosa, de modo que a realização do exame em horário diverso daquele previsto em edital não configura violação à isonomia ou alguma forma de benefício ao candidato. 2. Possibilitar que os impetrantes façam a prova prática do concurso em questão ou no sábado após as 18 horas ou no domingo, em virtude de suas crenças religiosas, nada mais é que a garantia da liberdade de consciência religiosa. 3. Não se verifica nenhuma forma de vantagem aos impetrantes ao ser concedida a segurança para realizarem o certame em horário diverso daquele previsto em edital. 4. Remessa conhecida. Sentença mantida." (TJES, Classe: Remessa Necessária, 038160013637, Relator: ELISABETH LORDES, Órgão julgador: TERCEI-

RA CÂMARA CÍVEL, Data de Julgamento: 10/04/2018, Data da Publicação no Diário: 20/04/2018)

▶ **Princípio da isonomia e prova oral.**

"Quanto ao princípio da isonomia, o mesmo dificilmente pode ser alcançado nas provas orais. Geralmente os editais traçam dois critérios de avaliação nas provas orais: o sorteio de um ponto único, ou o sorteio, por parte de cada candidato, de um determinado ponto do programa. No segundo caso, é evidente que não há isonomia, uma vez que o grau de complexidade ou de dificuldade dos pontos de uma determinada disciplina é variável. No primeiro caso, mesmo que as perguntas possam ser as mesmas para cada um dos diferentes candidatos, a impessoalidade não poderá, a rigor, ser garantida. Um candidato, por exemplo, pode não oferecer uma resposta completa, mas por razões de empatia, naturais nas relações entre seres humanos, pode ele receber uma nota maior da de outro que, por timidez, ou nervosismo, tenha dado a resposta completa de modo menos simpático e direto." (FORTINI, Cristiana. Servidor público: estudos em homenagem ao professor Pedro Paulo de Almeida Dutra (Locais do Kindle 10226-10233). Editora Fórum. Edição do Kindle.)

OS PRINCÍPIOS DO CONTRADITÓRIO E AMPLA DEFESA

▶ **Os princípios do contraditório e da ampla defesa, previstos no art. 5º, inciso LV, da Constituição Federal, revelam-se nos concursos públicos, entre outros casos, por ocasião da impetração de recursos contra o resultado das provas.**

Os princípios do contraditório e da ampla defesa, previstos no art. 5º, inciso LV, da Constituição Federal, revelam-se nos concursos públicos, entre outros casos, por ocasião da impetração de recursos contra o resultado das provas. Esse é o momento que o candidato tem para apresentar suas razões contra o resultado obtido na prova e solicitar a reavaliação da mesma e, consequente, atribuição da nota realmente merecida. Cabe à banca examinadora analisar cuidadosamente os recursos e, caso não dê provimento aos pleitos, divulgar detalhadamente as razões de sua decisão (art. 2º e 50, inciso V, da Lei 9.784/99).

▶ **No mesmo sentido**: "...estão aí consagrados, pois, [...] a necessidade de que a Administração Pública, antes de tomar decisões gravosas a um dado sujeito, ofereça-lhe oportunidade de contraditório e de defesa ampla, no que se inclui o direito a recorrer das decisões tomadas". Ao tratar dos princípios específicos do procedimento administrativo, o eminente doutrinador alude, ainda, ao "princípio da revisibilidade", que, segundo ele, "consiste no direito de o administrado recorrer da decisão que lhe seja desfavorável." (Celso Antônio Bandeira de Mello, Curso de Direito Administrativo, 2009, p. 111.)

Ainda: ".por se tratar de procedimento administrativo em cujo cerne se encontra densa competitividade entre os aspirantes a cargos e empregos públicos, o concurso público não raras vezes rende ensejo à instauração de conflitos entre os candidatos, ou entre estes e o próprio Poder Público. É importante, em consequência, que essa característica marcante seja solucionada de forma legítima, sobretudo com a aplicação dos princípios da motivação e do contraditório e da ampla defesa (art. 5º, LV, CF)." (José dos Santos Carvalho Filho, Manual de Direito Administrativo, 2009, p. 482.)

▶ **O princípio do contraditório tem íntima ligação com o da igualdade das partes e o do direito de ação.**

"O princípio do contraditório, além de se constituir fundamentalmente em manifestação do princípio do estado de direito, tem íntima ligação com o da igualdade das partes e o do direito de ação, pois o texto constitucional, ao garantir aos litigantes o contraditório e ampla defesa, quer significar que tanto o direito de ação quanto o direito de defesa são manifestações do princípio do contraditório." (NERY. Nelson. Princípios do Processo na Constituição Federal, 13ª edição, RT, 2017, p. 248/249)

▶ **O princípio do contraditório está ligado à possibilidade de as partes reagirem aos atos que lhes sejam desfavoráveis.**

"Por contraditório deve entender-se, de um lado, a necessidade de dar conhecimento da existência da ação e de todos os atos do processo às partes, e, de outro, a possibilidade de as partes reagirem aos atos que lhes sejam desfavoráveis.362 Garantir-se o contraditório significa, ainda, a realização da obrigação de noticiar (Mitteilungspflicht) e da obrigação de informar (Informationspflicht) que o órgão julgador tem,363 a fim de que o litigante possa exteriorizar suas manifestações. Os contendores têm direito de deduzir suas pretensões e defesas, de realizar as provas que requereram para demonstrar a existência de seu direito, em suma, direito de serem ouvidos paritariamente no processo em todos os seus termos." (NERY. Nelson. Princípios do Processo na Constituição Federal, 13ª edição, RT, 2017, p. 250)

▶ **É proibida a negativa de vista da prova discursiva ao candidato.**

Os princípios do contraditório e da ampla defesa, previstos no art. 5º, inciso LV, da Constituição Federal, revelam-se nos concursos públicos, entre outras fases, no momento da interposição de recursos contra o resultado das provas discursivas e para que esse direito seja exercido é necessário que os candidatos tenham vista da prova. Esse é o momento que o candidato tem para apresentar suas razões contra a correção da prova realizada pela Banca Examinadora e solicitar o reexame da prova discursiva. Cabe à Banca analisar cuidadosamente os recursos e divulgar detalhadamente as razões de sua decisão. Por isso, qualquer disposição editalícia que vede a vista das provas e a interposição de recursos fere o princípio do contraditório e da ampla defesa. Com efeito, regra prevista no edital com esse conteúdo não se coaduna com o Estado Democrático de Direito, cuja essência denota a submissão, também do Estado, às disposições normativas e ao controle da sociedade. A Constituição Federal é o instrumento balizador dessa nova conformação político-jurídica e todas as normas, ainda que não propriamente leis em sentido estrito, como é o caso dos editais de concurso público, devem-lhe observância irrestrita.

◙ **No mesmo sentido:** "3. In casu, não está em discussão critério de avaliação escolhido pelo administrador, no âmbito de sua discricionariedade, ou seja, não se está questionando acerca da formulação ou da correção de questões pela banca examinadora. Está em debate a adoção, no edital, de procedimento de imposição de sigilo e de irrecorribilidade, em confronto direto com a Norma Constitucional, o que autoriza o controle jurisdicional do ato administrativo. Não se olvide que mesmo os atos administrativos discricionários são passíveis de controle pelo Poder Judiciário, quando inconstitucionais, ilegais e abusivos, não ofendendo, tal ilação, o princípio da separação dos Poderes. "Contravindo aos bem lançados argumentos recursais, a jurisprudência do STJ entende, em hipótese semelhante a destes autos, ser possível a intervenção do Poder Judiciário nos atos regulatórios (editais) que regem os concursos públicos." (STJ, AgRg no REsp 673.461/SC, Rel. Ministro CELSO LIMONGI (DESEMBARGADOR CONVOCADO DO TJ/SP), SEXTA TURMA, julgado em 18/02/2010, DJe 08/03/2010). 4. A norma do edital do processo seletivo, que veda a vista da prova de redação e a interposição de recurso administrativo contra o resultado, viola o Texto Constitucional, por agredir o princípio da publicidade, marcado pela fundamentalidade. Destarte, sua invalidade deve ser reconhecida, já que a Constituição não se compraz com o sigilo, admitido apenas em situações excepcionais, não caracterizadas no caso concreto.

▶ **É ilegal qualquer regra do edital que proíba a interposição de recurso na fase de prova discursiva.**

Esse tipo de disposição editalícia também viola o princípio da publicidade, pois a Constituição não se coaduna com o sigilo, que apenas é admitido em situações excepcionai, e o concurso público não está entre essas excepcionalidades, vez que é marcado pela ampla publicidade.

▶ **No mesmo sentido:** "Ressalta-se, que, nesse modelo, a prova discursiva possui dois momentos de recurso: um contra o(s) padrão(ões) de resposta da(s) questão(ões) e outro contra a própria nota atribuída ao candidato. O edital deve esclarecer que, no segundo momento, o candidato não pode mais questionar o padrão de resposta definitivo, pois já teve essa oportunidade antes. A estratégia de divulgar o(s) padrão(ões) de resposta da(s) questão(ões) discursiva(s) e disponibilizar recurso contra ele(s) tem um ligeiro impacto negativo no cronograma do concurso, mas confere à fase de prova discursiva uma alta segurança jurídica. Normalmente, o impacto no cronograma é de cerca de uma semana, podendo ser um pouco maior em alguns casos, como nos concursos da magistratura, por exemplo, em que se exige que os recursos sejam julgados em sessão pública. O risco de não se adotar esse procedimento decorre do fato de que a única oportunidade que o candidato terá de questionar o padrão de resposta esperado (que ele, inclusive, normalmente desconhece) será na fase de recurso contra o resultado provisório da fase. Nesse caso, na hipótese de a banca examinadora concordar com os argumentos do(s) candidato(s) e deferir o seu recurso, ela obrigatoriamente terá de recorrigir todas as provas novamente, o que ensejará retrabalho e reajuste no cronograma do concurso. Essa estratégia também confere maior transparência ao certame concursal, na medida em que os padrões de resposta das questões discursivas são publicitados, o que atualmente não é prática-padrão em concursos públicos." (Ricardo Bastos, p. 37/38)

◙ **No mesmo sentido:** "A jurisprudência do STF e deste STJ é unânime em reconhecer a legalidade da exigência, em editais de concurso, da aprovação em exames psicotécnicos, sobretudo para o ingresso na carreira policial, desde que realizados em moldes nitidamente objetivos, possibilitando aos candidatos 'não recomendados' o conhecimento do resultado e a interposição de eventual recurso." (STJ, REsp 241.356/CE, Rel. Ministro EDSON VIDIGAL, QUINTA TURMA, julgado em 29/06/2000, DJ 28/08/2000, p. 113)."

▶ **Condutas como a falta de motivação da correção das provas são atos passíveis de controle judicial, pois além de ferir o princípio enunciado impede o exercício da ampla defesa e contraditório.**

São atos passíveis de controle judicial e para que as ilegalidades sejam sanadas o Poder Judiciário deve determinar que a Banca Examinadora apresente que motivos ensejaram a perda de pontos e, posteriormente, a reabertura do prazo para que os candidatos interponham outros recursos, desta vez munidos das informações necessárias para exercerem plenamente o contraditório e a ampla defesa.

▶ **O princípio do contraditório não admite a existência, para os litigantes e seus advogados, de procedimento ou processo secreto, seja no âmbito administrativo, seja no judicial.**

"É inadmissível no estado democrático de direito a investigação, o processo secreto. Conhecimento da existência do procedimento ou processo em que se é acusado ou parte é direito fundamental garantido pela CF 5.º LV. Tem-se observado no Brasil, em tempos recentes já depois da redemocratização do País com a CF de 1988, a existência espúria de investigação secreta, por meio de inquéritos policiais "sigilosos", aos quais se nega acesso aos indiciados – mas nem sempre à imprensa –, a pretexto de que seria de interesse público a manutenção do sigilo das investigações. Isso é característica típica de estado policial, de estado de exceção, só existente em ditaduras, em regimes políticos não democráticos, o que não é o caso do Brasil, de acordo com o que determina a CF 1.º. O sigilo das investigações pode ser oposto a todos, menos ao indiciado ou acusado e seu advogado. Investigação sigilosa é devassa. A Suprema Corte editou verbete da súmula vinculante, minimizando os efeitos dessas investigações secretas. STF-V 14: "É direito do defensor, no interesse do representado, ter acesso amplo aos elementos de prova que, já documentados em procedimento investigatório realizado por órgão com competência de polícia judiciária, digam respeito ao exercício do direito de defesa." (NERY. Nelson. Princípios do Processo na Constituição Federal, 13ª edição, RT, 2017, p. 257/258)

▶ **Contraditório e Igualdade de armas.**

"Como decorrência do princípio da paridade das partes, o contraditório significa dar as mesmas oportunidades para as partes (Chancengleichheit) e os mesmos instrumentos processuais (Waffengleichheit) para que possam fazer valer os seus direitos e pretensões, ajuizando ação, deduzindo resposta, requerendo e realizando provas, recorrendo das decisões judiciais etc." (NERY. Nelson. Princípios do Processo na Constituição Federal, 13ª edição, RT, 2017, p. 258)

▶ **Ampla defesa significa permitir às partes a dedução adequada de alegações que sustentem sua pretensão.**

"Ampla defesa significa permitir às partes a dedução adequada de alegações que sustentem sua pretensão (autor) ou defesa (réu) no processo judicial (civil, penal, eleitoral, trabalhista) e no processo administrativo, com a consequente possibilidade de fazer a prova dessas mesmas alegações e interpor os recursos cabíveis contra as decisões judiciais e administrativas. Os titulares do direito de ampla defesa são os acusados em geral – nos procedimentos administrativos e inquisitoriais, tais como o inquérito policial – e os litigantes, isto é, autor e réu nos processos judiciais penais e de natureza não penal (civil, trabalhista, eleitoral). A CF 5.º LV garante a eles o direito de deduzirem alegações adequadas, isto é, que efetivamente tenham aptidão para fazer valer sua pretensão ou defesa nos procedimentos em que são acusados bem como nos processos administrativo e judicial." (NERY. Nelson. Princípios do Processo na Constituição Federal, 12ª edição, RT, 2016, p. 279)

▶ **Ampla defesa e recurso administrativo**

"A garantia constitucional da ampla defesa aplica-se ao processo administrativo e ao judicial. Sua incidência na esfera recursal administrativa tem como consequência o direito de o administrado/contribuinte/jurisdicionado recorrer pagando apenas as despesas do próprio recurso (preparo), quando for o caso. A lei não pode exigir o depósito prévio de parte ou da integralidade dos valores controvertidos, porque tal exigência é ofensiva à garantia constitucional da ampla defesa." (NERY. Nelson. Princípios do Processo na Constituição Federal, 12ª edição, RT, 2016, p. 290)

▶ **É ilegal o julgamento imotivado dos recursos interpostos na fase de provas discursivas, sob pena de o contraditório viabilizado no recurso ser mera fachada.**

O candidato não pode receber uma resposta padrão para seu recurso. Devem ser analisados todos os pontos por ele levantados. Tal direito é amparado nos princípios da motivação, razoabilidade, impessoalidade e segurança jurídica, além de ter embasamento na jurisprudência e na doutrina. Após a divulgação do resultado das provas discursivas, qualquer candidato que se sentir insatisfeito ou de alguma forma prejudicado com a correção da prova deve ter oportunidade de apresentar recurso administrativo. O recurso deve conter os fundamentos que embasam a pretensão do recorrente. Ao apreciá-lo, a Banca Examinadora deve fundamentar adequadamente tanto o deferimento quanto o indeferimento, se for o caso. A fundamentação de todos os recursos administrativos interpostos pelos candidatos é indispensável, pois a apresentação de uma resposta específica acerca do recurso é um ato vinculado. Caso a Banca Examinadora atue de outra forma, estará violando os princípios do contraditório, da ampla defesa e, sobretudo, o princípio da motivação previsto no art. 2º e 50, inciso V, da Lei Federal 9.784/99, que regula o processo administrativo no âmbito da Administração Pública Federal.

◙ **A motivação, nos recursos administrativos referentes a concursos públicos, é obrigatória e irrecusável, nos termos do que dispõe o art. 50, I, III e V, §§ 1º. e 3º. da Lei 9.784/99, não existindo, neste ponto, discricionariedade alguma por parte da Administração.**

"ADMINISTRATIVO. AGRAVO REGIMENTAL NO RECURSO ESPECIAL. MANDADO DE SEGURANÇA IMPETRADO NA CORTE DE ORIGEM. CONCURSO PÚBLICO PARA DELEGADO DA POLÍCIA CIVIL DO DISTRITO FEDERAL. NEGATIVA DE ACESSO AOS CRITÉRIOS UTILIZADOS NA CORREÇÃO DA PROVA SUBJETIVA. AUSÊNCIA DE MOTIVAÇÃO DA BANCA EXAMINADORA ACERCA DOS RECURSOS ADMINISTRATIVOS CONTRA REFERIDA PROVA. VIOLAÇÃO AO ART. 50 DA LEI 9.784/99. RECURSOS ESPECIAIS PROVIDOS. AGRAVO REGIMENTAL DESPROVIDO. 1. A motivação, nos recursos administrativos referentes a concursos públicos, é obrigatória e irrecusável, nos termos do que dispõe o art. 50, I, III e V, §§ 1º. e 3º. da Lei 9.784/99, não existindo, neste ponto, discricionariedade alguma por parte da Administração. 2. Com relação ao Impetrante JOÃO GUILHERME MEDEIROS CARVALHO salta aos olhos a total ausência de motivação na correção das provas discursivas e nos respectivos recursos administrativos. Há apenas suposições, externadas pelos ilustres relator e revisor do feito em segundo grau, de que os apelos administrativos do Impetrante foram examinados e devidamente motivados, não tendo sido apresentadas, entretanto, motivações idôneas e circunstanciadas, nos moldes preconizados pelo já mencionado art. 50 da Lei 9.784/99. 3. Quanto aos demais litisconsortes (JANE KLÉBIA DO NASCIMENTO SILVA PAIXÃO E OUTROS), constata-se a ausência de qualquer elemento que pudesse ter o condão de indicar os critérios utilizados pelo examinador para aferição das notas na prova subjetiva, bem como a sucinta, lacônica e estereotipada abordagem feita na revisão das provas. 4. Afirmativas que não traduzem reexame do material fático, mas sim valoração do conjunto probatório trazido aos autos quando da impetração do Mandado de Segurança. 5. Agravo Regimental desprovido." (STJ – AgRg no REsp 1062902/DF, Rel. Ministro NAPOLEÃO NUNES MAIA FILHO, QUINTA TURMA, julgado em 09/06/2009, DJe 03/08/2009)

◙ **No mesmo sentido:** "A negativa de acesso às razões do indeferimento de recurso administrativo interposto com vistas a impugnar nota obtida em prova discursiva fere os princípios da publicidade e da motivação, bem como o direito à informação, que visam possibilitar a revisão do ato administrativo, assegurando o pleno exercício do direito ao contraditório e à ampla defesa. TRF01 – APL: 00324304420084013400. "

◙ **Disposição editalícia que não autoriza a interposição de recursos em relação ao resultado das provas, seja ela objetiva, discursiva, avaliação psicológica, teste físico, etc., fere o princípio do contraditório e da ampla defesa, previsto no art. 5º, inciso LV, da Constituição Federal.**

"PROCESSUAL CIVIL. RECURSO ESPECIAL. APONTADA NEGATIVA DE VIGENCIA AO ART. 9º, INCISO VII, DA LEI N. 4878/65. CONCURSO PUBLICO. EXAME PSICOTECNICO. CRITERIOS ADOTADOS QUE INIBEM O CANDIDATO DE RECORRER DO RESULTADO DO EXAME. INADMISSIBILIDADE. E injustificável o comportamento da administração fazendo inserir nas instruções normativas baixadas através do edital de concurso a vedação ao pedido de vista ou a interposição de recurso do resultado da seleção psicológica. Recurso extraordinário. Agravo regimental. Concurso público. Exame psicotécnico previsto no edital que rege o concurso, com base em critérios meramente subjetivos. Irrecorribilidade de seu resultado. 3. Violação dos arts. 5º, XXXV, e 37, caput e incisos I e II, da Constituição Federal. Precedentes. 4. Agravo regimental a que se nega provimento."

◙ **No mesmo sentido decidiu o** "TRIBUNAL REGIONAL DA 1ª REGIÃO: CONSTITUCIONAL E ADMINISTRATIVO. MANDADO DE SEGURANÇA. CONCURSO PÚBLICO. ALTERAÇÃO DO GABARITO PRELIMINAR. DESCLASSIFICAÇÃO DO CANDIDATO. IRRECORRIBILIDADE. AFRONTA ÀS GARANTIAS CONSTITUCIONAIS DA AMPLA DEFESA E DO CONTRADITÓRIO. ANULAÇÃO DE QUESTÕES. CRITÉRIOS DE CORREÇÃO DE PROVAS. IMPOSSIBILIDADE DE APRECIAÇÃO PELO PODER JUDICIÁRIO. NECESSIDADE DE DILAÇÃO PROBATÓRIA. INADEQUAÇÃO DA VIA ELEITA. A garantia constitucional do contraditório e da ampla defesa, observado o devido processo legal, é assegurada a todos os litigantes, na esfera judicial ou administrativa (Constituição Federal, art. 5º, LIV e LV), afigurando-se, pois, nula a disposição editalícia que veda a interposição de recurso contra o ato que, alterando gabarito preliminar referente às provas objetivas do certame, enseja a desclassificação do candidato. CONCURSO PÚBLICO. POLICIAL FEDERAL. EXAME PSICOTÉCNICO. CARÁTER SIGILOSO E SUBJETIVO. INCONSTITUCIONALIDADE. 1. A exigência do exame psicotécnico é legal e harmoniza-se com o preceito insculpido no art. 37, II, da Constituição Federal. 2. Viola os arts. 5º, XXXIII, XXXV e LV, e 37 da Carta Magna a adequação do concursando a perfil profissiográfico previamente traçado pela Administração e pautado em critérios subjetivos, sigilosos e irrecorríveis. [...]"

▶ **Norma editalícia prevendo a impossibilidade de interposição de recursos em face do resultado das provas não se coaduna com o Estado Democrático de Direito.**

Norma editalícia prevendo a impossibilidade de interposição de recursos em face do resultado das provas não se coaduna com o Estado Democrático de Direito, cuja essência denota a submissão, também do Estado, às disposições normativas e ao controle da sociedade. A Constituição Federal de 1988 é o instrumento balizador dessa nova conformação político-jurídica e todas as normas, ainda que não propriamente leis em sentido estrito, devem-lhe observância irrestrita, sendo, deste modo, inadmissível a proibição do exercício do contraditório e da ampla defesa em âmbito de concurso público. Ainda, por conta da falta de motivação na correção das avaliações discursivas fica inviabilizado o direito ao recurso, pois como recorrer de algo onde não se sabe a título do que foram retirados os pontos?

▶ **Ilegalidade de interposição de recurso com número de caracteres limitados.**

Para piorar, em muitos concursos públicos, em um assassinato aos princípios que deveriam orientar o comportamento da Banca Examinadora, há séria lesão aos princípios da ampla defesa e contraditório, pois além de não saber os porquês dos descontos, o exercício do direito de defesa foi absurdamente limitado a 1.000 (hum mil) caracteres, o que é uma falta de respeito com o candidato e ilegalidade absurda praticada pela Banca. Gostaria de saber de onde é retirado o fundamento legal desta absurda regra? É obvio que não existe! E nem se diga que a mesma decorre da aplicação do edital, pois este, como ato administrativo que é, deve observância à lei e aos preceitos constitucionais. Fica evidente que em casos como estes, que infelizmente ocorrem com frequência, não são observados os princípios da ampla defesa e contraditório no processo seletivo, o que desponta como irrefutável ilegalidade, pois a Constituição Federal foi clara em garantir a ampla defesa e contraditório nos processos judiciais e administrativos e o concurso público, como se sabe, é uma espécie de procedimento administrativo.

◉ **É imperativo que exista na fase de prova oral uma chave de correção com espelho de quanto vale cada ponto da resposta esperada.**

"Não há dúvida de que a negativa de vista de qualquer espécie de prova ou dos critérios adotados para a sua correção fere o princípio constitucional da publicidade, além de impedir que o interessado tenha embasamento suficiente para interpor recurso administrativo, quando for o caso, cerceando, assim, o seu direito ao contraditório e à ampla defesa (grifei). 3-) Acresce que o art. 5º, XXXIII, da CF/88 garante a todos o direito de receber dos órgãos públicos informações relativas a interesse particular, o que reforça o direito do impetrante de ter vista dos documentos requeridos na inicial." (200650010072911, Desembargador Federal Antônio Cruz Netto, TRF2 – Quinta Turma Especializada, DJU – Data:09/12/2008 – Página:207)

▶ **Nas provas orais é fundamental a gravação da mesma para fins de possibilitar a ampla defesa e o contraditório do candidato na interposição do recurso.**

"Normalmente, a prova oral (ou de tribuna) precisa ser filmada e, às vezes, essa filmagem é disponibilizada aos candidatos para fins de recurso. Se esse for o caso e se a prova oral for de responsabilidade da instituição especializada contratada para organizar o certame concursal, então essa filmagem (e eventual disponibilização aos candidatos) deverá ser informada no Projeto Básico, para que a organizadora inclua esse produto em sua proposta de prestação de serviços técnico-especializados." (BASTOS, Ricardo. Concurso público: etapa interna e externa passo a passo / Alessandro Dantas Coutinho, William Douglas e Ricardo Bastos. – Curitiba, PR: Negócios Públicos, 2015. p. 52)

▶ **Fere o contraditório qualquer regra do edital que impossibilidade o candidato de recorrer em qualquer fase do concurso.**

O candidato tem direito a recurso ilimitado da correção da prova, podendo se valer de advogado, juntar provas como parte de seu exercício pleno do direito à ampla defesa e ao contraditório. Esse direito está respaldado pelos princípios da ampla defesa e do contraditório, na jurisprudência e na doutrina. Os princípios do contraditório e da ampla defesa, previstos no art. 5º, inciso LV, da Constituição Federal, revelam-se aplicáveis aos concursos públicos, entre outras fases, no momento da interposição de recursos contra o resultado das provas discursivas. Para que esse direito seja exercido é necessário que os candidatos tenham vista da prova. Esse é o momento que o candidato tem para apresentar suas razões contra a correção que a Banca Examinadora fez da prova discursiva e para solicitar seu reexame. Cabe à banca analisar cuidadosamente os recursos e divulgar detalhadamente as razões de sua decisão. Qualquer disposição editalícia que vede a vista das provas e a interposição de recursos fere o princípio do contraditório e da ampla defesa. Com efeito, regra prevista no edital com esse conteúdo não se coaduna com o estado democrático de direito, cuja essência denota a submissão, também do Estado, às disposições normativas e ao controle da sociedade. A Constituição Federal é o instrumento balizador dessa nova conformação político-jurídica e todas as normas, ainda que não propriamente leis em sentido estrito, como é o caso dos editais de concursos públicos, devem-lhe observância irrestrita. O edital que veda vista de provas e interposição de recursos também viola o princípio da publicidade, pois a Constituição não se coaduna com o sigilo, que apenas é admitido em situações excepcionais – e o concurso público não está entre essas excepcionalidades, vez que é marcado pela ampla publicidade.

◉ **No mesmo sentido:** "CONSTITUCIONAL E ADMINISTRATIVO. RECURSO ORDINÁRIO EM MANDADO DE SEGURANÇA. CONCURSO PÚBLICO. PRINCÍPIOS DA PUBLICIDADE, DA AMPLA DEFESA E DO CONTRADITÓRIO. OBSERVÂNCIA. VISTA DA PROVA QUE ELIMINOU A CANDIDATA DO CERTAME. CONCESSÃO DA ORDEM.1. Tendo em vista a necessária observância aos princípios norteadores de toda atividade administrativa, mormente os da publicidade – que se desdobra no direito de acesso a informação perante os órgãos públicos –, da ampla defesa e do contraditório, o candidato em concurso público deve ter acesso à prova realizada com a indicação dos erros cometidos que culminaram no seu alijamento do certame. 2. Recurso ordinário provido. ROMS 200802080781, LAURITA VAZ, STJ – QUINTA TURMA, DJE DATA:19/12/2008."

◉ **No mesmo sentido:** "Prejudicada a questão relativa à disposição contida no subitem 7.3 do edital. Não serão admitidos recursos contra as provas dissertativas (redação), nem contra as provas práticas orais, disposição essa que, aliás, afronta visivelmente o art. 5º, LV, da constituição e o art. 56 da Lei 9.784/1999. TRF01 – PROC: 109487920044013400. "

◉ **É direito do candidato o conhecimento da fundamentação do resultado, bem como o exercício do contraditório e da ampla defesa do resultado da prova física.**

"(...) 2. Reconhecida a nulidade do exame físico, no caso caracterizado por seu caráter sigiloso e irrecorrível, deve o candidato submeter-se a novo exame a fim de que, caso aprovado, possa ser nomeado e devidamente empossado. (...)RMS 23.613/SC, Rel. Ministra Maria Thereza de Assis Moura, Sexta Turma, julgado em 07/12/2010."

▶ **Para garantir a ampla defesa e o contraditório na fase de psicotécnico é necessário fornecer cópias dos testes ao candidato.**

"Outro ponto que merece ressalva é o art. 8º. Diz o artigo: "Art. 8 o Tanto para a entrevista de devolução quanto para a apresentação do recurso, não será admitida a remoção dos testes do candidato do seu local de arquivamento público, devendo o psicólogo contratado fazer seu trabalho na presença de um psicólogo da comissão examinadora, salvo determinação judicial. " É verdade que os testes não devem ser retirados dos seus lugares de arquivamento público para evitar extravios, fraudes etc. Todavia, para garantir a ampla defesa e o contraditório, devem ser fornecidas cópias dos testes ao candidato, seu advogado, ou ao psicólogo por ele contratado, ou, no mínimo, facultar sua extração, atestando sua autenticidade. Diante dessas considerações, pode-se concluir que as resoluções do CFP têm natureza vinculante em relação à atuação dos psicólogos, mas não em face da Administração Pública, para quem as disposições devem servir apenas como orientação, observados os limites legais." (Regime Jurídico dos Concursos Públicos. Francisco Lobello de Oliveira Rocha, Ed. Dialética 2006, p. 119)

> ▶ **No mesmo sentido:** "Quanto à questão do sigilo que deve acompanhar os referidos exames, é elementar que se considere que o sigilo aqui exigido diz respeito à impossibilidade de se dar publicidade sobre a avaliação do perfil psicológico de um indivíduo à toda a sociedade. É claro que o sigilo não alcança o próprio candidato que tem, por evidente, o direito ao acesso ao perfil que foi traçado pelo profissional que o avaliou, até mesmo para, se for o caso, exercer o seu direito ao contraditório e à ampla defesa." (FORTINI, Cristiana. Servidor público: estudos em homenagem ao professor Pedro Paulo de Almeida Dutra (Locais do Kindle 10197-10201). Editora Fórum. Edição do Kindle.)

▶ **Como decorrência da absoluta falta de motivação na deliberação pela comissão encarregada de julgar a validade da condição de indivíduo preto ou pardo dos candidatos, o candidato simplesmente fica amputado no exercício do contraditório e da ampla defesa quando da interposição dos recursos.**

Afinal, do que se recorreria, se não se sabia por que motivo não foi reconhecida sua declaração de que é pardo? Perceba-se que a Constituição Federal, podendo apenas falar em "contraditório e defesa", optou por garantir o contraditório e a "ampla defesa", e "com os meios e recursos a ela inerentes" o que denota exatamente o anseio de se possibilitar a produção de todo meio de prova que possa influir no resultado do processo. Mas como fazer isso sem saber o que lhe é imputado?

▶ **É vedada resposta padrão aos recursos interpostos, onde, supostamente, houve a ampla defesa e o contraditório.**

Depois disso tudo, o candidato, após recorrer sem ao certo saber do que, é mais uma vez surpreendido por uma resposta padrão, a mesma dada a todos os demais recursos interpostos, o que atenta, sem qualquer sombra de dúvidas, contra o princípio do contraditório. Pelo princípio contraditório é direito do litigante ter seus argumentos refutados por motivação sólida. Deve haver um diálogo jurídico entre a tese e antítese para que se possa formar uma conclusão (síntese) democrática, sob pena de ser o direito ao contraditório nos recursos uma mera fachada para dar ar de legitimidade aos comportamentos arbitrários da Banca Examinadora.

▶ A oportunidade de reagir ante a informação seria vã, se não existisse fórmula de verificar se a autoridade administrativa efetivamente tomou ciência e sopesou as manifestações dos sujeitos

"A oportunidade de reagir ante a informação seria vã, se não existisse fórmula de verificar se a autoridade administrativa efetivamente tomou ciência e sopesou as manifestações dos sujeitos. A este fim responde a motivação dos atos administrativos se percebe como e quanto determinado fato, documento ou alegação influiu sobre a decisão final." (MEDAUAR, Odete. Direito Administrativo Moderno, 20ª edição, Editora Revista dos Tribunais, São Paulo, 2016, p. 204)

> ▶ **No mesmo sentido:** "Nos atos vinculados ou regrados, e especialmente nos que importem atividade de jurisdição (decisões administrativas), mais se acentua o dever de motivar, porque, em tais casos, a ação administrativa está bitolada estreitamente pela lei ou pelo regulamento, impondo ao administrador a obrigação de demonstrar a conformação de sua atividade com todos os pressupostos de direito e de fato que condicionam a eficácia e validade do ato." (Hely Lopes Meirelles)

◙ **A motivação é que permite a verificação da legalidade do ato e que permite ao examinando entender os motivos de sua eventual reprovação, caso não haja reconsideração**

"MANDADO DE SEGURANÇA. ADMINISTRATIVO. CONCURSO DA OAB. EDITAL. PROVIMENTO Nº 81/96 DO CONSELHO FEDERAL DA OAB. SEGUNDA ETAPA DO CERTAME. RECURSO. FALTA DE FUNDAMENTAÇÃO. A decisão mediante a qual a Comissão de Estágio e Exame de Ordem negou provimento ao recurso administrativo interposto pela candidata é inaceitável quanto à insuficiência na fundamentação. O recurso administrativo suscitou vários pontos, que foram simplesmente desprezados na decisão padronizada. Uma resposta mais específica deveria ter sido emitida, eis que, em se tratando de ato administrativo vinculado, não há dúvidas sobre a obrigatoriedade da motivação, isto é, da exposição dos motivos do ato. A motivação é que permite a verificação da legalidade do ato e que permite ao examinando entender os motivos de sua eventual reprovação, caso não haja reconsideração. Não há como se aceitar a objeção sustentada no art. 6º, parágrafo único, do Provimento nº 81/96 do Conselho Federal da OAB, que restringe os limites da cognição do recurso administrativo, pois é incompatível com o devido processo legal. O examinando tem direito a reclamar a revisão administrativa da sua prova na íntegra. [...]. Não existe nexo lógico de causalidade entre o vício apontado na decisão referente à apreciação do recurso interposto pela candidata e seu pedido de inscrição nos quadros da OAB/ES, com desconsideração da segunda fase do exame de ordem." (TRF2, AMS 200150010104264, Desembargador Federal Fernando Marques, Quinta Turma Especializada, 07/12/2009).

◙ **Indeferimento de recurso com base em motivação genérica, desvinculada da impugnação apresentada e, assim, aplicável a todo e qualquer recurso que pudesse ser interposto pelos candidatos, equivale a falta de fundamentação.**

"MANDADO DE SEGURANÇA. CONCURSO PÚBLICO PARA PROVIMENTO DE CARGOS DE PROCURADOR DO ESTADO. MATÉRIAS RELATIVAS À LEGALIDADE DO CERTAME. POSSIBILIDADE DE APRECIAÇÃO PELO PODER JUDICIÁRIO. RECURSO CONTRA CORREÇÃO DE PROVA SUBJETIVA I. FALTA DE FUNDAMENTAÇÃO VINCULADA À IMPUGNAÇÃO APRESENTADA. FUNDAMENTAÇÃO GENÉRICA QUE SE APLICA A TODO E QUALQUER RECURSO QUE PUDESSE SER INTERPOSTO PELOS CANDIDATOS. [...]. POSSIBILIDADE DE ANÁLISE PELO PODER JUDICIÁRIO. VIOLAÇÃO AOS PRINCÍPIOS DA MOTIVAÇÃO, DA LEGALIDADE E DA VINCULAÇÃO AO EDITAL. SEGURANÇA CONCEDIDA. I. Os atos administrativos emanados de Comissões de Concursos Públicos podem ser revistos pelo Poder Judiciário, como garantia de sua legalidade, o que inclui o controle da fundamentação das decisões de indeferimento dos recursos e a análise da fidelidade das questões constantes da prova ao conteúdo programático do edital. II. Indeferimento de recurso com base em motivação genérica, desvinculada da impugnação apresentada e, assim, aplicável a todo e qualquer recurso que pudesse ser interposto pelos candidatos, equivale a falta de fundamentação, AFRONTANDO O PRINCÍPIO DA MOTIVAÇÃO CONSAGRADO NO ART. 5º, LV, DA CONSTITUIÇÃO FEDERAL. III. O edital de concurso público vincula todos os envolvidos às normas nele fixadas, devendo-se estrita obediência a todos os seus termos, sob pena de desrespeito ao princípio da legalidade, aplicável aos atos da Administração Pública." (Mandado de Segurança nº 0460056-8 – 4ª Câmara Cível, Relator Des. Abraham Lincoln Calixto, Julgado em 04/03/2008).

◙ **Indeferimento geral dos pedidos de revisão apresentados. Carência de motivação das decisões administrativas.**

"DIREITO ADMINISTRATIVO, DIREITO CONSTITUCIONAL E DIREITO PROCESSUAL CIVIL – MANDADO DE SEGURANÇA – ANÁLISE DO PLEITO DE NOVA APRECIAÇÃO DOS RECURSOS ADMINISTRATIVOS – POSSIBILIDADE – MANDADO DE SEGURANÇA ANTERIOR CONCERNENTE À FALTA DE FUNDAMENTAÇÃO DE UMA ÚNICA QUESTÃO – INDEFERIMENTO GERAL DOS PEDIDOS DE REVISÃO APRESENTADOS – CARÊNCIA DE MOTIVAÇÃO DAS DECISÕES ADMINISTRATIVAS – NULIDADE – VIOLAÇÃO, POR ANALOGIA, AO ARTIGO 93, INCISO IX, DA CONSTITUIÇÃO FEDERAL – MATÉRIA COBRADA EM QUESTÃO DO CERTAME – PREVISÃO NO EDITAL – SEGURANÇA PARCIALMENTE CONCEDIDA. 1. Havendo outro mandado de segurança em que se apreciou pedido de falta de fundamentação de uma única questão do mesmo concurso público versado nos presentes autos, nada obsta que se examine pleito de não motivação de resposta dos recursos administrativos apresentados contra as demais questões. 2. Sendo as decisões que indeferiram os pleitos de revisão de correção de questões do certame gerais e idênticas entre si, IMPÕE-SE A DECRETAÇÃO DE SUA NULIDADE, POR OFENSA, ANALOGICAMENTE, AO DISPOSTO NO ARTIGO 93, INCISO IX, DA CONSTITUIÇÃO FEDERAL, EIS QUE NÃO FUNDAMENTADAS. 3. Estando prevista no edital do concurso a matéria combatida no recurso em tela, pois incluída em tópico do programa, não há que se falar na sua anulação." (Mandado de segurança nº 483060-0, 5ª Câmara Cível, Relator Des. Marcos Moura).

◉ **Fundamentação genérica por parte dos examinadores que se aplica a todo e qualquer recurso interpostos pelos candidatos. Ofensa aos princípios constitucionais da ampla defesa, contraditório, devido processo legal, motivação.**

"POSSIBILIDADE DE APRECIAÇÃO PELO PODER JUDICIÁRIO. RECURSO CONTRA CORREÇÃO DE PROVA SUBJETIVA I. FALTA DE FUNDAMENTAÇÃO VINCULADA À IMPUGNAÇÃO APRESENTADA. FUNDAMENTAÇÃO GENÉRICA POR PARTE DOS EXAMINADORES QUE SE APLICA A TODO E QUALQUER RECURSO INTERPOSTOS PELOS CANDIDATOS. OFENSA AOS PRINCÍPIOS CONSTITUCIONAIS DA AMPLA DEFESA, CONTRADITÓRIO, DEVIDO PROCESSO LEGAL, MOTIVAÇÃO E LEGALIDADE. CONJUNTO PROBATÓRIO SUFICIENTE À APRECIAÇÃO DE EVENTUAL ATO PRATICADO COM ABUSO DE PODER OU ILEGAL POR PARTE DA COMISSÃO DE CONCURSO. ACOLHIMENTO. NECESSIDADE DE REVISÃO DOS RECURSOS COM APRECIAÇÃO ESCORREITA E MOTIVADA DOS ELEMENTOS DE IMPUGNAÇÃO DO CANDIDATO. [...]. Os atos administrativos emanados de Comissões de Concursos Públicos podem ser revistos pelo Poder Judiciário, como garantia de sua legalidade, o que inclui o controle de fundamentação das decisões de indeferimento de recursos e a análise de fidelidade das questões constantes da prova ao conteúdo programático do edital. DEVEM SER ANULADAS AS DECISÕES DOS RECURSOS QUE SE APRESENTA SOB FORMA GENÉRICA a todo e qualquer questão, sem levar em consideração diferenças entre matérias, tampouco as impugnações elencadas pelos candidatos, o que resulta em afronta aos princípios constitucionais da ampla defesa, contraditório, devido processo legal, motivação e legalidade. [...]." (Mandado de Segurança nº 0460652-0, 5ª Câmara Cível, Relator Juiz Convocado Jurandyr Reis Junior, Julgado em 25/03/2008).

▶ **Revogado, restringido ou negado a alguém um direito subjetivo qualquer, por ato administrativo, sem respeitar a referida garantia constitucional, a reação do titular alcançado pela ilegalidade pode, perfeitamente, se dar por meio do mandado de segurança.**

"A garantia fundamental ao contraditório e ampla defesa aplica-se não apenas ao processo judicial, mas também aos procedimentos administrativos que possam afetar direitos subjetivos públicos ou privados (CF, art. 5º, LIV e LV). Revogado, restringido ou negado a alguém um direito subjetivo qualquer, por ato administrativo, sem respeitar a referida garantia constitucional, a reação do titular alcançado pela ilegalidade pode, perfeitamente, se dar por meio do mandado de segurança. O Supremo Tribunal Federal já teve oportunidade de apreciar caso em que o CNJ, em procedimento administrativo, considerou nulos todos os atos de nomeação de servidores de determinado tribunal de justiça porque realizados após expiração do prazo de validade do respectivo concurso. A decisão administrativa fundou-se na inconstitucionalidade das portarias do tribunal que haviam prorrogado o referido prazo. O CNJ, entretanto, chegou à sua deliberação sem convocar os servidores interessados para participarem do "processo de controle administrativo", o que motivou a impetração de segurança perante o STF, com o fito de invalidar a decisão que ordenara a exoneração dos impetrantes. O fundamento do writ imputava ao acórdão do CNJ violação do "direito líquido e certo à manifestação em processo que lhes poderia ser prejudicial"." (Jr., THEODORO, Humberto. Lei do Mandado de Segurança Comentada, 2ª edição. Forense, 10/2018. (Jr. 24-26).

◙ **No mesmo sentido:** "MANDADO DE SEGURANÇA. CONSELHO NACIO-NAL DE JUSTIÇA. PROCEDIMENTO DE CONTROLE ADMINISTRATIVO. NOTIFICAÇÃO DE PESSOAS DIRETAMENTE INTERESSADAS NO DESFE-CHO DA CONTROVÉRSIA. CONTRADITÓRIO E AMPLA DEFESA. NECES-SIDADE. Sempre que antevista a existência razoável de interessado na manuten-ção do ato atacado, com legítimo interesse jurídico direto, o CNJ está obrigado a dar-lhe ciência do procedimento de controle administrativo. Identificado o legítimo interesse de terceiro, o acesso ao contraditório e à ampla defesa inde-pendem de conjecturas acerca da efetividade deste para produzir a defesa do ato atacado. Segurança concedida, para anular o acórdão atacado e para que o CNJ possa notificar os impetrantes acerca da existência do PCA e de seu direito de serem ouvidos. " (MS 27154, Relator(a): Min. JOAQUIM BARBOSA, Tribu-nal Pleno, julgado em 10/11/2010, DJe-025 DIVULG 07-02-2011 PUBLIC 08-02-2011 EMENT VOL-02459-01 PP-00016 RT v. 100, n. 907, 2011, p. 383-397)

◙ **Direta emanação da própria garantia constitucional do _"due process of law"_ (CF, art. 5º, LIV) – independentemente, portanto, de haver previsão normativa nos es-tatutos que regem a atuação dos órgãos do Estado –, a prerrogativa indisponível do contraditório e da plenitude de defesa, com os meios e recursos a ela inerentes.**

"MANDADO DE SEGURANÇA – DECISÃO DO CORREGEDOR NACIONAL DE JUSTIÇA QUE NEGA SEGUIMENTO A RECURSO ADMINISTRATIVO SEM SUBMETÊ-LO AO CRIVO DO PLENÁRIO DO CONSELHO NACIONAL DE JUS-TIÇA – INADMISSIBILIDADE – INOBSERVÂNCIA DO RITO PREVISTO NO ART. 115, § 2º, DO REGIMENTO INTERNO DO CONSELHO NACIONAL DE JUSTIÇA E NO ART. 61, § 2º, DO REGULAMENTO GERAL DA CORREGEDORIA NACIONAL DE JUSTIÇA – PROCEDIMENTO DE CARÁTER ADMINISTRATIVO – SITUAÇÃO DE CONFLITUOSIDADE EXISTENTE ENTRE OS INTERESSES DO ESTADO E OS DO PARTICULAR – NECESSÁRIA OBSERVÂNCIA, PELO PODER PÚBLICO, DA FÓRMULA CONSTITUCIONAL DO "DUE PROCESS OF LAW" – PRERROGATI-VAS QUE COMPÕEM A GARANTIA CONSTITUCIONAL DO DEVIDO PROCES-SO – PRECEDENTES – RECURSO DE AGRAVO IMPROVIDO. – A jurisprudência do Supremo Tribunal Federal tem reafirmado a essencialidade do princípio que con-sagra o "due process of law", nele reconhecendo uma insuprimível garantia que, ins-tituída em favor de qualquer pessoa ou entidade, rege e condiciona o exercício, pelo

Poder Público, de sua atividade, ainda que em sede materialmente administrativa, sob pena de nulidade do próprio ato punitivo ou da medida restritiva de direitos. Precedentes. Doutrina. – Assiste ao interessado, mesmo em procedimentos de índole administrativa, como direta emanação da própria garantia constitucional do "due process of law" (CF, art. 5º, LIV) – independentemente, portanto, de haver previsão normativa nos estatutos que regem a atuação dos órgãos do Estado –, a prerrogativa indisponível do contraditório e da plenitude de defesa, com os meios e recursos a ela inerentes (CF, art. 5º, LV)." (MS 32559 AgR, Relator(a): Min. CELSO DE MELLO, Segunda Turma, julgado em 03/03/2015, PROCESSO ELETRÔNICO DJe-066 DIVULG 08-04-2015 PUBLIC 09-04-2015)

◙ **Nenhum ato administrativo pode ser invalidado pelo Poder Público sem que todos os alcançáveis pela invalidação, direta ou reflexamente, tenham tido oportunidade de se defender, segundo a garantia constitucional do devido processo legal e do contraditório.**

"CONSTITUCIONAL E ADMINISTRATIVO. CONSELHO NACIONAL DO MINISTÉRIO PÚBLICO. NOTÍCIAS DE IRREGULARIDADES NA ADMINISTRAÇÃO DO MINISTÉRIO PÚBLICO DO ESTADO DO AMAZONAS. REPRESENTAÇÃO. PROCEDIMENTO DE CONTROLE ADMINISTRATIVO. INSTAURAÇÃO. NOTIFICAÇÃO POR EDITAL DE PESSOA IDENTIFICADA COMO BENEFICIÁRIA DE ATO IMPUGNADO. NULIDADE. ORDEM CONCEDIDA. 1. Reveste-se de nulidade por ofensa ao exercício do direito ao contraditório e ampla defesa a notificação apenas por edital de pessoa identificada como beneficiária direta de ato objeto de questionamento em procedimento de controle administrativo instaurado no âmbito do Conselho Nacional do Ministério Público. 2. No caso, a comunicação por edital se deu na forma do art. 105 do Regimento Interno do Conselho Nacional do Ministério Público, então em vigor, que possuía a mesma redação do art. 98 de antigo Regimento Interno do Conselho Nacional de Justiça, cuja inconstitucionalidade foi reconhecida pelo Plenário desta Corte no julgamento do MS 25.962 (Rel. Min. Marco Aurélio, DJe de 20/3/2009). 3. Ordem concedida." (MS 26419, Relator(a): Min. TEORI ZAVASCKI, Segunda Turma, julgado em 27/10/2015, ACÓRDÃO ELETRÔNICO DJe-249 DIVULG 10-12-2015 PUBLIC 11-12-2015)

▶ **Mandado de segurança e a teoria do fato consumado**

"Em nome do princípio constitucional da segurança jurídica, a jurisprudência construiu a teoria do fato consumado, que, diante de uma conjuntura não apoiada na legalidade, acabou por estabilizar uma situação jurídica cujo desfazimento tardio não se compatibilizaria com uma solução justa e equitativa, principalmente porque o respectivo titular, de longa data, teria incorporado em sua esfera jurídica um aparente direito adquirido. A demora no julgamento do mandado de segurança, assim, colocaria o juiz numa condição que não lhe permitiria denegar a segurança e cassar a liminar que perdurou por um período tão longo que o impetrante pode concluir a aquisição definitiva de outros direitos, fundados na força da medida judicial provisória. Pense--se no caso do aluno que consegue matrícula por liminar e, quando a segurança pudesse ser denegada no mérito, já estaria graduado e no exercício da profissão para a qual se titulou. Em nome do fato consumado, e em respeito à boa-fé, à confiança e à segurança jurídica, o Poder Judiciário, nas circunstâncias apontadas, fica autorizado a deferir o mandamus, sem embargo da ausência do direito líquido e certo. Esse requisito fundamental do mandado de segurança restou substituído pelo fato consumado. É claro que isso jamais será admissível se a procrastinação da marcha processual tiver sido causada por manobras ou expedientes maliciosos engendrados pelo próprio impetrante. " (Jr., THEODORO, Humberto. Lei do Mandado de Segurança Comentada, 2ª edição. Forense, 10/2018, p. 30).

◙ **A teoria do fato consumado, contudo, não pode ser aplicada indiscriminadamente sem uma análise sobre as particularidades de cada caso. Há situações onde o princípio da boa-fé objetiva impõe o seu afastamento**

"ADMINISTRATIVO – EXAME DA ORDEM – EM REGRA NÃO CABE AO PODER JUDICIÁRIO REVISAR OS CRITÉRIOS ADOTADOS PELA BANCA EXAMINADORA – LEGÍTIMA CONSOLIDAÇÃO DA SITUAÇÃO FÁTICA – TEORIA DO FATO CONSUMADO.1. O Poder Judiciário não pode substituir a banca examinadora na análise do mérito das questões em concurso público, salvo se a questão impugnada pelo candidato se apresentar dissociada dos pontos constantes do edital ou teratológica.2. Todavia, ainda que a instância ordinária incida em desacerto, a Primeira Seção desta Corte Superior tem entendido que as situações consolidadas pelo decurso de tempo devem ser respeitadas, sob pena de se causar à parte excessivo prejuízo. Trata-se da aplicação da teoria do fato consumado, que privilegia o princípio da segurança jurídica e a estabilidade nas relações sociais. 3. A teoria do fato consumado, contudo, não pode ser aplicada indiscriminadamente sem uma análise sobre as particularidades de cada caso. Há situações onde o princípio da boa-fé objetiva impõe o seu afastamento. A título de exemplo, não se poderia considerar consolidada uma situação de fato resultado de conduta antijurídica premeditada. O Direito não pode premiar a torpeza. 4. In casu, todavia, não há elementos no acórdão que permitam a conclusão de que o recorrido violou o princípio da boa-fé objetiva, nem de que se valeu de meios espúrios para forçar a sedimentação de uma situação de fato, com o fim de obter, posteriormente, o benefício da aplicação da teoria do fato consumado. Recurso especial improvido." (STJ, 2ª T., REsp 1.130.985/PR, Rel. Min. Humberto Martins, ac. 17.12.2009, DJe 19.02.2010.)

◙ **O STF em âmbito de Repercussão Geral já decidiu ser inaplicável a teoria do fato consumado para manutenção em cargo público de candidato não aprovado no concurso.**

"1. Não é compatível com o regime constitucional de acesso aos cargos públicos a manutenção no cargo, sob fundamento de fato consumado, de candidato não aprovado que nele tomou posse em decorrência de execução provisória de medida liminar ou outro provimento judicial de natureza precária, supervenientemente revogado ou modificado. 2. Igualmente incabível, em casos tais, invocar o princípio da segurança jurídica ou o da proteção da confiança legítima. É que, por imposição do sistema normativo, a execução provisória das decisões judiciais, fundadas que são em títulos de natureza precária e revogável, se dá, invariavelmente, sob a inteira responsabilidade de quem a requer, sendo certo que a sua revogação acarreta efeito ex tunc, circunstâncias que evidenciam sua inaptidão para conferir segurança ou estabilidade à situação jurídica a que se refere. 3. Recurso extraordinário provido." (STF, Pleno, RE 608.482/RN, Rel. Min. Teori Zavascki, ac. 07.08.2014, DJe 30.10.2014.)

▶ **Caso específico da aplicação da teoria do fato consumado em razão de o candidato ter se aposentado dentro do longo prazo do processamento do feito.**

"Releva destacar decisão da Primeira Seção do STJ ao analisar caso em que a servidora foi nomeada sob amparo de decisão judicial liminar, apesar de não ter sido aprovada no concurso, exercendo o cargo até se aposentar, teve, posteriormente, sua nomeação tornada sem efeito e, consequentemente, sua aposentadoria. Aquela Corte decidiu que, não obstante a impossibilidade de a impetrante permanecer no cargo em razão da posterior denegação da segurança que buscava sua aprovação no certame, não poderia ser cassada sua aposentadoria, uma vez que o vínculo previdenciário havia se consolidado." (Jr., THEODORO, Humberto. Lei do Mandado de Segurança Comentada, 2ª edição. Forense, 10/2018, p. 32).

◙ **No mesmo sentido:** "2. Ao contrário do que sustenta a impetrante, a existência da Ação Ordinária, que acabou por transitar em julgado favoravelmente a ela, não lhe asseguraria o direito de permanecer no cargo, pois esta Ação era dependente do resultado do Mandado de Segurança anterior, em que buscava sua aprovação no concurso. 3. Transitada em julgado a decisão desfavorável no Mandado de Segurança pela qual ela buscou realizar a 2ª etapa do concurso, considera-se que ela não foi aprovada, e perde o objeto a pretensão de nomeação tratada na Ação Ordinária. 4. O Supremo Tribunal Federal, em julgado realizado sob a égide da repercussão geral, deu pela inaplicabilidade da teoria do fato consumado para manutenção em cargo público de candidato não aprovado em concurso (STF, RE 608.482, Relator Min. Teori Zavascki, Tribunal Pleno, julgado em 7/8/2014, Repercussão Geral – Mérito, DJe-213 p. 30/10/2014).5. Assim, se a impetrante estivesse exercendo o cargo, não haveria nenhuma irregularidade no seu afastamento deste depois do trânsito em julgado da decisão judicial desfavorável a ela que lhe permitiu prosseguir no concurso após a primeira etapa. SITUAÇÃO EXCEPCIONALÍSSIMA DE CONSOLIDAÇÃO FÁTICO-JURÍDI-CA NO CASO CONCRETO – APOSENTADORIA. 6. Não obstante a compreensão acima exarada, constata-se que a impetrante, nomeada sob amparo de decisão judicial liminar, exerceu o cargo até o momento de sua aposentadoria, ocorrida vários anos antes da decisão final do Mandado de Segurança originalmente impetrado por ela para prosseguir no concurso. 7. Embora o vínculo de trabalho fosse precário, o vínculo previdenciário, após as contribuições previdenciárias ao regime próprio, consolidou-se com a reunião dos requisitos para a concessão de aposentadoria. 8. A legislação federal estabelece a cassação da aposentadoria apenas nos casos de demissão do servidor público e de acumulação ilegal de cargos (arts. 133, § 6º, e 134 da Lei 8.112/1990), não havendo, portanto, respaldo legal para impor a mesma penalização quando o exercício do cargo é amparado por decisões judiciais precárias e o servidor se aposenta por tempo de contribuição durante esse exercício após legítima contribuição ao sistema. 9. Precedente específico: MS 18.002/ DF, Relator Min. Herman Benjamin, Primeira Seção, julgado em 21/11/2016 (acórdão aguardando publicação) 10. Segurança parcialmente concedida para manter a aposentadoria da impetrante." (STJ, 1ª Seção, MS 20.558/DF, Rel. Min. Herman Benjamin, ac. 22.02.2017, DJe 31.03.2017.)

VINCULAÇÃO AO INSTRUMENTO AO EDITAL.

▶ **Em tema de concurso público é cediço que o Edital é lei entre as partes, estabelecendo regras às quais estão vinculados tanto a Administração quanto os candidatos.**

Dentre os princípios que regem o concurso público destaca-se o princípio da vinculação ao instrumento convocatório. Isso significa que "todos os atos que regem o concurso público ligam-se e devem obediência ao edital que não só é o instrumento que convoca candidatos interessados em participar do certame como também contém os ditames que o regerão", afinal, o edital cristaliza a competência discricionária da Administração que se vincula a seus termos. Em tema de concurso público é cediço que o Edital é lei entre as partes, estabelecendo regras às quais estão vinculados tanto a Administração quanto os candidatos, a teor doa artigos 18 e 19 do Decreto nº6944/2209.

▶ **O princípio da vinculação ao edital nada mais é que uma faceta dos princípios da impessoalidade, da legalidade e da moralidade.**

A doutrina e a jurisprudência já sedimentaram que o princípio da vinculação ao edital nada mais é que faceta dos princípios da impessoalidade, da legalidade e da moralidade, mas que merece tratamento próprio em razão de sua importância. Com efeito, o edital é ato normativo confeccionado pela Administração Pública para disciplinar o processamento do concurso público.

▶ **O edital encontra-se subordinado à Lei e a Constituição e vincula, em observância recíproca, Administração e os candidatos.**

Sendo ato normativo elaborado no exercício de competência legalmente atribuída, o edital encontra-se subordinado à lei e a Constituição e vincula, em observância recíproca, Administração e candidatos, que dele não podem se afastar. A Administração deve pautar suas ações na mais estrita previsibilidade, obedecendo às previsões do ordenamento jurídico, não se admitindo, assim, que se "desrespeite as regras do jogo, estabeleça uma coisa e faça outra," [afinal], a confiança na atuação de acordo com o Direito posto é o mínimo que esperam os cidadãos concorrentes a um cargo ou emprego público"

◙ **no mesmo sentido:**"O SUPREMO TRIBUNAL FEDERAL já decidiu que: "O recurso extraordinário a que se refere o presente agravo de instrumento revela-se processualmente viável, eis que se insurge contra acórdão que decidiu a causa em desconformidade com a orientação jurisprudencial que o Supremo Tribunal Federal firmou na matéria em exame. Com efeito, a colenda Primeira Turma desta Suprema Corte, ao julgar o RE 480.129/DF, Rel. Min. MARCO AURÉLIO, fixou entendimento que torna acolhível a pretensão de direito material deduzida pela parte ora agravante: "CONCURSO PÚBLICO – PARÂMETROS – EDITAL. O edital de concurso, desde que consentâneo com a lei de regência em sentido formal e material, obriga candidatos e Administração Pública." (STF – AI: 850608 RS, Relator: Min. CELSO DE MELLO, Data de Julgamento: 01/12/2011, Data de Publicação: DJe-233 DIVULG 07/12/2011 PUBLIC 09/12/2011)"

▶ **Na elaboração do edital há certa margem de liberdade do administrador.**

"Interessante notar que a Administração Pública, ao elaborar o edital do concurso público, goza de certa discricionariedade para estabelecer o seu conteúdo, valorar e escolher os critérios de correção dos candidatos, a metodologia para a aplicação da prova, o peso da matéria com vistas às respectivas pontuações e à quantificação das questões e outras normas que regem o certame." (O regime jurídico do concurso público e seu controle jurisdicional, PINHEIRO DE QUEIROZ, Ronaldo. MAIA, Márcio Barbosa, p. 38)

▶ **Para que as normas constantes do edital tenham poder de impor obrigações e traduzir direitos, indispensável será sua coerência com o ordenamento jurídico, em especial com a lei.**

"Por outro lado, para que as normas constantes do edital tenham poder de impor obrigações e traduzir direitos, indispensável será sua coerência com o ordenamento jurídico, em especial com a lei (art. 37 da CF/88 – legalidade) e com a Constituição Federal. Acaso a norma do edital viole a lei ou a Constituição, estará passível de nulidade, nessa parte, mediante controle jurisdicional." (MACHADO JÚNIOR, Agapito. Concursos Públicos. São Paulo: Atlas, 2008, p. 117)

▶ **Muito comum hoje em dia é o edital trazer determinadas limitações de acesso ao cargo ou emprego não veiculadas por lei, o que por si só eiva de nulidade o ato administrativo**

"Muito comum hoje em dia é o edital trazer determinadas limitações de acesso ao cargo ou emprego não veiculadas por lei, o que por si só eiva de nulidade o ato administrativo – requisitos de idade, altura, cor de pele; tudo isso deve ser previsto em lei anterior ao edital do concurso e, ainda, tais limites legais devem ser coerentes com a Constituição. Tem-se, assim, que as normas constantes do edital, ou mesmo a lei, não podem dificultar, sem necessária razoabilidade, o acesso ao cargo público. A lei poderá estipular requisitos indispensáveis ao exercício das atribuições inerentes a cargo público, porém, sempre atentando para o princípio da razoabilidade." (MACHADO JÚNIOR, Agapito. Concursos Públicos. São Paulo: Atlas, 2008, p. 118)

▶ **Publicado o edital, acaba a margem de liberdade da Administração.**

"Por outro lado, uma vez estabelecidas as regras disciplinadoras do concurso público, o Poder Público, conquanto tenha se valido de certa carga de competência discricionária, autolimitou-se as diretrizes editalícias, as quais, uma vez aperfeiçoadas e publicadas, gozam de força obrigatória e vinculante, tanto para a Administração quanto para os administrados. E dizer, a liberdade em abstrato outorgada a Administração para estabelecer as diretrizes do concurso público, uma vez exercida, transmuda-se em regras concretas e vinculantes, insuscetíveis, assim, de serem solapadas a posteriori pela banca examinadora. Essa vinculatividade de aspectos outrora discricionários engendrada pelo ciclo de perfeição das regras editalícias terá uma relevante repercussão no seu controle jurisdicional." (O regime jurídico do concurso público e seu controle jurisdicional, PINHEIRO DE QUEIROZ, Ronaldo. MAIA, Márcio Barbosa, p. 38/39)

◙ **no mesmo sentido:** "Quanto a isso a jurisprudência é pacífica! Esse é o entendimento adotado pelo SUPREMO TRIBUNAL FEDERAL: "AGRAVO REGIMENTAL NO AGRAVO DE INSTRUMENTO. CONSTITUCIONAL. CONCURSO PÚBLICO. ANULAÇÃO DE QUESTÃO. MATÉRIA EXAUSTIVAMENTE APRECIADA NAS INSTÂNCIAS INFERIORES. 1. Anulação de questão não prevista no edital do concurso. 2. O Supremo Tribunal Federal entende admissível o controle jurisdicional em concurso público quando "não se cuida de aferir da correção dos critérios da banca examinadora, na formulação das questões ou na avaliação das respostas, mas apenas de verificar que as questões formuladas não se continham no programa do certame, dado que o edital – nele incluído o programa – é a lei do concurso"." (STF – AI: 779861 MG , Relator: Min. EROS GRAU, Data de Julgamento: 16/03/2010, Segunda Turma, Data de Publicação: DJe-062 DIVULG 08-04-2010 PUBLIC 09-04-2010 EMENT VOL-02396-04 PP-01030)

◙ **no mesmo sentido:** "RECURSO ORDINÁRIO EM MANDADO DE SEGURANÇA. CONCURSO PÚBLICO. CARGO DE DELEGADO DE POLÍCIA CIVIL. PRETENSÃO DE ANULAÇÃO DE QUESTÕES OBJETIVAS. PRELIMINAR. LITISCONSÓRCIO NECESSÁRIO. ART. 47 DO CPC. NÃO CARACTERIZAÇÃO. ALEGAÇÃO DE NÃO CORRELAÇÃO COM A TEMÁTICA EXIGIDA NO EDITAL. PERTINÊNCIA PARCIAL ANULAÇÃO DA QUESTÃO Nº 17 DO CERTAME. VIOLAÇÃO DO PRINCÍPIO DA PUBLICIDADE. RECURSO ORDINÁRIO PARCIALMENTE PROVIDO. 1. Em regra a anulação de questão de concurso pode afetar a lista de classificação. Na espécie, todavia, embora o item 14.6 do Edital preveja o acréscimo nas notas dos candidatos de questão anulada, a citação dos demais candidatos para integrarem a relação jurídico processual como litisconsortes passivos necessários, nos termos do art.47 do CPC, não se mostra indispensável. 2. Consoante jurisprudência firme do STJ, não é vedado ao Poder Judiciário o exame de questão de prova de concurso público para aferir se esta foi formulada em obediência ao conteúdo programático, desde que não exija qualificação específica para tanto. A Administração, na formulação das questões de prova de concurso público, vincula-se às regras estabelecidas no instrumento convocatório. Observância do princípio da publicidade. 3. Ao administrador é dado o poder-dever de se valer da discricionariedade na escolha do conteúdo das questões do concurso, vinculando-se a partir daí ao conteúdo previsto no edital. 4. A formulação de questões de prova de concurso deve contemplar o conteúdo programático previsto no edital. O que, na espécie, não ocorreu em relação à questão nº 17. 5. Recurso ordinário parcialmente provido." (STJ, Relator: Ministro CELSO LIMONGI, Data de Julgamento: 18/11/2010, T6 – SEXTA TURMA)

▶ **A cobrança de matéria na prova discursiva não prevista no edital viola o princípio da vinculação ao instrumento convocatório.**

Não ser cobrado por matéria que esteja fora do programa do edital é um direito do candidato que se baseia nos princípios jurídicos da vinculação ao instrumento convocatório, da moralidade, da segurança jurídica, bem como na jurisprudência e na doutrina. O edital do concurso deve prever todo o conteúdo programático da prova objetiva e delimitar todas as matérias passíveis de cobrança, de modo que as questões ao serem elaboradas devem observá-lo. Estabelecido o conteúdo programático e publicado o edital não existe mais discricionariedade da administração em escolher quais serão as matérias que serão avaliadas na prova, ou seja, a partir da publicação do edital a administração fica estritamente vinculada ao conteúdo programático. Em tema de concurso público é pacífico que o edital faz lei entre as partes, estabelecendo regras às quais ficarão vinculados a administração e os candidatos. Essa é a essência do princípio da vinculação ao instrumento convocatório. Esse princípio é entendido tanto pela jurisprudência quanto pela doutrina como uma faceta dos princípios da impessoalidade, da legalidade e da moralidade, mas devido à sua importância, em especial no concurso público, ele merece tratamento próprio. Qualquer questão da prova objetiva que cobre uma matéria não abrangida pelo conteúdo programático do edital deverá ser anulada, pois trata-se de uma violação ao próprio edital do concurso.

◉ **no mesmo sentido:** "CONCURSO PÚBLICO: controle jurisdicional admissível, quando não se cuida de aferir da correção dos critérios da Banca Examinadora, na formulação das questões ou na avaliação das respostas, mas apenas de verificar que as questões formuladas não se continham no programa do certame, dado que o edital – nele incluído o programa – é a lei do concurso." (RE 434.708/RS, Relator: Ministro Sepúlveda Pertence, Primeira Turma, julgamento em 21-6-05, DJ de 09/09/05.)

◉ **no mesmo sentido:**"3. In casu, o conteúdo programático detalhou, particularizadamente, os artigos de lei que seriam objeto de controvérsia na prova, entre os quais não estavam contemplados os artigos 333 do CP e 447 do CPP, cujo conhecimento e domínio era exigido para a solução das questões 46 e 54, respectivamente. Esse descompasso viola os princípios da vinculação da Administração Pública ao edital do concurso, dos motivos determinantes e da proteção da confiança, de ordem a acarretar a nulidade daquelas questões, reconhecidamente ilegais." (STJ – RMS: 36596 RS 2011/0279087-0, Relator: Ministro HERMAN BENJAMIN, Data de Julgamento: 20/08/2013, T2 – SEGUNDA TURMA, Data de Publicação: DJe 12/09/2013)

▶ **Não há revisão dos critérios estabelecidos pela Banca Examinadora, apenas se dará ao edital do certame interpretação que assegure o cumprimento das regras nele estabelecidas.**

Nesse caso não há revisão dos critérios estabelecidos pela Banca Examinadora, apenas se dará ao edital do certame interpretação que assegure o cumprimento das regras nele estabelecidas e em relação às quais estavam vinculados tanto a Administração quanto os candidatos. Trata-se de um controle de legalidade. A cobrança de matérias na prova não compreendida no conteúdo programático não viola apenas ao princípio da vinculação ao instrumento convocatório, mas também aos princípios da boa-fé administrativa e da proteção à confiança.

▶ **A boa-fé diz respeito à lealdade, correção e lisura do comportamento das partes, reciprocamente, que devem comprometer-se com a palavra empenhada**

"Precisando o sentido dos princípios da proteção à confiança e da boa-fé administrativa ALMIRO DO COUTO E SILVA esclarece" que boa-fé diz respeito à lealdade, correção e lisura do comportamento das partes, reciprocamente, que devem comprometer-se com a palavra empenhada. Já o princípio da proteção à confiança é atributo da segurança jurídica, que pode ser decomposto em duas partes: uma objetiva, que cuida dos limites à retroatividade dos atos estatais, e outra subjetiva, tocante propriamente à proteção da confiança das pessoas na atuação estatal."(O Princípio da Segurança Jurídica (Proteção à confiança) no Direito Público Brasileiro e o Direito da Administração Pública de anular seus próprios atos administrativos. Revista Brasileira de Direito Público, Belo Horizonte, ano 1, n. 6, jul-set. 2004, p. 9.)

▶ **Os aplicadores do direito, especialmente os magistrados, devem ter bastante cautela ao deferir ou indeferir uma liminar com base unicamente no princípio da vinculação ao instrumento convocatório, pois o edital – por mais que chamado de "lei interna do concurso" – não pode aviltar normas de maior hierarquia.**

Quando se fala que o edital é a lei interna do concurso e por isso deve ser observado, essa conclusão só é correta se partir do pressuposto que o mesmo foi confeccionado corretamente. O edital é um ato administrativo, portanto de inferior hierarquia em relação à lei e à Constituição Federal. Assim, quando se diz que o edital é a "lei interna do concurso", que o "edital vincula as partes" essas afirmativas apenas são corretas se o instrumento convocatório estiver em conformidade com a lei e a Constituição Federal, sob pena de subversão e inversão do sistema hierárquico existente entre as espécies normativas. Deve-se lembrar que a relação da Administração com a lei não é uma relação de não contrariedade, como ocorre com o particular, mas uma relação de conformidade, uma relação de vinculação positiva à lei. Por isso afirma-se que a Administração só pode agir se existir uma lei autorizando ou determinando a conduta. No caso em comento, a exigência de matéria incompatível com o cargo pode configurar comportamento que atente contra o princípio da eficiência, razão pela qual, por mais que prevista no edital, deve ser excluída previamente do mesmo ou, se a Banca insistir em mantê-la, cabe aos órgãos de controle anular a questão que cobrou o referido conhecimento.

INSTAURAÇÃO DO CONCURSO PÚBLICO

A competência para deliberar sobre a instauração do concurso é usualmente de titularidade da mesma autoridade administrativa investida do poder para deliberar sobre a investidura nos cargos públicos referidos.

A competência para deliberar sobre a instauração do concurso é usualmente de titularidade da mesma autoridade administrativa investida do poder para deliberar sobre a investidura nos cargos públicos referidos. Mas nada impede que a lei ou o regulamento estabeleçam regras específicas sobre o tema. (JUSTEN FILHO, Marçal. Curso de direito administrativo, 13ª. ed. Editora Revista dos Tribunais, São Paulo, 2018, p. 737)

▶ **Providências que devem ser tomadas antes de instaurar o concurso.**

Antes de levar a cabo um concurso público o órgão deve analisar sua situação funcional interna e verificar o fator "necessidade". Por outras palavras: existe ou está para existir a necessidade contratação de pessoal? O quadro está deficiente, há servidores em desvio de função, há contratados temporários exercendo as mesmas atribuições do cargo de servidor efetivo, há comissionados na mesma condição? Se a resposta for sim a qualquer um destes questionamentos parece que está na hora de realizar um certame, seja para agregar um quadro deficitário, seja para substituir a mão de obra indevidamente contratada. Segundo questionamento é: existem cargos vagos a serem providos? Se sim, já temos meio caminho andado. Se não, porém existentes os pressupostos acima apresentados, cabe ao chefe do setor informar o ocorrido à Autoridade máxima do órgão para que esta informe ao chefe do Poder onde há esta carência e submeta um projeto de lei com o objetivo de criar novos cargos para suprir a demanda e substituir as contratações e desvio de função que ilegalmente está ocorrendo no órgão. É importante o gestor ser bem honesto neste ponto, pois quando se lança um certame milhares de candidatos passam a focar parcela de seu dia estudando para o mesmo, razão pela qual, se não há necessidade de realmente prover cargos, que não faça o concurso, pois, caso contrário, o mesmo apenas servirá para arrecadar inscrições e irá resultar em conduta maculada com desvio de poder. Terceiro passo é verificar se há dotação para contratação de pessoal de acordo com a LDO e LRF. Estando os três pressupostos presentes já dá para iniciar o certame.

▶ **O concurso público deve respeitar os princípios inerentes ao conceito de procedimento**

"O concurso público deve respeitar os princípios inerentes ao conceito de procedimento. Isso significa a necessidade de observância das etapas sucessivas, destinadas a evitar decisões infundadas, apressadas ou insuscetíveis de controle. Esse procedimento deve ser conduzido por autoridade pública especificamente constituída para esse fim. A comissão de concurso deve ser integrada por sujeitos dotados de poderes próprios para a seleção dos candidatos." (JUSTEN FILHO, Marçal. Curso de direito administrativo, 13º. Edição, Editora Revista dos Tribunais, São Paulo, 2018, p. 730)

▶ **A instauração do concurso público deve necessariamente ser norteada pelo princípio da eficiência administrativa.**

"Não se trata de uma atividade de diletantismo – quer para a Administração Pública, quer para os candidatos. A seriedade do concurso público, uma exigência inafastável imposta pela República, abrange inclusive a sua própria instauração. Por isso e como regra geral, a abertura do concurso público pressupõe a efetiva perspectiva de investidura dos aprovados em cargos públicos. Se o concurso for evidentemente inútil, os potenciais candidatos não se disporão a dele participar. E isso implicará desperdício de recursos públicos. Isso não impede que o concurso público seja realizado como uma solução preparatória para futuras e eventuais nomeações – mas essa alternativa é excepcional e exige justificação satisfatória." (Marçal Justen Filho, Curso de Direito Administrativo – 13ª Edição, RT, 2016, p. 737)

▶ **A exigência de realização de concurso público para o provimento de cargos e empregos públicos estende-se à Administração direta e indireta**

"A exigência de realização de concurso público para o provimento de cargos e empregos públicos estende-se à Administração direta e indireta, incluídas as autarquias, fundações públicas, sociedades de economia mista e empresas públicas, da União, dos Estados, do Distrito Federal e dos Municípios." (Regime Jurídico dos Concursos Públicos. Francisco Lobello de Oliveira Rocha, Ed. Dialética 2006, p. 64/65).

▶ **O edital é o ato administrativo unilateral que fixa as condições para a participação em concurso público.**

"Sabe-se que o edital é o ato administrativo unilateral que fixa as condições para a participação em concurso público. Considera-se aberto o certame concursal com a publicação do Aviso do Concurso em Diário Oficial e em jornal de grande circulação. O Aviso de Concurso deve trazer informações básicas aos possíveis interessados, dentre as quais o cargo ou/e emprego disponibilizado, o prazo de inscrição e a forma de acesso ao edital. Processam-se, nesta etapa, as inscrições dos candidatos em consonância com o estabelecido no edital. Segundo José dos Santos Carvalho Filho, "inscrição é a manifestação de vontade do candidato no sentido de participar da competição") Em regra, admite-se que a inscrição seja realizada por procurador, mediante entrega do respectivo mandato, acompanhada de cópia do documento de identidade do candidato e do procurador. Normalmente a procuração fica retida no órgão responsável pela inscrição. Nada impede que em situações excepcionais ocorra a prorrogação do prazo de inscrição em concurso, desde que alcance todos os candidatos. Logo, não poderá limitar a prorrogação apenas para certa categoria de candidatos, sob pena de violação do princípio da isonomia." (Rita Tourinho, O Concurso público no Ordenamento Jurídico Brasileiro, Lumen Juris, 2008, p. 79)

▶ **Definição de quem e como vai ser conduzido o concurso público.**

Esta é uma outra decisão que deve ser tomada. A condução de um concurso é tarefa deverás complexa e por isso é muito comum e até mesmo recomendável a terceirização da mesma para as famosas bancas examinadoras. Caso o gestor decida por terceirizar o serviço, me parece que o mais adequado seja a contratação direta com base no artigo 24, XIII da Lei n.º 8.666/93 ou 25, II da mesma lei. Se quiser fazer licitação, que se atente bastante à capacidade técnica na fase habilitatória e que a licitação envolva o julgamento de proposta técnica. Muitos concursos públicos são alvos de diversas demandas judiciais, cujos ônus finais recaem sobre a Administração. Por isso, se for contratar diretamente, que seja feita uma ampla e minuciosa pesquisa da instituição que se pretende contratar, se há muitas demandas com êxito questionando concursos realizados por aquela banca, se a mesma está respondendo a alguma ação de improbidade, etc. Deve-se passar, verdadeiramente, um pente fino na escolha.

▶ **Definição do que será delegado à Banca Examinadora, em caso de terceirização.**

Outra decisão que deve ser tomada é: o que será delegado à Banca Examinadora? Todas as fases, apenas a primeira e a segunda, cabe recurso dos atos da banca para a Administração? Isso tudo deve ficar bem claro no projeto básico e no contrato administrativo.

▶ **Concurso tem de oferecer vagas concretas e condizentes com a realidade do serviço público.**

"Diante da realidade da Administração e da existência de diversos cargos, o concurso não pode oferecer vagas simbólicas, que não são preenchidas. Esse é um direito que deriva dos princípios da eficiência, da boa administração, da razoabilidade e da continuidade dos serviços públicos. Está para ser proibida a realização de concurso público apenas para formação de cadastro de reserva. Não basta a mera proibição, pois a Administração, usando de má-fé, contornaria facilmente essa proibição oferecendo vagas simbólicas. Vejamos este exemplo: a Administração precisa contratar 50 pessoas e tem 70 cargos vagos. Não tem sentido, nesse caso, que ela disponibilize no concurso apenas 2 vagas. Frente a essa necessidade cogente, decorrente de um direito indisponível, a Administração acaba fazendo uso de contratação precária, como, por exemplo, terceirizações, contratações temporárias, uso indevido de cargo comissionado, colocação de servidor em desvio de função. Enfim, pode praticar inúmeras atrocidades jurídicas que dão ensejo, já de imediato, ao candidato fazer uso de pleitear em juízo os seus direitos. Dessa maneira, pode-se afirmar que: os concursos públicos mesclarão parâmetros de necessidade da Administração Pública, de mérito dos candidatos e de restrição daqueles que podem concorrer ao cargo. E importante esta distinção, pois, de acordo com a finalidade, cada hipótese submete-se a um regime jurídico próprio e distinto." (Regime Jurídico dos Concursos Públicos. Francisco Lobello de Oliveira Rocha, Ed. Dialética 2006, p. 67)

▶ **Definição se o concurso será nacional ou regionalizado.**

Pode-se dizer que um concurso é nacional quando são ofertadas um número de vagas e a Administração ou pelo critério da nota os candidatos mais bem colocados escolhem o local de lotação, quando é o caso, pois pode ocorrer de todas as vagas serem para o mesmo lugar inicialmente. O fato é que é um único certame. Já o concurso regionalizado, na verdade, são vários concursos dentro de um mesmo processo, pois o candidato deverá na inscrição optar por qual região (pode ser Estado, Cidade, Pólo, etc.) que ele vai disputar, não podendo, mesmo que tenha uma nota maior que outros candidatos de outras regionais, pleitear aquela vagas, pois, como dito, no concurso regionalizado cada região disputada é um certame à parte.

◎ **É legítimo estabelecer no edital de concurso público critério de regionalização.**

"ADMINISTRATIVO. CONCURSO PÚBLICO. CONTROLE JUDICIAL. LIMITAÇÃO. LEGALIDADE E VINCULAÇÃO AO EDITAL. CRITÉRIOS E REGRAS EDITALÍCIAS. ATUAÇÃO DISCRICIONÁRIA DA ADMINISTRAÇÃO. REGRA DO EDITAL. REGIONALIZAÇÃO. CABIMENTO. OFENSA AO PRINCÍPIO DA ISONOMIA NÃO CONFIGURADO. 1. O controle do Poder Judiciário, em tema de concurso público, deve limitar-se à verificação da observância dos princípios da legalidade e da vinculação ao edital; em razão da discricionariedade da Administração Pública, que atua dentro do juízo de oportunidade e conveniência, na fixação dos critérios e normas editalícias, os quais deverão atender aos preceitos instituídos pela Constituição Federal de 1988, mormente o da vedação de adoção de critérios discriminatórios. 2. O critério da regionalização previsto em edital de concurso público não inquina o certame de ilegalidade, quando respeitados os princípios constitucionais, mormente o da isonomia. Precedentes. 3. Não há ilegalidade na norma editalícia que elimina o candidato do certame se não aprovado dentro do número de vagas para a região/localidade escolhida no momento da inscrição, não possuindo o candidato não tem direito a concorrer em vaga em região diversa daquela em que se inscreveu. 4. No caso dos autos, o Edital n.º 08, de 08 de junho de 2007, estabeleceu que, caso fosse habilitado no certame e tivessem sido esgotadas as vagas da Unidade Administrativa para a qual inicialmente fizera a opção, o candidato, no momento da inscrição, poderia optar por integrar a denominada "lista geral", para concorrer às demais Unidades Administrativas do Estado de São Paulo. Assim, mesmo não tendo se classificado dentro do número de vagas para a localidade escolhida, permaneceria no certame com possibilidade de concorrer às vagas não ocupadas pela chamada "lista regional". 5. Recurso ordinário conhecido e desprovido." (RMS 28.751/SP, Rel. Ministra LAURITA VAZ, QUINTA TURMA, julgado em 06/12/2011, DJe 19/12/2011)

> ◎ **no mesmo sentido:** Não ofende o princípio da igualdade o regulamento de concurso público que, destinado a preencher cargos de vários órgãos da Justiça Federal, sediados em locais diversos, determina que a classificação se faça por unidade da Federação, ainda que daí resulte que um candidato se possa classificar, em uma delas, com nota inferior ao que, em outra, não alcance a classificação respectiva (STF, 1.ª T., RE 146585-DF, rel. Min. Sepúlveda Pertence, j. 18.4.1995, v.u., DJU 15.9.1995).

> ◎ **no mesmo sentido:** "Concurso Público para o cargo de Auditor Fiscal do Tesouro Nacional. Reprovação dos candidatos impetrantes, de acordo com estipulação do respectivo edital. Regularidade da classificação regionalizada, não obstante a unidade da carreira. Precedentes do Supremo Tribunal." (RMS 23432, Relator(a): Min. OCTAVIO GALLOTTI, Primeira Turma, julgado em 04/04/2000, DJ 18-08-2000 PP-00097 EMENT VOL-02000-01 PP-00097)

COMISSÃO DO CONCURSO

▶ **A comissão de concurso é um órgão colegiado que tem como sua principal atribuição a administração de pessoal, seja estatutário ou celetista.**

"A comissão de concurso é um órgão colegiado, vinculado a um ministério, no âmbito federal, a uma secretaria, na esfera estadual e de algum Município, ou a uma diretoria, na maioria das municipalidades, que tem como sua principal atribuição a administração de pessoal, seja estatutário ou celetista. Normalmente está prevista, com sua composição e principais atribuições, em lei ou regulamento. Em algumas delas, a lei exige que sua composição seja integrada por um procurador, em outras que seja composta com um representante da Ordem dos Advogados do Brasil. Tirante essa peculiaridade, é composta por servidores da entidade responsável pelo concurso de ingresso no serviço público." (GASPARINI, Diogenes, Concurso Público – Imposição Constitucional e Operacionalização. In: MOTTA, Fabrício coord. Concurso público e Constituição. Belo Horizonte: Editora Fórum, 2005, p. 62)

▶ **Os servidores que irão compor a comissão deverão ser escolhidos entre os que detêm qualificação compatível com a natureza do concurso de ingresso no serviço público que se pretende instaurar.**

"Tais servidores deverão ser escolhidos entre os que detêm qualificação compatível com a natureza do concurso de ingresso no serviço público que se pretende instaurar ou que tenham familiaridade com as provas que se deseja aplicar. Assim, se esse certame tem por objetivo a seleção de candidatos ao preenchimento de cargos de engenheiro civil, é certo que os membros desse colegiado deverão deter qualificação profissional mínima de engenheiro civil. Em outro exemplo, os componentes da comissão de concurso deverão ter formação em matemática e português se as provas versarem questões relacionadas com essas matérias." (GASPARINI, Diogenes, Concurso Público – Imposição Constitucional e Operacionalização. In: MOTTA, Fabrício coord. Concurso público e Constituição. Belo Horizonte: Editora Fórum, 2005, p. 63)

▶ **Escolhidos os membros da Comissão serão eles designados pela autoridade competente, que na maioria dos casos é a que autorizou a abertura do concurso, mas pode ser outra dependendo da legislação pertinente.**

"Uma vez escolhidos, devem ser designados pela autoridade competente, que na maioria dos casos é a que autorizou a abertura do concurso, mas pode ser outra dependendo da legislação pertinente." (GASPARINI, Diogenes, Concurso Público – Imposição Constitucional e Operacionalização. In: MOTTA, Fabrício coord. Concurso público e Constituição. Belo Horizonte: Editora Fórum, 2005, p. 63)

▶ **A designação é feita por ato administrativo veiculado ou por portaria, podendo ser por decreto se assim estiver disposto em lei.**

"A designação é feita por ato administrativo veiculado ou por portaria, podendo ser por decreto se assim estiver disposto em lei e se essa competência for do chefe do

Executivo. A portaria pode indicar seu presidente ou estabelecer que os membros, na primeira reunião que tiverem, o elegerão. Se assim for, esse fato deve ser comunicado, por escrito, à autoridade nomeante. Uma cópia dessa portaria e, quando for o caso, da ata da reunião que elegeu o presidente da comunicação de sua eleição deverão ser juntados ao processo de concurso de ingresso no serviço público." (GASPARINI, Diogenes, Concurso Público – Imposição Constitucional e Operacionalização. In: MOTTA, Fabrício coord. Concurso público e Constituição. Belo Horizonte: Editora Fórum, 2005, p. 63)

▶ **Ao presidente da Comissão do Concurso caberá distribuir as obrigações que cabem a esse colegiado pelos membros**

"Ao presidente caberá distribuir as obrigações que cabem a esse colegiado pelos membros, ainda que todos sejam responsáveis pelo seu conjunto. A comissão de concurso decide quando reunida por maioria de votos, e dessas reuniões devem ser lavradas as respectivas atas circunstanciadas, que deverão ser juntadas ao processo. Contra essa decisão, conforme dispuser o edital, pode ou não caber recurso à autoridade superior. Se tiver cabida, deverá ser protocolizado tempestiva e devidamente justificado sob pena de não ser conhecido como recurso. Por se tratar de matéria administrativa, qualquer recurso pode ser protocolizado, ainda que fora do prazo, devendo a autoridade competente examiná-lo, não como recurso, mas como eventual denúncia ou representação (artigo 5º, XXXIV, "a")." (GASPARINI, Diogenes, Concurso Público – Imposição Constitucional e Operacionalização. In: MOTTA, Fabrício coord. Concurso público e Constituição. Belo Horizonte: Editora Fórum, 2005, p. 63/64)

BANCA EXAMINADORA

▶ A seriedade exigida para o concurso e a especialidade das atividades correspondentes podem impor a solução de contratação de instituição especializada para a sua execução.

A seriedade exigida para o concurso e a especialidade das atividades correspondentes podem impor a solução de contratação de instituição especializada para a sua execução. Essa alternativa é válida, especialmente nos casos em que a realização do concurso for incompatível com o desempenho satisfatório das atribuições próprias dos órgãos administrativos envolvidos. Portanto, as atividades materiais pertinentes ao concurso público podem ser delegadas a um terceiro, integrante ou não da Administração Pública, sem que isso configure invalidade. (JUSTEN FILHO, Marçal. Curso de direito administrativo, 13. ed. Editora Revista dos Tribunais, São Paulo, 2018, p. 737)

▶ **Administração Pública interessada na admissão ou contratação de pessoal tem se valido de empresas especializadas na organização e realização de concursos públicos com essa finalidade.**

"Atualmente a Administração Pública interessada na admissão ou contratação de pessoal tem se valido de empresas especializadas na organização e realização de concursos públicos com essa finalidade, como são, entre outras, a Fundação Carlos Chagas e a Fundação CESGRANRIO. À empresa contratada cabem todas as operações materiais ao bom resultado do certame, podendo-se arrolar entre outras as seguintes: participar com a entidade interessada no concurso do planejamento do certame; elaborar em conjunto com a entidade interessa no concurso o edital; divulgar o concurso na mídia conforme exigido pela lei; promover o procedimento das inscrições; convocar os candidatos inscritos para a realização das provas; elaborar, aplicar e corrigir as provas para cada modalidade, respeitado o disposto no edital; receber, apreciar, instruir e decidir sobre os recursos; encaminhar à entidade interessada no certame as listas com os aprovados e classificados segundo as vagas." (GASPARINI, Diogenes, Concurso Público – Imposição Constitucional e Operacionalização. In: MOTTA, Fabrício coord. Concurso público e Constituição. Belo Horizonte: Editora Fórum, 2005, p. 67)

▶ **O contrato celebrado é administrativo e para sua formalização exige licitação, embora seja possível, sob certas circunstâncias, a contratação direta.**

"O contrato celebrado é administrativo e para sua formalização exige licitação, embora seja possível, sob certas circunstâncias, a contratação dessa empresa por inexigibilidade desse procedimento, com fulcro no art. 25, II, da lei federal das licitações. Pela prestação desses serviços, a empresa contratada receberá um percentual calculado sobre o montante apurado com as inscrições, quando a contratação é direta, ou seja, sem licitação. Esse percentual pode chegar a 100% desse montante. Outras vezes recebe o valor da proposta, quando contratada mediante procedimento licitatório." (GASPARINI, Diogenes, Concurso Público – Imposição Constitucional e Operacionalização. In: MOTTA, Fabrício coord. Concurso público e Constituição. Belo Horizonte: Editora Fórum, 2005, p. 67)

▶ **A realização e o julgamento do concurso público são atribuídos a uma banca julgadora.**

"A organização, a realização e o julgamento do concurso público são atribuídos a uma banca julgadora, que deverá ser constituída por uma pluralidade de sujeitos. Não se admite julgamento por indivíduo único para reduzir os riscos do subjetivismo. A lei ou o regulamento deverão dispor sobre os requisitos quanto à escolha dos membros da banca. Exige-se que o membro da banca seja dotado de condições de imparcialidade e de conhecimentos técnico-científicos para avaliar o desempenho dos candidatos. Cabe à lei e ao regulamento definir os requisitos de participação na banca." (Marçal Justen Filho, Curso de Direito Administrativo – Edição 2016, p. 737-738)

◙ **Contratação da Banca Examinadora muitas vezes é feita por dispensa de licitação.**

"ADMINISTRATIVO. AÇÃO POPULAR. NULIDADE DO CONTRATO FIRMADO ENTRE O SENADO FEDERAL E A FUNDAÇÃO GETÚLIO VARGAS. DISPENSA DE LICITAÇÃO. REALIZAÇÃO DE CONCURSO PÚBLICO. INEXISTÊNCIA DE ILEGALIDADE. REMESSA OFICIAL DESPROVIDA. 1. Conforme o art. 24, XIII, da Lei 8.666/93, a licitação é dispensável na contratação de instituição brasileira de pesquisa, ensino ou de desenvolvimento institucional com inquestionável reputação éti-

197

co profissional e não tenha fins lucrativos. 2. O TCU, por meio do Enunciado nº 250, entende que para a dispensa da licitação, além de seus requisitos obrigatórios contidos no o art. 24, XIII, da Lei 8.666/93, deve haver nexo entre a natureza da instituição e o objeto contratado. Sendo a Fundação Getúlio Vargas instituição de notada capacitação, inexiste ilegalidade em sua contratação para a realização de concurso público para o preenchimento de cargos do Senado Federal. 3. O Enunciado nº 214 do TCU, que dispõe sobre a necessidade do dinheiro proveniente das taxas de inscrição ser depositado na conta do Tesouro Nacional, vem sendo mitigada quando o certame é realizado sem custos para a Administração. 4. A realização de provas objetivas e discursivas em todas as unidades da federação demanda custos que justificam o preço cobrado na taxa de inscrição, conforme art. 15 do Decreto nº 6944/2009. 5. Nenhumas das ilegalidades alegadas pelo autor foram vislumbradas. 6. Remessa oficial a que se nega provimento." (REO 0009365-78.2012.4.01.3400/DF, Rel. Desembargadora Federal Daniele Maranhão Costa, Quinta Turma, e-DJF1 p. de 13/06/2018)

▶ **A Banca Examinadora tem de ser qualificada e organizada.**

O direito de exigir que os profissionais da Banca Examinadora tenham qualificação para a tarefa decorre dos princípios da eficiência e da proporcionalidade. A administração que promove o concurso deve decidir se vai constituir internamente uma comissão ou Banca Examinadora para conduzir as diversas fases do certame ou se vai terceirizar essas atividades. Isso ocorre na etapa de gestação do concurso. Quer a Banca Examinadora pertença aos quadros do Estado ou seja terceirizada é fundamental que seja composta por profissionais gabaritados.

> ▶ **No mesmo sentido:** "Não é válido o concurso conduzido por comissão integrada por sujeitos destituídos de conhecimento especializado sobre o tema objeto do concurso. Não basta o sujeito ser integrante da carreira, haver feito concurso anteriormente ou estar habilitado para o exercício da profissão. A condição de membro de comissão de concurso depende da titularidade de conhecimento especializado, evidenciado de modo objetivo e inquestionável. Os membros da comissão de concurso devem ser dotados de requisitos de imparcialidade objetiva. Assim, é inválido o concurso em que o membro da comissão de concurso é ocupante de cargo em comissão e subordinado hierarquicamente ao pai de um candidato. Nessa hipótese, não há requisito objetivo de imparcialidade do membro da comissão." (JUSTEN FILHO, Marçal. Curso de direito administrativo, 13º. Edição, Editora Revista dos Tribunais, São Paulo, 2018, p. 730)

▶ **É conveniente, ainda, que as bancas ou comissões examinadoras, se constituídas por servidores, o sejam somente com os efetivos, para se assegurar a independência no julgamento e afastar as influências estranhas.**

"É conveniente, ainda, que as bancas ou comissões examinadoras, se constituídas por servidores, o sejam somente com os efetivos, para se assegurar a independência no julgamento e afastar as influências estranhas." (MEIRELLES, Hely Lopes, Direito Administrativo Brasileiro. 42ª ed. Malheiros, 2016, p. 543)

▶ **Os membros da comissão de concurso devem ser dotados de requisitos de imparcialidade objetiva.**

Os membros da comissão de concurso devem ser dotados de requisitos de imparcialidade objetiva. Assim, é inválido o concurso em que o membro da comissão de concurso é ocupante de cargo em comissão e subordinado hierarquicamente ao pai de um candidato. Nessa hipótese, não há requisito objetivo de imparcialidade do membro da comissão. (JUSTEN FILHO, Marçal. Curso de direito, 13. ed. Editora Revista dos Tribunais, São Paulo, 2018, p. 730)

▶ **Não se deve colocar examinadores de hierarquia inferior à do cargo em concurso ou que tenham menos títulos científicos ou técnicos que os eventuais candidatos.**

"Outra cautela recomendável é a de não se colocar examinadores de hierarquia inferior à do cargo em concurso ou que tenham menos títulos científicos ou técnicos que os eventuais candidatos, sem o quê ficará prejudicada a eficiência das provas, além de constituir uma *capitis deminutio* para os concorrentes mais categorizados que os integrantes da banca." (MEIRELLES, Hely Lopes, Direito Administrativo Brasileiro. 42ª ed. Malheiros, 2016, p. 542)

▶ **Não é válido o concurso conduzido por comissão integrada por sujeitos destituídos de conhecimento especializado sobre o tema objeto do concurso.**

Não é válido o concurso conduzido por comissão integrada por sujeitos destituídos de conhecimento especializado sobre o tema objeto do concurso. Não basta o sujeito ser integrante da carreira, haver feito concurso anteriormente ou estar habilitado para o exercício da profissão. A condição de membro de comissão de concurso depende da titularidade de conhecimento especializado, evidenciado de modo objetivo e inquestionável. (Justen Filho, Marçal. Curso de direito administrativo, 13. ed. Editora Revista dos Tribunais, São Paulo, 2018, p. 730)

▶ **O concurso é uma seleção de mérito e não de sorte.**

As provas objetivas, discursivas, práticas e orais devem ser elaboradas e corrigidas por profissionais gabaritados, com qualificação e experiência superior à dos candidatos, sob pena de ocorrer subversão, que é quando uma pessoa sem a devida qualificação analisa e avalia um candidato mais preparado do que ela. Esse raciocínio se aplica às outras fases do certame, além das provas que analisam conhecimento, como, por exemplo, os exames de saúde e psicotécnico. É fundamental que os profissionais envolvidos saibam analisar corretamente as provas, exames e testes para que não candidatos não sejam eliminados injustamente, o que tem ocorrido com frequência.

▶ **Direito de saber quem são os membros da Banca Examinadora.**

"A habilitação e a seleção dos candidatos nos concursos públicos dar-se-ão conforme um modelo abstrato de avaliação previamente fixado na lei e no edital do concurso. Denominaremos parâmetros as normas que compõem este modelo. Os requisitos de habilitação são parâmetros que refletem a necessidade da Administração, as condições mínimas para o exercício do cargo e, por isto, imprescindíveis. Todos os candidatos que os preencherem estarão aptos a exercer a função e, por isso, poderão competir pelo cargo. Só será considerado habilitado o candidato que preencher os requisitos, devendo ser eliminados do concurso aqueles que não os preencherem." (Regime Jurídico dos Concursos Públicos. Francisco Lobello de Oliveira Rocha, Ed. Dialética 2006, p. 67).

▶ **Saber quem são os membros da Banca Examinadora é um direito que deriva dos princípios da publicidade, transparência, segurança jurídica e eficiência.**

Dessa maneira, o candidato possui pleno direito de saber quem são as pessoas envolvidas na formulação e avaliação das provas, que serão etapas habilitatórias a serem perpassadas pelo candidato. É um direito que deriva dos princípios da publicidade, transparência, segurança jurídica e eficiência. Com o aumento da procura pelos concursos que dão acesso às contratações pela Administração Pública, os "concurseiros" se veem obrigados a se qualificarem cada vez mais para aumentar suas chances de aprovação dentro do número de vagas. Esses ônus são deveres dos candidatos, mas em contrapartida eles também têm o direito de saber os nomes e qualificações profissionais dos componentes das bancas examinadoras. Não é justo alguém ser submetido ao julgamento de seu conhecimento por intermédio de um processo obscuro, em que se ignoram por completo os responsáveis pela avaliação. Em alguns concursos os pré-requisitos de acesso aos cargos já requerem que o candidato para ser competitivo tenha uma boa formação acadêmica e cultural. Hoje é cada vez mais comum que os candidatos tenham qualificação superior à graduação, como títulos de pós-graduação, de mestrado e até mesmo de doutorado. Diante dessa situação nos perguntamos se os membros das bancas examinadoras dos concursos públicos estão realmente preparados para executar o trabalho de avaliar e selecionar os melhores candidatos por meio de provas? O fato é que o grande número de irregularidades ocorridas nos últimos tempos, em que os concursos públicos têm sido alvos de diversas demandas judiciais em razão de erros de avaliação e procedimento, enseja vivamente a hipótese de que alguns candidatos estão sendo avaliados por examinadores menos qualificados do que os próprios candidatos.

▶ **Os membros da Banca Examinadora não devem deter menos títulos/conhecimentos científicos ou técnicos que os eventuais candidatos, pois com isso fica prejudicada a eficiência das provas.**

Segundo magistério de HELY LOPES MEIRELLES, não é conveniente que os membros da Banca Examinadora detenham menos títulos científicos ou técnicos que os eventuais candidatos, pois com isso fica prejudicada a eficiência das provas. Mais que isso: no caso dos concorrentes mais categorizados que os integrantes da comissão de concurso, fica caracterizada uma capitis deminutio ("diminuição da cabeça", em que a consideração pela figura da pessoa é afrontosamente reduzida).

> CRETELLA JÚNIOR anota que o concurso não é isento de falhas insanáveis, afastando as maiores capacidades que, por modéstia ou timidez, não pretendem arriscar a reputação de que gozam perante comissões nem sempre unanimemente idôneas.

▶ **Não se trata de dado sigiloso!**

Em primeiro lugar porque não existe lei determinando o sigilo. Em segundo porque em outros casos de julgamento em que os valores em jogo são bem maiores, como no caso das licitações e julgamento de processos penais, sempre se teve acesso a saber quem são os profissionais que estão julgando. Não há, portanto, justificativa para o sigilo, a não ser o medo de esconder a triste realidade da total desorganização de inúmeros certames. O concurso público, por ostentar índole competitiva, implica no julgamento de provas e, até certo ponto, expõe os participantes-administrados à censura pública, tendo em vista que a divulgação dos resultados possibilitará o exame social da performance individual dos candidatos. Ao lado de tal ônus, deve ser assegurado aos candidatos dos concursos públicos o direito de ter acesso prévio aos nomes dos componentes das bancas examinadoras e à sua qualificação profissional, pois não é justo alguém ser submetido ao julgamento de seu conhecimento por intermédio de um processo obscuro, em que se ignora, por completo, os responsáveis pela respectiva avaliação. Assim, afigura-se um rematado desconchavo jurídico e conduta atentatória à transparência administrativa a postura estatal que resiste à divulgação dos nomes dos membros das bancas examinadoras dos concursos públicos, imprimindo-lhe regime de sigilo, pois impossibilita a aferição da competência científica e técnica da comissão, bem como inviabiliza a arguição de suspeição ou impedimento em desfavor de seus membros.

▶ **Direito de saber quem elaborou as questões.**

O direito de saber quem elabora as provas baseia-se nos princípios da publicidade, transparência, segurança jurídica e eficiência de que tratamos no item anterior. Todavia, o que já falamos não cobre inteiramente este item porque às vezes ocorre de a Banca Examinadora credenciar pessoas de fora de seus quadros para elaborar as questões. O fato é que, quer as questões tenham sido confeccionadas por membros da comissão do concurso, da banca examinadora ou indivíduos contratados especificamente para elaborá-las, em qualquer caso é necessário que essas pessoas tenham seus nomes e qualificações divulgados. O candidato tem o direito de saber quem fez a prova e saber se essa pessoa possui conhecimentos suficientes para elaborar corretamente as questões. O fato é que em praticamente todos os concursos sempre surgem questões com problemas. Muitos concursos têm um número por vezes inacreditável de questões anuladas por conterem vícios, como abordar matéria fora do programa do edital, não haver resposta adequada para a questão, haver mais de uma resposta ou existir erro na formulação da pergunta. Mais adiante abordaremos esses tópicos com mais detalhes, mas é importante ficar claro desde já que em vários campos do direito muitas questões são controvertidas e quem elabora as questões deve ter total conhecimento disso, pois é preciso sempre lembrar que concurso público não é loteria. Não é dever dos candidatos adivinhar qual corrente doutrinária foi adotada pela banca examinadora. Saber quem fez as questões e que qualificação tem esse profissional funciona como um controle de qualidade prévio da prova.

▶ **Direito de saber quem corrige as provas.**

O recomendável é que a prova seja corrigida pela mesma equipe que a elabora. Mas nem sempre isso acontece. Infelizmente, não se sabe por que motivos, a administração e as bancas examinadoras com frequência insistem em manter em sigilo quase tudo a respeito da prova e chegam a impor muitas regras e condições para acesso a informações sobre o certame. Isso não é lícito no estado democrático de direito. Devem constar no edital os nomes dos agentes que elaboraram as questões e os de quem irá corrigi-las, especialmente no caso de provas discursivas, orais e práticas. O candidato tem que ter a segurança e a certeza de que quem corrige sua prova possui conhecimento real da matéria e das divergências e pontos dúbios a ela pertinentes. É comum o candidato acertar o que foi perguntado, mas ficar surpreso em ter obtido nota inferior à que seria justa. Há casos comprovados de o candidato ter acertado a questão, mas levado apenas 40% da nota. Pior ainda, ocorrem casos de a Banca Examinadora sequer se dar ao trabalho de justificar os motivos dos descontos, de modo que a possibilidade de recurso acaba sendo meramente formal. Afinal, não é possível recorrer sem saber os motivos que ensejaram o desconto da nota?

▶ **Direito de saber quem julga os recursos.**

É interessante começar atentando para um aspecto jurídico. O recurso, como ínsito ao instituto, pelo menos em regra, é do tipo hierárquico, de modo que deve ser julgado por outra comissão composta de profissionais qualificados, específica para essa finalidade. Estruturalmente, na hierarquia da banca examinadora ou da comissão do concurso, deve existir essa cadeia de profissionais, cabendo à instância superior julgar os recursos interpostos contra as decisões e correções proferidas por quem praticou o ato, como, por exemplo, a correção de uma prova, a eliminação nos exames médicos etc. Caso isso não ocorra, a figura do recurso é desvirtuada e deixa de ser instrumento manejado pelos candidatos pleiteando à revisão de um exame e se torna um simples pedido de reconsideração, pleito normalmente cabível apenas em situações específicas previstas em lei e geralmente para as máximas autoridades que praticaram o ato, não cabendo nesse caso recurso hierárquico. A detestável obscuridade de não publicar os nomes dos membros das bancas e de quem julga os recursos enseja esse tipo de problema. Por causa da obscuridade que normalmente envolve as fases dos concursos, é comum o candidato desconhecer tanto os membros da banca como quem vai julgar seu recurso. Ele deve estar consciente, entretanto, de que o correto é o edital já estipular pessoas distintas para corrigir as provas e para julgar os recursos provenientes da correção, sob pena de existir provável parcialidade na manutenção da nota.

▶ **Direito de saber como são julgados os recursos.**

O candidato tem direito de saber como é o julgamento de seu recurso. Isso decorre dos princípios da publicidade, da transparência, da segurança jurídica e da eficiência. Quem julga o recurso? Os membros da banca? Outra comissão especialmente designada para isso? E como é feito o julgamento? O responsável pelo julgamento deve obrigatoriamente analisar o ponto embatido, ler a prova, se for discursiva, por exemplo, e ver se a banca examinadora ao analisá-la seguiu corretamente a chave de correção e atribuiu os pontos de forma correta e proporcional. É preciso também que o órgão revisor analise minuciosamente os fundamentos apresentados pelos candidatos e, sendo o caso de provê-los, aumentar sua nota ou, no caso de improcedência, manter, de forma fundamentada, a nota dos recorrentes. Entendemos que, em princípio, o responsável pelo julgamento não pode diminuir a nota do candidato. Isso porque há, no caso, um reformatio in pejus (uma "reforma da decisão para pior"). Tal conduta só seria possível, de acordo com a Lei 9.784/99 se houvesse a abertura prévia de contraditório ao recorrente quanto à pretensão de reduzir sua pontuação. Infelizmente as bancas examinadoras ameaçam com a possibilidade de que a nota do recorrente acabe alterada para baixo, o que no fundo é uma ameaça velada, uma coerção indireta para desestimular que ele entre com recurso – em suma, uma atitude altamente criticável. Também não é lícito que uma Banca Examinadora terceirizada subcontrate outra empresa para corrigir as provas ou julgar os recursos. Trata-se de elemento intrínseco ao próprio objeto da delegação contratual e que por isso não pode ser delegado. Os encarregados pelo julgamento dos recursos devem manter com a banca examinadora uma relação profissional legítima. Subcontratar uma empresa pode resultar na nulidade da correção e na contaminação do certame, com reais chances de sua total anulação.

▶ **Direito de saber a qualificação e a remuneração de todos os agentes envolvidos.**

Trata-se de direito que se baseia nos princípios da publicidade, da transparência e da eficiência. Hoje a transparência se tornou a bola da vez por conta das inúmeras ilegalidades que têm ocorrido na gestão pública – e é necessário que deve haver transparência total nos concursos. Em uma licitação é obrigatória a informação sobre quanto ganha cada membro da comissão, pois seus vencimentos possuem previsão legal. Isso também se aplica em relação aos demais agentes públicos efetivos e vitalícios. O fato é que os membros das bancas examinadoras, independentemente da fase em que atuem, estão agindo na condição de agentes públicos, pois nesse momento exercem função pública. A contratação da instituição que faz o exame já tem previsão legal na lei de licitações, que exige constar o valor da contratação no extrato do contrato a ser publicado no Diário Oficial. Mas ainda é pouco! É imprescindível que seja informado quanto ganha a cada agente que elabora cada questão, que corrigem as provas, que julgam os eventuais recursos, etc. Se o valor pago ao agente que julga a prova for muito baixo, por exemplo, ele tenderá a trabalhar tendo em vista primordialmente a quantidade. Imaginemos que a banca lhe pague R$ 3,00 por prova. Nesse caso, para conseguir ganhar R$ 3 mil, a pessoa terá de corrigir mil provas, o que pode ensejar, como de fato enseja, correções meramente formais, sem justificativas, com imputação de nota que não corresponde à prova. Para evitar essa indústria da correção malfeita, o edital ou no processo interno, que deve ser púbico, deve informar sobre todos os agentes envolvidos no certame e quanto cada um vai auferir por seu trabalho. Isso evidencia a responsabilidade que possuem e força a Banca Examinadora a remunerar decentemente seus agentes. Inúmeras injustiças e correções sem nenhum fundamento têm ocorrido. Para piorar a situação o próprio Judiciário, quando a matéria lhe é submetida, em muitos casos usa o subterfúgio de sair pela tangente alegando que se trata de mérito e que a nesse caso a banca é soberana. Mas nós perguntamos: que Banca? Trata-se de uma situação inadmissível. É necessário que os órgãos de controle façam um trabalho mais efetivo para que o procedimento dos concursos não seja um poço de segredos.

▶ **Direito de impugnar os membros das bancas examinadoras por falta de qualificação.**

Consequência lógica dos direitos anteriores, o candidato tem o direito de impugnar membro ou membros das bancas examinadoras se provar que ele ou eles não detêm qualificação para a função. Esse direito se baseia nos princípios da eficiência e da razoabilidade. Como decorrência dos direitos anteriormente abordados, a partir do momento em que há transparência quanto a todos os envolvidos no certame, cabe ao candidato, se houver fundamento para tanto, impugná-los. Diversas situações podem dar ensejo a essa atitude por parte do candidato. Um exemplo é o caso de os membros da banca examinadora não possuírem qualificação suficiente para a função. Não faz sentido que o profissional que vai avaliar as provas tenha conhecimento científico inferior ao dos candidatos. Não é admissível, por exemplo, que um técnico seja avaliador em um concurso para analista. Outro exemplo é o da fase de avaliação da saúde do candidato, que tem de ser feita por médicos e não por enfermeiros ou outros profissionais. O fato é que muitos candidatos são indevidamente eliminados nos exames médicos. Dependendo da complexidade desses exames, a avaliação deve ser inclusive feita obrigatoriamente por médico especialista.

O EDITAL DO CONCURSO PÚBLICO

▶ **O que é um edital e qual sua importância?**

"O edital é a norma que vai disciplinar o concurso público, irá regulamentar sua execução concreta passo a passo. Na confecção do mesmo haverá uma maior ou menor margem de liberdade de acordo com o concurso e o cargo que se pretende prover. Há carreiras, como a da magistratura, por exemplo, cuja disciplina do concurso já está detalhada em norma específica, no caso a Resolução n. 75/2009. A referida Resolução regulamenta diretamente a Constituição Federal neste ponto e, por isso, é ato normativo autônomo, com força de lei e de observância cogente por quem for executar o concurso público. Em hipóteses como a acima mencionada é vedado o edital dispor de forma distinta sobre pontos que já foram determinados pela norma de maior hierarquia, sendo, caso tal comportamento ocorra, ilegal a conduta da Administração ou da Banca Examinadora. De todo modo, sempre existirá alguma margem de discricionariedade na condução do certame, como, por exemplo, escolha do local da prova, dia, ponto da matéria que será cobrado etc. Já nos certames em que não há disciplina normativa sobre o tema, infelizmente a maioria dos casos, o edital terá um papel regulamentar mais abrangente, porém existem alguns limitadores reconhecidos pela jurisprudência, como, por exemplo, psicotécnico, investigação social, prova física, exames de saúde, que são fases que só podem ocorrer no certame se houver previsão legal. Confeccionado o edital, o mesmo é publicado no Diário Oficial. Tudo bem, mas qual é o prazo? Não existe uma lei geral que defina o prazo mínimo entre a publicação e a realização da primeira fase para toda a Administração. Em âmbito do Poder Executivo Federal, por exemplo, existe o Decreto 6.944/99 que dispõe que deve ser respeitado um prazo mínimo de 60 (sessenta) dias." (DANTAS, Alessandro. Concurso Público: Manual de Direitos dos Candidatos – Salvador: JusPODIVM, 2017, p. 21/22)

▶ **No mesmo sentido:** O edital é ato administrativo, que se presta a disciplinar algum processo concorrencial, pode ser um mero chamamento público, uma licitação pública ou concurso público. Em relação a estes, o edital dá ciência aos eventuais interessados sobre a existência do concurso e todas as suas condições. Basicamente, um edital de concurso divide-se em três grandes pilares: os requisitos para participar do concurso, os critérios para a avaliação dos candidatos e os procedimentos que devem ser seguidos pela Administração. A Administração é a responsável pela elaboração do edital e, por via de consequência, por prescrever as regras nele contidas. Aliás, muitas das regras definidas no edital são decorrentes de competências discricionárias outorgadas aos agentes administrativos. O edital é publicado e as pessoas, os eventuais interessados, tomam ciência da existência do concurso e de todas as suas regras. Em razão das regras fixadas no edital, os interessados decidem se devem ou não participar do concurso e preparam-se para ele. Assim, o edital é absolutamente determinante para a participação dos candidatos. Diante dessa perspectiva, uma vez publicado o edital, a Administração e os candidatos estão vinculados a ele, não podem se apartar ou se divorciar dos seus termos. À Administração não é permitido fazer exigências não previstas no edital nem deixar de exigir aquilo que fora prescrito nele. Os candidatos, por sua vez, devem cumprir os exatos termos estabelecidos no edital. Eis o princípio da vinculação ao edital. (NIEBUHR, Joel de Menezes. O edital é a lei do concurso, e suas regras vinculam tanto a Administração Pública quanto os candidatos. Coleção Teses Jurídicas dos Tribunais Superiores, Volume I, Editora RT: 2018, p. 382)

▶ **O edital é o ato convocatório que dá ciência à coletividade da existência de cargos vagos a serem preenchidos pela Administração Pública com ou sem formação de cadastro de reserva e fixa o procedimento e os critérios que serão obedecidos no seu provimento.**

"O edital é o ato convocatório que dá ciência à coletividade da existência de cargos vagos a serem preenchidos pela Administração Pública e fixa o procedimento e os critérios que serão obedecidos no seu provimento. É o ato que dá início ao concurso público e sua publicação deve atingir todos os possíveis interessados para que possam se inscrever, caso entendam conveniente. Isto porque não basta a realização de concurso, genericamente. É necessário que o concurso seja público, garantindo a todos os interessados o exercício de seu direito de acesso aos cargos e empregos públicos. Como já dissemos, é neste ato que a Administração deve exaurir toda a discricionariedade que tem na elaboração do certame, exceção feita tão somente aos elementos cujo sigilo seja indispensável para a efetividade dos concursos. Como é o caso das provas e testes psicológicos. Para que os candidatos possam definir se têm interesse em concorrer às vagas oferecidas, o edital deve conter o(s) cargo(s) ou emprego(s) oferecido(s), o número total de vagas já existentes bem como o número de vagas reservadas aos deficientes físicos, a remuneração inicial, o local ou os locais em que o serviço deverá ser prestado, as atribuições do cargo ou emprego, e outros dados que possam ser relevantes para a decisão do candidato." (OLIVEIRA ROCHA, Francisco Lobello de. Regime Jurídico dos Concursos Públicos. Ed. Dialética 2006, p. 59/60)

▶ **O edital deve trazer informações claras sobre a inscrição no concurso.**

"A inscrição no concurso pode se dar por meio de aplicativo de inscrição disponibilizado na internet ou presencialmente, com o uso de formulário em papel (ou ambos). O boleto para pagamento da inscrição é diagramado e gerado eletronicamente e disponibilizado ao candidato por meio do aplicativo de inscrição. Atualmente, considera-se que as pessoas interessadas em concursos públicos têm amplo acesso à internet e, por isso, a inscrição pela internet é considerada a forma mais abrangente, fácil e segura de proceder ao cadastro dos candidatos. Além disso, possibilita que o candidato possa se inscrever no certame concursal em qualquer parte do mundo. Postos de atendimento presencial ou disponibilização de internet para quem não tem acesso (por exemplo, por meio de lan houses) são atualmente considerados recursos dispensáveis, que geram um custo desnecessário ao evento. Um bom exemplo disso é o Exame Nacional do Ensino Médio (ENEM), para o qual não há disponibilização de posto de atendimento presencial, o que não impede que os mais de sete milhões de participantes, de todas as classes sociais e praticamente todos os municípios do país, se inscrevam. O edital do concurso deve prever um prazo para recebimento dos pedidos de isenção de taxa e informar se haverá ou não recebimento de documentação para esse fim. Deve, portanto, haver um período entre o término das inscrições e a data limite para pagamento da taxa. Nesse período, é divulgado o resultado provisório dos pedidos de isenção, aberto prazo para interposição de recursos contra esse resultado provisório e, finalmente, divulgado o resultado definitivo. Os candidatos que tiverem seu pedido de isenção indeferidos em caráter definitivo terão ainda um prazo para pagamento da taxa, sob pena de não terem a sua inscrição efetivada." (Ricardo Bastos. Concurso Público etapa interna e externa passo a passo, Ed. Negócios Públicos, p. 27)

▶ **Exaustão da discricionariedade na elaboração do edital**

"Na seleção de servidores públicos, a Administração adentra a esfera da discricionariedade quando determina a forma de procedimento do concurso; as datas em que se realizarão as provas e demais fases; o perfil desejável do servidor a ser contratado; o critério de pontuação das provas e títulos etc. A própria decisão de realizar ou não concurso público está sujeita à discricionariedade da Administração. Tal discricionariedade, entretanto, deve exaurir-se na elaboração do edital. Isto porque, se a elaboração do edital adentra a esfera da discricionariedade, a realização do concurso fica na da vinculação. Se restar alguma margem de discricionariedade deverá ser tão-somente para atos que não poderiam ser previstos no edital, como, v.g., para seleção das questões das provas objetiva, escrita e oral, que por outro lado estão vinculadas às matérias exigidas no edital. Por esta razão, na elaboração do edital, o Administrador deve fornecer critérios objetivos e suficientes para a seleção dos melhores candidatos, bem como as regras e procedimentos que serão observados na condução do concurso. Não basta, todavia, que o edital contenha os critérios de avaliação dos candidatos. E imperioso que descreva, de forma minudente e exaustiva, a forma de avaliação e pontuação atribuída a cada critério. Isto porque, após a publicação do edital, não pode restar ao

Administrador qualquer margem de discricionariedade que pudesse ter sido exaurida no momento de sua elaboração." (OLIVEIRA ROCHA, Francisco Lobello de, Regime Jurídico dos Concursos Públicos. Ed. Dialética 2006, p. 57)

> **No mesmo sentido:** A disciplina constitucional do concurso público exige a eleição predeterminada de requisitos de participação e de critérios de julgamento, que deverão constar de ato administrativo prévio. Esse ato contemplará o regulamento do concurso e traduzirá o exercício de competências administrativas discricionárias, de modo a impedir o julgamento fundado em critérios puramente subjetivos, na medida em que tal se afigure possível. Ou seja, a discricionariedade administrativa se exercita muito mais fortemente no momento da elaboração do regulamento do que quando de sua aplicação. O procedimento de seleção se vincula ao edital, sob pena de nulidade da decisão. Se houver contradição entre o regulamento e a decisão, prevalecerá o regulamento. (JUSTEN FILHO, Marçal. Curso de direito administrativo, 13º. Edição, Editora Revista dos Tribunais, São Paulo, 2018, p. 730)

▶ **O edital deve especificar de forma clara os locais onde serão aplicadas as provas.**

"As localidades de realização de provas deverão estar bem especificadas no edital do concurso, bem como se haverá vínculo entre local de vaga e local de prova. É importante destacar que a Administração Pública não pode definir os locais de realização das provas a seu bel-prazer, sem critérios claros e transparentes, por exemplo, definindo como locais de prova apenas as cidades mais populosas ou aquelas que, supostamente, por suas características peculiares, atrairiam um número maior de candidatos. Isso colidiria frontalmente com os princípios da isonomia e da ampla acessibilidade ao cargo público. Além disso, igualmente importante é ressaltar que todas as fases do concurso devem ser realizadas na(s) mesma(s) cidade(s) em que foi realizada a primeira etapa do concurso, inclusive a perícia médica dos candidatos com deficiência. Em se tratando de órgão federal, pelo princípio da ampla acessibilidade aos cargos públicos, a regra seria realizar as provas no Distrito Federal e em todas as 26 capitais dos estados da Federação – vide, a esse respeito, Recomendação n.º 3/2008/PRDC/MPF/RR e Recomendação PR/PA n.º 027/2014, ambas do Ministério Público Federal (MPF), Ação Civil Pública n.º 5014192-75.2013.404.7200/SC e Inquérito Civil Público n.º 1.33.000.001868/2013-53, ambos ajuizados pelo mesmo MPF. Todavia, tem sido defensável, pelos princípios da economicidade e da razoabilidade, bem como pelo interesse da Administração Pública, que a(s) prova(s) seja(m) realizada(s) apenas na(s) cidade(s) em que haja vaga(s) disponível(eis) (julgamento da Ação Civil Pública n.º 5508-49.2012.4.01.4200, ajuizada pelo Ministério Público Federal)." (Ricardo Bastos. Concurso Público etapa interna e externa passo a passo, Ed. Negócios Públicos, p. 29)

▶ **O edital deve especificar de forma clara o número de vagas por cargo/área/especialidade:**

"O número de vagas existentes para cada cargo/área/especialidade e o nível e tipo de escolaridade exigido para cada um deles é uma informação que deve constar no edital do concurso. As vagas reservadas (pessoas com deficiência, negros etc.) também devem ser informadas e, no caso de concurso regionalizado, as vagas existentes em cada localidade para a ampla concorrência e para os cotistas devem ser discriminadas. É importante destacar que as manifestações do Ministério Público, bem como a jurisprudência, orientam as instituições organizadoras no sentido de não se realizar concurso somente para formação de cadastro de reserva, sem oferta a priori de vagas no edital de abertura." (Ricardo Bastos. Concurso Público etapa interna e externa passo a passo, Ed. Negócios Públicos, p. 30/31)

▶ **O edital deve especificar de forma clara os requisitos para preenchimento dos cargos/áreas/especialidades.**

"...são uma informação de suma relevância para os candidatos, que não pode faltar no edital de abertura de inscrições. Em regra, esses requisitos devem ser comprovados no momento da posse e não durante o concurso. Todavia, há casos, como, por exemplo, nos concursos para a magistratura e para outorga de serviços notariais, em que essa comprovação se dá no decurso do certame concursal. Para as organizadoras, esses requisitos, juntamente com a remuneração e as atribuições do cargo, auxiliam na definição da atratividade do concurso para os candidatos e, consequentemente, na previsão do número de inscritos. Além disso, se isso for uma atribuição da organizadora, o número de documentos a serem avaliados para comprovação dos requisitos para a posse (ou outorga) é um parâmetro que impacta diretamente o orçamento do concurso." (Ricardo Bastos. Concurso Público etapa interna e externa passo a passo, Ed. Negócios Públicos, p. 30/31)

▶ **O edital tem de ser claro, sem contradições ou omissões.**

Trata-se de direito decorrente dos princípios da eficiência, da razoabilidade, bem como da jurisprudência e o Decreto Federal n.º 6.944/2009. Também conhecido como instrumento convocatório, o edital é o ato que veicula as normas que irão reger o concurso.

▶ **Os vícios do edital.**

"Embora indesejável, o ato convocatório pode incorrer em vícios. Assim se passará quando o edital omitir regras essenciais à disputa ou consagrar soluções violadoras da legalidade ou da proporcionalidade. A omissão se configura como um defeito nos casos em que afetar os interesses de potenciais interessados em participar do concurso ou conduzir a soluções ofensivas dos direitos dos candidatos. A violação à legalidade e à proporcionalidade, nas suas três dimensões, contempla um elenco muito amplo de situações." (JUSTEN FILHO, Marçal. Curso de direito administrativo, 13º. Edição, Editora Revista dos Tribunais, São Paulo, 2018, p. 743)

▶ **O edital deve estabelecer os critérios da seleção e regulamentar todo procedimento a ser seguido**

Ele deve estabelecer os critérios da seleção e regulamentar todo procedimento a ser seguido, desde que não sejam feridas normas de maior hierarquia, como a lei, a Constituição Federal etc. Uma vez publicado o edital, a coletividade passa a ter conhecimento do interesse da Administração em ampliar o seu quadro de pessoal e qualquer pessoa, desde que preencha os requisitos do cargo ou emprego, pode se candidatar a uma vaga no serviço público.

▶ **As cláusulas constantes do edital que regulamentam o concurso são vinculantes tanto para a Administração Pública quanto para os candidatos**

As cláusulas constantes do edital que regulamentam o concurso são vinculantes tanto para a administração pública quanto para os candidatos, sendo de cumprimento obrigatório, por isso o edital é a "lei" daquele concurso específico.

▶ **O edital deve ser redigido de forma clara e objetiva, de maneira a possibilitar a perfeita compreensão de seu conteúdo**

Como instrumento convocatório, o edital deve ser redigido de forma clara e objetiva, de maneira a possibilitar a perfeita compreensão de seu conteúdo pelo pretendente ao cargo ou emprego público oferecido. Por ser o regulamento do concurso, o edital deve conter identificação da banca realizadora do certame e do órgão que o promove; a do cargo ou emprego público, suas atribuições e vencimentos; os requisitos para ingresso no serviço público; os procedimentos de inscrição; os critérios de avaliação das provas; o conteúdo programático das provas objetivas e discursivas; a data de realização desses exames; o processo de interposição e julgamento dos recursos; o prazo inicial de validade e da possibilidade de sua prorrogação; o percentual de cargos ou empregos reservados às pessoas portadoras de necessidades especiais, dentre outras informações necessárias para boa execução do certame.

▶ **Irretroatividade**

"A alteração do edital não poderá ter efeitos retroativos sob pena de quebra da igualdade, impessoalidade e moralidade que devem reger a realização dos concursos. Os dispositivos só poderão ser alterados antes de realizados os atos sobre os quais produzirão efeitos. Isto quer dizer que, realizadas as provas, não mais poderão ser alterados critérios de correção ou classificação; apresentados os títulos, os critérios de pontuação deverão ser mantidos, comprovada a habilitação não poderão ser exigidos novos requisitos etc." (OLIVEIRA ROCHA, Francisco Lobello de, Regime Jurídico dos Concursos Públicos. Ed. Dialética 2006, p. 58).

▶ **O que deve constar no edital de abertura do concurso?**

No âmbito do Poder Executivo Federal o Decreto n.º 6.944/2009 estabelece em seu artigo 19 que: Deverão constar do edital de abertura de inscrições, no mínimo, as seguintes informações: I - identificação da instituição realizadora do certame e do órgão ou entidade que o promove; II - menção ao ato ministerial que autorizar a realização do concurso público, quando for o caso; III - número de cargos ou empregos públicos a serem providos; IV - quantitativo de cargos ou empregos reservados às pessoas com deficiência e critérios para sua admissão, em consonância com o disposto nos arts.

37 a 44 do Decreto nº 3.298, de 20 de dezembro de 1999; V - denominação do cargo ou emprego público, a classe de ingresso e a remuneração inicial, discriminando-se as parcelas que a compõem; VI - lei de criação do cargo, emprego público ou carreira, e seus regulamentos; VII - descrição das atribuições do cargo ou emprego público; VIII - indicação do nível de escolaridade exigido para a posse no cargo ou emprego; IX - indicação precisa dos locais, horários e procedimentos de inscrição, bem como das formalidades para sua confirmação; X - valor da taxa de inscrição e hipóteses de isenção; XI - orientações para a apresentação do requerimento de isenção da taxa de inscrição, conforme legislação aplicável; XII - indicação da documentação a ser apresentada no ato de inscrição e quando da realização das provas, bem como do material de uso não permitido nesta fase; XIII - enunciação precisa das disciplinas das provas e dos eventuais agrupamentos de provas; XIV - indicação das prováveis datas de realização das provas; XV - número de etapas do concurso público, com indicação das respectivas fases, seu caráter eliminatório ou eliminatório e classificatório, e indicativo sobre a existência e condições do curso de formação, se for o caso; XVI - informação de que haverá gravação em caso de prova oral ou defesa de memorial; XVII - explicitação detalhada da metodologia para classificação no concurso público; XVIII - exigência, quando cabível, de exames médicos específicos para a carreira ou de exame psicotécnico ou sindicância da vida pregressa; XIX - regulamentação dos meios de aferição do desempenho do candidato nas provas, observado o disposto na Lei nº 10.741, de 1º de outubro de 2003; XX - fixação do prazo de validade do concurso e da possibilidade de sua prorrogação; e XXI - disposições sobre o processo de elaboração, apresentação, julgamento, decisão e conhecimento do resultado de recursos. Parágrafo único. A escolaridade mínima, e a experiência profissional, quando exigidas, deverão ser comprovadas no ato de posse no cargo ou emprego, vedada a exigência de comprovação no ato de inscrição no concurso público ou em qualquer de suas etapas, ressalvado o disposto em legislação específica.

▶ **O poder vinculante do edital.**

Uma vez publicado o edital, a coletividade passa a ter conhecimento do interesse da Administração em ampliar o seu quadro de pessoal e qualquer pessoa, desde que preencha os requisitos do cargo ou emprego, pode se candidatar a uma vaga no serviço público. As cláusulas constantes do edital que regulamentam o concurso são vinculantes tanto para a Administração Pública quanto para os candidatos, sendo de cumprimento obrigatório, por isso o edital é a "lei do concurso".

> ◙ "Tanto a doutrina quanto a jurisprudência estão acordes em que o edital é a lei interna do concurso. A Administração tem amplo poder discricionário para estabelecer as normas a serem seguidas, obedecendo aos princípios da igualdade, da imparcialidade e da impessoalidade. Deve, pois, estabelecer no edital o maior número possível de regras acerca dos aspectos essenciais a serem observados pelos candidatos, alertando-os a respeito de seu poder discricionário, da mesma forma com que estabelece regras para o exercício desse poder, autolimitando-se com critérios objetivos." (Agravo em Recurso Especial 509.872-SE (2014/0083125-1), Ministro Relator Napoleão Nunes Maia Filho, 03/06/2016).

◉ **Incongruência entre as normas do edital e o respectivo decreto regulamentador comprometa a legalidade da exclusão de candidatos.**

DIREITO ADMINISTRATIVO. MANDADO DE SEGURANÇA. CONCURSO PÚBLICO. INSTITUTO FEDERAL DE EDUCAÇÃO, CIÊNCIA E TECNOLOGIA DO MARANHÃO (IFMA). PARTICIPAÇÃO NA PROVA DE DESEMPENHO DIDÁTICO E TÍTULOS. DECRETO REGULAMENTADOR E NORMA EDITALÍCIA. INCONGRUÊNCIA. DESCLASSIFICAÇÃO DE CANDIDATO. ILEGALIDADE. **I – No caso em tela, constatou-se incongruência entre as normas do edital e o respectivo decreto regulamentador, o que terminou por comprometer a legalidade da exclusão de candidatos (impetrantes) empreendida pela Administração Pública.** II – Em reexame necessário, mostrou-se acertada a sentença, haja vista ter concluído pela ilegalidade do ato administrativo. III – Remessa oficial desprovida. (REOMS 0072122-76.2015.4.01.3700 / MA, Rel. DESEMBARGADOR FEDERAL SOUZA PRUDENTE, QUINTA TURMA, e-DJF1 de 2017-03-22)

▶ **O edital é a lei interna do concurso, devendo regulamentá-lo, porém não pode ferir normas de maior hierarquia.**

"O edital é a norma que vai disciplinar o concurso público, irá regulamentar sua execução concreta passo a passo. Na confecção do mesmo haverá uma maior ou menor margem de liberdade de acordo com o concurso e o cargo que se pretende prover. Há carreiras, como a da magistratura, por exemplo, cuja disciplina do concurso já está detalhada em norma específica, no caso a Resolução nº. 75/2009. A referida Resolução regulamenta diretamente a Constituição Federal neste ponto e, por isso, é ato normativo autônomo, com força de lei e de observância cogente por quem for executar o concurso público. Em hipóteses como a acima mencionada é vedado o edital dispor de forma distinta sobre pontos que já foram determinados pela norma de maior hierarquia, sendo, caso tal comportamento ocorra, ilegal a conduta da Administração ou da Banca Examinadora. De todo modo, sempre existirá alguma margem de discricionariedade na condução do certame, como, por exemplo, escolha do local da prova, dia, ponto da matéria que será cobrado etc. Já nos certames em que não há disciplina normativa sobre o tema, infelizmente a maioria dos casos, o edital terá um papel regulamentar mais abrangente, porém existem alguns limitadores reconhecidos pela jurisprudência, como, por exemplo, psicotécnico, investigação social, prova física, exames de saúde, que são fases que só podem ocorrer no certame se houver previsão legal." (DANTAS, Alessandro. Concurso Público: Manual de Direitos dos Candidatos – Salvador: JusPODIVM, 2017, p. 15)

▶ **O edital fixa as condições da realização do concurso e convoca os interessados para a inscrição no certame.**

"Característica marcante de todos os procedimentos administrativos concorrenciais é a existência de um edital, instrumento pelo qual a Administração leva ao conhecimento da coletividade a abertura do concurso público, fixa as condições de sua realização e convoca os interessados para a inscrição no certame." (O regime jurídico do concurso público e seu controle jurisdicional, p. 90. PINHEIRO DE QUEIROZ, Ronaldo. MAIA, Márcio Barbosa).

◉ **O STF entende que ao apresentar vagas no edital a Administração, exceto situações excepcionalíssimas, é obrigada a provê-las.**

"O dever de boa-fé da Administração Pública exige o respeito incondicional às regras do edital, inclusive quanto à previsão das vagas do concurso público. Isso igualmente decorre de um necessário e incondicional respeito à segurança jurídica como princípio do Estado de Direito. Tem-se, aqui, o princípio da segurança jurídica como princípio de proteção à confiança. Quando a Administração torna público um edital de concurso, convocando todos os cidadãos a participarem de seleção para o preenchimento de determinadas vagas no serviço público, ela impreterivelmente gera uma expectativa quanto ao seu comportamento segundo as regras previstas nesse edital. Aqueles cidadãos que decidem se inscrever e participar do certame público depositam sua confiança no Estado administrador, que deve atuar de forma responsável quanto às normas do edital e observar o princípio da segurança jurídica como guia de comportamento. Isso quer dizer, em outros termos, que o comportamento da Administração Pública no decorrer do concurso público deve se pautar pela boa-fé, tanto no sentido objetivo quanto no aspecto subjetivo de respeito à confiança nela depositada por todos os cidadãos." (STF, RE 598099, Relator(a): Min. Gilmar Mendes, Tribunal Pleno, julgado em 10/08/2011, Repercussão Geral – Mérito Dje-189 Divulg 30-09-2011 Public 03-10-2011 EMENT VOL-02599-03 PP-00314 RTJ VOL-00222-01 PP-00521)

▶ **O Edital do concurso público obrigatoriamente deve ser publicado em Diário Oficial.**

"A publicidade do concurso normalmente ocorre por meio da publicação oficial (Diário Oficial, Diário de Justiça etc.) do edital de abertura do concurso e sua divulgação nos sítios web do órgão executor e da instituição especializada. A organizadora também costuma elaborar e fixar cartazes em locais estratégicos (cursinhos, faculdades, órgãos públicos e locais de grande circulação) e distribuir releases e boletins informativos a mailing lists de jornalistas especializados na cobertura de concursos e seleções e da comunidade acadêmica em geral. O agendamento de entrevistas para mídias impressas, emissoras de rádio e televisão também costuma ser utilizado como estratégia de divulgação. O expediente de publicar extrato do edital em jornais de grande circulação ou veicular notícias em rádios ou televisões tem demonstrado pouco impacto na divulgação do evento e grande impacto em seu orçamento, sendo considerada uma estratégia de baixa relação custo/benefício, absolutamente desnecessária. Concursos públicos se divulgam per se, naturalmente, pois "vendem" notícia, já que normalmente existe grande número de interessados no seio da sociedade. Dessa forma, a divulgação dos certames por meio de releases e contatos de e-mail tem-se mostrado bastante eficaz, sendo seu custo irrisório comparado com matérias pagas nas mídias comerciais. Em respeito aos princípios da publicidade e da legalidade, o edital de abertura e suas eventuais retificações, bem como o edital de resultado final do concurso, com os nomes, notas e classificação de todos os candidatos classificados até o limite estabelecido no edital de abertura, devem, ambos, ser publicados na íntegra no diário oficial, conforme determina o Decreto n.º 6.944/2009. Todavia, os resultados intermediários e convocações para as fases internas do concurso podem ser divulgados à parte, sem necessidade de publicação oficial; a não ser que o concurso tenha regramento próprio que estabeleça o contrário. Mesmo assim, é comum que os órgãos publiquem, no respectivo diário oficial, um extrato contendo o link de consulta à listagem disponibilizada no sítio do evento." (BASTOS, Ricardo. Concurso público: etapa interna e externa passo a passo/Alessandro Dantas Coutinho, William Douglas e Ricardo Bastos. – Curitiba, PR: Negócios Públicos, 2015. p. 25)

▶ **O edital do concurso público deve ser publicado com antecedência razoável.**

"Ter tempo hábil para se preparar a partir da publicação do edital que define as regras do certame é um direito que se baseia nos princípios constitucionais da razoabilidade, proporcionalidade, segurança jurídica e em ato normativo. É necessário que o edital seja publicado com antecedência razoável, para que o candidato possa se preparar exatamente para o concurso que deseja e de acordo com as regras o regem. Isso se baseia nos princípios da razoabilidade, proporcionalidade, segurança jurídica. Os milhares de candidatos que participam de um concurso público precisam estar corretamente informados sobre as regras do jogo e as matérias que serão cobradas. Por mais que o candidato saiba que precisa estudar com antecedência para se preparar corretamente, o fato é que cada concurso tem suas regras próprias, especialmente quanto às matérias, que variam de um para outro e, por isso, não há razoabilidade em exigir do candidato que tenha conhecimento global e detalhado de todas as matérias que podem em tese ser cobradas no concurso. O edital restringe o conteúdo e insere conteúdos novos. O ideal é que o edital seja publicado com antecedência de, no mínimo, noventa dias da primeira prova. Esse é inclusive o prazo estabelecido no Projeto de Lei do Senado nº 74/2010, cujo artigo 12, I, prescreve que "o edital do concurso público será: I – publicado integralmente no Diário Oficial da União, com antecedência mínima de 90 (noventa) dias da realização da primeira prova". Esse projeto, entretanto, ainda não havia se tornado lei até o fechamento desta obra. Como a matéria sobre o tema é concorrente, todos os entes da Federação podem dispor sobre o assunto, sendo interessante que o façam. No âmbito federal existe o Decreto nº 6.944/2009 que dispõe sobre algumas regras relativas a concursos públicos federais e em seu artigo 18 há o estabelecimento de um prazo mínimo de publicidade de 60 (sessenta) dias." (DANTAS, Alessandro, FONTENELE, Francisco. Concurso Público: direitos fundamentais dos candidatos, – Rio de Janeiro: Forense; São Paulo: Método, 2014, p. 25)

▶ **As matérias objeto de avaliação no concurso e inseridas no edital devem ser pertinentes ao cargo a ser exercido.**

"Tendo em vista que após a aprovação o candidato é nomeado, toma posse e entra em exercício, realizando as atividades do cargo, é necessário, para que o efetivo desempenho das atividades seja eficiente e haja uma boa gestão pública, que o processo seletivo de mérito tenha avaliado conteúdos pertinentes às atribuições do cargo e à área na qual o futuro servidor vai atuar, sob pena de ingressarem pessoas que possuem uma boa capacidade de decorar e aprender conteúdo em quantidade, mas que não têm capacidade de articular e aplicar os conhecimentos na atividade que desempenharão. Por isso, apenas a título de exemplo, não tem sentido exigir física na prova para o cargo de Policial Rodoviário Federal ou intervenção na propriedade na prova para o cargo de analista de um Tribunal. São conhecimentos que jamais serão utilizados na prática e isso desvirtua o objetivo final do certame, que é selecionar os mais preparados para assumir um cargo que possui funções próprias na gestão pública. No Congresso tramita um projeto de lei que proíbe expressamente essa prática, inquinando de nulidade a questão impertinente. O projeto de Lei nº 74/2010, substitutivo do Senado, prevê em seu artigo 7º, que "o concurso público será de provas ou de provas e títulos, cujo conteúdo e suas respectivas questões deverão estar de acordo com a natureza e a complexidade do cargo ou emprego". Ainda, o artigo 37 do referido projeto possui a seguinte redação: "É vedada a exigência de conteúdo programático em nível de complexidade superior ao necessário ao satisfatório exercício das funções do cargo ou emprego ou que não tenha relação com suas atribuições." Ainda que não exista lei que expressamente proíba a exigência de conteúdo programático fora das funções exigidas, essa prática abusiva constitui desvio de finalidade que atenta contra a razoabilidade e viola o princípio da eficiência. O grande problema é que lamentavelmente ainda não existe uma lei geral dos concursos públicos, nem uma lei federal mais minuciosa que possa servir de balizamento. É o edital que tem de disciplinar o passo a passo do certame e as exigências ali previstas são decorrências vinculadas à lei (especialmente a que criou o cargo e estabeleceu requisitos para acesso a ele, nos termos do artigo 37, II, da CF) ou à competência discricionária da administração pública. A discricionariedade ocorre na elaboração do edital, razão pela qual, após sua publicação, devem ser seguidas as regras inseridas que não estejam em conflito com normas de hierarquia superior, o que torna vinculado o comportamento da administração no decorrer do certame. Os aplicadores do direito, especialmente os magistrados, devem ter bastante cautela ao deferir ou indeferir uma liminar com base unicamente no princípio da vinculação ao instrumento convocatório, pois o edital – por mais que chamado de "lei interna do concurso" – não pode aviltar normas de maior hierarquia. Quando se fala que o edital é a lei interna do concurso e por isso deve ser observado, essa conclusão só é correta se partir do pressuposto que ele foi corretamente confeccionado. O edital é um ato administrativo, e, portanto, hierarquicamente inferior à lei e à Constituição Federal. Quando se diz que o edital é a "lei interna do concurso", que o "edital vincula as partes", isso apenas é correto se esse instrumento convocatório estiver em conformidade com a lei e a Constituição Federal, sob pena de subversão e inversão do sistema hierárquico existente entre as espécies normativas. Deve-se lembrar que a relação da administração com a lei não é uma relação de não contrariedade, como ocorre com o particular, mas uma relação de conformidade, de vinculação positiva à lei. Por isso se afirma que a administração só pode agir se existir uma lei autorizando ou determinando sua conduta. No caso em comento, a exigência de matéria incompatível com o cargo configura desvio de finalidade quanto ao objetivo do concurso público, atentando contra a razoabilidade e a eficiência, razão pela qual, mesmo que prevista no edital, deve ser excluída na aplicação das provas. Se a banca insistir em mantê-la, cabe aos órgãos de controle anular a questão que cobrou conhecimentos e aptidões fora dos requisitos do cargo." (DANTAS, Alessandro, FONTENELE, Francisco. Concurso Público: direitos fundamentais dos candidatos, – Rio de Janeiro: Forense; São Paulo: Método, 2014, p. 27/28))

◉ **no mesmo sentido:** "ADMINISTRATIVO.AÇÃO CIVIL PÚBLICA. CONCURSO PÚBLICO. CARGO DE AUDITOR DO INSTITUTO FEDERAL DE EDUCAÇÃO, CIÊNCIA E TECNOLOGIA DO ACRE – IFAC. ESCOLARIDADE. EXIGÊNCIA DE CURSO SUPERIOR EM ECONOMIA, DIREITO OU CIÊNCIAS CONTÁBEIS. LEI N. 11.091/2005. PREVISÃO LEGAL. REMESSA OFICIAL NÃO PROVIDA. SENTENÇA MANTIDA. 1. O art. 37, inciso I, da CF/88 prevê expressamente a necessidade da existência de lei em sentido formal e material para fins de restrições ou requisitos de acessos aos cargos, empregos e funções públicas. 2. A Lei n. 11.091/2005, que dispõe sobre a estruturação do Plano de Carreira dos Cargos Técnico-Administrativos em Educação, no âmbito das Instituições Federais de Ensino vinculadas ao Ministério da Educação, prevê, como requisito para ingresso no cargo de Auditor, a necessidade de conclusão de curso superior em Economia, Direito ou Ciências Contábeis." (REO.0007233-45.2016.4.01.3000/AC, Rel. Desembargador Federal Kassio Nunes Marques, Conv. Juiz Federal Eduardo Morais Da Rocha (conv.), Sexta Turma, e-DJF1 p. de 23/03/2018)

▶ **É possível, em situações excepcionais, a alteração do edital após sua publicação.**

"O Supremo Tribunal Federal tem se pronunciado no sentido de garantir a segurança jurídica na execução do concurso público impedindo que a Administração Pública altere ou viole cláusulas editalícias por mera conveniência, firmando o entendimento de que os editais de concursos públicos são inalteráveis no decorrer dos certames, salvo quando alguma alteração se fizer necessária por imposição de lei, a exemplo de adaptações às alterações legais sobre a carreira a que pertence o cargo disputado ou para sanar erro material contido no texto." (DANTAS, Alessandro. Concurso público: etapa interna e externa passo a passo/Alessandro Dantas Coutinho, William Douglas e Ricardo Bastos. – Curitiba, PR: Negócios Públicos, 2015. p. 115)

▶ **no mesmo sentido:** "Questão que se coloca é sobre a possibilidade de alteração do edital do concurso após sua publicação. Entendemos que sim, pois a Administração pode – até mesmo deve – corrigir seus atos. Este ato, no entanto, deve ser motivado, ter ampla divulgação, versar e produzir efeitos exclusivamente sobre fatos futuros, e conceder prazo razoável para que os candidatos se adaptem às novas disposições do edital." (ROCHA, Francisco Lobello de Oliveira. Regime Jurídico dos concursos públicos, p. 58.).

◉ **no mesmo sentido:** "No caso, a alteração das regras do concurso teria sido motivada por suposta ambiguidade de norma do edital acerca de critérios de classificação para a prova oral. Ficou evidenciado, contudo, que o critério de escolha dos candidatos que deveriam ser convocados para as provas orais do concurso para a magistratura do Estado do Piauí já estava claramente delimitado quando da publicação do Edital nº 1/2007. 4. A pretensão de alteração das regras do edital é medida que afronta o princípio da moralidade e da impessoalidade, pois não se pode permitir que haja, no curso de determinado processo de seleção, ainda que de forma velada, escolha direcionada dos candidatos habilitados às provas orais, especialmente quando já concluída a fase das provas escritas subjetivas e divulgadas as notas provisórias de todos os candidatos. 5. Ordem denegada." (MS 27160, Relator(a): Min. JOAQUIM BARBOSA, Tribunal Pleno, julgado em 18/12/2008, DJe-043 DIVULG 05-03-2009 PUBLIC 06-03-2009 EMENT VOL-02351-02 PP-00285 RSJADV maio, 2009, p. 41-46)

◙ **Alteração no edital para sanar erro material.**

"Alterações no edital do concurso para agente penitenciário, na parte que disciplinou o exercício abdominal, para sanar erro material, mediante uma "errata" publicada dias antes da realização da prova física no Diário Oficial do Estado. 2. Desnecessária a sua veiculação em jornais de grande circulação. A divulgação no Diário Oficial é suficiente per se para dar publicidade a um ato administrativo. 3. A Administração pode, a qualquer tempo, corrigir seus atos e, no presente caso, garantiu aos candidatos prazo razoável para o conhecimento prévio do exercício a ser realizado. 4. Recurso extraordinário conhecido e provido." (STF, RE 390939, Relator (a): Min. ELLEN GRACIE, Segunda Turma, julgado em 16/08/2005, DJ 09-09-2005 PP-00059 EMENT VOL-02204-03 PP-00485 RIP v. 7, n. 33, 2005, p. 123-125 LEXSTF v. 27, n. 322, 2005, p. 310-314 RNDJ v. 6, n. 72, 2005, p. 57-59)

◙ **Alteração do edital em decorrência da alteração legal dos requisitos para provimento no cargo.**

"Agravo regimental no agravo de instrumento. Administrativo. Concurso público. Alteração legal dos requisitos para provimento no cargo. Certame em andamento. Adequação do edital à norma. Possibilidade. (...) 1. Firmou-se, no Supremo Tribunal Federal o entendimento de que é possível a alteração de edital de concurso público, desde que esse não esteja concluído e homologado, quando houver necessidade de adaptação do certame a nova legislação aplicável ao caso." (AI 814.164 AgR, 1.ª T., rel. Min. Dias Toffoli, j. 04.02.2014, DJe 10.03.2014)

▶ **A alteração do edital deve ser devidamente motivada.**

"Publicado o edital do concurso, Administração e candidatos ficam a ele vinculados, criando, ainda, expectativas nestes últimos. Assim, a possibilidade de alteração do edital é excepcional, devendo ser devidamente motivada, fazendo-se constar do termo de publicação seus fundamentos de fato e de direito. A publicidade do ato de alteração do edital deve ser o mais abrangente possível, para se garantir que chegue ao conhecimento de todos os candidatos. O ato de alteração do edital deve ter, no mínimo, a mesma publicidade que teve o edital do concurso." (OLIVEIRA ROCHA, Francisco Lobello de. Regime Jurídico dos Concursos Públicos., Ed. Dialética 2006, p. 58)

▶ **A alteração do edital não pode ter efeitos retroativos.**

"A alteração do edital não poderá ter efeitos retroativos sob pena de quebra da igualdade, impessoalidade e moralidade que devem reger a realização dos concursos.

Os dispositivos só poderão ser alterados antes de realizados os atos sobre os quais produzirão efeitos. Isto quer dizer que, realizadas as provas, não mais poderão ser alterados critérios de correção ou classificação; apresentados os títulos, os critérios de pontuação deverão ser mantidos, comprovada a habilitação não poderão ser exigidos novos requisitos etc." (OLIVEIRA ROCHA, Francisco Lobello de. Regime Jurídico dos Concursos Públicos, Ed. Dialética 2006, p. 58)

▶ **A alteração do edital deve ser feita com antecedência razoável para que o candidato não seja pego de surpresa e tenha tempo de se adequar ao mesmo.**

"A publicidade do ato de alteração do edital deve ser o mais abrangente possível, para se garantir que chegue ao conhecimento de todos os candidatos. O ato de alteração do edital deve ter, no mínimo, a mesma publicidade que teve o edital do concurso." (OLIVEIRA ROCHA, Francisco Lobello de. Regime Jurídico dos Concursos Públicos., Ed. Dialética 2006, p. 58)

▶ **O edital do concurso não pode contrariar a lei e nem a Constituição Federal.**

"Como lamentavelmente ainda não existe uma lei geral dos concursos públicos ou uma lei federal mais minuciosa que possa servir de balizamento o edital irá disciplinar passo a passo o certame, sendo que das exigências ali previstas umas são decorrência vinculadas da lei (especialmente a que criou o cargo e estabeleceu requisitos de acesso ao mesmo, nos termos do artigo 37, II, da CF) e outras são decorrentes da competência discricionária da Administração Pública. A discricionariedade existe, em parte, apenas na elaboração do edital, razão pela qual após a publicação do mesmo, caso as regras inseridas não estejam em conflito com normas de maior hierarquia, as mesmas devem ser seguidas, tornando o comportamento da Administração vinculado no decorrer do certame. Quando se fala que o edital é a lei interna do concurso e por isso deve ser observada essa conclusão só é correta se partirmos do pressuposto que o mesmo, o edital, tenha sido confeccionado corretamente. O edital é um ato administrativo, portanto de inferior hierarquia em relação à lei e à Constituição Federal. Assim, quando se diz que o edital é a "lei interna do concurso", que o "edital vincula as partes", essas afirmativas apenas são corretas se o instrumento convocatório estiver em conformidade com a lei e a Constituição Federal, sob pena de subversão e inversão do sistema hierárquico existente entre as espécies normativas." (DANTAS, Alessandro. Concurso público: etapa interna e externa passo a passo/Alessandro Dantas Coutinho, William Douglas e Ricardo Bastos. – Curitiba, PR: Negócios Públicos, 2015. p. 117)

▶ <u>**No mesmo sentido:**</u> "É preciso atentar para o fato de que a elaboração do edital se submete a todo o sistema jurídico preexistente, assim como qualquer ato administrativo. Abusos e ilegalidades contidos no edital, portanto, devem ser afastados, seja pela própria Administração no exercício de seu poder de autotutela, seja pelo Judiciário, quando provocado." (ROCHA, Francisco Lobello de Oliveira. Regime Jurídico dos concursos públicos, p. 24.).

◉ <u>**No mesmo sentido:**</u> "Embora seja o edital a lei do concurso, não deixa este de ser um ato administrativo vinculado, e, como tal, não pode desrespeitar dispositivo legal, pois o provimento de cargo público deve situar-se nos limites delineados pela legislação." (STJ, REsp 441.l21/DF, 6a Turma, Rel. Min. Vicente Leal, DIU 1 de 11.11.2002, p. 310)

▶ **No mesmo sentido:** "O concurso público é um procedimento administrativo, subordinado a um ato administrativo prévio, o edital – que por sua vez subordina-se a todo o ordenamento jurídico preexistente -, destinado a propiciar a mais perfeita seleção entre os candidatos que preencherem as necessidades da Administração, garantindo-se a igualdade de oportunidades na concretização do direito fundamental ao livre acesso a cargos e empregos públicos. (...) O edital é o ato convocatório que dá ciência, à coletividade, da existência de cargos vagos a serem preenchidos pela Administração Pública, fixa o procedimento e os critérios que serão obedecidos no seu provimento, vinculando todas as demais fases do concurso, e deve exaurir toda margem de discricionariedade de que dispõe a Administração." (OLIVEIRA ROCHA Francisco Lobello de. Regime Jurídico dos Concursos Públicos Ed. Dialética 2006, p. 64/65).

◙ **Em caso de dubiedade de regra do edital, a mesma deve ser interpretada em prol do candidato.**

"APELAÇÃO E REMESSA NECESSÁRIA. CONCURSO PÚBLICO. EXIGÊNCIA DE FORMAÇÃO EM CURSO SUPERIOR E/OU ESPECIALIZAÇÃO. TEXTO EDITALÍCIO DÚBIO. INTERPRETAÇÃO FAVORÁVEL AO CANDIDATO. AUSÊNCIA DE EXIGIBILIDADE LEGAL DE GRAU MAIS ELEVADO DE ESPECIALIZAÇÃO. APELO NÃO PROVIDO. SENTENÇA CONFIRMADA. 1. – Segundo posicionamento deste egrégio Tribunal de Justiça, a redação do item 19.3, alínea a, do Edital nº 01/2010, do Município de Cariacica, é, no mínimo, confusa, ao trazer como exigência para ingresso no cargo a apresentação de diploma de conclusão de curso relacionado ao cargo/área de atuação, valendo-se da expressão 'e/ou' quando trata da especialização como pré-requisito para a nomeação dos candidatos aprovados. II – A Legislação Municipal, Lei nº 4.761/2010, não dispõe expressamente acerca da necessidade de curso de especialização para o provimento de cargos de nível superior, prevendo, apenas, a possibilidade de sua exigência, 'quando necessário'. III – O Edital prevê, ainda, que o certame possui 'prova de títulos', elencando-a como uma etapa do concurso, atribuindo pontuação a mais aqueles candidatos que apresentem 'certificado ou diploma de curso de especialização' (item 10, tabela 10.1), havendo dúvida se a Especialização é exigida como requisito pra ingresso no cargo ou figura como mero título que melhor qualifica o candidato. IV Tal realidade traduz uma obscuridade do edital em questão e também da legislação local de regência, que levam a dúvidas concretas quanto a viabilidade de se ter a 'Especialização' como requisito a ser exigido pelo Município, ainda mais quando considerado que o toma a Municipalidade como um requisito que deriva de seu poder discricionário. (¿). VI Apelo do Município conhecido e não provido. Remessa necessária conhecida para ratificar a sentença. (TJES Apelação n. 12120127993, Relator Desembargador Jorge Henrique Valle dos Santos, Primeira Câmara Cível, DJ: 10-10-2017). 2. – Em razão da imprecisão na exigência de apresentação de documentos exigidos pelo subitem 19.3, alínea 'a', do Edital 01/2010, ou mesmo da flexibilidade interpretativa (favorecendo inclusive dois dirigismos permissivos) que a norma do certame proporciona, não há como conferir-lhe interpretação restritiva e mais rigorosa que sua literalidade, a ponto de prejudicar candidato aprovado no concurso e que apresentou o prova de conclusão do curso relacionado ao cargo/área de atuação, atendendo ao menos uma das hipóteses possíveis previstas expressamente no Edital. 3. – Recurso desprovido. Sentença mantida." (TJES, Classe: Apelação / Remessa Necessária, 012111279340, Relator: DAIR JOSÉ BREGUNCE DE OLIVEIRA, Órgão julgador: TERCEIRA CÂMARA CÍVEL , Data de Julgamento: 13/03/2018, Data da Publicação no Diário: 23/03/2018)

▶ **Apesar de não haver previsão legal e até mesmo no próprio edital, é possível impugná-lo administrativamente.**

"Esse direito se baseia nos princípios constitucionais da ampla defesa e do contraditório (art. 5º, LIV e LV da CF), no direito de petição (Art. 5, XXXIV, "a" da CF,) por analogia ao artigo 41 da Lei 8.666/93; na doutrina e na jurisprudência. É muito comum que o edital, de forma ilegal e abusiva, não preveja uma sistemática administrativa de impugnação de suas regras. Infelizmente, no mundo dos concursos públicos, não existem regras explícitas oportunizando o questionamento do edital, ao contrário do que ocorre com a Lei de Licitações, que em seu artigo 41 prevê a impugnação do instrumento convocatório. Mesmo assim o questionamento é lícito e possível, seja pela supressão de lacuna por meio de analogia com a Lei de Licitação, seja com base no direito constitucional de petição previsto no artigo 5º, inciso XXXIV, "a" da CF, cujo teor é o seguinte: são a todos assegurados, independentemente do pagamento de taxas: a) o direito de petição aos Poderes Públicos em defesa de direitos ou contra ilegalidade ou abuso de poder. O Projeto de Lei 74/2010, que trata da Lei Geral dos Concursos em âmbito federal, prevê expressamente a possibilidade de impugnação do edital. Vejamos o teor seu de artigo 10: Art. 10. O edital é a lei interna do concurso público, vinculando aos seus termos a administração pública e todos os candidatos, observado o disposto nesta lei.§ 3º É dever da instituição organizadora esclarecer, em dez dias, contados do recebimento do requerimento, eventuais questionamentos dos pretendentes ao cargo ou emprego público, mesmo que ainda não inscritos no certame, desde que solicitados por escrito, no prazo máximo de 10 (dez) dias úteis após a divulgação do edital. § 4º Qualquer cidadão é parte legítima para impugnar o edital do concurso, devendo protocolar o pedido em até cinco dias úteis após a sua divulgação, independentemente de previsão editalícia. Assim, por mais que a matéria ainda não esteja positivada em lei, tal direito é decorrente da força normativa dos princípios e pode ser exercido de forma analógica com a Lei 8.666/93." (DANTAS, Alessandro, FONTENELE, Francisco. Concurso Público: direitos fundamentais dos candidatos, – Rio de Janeiro: Forense; São Paulo: Método, 2014, p. 31)

> ▶ **No mesmo sentido:** "O edital, consistindo em um ato administrativo, comporta impugnação administrativa, como uma manifestação do exercício do direito de petição. A legitimidade ativa: qualquer cidadão pode formular a impugnação. Não é necessário comprovar interesse ou condições de participar no concurso. Existe um interesse objetivo de todo e qualquer cidadão quanto à

219

regularidade, à utilidade e à legitimidade do concurso. O prazo para a impugnação: em se tratando de manifestação do direito de petição, não existe prazo para o exercício da impugnação. No entanto, é desejável que a insurgência seja manifestada em momento anterior ao início dos procedimentos pertinentes ao concurso. Muitas vezes, o próprio edital contempla prazos para a sua impugnação, inclusive estabelecendo que a ausência de impugnação acarretará a preclusão do direito de impugnação posterior. Essa solução deve ser interpretada em termos." (JUSTEN FILHO, Marçal. Curso de direito administrativo, 13. ed. Editora Revista dos Tribunais, São Paulo, 2018, p. 744)

▶ **A ausência de impugnação tempestiva.**

"É necessário diferenciar os defeitos sanáveis e os insanáveis. A ausência de impugnação não produz a eliminação de vícios insanáveis. Como regra, poderão eles ser questionados a qualquer tempo, inclusive depois de exaurido o prazo previsto no ato convocatório. No entanto, pode haver defeitos que afetem especificamente o interesse do candidato. Nesses casos, a ausência de impugnação tempestiva acarreta a preclusão do direito de o candidato questionar o defeito." (JUSTEN FILHO, Marçal. Curso de direito administrativo, 13. ed. Editora Revista dos Tribunais, São Paulo, 2018, p. 744)

▶ **Impugnação ao edital não pode ensejar retaliação administrativa por parte do Poder Público.**

"...não se admite, num Estado Democrático de Direito, que o exercício do direito de petição desencadeie qualquer espécie de retaliação àquele que impugnou o edital de concurso. O exercício de um direito fundamental de oposição do cidadão aos atos estatais não é uma demonstração de defeito de caráter. Muito pelo contrário, revela a fortaleza individual e o desassombro no exercício de poderes jurídicos, o que é uma qualidade desejável para todo e qualquer agente estatal. É evidente que as retaliações não se exteriorizam de modo transparente. Usualmente, são manifestadas por meio de escolhas discricionárias, que acarretam consequências negativas para o sujeito envolvido. Tais práticas merecem integral reprovação." (JUSTEN FILHO, Marçal. Curso de direito administrativo, 13. ed. Editora Revista dos Tribunais, São Paulo, 2018, p. 744)

▶ **É possível a impugnação administrativa do edital.**

"Pois é, normalmente o edital, de forma ilegal e abusiva, não prevê uma sistemática administrativa de impugnação de suas regras. Todavia, na minha modesta opinião, mesmo na ausência de regras oportunizando o questionamento do edital, ao contrário do que existe em relação à lei de Licitações, que em seu artigo 41 prevê a impugnação do instrumento convocatório, aqui, no concurso, o questionamento é possível, seja pela supressão de lacuna por meio de analogia com a lei de licitação, seja com base no direito constitucional de petição previsto no artigo 5º, inciso XXXIV, "a" da CF, cujo teor é o seguinte: são a todos assegurados, independentemente do pagamento de taxas: a) o direito de petição aos Poderes Públicos em defesa de direitos ou contra ilegalidade ou abuso de poder. O projeto de lei que regulamentará os concursos federais prevê a impugnação. Até que ela seja publicada é de bom tom os entes da federação disciplinarem a matéria e preverem a possibilidade de impugnação. Isso pode ser feito por lei ou até mesmo por meio de outros atos normativos, mas o importante é que seja prevista a possibilidade de impugnação." (DANTAS, Alessandro. Concurso Público: Manual de Direitos dos Candidatos – Salvador: JusPODIVM, 2017, p. 25)

▶ **É possível a impugnação judicial do edital.**

"Não obstante o enunciado da Súmula nº 266 do STF de que "não cabe mandado de segurança contra lei em tese", a jurisprudência admite a impetração dessa ação para impugnação de edital de concurso público. Explica-se: na verdade, ao impetrar mandado de segurança contra alguma cláusula ou disposição constante em edital, o interessado estará se voltando contra eventual lesão a direito seu, passível de se concretizar ao longo do concurso. O mandado de segurança manejado para impugnar edital tem, pois, natureza preventiva. Não ataca o edital propriamente dito, mas ato de efeito concreto que o interessado receia, no futuro, seja praticado pela Administração Pública." (FORTINI, Cristiana. Servidor público: estudos em homenagem ao professor Pedro Paulo de Almeida Dutra (Locais do Kindle 9603-9610). Editora Fórum. Edição do Kindle)

> ▶ **No mesmo sentido:** "...a impugnação preventiva do ato capaz de ocasionar lesão é uma faculdade do interessado e não uma obrigação, pensamento ao qual se filia, uma vez que nem a Constituição nem a lei de mandado de segurança obrigam os interessados a impetrarem preventivamente o writ, mesmo na possibilidade de fazê-lo. Ao contrário, essa é uma faculdade constitucional: o titular do direito líquido e certo pode se insurgir contra a simples ameaça ou contra a lesão efetiva." (GOUVÊA, Marcus. A questão da decadência do mandado de segurança contra edital de concurso público. A e C – Revista de Direito Administrativo e Constitucional, p. 65)

▶ **A não impugnação do edital não gera preclusão de seu direito de questionar a aplicação da regra editalícia no caso concreto;**

"É descabido exigir impugnação prévia (sob pena de preclusão) quando o candidato nem sabe se as regras do edital, em que pese suspeitas de ilegalidade, ser-lhe-ão prejudiciais. Senão por outro motivo, a prévia impugnação não é de ser obrigatória porque apta a criar clima psicológico de litigiosidade, desfavorável ao candidato, principalmente quando há prova oral, perante a comissão examinadora." (MOREIRA, João Batista Gomes Moreira. Princípios constitucionais da legalidade e eficiência nos concursos públicos. In: MOTTA (Coord.). Concurso Público e Constituição, p. 134)

▶ **Uma vez impugnado, é direito do candidato ter a impugnação respondida.**

"O candidato tem direito a receber resposta de seu questionamento, com os motivos da impugnação, em caso de negativa do pleito, ou alteração do edital, em regra com nova publicidade, no caso de acolhimento da impugnação. Esse é um direito que advém dos princípios da motivação e controle dos atos administrativos, da jurisprudência, da doutrina e da Lei 9.874/99. O referido direito é uma continuidade do anterior, ou seja, do direito à impugnação do edital. A partir do momento em que o candidato tem direito a impugnar o edital, ele também tem direito de obter uma resposta à sua demanda, sob pena de o direito estar sendo exercido de forma meramente formal e o candidato estar sendo vítima de enganação. Assim, feita a impugnação, na qual são questionadas possíveis ilegalidades no edital do certame, cabe à autoridade responsável, muitas vezes à própria Banca Examinadora, responder a impugnação. Em caso de a reclamação ser acatada, o edital deve ser retificando, seja para alterar, suprimir ou acrescer algo. Se a impugnação for julgada improcedente, o candidato tem direito a saber as razões que levaram a essa conclusão, a decisão precisa ser fundamentada. A fundamentação desse tipo de julgamento indispensável para que a sociedade possa analisar a legitimidade dos motivos que ensejaram a decisão. Isso lhe permitirá recorrer dessa decisão, questionando-a em juízo ou tomar outras medidas legais cabíveis." (DANTAS, Alessandro, FONTENELE, Francisco. Concurso Público: direitos fundamentais dos candidatos, – Rio de Janeiro: Forense; São Paulo: Método, 2014, p. 33)

◙ **O início do prazo decadencial para a impetração de mandado de segurança na hipótese de exclusão do candidato do concurso público é o ato administrativo de efeitos concretos que gerou prejuízo ao candidato e não a publicação do edital, ainda que a causa de pedir envolva questionamento de critério do edital.**

"O termo a quo do prazo decadencial para a impetração de mandado de segurança em que se impugna regra prevista no edital de concurso público, conta-se a partir do momento em que o candidato toma ciência do ato administrativo que, fundado em regra editalícia, determina a sua eliminação do certame." (STJ – AgInt no RMS 50.230/DF, Rel. Ministro Sérgio Kukina, Primeira Turma, julgado em 21/09/2017, DJe 02/10/2017)."

◙ **Não existe óbice à sindicabilidade judicial de regras do certame em situações excepcionais, notadamente para controle de legalidade e de constitucionalidade.**

"REMESSA NECESSÁRIA. MANDADO DE SEGURANÇA COLETIVO. CLÁUSULA DE EDITAL. PROCESSO SELETIVO. SINDICABILIDADE JUDICIAL. 1. – Malgrado o edital seja considerado a lei do concurso, não existe óbice à sindicabilidade judicial de regras do certame em situações excepcionais, notadamente para controle de legalidade e de constitucionalidade. 2. – O colendo Superior Tribunal de Justiça já assentou que é válido o controle das regras e das exigências dispostas em edital de concurso público pelo Poder Judiciário, a fim de adequá-los aos princípios constitucionais, como a razoabilidade e a proporcionalidade (AgRg no AREsp 470.620/CE, Rel. Ministro Napoleão Nunes Maia Filho, Primeira Turma, julgado em 05-08-2014, DJe 19-08-2014). No mesmo sentido: STJ, AI 832901 AgR, Relator Min. Dias Toffoli, Primeira Turma, julgado em 17-09-2013, processo eletrônico, Dje-227, Divulg 18-11-2013, Public 19-11-2013. 3. – No caso, a cláusula 2.13 do edital do processo seletivo simplificado n. 005/2014 estabeleceu que não será permitida a inscrição de candidato que ocupe cargo efetivo, integrante da carreira de magistério de que trata a Lei nº. 1820/98 (fl. 79). Tal previsão afronta a ordem constitucional porque o art. 37, inc. XVI, alínea a, da Constituição Federal estabelece que é vedada a acumulação remunerada de cargos públicos, exceto, quando houver compatibilidade de horários, observado em qualquer caso o disposto no inciso XI: a de dois cargos de professor. 4. – Sentença mantida." (TJES, Classe: Remessa Necessária, 021140131265, Relator: DAIR JOSÉ BREGUNCE DE OLIVEIRA – Relator Substituto: RODRIGO FERREIRA MIRANDA, Órgão julgador: TERCEIRA CÂMARA CÍVEL, Data de Julgamento: 12/12/2017, Data da Publicação no Diário: 19/12/2017)

INSCRIÇÃO NO CONCURSO

▶ **A inscrição no concurso pode se dar por meio de aplicativo de inscrição disponibilizado na internet ou presencialmente, com o uso de formulário em papel.**

"A inscrição no concurso pode se dar por meio de aplicativo de inscrição disponibilizado na internet ou presencialmente, com o uso de formulário em papel (ou ambos). O boleto para pagamento da inscrição é diagramado e gerado eletronicamente e disponibilizado ao candidato por meio do aplicativo de inscrição. Atualmente, considera-se que as pessoas interessadas em concursos públicos têm amplo acesso à internet e, por isso, a inscrição pela internet é considerada a forma mais abrangente, fácil e segura de proceder ao cadastro dos candidatos. Além disso, possibilita que candidato possa se inscrever no certame concursal em qualquer parte do mundo. Postos de atendimento presencial ou disponibilização de internet para quem não tem acesso (por exemplo, por meio de lan houses) atualmente considerados recursos dispensáveis, que geram um custo desnecessário ao evento." (BASTOS, Ricardo. Concurso público: etapa interna e externa passo a passo/Alessandro Dantas Coutinho, William Douglas e Ricardo Bastos. – Curitiba, PR: Negócios Públicos, 2015. p. 27)

▶ **O edital do concurso deve prever um prazo para recebimento dos pedidos de isenção de taxa e informar se haverá ou não recebimento de documentação para esse fim.**

"O edital do concurso deve prever um prazo para recebimento dos pedidos de isenção de taxa e informar se haverá ou não recebimento de documentação para esse fim. Deve, portanto, haver um período entre o término das inscrições e a data limite para pagamento da taxa. Nesse período, é divulgado o resultado provisório dos pedidos de isenção, aberto prazo para interposição de recursos contra esse resultado provisório e, finalmente, divulgado o resultado definitivo. Os candidatos que tiverem seu pedido de isenção indeferidos em caráter definitivo terão ainda um prazo para pagamento da taxa, sob pena de não terem a sua inscrição efetivada." (BASTOS, Ricardo. Concurso público: etapa interna e externa passo a passo/Alessandro Dantas Coutinho, William Douglas e Ricardo Bastos. – Curitiba, PR: Negócios Públicos, 2015. p. 27/28)

LOCAIS DE REALIZAÇÃO DAS PROVAS

▶ **A Administração Pública não pode definir os locais de realização das provas a seu bel-prazer, sem critérios claros e transparentes.**

"As localidades de realização de provas deverão estar bem especificadas no edital do concurso, bem como se haverá vínculo entre local de vaga e local de prova. É importante destacar que a Administração Pública não pode definir os locais de realização das provas a seu bel-prazer, sem critérios claros e transparentes, por exemplo, definindo como locais de prova apenas as cidades mais populosas ou aquelas que, supostamente, por suas características peculiares, atrairiam um número maior de candidatos. Isso colidiria frontalmente com os princípios da isonomia e da ampla acessibilidade ao cargo público." (BASTOS, Ricardo. Concurso público: etapa interna e externa passo a passo/Alessandro Dantas Coutinho, William Douglas e Ricardo Bastos. – Curitiba, PR: Negócios Públicos, 2015. p. 28)

▶ **Os locais de vaga devem ser especificados no edital de abertura.**

"Os locais de vaga devem ser especificados no edital de abertura, bem como se o concurso será regionalizado (em que a concorrência ocorre por localidade de vaga) e, neste caso, se haverá vínculo entre local de prova e local de vaga, como se dará a reserva de vagas dos candidatos cotistas (pessoas com deficiência, negros etc.) e também se haverá uma listagem geral de aprovados, desvinculada da concorrência regional. Existe uma corrente doutrinária que defende que a regionalização do concurso público afronta os princípios da legalidade (por não haver previsão legal para tanto) e da isonomia, pois a nota para aprovação irá variar de uma localidade para outra. Nesse caso, a seguinte situação pode (e irá eventualmente) ocorrer: um candidato que concorre às vagas para a localidade X é eliminado, mesmo tendo nota suficiente para estar em 1º lugar na localidade Y. Como esses dois candidatos concorrem ao mesmo cargo do mesmo órgão público, isso feriria de morte o princípio da isonomia. Além disso, o fracionamento de vagas por região tende a prejudicar a reserva de vagas para pessoas com deficiência, sendo considerado como uma forma de burla do sistema de proteção as segurado pela lei." (BASTOS, Ricardo. Concurso público: etapa interna e externa passo a passo/Alessandro Dantas Coutinho, William Douglas e Ricardo Bastos. – Curitiba, PR: Negócios Públicos, 2015. p. 29)

▶ **Número de vagas por cargo/área/especialidade**

"O número de vagas existentes para cada cargo/área/especialidade e o nível e tipo de escolaridade exigido para cada um deles é uma informação que deve constar no edital do concurso. As vagas reservadas (pessoas com deficiência, negros etc.) também devem ser informadas e, no caso de concurso regionalizado, as vagas existentes em cada localidade para a ampla concorrência e para os cotistas devem ser discriminadas. É importante destacar que as manifestações do Ministério Público, bem como a jurisprudência, orientam as instituições organizadoras no sentido de não se realizar concurso somente para formação de cadastro de reserva, sem oferta a priori de vagas no edital de abertura." (BASTOS, Ricardo. Concurso público: etapa interna e externa passo a passo/Alessandro Dantas Coutinho, William Douglas e Ricardo Bastos. – Curitiba, PR: Negócios Públicos, 2015. p. 30/31)

FASES E ETAPAS DO CONCURSO PÚBLICO

▶ **O concurso público ele pode ter mais de uma fase.**

"O concurso público ele pode ter mais de uma fase. Fique atento a isso, pois você, candidato, deve passar em todas. O certame pode ser de provas ou provas e títulos, conforme o artigo 37, II, da CF. As provas, por sua vez, podem avaliar o conhecimento de vocês por vários métodos, como: a) provas de testes objetivos, b) avaliações discursivas, c) provas orais, d) avaliações práticas, e) provas físicas, por exemplo. Tudo depende do concurso! Então atenção às regras do edital quanto a isso. Muitas vezes a regulamentação já está disciplinada em lei, restando pouca margem de liberdade para o edital quanto sua regulamentação concreta, como, por exemplo, no concurso para agente da polícia federal, magistratura, ministério público etc. Há outras situações em que a lei não dispõe sobre o tema, cabendo, com limites, o edital disciplinar o certame." (DANTAS, Alessandro. *Concurso Público: Manual de Direitos dos Candidatos* – Salvador: JusPODIVM, 2017, p. 15)

▶ **As diversas fases do concurso deverão ser claras e detalhadamente especificadas no edital de abertura de inscrições.**

"As diversas fases do concurso – prova objetiva, prova discursiva, avaliação de títulos, prova prática, teste de aptidão física (TAF), avaliação psicológica, avaliação médica, prova oral, prova de tribuna, inscrição definitiva etc. – deverão ser claras e detalhadamente especificadas no edital de abertura de inscrições (consequentemente também no Projeto Básico do concurso), com a definição de responsabilidades por cada fase (se do próprio órgão que realiza o concurso ou a institui ção especializada contratada para organizar o certame), o número de candidatos convocados de uma fase para outra, a possibilidade de que fases sejam executadas "em paralelo", ou seja, com uma única convocação para várias fases etc. A seguir, faz-se um levantamento das provas e testes mais comuns, descrevendo as características de cada um que precisam estar descritas tanto no Projeto Básico quanto na proposta de prestação de serviços técnico-especializados da instituição especializada e no edital do concurso." (BASTOS, Ricardo. Concurso público: etapa interna e externa passo a passo/Alessandro Dantas Coutinho, William Douglas e Ricardo Bastos. – Curitiba, PR: Negócios Públicos, 2015. p. 32)

▶ **As fases do concurso público ora eliminam ora classificam o candidato.**

"...as fases do concurso público ora eliminam ora classificam o candidato. Depende da fase! Por isso, mais uma vez: atenção, pois pode ter cláusula de barreira exigindo pontuação mínima e isso pode te eliminar. Fique atento a todas as regras. Só para você entender melhor, digo abaixo quais são as fases eliminatórias e as classificatórias. São eliminatória obrigatoriamente: psicotécnico, investigação social, exames de saúde;

São classificarias obrigatoriamente: títulos. (DANTAS, Alessandro. Concurso Público: Manual de Direitos dos Candidatos – Salvador: JusPODIVM, 2017, p. 17)

▶ **É possível que determinada fase seja eliminatória e classificatória ao mesmo tempo.**

"Podem ser eliminatórias e classificatórias ao mesmo tempo: provas objetivas, discursivas, orais, físicas, práticas. Elas são mistas, pois, a depender da forma como o edital tratar o assunto, apesar de a nota a classificação aumentar ou diminuir, caso não seja alcançada uma nota mínima ou classificação mínima na fase o candidato será eliminado." (DANTAS, Alessandro. Concurso Público: Manual de Direitos dos Candidatos – Salvador: JusPODIVM, 2017, p. 17)

▶ **Quando isso ocorre, a exemplo de nota mínima na prova objetiva, estamos diante de uma "cláusula de barreira".**

"Quando isso ocorre, a exemplo de nota mínima na prova objetiva, estamos diante de uma "cláusula de barreira", que são regras do edital que condicionam o avanço do candidato às fases seguintes mediante a superação da barreira criada na fase anterior." (DANTAS, Alessandro. Concurso Público: Manual de Direitos dos Candidatos – Salvador: JusPODIVM, 2017, p. 17/18)

▶ **O Supremo Tribunal Federal entendeu que é válida e constitucional a inserção de cláusulas de barreiras nos concursos públicos.**

O Supremo Tribunal Federal, no RE n. 635.739, julgado em regime de repercussão geral, já enfrentou o tema e entendeu que é válida e constitucional a inserção de cláusulas de barreiras nos concursos públicos. Então, atenção, você tem que superar estas barreiras e, por isso, fiquem atentos a elas." (DANTAS, Alessandro. Concurso Público: Manual de Direitos dos Candidatos – Salvador: JusPODIVM, 2017, p. 18)

▶ **São distintos os institutos "cláusulas de barreira" e "cadastro de reserva numerado".**

Cláusulas de barreira são regras que impedem o avanço do candidato de uma fase para outra no certame. Neste sentido, quando o **SUPREMO TRIBUNAL FEDERAL** julgou o RE 635.739, afetado pela sistemática de repercussão geral, ficou claro sua ideia e conceito. Vejamos trechos importantes do julgado, cuja força é vinculante: *"A questão ora controvertida trata da legitimidade constitucional de regra que limita o número de candidatos participantes de cada fase de certame público, a denominada "cláusula de barreira" dos editais de concurso."* É fato que, em vista do crescente número de candidatos ao ingresso nas carreiras públicas, é cada vez mais usual que os editais dos concursos públicos estipulem critérios que restrinjam a convocação de candidatos de uma fase para outra dos certames. as regras editalícias que impedem o candidato de prosseguir no certame, denominadas regras restritivas, subdividem-se em eliminatórias e cláusulas de barreira. As regras eliminatórias preveem, por exemplo, a exclusão dos candidatos que não acertarem, pelo menos, 50% (cinquenta por cento) das questões objetivas de cada matéria. Outro bom exemplo de regra eliminatória é o exame de aptidão física. Esse tipo de regra editalícia, como se vê, prevê como resultado de sua aplicação a eliminação do candidato do certame público por insuficiência em algum aspecto de seu desempenho. Além disso, é comum que se conjugue, ainda, outra regra que restringe o número de candidatos para a fase seguinte do concurso, determinando-se que, no universo de candidatos que não foram excluídos pela regra eliminatória, participará da etapa subsequente apenas número predeterminado de candidatos, contemplando-se somente os mais bem classificados. Essas são as denominadas "cláusulas de barreira", que não produzem a eliminação por insuficiência de desempenho nas provas do certame, mas apenas estipulam um **corte deliberado no número de candidatos que poderão participar de FASE POSTERIOR**, comumente as fases dos exames psicotécnicos ou dos cursos de formação. (..) Assim, PODE-SE DEFINIR A CLÁUSULA DE BARREIRA como espécie de regra editalícia restritiva que, embora não elimine o candidato pelo desempenho inferior ao exigido (v.g.: mínimo de acertos, tempo mínimo de prova), OBSTACULIZA SUA PARTICIPAÇÃO <u>NA ETAPA</u> SEGUINTE DO CONCURSO em razão de não se encontrar entre os melhores classificados, de acordo com previsão numérica preestabelecida no edital.

> **Cadastro de reserva** é todo contingente de candidatos aprovados no concurso público, porém fora do número de vagas estipuladas no edital. As provas que exigem conhecimento técnico são classificatórias e/ou eliminatórias, ou seja, neste último ponto, apresentam cláusulas de barreira para o avanço do candidato na fase posterior. As demais fases, com exceção da análise de títulos, são eliminatórias, pois estão relacionadas à requisitos necessários para o candidato exercer a função pública, como é o caso do psicotécnico, investigação social e prova física. Já a fase de títulos apenas possui caráter classificatório, prestigiando, com razão, candidatos que já possuem experiências que poderão ser utilizadas na prática forense. Assim, o candidato aprovado em todas as fases do certame é considerado **candidato aprovado no concurso público**, <u>mesmo que esteja fora do número de vagas inicialmente previstas no edital</u>.

◙ **No caso de realização de concurso público federal composto de mais de uma etapa o critério de reprovação do § 1º depende de previsão expressa e correta da regra § 2º do art. 16 do Decreto 6.944/2009 no edital.**

ADMINISTRATIVO. MANDADO DE SEGURANÇA. CONCURSO PÚBLICO. CANDIDATOS APROVADOS NAS PROVAS ESCRITAS. DESCLASSIFICAÇÃO APÓS A PROVA DISCURSIVA NOS TERMOS DECRETO 6.944/2009, ART. 16, § 1º. INOBSERVÂNCIA DAS REGRAS DO EDITAL. SENTENÇA MANTIDA. 1. Remessa oficial de sentença na qual o magistrado, confirmando a liminar, concedeu a segurança para determinar à autoridade coatora que inclua os nomes dos impetrantes na lista dos candidatos aprovados e convocados para a realização das provas de desempenho didático e de títulos no concurso público promovido pelo Instituto Federal de Educação, Ciência e Tecnologia do Maranhão – IFMA (Edital 2, de 29/12/2014), assegurando-lhe, em consequência, a participação nas demais etapas do certame. **2. No caso, têm razão os impetrantes, pois o edital em nenhum momen-**

to determinou a aplicação do § 2º do art. 16 do Decreto 6.944/2009 "No caso de realização de concurso público em mais de uma etapa, o critério de reprovação do § 1º será aplicado considerando-se a classificação na primeira etapa", mas tão somente do § 1º, que considera o número de aprovados de acordo com a regra do anexo II no resultado final. 3. A jurisprudência do Superior Tribunal de Justiça é pacífica no sentido de que "o edital é a lei do concurso, cujas regras vinculam tanto a Administração quanto os candidatos, ou seja, o procedimento do concurso público é resguardado pelo princípio da vinculação ao edital." (AgRg no REsp 1307162/DF, Rel. Ministro Mauro Campbell Marques, Segunda Turma, DJe 05/12/2012). 4. Remessa oficial a que se nega provimento. (REOMS 0072118-39.2015.4.01.3700 / MA, Rel. DESEMBARGADOR FEDERAL NEVITON GUEDES, QUINTA TURMA, e-DJF1 de 2016-10-13)

PROVAS DE CONHECIMENTO

▶ **Provas de conhecimento.**

"As provas de conhecimento, como o próprio nome diz, têm por objetivo avaliar os conhecimentos que os candidatos possuem sobre determinados assuntos ou disciplinas práticas ou teóricos relacionados às atribuições do cargo. O fato de estarem presentes desde muito cedo na vida escolar das pessoas faz com que se tenha muita familiaridade com este tipo de prova. Se, por um lado, a familiaridade contribui na preparação dos candidatos, por outro, acaba por esconder uma série de irregularidades que não podem ocorrer em concursos públicos. Ocorre que as provas aplicadas em ambiente escolar nem sempre contam com a objetividade, a padronização e demais requisitos necessários à sua fidedignidade. Os candidatos – e até mesmo os membros do Judiciário quando provocados a corrigir irregularidades – acostumados com tais arbitrariedades, muitas vezes sequer percebem tais vícios. Mas, nos concursos públicos, a ausência de qualquer dos requisitos de validade das provas constitui afronta inaceitável ao princípio da igualdade, de forma que se mostra necessária uma profunda análise destes." (ROCHA, Francisco Lobello de Oliveira. O Regime Jurídico dos Concursos Públicos. 2006, p. 125.)

▶ **Hipóteses de aplicação das provas de conhecimento.**

"As provas de conhecimento devem ser aplicadas nos concursos sempre que o exercício dos cargos ou empregos públicos a serem preenchidos dependa de conhecimentos prévios, ou seja, conhecimentos que o candidato já deva possuir ao ingressar no cargo ou emprego. Tal ressalva justifica-se, pois muitos concursos preveem a realização de cursos de formação como etapa de seleção, em que os candidatos serão treinados para o exercício do cargo ou emprego. Nesses casos, é vedado exigir-se nas provas o conteúdo que será ministrado no curso, pois é desnecessário exigir que os candidatos tenham previamente conhecimentos que poderão adquirir no curso de formação e somente medidas necessárias podem restringir o direito de acesso aos cargos públicos. Quanto a esses conhecimentos, o candidato deverá ser avaliado durante o curso e/ou ao final do curso de formação." (ROCHA, Francisco Lobello de Oliveira. O Regime Jurídico dos Concursos Públicos. 2006, p. 125.)

▶ **Tratamento das Provas de Conhecimento no Edital**

"A correta aplicação das provas de conhecimento depende de um tratamento adequado desde o edital do concurso. Como ato administrativo em que se extingue a discricionariedade do administrador, o edital deve descrever, com a maior riqueza de detalhes, o procedimento que será obedecido na aplicação das provas, sua forma, os critérios e métodos de avaliação e as notas mínimas exigidas, no caso de provas de natureza mista. Apenas os elementos indispensáveis para a efetividade das provas poderão permanecer em sigilo após a publicação do edital." (ROCHA, Francisco Lobello de Oliveira. O Regime Jurídico dos Concursos Públicos. 2006, p. 126)

▶ **Critérios de avaliação das provas**

"Os critérios de avaliação são os parâmetros de valoração do desempenho dos candidatos nas provas. Sua determinação passa por um juízo discricionário da Administração que, no entanto, deve levar em conta os princípios da igualdade, da razoabilidade, da impessoalidade e da eficiência. Preservar o princípio da igualdade na valoração do desempenho dos candidatos implica a utilização de critérios objetivos e padronizados, que não devem permitir que candidatos que demonstrarem o mesmo desempenho recebam tratamentos diferentes. A razoabilidade deverá estar presente para garantir que os pontos atribuídos ao candidato sejam proporcionais aos conhecimentos demonstrados pelo candidato e à importância que tais conhecimentos terão no exercício do cargo ou emprego. O princípio da eficiência deverá estar presente para garantir que os critérios de avaliação possibilitem garantir a avaliação mais fiel possível dos méritos dos candidatos. Assim, a lista de classificação será um retrato fiel do mérito demonstrado pelos candidatos, fazendo com que a Administração contrate somente os melhores." (ROCHA, Francisco Lobello de Oliveira. O Regime Jurídico dos Concursos Públicos. 2006, p. 126)

◙ **Deve haver no edital regras que regulamentem com precisão a forma e o modo de eliminação do candidato.**

ADMINISTRATIVO. MANDADO DE SEGURANÇA. REMESSA OFICIAL. ENSINO SUPERIOR. CONCURSO PÚBLICO. CARREIRA DO MAGISTÉRIO. ELIMINAÇÃO DO CERTAME. DESEMPENHO. CRITÉRIOS. DUBIEDADE. ILEGALIDADE. TEORIA DO FATO CONSUMADO. IMPOSIÇÃO. <u>I – Não havendo previsão clara e precisão quanto à forma e ao modo de eliminação do candidato em determinada fase do concurso público, há de se ter por ilegal a eliminação da impetrante levada a efeito pela Administração pública, quanto mais se o desempenho obtido nas provas objetiva e discursiva foi superior à média necessária à continuidade no certame.</u> II – Assegurada à impetrante, por meio da decisão liminar, a continuidade nas fases subsequente do certame, posteriormente confirmada pela sentença, impõe-se, na espécie, a aplicação da teoria do fato consumado, haja vista que o decurso do tempo consolidou uma situação fática amparada por decisão judicial cuja desconstituição não se mostra viável. Precedentes. III – Remessa oficial desprovida. Sentença confirmada. (REOMS 0071620-40.2015.4.01.3700 / MA, Rel. DESEMBARGADOR FEDERAL SOUZA PRUDENTE, QUINTA TURMA, e-DJF1 de 2017-10-20)

> ◙ "...I – Na espécie dos autos, mostra-se ilegal a aplicação de critério de eliminação, consistente na utilização da nota do candidato em prova objetiva para fins de convocação para a prova de desempenho didático, do concurso público para provimento de cargo de Professor de Carreira do Ensino Básico, Técnico e Tecnológico do Instituto Federal de Educação, Ciência e Tecnologia do Maranhão (IFMA), na medida em que a regra não estava claramente prevista no edital regente do certame, ensejando dubiedade de interpretação, em especial porque havia também outro parâmetro de eliminação estabelecido, segundo o qual a impetrante faria jus à participação na referida prova prática.(...) (REOMS 0074316-49.2015.4.01.3700 / MA, Rel. DESEMBARGADOR FEDERAL SOUZA PRUDENTE, QUINTA TURMA, e-DJF1 de 2017-10-20)

▶ **Elas podem servir para aferir o conhecimento do candidato por vários meios.**

São exemplos: provas objetivas, discursivas, orais, práticas etc.

FASE DE PROVAS OBJETIVAS

▶ **Conceito de avaliação objetiva:**

Provas que adotam critérios uniformes e impessoais, geralmente composta de questões de múltipla escolha ou constituída de itens para serem julgados se estão certos ou errados, são chamadas de provas objetivas. A principal característica desse tipo de prova é que todas as respostas são padronizadas." (DANTAS, Alessandro. Concurso público: etapa interna e externa passo a passo/Alessandro Dantas Coutinho, William Douglas e Ricardo Bastos. – Curitiba, PR: Negócios Públicos, 2015. p. 121)

> ▶ Convencionou-se denominar como prova objetiva aquela cujas questões são elaboradas a partir de critérios uniformes e impessoais, com proposições de múltipla escolha ou mediante outro parâmetro cientificamente adequado, sujeitas a respostas padronizadas. Em contraposição às provas objetivas figuram as provas discursivas ou dissertativas, que exigem do candidato um conhecimento mais aprofundado acerca do tema proposto e o consequente desenvolvimento lógico e dissertativo da respectiva resposta.

▶ **Existem basicamente dois tipos de provas objetivas.**

"A prova de itens para julgamento certo ou errado (C/E), em que cada item agrupado sob um comando pode estar certo ou errado, e a prova de múltipla escolha, em que apenas uma das opções de escolha está correta, estando as demais necessariamente erradas (chamadas de distratores). A primeira tem um número indefinido de itens ligados a um mesmo comando agrupador, enquanto a segunda tem sempre o mesmo número fixo de opções de escolha agrupadas sob o mesmo comando. Via-de-regra, para provas de mesmo tamanho (mesma quantidade de texto), a prova de itens C/E enseja um número de julgamentos, por parte do candidato, muito maior que a prova de múltipla escolha. Como os itens vinculados a um comando agrupador podem estar todos certos, todos errados ou alguns certos e outros errados, o candidato precisa julgá-los um-a-um, não consegue responder por eliminação como ocorreria em uma prova de múltipla escolha. Em uma questão de múltipla escolha, entre quatro ou cinco opções de resposta, o candidato só precisa fazer teoricamente um julgamento, pois, uma vez identificado o gabarito, ele não precisa julgar os distratores. O modelo de múltipla escolha também apresenta outro problema: as opções de resposta precisam conter uma, e apenas uma, assertiva correta. As demais (distratores) precisam estar erradas. Porém, esses distratores precisam ter plausibilidade, sob pena de não atraírem nenhum candidato e, assim, facilitarem a identificação do gabarito. Normalmente, é bastante difícil para a banca examinadora elaborar três ou quatro assertivas que são, ao mesmo tempo, erradas e plausíveis. Dessa forma, a prova de múltipla escolha favorece a elaboração de distratores implausíveis." (BASTOS, Ricardo. Concurso público: etapa interna e externa passo a passo/Alessandro Dantas Coutinho, William Douglas e Ricardo Bastos. – Curitiba, PR: Negócios Públicos, 2015. p. 121)

▶ **Nas provas objetivas o gabarito oficial deve indicar como alternativa certa a que assim for considerada pelo estado atual das ciências, da técnica ou das artes.**

Nas provas objetivas, pelo método de múltipla escolha, o candidato deve assinalar a resposta certa ou errada confrontando-a com o entendimento predominante nas ciências, na técnica ou nas artes, conforme a área em que tais provas se situam. O gabarito oficial deve indicar "como alternativa certa a que assim for considerada pelo estado atual das ciências, da técnica ou das artes. Se a resposta em conformidade com o gabarito oficial é considerada certa, a que a ele não se ajustar é tida como errada. É tudo ou nada; não há meio termo, pois não há qualquer espaço para avaliação das respostas por critérios subjetivos, não sendo também necessário comparar as provas entre si". (MOREIRA, João Batista Gomes. Controle judicial da discricionariedade da banca examinadora de concurso público. Revista Interesse Público – IP, Belo Horizonte, ano 17, nº. 91, p. 53-69, maio/jun. 2015)

▶ **A pertinência temática da questão como forma de avaliar o candidato com eficiência.**

"O objetivo do concurso é aferir os candidatos mais preparados para assumir um cargo ou emprego público. Tendo em vista que após a aprovação o candidato é nomeado, toma posse e entra em exercício, realizando as atividades do cargo, é necessário, para que o efetivo desempenho da atividade seja eficiente e haja uma boa gestão pública, que o processo seletivo de mérito tenha avaliado conteúdos pertinentes com as atribuições do cargo e a área que o futuro servidor vai atuar, sob pena de ingressarem pessoas que possuem uma boa capacidade de decorar e apreender conteúdo em quantidade, mas que não tenham o conhecimento teórico daquilo que vai exercer na prática. Por isso, apenas a título de exemplo, não tem sentido exigir física na prova para o cargo de Policial Rodoviário Federal ou intervenção na propriedade na prova para o cargo de analista de um Tribunal. São conhecimentos que jamais serão utilizados na prática e isso desvirtua o objetivo final do certame que é selecionar os mais preparados para assumir um cargo que possui funções próprias na gestão pública." (COUTINHO, Alessandro Dantas. A escolha das questões na hora de avaliar o candidato e o princípio da eficiência. a pertinência temática. LICICON – Revista de Licitações e Contratos. Instituto Negócios Públicos: Curitiba, PR, set. 2016.)

▶ **No Congresso tramita um projeto de lei que proíbe expressamente esta prática, inquinando de nulidade a questão impertinente.**

O projeto de Lei n.º 74/2010, substitutivo do Senado, prevê em seu artigo 7º que "o concurso público será de provas ou de provas e títulos, cujo conteúdo programático e suas respectivas questões deverão estar de acordo com a natureza e a complexidade do cargo ou emprego". Ainda, o artigo 37 do referido projeto possui a seguinte redação: "É vedada a exigência de conteúdo programático em nível de complexidade superior ao necessário ao satisfatório exercício das funções do cargo ou emprego ou que não tenha relação com suas atribuições.

▶ **É condição essencial para o resultado proveitoso do concurso público que as provas sejam elaboradas de acordo com as atribuições exigidas dos candidatos.**

"Nesse contexto, é condição essencial para o resultado proveitoso do concurso público que as provas sejam elaboradas de acordo com as atribuições exigidas dos candidatos, se aprovados. Corresponde esse princípio à coerência entre as questões ou quesitos de provas elaborados e as atribuições a serem desempenhadas pelos candidatos, depois de ingressarem no serviço público." (FERREIRA MOTTA, Paulo Roberto. SILVEIRA Raquel Dias da. *Concurso público*. Editora Fórum. Servidor público: estudos em homenagem ao professor Pedro Paulo de Almeida Dutra. Editora Fórum. 2ª Edição, Coordenadora FORTINI, Cristiana. 2009, p. 327)

▶ **Quando os concursos públicos exigirem dos candidatos conhecimentos mais amplos que os necessários para o exercício da profissão, devem ser considerados inválidos.**

" ...quando os concursos públicos exigirem dos candidatos conhecimentos mais amplos que os necessários para o exercício da profissão, devem ser considerados inválidos, por desatenderem aos princípios da proporcionalidade e da razoabilidade." (ZANCANER, Weida. O Concurso público e os princípios da razoabilidade de da proporcionalidade. In: MOTTA (Cood.). Concurso Público e Constituição, p. 167)

▶ **O princípio da especialidade das provas decorre, ainda, do princípio da vantajosidade do recrutamento pela Administração.**

"O princípio da especialidade das provas decorre, ainda, do princípio da vantajosidade do recrutamento pela Administração, considerando que este é princípio de concurso público, em sentido amplo, aplicável, também, não apenas às licitações. Ao elaborar o edital de concurso público e fixar as capacidades exigidas dos candidatos, a Administração pode possuir discricionariedade, mas não arbítrio. Logo, essa discricionariedade deve ser motivada. A Administração, no próprio processo do concurso público, após a aprovação legislativa e as análises orçamentárias, e antes de elaborar o edital, deve formar seu convencimento, mediante estudos prévios, sobre as habilidades que os futuros servidores demandarão para o devido exercício da função. Em consequência, a fixação dos conteúdos programáticos das provas, bem como a elaboração das questões e a correção destas, devem estar respaldadas nessa motivação." (FERREIRA MOTTA, Paulo Roberto. SILVEIRA Raquel Dias da. *Concurso público*. Editora Fórum. Servidor público: estudos em homenagem ao professor Pedro Paulo de Almeida Dutra. Editora Fórum. 2ª Edição, Coordenadora FORTINI, Cristiana. 2009, p. 327)

> ▶ "Como lamentavelmente ainda não existe uma lei geral dos concursos públicos, ou uma lei federal mais minuciosa que possa servir de balizamento, o edital irá disciplinar o passo a passo do certame, sendo que das exigências ali previstas umas são decorrências vinculadas da lei (especialmente a que criou o cargo e estabeleceu requisitos de acesso ao mesmo, nos termos do artigo 37, II, da CF) e outras são decorrentes da competência discricionária da Administração Pública. A discricionariedade existe apenas na elaboração do edital, razão pela qual após a publicação do mesmo, caso as regras inseridas não estejam em conflito com normas de maior hierarquia, as mesmas devem ser seguidas, tornando o comportamento da Administração vinculado no decorrer do certame." (COUTINHO, Alessandro Dantas. Edital do Concurso Público: *Considerações sobre alguns pontos polêmicos*. LICICON – Revista e Licitações e Contratos. Instituto Negócios Públicos: Curitiba, PR, ano VII, n.76, p. 218-227, abril 2014.)

▶ **O concurso deve se preocupar não somente com a escolha de candidatos intelectualmente mais capacitados e preparados, mas, sobretudo, com a escolha de futuros profissionais da Administração.**

"Reiterando que a finalidade precípua do concurso público é a apuração do mérito objetivo necessário para o bom desempenho da função pública, o processo deve se preocupar não somente com a escolha de candidatos intelectualmente mais capacitados e preparados, mas, sobretudo, com a escolha de futuros profissionais da Administração. A experiência revela que nem sempre os candidatos com mais conhecimento técnico serão bons servidores. O conjunto de provas a ser realizado num concurso público deve, pois, direcionar-se para a avaliação da vocação e do potencial de profissionalização dos candidatos. Isso quer dizer que o perfil exigido dos candidatos em concurso público necessita guardar relação lógica com o perfil que se exigirá desse profissional, ao longo da carreira, mormente pela avaliação de desempenho, para fins de evolução funcional." (FERREIRA MOTTA, Paulo Roberto. SILVEIRA Raquel Dias da. *Concurso público*. Editora Fórum. Servidor público: estudos em homenagem ao professor Pedro Paulo de Almeida Dutra. Editora Fórum. 2ª Edição, Coordenadora FORTINI, Cristiana. 2009, p. 326/327)

▶ **Os aplicadores do direito, especialmente os magistrados, devem ter bastante cautela ao deferir ou indeferir uma liminar com base unicamente no princípio da vinculação ao instrumento convocatório, pois o edital – por mais que chamado de "lei interna do concurso" – não pode aviltar normas de maior hierarquia.**

"Quando se fala que o edital é a lei interna do concurso e por isso deve ser observado, essa conclusão só é correta se partir do pressuposto que o mesmo foi confeccionado corretamente. O edital é um ato administrativo, portanto de inferior hierarquia em relação à lei e à Constituição Federal. Assim, quando se diz que o edital é a "lei interna do concurso", que o "edital vincula as partes" essas afirmativas apenas são corretas se o instrumento convocatório estiver em conformidade com a lei e a Constituição Federal, sob pena de subversão e inversão do sistema hierárquico existente entre as espécies normativas. Deve-se lembrar que a relação da Administração com a lei não é uma relação de não contrariedade, como ocorre com o particular, mas uma relação de conformidade, uma relação de vinculação positiva à lei. Por isso afirma-se que a Administração só pode agir se existir uma lei autorizando ou determinando a conduta. No caso em comento, a exigência de matéria incompatível com o cargo pode configurar comportamento que atente contra o princípio da eficiência, razão pela qual, por mais que prevista no edital, deve ser excluída previamente do mesmo ou, se a Banca insistir em mantê-la, cabe aos órgãos de controle anular a questão que cobrou o referido conhecimento." (COUTINHO, Alessandro Dantas. Edital do Concurso Público: Considerações sobre alguns pontos polêmicos. LICICON – Revista e Licitações e Contratos. Instituto Negócios Públicos: Curitiba, PR, ano VII, n.76, p. 218-227, abril 2014.)

▶ **É de extrema importância a objetividade na elaboração e correção da prova objetiva.**

"A objetividade não é e nem deve ser um traço predominante somente da prova objetiva. A objetividade deve estar presente em todas as fases do concurso e em todos os tipos de provas, mas, é na elaboração e correção das provas – objetivas e discursivas –, que a objetividade se mostra extremamente importante, pois uma questão objetiva é aquela livre de interferências subjetivas do examinador. Por isso, no que refere à forma de sua correção, toda e qualquer prova de concurso público deve ser objetiva, eis que deve ser necessariamente pautada em critérios de julgamento previamente estabelecidos no edital." (DANTAS, Alessandro. Concurso público: etapa interna e externa passo a passo/Alessandro Dantas Coutinho, William Douglas e Ricardo Bastos. – Curitiba, PR: Negócios Públicos, 2015. p. 121)

> ▶ **No mesmo sentido:** "Por outro lado, não se pode perder de vista que todo critério de avaliação das provas de concurso público, em quaisquer de suas espécies, deve ser objetivo, vale dizer, pautado em parâmetros prefixados na disposição editalícia, em ordem a evitar que o discricionarismo da banca examinadora comprometa a lisura dos exames, a imparcialidade da Administração e a aplicação do princípio da isonomia. Assim, no que tange à forma de sua avaliação, toda e qualquer prova de concurso público deve ser objetiva, eis que deve ser necessariamente calcada em critérios de julgamento previamente deli-

mitados no edital." (O regime jurídico do concurso público e seu controle jurisdicional, PINHEIRO DE QUEIROZ, Ronaldo. MAIA, Márcio Barbosa, p. 105).

▶ **No mesmo sentido:** "Como é por meio da elaboração e da correção das provas que a Administração escolhe seus servidores, estas devem ser aptas a revelar, em cada caso específico, para a função singularmente considerada, a melhor escolha para o atendimento do interesse público. Assim, a primeira exigência em relação às provas é que o conteúdo, as habilidades a serem cobradas dos candidatos e os critérios de avaliação sejam previamente definidos, de forma clara e objetiva, pelo edital. Trata-se da aplicação do princípio do julgamento objetivo ou da avaliação objetiva dos candidatos – princípio este, igualmente, não exclusivo das licitações, mas, sim, aplicável aos concursos públicos, em sentido amplo. O edital deve previamente, de forma clara e objetiva, prever as formas de avaliação, bem como os exames a que se submeterão os candidatos. Deve, igualmente, discriminar o conteúdo que poderá ser cobrado nas avaliações, o que deverá ser compatível com as atribuições do cargo ou do emprego, segundo o princípio da especialidade das provas, sobre o qual, a seguir, se discorrerá." (FERREIRA MOTTA, Paulo Roberto. SILVEIRA Raquel Dias da. Concurso público. Editora Fórum. Servidor público: estudos em homenagem ao professor Pedro Paulo de Almeida Dutra. Editora Fórum. 2ª Edição, Coordenadora FORTINI, Cristiana. 2009, p. 323)

▶ **Para cumprir o dever de objetividade na elaboração das provas é necessário que os enunciados das questões sejam claros e objetivos:**

Isso para possibilitar ao candidato a compreensão do tema dado a julgamento, a partir do estabelecimento do padrão de compreensão médio do candidato e considerado o nível de escolaridade e técnico dos cargos em disputa. Além disso, em respeito à objetividade das provas, deve-se evitar a cobrança de matérias controversas que possibilite a existência de mais de uma resposta correta.

▶ **As provas objetivas são úteis para avaliar uma grande extensão de conhecimentos e habilidades.**

As disciplinas que guardam uma correspondência mais significativa com as áreas de interesse para o exercício do cargo ou emprego público podem ser ponderadas com maior valor em face de outras matérias menos importantes para o seu efetivo desempenho. No entanto, para que o sistema de pesos seja adotado na prova objetiva, é necessário haver previsão no edital e observância ao princípio da proporcionalidade.

◉ **É possível a aplicação de provas objetivas em que há penalização ao candidato por erro na marcação.**

Esse sistema é muito utilizado pelo CESPE. O objetivo é evitar que o candidato marque as respostas ao acaso, isto é, evita o tão conhecido "chute", o que é razoável, pois o candidato deve passar no concurso por mérito e não por sorte. Por meio de desse critério, pode ocorrer, por exemplo, que a nota em cada questão da prova objetiva seja igual a 1 (um) ponto positivo, caso a resposta do candidato esteja em concordância com o gabarito da prova, ou 1 (um) ponto negativo, caso a resposta do candidato esteja em discordância com o gabarito.

⊚ **no mesmo sentido:** "O STF já confirmou a validade deste tipo de teste: "Concurso Público. Mandado de segurança sob alegação de abuso de poder do Procurador-Geral da República, ao penalizar as respostas erradas, nas questões objetivas, relativas ao concurso para provimento de cargos de procurador da república. Inexistência de ilegalidade ou abuso de poder." (MS 20314, Relator Ministro Djaci Falcão, Tribunal Pleno, julgado em 29/04/1982)

⊚ **no mesmo sentido:**"Ofende o princípio da igualdade entre os candidatos a pretensão da recorrente de ver afastada, na correção de sua prova objetiva, a regra constante do item 9.2 do edital de abertura do Concurso para Provimento de Cargo de Juiz Substituto do Estado da Bahia (Edital 2/2002) – segundo a qual cada item cuja resposta divirja do gabarito oficial definitivo acarretará a perda de 0,20 ponto – porquanto ela alcançaria privilégio não estendido aos demais candidatos, que permaneceriam sujeitos a tal critério de avaliação." (RMS 17.782/BA, Relator Ministro Arnaldo Esteves Lima, Quinta Turma, julgado em 21/03/2006)

▶ **A elaboração das questões das provas objetivas deve ser embasada em critérios técnico-científicos.**

Isso significa que a fonte do conteúdo de cada questão da prova objetiva tem que ser necessariamente as posições técnicas adotadas na área do conhecimento objeto da avaliação. Embora a Administração tenha a liberdade de formular as questões dentro dos critérios estabelecidos no edital e escolher quais matérias serão avaliadas dentre as que foram previamente fixadas no conteúdo programático, a elaboração das questões não está envolvida em uma liberdade absoluta, pois esse ato deve observar critérios técnico-científicos e esses critérios vincularão a correção da prova. Deste modo, existem limites técnicos na elaboração e correção das provas objetivas. Quando o concurso público for destinado às carreiras jurídicas, a ciência jurídica e as fontes do Direito serão os limites técnicos, mas seja qual for a área do conhecimento objeto da avaliação sempre haverá limitação técnica.

▶ **No mesmo sentido:** "Com efeito, a liberdade da Banca Examinadora está delimitada pela ciência e pela técnica, uma vez que as questões e alternativas corretas somente serão validadas se forem científica e tecnicamente corretas de acordo com o atual estado da ciência daquele segmento. Como esses limites técnicos não fazem parte de uma margem de escolha puramente administrativa, eles podem e devem passar pelo crivo do Poder Judiciário." (OSORIO, Fábio Medina. Os limites da discricionariedade técnica e as provas nos concursos públicos de ingresso nas carreiras jurídicas. Revista Eletrônica de Direito do Estado (REDE). Salvador, Instituto Brasileiro de Direito Público, nº 22, abril/maio/junho de 2010.)

▶ **No mesmo sentido:** "Insta anotar, por relevante, que o conteúdo temático das questões formuladas nas provas objetivas, ante a sua própria natureza, deve gozar de reconhecido prestígio científico ou exteriorizar posições técnicas consolidadas na respectiva área do conhecimento objeto de avaliação. Entendimento contrário conduziria à extrapolação dos lindes da discricionariedade da banca examinadora, convolando-se em arbitrariedade, que é sempre uma conduta desbordante da lei e de seus propósitos finalísticos. Desse modo, é preciso, desde logo, delinear os limites do poder discricionário das bancas examinadoras em sede de provas objetivas de concursos públicos. Entendemos que a discrição, nessa seara, reside, em primeiro lugar, na própria elaboração do edital, por intermédio da delimitação in genere do conteúdo programático das provas, da escolha das disciplinas e temas objeto dos exames, da estipulação dos critérios de avaliação das questões e de sua correção, com a indicação, quando for o caso, dos respectivos pesos das matérias e métodos para sua adequada ponderação, da definição de parâmetros para a nota de corte, se cabível, e das respectivas fórmulas matemáticas representativas de tal metodologia. Em um segundo instante, o poder discricionário residiria na delimitação in concreto do conteúdo programático previsto no edital na ocasião de confecção das provas. E dizer, a banca examinadora, diante do universo de opções constantes do edital, tem a liberdade de valorar e selecionar os "trechos" das disciplinas, matérias e temas que serão objeto específico de avaliação nas provas. Após tal operação, a banca examinadora se vincula às consequências de sua prévia escolha, visto que as questões formuladas serão avaliadas, a partir de sua aplicação, sob o enfoque puramente técnico-científico." (O regime jurídico do concurso público e seu controle jurisdicional, PINHEIRO DE QUEIROZ, Ronaldo. MAIA, Márcio Barbosa, p. 105/106)

▶ **Na prova objetiva o "certo" ou o "errado" será aferido pelo confronto da resposta com o estado atual das ciências, da técnica ou das artes, conforme a área de conhecimento em que tais provas se situam**

"...nas provas chamadas objetivas, feitas geralmente pelo método de múltipla escolha, pede-se que o candidato assinale a resposta certa ou a resposta errada. O certo ou o errado será aferido pelo confronto da resposta com o estado atual das ciências, da técnica ou das artes, conforme a área de conhecimento em que tais provas se situam. O gabarito oficial deverá espelhar com fidelidade essa situação, indicando como alternativa certa a que assim for considerada pelo estado atual das ciências, da técnica ou das artes. Se a resposta em conformidade com o gabarito oficial é a considerada certa, a que a ele não se ajustar é tida como errada. É tudo ou nada; não há meio termo, pois não há qualquer espaço para avaliação das respostas por critérios subjetivos, não sendo também necessário comparar as provas entre si. A comparação é apenas com o gabarito." (COUTO E SILVA. Almiro do. Conceitos fundamentais do direito no estado constitucional. Editora Malheiros, 2015, p. 451/452)

▶ **É absolutamente vedada a cobrança de matéria na prova objetiva que não esteja previamente contemplada no conteúdo programático do edital.**

Não ser cobrado por matéria que esteja fora do programa do edital é um direito do candidato que se baseia nos princípios jurídicos da vinculação ao instrumento convocatório, da moralidade, da segurança jurídica, bem como na jurisprudência e na doutrina. O edital do concurso deve prever todo o conteúdo programático da prova objetiva e delimitar todas as matérias passíveis de cobrança, de modo que as questões ao serem elaboradas devem observá-lo. Estabelecido o conteúdo programático e publicado o edital não existe mais discricionariedade da administração em escolher quais serão as matérias que serão avaliadas na prova, ou seja, a partir da publicação do edital a administração fica estritamente vinculada ao conteúdo programático. Em tema de concurso público é pacífico que o edital faz lei entre as partes, estabelecendo regras às quais ficarão vinculados a administração e os candidatos. Essa é a essência do princípio da vinculação ao instrumento convocatório. Esse princípio é entendido tanto pela jurisprudência quanto pela doutrina como uma faceta dos princípios da impessoalidade, da legalidade e da moralidade, mas devido à sua importância, em especial no concurso público, ele merece tratamento próprio. Qualquer questão da prova objetiva que cobre uma matéria não abrangida pelo conteúdo programático do edital deverá ser anulada, pois trata-se de uma violação ao próprio edital do concurso.

◙ **no mesmo sentido:**"Recurso extraordinário com repercussão geral. 2. Concurso público. Correção de prova. Não compete ao Poder Judiciário, no controle de legalidade, substituir banca examinadora para avaliar respostas dadas pelos candidatos e notas a elas atribuídas. Precedentes. 3. Excepcionalmente, é permitido ao Judiciário juízo de compatibilidade do conteúdo das questões do concurso com o previsto no edital do certame. Precedentes. 4. Recurso extraordinário provido. (STF – RE 632853, Relator(a): Min. Gilmar Mendes, Tribunal Pleno, julgado em 23/04/2015, Publicado em 29/06/2015)

◙ **no mesmo sentido:** "...havendo flagrante ilegalidade de questão objetiva de prova de concurso público, bem como ausência de observância às regras previstas no edital, tem-se admitido sua anulação pelo Judiciário por ofensa ao princípio da legalidade e da vinculação ao edital"(STJ AgRg no AREsp 778.597/DF, Rel. Ministro Humberto Martins, Segunda Turma, julgado em 10/11/2015, DJe 19/11/2015)"

◙ **no mesmo sentido:**"O Supremo Tribunal Federal entende admissível o controle jurisdicional em concurso público quando 'não se cuida de aferir da correção dos critérios da Banca Examinadora, na formulação das questões ou na avaliação das respostas, mas apenas de verificar que as questões formuladas não se continham no programa do certame, dado que o edital – nele incluído o programa – é a lei do concurso'. RE 440.335-AgR / RS, Rel. Min. Eros Grau, julgamento em 17/06/08, DJE de 01/08/08",

◙ **no mesmo sentido:** "CONCURSO PÚBLICO: controle jurisdicional admissível, quando não se cuida de aferir da correção dos critérios da Banca Examinadora, na formulação das questões ou na avaliação das respostas, mas apenas de verificar que as questões formuladas não se continham no programa do certame, dado que o edital – nele incluído o programa – é a lei do concurso. RE 434.708/RS, Relator: Ministro Sepúlveda Pertence, Primeira Turma, julgamento em 21-6-05, DJ de 09/09/05.)".

◉ **no mesmo sentido:** "3. In casu, o conteúdo programático detalhou, particularizadamente, os artigos de lei que seriam objeto de controvérsia na prova, entre os quais não estavam contemplados os artigos 333 do CP e 447 do CPP, cujo conhecimento e domínio era exigido para a solução das questões 46 e 54, respectivamente. Esse descompasso viola os princípios da vinculação da Administração Pública ao edital do concurso, dos motivos determinantes e da proteção da confiança, de ordem a acarretar a nulidade daquelas questões, reconhecidamente ilegais. STJ – RMS: 36596 RS 2011/0279087-0, Relator: Ministro HERMAN BENJAMIN, Data de Julgamento: 20/08/2013, T2 – SEGUNDA TURMA, Data de Publicação: DJe 12/09/2013)."

◉ **no mesmo sentido:** "No julgamento do RE 632.853/CE, sob o regime de repercussão geral, o STF reconheceu a possibilidade de o Judiciário anular questões de concurso público quando houver flagrante dissonância entre o conteúdo das questões e o programa descrito no edital do certame. 2. Configura ilegalidade a exigência de matéria não prevista no conteúdo programático do edital condutor do certame em questão de concurso público. Em tal hipótese, a anulação de questão realizada pelo Poder Judiciário é amparada pela jurisprudência e pela própria Constituição Federal em seu art. 5º, XXXV. 3. Inexistência de nulidade de questão que abordou o conteúdo programático do edital e cuja proposta se baseou em jurisprudência fixada pelo STF em momento anterior e posterior à sua publicação. 4. Apelação parcialmente provida para anular somente uma das três questões apontadas. (AC 0009972-86.2015.4.01.3400/DF, Rel. Desembargadora Federal Daniele Maranhão Costa, Quinta Turma, e-DJF1 p. de 29/05/2018) "

◉ **É vedado a cobrança de tema relativo a julgamento proferido pelo STF em momento posterior à publicação do aludido edital.**

"... É descabida a formulação de quesitos com base em conteúdo não previsto no Edital n. 18/2014, assim como a cobrança, por parte do examinador, de tema relativo a julgamento proferido pelo STF em momento posterior à publicação do aludido edital (AC n. 0026756-41.2015.4.01.3400/DF, Relator Desembargador Federal Jirair Aram Meguerian, e-DJF1 de 03.05.2017). 2. Anuladas as questões, os pontos correspondentes devem ser conferidos ao recorrido, para que, na hipótese de aprovação, possa ter a prova discursiva corrigida e, também, seja convocado para participar da etapa de sindicância da vida pregressa. 4. Apelação e remessa oficial, desprovidas." (AC 0058473-08.2014.4.01.3400/DF, Rel. Desembargador Federal Daniel Paes Ribeiro, Sexta Turma, e-DJF1 p. de 15/05/2018)"

▶ **A questão objetiva não pode ser elaborada de modo a torná-la incompreensível, sob pena de nulidade.**

Esse é mais um direito do candidato que decorre dos princípios da eficiência, razoabilidade, segurança jurídica, bem como da jurisprudência e da doutrina. Para aferir corretamente o conhecimento do candidato, a Banca Examinadora deve elaborar as questões de forma objetiva, sem erros que impeçam seu entendimento ou gerem ambiguidade. Cada questão da prova deve passar por revisão por parte dos elaboradores. Já nos deparamos com casos como este, em que, numa questão de múltipla escolha, a ordem das alternativas para marcação da resposta correta estava escrita da seguinte forma: a), b), c),

e) e d). Por falta de revisão, as opções "d" e "e" apareceram fora de ordem. O problema é que a opção correta era a alternativa "d", mas a alternativa que estava ocupando esse lugar era a "e". Sabendo que a resposta correta é a alternativa "d", que ordem seguir na marcação da resposta: a alfabética ou a fora de ordem, como está na prova? A questão foi anulada judicialmente. Ainda, há situações em que a questão dispõe sobre algo e se vincula a uma lei que não tem relação com a questão, como ocorre quando há um erro material no número da lei, o que quase invariavelmente leva o candidato a equívoco.

◉ **no mesmo sentido:** "1. O Superior Tribunal de Justiça tem entendido que, na hipótese de erro material, considerado aquele perceptível primo ictu oculi, de plano, sem maiores indagações, pode o Poder Judiciário, excepcionalmente, declarar nula questão de prova objetiva de concurso público. Precedentes. 2. Hipótese em que, por perícia judicial, não questionada pela parte ex adversa, foi constatada a ausência de resposta correta em questão de prova objetiva, em flagrante desacordo com o gabarito oficial e com o edital do certame, ferindo o princípio da legalidade. (STJ - REsp: 471360 DF 2002/0125638-0, Relator: Ministro Arnaldo Esteves Lima, data de julgamento: 21/09/2006, T5 - Quinta Turma, data de publicação: DJ 16.10.2006, p. 415)."

◉ **no mesmo sentido:** "(...)2. Na hipótese dos autos, evidencia-se que a própria banca examinadora, em decorrência dos recursos formulados por candidatos, considerou como correta a alternativa A ao invés da D, como figurou no gabarito inicial, reconhecendo, assim, o erro material provocado pela comissão do concurso, que divulgou gabarito incorreto. 3. Em situações como esta, caberia à banca declarar a anulação da questão, atribuindo a todos os candidatos a pontuação correspondente, no estrito cumprimento da norma prevista no item 13.7 do edital, o que, contudo, não se realizou, levando ao ajuizamento da presente ação." (STJ – RMS 39.635/RJ, Rel. Ministro NAPOLEÃO NUNES MAIA FILHO, PRIMEIRA TURMA, julgado em 18/04/2017, DJe 10/05/2017)

◉ **A afirmativa tida como correta pela Banca Examinadora não pode estar em desacordo com o que ela objetiva aferir.**

"De fato, como bem observado pelo magistrado, houve a flagrante incorreção do gabarito oficial. A questão referente ao art. 40, § 8º, da CF/88, que tinha como assertiva 'aos servidores aposentados em determinado cargo, deverá ser estendido um benefício concedido a todos os ocupantes do referido cargo ainda em atividade', considerada correta pela banca examinadora (questão n. 18 do gabarito 1, correspondente à questão n. 8 do gabarito 2, questão n. 58 do gabarito 3 e questão n. 28 do gabarito 4), está em desacordo com a atual redação do referido dispositivo, conforme a Emenda Constitucional n. 41/2003." (STJ, REsp n.º 1.572.828 – RS. Ministra Diva Malerbi (Desembargadora convocada TRF 3ª Região), 24/05/2016)

▶ **É nula a questão objetiva com mais de uma resposta correta.**

As respostas às questões não podem depender de interpretações subjetivas e cada uma deve ter apenas uma alternativa como correta. Esse direito do candidato deriva dos princípios da vinculação ao instrumento convocatório, da segurança jurídica, da moralidade, da eficiência, da jurisprudência do STJ e do STF, bem como da doutrina. Nas provas objetivas, assim chamadas por não dependerem de critérios pessoais de avaliação, a pergunta feita ao candidato somente poderá ter uma única resposta correta. É impossível admitir mais de uma alternativa como correta, pois se isso ocorrer haverá violação às regras definidas no edital que rege o concurso. Também não é possível admitir que nenhuma das alternativas oferecidas seja a correta para a pergunta formulada, como veremos mais adiante. A eficácia das provas objetivas exige técnica e profissionalismo na elaboração das questões, dentro do grau de especificidade do conhecimento a ser medido. As perguntas devem conduzir para respostas adequadas, sem ambiguidades ou obscuridades. Questões que possam apresentar duas ou mais alternativas corretas não foram elaboradas segundo as regras editalícias e muito menos em consonância com os princípios aplicáveis a administração pública, em especial o da moralidade e eficiência, razão pela qual questões inquinadas com esse vício devem ser declaradas nulas. A jurisprudência tem se posicionado no sentido de que, em matéria de concurso público, compete ao Poder Judiciário somente a verificação da legalidade dos atos administrativos. Não obstante, em se tratando de questões com mais de uma alternativa correta, não há que se falar em falta de competência do Judiciário para realizar um controle da prova objetiva, visto que este Poder se prenderá ao exame da legalidade da manutenção de perguntas dúbias, com duplicidade de respostas, frente às normas estabelecidas previamente no edital a todos os candidatos.

◙ **no mesmo sentido:** "APELAÇÃO CÍVEL. AÇÃO ORDINÁRIA. CONCURSO PÚBLICO. QUESTÕES OBJETIVAS. ALEGAÇÃO DE VÍCIOS. QUESTÃO CONTENDO DUAS ALTERNATIVAS CORRETAS. ILEGALIDADE. ANULAÇÃO. ATRIBUIÇÃO DE PONTO. SENTENÇA REFORMADA. RECURSO PROVIDO. 1. O Supremo Tribunal Federal já pacificou a matéria nos autos do RE nº 632.853, de Relatoria do Ministro Gilmar Mendes, onde o plenário daquela Corte decidiu que o Judiciário não pode adentrar no mérito de questões de concurso público, exceto se houver ilegalidade ou inconstitucionalidade. 2. Somente excepcionalmente o Poder Judiciário pode analisar alegada incompatibilidade entre o conteúdo programático previsto no edital do certame e as questões formuladas porque, neste caso, está analisando critérios de legalidade do ato praticado pela Banca incompatível com o edital, lei do concurso (RE 440.335 AgR, Rel. Min. Eros Grau, j. 17.06.2008 e RE 434.708, Rel. Min. Sepúlveda Pertence, j. 21.06.2005). 3. a Banca Examinadora ao indagar sobre os recursos para localizar rapidamente o site da Funcab na barra de endereços e, ao mesmo tempo, prevê, entre as alternativas de respostas, 02 (duas) opções tidas como corretas alternativas B e D, afastou-se, demasiadamente, do item 9.1.1. do edital o qual prevê cada questão terá 5 (cinco) alternativas , sendo apenas uma correta, em flagrante violação a legalidade e a segurança jurídica. 4. Não se pode fechar os olhos para a constatação de que houve erro na formulação da questão ao argumento reiterado das Comissões de Concurso e das Bancas Examinadoras de que o edital é lei entre as partes. Sim, o edital do concurso é lei entre as partes, devendo ser observando por todos os envolvidos no certame Administração Pública e Candidato (s). 5. Registre-se que é dever das bancas examinadoras zelarem pela correta formulação das questões, sob pena agir em desconformidade com a lei e o edital, comprometendo, sem sombra de dúvidas, o empenho realizado pelos candidatos durante quase toda uma vida. Quantas pessoas não levam dois, três, quatro, dez anos ou mais se preparando para concursos públicos, para depois se depararem com questões mal formuladas e, pior, com desculpas muitas das vezes infundadas, de que tal erro na formulação não influiria na solução da questão, como vejo acontecer na presente hipótese . (RMS 49.896/RS, Rel. Ministro OG FERNANDES, SEGUNDA TURMA, julgado em 20/04/2017, DJe 02/05/2017). 6. Sentença reformada. Recurso provido." (TJES, Classe: Apelação, 030120016750, Relator: ARTHUR JOSÉ NEIVA DE ALMEIDA, Órgão julgador: QUARTA CÂMARA CÍVEL , Data de Julgamento: 03/09/2018, Data da Publicação no Diário: 11/09/2018)

◎ **no mesmo sentido:** "Consoante reiterada orientação deste Tribunal, não compete ao Poder Judiciário apreciar os critérios utilizados pela Administração na formulação do julgamento de provas (cf. RMS nºs 5.988/PA e 8.067/MG, entre outros). Porém, isso não se confunde com, estabelecido um critério legal - prova objetiva, com uma única resposta (Decreto Distrital nº 12.192/90, arts. 33 e 37), estando as questões mal formuladas, ensejando a duplicidade de respostas, constatada por perícia oficial, não possa o Judiciário, frente ao vício do ato da Banca Examinadora em mantê-las e à afronta ao princípio da legalidade, declarar nula tais questões, com atribuição dos pontos a todos os candidatos (art. 47 do CPC c/c art. 37, parág. único do referido Decreto) e não somente ao recorrente, como formulado na inicial. STJ, REsp 174.291/DF, Relator: Ministro Jorge Scartezzini, Quinta Turma, julgado em 17.02.2000, DJ 29.05.2000 p. 169."

◎ **no mesmo sentido:** "ADMINISTRATIVO E PROCESSUAL CIVIL. EMBARGOS DECLARATÓRIO NO RECURSO ORDINÁRIO EM MANDADO DE SEGURANÇA. CONCURSO PÚBLICO. CARGO DE FISCAL DE RENDA DO ESTADO DO RIO DE JANEIRO. A ANÁLISE DA POSSIBILIDADE DE ANULAÇÃO PELO PODER JUDICIÁRIO DE QUESTÃO DE CONCURSO PÚBLICO SE RELACIONA COM O CONTROLE DE LEGALIDADE. QUESTÃO COM POSSIBILIDADE DE DUAS RESPOSTAS CORRETAS. EMBARGOS DE DECLARAÇÃO DO ESTADO DO RIO DE JANEIRO REJEITADOS." (STJ – EDcl no RMS 39.635/RJ, Rel. Ministro NAPOLEÃO NUNES MAIA FILHO, PRIMEIRA TURMA, julgado em 07/04/2015, DJe 13/04/2015)

◎ **É nula a questão objetiva sem resposta correta.**

Aplica-se nesse caso o mesmo embasamento do direito acima, o que é amparado nos princípios da vinculação ao instrumento convocatório, da segurança jurídica, da moralidade, da eficiência, da jurisprudência do STJ e do STF, bem como da doutrina. Todas as considerações apresentadas no caso anterior valem para este tópico, mas iremos detalhá-lo, por se tratar de uma ilegalidade que ocorre com muita frequência nos concursos. Se a prova é objetiva e de múltipla escolha isso significa que o candidato deve marcar uma alternativa, seja correta ou incorreta, a depender do enunciado da questão. Normalmente o edital possui uma regra com o seguinte teor "cada questão terá 05 (cinco) alternativas de resposta, havendo somente uma opção correta." Deve o candidato marcar a opção correta dentre as 5 (cinco) opções apresentadas pela Banca Examinadora. Objetivamente está se afirmando que há uma questão com cinco alternativas onde apenas uma é verdadeira. O problema surge quando por erro grosseiro, despreparo, falta de respeito com o candidato, nenhuma das alternativas é a resposta correta para a questão. Imaginemos a seguinte questão fictícia: "Assinale a alternativa correta: É cidade do Estado de São Paulo: a) Niterói, b) Vitória, c) Viana, d) Volta Redonda e e) Piúma." A questão pede, nos termos do edital, para marcar uma única alternativa correta. Mas, no caso narrado, nenhuma das alternativas oferecidas é uma resposta correta para a pergunta. A resposta correta não existe. Seria uma questão de conveniência e oportunidade a Banca Examinadora descumprir o edital e apresentar uma questão sem alternativa correta? Poderia ela inventar uma resposta em desacordo com a realidade? Essa decisão da administração seria "mérito administrativo", o que deixaria o Judiciário de mãos atadas? Veja-se que normalmente os editais são claros ao afirmar enunciados do tipo "cada questão terá 05 (cinco) alternativas de resposta, havendo somente uma opção correta. " Para ser mérito, para usar o argumento da discricionariedade, parte-se obrigatoriamente do pressuposto que o ato é legal. E mais uma vez indaga-se: é moral, legítimo, legal, cobrar uma questão que não possui uma resposta correta, pois haveria necessidade de criá-la em desacordo com a realidade? Pode a banca inventar uma resposta completamente diferente da realidade e dizer, por exemplo, que Volta Redonda é cidade de São Paulo? Trata-se de um caso flagrante de vício de legalidade. E ainda assim o Judiciário não pode fazer nada? É mérito? Separação de poderes? Essa não possibilidade de ingerência do judiciário no conteúdo das questões tem sido cada vez mais relativizada, pois parte-se do princípio de que os membros das bancas examinadoras são humanos e humanos erram – os das bancas examinadoras bem mais do que poderiam. Isso tem destruído sonhos de muitos candidatos preparados e prejudicado suas vidas. Essa é a razão que tem basicamente norteado o novo entendimento do Judiciário, que passou a admitir o controle sobre as provas quando ocorrer erro grosseiro, vício de legalidade e que possa ser constatado primo ictu oculi. – a olhos vistos, assim por dizer. Nas provas objetivas sempre deverá existir uma alternativa correta. Não há espaço para a existência de duas ou mais alternativas corretas e muito menos para a inexistência de uma alternativa correta. A ausência de resposta correta mostrasse em flagrante desacordo com o edital do concurso, que estabelece a regra de que cada questão terá uma alternativa correta, bem como com o gabarito oficial da prova, segundo o qual a questão tem uma alternativa correta quando na verdade não teria nenhuma. Nesse ponto, não há dúvida acerca da violação aos princípios da vinculação ao instrumento convocatório e da moralidade. Diante de tais circunstâncias o que se espera da Banca Examinadora é a anulação da questão. Essa é a única conduta juridicamente adequada por parte da administração. Caso ela assim não proceda, estará praticando arbitrariedade e sujeitando a situação ao controle jurisdicional. Essa é a principal razão de a jurisprudência ter firmado o entendimento de que, diante de insistência da Banca Examinadora em manter o gabarito em que não há resposta correta ou há mais de uma, o Poder Judiciário pode declarar a nulidade dessa questão da prova objetiva.

◙ **no mesmo sentido:** "Hipótese em que, por perícia judicial, não questionada pela parte ex adversa, foi constatada a ausência de resposta correta em questão de prova objetiva, em flagrante desacordo com o gabarito oficial e com o edital do certame, ferindo o princípio da legalidade. REsp 471.360/DF, Relator: Ministro Arnaldo Esteves Lima, Quinta Turma, julgado em 21/09/2006."

◙ **no mesmo sentido:** "ADMINISTRATIVO. CONCURSO PÚBLICO. AUDITOR-FISCAL DA RECEITA FEDERAL. ANULAÇÃO DAS QUESTÕES Nº 18 e 46 DA PROVA OBJETIVA (GABARITO 1). COBRANÇA DE MATÉRIA FORA DO CONTEÚDO PREVISTO E SEM RESPOSTA CORRETA. SENTENÇA REFORMADA (...) ". Não há óbice, contudo, à análise da compatibilidade do conteúdo das questões do concurso com o previsto no edital, tampouco ao exame realizado para afastar flagrante ilegalidade, sendo certo que, no caso concreto, não se trata da mudança do gabarito fornecido pela banca examinadora, mas sim da verificação da existência ou não de descompasso entre a proposição e seu gabarito com o texto legal/constitucional. III – O conteúdo programático da disciplina "Legislação Tributária" deve ater-se à legislação específica do IPI e do Imposto de Renda, constantes do Edital. IV – Na questão nº 46 da prova de conhecimentos específicos, gabarito 1, cobrou-se o conteúdo da Lei nº 12.715/2012, que não trata especificamente de IPI, e sim tem um conteúdo mais abrangente, não sendo razoável exigir do candidato conhecimento sobre conteúdo de leis esparsas, especialmente quando possuem como pano de fundo regime especial de tributação destinado a regrar diversas exações. V – Já no que se refere à questão nº 18 da prova de Direito Administrativo, a banca examinadora considera como correta a opção que afirma que "aos servidores aposentados em determinado cargo, deverá ser estendido um benefício concedido a todos os ocupantes do referido cargo ainda em atividade", em afronta ao texto constitucional e à jurisprudência do STF. VI – O art. 40 da CF, em seu § 4º, que regula a paridade entre servidores ativos e inativos, foi alterado pela Emenda Constitucional nº 20/98, sendo essa revogada parcialmente pela Emenda Constitucional nº 41/03. Assim, dos benefícios concedidos e benéficos concedidos aos servidores ativos em relação aos aposentados restou somente o reajuste periódico dos proventos. VII – Existem algumas exceções à regra criada em respeito ao direito adquirido. Nesse contexto, o STF, em regime de repercussão geral, dispôs que "os servidores que ingressaram no serviço público antes da EC 41/2003, mas que se aposentaram após a referida emenda, possuem direito à paridade remuneratória e à integralidade no cálculo de seus proventos, desde que observadas as regras de transição especificadas nos arts. 2º e 3º da EC 47/2005" (RE 590.260/SP, Rel. Min. RICARDO LEWANDOWSKI, Tribunal Pleno, julgado em 24/6/2009, DJe de 22/10/2009). VIII – Desta maneira, a questão elaborada com foi, sem uma ressalva quanto a qualquer exceção, leva o candidato a se reportar à regra geral, na qual o servidor público da ativa não tem paridade com o servidor aposentado, tornando a alternativa "d" errada, ensejando a anulação da questão. IX – Recurso de apelação a que se dá provimento, para anular as questões nº 18 da prova de conhecimentos gerais (gabarito 1) e nº 46 de conhecimentos específicos (gabarito 1). Sem condenação ao ressarcimento das custas, por ser o impetrante/apelante beneficiário da justiça gratuita. Sem condenação ao pagamento de honorários, em razão do que dispõe o art. 25 da Lei nº 12.016/2009." (AC 0069260-96.2014.4.01.3400/DF, Rel. Desembargador Federal Jirair Aram Meguerian, Sexta Turma, e-DJF1 p. de 04/05/2018)

▶ Neste caso, o Poder Judiciário não substitui a Banca Examinadora do certame para reapreciar as notas por ela atribuídas aos candidatos. A ausência de uma alternativa correta na questão, embora a banca insista em dizer o contrário, constitui um erro material grave, além de configurar uma ilegalidade, devendo o Judiciário agir para impedir que essa conduta ilegal da administração continue a produzir efeitos, restabelecendo a justiça no concurso público. A prova de que a questão não possui alternativa correta pode ser aferida, inclusive, por meio de perícia judicial.

◉ **É nula a questão com erro grosseiro.**

"ADMINISTRATIVO. CONCURSO PÚBLICO. QUESTÃO OBJETIVA. ANULA-ÇÃO. ALEGAÇÃO DE ERRO GROSSEIRO ANTE A INOBSERVÂNCIA À LEGIS-LAÇÃO APLICADA AO CASO. CONFIGURAÇÃO. INTERFERÊNCIA DO PODER JUDICIÁRIO. SUBSTITUIÇÃO À BANCA EXAMINADORA. POSSIBILIDADE. 1. No julgamento do RE 632.853/CE, sob o regime de repercussão geral, o STF reconheceu a possibilidade de o Judiciário anular questões de concurso público somente quando houver flagrante dissonância entre o conteúdo das questões e o programa descrito no edital do certame ou quando houver erro grosseiro. 2. Configura flagrante ilegalidade a indicação de resposta tida como correta que confronta disposição legal. Em tal hipótese, a anulação da questão realizada pelo Poder Judiciário é amparada pela jurisprudência e pela própria Constituição Federal em seu art. 5º, XXXV. 3. Apelação provida." (AC 0011455-83.2017.4.01.3400/DF, Rel. Desembargadora Federal Daniele Maranhão Costa, Quinta Turma, e-DJF1 p. de 24/07/2018)

◉ **no mesmo sentido:** "APELAÇÃO CÍVEL. AÇÃO ORDINÁRIA. CONCURSO PÚBLICO. ANULAÇÃO DE QUESTÕES DA PROVA OBJETIVA DO CERTA-ME. ERRO GROSSEIRO. POSSIBILIDADE DE REVISÃO PELO JUDICIÁRIO. ANTECIPAÇÃO DE TUTELA CONFIRMADA EM SENTENÇA. DIREITO DE NOMEAÇÃO IMEDIATA. CONSECTÁRIO LEGAL. SENTENÇA PARCIAL-MENTE REFORMADA. 1. A anulação de questão de prova pelo Poder Judici-ário somente tem lugar na hipótese de flagrante ilegalidade na sua elaboração, por parte da banca examinadora, sem o respeito às normas veiculadas no edi-tal. 2. A verificação de existência de erro grosseiro na questão nº 200 da pro-va objetiva do concurso público para procurador federal de 2ª categoria (edital 04/2013. Pgf) já foi analisada neste tribunal, (ac 0034520-40.2013.4.01.3500 / GO e AMS 0073456- 46.2013.4.01.3400 / DF, de relatoria do juiz federal Evaldo de Oliveira Fernandes, filho, relator convocado, quinta turma), ao fundamento de que considerou-se correto enunciado dizendo que, para o STJ, o uso da recla-mação constitucional, que difere da correição parcial, pode ocorrer mesmo após o trânsito em julgado da decisão reclamada. Todavia, a Súmula 734/STF dispõe:

não cabe reclamação quando já houver transitado em julgado o ato judicial que se alega tenha desrespeitado decisão do STF. 3.se, por meio de decisão judicial definitiva, foi conferido direito ao candidato de participar do curso de formação, sua nomeação e posse constituem consectário lógico e legal, decorrente de sua aprovação em concurso público e classificação suficiente para as vagas existentes. (AGRG no RESP 1042734/DF, Rel. Ministro Mauro Campbell Marques, segunda turma, julgado em 03/12/2009, DJE 16/12/2009). 4. Ante a ausência de deferimento de qualquer tipo de indenização do período do ajuizamento da ação até ser efetivado no cargo, nos casos em que o acórdão seja unânime, é possível o cumprimento da sentença com a nomeação imediata. 5. Remessa oficial e apelações da união e da fub a que se nega provimento. 6. Apelação do autor a que se dá provimento para, reformando parcialmente a sentença, assegurar-lhe o direito de nomeação imediata, obedecida a ordem de classificação." (TRF01 – AP/RN: 00001719220144013300, Relator: KASSIO NUNES MARQUES, SEXTA TURMA, Data de Publicação: 16/07/2015)

◉ **Havendo no edital normas passíveis de gerar dúvida quanto ao conteúdo programático da prova resta caracterizado o prejuízo ao candidato devendo a questão ser anulada.**

"APELAÇÃO CÍVEL. CONCURSO PÚBLICO. PRINCÍPIO DA VINCULAÇÃO AO EDITAL. COMANDOS CONTRADITÓRIOS. IRREGULARIDADE CONSTATADA. DÚVIDA QUANTO AO CONTEÚDO PROGRAMÁTICO DA PROVA. QUESTÃO ANULADA. RECURSOS IMPROVIDOS. remessa prejudicada. 1. As normas previstas em editais de concurso público possuem caráter de ato administrativo vinculado, devendo obedecer ao princípio da legalidade previsto no art. 37, inciso I, da Constituição Federal, sendo vedada à Administração práticas tendentes ao afastamento desse princípio constitucional. 2. As disposições contidas no Edital nº 001/2013 – PC/ES apresentaram comandos contraditórios, não podendo haver prejuízo aos candidatos diante de irregularidades cometidas pela própria Administração na elaboração do edital. 3. Havendo no edital, normas passíveis de gerar dúvida quanto ao conteúdo programático da prova, resta caracterizado o prejuízo ao candidato, devendo a questão nº 51 ser anulada. 4. Recursos improvidos. Remessa prejudicada." (TJES, Classe: Apelação / Remessa Necessária, 024130145725, Relator: JORGE DO NASCIMENTO VIANA, Órgão julgador: QUARTA CÂMARA CÍVEL , Data de Julgamento: 19/06/2017, Data da Publicação no Diário: 28/07/2017)

◉ **Há violação ao princípio da legalidade na hipótese em que, por perícia judicial, for constatada a ausência de resposta correta em questão de prova objetiva, em flagrante desacordo com o gabarito oficial e com o edital do certame.**

STJ "...Na espécie, verifica-se que o Tribunal a quo, mediante a análise de provas, entendeu estar configurada a ilegalidade apontada, concluindo pela existência de erro flagrante na questão n. 18 do gabarito 1 da prova objetiva de conhecimentos gerais, disciplina Direito Administrativo, do concurso público para provimento de cargos de Auditor-Fiscal da Receita Federal (Edital ESAF n. 18, de 7/3/2014), anulando a questão, conforme se extrai do seguinte excerto (e-STJ, fls. 334/336) (:..) Sustentam os autores a nulidade das questões de n. 18 e 12 exigidas na Prova de Direito Administrativo – D6, seja porque a primeira não contava com uma resposta correta, seja porque a segunda veiculava conteúdo não previsto no Edital do concurso. Com efeito, pelo menos no que diz respeito à questão de n. 18 (evento 1, OUT12), a resposta dada como correta pelo gabarito oficial (evento 1, OUT9) mostra-se, em realidade, incorreta, nos termos da fundamentação expendida na inicial. (...) (STJ – REsp1.572.828 – RS, Ministra Diva Malerbi (Desembargadora convocada TRF 3ª Região. Julgamento em 12/05/2016)."

▶ **As provas objetivas não podem dar margens a respostas que variem de acordo com lei, doutrina ou jurisprudência.**

Quando uma resposta puder variar de acordo com a lei, com a doutrina ou com a jurisprudência, esta deve ser levada em consideração pela Banca. Esse direito decorre dos princípios da razoabilidade, realidade, moralidade, bem como da doutrina e da jurisprudência. Trata-se da teoria da "resposta tecnicamente sustentável" que assegura ao candidato o direito de uma margem de resposta, de forma que uma resposta sustentável não pode ser avaliada como falsa, mesmo que esse não seja o entendimento adotado pela Banca Examinadora. Desse modo, em sendo sustentável a resposta ofertada pelo candidato, desde que apoiada em determinada orientação científica, mesmo que não coincida com a resposta apresentada pela Banca Examinadora do concurso, deverá ser aceita como correta.

▶ Essa teoria é aplicável às provas objetivas e discursivas sobre assuntos de quaisquer áreas do conhecimento (economia, sociologia, história etc.), desde que haja divergência científica e, por isso, exista a possibilidade de mais de uma resposta ser tecnicamente sustentável. Ela é mais fácil de ser visualizada no direito. É cediço que o direito não é uma ciência exata, sendo que em razão do mar principiológico que banha o ordenamento jurídico, a análise de determinados comandos legais pode se amparar em mais de uma vertente exegética. Por isso verificamos uma dinâmica das decisões judiciais. Às vezes, o jurisdicionado vence a batalha judicial em primeira instância, perde outra no Tribunal, mas reverte a situação no Superior Tribunal de Justiça ou no Supremo Tribunal Federal. Note que o caso levado a juízo é o mesmo, mas, conforme o manejo sistemático, lógico ou literal dos comandos normativos em jogo, o resultado pode ser diferente. Sabendo disso, quando determinada matéria é cobrada em uma prova discursiva de concurso público, o órgão encarregado de fazer o concurso ou a instituição para quem foi terceirizada a tarefa (Banca Examinadora) deve ter o cuidado de não cobrar matéria cujo entendimento doutrinário ou jurisprudencial seja conturbado, não pacificado. Caso contrário, deve aceitar os entendimentos possíveis, que são fruto da diversidade doutrinária e jurisprudencial. Afinal, o candidato não tem um "oráculo jurídico" para adivinhar qual o posicionamento doutrinário ou jurisprudencial a banca está adotando. Além disso, seria no mínimo imoral impor um entendimento unilateral para uma questão, quando há outros da mesma relevância e de forte reconhecimento no âmbito acadêmico ou da pragmática dos Tribunais Superiores. Não há dúvida que tal compor-

247

tamento fere o princípio da moralidade, da segurança jurídica, da razoabilidade, podendo e devendo ser objeto de análise pelo Judiciário, que, fazendo ou não uso de prova técnica (perícia), irá verificar se o candidato acertou ou não a questão, mesmo que com tese diferente da adotada pela Banca Examinadora. O objetivo não é dizer se aquela matéria pode ou não ser cobrada, mas garantir que, quando a matéria cobrada possui mais de uma resposta sustentável juridicamente, o Judiciário a possa fazer valer e aceitar como correta também.

▶ **Por mais que a Banca Examinadora possua autonomia para avaliar as provas, o fato é que essa autonomia não é absoluta, sendo limitada pelos princípios orientadores da administração pública.**

Por mais que a Banca Examinadora possua autonomia para avaliar as provas, o fato é que essa autonomia não é absoluta, sendo limitada pelos princípios orientadores da administração pública, já que o concurso público por si só é um procedimento administrativo que objetiva a seleção de pessoal para trabalhar em caráter permanente junto ao poder público. Sendo o concurso realizado pela própria administração ou por empresas terceirizadas, o regime é exatamente o mesmo. Não há saída: o ato de correção da prova e a atribuição de uma nota em concurso é um ato administrativo, e, por isso, está sujeito ao controle de juridicidade pelo Poder Judiciário, que, seja pelo conhecimento do magistrado, seja por meio de auxílio de prova pericial, tem condições de verificar se a resposta ofertada está correta ou não, frente ao estado atual da doutrina e da jurisprudência.

▶ **Não se trata de controle de mérito do ato administrativo.**

Nota-se que não se trata de controle de mérito do ato. Não se está pleiteando que seja determinada a mudança da data da prova, ou que sejam retiradas do edital certas matérias. O que se quer é um julgamento atento aos princípios que norteiam a atividade administrativa e a imposição unilateral de um gabarito em uma prova objetiva ou discursiva que envolve matéria divergente, é, sem dúvida, aviltante a inúmeros princípios, como moralidade, razoabilidade, segurança jurídica etc. O fato de o direito não ser uma ciência exata, como a matemática, física ou estatística, não significa que ele seja subjetivo. Não existe ciência subjetiva! Os enunciados formulados pela ciência jurídica possuem caráter descritivo da realidade e as normas jurídicas possuem caráter prescritivo. Quando se faz uma avaliação sobre uma ciência de caráter descritivo, como no caso de provas de direito, não há como existir subjetividade, mas julgamento completamente objetivo da avaliação, que deve levar em consideração a lei, a doutrina e a jurisprudência.

▶ **Se houver divergência entre os institutos, devem ser aceitos ambos os posicionamentos.**

Se houver divergência entre os institutos, devem ser aceitos ambos os posicionamentos. Uma vez demonstrado que a Banca Examinadora cobrou na prova discursiva matéria divergente na doutrina ou jurisprudência, o candidato que tenha respondido de acordo com um posicionamento que não coincide com a opção da banca deverá ter sua resposta considerada correta, desde que seja tecnicamente sustentável.

▶ **no mesmo sentido:** "...o examinador não deve avaliar como errônea uma solução exposta pelo examinando se ela está consequentemente fundamentada e na literatura, em alguma parte, é sustentada seriamente, mesmo que ele próprio a considere errônea. O examinando se manteve dentro do quadro desse espaço de resposta e, por isso, não pode ser avaliada como errônea." (HARTMUT, 2001, apud MACHADO JÚNIOR, 2008, p. 164.).

▶ **Não é dado à banca examinadora, por mera conveniência e oportunidade, consagrar uma posição acadêmica isolada ou polêmica no bojo de uma prova.**

Veja-se, com efeito, que não é dado à banca examinadora, por mera conveniência e oportunidade, consagrar uma posição acadêmica isolada ou polêmica no bojo de uma prova objetiva, em detrimento de uma construção técnico-científica consolidada, a não ser que estabeleça, na própria proposição, que a sua resposta está vinculada a determinado estudo científico ou posição doutrinária específica ou a qualquer parâmetro de conhecimento tecnicamente aceitável, dentre os existentes.

▶ **no mesmo sentido:** "A Ciência Jurídica e as fontes formais do Direito constituem os limites técnicos à discricionariedade da Banca Examinadora na elaboração e correção das provas objetivas em concursos públicos. Se existem Limites técnicos, esses limites podem e devem ser controlados e fiscalizados pelo Judiciário. Por isso, quando a jurisprudência menciona a expressão 'discricionariedade técnica', há que se considerar a inarredável presença dos limites técnicos às liberdades de escolhas, pena de esvaziar-se o sentido lógico dessa espécie de discricionariedade, que é mais limitada do que outras modalidades. Essa discricionariedade não é pura, mas sim técnica, o que revela a sua maior limitação frente à Ciência e aos paradigmas técnicos de controle e qualidade". Em passagem mais adiante, o renomado promotor de justiça gaúcho e professor de Direito Administrativo da PUC/RS arremata: "O princípio constitucional da interdição à arbitrariedade dos Poderes Públicos está embutido e deriva do devido processo legal substancial, estando acolhido na Constituição Brasileira de 1988. Por esse princípio, que se interpreta à luz da razoabilidade, uma Banca Examinadora não poderia, num concurso público dominado pela legalidade, igualdade, eficiência e impessoalidade administrativas, adotar qualquer dos seguintes procedimentos ilícitos: (a) eleger como correta uma alternativa incorreta à luz da doutrina e jurisprudência dominantes; (b) exigir que se assinale a alternativa correta, quando não existem alternativas corretas e não há uma alternativa indicando que todas as demais estão incorretas; (c) exigir que se assinale a única alternativa correta, quando, em realidade, existem pelo menos duas, gerando, com essa espécie de comportamento administrativo, perplexidade nos candidatos; (d) propor uma questão/resposta ambígua, que deixe no espírito do candidato fundadas e razoáveis dúvidas quanto ao seu alcance e precisão, gerando perplexidade que dificulte a eleição da alternativa correta, ante a possibilidade razoável de que não esteja correta a alternativa ou que haja outra alternativa igualmente correta na mesma questão." (Fábio Medina Osório, Os limites da discricionariedade técnica e as provas objetivas nos concursos públicos de ingresso nas carreiras jurídicas, in Revista Diálogo Jurídico, n. 13, abril/maio de 2002, Salvador/BA.) 108/109)

▶ **no mesmo sentido:** "Não raro e infelizmente, alguns concursos têm contemplado questões embasadas em "doutrina", artigo ou obra pouquíssimo conhecidos dentro da área exigida para o certame, muitas vezes de autoria do próprio membro da banca examinadora. Tal situação, além de manifestamente imoral, ofende o princípio da impessoalidade e da isonomia." (Fábio Medina Osório, Os limites da discricionariedade técnica e as provas objetivas nos concursos públicos de ingresso nas carreiras jurídicas, in Revista Diálogo Jurídico, n. 13, abril/maio de 2002, Salvador/BA, 110).

▶ **É nula a questão objetiva que cobra legislação revogada.**

A cobrança de legislação revogada é uma espécie de vício material, evidente e que, por isso, gera a nulidade da questão. Se a Banca Examinadora reconhece isso administrativamente a anulação vai operar efeitos erga omnes – ou seja, anulada a questão, devem-se atribuir a ela referentes a todos os candidatos. Se a Banca Examinadora não adotar essa conduta, que é o caminho legal e correto, no caso de a questão ser judicializada pelo candidato lesado, em caso de êxito na demanda, os efeitos serão inter parts, ou seja, valerão apenas para quem ingressou em juízo e obteve o reconhecimento da ilegalidade.

◙ **no mesmo sentido:** "PROCESSUAL CIVIL E ADMINISTRATIVO. AGRAVO REGIMENTAL NO RECURSO EM MANDADO DE SEGURANÇA. ACÓRDÃO RECORRIDO. IMPUGNAÇÃO. AUSÊNCIA. SÚMULA Nº 283/STF. CONCURSO PÚBLICO. PROVA OBJETIVA. REVISÃO. NÃO CABIMENTO. QUESTÕES SOBRE LEGISLAÇÃO SUPERVENIENTE À PUBLICAÇÃO DO EDITAL. VIABILIDADE. PRECEDENTES. 1. O recurso em mandado de segurança não impugnou, expressamente, o motivo principal que levou o tribunal de origem a denegar a ordem, qual seja: o Poder Judiciário não é instância revisora de provas de concurso público, podendo, no entanto, verificar a adequação dos quesitos às disposições editalícias. Aplicação, por analogia, da Súmula nº 283/STF. 2. O Superior Tribunal de Justiça firmou entendimento segundo o qual não cabe ao Poder Judiciário atuar em substituição à banca examinadora de concurso público, apreciando critérios utilizados na formulação de questões ou na correção de provas, salvo quando evidenciada ofensa à legalidade e à moralidade, o que não ocorre no caso. 3. "De acordo com a jurisprudência desta Corte é cabível a exigência, pela banca examinadora de concurso público, de legislação superveniente à publicação do edital, quando este não veda expressamente tal cobrança. Desse modo, previsto no edital o tema alusivo ao 'Poder Judiciário', é possível o questionamento sobre a Emenda Constitucional 45/2004, promulgada justamente com o objetivo de alterar a estrutura do Judiciário pátrio" (AgRg no RMS 22.730/ES, Rel. Ministra MARIA THEREZA DE ASSIS MOURA, SEXTA

TURMA, julgado em 20/4/2010, DJe 10/5/2010). 4. Agravo regimental a que se nega provimento." (AgRg no RMS 21.654/ES, Rel. Ministro OG FERNANDES, SEXTA TURMA, julgado em 01/03/2012, DJe 14/03/2012)

▶ **É possível que alterações legislativas supervenientes à publicação do edital sejam objeto de cobrança em uma prova objetiva, desde que seja referente a legislação já prevista no edital.**

O edital de abertura do concurso deve prever o conteúdo programático tanto das provas objetivas quanto das provas discursivas e todas as questões ao serem elaboradas devem observá-lo. Uma vez estabelecido o conteúdo programático e publicado o edital não existe mais discricionariedade da Administração em escolher quais serão os temas avaliados nas provas, ou seja, a partir da publicação do edital a Administração fica estritamente vincula ao conteúdo programático. Em razão do princípio da vinculação ao instrumento convocatório, o Superior Tribunal de Justiça tem decidido no sentido de que a Banca Examinadora de concurso público pode elaborar questão decorrente de atualização legislativa superveniente à publicação do edital, desde que esteja em conformidade com as matérias indicadas no conteúdo programático. Assim, qualquer assunto que estiver incluído no conteúdo programático e que venha sofrer alteração legislativa, mesmo que a lei tenha entrado em vigor após a publicação do edital de abertura do concurso, pode ser objeto de análise das questões da prova objetiva.

◙ **no mesmo sentido:** "...3. "De acordo com a jurisprudência desta Corte é cabível a exigência, pela banca examinadora de concurso público, de legislação superveniente à publicação do edital, quando este não veda expressamente tal cobrança. Desse modo, previsto no edital o tema alusivo ao 'Poder Judiciário', é possível o questionamento sobre a Emenda Constitucional 45/2004, promulgada justamente com o objetivo de alterar a estrutura do Judiciário pátrio" (STJ – AgRg no RMS 22.730/ES, Rel. Ministra MARIA THEREZA DE ASSIS MOURA, SEXTA TURMA, julgado em 20/4/2010, DJe 10/5/2010). (...) (AgRg no RMS 21.654/ES, Rel. Ministro OG FERNANDES, SEXTA TURMA, julgado em 01/03/2012, DJe 14/03/2012)."

◙ **Se existir vedação expressa no edital quanto à cobrança de legislação superveniente não será lícita sua exigência.**

"(...) De acordo com a jurisprudência desta Corte é cabível a exigência, pela banca examinadora de concurso público, de legislação superveniente à publicação do edital, quando este não veda expressamente tal cobrança. (...) Deste modo, a alteração legislativa superveniente a publicação do edital somente se mostra ilegal quando a nova legislação não faz parte de alguma das matérias elencadas no conteúdo programático da prova objetiva ou quando o edital de abertura do concurso vede essa possibilidade. (STJ – AgRg no RMS: 22730 ES 2006/0204792-3, Relator: Ministra Maria Thereza de Assis Moura, Data de Julgamento: 20/04/2010, T6 – Sexta Turma, Data de Publicação: DJe 10/05/2010)".

◉ **É direito do candidato ter acesso ao cartão-resposta de sua prova objetiva.**

"ADMINISTRATIVO. CONCURSO PÚBLICO.PROVA OBJETIVA. ACESSO AO CARTÃO RESPOSTA.EXCEPCIONAL INTERVENÇÃO JUDICIAL CABÍVEL. INE-XISTÊNCIA DE ERRO NA CORREÇÃO DA PROVA E NA ATRIBUIÇÃO DA NOTA. RECLASSIFICAÇÃO. IMPOSSIBILIDADE.1. A excepcional intervenção judicial na esfera de atuação da administração pública se legitima quando o ato impugnado desborda da legalidade ou se reveste de arbitrariedade. 2. Havendo comprovação nos autos de que a instituição organizadora do certame, em sede administrativa, se recusou a franquear o acesso ao cartão-resposta, resta patente a violação do princípio da publicidade, ao qual deve obediência a administração pública direta e indireta de qualquer dos Poderes da União, dos Estados, do Distrito Federal e dos Municípios, conforme expressamente consignado no caput do art. 37 da Constituição Federal. 3. De outra parte, uma vez dada vista do cartão-resposta, o candidato pôde constatar que a nota a ele atribuída estava rigorosamente correta, daí por que não merecia mesmo prosperar o seu pedido de atribuição de nova pontuação, seguida de nova classificação. 4. Remessa necessária a que se nega provimento." (REO 0003887-46.2013.4.01.3500/GO, Rel. Desembargador Federal Kassio Nunes Marques, Sexta Turma, e-DJF1 p. de 08/02/2018)

◉ **Não existe direito adquirido do candidato no sentido que o gabarito preliminar seja mantido.**

"...3. O candidato não tem direito adquirido a que o resultado do gabarito provisório seja mantido, de maneira que a sua posterior alteração, como decorrência de atividade "ex officio" da banca examinadora ou do provimento de recursos administrativos, e a consequente diminuição da pontuação antes atribuída, não importa em violação a suposto direito público subjetivo..." (AC 0004216-09.2009.4.01.3400/DF, Rel. Desembargadora Federal Daniele Maranhão Costa, Quinta Turma,e-DJF1 p. de 14/05/2018)."

▶ **O gabarito final da prova objetiva não pode ser alterado após sua divulgação.**

Dentre as diversas ilegalidades cometidas nos concursos públicos, alguns concurseiros se deparam com a surpresa de ver o gabarito alterado após o resultado definitivo, o que muda drasticamente todo o andamento do concurso, seja alterando a classificação de determinados candidatos, seja eliminando outros tantos. Diante dessa atitude da administração e das bancas examinadoras, perguntamos se seria lícito alterar o gabarito após divulgação do resultado final de alguma fase do certame. Entendemos por resultado final aquele divulgado após o julgamento dos recursos da respectiva fase. Dizer que isso não é correto não é suficiente para que tal comportamento deixe de ocorrer. Mas, uma vez que isso é constatado, existem meios de obter interferência do Poder Judiciário. O raciocínio é o seguinte: a partir do momento em que é divulgado o resultado "definitivo" de determinada fase, tal resultado definitivo, como o próprio nome já diz, tem caráter permanente, não devendo mais ser alterado, pelo menos pela Administração. Afinal, já houve ocasião de fazer todas as checagens antes da divulgação oficial, oportunidade em que os recursos foram analisados, as teses avaliadas, e se chegou a um resultado e conclusão final. Nesse contexto, haverá limite a um novo exercício da autotutela administrativa, já exercida quando do julgamento dos recursos administrativos, sob pena de violação ao princípio da segurança jurídica, proteção à confiança, boa-fé, moralidade, e até mesmo vinculação ao instrumento convocatório. Quanto ao último princípio mencionado, há vedação pelo fato de os editais dos concursos, em sua grande maioria, não permitirem revisão pela banca após a publicação do resultado definitivo.

◉ **Em que pese o poder de autotutela, não poderá a administração violar regras editalícias nem tampouco princípios como a razoabilidade e segurança jurídica.**

"I – A administração deve anular seus atos, quando eivados de ilegalidade, ou revogá-los, por motivo de conveniência ou oportunidade, consoante art. 53 da Lei 9.784/1999. Ocorre que tal dispositivo deverá ser aplicado com observância dos princípios da razoabilidade, da segurança jurídica e do direito adquirido, sendo vedado, portanto, à administração, com base no poder da autotutela, violar as regras postas no edital e anular as questões, após publicado o resultado, alterando a lista de classificados e causando prejuízo para terceiros, no caso os candidatos classificados na listagem anterior." (TRF-1 – AC: 4251 DF 2006.34.00.004251-4, Relator: DESEMBARGADOR FEDERAL JIRAIR ARAM MEGUERIAN, Data de Julgamento: 11/06/2012, SEXTA TURMA, Data de Publicação: e-DJF1 p.149 de 03/07/2012.)

▶ Nesse contexto, verifica-se que a alteração do gabarito após a divulgação do resultado definitivo gera instabilidade aos concursos e insegurança aos participantes, pois a alteração interfere diretamente na esfera jurídica dos candidatos, que, devido à ofensa aos princípios da segurança jurídica e do direito adquirido, deparam-se com alterações na classificação que já estava consolidada.

◉ **no mesmo sentido:** "3. A alteração do gabarito, de ofício, e após exaurido o prazo recursal de impugnação do resultado pelos candidatos, implica violação ao procedimento traçado no edital do certame, pois após a publicação do resultado definitivo da primeira fase, não há previsão de sua revisão pela banca da forma como ocorrido através da anulação do Edital ESAF 07/2006. Se o resultado é "definitivo", pressupõe-se que possua mínima estabilidade contra eventuais alterações supervenientes. 4. A ESAF não poderia, sponte própria e após o exaurimento do prazo recursal, alterar o resultado já publicado das provas de primeira etapa do concurso público para preenchimento de cargos de Auditor Fiscal da Receita Federal. O ato em apreço se afastou do princípio da segurança jurídica e dos limites legais de atuação da Administração, do que decorre a possibilidade de apreciação de sua impugnação pelo Poder Judiciário, sem prejuízo do princípio da separação harmônica dos poderes da república." (TRF-1 - AC: 4690 DF 2006.34.00.004690-9, Relator: Desembargadora Federal Selene Maria de Almeida, data, Data de Julgamento: 17/12/2012, Quinta Turma, Data de Publicação: e-DJF1 p.176, de 22/01/2013).

◉ **Em sentido contrário:** "ADMINISTRATIVO. CONCURSO PÚBLICO. PROVA OBJETIVA. ALTERAÇÃO DO GABARITO PRELIMINAR. SUPERVENIÊNCIA DO GABARITO DEFINITIVO. DIMINUIÇÃO DA PONTUAÇÃO. POSSIBILIDADE. INEXISTÊNCIA DE DIREITO ADQUIRIDO AO GABARITO

PRELIMINAR. INTERFERÊNCIA DO PODER JUDICIÁRIO. NÃO CABIMEN-
TO. LIMITAÇÃO DE VAGAS PREVISTA NO EDITAL. CLÁUSULA DE BAR-
REIRA. POSSIBILIDADE. 1. A jurisprudência dos tribunais superiores é pacífica no sentido de que, no tocante a questões relativas a concurso público, cabe
tão somente ao Poder Judiciário apreciar a legalidade do certame, sendo-lhe vedado substituir-se à banca examinadora para apreciar os critérios utilizados na
elaboração e correção das provas, sob pena de indevida interferência no mérito
do ato administrativo (STJ, AgInt no RE nos EDcl no RMS 50.081/RS, Rel. Ministro HUMBERTO MARTINS, CORTE ESPECIAL, DJe de 21/02/2017). 2. A
ausência de ilegalidade e de erro material impede o Poder Judiciário de proceder à anulação do gabarito, sob pena de interferência indevida e de violação ao
princípio da separação dos poderes. 3. O candidato não tem direito adquirido a
que o resultado do gabarito provisório seja mantido, de maneira que a sua posterior alteração, como decorrência de atividade "ex officio" da banca examinadora
ou do provimento de recursos administrativos, e a consequente diminuição da
pontuação antes atribuída, não importa em violação a suposto direito público
subjetivo. 4. O Supremo Tribunal Federal já decidiu, em sede de repercussão geral, que "as cláusulas de barreira em concurso público, para seleção dos candidatos mais bem classificados, têm amparo constitucional" (STF, Tribunal Pleno,
RE 635739/AL – Relator Ministro Gilmar Mendes – DJe -193 de 03.10.2014). 5.
Apelação desprovida." (AC 0004216-09.2009.4.01.3400/DF, Rel. Desembargadora Federal Daniele Maranhão Costa, Quinta Turma, e-DJF1 p. de 14/05/2018)

▶ **A constatação de vício de questão objetiva, quando envolver matéria técnica que
fuja do conhecimento do magistrado, pode ser aferida por meio de perícia judicial.**

"O uso da prova pericial é plenamente possível quando a matéria cobrada na prova objetiva não for da área de conhecimento do magistrado. Se a controvérsia versar
sobre matéria estranha ao Direito (Engenharia, Economia, Psicologia, Medicina etc.),
o juiz poderá valer-se de prova pericial, mas jamais se negar a conceder a tutela jurisdicional pretendida sob o argumento de que não poderia interferir no mérito do ato
administrativo. Isto derruba o mito da chamada discricionariedade técnica, segundo o
qual quando a Administração se utiliza de elementos técnicos na tomada de sua decisão afasta-se o controle jurisdicional." (Regime Jurídico dos Concursos Públicos, São
Paulo, Dialética, 2006, p. 21-22).

◉ <u>no mesmo sentido:</u> "ADMINISTRATIVO. CONCURSO PÚBLICO. PROVA
DISCURSIVA. ERROS NA CORREÇÃO CONSTATADOS POR PROVA PE-
RICIAL. INTERVENÇÃO DO JUDICIÁRIO. POSSIBILIDADE. RETROAÇÃO
DOS EFEITOS DE EVENTUAL APROVAÇÃO. 1. Constatada, por intermédio
de prova pericial, a existência de erros na correção da prova discursiva de candidata participante de concurso para provimento de cargo público, bem assim a
constatação de tratamento anti-isonômico entre os concorrentes, ainda que fal-
tem indícios da alegada perseguição, não é dado ao juiz desconsiderar o laudo
pericial, sem que haja elementos probatórios que, objetivamente, demonstrem
o contrário. 2. A existência de manifestos erros na correção da prova discursi-

va da candidata demonstra não se cuidar, no caso, de o judiciário imiscuir-se, indevidamente, no âmbito da discricionariedade da banca examinadora, mas, sim, de proteger a esfera jurídica da candidata, uma vez que cabe ao Poder judiciário exercer o controle da legalidade dos atos administrativos, com apoio no art. 5º, XXXV, da Constituição Federal. (...)" (TRF/1ª Região, AC 340.000. 1 17/DF, Rel. Fagundes de Deus, DJU, 25-1 1-2003, p. 42).

◙ **no mesmo sentido:** "Por fim, vale à pena reproduzir as palavras do Min. Nilson Naves, do Superior Tribunal de Justiça, quando atuou como relator do Recurso Ordinário em Mandado de Segurança – RMS 19062: "...Mas, se há erro, erro invencível, justificar-se-ia, então, a intervenção do Judiciário? Ou não se justificaria? O que a mim pessoalmente se me afigura – a não-intervenção – estranho comportamento. Quero, por isso, entender comigo mesmo que, em certas situações e determinados assuntos, é lícita a intervenção judicial (é lícito ao juiz conhecer da provocação). Aliás, o próprio Relator originário isso percebeu quando, em seu voto, referiu-se a "dissídio eloquente" e a "causar perplexidade"; seriam e são situações aptas a provocar prejuízo, daí se justificar o mandado de segurança. Sempre que se fizer necessária uma ressalva e esta não aparecer, de tal sorte que o candidato fique em situação de perplexidade diante do questionamento, este não pode ser considerado válido, (...) e se assim se evidencia, manifesta é a ilegalidade do questionamento e, di-lo respeitosamente, não examinar o 'mandamus', a esta ótica, é negar a jurisdição. (...) Para justificar a questão, houve necessidade de sustentá-la sobre uma noção equivocada. Deve-se observar que a discricionariedade sobrevém tão-somente na elaboração das provas, jamais na formulação do gabarito, correção ou pontuação, onde existe vinculação."

▶ Não se pode cogitar que a discricionariedade que assiste à Administração para elaborar as provas seja ilimitada, concedendo-lhe permissão cobrar matérias completamente incompatíveis com o edital. Mais ainda: o fato de existir discricionariedade não significa imunidade ao controle judicial. Ao Judiciário só é vedado interferir no juízo de mérito do administrador, quando houver, e nos limites deste. Portanto, o Poder Judiciário deverá pronunciar-se também sobre os elementos técnicos do ato administrativo, ainda que para isso seja necessário recorrer a perícias.

▶ **Ilegalidade em questão de concurso reconhecida pelo Judiciário e isonomia: o equívoco hermenêutico.**

O uso equivocado e retórico da isonomia. Um dos principais fundamentos para o não acatamento de pleitos sobre concurso público é o subterfúgio ao princípio à isonomia. Não é difícil localizar decisões que negue a anulação de um exame psicotécnico sob o fundamento de que o mesmo foi igual para todos e aceitar a anulação no caso concreto iria gerar a quebra da igualdade que deve permear o certame. O mesmo em relação ao controle de provas de conhecimento, seja ela do tipo objetiva, seja do tipo discursiva. Ao que parece, há um equívoco de percepção quanto à situação. O que não pode ocorrer é a Administração conferir tratamento desigual aos candidatos, com a exceção, dentro

255

dos limites legais, aos portadores de necessidades especiais, às mulheres e aos negros. Ainda assim, no caso acima, há limites. Por exemplo: a prova objetiva, discursiva, oral, fase de títulos, a fase de psicotécnico, de investigação social tem que se operar administrativamente da mesma para todos. Ocorre que o ato praticado pela Administração goza da presunção de legitimidade, ou seja, que o mesmo foi feito corretamente. Assim, em um concurso público que possui as fases acima citadas, sempre haverá a presunção de que as mesmas foram conduzidas corretamente. Todavia, esta presunção é *juris tantum*, ou seja, relativa, admitindo, por isso, prova em sentido contrário da validade do ato que, se confirmada, seja administrativamente ou judicialmente, enseja a nulidade do ato questionado. O grande problema surge justamente aí. Quando a anulação de um ato ilegal vai gerar lesão à isonomia. É interessante, mas a situação muda conforme vários fatores, como, por exemplo, se o vício é estrutural e geral ou específico a um candidato, se a anulação é feita pela Administração ou pelo Poder Judiciário, dentre outros critérios. Em se tratando de vício estrutural, geral, como fraude que comprometa a validade do certame como um todo, a anulação tem que ser total, seja ela feita pela Administração seja pelo Poder Judiciário. É o caso, por exemplo, de um concurso que a lei exige, além de outras, a fase de psicotécnico e de investigação social e estas não são aplicadas. Aqui o concurso todo está comprometido, não havendo chances de se falar em validade parcial para algum candidato. Situação diferente ocorre quando a lei exige o exame psicotécnico, este é aplicado, porém de forma equivocada. Atenção, pois aqui duas situações distintas podem ocorrer. A primeira é quando há um erro de aplicação do exame só para um candidato ou candidatos determináveis, como, por exemplo, a interpretação equivocada dos resultados de seus exames. Outro caso é quando há uma ilegalidade generalizada na fase, como, por exemplo, a exigência de psicotécnico sem previsão legal. Como se sabe, é necessário que exista lei determinando a aplicação do exame de psicotécnico em um concurso público, sob pena de nulidade. A matéria é tão pacífica que a jurisprudência inicialmente tinha evoluído para súmula e agora já está incorporada em um precedente vinculante, no caso: a súmula vinculante. No primeiro caso a situação é específica a candidatos determináveis e estes, é claro, buscando a revisão do ato ilegal, irá bater às portas do Poder Judiciário. Todavia, é no segundo caso que há o maior problema e, muitas vezes, o não amparo judicial sob o equivocado argumento de que o tratamento diferenciado conferido pelo judiciário irá quebrar a isonomia, pois, afinal, todos se submeteram ao mesmo exame psicotécnico (mesmo que ilegal) e por isso o judiciário não poderia anular só para os candidatos que ingressaram em juízo. Em verdade, se é que existe uma violação ao princípio da isonomia, o não amparo jurisdicional sob este fundamento também viola o princípio do amplo acesso à justiça, positivado no artigo 5º, inciso XXXV da CF, segundo o qual "a lei não excluirá da apreciação do Poder Judiciário qualquer lesão ou ameaça a direito". (DANTAS, Alessandro. CONCURSO PÚBLICO: Princípio da isonomia VS Princípio do amplo acesso à justiça. A ponderação necessária. LICICON – Revista de Licitações e Contratos. Instituto Negócios Públicos: Curitiba, PR, p. 116-119, novembro de 2016.)

> **No mesmo sentido:** Quanto a este ponto, deve-se observar, no entanto, que um erro de banca examinadora não se justifica só pelo fato de ter sido cometido em todas as provas. É comum a alegação de que, se o critério foi empregado na correção de todas as provas, não pode ser afastado, unicamente, em relação à prova

daquele que ingressou em juízo, porque seria ferir o princípio da isonomia. Tal ideia necessita ser desmitificada. Não é porque alguns ou a quase totalidade de candidatos se conformem que um ou outro não possa reagir judicialmente contra erro cometido pela banca examinadora na formulação ou correção de sua prova. Semelhante alegação é a de que, se o candidato não impugnou as regras do edital, tido como "a lei do concurso", não pode, posteriormente, insurgir-se contra os critérios estabelecidos, uma vez que aplicáveis a todos os candidatos. Haveria, aí, preclusão. (MOREIRA, João Batista Gomes. Controle judicial da discricionariedade da banca examinadora de concurso público. Revista Interesse Público – IP, Belo Horizonte, ano 17, n°. 91, p. 53-69, maio/jun. 2015)

▶ **É ilegal qualquer regra do edital que impossibilidade o candidato de recorrer na fase de prova objetiva.**

O candidato tem direito a recurso ilimitado da correção da prova, podendo se valer de advogado, juntar provas como parte de seu exercício pleno do direito à ampla defesa e ao contraditório. Esse direito está respaldado pelos princípios da ampla defesa e do contraditório, na jurisprudência e na doutrina. Os princípios do contraditório e da ampla defesa, previstos no art. 5º, inciso LV, da Constituição Federal, revelam-se aplicáveis aos concursos públicos, entre outras fases, no momento da interposição de recursos contra o resultado das provas discursivas. Para que esse direito seja exercido é necessário que os candidatos tenham vista da prova. Esse é o momento que o candidato tem para apresentar suas razões contra a correção que a Banca Examinadora fez da prova discursiva e para solicitar seu reexame. Cabe à banca analisar cuidadosamente os recursos e divulgar detalhadamente as razões de sua decisão.

▶ **Qualquer disposição editalícia que vede a vista das provas e a interposição de recursos fere o princípio do contraditório e da ampla defesa.**

Qualquer disposição editalícia que vede a vista das provas e a interposição de recursos fere o princípio do contraditório e da ampla defesa. Com efeito, regra prevista no edital com esse conteúdo não se coaduna com o estado democrático de direito, cuja essência denota a submissão, também do Estado, às disposições normativas e ao controle da sociedade. A Constituição Federal é o instrumento balizador dessa nova conformação político-jurídica e todas as normas, ainda que não propriamente leis em sentido estrito, como é o caso dos editais de concursos públicos, devem-lhe observância irrestrita. O edital que veda vista de provas e interposição de recursos também viola o princípio da publicidade, pois a Constituição não se coaduna com o sigilo, que apenas é admitido em situações excepcionais – e o concurso público não está entre essas excepcionalidades, vez que é marcado pela ampla publicidade.

◙ **no mesmo sentido:** "3. In casu, não está em discussão critério de avaliação escolhido pelo administrador, no âmbito de sua discricionariedade, ou seja, não se está questionando acerca da formulação ou da correção de questões pela Banca Examinadora. Está em debate a adoção, no edital, de procedimento de imposição de sigilo e de irrecorribilidade, em confronto direto com a Norma

Constitucional, o que autoriza o controle jurisdicional do ato administrativo. Não se olvide que mesmo os atos administrativos discricionários são passíveis de controle pelo Poder Judiciário, quando inconstitucionais, ilegais e abusivos, não ofendendo, tal ilação, o princípio da separação dos poderes. "Contravindo aos bem lançados argumentos recursais, a jurisprudência do STJ entende, em hipótese semelhante a destes autos, ser possível a intervenção do Poder Judiciário nos atos regulatórios (editais) que regem os concursos públicos." (STJ, AgRg no REsp 673.461/SC, Rel. Ministro Celso Limongi (Desembargador convocado do TJ/SP), Sexta Turma, julgado em 18/02/2010, DJe 08/03/2010)

◙ **no mesmo sentido:** "CONSTITUCIONAL E ADMINISTRATIVO. RECURSO ORDINÁRIO EM MANDADO DE SEGURANÇA. CONCURSO PÚBLICO. PRINCÍPIOS DA PUBLICIDADE, DA AMPLA DEFESA E DO CONTRADITÓRIO. OBSERVÂNCIA. VISTA DA PROVA QUE ELIMINOU A CANDIDATA DO CERTAME. CONCESSÃO DA ORDEM.1. Tendo em vista a necessária observância aos princípios norteadores de toda atividade administrativa, mormente os da publicidade – que se desdobra no direito de acesso a informação perante os órgãos públicos –, da ampla defesa e do contraditório, o candidato em concurso público deve ter acesso à prova realizada com a indicação dos erros cometidos que culminaram no seu alijamento do certame. 2. Recurso ordinário provido. ROMS 200802080781, LAURITA VAZ, STJ – QUINTA TURMA, DJE DATA:19/12/2008".

▶ É certo que o edital do concurso público é lei entre as partes, de modo que a inscrição no certame implica concordância com as regras nele contidas. Contudo, essa diretriz não prevalece se as disposições do edital violarem os princípios que regem a atividade administrativa. Portanto, é evidente a nulidade de regra editalícia que vede a vista da prova e a interposição de recurso, devendo o Poder Judiciário afastar a sua aplicação diante do caso concreto, possibilitando que o candidato tenha acesso à sua prova discursiva, bem como à grade de correção, autorizando que o mesmo apresente recurso administrativo.

◙ **É ilegal qualquer regra do edital que impossibilidade o candidato de recorrer de alteração de gabarito.**

"A garantia constitucional do contraditório e da ampla defesa, observado o devido processo legal, é assegurada a todos os litigantes, na esfera judicial ou administrativa (Constituição Federal, art. 5º, LIV e LV), afigurando-se, pois, nula a disposição editalícia que veda a interposição de recurso contra o ato que, alterando gabarito preliminar referente às provas objetivas do certame, enseja a desclassificação do candidato." (TRF-1 – AMS: 770 DF 2005.34.00.000770-8, Relator: Desembargador Federal Souza Prudente, Data de Julgamento: 10/07/2006, Sexta Turma, Data de Publicação: 14/08/2006 DJ p. 96)

▶ **É ilegal o julgamento imotivado dos recursos interpostos na fase de provas objetivas.**

O candidato não pode receber uma resposta padrão para seu recurso. Devem ser analisados todos os pontos por ele levantados. Tal direito é amparado nos princípios da motivação, razoabilidade, impessoalidade e segurança jurídica, além de ter embasamento na jurisprudência e na doutrina. Após a divulgação do resultado das provas objetivas e discursivas, qualquer candidato que se sentir insatisfeito ou de alguma forma prejudicado com a correção da prova deve ter oportunidade de apresentar recurso administrativo. O recurso deve conter os fundamentos que embasam a pretensão do recorrente. Ao apreciá-lo, a Banca Examinadora deve fundamentar adequadamente tanto o deferimento quanto o indeferimento, se for o caso.

▶ **A fundamentação de todos os recursos administrativos interpostos pelos candidatos é indispensável**

A fundamentação de todos os recursos administrativos interpostos pelos candidatos é indispensável, pois a apresentação de uma resposta especifica acerca do recurso é um ato vinculado. Caso a Banca Examinadora atue de outra forma, estará violando os princípios do contraditório, da ampla defesa e, sobretudo, o princípio da motivação previsto no art. 2º e 50, inciso V, da Lei Federal 9.784/99, que regula o processo administrativo no âmbito da administração pública federal.

◉ **A negativa de acesso às razões do indeferimento de recurso administrativo interposto com vistas a impugnar nota obtida em prova discursiva fere os princípios da publicidade.**

"A negativa de acesso às razões do indeferimento de recurso administrativo interposto com vistas a impugnar nota obtida em prova discursiva fere os princípios da publicidade e da motivação, bem como o direito à informação, que visam possibilitar a revisão do ato administrativo, assegurando o pleno exercício do direito ao contraditório e à ampla defesa. TRF01 – APL: 00324304420084013400."

▶ **É ilegal a apresentação, por parte da Banca Examinadora, de resposta padrão aos recursos interpostos questionando questão objetiva.**

Apesar da obrigatoriedade de fundamentação, tem sido muito comum as bancas examinadoras apresentarem decisões genéricas e sem qualquer motivação, aplicáveis a todo e qualquer recurso que tenha sido interposto, não tendo vinculação com as respostas dadas pelo candidato na prova discursiva e nem com a impugnação recursal. Isso é de fácil constatação: basta comparar decisões de recursos de dois candidatos que apresentaram respostas diferentes à questão discursiva e utilizaram fundamentos distintos em seus recursos. Mesmo diante das diversidades que envolvem os dois casos é comum a Banca Examinadora repetir o mesmo texto de julgamento para indeferir os recursos. É essencial que o candidato lesado faça essa comparação em juízo, pois assim ficará comprovada a ausência de fundamentação da decisão que indeferiu o recurso.

▶ **Incorre, portanto, em ilegalidade a Banca Examinadora que indefere recurso contra correção de prova sem apresentar fundamentação vinculada à impugnação específica apresentada pelo candidato.**

Comprovada a falta de fundamentação das respostas ao recurso interposto por qualquer candidato, é imprescindível que seja decretada a nulidade dessa decisão administrativa pelo Poder Judiciário e que se determine a realização de um novo julgamento do recurso ou uma reavaliação da prova discursiva. Nesse ponto existem duas alternativas: a primeira é determinar que a mesma Banca Examinadora faça novo julgamento do recurso. Mas essa reavaliação da prova discursiva e do julgamento do recurso pela mesma banca seria duvidosa e desprovida de segurança e de garantias de que a banca realmente atuará em consonância com os princípios que norteiam a administração pública. A Banca Examinadora pode simplesmente manter a nota que foi atribuída ao candidato, cometendo os mesmos atos ilegais e sob o argumento de que o Poder Judiciário não pode se imiscuir no mérito administrativo acaba criando um ponto cego imune a qualquer espécie de controle judicial. Não há nenhum sentido em determinar que a mesma Banca Examinadora faça um segundo novo julgamento do recurso administrativo que anteriormente teve uma decisão genérica e padronizada.

> ◉ **no mesmo sentido:** "No caso de motivação insuficiente, como o é a motivação-padrão dissociada da matéria arguida no recurso, o candidato terá, em tese, direito a novo julgamento, mas determinação nesse sentido, ao mesmo examinador, é praticamente inócua. Será "chover no molhado", pois o examinador "manterá o seu critério e, evidentemente, o justificará, por isto ou por aquilo", na expressão do Ministro Ribeiro Costa, no julgamento, em 16.10.1963, do MS 11.712 (RDA 80/128). TRF 1ª Região, AC 200233000258740, Relator: Desembargador Federal João Batista Moreira, Quinta Turma, 10/02/2005)."

◉ **Governador é parte ilegítima em MS contra ato de concurso estadual no qual o candidato quer pontuação**

"RECURSO ORDINÁRIO EM MANDADO DE SEGURANÇA. ADMINISTRATIVO. CONCURSO PÚBLICO. QUESTÃO. ANULAÇÃO. RECLASSIFICAÇÃO. AUTORIDADE COATORA. GOVERNADOR. ILEGITIMIDADE. 1. O que se busca com o presente mandado de segurança é a atribuição da pontuação referente a questão 79, em razão de sua anulação, e a consequente reclassificação dos recorrentes. Daí, sim, para terem direito à nomeação. 2. A autoridade coatora, para fins de impetração de mandado de segurança, é aquela que pratica ou ordena, de forma concreta e específica, o ato ilegal, ou, ainda, aquela que detém competência para corrigir a suposta ilegalidade. Inteligência do art. 6.º, § 3.º, da Lei n.º 12.016/2009. 3. No presente caso, constatada a ilegalidade da não concessão da pontuação da questão anulada, a autoridade competente para proceder à reclassificação dos recorrentes seria a banca examinadora responsável pelo certame, uma vez que é ela a executora direta da ilegalidade atacada. O Governador do Estado teria competência para nomeação e o empossamento dos candidatos, mas não para corrigir a alegada reclassificação que daria o direito à posse. 4. Agravo regimental não provido." (AgRg no RMS 37.924/GO, Rel. Ministro MAURO CAMPBELL MARQUES, SEGUNDA TURMA, julgado em 09/04/2013, DJe 16/04/2013)

◉ **Legitimidade passiva para responder a ação de judicial.**

"PROCESSUAL CIVIL. CONCURSO PÚBLICO. LITISCONSÓRCIO PASSIVO NECESSÁRIO. SENTENÇA DE EXTINÇÃO MANTIDA. 1. A ação civil pública que questiona termos de edital de concurso promovido pelo TJDFT e organizado pela CESP/ UnB tem, como litisconsortes passivos necessários, a União e a Fundação Universidade de Brasília. 2. A organizadora do concurso está adstrita às exigências feitas pelo órgão contratante, promovendo o concurso público, nos termos e na forma requerida por aquele. Portanto, os efeitos de um provimento judicial de mérito, certamente, atingem a ambos. Por isso trata-se de litisconsórcio passivo necessário, pois a natureza da relação jurídica controvertida e a eficácia da sentença de mérito dependem da presença de todas as partes na relação processual. 3. Tendo a parte autora deixado de promover a citação da FUB, mesmo após determinação judicial nesse sentido, a extinção do processo deve ser mantida. 4. Apelação conhecida e não provida." (AC 2008.34.00.002225-6/ DF, Rel. Desembargador Federal Kassio Nunes Marques, Conv. Juiz Federal Leonardo Augusto De Almeida Aguiar, Sexta Turma, e-DJF1 p. de 30/04/2018)

◉ **Não há necessidade de formação de litisconsórcio passivo necessário entre candidatos se o ajuizamento da demanda for em momento anterior ao que se possa aferir o resultado do concurso.**

"(....) II – O Superior Tribunal de Justiça já firmou o entendimento no sentido de que a citação dos demais candidatos do concurso público como litisconsortes passivos necessários é desnecessária, ante o fato de, em princípio, não possuírem comunhão de interesses com o impetrante, nem direito líquido e certo à nomeação, tendo, apenas, expectativa de direito, caso aprovados." (AMS 0046939-67.2014.4.01.3400/DF, Rel. Desembargador Federal Jirair Aram Meguerian, Sexta Turma, e-DJF1 p. de 16/04/2018)

◉ **no mesmo sentido:** "PROCESSUAL CIVIL. CONCURSO PÚBLICO. LITISCONSÓRCIO. INOCORRÊNCIA. 1. O STJ pacificou o entendimento de que é dispensável a formação de litisconsórcio passivo necessário entre candidatos participantes de concurso público, tendo em vista que eles têm apenas expectativa de direito à nomeação. 2. Agravo interno desprovido." (AgInt no REsp 1690488/MG, Rel. Ministro GURGEL DE FARIA, PRIMEIRA TURMA, julgado em 15/05/2018, DJe 20/06/2018)

FASE DE PROVAS DISCURSIVAS

▶ **Conceito e características.**

Dentre as fases mais utilizadas em concursos públicos destaca-se a aferição de conhecimento por provas objetivas e provas discursivas. As provas discursivas podem possuir caráter eliminatório e classificatório e geralmente são elaboradas em forma de proposições abertas que exigem dos candidatos um conhecimento de maior profundidade sobre o tema que é proposto. Além disso, permite avaliar a clareza com que o candidato expõe seu raciocínio, a maneira como utiliza a linguagem escrita e aspectos relacionados à ortografia e gramática. Como foi visto no capítulo anterior, as provas objetivas são de controle mais fácil, visto que a questão apenas poderá ter uma única alternativa correta, sob pena de violação ao princípio da moralidade, da vinculação ao instrumento convocatório, etc. Se, por ventura, a questão possuir como resposta mais de uma alternativa ou não possuir alternativa, nesse caso deve a mesma ser anulada.

▶ **Provas discursivas podem ser desde uma simples redação em língua portuguesa até uma peça judicial completa.**

"Esse tipo de teste presta-se a avaliar não somente o domínio do conteúdo, que já é suficientemente avaliado pela prova objetiva, mas também, e principalmente, a capacidade de articulação de raciocínio, de argumentação, de concatenação de ideias, de coerência e coesão no desenvolvimento do tema e de expressão do candidato em língua portuguesa, de acordo com o perfil do cargo que se pretende ocupar. Dessa forma, caso a intenção seja avaliar apenas o domínio do conteúdo, por parte do candidato, a respeito dos objetos de avaliação, é melhor que se o faça apenas por meio de prova objetiva, prescindindo-se, nesse caso, de avaliação discursiva." (Ricardo Bastos, p. 35/36)

▶ **A prova discursiva tem de definir claramente o assunto e o enfoque da cobrança do conteúdo.**

De acordo com os princípios da vinculação ao instrumento convocatório, da segurança jurídica, da moralidade e também baseado na jurisprudência, o candidato tem direito a uma formulação clara da prova discursiva que defina com precisão o assunto a ser discorrido e sob qual enfoque. Parece inacreditável, mas em muitos concursos as questões formuladas deixam margem de dúvida a respeito do próprio tema ou assunto sobre o qual a banca quer que o candidato discorra. Isso faz com que haja divergência de respostas, por conta da ambiguidade da questão. Como já sabemos, concurso não é loteria e não cabe ao candidato adivinhar no que a banca estava pensando quando elaborou a pergunta. Toda questão discursiva, seja do tipo que for, deve ser formulada de forma clara e objetiva quanto ao que quer que o candidato desenvolva. É importante ter a razoabilidade de saber que o candidato possui geralmente 30 linhas para responder. Questões como "discorra sobre o tema licitações" podem ser impugnadas porque são completamente ilegais e sem razoabilidade. Sobre o tema dado como exemplo existem livros de mais de mil páginas, pois o assunto contempla inúmeros tópicos, capítulos etc. Não há meios de avaliar as respostas a questões como a do exemplo acima, pois diferentes candidatos poderiam enfocar cada um deles e de forma correta diferentes aspectos do tema. Mesmo falando coisas diferentes, todos deveriam obter nota máxima, sendo correto o que afirmaram em suas respostas. Não cabe ao candidato adivinhar o que a banca queria que ele dissesse neste contingente continental de conteúdo! Não há como ter critérios de julgamento para questões tão abertas.

▶ "A(s) prova(s) discursiva(s) deve(m) estar bem especificada(s) no edital de abertura, com o número e a tipologia da(s) questão(ões) a ser(em) respondida(s) – redação simples, dissertação, narração, questão de resposta aberta, peça técnica, parecer, sentença judicial, estudo de caso etc. —, o número máximo de linhas para resposta disponíveis para cada tipo de questão, a pontuação em cada questão, a classificação necessária para que o candidato tenha sua prova discursiva corrigida (que, em outras palavras, do ponto de vista contratual, reflete o número de provas a serem corrigidas por cargo/área/especialidade), se será permitida consulta a algum tipo de material impresso, especificando-se, neste caso, quais seriam os materiais de consulta permitidos e proibidos." (BASTOS, Ricardo. Concurso público: etapa interna e externa passo a passo / Alessandro Dantas Coutinho, William Douglas e Ricardo Bastos. – Curitiba, PR : Negócios Públicos, 2015. p. 36)

▶ **Deve haver objetividade e padronização na elaboração das provas discursivas.**

Nas provas discursivas são necessários mais esforços para garantir-se a objetividade e a padronização. Diferente do que ocorre nas provas objetivas, em que existe apenas uma alternativa correta, nas provas discursivas há uma enorme variedade entre as respostas que os candidatos dão à mesma questão e, por isso, garantir uma padronização perfeita na pontuação das provas se torna uma tarefa mais difícil, aumentando a possibilidade de interferências subjetivas do examinador no momento da correção. É certo que tais interferências subjetivas podem ser evitadas ou ao menos reduzidas de modo a não prejudicar nenhum candidato. Para tanto é essencial que as provas discursivas tenham a maior objetividade possível e que não abordem assuntos controvertidos na doutrina ou jurisprudência, quando o tema proposto for jurídico, ou qualquer assunto polêmico ligado as demais áreas do conhecimento. Por isso é nula a questão discursiva mal elaborada, com vício em seu enunciado.

▶ **Sempre que a natureza da capacidade a ser avaliada ou da prova adotada envolver redução da objetividade na avaliação dos mais capacitados, deverão ser incorporadas cautelas destinadas a evitar preferências reprováveis.**

Sempre que a natureza da capacidade a ser avaliada ou da prova adotada envolver redução da objetividade na avaliação dos mais capacitados, deverão ser incorporadas cautelas destinadas a evitar preferências reprováveis. Assim, deverá ser adotado o anonimato quanto à autoria dos trabalhos, a convocação de sujeitos oriundos de diversos extratos alheios aos quadros públicos para compor a banca de julgamento, a realização de provas públicas, o sorteio de temas imediatamente antes da realização da prova e assim por diante. (JUSTEN FILHO, Marçal. Curso de direito administrativo, 13ª. ed. Editora Revista dos Tribunais, São Paulo, 2018, p. 731)

▶ **Os critérios de avaliação são os parâmetros de valoração do desempenho dos candidatos nas provas.**

"Sua determinação passa por um juízo discricionário da Administração que, no entanto, deve levar em conta os princípios da igualdade, da razoabilidade, da impessoalidade e da eficiência. Preservar o princípio da igualdade na valoração do desempenho dos candidatos implica a utilização de critérios objetivos e padronizados, que não devem permitir que candidatos que demonstrarem o mesmo desempenho recebam tratamentos diferentes". (Regime Jurídico dos Concursos Públicos, Ed. Dialética, São Paulo, 2006, p. 125-126).

    ◉ **No mesmo sentido:** "4. [...].É dever das bancas examinadoras zelarem pela correta formulação das questões, sob pena de agir em desconformidade com a lei e o edital, comprometendo, sem sombra de dúvidas, o empenho realizado pelos candidatos durante quase toda uma vida. Quantas pessoas não levam dois, três, quatro, dez anos ou mais se preparando para concursos públicos, para depois se depararem com questões mal formuladas e, pior, com desculpas muitas das vezes infundadas, de que tal erro na formulação não influiria na solução da questão, como vejo acontecer na presente hipótese. Nulidade reconhecida que vai ao encontro da tese firmada pelo STF no recurso extraordinário supramencionado, pois estamos diante de evidente ilegalidade a permitir a atuação do Poder Judiciário.6. [...]. 16. Recurso em mandado de segurança a que se dá parcial provimento para declarara nulidade apenas da questão n. 2 da prova dissertativa. (RMS49.896/RS, Rel. Ministro Og Fernandes, Segunda Turma, julgado em 20/04/2017, DJe 02/05/2017)."

▶ **A avaliação da prova discursiva deve ser embasada em critérios objetivos e padronizados.**

A objetividade não se limita somente à elaboração das provas discursivas! Essa deve ser uma característica marcante em todas as fases da avaliação. Por isso também deve estar presente na correção das provas, na atribuição dos pontos aos candidatos e na apreciação dos recursos.

> ▶ "(...) torna-se imprescindível, primeiro, que a Comissão examinadora expeça um regulamento, para informar previamente acerca do conteúdo dos exames, da metodologia a ser adotada nas provas – se escritas ou orais, se de múltipla escolha ou subjetiva. Depois é indispensável que a Banca examinadora apresente, ainda que sucintamente, os fundamentos da correção, o que viabilizará o posterior controle judicial." (Controle Jurisdicional da Administração Pública, MORAES. Germana de Oliveira, Dialética, 2004. p. 175.)

▶ **Considera-se que a forma mais segura de se realizar provas discursivas é divulgando o(s) padrão(ões) de resposta.**

"...considera-se que a forma mais segura de se realizar provas discursivas é divulgando o(s) padrão(ões) de resposta e abrindo-se prazo de interposição de recursos contra ele(s). Nesse caso, a correção das provas inicia-se somente após a consolidação do(s) padrão(ões) de resposta definitivo(s), após a análise dos recursos." (BASTOS, Ricardo. Concurso público: etapa interna e externa passo a passo / Alessandro Dantas Coutinho, William Douglas e Ricardo Bastos. – Curitiba, PR: Negócios Públicos, 2015. p. 37)

▶ **Adoção de cautelas destinadas a evitar preferências reprováveis**

"Sempre que a natureza da capacidade a ser avaliada ou da prova adotada envolver redução da objetividade na avaliação dos mais capacitados, deverão ser incorporadas cautelas destinadas a evitar preferências reprováveis. Assim, deverá ser adotado o anonimato quanto à autoria dos trabalhos, a convocação de sujeitos oriundos de diversos extratos alheios aos quadros públicos para compor a banca de julgamento, a realização de provas públicas, o sorteio de temas imediatamente antes da realização da prova e assim por diante." (Marçal Justen Filho, Curso de Direito Administrativo – Edição 2016, p. 731)

▶ **Deverão ser previstos instrumentos de neutralização da influência de simpatias ou antipatias pessoais.**

"Se não for possível estabelecer critérios predeterminados de avaliação do desempenho do candidato, deverão ser previstos instrumentos de neutralização da influência de simpatias ou antipatias pessoais (mesmo que inconscientes). Assim, por exemplo, será imperioso que diversos julgadores avaliem a mesma prova, produzindo-se um tratamento estatístico destinado a evitar que a opinião de um único indivíduo desnature o resultado." (Marçal Justen Filho, Curso de Direito Administrativo – Edição 2016, p. 731-732)

> ◉ **No mesmo sentido:**"[...] na seara de concursos públicos, há etapas em que as metodologias de avaliação, pela sua própria natureza, abrem margem para que o avaliador se valha de suas impressões, em completo distanciamento da objetividade que se espera nesses eventos. Nesse rol de etapas, citam-se as provas dissertativas e orais. Por essa razão, elas devem se submeter a critérios de avaliação e correção os mais objetivos possíveis, tudo com vistas a evitar contrariedade ao princípio da impessoalidade, materializado na Constituição Federal." (STJ – RMS 49.896/RS, Rel. Ministro Og Fernandes, Segunda Turma, julgado em 20/04/2017, DJe 02/05/2017).

▶ **É possível cobrar entendimento jurisprudencial em uma prova discursiva?**

O direito é uno (direto positivo como conjunto de normas), porém sua análise pode se dar sob diversos aspectos distintos, como: a análise legal (ou seja, sob o enfoque do texto da lei), jurisprudencial (à luz das decisões dos Tribunais), doutrinária (com base nas lições dos jurisconsultos), consuetudinário (à luz dos costumes), comparado (em comparação com outros ordenamentos jurídicos), etc. Em um concurso público há um fundamento que não pode ser inobservado, que é o da segurança jurídica e da proteção à confiança. E mais, as regras devem ser claras, pois toda comunidade de candidatos deposita sua confiança na Administração e na Banca Examinadora acreditando que o certame será sério, seguro e sem surpresas.

▶ **O examinador ser claro e inequívoco neste ponto, deixando claro o que pode ser cobrado e sob qual aspecto pode ser cobrado.**

Assim, quanto ao conteúdo das provas objeto de avaliação, deve o examinador ser claro e inequívoco neste ponto, deixando claro o que pode ser cobrado e sob qual aspecto pode ser cobrado. Poderia o operador do direito indagar: mas a matéria está no edital, portanto é cabível sua cobrança? Tudo bem, mas vários contrapontos rebatem e fazem sucumbir esta ideia inicialmente pertinente. PRIMEIRO: se fosse assim, poder-se-ia cobrar a matéria com base no direito comparado, com base nos costumes, com base na doutrina, com base na lei e por isso a mesma indagação teria 5 (cinco) respostas distintas! E a pergunta é: qual a resposta correta? Concurso não é loteria e não cabe ao candidato adivinhar a linha que a Banca vai levar em consideração para corrigir a prova. Isso deve estar no edital. SEGUNDO, o costume e as práticas administrativas são fontes do direito administrativo e as bancas na maioria das vezes quando quer cobrar entendimento jurisprudencial na prova elas o faz expressamente.

⊚ **No mesmo sentido:** "CONSTITUCIONAL. ADMINISTRATIVO. CONCURSO PÚBLICO. EDITAL. PROVA DISCURSIVA. TEMA/TÓPICOS FORA DO CONTEÚDO PROGRAMÁTICO. ILEGALIDADE. OCORRÊNCIA. CONCESSÃO DA PONTUAÇÃO. PARTICIPAÇÃO NAS DEMAIS FASES DO CERTAME. NOMEAÇÃO. POSSE. EXCEPCIONALIDADE. EFEITOS FUNCIONAIS RETROATIVOS. IMPOSSIBILIDADE. SENTENÇA REFORMADA. APELAÇÃO PARCIALMENTE PROVIDA. I – Com efeito, o eg. Supremo Tribunal Federal, ao julgar o RE 632.583, em 24/04/2015, em sede de repercussão geral, firmou orientação no sentido de que "não compete ao Poder Judiciário, no controle de legalidade, substituir banca examinadora para avaliar respostas dadas pelos candidatos e notas a elas atribuídas", ressaltando, contudo, que, "excepcionalmente, é permitido ao Judiciário juízo de compatibilidade do conteúdo das questões do concurso com o previsto no edital do certame". II – Da análise dos documentos que instruem os autos, verifica-se que a correção/avaliação realizada pela banca examinadora da prova P3 – dissertação -, sob a ótica da "viabilidade da conversão de férias em pecúnia", bem como "da jurisprudência do STJ e do STF", conforme se vê do espelho de correção juntado à fl. 290, se mostra revestida de ilegalidade, porquanto dissociada do conteúdo programático exigido para o certame, que não previu a cobrança de tais temas/tópicos, conforme se depreende da leitura do edital acostado às fls. 73/95. III – Forçosa é a conclusão no sentido de que tanto os itens 2.2 e 2.3 da prova discursiva P3 encontram-se em desconformidade com o conteúdo previsto no edital regulador do certame, o que revela flagrante ilegalidade do ato praticado pela banca examinadora, ora recorrida, passível de anulação, portanto, pelo Poder Judiciário, de forma a se garantir a continuidade dos recorrentes nas demais fases do certame, inclusive com a nomeação para posse e exercício do cargo público pleiteado, ao final, no caso de aprovação e classificação dentro do número de vagas previstas no edital. IV – Embora não se reconheça ao candidato sub judice o direito à nomeação e posse, antes do trânsito em julgado da decisão, já que inexiste, em Direito Administrativo, o instituto da posse precária em cargo público, no caso em debate não se afigura razoável aguardar o trânsito em julgado para que se efetivem a nomeação e posse dos recorrentes, eis que a questão posta nos autos se encontra em sintonia com a jurisprudência deste Tribunal. Precedentes. V – Não merece prosperar, contudo, o pleito referente aos efeitos funcionais retroativos decorrentes de eventual nomeação e posse no cargo público em questão – no caso de êxito em todas as fases do certame e da existência de cargo vago -, uma vez que, conforme entendimento consolidado pelo eg. Superior Tribunal de Justiça, "os candidatos aprovados em concurso público, que tiveram suas nomeações tardiamente efetivadas, não têm direito à indenização, tampouco à retroação dos efeitos funcionais" (AgInt no AREsp 870.960/MS, Rel. Ministro SÉRGIO KUKI-

NA, PRIMEIRA TURMA, julgado em 02/06/2016, DJe 08/06/2016) VI Apelação parcialmente provida." (Apelação n.º 0075581-84.2013.4.01.3400, TRF 1ª Região, Rel. Roberto Carlos de Oliveira, Julgado em 07/26/2017).

◉ **Deste importante julgado, importante destacar os seguintes trechos:** "Assim sendo, considerando que a jurisprudência dominante autoriza a análise/verificação pelo Poder Judiciário, sob a ótica da legalidade, dos atos praticados pela Administração Pública, verifico, no caso concreto, a possibilidade de controle judicial do ato praticado pela banca examinadora no caso concreto, em razão da inobservância do conteúdo programático previsto no edital do certame. Na hipótese dos autos, a parte autora/apelante foi eliminada na prova discursiva P3, para o cargo de Auditor Fiscal do Trabalho, por não ter alcançado a nota mínima exigida. Pretendem os recorrentes a anulação dos itens 2.2 e 2.3 da mencionada prova, porque, na respectiva avaliação, a banca examinadora teria pontuado com notas maiores as respostas que abarcaram o entendimento jurisprudencial a respeito do tema, que segundo sustentam, não estava previsto no edital. Ora, da análise dos documentos que instruem os autos, verifica-se que a correção/avaliação realizada pela banca examinadora da PROVA P3 – DISSERTAÇÃO, sob a ótica da "viabilidade da conversão de férias em pecúnia", bem como "da jurisprudência do STJ e do STF", conforme se vê do espelho de correção juntado à fl. 290, se mostra revestida de ilegalidade, porquanto dissociada do conteúdo programático exigido para o certame, que não previu a cobrança de tais temas/tópicos, conforme se depreende da leitura do edital acostado às fls. 73/95. Caso pretendesse, de fato, exigir conhecimento com ênfase nos citados quesitos avaliados, caberia à recorrida ser expressa nesse sentido, tal como procedeu na ocasião da realização de outros certames, como bem ressaltaram os recorrentes (fl. 569), ao proporem uma análise comparativa dos editais do CESPE anexados aos autos (vide documentos de fls. 132/284), o que demonstra que a apelada não foi sequer coerente ao abordar questões estranhas ao conteúdo programático. Ressalte-se, ainda, por oportuno, que o certame em questão visa prover cargos de Auditor Fiscal do Trabalho do MTE, para o qual não é exigida dos candidatos formação jurídica, donde se conclui que, ainda que tivesse sido prevista no edital, a cobrança de entendimento jurisprudencial de tribunais superiores não seria razoável para o caso. Nesse contexto, forçosa é a conclusão no sentido de que tanto os itens 2.2 e 2.3 da prova discursiva P3 encontram-se em desconformidade com o conteúdo previsto no edital regulador do certame, o que revela flagrante ilegalidade do ato praticado pela banca examinadora, ora recorrida, passível de anulação pelo Poder Judiciário. Registre-se que, em recente julgado de minha relatoria, esta Corte, ao enfrentar controvérsia semelhante à da hipótese dos autos (avaliação de prova discursiva), entendeu que a banca examinadora do concurso público, ao apreciar as provas e recursos dos candidatos, deve observar as regras previstas em edital, e sempre fundamentar suas conclusões em conformidade com os princípios que regem o ato administrativo (AMS 0053444-74.2014.4.01.3400 / DF, Rel. JUIZ FEDERAL ROBERTO CARLOS DE OLIVEIRA (CONV.), QUINTA TURMA, e-DJF1 de 22/05/2017). Feitas essas ponderações, tenho que assiste razão, em parte, aos recorrentes, tão somente no que tange à anulação parcial da prova discursiva em questão, de forma a se garantir a continuidade dos recorrentes nas demais fases do certame, inclusive com a nomeação e posse no cargo público em questão, ao final, no caso de aprovação e classificação dentro do número de vagas previstas no edital.

(...)

Ante o exposto, DOU PARCIAL PROVIMENTO à apelação interposta, para anular as questões/quesitos 2.2 e 2.3 da prova discursiva P3, e determinar seja atribuída a respectiva pontuação integral à parte recorrente, de forma a assegurar-lhe – no caso de aprovação – a participação nas etapas subsequentes do certame, inclusive com a nomeação para posse e exercício no cargo público pleiteado, nos termos acima expendidos.

◙ **Prova Prática da OAB com erro na elaboração em seu enunciado é nula.**

"PROCESSUAL CIVIL E ADMINISTRATIVO. AÇÃO ORDINÁRIA. CONSELHO FEDERAL DA ORDEM DOS ADVOGADOS DO BRASIL. X EXAME DA ORDEM. LITISCONSÓRCIO PASSIVO. CONSELHO FEDERAL DA OAB. DESNECESSIDADE. CORREÇÃO PROVA PRÁTICO-PROFISSIONAL. VÍCIO FORMAL. IMPRECISÃO NO ENUNCIADO DE QUESTÃO. CANDIDATO INDUZIDO A ERRO. OFENSA AOS PRINCÍPIOS DA LEGALIDADE. ANULAÇÃO DE QUESITOS. AVALIAÇÃO PELO PODER JUDICIÁRIO. POSSIBILIDADE. ARTIGO 942 DO NOVO CÓDIGO DE PROCESSO CIVIL E DO ART 2º, § 8º, INCISO II, DA RESOLUÇÃO PRESI 11/2016. 1. A divergência existente entre o voto-vencido do eminente Relator, Desembargador Federal Hércules Fajoses (fls. 398/400) no âmbito da Sétima Turma, residiu na impossibilidade reexame judicial dos exames da OAB em questões avaliadas sob análise de dissenso doutrinário. 2. É vedado ao Poder Judiciário substituir-se aos membros da comissão examinadora na formulação e na avaliação de mérito das questões que evolvem formulação/avaliação e atribuição de notas às provas nos certames públicos. Todavia, não pode eximir-se do controle da legalidade do certame, sanando eventuais erros ou vícios formais, que justificam a mitigação da discricionariedade atribuída ao examinador, tendo em conta a razão maior do certame, que é a avaliação do conhecimento do candidato, consubstanciada em critérios claros, precisos e coerentes. 3. Na hipótese concreta dos autos, a tese vencedora fundamentou-se na ocorrência de inconsistências claras no enunciado, que facilmente induzem ao erro, e tornou inviável aos participantes do certame alcançar o desfecho da questão, como pretendido pela banca examinadora (nos termos do espelho de correção), pois a resposta, tida como correta, estava fundada em premissa equivocada. 4. A questão objeto dos presentes autos já foi analisada também pela Oitava Turma, nos autos da AMS 0041354-68.2013.4.01.3400/ DF, caso idêntico, decorrente da mesma situação fática:: Mostra-se, pois, ilegal e destituído de razoabilidade critério de correção de prova prático-profissional que exija do candidato formular pedido juridicamente impossível, como a desclassificação para furto simples (CP, art. 155, caput), quando a qualificadora prevista no § 5º do art. 155 do Código Penal, pelas circunstâncias descritas no enunciado e da forma como descritas, restara configurada. (AMS 0041354-68.2013.4.01.3400 / DF, Rel. DESEMBARGADOR FEDERAL MARCOS AUGUSTO DE SOUSA, OITAVA TURMA, e-DJF1 p.1090 de 16/01/2015) 5. Apelação e remessa oficial não providas (art. 942 do Novo CPC e do art 2º, § 8º, inciso II, da Resolução Presi 11/2016). (Rel. Desembargadora ÂNGELA CATÃO)"

▶ **Deve haver isonomia na correção das provas discursivas dos candidatos.**

"O princípio da isonomia está expresso no caput do art. 5º da Constituição Federal, despontando como um dos principais direitos fundamentais: Art. 5º Todos são iguais perante a lei, sem distinção de qualquer natureza, garantindo-se aos brasileiros e aos estrangeiros residentes no País a inviolabilidade do direito à vida, à liberdade, à igualdade, à segurança e à propriedade, [...].

> ◙ **No mesmo sentido:** "Entretanto, constata-se que, na hipótese narrada nos presentes autos, não foram adotados critérios homogêneos de correção da avaliação discursiva, donde se infere a quebra do princípio da isonomia de tratamento e do princípio da legalidade. Desta forma, assinale-se que não é de se questionar os critérios utilizados peça comissão examinadora para aferir a nota. Porém, é necessário que haja um critério, devidamente motivado. O ato não pode ser arbitrário. É, contudo, discricionário, devendo conter, necessariamente, finalidade, forma e competência. O motivo e o objeto são de livre apreciação pela autoridade administrativa. Consistem, com efeito, no chamado mérito administrativo. Ocorre que este encontra-se subordinado à legalidade do ato, adequação entre os meios empregados e os fins pretendidos. A utilização de créditos distintos de correção para situações idênticas viola tal princípio, bem como a própria legalidade do ato, já que os critérios adotados, a partir do momento em que declinados, vinculam a atividade da Banca Examinadora na perquirição das notas. Tal se dá pela teoria dos motivos determinantes. Desta forma, a violação destes pela própria Banca Examinadora consiste em situação que enseja a intervenção do Judiciário para restaurar a legalidade do certame, bem como os princípios atinentes à concorrência pública para ingresso no serviço público. Com efeito, os critérios de avaliação de prova, envolvendo formulação de questões, correção de provas e atribuição de notas, fazem parte do mérito administrativo, não sendo passíveis de análise pelo Poder Judiciário. Entretanto, há de ser examinada, nesta sede, a garantia de igualdade de tratamento aos candidatos, bem como o critério de correção das questões e, ao que consta, tal garantia não restou observada. Constatada, portanto, a ilegalidade no critério de correção da referida prova e, assim, violação à garantia de igualdade de tratamento aos candidatos, impõe-se a manutenção da r. sentença que concedeu a segurança pleiteada. Órgão: 1ª Turma Cível, Processo N. Remessa de Ofício 20090110838379RMO. Acórdão: 422.713)"

◙ **Direito de recorreção da prova em razão de violação à isonomia quanto à avaliação da prova do candidato lesado em cotejo com outros candidatos.**

"APELAÇÃO CÍVEL. AÇÃO ORDINÁRIA. CONCURSO PÚBLICO. RECORREÇÃO DE PROVA DISCURSIVA. CRITÉRIOS DE CORREÇÃO DIFERENCIADOS.

269

POSSIBILIDADE DE REVISÃO PELO JUDICIÁRIO. TEORIA DOS MOTIVOS DE-
TERMINANTES. IMPOSSIBILIDADE DE NOMEAÇÃO ANTES DO TRÂNSITO
EM JULGADO. SENTENÇA PARCIALMENTE REFORMADA. I. Em matéria afeta à
realização de concurso público, não compete ao Poder Judiciário examinar o critério
de formulação e avaliação das provas e tampouco das notas atribuídas aos candidatos, cabendo somente examinar a legalidade do ato administrativo para verificar se
houve flagrante erro material ou violação às regras de regência do concurso. II. Co-
tejando-se a prova discursiva do autor bem como a resposta da banca no seu recurso
administrativo e as notas e provas de candidatos paradigmas, observa-se claramente
que houve critério diferenciado na correção das provas, na medida em que a Banca
examinadora, ao justificar a nota do autor, indica a necessidade de especificação do
crime, para fins de atribuição da nota máxima, mas, no entanto, nas provas paradigmas, os candidatos também não especificaram a forma que o crime ocorreu, de
modo que tal ocorrência é um indicativo evidente de que a resposta ao recurso não
foi produzida de forma individualizada, de modo que tal ocorrência é um indicativo
evidente de que a resposta ao recurso não foi produzida de forma individualizada,
devendo ser realizado novo exame do recurso pela banca examinadora. III. Na espécie, restando comprovado que a correção da prova discursiva da candidata ocorreu
de forma diferenciada de outros candidatos, justifica-se a intervenção jurisdicional
com amparo na teoria dos motivos determinantes, afastando-se a vedação da interferência do poder judiciário no referido concurso. IV. Ao candidato sub judice não
se reconhece direito à nomeação e posse, antes do trânsito em julgado da decisão,
já que inexiste, em Direito Administrativo, o instituto da posse precária em cargo
público, sendo, no entanto, possível a nomeação antes do trânsito em julgado, nos
casos em que a sentença seja favorável e o acórdão unânime ao confirmá-la, o que
não ocorre na presente hipótese, na qual a sentença julgou improcedente o pedido.
V. Apelação conhecida e parcialmente provida para determinar à banca examinadora
o reexame do recurso da prova discursiva do autor de forma individualizada, com a
atribuição dos pontos, se deferido o recurso, a respectiva reclassificação e o seu regular prosseguimento no certame."

▶ É necessária a existência de uma chave de correção completa e detalhada para
o julgamento das avaliações discursivas.

"É cediço que em provas discursivas de concursos públicos o critério de avaliação
e correção deve levar em consideração os princípios da isonomia, segurança jurídica,
impessoalidade, da moralidade, da legalidade, razoabilidade, eficiência e da vinculação
ao edital, de modo que há que ficar claro e inquestionável todos os critérios estipulados, de forma prévia e indiscutível, para que não haja decisões obscuras, anti isonômi-
cas e não-razoáveis. O ideal na correção das provas discursivas é a "elaboração de um
gabarito completo e detalhado, que preveja todas as variáveis possíveis nas respostas
dadas pelos candidatos, indicando os critérios de avaliação e pontuação das respostas, de forma a vincular a atuação dos examinadores na correção das provas evitando
subjetividades." (ROCHA, Francisco Lobello de Oliveira. O Regime Jurídico dos Concursos Públicos. 2006, p. 140.)

▶ "Não basta, todavia, que o edital contenha os critérios de avaliação dos candidatos. É imperioso que descreva, de forma minudente e exaustiva, a forma de avaliação e pontuação atribuída a cada critério. Isto porque, após a publicação do edital, não pode restar ao Administrador qualquer margem de discricionariedade que pudesse ter sido exaurida no momento de sua elaboração." (ROCHA, Francisco Lobello de Oliveira. O Regime Jurídico dos Concursos Públicos. 2006, p. 55)

◉ **No mesmo sentido:** "E mais, para que não pairem dúvidas quanto à obediência a referido princípio e quanto aos princípios da motivação dos atos administrativos, do devido processo administrativo recursal, da razoabilidade e proporcionalidade, a banca examinadora do certame, por ocasião da divulgação dos resultados desse tipo de avaliação, deve demonstrar, de forma clara e transparente, que os critérios de avaliação previstos no edital foram devidamente considerados, sob pena de nulidade da avaliação. Tenho que a clareza e transparência na utilização dos critérios previstos no edital estão presentes quando a banca examinadora adota conduta consistente na divulgação, a tempo e modo, para fins de publicidade e eventual interposição de recurso pela parte interessada, de cada critério considerado, devidamente acompanhado, no mínimo, do respectivo valor da pontuação ou nota obtida pelo candidato; bem como das razões ou padrões de respostas que as justifiquem." (RMS 49.896/RS, Rel. Ministro Og Fernandes, Segunda Turma, julgado em 20/04/2017, DJe 02/05/2017)

▶ **É nula questões discursivas que abordem temas não abrangidos no conteúdo programático do edital.**

O edital de abertura do concurso deve prever o conteúdo programático tanto das provas objetivas quanto das provas discursivas e todas as questões ao serem elaboradas devem observá-lo. Uma vez estabelecido o conteúdo programático e publicado o edital não existe mais discricionariedade da Administração em escolher quais serão os temas avaliados nas provas, ou seja, a partir da publicação do edital a Administração fica estritamente vincula ao conteúdo programático. Essa é uma decorrência da aplicação do princípio da vinculação ao instrumento convocatório.

▶ "Isso significa que "todos os atos que regem o concurso público ligam-se e devem obediência ao edital que não só é o instrumento que convoca candidatos interessados em participar do certame como também contém os ditames que o regerão." (MOTTA, Fabrício (Coord.). Concurso público e constituição. Belo Horizonte: Editora Fórum, 2005, p. 143).

◉ **No mesmo sentido:** "Na origem, trata-se de Mandado de Segurança, impetrado ao fundamento de que, na prova prática de sentença criminal, do 54º Concurso para Juiz Substituto do Estado de Goiás, foi exigido conhecimento de norma não abrangida no Edital do certame, violando o princípio da legalidade. III. Em 23/04/2015, o Plenário do STF, no julgamento do RE 632.853/CE, sob o regime de repercussão geral, nos termos do voto do Relator, Ministro GILMAR MENDES, reconheceu, em caráter excepcional, a possibilidade de o

Judiciário anular questões de concurso público, quando houver flagrante dissonância entre o conteúdo das questões e o programa descrito no edital do certame. No mesmo sentido a remansosa jurisprudência desta Corte, firmada no
sentido deque ao Poder Judiciário, no tocante a questões relativas a concurso
público, cabe tão somente apreciar a legalidade do certame, sendo-lhe vedado
substituir-se à banca examinadora, para apreciar os critérios utilizados para a
elaboração e correção das provas, sob pena de indevida interferência no mérito
do ato administrativo, ressalvado o exame da legalidade dos procedimentos e a
análise da compatibilidade entre o conteúdo das questões e o previsto no edital
do certame." (STJ – AgInt no RMS 36.643/GO, Rel. Ministra Assusete Magalhães, Segunda Turma, julgado em 19/09/2017, DJe28/09/2017)

◙ **No mesmo sentido:**"O Supremo Tribunal Federal entende admissível o controle jurisdicional em concurso público quando "não se cuida de aferir da correção dos critérios da banca examinadora, na formulação das questões ou na
avaliação das respostas, mas apenas de verificar que as questões formuladas não
se continham no programa do certame, dado que o edital – nele incluído o programa – é a lei do concurso." (STF – AI: 779861 MG , Relator: Min. Eros Grau,
Data de Julgamento: 16/03/2010, Segunda Turma, DJe 08/04/2010)

◙ **No mesmo sentido:** "ADMINISTRATIVO. CONCURSO PÚBLICO. ANA-
LISTA LEGISLATIVO. CÂMARA DOS DEPUTADOS. CORREÇÃO DE PRO-
VA DISCURSIVA. ANULAÇÃO DE QUESTÃO. MATÉRIA NÃO PREVISTA
NO EDITAL. ATO DA BANCA EXAMINADORA. ANÁLISE PELO PODER
JUDICIÁRIO. POSSIBILIDADE. EXTINÇÃO DO PROCESSO COM RESOLU-
ÇÃO DO MÉRITO (CPC, ART. 285-A). ANULAÇÃO DA SENTENÇA. PRE-
CEDENTE DO STF. RE. Nº 632.853-CE. INAPLICÁVEL AO CASO. JUÍZO DE
RETRATAÇÃO. (CPC, ART. 1.041, caput). DESCABIMENTO. I – O colendo
Supremo Tribunal Federal, em sede de repercussão geral, fixou entendimento
no sentido de que não compete ao Poder Judiciário, no controle da legalidade, substituir banca examinadora de concurso para avaliar respostas dadas às
questões e notas pertinentes, sendo, excepcionalmente, permitido ao Judiciário
o juízo de compatibilidade do conteúdo das questões do concurso com o previsto no edital do certame. (RE 632.853/CE, Relator Min. GILMAR MENDES,
julgado em 06/10/2011, DJe 01/03/2012). II – A orientação jurisprudencial já
consolidada no âmbito de nossos tribunais é no sentido de que o Poder Judiciário pode pronunciar-se acerca da legalidade do certame, como no caso, em
que se discute a previsão editalícia de conteúdo abordado em prova discursiva.
III – Na espécie, o referido precedente jurisprudencial não se aplica ao caso dos
autos, tendo em vista que não se está a avaliar as respostas dadas às questões
e notas pertinentes, mas se trata apenas de reconhecer a possibilidade jurídica
de pedido no sentido de o Poder Judiciário realizar juízo de compatibilidade
do conteúdo das questões do concurso com o previsto no edital do certame,
exatamente como ressalva o precedente acima citado, anulando a sentença proferida e determinando o retorno dos autos à instância de origem para regular
processamento do feito e oportuna prolação de nova sentença. IV – Juízo de
retratação não exercido, ante seu descabimento, na espécie. Acórdão recorrido

mantido, para as finalidades do art. 1.041, caput, do CPC vigente." (AC 0016802-39.2013.4.01.3400/DF, Rel. Desembargador Federal Souza Prudente, Quinta Turma, e-DJF1 p. de 24/05/2018).

◉ **No mesmo sentido:**"ADMINISTRATIVO. MANDADO DE SEGURANÇA. CONCURSO PÚBLICO. ANULAÇÃO DE PROVA DISCURSIVA. CONTEÚDO EXIGIDO SEM PREVISÃO EDITALÍCIA. NÃO CONFIGURAÇÃO. INTERFERÊNCIA DO PODER JUDICIÁRIO. NÃO CABIMENTO. AUSÊNCIA DE VIOLAÇÃO AO EDITAL OU ERRO MATERIAL. SUBSTITUIÇÃO À BANCA EXAMINADORA. IMPOSSIBILIDADE. 1. No julgamento do RE 632.853/CE, sob o regime de repercussão geral, o STF restringiu a possibilidade de o Judiciário anular questões de concurso público somente quando houver flagrante dissonância entre o conteúdo das questões e o programa descrito no edital do certame. 2. A jurisprudência dos tribunais superiores pátrios é pacífica no sentido de que, no tocante a questões relativas a concurso público, cabe tão somente ao Poder Judiciário apreciar a legalidade do certame, sendo-lhe vedado substituir-se à banca examinadora para apreciar os critérios utilizados na elaboração e correção das provas, sob pena de indevida interferência no mérito do ato administrativo, ressalvado o exame da legalidade dos procedimentos e a análise da compatibilidade entre o conteúdo das questões e o previsto no edital (STJ, AgInt no RE nos EDcl no RMS 50.081/RS, Rel. Ministro HUMBERTO MARTINS, CORTE ESPECIAL, DJe de 21/02/2017). 3. A banca examinadora não tem o dever de sanar o inconformismo do candidato ou de lhe oferecer respostas didáticas, mas sim o de fundamentar suas decisões, em conformidade com os princípios que regem o ato administrativo impugnado. 4. O conteúdo previsto no edital condutor do certame foi devidamente observado pela banca examinadora. 5. Apelação desprovida." (AC 0035314-80.2007.4.01.3400/DF, Rel. Desembargadora Federal Daniele Maranhão Costa, Quinta Turma, e-DJF1 p. de 03/05/2018)

▶ **A cobrança de matéria na prova discursiva não prevista no edital viola o princípio da vinculação ao instrumento convocatório.**

Não ser cobrado por matéria que esteja fora do programa do edital é um direito do candidato que se baseia nos princípios jurídicos da vinculação ao instrumento convocatório, da moralidade, da segurança jurídica, bem como na jurisprudência e na doutrina. O edital do concurso deve prever todo o conteúdo programático da prova objetiva e delimitar todas as matérias passíveis de cobrança, de modo que as questões ao serem elaboradas devem observá-lo. Estabelecido o conteúdo programático e publicado o edital não existe mais discricionariedade da administração em escolher quais serão as matérias que serão avaliadas na prova, ou seja, a partir da publicação do edital a administração fica estritamente vinculada ao conteúdo programático. Em tema de concurso público é pacífico que o edital faz lei entre as partes, estabelecendo regras às quais ficarão vinculados a administração e os candidatos. Essa é a essência do princípio da vinculação ao instrumento convocatório. Esse princípio é entendido tanto pela jurisprudência quanto pela doutrina como uma faceta dos princípios da impessoalidade, da legalidade e da moralidade, mas devido à sua importância, em especial no concurso público, ele merece tratamento próprio. Qualquer questão da prova objetiva que cobre uma matéria não abrangida pelo conteúdo programático do edital deverá ser anulada, pois trata-se de uma violação ao próprio edital do concurso.

> ◉ **No mesmo sentido:** "CONCURSO PÚBLICO: controle jurisdicional admissível, quando não se cuida de aferir da correção dos critérios da Banca Examinadora, na formulação das questões ou na avaliação das respostas, mas apenas de verificar que as questões formuladas não se continham no programa do certame, dado que o edital – nele incluído o programa – é a lei do concurso. RE 434.708/RS, Relator: Ministro Sepúlveda Pertence, Primeira Turma, julgamento em 21-6-05, DJ de 09/09/05.)."

> ◉ **No mesmo sentido:** "3. In casu, o conteúdo programático detalhou, particularizadamente, os artigos de lei que seriam objeto de controvérsia na prova, entre os quais não estavam contemplados os artigos 333 do CP e 447 do CPP, cujo conhecimento e domínio era exigido para a solução das questões 46 e 54, respectivamente. Esse descompasso viola os princípios da vinculação da Administração Pública ao edital do concurso, dos motivos determinantes e da proteção da confiança, de ordem a acarretar a nulidade daquelas questões, reconhecidamente ilegais. STJ – RMS: 36596 RS 2011/0279087-0, Relator: Ministro HERMAN BENJAMIN, Data de Julgamento: 20/08/2013, T2 – SEGUNDA TURMA, Data de Publicação: DJe 12/09/2013)."

▶ **A cobrança de matéria na prova discursiva não prevista no edital viola os princípios da boa-fé administrativa e da proteção à confiança.**

A cobrança de matérias na prova discursiva não compreendida no conteúdo programático não viola apenas ao princípio da vinculação ao instrumento convocatório, mas também os princípios da boa-fé administrativa e da proteção à confiança.

> ▶ "Precisando o sentido dos princípios da proteção à confiança e da boa-fé administrativa Almiro do Couto e Silva esclarece que boa-fé diz respeito à lealdade, correção e lisura do comportamento das partes, reciprocamente, que devem comprometer-se com a palavra empenhada. Já o princípio da proteção à confiança é atributo da segurança jurídica, que pode ser decomposto em duas partes: uma objetiva, que cuida dos limites à retroatividade dos atos estatais, e outra subjetiva, que tocante propriamente à proteção da confiança das pessoas na atuação estatal." (O Princípio da Segurança Jurídica (Proteção à confiança) no Direito Público Brasileiro e o Direito da Administração Pública de anular seus próprios atos administrativos. Revista Brasileira de Direito Público, Belo Horizonte, ano 1, n. 6, jul-set. 2004, p. 9.)

▶ **As provas discursivas devem ser desidentificadas:**

"A fim de garantir o cumprimento do princípio da impessoalidade, é mister que as provas discursivas sejam desidentificadas antes de serem enviadas para a banca de correção. Isso normalmente é operacionalizado destacando-se a parte personalizada da(s) folha(s) de texto definitivo dos candidatos e enviando para a banca apenas a parte desidentificadas desta(s). A reidentificação é feita posteriormente à correção, associando-se a máscara dessa(s) folha(s) (atualmente utiliza-se código de barra ou código QR) ao respectivo candidato. Tradicionalmente, os textos dos candidatos são desidentificados, copiados e distribuídos aos corretores. Estes avaliam os textos e marcam a pontuação em uma planilha, também em papel, que é submetida a leitura óptica por um sistema eletrônico, que também calcula a nota do candidato. Por esse método, é conveniente que todos os corretores estejam no mesmo local para a correção. Todavia, existem organizadoras que utilizam um sistema totalmente eletrônico de correção, no qual as provas são escaneadas e transferidas para um banco de dados depositado em um servidor conectado à Internet. O acesso dos corretores às provas se dá através da tela de um computador, em locais seguros (é importante que o corretor esteja isolado de outras pessoas) com acesso à Internet. Esse tipo de correção é mais rápido e seguro que a correção em papel, pois há um maior controle da correção, podendo esta ser monitorada em tempo real pela organizadora, que pode verificar a hora em que cada corretor acessou o sistema, quanto tempo ele utilizou para corrigir cada prova, sua produtividade e as notas atribuídas. Além disso, os pontos atribuídos aos candidatos em cada quesito são automaticamente inseridos no sistema, evitando-se o uso de formulários em papel. Uma vantagem adicional é que se trata de um processo ecologicamente correto, porque evita o uso de papéis. É preciso ter em mente que, por mais objetivos que sejam os critérios de correção, provas discursivas conferem intrinsecamente um caráter subjetivo ao concurso, em maior ou menor extensão. Por isso, é importante que se adotem medidas de minimização da subjetividade. Nesse cenário, a correção monocrática da prova, ou seja, aquela em que o texto do candidato é corrigido por apenas um examinador, mostra-se inoportuna. Correções múltiplas com critério de convergência (discutido anteriormente) e descarte de notas discrepantes minimizam os efeitos adversos da subjetividade na correção." (Ricardo Bastos, p. 38/39)

▶ **É direito do candidato saber o peso de cada item da prova discursiva.**

O candidato deve ser informado com clareza do tema que deve abordar e do peso de cada item a ser discorrido. Esse direito é baseado nos princípios da segurança jurídica, da moralidade e amparado pela jurisprudência pátria.

> ▶ "Os critérios de avaliação são os parâmetros de valoração do desempenho dos candidatos nas provas. Sua determinação passa por um juízo discricionário da Administração que, no entanto, deve levar em conta os princípios da igualdade, da razoabilidade, da impessoalidade e da eficiência. Preservar o princípio da igualdade na valoração do desempenho dos candidatos implica a utilização de critérios objetivos e padronizados, que não devem permitir que candidatos que demonstrarem o mesmo desempenho recebam tratamentos diferentes. A razoabilidade deverá estar presente para garantir que os pontos atribuídos ao candidato sejam proporcionais aos conhecimentos demonstrados pelo candidato e à importância que tais conhecimentos terão no exercício do cargo ou emprego. O princípio da eficiência deverá estar presente para garantir que os critérios de avaliação possibilitem garantir a avaliação mais fiel possível dos méritos dos candidatos. Assim,

a lista de classificação será um retrato fiel do mérito demonstrado pelos candidatos, fazendo com que a Administração contrate somente os melhores." (Regime Jurídico dos Concursos Públicos, Ed. Dialética, São Paulo, 2006, p. 125-126.)

◙ **No mesmo sentido:** "ADMINISTRATIVO. AGRAVO REGIMENTAL NO RECURSO ESPECIAL. MANDADO DE SEGURANÇA IMPETRADO NA CORTE DE ORIGEM. CONCURSO PÚBLICO PARA DELEGADO DA POLÍCIA CIVIL DO DISTRITO FEDERAL. NEGATIVA DE ACESSO AOS CRITÉRIOS UTILIZADOS NA CORREÇÃO DA PROVA SUBJETIVA. AUSÊNCIA DE MOTIVAÇÃO DA BANCA EXAMINADORA ACERCA DOS RECURSOS ADMINISTRATIVOS CONTRA REFERIDA PROVA. VIOLAÇÃO AO ART. 50 DA LEI 9.784/99. RECURSOS ESPECIAIS PROVIDOS. AGRAVO REGIMENTAL DESPROVIDO.

(...)

3. Quanto aos demais litisconsortes (JANE KLÉBIA DO NASCIMENTO SILVA PAIXÃO E OUTROS), constata-se a ausência de qualquer elemento que pudesse ter o condão de indicar os critérios utilizados pelo examinador para aferição das notas na prova subjetiva, bem como a sucinta, lacônica e estereotipada abordagem feita na revisão das provas.

4. Afirmativas que não traduzem reexame do material fático, mas sim valoração do conjunto probatório trazido aos autos quando da impetração do Mandado de Segurança.

5. Agravo Regimental desprovido." (AgRg no REsp 1062902/DF, Rel. Ministro NAPOLEÃO NUNES MAIA FILHO, QUINTA TURMA, julgado em 09/06/2009, DJe 03/08/2009)

▶ **É obrigatória, por parte da Banca Examinadora, quando da avaliação da prova discursiva, apresentar os motivos (motivação) que ensejaram a subtração de pontos na correção da prova do candidato.**

A Administração não deve ao candidato apenas a nota final da prova discursiva. É necessário que ela seja discriminada e que os descontos sejam justificados. O candidato deve ter acesso aos motivos que o fizeram perder pontos. Ele tem direito de saber os porquês dos descontos, amparado nos princípios da motivação, do contraditório, na jurisprudência e na doutrina. A correção de provas discursivas é um ato administrativo como qualquer outro, por isso está sujeito à mesma disciplina jurídica dos atos administrativos em geral, inclusive a obrigatoriedade de motivação. Isso é reforçado pelo inciso III, do art. 50, da Lei Federal nº 9.784/99. Esse dispositivo determina que os atos que decidem processos administrativos de concurso ou seleção pública devem ser devidamente motivados. Por isso, é obrigatório que a Banca Examinadora indique na correção da prova discursiva os motivos que ensejaram a retirada de pontos, deixando bem claro o que há de errado na resposta apresentada pelo candidato para que este tenha conhecimento das razões que deram causa à sua nota. Essa regra deveria ser observada estritamente por todas as bancas examinadoras, mas não é exatamente assim que estão atuando. Na maioria das vezes as bancas examinadoras só disponibilizam a resposta apresentada pelo candidato na prova discursiva em seus sites, sem, contudo, indicar nenhum erro nem as razões da subtração de pontos, ou seja, sem apresentar nenhuma motivação. O candidato não deve ter só acesso à prova discursiva, cuja correção pretende impugnar – ele também deve ser informado sobre quais erros cometeu na prova e sobre as razões que motivaram a subtração de pontos em sua nota. Sem garantia de acesso à motivação de correção adotada pela banca será inócua a oportunidade de utilização da via recursal, uma vez que o candidato não teria os subsídios necessários ao pleno exercício do contraditório e da ampla defesa. Sem o conhecimento dessas informações restará infrutífera para o candidato qualquer pretensão recursal.

▶ "Sem embargo de tais considerações jurídicas, assiste aos candidatos o direito de obterem da banca examinadora, tempestivamente, as informações que embasaram as respectivas notas e pontuações, em ordem a viabilizar, conforme o caso, as medidas necessárias ao efetivo exercício do direito de ampla defesa, inclusive por intermédio de competente recurso administrativo." (O regime jurídico do concurso público e seu controle jurisdicional, PINHEIRO DE QUEIROZ, Ronaldo. MAIA, Márcio Barbosa, p. 113)

◉ **No mesmo sentido:** "Inicialmente, releva frisar que a correção dos exames discursivos não só dos impetrantes, como também dos demais candidatos, é conduzida pelas respectivas bancas examinadoras sem que, de fato, seja ultimada qualquer anotação no corpo das provas, a fim de que, em havendo eventuais recursos administrativos do candidato interessado, o julgamento do primeiro examinador não influencie o julgamento do segundo. Em síntese, o primeiro examinador é instruído pela organização do concurso a não lançar anotações nas provas dos candidatos, expondo suas razões, haja vista que, do contrário, o candidato não teria um julgamento isento caso deliberasse interpor recurso administrativo. Enfim, tal procedimento tem por escopo estabelecer um sistema de proteção ao candidato. RMS 33.825-SC, Relator: Ministro Mauro Campbell Marques, julgado em 7/6/2011."

◉ "Não há razoabilidade alguma nessas ponderações, na medida em que tal proceder causa evidente cerceamento do direito de defesa e ao direito de recorrer, integrante do devido processo legal, ao impor aos recorrentes a árdua tarefa de interporem um recurso sem saber ao certo contra o quê estavam recorrendo. Destaque-se aqui o parecer do douto Ministério Público em 1ª instância que acertadamente afirmou que admitir tal posicionamento equivaleria a chancelar manobra para contrariar disposição expressa do art. 37, caput da Constituição Federal, que determina o princípio da publicidade como inerente a toda atividade administrativa (fls. 493)." (RMS 33.825-SC, Relator: Ministro Mauro Campbell Marques, julgado em 7/6/2011.)

▶ **A motivação não precisa ser apresentada necessariamente no corpo da prova discursiva, mas deve ser apresentada.**

Qualquer documento que contenha informações suficientes para que o candidato tenha conhecimento dos erros existentes em sua prova é válido. É conveniente indicar em qual linha da prova discursiva se encontra a incorreção, possibilitando que o candidato saiba as razões da subtração de pontos. Isso é importante para garantir o respeito ao princípio da motivação, do contraditório e da ampla defesa. Não há justificativa plausível, portanto, para que as Bancas Examinadoras deixem de fundamentar a correção das provas discursivas.

◉ **No mesmo sentido:**"MANDADO DE SEGURANÇA – CONCURSO PÚBLICO – PROVA DISCURSIVA – RECURSO – AUSÊNCIA DE FUNDAMENTAÇÃO QUANTO À PONTUAÇÃO ATRIBUÍDA PELA BANCA EXAMINADORA – PRINCÍPIOS CONSTITUCIONAIS. I. Quando reclamadas explicações à Banca Examinadora, em grau de recurso, faz-se necessário um pronunciamento detalhado em relação aos pontos objetivos do edital, até mesmo para perceber se há ilegalidade, passível de controle pelo Judiciário. Não se trata de revisão das notas mas conhecimento das razões. II. Segurança parcialmente concedida." (Acórdão n.490191, 20100020161045MSG, Relator: SANDRA DE SANTIS, Conselho Especial, Data de Julgamento: 22/03/2011, Publicado no DJE: 31/03/2011. Pág.: 85)

▶ "Conforme procuramos demonstrar, não deve restar qualquer margem de subjetividade ao examinador no momento da correção das provas, que estará vinculada ao gabarito. Como ato administrativo que é, a correção das provas deve ser devidamente motivada, de forma a permitir que o candidato conheça as razões da nota que lhe foi atribuída. Deve ficar claro o que foi considerado errado na resposta dada pelo candidato e a fundamentação da subtração de pontos." (Regime Jurídico dos Concursos Públicos. Ed. Dialética, São Paulo, 2006, p. 133.)

◉ **No mesmo sentido:** "(...) 7. Na seara de concursos públicos, há etapas em que as metodologias de avaliação, pela sua própria natureza, abrem margem para que o avaliador se valha de suas impressões, em completo distanciamento da objetividade que se espera nesses eventos. Nesse rol de etapas, citam-se as provas dissertativas e orais. Por essa razão, elas devem se submeter a critérios de avaliação e correção os mais objetivos possíveis, tudo com vistas a evitar contrariedade ao princípio da impessoalidade, materializado na Constituição Federal (art. 37, caput). 8. E mais. Para que não pairem dúvidas quanto à obediência a referido princípio e quanto aos princípios da motivação dos atos administrativos, do devido processo administrativo recursal, da razoabilidade e proporcionalidade, a banca examinadora do certame, por ocasião da divulgação dos resultados desse tipo de avaliação, deve demonstrar, de forma clara e transparente, que os critérios de avaliação previstos no edital foram devidamente considerados, sob pena de nulidade da avaliação. 9. A clareza e transparência na utilização dos critérios previstos no edital estão presentes quando a banca examinadora adota conduta consistente na divulgação, a tempo e modo, para fins de publicidade e eventual interposição de recurso pela parte interessada, de cada critério considerado, devidamente acompanhado, no mínimo, do respectivo valor da pontuação ou nota obtida pelo candidato; bem como das razões ou padrões de respostas que as justifiquem. 10. As informações constantes dos espelhos de provas subjetivas se referem nada mais nada menos à motivação do ato administrativo, consistente na atribuição de nota ao candidato. Tudo em consonância ao que preconizam os arts. 2º, caput, e 50, § 1º, da Lei n 9.78419/99, que trata do processo administrativo no âmbito federal. (...) Não se deve admitir como legítimo, portanto, a prática imotivada de um ato que, ao ser contestado na via judicial ou administrativa, venha o gestor "construir" algum motivo que dê ensejo à validade do ato administrativo." (Precedentes. RMS 40.229/SC, Rel. Ministra Eliana Calmon, Segunda Turma, DJe 11/6/2013; RMS 35.265/SC, Rel. Ministro Castro Meira, Segunda Turma, DJe 6/12/2012). (RMS 49.896/RS, Rel. Ministro Og Fernandes, Segunda Turma, julgado em 20/04/2017, DJe 02/05/2017).

▶ **A grade de correção da prova discursiva deve ser correlata com o que foi pedido na prova quanto ao conteúdo e pontuação.**

Os critérios de correção são os parâmetros de valoração do desempenho dos candidatos e por isso a Banca Examinadora tem o dever de estabelecê-los da forma mais objetiva possível e de modo a evitar interferências subjetivas dos examinadores. É indispensável que a Banca Examinadora adote critérios de correção objetivos para que seja cumprida a obrigatoriedade de motivação dos atos administrativos e, sobretudo, para que o candidato tenha condições de exercer plenamente o contraditório e a ampla defesa quando utilizar o recurso administrativo para impugnar a correção da prova discursiva. Mas isso não é tudo! A adoção de critérios objetivos permite assegurar o respeito aos princípios da isonomia, impessoalidade, segurança jurídica, moralidade e da eficiência, pois candidatos que demonstrarem o mesmo desempenho na prova não poderão receber notas diferenciadas. Cada candidato receberá a nota realmente merecida, possibilitando que a administração selecione o candidato mais preparado para ocupar determinado cargo ou emprego público.

◙ **No mesmo sentido:**"...O impetrante, participante de concurso para o preenchimento de cargo público, alega, entre outras considerações, que o edital não apontou os critérios de correção da prova de redação a que se submeteu, pois esses se mostram amplos a ponto de não permitir qualquer controle por parte dos candidatos: não se sabe qual peso ou faixa de valores para cada quesito, o conteúdo de cada um deles ou o valor de cada erro. Isso é agravado pela constatação de que não há sequer uma anotação na folha da redação do candidato que seja apta a embasar os pontos obtidos, salvo alguns apontamentos quanto a erros de português. Assim, é patente que o ato administrativo em questão revela-se sem motivação idônea, razão para considerá-lo inválido. Sucede que o concurso em testilha já foi homologado há quase um ano, ultimada até a decorrente posse dos demais aprovados, não havendo como determinar uma nova correção da prova (motivação posterior que prejudicaria todo o concurso). Anote-se que o impetrante foi eliminado do certame em razão de meio ponto e que ele mesmo formula pedido alternativo de que lhe seja concedida a pontuação mínima para ser aprovado. Daí se considerar que esse pequeno acréscimo em sua nota sana a nulidade de maneira mais proporcional aos outros candidatos e ao concurso como um todo. Assim, tem-se por aprovado o impetrante, mas para ocupar a última colocação entre os aprovados, com o fito de evitar que a coisa julgada na ação atinja terceiros que não estão elencados nos autos." (RMS 33.825-SC, Relator: Ministro Mauro Campbell Marques, julgado em 7/6/2011.)

◙ **Manifesta incompatibilidade entre o enunciado da questão e a exigência constante do espelho de correção.**

"PROCESSO CIVIL E ADMINISTRATIVO RECURSO EXTRAORDINÁRIO JUÍZO DE RETRATAÇÃO – MANDADO DE SEGURANÇA – CONCURSO PÚBLICO PARA PROMOTOR DE JUSTIÇA SUBSTITUTO – ANULAÇÃO DE QUESTÃO – MANIFESTA INCOMPATIBILIDADE ENTRE O ENUNCIADO DA QUESTÃO E A EXIGÊNCIA CONSTANTE DO ESPELHO DE CORREÇÃO – EXISTÊNCIA DE VÍCIO DE ILEGALIDADE ADEQUAÇÃO AO RE 632.853 ENTENDIMENTO MANTIDO. 1. Procede-se a novo exame da matéria analisada no v. acórdão desta ação mandamental em razão do julgamento do RE 632.853. 2. O fundamento de que a formulação de questões e os critérios de avaliação pela Banca Examinadora, por serem atos administrativos discricionários, não estão sujeitos ao crivo judicial não pode rechaçar toda e qualquer insurgência que eventualmente venha a ser trazida à apreciação do Poder Judiciário. Decerto, é preciso distinguir com acuidade e precisão uma situação da outra, sob pena de se aplicar de forma generalizada e superficial um entendimento que obstaria, já de antemão, o exame da legalidade dos atos administrativos. . Basta a leitura perfunctória da situação hipotética apresentada pela Banca3 Examinadora, a partir da qual os concorrentes do certame deveriam elaborar a peça processual adequada, para se concluir que não se afigura possível, nem tampouco razoável, exigir que os candidatos reconhecessem a existência das agravantes previstas nos arts. 62, incisos I e IV, ambos do Código Penal, exigências constantes do padrão de resposta trazida no Espelho de Correção da Prova. 4. A extirpar qualquer dúvida quanto à apontada teratologia das exigências contidas nos nº 1 e 2 do item 2.8 do Espelho de Correção da Prova, registre-se que, a partir das provas juntadas aos autos pelas próprias autoridades apontadas coatoras, foi possível verificar que nenhum dos candidatos submetidos à Prova Discursiva do certame logrou êxito em reconhecer a ocorrência das agravantes em comento. 5. O caso vertente carrega em si excepcionalidade diante das patentes absurdez, teratologia e, via de consequência, ilegalidade da exigência da Banca Examinadora, de sorte que não tem cabimento o raciocínio no sentido de que o Poder Judiciário está procedendo ao exame do mérito administrativo. 6. Quanto aos itens 2.9 parte 2 e 2.10 do Espelho de Correção de Prova, entende-se que, embora a tese defendida pela Impetrante de fato encontre guarida na melhor doutrina processual, não se afiguram absolutamente desarrazoadas as exigências ali constantes. Os citados itens envolvem questionamentos em torno da profundidade e da completude da fundamentação exigida na prova prática, o que, indubitavelmente, constitui juízo exclusivo da Administração, de sorte que não restou configurada, nos mencionados itens, ofensa aos princípios da legalidade e da razoabilidade. 7. Acórdão mantido, em sede de juízo de retratação." (TJES, Classe: Mandado de Segurança, 100100027109, Relator: SÉRGIO BIZZOTTO PESSOA DE MENDONÇA – Relator Substituto: CLAUDIA VIEIRA DE OLIVEIRA ARAUJO, Órgão julgador: CÂMARAS CRIMINAIS REUNIDAS, Data de Julgamento: 14/05/2018, Data da Publicação no Diário: 19/06/2018)

▶ **A motivação dos descontos da nota do candidato na prova discursiva deve ser clara e congruente, sob pena de inviabilizar ampla defesa e contraditório quando da interposição de recurso administrativo por parte do candidato.**

Sem motivação dos descontos da nota na prova discursiva, fica inviabilizado o candidato de exercer o contraditório e ampla defesa, não passando o recurso previsto para embater tal ato de mero placebo jurídico. Por isso os examinadores devem sempre ler com atenção as provas discursivas para, com segurança e pautados em uma chave de correção, julgar a prova do modo mais objetivo possível. Ainda, por conta da falta de motivação na correção das avaliações discursivas, como trabalhado no tópico anterior, fica inviabilizado o direito ao recurso, pois como recorrer de algo onde não se sabe a título do que foram retirados os pontos? Para piorar, em muitos concursos públicos, em um assassinato aos princípios que deveriam orientar o comportamento da Banca Examinadora, há séria lesão aos princípios da ampla defesa e contraditório, pois além de não saber os porquês dos descontos, o exercício do direito de defesa é absurdamente limitado a 1.000 (hum mil) caracteres, o que é uma falta de respeito com o candidato e ilegalidade absurda praticada pela Banca. Gostaria de saber de onde é retirado o fundamento legal desta absurda regra? É obvio que não existe! E nem se diga que a mesma decorre da aplicação do edital, pois este, como ato administrativo que é, deve observância à lei e aos preceitos constitucionais. Fica evidente que em casos como estes, que infelizmente ocorrem com frequência, não são observados os princípios da ampla defesa e contraditório no processo seletivo, o que desponta como irrefutável ilegalidade, pois a Constituição Federal foi clara em garantir a ampla defesa e contraditório nos processos judiciais e administrativos e o concurso público que, como se sabe, é uma espécie de procedimento administrativo.

> ▶ "... a motivação e publicidade da correção das provas não bastam para evitar injustiças. Deve ser dado ao candidato o direito de questionar o resultado a ele atribuído no concurso, para que, identificando-se eventuais erros na avaliação, se possa corrigi-los." (Regime Jurídico dos Concursos Públicos, Ed. Dialética, São Paulo, 2006, p. 133.)

▶ **Condutas como a falta de motivação da correção das provas são atos passíveis de controle judicial.**

São atos passíveis de controle judicial e para que as ilegalidades sejam sanadas o Poder Judiciário deve determinar que a Banca Examinadora apresente que motivos ensejaram a perda de pontos e, posteriormente, a reabertura do prazo para que os candidatos interponham outros recursos, desta vez munidos das informações necessárias para exercerem plenamente o contraditório e a ampla defesa.

▶ **Erros inexistentes devem ser anulados, seja administrativamente seja judicialmente, com base, dentre outros fundamentos, na Teoria dos Motivos Determinantes.**

Como se já não bastasse a sonegação dos critérios com que foram dadas as notas das provas discursivas dos candidatos, frequentemente as bancas examinadoras chegam a apontar erros inexistentes, que ilegalmente subtraem pontos dos candidatos. A constatação da inexistência dos erros apontados pela Banca Examinadora pode ser feita por meio de parecer apresentado por especialista ou até mesmo por meio de prova pericial. Em casos tão evidentes como o descrito acima ou em temas técnicos do direito, o próprio magistrado tem condições de constatar a inexistência do erro. A atribuição dos pontos correspondentes aos descontos pelos erros inexistentes é uma decorrência da aplicação da teoria dos motivos determinantes, que se "baseia no princípio de que o motivo do ato administrativo deve sempre guardar compatibilidade com a situação de fato que gerou a manifestação da vontade. E não se afigura estranho que se chegue a essa conclusão: se o motivo se conceitua como a própria situação de fato que impele a vontade do administrador, a inexistência dessa situação provoca a invalidação do ato. Acertada, pois, a lição segundo a qual 'tais motivos é que determinam e justificam a realização do ato, e, por isso mesmo, deve haver perfeita.

▶ **É proibida a negativa de vista da prova discursiva ao candidato.**

Os princípios do contraditório e da ampla defesa, previstos no art. 5º, inciso LV, da Constituição Federal, revelam-se nos concursos públicos, entre outras fases, no momento da interposição de recursos contra o resultado das provas discursivas e para que esse direito seja exercido é necessário que os candidatos tenham vista da prova. Esse é o momento que o candidato tem para apresentar suas razões contra a correção da prova realizada pela Banca Examinadora e solicitar o reexame da prova discursiva. Cabe à Banca analisar cuidadosamente os recursos e divulgar detalhadamente as razões de sua decisão. Por isso, qualquer disposição editalícia que vede a vista das provas e a interposição de recursos fere o princípio do contraditório e da ampla defesa. Com efeito, regra prevista no edital com esse conteúdo não se coaduna com o Estado Democrático de Direito, cuja essência denota a submissão, também do Estado, às disposições normativas e ao controle da sociedade. A Constituição Federal é o instrumento balizador dessa nova conformação político-jurídica e todas as normas, ainda que não propriamente leis em sentido estrito, como é o caso dos editais de concurso público, devem-lhe observância irrestrita.

◉ **No mesmo sentido:** "3. In casu, não está em discussão critério de avaliação escolhido pelo administrador, no âmbito de sua discricionariedade, ou seja, não se está questionando acerca da formulação ou da correção de questões pela banca examinadora. Está em debate a adoção, no edital, de procedimento de imposição de sigilo e de irrecorribilidade, em confronto direto com a Norma Constitucional, o que autoriza o controle jurisdicional do ato administrativo. Não se olvide que mesmo os atos administrativos discricionários são passíveis de controle pelo Poder Judiciário, quando inconstitucionais, ilegais e abusivos, não ofendendo, tal ilação, o princípio da separação dos Poderes. "Contravindo aos bem lançados argumentos recursais, a jurisprudência do STJ entende, em hipótese semelhante a destes autos, ser possível a intervenção do Poder Judiciário nos atos regulatórios (editais) que regem os concursos públicos" (STJ, AgRg no REsp 673.461/SC, Rel. Ministro CELSO LIMONGI (DESEMBARGADOR CONVOCADO DO TJ/SP), SEXTA TURMA, julgado em 18/02/2010, DJe 08/03/2010). 4. A norma do edital do processo seletivo, que veda a vista da prova de redação e a interposição de recurso administrativo contra o resultado, viola o Texto Constitucional, por agredir o princípio da publicidade, marcado pela fundamentalidade. Destarte, sua invalidade deve ser reconhecida, já que a Constituição não se compraz com o sigilo, admitido apenas em situações excepcionais, não caracterizadas no caso concreto.

▶ **É ilegal qualquer regra do edital que proíba a interposição de recurso na fase de prova discursiva.**

Esse tipo de disposição editalícia também viola o princípio da publicidade, pois a Constituição não se coaduna com o sigilo, que apenas é admitido em situações excepcionai, e o concurso público não está entre essas excepcionalidades, vez que é marcado pela ampla publicidade.

> ▶ "Ressalta-se, que, nesse modelo, a prova discursiva possui dois momentos de recurso: um contra o(s) padrão(ões) de resposta da(s) questão(ões) e outro contra a própria nota atribuída ao candidato. O edital deve esclarecer que, no segundo momento, o candidato não pode mais questionar o padrão de resposta definitivo, pois já teve essa oportunidade antes. A estratégia de divulgar o(s) padrão(ões) de resposta da(s) questão(ões) discursiva(s) e disponibilizar recurso contra ele(s) tem um ligeiro impacto negativo no cronograma do concurso, mas confere à fase de prova discursiva uma alta segurança jurídica. Normalmente, o impacto no cronograma é de cerca de uma semana, podendo ser um pouco maior em alguns casos, como nos concursos da magistratura, por exemplo, em que se exige que os recursos sejam julgados em sessão pública. O risco de não se adotar esse procedimento decorre do fato de que a única oportunidade que o candidato terá de questionar o padrão de resposta esperado (que ele, inclusive, normalmente desconhece) será na fase de recurso contra o resultado provisório da fase. Nesse caso, na hipótese de a banca examinadora concordar com os argumentos do(s) candidato(s) e deferir o seu recurso, ela obrigatoriamente terá de recorrigir todas as provas novamente, o que ensejará retrabalho e reajuste no cronograma do concurso. Essa estratégia também confere maior transparência ao certame concursal, na medida em que os padrões de resposta das questões discursivas são publicitados, o que atualmente não é prática-padrão em concursos públicos." (Ricardo Bastos, p. 37/38)

> ◙ **No mesmo sentido:**"A jurisprudência do STF e deste STJ é unânime em reconhecer a legalidade da exigência, em editais de concurso, da aprovação em exames psicotécnicos, sobretudo para o ingresso na carreira policial, desde que realizados em moldes nitidamente objetivos, possibilitando aos candidatos 'não recomendados' o conhecimento do resultado e a interposição de eventual recurso." (STJ, REsp 241.356/CE, Rel. Ministro EDSON VIDIGAL, QUINTA TURMA, julgado em 29/06/2000, DJ 28/08/2000, p. 113)."

▶ **É ilegal o julgamento imotivado dos recursos interpostos na fase de provas discursivas.**

O candidato não pode receber uma resposta padrão para seu recurso. Devem ser analisados todos os pontos por ele levantados. Tal direito é amparado nos princípios da motivação, razoabilidade, impessoalidade e segurança jurídica, além de ter emba-samento na jurisprudência e na doutrina. Após a divulgação do resultado das provas discursivas, qualquer candidato que se sentir insatisfeito ou de alguma forma prejudi-cado com a correção da prova deve ter oportunidade de apresentar recurso administra-tivo. O recurso deve conter os fundamentos que embasam a pretensão do recorrente. Ao apreciá-lo, a Banca Examinadora deve fundamentar adequadamente tanto o defe-rimento quanto o indeferimento, se for o caso. A fundamentação de todos os recursos administrativos interpostos pelos candidatos é indispensável, pois a apresentação de uma resposta específica acerca do recurso é um ato vinculado. Caso a Banca Exami-nadora atue de outra forma, estará violando os princípios do contraditório, da ampla defesa e, sobretudo, o princípio da motivação previsto no art. 2º e 50, inciso V, da Lei Federal 9.784/99, que regula o processo administrativo no âmbito da Administração Pública Federal.

> ◙ **No mesmo sentido:** "ADMINISTRATIVO. AGRAVO REGIMENTAL NO RE-CURSO ESPECIAL. MANDADO DE SEGURANÇA IMPETRADO NA COR-TE DE ORIGEM. CONCURSO PÚBLICO PARA DELEGADO DA POLÍCIA CIVIL DO DISTRITO FEDERAL. NEGATIVA DE ACESSO AOS CRITÉRIOS UTILIZADOS NA CORREÇÃO DA PROVA SUBJETIVA. AUSÊNCIA DE MO-TIVAÇÃO DA BANCA EXAMINADORA ACERCA DOS RECURSOS ADMI-NISTRATIVOS CONTRA REFERIDA PROVA. VIOLAÇÃO AO ART. 50 DA LEI 9.784/99. RECURSOS ESPECIAIS PROVIDOS. AGRAVO REGIMENTAL DESPROVIDO. 1. A motivação, nos recursos administrativos referentes a con-cursos públicos, é obrigatória e irrecusável, nos termos do que dispõe o art. 50, I, III e V, §§ 1º. e 3º. da Lei 9.784/99, não existindo, neste ponto, discricio-nariedade alguma por parte da Administração. 2. Com relação ao Impetrante JOÃO GUILHERME MEDEIROS CARVALHO salta aos olhos a total ausência de motivação na correção das provas discursivas e nos respectivos recursos ad-ministrativos. Há apenas suposições, externadas pelos ilustres relator e revisor do feito em segundo grau, de que os apelos administrativos do Impetrante fo-ram examinados e devidamente motivados, não tendo sido apresentadas, entre-tanto, motivações idôneas e circunstanciadas, nos moldes preconizados pelo já mencionado art. 50 da Lei 9.784/99. 3. Quanto aos demais litisconsortes (JANE KLÉBIA DO NASCIMENTO SILVA PAIXÃO E OUTROS), constata-se a ausên-cia de qualquer elemento que pudesse ter o condão de indicar os critérios utili-zados pelo examinador para aferição das notas na prova subjetiva, bem como a sucinta, lacônica e estereotipada abordagem feita na revisão das provas. 4. Afir-mativas que não traduzem reexame do material fático, mas sim valoração do conjunto probatório trazido aos autos quando da impetração do Mandado de Segurança. 5. Agravo Regimental desprovido." (STJ – AgRg no REsp 1062902/ DF, Rel. Ministro NAPOLEÃO NUNES MAIA FILHO, QUINTA TURMA, jul-gado em 09/06/2009, DJe 03/08/2009)

> ◙ **No mesmo sentido:** "A negativa de acesso às razões do indeferimento de re-curso administrativo interposto com vistas a impugnar nota obtida em prova discursiva fere os princípios da publicidade e da motivação, bem como o direi-

to à informação, que visam possibilitar a revisão do ato administrativo, assegurando o pleno exercício do direito ao contraditório e à ampla defesa. TRF01 – APL: 00324304420084013400."

▶ **É ilegal o procedimento da Banca Examinadora de responder de forma padronizada todos os recursos da prova discursiva. A decisão deve ser individualizada.**

Apesar da obrigatoriedade de fundamentação, tem sido muito comum as bancas examinadoras apresentarem decisões genéricas e sem qualquer motivação, aplicáveis a todo e qualquer recurso que tenha sido interposto, não tendo vinculação com as respostas dadas pelo candidato na prova discursiva e nem com a impugnação recursal. Isso é de fácil constatação: basta comparar decisões de recursos de dois candidatos que apresentaram respostas diferentes à questão discursiva e utilizaram fundamentos distintos nos recursos. Mesmo diante das diversidades que envolvem os dois casos é comum a Banca Examinadora repetir o mesmo texto de julgamento para indeferir os recursos. É essencial que o candidato lesado faça essa comparação em juízo, pois assim ficará comprovada a ausência de fundamentação da decisão que indeferiu o recurso.

▶ **Incorre, portanto, em ilegalidade, a Banca Examinadora que indefere recurso interposto contra correção de prova sem apresentar fundamentação vinculada à impugnação específica apresentada pelo candidato.**

Comprovada a falta de fundamentação das respostas ao recurso interposto por qualquer candidato é imprescindível que seja decretada a nulidade dessa decisão administrativa pelo Poder Judiciário e que se determine a realização de um novo julgamento do recurso ou uma reavaliação da prova discursiva. Nesse ponto existem duas alternativas: a primeira é determinar que a mesma Banca Examinadora faça novo julgamento do recurso. Mas essa reavaliação da prova discursiva e do julgamento do recurso pela mesma banca seria duvidosa e desprovida de segurança e de garantias de que a banca realmente atuará em consonância com os princípios que norteiam a administração pública. A Banca Examinadora pode simplesmente manter a nota que foi atribuída ao candidato, cometendo os mesmos atos ilegais e sob o argumento de que o Poder Judiciário não pode se imiscuir no mérito administrativo acaba criando um ponto cego imune a qualquer espécie de controle judicial. Não há nenhum sentido em determinar que a mesma Banca Examinadora faça um segundo novo julgamento do recurso administrativo que anteriormente teve uma decisão genérica e padronizada.

◙ **No mesmo sentido:** "No caso de motivação insuficiente, como o é a motivação-padrão dissociada da matéria arguida no recurso, o candidato terá, em tese, direito a novo julgamento, mas determinação nesse sentido, ao mesmo examinador, é praticamente inócua. Será "chover no molhado", pois o examinador "manterá o seu critério e, evidentemente, o justificará, por isto ou por aquilo", na expressão do Ministro Ribeiro Costa, no julgamento, em 16.10.1963, do MS 11.712 (RDA 80/128). TRF 1ª Região, AC 200233000258740, Relator: Desembargador Federal João Batista Moreira, Quinta Turma, 10/02/2005)"

▶ **Deve ser admitida como correta resposta à questão discursiva que seja objeto de divergência doutrinária e jurisprudência sobre o tema.**

É cediço que o Direito não é uma ciência exata, sendo que em razão do mar principiológico que banha o Ordenamento Jurídico, a análise de determinados comandos legais pode, e gera, muitas vezes, mais uma vertente exegética. Por isso verificamos uma dinâmica das decisões judiciais. Por vezes, o jurisdicionado vence a batalha judicial em primeira instância, perde outra no Tribunal, porém reverte no Superior Tribunal de Justiça ou no Supremo Tribunal Federal. Note que o caso levado a juízo é o mesmo, porém conforme o manejo sistemático, lógico ou literal dos comandos normativos em jogo, o resultado pode ser diferente. Sabendo disso, quando determinada matéria é cobrada em uma prova discursiva de concurso público, o órgão encarregado de fazer o concurso ou a instituição para quem foi terceirizada a tarefa (Banca Examinadora) deve ter o cuidado de não cobrar matéria cujo entendimento doutrinário ou jurisprudencial seja conturbado, não pacificado. Caso contrário, deve aceitar os entendimentos possíveis, que são fruto da diversidade doutrinária e jurisprudencial. Isso porque o candidato não tem um "oráculo jurídico" para adivinhar qual o posicionamento doutrinário ou jurisprudencial que a Banca está adotando, além disso, seria no mínimo imoral impor um entendimento unilateral, quando há outros da mesma relevância e de forte reconhecimento no âmbito acadêmico ou da pragmática dos Tribunais Superiores.

◉ **Alteração de cronograma de fases deve ter ampla e devida publicidade sob pena de nulidade.**

"MANDADO DE SEGURANÇA. REEXAME NECESSÁRIO. CONCURSO PÚBLICO. INSTITUTO FEDERAL DE EDUCAÇÃO, CIÊNCIA E TECNOLOGIA DO PIAUÍ – IFPI. PROFESSOR SUBSTITUTO. PROVA DIDÁTICA. ALTERAÇÃO CRONOGRAMA. DIVULGAÇÃO NÃO SUFICIENTE. SENTENÇA MANTIDA. I – Apesar de dispor de uma página específica para acompanhamento do processo seletivo para Professor Substituto de Gastronomia, o IFPI divulgou a alteração do cronograma da prova didática em sua página de notícias gerais, na qual são tratados os mais variados temas, prejudicando a publicidade do respectivo ato. II – Não se mostrou eficiente o meio pelo qual optou o IFPI para divulgar as alterações no cronograma da prova didática, por não ser razoável exigir de um candidato que acompanhe as notícias gerais do Instituto, algumas de cunho interno, quando há página específica do concurso do qual o impetrante participava. III – Remessa oficial à qual se nega provimento. Sentença Mantida." (REOMS 0004492-73.2015.4.01.4000/PI, Rel. Desembargador Federal Jirair Aram Meguerian, Sexta Turma, e-DJF1 p. de 06/04/2018)

◉ **A legitimidade para responder à demanda judicial onde se questiona prova discursiva.**

"(....) II – O Superior Tribunal de Justiça já firmou o entendimento no sentido de que a citação dos demais candidatos do concurso público como litisconsortes passivos necessários é desnecessária, ante o fato de, em princípio, não possuírem comunhão de interesses com o impetrante, nem direito líquido e certo à nomeação, tendo, apenas, expectativa de direito, caso aprovados." (AMS 0046939-67.2014.4.01.3400/DF, Rel. Desembargador Federal Jirair Aram Meguerian, Sexta Turma, e-DJF1 p. de 16/04/2018).

Inclusive, caso enseje em sua efetiva anulação, deve ser atribuído, a todos os candidatos, o valor equivalente à questão.

◉ **No mesmo sentido:** "ADMINISTRATIVO. MANDADO DE SEGURANÇA. CONCURSO PÚBLICO. CONSELHO NACIONAL DE JUSTIÇA. CARGO ANALISA JUDICIÁRIO. PROVA DISCURSIVA – DISSERTAÇÃO. QUESITO ANULADO. ATRIBUIÇÃO DE PONTOS A TODOS.OS CANDIDATOS. ISONOMIA. SENTENÇA MANTIDA. I – Em se tratando de concurso público, a atuação do Judiciário deve limitar-se ao controle de legalidade dos atos praticados e ao fiel cumprimento das normas estipuladas no edital que rege o certame, sendo-lhe vedado substituirse à banca examinadora na definição dos critérios adotados. Isso porque "Não cabe ao poder judiciário, no controle jurisdicional da legalidade, substituir-se à banca examinadora nos critérios de correção de provas e de atribuição de notas a elas." (RE 560551 AgR, Relator: Min. EROS GRAU, 2ª Turma, DJ 1º/08/2008, p. 1623). No caso concreto, trata-se de questão relativa à atuação isonômica ou não, da banca examinadora, na atribuição dos pontos de quesito anulado em prova discursiva – dissertação. Não há, portanto, a indevida substituição, pelo Poder Judiciário, dos critérios estipulados pela banca examinadora. II – Informações da autoridade impetrada revelam que o terceiro quesito da prova de dissertação relativa ao concurso público promovido pelo Conselho Nacional de Justiça foi anulado após a realização de auditoria, tendo havido a distribuição dos pontos a todos os candidatos. Embora o quanto alegado pela apelante, o que se verifica que é, com a anulação do quesito, os 16,00 pontos que a ela haviam sido atribuídos por ocasião da correção da prova de dissertação, decorrentes exclusivamente do acerto do quesito 3, antes de sua anulação, foram retirados, fazendo com que, após a anulação, lhe fossem novamente atribuídos, não modificando sua nota na avaliação. Não há como, em razão da anulação, somar os 16,00 pontos do quesito anulado àqueles que havia obtido anteriormente no mesmo quesito, não havendo que se falar, pois, em qualquer antijuridicidade da conduta da banca examinadora. III – O fato de alguns candidatos receberem mais ou menos pontos que outros, conforme relação acostada aos autos, diz respeito ao fato de terem obtido, na correção anterior, antes da anulação, mais ou menos pontos no quesito 3. Dessa forma, o candidato que, em tal quesito, antes da anulação, havia obtido 12 pontos, de um total de 16, apenas teve o acréscimo de 4 pontos; já a impetrante, que havia obtido a totalidade do quesito 3, não teve nenhuma pontuação acrescida, em atenção à isonomia entre os candidatos. O que se conclui, pois, é que o critério adotado pela banca examinadora não fere a isonomia, pois todos os candidatos, após a anulação dos pontos obtidos pelo quesito, tiveram a pontuação respectiva (16,00 pontos). IV – Recurso de apelação a que se nega provimento." (AMS 0020102-09.2013.4.01.3400/DF, Rel. Desembargador Federal Jirair Aram Meguerian, Sexta Turma, e-DJF1 p. de 15/05/2018)

◉ **Legitimidade passiva para responder a ação de judicial.**

"PROCESSUAL CIVIL. CONCURSO PÚBLICO. LITISCONSÓRCIO PASSIVO NECESSÁRIO. SENTENÇA DE EXTINÇÃO MANTIDA. 1. A ação civil que questiona termos de edital de concurso promovido pelo TJDFT e organizado pela CESP/ UnB tem, como litisconsortes passivos necessários, a União e a Fundação Universidade de Brasília. 2. A organizadora do concurso está adstrita às exigências feitas pelo órgão contratante, promovendo o concurso público, nos termos e na forma requerida por aquele. Portanto, os efeitos de um provimento judicial de mérito, certamente, atingem a ambos. Por isso trata-se de litisconsórcio passivo necessário, pois a natureza da relação jurídica controvertida e a eficácia da sentença de mérito dependem da presença de todas as partes na relação processual. 3. Tendo a parte autora deixado de promover a citação da FUB, mesmo após determinação judicial nesse sentido, a extinção do processo deve ser mantida. 4. Apelação conhecida e não provida." (AC 2008.34.00.002225-6/ DF, Rel. Desembargador Federal Kassio Nunes Marques, Conv. Juiz Federal Leonardo Augusto De Almeida Aguiar, Sexta Turma, e-DJF1 p. de 30/04/2018)

◙ **No sentido que o poder público ou autoridade coatora pertencente ao Poder Público:**

"ADMINISTRATIVO E PROCESSUAL CIVIL. AGRAVO INTERNO NO RECURSO EM MANDADO DE SEGURANÇA. CONCURSO PÚBLICO. AUDITOR DE CONTROLE EXTERNO DO TCM/GO. CRITÉRIOS DE CORREÇÃO DA PROVA DISCURSIVA. ILEGALIDADES CONFIGURADAS. NÃO INCURSÃO NO MÉRITO ADMINISTRATIVO. JULGAMENTO EXTRA-PETITA. NÃO OCORRÊNCIA. PLEITO INICIAL. INTERPRETAÇÃO LÓGICO-SISTEMÁTICA. LITISCONSÓRCIO PASSIVO NECESSÁRIOS. DESNECESSIDADE. LEGITIMIDADE PASSIVA DO PRESIDENTE DO TCM/GO... (...) 3. O Presidente do TCM/GO é parte legítima para figurar no polo passivo dos autos, porquanto recai sobre essa autoridade os efeitos de eventual concessão da segurança relacionada com a nomeação da impetrante. Precedentes: AgInt no RMS 53.615/GO, Rel. Min. Benedito Gonçalves, Primeira Turma, DJe 5/12/2017; REsp 1.676.237/SP, Rel. Min. Herman Benjamin, Segunda Turma, DJe 19/12/2017; RMS 54.873/GO, Rel. Ministro Herman Benjamin, Segunda Turma, DJe 19/12/2017." (AgInt no RMS 43.692/GO, Rel. Ministro BENEDITO GONÇALVES, PRIMEIRA TURMA, julgado em 15/03/2018, DJe 03/04/2018).

◙ **No sentido que a competência é só da Banca Examinadora:**

"ADMINISTRATIVO. PROCESSUAL CIVIL. AGRAVO INTERNO NOS EMBARGOS DE DECLARAÇÃO NO AGRAVO EM RECURSO ESPECIAL. ENUNCIADO ADMINISTRATIVO 3/STJ. CONCURSO PÚBLICO. PRETENSÃO DE RECORREÇÃO DE PROVA DISCURSIVA E DE REANÁLISE DE TÍTULOS. ATRIBUIÇÃO. EXECUTORA DO CERTAME. ILEGITIMIDADE "AD CAUSAM" DO ENTE PÚBLICO CONTRATANTE. 1. Em matéria de concurso público, a definição de quem deve compor o pólo passivo da demanda instaurada por pretensão do candidato há de considerar a causa de pedir e o pedido feitos, de modo que, a depender dessa formulação e do bem da vida buscado é que surgirá quem deverá suportar o ônus da demanda. 2. Na hipótese de concurso público cuja regulação editalícia atribui a elaboração, execução e correção de prova discursiva, e a análise da prova de títulos, ao ente privado contratado para a organização e execução do certame, carece de legitimidade "ad causam" o ente público que o contratou para o desempenho desse mister. 3. Agravo interno não provido." (AgInt nos EDcl no AREsp 1074569/DF, Rel. Ministro MAURO CAMPBELL MARQUES, SEGUNDA TURMA, julgado em 12/12/2017, DJe 18/12/2017.

◙ **Não há necessidade de formação de litisconsórcio passivo necessário entre candidatos se o ajuizamento da demanda for em momento anterior ao que se possa aferir o resultado final do concurso.**

"ADMINISTRATIVO E PROCESSUAL CIVIL. AGRAVO INTERNO NO RECURSO EM MANDADO DE SEGURANÇA. CONCURSO PÚBLICO. AUDITOR DE CONTROLE EXTERNO DO TCM/GO. CRITÉRIOS DE CORREÇÃO DA PROVA DISCURSIVA. ILEGALIDADES CONFIGURADAS. NÃO INCURSÃO NO MÉRITO ADMINISTRATIVO. JULGAMENTO EXTRA-PETITA. NÃO OCORRÊNCIA. PLEITO INICIAL. INTERPRETAÇÃO LÓGICO-SISTEMÁTICA. LITISCONSÓRCIO PASSIVO NECESSÁRIOS. DESNECESSIDADE. LEGITIMIDADE PASSIVA DO PRESIDENTE DO TCM/GO. 1. O acolhimento da pretensão extraído da interpretação lógico-sistemática da peça inicial e contido implicitamente no pedido não configura julgamento extra petita. Precedentes: REsp 1.646.998/MG, Rel. Min. Herman Benjamin, Segunda Turma, DJe 2/5/2017; REsp 1.355.574/SE, Rel. Min. Diva Malerbi (Des. Convocada TRF 3ª Região), Segunda Turma, DJe 23/08/2016; AgRg no AREsp 542.727/RJ, Rel. Min. Benedito Gonçalves, Primeira Turma, DJe 27/8/2015. 2. Esta Corte entende desnecessária a formação de litisconsórcio passivo em casos como o dos autos, em que a pretensão limita-se à nomeação no cargo disputado, sem afetar a esfera jurídica dos outros candidatos, que possuem mera expectativa de direito. Precedentes: AREsp 1.182.113/RS, Rel. Min. Mauro Campbell Marques, Segunda Turma, DJe 18/12/2017; AgInt no AREsp 1.028.930/PE, Rel. Min. Og Fernandes, Segunda Turma, DJe 05/12/2017; AgInt no REsp 1.676.797/PE, Rel. Min. Regina Helena Costa, Primeira Turma, DJe 16/11/2017; AgInt no RMS 43.951/DF, Rel. Min. Sérgio Kukina, Primeira Turma, DJe 17/8/2017 (...). 4. Agravo interno não provido." (AgInt no RMS 43.692/GO, Rel. Ministro BENEDITO GONÇALVES, PRIMEIRA TURMA, julgado em 15/03/2018, DJe 03/04/2018)

PROVA ORAL

▶ **Conceito**

É uma forma de avaliação do candidato onde o mesmo irá apresentar seu conteúdo e conhecimento verbalmente, comum em concursos da magistratura, do Ministério Público, dentre outros.

> ▶ "A prova oral é um questionamento verbal, realizado em sessão pública de que participam os membros da banca e o candidato. São dirigidas questões, de natureza teórica ou prática, ao candidato, a quem incumbe responder verbalmente e de modo imediato. O edital deverá prever o procedimento da prova e fixar os critérios de julgamento." (JUSTEN FILHO, Marçal. Curso de direito administrativo, 13. ed. Editora Revista dos Tribunais, São Paulo, 2018, p. 747)

▶ "No caso das provas orais – incluindo aí as chamadas "provas de tribuna", as quais podem, também, ser consideradas provas práticas —, o edital do certame deve prever os cargos/áreas/especialidades que serão submetidos a elas, as localidades de aplicação das provas, o número de candidatos habilitados para a fase, o número de membros que comporão a banca examinadora, o tempo destinado a cada membro da banca para arguição do candidato, o tempo destinado a cada candidato para responder às perguntas formuladas pela banca, os critérios de avaliação, o desempenho mínimo exigido dos candidatos e se as sessões de arguição serão públicas ou privadas. Algumas dessas informações (as mais essenciais) precisam estar insertas no edital de abertura do concurso. Outras (os detalhes da fase) podem estar especificadas no edital de convocação para a fase. É comum que, em avaliações orais, os candidatos convocados para um mesmo turno de provas fiquem confinados em um local aguardando sua vez de serem arguidos. Essa prática se faz necessária quando a banca examinadora elabora previamente um conjunto de questões que serão perguntadas a todos os candidatos de um determinado turno. Para que os candidatos não tenham acesso prévio a essas questões, é mister que eles fiquem confinados até a sua arguição. Nesse caso, o edital do concurso deve explicitar claramente essa regra, pois o candidato, ao se inscrever e, portanto, concordar com ela, não poderá posteriormente alegar cárcere privado durante a execução da fase." (Ricardo Bastos, p. 52)

▶ **A prova oral não é uma prova comum a todos os concursos públicos.**

Não é em qualquer concurso que há esta fase e muitas vezes as bancas examinadoras não sabem aplicar ela corretamente, fazendo com que candidatos bem preparados como você seja eliminado.

▶ **É de extrema importância a objetividade quanto a elaboração e correção da prova oral.**

A objetividade deve estar presente também na prova oral, mas, é na elaboração e correção das provas discursivas e orais, que a objetividade se mostra extremamente importante, pois uma questão feita e julgada com objetividade é aquela livre de interferências subjetivas do examinador. Por isso, no que refere à forma de sua correção, toda e qualquer prova de concurso público deve ser objetiva, eis que deve ser necessariamente pautada em critérios de julgamento previamente estabelecidos no edital.

▶ "O grande problema da prova oral é a dificuldade na fixação de critérios objetivos, aplicáveis de modo uniforme relativamente a todos os candidatos. Usualmente, as provas orais têm conteúdo variável de candidato para candidato. Muitas vezes, não é promovida a gravação da prova, o que impede a revisão dos eventos." (JUSTEN FILHO, Marçal. Curso de direito administrativo, 13. ed. Editora Revista dos Tribunais, São Paulo, 2018, p. 747)

▶ **Princípio da isonomia e prova oral.**

"Quanto ao princípio da isonomia, o mesmo dificilmente pode ser alcançado nas provas orais. Geralmente os editais traçam dois critérios de avaliação nas provas orais:

o sorteio de um ponto único, ou o sorteio, por parte de cada candidato, de um determinado ponto do programa. No segundo caso, é evidente que não há isonomia, uma vez que o grau de complexidade ou de dificuldade dos pontos de uma determinada disciplina é variável. No primeiro caso, mesmo que as perguntas possam ser as mesmas para cada um dos diferentes candidatos, a impessoalidade não poderá, a rigor, ser garantida. Um candidato, por exemplo, pode não oferecer uma resposta completa, mas por razões de empatia, naturais nas relações entre seres humanos, pode ele receber uma nota maior da de outro que, por timidez, ou nervosismo, tenha dado a resposta completa de modo menos simpático e direto." (FORTINI, Cristiana. Servidor público: estudos em homenagem ao professor Pedro Paulo de Almeida Dutra (Locais do Kindle 10226-10233). Editora Fórum. Edição do Kindle.)

▶ **Muitas vezes, nas provas orais, o examinador dispõe de excessiva discricionariedade.**

"Não se pode ignorar também que o examinador, nas provas orais, dispõe de excessiva discricionariedade. Na verdade, a discricionariedade, nestes casos, descamba facilmente para o arbítrio. Se eventualmente, até mesmo de maneira irreflexiva, o examinador simpatizar com determinado candidato, poderá realizar uma série de perguntas até constatar que naquele ponto o candidato encontra-se plenamente preparado, tendo maior facilidade em ofertar as respostas corretas e obter excelente nota. Do contrário, poderá iniciar um iter de indagações até constatar que naquele determinado ponto o candidato possui grandes dificuldades e, assim, atribuir nota baixa e insuficiente para aprovação. Por derradeiro, são inúmeros os obstáculos para se motivar com perfeição e correção a nota atribuída. Contudo, o mais surpreendente, neste item, é constatar a completa ausência de contestações doutrinárias e jurisprudenciais no tocante a inconstitucionalidade das provas orais." (FORTINI, Cristiana. Servidor público: estudos em homenagem ao professor Pedro Paulo de Almeida Dutra (Locais do Kindle 10226-10233). Editora Fórum. Edição do Kindle.)

▶ **Para cumprir o dever de objetividade na elaboração das provas orais é necessário que os enunciados das questões sejam claros e objetivos.**

Isso para possibilitar ao candidato a compreensão do tema dado a julgamento. Além disso, em respeito à objetividade das provas, deve-se evitar a cobrança de matérias controversas que possibilite a existência de mais de uma resposta correta ou, caso isso ocorra, que se reconheça como certa as respostas tecnicamente corretas.

▶ **A elaboração das questões das provas orais, como qualquer outra, deve ser embasada em critérios técnico-científicos.**

Isso significa que a fonte do conteúdo de cada questão da prova oral tem que ser necessariamente as posições técnicas adotadas na área do conhecimento objeto da avaliação. Embora a Administração tenha a liberdade de formular as questões dentro dos critérios estabelecidos no edital e escolher quais matérias serão avaliadas dentre as que foram previamente fixadas no conteúdo programático, a elaboração das questões não está envolvida em uma liberdade absoluta, pois esse ato deve observar critérios téc-

291

nico-científicos e esses critérios vincularão a correção da prova. Deste modo, existem limites técnicos na elaboração e correção das provas objetivas. Quando o concurso público for destinado às carreiras jurídicas, a ciência jurídica e as fontes do Direito serão os limites técnicos, mas seja qual for a área do conhecimento objeto da avaliação sempre haverá limitação técnica.

▶ " Com efeito, a liberdade da Banca Examinadora está delimitada pela ciência e pela técnica, uma vez que as questões e alternativas corretas somente serão validadas se forem científica e tecnicamente corretas de acordo com o atual estado da ciência daquele segmento. Como esses limites técnicos não fazem parte de uma margem de escolha puramente administrativa, eles podem e devem passar pelo crivo do Poder Judiciário." (OSORIO, Fábio Medina. Os limites da discricionariedade técnica e as provas nos concursos públicos de ingresso nas carreiras jurídicas. Revista Eletrônica de Direito do Estado (REDE). Salvador, Instituto Brasileiro de Direito Público, nº 22, abril/maio/junho de 2010.)

▶ **É absolutamente vedada a cobrança de matéria na prova oral que não esteja previamente contemplada no conteúdo programático do edital.**

"Não ser cobrado por matéria que esteja fora do programa do edital é um direito do candidato que se baseia nos princípios jurídicos da vinculação ao instrumento convocatório, da moralidade, da segurança jurídica, bem como na jurisprudência e na doutrina. O edital do concurso deve prever todo o conteúdo programático da prova objetiva e delimitar todas as matérias passíveis de cobrança, de modo que as questões ao serem elaboradas devem observá-lo. Estabelecido o conteúdo programático e publicado o edital não existe mais discricionariedade da administração em escolher quais serão as matérias que serão avaliadas na prova, ou seja, a partir da publicação do edital a administração fica estritamente vinculada ao conteúdo programático. Em tema de concurso público é pacífico que o edital faz lei entre as partes, estabelecendo regras às quais ficarão vinculados a administração e os candidatos. Essa é a essência do princípio da vinculação ao instrumento convocatório. Esse princípio é entendido tanto pela jurisprudência quanto pela doutrina como uma faceta dos princípios da impessoalidade, da legalidade e da moralidade, mas devido à sua importância, em especial no concurso público, ele merece tratamento próprio. Qualquer questão da prova oral que cobre uma matéria não abrangida pelo conteúdo programático do edital deverá ser anulada, pois trata-se de uma violação ao próprio edital do concurso. A jurisprudência é pacífica quanto a isso." (COUTINHO, Alessandro, FONTENELE, Francisco. Concurso Público: os direitos fundamentais dos candidatos. Editora Método, São Paulo, 2014, p. 76)

◙ **No mesmo sentido:** "PROCESSUAL CIVIL. DIREITO ADMINISTRATIVO. CONCURSO PÚBLICO. PROVA ORAL. ARGUIÇÃO DE DIREITO ADMINISTRATIVO. ESTÁGIOS DA DESPESA PÚBLICA. LEI N. 4.320/64. CONTEÚDO PROGRAMÁTICO. AUSÊNCIA DE PREVISÃO. CONTROLE DE LEGALIDADE. JUÍZO DE COMPATIBILIDADE COM A PREVISÃO DO EDITAL. POSSIBILIDADE. CÓDIGO DE PROCESSO CIVIL DE 2015. APLICABILIDADE. I – Consoante o decidido pelo Plenário desta Corte na sessão realizada em 09.03.2016, o regime recursal será determinado pela data da publicação do provimento jurisdicional impugnado. In casu, aplica-se o Código de Processo Civil de 2015 no julgamento do Agravo Interno. II – A quarta etapa do 17º Concurso Público para provimento do cargo de Defensor Público Substituto do Estado do Mato Grosso do Sul, consubstanciada na arguição oral aos candidatos, poderia, a teor do item 20.1 do edital, "versar sobre toda e qualquer matéria do conteúdo programático constante do Anexo Único". Tendo sido o Impetrante perquirido sobre "quais são os estágios necessários para a realização da despesa pública", há incompatibilidade entre o conteúdo programático e a avaliação aplicada. III – Não se desconhece que a temática "despesas públicas" permeia o Direito Administrativo, sobremodo o estudo da Lei de Responsabilidade Fiscal (Lei Complementar n. 101/01), possuindo, ademais, alicerces na própria Constituição da República. Todavia, é consabido que os procedimentos para execução das despesas públicas, mormente as etapas de empenho, liquidação e pagamento, estão delineados na Lei n. 4.320/64, a qual não consta do edital do certame. IV – Conclusão diversa, outrossim, olvida da autonomia do Direito Financeiro, escorada na existência de princípios jurídicos que lhe são próprios, não extensíveis a outros ramos da ciência jurídica, e consagrada no art. 24, I, da Constituição da República. V – Acerca do controle de legalidade sobre as questões de concurso público, o Supremo Tribunal Federal firmou, em julgamento submetido à sistemática da repercussão geral, tese segundo a qual os critérios adotados pela banca examinadora não podem ser revistos pelo Poder Judiciário, ressalvando-se o juízo de sua compatibilidade com a previsão do edital. Precedentes. VI – Ante a formulação de questão incompatível com o edital do concurso público para provimento do cargo de Defensor Público Substituto do Estado do Mato Grosso do Sul, de rigor a anulação da questão n. 551, do exame oral aplicado ao Recorrente. VII – Recurso ordinário provido." (RMS 51.370/MS, Rel. Ministra REGINA HELENA COSTA, PRIMEIRA TURMA, julgado em 12/06/2018, DJe 18/06/2018)

◉ **No mesmo sentido:** "EMENTA: MANDADO DE SEGURANÇA. ADMINISTRATIVO. CONSELHO NACIONAL DE JUSTIÇA. CONCURSO PÚBLICO PARA INGRESSO NA MAGISTRATURA. PROVA ORAL. FORMULAÇÃO DE QUESTÕES SOBRE TEMAS NÃO CONTEMPLADOS NO PONTO JURÍDICO SORTEADO. INTERPOSIÇÃO DE RECURSO ADMINISTRATIVO. ALEGADA INVIABILIDADE DE REVISAR A NOTA OBTIDA PELO CANDIDATO (ART. 70, § 1º, DA RESOLUÇÃO CNJ n. 75/2009). DETERMINAÇÃO DE EXCLUSÃO DO CERTAME. IMPOSSIBILIDADE. DISTINÇÃO ENTRE A IRRETRATABILIDADE DA NOTA ATRIBUÍDA AO CANDIDATO EM PROVA ORAL E O EXERCÍCIO DO CONTROLE ADMINISTRATIVO DA LEGALIDADE. VINCULAÇÃO DA ADMINISTRAÇÃO ÀS NORMAS ESTABELECIDA NO EDITAL DE CONCURSO PÚBLICO. ORDEM DE SEGURANÇA CONCEDIDA." (MS 32042, Relator(a): Min. CÁRMEN LÚCIA, Segunda Turma, julgado em 26/08/2014, PROCESSO ELETRÔNICO DJe-171 DIVULG 03-09-2014 PUBLIC 04-09-2014)

◉ **No mesmo sentido:** "ADMINISTRATIVO. CONCURSO PÚBLICO. MAGISTRATURA. PROVA ORAL. CONTEÚDONÃO PREVISTO NO EDITAL DO CERTAME. VINCULAÇÃO AO EDITAL. INOBSERVÃNCIA.1. Ao se formularem perguntas ao candidato referentes à matéria não incluída no edital, que delimitou o conteúdo da prova oral, houve inobservância do edital, ao qual toda a atividade administrativa do concurso deve estar vinculada.2. Não se trata de rever os critérios estabelecidos pela Banca Examinadora para a elaboração de questões, mas sim, de garantir o cumprimento das regras estabelecidas no edital do concurso público e em relação às quais estavam vinculados tanto a administração quanto oscandidatos.3. Assim, as indagações estranhas ao conteúdo programático previsto no edital não foram válidas e, nos termos da apelação devem ser desconsideradas, reputando-se matéria não arguida ao apelante por ocasião do concurso, na prova oral de processo civil.4. Apelação parcialmente provida, nos termos do voto." (TRF 2 Apelação Cível – Turma Espec. III – Administrativo e Cível nº CNJ: 0003398-04.2014.4.02.5001 (2014.50.01.003398-7) Rel: Desembargador Federal RICARDO PERLINGEIROS, 26 de julho de 2016).

◙ **No mesmo sentido:** "Saca-se do voto deste julgamento o seguinte trecho: "Assim, as indagações estranhas ao conteúdo programático previsto no edital não foram válidas e, nos termos da apelação devem ser desconsideradas, reputando-se matéria não arguida ao apelante por ocasião do concurso, na prova oral de processo civil. Diante da notícia veiculada no sítio do CESPE/UnB na internet, verifica-se que o resultado final do certame já foi homologado, em 09/06/2014, circunstância que revela não se mostrar razoável a realização de novas provas. Portanto, entendo que deve ser anulada a questão da prova oral aqui impugnada e, em consequência, devem ser computados integralmente os pontos relativos a tal questão, com o recálculo da nota final do apelante, assegurando-lhe o direito de prosseguir na etapa seguinte, de avaliação de títulos, relativa ao concurso público indicado na espécie, desde que alcance a pontuação necessária para tanto e preencha todos os demais requisitos legais..."

▶ **É nula a questão oral que cobra legislação revogada.**

A cobrança de legislação revogada é uma espécie de vício material, evidente e que, por isso, gera a nulidade da questão. Se a Banca Examinadora reconhece isso administrativamente a anulação vai operar efeitos erga omnes – ou seja, anulada a questão, devem-se atribuir a ela referentes a todos os candidatos. Se a Banca Examinadora não adotar essa conduta, que é o caminho legal e correto, no caso de a questão ser judicializada pelo candidato lesado, em caso de êxito na demanda, os efeitos serão inter parts, ou seja, valerão apenas para quem ingressou em juízo e obteve o reconhecimento da ilegalidade.

▶ **É possível que alterações legislativas supervenientes à publicação do edital sejam objeto de cobrança em uma prova oral, desde que seja referente a legislação já prevista no edital.**

O edital de abertura do concurso deve prever o conteúdo programático tanto das provas objetivas quanto das provas, inclusive as orais, e todas as questões ao serem elaboradas devem observá-lo. Uma vez estabelecido o conteúdo programático e publicado o edital não existe mais discricionariedade da Administração em escolher quais serão os temas avaliados nas provas, ou seja, a partir da publicação do edital a Administração fica estritamente vincula ao conteúdo programático. Em razão do princípio da vinculação ao instrumento convocatório, o Superior Tribunal de Justiça tem decidido no sentido de que a Banca Examinadora de concurso público pode elaborar questão decorrente de atualização legislativa superveniente à publicação do edital, desde que esteja em conformidade com as matérias indicadas no conteúdo programático. Assim, qualquer assunto que estiver incluído no conteúdo programático e que venha sofrer alteração legislativa, mesmo que a lei tenha entrado em vigor após a publicação do edital de abertura do concurso, pode ser objeto de análise das questões da prova objetiva.

◉ **No mesmo sentido:**"...3. "De acordo com a jurisprudência desta Corte é cabível a exigência, pela banca examinadora de concurso público, de legislação superveniente à publicação do edital, quando este não veda expressamente tal cobrança. Desse modo, previsto no edital o tema alusivo ao 'Poder Judiciário', é possível o questionamento sobre a Emenda Constitucional 45/2004, promulgada justamente com o objetivo de alterar a estrutura do Judiciário pátrio" (STJ – AgRg no RMS 22.730/ES, Rel. Ministra MARIA THEREZA DE ASSIS MOURA, SEXTA TURMA, julgado em 20/4/2010, DJe 10/5/2010). (...) (AgRg no RMS 21.654/ES, Rel. Ministro OG FERNANDES, SEXTA TURMA, julgado em 01/03/2012, DJe 14/03/2012)."

▶ **Se existir vedação expressa no edital quanto à cobrança de legislação superveniente não será lícita a exigência de alterações legislativas posteriores à publicação do edital nas formulações das questões da prova oral.**

Isso porque nessa situação haveria afronta ao instrumento que rege o certame, bem como ao princípio da legalidade.

◉ **No mesmo sentido:**"(...) De acordo com a jurisprudência desta Corte é cabível a exigência, pela banca examinadora de concurso público, de legislação superveniente à publicação do edital, quando este não veda expressamente tal cobrança. (...) Deste modo, a alteração legislativa superveniente a publicação do edital somente se mostra ilegal quando a nova legislação não faz parte de alguma das matérias elencadas no conteúdo programático da prova objetiva ou quando o edital de abertura do concurso vede essa possibilidade. (STJ – AgRg no RMS: 22730 ES 2006/0204792-3, Relator: Ministra Maria Thereza de Assis Moura, Data de Julgamento: 20/04/2010, T6 – Sexta Turma, Data de Publicação: DJe 10/05/2010)"

◉ **É imperativo que exista na fase de prova oral uma chave de correção com espelho de quanto vale cada ponto da resposta esperada.**

"Não há dúvida de que a negativa de vista de qualquer espécie de prova ou dos critérios adotados para a sua correção fere o princípio constitucional da publicidade, além de impedir que o interessado tenha embasamento suficiente para interpor recurso administrativo, quando for o caso, cerceando, assim, o seu direito ao contraditório e à ampla defesa (grifei). 3-) Acresce que o art. 5º, XXXIII, da CF/88 garante a todos o direito de receber dos órgãos públicos informações relativas a interesse particular, o que reforça o direito do impetrante de ter vista dos documentos requeridos na inicial." (200650010072911, Desembargador Federal Antônio Cruz Netto, TRF2 – Quinta Turma Especializada, DJU – Data:09/12/2008 – Página:207).

▶ **Nas provas orais é fundamental a gravação da mesma para fins de possibilitar a ampla defesa e o contraditório do candidato na interposição do recurso.**

"Normalmente, a prova oral (ou de tribuna) precisa ser filmada e, às vezes, essa filmagem é disponibilizada aos candidatos para fins de recurso. Se esse for o caso e se a prova oral for de responsabilidade da instituição especializada contratada para organizar o certame concursal, então essa filmagem (e eventual disponibilização aos candidatos) deverá ser informada no Projeto Básico, para que a organizadora inclua esse produto em sua proposta de prestação de serviços técnico-especializados." (BASTOS, Ricardo. Concurso público: etapa interna e externa passo a passo / Alessandro Dantas Coutinho, William Douglas e Ricardo Bastos. – Curitiba, PR: Negócios Públicos, 2015. p. 52)

◉ **No mesmo sentido:**"...Penso não ser por outra razão, senão para assegurar a lisura e isenção na fase seletiva de maior subjetividade em processos dessa natureza, que se passou a determinar o registro em gravação do áudio das sessões públicas em que se realizam os exames (art. 68 da Resolução CNJ n. 75/2009). A existência de registro documental dessas sessões orienta a conduta de avaliados e avaliadores e promove o respeito aos princípios da legalidade, moralidade e impessoalidade. (MS 32042, Relator(a): Min. CÁRMEN LÚCIA, Segunda Turma, julgado em 26/08/2014, PROCESSO ELETRÔNICO DJe-171 DIVULG 03-09-2014 PUBLIC 04-09-2014)"

◉ **No mesmo sentido:** "Consoante entendimento do STJ sobre concursos públicos, devem ser devidamente respeitados os seguintes requisitos: existência de previsão legal, cientificidade e objetividade dos critérios adotados, e possibilidade de revisão do resultado obtido pelo candidato. Nesse sentido, é vedada a existência de subjetivismo e de sigilo no exame mencionado, sob pena de violação dos princípios da legalidade e da impessoalidade. II. Embora o magistrado de primeiro grau tenha utilizado o termo prova oral em sua fundamentação, as eventuais diferenças estruturais apontadas pela apelante entre esta e a entrevista não retiram o seu caráter subjetivo, que traduz a essência do pedido do MPF, pois o que procura mitigar são os efeitos danosos desta característica, contrabalanceando-a com meios idôneos aos candidatos para questioná-las administrativamente ou judicialmente em caso de abuso ou ilegalidade. III. É razoável, portanto, impor à Administração Pública que realize a gravação de provas orais ou de entrevista em respeito ao princípio da ampla defesa e publicidade. IV. Apelação e remessa oficial a que se nega provimento." (TRF01 – AP/RN: 00093624020094013300, Relator: JIRAIR ARAM MEGUERIAN, SEXTA TURMA, Data de Publicação: 03/12/2015)

◉ **É ilegal o ato de não liberação da gravação do áudio da prova oral para o candidato apresentar recurso.**

"(...)2. A negativa de disponibilização da prova oral fere o princípio constitucional da publicidade, além de retirar a possibilidade de revisão dos atos da banca examinadora, violando, assim, o disposto no art. 5º, XXXV da Constituição Federal, pois impede que o Judiciário exerça o controle jurisdicional sobre possível lesão a direito do candidato. 3. Não adianta haver a abertura de prazo para recurso administrativo, sem que o candidato disponha de meios que efetivem esse direito e possa comprovar suas alegações. É evidente que o candidato precisa ter acesso a sua prova, bem como aos motivos que levaram a sua reprovação, para que possa contestar-lhe os critérios, quando for o caso..." (Juiz Federal Alexandre Jorge Fontes Laranjeira (em substituição), TRF1 – Quinta Turma, e-DJF1 data:02/09/2011.

◉ **É ilegal a falta de motivação nos descontos da nota na prova oral.**

"A reprovação do autor na prova prático-oral de concurso público para ingresso no quadro técnico do corpo auxiliar da marinha do Brasil, com início no posto de primeiro Tenente, padece da falta de motivos suficientes e adequados ou, no mínimo, da falta de motivação suficiente, pública e convincente de sua inaptidão, contrariando o disposto no art. 50 da Lei 9.784/1999. TRF01 – PROC: 10948792004401340Ø."

▶ **É ilegal qualquer regra do edital que impossibilidade o candidato de recorrer na fase de prova oral.**

O candidato tem direito a recurso ilimitado da correção da prova, podendo se valer de advogado, juntar provas como parte de seu exercício pleno do direito à ampla defesa e ao contraditório. Esse direito está respaldado pelos princípios da ampla defesa e do contraditório, na jurisprudência e na doutrina. Os princípios do contraditório e da ampla defesa, previstos no art. 5º, inciso LV, da Constituição Federal, revelam-se aplicáveis aos concursos públicos, entre outras fases, no momento da interposição de recursos contra o resultado das provas discursivas. Para que esse direito seja exercido é necessário que os candidatos tenham vista da prova. Esse é o momento que o candidato tem para apresentar suas razões contra a correção que a Banca Examinadora fez da prova discursiva e para solicitar seu reexame. Cabe à banca analisar cuidadosamente os recursos e divulgar detalhadamente as razões de sua decisão. Qualquer disposição editalícia que vede a vista das provas e a interposição de recursos fere o princípio do contraditório e da ampla defesa. Com efeito, regra prevista no edital com esse conteúdo não se coaduna com o estado democrático de direito, cuja essência denota a submissão, também do Estado, às disposições normativas e ao controle da sociedade. A Constituição Federal é o instrumento balizador dessa nova conformação político-jurídica e todas as normas, ainda que não propriamente leis em sentido estrito, como é o caso dos editais de concursos públicos, devem-lhe observância irrestrita. O edital que veda vista de provas e interposição de recursos também viola o princípio da publicidade, pois a Constituição não se coaduna com o sigilo, que apenas é admitido em situações excepcionais – e o concurso público não está entre essas excepcionalidades, vez que é marcado pela ampla publicidade.

◉ **No mesmo sentido:** "3. In casu, não está em discussão critério de avaliação escolhido pelo administrador, no âmbito de sua discricionariedade, ou seja, não se está questionando acerca da formulação ou da correção de questões pela Banca Examinadora. Está em debate a adoção, no edital, de procedimento de imposição de sigilo e de irrecorribilidade, em confronto direto com a Norma Constitucional, o que autoriza o controle jurisdicional do ato administrativo. Não se olvide que mesmo os atos administrativos discricionários são passíveis de controle pelo Poder Judiciário, quando inconstitucionais, ilegais e abusivos, não ofendendo, tal ilação, o princípio da separação dos poderes. "Contravindo aos bem lançados argumentos recursais, a jurisprudência do STJ entende, em hipótese semelhante a destes autos, ser possível a intervenção do Poder Judiciário nos atos regulatórios (editais) que regem os concursos públicos" (STJ, AgRg no REsp 673.461/SC, Rel. Ministro Celso Limongi (Desembargador convocado do TJ/SP), Sexta Turma, julgado em 18/02/2010, DJe 08/03/2010)."

◉ **No mesmo sentido:** "CONSTITUCIONAL E ADMINISTRATIVO. RECURSO ORDINÁRIO EM MANDADO DE SEGURANÇA. CONCURSO PÚBLICO. PRINCÍPIOS DA PUBLICIDADE, DA AMPLA DEFESA E DO CONTRADITÓRIO. OBSERVÂNCIA. VISTA DA PROVA QUE ELIMINOU A CANDIDATA DO CERTAME. CONCESSÃO DA ORDEM.1. Tendo em vista a necessária observância aos princípios norteadores de toda atividade administrativa, mormente os da publicidade – que se desdobra no direito de acesso a informação perante os órgãos públicos –, da ampla defesa e do contraditório, o candidato em concurso público deve ter acesso à prova realizada com a indicação dos erros cometidos que culminaram no seu alijamento do certame. 2. Recurso ordinário provido. ROMS 200802080781, LAURITA VAZ, STJ – QUINTA TURMA, DJE DATA:19/12/2008".

▶ É certo que o edital do concurso público é lei entre as partes, de modo que a inscrição no certame implica concordância com as regras nele contidas. Contudo, essa diretriz não prevalece se as disposições do edital violarem os princípios que regem a atividade administrativa. Portanto, é evidente a nulidade de regra editalícia que vede a vista da prova e a interposição de recurso, devendo o Poder Judiciário afastar a sua aplicação diante do caso concreto, possibilitando que o candidato tenha acesso à sua prova discursiva, bem como à grade de correção, autorizando que o mesmo apresente recurso administrativo.

◉ **No mesmo sentido:**"Prejudicada a questão relativa à disposição contida no subitem 7.3 do edital. Não serão admitidos recursos contra as provas dissertativas (redação), nem contra as provas práticas orais, disposição essa que, aliás, afronta visivelmente o art. 5º, LV, da constituição e o art. 56 da Lei 9.784/1999. TRF01 – PROC: 109487920044013400."

▶ **É ilegal o julgamento imotivado dos recursos interpostos na fase de provas orais.**

O candidato não pode receber uma resposta padrão para seu recurso. Devem ser analisados todos os pontos por ele levantados. Tal direito é amparado nos princípios da motivação, razoabilidade, impessoalidade e segurança jurídica, além de ter embasamento na jurisprudência e na doutrina. Após a divulgação do resultado das provas objetivas e discursivas, qualquer candidato que se sentir insatisfeito ou de alguma forma prejudicado com a correção da prova deve ter oportunidade de apresentar recurso administrativo. O recurso deve conter os fundamentos que embasam a pretensão do recorrente. Ao apreciá-lo, a Banca Examinadora deve fundamentar adequadamente tanto o deferimento quanto o indeferimento, se for o caso. A fundamentação de todos os recursos administrativos interpostos pelos candidatos é indispensável, pois a apresentação de uma resposta específica acerca do recurso é um ato vinculado. Caso a Banca Examinadora atue de outra forma, estará violando os princípios do contraditório, da ampla defesa e, sobretudo, o princípio da motivação previsto no art. 2º e 50, inciso V, da Lei Federal 9.784/99, que regula o processo administrativo no âmbito da administração pública federal. Como deixou bem claro o desembargador-relator, determinar que a mesma banca faça um novo julgamento do recurso será "chover no molhado", porque ela "manterá o seu critério e, evidentemente, o justificará, por isto ou por aquilo". Uma decisão administrativa que aprecie recurso de forma genérica deve, portanto, ser anulada. Como é muito duvidoso e inseguro determinar que a mesma Banca Examinadora reavalie a prova discursiva e realize novo julgamento do recurso, a solução mais adequada é determinar a realização de perícia para que seja atribuída ao candidato a nota realmente merecida por ele na prova discursiva.

> ◙ **No mesmo sentido:**"A negativa de acesso às razões do indeferimento de recurso administrativo interposto com vistas a impugnar nota obtida em prova discursiva fere os princípios da publicidade e da motivação, bem como o direito à informação, que visam possibilitar a revisão do ato administrativo, assegurando o pleno exercício do direito ao contraditório e à ampla defesa. TRF01 – APL: 00324304420084013400."

◙ **A legitimidade passiva para responder a ação referente à anulação de questão de prova oral é do Poder Público e da Banca Examinadora em litisconsórcio passivo.**

"PROCESSUAL CIVIL. CONCURSO PÚBLICO. LITISCONSÓRCIO PASSIVO NECESSÁRIO. SENTENÇA DE EXTINÇÃO MANTIDA. 1. A ação civil pública que questiona termos de edital de concurso promovido pelo TJDFT e organizado pela CESP/UnB tem, como litisconsortes passivos necessários, a União e a Fundação Universidade de Brasília. 2. A organizadora do concurso está adstrita às exigências feitas pelo órgão contratante, promovendo o concurso público, nos termos e na forma requerida por aquele. Portanto, os efeitos de um provimento judicial de mérito, certamente, atingem a ambos. Por isso trata-se de litisconsórcio passivo necessário, pois a natureza da relação jurídica controvertida e a eficácia da sentença de mérito dependem da presença de todas as partes na relação processual. 3. Tendo a parte autora deixado de promover a citação da FUB, mesmo após determinação judicial nesse sentido, a extinção do processo deve ser mantida. 4. Apelação conhecida e não provida." (AC 2008.34.00.002225-6/DF, Rel. Desembargador Federal Kassio Nunes Marques, Conv. Juiz Federal Leonardo Augusto De Almeida Aguiar, Sexta Turma,e-DJF1 p. de 30/04/2018)

FASE DE ANÁLISE DE TÍTULOS

▶ **Objetivo da fase de títulos.**

O texto constitucional em vigor estabelece que a investidura em cargo ou emprego público depende de aprovação prévia em concurso público de provas ou de provas e títulos, de acordo com a natureza e a complexidade do cargo ou emprego (art. 37, inciso II). A prova de títulos é uma das formas de avaliar o mérito do candidato através da análise de sua produção científica, de sua vida acadêmica, de sua experiência profissional, etc. Como o concurso público é o meio adequado para que a Administração Pública preencha seus quadros com pessoas que se mostrem habilitadas e capacitadas para desenvolver determinada atividade, sendo uma disputa imparcial onde se averigua o melhor e mais preparado candidato para executar determinada função, não é possível a seleção de candidatos apenas mediante análise de títulos, sendo essa determinação expressa no art. 37, inciso II, da Constituição Federal, que estabelece que o concurso público será de provas ou de provas e títulos.

> ▶ **No mesmo sentido:** "O exame de títulos encerra o reconhecimento formal por parte da Administração Pública dos méritos dos candidatos que procuraram obter uma formação adicional àquelas exigidas pelo edital. Neste caso, o concurso público na modalidade de provas e títulos é um poderoso incentivo à qualificação dos indivíduos, sendo elogiável que o Estado assim atue." (FORTINI, Cristiana. Servidor público: estudos em homenagem ao professor Pedro Paulo de Almeida Dutra (Locais do Kindle 10236-10237). Editora Fórum. Edição do Kindle.

▶ **A exigência e pontuação dos títulos deve ser amparada pelos princípios a razoabilidade e proporcionalidade**

A Constituição Federal define a exigência de concurso de provas ou de provas e títulos, outorgando à lei a atribuição de definir quais as provas, ou quais as provas e os títulos exigíveis, de acordo com a situação de cada cargo ou emprego público. A definição dos títulos exigíveis deve observar os princípios da razoabilidade, da proporcionalidade, da adequação, bem como os demais princípios inseridos no caput do art. 37, da Constituição, aplicáveis a Administração Pública.

> ▶ **No mesmo sentido:** "Todavia, o concurso público nesta modalidade não pode desvirtuar o escopo maior do certame seletivo, qual seja o de selecionar, isonomicamente, os melhores candidatos. Assim sendo, o edital deverá, com precisão, declarar os títulos que serão aceitos, bem como a pontuação de cada um. A razoabilidade e a proporcionalidade deverão ser observadas com rigor. Assim, é evidente que fere a proporcionalidade o edital que atribui, por exemplo, a mesma pontuação para cursos de especialização, mestrado e doutorado. Do mesmo modo, não se mostra razoável que o edital atribua pontos, por exemplo, a uma publicação poética num concurso para professor de física ou, não atribua pontos à mesma publicação poética num concurso para professor

de literatura." (FORTINI, Cristiana. Servidor público: estudos em homenagem ao professor Pedro Paulo de Almeida Dutra (Locais do Kindle 10237-10243). Editora Fórum. Edição do Kindle.)

◙ **No mesmo sentido:** "APELAÇÃO CÍVEL EM REMESSA NECESSÁRIA. MANDADO DE SEGURANÇA. CONCURSO PÚBLICO. PROFESSOR. NUMERAÇÃO DAS CÓPIAS DOS DOCUMENTOS ENTREGUES À ADMINISTRAÇÃO. MERA FORMALIDADE. RIGOR EXCESSIVO. DESPROPORCIONALIDADE DA ATRIBUIÇÃO DE NOTA ZERO. RECURSO DESPROVIDO. SENTENÇA MANTIDA. 1) O princípio da vinculação ao edital não é absoluto, de tal forma que impeça o judiciário de interpretar-lhe, buscando-lhe o sentido e a compreensão e escoimando-o de cláusulas desnecessárias ou que extrapolem os ditames da lei de regência e cujo excessivo rigor possa afastar, da concorrência, possíveis proponentes, ou que o transmude de um instrumento de defesa do interesse público em conjunto de regras prejudiciais ao que, com ele, objetiva a administração. Precedentes do STJ. 2) Os editais de concursos públicos não estão acima da Constituição Federal ou das leis que preconizam os princípios da impessoalidade, do devido processo administrativo, da motivação, da razoabilidade e proporcionalidade. Precedentes do STJ. 3) Recurso desprovido. Sentença mantida." (TJES, Classe: Apelação / Remessa Necessária, 056160006377, Relator Designado: JOSÉ PAULO CALMON NOGUEIRA DA GAMA, Órgão julgador: SEGUNDA CÂMARA CÍVEL, Data de Julgamento: 24/04/2018, Data da Publicação no Diário: 23/05/2018)

▶ **A fase de títulos deve apresentar o maior grau de objetividade possível**

Como em qualquer outra prova de concurso público os critérios de avaliação da prova de títulos devem apresentar o maior grau de objetividade possível, devendo constar previamente no edital de abertura do certame os títulos que serão considerados e a pontuação de cada um, que será proporcional a importância para o exercício do cargo ou emprego público. Como os critérios objetivos para avaliação da prova de títulos devem constar no edital que regula o concurso público, ofende os princípios constitucionais da moralidade administrativa e da impessoalidade a fixação, após a entrega dos títulos, de critérios restritivos para a atribuição de pontos.

▶ "No caso de haver avaliação de títulos, o edital do certame deve especificar, minimamente, os cargos/áreas/especialidades cujos candidatos terão seus títulos avaliados, a classificação mínima para que o candidato tenha seus títulos avaliados, os pontos que serão atribuídos a cada título, a pontuação máxima que poderá ser atribuída para cada tipo de título, a pontuação máxima a ser atribuída na avaliação de títulos e os documentos que serão aceitos para fins de comprovação." (BASTOS, Ricardo. Concurso público : etapa interna e externa passo a passo / Alessandro Dantas Coutinho, William Douglas e Ricardo Bastos. – Curitiba, PR : Negócios Públicos, 2015. p. 55)

▶ "Em certas situações, tem-se visto que, em certos concursos públicos para determinada atividade pública, a Administração Pública tem atribuído pontuação muito elevada para quem já tem atuação na mencionada atividade objeto do certame ou atividade afim, sendo mesmo a prova de títulos a definidora da classificação do certame, o que induz ao final provocar quebra na isonomia, pois quem não detiver tal experiência prévia ao concurso já estará em situação de grande desvantagem a quem a detiver." (Concursos Públicos, MACHADO Jr. Agapito. Editora Atlas, 2008, p. 98)

▶ "Segue daí que também não pode ser atribuída, a quem já disponha de uma destas qualificações, posição privilegiada em relação ao demais, outorgando-lhes, à conta de títulos computáveis na classificação, uma soma de pontos que lhe permita disputar com vantagem o acesso a cargos postos no certame." (Celso Antônio Bandeira de Mello, p. 130)

▶ "O STF chegou a entender que "surge a conflitar com a igualdade almejada pelo concurso público o empréstimo de pontos a desempenho profissional anterior em atividade relacionada com o concurso público". Da mesma forma o fez ao entender "plausível a invocação do princípio constitucional da isonomia contra a validade de normas que considera título, o mero exercício de cargos públicos, efetivos ou comissionados, privativos ou não, de graduados em Direito." (Concursos Públicos, MACHADO Jr. Agapito. Editora Atlas, 2008, p. 98)

◉ **No mesmo sentido:**"RECURSO ORDINÁRIO EM MANDADO DE SEGURANÇA. ADMINISTRATIVO. CONCURSO PÚBLICO. SERVIÇOS NOTARIAIS E DE REGISTROS DO ESTADO DE MINAS GERAIS. EDITAL N.º 001/99. PROVA DE TÍTULOS. COMISSAO EXAMINADORA. ADENDOS, PUBLICADOS APÓS A APRESENTAÇAO DOS TÍTULOS, QUE REDEFINEM E ALTERAM OS CRITÉRIOS IMPOSTOS PELO EDITAL. OFENSA AOS PRINCÍPIOS DA MORALIDADE, FINALIDADE E IMPESSOALIDADE. PRECEDENTES. RECURSO PARCIALMENTE PROVIDO. 1. O fato de a Comissão Examinadora, após a apresentação dos títulos pelos concorrentes, publicar adendos redefinindo ou alterando os critérios impostos pelo Edital n.º 001/99 de abertura do Concurso Público para provimento de vagas nos Serviços Notariais e de Registros Públicos do Estado de Minas Gerais, malfere os princípios da moralidade, finalidade e impessoalidade, norteadores do certame público, na medida em que fez distinções que trouxeram prejuízo ao Recorrente. Precedentes desta Corte. 2. Recurso parcialmente provido." (RMS 18050/MG, Relatora Ministra Laurita Vaz, DJ de 05.09.2005). (STJ, Relator: Ministro LUIZ FUX, Data de Julgamento: 14/08/2007, T1 – PRIMEIRA TURMA)

▶ **Os títulos a serem considerados no concurso público devem possuir pertinência com as atividades inerentes ao cargo ou emprego público.**

Os títulos a serem considerados no concurso público devem possuir pertinência com as atividades inerentes ao cargo ou emprego público, por isso não é qualquer título que pode ser aceito como critério de seleção dos candidatos. Deste modo, em um concurso para juiz será irrelevante na avaliação de títulos o fato de o candidato possuir pós-graduação em gastronomia ou em arte, pois somente devem ser levados em consideração os títulos que demonstrem o mérito do candidato para o exercício do cargo.

◙ **No mesmo sentido:** "AÇÃO DIRETA DE INCONSTITUCIONALIDADE. Título de "Pioneiro do Tocantins". Art. 25 da Lei n. 157, de 27.07.90, art. 29 e seu par. único do Decreto n. 1.520, de 8.08.90 e item 4.4 do Edital de Concurso de 15.09.90, D.O.E. de 16.10.90, do Estado do Tocantins. O título "Pioneiro do Tocantins", previsto no "caput" do art. 25 da Lei n. 157/90; atribuído a servidores do Estado, nada tem de inconstitucional. Entretanto, quando utilizado para concurso de provas e títulos, ofende clara e diretamente o preceito constitucional que a todos assegura o acesso aos cargos públicos, pois, o critério consagrado nas normas impugnadas, de maneira oblíqua, mas eficaz, deforma o concurso a ponto de fraudar o preceito constitucional, art. 37, II, da Constituição. Declaração de inconstitucionalidade da expressão "inclusive para fins de concurso público de títulos e provas" contida no par. único do art. 25 da Lei n. 157/90, do art. 29 e seu parágrafo único do Decreto n. 1.520, de 08.08.90, e da expressão "cabendo ao "Pioneiro do Tocantins", como título, 30 (trinta) pontos, nos termos do art. 25, único, da Lei n. 157, de 27 de julho de 1990 e seu regulamento, contida no item 4.4 do edital de concurso público de 15.10.90, publicado no D.O.E. de 16.10.90." (ADI 598, Relator Min. Paulo Brossard, Tribunal Pleno, julgado em 23/09/1993.)

▶ **Deve ser assegurado aos candidatos acesso à avaliação do seu resultado na fase de títulos.**

Outrossim, em face dos princípios constitucionais da publicidade e da legalidade (Constituição Federal, art. 37, caput), deve ser assegurado aos candidatos acesso à avaliação do seu resultado, bem como a possibilidade de impugnar administrativamente o resultado da avaliação de títulos mediante recurso administrativo.

◙ **No mesmo sentido:**"... O objeto da presente demanda não contempla, pelo menos em sua totalidade, o reexame do mérito administrativo, mas sim o questionamento acerca da sua validade, já que aparentemente sem motivação, não havendo que se falar, pois, em pretensão de substituição dos critérios adotados pela banca examinadora, pelo menos no que se refere ao pedido principal. IV – A motivação e a publicidade dos atos e decisões administrativas são indispensáveis à atuação da Administração Pública. A falta desses elementos dificulta o acesso do administrado ao recurso, bem como o controle de legalidade dos atos administrativos, afrontando o princípio constitucional da ampla defesa (artigo 5º, LV, da CF/88). V – Tem a impetrante o direito de ter acesso às razões que levaram a banca a alterar a sua pontuação referente à análise curricular no Processo Seletivo em análise. "...Deve-se aguardar a devida motivação do ato e, após, sentindo-se a impetrante prejudicada e vislumbrando a possibilidade de existir alguma ilegalidade, resta-lhe assegurado o direito de ingresso no Judiciário. VIII – Recurso de apelação interposto pela impetrante ao qual se dá parcial provimento, concedendo-se parcialmente a segurança pleiteada e determinando que a banca examinadora motive o ato administrativo que alterou a nota inicialmente dada na fase de avaliação curricular." (AMS 0046939-67.2014.4.01.3400/DF, Rel. Desembargador Federal Jirair Aram Meguerian, Sexta Turma, e-DJF1 p. de 16/04/2018)."

◙ **Deve se analisar os títulos apresentados com razoabilidade.**

"TÍTULO DESCONSIDERADO PELA BANCA EXAMINADORA. DIPLOMA DE PÓS-GRADUAÇÃO. AUSÊNCIA DE HISTÓRICO ESCOLAR JUNTO AO DOCUMENTO. VIOLAÇÃO AOS PRINCÍPIOS DA PROPORCIONALIDADE E RAZOABILIDADE. FORMALISMO EXACERBADO. APRECIAÇÃO PELO PODER JUDICIÁRIO. CABIMENTO. 1. Embora o edital regrador de concurso público ostente a natureza de "lei entre as partes", as exigências nele previstas que sejam desprovidas de motivação legítima que as justifique podem ser excepcionalmente afastadas pela Poder Judiciário. 2. A banca examinadora não pode recusar a atribuição de pontuação para o título de pós-graduação, sob a alegação da falta de histórico escolar com a descrição das matérias cursadas e com os nomes dos professores com suas respectivas titulações, inexistindo questionamento quanto à validade material e formal do documento apresentado. 3. Trata-se de formalismo exagerado a exigência de informações que não são capazes de interferir na veracidade do diploma e tampouco no direito de que este seja reconhecido como título para majoração de nota final em concurso público. 4. Apelação e remessa oficial desprovidas." (AC 0008436-84.2008.4.01.3400/DF, Rel. Desembargadora Federal Daniele Maranhão Costa, Quinta Turma, e-DJF1 p. de 29/05/2018)

◙ **É válida a certidão de conclusão do curso ou o diploma para fins de comprovação referente à prova de títulos em concurso público.**

"A jurisprudência desta Corte vem se firmando no sentido de que é válida a certidão de conclusão do curso ou o diploma para fins de comprovação referente à prova de títulos em concurso público e, na ausência destes documentos, por entrave de ordem burocrática, pode o candidato obter a pontuação correspondente ao título desde que demonstre ter concluído o curso em data anterior àquela prevista no edital para a entrega dos documentos comprobatórios da titulação. Precedentes". (REsp 1426414/PB, Rel. Ministro HUMBERTO MARTINS, SEGUNDA TURMA, julgado em 18/02/2014, DJe 24/02/2014). 4. Não aceitar a citada certidão tão somente com base no fundamento de que decorreu mais de um ano entre a data da defesa da tese com aprovação e a entrega do título no concurso público, fere o princípio da razoabilidade. 5. Remessa oficial e apelação conhecidas e, no mérito, não providas." (AMS 0016916-86.2015.4.01.3600/MT, Rel. Desembargador Federal Kassio Nunes Marques, Conv. Juiz Federal Eduardo Morais Da Rocha (conv.), Sexta Turma, e-DJF1 p. de 06/04/2018)

◙ **Excesso de formalismo na avaliação dos títulos é ilegal.**

"ADMINISTRATIVO. MANDADO DE SEGURANÇA. CONCURSO PÚBLICO PARA ADVOCACIA GERAL DA UNIÃO. PROVA DE TÍTULOS. DESCONSIDERAÇÃO DO TÍTULO CONSISTENTE EM CERTIDÃO DO EXERCÍCIO DE FUNÇÃO

PRIVATIVA DE BACHAREL EM DIREITO ATESTADA PELA JUSTIÇA FEDERAL. EXCESSO DE FORMALISMO. SEGURANÇÃ CONCEDIDA E MANTIDA. 1. O autor participou do concurso público para provimento de cargos de Advogado da União e teve desconsiderado seu título consistente em declaração de exercício de função privativa de bacharel em direito perante esta Justiça Federal, porquanto desacompanhada do diploma respectivo. Excesso de formalismo se esse título foi juntado com os documentos de avaliação da vida pregressa, bem como porque a própria certidão da Justiça Federal já demonstra o exercício de função privativa de bacharel em direito, a qual não pode se dar sem o respectivo diploma. 2. O poder discricionário conferido à Administração Pública não pode servir como justificativa para ato injusto, abusivo ou desprovido de qualquer razoabilidade. 3. Nega-se provimento à apelação e à remessa oficial, tida por interposta." (AMS 0036483-34.2009.4.01.3400/DF, Rel. Desembargador Federal Carlos Moreira Alves, Conv. Juiz Federal Osmane Antônio Dos Santos (conv.), Quinta Turma, e-DJF1 p. de 24/04/2018)

◉ **Se a documentação entregue pelo candidato foi suficiente a comprovar sua experiência profissional não há espaço para o indeferimento administrativo de sua pontuação.**

ADMINISTRATIVO. MANDADO DE SEGURANÇA. REMESSA OFICIAL. CONCURSO PÚBLICO MUNICIPAL. DEMONSTRAÇÃO DE EXPERIÊNCIA PROFISSIONAL. EFETIVA DEMONSTRAÇÃO. NEGATIVA ILEGAL. LIMINAR DEFERIDA. ACRÉSCIMO DE PONTOS. TEORIA DO FATO CONSUMADO. **I – Não se mostra razoável a negativa pela Administração quanto à demonstração de experiência profissional apenas porque a candidata não apresentou as espécies de atos administrativos indicados no edital. Se a documentação entregue pela impetrante foi suficiente a comprovar sua experiência profissional, não há espaço para o indeferimento administrativo, no caso.** II – Se a situação favorável ao candidato, surgida com o deferimento de pedido liminar, terminou por se consolidar no tempo, não se mostra razoável a correspondente desconstituição, já tendo transcorrido considerável período de tempo, tudo a atrair a aplicação da teoria do fato consumado, na espécie dos autos. II – Remessa oficial desprovida. Sentença confirmada. (REOMS 0021664-28.2015.4.01.4000 / PI, Rel. DESEMBARGADOR FEDERAL SOUZA PRUDENTE, QUINTA TURMA, e-DJF1 de 2017-09-14)

▶ **A fase de títulos não pode ter caráter eliminatório.**

A prova de títulos, que deve ter caráter meramente classificatório, consiste na avaliação cultural do candidato, a partir da análise de sua efetiva produção científica, técnica ou artística pregressa, consoante os critérios estabelecidos no regulamento e no edital do concurso público. A mesma não pode ter caráter eliminatório, pois atentaria contra o postulado da isonomia, já que os candidatos que acabaram de se formar, por exemplo, e que possuem os requisitos de acesso ao cargo estipulados por lei, seriam prejudicados, uma vez que não tiveram tempo hábil para realizar novos cursos, como especialização, mestrado, doutorado, etc.

"A natureza classificatória: a avaliação dos títulos tem natureza classificatória. Não se admite reprovação no julgamento dos títulos. Assim se passa porque, se o título for reputado como indispensável ao exercício da função, caberá a sua exigência como requisito de participação ou de investidura. Fora disso, a avaliação dos títulos é um meio de identificar a experiência anterior do sujeito e as virtudes decorrentes da sua atuação pretérita. O conhecimento e as habilidades do candidato são determinados pelas provas. Os títulos influenciam sobre a classificação final." (JUSTEN FILHO, Marçal. Curso de direito administrativo, 13. ed. Editora Revista dos Tribunais, São Paulo, 2018, p. 750)

▶ "Um erro comum cometido pelas bancas de concursos é colocar a avaliação de títulos como fase anterior a outra fase do concurso e, ao mesmo tempo, colocar uma cláusula de barreira entre a avaliação de títulos e a próxima fase. Na prática, isso torna a avaliação de títulos eliminatória, o que é absolutamente ilegal. Outro erro comum é exigir uma pontuação mínima do candidato na nota final do concurso superior àquela que seria conseguida se o candidato obtivesse a pontuação mínima em todas as fases classificatórias excluindo a avaliação de títulos. Isso também torna a avaliação de títulos eliminatória, pois se o candidato lograr êxito em todas as fases classificatórias e "zerar" a prova de títulos ele estará eliminado do concurso." (BASTOS, Ricardo. Concurso público: etapa interna e externa passo a passo / Alessandro Dantas Coutinho, William Douglas e Ricardo Bastos. – Curitiba, PR : Negócios Públicos, 2015. p. 55)

▶ "...a titulação dos candidatos não pode servir como parâmetro para aprovação ou reprovação no concurso público, pena de serem prejudicados seriamente aqueles que, contrariamente a outros candidatos, e às vezes por estarem em início da profissão, ainda não tenham tido oportunidade de obterem esta ou aquela titulação. Entendemos, pois, que os pontos atribuídos à prova de títulos só podem refletir-se na classificação dos candidatos, e não em sua aprovação ou reprovação. Só assim é possível considerar o concurso de provas e títulos compatível com o princípio da impessoalidade inscrito n o art. 37 da CF." (CARVALHO FILHO, José dos Santos. 2011, p 573.)

▶ "Servem tão-somente como critério de classificação dos candidatos, até porque se ostentassem natureza eliminatória, fariam com que os candidatos carecedores de densos currículos (os mais jovens e mais pobres, principalmente) já entrassem para a prova de conhecimento com a obrigação de saber mais do que os outros. E é intuitivo que tal 'obrigação antecipada' de saber mais lesionaria o princípio da igualdade." (BRITO, Carlos Ayres. 'Concurso Público: Requisitos de inscrição', in: Revista Trimestral de Direito Público, São Paulo: Malheiros, 1994, n.º 6, p. 70)

▶ " Apesar de haver certa polêmica, a fase de títulos, por si só, não pode obstar o acesso ao cargo público, pois não seria razoável o candidato ter êxito nas provas (escritas e/ou orais), demonstrando aptidão para o exercício das atribuições públicas, contudo, por ausência da devida experiência ou evidência profissional(muito comum para os recém-formados), jamais chegar ao cargo ou ao emprego público." (Concursos Públicos, MACHADO Jr. Agapito. Editora Atlas, 2008, p. 98.)

◙ **No mesmo sentido:** "1. As provas de títulos em concursos públicos para provimento de cargos efetivos no seio da Administração Pública brasileira, qualquer que seja o Poder de que se trate ou o nível federativo de que se cuide, não podem ostentar natureza eliminatória, prestando-se apenas para classificar os candidatos, sem jamais justificar sua eliminação do certame, consoante se extrai, a contrario sensu, do art. 37, II, da Constituição da República. Precedente do STF: AgIn 194.188-AgRg, relator Min. Marco Aurélio, Segunda Turma, j. 30.03.1998, DJ 15.05.1998." (MS 31.176, 1.ª T., rel. Min. Luiz Fux, j. 02.09.2014, DJe 05.11.2014).

◙ **No mesmo sentido:** "CONCURSO PÚBLICO. TÍTULOS. REPROVAÇÃO. Coaduna-se com o princípio da razoabilidade constitucional conclusão sobre a circunstância de a pontuação dos títulos apenas servir à classificação do candidato, jamais definindo aprovação ou reprovação. Alcance emprestado por tribunal de justiça à legislação estadual, em tudo harmônico com o princípio da razoabilidade, não se podendo cogitar de menosprezo aos critérios da moralidade e da impessoalidade. AI 194188 AgR, Relator: Ministro Marco Aurélio, Segunda Turma, julgado em 30/03/1998."

◙ **Em sentido contrário:** "...Possível, consoante o entendimento deste STJ, a atribuição de caráter eliminatório à prova de títulos, desde que respeitados os princípios administrativos da legalidade, impessoalidade, moralidade, publicidade e finalidade. (...) RMS 12908/PE, Relator: Ministro Edson Vidigal, Quinta Turma, julgado em 02/04/2002."

▶ Entendemos, no entanto, que o posicionamento que mais bem se coaduna com os princípios que norteiam a atuação da administração pública é o acolhido pelo Supremo Tribunal Federal, entendendo que estabelecer uma prova de títulos com caráter eliminatório compromete a eficiência e a competitividade do concurso público, uma vez que essa exigência desencorajaria a participação de várias pessoas no certame, em especial as mais jovens e as mais pobres, que por falta de tempo ou recursos financeiros não possuem títulos.

◙ **Prova de títulos: classificatória**

"As provas de títulos em concurso público para provimento de cargos públicos efetivos na Administração Pública, em qualquer dos Poderes e em qualquer nível federativo, não podem ter natureza eliminatória. A finalidade da prova de títulos é, unicamente, a de classificar os candidatos, sem jamais justificar sua eliminação do certame." (STF. 1ª Turma. MS 31176/DF e MS 32074/DF, Rel. Min. Luiz Fux, julgados em 2/9/2014 (Info 757)

◙ **CNJ: concurso público e prova de títulos.**

"1. As provas de títulos em concursos públicos não podem ostentar natureza eliminatória, prestando-se apenas para classificar os candidatos, sem jamais justificar sua eliminação do certame, consoante se extrai, "a contrario sensu", do art. 37, 11, da CF. 2. A Resolução n° 75/09 do Conselho Nacional de Justiça, ao dispor sobre concursos públicos para ingresso na magistratura, conferiu natureza apenas classificatória à prova de títulos, não havendo qualquer fundamento lógico ou jurídico para que haja regime diferente nos concursos públicos para ingresso nos serviços notarial e registraI, atualmente disciplinados pela Res.81/09.3. A Res. 81/09 do CNJ incorre em evidente erro material ao afirmar, por um lado, que o Exame de Títulos nos concursos para ingresso nos serviços notarial e registra! terá caráter apenas classificatório (item 5.2), mas, por outro lado, consagrar fórmula matemática que permite a eliminação de candidato que não pontue no Exame de Títulos (itens 9.1 e 9.2). MS 37176/DF MS 32074/DF rel. Min. Luiz Fux, 2.9.74. 7° T (lnfo 757)"

◉ **O peso dos valores atribuídos aos títulos não pode ser decisivo no resultado do certame.**

"A lei poderá até definir quais os títulos exigidos para efeito de pontuação no certame, contudo, os mesmos, por si sós, não podem impedir o acesso ao cargo ou emprego público, situação que será analisada caso a caso. A exemplo, têm-se situações em que é exigida uma nota 5,0 (cinco) em títulos e 5,0 (cinco) na média das demais provas. Está-se diante de uma situação não razoável, dada a alta pontuação (idêntica à das demais provas) exigida para os títulos. A titulação dos candidatos não pode servir como parâmetro para aprovação ou reprovação no concurso público, pena de serem prejudicados seriamente aqueles que, contrariamente a outros candidatos, e às vezes por estarem em início de profissão, ainda não tenham tido oportunidade de obterem esta ou aquela titulação. Entendemos, pois, que os pontos atribuídos à prova de títulos só podem refletir-se na classificação dos candidatos, e não em sua aprovação ou reprovação." (Concursos Públicos, MACHADO Jr. Agapito. Editora Atlas, 2008, p. 99.)

◉ **A legitimidade passiva para responder a ação referente em ação questionamento na fase de títulos é do Poder Público e da Banca Examinadora em litisconsórcio passivo.**

"PROCESSUAL CIVIL. CONCURSO PÚBLICO. LITISCONSÓRCIO PASSIVO NECESSÁRIO. SENTENÇA DE EXTINÇÃO MANTIDA. 1. A ação civil pública que questiona termos de edital de concurso promovido pelo TJDFT e organizado pela CESP/UnB tem, como litisconsortes passivos necessários, a União e a Fundação Universidade de Brasília. 2. A organizadora do concurso está adstrita às exigências feitas pelo órgão contratante, promovendo o concurso público, nos termos e na forma requerida por aquele. Portanto, os efeitos de um provimento judicial de mérito, certamente, atingem a ambos. Por isso trata-se de litisconsórcio passivo necessário, pois a natureza da relação jurídica controvertida e a eficácia da sentença de mérito dependem da presença de todas as partes na relação processual. 3. Tendo a parte autora deixado de promover a citação da FUB, mesmo após determinação judicial nesse sentido, a extinção do processo deve ser mantida. 4. Apelação conhecida e não provida." (AC 2008.34.00.002225-6/DF, Rel. Desembargador Federal Kassio Nunes Marques, Conv. Juiz Federal Leonardo Augusto De Almeida Aguiar, Sexta Turma, e-DJF1 p. de 30/04/2018)

◙ **A competência para julgamento de Mandado de Segurança em ação questionamento a fase de títulos vai variar de acordo com os pedidos e a prerrogativa de foro da autoridade coatora.**

"PROCESSUAL CIVIL. MANDADO DE SEGURANÇA. ENUNCIADO ADMINISTRATIVO 3/STJ. SELEÇÃO SIMPLIFICADA. CONTRATAÇÃO TEMPORÁRIA. AVALIAÇÃO DOCUMENTAL PARA FINS DE COMPROVAÇÃO DE EXPERIÊNCIA PROFISSIONAL. INADEQUAÇÃO COM AS REGRAS EDITALÍCIAS. INDEFERIMENTO. IMPUTAÇÃO DO ATO A MINISTRO DE ESTADO. ILEGITIMIDADE "AD CAUSAM". DENEGAÇÃO DA ORDEM. 1. Em matéria de concurso público, a definição da autoridade impetrada de ação mandamental depende da regulação específica do certame e da atribuição a si para a prática de determinado ato no contexto da disputa. 2. Assim, cumprindo a execução do concurso, no concernente à avaliação de títulos para fins de comprovação da experiência profissional, a uma entidade contratada para a organização do certame, a pretensão mandamental eventualmente deduzida contra o resultado deverá indicar a pessoa que o praticou e que, portanto, tem aptidão para o seu desfazimento. 3. A circunstância de o Ministro de Estado ser a autoridade máxima do órgão recrutador não lhe confere por si só a responsabilidade pela avaliação supostamente irregular dos títulos apresentados pelo candidato, o que lhe retira a legitimidade para causa da ação mandamental. 4. Mandado de segurança denegado." (MS 22.856/DF, Rel. Ministro MAURO CAMPBELL MARQUES, PRIMEIRA SEÇÃO, julgado em 09/05/2018, DJe 15/05/2018)

◙ **Não há necessidade de formação de litisconsórcio passivo necessário entre candidatos se o ajuizamento da demanda for em momento anterior ao que se possa aferir o resultado final do concurso.**

"(....) II – O Superior Tribunal de Justiça já firmou o entendimento no sentido de que a citação dos demais candidatos do concurso público como litisconsortes passivos necessários é desnecessária, ante o fato de, em princípio, não possuírem comunhão de interesses com o impetrante, nem direito líquido e certo à nomeação, tendo, apenas, expectativa de direito, caso aprovados." (AMS 0046939-67.2014.4.01.3400/DF, Rel. Desembargador Federal Jirair Aram Meguerian, Sexta Turma, e-DJF1 p. de 16/04/2018)

LIMITAÇÃO DE IDADE

▶ **Direito de não ser eliminado por idade sem que haja previsão legal.**

Também decorre dos princípios da legalidade, da razoabilidade, do amplo acesso aos cargos públicos e ainda da doutrina e da jurisprudência. Referindo-se ao princípio da legalidade aplicável aos concursos públicos o artigo 37, inciso I, da Constituição Federal é claro ao enunciar que os cargos, empregos e funções públicas são acessíveis aos brasileiros que preencham os requisitos estabelecidos em lei, assim como aos estrangeiros, na forma da lei. As regras são as mesmas para o ingresso nas Forças Armadas, de acordo com o art. 142, parágrafo 3º, inciso X, da Constituição Federal. Com a aplicação do referido princípio constitucional aos concursos públicos, a administração pública só pode impor, como requisito para a aprovação em concurso público, as exigências que estejam previamente estabelecidas em lei, e apenas lei em sentido formal – ato normativo emanado do Poder Legislativo. Por isso, todos os requisitos de admissibilidade a cargos, empregos e funções públicas devem estar previstos em lei. Embora o edital seja a "lei" interna do concurso, cujas regras obrigam candidatos e administração pública, é imperioso sempre ressalvar que as disposições editalícias não devem distanciar-se dos preceitos legais e muito menos da Constituição Federal.

◙ **No mesmo sentido:** "A fixação do limite de idade via edital não tem o condão de suprir a exigência constitucional de que tal requisito seja estabelecido por lei. Agravo regimental a que se nega provimento. RE 559823 AgR, Relator: Ministro Joaquim Barbosa, Segunda Turma, julgado em 27/11/2007."

◙ **No mesmo sentido:**"I - Somente por lei se pode sujeitar candidato a limite de idade para habilitação a cargo público. II - Com a negativa de provimento ao recurso especial pelo Superior Tribunal de Justiça tornaram-se definitivos os fundamentos infraconstitucionais que amparam o acórdão recorrido. Incidência da Súmula 283 do STF. III - Agravo regimental improvido. AgRg-AI 589.906-6 (801), 1ª Turma, Relator: Ministro Ricardo Lewandowski, DJ, 23.05.2008."

▶ **Direito a não ser eliminado por idade quando a previsão legal existente é desarrazoada.**

Salvo nos casos em que a limitação de idade possa ser justificada pela natureza das atribuições do cargo a ser preenchido, não pode a lei, em face do disposto nos artigos 7º, inciso XXX, e 39, § 3º, da Constituição Federal, impor limite de idade para a inscrição em concurso público. Também é certo que não há qualquer caráter discriminatório no estabelecimento de idade mínima e de idade máxima para o ingresso no serviço público, desde que o critério etário obedeça ao princípio da razoabilidade e seja estabelecido por lei e de acordo com as atribuições do cargo ou emprego a ser preenchido. O Supremo Tribunal Federal assentou a regra geral da inviabilidade do requisito de idade, mas ressalvou as hipóteses em que a limitação pudesse justificar--se em virtude da natureza das atribuições do cargo a ser preenchido. A jurisprudência do Supremo Tribunal Federal firmou-se no sentido de que a norma constitucional proíbe tratamento normativo discriminatório, em razão da idade, para efeito de ingresso no serviço público (CF, art. 39, par. 2., c/c art. 7., XXX), não se reveste de caráter absoluto, sendo legitima, em consequência, a estipulação de exigência de ordem etária quando esta decorrer da natureza e do conteúdo ocupacional do cargo público a ser provido. Os limites de idade a serem estabelecidos devem pautar-se pela razoabilidade. Não se pode realmente admitir para cargos nos quais o preparo físico é fundamental pessoas de quarenta ou cinquenta anos. Por outro lado, se a atividade a ser desenvolvida é predominantemente intelectual, não há porque vedar o ingresso de pessoas nessa faixa etária.

◙ **No mesmo sentido:** "CONSTITUCIONAL. ADMINISTRATIVO. CONCURSO PÚBLICO. LIMITE DE IDADE. PRINCÍPIO DA RAZOABILIDADE. CF/1988, ART. 7, XXX. O preceito inscrito no art. 7, XXX, da Carta Magna, que veda a adoção de critério discriminatório para acesso aos cargos públicos, inclusive por motivo de idade, deve ser concebido com razoabilidade, sem rigor absoluto, devendo ser considerada a natureza das funções, se exigem ou não vigor físico dos seus titulares, bem como a situação do candidato em face do serviço público. Afronta o mencionado princípio constitucional a fixação do limite de idade em 35 anos para inscrição no concurso para provimento do cargo de agente fiscal de tributos estaduais. RMS 5793/RS, Relator Ministro Vicente Leal, Sexta Turma, julgado em 23/09/1996."

◙ **No mesmo sentido:** "No mesmo sentido o entendimento do STF: "AGRAVO REGIMENTAL. CONCURSO PÚBLICO. MÉDICO DA POLÍCIA MILITAR. EXIGÊNCIA DE IDADE MÁXIMA. VEDAÇÃO. AUSÊNCIA DE RAZOABILIDADE. A lei pode limitar o acesso a cargos públicos, desde que as exigências sejam razoáveis e não violem o art. 7º, XXX, da Constituição. Entretanto, não se pode exigir, para o exercício do cargo de médico da Polícia Militar, que o candidato seja jovem e tenha vigor físico, uma vez que tais atributos não são indispensáveis ao exercício das atribuições do cargo. Agravo regimental a que se nega provimento. AI 486439 AgR, Relator Ministro Joaquim Barbosa, Segunda Turma, julgado em 19/08/2008."

◙ **No mesmo sentido:** "...O limite de idade para a inscrição em concurso público só se legitima em face do art. 7º, XXX, da Constituição, quando possa ser justificado pela natureza das atribuições do cargo a ser preenchido.(...)" (TJES, Classe: Remessa Necessária, 024100220904, Relator : TELEMACO ANTUNES DE ABREU FILHO, Órgão julgador: QUARTA CÂMARA CÍVEL, Data de Julgamento: 18/06/2018, Data da Publicação no Diário: 23/07/2018)

◙ *Súmula 683 do STF: O limite de idade para a inscrição em concurso público só se legitima em face do art. 7º, XXX, da Constituição, quando possa ser justificado pela natureza das atribuições do cargo a ser preenchido.*

◙ *Súmula 14 do STF: Os requisitos do edital para o ingresso em cargo, emprego ou função pública devem ter por fundamento lei em sentido formal e material. Editais de concurso público não podem estabelecer restrição a pessoas com tatuagem, salvo situações excepcionais em razão de conteúdo que viole valores constitucionais.*

◙ **Não é admissível, por ato administrativo, restringir, em razão da idade, inscrição em concurso para cargo público. Repercussão Geral Conhecida.**

[STF – Repercussão Geral: RE 898.450, rel. min. Luiz Fux, j. 17-8-2016, P, DJE de 31-5-2017, Tema 838.]

▶ **A legalidade ou não da limitação de idade será verificada diante do caso concreto.**

Não existe uma limitação padrão para ingresso no serviço público. Há que se verificar, pois, se o fator discriminatório exigido para o concurso possui uma justificativa racional e necessária diante do interesse público ou se resulta de mera discriminação fortuita. A ordem jurídica busca firmar a impossibilidade de desequiparações infundadas de tal sorte que nenhum fator discriminatório pode ser escolhido aleatoriamente, sem pertinência lógica com a diferenciação determinada. Assim, requisito de acessibilidade que leva em consideração a idade dos candidatos deve ser fixado dentro dos limites da razoabilidade, visto que isso é uma decorrência da exegese do art. 7º, inciso XXX, da Constituição Federal, que veda a admissão do trabalhador através de critérios discriminatórios.

◉ **Declaração de inconstitucionalidade de Lei que impõe limite de idade e modulação dos efeitos no caso concreto.**

"APELAÇÃO CÍVEL E REMESSA NECESSÁRIA – CONCURSO PÚBLICO – AGENTE PENITENCIÁRIO – LIMITE DE IDADE – INCONSTITUCIONAL – MODULAÇÃO DOS EFEITOS – EXCEÇÃO – SENTENÇA MANTIDA. 1. O Egrégio Tribunal Pleno declarou a inconstitucionalidade da exigência de idade contida no art. 5º, III da LC nº 455/2008. 2. Muito embora tenha sido determinada eficácia meramente prospectiva (ex nunc) estabeleceu-se exceção à modulação temporal de efeitos. Isto é, definiu, o Egrégio Tribunal Pleno, que, para algumas situações, a declaração de inconstitucionalidade produziria eficácia ex tunc. É o caso (i) daqueles inscritos e aprovados no concurso público e (ii) dos exercentes dos cargos através de designações temporárias e exercentes de cargos em comissão que se submeteram ao concurso e foram nele aprovados. 3. Nesses casos, assim, devem ser considerados inconstitucionais – e, portanto, afastados – os limites de idade estabelecidos também em editais anteriores à publicação do acórdão. 4. Sentença mantida na íntegra." (TJES, Classe: Remessa Necessária, 024100220904, Relator: TELEMACO ANTUNES DE ABREU FILHO, Órgão julgador: QUARTA CÂMARA CÍVEL, Data de Julgamento: 27/01/2014, Data da Publicação no Diário: 03/02/2014)

▶ **Em caso de limitação de idade máxima, a exigência deve ser feita na inscrição e não em momentos posteriores da avaliação.**

Esse direito também tem como base os princípios da razoabilidade, da segurança jurídica e a própria jurisprudência. Em qualquer concurso, quando a natureza do cargo exigir, o correto é fixar um limite máximo de idade apenas para a inscrição, pois assim o candidato terá certeza se preencherá ou não o requisito etário. Nem sempre essa é a postura adotada pela Administração! Tem ocorrido com frequência, principalmente em concursos para ingresso na Polícia Militar, a fixação de limite máximo de idade na data da matrícula em curso de formação de soldado ou oficial. Os entes federados que adotam essa regra podem estabelecer, por exemplo, um limite máximo de 30 anos de idade na data da matrícula do curso de formação, que é uma fase do concurso. Assim, um candidato que se inscreveu no concurso com 30 anos, ou seja, dentro do limite máximo, e durante a execução das diversas fases do mesmo vem a completar 31 anos antes de se matricular no curso de formação estará eliminado do certame. Embora o art. 37, inciso I, da Constituição Federal estabeleça que os cargos, empregos e funções públicas são acessíveis aos brasileiros que preencham os requisitos estabelecidos em lei, esse dispositivo não confere aos Entes Federados uma competência normativa que viabiliza a criação de requisitos de acessibilidade incompatíveis com as demais normas constitucionais. Por isso, é inconstitucional qualquer lei que crie um requisito etário igual ou semelhante a este. Somente pode ser fixado limite máximo de idade para inscrição no concurso público, visto que o direito de o candidato participar de um certame não pode ficar condicionado a datas futuras e incertas, que são definidas exclusivamente pela Administração. Essa regra apenas limita ilegalmente o universo de candidatos e, assim, exclui indevidamente determinados candidatos com a demora da Administração em finalizar as fases do certame. Tal regra, ainda que prevista em lei e no edital, viola frontalmente o princípio da segurança jurídica e da razoabilidade. Prever como requisito de acessibilidade um limite máximo de idade na data da matrícula no curso de formação ou em qualquer outra fase também facilita a manipulação do resultado definitivo do concurso, porque com a demora da Administração em concluir o certame alguns candidatos podem ser excluídos, uma vez que com o passar do tempo muitos deles terão ultrapassado o limite máximo de idade na data da matrícula no curso de formação.

◉ **No mesmo sentido:** "ADMINISTRATIVO E CONSTITUCIONAL. RECURSO ORDINÁRIO EM MANDADO DE SEGURANÇA. CONCURSO PÚBLICO. POLÍCIA MILITAR DO ESTADO DO ACRE. LIMITAÇÃO ETÁRIA PARA A INSCRIÇÃO NO CURSO DE FORMAÇÃO DE SOLDADO. CANDIDATO QUE, DURANTE O PROCEDIMENTO DO CERTAME, ULTRAPASSA A IDADE LIMITE. NÃO HOMOLOGAÇÃO DE SUA INSCRIÇÃO. AUSÊNCIA DE PREVISÃO EDITALÍCIA. VIOLAÇÃO DOS PRINCÍPIOS DA MORALIDADE E DA PROPORCIONALIDADE. VIOLAÇÃO DO ARTIGO 7º, INCISO XXX, DA CONSTITUIÇÃO FEDERAL. 1. Recurso ordinário em mandado de segurança em que se discute se o impetrante, inscrito no concurso público de admissão ao Curso de Formação de Soldado da Polícia Militar do Estado do Acre, quando possuía 30 anos de idade, tem direito líquido e certo de, aprovado, participar do curso de formação, mesmo tendo alcançado a idade de 31 anos durante o certame e antes da matrícula no referido curso, uma vez que a legislação estadual (LC n. 164/2006) e o edital do concurso dispõem que a matrícula no curso só é possível aqueles que tem, no máximo, 30 anos de idade. 2. Conquanto o Superior Tribunal de Justiça tenha jurisprudência firmada no sentido da possibilidade de estabelecerem-se limites mínimo e máximo de idade para o ingresso nas carreiras militares, esse entendimento não é aplicável ao caso dos autos, uma vez que não se está a discutir o limite etário para a participação em concurso, mas, sim, a razoabilidade de indeferir-se a inscrição de candidato que, embora à época da inscrição preenchesse os requisitos do edital, veio, durante o certame, a ultrapassar a idade exigida para a inscrição no curso de formação. 3. Se o Edital n. 056/2008 – SGA/PMAC não estabeleceu regras específicas para aqueles candidatos que, no momento da inscrição no concurso, possuíam 30 anos, deve-se admitir, porque razoável, que os candidatos inscritos nessa condição prossigam até a conclusão do curso de formação. 4. Se não há norma legal que proíba a participação do candidato de 30 anos no certame, a administração responsável pelo concurso não se pode beneficiar dessa omissão e atribuir seus efeitos ao candidato, ainda mais se considerado o fato de que não há previsão temporal para as etapas do certame. Foge da razoabilidade entender que a habilitação do candidato estava condicionada à não realização de aniversário de nascimento antes do início do curso de formação. 5. A não homologação da inscrição do impetrante no curso de formação, portanto, está a ofender, além dos princípios da proporcionalidade e da moralidade, o art. 7º, inciso XXX, da Constituição Federal, uma vez que, de forma desarrazoada, utilizou-se a superveniente idade do impetrante como critério para excluí-lo de um certame que, conforme suas regras, o admitia, regularmente, como candidato apto à realização do curso de formação. 6. Recurso ordinário provido para determinar que a inscrição do impetrante no curso de formação para soldado da PM do Estado do Acre seja homologada. RMS 31.932/AC, Relator Ministro Benedito Gonçalves, Primeira Turma, julgado em 16/09/2010, DJe 24/09/2010."

◙ **No mesmo sentido:** "REMESSA NECESSÁRIA APELAÇÃO CÍVEL AÇÃO ORDINÁRIA CONCURSO PÚBLICO POLÍCIA MILITAR LIMITE DE IDADE COMPROVAÇÃO NO MOMENTO DA INSCRIÇÃO EXIGÊNCIA QUANDO DA MATRÍCULA NO CURSO DE FORMAÇÃO IMPOSSIBILIDADE INCONS-TITUCIONALIDADE PRECEDENTES DO STF RECURSO IMPROVIDO SEN-TENÇA CONFIRMADA. 1. Consoante a Súmula 683 do STF, a imposição do limite de idade para a inscrição em concurso público só se legitima quando prevista em legislação específica e desde que a natureza das atribuições do cargo a exija. 2. A jurisprudência, de ambas as turmas do Supremo Tribunal Federal, firmou-se no sentido de que a comprovação da idade deve ocorrer no momento da inscrição no concurso público. 3. Suscitado o incidente por este órgão fracionário, o E. Tribunal Pleno reputou desnecessária a submissão do feito à cláusula de reserva de plenário (artigo 97, da CF), tendo em vista os precedentes de ambas as turmas do E. STF sobre a matéria. 4. Recurso improvido. Sentença confirmada." (TJES, Classe: Apelação / Remessa Necessária, 030110022396, Relator: TELEMACO ANTUNES DE ABREU FILHO, Órgão julgador: TERCEI-RA CÂMARA CÍVEL , Data de Julgamento: 06/03/2018, Data da Publicação no Diário: 16/03/2018)

▶ Não é a limitação da idade, em si, que ampara esse entendimento, mas o fato de o candidato preencher os requisitos legais e editalícios à época da inscrição no concurso e, depois de aprovado, não conseguir participar do curso de formação em razão da idade que alcançou durante o procedimento do certame, mesmo não havendo qualquer previsão editalícia que advertisse os candidatos de que eventual demora na conclusão do certame poderia ensejar o impedimento etário. Isso porque, além de não se poder exigir que os candidatos com idade máxima na data de inscrição no concurso façam uma previsão da data de início do curso de formação, não se pode admitir que a Administração Pública, aceitando essa inscrição, obste o candidato, regularmente aprovado, de participar do curso de formação em razão do tempo transcorrido que ela deu causa.

◙ **No mesmo sentido:** "APELAÇÃO – MANDADO DE SEGURANÇA – LIMI-NAR – CONCURSO PÚBLICO – GUARDA CIVIL MUNICIPAL DE ARAÇA-TUBA – EDITAL 02/2013 – CANDIDATO ELIMINADO POR TER ULTRA-PASSADO A IDADE MÁXIMA PERMITIDA NO MOMENTO DA POSSE – Pretensão mandamental do impetrante voltada ao reconhecimento do direito líquido e certo do autor à reintegração no certame oficial, anulando-se o ato administrativo que o excluiu por ter superado a idade máxima permitida no edital – Admissibilidade – O limite etário para fins de ingresso na Guarda Civil Municipal deve ser verificado no momento da inscrição do certame, à luz do disposto na LCM 041/1996 e no art. 20, § 2º, 'b', do Decreto nº 8.399/97 – Ilegalidade da cláusula editalícia ao impor a necessidade de que os candidatos possuam idade máxima de 35 anos no momento da posse – Nomeação para o cargo de Guarda Civil Municipal que se mostra de rigor – Sentença concessiva da segurança mantida – Reexame necessário e recurso voluntário do Município não providos." (TJSP; Apelação / Remessa Necessária 1000126-10.2018.8.26.0032; Relator (a): Paulo Barcellos Gatti; Órgão Julgador: 4ª Câmara de Direito Público; Foro de Araçatuba – Vara da Fazenda Pública; Data do Julgamento: 21/05/2018; Data de Registro: 23/05/2018).

◉ **No mesmo sentido:**"Concurso público. Policial civil. Limite de idade. (...) A comprovação do requisito etário estabelecido na lei deve ocorrer no momento da inscrição no certame, e não no momento da inscrição do curso de formação." [ARE 685.870 AgR, rel. min. Cármen Lúcia, j. 17-12-2013, 2ª T, DJE de 12-2-2014.] ARE 758.596 AgR, rel. min. Roberto Barroso, j. 19-8-2014, 1ª T, DJE de 4-9-2014.

◉ **Em caso de exigência de idade mínima, a exigência deve ser feita no momento da posse e não da inscrição no concurso.**

"CONSTITUCIONAL. ADMINISTRATIVO. CONCURSO PÚBLICO. LIMITE DE IDADE. PRINCÍPIO DA RAZOABILIDADE.CF/1988, ART. 7º, XXX. – O preceito inscrito no art. 7 o , XXX, da Carta Magna, que veda a adoção de critério discriminatório para acesso aos cargos públicos, inclusive por motivo de idade, deve ser concebido com razoabilidade, sem rigor absoluto, devendo ser considerada a natureza das funções, se exigem ou não vigor físico dos seus titulares, bem como a situação do candidato em face do serviço público. – Afronta o mencionado princípio constitucional a fixação do limite de idade em 35 anos para inscrição no concurso para provimento do cargo de agente fiscal de tributos estaduais. – Recurso ordinário provido. Segurança concedida."

◉ **A idade máxima de 30 (trinta) anos já não guarda sintonia com o princípio da proporcionalidade para a situação em exame, porquanto é inevitável reconhecer que nos dias atuais pessoas com idade mais elevada do que esta, inclusive, demonstram perfeita capacidade de exercer as atribuições dos cargos referidos**

"PROCESSO CIVIL. AGRAVO DE INSTRUMENTO. CONCURSO PÚBLICO. MANDADO DE SEGURANÇA. DECADÊNCIA. LEGITIMIDADE. LIMITE ETÁRIO. RAZOABILIDADE E PROPORCIONALIDADE. RECURSO PROVIDO. 1. – Nos termos da jurisprudência do colendo Superior Tribunal de Justiça, a norma editalícia, genérica e abstrata, que prevê a apresentação de documentos que comprovem a idade limite, somente terá eficácia para alterar a posição jurídica do candidato quando for materializada e individualizada, afastando-o do certame. O termo a quo para a fluência do prazo decadencial é o ato administrativo que determina a eliminação do candidato, e não a publicação do edital. (AgRg no AREsp 88389/BA (2011/0285567-6), Rel. Min. Humberto Martins, Segunda Turma, data do julgamento: 28-02-2012, data da publicação no DJe 05-03-2012). Preliminar de decadência rejeitada. 2. – A autoridade coatora, para fins de impetração de mandado de segurança, é aquela que pratica ou ordena, de forma concreta e específica, o ato ilegal ou, ainda, aquela que detém competência para corrigir a suposta ilegalidade, a teor do § 3º do art. 6º da Lei nº 12.016/2009. Desta feita, a legitimidade passiva no mandamus é fixada pela autoridade que tem poder de realizar o ato lesivo, na ação preventiva, ou aquela que pode desfazer o ato lesivo, na ação repressiva (Agravo de instrumento n. 0026089-97.2016.8.08.0035, Relª. Desª. Eliana Junqueira Munhos Ferreira, Órgão julgador: Terceira Câmara Cível, data do julgamento: 08-08-2017, data da publicação no Diário: 18-08-2017). Alegação de ilegitimidade passiva Fundação Professor Carlos Augusto Bittencourt rejeitada. 3. – Não há como negar a probabilidade do direito da agravante de prosseguir no concurso público para o cargo de Agente Comunitário de Segurança do Município da Serra, do qual ela foi eliminada porque contava mais de 29 (vinte e note anos) de idade na data de início das inscrições, especialmente porque este egrégio Tribunal de Justiça já decidiu: ... 2.1. A idade de até 30 (trinta) anos estipulada no inciso III, do parágrafo único, do art. 5º da LC Estadual nº 455/2008, para a admissão nos cargos de Agente Penitenciário e de Agente de Escolta e Vigilância, da Administração Pública Estadual, realmente não se revela consentânea com a Constituição Federal, diante do postulado da proporcionalidade, que, nas palavras do decano da Suprema Corte, Min. Celso de Mello, acha-se vocacionado a inibir e a neutralizar os abusos do Poder Público no exercício de suas funções, qualificando-se como parâmetro de aferição da própria constitucionalidade material dos atos estatais.' (RTJ 176/578-580, Plenário). 2.2. Deveras, apesar de não ser possível desconsiderar as atribuições desses cargos, as quais certamente exigem vigor físico, demonstram-se relevantes os outros diversos fatores de ponderação avaliados neste caso, quais sejam, o tempo de aproveitamento do servidor no exercício de suas funções; a inquestionável realidade de que os avanços da medicina e a consequente elevação da qualidade de vida das pessoas permitem a clara constatação de que a vitalidade do ser humano vem se prolongando a cada dia. Logo, a idade máxima de 30 (trinta) anos já não guarda sintonia com o princípio da proporcionalidade para a situação em exame, porquanto é inevitável reconhecer que nos dias atuais pessoas com idade mais elevada do que esta, inclusive, demonstram perfeita capacidade de exercer as atribuições dos cargos referidos, sem prejuízo, inclusive, de desempenhá-las por considerável lapso temporal, atendendo, com isto, os interesses da Administração em otimizar economicamente a utilização da mão de obra por ela contratada para tal. ... (Incidente de inconstitucionalidade no agravo de instrumento n. 0091972-09.2010.8.08.0000, Relª. Designada Desª. Substituta Maria Cristina de Souza Ferreira, Órgão Julgador: Tribunal Pleno, data do julgamento: 01-11-2012, data da publicação no Diário: 21-11-2012). 4. – Recurso provido. Vistos, relatados e discutidos estes autos, acordam os Desembargadores que integram a colenda Terceira Câmara Cível do egrégio Tribunal de Justiça do Estado do Espírito Santo, de conformidade com a ata do julgamento e as notas taquigráficas em, à unanimidade, rejeitar a preliminar de decadência suscitada pelo Ministério Público e a alegação de ilegitimidade passiva da Fundação Professor Carlos Augusto Bittencourt e dar provimento ao recurso,

nos termos do voto do Relator. Vitória-ES., 29 de maio de 2018. PRESIDENTE RE-
LATOR." (TJES, Classe: Agravo de Instrumento, 048169005120, Relator: DAIR JOSÉ
BREGUNCE DE OLIVEIRA, Órgão julgador: TERCEIRA CÂMARA CÍVEL , Data de
Julgamento: 29/05/2018, Data da Publicação no Diário: 08/06/2018)

◉ **A legitimidade passiva para responder a ação referente à eliminação do candidato por motivo de idade é do Poder Público e da Banca Examinadora em litisconsórcio passivo.**

"PROCESSUAL CIVIL. CONCURSO PÚBLICO. LITISCONSÓRCIO PASSIVO NE-
CESSÁRIO. SENTENÇA DE EXTINÇÃO MANTIDA. 1. A ação civil pública que questiona termos de edital de concurso promovido pelo TJDFT e organizado pela CESP/
UnB tem, como litisconsortes passivos necessários, a União e a Fundação Universidade
de Brasília. 2. A organizadora do concurso está adstrita às exigências feitas pelo órgão
contratante, promovendo o concurso público, nos termos e na forma requerida por
aquele. Portanto, os efeitos de um provimento judicial de mérito, certamente, atingem
a ambos. Por isso trata-se de litisconsórcio passivo necessário, pois a natureza da relação jurídica controvertida e a eficácia da sentença de mérito dependem da presença de
todas as partes na relação processual. 3. Tendo a parte autora deixado de promover a
citação da FUB, mesmo após determinação judicial nesse sentido, a extinção do processo deve ser mantida. 4. Apelação conhecida e não provida." (AC 2008.34.00.002225-6/
DF, Rel. Desembargador Federal Kassio Nunes Marques, Conv. Juiz Federal Leonardo
Augusto De Almeida Aguiar, Sexta Turma, e-DJF1 p. de 30/04/2018)

◉ **O prazo decadencial para impetrar mandado de segurança contra limitação de
idade em concurso público conta-se da ciência do ato administrativo que determina a eliminação do candidato pela idade, e não da publicação do edital que prevê
a regra da limitação.**

"PROCESSUAL CIVIL. ADMINISTRATIVO. OMISSÃO. ALEGAÇÃO GENÉRI-
CA. SÚMULA 284/STF. MANDADO DE SEGURANÇA. CONCURSO PÚBLICO.
EDITAL. EXIGÊNCIA DE LIMITE DE IDADE. ELIMINAÇÃO DO CANDIDATO.
DECADÊNCIA. TERMO INICIAL. ATO NEGATÓRIO DA MATRÍCULA EM CUR-
SO DE FORMAÇÃO. PRECEDENTES. SÚMULA 83/STJ. 1. É dever da parte apontar
especificamente em que consiste a omissão, a contradição ou a obscuridade do julgado,
não cabendo ao STJ, em sede de recurso especial, investigar tais máculas no acórdão
recorrido, se as razões recursais não se incumbem de tal ônus. Incidência da Súmula
284/STF. 2. Discute-se o termo inicial do prazo decadencial para a impetração de mandado de segurança contra ato coator que indeferiu a matrícula no curso de formação
de soldado da Polícia Militar, devido ao não atendimento à exigência contida no edital, quanto ao limite de idade. 3. Nos termos da jurisprudência do STJ, "a norma editalícia, genérica e abstrata, que prevê a apresentação de documentos que comprovem a
idade limite, somente terá eficácia para alterar a posição jurídica do candidato quando
for materializada e individualizada, afastando-o do certame". 4. O termo a quo para a
fluência do prazo decadencial é o ato administrativo que determina a eliminação do
candidato, e não a publicação do edital. Incidência da Súmula 83/STJ. Agravo regimen-

tal improvido." (AgRg no AREsp 258.950/BA, Rel. Ministro HUMBERTO MARTINS, SEGUNDA TURMA, julgado em 07/03/2013, DJe 18/03/2013)

◉ Não há necessidade de formação de litisconsórcio passivo necessário entre candidatos se o ajuizamento da demanda for em momento anterior ao que se possa aferir o resultado final do concurso.

"(....) II – O Superior Tribunal de Justiça já firmou o entendimento no sentido de que a citação dos demais candidatos do concurso público como litisconsortes passivos necessários é desnecessária, ante o fato de, em princípio, não possuírem comunhão de interesses com o impetrante, nem direito líquido e certo à nomeação, tendo, apenas, expectativa de direito, caso aprovado." (AMS 0046939-67.2014.4.01.3400/DF, Rel. Desembargador Federal Jirair Aram Meguerian, Sexta Turma, e-DJF1 p. de 16/04/2018)

SEXO

▶ Em regra, é proibida a distinção entre candidatos em razão do sexo.

"A Constituição Federal de 1988 proclamou em seu art. 5º, I, a igualdade em direitos e obrigações entre homens e mulheres. Tal vedação foi reforçada pela proibição de diferenciação dos critérios de admissão por motivo de sexo, inserida no inciso XXX, do art. 7º, aplicável também ao provimento de cargos públicos por força do parágrafo 3 o do art. 39, ambos da Constituição. Também a jurisprudência teve de adequar-se a esta nova ordem social. Antes da Constituição de 1988, era comum encontrarem-se julgados que entendiam razoável a proibição do ingresso feminino em cargos como auxiliar de fiscal de rendas, policial, escrivão de polícia e delegado de polícia, entre outros; e a vedação ao ingresso de homens no cargo de parteira prática, por exemplo. Hoje, as mudanças sociais incorporaram-se na jurisprudência que reconhece, assim como acontece com os critérios de idade, que a discriminação por motivo de sexo só se viabiliza por determinação legal e se a natureza do cargo ou emprego a exigir. Ainda assim, é raro encontrar situações em que tal discriminação se justifique. O exemplo clássico é a contratação de carcereiras para presídios femininos e de carcereiros para trabalhar em presídios masculinos. O fato de uma profissão ser tradicionalmente exercida por homens ou mulheres não é suficiente para justificar a discriminação de sexo. Para ser possível, tal discriminação deve ser necessária e proporcional." (Regime Jurídico dos Concursos Públicos. Francisco Lobello de Oliveira Rocha, Ed. Dialética 2006, p. 80/82)

◉ É possível, desde que previsto em lei, exigências distintas de altura para candidatos do sexo masculino e feminino, pois é uma forma de efetivar a isonomia material.

"ADMINISTRATIVO. CONCURSO PÚBLICO. INGRESSO NA CARREIRA DA POLÍCIA MILITAR. EXIGÊNCIA DE ALTURA MÍNIMA. POSSIBILIDADE. VIOLAÇÃO DO PRINCÍPIO DA ISONOMIA ENTRE HOMENS E MULHERES. NÃO OCORRÊNCIA. 1. Trata-se, na origem, de Mandado de Segurança impetrado contra ato administrativo de eliminação de Concurso Público para ingresso no Curso de Formação de Soldados da Polícia Militar de Mato Grosso do Sul, em razão da exigência de altura mínima de 1,65m para candidatos do sexo masculino e da alegada violação do princípio da isonomia ao se fixar estatura mínima inferior para as mulheres (1,60m). 2. A jurisprudência dos Tribunais Superiores é pacífica no sentido de que é constitucional a exigência de altura mínima para o ingresso em carreiras militares, desde que haja previsão legal específica, como se afigura no presente caso. 3. Com relação ao tratamento diferenciado entre homens e mulheres quanto à altura mínima (1,65m e 1,60m, respectivamente), a Constituição Federal a admite em situações específicas em que se consubstancie a igualdade material entre os gêneros, notadamente, como no presente caso, em que o componente distintivo orgânico indica que estatisticamente a altura média do homem brasileiro de 18 anos era de 1,72m em 2008/2009, enquanto que a da mulher brasileira era de 1,61m (fonte: IBGE; Pesquisa de Orçamentos Familiares 2008-2009) 4. Considerando o componente físico estatura, distintivo entre os gêneros, e o objetivo constitucional de proteção e inserção da mulher no mercado de trabalho como mecanismo de equilíbrio das forças produtivas (art. 7º, XX, da CF), a diferenciação de critério de altura mínima entre homem e mulher para ingresso, mediante concurso, em cargo público não se afigura, por si só, como violadora do princípio da isonomia. 5. No mesmo sentido do que acima exposto, destaco a seguinte decisão do STF: RE 658.312, Relator Min. Dias Toffoli, Tribunal Pleno, DJe 10.2.2015). 6. Recurso Ordinário não provido." (RMS 47.009/MS, Rel. Ministro HERMAN BENJAMIN, SEGUNDA TURMA, julgado em 24/05/2016, DJe 02/09/2016)

◙ **Edital que prevê a possibilidade de participação apenas de concorrentes do sexo masculino sem justificativa é ilegal.**

"Recurso extraordinário. 2. Concurso público. Polícia Militar do Estado de Mato Grosso do Sul. 3. Edital que prevê a possibilidade de participação apenas de concorrentes do sexo masculino. Ausência de fundamento. 4. Violação ao art. 5º, I, da Constituição Federal. 5. Recurso extraordinário provido." (RE 528684, Relator(a): Min. GILMAR MENDES, Segunda Turma, julgado em 03/09/2013, ACÓRDÃO ELETRÔNICO DJe-232 DIVULG 25-11-2013 PUBLIC 26-11-2013)

ALTURA

▶ **Direito de não ser eliminado por motivo de altura, salvo em casos excepcionais.**

A regra é o amplo acesso aos cargos públicos e, por isso, tanto a idade quanto a altura, não podem, em regra, gerar a eliminação do candidato. Para que a eliminação seja possível são necessários dois requisitos cumulativos, são eles: que haja previsão legal e que a limitação seja razoável.

"Por outro lado, mesmo que prevista em lei, a exigência deve adequar-se às funções que serão exercidas pelo candidato, caso aprovado. Certas funções, apesar de comporem o quadro de carreiras de instituições militares, não se amoldam a esta exigência. E o caso, por exemplo, de escrivães e delegados de polícia, membros do corpo médico (médicos, dentistas, enfermeiros, técnicos de enfermagem e outros auxiliares) das Forças Armadas. Os seguintes precedentes, ambos da 2 a Turma do Supremo Tribunal Federal, demonstram os parâmetros que têm sido empregados neste controle: "Concurso Público – Fator Altura. Caso a caso, há de perquirir-se a sintonia da exigência, no que implica fator de tratamento diferenciado com a função a ser exercida. No âmbito da polícia, ao contrário do que ocorre com o agente em si, não se tem como constitucional a exigência de altura mínima, considerados homens e mulheres, de um metro e sessenta para a habilitação ao cargo de escrivão, cuja natureza é estritamente escriturária, muito embora de nível elevado." "Concurso Público – Agente de Polícia – Altura Mínima – Viabilidade. Em se tratando de concurso público para agente de polícia, mostra-se razoável a exigência de que o candidato tenha altura mínima de l,60m. Previsto o requisito não só na lei de regência, como também no edital de concurso, não concorre a primeira condição do mandado de segurança, que é a existência de direito líquido e certo." (Regime Jurídico dos Concursos Públicos. Francisco Lobello de Oliveira Rocha, Ed. Dialética 2006, p. 82/83)

◙ **No mesmo sentido:**"AGRAVO REGIMENTAL. RECURSO ORDINÁRIO EM MANDADO DE SEGURANÇA. CONCURSO PÚBLICO. POLÍCIA MILITAR ESTADUAL. ESTATURA MÍNIMA. AUSÊNCIA DE PREVISÃO LEGAL. EDITAL. ILEGALIDADE. 1. A carreira militar possui regime jurídico próprio e requisitos distintos de ingresso, razão pela qual esta Corte de Justiça tem entendido pela legitimidade da previsão em edital de estatura mínima, sem que se possa falar em violação do princípio da isonomia em razão da natureza da atividade exercida, desde que haja previsão legal específica. 2. "In casu, inexiste previsão legal de altura mínima, para ingresso na Polícia Militar do Estado de Santa Catarina, uma vez que não basta, para viabilizar a adoção do critério discriminatório, a exigência genérica de "capacidade física", prevista na Lei Estadual n.º 6.218/83."(RMS 20.637/SC, Rel. Ministra LAURITA VAZ, QUINTA TURMA, julgado em 16/02/2006, DJ 20/03/2006, p. 311). 3. Agravo regimental improvido". STJ, AgRg no RMS 30.786/SC, Rel. Ministra MARIA THEREZA DE ASSIS MOURA, SEXTA TURMA, DJe de 28/05/2012."

◙ **No mesmo sentido:** "ADMINISTRATIVO. AGRAVO REGIMENTAL NO AGRAVO DE INSTRUMENTO. CONCURSO PÚBLICO. GUARDA MUNICIPAL. CANDIDATO QUE NÃO POSSUI A ALTURA MÍNIMA REQUERIDA NO EDITAL DO CERTAME. LIMITAÇÃO NÃO PREVISTA NA LEGISLAÇÃO ORDINÁRIA. EXIGÊNCIA EDITALÍCIA QUE NÃOPREVALECE. AGRAVO REGIMENTAL DESPROVIDO. 1. A jurisprudência desta Corte e do Supremo Tribunal Federal está em que é necessária Lei para que seja exigido limite mínimo de altura em Concurso Público, não bastando a previsão editalícia. 2. Agravo Regimental desprovido." (STJ, AgRg no Ag 1161475/SP, Rel. Ministro NAPOLEÃO NUNES MAIA FILHO, QUINTA TURMA, DJe de 13/09/2010.)

◙ **No mesmo sentido:** "RECURSO EXTRAORDINÁRIO COM AGRAVO (LEI Nº 12.322/2010)– CONCURSO PÚBLICO – GUARDA MUNICIPAL – ALTURA MÍNIMA – EXIGÊNCIA PREVISTA APENAS NO EDITAL – AUSÊNCIA DE PREVISÃO EM LEI FORMAL – OFENSA AOS PRINCÍPIOS CONSTI-

TUCIONAIS DA LEGALIDADE E DA RAZOABILIDADE – DECISÃO QUE SE AJUSTA À JURISPRUDÊNCIA PREVALECENTE NO SUPREMO TRIBUNAL FEDERAL – CONSEQUENTE INVIABILIDADE DO RECURSO QUE A IMPUGNA – SUBSISTÊNCIA DOS FUNDAMENTOS QUE DÃO SUPORTE À DECISÃO RECORRIDA – RECURSO DE AGRAVO IMPROVIDO." (STF – ARE: 715061 RJ , Relator: Min. CELSO DE MELLO, Data de Julgamento: 14/05/2013, Segunda Turma, Data de Publicação: ACÓRDÃO ELETRÔNICO DJe-117 DIVULG 18-06-2013 PUBLIC 19-06-2013).

◙ **É ilegal regra do edital que proíba recurso quanto à eliminação do candidato por motivo de altura.**

"PROCESSUAL CIVIL. ADMINISTRATIVO. CONCURSO PÚBLICO. INGRESSO EM CARREIRA MILITAR. EXIGÊNCIA DE ALTURA MÍNIMA. PREVISÃO APENAS EM EDITAL. AUSÊNCIA DE PREVISÃO LEGAL ESPECÍFICA. IMPOSSIBILIDADE. I – É razoável, dada a natureza e as peculiaridades do cargo, exigir-se altura mínima para o ingresso em carreira militar, devendo esse requisito, contudo, encontrar previsão legal e não apenas editalícia. II – A jurisprudência dos Tribunais Superiores é pacífica no sentido de que é constitucional a exigência de altura mínima para o ingresso em carreiras militares, desde que haja previsão legal específica, o que não ocorre no presente caso. Precedentes: AgRg no RMS 45.887/GO, Rel. Ministro ARI PARGENDLER, PRIMEIRA TURMA, DJe 10/09/2014; RMS 44.597/SC, Rel. Ministro MAURO CAMPBELL MARQUES, SEGUNDA TURMA, DJe 18/02/2014; EDcl no RMS 34.394/MS, Rel. Ministro BENEDITO GONÇALVES, PRIMEIRA TURMA, DJe 24/09/2012. III – Agravo interno improvido." (AgInt no REsp 1590450/PE, Rel. Ministro FRANCISCO FALCÃO, SEGUNDA TURMA, julgado em 19/10/2017, DJe 26/10/2017)

◙ **No mesmo sentido:** "ADMINISTRATIVO. AGRAVO INTERNO NO AGRAVO EM RECURSO ESPECIAL. CONCURSO PÚBLICO. ELIMINAÇÃO DE CANDIDATO MOTIVADA POR NÃO DETER ALTURA MÍNIMA. IMPOSSIBILIDADE DE EXIGÊNCIA DE LIMITE DE ALTURA PREVISTA SOMENTE EM EDITAL, REQUERENDO-SE LEI EM SENTIDO FORMAL. AGRAVO INTERNO DO MUNICÍPIO DO RIO DE JANEIRO A QUE SE NEGA PROVIMENTO. 1. É firme a jurisprudência desta Corte de que só é legítima a exigência de limite mínimo de altura para ingresso em Concurso Público se fixada por lei em sentido formal. Nesse sentido, o recente precedente: AgInt no RMS 44.934/SC, Rel. Min. BENEDITO GONÇALVES, DJe 17.5.2017, e ainda, AgRg nos EDcl no REsp. 1.274.587/BA, Rel. Min. HUMBERTO MARTINS, DJe 19.12.2011. 2. Agravo Interno do Município do Rio de Janeiro a que se nega provimento." (AgInt no AREsp 428.222/RJ, Rel. Ministro NAPOLEÃO NUNES MAIA FILHO, PRIMEIRA TURMA, julgado em 20/06/2017, DJe 28/06/2017)

◙ **Superveniência de lei que modifique regras sobre altura não pode ser aplicada aos concursos em andamento.**

"PROCESSUAL CIVIL. AGRAVO INTERNO NO RECURSO EM MANDADO DE SEGURANÇA. CONCURSO PÚBLICO. POLÍCIA MILITAR. EXIGÊNCIA DE ALTU-

RA MÍNIMA. POSSIBILIDADE. LEGISLAÇÃO POSTERIOR. INAPLICABILIDADE. 1. É possível a estipulação de critérios limitativos da participação em concurso público, conforme a natureza da atividade a ser exercida, desde que estes se encontrem previstos em lei e no edital, sendo certo que a superveniência de lei que modifique tais critérios não pode ser aplicada aos concursos em andamento. Precedente: RMS 44.597/SC, Rel. Min. Mauro Campbell Marques, Segunda Turma, DJe 18/2/2014. 3. Agravo interno não provido." (AgInt no RMS 44.934/SC, Rel. Ministro BENEDITO GONÇALVES, PRIMEIRA TURMA, julgado em 09/05/2017, DJe 17/05/2017)

◉ **A legitimidade passiva para responder a ação referente à eliminação do candidato por motivo de altura é do Poder Público e da Banca Examinadora em litisconsórcio passivo.**

"PROCESSUAL CIVIL. CONCURSO PÚBLICO. LITISCONSÓRCIO PASSIVO NECESSÁRIO. SENTENÇA DE EXTINÇÃO MANTIDA. 1. A ação civil pública que questiona termos de edital de concurso promovido pelo TJDFT e organizado pela CESP/UnB tem, como litisconsortes passivos necessários, a União e a Fundação Universidade de Brasília. 2. A organizadora do concurso está adstrita às exigências feitas pelo órgão contratante, promovendo o concurso público, nos termos e na forma requerida por aquele. Portanto, os efeitos de um provimento judicial de mérito, certamente, atingem a ambos. Por isso trata-se de litisconsórcio passivo necessário, pois a natureza da relação jurídica controvertida e a eficácia da sentença de mérito dependem da presença de todas as partes na relação processual. 3. Tendo a parte autora deixado de promover a citação da FUB, mesmo após determinação judicial nesse sentido, a extinção do processo deve ser mantida. 4. Apelação conhecida e não provida." (AC 2008.34.00.002225-6/DF, Rel. Desembargador Federal Kassio Nunes Marques, Conv. Juiz Federal Leonardo Augusto De Almeida Aguiar, Sexta Turma, e-DJF1 p. de 30/04/2018)

◉ **Não há necessidade de formação de litisconsórcio passivo necessário entre candidatos se o ajuizamento da demanda for em momento anterior ao que se possa aferir o resultado final do concurso.**

"(....) II – O Superior Tribunal de Justiça já firmou o entendimento no sentido de que a citação dos demais candidatos do concurso público como litisconsortes passivos necessários é desnecessária, ante o fato de, em princípio, não possuírem comunhão de interesses com o impetrante, nem direito líquido e certo à nomeação, tendo, apenas, expectativa de direito, caso aprovados." (AMS 0046939-67.2014.4.01.3400/DF, Rel. Desembargador Federal Jirair Aram Meguerian, Sexta Turma, e-DJF1 p. de 16/04/2018)

EXAMES DE SAÚDE

▶ **Necessidade da fase de exames de saúde em alguns concursos.**

Os exames médicos têm como objetivo o diagnóstico de doenças físicas e/ou mentais que impossibilitem o exercício das funções do cargo ou emprego pelo candidato. Têm por finalidade garantir que apenas serão contratados candidatos que tenham higidez física e mental suficientes para o exercício do cargo e impedir a contratação daqueles que, em razão de doença ou deformidade, não conseguiriam realizar as tarefas que lhe caberiam. Estes exames podem ser clínicos, para averiguar a higidez física do candidato, e neuropsiquiátricos, que têm por objetivo o diagnóstico de doenças mentais. Há de se distinguir o objeto dos exames médicos e o dos testes físicos. A função dos testes físicos é medir o preparo físico do candidato: sua resistência, força, agilidade, velocidade etc. Os exames médicos, por sua vez, devem atestar sua higidez física, isto é, suas condições de saúde. A distinção entre o objeto dos exames neuropsiquiátricos e dos testes psicológicos exige um pouco mais de atenção. Os testes psicológicos podem ser de função diagnóstica ou preditiva. Os de natureza preditiva nada têm a ver com exames médicos, ao passo que os de natureza diagnóstica seguem o mesmo regime jurídico destes. Avaliações médicas se prestam a avaliar a sanidade física do candidato e sua compatibilidade com determinada função pública. Serve para detectar características de saúde incompatíveis com o exercício do cargo, tais como doenças, acuidade visual, acuidade auditiva, condições incapacitantes e fatores de contraindicação para admissão no quadro de funcionários.

> ▶ "A avaliação médica tem por objetivo efetuar prognóstico laborativo do candidato, considerando todo o tempo de permanência previsto no serviço público. Dessa forma, não basta o avaliando estar apto apenas no momento do exame pericial. É necessário se certificar, com base na experiência clínica e pericial, que as patologias eventualmente diagnosticadas, incipientes ou compensadas, não venham a agravar-se nem predispor a outras situações que provoquem permanência precária no trabalho, com licenciamentos frequentes e aposentadorias precoces. No edital, deve-se especificar os cargos/áreas/especialidades que serão submetidos à avaliação médica, o número de candidatos a serem convocados para essa avaliação, as localidades de realização dos exames, os quesitos a serem avaliados, os exames laboratoriais que serão exigidos e as condições consideradas incapacitantes para o cargo. É prudente, também, estabelecer as condições de inexigibilidade de alguns exames (por exemplo: exame intravaginal para candidatas com hímen íntegro)." (BASTOS, Ricardo. Concurso público: etapa interna e externa passo a passo / Alessandro Dantas Coutinho, William Douglas e Ricardo Bastos. – Curitiba, PR: Negócios Públicos, 2015. p. 50)

▶ **Os exames médicos têm como objetivo o diagnóstico de doenças físicas e/ou mentais que impossibilitem o exercício das funções do cargo ou emprego pelo candidato.**

"Os exames médicos têm como objetivo o diagnóstico de doenças físicas e/ou mentais que impossibilitem o exercício das funções do cargo ou emprego pelo candidato. Têm por finalidade garantir que apenas serão contratados candidatos que tenham higidez física e mental suficientes para o exercício do cargo e impedir a contratação daqueles que, em razão de doença ou deformidade, não conseguiriam realizar as tarefas que lhe caberiam. Estes exames podem ser clínicos, para averiguar a higidez física do candidato, e neuropsiquiátricos, que têm por objetivo o diagnóstico de doenças mentais." (OLIVEIRA ROCHA, Francisco Lobello de, Regime Jurídico dos Concursos Públicos. Ed. Dialética 2006, p. 87)

▶ **Há de se distinguir o objeto dos exames médicos e o dos testes físicos.**

"Há de se distinguir o objeto dos exames médicos e o dos testes físicos. A função dos testes físicos é medir o preparo físico do candidato: sua resistência, força, agilidade, velocidade etc. Os exames médicos, por sua vez, devem atestar sua higidez física, isto é, suas condições de saúde. A distinção entre o objeto dos exames neuropsiquiátricos e dos testes psicológicos exige um pouco mais de atenção. Os testes psicológicos podem ser de função diagnóstica ou preditiva. Os de natureza preditiva nada têm a ver com exames médicos, ao passo que os de natureza diagnóstica seguem o mesmo regime jurídico destes." (OLIVEIRA ROCHA, Francisco Lobello de, Regime Jurídico dos Concursos Públicos. Ed. Dialética 2006, p. 87/88)

▶ **A Psiquiatria e a Psicologia são ciências correlatas e a linha que as divide é muito tênue.**

"Como se sabe, a Psiquiatria e a Psicologia são ciências correlatas e a linha que as divide é muito tênue. De um modo geral, pertencem à Psiquiatria as doenças mentais que têm em sua origem causas bioquímicas, enquanto as psicológicas estão relacionadas a problemas emocionais. De qualquer forma, esta distinção tem poucos reflexos no objeto do presente estudo, e não nos alongaremos. Deve-se observar, entretanto, que o diagnóstico que motivar a eliminação de um candidato deve ter sido feito pelo profissional competente." (OLIVEIRA ROCHA, Francisco Lobello de, Regime Jurídico dos Concursos Públicos. Ed. Dialética 2006, p. 88)

▶ **As doenças, de um modo geral, podem ser crônicas ou agudas.**

"As doenças, de um modo geral, podem ser crônicas ou agudas. Na definição de Maria Helena Diniz, doença crônica é uma "moléstia de longa duração, evolução lenta e nunca curada de todo, como a artrite e a bronquite crônicas" e doença aguda é "a que tem uma rápida evolução, atingindo logo sua crise, mas de duração limitada". Tendo em vista a relação duradoura que se pretende formar entre servidor e Administração, as doenças agudas não podem ser levadas em conta na avaliação do candidato, pois, logo que curados, os candidatos não possuirão mais qualquer óbice ao exercício profissional. Deve ser feita uma ressalva, no entanto, caso a doença aguda diagnosticada deixe seqüelas que possam prejudicar a capacidade laborativa do candidato." (OLIVEIRA ROCHA, Francisco Lobello de, Regime Jurídico dos Concursos Públicos. Ed. Dialética 2006, p. 88).

▶ **A avalição dos exames de saúde do candidato deve ser feita mediante critérios objetivos.**

"Para evitar sua utilização arbitrária em benefício ou, principalmente, prejuízo de determinados candidatos, em afronta ao princípio da igualdade, os exames médicos deverão ser realizados de acordo com critérios objetivos, sendo permitida a eliminação de candidatos apenas por motivos relevantes." (OLIVEIRA ROCHA, Francisco Lobello de, Regime Jurídico dos Concursos Públicos. Ed. Dialética 2006, p. 89)

◉ **No mesmo sentido:** "Concurso público. Reprovação em exame médico. Necessidade de avaliação mediante critérios objetivos. (...) A jurisprudência desta Corte firmou-se no sentido de que devem estar previstos no edital os critérios objetivos do exame médico." [AI 850.638 AgR, rel. min. Ricardo Lewandowski, j. 11-10-2011, 2ª T, DJE de 25-10-2011.]

▶ **A objetividade advém do emprego de técnicas de diagnóstico consolidadas.**

"A objetividade advém do emprego de técnicas de diagnóstico consolidadas. Além disso, não basta a mera identificação de sintomas, pois, como se sabe, há sintomas que podem decorrer das mais diversas causas, podendo indicar tanto doenças crônicas graves, quanto doenças comuns e sem a menor gravidade. É necessário, portanto, identificar as causas dos sintomas, utilizando-se todos os recursos de que a moderna Medicina diagnóstica dispõe (exames clínicos e laboratoriais), até que o diagnóstico não dê margem a dúvidas." (OLIVEIRA ROCHA, Francisco Lobello de. Regime Jurídico dos Concursos Públicos. Ed. Dialética 2006, p. 89).

▶ **A relevância da doença diagnosticada para o exercício do cargo deve ser analisada a cada caso, de acordo com as limitações decorrentes da doença e o prejuízo que causariam à execução das tarefas inerentes ao cargo ou emprego.**

"A relevância da doença diagnosticada para o exercício do cargo deve ser analisada a cada caso, de acordo com as limitações decorrentes da doença e o prejuízo que causariam à execução das tarefas inerentes ao cargo ou emprego. Se o candidato é portador de uma doença que diminui sua capacidade de locomoção (varizes, artrite, artrose, osteoporose etc.), por exemplo, deve- se analisar qual a quantidade e intensidade de esforço físico que o cargo exige. Tais doenças podem ser irrelevantes para um trabalho sedentário ou leve, mas inabilitam o candidato para um trabalho pesado." (OLIVEIRA ROCHA, Francisco Lobello de. Regime Jurídico dos Concursos Públicos. Ed. Dialética 2006, p. 89).

▶ **É importante que os exames médicos obedeçam ao princípio da razoabilidade.**

"É importante que os exames médicos obedeçam, também, ao princípio da razoabilidade. Isso quer dizer que (a) os exames realizados devem ser adequados para determinar se o candidato tem higidez física e/ou mental suficientes para o exercício do cargo; (b) a eliminação do candidato só será válida se realmente necessária; e (c) se proporcional ao sacrifício do direito de acesso a cargos e empregos públicos do candidato. A necessidade da medida configura-se com a incapacidade de o candidato realizar as tarefas que lhe competirão, em razão da doença ou deformidade diagnosticada. Atente-se para o fato de que não basta a doença dificultar a realização da tarefa pelo candidato. Caso este dependa da utilização de próteses ou aparelhos para realizá-las, sua eliminação do concurso pode ser necessária ou não, de acordo com as funções que lhe caberão no exercício do cargo ou emprego a que está concorrendo. O uso de óculos ou lentes de contato, v.g., pode desabilitar candidatos a bombeiro ou salva-vidas, mas não causam qualquer prejuízo às funções exercidas por promotores públicos, professores, gestores públicos, fiscais de tributos etc." (OLIVEIRA ROCHA, Francisco Lobello de, Regime Jurídico dos Concursos Públicos. Ed. Dialética 2006, p. 89)

▶ **Direito de não ser eliminado na fase de exames médicos por motivos transitórios ou desarrazoados.**

Infelizmente, parece que o que se quer, para todos os cargos, é uma "tropa de elite", um verdadeiro contingente de super-humanos. Isso é um absurdo! Que fique claro: não é qualquer motivo que pode gerar a eliminação do candidato no exame da saúde. Primeiro, é necessário que este motivo esteja previsto em lei. Segundo, mesmo em lei, a exigência deve ser razoável, sob pena de inconstitucionalidade. Assim, não tem menor sentido eliminar candidato por motivo de pressão alta, triglicerídeos alterados, perda auditiva leve, pequena perda de audição e de visão, peso, colesterol, etc. Isso é completamente ilegal, pois muitas destas mazelas estão presentes na vida de milhares de brasileiros, são temporárias, controláveis e, principalmente, não afetam o exercício da função pública. Por outras palavras: não são anomalias incapacitantes! Se o candidato não é portador de necessidade especial, por exclusão ele pode disputar na lista de ampla concorrência, sob pena de ficar em um verdadeiro limbo jurídico, com exceção a raríssimas situações em o ingresso do candidato logo o levaria à sua aposentadoria por invalidez.

> ▶ "A eliminação dos candidatos nos concursos públicos, portanto, só pode ocorrer em função do diagnóstico de doenças crónicas. Não é qualquer doença crónica, entretanto, que pode levar à eliminação do candidato. E necessário que as consequências das doenças possam interferir no exercício das funções inerentes ao cargo. Na determinação de que doenças podem levar à eliminação do candidato, devem ser observados os princípios da igualdade e da razoabilidade." (Regime Jurídico dos Concursos Públicos. Francisco Lobello de Oliveira Rocha, Ed. Dialética 2006, p. 87/90).

◉ **Ilegalidade de eliminação de candidato em razão de colesterol alto, tendo em vista tratar-se de circunstância transitória.**

"ADMINISTRATIVO. CONCURSO PÚBLICO PARA PROVIMENTO DE CARGO JUNTO À POLÍCIA RODOVIÁRIA FEDERAL. PRELIMINAR DE LITISCONSÓRCIO PASSIVO NECESSÁRIO. REJEITADA. EXAMES MÉDICOS. EXCLUSÃO DE CANDIDATA POR RAZÃO DE SUA ALTA TAXA DE COLESTEROL. PROBLEMA SANÁVEL COM MEDICAMENTOS. PRINCÍPIOS DA RAZOABILIDADE E PROPOPRCIONALIDADE. APLICAÇÃO. INAPTIDÃO PARA O CARGO. INOCORRÊNCIA. 1. Cuida-se de candidata excluída de concurso público para provimento de cargo junto à Polícia Rodoviária Federal em razão de em seu exame laboratorial de sangue apresentar uma taxa de colesterol, acima do considerado normal. [...] 3. No mérito, é sabido por qualquer pessoa que o nível de colesterol no sangue é tratável, não apenas com uma dieta alimentar, exercícios físicos e medicamentos específicos e que as pessoas portadoras de uma taxa elevada de colesterol, não havendo falar-se em inaptidão para o trabalho. 3. Irreparável a decisão singular que assegurou a participação da autora nas demais etapas do processo seletivo, máxime quando milita em favor da autora, ora apelada, a decisão já proferida pela E. Turma, no AGTR nº 45547 PE, julgado na Sessão de 23.03.2004, que, à unanimidade, negou provimento ao Agravo da União. 4. Preliminar de nulidade rejeitada. 5. Apelação da União e remessa oficial improvidas." (TRF5, AC 200283000135923, Desembargador Federal Petrucio Ferreira, Segunda Turma, DJ – Data:16/11/2006 – Página::741 – Nº 219).

◙ **No mesmo sentido:** "ADMINISTRATIVO. CONCURSO PÚBLICO. REPORVAÇÃO EM EXAME MÉDICO. Nível de colesterol considerado alto. Razoabilidade. O nível de colesterol apurado não torna o autor incapaz para o exercício da função. Improvimento da apelação e da remessa oficial." (TRF4, AC 2002.71.00.017335-7/RS, Des. Federal Carlos Eduardo Thompson Flores Lenz).

◙ **Não se afigura legítima a exclusão do candidato do certame por ter apresentado alteração episódica nos exames cardiológicos, sendo que constou do relatório médico, plenamente confirmado pela perícia judicial, a inexistência de hipertensão arterial sistêmica.**

"EXAME MÉDICO. EXAMES CARDIOLÓGICOS. ALTERAÇÃO EPISÓDICA. HIPERTENSÃO ARTERIAL SISTÊMICA. PERÍCIA JUDICIAL. INEXISTÊNCIA. APTIDÃO FÍSICA. COMPROVAÇÃO.I – A orientação jurisprudencial já consolidada no âmbito de nossos tribunais é no sentido de que não cabe ao Poder Judiciário substituir-se aos membros de Banca Examinadora na formulação e na avaliação de mérito das questões de concurso público, podendo, contudo, pronunciar-se acerca da legalidade do certame, como no caso, em que se discute a legitimidade da eliminação de candidato, sob o fundamento de que possuiria hipertensão arterial sistêmica II – Não se afigura legítima a exclusão do candidato do certame por ter apresentado alteração episódica nos exames cardiológicos, sendo que constou do relatório médico, plenamente confirmado pela perícia judicial, a inexistência de hipertensão arterial sistêmica, a demonstrar a aptidão clínica do candidato, para o exercício pleno do cargo público postulado. III – Remessa Oficial e Apelação desprovidas." (AC 0073481-88.2015.4.01.3400/DF, Rel. Desembargador Federal Souza Prudente, Quinta Turma, e-DJF1 p. de 22/05/2018).

◙ **Candidato considerado inapto no exame odontológico em razão de sua "mordida cruzada. Fata de motivação.**

"AGRAVO DE INSTRUMENTO – AÇÃO ANULATÓRIA DE ATO ADMINISTRATIVO – CONCURSO PÚBLICO PARA SOLDADO PM 2ª CLASSE – Decisão que indeferiu a tutela antecipada para que o agravante seja reintegrado ao certame – Pleito de reforma da decisão – Cabimento – Presença dos requisitos legais para a concessão da tutela em 1ª instância – Candidato considerado inapto no exame odontológico, em razão de sua "mordida cruzada" – Necessidade de realização da prova pericial de modo a aferir se o agravante é realmente portador da "mordida cruzada", e se este diagnóstico é o mesmo previsto no edital como impeditivo – Inexistência da demonstração da motivação do ato administrativo, o que compromete sua validade – AGRAVO DE INSTRUMENTO provido, para determinar a reintegração do agravante ao certame para concurso para Soldado PM 2ª Classe." (TJSP; Agravo de Instrumento 2084039-66.2018.8.26.0000; Relator (a): Kleber Leyser de Aquino; Órgão Julgador: 3ª Câmara de Direito Público; Foro Central – Fazenda Pública/Acidentes – 5ª Vara de Fazenda Pública; Data do Julgamento: 26/06/2018; Data de Registro: 28/06/2018)

◙ **A eliminação de candidato em concurso público por motivo de disfunção visual passível de correção é ilegal.**

"REMESSA EX OFFICIO. MANDADO DE SEGURANÇA. CONCURSO PÚBLICO. SOLDADO COMBATENTE DA PMES. ELIMINAÇÃO DE CANDIDATO COM DISFUNÇÃO VISUAL PASSÍVEL DE CORREÇÃO. VIOLAÇÃO AO PRINCÍPIO DA RAZOABILIDADE. 1. – A eliminação de candidato em concurso público por motivo de disfunção visual passível de correção é ilegal, por violar o princípio da razoabilidade. 2. – Sentença mantida." (TJES, Classe: Remessa Necessária, 024140018789, Relator: DAIR JOSÉ BREGUNCE DE OLIVEIRA – Relator Substituto: RODRIGO FERREIRA MIRANDA, Órgão julgador: TERCEIRA CÂMARA CÍVEL, Data de Julgamento: 06/02/2018, Data da Publicação no Diário: 11/05/2018)

◙ **Necessidade de absoluta ausência de condições psicológicas/patológicas do sujeito para exercitar as competências próprias do cargo.**

"APELAÇÃO CÍVEL – AÇÃO DECLARATÓRIA – CONCURSO PÚBLICO – ELIMINAÇÃO DO CERTAME NO EXAME DE SAÚDE – AUSÊNCIA DE MOTIVAÇÃO DO ATO ADMINISTRATIVO – ILEGALIDADE DO ATO DE EXCLUSÃO – RECURSO DESPROVIDO. A eliminação de candidato em Concurso Público em virtude de uma avaliação médica apenas pode ocorrer quando não houver dúvida, para um número mínimo de especialistas, quanto à absoluta ausência de condições psicológicas/patológicas do sujeito para exercer as competências próprias do cargo." (TJ-PR – AC: 7274731 PR 0727473-1, Relator: Astrid Maranhão de Carvalho Ruthes, Data de Julgamento: 29/03/2011, 4ª Câmara Cível, Data de Publicação: DJ: 609)

▶ **O Laudo onde consta a eliminação do candidato por motivo de saúde deve ser devidamente motivado.**

Na gestão da res pública deve o administrador observar a vontade do único e verdadeiro titular do poder: o povo, que externa sua vontade por meio da lei, verdadeira "procuração geral" que representa a vontade da coletividade em determinado tempo e espaço. Para que se possa controlar as atividades levadas a cabo pelos gestores, administradores públicos, devem os mesmos motivar seus atos, expondo os fundamentos de fato e de direito que autorizaram a conduta praticada. Até porque é o motivo do ato, como o próprio nome já indica, a situação de fato e de direito que impulsiona (que motiva) o agente público a praticar aquele ato administrativo. É aquele acontecimento que torna necessária a prática de um ato. O art. 50, incisos I e III, da Lei 9.784/99 é claro ao enunciar que: Art. 50. Os atos administrativos deverão ser motivados, com indicação dos fatos e dos fundamentos jurídicos, quando: III – decidam processos administrativos de concurso ou seleção pública; § 1º A motivação deve ser explícita, clara e congruente, podendo consistir em declaração de concordância com fundamentos de anteriores pareceres, informações, decisões ou propostas, que, neste caso, serão parte integrante do ato.

◙ **No mesmo sentido:** "ADMINISTRATIVO – MANDADO DE SEGURANÇA – CONCURSO PÚBLICO – EXAME MÉDICO – REPROVAÇÃO DE CANDI-DATOS – FALTA DE ACESSO AOS RESULTADOS DOS EXAMES – RENO-VAÇÃO DO EXAME.É nulo o ato administrativo consistente na reprovação de candidato em exame médico por falta de motivação e de acesso aos resultados no momento adequado. 2. Correção do ato administrativo após a concessão de liminar. 3. Questões fáticas posteriores à impetração são inteiramente imper-tinentes para exame no recurso, sob pena de, suprimindo-se a apreciação da instância de origem, violar o princípio do tantum devolutum quantum appella-tum. 4. Segurança concedida em parte, impondo-se a submissão dos candidatos a novo exame médico. 5. Recursos ordinários parcialmente providos." (RMS nº 40.229 – SC, 04/06/2013, Rel. Min. Eliana Calmon.)

◙ **No mesmo sentido:**"REMESSA NECESSÁRIA E APELAÇÃO CÍVEL EM MANDADO DE SEGURANÇA – ADMINISTRATIVO, CONSTITUCIONAL E PROCESSUAL CIVIL – PRELIMINARES REJEITADAS – MÉRITO – CON-CURSO PÚBLICO – EXAME DE SAÚDE – INABILITAÇÃO – MOTIVAÇÃO DEFICIENTE – NOVA AVALIAÇÃO – RECURSO CONHECIDO E DESPRO-VIDO – REMESSA CONHECIDA. SENTENÇA REFORMADA. 1 – O prazo para a impugnação do resultado obtido em fase de concurso começa a fluir a partir da data da sua publicação e não da publicação do edital que inaugurou o certame. 2 – Não há que se falar em inadequação da via eleita eis que não está em questão a existência ou não de uma certa condição clínica, mas a legalidade quanto à exclusão de concurso público por ato amparado em lacônico parecer da junta militar de saúde. 3 – O ato de exclusão de candidato de concurso pú-blico deve ser motivado e permitir seu direito de revisão do exame. 4 – Consi-derando que a apelada foi reavaliada pela junta militar de saúde e considerada apta para o serviço militar deve a sentença ser mantida. 4 – Recurso conhecido e desprovido. 5 – Remessa conhecida. sentença confirmada. vistos, relatados e discutidos estes autos, acordam os desembargadores que integram a primeira câmara cível do egrégio tribunal de justiça do estado do espírito santo, na con-formidade da ata e notas taquigráficas, à unanimidade, rejeitar as preliminares arguídas. no mérito, por igual votação, negar provimento ao recurso, nos ter-mos do voto do relator. em sede de remessa necessária, confirmar a sentença." (APELAÇÃO VOLUNTÁRIA Nº 0020872-53.2009.8.08.0024 (024090208729), RELATOR SUBS. LYRIO REGIS DE SOUZA LYRIO, JULGADO EM 30/10/2012 E LIDO EM 13/11/2012)

◙ **No mesmo sentido:** "(....) Restou demonstrado nos autos que o autor, ini-cialmente considerado inapto nos exames pré-admissionais ao emprego públi-co, em ato declarado nulo em outro processo por ausência de motivação, teve assegurado o direito de se submeter a novo exame junto à contratante, no qual se atestou sua aptidão para a função pleiteada. Não havendo nenhuma irregu-laridade na segunda avaliação médica, realizada pela própria apelante, possui o autor direito à contratação. 4. Apelação a que se nega provimento." (AC 0017635-95.2015.4.01.3300/BA, Rel. Desembargadora Federal Daniele Maranhão Costa, Quinta Turma, e-DJF1 p. de 14/05/2018)

◙ **No mesmo sentido:** "É cediço que um dos requisitos de validade do ato administrativo (exceto se discricionário) é a motivação, porque é através dela que se tornam conhecidos os motivos que levaram o administrador a praticar o ato. 2. – Consoante venerando precedente do colendo Superior refoge à razoabilidade a eliminação do candidato que não obteve acesso aos fundamentos de sua reprovação, impedindo-o de efetuar o controle da decisão administrativa, máxime quando o próprio edital autoriza a correção visual pelo simples uso de óculos ou lentes corretivas (RMS 35.265/SC, Rel. Ministro Castro Meira, Segunda Turma, julgado em 27-11-2012, DJe 06-12-2012). 3. – Na hipótese, a Administração Pública deixou de disponibilizar ao candidato os motivos pelos quais ele foi considerado inapto no exame de saúde, em concurso público. Reconhecida a nulidade do ato administrativo e determinada a repetição do exame de saúde, tendo em vista seu caráter eliminatório e que aos candidatos deve ser assegurada igualdade de tratamento. (...)" (TJES, Classe: Apelação / Remessa Necessária, 024130305816, Relator: DAIR JOSÉ BREGUNCE DE OLIVEIRA, Órgão julgador: TERCEIRA CÂMARA CÍVEL, Data de Julgamento: 20/03/2018, Data da Publicação no Diário: 28/03/2018)

◙ **É ilegal a eliminação de candidato em razão da ausência de motivação no sentido de que a apresentação do problema de saúde do candidato comprometa sua capacidade funcional.**

"APELAÇÃO – AÇÃO ANULATÓRIA DE ATO ADMINISTRATIVO C.C. OBRIGAÇÃO DE FAZER E INDENIZAÇÃO A TÍTULO DE DANOS MORAIS – CONCURSO PÚBLICO – SOLDADO PM DE 2ª CLASSE – Pretensão de reforma da decisão administrativa que considerou o apelante inapto na fase do Exame Médico, excluindo-o do certame – Sentença de improcedência – Pleito de reforma da sentença – Cabimento – Apelante que foi considerado inapto por apresentar diagnóstico de desvio de septo nasal – Ausência de motivação suficiente para eliminar o apelante do certame – Ausência de comprovação de que a apresentação de desvio de septo nasal compromete a capacidade funcional do apelante – Decisão que excedeu a discricionariedade da Administração Pública, ferindo os princípios da razoabilidade e da proporcionalidade – Competência do Poder Judiciário para analisar a legalidade dos atos administrativos – SUCUMBÊNCIA RECÍPROCA – Cada parte deverá arcar com 50% das despesas e custas processuais, observada a gratuidade processual conferida ao apelante e a isenção legal conferida à apelada, bem como deverá pagar verba honorária de R$ 1.000,00 (um mil reais) em favor do patrono da parte contrária – Sentença reformada – APELAÇÃO provida para julgar procedente em parte o pedido, para declarar nulo o ato administrativo que reprovou o apelante no exame médico, reintegrando-o ao certame." (TJSP; Apelação 1057499-04.2016.8.26.0053; Relator (a): Kleber Leyser de Aquino; Órgão Julgador: 3ª Câmara de Direito Público; Foro Central – Fazenda Pública/Acidentes – 14ª Vara de Fazenda Pública; Data do Julgamento: 12/06/2018; Data de Registro: 13/06/2018)

◉ **É ilegal na fase de exame de saúde a eliminação de candidato que possui cicatriz decorrente de algum evento e que não gera limitações para o exercício do cargo.**

"APELAÇÃO CÍVEL – CONCURSO PÚBLICO – Inaptidão médica para posse em cargo de Professor de Educação Básica II fundada em obesidade mórbida – Falta de legalidade e razoabilidade do critério empregado pela Administração – Inexistência de previsão legal que impeça aos acometidos por obesidade mórbida o acesso à carreira de magistério – Normalidade dos demais exames demonstra o quadro estável de saúde da candidata – Sentença de procedência parcial mantida – Reexame necessário não conhecido e recurso voluntário desprovido." (TJSP; Apelação / Remessa Necessária 1055188-06.2017.8.26.0053; Relator (a): Moreira de Carvalho; Órgão Julgador: 9ª Câmara de Direito Público; Foro Central – Fazenda Pública/Acidentes – 15ª Vara da Fazenda Pública; Data do Julgamento: 29/05/2018; Data de Registro: 29/05/2018)

◉ **É ilegal na fase de exame de saúde a eliminação de candidato que possui obesidade mórbida, caso que tal doença não o impossibilite de realizar as funções inerentes ao cargo.**

"Concurso público – Inaptidão – Obesidade – Caso que tal doença não a impossibilita de realizar as funções, tanto que já trabalha como professora – Cargo que pode ser por ela ocupado – Indenizações, entretanto, indevidas – Recurso improvido." (TJSP; Apelação / Remessa Necessária 1046036-02.2015.8.26.0053; Relator (a): José Luiz Gavião de Almeida; Órgão Julgador: 3ª Câmara de Direito Público; Foro Central – Fazenda Pública/Acidentes – 3ª Vara de Fazenda Pública; Data do Julgamento: 29/05/2018; Data de Registro: 30/05/2018)

> ◉ **No mesmo sentido:** "APELAÇÃO CÍVEL – CONCURSO PÚBLICO – Inaptidão médica para posse em cargo de Professor de Educação Básica II fundada em obesidade mórbida – Falta de legalidade e razoabilidade do critério empregado pela Administração – Inexistência de previsão legal que impeça aos acometidos por obesidade mórbida o acesso à carreira de magistério – Normalidade dos demais exames demonstra o quadro estável de saúde da candidata – Sentença de procedência parcial mantida – Reexame necessário não conhecido e recurso voluntário desprovido." (TJSP; Apelação / Remessa Necessária 1055188-06.2017.8.26.0053; Relator (a): Moreira de Carvalho; Órgão Julgador: 9ª Câmara de Direito Público; Foro Central – Fazenda Pública/Acidentes – 15ª Vara da Fazenda Pública; Data do Julgamento: 29/05/2018; Data de Registro: 29/05/2018).

◉ **É legal na fase de exame de saúde a eliminação de candidato que possui obesidade, caso que tal doença o impossibilite de realizar as funções inerentes ao cargo.**

"CONCURSO PÚBLICO. CURSO DE FORMAÇÃO. LIMITE DE PESO EXIGIDO EM EXAME DE SAÚDE E ANTROPOMÉTRICO PELO EDITAL. POSSIBILIDADE. EXIGÊNCIA QUE SE ENTENDE RAZOÁVEL ANTE AS ATRIBUIÇÕES DO CAR-

GO. AUSÊNCIA DE PROVA PRÉ-CONSTITUÍDA. INEXISTÊNCIA DE DIREITO LÍQUIDO E CERTO. 1. Cuida-se, na origem, de Mandado de Segurança impetrado contra ato da Secretária de Estado de Administração, e do Comandante-Geral do Corpo de Bombeiros Militar, de Mato Grosso do Sul. Objetiva-se que as autoridades coatoras sejam compelidas a permitir a realização do exame de capacitação física e, caso aprovado nas demais fases, que seja garantido o direito do impetrante de matricular--se e frequentar o Curso de Formação de Soldado Bombeiro. 2. O Superior Tribunal de Justiça já pacificou o entendimento de que é possível realizar exigências quanto à altura e ao peso mínimo e máximo para ingresso na carreira militar, desde que haja previsão legal específica que imponha essas restrições. 3. No caso dos autos, o limite mínimo e máximo de IMC, para provimento do cargo de Bombeiro Militar, além de constar do edital, também possui lastro no art. 32, II, da Lei 3.808/2009. 4. O impetrante alegou que a tatuagem com dimensão aproximada de 20cm de comprimento de 10cm de largura na barriga ser discreta e não interferir nas atividades de bombeiro militar, mas não comprovou essa afirmação. Ocorre que, em Mandado de Segurança, o direito deve ser líquido e certo, comprovado de plano por prova pré-constituída. 5. Recurso Ordinário não provido." (RMS 47.299/MS, Rel. Ministro HERMAN BENJAMIN, SEGUNDA TURMA, julgado em 26/05/2015, DJe 30/06/2015)

◉ **Não é razoável exigir do candidato o conhecimento de que o médico que atende em clínica especializada ainda não possui Registro no Conselho Regional.**

"REMESSA NECESSÁRIA. AÇÃO ORDINÁRIA. PROCESSO SELETIVO. INSPETOR PENITENCIÁRIO. APRESENTAÇÃO DE LAUDOS MÉDICOS SUBSCRITOS POR MÉDICO INTEGRANTE DE CLÍNICA CARDIOLÓGICA, QUE NÃO É ESPECIALISTA EM CARDIOLOGIA. DESCLASSIFICAÇÃO DO CERTAME. CONTROLE DE RAZOABILIDADE. 1. – Assim como ao Poder Judiciário é lícito realizar o controle de constitucionalidade de leis, nada obsta que em situações extraordinárias também exerça controle acerca da razoabilidade e da proporcionalidade de atos administrativos e de normas editalícias. 2. – Conforme orientação do colendo Superior Tribunal de Justiça o ato administrativo pode ser objeto do controle jurisdicional quando ferir o princípio da legalidade, assim é válido o controle das regras e das exigências dispostas em edital de concurso público pelo Poder Judiciário, a fim de adequá-los aos princípios constitucionais, como a razoabilidade e a proporcionalidade (AgRg no AREsp 470.620/CE, Rel. Ministro Napoleão Nunes Maia Filho, Primeira Turma, julgado em 05-08-2014, DJe 19-08-2014). 3. – E m que pese a determinação editalícia de apresentação de laudos subscritos por médico cardiologista dando conta de que o candidato é apto, considerando que o médico devidamente registrado no Conselho Regional de Medicina (CRM) da jurisdição na qual atua está apto a exercer a profissão em toda sua plenitude, sendo impedido apenas de anunciar especialidade sem o registro do respectivo título no CRM; e que não é razoável exigir do candidato o conhecimento de que o médico que atende em clínica especializada em cardiologia ainda não é registrado junto ao CRM como cardiologista, em que pese tenha concluído curso de pós-graduação lato sensu na Faculdade Israelita de Ciências da Saúde Albert Einstein, restou mantida a conclusão alcançada na respeitável sentença quanto à ilegalidade do ato de desclassificação do autor e permissão da participação de novo teste de condicionamento físico, mediante a apresentação de novos exames médicos. 4. – Sentença mantida Vistos, relatados e discutidos estes autos, ACORDAM os Desembargadores que integram a colenda Terceira Câmara Cível do egrégio Tribunal de Justiça do Estado do Espírito Santo, de conformidade com a ata do julgamento e as notas taquigráficas em, à unanimidade, manter a sentença, nos termos do voto do relator." (TJES, Classe: Remessa Necessária, 021160016958, Relator: (DAIR JOSÉ BREGUNCE DE OLIVEIRA, Órgão julgador: TERCEIRA CÂMARA CÍVEL, Data de Julgamento: 03/07/2018, Data da Publicação no Diário: 13/07/2018)

▶ **É ilegal regra do edital que proíba recurso na fase de exames de saúde.**

Como decorrência da falta de motivação da eliminação dos candidatos, simplesmente os mesmos ficam amputados do exercício do contraditório e da ampla defesa quando da interposição dos recursos. Afinal, como recorrer se não se sabe os motivos da inaptidão?

▶ **Direito de apresentar exames complementares quando houver dúvidas na análise dos exames inicialmente pedidos.**

Decorre dos princípios da razoabilidade, da busca da verdade material e também da jurisprudência. Nos concursos em que se exige exame médico a Banca Examinadora tem a equivocada postura de querer um "super-homem", quando, na verdade, o que se deve buscar é um futuro servidor que irá exercer uma atividade meio ou fim na gestão pública. Não vamos entrar neste ponto agora! O fato é que em muitos concursos, especialmente os relacionados à Polícia Federal e à Polícia Rodoviária Federal há dezenas de exames solicitados. É dever o candidato providenciar todos, sob pena de eliminação, exceto se provar que houve culpa de terceiros, como erro médico ou do laboratório. A prova deve ser inequívoca. Essa é uma excludente de responsabilidade que ampara a não eliminação do candidato. Fora isso, não havendo a excludente, aplica-se o princípio da isonomia e da vinculação ao instrumento convocatório, devendo o candidato ser eliminado. Ocorre que muitas vezes o médico ligado à Banca Examinadora não consegue chegar a uma conclusão quanto à saúde do candidato com base nos exames solicitados. Em casos como dessa ordem o correto é não eliminar o candidato e pedir exames complementares. Nesse ponto muitos editais têm respeitados os direitos dos candidatos e por isso e necessário parabenizar as bancas que adotam esta postura, que, inclusive, já possui respaldo jurisprudencial.

> ▶ "Em virtude do número de ações judiciais, frequentemente favoráveis aos candidatos, algumas organizadoras estão adotando a estratégia de possibilitar uma segunda chance de entrega dos exames laboratoriais solicitados, já que muitos candidatos têm sido reprovados no exame médico pela falta de um ou outro exame, pela incompletude do exame, pelo fato de o exame ser diferente daquele descrito no edital e até por questões meramente formais, como a ausência da assinatura de um médico ou de um carimbo no laudo médico ou no laudo de análise. Nesse caso, o edital do concurso prevê uma fase de entrega dos exames seguida pela divulgação, aos candidatos, de um "relatório de pendências". Os candidatos com situação pendente (que não entregaram algum exa-

me ou cujo exame possui algum tipo de vício) têm, então, uma segunda chance de entrega, apenas dos exames faltantes e(ou) incompletos. Após essa segunda entrega, publica-se o resultado provisório do exame médico, abre-se prazo para interposição de recurso contra ele e, finalmente, publica-se o resultado definitivo dessa etapa. É comum, também, que, para concluir inequivocamente o diagnóstico de determinada patologia, a junta médica solicite exames complementares ao candidato, não previstos no edital de abertura. Nesse caso, como a fase de entrega de exames já se encerrou, normalmente é permitido ao candidato que entregue o exame complementar durante a fase de recurso da avaliação médica." (Ricardo Bastos, p. 51)

◙ **No mesmo sentido:** "ADMINISTRATIVO. CONCURSO PÚBLICO. POLICIAL RODOVIÁRIO FEDERAL. EDITAL N. 01/2003-PRF. EXAME MÉDICO COMPLEMENTAR. AVALIAÇÃO OFTALMOLÓGICA. APRESENTAÇÃO. DIVERGÊNCIA ENTRE A JUNTA MÉDICA DO CONCURSO E O MÉDIDO RESPONSÁVEL PELA ELABORAÇÃO DO EXAME. RECUSA DO LAUDO. EXCLUSÃO DO CANDIDATO DO CERTAME. OFENSA AO PRINCÍPIO DA RAZOABILIDADE. 1. Divergência entre junta médica e médico responsável por exame médico complementar, no caso, quanto à inclusão, no laudo, do exame de "motricidade ocular" no item relativo a "biomicroscopia", não pode ser resolvida com a exclusão do candidato do concurso público em questão, sob pena de afronta ao princípio da razoabilidade, vez que confiou ele a execução de seus exames médicos a profissional devidamente habilitado. 2. Sentença que assegurou a continuidade do impetrante nas demais fases do certame, que se confirma. 3. Apelação e remessa oficial desprovidas." (TRF-1 – AMS: 5881 DF 2004.34.00.005881-7, Relator: DESEMBARGADOR FEDERAL DANIEL PAES RIBEIRO, Data de Julgamento: 15/10/2007, SEXTA TURMA, Data de Publicação: 03/12/2007 DJ p.175.)

◙ **No mesmo sentido:**"EXAMES MÉDICOS INCOMPLETOS. EXCLUSÃO DE CANDIDATO. APRESENTAÇÃO POSTERIOR – NO PRAZO PARA INTERPOSIÇÃO DE RECURSO E NO PRAZO PARA APRESENTAÇÃO DE EXAMES COMPLEMENTARES. PRINCÍPIOS DA PROPORCIONALIDADE E DA RAZOABILIDADE. APRECIAÇÃO PELO PODER JUDICIÁRIO. CABIMENTO. 1. É cabível a análise pelo Poder Judiciário dos atos administrativos referentes a concurso público, quando não houver observância dos princípios da proporcionalidade e da razoabilidade capaz de causar prejuízo aos participantes do certame. 2. A banca examinadora não pode recusar o recebimento e acolhimento de exames médicos apresentados no prazo de interposição de recurso e no prazo para apresentação de exames complementares. 3. Ao admitir que candidato, para o qual fosse requerido exame complementar, pudesse apresentar esse resultado complementar além do prazo inicial previsto no edital, a banca examinadora também tem o dever de admitir o direito do candidato que não apresentou a totalidade de exames, com resultados normais, apresente os exames faltantes em fase de recurso, sob pena de afronta aos princípios da razoabilidade e da proporcionalidade. 4. Apelação e remessa oficial desprovidas." (AC

0002717-57.2014.4.01.4000/PI, Rel. Desembargadora Federal Daniele Maranhão Costa, Quinta Turma,e-DJF1 p. de 29/05/2018)

◉ **Aptidão de saúde constatada por perícia judicial prevalece sobre decisão de banca examinadora.**

"Não se afigura legítima a exclusão do candidato do certame por ter apresentado alteração episódica nos exames cardiológicos, sendo que constou do relatório médico, plenamente confirmado pela perícia judicial, a inexistência de hipertensão arterial sistêmica, a demonstrar a aptidão clínica do candidato, para o exercício pleno do cargo público postulado. III – Remessa Oficial e Apelação desprovidas." (AC 0073481-88.2015.4.01.3400/DF, Rel. Desembargador Federal Souza Prudente, Quinta Turma,e-DJF1 p. de 22/05/2018)

▶ **Direito de não ser eliminado na fase de exame de saúde por decorrência de erro médico ou de laboratório.**

Evidencia-se a culpa de terceiro em concurso público quando por uma vontade alheia a vontade do candidato o mesmo acaba por sofrer um prejuízo ou uma má consequência por uma conduta praticada, conduta esta que em nada toca as suas intenções ou ações. Por outras palavras: estará configurada a culpa de terceiro quando este terceiro praticar ou deixar de praticar um ato e sua consequência recair sobre o candidato e não sobre aquele que praticou um ato. Não é razoável eliminar candidato aprovado em concurso por ter apresentado exames laboratoriais exigidos em data posterior à estipulada, sobretudo se o fato ocorreu por falha do laboratório ou erro médico, devidamente provado. O candidato agiu de boa-fé, realizou todos os exames e acreditou no laboratório e no médico. Afinal, como questionar algo que não se conhece? Resta ao candidato simplesmente confiar que tudo o que foi exigido estava nos exames.

◉ **No mesmo sentido:** "DIREITO PROCESSUAL CIVIL. AGRAVO DE INSTRUMENTO. MANDADO DE SEGURANÇA. CONCURSO PÚBLICO. EXAME LABORATORIAL. ENTREGA EXTEMPORÂNEA. CULPA DE TERCEIRO. PRINCÍPIO DA PROPORCIONALIDADE E RAZOABILIDADE. 1. A ADMINISTRAÇÃO PÚBLICA SUJEITA-SE AOS PRINCÍPIOS CONSTITUCIONAIS DA PROPORCIONALIDADE E RAZOABILIDADE. 2. NÃO SE REVELA RAZOÁVEL E PROPORCIONAL VALORIZAR COM RIGOR O DESCUMPRIMENTO INVOLUNTÁRIO DE UM ÚNICO PRAZO, EM DETRIMENTO DO CONHECIMENTO TÉCNICO COMPROVADO PELO CANDIDATO NAS PRIMEIRAS FASES DO CERTAME, PORQUANTO O INTERESSE PÚBLICO QUE RECAI NA SELEÇÃO DE CANDIDATO TECNICAMENTE HABILITADO REVELA-SE SUPERIOR AO RIGOR DE PRAZOS DESCUMPRIDOS POR CULPA EXCLUSIVA DE TERCEIROS. 3. AGRAVO DE INSTRUMENTO CONHECIDO E PROVIDO. TJ-DF – AGI: 20130020115665 DF 0012397-71.2013.8.07.0000, Relator: SIMONE LUCINDO, Data de Julgamento: 15/08/2013, 1ª Turma Cível, Data de Publicação: Publicado no DJE: 22/08/2013 . Pág.: 68."

◙ **Exame psiquiátrico firmado por médico não especialista que gerou a eliminação do certame, sendo o mesmo induzido a erro (o candidato), afronta aos princípios da razoabilidade e da proporcionalidade sua eliminação.**

"CONCURSO PÚBLICO. POLICIAL RODOVIÁRIO FEDERAL. EDITAL 1/2013 – PRF. AVALIAÇÃO DE SAÚDE. EXAME PSIQUIÁTRICO FIRMADO POR MÉDI-CO NÃO ESPECIALISTA. ELIMINAÇÃO DO CERTAME. CANDIDATO INDUZIDO A ERRO. AFRONTA AOS PRINCÍPIOS DA RAZOABILIDADE E DA PROPOR-CIONALIDADE. APRESENTAÇÃO POSTERIOR DE LAUDO EM CONSONÂN-CIA COM O EDITAL. IRREGULARIDADE SUPRIDA. SENTENÇA REFORMADA. ANTECIPAÇÃO DA TUTELA RECURSAL DEFERIDA. 1. Este Tribunal possui ju-risprudência consolidada, no sentido de que fere os princípios da razoabilidade e da proporcionalidade a eliminação do candidato pela apresentação extemporânea de exame médico, mormente quando o próprio edital indica etapa específica para a en-trega de possíveis exames complementares. (AC 00750145320134013400, Desemb. Fe-deral KASSIO NUNES MARQUES, TRF1 – 6ª TURMA, e-DJF1 data: 08/02/2018; AC 00105761520134013304, Desemb. Federal SOUZA PRUDENTE, TRF1 – 5ª TURMA, e-DJF1 data: 17/08/2017). 2. Demonstrado nos autos que o candidato foi induzido a erro ao ter se submetido a exame psiquiátrico com médico não especialista, bem como ter posteriormente suprido a irregularidade apontada pela banca examinadora com a apresentação de novo laudo que cumpria as exigências do edital, não se afigura razoá-vel a sua eliminação, porquanto atingida a finalidade dessa fase do certame, que é o de aferir as condições físicas e mentais do candidato para o exercício do cargo. 3. An-tecipação dos efeitos da tutela recursal deferida. 4. Apelação a que se dá provimento." (AC 0074145-90.2013.4.01.3400/DF, Rel. Desembargadora Federal Daniele Maranhão Costa, Quinta Turma, e-DJF1 p. de 10/04/2018)

◙ **Culpa exclusiva de terceiro decorrente de erro do hospital em não emitir todos os laudos não pode ensejar a eliminação do candidato.**

"MANDADO DE SEGURANÇA – CONCURSO PÚBLICO – INSPEÇÃO DE SAÚ-DE – AUSÊNCIA DE LAUDOS – FALHA DO HOSPITAL – CULPA EXCLUSIVA DE TERCEIRO – IMPOSSIBILIDADE DE IMPUTAÇÃO DA RESPONSABILIDADE AO CANDIDATO – CASO FORTUITO. 1. Tendo restado demonstrado que o impe-trante realizou todos os exames exigidos e os entregou à banca examinadora no prazo correto, desarrazoada se torna sua eliminação por ato decorrente de culpa exclusiva de terceiro, qual seja do hospital no qual realizou os testes, que, por mero erro mate-rial, deixou de anotar no laudo os resultados de dois dos vários exames oftalmológi-cos realizados. 2. Segurança concedida. TJ-DF – MS: 20060020045254 DF , Relator: J.J. COSTA CARVALHO, Data de Julgamento: 26/09/2006, Conselho Especial, Data de Publicação: DJU 05/12/2006 Pág. : 72."

◙ **Divergência entre junta médica e médico responsável por exame médico com-plementar.**

"(...) 1. Divergência entre junta médica e médico responsável por exame médi-co complementar, no caso, quanto à inclusão, no laudo, do exame de "motricidade ocular" no item relativo a "biomicroscopia", não pode ser resolvida com a exclusão do candidato do concurso público em questão, sob pena de afronta ao princípio da razoabilidade, vez que confiou ele a execução de seus exames médicos a profissional devidamente habilitado. 2. Sentença que assegurou a continuidade do impetrante nas demais fases do certame, que se confirma. 3. Apelação e remessa oficial desprovidas. TRF-1 – AMS: 5881 DF 2004.34.00.005881-7, Relator: DESEMBARGADOR FEDERAL DANIEL PAES RIBEIRO, Data de Julgamento: 15/10/2007, SEXTA TURMA, Data de Publicação: 03/12/2007 DJ p.175."

◉ **No mesmo sentido:** "EXAMES MÉDICOS INCOMPLETOS. EXCLUSÃO DE CANDIDATO. APRESENTAÇÃO POSTERIOR -NO PRAZO PARA INTERPO-SIÇÃO DE RECURSO E NO PRAZO PARA APRESENTAÇÃO DE EXAMES COMPLEMENTARES. PRINCÍPIOS DA PROPORCIONALIDADE E DA RA-ZOABILIDADE.APRECIAÇÃO PELO PODER JUDICIÁRIO. CABIMENTO. 1. É cabível a análise pelo Poder Judiciário dos atos administrativos referentes a concurso público, quando não houver observância dos princípios da proporcio-nalidade e da razoabilidade capaz de causar prejuízo aos participantes do certa-me. 2. A banca examinadora não pode recusar o recebimento e acolhimento de exames médicos apresentados no prazo de interposição de recurso e no prazo para apresentação de exames complementares. 3. Ao admitir que candidato, para o qual fosse requerido exame complementar, pudesse apresentar esse resultado complementar além do prazo inicial previsto no edital, a banca examinadora também tem o dever de admitir o direito do candidato que não apresentou a totalidade de exames, com resultados normais, apresente os exames faltantes em fase de recurso, sob pena de afronta aos princípios da razoabilidade e da proporcionalidade. 4. Apelação e remessa oficial desprovidas." (AC 0002717-57.2014.4.01.4000/PI, Rel. Desembargadora Federal Daniele Maranhão Costa, Quinta Turma,e-DJF1 p. de29/05/2018)

◉ **A legitimidade passiva para responder a ação referente à eliminação do candidato por motivo de saúde é do Poder Público é da Banca Examinadora em litisconsórcio passivo.**

"PROCESSUAL CIVIL. CONCURSO PÚBLICO. LITISCONSÓRCIO PASSIVO NE-CESSÁRIO. SENTENÇA DE EXTINÇÃO MANTIDA. 1. A ação civil pública que ques-tiona termos de edital de concurso promovido pelo TJDFT e organizado pela CESP/UnB tem, como litisconsortes passivos necessários, a União e a Fundação Universidade de Brasília. 2. A organizadora do concurso está adstrita às exigências feitas pelo órgão contratante, promovendo o concurso público, nos termos e na forma requerida por aquele. Portanto, os efeitos de um provimento judicial de mérito, certamente, atingem a ambos. Por isso trata-se de litisconsórcio passivo necessário, pois a natureza da rela-ção jurídica controvertida e a eficácia da sentença de mérito dependem da presença de todas as partes na relação processual. 3. Tendo a parte autora deixado de promover a citação da FUB, mesmo após determinação judicial nesse sentido, a extinção do proces-so deve ser mantida. 4. Apelação conhecida e não provida." (AC 2008.34.00.002225-6/

DF, Rel. Desembargador Federal Kassio Nunes Marques, Conv. Juiz Federal Leonardo Augusto De Almeida Aguiar, Sexta Turma, e-DJF1 p. de 30/04/2018)

◙ **Entendendo que é apenas do Estado:** "REMESSA NECESSÁRIA E APELAÇÃO CÍVEL. CONCURSO PÚBLICO. ELIMINAÇÃO DE CANDIDATO. LEGITIMIDADE DO ENTE PÚBLICO. AUSÊNCIA DE MOTIVAÇÃO. RECURSO DESPROVIDO. SENTENÇA MANTIDA. 1. – Conforme assentado pelo colendo Superior Tribunal de Justiça, em ação ordinária na qual se discute a exclusão de candidato em concurso público, a legitimidade passiva toca à entidade responsável pela realização, regulamentação e organização do certame que, no caso, é o Estado do Espírito Santo. Precedentes: REsp 1425594/ES, Relª. Ministra Regina Helena Costa, Primeira Turma, julgado em 07-03-2017, DJe 21-03-2017; e AgRg no REsp 1360363/ES, Rel. Min. Og Fernandes, Segunda Turma, julgado em 05-11-2013, DJe 22-11-2013. 2. – É cediço que um dos requisitos de validade do ato administrativo (exceto se discricionário) é a motivação, porque é através dela que se tornam conhecidos os motivos que levaram o administrador a praticar o ato. 3. – Hipótese em que a administração pública deixou de disponibilizar ao candidato os motivos pelos quais ele foi considerado inapto no exame de saúde, em concurso público. 4. – Recurso desprovido. Sentença mantida." (TJES, Classe: Apelação / Remessa Necessária, 024130309594, Relator: DAIR JOSÉ BREGUNCE DE OLIVEIRA, Órgão julgador: TERCEIRA CÂMARA CÍVEL , Data de Julgamento: 30/01/2018, Data da Publicação no Diário: 16/02/2018)

◙ **Não há necessidade de formação de litisconsórcio passivo necessário entre candidatos se o ajuizamento da demanda for em momento anterior ao que se possa aferir o resultado final do concurso.**

"(....) II – O Superior Tribunal de Justiça já firmou o entendimento no sentido de que a citação dos demais candidatos do concurso público como litisconsortes passivos necessários é desnecessária, ante o fato de, em princípio, não possuírem comunhão de interesses com o impetrante, nem direito líquido e certo à nomeação, tendo, apenas, expectativa de direito, caso aprovados." (AMS 0046939-67.2014.4.01.3400/DF, Rel. Desembargador Federal Jirair Aram Meguerian, Sexta Turma, e-DJF1 p. de 16/04/2018)

TATUAGEM

▶ **Revela-se, em regra, inconstitucional a eliminação de candidato em concurso público pelo simples fato de ter tatuagem.**

Revela-se inconstitucional a eliminação de candidato em concurso público pelo simples fato de ter tatuagem, tendo em vista que a tatuagem em nada compromete à sua capacidade física, visto que não e uma doença incapacitante, nem tampouco compromete as atribuições atinentes ao cargo ou emprego público. É evidente que esse critério viola o princípio da isonomia, pois embora a lei possa colher nas situações que disciplina critérios para estabelecer tratamentos jurídicos diferenciados a fim de efetivar os valores prestigiados pelo sistema normativo constitucional, para que a desequiparação eleita seja compatível com o princípio da isonomia é necessário que exista uma "correlação lógica entre a peculiaridade diferencial acolhida, por residente no objeto, e a desigualdade de tratamento em função dela conferida" . A existência de tatuagem em alguma parte do corpo não tem o necessário vínculo de correlação lógica com a discriminação decidida em função dela, que é a incapacitação para exercício de determinada função pública.

▶ **Fere a isonomia a eliminação do candidato em razão de tatuagem.**

A existência de tatuagem não prejudica em nada o exercício da função pública. Assim, qualquer norma ou ato administrativo que crie esse tipo de diferenciação estará violando o princípio da isonomia. A existência de tatuagem, por si só, não incapacita o candidato para o exercício da função pública, sendo ilegal a sua exclusão do concurso por essa razão. Essa ilegalidade praticada pela Administração Pública viola não apenas ao princípio da isonomia, mas também aos princípios da dignidade da pessoa humana, razoabilidade e estabelece um critério discriminatório, podendo representar a imposição de uma verdadeira pena de caráter perpétuo.

▶ **A discriminação por tatuagem fere a dignidade da pessoa humana.**

Deve-se a KANT, através de suas críticas e análises sobre as possibilidades do conhecimento, uma das contribuições mais decisivas para o conceito de dignidade humana. Tudo tem um preço ou uma dignidade, quando uma coisa tem um preço, ela pode ser substituída por qualquer outra coisa, desde que tenha um valor equivalente, mas quando uma coisa está acima de qualquer preço e, portanto, não permite nada equivalente, então ela tem dignidade. Para KANT "só o homem não existe em função de outro e por isso pode levantar a pretensão de ser respeitado como algo que tem sentido em si mesmo". O homem é um fim em si mesmo e, por isso, tem valor absoluto, não podendo, por conseguinte, ser usado como instrumento para algo, e, justamente por isso tem dignidade. Deste modo, o ser humano é digno em sua própria existência, a dignidade é seu atributo intrínseco, nasce com o homem. O art. 1º, inciso III, da Constituição Federal coloca como um dos fundamentos da Nação o princípio da dignidade da pessoa humana.

> ◎ **No mesmo sentido:**"Ação declaratória – Concurso público Exclusão do candidato por portar tatuagem Inadmissibilidade Ofensa à dignidade da pessoa humana Exigência desarrazoada que ofende os princípios da isonomia e da impessoalidade, por discriminar candidato sem qualquer razão plausível que poderia influenciar no exercício de suas atribuições militares Sentença de improcedência Recurso provido para anular o ato e reintegrá-lo às fileiras militares." (TJ-SP – APL: 00417117420108260053 SP 0041711-74.2010.8.26.0053, Relator: Guerrieri Rezende, Data de Julgamento: 29/04/2013, 7ª Câmara de Direito Público, Data de Publicação: 02/05/2013)

◎ **Restrição a candidatos com tatuagem. Repercussão Geral**

"EMENTA: RECURSO EXTRAORDINÁRIO. CONSTITUCIONAL E ADMINISTRATIVO. REPERCUSSÃO GERAL RECONHECIDA. TEMA 838 DO PLENÁRIO

VIRTUAL. TATUAGEM. CONCURSO PÚBLICO. EDITAL. REQUISITOS PARA O DESEMPENHO DE UMA FUNÇÃO PÚBLICA. AUSÊNCIA DE PREVISÃO EM LEI FORMAL ESTADUAL. IMPOSSIBILIDADE. OFENSA AO ART. 37, I, DA CONSTI-TUIÇÃO DA REPÚBLICA. REAFIRMAÇÃO DA JURISPRUDÊNCIA PACÍFICA DA CORTE. IMPEDIMENTO DO PROVIMENTO DE CARGO, EMPREGO OU FUN-ÇÃO PÚBLICA DECORRENTE DA EXISTÊNCIA DE TATUAGEM NO CORPO DO CANDIDATO. REQUISITO OFENSIVO A DIREITOS FUNDAMENTAIS DOS CI-DADÃOS. VIOLAÇÃO AOS PRINCÍPIOS CONSTITUCIONAIS DA IGUALDADE, DA DIGNIDADE DA PESSOA HUMANA, DA LIBERDADE DE EXPRESSÃO, DA PROPORCIONALIDADE E DO LIVRE ACESSO AOS CARGOS PÚBLICOS. IN-CONSTITUCIONALIDADE DA EXIGÊNCIA ESTATAL DE QUE A TATUAGEM ES-TEJA DENTRO DE DETERMINADO TAMANHO E PARÂMETROS ESTÉTICOS. INTERPRETAÇÃO DOS ARTS. 5º, I, E 37, I E II, DA CRFB/88. SITUAÇÕES EXCEP-CIONAIS. RESTRIÇÃO. AS TATUAGENS QUE EXTERIORIZEM VALORES EXCES-SIVAMENTE OFENSIVOS À DIGNIDADE DOS SERES HUMANOS, AO DESEMPENHO DA FUNÇÃO PÚBLICA PRETENDIDA, INCITAÇÃO À VIOLÊN-CIA IMINENTE, AMEAÇAS REAIS OU REPRESENTEM OBSCENIDADES IMPE-DEM O ACESSO A UMA FUNÇÃO PÚBLICA, SEM PREJUÍZO DO INAFASTÁVEL JUDICIAL REVIEW. CONSTITUCIONALIDADE. INCOMPATIBILIDADE COM OS VALORES ÉTICOS E SOCIAIS DA FUNÇÃO PÚBLICA A SER DESEMPENHADA. DIREITO COMPARADO. IN CASU, A EXCLUSÃO DO CANDIDATO SE DEU, EX-CLUSIVAMENTE, POR MOTIVOS ESTÉTICOS. CONFIRMAÇÃO DA RESTRIÇÃO PELO ACÓRDÃO RECORRIDO. CONTRARIEDADE ÀS TESES ORA DELIMITA-DAS. RECURSO EXTRAORDINÁRIO A QUE SE DÁ PROVIMENTO. 1. O princípio da legalidade norteia os requisitos dos editais de concurso público. 2. O artigo 37, I, da Constituição da República, ao impor, expressamente, que "os cargos, empregos e funções públicas são acessíveis aos brasileiros que preencham os requisitos estabeleci-dos em lei", evidencia a frontal inconstitucionalidade de toda e qualquer restrição para o desempenho de uma função pública contida em editais, regulamentos e portarias que não tenham amparo legal. (Precedentes: RE 593198 AgR, Relator Min. Dias Tof-foli, Primeira Turma, julgado em 06/08/2013, DJe 01-10-2013; ARE 715061 AgR, Re-lator Min. Celso de Mello, Segunda Turma, DJe 19-06-2013; RE 558833 AgR, Relatora Min. Ellen Gracie, Segunda Turma, DJe 25-09-2009; RE 398567 AgR, Relator Min. Eros Grau, Primeira Turma, DJ 24-03-2006; e MS 20.973, Relator Min. Paulo Brossard, Plenário, julgado em 06/12/1989, DJ 24-04-1992). 3. O Legislador não pode escudar--se em uma pretensa discricionariedade para criar barreiras legais arbitrárias e despro-porcionais para o acesso às funções públicas, de modo a ensejar a sensível diminuição do número de possíveis competidores e a impossibilidade de escolha, pela Adminis-tração, daqueles que são os melhores. 4. Os requisitos legalmente previstos para o de-sempenho de uma função pública devem ser compatíveis com a natureza e atribuições do cargo. (No mesmo sentido: ARE 678112 RG, Relator Min. Luiz Fux, julgado em 25/04/2013, DJe 17-05-2013). 5. A tatuagem, no curso da história da sociedade, se ma-terializou de modo a alcançar os mais diversos e heterogêneos grupos, com as mais diversas idades, conjurando a pecha de ser identificada como marca de marginalidade, mas, antes, de obra artística. 6. As pigmentações de caráter permanente inseridas voluntariamente em partes dos corpos dos cidadãos configuram instrumentos de exteriorização da liberdade de manifestação do pensamento e de expressão, valores amplamente tutelados pelo ordenamento jurídico brasileiro (CRFB/88, artigo 5°, IV e IX). 7. É direito fundamental do cidadão preservar sua imagem como reflexo de sua identidade, ressoando indevido o desestímulo estatal à inclusão de tatuagens no corpo. 8. O Estado não pode desempenhar o papel de adversário da liberdade de expressão, incumbindo-lhe, ao revés, assegurar que minorias possam se manifestar livremente. 9. O Estado de Direito republicano e democrático, impõe à Administração Pública que exerça sua discricionariedade entrincheirada não, apenas, pela sua avaliação unilateral a respeito da conveniência e oportunidade de um ato, mas, sobretudo, pelos direitos fundamentais em um ambiente de perene diálogo com a sociedade. 10. A democracia funda-se na presunção em favor da liberdade do cidadão, o que pode ser sintetizado pela expressão germânica "Freiheitsvermutung" (presunção de liberdade), teoria corroborada pela doutrina norte-americana do primado da liberdade (preferred freedom doctrine), razão pela qual ao Estado contemporâneo se impõe o estímulo ao livre intercâmbio de opiniões em um mercado de idéias (free marktplace of ideas a que se refere John Milton) indispensável para a formação da opinião pública. 11. Os princípios da liberdade e da igualdade, este último com esteio na doutrina da desigualdade justificada, fazem exsurgir o reconhecimento da ausência de qualquer justificativa para que a Administração Pública visualize, em pessoas que possuem tatuagens, marcas de marginalidade ou de inaptidão física ou mental para o exercício de determinado cargo público. 12. O Estado não pode considerar aprioristicamente como parâmetro discriminatório para o ingresso em uma carreira pública o fato de uma pessoa possuir tatuagens, visíveis ou não. 13. A sociedade democrática brasileira pós-88, plural e multicultural, não acolhe a idiossincrasia de que uma pessoa com tatuagens é desprovida de capacidade e idoneidade para o desempenho das atividades de um cargo público. 14. As restrições estatais para o exercício de funções públicas originadas do uso de tatuagens devem ser excepcionais, na medida em que implicam uma interferência incisiva do Poder Público em direitos fundamentais diretamente relacionados ao modo como o ser humano desenvolve a sua personalidade. 15. A cláusula editalícia que cria condição ou requisito capaz de restringir o acesso a cargo, emprego ou função pública por candidatos possuidores de tatuagens, pinturas ou marcas, quaisquer que sejam suas extensões e localizações, visíveis ou não, desde que não representem símbolos ou inscrições alusivas a ideologias que exteriorizem valores excessivamente ofensivos à dignidade dos seres humanos, ao desempenho da função pública pretendida, incitação à violência iminente, ameaças reais ou representem obscenidades, é inconstitucional. 16. A tatuagem considerada obscena deve submeter-se ao Miller-Test, que, por seu turno, reclama três requisitos que repugnam essa forma de pigmentação, a saber: (i) o homem médio, seguindo padrões contemporâneos da comunidade, considere que a obra, tida como um todo, atrai o interesse lascivo; (ii) quando a obra retrata ou descreve, de modo ofensivo, conduta sexual, nos termos do que definido na legislação estadual aplicável, (iii) quando a obra, como um todo, não possua um sério valor literário, artístico, político ou científico. 17. A tatuagem que incite a prática de uma violência iminente pode impedir o desempenho de uma função pública quando ostentar a aptidão de provocar uma reação violenta imediata naquele que a visualiza, nos termos do que predica a doutrina norte-americana das "fighting words", como, v.g., "morte aos delinquentes". 18. As teses objetivas fixadas em sede de repercussão geral são: (i) os requisitos do edital para o ingresso em cargo, emprego ou função pública devem ter por fundamento lei em sentido formal e material, (ii) editais de concurso público não podem estabelecer restrição a pessoas com tatuagem, salvo situações excepcionais em razão de conteúdo que viole valores constitucionais. 19. In casu, o acórdão recorrido extraordinariamente assentou que "a tatuagem do ora apelado não atende aos requisitos do edital. Muito embora não cubra todo o membro inferior direito, está longe de ser de pequenas dimensões. Ocupa quase a totalidade lateral da panturrilha e, além disso, ficará visível quando utilizados os uniformes referidos no item 5.4.8.3. É o quanto basta para se verificar que não ocorreu violação a direito líquido e certo, denegando-se a segurança". Verifica-se dos autos que a reprovação do candidato se deu, apenas, por motivos estéticos da tatuagem que o recorrente ostenta. 19.1. Consectariamente o acórdão recorrido colide com as duas teses firmadas nesta repercussão geral: (i) a manutenção de inconstitucional restrição elencada em edital de concurso público sem lei que a estabeleça; (ii) a confirmação de cláusula de edital que restringe a participação, em concurso público, do candidato, exclusivamente por ostentar tatuagem visível, sem qualquer simbologia que justificasse, nos termos assentados pela tese objetiva de repercussão geral, a restrição de participação no concurso público. 19.2. Os parâmetros adotados pelo edital impugnado, mercê de não possuírem fundamento de validade em lei, revelam-se preconceituosos, discriminatórios e são desprovidos de razoabilidade, o que afronta um dos objetivos fundamentais do País consagrado na Constituição da República, qual seja, o de "promover o bem de todos, sem preconceitos de origem, raça, sexo, cor, idade e quaisquer outras formas de discriminação" (art. 3º, IV). 20. Recurso Extraordinário a que se dá provimento." (RE 898450, Relator(a): Min. LUIZ FUX, Tribunal Pleno, julgado em 17/08/2016, PROCESSO ELETRÔNICO REPERCUSSÃO GERAL – MÉRITO DJe-114 DIVULG 30-05-2017 PUBLIC 31-05-2017)

▶ **O caráter discriminatório e sem razoabilidade do requisito de acessibilidade**

A Constituição Federal determina em seu art. 3º, inciso IV, que é objetivo fundamental da República Federativa do Brasil promover o bem de todos, sem preconceitos de origem, raça, sexo, cor, idade e quaisquer outras formas de discriminação. O objetivo fundamental apontado pelo art. 3º, inciso IV, da Constituição, é a consagração da regra que veda qualquer tipo de discriminação ou preconceito, enunciando o princípio da isonomia, reiterado em diversos dispositivos constitucionais. O fato de o candidato possuir, à época da realização da avaliação médica, tatuagem em alguma parte do corpo, não pode conduzir, por si só, ao conceito de inaptidão, porque a pigmentação artificial da pele não é capaz de reduzir as aptidões físicas de uma pessoa e nem a impede de exercer qualquer cargo ou emprego público. O critério de eliminação que leva em consideração a existência de tatuagem no corpo não tem qualquer fundamento legal ou científico, limitando-se à criação de estereótipo imaginado hipoteticamente pela Administração, que não avalia, de nenhuma maneira, a capacidade de atuação do candidato enquadrado em tal situação. Portanto, trata-se de requisito de acessibilidade discriminatório e irrazoável, pautado em discrímen absolutamente subjetivo e preconceituoso e que não apresenta qualquer fundamento juridicamente pertinente para sua exigência. Nesse diapasão, a eliminação de candidato pelo fato de ter tatuagem não encontra amparo no sistema jurídico, além de ultrapassar os limites do razoável, para adentrar na repugnante seara da arbitrariedade, devido à imposição de requisito de caráter eliminatório com base em critérios subjetivos, pois não há nenhuma relação entre o fato do candidato ser portador de tatuagem e o exercício da função público. Nesse caso a eliminação do candidato se dá por fatores exclusivamente estéticos, o que é inadmissível.

◙ **No mesmo sentido:** DIREITO ADMINISTRATIVO. AGRAVO DE INSTRUMENTO. MANDADO DE SEGURANÇA. CURSO DE FORMAÇÃO DE SOLDADO COMBATENTE DA POLÍCIA MILITAR/ES. EDITAL Nº 021/2008 – PM/ES. CANDIDATA COM TATUAGEM NA NUCA. INAPTIDÃO NA FASE DO EXAME DE SAÚDE. CRITÉRIO ESTIGMATIZANTE E PRECONCEITUOSO. CONDUTA IRRAZOÁVEL DA ADMINISTRAÇÃO PÚBLICA. RECURSO CONHECIDO E IMPROVIDO. [...] A reprovação da Recorrida, sob o argumento de que a tatuagem em sua nunca, contendo insígnias orientais, caracteriza deformidade física, nos termos do Anexo I, do Edital nº 021/2008 (fl. 56), apresenta-se como critério estigmatizante e preconceituoso criado pela Administração Pública, exorbitando os limites da razoabilidade que orientam os atos administrativos e o próprio caminhar dos Entes Federados que compõem o Estado Democrático de Direito. II. No caso em foco, sobreleva notar que, a ausência de proporcionalidade do requisito em debate, acarretou na ilegalidade do ato que inadmitiu a Recorrida para a continuação do certame, afastando, por conseguinte, a aplicação do princípio da vinculação ao instrumento convocatório. III. A simples existência de pequena tatuagem na nuca da Recorrida de longe se enquadra na expressão anomalia dermatológica, cujo critério desclassificatório do Concurso Público para Admissão ao Curso de Formação de Soldado Combatente da Polícia Militar do Estado do Espírito Santo se mostra, evidentemente, desigualitário e preconceituoso, não guardando compatibilidade com o cargo a ser exercido, consoante os princípios da razoabilidade e da proporcionalidade.

◙ **No mesmo sentido:**"ADMINISTRATIVO E PROCESSUAL CIVIL. AGRAVO INTERNO. CONCURSO PÚBLICO. CORPO DE BOMBEIROS. LITISCONSÓRIO PASSIVO NECESSÁRIO. INEXISTÊNCIA. ELIMINAÇAO DO CANDIDATO. TATUAGEM. DESPROPORCIONALIDADE DO ATO. RISCO DE PERECIMENTO DO OBJETO. MANUTENÇAO DA DECISAO DE PRIMEIRO GRAU. RECURSO DESPROVIDO. 1. Não ocorre litisconsórcio necessário nas hipóteses em que os efeitos da decisão não atingem os demais aprovados no concurso público. Precedentes do STJ. 2. A eliminação de candidato com tatuagem que não implique prejuízo à apresentação pessoal do cargo viola o postulado da razoabilidade e proporcionalidade. Precedentes. 3. O risco de perecimento do objeto litigioso mantém irretocável a decisão que determina a reserva de vaga em concurso público. 4. Recurso desprovido." (TJ-ES, Relator: SAMUEL MEIRA BRASIL JUNIOR, Data de Julgamento: 30/05/2011, QUARTA CÂMARA CÍVEL)

▶ O uso de tatuagem, nos dias presentes, tornou-se um modismo que contaminou a sociedade, sendo extremamente corriqueira entre pessoas de diferentes profis-

343

sões. O fato de o candidato possuir tatuagens, desde que não atentatórias aos bons costumes, com certeza não deverá ser empecilho à sua aprovação em concursos públicos. Nas palavras do MINISTRO LUIZ FUX "a atuação da Administração Pública deve seguir os parâmetros da razoabilidade e da proporcionalidade, que censura o ato administrativo que não guarde uma proporção adequada entre os meios que emprega e o fim que a lei almeja alcançar. A razoabilidade encontra ressonância na ajustabilidade da providência administrativa consoante o consenso social acerca do que é usual e sensato". Em pleno século XXI, numa sociedade reconhecida mundialmente pelo seu apreço à liberdade e à justiça, não se justifica o rigor exacerbado de julgar pessoas exclusivamente pela aparência, chegando ao ponto de atribuir a uma tatuagem o potencial de impedir o acesso aos cargos e empregos públicos. É certo que tal postura da Administração não representa o consenso social acerca do que é usual e sensato, quando o assunto é tatuagens, por isso a eliminação de candidato em concurso público pelo fato dele possuir tatuagem afronta ao princípio da razoabilidade. Deste modo, constatado violação ao princípio da razoabilidade e/ou o caráter discriminatório do requisito de acessibilidade, é possível o controle judicial do ato administrativo, não havendo que se falar em violação ao Princípio da Separação dos Poderes.

▶ **Imposição de pena de caráter perpétuo.**

Excluir candidato de concurso público por ter tatuagens, além de ser uma exigência sem razoabilidade e discriminatória violando a dignidade da pessoa humana, representa praticamente a imposição de uma pena de caráter perpétuo ao concursando, que jamais poderá participar de concursos pelo fato de ter tatuagens. Ao vedar taxativamente a imposição de penas de caráter perpétuo, em seu art. 5º, XLVII "b", a Constituição Federal não se referiu restritamente ao Código Penal, significando que o princípio deve ser considerado válido também quando envolve direito administrativo. Assim, nenhum requisito de acessibilidade aos cargos e empregos públicos podem ser criados de modo a impedir definitivamente que um candidato possa participar do certame.

◉ **No mesmo sentido:** "MANDADO DE SEGURANÇA – Concurso Público Impetração que visa anulação de decisão administrativa que considerou inapta candidata ao cargo de policial militar, porquanto ostenta tatuagem no corpo Sentença de concessão da segurança mantida – Inadmissibilidade da vedação A Constituição Federal, em seu artigo 3º, proíbe qualquer forma de discriminação Candidato inapto por possuir tatuagem Tópico restritivo de cunho subjetivo que não deve ser interpretado isoladamente, devendo ser observado as demais condições impostas no Edital Negado seguimento ao recurso voluntário, bem como ao oficial, nos termos do artigo 557, caput, do CPC." (TJ-SP, Relator: Rebouças de Carvalho, Data de Julgamento: 18/08/2014, 9ª Câmara de Direito Público).

◉ **No mesmo sentido:** "Edital – Concurso público – Tatuagem – Ato administrativo que obstou prosseguimento de concurso de ingresso ao cargo de soldado da Polícia Militar – Tatuagem que, no caso sub examine, expressa individualidade – Caso em que a tatuagem não aparece debaixo do uniforme, não havendo contrariedade ao edital – Recurso improvido." (TJSP; Apelação / Remessa Necessária 1006516-98.2016.8.26.0053; Relator (a): José Luiz Gavião de Almeida; Órgão Julgador: 3ª Câmara de Direito Público; Foro Central – Fazenda Pública/ Acidentes – 2ª Vara de Fazenda Pública; Data do Julgamento: 12/06/2018; Data de Registro: 12/06/2018)

FASE DE PROVA FÍSICA

▶ **Finalidade das provas físicas em concursos púbicos**

As provas físicas ou exame de aptidão física tem a finalidade de avaliar a capacidade do candidato para suportar, física e organicamente, as exigências de esforços físicos que terá que fazer para o bom desempenho das tarefas típicas da categoria funcional que pretende ingressar. Testes de aptidão física (TAF) são usados, como o próprio nome diz, para testar a capacidade física do candidato para o desempenho de atividades laborais que exigem agilidade, flexibilidade, resistência aeróbica, força física, velocidade, equilíbrio postural, coordenação motora, entre outras. São exigências típicas de carreiras militares, policiais e relacionadas com a segurança de um modo geral. Desataca-se que esses testes só podem ser exigidos em concursos públicos se houver previsão legal para tanto. A simples previsão editalícia de TAF no concurso não é suficiente nem elimina a exigência da existência de lei que disponha sobre sua necessidade e estabeleça os critérios e requisitos para sua validade. Além disso, se a lei determinar que o teste físico deva ficar adstrito ao curso de formação, a Administração Pública não pode transpô-lo para outra etapa do concurso.

> **No meso sentido:** O exercício de algumas atribuições exige especiais porte e vigor físicos (ex.: segurança de dignitários; prisão, imobilização e condução de pessoas; vistoria em veículos e navios; repressão do contrabando ou descaminho nos rios da Amazônia etc.) (MOREIRA, João Batista Gomes. Controle judicial da discricionariedade da banca examinadora de concurso público. Revista Interesse Público – IP, Belo Horizonte, ano 17, nº. 91, p. 53-69, maio/jun. 2015)

▶ **Caráter eliminatório da fase de prova física**

Essa fase deve possuir caráter exclusivamente eliminatório, pois o candidato somente prosseguirá nas demais fases do concurso se demonstrar que tem as condições físicas mínimas estabelecidas para o exercício do cargo ou emprego público oferecido e, uma vez aprovado nessa fase, sua classificação permanecerá a mesma, independentemente do desempenho apresentado no exame. Devido a essa finalidade específica, o teste de aptidão física deve ser aplicado por examinador com formação profissional compatível com a natureza dos testes a serem aplicados.

▶ **Necessidade de critérios objetivos de avaliação da prova física.**

Em qualquer prova de qualquer concurso público deve haver critérios objetivos de julgamento da capacidade dos candidatos. Critérios objetivos são necessários para garantir a lisura do julgamento, evitar arbitrariedades e para proporcionar aqueles que se julguem prejudicados o recurso adequado a quem de direito. Nas provas de aptidão física não é diferente, visto que o edital e o regulamento do concurso devem prever todas as condições e parâmetros necessários para a aplicação dos testes, sob pena de violar o princípio da isonomia com a adoção de critérios subjetivos.

▶ "Dessa forma, é indispensável que o TAF atenda a três requisitos específicos: (1) que essa exigência conste expressamente na lei de criação do cargo; (2) que conste no edital do concurso os testes que serão realizados e o desempenho mínimo exigido dos candidatos; e (3) que tenha pertinência com o exercício eficiente das atribuições do cargo. Com relação a esse último ponto, o edital do concurso público não pode exigir, por exemplo, teste com nível de esforço físico desarrazoado e desproporcional para o exercício normal do cargo em disputa. O instrumento convocatório do concurso deve especificar os cargos/áreas/especialidades que serão submetidos ao TAF, as localidades de aplicação dos testes, o número de candidatos a serem avaliados, que tipos de testes serão realizados, a(s) forma(s) aceita(s) de execução, o desempenho mínimo exigido para aprovação e se haverá mais de uma chance para cada candidato." (BASTOS, Ricardo. Concurso público : etapa interna e externa passo a passo / Alessandro Dantas Coutinho, William Douglas e Ricardo Bastos. – Curitiba, PR : Negócios Públicos, 2015. p. 41)

◉ **No mesmo sentido:**"Concurso público. Exigências restritivas de caráter físico não fundamentadas em critérios objetivos. Inadmissibilidade. RE não conhecido." (RE 89448, Relator Ministro Cordeiro Guerra, Segunda Turma, julgado em 20/04/1979.)

◉ **No mesmo sentido:**"Concurso público. Legitima a exigência de aptidão física dos candidatos, quando fundada a regulamentação em critérios objetivos, de modo a evitar discriminação e arbítrio nas provas seletivas. Inocorrente essa hipótese legitima-se a concessão de segurança. Recurso Extraordinário Não Conhecido RE 93061, Relator Ministro Cordeiro Guerra, Segunda Turma, julgado em 16/09/1980."

▶ **O Edital do concurso deve fixar as condições de mensuração e aprovação no exame físico em equilíbrio e harmonia com as funções a serem exercidas.**

Não bastasse a existência de previsão legal expressa do teste de aptidão física, compatível com as atribuições do cargo, o Edital do concurso deve fixar as condições de mensuração e aprovação no exame físico em equilíbrio e harmonia com as funções a serem exercidas. Demais disso, a aplicação da prova deve estar pautada em critérios objetivos de aferição, consubstanciados no enquadramento do desempenho do candidato em índices ou limites precisos e previamente fixados (quantidade, tempo, distância, altura etc.), evitando a subjetividade, a arbitrariedade e a inviabilidade de motivação do resultado. A objetividade resguarda a observância dos Princípios da Impessoalidade e também da Igualdade, uma vez que as condições de realização da prova, os limites gerais e impessoais devem ser idênticos para grupos assemelhados (homens, mulheres, pessoas com deficiência). (GODINHO, Heloísa Helena Antonacio Monteiro. A exigência de teste de aptidão física é legítima quando prevista em lei, guarde relação de pertinência com as atividades a serem desenvolvidas, esteja pautada em critérios objetivos e seja passível de recurso. Coleção Teses Jurídicas dos Tribunais Superiores, Volume I, Editora RT: 2018, p. 436/437)

▶ **As provas físicas devem ser padronizadas e uniformes para assegurar o direito do candidato de realizá-las em igualdade de condições com os demais concorrentes.**

As provas físicas devem ser padronizadas e uniformes para assegurar o direito do candidato de realizá-las em igualdade de condições com os demais concorrentes. De tal modo, os locais de realização das provas e os equipamentos utilizados devem ter as mesmas condições. Além disso, também é necessário que as provas sejam aplicadas sob condições climáticas semelhantes quando aplicadas em horários diferentes, assim, não seria isonômico submeter candidatos ao exame físico em pleno meio dia, enquanto outros realizam os testes no período da manhã.

◉ **Necessidade de ofertar ao candidato o conhecimento da fundamentação do resultado, bem como o exercício do contraditório e da ampla defesa do resultado da prova física.**

"(...) 2. Reconhecida a nulidade do exame físico, no caso caracterizado por seu caráter sigiloso e irrecorrível, deve o candidato submeter-se a novo exame a fim de que, caso aprovado, possa ser nomeado e devidamente empossado. (...)RMS 23.613/SC, Rel. Ministra Maria Thereza de Assis Moura, Sexta Turma, julgado em 07/12/2010."

▶ **A aplicação de prova física no concurso tem que ter previsão legal.**

Se ampara nos princípios da legalidade e do amplo acesso aos cargos públicos e na jurisprudência. Da mesma forma que o psicotécnico, só é possível exigir prova física se houver previsão legal. E mais, deve a mesma ser pertinente ao exercício da função, porém este tópico será alisado em outro direito. Assim, o gestor não tem a discricionariedade de decidir se vai ou não inserir a prova física no concurso que bem entender. Isso é uma restrição ao princípio do amplo acesso aos cargos públicos e, por isso, tem que ter pertinência e previsão legal.

◉ **No mesmo sentido:** "ADMINISTRATIVO. RECURSO ORDINÁRIO EM MANDADO DE SEGURANÇA. CONCURSO PÚBLICO. POLÍCIA TÉCNICO-CIENTÍFICA. AUXILIAR DE AUTÓPSIA. EXAME DE APTIDÃO FÍSICA. AUSÊNCIA DE PREVISÃO LEGAL. IMPOSSIBILIDADE. 1. Cinge-se a controvérsia à legalidade da exigência de aprovação em teste de aptidão física, em face das atividades inerentes ao cargo de Auxiliar de Autópsia, para o qual o recorrente concorreu. 2. As disposições do edital inserem-se no âmbito do poder discricionário da Administração, o qual não está, porém, isento de apreciação pelo Poder Judiciário, se comprovada ilegalidade ou inconstitucionalidade nos juízos de oportunidade e conveniência, como na espécie, em que não há previsão legal para a exigência do teste de aptidão física. 3. O exame de aptidão física em concurso público apenas poderá ser exigido se for amparado em lei, por força do que estabelece o II do art. 37 da Constituição Federal de 1988. Precedentes. 4. Agravo regimental não provido." (STJ – AgRg no RMS: 34676 GO 2011/0124462-8, Relator: Ministro CASTRO MEIRA, Data de Julgamento: 09/04/2013, T2 – SEGUNDA TURMA, Data de Publicação: DJe 15/04/2013)

◙ **No mesmo sentido:** "DIREITO ADMINISTRATIVO. RECURSO ORDINÁRIO EM MANDADO DE SEGURANÇA. CONCURSO PÚBLICO. POLÍCIA CIVIL DO ESTADO DE SANTA CATARINA. TESTE DE CAPACIDADE FÍSICA. AUSÊNCIA DE PREVISÃO LEGAL. RECURSO PROVIDO. 1. O início do curso de formação não implica perda do objeto da demanda na qual o candidato busca a anulação do ato que o excluiu do certame. 2. O edital de concurso público não pode limitar o que a lei não restringiu. Ou seja, somente pode haver exigência de teste de capacidade física se houver previsão na lei que criou o cargo. Precedentes do STF e do STJ. 3. Hipótese em que não há previsão na Lei Estadual 6.843/86 (Estatuto da Polícia Civil do Estado de Santa Catarina) para o teste de aptidão física a que foi submetida a recorrente, pelo que descabida sua exigência. 4. Recurso ordinário provido." (STJ – RMS: 23111 SC 2006/0246918-3, Relator: Ministro ARNALDO ESTEVES LIMA, Data de Julgamento: 18/03/2008, T5 – QUINTA TURMA, Data de Publicação: DJ 19.05.2008 p. 1)

◙ **No mesmo sentido:** "REMESSA NECESSÁRIA E APELAÇÃO CÍVEL. CONCURSO PÚBLICO. AGENTE PENITENCIÁRIO E AGENTE DE ESCOLTA E VIGILÂNCIA PENITENCIÁRIO. TESTE DE APTIDÃO FÍSICA. AUSÊNCIA DE PREVISÃO LEGAL. EXIGÊNCIA EDITALÍCIA ILEGAL. PRESCRIÇÃO. INOCORRÊNCIA. 1. É ilegal a exigência do Teste de Capacidade Física e a Avaliação Psicológica porque não eram previstos nas Leis Complementares Estaduais nn. 363/2006 e 369/2006, sendo ainda inaplicável as disposições da Lei Complementar n. 46/1994. 2. Não há falar em transcurso do prazo prescricional porque não há nos autos a comprovação da data em que teria sido publicado o edital com a relação dos candidatos aptos e inaptos na prova de capacidade física, razão pela qual, não é possível aferir o termo inicial do prazo prescricional. 3. – De acordo com o disposto no inciso II do artigo 373 do Código de Processo Civil, incumbiria ao réu o ônus da prova quanto à existência de fato impeditivo, modificativo ou extintivo do direito do autor. 4. Recurso desprovido. Sentença mantida." (TJES, Classe: Apelação / Remessa Necessária, 024140234675, Relator : DAIR JOSÉ BREGUNCE DE OLIVEIRA, Órgão julgador: TERCEIRA CÂMARA CÍVEL , Data de Julgamento: 27/02/2018, Data da Publicação no Diário: 09/03/2018)

◙ **Prova física aplicada em desacordo com as regras do edital é nula.**

"CONCURSO PÚBLICO. CARGO DE POLICIAL RODOVIÁRIO FEDERAL. EDITAL Nº 1/2013 – PRF. TESTE DE IMPULSÃO HORIZONTAL. SUPERFÍCIE UTILIZADA DISTINTA DA PREVISTA NO EDITAL. CAIXA DE AREIA NA ATERRISSAGEM. VIOLAÇÃO AO PRINCÍPIO DA VINCULAÇÃO AO INSTRUMENTO CONVOCATÓRIO (...) Na espécie, o Edital que regulamentou o certame previa expressamente que o teste físico de impulsão horizontal seria realizado em uma superfície rígida, plana e uniforme, não fazendo nenhuma menção à utilização de caixa de areia, que é uma superfície fofa, irregular e não uniforme, no momento da aterrissagem, sendo razoável deduzir que essa alteração tenha influenciado no desempenho dos candidatos. II – Assim, a realização do teste de impulsão horizontal em condições diversas das consignadas no Edital do concurso público representou violação ao princípio da vinculação ao instrumento convocatório, razão pela qual o autor tem direito à realização de um novo teste, nas condições previstas no Edital. (...) IV – Apelação parcialmente provida. Sentença parcialmente reformada." (AC 0006422-29.2014.4.01.3300/BA, Rel. Desembargador Federal Souza Prudente, Quinta Turma,e-DJF1 p. de 21/05/2018)

▶ **A prova física não pode ser exigida para cargos burocráticos, mesmo que haja previsão legal. Sua exigência deve ser pertinente com as atribuições do cargo.**

Inicialmente é válido fazer algumas ponderações acerca da violação ao princípio da razoabilidade ao se elaborar um edital de um certame que contém uma exigência desproporcional ao fim que se destina. Sabe-se que a jurisprudência tem entendido que o edital é a lei do concurso, vinculando tanto a Administração quanto os candidatos que a ele se submetem. Todavia, há de ser salientado que embora o edital preveja a realização de uma etapa de um certame é necessário primeiro que se analise se a exigência editalícia é legal e razoável, e ainda, se é o meio adequado para que se atinja o fim a que se destina. Sabe-se que a Administração Pública deve a todo tempo estar atenta aos princípios constitucionais que a regem, sob pena de incorrer na prática de ilegalidades em detrimento dos administrados. A exigência de realização do Teste de Aptidão Física para os candidatos que disputam cargos burocráticos ou cujo intelecto supera o vigor físico é desarrazoada. É certo que para qualquer trabalho o que se espera é que seu executor possua condições físicas de realizá-lo. Entretanto, o que se pode esperar em relação ao condicionamento de um profissional de uma área técnica científica específica não é nada mais do que o padrão do homem médio. A aprovação na prova física em nada colabora para que a Administração Pública selecione os melhores candidatos para atuarem em seu quadro de servidores, pois os candidatos que disputam cargos desta natureza executarão trabalhos técnicos onde a apurada aptidão física em nada contribuirá para que estes profissionais executem seu trabalho. Em muitos casos o TAF não guarda pertinência alguma com as funções inerentes ao cargo disputado pelo candidato, razão pela qual sua exigência se mostra desarrazoada e, por isso, inconstitucional. Analisando a matéria o Supremo Tribunal Federal entendeu que a exigência do TAF não seria legitima em razão de não guardar relação com a função a ser desempenhada pelo candidato tendo em vista que se tratava de função burocrática, diferentemente do agente da polícia.

▶ <u>**No mesmo sentido:**</u> "Somente é admissível a prova de aptidão específica nos casos em que a atribuição do cargo exigir certas habilidades diferenciadas. No entanto, a questão não se encerra aí. Não será caso de realizar a prova nas hipóteses em que a aptidão do sujeito puder ser avaliada mediante critérios objetivos padronizados, que independam de avaliação diferenciada. Tome-se como exemplo a questão da habilitação para dirigir veículo automotor em concurso para cargo de motorista. Não há cabimento de realizar prova de direção porque essa exigência é satisfeita mediante a apresentação da carteira de habilitação em categoria apropriada ao desempenho do cargo." (JUSTEN FILHO, Marçal. Curso de direito adminnistrativo, 13. ed. Editora Revista dos Tribunais, São Paulo, 2018, p. 748)

◙ **No mesmo sentido:** "RECURSO EXTRAORDINÁRIO – MATÉRIA LEGAL. O recurso extraordinário não é meio próprio a alcançar-se exame de controvérsia equacionada sob o ângulo estritamente legal. CONCURSO PÚBLICO – PROVA DE ESFORÇO FÍSICO. Caso a caso, há de perquirir-se a sintonia da exigência, no que implica fator de tratamento diferenciado com a função a ser exercida. No âmbito da polícia, ao contrário do que ocorre com o agente em si, não se tem como constitucional a exigência de prova física para a habilitação ao cargo de escrivão, cuja natureza é estritamente escriturária, muito embora de nível elevado." (RE 511588 AgR, Relator(a): Min. MARCO AURÉLIO, Primeira Turma, julgado em 10/05/2011, DJe-109 DIVULG 07-06-2011 PUBLIC 08-06-2011 EMENT VOL-02539-02 PP-00203).

▶ **No mesmo sentido:** O exercício de algumas atribuições exige especiais porte e vigor físicos (ex.: segurança de dignitários; prisão, imobilização e condução de pessoas; vistoria em veículos e navios; repressão do contrabando ou descaminho nos rios da Amazônia etc.), **mas a maioria das atividades da polícia civil é burocrática ou de exame de documentos, coleta de informações, inquirições etc. (pense-se no setor de expedição de passaportes e de controle, mediante vistos, do tráfego internacional de pessoas, ou numa tarefa de vigilância em que, aliás, é desejável que o policial seja o máximo possível de um tipo comum ao ambiente em que se desenvolve a investigação).** A necessidade de atendimento àquelas atividades que exigem força pode ser suprida com a criação de equipes especiais, integradas por componentes escolhidos dentro do universo, especialmente masculino, de servidores. Nas atribuições, por exemplo, de um perito criminal, papiloscopista ou escrivão de polícia, cujas atribuições só muito raramente exigem especial força física, nem há tal necessidade. (MOREIRA, João Batista Gomes. Controle judicial da discricionariedade da banca examinadora de concurso público. Revista Interesse Público – IP, Belo Horizonte, ano 17, nº. 91, p. 53-69, maio/jun. 2015)

▶ **As provas de capacidade física devem ser exigidas apenas para os cargos cujas atribuições guardem pertinência.**

A discussão tem especial pertinência com as provas de capacidade física. Nestas, as questões trazidas a juízo dizem respeito, na maioria dos casos, a exi- gências consideradas desproporcionais em função das atribuições do cargo. Não raras vezes candidatos a cargos da polícia civil contestam exigências relativas aesforço físico, salto à distância ou desempenho na natação (este, segundo alegações, superior ao que é requerido para ingresso na Marinha do Brasil). O caráter excessivo dessas exigências torna-se patente quando se verifica que, uma vez tendo ingressado na carreira, deixa de haver preocupação com a forma física, especialmente, do policial civil (diferente é a situação do policial militar, que, como se sabe, continua a ser submetido a treinamento físico). (MOREIRA, João Batista Gomes. Controle judicial da discricionariedade da banca examinadora de concurso público. Revista Interesse Público – IP, Belo Horizonte, ano 17, nº. 91, p. 53-69, maio/jun. 2015)

▶ **A pertinência da exigência da prova física no concurso é verificável por meio da compatibilização/adequação entre a condição física solicitada e as funções que serão praticadas pelo ocupante.**

No tocante à pertinência do teste de aptidão com as atividades do cargo, verificável por meio da compatibilização/adequação entre a condição física solicitada e as funções que serão praticadas pelo ocupante (Princípio da Razoabilidade), tal requisito visa a garantir a qualificação do candidato para o cargo ou emprego público, cujo exercício exige, ordinária ou excepcionalmente, a capacidade de responder a determinadas situações que demandem força, resistência aeróbica, flexibilidade, agilidade, velocidade e/ou coordenação motora. (GODINHO, Heloísa Helena Antonacio Monteiro. *A exigência de teste de aptidão física é legítima quando prevista em lei, guarde relação de pertinência com as atividades a serem desenvolvidas, esteja pautada em critérios objetivos e seja passível de recurso.* Coleção Teses Jurídicas dos Tribunais Superiores, Volume I, Editora RT: 2018, p. 434)

No mesmo sentido: CONCURSO PÚBLICO – PROVA DE ESFORÇO FÍSICO. Caso a caso, há de perquirir-se a sintonia da exigência, no que implica fator de tratamento diferenciado, com a função a ser exercida. Não se tem como constitucional a exigência de prova física desproporcional à cabível habilitação aos cargos de escrivão, papiloscopista, perito criminal e perito médico-legista de Polícia Civil. (RE 505654 AgR, Relator(a): Min. MARCO AURÉLIO, Primeira Turma, julgado em 29/10/2013, ACÓRDÃO ELETRÔNICO DJe-225 DIVULG 13-11-2013 PUBLIC 14-11-2013)

No mesmo sentido: ADMINISTRATIVO E CONSTITUCIONAL. AGRAVO REGIMENTAL NO RECURSO ORDINÁRIO EM MANDADO DE SEGURANÇA. CONCURSO PÚBLICO PARA ESCRIVÃO DA POLÍCIA CIVIL. EXIGÊNCIA DE APROVAÇÃO EM TESTE DE APTIDÃO FÍSICA PARA INGRESSO NO QUADRO DA INSTITUIÇÃO POLICIAL. IMPOSSIBILIDADE. 1. Em interpretação das leis que regem os concursos públicos nos diversos Estados da Federação, excluiu-se do alcance da norma o cargo de escrivão de polícia, por se entender não ser razoável condicionar a nomeação do candidato à aprovação do teste de aptidão física. Pelo STF: RE 505.654 AgR, Relator: Min. Marco Aurélio, 1ª Turma, DJe-225; RE 511.588 AgR, Relator Min. Marco Aurélio, 1ª Turma, DJe-109; pelo STJ: RMS 42.674/BA, Rel. Ministro Humberto Martins, 2ª Turma, DJe 12/06/2014. 2. Com a finalidade de preservar a norma legal, essa interpretação foi necessária à não declaração de inconstitucionalidade da lei, não sendo aplicável, assim, o art. 97 da Constituição Federal. A respeito: ARE 790364 AgR, Relator Min. Roberto Barroso, 1ª Turma, DJe-115; Rcl 14.153 AgR, Relator Min. Marco Aurélio, 1ª Turma, DJe-100. 3. Agravo regimental não provido. (AgRg no RMS 43.833, 1ª Turma, Rel. Ministro Benedito Gonçalves, DJe 04/08/2015).

▶ **O excesso de exigências, em termos de compleição física, para o exercício de cargo de policial civil é, senão, efeito do paradigma masculino e patriarcal de nossa sociedade.**

O excesso de exigências, em termos de compleição física, para o exercício de cargo de policial civil é, senão, efeito do paradigma masculino e patriarcal de nossa sociedade (em fase de transição para o paradigma da complementaridade). Sob o ponto de vista da complementaridade, não há desnível, mas diferença, entre os sexos. A maior força física do homem é compensada por atributos próprios da mulher, como a maior intuição, capacidade de observação e sensibilidade, reminiscência das administrações militares. Nas próprias Forças Armadas, tais exigências merecem ser adaptadas à evolução tecnológica. Apesar de sempre considerada "legítima a exigência de sexo masculino (excluindo, portanto, as pessoas do sexo feminino) em certos setores das Forças Armadas", a exceção "se torna a cada dia menos justificável, na medida em que a função militar progressivamente vai se vinculando ao manuseio de instrumentos de alta tecnologia, o que torna prescindível o elemento força, que era a justificativa para a exclusão das mulheres". (MOREIRA, João Batista Gomes. Controle judicial da discricionariedade da banca examinadora de concurso público. Revista Interesse Público – IP, Belo Horizonte, ano 17, nº. 91, p. 53-69, maio/jun. 2015)

▶ **Na prova física é necessária a análise das disposições do Edital do concurso sob o aspecto da dosimetria e do equilíbrio da imposição concretamente considerada**

Além da verificação da razoabilidade no âmbito da lei (adequação da exigência de aptidão física como requisito legal para investidura no cargo), também é necessária a análise das disposições do Edital do concurso sob o aspecto da dosimetria e do equilíbrio da imposição concretamente considerada, isto é, a conformação entre os índices, limites ou desempenho solicitados do candidato e os fins pretendidos pela Administração (admissão de pessoa com certa aptidão física para determinado cargo). A jurisprudência que dá lastro à tese ora comentada fixa que as regras do Edital do concurso inserem-se na esfera da discricionariedade, sendo balizadas pelo Princípio da Razoabilidade. (GODINHO, Heloísa Helena Antonacio Monteiro. A exigência de teste de aptidão física é legítima quando prevista em lei, guarde relação de pertinência com as atividades a serem desenvolvidas, esteja pautada em critérios objetivos e seja passível de recurso. Coleção Teses Jurídicas dos Tribunais Superiores, Volume I, Editora RT: 2018, p. 436)

◉ **No mesmo sentido:** "3. A eventual incompatibilidade da exigência editalícia do exame físico com o cargo almejado situa-se no âmbito da discricionariedade da Administração e, por isso, não pode ser revista pelo Judiciário. Precedentes. 4. Agravo interno desprovido. (AgInt no RMS 43.985/SC, Rel. Ministro GURGEL DE FARIA, PRIMEIRA TURMA, julgado em 06/12/2016, DJe 06/02/2017)

▶ **Prova de barra fixa, modalidade dinâmica, para mulheres em concursos para área policial.**

Um dos casos mais significativos é a prova de barra fixa, modalidade dinâmica, para mulheres, cuja proporcionalidade é contestada em razão da peculiar constituição física do sexo feminino e das exigências da função policial nos dias de hoje, muito mais dependente da técnica que de força física. O tratamento indiscriminado das candidatas a cargos policiais não seria inconstitucional se justificado por inafastável necessidade para o exercício da função. (MOREIRA, João Batista Gomes. Controle judicial da discricionariedade da banca examinadora de concurso público. Revista Interesse Público – IP, Belo Horizonte, ano 17, nº. 91, p. 53-69, maio/jun. 2015)

> **No mesmo sentido:** "ADMINISTRATIVO. CONCURSO PÚBLICO. AGENTE DA POLÍCIA FEDERAL. EDITAL Nº 1/2009 – DGP/DPF. EXAME DE CAPACIDADE FÍSICA. TESTE DE BARRA FIXA NA MODALIDADE DINÂMICA. CANDIDATAS DO SEXO FEMININO. OFENSA AOS PRINCÍPIOS DA ISONOMIA, DA RAZOABILIDADE E DA PROPORCIONALIDADE. SENTENÇA REFORMADA. 1. Este Tribunal possui entendimento pacificado no sentido de que se afigura desarrazoada e viola o princípio da isonomia em seu âmbito material a exigência do teste de barra fixa, na modalidade dinâmica, para as candidatas do sexo feminino, ante as diferenças de compleição física entre homens e mulheres. (AC 00295892820124013500, Desemb. Federal SOUZA PRUDENTE, TRF1 – 5ª TURMA, e-DJF1 06/11/2017; AC 00134470220054013400, Desemb. Federal DANIEL PAES RIBEIRO, 6ª TURMA, e-DJF1 26/10/2016) 2. Apelação a que se dá provimento." (TRF 1ª – AC 2009.34.00.035906-0/DF, Rel. Desembargadora Federal Daniele Maranhão Costa, Quinta Turma, e-DJF1 p. de 30/04/2018).

◉ **Desproporcionalidade de prova física para médico legista.**

"CONCURSO PÚBLICO. POLÍCIA CIVIL. CARGO DE MÉDICO-LEGISTA. PROVA DE APTIDÃO FÍSICA. DESPROPORCIONALIDADE. OFENSA AO PRINCÍPIO DA ISONOMIA NÃO CONFIGURADO. DIREITO DE AÇÃO. 1. – O excelso Supremo Tribunal Federal assentou que não se tem como constitucional a exigência de prova física desproporcional à cabível habilitação aos cargos de escrivão, papiloscopista, perito criminal e perito médico-legista de Polícia Civil (STF; RE-AgR 505.654; DF; Primeira Turma; Relator Ministro Marco Aurélio; julgado em 29-10-2013; DJE 14-11-2013; pág. 30). 2. – O direito de ação é assegurado no Texto Constitucional a todas as pessoas indistintamente e nos termos do art. 5º, inc. XXXV, da Constituição Federal a lei não excluirá da apreciação do Poder Judiciário lesão ou ameaça a direito. Deste modo, não há falar em ofensa ao princípio da isonomia quando o Poder Judiciário reconhece a desproporcionalidade da exigência de teste de aptidão física a candidato que concorre à vaga para o cargo de médico-legista. 3. – Recurso desprovido e em sede de remessa necessária mantida a respeitável sentença." (TJES, Classe: Apelação / Remessa Necessária, 024130235492, Relator: DAIR JOSÉ BREGUNCE DE OLIVEIRA – Relator Substituto: RODRIGO FERREIRA MIRANDA, Órgão julgador: TERCEIRA CÂMARA CÍVEL , Data de Julgamento: 21/11/2017, Data da Publicação no Diário: 01/12/2017)

◉ **As atribuições para o cargo de perito criminal da polícia civil, demonstram que as atividades são eminentemente técnicas e científicas, não demonstrando a necessidade de teste de aptidão física, razão pela qual não é razoável sua aplicação e eliminação do candidato.**

"APELAÇÃO CÍVEL. CONCURSO PÚBLICO. SEPARAÇÃO DE PODERES. POS-SIBILIDADE DE CONTROLE DE ATO ADMINISTRATIVO PELO JUDICIÁRIO. POLÍCIA CIVIL. PERITO CRIMINAL. TESTE DE APTIDÃO FÍSICA. IRRAZOABILI-DADE E ILEGALIDADE DO ATO. SENTENÇA EXTRA PETITA. NÃO VERIFICADA. APELOS CONHECIDOS E IMPROVIDOS. REMESSA NECESSÁRIA PREJUDICA-DA. 1- Não obstante o respeito ao Princípio da Separação dos Poderes, jurisprudência e doutrina possuem posição firmada no sentido e que é possível a análise pelo Judiciá-rio dos atos administrativos que não obedeçam à lei, bem como daqueles que ofendam princípios constitucionais, tais como: a moralidade, a eficiência, a razoabilidade, a pro-porcionalidade, além de outros. Dessa forma, o Poder Judiciário poderá, por vias tor-tas, atingir a conveniência e a oportunidade do ato administrativo discricionário, mas tão somente quando essas forem incompatíveis com o ordenamento vigente, portanto, quando for ilegal. 2- As atribuições para o cargo de perito criminal da polícia civil, demonstram que as atividades são eminentemente técnicas e científicas, não demons-trando a necessidade de teste de aptidão física, sendo suficiente, como para qualquer outra função em que serão desempenhadas atividades laboratoriais ou técnicas, os exa-mes de saúde já exigidos nos editais, que demonstrem a boa condição do candidato. 3- A simples leitura da descrição sumária do cargo S06, perito criminal, 3ª categoria, presente no edital às fls. 74, demonstra que não há qualquer previsão de atividade que exija do servidor esforço ou condicionamento físico. 4- Não há aqui que se falar em sentença extra petita, tendo o Magistrado permanecido adstrito ao pedido e à causa de pedir apresentados na petição inicial. Na verdade, a menção feita à nomeação e pos-se do candidato, caso aprovado dentro do número de vagas, é consequência natural, uma vez que a jurisprudência pátria adota como regra o direito subjetivo à nomeação dos candidatos aprovados dentro do número de vagas estabelecido no edital. 5- Apelos conhecidos e improvidos. Remessa Necessária prejudicada." (TJES, Classe: Apelação / Remessa Necessária, 024130318355, Relator: JORGE DO NASCIMENTO VIANA, Ór-gão julgador: QUARTA CÂMARA CÍVEL , Data de Julgamento: 09/10/2017, Data da Publicação no Diário: 13/11/2017)

▶ **A prova física deve ser filmada e os candidatos devem ter acesso à cópia da fil-magem.**

Na prática, lamentavelmente, as provas físicas muitas vezes não são filmadas de modo a praticamente inviabilizar seu controle. Em resumo: fica como verdade absolu-ta o que o examinador disser! Isso é incompatível com um Estado de Direito em que a Administração está sujeita, também, ao controle jurisdicional. Se não há gravação das provas como os candidatos irão provar, por exemplo, que fizeram a prova correta-mente, no tempo legal, da forma correta? Simplesmente não é possível. Alguns editais, por incrível que pareça, preveem a filmagem das provas, porém, pasmes, não ofertam os vídeos aos candidatos. Qual o sentido desta absurda negativa? Em casos como este deve ser pedida a filmagem e se negada o candidato deve ir ao Judiciário que, acredi-tamos, certamente irá amparar o direito lesado e determinar a apresentação do vídeo.

◙ "Da mesma forma que o juiz não está adstrito ao laudo pericial, podendo, inclusive, formar a sua convicção com outros elementos ou fatos provados nos autos, inexiste empecilho para que ele o adote integralmente como razões de decidir, dispensando as outras provas produzidas, inclusive os laudos apresentados pelos assistentes técnicos das partes, desde que dê a devida fundamentação" (REsp. n. 803.918/CE, rela. Mina. Denise Arruda). 2. Hipótese em que a conclusão do perito, lastreada em análise de gravação em áudio e vídeo encartada nos autos, revela a correção dos exercícios efetuados pelo apelado e denominado "apoio de frente sobre o solo. 3. "Em regra, não compete ao Judiciário se intrometer no critério de correção de provas de concurso público. Entretanto, lícita é sua atuação para, com lastro em prova técnica conclusiva, remediar erro da banca avaliadora na realização de prova de capacidade física, não traduzindo isso menoscabo ao princípio da separação dos Poderes, mas afirmação da garantia de que nenhuma lesão ou ameaça a direito pode ser subtraída de apreciação pelo Judiciário." (TJ-SC – AC: 612703 SC 2010.061270-3, Relator: Vanderlei Romer, Data de Julgamento: 17/12/2010, Primeira Câmara de Direito Público)

▶ **A prova física tem de ser aplicada em igualdade de condições para os candidatos, especialmente climáticas.**

O princípio da isonomia está expresso no caput do art. 5º da Constituição Federal, despontando como um dos principais Direitos Fundamentais: Art. 5º Todos são iguais perante a lei, sem distinção de qualquer natureza, garantindo-se aos brasileiros e aos estrangeiros residentes no País a inviolabilidade do direito à vida, à liberdade, à igualdade, à segurança e à propriedade...". O princípio objetiva a igualdade de tratamento que a Administração deve dispensar aos administrados que se encontrem em idêntica situação jurídica. Nesse ponto, representa uma faceta do princípio da isonomia. Por outro lado, para que haja verdadeira impessoalidade, deve a Administração voltar-se exclusivamente para o interesse público, e não para o privado, vedando-se, em consequência, sejam favorecidos alguns indivíduos em detrimento de outros e prejudicados alguns para favorecimento de outros. Mais especificamente no que se refere aos concursos públicos, a doutrina e a jurisprudência desenvolveram o que se chama por Princípio da Igualdade de Condições ou de Oportunidades – que nada mais é do que um subprincípio da isonomia. Significa dizer que a todos os concorrentes devem ser dadas as mesmas condições de participação em cada fase do certame, não podendo haver qualquer forma de privilégio ou facilitação, sob nenhum pretexto.

▶ "A primeira implicação do princípio da igualdade diretamente relacionada ao tema do presente trabalho é a igualdade de oportunidades, considerada como um dos pilares do Estado de democracia social (...). A igualdade de oportunidades significa que, na disputa por determinado benefício, todos devem ter o mesmo ponto de partida, as mesmas oportunidades. (...). Nestes procedimentos, como salienta Adilson Dallari, os candidatos partem de uma igualdade (todos podem habilitar-se para a disputa e sujeitam-se às mesmas condições) para chegar a uma desigualdade (a pessoa mais apta, a melhor proposta) comportada pelo sistema jurídico. Em razão disto, os candidatos devem submeter-se às mesmas exigências e condições de realização das provas." (Regime Jurídico dos Concursos Públicos. São Paulo: Dialética, 2006. págs. 28-29)

▶ Assim, é imprescindível que os candidatos, quando da realização de uma prova física, estejam disputando nas mesmas condições, inclusive climáticas, que fazem toda diferença quando da execução dos exercícios. Assim, candidatos que realizam os exercícios às 07 (sete) horas da manhã são claramente beneficiados em relação aos demais que o realizam às 13 (treze) horas da tarde, por exemplo. Como é sabido, as condições fisiológicas para quem realiza um esforço físico pela manhã estará muito mais preservada do que as dos candidatos que cumpriram a etapa na parte da tarde e isto é indiscutível. No verão isso ainda é mais grave, pois entre 11 e 16 horas o calor é insuportável e mina a resistência do candidato e por isso é o pior momento para ficar exposto aos raios solares e o "castigo" é bem maior do que o suportado por candidatos que realizam a prova às 7 (sete) horas da manhã. Todos sabem que o calor é fator determinante quando se faz exercícios e para alguns a atividade se torna praticamente impossível. Porém, se for para fazer uma análise justa de quem está melhor capacitado, todos devem ser analisados sob as mesmas condições de temperatura.

◙ "TESTE DE APTIDÃO FÍSICA. HORÁRIO FIXADO EM DESACORDO COM OS PRINCÍPIOS DA RAZOABILIDADE E DA ISONOMIA. 1. Rechaçada a preliminar de cerceamento de defesa, porquanto o deslinde da controvérsia prescinde da produção de provas. 2. A Administração, em estabelecendo o horário de meio-dia para a realização de testes físicos para a cidade do Recife, nos cargos de Agente e Escrivão da Polícia Federal, afetou os princípios da razoabilidade e da isonomia entre os participantes do certame. 3. In casu, é de se repetir integralmente os testes físicos para os apelantes, dessa vez em horário compatível com o fixado para as demais capitais nordestinas..." (STF – ARE: 783949 PE, Relator: Min. RICARDO LEWANDOWSKI, Data de Julgamento: 03/02/2014, Data de Publicação: DJe-026 DIVULG 06/02/2014 PUBLIC 07/02/2014)

◙ No mesmo sentido: "AGRAVO REGIMENTAL NO RECURSO EXTRAORDINÁRIO COM AGRAVO. CONCURSO PÚBLICO. EXAME DE APTIDÃO FÍSICA. REALIZAÇÃO. CONDIÇÕES INADEQUADAS. RESPONSABILIDADE DA ADMINISTRAÇÃO. REEXAME DE FATOS E PROVAS. IMPOSSIBILIDADE. PRECEDENTES. 1. A afronta aos princípios da legalidade, do devido processo legal, da ampla defesa e do contraditório, dos limites da coisa julgada e da prestação jurisdicional, quando depende, para ser reconhecida como tal, da análise de normas infraconstitucionais, configura apenas ofensa indireta ou reflexa à Constituição da República. 2. A Corte de origem, ao conceder a segurança pleiteada, fundamentou-se nos fatos e nas provas da causa. 3. É pacifica a jurisprudência da Corte de que o recurso extraordinário não se presta ao reexame do conjunto fático-probatório. Incidência da Súmula nº 279. 4. Agravo regimental não provido." (STF – ARE: 736948 PE , Relator: Min. DIAS TOFFOLI, Data de Julgamento: 06/08/2013, Primeira Turma, Data de Publicação: DJe-194 DIVULG 02-10-2013 PUBLIC 03-10-2013)

◙ **É ilegal a eliminação de candidato na fase de aptidão física em razão de não ter preenchido a altura mínima de 1,65m.**

"ATO ADMINISTRATIVO – Concurso público. Inaptidão de candidato na "prova de condicionamento físico" por não ter preenchido a altura mínima de 1,65m. Conjunto probatório apresentado com a inicial que refutam as informações da autoridade administrativa. Direito líquido e certo à continuidade no concurso. Sentença reformada. Segurança concedida. RECURSO PROVIDO." (TJSP; Apelação 1015967-06.2016.8.26.0100; Relator (a): Jarbas Gomes; Órgão Julgador: 11ª Câmara de Direito Público; Foro Central – Fazenda Pública/Acidentes – 1ª Vara de Fazenda Pública; Data do Julgamento: 25/06/2018; Data de Registro: 25/06/2018)

◙ **É ilegal na prova de aptidão física a adoção de tabela de pontuação diferenciada por idade para fins de quantificação dos pontos dos candidatos.**

"DIREITO ADMINISTRATIVO – CONCURSO PÚBLICO AGENTE DE ESCOLTA RASURA EM DOCUMENTO NÃO ALTERAÇÃO DA COMPREENSÃO DO CONTEÚDO TESTE DE APTIDÃO FÍSICA REPROVAÇÃO PONTUAÇÃO ESCALONADA POR IDADE DESPROPORCIONAL CRITÉRIO DE AVALIAÇÃO – PONTUAÇÃO MÁXIMA PREVISTA RECURSO PARCIALMENTE PROVIDO. 1. O Superior Tribunal de Justiça já assentou seu entendimento no sentido de cabe ao Poder Judiciário, em sede de impugnação às normas e resultados de concurso público, rever os atos praticados sob o aspecto da legalidade. 2. No presente caso, a tabela de pontuação diferenciada por idade prevista no edital para a quantificação dos pontos obtidos pelos candidatos no Teste de Aptidão Física (TAF) é ilegal, eis que além de incompatível com a natureza e a complexidade do cargo, também não atende aos Princípios Constitucionais da Proporcionalidade e da Razoabilidade. 3. O documento rasurado no caso em exame demonstra a existência de pequenas rasuras que não impedem a devida compreensão das informações ali contidas, isto é, que o candidato em questão se tratava do próprio apelante. 4. Não havendo justificativa quanto ao tratamento desigual aos candidatos que desempenharão as mesmas funções, infere-se que o candidato acima de 41 (quarenta e um) anos está tão qualificado fisicamente para as funções do cargo quanto o candidato de 25 (vinte e cinco) anos, porquanto ambos exercerão as mesmas funções. 5. A banca examinadora deve atribuir ao candidato a pontuação máxima prevista no edital, ou seja, a pontuação referente ao candidato com idade superior a 41 (quarenta e um) anos, o que afasta a necessidade de reaplicação do teste de aptidão física. Precedentes deste Tribunal. 6. Recurso parcialmente provido. ACÓRDÃO Vistos, relatados e discutidos estes autos, ACORDA a Colenda Segunda Câmara Cível, na conformidade da ata da sessão, à unanimidade de votos, DAR PARCIAL PROVIMENTO ao recurso, nos termos do voto do relator. Vitória (ES), 24 de abril de 2018. PRESIDENTE RELATOR." (TJES, Classe: Apelação, 024130422801, Relator : CARLOS SIMÕES FONSECA, Órgão julgador: SEGUNDA CÂMARA CÍVEL, Data de Julgamento: 24/04/2018, Data da Publicação no Diário: 04/05/2018).

▶ **Erro na aplicação da prova por parte da Banca Examinadora gera nulidade da eliminação do candidato.**

O objetivo principal da Administração Pública é atingir o interesse público. Com vistas a assegurar este objetivo, diversos princípios foram estabelecidos e impostos à Administração em seus procedimentos. Um dos princípios mais importantes em qualquer procedimento de seleção pública e principalmente nos concursos públicos é o da isonomia, segundo o qual deve ser oferecido aos candidatos as mesmas condições de competição, sem interferências que possam gerar alterações nos resultados das provas realizadas. O princípio da isonomia está expresso no caput do art. 5º da Constituição Federal, despontando como um dos principais Direitos Fundamentais: Art. 5º Todos são iguais perante a lei, sem distinção de qualquer natureza, garantindo-se aos brasileiros e aos estrangeiros residentes no País a inviolabilidade do direito à vida, à liberdade, à igualdade, à segurança e à propriedade, [...]:

> ▶ "Concurso público não se confunde com simulacro de concurso público. Não atende aos princípios constitucionais o chamamento ou a inscrição de apenas alguns apaniguados, que simularão uma disputa apenas para aparentar a realização de um concurso público. Não é concurso público o certame que se desenvolve sem observância do princípio da isonomia. É essencial que todo e qualquer interessado seja tratado com igualdade, para que vençam os melhores."

▶ **A isonomia deve estar presente em todas as fases do concurso público.**

A isonomia deve estar presente em todas as fases do concurso público, devendo ser aplicada em seus diferentes aspectos (formal e material) conforme as peculiaridades de cada exigência. De outra forma não poderia ser, visto que é através do concurso público que se materializa o direito de amplo acesso aos cargos e empregos públicos e para isso deve haver igualdade de oportunidades para todos os interessados.

▶ **Diversos fatores devem ser levados em consideração quando da aplicação das provas relativas ao TAF.**

Não é isso que ocorre em diversos exames de aptidão física! Uma série de fatores devem ser levados em consideração quando da aplicação das provas relativas ao TAF, pois apesar de na maioria das vezes ser realizado em horários diferentes, deve-se ter em mente que em nenhum momento se pode abrir mão da isonomia. Por outras palavras: ainda que aplicado em horários diferentes, os candidatos devem ser submetidos às avaliações na mesma condição.

▶ **A isonomia é violada no momento em que são estabelecidos horários diferentes para a aplicação dos testes.**

É obvio que quem realiza uma corrida no período noturno ou entre 07 e 08 horas, quando há fraco ou inexistente, influenciando na umidade do ar, tem muito mais vantagem do que quem realiza a mesma prova no período da manhã (após às 09:00) ou da tarde (12:00 às 17:00) o que é um absurdo quando se pensa em um concurso público. Todos os candidatos devem ser submetidos aos testes sob as mesmas condições. Quando são realizadas as etapas objetiva e discursiva, são designados diversos locais para a aplicação das mesmas. O mesmo deveria ser feito na aplicação do teste físico e assim todos estariam sob o mesmo sol ou mesma noite, no mesmo horário e condições de umidade.

◙ **No mesmo sentido:** "Trata-se de agravos interpostos pela UNIÃO e pela FUNDAÇÃO UNIVERSIDADE DE BRASÍLIA contra decisão que negou seguimento a recursos extraordinários interpostos de acórdão cuja segue transcrita: 'Constitucional e administrativo. Concurso público para agente e escrivão da Polícia Federal. Preliminar de cerceamento de defesa afastada. Teste de aptidão física. Horário fixado em desacordo com os princípios da razoabilidade e da isonomia. 1. Rechaçada a preliminar de cerceamento de defesa, porquanto o deslinde da controvérsia prescinde da produção de provas. 2. A Administração, em estabelecendo o horário de meio-dia para a realização de testes físicos para a cidade do Recife, nos cargos de Agente e Escrivão da Polícia Federal, afetou os princípios da razoabilidade e da isonomia entre os participantes do certame. 3. In casu, é de se repetir integralmente os testes físicos para os apelantes, dessa vez em horário compatível com o fixado para as demais capitais nordestinas. 4. Apelação parcialmente provida' (fl. 933 do e-STJ). No RE, interposto pela UNIÃO, fundado no art. 102, III, a, da Constituição, alegou-se violação aos arts. 2.º, 5.º, I, e 37, I e II, da mesma Carta. Por sua vez, a FUNDAÇÃO UNIVERSIDADE DE BRASÍLIA, em seu RE, interposto com base no art. 102, III, a, da Constituição, sustentou, em suma, violação aos arts. 2.º e 37, I e II, da Carta Magna. As pretensões recursais não merecem acolhida. Isso porque o Juízo de origem decidiu a causa nos seguintes termos: 'Na hipótese dos autos, os editais que repousam às fls. 180/219, divulgados em 20/10/2009, demonstram que o exame de aptidão física para o certame em comento foi aprazado para o dia 24/10/2009, nos seguintes horários, especificamente no caso dos Escrivães, tomando-se como parâmetro as capitais nordestinas: Aracaju/SE – 9 horas; Fortaleza/CE – 9 horas; João Pessoa/PB – 14 horas e 30 minutos; Maceió/AL – 8 horas e 30 minutos; Natal/RN – 8 horas e 30 minutos; Recife/PE – 12 horas; Salvador/BA – 9 horas; São Luís/MA – 9 horas; Teresina/PI – 8 horas e 30 minutos. Conforme o contexto acima retratado, tenho que a Administração desbordou dos princípios da razoabilidade e da isonomia ao aprazar a realização da prova de aptidão física na cidade de Recife/PE para o meio- ia, impondo desmedido esforço aos candidatos que se submeteram ao exame nesta Capital, mormente quando nas demais capitais do Nordeste os horários foram fixados quando, a toda evidência, a temperatura encontrava-se mais amena, facilitando a execução das atividades físicas. Não tenho motivos para desacreditar do laudo que repousa às fls. 53/74, dando conta da influência negativa do aumento da temperatura no desempenho do candidato submetido a exame dessa natureza, mormente quando verifico, igualmente, nos autos cópia da Instrução Normativa 02 da Secretaria de Educação do Estado de Pernambuco, na qual desaconselhado 'o funcionamento de aulas de Educação Física no horário compreendido entre 12:00 e 13:00 horas, exceto quando for possível oferecê-la em local coberto.' (fls. 321/325)'" (fl. 928

do e-STJ). Nesse contexto, resta claro que para divergir do Tribunal a quo, no concernente as condições no momento de aplicação do teste de aptidão física a que foram submetidos os agravantes, necessário seria o reexame do conjunto fático probatório constante dos autos, o que inviabiliza o extraordinário a teor da Súmula 279 do STF. Nesse sentido: 'Agravo regimental no recurso extraordinário com agravo. Concurso público. Exame de aptidão física. Realização. Condições inadequadas. Responsabilidade da Administração. Reexame de fatos e provas. Impossibilidade. Precedentes. 1. A afronta aos princípios da legalidade, do devido processo legal, da ampla defesa e do contraditório, dos limites da coisa julgada e da prestação jurisdicional, quando depende, para ser reconhecida como tal, da análise de normas infraconstitucionais, configura apenas ofensa indireta ou reflexa à Constituição da República. 2. A Corte de origem, ao conceder a segurança pleiteada, fundamentou-se nos fatos e nas provas da causa. 3. É pacifica a jurisprudência da Corte de que o recurso extraordinário não se presta ao reexame do conjunto fático-probatório. Incidência da Súmula n.º 279. 4. Agravo regimental não provido' (ARE 736.948-AgR/PE, Rel. Min. Dias Toffoli, Primeira Turma – grifos meus). Isso posto, nego seguimento aos recursos (CPC, art. 557, caput). Publique-se. Brasília, 3 de fevereiro de 2014. Ministro Ricardo Lewandowski – Relator." (STF, ARE 783.949-PE, Rel. Min. Ricardo Lewandowski, j. 03.02.2014, DJe-026 Divulg. 06.02.2014, Public. 07.02.2014)

◉ **No mesmo sentido:** "Agravo Regimental no Recurso Extraordinário com Agravo. Concurso público. Exame de aptidão física. Realização. Condições inadequadas. Responsabilidade da administração. Reexame de fatos e provas. Impossibilidade. Precedentes. 1. A afronta aos princípios da legalidade, do devido processo legal, da ampla defesa e do contraditório, dos limites da coisa julgada e da prestação jurisdicional, quando depende, para ser reconhecida como tal, da análise de normas infraconstitucionais, configura apenas ofensa indireta ou reflexa à Constituição da República. 2. A Corte de origem, ao conceder a segurança pleiteada, fundamentou-se nos fatos e nas provas da causa. 3. É pacífica a jurisprudência da Corte de que o recurso extraordinário não se presta ao reexame do conjunto fático-probatório. Incidência da Súmula n.º 279. 4. Agravo regimental não provido." (STF, ARE 736.948-PE, 1.ª Turma, Rel. Min. Dias Toffoli, j. 06.08.2013, DJe-194 Divulg. 02.10.2013, Public. 03.10.2013).

▶ **O argumento que devido ao grande número de candidatos as provas serão realizadas no mesmo dia não é legítimo.**

O fato é que a Administração pública não pode simplesmente alegar que devido ao grande número de candidatos as provas serão realizadas no mesmo dia quando com a realização do teste haverá nítida desvantagem para uns em relação aos outros. Cabe à organizadora do certame, como o próprio nome sugere, se organizar de forma a garantir a isonomia. Os candidatos não podem ser prejudicados por ter um grande número de inscritos. Em um concurso público, o interesse social é selecionar os candidatos mais preparados para exercer com eficiência a função pública satisfazendo o anseio por um serviço eficaz. Assim, os testes não podem ser aplicados de qualquer maneira, mas com a maior acuidade possível. A aplicação de um teste de esforço físico em horários diferentes de um mesmo dia de calor intenso e umidade baixa viola o princípio da isonomia e por consequência o princípio da competitividade.

> ▶ **No mesmo sentido:** "Insta notar, inicialmente, que o postulado da competitividade configura um subprincípio concretizador em um aspecto dinâmico do cânone magno da isonomia na seara dos concursos públicos e, de resto, constitui uma marca intrínseca de todos os procedimentos concorrenciais. É bom ressaltar que, sem a garantia da competitividade, o concurso público não alcançaria, em termos de resultado, o objetivo de selecionar aas melhores pessoas para prestar serviços ao Estado, em flagrante arrepio ao princípio da eficiência administrativa (CF/88 art. 38, caput – EC n. 19/98). (...). De outra banda, o princípio da competitividade não se compadece com exigências que se impõe aos candidatos, como condição de participarem de determinada etapa do concurso público, com um ônus excessivo e extraordinário, impondo um sacrifício desproporcional e passível de causar forte desinteresse na inscrição do certame." (O regime jurídico do concurso público e seu controle jurisdicional, PINHEIRO DE QUEIROZ, Ronaldo. MAIA, Márcio Barbosa. p. 15)

> ◙ **No mesmo sentido:** "Entendo que não merece reforma a r. sentença atacada, tendo em vista ter ficado bastante claro nos depoimentos e nas declarações dos próprios concorrentes do apelado, que na aplicação da prova do teste de subida na corda o tratamento aplicado ao recorrido foi diferente e bem mais dificultoso em relação aos demais candidatos, violando o princípio da isonomia." (TJES 005332-58.2011.8.08.0035)

◙ **É ilegal a eliminação do candidato na prova física motivada pelo fato de o candidato possuir doença apenas potencialmente capaz de afetar a prestação de serviço.**

"PROCESSUAL CIVIL E ADMINISTRATIVO – PROCEDIMENTO COMUM – ANULAÇÃO DE ATO ADMINISTRATIVO – CONCURSO PÚBLICO – POLICIAL MILITAR – EXAME MÉDICO – CANDIDATO CONSIDERADO INAPTO – EXCLUSÃO DO CERTAME – ILEGALIDADE – MOTIVAÇÃO INVÁLIDA. 1. A discriminação profissional do portador de doença apenas potencialmente capaz de afetar a prestação de serviço não encontra ressonância no estágio atual de desenvolvimento social e na Constituição Federal, que consagra como princípios fundamentais da República a cidadania, a dignidade da pessoa humana e o valor social do trabalho (art. 1º, II, III e IV, CF). 2. As disposições do edital para o cargo de Soldado da Polícia Militar relativas à higidez física e mental dos candidatos destinam-se a impedir que os inaptos ao exercício da atividade policial sejam aprovados. A regra, contudo, deve ser interpretada com razoabilidade. Aptidão física e mental que deve ser aferida na data da avaliação médica. 3. Candidato que possui cicatriz no membro inferior esquerdo decorrente de cirurgia no fêmur, e que não o impede de exercer atividades físicas. Exclusão do concurso considerada ilegal e abusiva. Ato administrativo com motivação inválida porque lastreada na existência de doença apenas potencialmente capaz de afetar a prestação de serviço. 4. Poder Judiciário que deve zelar pela observância dos princípios constitucionais, em especial o da razoabilidade e proporcionalidade, para afastar a ilegalidade, o abuso de poder da Administração e garantir o direito subjetivo do candidato de prosseguir no certame. Pedido procedente. Sentença mantida. Reexame necessário e recurso desprovidos." (TJSP; Apelação / Remessa Necessária 1023905-62.2017.8.26.0053; Relator (a): Décio Notarangeli; Órgão Julgador: 9ª Câmara de Direito Público; Foro Central – Fazenda Pública/Acidentes – 15ª Vara da Fazenda Pública; Data do Julgamento: 27/08/2018; Data de Registro: 27/08/2018)

◙ **É ilegal o ato ou edital que impossibilite recurso do resultado da fase de prova física.**

"2. Assiste razão ao Recorrente quanto à tese da irrecorribilidade do teste físico e de redação. Isso porque, esta Corte Superior, na esteira dos precedentes do Supremo Tribunal Federal, já consagrou o entendimento segundo o qual é inadmissível a realização de fases (testes, exames) de concursos públicos para provimento de cargos em caráter irrecorrível. 3. Este Superior Tribunal de Justiça tem entendido que, somente nos casos de flagrante erro material, perceptível de plano, pode o Poder Judiciário, excepcionalmente, declarar nula questão de prova objetiva de concurso público, sob pena de invadir a competência administrativa, substituindo a Banca Examinadora. Precedentes. 4. Recurso conhecido e parcialmente provido para determinar seja oportunizado ao Recorrente a apresentação de recurso tanto em face do Teste de Capacidade Física quanto do de redação, bem assim o prosseguimento no certame, em caso de provimento daquele (quanto ao teste físico).(RMS 15.742/SC, Rel. Ministra LAURITA VAZ, QUINTA TURMA, julgado em 17/08/2006, DJ 16/10/2006, p. 384)"

◙ **Não há direito à remarcação de provas de aptidão física em data diversa da prevista no edital do concurso público em razão de circunstâncias pessoais dos candidatos, ainda que de caráter fisiológico ou de força maior.**

"ADMINISTRATIVO. CONCURSO PÚBLICO. PERITO DA POLÍCIA FEDERAL. EDITAL Nº 1/2004 – DGP/DPF. TESTE DE APTIDÃO FÍSICA. CANDIDATO CONSIDERADO INAPTO. REALIZAÇÃO DA PROVA SOB CONDIÇÕES DE SAÚDE ADVERSAS. REMARCAÇÃO. IMPOSSIBILIDADE. ANÁLISE DA MATÉRIA EM REPERCUSSÃO GERAL. SENTENÇA MANTIDA. 1. O Supremo Tribunal Federal firmou tese, em sede de Repercussão Geral (RE 630.733), de que não há direito à remarcação de provas de aptidão física em data diversa da prevista no edital do concurso público em razão de circunstâncias pessoais dos candidatos, ainda que de caráter fisiológico ou de força maior. 2. Não há falar em nulidade ou arbitrariedade do ato da administração que, com base na norma que regulamenta a aplicação da prova de aptidão física, indeferiu o pedido de remarcação do exame com base em alegação de condições de saúde adversas, considerando-o inapto no teste de natação por exceder o tempo máximo para completar a prova. 3. Não restou demonstrado, ademais, que o desempenho do candidato na prova de natação fora prejudicado pelo alegado incidente envolvendo outra candidata que realizou a prova simultaneamente. 4. Apelação a que se nega provimento." (AC 0005844-38.2006.4.01.3400/DF, Rel. Desembargadora Federal Daniele Maranhão Costa, Quinta Turma, e-DJF1 p. de 18/04/2018)

◉ **A legitimidade passiva para responder a ação referente à eliminação do candidato na fase de prova física é do Poder Público e da Banca Examinadora em litisconsórcio passivo.**

"PROCESSUAL CIVIL. CONCURSO PÚBLICO. LITISCONSÓRCIO PASSIVO NECESSÁRIO. SENTENÇA DE EXTINÇÃO MANTIDA. 1. A ação civil pública que questiona termos de edital de concurso promovido pelo TJDFT e organizado pela CESP/UnB tem, como litisconsortes passivos necessários, a União e a Fundação Universidade de Brasília. 2. A organizadora do concurso está adstrita às exigências feitas pelo órgão contratante, promovendo o concurso público, nos termos e na forma requerida por aquele. Portanto, os efeitos de um provimento judicial de mérito, certamente, atingem a ambos. Por isso trata-se de litisconsórcio passivo necessário, pois a natureza da relação jurídica controvertida e a eficácia da sentença de mérito dependem da presença de todas as partes na relação processual. 3. Tendo a parte autora deixado de promover a citação da FUB, mesmo após determinação judicial nesse sentido, a extinção do processo deve ser mantida. 4. Apelação conhecida e não provida." (AC 2008.34.00.002225-6/DF, Rel. Desembargador Federal Kassio Nunes Marques, Conv. Juiz Federal Leonardo Augusto De Almeida Aguiar, Sexta Turma, e-DJF1 p. de 30/04/2018)

◉ **A competência para julgamento de demanda referente à eliminação do candidato na fase de prova física, quando se tratar de procedimento pelo rito comum, é da justiça comum (estadual ou federal).**

"CONCURSO PÚBLICO. CARGO DE POLICIAL RODOVIÁRIO FEDERAL. EDITAL Nº 1/2013 – PRF. TESTE DE IMPULSÃO HORIZONTAL. SUPERFÍCIE UTILIZADA DISTINTA DA PREVISTA NO EDITAL. ILEGITIMIDADE PASSIVA AD CAUSAM DA UNIÃO. VIOLAÇÃO AO EDITAL CONFIGURADA. SENTENÇA MANTIDA. 1. A União é parte legítima para figurar no polo passivo da ação, porquanto o concurso público foi realizado pelo Departamento de Polícia Rodoviária Federal, órgão integrante da administração pública federal direta. 2. Viola o princípio da vinculação ao instrumento convocatório a realização de exame de capacidade física sem a observância das regras estabelecidas pelo edital, que não previu a utilização da caixa de areia no teste de impulsão horizontal, mas superfície rígida, plana e uniforme. (PEDILEF 00117104120134013801, JUIZ FEDERAL ROBERTO CARLOS DE OLIVEIRA (CONV.), TRF1 – 5ª TURMA, e-DJF1 DATA: 21/09/2017; PEDILEF 00621954820134013800, DESEMBARGADOR FEDERAL JIRAIR ARAM MEGUERIAN, TRF1 – 6ª TURMA, e-DJF1 DATA: 07/10/2016). 3. Demonstrada a inobservância pela administração dos termos estritos do edital, não merece reparo a sentença que assegurou ao autor a realização de novo teste, nas condições previstas na norma editalícia. 3. Apelações e remessa oficial a que se nega provimento." (AC 0042181-36.2014.4.01.3500/GO, Rel. Desembargadora Federal Daniele Maranhão Costa, Quinta Turma, e-DJF1 p. de 12/04/2018)

◉ **Não há necessidade de formação de litisconsórcio passivo necessário entre candidatos se o ajuizamento da demanda for em momento anterior ao que se possa aferir o resultado final do concurso.**

"(....) II – O Superior Tribunal de Justiça já firmou o entendimento no sentido de que a citação dos demais candidatos do concurso público como litisconsortes passivos necessários é desnecessária, ante o fato de, em princípio, não possuírem comunhão de interesses com o impetrante, nem direito líquido e certo à nomeação, tendo, apenas, expectativa de direito, caso aprovados." (AMS 0046939-67.2014.4.01.3400/DF, Rel. Desembargador Federal Jirair Aram Meguerian, Sexta Turma, e-DJF1 p. de 16/04/2018)

◉ **O marco inicial do mandado de segurança envolvendo eliminação de candidato em prova física conta-se a partir do momento em que o candidato toma ciência do ato administrativo de sua eliminação e não da publicação do edital.**

"ADMINISTRATIVO E PROCESSUAL CIVIL. RECURSO ORDINÁRIO. CONCURSO PÚBLICO. POLÍCIA MILITAR. CURSO DE FORMAÇÃO DE SARGENTOS. ELIMINAÇÃO DE CANDIDATO EM RAZÃO DE REPROVAÇÃO EM TESTE DE APTIDÃO FÍSICA. PRAZO PARA IMPETRAÇÃO. TERMO INICIAL. PRODUÇÃO DE EFEITOS CONCRETOS. 1. Discute-se nos autos o termo inicial do prazo de decadência para a impetração de Mandado de Segurança, em virtude de ato coator que declarou ser inapto o ora agravado no exame de aptidão física. 2. No caso, o Tribunal de Justiça local considerou que o Mandado de Segurança deveria ter sido impetrado no prazo de 120 dias a contar da publicação do edital, em razão de se estar atacando regra editalícia. Esse entendimento, porém, não se aplica à hipótese dos autos. 3. Embora as regras constantes de editais de concursos públicos possam ser impugnadas por meio de Mandado de Segurança desde a publicação do edital, ocasião em que o impetrante deverá demonstrar a existência de direito que foi violado ou poderá vir a sê-lo, não se pode ignorar o fato de que o direito de ação é potestativo e o direito a ser protegido pelo Mandado de Segurança deve ser, comprovadamente, líquido e certo. 4. A coação surge apenas quando o candidato foi eliminado do certame. Somente nesse momento, a regra editalícia passa a afetar seu direito subjetivo, legitimando-o para a impetração. 5. A partir da efetiva produção de efeitos da regra editalícia, que se reputa violadora de direito líquido e certo, materializada pelo ato de eliminação do candidato, in casu, a Portaria 021/11-PM3, de 15.6.2011, é que deve ser observado o prazo de 120 dias para a impetração do Mandado de Segurança. 6. Agravo Regimental não provido." (AgRg no RMS 36.798/MS, Rel. Ministro HERMAN BENJAMIN, SEGUNDA TURMA, julgado em 09/10/2012, DJe 31/10/2012)

▶ **É vedada a realização de novo teste de aptidão física em concurso público no caso de incapacidade temporária, salvo previsão expressa no edital.**

O concurso público, como procedimento seletivo que é, busca aferir os candidatos mais preparados para assumir um cargo ou emprego público. Infelizmente não existe uma lei geral sobre concursos públicos que discipline passo a passo cada fase do certame, criando-se com isso uma grande instabilidade e relegando muitas vezes ao edital do certame, chamado de lei interna do concurso, matérias que não lhe cabiam. O fato é que quando a Constituição Federal preceitua em seu artigo 37, II, que o concurso público será de provas ou provas e títulos não quer dizer que seja apenas avaliações para aferir conhecimento técnico ou científico do candidato, mas, também, a depender do cargo que se pretenda prover, analisar o competidor fisicamente. É o que ocorre, com frequência, em concursos relacionados à área de segurança pública, onde uma das fases eliminatórias é a prova física. Há toda uma razão para essa exigência! Não basta para um agente da polícia federal, um soldado do corpo de bombeiros, por exemplo, apenas possuir conhecimento técnico, pois suas atividades, muitas vezes, exigem um certo vigor físico que é necessário para o desempenho adequado e eficiente da função administrativa. Imaginemos uma ocorrência de afogamento em uma praia. É necessário que o agente público, no caso o bombeiro, tenha um alto preparo físico e saiba nadar muito bem. Fora isso, além da vida do banhista, a dele também estaria comprometida no resgate. Isso não quer dizer que para todos os cargos da polícia, por exemplo, seja necessário avaliar este aspecto do candidato, pois existem cargos desta área que são técnicos, científicos, cujo conhecimento técnico sobrepõe-se ao vigor físico.

RG ◙ Inexiste direito dos candidatos em concurso público à prova de segunda chamada nos teste de aptidão física, salvo contrária disposição editalícia, em razão de circunstâncias pessoais, ainda que de caráter fisiológico ou de força maior, mantida a validade das provas de segunda chamada realizadas até 15/5/2013, em nome da segurança jurídica.

"Recurso extraordinário. 2. Remarcação de teste de aptidão física em concurso público em razão de problema temporário de saúde. 3. Vedação expressa em edital. Constitucionalidade. 4. Violação ao princípio da isonomia. Não ocorrência. Postulado do qual não decorre, de plano, a possibilidade de realização de segunda chamada em etapa de concurso público em virtude de situações pessoais do candidato. Cláusula editalícia que confere eficácia ao princípio da isonomia à luz dos postulados da impessoalidade e da supremacia do interesse público. 5. Inexistência de direito constitucional à remarcação de provas em razão de circunstâncias pessoais dos candidatos. 6. Segurança jurídica. Validade das provas de segunda chamada realizadas até a data da conclusão do julgamento. 7. Recurso extraordinário a que se nega provimento." (RE 630733, Relator(a): Min. GILMAR MENDES, Tribunal Pleno, julgado em 15/05/2013, ACÓRDÃO ELETRÔNICO REPERCUSSÃO GERAL – MÉRITO DJe-228 DIVULG 19-11-2013 PUBLIC 20-11-2013)

◙ **No mesmo sentido:** "AGRAVO REGIMENTAL NO AGRAVO DE INSTRUMENTO. ADMINISTRATIVO. CONCURSO PÚBLICO. PROVA FÍSICA. REMARCAÇÃO. POSSIBILIDADE. OFENSA AO PRINCÍPIO DA ISONOMIA. INOCORRÊNCIA. PRECEDENTES. AGRAVO IMPROVIDO. I – A jurisprudência desta Corte firmou-se no sentido de que não implica em ofensa ao princípio da isonomia a possibilidade de remarcação da data de teste físico, tendo em vista motivo de força maior. II – Agravo regimental improvido." (STF – AI 825545 AgR, Relator (a): Min. RICARDO LEWANDOWSKI, Primeira Turma, julgado em 13/04/2011, DJe-084 DIVULG 05-05-2011 PUBLIC 06-05-2011 EMENT VOL-02516-03 PP-00623)

◙ **No mesmo sentido:** "AGRAVO REGIMENTAL EM RECURSO ESPECIAL. ADMINISTRATIVO. CONCURSO PÚBLICO. PRINCÍPIO DA ISONOMIA. VIOLAÇÃO RECONHECIDA NAS INSTÂNCIAS ORDINÁRIAS. NECESSI-

DADE DE REEXAME DO QUADRO FÁTICO-PROBATÓRIO. SÚMULA Nº 7/STJ. ACÓRDÃO COM FUNDAMENTO EXCLUSIVAMENTE CONSTITU-CIONAL. 1. Reconhecida no acórdão impugnado, com base nas provas dos autos, violação do princípio da isonomia, em virtude da realização do exame de aptidão física em condições desiguais entre os participantes do concurso, a alegação em sentido contrário, a motivar insurgência especial, requisita exame do acervo fático-probatório, vedado na instância excepcional. 2. "A pretensão de simples reexame de prova não enseja recurso especial." (Súmula do STJ, Enunciado nº 7). 3. A questão de natureza exclusivamente constitucional é estranha ao âmbito de cabimento do recurso especial. 4. Agravo regimental improvido." (STJ – AgRg no REsp 886.849/DF, Rel. Ministro Hamilton Carvalhido, Sexta Turma, julgado em 10/06/2008, DJe 01/09/2008)

▶ **Se houver previsão no edital de realização de nova prova física por uma ou outra circunstância, o caso excepciona a regra da impossibilidade de reaplicação.**

Atenção ao fato que se houver previsão no edital de realização de nova prova física por uma ou outra circunstância, o caso excepciona a impossibilidade de reaplicação, pois foi o próprio instrumento convocatório que fez a previsão do novo teste. Com isso a matéria foi se pacificando, porém algumas situações ainda possuem um fator distintivo e que irá excepcionar a regra. Uma delas, tratada no julgamento do RE 630.733, é referente aos processos ajuizados em antes do julgamento do processo e de sua eficácia vinculante. Como ficou definido? Estipularam que a aplicação de uma segunda chamada continuaria válida se já tivesse ocorrido antes do julgamento do recurso, ou seja, em maio de 2013. Por outras palavras: se a ação foi proposta em 2012, tendo o candidato obtido liminar, realizado o novo teste e passado antes de 15 de maio de 2013, mesmo que o mérito do processo ainda não tivesse sido julgado, a tese fixada na repercussão geral não se aplicaria ao caso. Isso, por uma questão de segurança jurídica decorrente da mudança jurisprudencial, e não com base na teoria do fato consumado, conforme explana o relator. Por outro lado, caso o candidato não tivesse feito a prova, mesmo que tivesse obtido liminar para realizá-la em outro momento, se a realização do teste ocorreu posteriormente ao dia 15 de maio de 2013 os julgamentos posteriores já passariam a estar vinculados ao decido pelo Supremo Tribunal Federal, se, no caso, a situação for a mesma, pois nada impede que seja pedido a anulação do teste em razão do reconhecimento da falta de previsão legal do mesmo ou da ausência de pertinência da prova frente ao cargo disputado. São causas de pedir autônomas.

▶ **Erro na aplicação do teste por parte da Banca dá direito a reaplicação.**

Uma outra situação é: e se ocorrer erro na aplicação do teste, lesionando ou não o candidato, como, por exemplo, a desobediências de regras sobre as condições de aplicação de um determinado exercício? Neste caso a culpa é da Administração. Aqui se aplica ao referido julgado? Entendemos que não, pois a reprovação do candidato se deu por culpa da própria instituição que estava aplicando a prova. Isso não é caso fortuito ou força maior, mas sim verdadeira negligência na condução do certame.

RG ◙ É constitucional a remarcação do teste de aptidão física de candidata que esteja grávida à época de sua realização, independentemente da previsão expressa em edital do concurso público. RE 1058333 RG

> ◙ **No mesmo sentido:** "APELAÇÕES CÍVEIS. AÇÃO ORDINÁRIA. CONCUR-SO PÚBLICO. LEGITIMAÇÃO DO ESTADO. TESTE DE APTIDÃO FÍSICA. ATESTADO EM PERFEITA ADEQUAÇÃO. HONORÁRIOS DE SUCUMBÊN-CIA. DEFENSORIA PÚBLICA ATUANDO CONTRA O ESTADO. INSTITU-TO DA CONFUSÃO. RECURSOS CONHECIDOS E DESPROVIDOS. 1) A demonstração documental de que o candidato foi convocado para realizar os testes físicos, acrescida da fotocópia do atestado médico de capacidade física lavrado dias antes, e de sua incontroversa reprovação no certame constituem prova suficiente dos fatos constitutivos do direito do candidato, sem que o Estado tenha logrado demonstrar a existência de qualquer outro fato impeditivo, modificativo ou extintivo da pretensão vestibular. 2) Merece mantença, pois, o édito sentencial que garantiu ao candidato o direito de realizar novo tese de aptidão física, ainda que num próximo concurso de Soldado Combatente, já que o autor não pôde realizar o TAF a tempo de se submeter às demais etapas do certame regulado pelo Edital nº 001/2013- CFSd. 3) Quando o Estado do Espírito Santo sucumbe em demandas patrocinadas pela Defensoria Pública Estadual, não é cabível sua condenação ao pagamento de honorários, à luz da Súmula nº 421 do STJ. 4) Recursos conhecidos e desprovidos." (TJES, Classe: Apelação / Remessa Necessária, 024130417611, Relator: ELIANA JUNQUEIRA MUNHOS FER-REIRA, Órgão julgador: TERCEIRA CÂMARA CÍVEL , Data de Julgamento: 28/08/2018, Data da Publicação no Diário: 06/09/2018)

> ◙ **No mesmo sentido:** "EMBARGOS DE DECLARAÇÃO EM APELAÇÃO CÍ-VEL E REMESSA NECESSÁRIA. CONTRADIÇÃO RECONHECIDA E ELI-MINADA. CONCURSO PÚBLICO. CANDIDATA GESTANTE. TESTE DE APTIDÃO FÍSICA. DIREITO À REMARCAÇÃO. 1. Está assentado no excelso Supremo Tribunal Federal, no colendo Superior Tribunal de Justiça e neste egrégio Tribunal de Justiça do Estado do Espírito Santo o entendimento de que candidata gestante, em concurso público, tem direito a remarcação do teste de aptidão física. O tema situa-se no âmbito do Direito à igualdade, à dignidade humana e à liberdade reprodutiva e dos princípios da impessoalidade e da eficiência no concurso público. STF: RE 630.733, RE 845.737 e Repercussão Geral no RE 1.058.333, RE 1.065.080, RE 1.015.798, ARE 820.065-AgR, ARE 901.116 e AI 825545 AgR. STJ: RMS 47.582. TJ-ES: Apelação/remessa necessária n. 0025823-51.2013.8.08.0024. 2. – Embargos de declaração providos. Contradição reconhecida e eliminada, sem efeitos infringentes. Vistos, relatados e discutidos estes autos, acordam os Desembargadores que integram a colenda Terceira Câmara Cível do egrégio Tribunal de Justiça do Estado do Espírito Santo, de conformidade com a ata do julgamento e das notas taquigráficas em, à unanimidade, dar provimento aos embargos de declaração, nos termos do voto do relator." (TJES, Classe: Embargos de Declaração Ap – Reex, 024130129950, Relator : DAIR JOSÉ BREGUNCE DE OLIVEIRA, Órgão julgador: TERCEI-

RA CÂMARA CÍVEL , Data de Julgamento: 31/07/2018, Data da Publicação no Diário: 10/08/2018)

◙ **Se o edital não trata expressamente do tema, há recentes decisões do próprio Supremo Tribunal Federal viabilizando o novo teste.**

"Ressalto, inaplicável ao caso a orientação firmada no julgamento do RE 630.733, Rel. Min. Gilmar Mendes, julgado sob a sistemática da repercussão geral, no qual decidiu-se pela impossibilidade de remarcação de teste físico em razão de problema temporário de saúde quando presente vedação expressa no edital. Com efeito, a hipótese presente versa situação fática distinta, conforme consignado pela Corte de origem, porquanto "(...) não há previsão no edital no sentido de que a candidata será eliminada em virtude de gravidez (...)", tampouco constitui estado de gravidez "problema temporário de saúde"." No STJ, posterior ao julgamento em repercussão geral do STF, cite-se o RESP 1332560, do qual se extrai importante trecho da decisão monocrática do relator Napoleão Nunes Maia Filho. "Sabe-se que o edital é a lei interna do concurso e vincula inteiramente a administração e os partícipes; mas, princípios constitucionais, especialmente o da isonomia, devem ser preponderantes, para que todos os candidatos sejam tratados igualmente, sem discriminações detrimentosas, estabelecendo exceção em casos especiais, como este dos autos, visando atingir a situação pessoal da mulher gestante, trazendo tratamento diferenciado". E continua, "entretanto, embora a mencionada regra editalícia demonstre, à primeira vista, certa preocupação com a gestante e o feto, em um exame mais apurado, constata-se tratar-se, de regra, em verdade, altamente discriminatória, pois retira da mulher grávida a possibilidade de continuar participando do concurso. Sabido que a gravidez não é uma doença, da qual qualquer candidato poderá vir a padecer, e sim, um estado peculiar, excepcional, espetacular, sublime e transitório, o qual somente a mulher pode experimentar, quando se submete à vontade da criação divina, para trazer ao mundo mais uma vida, garantindo, com isso, a continuidade da espécie humana. Para tanto, a mulher passa longos nove meses por inúmeras alterações de ordem física e psicológica e, posteriormente, tem, ainda, de cuidar da criança até que ela tenha condições de, sozinha, dirigir sua própria vida. Considerando todos esses aspectos, não se pode admitir que se retire da mulher a oportunidade de trabalhar dignamente, tampouco de impedí-la de continuar disputando um concurso público com essa finalidade, pelo simples fato de estar grávida, pois, assim, se estaria contrariando princípios, direitos e garantias constitucionais consagrados." (STF – RE 1015798 /MG, Ministro Dias Tóffoli)

◙ **Há decisões recentes do Superior Tribunal de Justiça que tem inviabilizado uma nova chamada quando o edital do concurso expressamente proíbe a repetição do teste para a candidata gestante.**

"1. As duas Turmas de Direito Público desta Corte Superior têm acompanhado a orientação firmada no STF, com repercussão geral reconhecida (RE 630.733/DF. DJe 20/11/2013), de que inexiste direito à remarcação de provas em razão de circunstâncias pessoais dos candidatos, exceto se previsto em edital. 2. Caso em que candidata grávida foi considerada inapta no exame de condicionamento físico de concurso público cujo edital traz expressa previsão acerca da impossibilidade de tratamento diferenciado, naquela etapa do certame, para o caso de gravidez." (STJ, RMS nº 48.218)

FASE DE EXAME PSICOTÉCNICO

▶ **Conceito e finalidade do exame psicotécnico**

A avaliação psicológica, segundo LUIZ PASQUALI, professor titular do Instituto de Psicologia da Universidade de Brasília, refere-se a um conjunto de procedimentos confiáveis que permitem ao psicólogo julgar vários aspectos do indivíduo através da observação de seu comportamento em situações padronizadas e pré-definidas. Aplica-se ao estudo de casos individuais ou de grupos nas mais diversas situações. A submissão a testes psicológicos cientificamente desenvolvidos representa uma situação padronizada típica da avaliação psicológica.

> ▶ **No mesmo sentido:** "Procedimentos sistemáticos de observação e registro de amostras de comportamentos e respostas de indivíduos com o objetivo de descrever e/ou mensurar características e processos psicológicos, compreendidos tradicionalmente nas áreas emoção/afeto, cognição/inteligência, motivação, personalidade, psicomotricidade, atenção, memória, percepção, dentre outras, nas suas mais diversas formas de expressão, segundo padrões definidos pela construção dos instrumentos." (Resolução do Conselho Federal de Psicologia 2/03, que regulamenta a aplicação destes testes no Brasil)

> ▶ **No mesmo sentido:** "a avaliação psicológica para fins de seleção de candidatos é um processo, realizado mediante o emprego de um conjunto de procedimentos objetivos e científicos, que permite identificar aspectos psicológicos do candidato para fins de prognóstico do desempenho das atividades relativas ao cargo pretendido". Das definições enumeradas, já podemos extrair dois elementos essenciais dos testes psicológicos: a objetividade e a padronização." (Regime Jurídico dos Concursos Públicos. Francisco Lobello de Oliveira Rocha, Ed. Dialética 2006, p. 102/103)

> ▶ **No mesmo sentido:** "A avaliação psicológica em concursos públicos tem por objetivo avaliar as características psicológicas dos candidatos e compará-las àquelas consideradas necessárias para o cargo em questão, elencadas em seu perfil profissiográfico. O levantamento do perfil profissiográfico de um determinado cargo consiste na análise detalhada de suas características e necessidades. Trata-se de um estudo que analisa detalhadamente as atividades e os requisitos psicológicos necessários para o desempenho das atividades inerentes ao cargo em questão. O Art. 1.º da Resolução n.º 01/2002 do Conselho Federal de Psicologia diz o seguinte: A avaliação psicológica para fins de seleção de candidatos é um processo, realizado mediante o emprego de um conjunto de procedimentos objetivos e científicos, que permite identificar aspectos psicológicos do candidato para fins de prognóstico do desempenho das atividades relativas ao cargo pretendido. O § 3.º do Art n.º 39 da Constituição Federal prevê a possibilidade de requisitos diferenciados de admis-

são, como limites de idade e realização de testes físicos e exames psicológicos, serem utilizados em concursos públicos quando a natureza do cargo assim o exigir. A avaliação psicológica em concursos públicos é regulamentada pelo Decreto n.º 7.308/2010, que condiciona a sua realização a previsão legal específica e à necessidade de esta avaliação estar contida no edital do certame, e pela Resolução n.º 01/2002 do Conselho Federal de Psicologia (CFP) A Lei n.º 10.826/2003 e o Decreto n.º 5.123/2004 obrigam a comprovação de aptidão psicológica para a posse e manuseio de arma de fogo no Brasil. Logo, para carreiras militares e policiais a avaliação psicológica é imperativa. Inclusivamente, a avaliação psicológica é também utilizada para outras carreiras, como a da magistratura e do Ministério Público, e também para a outorga de serviços notariais." (BASTOS, Ricardo. Concurso público: etapa interna e externa passo a passo / Alessandro Dantas Coutinho, William Douglas e Ricardo Bastos. – Curitiba, PR: Negócios Públicos, 2015. p. 45)

▶ **Uma coisa é ser portador de algum traço patológico ou exacerbado a níveis extremados, e, portanto, incompatível com determinado cargo ou função e outra coisa, muito distinta, é ter de estar ajustado a um "modelo" ou perfil psicológico adequado ao cargo.**

"Averbações de equivalente teor devem ser feitas em relação à incorreta utilização de "exames psicotécnicos" – hábito que se disseminou de |há algum tempo – aplicados durante ou após as provas, com a pretendida destinação de verificar se o candidato tem o "perfil" adequado aos cargos em concurso. Servem para eliminação dos que não respondem ao "modelo" pretendido. Fácil é ver-se – tanto mais porque costumam ser apresentados como irrecorríveis na via administrativa – que podem conduzir e conduzem, muitas vezes, a soluções: despropositadas, além de comprometerem a objetividade do concurso, ensejando a eliminação arbitrária de concorrentes capazes. Não se nega que os sobreditos exames possam ser utilmente aplicados para exclusão de indivíduos padecentes de graves distúrbios de personalidade, isto é, com desequilíbrio psicológico sério, suscetível de inabilitá-los para o serviço público. Também não se nega que – em relação a certas atividades – a avaliação psicológica seja prestante para detectar características de personalidade incapacitantes para a função, como o seria, por exemplo, um teor exagerado de agressividade em candidato à carreira policial. Entretanto, o que se nega terminantemente é que seja compatível com o Texto Constitucional – por violar a necessária objetividade inerente à razão de ser dos princípios da acessibilidade e do concurso público – a adoção de um "perfil psicológico" em que se devam encaixar os candidatos, pena de exclusão do certame. Com efeito: uma coisa é ser portador de algum traço patológico ou exacerbado a níveis extremados, e, portanto, incompatível com determinado cargo ou função e outra coisa, muito distinta, é ter de estar ajustado a um "modelo" ou perfil psicológico adrede delineado para o cargo. Nega-se, igualmente, que as avaliações psicológicas possam ser irrecorríveis na via administrativa ou que o exame recursal se possa efetuar sem a presença e fiscalização de um especialista indicado pelo candidato. Nega-se também que as "avaliações psicológicas" possam ser realizadas sem prévia e pública notícia dos fatores específicos que serão objeto de análise, dos testes a serem utilizados, dos critérios decisórios em face deles, da justificação minuciosa dos laudos determinantes da reprovação do concorrente, bem como da identificação dos especialistas que irão se responsabilizar pelos exames e conclusões técnicas finais. A falta de qualquer destes requisitos obviamente compromete não só a objetividade e imparcialidade do concurso mas, também, a possibilidade de se aferir seja a idoneidade técnica dos meios eleitos para atingir os fins a que se destinam, seja a correção com que tais meios foram aplicados ou a suficiência dos aplicadores para fazê-lo, deixando os candidatos inteiramente à mercê de decisões incontroláveis." (BANDEIRA DE MELLO, Celso Antônio. Regime dos servidores da administração direta e indireta (Direitos e deveres), 11ª edição, Editora Malheiros, 1991, p. 58/59)

▶ **A inclusão de tal exame depende da natureza do cargo e os itens de avaliação devem ser razoavelmente justificados pelas atribuições específicas a serem desempenhadas.**

(...) deve-se observar que a inclusão de tal exame depende da natureza do cargo, e os itens de avaliação devem ser razoavelmente justificados pelas atribuições específicas a serem desempenhadas sob pena de discriminação inconstitucional de candidatos. Aplica-se aqui a primorosa doutrina de Celso Antônio Bandeira de Mello relativamente ao princípio da isonomia. Uma lei que crie, de forma injustificável, tal exigência ou decisões administrativas que, a título de executar a lei instituidora do psicotécnico, imponha exigências desproporcionais ou métodos inadequados, pode ser afastada judicialmente, porque, conforme já assinalado, embora goze de certa discricionariedade, não se furta ao contraste com os princípios constitucionais. (MOREIRA, João Batista Gomes. Controle judicial da discricionariedade da banca examinadora de concurso público. Revista Interesse Público – IP, Belo Horizonte, ano 17, nº. 91, p. 53-69, maio/jun. 2015)

▶ **A exigência de exame psicotécnico no concurso público tem que ter previsão legal.**

É pressuposto para a exigência do psicotécnico que ele tenha previsão em lei. Isso está claramente enunciado no artigo 37, incisos I e II da Carta Constitucional. Art. 37. A administração pública direta e indireta de qualquer dos Poderes da União, dos Estados, do Distrito Federal e dos Municípios obedecerá aos princípios de legalidade, impessoalidade, moralidade, publicidade e eficiência e, também, ao seguinte: I - os cargos, empregos e funções públicas são acessíveis aos brasileiros que preencham os requisitos estabelecidos em lei, assim como aos estrangeiros, na forma da lei; II - a investidura em cargo ou emprego público depende de aprovação prévia em concurso público de provas ou de provas e títulos, de acordo com a natureza e a complexidade do cargo ou emprego, na forma prevista em lei, ressalvadas as nomeações para cargo em comissão declarado em lei de livre nomeação e exoneração. A exigência de concurso público para acesso a cargos ou empregos públicos não é baseada no regime jurídico profissional de seus respectivos servidores. Trata-se de exigência constitucional, cujo fundamento é o sacramental princípio da indisponibilidade do interesse público, isonomia, impessoalidade, moralidade, dentre outros. Reforçando as garantias dos cidadãos contra as investidas ilegais do Poder Público ficou assentado expressamente no texto constitucional que os requisitos de acesso aos cargos e empregos públicos devem ter previsão em lei, ou seja, não pode o edital criar os requisitos de acesso ao cargo, como, por exemplo, a exigência de exame psicotécnico. Isso explica por que o Decreto-Lei 2.320 de 26 de janeiro de 1987, que dispõe sobre o ingresso nas categorias funcionais da Carreira da Polícia Federal, enuncia em seus dispositivos (artigos 6º, 7º e 8º) os requisitos exigidos para o ingresso no cargo, tendo inclusive, de forma expressa em seu artigo 8º, inciso III, exigindo como requisito para a matrícula que o candidato possua "temperamento adequado ao exercício das atividades inerentes à categoria funcional a que concorrer, apurado em exame psicotécnico".

> ◉ **No mesmo sentido:** "Embora a Constituição admita o condicionamento do acesso aos cargos públicos a requisitos estabelecidos em lei, esta não o pode subordinar a pressupostos que façam inócuas as inspirações do sistema de concurso público (art. 97, § 1º), que são um corolário do princípio fundamental da isonomia" (STF – trecho de voto do Ministro Sepúlveda Pertence no RE 194.657-1 (DJ 4.12.01))

▶ **Sob nenhuma circunstância o edital pode impor em um concurso o exame psicotécnico como fase ou critério de aprovação do candidato.**

Sob nenhuma circunstância o edital pode impor em um concurso o exame psicotécnico como fase ou critério de aprovação do candidato, sem que haja previsão legal para isso. Acompanhemos o seguinte raciocínio: o edital é um ato administrativo, portanto de inferior hierarquia em relação à lei e à Constituição Federal. Assim, quando se diz que o edital é a "lei interna do concurso", que o "edital vincula as partes" essa afirmativa somente é correta se o instrumento convocatório estiver em conformidade com a lei e a Constituição Federal, sob pena de subversão e inversão do sistema hierárquico existente entre as espécies normativas.

> ◉ **No mesmo sentido:** "2. In casu, é patente a ilegalidade do exame psicotécnico sub examine, verificada, aliás, em várias oportunidades. São elas: a) ausência de previsão legal, b) caráter subjetivo c) caráter irrecorrível – quando o edital previu apenas seletivo. (...) AgRg no RMS 13794 / RN ; 2001/0128194-6, Relatora: Ministra Laurita Vaz, Quinta Turma, 06/04/2006, DJ, 02.05.2006, p. 339".

> ◉ **No mesmo sentido:** "1. Admite-se a exigência de aprovação em exame psicotécnico para provimento de certos cargos públicos, com vistas à avaliação pessoal, intelectual e profissional do candidato. No entanto, exige se a presença de certos pressupostos, a saber: a) previsão legal, sendo insuficiente mera exigência no edital; b) não seja realizado segundo critérios subjetivos do avaliador, que resultem em discriminação dos candidatos; c) seja passível de recurso pelo candidato. REsp 384019 / RS ; 2001/0155914-1 Relator: Ministro Arnaldo Esteves Lima, Quinta Turma, 06/06/2006, DJ 26.06.2006, p. 185."

◉ **Necessidade de previsão legal, objetividade quantos aos critérios de avaliação e de publicidade do resultado. Repercussão geral reconhecida com mérito julgado**

"Antiga é a jurisprudência desta Corte no sentido de que a exigência de avaliação psicológica ou teste psicotécnico, como requisito ou condição necessária ao acesso a determinados cargos públicos de carreira, somente é possível, nos termos da CF, se houver lei em sentido material (ato emanado do Poder Legislativo) que expressamente a autorize, além de previsão no edital do certame. Ademais, o exame psicotécnico necessita de um grau mínimo de objetividade e de publicidade dos atos em que se procede. A inexistência desses requisitos torna o ato ilegítimo, por não possibilitar o acesso à tutela jurisdicional para a verificação de lesão de direito individual pelo uso desses critérios." [AI 758.533 QO-RG, voto do rel. min. Gilmar Mendes, j. 23-6-2010, P, DJE de 13-8-2010, Tema 338.]

◉ **É ilegal o psicotécnico previsto apenas no edital ou decreto.**

"PROCESSO Concurso público – Polícia Militar – Oficial – Exame psicotécnico – Inaptidão – Impossibilidade: – Não basta a previsão do exame psicotécnico no edital e no decreto que regulamenta o concurso, pois somente lei formal pode sujeitar o candidato e sua realização deve observar rigorosamente todos os atos normativos editados para assegurar o resultado seguro." (TJSP; Apelação / Remessa Necessária 1024382-90.2014.8.26.0053; Relator (a): Teresa Ramos Marques; Órgão Julgador: 10ª Câmara de Direito Público; Foro Central – Fazenda Pública/Acidentes – 7ª Vara de Fazenda Pública; Data do Julgamento: 18/09/2017; Data de Registro: 20/09/2017)

> ◉ **No mesmo sentido:** "APELAÇÃO. AÇÃO ORDINÁRIA. CONCURSO PÚBLICO. EXAME PSICOLÓGICO. SOLDADO PM 2ª CLASSE. Tutela antecipada concedida a permitir a participação do autor nas demais etapas do concurso. Decreto Estadual nº 41.113/96 que, a pretexto de regulamentar a LCE nº 672/92 inovou na ordem jurídica, exigindo exame psicológico para habilitação do candidato. Requisito não previsto na lei regulamentada. Impossibilidade. Decreto que extrapolou os limites da competência normativa. Necessária observância do princípio da legalidade e do disposto no artigo 37, I, da CF. Inteligência da Súmula Vinculante nº 44. Entendimento consolidado no STF no sentido de que só se pode submeter candidato de concurso público a exame psicológico ou psicotécnico mediante previsão em lei em sentido estrito, ou seja, aquela proveniente do Poder Legislativo. Diante da inexistência de lei paulista fixando tal requisito, impossível prever exame psicológico apenas em decreto e edital do certame. Reexame necessário e recurso de apelação não providos." (TJSP; Apelação / Remessa Necessária 0015563-94.2014.8.26.0664; Relator (a): Marcelo Semer; Órgão Julgador: 10ª Câmara de Direito Público; Foro de Votuporanga – 1ª Vara Cível; Data do Julgamento: 17/10/2016; Data de Registro: 18/10/2016)

◉ **Súmula Vinculante 44 do STF: Só por lei se pode sujeitar a exame psicotécnico a habilitação de candidato a cargo público.**

◉ **Súmula 686 do STF: Só por lei se pode sujeitar a exame psicotécnico a habilitação de candidato a cargo público.**

◉ **Além de previsão legal, o psicotécnico necessita de um grau mínimo de objetividade e de publicidade dos atos em que se procede. Repercussão Geral**

"Antiga é a jurisprudência desta Corte no sentido de que a exigência de avaliação psicológica ou teste psicotécnico, como requisito ou condição necessária ao acesso a determinados cargos públicos de carreira, somente é possível, nos termos da CF, se houver lei em sentido material (ato emanado do Poder Legislativo) que expressamente a autorize, além de previsão no edital do certame. Ademais, o exame psicotécnico necessita de um grau mínimo de objetividade e de publicidade dos atos em que se procede. A inexistência desses requisitos torna o ato ilegítimo, por não possibilitar o acesso à tutela jurisdicional para a verificação de lesão de direito individual pelo uso desses critérios." [AI 758.533 QO-RG, voto do rel. min. Gilmar Mendes, j. 23-6-2010, P, DJE de 13-8-2010, Tema 338.]

◙ **O exame psicotécnico deve revestir-se de rigor científico, submetendo-se, em sua realização, à observância de critérios técnicos que propiciem base objetiva destinada a viabilizar o controle jurisdicional da legalidade, da correção e da razoabilidade.**

"o exame psicotécnico, especialmente quando possuir natureza eliminatória, deve revestir-se de rigor científico, submetendo-se, em sua realização, à observância de critérios técnicos que propiciem base objetiva destinada a viabilizar o controle jurisdicional da legalidade, da correção e da razoabilidade dos parâmetros norteadores da formulação e das conclusões resultantes dos testes psicológicos, sob pena de frustrar-se, de modo ilegítimo, o exercício, pelo candidato, da garantia de acesso ao Poder Judiciário, na hipótese de lesão a direito" (AI 467.616 AgR/MG, relator Min. Celso de Mello, 2ª Turma, unânime, julgamento em 23.03.2004).

◙ **O exame psicotécnico, com base em critérios subjetivos, sem um grau mínimo de objetividade ou com critérios não revelados, é ilegítimo por não permitir o acesso ao Poder Judiciário para a verificação de eventual lesão de direito individual pelo uso desses critérios.**

Exame psicotécnico. Critérios não revelados. "O acórdão recorrido, em última análise, decidiu que a avaliação do candidato, em exame psicotécnico, com base em critérios subjetivos, sem um grau mínimo de objetividade, ou em critérios não revelados, é ilegítimo por não permitir o acesso ao Poder Judiciário para a verificação de eventual lesão de direito individual pelo uso desses critérios. Ora, esta Corte, em casos análogos, tem entendido que o exame psicotécnico ofende o disposto na CF 5.º XXXV, e CF 37, caput e I e II. Dessa orientação não divergiu o acórdão recorrido" (STF, 1.ª T., RE 243926-CE, rel. Min. Moreira Alves, j. 16.5.2000, v.u., DJU 10.8.2000).

▶ **A aplicação dos critérios para diversos cargos públicos deve ser diferente**

"Resta claro que a aplicação dos critérios para diversos cargos públicos deve ser diferente, restando à regulamentação como tarefa de atos normativos inferiores à lei. Por exemplo, o perfil psicológico necessário ao bom desempenho do cargo de Juiz, por exemplo, difere do perfil psicológico necessário ao desempenho eficaz do cargo de policial militar. No primeiro caso, a ponderação, entre outros elementos, pode vir a ser fator preponderante. No segundo, a capacidade de reação pronta e eficaz pode se constituir em elemento psicológico da maior necessidade." (FORTINI, Cristiana. Servidor público: estudos em homenagem ao professor Pedro Paulo de Almeida Dutra (Locais do Kindle 10180-10185). Editora Fórum. Edição do Kindle.)

▶ **Cada cargo público, em tese, necessita de um dado perfil psicológico, sendo que estes deverão ser traçados, com precisão, no instrumento convocatório.**

"O que importa consignar é que os editais, para dar pleno e vertical conteúdo à vontade de legislador, devem traçar, com exatidão, a avaliação psicológica que será levada a efeito, bem como descrever os métodos, técnicas e instrumentos que serão aplicados nos testes. Assim, se para determinado cargo público se exige, por exemplo, controle emocional em situações de pressão, os testes deverão ser realizados de modo a concluir se o candidato está indicado ou contraindicado para o exercício da função pública. Por outro lado, se o perfil de um determinado cargo exige firmeza e pronta ação, os testes a serem aplicados deverão ser diversos dos do primeiro exemplo. De fato, cada cargo público, em tese, necessita de um dado perfil psicológico, sendo que estes deverão ser traçados, com precisão, no instrumento convocatório. Assim, deve-se admitir o controle judicial nos casos em que os editais não discorrem profundamente acerca das especificações necessárias ao desempenho de cargos ou empregos públicos. O mesmo raciocínio se aplica quando os candidatos são julgados contraindicados para o exercício de determinado cargo ou emprego público, sem que o avaliador psicológico motive, nas exigências do instrumento convocatório, as razões pela qual considerou o candidato inapto." (FORTINI, Cristiana. Servidor público: estudos em homenagem ao professor Pedro Paulo de Almeida Dutra (Locais do Kindle 10185-10195). Editora Fórum. Edição do Kindle.)

◉ **O psicotécnico além de ter previsão legal tem que ser aplicado durante o concurso e não após o mesmo.**

"RECURSO DE APELAÇÃO – MANDADO DE SEGURANÇA – ADMINISTRATIVO – CONCURSO PÚBLICO. Ilegal ato da autoridade que inabilita candidatos aos cargos públicos para os quais concorreram ao considerá-los inaptos em função de avaliação psicológica realizada com base em Decreto Municipal publicado após o encerramento do concurso e após a nomeação dos autores à posse. Aplicação do entendimento veiculado pela jurisprudência do Supremo Tribunal Federal e na Sumula Vinculante nº 44, no sentido de que "só por lei se pode sujeitar a exame psicotécnico a habilitação de candidato a cargo público". Recurso e reexame necessário desprovidos." (TJSP; Apelação / Remessa Necessária 1000606-88.2016.8.26.0474; Relator (a): Nogueira Diefenthaler; Órgão Julgador: 5ª Câmara de Direito Público; Foro de Potirendaba – Vara Única; Data do Julgamento: 02/05/2017; Data de Registro: 02/05/2017)

▶ **Os testes psicológicos como requisitos de habilitação**

"Muito se discute quanto à possibilidade de utilização dos testes psicológicos com caráter eliminatório. Os defensores da impossibilidade argumentam que em tais provas não seria possível garantir a objetividade necessária, pois a Psicologia ainda se encontraria em estágio primitivo. Como se demonstrará posteriormente, isso não é verdade. É possível, sim, garantir a objetividade e fidedignidade necessárias, desde que rigorosamente observados todos os requisitos já abordados. Como bem observado pelo Ministro Aldir Passarinho, do STF, "o fato de serem, às vezes, mal aplicados e principalmente mal avaliados não infirma a sua importância para a configuração do perfil do candidato quanto a desajustamentos e aptidão para a função. Não é por haver erros na apreciação dos resultados que retira a sua importância. (...) Não há na Psicologia, como não há na Medicina, o mesmo rigor científico que existe nas chamadas ciências exatas, mas nem por isso deixam de ter valor científico. (...) A meu ver, os estudos da Psicologia não estão em estágio atrasado. Ao contrário, estão até muito adiantados. No campo da Psicologia aplicada e, especialmente, dos exames psicotécnicos, os resultados têm-se mostrado muito bons. As falhas decorrem, pois, na grande maioria das vezes, da defeituosa interpretação das respostas, tal como muitas vezes acontece em uma prova de conhecimento mal corrigida." A previsão genérica de que o candidato deva gozar de aptidão, saúde, higidez ou sanidade mental permite apenas a realização de testes psicológicos de função diagnóstica. A realização de testes psicológicos preditivos depende de previsão legal expressa nesse sentido. Além disso, é preciso muita cautela na escolha de critérios eliminatórios. Só podem ter caráter eliminatório as características ou traços psicológicos absolutamente incompatíveis com o exercício do cargo, pois a exigência de qualquer requisito desnecessário viola o princípio da razoabilidade. Exemplo clássico é o nível acentuado de agressividade, impulsividade ou instabilidade emocional vedadas nas carreiras policiais. Tais características, considerando-se as atribuições e instrumentos utilizados pelos policiais, poderiam colocar em risco a sociedade e a vida de cidadãos inocentes." (Regime Jurídico dos Concursos Públicos. Francisco Lobello de Oliveira Rocha, Ed. Dialética 2006, p. 110/111)

▶ **Aplicabilidade das Resoluções do Conselho Federal de Psicologia – CFP.**

"(...) O Conselho Federal de Psicologia, considerando sua natureza pública, que impõe a necessidade de aprimorar os serviços técnicos dos psicólogos e defender a população usuária destes serviços e de orientar os órgãos públicos e demais pessoas jurídicas a respeito das informações relacionadas à avaliação psicológica, que devem constar nos editais de concurso para garantia dos direitos dos candidatos, entre outras coisas, regulamentou a avaliação psicológica em concursos púbicos e processos seletivos da mesma natureza, através da Resolução 1, de 19 de abril de 2002. A discussão que se impõe é se este ato normativo tem o condão de vincular os atos da Administração Pública. Tendo em vista a atribuição do Conselho Federal de Psicologia para regulamentar a profissão de psicólogo, entendemos que as disposições voltadas a tais profissionais devem ser observadas por estes, sob pena de punição pelo Conselho. Ocorre que a mencionada Resolução não se limitou a normas relativas à atuação do psicólogo nos concursos. Efetivamente, há normas em tal Resolução que dizem respeito à função administrativa. Tais normas devem ser tomadas, no máximo, como orientações à atuação administrativa, pois as normas editadas pelo CFP não vinculam a Administração Pública em qualquer esfera. Ainda assim, devem ser feitas algumas ressalvas quanto a tais orientações." (Regime Jurídico dos Concursos Públicos. Francisco Lobello de Oliveira Rocha, Ed. Dialética 2006, p. 117/118)

▶ **O exame psicotécnico deve ser pautado por critérios objetivos e científicos, sob pena de nulidade.**

Este é mais um direito que deriva dos princípios da impessoalidade, publicidade e segurança jurídica, além de estar embasado na jurisprudência e na doutrina. Pressupõe-se que o teste psicotécnico se baseie em critérios objetivos e científicos. Os exames psicotécnicos não podem ser aplicados, como ocorreu durante muitos anos, em caráter sigiloso, de forma imotivada, sem possibilidade de recurso, em método completamente arbitrário e incompatível com o estado de direito vigente. Esses exames têm de ser baseados em critérios científicos e objetivos, sob pena de ilegalidade dos testes e possibilidade de controle jurisdicional sobre eles. Se não houvesse a possibilidade de controle sobre esse tipo de teste, seria muito fácil burlar os princípios da isonomia, publicidade e impessoalidade. O teste na verdade passaria a ser uma mera entrevista, cuja aprovação dependeria unicamente da avaliação subjetiva do examinador, muitas vezes despreparado para a função, principalmente por não ter parâmetros e critérios de avaliação. Seria rumar ao passado, às arbitrárias entrevistas sigilosas, prática combatida com vigor pelos Tribunais Superiores e incompatível com um estado democrático de direito.

◙ **No mesmo sentido:** "...O exame psicotécnico, cuja principal característica é a objetividade de seus critérios, indispensável à garantia de sua legalidade, deve ter resultado que garanta a publicidade, bem assim a sua revisibilidade. Inadmissível, portanto, o caráter sigiloso e irrecorrível do referido exame. (STJ - RMS 19.339 - PB - Proc. 2004/0176794-3 - 5ª T. - Relatora: Ministra Laurita Vaz - DJ 15.12.2009.")

◙ **No mesmo sentido:** "AGRAVO REGIMENTAL EM AGRAVO DE INSTRUMENTO. CONCURSO PÚBLICO DE AGENTE PENITENCIÁRIO DE SEGUNDA CLASSE DA CARREIRA POLICIAL CIVIL DO DISTRITO FEDERAL. EXAME PSICOTÉCNICO. AUSÊNCIA DE AMPLA RECORRIBILIDADE. CRITÉRIOS SUBJETIVOS. OFENSA ÀS GARANTIAS DO CONTRADITÓRIO E DA AMPLA DEFESA. Os atos administrativos praticados na condução de concurso para provimento de cargos públicos devem-se pautar em critérios objetivos. Isto para permitir ao candidato a compreensão e eventual impugnação da nota que lhe foi atribuída em determinado exame. Precedentes: AI 265.933-AgR, da relatoria do ministro Sepúlveda Pertence; AI 467.616-AgR, da relatoria do ministro Celso de Mello; e RE 326.349-AgR, da relatoria do ministro Gilmar Mendes. Agravo regimental a que se nega provimento. STF – AI-Ag. 680650 – 1ª T. – Rel. Min. Carlos Britto – DJ 13.02.2009.)".

◙ **O exame psicotécnico deve revestir-se de rigor científico, submetendo-se, em sua realização, à observância de critérios técnicos que propiciem base objetiva destinada a viabilizar o controle jurisdicional de sua legalidade.**

O exame psicotécnico, especialmente quando possuir natureza eliminatória, deve revestir-se de rigor científico, submetendo-se, em sua realização, à observância de critérios técnicos que propiciem base objetiva destinada a viabilizar o controle jurisdicional da legalidade, da correção e da razoabilidade dos parâmetros norteadores da formulação e das conclusões resultantes dos testes psicológicos, sob pena de frustrar-se, de modo ilegítimo, o exercício, pelo candidato, da garantia de acesso ao Poder Judiciário, na hipótese de lesão a direito (STF, 2.ª T., AgRgAg 539408-DF, rel. Min. Celso de Mello, j. 19.6.2007, v.u., DJU 3.8.2007, p. 52).

▶ **Qualquer mínimo desvio na sua realização é suficiente para torná-lo inválido.**

"A verdade é que a aplicação de testes psicológicos para ser válida exige rigor e observância de muitos requisitos. Qualquer mínimo desvio na sua realização é suficiente para torná-lo inválido. E se a aplicação responsável e rigorosa desses testes pode ser legítima e muito útil na seleção dos melhores candidatos, desvios na sua aplicação criam distorções inadmissíveis em concursos públicos. Parece-nos que este segundo cenário tem prevalecido no Brasil." (Regime Jurídico dos Concursos Públicos. Francisco Lobello de Oliveira Rocha, Ed. Dialética 2006, p. 101/102).

◉ **No mesmo sentido:**"AGRAVO INTERNO NO RECURSO EXTRAORDINÁRIO COM AGRAVO. ADMINISTRATIVO. MANDADO DE SEGURANÇA. IMPETRAÇÃO CONTRA ATO DE SECRETÁRIO DE ESTADO. COMPETÊNCIA DA JUSTIÇA COMUM. NECESSIDADE DE OBSERVÂNCIA DA AUTORIDADE COATORA. CONCURSO PÚBLICO. CARGO OU EMPREGO PÚBLICO. EXAME PSICOTÉCNICO. PREVISÃO EM LEI. CRITÉRIOS OBJETIVOS. NECESSIDADE. REPERCUSSÃO GERAL RECONHECIDA PELO PLENÁRIO NO AI 758.533-QO-RG. REAFIRMAÇÃO DA JURISPRUDÊNCIA. PRECEDENTES. REITERADA REJEIÇÃO DOS ARGUMENTOS EXPENDIDOS PELA PARTE NAS SEDES RECURSAIS ANTERIORES. MANIFESTO INTUITO PROTELATÓRIO. MULTA DO ARTIGO 1.021, § 4º, DO CPC/2015. RECURSO INTERPOSTO SOB A ÉGIDE DO NOVO CÓDIGO DE PROCESSO CIVIL. MANDADO DE SEGURANÇA. INAPLICABILIDADE DO ARTIGO 85, § 11, DO CPC/2015. AGRAVO INTERNO DESPROVIDO." (ARE 963756 AgR, Relator(a): Min. LUIZ FUX, Primeira Turma, julgado em 18/12/2017, PROCESSO ELETRÔNICO DJe-022 DIVULG 06-02-2018 PUBLIC 07-02-2018)

◉ **No mesmo sentido:**"APELAÇÃO. Mandado de segurança. Concurso público para o cargo de Guarda Civil Municipal. Candidato reprovado na fase do exame psicotécnico, por inaptidão. Pedido de anulação do ato, por ausência de critérios objetivos. Liminar concedida para que o impetrante prosseguisse nas demais fases do concurso. Ilegalidade configurada, por violação aos princípios da impessoalidade, legalidade e falta de motivação do ato administrativo. Concessão da ordem para determinar, em definitivo, a inserção do impetrante no certame. Manutenção. Recurso e reexame necessário não providos." (TJSP; Apelação / Remessa Necessária 0007540-27.2012.8.26.0278; Relator (a): Marcelo Semer; Órgão Julgador: 10ª Câmara de Direito Público; Foro de Itaquaquecetuba – 2ª. Vara Cível; Data do Julgamento: 16/06/2014; Data de Registro: 18/06/2014)

▶ **A objetividade dos critérios deve estar no edital e não no resultado do exame.**

São, portanto, equivocadas as decisões de alguns segmentos do Poder Judiciário que erroneamente argumentam ser uma antecipação do exame e do gabarito a mera descrição dos critérios científicos e objetivos que balizarão o exame. Essas decisões equivocadas estão na contramão do entendimento do STJ e STF. O que se quer é a apresentação dos critérios que serão levados em consideração no exame para que não haja julgamento subjetivo, pessoal, como tanto ocorreu no passado. O detalhamento de regras como consta no edital acima transcrito não é não é antecipação de gabarito. Os critérios objetivos e científicos que serão levados em consideração no exame psicotécnico devem estar previstos no edital, sob pena de violação aos princípios da impessoalidade, publicidade, segurança jurídica, dentre outros. Não dá para argumentar que os laudos de avaliação psicológica apresentados pelas bancas examinadoras após o exame dos candidatos são feitos sob critérios objetivos, pois a objetividade que se espera, até em nome do princípio da segurança jurídica, da publicidade e da moralidade, deve constar no edital do concurso e não no laudo.

> ▶ Os critérios de que se valerem o edital, quais sejam, "características de inteligência, de aptidão e de personalidade para o desempenho adequado das atividades" são demasiado discricionários e subjetivos, pois se utilizam de conceitos vagos, amplos e imprecisos. 2. Nesse sentido, não importa se o laudo de avaliação psicológica manifestou-se sobre os níveis obtidos de "personalidade", "raciocínio espacial", "raciocínio verba" e "raciocínio abstrato", pois a objetividade que se exige é do edital, de forma que o candidato conheça, antecipadamente, os critérios de sua avaliação.

▶ **Objetividade é qualidade daquilo que não depende de impressões pessoais ou juízos de valor.**

"A objetividade de um teste psicológico significa que sua aplicação, pontuação e a interpretação dos escores independem de julgamento subjetivo de um determinado examinador. Isto quer dizer que qualquer testando deverá obter um escore idêntico em um teste, independentemente do examinador. Anastasi e Urbina alertam para o fato de que isso não acontece inteiramente assim, porque na prática é impossível obter uma padronização e objetividade perfeitas. Mas esta deve ser, ao menos, a meta da construção de um teste e tem sido obtida em um grau razoavelmente elevado na maioria dos testes. Entendemos que, em atenção aos princípios da igualdade, da impessoalidade, da moralidade e da eficiência, para que o teste psicológico possa ser utilizado em concursos públicos deve ter objetividade suficiente para que a variação nos escores em função do examinador não interfira no resultado do concurso. E este o entendimento consolidado na jurisprudência do Supremo Tribunal Federal, como demonstra a seguinte ementa de acórdão: "Concurso público: mesmo quando prescrito em lei, o exame psicotécnico – para ingresso em carreira do serviço público – depende de um grau mínimo de objetividade e de publicidade dos atos em que se desdobra: precedentes do STF." No mesmo sentido, o seguinte acórdão da 6 a Turma do Superior Tribunal de Justiça: "ADMINISTRATIVO. CARREIRA POLICIAL FEDERAL. CONCURSO PÚBLICO. EXAME PSICOTÉCNICO. CARÁTER SIGILOSO E IRRECORRÍVEL. – A jurisprudência dos nossos Tribunais tem admitido a exigência da aprovação em exame psicotécnico no edital de concurso público para provimento de certos cargos, com vistas a avaliação intelectual e profissional do candidato, desde que prevista em lei, renegando, todavia, a sua realização segundo critérios subjetivos do avaliador, susceptível de ocorrer procedimento seletivo discriminatório. – Na espécie, ainda que a legislação que disciplina a carreira de Policial Federal exija a aprovação em exame psicotécnico, vedado é seu desdobramento em fase de entrevista restrita às conclusões exclusivas do avaliador, que avalia a aptidão do candidato por meio de critérios subjetivos, passíveis de ocorrência de arbítrio. – Recurso especial conhecido e provido." (Regime Jurídico dos Concursos Públicos. Francisco Lobello de Oliveira Rocha, Ed. Dialética 2006, p. 103/104)

▶ **Garantia de impessoalidade nos testes psicológicos**

"A primeira ressalva que se faz é em relação ao seu art. 5º. Pretendendo garantir a impessoalidade nos exames psicológicos, o mencionado artigo determinou: "Art. 5º O psicólogo deverá declarar-se impedido de avaliar candidatos com os quais tenha relação que possa interferir na avaliação. Parágrafo único. Na hipótese de exposto no caput desse artigo, o candidato deverá ser encaminhado a outro membro da comissão de avaliação ou a outro profissional." Todavia, conforme exposto no item relativo ao princípio da impessoalidade, nos casos disciplinados não basta a avaliação do candidato por outro membro da comissão ou outro profissional. Havendo qualquer relação de parentesco, amizade íntima ou inimizade entre o examinador e qualquer dos candidatos, deve-se afastar o examinador do concurso como única forma de garantir a impessoalidade. Isto porque, ainda que o candidato fosse examinado por outra pessoa, o examinador poderia interferir nos resultados de outras formas, v.g., prejudicando outros candidatos, através da troca de favores com outros examinadores interessados em beneficiar outros candidatos etc. Não é necessário que tais atos se concretizem, pois a simples potencialidade de afronta ao princípio da impessoalidade justifica o afastamento do examinador." (Regime Jurídico dos Concursos Públicos. Francisco Lobello de Oliveira Rocha, Ed. Dialética 2006, p. 118/119)

▶ **O teste de psicotécnico deve ser padronizado.**

"Padronização implica uniformidade de procedimento na aplicação e na pontuação de cada teste. Para que os escores obtidos por pessoas diferentes possam ser comparáveis, as condições de testagem a que se submetem devem ser idênticas. Em uma situação de teste, a única variável deve ser o indivíduo que está sendo testado. Essa padronização estende-se aos materiais exatos empregados, aos limites de tempo, às instruções orais e escritas, às demonstrações preliminares, às maneiras de manejar as perguntas e a todos os outros elementos, por mais sutis que sejam, capazes de influenciar o desempenho nos testes." (Regime Jurídico dos Concursos Públicos. Francisco Lobello de Oliveira Rocha, Ed. Dialética 2006, p. 104)

▶ **No processo de padronização de um teste, ele é aplicado a uma amostra grande e representativa do tipo de pessoas para o qual foi planejado.**

"Este grupo, conhecido como amostra de padronização, serve para estabelecer as normas, que indicam o desempenho normal, ou médio, que indivíduos nas mesmas condições do testado costumam obter e servem como parâmetro na testagem de outros indivíduos. Pode ser expressa como n úmero de itens corretos, tempo necessário para completar uma tarefa, número de erros, ou outra medida objetiva apropriada ao conteúdo do teste. O resultado do teste é obtido através de uma comparação do escore do indivíduo testado com a norma. Assim, se num teste de conhecimentos aritméticos as crianças normais de oito anos respondem, em média, a 12 de 50 problemas, então a norma para a criança de oito anos é 12. Além do desempenho médio, as normas podem indicar a frequência relativa dos mais variados graus de desvios acima e abaixo da média, tornando possível avaliar diferentes graus de superioridade e inferioridade, o que permite a designação do indivíduo com referência à amostra normativa ou de padronização. A norma em um teste de personalidade não é necessariamente o desempenho mais desejável ou "ideal". A norma comumente não corresponde à completa ausência de respostas desfavoráveis ou desadaptativas. Se algumas dessas respostas ocorrem na maioria dos indivíduos "normais" da amostra de padronização, este número de respostas desadaptativas representa, portanto, a norma." (Regime Jurídico dos Concursos Públicos. Francisco Lobello de Oliveira Rocha, Ed. Dialética 2006, p. 104)

▶ **Os testes psicotécnicos podem ter valor diagnóstico ou preditivo.**

"Os testes podem ter valor diagnóstico ou preditivo. Os de valor diagnóstico destinam-se a detectar desvios de personalidade e doenças. A predição habitualmente conota uma estimativa temporal, o futuro desempenho dos indivíduos em uma função sendo previsto através de seu escore em um teste no presente. Com os testes preditivos, pretende-se determinar, através de elementos colhidos no presente, seu comportamento no futuro. A aplicação de testes psicológicos com função diagnóstica em concursos públicos é menos controversa. Mas vale ressaltar que tais testes devem limitar-se a detectar somente os desvios psicológicos e doenças mentais que impossibilitem o exercício do cargo. Qualquer diagnóstico que extrapole este limite não pode ser usado como parâmetro para exclusão de candidatos. Submetem-se, de um modo geral, ao mesmo regime jurídico dos exames médicos. Já os testes preditivos têm como escopo identificar nos candidatos habilidades, características emocionais, motivacionais, interpessoais e de atitudes ante determinadas situações." (Regime Jurídico dos Concursos Públicos. Francisco Lobello de Oliveira Rocha, Ed. Dialética 2006, p. 105)

▶ **Requisitos de aplicabilidade efetiva dos testes psicológicos**

"A Psicologia, especificamente os cultores da testagem psicológica, ou psicometria, desenvolveu métodos para avaliar quão confiável é o resultado de um teste, pois a sua aplicação só é efetiva se se puder confiar em seus resultados. A confiabilidade do teste depende de sua fidedignidade, validade, das condições de aplicação e, ainda, de ser aplicado por um examinador qualificado." (Regime Jurídico dos Concursos Públicos. Francisco Lobello de Oliveira Rocha, Ed. Dialética 2006, p. 105)

▶ **Fidedignidade representa basicamente a consistência dos escores obtidos pelas mesmas pessoas quando retestadas com o mesmo teste ou com uma forma equivalente do teste.**

"Conforme é usado na psicometria, o termo fidedignidade representa basicamente a consistência dos escores obtidos pelas mesmas pessoas quando retestadas com o mesmo teste ou com uma forma equivalente do teste. Significa consistência, quão confiável é o teste. Em sentido mais amplo, a fidedignidade do teste indica a extensão em que as diferenças individuais nos escores de teste são atribuíveis a diferenças verdadeiras nas características sob consideração e a extensão em que elas são atribuíveis a erros casuais. Antes de o teste psicológico ser liberado para uso geral, deve ser executada uma verificação cuidadosa e objetiva de sua fidedignidade. É essencial especificar o tipo de fidedignidade e o método empregado para determiná-lo e o número e a natureza das pessoas a partir das quais a fidedignidade foi verificada para que, com essas informações, os aplicadores do teste possam predizer quão confiável será o teste para o grupo no qual pretendem aplicá-lo. No Brasil, esta tarefa cabe ao Conselho Federal de Psicologia e está regulamentada pela Resolução CFP 2/03. Este órgão mantém, permanentemente, um Sistema de Avaliação de Testes Psicológicos e só podem ser aplicados pelos psicólogos os testes constantes da lista de testes aprovados." (Regime Jurídico dos Concursos Públicos. Francisco Lobello de Oliveira Rocha, Ed. Dialética 2006, p. 105/106)

▶ **A validade do teste refere-se àquilo que o teste mede e a quão bem ele faz isso.**

"Ela diz-nos o que podemos inferir dos escores de teste. E o conceito que identifica a adequação do teste àquilo que se pretende testar. A validade precisa ser estabelecida com referência ao uso específico para o qual o teste está sendo usado. A validação dos testes de seleção de pessoal depende de uma análise cuidadosa e sistemática das atribuições inerentes ao cargo. Para ser efetiva, essa análise precisa identificar os requerimentos que diferenciam uma determinada função de outras e, após, escolher testes válidos para verificar estes requerimentos especificamente. O escore do teste deve ajudar a predizer que desempenho o candidato terá na função. Por determinação do princípio da razoabilidade, devem ser testados somente os requisitos necessários à função. Alertam Anastasi e Urbina que "a colocação efetiva também implica que traços irrelevantes para os requerimentos de uma determinada função não devem afetar as decisões de seleção, seja favorável ou desfavoravelmente. Se um teste de habilidade mecânica requer um nível de compreensão em leitura muito mais elevado do que exige a função, seu uso não levaria à utilização mais efetiva de pessoal para aquela função." A essa ressalva, acrescentamos que num concurso público esta situação levaria à exclusão injusta de um candidato apto ao exercício do cargo, em afronta direta aos princípios da razoabilidade, da igualdade e do direito fundamental de amplo acesso aos cargos públicos." (Regime Jurídico dos Concursos Públicos. Francisco Lobello de Oliveira Rocha, Ed. Dialética 2006, p. 106/107)

▶ **Validação sintética do exame psicotécnico.**

"A essa validação dos testes, na seleção de pessoal, chama-se validação sintética, que é "a inferência de validade em uma situação específica a partir de uma análise sistemática de elementos da função, uma determinação da validade de teste para esses elementos, e uma combinação de validades elementares de um todo". Essa técnica passa pelas seguintes etapas: – análise detalhada das atribuições do cargo, emprego ou função para identificar: a) os aspectos psicológicos inerentes a ele; b) os pesos relativos desses aspectos psicológicos; – análise e estudo empírico de cada teste para determinar a extensão em que ele mede a proficiência no desempenho de cada uma dessas atribuições; – determinação da validade de cada teste para a função específica, sinteticamente, a partir dos pesos desses aspectos psicológicos na função, que deverão corresponder aos pesos dados no teste." (Regime Jurídico dos Concursos Públicos. Francisco Lobello de Oliveira Rocha, Ed. Dialética 2006, p. 106/107)

▶ **O exame psicotécnico utiliza o método de fragmentar a personalidade humana, reduzindo-a a caracteres que se pretendem positivos ou negativos, o que é questionável.**

Num dos testes normalmente aplicado – o de Zulliger –, busca-se dimensionar os caracteres controle emocional, flexibilidade, maturidade, resistência à frustração, meticulosidade, perspicácia, ansiedade, sociabilidade, impulsividade, agressividade, tendência depressiva, capacidade de análise e síntese, com o resultado dependendo da combinação quantitativa (matemática) de traços classificados como indesejáveis, restritivos e prejudiciais. A fragmentação para efeito de análise é orientação típica do racionalismo cartesiano, que recomenda, para alcançar a verdade, a redução da realidade a seus mínimos elementos para efeito de medição matemática. Mas a fragmentação da realidade, especialmente cuidando-se do grande universo da personalidade humana, pode ser comparada à experiência de colocar uma onda de mar num recipiente, o que a torna instantaneamente sem vida e sem movimento. O resultado do conjunto integrado num sistema é maior e diferente da simples soma das partes. Ressalta Luis Recaséns Siches, tocando justamente na Psicologia, que para a Gestalt, ao contrário do associacionismo atomista, os fenômenos da consciência não representam a soma de componentes mentais singulares, mas uma totalidade unitária, indivisa (sistêmica), de sentido. A vivência do sentido total é algo mais e diferente da soma de seus componentes elementares. A constatação de que o todo é diferente da soma das partes encontra-se, já, nos ensinamentos de Lao-Tsé, Platão e Aristóteles. A conexão de sentido é objeto de estudos específicos de Dilthey e Husserl. A Gestalt caracterizou-se "como um movimento de protesto contra a fragmentação e a alienação crescentes da natureza humana". Seu postulado básico – "o todo é mais do que a soma das partes" – tornou-se a fórmula-chave dos pensadores sistêmicos. No mesmo sentido, é também notável a contribuição de Edgar Morin para a concepção sistêmica da realidade. (MOREIRA, João Batista Gomes. Controle judicial da discricionariedade da banca examinadora de concurso público. Revista Interesse Público – IP, Belo Horizonte, ano 17, nº. 91, p. 53-69, maio/jun. 2015)

▶ **Outro teste aplicado e o que se busca.**

Outro teste aplicado em concurso destina-se a medir os seguintes caracteres: a) ordem ("diz respeito à pessoa meticulosa, cautelosa, que aprecia a rotina"); b) conformidade ("capacidade de conformar-se e respeitar regras e normas sociais"); c) atividade ("ser ativo, despender energia nas atividades que realiza, procurando padrões de ex-

383

celência nos resultados"); d) autoconfiança ("diz respeito à pessoa otimista, tranquila, confiante e de humor estável"); e) expansão ("refere-se a pessoas que interagem facilmente com outros, sentem-se à vontade com pessoas estranhas"); f) expansão exacerbada ("refere-se a pessoas que não se aprofundam em um relacionamento, não se focam em um objetivo"); g) enfrentamento ("diz respeito à capacidade de não se impressionar com cenasviolentas, vulgares e hostis"); h) altruísmo ("característica de pessoas prestativas, generosas e simpáticas"); i) altruísmo exacerbado ("refere-se a pessoas que deixam de pensar em si mesmas devido à excessiva preocupação com os outros"); j) autenticidade ("refere-se à pessoa madura, sincera, capaz de expressar suas opiniões e sentimentos"); k) agressividade ("usar a força ou violência para se opor") exacerbada; l) inibição ("refere-se à pessoa que sente embaraço diante de outras pessoas, com dificuldade de tomar iniciativa") exacerbada. Em certa ocasião, um dos caracteres avaliados chamava especialmente a atenção: "masculinidade e feminilidade". (MOREIRA, João Batista Gomes. Controle judicial da discricionariedade da banca examinadora de concurso público. Revista Interesse Público – IP, Belo Horizonte, ano 17, nº. 91, p. 53-69, maio/jun. 2015)

◉ **É necessário um grau mínimo de objetividade e de publicidade dos critérios que nortearão a avaliação psicotécnica.**

Por isso "é necessário um grau mínimo de objetividade e de publicidade dos critérios que nortea- rão a avaliação psicotécnica. A ausência desses requisitos torna o ato ilegítimo por não possibilitar o acesso à tutela jurisdicional para a verificação de lesão de direito individual pelo uso desses critérios". (MS 30.822/DF, o relator Min. Ricardo Lewandowski, julgamento em 05.06.2012)

▶ **Há dois problemas fundamentais de difícil superação.**

"o primeiro reside em identificar, teoricamente, as características psicológicas incompatíveis com as competências do cargo considerado. E o segundo consiste na implantação de um sistema de avaliação dotado de um mínimo de objetividade". É evidente que uma avaliação psicológica não pode consistir numa simples entrevista, de alguns minutos. Também é claro que não pode ser conduzido por pessoas destituídas de formação profissional específica na área de psicologia. Não basta a mera experiência profissional para formular juízos sobre a capacitação de um sujeito para desempenhar certas atividades. (JUSTEN FILHO, Curso de direito administrativo, Marçal. 12ª, Editora dos Tribunais, São Paulo, 2016. p. 753)

▶ **Acrescentem-se os desvios subjetivos na interpretação do que seja realmente cada um daqueles traços, a respectiva importância (indesejável, restritivo ou prejudicial) e a quantidade ilimitada de tipos resultantes de sua combinação.**

Acrescentem-se os desvios subjetivos na interpretação do que seja realmente cada um daqueles traços, a respectiva importância (indesejável, restritivo ou prejudicial) e a quantidade ilimitada de tipos resultantes de sua combinação. Sem negar os méritos da Psicologia em inúmeras outras áreas e, reduzido a seus devidos limites, do próprio psicotécnico, não é exagero afirmar que a confiança na precisão dos resultados de um exame com as apontadas características constitui, por enquanto, ato de profissão de fé. (MOREIRA, João Batista Gomes. Controle judicial da discricionariedade da banca examinadora de concurso público. Revista Interesse Público – IP, Belo Horizonte, ano 17, nº. 91, p. 53-69, maio/jun. 2015)

▶ **As condições de testagem do psicotécnico devem ser uniformes em qualquer etapa do concurso.**

"Se as condições de testagem devem ser uniformes em qualquer etapa do concurso, nos testes psicológicos o rigor neste sentido deve ser redobrado. Além da uniformidade, é necessário atentar para o fato de que os resultados dos exames psicológicos só serão válidos se as condições de testagem forem exatamente as previstas no manual do teste. Nesse sentido, Anastasi e Urbina afirmam que "é importante que se perceba a extensão em que as condições de testagem podem influenciar os escores. Mesmo aspectos aparentemente mínimos da situação de testagem podem alterar notavelmente os desempenhos. Por exemplo, uma condição como o uso de mesinhas ou de cadeiras em que o braço tem um apoio que serve de mesa se mostrou significativa em um projeto de testagem de grupo com alunos de ensino médio: os grupos que usavam mesinhas tendiam a obter escores mais elevados." As autoras citam ainda outros exemplos: o fato de o examinador ser alguém conhecido do examinado ou um estranho pode provocar uma diferença significativa nos escores de teste; na aplicação de um teste de datilografia, os candidatos tendem a datilografar mais rápido se examinados sozinhos do que quando testados em grupos de dois ou mais; a conduta e o comportamento do examinador como sorrisos, aprovação com a cabeça e comentários como "bom" e "ótimo" têm um claro efeito sobre os resultados de testes. Dessa forma, se os candidatos forem submetidos a condições diferentes das empregadas nas amostras de padronização, o resultado do teste estará prejudicado. Mais grave ainda seria a submissão de candidatos do mesmo concurso a condições diferentes entre si. A realização dos testes deve obedecer aos seguintes requisitos sob pena de nulidade: – o ambiente em que se aplicam os testes deve estar livre de ruídos e distrações indevidos e deve ter iluminação, ventilação, cadeiras e espaço de trabalho adequados; – devem ser tomadas medidas para impedir interrupções durante o teste; – o examinador deve seguir os procedimentos padronizados nos mínimos detalhes. É responsabilidade do autor e do editor do teste descreverem esse procedimento de forma completa e clara no manual do teste; – o examinador deve registrar qualquer condição incomum de testagem, mesmo que mínima e levá-la em consideração no momento de interpretar os resultados." (Regime Jurídico dos Concursos Públicos. Francisco Lobello de Oliveira Rocha, Ed. Dialética 2006, p. 107/108)

▶ **É imprescindível para a validade dos resultados dos testes psicológicos que sua aplicação seja conduzida por um profissional qualificado.**

"Em primeiro lugar, é preciso dizer que a aplicação de testes é atividade privativa de um psicólogo, nos termos do art. 13, parágrafo 1º da Lei 4.119/62 e do art. 1º da Resolução CFP 2/03. Todavia, em atenção ao princípio da competência (art. 1º, a, do Código de Ética Profissional do Psicólogo, Resolução CFP 2/87), só podem aplicar os testes os profissionais que estejam capacitados tecnicamente. Por capacitação técnica entende-se que o psicólogo deve ter segurança e desenvoltura para identificar as funções, selecionar, aplicar, pontuar e interpretar os testes. A familiaridade, a segurança e o domínio completo dos procedimentos do teste são fundamentais para garantir a padronização e uniformidade na sua aplicação. É relevante, também, que o profissional tenha familiaridade com a pesquisa comportamental, garantindo uma interpretação adequada dos escores. Por fim, ressalte-se que para garantir o cumprimento de tais requisitos e a possibilidade de controle jurisdicional, à luz do princípio da publicidade, devem ser ampla e previamente divulgados os nomes e qualificações técnicas dos componentes da banca examinadora." (Regime Jurídico dos Concursos Públicos. Francisco Lobello de Oliveira Rocha, Ed. Dialética 2006, p. 108/109)

▶ **É vedado a prática de exames psicotécnicos com critérios sigilosos.**

"É, realmente, necessária a existência de algum sigilo sobre o conteúdo dos testes, a fim de impedir tentativas deliberadas de falsear escores. Por outro lado, isso não impede a efetiva aplicação do princípio da publicidade dos atos administrativos. É até mesmo desejável que todas as partes envolvidas sejam munidas de informações sobre o que se pretende medir e a adequação dos testes para isso, o que significam seus escores, dados relevantes sobre fidedignidade, validade e outras propriedades psicométricas dos testes. Neste sentido, observam Anastasi e Urbina que "garantir a segurança do conteúdo de um teste específico não precisa – e não deve – interferir com a comunicação efetiva das informações sobre a testagem dirigidas a testandos, profissionais envolvidos e público em geral". Afirmam, ainda, que "é desejável eliminar tanto quanto possível os elementos de surpresa da situação de teste, porque o inesperado e o desconhecido tendem a produzir ansiedade. Muitos testes grupais incluem uma explicação preliminar que é lida ao grupo pelo examinador. Um procedimento ainda melhor é fornecer antecipadamente, a cada testando, materiais explicando a finalidade e a natureza dos testes, com sugestões gerais e alguns itens de amostra." Vê-se, portanto, que a divulgação de informações adequadas sobre os testes, longe de impossibilitar sua realização, contribui para a segurança e familiaridade dos testados com os procedimentos de testagem, evitando que a ansiedade impeça-os de ter um desempenho de acordo com sua habilidade máxima, que é o pretendido, também, pela Administração. Com base nessas premissas, a Resolução CFP 1/02, que regulamenta a avaliação psicológica em concursos públicos, em seu art. 3º, determina que "o edital deverá conter informações em linguagem compreensível ao leigo sobre a avaliação psicológica a ser realizada e os critérios de avaliação, relacionando-os aos aspectos psicológicos compatíveis com o desempenho esperado para o cargo". A inconstitucionalidade da avaliação psicológica realizada com base em critérios não revelados também foi reconhecida pela jurisprudência do Supremo Tribunal Federal. Obviamente, assim como nas provas de conhecimento, é necessária a manutenção do sigilo no que se refere aos testes propriamente ditos. Nos testes psicológicos, é necessária a manutenção deste sigilo mesmo após a realização das provas, pois se utilizam modelos pré-constituídos, em que, para garantir-se a fidedignidade e validade, é necessário um estudo aprofundado de seus resultados e sua aplicação em amostras de padronização, procedimento que envolve centenas e algumas vezes milhares de pessoas. Não seria viável, portanto, o desenvolvimento de novos testes para cada utilização. Assim, mesmo após a aplicação dos testes, não é o caso de revelar-se o seu conteúdo e respostas, já que a publicação indiscriminada desses testes tornaria impossível sua reaplicação." (Regime Jurídico dos Concursos Públicos. Francisco Lobello de Oliveira Rocha, Ed. Dialética 2006, p. 112/113)

◉ **No mesmo sentido:** "ADMINISTRATIVO. PROCESSO CIVIL. CONCURSO PÚBLICO. CARREIRA POLICIAL FEDERAL. AVALIAÇÃO PSICOLÓGICA. CANDIDATO NÃO RECOMENDADO. ADOÇÃO DE CRITÉRIOS SIGILOSOS PELOS EXAMINADORES. NECESSIDADE DE SUBMISSÃO DO CANDIDATO A NOVA AVALIAÇÃO. SENTENÇA ANULADA. RETORNO DOS AUTOS À ORIGEM. APELAÇÃO PROVIDA, EM PARTE. 1. Constatado que os critérios adotados pela banca examinadora com a finalidade de aplicar a avaliação psicológica são subjetivos e sigilosos deve se reconhecer ao candidato o direito de ser submetido à nova avaliação realizada de forma objetiva e revestida de publicidade (AC n. 0038808-69.2015.4.01.3400/DF, Relator Desembargador Federal Jirair Aram Meguerian, e-DJF1 de 24.02.2017). 2. No caso em apreço, o demandante pleiteou tanto a submissão a novo exame psicológico quanto a realização de perícia judicial para que fosse aferida sua real capacidade psicológica. 3. Anula-se a sentença para que os autos retornem à origem, de modo que o autor possa ser submetido a nova avaliação psicológica, conforme já explicitado. 4. Apelação provida, em parte." (AC 0042216-68.2015.4.01.3400/DF, Rel. Desembargador Federal Daniel Paes Ribeiro, Sexta Turma, e-DJF1 p. de 25/05/2018).

◉ **No mesmo sentido:** "3. O critério fixado no "perfil profissiográfico", previsto no item 11.3 do edital, é elemento secreto, desconhecido dos próprios candidatos, e, portanto, incontrastável perante o Poder Judiciário, o que o fulmina de insanável nulidade, excedendo, assim, a autorização legal. STJ - RMS 19.339 - PB - Proc. 2004/0176794-3 - 5ª T. - Relatora: Ministra Laurita Vaz - DJ 15.12.2009."

◉ **No mesmo sentido:** "..2. Não obstante o Edital ser a lei do concurso, este não pode prever regras ao arrepio da norma jurídica constitucional e legal, devendo, portanto, observar os princípios da impessoalidade, publicidade, do devido processo administrativo, da motivação, da razoabilidade e proporcionalidade. 3. O resultado da fase de entrevista, sem a divulgação de notas dos candidatos, bem como sem a exposição dos critérios avaliados, afronta os princípios de impessoalidade e da publicidade, previstos no artigo 37, da Constituição Federal. 4. Recurso improvido. Sentença mantida." (TJES, Classe: Apelação / Remessa Necessária, 024140077777, Relator: TELEMACO ANTUNES DE ABREU FILHO – Relator Substituto: JULIO CESAR COSTA DE OLIVEIRA, Órgão julgador: TERCEIRA CÂMARA CÍVEL, Data de Julgamento: 13/03/2018, Data da Publicação no Diário: 23/03/2018)

◉ **Súmula 684 do STF:** "É inconstitucional o veto não motivado à participação de candidato a concurso público."

▶ **É necessário ter em mente que o campo de atuação dos testes psicológicos é tão vasto quanto a própria natureza humana.**

"E dessa forma o tratamento jurídico que deve ser dispensado varia de acordo com o que está sendo testado. Os testes diferem nos aspectos comportamentais que abrangem. Alguns centram-se na avaliação de traços cognitivos ou habilidades. Outros oferecem medidas de variáveis afetivas, ou de personalidade, tais como traços emocionais ou motivacionais, comportamento interpessoal, interesses, valores e atitudes ante determinadas situações." (Regime Jurídico dos Concursos Públicos. Francisco Lobello de Oliveira Rocha, Ed. Dialética 2006, p. 109)

▶ **A avaliação de traços cognitivos e de habilidades pode-se mostrar muito útil como parâmetro de comparação dos candidatos para predizer sua competência ante os problemas concretos que se apresentam no dia a dia profissional.**

"Entre estes traços cognitivos e habilidades podem-se citar: capacidade de concentração, raciocínio verbal, raciocínio numérico, memória, entre outros. Já na avaliação da personalidade, pretende-se predizer o comportamento do candidato no ambiente de trabalho, na relação com os colegas, no atendimento à população, quando submetido a situações de stress, a situações extremas que exijam seu máximo desempenho etc. Delimitado o campo de atuação dos testes psicológicos, importa saber que tipo de tratamento deve ser dado a cada uma das abordagens que estes podem ter. De modo geral, o tratamento jurídico é o mesmo dado às demais fases do concurso, cabendo aplicá-lo às especificidades dos testes psicológicos." (Regime Jurídico dos Concursos Públicos. Francisco Lobello de Oliveira Rocha, Ed. Dialética 2006, p. 109)

RG ◙ No caso de declaração de nulidade de exame psicotécnico previsto em lei e em edital, é indispensável a realização de nova avaliação, com critérios objetivos, para prosseguimento no certame

RECURSO EXTRAORDINÁRIO. ADMINISTRATIVO. CONCURSO PÚBLICO. EXAME PSICOTÉCNICO COM PREVISÃO NO EDITAL E NA LEI. AUSÊNCIA DE CRITÉRIOS OBJETIVOS DE AVALIAÇÃO NO EDITAL. NULIDADE DO EXAME PSICOTÉCNICO. CONTROVÉRSIA QUANTO À NECESSIDADE DE REALIZAÇÃO DE NOVA AVALIAÇÃO PSICOLÓGICA PARA O PROSSEGUIMENTO NO CERTAME. PRECEDENTES DO SUPREMO TRIBUNAL FEDERAL. CONTROVÉRSIA CONSTITUCIONAL DOTADA DE REPERCUSSÃO GERAL. REAFIRMAÇÃO DA JURISPRUDÊNCIA DO SUPREMO TRIBUNAL FEDERAL. RECURSO EXTRAORDINÁRIO PROVIDO.(RE 1133146 RG, Relator(a): Min. LUIZ FUX, julgado em 20/09/2018, PROCESSO ELETRÔNICO REPERCUSSÃO GERAL – MÉRITO DJe-204 DIVULG 25-09-2018 PUBLIC 26-09-2018)

◙ O fato de ser reconhecida a ilegalidade da correção do exame psicotécnico não exime o candidato de se submeter a novo exame.

"4. O fato de ser reconhecida a ilegalidade da correção do exame psicotécnico não exime a candidata de se submeter a novo exame, não podendo prosperar sua pretensão de ser diretamente nomeada ao cargo. Precedente. (STJ - RMS 19.339 - PB - Proc. 2004/0176794-3 - 5ª T. - Relatora: Ministra Laurita Vaz - DJ 15.12.2009.")

◙ **No mesmo sentido:**"1. O STJ firmou o entendimento de que a legalidade do exame psicotécnico em provas de concurso público está submetida a três pressupostos necessários: previsão legal, objetividade dos critérios adotados e possibilidade de revisão do resultado obtido pelo candidato. 2. Uma vez anulada a avaliação por afronta a esses pressupostos, o candidato beneficiado não pode prosseguir na disputa sem se submeter a um novo exame, tampouco sendo válida a nomeação e posse efetuadas sob essa hipótese, pena de malferimento aos princípios da isonomia e da legalidade. 3. O ingresso na carreira da Polícia Militar do Distrito Federal exige, dentre outros requisitos, a aptidão psicológica do candidato. Inteligência do art. 11 da Lei 7.289/1984 e do art. 14 do Decreto 6.944/2009. 4. Manejado o recurso contra expressa disposição de lei, configura-se sua falta de fundamento a ensejar a cominação de sanção processual. 5. Agravo regimental não provido. Multa do art. 557, § 2.º, do CPC, em um por cento." (AgRg no REsp 1404261/DF, Rel. Ministro MAURO CAMPBELL MARQUES, SEGUNDA TURMA, julgado em 11/02/2014, DJe 18/02/2014)

◙ **No mesmo sentido:** "Constatado que os critérios adotados pela banca examinadora com a finalidade de aplicar a avaliação psicológica são subjetivos e sigilosos deve se reconhecer ao candidato o direito de ser submetido à nova avaliação realizada de forma objetiva e revestida de publicidade (AC n. 0038808-69.2015.4.01.3400/DF, Relator Desembargador Federal Jirair Aram Meguerian, e-DJF1 de 24.02.2017). 2. No caso em apreço, o demandante pleiteou tanto a submissão a novo exame psicológico quanto a realização de perícia judicial para que fosse aferida sua real capacidade psicológica. 3. Anula-se a sentença para que os autos retornem à origem, de modo que o autor possa ser submetido a nova avaliação psicológica, conforme já explicitado. 4. Apelação provida, em parte." (AC 0042216-68.2015.4.01.3400/DF, Rel. Desembargador Federal Daniel Paes Ribeiro, Sexta Turma,e-DJF1 p. de 25/05/2018)

▶ **Não é lícito o psicotécnico ser usado para avaliar o perfil profissiográfico do candidato.**

Saber se um candidato tem ou não equilíbrio emocional, se é psicótico, problemático, diferencia-se sobremaneira de exigir que tenha um perfil psicológico que o administrador, unilateralmente, entende ser o mais adequado ao cargo. Estamos dizendo isso porque sabemos que muitos candidatos são desclassificados não por serem portadores de algum. desequilíbrio emocional, mas porque não atendem a um perfil fixado pelo administrador, o que é flagrantemente ilegal. Percebe-se muitas vezes que a administração quer um estereótipo, um padrão imposto unilateralmente e sem amparo legal. Traz-se, a título de exemplo, itens como: A avaliação psicológica consistirá na aplicação e na avaliação de baterias de testes e instrumentos psicológicos científicos, que permitem identificar aspectos psicológicos do candidato de acordo com o perfil exigido para o exercício do cargo, visando verificar, entre outros: a) capacidade de concentração e atenção; b) tipos de raciocínio; c) controle emocional; d) relacionamento interpessoal; e) capacidade de memória; f) características de personalidade. A avaliação psicológica avaliará também as características de personalidade prejudiciais ao exercício do cargo como, por exemplo, agressividade inadequada, impulsividade inadequada, rigidez de conduta, ansiedade exacerbada.

▶ **No mesmo sentido:** "Entretanto, o que se nega terminantemente é que seja compatível com o Texto Constitucional, por violar a necessária objetividade inerente à razão de ser dos princípios da acessibilidade e do concurso público, a adoção de um perfil psicológico em que se devam encaixar os candidatos, sob pena de exclusão do certame. Com efeito, uma coisa é ser portador de algum traço patológico ou exacerbado a níveis extremados e, portanto, incompatível com determinado cargo ou função, e outra coisa, muito distinta, é ter que estar ajustado a um "modelo" ou perfil psicológico adrede delineado para o cargo. (Regime Constitucional dos Servidores da Administração Direta e Indireta." (BANDEIRA DE MELLO, Celso Antônio. RT, SP, 1990, 48/50.)

▶ **No mesmo sentido:** "É importante que a avaliação psicológica elimine apenas aqueles candidatos que apresentem manifesta incompatibilidade entre sua estrutura psicológica e o perfil traçado para o cargo, ou seja, não se trata de avaliar se o candidato está ajustado a um determinado modelo ou perfil e sim se é portador de algum traço patológico ou exacerbado a níveis extremados incompatível com o cargo ou função que se propõe a ocupar. A jurisprudência pátria veda que algumas técnicas sejam utilizadas em concursos públicos, tais como entrevista individual, testes on-line e dinâmica de grupo." (BASTOS, Ricardo. Concurso público: etapa interna e externa passo a passo / Alessandro Dantas Coutinho, William Douglas e Ricardo Bastos. – Curitiba, PR: Negócios Públicos, 2015. p. 49)

◉ **No mesmo sentido:** "1. As leis referentes a exame psicotécnico da carreira policial federal exigem apenas que o candidato possua sanidade mental e temperamento adequado ao exercício das atividades inerentes à categoria funcional a que concorrer (Decreto-Lei 2.320/87, art. 8º, inciso III e Lei 4.878/65). 2. Apresenta-se fora da razoabilidade e restringe o direito ao acesso a cargo público o exame psicológico que visa a aferir a capacidade intelectual dos candidatos, segundo o perfil profissiográfico traçado pela Administração. Precedentes da Corte. AC 2004.38.00.037232-7/MG, Relator: Juiz Federal Vallisney de Souza Oliveira, Quinta Turma, DJ de 16/02/2006, p. 95.)". No mesmo sentido: "2. Viola, contudo, a CF/88 a realização de psicotécnico cujo escopo não é aferir a existência de traço de personalidade que impeça o regular exercício do cargo, mas a adequação do candidato a "perfil profissiográfico" sigiloso, não previsto em lei e nem especificado no edital. (Cf. STF, RE 265.261/PR, Primeira Turma, Ministro Sepúlveda Pertence, DJ 10/08/2001; RE 125.556/PR, Pleno, Ministro Carlos Velloso, DJ 15/05/1992".

▶ **O laudo que veicula o resultado do teste de psicotécnico deve ser devidamente fundamentado.**

É muito importante que o laudo do psicólogo que inabilita o candidato seja fundamentado e explique os motivos que levaram à conclusão. Isso tem de ser justificado por escrito. Quando um candidato é eliminado na fase de psicotécnico há um motivo (por exemplo, uma patologia mental) que ensejou esse ato (eliminação do candidato). Ocorre que esse ato, por dois motivos, deve ser expressamente justificado, em outras palavras: deve ser motivado. O primeiro motivo é porque esse ato tem importantes consequências: ele nega, limita, afeta direitos e, em segundo, porque está ligado à decisão de processos administrativos de concurso ou seleção pública. Isso torna imperiosa a apresentação dos motivos que ensejaram a eliminação do candidato no exame psicológico.

▶ **No mesmo sentido:** A não recomendação (na verdade, reprovação) em exame psicotécnico, tal como tem sido decidida na maioria dos concursos públicos, padece de deficiência básica: a falta de motivos suficientes e adequados ou, no mínimo, a falta de motivação suficiente, pública e convincente da inaptidão do candidato. (MOREIRA, João Batista Gomes. Controle judicial da discricionariedade da banca examinadora de concurso público. Revista Interesse Público – IP, Belo Horizonte, ano 17, nº. 91, p. 53-69, maio/jun. 2015)

◉ **No mesmo sentido:** "São requisitos para que se possa aplicar exame psicotécnico como etapa de concurso público cujo cargo exija determinado perfil psicológico: previsão legal e editalícia; cientificidade e objetividade dos critérios adotados; e possibilidade de revisão do resultado obtido pelo candidato." (STJ, Relator: Ministro Humberto Martins, Data de Julgamento: 23/04/2013, T2)

◉ **No mesmo sentido:** "RECURSO ORDINÁRIO – EXAME PSICOTÉCNICO – CRITÉRIOS OBJETIVOS – LAUDO PSIQUIÁTRICO COM A DEVIDA MOTIVAÇÃO – CONSTATAÇÃO DE INAPTIDÃO DEFINITIVA – ESTADO DO RIO GRANDE DO SUL – CONCURSO PARA OFICIAL ESCREVENTE – REPETIÇÃO – ART. 8º PAR.2º LEI COMPLEMENTAR Nº 10.098/94 – IMPOSSIBILIDADE – RECURSO IMPROVIDO. 1. Se o exame psicotécnico que inabilitou o candidato encontra-se devidamente motivado e o exame foi realizado segundo critérios objetivamente fixados no edital, não há que se falar em anulação. 2. O art. 8º, par.2º, da Lei Complementar nº 10.098/94, do Estado do Rio Grande do Sul, só admite a repetição do exame psicotécnico em caso de inaptidão temporária. 3. Recurso improvido." (STJ – RMS: 18426 RS 2004/0079657-3, Relator: Ministro PAULO MEDINA, Data de Julgamento: 04/04/2006, T6 – SEXTA TURMA, Data de Publicação: DJ 26/06/2006 p. 200)

▶ **Os resultados do teste psicológico deverão ser expostos em relatório, conforme disposto no Manual de Elaboração de Documentos, produzidos pelo psicólogo, decorrentes de Avaliações Psicológicas, instituído pela Resolução CFP 30/01.**

"...não basta a mera publicação da aprovação ou não do candidato. Este tipo de resultado não permite ao candidato conhecer as razões de sua eliminação, muito menos o controle de sua legalidade, em evidente afronta aos princípios da motivação e da publicidade. A ausência de informações completas e minudentes sobre o desempenho do candidato é suficiente para tornar nulo o teste psicológico. Os resultados do teste psicológico deverão ser expostos em relatório, conforme disposto no Manual de Elaboração de Documentos, produzidos pelo psicólogo, decorrentes de Avaliações Psicológicas, instituído pela Resolução CFP 30/01. Nos termos do Manual, "o relatório psicológico é uma exposição escrita, minuciosa e histórica dos fatos relativos à avaliação psicológica com o objetivo de transmitir ao destinatário resultados, conclusões e encaminhamentos subsidiados em dados colhidos e analisados à luz de um instrumental técnico (teste, entrevista, dinâmicas, observação, intervenção verbal etc.) consubstanciado em referencial técnico-filosófico e científico, adotado pelo psicólogo". O Manual determina, ainda, que os termos técnicos devem estar acompanhados das explicações e/ou conceituação retiradas dos fundamentos teórico-filosóficos que os sustentam, pois, "independentemente das finalidades a que se destina, o Relatório Psicológico é uma peça de natureza e valor científicos, devendo conter narrativa detalhada e didática, com clareza, precisão e harmonia, tornando-se acessível e compreensível ao destinatário". Dessa forma, garante-se tanto a efetividade dos testes psicológicos quanto os princípios da publicidade e motivação do ato administrativo, possibilitando, ainda, o controle jurisdicional de tais atos. O direito de os candidatos conhecerem as razões de sua reprovação nos exames psicotécnicos tem sido reconhecido pelo Supremo Tribunal Federal, como no seguinte acórdão, assim ementado: "(...) II. Concurso público: exame psicotécnico: inadmissibilidade da oposição do sigilo de seus resultados ao próprio candidato em consequência declarado inapto. A oposição ao próprio candidato a concurso público do resultado dos elementos e do resultado do exame psicotécnico em decorrência dos quais foi inabilitado no certame viola, a um só tempo, o 'direito a receber dos órgãos públicos informações de seu interesse particular'(CF, art. 5 o XXXIII), como também de submissão ao controle do Judiciário de eventual lesão de direito seu (CF, art. 5 o , XXXV): precedente (RE 125.556)." Todavia, a ampla divulgação dos resultados dos exames psicotécnicos exporia a intimidade e a privacidade do candidato, violando o sigilo profissional a que se submetem os psicólogos, de modo que, além da Administração Pública e dos psicólogos que realizaram os testes, apenas o candidato deve ter acesso ao relatório. (...) Neste sentido, o art. 6 o da Resolução CFP 1/02 determina: "Art. 6º A publicação do resultado da avaliação psicológica será feita por meio de relação nominal, constando os candidatos indicados. § 1º O sigilo sobre os resultados obtidos na avaliação psicológica deverá ser mantido pelo psicólogo, na forma prevista pelo código de ética da categoria profissional. § 2º Será facultado ao candidato, e somente a este, conhecer o resultado da avaliação por meio de entrevista devolutiva." (Regime Jurídico dos Concursos Públicos. Francisco Lobello de Oliveira Rocha, Ed. Dialética 2006, p. 113/115)

▶ **A ilegal justificativa da Banca Examinadora em não fornecer os dados completos do resultado do psicotéquinico.**

Alega a Administração que abrir totalmente o método de realização do exame psicotécnico seria facilitar o treinamento inescrupuloso para realizá-lo e, com isto, frustrar sua eficácia em aplicações futuras. A preocupação, como se vê, é com a salvação do exame psicotécnico. É como se o fim – a seleção de candidatos com perfil pretensamente adequado ao exercício do cargo – justificasse o emprego desse meio, ainda que de forma atentatória a princípios constitucionais e a direitos fundamentais. Entre salvar o exame psicotécnico e salvar os direitos fundamentais, deve-se, obviamente, preferir a última alternativa. A possibilidade de preparação para criar, artificialmente, um resultado positivo no exame psicotécnico sem que, por esta atitude, o candidato esteja sujeito a qualquer sanção (haverá, quando muito, sanção ético-disciplinar para o psicólogo que ministre tal treinamento) já é um atentado à isonomia, na medida em que desiguala injustamente os concorrentes, em prejuízo, logo, dos mais honestos. A duvidosa eficiência dos testes e a possibilidade de treinamento revelam-se nos casos, efetivamente acontecidos, de candidatos que são aprovados e depois reprovados, ou vice-versa, em sucessivos concursos para o mesmo cargo ou para cargos semelhantes. (MOREIRA, João Batista Gomes. Controle judicial da discricionariedade da banca examinadora de concurso público. Revista Interesse Público – IP, Belo Horizonte, ano 17, nº. 91, p. 53-69, maio/jun. 2015)

▶ **É ilegal qualquer regra do edital que proíba interposição de recursos decorrentes da eliminação do candidato na fase de psicotécnico.**

A publicidade dos resultados é imprescindível, mas sozinha não tem o condão de evitar injustiças. É necessário dar-se ao candidato a possibilidade de questionar os resultados do exame, apontar possíveis erros que, restando demonstrados, deverão ser corrigidos pela Administração.

◉ **No mesmo sentido:** "1. AGRAVO REGIMENTAL NO AGRAVO DE INSTRUMENTO. EXAME PSICOTÉCNICO. CONCURSO PÚBLICO. NECESSIDADE DE CRITÉRIOS OBJETIVOS E PREVISÃO DE RECURSO ADMINISTRATIVO. REEXAME DOS CRITÉRIOS UTILIZADOS PARA A REALIZAÇÃO DO PSICOTÉCNICO. IMPOSSIBILIDADE. SÚMULA N. 279 DESTA CORTE. 2. É firme a orientação desta Corte no sentido de que 'o exame psicotécnico pode ser estabelecido para concurso público desde que seja feito por lei, e que tenha por base critérios objetivos de reconhecido caráter científico, devendo existir, inclusive, a possibilidade de reexame'. 3. Reexame de fatos e provas. Inviabilidade do recurso extraordinário. Súmula n. 279 do Supremo Tribunal Federal. Agravo regimental a que se nega provimento."

▶ **No mesmo sentido:** "(...) também na elaboração do recurso, o candidato deve ter assegurado o direito de ser assistido por psicólogo. Essa assistência é essencial, tanto na entrevista devolutiva quanto no recurso, pois o candidato leigo não teria condições técnicas de avaliar a regularidade e adequação técnica dos testes aplicados." (Regime Jurídico dos Concursos Públicos. Francisco Lobello de Oliveira Rocha, Ed. Dialética 2006, p. 115/116)

▶ **Para garantir a ampla defesa e o contraditório devem ser fornecidas cópias dos testes ao candidato.**

"Outro ponto que merece ressalva é o art. 8º. Diz o artigo: "Art. 8 o Tanto para a entrevista de devolução quanto para a apresentação do recurso, não será admitida a remoção dos testes do candidato do seu local de arquivamento público, devendo o psicólogo contratado fazer seu trabalho na presença de um psicólogo da comissão examinadora, salvo determinação judicial. " É verdade que os testes não devem ser retirados

dos seus lugares de arquivamento público para evitar extravios, fraudes etc. Todavia, para garantir a ampla defesa e o contraditório, devem ser fornecidas cópias dos testes ao candidato, seu advogado, ou ao psicólogo por ele contratado, ou, no mínimo, facultar sua extração, atestando sua autenticidade. Diante dessas considerações, pode-se concluir que as resoluções do CFP têm natureza vinculante em relação à atuação dos psicólogos, mas não em face da Administração Pública, para quem as disposições devem servir apenas como orientação, observados os limites legais." (Regime Jurídico dos Concursos Públicos. Francisco Lobello de Oliveira Rocha, Ed. Dialética 2006, p. 119)

> ▶ **No mesmo sentido:** "Quanto à questão do sigilo que deve acompanhar os referidos exames, é elementar que se considere que o sigilo aqui exigido diz respeito à impossibilidade de se dar publicidade sobre a avaliação do perfil psicológico de um indivíduo à toda a sociedade. É claro que o sigilo não alcança o próprio candidato que tem, por evidente, o direito ao acesso ao perfil que foi traçado pelo profissional que o avaliou, até mesmo para, se for o caso, exercer o seu direito ao contraditório e à ampla defesa." (FORTINI, Cristiana. Servidor público: estudos em homenagem ao professor Pedro Paulo de Almeida Dutra (Locais do Kindle 10197-10201). Editora Fórum. Edição do Kindle.)

▶ **O julgamento do recurso interposto questionando o resultado da fase de psicotécnico deve ser devidamente motivado.**

Geralmente, a lei não tece maiores detalhes sobre a aplicação dos testes, ficando a critério do Administrador sua realização, momento em que podem surgir decisões de mérito, como na escolha dos testes a serem aplicados, por exemplo. Todavia, não poderá haver decisões de mérito no resultado dos testes. Não existe conteúdo político nas decisões tomadas no teste psicológico; as decisões devem ser rigorosamente técnicas por força dos princípios da igualdade, da razoabilidade, da impessoalidade e da eficiência. Dessa fornia, o controle jurisdicional dos testes psicotécnicos deve ser pleno. (Regime Jurídico dos Concursos Públicos. Francisco Lobello de Oliveira Rocha, Ed. Dialética 2006, p. 116/117)

▶ **A análise pelo Poder Judiciário dos elementos dos testes psicológicos não pode configurar ingerência no mérito administrativo, pois este sequer existe neste caso.**

"O que ocorre muitas vezes é que a análise do mérito da ação depende de conhecimentos técnicos de Psicologia, estranhos ao juiz. Nestes casos, o juiz deverá determinar a realização de perícia, se julgar necessário, mas não poderá negar-se a decidir o mérito da demanda sob o pretexto de não poder ingressar no mérito do ato administrativo. Ressalte-se que o pleno controle pelo Poder Judiciário é fundamental para garantir a segurança dos candidatos que se submetem a exames psicológicos. Como se disse, a validade dos exames psicotécnicos exige rigor e a observância de diversos requisitos e, em última instância, cabe ao Poder Judiciário impedir abusos e arbitrariedades." (Regime Jurídico dos Concursos Públicos. Francisco Lobello de Oliveira Rocha, Ed. Dialética 2006, p. 116/117)

▶ **Verificada qualquer irregularidade na realização dos testes, o juiz deverá declarar sua nulidade.**

"Verificada qualquer irregularidade na realização dos testes, o juiz deverá declarar sua nulidade. Se o exame psicológico tiver sido realizado com respaldo legal, o juiz deverá determinar a aplicação de novos testes ao candidato em que se obedeçam a todos os requisitos de validade. Na ausência de exigência legal, o exame psicológico deverá ser simplesmente afastado." (Regime Jurídico dos Concursos Públicos. Francisco Lobello de Oliveira Rocha, Ed. Dialética 2006, p. 116/117)

▶ **Constatada a ilegalidade do exame psicotécnico, o candidato deve ser submetido a nova avaliação, pautada por critérios objetivos e assegurada a ampla defesa.**

"Em decorrência do tratamento impessoal e igualitário que os concursos públicos devem dispensar aos candidatos, o exame psicotécnico deve ser aplicado como forma de avaliar a higidez mental dos candidatos ou, no máximo, "para identificar e inabilitar pessoas cujas características psicológicas revelem traços de personalidade incompatíveis com o desempenho de determinadas funções", devendo, ainda, ser passível de revisão, conforme magistério de Celso Antônio Bandeira de Mello. Em precedente julgado no ano de 2002, o voto vencido do relator ressaltou que a controvérsia não comportaria maiores indagações, porquanto pacificada a jurisprudência dos Tribunais no sentido de ser legítima a exigência de aprovação em exame psicotécnico em edital de concurso para a aprovação em certas carreiras, conforme exigido por lei, somando-se a isso a vedação de sua realização segundo critérios subjetivos do avaliador que resultem em discriminação dos candidatos." (ABBUD, Wassila Caleiro. Constatada a ilegalidade do exame psicotécnico, o candidato deve ser submetido a nova avaliação, pautada por critérios objetivos e assegurada a ampla defesa. Coleção Teses Jurídicas dos Tribunais Superiores, Volume I, Editora RT: 2018, p. 423/424)

◉ **No mesmo sentido:** DIREITO ADMINISTRATIVO. PROCESSUAL CIVIL. AGRAVO REGIMENTAL EM RECURSO ESPECIAL. CONCURSO PÚBLICO. POLÍCIA MILITAR. DISTRITO FEDERAL. ANULAÇÃO. AVALIAÇÃO PSICOLÓGICA. SUBJETIVIDADE. IMPOSSIBILIDADE. PROSSEGUIMENTO. CERTAME. NECESSIDADE. SUBMISSÃO. NOVA AVALIAÇÃO. PREVISÃO LEGAL. RECURSO. CONTRARIEDADE. TEXTO DE LEI. MULTA. 1. O STJ firmou o entendimento de que a legalidade do exame psicotécnico em provas de concurso público está submetida a três pressupostos necessários: previsão legal, objetividade dos critérios adotados e possibilidade de revisão do resultado obtido pelo candidato. 2. Uma vez anulada a avaliação por afronta a esses pressupostos, o candidato beneficiado não pode prosseguir na disputa sem se submeter a um novo exame, tampouco sendo válida a nomeação e posse efetuadas sob essa hipótese, pena de malferimento aos princípios da isonomia e da legalidade. 3. O ingresso na carreira da Polícia Militar do Distrito Federal exige, dentre outros requisitos, a aptidão psicológica do candidato. Inteligência do art. 11 da Lei 7.289/1984 e do art. 14 do Decreto 6.944/2009. 4. Manejado o recurso contra expressa disposição de lei, configura-se sua falta de fundamento a ensejar a cominação de sanção processual. 5. Agravo regimental não provido.

Multa do art. 557, § 2.º, do CPC, em um por cento. (AgRg no REsp 1404261/ DF, Rel. Ministro MAURO CAMPBELL MARQUES, SEGUNDA TURMA, julgado em 11/02/2014, DJe 18/02/2014)

◉ **A legitimidade passiva para responder a ação referente à eliminação do candidato na fase de psicotécnico é do Poder Público e da Banca Examinadora em litisconsórcio passivo.**

"PROCESSUAL CIVIL. CONCURSO PÚBLICO. LITISCONSÓRCIO PASSIVO NECESSÁRIO. SENTENÇA DE EXTINÇÃO MANTIDA. 1. A ação civil pública que questiona termos de edital de concurso promovido pelo TJDFT e organizado pela CESP/ UnB tem, como litisconsortes passivos necessários, a União e a Fundação Universidade de Brasília. 2. A organizadora do concurso está adstrita às exigências feitas pelo órgão contratante, promovendo o concurso público, nos termos e na forma requerida por aquele. Portanto, os efeitos de um provimento judicial de mérito, certamente, atingem a ambos. Por isso trata-se de litisconsórcio passivo necessário, pois a natureza da relação jurídica controvertida e a eficácia da sentença de mérito dependem da presença de todas as partes na relação processual. 3. Tendo a parte autora deixado de promover a citação da FUB, mesmo após determinação judicial nesse sentido, a extinção do processo deve ser mantida. 4. Apelação conhecida e não provida." (AC 2008.34.00.002225-6/ DF, Rel. Desembargador Federal Kassio Nunes Marques, Conv. Juiz Federal Leonardo Augusto De Almeida Aguiar, Sexta Turma, e-DJF1 p. de 30/04/2018)

◉ **A legitimidade para ser autoridade coatora em mandado de segurança em demanda referente à eliminação do candidato na fase de psicotécnico deve ser verificada de acordo com quem foi o responsável no certame para aplica-lo.**

"ADMINISTRATIVO E PROCESSUAL CIVIL. MANDADO DE SEGURANÇA. CONCURSO PÚBLICO. OUTORGA DE DELEGAÇÕES DE SERVENTIAS EXTRAJUDICIAIS DE NOTAS E DE REGISTRO DO ESTADO DO ESPÍRITO SANTO. CENTRO DE SELEÇÃO E DE PROMOÇÃO DE VENTOS (CESPE) DA UNIVERSIDADE DE BRASÍLIA (UNB). ILEGITIMIDADE PASSIVA. PROCESSO EXTINTO SEM RESOLUÇÃO DE MÉRITO. APELAÇÃO DESPROVIDA. 1. Hipótese em que o impetrante pretende participar de etapas do concurso público, tendo apontado como autoridade coatora o Diretor Geral do CESPE/UnB, quando as etapas nas quais pretende prosseguir são de responsabilidade do Tribunal de Justiça do Estado do Espírito Santo. 2. Embora o apelante afirme, nas razões de apelação, que se insurge contra a exigência de participação em exame psicotécnico e entrega de laudos de avaliação neurológica e psiquiátrica, exigência que não teria respaldo legal, segundo sua alegação, verifica-se, do exame dos autos, que o impetrante não impugnou dita exigência no momento oportuno, deixando simplesmente de atender a convocação para essa fase do certame, fundamento que se agrega ao da ilegitimidade da autoridade impetrada, para manter a sentença. 3. Apelação a que se nega provimento." (AMS 0061017-66.2014.4.01.3400/DF, Rel. Desembargador Federal Daniel Paes Ribeiro, Sexta Turma, e-DJF1 p. de 28/05/2018).

▶ No caso em específico esta fase ficou ao encargo do TJES, razão pela qual o processo foi extinto sem julgamento de mérito em razão da ilegitimidade passiva da autoridade que foi colocada como coatora, no caso, o Diretor Geral do CESPE/UnB

◉ **Prazo prescricional e psicotécnico.**

"CONSTITUCIONAL E ADMINISTRATIVO. APELAÇÃO CÍVEL. AÇÃO ORDINÁRIA. CONCURSO PÚBLICO. PRESCRIÇÃO CONTRA A FAZENDA PÚBLICA, 5 ANOS CONFORME DECRETO-LEI 20.910/32. TERMO INICIAL A PARTIR DO ATO LESIVO. INTELIGÊNCIA DO ARTIGO 189 DO CCB. IMPETRAÇÃO DE MANDADO DE SEGURANÇA. INTERRUPÇÃO DA PRESCRIÇÃO. PRECEDENTE DO C. STJ. PRESCRIÇÃO AFASTADA. MÉRITO. POSSIBILIDADE DE REVISÃO DE ATOS ADMINISTRATIVOS, EM RELAÇÃO A CONCURSO PÚBLICO, QUANDO HÁ VIOLAÇÃO AO PRINCÍPIO DA LEGALIDADE E DA VINCULAÇÃO AO EDITAL. ARTIGO 37, II, CF. EXIGÊNCIA DE AVALIAÇÃO PSICOLÓGICA. PREVISÃO EM LEI, SÚMULA VINCULANTE 44. LEI ESTADUAL Nº 396/2006 QUE NÃO PREVIA A SUJEIÇÃO A EXAME PSICOTÉCNICO. ILEGALIDADE DE REFERIDA EXIGÊNCIA NO EDITAL DO CERTAME. HONORÁRIOS ADVOCATÍCIOS MAJORAÇÃO. RECURSOS E REMESSA CONHECIDOS. APELO DO ESTADO DESPROVIDO. APELO DE ROSANE BATISTA PRATTI PROVIDO. DA PRESCRIÇÃO 1. O prazo prescricional para a pretensão de cobranças frente a Administração Pública é de 5 anos, nos termos do Decreto-Lei 20.910/32, contados da data do ato ou do fato do qual se originarem. 2. Ocorre que conforme o artigo 189 do Código Civil, o prazo prescricional começa a ocorrer a partir da violação do direito. 3. Outrossim, conforme entendimento do C. STJ a propositura de demanda (mandado de segurança) para ver reconhecida a ilegitimidade do exame psicotécnico (e, portanto, da ilicitude da conduta do agente, que é pressuposto da responsabilidade civil, ainda que objetiva), constituiu causa interruptiva do prazo prescricional para a ação indenizatória, nos termos do art. 172, II, do CC/16 (art. 202, I, do CC/2002) e do art.219 do CPC. (REsp 718.269/MA, Rel. Ministro TEORI ALBINO ZAVASCKI, PRIMEIRA TURMA, julgado em 15/03/2005, DJ 29/03/2005, p. 200) 4. Na hipótese dos autos a requerente ora apelada fora desclassificada do certame entre agosto e setembro de 2007, sendo que à época impetrou o writ discutindo a ilegalidade de sua desclassificação, por conseguinte, tendo a presente ação sido ajuizada em janeiro de 2012 não há a ocorrência da prescrição. DO MÉRITO 5. É assente na jurisprudência dos Tribunais Superiores o entendimento de que a análise dos atos administrativos pelo Poder Judiciário, no tocante a concursos públicos, deve-se restringir ao exame de legalidade e de vinculação do certame ao previsto no edital. 6. O edital do certame deve estar em consonância com o previsto em lei, vide artigo 37, II, CF, sendo que aquele não pode limitar o que este não limitou. 7. Em relação à exigência de sujeição do candidato a exame psicotécnico para ingresso em cargo público, o Supremo Tribunal Federal possui entendimento consubstanciado na Súmula Vinculante nº 44 de que só por lei se pode sujeitar a exame psicotécnico a habilitação de candidato a cargo público. 8. In casu, a Lei Estadual nº 369/2006, que regulamente os cargos de Agente de Escolta e Vigilância Penitenciária, não previa a realização de exame psicotécnico para o ingresso em referidos cargos, sendo, portanto ilegal tal exigência constante do Edital SEJUS 01/2006. 9. Quanto a verba honorária, nos termos do artigo 20, § 3º, do CPC/73, a majoração para o patamar de R$ 800,00 mostra-se adequada, tendo em vista o grau de zelo do profissional, o lugar de prestação do serviço, visto que o escritório do causídico se localiza na mesma comarca na qual fora ajuizada a ação, a natureza e importância da causa, além do tempo de duração do processo e grau de zelo do causídico, considerando ainda que ocorreu julgamento antecipado da lide, não havendo nenhuma instrução probatória. 10. Recursos e remessa conhecidos. Apelo do Estado do Espírito Santo Desprovido. Apelo de Rosane Batista Pratti provido. VISTOS , relatados e discutidos, estes autos em que estão as partes acima indicadas. ACORDA a Egrégia Segunda Câmara Cível, na conformidade da ata e notas taquigráficas que integram este julgado, à unanimidade de votos, CONHECER da remessa e dos recursos de apelação para NEGAR PROVIMENTO ao apelo do Estado do Espírito Santo e DAR PROVIMENTO ao apelo de Rosane Batista Pratti, majorando o valor da condenação em verba honorária para R$ 800,00 , nos termos do voto proferido pelo E. Relator. Vitória, 14 de novembro de 2017. DES. PRESIDENTE DES. RELATOR." (TJES, Classe: Apelação / Remessa Necessária, 024120016613, Relator: ÁLVARO MANOEL ROSINDO BOURGUIGNON – Relator Substituto: DELIO JOSE ROCHA SOBRINHO, Órgão julgador: SEGUNDA CÂMARA CÍVEL, Data de Julgamento: 14/11/2017, Data da Publicação no Diário: 22/11/2017)

◉ **O termo *a quo* para a contagem do prazo decadencial para a impetração do mandado de segurança que se insurge contra resultado obtido em exame psicotécnico é a publicação do ato administrativo que determina a eliminação do candidato e não a publicação do edital do certame.**

"ADMINISTRATIVO. PROCESSUAL CIVIL. MANDADO DE SEGURANÇA. CONCURSO PÚBLICO. EXAME PSICOTÉCNICO. INTERPOSIÇÃO PELA ALÍNEA "B" DO PERMISSIVO CONSTITUCIONAL. VIOLAÇÃO DO ART. 535 DO CÓDIGO DE PROCESSO CIVIL. AUSÊNCIA DE ACLARATÓRIOS NOS AUTOS. INCIDÊNCIA DA SÚMULA 284/STF. ART. 5º DA LEI 8112/90. SÚMULA 182/STF. VIOLAÇÃO DE DIREITO LOCAL. SÚMULA 280/STF. DECADÊNCIA. TERMO A QUO. ATO DA ELIMINAÇÃO DO CONCURSO. 1. Não se pode conhecer do recurso quanto à interposição pela alínea "b" da Constituição Federal de 1988, porquanto o insurgente em nenhum momento demonstra ter a r. decisão recorrida julgado válido ato de governo local contestado em face de lei federal, esbarra no óbice da súmula nº 284/STF. 2. Nessa mesma linha, deve-se destacar que, não obstante ter sido alegada violação do art. 535 do CPC, a análise dos autos demonstra que não foram opostos embargos de declaração, faltando-lhe pertinência no ponto. Assim, inviável a análise da violação suscitada, nos termos da Súmula 284/STF. 3. Não há como apreciar o mérito da controvérsia com base na dita malversação do artigo art. 5º da Lei nº 8.112/90, uma vez que não foi objeto de debate pela instância ordinária, o que inviabiliza o conhecimento do especial no ponto por ausência de prequestionamento. Incide ao caso a súmula 282 do STF. 4. Quanto à suposta violação do art. 8º, VI, da Lei Complementar Estadual nº 68/92, ressalto que não é possível tal análise na via recursal eleita a teor da Súmula 280/STF, por aplicação analógica. 5. A jurisprudência desta Corte superior é no sentido de que o termo a quo para a contagem do prazo decadencial para a impetração do mandado de segurança que se insurge contra resultado obtido em exame psicotécnico é a publicação do ato administrativo que determina a eliminação do candidato e, não, a publicação do edital do certame. 6. Agravo regimental não provido." (AgRg no AREsp 202.442/RO, Rel. Ministro MAURO CAMPBELL MARQUES, SEGUNDA TURMA, julgado em 09/10/2012, DJe 16/10/2012)

◙ **Não há necessidade de formação de litisconsórcio passivo necessário entre candidatos se o ajuizamento da demanda for em momento anterior ao que se possa aferir o resultado final do concurso.**

"(....) II – O Superior Tribunal de Justiça já firmou o entendimento no sentido de que a citação dos demais candidatos do concurso público como litisconsortes passivos necessários é desnecessária, ante o fato de, em princípio, não possuírem comunhão de interesses com o impetrante, nem direito líquido e certo à nomeação, tendo, apenas, expectativa de direito, caso aprovados." (AMS 0046939-67.2014.4.01.3400/DF, Rel. Desembargador Federal Jirair Aram Meguerian, Sexta Turma, e-DJF1 p. de 16/04/2018)

FASE DE INVESTIGAÇÃO SOCIAL

▶ **Conceito e características**

A investigação social é um procedimento em que se averigua a idoneidade moral e a conduta social do candidato. Geralmente esse exame é estabelecido para cargos que exigem um acentuado grau de responsabilidade, em que a figura do servidor é diretamente relacionada com a imagem da instituição, como é o caso da Magistratura, do Ministério Público, polícia (militar, civil, federal), dentre outras.

▶ **A fase de investigação social deve ter previsão legal.**

Assim como qualquer outro requisito de acessibilidade a cargos e empregos públicos, a investigação social deve observar o princípio da legalidade, ou seja, somente pode ser exigida se houver previsão em lei formal – ato normativo emanado do Poder Legislativo –, conforme expressa determinação constitucional (art. 37, inciso II). Destarte, quando a natureza do cargo exigir e haver previsão legal, a Administração Pública estabelecerá a investigação social como requisito de aprovação em concurso público, sendo uma fase de caráter eliminatório.

▶ **A fase de investigação social deve ser realizada com base em critérios objetivos apresentados de forma detalhada no edital que rege o certame.**

Se o candidato for eliminado na fase de investigação social com base em fatos inverídicos, aplica-se a teoria dos motivos determinantes, pois ao motivar o ato administrativo a Administração torna-se vinculada aos motivos ali expostos para todos os efeitos jurídicos. Tal teoria preconiza a vinculação da Administração aos motivos ou pressupostos que fundamentaram o ato. A motivação é que legitima e confere validade ao ato administrativo discricionário. Assim, a eliminação de candidato embasada em fatos inverídicos não tem validade jurídica porque fundado em motivo inexistente.

◉ **No mesmo sentido:** "ADMINISTRATIVO – RECURSO ORDINÁRIO EM MANDADO DE SEGURANÇA – CONCURSO PARA DELEGADO DE POLÍCIA ESTADUAL – CANDIDATO, SERVIDOR PÚBLICO CIVIL, DESLIGADO POR NÃO GOZAR DE BOA CONDUTA – INVESTIGAÇÃO DA VIDA SOCIAL – AUSÊNCIA DE DIREITO LÍQUIDO E CERTO. 1 – O ato que impediu a continuação do candidato no Concurso de Delegado de Polícia, por não gozar de boa conduta, embasou-se no Edital e na Lei 5.406/69. Obedecido, desta forma, o princípio da legalidade. Ademais, as provas nos autos são irrefutáveis da má conduta do recorrente: falta de decoro, uso indevido do cargo, participação em fuga de presos, etc., impossibilitando o implemento das condições necessárias para o exercício da função pública. Ausência de liquidez e certeza para deferir-se a pretensão. 2 – Precedente (RMS 586/MS). 3 – Recurso conhecido, porém, desprovido." "CONSTITUCIONAL. ADMINISTRATIVO. RECURSO EM MANDADO DE SEGURANÇA. CONCURSO PÚBLICO PARA JUIZ DE DIREITO. INVESTIGAÇÃO SOCIAL. FATOS INVERÍDICOS. ELIMINAÇÃO DE CANDIDATO APROVADO. ILEGALIDADE. – Embora seja a investigação social meio idôneo para averiguar a aptidão e a probidade de candidato ao exercício da magistratura, a sua eliminação deve fundar-se em fatos verídicos, demonstrativos da inidoneidade de comportamento, incompatível com o cargo. – Demonstrada a improcedência da acusação formulada contra candidato aprovado em todas as etapas do certame e classificado dentro do número de vagas previstas, impõe-se seja reconhecido o seu direito à nomeação para o cargo, sob pena de violação a princípios legais e constitucionais. – Recurso ordinário provido. Segurança concedida." "CONSTITUCIONAL – ADMINISTRATIVO – RECURSO ORDINÁRIO EM MANDADO DE SEGURANÇA – CONCURSO PÚBLICO – MAGISTRATURA ESTADUAL – ENTREVISTA – INVESTIGAÇÃO SOCIAL E DA VIDA PREGRESSA – ATO ADMINISTRATIVO DISCRICIONÁRIO – MOTIVAÇÃO – CARÁTER SUBJETIVO – IMPOSSIBILIDADE – PRESUNÇÃO DE INOCÊNCIA (ART. 5º, INCISO LVII, CF) – INEXISTÊNCIA DE PUNIÇÃO REFERENTE A PROCESSO DISCIPLINAR, POR RETENÇÃO DE AUTOS, JUNTO À OAB-BA – CANDIDATO APROVADO – SITUAÇÃO FÁTICA CONSOLIDADA – NOMEAÇÃO. 2 – Tendo o Tribunal a quo embasado a motivação do ato, real e exclusivamente, na existência de procedimento disciplinar contra o candidato, por retenção de autos, junto a OAB-Bahia, e sendo juntado a este writ certidão do referido Órgão de Classe (fls. 31) asseverando, textualmente, que 'o requerente não sofreu, por parte deste Conselho, até a presente data, qualquer penalidade disciplinar relacionada com o exercício da advocacia', inexiste fato concreto que obste seu ingresso na carreira pretendida, sendo nulo o ato impugnado, por falta de motivação. Presunção de inocência (art. 5º, LVII, da Magna Carta) violada. (...)" (Regime Jurídico dos Concursos Públicos. Francisco Lobello de Oliveira Rocha, Ed. Dialética 2006, p. 91/94)

▶ **A eliminação do candidato na fase de investigação social deve ser devidamente motivada.**

A publicidade do resultado da investigação social tem por finalidade permitir a fiscalização da conduta administrativa pelos interessados, possibilitando aos lesados que proponham as medidas judiciais e administrativas que entenderem pertinentes. Entretanto, é necessário o sigilo da investigação a fim de proteger a privacidade do próprio candidato, contudo não se pode olvidar que este possui pleno direito de acesso às informações obtidas, sobretudo quando sentir-se prejudicado pelo resultado decorrente da investigação. Por isso, o sigilo das informações não alcança o próprio candidato que tem o direito de ter conhecimento dos fatos que motivaram sua eliminação.

> ▶ **No mesmo sentido:** "durante muito tempo, especialmente no âmbito do Poder Judiciário, aceitou-se a prática de submeter postulantes a determinados cargos, de especial responsabilidade, como é o caso de juiz, a uma investigação social reservada, procedida mediante informações sigilosas, às quais o investigado não tinha acesso, e que poderia resultar na aceitação ou rejeição incontestável". Princípio da Isonomia e Concursos Públicos. Revista Eletrônica de Direito do Estado. Salvador, Instituto de Direito Público da Bahia, nº 6, abril/maio/junho, 2006. Disponível em: <www.direitodoestado.com.br>."

> ◉ **No mesmo sentido:** "... IV – O sigilo das informações obtidas na investigação de vida pregressa, para a comprovação da idoneidade de candidato, objetiva apenas preservar a sua intimidade, não apresentando qualquer ilegalidade. Além disso, o sigilo não alcança o próprio candidato, que tem acesso às informações obtidas, assim como o direito de recorrer da decisão proveniente da investigação. Precedentes. Recurso desprovido." (STJ – RMS: 13609 MG 2001/0101577-9, Relator: Ministro FELIX FISCHER, Data de Julgamento: 18/03/2003, T5 – QUINTA TURMA, Data de Publicação: DJ 28.04.2003 p. 211)

▶ **Uma investigação social com caráter absolutamente sigiloso não se coaduna com a atual ordem constitucional.**

Uma investigação social com caráter absolutamente sigiloso, como a descrita acima, não se coaduna com a atual ordem constitucional, que assegura o direito a informação, estabelecendo que todos têm direito a receber dos órgãos públicos informações de seu interesse particular ou de interesse coletivo ou geral, que serão prestadas no prazo da lei, sob pena de responsabilidade, ressalvadas aquelas cujo sigilo seja imprescindível à segurança da sociedade e do Estado (art. 5º, inciso XXXIII da CF). Além disso, a Administração não pode, num procedimento secreto, avaliar os antecedentes e a conduta do candidato para eliminá-lo de concurso público.

▶ **A divulgação dos dados em que se baseou a Administração é necessária, pois sem esses dados seria impossível a prestação da tutela jurisdicional.**

A divulgação dos dados em que se baseou a Administração é necessária, pois sem esses dados seria impossível a prestação da tutela jurisdicional, porque o Judiciário não teria condições de aferir o acerto ou não dos critérios utilizados para se averiguar a idoneidade moral do candidato em evidente afronta ao preceito constitucional insculpido no art. 5º, inciso XXXV – princípio da inafastabilidade do controle jurisdicional. Se o candidato é excluído com base em informações que não vem a público, que não são levadas ao conhecimento do Judiciário, não pode este dizer se teria havido ou não lesão ao direito do candidato. Dessa forma, não há discordância nos posicionamentos jurisprudenciais quanto ao fato de que é ilegal investigação social com caráter sigiloso.

◙ **Súmula 684 do Supremo Tribunal Federal:"É inconstitucional o veto não motivado à participação de candidato a concurso público."**

▶ Portanto, em sede de investigação social, deve a Administração Pública informar ao candidato os motivos pelos quais ele foi considerado inapto para o exercício do cargo ou emprego público, sob pena de violar aos princípios da publicidade, motivação, ao direito de acesso a informação e, por conseguinte, do acesso à justiça.

▶ **O motivo para gerar a eliminação do candidato deve ser sério.**

Avaliar se o candidato tem idoneidade moral ou reputação ilibada nem sempre é uma tarefa simples e pode dar margem a arbitrariedades práticas pela Administração. Para que a investigação social seja realizada de forma razoável é indispensável que as condições sociais e morais do candidato sejam realmente incompatíveis com as funções do cargo ou emprego público. Os fatos que motivarem a inaptidão do candidato devem ser graves. Não é qualquer fato comprovado pela Administração que tem o potencial de eliminá-lo, conforme entendimento da jurisprudência pátria.

◙ **No mesmo sentido:** "ADMINISTRATIVO. CONCURSO PÚBLICO PARA AGENTE DE POLÍCIA FEDERAL. INVESTIGAÇÃO SOCIAL. EXCLUSÃO DE CANDIDATO NO CURSO DE FORMAÇÃO PROFISSIONAL. DECRETO-LEI 2.320/87. INQUÉRITO POLICIAL E SINDICÂNCIA. AUSÊNCIA DE FATO COMETIDO PELO CANDIDATO DO QUAL RESULTASSE CONDENAÇÃO. 1. O Decreto-lei 2.320/87, art. 8º, I, estabelece como requisito para matrícula em curso da Academia Nacional de Polícia ter o candidato procedimento irrepreensível e idoneidade moral inatacável. 2. É legítima a exigência de requisitos de conduta dos candidatos a serem verificados em investigação social de caráter eliminatório. 3. Não há que se confundir presunção de inocência com requisitos de boa conduta, para o ingresso no cargo de agente de polícia federal. Não se confundem primariedade e bons antecedentes no âmbito do Direito Penal, com conduta social. 4. A discricionariedade da Administração Pública na análise da conduta social não pode implicar em arbitrariedade a ponto de considerar punição de 2 (dois) dias de detenção em posto por falta de um parafuso no armamento e a absolvição em sindicância, como motivação para exclusão de candidato do curso de formação profissional. 5. A aferição dos fatos que conduzem a juízo de inidoneidade moral há de considerar a gravidade do fato, sua contumácia e o resultado do inquérito e/ou a sindicância. TRF da 1ª

Região, AMS 2002.34.00.039562-3/DF, Relatora Desembargadora Federal Selene Maria de Almeida, Quinta Turma, julgado em 19/11/2004."

▶ **O motivo alegado pela Administração para eliminação do candidato somente será válido se este, por si só, for potencialmente lesivo ao interesse público.**

"Se a conduta do candidato em nada ferir o interesse público, esta não poderá ser usada como argumento de eliminação, pois o que a Administração busca, em essência, é preservar o interesse público e não simplesmente punir eventuais condutas desabonadoras dos pretensos candidatos ao cargo público. Assim, caso a Administração elimine candidato na fase de investigação social por qualquer fato que em nada contraria o interesse público, estará violando o princípio da razoabilidade." (MADEIRA, José Maria Pinheiro. Servidor Público na Atualidade. Rio de Janeiro: Lumen Juris, 2007, p. 138.)

> ▶ **No mesmo sentido:** "...não é qualquer fato real, comprovado e imputável ao candidato, que pode justificar sua eliminação do concurso. Os fatos devem ser graves, proporcionalmente à restrição que se perpetuará ao direito do candidato de acesso ao cargo ou emprego almejado." (Regime Jurídico dos Concursos Públicos. Francisco Lobello de Oliveira Rocha, Ed. Dialética 2006, p. 94/95)

▶ **Não pode o candidato ser eliminado na fase de investigação social pelo fato de responder a inquérito policial e ou à ação penal não transitada em julgado.**

Na fase de investigação social a Administração Pública, em alguns casos, tem considerado como motivo suficiente para eliminação de candidatos a existência de ação penal ou até mesmo de inquérito policial, que, do ponto de vista constitucional, é inaceitável. A Constituição Federal estabelece que ninguém será considerado culpado até o trânsito em julgado de sentença penal condenatória (art. 5º, inciso LVII), consagrando a presunção de inocência, um dos princípios basilares do Estado Democrático de Direito, como garantia processual penal. Por isso, é necessária a comprovação da culpabilidade do indivíduo, sendo esta uma incumbência atribuída essencialmente ao Estado.

▶ **O princípio constitucional da presunção de inocência não tem seu âmbito de aplicação restrito ao direito penal.**

O princípio constitucional da presunção de inocência não tem seu âmbito de aplicação restrito ao direito penal, pois é aplicável no direito administrativo, em especial em matéria de concurso público. A fase de investigação social não pode ser pautada em critérios estabelecidos pelo arbítrio do administrador sem qualquer compatibilidade com a Constituição. Se a Constituição assegura que ninguém será considerado culpado até o trânsito em julgado de sentença penal condenatória, o indivíduo que responde a ação penal sem trânsito em julgado deve ser considerado inocente não apenas para efeitos penais, mas também para quaisquer outros fins, inclusive para efeito de aprovação em concurso público. Por isso, é inconstitucional excluir candidatos na fase de investigação social por figurar com réu em ação penal que não possui sentença condenatória transitada em julgado. Com muito mais razão, é igualmente inconstitucional excluir candidatos que respondem ou responderam a inquérito policial, que é um procedimento inquisitório onde não é observado o princípio da ampla defesa e do contraditório.

◉ **Impossibilidade de tornar sem efeito nomeação de candidato pelo fato de o mesmo ter sido condenado penalmente, sendo que a referida sentença não transitou em julgado.**

"ADMINISTRATIVO E CONSTITUCIONAL. MANDADO DE SEGURANÇA. CONCURSO PÚBLICO. INSTITUTO FEDERAL DE EDUCAÇÃO, CIÊNCIA E TECNOLOGIA DO MARANHÃO – IFMA. CARGO DE MAGISTÉRIO. NOMEAÇÃO TORNADA SEM EFEITO EM RAZÃO DA EXISTÊNCIA DE SENTENÇA PENAL. AUSÊNCIA DE TRÂNSITO EM JULGADO. VIOLAÇÃO AO PRINCÍPIO DA PRESUNÇÃO DE INOCÊNCIA. SENTENÇA MANTIDA. I – O instituto do reexame necessário, previsto em sede de mandamus no art. 14, § 1º, da Lei nº 12.016/2009, é constitucional, haja vista que condizente com o regime jurídico administrativo a que se submete o ente público, no qual vigora a supremacia e a indisponibilidade do interesse público, fator que legitima a discriminação favorável ao Estado, como garantia da igualdade substancial, objeto de nosso Texto Maior. II – Aferida a constitucionalidade da remessa oficial, a submissão da questão à reserva de plenário (art. 97 da Constituição da República) é desnecessária, porquanto só afeta ao reconhecimento da inconstitucionalidade da lei. Pelas mesmas razões, inaplicável à espécie a Súmula Vinculante nº 10 do STF. III – O entendimento jurisprudencial do Supremo Tribunal Federal, do Superior Tribunal de Justiça e desta Corte é firme no sentido de que viola o princípio da presunção de inocência a exclusão de candidato de concurso público com base em inquérito ou ação penal sem trânsito em julgado da sentença penal condenatória. IV – Dessa forma, e considerando que, quando de sua nomeação, inexistia sentença penal transitada em julgado em desfavor da impetrante, ilegal o ato que tornou sem efeito aquele ato. V – Ademais, em 10/01/2013 foi declarada a extinção da punibilidade, pela prescrição ocorrida em 11/04/2012. VI – Remessa oficial a que se nega provimento." (REOMS 0040675-75.2012.4.01.3700/MA, Rel. Desembargador Federal Jirair Aram Meguerian, Sexta Turma, e-DJF1 p. de 28/05/2018)

▶ **Observação importante**. Interessante notar a falta de técnica e conhecimentos jurídicos muitas vezes existentes no serviço público. No caso em tela não há que se falar em se tornar sem efeito a nomeação, pois o candidato foi provido no cargo corretamente. Torna-se sem efeito nomeação de candidato que não toma posse no prazo legal, conforme estabelece o artigo 13, § 6º da Lei 8.112/90 ou na hipótese em que o candidato é nomeado sub judice, ou seja, ocorre a posse precária e, ao final do processo, é o servidor condenado.

▶ **Nem sempre a condenação, mesmo que transitada em julgado, irá gerar a perda do cargo do servidor.**

Outro ponto importante é que nem sempre a condenação, mesmo que transitada em julgado, irá gerar a perda do cargo do servidor. Não se deve confundir um concurso em que há a fase de investigação social e a condenação criminal transitada em julgado poderia ensejar a eliminação do candidato no certame no momento da referida fase de uma hipótese completamente diferente que é o servidor ser condenado criminalmente após ser nomeado sem qualquer restrição ou ser condenado por crime praticado no exercício de cargo que não mais ocupa. A perda do cargo decorrente de uma condenação criminal, ao que entendemos, só pode ocorrer caso o servidor ainda esteja exercendo o cargo que estava provido quando praticou o delito, ou seja, se no curso do processo ele saia do cargo e assume outro, especialmente se as atribuições forem distintas, não há que se aplicar, em âmbito do processo judicial, a penalidade em relação ao novo cargo.

▶ **Não é a condenação, mesmo que transitada em julgado, que irá ensejar a perda do cargo.**

Ainda, ao que entendemos, não é a condenação, mesmo que transitada em julgado, que irá ensejar a perda do cargo. Ao que nos parece apenas seria o caso de crimes funcionais, crimes que poderiam ensejar um processo administrativo disciplinar e, como decorrência dele, ser o servidor demitido.

▶ **Efeitos extrapenais específicos (e não gerais) da sentença condenatória**

Por fim, como efeitos extrapenais específicos (e não gerais) da sentença condenatória, razão pela qual deve ser devidamente motivada, pois os mesmos (efeitos) não são automáticos, pode ocorrer a perda do cargo quando aplicada pena privativa de liberdade por tempo igual ou superior a um ano em condenações referentes à crimes praticados com abuso de poder ou violação de dever para com a Administração Pública ou quando for aplicada pena privativa de liberdade por tempo superior a 4 (quatro) anos nos demais casos, conforme enuncia o artigo 92 do Código Penal.

> ◙ "A perda do cargo público prevista no art. 92, inciso I, do Código Penal não constitui efeito automático da condenação, razão pela qual, para a sua imposição, é necessária a devida motivação, a teor do disposto no parágrafo único do mesmo dispositivo, bem como no art. 93, inciso IX, da Constituição Federal. Precedentes." (STJ, HC 185.343/PA, 5.ª T., rel. Laurita Vaz, 15.10.2013)

▶ **Não há logica, por exemplo, um servidor perder o cargo em caso de contravenção ou até mesmo crime que não tenha qualquer relação com a função pública.**

Não há logica, por exemplo, um servidor perder o cargo em caso de contravenção ou até mesmo crime que não tenha qualquer relação com a função pública e principalmente se a penalidade aplicada, mesmo que transitada em julgado, não for privativa de liberdade, como, por exemplo, multa, pena restritiva de direitos, a exemplo de prestação pecuniária; perda de bens e valores; limitação de fim de semana; prestação de serviço à comunidade ou a entidades públicas; interdição temporária de direitos; limitação de fim de semana, previstas no artigo 43 do Código penal.

▶ **Em sentido contrário:** "Imposição de penas alternativas à prisão: não se elimina a viabilidade de perda do cargo, função ou mandato. Afinal, a lei menciona, apenas, a condenação a pena privativa de liberdade igual ou superior a um ano, por crime funcional. Eventuais benefícios penais, visando ao não cumprimento da pena em regime carcerário, não afeta o efeito da condenação. Código Penal Comentado. Guilherme de Souza Nucci, 2015."

◙ Na linha do festejado doutrinado há precedente do STJ "No tocante à perda do cargo público, tem-se que não há incompatibilidade entre a substituição da pena privativa de liberdade e a imposição da penalidade de perda do cargo, levando-se em conta que o requisito objetivo a ser atendido nesse último caso diz respeito tão somente à quantidade de pena imposta, que deve ser superior a 1 (um) ano, sem que se exija a efetiva privação da liberdade." (AgRg no REsp 1.346.879/SC, 5.ª T., rel. Marco Aurélio Bellizze, 26.11.2013)

◙ **Impossibilidade de aplicação de penalidade de perda de cargo distinto daquele em que ocupava quando praticou o crime e foi condenado.**

"... 4. A Corte de origem afastou a tipicidade da conduta e concluiu pela prática do crime de corrupção passiva. Rever os critérios utilizados pelas instâncias ordinárias, para afastar a tipicidade da conduta, reconhecendo a existência de opção dada aos beneficiários do INSS de pagar ou não pelo preenchimento das guias de recadastramento, dependeria de inexorável revolvimento de provas, o que, em sede de recurso especial, constitui medida vedada pelo óbice da Súmula 7/STJ. 5. As instâncias ordinárias não utilizaram de dados genéricos e vagos para justificar a exasperação da pena-base, especialmente para valorar negativamente a culpabilidade do agente, uma vez que o fato do crime ter sido praticado contra pessoas modestas e humildes, beneficiárias do INSS, autoriza, por si só, a valoração negativa dessa circunstância, motivo pelo qual pode ser sopesada, pois aponta para maior reprovabilidade da conduta. Mostra-se igualmente correta a valoração das circunstâncias do crime. O fato do réu encaminhar as vítimas para outro estabelecimento onde era realizada a cobrança indevida, para que não fosse percebida pelos colegas de trabalho, aponta para maior reprovabilidade da conduta, visto que não é inerente ao cometimento do tipo penal, devendo ser mantida. 6. O exame da alegação referente ao suposto exagero na fixação da pena de multa é inviável na via do recurso especial, segundo dispõe o enunciado n. 7 da Súmula do Superior Tribunal de Justiça ("A pretensão de simples reexame de prova não enseja recurso especial"). 7. A Corte de origem consignou que a perda do cargo deve ser declarada, uma vez que, com base no art. 92, inciso I, alínea "a", do CP, o acusado foi condenado a pena privativa de liberdade por tempo superior a 1 ano, com violação de dever para com a Administração Pública. Tal entendimento encontra-se no mesmo sentido da jurisprudência desta Corte Superior de que o reconhecimento de que o réu praticou ato incompatível com o cargo por ele ocupado é fundamento suficiente para a decretação do efeito extrapenal de perda do cargo público (AgRg no REsp 1613927/RS, Rel. Ministra MARIA THEREZA DE ASSIS MOURA, Sexta Turma, julgado em 20/09/2016, DJe 30/09/2016). 8. No presente caso, o agente praticou o delito quando ocupava emprego público na Empresa Brasileira de Correios e Telégrafos, tendo sido aprovado em concurso público para outro cargo na Universidade Federal de Pernambuco, durante o trâmite processual. 9. Em regra, a pena de perdimento deve ser restrita ao cargo público ocupado ou função pública exercida no momento do delito. Assim, a perda do cargo público, por violação de dever inerente a ela, necessita ser por crime cometido no exercício desse cargo, valendo-se o envolvido da função para a prática do delito. 10. Salienta-se que se o Magistrado a quo considerar, motivadamente, que o novo cargo guarda correlação com as atribuições do anterior, ou seja, naquele em que foram praticados os crimes, mostra-se devida a perda da nova função, uma vez que tal ato visa a anular a possibilidade de reiteração de ilícitos da mesma natureza, o que não ocorreu no caso. Dessa forma, como o crime em questão fora praticado quando o acusado era empregado público da Empresa Brasileira de Correios e Telégrafos, não poderia, sem qualquer fundamentação e por extensão, ser determinada a perda do cargo na UFPE. 11. Recurso especial parcialmente conhecido e, nessa parte, provido parcialmente." (REsp 1452935/PE, Rel. Ministro REYNALDO SOARES DA FONSECA, QUINTA TURMA, julgado em 14/03/2017, DJe 17/03/2017)

▶ Por quanto tempo uma condenação criminal pode obstar o ingresso no serviço público?

O Código Penal elimina de nosso sistema a perpetuidade dos efeitos da condenação criminal determinando em seu art. 64, inciso I, que não prevalece a condenação anterior, se entre a data do cumprimento ou extinção da pena e a infração posterior tiver decorrido período de tempo superior a 5 (cinco) anos, computado o período de prova da suspensão ou do livramento condicional, se não ocorrer revogação. Em matéria de concurso público entendemos ser razoável aplicar esse prazo. Assim, uma pessoa que tenha sido condenada criminalmente, após 5 anos do cumprimento da pena não pode ser eliminada de concurso público na fase de investigação social por ter se envolvido em práticas delituosas no passado. Pensar de modo contrário permitiria a imposição de penas de caráter perpétuo, o que é vedado pela Constituição Federal (art. 5º, XLVII, "b"). Além disso, presumir a irrecuperabilidade de quem já cometeu delito penal jogaria por terra toda a política criminal da reabilitação e reintegração do delinquente a seu meio social. Também é ilegítimo ato administrativo que, em sede de investigação social, elimina de concurso público candidato beneficiado por sentença penal que declara a extinção da punibilidade. O fato de um candidato ter respondido a ação penal que resultou na extinção da punibilidade não configura fator suficiente para desabonar a sua conduta, em se considerando, sobretudo, que não se trata de condenação. Por isso, uma eliminação com base nesse motivo viola o princípio da presunção de inocência.

⊙ __No mesmo sentido:__ "CONCURSO PÚBLICO – CAPACITAÇÃO MORAL – PROCESSO-CRIME – PRESCRIÇÃO. Uma vez declarada a prescrição da pretensão punitiva do Estado, descabe evocar a participação do candidato em crime, para se dizer da ausência da capacitação moral exigida relativamente a concurso público." (RE 212.198/RS, Segunda Turma, Relator o Ministro Marco Aurélio, DJ de 16/11/2001). Ante o exposto, conheço do agravo para negar seguimento ao recurso extraordinário. Publique-se. Brasília, 31 de outubro de 2014.Ministro Dias Toffoli Relator Documento assinado digitalmente (STF – ARE: 824421

MG , Relator: Min. DIAS TOFFOLI, Data de Julgamento: 31/10/2014, Data de Publicação: DJe-228 DIVULG 19/11/2014 PUBLIC 20/11/2014)". Ainda: "AGRAVO REGIMENTAL NO RECURSO EXTRAORDINÁRIO. CONSTITUCIONAL. ADMINISTRATIVO. CONCURSO PÚBLICO. AGENTE PENITENCIÁRIO DO DF. INVESTIGAÇÃO SOCIAL E FUNCIONAL. SENTENÇA PENAL EXTINTIVA DE PUNIBILIDADE. OFENSA DIRETA AO PRINCÍPIO DA PRESUNÇÃO DE INOCÊNCIA. MATÉRIA INCONTROVERSA. NÃO INCIDÊNCIA DA SÚMULA 279. AGRAVO IMPROVIDO. I – Viola o princípio constitucional da presunção da inocência, previsto no art. 5º, LVII, da Constituição Federal a exclusão de candidato de concurso público que foi beneficiado por sentença penal extintiva de punibilidade. II – A Súmula 279 revela-se inaplicável quando os fatos da causa são incontroversos, tendo o Tribunal a quo atribuído a eles consequências jurídicas discrepantes do entendimento desta Corte. III- Agravo regimental improvido." (RE nº 450.971/DF-AgR, Primeira Turma, Relator o Ministro Ricardo Lewandowski, DJe de 18/2/2011). "CONCURSO PÚBLICO – CAPACITAÇÃO MORAL – PROCESSO-CRIME – PRESCRIÇÃO. Uma vez declarada a prescrição da pretensão punitiva do Estado, descabe evocar a participação do candidato em crime, para se dizer da ausência da capacitação moral exigida relativamente a concurso público." (RE 212.198/RS, Segunda Turma, Relator o Ministro Marco Aurélio, DJ de 16/11/2001). Ante o exposto, conheço do agravo para negar seguimento ao recurso extraordinário. Publique-se. Brasília, 31 de outubro de 2014.Ministro Dias Toffoli Relator Documento assinado digitalmente." (STF – ARE: 824421 MG , Relator: Min. DIAS TOFFOLI, Data de Julgamento: 31/10/2014, Data de Publicação: DJe-228 DIVULG 19/11/2014 PUBLIC 20/11/2014)

▶ **A prescrição da pretensão punitiva não implica responsabilidade do acusado, não desabona seus antecedentes, nem induz futura reincidência.**

A prescrição da pretensão punitiva não implica responsabilidade do acusado, não desabona seus antecedentes, nem induz futura reincidência. Assim, a extinção da punibilidade não deixa sequelas jurídicas na vida do acusado. Isso justifica a ilegitimidade de ato administrativo que na fase de investigação social elimina candidato beneficiado por sentença que extingue a punibilidade.

▶ **Exceção à regra de o candidato não poder ser eliminado na fase de investigação social pelo fato de responder a inquérito policial e/ou à ação penal não transitada em julgado.**

O entendimento de que o candidato não pode ser eliminado de concurso público, na fase de investigação social, em virtude da existência de termo circunstanciado, inquérito policial ou ação penal sem trânsito em julgado ou extinta pela prescrição da pretensão punitiva não se aplica aos cargos cujos ocupantes agem stricto sensu em nome do Estado, como o de delegado de polícia. O Supremo Tribunal Federal está julgando o caso em regime de Repercussão Geral, nos autos do RE 560900, tema 22: Restrição à participação em concurso público de candidato que responde a processo criminal"

◉ **É ilegal a eliminação de candidato na fase de investigação social em razão da existência de boletins de ocorrência envolvendo o candidato, relativos a veículo e acidente de trânsito, arquivados.**

"AÇÃO ANULATÓRIA. CONCURSO PÚBLICO. Provimento de cargo de Agente de Escolta e Vigilância Penitenciária. Reprovação na fase de investigação social. Alegação de falta de conduta ilibada na vida pública e na vida privada. Decisão administrativa considerou a incompatibilidade com o exercício da função pretendida. Existência de boletins de ocorrência envolvendo o Autor, relativos a veículo e acidente de trânsito, arquivados. Inadmissibilidade. Excesso de rigor. Precedentes. Sentença mantida. Reexame necessário e recurso improvidos." (TJSP; Apelação 1017452-31.2016.8.26.0071; Relator (a): Claudio Augusto Pedrassi; Órgão Julgador: 2ª Câmara de Direito Público; Foro de Bauru – 2ª Vara da Fazenda Pública; Data do Julgamento: 06/07/2018; Data de Registro: 06/07/2018)

◉ **É ilegal a eliminação de candidato na fase de investigação social em razão de registro de uma ocorrência em desfavor do candidato pela suposta prática de crime de ameaça contra ex-companheira sem que tenha havido representação da vítima ou de que tenha sido instaurado inquérito policial.**

"Mandado de Segurança – Concurso Público para cargo de agente de segurança penitenciária – Candidato reprovado na fase de investigação social – Administração que identificou o registro de uma ocorrência em desfavor do impetrante, pela suposta prática de crime de ameaça contra ex-companheira no ano de 2012 – Ausência de demonstração de que tenha havido representação da vítima ou de que tenha sido instaurado inquérito policial – Omissão no preenchimento do formulário de investigação social não configurada – Ato administrativo que destoa dos postulados da razoabilidade e proporcionalidade – Precedentes desta Corte – Recursos voluntário e oficial desprovidos." (TJSP; Apelação 1058543-58.2016.8.26.0053; Relator (a): Luciana Bresciani; Órgão Julgador: 2ª Câmara de Direito Público; Foro Central – Fazenda Pública/Acidentes – 7ª Vara de Fazenda Pública; Data do Julgamento: 19/06/2018; Data de Registro: 28/06/2018)

◉ **É ilegal a eliminação de candidato na fase de investigação social em razão de registro infracional de namorado, especialmente sem motivação.**

"Direito administrativo. Concurso público de acesso à carreira de policial militar. Exclusão na fase de investigação social. Vida pregressa do pai. Registro infracional de namorado. Inexistência de motivação adequada e suficiente. Recurso da autora provido." (TJSP; Apelação 1057124-66.2017.8.26.0053; Relator (a): Luis Fernando Camargo de Barros Vidal; Órgão Julgador: 4ª Câmara de Direito Público; Foro Central – Fazenda Pública/Acidentes – 16ª Vara da Fazenda Pública; Data do Julgamento: 21/05/2018; Data de Registro: 24/05/2018)

▶ **Inscrição em cadastro de restrição ao crédito, em regra, não pode gerar a eliminação do candidato na investigação social.**

Investigar a idoneidade financeira do candidato, ao argumento de que o mesmo não seria moralmente apto a desempenhar suas funções em cargo ou emprego público, seria extrapolar a órbita do interesse público, pois o fato do candidato possuir inscrição em cadastro de restrição ao crédito não significa que ele é necessariamente uma pessoa desonesta e interessada em lesar terceiros. O endividamento tem se tornado cada vez mais frequente entre os brasileiros, podendo ser voluntário como, por exemplo, aquele que ocorre com pessoas que compram de forma excessiva e desnecessariamente. Ocorre que nem sempre o endividamento tem origem em um ato voluntário, pois as pessoas podem deixar de pagar suas contas por causa do desemprego ou se verem compelidas a gastarem em razão de alguma doença, comprometendo seriamente sua situação financeira. O que podemos afirmar é que motivos para um endividamento involuntário é o que não faltam. Porém, sendo voluntário ou involuntário, o endividamento pode ocasionar a inscrição em cadastro de restrição ao crédito. Contudo, essa inscrição não pode servir de parâmetro para generalizar a idoneidade de um candidato, imprimindo-lhe a característica de que se trata de uma pessoa desonesta, que não possui conduta ilibada ou idoneidade moral. A jurisprudência dos Tribunais Superiores é firme no sentido de reconhecer ao cidadão e ao candidato em particular a proteção da inocência enquanto não encerrada a ação penal condenatória, sendo daí compreensível a ilação possível de que também não haveria obstáculo à nomeação de candidato aprovado em concurso quando a conduta classificada como inidônea pela Administração limita-se a inadimplência que deu causa à inscrição em cadastro de restrição ao crédito. Por isso, afronta o razoável a eliminação de um candidato em concurso público pelo só fato de seu nome ter sido inscrito em cadastro de restrição ao crédito, quando, diante da atual condição socioeconômica, o concurso público pode ser a única alternativa para o candidato auferir renda e pagar suas dívidas.

◙ **No mesmo sentido:** "RECURSO ORDINÁRIO EM MANDADO DE SEGURANÇA. CONCURSO PÚBLICO. POLICIAL MILITAR. DECADÊNCIA. NÃO CONFIGURAÇÃO. INVESTIGAÇÃO SOCIAL. EXCLUSÃO DO CANDIDATO DO CURSO DE FORMAÇÃO. OFENSA AO PRINCÍPIO DA PRESUNÇÃO DE INOCÊNCIA. (...) 2. Segundo jurisprudência consolidada desta Corte e do Supremo Tribunal Federal, a existência de inquérito, ação penal, ou registro em cadastro de serviço de proteção ao crédito não são capazes de provocar a eliminação de candidato na fase de investigação social do concurso. Respeito ao princípio da presunção de inocência. 3. Agravo regimental improvido. AgRg no RMS 24.283/RO, Rel. Ministro JORGE MUSSI, QUINTA TURMA, julgado em 22/05/2012, DJe 08/06/2012."

◙ **No mesmo sentido:** "ADMINISTRATIVO. CONCURSO PÚBLICO. INABILITAÇÃO NA FASE DE INVESTIGAÇÃO SOCIAL. EXISTÊNCIA DE INQUÉRITOS POLICIAIS, AÇÕES PENAIS EM ANDAMENTO OU INCLUSÃO DO NOME DO CANDIDATO EM SERVIÇO DE PROTEÇÃO AO CRÉDITO. PRINCÍPIO DA PRESUNÇÃO DE INOCÊNCIA. (...) 2. É desprovido de razoabilidade e proporcionalidade o ato que, na etapa de investigação social, exclui candidato de concurso público baseado no registro deste em cadastro de serviço de proteção ao crédito. 3. Recurso ordinário em mandado de segurança conhecido e provido. STJ – RMS 30.734/DF, Rel. Min. LAURITA VAZ, QUINTA TURMA, julgado em 20/09/2011, DJe 04/10/2011."

▶ **Somente diante do caso concreto é que se poderá verificar se o candidato possui ou não idoneidade moral.**

Por outro lado, não podemos desconsiderar que somente diante do caso concreto é que se poderá verificar se o candidato possui ou não idoneidade moral para ser considerado apto na fase de investigação social. Essa análise deve ser feita dentro dos limites da razoabilidade, evitando excessos por parte da Administração Pública e, ao mesmo tempo, assegurando que candidatos moralmente idôneos não ingressem no serviço público. Deste modo, dependendo da quantidade de inscrições em cadastro de restrição ao crédito e da forma como elas se originaram, o Superior Tribunal de Justiça já entendeu ser legítima a exclusão de candidato em concurso público.

> ◙ **No mesmo sentido:**"ADMINISTRATIVO. CONCURSO PÚBLICO. TÉCNICO PENITENCIÁRIO. SINDICÂNCIA DE VIDA PREGRESSA E INVESTIGAÇÃO SOCIAL. INSCRIÇÃO EM CADASTRO DE RESTRIÇÃO AO CRÉDITO. EMISSÃO REITERADA DE CHEQUES SEM FUNDO. CONTRAINDICAÇÃO DO CANDIDATO. PODER DISCRICIONÁRIO DA ADMINISTRAÇÃO. RECURSO ORDINÁRIO IMPROVIDO. I – A questão está em apurar se as condutas -- caracterizadas por 5 registros de inadimplência no serviço de proteção ao crédito; 8 registros de inadimplência em cheque lojista e 32 registros no cadastro de emitente de cheque sem fundo -- que a administração tem por inidôneas para fins de nomeação para o cargo de agente penitenciário, são ou não incompatíveis com a natureza do cargo. II – Remanesce, contudo, a questão em distinguir da coisa julgada ou da conduta penalmente punida, aquela que, não constituindo crime ainda, assim revela comportamentos potencialmente incompatíveis com a natureza, importância ou sensibilidade do cargo disputado. III – Se o candidato, no período de 2004 a 2008 envolveu-se em tantos episódios que redundaram nas ocorrências mencionadas pelo acórdão local, primeiro não parece possível -- já que se trata de mandado de segurança cuja prova é por definição pré-constituída -- reabrir-se a instrução para contestar as referências ou circunstâncias dos eventos, e, depois, se ao administrador cabe avaliar as exigências da atividade de agente penitenciário por poder discricionário legalmente admissível, não pode o Tribunal substituir-se nesse juízo para o qual lhe falta tanto o poder de discrição quanto a oportunidade do exame da prova necessária. (STJ – RMS 30326/DF, Relator Ministro Gilson Dipp, Quinta Turma, julgado em 16/12/2010.)

▶ **É ilegal a eliminação do candidato na investigação social em razão de o mesmo já ter sido dependente químico.**

Dentre os diversos motivos apresentados pela Administração Pública para excluir candidatos em concursos está o envolvimento com drogas comprovado na fase de investigação social. Resta saber se a exclusão de um candidato por esse motivo é ou não legal. O regramento administrativo quando se trata de excluir a participação de candidato em certame deve estar lastreado em norma jurídica ou direcionado a uma necessidade social específica para justificar sua incidência, não podendo ficar ao sabor de valores pessoais imotivados do administrador, sob pena de ferir a sua finalidade. É discriminatório e sem razoabilidade incluir como motivo determinante para exclusão de candidato o fato de algum dia ter sido dependente químico? Por quanto tempo um erro cometido por uma pessoa pode prejudicar sua vida profissional? Para sempre? Excluir um candidato de concurso pelo fato de ter sido dependente químico em algum momento de sua vida, mas que no momento da inscrição no certame se encontra totalmente recuperado, além de ser uma exigência sem razoabilidade e discriminatória, também representa uma pena perpétua imposta ao candidato, que jamais poderá participar de concursos públicos porque um dia usou drogas. Ao vedar taxativamente a imposição de penas de caráter perpétuo, em seu art. 5º, XLVII "b", a Constituição Federal não se referiu restritamente ao Código Penal, significando que o princípio deve ser considerado válido também quando envolve Direito Administrativo. Assim, nenhum requisito de acessibilidade aos cargos e empregos públicos podem ser criados de modo a impedir definitivamente que um candidato possa participar do processo seletivo. Além disso, a Constituição Federal determina em seu art. 3º, inciso IV, que é objetivo fundamental da República Federativa do Brasil promover o bem de todos, sem preconceitos de origem, raça, sexo, cor, idade e quaisquer outras formas de discriminação. Da leitura do referido dispositivo constitucional percebe-se facilmente que a Constituição não elege como valores-objetivos invioláveis e imunes a quaisquer formas de discriminação tão somente a origem, a raça, o sexo, a cor e a idade da pessoa humana. O inciso IV, do art. 3º, em sua parte final expressamente consigna que "quaisquer outras formas de discriminação" não serão toleradas. O objetivo fundamental apontado pelo art. 3º, inciso IV, da Constituição Federal, é a consagração da regra que veda qualquer tipo de discriminação ou preconceito, enunciando o princípio da isonomia, reiterado em diversos dispositivos constitucionais. O fato de o candidato ter sido dependente químico e vencido o vício há muitos anos não pode conduzir, por si só, a sua eliminação no concurso público na fase de investigação social. Um candidato que passou por tratamento e se encontra recuperado ao se inscrever em um concurso público e ser aprovado em suas fases – provas objetivas e/ou discursivas, testes físicos, avaliação psicológica – encontra-se apto para exercer qualquer cargo público. O critério de exclusão relativo à dependência química, que já foi tratada, não tem qualquer fundamento legal, científico ou psicológico, limitando-se à criação de estereótipo imaginado hipoteticamente, que não afere, de nenhuma maneira, a capacidade de atuação do candidato enquadrado em tal circunstância. Portanto, trata-se de regra discriminatória, pautada em discrímen absolutamente subjetivo e preconceituoso e que não apresenta qualquer fundamento juridicamente pertinente para a sua exigência. Isso não é tudo, conforme entendimento pacífico dos Tribunais, candidato que esteja sendo processado criminalmente sem trânsito em julgado da sentença penal condenatória não pode ser eliminado de concurso público por esse motivo. Para que o processo criminal seja instaurado e seja proferida sentença penal condenatória ao menos devem existir indícios fortíssimos da existência de prática delituosa. Mesmo assim, o candidato não poderá ser excluído do concurso, sob pena de ferir o princípio da presunção de inocência e da razoabilidade. Destarte, com muito mais razão, um candidato que tenha sido dependente químico e no momento da inscrição no concurso se encontra totalmente recuperado também não poderá ser eliminado do concurso por ter se envolvido com drogas no passado, visto que um candidato com sentença penal condenatória que ainda não transitou em julgado, que sem dúvida nenhuma é uma situação muito mais grave, não pode ser excluído do certame em respeito à presunção de inocência. Indubitavelmente há violação ao princípio da razoabilidade, porque enquanto candidatos que foram condenados criminalmente sem trânsito em julgado da sentença penal não podem ser excluídos de concurso público, um candidato que superou há muito tempo a dependência química será eliminado. Nesse sentido, o Superior Tribunal de Justiça tem reconhecido que é desarrazoada, discriminatória e uma verdadeira imposição de pena de caráter perpétuo a eliminação de candidato em concurso público na fase de investigação social em razão de dependência química ocorrida há vários anos.

◉ **No mesmo sentido:** "RECURSO ESPECIAL. PROCESSO CIVIL E ADMINISTRATIVO. EMBARGOS DECLARATÓRIOS. NEGATIVA DE PRESTAÇÃO JURISDICIONAL. NÃO-OCORRÊNCIA. CONCURSO PÚBLICO. PERITO DA POLÍCIA FEDERAL. INVESTIGAÇÃO SOCIAL. LAUDO DE DEPENDÊNCIA QUÍMICA. FATO OCORRIDO HÁ MAIS DE 10 ANOS DO AJUIZAMENTO DA AÇÃO. ELIMINAÇÃO DO CANDIDATO. MÉRITO ADMINISTRATIVO. POSSIBILIDADE DE ANÁLISE, EM ALGUNS CASOS, PELO PODER JUDICIÁRIO. DESPROPORCIONALIDADE. 2. A doutrina mais moderna vem aceitando a possibilidade de incursão do poder judiciário pelo mérito administrativo, quando o ato atacado esteja desproporcional ou desarrazoado em relação ao sentido comum e ético de uma sociedade. Jurisprudência. 3. Afigura-se desarrazoada e desproporcional a eliminação de um candidato na fase de investigação social de concurso para perito da polícia federal, em razão de fato ocorrido 10 anos antes do certame. Perpetuação de fato que não se amolda ao balizamento constitucional que veda a existência de penas perpétuas. 4. Recurso especial improvido." (STJ – REsp: 817540 RS 2006/0025589-8, Relator: Ministra MARIA THEREZA DE ASSIS MOURA, Data de Julgamento: 01/10/2009, T6 – SEXTA TURMA, Data de Publicação: DJe 19/10/2009)

◉ **No mesmo sentido:** "MANDADO DE SEGURANÇA. CONCURSO PÚBLICO. AGENTE DE SEGURANÇA PENITENCIÁRIA DE CLASSE I. INVESTIGAÇÃO SOCIAL. Candidato considerado inapto, em fase de investigação social, por possuir registro de inquérito policial e condenação à prestação de serviços à comunidade, por uso de drogas. Casos isolados, ocorridos cerca de treze anos antes da investigação social. Omissão da informação em questionário. Irrelevância. Inexistência de outros elementos desabonadores. Violação ao princípio da razoabilidade. RECURSO PROVIDO." (TJSP; Apelação 1053857-91.2014.8.26.0053; Relator (a): Alves Braga Junior; Órgão Julgador: 2ª Câmara de Direito Público; Foro Central – Fazenda Pública/Acidentes – 1ª Vara de Fazenda Pública; Data do Julgamento: 05/07/2018; Data de Registro: 05/07/2018)

413

◙ **A presunção de inocência deve ser levada em conta enquanto não houver decisão com trânsito em julgado**

"ADMINISTRATIVO E PROCESSUAL CIVIL. AGRAVO INTERNO NO RECURSO ORDINÁRIO EM MANDADO DE SEGURANÇA. CONCURSO PÚBLICO. INVESTIGAÇÃO SOCIAL. AVALIAÇÃO ADMINISTRATIVA QUE, AO EXCLUIR O CANDIDATO DO CERTAME DE INGRESSO PARA A CARREIRA DE INSPETOR DE SEGURANÇA E ADMINISTRAÇÃO PENITENCIÁRIA, DEIXOU DE OBSERVAR O PRINCÍPIO DA PRESUNÇÃO DE INOCÊNCIA. IMPOSSIBILIDADE. PRECEDENTES DO STJ: AGINT NO RESP 1.519.469/CE, REL. MIN. REGINA HELENA COSTA, DJE 11.11.2016 E AGRG NO RMS 46.055/RJ, REL. MIN. GURGEL DE FARIA, DJE 29.3.2016 E DO STF ARE 847.535/SP, REL. MIN. CELSO DE MELLO, DJE 6.8.2015 E ARE 753.331/RJ, REL. MIN. DIAS TOFFOLI, DJE 20.11.2013. PARECER DO MPF PELO PROVIMENTO DO RMS. AGRAVO INTERNO DO RIO DE JANEIRO A QUE SE NEGA PROVIMENTO. 1. A parte recorrida foi eliminada de concurso público para ingresso no cargo Inspetor de Segurança e Administração Penitenciária, pela caracterização de má conduta na investigação social, em razão de constar em seu desfavor processo administrativo por suposta prática de crime de extorsão, cujo objeto é quebra de sigilo telefônico, de informática ou telemática. 2. O acórdão recorrido está em confronto com orientação desta Corte, segundo a qual é ilegítima a exclusão de candidato de concurso público, na fase de investigação social, apenas em virtude de existência de ação penal sem trânsito em julgado, em observância ao princípio da presunção da inocência. 3. A jurisprudência da Corte firmou o entendimento de que viola o princípio da presunção de inocência a exclusão de certame público de candidato que responda a inquérito policial ou ação penal sem trânsito em julgado da sentença condenatória. 4. Agravo Interno do Estado do Rio de Janeiro a que se nega provimento." (AgInt no RMS 54.053/RJ, Rel. Ministro NAPOLEÃO NUNES MAIA FILHO, PRIMEIRA TURMA, julgado em 21/06/2018, DJe 26/06/2018)

◙ **Exceção à regra que a presunção de inocência deve ser levada em conta enquanto não houver decisão com trânsito em julgado**

"ADMINISTRATIVO. CONCURSO PÚBLICO. POLÍCIA MILITAR. FASE DE INVESTIGAÇÃO SOCIAL. CANDIDATO QUE RESPONDE POR CRIME DE FURTO EM AÇÃO PENAL. DECISÃO NO SENTIDO DA NÃO RECOMENDAÇÃO. RAZOABILIDADE PRESERVADA. ANÁLISE QUE ABRANGE A CONDUTA MORAL E SOCIAL DO CANDIDATO. EXCEÇÃO À JURISPRUDÊNCIA FIRMADA NO STJ. I – De fato, é pacífico no âmbito do Superior Tribunal de Justiça que não se pode restringir a análise na fase de investigação social para admissão de candidato a cargos sensíveis, como o de integrantes da força policial, apenas à existência ou não de condenações penais transitadas em julgado, como pretende o recorrente. II – A análise deve abranger a conduta moral e social do candidato, a fim de verificar a sua adequação ao pundonor militar, que se traduz em um alto padrão de comportamento e correção, vinculado à ética e ao decoro. III – Excepcionalmente esta Corte entende que não se verifica irrazoabilidade na decisão administrativa que considera não recomendável o candidato ao cargo de Policial Militar que responde por crime em ação penal em curso, ainda não transitada em julgado, considerando-se sua conduta social. A possibilidade de se alijar candidato de concurso público em virtude da existência de ação penal, em que se apura o crime de furto qualificado (sem decisão transitada em julgado), constitui exceção à jurisprudência firmada pelo STJ. IV – O acórdão, objeto do recurso especial adotou entendimento consolidado nesta Corte segundo o qual a investigação social não se resume a analisar somente a vida pregressa do candidato quanto às infrações penais que eventualmente tenha praticado, mas também a conduta moral e social no decorrer de sua vida, objetivando investigar o padrão de comportamento do candidato à carreira policial, de modo que não constitui ilegalidade a exclusão daquele que não ostenta conduta compatível com o decoro exigido para o exercício do cargo. Precedentes: AgInt no RMS 47.669/RR, Rel. Ministra REGINA HELENA COSTA, PRIMEIRA TURMA, julgado em 27/09/2016, DJe 10/10/2016; RMS 45.229/RO, Rel. Ministro HERMAN BENJAMIN, SEGUNDA TURMA, julgado em 10/03/2015, DJe 06/04/2015. V – Agravo interno improvido." (AgInt no RMS 53.486/MT, Rel. Ministro FRANCISCO FALCÃO, SEGUNDA TURMA, julgado em 07/12/2017, DJe 14/12/2017)

◙ **A eliminação de candidato com base exclusivamente na existência de termo circunstanciado no qual já havia sido homologado a desistência da representação revela-se ato ilegal.**

"...1 Concurso para preenchimento dos cargos de agente de escolta e vigilância penitenciária e agente penitenciário, foi eliminado em razão da investigação social por suposto crime de lesão corporal. 2 A eliminação de candidato com base exclusivamente na existência de termo circunstanciado no qual já havia sido homologado a desistência da representação, revela-se ato ilegal, afrontando, até mesmo, o princípio constitucional da presunção da inocência. 3 De fato, viola a razoabilidade e proporcionalidade, o ato administrativo que elimina candidato de um concurso público, simplesmente por apuração, em fase de investigação social, de episódios de possível violência doméstica, sem que houvesse qualquer condenação pelo ocorrido. 4 – Considerando o trabalho adicional do patrono do apelado realizado em grau recursal, majoro os honorários advocatícios na forma do art. 85, § 11, do CPC. 5 Recurso Conhecido e Improvido." (TJES, Classe: Apelação / Remessa Necessária, 024140003476, Relator: WALACE PANDOLPHO KIFFER, Órgão julgador: QUARTA CÂMARA CÍVEL , Data de Julgamento: 04/06/2018, Data da Publicação no Diário: 15/06/2018)"

◙ **É ilegal a eliminação do candidato na investigação social em razão da mera existência de inquérito policial ou ação penal sem trânsito em julgado.**

"...2. A jurisprudência pátria firmou-se no sentido de que a eliminação de candidato de concurso público em razão da mera existência de inquérito policial ou ação penal sem trânsito em julgado da sentença condenatória viola o princípio constitucional da presunção de inocência e não possui o condão de configurar conduta social desabonadora e impeditiva de sua participação no certame. 3. Considerando que na hipótese vertente o candidato foi eliminado na fase de investigação social do concurso público em razão da existência de inquérito policial instaurado contra o mesmo e, até a presente data, inexistem informações acerca da conclusão do inquérito ou de eventual deflagração de ação penal, a exclusão do impetrante do certame não se justifica, notadamente diante do princípio constitucional da presunção de inocência. 4. Recurso conhecido, mas não provido." (TJES, Classe: Agravo de Instrumento, 048169005468, Relator: JANETE VARGAS SIMÕES, Órgão julgador: PRIMEIRA CÂMARA CÍVEL , Data de Julgamento: 02/05/2017, Data da Publicação no Diário: 11/05/2017)

◉ **É ilegal a eliminação do candidato na investigação social em razão da omissão em informar a existência da lavratura do boletim de ocorrência por ferir a razoabilidade.**

"PROCESSO CIVIL. APELAÇÃO CÍVEL. AÇÃO ORDINÁRIA COM PEDIDO DE TUTELA ANTECIPADA. CONCURSO PÚBLICO. FASE ELIMINATÓRIA DE IN-VESTIGAÇÃO SOCIAL. OMISSÃO DE INFORMAÇÃO ESSENCIAL. BOLETIM DE OCORRÊNCIA. ELIMINAÇÃO DO CANDIDATO. IMPOSSIBILIDADE. RECURSO CONHECIDO E NÃO PROVIDO. 1.A omissão do autor em informar a existência da lavratura do boletim de ocorrência (BO 13031971) em seu desfavor, além de não ser razoável e nem suficiente para a ocorrência da eliminação do apelado, é comumente afastada pela jurisprudência deste e. Tribunal de Justiça. 2.A jurisprudência deste egré-gio TJES tem assentado que [...]não é razoável a eliminação de candidato de concur-so público em razão de envolvimento em ocorrência policial que sequer resultou em instauração de inquérito policial. Precedente do e. TJES.[...]." (TJES, Classe: Apelação / Remessa Necessária, 024140084179, Relator: JANETE VARGAS SIMÕES, Órgão jul-gador: PRIMEIRA CÂMARA CÍVEL , Data de Julgamento: 16/08/2016, Data da Pu-blicação no Diário: 19/08/2016)

◉ **Extrapola os limites da razoabilidade a exigência de CEP e telefone para locali-zação de fontes que visem informar a respeito da vida pregressa do candidato se, por outros meios, puder a delegatária empreender as buscas à completude da fase de investigação social.**

"MANDADO DE SEGURANÇA – CONCURSO PÚBLICO – LEGITIMIDADE – PRESIDENTE DO EGRÉGIO TRIBUNAL DE JUSTIÇA – NORMA EDITALÍCIA -PRELIMINAR REJEITADA – COMPETÊNCIA RESIDUAL DA JUSTIÇA ESTADUAL – INEXISTÊNCIA DE VINCULAÇÃO COM O ART. 109, I DA CRF – PRELIMINAR REJEITADA CONCURSO PÚBLICO – NORMA DO EDITAL – EXIGÊNCIA DE CEP E TELEFONE – AUSÊNCIA DE RAZOABILIDADE – POSSIBILIDADE DE LOCALI-ZAÇÃO POR OUTROS MEIOS – SEGURANÇA CONCEDIDA – PROCESSO EXTIN-TO COM RESOLUÇÃO DE MÉRITO 1) Versando a impetração contra ato perpetrado pelo Presidente da Comissão do Concurso, cuja legitimidade é reconhecida, e atacando regra disposta no Edital do certame, firma-se a competência junto a justiça estadual para apreciar o mérito do mandamus. Preliminares rejeitadas. 2) É cabível a análise pelo judiciário de ato administrativo que extrapola a razoabilidade e proporcionalida-de, sem que se configure revolvimento do mérito do ato administrativo ou violação do princípio da separação dos poderes. 3) Extrapola os limites da razoabilidade a exi-gência de CEP e telefone para localização de fontes que visem informar à respeito da vida pregressa do candidato se, por outros meios, puder a delegatária empreender as buscas à completude da fase de investigação social. 4) Segurança concedida. 5) Extinção do feito com resolução de mérito na forma do art. 269, I, do CPC. Vistos, relatados e discutidos os presentes autos, em que são partes os acima mencionados. Acorda o Tribunal Pleno do Egrégio Tribunal de Justiça, na conformidade da ata e notas taquigráficas da sessão que integram este julgado, à unanimidade, conceder a segurança nos termos do voto do Eminente Relator." (TJES, Classe: Mandado de Segurança, 100140027739, Relator: WALACE PANDOLPHO KIFFER, Órgão julgador: TRIBUNAL PLENO, Data de Julgamento: 09/04/2015, Data da Publicação no Diário: 27/04/2015)

◉ **É ilegal a eliminação do candidato na investigação social em razão da vida pregressa do pai e registro infracional de namorado.**

"Direito administrativo. Concurso público de acesso à carreira de policial militar. Exclusão na fase de investigação social. Vida pregressa do pai. Registro infracional de namorado. Inexistência de motivação adequada e suficiente. Recurso da autora provido." (TJSP; Apelação 1057124-66.2017.8.26.0053; Relator (a): Luis Fernando Camargo de Barros Vidal; Órgão Julgador: 4ª Câmara de Direito Público; Foro Central – Fazenda Pública/Acidentes – 16ª Vara da Fazenda Pública; Data do Julgamento: 21/05/2018; Data de Registro: 24/05/2018)

▶ **É ilegal regra do edital que proíba a possibilidade de recurso por eliminação na fase de investigação social.**

"Assim como nos testes psicológicos, os resultados da investigação social devem ser sigilosos para resguardar a privacidade do candidato. Tal sigilo, no entanto, não pode estender-se ao próprio candidato, que deve conhecer os motivos de sua exclusão do concurso." (Regime Jurídico dos Concursos Públicos. Francisco Lobello de Oliveira Rocha, Ed. Dialética 2006, p. 95)

> ▶ Inclusive a fim de proporcionar o exercício da ampla defesa e do contraditório, materializado no recurso administrativo, é indispensável em todas as fases do concurso público. Com a investigação social não é diferente. A investigação social é um procedimento realizado unilateralmente pela Administração. Se nessa fase se concluir pela inaptidão do candidato, o recurso administrativo é o meio pelo qual o mesmo terá a oportunidade de se manifestar sobre os fatos a ele atribuídos e demonstrar que possui uma conduta social e moral compatível com o serviço público.

> ◉ **No mesmo sentido:** "Administrativo. Mandado de segurança. Curso de formação para o cargo de oficial da Polícia Militar. Eliminação de candidato. Investigação social. Envolvimento em evento delituoso. Ausência de justa causa. Teoria dos motivos determinantes. Direito de defesa. Inexistência. – Meras informações verbais quanto à existência de anterior envolvimento em delito de furto, fato que não possui qualquer registro documental, não constitui motivo para convalidar o ato que obstou o ingresso do candidato no Curso de Formação dos Oficiais da Polícia Militar do Estado de Pernambuco. – A investigação social destinada a avaliar a conduta compatível com a função policial militar impõe sejam observados requisitos formais e de conteúdo por parte da Administração, de modo a assegurar o exercício de pleno direito de defesa. – Recur-

so ordinário provido. Mandado de segurança concedido." (STJ – RMS: 9772 PE 1998/0034898-0, Relator: Ministro VICENTE LEAL, Data de Julgamento: 09/05/2000, T6 – SEXTA TURMA, Data de Publicação: DJ 29/05/2000 p. 185)

◉ **A transação penal não pode servir de fundamento para a não recomendação de candidato em concurso público na fase de investigação social**

"ADMINISTRATIVO, PROCESSUAL CIVIL E PENAL. ENUNCIADO ADMINIS-TRATIVO Nº 3/STJ. SERVIDOR PÚBLICO ESTADUAL. CONCURSO PÚBLICO. CUR-SO DE FORMAÇÃO. INVESTIGAÇÃO SOCIAL. SUSPENSÃO CONDICIONAL DO PROCESSO PENAL. EXTINÇÃO DA PUNIBILIDADE. PRESUNÇÃO DE INOCÊN-CIA. 1. "[...] a transação penal não pode servir de fundamento para a não recomenda-ção de candidato em concurso público na fase de investigação social" (REsp nº 1478526/MG, Relator(a) Ministro HUMBERTO MARTINS, DJe de 08/10/2014). 2. Dito de outra forma, "[...] é ilegítima a exclusão de candidato de concurso público, na fase de investi-gação social, apenas em virtude de existência de ação penal sem trânsito em julgado, em observância ao princípio da presunção da inocência" (AgInt no REsp 1519469/CE, Rel. Ministra REGINA HELENA COSTA, PRIMEIRA TURMA, DJe 11/11/2016). 3. Agravo interno não provido." (AgInt no REsp 1701527/RO, Rel. Ministro MAURO CAMPBELL MARQUES, SEGUNDA TURMA, julgado em 24/04/2018, DJe 03/05/2018)

◉ **A legitimidade passiva para responder a ação referente à eliminação do candi-dato na fase de investigação social é do Poder Público e da Banca Examinadora em litisconsórcio passivo.**

"PROCESSUAL CIVIL. CONCURSO PÚBLICO. LITISCONSÓRCIO PASSIVO NE-CESSÁRIO. SENTENÇA DE EXTINÇÃO MANTIDA. 1. A ação civil pública que ques-tiona termos de edital de concurso promovido pelo TJDFT e organizado pela CESP/UnB tem, como litisconsortes passivos necessários, a União e a Fundação Universidade de Brasília. 2. A organizadora do concurso está adstrita às exigências feitas pelo órgão contratante, promovendo o concurso público, nos termos e na forma requerida por aquele. Portanto, os efeitos de um provimento judicial de mérito, certamente, atingem a ambos. Por isso trata-se de litisconsórcio passivo necessário, pois a natureza da rela-ção jurídica controvertida e a eficácia da sentença de mérito dependem da presença de todas as partes na relação processual. 3. Tendo a parte autora deixado de promover a citação da FUB, mesmo após determinação judicial nesse sentido, a extinção do proces-so deve ser mantida. 4. Apelação conhecida e não provida." (AC 2008.34.00.002225-6/DF, Rel. Desembargador Federal Kassio Nunes Marques, Conv. Juiz Federal Leonardo Augusto De Almeida Aguiar, Sexta Turma, e-DJF1 p. de 30/04/2018)

◉ **A legitimidade para ser autoridade coatora em mandado de segurança em de-manda referente à eliminação do candidato na fase investigação social.**

"ADMINISTRATIVO E PROCESSUAL CIVIL. MANDADO DE SEGURANÇA. CONCURSO PÚBLICO. PROCURADOR DA FAZENDA NACIONAL. SINDICÂN-CIA DE VIDA PREGRESSA. LEGITIMIDADE PASSIVA DO ADVOGADO-GERAL DA

UNIÃO. DESCLASSIFICAÇÃO EM FACE DA EXISTÊNCIA DE INQUÉRITO POLICIAL. OFENSA AO PRINCÍPIO DA PRESUNÇÃO DE INOCÊNCIA. 1. Hipótese em que a impetrante foi excluída do certame na fase de sindicância pregressa por ter respondido a inquérito policial, por exercício irregular da advocacia (assinatura do "livro de advogados" em cadeia pública enquanto ainda era estagiária), o qual restou arquivado em razão de prescrição. 2. O Advogado Geral da União é autoridade legítima para figurar no polo passivo da demanda, posto que a parte se insurge em relação à homologação do certame, publicada pelo AGU no âmbito de sua competência (fls. 119) (arts. 4º, XVI, da LC 73/93 e 12, § 1º, I, da Lei 10.480/02), bem como requer, em última análise, o reconhecimento do seu direito à nomeação ao cargo de PFN, cuja responsabilidade é também daquela autoridade (arts. 4º, XVII e 49, § 2º, da LC 73/93, 12, § 4º, da Lei 10.480/02 e 2, III, do Dec. 4.734/03). Precedente: MS 13.237/DF, Rel. Min. Marco Aurélio Belizze, Terceira Seção, DJe 24/04/2013. 3. A tese trazida na impetração encontra amparo na jurisprudência deste STJ e também a do STF, que se orientam, em remansosa maioria, pela vulneração ao princípio constitucional da presunção de inocência quando, em fase de investigação social de concurso público, houver a eliminação de candidato em decorrência da simples instauração de inquérito policial ou do curso de ação penal, sem trânsito em julgado. Precedentes: AgRg no RMS 39.580/PE, Rel. Min. Mauro Campbell Marques, Segunda Turma, DJe 18/02/2014; AgRg no RMS 24.283/RO, Rel. Min. Jorge Mussi, Quinta Turma, DJe 08/06/2012; AgRg no RMS 28.825/AC, Rel. Min. Maria Thereza de Assis Moura, Sexta Turma, DJe 21/03/2012; AgRg no RMS 29.627/AC, Rel. Min. Adilson Vieira Macabu (Des. Convocado do TJ/RJ), Quinta Turma, DJe 09/08/2012; AgRg no REsp 1.173.592/MG, Rel. Min. Gilson Dipp, Quinta Turma, DJe 06/12/2010; RMS 32657/RO, Rel. Min. Arnaldo Esteves Lima, Primeira Turma, DJe 14/10/2010. 4. Soma-se a isso que, do que se tem nos autos, não se vislumbra que a candidata possua um padrão de comportamento social ou moral reprovável, a ponto de impossibilitá-la do exercício do cargo para o qual concorreu e foi devidamente aprovada, mormente porque os fatos a ela imputados ocorreram em 2002; o inquérito policial tramitou por vários anos sem a apresentação de denúncia por parte do Ministério Público, acabando arquivado em 2008 em face da prescrição em perspectiva (fls. 68/71); as omissões acerca das condutas adotadas diante da abertura do inquérito policial não tem o condão de configurar grave desvio de conduta; e não há prova da alegada falsidade ideológica, tampouco informação de reincidência ou cometimento de qualquer outra conduta desabonadora no decorrer desses anos (consoante certidões de "nada consta" de diversos órgãos públicos – fls. 78/99). 5. Segurança concedida, para, reconhecida a nulidade do ato administrativo que desligou a candidata do certame em questão, determinar seja a mesma considerada aprovada, com a posterior nomeação e posse no cargo de PFN. Prejudicado o agravo regimental." (STJ – MS 20.209/DF, Rel. Ministro BENEDITO GONÇALVES, PRIMEIRA SEÇÃO, julgado em 08/10/2014, DJe 16/10/2014)

◙ **Não há necessidade de formação de litisconsórcio passivo necessário entre candidatos se o ajuizamento da demanda for em momento anterior ao que se possa aferir o resultado final do concurso.**

"(....) II – O Superior Tribunal de Justiça já firmou o entendimento no sentido de que a citação dos demais candidatos do concurso público como litisconsortes passivos necessários é desnecessária, ante o fato de, em princípio, não possuírem comunhão de interesses com o impetrante, nem direito líquido e certo à nomeação, tendo, apenas, expectativa de direito, caso aprovados." (AMS 0046939-67.2014.4.01.3400/DF, Rel. Desembargador Federal Jirair Aram Meguerian, Sexta Turma, e-DJF1 p. de 16/04/2018)

RESERVA DE VAGAS PARA NEGROS NOS CONCURSOS PÚBLICOS FEDERAIS. LEI 12.990/2014

▶ **Escolha inteligente ou não da política de cotas?**

Sem adentrarmos no mérito da discussão referente à correção ou não da adoção da política de cotas num país com alto grau de miscigenação como o Brasil, uma vez que existem bons argumentos tanto favoráveis quanto desfavoráveis ao modelo, o fato é que, em se tratando de serviços públicos técnicos, parece-nos pouco inteligente a escolha feita pelo legislador federal. O serviço público não se destina a corrigir distorções da formação antropológica e cultural de um país. Embora seja até bastante defensável a adoção da política de cotas nos meios universitários ou mesmo na participação política, como a que obriga legendas partidárias a manter um percentual mínimo de candidatas femininas, não vemos razão lógica para que o serviço público, em que sempre se deve buscar a meritocracia como meta, adote política de cotas, muito menos racial.

▶ **A Lei de cotas raciais foi declarada constitucional pelo Supremo Tribunal Federal.**

A discussão restou eliminada pelo STF, que no julgamento da Ação Declaratória de Constitucionalidade 41/DF (rel. Min. Luis Roberto Barroso), proposta em razão de várias ações judiciais que questionavam a compatibilidade da lei com o texto da Carta Magna, reconheceu a validade e fixou o entendimento pela constitucionalidade da Lei, estabelecendo: "Direito Constitucional. Ação Direta de Constitucionalidade. Reserva de vagas para negros em concursos públicos. Constitucionalidade da Lei nº 12.990/2014. Procedência do pedido. 1. É constitucional a Lei nº 12.990/2014, que reserva a pessoas negras 20% das vagas oferecidas nos concursos públicos para provimento de cargos efetivos e empregos públicos no âmbito da administração pública federal direta e indireta, por três fundamentos. 1.1. Em primeiro lugar, a desequiparação promovida pela política de ação afirmativa em questão está em consonância com o princípio da isonomia. Ela se funda na necessidade de superar o racismo estrutural e institucional ainda existente na sociedade brasileira, e garantir a igualdade material entre os cidadãos, por meio da distribuição mais equitativa de bens sociais e da promoção do reconhecimento da população afrodescendente. 1.2. Em segundo lugar, não há violação aos princípios do concurso público e da eficiência. A reserva de vagas para negros não os isenta da aprovação no concurso público. Como qualquer outro candidato, o beneficiário da política deve alcançar a nota necessária para que seja considerado apto a exercer, de forma adequada e eficiente, o cargo em questão. Além disso, a incorporação do fator "raça" como critério de seleção, ao invés de afetar o princípio da eficiência, contribui para sua realização em maior extensão, criando uma "burocracia representativa", capaz de garantir que os pontos de vista e interesses de toda a população sejam considerados na tomada de decisões estatais. 1.3. Em terceiro lugar, a medida observa o princípio da proporcionalidade em sua tríplice dimensão. A existência de uma política de cotas para o acesso de negros à educação superior não torna a reserva de vagas nos quadros da administração pública desnecessária ou desproporcional em sentido estrito. Isso porque: (i) nem todos os cargos e empregos públicos exigem curso superior; (ii) ainda quando haja essa exigência, os beneficiários da ação afirmativa no serviço público podem não ter sido beneficiários das cotas nas universidades públicas; e (iii) mesmo que o concorrente tenha ingressado em curso de ensino superior por meio de cotas, há outros fatores que impedem os negros de competir em pé de igualdade nos concursos públicos, justificando a política de ação afirmativa instituída pela Lei nº 12.990/2014. 2. Ademais, a fim de garantir a efetividade da política em questão, também é constitucional a instituição de mecanismos para evitar fraudes pelos candidatos. É legítima a utilização, além da autodeclaração, de critérios subsidiários de heteroidentificação (e.g., a exigência de autodeclaração presencial perante a comissão do concurso), desde que respeitada a dignidade da pessoa humana e garantidos o contraditório e a ampla defesa. 3. Por fim, a administração pública deve atentar para os seguintes parâmetros: (i) os percentuais de reserva de vaga devem valer para todas as fases dos concursos; (ii) a reserva deve ser aplicada em todas as vagas oferecidas no concurso público (não apenas no edital de abertura); (iii) os concursos não podem fracionar as vagas de acordo com a especialização exigida para burlar a política de ação afirmativa, que só se aplica em concursos com mais de duas vagas; e (iv) a ordem classificatória obtida a partir da aplicação dos critérios de alternância e proporcionalidade na nomeação dos candidatos aprovados deve produzir efeitos durante toda a carreira funcional do beneficiário da reserva de vagas. 4. Procedência do pedido, para fins de declarar a integral constitucionalidade da Lei nº 12.990/2014. Tese de julgamento: "É constitucional a reserva de 20% das vagas oferecidas nos concursos públicos para provimento de cargos efetivos e empregos públicos no âmbito da administração pública direta e indireta. É legítima a utilização, além da autodeclararão, de critérios subsidiários de heteroidentificação, desde que respeitada a dignidade da pessoa humana e garantidos o contraditório e a ampla defesa".

▶ **Fundamentos utilizados na decisão para o reconhecimento da Constitucionalidade da Lei de Cotas Raciais.**

Como se vê, a Corte, ao fim e ao cabo, se utilizou dos mesmos fundamentos de necessidade de inclusão e correção de desigualdades históricas, já firmados anteriormente na questão de cotas para acesso às universidades públicas, para defender a constitucionalidade da nova lei, o que, convenhamos, não teria nenhuma pertinência aqui, chegando ao ponto de inventar a tal "burocracia representativa", uma adaptação mal pensada do conceito de democracia representativa, mas validada pelo discurso do politicamente correto que tomou de assalto o país nos últimos anos. Tendo em vista este fato consumado, não podemos deixar de fazer algumas rápidas considerações sobre a Lei 12.990/2014, uma vez que foi normatizada a questão da cota racial nos concursos públicos, ao menos nos de âmbito federal. E os próprios dispositivos da Lei não estão também isentos de crítica, visto que são muitas as lacunas deixadas pelo legislador.

▶ **Qual é o conceito de negro para fins do candidato disputar pelas vagas reservadas aos cotistas?**

A lei não se preocupou em definir o conceito de "negro". Aliás, há dificuldade de se dar um conceito legal de raça, ante os já conhecidos estudos científicos que modernamente relativizaram as antigas distinções raciais. Em decorrência, a lei permitiu a adoção de um sistema que está, inegavelmente, absolutamente aberto a qualquer tipo de fraude. Com efeito, atribuiu-se ao próprio candidato, como já vinha ocorrendo em alguns sistemas de cotas para acesso a universidades, o poder de autodeclarar-se ou não como integrante da raça negra, entendido o conceito, conforme afirmado no art. 2.º da Lei 12.990/2014, como compreensivo daqueles que se classificarem como pretos ou pardos, conforme quesito cor ou raça utilizado pelo IBGE. Estipula-se, tão somente, uma fluída e etérea possibilidade de anulação do ato de admissão, em caso de declaração falsa, o que já permite antever a grande confusão que se irá criar nos procedimentos de concurso nos casos de contestação de auto declaração. No mais, com conceitos tão vagos, a lei acaba permitindo ampla discricionariedade daqueles que irão proceder às classificações e reclassificações dos candidatos nas vagas destinadas ao sistema de cotas, o que, obviamente, acarretará, igualmente, a elevação das contestações judiciais a tais decisões.

▶ **A quantidade de vagas reservadas aos negros é de 20% daquelas que forem ofertadas no certame, desde que o certame oferte pelo menos três vagas no edital.**

Conforme o art. 1.º, caput, da Le, 12.990/2014, as vagas reservadas devem corresponder a 20% das vagas oferecidas nos concursos públicos. No entanto, se o concurso oferecer menos de três vagas para preenchimento, não será adotado o regime de cotas (art. 1.º, § 1.º). Do edital deverá constar expressamente o total de vagas correspondentes à reserva para cada cargo ou emprego público oferecido (art. 1.º, § 3.º). O § 2.º do mesmo art. 1.º estabelece que, havendo fração para o número de vagas reservadas, o número deve ser elevado para o primeiro inteiro subsequente, quando a fração for igual ou maior que 0,5, ou diminuído para número inteiro imediatamente inferior, em caso de fração menor que 0,5. Assim, se oferecidas 21 vagas totais no edital, 20%, ou seja, 4,2 vagas serão reservadas, arredondando-se o número para 4, por ser a fração inferior a 0,5. Por outro lado, se forem 23 as vagas totais, o número reservado é 5,75, que deve ser arredondado para 6, por ser a fração igual ou superior a 0,5.

▶ **Qual o critério para o candidato poder disputar o certame na condição de cotista racial?**

Atribuiu-se ao próprio candidato, como já vinha ocorrendo em alguns sistemas de cotas para acesso a universidades, o poder de autodeclarar-se ou não como integrante da raça negra, entendido o conceito, conforme afirmado no art. 2.º da Lei 12.990/2014, como compreensivo daqueles que se classificarem como pretos ou pardos, conforme quesito cor ou raça utilizado pelo IBGE. Logo, o critério é a auto declaração.

◉ **O Supremo Tribunal Federal ao julgar constitucional a ADC 41 reconheceu a possibilidade do uso da heterodeclaração por fenótipo, porém de forma subsidiária.**

"O Tribunal, por unanimidade e nos termos do voto do Relator, julgou procedente o pedido, para fins de declarar a integral constitucionalidade da Lei nº 12.990/2014, e fixou a seguinte tese de julgamento: "É constitucional a reserva de 20% das vagas oferecidas nos concursos públicos para provimento de cargos efetivos e empregos públicos no âmbito da administração pública direta e indireta. É legítima a utilização, além da autodeclaração, de critérios subsidiários de heteroidentificação, desde que respeitada a dignidade da pessoa humana e garantidos o contraditório e a ampla defesa". Ausentes, participando de sessão extraordinária no Tribunal Superior Eleitoral, os Ministros Rosa Weber e Luiz Fux, que proferiram voto em assentada anterior, e o Ministro Gilmar Mendes. Presidiu o julgamento a Ministra Cármen Lúcia. Plenário, 8.6.2017." A decisão é clara! É possível a adoção de critérios de heterodeclaração, mas de forma subsidiária. ▶ Primeiro se adota o critério de autodeclararão e meios de prova para comprová-la e, após, caso ainda restem dúvidas, um terceiro vai analisar, ou seja, haverá a heterodeclaração.

Por outras palavras: primeiro se adota o critério de autodeclararão e meios de prova para comprová-la e, após, caso ainda restem dúvidas, um terceiro vai analisar, ou seja, haverá a heterodeclaração (um terceiro dizendo se o candidato é ou não pardo). Muitas vezes, indistintamente, todos os candidatos aprovados que se inscreveram como negros são convocados para "supostamente" comprovar a auto declaração, mas, aqui, a contradição: por meio de heterodeclaração por fenótipo! A regra legal e primária é a auto declaração. Deve-se buscar, através de documentos e outros meios de prova, ofertar ao candidato, em caso de suspeita de fraude ou dúvidas, a possibilidade de provar que o mesmo é negro. Ainda assim, persistindo a dúvida quanto a alguns, para evitar burla ao sistema de cotas, instaura-se, finalmente, uma comissão para dar a palavra final. Isso é o certo! Muitas vezes, simplesmente desconsidera-se a auto declaração (que é o critério primário e real) e vai-se direto para o subsidiário, ou seja, análise de todos os candidatos por uma comissão que, diga-se de passagem, muitas vezes é despreparada para tal mister! Infelizmente, na prática, acaba que o critério adotado em muitos certames é a heterodeclaração por fenótipo. Não existe, de verdade, a auto declaração! E não foi isso que o Supremo decidiu.

◙ "Ademais, a fim de garantir a efetividade da política em questão, também é constitucional a instituição de mecanismos para evitar fraudes pelos candidatos. É legítima a utilização, além da auto declaração, de critérios subsidiários de heteroidentificação (e.g., a exigência de auto declaração presencial perante a comissão do concurso), desde que respeitada a dignidade da pessoa humana e garantidos o contraditório e a ampla defesa. (...). Do voto do Relator, Min. Roberto Barroso: (fls. 63/186 da decisão) consta a seguinte passagem: "Para dar concretude a esse dispositivo, entendo que é legítima a utilização, além do auto declaração, de critérios subsidiários de heteroidentificação para fins de concorrência pelas vagas reservadas, para combater condutas fraudulentas e garantir que os objetivos da política de cotas sejam efetivamente alcançados. São exemplos desses mecanismos: a exigência de auto declaração presencial, perante a comissão do concurso; a exigência de fotos; e a formação de comissões, com composição plural, para entrevista dos candidatos em momento posterior à auto declaração.

◙ **No mesmo sentido, vejamos lúcido e brilhante trecho do voto do Ministro Alexandre de Moraes:** (fls. 86/186): "Portanto, deve ser oportunizado aos candidatos optantes por concorrer no sistema de vagas reservadas a apresentação de documentos capazes de comprovar a declaração por eles subscritas. Apenas se a análise desses documentos se revelar insuficiente é que deverá ser acionada a alternativa mais invasiva, consistente em convocação para entrevista presencial, em que o candidato poderá ser indagado sobre os elementos que materializam a sua concepção de pertencimento. Diante da necessidade de manter a fidelidade teleológica das ações afirmativas de recorte racial, entendo ser relevante que a Corte estabeleça interpretação conforme à Constituição do art. 2º, § único da Lei 12.990/14, para fixar que (a) é mandatória a realização de fase apuratória da veracidade das declarações dos candidatos interessados em concorrer às vagas reservadas aos negros; e (b) nesse procedimento, deve ser priorizada a avaliação de natureza documental, fundada em fotografias e documentos públicos, figurando a entrevista como opção residual.

◙ **No mesmo sentido, saca-se trecho do voto do Ministro Edson Fachin: (fls. 87/186):** "Por isso, a conclusão que tenho a apresentar, na linha do que trouxe o eminente Relator, é de julgar procedente a presente ação declaratória, compreendendo que é constitucional esse equilíbrio entre os critérios de auto identificação e heteroidentificação, na linha do já assentado pelo Ministro Lewandowski, e reiterado, na data de hoje, no voto do eminente Ministro Luís Roberto Barroso.

◙ **Também, assim concluiu o decano Celso de Mello: (Fls. 157/186):** "Também acolho, Senhora Presidente, a proposta de tese formulada pelo eminente Relator, no sentido de revelar-se constitucional "(…) a reserva de 20% das vagas oferecidas nos concursos públicos para provimento de cargos efetivos e empregos públicos no âmbito da administração pública direta e indireta", mostrando-se igualmente legítima, sempre sob perspectiva constitucional, "(...) a utilização, além da auto declaração, de critérios subsidiários de heteroidentificação, desde que respeitada a dignidade da pessoa humana e garantidos o contraditório e a ampla defesa" (grifei).

◙ Relembremos, mais uma vez, a lucidez e clareza de trecho do voto do Ministro Alexandre de Moraes: (fls. 86/186): "De qualquer modo, parece fora de dúvida que, para preservar da melhor maneira possível a dignidade dos candidatos, evitando maiores constrangimentos, o ideal é que o processo de verificação da autenticidade da declaração privilegie, inicialmente, registros documentais capazes de corroborar a afirmação dos candidatos. Isso pode ser providenciado pela apresentação de fotografias ou até mesmo por documentos públicos que assinalem sinais étnico-raciais referentes aos candidatos e, também, a seus respectivos genitores.".

▶ Para dar mais substrato ao seu lúcido e coerente voto, o referido ministro cita Hédio Silva Júnior, especialista no tema, no sentido que existe uma série de documentos públicos que ostentam informações relevantes para solver dúvidas sobre a realidade étnico-racial (fls. 85 e 86/186): "(…) em pelo menos sete documentos públicos os brasileiros são classificados racialmente com base na cor da pele, são eles: 1. cadastro do alistamento militar; 2. certidão de nascimento (cor era assinalada até 1975); 3. certidão de óbito; 4. cadastro das áreas de segurança pública e sistema penitenciário (incluindo boletins de ocorrência e inquéritos policiais); 5. cadastro geral de empregados e desempregados. 6. cadastros de identificação civil – RG (SP, DF, etc.); 7. Formulário de adoção de varas da infância e adolescência." (SILVA JR., HÉDIO. Documentos públicos como prova de pertencimento racial, 2013. Disponível em http://www.afropress.com/ post.asp?id=15523. Acesso em 8/5/2017)

▶ **Violação ao princípio da legalidade e razoabilidade em convocar todos os cotistas para análise de fenótipo por heterodeclaração.**

O processo que objetiva a eliminação do candidato por fraude tem que ter base em evidências de que há tal conduta fraudulenta, comportamento doloso por parte do candidato no certame! Não se trata de fase do certame, logo, não há o menor sentido em convocar todos os cotistas para ser analisados. Isso não é análise de potencial fraude, mas um verdadeiro e odioso Tribunal Racial! Partindo do pressuposto de uma correta interpretação sistemática da Lei 12.290/204 e da Resolução 203/2015 do CNJ, tem-se que a ideal exegese é no sentido de que apenas quando um candidato estiver sob suspeita de fraude é que será submetido a um procedimento para analisar se a declaração feita por ele é falsa. Os demais, não! Caso contrário, seria uma fase do certame para este grupo e isso não está na lei. E mais, havendo suspeita de fraude, será, em paralelo, aberto um processo administrativo ofertando ampla defesa e contraditório ao candidato. Este processo deve ser regido pela Lei de Processo Administrativo do Ente da Federação que tramita o certame, que possui um rito completo, onde haverá instauração, instrução (com amplos meios probatórios), decisão e fase recursal. Somente após todo este devido processo legal podemos falar em reconhecimento de fraude em processo administrativo para fins de eliminação de candidato. Por isso que a própria legislação prevê que se o candidato já tiver sido nomeado, o seu provimento será tornado sem efeito, pois objetivou obter a verdadeira garantia de que não haveria atropelo e injustiça com candidatos. Logo, como certeza, não é da maneira sumária e mortal que é, em regra, feito pelas "Comissão Raciais" que eliminam, indevidamente, diversos candidatos.

▶ **Muitas vezes há inovação ilegal e afrontosa ao edital do certame com a criação de regra de eliminação quando o certame já está em andamento.**

Muitas vezes há inovação ilegal afrontosa ao edital do certame ao criar uma regra de eliminação quando já em andamento o concurso, qual seja: a eliminação do candidato que não for considerado pela comissão avaliadora como negro. É comum encontrar em editais supervenientes ao certame regras como: "Será eliminado do concurso o candidato que: a) não for considerado pela comissão avaliadora como negro; b) se recusar a ser filmado, não responder às perguntas que forem feitas pela comissão avaliadora e não se submeter ao procedimento de verificação; c) prestar declaração falsa". A criação de uma regra de eliminação ad hoc, quando já ultrapassadas as provas objetivas e discursivas – e mesmo a inscrição definitiva –, constitui flagrante violação ao princípio da segurança jurídica e da impessoalidade. Uma coisa é prestar declaração falsa, que tem que ser apurada em processo administrativo com ampla defesa e contraditório. Outra, completamente distinta, é não ser considerado pela comissão avaliadora como negro. Eis aí o ilegal, imoral e inconstitucional "Tribunal racial"! No caso acima narrado e em negrito não existe previsão legal desta hipótese de eliminação (não for considerado pela comissão avaliadora como negro). Ela é completamente subjetiva e pessoal, violando o princípio da segurança jurídica, impessoalidade, julgamento objetivo, etc.

▶ **Violação ao princípio da legalidade, segurança jurídica e vinculação ao instrumento convocatório em inovar, em certame em andamento, possibilitando do uso da heterodeclaração quando o edital de abertura do certame apenas previa a autodeclaração.**

No que tange ao princípio da legalidade aplicável aos concursos públicos, o art. 37, incisos I e II, da Constituição Federal são claros ao enunciar que: Art. 37. A administração pública direta e indireta de qualquer dos Poderes da União, dos Estados, do Distrito Federal e dos Municípios obedecerá aos princípios de legalidade, impessoalidade, moralidade, publicidade e eficiência e, também, ao seguinte: I – os cargos, empregos e funções públicas são acessíveis aos brasileiros que preencham os requisitos estabelecidos em LEI, assim como aos estrangeiros, na forma da lei; II – a investidura em cargo ou emprego público depende de aprovação prévia em concurso público de provas ou de provas e títulos, de acordo com a natureza e a complexidade do cargo ou emprego, na forma prevista em LEI, ressalvadas as nomeações para cargo em comissão declarado em lei de livre nomeação e exoneração

> ◉ **No mesmo sentido:** "AÇÃO DIRETA DE INCONSTITUCIONALIDADE. LIMINAR. CONCURSO PÚBLICO. JUIZ DO TRABALHO SUBSTITUTO. REQUISITOS. IMPOSIÇÃO VIA ATO DO TRIBUNAL SUPERIOR DO TRABALHO. "Apenas a lei em sentido formal (ato normativo emanado do Poder Legislativo) pode estabelecer requisitos que condicionem ingresso no serviço público. As restrições e exigências que emanem de ato administrativo de caráter infralegal revestem-se de inconstitucionalidade." (Jose Celso de Mello Filho em "Constituição Federal Anotada"). Incompatibilidade da imposição de tempo de prática forense e de graduação no curso de Direito, ao primeiro exame, com a ordem constitucional." (ADI 1188 MC/DF, Relator Ministro Marco Aurélio, Tribunal Pleno, julgado em 23/02/1995)

▶ **Não pode o edital inovar e criar exigências sem respaldo legal, pois além de afrontar a legalidade, princípio genérico direcionado a toda Administração Pública, também estará violando o princípio específico da competitividade ou da ampla acessibilidade aos cargos públicos.**

Deste modo, não pode o edital inovar e criar exigências sem respaldo legal, pois além de afrontar a legalidade, princípio genérico direcionado a toda Administração Pública, também estará violando o princípio específico da competitividade ou da ampla acessibilidade aos cargos públicos. Conforme o art. 5º da referida Resolução, para concorrer às vagas reservadas, o candidato deve preencher autodeclaração de que é preto ou pardo, cujo enunciado do edital, geralmente, possui o seguinte item: "Poderão concorrer às vagas reservadas a candidatos negros aqueles que se AUTODECLARAREM pretos ou pardos no ato da inscrição no concurso público, conforme o quesito cor ou raça utilizado pela Fundação Instituto Brasileiro de Geografia e Estatística – IBGE". Mais adiante, [e comum encontrar no mesmo edital itens como: "Para concorrer às vagas reservadas, o candidato deverá, no ato da inscrição, optar por concorrer às vagas reservadas aos negros, preenchendo a AUTODECLARAÇÃO de que é preto ou pardo, conforme quesito cor ou raça utilizado pela Fundação Instituto Brasileiro de Geografia e Estatística – IBGE. Isso porque, conforme a Lei nº 12.288/2010, que institui o Estatuto da Igualdade Racial, pertence à população negra o conjunto de pessoas que se autodeclararem pretas ou pardas, in verbis: Art. 1º Esta Lei institui o Estatuto da Igualdade Racial, destinado a garantir à população negra a efetivação da igualdade de oportunidades, a defesa dos direitos étnicos individuais, coletivos e difusos e o combate à discriminação e às demais formas de intolerância étnica. Parágrafo único. Para efeito deste Estatuto, considera-se: [...]. IV – População negra: o conjunto de pessoas que se AUTODECLARAM pretas e pardas, conforme o quesito cor ou raça usado pela Fundação Instituto Brasileiro de Geografia e Estatística (IBGE), ou que adotam auto definição análoga. Portanto, o critério legalmente estabelecido para a inserção na condição de "população negra" é a "AUTODECLARAÇÃO", de acordo com os critérios estabelecidos pelo IBGE.

▶ **A possibilidade de verificar fraude é específica e posterior e não anterior, razão pela qual é uma total contradição a convocação de todos os candidatos aprovados nas cotas para análise por heterodeclaração baseada no fenótipo.**

É comum ter no edital do certame, inclusive o que rege o concurso da Magistratura, regras como: "Os candidatos que se autodeclararem negros, se não eliminados na terceira etapa, serão convocados para verificação da veracidade de sua declaração, nos termos do § 2º do art. 5º da Resolução CNJ nº 203, de 2015." O mais interessante é que enganosamente o referido item do edital, muitas vezes, remete ao § 2º do art. 5º da Resolução CNJ nº 203 de 2015, como se este dispositivo normativo autorizasse isso. Vejamos o que enuncia a referida norma: Art. 5º (...) § 2º Presumir-se-ão verdadeiras as informações prestadas pelo candidato no ato da inscrição do certame, sem prejuízo da apuração das responsabilidades administrativa, civil e penal na hipótese de constatação de declaração falsa. A possibilidade de verificar fraude é específica e posterior e não anterior, razão pela qual é uma total contradição a convocação de todos os candidatos aprovados nas cotas para esta ilegal entrevista. Esse comportamento gera a seguinte pergunta, que, até hoje, não achei resposta: Todos os cotistas estão sendo investigados por fraude em sua declaração?

▶ **Uma coisa é apurar um caso de fraude, como determina a Lei 12.990/14. Outra, completamente distinta, é criar nova fase para validar as auto declarações.**

Uma coisa é apurar um caso de fraude, como determina a Resolução 203/15 e a Lei 12.990/14. Outra, completamente distinta, é criar nova fase para validar auto declarações. A Resolução 203/05 do CNJ e a Lei 12.990/2014 são claras ao enunciarem que o critério é a autodeclaração e não a heterodeclaração por fenótipo, que é o que vem ocorrendo de forma, nem diria disfarçada, mas escancarada! Não se está se discutindo se os critérios previstos em lei são os mais perfeitos ou não, mas a autodeclaração é a norma atual e vigente no sistema e não pode a Administração Pública se investir na função de legislador.

▶ **A heterodeclaração por fenótipo apenas pode ser utilizada de forma subsidiária e em caso de suspeita de fraude.**

Isso porque o processo que objetiva a eliminação do candidato por fraude tem que ter base em evidências de que há tal conduta fraudulenta, comportamento doloso por parte do candidato no certame! Não se trata de fase do certame, logo, não há o menor sentido em convocar todos os cotistas para ser analisados. Isso não é análise de potencial fraude, mas um verdadeiro e odioso Tribunal Racial!

▶ **Apenas quando um candidato estiver sob suspeita de fraude é que será submetido a um procedimento para analisar se a declaração feita por ele é falsa ou não.**

Partindo do pressuposto de uma correta interpretação sistemática de regras do edital conforme falou-se em cotejo com as regras legais, tem-se que a ideal exegese é no sentido de que apenas quando um candidato estiver sob suspeita de fraude é que será submetido a um procedimento para analisar se a declaração feita por ele é falsa. Os demais, não! Caso contrário, seria uma fase do certame para este grupo e isso não está na lei.

▶ **Havendo suspeita de fraude, será instaurado, em paralelo, um processo administrativo ofertando ampla defesa e contraditório ao candidato.**

E mais, havendo suspeita de fraude, será, em paralelo, aberto um processo administrativo ofertando ampla defesa e contraditório ao candidato. Este processo deve ser regido pela Lei de Processo Administrativo Federal ou do Estado que ocorrer o caso, que possui um rito completo, onde haverá instauração, instrução (com amplos meios probatórios), decisão e fase recursal. Somente após todo este devido processo legal podemos falar em reconhecimento de fraude em processo administrativo para fins de eliminação de candidato. Por isso que a própria legislação prevê que se o candidato já tiver sido nomeado, o seu provimento será tornado sem efeito, pois objetivou obter a verdadeira garantia de que não haveria atropelo e injustiça com candidatos. Logo, como certeza, não é da maneira sumária e mortal que foi feita pela Comissão que eliminou o candidato.

◉ **No mesmo sentido:** "PROCESSUAL CIVIL. ADMINISTRATIVO. RECURSO ORDINÁRIO EM MANDADO DE SEGURANÇA. CONCURSO PÚBLICO. VAGAS RESERVADAS PARA CANDIDATOS NEGROS. AUTODECLARAÇÃO. ÚNICA EXIGÊNCIA EDITALÍCIA. POSTERIOR REALIZAÇÃO DE ENTREVISTA PARA AFERIÇÃO DO FENÓTIPO SEM PREVISÃO NO EDITAL DE ABERTURA. FALTA DE AMPARO LEGAL. VIOLAÇÃO DO PRINCÍPIO DA VINCULAÇÃO AO INSTRUMENTO CONVOCATÓRIO. 1. Em se cuidando de disputa de cargos públicos reservados pelo critério da cota racial, ainda que válida a utilização de parâmetros outros que não a tão só autodeclaração do candidato, há de se garantir, no correspondente processo seletivo, a observância dos princípios da vinculação ao edital, da legítima confiança do administrado e da segurança jurídica. 2. O princípio da vinculação ao instrumento convocatório impõe o respeito às regras previamente estipuladas, as quais não podem ser modificadas com o certame já em andamento. 3. O Edital nº 01/2015 – TJDF, que tornou pública a abertura do concurso público destinado ao provimento de cargos no Tribunal de Justiça do Distrito Federal e Territórios, estabeleceu, como critério único para a disputa de vagas reservadas para negros, a autodeclaração do candidato, à qual foi atribuída presunção de veracidade (item 6.2.3), em conformidade, aliás, com o disposto no art. 5º, § 2º, da Resolução CNJ nº 203/2015. 4. Embora o item 6.2.4 do edital originário previsse a possibilidade de se comprovar a falsidade da autodeclaração, nenhuma referência o acompanhou quanto à forma e ao momento em que a Comissão de Concurso poderia chegar a essa constatação. Daí que a posterior implementação de uma fase específica para tal finalidade, não prevista no edital inaugural e com o certame já em andamento, não se revestiu da necessária higidez jurídica, não se podendo, na seara dos concursos públicos, atribuir validade a cláusula editalícia supostamente implícita, quando seu conteúdo possa operar em desfavor do candidato. 5. Nesse contexto, não era lícito à Administração Pública, após a aprovação dos candidatos nas provas objetiva e discursiva, introduzir inovação nas regras originais do certame (no caso concreto, por intermédio do Edital nº 15/2016) para sujeitar os concorrentes a "entrevista" por comissão específica, com o propósito de aferir a pertinência da condição de negros, por eles assim declarada ao momento da inscrição no concurso. À conta dessa conduta, restou afrontado pela Administração, dentre outros, o princípio da vinculação ao instrumento convocatório. Precedente desta Corte em caso assemelhado: AgRg no RMS 47.960/RS, Rel. Ministro NAPOLEÃO NUNES MAIA FILHO, Primeira Turma, DJe 31/05/2017. 6. Recurso ordinário provido para, reformando o acórdão recorrido, conceder a segurança, determinando-se a reinserção do nome do recorrente na lista dos candidatos que concorreram às vagas destinadas ao provimento por cota racial, respeitada sua classificação em função das notas que obteve no certame." (RMS 54.907/DF, Rel. Ministro SÉRGIO KUKINA, PRIMEIRA TURMA, julgado em 05/04/2018, DJe 18/04/2018)

◉ **No mesmo sentido:** "PROCESSUAL CIVIL. ADMINISTRATIVO. RECURSO ORDINÁRIO EM MANDADO DE SEGURANÇA. CONCURSO PÚBLICO. VAGAS RESERVADAS PARA CANDIDATOS NEGROS. AUTODECLARAÇÃO. ÚNICA EXIGÊNCIA EDITALÍCIA. POSTERIOR REALIZAÇÃO DE ENTREVISTA PARA AFERIÇÃO DO FENÓTIPO SEM PREVISÃO NO EDITAL DE ABERTURA. FALTA DE AMPARO LEGAL. VIOLAÇÃO DO PRINCÍPIO DA VINCULAÇÃO AO INSTRUMENTO CONVOCATÓRIO. 1. Em se cuidando de disputa de cargos públicos reservados pelo critério da cota racial, ainda que válida a utilização de parâmetros outros que não a tão só autodeclaração do candidato, há de se garantir, no correspondente processo seletivo, a observância dos princípios da vinculação ao edital, da legítima confiança do administrado e da segurança jurídica. 2. O princípio da vinculação ao instrumento convocatório impõe o respeito às regras previamente estipuladas, as quais não podem ser modificadas com o certame já em andamento. 3. O Edital nº 01/2015 – TJDF, que tornou pública a abertura do concurso público destinado ao provimento de cargos no Tribunal de Justiça do Distrito Federal e Territórios, estabeleceu, como critério único para a disputa de vagas reservadas para negros, a autodeclaração do candidato, à qual foi atribuída presunção de veracidade (item 6.2.3), em conformidade, aliás, com o disposto no art. 5º, § 2º, da Resolução CNJ nº 203/2015. 4. Embora o item 6.2.4 do edital originário previsse a possibilidade de se comprovar a falsidade da autodeclaração, nenhuma referência o acompanhou quanto à forma e ao momento em que a Comissão de Concurso poderia chegar a essa constatação. Daí que a posterior implementação de uma fase específica para tal finalidade, não prevista no edital inaugural e com o certame já em andamento, não se revestiu da necessária higidez jurídica, não se podendo, na seara dos concursos públicos, atribuir validade a cláusula editalícia supostamente implícita, quando seu conteúdo possa operar em desfavor do candidato. 5. Nesse contexto, não era lícito à Administração Pública, após a aprovação dos candidatos nas provas objetiva e discursiva, introduzir inovação nas regras originais do certame (no caso concreto, por intermédio do Edital nº 15/2016) para sujeitar os concorrentes a "entrevista" por comissão específica, com o propósito de aferir a pertinência da condição de negros, por eles assim declarada ao momento da inscrição no concurso. À conta dessa conduta, restou afrontado pela Administração, dentre outros, o princípio da vinculação ao instrumento convocatório. Precedente desta Corte em caso assemelhado: AgRg no RMS 47.960/RS, Rel. Ministro NAPOLEÃO NUNES MAIA FILHO, Primeira Turma, DJe 31/05/2017. 6. Recurso ordinário provido para, reformando o acórdão recorrido, conceder a segurança, determinando-se a reinserção do nome do recorrente na lista dos candidatos que concorreram às vagas destinadas ao provimento por cota racial, respeitada sua classificação em função das notas que obteve no certame." (RMS 54.907/DF, Rel. Ministro SÉRGIO KUKINA, PRIMEIRA TURMA, julgado em 05/04/2018, DJe 18/04/2018)

◙ **No mesmo sentido:** "CONSTITUCIONAL E ADMINISTRATIVO. AGRAVO REGIMENTAL NO RECURSO ORDINÁRIO EM MANDADO DE SEGURANÇA. CONCURSO PÚBLICO DO TRIBUNAL DE CONTAS DO ESTADO DO RIO GRANDE DO SUL. CANDIDATO APROVADO NAS VAGAS DESTINADAS AOS NEGROS E PARDOS. CRITÉRIO DA AUTODECLARAÇÃO. PREVISÃO EDITALÍCIA. VINCULAÇÃO AO INSTRUMENTO. AGRAVO REGIMENTAL DESPROVIDO. 1. A questão em debate cinge-se à verificação da suposta ilegalidade do ato administrativo estadual gaúcho que determinou a nulidade da inscrição do recorrente no concurso público para o cargo de Oficial de Controle Externo, Classe II, do Tribunal de Contas do Estado do Rio Grande do Sul, conforme Edital 002/2013, em face da ausência de comprovação da sua afro descendência declarada para fins de concorrência nas vagas específicas para negros e pardos. 2. In casu, o recorrente teve a inscrição no concurso cancelada ao fundamento de que não preenchia os requisitos necessários a concorrer às vagas destinadas aos negros e pardos, uma vez que, apesar de ser parda, não teria comprovado ser filho de pai ou mãe negra, não podendo sua cor de pele ter advindo de seus avós ou outro parente ancestral. 3. Os requisitos analisados pela Comissão não guardam relação com o previsto no edital e sequer com a Lei Gaúcha 14.147/2012, uma vez que foram estabelecidos de forma aberta e irrestrita por seus integrantes que, inclusive, destacaram que para os efeitos aqui pretendidos, há que ser considerado pardo o filho de mãe negra e pai branco (ou vice-versa), condição que não possui o candidato (fls. 97). 4. O próprio critério adotado pelo IBGE para classificação da cor é subjetivo, baseado na autodeclaração do entrevistado, não abrangendo apenas o binômio branco/negro, mas também os encontros inter-raciais entre brancos e indígenas, brancos e negros e negros e indígenas. Isto demonstra a complexidade que envolve a realização do Censo no Brasil, em razão das variáveis decorrentes do processo miscigenatório, do qual, aliás, resulta a raça brasileira dos mulatos claros, a que aludiu o sociólogo Gilberto Freire. 5. A classificação de cor na sociedade brasileira, por força da miscigenação, torna-se difícil, mesmo para o etnólogo ou antropólogo. A exata classificação dependeria de exames morfológicos que o leigo não poderia proceder. Até mesmo com relação aos amarelos, é difícil caracterizar o indivíduo como amarelo apenas em função de certos traços morfológicos, os quais permanecem até a 3ª e 4ª gerações, mesmo quando há cruzamentos. Com relação ao branco, preto e pardo a dificuldade é ainda maior, pois o julgamento do pesquisador está relacionado com a cultura regional. Possivelmente o indivíduo considerado como pardo no Rio Grande do Sul, seria considerado branco na Bahia, na segura observação da Professora Aparecida Regueira (As Fontes Estatísticas em Relações Raciais e a Natureza da Investigação do Quesito Cor nas Pesquisas Sobre a População no Brasil: Contribuição para o Estudo das Desigualdades Raciais na Educação. Site IBGE). 6. Nesse contexto, importa salientar que se o Edital estabelece que a simples declaração habilita o candidato a concorrer nas vagas destinadas a negros e pardos, e não fixa os critérios para aferição desta condição, não pode a Administração, posteriormente, sem respaldo legal ou no Edital do Certame, estabelecer novos critérios ou exigências adicionais, sob pena de afronta ao princípio da vinculação ao edital, além de se tratar de criteriologia arbitrária, preconcebida e tendente a produzir o resultado previamente escolhido. 7. A jurisprudência deste Superior Tribunal de Justiça é rigorosamente torrencial e uniforme quanto à obrigatoriedade de se seguir fielmente as disposições editalícias como garantia do princípio da igualdade, e sem que isso signifique qualquer submissão a exigências de ordem meramente positivistas. 8. Dessa forma, mostra-se líquido e certo o direito do recorrido em ter anulado o ato que determinou o cancelamento de sua inscrição na lista específica para negros e pardos, bem como para restabelecer os efeitos de sua nomeação, para que, preenchidos os demais requisitos legais, tome posse no cargo de Oficial de Controle Externo, Classe II, do Tribunal de Contas do Estado do Rio Grande do Sul. 9. Agravo Regimental do ESTADO DO RIO GRANDE DO SUL desprovido." (AgRg no RMS 47.960/RS, Rel. Ministro NAPOLEÃO NUNES MAIA FILHO, PRIMEIRA TURMA, julgado em 18/04/2017, DJe 31/05/2017)

▶ **Da utilização da heterodeclaração de forma primária e enganosamente transversa, em detrimento do legal critério da autodeclaração.**

Em análise de itens de alguns editais percebe-se a pretensão da Comissão do Concurso em desobedecer a Resolução 203/15 do Conselho Nacional de Justiça ou a Lei 12.990/2014, pois pretende acrescer um critério de definição de raça não previsto na lei, qual seja: heteroclassificação.

▶ **Em um país com alto grau de miscigenação e muitas variações nas composições étnico-raciais da população em diferentes regiões qualquer tentativa de estabelecer critérios objetivos para a heteroclassificação racial deve levar em consideração uma forma justa e sensível às particularidades regionais.**

Em um país de dimensões continentais, alto grau de miscigenação, com mais de 200 milhões de habitantes e muitas variações nas composições étnico-raciais da população em diferentes regiões, qualquer tentativa de estabelecer critérios objetivos para a heteroclassificação racial deveria levar em consideração uma forma justa e sensível às particularidades regionais, culturais e históricas de todas as regiões do Brasil. Existem, no país, mais de 400 termos populares utilizados na linguagem do dia a dia para definir variações étnico-raciais devido ao seu alto grau de miscigenação, empregados, por vezes, com significados antagônicos em diferentes regiões.

▶ **Para um pardo, definir-se como branco ou como preto significaria, necessariamente, negar um lado de sua família.**

"No caso dos indivíduos pardos, como bem fundamenta a representante do Movimento Pardo-Mestiço Brasileiro perante o STF durante o julgamento da ADPF 186 contra cotas raciais na Universidade de Brasília (UnB), o próprio significado do termo pardo significa que esta é uma categoria diferente das outras, pois define indivíduos que têm, em seus antecedentes, mais de uma cor. Para um pardo, definir-se como branco ou como preto significaria, necessariamente, negar um lado de sua família. Segundo o próprio diretor do IPEA "... a opção pela auto atribuição ou pela heteroatribuição de pertença racial é uma escolha entre subjetividades: a do próprio sujeito da classificação ou a do observador externo." (OSORIO, R. G. A classificação de cor ou raça do IBGE revisitada. Características Étnico-Raciais da População Brasileira, Rio de Janeiro, 2013.).

▶ **Como o IBGE investiga a cor das pessoas no Censo?**

De forma AUTODECLARATÓRIA. O método da autodeclaração é consagrado internacionalmente e foi ratificado na Declaração de Durban (Relatório da Conferência Mundial Contra Racismo, Discriminação Racial, Xenofobia e Intolerância Correlata). O recenseador pergunta ao entrevistado qual a cor ou raça deste, e ele pode optar entre as opções: "Branco", "Preto", "Amarelo", "Pardo" ou "Indígena".

> ▶ "as discordâncias ocorrem geralmente em função do peso de fatores socioeconômicos, sendo a literatura sobre o assunto unânime em afirmar que ascensão social pode "embranquecer"." (OSORIO, R. G. A classificação de cor ou raça

do IBGE revisitada. Características Étnico-Raciais da População Brasileira, Rio de Janeiro, 2013.).

▶ **A realização pela ONU da III Conferência Mundial contra o Racismo, a Discriminação Racial, a Xenofobia e as Formas Conexas de Intolerância. Declaração de Durban.**

De 31 de agosto a 7 de setembro de 2001, organizada pela ONU, foi realizada a III Conferência Mundial contra o Racismo, a Discriminação Racial, a Xenofobia e as Formas Conexas de Intolerância, em Durban, na África do Sul, conhecida como Conferência de Durban. Na Declaração de Durban, a AUTODECLARAÇÃO é mencionada no artigo 92 do capítulo 2 "Políticas e práticas: Coleta e disseminação de dados, pesquisas e estudos". Segundo o IBGE e a legislação que regula a matéria, a raça negra é constituída pela soma das pessoas que se autodeclaram "pardas" ou "pretas". Não se trata, portanto, de uma classificação biológica ou física com base no genótipo ou no fenótipo. Pardos e pretos são categorias de classificação da cor da pele tomadas a partir da auto identificação. Portanto, negro é quem se autodeclara preto ou pardo, independentemente de características físicas (fenotípicas) ou da ancestralidade (genotípicas). Por não se apoiar em premissas técnicas, o conceito de "raça" afigura-se indemonstrável, na medida em que não é possível afirmar com certeza científica que um indivíduo pertence a uma ou outra raça.

▶ **É indispensável que tanto na escolha dos critérios quanto na justificação destes a Administração se valha de elementos objetivos e de fácil apreensão pelos candidatos.**

Ainda que a "investigação" a respeito da raça de cada candidato fosse legítima, deveriam se estabelecer os critérios de aferição para verificar quais características físicas que identificam a raça negra, para evitar interferências subjetivas. É indispensável que tanto na escolha dos critérios quanto na justificação destes, a Administração se valha de elementos objetivos e de fácil apreensão pelos candidatos. Apenas dessa forma o administrador se desincumbirá do ônus imposto pelos princípios da transparência e da motivação dos atos administrativos, a oportunizar à sociedade a fiscalização dos atos e negócios públicos e, no particular, aos candidatos exercerem plenamente o contraditório, o que não ocorreu no caso em tela.

▶ **Em regra, os critérios utilizados pelas Comissões dos Concursos Públicos partem de premissas equivocadas.**

Como forma de elucidar o que significa cada uma das categorias do quesito cor ou raça do IBGE, recorreu-se à literatura sobre o tema dos recenseamentos no Brasil, inclusive os trabalhos feitos por autores do próprio IBGE. Considera-se amplamente que um indivíduo pardo pode ser caboclo ou mameluco, ou seja, mestiço de branco com índio, ou ainda de índio com amarelo, e de diversas outras combinações que não incluem afrodescendentes e não possuem os "traços fenotípicos" supostamente característicos das pessoas negras. POR OUTRAS PALAVRAS: Em regra, os critérios utilizados pelas Comissões dos Concursos Públicos partem de premissas equivocadas.

433

▶ **Escala dermatológica de Fitzpatrick como meio para prova da cor da pele do candidato.**

Na escala dermatológica de Fitzpatrick, de classificação dos fototipos cutâneos, que vai de I a VI, onde I é o tipo de pele mais branca e VI é o tipo de pele mais preta, como pode uma pessoa que tem pele do tipo IV ser considerado uma pessoa branca? A pele do tipo IV é a cor de pele típica das pessoas mulatas e, no geral, as pessoas pardas têm tipos de pele que variam do tipo 3 ao tipo 5. Registre-se que a Escala Fitzpatrick foi criada em 1976 pelo dermatologista e diretor do departamento de Dermatologia da Escola de Medicina de Harvard, Thomas B. Fitzpatrick. Fitzpatrick, que classificou a pele em fototipos a partir da capacidade de cada pessoa em se bronzear sob exposição solar e sua sensibilidade e tendência a ficar vermelhas sob os raios solares.

▶ **A inconstitucional tentativa de buscar a pureza racial. Comportamento que vem sendo adotado em vários concursos.**

Querer argumentar que o candidato, além da cor de pele escura, também deveria possuir certos traços físicos, conforme sugere, em regra, as Comissões de Concursos Públicos (análise de fenótipo), é uma tentativa de buscar pureza racial que não existe no Brasil. Além disso, discriminar as pessoas em busca de pureza racial é praticar o racismo, assim como faziam os nazistas. Vale lembrar, contudo, que muitas vezes a Comissão do Concurso pode estar buscando, erroneamente, a pureza de raça devido a uma interpretação equivocada. De fato, é confusa a sobreposição de nomes de categorias criadas pelo Estatuto da Igualdade Racial de 2010. O IBGE não utiliza o termo "negros", mas somente "pretos" e "pardos", porém o Estatuto da Igualdade Racial juntou as categorias preto e pardo em uma nova categoria, "negro", para delinear a população alvo das políticas de ação afirmativa. Portanto, 51% da população brasileira em 2010 tornou-se negra perante a lei, já que no Censo de 2010, cerca de 7,5% dos brasileiros haviam se declarados como pretos e 47,5% como pardos. A ambiguidade do termo "negro" deriva do fato de que se utiliza esse termo, também, para referir-se à população da África subsaariana, que no Brasil se enquadraria na categoria "preta".

▶ **Ao defender que os "negros", nos termos da lei brasileira, devem possuir certas características físicas que denotam pureza racial da África subsaariana, as comissões de concursos públicos realizam um verdadeiro genocídio estatístico de 84,7 milhões de brasileiros que se autodeclaram pardos.**

Ao defender que os "negros", nos termos da lei brasileira, devem possuir certas características físicas que denotam pureza racial da África subsaariana, as comissões de concursos públicos realizam um verdadeiro genocídio estatístico de 84,7 milhões de brasileiros que se autodeclaram pardos, e, portanto, não possuem tal pureza racial, mas que, juntamente com os 15 milhões de pretos, compõe, legalmente, a categoria negro, e, portanto, fazem jus à reserva de vagas criada pela resolução n. 203/05 do CNJ e pela Lei 14.990/2014. Nenhum cidadão tem seu direito violado quando o IBGE divulga, por exemplo, que a população do Brasil tem 51% de pardos ou pretos, com margem de erro de 2% para mais ou para menos. Porém, no nível individual, essa margem de erro não seria tolerável, principalmente se ela pudesse implicar a eliminação injusta de um candidato exercendo honestamente seu direito à auto identificação.

▶ **A heteroclassificação e autodeclaração são opções, necessariamente, excludentes.**

A heteroclassificação e autodeclaração são opções, necessariamente, excludentes, pois só há duas opções possíveis: ou se toma como verdade a subjetividade do candidato, ou a dos membros da Comissão do Concurso. Esse ponto é genialmente explicado pela "Carta dos 113 para o Senado Federal", assinada por 113 intelectuais brasileiros contrários ao estabelecimento de comissões raciais para julgar os merecedores de cotas: "Como, no Brasil, não sabemos exatamente quem é 'negro' e quem é 'não-negro', comissões de certificação racial estabelecidas pelas universidades se encarregam de traçar uma fronteira. (...) No fim das contas, isso equivale ao cancelamento do princípio da autodeclaração e sua substituição pela atribuição oficial de identidades raciais." Não é de se surpreender, entretanto, que tais aberrações ocorram, já que o conceito de raças é extremamente subjetivo.

▶ **A Antropologia, por ter como objeto de estudo o homem em todas as suas dimensões temporais e espaciais seria provavelmente a ciência mais próxima a poder julgar o pertencimento racial ou étnico dos candidatos.**

A Antropologia, por ter como objeto de estudo o homem em todas as suas dimensões temporais e espaciais, seria provavelmente a ciência mais próxima a poder julgar o pertencimento racial ou étnico dos indivíduos, conforme algumas de suas vertentes já o fizeram no passado. Em junho de 2004, no entanto, a Associação Brasileira de Antropologia (Crer-ABA) emitiu um posicionamento acerca das comissões raciais instituídas pela UnB: "A pretensa objetividade dos mecanismos adotados pela UnB constitui, de fato, um constrangimento ao direito individual, notadamente ao da livre auto identificação. Além disso, desconsidera o arcabouço conceitual das ciências sociais, e, em particular, da antropologia social e antropologia biológica. A Crer-ABA entende que a adoção do sistema de cotas raciais nas Universidades públicas é uma medida de caráter político que não deve se submeter, tampouco submeter aqueles aos quais visa beneficiar, a critérios arbitrários, sob pena de se abrir caminho para novas modalidades de exceção atentatórias à livre manifestação das pessoas. A Crer-ABA externa a sua preocupação não somente com os fundamentos que norteiam o sistema classificatório dos candidatos, como também com as repercussões negativas que o sistema implantado pela UnB poderá produzir."

▶ **Além do posicionamento claro por parte da Antropologia, a genética também não deixa dúvidas com relação a impossibilidade de verificar a raça de um indivíduo baseando-se, unicamente, em seu fenótipo.**

Nesse sentido, é importante mencionar a recente pesquisa de ancestralidade genômica realizada em líderes negros pelo Professor geneticista SÉRGIO DANILO PENA, a pedido da BBC Brasil. Na ocasião, observou-se que a aparência de uma pessoa diz muito pouco em relação à sua ancestralidade. O sambista NEGUINHO DA BEIJA--FLOR, por exemplo, possui 67,1% da ascendência europeia. A mesma coisa pode ser afirmada em relação à ginasta DAIANE DOS SANTOS e à atriz da Rede Globo ILDI SILVA, que também possuem maior grau de ascendência europeia do que africana. Portanto, no Brasil, há brancos na aparência que são africanos na ancestralidade. E há negros, na aparência, que são europeus na ascendência.

▶ **Por que não é possível determinar um grau mínimo de africanidade para que um brasileiro seja considerado negro?**

O professor SÉRGIO PENA, no estudo denominado RETRATO MOLECULAR DO BRASIL, explica com precisão por que não é possível determinar um grau mínimo de africanidade para que um brasileiro seja considerado negro. Sua explicação merece transcrição: "A ancestralidade, após os avanços do Projeto Genoma Humano, pode ser quantificada objetivamente. Implementamos em nosso laboratório exames de marcadores de DNA que permitem calcular um índice de ancestralidade africana, ou seja, estimar, para cada genoma humano, qual proporção se originou na África. Recentemente, publicamos um estudo demonstrando que no Brasil, em nível individual, a cor de um indivíduo tem muito baixa correlação com o índice de ancestralidade africana. Isso quer dizer que, em nosso país, a classificação morfológica como branco, preto ou pardo significa pouco em termos genômicos e geográficos, embora a aparência física seja muito valorizada socialmente. A interpretação dos achados de nossa pesquisa é que a população brasileira atingiu um nível muito elevado de mistura gênica. A esmagadora maioria dos brasileiros tem algum grau de ancestralidade genômica africana."

▶ **A impossibilidade decorre do fato de que no Brasil, diferentemente de outros países que adotaram sistemas de cotas raciais, à exemplo dos Estados Unidos e da África do Sul, a miscigenação decorreu de um processo natural, devido às condições em que foram realizadas a colonização.**

Profundas foram as diferenças, o que influenciou decisivamente na formação do povo brasileiro. A colonização feita pelos ingleses originou núcleos familiares, que fez com que não surgisse uma forte miscigenação, como ocorreu no Brasil. Aqui, a colonização refletiu a dificuldade de Portugal em colonizar vasto território com ausência de excedente populacional, na medida em que vieram predominantemente homens brancos, que eram encorajados a constituir família com mulheres negras e indígenas. Não é à toa que o estudo do geneticista Sérgio Pena identificou que a matrilinhagem genômica, da análise do DNA dos brasileiros, é predominantemente africana e ameríndia. Nos Estados Unidos e a África do Sul, entretanto, a segregação racial era espantosamente incentivada pelo próprio Estado, a miscigenação foi combatida e a separação entre negros e brancos era a regra. Depois do fim da abolição da escravidão, os Estados Unidos tiveram, até a década de 1960, leis que determinavam o que era uma pessoa negra (a regra da Gota de Sangue), e quais hospitais, escolas, cemitérios, ônibus, piscinas, banheiros, etc. essa pessoa era autorizada a frequentar. Da mesma forma, a África do Sul viveu, até a década de 1990 o regime do Apartheid. Não é à toa que esses países tiveram menos dificuldades de estabelecer critérios para delinear o grupo alvo dos programas de ação afirmativa. Simplesmente utilizou-se a mesma regra que as leis anteriores utilizavam para discriminar os negros, dessa vez para favorecê-los. No Brasil, no entanto, depara-se com a não existência dessas regras simplesmente porque, desde a abolição da escravidão, o Estado brasileiro jamais discriminou seus cidadãos com base em cor ou raça. Embora haja preconceito racial na sociedade brasileira, o Estado brasileiro não é racista como foram esses países e nunca editou sequer uma lei que tivesse o objetivo de dividir a sociedade em grupos raciais. Isso decorre do fato de que, diferentemente dos Estados Unidos, no momento da abolição da escravidão no Brasil, cerca de 90% dos negros já eram livres. A sociedade brasileira já se enxergava como uma sociedade mestiça e não como uma sociedade binária. Em vez de movimentos racistas como o Ku Klux Klan, surgiu no Brasil o mito da democracia racial.

▶ **O tema da raça se tornou tão complexo no Brasil que, em 1976, quando a Pesquisa Nacional por Amostra de Domicílios trouxe à tona a classificação racial, o resultado foi uma verdadeira miscelânea racial**

Nessa pesquisa, deixou-se livre aos indivíduos realizarem sua autoclassificação. À pergunta "qual é a cor do(a) senhor(a)?", cabia ao entrevistador apenas anotar a resposta, ainda que lhe parecesse estranha. Por consequência, identificaram-se espantosas 135 cores no país, o que demonstra que o brasileiro possui uma identidade racial muito mais complexa do que a divisão negro e não-negro poderia comportar. Responderam-se: acastanhada, agalegada, alva, alva-escura, alvarenta, alvarinta, alva-rosada, alvinha, amarela, amarelada, amarela-queimada, amarelosa, amorenada, avermelhada, azul, azul-marinho, baiano, bem-branca, bem-clara, bem-morena, branca, branca-avermelhada, branca-melada, branca-morena, branca-pálida, branca-queimada, branca-sardenta, branca-suja, branquiça, branquinha, bronze, bronzeada, bugrezinha-escura, burro-quando-foge, cablocla, cabo-verde, café, café-com-leite, canela, canelada, cardão, castanha, castanha-clara, castanha-escura, chocolate, clara, clarinha, cobre, corada, cor-de-café, cor-de-canela, cor-de-cuia, cor-de-leite, cor-de-ouro, cor-de-rosa, cor-firma, crioula, encerada, enxofrada, esbranquecimento, escura, escurinha, fogoio, galega, galegada, jambo, laranja, lilás, loira, loira-clara, loura, lourinha, malaia, marinheira, marrom, meio-amarela, meio-branca, meio-morena, meio-preta, melada, mestiça, miscigenação, mista, morena, morena-bem-chegada, morena-bronzeada, morena-canelada, morena-castanha, morena-clara, morena-cor-de-canela, morena-jambo, morenada, morena-escura, morena-fechada, morenão, morena-parda, morena-roxa, morena-ruiva, morena-trigueira, moreninha, mulata, mulatinha, negra, negrota, pálida, paraíba, parda, parda-clara, polaca, pouco-clara, pouco-morena, preta, pretinha, puxa-para-branca, quase-negra, queimada, queimada-de-praia, queimada-de-sol, regular, retinta, rosa, rosada, rosa-queimada, roxa, ruiva, russo, sapecada, sarará, saraúba, tostada, trigo, trigueira, turva, verde, vermelha. .

▶ **O equívoco/ilegalidade em se criar comissões para análise de fenótipo, de forma subsidiária, apenas com membros do movimento negro.**

Um outro disfarce comumente aplicado para tentar legitimar as comissões raciais é a ideia de que membros do movimento negro organizado seriam pessoas aptas a julgar o pertencimento ou não de um indivíduo à categoria de negro.

▶ O professor, Doutor pela UFPR, Mestre pela UFMG e Procurador da República EDILSON VITORELLI explica que esse tipo de julgamento equivaleria a um autorreconhecimento, ou seja, quando um grupo confirma o pertencimento de um determinado indivíduo, conforme ocorre com tribos indígenas: "..mas essa possibilidade não é extensível aos negros, pois não existe uma cultura negra diferenciada que possa ser caracterizada como 'grupo', legitimado a reconhecer ou não reconhecer integrantes." O professor continua: "As diversas associações civis que compõem o movimento negro não podem se atribuir legitimamente a prerrogativa de, em nome de todos os negros, dizer quem é ou não é negro. A participação de integrantes dessas entidades nas comissões não as torna menos arbitrarias (...)

▶ **Auto reconhecimento ou autodeclaração?**

Além disso, os vários diplomas legais que tratam da igualdade racial não utilizam a expressão autor reconhecimento, mas autodeclaração. (...) O legislador do Estatuto da Igualdade Racial percebeu claramente que não é possível estabelecer características sociais, culturais e econômicas que se apliquem a todos os negros no Brasil, nem é possível dividir os negros em grupos com visões de mundo distintas do restante da sociedade, como aconteceu com os índios. Por essa razão, o Estatuto da Igualdade Racial não exigiu o autor reconhecimento, mas apenas a autodeclaração, conforme se lê em seu art. 1º, IV, que conceitua a população negra como "o conjunto das pessoas que se autodeclaram pretas e pardas".

▶ **A composição racial das diversas regiões do Brasil faz com que a percepção da cor ou raça de uma determinada pessoa varie de acordo com a região.**

Além disso, as complexidades intrínsecas ao tema da cor somada às grandes variedades da composição racial das diversas regiões do Brasil fazem com que a percepção da cor ou raça de uma determinada pessoa varie de acordo com a região.

▶ "possivelmente o indivíduo considerado como pardo no Rio Grande do Sul seria considerado branco na Bahia." (REGUEIRA, A.T.R. As fontes estatísticas em relações raciais e a natureza da investigação do quesito cor nas pesquisas sobre a população no Brasil: contribuição para os estudas das desigualdades raciais na educação. 2004. 239 p. Dissertação (mestrado)- Programa de Pós-Graduação em Educação, UERJ, Rio de Janeiro, 2004.)

▶ **O próprio significado do termo pardo significa que esta é uma categoria diferente das outras, pois define indivíduos que têm, em seus antecedentes, mais de uma cor.**

No caso dos indivíduos pardos, como bem fundamenta a representante do Movimento Pardo-Mestiço Brasileiro perante o STF durante o julgamento da ADPF 186 contra cotas raciais na Universidade de Brasília (UnB), o próprio significado do termo pardo significa que esta é uma categoria diferente das outras, pois define indivíduos que têm, em seus antecedentes, mais de uma cor. Para um pardo, definir-se como branco ou como preto significaria, necessariamente, negar um lado de sua família. Finalmente, o arcabouço legal internacional desenvolvido principalmente no âmbito da Organização das Nações Unidas e da Organização Internacional do Trabalho, em convenções assinadas pelo Brasil instituiu o critério da auto identificação racial para que a dignidade humana seja preservada mesmo nas situações em que o Estado se veja face a necessidade de diferenciar os seus cidadãos com base em grupos raciais para fins de recenseamento ou políticas públicas. Exemplos disso são a Conferência de Durban sobre o Racismo e a Convenção 169 da OIT, ratificada pelo Brasil e internalizada por meio do decreto n. 5.051, de 19 de abril de 2004.

▶ **No Brasil, se o legislador tivesse preferência pela heteroclassificação, tanto as respectivas leis (12.992/2014) como a Resolução n. 203/15 do CNJ o haveriam acolhido expressamente. '**

Porém, o que ocorreu foi justamente o contrário! Ao remeter à metodologia adotada pelo IBGE, como se viu, fez-se uma clara opção pela autodeclaração, alinhando-se às diretivas internacionais e científicas. E nesse ponto (opção pela autodeclaração), a Resolução n. 203/15 do CNJ foi ainda mais explícita que a Lei n. 12.990/14, ao pontuar que "presumir-se-ão verdadeiras as informações prestadas pelo candidato [AUTODE-CLARAÇÃO] no ato da inscrição do certame". Constata-se, portanto, que a imposição ilegal prevista em editais de que é possível determinar com facilidade quem é preto ou pardo por heterodeclaração é extremamente simplista, não tem respaldo legal, científico, social e nem histórico. Acaba que tudo isso vai se avolumando e gerando situações absurdas, como, por exemplo, a ausência de motivação da eliminação do candidato.

▶ **A decisão que entender que o candidato não se enquadra como negro deve ser motivada, sob pena de nulidade.**

Como a inovação geralmente se dá de forma arbitrária, não existem critérios, regras, parâmetros objetivos e científicos, enfim: nada! E não se podia esperar diferente. Com todo respeito, uma comissão que sequer se sabe a qualificação de seus membros, não possui nenhuma autoridade para, no olhar, decidir a cor ou raça de candidato algum! A verdade é que todo o mérito do candidato, anos de esforço, extenuante estudo, variadíssimos sacrifícios, em especial da convivência familiar, para realizar um sonho, muitas vezes é – com o perdão da expressão – "jogado no lixo", como decorrência de uma análise visual de poucos minutos, com base em critérios obscuros e executada por quem não poderia praticar tal ato. Como consequência, e não poderia ser diferente, uma ilegalidade leva a outra e uma cadeia de sucessão se perde em um mar de antijuridicidade. Por não existir critérios, parâmetros científicos e objetivos, ter uma comissão sem competência técnica etc. O resultado é uma eliminação sumária – completamente sem motivação, o que, por tabela, inviabiliza o exercício do contraditório e ampla defesa, pois, pergunta-se: como recorrer de uma decisão da qual não há fundamentos?

▶ **Ilegalidade do uso de "decisões padrões" não considerando o candidato como cotista.**

Muitas comissões simplesmente eliminam o candidato da seguinte forma: "o candidato não possui as características de uma pessoa com fenótipo da raça negra"

◉ **Quais características o candidato não possui? O que ensejou essa conclusão? Veja que essa motivação é absolutamente aberta e vaga!**

"A regra é a igualdade de todos nos concursos públicos. A desigualação deve ser fundamentada em critérios razoáveis, logo, à primeira vista, não basta a autodeclaração, sob pena de restar violado o devido processo legal em relação ao branco, melhor classificado, que fica sem meios de impugnar sua preterição. No caso, porém, não há, ao que se saiba, impugnação de candidato melhor classificado e a administração, ao indeferir a pretensão, o fez com a lacônica motivação de que "as características fenotípicas do candidato não se enquadram nos preceitos legais dispostos na Lei 12.990/14".Assim, diante da possibilidade de que o agravante possa vir a se enquadrar na classificação de negro ou pardo para o fim em questão, e levando em conta o iminente início do curso de formação, defiro antecipação de tutela recursal para que o agravante seja matriculado, sem prejuízo de que esta decisão possa ser revista após resposta dos agravados." (Agravo de Instrumento n. 0042597-91.2015.4.01.0000/DF, Rel. Des. João Batista Moreira)

▶ **Como decorrência da absoluta falta de motivação na deliberação pela comissão encarregada de julgar a validade da condição de indivíduo preto ou pardo dos candidatos, o candidato simplesmente fica amputado no exercício do contraditório e da ampla defesa quando da interposição dos recursos.**

Afinal, do que se recorreria, se não se sabia por que motivo não foi reconhecida sua declaração de que é pardo? Perceba-se que a Constituição Federal, podendo apenas falar em "contraditório e defesa", optou por garantir o contraditório e a "ampla defesa", e "com os meios e recursos a ela inerentes" o que denota exatamente o anseio de se possibilitar a produção de todo meio de prova que possa influir no resultado do processo. Mas como fazer isso sem saber o que lhe é imputado?

▶ **Simulação da fase recursal. Recurso meramente formal.**

Após a ilegal eliminação na condição de cotista, é ofertada (im) possibilidade recursal. O candidato, obviamente, recorre. No recurso geralmente é demonstrado que o entendimento da Comissão é completamente equivocado. No entanto, em regra, o comportamento adotado no julgamento dos recursos são como se eles não existissem! E é comum, diga-se de passagem, que a mesma e ilegal decisão recursal seja padrão para todos os recursos. Como se observa, é apenas a reafirmação do juízo enunciativo inicial, sem real consideração das razões invocadas pelo candidato. Não obstante, o candidato geralmente menciona em seu recurso diversos documentos, fotos e laudos médicos que reforçavam sua irresignação, pedindo inclusive oportunidade para juntá--los, o que, na prática, em regra não lhe é concedido, porque o sistema recursal limitava-se à oferta de texto escrito.

▶ **Se durante o exame a comissão se valeu de recursos visuais, inclusive de filmagem, porque limitar o candidato a defender-se apenas textualmente?**

Ora, se durante o exame a comissão se valeu de recursos visuais, inclusive de filmagem, por que limitar o candidato a defender-se apenas textualmente? Numa dialética procedimental orientada pelo devido processo legal isso é inconcebível e denota, além da disparidade de armas, uma severa, desproporcional e injustificável restrição ao contraditório, ao impor ao candidato um único meio de defesa, em detrimentos dos diversos elementos de que dispunha para combater uma decisão desfavorável aos seus interesses individuais, com gravosas e irreparáveis consequências. Por outras palavras: em diversos casos em momento algum é julgado o recurso, sendo, mais uma vez, uma flagrante ilegalidade!

▶ Pelo princípio contraditório é direito do litigante ter seus argumentos refutados por motivação sólida. Deve haver um diálogo jurídico entre a tese e antítese para que se possa formar uma conclusão (síntese) democrática, sob pena de ser o direito ao contraditório nos recursos uma mera fachada para dar "ar de legitimidade" aos comportamentos arbitrários da Administração.

"a oportunidade de reagir ante a informação seria vã, se não existisse fórmula de verificar se a autoridade administrativa efetivamente tomou ciência e sopesou as manifestações dos sujeitos. A este fim responde a motivação dos atos administrativos se percebe como e quanto determinado fato, documento ou alegação influiu sobre a decisão final." (ODETE MEDAUAR, A processualidade no direito administrativo. 2ª Ed. RT. SP, 2008, p. 114.).

◉ **No mesmo sentido:**"Em contrapartida, nada impede que se questione a avaliação procedida pela comissão avaliadora, quando equivocada ou ausente fundamentação razoável. Daí a exigência de fundamentação no parecer da comissão, com lastro em elementos de prova consistentes." (TRF4, AC 5006241-38.2015.404.7110, Terceira Turma, Relatora Marga Inge Barth Tessler, juntado aos autos em 18.05.2016)

◉ **É ilegal a inserção ou alteração do critério de aferição de raça do candidato após a publicação do edital.**

"Nesse contexto, importa salientar que se o edital estabelece que a simples declaração habilita o candidato a concorrer nas vagas destinadas a negros e pardos, não pode a Administração, posteriormente, sem respaldo legal ou no edital do certame, estabelecer novos critérios ou exigências adicionais, sob pena de afronta ao princípio da vinculação ao edital." (STJ – RMS 48.850)

◉ **É indispensável a existência de critérios para aferir se o candidato é negro ou não.**

"Em que pese a penalidade de eliminação claramente estabelecida pela lei, reputo relevantes as alegações do autor, no sentido de que inexistem critérios objetivos para que o candidato possa aferir, com segurança e previamente à sua inscrição no certame, se a cor de sua pele se enquadra ou não nos parâmetros estabelecidos pela banca examinadora daquele concurso." (Processo 0042245-21.2015.4.01.3400. JFDF)

441

◉ **A resposta ao recurso interposto questionado a exclusão do candidato da lista dos cotistas deve ser devidamente fundamentado, sob pena de nulidade.**

"Destaque-se que a decisão exarada à fl. 87 responde ao recurso interposto da seguinte forma "As características fenotípicas do candidato não se enquadram nos preceitos legais dispostos na Lei nº 12.990/14", sem apontar pormenores os fatos ou situações que ensejaram tal entendimento." (JFDF, decisão 0003524-25.2015.4.01.4200)

◉ **É possível o candidato que passa na ampla concorrência desistir da concorrência pelas cotas antes da aferição pela comissão racial.**

"Ademais, em cotejo entre as notas da candidata e dos demais, é possível aferir que sua colocação permitiria avançar na seleção nas vagas destinadas à ampla concorrência, de modo que, na ausência de má-fé da candidata, não seria razoável sua exclusão do certame. Isso porque, o disposto no art. 3º da Lei n. 12.990/2014 dispõe expressamente que os candidatos negros concorrerão concomitantemente às vagas destinadas à ampla concorrência, de acordo com sua classificação no curso." (JFDF, decisão 0003524-

BURLAS AO INSTITUTTO DO CONCURSO

◉ **O instituto do acesso é incompatível com o princípio da ampla acessibilidade, preconizado pelo art. 37, II, da Constituição.**

"A Lei 10.961/1992 do Estado de Minas Gerais autoriza que cargos sujeitos a preenchimento por concurso público sejam providos por "acesso", ficando preferencialmente destinados a categoria de pretendentes que já possui vínculo com a administração estadual. Com tal destinação, o instituto do acesso é, portanto, incompatível com o princípio da ampla acessibilidade, preconizado pelo art. 37, II, da Constituição." [ADI 917, rel. p/ o ac. min. Teori Zavascki, j. 6-11-2013, P, DJE de 30-10-2014.]

◉ **A investidura permanente na função pública de assistente penitenciário, por parte de servidores que já exercem cargos ou funções no Poder Executivo mineiro, afronta os arts. 5º, caput, e 37, I e II, da Constituição da República.**

"Criação de quadro de assistente jurídico de estabelecimento penitenciário e sua inserção na estrutura organizacional de secretaria de estado. (...) A investidura permanente na função pública de assistente penitenciário, por parte de servidores que já exercem cargos ou funções no Poder Executivo mineiro, afronta os arts. 5º, caput, e 37, I e II, da Constituição da República." [ADI 2.113, rel. min. Cármen Lúcia, j. 4-3-2009, P, DJE de 21-8-2009.]

◉ **Sob o rótulo de reestruturação da carreira na Secretaria da Fazenda, procedeu--se, na realidade, à instituição de cargos públicos, cujo provimento deve obedecer aos ditames constitucionais.**

"Provimento derivado de cargos. (...) Dispositivos legais impugnados que afrontam o comando do art. 37, II, da CF, o qual exige a realização de concurso público para provimento de cargos na administração estatal. Embora sob o rótulo de reestruturação da carreira na Secretaria da Fazenda, procedeu-se, na realidade, à instituição de cargos públicos, cujo provimento deve obedecer aos ditames constitucionais." [ADI 3.857, rel. min. Ricardo Lewandowski, j. 18-12-2008, P, DJE de 27-2-2009.]

◉ "É inconstitucional a lei que autoriza o sistema de opção ou de aproveitamento de servidores federais, estaduais e municipais sem que seja cumprida a exigência de concurso público." [ADI 980, rel. min. Menezes Direito, j. 6-3-2008, P, DJE de 1º-8-2008.] = ADI 3.552, rel. min. Roberto Barroso, j. 17-3-2016, P, DJE de 14-4-2016

◉ **A conversão automática dos cargos de procurador do tribunal de contas dos Municípios para os de procurador de justiça – cuja investidura depende de prévia aprovação em concurso público de provas e títulos – ofende também o art. 37, II, do Texto Magno.**

"Segundo precedente do STF (ADI 789/DF), os procuradores das cortes de contas são ligados administrativamente a elas, sem qualquer vínculo com o Ministério Público comum. Além de violar os arts. 73, § 2º, I, e 130 da CF, a conversão automática dos cargos de procurador do tribunal de contas dos Municípios para os de procurador de justiça – cuja investidura depende de prévia aprovação em concurso público de provas e títulos – ofende também o art. 37, II, do Texto Magno." [ADI 3.315, rel. min. Ricardo Lewandowski, j. 6-3-2008, P, DJE de 11-4-2008.]

◉ **Não guarda consonância com o texto da Constituição do Brasil o preceito que dispõe sobre a possibilidade de "reinclusão" do servidor que se desligou voluntariamente do serviço público**

"Não guarda consonância com o texto da Constituição do Brasil o preceito que dispõe sobre a possibilidade de "reinclusão" do servidor que se desligou voluntariamente do serviço público. O fato de o militar licenciado ser considerado "adido especial" não autoriza seu retorno à corporação. O licenciamento consubstancia autêntico desligamento do serviço público. O licenciado não manterá mais qualquer vínculo com a administração. O licenciamento voluntário não se confunde o retorno do militar reformado ao serviço em decorrência da cessação da incapacidade que determinou sua reforma. O regresso do ex-militar ao serviço público reclama sua submissão a novo concurso público [art. 37, II, da CF/1988]. O entendimento diverso importaria flagrante violação da isonomia [art. 5º, I, da CF/1988]." [ADI 2.620, rel. min. Eros Grau, j. 29-11-2007, P, DJE de 16-5-2008.]

◉ **Não cabimento da transposição de servidores ocupantes de distintos cargos para o de defensor público no âmbito dos Estados-membros**

"Afronta ao disposto no art. 37, II, e art. 134, § 1º, da Constituição do Brasil. (...) Servidores estaduais integrados na carreira de defensor público estadual, recebendo a remuneração própria do cargo de defensor público de primeira classe, sem o prévio concurso público. Servidores investidos na função de defensor público, sem especificação do modo como se deu a sua investidura, e ocupantes dos cargos de assistente jurídico de penitenciária e de analista de justiça. A exigência de concurso público como regra para o acesso aos cargos, empregos e funções públicas confere concreção ao princípio da isonomia. Não cabimento da transposição de servidores ocupantes de distintos cargos para o de defensor público no âmbito dos Estados-membros. (...) O servidor investido na função de defensor público até a data em que instalada a Assembleia Nacional Constituinte pode optar pela carreira, independentemente da forma da investidura originária [art. 22 do ADCT]." [ADI 3.819, rel. min. Eros Grau, j. 24-10-2007, P, DJE de 28-3-2008.] = Rcl 16.950, rel. min. Cármen Lúcia, j. 1º-12-2015, 2ª T, DJE de 18-12-2015

◉ **O STF firmou sólida jurisprudência no sentido de que o art. 37, II, da CF rejeita qualquer burla à exigência de concurso público.**

"O STF firmou sólida jurisprudência no sentido de que o art. 37, II, da CF rejeita qualquer burla à exigência de concurso público. Há diversos precedentes em que a tônica é a absoluta impossibilidade de se afastar esse critério de seleção dos quadros do serviço público (cf. ADI 2.689, rel. min. Ellen Gracie, Pleno, j. 9-10-2003; ADI 1.350 MC, rel. min. Celso de Mello, Pleno, j. 27-9-1995; ADI 980 MC, rel. min. Celso de Mello, Pleno, j. 3-2-1994); ADI 951, rel. min. Joaquim Barbosa, Pleno, j. 18-11-2004), até mesmo restringindo possíveis ampliações indevidas de exceções contidas na própria Constituição, a exemplo do disposto no art. 19 do ADCT (cf. ADI 1.808 MC, rel. min. Sydney Sanches, Pleno, j. 1º-2-1999). O rigor na interpretação desse dispositivo constitucional impede inclusive formas de provimento derivado de cargo público, por ascensão interna." [ADI 3.434 MC, voto do rel. min. Joaquim Barbosa, j. 23-8-2006, P, DJ de 28-9-2007.]

◉ **Incabível a exigência de concurso público para admissão dos contratados sob o regime trabalhista pela OAB.**

"Não procede a alegação de que a OAB se sujeita aos ditames impostos à administração pública direta e indireta. A OAB não é uma entidade da administração indireta da União. A Ordem é um serviço público independente, categoria ímpar no elenco das personalidades jurídicas existentes no direito brasileiro. A OAB não está incluída na categoria na qual se inserem essas que se tem referido como "autarquias especiais" para pretender-se afirmar equivocada independência das hoje chamadas "agências". Por não consubstanciar uma entidade da administração indireta, a OAB não está sujeita a controle da administração, nem a qualquer das suas partes está vinculada. (...) Improcede o pedido do requerente no sentido de que se dê interpretação conforme o art. 37, II, da Constituição do Brasil ao caput do art. 79 da Lei 8.906, que determina a aplicação do regime trabalhista aos servidores da OAB. Incabível a exigência de concurso público para admissão dos contratados sob o regime trabalhista pela OAB." [ADI 3.026, rel. min. Eros Grau, j. 8-6-2006, P, DJ de 29-9-2006.]

◉ **É inconstitucional a chamada investidura por transposição.**

"É inconstitucional a chamada investidura por transposição." [ADI 3.332, rel. min. Eros Grau, j. 30-6-2005, P, DJ de 14-10-2005.]= RE 565.603 AgR, rel. min. Cármen Lúcia, j. 27-10-2009, 1ª T, DJE de 27-11-2009

◉ **Não se aplica o prazo decadencial do art. 54 da Lei 9.784/99 para a Administração rever atos irregulares de transposição de empregados públicos.**

Não se aplica o prazo decadencial do art. 54 da Lei 9.784/99 para a Administração rever atos irregulares de transposição de empregados públicos, demitidos de empresa extinta e reintegrados por decisão judicial, do regime celetista para o estatutário, pois em situações de inconstitucionalidade o STF entende inaplicável o mencionado dispositivo. Nos termos do art. 37, inciso II, da Constituição Federal, o acesso a cargo público somente pode ocorrer por meio de concurso público. (Acórdão 1292/2016-Primeira Câmara | Relator: JOSÉ MUCIO MONTEIRO)

◉ **A vigente ordem constitucional não mais tolera a transferência ou o aproveitamento como formas de investidura que importem no ingresso de cargo ou emprego público sem a devida realização de concurso público de provas ou de provas e títulos.**

"Conforme sedimentada jurisprudência deste Supremo Tribunal, a vigente ordem constitucional não mais tolera a transferência ou o aproveitamento como formas de investidura que importem no ingresso de cargo ou emprego público sem a devida realização de concurso público de provas ou de provas e títulos." [ADI 2.689, rel. min. Ellen Gracie, j. 9-10-2003, P, DJ de 21-11-2003.] = ADI 97, rel. min. Moreira Alves, j. 25-6-1993, P, DJ de 22-10-1993.

◉ **Aproveitamento de servidores. Não submissão a concurso público. Ofensa ao CF 37 II.**

"É materialmente inconstitucional o LE-DF 1626/97 3.º, porquanto ele determina que, nos novos cargos de fiscal tributário, haja o aproveitamento dos servidores dos cargos extintos de técnico tributário, sem, portanto, a prévia aprovação em concurso público de provas ou de provas e títulos como exige, para a investidura, que não mais se limita à primeira, de cargo ou emprego público, o disposto no CF 37 II, que, nesse ponto, a EC 19/98 o manteve como redigido originariamente, razão por que pode servir de parâmetro para a aferição da inconstitucionalidade em causa. ADIn que se julga procedente, para se declarar a inconstitucionalidade da L 1626, de 11.9.1997, do DF" (STF, Pleno, ADIn 1677-4-DF, rel. Min. Moreira Alves, j. 3.2.2003, v.u., DJU 28.3.2003, p. 61).

◉ **Para que não haja ilegalidade a redistribuição por reciprocidade é admitida em caráter excepcional desde que inexista concurso público em andamento ou em vigência para as especialidades dos cargos interessados na redistribuição, no caso de cargo vago.**

A redistribuição por reciprocidade é admitida em caráter excepcional, desde que atendidas as seguintes condições: a) preenchimento dos requisitos do art. 37 da Lei 8.112/1990, em especial o interesse da Administração, que deve estar devidamente comprovado nos autos do processo administrativo; b) inexistência de concurso público em andamento ou em vigência para as especialidades dos cargos interessados na redistribuição, no caso de cargo vago; c) concordância expressa do servidor, no caso de cargo ocupado. (Acórdão 5240/2017-Primeira Câmara | Relator: BENJAMIN ZYMLER)

◙ **É inconstitucional o dispositivo da Constituição de Santa Catarina que estabelece o sistema eletivo, mediante voto direto e secreto, para escolha dos dirigentes dos estabelecimentos de ensino.**

"É que os cargos públicos ou são providos mediante concurso público, ou, tratando-se de cargo em comissão, mediante livre nomeação e exoneração do chefe do Poder Executivo, se os cargos estão na órbita deste (CF, art. 37, II, art. 84, XXV)." [ADI 123, rel. min. Carlos Velloso, j. 3-2-1997, P, DJ de 12-9-1997.] = ADI 2.997, rel. min. Cezar Peluso, j. 12-8-2009, P, DJE de 12-3-2010

◙ **No mesmo sentido:** "Serventias judiciais e extrajudiciais. Concurso público: arts. 37, II, e 236, § 3º, da CF. Ação direta de inconstitucionalidade do art. 14 do ADCT da Constituição do Estado de Santa Catarina, de 5-10-1989, que diz: "Fica assegurada aos substitutos das serventias, na vacância, a efetivação no cargo de titular, desde que, investidos na forma da lei, estejam em efetivo exercício, pelo prazo de três anos, na mesma serventia, na data da promulgação da Constituição". É inconstitucional esse dispositivo por violar o princípio que exige concurso público de provas ou de provas e títulos, para a investidura em cargo público, como é o caso do titular de serventias judiciais (art. 37, II, da CF), e também para o ingresso na atividade notarial e de registro (art. 236, § 3º)." [ADI 363, rel. min. Sydney Sanches, j. 15-2-1996, P, DJ de 3-5-1996.] = AI 719.760 AgR, rel. min. Gilmar Mendes, j. 16-11-2010, 2ª T, DJE de 1º-12-2010

◙ Viola o princípio do inciso II do art. 37 da CF o disposto no art. 22 do ADCT da Constituição do Estado de Goiás, no ponto em que, sem concurso prévio de provas e títulos, assegura aos substitutos das serventias judiciais, na vacância, o direito de acesso a titular, desde que legalmente investidos na função até 5-10-1988, obrigados, apenas, a se submeterem à prova específica de conhecimento das funções, na forma da lei.

◙ **Viola o princípio do inciso II do art. 37 o "concurso público a posteriori"**

"O sistema de direito constitucional positivo vigente no Brasil revela-se incompatível com quaisquer prescrições normativas que, estabelecendo a inversão da fórmula proclamada pelo art. 37, II, da Carta Federal, consagrem a esdrúxula figura do concurso público a posteriori." [ADI 1.203 MC, rel. min. Celso de Mello, j. 16-2-1995, P, DJ de 19-2-1995.]

◙ **Configura fuga ao princípio constitucional do concurso público (art. 37, inciso II, da CF/1988) a requisição de servidor para exercer função de confiança seguida do desvirtuamento desse objetivo mediante a atribuição ao requisitado de tarefas próprias de ocupante de cargo efetivo no órgão requisitante.**

Configura fuga ao princípio constitucional do concurso público (art. 37, inciso II, da CF/1988) a requisição de servidor para exercer função de confiança, seguida do desvirtuamento desse objetivo mediante a atribuição ao requisitado de tarefas próprias de ocupante de cargo efetivo no órgão requisitante. (Acórdão 2632/2008-Primeira Câmara | Relator: VALMIR CAMPELO)

◙ **Os contratos de trabalho de empregados admitidos por conselhos de fiscalização profissional sem prévio concurso público, após 18/05/2001, devem ser rescindidos, ressalvadas as situações relativas a cargos em comissão de livre nomeação e exoneração.**

Os contratos de trabalho de empregados admitidos por conselhos de fiscalização profissional sem prévio concurso público, após 18/05/2001, devem ser rescindidos, ressalvadas as situações relativas a cargos em comissão de livre nomeação e exoneração, destinados ao exercício de atividades de direção, chefia e assessoramento (art. 37, inciso II, da Constituição Federal c/c Súmula TCU 277). (Acórdão 6633/2018-Primeira Câmara | Relator: AUGUSTO SHERMAN)

◙ **É irregular a manutenção de funcionários terceirizados nos hospitais universitários desempenhando atividades-fim (assistenciais e hospitalares), pois afronta o art. 37, inciso II, da Constituição Federal.**

É irregular a manutenção de funcionários terceirizados nos hospitais universitários desempenhando atividades-fim (assistenciais e hospitalares), pois afronta o art. 37, inciso II, da Constituição Federal, que condiciona a investidura em cargo ou emprego público à prévia aprovação em concurso público, bem como o Decreto 2.271/1997, que trata da terceirização na Administração Pública Federal direta, autárquica e fundacional. (Acórdão 2983/2015-Plenário | Relator: BRUNO DANTAS)

◙ **Súmula 685 do STF: "É inconstitucional toda modalidade de provimento que propicie ao servidor investir-se, sem prévia aprovação em concurso público destinado ao seu provimento, em cargo que não integra a carreira na qual anteriormente investido."**

◙ **Súmula Vinculante 43 do STF: É inconstitucional toda modalidade de provimento que propicie ao servidor investir-se, sem prévia aprovação em concurso público destinado ao seu provimento, em cargo que não integra a carreira na qual anteriormente investido.**

◙ **Súmula 16 do STF: Funcionário nomeado por concurso tem direito à posse.**

◙ **Súmula 15 do STF: Dentro do prazo de validade do concurso, o candidato aprovado tem direito à nomeação, quando o cargo for preenchido sem observância da classificação.**

◙ **Súmula 684 do STF: É inconstitucional o veto não motivado à participação de candidato a concurso público.**

◙ **Súmula STF 683: O limite de idade para a inscrição em concurso público só se legitima em face do art. 7º, XXX, da Constituição, quando possa ser justificado pela natureza das atribuições do cargo a ser preenchido.**

447

◙ **Súmula STF 685:** É inconstitucional toda modalidade de provimento que propicie ao servidor investir-se, sem prévia aprovação em concurso público destinado ao seu provimento, em cargo que não integra a carreira na qual anteriormente investido.

◙ **Súmula 363 do TST:** "A contratação de servidor público, após a CF/1988, sem prévia aprovação em concurso público, encontra óbice no respectivo art. 37, II e § 2.º, somente lhe conferindo direito ao pagamento da contraprestação pactuada, em relação ao número de horas trabalhadas, respeitado o valor da hora do salário mínimo, e dos valores referentes aos depósitos do FGTS".

ENTENDIMENTO DO TCU SOBRE O TEMA

ENUNCIADO	DATA	ACÓRDÃO	AUTOR DA TESE
Podem ser consideradas legais as admissões de pessoal sem concurso público no âmbito da administração indireta efetivadas até 6/6/1990, data da publicação da decisão em que o TCU firmou entendimento pela exigência de concurso público para essas admissões.	06/09/2016	AC-5734/16-1	JOSÉ MUCIO MONTEIRO
Nos termos do art. 37, inciso IV, da Constituição Federal, a posse, a celebração do contrato de trabalho ou o efetivo exercício não precisam ocorrer dentro do prazo de validade do concurso público, mas apenas a convocação do aprovado.	13/10/2015	AC-6210/15-1	BRUNO DANTAS
O aproveitamento de candidatos aprovados em concurso realizado por outro órgão somente poderá alcançar cargos que tenham seu exercício previsto para as mesmas localidades em que terão exercício os servidores do órgão promotor do certame, e desde que: dentro do mesmo Poder; para provimento de cargo idêntico àquele para o qual concurso foi realizado, com iguais denominação e descrição e que envolva as mesmas atribuições, competências, direitos e deveres; se exijam idênticos requisitos de habilitação acadêmica e profissional; e sejam observadas a ordem de classificação e a finalidade ou a destinação prevista no edital, o qual deverá antever a possibilidade desse aproveitamento.	18/08/2015	AC-4623/15-1	BRUNO DANTAS

ENUNCIADO	DATA	ACÓRDÃO	AUTOR DA TESE
No regime celetista, não é exigida publicação no Diário Oficial da União para convocação de candidatos aprovados em concurso público. Tendo em vista a inexistência de norma que discipline a convocação dos celetistas, admite-se a apresentação de telegrama ou a assinatura de termo de compromisso como comprovação de que a convocação do candidato aprovado ocorreu dentro do prazo de validade do certame.	02/06/2015	AC-3272/15-1	WALTON ALENCAR RODRIGUES
O art. 37, inciso IV, da Constituição Federal não determina que ocorra a posse, a celebração de contrato de trabalho ou o efetivo exercício dentro do prazo de validade do concurso público, mas tão somente a convocação do candidato aprovado.	02/06/2015	AC-3272/15-1	WALTON ALENCAR RODRIGUES
A Constituição Federal exige que, durante a validade do concurso, o candidato, devidamente aprovado, seja convocado para assumir cargo ou emprego. A norma não determina que a celebração do contrato de trabalho ou o efetivo exercício ocorram dentro da validade do certame. Essa convocação, no caso do regime estatutário, dá-se por meio de nomeação publicada no DOU. No caso do regime celetista falece norma que a discipline. Portanto, não é desarrazoado admitir como válido o telegrama ou a assinatura no termo de compromisso como prova de que a convocação deu-se dentro do prazo de validade do concurso.	14/05/2013	AC-2860/13-1	ANA ARRAES
Os processos seletivos para contratação de mão de obra terceirizada devem utilizar critérios de avaliação objetivos, explicitar todas as etapas do procedimento, com especificação da pontuações, e efetuar as adequadas ponderações acerca do tipo de especialização que melhor se coaduna ao perfil profissional desejado.	21/06/2011	AC-4770/11-1	MARCOS BEMQUERER
É inaceitável a mudança de critérios contemporaneamente ao processo seletivo, pois tais alterações ferem os princípios da legalidade e da impessoalidade. A convalidação das contratações não pode servir ao afastamento da punição dos responsáveis pelos atos irregulares.	20/07/2010	AC-4532/10-1	WALTON ALENCAR RODRIGUES

449

ENUNCIADO	DATA	ACÓRDÃO	AUTOR DA TESE
Cabe a rescisão de contrato de trabalho firmado, após 18/05/2001, que tenham sido celebrados sem o necessário concurso público e em desatendimento ao estabelecido no inciso II do art. 37 da Constituição Federal e ao Enunciado da Súmula de Jurisprudência do TCU n. 231. A partir de 18/05/2001, os contratos de trabalho firmados sem o prévio concurso público devem ser considerados irregulares.	25/08/2009	AC-4411/09-1	MARCOS BEMQUERER
Na contratação de empregado para prestação de serviços de assessoria jurídica que sejam inerentes às atividades finalísticas da entidade, deve ser promovido o devido concurso público, nos termos do art. 37, inciso II, da CF/1988.	02/07/2008	AC-2124/08-1	MARCOS BEMQUERER
A expiração do prazo de validade de concurso público constitui óbice intransponível ao registro pelo TCU de atos de admissão efetuados posteriormente a essa data, devendo, no entanto, ser assegurada a produção dos efeitos das admissões enquanto subsistir decisão judicial favorável aos interessados.	06/03/2018	AC-0872/18-2	ANA ARRAES
A posse, a celebração do contrato de trabalho ou o efetivo exercício não precisam ocorrer dentro do prazo de validade do concurso público, mas apenas a convocação do aprovado, nos termos do art. 37, inciso IV, da Constituição Federal.	12/06/2018	AC-4724/18-2	JOSÉ MUCIO MONTEIRO
Devem estar descritos nos editais de concurso público os requisitos psicológicos para o desempenho dos cargos que exijam por lei a avaliação psicológica, com a devida indicação da nota mínima para que seja o candidato considerado nela apto, dos parâmetros objetivos para a definição da pontuação atribuída a cada um dos subfatores avaliativos em que se desdobrem os critérios e da forma como tal pontuação concorrerá para a nota final da fase de avaliação, de modo que seja possível a comparação entre o desempenho individual de cada candidato e o referencial preestabelecido, por analogia aos termos do art. 14 do Decreto nº 6.944/2009, alterado pelo Decreto nº 7.308/2010.	20/09/2011	AC-8225/11-2	ANDRÉ DE CARVALHO
O diploma de habilitação legal para o exercício do cargo deve ser exigido na posse e não na inscrição para o concurso público.	06/09/2011	AC-7470/11-2	AUGUSTO NARDES

ENUNCIADO	DATA	ACÓRDÃO	AUTOR DA TESE
O aproveitamento de candidatos aprovados em concursos realizados por outros órgãos deve observar os requisitos previstos na Decisão Normativa TCU 212/1998 e no Acórdão TCU 569/2006-Plenário.	23/08/2011	AC-6764/11-2	JOSÉ JORGE
O aproveitamento de candidatos aprovados em concursos realizados por outros órgãos deve observar os requisitos previstos na Decisão Normativa TCU 212/1998 e no Acórdão TCU 569/2006-Plenário.	05/04/2011	AC-2171/11-2	AUGUSTO NARDES
Os editais dos concursos devem incluir pormenorizadamente os critérios objetivos de avaliação dos candidatos, com a indicação da nota mínima para aprovação, dos parâmetros de pontuação de cada subfatores avaliativos e da nota final para que seja possível a comparação entre o desempenho individual de cada candidato e o referencial preestabelecido. É vedada a prévia identificação dos candidatos pela banca examinadora, nas provas de natureza dissertativa.	10/02/2009	AC-0302/09-2	ANDRÉ DE CARVALHO
O processo seletivo deve assegurar a isonomia entre os interessados e a impessoalidade, a transparência e a publicidade dos procedimentos. A Administração deve abster-se de utilizar provas subjetivas ou discursivas, entrevistas ou similares sem a prévia estipulação de critérios objetivos de avaliação, bem assim permitir a interposição de recursos. O edital deve conter os critérios de correção e pontuação, bem como o detalhamento do conteúdo programático da prova de conhecimento geral e específicos.	19/05/2009	AC-2550/09-2	ANDRÉ DE CARVALHO
Não é possível prorrogar a validade de concurso quando este não mais existe no mundo jurídico, ou seja, quando sua validade já se exauriu. Nomeações posteriores à validade do concurso público são ilegais, por desconformidade à norma de regência e às boas práticas administrativa.	17/03/2009	AC-1039/09-2	JOSÉ JORGE
Nomeação de servidor fora do prazo de validade do concurso é ilegal.	25/11/2008	AC-5446/08-2	AROLDO CEDRAZ
É irregular admissão posterior à data de validade dos concursos.	03/07/2007	AC-1796/07-2	GUILHERME PALMEIRA

ENUNCIADO	DATA	ACÓRDÃO	AUTOR DA TESE
O aproveitamento de candidatos aprovados em concursos púbicos por outros órgãos e entidades: (i) requer previsão expressa no edital do concurso de onde serão aproveitados os candidatos; (ii) deve observar a ordem de classificação, a finalidade ou a destinação prevista no edital; (iii) deve ser devidamente motivado; (iv) deve se restringir a órgãos/entidades do mesmo Poder; (v) deve ser voltado ao provimento de cargo idêntico àquele para o qual foi realizado o concurso (mesma denominação e mesmos requisitos de habilitação acadêmica e profissional, atribuições, competências, direitos e deveres) ; (vi) somente poderá alcançar cargos que tenham seu exercício previsto para as mesmas localidades em que tenham exercício os servidores do órgão/entidade promotor do certame.	18/07/2018	AC-1618/18-P	VITAL DO RÊGO
A empresa estatal com déficit de empregados portadores de deficiência ou reabilitados da Previdência Social em relação ao percentual mínimo estabelecido no art. 93 da Lei 8.213/1991 deve, em seus concursos públicos, convocar prioritariamente pessoas nas referidas condições até que seja atingido o percentual mínimo legal em relação ao total de empregos de seus quadros, em vez de adotar a reserva de vagas prevista no art. 37, § 1º, do Decreto 3.298/1999.	23/11/2016	AC-2977/16-P	RAIMUNDO CARREIRO
É recomendável que em edital de concurso público não se insira cláusula prevendo pontuação em favor de ex-estagiários do órgão, porque tal critério pode dar margem a questionamentos, inclusive de ordem judicial, sob o argumento de inobservância dos princípios da isonomia, do julgamento objetivo, do interesse público e da ampla concorrência.	14/09/2016	AC-2335/16-P	RAIMUNDO CARREIRO
A nomeação para órgão público de candidatos aprovados por meio de concurso realizado por outro órgão tem o potencial de impactar nos direitos subjetivos dos candidatos aprovados e não convocados pelo primeiro órgão, havendo certame pendente de homologação por parte deste. Sendo matéria afeta à esfera judicial dos particulares, refoge à jurisdição do TCU, pois não caracterizado o interesse público, devendo os particulares que se sentirem lesados buscarem seus direitos no Poder Judiciário.	21/01/2015	AC-0058/15-P	BRUNO DANTAS

ENUNCIADO	DATA	ACÓRDÃO	AUTOR DA TESE
A utilização de experiência em atividade gerencial como quesito de pontuação em prova de títulos requer que o edital do concurso público estabeleça critérios objetivos que permitam identificar, mensurar e comparar os diferentes tipos de experiência profissional, sob pena de afronta aos princípios da isonomia, da ampla concorrência, do julgamento objetivo e ao próprio interesse público.	05/11/2014	AC-3010/14-P	RAIMUNDO CARREIRO
A participação em concursos públicos, na condição de candidato, de agente que atuou em procedimentos administrativos vinculados ao mesmo certame não se coaduna com o princípio da moralidade pública.	05/11/2014	AC-3010/14-P	RAIMUNDO CARREIRO
Em concurso público, quando há limitação de aprovados na listagem geral, deve-se incluir ao final desta listagem os candidatos portadores de deficiência classificados em posição além daquela considerada como limite para os demais candidatos, visto que os candidatos portadores de deficiência não estão sujeitos à limitação de aprovados e que a pontuação de tais candidatos deve ser publicada em duas listas – tanto na listagem geral quanto na listagem exclusiva dos portadores de deficiência -, nos termos do art. 42 do Decreto 3.298/1999, com as alterações introduzidas pelo Decreto 5.296/2004.	09/07/2014	AC-1793/14-P	AROLDO CEDRAZ
Candidato portador de deficiência aprovado em certame de concurso público deverá submeter-se ao exame da equipe multiprofissional mencionada no art. 43 do Decreto 3.298/1999 para comprovar a deficiência, porém sem obrigatoriedade de que esta comprovação ocorra somente quando de sua nomeação, sendo recomendável que seu direito a figurar na condição de deficiente seja comprovado antes desse ato.	09/07/2014	AC-1793/14-P	AROLDO CEDRAZ
Ressalvada decisão judicial em sentido diverso, somente a comprovação de uma das formas de deficiência elencadas no Decreto 3.298/1999 confere respaldo legal à admissão de candidatos dentro da reserva do percentual mínimo de 5% do total de vagas disponíveis, nos termos de seu art. 37, § 1º. A admissão de candidato que não preencha tais requisitos é ilegal, pois fere o direito dos candidatos da ampla concorrência que tenham obtido melhor classificação, bem como o dos candidatos considerados deficientes à luz do aludido decreto e que aguardam nomeação.	09/07/2014	AC-1793/14-P	AROLDO CEDRAZ

453

ENUNCIADO	DATA	ACÓRDÃO	AUTOR DA TESE
Os critérios de avaliação dos currículos devem ser previamente estabelecidos nos editais e devidamente divulgados, para que se dê aos interessados amplo conhecimento das regras previamente estabelecidas.	03/04/2013	AC-0794/13-P	ANA ARRAES
A aprovação em concurso público dentro do número de vagas divulgado no edital confere ao candidato direito subjetivo à nomeação.	09/02/2011	AC-0330/11-P	MARCOS BEMQUERER
A criação de novas vagas, durante o prazo de validade do concurso público, não garante o direito à nomeação àqueles que foram aprovados fora das vagas originalmente previstas no edital, por se tratar de ato discricionário da administração, não havendo falar em direito adquirido, mas tão-somente em expectativa de direito.	19/05/2010	AC-1093/10-P	AROLDO CEDRAZ
Considera-se deficiente físico o portador de visão monocular para fins de vaga em concurso público.	08/04/2009	AC-0644/09-P	JOSÉ JORGE
A investidura em cargo ou emprego público de caráter efetivo é ato vinculado, não se podendo refugir ao que determina normativo constitucional, que preconiza a aprovação prévia em concurso público de provas ou de provas e títulos, devendo ser obedecidas a ordem de classificação e o prazo de validade do certame, nos termos do art. 10 da Lei 8.112/1990. A regularização administrativa de candidatos sub judice deve observar a aprovação em todas as fases do concurso público.	18/03/2009	AC-0479/09-P	AUGUSTO SHERMAN
Os processos seletivos devem ser definidos com critérios objetivos de avaliação, a fim de dirimir possíveis dúvidas e atender aos princípios constitucionais da impessoalidade e da eficiência.	18/03/2009	AC-0457/09-P	JOSÉ JORGE
A remoção de servidor público no âmbito do quadro permanente de servidores do órgão, com ou sem mudança de sede, consoante estabelece a Lei nº 8.112/1990, no seu art. 36, não é forma de provimento originária de cargo público, pelo que não aproveita aos candidatos aprovados e não nomeados a tese de que a remoção realizada no prazo de validade do concurso implicaria desrespeito à ordem de classificação final do certame.	05/08/2009	AC-1753/09-P	AUGUSTO NARDES

ENUNCIADO	DATA	ACÓRDÃO	AUTOR DA TESE
O direito líquido e certo à nomeação de candidato por concurso público cinge-se ao quantitativo previsto no edital de abertura, não abrangendo os cargos criados, aos quais o candidato tem mera expectativa de direito.	08/07/2009	AC-1525/09-P	WEDER DE OLIVEIRA
Para fins de reconhecimento de portador de deficiência auditiva em concurso público é cabível aferição da perda auditiva com base na média aritmética das frequências descritas no Decreto 3.298/1999, alterado pelo Decreto 5.296/2004.	26/03/2008	AC-499/08-P	UBIRATAN AGUIAR
Em regra, as comprovações dos requisitos para exercício do cargo público só devem ser exigidas no momento da posse, e não no ato de inscrição ou durante o transcorrer do certame seletivo, em respeito ao princípio da ampla acessibilidade aos cargos públicos.	10/12/2008	AC-3073/08-P	AUGUSTO SHERMAN
A participação, como candidato, de servidor ocupante de cargo efetivo ou comissionado ou ainda de função de confiança que tenha atribuições relacionadas à condução de concurso público ofende aos princípios da moralidade, da impessoalidade e da transparência.	05/11/2008	AC-2485/08-P	MARCOS BEMQUERER
Deve-se divulgar em veículo oficial de comunicação todos os atos praticados por presidente de concurso público, detalhando especialmente as notas obtidas pelos candidatos em cada fase.	06/08/2008	AC-1572/08-P	MARCOS VINICIOS VILAÇA
Deve-se conferir ampla publicidade aos atos praticados durante o concurso público, com publicação no Diário Oficial da União do resultado das provas e das notas atribuídas aos candidatos.	09/07/2008	AC-1341/08-P	GUILHERME PALMEIRA
Na realização de concursos públicos no âmbito da administração pública federal, a prova de títulos deve ser subseqüente às provas escrita e didática, dando a ela caráter meramente classificatório, nos termos da Portaria 450/2002-MPOG.	09/07/2008	AC-1341/08-P	GUILHERME PALMEIRA

ENUNCIADO	DATA	ACÓRDÃO	AUTOR DA TESE
Os procedimentos de avaliação de títulos em concurso público devem ser uniformes e transparentes, com abertura de vistas aos candidatos à avaliação da prova antes da abertura do prazo para recurso, devendo a instituição promotora do certame informar a pontuação dos itens e os fundamentos de eventual indeferimento, conforme requisitos previstos no edital. O candidato deve ter acesso ao resultado detalhado do julgamento de recurso seu interposto contra a avaliação de títulos.	31/01/2007	AC-60/07-P	BENJAMIN ZYMLER
O aproveitamento de candidatos aprovados em concurso realizado por outro órgão somente poderá alcançar cargos que tenham seu exercício previsto para as mesmas localidades em que terão exercício os servidores do órgão promotor do certame, desde que observados todos os requisitos fixados pela Decisão Normativa TCU 212/1998.	19/04/2006	AC-569/06-P	UBIRATAN AGUIAR
É legal a percepção do auxílio financeiro (programa de formação para ingresso por concurso público) cumulado com a remuneração do cargo efetivo exercido na administração pública estadual, com fundamento na Lei 9.624/1998.	29/03/2006	AC-414/06-P	WALTON ALENCAR RODRIGUES
É irregular a admissão de empregados sem a prévia realização de concurso público após a data de 18 de maio de 2001.	15/03/2006	AC-305/06-P	MARCOS BEMQUERER
SÚMULA TCU 231: A exigência de concurso público para admissão de pessoal se estende a toda a Administração Indireta, nela compreendidas as Autarquias, as Fundações instituídas e mantidas pelo Poder Público, as Sociedades de Economia Mista, as Empresas Públicas e, ainda, as demais entidades controladas direta ou indiretamente pela União, mesmo que visem a objetivos estritamente econômicos, em regime de competitividade com a iniciativa privada.	13/12/1994		IRAM SARAIVA

ART. 37, INCISO III, CF – HOMOLOGAÇÃO DO CONCURSO PÚBLICO, PRAZO DE VALIDADE E PRORROGAÇÃO.

III – O prazo de validade do concurso público será de até dois anos, prorrogável uma vez, por igual período.

HOMOLOGAÇÃO

▶ **Homologação do concurso é o marco inicial para as nomeações e contratações dos aprovados.**

A homologação nada mais é que um ato administrativo vinculado, decorrente de controle interno de legalidade, que confirma a legitimidade e legalidade do procedimento, podendo, a partir deste momento, a Administração promover a nomeação dos candidatos aprovados, seja dentro ou fora do número inicial de vagas apresentadas. Assim, após o concurso homologado, existirão candidatos reprovados, e, portanto, eliminados, e candidatos aprovados, alguns dentro e outros fora do número de vagas inicialmente apresentadas.

▶ **A homologação do concurso público pode ser total ou parcial a depender do caso concreto.**

Como ato confirmatório da legalidade de outro (s) ato (s) a homologação pode recair sobre todo concurso ou sobre parte dele. Quando se tratar de concurso sem etapa de curso de formação a homologação deve ser total. Por exemplo, em um concurso para o provimento de 1000 (mil) cargos de analista judiciário de um Tribunal qualquer, onde as fases do concurso foram apenas provas objetivas, discursivas e análises de títulos, finalizada a competição e encerradas as fases do certame, cabe agora à Administração promover a homologação do concurso que, seja de forma expressa ou não, será total, pelo menos para este cargo. Assim, após o concurso homologado, existirão candidatos reprovados, e, portanto, eliminados, e candidatos aprovados, alguns dentro e outros fora do número de vagas inicialmente apresentadas. É direito dos candidatos aprovados dentro do número de vagas apresentadas no edital sua nomeação, porém, em situação de normalidade, cabe a Administração a escolha quanto ao momento, dentro do prazo de validade do concurso, de realizar o provimento do cargo.

▶ **É possível um concurso público ter mais de uma homologação parcial.**

Já em relação aos concursos que possuem curso de formação como etapa própria do certame é possível a homologação parcial do mesmo, homologando, em verdade, o resultado do concurso em relação aquele contingente que realizou o curso de formação, passando, a partir daí, a correr o prazo para nomeação dos candidatos totalmente aprovados no certame. Quanto aos demais candidatos até então aprovados no certame, pode a Administração convocá-los para realizar um novo curso de formação e, posteriormente, aproveitá-los. Isso acontece muito quando há muitas vagas a serem preenchidas ou outras surgirem e, por falta de estrutura operacional ou até mesmo por conveniência e oportunidade, a Administração decide fazer turmas diferentes. Para exemplificar, imagine-se um concurso para o provimento de 2000 (dois mil) cargos de soldado combatente da Polícia Militar. Imaginemos que a academia de polícia apenas comporte turmas com no máximo 1000 (mil) alunos. Percebe-se que operacionalmente não dá para colocar todos e por isso são feitas várias turmas. A pergunta é: mas o que isso tem a ver com homologação parcial? Tudo, pois a nomeação apenas pode ser feita após a homologação e, por isso, para nomear os candidatos que finalizaram o curso de formação com êxito é necessário que haja homologação do mesmo. Neste caso houve uma homologação parcial e com isso inicia o prazo para nomeação dos candidatos aprovados, porém é possível a continuidade do concurso em relação aos candidatos até então aprovados, porém que não fizeram o curso de formação.

▶ **O ideal é o edital disciplinar a matéria pelo menos quanto aos aprovados, pois, sendo aprovado, mesmo que parcialmente no concurso, é possível a continuidade do certame em relação aos mesmos.**

O ideal é o edital disciplinar a matéria pelo menos quanto aos aprovados, pois, sendo aprovado, mesmo que parcialmente no concurso, é possível a continuidade do certame em relação aos mesmos. Se o edital for omisso, deve ser aplicado, pelo menos em âmbito federal, o artigo 16 do Decreto 6.944/2009, que dispõe sobre o número de aprovados na primeira etapa em caso de concursos com mais de uma etapa. Assim, de um único concurso é possível realizar vários cursos de formação, ter várias homologações até, em tese, não existirem mais candidatos aprovados e aptos a serem absorvidos. Condutas como ato expresso de homologação total do concurso, regras no edital no sentido de que haverá apenas um único curso de formação e quem não participou está eliminado ou a abertura de outro concurso demonstram que a Administração optou por não dar seguimento ao concurso em relação àquele contingente. Registre-se que isso apenas para os casos de candidatos aprovados fora do número de vagas, pois para os classificados dentro do quantitativo de vagas apresentadas no edital é direito dos mesmos e dever da Administração a continuidade do certame em relação a eles.

▶ **É plenamente possível o controle jurisdicional do concurso após sua homologação.**

É importante ressaltar que a homologação do resultado do concurso público, a expiração do prazo de validade e respectivas nomeações não conduzem a perda do direito dos demais candidatos de questionarem judicialmente questões de legalidade referentes às fases do certame e, muito menos, tornam os atos antecedentes imunes ao controle judicial. Isso porque há um prazo prescricional definido em Lei (Decreto 20.910/32) que estabelece que a ações contra o Poder Público prescrevem em 5 (cinco) anos. Admitir o contrário seria entender que o prazo de execução do concurso teria o condão de revogar lei e mais: toda e qualquer ilegalidade do certame não seria passível de questionamento, pois a pretensão de ir ao Judiciário estaria prescrita. Isso criaria, de forma transversa, um verdadeiro contencioso administrativo, imunizando os comportamentos administrativos ao controle jurisdicional.

◙ **No mesmo sentido:** "MANDADO DE SEGURANÇA. PRAZO PARA PRO- POSITURA PRESSUPOSTOS PROCESSUAIS. PERDA DO OBJETO. MÉRITO. NÃO OCORRÊNCIA. ADMINISTRATIVO. CONCURSO PÚBLICO. OFICIAL DE JUSTIÇA. EDITAL. NÚMERO DETERMINADO DE VAGAS. CANDIDA- TOS APROVADOS. EXPECTATIVA DE DIREITO. CARGOS VAGOS. CON- CURSO AINDA VÁLIDO. DIREITO LÍQUIDO E CERTO. O Mandado de Se- gurança interposto após o prazo de validade do concurso não implica em perda do objeto, carência de ação ou inexistência de pressuposto processual. É unânime na jurisprudência o entendimento de que os candidatos aprovados em concurso público possuem mera expectativa de direito à nomeação; todavia, essa expec- tativa faz nascer direito subjetivo se, dentro do prazo de validade do concurso, surgem novas vagas não previstas no edital e elementos que demonstram a ne- cessidade de provimento do cargo. A designação de servidor de cargo estranho àquele para o que foi realizado o concurso é ato concreto de recusa a candida- tos remanescentes. Recurso provido." (STJ, RMS 14.689/PA, Rel. Ministro PAU- LO MEDINA, SEXTA TURMA, julgado em 04/05/2004, DJ 20/09/2004, p. 334.)

◙ **No mesmo sentido**: "RECURSO ESPECIAL. ADMINISTRATIVO. CON- CURSO PÚBLICO. ATO CONVOCATÓRIO. IRREGULARIDADE. PRESCRI- ÇÃO. ARTIGO 1º DO DECRETO Nº 20.910/32. OCORRÊNCIA. 1. Esta Cor- te Superior de Justiça segue o entendimento de que o prazo prescricional está submetido ao princípio actio nata, ou seja, seu termo inicial é a data a partir da qual a ação poderia ter sido proposta (artigo 1º do Decreto nº 20.910/32). 2. A lesão ao direito, que fez nascer a pretensão da autora, decorreu do ato de convocação e, não, da data de sua nomeação, razão pela qual o prazo da pres- crição teve início na data da publicação do ato lesivo.3. Recurso provido." (STJ, REsp 898496/DF, Rel. Ministro HAMILTON CARVALHIDO, SEXTA TURMA, julgado em 18/10/2007, DJe 14/04/2008.)

◙ **No mesmo sentido:** "APELAÇÃO CÍVEL. ADMINISTRATIVO. CONSTITU- CIONAL. CONCURSO PÚBLICO. MAGISTÉRIO ESTADUAL. DECADÊNCIA NÃO CONFIGURADA. ENFRENTAMENTO DO MÉRITO. IMPOSSIBILIDA- DE. INDEFERIMENTO DA PETIÇÃO INICIAL. NECESSIDADE DE DILA- ÇÃO PROBATÓRIA. DESCONSTITUIÇÃO DA SENTENÇA. O momento do início do decurso do prazo de 5 (cinco) anos para o reconhecimento do direito à nomeação (art. 1º do Decreto nº 20.910/32) se dá depois do encerramento do prazo de validade do concurso. Até o último dia de validade do certame, existia a expectativa de a autora ser nomeada para o cargo a que tem direito. A certeza de sua não-nomeação aconteceu apenas quando efetivamente encerrado o pra- zo de validade do concurso. Precedentes do STJ e Incidente de Uniformização de Jurisprudência de nº 70043778224. Necessidade de desconstituição do julga- do, uma vez que, em primeiro grau de jurisdição, a petição inicial foi indeferi- da, sendo necessário o regular processamento do feito, com dilação probatória."

(TJ RS, AC n° 70044316339, Quarta Câmara Cível, Des. Rel. José Luiz Reis de Azambuja, julgado em 14/03/2012)

▶ **Conclusão**: Como se vê, a homologação do resultado final do concurso público, a expiração do prazo de validade e respectivas nomeações não impedem os candidatos prejudicados em alguma fase do certame, em razão de ilegalidades, de buscarem a tutela jurisdicional. Portanto não há nenhum óbice ao prosseguimento da presente ação. Com muito mais razão a homologação do concurso ao longo do processamento de uma ação também não acarreta a perda do objeto da mesma e, portanto, falta de interesse superveniente da ação.

PRAZO DE VALIDADE

▶ **Com a homologação do concurso é que se inicia o prazo para a Administração começar a fazer suas contratações, as quais devem ocorrer dentro do prazo de validade do concurso.**

A homologação nada mais é que um ato administrativo vinculado, decorrente de controle interno de legalidade, que confirma a legitimidade e legalidade do procedimento, podendo, a partir deste momento, a Administração promover a nomeação dos candidatos aprovados, seja dentro ou fora do número inicial de vagas apresentadas. Assim, após o concurso homologado, existirão candidatos reprovados, e, portanto, eliminados, e candidatos aprovados, alguns dentro e outros fora do número de vagas inicialmente apresentadas.

◉ **Não pode a lei fixar prazo para o provimento do cargo, pena de ferir o equilíbrio entre os poderes do Estado**

"Concurso público. A CF apenas assegura ao candidato aprovado o direito subjetivo à nomeação de acordo com a respectiva ordem de classificação e no prazo da validade do concurso, ficando o ato de provimento adstrito ao poder discricionário da Administração Pública. Não pode a lei fixar prazo para o provimento do cargo, pena de ferir o equilíbrio entre os poderes do Estado". (STF, Pleno, ADIn 2931-RJ, rel. Min. Carlos Britto, j. 24.2.2005, m.v., DJU 7.3.2005).

◉ **Nomeação de servidor fora do prazo de validade do concurso é ilegal.**

"Nomeação de servidor fora do prazo de validade do concurso é ilegal". (Acórdão 5446/2008-Segunda Câmara | Relator: AROLDO CEDRAZ)

▶ **O prazo de validade do concurso público será de até dois anos prorrogável uma vez por igual período.**

Segundo a norma inserta no art. 37, III, da Constituição da República, "o prazo de validade do concurso público será de até dois anos, prorrogável uma vez por igual período". Daí se infere que se o prazo de validade for de 02 (dois) anos, por exemplo, a prorrogação deverá ser feita também por 02 (dois) anos. Ressalte-se que a possibilidade de prorrogação do prazo deve constar da lei ou do edital, e configura opção discricionária da Administração.

▶ **Prazo de validade do concurso e prorrogação.**

"O prazo de validade do concurso de ingresso no serviço público, na dicção do art. 37, III, da Constituição Federal, é de até dois anos. Esse é, portanto, o teto, ou seja, o prazo máximo inicial de duração desse certame. A lei geral do concurso de ingresso no serviço público da entidade obrigada a realizar esses certames poderá estabelecer teto igual ou menor ao constitucionalmente estabelecido para seus concursos, mas nunca poderá prescrever teto maior. Ainda, poderá facultar a prorrogação por igual ou menor prazo." (GASPARINI, Diogenes, Concurso Público – Imposição Constitucional e Operacionalização. In: MOTTA, Fabrício coord. Concurso público e Constituição. Belo Horizonte: Editora Fórum, 2005, p. 37/38)

> ▶ **No mesmo sentido:** "No exercício desta competência discricionária, deverá a Administração levar em conta as circunstâncias do caso concreto para estabelecer, motivadamente e razoavelmente, o prazo respectivo. Pode-se admitir o estabelecimento de prazo menor que o máximo de dois anos, por exemplo, para o ingresso em cargos cujas atribuições liguem-se a conhecimentos de tecnologias que mudam com frequência acima do normal. É claro que o dever de motivar irrompe ainda com maior nitidez nestas situações de estabelecimento de prazo menor do que dois anos." (Comentários à Constituição do Brasil / J. J. Gomes Canotilho. [et al.]. – São Paulo: Saraiva/Almedina, 2013, p. 832)

▶ **Conclusões óbvias sobre o prazo de validade do concurso.**

"Em face dele, desde logo resultam três conclusões óbvias. Uma, a de que o prazo máximo de validade do concurso público, incluída a prorrogação, nunca excederá de quatro anos. Outra, a de que sua validade inicial (sem a prorrogação) poderá ser menor do que dois anos: de um ano, por exemplo, ou de seis meses, pois a norma constitucional diz que será de "até dois anos". Vale dizer: não determina qual será o prazo; apenas aponta seu limite máximo. Sua fixação, pois, cabe ao edital do concurso, salvo se a lei da pessoa pertinente predeterminá-lo. A terceira conclusão é a de que, perante a Lei Maior, a prorrogação é uma faculdade, e não um dever." (BANDEIRA DE MELLO, Celso Antônio. Regime dos servidores da administração direta e indireta (Direitos e deveres), 11ª edição, Editora Malheiros, 1991, p. 61)

▶ **O prazo de validade do certame será fixado pelo edital**

"Na seqüência, o prazo de validade do certame será fixado pelo edital, observados esses parâmetros. Logo, se superior aos dois anos, será inconstitucional, e se superior ao estabelecido pela lei será ilegal." (GASPARINI, Diogenes, Concurso Público – Imposição Constitucional e Operacionalização. In: MOTTA, Fabrício coord. Concurso público e Constituição. Belo Horizonte: Editora Fórum, 2005, p. 37/38)

▶ **A própria lei também pode impor o prazo de validade do concurso.**

"Essa lei, no entanto, pode, de imediato, impor um determinado prazo para todo e qualquer concurso de ingresso a ser realizado, prescrevendo que a validade dos concursos, por exemplo, será de um ano." (GASPARINI, Diogenes, Concurso Público – Imposição Constitucional e Operacionalização. In: MOTTA, Fabrício coord. Concurso público e Constituição. Belo Horizonte: Editora Fórum, 2005, p. 37/38)

◉ **A posse, a celebração do contrato de trabalho ou o efetivo exercício não precisam ocorrer dentro do prazo de validade do concurso público, mas apenas a convocação do aprovado, nos termos do art. 37, inciso IV, da Constituição Federal.**

"A posse, a celebração do contrato de trabalho ou o efetivo exercício não precisam ocorrer dentro do prazo de validade do concurso público, mas apenas a convocação do aprovado, nos termos do art. 37, inciso IV, da Constituição Federal". (Acórdão 4724/2018-Segunda Câmara | Relator: JOSÉ MUCIO MONTEIRO)

▶ **O certame pode ter prazo de validade igual ou inferior a dois anos, mas nunca pode ser estipulado um prazo de validade superior ao teto constitucional**

O prazo de validade do concurso público será de até dois anos, prorrogável uma vez por igual período (art. 37, inciso III, da Constituição Federal), sendo este o prazo máximo de duração de qualquer concurso. Por isso, o certame pode ter prazo de validade igual ou inferior a dois anos, mas nunca pode ser estipulado um prazo de validade superior ao teto constitucional. O prazo de validade do concurso é contado a partir da homologação de seu resultado. Durante esse período a Administração Pública poderá convocar os candidatos para preencher as vagas até então existentes ou para as que surgirem durante a validade do certame. A prorrogação do prazo de validade do concurso público somente pode ocorrer uma vez e por igual período, ou seja, o prazo de prorrogação tem que ser igual ao prazo de validade previsto inicialmente para o concurso. Assim, se foi estipulado um prazo de validade de um ano para o concurso, a prorrogação também será de um ano. Da mesma forma, se foi estipulado um prazo de validade de dois anos, a prorrogação deverá ser de dois anos.

> ▶ "A Constituição Federal de 1988, no inc. III, do art. 37, determinou que: "III – o prazo de validade do concurso público será de até dois anos, prorrogável uma vez, por igual período". A validade do concurso é o período, contado a partir da homologação de seu resultado, durante o qual a Administração poderá aproveitar os candidatos nele aprovados. É interessante para a Administração ter este lapso temporal pois, surgindo novas vagas, não precisará movimentar a máquina pública para selecionar novos candidatos; poderá contratar imediatamente os candidatos já aprovados. Também para os candidatos aprovados e não convocados esta situação é interessante pois, por mais que não se tenham classificado dentro do número de vagas inicialmente abertas, existe a possibilidade do surgimento de novas vagas para as quais poderão ser contratados sem a necessidade de submeterem-se a novo concurso. Todavia, o concurso públi-

co seleciona os melhores candidatos naquele momento em que foi realizado e prolongar demais o prazo de validade impede a contratação pela Administração de candidatos mais atualizados e melhor capacitados que tenham ingressado no mercado de trabalho neste período e ainda limita seu direito de acesso aos cargos públicos. Além disso, naquele período, não se possibilita o direito de acesso aos cargos e empregos públicos àqueles que não participaram do concurso. Pensando nisso, o constituinte inseriu no texto constitucional uma limitação a este lapso temporal. Os concursos terão validade de, no máximo, dois anos, prorrogável uma vez por igual período. Entendeu o Administrador que o tempo máximo pelo qual o concurso pode cumprir adequadamente sua finalidade é de quatro anos. Por segurança, dividiu este prazo em duas etapas de, no máximo dois anos, permitindo ao ente administrativo contratante realizar, ao fim do primeiro lapso temporal, um novo juízo da conveniência e oportunidade de manter válido ou não o concurso realizado. A prorrogação do prazo de validade do concurso é ato discricionário do ente administrativo promotor, que ingressa no mérito do ato administrativo, exercendo juízo de conveniência e oportunidade e, portanto, não é sindicável via controle jurisdicional." (Regime Jurídico dos Concursos Públicos. Francisco Lobello de Oliveira Rocha, Ed. Dialética 2006, p. 59/60).

▶ **O término do prazo de validade do concurso não implica a perda do objeto de ação ajuizada com a finalidade de sanar ilegalidade existente no certame**

O Superior Tribunal De Justiça em inúmeros casos já decidiu que o término do prazo de validade do concurso não implica a perda do objeto de ação ajuizada com a finalidade de sanar ilegalidade existente no certame, sob pena de o candidato lesado ser punido pela demora na prestação jurisdicional. Mesmo que o concurso tenha se exaurido o processo judicial deve continuar e, se reconhecido o direito do candidato lesado, o Judiciário deve determinar a providência cabível, que no caso de preterição ou necessidade de contratação é a nomeação do mesmo.

▶ **É direito dos candidatos aprovados dentro do número de vagas apresentadas no edital sua nomeação, porém, em situação de normalidade, cabe à Administração a escolha quanto ao momento.**

É direito dos candidatos aprovados dentro do número de vagas apresentadas no edital sua nomeação, porém, em situação de normalidade, cabe a Administração a escolha quanto ao momento, dentro do prazo de validade do concurso, de realizar o provimento do cargo. Já em relação aos candidatos aprovados fora do número de vagas, como foram aprovados, os mesmos podem ser aproveitados ao longo do prazo de validade do certame. São candidatos que estão no cadastro de reserva, seja atribuída ou não esta nomenclatura no edital. São os popularmente conhecidos "excedentes". A princípio e em situação de normalidade estes excedentes possuem apenas expectativa de direito à nomeação, porém tal expectativa, a depender do caso concreto, pode se converter em direito à nomeação.

▶ **A atribuição de competências discricionárias está necessariamente ligada ao princípio da legalidade e destina-se a dotar o administrador de um operacional apto a bem satisfazer o interesse público.**

"Diante da existência de candidatos aprovados ainda não convocados para nomeação, é difícil encontrar motivos para a ausência de prorrogação do prazo de validade do certame. Dois princípios deverão assumir essencial relevância na análise de cada situação concreta: economicidade e interesse público. Com relação ao primeiro princípio, cabe destacar que a realização de concursos demanda tempo e dispêndio de recursos, muitas vezes expressivos, que devem ser aproveitados ao máximo possível – a manutenção de relação de aprovados, nesse sentido, não acarreta qualquer ônus, ao contrário da realização de outro certame. Em relação ao princípio do interesse público, deve-se ter em conta a possibilidade de pronto provimento de cargo ou emprego, decorrente da exoneração de agente público durante o prazo de validade do concurso." (Comentários à Constituição do Brasil / J. J. Gomes Canotilho. [et al.]. – São Paulo: Saraiva/Almedina, 2013, p. 833)

▶ **Ilegalidade do comportamento da Administração de deixar finalizar o prazo de validade do concurso público com candidatos aprovados para, logo após, instaurar novo concurso.**

O Supremo Tribunal Federal assentou entendimento de que no caso de não prorrogação do prazo de validade do concurso, em decisão desmotivada, e for reaberto, em seguida, novo concurso para provimento de vagas oferecidas no concurso anterior cuja prorrogação não foi realizada, surge para os candidatos aprovados no concurso não prorrogado direito subjetivo a nomeação.

> ◙ **No mesmo sentido:** "CONSTITUCIONAL. ADMINISTRATIVO. SERVIDOR PÚBLICO. CONCURSO PÚBLICO. DIREITO À NOMEAÇÃO. SÚMULA 15-STF. I. – A aprovação em concurso público não gera, em princípio, direito à nomeação, constituindo mera expectativa de direito. Esse direito surgirá se for nomeado candidato não aprovado no concurso, se houver o preenchimento de vaga sem observância de classificação do candidato aprovado (Súmula 15-STF) ou se, indeferido pedido de prorrogação do prazo do concurso, em decisão desmotivada, for reaberto, em seguida, novo concurso para preenchimento de vagas oferecida no concurso anterior cuja prorrogação fora indeferida em decisão desmotivada. II. – Precedentes do STF: MS 16.182/DF, Ministro Evandro Lins (RTJ 40/02); MS 21.870/DF, Ministro Carlos Velloso, "DJ" de 19.12.94; RE 192.568/PI, Ministro Marco Aurélio, "DJ" de 13.9.96; RE 273.605/SP, Ministro Néri da Silveira, "DJ" de 28.6.02. III. – Negativa de seguimento ao RE. Agravo não provido." (RE 419013 AgR, Relator Min. Carlos Velloso, Segunda Turma, julgado em 01/06/2004.)

A SUSPENSÃO DAS NOMEAÇÕES

▶ **A suspensão das nomeações pelo poder público suspende o prazo de validade do concurso público?**

Após homologado do certame se inicia o prazo de validade do concurso. O que seria tal prazo? É justamente o prazo que a Administração possui para contratar os aprovados no certame, seja dentro ou fora do número de vagas. Este prazo, segundo a Constituição Federal, é de até dois anos podendo ser prorrogado por igual período. A fixação inicial concreta do prazo é estabelecida no edital. Caso o mesmo proíba a prorrogação não será possível a mesma. Caso prescreva apenas que pode ser prorrogado por igual período, cabe ao gestor público, próximo ao fim do prazo inicial de validade, decidir se irá ou não prorrogar, sendo que, se o fizer, deve ser de maneira formal e o ato deve ser devidamente publicado no Diário Oficial. Em tempos de crise tem sido comum o contingenciamento, seja na inciativa privada seja na gestão pública. Ne gestão pública, dentre diversas medidas, uma delas é a suspensão dos concursos públicos e, para aqueles já findos, a diminuição ou até mesmo suspensão das nomeações. A questão é: na hipótese de já existir concurso homologado a suspensão das nomeações acarreta, por tabela, a suspensão do prazo de validade do certame? Se for expressamente manifestado por ato da autoridade competente para nomear ou por autoridades superiores a ela, seja de maneira formal ou não, ao que nos parece há, por consequência, a suspensão do prazo de validade do certame. Veja que deve estar claro o contexto e existir expressa manifestação do Poder Público neste sentido, de modo que é nítido e confessado pelo mesmo que apesar de existir concurso findo, candidatos aprovados, está sendo demonstrado uma exceção, qual seja: não é possível realizar contratações! Por que exceção? Pois o concurso visa justamente selecionar candidatos para contratar (ou, pelo menos, potencialmente contratar) dentro do prazo de validade do certame. Se não é possível (proibido) contratar em determinado espaço temporal do prazo de validado do certame, consequentemente este, o prazo de validade, também deve estar suspenso. Se pensarmos de maneira distinta teremos as seguintes situações. Primeiro: o concurso passa ter apenas um preponderante e, às vezes, até exclusivo caráter arrecadatório. Imagine, a título de exemplo, um concurso que foi homologado uma semana antes do ato formal que suspendeu as nomeações e que o prazo de validade do mesmo seja de 6 meses sem a possibilidade de prorrogação! E agora, concurso não serviu para nada? Veja que direito, como conjunto de normas, deve ser interpretado de forma inteligente como celebremente poetizou Carlos Maximiliano. Segundo tal comportamento iria de encontro ao princípio da proteção à confiança (que é uma das facetas do princípio da segurança jurídica), pois os candidatos depositam uma expectativa de que serão possíveis contratações até o fim do prazo de validade do concurso e, no caso, está proibida a contratação.

▶ **Uma interpretação inteligente e coerente com o ordenamento jurídico só pode ir ao encontro de única conclusão: a suspensão expressa, confessada, formalmente ou não, das contratações, gera automaticamente a suspensão do prazo de validade do concurso público.**

Por enquanto ainda não existe lei sobre o tema, pois, como se sabe, nem mesmo uma lei geral sobre concursos públicos existe. Grande parte dos julgamentos feitos pelos Tribunais, sejam superiores ou não, é decorrente de uma interpretação ampla de normas constitucionais abertas.

▶ Por enquanto ainda não existe lei sobre o tema, pois, como se sabe, nem mesmo uma lei geral sobre concursos públicos existe. Grande parte dos julgamentos feitos pelos Tribunais, sejam superiores ou não, é decorrente de uma interpretação ampla de normas constitucionais abertas. É o que se passa, por exemplo, em relação ao direito de nomeação. A lei não prescreve quando há ou não direito, mas os Tribunais já pacificaram a matéria em diversos pontos, como, por exemplo, garantindo o direito à nomeação em caso de aprovação dentro do número de vagas. O mesmo em relação ao exame psicotécnico. Não há lei dispondo sobre seus requisitos de validade, porém já é pacífico na jurisprudência que ele tem que ter previsão legal, ser baseado em critérios objetivos e científicos, o laudo de inaptidão deve ser fundamentado e deve haver possibilidade de recurso o resultado. Onde está isso? Na jurisprudência! A legislação formal ainda é insuficiente quanto ao tema. Perceba que o Poder Judiciário é uma verdadeira fonte do direito quando cria a norma concreta, fruto de uma interpretação inteligente e sistemática do ordenamento jurídico. De certa maneira tal atuação tem ligação com o ativismo judicial, necessário para que seja garantida a supremacia da Constituição Federal.

◙ **Falta de defensores em Santarém. Liminar deferida em março de 2018 determinando a nomeação de defensores e suspendendo o prazo de validade do certame.**

"Isto posto e por todas as razões acima declinadas, neste momento processual, DEFIRO A LIMINAR PLEITEADA nos presentes autos, cominando Obrigação de fazer à DEFENSORIA PÚBLICA DO ESTADO DO PARÁ, concernente na adoção de todas as providências necessárias para promover a nomeação imediata e respectiva de 19 Defensores Públicos (vagas surgidas até a presente data), de acordo com a classificação atual dos candidatos, no prazo de 10 dias, sob pena de multa diária à Defensora Pública Geral no valor de R$ 1.000,00 (mil reais). Esclareço que a multa foi fixada em face da Defensora Pública Chefe de forma pessoal, de forma a não prejudicar os cofres da Defensoria Pública Estadual. Determino, ainda, a SUSPENSÃO do prazo de validade do concurso, até a solução final da presente demanda, a fim de garantir ao autor que seu pleito não perderá o objeto em decorrência do exercício do seu direito de buscar do Estado uma resposta. Assevere-se que a suspensão do prazo de validade do concurso durante o presente processo não impede a Defensoria Pública de prover as vagas que surgirem durante o curso do processo com os candidatos remanescentes, conforme determina a própria LC 54/2006, em seu artigo 26, § 10º." (Processo n.º 0002489-60.2018.8.14.0051, Sexta Vara Cível de Santarém, Pará. Magistrado: Flávio Oliveira Lauande. Decisão proferida em 02 de março de 2018.)

◙ **Concurso da Caixa Econômica Federal do ano de 2014.**

A douta juíza de 6ª Vara do Trabalho de Brasília – DF, do Tribunal Regional do Trabalho da 10ª Região, Dra. Natalia Queiroz Cabral Rodrigues, confirmou a liminar que suspendia o prazo de validade do certame da referida estatal. Veja-se o dispositivo final da decisão "III – CONCLUSÃO: Diante do exposto, nos autos da Ação Civil Pública n. 00059-10-2016-5-10-0006 proposta pelo MINISTÉRIO PÚBLICO DO TRABALHO em face de CAIXA ECONÔMICA FEDERAL, e no qual figuram como assistentes do autor a FEDERAÇÃO NACIONAL DAS ASSOCIAÇÕES DO PESSOAL

DA CEF E CONFEDERAÇÃO NACIONAL DOS TRABALHADORES DO RAMO FINANCEIRO – CONTRAF, nos termos da fundamentação supra, que integra este dispositivo para todos os fins, DECIDO rejeitar as preliminares e julgar PROCEDENTES os pedidos para: Confirmar a postergação de validade do concurso público conforme editais publicados pela reclamada nsº 001/2014-NM e 001/2014-NS, até o trânsito em julgado desta decisão;.."

▶ **Tendências normativas sobre o tema referente à suspensão do prazo de validade do concurso.**

Não obstante o Judiciário já estar avançando e deferindo liminares em casos especiais, a legislação já está no vaco para normatizar o tema. Veja-se, a esse respeito, PEC 130/2015. Aqui se discute a inclusão do parágrafo 13 ao art. 37 da CF/88 para fazer constar a suspensão do prazo de validade do concurso "durante o período em que a administração pública, por ato formal, suspender temporariamente nomeações ou novos concursos públicos para o respectivo cargo ou emprego público". Em 2016 a referida proposta foi aprovada pela Comissão de Constituição e Justiça do Senado Federal estando, atualmente, pronto para deliberação do Plenário.

▶ **Há projeto de lei tramitando até para alterar a Lei 8.112/90.**

Há projeto de lei tramitando até para alterar a Lei 8.112/90. Trata-se do Projeto de Lei do Senado nº 501, de 2017, cuja relatoria é da senadora Rose de Freitas: Ementa: Altera a Lei nº 8.112, de 11 de dezembro de 1990, que dispõe sobre o regime jurídico dos servidores públicos civis da União, das autarquias e das fundações públicas federais, para determinar a suspensão da contagem do prazo de validade de concursos públicos, nos casos que especifica. Explicação da Ementa: Altera a Lei nº 8.112/1990, para estabelecer que o prazo de validade de concurso público será suspenso enquanto as nomeações estiverem proibidas devido a eleições ou à Lei de Responsabilidade Fiscal.

▶ **Em Brasília foi publicada a Lei 6.098/2018 prevendo a suspensão do prazo de validade do certame quando, por ato formal, forem suspensas as nomeações.**

Art. 1º O art. 68 da Lei nº 4.949, de 15 de outubro de 2012, passa a vigorar com a seguinte redação: Art. 68. O candidato aprovado entre o quantitativo das vagas previstas no edital do concurso tem direito a nomeação no cargo ou no emprego público ao qual concorreu. § 1º O prazo estabelecido no edital do certame será automaticamente prorrogado por igual período, quando a Administração Pública, por ato formal, ainda que temporário, suspender as nomeações para concursos já homologados. § 2º Não flui o prazo de validade do concurso do termo inicial ao final da suspensão das nomeações, ainda que já tenha ocorrido a prorrogação, devendo o período da interrupção ser aditado ao prazo constante do edital.

◉ **Dentro do prazo de validade do concurso, a administração poderá escolher o momento no qual se realizará a nomeação, mas não poderá dispor sobre a própria nomeação, a qual, de acordo com o edital, passa a constituir um direito do concursando aprovado e, dessa forma, um dever imposto ao poder público.**

467

"Dentro do prazo de validade do concurso, a administração poderá escolher o momento no qual se realizará a nomeação, mas não poderá dispor sobre a própria nomeação, a qual, de acordo com o edital, passa a constituir um direito do concursando aprovado e, dessa forma, um dever imposto ao poder público. Uma vez publicado o edital do concurso com número específico de vagas, o ato da administração que declara os candidatos aprovados no certame cria um dever de nomeação para a própria administração e, portanto, um direito à nomeação titularizado pelo candidato aprovado dentro desse número de vagas. (...) O dever de boa-fé da administração pública exige o respeito incondicional às regras do edital, inclusive quanto à previsão das vagas do concurso público. Isso igualmente decorre de um necessário e incondicional respeito à segurança jurídica como princípio do Estado de Direito. Tem-se, aqui, o princípio da segurança jurídica como princípio de proteção à confiança. Quando a administração torna público um edital de concurso, convocando todos os cidadãos a participarem de seleção para o preenchimento de determinadas vagas no serviço público, ela impreterivelmente gera uma expectativa quanto ao seu comportamento segundo as regras previstas nesse edital. Aqueles cidadãos que decidem se inscrever e participar do certame público depositam sua confiança no Estado administrador, que deve atuar de forma responsável quanto às normas do edital e observar o princípio da segurança jurídica como guia de comportamento. Isso quer dizer, em outros termos, que o comportamento da administração pública no decorrer do concurso público deve se pautar pela boa-fé, tanto no sentido objetivo quanto no aspecto subjetivo de respeito à confiança nela depositada por todos os cidadãos. (...) Quando se afirma que a administração pública tem a obrigação de nomear os aprovados dentro do número de vagas previsto no edital, deve-se levar em consideração a possibilidade de situações excepcionalíssimas que justifiquem soluções diferenciadas, devidamente motivadas de acordo com o interesse público. Não se pode ignorar que determinadas situações excepcionais podem exigir a recusa da administração pública de nomear novos servidores. Para justificar o excepcionalíssimo não cumprimento do dever de nomeação por parte da administração pública, é necessário que a situação justificadora seja dotada das seguintes características: a) Superveniência: os eventuais fatos ensejadores de uma situação excepcional devem ser necessariamente posteriores à publicação do edital do certame público; b) Imprevisibilidade: a situação deve ser determinada por circunstâncias extraordinárias, imprevisíveis à época da publicação do edital; c) Gravidade: os acontecimentos extraordinários e imprevisíveis devem ser extremamente graves, implicando onerosidade excessiva, dificuldade ou mesmo impossibilidade de cumprimento efetivo das regras do edital; d) Necessidade: a solução drástica e excepcional de não cumprimento do dever de nomeação deve ser extremamente necessária, de forma que a administração somente pode adotar tal medida quando absolutamente não existirem outros meios menos gravosos para lidar com a situação excepcional e imprevisível. De toda forma, a recusa de nomear candidato aprovado dentro do número de vagas deve ser devidamente motivada e, dessa forma, passível de controle pelo Poder Judiciário. (...) Esse entendimento, na medida em que atesta a existência de um direito subjetivo à nomeação, reconhece e preserva da melhor forma a força normativa do princípio do concurso público, que vincula diretamente a administração. É preciso reconhecer que a efetividade da exigência constitucional do concurso público, como uma incomensurável conquista da cidadania no Brasil, permanece condicionada à observância, pelo poder público, de normas de organização e procedimento e, principalmente, de garantias fundamentais que possibilitem o seu pleno exercício pelos cidadãos. O reconhecimento de um direito subjetivo à nomeação deve passar a impor limites à atuação da administração pública e dela exigir o estrito cumprimento das normas que regem os certames, com especial observância dos deveres de boa-fé e incondicional respeito à confiança dos cidadãos. O princípio constitucional do concurso público é fortalecido quando o poder público assegura e observa as garantias fundamentais que viabilizam a efetividade desse princípio. Ao lado das garantias de publicidade, isonomia, transparência, impessoalidade, entre outras, o direito à nomeação representa também uma garantia fundamental da plena efetividade do princípio do concurso público." [RE 598.099, rel. min. Gilmar Mendes, j. 10-8-2011, P, DJE de 3-10-2011, Tema 161.]

PRORROGAÇÃO DO PRAZO DE VALIDADE DO CONCURSO

▶ **A prorrogação do prazo de validade do concurso público é uma faculdade da Administração que deve ser exercida antes de expirado o seu prazo inicial de validade.**

A prorrogação do prazo de validade do concurso público é uma faculdade da Administração que deve ser exercida antes de expirado o seu prazo inicial de validade. Como faculdade da Administração, em regra não pode o Poder Judiciário determinar que o Administrador prorrogue o certame, sob pena de violar a independência dos poderes em razão da indevida intromissão no mérito administrativo.

> ▶ "A prorrogação da validade do concurso é comportamento discricionário da Administração Pública interessada no concurso de ingresso, facultado pela lei ou por disposição editalícia. A lei ou o edital apenas prevê tal faculdade, pois a prorrogação vai decorrer de ato administrativo praticado com esse objetivo. De sorte que, sob pena de sua improrrogabilidade, essa possibilidade deverá restar expressamente consignada em lei ou no edital do concurso de ingresso." (GASPARINI, Diogenes, Concurso Público – Imposição Constitucional e Operacionalização. In: MOTTA, Fabrício coord. Concurso público e Constituição. Belo Horizonte: Editora Fórum, 2005, p. 38)

> ◙ **No mesmo sentido:** "Concurso público. Prazo de validade. Constituição, art. 97, parágrafo 3º. Lei local que estabelece prazo de validade por dois anos, prorrogável por um ano. Do dispositivo constitucional federal não decorre impossibilidade ao legislador estadual de estipular prazo de validade menor, em lei local. No caso, não cabia ao poder judiciário prorrogar o prazo de validade do concurso, ou obrigar o chefe do poder executivo a fazê-lo, a fim de assegurar aos impetrantes o prazo de quatro anos. Ofensa ao art. 97, parágrafo 3º, da constituição. Inexistência de direito certo e líquido. Recurso extraordinário conhecido e provido, para cassar a segurança. (RE 108994, Relator Min. Néri da Silveira, Primeira Turma, julgado em 13/02/1987)".

▶ **No mesmo sentido:**A prorrogação do prazo de validade do concurso público somente pode ocorrer uma vez e por igual período, ou seja, o prazo de prorrogação tem que ser igual ao prazo de validade previsto inicialmente para o concurso. Assim, se foi estipulado um prazo de validade de um ano para o concurso, a prorrogação também será de um ano. Da mesma forma, se foi estipulado um prazo de validade de dois anos, a prorrogação deverá ser de dois anos. O art. 37, inciso III, da Constituição Federal não permite que uma vez escoado o prazo de validade do concurso público, sem que tenha ele sido prorrogado, possa a Administração Pública instituir novo prazo de validade, visto que prorrogar é estender prazo ainda existente para além de seu termo final e pressupõe a previsão de continuidade antes de encerrado o tempo fixado sem haver interrupção.

◙ **No mesmo sentido:** "CONCURSO PÚBLICO. PRAZO DE VALIDADE. PRORROGAÇÃO APÓS O TÉRMINO DO PRIMEIRO BIÊNIO. IMPOSSIBILIDADE. ART. 37, III DA CF/88. 1. Ato do Poder Público que, após ultrapassado o primeiro biênio de validade de concurso público, institui novo período de dois anos de eficácia do certame ofende o art. 37, III da CF/88. 2. Nulidade das nomeações realizadas com fundamento em tal ato, que pode ser declarada pela Administração sem a necessidade de prévio processo administrativo, em homenagem à Súmula STF nº 473. 3. Precedentes. 4.Recurso extraordinário conhecido e provido." (STF -RE 352258, Relatora Min. Ellen Gracie, Segunda Turma, julgado em 27/04/2004.)."

◙ **No mesmo sentido:** "Embora o art. 37, III, da Constituição Federal, estabeleça em dois anos o prazo de validade de concurso público, autorizando a prorrogação deste por mais dois anos, é necessário, entretanto, que esta se faça antes de expirado aquele, pois, a autorização é para prorrogação, não para restauração, já que a possibilidade desta acarretaria a validade indefinida e indeterminada de qualquer concurso público, interpretação que, evidentemente não se adequa ao preceito constitucional discutido." (TRF 1 Apelação n.º 94.01.34010-2/DF)

▶ **O que significa prorrogação por "igual período"?**

"Prorrogação pelo mesmo prazo da validade inicial do concurso prevista no edital (ou na lei da pessoa pertinente) ou prorrogação por mais dois anos? Concretizemos a dúvida em um exemplo: se o prazo de validade do concurso houver sido estipulado em um ano, só poderá ser prorrogado por mais um ou caberia fazê-lo por mais dois? A única certeza captável de plano é que não poderia ser estendido por mais três anos (a título de completar o período máximo de quatro), pois três nem é período "igual" ao prazo de validade do concurso (suposto no exemplo), nem é igual aos dois anos referidos no inciso III. Entendemos que a resposta correta não é difícil de obter-se se houver verdadeira atenção ao que dispõe a regra interpretanda. Bem examinada, há de concluir-se que a prorrogação (possível uma única vez, como estabelece o inciso) terá de cifrar-se a um prazo igual ao que haja sido estabelecido para a validade do concurso. Portanto, no exemplo figurado, limitar-se-ia a mais um ano. Com efeito, "igual período", evidentemente, quer dizer período igual a algum outro já aludido. E qual foi o período referido no inciso III? Não foi de dois anos, foi de até dois anos. Ora, "até dois anos" pode ser um período de seis meses, de um ano, de um ano e meio etc. Logo, "igual período" é período igual a seis meses, um ano, um ano e meio e mesmo, eventualmente, dois anos. Assim, se se trata de prorrogar por "igual período", o período de prorrogação há de ser o mesmo a que alude o inciso. A saber: qualquer período, desde que contido no limite de dois anos. Portanto, um período de seis meses, de um ano, um ano e meio, dois anos, conforme haja sido estabelecido no edital de concurso (ou na lei da pessoa pertinente), pois aí é que estará a determinação do prazo de validade a que se referiu o inciso." (BANDEIRA DE MELLO, Celso Antônio. Regime dos servidores da administração direta e indireta (Direitos e deveres), 11ª edição, Editora Malheiros, 1991, p. 62)

▶ **O Supremo Tribunal Federal que conquanto a Administração não seja obrigada a prorrogar o prazo de validade do certame se criadas novas vagas (durante o prazo inicialmente estabelecido) é razoável que se proceda a essa prorrogação.**

"Contudo, já decidiu o Supremo Tribunal Federal que, conquanto a Administração não seja obrigada a prorrogar o prazo de validade do certame, se criadas novas vagas (durante o prazo inicialmente estabelecido), é razoável que se proceda a essa prorrogação, para que os candidatos aprovados sejam aproveitados." (BITENCOURT, Marcondes Pedro Carlos BITENCOURT. Servidor Público Teoria e Prática, Belo Horizonte, 2016, p. 31)

▶ **Poderia a Administração prorrogar o prazo de validade por um período inferior ao inicial?**

"Figuremos um exemplo. Se o prazo de validade houvesse sido estipulado em dois anos, poderia a prorrogação ser por mais um, ou teria de sê-lo por outros dois? Entendemos que, se houver prorrogação, terá de ser por um período igual ao anterior. Na hipótese figurada, então, a prorrogação – se feita – terá de sê-lo por dois anos. Talvez não seja esta a solução mais conveniente. É, entretanto, a que decorre do texto. Este fala em prorrogação por "igual período". Visto que "igual período" é período igual ao do prazo de validade, não há senão concluir que, fixado discricionariamente o prazo de validade do concurso, estará *ipso facto* fixado, mas, já agora, vinculadamente, o prazo possível de prorrogação. Em síntese: o prazo de validade de qualquer concurso, quando prorrogado, será sempre o dobro daquele que haja sido inicialmente estabelecido." (BANDEIRA DE MELLO, Celso Antônio. Regime dos servidores da administração direta e indireta (Direitos e deveres), 11ª edição, Editora Malheiros, 1991, p. 63)

▶ **Se o edital e a lei forem omissas quanto ao prazo de validade do concurso será ele de 2 (dois) anos, sem possibilidade de prorrogação.**

Se houver omissão legal ou o edital deixar de dispor a respeito do prazo de validade do certame e de sua prorrogação deve se considerar o prazo máximo de dois anos previsto na Constituição Federal como período de validade do certame, sem, contudo, a possibilidade de prorrogação, pois esta somente pode resultar de expressa prescrição legal ou editalícia.

▶ **No mesmo sentido:** "Mas, essa lei pode ser omissa quanto a esse lapso e o edital do concurso pode deixar de dispor a respeito. Destarte, no caso, não há prazo de validade do certame aberto. Deve-se, então, considerar o teto constitucional, ou seja, os dois anos como período de validade, sem possibilidade de prorrogação, pois esta somente pode resultar de expressa prescrição legal ou editalícia." (GASPARINI, Diogenes, Concurso Público – Imposição Constitucional e Operacionalização. In: MOTTA, Fabrício coord. Concurso público e Constituição. Belo Horizonte: Editora Fórum, 2005, p. 37/38)

▶ **No mesmo sentido:** "Também merece questionamento a hipóstese de o edital de concurso omitir-lhe o prazo de validade e não haver lei que estabeleça um prazo fixo, em caráter imperativo ou subsidiário. Se tal se der, duas indagações se propõem: 1) Que prazo de validade terá? 2) Será prorrogável o prazo, a final, considerado pertinente? Cremos que o prazo será de dois anos, ou seja, o do prazo-limite, pois é o único referencial fixo. Qualquer outra escolha seria gratuita." (BANDEIRA DE MELLO, Celso Antônio. Regime dos servidores da administração direta e indireta (Direitos e deveres), 11ª edição, Editora Malheiros, 1991, p. 63)

▶ **Existe discricionariedade na edição do ato de prorrogação do certame?**

"O ponto que se afigura mais controvertido diz respeito à existência ou não de discricionariedade administrativa na edição do ato de prorrogação do certame. Inicialmente, convém destacar que as concepções tradicionais de discricionariedade são calcadas em um Direito Administrativo baseado na ideia de potestade pública, de acordo com a qual se considerava, inclusive, a possibilidade de um tenso antagonismo entre Estado e cidadão, marcado por interesses contraditórios e pouco conciliáveis. Nesta concepção, é comum vislumbrar-se o ato administrativo sob um ponto de vista isolado, estático, desconexo de seu iter procedimental de formação que culmina com a manifestação da "vontade" da Administração. Aos poucos, contudo, as ideias de potestade, livre margem de apreciação e insindicabilidade foram perdendo terreno. Com bem noticia Odete Medauar, inicialmente, por mais uma inspiração do Conselho de Estado francês, a atenção voltou-se para o controle da competência discricionária que, como posteriormente viria a ser entendida, é sempre legalmente vinculada, em maior ou menor extensão. Em um momento seguinte, acentuaram-se as exigências voltadas ao cumprimento de regras formais." (Comentários à Constituição do Brasil / J. J. Gomes Canotilho. [et al.]. – São Paulo: Saraiva/Almedina, 2013, p. 832)

▶ **Mudança de paradigma.**

"Importante passo representou o encarecimento da necessária vinculação com o atendimento de finalidades públicas, caracterizando como desvio de finalidade o ato que não atingia objetivos fundados no atendimento do interesse público. Passou-se ainda a controlar a existência ou não dos motivos que presidiram a edição do ato e sua aptidão para realizar o objeto do mesmo, quando fosse obrigatória a motivação do ato. Outra etapa deste caminho evolutivo é o enfoque mais voltado para o processo de formação do ato discricionário, sobretudo em razão da pluralidade de atores e interesses legítimos que atuam junto à Administração Pública." (Comentários à Constituição do Brasil / J. J. Gomes Canotilho. [et al.]. – São Paulo: Saraiva/Almedina, 2013, p. 832/833)

▶ **O exercício da competência discricionária aparece necessariamente vinculado aos princípios constitucionais.**

"A ampliação da legalidade administrativa, compreendida de forma a albergar princípios, regras e valores com diferentes densidades normativas, traz importantes modificações no estudo do tema. A teia de relações mútuas existentes entre princípios, valores e regras sustenta o sistema jurídico e condiciona seu entendimento, sua aplicação e interpretação nos casos concretos. Desta maneira, o exercício da competência discricionária aparece necessariamente vinculado aos princípios constitucionais. Com efeito, o ato discricionário que afronta ou mesmo desprestigia princípios constitucionais aplicáveis à atividade administrativa está em desacordo com o sistema jurídico e deve ser expurgado." (Comentários à Constituição do Brasil / J. J. Gomes Canotilho. [et al.]. – São Paulo: Saraiva/Almedina, 2013, p. 833)

▶ **No mesmo sentido:** "(...) alargam-se os horizontes de controle dos atos administrativos. Paradoxalmente, amplia-se a sindicabilidade e a própria liberdade, pois esta passa a ser cobrada também nos atos vinculados. O automatismo cede à liberdade que se afina com o sistema e o constitui. No exame da conveniência e de oportunidade, a discrição deverá ser examinada com o escopo de impedir que o merecimento se confunda com o arbítrio, nunca fundamentável por definição (...) pois todos os atos (e respectivas motivações) da Administração Pública devem guardar fina sintonia com as diretrizes eminentes do Direito Administrativo (em especial, aquelas agasalhadas nos arts. 37 e 70 da CF.)." (FREITAS, Juarez. *O controle dos atos administrativos e os princípios fundamentais*. 3. ed. atual. e ampl. São Paulo: Malheiros, 2004, p. 229.)

▶ **No mesmo sentido:** "O ponto que se afigura mais controvertido diz respeito à existência ou não de discricionariedade administrativa na edição do ato de prorrogação do certame. Convém destacar que as concepções tradicionais de discricionariedade são calcadas em um Direito Administrativo baseado na ideia de potestade pública, de acordo com a qual se considera, inclusive, a possibilidade de tenso antagonismo entre Estado e cidadão, marcado por interesses contraditórios e pouco conciliáveis. Nessa concepção, é comum vislumbrar-se o ato administrativo sob um ponto de vista isolado, estático, desconectado de seu iter procedimental de formação, que culmina com a manifestação da "vontade" da Administração. Aos poucos, contudo, as ideias de potestade, livre margem de apreciação e insindicabilidade perdem terreno. Noticia Odete Medauar que a noção moderna de discricionariedade foi mais uma inspiração do Conselho de Estado francês, com as atenções do controle voltadas para a competência discricionária que, como posteriormente viria a ser entendida, seria legalmente vinculada, em maior ou menor extensão, e um importante passo representou o encarecimento da necessária vinculação com o atendimento de finalidades públicas, caracterizando como desvio de finalidade o ato que não atingia objetivos fundados no atendimento do interesse público. Passou-se ainda a controlar

473

a existência ou não dos motivos que presidiram a edição do ato e sua aptidão para realizar o objeto do mesmo, quando fosse obrigatória a motivação do ato. Outra etapa desse caminho evolutivo é o enfoque mais voltado para o processo de formação do ato discricionário, sobretudo em razão da pluralidade de atores e interesses legítimos que atuam junto à Administração Pública." (DI PIETRO, Maria Sylvia Zanella, MOTTA, Fabrício, FERRAZ, Luciano de Araújo. Servidores públicos na Constituição Federal. 3ª. ed. – São Paulo: Atlas, 2015, p. 52)

▶ **Deve haver razoabilidade quanto ao ato de prorrogar ou não o prazo de validade do certame.**

O gestor público deve obediência aos ditames constitucionais e aos princípios norteadores da atuação da Administração Pública. Além disso, a realização de concurso público exige tempo, usa-se pessoal e se gasta dinheiro. Do ponto de vista racional e de economia, havendo candidatos aptos em determinado concurso e que ainda não foram nomeados, é incompreensível deixar de prorrogar o prazo de validade do certame para realizar outro com a mesma finalidade.

◉ **Em regra, a prorrogação do prazo de validade de concurso público é ato discricionário da Administração, sendo vedado ao Poder Judiciário o reexame dos critérios de conveniência e oportunidade adotados.**

"ADMINISTRATIVO E PROCESSUAL CIVIL. CONCURSO PÚBLICO. CANDIDATO CLASSIFICADO FORA DO NÚMERO DE VAGAS OFERECIDAS PELO EDITAL.EXPECTATIVA DE DIREITO. REMOÇÃO DE SERVIDOR PARA OUTRA LOCALIDADE. VACÂNCIA DO CARGO NÃO CARACTERIZADA. PRORROGAÇÃO DO PRAZO DE VALIDADE DO CERTAME. ATO DISCRICIONÁRIO. INEXISTÊNCIA DE DIREITO LÍQUIDO E CERTO. 1. Cuida-se, originariamente, de Mandado de Segurança impetrado por Carlos Eduardo Dias de Almeida com o objetivo de assegurar direito à nomeação para o cargo de Técnico-Judiciário do Estado de Rondônia, no qual foi aprovado na 11ª posição, isto é, fora do número das vagas inicialmente previstas (oito vagas) para a Comarca de Presidente Médici, cidade para a qual concorreu. 2. O agravante alega que possui direito subjetivo à nomeação, porquanto ocorreu a remoção da servidora Aline Silva Ribeiro de Moraes, 9ª colocada, para outra localidade (Vilhena/RO), surgindo assim vaga na localidade de Presidente Médici. 3. A jurisprudência do STJ firmou que o candidato aprovado em concurso público dentro do número de vagas previstas no edital tem direito líquido e certo à nomeação. Durante o período de validade do certame, compete à Administração, atuando com discricionariedade, nomear os candidatos aprovados de acordo com sua conveniência e oportunidade. 4. Esse entendimento (poder discricionário da Administração para nomear candidatos aprovados no certame durante sua validade) é limitado na hipótese de haver contratação precária de terceiros para o exercício dos cargos vagos e ainda existirem candidatos aprovados no concurso. Nessas situações, a expectativa de direito destes seria convolada, de imediato, em direito subjetivo à nomeação. 5. Tal direito também se manifesta quando, durante o prazo de validade do concurso, demonstrado o interesse da

Administração Pública, surgirem novas vagas, seja em razão da criação de novos cargos mediante lei, seja em virtude de vacância decorrente de exoneração, demissão, aposentadoria, posse em outro cargo inacumulável ou falecimento, seja pela realização de novo concurso público dentro do prazo de vigência do certame anterior. 6. Não caracteriza "vacância de cargo" para fins de provimento pelos aprovados em concurso público a simples remoção de um servidor para outra comarca. 7. A jurisprudência do STJ é firme no sentido de que a prorrogação do prazo de validade do concurso público é faculdade outorgada à Administração, exercida segundo critérios de conveniência e oportunidade, os quais não estão suscetíveis de exame pelo Poder Judiciário. 8. Agravo Regimental não provido." (AgRg no RMS 39.748/RO, Rel. Ministro HERMAN BENJAMIN, SEGUNDA TURMA, julgado em 04/04/2013, DJe 10/05/2013)

▶ **Administração – atendendo ao princípio da motivação – deve explicar o porquê de não se efetivar a prorrogação.**

"(...) defende-se haver direito subjetivo dos aprovados à prorrogação do prazo de validade, direito este que somente deixará de prevalecer se a Administração puder razoavelmente justificar – atendendo ao princípio da motivação – o porquê de não se efetivar a prorrogação. É que se afigura medida factível, afinada com o princípio da razoabilidade, a prorrogação do prazo de validade do concurso, afinal ele – o concurso –, é instrumento garante da isonomia, e não meio indireto de obtenção de receitas pelo Poder Público." (FERRAZ, Luciano. Concurso público e direito à nomeação. In: MOTTA, Fabrício (coord.). Concurso público e Constituição. Belo Horizonte: Editora Fórum, 2005, p. 254)

▶ **Caso não seja prorrogado o prazo de validade do certame, deve o ato ser motivado.**

"Não é demais encarecer a importância do princípio da motivação. Em razão de perseguir sempre as finalidades públicas consagradas direta ou indiretamente no ordenamento jurídico, deve a Administração sempre expor de forma clara os fatos que precedem suas ações e os fundamentos jurídicos que as autorizam. O princípio da motivação administrativa liga-se intimamente com o princípio republicano, apresentando-se também como espécie de "satisfação social" prestada pelo poder público à coletividade. A motivação apresenta especial relevância em razão de sua imprescindibilidade para o controle dos atos administrativos, em especial o exercitado pelo Poder Judiciário." (Comentários à Constituição do Brasil / J. J. Gomes Canotilho. [et al.]. – São Paulo: Saraiva/Almedina, 2013, p. 833)

> ▶ "[...] enquanto houver candidatos aprovados em concurso e este estiver dentro do prazo de validade fixado no edital, eles terão prioridade para a nomeação, ainda que a Administração tenha feito outro concurso, também com candidatos habilitados." (DI PIETRO, Maria Sylvia Zanella. Direito Administrativo. 17. ed. São Paulo: Atlas, 2004, p. 445)

◉ "Em situação como a descrita acima o Supremo Tribunal Federal entendeu que é ilegal a não prorrogação do prazo de validade do concurso, como se verifica no seguinte acórdão: "CONCURSO PÚBLICO. VAGAS. NOMEAÇÃO. O princípio da razoabilidade é conducente a presumir-se, como objeto do concurso, o preenchimento das vagas existentes. Exsurge configurador de desvio de poder, ato da Administração Pública que implique nomeação parcial de candidatos, indeferimento da prorrogação do prazo do concurso sem justificativa socialmente aceitável e publicação de novo edital com idêntica finalidade. "Como o inciso IV (do artigo 37 da Constituição Federal) tem o objetivo manifesto de resguardar precedências na sequência dos concursos, segue-se que a Administração não poderá, sem burlar o dispositivo e sem incorrer em desvio de poder, deixar escoar deliberadamente o período de validade de concurso anterior para nomear os aprovados em certames subsequentes. Fora isto possível e o inciso IV tornar-se-ia letra morta, constituindo-se na mais rúptil das garantias" (Celso Antônio Bandeira de Mello, "Regime Constitucional dos Servidores da Administração Direta e Indireta", página 56)." (STF – RE 192568, Relator Min. Marco Aurélio, Segunda Turma, julgado em 23/04/1996.)

◉ **Necessidade de motivação do ato de não prorrogar o prazo de validade do concurso em caso de necessidade permanente de contratação e inação estatal em prorrogar o prazo de validade e prover os cargos.**

"PROCESSUAL CIVIL. APELAÇÃO CÍVEL. DEVOLUÇÃO DOS AUTOS PELO EXMO. PRESIDENTE DA CORTE. ART. 1030, II, DO CPC. CONCURSO PÚBLICO. PRETERIÇÃO. AUSÊNCIA DE PRORROGAÇÃO DO PRAZO DE VALIDADE DO CONCURSO. FALTA DE MOTIVAÇÃO. DIREITO SUBJETIVO À NOMEAÇÃO. APELAÇÃO PROVIDA. 1. Processo devolvido ao exame da Turma para fim de retratação, com base no art. 1030, II, do CPC, em razão da decisão proferida pelo STF no julgamento do RE 837.311. 2. Acórdão da Turma que negou provimento à apelação dos autores, aprovados em concurso público fora do número de vagas previsto no edital, que pretendem a reforma da sentença de improcedência do pedido de nomeação e posse no cargo para o qual concorreram. 3. Configurada a divergência entre os acórdãos cotejados, tendo em vista que no RE 837.811, julgado sob o rito de repercussão geral, o STF decidiu que o reconhecimento do direito à nomeação pode estar pautado na demonstração de preterição resultante de arbitrariedade administrativa, consistente na expiração in albis do prazo de validade do concurso, a despeito da necessidade imediata de preenchimento dos cargos. 4. Evidenciada a premente necessidade de preenchimento dos cargos, inclusive por força de Termo de Ajustamento de Conduta celebrado entre a União e o Ministério Público do Trabalho, é de se reconhecer por imotivada a falta de prorrogação do prazo de validade do concurso público em debate, notadamente pela expressa previsão constitucional inserta no art. 37, III. 5. Reconhece-se o direito subjetivo à preferência na nomeação e posse dos candidatos. 5. Dar provimento à apelação, em juízo de retratação." (AC 0026177-35.2011.4.01.3400/DF, Rel. Desembargadora Federal Daniele Maranhão Costa, Quinta Turma, e-DJF1 p. de 12/04/2018)

◙ **Exsurge configurador de desvio de poder, ato da Administração Pública que implique nomeação parcial de candidatos, indeferimento da prorrogação do prazo do concurso sem justificativa socialmente aceitável e publicação de novo edital com idêntica finalidade.**

"CONCURSO PÚBLICO. VAGAS. NOMEAÇÃO. O princípio da razoabilidade é conducente a presumir-se, como objeto do concurso, o preenchimento das vagas existentes. Exsurge configurador de desvio de poder, ato da Administração Pública que implique nomeação parcial de candidatos, indeferimento da prorrogação do prazo do concurso sem justificativa socialmente aceitável e publicação de novo edital com idêntica finalidade. "Como o inciso IV (do artigo 37 da Constituição Federal) tem o objetivo manifesto de resguardar precedências na sequência dos concursos, segue-se que a Administração não poderá, sem burlar o dispositivo e sem incorrer em desvio de poder, deixar escoar deliberadamente o período de validade de concurso anterior para nomear os aprovados em certames subsequentes. Fora isto possível e o inciso IV tornar-se-ia letra morta, constituindo-se na mais rúptil das garantias" (Celso Antônio Bandeira de Mello, "Regime Constitucional dos Servidores da Administração Direta e Indireta", página 56)." (STF – RE 192568, Relator Min. Marco Aurélio, Segunda Turma, julgado em 23/04/1996.)

◙ **O princípio da razoabilidade também tem serventia ao controle de atos administrativos combatendo o desvio de poder. Neste sentido, ele foi adotado em face da instauração de novo concurso público para provimento de cargos públicos, aliada à recusa de prorrogação do prazo de validade de certame anterior**

"O princípio da razoabilidade é conducente a presumir-se, como objeto do concurso, o preenchimento das vagas existentes. Exsurge configurador de desvio de poder, ato da Administração Pública que implique nomeação parcial de candidatos, indeferimento da prorrogação do prazo do concurso sem justificativa socialmente aceitável e publicação de novo edital com idêntica finalidade. 'Como o inc. IV (do art. 37 da CF/1988) tem o objetivo manifesto de resguardar precedências na sequência dos concursos, segue-se que a Administração não poderá, sem burlar o dispositivo e sem incorrer em desvio de poder, deixar escoar deliberadamente o período de validade de concurso anterior para nomear os aprovados em certames subsequentes. Fora isto possível e o inc. IV tornar-se-ia letra morta, constituindo-se na mais rúptil das garantias." (MELLO, Celso Antônio Bandeira de Regime constitucional dos servidores da Administração Direta e Indireta, p. 56) (STF, RE 192.568/PI, 2.ª T., j. 23.04.1996, m.v., rel. Min. Marco Aurélio, DJ 13.09.1996, p. 33241).

◙ **Necessidade de contratação de pessoal, ausência de prorrogação do prazo de validade do concurso aliada à falta de motivação confere direito subjetivo à nomeação do candidato.**

"PROCESSUAL CIVIL. APELAÇÃO CÍVEL. DEVOLUÇÃO DOS AUTOS PELO EXMO. PRESIDENTE DA CORTE. ART. 1030, II, DO CPC. CONCURSO PÚBLICO. PRETERIÇÃO. AUSÊNCIA DE PRORROGAÇÃO DO PRAZO DE VALIDADE DO CONCURSO. FALTA DE MOTIVAÇÃO. DIREITO SUBJETIVO À NOMEAÇÃO.

APELAÇÃO PROVIDA. 1. Processo devolvido ao exame da Turma para fim de retratação, com base no art. 1030, II, do CPC, em razão da decisão proferida pelo STF no julgamento do RE 837.311. 2. Acórdão da Turma que negou provimento à apelação dos autores, aprovados em concurso público fora do número de vagas previsto no edital, que pretendem a reforma da sentença de improcedência do pedido de nomeação e posse no cargo para o qual concorreram. 3. Configurada a divergência entre os acórdãos cotejados, tendo em vista que no RE 837.811, julgado sob o rito de repercussão geral, o STF decidiu que o reconhecimento do direito à nomeação pode estar pautado na demonstração de preterição resultante de arbitrariedade administrativa, consistente na expiração in albis do prazo de validade do concurso, a despeito da necessidade imediata de preenchimento dos cargos. 4. Evidenciada a premente necessidade de preenchimento dos cargos, inclusive por força de Termo de Ajustamento de Conduta celebrado entre a União e o Ministério Público do Trabalho, é de se reconhecer por imotivada a falta de prorrogação do prazo de validade do concurso público em debate, notadamente pela expressa previsão constitucional inserta no art. 37, III. 5. Reconhece-se o direito subjetivo à preferência na nomeação e posse dos candidatos. 5. Dar provimento à apelação, em juízo de retratação." (AC 0026177-35.2011.4.01.3400/DF, Rel. Desembargadora Federal Daniele Maranhão Costa, Quinta Turma, e-DJF1 p. de 12/04/2018)

▶ **Não se prorroga prazo que já foi expirado, por absoluta impossibilidade jurídica.**

"Com efeito, não se prorroga prazo que já foi expirado, por absoluta impossibilidade jurídica. O agente público responsável deve programar a prorrogação com a antecedência devida, com o intuito de evitar o término do prazo inicial. A faculdade de prorrogar o prazo de validade decorre diretamente do texto constitucional, e por isso independe de qualquer previsão editalícia." (Comentários à Constituição do Brasil / J. J. Gomes Canotilho. [et al.]. – São Paulo: Saraiva/Almedina, 2013, p. 832)

> ▶ **No mesmo sentido:** "Com efeito, não se prorroga prazo que já foi expirado, por absoluta impossibilidade jurídica. O agente público responsável deve programar a prorrogação com a antecedência devida, com o intuito de evitar o término do prazo inicial. A faculdade de prorrogar o prazo de validade decorre diretamente do texto constitucional, e por isso independe de qualquer previsão editalícia." (DI PIETRO, Maria Sylvia Zanella, MOTTA, Fabrício, FERRAZ, Luciano de Araújo. Servidores públicos na Constituição Federal. 3ª. ed. – São Paulo: Atlas, 2015, p. 52)

> ◉ **No mesmo sentido:** "Não é possível prorrogar a validade de concurso quando este não mais existe no mundo jurídico, ou seja, quando sua validade já se exauriu. Nomeações posteriores à validade do concurso público são ilegais, por desconformidade à norma de regência e às boas práticas administrativa". (Acórdão 1039/2009-Segunda Câmara | Relator: JOSÉ JORGE)

▶ **Depois de encerrado o prazo das inscrições ao concurso aberto não há, legalmente, como ser introduzida no texto do edital disposição permitindo a prorrogação.**

"Atente-se que depois de encerrado o prazo das inscrições ao concurso aberto não há, legalmente, como ser introduzida no texto do edital disposição permitindo a prorrogação. Em ditas condições, tampouco seria possível em ato próprio, dado que violaria o princípio da vinculação aos termos e condições do edital." (GASPARINI, Diogenes, Concurso Público – Imposição Constitucional e Operacionalização. In: MOTTA, Fabrício coord. Concurso público e Constituição. Belo Horizonte: Editora Fórum, 2005, p. 38/39)

◉ **A expiração do prazo de validade do concurso público constitui óbice inafastável ao registro pelo TCU de atos de admissão efetuados posteriormente, exceto os decorrentes de ordem judicial.**

"A expiração do prazo de validade do concurso público constitui óbice inafastável ao registro pelo TCU de atos de admissão efetuados posteriormente, devendo, no entanto, ser assegurada a produção dos efeitos dessas admissões enquanto subsistir decisão judicial favorável aos interessados". (TCU – Acórdão 4217/2017-Primeira Câmara | Relator: BENJAMIN ZYMLER)

◉ **Decisão judicial de caráter liminar que prorroga prazo de validade de concurso já expirado não obsta a negativa de registro de ato de admissão no plano administrativo.**

"Decisão judicial de caráter liminar que prorroga prazo de validade de concurso já expirado não obsta a negativa de registro de ato de admissão no plano administrativo. Confirmada a liminar, fica assegurada a validade da admissão, em respeito à coisa julgada". (TCU – Acórdão 7136/2014-Primeira Câmara | Relator: BENJAMIN ZYMLER)

◉ **Convalidação de atos de admissão realizados após a validade do concurso, como, por exemplo, no caso de edital de prorrogação de prazo publicado intempestivamente.**

"A boa-fé, a segurança jurídica e o princípio da razoabilidade podem justificar a convalidação de atos de admissão realizados após a validade do concurso (edital de prorrogação de prazo publicado intempestivamente) que não contenham irregularidades graves, nem afrontem o interesse público". (Acórdão 5966/2009-Segunda Câmara | Relator: RAIMUNDO CARREIRO.)

> ◉ **No mesmo sentido:** "A expiração do prazo de validade do concurso público constitui óbice inafastável ao registro pelo TCU de atos de admissão efetuados posteriormente, devendo, no entanto, ser assegurada a produção dos efeitos dessas admissões enquanto subsistir decisão judicial favorável aos interessados". Acórdão 7427/2016-Primeira Câmara | Relator: BRUNO DANTAS

ART. 37, INCISO IV, CF – PRIORIDADE NAS CONVOCAÇÕES PARA ASSUMIR CARGO OU EMPREGO PÚBLICO

IV – Durante o prazo improrrogável previsto no edital de convocação, aquele aprovado em concurso público de provas ou de provas e títulos será convocado com prioridade sobre novos concursados para assumir cargo ou emprego, na carreira;

▶ **O aprovado em concurso público deve ser convocado com prioridade sobre novos concursados para assumir cargo ou emprego na carreira.**

De acordo com o inciso IV do art. 37 da Constituição Federal, durante o prazo de validade (improrrogável que, segundo José dos Santos Carvalho Filho, pode tanto ser o prazo inicial sem prorrogação, com o prazo de prorrogação, se a Administração prorrogar o concurso) previsto no edital de convocação, o aprovado em concurso público deve ser convocado com prioridade sobre novos concursados para assumir cargo ou emprego na carreira. (NOHARA, Irene Patrícia. Constituição Federal de 1988: comentários ao capítulo da administração pública : cap. VII do título III: da organização do Estado: artigos 37 a 43 / Irene Patrícia Nohara. – São Paulo: Atlas, 2015. (Coleção direito administrativo positivo; v. 1 / Irene Patrícia Nohara, Marco Antonio Praxedes de Moraes Filho, coordenadores), p. 35)

◉ **Nos termos do art. 37, inciso IV, da Constituição Federal, a posse, a celebração do contrato de trabalho ou o efetivo exercício não precisam ocorrer dentro do prazo de validade do concurso público, mas apenas a convocação do aprovado.**

Nos termos do art. 37, inciso IV, da Constituição Federal, a posse, a celebração do contrato de trabalho ou o efetivo exercício não precisam ocorrer dentro do prazo de validade do concurso público, mas apenas a convocação do aprovado. (Acórdão 6210/2015-Primeira Câmara | Relator: BRUNO DANTAS)

◉ **Direito de precedência que os candidatos aprovados em concurso anterior têm sobre os candidatos aprovados em concurso imediatamente posterior.**

Concurso público. Direitos do candidato. O direito do candidato aprovado em concurso público de provas, ou de provas e títulos, ostenta duas dimensões: 1) o implícito direito de ser recrutado segundo a ordem descendente de classificação de todos os aprovados (concurso é sistema de mérito pessoal) e durante o prazo de validade do respectivo edital de convocação (que é de 2 anos, prorrogável, apenas uma vez, por igual período); 2) o explícito Concurso público. Direitos do candidato. O direito do candidato aprovado em concurso público de provas, ou de provas e títulos, ostenta duas dimensões: 1) o implícito direito de ser recrutado segundo a ordem descendente de classificação de todos os aprovados (concurso é sistema de mérito pessoal) e durante o prazo de validade do respectivo edital de convocação (que é de 2 anos, prorrogável, apenas uma vez, por igual período); 2) o explícito direito de precedência que os candidatos aprovados em concurso anterior têm sobre os candidatos aprovados em concurso imediatamente posterior, contanto que não escoado o prazo daquele primeiro certame; ou seja, desde que ainda vigente o prazo inicial ou o prazo de prorrogação da primeira competição pública de provas, ou de provas e títulos. Mas ambos os direitos, acrescente-se, são de existência condicionada ao querer discricionário da administração estatal quanto à conveniência e oportunidade do chamamento daqueles candidatos tidos por aprovados. O dispositivo estadual adversado, embora resultante de indiscutível atributo moralizador dos concursos públicos, vulnera a CF 2.º, 37 IV e 61 § 1.º II (STF, Pleno, ADIn 2931-RJ, rel. Min. Carlos Britto, j. 24.2.2005, m.v., DJU 29.9.2006, p. 31; JSTF 335/37).

AS DIVERSAS FORMAS DE PRETERIÇÃO

▶ **Tecnicamente não é a preterição que determina o direito à nomeação, mas o que se encontra subjacente à preterição, isto é, a definição, pelo Poder Público, do momento havido como oportuno para preencher o cargo.**

"O Estado tem competência discricionária quanto ao instante oportuno para preencher os cargos. Contudo, quando, de algum modo, revela já ter efetuado sua escolha discricionária, exaure tal poder, concretizando-o. E, ao concretizá-lo, passa-se do campo do discricionário para o campo do vinculado. Em face do exposto, não é a preterição que determina o direito à nomeação, mas o que se encontra subjacente à preterição, isto é, a definição, pelo Poder Público, do momento havido como oportuno para preencher o cargo. Em conseqüência, a preterição é uma, mas não a única, circunstância reveladora de que o Poder Público considera necessário, atualmente, preencher um dado cargo." (BANDEIRA DE MELLO, Celso Antônio. Regime dos servidores da administração direta e indireta: (Direitos e deveres), edição, 11 tiragem: Malheiros, 03-1990: 21 tiragem: 08.1990; 21 edição: 04.1991, p. 66)

▶ **Sempre que outros elementos possam ser apresentados como real, concreta, efetiva comprovação – objetivamente demonstrável – de que o Estado já definiu o momento necessário ao preenchimento dos cargos, ao aprovado deve-se reconhecer o direito à nomeação**

"Por isso, sempre que outros elementos possam ser apresentados como real, concreta, efetiva comprovação – objetivamente demonstrável – de que o Estado já definiu o momento necessário ao preenchimento dos cargos, ao aprovado deve-se reconhecer o direito à nomeação. A admissão de pessoal a qualquer outro título ou a designação de outros servidores, em desvio de função, para exercerem as correspondentes aos cargos postos em concurso são outros tantos fatos de monstradores, e de modo inequívoco, de que o Poder Público considerou necessário o preenchimento daqueles cargos e, por isso mesmo, já definiu o momento de provimento deles – ainda que se queira furtar a tal obrigação. Sempre que isto suceda, há direito dos aprovados em concurso à obtenção de suas nomeações." (BANDEIRA DE MELLO, Celso Antônio. Regime dos servidores da administração direta e indireta: (Direitos e deveres), edição, 11 tiragem: Malheiros, 03-1990: 21 tiragem: 08.1990; 21 edição: 04.1991, p. 66)

◙ **Preterição pela quebra da ordem de convocação e direito à nomeação**

"REMESSA NECESSÁRIA. ADMINISTRATIVO. MANDADO DE SEGURANÇA. CONCURSO PÚBLICO. PRETERIÇÃO DE CANDIDATO MELHOR CLASSIFICA-DO EM CADASTRO DE RESERVA PARA NOMEAÇÃO. AUSÊNCIA DO ENVIO DE CORRESPONDÊNCIA CONVOCATÓRIA COM AVISO DE RECEBIMENTO. VIOLAÇÃO ÀS REGRAS DO EDITAL. SEGURANÇA CONCEDIDA. SENTENÇA MANTIDA. 1. Houve a convocação de candidato integrante do cadastro de reserva para o cargo de vigilante colocado em classificação posterior à do Impetrante, havendo, assim, a sua preterição, sendo certo que ficou caracterizado nos autos que o Impetrado não enviou qualquer correspondência para o Impetrante com aviso de recebimento (AR), no intuito de convocá-lo para a apresentação de documentos, não obstante a existência de regra nesse sentido inserida no item 13.1 do Edital do certame. 2. Deve ser mantida in totum a sentença que determinou à Autoridade Coatora que procedesse à imediata investidura do Impetrante ao cargo de provimento efetivo, consoante ordem de classificação obtida no certame para o cargo de Vigilante, porquanto a própria municipalidade informou por meio de ofício juntado aos autos que deixou de enviar a referida correspondência por dificuldades financeiras, desatendendo, assim, a regra editalícia mencionada, violando o princípio da vinculação ao instrumento convocatório. Sentença mantida." (TJES, Classe: Remessa Necessária, 009160008596, Relator: JORGE DO NASCIMENTO VIANA, Órgão julgador: QUARTA CÂMARA CÍVEL, Data de Julgamento: 09/10/2017, Data da Publicação no Diário: 19/10/2017)

▶ **Preterição por terceirizados.**

A terceirização na Administração Pública se dá nos termos da Lei 8.666/93. Regras mais específicas sobre a gestão destes contratos são produzidas pelos entes da federação. A título de exemplo, no Poder Executivo Federal existem o Decreto 2.271/97 e a Instrução Normativa n.º 02/08 do SLTI/MP que estabelecem que as atividades de conservação, limpeza, segurança, vigilância, transportes, informática, copeiragem, recepção, reprografia, telecomunicações e manutenção de prédios, equipamentos e instalações serão, de preferência, objeto de execução indireta. Portanto, que fique claro, não é toda atividade que pode ser delegada. Já de início podemos afirmar que não pode ser objeto de terceirização serviços e atividades ligadas à essência do poder de polícia, como, por exemplo, atividades de fiscalização e punição relacionadas àquele poder. A IN 02/08 expressamente veda a terceirização deste tipo de atividade, conforme prescreve seu artigo 9º, inciso III: Art. 9º É vedada a contratação de atividades que: III – impliquem limitação do exercício dos direitos individuais em benefício do interesse público, exercício do poder de polícia, ou manifestação da vontade do Estado pela emanação de atos administrativos, tais como: a) aplicação de multas ou outras sanções administrativas; b) a concessão de autorizações, licenças, certidões ou declarações; c) atos de inscrição, registro ou certificação; e d) atos de decisão ou homologação em processos administrativos

▶ **No mesmo sentido**: "Ainda na suposição de que o bom êxito no concurso público não geraria direito à nomeação, órgãos e entidades da Administração Pública deixaram de convocar os aprovados para as vagas existentes (previstas no edital ou não), simplesmente para contratá-los (ou a terceiros) precariamente, com base no art. 37, IX, da Constituição ou realizar a execução indireta (terceirização) do serviço. Ocorre que ao fazê-lo declaravam a necessidade da prestação do serviço em prol do Poder Público, motivo suficiente para consagrar o direito subjetivo dos aprovados à nomeação: mais uma vez o princípio da razoabilidade se apresenta, pois é óbvio que se tratava – a manobra – de ato ilícito a merecer salvaguarda do Poder Judiciário." (FERRAZ, Luciano de Araújo. Concurso público e direito à nomeação, cit., p. 253.)

◉ **É irregular a manutenção de funcionários terceirizados nos hospitais universitários desempenhando atividades-fim (assistenciais e hospitalares), pois afronta o art. 37, inciso II, da Constituição Federal.**

É irregular a manutenção de funcionários terceirizados nos hospitais universitários desempenhando atividades-fim (assistenciais e hospitalares), pois afronta o art. 37, inciso II, da Constituição Federal, que condiciona a investidura em cargo ou emprego público à prévia aprovação em concurso público, bem como o Decreto 2.271/1997, que trata da terceirização na Administração Pública Federal direta, autárquica e fundacional. (Acórdão 2983/2015-Plenário | Relator: BRUNO DANTAS)

▶ **Impossibilidade de delegar à iniciativa privada, por meio de terceirização, funções relativas ao poder de polícia do Estado.**

"Os atos jurídicos expressivos de poder público, de autoridade pública, e, portanto, os de polícia administrativa, certamente não poderiam, ao menos em princípio e salvo circunstâncias excepcionais ou hipóteses muito específicas (caso, e.g., dos poderes reconhecidos aos capitães de navio), ser delegados a particulares, ou ser por eles praticados. A restrição à atribuição de atos de polícia a particulares funda-se no corretíssimo entendimento de que não se lhes pode, ao menos em princípio, cometer o encargo de praticar atos que envolvem o exercício de misteres tipicamente públicos quando em causa liberdade e propriedade, porque ofenderiam o equilíbrio entre os particulares em geral, ensejando que uns oficialmente exercessem supremacia sobre outros." (Celso Antônio Bandeira De Mello: Curso de Direito Administrativo, Ed. Malheiros, 29ª edição, 2012, São Paulo, p 855)

▶ **No mesmo sentido:** "Quando se estuda o regime jurídico-administrativo a que se submete a Administração Pública, conclui-se que os dois aspectos fundamentais que o caracterizam são resumidos nos vocábulos prerrogativas e sujeições, as primeiras concedidas à Administração, para oferecer-lhe meios para assegurar o exercício de suas atividades, e as segundas como limites opostos à atuação administrativa em benefício dos direitos dos cidadãos. Praticamente, todo o direito administrativo cuida de temas em que se colocam em tensão dois aspectos opostos: a autoridade da Administração Pública e a liberdade individual. O tema relativo ao poder de polícia é um daqueles em que se colocam em confronto esses dois aspectos: de um lado, o cidadão quer exercer plenamente os seus direitos; de outro, a Administração tem por incumbência condicionar o exercício daqueles direitos ao bem-estar coletivo, e ela o faz usando de seu poder de polícia." (...) "O fundamento do poder de polícia é o princípio da predominância do interesse público sobre o particular, que dá à Administração posição de supremacia sobre os administrados." E com sabedoria conclui: "Com efeito, o poder de polícia envolve o exercício de prerrogativas próprias do poder público, especialmente a repressão, insuscetíveis de serem exercidas por um particular sobre outro. Os atributos, já apontados, da auto executoriedade e coercibilidade (inclusive com emprego de meios diretos de coação) só podem ser atribuídos a quem esteja legalmente investido em cargos públicos, cercados de garantias que protegem o exercício das funções públicas típicas do Estado."

◙ **"Nesse sentido**, o SUPREMO TRIBUNAL FEDERAL, na ADIN nº 1.717, julgou inconstitucional o art. 58 da Lei nº 9.649/98, segundo o qual os serviços de fiscalização de profissões regulamentadas serão exercidos em caráter privado, por delegação do poder público, mediante autorização legislativa. Entendeu-se que, por tratar-se de atividade ligada ao poder de polícia, não poderia ser delegada à iniciativa privada. Também não podem ser terceirizadas atividades inerentes às categorias funcionais abrangidas pelo plano de cargos do órgão ou entidade, isso porque, caso ocorresse, esvaziaria o núcleo essencial do instituto do concurso público, ferindo-o claramente." (O TCU considerou regular à vista da demonstração de que a execução do call center não envolve atividades típicas da entidade, nem atividades inerentes às categorias funcionais constantes do Plano de Carreiras, Cargos e Salários da ECT. Processo nº TC-004.320/2003-2. Acórdão nº 1.863/2003- 1ª Câmara.)

▶ **Em âmbito Federal o Decreto 2.271/97 proíbe a terceirização quando a atividade estiver encartada nas competências de cargo público.**

Art. 1º [...] § 2º Não poderão ser objeto de execução indireta as atividades inerentes às categorias funcionais abrangidas pelo plano de cargos do órgão ou entidade, salvo expressa disposição legal em contrário ou quando se tratar de cargo extinto, total ou parcialmente, no âmbito do quadro geral de pessoal.

◙ **O Superior Tribunal de Justiça já entendeu configurar ato de improbidade a terceirização de atividades pertencentes ao "cargo".**

"O ato de improbidade sub examine se amolda à conduta prevista no art. 11, da Lei 8.429/92, revelando autêntica lesão aos princípios da impessoalidade e da moralidade administrativa, tendo em vista a contratação de funcionários, sem a realização de concurso público, mediante a manutenção de vários contratos de fornecimento de mão de obra, via terceirização de serviços, para trabalharem em instituição bancária estadual, com inobservância do art. 37, II, da Constituição Federal." (STJ, Primeira Turma, Recurso Especial (REsp) n° 772.241/MG, Relator Ministro Luiz Fux, DJe de 24.06.2009)

◙ **"No mesmo sentido:** há decisão do Tribunal de Contas da União: "O normativo vigente (Constituição Federal e normas legais e infra-legais), a farta jurisprudência deste Tribunal e do Tribunal Superior do Trabalho – TST (Enunciado/Súmula n° 331) e a doutrina só admitem a terceirização de pessoal na Administração Pública quando direcionada a atividade-meio, a exemplo dos serviços de vigilância, limpeza e manutenção, e ainda assim, desde que inexistente a pessoalidade, habitualidade e subordinação direta. (...) É lícita a terceirização de serviços, que difere da locação de mão de obra, e ainda assim somente aqueles relacionados à atividade-meio, sem a presença de pessoalidade (qualquer um pode executar), habitualidade (trabalho não sazonal) e subordinação direta (coordenação do preposto da contratada). Nesse sentido a Jurisprudência deste Tribunal vai além, asseverando que a contratação de prestação de serviços para a execução de atividades inerentes à atividade-fim da Administração ou às suas categorias funcionais caracteriza contratação indireta e terceirização indevida de atividades exclusivas dos servidores efetivos, com afronta à exigibilidade constitucional concurso público nas admissões (CF, art. 37, II), e não se justifica nem mesmo em razão da existência de déficit de pessoal (Acórdãos nos 2.084/07 – P; 1.193/2006 – P; 256/05 – P; 341/04 – P; 593/05 – 1ª C.; 975/05 – 2ª C)."(TCU, Acórdão n° 31/10-Plenário, Relator Ministro Augusto Nades.)

◙ **"No mesmo sentido:** "ADMINISTRATIVO E PROCESSUAL CIVIL. AGRAVO REGIMENTAL NO AGRAVO EM RECURSO ESPECIAL. CONCURSO PÚBLICO. CANDIDATO APROVADO DENTRO DAS VAGAS PREVISTAS NO EDITAL. CONTRATAÇÃO DE EMPRESA TERCEIRIZADA PARA AS MESMAS FUNÇÕES DO CARGO. PRETERIÇÃO DE CANDIDATO COMPROVADA. DIREITO SUBJETIVO À NOMEAÇÃO. INCIDÊNCIA DAS SÚMULAS 7 E 83/STJ. 1. O acórdão recorrido encontra-se em consonância com o entendimento firmado por esta corte superior no sentido de o candidato aprovado dentro do número de vagas em concurso público tem direito subjetivo à nomeação nas hipóteses de não convocação durante o prazo de validade do concurso e de contratação precária de outras pessoas para execução do serviço, sendo que esta última hipótese restou comprovada nas instâncias de origem. Incidência das Súmulas 7 e 83/STJ. Precedentes: AGRG no AREsp 418.359/RO, Rel. Min. Humberto Martins, Segunda Turma, dje 27/02/2014; AGRG no RMS 19.952/SC, Sexta Turma, Rel. Min. Og Fernandes, dje 29.4.2013; AGRG no AREsp 479.626/ RO, Rel. Min. Assusete Magalhães, Segunda Turma, dje 01/07/2014. 2. Agravo regimental não provido." (STJ – AGRG/ARESP: 454906, Relator: BENEDITO GONÇALVES, PRIMEIRA TURMA, Data de Publicação: 14/11/2014) "

▶ **Preterição por contratados temporariamente.**

Embora a regra geral estabelecida na Constituição Federal, para acesso ao serviço público como servidor, seja a aprovação prévia em concurso público, regra válida tanto para empregos públicos quanto para cargos públicos, existem exceções a essa modalidade de admissão, previstas na própria Constituição, como os cargos em comissão ou de confiança e as contratações de servidores temporários. A contratação de servidores temporários, por prazo determinado, não tem, em princípio, relação com as hipóteses de contratos por prazo certo estabelecidas na legislação trabalhista (safrista rural, de experiência, trabalhadores temporários da Lei 6.019/1974 etc.). A contratação temporária aqui aludida é própria da Administração Pública e tem assento constitucional, com seus requisitos definidos no art. 37, IX, que dispõe: "a lei estabelecerá os casos de contratação por tempo determinado para atender a necessidade temporária de excepcional interesse público". Em princípio, embora não haja explicitação constitucional, essa autorização se direciona mais para a Administração direta, autárquica e fundacional, pois as empresas estatais já podem proceder a contratações por prazo determinado conforme disposições da legislação trabalhista. Como dito, os requisitos dessa contratação estão firmados na Constituição, sendo os seguintes: – previsão legal dos casos; – prazo determinado da contratação; – necessidade temporária; – excepcional interesse público. Por outro lado, os temporários, em muitos locais denominados de DTs (designados temporariamente ou de designação temporária), conquanto o termo "designação" não seja muito apropriado, estão servindo como uma clara e evidente válvula de escape à regra do concurso em muitos entes da federação, sendo frequentes as contratações nulas, eivadas de inconstitucionalidade, que se perpetuam no tempo e em situações que não se enquadram nos requisitos constitucionais.

▶ **No mesmo sentido:** "Ocorre quando a Administração, dentro do prazo de validade do concurso, ao invés de aproveitar o cadastro de reserva, contrata pessoas com base no artigo 37, IX, da CF, por meio de designação temporária, sem observar seus pressupostos legais e constitucionais. Tornam-se, porém, "incompatíveis, conforme regramento legal específico (no âmbito federal, Lei 8.745/93), com a permanência da pessoa contratada na Administração Pública." (DI PIETRO, Maria Sylvia Zanella. Tratado do Direito Administrativo: administração pública e servidores públicos / Fabrício Motta e Maria Sylvia Zanella Pietro- São Paulo, Ed. Revista dos Tribunais, 2014, Volume 2, 2014, p. 16)

◙ **No mesmo sentido:** "ADMINISTRATIVO. RECURSO EM MANDADO DE SEGURANÇA. CONCURSO PÚBLICO. CANDIDATA APROVADA FORA DO NÚMERO DE VAGAS. CONTRATAÇÃO TEMPORÁRIA. PRETERIÇÃO CONFIGURADA. 1. O mandado de segurança possui, como requisito inarredável, a comprovação inequívoca de direito líquido e certo pela parte impetrante, mediante a chamada prova pré-constituída, inexistindo espaço, nesta via, para a dilação probatória. Para a demonstração do direito líquido e certo, é necessário que, no momento da sua impetração, seja facilmente aferível a extensão do direito alegado e que seja prontamente exercido. Precedentes. 2. O Supremo Tribunal Federal, em julgamento submetido ao rito da repercussão geral (RE 837.311/PI), fixou a orientação de que o surgimento de novas vagas ou a abertura de novo concurso para o mesmo cargo, durante o prazo de validade do certame anterior, não gera automaticamente o direito à nomeação dos candidatos aprovados fora das vagas previstas no edital, ressalvadas as hipóteses de preterição arbitrária e imotivada por parte da administração, caracterizadas por comportamento tácito ou expresso do Poder Público capaz de revelar a inequívoca necessidade de nomeação do aprovado durante o período de validade do certame, a ser demonstrada de forma cabal pelo candidato. 3. No caso, a impetrante, embora não classificada dentro do número de vagas, preencheu os requisitos exigidos pelo referido julgado, pois, por meio dos documentos coligidos aos autos, comprovou sua preterição, uma vez que demonstrou a existência de vagas em quantidade suficiente para atingir a sua posição na lista de classificação e a contratação de pessoal de forma precária, durante a validade do certame, o que indica a necessidade inequívoca da administração pública em preencher essas vagas. 4. Recurso em mandado de segurança a que se dá provimento." (RMS 57.075/MG, Rel. Ministro OG FERNANDES, SEGUNDA TURMA, julgado em 07/08/2018, DJe 13/08/2018)

◙ **Para fazer a contratação temporária é necessário a comprovação de seu caráter indispensável, excepcional e transitório.**

"(...) A Contratação Temporária possui contornos próprios, cuja validade, por conseguinte, vincula-se ao preenchimento de determinados pressupostos, sobretudo no que concerne ao seu caráter indispensável, excepcional e transitório, daí por que se revela de todo imprescindível que a Administração Pública demonstre, de forma clara e precisa, o atendimento desses requisitos básicos e em que contexto e por quais razões afastou-se, mesmo que provisoriamente, da regra geral do concurso público obrigatório (artigo 37, incisos II e IX, da Constituição Federal). (...)" (TJES, Classe: Apelação / Remessa Necessária, 058170000333, Relator: NAMYR CARLOS DE SOUZA FILHO, Órgão julgador: SEGUNDA CÂMARA CÍVEL, Data de Julgamento: 24/04/2018, Data da Publicação no Diário: 04/05/2018).

◙ **No mesmo sentido:** "1 – A Constituição Federal determina ser a regra para ingresso no serviço público a anterior aprovação em concurso público. Todavia, excepcionalmente é possível a contratação temporária de servidores, sem aprovação em concurso, desde que seja para atender necessidade temporária de excepcional interesse público, conforme especificação legal. 2- Forçoso, portanto, identificar que a contratação do autor extrapolou os limites proporcionais da excepcionalidade e provisoriedade inerentes ao ingresso temporário no serviço público, deixando claro que o instituto da contratação temporária foi utilizado indevidamente, em flagrante violação às regras insculpidas pela CF/88. (...)" (TJES, Classe: Apelação / Remessa Necessária, 048140287706, Relator: WALACE PANDOLPHO KIFFER, Órgão julgador: QUARTA CÂMARA CÍVEL, Data de Julgamento: 12/03/2018, Data da Publicação no Diário: 16/04/2018)

◙ **No mesmo sentido:** "- O artigo 37, II, da Constituição Federal, estabelece como regra para a investidura em cargo ou emprego público a aprovação prévia em concurso público de provas ou de provas e títulos. A exceção a tal regra é a nomeação para o exercício de cargo em comissão (CF, art. 37, II, parte final) e a contratação temporária (CF, art. 37, IX). 2. – Nos termos do artigo 37,

IX, da Constituição Federal, a contratação temporária deve ser (I) definida em lei; (II) por tempo determinado, (III) para atender à necessidade temporária; e (IV) ser de excepcional interesse público." (TJES, Classe: Apelação / Remessa Necessária, 024151394269, Relator: DAIR JOSÉ BREGUNCE DE OLIVEIRA – Relator Substituto: RODRIGO FERREIRA MIRANDA, Órgão julgador: TERCEIRA CÂMARA CÍVEL , Data de Julgamento: 12/12/2017, Data da Publicação no Diário: 19/12/2017)

▶ **A preterição de candidato aprovado em concurso público NÃO se configura pela ocupação irregular de vagas de provimento efetivo, mas pelo exercício da atividade.**

Dizer que preterição de candidato aprovado em concurso público se configura pela ocupação irregular de vagas de provimento efetivo é um absoluto equívoco, pois NUNCA, JAMAIS, EM HIPÓTESE ALGUMA, um temporário, um terceirizado, um estagiário etc. será nomeado para prover um cargo. ISSO É IMPOSSÍVEL JURIDICAMENTE! Considera-se preterição o fato de existirem vagas – sejam empregos ou cargos, concurso com prazo de validade aberto, e, ao invés de contratar ou nomear os aprovados, o Poder Público tenta suprir sua necessidade por meio de contratações precárias, o que pode se dá por vários meios, como: terceirização, contratação temporária, servidor em desvio de função, requisição indevida de servidor, comissionado exercendo função de efetivo, estagiário exercendo função de efetivo. ATENÇÃO: o que caracteriza a preterição não é a ocupação do cargo! Isso não existe e ninguém nunca vai ver isso na vida, pois não tem como se imaginar sair no Diário Oficial a nomeação de um estagiário ou um temporário para ser provido em um cargo público. A preterição se dá pelo fato destes "terceiros" indevidamente exercerem as funções que são próprias e típicas da carreira do servidor! Isso que configura preterição.

◉ **A ocupação precária, por comissão, terceirização ou contratação temporária, para o exercício das mesmas atribuições do cargo para o qual foi realizado concurso público configura desvio de finalidade e caracteriza burla à exigência constitucional do concurso público.**

"A jurisprudência do STF e deste Tribunal Superior firmou-se no sentido de que a ocupação precária, por comissão, terceirização ou contratação temporária, para o exercício das mesmas atribuições do cargo para o qual foi realizado concurso público configura desvio de finalidade e caracteriza burla à exigência constitucional do concurso público, convolando a expectativa de direito do candidato aprovado no certame vigente em direito subjetivo à nomeação, em decorrência de sua preterição, por força da contratação precária, hipótese dos autos. Agravo de instrumento conhecido e não provido." (TST – AIRR: 01318385020155130003, Relator: DORA MARIA DA COSTA, OITAVA TURMA, Data de Publicação: 19/05/2017)".

◉ **No mesmo sentido:** "ADMINISTRATIVO. CONCURSO PÚBLICO. APROVAÇÃO DENTRO DO NÚMERO DE VAGAS DO EDITAL. NOMEAÇÃO DENTRO DA VALIDADE DO CONCURSO. DIREITO LÍQUIDO E CERTO, SALVO SITUAÇÕES EXCEPCIONAIS. CONTRATAÇÃO DE SERVIDOR EM

CARÁTER TEMPORÁRIO. MESMA FUNÇÃO DO CARGO DEFINITIVO. PRETERIÇÃO CONFIGURADA. 1. Trata-se de Mandado de Segurança impetrado, com fundamento no art. 105, I, "b", da Constituição da República, contra o Ministro de Estado do Planejamento, Orçamento e Gestão e o Ministro de Estado da Saúde, que não teriam nomeado e empossado Nilton César Mendes Pereira no cargo de Analista de Gestão em Pesquisa e Investigação Biomédica em Saúde Pública. 2. O impetrante foi aprovado em primeiro lugar para o cargo de Analista de Gestão em Pesquisa e Investigação Biomédica em Saúde Pública, área de atuação específica Processamento Técnico, Disseminação da Informação, Editoração e Impacto da Produção Científica (fl.93), tendo o edital 68/2010 previsto cinco vagas para o referido cargo (fl. 23). 3. Não obstante deva ser considerado que ocorreu a nomeação dos candidatos menos bem classificados um ano após a nomeação do impetrante por medida liminar no presente processo, há necessidade do pronunciamento judicial para legitimação da nomeação precária, sob pena de o ingresso do impetrante no cargo carecer de base jurídica. 4. O Supremo Tribunal Federal decidiu, em julgado exarado sob o rito da Repercussão Geral, que os candidatos aprovados dentro do número de vagas previstas no Edital de abertura de concurso público para provimento de cargos têm direito subjetivo à nomeação e que a Administração tem o dever de nomear até o prazo final de validade do concurso, salvo situações excepcionais devidamente motivadas. A propósito: RE 598.099 (Repercussão Geral), Rel. Ministro Gilmar Mendes, Tribunal Pleno, DJe 3.10.2011. 5. Na presente hipótese, o impetrante foi aprovado dentro de número de vagas, mas o Mandado de Segurança foi impetrado no curso de validade do concurso público, o que afasta o direito líquido e certo à nomeação com base no entendimento exarado pelo STF. 6. Por outro lado, o STJ possui entendimento sedimentado de que a contratação de servidor em caráter temporário em detrimento de candidato aprovado em concurso público para provimento definitivo gera o direito líquido e certo à nomeação deste. Nesse sentido: MS 20.658/DF, Rel. Ministro Og Fernandes, Primeira Seção, DJe 30.9.2015; MS 17.413/DF, Rel. Ministra Eliana Calmon, Rel. p/ Acórdão Ministro Mauro Campbell Marques, Primeira Seção, DJe 18.12.2015); MS 18.881/DF, Rel. Ministro Napoleão Nunes Maia Filho, Primeira Seção, DJe 5.12.2012; e MS 19.227/DF. Rel. Ministro Arnaldo Esteves Lima, Primeira Seção, DJe 30.04.2013. 7. O impetrante comprovou que ele próprio está exercendo, como terceirizado, as mesmas funções do cargo para o qual foi aprovado em primeiro lugar (fls. 96 e seguintes). 8. Segurança Concedida. Agravo Regimental da União prejudicado." (MS 18.685/DF, Rel. Ministro HERMAN BENJAMIN, PRIMEIRA SEÇÃO, julgado em 08/02/2017, DJe 09/08/2017)".

◙ **No mesmo sentido:** "ADMINISTRATIVO. CONCURSO PÚBLICO. SERVIDOR APROVADO FORA DO NÚMERO DE VAGAS. SURGIMENTO DE NOVAS VAGAS. NOMEAÇÃO DE TEMPORÁRIOS. DIREITO À NOMEAÇÃO. 1. Trata-se de mandado de segurança, com pedido de liminar, impetrado ao propósito de determinar ao Exmo. Sr. Ministro de Estado da Ciência e Tecnologia a prorrogação do concurso para provimento de cargos de Assistente em Ciência e Tecnologia 1 – Tema VII, Apoio Administrativo e Apoio Técnico/MCTI/AC, bem como a reserva de vagas – e posterior aproveitamento, ao final da demanda – a José Alan Alves de Macedo e outros. 2. "A legitimidade passiva da Ministra de Estado do Planejamento, Orçamento e Gestão também encontra-se devidamente configurada, uma vez que, nos termos do art. 10 do Decreto n. 6.944, de 21/8/2009, c/c a Portaria/MPOG 350, de 4/8/2010, cabe ao titular daquela Pasta autorizar o provimento dos cargos relativos ao concurso público ora sob análise" (MS 19.227/DF, Rel. Ministro Arnaldo Esteves Lima, Primeira Seção, DJe 30/4/2013). 3. A jurisprudência do STJ também reconhece que a classificação e aprovação do candidato, ainda que fora do número mínimo de vagas previstas no edital do concurso, confere-lhe o direito subjetivo à nomeação para o respectivo cargo se, durante o prazo de validade do concurso, surgirem as novas vagas, seja por criação de lei ou por força de vacância. Ressalta-se que há a aplicação de tal entendimento mesmo que não haja previsão editalícia para o preenchimento das vagas que vierem a surgir durante o prazo de validade do certame. (AgRg no RMS 20.658/DF, Rel. Min. Herman Benjamin, DJe 10/9/2015). 4. Excepciona-se esse entendimento, contudo, se houver efetiva demonstração pelo ente público da impossibilidade de contratar em virtude de situações excepcionais e imprevisíveis e para respeitar os limites de gastos com folha de pessoal, nos termos da legislação de regência, o que não ocorreu na espécie. 5. A contratação de servidor em caráter temporário para vaga em que há candidato aprovado em cadastro de reserva também gera o direito à nomeação. 6. Documentalmente comprovada a existência de vagas do Ministério de Estado do Planejamento, Orçamento e Gestão, bem como a contratação de servidores temporários, justifica-se a nomeação dos impetrantes. 6. Ordem concedida para determinar que seja autorizada a nomeação e efetivada a posse dos impetrantes." (STJ, MS 20.658/DF, Rel. Ministro OG FERNANDES, PRIMEIRA SEÇÃO, julgado em 23/09/2015, DJe 30/09/2015).

◙ **No mesmo sentido:** "REMESSA NECESSÁRIA E APELAÇÃO CÍVEL CONCURSO PÚBLICO APROVAÇÃO DENTRO DO NÚMERO DE VAGAS OFERECIDAS CONTRATAÇÃO DE SERVIDORES TEMPORÁRIOS NO PRAZO DE VALIDADE DO CERTAME COMPROVADA A EXISTÊNCIA DE VAGAS PROCEDÊNCIA DOS PEDIDOS SENTENÇA MANTIDA RECURSO CONHECIDO, MAS NÃO PROVIDO PREJUDICADA A REMESSA NECESSÁRIA. 1 A jurisprudência deste sodalício tem reverberado o entendimento de que, [...]o Supremo Tribunal Federal, em julgamento do REsp nº 837.311/PI (Tema 784), por relatoria do Ministro Luiz Fux, fixou entendimento no sentido de que o candidato deixa de ter mera expectativa de direito, passando a adquirir direito subjetivo a nomeação nas seguintes hipóteses: (i) quando há aprovação dentro do número de vagas previstas no edital; (ii) em caso de preterição na nomeação por não observância da ordem de classificação; (iii) quando surgirem novas vagas, ou for aberto novo concurso durante a validade do certame anterior, e ocorrer a preterição de candidatos aprovados fora das vagas de forma arbitrária e imotivada por parte da administração nos termos acima.[...] (TJES, Clas-

491

se: Apelação/Remessa Necessária 0017979-41.2014.8.08.0048 (048140172742), Relator: EWERTON SCHWAB PINTO JUNIOR, Órgão julgador: PRIMEIRA CÂMARA CÍVEL, Data de Julgamento: 10/10/2017, Data da Publicação no Diário: 19/10/2017) 2 No caso dos autos, a própria municipalidade confirmou que a impetrante foi aprovada na primeira colocação para a única vaga oferecida pelo concurso público regido pelo Edital nº 02/2014 para o cargo de Médico Geriatra, bem como que essa única vaga estava sendo ocupada pela própria requerente, em regime de contratação temporária. 3 Apelação Cível conhecida, mas não provida. Prejudicada a remessa necessária." (TJES, Classe: Apelação / Remessa Necessária, 069170014877, Relator: JANETE VARGAS SIMÕES – Relator Substituto: VICTOR QUEIROZ SCHNEIDER, Órgão julgador: PRIMEIRA CÂMARA CÍVEL , Data de Julgamento: 03/04/2018, Data da Publicação no Diário: 12/04/2018)

◙ **As vagas ofertadas para provimento de cargos efetivos devem observar a regra prevista no art. 37, II, da CF/88, que exige a realização de concurso público de provas e títulos e não a realização de singelo processo seletivo simplificado para contratação temporária.**

"REMESSA NECESSÁRIA AÇÃO CIVIL PÚBLICA – CONTRATAÇÃO TEMPORÁRIA PARA SUPRIR CARGO VAGO EFETIVO COM BASE EM PORTARIA IMPOSSIBILIDADE NECESSIDADE DE PREVISÃO LEGAL. PRINCÍPIOS DA PUBLICIDADE E DA EFETIVIDADE VIOLADOS – SENTENÇA CONFIRMADA. 1. As vagas ofertadas pelo Edital SEMSSA nº 001/2016 são correspondentes a cargos de provimento efetivo, motivo pelo qual deveria ter sido observada a regra prevista no art. 37, II, da CF/88, que exige a realização de concurso público de provas e títulos e não a realização de singelo processo seletivo simplificado e, ainda que estivéssemos diante da possibilidade de excepcional contratação temporária prevista no art. 37, IX, da CF/88, far-se-ia necessária a prévia previsão legal, como já definido pela jurisprudência pátria. 2. A restrição da publicação do Edital SEMSSA nº 001/2016 apenas aos limites do próprio Município de Alegre viola o princípio da publicidade, pois impede que seja conferida a mais ampla divulgação do certame e, consequentemente, fere o princípio da eficiência, ao impedir seja possibilitada a mais ampla competitividade entre os candidatos, violando, assim, o disposto no art. 37 da Constituição Federal. 3. Comprovadas as violações de ordem constitucional que inquinam de nulidade todo o procedimento e os atos que derivam do Edital SEMSSA nº 001/2016, confirma-se a sentença de base, que declarou nulos todos os atos administrativos referentes e decorrentes do processo seletivo simplificado regido pelo referido edital. ACÓRDÃO Vistos, relatados e discutidos estes autos, ACORDA a c. 2ª Câmara Cível, na conformidade da ata da sessão, à unanimidade de votos, em reexame necessário, CONFIRMAR a sentença, nos termos do voto do relator. Vitória (ES), 22 de maio de 2018. DES. PRESIDENTE DES. RELATOR." (TJES, Classe: Remessa Necessária, 002160012619, Relator: CARLOS SIMÕES FONSECA, Órgão julgador: SEGUNDA CÂMARA CÍVEL, Data de Julgamento: 22/05/2018, Data da Publicação no Diário: 30/05/2018)

◙ **Não há falar em preterição de candidato aprovado em concurso público nos casos em que a Administração Pública, por força de decisão judicial, procede à nomeação de outros candidatos em classificação inferior.**

Não reconhecimento de direito aos demais candidatos da lista. 1. Hipótese em que o recorrente busca sua nomeação no cargo de Agente Penitenciário, Padrão I, da Segunda Classe, da Carreira da Polícia Civil do Distrito Federal, argumentando que foi preterido em seu direito, em virtude da convocação de outros candidatos em posição inferior à sua, decorrente de decisão judicial. 2. De acordo com o entendimento pacificado por esta Colenda Corte, não há falar em preterição de candidato aprovado em concurso público nos casos em que a Administração Pública, por força de decisão judicial, procede à nomeação de outros candidatos em classificação inferior, uma vez que, nessa hipótese, não há margem de discricionariedade à Administração, não havendo falar em ilegalidade do ato a ensejar a concessão da ordem. Precedentes. 3. Recurso ordinário a que se nega provimento. (STJ, 2.ª T., RMS 43292-DF, rel. Min. Diva Malerbi [convocada], j. 7.6.2016, DJUE 14.6.2016).

◙ **Preterição por redistribuição**

▶ **De acordo com o art. 37 da Lei 8.112/1990, a "redistribuição é o deslocamento de cargo de provimento efetivo, ocupado ou vago no âmbito do quadro geral de pessoal, para outro órgão ou entidade do mesmo Poder, com prévia apreciação do órgão central do SIPEC ".Portanto, a redistribuição ocorre dentro do mesmo Poder, é referente a cargos de provimento efetivo, podendo estes estar vagos ou ocupados.A redistribuição não é feita com servidores, mas sim com os cargos. Não obstante, estando o cargo ocupado, é evidente que o ato vai afetar seu ocupante, equivalendo, para ele, a uma verdadeira remoção de ofício, embora com nome diverso.**

> ◙ **"No mesmo sentido:** "In casu, a Corte de origem, soberana na análise de fatos e provas, consignou as seguintes premissas fáticas: a) a ocupação da vaga deixada pelo professor aposentado, através de redistribuição, tipifica claramente a existência da vaga; b) a necessidade do serviço, reconhecida pela própria ré, conforme consta na Ata da reunião do Departamento de Humanidades; c) acerca do instituto da redistribuição, concluindo que a vaga surgiu e foi preenchida com desrespeito ao direito da autora; d) o desvio de finalidade praticado pela UFRGS; e) existiu preterição, esta está provada, não havia discricionariedade de agir contrariamente ao previsto na legislação (artigo 37 da Lei 8.112/90), e havia direito da autora ser nomeada para o cargo no prazo de validade do concurso já que houve abertura da respectiva vaga." (STJ – RESP: 1671761, Relator: HERMAN BENJAMIN, SEGUNDA TURMA, Data de Publicação: 30/06/2017)"

▶ **Preterição decorrente de requisição de servidores**

É comum o Poder Público, mesmo tendo concurso público válido e estando apto a nomear os aprovados e suprir sua necessidade de pessoal, fazer requisição de servidores de outros órgãos para exercerem atribuições próprias e típicas de cargos que deveriam ser preenchidos por candidatos aprovados em concursos públicos. Neste caso, há jurisprudência reconhecendo a preterição e concebendo o direito à nomeação do candidato aprovado. É importante registrar que os candidatos que podem pleitear esse direito são aqueles cujo número de requisitados os alcancem na ordem de classificação no certame.

◙ **"No mesmo sentido:** " 10. Hipótese em que restou comprovado nos autos que, durante a validade do concurso público, surgiram 18 (dezoito) novas vagas do cargo de Contador no quadro de pessoal da Advocacia-Geral da União e, ainda, que a deficiência de pessoal naquele órgão, confessada pelo próprio Advogado--Geral da União, tem sido suprida, de forma abusiva e, portanto, ilegal, mediante a requisição de 37 (trinta e sete) Contadores oriundos de outros órgãos, dos quais pelo menos 10 (dez) ocorreram após a realização do mencionado certame. Nesse sentido, mutatis mutandis: (MS 18.881/DF, Rel. Min. NAPOLEÃO NUNES MAIA FILHO, Primeira Seção, DJe 5/12/12. 11. "Os servidores públicos não têm direito adquirido à manutenção da forma de cálculo da remuneração, dado que não há direito adquirido a regime jurídico. Tampouco cabe falar em ofensa à garantia da irredutibilidade de vencimentos se preservado o valor nominal do total da remuneração do servidor" (AI 632.930 AgR, Rel. Min. LUIZ FUX, STF, Primeira Turma, DJe 20/2/13). Por conseguinte, se o próprio servidor público, apesar de investido em seu cargo, não pode amparar-se em um suposto direito líquido e certo a regime jurídico, muito menos aquele que sequer foi nomeado e empossado no cargo efetivo. 12. Nos termos da Súmula 269/STF, é vedada a utilização do mandado de segurança como sucedâneo de ação de cobrança. 13. Consoante entendimento jurisprudencial compartilhado pelo Supremo Tribunal Federal e pelo Superior Tribunal de Justiça, nas hipóteses de nomeação de candidatos aprovados em concurso público por força de decisão judicial, mostra-se inviável a retroação dos efeitos quanto ao período compreendido entre a data em que deveriam ter sido nomeados e a efetiva investidura no serviço público, para fins de pagamento de vencimentos atrasados ou, mesmo, de indenização. Nesse sentido: EREsp 1.117.974/RS, Rel. p/ Ac. Min. TEORI ALBINO ZAVASCKI, Corte Especial, DJe 19/12/11; REsp 508.477/PR, Rel. Min. LAURITA VAZ, Quinta Turma, DJ 6/8/07. 14. A vedação contida nos arts. 1º, § 3º, da Lei 8.437/92 e 1º da Lei 9.494/97, quanto à concessão de antecipação de tutela contra a Fazenda Pública nos casos de aumento ou extensão de vantagens a servidor público, não se aplica nas hipóteses em que o autor busca sua nomeação e posse em cargo efetivo, em razão da sua aprovação no concurso público. Nesse sentido: AgRg no REsp 1.234.859/AM, Rel. Min. TEORI ALBINO ZAVASCKI, Primeira Turma, DJe 10/2/12. 15. "A jurisprudência do Superior Tribunal de Justiça firmou--se no sentido de que a vedação de execução provisória de sentença contra a Fazenda Pública restringe-se às hipóteses previstas no art. 2º-B da Lei 9.494/97, o que não é o caso dos autos, pois não há determinação de pagamentos pretéritos, mas apenas o pagamento pelo efetivo serviço prestado" (AgRg no REsp 1.259.941/DF, Rel. Min. HERMAN BENJAMIN, Segunda Turma, DJe 19/12/12). 16. Hipótese em que se mostra possível a antecipação dos efeitos da tutela, uma vez que os requisitos do art. 273 do CPC encontram-se atendidos na espécie, a saber: (i) demonstração da verossimilhança do direito pleiteado, nos termos da fundamentação; (ii) a demora na nomeação do Impetrante impõe-lhe danos de difícil reparação, em virtude de não poder trabalhar e, por conseguinte, receber a devida contraprestação remuneratória pelo exercício do cargo; (iii) inexiste perigo de irreversibilidade do provimento antecipado, porquanto o exercício provisório do cargo público, por força de antecipação dos efeitos da tutela, não assegura o direito à nomeação definitiva caso o pedido principal seja julgado improcedente. 17. Segurança parcialmente concedida a fim de reconhecer o direito do Impetrante de ser nomeado no cargo de Contador do quadro de pessoal da Advocacia-Geral da União, com todos os efeitos funcionais, pecuniários e previdenciários contados a partir da respectiva posse. Pedido de antecipação dos efeitos da tutela deferido, a fim de determinar às Autoridades Impetradas que, no âmbito de suas respectivas competências, promovam todas as medidas necessárias à imediata nomeação e posse do Impetrante, uma vez atendidas por este último as exigências legais para investidura do mencionado cargo público. Sem condenação em honorários advocatícios, nos termos da Súmula 105/STJ. (MS 19.227/DF, Rel. Ministro ARNALDO ESTEVES LIMA, PRIMEIRA SEÇÃO, julgado em 13/03/2013, DJe 30/04/2013)

◙ **"No mesmo sentido:** "APELAÇÃO CÍVEL. ADMINISTRATIVO E CONSTITUCIONAL. MUNICÍPIO RIO DE JANEIRO. CONCURSO PÚBLICO PARA PROVIMENTO DE CARGO DE FISIOTERAPEUTA. APROVAÇÃO FORA DO NÚMERO DE VAGAS CONSTANTE DO EDITAL. CONVOCAÇÃO DE PROFISSIONAIS POR CONTRATO TEMPORÁRIO DENTRO DO PRAZO DE VALIDADE DO CERTAME. ABUSO CONFIGURADO. É CEDIÇO QUE O CANDIDATO APROVADO NO CONCURSO FORA DO NÚMERO DE VAGAS POSSUI, EM REGRA, MERA EXPECTATIVA DE DIREITO À NOMEAÇÃO E POSSE. ENTRETANTO, ESSA EXPECTATIVA CONVOLA-SE EM DIREITO LÍQUIDO E CERTO QUANDO, DENTRO DO PRAZO DE VALIDADE DO CERTAME, HÁ CONTRATAÇÃO DE PESSOAL DE FORMA PRECÁRIA OU REQUISIÇÃO DE SERVIDOR DE OUTRO ÓRGÃO PARA O PREENCHIMENTO DE VAGAS EXISTENTES, COM PRETERIÇÃO DAQUELES QUE, APROVADOS, ESTARIAM APTOS A OCUPAR O MESMO CARGO OU FUNÇÃO. PRECEDENTES JURISPRUDENCIAIS. PROVIMENTO AO RECURSO." (APL 02361308020128190001 RIO DE JANEIRO CAPITAL 4 VARA FAZ PUBLICA. PUB 18/09/2015)"

▶ **Preterição decorrente de cessão de servidores**

É comum órgãos cederem servidores de seus quadros para outros órgãos. A cessão, quando passa a ser por um prazo longo, acaba criando uma espécie de "transferência", sem concurso, de um cargo para outro, o que é vedado. Há decisões reconhecendo a preterição e concebendo o direito à nomeação do candidato aprovado. É importante registrar que os candidatos que podem pleitear esse direito são aqueles cujo número de cedidos os alcancem na ordem de classificação no certame. E mais: deve ficar provado que as atribuições do cedido são as mesmas do cargo público em que há concurso válido e candidatos aprovados.

◙ **"No mesmo sentido:** "(...) 14. O que não há tolerar-se, no entanto, é a atuação arbitrária do estado na realização de concurso, na formação de cadastro de reserva e no pouco caso que usualmente faz com os anseios dos candidatos que se submetem às suas regras, deixando escoar o prazo apesar do surgimento de vacância e, pressupõe-se, de necessidade de serviço. 15. Portanto, o edital de concurso vincula tanto a administração quanto o candidato ao cargo público ofertado, fazendo jus o aprovado a ser nomeado dentro do limite de vagas previsto e, durante o prazo de validade do certame, quando houver previsão editalícia, nas vagas que eventualmente surgirem, principalmente quando a própria administração a isso se obriga mediante estipulação em cláusula editalícia. CF. Re 227.480 (relator Min. Menezes direito, relatora p/ acórdão Min. Cármen lúcia, primeira turma, julgado em 16/09/2008) 16. No caso concreto, o candidato concorreu às vagas destinadas a portadores de necessidades especiais (pne), e se classificou fora do limite ofertado inicialmente, embora dentro de cadastro de reserva estipulado no edital (itens 2.2, 3, 3.1, 3. 1.1 e 3. 1.2, e-STJ fls. 104/105), tendo, no entanto, comprovado o surgimento de tantas vagas quanto fossem necessárias para alcança-lo e, demais disso, que o candidato imediatamente mais bem classificado que si renunciou expressamente ao direito à nomeação. 17. Reforça também o acolhimento da pretensão a constatação de que a necessidade de pessoal do órgão público em referência é suprida exacerbadamente mediante a cessão de servidores provenientes de outros órgãos públicos, o que tem o condão de configurar a preterição do direito do candidato aprovado em concurso. Nesse sentido: MS 18.881/DF (rel. Min. Napoleão nunes maia filho, primeira seção, dje 05.12.2012) e MS 19.227/DF (rel. Ministro Arnaldo esteves Lima, primeira seção, julgado em 13.03.2013, dje 30.04.2013). 18. O mandado de segurança não é sucedâneo de ação de cobrança, operando efeitos patrimoniais apenas a contar da data da impetração (MS 19.218/DF, Rel. Ministro mauro campbell marques, Rel. P/ acórdão ministro Benedito Gonçalves, primeira seção, julgado em 08/05/2013, dje 21/06/2013). Súmula 271/STF. 19. Mandado de segurança concedido parcialmente." (STJ – MS: 19369, Relator: MAURO CAMPBELL MARQUES, PRIMEIRA SEÇÃO, Data de Publicação: 03/09/2015)"

▶ **Preterição decorrente da existência de servidores em desvio de função.**

Esta hipótese se dá quando a Administração, dentro do prazo de validade do concurso, ao invés de aproveitar o cadastro de reserva, coloca outros servidores em desvio de função exercendo as atividades pertinente àquela que o candidato fez o concurso e a Administração não o convoca.

◙ **"No mesmo sentido:** " portanto, no caso concreto, é manifesto que a designação de servidores públicos de seus quadros, ocupantes de cargos diversos, para exercer a mesma função de candidatos aprovados em certame dentro do prazo de validade, transforma a mera expectativa em direito líquido e certo, em flagrante preterição a ordem de classificação dos candidatos aprovados em concurso público". RMS nº 31.847 – RS, DJe: 30/11/2011. 4. A nomeação para exercícios de cargos comissionados caracteriza-se como exceção à regra constitucional da obrigatoriedade do concurso público para investidura em cargos públicos, de modo que a criação de cargos em comissão somente se apresenta admissível nas hipóteses expressamente previstas na Constituição, isto é, para exercício de funções de direção, chefia e assessoramento (art. 23, da Constituição Estadual), sendo necessária, ainda, a existência de relação de confiança entre servidor e autoridade nomeante. Precedentes no STF. 5. O STF firmou jurisprudência no sentido de que o exercício das funções de assessoramento jurídico no âmbito do Poder Executivo deve ser realizado por servidores efetivos, por se tratar de atividade eminentemente técnica, para a qual. à exceção do cargo de Procurador-Geral, este, tipicamente, um cargo de confiança, se exige concurso público. 6. Padecem de vício de inconstitucionalidade as normas municipais insculpidas na Lei 1.714/2010, que preveem a criação de cargos comissionados que encerram funções eminentemente burocráticas, de supervisão e fiscalização, não caracterizando o exercício de atribuições de direção, chefia ou assessoramento, além de não exigirem a configuração do vínculo de confiança entre o servidor e a autoridade nomeante. 7. Para a criação de cargos comissionados, apresenta-se necessário que o legislador especifique as respectivas atribuições, tendo em vista a necessidade de demonstrar que se destinam às funções de assessoramento, chefia ou direção, além de demandarem relação de confiança entre o servidor nomeado e seu superior hierárquico. 8. Apresentam-se inconstitucionais as normas municipais que criam cargos comissionados sem a respectiva especificação das funções inerentes aos cargos. (...) Quanto à constitucionalidade dos cargos em comissão, ressalte-se que o acórdão recorrido está em sintonia com a jurisprudência do STF, que se pacificou no sentido de que é inconstitucional a criação de cargos em comissão que não possuem caráter de assessoramento, chefia ou direção e que não demandam relação de confiança entre o servidor nomeado e o seu superior hierárquico." (STF – ARE: 986375, Relator: LUIZ FUX, Data de Publicação: 07/04/2017)"

▶ **Preterição em decorrência de cargos criados como se fossem comissionados, porém não são relacionados à direção, chefia ou assessoramento.**

O fato de se manter cargos comissionados na estrutura funcional da Administração Pública executando atividades típicas da função de cargos efetivos, para o qual foi realizado o concurso público, confirma a existência da necessidade para a contratação do candidato aprovado em concurso cujo prazo de validade esteja válido. Se os cargos em comissão foram criados e houve contratações para exercerem a mesma função para a qual o candidato prestou o concurso é porque há a necessidade dentro do prazo de validade do certame de contratar mais servidores para preencher o seu quadro de pessoal e, portanto, a postura correta deveria ser aproveitar os candidatos aprovados no certame e não preteri-los. Se os concursados têm preferência sobre os aprovados em novo concurso público, esta regra não pode ser diferente quanto aos demais tipos de preenchimento da função, como, por exemplo, através da contratação de comissionados para o desempenho de atividade para a qual há candidatos aprovados em concurso dentro do prazo de validade.

◙ **"No mesmo sentido:** "ADMINISTRATIVO. MANDADO DE SEGURANÇA. CONCURSO PÚBLICO. APROVAÇÃO FORA DO NÚMERO DE VAGA. OFERECIMENTO DE UMA ÚNICA VAGA PARA O CARGO DE PROCURADOR JURÍDICO. CERTAME DE ACORDO COM A LEI. AUSÊNCIA DE SURGIMENTO DE VAGA DURANTE O PRAZO DE VALIDADE. RECURSO DE APELAÇÃO DA CÂMARA MUNICIPAL DE VILA PAVÃO PROVIDO. REMESSA NECESSÁRIA. SENTENÇA REFORMADA. 1. Segundo a jurisprudência majoritária, a existência de direito à nomeação no cargo público, quando o candidato foi aprovado fora do número de vagas oferecido pelo Edital, condiciona-se à existência da verificação do prazo de validade do certame e cumulativamente de: (I) Cargo público vago oferecido pelo certame, que pode resultar de vacâncias (aposentadoria, demissão, exoneração) ou ainda de desistência de candidatos melhores classificados; (III) Preterição do candidato aprovado no referido concurso, (que pode ocorrer mediante a contratação precária e irregular de servidores para o exercício das mesmas funções constantes do cargo público estabelecido no Edital); (IV) manifesta necessidade de contratação pela Administração Pública. Precedentes do STF e STJ. 2. No caso concreto o Edital nº 001/2011 ofertou apenas 01 (uma) vaga para o Cargo de Procurador Jurídico já que teve por base na Lei Municipal 688/2010, que em seu Anexo II cria somente 01 (um) único Cargo de Procurador Jurídico. 3. O direito à nomeação a cargo público, com aprovação fora número de vagas, está condicionado à própria existência do cargo público vago, disponibilizado no Edital. Inexistente a comprovação da existência de cargo vago resta prejudicada a alegação de contração precária, para o mesmo cargo, porque perpassa, necessariamente, pela aferição da existência do referido cargo. 4. Para que seja concedida a segurança a candidato aprovado fora do número de vagas é preciso que seja aferida a coexistência de: Cargo público vago oferecido pelo certame, preterição do candidato aprovado por meio de contratação precária e a manifesta necessidade de contratação pela Administração Pública, de maneira que ausentes algum destes requisitos deve a segurança ser denegada. 5. Recurso voluntário provido. Sentença reformada em remessa necessária." (TJES – APL/RN: 00035711220138080038, Relator: CARLOS SIMÕES FONSECA, SEGUNDA CÂMARA CÍVEL, Data de Publicação: 09/03/2016)

◙ **"No mesmo sentido:** "AGRAVO INOMINADO EM MANDADO DE SEGURANÇA. DIREITO ADMINISTRATIVO. CONCURSO PÚBLICO PARA O CARGO DE FISCAL DE POSTURAS. MUNICÍPIO DE SÃO GONÇALO. CANDIDATA APROVADA NA 10ª COLOCAÇÃO EM CONCURSO PÚBLICO REALIZADO PELO MUNICÍPIO DE SÃO GONÇALO, PARA O PROVIMENTO DE TRÊS VAGAS RELATIVAS AO CARGO DE FISCAL DE POSTURAS. EDITAL QUE PREVIA CADASTRO DE RESERVA. LEI MUNICIPAL Nº 326, DE 2011, QUE CRIOU MAIS CINQUENTA VAGAS PARA O MESMO CARGO. PRETENSÃO DE NOMEAÇÃO E POSSE NO CARGO. NOMEAÇÃO PARA OUTROS

CARGOS NO CURSO DO PRAZO DE VALIDADE DO CERTAME, DE SERVI-
DORES EFETIVOS APROVADOS, BEM ASSIM DE OCUPANTES DE CARGOS
COMISSIONADOS, A FIM DE EXERCEREM AS ATRIBUIÇÕES DO CARGO
ALMEJADO PELA IMPETRANTE. DESVIO DE FUNÇÃO. PRETERIÇÃO DA
CANDIDATA CONCURSADA. EXPECTATIVA DE DIREITO À NOMEAÇÃO,
QUE SE CONVOLA EM DIREITO SUBJETIVO. PRECEDENTES DO STF, DO
STJ E DESTA CORTE ESTADUAL. CONCESSÃO DA SEGURANÇA. AGRAVO
INOMINADO, QUE NADA ACRESCENTA PARA MODIFICAR-SE A DECI-
SÃO SEU OBJETO. RECURSO A QUE SE NEGA PROVIMENTO." (TJRJ – MS
nº 0065930-72.2014.8.19.0000, Relator(a): Denise Levy Tredler, Orgão Julgador:
Vigésima Primeira Câmara Cível, Data Julgamento: 18/06/2015)

◙ **"No mesmo sentido:** "ADMINISTRATIVO. AGRAVO DE INSTRUMENTO.
DECISÃO QUE DETERMINOU A NOMEAÇÃO DA AGRAVADA EM CARGO
PARA O QUAL PRESTOU CONCURSO PÚBLICO. CONTRATAÇÃO PRECÁ-
RIA DE FUNCIONÁRIOS E ELEVADO NÚMERO DE SERVIDORES EM DES-
VIO DE FUNÇÃO. CARACTERIZADA PRETERIÇÃO. MERA EXPECTATIVA
DE DIREITO DA CANDIDATA APROVADA FORA DO NÚMERO DE VAGAS
QUE SE CONVOLA EM DIREITO SUBJETIVO À NOMEAÇÃO. PRECEDEN-
TES DO STJ, STF E DESTA CORTE. AGRAVO CONHECIDO E DESPROVI-
DO. EMBORA INICIALMENTE TENHAM APENAS MERA EXPECTATIVA DE
DIREITO À NOMEAÇÃO, OS APROVADOS FORA DO NÚMERO DE VAGAS
PASSAM A TER DIREITO SUBJETIVO AO PROVIMENTO DO CARGO QUAN-
DO HOUVER A COMPROVAÇÃO DE QUE A ADMINISTRAÇÃO PROCEDEU
COM A CONTRATAÇÃO PRECÁRIA DE TERCEIROS PARA O EXERCÍCIO
DAS FUNÇÕES INERENTES AO RESPECTIVO CARGO. 2. É POSSÍVEL A AN-
TECIPAÇÃO DOS EFEITOS DA TUTELA CONTRA A FAZENDA PÚBLICA
EM RELAÇÃO AO ATO DE NOMEAÇÃO E POSSE, NÃO SE APLICANDO A
RESTRIÇÃO CONTIDA NO ART. 1º DA LEI 8.437/92 E NO ART. 2º-B DA LEI
9.494/97. 3. PRECEDENTES DO DO STF (RCL Nº 7402, REL. MINISTRO RI-
CARDO LEWANDOWSKI, PLENO, J. 09.12.2010), DO STJ (AGRG NO ARESP
418.359/RO, REL. MINISTRO HUMBERTO MARTINS, SEGUNDA TURMA,
J. 20/02/2014; AGRG NO RMS 26723/RS, REL. MINISTRO OG FERNANDES,
SEXTA TURMA, J. 20/08/2013) E DESTA CORTE (AG Nº 2013.007183-8, RELª.
DESEMBARGADORA JUDITE NUNES, 2ª CÂMARA CÍVEL, J. 20/08/2013; AG
Nº 2013.016759-9, REL. DESEMBARGADOR JOÃO REBOUÇAS, 3ª CÂMARA
CÍVEL, J. 18/02/2014; AG Nº 2013.021111-5, REL. DESEMBARGADOR CLÁU-
DIO SANTOS, 3ª CÂMARA CÍVEL, J. 20/03/2014). 4. AGRAVO CONHECIDO
E DESPROVIDO, EM CONSONÂNCIA COM O PARECER MINISTERIAL."
(TJRN – AI nº 2013.021441-0, Relator: Virgílio Macêdo Junior, Orgão Julgador:
Segunda Câmara Cível, Data Julgamento: 05/02/2015)

◙ **"No mesmo sentido:** "APELAÇÃO E REEXAME NECESSÁRIO. MANDA-
DO DE SEGURANÇA. CONCURSO PÚBLICO. CANDIDATA APROVADA
FORA DO NÚMERO DE VAGAS OFERECIDAS EM EDITAL. CONTRATA-
ÇÃO PELA MUNICIPALIDADE DE SERVIDORES TEMPORÁRIOS E NO-
MEAÇÃO PARA CARGOS COMISSIONADOS DENTRO DO PRAZO DE

VALIDADE DO CONCURSO. SERVIDORES EXERCENTES DA MESMA ATI-VIDADE DA IMPETRANTE. CARACTERIZAÇÃO DA NECESSIDADE DOS SERVIÇOS. PRETERIÇÃO CONFIGURADA. EXPECTATIVA DE DIREITO QUE SE CONVOLA EM DIREITO SUBJETIVO À NOMEAÇÃO. RECURSO IMPROVIDO. SENTENÇA CONFIRMADA EM REEXAME NECESSÁRIO." (TJBA – AP nº 0000387-30.2013.8.05.0168, Relator: Emílio Salomão Pinto Resedá, Orgão Julgador: Quarta Câmara Cível, Data Julgamento: 16/11/2016)

◙ **"No mesmo sentido:** "APELAÇÃO CÍVEL. MANDADO DE SEGURANÇA. CONCURSO PÚBLICO. PROCURADOR JURÍDICO MUNICIPAL. APROVA-ÇÃO EM CONCURSO PÚBLICO. CLASSIFICAÇÃO ACIMA DO LIMITE DE VAGAS PREVISTAS NO EDITAL. CRIAÇÃO DE NOVA VAGA NO PRAZO DE VALIDADE DO CERTAME. OCUPAÇÃO DESTA VAGA POR TERCEIRO COMISSIONADO. PRETERIÇÃO VERIFICADA. OFENSA AO DIREITO LÍ-QUIDO E CERTO. ORDEM CONCEDIDA PARA DETERMINAR A NOMEA-ÇÃO DO IMPETRANTE. INDENIZAÇÃO REFERENTE AOS VENCIMENTOS E VANTAGENS DESDE O INDEFERIMENTO DO PEDIDO ADMINISTRA-TIVO. IMPOSSIBILIDADE. O PROVEITO ECONÔMICO DECORRENTE DA APROVAÇÃO EM CONCURSO PÚBLICO CONDICIONA-SE AO EXERCÍ-CIO DO RESPECTIVO CARGO. PRECEDENTES DAS CORTES SUPERIORES. SENTENÇA REFORMADA. RECURSO PARCIALMENTE PROVIDO. A apro-vação do candidato dentro do cadastro de reserva, ainda que fora do número de vagas inicialmente previstas no edital do concurso público, confere-lhe o direito subjetivo à nomeação para o respectivo cargo se, durante o prazo de validade do concurso, demonstrado o interesse da Administração Pública, surgirem novas vagas, seja em razão da criação de novos cargos mediante Lei, seja em virtude de vacância decorrente de exoneração, demissão, aposentadoria, posse em outro cargo inacumulável ou falecimento. Consoante a jurisprudência do STF (AgRg no RE 593.373/DF, Rel. Ministro JOAQUIM BARBOSA, SEGUNDA TURMA, DJe de 18/04/2011) e do STJ, ?os candidatos preteridos na ordem de classifica-ção em certame público não fazem jus aos vencimentos referentes ao período compreendido entre a data em que deveriam ter sido nomeados e a efetiva in-vestidura no serviço público, na medida em que a percepção da retribuição pe-cuniária não prescinde do efetivo exercício do cargo. Precedentes? (STJ, AgRg nos EDcl nos EDcl no RMS 30054/SP, Rel. Ministro OG FERNANDES, SEXTA TURMA, DJe de 01/03/2013). Em igual sentido: STJ, EREsp 1117974/RS, Rel. p/ acórdão Ministro TEORI ZAVASCKI, CORTE ESPECIAL, DJe de 19/12/2011)." (TJMS – APL: 08015059520158120021, Relator: MARCOS JOSÉ DE BRITO RODRIGUES, SEGUNDA CÂMARA CÍVEL, Data de Publicação: 16/12/2016)

◙ **"No mesmo sentido:** "Ofende o disposto no art. 37, II, da CF norma que cria cargos em comissão cujas atribuições não se harmonizam com o princípio da livre nomeação e exoneração, que informa a investidura em comissão. Necessi-dade de demonstração efetiva, pelo legislador estadual, da adequação da norma aos fins pretendidos, de modo a justificar a exceção à regra do concurso públi-co para a investidura em cargo público." [STF – ADI 3.233, rel. min. Joaquim Barbosa, j. 10-5-2007, P, DJ de 14-9-2007.]

◙ **"No mesmo sentido:** "Violação ao art. 37, II e V, da Constituição. Os cargos em comissão criados pela Lei 1.939/1998, do Estado de Mato Grosso do Sul, possuem atribuições meramente técnicas e que, portanto, não possuem o caráter de assessoramento, chefia ou direção exigido para tais cargos, nos termos do art. 37, V, da CF. Ação julgada procedente." [ADI 3.706, rel. min. Gilmar Mendes, j. 15-10-2007, P, DJ de 5-10-2007.

◙ **Preterição de candidato aprovado em decorrência de nomeação de comissionados para exercerem a mesma função.**

"Agravo regimental no recurso extraordinário com agravo. Administrativo. Concurso público. Nomeação de comissionados. Preterição de candidata aprovada em concurso público. Direito à nomeação. Precedentes. 1. A jurisprudência desta Corte é no sentido de que, comprovada a necessidade do serviço e a existência de vaga, sendo esta preenchida, ainda que precariamente, fica caracterizada a preterição do candidato aprovado em concurso público. 2. Agravo regimental não provido." (ARE 646080 AgR, Relator(a): Min. DIAS TOFFOLI, Primeira Turma, julgado em 06/12/2011, ACÓRDÃO ELETRÔNICO DJe-025 DIVULG 03-02-2012 PUBLIC 06-02-2012)

▶ **Em trechos do julgado, extrai-se as seguintes lições**: "Ademais, o fato de a agravada figurar em cadastro de reserva não afasta o direito à nomeação, haja vista que, ainda que fora das vagas inicialmente previstas no edital, a agravada logrou aprovação, consoante se depreende do acórdão recorrido, podendo vir a ocupar uma das vagas que surgisse ao longo do prazo de validade do certame.

◙ **"No mesmo sentido:** "Por fim, é certo que à Administração não é vedada a nomeação de servidores em comissão, contudo, esse modo de provimento somente deve se dar para ocupação daqueles cargos previstos em lei como de livre nomeação e exoneração e desde que obedecidos os princípios que regem a atuação da Administração Pública." (ARE 646080 AgR, Relator(a): Min. DIAS TOFFOLI, Primeira Turma, julgado em 06/12/2011, ACÓRDÃO ELETRÔNICO DJe-025 DIVULG 03-02-2012 PUBLIC 06-02-2012)

◙ **A existência de funções de direção, chefia ou assessoramento não se constata pela simples nomenclatura dos cargos, contendo expressões como assessor, coordenador, chefe, mas sim pelas atividades desempenhadas pelos respectivos agentes públicos neles investidos.**

"REPRESENTAÇÃO DE INCONSTITUCIONALIDADE. MUNICÍPIO DE ALEGRE. ANEXO V, DA LEI Nº 2.620/2004. CRIAÇÃO DE CARGOS COMISSIONADOS DESPROVIDOS DE ATRIBUIÇÕES LEGAIS. ART. 1º, CAPUT, E ANEXO I, DA LEI Nº 3.244/2013. CRIAÇÃO DE CARGOS DE TÉCNICO AUXILIAR EM INFORMÁTICA, SEM FUNÇÕES DE DIREÇÃO, CHEFIA OU ASSESSORAMENTO. VIOLAÇÃO AO PRINCÍPIO DO CONCURSO PÚBLICO (ART. 32, II E V, DA CONSTITUIÇÃO ESTADUAL). OCORRÊNCIA. EFEITOS PROSPECTIVOS. AÇÃO JULGADA PROCEDENTE. 1. Ação Direta de Inconstitucionalidade que questiona Leis do Município de Alegre que estariam em afronta ao Princípio do Concurso Público, disposto no art. 32, II e V, da Constituição Estadual. 2. Anexo V, da Lei nº 2.620/2004, que criou diversos cargos de provimento em comissão no âmbito da Secretaria Municipal de Saúde, sem delimitar qual seria o plexo de funções (atribuições) a que estariam vinculados os ocupantes dessas unidades, o que revela inegável inconstitucionalidade. 2.1. A existência de funções de direção, chefia ou assessoramento não se constata pela simples nomenclatura dos cargos, contendo expressões como assessor, coordenador, chefe, mas, sim, pelas atividades desempenhadas pelos respectivos agentes públicos neles investidos. Jurisprudência. 3. Lei nº 3.244/2013, que, ao instituir o Núcleo de Tecnologia e Informática, criou cargos de Técnico Auxiliar em Informática, porém com atribuições usuais, que não demandam especial relação de confiança com a autoridade nomeante, e não correspondem aos critérios constitucionalmente fixados para os cargos comissionados. Declaração de inconstitucionalidade do art. 1º, caput, do Anexo I, e, por arrastamento, sem redução do texto, das demais disposições da Lei Municipal de Alegre nº 3.244/2013 (art. 1º, § 2º,e art. 3º), quando tratam especificamente do cargo em questão. 4. Atribuição de efeitos prospectivos por 06 (seis) meses, a partir da publicação do Acórdão, nos termos do art. 27, da Lei nº 9.868/99. 5. Representação de Inconstitucionalidade julgada procedente." (TJES, Classe: Direta de Inconstitucionalidade, 100170037723, Relator: SÉRGIO BIZZOTTO PESSOA DE MENDONÇA, Órgão julgador: TRIBUNAL PLENO, Data de Julgamento: 24/05/2018, Data da Publicação no Diário: 07/06/2018)

◙ **A Administração Pública pode promover a remoção de servidores concursados sem que isso caracterize, por si só, preterição aos candidatos aprovados em novo concurso público.**

"AGRAVO REGIMENTAL EM RECURSO EM MANDADO DE SEGURANÇA. ADMINISTRATIVO. CONCURSO PÚBLICO. ALEGAÇÃO DE PRETERIÇÃO. NÃO OCORRÊNCIA. REMOÇÃO DE SERVIDORES DE OUTRA LOCALIDADE. POSSIBILIDADE. PREVISÃO LEGAL. 1. A jurisprudência deste Tribunal Superior é no sentido de não ocorrer preterição na ordem de classificação de aprovados em concurso público na hipótese de remoção de servidores de outras localidades. Isso porque somente pode ser considerada ilegal a inobservância da ordem de classificação interna aos trâmites do certame; ou seja, aquela que ocorrer entre candidatos, e não aquela decorrente da remoção de servidores concursados. 2. Agravo regimental a que se nega provimento." (AgRg no RMS 25.811/RS, Rel. Ministro MARCO AURÉLIO BELLIZZE, QUINTA TURMA, julgado em 25/06/2013, DJe 01/07/2013)

◙ **Há preterição de candidatos aprovados se as vagas regionalizadas estabelecidas no edital de concurso público forem preenchidas por remoção lançada posteriormente ao início do certame.**

"DIREITO ADMINISTRATIVO. PROCESSUAL CIVIL. RECURSO ESPECIAL. CONCURSO PÚBLICO. REGIONALIZADO. CANDIDATO APROVADO. NÚMERO DE VAGAS. EDITAL. DIREITO À NOMEAÇÃO. OFERTA. VAGA. CONCURSO DE REMOÇÃO. ABERTURA POSTERIOR. PRETERIÇÃO. ILEGALIDADE. DIVERGÊNCIA JURISPRUDENCIAL. AUSÊNCIA. COTEJO ANALÍTICO. FALTA. INDICAÇÃO. PRECEITO FEDERAL. INTERPRETAÇÃO DIVERGENTE. INVIABILIDADE. PARA-

DIGMA. MANDADO DE SEGURANÇA. OFENSA. NORMA DE DIREITO FEDERAL. PREQUESTIONAMENTO. SÚMULA 211/STJ. IMPOSSIBILIDADE. REMANEJAMENTO. VAGA. REMOÇÃO. LANÇAMENTO. POSTERIOR. ADMISSÃO. 1. Inadmissível o recurso especial que se fundamenta na existência de divergência jurisprudencial, mas se limita, para a demonstração da similitude fático-jurídica, à mera transcrição de ementas e de trechos de votos, assim como tampouco indica qual preceito legal fora interpretado de modo dissentâneo. Hipótese, por extensão, da Súmula 284/STF. 2. Acórdão proferido em mandado de segurança não se presta à finalidade de demonstração do dissídio jurisprudencial, não autorizando o processamento do recurso especial pelo art. 105, inciso III, alínea c, da Constituição da República. Precedentes. 3. A alegação de violação ao art. 535 do CPC exige do recorrente a indicação de quais preceitos legais e de quais teses deixaram de ser apreciadas pela origem, assim como a imprescindibilidade disso para o correto deslinde da causa, não cumprindo com a dialeticidade a dedução de arrazoado evidentemente genérico. 4. Não cumpre o requisito do prequestionamento o recurso especial para salvaguardar a higidez de norma de direito federal não examinada pela origem, que tampouco, a título de prequestionamento implícito, confrontou as respectivas teses jurídicas. Óbice da Súmula 211/STJ. 5. A lógica do art. 28, inciso I, da Lei 11.415/2006, remete à preferência que deve ser dada aos servidores de carreira no caso da existência de cargos vagos, de maneira a conceder-lhes a primazia no preenchimento destes, bem como promovendo-se, de igual modo, a movimentação funcional. 6. Somente depois de ofertados os cargos vagos à remoção dos servidores é que deve a Administração Pública contabilizar quantos remanesceram sem provimento e a quais unidades administrativas pertencem, podendo remanejá-los e, então, oferta-los em concurso público de admissão. 7. Ao proceder de maneira inversa, isto é, lançando o concurso de admissão antes do concurso de remoção, a Administração Pública vincula-se, por obediência aos princípios da boa-fé objetiva e da proteção da confiança, ao que declinou por vontade própria, razão pela qual o candidato aprovado em primeiro lugar para a única vaga destinada ao Estado da Paraíba tem o direito público subjetivo à nomeação, não sendo possível, sob fundamento no citado art. 28, inciso I, da Lei 11.415/2006, que a vaga oferecida nesse concurso de admissão seja remanejada para concurso de remoção lançado posteriormente, sobretudo porque tal lei adveio durante o prosseguimento do concurso público. 8. Recurso especial conhecido parcialmente e, nessa parte, não provido." (REsp 1373789/PB, Rel. Ministro MAURO CAMPBELL MARQUES, SEGUNDA TURMA, julgado em 20/02/2014, DJe 28/02/2014)

REGIME DE EMPREGO PÚBLICO NA ADMINISTRAÇÃO PÚBLICA

▶ **A adoção desse regime, que é essencialmente regido pelo direito privado, é obrigatória para todas as pessoas jurídicas de direito privado, ainda que estatais.**

Quando se fala em regime de emprego público no âmbito da Administração Pública brasileira, a primeira coisa que se tem de ter em mente é que *a adoção desse regime, que é essencialmente regido pelo direito privado*, ainda que extensamente regulamentado e com pouco espaço para ajustes individuais contrários às disposições legais, como é o caso do Direito do Trabalho, *é obrigatória para todas as pessoas jurídicas de direito privado*, ainda que estatais, que sejam usadas como instrumento de *política de intervenção no domínio econômico*.

▶ **Isso decorre de imposição constitucional (art. 173, § 1.º, II), que exige de tais entidades sujeição a regime jurídico próprio das empresas privadas.**

Isso decorre de imposição constitucional (*art. 173, § 1.º, II*), que exige de tais entidades *sujeição a regime jurídico próprio das empresas privadas*, inclusive no que tange às relações trabalhistas. É natural se esperar, portanto, que uma sociedade de economia mista federal, como o Banco do Brasil, por exemplo, ou as inúmeras Companhias Docas ainda mantidas pelo governo federal, só façam contratações pelo regime privado. Não há, contudo, uma regra constitucional que imponha esse mesmo regime para empresas estatais que prestam serviços públicos, como é o caso, por exemplo, da Empresa Brasileira de Correios e Telégrafos.

▶ **A Constituição Federal prevê que lei complementar, ainda não editada, estabelecerá as áreas de atuação das empresas públicas e sociedades de economia mista instituídas pelo poder público (art. 37, XIX).**

A Constituição Federal prevê que lei complementar, ainda não editada, estabelecerá as áreas de atuação das empresas públicas e sociedades de economia mista instituídas pelo poder público (art. 37, XIX). Em contrapartida, a própria Carta Magna, em seu art. 173, § 1º, previu também o "estatuto jurídico da empresa pública, da sociedade de economia mista e suas subsidiárias", valendo tal estatuto tanto para as prestadoras de serviços públicos quanto para as que explorem atividade econômica.

▶ **O referido estatuto, depois de quase três décadas de vigência da Carta Magna, finalmente veio à luz com a edição da Lei 13.303/2016.**

O referido estatuto, depois de quase três décadas de vigência da Carta Magna, finalmente veio à luz com a edição da Lei 13.303/2016. Curiosamente, a lei acabou sendo omissa quanto ao regime de contratação de pessoal, se atendo mais às regras de administração das referidas entidades e contratação de terceiros, inclusive procedimentos licitatórios. Ainda assim, em vários artigos, ao disciplinar os órgãos diretivos e de administração das estatais, a lei dá a entender que o regime de pessoal deve ser o trabalhista (art. 9º, I e VI, art. 17, § 5º, art. 19, art. 22, § 3º, art. 25, § 1º, I, *a*, art. 38, parágrafo único, I e art. 44, § 4º). Contudo, independentemente das disposições da Lei 13.303, *a forma privada dessas entidades*, mesmo quando prestadoras de serviços públicos, impõe que a adoção de seu regime jurídico, no campo trabalhista, seja igualmente privado, embora com algumas derrogações, decorrentes, naturalmente, da natureza pública de tais entidades, ainda que formalmente constituídas sobre regras de direito privado.

▶ **Com o advento da Emenda Constitucional 19/1998, permitiu-se, pelo menos por um período, até que o STF deferisse a medida cautelar na ADI 2.135/DF, que algumas entidades públicas de direito público, mesmo as que haviam adotado o re-**

gime estatutário, passassem a proceder à contratação de pessoal com base na legislação trabalhista, tendo a matéria, na esfera federal, chegado a ser regulamentada em termos gerais pela Lei 9.986/2000.

Afora isso, com o advento da Emenda Constitucional 19/1998, permitiu-se, pelo menos por um período, até que o STF deferisse a medida cautelar na ADI 2.135/DF, que algumas entidades públicas de direito público, mesmo as que haviam adotado o regime estatutário, passassem a proceder à contratação de pessoal com base na legislação trabalhista, tendo a matéria, na esfera federal, chegado a ser regulamentada em termos gerais pela Lei 9.986/2000. Assim, em algumas agências reguladoras, até por imposição de uma legislação específica, como visto acima, procedeu-se a alguns concursos públicos para admissão de pessoal com fundamento na CLT e legislação trabalhista correlata. Em vista disso, urge saber, então, quais são as diferenças principais que decorrem da contratação de agentes públicos com base na CLT, começando pelas imposições constitucionais aplicáveis a estes, bem como os direitos que lhes são assegurados.

▶ **Noção de emprego**

A noção de emprego decorre diretamente da legislação trabalhista, mormente dos arts. 2.º e 3.º da CLT (Decreto-lei 5.452/1943), que define empregador e empregado.

▶ **Elementos dessa relação jurídica**

São elementos dessa relação jurídica a prestação de trabalho, de natureza não eventual, por pessoa natural, sob a dependência de empregador e mediante pagamento de salário.

▶ **Princípio da primazia da realidade sobre a forma**

Importante ressaltar a disposição do art. 9.º da CLT, que comina a pena de nulidade para qualquer ato praticado com o intuito de impedir, desvirtuar ou fraudar a aplicação dos princípios estabelecidos na referida legislação. É ao que, na seara trabalhista, se dá o nome de "princípio da primazia da realidade sobre a forma".

▶ **Diversas normas do art. 37 da Constituição Federal são de aplicação geral tanto para os servidores públicos estatutários, quanto aos empregados públicos, a começar pela principal delas, que é a relativa à *exigência de concurso público* (inciso II).**

Relacionemos, então, as regras que são aplicáveis também aos empregados públicos: a) requisitos igualitários para acesso aos empregos públicos, devidamente estabelecidos em lei (art. 37, I); b) exigência de prévia aprovação em concurso público para contratação (art. 37, II); c) prazo de validade do concurso de, no máximo, dois anos, prorrogável uma vez, por igual período (art. 37, III); d) reserva de percentual, nos concursos, para portadores de deficiência (art. 37, VIII); e) sujeição ao teto constitucional do funcionalismo, mas só com relação aos empregos públicos da administração direta, autárquica e fundacional (art. 37, XI); f) vedação à acumulação remunerada, fora das hipóteses permitidas na CF (art. 37, XVI e XVII); g) possibilidade de o empregado público ser representado contra o exercício negligente ou abusivo do emprego público (art. 37, § 3.º, III); h) sujeição à lei de responsabilidade por atos de improbidade administrativa (art. 37, § 4.º); i) possibilidade de ser acionado regressivamente, pela entidade pública, por atos culposos ou dolosos que causem danos a terceiros, quando no exercício de atividade entendida como serviço público (art. 37, § 6.º); j) possibilidade de haver restrições, estabelecidas em lei, ao ocupante de emprego que possibilite acesso a informações privilegiadas (art. 37, § 7.º).

▶ **Regras constitucionais aplicáveis ao regime de emprego público, relacionadas aos direitos**

Em princípio, os empregados públicos possuirão os mesmos direitos assegurados aos trabalhadores em geral, tanto na Constituição Federal (arts. 7.º a 9.º), quanto na legislação trabalhista (CLT e demais leis correlatas). Alguns deles, no entanto, estão inseridos no art. 37 da CF e merecem especial menção, a saber: a) direito à contratação com precedência sobre novos concursados, no prazo improrrogável previsto no edital de convocação (art. 37, IV); b) livre associação sindical (art. 37, VI), embora seja um direito também previsto no art. 8.º da Carta Magna; c) direito de greve (art. 37, VII), embora já previsto no art. 9.º, valendo ressaltar, aqui, que a matéria já foi regulamentada pela Lei 7.783/1989, independendo, para os empregados públicos, da lei específica referida no art. 37, VII; d) irredutibilidade de salários (art. 37, XV), devendo ser compatibilizado com a regra do art. 7.º, VI.

▶ **O mais importante, no entanto, é verificar quais normas, dentre as previstas no art. 7.º, podem ser consideradas *incompatíveis com o regime de emprego público*.**

As principais estão relacionadas, claramente, às vedações que decorrem da *sujeição da Administração Pública*, inclusive empresas públicas e sociedades de economia mista, ao *princípio da legalidade e às imposições constitucionais de direito financeiro*. Assim, embora a CF/1988 resguarde aos trabalhadores em geral o direito ao reconhecimento das convenções e acordos coletivos (art. 7.º, XXVI), tais ajustes não terão efeito, no âmbito da Administração Pública, se visarem à criação de empregos, direitos remuneratórios ou elevações salariais que não tenham sido previstas em lei, por decorrência óbvia do disposto nos arts. 37, X, e 169, § 1.º, da CF/1988.

> X – a remuneração dos servidores públicos e o subsídio de que trata o § 4.º do art. 39 somente poderão ser fixados ou alterados por lei específica, observada a iniciativa privativa em cada caso, assegurada a revisão geral anual, sempre na mesma data e sem distinção de índices".

> "Art. 169. (...) § 1.º A concessão de qualquer vantagem ou aumento de remuneração, a criação de cargos, empregos ou funções ou alteração de estrutura de carreiras, bem como a admissão ou contratação de pessoal, a qualquer título, pelos órgãos e entidades da administração direta ou indireta, inclusive fundações instituídas e mantidas pelo poder público, só poderão ser feitas: I – se houver prévia dotação orçamentária suficiente para atender às projeções de despesa de pessoal e os acréscimos dela decorrentes; II – se houver autorização específica

na lei de diretrizes orçamentárias, ressalvadas as empresas públicas e as sociedades de economia mista".

▶ **Duvidosa é a aplicação das disposições dos incs. XIII e XIV do art. 37, referente às vedações de equiparações e vinculações remuneratórias e de acréscimos pecuniários em cascata.**

Isso porque as doutrinas tradicionais trabalhistas, bem como as regras legais trabalhistas instituídas no Brasil, possibilitam a defesa do entendimento contrário a tais disposições. É óbvio que nenhum desses motivos pode justificar a sobreposição sobre as
normas constitucionais, mas parece evidente que as referidas disposições tendem a ser
interpretadas restritivamente na seara trabalhista como se fossem aplicáveis apenas aos
servidores estatutários. A nosso ver, as questões devem ser devidamente separadas. As
vedações citadas são obviamente impositivas a todos os servidores públicos, incluídos
os empregados públicos, até por uma questão de ética pública. Isso não quer dizer, no
entanto, que aos empregados públicos não se assegure a aplicação das disposições ga-
rantidoras do combate à discriminação, como aquelas previstas nos incs. XXX, XXXI
e XXXII do art. 7.º da Constituição Federal.

▶ **A vedação às equiparações e vinculações referida no art. 37, XIII, é claramente
voltada ao *combate de atrelamento de vencimentos entre categorias funcionais diversas* e está voltada, mais intensamente, ao legislador.**

A vedação às equiparações e vinculações referida no art. 37, XIII, é claramente voltada ao *combate de atrelamento de vencimentos entre categorias funcionais diversas* e
está voltada, mais intensamente, ao legislador. Isso não invalida, por evidente, o combate à discriminação com relação àqueles que desempenham a mesma função, o que
será analisado no plano mais concreto, embora possa ser objeto de regulamentação
geral, e é válido tanto para servidores estatutários quanto para empregados públicos.
No entanto, tais conclusões não validam eventual desvio funcional, que, por si só, já
constitui uma ilegalidade. Assim, embora a legislação trabalhista preveja o instituto da
equiparação salarial como direito ao trabalhador que executa as mesmas atividades de
outro que percebe maior valor, tal conclusão jamais poderá ser adotada no âmbito da
Administração pública, mesmo indireta, pois importaria, por via reflexa, na criação
de um emprego público diverso daquele para o qual o trabalhador foi contratado, em
ofensa direta à Constituição. Ao trabalhador apenas se garantem as diferenças salariais
do período do desvio, devendo este ser cessado.

▶ **O principal direito dos empregados públicos, que não é extensivo aos servidores estatutários, é o acesso ao Regime do Fundo de Garantia por Tempo de Serviço – FGTS.**

O principal direito dos empregados públicos, que não é extensivo aos servidores estatutários, é o acesso ao Regime do Fundo de Garantia por Tempo de Serviço – FGTS,
previsto no art. 7.º, III, da Constituição Federal, e atualmente regulamentado na Lei
8.036/1990. Essa distinção decorre do fato de o FGTS, mormente no sistema constitu-

507

cional atual, ter substituído por completo o sistema de estabilidade decenal, anteriormente vigente para os trabalhadores da iniciativa privada (art. 492 da CLT, ainda não revogado expressamente, mas de aplicação prática restritíssima). Em contrapartida, os estatutários ainda remanescem tendo o direito à estabilidade, prevista constitucionalmente, após três anos de exercício do cargo público.

▶ **Os empregados públicos não possuem direito a essa estabilidade especial, prevista no art. 41 da CF.**

Os *empregados públicos não possuem direito a essa estabilidade especial*, prevista no art. 41 da CF, visto que este somente se refere aos servidores "nomeados para cargo de provimento efetivo". Possuem, no entanto, direito às demais garantias de emprego previstas na Constituição Federal e na lei (gestante, dirigente sindical, membro de Comissão Interna de Prevenção de Acidentes do Trabalho – CIPA etc.).

▶ **Formou-se forte corrente no sentido de que, por respeito ao paralelismo das formas, tendo os empregados públicos sido admitidos por concurso, somente por processo administrativo disciplinar poderia ocorrer a dispensa.**

A grande dúvida diz respeito à dispensa imotivada dos empregados públicos, mormente aqueles contratados por entidades de direito público, inclusive os admitidos no período de vigência da nova redação do art. 39, dada pela Emenda Constitucional 19/1998. Formou-se forte corrente no sentido de que, por respeito ao paralelismo das formas, tendo os empregados públicos sido admitidos por concurso, somente por processo administrativo disciplinar poderia ocorrer a dispensa. Na prática, essa tese importaria na extensão da estabilidade aos empregados públicos, não sendo lógica sua adoção. Por outro lado, a liberdade de dispensa que possui o empregador privado parece mesmo ser contraditória com a precedente formalidade na contratação, existente no setor público. A jurisprudência caminhava no sentido de aceitar a dispensa imotivada, no caso de empregados de empresas públicas e sociedades de economia mista, mas restringi-la, no caso de empregados da Administração direta, autárquica e fundacional. A ressalva quanto a estas últimas tem mais relação com a natureza de direito público destas e uma eventual incompatibilidade do próprio regime de emprego público com elas, do que, propriamente, um direito especial de seus empregados.

CONSTITUCIONAL. EMPREGADO DE EMPRESA PÚBLICA OU SOCIEDADE DE ECONOMIA MISTA. DISPENSA IMOTIVADA. POSSIBILIDADE. I – Ambas as Turmas desta Corte possuem entendimento no sentido de que os empregados admitidos por concurso público em empresa pública ou sociedade de economia mista podem ser dispensados sem motivação, porquanto aplicável a essas entidades o art. 7.º, I, da Constituição. II – Agravo regimental improvido". STF, AgRg no AI 648.453/ES, 1.ª T., Rel. Min. Ricardo Lewandowski:

"1. Esta Corte orientou-se no sentido de que as disposições constitucionais que regem os atos administrativos não podem ser invocadas para estender aos funcionários de sociedade de economia mista, que seguem a Consolidação das Leis do Trabalho, uma estabilidade aplicável somente aos servidores públicos, estes sim submetidos a uma relação de direito administrativo. 2. A aplicação das normas de dispensa trabalhista aos empregados de pessoas jurídicas de direito privado está em consonância com o disposto no § 1.º do art. 173 da Lei Maior, sem ofensa ao art. 37, caput e II, da Carta Federal. 3. Agravo regimental improvido". STF, AgRg no AI 507.326/RJ, 2.ª T., Rel. Min. Ellen Gracie:

RG ◙ A Empresa Brasileira de Correios e Telégrafos – ECT tem o dever jurídico de motivar, em ato formal, a demissão de seus empregados.

EMPRESA BRASILEIRA DE CORREIOS E TELÉGRAFOS – ECT. DEMISSÃO IMOTIVADA DE SEUS EMPREGADOS. IMPOSSIBILIDADE. NECESSIDADE DE MOTIVAÇÃO DA DISPENSA. RE PARCIALEMENTE PROVIDO. I – Os empregados públicos não fazem jus à estabilidade prevista no art. 41 da CF, salvo aqueles admitidos em período anterior ao advento da EC nº 19/1998. Precedentes. II – Em atenção, no entanto, aos princípios da impessoalidade e isonomia, que regem a admissão por concurso público, a dispensa do empregado de empresas públicas e sociedades de economia mista que prestam serviços públicos deve ser motivada, assegurando-se, assim, que tais princípios, observados no momento daquela admissão, sejam também respeitados por ocasião da dispensa. III – A motivação do ato de dispensa, assim, visa a resguardar o empregado de uma possível quebra do postulado da impessoalidade por parte do agente estatal investido do poder de demitir. IV – Recurso extraordinário parcialmente provido para afastar a aplicação, ao caso, do art. 41 da CF, exigindo-se, entretanto, a motivação para legitimar a rescisão unilateral do contrato de trabalho. (RE 589998, Relator(a): Min. RICARDO LEWANDOWSKI, Tribunal Pleno, julgado em 20/03/2013, ACÓRDÃO ELETRÔNICO REPERCUSSÃO GERAL – MÉRITO DJe-179 DIVULG 11-09-2013 PUBLIC 12-09-2013)

▶ **A Lei 9.962/2000, por sua vez, deixou claro que aos empregados públicos da Administração direta, autárquica e fundacional, em âmbito federal, conquanto não se garanta, propriamente, o direito à estabilidade, previsto no art. 41 da CF/1988, não se aplica, livremente, o direito potestativo dos empregadores de dispensa imotivada.**

A Lei 9.962/2000, por sua vez, deixou claro que aos empregados públicos da Administração direta, autárquica e fundacional, em âmbito federal, conquanto não se garanta, propriamente, o direito à estabilidade, previsto no art. 41 da CF/1988, não se aplica, livremente, o direito potestativo dos empregadores de dispensa imotivada, visto que esta *só poderá ocorrer* nas restritas hipóteses do art. 3.º da Lei, a saber: a) falta grave, dentre as enumeradas no art. 482 da CLT; b) acumulação ilegal de empregos, cargos ou funções públicas; c) necessidade de redução do quadro, conforme regulamentação do art. 169 da CF/1988; d) insuficiência de desempenho, apurada em procedimento.

▶ **Os empregados públicos possuem, como qualquer trabalhador da iniciativa privada, direito à aposentadoria (art. 7.º, XXIV, da CF/1988).**

O regime a que estão submetidos, no entanto, é o geral, previsto no art. 201 da CF/1988, regulamentado pela Lei 8.213/1991 (Regime Geral de Previdência Social –

RGPS) e administrado pelo Instituto Nacional do Seguro Social – INSS, uma autarquia federal.

▶ **Está terminantemente proibida, ademais, a inclusão de qualquer empregado público em regime próprio de previdência.**

Está terminantemente proibida, ademais, a inclusão de qualquer empregado público em regime próprio de previdência, conforme disposto no art. 40 da CF/1988, desde a redação dada pela Emenda Constitucional 20/1998, e regulamentação estabelecida pela Lei 9.717/1998 (art. 1.º, V).

▶ **A diferença tradicional entre os regimes é que no RGPS não se garante o direito de paridade com o pessoal da ativa, tampouco o cálculo do valor inicial do benefício.**

A diferença tradicional entre os regimes é que no RGPS não se garante o direito de paridade com o pessoal da ativa, tampouco o cálculo do valor inicial do benefício, geralmente denominado de renda mensal inicial – RMI, conforme a regra da equivalência com a remuneração recebida na ativa, geralmente denominada de integralidade.

▶ **O cálculo, no RGPS, é feito conforme critérios atuariais que levam em conta todas as contribuições que foram vertidas para o sistema.**

O cálculo, no RGPS, é feito conforme critérios atuariais que levam em conta todas as contribuições que foram vertidas para o sistema. A partir da Emenda Constitucional 41/2003, as aposentadorias, nos regimes próprios, caminham para uma equiparação de regras com o RGPS, embora existam inúmeras regras de transição, que serão analisadas no tópico pertinente. Na verdade, essa sistemática vigora desde a Lei 9.876/1999, que substituiu a antiga forma de cálculo que considerava apenas as 36 últimas contribuições dentro de um período máximo de 48 meses imediatamente anteriores ao requerimento do benefício.

▶ **Usualmente, no entanto, empregados públicos de empresas estatais contribuem para a *formação de previdência complementar à previdência oficial*, recebendo destas, na aposentadoria, uma complementação dos proventos.**

Usualmente, no entanto, empregados públicos de empresas estatais contribuem para a *formação de previdência complementar à previdência oficial*, recebendo destas, na aposentadoria, uma complementação dos proventos, conforme regulamentação prevista para os planos privados de previdência complementar mantidos por entidades públicas (*art. 202 da CF/1988 e Lei Complementar 108/2001*).

▶ **Os litígios decorrentes de relações trabalhistas, na vigência da CF/1988, foram inteiramente atribuídos à Justiça do Trabalho, mesmo quando os empregadores forem a União, os Estados, o Distrito Federal, os Municípios e respectivas entidades da administração autárquica e fundacional.**

Os litígios decorrentes de relações trabalhistas, na vigência da CF/1988, foram inteiramente atribuídos à Justiça do Trabalho, mesmo quando os empregadores forem a União, os Estados, o Distrito Federal, os Municípios e respectivas entidades da administração autárquica e fundacional. Assim, o art. 114, I, da CF/1988, mesmo antes da Emenda Constitucional 45/2004, já estabelecia a competência da Justiça do Trabalho para dirimir tais demandas, ou seja, as que envolvem empregados públicos. Dessa forma, não se repetiu a regra instituída na Constituição Federal de 1967, de se estabelecer à Justiça Federal a competência para o julgamento das demandas trabalhistas que envolviam empregados públicos federais. Tal conclusão decorria da não inclusão, no art. 125, I, da CF/1967, na redação dada pela EC 1/1969, da ressalva referente às causas de competência da Justiça do Trabalho. A matéria, inclusive, era regulamentada na Lei 5.638/1970. Importante ressaltar que as demandas trabalhistas que foram propostas na Justiça Federal, antes da CF/1988, continuaram nela, por força do disposto no art. 27, § 10, do ADCT. Quanto aos estatutários, remanesceu a competência da Justiça comum, estadual ou federal, conforme o caso, posto que não se trata, aí, de regime trabalhista, mas sim de regime jurídico administrativo.

▶ **A Emenda Constitucional 45/2004, no entanto, trouxe uma nova redação que confundiu bastante os operadores do Direito, dando a entender que a competência quanto aos direitos dos estatutários teria passado para a Justiça do Trabalho.**

A Emenda Constitucional 45/2004, no entanto, trouxe uma nova redação que confundiu bastante os operadores do Direito, dando a entender que a competência quanto aos direitos dos estatutários teria passado para a Justiça do Trabalho.

◉ **O STF, no entanto, ao julgar a *Medida Cautelar na ADI 3.395/DF*, ratificou o já consagrado entendimento sobre a matéria, *mantendo a competência na Justiça comum*.**

"Inconstitucionalidade. Ação direta. Competência. Justiça do Trabalho. Incompetência reconhecida. Causas entre o Poder Público e seus servidores estatutários. Ações que não se reputam oriundas de relação de trabalho. Conceito estrito desta relação. Feitos da competência da Justiça Comum. Interpretação do art. 114, inc. I, da CF, introduzido pela EC 45/2004. Precedentes. Liminar deferida para excluir outra interpretação. O disposto no art. 114, I, da Constituição da República, não abrange as causas instauradas entre o Poder Público e servidor que lhe seja vinculado por relação jurídico-estatutária". Importante observar que, entendimento contrário, comprometeria até mesmo a competência geral da Justiça do Trabalho, pois houve, na verdade, uma clara inconstitucionalidade formal cometida pelo Senado Federal, que alterou substancialmente a redação do dispositivo, que continha, na redação aprovada na Câmara dos Deputados, a ressalva expressa quanto à incompetência daquela envolvendo os servidores estatutários (art. 114, I), levando-se o texto, sem a ressalva, à promulgação sem prévio reexame pela Câmara dos Deputados.

▶ **É de se aplicar sempre a regra da temporalidade quanto ao direito vigente, de modo que, nas hipóteses de alteração da natureza do vínculo, será da Justiça do Trabalho a competência para o julgamento das causas originadas do período em que vigia o regime de emprego, e da Justiça comum, as causas já decorrentes do regime estatutário**

No mais, é de se aplicar sempre a regra da temporalidade quanto ao direito vigente, de modo que, nas hipóteses de alteração da natureza do vínculo, será da Justiça do Trabalho a competência para o julgamento das causas originadas do período em que vigia o regime de emprego, e da Justiça comum, as causas já decorrentes do regime estatutário. Entende-se de forma diversa, no entanto, se os efeitos da decisão irão se operar já no regime novo, afetando a este último. Caso clássico dos pedidos de reintegração.

▶ **A partir da EC 45/2004 não remanescem mais dúvidas quanto à competência da Justiça do Trabalho para o julgamento de qualquer questão que tenha por fundamento o vínculo empregatício**

Impende salientar, outrossim, que a partir da EC 45/2004 não remanescem mais dúvidas quanto à competência da Justiça do Trabalho para o julgamento de qualquer questão que tenha por fundamento o vínculo empregatício, ainda que não inserida nas leis trabalhistas, de modo que a Justiça laboral pode julgar, até mesmo, as demandas em que o empregado pleiteia indenização por dano moral de seu empregador, inclusive as que tenham por fundamento acidente do trabalho (art. 114, VI).

◉ **O STJ chegou a adotar o entendimento da incompetência da Justiça do Trabalho, numa estreita visão do texto constitucional (vide CC 11.732/SP, 2.ª Seção), o que nunca foi admitido pelo STF (vide AgRg no RE 408.381/RJ, 2.ª T.).**

<u>Entendimento do STJ.</u> COMPETENCIA. CONFLITO. AÇÃO DE INDENIZAÇÃO POR DANOS MORAIS E MATERIAIS MOVIDA POR EX-EMPREGADOS CONTRA EX-EMPREGADOR. NATUREZA JURIDICA DA QUESTÃO CONTROVERTIDA. PEDIDO E CAUSA DE PEDIR. MATERIA AFETA A COMPETENCIA DA JUSTIÇA ESTADUAL. I – A COMPETENCIA RATIONE MATERIAE DECORRE DA NATUREZA JURIDICA DA QUESTÃO CONTROVERTIDA QUE, POR SUA VEZ, E FIXADA PELO PEDIDO E PELA CAUSA DE PEDIR. II – AÇÃO DE INDENIZAÇÃO POR PERDAS E DANOS MORAIS E MATERIAIS AJUIZADA POR EX-EMPREGADOS CONTRA EX-EMPREGADOR, CONQUANTO TENHA REMOTA LIGAÇÃO COM A EXTINÇÃO DO CONTRATO DE TRABALHO, NÃO TEM NATUREZA TRABALHISTA, FUNDANDO-SE NOS PRINCIPIOS E NORMAS CONCERNENTES A RESPONSABILIDADE CIVIL.(CC 11.732/SP, Rel. Ministro SÁLVIO DE FIGUEIREDO TEIXEIRA, SEGUNDA SECAO, julgado em 22/02/1995, DJ 03/04/1995, p. 8105)

<u>Entendimento do STF.</u> CONSTITUCIONAL. PROCESSUAL CIVIL. TRABALHO. COMPETÊNCIA: JUSTIÇA DO TRABALHO: AÇÃO DE INDENIZAÇÃO: DANOS MORAIS. C.F., art. 114. I. – Ação de reparação de danos morais decorrentes da relação de emprego: competência da Justiça do Trabalho: C.F., art. 114. Na fixação da competência da Justiça do Trabalho, em casos assim, não importa se a controvérsia tenha base na legislação civil. O que deve ser considerado é se o litígio decorre da relação de trabalho. II. – R.E. conhecido e provido. Agravo não provido. (RE 408381 AgR, Relator(a): Min. CARLOS VELLOSO, Segunda Turma, julgado em 23/03/2004, DJ 23-04-2004 PP-00027 EMENT VOL-02148-14 PP-02808)

◙ **Tema: 190 – Competência para processar e julgar causas que envolvam complementação de aposentadoria por entidades de previdência privada. Tese: Compete à Justiça comum o processamento de demandas ajuizadas contra entidades privadas de previdência com o propósito de obter complementação de aposentadoria, mantendo-se na Justiça Federal do Trabalho, até o trânsito em julgado e correspondente execução, todas as causas dessa espécie em que houver sido proferida sentença de mérito até 20/2/2013.**

RG ◙ COMPETÊNCIA: À Justiça do Trabalho competirá, também, julgar questões envolvendo complementação de aposentadoria, quando decorrentes do contrato de trabalho. Se a questão não tiver relação com o contrato de trabalho, sendo meramente decorrente da relação do beneficiário com a entidade de previdência fechada, a competência será da Justiça comum.

Recurso extraordinário – Direito Previdenciário e Processual Civil – Repercussão geral reconhecida – Competência para o processamento de ação ajuizada contra entidade de previdência privada e com o fito de obter complementação de aposentadoria – Afirmação da autonomia do Direito Previdenciário em relação ao Direito do Trabalho – Litígio de natureza eminentemente constitucional, cuja solução deve buscar trazer maior efetividade e racionalidade ao sistema – Recurso provido para afirmar a competência da Justiça comum para o processamento da demanda – Modulação dos efeitos do julgamento, para manter, na Justiça Federal do Trabalho, até final execução, todos os processos dessa espécie em que já tenha sido proferida sentença de mérito, até o dia da conclusão do julgamento do recurso (20/2/13). 1. A competência para o processamento de ações ajuizadas contra entidades privadas de previdência complementar é da Justiça comum, dada a autonomia do Direito Previdenciário em relação ao Direito do Trabalho. Inteligência do art. 202, § 2º, da Constituição Federal a excepcionar, na análise desse tipo de matéria, a norma do art. 114, inciso IX, da Magna Carta. 2. Quando, como ocorre no presente caso, o intérprete está diante de controvérsia em que há fundamentos constitucionais para se adotar mais de uma solução possível, deve ele optar por aquela que efetivamente trará maior efetividade e racionalidade ao sistema. 3. Recurso extraordinário de que se conhece e ao qual se dá provimento para firmar a competência da Justiça comum para o processamento de demandas ajuizadas contra entidades privadas de previdência buscando-se o complemento de aposentadoria. 4. Modulação dos efeitos da decisão para reconhecer a competência da Justiça Federal do Trabalho para processar e julgar, até o trânsito em julgado e a correspondente execução, todas as causas da espécie em que houver sido proferida sentença de mérito até a data da conclusão, pelo Plenário do Supremo Tribunal Federal, do julgamento do presente recurso (20/2/2013). 5. Reconhecimento, ainda, da inexistência de repercussão geral quanto ao alcance da prescrição de ação tendente a questionar as parcelas referentes à aludida complementação, bem como quanto à extensão de vantagem a aposentados que tenham obtido a complementação de aposentadoria por entidade de previdência privada sem que tenha havido o respectivo custeio. (RE 586453, Relator(a): Min. ELLEN GRACIE, Relator(a) p/ Acórdão: Min. DIAS TOFFOLI, Tribunal Pleno, julgado em 20/02/2013, REPERCUSSÃO GERAL – MÉRITO DJe-106 DIVULG 05-06-2013 PUBLIC 06-06-2013 EMENT VOL-02693-01 PP-00001)

◙ **Tema: 928 – Competência da Justiça do Trabalho para processar e julgar ação que discute verbas trabalhistas, referentes a período regido pela CLT, supostamente devidas a empregados públicos que migraram, posteriormente, para o regime estatutário. Decisão: O Tribunal, por unanimidade, reputou constitucional a questão. O Tribunal, por unanimidade, reconheceu a existência de repercussão geral da questão constitucional suscitada. No mérito, por maioria, reafirmou a jurisprudência dominante sobre a matéria, vencido o Ministro Marco Aurélio. Ministro GILMAR MENDES Relator**

RG ◙ COMPETÊNCIA: Cabe à Justiça do Trabalho processar e julgar ações relativas às verbas trabalhistas referentes ao período em que o servidor mantinha vínculo celetista com a Administração antes da transposição para o regime estatutário.

Recurso extraordinário. Repercussão geral. 2. Competência da Justiça do Trabalho. Mudança de regime jurídico. Transposição para o regime estatutário. Verbas trabalhistas concernentes ao período anterior. 3. Compete à Justiça do Trabalho processar e julgar ações relativas às verbas trabalhistas referentes ao período em que o servidor mantinha vínculo celetista com a Administração, antes da transposição para o regime estatutário. 4. Recurso não provido. Reafirmação de jurisprudência. (ARE 1001075 RG, Relator(a): Min. GILMAR MENDES, julgado em 08/12/2016, PROCESSO ELETRÔNICO REPERCUSSÃO GERAL – MÉRITO DJe-017 DIVULG 31-01-2017 PUBLIC 01-02-2017)

◙ **Tema 606 – a) reintegração de empregados públicos dispensados em face da concessão de aposentadoria espontânea e consequente possibilidade de acumulação de proventos com vencimentos; b) competência para processar e julgar a ação em que se discute a reintegração de empregados públicos dispensados em face da concessão de aposentadoria espontânea e consequente possibilidade de acumulação de proventos com vencimentos.**

RG ◙ COMPETÊNCIA: Reintegração de empregados públicos dispensados em decorrência da concessão de aposentadoria espontânea, à consequente possibilidade de acumulação de proventos com vencimentos, bem como à competência para processar e julgar a lide correspondente.

COMPETÊNCIA – JUSTIÇA FEDERAL X JUSTIÇA DO TRABALHO – VÍNCULO EMPREGATÍCIO – APOSENTADORIA – EFEITOS – PROVENTOS E SALÁRIOS – ACUMULAÇÃO – RECURSO EXTRAORDINÁRIO – REPERCUSSÃO GERAL CONFIGURADA. Possui repercussão geral a controvérsia relativa à reintegração de empregados públicos dispensados em decorrência da concessão de aposentadoria espontânea, à consequente possibilidade de acumulação de proventos com vencimentos, bem como à competência para processar e julgar a lide correspondente. (RE 655283 RG, Relator(a): Min. MARCO AURÉLIO, julgado em 25/10/2012, ACÓRDÃO ELETRÔNICO DJe-081 DIVULG 30-04-2013 PUBLIC 02-05-2013)

◙ **RG: Tema: 544 – Competência para julgamento de abusividade de greve de servidores públicos celetistas. Tese :A justiça comum, federal ou estadual, é competente para julgar a abusividade de greve de servidores públicos celetistas da Administração pública direta, autarquias e fundações públicas.**

RG ◙ COMPETÊNCIA: A justiça comum, federal ou estadual, é competente para julgar a abusividade de greve de servidores públicos celetistas da Administração pública direta, autarquias e fundações públicas

CONSTITUCIONAL. DIREITOS SOCIAIS. COMPETÊNCIA PARA O JULGA-MENTO DA LEGALIDADE DE GREVE DE SERVIDORES PÚBLICOS CELETISTAS. JUSTIÇA COMUM. FIXAÇÃO DE TESE DE REPERCUSSÃO GERAL. 1. É competência da justiça comum, federal ou estadual, conforme o caso, o julgamento de dissídio de greve promovida por servidores públicos, na linha do precedente firmado no MI 670 (Rel. Min. MAURÍCIO CORRÊA, Rel. p/ acórdão Min. GILMAR MENDES, Tribunal Pleno, DJe de 30/10/2008). 2. As Guardas Municipais executam atividade de segurança pública (art. 144, § 8º, da CF), essencial ao atendimento de necessidades inadiáveis da comunidade (art. 9º, § 1º, CF), pelo que se submetem às restrições firmadas pelo Supremo Tribunal Federal no julgamento do ARE 654.432 (Rel. Min. EDSON FACHIN, redator para acórdão Min. ALEXANDRE DE MORAES, Tribunal Pleno, julgado em 5/4/2017). 3. A essencialidade das atividades desempenhadas pelos servidores públicos conduz à aplicação da regra de competência firmada pelo Supremo Tribunal Federal no MI 670, mesmo em se tratando de servidores contratados pelo Estado sob o regime celetista. 4. Negado provimento ao recurso extraordinário e fixada a seguinte tese de repercussão geral: "A Justiça Comum Federal ou Estadual é competente para julgar a abusividade de greve de servidores públicos celetistas da administração direta, autarquias e fundações de direito público".(RE 846854, Relator(a): Min. LUIZ FUX, Relator(a) p/ Acórdão: Min. ALEXANDRE DE MORAES, Tribunal Pleno, julgado em 01/08/2017, ACÓRDÃO ELETRÔNICO REPERCUSSÃO GERAL – MÉRITO DJe-022 DIVULG 06-02-2018 PUBLIC 07-02-2018)

◙ RG: Tema 928: Competência da Justiça do Trabalho para processar e julgar ação que discute verbas trabalhistas, referentes a período regido pela CLT, supostamente devidas a empregados públicos que migraram, posteriormente, para o regime estatutário.- Tese fixada: Compete à Justiça do Trabalho processar e julgar ações relativas às verbas trabalhistas referentes ao período em que o servidor mantinha vínculo celetista com a Administração, antes da transposição para o regime estatutário. Julgado em 09/12/2016

RG ◙ COMPETÊNCIA: Compete à Justiça do Trabalho processar e julgar ações relativas às verbas trabalhistas referentes ao período em que o servidor mantinha vínculo celetista com a Administração, antes da transposição para o regime estatutário.

Recurso extraordinário. Repercussão geral. 2. Competência da Justiça do Trabalho. Mudança de regime jurídico. Transposição para o regime estatutário. Verbas trabalhistas concernentes ao período anterior. 3. Compete à Justiça do Trabalho processar e julgar ações relativas às verbas trabalhistas referentes ao período em que o servidor mantinha vínculo celetista com a Administração, antes da transposição para o regime estatutário. 4. Recurso não provido. Reafirmação de jurisprudência. (ARE 1001075 RG, Relator(a): Min. GILMAR MENDES, julgado em 08/12/2016, PROCESSO ELETRÔNICO RE-PERCUSSÃO GERAL – MÉRITO DJe-017 DIVULG 31-01-2017 PUBLIC 01-02-2017)

◉ RG: Tema 0853– Tese Fixada Compete à Justiça do Trabalho processar e julgar demandas visando a obter prestações de natureza trabalhista, ajuizadas contra órgãos da Administração Pública por servidores que ingressaram em seus quadros, sem concurso público, antes do advento da CF/88, sob regime da Consolidação das Leis do Trabalho – CLT. Julgado em 02/10/2015

RG ◉ COMPETÊNCIA: Compete à Justiça do Trabalho processar e julgar demandas visando a obter prestações de natureza trabalhista, ajuizadas contra órgãos da Administração Pública por servidores que ingressaram em seus quadros, sem concurso público, antes do advento da CF/88, sob regime da Consolidação das Leis do Trabalho – CLT

CONSTITUCIONAL. TRABALHISTA. COMPETÊNCIA. SERVIDOR PÚBLICO ADMITIDO SEM CONCURSO PÚBLICO, PELO REGIME DA CLT, ANTES DO ADVENTO DA CONSTITUIÇÃO DE 1988. DEMANDA VISANDO OBTER PRESTAÇÕES DECORRENTES DA RELAÇÃO DE TRABALHO. COMPETÊNCIA DA JUSTIÇA DO TRABALHO. REPERCUSSÃO GERAL CONFIGURADA. REAFIRMAÇÃO DE JURISPRUDÊNCIA. 1. Em regime de repercussão geral, fica reafirmada a jurisprudência do Supremo Tribunal Federal no sentido de ser da competência da Justiça do Trabalho processar e julgar demandas visando a obter prestações de natureza trabalhista, ajuizadas contra órgãos da Administração Pública por servidores que ingressaram em seus quadros, sem concurso público, antes do advento da CF/88, sob regime da Consolidação das Leis do Trabalho – CLT. Inaplicabilidade, em casos tais, dos precedentes formados na ADI 3.395-MC (Rel. Min. CEZAR PELUSO, DJ de 10/11/2006) e no RE 573.202 (Rel. Min. RICARDO LEWANDOWSKI, DJe de 5/12/2008, Tema 43). 2. Agravo a que se conhece para negar seguimento ao recurso extraordinário. (ARE 906491 RG, Relator(a): Min. TEORI ZAVASCKI, julgado em 01/10/2015, PROCESSO ELETRÔNICO REPERCUSSÃO GERAL – MÉRITO DJe-201 DIVULG 06-10-2015 PUBLIC 07-10-2015)

◉ RG Tema 43. Tese: Compete à Justiça comum processar e julgar causas instauradas entre o Poder Público e seus servidores submetidos a regime especial disciplinado por lei local editada antes da Constituição Federal de 1988, com fundamento no artigo 106 da Constituição de 1967, na redação que lhe deu a Emenda Constitucional 1/1969.

RG ◉ Compete à Justiça comum processar e julgar causas instauradas entre o Poder Público e seus servidores submetidos a regime especial disciplinado por lei local editada antes da Constituição Federal de 1988, com fundamento no artigo 106 da Constituição de 1967, na redação que lhe deu a Emenda Constitucional 1/1969.

RECURSO EXTRAORDINÁRIO. ADMINISTRATIVO. SERVIDOR PÚBLICO. REGIME ESPECIAL. CONTRATAÇÃO TEMPORÁRIA REGIDA POR LEGISLAÇÃO LOCAL ANTERIOR À CONSTITUIÇÃO DE 1988, EDITADA COM BASE NO ART. 106 DA CONSTITUIÇÃO DE 1967. ACÓRDÃO QUE RECONHECEU A COMPETÊNCIA DA JUSTIÇA DO TRABALHO. RECURSO CONHECIDO E PROVIDO. I

– Ao reconhecer a competência da Justiça do Trabalho para processar e julgar a reclamação trabalhista, o acórdão recorrido divergiu de pacífica orientação jurisprudencial deste Supremo Tribunal Federal. II – Compete à Justiça Comum processar e julgar causas instauradas entre o Poder Público e seus servidores submetidos a regime especial disciplinado por lei local editada antes da Constituição Republicana de 1988, com fundamento no art. 106 da Constituição de 1967, na redação que lhe deu a Emenda Constitucional no 1/69, ou no art. 37, IX, da Constituição de 1988. III – Recurso Extraordinário conhecido e provido. (RE 573202, Relator(a): Min. RICARDO LEWANDOWSKI, Tribunal Pleno, julgado em 21/08/2008, REPERCUSSÃO GERAL – MÉRITO DJe-232 DIVULG 04-12-2008 PUBLIC 05-12-2008 EMENT VOL-02344-05 PP-00968 LEXSTF v. 30, n. 360, 2008, p. 209-245)

RG ◙ Compete à Justiça comum o julgamento de conflito de interesses a envolver a incidência de contribuição previdenciária, considerada a complementação de proventos.

COMPETÊNCIA – COMPLEMENTAÇÃO DE APOSENTADORIA – INCIDÊNCIA DE CONTRIBUIÇÃO SOCIAL. Compete à Justiça comum o julgamento de conflito a envolver a incidência de contribuição previdenciária sobre complementação de proventos de aposentadoria. (RE 594435, Relator(a): Min. MARCO AURÉLIO, Tribunal Pleno, julgado em 24/05/2018, PROCESSO ELETRÔNICO REPERCUSSÃO GERAL – MÉRITO DJe-181 DIVULG 31-08-2018 PUBLIC 03-09-2018)

▶ **O problema da responsabilidade subsidiária da Administração Pública nas contratações de serviços terceirizados**

Aqui não estamos falando, propriamente, de regime jurídico de emprego público. Entretanto, a Administração Pública, por licitação, pode contratar empresas privadas para a prestação de serviços que não são considerados como essencialmente públicos. Assim, modernamente, é comum que serviços de limpeza e conservação, vigilância etc., sejam prestados por terceirizados, empregados das prestadoras de serviços.

▶ **À Administração Pública cabe fiscalizar o cumprimento, pelo contratado, da legislação trabalhista, não havendo, no entanto, formação de vínculo empregatício diretamente com aquela.**

O *art. 71, § 1.º, da Lei 8.666/1993*, inclusive, diz que a Administração Pública *não tem qualquer responsabilidade* pelo não pagamento dos encargos trabalhistas pelo contratado, regra que é usualmente desconsiderada pela jurisprudência trabalhista para o fim de promover a proteção aos direitos do trabalhador. Firmou-se, então, o entendimento de que, nesses casos, a Administração Pública responde por tais encargos, de maneira subsidiária, caso o contratado não tenha patrimônio para adimplir tais obrigações. O § 2.º do referido artigo, no entanto, garante a responsabilidade solidária da Administração Pública pelos encargos previdenciários.

◙ **Em julgamento da Ação Declaratória de Constitucionalidade 16/DF, em fins de 2010, o STF declarou a constitucionalidade do art. 71, § 1.º, da Lei 8.666/1993,**

mas ressalvou o entendimento de que tal constitucionalidade não importa na exclusão de responsabilidade da Administração Pública pela ausência de fiscalização das obrigações trabalhistas do contratado, na esteira do entendimento da Justiça do Trabalho.

Em julgamento da Ação Declaratória de Constitucionalidade 16/DF, em fins de 2010, o STF declarou a constitucionalidade do art. 71, § 1.º, da Lei 8.666/1993, mas ressalvou o entendimento de que tal constitucionalidade não importa na exclusão de responsabilidade da Administração Pública pela ausência de fiscalização das obrigações trabalhistas do contratado, na esteira do entendimento da Justiça do Trabalho. Objetou-se nesse julgamento, no entanto, a tendência da Justiça do Trabalho de não analisar concretamente a responsabilidade da Administração Pública pela omissão, mas sim a mera aplicação, irrestrita, da responsabilidade subsidiária, partindo da mera consideração de inconstitucionalidade do dispositivo acima referido (Informativos 519 e 610 do STF). Dessa forma, o que deve ser entendido é que não basta a inadimplência para a aplicação da dita responsabilidade, como parecia dar a entender a Súmula 331 do TST antes de sua alteração em 2011 pela Resolução 174, **devendo ser demonstrada a omissão de fiscalização.**

◙ RESPONSABILIDADE CONTRATUAL. Subsidiária. Contrato com a administração pública. Inadimplência negocial do outro contraente. Transferência consequente e automática dos seus encargos trabalhistas, fiscais e comerciais, resultantes da execução do contrato, à administração. Impossibilidade jurídica. Consequência proibida pelo art., 71, § 1º, da Lei federal nº 8.666/93. Constitucionalidade reconhecida dessa norma. Ação direta de constitucionalidade julgada, nesse sentido, procedente. Voto vencido. É constitucional a norma inscrita no art. 71, § 1º, da Lei federal nº 8.666, de 26 de junho de 1993, com a redação dada pela Lei nº 9.032, de 1995. (ADC 16, Relator(a): Min. CEZAR PELUSO, Tribunal Pleno, julgado em 24/11/2010, DJe-173 DIVULG 08-09-2011 PUBLIC 09-09-2011 EMENT VOL-02583-01 PP-00001 RTJ VOL-00219-01 PP-00011)

◙ : **Tema 246 – Responsabilidade subsidiária da Administração Pública por encargos trabalhistas gerados pelo inadimplemento de empresa prestadora de serviço. Tese: O inadimplemento dos encargos trabalhistas dos empregados do contratado não transfere automaticamente ao Poder Público contratante a responsabilidade pelo seu pagamento, seja em caráter solidário ou subsidiário, nos termos do art. 71, § 1º, da Lei nº 8.666/93.**

RG ◙ **O inadimplemento dos encargos trabalhistas dos empregados do contratado não transfere automaticamente ao Poder Público contratante a responsabilidade pelo seu pagamento, mas apenas em caso de omissão de fiscalização.**

RECURSO EXTRAORDINÁRIO REPRESENTATIVO DE CONTROVÉRSIA COM REPERCUSSÃO GERAL. DIREITO CONSTITUCIONAL. DIREITO DO TRABALHO. TERCEIRIZAÇÃO NO ÂMBITO DA ADMINISTRAÇÃO PÚBLICA. SÚMULA 331, IV E V, DO TST. CONSTITUCIONALIDADE DO ART. 71, § 1º, DA LEI Nº 8.666/93. TERCEIRIZAÇÃO COMO MECANISMO ESSENCIAL PARA A

PRESERVAÇÃO DE POSTOS DE TRABALHO E ATENDIMENTO DAS DEMAN-
DAS DOS CIDADÃOS. HISTÓRICO CIENTÍFICO. LITERATURA: ECONOMIA E
ADMINISTRAÇÃO. INEXISTÊNCIA DE PRECARIZAÇÃO DO TRABALHO HU-
MANO. RESPEITO ÀS ESCOLHAS LEGÍTIMAS DO LEGISLADOR. PRECEDENTE:
ADC 16. EFEITOS VINCULANTES. RECURSO PARCIALMENTE CONHECIDO
E PROVIDO. FIXAÇÃO DE TESE PARA APLICAÇÃO EM CASOS SEMELHAN-
TES. 1. A dicotomia entre "atividade-fim" e "atividade-meio" é imprecisa, artificial e
ignora a dinâmica da economia moderna, caracterizada pela especialização e divisão de tarefas com vistas à maior eficiência possível, de modo que frequentemente
o produto ou serviço final comercializado por uma entidade comercial é fabricado
ou prestado por agente distinto, sendo também comum a mutação constante do objeto social das empresas para atender a necessidades da sociedade, como revelam as
mais valiosas empresas do mundo. É que a doutrina no campo econômico é uníssona no sentido de que as "Firmas mudaram o escopo de suas atividades, tipicamente
reconcentrando em seus negócios principais e terceirizando muitas das atividades
que previamente consideravam como centrais" (ROBERTS, John. The Modern Firm:
Organizational Design for Performance and Growth. Oxford: Oxford University Press,
2007). 2. A cisão de atividades entre pessoas jurídicas distintas não revela qualquer
intuito fraudulento, consubstanciando estratégia, garantida pelos artigos 1º, IV, e 170
da Constituição brasileira, de configuração das empresas, incorporada à Administração Pública por imperativo de eficiência (art. 37, caput, CRFB), para fazer frente
às exigências dos consumidores e cidadãos em geral, justamente porque a perda de
eficiência representa ameaça à sobrevivência da empresa e ao emprego dos trabalhadores. 3. Histórico científico: Ronald H. Coase, "The Nature of The Firm", Economica
(new series), Vol. 4, Issue 16, p. 386-405, 1937. O objetivo de uma organização empresarial é o de reproduzir a distribuição de fatores sob competição atomística dentro
da firma, apenas fazendo sentido a produção de um bem ou serviço internamente
em sua estrutura quando os custos disso não ultrapassarem os custos de obtenção
perante terceiros no mercado, estes denominados "custos de transação", método segundo o qual firma e sociedade desfrutam de maior produção e menor desperdício.
4. A Teoria da Administração qualifica a terceirização (outsourcing) como modelo
organizacional de desintegração vertical, destinado ao alcance de ganhos de performance por meio da transferência para outros do fornecimento de bens e serviços
anteriormente providos pela própria firma, a fim de que esta se concentre somente
naquelas atividades em que pode gerar o maior valor, adotando a função de "arqui-
teto vertical" ou "organizador da cadeia de valor". 5. A terceirização apresenta os seguintes benefícios: (i) aprimoramento de tarefas pelo aprendizado especializado; (ii)
economias de escala e de escopo; (iii) redução da complexidade organizacional; (iv)
redução de problemas de cálculo e atribuição, facilitando a provisão de incentivos
mais fortes a empregados; (v) precificação mais precisa de custos e maior transparência; (vi) estímulo à competição de fornecedores externos; (vii) maior facilidade
de adaptação a necessidades de modificações estruturais; (viii) eliminação de problemas de possíveis excessos de produção; (ix) maior eficiência pelo fim de subsídios
cruzados entre departamentos com desempenhos diferentes; (x) redução dos custos
iniciais de entrada no mercado, facilitando o surgimento de novos concorrentes; (xi)

superação de eventuais limitações de acesso a tecnologias ou matérias-primas; (xii) menor alavancagem operacional, diminuindo a exposição da companhia a riscos e oscilações de balanço, pela redução de seus custos fixos; (xiii) maior flexibilidade para adaptação ao mercado; (xiii) não comprometimento de recursos que poderiam ser utilizados em setores estratégicos; (xiv) diminuição da possibilidade de falhas de um setor se comunicarem a outros; e (xv) melhor adaptação a diferentes requerimentos de administração, know-how e estrutura, para setores e atividades distintas. 6. A Administração Pública, pautada pelo dever de eficiência (art. 37, caput, da Constituição), deve empregar as soluções de mercado adequadas à prestação de serviços de excelência à população com os recursos disponíveis, mormente quando demonstrado, pela teoria e pela prática internacional, que a terceirização não importa precarização às condições dos trabalhadores. 7. O art. 71, § 1º, da Lei nº 8.666/93, ao definir que a inadimplência do contratado, com referência aos encargos trabalhistas, não transfere à Administração Pública a responsabilidade por seu pagamento, representa legítima escolha do legislador, máxime porque a Lei nº 9.032/95 incluiu no dispositivo exceção à regra de não responsabilização com referência a encargos trabalhistas. 8. Constitucionalidade do art. 71, § 1º, da Lei nº 8.666/93 já reconhecida por esta Corte em caráter erga omnes e vinculante: ADC 16, Relator(a): Min. CEZAR PELUSO, Tribunal Pleno, julgado em 24/11/2010. 9. Recurso Extraordinário parcialmente conhecido e, na parte admitida, julgado procedente para fixar a seguinte tese para casos semelhantes: "O inadimplemento dos encargos trabalhistas dos empregados do contratado não transfere automaticamente ao Poder Público contratante a responsabilidade pelo seu pagamento, seja em caráter solidário ou subsidiário, nos termos do art. 71, § 1º, da Lei nº 8.666/93". (RE 760931, Relator(a): Min. ROSA WEBER, Relator(a) p/ Acórdão: Min. LUIZ FUX, Tribunal Pleno, julgado em 26/04/2017, PROCESSO ELETRÔNICO REPERCUSSÃO GERAL – MÉRITO DJe-206 DIVULG 11-09-2017 PUBLIC 12-09-2017)

◙ **Tema 569: Concurso público para a contratação de empregados por pessoa jurídica que integra o chamado "Sistema S". Tese: Os serviços sociais autônomos integrantes do denominado Sistema "S" não estão submetidos à exigência de concurso público para contratação de pessoal, nos moldes do art. 37, II, da Constituição Federal.**

RG ◙ Os serviços sociais autônomos integrantes do denominado Sistema "S" não estão sujeitos às regras do concurso público.

ADMINISTRATIVO E CONSTITUCIONAL. SERVIÇOS SOCIAIS AUTÔNOMOS VINCULADOS A ENTIDADES SINDICAIS. SISTEMA "S". AUTONOMIA ADMINISTRATIVA. RECRUTAMENTO DE PESSOAL. REGIME JURÍDICO DEFINIDO NA LEGISLAÇÃO INSTITUIDORA. SERVIÇO SOCIAL DO TRANSPORTE. NÃO SUBMISSÃO AO PRINCÍPIO DO CONCURSO PÚBLICO (ART. 37, II, DA CF). 1. Os serviços sociais autônomos integrantes do denominado Sistema "S", vinculados a entidades patronais de grau superior e patrocinados basicamente por recursos recolhidos do próprio setor produtivo beneficiado, ostentam natureza de pessoa jurídica de direito privado e não integram a Administração Pública, embora colaborem com ela na execução de atividades de relevante significado social. Tanto a Constituição Federal de 1988, como a correspondente legislação de regência (como a Lei 8.706/93, que criou o Serviço Social do Trabalho – SEST) asseguram autonomia administrativa a essas entidades, sujeitas, formalmente, apenas ao controle finalístico, pelo Tribunal de Contas, da aplicação dos recursos recebidos. Presentes essas características, não estão submetidas à exigência de concurso público para a contratação de pessoal, nos moldes do art. 37, II, da Constituição Federal. Precedente: ADI 1864, Rel. Min. Joaquim Barbosa, DJe de 2/5/2008. 2. Recurso extraordinário a que se nega provimento. (RE 789874, Relator(a): Min. TEORI ZAVASCKI, Tribunal Pleno, julgado em 17/09/2014, ACÓRDÃO ELETRÔNICO REPERCUSSÃO GERAL – MÉRITO DJe-227 DIVULG 18-11-2014 PUBLIC 19-11-2014)

◙ **Tema 25 – Vinculação do adicional de insalubridade ao salário mínimo. Tese: Salvo nos casos previstos na Constituição, o salário mínimo não pode ser usado como indexador de base de cálculo de vantagem de servidor público ou de empregado, nem ser substituído por decisão judicial.**

RG ◙ Impossibilidade de que o salário-mínimo possa ser aproveitado como fator de indexação.

CONSTITUCIONAL. ART. 7º, INC. IV, DA CONSTITUIÇÃO DA REPÚBLICA. NÃO-RECEPÇÃO DO ART. 3º, § 1º, DA LEI COMPLEMENTAR PAULISTA N. 432/1985 PELA CONSTITUIÇÃO DE 1988. INCONSTITUCIONALIDADE DE VINCULAÇÃO DO ADICIONAL DE INSALUBRIDADE AO SALÁRIO MÍNIMO: PRECEDENTES. IMPOSSIBILIDADE DA MODIFICAÇÃO DA BASE DE CÁLCULO DO BENEFÍCIO POR DECISÃO JUDICIAL. RECURSO EXTRAORDINÁRIO AO QUAL SE NEGA PROVIMENTO. 1. O sentido da vedação constante da parte final do inc. IV do art. 7º da Constituição impede que o salário-mínimo possa ser aproveitado como fator de indexação; essa utilização tolheria eventual aumento do salário-mínimo pela cadeia de aumentos que ensejaria se admitida essa vinculação (RE 217.700, Ministro Moreira Alves). A norma constitucional tem o objetivo de impedir que aumento do salário-mínimo gere, indiretamente, peso maior do que aquele diretamente relacionado com o acréscimo. Essa circunstância pressionaria reajuste menor do salário-mínimo, o que significaria obstaculizar a implementação da política salarial prevista no art. 7º, inciso IV, da Constituição da República. O aproveitamento do salário-mínimo para formação da base de cálculo de qualquer parcela remuneratória ou com qualquer outro objetivo pecuniário (indenizações, pensões, etc.) esbarra na vinculação vedada pela Constituição do Brasil. Histórico e análise comparativa da jurisprudência do Supremo Tribunal Federal. Declaração de não-recepção pela Constituição da República de 1988 do Art. 3º, § 1º, da Lei Complementar n. 432/1985 do Estado de São Paulo. 2. Inexistência de regra constitucional autorizativa de concessão de adicional de insalubridade a servidores públicos (art. 39, § 1º, inc. III) ou a policiais militares (art. 42, § 1º, c/c 142, § 3º, inc. X). 3. Inviabilidade de invocação do art. 7º, inc. XXIII, da Constituição da República, pois mesmo se a legislação local determina a sua incidência aos servidores públicos, a expressão adicional de remuneração contida na norma constitucional há de ser interpretada como adicional remuneratório, a saber, aquele que desenvolve atividades penosas, insalubres ou perigosas tem direito a adicional, a compor a sua remuneração. Se a Constituição tivesse estabelecido remuneração do trabalhador como base de cálculo teria afirmado adicional sobre a remuneração, o que não fez. 4. Recurso extraordinário ao qual se nega provimento. (RE 565714, Relator(a): Min. CÁRMEN LÚCIA, Tribunal Pleno, julgado em 30/04/2008, REPERCUSSÃO GERAL – MÉRITO DJe-147 DIVULG 07-08-2008 PUBLIC 08-08-2008 REPUBLICAÇÃO: DJe-211 DIVULG 06-11-2008 PUBLIC 07-11-2008 EMENT VOL-02340-06 PP-01189 RTJ VOL-00210-02 PP-00884)

◙ **Anistia. Readmissão. Demora excessiva por parte do Poder Público. Omissão ilegal e controle jurisdicional.**

ADMINISTRATIVO. AGRAVO INTERNO NO MANDADO DE SEGURAN-ÇA. EMPREGADO PÚBLICO. ANISTIA RECONHECIDA COM BASE NA LEI Nº 8.878/1994. READMISSÃO. DEMORA EXCESSIVA. OMISSÃO ILEGAL EVIDENCIA-DA. 1. A impetração visa a readmissão ao emprego público dos qual foi demitido o impetrante, conforme o Decreto nº 6.077/2007 e a Orientação Normativa nº 4/08 do MPOG/RH, tendo em vista o deferimento pela Comissão Especial Interministerial do reconhecimento da condição de anistiado. 2. Da análise da legislação de regência, fica evidente que o retorno ao serviço depende de ato da Comissão Especial Interminis-terial, constituída para a análise dos pleitos de anistia, bem assim de ato do Ministro de Estado do Planejamento, Orçamento e Gestão, a quem cabe deferir e providenciar a publicação no DOU do referido ato de retorno, desde que preenchidos os requi-sitos previstos no art. 3º do Decreto nº 6.077/2007 – necessidade da administração; comprovação da existência de disponibilidade orçamentária e financeira; e estimati-va do impacto orçamentário e financeiro no exercício em que deva ocorrer o retorno dos servidores ou empregado. 3. No caso dos autos, não obstante o requerimento de anistia formulado pelo impetrante tenha sido deferido por meio da publicação da Ata CEI n. 06/2014, de 23 de julho de 2014, o Ministro de Estado do Planejamento, Or-çamento e Gestão não se pronunciou até a impetração do writ acerca da possibilida-de de retorno dos empregados ao trabalho, não havendo comprovação de que estejam sendo tomadas as providências cabíveis para tanto. 4. Partindo dessas premissas, é de se concluir que a omissão administrativa apresenta-se configurada, porquanto não foi dado cumprimento aos atos de anistia, deferidos há cerca de dois anos, não tendo a autoridade competente dado continuidade às suas atividades. 5. Tendo em vista que o Poder Judiciário não pode substituir a Administração Pública, não há como, desde já, avaliar o preenchimento dos requisitos orçamentários e financeiros estipulados na le-gislação e determinar a publicação da portaria, para, de imediato, determinar a read-missão dos impetrantes. Precedentes: MS nº 15.210/DF, Rel. Min. Benedito Gonçalves, Primeira Seção, DJe 17.06.2011 e MS nº 15.211/DF, Rel. Min. Castro Meira, Primeira Seção, DJe 22/02/2011. 6. Agravo interno não provido, mantendo a concessão parcial da segurança. AgInt no MS 22570 / DF AGRAVO INTERNO NO MANDADO DE SEGURANÇA 2016/0123695-3 Relator(a) Ministro BENEDITO GONÇALVES (1142) Órgão Julgador S1 – PRIMEIRA SEÇÃO Data do Julgamento 22/02/2018 Data da Pu-blicação/Fonte DJe 01/03/2018)

◙ **Possibilidade de cômputo de tempo de contribuição como contribuinte individual para concessão de aposentadoria por tempo de contribuição, ainda que concomitante ao tempo de serviço como empregado público, desde que não utilizado para obtenção de aposentadoria estatutária.**

PREVIDENCIÁRIO E PROCESSUAL CIVIL. APOSENTADORIA POR TEMPO DE CONTRIBUIÇÃO. POSSIBILIDADE DE CÔMPUTO DE TEMPO DE CONTRIBUIÇÃO COMO CONTRIBUINTE INDIVIDUAL PARA CONCESSÃO DE APOSENTADORIA POR TEMPO DE CONTRIBUIÇÃO, AINDA QUE CONCOMITANTE AO TEMPO DE SERVIÇO COMO EMPREGADO PÚBLICO, DESDE QUE NÃO UTILIZADO PARA OBTENÇÃO DE APOSENTADORIA ESTATUTÁRIA. AGRAVO REGIMENTAL DESPROVIDO. 1. No caso dos autos o autor, em período anterior junho de 1994, possuía dois vínculos com o Regime Geral – um na condição de contribuinte individual e outro como servidor público estadual regido pela CLT. 2. Não pretende o autor a contagem recíproca do tempo de contribuição no período de 1.1.1972 até 1.6.1994 para a concessão das aposentadorias estatutária e previdenciária. O tempo de serviço e as contribuições recolhidas na condição de contribuinte individual não se confundem com o vínculo empregatício mantido como Servidor Público Estadual. 3. É firme o entendimento desta Corte de que o exercício simultâneo de atividades vinculadas a regime próprio e ao regime geral, havendo a respectiva contribuição, não obstaculiza o direito ao recebimento simultâneo de benefícios em ambos os regimes. Precedentes: AgRg no REsp. 1.335.066/RN, Rel. Min. MAURO CAMPBELL MARQUES, DJe 6.11.2012, AgRg no REsp. 1.063.054/RS, Rel. Min. OG FERNANDES, DJe 29.11.2010. 4. Agravo Regimental do INSS desprovido. (AgRg no REsp 1410874 / RN AGRAVO REGIMENTAL NO RECURSO ESPECIAL 2013/0342919-3 Relator(a) Ministro NAPOLEÃO NUNES MAIA FILHO (1133) Órgão Julgador T1 – PRIMEIRA TURMA Data do Julgamento 25/03/2014 Data da Publicação/Fonte DJe 07/04/2014)

◙ **Possibilidade de aposentadoria por tempo de contribuição. Contagem recíproca. Regimes diversos. Contribuições para cada sistema. Duas aposentadorias.**

PREVIDENCIÁRIO. APOSENTADORIA POR TEMPO DE CONTRIBUIÇÃO. CONTAGEM RECÍPROCA. REGIMES DIVERSOS. CONTRIBUIÇÕES PARA CADA SISTEMA. DUAS APOSENTADORIAS. POSSIBILIDADE. I – É assente na jurisprudência do Superior Tribunal de Justiça o entendimento de que "a norma previdenciária não cria óbice a percepção de duas aposentadorias em regimes distintos, quando os tempos de serviços realizados em atividades concomitantes sejam computados em cada sistema de previdência, havendo a respectiva contribuição para cada um deles" (AgRg no REsp 1.335.066/RN, Rel. Ministro Mauro Campbell Marques, Segunda Turma, julgado em 23/10/2012, DJe 6/11/2012). II – Agravo interno improvido. (AgInt nos EDcl no REsp 1598405 / PR AGRAVO INTERNO NOS EMBARGOS DE DECLARAÇÃO NO RECURSO ESPECIAL 2016/0124245-3 Relator(a) Ministro FRANCISCO FALCÃO (1116) Órgão Julgador T2 – SEGUNDA TURMA Data do Julgamento 07/03/2017 Data da Publicação/Fonte DJe 10/03/2017).

◙ **Cabimento de Mandado de Segurança contra ato de Diretor de Regional dos ETC que alterou os proventos de aposentadoria da impetrante. Ato de império e não de gestão.**

ADMINISTRATIVO E PROCESSUAL CIVIL. AGRAVO INTERNO NO RECURSO ESPECIAL. SERVIDOR PÚBLICO. EMPRESA BRASILEIRA DE CORREIOS E TELÉGRAFOS – ECT. REENQUADRAMENTO FEITO PELO DIRETOR REGIONAL DA ECT/MG, QUE ALTEROU OS PROVENTOS DE APOSENTADORIA DA IMPETRANTE, E, EM CONSEQUÊNCIA, OS VALORES DA COMPLEMENTAÇÃO DA APOSENTADORIA, A SER PAGA PELA UNIÃO. NÃO CONFIGURAÇÃO COMO ATO DE GESTÃO, MAS DE IMPÉRIO. IMPUGNAÇÃO NA VIA DO MANDADO DE SEGURANÇA. POSSIBILIDADE. ALEGAÇÃO DE VIOLAÇÃO AO ART. 11 DA LEI 9.784/99. AUSÊNCIA DE PREQUESTIONAMENTO. SÚMULA 282/STF. APONTADA OFENSA AO ART. 47 DO CPC/73. FALTA DE IMPUGNAÇÃO, NO RECURSO ESPECIAL, DOS FUNDAMENTOS DO ACÓRDÃO COMBATIDO, SUFICIENTES PARA A SUA MANUTENÇÃO. INCIDÊNCIA DA SÚMULA 283/STF. PRECEDENTES DA CORTE, QUANTO AO CABIMENTO DO MANDAMUS. AGRAVO INTERNO IMPROVIDO. I. Agravo interno interposto contra decisão monocrática publicada em 20/09/2016, que, por sua vez, julgara Recurso Especial interposto contra acórdão publicado na vigência do CPC/73. II. Não tendo o acórdão hostilizado expendido qualquer juízo de valor sobre o art. 11 da Lei 9.784/99, a pretensão recursal esbarra em vício formal intransponível, qual seja, o da ausência de prequestionamento – requisito viabilizador da abertura desta instância especial -, atraindo o óbice da Súmula 282 do Supremo Tribunal Federal ("É inadmissível o recurso extraordinário, quando não ventilada, na decisão recorrida, a questão federal suscitada"), na espécie. III. Quanto ao art. 47 do CPC/73, o Tribunal de origem concluiu que não havia que se falar em citação da UNIÃO, eis que "não se trata de ação pleiteando o pagamento de complementação de aposentadoria. Nos presentes autos a impetrante pleiteia apenas que a autoridade coatora deixe de autorizar quaisquer descontos no seu benefício de aposentadoria", aspecto não impugnado, nas razões do Recurso Especial. IV. Não merece prosperar o Recurso Especial, quando a peça recursal não refuta determinado fundamento do acórdão recorrido, suficiente para a sua manutenção, em face da incidência da Súmula 283/STF ("É inadmissível o recurso extraordinário, quando a decisão recorrida assenta em mais de um fundamento suficiente e o recurso não abrange todos eles"). V. Segundo entendimento do STJ, "Autoridade coatora é aquela competente para corrigir a suposta ilegalidade, impugnada por meio do mandado de segurança, ou seja, a autoridade que dispõe de meios para executar a ordem emanada no caso de concessão da segurança" (STJ, AgRg no Ag 772.165/DF, Rel. Ministro ARNALDO ESTEVES LIMA, QUINTA TURMA, DJU de 18/12/2006). No entanto, a jurisprudência também preconiza que os "Atos de gestão são os que a Administração pratica sem usar de sua supremacia sobre os destinatários. Tal ocorre nos atos puramente de administração dos bens e serviços públicos e nos negociais com os particulares, que não exigem coerção sobre os interessados. (...) A novel Lei do Mandado de Segurança n° 12.026/2009 sedimentou o entendimento jurisprudencial do descabimento do mandado de segurança contra ato de gestão, em seu art. 1°, par. 2°, in verbis: 'Não cabe mandado de segurança contra os atos de gestão comercial praticados pelos administradores de empresas públicas, de sociedade de economia mista e de concessionária de serviço público'

(...)" (STJ, REsp 1.078.342/PR, Rel. Ministro LUIZ FUX, PRIMEIRA TURMA, DJe de 15/03/2010). *VI. In casu, consoante o acórdão recorrido, trata-se de impetração voltada ao valor dos proventos da impetrante, decorrente de reenquadramento realizado pelo Diretor Regional da ECT em Minas Gerais, a despeito da complementação de aposentadoria, cujo pagamento é feito pela UNIÃO. Sendo essa a perspectiva, o Tribunal de origem rejeitou a tese de que o ato coator seria apenas ato de gestão da ECT, configurando-se, como ato de império, impugnável em mandado de segurança, pois o ato de reenquadramento repercute, efetivamente, no benefício de aposentadoria, e, mediatamente, na correspondente complementação de aposentadoria, podendo, dessa forma, ser ele impugnado na via do mandado de segurança, o que, de fato, coaduna-se com o entendimento do Superior Tribunal de Justiça. VII. Agravo interno improvido*. (AgInt no REsp 1011912 / MG AGRAVO INTERNO NO RECURSO ESPECIAL 2007/0291406-7 Relator(a) Ministra ASSUSETE MAGALHÃES (1151) Órgão Julgador T2 – SEGUNDA TURMA Data do Julgamento 27/04/2017 Data da Publicação/Fonte DJe 04/05/2017).

◙ **Legitimidade do presidente de empresa pública para figurar no polo passivo de mandado de segurança impetrado para garantir a readmissão de ex-empregados públicos anistiados com base na Lei n. 8.878/94.**

RECURSO ESPECIAL. MANDADO DE SEGURANÇA. CABIMENTO. ANISTIA. READMISSÃO DE EMPREGADOS PÚBLICOS. AUTORIDADE COATORA. PRESIDENTE DA EMPRESA. ATO DE IMPÉRIO. **O presidente de empresa pública é parte legítima para figurar no polo passivo de mandado de segurança impetrado para garantir a readmissão de ex-empregados públicos anistiados com base na Lei n. 8.878/94, uma vez que a readmissão, em tais casos, revela-se como ato de império, e não de mera gestão.** "A contratação do pessoal anistiado não provém de ato emanado sponte própria do dirigente da estatal, mas é feita em obediência a diploma legal específico, de cunho político, decorrente do poder que possui a União de intervir nos entes estatais e paraestatais a ela pertencentes" (Resp n. 239.776/DF, rel. Min. Fernando Gonçalves, DJU de 2.8.2000). Devem retornar os presentes autos ao egrégio Tribunal a quo para que, superadas as questões preliminares da ilegitimidade passiva da autoridade apontada como coatora e da inadequação da via do mandado de segurança, prossiga no exame dos demais aspectos oferecidos pelo writ. Recurso especial parcialmente provido. (REsp 327531 / DF RECURSO ESPECIAL 2001/0078949-2 Relator(a) Ministro FRANCIULLI NETTO (1117) Órgão Julgador T2 – SEGUNDA TURMA Data do Julgamento 26/03/2002 Data da Publicação/Fonte DJ 12/08/2002 p. 193 RSTJ vol. 162 p. 193)

◙ **É pacífico o entendimento do Supremo Tribunal Federal e da Primeira Seção do STJ no sentido de reconhecer direito líquido e certo do impetrante ao recebimento de valores retroativos, em face da comprovação de ter havido previsão orçamentária específica e o transcurso do prazo contido no art. 12, § 4º, da Lei 10.559/2002, sem que haja a realização da reparação econômica prevista na portaria anistiadora.**

PROCESSUAL CIVIL E ADMINISTRATIVO. MANDADO DE SEGURANÇA INDIVIDUAL. EMPREGADO PÚBLICO DA EMPRESA BRASILEIRA DE CORREIOS E

TELÉGRAFOS – ECT. ANISTIA POLÍTICA. LEI 10.559/2002. PRETENSÃO DE PA-
GAMENTO DE VALORES MENSAIS DE COMPLEMENTAÇÃO DE REMUNERA-
ÇÃO E RETROATIVOS. PRELIMINARES: ADEQUAÇÃO DA VIA ELEITA E NÃO
INCIDÊNCIA DAS SÚMULAS 269 E 271/STF. PRECEDENTES. LEGITIMIDADE
PASSIVA DO MINISTRO DE ESTADO DO PLANEJAMENTO, ORÇAMENTO E
GESTÃO NO QUE SE REFERE ÀS PARCELAS RETROATIVAS. ART. 18 DA LEI
10.559/2002. ILEGITIMIDADE DA AUTORIDADE COATORA EM RELAÇÃO AO
PAGAMENTO DAS PARCELAS MENSAIS DE COMPLEMENTAÇÃO DE REMU-
NERAÇÃO. RESPONSABILIDADE DO ÓRGÃO EMPREGADOR DO IMPETRAN-
TE. MÉRITO: DESCUMPRIMENTO DO PRAZO PREVISTO NOS ARTS. 12, § 4º E
18, DA LEI 10.559/2002. EXISTÊNCIA DE PREVISÃO ORÇAMENTÁRIA. EXIGÊN-
CIA DE ASSINATURA DE TERMO DE ADESÃO. DIREITO FACULTATIVO. AU-
SÊNCIA DE ÓBICE NO ART. 4º, § 2º, DA LEI 10.559/2002. DIREITO LÍQUIDO E
CERTO. PRECEDENTES DO SUPREMO TRIBUNAL FEDERAL E DO SUPERIOR
TRIBUNAL DE JUSTIÇA. DISPOSITIVO: PRELIMINAR PROCESSUAL DE ILEGI-
TIMIDADE PASSIVA AD CAUSAM PARCIALMENTE ACOLHIDA E MANDADO
DE SEGURANÇA DENEGADO NO QUE TANGE AO PAGAMENTO DA PARCELA
MENSAL DE COMPLEMENTAÇÃO DE REMUNERAÇÃO. SEGURANÇA CONCE-
DIDA EM RELAÇÃO AO PAGAMENTO DA PARCELA RETROATIVA. 1. Pretende o
impetrante, empregado público da Empresa Brasileira de Correios e Telégrafos – ECT
e anistiado político na forma da Lei 10.559/2002, a concessão da segurança contra ato
omissivo do Ministro de Estado do Planejamento, Orçamento e Gestão consubstanciada na não-efetivação do pagamento das parcelas correspondentes aos valores mensais
de complementação de remuneração e retroativos previstos no ato que declarou a sua
condição de anistiado político com base na Lei 10.559/2002, em que pese o decurso do
prazo temporal de 60 dias e a existência de dotação orçamentária. 2. PRELIMINARES
PROCESSUAIS: 2.1. **O Supremo Tribunal Federal já decidiu que o não-cumprimento
de Portaria do Ministro da Justiça, que reconhece a condição de anistiado e fixa indenização de valor certo e determinado, caracteriza ato omissivo da Administração
Pública, o qual pode ser sanado pela via do mandado de segurança, afastando-se
as restrições previstas nas Súmulas 269 e 271/STF**. Nesse sentido: RMS 27.357/DF,
1ª Turma, Rel. Min. Carmen Lúcia, DJe de 6.8.2010 e RMS 24.953/DF, 2ª Turma, Rel.
Min. Carlos Velloso, DJ de 1º.10.2004. 2.2. **O Ministro de Estado do Planejamento,
Orçamento e Gestão é parte legítima para figurar no polo passivo de mandado de
segurança impetrado com o objetivo de obter reparação econômica retroativa concedida ao civil anistiado, em decorrência da expressa previsão legal contida no art.
18 da Lei 10.559/2002.** Precedentes. 2.3. **Carece de legitimidade passiva o Ministro
de Estado do Planejamento, Orçamento e Gestão no que tange à pretensão de pagamento da parcela mensal de complementação de remuneração, porquanto tal encargo é da responsabilidade do órgão empregador do impetrante, conforme consta
da própria Portaria Anistiadora, segundo a qual: "encaminhar à Empresa Brasileira
de Correios e Telégrafos-ECT para que seja realizada a complementação da remuneração no valor de R$ 140,73 (cento e quarenta reais e setenta e três centavos),
bem como ao Ministério do Planejamento, Orçamento e Gestão-MPOG para o pagamento dos efeitos financeiros retroativos".** 3. MÉRITO: 3.1. **É firme o entendimento

no âmbito do Supremo Tribunal Federal e do Superior Tribunal de Justiça de que a ausência de pagamento da reparação econômica pretérita configura ato omissivo continuado da autoridade coatora em cumprir integralmente a referida portaria, situação que afasta a configuração de decadência da pretensão mandamental. 3.2. No casos dos autos, foi comprovada a condição de anistiado político nos termos de Portaria expedida pelo Ministro de Estado da Justiça, na qual se concedeu reparação econômica de caráter indenizatório, em prestação mensal, permanente e continuada, e, dado o caráter retroativo dessa concessão, foi igualmente reconhecido o direito ao recebimento de valor pretérito. 3.3. **É pacífico o entendimento do Supremo Tribunal Federal e da Primeira Seção do STJ no sentido de reconhecer direito líquido e certo do impetrante ao recebimento de valores retroativos, em face da comprovação de ter havido previsão orçamentária específica e o transcurso do prazo contido no art. 12, § 4º, da Lei 10.559/2002, sem que haja a realização da reparação econômica prevista na portaria anistiadora.** 3.4. "A assinatura do Termo de Adesão, segundo as condições previstas na Lei n. 11.354/2006, constitui mera faculdade a ser exercida pelos interessados, não se podendo falar em ofensa ao princípio da inafastabilidade do Poder Judiciário, pois nenhum dos anistiados políticos foi compelido a aderir ao acordo para recebimento dos valores a que tem direito" (MS 13.923/DF, Rel. Ministro Jorge Mussi, Terceira Seção, julgado em 22/05/2013, DJe 11/06/2013). 3.5. A pretensão autoral não encontra óbice no art. 4º, § 2º, da Lei 10.559/2002, isto porque tal dispositivo veda a percepção de "reparação econômica em prestação única" em valor superior a R$ 100.000,00 (cem mil reais), o que se dá apenas nas hipótese em que não for possível comprovar vínculos com a atividade laboral (caput), de modo que tal prestação, por possuir idêntica natureza, é inacumulável com a "reparação econômica em prestação mensal, permanente e continuada", na forma do que dispõe o § 1º, do art. 3º da Lei 10.559/2002. Contudo, no presente casu a Portaria do Ministério da Justiça assegurou ao impetrante o direito à prestação mensal, permanente e continuada, e não em prestação única, o que afasta a incidência do óbice previsto no § 2º do art. 4º da Lei 10.559/2002. 4. DISPOSITIVO: Preliminar de ilegitimidade passiva ad causam parcialmente acolhida para denegar o Mandado de Segurança no que se tange à pretensão de pagamento das parcelas mensais de complementação de remuneração. No mais, Segurança concedida, a fim de determinar o pagamento do montante concernente aos retroativos unicamente pelo valor nominal apontado na portaria anistiadora, com os recursos orçamentários disponíveis, ou, em caso de manifesta impossibilidade, a expedição do competente precatório, independentemente da assinatura de Termo de Adesão, ressalvada a hipótese de decisão administrativa superveniente, revogando ou anulado o ato de concessão da anistia, nos moldes do que restou decidido no julgamento da QO no MS 15.706/DF. (MS 22410 / DF MANDADO DE SEGURANÇA 2016/0036742-4 Relator(a) Ministro MAURO CAMPBELL MARQUES (1141) Órgão Julgador S1 – PRIMEIRA SEÇÃO Data do Julgamento 14/09/2016 Data da Publicação/Fonte DJe 21/09/2016)

◙ **Súmula 97 do STJ: "Compete à Justiça do Trabalho processar e julgar reclamação de servidor público relativamente a vantagens trabalhistas anteriores à instituição do regime jurídico único".**

◉ **Súmula 173 do STJ:** "Compete à Justiça Federal processar e julgar o pedido de reintegração em cargo público federal, ainda que o servidor tenha sido dispensado antes da instituição do Regime Jurídico Único".

◉ **Súmula 390 do TST:** "Estabilidade. Art. 41 da CF/1988. Celetista. Administração direta, autárquica ou fundacional. Aplicabilidade. Empregado de empresa pública e sociedade de economia mista. Inaplicável. I – O servidor público celetista da administração direta, autárquica ou fundacional é beneficiário da estabilidade prevista no art. 41 da CF/1988. II – Ao empregado de empresa pública ou sociedade de economia mista, ainda que admitido mediante aprovação em concurso público, não é garantida a estabilidade prevista no art. 41 da CF/1988".

◉ **Súmula 378 do STJ:** "reconhecido o desvio de função, o servidor faz jus às diferenças salariais decorrentes".

◉ **Súmula 679 do STF:** a fixação de vencimentos dos servidores públicos não pode ser objeto de convenção coletiva.

◉ **Súmula 331 do TST:CONTRATO DE PRESTAÇÃO DE SERVIÇOS. LEGALIDADE (mantida) – Res. 121/2003, DJ 19, 20 e 21.11.2003**

I – A contratação de trabalhadores por empresa interposta é ilegal, formando-se o vínculo diretamente com o tomador dos serviços, salvo no caso de trabalho temporário (Lei n.º 6.019, de 03.01.1974).

II – A contratação irregular de trabalhador, mediante empresa interposta, não gera vínculo de emprego com os órgãos da administração pública direta, indireta ou fundacional (art. 37, II, da CF/1988).

III – Não forma vínculo de emprego com o tomador a contratação de serviços de vigilância (Lei n.º 7.102, de 20.06.1983) e de conservação e limpeza, bem como a de serviços especializados ligados à atividade-meio do tomador, desde que inexistente a pessoalidade e a subordinação direta.

IV – O inadimplemento das obrigações trabalhistas, por parte do empregador, implica a responsabilidade subsidiária do tomador dos serviços quanto àquelas obrigações, desde que haja participado da relação processual e conste também do título executivo judicial.

V – Os entes integrantes da Administração Pública direta e indireta respondem subsidiariamente, nas mesmas condições do item IV, caso evidenciada a sua conduta culposa no cumprimento das obrigações da Lei n.º 8.666, de 21.06.1993, especialmente na fiscalização do cumprimento das obrigações contratuais e legais da prestadora de serviço como empregadora. A aludida responsabilidade não decorre de mero inadimplemento das obrigações trabalhistas assumidas pela empresa regularmente contratada.

VI – A responsabilidade subsidiária do tomador de serviços abrange todas as verbas decorrentes da condenação referentes ao período da prestação laboral".

MILITARES (SERVIDORES MILITARES)

Os servidores militares ou simplesmente militares, para utilizarmos o termo instituído pela Emenda Constitucional 18/1998, são os agentes estatais previstos nos arts. 42 e 142 da Constituição Federal, constituindo-se, no âmbito dos Estados, dos membros das Polícias Militares e Corpos de Bombeiros Militares e, no âmbito da União, dos integrantes das Forças Armadas (Exército, Marinha e Aeronáutica).

▶ **Às polícias militares cabem a polícia ostensiva e a preservação da ordem pública e aos corpos e bombeiros militares, a execução de atividades de defesa civil, além de outras fixadas em lei.**

Às polícias militares cabem a polícia ostensiva e a preservação da ordem pública e aos corpos e bombeiros militares, a execução de atividades de defesa civil, além de outras fixadas em lei (art. 144, § 5.º, da CF/1988), estando subordinadas aos governos estaduais, embora sejam consideradas, igualmente, forças auxiliares e reserva do Exército (art. 144, § 6.º). Tais agentes possuem direitos que lhes são próprios, geralmente estabelecidos em leis orgânicas estaduais e que os diferenciam dos servidores civis. Como militares, a base de sua relação jurídica é a hierarquia, estando sujeitos a uma série de restrições como as proibições de sindicalização e de greve, além da filiação a partidos políticos, enquanto na ativa. No geral, estão submetidos a regramento constitucional semelhante ao dos militares da União, pela remissão feita no art. 42 aos §§ 2.º e 3.º do art. 142.

▶ **Diferentemente dos servidores civis, em que a regulamentação constitucional é minuciosa, quanto aos militares o Legislador Constituinte delegou à legislação ordinária a disciplina da maior parte de seus direitos e deveres.**

Importante ressaltar, nesse aspecto, que até mesmo a forma de acesso aos "cargos militares", que são identificados na Constituição e na legislação ordinária pelo termo "posto", é inteiramente regulamentada na legislação ordinária.

▶ **Na esfera federal, os direitos e deveres dos militares das Forças Armadas são regulamentados no "Estatuto dos Militares" (Lei 6.880/1980).**

As Forças Armadas se destinam à defesa da Pátria, à garantia dos poderes constitucionais e, por iniciativa de qualquer destes, da lei e da ordem (art. 142, *caput*, da CF/1988), conquanto a legislação ordinária acabe atribuindo a elas outras funções específicas, geralmente relacionadas com o exercício do poder de polícia administrativo, como o controle do tráfego aquaviário, feito pela Marinha (Lei 9.537/1997, arts. 4º e 39), e o controle de fabricação, exportação, importação, desembaraço alfandegário e comércio de armamentos, que é feito pelo Exército (art. 24 da Lei 10.826/2003). A Lei Complementar 97/1999 dispõe sobre a organização, preparo e emprego das Forças Armadas, regulamentando o art. 142, § 1.º, da CF/1988. Os efetivos de cada Força em tempos de paz são previstos em leis específicas (Aeronáutica – Lei 11.320/2006; Exército – Lei 7.150/1983 e Lei 8.071/1990; Marinha – Lei 9.519/1997).

▶ **O acesso às Forças Armadas pode dar-se de muitas maneiras, sendo o mais comum, no caso dos oficiais dos corpos armados ou combatentes, pelo aproveitamento em cursos de formação de oficiais, ministrados em escolas específicas (Agulhas Negras – AMAN, Escola Naval etc.).**

O acesso às Forças Armadas pode dar-se de muitas maneiras, sendo o mais comum, no caso dos oficiais dos corpos armados ou combatentes, pelo aproveitamento em cursos de formação de oficiais, ministrados em escolas específicas (Agulhas Negras – AMAN, Escola Naval etc.). Existem, no entanto, corpos auxiliares de oficiais, que são praças que ascenderam ao quadro de oficiais e que só podem alcançar até determinada patente; também existem corpos complementares, constituídos de agentes não ligados às armas da Força, e que desenvolvem atividades paralelas específicas em áreas como saúde, engenharia, contabilidade, administração etc., podendo estes ser egressos tanto de entidades de ensino militares como de entidades de ensino civis. Lei 9.786/1999 dispõe sobre o Sistema de Ensino do Exército. Lei 11.279/2006, dispõe sobre o Sistema de Ensino Naval. Lei 12.464/2011, dispõe sobre o Sistema de Ensino da Aeronáutica.

▶ **A Constituição Federal diz expressamente que a lei irá dispor sobre o ingresso nas Forças Armadas, inclusive no aspecto referente à idade mínima (art. 142, § 3.º, X, da CF/1988).**

A Constituição Federal diz expressamente que a lei irá dispor sobre o ingresso nas Forças Armadas, inclusive no aspecto referente à idade mínima (art. 142, § 3.º, X, da CF/1988). É comum, no entanto, a adoção dos critérios em regulamentos das próprias Forças, o que é claramente atentatório da regra constitucional, ainda que possa ser justificado pela especialidade da atividade. O STF, aliás, enfrentou essa questão no julgamento do *RE 600.885/RS*, em que se discutiu se o art. 10 da Lei 6.880/1980 poderia ou não delegar aos editais dos concursos de ingresso o estabelecimento da idade mínima. Para adequação ao decidido pelo STF foi editada a Lei 12.705/2012, estabelecendo expressamente os limites de idade para ingresso nos cursos de formação do Exército.

▶ **A Corte concluiu pela necessidade de lei, mas, por maioria, foi admitida a tese da – progressiva inconstitucionalização – do Estatuto dos Militares, resguardando um estágio provisório de constitucionalidade da norma, para permitir sua adaptação à Constituição Federal dentro de determinado prazo, que acabou por ser fixado como 31.12.2011.**

A Corte concluiu pela necessidade de lei, mas, por maioria, foi admitida a tese da – progressiva inconstitucionalização – do Estatuto dos Militares, resguardando um estágio provisório de constitucionalidade da norma, para permitir sua adaptação à Constituição Federal dentro de determinado prazo, que acabou por ser fixado como 31.12.2011 (Pleno, j. 09.02.2011, Rel. Min. Cármen Lúcia).

▶ **A Constituição Federal resguarda ao oficial o direito de só perder o posto ou a patente se julgado indigno do oficialato ou com ele incompatível, por decisão de tribunal militar.**

A Constituição Federal resguarda ao oficial o direito de só perder o posto ou a patente se julgado indigno do oficialato ou com ele incompatível, por decisão de tribunal militar (art. 142, § 3.º, VI), não existindo a possibilidade, portanto, de simples rebaixamento por decisão de outra autoridade militar.

◉ **Súmula 673 do STF: O art. 125, § 4º, da Constituição não impede a perda da graduação de militar mediante procedimento administrativo.**

▶ **A Constituição Federal resguarda aos militares o direito a algumas vantagens nela previstas, como décimo terceiro salário, salário-família, férias anuais, licença à gestante, licença-paternidade e assistência gratuita aos filhos e dependentes.**

Apesar da grande discricionariedade atribuída ao legislador ordinário na disciplina do tema, a Constituição Federal resguarda aos militares o direito a algumas vantagens nela previstas, como décimo terceiro salário, salário-família, férias anuais, licença à gestante, licença-paternidade e assistência gratuita aos filhos e dependentes (art. 142, § 3.º, VIII).

◉ **Tema 15. Tese: Não viola a Constituição o estabelecimento de remuneração inferior ao salário mínimo para as praças prestadoras de serviço militar inicial.**

RG ◉ Não viola a Constituição o estabelecimento de remuneração inferior ao salário mínimo para as praças prestadoras de serviço militar inicial.

"CONSTITUCIONAL. SERVIÇO MILITAR OBRIGATÓRIO. SOLDO. VALOR INFERIOR AO SALÁRIO MÍNIMO. VIOLAÇÃO AOS ARTS. 1.º, III, 5.º, CAPUT, E 7.º, IV, DA CF. INOCORRÊNCIA. RE DESPROVIDO. I – A Constituição Federal não estendeu aos militares a garantia de remuneração não inferior ao salário mínimo, como o fez para outras categorias de trabalhadores. II – O regime a que submetem os militares não se confunde com aquele aplicável aos servidores civis, visto que têm direitos, garantias, prerrogativas e impedimentos próprios. III – Os cidadãos que prestam serviço militar obrigatório exercem um múnus público relacionado com a defesa da soberania da pátria. IV – A obrigação do Estado quanto aos conscritos limita-se a fornecer-lhes as condições materiais para a adequada prestação do serviço militar obrigatório nas Forças Armadas. V – Recurso extraordinário desprovido" (Pleno, Rel. Min. Ricardo Lewandowski, j. 30.04.2008, com repercussão geral reconhecida). Sobre o tema, existe, ainda, a Súmula Vinculante 6: "Não viola a Constituição o estabelecimento de remuneração inferior ao salário mínimo para as praças prestadoras de serviço militar inicial". (RE 570.177/MG.)

◉ **Suprema Corte tem entendido que sequer pode haver a previsão, em Constituição estadual, de tal garantia.**

"INCONSTITUCIONALIDADE. Ação direta. Art. 24, § 11, da Constituição do Estado do Maranhão. Competência legislativa. Servidor Público. Militar. Regime jurídico. Vencimentos. Soldo de praça da Polícia Militar. Garantia de valor não inferior ao do salário mínimo. Inadmissibilidade. Iniciativa exclusiva do Governador do Estado, Chefe do Poder Executivo. Usurpação. Inconstitucionalidade formal reconhecida. Ofensa ao art. 61, § 1º, II, alíneas a e c, da CF, aplicáveis aos estados. Ação julgada procedente. Precedentes. É inconstitucional a norma de Constituição do Estado-membro que disponha sobre valor da remuneração de servidores policiais militares". (ADI 3555, Relator(a): Min. CEZAR PELUSO, Tribunal Pleno, julgado em 04/03/2009, DJe-084 DIVULG 07-05-2009 PUBLIC 08-05-2009 EMENT VOL-02359-01 PP-00179 RTJ VOL-00209-03 PP-01080 RIP v. 11, n. 55, 2009, p. 305-307)

▶ **Os militares estão sujeitos a um regime próprio de aposentadoria, diferenciado, até mesmo, do regime próprio dos servidores civis.**

Por fim, os militares estão sujeitos a um regime próprio de aposentadoria, diferenciado, até mesmo, do regime próprio dos servidores civis. A aposentadoria dos militares é geralmente identificada pelos termos "reserva remunerada" e "reforma", estando esta última destinada às situações em que não existirá mais a possibilidade de retorno do militar à ativa (seja por idade avançada, seja por limitação física ou mental), e a primeira às situações em que o militar, de algum modo, ainda poderá retornar à ativa, seja por convocação ou por mobilização. Arts. 96 a 114 da Lei 6.880/1980. As pensões militares também são sujeitas a uma legislação específica. Na esfera federal ainda vigora a Lei 3.765/1960. Esse sistema de pensões não tem relação com as chamadas pensões especiais devidas aos ex-combatentes da II Guerra Mundial e seus dependentes, de que trata o art. 53 do ADCT, regulamentado pela Lei 8.059/1990.

◉ **O desconto em folha de pagamento do militar das Forças Armadas pode comprometer até 70% de sua remuneração bruta, desde que nesse percentual estejam incluídos, também, os descontos obrigatórios, sendo vedada, apenas, a percepção de valor inferior a 30% da sua remuneração bruta.**

"AGRAVO EM RECURSO ESPECIAL Nº 1.146.202 – DF (2017/0190264-2) RELATOR : MINISTRO NAPOLEÃO NUNES MAIA FILHO AGRAVANTE : DOUGLAS JOSE DA SILVA ADVOGADO : DEFENSORIA PÚBLICA DO DISTRITO FEDERAL AGRAVADO : BANCO SANTANDER BRASIL S/A ADVOGADOS : CARLOS JOSÉ ELIAS JÚNIOR – DF010424 OSMAR MENDES PAIXÃO CÔRTES – DF015553 ANDREA SUELY VASQUEZ MOTA – DF013445 FRANCISCO JHONATAN GONÇALVES – DF035442 DECISÃO PROCESSUAL CIVIL E ADMINISTRATIVO. AGRAVO EM RECURSO ESPECIAL. MILITAR. AÇÃO DE REVISÃO CONTRATUAL. EMPRÉSTIMOS BANCÁRIOS CONSIGNADOS. DESCONTOS EM FOLHA DE PAGAMENTO DE ATÉ 70% DOS RENDIMENTOS. INCIDÊNCIA DO ART. 14, § 3º. DA MEDIDA PROVISÓRIA 2.215-10/2001. AGRAVO EM RECURSO ESPECIAL DO PARTICULAR A QUE SE NEGA PROVIMENTO. 1. Agrava-se de decisão que negou seguimento ao Recurso Especial interposto por DOUGLAS JOSE DA SILVA com fundamento na alínea a e c do art. 105, III da Constituição Federal, no qual se insurge contra acórdão do egrégio Tribunal de Justiça do Distrito Federal e dos Territórios, assim ementado: APELAÇÃO CÍVEL. CIVIL. PROCESSUAL CIVIL E DO CONSU-

MIDOR. AÇÃO DE REVISÃO CONTRATUAL. EMPRÉSTIMOS BANCÁRIOS CON-SIGNADOS. CÓDIGO DE DEFESA DO CONSUMIDOR. APLICABILIDADE. DESCONTOS EM FOLHA DE PAGAMENTO. LIMITAÇÃO A 30% DOS RENDI-MENTOS. INAPLICABILIDADE. MILITAR DAS FORÇAS ARMADAS. INCIDÊNCIA DO ART. 14, § 3º. DA MEDIDA PROVISÓRIA 2.215-10/2001. CAPITALIZAÇÃO MENSAL DE JUROS. LEGALIDADE. TAXA DE JUROS. LEI DE USURA. NÃO IN-CIDÊNCIA (SÚMULA 596 DO STF). SEGURO PRESTAMISTA. ABUSIVIDADE. INE-XISTÊNCIA. 1. As disposições do Código de Defesa do Consumidor (Lei 8.078/1990) são aplicáveis aos contratos bancários. Precedente do STF: ADI 2591/DF. Rei. orig. Min. CARLOS VELLOSO. Rel. p/ o acórdão Min. EROS GRAU. 7.6.2006. Precedente do STJ: Súmula 297. **2. O desconto em folha de pagamento do militar das Forças Armadas, por possuir regulamentação própria – Medida Provisória 2.215-10/2001 – não se limita à margem de 30% dos rendimentos brutos, deduzidos os descontos compulsórios, sendo possível ao servidor militar comprometer contratualmente até 70% de sua remuneração bruta, desde que nesse percentual estejam incluídos, também, os descontos obrigatórios, sendo vedada, apenas, a percepção de valor inferior a 30% da sua remuneração bruta.** 3. Admite-se a incidência da capitalização mensal de juros em contratos celebrados após 31.3.2000, data da publicação da MP 1.963-17/2000 (em vigor como MP 2.170-36/2001), desde que expressamente pactuada. 4. Por "expressamente pactuada", deve-se entender a previsão no contrato bancário de taxa de juros anual superior ao duodécuplo da mensal, dispensando-se a inclusão de cláusula com redação que expresse o termo "capitalização de juros" (REsp. 973.827/RS, Recurso Especial Repetitivo, Rel. Min. LUIS FELIPE SALOMÃO, Rel. p/ Acórdão Min. MARIA ISABEL GALLOTTI, SEGUNDA SEÇÃO, julgado em 8.8.2012, DJe 24.9.2012) 5. Até que haja julgamento em definitivo da ADI 2316-1/DF, onde serão atribuídos efeitos vinculantes e erga omnes, admite-se a capitalização de juros em periodicidade mensal, com apoio na Medida Provisória 2.170-36 (antiga MP 1.963- 17/00), aos con-tratos firmados a partir do dia 31 de março de 2000, desde que expressamente pactua-da. 6. Inaplicável ao sistema financeiro nacional a limitação de juros prevista na Lei de Usura (Súmulas 596/STF e 382/STJ). 7. A contratação de seguro de proteção finan-ceira, também denominado de seguro prestamista, não se revela, a princípio, abusiva, pois, nada obstante o seguro não se qualificar como serviço inerente ao fomento da atividade bancária, a sua contratação é do interesse único e exclusivo do contratante, uma vez que se destina a resguardá-lo dos riscos da inadimplência avençada nas hi-póteses contratadas. 8. Apelação conhecida e não provida (fls. 158/159). 2. Em suas razões recursais, além da divergência jurisprudencial, sustenta a parte recorrente vio-lação dos arts. 21 da Lei Federal 1.046/1950; 1º. e 5º. do Decreto Federal 8.690/2016; 6º., III, V, 39, I, 46, 47 e 54, § 3º. da Lei 8.078/1990, argumentando a exorbitância do desconto na folha de pagamento do consumidor, devendo haver limitação de 30% de sua renda bruta. Aduz a necessidade de mitigação da Medida Provisória tendo em vis-ta que afronta a dignidade da pessoa humana e o mínimo existencial. 3. É o relatório. 4. Na hipótese dos autos, o Tribunal de origem consignou: Inicialmente, insurge-se o autor, militar das Forças Armadas vinculado à Marinha, ao limite dos descontos em folha de pagamento decorrentes de contratos de empréstimo celebrados com institui-ção bancária ré. Razão não assiste ao apelante. Nesse tocante, é de se ver que os descontos em folha de pagamento de servidor público são permitidos pela Lei 8.112/1990 (Estatuto dos Servidores Públicos Federais). Esse Estatuto Legal, em seu art. 45, §§ 1º. e 2º. (com as inovações acrescidas pela Lei 13.172/2015), dispõe que as consignações em pagamento de servidores públicos não poderão exceder 35% da remuneração mensal, dos quais 30% para descontos relativos a contratos de empréstimo ou financiamento e os 5% restantes exclusivamente para despesas relacionadas a cartão de crédito. (...). Tal regramento é reproduzido pelo Decreto 8.690/2016, o qual dispõe sobre a gestão das consignações em folha de pagamento no âmbito do sistema de gestão de pessoas do Poder Executivo Federal: (...). Assim, os descontos efetuados na folha de pagamento de servidores públicos deve ser limitados a 30% (ou 35%) dos seus rendimentos. Contudo, o autor é servidor da Marinha, ou seja, militar das Forças Armadas, possuindo regramento próprio na Medida Provisória 2.215-410/2001, o qual dispõe que: (...). Do supracitado dispositivo, verifica-se que os militares das Forças Armadas possuem uma margem maior para consignação do que os demais servidores, podendo comprometer até 70% de seus rendimentos com descontos, somados os descontos autorizados e os obrigatórios, sendo vedado o recebimento de quantia inferior a 30% de sua remuneração. (...). No caso em comento, verifica-se, pelos contracheques de fls. 25/26 que os descontos efetuados pelo banco na folha de pagamento do autor, decorrente dos empréstimos assumidos (descontos autorizados) eqüivalem a aproximadamente 41,18% dos rendimentos brutos do apelante. Percebe-se, também, que a soma dos descontos autorizados e dos descontos obrigatórios não ultrapassam o limite de 70% dos rendimentos do autor tendo ele recebido em agosto de 2015 (fl. 26) o equivalente a 30,52% da sua remuneração bruta e, em setembro de 2015 (fl. 26), 41,33% de seus rendimentos Destarte, havendo norma que permita aos militares das forças armadas comprometerem até 70% de sua remuneração, e sendo respeitada a percepção de quantia equivalente a 30% dos rendimentos brutos, correta se mostra a r. sentença quanto ao ponto (fls. 162/169). 5. Não merece reparos o acórdão recorrido, porquanto reflete o entendimento firmado no âmbito desta Corte acerca da matéria, segundo o qual os militares estão submetidos a um regramento específico que autoriza o desconto em folha de pagamento, juntamente com os descontos obrigatórios, correspondente a até 70% dos rendimentos brutos das remunerações ou dos proventos. Nesse sentido: EMBARGOS DE DIVERGÊNCIA EM AGRAVO EM RECURSO ESPECIAL. ENUNCIADO ADMINISTRATIVO N. 2 DO STJ. MILITAR. DESCONTOS EM FOLHA DE PAGAMENTO. LIMITE DE 70% DAS REMUNERAÇÕES OU DOS PROVENTOS. MEDIDA PROVISÓRIA N. 2.215-10/2001. NORMA ESPECÍFICA. EMBARGOS DE DIVERGÊNCIA ACOLHIDOS. 1. Os descontos em folha dos militares estão regulados em norma jurídica específica, qual seja: a MP 2.215-10/2001. 2. Por força do art. 14, § 3º. da MP 2.215-10/2001, os descontos em folha, juntamente com os descontos obrigatórios, podem alcançar o percentual de 70% das remunerações ou dos proventos brutos dos servidores militares. 3. Embargos de divergência acolhidos (EAREsp. 272.665/PE, Rel. Min. MAURO CAMPBELL MARQUES, DJe 18.12.2017). 6. Tendo em vista o disposto no art. 85, § 11 do CPC/2015 e o Enunciado 241 do Fórum Permanente de Processualistas Civis, os honorários de sucumbência recursal serão somados aos honorários devidos em razão da sucumbência em primeiro grau, observados os limites legais. 7. Assim, fixam-se os honorários recursais em 1% sobre o valor da condenação, que deverão ser acrescidos ao montante total. 8. Diante do exposto, nega-se provimento ao Agravo em Recurso Especial do particular. 9. Publique-se. 10. Intimações necessárias. Brasília/DF, 02 de março de 2018. NAPOLEÃO NUNES MAIA FILHO MINISTRO RELATOR". (STJ – AREsp: 1146202 DF 2017/0190264-2, Relator: Ministro NAPOLEÃO NUNES MAIA FILHO, Data de Publicação: DJ 06/03/2018)

◙ **O militar anistiado faz jus a todas as promoções a que teria direito se na ativa estivesse, desde que dentro da carreira a que pertencia à época de seu desligamento. (Tese julgada sob o rito do art. 543-C do CPC/73 – TEMA 603)**

"EMBARGOS À EXECUÇÃO. ACÓRDÃO QUE ASSEGUROU A MILITARES ANISTIADOS AS PROMOÇÕES A QUE TERIAM DIREITO SE ESTIVESSEM NO SERVIÇO ATIVO. TRANSAÇÃO ADMINISTRATIVA. QUESTÕES GERAIS 1. O prazo prescricional para a execução contra a Fazenda Pública de sentença exarada em Mandado de Segurança é de cinco anos, nos termos do art. 1º do Decreto 20.910/1932 e da Súmula 150/STF, o que foi atendido no caso concreto. 2. A jurisprudência do STJ entende que, embora o Mandado de Segurança tenha caráter personalíssimo, o que torna incabível a sucessão processual na fase de conhecimento, na execução é cabível a habilitação dos herdeiros. PARECER DA CEJU 3. Após parecer da Coordenação de Execução Judicial que apontou não restarem valores devidos aos exequentes Constantino José Sommer, Reni Pires Pinós, Ney Borba de Oliveira, Euclides Fava e Emigdio Mariano dos Santos, por terem firmado acordos na via administrativa, apontando valores devidos apenas a Flori Antônio Nunes Soares e Antônio Garcia Filho, houve impugnação apenas dos filhos de Emigdio Mariano dos Santos e da União. Os primeiros sustentaram que o pagamento administrativo foi menor do que o direito assegurado no acórdão exequendo. A segunda, concordou com o valor apontado para Flori Antônio Nunes Soares, mas contestou o termo inicial dos cálculos relativos a Antônio Garcia Filho. EMIGDIO MARIANO DOS SANTOS 4. O falecido Emigdio Mariano dos Santos aderiu às condições do acordo para pagamento administrativo autorizado pela Lei 11.354/2006, conforme Termo de Adesão juntado à fl. 115. Esse acordo representa transação e torna incabíveis pagamentos adicionais a ele ou seus sucessores. ANTÔNIO GARCIA FILHO 5. Não assiste razão à União quando sustenta que o termo inicial das diferenças devidas ao Espólio de Antônio Garcia Filho teria de ser a data do ajuizamento do Mandado de Segurança, pois o acórdão exequendo foi explícito em conceder a segurança a partir da promulgação da Constituição. O termo inicial adotado pela CEJU em seus cálculos estaria, em tese, de acordo com a coisa julgada. 6. Todavia, mostra-se correta alegação anterior da União de existência de transação administrativa. Tendo os próprios embargados confirmado que a viúva e demais herdeiros habilitados nos autos da Execução firmaram Termos de Adesão para recebimento administrativo dos valores devidos pela concessão de anistia política (fls. 241-245), incabível o pagamento de diferenças relativas a período não contemplado no cálculo administrativo. 7. Na verdade, às fls. 241-245, os embargados reclamaram é de que, até aquele momento, em 2012, os valores devidos em virtude do ajuste administrativo só teriam sido pagos parcialmente à viúva, mas nada aos herdeiros. Todavia, tendo sido celebrado transação para recebimento administrativo, incabível a continuação da

Execução do título judicial em relação a eles. Eventual inadimplência no ajuste administrativo implica necessidade de ação própria para efetivo cumprimento do acordado. CONCLUSÃO 8. Embargos à Execução julgados parcialmente procedentes para declarar que resta a ser pago na Execução somente o valor apontado pela CEJU como devidos a Flori Antônio Nunes Sores, ou seja, R$ 1.297.101,72 na referência abril de 2016". (EmbExeMS 786/DF, Rel. Ministro HERMAN BENJAMIN, PRIMEIRA SEÇÃO, julgado em 28/06/2017, DJe 01/08/2017)

◙ **É possível a promoção discricionária de servidores estaduais militares, desde que autorizada e fundamentada por lei.**

"PROCESSUAL CIVIL E ADMINISTRATIVO. POLICIAL MILITAR. PROMOÇÃO POR ATO DE BRAVURA. DISCRICIONARIEDADE DA ADMINISTRAÇÃO. 1. Trata-se, na espécie, de Mandado de Segurança impetrado pelo ora recorrente contra ato praticado pelo Comandante-Geral da Polícia Militar do Estado de Goiás, contra suposto ato ilegal que indeferiu sua promoção por ato de bravura. 2. O Tribunal local consignou (fl. 145, e-STJ): "Como bem destacado pela Comissão de Promoção, o impetrante agiu dentro daquilo que é esperado de sua profissão, atuando de forma minimamente exigível diante da situação de perigo, pois ainda que em horário de folga, subsistem as obrigações legais decorrentes da profissão de policial militar. (...) o administrador que aplicar a regra em alusão deve estar adstrito aos institutos da oportunidade e conveniência da Administração Pública, ou seja, do mérito administrativo, portanto, de ato discricionário. Por conseguinte, a ação praticada pelo impetrante é incapaz de caracterizar a situação prevista no art. 9º da Lei n. 15.704/2006, visto que não revelam a coragem e a audácia previstas legalmente. Noutro giro, cabe ressalvar que a ação praticada pelo impetrante teve seu reconhecimento pela Comissão de Promoção, pois determinou o encaminhamento dos autos à comissão permanente de medalhas para conhecimento e análise". 3. O acórdão recorrido está em sintonia com o entendimento firmado no âmbito do STJ de que a concessão da promoção por ato de bravura está adstrita à discricionariedade do administrador, estando o ato administrativo submetido exclusivamente à conveniência e à oportunidade da autoridade pública, tendo em vista que a valoração dos atos de bravura não ocorre por meio de elementos meramente objetivos. Precedentes: AgRg no RMS 39.355/GO, Rel. Ministro Herman Benjamin, Segunda Turma, DJe 20.3.2013; RMS 19.829/PR, Rel. Ministro Gilson Dipp, Quinta Turma, DJ 30/10/2006; 4. Recurso Ordinário não provido". (RMS 55.707/GO, Rel. Ministro HERMAN BENJAMIN, SEGUNDA TURMA, julgado em 12/12/2017, DJe 19/12/2017)

◙ **Não viola o princípio da presunção de inocência o impedimento, previsto em legislação ordinária, de inclusão do militar respondendo a ação penal em lista de promoção.**

"PROCESSUAL CIVIL. AGRAVO INTERNO NO RECURSO EM MANDADO DE SEGURANÇA. CÓDIGO DE PROCESSO CIVIL DE 2015. APLICABILIDADE. SERVIDOR PÚBLICO. EXCLUSÃO DO QUADRO DE ACESSO À PROMOÇÃO. SINDICÂNCIA. LEGALIDADE DO ATO. REQUISITOS. IDONEIDADE MORAL. NÃO

PREENCHIMENTO. AUSÊNCIA DE DIREITO LÍQUIDO E CERTO APLICAÇÃO DE MULTA. ART. 1.021, § 4º, DO CÓDIGO DE PROCESSO CIVIL DE 2015. DESCABIMENTO. I – Consoante o decidido pelo Plenário desta Corte na sessão realizada em 09.03.2016, o regime recursal será determinado pela data da publicação do provimento jurisdicional impugnado. In casu, aplica-se o Código de Processo Civil de 2015. II – Esta Corte Superior orienta-se no sentido de que não constitui ofensa ao princípio da presunção de inocência a exclusão do militar do Quadro de Acesso à promoção, por motivo de persecução penal ou administrativa, desde que previsto o ressarcimento por preterição. Precedentes. III – Não apresentação de argumentos suficientes para desconstituir a decisão recorrida. IV – Em regra, descabe a imposição da multa, prevista no art. 1.021, § 4º, do Código de Processo Civil de 2015, em razão do mero improvimento do Agravo Interno em votação unânime, sendo necessária a configuração da manifesta inadmissibilidade ou improcedência do recurso a autorizar sua aplicação, o que não ocorreu no caso. V – Agravo Interno improvido". (AgInt no RMS 53.818/MT, Rel. Ministra REGINA HELENA COSTA, PRIMEIRA TURMA, julgado em 24/10/2017, DJe 10/11/2017)

◉ **O militar das Forças Armadas aprovado em concurso público para o magistério civil somente tem direito de ser transferido para a reserva remunerada se obtiver autorização para a investidura no novo cargo, que será dada pelo Presidente da República, se o militar for oficial, ou pelo respectivo Ministro de Estado, se o militar for praça.**

"PROCESSUAL CIVIL. ADMINISTRATIVO. AÇÃO RESCISÓRIA. ART. 485, V, DO CPC. OFENSA À LITERAL DISPOSITIVO DE LEI. MILITAR. TRANSFERÊNCIA PARA A RESERVA REMUNERADA. CONCURSO PÚBLICO. MAGISTÉRIO. AUTORIZAÇÃO DO MINISTRO DE ESTADO. NECESSIDADE. 1. A ação rescisória é medida excepcional, cabível nos limites das hipóteses taxativas de rescindibilidade previstas no art. 485 do CPC/73 (vigente na data da publicação do provimento jurisdicional impugnado), em razão da proteção constitucional à coisa julgada e do princípio da segurança jurídica. 2. Segundo entendimento jurisprudencial do Superior Tribunal de Justiça, é imprescindível a autorização do Ministro de Estado da respectiva força, para que o militar seja nomeado em cargo público de magistério, com sua consequente passagem para a reserva remunerada. 3. Pedido rescisório procedente". (AR 1.162/DF, Rel. Ministro ANTONIO SALDANHA PALHEIRO, TERCEIRA SEÇÃO, julgado em 10/05/2017, DJe 18/05/2017)

◉ **É possível a acumulação de dois cargos por militares que atuam na área de saúde, desde que o servidor público não desempenhe as funções tipicamente exigidas para a atividade castrense, mas sim atribuições inerentes a profissões de civis; no entanto mostra-se ilícita a acumulação dos demais cargos militares com os de magistério.**

"ADMINISTRATIVO. AGRAVO INTERNO NO RECURSO ORDINÁRIO EM MANDADO DE SEGURANÇA. SERVIDOR PÚBLICO MILITAR. ACUMULAÇÃO DE CARGOS PRIVATIVOS DE PROFISSIONAIS DA ÁREA DA SAÚDE. POSSIBILIDADE. AGRAVO INTERNO DO ESTADO DO RIO DE JANEIRO DESPROVIDO.

1. É possível acumular dois cargos privativos na área de saúde, no âmbito das esferas civil e militar, desde que o Servidor Público não desempenhe as funções tipicamente exigidas para a atividade castrense, e sim atribuições inerentes a profissões de civis. Nesse sentido: RMS 39.157/GO, Rel. Min. HERMAN BENJAMIN, DJe 07.3.2013. 2. No caso, foi reconhecida a compatibilidade de horários e que as atividades exercidas pela Servidora não possuíam caráter castrense, sendo ambos os cargos privativos de profissionais da área de saúde. 3. Agravo Interno do ESTADO DO RIO DE JANEIRO desprovido". (AgInt no RMS 44.223/RJ, Rel. Ministro NAPOLEÃO NUNES MAIA FILHO, PRIMEIRA TURMA, julgado em 20/02/2018, DJe 06/03/2018)

◉ **O militar incapacitado temporariamente para o serviço castrense não pode ser licenciado, fazendo jus à reintegração como adido ou como agregado ao quadro para tratamento médico-hospitalar, sendo-lhe assegurada a percepção do soldo, demais vantagens remuneratórias e, ainda, a reforma caso constatada incapacidade definitiva.**

"ADMINISTRATIVO. SERVIÇO MILITAR. MOLÉSTIA. REFORMA. PRETENSÃO DE REEXAME FÁTICO-PROBATÓRIO. INCIDÊNCIA DO ENUNCIADO N. 7 DA SÚMULA DO STJ. I – Inicialmente é necessário consignar que o julgamento do recurso especial atrai a incidência do Enunciado Administrativo nº 3/STJ: "aos recursos interpostos com fundamento no CPC/2015 (relativos a decisões publicadas a partir de 18 de março de 2016) serão exigidos os requisitos de admissibilidade recursal na forma do novo CPC". II – Verifica-se que a irresignação do recorrente acerca da incompatibilidade da moléstia que o acomete com as atribuições do serviço ativo militar ativo, no sentido de pretender passagem para a reforma, vai de encontro às convicções do julgador a quo, que com lastro no conjunto probatório constante dos autos decidiu (fls. 888/889): "Não obstante o autor tenha sido agregado, a contar de 27/06/2013, em virtude de parecer médico, a Ata de Inspeção de Saúde nº 8033, datada de 13/03/2014 (ou seja, menos de nove meses depois), considerou-o Apto, com restrições, para o serviço do Exército, o que, de rigor, afasta a possibilidade de reforma com base no art. 106, inciso III, do Estatuto dos Militares. Além disso, a perícia judicial atestou a existência de incapacidade definitiva para as práticas militares de campo, mas ressalvou, expressamente, a viabilidade de desempenho de tarefas administrativas e vinculadas à sua atual formação (Direito) (que, de regra, existem nas Corporações Militares e, supõe-se, vinham sendo exercidas por ele, uma vez que não fora licenciado), afora atividade física envolvendo hidroginástica. Reforça esse quadro fático o manejo pelo autor de execução provisória do julgado (n.º 5013403-80.2016.4.04.7100), com o intuito de viabilizar sua inscrição junto à Ordem dos Advogados do Brasil, após aprovação em exame de ordem, a fim de exercer a advocacia – fato que revela, de per si, não apenas a habilitação do militar em competência necessária e relevante para as Forças Armadas, como também a presença de capacidade laboral específica, ainda que com restrições de atividades de impacto e de campo" III – Para rever tal posição e interpretar os dispositivos legais indicados como violados, seria necessário o reexame desses mesmos elementos fático-probatórios, o que é vedado no âmbito estreito do recurso especial. Incide na hipótese o enunciado n. 7 da Súmula do STJ. IV – Agravo interno improvido". (AgInt no AREsp 1151202/RS, Rel. Ministro FRANCISCO FALCÃO, SEGUNDA TURMA, julgado em 22/05/2018, DJe 28/05/2018)

◉ **É possível a expulsão do militar, havendo falta residual não compreendida na absolvição criminal, no mesmo sentido da Súmula n. 18 do Supremo Tribunal Federal.**

"AGRAVO INTERNO NO AGRAVO EM RECURSO ESPECIAL. ADMINISTRATIVO E PROCESSUAL CIVIL. EXPULSÃO DE MILITAR DOS QUADROS DA POLÍCIA MILITAR ESTADUAL, EM VIRTUDE DA PRÁTICA DE ATOS INCOMPATÍVEIS COM A FUNÇÃO POLICIAL CARACTERIZADOS COMO TRANSGRESSÃO DISCIPLINAR DE NATUREZA GRAVE: APROPRIAÇÃO DE ARMAS, DE ORIGEM DESCONHECIDA, DURANTE DILIGÊNCIA DE TRABALHO. OMISSÃO DA INFORMAÇÃO NOS RELATÓRIOS OFICIAIS. OCULTAÇÃO DAS ARMAS DENTRO DO PRÓPRIO QUARTEL. FALTA RESIDUAL PUNÍVEL. DECISÃO FUNDAMENTADA E CONDIZENTE COM OS PRINCÍPIOS DO DIREITO SANCIONADOR. AGRAVO INTERNO DO PARTICULAR A QUE SE NEGA PROVIMENTO. 1. Esta Corte sedimentou a orientação de que não há necessidade de descrição minuciosa dos fatos no momento de instauração do Processo Administrativo Disciplinar, uma vez que somente após o início da instrução probatória, a Comissão Processante será capaz de fazer um relato circunstanciado das condutas supostamente praticadas pelos Servidores indiciados, capitulando as infrações porventura cometidas. Precedentes: MS 17.537/DF, Rel. Min. MAURO CAMPBELL MARQUES, DJe 9.6.2015 e MS 16.581/DF, Rel. Min. BENEDITO GONÇALVES, DJe 19.3.2014. 2. Da leitura do acórdão, verifica-se que a punição foi devidamente fundamentada nas provas testemunhais e materiais produzidas no Processo Administrativo Disciplinar, não sendo possível acolher a tese de falta de fundamentação como sustentada pelo autor. 3. Na hipóteses dos autos, foi reconhecido, pelas instâncias ordinárias, que o autor apropriou-se de objetos de procedência desconhecida (uma pistola e uma garrucha), durante o curso de diligências policiais, em pleno exercício da atividade militar, o autor nem mesmo relatou aos seus superiores a existência de tais objetos, mantendo-os escondidos dentro do quartel, sem constar em qualquer documento oficial, apresentando conduta incompatível com a atividade Militar. 4. Assim, embora tenha sido absolvido criminalmente, ao fundamento de que o ato não constitui infração penal, o Militar responde pela falta residual, não compreendida na absolvição pelo juízo criminal nos termos da jurisprudência consolidada no Superior Tribunal de Justiça e no Supremo Tribunal Federal. 5. Agravo Interno do Particular a que se nega provimento". (AgInt no AgRg no AREsp 251.574/SP, Rel. Ministro NAPOLEÃO NUNES MAIA FILHO, PRIMEIRA TURMA, julgado em 07/03/2017, DJe 17/03/2017)

◉ **Tema 0565: Possibilidade de exclusão de policial militar da corporação mediante processo administrativo. Tese Fixada: É possível a exclusão, em processo administrativo, de policial militar que comete faltas disciplinares, independentemente do curso de ação penal instaurada em razão da mesma conduta.**

RG ◉ **É possível a exclusão, em processo administrativo, de policial militar que comete faltas disciplinares, independentemente do curso de ação penal instaurada em razão da mesma conduta**

"SERVIDOR PÚBLICO. Policial Militar. Processo administrativo. Falta disciplinar. Exclusão da corporação. Ação penal em curso, para apurar a mesma conduta. Possibilidade. Independência relativa das instâncias jurisdicional e administrativa. Precedentes do Pleno do STF. Repercussão geral reconhecida. Jurisprudência reafirmada. Recurso extraordinário a que se nega provimento. Apresenta repercussão geral o recurso que versa sobre a possibilidade de exclusão, em processo administrativo, de policial militar que comete faltas disciplinares, independentemente do curso de ação penal instaurada em razão da mesma conduta". (ARE 691306 RG, Relator(a): Min. CEZAR PELUSO, julgado em 23/08/2012, ACÓRDÃO ELETRÔNICO REPERCUSSÃO GERAL – MÉRITO DJe-178 DIVULG 10-09-2012 PUBLIC 11-09-2012)

◉ **O termo inicial do prazo prescricional de cinco anos do Decreto n. 20.910/32 é a data do licenciamento ou a do ato da exclusão do ex-militar que pleiteia a reintegração ao serviço e a concessão de reforma.**

"PROCESSUAL CIVIL. AGRAVO INTERNO NO AGRAVO EM RECURSO ESPECIAL. POLICIAL MILITAR DA RESERVA REMUNERADA. EXCLUSÃO DA CORPORAÇÃO EM RAZÃO DE PROCESSO CRIMINAL. CANCELAMENTO DO BENEFÍCIO PREVIDENCIÁRIO. RESTABELECIMENTO. TRANSCURSO DE PRAZO SUPERIOR A CINCO ANOS. PRESCRIÇÃO INCIDENTE SOBRE O PRÓPRIO FUNDO DE DIREITO. PREVISÃO DO ART. 1º DO DECRETO 20.910/1932. 1. Esta Corte firmou entendimento no sentido de que, "quando a ação visa a configurar ou restabelecer uma situação jurídica, cabe ao servidor reclamá-la dentro do quinquênio seguinte, sob pena de ver o seu direito prescrito, consoante estipulado no art. 1º do Decreto 20.910/32" (AgRg no Ag 1.376.824/PE, Rel. Ministro Napoleão Nunes Maia Filho, Primeira Turma, DJe 9/11/2012). 2. Justamente a hipótese dos autos, em que o ora agravante pretende "ver reconhecido o direito de restabelecimento de sua aposentadoria, cancelada em razão de perda de posto e patente [...]" (fl. 263-e), porém ajuizada a ação após ultrapassado o quinquênio legal. 3. Agravo interno não provido". (AgInt no AREsp 554.632/PR, Rel. Ministro BENEDITO GONÇALVES, PRIMEIRA TURMA, julgado em 20/03/2018, DJe 05/04/2018)

◉ **O militar temporário que não adquiriu estabilidade pode ser licenciado pela Administração por motivo de conveniência e oportunidade.**

"PROCESSUAL CIVIL E ADMINISTRATIVO. DEFICIÊNCIA NA FUNDAMENTAÇÃO. RAZÕES DISSOCIADAS DA MATÉRIA VERSADA NO ACÓRDÃO RECORRIDO. SÚMULA 284/STF. MILITAR TEMPORÁRIO. INCAPACIDADE TEMPORÁRIA. LICENCIAMENTO INDEVIDO. REINTEGRAÇÃO PARA TRATAMENTO. PRECEDENTES DO STJ. 1. Hipótese em que a Corte a quo entendeu que o militar temporário foi licenciado quando ainda não estava totalmente recuperado de lesão na perna esquerda (debilidade física não definitiva), razão pela qual deve ser reintegrado às fileiras do Exército, na condição de adido, até o seu restabelecimento. 2. Nas razões recursais, a União insiste em sustentar que o recorrido não faz jus à reforma, uma vez que estão ausentes o nexo causal entre a doença e o serviço militar e a incapacidade total e permanente. Diante disso, é imperioso concluir que as razões recursais mostram-se dissociadas da motivação perfilhada no acórdão impugnado. Aplica-se, portanto, por analogia, o enunciado sumular 284 do Supremo Tribunal Federal. 3. Ademais, é pacífica a jurisprudência do STJ no sentido de que, em se tratando de militar temporário ou de carreira, o ato de licenciamento será ilegal quando a debilidade física surgir durante o exercício de atividades castrenses, fazendo jus, portanto, à reintegração aos quadros da corporação para tratamento médico-hospitalar, a fim de se recuperar da incapacidade temporária. Precedentes: AgRg no REsp 1.246.912/PR, Rel. Ministro Cesar Asfor Rocha, Segunda Turma, DJe 16.8.2011; REsp 1.195.405/RS, Segunda Turma, Rel. Min. Mauro Campbell Marques, DJe 5.5.2011; AgRg no REsp 1.071.185/RS, Quinta Turma, Rel. Min. Laurita Vaz, DJe de 4.5.2011. 4. Recurso Especial não conhecido". (REsp 1685579/PE, Rel. Ministro HERMAN BENJAMIN, SEGUNDA TURMA, julgado em 03/10/2017, DJe 11/10/2017)

◙ **Não cabe a aplicação aos militares do corpo masculino, a título de isonomia, dos requisitos para aquisição de estabilidade próprios das militares do corpo feminino da Aeronáutica, uma vez que integram quadros diversos com atribuições distintas.**

"ADMINISTRATIVO. RECURSO ESPECIAL. MILITAR TEMPORÁRIO. AERONÁUTICA. INEXISTÊNCIA DE DIREITO ADQUIRIDO A PERMANECER EM ATIVIDADE APÓS O PRAZO DE INCORPORAÇÃO. POSSIBILIDADE DE ADOÇÃO DE CRITÉRIOS DIFERENCIADOS PARA AS CARREIRAS MILITARES DOS SEXOS MASCULINO E FEMININO. APLICAÇÃO DA TEORIA DO FATO CONSUMADO. IMPOSSIBILIDADE. PRECEDENTE DO SUPREMO TRIBUNAL FEDERAL EM REPERCUSSÃO GERAL (RE N. 608.242-RG). RECURSO ESPECIAL NÃO PROVIDO. DIVERGINDO DO RELATOR. 1. Cinge-se a controvérsia acerca da legalidade do ato administrativo que determinou o licenciamento ex officio dos recorrentes do serviço ativo da Força Aérea Brasileira (FAB) após o cumprimento do prazo de engajamento. 2. Os militares engajados da Força Aérea Brasileira, enquanto no serviço ativo, não são considerados militares de carreira. Pertencem à categoria de militares temporários, nos termos do art. 2º, parágrafo único, "b" e "c", da Lei n. 6.837/80 (fixa os efetivos da Força Aérea Brasileira em tempo de paz). Precedentes: AgRg no REsp n. 1328594/MG, Rel. Ministro Og Fernandes, Segunda Turma, DJe 01/07/2015; REsp n. 1262913/PB, Rel. Ministro Benedito Gonçalves, Primeira Turma, DJe 11/04/2014; REsp n. 949.204/RJ, Rel. Ministro Arnaldo Esteves Lima, Quinta Turma, DJe 01/12/2008. 3. Mostra-se incabível a pretendida isonomia entre os recorrentes e os militares do corpo feminino da Força Aérea (alcançam a estabilidade com oito anos de efetivo serviço), eis que integram carreiras diversas com atribuições distintas. Precedentes do STJ: AgRg no REsp n. 931.108/RJ, Rel. Ministro Og Fernandes, Sexta Turma, DJe 16/05/2012; REsp n. 949.204/RJ, Rel. Ministro Arnaldo Esteves Lima, Quinta Turma, DJe 01/12/2008. Julgados do STF: RE n. 725.359 AgR, Relator Min. Dias Toffoli, Primeira Turma, DJe: 21/08/2013; RE n. 523.317 ED, Relatora Min. Cármen Lúcia, Primeira Turma, DJe: 03/03/2011; RE n. 489.064 ED, Relatora Min. Ellen Gracie, Segunda Turma, DJe 25/09/2009. 4. Caso não alcançada a estabilidade advinda da permanência nas Forças Armadas por mais de 10 (dez) anos, o licenciamento do militar temporário pode ser determinado pela Administração com base nos critérios de conveniência e oportunidade (v.g. AgRg no Ag n. 1.428.055/RN, Rel. Ministro Napoleão Nunes Maia Filho,

Primeira Turma, DJe 07/03/2012). No mesmo sentido: AgRg no RE n. 383.879, Relator Min. Eros Grau, Segunda Turma, DJe: 01/08/2008. Julgados do STJ: AgRg no Ag n. 1213398/SP, Rel. Ministro Rogério Schietti Cruz, Sexta Turma, DJe 16/04/2015. 5. No termos do que decidido pelo Pleno do Supremo Tribunal Federal em Repercussão Geral, não é compatível com o regime constitucional de acesso aos cargos públicos a manutenção de candidato que tomou posse em decorrência de execução provisória de medida liminar ou outro provimento judicial de natureza precária, posteriormente revogado ou modificado (v.g. RE n. 608482, Relator Min. Teori Zavascki, Tribunal Pleno, DJe: 30/10/2014). 6. Recurso especial não provido, divergindo do Relator, cassada a medida liminar na MC n. 17.492/RJ com a sua prejudicialidade". (REsp 1212103/RJ, Rel. Ministro NAPOLEÃO NUNES MAIA FILHO, Rel. p/ Acórdão Ministro BENEDITO GONÇALVES, PRIMEIRA TURMA, julgado em 15/12/2015, DJe 28/03/2016)

◙ **É devido o pagamento de indenização pelas despesas efetuadas com a formação de Oficial que se desliga das Forças Armadas antes do cumprimento do período em que estava obrigado a ficar na ativa, nos termos dos arts. 116 e 117 da Lei n. 6.880/80, devendo-se dar a indenização na forma proporcional ao tempo que restava para completar o prazo de cinco anos.**

"PROCESSUAL CIVIL E ADMINISTRATIVO. AGRAVO INTERNO NO RECURSO ESPECIAL. ENUNCIADO ADMINISTRATIVO 3/STJ. SERVIDOR PÚBLICO FEDERAL. MILITAR. DEMISSÃO A PEDIDO ANTES DO PERÍODO ESTABELECIDO PELA LEI 6.880/1980. DEVER DE INDENIZAR. PRECEDENTES. AGRAVO INTERNO NÃO PROVIDO. 1. Inicialmente é necessário consignar que o presente recurso atrai a incidência do Enunciado Administrativo n. 3/STJ: "Aos recursos interpostos com fundamento no CPC/2015 (relativos a decisões publicadas a partir de 18 de março de 2016) serão exigidos os requisitos de admissibilidade recursal na forma do novo CPC". 2. O Tribunal de origem decidiu a controvérsia em consonância com o entendimento do STJ, no sentido de que o desligamento, a pedido, de Oficial da ativa que tiver realizado qualquer curso ou estágio às expensas das Forças Armadas, sem respeitar o período legal de prestação do serviço militar após o encerramento dos estudos, gera o dever de indenizar o erário pelas despesas efetuadas com a sua formação e preparação pelo valor proporcional ao tempo faltante para atingir o prazo mínimo de permanência nas Forças Armadas. 3. Agravo interno não provido". (AgInt no REsp 1646459/SP, Rel. Ministro MAURO CAMPBELL MARQUES, SEGUNDA TURMA, julgado em 23/05/2017, DJe 30/05/2017)

◙ **A existência de lei específica que rege a atividade militar (Lei n. 6.880/80) não isenta a responsabilidade do Estado pelos danos morais causados em decorrência de acidente sofrido durante as atividades militares.**

"ADMINISTRATIVO. ACIDENTE EM SERVIÇO. MILITAR. RESPONSABILIDADE CIVIL DO ESTADO. CUMULAÇÃO DE BENEFÍCIO PREVIDENCIÁRIO COM INDENIZAÇÃO POR DANOS MORAIS. POSSIBILIDADE. REEXAME DO CONJUNTO FÁTICO. IMPOSSIBILIDADE. SÚMULA 7/STJ. 1. O Superior Tribunal de Justiça possui o entendimento de que a existência de lei específica que rege a atividade militar (Lei 6.880/80) não isenta a responsabilidade do Estado, prevista no art. 37, §

6º, da Constituição Federal, por danos morais causados a servidor militar em decorrência de acidente sofrido durante atividade no Exército. 2. É possível a cumulação de indenização por dano moral com os proventos da reforma de servidor militar. Precedentes. 3. Em relação à responsabilidade civil da União, a instância de origem decidiu a questão com fundamento no suporte fático-probatório dos autos, cujo reexame é inviável no Superior Tribunal de Justiça, ante o óbice da Súmula 7/STJ: "A pretensão de simples reexame de prova não enseja Recurso Especial." 3. Recurso Especial parcialmente conhecido e, nessa parte, não provido". (REsp 1679378/RS, Rel. Ministro HERMAN BENJAMIN, SEGUNDA TURMA, julgado em 19/09/2017, DJe 09/10/2017)

◙ **Tema 0340 Tese: Tese fixada: Estende-se o reajuste de 28,86% aos servidores militares contemplados com índices inferiores pelas Leis 8.622/1993 e 8.627/1993, já que se trata de revisão geral dos servidores públicos, observadas, entretanto, as compensações dos reajustes concedidos e a limitação temporal da Medida Provisória 2.131/2000, atual Medida Provisória 2.215-10/2001. Julgamento 06/10/2010**

RG ◙ Estende-se o reajuste de 28,86% aos servidores militares contemplados com índices inferiores pelas Leis 8.622/1993 e 8.627/1993, já que se trata de revisão geral dos servidores públicos, observadas, entretanto, as compensações dos reajustes concedidos e a limitação temporal da Medida Provisória 2.131/2000, atual Medida Provisória 2.215-10/2001.

"Questão de ordem. Recurso Extraordinário. 2. Alegação de ofensa aos artigos 5º e 37, X, da Constituição Federal. Inexistência. 3. Há de estender-se o reajuste de 28,86% aos servidores militares contemplados com índices inferiores pelas Leis 8.622/93 e 8.627/93, já que se trata de revisão geral dos servidores públicos, observadas, entretanto, as compensações dos reajustes concedidos e a limitação temporal da Medida Provisória n.º 2.131, de 28.12.2000, atual Medida Provisória n.º 2.215-10, de 15.9.2001. 4. Questão de ordem acolhida para: (1) reconhecer a repercussão geral quanto à extensão do reajuste de 28,86% aos servidores civis e militares; (2) reafirmar a jurisprudência do Tribunal; (3) prover parcialmente o recurso, apenas para limitar as diferenças devidas à data em que entrou em vigor a Medida Provisória n.º 2.131, de 28.12.2000, atual Medida Provisória n.º 2.215-10, de 15.9.2001, que reestruturou as carreiras e a remuneração dos servidores militares; e (4) para autorizar a adoção dos procedimentos relacionados à repercussão geral". (RE 584313 QO-RG, Relator(a): Min. GILMAR MENDES, julgado em 06/10/2010, REPERCUSSÃO GERAL – MÉRITO DJe-200 DIVULG 21-10-2010 PUBLIC 22-10-2010 EMENT VOL-02420-05 PP-01041 LEXSTF v. 32, n. 382, 2010, p. 176-181 LEXSTF v. 32, n. 383, 2010, p. 238-243)

◙ **Tema 0015: Direito de praça à remuneração não inferior a um salário-mínimo. RE 570177 – Tese Fixada: Não viola a Constituição o estabelecimento de remuneração inferior ao salário mínimo para as praças prestadoras de serviço militar inicial. 30/04/2008**

RG ◙ Não viola a Constituição o estabelecimento de remuneração inferior ao salário mínimo para as praças prestadoras de serviço militar inicial

"CONSTITUCIONAL. SERVIÇO MILITAR OBRIGATÓRIO. SOLDO. VALOR IN-FERIOR AO SALÁRIO MÍNIMO. VIOLAÇÃO AOS ARTS. 1º, III, 5º, CAPUT, E 7º, IV, DA CF. INOCORRÊNCIA. RE DESPROVIDO. I – A Constituição Federal não estendeu aos militares a garantia de remuneração não inferior ao salário mínimo, como o fez para outras categorias de trabalhadores. II – O regime a que submetem os militares não se confunde com aquele aplicável aos servidores civis, visto que têm direitos, garantias, prerrogativas e impedimentos próprios. III – Os cidadãos que prestam serviço militar obrigatório exercem um múnus público relacionado com a defesa da soberania da pátria. IV – A obrigação do Estado quanto aos conscritos limita-se a fornecer-lhes as condições materiais para a adequada prestação do serviço militar obrigatório nas Forças Armadas. V – Recurso extraordinário desprovido". (RE 570177, Relator(a): Min. RICARDO LEWANDOWSKI, Tribunal Pleno, julgado em 30/04/2008, REPERCUS-SÃO GERAL – MÉRITO DJe-117 DIVULG 26-06-2008 PUBLIC 27-06-2008 EMENT VOL-02325-09 PP-01737)

◙ **RG Tema 0440: Redução legal do valor de gratificação para servidores que ingressaram, ou reingressaram no quadro, após a entrada em vigor da lei redutora. Tese fixada: A redução da Gratificação Especial de Retorno à Atividade – GERA não implica violação ao princípio da irredutibilidade de vencimentos, se o ingresso ou o reingresso aos quadros do Corpo Voluntário de Militares Estaduais Inativos (CVMI) se deu após a edição da Lei Estadual 10.916/1997. Julgamento 24/06/2011**

RG ◙ A redução da Gratificação Especial de Retorno à Atividade – GERA não implica violação ao princípio da irredutibilidade de vencimentos, se o ingresso ou o reingresso aos quadros do Corpo Voluntário de Militares Estaduais Inativos (CVMI) se deu após a edição da Lei Estadual 10.916/1997

"Agravo convertido em Extraordinário. Gratificação Especial de Retorno à Atividade – GERA. Redução legal. Vigência da lei redutora. Reingresso de servidores públicos. Repercussão geral reconhecida. Precedentes. Reafirmação da jurisprudência. Recurso improvido. É compatível com a Constituição a redução da Gratificação Especial de Retorno à Atividade – GERA, se o ingresso ou reingresso dos servidores públicos, aos quadros do CVMI, ocorreu após a edição da Lei Estadual 10.916/1997". (ARE 637607 RG, Relator(a): Min. MINISTRO PRESIDENTE, julgado em 23/06/2011, REPERCUS-SÃO GERAL – MÉRITO DJe-171 DIVULG 05-09-2011 PUBLIC 06-09-2011 EMENT VOL-02581-02 PP-00300)

◙ **Tema 0448: Tese fixada: É incompatível com a Constituição a extensão, aos policiais militares inativos e pensionistas, do adicional de insalubridade instituído pela Lei Complementar 432/1985 do Estado de São Paulo. Julgamento 24/06/2011**

RG ◙ É incompatível com a Constituição a extensão, aos policiais militares inativos e pensionistas, do adicional de insalubridade instituído pela Lei Complementar 432/1985 do Estado de São Paulo

"Embargos de declaração. Interposição contra decisão que reconhece repercussão geral da matéria e reafirma jurisprudência da Corte. Omissão e contradição. Embargos de declaração acolhidos. Verificadas omissão quanto à inversão do ônus da sucumbência e contradição entre a ementa e o dispositivo do acórdão, devem ser corrigidas em embargos declaratórios". (RE 642682 RG-ED, Relator(a): Min. CEZAR PELUSO (Presidente), Tribunal Pleno, julgado em 29/03/2012, ACÓRDÃO ELETRÔNICO DJe-082 DIVULG 26-04-2012 PUBLIC 27-04-2012)

◙ **Tema 0806: Equiparação de vencimentos entre militares das Forças Armadas e policiais e bombeiros militares do Distrito Federal. Tese fixada: É vedada a equiparação remuneratória entre militares das Forças Armadas e policiais e bombeiros militares do Distrito Federal, visto que a Constituição Federal de 1988, em seu art. 37, XIII, coíbe a vinculação ou equiparação de quaisquer espécies remuneratórias no âmbito do serviço público. Julgamento 17/04/2015.**

RG ◙ É vedada a equiparação remuneratória entre militares das Forças Armadas e policiais e bombeiros militares do Distrito Federal, visto que a Constituição Federal de 1988, em seu art. 37, XIII, coíbe a vinculação ou equiparação de quaisquer espécies remuneratórias no âmbito do serviço público

"ADMINISTRATIVO. RECURSO EXTRAORDINÁRIO COM AGRAVO. MILITARES DAS FORÇAS ARMADAS E DO DISTRITO FEDERAL (POLICIAIS E BOMBEIROS MILITARES). EQUIPARAÇÃO DE VENCIMENTOS. ILEGITIMIDADE. VEDAÇÃO DO ART. 37, XIII, DA CF/88. PRECEDENTES. REPERCUSSÃO GERAL CONFIGURADA. REAFIRMAÇÃO DA JURISPRUDÊNCIA SOBRE A MATÉRIA. 1. É improcedente a demanda visando ao pagamento dos soldos dos integrantes das Forças Armadas no mesmo patamar da remuneração devida aos militares do Distrito Federal. Isto porque, a pretensão fundamenta-se no art. 24 do Decreto-Lei 667/69 que, reproduzindo vedação constante do art. 13, § 4º, da Constituição de 1967, na redação da EC 1/69, proíbe o pagamento de remuneração superior à fixada para os postos e graduações correspondentes no Exército ao pessoal das Polícias Militares e Corpo de Bombeiros Militares das Unidades da Federação. 2. Salienta-se que o impedimento do art. 13, § 4º, da Constituição de 1967, na redação da EC 1/69, não foi mantido na Constituição de 1988, cujos arts. 42, § 1º, e 142, § 3º, X, limitam-se a conferir aos Estados a competência para fixar, mediante lei estadual específica, a remuneração dos militares integrantes dos quadros das suas Polícias Militares e Corpo de Bombeiros Militares. 3. Já os arts. 42, § 1º, e 142, § 3º, X, da Carta Magna não se aplicam ao Distrito Federal, cujas Polícias Civil e Militar e Corpo de Bombeiros Militar, por disposição do art. 21, XIV, da CF/88, são organizadas e mantidas pela União, a quem compete privativamente legislar sobre o vencimento dos integrantes de seus respectivos quadros. A propósito, há entendimento sumulado: "compete privativamente à União legislar sobre vencimentos dos membros das Polícias Civil e Militar do Distrito Federal" (Súmula 647/STF, cuja orientação foi recentemente adotada pela Súmula Vinculante 39). 4. O art. 37, XIII, da CF/88 coíbe a vinculação ou equiparação de quaisquer espécies remuneratórias no âmbito do serviço público. Destarte, a pretensão dos recorrentes se afigura evidentemente incompatível com a Constituição Federal de 1988, uma vez que importa a equiparação de vencimentos entre os integrantes das Forças Armadas e os militares do Distrito Federal. Precedentes de ambas as Turmas em casos idênticos: ARE 652.202-AgR, Rel. Min. ROSA WEBER, Primeira Turma, DJe de 17/9/2014; ARE 651.415-AgR, Rel. Min. GILMAR MENDES, Segunda Turma, DJe de 25/4/2012. 5. Agravo conhecido para negar provimento ao recurso extraordinário, com o reconhecimento da repercussão geral do tema e a reafirmação da jurisprudência sobre a matéria". (ARE 665632 RG, Relator(a): Min. TEORI ZAVASCKI, julgado em 16/04/2015, ACÓRDÃO ELETRÔNICO REPERCUSSÃO GERAL – MÉRITO DJe-078 DIVULG 27-04-2015 PUBLIC 28-04-2015)

◙ **Tema 0984: Natureza jurídica dos reajustes concedidos aos servidores da carreira militar pela Lei n. 7.622/2000, do Estado da Bahia. Tese fixada: O Supremo Tribunal Federal veda o aumento de vencimentos pelo Poder Judiciário com base no princípio da isonomia, na equiparação salarial ou a pretexto da revisão geral anual, não sendo devida, portanto, a extensão do maior reajuste concedido pela Lei estadual nº 7.622/2000 aos soldos de toda a categoria dos policiais militares do Estado da Bahia, dispensada a devolução de valores eventualmente recebidos de boa-fé até a data de conclusão do presente julgamento no Plenário Virtual desta Corte. Julgamento 16/02/2018**

RG ◙ Supremo Tribunal Federal veda o aumento de vencimentos pelo Poder Judiciário com base no princípio da isonomia, na equiparação salarial ou a pretexto da revisão geral anual, não sendo devida, portanto, a extensão do maior reajuste concedido pela Lei estadual nº 7.622/2000 aos soldos de toda a categoria dos policiais militares do Estado da Bahia, dispensada a devolução de valores eventualmente recebidos de boa-fé até a data de conclusão do presente julgamento no Plenário Virtual desta Corte.

"REPERCUSSÃO GERAL. SERVIDORES PÚBLICOS. REESTRUTURAÇÃO DA CARREIRA DOS MILITARES DO ESTADO DA BAHIA. LEI ESTADUAL Nº 7.622/2000. CONCESSÃO DE REAJUSTES DIFERENCIADOS. VIOLAÇÃO DO PRINCÍPIO DA ISONOMIA E DO ART. 37, INC. X, DA CF/88. NÃO OCORRÊNCIA. RECONHECIMENTO DE REPERCUSSÃO GERAL E REAFIRMAÇÃO DE JURISPRUDÊNCIA". (RE 976610 RG, Relator(a): Min. DIAS TOFFOLI, julgado em 15/02/2018, PROCESSO ELETRÔNICO REPERCUSSÃO GERAL – MÉRITO DJe-036 DIVULG 23-02-2018 PUBLIC 26-02-2018)

◙ **Tema 0541: Exercício do direito de greve por policiais civis. – Tese fixada: 1 – O exercício do direito de greve, sob qualquer forma ou modalidade, é vedado aos policiais civis e a todos os servidores públicos que atuem diretamente na área de segurança pública. 2 – É obrigatória a participação do Poder Público em mediação instaurada pelos órgãos classistas das carreiras de segurança pública, nos termos do art. 165 do CPC, para vocalização dos interesses da categoria. Julgamento 05/04/2017Estabelecimento de regras que disciplinem o processo e julgamento das agentes políticos federais, estaduais ou municipais envolvidos são da competência legislativa privativa da União e devem ser tratados em lei nacional especial.**

RG ◙ O exercício do direito de greve, sob qualquer forma ou modalidade, é vedado aos policiais civis e a todos os servidores públicos que atuem diretamente na área de segurança pública

"CONSTITUCIONAL. GARANTIA DA SEGURANÇA INTERNA, ORDEM PÚBLICA E PAZ SOCIAL. INTERPRETAÇÃO TELEOLÓGICA DOS ART. 9º, § 1º, ART. 37, VII, E ART. 144, DA CF. VEDAÇÃO ABSOLUTA AO EXERCÍCIO DO DIREITO DE GREVE AOS SERVIDORES PÚBLICOS INTEGRANTES DAS CARREIRAS DE SEGURANÇA PÚBLICA. 1.A atividade policial é carreira de Estado imprescindível a manutenção da normalidade democrática, sendo impossível sua complementação ou substituição pela atividade privada. A carreira policial é o braço armado do Estado, responsável pela garantia da segurança interna, ordem pública e paz social. E o Estado não faz greve. O Estado em greve é anárquico. A Constituição Federal não permite. 2.Aparente colisão de direitos. Prevalência do interesse público e social na manutenção da segurança interna, da ordem pública e da paz social sobre o interesse individual de determinada categoria de servidores públicos. Impossibilidade absoluta do exercício do direito de greve às carreiras policiais. Interpretação teleológica do texto constitucional, em especial dos artigos 9º, § 1º, 37, VII e 144. 3.Recurso provido, com afirmação de tese de repercussão geral: "1 – O exercício do direito de greve, sob qualquer forma ou modalidade, é vedado aos policiais civis e a todos os servidores públicos que atuem diretamente na área de segurança pública. 2 – É obrigatória a participação do Poder Público em mediação instaurada pelos órgãos classistas das carreiras de segurança pública, nos termos do art. 165 do Código de Processo Civil, para vocalização dos interesses da categoria". (ARE 654432, Relator(a): Min. EDSON FACHIN, Relator(a) p/ Acórdão: Min. ALEXANDRE DE MORAES, Tribunal Pleno, julgado em 05/04/2017, PROCESSO ELETRÔNICO REPERCUSSÃO GERAL – MÉRITO DJe-114 DIVULG 08-06-2018 PUBLIC 11-06-2018)

◙ Tema 0724: Recurso extraordinário em que se discute, à luz do art. 8º do ADCT, se as promoções asseguradas aos militares anistiados devem se restringir à carreira a que pertencia o militar na ativa. Tese Fixada: As promoções dos anistiados se restringem ao quadro a que pertencia o militar na ativa. 02/05/2014

RG ◙ As promoções dos anistiados se restringem ao quadro a que pertencia o militar na ativa.

"Recurso extraordinário. Repercussão geral da questão constitucional reconhecida. Reafirmação de jurisprudência. 2. Direito Administrativo. 3. Anistia política. Militar. Art. 8º do ADCT. Promoção. Quadro diverso. Impossibilidade. Recurso extraordinário não provido". (ARE 799908 RG, Relator(a): Min. GILMAR MENDES, julgado em 01/05/2014, PROCESSO ELETRÔNICO REPERCUSSÃO GERAL – MÉRITO DJe-107 DIVULG 03-06-2014 PUBLIC 04-06-2014)

◙ O desconto em folha de pagamento do militar das Forças Armadas pode comprometer até 70% de sua remuneração bruta, desde que nesse percentual estejam

incluídos, também, os descontos obrigatórios, sendo vedada, apenas, a percepção de valor inferior a 30% da sua remuneração bruta.

"AGRAVO EM RECURSO ESPECIAL Nº 1.146.202 – DF (2017/0190264-2) RELATOR : MINISTRO NAPOLEÃO NUNES MAIA FILHO AGRAVANTE : DOUGLAS JOSE DA SILVA ADVOGADO : DEFENSORIA PÚBLICA DO DISTRITO FEDERAL AGRAVADO : BANCO SANTANDER BRASIL S/A ADVOGADOS : CARLOS JOSÉ ELIAS JÚNIOR – DF010424 OSMAR MENDES PAIXÃO CÔRTES – DF015553 ANDREA SUELY VASQUEZ MOTA – DF013445 FRANCISCO JHONATAN GONÇALVES – DF035442 DECISÃO PROCESSUAL CIVIL E ADMINISTRATIVO. AGRAVO EM RECURSO ESPECIAL. MILITAR. AÇÃO DE REVISÃO CONTRATUAL. EMPRÉSTIMOS BANCÁRIOS CONSIGNADOS. DESCONTOS EM FOLHA DE PAGAMENTO DE ATÉ 70% DOS RENDIMENTOS. INCIDÊNCIA DO ART. 14, § 3º. DA MEDIDA PROVISÓRIA 2.215-10/2001. AGRAVO EM RECURSO ESPECIAL DO PARTICULAR A QUE SE NEGA PROVIMENTO. 1. Agrava-se de decisão que negou seguimento ao Recurso Especial interposto por DOUGLAS JOSE DA SILVA com fundamento na alínea a e c do art. 105, III da Constituição Federal, no qual se insurge contra acórdão do egrégio Tribunal de Justiça do Distrito Federal e dos Territórios, assim ementado: APELAÇÃO CÍVEL. CIVIL. PROCESSUAL CIVIL E DO CONSUMIDOR. AÇÃO DE REVISÃO CONTRATUAL. EMPRÉSTIMOS BANCÁRIOS CONSIGNADOS. CÓDIGO DE DEFESA DO CONSUMIDOR. APLICABILIDADE. DESCONTOS EM FOLHA DE PAGAMENTO. LIMITAÇÃO A 30% DOS RENDIMENTOS. INAPLICABILIDADE. MILITAR DAS FORÇAS ARMADAS. INCIDÊNCIA DO ART. 14, § 3º. DA MEDIDA PROVISÓRIA 2.215-10/2001. CAPITALIZAÇÃO MENSAL DE JUROS. LEGALIDADE. TAXA DE JUROS. LEI DE USURA. NÃO INCIDÊNCIA (SÚMULA 596 DO STF). SEGURO PRESTAMISTA. ABUSIVIDADE. INEXISTÊNCIA. 1. As disposições do Código de Defesa do Consumidor (Lei 8.078/1990) são aplicáveis aos contratos bancários. Precedente do STF: ADI 2591/DF. Rei. orig. Min. CARLOS VELLOSO. Rel. p/ o acórdão Min. EROS GRAU. 7.6.2006. Precedente do STJ: Súmula 297. **2. O desconto em folha de pagamento do militar das Forças Armadas, por possuir regulamentação própria – Medida Provisória 2.215-10/2001 – não se limita à margem de 30% dos rendimentos brutos, deduzidos os descontos compulsórios, sendo possível ao servidor militar comprometer contratualmente até 70% de sua remuneração bruta, desde que nesse percentual estejam incluídos, também, os descontos obrigatórios, sendo vedada, apenas, a percepção de valor inferior a 30% da sua remuneração bruta.** 3. Admite-se a incidência da capitalização mensal de juros em contratos celebrados após 31.3.2000, data da publicação da MP 1.963-17/2000 (em vigor como MP 2.170-36/2001), desde que expressamente pactuada. 4. Por "expressamente pactuada", deve-se entender a previsão no contrato bancário de taxa de juros anual superior ao duodécuplo da mensal, dispensando-se a inclusão de cláusula com redação que expresse o termo "capitalização de juros" (REsp. 973.827/RS, Recurso Especial Repetitivo, Rel. Min. LUIS FELIPE SALOMÃO, Rel. p/ Acórdão Min. MARIA ISABEL GALLOTTI, SEGUNDA SEÇÃO, julgado em 8.8.2012, DJe 24.9.2012) 5. Até que haja julgamento em definitivo da ADI 2316-1/DF, onde serão atribuídos efeitos vinculantes e erga omnes, admite-se a capitalização de juros em periodicidade mensal, com apoio na Medida Provisória 2.170-36 (antiga MP 1.963- 17/00), aos contratos firmados a partir do dia 31 de março de 2000, desde que expressamente pactuada. 6. Inaplicável ao sistema financeiro nacional a limitação de juros prevista na Lei de Usura (Súmulas 596/STF e 382/STJ). 7. A contratação de seguro de proteção financeira, também denominado de seguro prestamista, não se revela, a princípio, abusiva, pois, nada obstante o seguro não se qualificar como serviço inerente ao fomento da atividade bancária, a sua contratação é do interesse único e exclusivo do contratante, uma vez que se destina a resguardá-lo dos riscos da inadimplência avençada nas hipóteses contratadas. 8. Apelação conhecida e não provida (fls. 158/159). 2. Em suas razões recursais, além da divergência jurisprudencial, sustenta a parte recorrente violação dos arts. 21 da Lei Federal 1.046/1950; 1º. e 5º. do Decreto Federal 8.690/2016; 6º., III, V, 39, I, 46, 47 e 54, § 3º. da Lei 8.078/1990, argumentando a exorbitância do desconto na folha de pagamento do consumidor, devendo haver limitação de 30% de sua renda bruta. Aduz a necessidade de mitigação da Medida Provisória tendo em vista que afronta a dignidade da pessoa humana e o mínimo existencial. 3. É o relatório. 4. Na hipótese dos autos, o Tribunal de origem consignou: Inicialmente, insurge-se o autor, militar das Forças Armadas vinculado à Marinha, ao limite dos descontos em folha de pagamento decorrentes de contratos de empréstimo celebrados com instituição bancária ré. Razão não assiste ao apelante. Nesse tocante, é de se ver que os descontos em folha de pagamento de servidor público são permitidos pela Lei 8.112/1990 (Estatuto dos Servidores Públicos Federais). Esse Estatuto Legal, em seu art. 45, §§ 1º. e 2º. (com as inovações acrescidas pela Lei 13.172/2015), dispõe que as consignações em pagamento de servidores públicos não poderão exceder 35% da remuneração mensal, dos quais 30% para descontos relativos a contratos de empréstimo ou financiamento e os 5% restantes exclusivamente para despesas relacionadas a cartão de crédito. (...). Tal regramento é reproduzido pelo Decreto 8.690/2016, o qual dispõe sobre a gestão das consignações em folha de pagamento no âmbito do sistema de gestão de pessoas do Poder Executivo Federal: (...). Assim, os descontos efetuados na folha de pagamento de servidores públicos devem ser limitados a 30% (ou 35%) dos seus rendimentos. Contudo, o autor é servidor da Marinha, ou seja, militar das Forças Armadas, possuindo regramento próprio na Medida Provisória 2.215-410/2001, o qual dispõe que: (...). Do supracitado dispositivo, verifica-se que os militares das Forças Armadas possuem uma margem maior para consignação do que os demais servidores, podendo comprometer até 70% de seus rendimentos com descontos, somados os descontos autorizados e os obrigatórios, sendo vedado o recebimento de quantia inferior a 30% de sua remuneração. (...). No caso em comento, verifica-se, pelos contracheques de fls. 25/26 que os descontos efetuados pelo banco na folha de pagamento do autor, decorrente dos empréstimos assumidos (descontos autorizados) eqüivalem a aproximadamente 41,18% dos rendimentos brutos do apelante. Percebe-se, também, que a soma dos descontos autorizados e dos descontos obrigatórios não ultrapassam o limite de 70% dos rendimentos do autor tendo ele recebido em agosto de 2015 (fl. 26) o equivalente a 30,52% da sua remuneração bruta e, em setembro de 2015 (fl. 26), 41,33% de seus rendimentos Destarte, havendo norma que permita aos militares das forças armadas comprometerem até 70% de sua remuneração, e sendo respeitada a percepção de quantia equivalente a 30% dos rendimentos brutos, correta se mostra a r. sentença quanto ao ponto (fls. 162/169). 5. Não merece reparos o acórdão recorrido, porquanto reflete o entendimento firmado no âmbito desta Corte acerca da matéria, segundo o qual os militares estão submetidos a um regramento específico que autoriza o desconto em folha de pagamento, juntamente com os descontos obrigatórios, correspondente a até 70% dos rendimentos brutos das remunerações ou dos proventos. Nesse sentido: EMBARGOS DE DIVERGÊNCIA EM AGRAVO EM RECURSO ESPECIAL. ENUNCIADO ADMINISTRATIVO N. 2 DO STJ. MILITAR. DESCONTOS EM FOLHA DE PAGAMENTO. LIMITE DE 70% DAS REMUNERAÇÕES OU DOS PROVENTOS. MEDIDA PROVISÓRIA N. 2.215-10/2001. NORMA ESPECÍFICA. EMBARGOS DE DIVERGÊNCIA ACOLHIDOS. 1. Os descontos em folha dos militares estão regulados em norma jurídica específica, qual seja: a MP 2.215-10/2001. 2. Por força do art. 14, § 3º. da MP 2.215-10/2001, os descontos em folha, juntamente com os descontos obrigatórios, podem alcançar o percentual de 70% das remunerações ou dos proventos brutos dos servidores militares. 3. Embargos de divergência acolhidos (EAREsp. 272.665/PE, Rel. Min. MAURO CAMPBELL MARQUES, DJe 18.12.2017). 6. Tendo em vista o disposto no art. 85, § 11 do CPC/2015 e o Enunciado 241 do Fórum Permanente de Processualistas Civis, os honorários de sucumbência recursal serão somados aos honorários devidos em razão da sucumbência em primeiro grau, observados os limites legais. 7. Assim, fixam-se os honorários recursais em 1% sobre o valor da condenação, que deverão ser acrescidos ao montante total. 8. Diante do exposto, nega-se provimento ao Agravo em Recurso Especial do particular. 9. Publique-se. 10. Intimações necessárias. Brasília/DF, 02 de março de 2018. NAPOLEÃO NUNES MAIA FILHO MINISTRO RELATOR". (STJ – AREsp: 1146202 DF 2017/0190264-2, Relator: Ministro NAPOLEÃO NUNES MAIA FILHO, Data de Publicação: DJ 06/03/2018)

◙ **O militar anistiado faz jus a todas as promoções a que teria direito se na ativa estivesse, desde que dentro da carreira a que pertencia à época de seu desligamento. (Tese julgada sob o rito do art. 543-C do CPC/73 – TEMA 603)**

"EMBARGOS À EXECUÇÃO. ACÓRDÃO QUE ASSEGUROU A MILITARES ANISTIADOS AS PROMOÇÕES A QUE TERIAM DIREITO SE ESTIVESSEM NO SERVIÇO ATIVO. TRANSAÇÃO ADMINISTRATIVA. QUESTÕES GERAIS. 1. O prazo prescricional para a execução contra a Fazenda Pública de sentença exarada em Mandado de Segurança é de cinco anos, nos termos do art. 1º do Decreto 20.910/1932 e da Súmula 150/STF, o que foi atendido no caso concreto. 2. A jurisprudência do STJ entende que, embora o Mandado de Segurança tenha caráter personalíssimo, o que torna incabível a sucessão processual na fase de conhecimento, na execução é cabível a habilitação dos herdeiros. PARECER DA CEJU 3. Após parecer da Coordenação de Execução Judicial que apontou não restarem valores devidos aos exequentes Constantino José Sommer, Reni Pires Pinós, Ney Borba de Oliveira, Euclides Fava e Emigdio Mariano dos Santos, por terem firmado acordos na via administrativa, apontando valores devidos apenas a Flori Antônio Nunes Soares e Antônio Garcia Filho, houve impugnação apenas dos filhos de Emigdio Mariano dos Santos e da União. Os primeiros sustentaram que o pagamento administrativo foi menor do que o direito assegurado no acórdão exequendo. A segunda, concordou com o valor apontado para Flori Antônio Nunes Soares, mas contestou o termo inicial dos cálculos relativos a Antônio Garcia Filho. EMIGDIO MARIANO

DOS SANTOS. 4. O falecido Emigdio Mariano dos Santos aderiu às condições do acordo para pagamento administrativo autorizado pela Lei 11.354/2006, conforme Termo de Adesão juntado à fl. 115. Esse acordo representa transação e torna incabíveis pagamentos adicionais a ele ou seus sucessores. ANTÔNIO GARCIA FILHO. 5. Não assiste razão à União quando sustenta que o termo inicial das diferenças devidas ao Espólio de Antônio Garcia Filho teria de ser a data do ajuizamento do Mandado de Segurança, pois o acórdão exequendo foi explícito em conceder a segurança a partir da promulgação da Constituição. O termo inicial adotado pela CEJU em seus cálculos estaria, em tese, de acordo com a coisa julgada. 6. Todavia, mostra-se correta alegação anterior da União de existência de transação administrativa. Tendo os próprios embargados confirmado que a viúva e demais herdeiros habilitados nos autos da Execução firmaram Termos de Adesão para recebimento administrativo dos valores devidos pela concessão de anistia política (fls. 241-245), incabível o pagamento de diferenças relativas a período não contemplado no cálculo administrativo. 7. Na verdade, às fls. 241-245, os embargados reclamaram é de que, até aquele momento, em 2012, os valores devidos em virtude do ajuste administrativo só teriam sido pagos parcialmente à viúva, mas nada aos herdeiros. Todavia, tendo sido celebrado transação para recebimento administrativo, incabível a continuação da Execução do título judicial em relação a eles. Eventual inadimplência no ajuste administrativo implica necessidade de ação própria para efetivo cumprimento do acordado. CONCLUSÃO 8. Embargos à Execução julgados parcialmente procedentes para declarar que resta a ser pago na Execução somente o valor apontado pela CEJU como devidos a Flori Antônio Nunes Sores, ou seja, R$ 1.297.101,72 na referência abril de 2016". (Bem. Exe.MS 786/DF, Rel. Ministro HERMAN BENJAMIN, PRIMEIRA SEÇÃO, julgado em 28/06/2017, DJe 01/08/2017)

RG ◙ Possibilidade de servidor público militar transferido ingressar em universidade pública, na falta de universidade privada congênere à de origem. Tese: É constitucional a previsão legal que assegure, na hipótese de transferência ex officio de servidor, a matrícula em instituição pública, se inexistir instituição congênere à de origem. Tema 57, RE 601580

◙ Súmula Vinculante 6 do STF: "Não viola a Constituição o estabelecimento de remuneração inferior ao salário mínimo para as praças prestadoras de serviço militar inicial".

◙ Súmula 10 do STF. O tempo de serviço militar conta-se para efeito de disponibilidade e aposentadoria do servidor público estadual.

◙ Súmula 11 do STF: "A vitaliciedade não impede a extinção do cargo, ficando o funcionário em disponibilidade, com todos os vencimentos". A parte final da súmula, no entanto, deve ser adaptada à nova realidade constitucional, que preconiza a disponibilidade com proventos proporcionais (art. 41, § 3.º), igualmente aplicável aos servidores vitalícios

◙ Súmula 36 do STF: "Servidor vitalício está sujeito à aposentadoria compulsória, em razão de idade".

◙ *Súmula 47 do STF*. Reitor de universidade não é livremente demissível pelo Presidente da República durante o prazo de sua investidura.

◙ *Súmula 55 do STF*. Militar da reserva está sujeito a pena disciplinar.

◙ *Súmula 57 do STF*. Militar inativo não tem direito ao uso do uniforme, fora dos casos previstos em lei ou regulamento.

◙ *Súmula 407 do STF*. Não tem direito ao terço de campanha o militar que não participou de operações de guerra, embora servisse na "zona de guerra".

◙ *Súmula 673 do STF*: O art. 125, § 4º, da Constituição não impede a perda da graduação de militar mediante procedimento administrativo.

◙ *Súmula 674 do STF*. A anistia prevista no art. 8º do ADCT não alcança os militares expulsos com base em legislação disciplinar ordinária, ainda que em razão de atos praticados por motivação política.

◙ *Súmula 346 do STJ* – É vedada aos militares temporários, para aquisição de estabilidade, a contagem em dobro de férias e licenças não gozadas.

SERVIDORES PÚBLICOS CIVIS, EM SENTIDO ESTRITO (ESTATUTÁRIOS)

▶ **Os servidores públicos civis regidos pelo regime jurídico administrativo, também chamado estatutário**

Os servidores públicos civis regidos pelo regime jurídico administrativo, também chamado estatutário, são o principal objeto de nosso estudo neste capítulo, daí por que vamos nos deter, com maior vagar, em analisar a sua situação jurídica, seus deveres e direitos, tanto no plano constitucional, quanto no plano legal, nesse último caso, por questão didática, analisando a legislação aplicável aos servidores federais.

▶ **O vínculo estatutário, diferentemente do decorrente de relação de emprego, não tem natureza contratual, mas sim institucional.**

Assim, o servidor adere, quando nomeado, empossado e em exercício, a uma série de regras pré-estabelecidas, que regem sua condição funcional. Essas regras não estão estabelecidas em um contrato, mas estão diretamente insculpidas em leis e em seus respectivos regulamentos. É certo que contratos intensamente regulamentados ou dirigidos, como o contrato de trabalho, aproximam-se, quanto aos efeitos, das relações jurídicas institucionais, mas continuam distintas a origem e a natureza do vínculo.

▶ Em termos de efeitos, a principal diferença é que, na relação jurídica institucional, conforme amplamente reconhecido na jurisprudência, não existe a garantia legal de manutenção do regime jurídico remuneratório, salvo eventuais restrições constitucionais, como o princípio da irredutibilidade salarial.

Em termos de efeitos, a principal diferença é que, na relação jurídica institucional, conforme amplamente reconhecido na jurisprudência, não existe a garantia legal de manutenção do regime jurídico remuneratório, salvo eventuais restrições constitucionais, como o princípio da irredutibilidade salarial. Dessa forma, determinada vantagem do servidor estatutário pode ser extinta, futuramente, sem que este invoque, em sentido contrário à extinção, a existência de um direito adquirido à referida vantagem. Essa mesma situação, no regime de emprego público, é impensável, pois a natureza contratual do vínculo impede tal modificação, salvo se, de alguma forma, for mais benéfica para o trabalhador.

▶ **O servidor público civil estatutário ocupa cargo, e não emprego.**

O cargo público é definido pela Lei 8.112/1990, em seu art. 3.º, como sendo: "o conjunto de atribuições e responsabilidades previstas na estrutura organizacional que devem ser cometidas a um servidor".

▶ **A pessoa legalmente habilitada é o** *servidor público* **(art. 2.º da Lei 8.112/1990), que adquire essa habilitação conforme um procedimento prévio que resultará, ao final, no exercício daquelas competências e deveres, ou atribuições e responsabilidades, para usarmos o termo legal.**

Essa pessoa legalmente habilitada é o *servidor público* (art. 2.º da Lei 8.112/1990), que adquire essa habilitação conforme um procedimento prévio que resultará, ao final, no exercício daquelas competências e deveres, ou atribuições e responsabilidades, para usarmos o termo legal.

▶ **Conquanto não seja o cargo um lugar, ao servidor que ocupa o cargo se pode atribuir um local de atuação, ao qual se denomina *local de lotação*.**

Conquanto não seja o cargo um lugar, ao servidor que ocupa o cargo se pode atribuir um local de atuação, ao qual se denomina *local de lotação*, que poderá ser alterado, posteriormente, por diversas razões. Quem fica lotado é o servidor, e não o cargo, de modo que, uma vez vago o cargo, em tese, pode ser redistribuído para qualquer outro local onde seja mais necessário.

▶ **Os cargos são mantidos e organizados dentro da estrutura funcional das repartições públicas, de forma que se saiba exatamente quantos são, quantos estão preenchidos, quantos estão vagos. esse conjunto de cargos dá-se o nome de quadro funcional.**

Embora não seja um lugar, os cargos são mantidos e organizados dentro da estrutura funcional das repartições públicas, de forma que se saiba exatamente quantos são, quantos estão preenchidos, quantos estão vagos, se existe algum que se tenha por desnecessário e que pode ser extinto, se o quantitativo é insuficiente e novos precisam ser criados, e assim por diante. A esse conjunto de cargos dá-se o nome de quadro funcional. Cada entidade da Administração Pública tem seu próprio quadro funcional. Assim, o INSS tem seu quadro de servidores, o IBAMA idem, o INCRA, da mesma forma.

▶ É comum, no entanto, que exista, numa mesma entidade, diferentes quadros funcionais englobando uma ou diversas categorias determinadas de servidores.

É comum, no entanto, que exista, numa mesma entidade, diferentes quadros funcionais englobando uma ou diversas categorias determinadas de servidores. Assim, por exemplo, no âmbito do Judiciário Federal, é comum se dividir os quadros funcionais dos servidores que atuam nos tribunais daqueles que atuam na primeira instância. Em unidades realmente grandes, com número elevado de servidores, tem-se, por vezes, a existência de quadros divididos por órgãos. Um Ministério, por exemplo, pode ter dezenas de órgãos vinculados, cada um com seu quadro de servidores. Basta pensar, por exemplo, no Departamento da Polícia Federal, que é apenas um órgão integrante do Ministério da Justiça. Esse Departamento terá um quadro funcional próprio, diferente daqueles existentes em outros órgãos do referido Ministério.

▶ É possível, ainda, que exista mais de um quadro numa mesma estrutura, conforme o número de categorias ou grupos funcionais envolvidos.

É possível, ainda, que exista mais de um quadro numa mesma estrutura, conforme o número de categorias ou grupos funcionais envolvidos, de forma que os servidores ocupantes de cargos de nível superior estejam enquadrados num quadro funcional diferente daquele destinado a servidores ocupantes de cargos de nível médio.

▶ Cada cargo tem posição definida em quadro específico, daí por que se fala em enquadramento funcional.

Cada cargo tem posição definida em quadro específico, daí por que se fala em enquadramento funcional, devendo haver compatibilidade com o grupo funcional ou categoria a que o cargo pertença, levando-se em consideração os requisitos exigidos para o cargo.

▶ Política e as Diretrizes para o Desenvolvimento de Pessoal da administração pública federal direta, autárquica e fundacional

Pelo Decreto 5.707/06 foi instituída a Política Nacional de Desenvolvimento de Pessoal, a ser implementada pelos órgãos e entidades da administração pública federal direta, autárquica e fundacional, com as seguintes finalidades: I – melhoria da eficiência, eficácia e qualidade dos serviços públicos prestados ao cidadão; II – desenvolvimento permanente do servidor público; III – adequação das competências requeridas dos servidores aos objetivos das instituições, tendo como referência o plano plurianual; IV – divulgação e gerenciamento das ações de capacitação; e V – racionalização e efetividade dos gastos com capacitação.

▶ **Conceitos relacionados à Política e as Diretrizes para o Desenvolvimento de Pessoal**

I – **capacitação:** processo permanente e deliberado de aprendizagem, com o propósito de contribuir para o desenvolvimento de competências institucionais por meio do desenvolvimento de competências individuais; II – **gestão por competência:** gestão da capacitação orientada para o desenvolvimento do conjunto de conhecimentos, habilidades e atitudes necessárias ao desempenho das funções dos servidores, visando ao alcance dos objetivos da instituição; e III – **eventos de capacitação:** cursos presenciais e à distância, aprendizagem em serviço, grupos formais de estudos, intercâmbios, estágios, seminários e congressos, que contribuam para o desenvolvimento do servidor e que atendam aos interesses da administração pública federal direta, autárquica e fundacional.

▶ **Diretrizes da Política Nacional de Desenvolvimento de Pessoal:**

I – incentivar e apoiar o servidor público em suas iniciativas de capacitação voltadas para o desenvolvimento das competências institucionais e individuais; II – assegurar o acesso dos servidores a eventos de capacitação interna ou externamente ao seu local de trabalho; III – promover a capacitação gerencial do servidor e sua qualificação para o exercício de atividades de direção e assessoramento; IV – incentivar e apoiar as iniciativas de capacitação promovidas pelas próprias instituições, mediante o aproveitamento de habilidades e conhecimentos de servidores de seu próprio quadro de pessoal; V – estimular a participação do servidor em ações de educação continuada, entendida como a oferta regular de cursos para o aprimoramento profissional, ao longo de sua vida funcional; VI – incentivar a inclusão das atividades de capacitação como requisito para a promoção funcional do servidor nas carreiras da administração pública federal direta, autárquica e fundacional, e assegurar a ele a participação nessas atividades; VII – considerar o resultado das ações de capacitação e a mensuração do desempenho do servidor complementares entre si; VIII – oferecer oportunidades de requalificação aos servidores redistribuídos; IX – oferecer e garantir cursos introdutórios ou de formação, respeitadas as normas específicas aplicáveis a cada carreira ou cargo, aos servidores que ingressarem no setor público, inclusive àqueles sem vínculo efetivo com a administração pública; X – avaliar permanentemente os resultados das ações de capacitação; XI – elaborar o plano anual de capacitação da instituição, compreendendo as definições dos temas e as metodologias de capacitação a serem implementadas; XII – promover entre os servidores ampla divulgação das oportunidades de capacitação; e XIII – priorizar, no caso de eventos externos de aprendizagem, os cursos ofertados pelas escolas de governo, favorecendo a articulação entre elas e visando à construção de sistema de escolas de governo da União, a ser coordenado pela Escola Nacional de Administração Pública – ENAP.

▶ **O exercício de cargos comissionados ou em comissão independe de aprovação em concurso público, podendo ser preenchidos apenas por decisão da autoridade administrativa competente, que faz a indicação e a nomeação do comissionado.**

O exercício de cargos comissionados ou em comissão independe de aprovação em concurso público, podendo ser preenchidos apenas por decisão da autoridade administrativa competente, que faz a indicação e a nomeação do comissionado.

▶ **Excepcionalmente, para alguns cargos de alto escalão, exige-se, também, aprovação parlamentar, como no caso do presidente e diretores do Banco Central, que são nomeados apenas depois de aprovada a indicação pelo Senado Federal.**

Excepcionalmente, para alguns cargos de alto escalão, exige-se, também, aprovação parlamentar, como no caso do presidente e diretores do Banco Central, que são nomeados apenas depois de aprovada a indicação pelo Senado Federal (art. 52, III, *d*, da CF/1988). Para a maioria desses cargos, no entanto, foram criados mandatos para as funções de diretoria e presidência, o que acabou criando um *sistema híbrido*, em que os cargos, apesar de a escolha inicial ser feita pela autoridade do Executivo, no caso o Presidente da República, não podem ser considerados simplesmente como em comissão, pois não existe a liberdade total da autoridade nomeante de exonerar seus ocupantes antes do término dos respectivos mandatos.

▶ **Poderá haver o desprovimento destes sem maiores contratempos pela simples vontade da autoridade nomeante**

Em contrapartida, para as demais situações envolvendo cargos em comissão, poderá haver o desprovimento destes sem maiores contratempos pela simples vontade da autoridade nomeante; daí se utilizar a expressão latina muito conhecida da exoneração *ad nutum*.

▶ **A Constituição Federal de 1988 destinou os *cargos em comissão* apenas para as atribuições de direção, chefia e assessoramento (art. 37, V).**

A Constituição Federal de 1988 destinou os *cargos em comissão* apenas para as *atribuições de direção, chefia e assessoramento (art. 37, V)*. Significa dizer que apenas os cargos em que há certa complexidade nas atribuições, e, não apenas isso, mas somente aqueles em que tal complexidade exija seu preenchimento por alguém que seja de extrema confiança da autoridade nomeante, poderão ser em comissão.

▶ **Essa "confiança" não é a amizade com a pessoa do nomeado, mas sim a confiança na sua capacidade para a gestão dos problemas que serão enfrentados no exercício do cargo.**

Essa "confiança" não é a amizade com a pessoa do nomeado, mas sim a confiança na sua capacidade para a gestão dos problemas que serão enfrentados no exercício do cargo.

▶ **O inc. V do art. 37 teve a redação alterada pela EC 19/1998 para prever que a lei estabelecerá os casos, condições e percentuais mínimos em que os cargos em comissão serão preenchidos por servidores de carreira, o que limitaria, de certa forma, as nomeações meramente políticas ou por fisiologismo.**

O inc. V do art. 37 teve a redação alterada pela EC 19/1998 para prever que a lei estabelecerá os casos, condições e percentuais mínimos em que os cargos em comissão serão preenchidos por servidores de carreira, o que limitaria, de certa forma, as nomeações meramente políticas ou por fisiologismo. Essa lei, contudo, ainda não foi editada. No âmbito do Executivo Federal vigoram as disposições do Decreto 5.497/2005, que fixou percentuais de cargos em comissão do Grupo-Direção e Assessoramento Superiores – DAS, a serem ocupados exclusivamente por servidores de carreira.

▶ **Importante observar, no entanto, que algumas leis já condicionam o desempenho de certos cargos em comissão a integrantes da carreira com eles relacionados.**

Importante observar, no entanto, que *algumas leis já condicionam o desempenho de certos cargos em comissão a integrantes da carreira* com eles relacionados. Assim, por exemplo, a Lei Complementar 73/1993, ao dispor sobre a organização da Advocacia-Geral da União, estabeleceu a competência do Presidente da República de nomear, por indicação do Advogado-Geral da União, os ocupantes dos cargos em comissão de procurador-Chefe, procurador Regional e Corregedor-Auxiliar (art. 49, I), deixando claro que todos esses cargos devem ser ocupados por integrantes efetivos da carreira (art. 49, § 1.º). Não é para menos, pois não teria sentido criar uma carreira e deixá-la completamente à mercê, em sua direção, a pessoas que são estranhas a ela. Ainda assim, os cargos de mais alto escalão, no geral, continuam sendo de livre nomeação. O próprio AGU, por exemplo, é de livre nomeação do Presidente da República (art. 131, § 1.º, da CF/1988). Na esfera federal foram criados, ainda, os chamados *cargos de natureza especial*, um nome eufemístico para cargos em comissão de altíssimo escalão, apenas integrando um quadro funcional separado dos de nível DAS – Direção e

Assessoramento Superior. Não há previsão constitucional específica sobre o assunto e nada, absolutamente nada, que justifique estarem os mesmos isentos de observância ao disposto no art. 37, V, da CF/1988. É importante observar que meras mudanças de nomenclatura na esfera da legislação ordinária não podem servir de subterfúgio para a não aplicação de regras constitucionais. No caso dos cargos de DAS, podemos verificar que a legislação tem tratado todos como cargos em comissão.

▶ **Os cargos efetivos são providos por concurso público (art. 37, II) e o servidor, após determinado período de exercício, adquire direito à estabilidade.**

Os cargos efetivos são providos por concurso público (art. 37, II) e o servidor, após determinado período de exercício, adquire direito à estabilidade, só podendo perder o cargo em situações previamente definidas na Constituição Federal. Mesmo não atingido o prazo da estabilidade, não se concebe simples exoneração do cargo, sendo necessário, sempre, processo administrativo ou judicial com direito à defesa.

▶ **Os cargos vitalícios são destinados a determinados servidores, especificamente discriminados no texto constitucional.**

Já os cargos vitalícios são destinados a determinados servidores, especificamente discriminados no texto constitucional (a: magistrados – art. 95, I; b: membros do Ministério Público – art. 128, § 5.º, I, *a*; c: membros das Cortes de Contas – arts. 73, §§ 3.º e 4.º, e 75). Esses cargos são dotados de garantias ainda maiores do que a estabilidade dos servidores efetivos, só podendo haver a perda do cargo, depois de adquirida a vitaliciedade, mediante decisão judicial transitada em julgado.

▶ **O fato de o cargo ser de provimento vitalício ou efetivo não lhe atribui a garantia de não poder ser extinto.**

O fato de o cargo ser de provimento vitalício ou efetivo não lhe atribui a garantia de não poder ser extinto, caso se conclua pela sua desnecessidade, assim como estão sujeitos, seus ocupantes, à aposentadoria compulsória por implemento de idade.

▶ **As funções de confiança são, na configuração atual de nosso ordenamento jurídico (art. 37, V, da CF/1988), meras atribuições adicionais que são deferidas a servidores ocupantes de cargos efetivos.**

As funções de confiança são, na configuração atual de nosso ordenamento jurídico (art. 37, V, da CF/1988), meras atribuições adicionais que são deferidas a servidores ocupantes de cargos efetivos. Não necessitam, assim, de prévio concurso público, posto que aqueles que a ocuparão já foram aprovados, só que para os cargos efetivos, dos quais são escolhidos os designados. Claro que a atribuição dessas "competências adicionais" tem como contrapartida um ganho remuneratório equivalente ao exercício da função, que corresponde a um *plus* em relação à remuneração do cargo efetivo. O servidor é escolhido pela autoridade que designa a função pela confiabilidade que ela possui em relação ao serviço prestado por aquele, e não, por evidente, em razão de amizade. É o que se espera, pelo menos.

▶ **Diferentemente do cargo em comissão, o preenchimento da função comissionada, necessariamente, se dá por *alguém que já é do quadro efetivo*.**

Aqui, diferentemente do cargo em comissão, o preenchimento, necessariamente, se dá por *alguém que já é do quadro efetivo*. Daí por que a função não é um novo cargo, mas apenas uma *atribuição adicional que se dá ao servidor*, em relação às atribuições que o cargo efetivo já lhe confere. Excepcionalmente, principalmente na atividade-meio das repartições, o exercício da função é relativamente independente daquele relacionado com o do cargo efetivo respectivo. Assim, por exemplo, dentre inúmeros analistas judiciários qualificados existentes no quadro funcional de um tribunal regional federal ou regional do trabalho, um magistrado pode escolher algum, dentre eles, para ocupar a função de oficial de gabinete, lhe prestando assessoria direta. Pelo exercício dessa função, o servidor terá direito a uma contraprestação adicional, por vezes chamada na legislação federal de FC ou FG. Em contrapartida, está sujeito a maiores exigências quanto ao trabalho prestado, tempo à disposição etc.

▶ **Não há, é claro, direito adquirido à permanência em determinada função, podendo haver, por vontade do designante, a revogação da designação, com a supressão das vantagens decorrentes.**

Assim como para os cargos em comissão, só se admite a criação de funções de confiança para assessoramento, chefia e direção.

▶ **Há uma tendência clara na esfera federal de se criar funções como meio indireto de ganhos salariais, o que não deixa de ser um desvirtuamento, havendo inúmeras funções que não se enquadram, em rigor, na exigência de assessoramento, chefia e direção, a menos que se dê ao termo assessoramento uma abrangência amplíssima.**

Há uma tendência clara na esfera federal de se criar funções como meio indireto de ganhos salariais, o que não deixa de ser um desvirtuamento, havendo inúmeras funções que não se enquadram, em rigor, na exigência de assessoramento, chefia e direção, a menos que se dê ao termo assessoramento uma abrangência amplíssima.

▶ **As funções de confiança são igualmente discriminadas em quadro funcional, separadas, no entanto, dos cargos.**

Importante observar, por último, que *o exercício da função não importa na renúncia ao cargo efetivo*, que continua, inclusive, ocupado pelo servidor respectivo. A designação para função não provoca, em princípio, qualquer alteração na estrutura do quadro funcional dos cargos efetivos, embora possa alterar a lotação do servidor designado.

▶ **Os cargos públicos são acessíveis a todos os brasileiros, desde que preenchidos os requisitos legais. Também existe a possibilidade de estrangeiros ocupá-los, na forma da lei (art. 37, I, da CF/1988).**

Os cargos públicos são acessíveis a todos os brasileiros, desde que preenchidos os requisitos legais. Também existe a possibilidade de estrangeiros ocupá-los, na forma da lei (art. 37, I, da CF/1988).

559

▶ **No entanto, a CF/1988 resguarda alguns cargos de altíssima relevância no cenário político nacional a *brasileiros natos*.**

No entanto, a CF/1988 resguarda alguns cargos de altíssima relevância no cenário político nacional a *brasileiros natos*, segundo descrição do § 3.º de seu art. 12, a saber: a) Presidente e vice-Presidente da República; b) Presidente da Câmara dos Deputados; c) Presidente do Senado Federal; d) ministro do Supremo Tribunal Federal; e) cargos da carreira diplomática; f) oficial das Forças Armadas; g) ministro de Estado da Defesa. Por evidente, cargos que só podem ser ocupados por alguma dessas autoridades, como a de presidente do CNJ, que é ocupada pelo presidente do STF (art. 103-B, I e § 1.º), só podem ser destinados a brasileiros natos. São oficiais das Forças Armadas todas as patentes acima da de aspirante (Exército e Aeronáutica) e guarda-marinha (Marinha), incluindo estas. A referência a ministro de Estado da Defesa foi incluída pela Emenda Constitucional 23/1999 e é importante, pois esse cargo não necessariamente será ocupado por militar.

▶ **Os requisitos preenchidos na lei, referidos no texto constitucional, dizem respeito às qualificações técnicas ou educacionais exigidas para a função.**

Os requisitos preenchidos na lei, referidos no texto constitucional, dizem respeito às qualificações técnicas ou educacionais exigidas para a função, como grau de instrução (ensino fundamental, médio ou superior, eventualmente pós-graduação), inscrição no respectivo conselho de classe, se se tratar de profissão regulamentada, e assim por diante. Também é natural que se exija capacidade civil, decorrente do alcance da idade mínima de 18 anos (art. 5.º, V, da Lei 8.112/1990) e a correspondente quitação com os deveres decorrentes da cidadania, como quitação de obrigações eleitorais e militares e pleno gozo dos direitos políticos (art. 5.º, II e III, da Lei 8.112/1990).

▶ **Em princípio, fora tais exigências, não haveria qualquer outro tipo de regra discriminatória válida, por respeito ao princípio da isonomia**

Em princípio, fora tais exigências, não haveria qualquer outro tipo de regra discriminatória válida, por respeito ao princípio da isonomia, que também se manifesta na acessibilidade aos cargos públicos.

▶ **Reconhece-se, no entanto, que *determinadas funções podem exigir certas capacidades pessoais*, do ponto de vista físico, que justifiquem a exigência de requisitos não ligados à formação técnica ou educacional.**

Reconhece-se, no entanto, que *determinadas funções podem exigir certas capacidades pessoais*, do ponto de vista físico, que justifiquem a exigência de requisitos não ligados à formação técnica ou educacional. Essas eventuais regras de *discrímen* são válidas, contudo, apenas se atendido o requisito da *razoabilidade*. Na questão envolvendo a idade dos candidatos, por exemplo, o STF assentou, em sua Súmula 683, que: "O limite de idade para a inscrição em concurso público só se legitima em face do art. 7.º, XXX, da Constituição, quando possa ser justificado pela natureza das atribuições do cargo a ser preenchido". Essa exigência, de qualquer modo, deve constar de lei formal, não bastando a previsão em decreto ou no edital do concurso.

◉ **A análise terá de ser feita caso a caso. Entendeu o STF:**

a) ser inconstitucional, em concurso para bombeiro militar, a exigência de idade diferente entre candidato civil e aquele que já é militar (AgRg no RE 586.088/CE, 2.ª T., Rel. Min. Eros Grau, j. 26.05.2009);

b) ser inconstitucional, em concurso para médico militar, a exigência de idade máxima de 35 anos apenas para os candidatos civis (AgRg no RE 215.988/SP, 2.ª T., Rel. Min. Ellen Gracie, j. 18.10.2005);

c) ser inconstitucional, em concurso para soldado da Polícia Militar, da idade limite de 28 anos para o ingresso (AgRg no RE 345.598/DF, 1.ª T., Rel. Min. Marco Aurélio, j. 29.06.2005);

d) ser inconstitucional, em concurso público para escrivão de polícia, exigir-se a idade mínima de 35 anos apenas para quem não era servidor público (AgRg no RE 383.022/RN, 2.ª T., Rel. Min. Carlos Velloso, j. 05.10.2004);

e) ser inconstitucional a exigência, em concurso público para Técnico em Apoio Fazendário, da exigência de limite máximo de idade apenas para candidatos que não eram servidores públicos (RE 141.357/RS, 1.ª T., Rel. Min. Sepúlveda Pertence, j. 14.09.2004);

f) ser constitucional a exigência de idade máxima, 24 anos e 6 meses, para ingresso no quadro de praças de bombeiros militares (RE 197.479/DF, 1.ª T., Rel. Min. Octávio Gallotti, j. 04.04.2000). A leitura do inteiro teor do acórdão não nos esclarece se a exigência constava de lei ou apenas de decretos regulamentares. Também está em dissonância com o que foi decidido no acórdão citado na letra "c", embora nos pareça razoável o limite máximo de idade para ingresso nesse caso específico;

g) ser inconstitucional a exigência da idade limite de 35 anos para ingresso no cargo de Fiscal de Tributos Estaduais (RE 217.226/RS, 2.ª T., Rel. Min. Marco Aurélio, j. 21.09.1998, e RE 209.714/RS, Tribunal Pleno, Rel. Min. Ilmar Galvão, j. 04.02.1998);

h) ser inconstitucional a exigência de idade limite para ingresso na carreira do magistério público (RE 212.066/RS, 2.ª T., Rel. Min. Maurício Correa, j. 18.09.1998).

◉ **Sob o regime de repercussão geral, o STF declarou válida a exigência, constante de edital, mas com previsão legal, para os limites mínimo e máximo estabelecidos como requisito para matrícula em curso oferecido pela Academia de Polícia Civil de Minas Gerais**

Já sob o regime de repercussão geral, o STF declarou válida a exigência, constante de edital, mas com previsão legal, para os limites mínimo e máximo estabelecidos como requisito para matrícula em curso oferecido pela Academia de Polícia Civil de Minas Gerais, necessário ao ingresso na carreira de agente de polícia (Pleno, ARE 678.112/MG, rel. Min. Luiz Fux, j. 25/04/2013).

561

◙ **O próprio STF já decidiu que não pode a Constituição estadual estabelecer proibição genérica ao limite de idade, cabendo à lei, de iniciativa do Chefe do Executivo, em cada caso, decidir sobre a questão**

Em contrapartida, o próprio STF já decidiu que não pode a Constituição estadual estabelecer proibição genérica ao limite de idade, cabendo à lei, de iniciativa do Chefe do Executivo, em cada caso, decidir sobre a questão (ADI 2.873/PI, Rel. Min. Ellen Gracie, j. 20.09.2007 e ADI 243/RJ, Rel. Min. Marco Aurélio, j. 01.02.2001), não sendo válida também aquela lei que se originou de iniciativa parlamentar (ADI 776/RS, Rel. Min. Sepúlveda Pertence, j. 02.08.2007). A conclusão de exigência legal para a limitação de acesso a cargo público, que esteja ligada às condições físicas dos candidatos, é válida para qualquer situação, não apenas para idade, já tendo o STF se manifestado, também, sobre a inconstitucionalidade da exigência de altura mínima apenas em edital de concurso.

◙ **Sobre o mérito da controvérsia envolvendo altura mínima para ingresso no serviço público, o STF já assentou ser inconstitucional lei que exige altura mínima para ingresso no cargo de escrivão de polícia.**

Sobre o mérito da controvérsia envolvendo **altura mínima** para ingresso no serviço público, o STF já assentou ser inconstitucional lei que exige altura mínima para ingresso no cargo de escrivão de polícia (AgRg no AI 384.050, 2.ª T., Rel. Min. Eros Grau, j. 10.09.2003; RE 194.952/MS, 1.ª T., Rel. Min. Ellen Gracie, j. 11.09.2001 e RE 150.455/MS, 2.ª T., Rel. Min. Marco Aurélio, j. 15.12.1998), tendo em vista a natureza das atribuições do cargo, essencialmente burocráticas.

▶ **Importante lembrar que a própria CF/1988 estabelece limitação de idade para acesso a alguns cargos públicos, a saber:**

> *a) mínima de 35 anos e máxima de 65 anos para Ministro do TCU (art. 73, § 1.º, I), para Ministro do STF (art. 101, caput), para Ministro do STJ (art. 104, parágrafo único) e para Ministro do TST (art. 111-A, caput);*
>
> *b) mínima de 30 anos e máxima de 65 anos para juízes dos tribunais regionais federais (art. 107© caput) e juízes dos tribunais regionais do trabalho (art. 115, caput);*
>
> *c) mínima de 35 anos para os Ministros civis do STM (art. 123, parágrafo único) e para o cargo de Procurador-Geral da República (art. 128, § 1.º), não havendo previsão de idade máxima, valendo apenas a limitação decorrente da própria imposição de idade limite para aposentadoria compulsória (agora de 75 anos).*

▶ **Para cargos eletivos só se fixa idade mínima, conforme regras constantes do art. 14, § 3.º, VI, da CF, que estabelece:**

a) 35 anos para Presidente e Vice-Presidente da República e senador; b) 30 anos para governador e vice-governador; c) 21 anos para deputado federal, deputado estadual ou distrital, prefeito, vice-prefeito e juiz de paz; d) 18 anos para vereador.

▶ **Jornada de trabalho do servidor estatutário em âmbito federal.**

A jornada de trabalho dos servidores da Administração Pública Federal direta, das autarquias e das fundações públicas federais, será de oito horas diárias e: I – carga horária de quarenta horas semanais, exceto nos casos previstos em lei específica, para os ocupantes de cargos de provimento efetivo; II – regime de dedicação integral, quando se tratar de servidores ocupantes de cargos em comissão ou função de direção, chefia e assessoramento superiores, cargos de direção, função gratificada e gratificação de representação.. Sem prejuízo da jornada a que se encontram sujeitos, os servidores referidos no inciso II poderão, ainda, ser convocados sempre que presente interesse ou necessidade de serviço. Para os serviços que exigirem atividades contínuas de 24 horas, é facultada a adoção do regime de turno ininterrupto de revezamento.de trabalho

▶ **Atividades contínuas de regime de turnos ou escalas**

Quando os serviços exigirem atividades contínuas de regime de turnos ou escalas, em período igual ou superior a doze horas ininterruptas, em função de atendimento ao público ou trabalho no período noturno, é facultado ao dirigente máximo do órgão ou da entidade autorizar os servidores a cumprir jornada de trabalho de seis horas diárias e carga horária de trinta horas semanais, devendo-se, neste caso, dispensar o intervalo para refeições. Entende-se por período noturno aquele que ultrapassar às vinte e uma horas.

▶ **Os horários de início e de término da jornada de trabalho e dos intervalos de refeição e descanso, observado o interesse do serviço, deverão ser estabelecidos previamente e adequados às conveniências e às peculiaridades de cada órgão ou entidade, unidade administrativa ou atividade, respeitada a carga horária correspondente aos cargos.**

O intervalo para refeição não poderá ser inferior a uma hora nem superior a três horas. O controle de assiduidade e pontualidade poderá ser exercido mediante: I – controle mecânicos; II – controle eletrônico; III – folha de ponto. Nos casos em que o controle seja feito por intermédio de assinatura em folha de ponto, esta deverá ser distribuída e recolhida diariamente pelo chefe imediato, após confirmados os registros de presença, horários de entrada e saída. Na folha de ponto de cada servidor, deverá constar a jornada de trabalho a que o mesmo estiver sujeito.

◙ **Incorporação de abono fixo. Limites.**

"Agravo regimental em reclamação. 2. Direito Administrativo. 3. Incorporação de abono em valor fixo concedida pelo Município a todo o quadro funcional. Ato reclamado que defere a servidor o reajuste da remuneração pelo índice mais benéfico. 4. Contrariedade à Súmula Vinculante 37. 5. Agravo regimental a que se nega provimento". (Rcl 27551 AgR, Relator(a): Min. GILMAR MENDES, Segunda Turma, julgado em 25/05/2018, PROCESSO ELETRÔNICO DJe-111 DIVULG 05-06-2018 PUBLIC 06-06-2018)

◙ Na ausência de subordinação hierárquica ou projeção funcional entre os servidores públicos nomeados para exercer cargo comissionado no mesmo órgão, ou entre as autoridades nomeantes, não há nepotismo.

"Agravo regimental nos embargos de declaração em mandado de segurança. 2. Direito Constitucional e Administrativo. 3. Nepotismo. Ausência de subordinação hierárquica ou projeção funcional entre os servidores públicos nomeados para exercer cargo comissionado no mesmo órgão, ou entre as autoridades nomeantes. 4. Discricionariedade do membro da magistratura para compor sua assessoria, observados os limites da lei e da Constituição. Impossibilidade de presunção de influência do exercente do cargo de direção, chefia e assessoramento vinculado a um Desembargador na escolha e contratação de outro. 5. Ausência de argumentos capazes de infirmar a decisão agravada. 6. Agravo regimental a que se nega provimento". (MS 34179 ED-AgR, Relator(a): Min. GILMAR MENDES, Segunda Turma, julgado em 04/04/2018, PROCESSO ELETRÔNICO DJe-077 DIVULG 20-04-2018 PUBLIC 23-04-2018)

◙ Possibilidade de o Conselho Nacional de Justiça de afastar, por inconstitucionalidade, a aplicação de lei aproveitada como base de ato administrativo objeto de controle, determinando aos órgãos submetidos a seu espaço de influência a observância desse entendimento, por ato expresso e formal tomado pela maioria absoluta dos membros do Conselho.

"MANDADO DE SEGURANÇA. LEI N. 8.223/2007 DA PARAÍBA. CRIAÇÃO LEGAL DE CARGOS EM COMISSÃO NO TRIBUNAL DE JUSTIÇA ESTADUAL (ART. 5º DA LEI N. 82.231/2007 DA PARAÍBA): ASSISTENTES ADMINISTRATIVOS. ATO DO CONSELHO NACIONAL DE JUSTIÇA. EXONERAÇÃO DETERMINADA. AÇÃO ANULATÓRIA: ALEGAÇÃO DE INCOMPETÊNCIA DO CNJ PARA DECLARAR INCONSTITUCIONALIDADE DE LEI. MANDADO DE SEGURANÇA DENEGADO. **1. Atuação do órgão de controle administrativo, financeiro e disciplinar da magistratura nacional nos limites da respectiva competência, afastando a validade dos atos administrativos e a aplicação de lei estadual na qual embasados e reputada pelo Conselho Nacional de Justiça contrária à regra constitucional de ingresso no serviço público por concurso público, pela ausência dos requisitos caracterizadores do cargo comissionado. 2. Insere-se entre as competências constitucionalmente atribuídas ao Conselho Nacional de Justiça a possibilidade de afastar, por inconstitucionalidade, a aplicação de lei aproveitada como base de ato administrativo objeto de controle, determinando aos órgãos submetidos a seu espaço de influência a observância desse entendimento, por ato expresso e formal tomado pela maioria absoluta dos membros dos Conselho.** 3. Ausência de desrespeito ao contraditório: sendo exoneráveis ad nutum e a exoneração não configurando punição por ato imputado aos servidores atingidos pela decisão do Conselho Nacional de Justiça, mostra-se prescindível a atuação de cada qual dos interessados no processo administrativo, notadamente pela ausência de questão de natureza subjetiva na matéria discutida pelo órgão de controle do Poder Judiciário. 4. Além dos indícios de cometimento de ofensa ao decidido na Ação Direta de Inconstitucionalidade n. 3.233/PB, a leitura das atribuições conferidas ao cargo criado pelo art. 5º da Lei n. 8.223/2007, da

Paraíba, evidencia burla ao comando constitucional previsto no inc. V do art. 37 da Constituição da República: declaração incidental de inconstitucionalidade. 5. Mandado de segurança denegado". (MS 28112, Relator(a): Min. CÁRMEN LÚCIA, Tribunal Pleno, julgado em 19/12/2016, ACÓRDÃO ELETRÔNICO DJe-168 DIVULG 31-07-2017 PUBLIC 01-08-2017)

◉ **Tema 0476 – Tese Fixada: Não é compatível com o regime constitucional de acesso aos cargos públicos a manutenção no cargo, sob fundamento de fato consumado, de candidato não aprovado que nele tomou posse em decorrência de execução provisória de medida liminar ou outro provimento judicial de natureza precária, supervenientemente revogado ou modificado.**

RG ◉ Não é compatível com o regime constitucional de acesso aos cargos públicos a manutenção no cargo, sob fundamento de fato consumado, de candidato não aprovado que nele tomou posse em decorrência de execução provisória de medida liminar ou outro provimento judicial de natureza precária, supervenientemente revogado ou modificado

"CONSTITUCIONAL. ADMINISTRATIVO. CONCURSO PÚBLICO. CANDIDATO REPROVADO QUE ASSUMIU O CARGO POR FORÇA DE LIMINAR. SUPERVENIENTE REVOGAÇÃO DA MEDIDA. RETORNO AO STATUS QUO ANTE. "TEORIA DO FATO CONSUMADO", DA PROTEÇÃO DA CONFIANÇA LEGÍTIMA E DA SEGURANÇA JURÍDICA. INAPLICABILIDADE. RECURSO PROVIDO. 1. Não é compatível com o regime constitucional de acesso aos cargos públicos a manutenção no cargo, sob fundamento de fato consumado, de candidato não aprovado que nele tomou posse em decorrência de execução provisória de medida liminar ou outro provimento judicial de natureza precária, supervenientemente revogado ou modificado. 2. Igualmente incabível, em casos tais, invocar o princípio da segurança jurídica ou o da proteção da confiança legítima. É que, por imposição do sistema normativo, a execução provisória das decisões judiciais, fundadas que são em títulos de natureza precária e revogável, se dá, invariavelmente, sob a inteira responsabilidade de quem a requer, sendo certo que a sua revogação acarreta efeito ex tunc, circunstâncias que evidenciam sua inaptidão para conferir segurança ou estabilidade à situação jurídica a que se refere. 3. Recurso extraordinário provido". (RE 608482, Relator(a): Min. TEORI ZAVASCKI, Tribunal Pleno, julgado em 07/08/2014, ACÓRDÃO ELETRÔNICO REPERCUSSÃO GERAL – MÉRITO DJe-213 DIVULG 29-10-2014 PUBLIC 30-10-2014)

◉ **Tema 0671 – Tese Fixada: Na hipótese de posse em cargo público determinada por decisão judicial, o servidor não faz jus a indenização, sob fundamento de que deveria ter sido investido em momento anterior, salvo situação de arbitrariedade flagrante. 26/02/2015**

RG ◉ Na hipótese de posse em cargo público determinada por decisão judicial, o servidor não faz jus a indenização, sob fundamento de que deveria ter sido investido em momento anterior, salvo situação de arbitrariedade flagrante.

"ADMINISTRATIVO. RESPONSABILIDADE CIVIL DO ESTADO. INVESTIDU-
RA EM CARGO PÚBLICO POR FORÇA DE DECISÃO JUDICIAL. 1. Tese afirmada
em repercussão geral: na hipótese de posse em cargo público determinada por decisão
judicial, o servidor não faz jus a indenização, sob fundamento de que deveria ter sido
investido em momento anterior, salvo situação de arbitrariedade flagrante. 2. Recurso
extraordinário provido". (RE 724347, Relator(a): Min. MARCO AURÉLIO, Relator(a) p/
Acórdão: Min. ROBERTO BARROSO, Tribunal Pleno, julgado em 26/02/2015, ACÓR-
DÃO ELETRÔNICO REPERCUSSÃO GERAL – MÉRITO DJe-088 DIVULG 12-05-
2015 PUBLIC 13-05-2015)

◙ **RG Tema 0965- Tese Fixada: Para a concessão da aposentadoria especial de que
trata o art. 40, § 5º, da Constituição, conta-se o tempo de efetivo exercício, pelo
professor, da docência e das atividades de direção de unidade escolar e de coordenação e assessoramento pedagógico, desde que em estabelecimentos de educação
infantil ou de ensino fundamental e médio.**

**RG ◙ Para a concessão da aposentadoria especial de que trata o art. 40, § 5º, da
Constituição, conta-se o tempo de efetivo exercício, pelo professor, da docência e
das atividades de direção de unidade escolar e de coordenação e assessoramento
pedagógico, desde que em estabelecimentos de educação infantil ou de ensino fundamental e médio**

"CONSTITUCIONAL E ADMINISTRATIVO. RECURSO EXTRAORDINÁRIO.
APOSENTADORIA ESPECIAL DOS PROFESSORES (CONSTITUIÇÃO, ART. 40, §
5º). CONTAGEM DE TEMPO EXERCIDO DENTRO DA ESCOLA, MAS FORA DA
SALA DE AULA. 1. Revela especial relevância, na forma do art. 102, § 3º, da Constituição, a questão acerca do cômputo do tempo de serviço prestado por professor na
escola em funções diversas da docência para fins de concessão da aposentadoria especial prevista no art. 40, § 5º, da Constituição. 2. Reafirma-se a jurisprudência dominante desta Corte nos termos da seguinte tese de repercussão geral: Para a concessão da
aposentadoria especial de que trata o art. 40, § 5º, da Constituição, conta-se o tempo
de efetivo exercício, pelo professor, da docência e das atividades de direção de unidade
escolar e de coordenação e assessoramento pedagógico, desde que em estabelecimentos de educação infantil ou de ensino fundamental e médio. 3. Repercussão geral da
matéria reconhecida, nos termos do art. 1.035 do CPC. Jurisprudência do SUPREMO
TRIBUNAL FEDERAL reafirmada, nos termos do art. 323-A do Regimento Interno".
(RE 1039644 RG, Relator(a): Min. ALEXANDRE DE MORAES, julgado em 12/10/2017,
PROCESSO ELETRÔNICO REPERCUSSÃO GERAL – MÉRITO DJe-257 DIVULG
10-11-2017 PUBLIC 13-11-2017)

◙ **Tema 0054, RE 572884 – Tese Fixada: I – A Gratificação de Desempenho de
Atividade de Ciência e Tecnologia – GDACT, instituída pela Medida Provisória
2.048/2000, apesar de originalmente concebida como gratificação pro labore faciendo, teve caráter geral e foi estendida aos inativos até a sua regulamentação
pelo Decreto 3.762/2001, quando passou a constituir gratificação paga em razão do
efetivo exercício de cargo; II – É constitucional o art. 60-A acrescentado pela Lei**

10.769/2003 à MP 2.229- 43/2001, dado que não implicou redução indevida, visto que, após o Decreto 3.762/2001, deixou de existir o direito dos inativos à percepção da GDACT nas mesmas condições em que concedida aos servidores em atividade.

RG ◙ A Gratificação de Desempenho de Atividade de Ciência e Tecnologia – GDACT, instituída pela Medida Provisória 2.048/2000, apesar de originalmente concebida como gratificação pro labore faciendo, teve caráter geral e foi estendida aos inativos até a sua regulamentação pelo Decreto 3.762/2001, quando passou a constituir gratificação paga em razão do efetivo exercício de cargo; II – É constitucional o art. 60-A acrescentado pela Lei 10.769/2003 à MP 2.229- 43/2001, dado que não implicou redução indevida, visto que, após o Decreto 3.762/2001, deixou de existir o direito dos inativos à percepção da GDACT nas mesmas condições em que concedida aos servidores em atividade.

"RECURSO EXTRAORDINÁRIO. CONSTITUCIONAL. GRATIFICAÇÃO DE DESEMPENHO DE ATIVIDADE DE CIÊNCIA E TECNOLOGIA – GDACT. CARÁTER PRO LABORE FACIENDO. EXTENSÃO AOS INATIVOS E PENSIONISTAS EM SEU GRAU MÁXIMO. INADMISSIBILIDADE. GARANTIA DE PERCENTUAL AOS INATIVOS. POSSIBILIDADE. RECURSO EXTRAORDINÁRIO PROVIDO. I – A Gratificação de Desempenho de Atividade de Ciência e Tecnologia – GDACT, instituída pelo art. 19 da Medida Provisória 2.048-26, de 29 de junho de 2000, por ocasião de sua criação, tinha o caráter gratificação pessoal, *pro labore faciendo*, e, por esse motivo, não foi estendida, automaticamente, aos já aposentados e pensionistas. II – O art. 60-A, acrescentado pela Lei 10.769/2003 à MP 2.229-43/2001, estendeu aos inativos a GDACT, no valor correspondente a trinta por cento do percentual máximo aplicado ao padrão da classe em que o servidor estivesse posicionado. III – Dessa forma, não houve redução indevida, pois, como visto, a GDACT é gratificação paga em razão do efetivo exercício do cargo e não havia percentual mínimo assegurado ao servidor em exercício. IV – Recurso extraordinário provido". (RE 572884, Relator(a): Min. RICARDO LEWANDOWSKI, Tribunal Pleno, julgado em 20/06/2012, ACÓRDÃO ELETRÔNICO REPERCUSSÃO GERAL – MÉRITO DJe-034 DIVULG 20-02-2013 PUBLIC 21-02-2013)

◙ Tema 0531, RE 693456 – Tese Fixada: A administração pública deve proceder ao desconto dos dias de paralisação decorrentes do exercício do direito de greve pelos servidores públicos, em virtude da suspensão do vínculo funcional que dela decorre, permitida a compensação em caso de acordo. O desconto será, contudo, incabível se ficar demonstrado que a greve foi provocada por conduta ilícita do Poder Público. 27/10/2016

RG ◙ A administração pública deve proceder ao desconto dos dias de paralisação decorrentes do exercício do direito de greve pelos servidores públicos, em virtude da suspensão do vínculo funcional que dela decorre, permitida a compensação em caso de acordo. O desconto será, contudo, incabível se ficar demonstrado que a greve foi provocada por conduta ilícita do Poder Público. 27/10/2016

"Recurso extraordinário. Repercussão geral reconhecida. Questão de ordem. Formulação de pedido de desistência da ação no recurso extraordinário em que reconhecida a repercussão geral da matéria. Impossibilidade. Mandado de segurança. Servidores públicos civis e direito de greve. Descontos dos dias parados em razão do movimento grevista. Possibilidade. Reafirmação da jurisprudência do Supremo Tribunal Federal. Recurso do qual se conhece em parte, relativamente à qual é provido. 1. O Tribunal, por maioria, resolveu questão de ordem no sentido de não se admitir a desistência do mandado de segurança, firmando a tese da impossibilidade de desistência de qualquer recurso ou mesmo de ação após o reconhecimento de repercussão geral da questão constitucional. 2. A deflagração de greve por servidor público civil corresponde à suspensão do trabalho e, ainda que a greve não seja abusiva, como regra, a remuneração dos dias de paralisação não deve ser paga. 3. O desconto somente não se realizará se a greve tiver sido provocada por atraso no pagamento aos servidores públicos civis ou por outras situações excepcionais que justifiquem o afastamento da premissa da suspensão da relação funcional ou de trabalho, tais como aquelas em que o ente da administração ou o empregador tenha contribuído, mediante conduta recriminável, para que a greve ocorresse ou em que haja negociação sobre a compensação dos dias parados ou mesmo o parcelamento dos descontos. 4. Fixada a seguinte tese de repercussão geral: "A administração pública deve proceder ao desconto dos dias de paralisação decorrentes do exercício do direito de greve pelos servidores públicos, em virtude da suspensão do vínculo funcional que dela decorre, permitida a compensação em caso de acordo. O desconto será, contudo, incabível se ficar demonstrado que a greve foi provocada por conduta ilícita do Poder Público". 5. Recurso extraordinário provido na parte de que a Corte conhece". (RE 693456, Relator(a): Min. DIAS TOFFOLI, Tribunal Pleno, julgado em 27/10/2016, PROCESSO ELETRÔNICO REPERCUSSÃO GERAL – MÉRITO DJe-238 DIVULG 18-10-2017 PUBLIC 19-10-2017)

◙ **Tema n.º 509 – A comprovação do triênio de atividade jurídica exigida para o ingresso no cargo de juiz substituto, nos termos do inciso I do art. 93 da Constituição Federal, deve ocorrer no momento da inscrição definitiva no concurso público.**

RG ◙ A comprovação do triênio de atividade jurídica exigida para o ingresso no cargo de juiz substituto, nos termos do inciso I do art. 93 da Constituição Federal, deve ocorrer no momento da inscrição definitiva no concurso público.

"INGRESSO NA CARREIRA DA MAGISTRATURA. ART. 93, I, CRFB. EC 45/2004. TRIÊNIO DE ATIVIDADE JURÍDICA PRIVATIVA DE BACHAREL EM DIREITO. REQUISITO DE EXPERIMENTAÇÃO PROFISSIONAL. MOMENTO DA COMPROVAÇÃO. INSCRIÇÃO DEFINITIVA. CONSTITUCIONALIDADE DA EXIGÊNCIA. ADI 3.460. REAFIRMAÇÃO DO PRECEDENTE PELA SUPREMA CORTE. PAPEL DA CORTE DE VÉRTICE. UNIDADE E ESTABILIDADE DO DIREITO. VINCULAÇÃO AOS SEUS PRECEDENTES. STARE DECISIS. PRINCÍPIOS DA SEGURANÇA JURÍDICA E DA ISONOMIA. AUSÊNCIA DOS REQUISITOS DE SUPERAÇÃO TOTAL (OVERRULING) DO PRECEDENTE. 1. A exigência de comprovação, no momento da inscrição definitiva (e não na posse), do triênio de atividade jurídica privativa de bacharel em Direito como condição de ingresso nas carreiras da magistratura e do ministério público (arts. 93, I e 129, § 3º, CRFB – na redação da Emenda Constitucional n. 45/2004) foi declarada constitucional pelo STF na ADI 3.460. 2. Mantidas as premissas fáticas e normativas que nortearam aquele julgamento, reafirmam-se as conclusões (ratio decidendi) da Corte na referida ação declaratória. 3. O papel de Corte de Vértice do Supremo Tribunal Federal impõe-lhe dar unidade ao direito e estabilidade aos seus precedentes. 4. Conclusão corroborada pelo Novo Código de Processo Civil, especialmente em seu artigo 926, que ratifica a adoção – por nosso sistema – da regra do stare decisis, que "densifica a segurança jurídica e promove a liberdade e a igualdade em uma ordem jurídica que se serve de uma perspectiva lógico-argumentativa da interpretação". (MITIDIERO, Daniel. Precedentes: da persuasão à vinculação. São Paulo: Revista dos Tribunais, 2016). 5. A vinculação vertical e horizontal decorrente do stare decisis relaciona-se umbilicalmente à segurança jurídica, que "impõe imediatamente a imprescindibilidade de o direito ser cognoscível, estável, confiável e efetivo, mediante a formação e o respeito aos precedentes como meio geral para obtenção da tutela dos direitos". (MITIDIERO, Daniel. Cortes superiores e cortes supremas: do controle à interpretação, da jurisprudência ao precedente. São Paulo: Revista do Tribunais, 2013). 6. Igualmente, a regra do stare decisis ou da vinculação aos precedentes judiciais "é uma decorrência do próprio princípio da igualdade: onde existirem as mesmas razões, devem ser proferidas as mesmas decisões, salvo se houver uma justificativa para a mudança de orientação, a ser devidamente objeto de mais severa fundamentação. Daí se dizer que os precedentes possuem uma força presumida ou subsidiária." (ÁVILA, Humberto. Segurança jurídica: entre permanência, mudança e realização no Direito Tributário. São Paulo: Malheiro, 2011). 7. Nessa perspectiva, a superação total de precedente da Suprema Corte depende de demonstração de circunstâncias (fáticas e jurídicas) que indiquem que a continuidade de sua aplicação implicam ou implicarão inconstitucionalidade. 8. A inocorrência desses fatores conduz, inexoravelmente, à manutenção do precedente já firmado. 9. Tese reafirmada: "é constitucional a regra que exige a comprovação do triênio de atividade jurídica privativa de bacharel em Direito no momento da inscrição definitiva". 10. Recurso extraordinário desprovido". (RE 655265, Relator(a): Min. LUIZ FUX, Relator(a) p/ Acórdão: Min. EDSON FACHIN, Tribunal Pleno, julgado em 13/04/2016, ACÓRDÃO ELETRÔNICO REPERCUSSÃO GERAL – MÉRITO DJe-164 DIVULG 04-08-2016 PUBLIC 05-08-2016)

◙ **Tema 48. Tese: A Constituição da República não oferece guarida à possibilidade de o Governador do Distrito Federal criar cargos e reestruturar órgãos públicos por meio de simples decreto.**

RG ◙ Impossibilidade de criação de cargos via Decreto.

"RECURSO EXTRAORDINÁRIO. PODER EXECUTIVO. COMPETÊNCIA LEGISLATIVA. ORGANIZAÇÃO DA ADMINISTRAÇÃO PÚBLICA. DECRETOS 26.118/05 E 25.975/05. REESTRUTURAÇÃO DE AUTARQUIA E CRIAÇÃO DE CARGOS. REPERCUSSÃO GERAL RECONHECIDA. INOCORRENTE OFENSA À CONSTITUIÇÃO FEDERAL. RECURSO DESPROVIDO. I – A Constituição da República não oferece guarida à possibilidade de o Governador do Distrito Federal criar cargos e reestruturar órgãos públicos por meio de simples decreto. II – Mantida a decisão do

Tribunal a quo, que, fundado em dispositivos da Lei Orgânica do DF, entendeu violado, na espécie, o princípio da reserva legal. III – Recurso Extraordinário desprovido". (RE 577025, Relator(a): Min. RICARDO LEWANDOWSKI, Tribunal Pleno, julgado em 11/12/2008, REPERCUSSÃO GERAL – MÉRITO DJe-043 DIVULG 05-03-2009 PUBLIC 06-03-2009 EMENT VOL-02351-08 PP-01507 RTJ VOL-00209-01 PP-00430)

◙ **Tema 724. Tese: As promoções dos anistiados se restringem ao quadro a que pertencia o militar na ativa.**

RG ◙ **Impossibilidade de promoção para quadro diverso.**

"Recurso extraordinário. Repercussão geral da questão constitucional reconhecida. Reafirmação de jurisprudência. 2. Direito Administrativo. 3. Anistia política. Militar. Art. 8º do ADCT. Promoção. Quadro diverso. Impossibilidade. Recurso extraordinário não provido". (ARE 799908 RG, Relator(a): Min. GILMAR MENDES, julgado em 01/05/2014, PROCESSO ELETRÔNICO REPERCUSSÃO GERAL – MÉRITO DJe-107 DIVULG 03-06-2014 PUBLIC 04-06-2014)

◙ **Tema 440. Tese: A redução da Gratificação Especial de Retorno à Atividade – GERA não implica violação ao princípio da irredutibilidade de vencimentos, se o ingresso ou o reingresso aos quadros do Corpo Voluntário de Militares Estaduais Inativos (CVMI) se deu após a edição da Lei Estadual 10.916/1997.**

RG ◙ **A redução da Gratificação Especial de Retorno à Atividade – GERA não implica violação ao princípio da irredutibilidade de vencimentos, se o ingresso ou o reingresso aos quadros do Corpo Voluntário de Militares Estaduais Inativos (CVMI) se deu após a edição da Lei Estadual 10.916/1997.**

"RECURSO. Agravo convertido em Extraordinário. Gratificação Especial de Retorno à Atividade – GERA. Redução legal. Vigência da lei redutora. Reingresso de servidores públicos. Repercussão geral reconhecida. Precedentes. Reafirmação da jurisprudência. Recurso improvido. É compatível com a Constituição a redução da Gratificação Especial de Retorno à Atividade – GERA, se o ingresso ou reingresso dos servidores públicos, aos quadros do CVMI, ocorreu após a edição da Lei Estadual 10.916/1997". (ARE 637607 RG, Relator(a): Min. MINISTRO PRESIDENTE, julgado em 23/06/2011, REPERCUSSÃO GERAL – MÉRITO DJe-171 DIVULG 05-09-2011 PUBLIC 06-09-2011 EMENT VOL-02581-02 PP-00300)

◙ **Tema 43. Tese: Compete à Justiça comum processar e julgar causas instauradas entre o Poder Público e seus servidores submetidos a regime especial disciplinado por lei local editada antes da Constituição Federal de 1988, com fundamento no artigo 106 da Constituição de 1967, na redação que lhe deu a Emenda Constitucional 1/1969.**

RG ◙ **Compete à Justiça comum processar e julgar causas instauradas entre o Poder Público e seus servidores submetidos a regime especial disciplinado por lei lo-**

cal editada antes da Constituição Federal de 1988, com fundamento no artigo 106 da Constituição de 1967, na redação que lhe deu a Emenda Constitucional 1/1969.

"CONSTITUCIONAL. TRABALHISTA. COMPETÊNCIA. SERVIDOR PÚBLICO ADMITIDO SEM CONCURSO PÚBLICO, PELO REGIME DA CLT, ANTES DO ADVENTO DA CONSTITUIÇÃO DE 1988. DEMANDA VISANDO OBTER PRESTAÇÕES DECORRENTES DA RELAÇÃO DE TRABALHO. COMPETÊNCIA DA JUSTIÇA DO TRABALHO. REPERCUSSÃO GERAL CONFIGURADA. REAFIRMAÇÃO DE JURISPRUDÊNCIA. 1. Em regime de repercussão geral, fica reafirmada a jurisprudência do Supremo Tribunal Federal no sentido de ser da competência da Justiça do Trabalho processar e julgar demandas visando a obter prestações de natureza trabalhista, ajuizadas contra órgãos da Administração Pública por servidores que ingressaram em seus quadros, sem concurso público, antes do advento da CF/88, sob regime da Consolidação das Leis do Trabalho – CLT. Inaplicabilidade, em casos tais, dos precedentes formados na ADI 3.395-MC (Rel. Min. CEZAR PELUSO, DJ de 10/11/2006) e no RE 573.202 (Rel. Min. RICARDO LEWANDOWSKI, DJe de 5/12/2008, Tema 43). 2. Agravo a que se conhece para negar seguimento ao recurso extraordinário". (ARE 906491 RG, Relator(a): Min. TEORI ZAVASCKI, julgado em 01/10/2015, PROCESSO ELETRÔNICO REPERCUSSÃO GERAL – MÉRITO DJe-201 DIVULG 06-10-2015 PUBLIC 07-10-2015)

◉ *Súmula Vinculante 13 do STF*. A nomeação de cônjuge, companheiro ou parente em linha reta, colateral ou por afinidade, até o terceiro grau, inclusive, da autoridade nomeante ou de servidor da mesma pessoa jurídica, investido em cargo de direção, chefia ou assessoramento, para o exercício de cargo em comissão ou de confiança, ou, ainda, de função gratificada na Administração Pública direta e indireta, em qualquer dos Poderes da União, dos Estados, do Distrito Federal e dos municípios, compreendido o ajuste mediante designações recíprocas, viola a Constituição Federal.

◉ *Súmula 8 do STF*. Diretor de sociedade de economia mista pode ser destituído no curso do mandato.

◉ *Súmula 25 do STF*. A nomeação a termo não impede a livre demissão, pelo Presidente da República, de ocupante de cargo dirigente de autarquia.

◉ *Súmula 683 do STF* "O limite de idade para a inscrição em concurso público só se legitima em face do art. 7.º, XXX, da Constituição, quando possa ser justificado pela natureza das atribuições do cargo a ser preenchido".

ART. 37, INCISO V, CF – AS FUNÇÕES DE CONFIANÇA, CARGOS EM COMISSÃO E ATRIBUIÇÕES DE DIREÇÃO, CHEFIA E ASSESSORAMENTO

V – As funções de confiança, exercidas exclusivamente por servidores ocupantes de cargo efetivo, e os cargos em comissão, a serem preenchidos por servidores de carreira nos casos, condições e percentuais mínimos previstos em lei, destinam-se apenas às atribuições de direção, chefia e assessoramento.

◙ **A norma inscrita na CF, 37, V é de eficácia contida, pendente de regulamentação por lei ordinária.**

"A norma inscrita na CF 37 V é de eficácia contida, pendente de regulamentação por lei ordinária" (STF, 2.ª T., MS 24287-DF, rel. Min. Maurício Corrêa, j. 26.11.2002, v.u., DJU 1.º.8.2003).

▶ **Função de confiança é o plexo de atribuições conferidas a determinado funcionário de carreira em razão de vínculo existente entre o Chefe do Executivo e o titular de cargo efetivo.**

Função de confiança distingue-se de cargo em comissão pelo fato de aquela não titularizar cargo público. Demais disso, se função nada mais é que atribuição ou conjunto de atribuições inerentes a todos os servidores públicos, função de confiança é o plexo de atribuições conferidas a determinado funcionário de carreira em razão de vínculo existente entre o Chefe do Executivo e o titular de cargo efetivo. (OLIVEIRA, Régis Fernandes de. Servidores Públicos, 2ª edição, Editora Malheiros, 2008, p. 51)

▶ **A função de confiança só pode ser atribuída a servidor ocupante de cargo efetivo.**

"Observe-se que a Constituição, ao se referir a "função de confiança", não está se dirigindo às funções temporárias do art. 37, IX, da CF; reporta-se à função permanente atribuída a servidor ocupante de cargo efetivo". (OLIVEIRA, Régis Fernandes de. Servidores Públicos, 2ª edição, Editora Malheiros, 2008, p. 52)

▶ **Distinção entre cargos em comissão e funções de confiança.**

"Sobre a distinção entre cargos em comissão e funções de confiança, estas últimas consubstanciam-se em um conjunto de atribuições de direção, chefia ou assessoramento, criadas por lei e exercidas exclusivamente por servidores ocupantes de cargo efetivo. A lei de criação deve estabelecer os requisitos para acesso à função e a autoridade competente para a escolha e nomeação do servidor que a ocupará. Geralmente, a mesma lei estabelece alguma gratificação pecuniária pelo exercício dessa função, a ser percebida transitoriamente, apenas enquanto durar tal exercício. Já os cargos em comissão são espécies de cargos públicos aos quais se acede sem a necessidade de concurso público; são excepcionais, criados por lei, destinados ao exercício exclusivo de atividades de direção, chefia e assessoramento, a serem desempenhadas por agente público em caráter não permanente." (DI PIETRO, Maria Sylvia Zanella, MOTTA, Fabrício, FERRAZ, Luciano de Araújo. Servidores públicos na Constituição Federal. 3ª. ed. – São Paulo: Atlas, 2015, p. 22/23)

▶ **No mesmo sentido:** "Enquanto a função de confiança, após a redação da Emenda Constitucional nº 19/1998, deve ser exercida exclusivamente por servidores ocupantes de cargo efetivo, o cargo em comissão é preenchido por servidores de carreira nos casos, condições e percentuais mínimos previstos em lei. Ambos destinam-se apenas às atribuições de direção, chefia e assessoramento". (NOHARA, Irene Patrícia. Constituição Federal de 1988: comentários ao capítulo da administração pública: cap. VII do título III: da organização do Estado: artigos 37 a 43 / Irene Patrícia Nohara. – São Paulo: Atlas, 2015. (Coleção direito administrativo positivo; v. 1 / Irene Patrícia Nohara, Marco Antônio Praxedes de Moraes Filho, coordenadores), p. 36)

▶ **Seja função de confiança ou cargo comissionado estão os mesmos vocacionados para atividade de direção, chefia e assessoramento.**

"Temos, pois, dois tipos de servidores em comissão: (a) o de comando (direção e chefia, escalonados em hierarquia); e (b) o de assessoria. Todos importantes, dentro das responsabilidades que são identificadas no conjunto das competências funcionais, mas exercem atribuições diversas." (OLIVEIRA, Régis Fernandes de. Servidores Públicos, 2ª edição, Editora Malheiros, 2008, p. 46)

▶ **O que significa "direção", "chefia" e "assessoramento"?**

"A) Chefia evoca autoridade, poder de decisão e mando situado em patamar hierarquicamente superior na estrutura da organização. B) Direção liga-se a comando, liderança, condução e orientação de rumos, gerenciamento. C) Assessoramento envolve atividades auxiliares de cunho técnico e especializado. Em cada situação concreta, competirá ao intérprete verificar se a descrição legal das atividades atribuídas aos cargos em comissão e funções permite concluir que possuem ligação com as atividades de direção, chefia e assessoramento." (DI PIETRO, Maria Sylvia Zanella, MOTTA, Fabrício, FERRAZ, Luciano de Araújo. Servidores públicos na Constituição Federal. 3ª. ed. – São Paulo: Atlas, 2015, p. 21)

▶ **No mesmo sentido:** "As semelhanças são, basicamente: a) restrição das atividades desempenhadas; b) existência de vínculo subjetivo de confiança; c) instabilidade do vínculo e d) constituem exceções à regra da investidura mediante concurso público. Quanto à primeira característica que aproxima os dois institutos, não pairam grandes dúvidas diante da clareza do texto constitucional: tanto as funções de confiança quanto os cargos em comissão destinam-se apenas às atribuições de direção, chefia e assessoramento. É dizer: a lei que cria cargos comissionados ou funções de confiança e lhes confere atribuições distintas encontra-se em descompasso com a Constituição." (Comentários à Constituição do Brasil / J. J. Gomes Canotilho. [et al.]. – São Paulo: Saraiva/Almedina, 2013, p. 836-837)

▶ **No mesmo sentido:** "A peculiaridade verificada na redação do inciso é que os termos utilizados possuem significados aproximados, talvez complementares, o que impede uma conceituação precisa. Com efeito, chefia evoca autoridade, poder de decisão e mando situado em patamar hierarquicamente superior. O termo direção liga-se a comando, liderança, condução e orientação de rumos, gerenciamento. Já a expressão assessoramento parece envolver uma atividade auxiliar especializada. Em cada situação concreta, competirá ao intérprete verificar se a descrição legal das atividades atribuídas aos cargos em comissão e funções permite concluir que possuem ligação com direção, chefia e assessoramento. De nada adianta nomear um cargo como de chefia se a atribuição correspondente não possui essas características." (Comentários à Constituição do Brasil / J. J. Gomes Canotilho. [et al.]. – São Paulo: Saraiva/Almedina, 2013, p. 837)

▶ **Atribuições ligadas a direção.**

"A atribuição ligada à direção já impõe que se afaste qualquer possibilidade dos cargos normais de carreira. É o cargo de topo. E o que emite ordens. É o que decide. É a autoridade, e não apenas seu agente. Tem poder de comando. Diga-se o mesmo da atribuição de chefia. Só que, enquanto o diretor tem sob seu comando toda uma repartição – ou seja, algumas chefias -, o chefe dirige um círculo menor, mais restrito. A saber: a gestão moderna pressupõe que os serviços sejam repartidos entre diversos funcionários. Cada qual tem sua esfera de competência própria; ou seja: cabe-lhe cuidar de determinados e específicos assuntos. O servidor reporta-se, em suas dúvidas e perplexidades, ao chefe, que dirige, pois, um grupo de funcionários subalternos. Alguns chefes formam uma diretoria. O que importa, no entanto, é saber que são cargos de comando e superiores no escalonamento hierárquico." (OLIVEIRA, Régis Fernandes de. Servidores Públicos, 2ª edição, Editora Malheiros, 2008, p. 46)

▶ **No mesmo sentido:** Direção relaciona-se com a atribuição de diretor. Trata-se de dirigente, isto é, aquele que dirige, sendo geralmente o cargo ou a função mais alta de determinado organismo. Há, no entanto, órgãos públicos que possuem diversas diretorias. (NOHARA, Irene Patrícia. Constituição Federal de 1988: comentários ao capítulo da administração pública: cap. VII do título III: da organização do Estado: artigos 37 a 43 / Irene Patrícia Nohara. – São Paulo: Atlas, 2015. (Coleção direito administrativo positivo; v. 1 / Irene Patrícia Nohara, Marco Antônio Praxedes de Moraes Filho, coordenadores), p. 38)

▶ **Atribuições ligadas a assessoramento.**

"...o assessor é o adjunto, o assistente ou participante das funções de outrem. Este já não tem o comando, está vinculado a um agente de hierarquia superior. A ele não são afetas atribuições de comando, cabendo-lhe apenas e tão somente auxiliar a autoridade à qual se acha vinculado. É pessoa preparada intelectualmente e que se dedica a preparar pareceres, orientações, elaborar discursos, falas, traçar rumos para decisões futuras da autoridade à qual se acha vinculada." (OLIVEIRA, Régis Fernandes de. Servidores Públicos, 2ª edição, Editora Malheiros, 2008, p. 46)

▶ **No mesmo sentido:** Assessoramento é o ato ou efeito de assessorar. Assessor é o que exerce função ou cargo para ajudar alguém nas atribuições e, eventualmente substituí-lo em impedi mentos transitórios.50 A palavra tem origem no latim, assessor, que significa assistente, acompanhante ou participante em funções no expediente. (Coleção direito administrativo positivo; v. 1 / Irene Patrícia Nohara, Marco Antônio Praxedes de Moraes Filho, coordenadores), p. 38)

▶ **O assessor sempre deve ser dotado de conhecimento técnico ou empírito em algum assunto.**

"O assessor sempre deve ser dotado de conhecimento técnico em algum assunto. Pode ser um expert em Direito, em Economia, em Finanças, em Marketing etc. No entanto, o conhecimento científico não pode dispensar o dotado de conhecimento empírico, que também pode ser assessor. O conhecimento ou é técnico, decorrente de estudos, ou é empírico, decorre da experiência vivida. Parece-nos que a qualquer um podem ser atribuídas funções de assessoramento. Imagine-se o prático que conduz o navio para fora do porto. Pode-se pensar no assessor de turismo em Município que possua sítio arqueológico e que saiba, mais que ninguém, os locais onde se encontram as cavernas etc." (OLIVEIRA, Régis Fernandes de. Servidores Públicos, 2ª edição, Editora Malheiros, 2008, p. 46)

▶ **A questão da confiança no provimento do cargo comissionado.**

"[...] o elo de vinculação pessoal identifica o agente que é indicado para o exercício da função e denota a sua ligação com a política ou com as diretrizes administrativas estabelecidas. Cuida-se de situação excepcional, que precisa ser considerada e compatibilizada com a impessoalidade, posta como princípio constitucional intransponível e incontornável. A confiança haverá de ser considerada em relação às condições de qualificação pessoal e à vinculação do agente escolhido com a função a ser desempenhada." (ROCHA, Cármen Lúcia Antunes. Princípios constitucionais dos servidores públicos. São Paulo, Saraiva, 1999. p. 177.)

▶ **Essa "confiança" não é a amizade com a pessoa do nomeado, mas sim a confiança na sua capacidade para a gestão dos problemas que serão enfrentados no exercício do cargo.**

Essa "confiança" não é a amizade com a pessoa do nomeado, mas sim a confiança na sua capacidade para a gestão dos problemas que serão enfrentados no exercício do cargo.

▶ **O sentido literal de "comissão" pode ser expresso como um encargo ou incumbência temporária oferecido pelo comitente.**

"Cargos em comissão são os destinados a livre provimento e exoneração. O sentido literal de "comissão" pode ser expresso como um encargo ou incumbência temporária oferecido pelo comitente. Nesse mesmo sentido, o cargo em comissão pode ser cargo isolado ou permanente, criado por lei, de ocupação transitória e livremente preenchido pelo Chefe do Executivo, segundo seu exclusivo critério de confiança. Transitória, portanto, é a permanência do servidor escolhido, não o cargo, que é criado por lei." (OLIVEIRA, Régis Fernandes de. Servidores Públicos, 2ª edição, Editora Malheiros, 2008, p. 38)

◉ **É direito subjetivo dos servidores serem exonerados de cargo em comissão ou dispensados de função de confiança?**

"CONSTITUCIONAL E ADMINISTRATIVO. RECURSO ORDINÁRIO EM MANDADO DE SEGURANÇA. POLICIAIS CIVIS. ENTREGA DE FUNÇÕES DE CONFIANÇA. DIREITO SUBJETIVO DOS SERVIDORES. AUSÊNCIA DE DISCRICIONARIEDADE DA ADMINISTRAÇÃO. AUSÊNCIA DE ATO ADMINISTRATIVO A JUSTIFICAR A IMPOSSIBILIDADE DE IMPLEMENTAÇÃO IMEDIATA DO PEDIDO FORMULADO. DIREITO LÍQUIDO E CERTO DEMONSTRADO. RECURSO EM MANDADO DE SEGURANÇA A QUE SE DÁ PROVIMENTO PARA DETERMINAR A PUBLICAÇÃO DO DECRETO DE DISPENSA DAS FUNÇÕES DE CONFIANÇA EM RELAÇÃO AOS SUBSTITUÍDOS, CONFORME TERMO DE ENTREGA DE CHEFIA ANEXADO ÀS FLS. 53/799. 1. Cuida-se, na origem, de Mandado de Segurança impetrado contra ato omissivo do Governador do Distrito Federal, consubstanciado em não editar e publicar os Decretos necessários para formalizar e dar publicidade aos pedidos de dispensa das funções de confiança protocolizados pelos substituídos, Servidores da Polícia Civil deste Distrito Federal, no mês de agosto de 2016. 2. A questão central do presente mandamus reside na definição de dois pontos muito bem delineados na peça acostada às fls. 885/887. Primeiro, se os Servidores substituídos possuem direito subjetivo de serem exonerados de cargo em comissão ou dispensados de função de confiança, a pedido, nos moldes do art. 35, inciso II, da Lei 8.112/1990; e segundo, se esse direito pode ser mitigado no caso concreto pelo princípio da supremacia do interesse público. 3. A leitura do dispositivo em apreço não deixa dúvidas de que o pedido de exoneração de cargo em comissão e de dispensa de função de confiança é direito subjetivo do Servidor Público e não dá margem a eventual discricionariedade da Administração Pública no atendimento à solicitação. 4. Contudo, é importante salientar que tanto o direito do Servidor de ser dispensado a pedido, bem como do Administrador de exonerá-lo de acordo com sua conveniência já foram objeto de temperamentos em sua aplicação. Isso não implica dizer que o Servidor ou Administrador Público vai ser impedido de exercer o direito que a lei expressamente lhe garantiu, mas, que por adequação a eventuais circunstâncias do caso concreto, será exercido em compatibilidade aos princípios norteadores da Administração Pública. 5. Desse modo, resta evidente que, embora o Servidor Público tenha direito subjetivo a solicitar a exoneração do cargo em comissão e a dispensa de função de confiança, a depender das circunstâncias específicas do caso concreto, e desde que plenamente justificadas pela autoridade competente, a implementação da medida deve ocorrer dentro de um espaço de tempo razoável, justamente para se assegurar a não interrupção de serviços essenciais. 6. Do que consta nas informações prestadas pelo Distrito Federal às fls. 847/855, observa-se que este ente federativo se omitiu em dar cumprimento à solicitação dos Servidores, ou seja, sequer publicou ato administrativo voltado a justificar a impossibilidade de implementar a medida pleiteada de forma imediata, não trazendo justificativa para solucionar a controvérsia em prazo razoável. 7. In casu, a omissão estatal se mostra deveras relevante, pois a ausência de manifestação condiciona os Servidores a permanecerem nos cargos comissionadas e funções de confiança por prazo indeterminado, retirando-lhes o exercício de direito legalmente assegurado no art. 35, inciso II da Lei 8.112/1990, aplicado aos Servidores da Polícia Civil do Distrito Federal por força do art. 62 da Lei 4.878/1965, de modo que se mostra flagrante a ilegalidade praticada pelo Governador do Distrito Federal. Dessa forma, resta evidente a existência de direito líquido e certo dos impetrantes. 8. Recurso em Mandado de Segurança do Sindicato dos Policiais Civis do Distrito Federal a que se dá provimento". (RMS 56.753/DF, Rel. Ministro NAPOLEÃO NUNES MAIA FILHO, PRIMEIRA TURMA, julgado em 05/06/2018, DJe 11/06/2018)

▶ **É indispensável enfatizar, no entanto, que será inconstitucional a lei que criar cargos em comissão para funções simplesmente burocráticas ou operacionais.**

"A lei deve guardar absoluta sintonia com a Constituição da República, de vez que o fato de o haver criado não o transforma naquilo que não é. Ou seja: não é o rótulo que dá essência às coisas, mas a pertinência lógica com as distinções efetuadas pela Lei Maior. Embora previsto em norma jurídica, o cargo em comissão de motorista, e.g., é ilegal e não pode ser admitido após a Emenda Constitucional 19/1998. É verdade que a lei pode servir como elemento diferencial, algumas vezes, em relação a outras funções, de iguais atribuições. Tudo vai depender da criação do cargo. No entanto, o verdadeiro divisor de águas é o caráter provisório e a confiança pessoal inerente ao ocupante de cargo isolado. Muitas vezes o elemento confiança é suplantado, embora continue sendo requisito indispensável à caracterização dos cargos comissionados, pelo fato de que não há outro servidor capaz de exercer suas atribuições, seja pela especialidade incomum, seja pela simples indisponibilidade de servidor com função assemelhada. Uma pessoa altamente conceituada em informática, por exemplo, não pode ser selecionada entre os integrantes dos quadros funcionais, porque a especialidade refoge às atribuições ordinárias da máquina administrativa. É indispensável enfatizar, no entanto, que será inconstitucional a lei que criar cargos em comissão para funções simplesmente burocráticas ou operacionais. Desde que o perfil desses cargos foi delineado na própria Constituição, a fuga aos seus elementos intrínsecos de caracterização permitirá supor tentativa de burlar preceitos de integração e coerência do Texto Maior." (OLIVEIRA, Régis Fernandes de. Servidores Públicos, 2ª edição, Editora Malheiros, 2008, p. 38/39)

▶ **O intérprete não pode deixar de considerar o móvel determinante do provimento dos cargos, abstraindo, inicialmente, o rótulo a eles emprestado.**

"De fato, o intérprete não pode deixar de considerar o móvel determinante do provimento dos cargos, abstraindo, inicialmente, o rótulo a eles emprestado. Um motorista – para utilizar exemplo bem significativo – não pode ser considerado como legítimo ocupante de cargo em comissão. No entanto, em determinadas circunstâncias pode ser necessário avaliar se suas particulares condições intelectuais permitiriam uma visão diferenciada em relação a todos os outros motoristas, possivelmente tãohábeis, quanto ele." (OLIVEIRA, Régis Fernandes de. Servidores Públicos, 2ª edição, Editora Malheiros, 2008, p. 39/40)

▶ **O cargo em comissão é aquele preenchido com o pressuposto da temporariedade.**

"Esse cargo, também denominado cargo de confiança, é ocupado por pessoa que desfruta da confiança daquele que nomeia ou propõe a nomeação. Se a confiança deixa de existir ou se há troca da autoridade que propôs a nomeação, em geral o ocupante do cargo em comissão não permanece; o titular do cargo em comissão nele permanece enquanto subsistir o vínculo de confiança, por exemplo: o cargo de Ministro de Estado." (MEDAUAR, Odete. Direito Administrativo Moderno, 20ª edição, Editora Revista dos Tribunais, São Paulo, 2016, p. 327)

▶ **Os cargos em comissão, sendo cargos públicos, são criados por lei, em número certo; a própria lei menciona o modo de provimento e indica a autoridade competente para nomear.**

"Os cargos em comissão, sendo cargos públicos, são criados por lei, em número certo; a própria lei menciona o modo de provimento e indica a autoridade competente para nomear, usando, por exemplo, a expressão seguinte: de livre provimento em comissão pelo Presidente da República. Por vezes a lei fixa alguma condição, limitando o âmbito da escolha; por exemplo: livre provimento, em comissão, dentre portadores de diploma de curso superior. Segundo o art. 37, II, da CF, os cargos em comissão, declarados em lei de livre nomeação e exoneração, não exigem concurso público." (MEDAUAR, Odete. Direito Administrativo Moderno, 20ª edição, Editora Revista dos Tribunais, São Paulo, 2016, p. 327)

▶ **Com a mesma facilidade com que é nomeado o titular de cargo em comissão, ele o perde, sem garantia alguma, pois é de livre exoneração.**

"Com a mesma facilidade com que é nomeado o titular de cargo em comissão, ele o perde, sem garantia alguma, pois é de livre exoneração; daí dizer-se que seus ocupantes são demissíveis ad nutum, pois esta expressão significa literalmente "um movimento de cabeça". De acordo com a Constituição Federal, art. 37, V, na redação dada pela Emenda Constitucional 19/98, as funções de confiança, exercidas exclusivamente por servidores ocupantes de cargo efetivo, e os cargos em comissão, a serem preenchidos por servidores de carreira nos casos, condições e percentuais mínimos previstos em lei, destinam-se apenas às atribuições de direção, chefia e assessoramento." (MEDAUAR, Odete. Direito Administrativo Moderno, 20ª edição, Editora Revista dos Tribunais, São Paulo, 2016, p. 327)

▶ **Os cargos em comissão, por serem situações de exceção ao concurso público, devem ser criados com parcimônia e cautela.**

"Em complemento, cabe anotar que os cargos em comissão, por serem situações de exceção ao concurso público, devem ser criados com parcimônia e cautela. A criação indiscriminada de cargos em comissão e sua previsão para o exercício de atividades que não sejam de direção, chefia e assessoramento atinge o princípio da igualdade. Em razão de sua natureza excepcional, em princípio não se pode admitir a predominância numérica dos cargos em comissão em detrimento dos cargos efe tivos. Em cada estrutura da Administração, é imperioso que existam mais cargos efetivos do que cargos comissionados, sob pena de se consagrar a exceção em detrimento da regra. O abuso na criação e persistência de cargos em comissão, resquício de nossa lamentável tradição patrimonialista, deve ser coibido por meio do controle de constitucionalidade das leis respectivas." (DI PIETRO, Maria Sylvia Zanella, MOTTA, Fabrício, FERRAZ, Luciano de Araújo. Servidores públicos na Constituição Federal. 3ª. ed. – São Paulo: Atlas, 2015, p. 24)

▶ **No mesmo sentido:** "A lei não pode criar, indiscriminadamente, cargos em comissão ou funções de confiança. Deve haver compatibilidade lógica entre a finalidade do cargo e sua criação. Tratando-se de mera atividade burocrática não há como criar o cargo. Destina-se ao auxílio imediato ao Chefe do Executivo, constituindo-se de pessoas de sua confiança. No entanto, não é só o vínculo de fidúcia que ampara a instituição. Imprescindível que tenha conexão lógica com o objetivo da comissão. Como diz Márcio Cammarosano, não é qualquer plexo unitário que reclama tal tipo de provimento, "mas apenas aqueles que, dada a natureza das atribuições a serem exercidas pelos seus titulares, justificam exigir-se deles não apenas o dever elementar de lealdade às instituições constitucionais e administrativas a que servirem, comum a todos os funcionários, como também um comprometimento político, uma fidelidade às diretrizes estabelecidas pelos agentes políticos, uma lealdade pessoal à autoridade superior." (OLIVEIRA, Régis Fernandes de. Servidores Públicos, 2ª edição, Editora Malheiros, 2008, p. 39/40)

▶ **Pode ocorrer desvio de finalidade na criação dos cargos.**

"Pode ocorrer desvio de finalidade na criação dos cargos. Haverá desvio de finalidade no caso de, diante do postulado de exigência de concurso público para a nomeação de tais servidores, a criação de novos cargos de confiança e as nomeações para os existentes tiverem outro fundamento subjacente, como o apadrinhamento político. O desvio de poder é um vício objetivo, conferido ante a discrepân cia existente entre a finalidade a que o ato serviu e a finalidade legal que por ele deveria ser satisfeita. No dizer de Celso Antônio, "é, pois, um desacordo entre a norma abstrata (lei) e a norma individual (ato). Como a norma abstrata é a fonte de validade individual, se esta (ato) não expressa, in concreto, a finalidade daquela (lei), terá desbordado de sua fonte de validade. Daí ser inválida. Então, mesmo nos casos em que o agente atuou sem a reta intenção de atender à lei, seu comportamento é fulminável, não porque teve o intuito de desatender à lei, mas porque a desatendeu. Donde, não é a má-fé, nos casos em que haja existido (desvio de poder alheio a qualquer interesse público), nem o intuito de alcançar um fim lícito, por meio impróprio, quando haja sido este o caso (desvio do fim específico), aquilo que macula o ato, e sim a circunstância de este não realizar a finalidade para a qual a lei o preordenara. É que, no direito público, a satisfação do escopo sobreleva a boa ou má intenção do sujeito que pratica o ato. Se o atendeu com bons ou maus propósitos, nada importa." (OLIVEIRA, Régis Fernandes de. Servidores Públicos, 2ª edição, Editora Malheiros, 2008, p. 43/44)

▶ **A Súmula Vinculante 13, do STF: nepotismo.**

"A nomeação de cônjuge, companheiro ou parente em linha reta, colateral ou por afinidade, até o terceiro grau, inclusive, da autoridade nomeante ou de servidor da mesma pessoa jurídica investido em cargo de direção, chefia ou assessoramento, para o exercício de cargo em comissão ou de confiança ou, ainda, de função gratificada na administração pública direta e indireta em qualquer dos Poderes da União, dos Estados, do Distrito Federal e dos Municípios, compreendido o ajuste mediante designações recíprocas, viola a Constituição Federal." (MEDAUAR, Odete. Direito Administrativo Moderno, 20ª edição, Editora Revista dos Tribunais, São Paulo, 2016, p. 41)

▶ **É inconstitucional a criação de cargos em comissão que não possuam caráter de assessoramento, chefia ou direção**

"Ainda a respeito de cargos em comissão, o STF, na ADIn 3.602/GO, pub. DJe 07.06.2011, rel. Ministro Joaquim Barbosa, declarou "inconstitucional a criação de cargos em comissão que não possuam caráter de assessoramento, chefia ou direção e que não demandem relação de confiança entre o servidor nomeado e o seu superior hierárquico, tais como os cargos de Perito Médico-Psiquiátrico, Repórter Fotográfico, Perito, Psicológico. Enfermeiro e Motorista de Representação." (MEDAUAR, Odete. Direito Administrativo Moderno, 20ª edição, Editora Revista dos Tribunais, São Paulo, 2016, p. 327)

▶ **O inc. V do art. 37 teve a redação alterada pela EC 19/1998 para prever que a lei estabelecerá os casos, condições e percentuais mínimos em que os cargos em comissão serão preenchidos por servidores de carreira, o que limitaria, de certa forma, as nomeações meramente políticas ou por fisiologismo.**

O inc. V do art. 37 teve a redação alterada pela EC 19/1998 para prever que a lei estabelecerá os casos, condições e percentuais mínimos em que os cargos em comissão serão preenchidos por servidores de carreira, o que limitaria, de certa forma, as nomeações meramente políticas ou por fisiologismo. Essa lei, contudo, ainda não foi editada. No âmbito do Executivo Federal vigoram as disposições do Decreto 5.497/2005, que fixou percentuais de cargos em comissão do Grupo-Direção e Assessoramento Superiores – DAS, a serem ocupados exclusivamente por servidores de carreira.

▶ **Importante observar, no entanto, que algumas leis já condicionam o desempenho de certos cargos em comissão a integrantes da carreira com eles relacionados.**

Importante observar, no entanto, que algumas leis já condicionam o desempenho de certos cargos em comissão a integrantes da carreira com eles relacionados. Assim, por exemplo, a Lei Complementar 73/1993, ao dispor sobre a organização da Advocacia-Geral da União, estabeleceu a competência do Presidente da República de nomear, por indicação do Advogado-Geral da União, os ocupantes dos cargos em comissão de procurador-Chefe, procurador Regional e Corregedor-Auxiliar (art. 49, I), deixando claro que todos esses cargos devem ser ocupados por integrantes efetivos da carreira (art. 49, § 1.º). Não é para menos, pois não teria sentido criar uma carreira e deixá-la completamente à mercê, em sua direção, a pessoas que são estranhas a ela. Ainda assim, os cargos de mais alto escalão, no geral, continuam sendo de livre nomeação. O próprio AGU, por exemplo, é de livre nomeação do Presidente da República (art. 131, § 1.º, da CF/1988). Na esfera federal foram criados, ainda, os chamados cargos de natureza especial, um nome eufemístico para cargos em comissão de altíssimo escalão, apenas integrando um quadro funcional separado dos de nível DAS – Direção e Assessoramento Superior. Não há previsão constitucional específica sobre o assunto e nada, absolutamente nada, que justifique estarem os mesmos isentos de observância ao disposto no art. 37, V, da CF/1988. É importante observar que meras mudanças de nomenclatura na esfera da legislação ordinária não podem servir de subterfúgio para a não aplicação de regras constitucionais. No caso dos cargos de DAS, podemos verificar que a legislação tem tratado todos como cargos em comissão.

▶ **Burla ao concurso público decorrente de nomeação irregular para cargos em comissão.**

"A nomeação para cargos em comissão está dentro de uma ampla discricionariedade do administrador, já que são vocacionados para uma ocupação em caráter transitório por pessoa de confiança da autoridade competente. Contudo, essa discricionariedade esbarra em dois limites que lhe são intransponíveis. O primeiro deles é a nomeação de pessoas sem nenhum vínculo com a administração dentro do quadro das vagas reservadas pela legislação infraconstitucional para os servidores organizados em carreira (CF/88, art. 37, V). Com vistas a profissionalizar a Administração, bem como valorizar os bons servidores, o legislador constituinte garantiu aos servidores de carreira, que foram devidamente aprovados em concurso público, uma parcela das vagas para os cargos em comissão. No momento em que o administrador invade essa área privativa dos servidores, por via de consequência, está burlando o concurso público, pois somente os previamente aprovados nesse certame têm direito à nomeação. Outra limitação imposta aos cargos em comissão é a sua destinação. Prestam-se somente às atribuições de direção, chefia e assessoramento (CF/88, art. 37, V). Fora dessas atribuições, o provimento do cargo é efetivo e deve se submeter ao prévio concurso público. Na prática, o que se percebe em alguns casos é o desvio da função do cargo comissionado, que de comissionado só tem mesmo o nome para servir de pretexto à dispensa do concurso público, mas as suas atribuições destinam-se a atividades corriqueiras da administração, estranhas à afetação constitucional de direção, chefia e assessoramento. Em casos que tais a fraude ao concurso público é latente, de modo que a nomeação deve ser tornada sem efeito." (Concursos Públicos, MACHADO Jr. Agapito. Editora Atlas, 2008, p. 69)

▶ **Outra característica comum às espécies em comento é a existência de um vínculo subjetivo de confiança.**

"(...) o elo de vinculação pessoal identifica o agente que é indicado para o exercício da função e denota a sua ligação com a política ou com as diretrizes administrativas estabelecidas. Cuida-se de situação excepcional, que precisa ser considerada e compatibilizada com a impessoalidade, posta como princípio constitucional intransponível e incontornável. A confiança haverá de ser considerada em relação às condições de qualificação pessoal e à vinculação do agente escolhido com a função a ser desempenhada." (ROCHA, Cármen Lúcia Antunes. Princípios constitucionais dos servidores públicos. São Paulo: Saraiva, 1999, p. 177.)

▶ **A confiança serve à finalidade pública almejada pelo ordenamento, e não para deleites ou privilégios de quem quer que seja.**

"Nesse sentido, extrai-se do sistema constitucional que o bom desempenho de certas atividades relevantíssimas à sociedade, ligadas ao estabelecimento de diretrizes, rumos e tomada de decisões fundamentais, deve ser coadjuvado com o exercício de outras atividades instrumentais, levadas a cabo por pessoas que possuam ligação de confiança com aquela atividade principal. Dessa característica – a existência de vínculo subjetivo – decorre naturalmente a outra, qual seja, a instabilidade: o exercício das atividades é precário, persistente apenas enquanto durar o vínculo de confiança entre nomeante e nomeado. Daí a constatação de que nomeação e exoneração são relativamente livres em se tratando de cargos em comissão e funções de confiança." (Comentários à Constituição do Brasil / J. J. Gomes Canotilho. [et al.]. – São Paulo: Saraiva/ Almedina, 2013, p. 837-838)

▶ **Os institutos versados consubstanciam verdadeiras exceções à regra do concurso público.**

"Por último, é relevante anotar que os institutos versados consubstanciam verdadeiras exceções à regra do concurso público, e como tais devem ser interpretados. O desempenho impessoal das atividades públicas e a continuidade das mesmas, independente da mudança dos governos, somente podem ser garantidos com a predominância dos cargos efetivos, que constituem a base maior dos servidores públicos." (Comentários à Constituição do Brasil / J. J. Gomes Canotilho. [et al.]. – São Paulo: Saraiva/ Almedina, 2013, p. 838)

▶ **Cargos em comissão são espécies de cargos públicos aos quais se acede sem a necessidade de concurso público; são excepcionais, criados por lei, destinados ao exercício exclusivo de atividades de direção, chefia e assessoramento, a serem desempenhadas por agente público em caráter precário.**

"Além da limitação natural decorrente de sua natureza excepcional, uma outra foi inserida pela Emenda Constitucional n. 19: um percentual mínimo dos cargos em comissão deverá ser preenchido por servidores efetivos, organizados em carreira. Esta limitação, ao mesmo tempo, reconhece a relevância das atividades desempenhadas em comissão e a importância da participação, ainda que pequena, do servidor permanente nestas atividades. A eficácia desta parcela da norma, contudo, depende de lei da unidade federativa em que se insere o cargo." (BANDEIRA DE MELLO, Celso Antônio. Curso de direito administrativo. 22.ed., rev. e atual. até a Emenda Constitucional 53. São Paulo: Malheiros Editores, 2007, p. 242).

◉ **"No mesmo sentido:** "AÇÃO DIRETA DE INCONSTITUCIONALIDADE. RESOLUÇÕES Nº 01/2005 E Nº 02/2008 DA CÂMARA MUNICIPAL DE VIANA. MODIFICAÇÃO DAS ATRIBUIÇÕES E DA NOMENCLATURA DO CARGO DE CONSULTOR TÉCNICO JURÍDICO PARA PROCURADOR. PROVIMENTO DERIVADO VERTICAL DO CARGO. OFENSA AO PRINCÍPIO CONSTITUCIONAL DA OBRIGATORIEDADE DE CONCURSO PÚBLICO. ART.32, INCISO II, DA CONSTITUIÇÃO ESTADUAL. INCONSTITUCIONALIDADE RECONHECIDA. PEDIDO PROCEDENTE. 1. O constituinte consagrou o concurso público como instrumento de ingresso aos cargos e empregos públicos, consoante previsão do artigo 37, inciso II, da Constituição da República, reproduzida no artigo 32, inciso II, da Constituição do Estado do Espírito Santo. 2. Assim, é vedado o provimento derivado vertical de cargo, conforme teor da Súmula Vinculante nº 43. 3. Embora seja dado aos chefes de cada um dos Poderes (Executivo, Legislativo ou Judiciário) em suas esferas de atuação a competência para legislar sobre a organização administrativa e servidores, as normas modificativas não podem ofender os princípios elementares do direito administrativo, com destaque ao da legalidade, da moralidade e da impessoalidade. 4. É justamente pautado no princípio da impessoalidade que o constituinte elegeu o concurso público como meio pela qual deverá ocorrer, via de regra, a investidura em cargos públicos, ressalvado os de livre nomeação e exoneração. 5. Sob pretensa modificação das atribuições e da nomenclatura do cargo, houve no caso em apreço verdadeiro fenômeno de transferência do servidor para outro cargo, diverso daquele inicialmente exercido, criando o cargo de procurador daquele órgão legislativo, provendo-o com servidor integrante de seus quadros, sem a realização do necessário concurso público. 6. Conclui-se ser notável a inconstitucionalidade das resoluções em questão, que representam conduta ofensiva à previsão constitucional de obrigatoriedade do concurso público. 5. Ação Direta de Inconstitucionalidade julgada procedente para declarar a inconstitucionalidade do inciso XXV, do artigo 1º da Resolução nº 01/2005, bem como da Resolução nº 02/2008, com efeitos *ex tunc*. VISTOS, relatados e discutidos estes autos, ACORDA o Tribunal Pleno deste e. Tribunal de Justiça, na conformidade das notas taquigráficas, por maioria de voto, JULGAR PROCEDENTE o pedido formulado na presente Ação Direta de Inconstitucionalidade, nos termos do voto do e. relator. Vitória, ES, 23 de agosto de 2018. PRESIDENTE RELATOR." (TJES, Classe: Direta de Inconstitucionalidade, 100180007609, Relator: EWERTON SCHWAB PINTO JUNIOR, Órgão julgador: TRIBUNAL PLENO, Data de Julgamento: 23/08/2018, Data da Publicação no Diário: 30/08/2018)

▶ **Existe limite à criação de cargos em comissão, diante da sistemática constitucional.**

"(...) a Constituição, ao admitir que o legislador ordinário crie cargos em comissão, de livre nomeação e exoneração, o faz com a finalidade de propiciar ao chefe do governo o seu real controle mediante o concurso, para o exercício de certas funções, de pessoas de sua absoluta confiança, afinadas com as diretrizes políticas que devem pautar a atividade governamental. Não é, portanto, qualquer plexo unitário de competências que reclama seja confiado o seu exercício a esta ou aquela pessoa, a dedo escolhida, merecedora da absoluta confiança da autoridade superior, mas apenas aqueles que, dada a natureza das atribuições a serem exercidas pelos seus titulares, justificam exigir-se deles não apenas o dever elementar de lealdade às instituições constitucionais e administrativas a que servirem, comum a todos os funcionários, como também um comprometimento político, uma fidelidade às diretrizes estabelecidas pelos agentes políticos, uma lealdade pessoal à autoridade superior." (CAMMAROSANO, Márcio. Provimento de cargos públicos no direito brasileiro. São Paulo: Editora Revista dos Tribunais, 1984, p. 95.)

RG ◙ Requisitos constitucionais (art. 37, incs. II e V, da Constituição da República) para a criação de cargos em comissão.

a) A criação de cargos em comissão somente se justifica para o exercício de funções de direção, chefia e assessoramento, não se prestando ao desempenho de atividades burocráticas, técnicas ou operacionais; b) tal criação deve pressupor a necessária relação de confiança entre a autoridade nomeante e o servidor nomeado; c) o número de cargos comissionados criados deve guardar proporcionalidade com a necessidade que eles visam suprir e com o número de servidores ocupantes de cargos efetivos no ente federativo que os criar; e d) as atribuições dos cargos em comissão devem estar descritas, de forma clara e objetiva, na própria lei que os instituir. (RE 1041210. MIN. DIAS TOFFOLI, 28/09/2018)

▶ Os cargos em comissão devem ser criados com parcimônia e cautela.

"Em complemento, cabe anotar que os cargos em comissão, por serem situações de absoluta exceção ao concurso público, devem ser criados com parcimônia e cautela. A criação indiscriminada de cargos em comissão e sua previsão para o exercício de atividades que não sejam de direção, chefia e assessoramento atinge o pilar-maior sob o qual se assenta o regime republicano, o princípio da igualdade, permitindo a instituição de uma casta de privilegiados cujo único mérito é a proximidade com os detentores do poder. O Supremo Tribunal Federal, como foi verificado na jurisprudência antes citada, não tem permanecido indiferente às situações de afronta à Constituição." (Comentários à Constituição do Brasil / J. J. Gomes Canotilho. [et al.]. – São Paulo: Saraiva/Almedina, 2013, p. 838)

◙ Pelo princípio da proporcionalidade há que ser guardada correlação entre o número de cargos efetivos e em comissão.

Cargos efetivos e em comissão. Controle pelo Judiciário. Cabe ao Poder Judiciário verificar a regularidade dos atos normativos e de administração do Poder Público em relação às causas, aos motivos e à finalidade que os ensejam. Pelo princípio da proporcionalidade, há que ser guardada correlação entre o número de cargos efetivos e em comissão, de maneira que exista estrutura para atuação do Poder Legislativo local (STF, 1.ª T., AgRgRE 365368-SC, rel. Min. Ricardo Lewandowski, j. 22.5.2007, v.u., DJU 29.6.2007, p. 49).

▶ **Se a Administração puder criar todos os cargos com provimento em comissão, estará aniquilada a regra do concurso público.**

"É evidente que se a Administração puder criar todos os cargos com provimento em comissão, estará aniquilada a regra do concurso público. Da mesma forma, a simples criação de um único cargo em comissão, sem que isso se justifique, significa uma burla à regra do concurso público." (DALLARI, Adilson Abreu. Regime constitucional dos servidores públicos. 2.ed., rev. e atual. de acordo com a Constituição Federal de 1988. São Paulo: Editora Revista dos Tribunais, 1992, p. 41).

▶ **Preterição decorrência de cargos criados como se fossem comissionados, porém não são relacionados à direção, chefia ou assessoramento.**

O fato de se manter cargos comissionados na estrutura funcional da Administração Pública executando atividades típicas da função de cargos efetivos, para o qual foi realizado o concurso público, confirma a existência da necessidade para a contratação do candidato aprovado em concurso cujo prazo de validade esteja válido. Se os cargos em comissão foram criados e houve contratações para exercerem a mesma função para a qual o candidato prestou o concurso é porque há a necessidade dentro do prazo de validade do certame de contratar mais servidores para preencher o seu quadro de pessoal e, portanto, a postura correta deveria ser aproveitar os candidatos aprovados no certame e não preteri-los. Se os concursados têm preferência sobre os aprovados em novo concurso público, esta regra não pode ser diferente quanto aos demais tipos de preenchimento da função, como, por exemplo, através da contratação de comissionados para o desempenho de atividade para a qual há candidatos aprovados em concurso dentro do prazo de validade.

> ▶ **No mesmo sentido:** Na prática, o que se percebe em alguns casos é o desvio da função do cargo comissionado, que de comissionado só tem mesmo o nome para servir de pretexto à dispensa do concurso público, mas as suas atribuições destinam-se a atividades corriqueiras da administração, estranhas à afetação constitucional de direção, chefia e assessoramento. Em casos que tais a fraude ao concurso público é latente, de modo que a nomeação deve ser tornada sem efeito. (O regime jurídico do concurso público e seu controle jurisdicional, PINHEIRO DE QUEIROZ, Ronaldo. MAIA, Márcio Barbosa, p. 69).

> ▶ **No mesmo sentido:** A lei deve guardar absoluta sintonia com a Constituição da República, de vez que o fato de havê-lo criado não o transforma naquilo que não é. Ou seja: não é o rótulo que dá essência às coisas, mas a pertinência lógica com as distinções efetuadas pela Lei Maior. Embora previsto em norma jurídica, o cargo em comissão de motorista, e.g., é ilegal e não pode ser admitido após a Emenda Constitucional 19/1998. (...) E indispensável enfatizar, no entanto, que será inconstitucional a lei que criar cargos em comissão para funções simplesmente burocráticas ou operacionais. Desde que o perfil desses cargos foi delineado na própria Constituição, a fuga aos seus elementos intrínsecos de caracterização permitirá supor tentativa de burlar preceitos de integração e

coerência do Texto Maior. (OLIVEIRA, Régis Fernandes de. Servidores Públicos, 2ª edição, Editora Malheiros, 2008, p. 38/39)

◙ **No mesmo sentido:** "ADMINISTRATIVO. MANDADO DE SEGURANÇA. CONCURSO PÚBLICO. APROVAÇÃO FORA DO NÚMERO DE VAGA. OFERECIMENTO DE UMA ÚNICA VAGA PARA O CARGO DE PROCURADOR JURÍDICO. CERTAME DE ACORDO COM A LEI. AUSÊNCIA DE SURGIMENTO DE VAGA DURANTE O PRAZO DE VALIDADE. RECURSO DE APELAÇÃO DA CÂMARA MUNICIPAL DE VILA PAVÃO PROVIDO. REMESSA NECESSÁRIA. SENTENÇA REFORMADA. 1. Segundo a jurisprudência majoritária, a existência de direito à nomeação no cargo público, quando o candidato foi aprovado fora do número de vagas oferecido pelo Edital, condiciona-se à existência da verificação do prazo de validade do certame e cumulativamente de: (I) Cargo público vago oferecido pelo certame, que pode resultar de vacâncias (aposentadoria, demissão, exoneração) ou ainda de desistência de candidatos melhores classificados; (III) Preterição do candidato aprovado no referido concurso, (que pode ocorrer mediante a contratação precária e irregular de servidores para o exercício das mesmas funções constantes do cargo público estabelecido no Edital); (IV) manifesta necessidade de contratação pela Administração Pública. Precedentes do STF e STJ. 2. No caso concreto o Edital nº 001/2011 ofertou apenas 01 (uma) vaga para o Cargo de Procurador Jurídico já que teve por base na Lei Municipal 688/2010, que em seu Anexo II cria somente 01 (um) único Cargo de Procurador Jurídico. 3. O direito à nomeação a cargo público, com aprovação fora número de vagas, está condicionado à própria existência do cargo público vago, disponibilizado no Edital. Inexistente a comprovação da existência de cargo vago resta prejudicada a alegação de contração precária, para o mesmo cargo, porque perpassa, necessariamente, pela aferição da existência do referido cargo. 4. Para que seja concedida a segurança a candidato aprovado fora do número de vagas é preciso que seja aferida a coexistência de: Cargo público vago oferecido pelo certame, preterição do candidato aprovado por meio de contratação precária e a manifesta necessidade de contratação pela Administração Pública, de maneira que ausentes algum destes requisitos deve a segurança ser denegada. 5. Recurso voluntário provido. Sentença reformada em remessa necessária." (TJES – APL/RN: 00035711220138080038, Relator: CARLOS SIMÕES FONSECA, SEGUNDA CÂMARA CÍVEL, Data de Publicação: 09/03/2016)

◙ **No mesmo sentido:** "AGRAVO INOMINADO EM MANDADO DE SEGURANÇA. DIREITO ADMINISTRATIVO. CONCURSO PÚBLICO PARA O CARGO DE FISCAL DE POSTURAS. MUNICÍPIO DE SÃO GONÇALO. CANDIDATA APROVADA NA 10ª COLOCAÇÃO EM CONCURSO PÚBLICO REALIZADO PELO MUNICÍPIO DE SÃO GONÇALO, PARA O PROVIMENTO DE TRÊS VAGAS RELATIVAS AO CARGO DE FISCAL DE POSTURAS. EDITAL QUE PREVIA CADASTRO DE RESERVA. LEI MUNICIPAL Nº 326, DE 2011, QUE CRIOU MAIS CINQUENTA VAGAS PARA O MESMO CARGO. PRETENSÃO DE NOMEAÇÃO E POSSE NO CARGO. NOMEAÇÃO PARA OUTROS CARGOS NO CURSO DO PRAZO DE VALIDADE

587

DO CERTAME, DE SERVIDORES EFETIVOS APROVADOS, BEM ASSIM DE OCUPANTES DE CARGOS COMISSIONADOS, A FIM DE EXERCEREM AS ATRIBUIÇÕES DO CARGO ALMEJADO PELA IMPETRANTE. DESVIO DE FUNÇÃO. PRETERIÇÃO DA CANDIDATA CONCURSADA. EXPECTATIVA DE DIREITO À NOMEAÇÃO, QUE SE CONVOLA EM DIREITO SUBJETIVO. PRECEDENTES DO STF, DO STJ E DESTA CORTE ESTADUAL. CONCESSÃO DA SEGURANÇA. AGRAVO INOMINADO, QUE NADA ACRESCENTA PARA MODIFICAR-SE A DECISÃO SEU OBJETO. RECURSO A QUE SE NEGA PROVIMENTO." (TJRJ – MS nº 0065930-72.2014.8.19.0000, Relator(a): Denise Levy Tredler, Orgão Julgador: Vigésima Primeira Câmara Cível, Data Julgamento: 18/06/2015)

◙ **No mesmo sentido:** "ADMINISTRATIVO. AGRAVO DE INSTRUMENTO. DECISÃO QUE DETERMINOU A NOMEAÇÃO DA AGRAVADA EM CARGO PARA O QUAL PRESTOU CONCURSO PÚBLICO. CONTRATAÇÃO PRECÁRIA DE FUNCIONÁRIOS E ELEVADO NÚMERO DE SERVIDORES EM DESVIO DE FUNÇÃO. CARACTERIZADA PRETERIÇÃO. MERA EXPECTATIVA DE DIREITO DA CANDIDATA APROVADA FORA DO NÚMERO DE VAGAS QUE SE CONVOLA EM DIREITO SUBJETIVO À NOMEAÇÃO. PRECEDENTES DO STJ, STF E DESTA CORTE. AGRAVO CONHECIDO E DESPROVIDO. EMBORA INICIALMENTE TENHAM APENAS MERA EXPECTATIVA DE DIREITO À NOMEAÇÃO, OS APROVADOS FORA DO NÚMERO DE VAGAS PASSAM A TER DIREITO SUBJETIVO AO PROVIMENTO DO CARGO QUANDO HOUVER A COMPROVAÇÃO DE QUE A ADMINISTRAÇÃO PROCEDEU COM A CONTRATAÇÃO PRECÁRIA DE TERCEIROS PARA O EXERCÍCIO DAS FUNÇÕES INERENTES AO RESPECTIVO CARGO. 2. É POSSÍVEL A ANTECIPAÇÃO DOS EFEITOS DA TUTELA CONTRA A FAZENDA PÚBLICA EM RELAÇÃO AO ATO DE NOMEAÇÃO E POSSE, NÃO SE APLICANDO A RESTRIÇÃO CONTIDA NO ART. 1º DA LEI 8.437/92 E NO ART. 2º-B DA LEI 9.494/97. 3. PRECEDENTES DO DO STF (RCL Nº 7402, REL. MINISTRO RICARDO LEWANDOWSKI, PLENO, J. 09.12.2010), DO STJ (AGRG NO ARESP 418.359/RO, REL. MINISTRO HUMBERTO MARTINS, SEGUNDA TURMA, J. 20/02/2014; AGRG NO RMS 26723/RS, REL. MINISTRO OG FERNANDES, SEXTA TURMA, J. 20/08/2013) E DESTA CORTE (AG Nº 2013.007183-8, RELª. DESEMBARGADORA JUDITE NUNES, 2ª CÂMARA CÍVEL, J. 20/08/2013; AG Nº 2013.016759-9, REL. DESEMBARGADOR JOÃO REBOUÇAS, 3ª CÂMARA CÍVEL, J. 18/02/2014; AG Nº 2013.021111-5, REL. DESEMBARGADOR CLÁUDIO SANTOS, 3ª CÂMARA CÍVEL, J. 20/03/2014). 4. AGRAVO CONHECIDO E DESPROVIDO, EM CONSONÂNCIA COM O PARECER MINISTERIAL." (TJRN – AI nº 2013.021441-0, Relator: Virgílio Macêdo Junior, Orgão Julgador: Segunda Câmara Cível, Data Julgamento: 05/02/2015)

◙ **No mesmo sentido:** "APELAÇÃO E REEXAME NECESSÁRIO. MANDADO DE SEGURANÇA. CONCURSO PÚBLICO. CANDIDATA APROVADA FORA DO NÚMERO DE VAGAS OFERECIDAS EM EDITAL. CONTRATAÇÃO PELA MUNICIPALIDADE DE SERVIDORES TEMPORÁRIOS E NO-

MEAÇÃO PARA CARGOS COMISSIONADOS DENTRO DO PRAZO DE VALIDADE DO CONCURSO. SERVIDORES EXERCENTES DA MESMA ATIVIDADE DA IMPETRANTE. CARACTERIZAÇÃO DA NECESSIDADE DOS SERVIÇOS. PRETERIÇÃO CONFIGURADA. EXPECTATIVA DE DIREITO QUE SE CONVOLA EM DIREITO SUBJETIVO À NOMEAÇÃO. RECURSO IMPROVIDO. SENTENÇA CONFIRMADA EM REEXAME NECESSÁRIO." (TJBA – AP nº 0000387-30.2013.8.05.0168, Relator: Emílio Salomão Pinto Resedá, Orgão Julgador: Quarta Câmara Cível, Data Julgamento: 16/11/2016)

◙ **No mesmo sentido:** "APELAÇÃO CÍVEL. MANDADO DE SEGURANÇA. CONCURSO PÚBLICO. PROCURADOR JURÍDICO MUNICIPAL. APROVAÇÃO EM CONCURSO PÚBLICO. CLASSIFICAÇÃO ACIMA DO LIMITE DE VAGAS PREVISTAS NO EDITAL. CRIAÇÃO DE NOVA VAGA NO PRAZO DE VALIDADE DO CERTAME. OCUPAÇÃO DESTA VAGA POR TERCEIRO COMISSIONADO. PRETERIÇÃO VERIFICADA. OFENSA AO DIREITO LÍQUIDO E CERTO. ORDEM CONCEDIDA PARA DETERMINAR A NOMEAÇÃO DO IMPETRANTE. INDENIZAÇÃO REFERENTE AOS VENCIMENTOS E VANTAGENS DESDE O INDEFERIMENTO DO PEDIDO ADMINISTRATIVO. IMPOSSIBILIDADE. O PROVEITO ECONÔMICO DECORRENTE DA APROVAÇÃO EM CONCURSO PÚBLICO CONDICIONA-SE AO EXERCÍCIO DO RESPECTIVO CARGO. PRECEDENTES DAS CORTES SUPERIORES. SENTENÇA REFORMADA. RECURSO PARCIALMENTE PROVIDO. A aprovação do candidato dentro do cadastro de reserva, ainda que fora do número de vagas inicialmente previstas no edital do concurso público, confere-lhe o direito subjetivo à nomeação para o respectivo cargo se, durante o prazo de validade do concurso, demonstrado o interesse da Administração Pública, surgirem novas vagas, seja em razão da criação de novos cargos mediante Lei, seja em virtude de vacância decorrente de exoneração, demissão, aposentadoria, posse em outro cargo inacumulável ou falecimento. Consoante a jurisprudência do STF (AgRg no RE 593.373/DF, Rel. Ministro JOAQUIM BARBOSA, SEGUNDA TURMA, DJe de 18/04/2011) e do STJ, ?os candidatos preteridos na ordem de classificação em certame público não fazem jus aos vencimentos referentes ao período compreendido entre a data em que deveriam ter sido nomeados e a efetiva investidura no serviço público, na medida em que a percepção da retribuição pecuniária não prescinde do efetivo exercício do cargo. Precedentes? (STJ, AgRg nos EDcl nos EDcl no RMS 30054/SP, Rel. Ministro OG FERNANDES, SEXTA TURMA, DJe de 01/03/2013). Em igual sentido: STJ, EREsp 1117974/RS, Rel. p/ acórdão Ministro TEORI ZAVASCKI, CORTE ESPECIAL, DJe de 19/12/2011)." (TJMS – APL: 08015059520158120021, Relator: MARCOS JOSÉ DE BRITO RODRIGUES, SEGUNDA CÂMARA CÍVEL, Data de Publicação: 16/12/2016)

◙ **No mesmo sentido:** "Ofende o disposto no art. 37, II, da CF norma que cria cargos em comissão cujas atribuições não se harmonizam com o princípio da livre nomeação e exoneração, que informa a investidura em comissão. Necessidade de demonstração efetiva, pelo legislador estadual, da adequação da norma aos fins pretendidos, de modo a justificar a exceção à regra do concurso público para a investidura em cargo público." [STF – ADI 3.233, rel. min. Joaquim Barbosa, j. 10-5-2007, P, DJ de 14-9-2007.]

◙ **No mesmo sentido:** "Violação ao art. 37, II e V, da Constituição. Os cargos em comissão criados pela Lei 1.939/1998, do Estado de Mato Grosso do Sul, possuem atribuições meramente técnicas e que, portanto, não possuem o caráter de assessoramento, chefia ou direção exigido para tais cargos, nos termos do art. 37, V, da CF. Ação julgada procedente." [ADI 3.706, rel. min. Gilmar Mendes, j. 15-10-2007, P, DJ de 5-10-2007.

◙ **Preterição de candidato aprovado em decorrência de nomeação de comissionados para exercerem a mesma função.**

"Agravo regimental no recurso extraordinário com agravo. Administrativo. Concurso público. Nomeação de comissionados. Preterição de candidata aprovada em concurso público. Direito à nomeação. Precedentes. 1. A jurisprudência desta Corte é no sentido de que, comprovada a necessidade do serviço e a existência de vaga, sendo esta preenchida, ainda que precariamente, fica caracterizada a preterição do candidato aprovado em concurso público. 2. Agravo regimental não provido." (ARE 646080 AgR, Relator(a): Min. DIAS TOFFOLI, Primeira Turma, julgado em 06/12/2011, ACÓRDÃO ELETRÔNICO DJe-025 DIVULG 03-02-2012 PUBLIC 06-02-2012)

▶ **Em trechos do julgado, extrai-se as seguintes lições:** Ademais, o fato de a agravada figurar em cadastro de reserva não afasta o direito à nomeação, haja vista que, ainda que fora das vagas inicialmente previstas no edital, a agravada logrou aprovação, consoante se depreende do acórdão recorrido, podendo vir a ocupar uma das vagas que surgisse ao longo do prazo de validade do certame.

◙ **No mesmo sentido:** "Por fim, é certo que à Administração não é vedada a nomeação de servidores em comissão, contudo, esse modo de provimento somente deve se dar para ocupação daqueles cargos previstos em lei como de livre nomeação e exoneração e desde que obedecidos os princípios que regem a atuação da Administração Pública." (ARE 646080 AgR, Relator(a): Min. DIAS TOFFOLI, Primeira Turma, julgado em 06/12/2011, ACÓRDÃO ELETRÔNICO DJe-025 DIVULG 03-02-2012 PUBLIC 06-02-2012)

◙ **A existência de funções de direção, chefia ou assessoramento não se constata pela simples nomenclatura dos cargos, contendo expressões como assessor, coordenador, chefe, mas sim pelas atividades desempenhadas pelos respectivos agentes públicos neles investidos.**

"REPRESENTAÇÃO DE INCONSTITUCIONALIDADE. MUNICÍPIO DE ALEGRE. ANEXO V, DA LEI Nº 2.620/2004. CRIAÇÃO DE CARGOS COMISSIONADOS DESPROVIDOS DE ATRIBUIÇÕES LEGAIS. ART. 1º, CAPUT, E ANEXO I, DA LEI Nº 3.244/2013. CRIAÇÃO DE CARGOS DE TÉCNICO AUXILIAR EM INFORMÁTICA, SEM FUNÇÕES DE DIREÇÃO, CHEFIA OU ASSESSORAMENTO. VIOLAÇÃO AO PRINCÍPIO DO CONCURSO PÚBLICO (ART. 32, II E V, DA CONSTITUIÇÃO

ESTADUAL). OCORRÊNCIA. EFEITOS PROSPECTIVOS. AÇÃO JULGADA PRO-
CEDENTE. 1. Ação Direta de Inconstitucionalidade que questiona Leis do Município
de Alegre que estariam em afronta ao Princípio do Concurso Público, disposto no art.
32, II e V, da Constituição Estadual. 2. Anexo V, da Lei nº 2.620/2004, que criou diversos cargos de provimento em comissão no âmbito da Secretaria Municipal de Saúde,
sem delimitar qual seria o plexo de funções (atribuições) a que estariam vinculados os
ocupantes dessas unidades, o que revela inegável inconstitucionalidade. 2.1. A existência de funções de direção, chefia ou assessoramento não se constata pela simples nomenclatura dos cargos, contendo expressões como assessor, coordenador, chefe, mas,
sim, pelas atividades desempenhadas pelos respectivos agentes públicos neles investidos. Jurisprudência. 3. Lei nº 3.244/2013, que, ao instituir o Núcleo de Tecnologia
e Informática, criou cargos de Técnico Auxiliar em Informática, porém com atribuições usuais, que não demandam especial relação de confiança com a autoridade nomeante, e não correspondem aos critérios constitucionalmente fixados para os cargos
comissionados. Declaração de inconstitucionalidade do art. 1º, caput, do Anexo I, e,
por arrastamento, sem redução do texto, das demais disposições da Lei Municipal de
Alegre nº 3.244/2013 (art. 1º, § 2º,e art. 3º), quando tratam especificamente do cargo
em questão. 4. Atribuição de efeitos prospectivos por 06 (seis) meses, a partir da publicação do Acórdão, nos termos do art. 27, da Lei nº 9.868/99. 5. Representação de
Inconstitucionalidade julgada procedente." (TJES, Classe: Direta de Inconstitucionalidade, 100170037723, Relator: SÉRGIO BIZZOTTO PESSOA DE MENDONÇA, Órgão
julgador: TRIBUNAL PLENO, Data de Julgamento: 24/05/2018, Data da Publicação
no Diário: 07/06/2018)

ART. 37, INCISO, VI – ASSOCIAÇÃO SINDICAL;

VI – É garantido ao servidor público civil o direito à livre associação sindical;

▶ **Os servidores públicos civis, ao contrário dos militares, têm direito à sindicalização, reconhecido constitucionalmente (art. 37, VI).**

Em decorrência disso, aplicam-se aos servidores públicos os mesmos direitos e deveres aplicáveis aos demais trabalhadores, objeto das disposições constantes do art. 8.º da CF/1988, a saber:

a) inexigibilidade de autorização estatal para fundação de sindicato, ressalvado o registro sindical; b) unicidade sindical; c) defesa dos direitos da categoria pelo sindicato; d) obrigatoriedade do pagamento de contribuição sindical e de contribuição para o custeio do sistema confederativo; e) direito de desfiliação; f) obrigatoriedade de participação do sindicato em negociações coletivas, embora com as restrições já abordadas; g) direito do aposentado filiado de votar e ser votado nas organizações sindicais; e h) garantia de emprego do empregado sindicalizado a partir do registro da candidatura a cargo de direção ou representação sindical e, se eleito, ainda que suplente, até um ano após o final do mandato, salvo se cometer falta grave.

▶ **Para os servidores estatutários federais, a licença para o desempenho de mandato classista tem regras próprias, diversas da CLT**

Especificamente para os servidores estatutários federais, a licença para o desempenho de mandato classista tem regras próprias, diversas da CLT, estando regulada, na esfera federal, no art. 92 da Lei 8.112/1990. Essa licença não é remunerada, devendo ter duração igual à do mandato e respeitados os limites de dois servidores, para entidades com até 5.000 associados, quatro servidores, para entidades com 5.001 até 30.000 associados, e oito servidores, para entidades com mais de 30.000 associados242.

▶ **Controvérsia no seio do funcionalismo público diz respeito à compulsoriedade ou não de pagamento de contribuições obrigatórias aos sindicatos.**

Questão que gerava grande controvérsia no seio do funcionalismo público diz respeito à compulsoriedade ou não de pagamento de contribuições obrigatórias aos sindicatos. O art. 8.º, IV, da CF/1988 prevê pelo menos duas, a chamada contribuição para o custeio do sistema confederativo e a contribuição sindical, esta última de caráter tributário, por isso que às vezes também denominada, equivocadamente, de imposto sindical, nomenclatura, aliás, utilizada na própria lei.

◉ **A contribuição sindical, regulamentada no art. 579 da CLT é devida pelos servidores públicos nos mesmos termos que pelos demais trabalhadores, conforme iterativa jurisprudência do STF e do STJ.**

RECURSO EXTRAORDINÁRIO – CONTRIBUIÇÃO SINDICAL (CF, ART. 8º, IV, "IN FINE") – SERVIDOR PÚBLICO – EXIGIBILIDADE – PRETENDIDA IMPOSI-

ÇÃO DE MULTA – AUSÊNCIA DE INTUITO PROCRASTINATÓRIO – ATITUDE MALICIOSA QUE NÃO SE PRESUME – INAPLICABILIDADE DO ART. 18 E DO § 2º DO ART. 557 DO CPC – RECURSO DE AGRAVO IMPROVIDO. – A jurisprudência do Supremo Tribunal Federal consagrou entendimento no sentido de que se revela exigível dos servidores públicos civis a contribuição sindical prevista no art. 8º, IV, "in fine", da Constituição. Precedentes. – A mera circunstância de a parte recorrente deduzir recurso de agravo não basta, só por si, para autorizar a formulação de um juízo de desrespeito ao princípio da lealdade processual. É que não se presume o caráter malicioso, procrastinatório ou fraudulento da conduta processual da parte que recorre, salvo se se demonstrar, quanto a ela, de modo inequívoco, que houve abuso do direito de recorrer. Comprovação inexistente, na espécie. (RE 413080 AgR, Relator(a): Min. CELSO DE MELLO, Segunda Turma, julgado em 22/06/2010, DJe-145 DIVULG 05-08-2010 PUBLIC 06-08-2010 EMENT VOL-02409-06 PP-01279 LEXSTF v. 32, n. 380, 2010, p. 197-201)

◙ **No mesmo sentido:** CONSTITUCIONAL. ADMINISTRATIVO. TRABALHISTA. CONTRIBUIÇÃO SINDICAL. DEVIDO POR SERVIDORES PÚBLICOS. TEMA PACIFICADO. INDEFINIÇÃO SOBRE A REPRESENTATIVIDADE DO SINDICATO IMPETRANTE. ESVAZIAMENTO DA LIQUIDEZ E DA CERTEZA NO DIREITO POSTULADO PELA VIA MANDAMENTAL. 1. Cuida-se de recurso ordinário interposto contra acórdão que denegou a ordem em mandado de segurança impetrado por sindicato ante a negativa de recolhimento da contribuição sindical compulsória, prevista no art. 578 e seguintes da Consolidação das Leis do Trabalho – CLT (Decreto-Lei n. 5.452/43) e no art. 8º, IV da Constituição Federal. O Tribunal de origem acordou que não havia acervo fático suficiente para definir que o sindicato impetrante seja o único na base territorial, já que existem processos judiciais em curso nos quais se discute a questão. 2. É pacifico no Superior Tribunal de Justiça que aos sindicatos representativos dos servidores públicos é devida a contribuição sindical (RMS 40.628/RJ, Rel. Ministra Eliana Calmon, Segunda Turma, DJe 11.6.2013); contudo o caso dos autos debate questão diversa, consubstanciada nos limites da via mandamental para aferir o atendimento do requisito prévia da unicidade sindical (art. 8º, II da CF) pelo sindicato impetrante. 3. No caso em análise, foi demonstrado que há debates judiciais inconclusos sobre a representatividade do sindicado impetrante e, assim, não seria possível efetivar o desconto, pois a estabilidade do acervo fático e probatório é – com ênfase no caso – requisito para a identificação do direito líquido e certo. Precedentes: RMS 21758, Relator(a): Min. Sepúlveda Pertence, Primeira Turma, publicado no DJ em 04.11.1994, p. 29831 e no Ement. col. 1765-01, p. 198; e REsp 623.299/MG, Rel. Ministra Denise Arruda, Primeira Turma, publicado no DJ em 31.5.2007, p. 325. Recurso ordinário improvido. (RMS 42.890/SP, Rel. Ministro HUMBERTO MARTINS, SEGUNDA TURMA, julgado em 05/09/2013, DJe 18/09/2013)

▶ **A Lei 13.467/2017, chamada de "reforma trabalhista", alterou substancialmente as regras de financiamento dos sindicatos.**

A contribuição confederativa, nos termos do dispositivo constitucional citado, é fixada em assembleia-geral do sindicato, também sendo compulsória, mas somente para quem é filiado ao sindicato respectivo. Todavia, a Lei 13.467/2017, chamada de "reforma trabalhista", alterou substancialmente as regras de financiamento dos sindicatos. A compulsoriedade da contribuição anual deixou de existir, ficando consignado, agora, que a contribuição do art. 579 da CLT depende de autorização prévia e expressa dos que participarem de uma determinada categoria profissional ou econômica.

ART. 37, INCISO VII, CF – O DIREITO DE GREVE

VII – O direito de greve será exercido nos termos e nos limites definidos em lei específica;

▶ **A Constituição Federal de 1988, rompendo com a sistemática das Constituições anteriores, admitiu expressamente o direito de greve aos servidores públicos civis.**

A Constituição Federal de 1988, rompendo com a sistemática das Constituições anteriores, admitiu expressamente o direito de greve aos servidores públicos civis (art. 37, VII).

▶ **Todavia, condicionou, inicialmente o exercício desse direito, no entanto, à edição de uma lei complementar, a qual, diga-se, jamais foi editada.**

Para facilitar a regulamentação da matéria, a EC 19/1998 alterou a redação do inc. VII do art. 37, estabelecendo que o direito seria exercido nos termos de lei específica, ou seja, de lei ordinária, de caráter nacional, que tratasse especificamente do assunto, não sendo mais necessária lei complementar. A omissão do legislador, no entanto, permaneceu, o que acarretou um movimento intenso de provocação da Corte Suprema, no sentido de esta autorizar o exercício do direito, independentemente de regulamentação.

▶ **Muitos órgãos judiciários já entendiam cabível tal exercício**

Deve ser lembrado que muitos órgãos judiciários já entendiam cabível tal exercício, verdadeiramente corriqueiras as greves nos serviços públicos, inclusive nos essenciais, sem que a Administração Pública, na maior parte das vezes, tomasse qualquer atitude concreta para impedi-las e, quando raramente às tomava, era invariavelmente impedida, pelo Judiciário, de aplicar qualquer sanção, como o corte de salários.

▶ **Alteração do entendimento do Supremo Tribunal Federal.**

O STF, no entanto, sempre manteve firme seu entendimento, estabelecido no paradigmático julgamento do Mandado de Injunção 20/DF (Rel. Min. Celso de Mello, j. 19.05.1994) de não ser autoaplicável o referido direito, sendo de eficácia limitada a norma em questão. A partir do julgamento do Mandado de Injunção 670/ES (red. p/ o acórdão Min. Gilmar Mendes, j. 25.10.2007), do Mandado de Injunção 708/DF (Rel. Min. Gilmar Mendes, j. 25.10.2007) e do Mandado de Injunção 712/PA (Rel. Min. Eros Grau, j. 25.10.2007), a Corte evoluiu em seu entendimento, inclusive quanto à eficácia da decisão proferida na ação do mandando de injunção, para conceder prazo ao Congresso Nacional, com vistas à regulamentação da matéria, e autorizar, caso superado este, como o foi, a adoção das Leis 7.701/1988 e 7.783/1989, aplicáveis aos trabalhadores em geral. A Lei 7.701/1988 contém regras sobre competência para o julgamento de dissídios coletivos, devendo ser adaptada apenas quanto aos órgãos judiciários que irão proceder a esses julgamentos quando se tratar de greve exercida por servidores estatutários. Já a Lei 7.853/1989 regulamentou o direito de greve no âmbito da iniciativa privada.

◉ **No mesmo sentido:** MANDADO DE INJUNÇÃO. GARANTIA FUNDAMENTAL (CF, ART. 5º, INCISO LXXI). DIREITO DE GREVE DOS SERVIDORES PÚBLICOS CIVIS (CF, ART. 37, INCISO VII). EVOLUÇÃO DO TEMA NA JURISPRUDÊNCIA DO SUPREMO TRIBUNAL FEDERAL (STF). DEFINIÇÃO DOS PARÂMETROS DE COMPETÊNCIA CONSTITUCIONAL PARA APRECIAÇÃO NO ÂMBITO DA JUSTIÇA FEDERAL E DA JUSTIÇA ESTADUAL ATÉ A EDIÇÃO DA LEGISLAÇÃO ESPECÍFICA PERTINENTE, NOS TERMOS DO ART. 37, VII, DA CF. EM OBSERVÂNCIA AOS DITAMES DA SEGURANÇA JURÍDICA E À EVOLUÇÃO JURISPRUDENCIAL NA INTERPRETAÇÃO DA OMISSÃO LEGISLATIVA SOBRE O DIREITO DE GREVE DOS SERVIDORES PÚBLICOS CIVIS, FIXAÇÃO DO PRAZO DE 60 (SESSENTA) DIAS PARA QUE O CONGRESSO NACIONAL LEGISLE SOBRE A MATÉRIA. MANDADO DE INJUNÇÃO DEFERIDO PARA DETERMINAR A APLICAÇÃO DAS LEIS Nos 7.701/1988 E 7.783/1989. 1. SINAIS DE EVOLUÇÃO DA GARANTIA FUNDAMENTAL DO MANDADO DE INJUNÇÃO NA JURISPRUDÊNCIA DO SUPREMO TRIBUNAL FEDERAL (STF). 1.1. No julgamento do MI no 107/DF, Rel. Min. Moreira Alves, DJ 21.9.1990, o Plenário do STF consolidou entendimento que conferiu ao mandado de injunção os seguintes elementos operacionais: i) os direitos constitucionalmente garantidos por meio de mandado de injunção apresentam-se como direitos à expedição de um ato normativo, os quais, via de regra, não poderiam ser diretamente satisfeitos por meio de provimento jurisdicional do STF; ii) a decisão judicial que declara a existência de uma omissão inconstitucional constata, igualmente, a mora do órgão ou poder legiferante, insta-o a editar a norma requerida; iii) a omissão inconstitucional tanto pode referir-se a uma omissão total do legislador quanto a uma omissão parcial; iv) a decisão proferida em sede do controle abstrato de normas acerca da existência, ou não, de omissão é dotada de eficácia erga omnes, e não apresenta diferença significativa em relação a atos decisórios proferidos no contexto de mandado de injunção; iv) o STF possui competência constitucional para, na ação de mandado de injunção, determinar a suspensão de processos administrativos ou judiciais, com o intuito de assegurar ao interessado a possibilidade de ser contemplado por norma mais benéfica, ou que lhe assegure o direito constitucional invocado; v) por fim, esse plexo de poderes institucionais legitima que o STF determine a edição de outras medidas que garantam a posição do impetrante até a oportuna expedição de normas pelo legislador. 1.2. Apesar dos avanços proporcionados por essa construção jurisprudencial inicial, o STF flexibilizou a interpretação constitucional primeiramente fixada para conferir uma compreensão mais abrangente à garantia fundamental do mandado de injunção. A partir de uma série de precedentes, o Tribunal passou a admitir soluções "normativas" para a decisão judicial como alternativa legítima de tornar a proteção judicial efetiva (CF, art. 5º, XXXV). Precedentes: MI no 283, Rel. Min. Sepúlveda Pertence, DJ 14.11.1991; MI no 232/RJ, Rel. Min. Moreira Alves, DJ 27.3.1992; MI nº 284, Rel. Min. Marco Aurélio, Red. para o

acórdão Min. Celso de Mello, DJ 26.6.1992; MI no 543/DF, Rel. Min. Octavio
Gallotti, DJ 24.5.2002; MI no 679/DF, Rel. Min. Celso de Mello, DJ 17.12.2002;
e MI no 562/DF, Rel. Min. Ellen Gracie, DJ 20.6.2003. 2. O MANDADO DE
INJUNÇÃO E O DIREITO DE GREVE DOS SERVIDORES PÚBLICOS CIVIS
NA JURISPRUDÊNCIA DO STF. 2.1. O tema da existência, ou não, de omissão
legislativa quanto à definição das possibilidades, condições e limites para o exercício do direito de greve por servidores públicos civis já foi, por diversas vezes,
apreciado pelo STF. Em todas as oportunidades, esta Corte firmou o entendimento de que o objeto do mandado de injunção cingir-se-ia à declaração da
existência, ou não, de mora legislativa para a edição de norma regulamentadora específica. Precedentes: MI no 20/DF, Rel. Min. Celso de Mello, DJ 22.11.1996;
MI no 585/TO, Rel. Min. Ilmar Galvão, DJ 2.8.2002; e MI no 485/MT, Rel. Min.
Maurício Corrêa, DJ 23.8.2002. 2.2. Em alguns precedentes (em especial, no voto
do Min. Carlos Velloso, proferido no julgamento do MI no 631/MS, Rel. Min.
Ilmar Galvão, DJ 2.8.2002), aventou-se a possibilidade de aplicação aos servi-
dores públicos civis da lei que disciplina os movimentos grevistas no âmbito do
setor privado (Lei no 7.783/1989). 3. DIREITO DE GREVE DOS SERVIDORES
PÚBLICOS CIVIS. HIPÓTESE DE OMISSÃO LEGISLATIVA INCONSTITU-
CIONAL. MORA JUDICIAL, POR DIVERSAS VEZES, DECLARADA PELO
PLENÁRIO DO STF. RISCOS DE CONSOLIDAÇÃO DE TÍPICA OMISSÃO
JUDICIAL QUANTO À MATÉRIA. A EXPERIÊNCIA DO DIREITO COMPA-
RADO. LEGITIMIDADE DE ADOÇÃO DE ALTERNATIVAS NORMATIVAS
E INSTITUCIONAIS DE SUPERAÇÃO DA SITUAÇÃO DE OMISSÃO. 3.1. A
permanência da situação de não-regulamentação do direito de greve dos servidores públicos civis contribui para a ampliação da regularidade das instituições
de um Estado democrático de Direito (CF, art. 1º). Além de o tema envolver
uma série de questões estratégicas e orçamentárias diretamente relacionadas aos
serviços públicos, a ausência de parâmetros jurídicos de controle dos abusos
cometidos na deflagração desse tipo específico de movimento grevista tem fa-
vorecido que o legítimo exercício de direitos constitucionais seja afastado por
uma verdadeira "lei da selva". 3.2. Apesar das modificações implementadas pela
Emenda Constitucional no 19/1998 quanto à modificação da reserva legal de lei
complementar para a de lei ordinária específica (CF, art. 37, VII), observa-se
que o direito de greve dos servidores públicos civis continua sem receber tratamento legislativo minimamente satisfatório para garantir o exercício dessa prerrogativa em consonância com imperativos constitucionais. 3.3. Tendo em vista
as imperiosas balizas jurídico-políticas que demandam a concretização do direito de greve a todos os trabalhadores, o STF não pode se abster de reconhecer
que, assim como o controle judicial deve incidir sobre a atividade do legislador,
é possível que a Corte Constitucional atue também nos casos de inatividade ou
omissão do Legislativo. 3.4. A mora legislativa em questão já foi, por diversas
vezes, declarada na ordem constitucional brasileira. Por esse motivo, a permanência dessa situação de ausência de regulamentação do direito de greve dos
servidores públicos civis passa a invocar, para si, os riscos de consolidação de
uma típica omissão judicial. 3.5. Na experiência do direito comparado (em es-

pecial, na Alemanha e na Itália), admite-se que o Poder Judiciário adote medidas normativas como alternativa legítima de superação de omissões inconstitucionais, sem que a proteção judicial efetiva a direitos fundamentais se configure como ofensa ao modelo de separação de poderes (CF, art. 2º). 4. DIREITO DE GREVE DOS SERVIDORES PÚBLICOS CIVIS. REGULAMENTAÇÃO DA LEI DE GREVE DOS TRABALHADORES EM GERAL (LEI No 7.783/1989). FIXAÇÃO DE PARÂMETROS DE CONTROLE JUDICIAL DO EXERCÍCIO DO DIREITO DE GREVE PELO LEGISLADOR INFRACONSTITUCIONAL. 4.1. A disciplina do direito de greve para os trabalhadores em geral, quanto às "atividades essenciais", é especificamente delineada nos arts. 9º a 11 da Lei no 7.783/1989. Na hipótese de aplicação dessa legislação geral ao caso específico do direito de greve dos servidores públicos, antes de tudo, afigura-se inegável o conflito existente entre as necessidades mínimas de legislação para o exercício do direito de greve dos servidores públicos civis (CF, art. 9º, caput, c/c art. 37, VII), de um lado, e o direito a serviços públicos adequados e prestados de forma contínua a todos os cidadãos (CF, art. 9º, § 1º), de outro. Evidentemente, não se outorgaria ao legislador qualquer poder discricionário quanto à edição, ou não, da lei disciplinadora do direito de greve. O legislador poderia adotar um modelo mais ou menos rígido, mais ou menos restritivo do direito de greve no âmbito do serviço público, mas não poderia deixar de reconhecer direito previamente definido pelo texto da Constituição. Considerada a evolução jurisprudencial do tema perante o STF, em sede do mandado de injunção, não se pode atribuir amplamente ao legislador a última palavra acerca da concessão, ou não, do direito de greve dos servidores públicos civis, sob pena de se esvaziar direito fundamental positivado. Tal premissa, contudo, não impede que, futuramente, o legislador infraconstitucional confira novos contornos acerca da adequada configuração da disciplina desse direito constitucional. 4.2 Considerada a omissão legislativa alegada na espécie, seria o caso de se acolher a pretensão, tão-somente no sentido de que se aplique a Lei no 7.783/1989 enquanto a omissão não for devidamente regulamentada por lei específica para os servidores públicos civis (CF, art. 37, VII). 4.3 Em razão dos imperativos da continuidade dos serviços públicos, contudo, não se pode afastar que, de acordo com as peculiaridades de cada caso concreto e mediante solicitação de entidade ou órgão legítimo, seja facultado ao tribunal competente impor a observância a regime de greve mais severo em razão de tratar-se de "serviços ou atividades essenciais", nos termos do regime fixado pelos arts. 9º a 11 da Lei no 7.783/1989. Isso ocorre porque não se pode deixar de cogitar dos riscos decorrentes das possibilidades de que a regulação dos serviços públicos que tenham características afins a esses "serviços ou atividades essenciais" seja menos severa que a disciplina dispensada aos serviços privados ditos "essenciais". 4.4. O sistema de judicialização do direito de greve dos servidores públicos civis está aberto para que outras atividades sejam submetidas a idêntico regime. Pela complexidade e variedade dos serviços públicos e atividades estratégicas típicas do Estado, há outros serviços públicos, cuja essencialidade não está contemplada pelo rol dos arts. 9º a 11 da Lei no 7.783/1989. Para os fins desta decisão, a enunciação do regime fixado pelos arts. 9º a 11 da Lei no 7.783/1989 é apenas exemplificativa (numerus apertus). 5. O PROCESSAMENTO E O JULGAMEN-TO DE EVENTUAIS DISSÍDIOS DE GREVE QUE ENVOLVAM SERVIDORES PÚBLICOS CIVIS DEVEM OBEDECER AO MODELO DE COMPETÊNCIAS E ATRIBUIÇÕES APLICÁVEL AOS TRABALHADORES EM GERAL (CELE-TISTAS), NOS TERMOS DA REGULAMENTAÇÃO DA LEI No 7.783/1989. A APLICAÇÃO COMPLEMENTAR DA LEI No 7.701/1988 VISA À JUDICIALI-ZAÇÃO DOS CONFLITOS QUE ENVOLVAM OS SERVIDORES PÚBLICOS CIVIS NO CONTEXTO DO ATENDIMENTO DE ATIVIDADES RELACIO-NADAS A NECESSIDADES INADIÁVEIS DA COMUNIDADE QUE, SE NÃO ATENDIDAS, COLOQUEM "EM PERIGO IMINENTE A SOBREVIVÊNCIA, A SAÚDE OU A SEGURANÇA DA POPULAÇÃO" (LEI No 7.783/1989, PA-RÁGRAFO ÚNICO, ART. 11). 5.1. Pendência do julgamento de mérito da ADI no 3.395/DF, Rel. Min. Cezar Peluso, na qual se discute a competência consti-tucional para a apreciação das "ações oriundas da relação de trabalho, abrangi-dos os entes de direito público externo e da administração pública direta e in-direta da União, dos Estados, do Distrito Federal e dos Municípios" (CF, art. 114, I, na redação conferida pela EC no 45/2004). 5.2. Diante da singularidade do debate constitucional do direito de greve dos servidores públicos civis, sob pena de injustificada e inadmissível negativa de prestação jurisdicional nos âm-bitos federal, estadual e municipal, devem-se fixar também os parâmetros ins-titucionais e constitucionais de definição de competência, provisória e amplia-tiva, para a apreciação de dissídios de greve instaurados entre o Poder Público e os servidores públicos civis. 5.3. No plano procedimental, afigura-se recomen-dável aplicar ao caso concreto a disciplina da Lei no 7.701/1988 (que versa so-bre especialização das turmas dos Tribunais do Trabalho em processos coleti-vos), no que tange à competência para apreciar e julgar eventuais conflitos judiciais referentes à greve de servidores públicos que sejam suscitados até o momento de colmatação legislativa específica da lacuna ora declarada, nos ter-mos do inciso VII do art. 37 da CF. 5.4. A adequação e a necessidade da defi-nição dessas questões de organização e procedimento dizem respeito a elemen-tos de fixação de competência constitucional de modo a assegurar, a um só tempo, a possibilidade e, sobretudo, os limites ao exercício do direito constitu-cional de greve dos servidores públicos, e a continuidade na prestação dos ser-viços públicos. Ao adotar essa medida, este Tribunal passa a assegurar o direito de greve constitucionalmente garantido no art. 37, VII, da Constituição Federal, sem desconsiderar a garantia da continuidade de prestação de serviços públicos – um elemento fundamental para a preservação do interesse público em áreas que são extremamente demandadas pela sociedade. 6. DEFINIÇÃO DOS PA-RÂMETROS DE COMPETÊNCIA CONSTITUCIONAL PARA APRECIAÇÃO DO TEMA NO ÂMBITO DA JUSTIÇA FEDERAL E DA JUSTIÇA ESTADU-AL ATÉ A EDIÇÃO DA LEGISLAÇÃO ESPECÍFICA PERTINENTE, NOS TER-MOS DO ART. 37, VII, DA CF. FIXAÇÃO DO PRAZO DE 60 (SESSENTA) DIAS PARA QUE O CONGRESSO NACIONAL LEGISLE SOBRE A MATÉRIA. MANDADO DE INJUNÇÃO DEFERIDO PARA DETERMINAR A APLICA-

ÇÃO DAS LEIS Nos 7.701/1988 E 7.783/1989. 6.1. Aplicabilidade aos servidores públicos civis da Lei no 7.783/1989, sem prejuízo de que, diante do caso concreto e mediante solicitação de entidade ou órgão legítimo, seja facultado ao juízo competente a fixação de regime de greve mais severo, em razão de tratarem de "serviços ou atividades essenciais" (Lei no 7.783/1989, arts. 9º a 11). 6.2. Nessa extensão do deferimento do mandado de injunção, aplicação da Lei no 7.701/1988, no que tange à competência para apreciar e julgar eventuais conflitos judiciais referentes à greve de servidores públicos que sejam suscitados até o momento de colmatação legislativa específica da lacuna ora declarada, nos termos do inciso VII do art. 37 da CF. 6.3. Até a devida disciplina legislativa, devem-se definir as situações provisórias de competência constitucional para a apreciação desses dissídios no contexto nacional, regional, estadual e municipal. Assim, nas condições acima especificadas, se a paralisação for de âmbito nacional, ou abranger mais de uma região da justiça federal, ou ainda, compreender mais de uma unidade da federação, a competência para o dissídio de greve será do Superior Tribunal de Justiça (por aplicação analógica do art. 2º, I, "a", da Lei no 7.701/1988). Ainda no âmbito federal, se a controvérsia estiver adstrita a uma única região da justiça federal, a competência será dos Tribunais Regionais Federais (aplicação analógica do art. 6º da Lei no 7.701/1988). Para o caso da jurisdição no contexto estadual ou municipal, se a controvérsia estiver adstrita a uma unidade da federação, a competência será do respectivo Tribunal de Justiça (também por aplicação analógica do art. 6º da Lei no 7.701/1988). As greves de âmbito local ou municipal serão dirimidas pelo Tribunal de Justiça ou Tribunal Regional Federal com jurisdição sobre o local da paralisação, conforme se trate de greve de servidores municipais, estaduais ou federais. 6.4. Considerados os parâmetros acima delineados, a par da competência para o dissídio de greve em si, no qual se discuta a abusividade, ou não, da greve, os referidos tribunais, nos âmbitos de sua jurisdição, serão competentes para decidir acerca do mérito do pagamento, ou não, dos dias de paralisação em consonância com a excepcionalidade de que esse juízo se reveste. Nesse contexto, nos termos do art. 7º da Lei no 7.783/1989, a deflagração da greve, em princípio, corresponde à suspensão do contrato de trabalho. Como regra geral, portanto, os salários dos dias de paralisação não deverão ser pagos, salvo no caso em que a greve tenha sido provocada justamente por atraso no pagamento aos servidores públicos civis, ou por outras situações excepcionais que justifiquem o afastamento da premissa da suspensão do contrato de trabalho (art. 7º da Lei no 7.783/1989, in fine). 6.5. Os tribunais mencionados também serão competentes para apreciar e julgar medidas cautelares eventualmente incidentes relacionadas ao exercício do direito de greve dos servidores públicos civis, tais como: i) aquelas nas quais se postule a preservação do objeto da querela judicial, qual seja, o percentual mínimo de servidores públicos que deve continuar trabalhando durante o movimento paredista, ou mesmo a proibição de qualquer tipo de paralisação; ii) os interditos possessórios para a desocupação de dependências dos órgãos públicos eventualmente tomados por grevistas; e iii) as demais medidas cautelares que apresentem conexão direta com o dissídio coletivo de greve. 6.6. Em razão da evolução jurisprudencial sobre o tema da interpretação da omissão legislativa do direito de greve dos servidores públicos civis e em respeito aos ditames de segurança jurídica, fixa-se o prazo de 60 (sessenta) dias para que o Congresso Nacional legisle sobre a matéria. 6.7. Mandado de injunção conhecido e, no mérito, deferido para, nos termos acima especificados, determinar a aplicação das Leis nos 7.701/1988 e 7.783/1989 aos conflitos e às ações judiciais que envolvam a interpretação do direito de greve dos servidores públicos civis. (MI 670, Relator(a): Min. MAURÍCIO CORRÊA, Relator(a) p/ Acórdão: Min. GILMAR MENDES, Tribunal Pleno, julgado em 25/10/2007, DJe-206 DIVULG 30-10-2008 PUBLIC 31-10-2008 EMENT VOL-02339-01 PP-00001 RTJ VOL-00207-01 PP-00011)

▶ **A solução não é a melhor, mas é a única razoável, em vista da reiterada, e ainda existente, omissão legislativa na matéria.**

Não é a melhor porque a Lei 7.783/1989, por óbvio, foi idealizada com vistas aos trabalhadores da iniciativa privada, e não de servidores públicos, para muitos dos quais, em princípio, não se deveria conceber a greve, em atividades como as policiais, judiciárias, diplomáticas etc. Recentemente o STF julgou, em Repercussão Geral, a questão sobre a possibilidade de greve por policiais e servidores públicos que atuem diretamente na área de segurança pública. O entendimento foi no sentido **que "o exercício do direito de greve, sob qualquer forma ou modalidade, é vedado aos policiais civis e a todos os servidores públicos que atuem diretamente na área de segurança pública"**

Tema 541 – Exercício do direito de greve por policiais civis. Tese: I – O exercício do direito de greve, sob qualquer forma ou modalidade, é vedado aos policiais civis e a todos os servidores públicos que atuem diretamente na área de segurança pública; II – É obrigatória a participação do Poder Público em mediação instaurada pelos órgãos classistas das carreiras de segurança pública, nos termos do art. 165 do CPC, para vocalização dos interesses da categoria.

RG ◉ O exercício do direito de greve, sob qualquer forma ou modalidade, é vedado aos policiais civis e a todos os servidores públicos que atuem diretamente na área de segurança pública

CONSTITUCIONAL. GARANTIA DA SEGURANÇA INTERNA, ORDEM PÚBLICA E PAZ SOCIAL. INTERPRETAÇÃO TELEOLÓGICA DOS ART. 9º, § 1º, ART. 37, VII, E ART. 144, DA CF. VEDAÇÃO ABSOLUTA AO EXERCÍCIO DO DIREITO DE GREVE AOS SERVIDORES PÚBLICOS INTEGRANTES DAS CARREIRAS DE SEGURANÇA PÚBLICA. 1.A atividade policial é carreira de Estado imprescindível a manutenção da normalidade democrática, sendo impossível sua complementação ou substituição pela atividade privada. A carreira policial é o braço armado do Estado, responsável pela garantia da segurança interna, ordem pública e paz social. E o Estado não faz greve. O Estado em greve é anárquico. A Constituição Federal não permite. 2.Aparente colisão de direitos. Prevalência do interesse público e social na manutenção da segurança interna, da ordem pública e da paz social sobre o interesse individual de determinada categoria de servidores públicos. Impossibilidade absoluta do exercício do direito de greve às carreiras policiais. Interpretação teleológica do texto constitucional, em especial dos artigos 9º, § 1º, 37, VII e 144. 3.Recurso provido, com afirmação de tese de repercussão geral: "1 – O exercício do direito de greve, sob qualquer forma ou modalidade, é vedado aos policiais civis e a todos os servidores públicos que atuem diretamente na área de segurança pública. 2 – É obrigatória a participação do Poder Público em mediação instaurada pelos órgãos classistas das carreiras de segurança pública, nos termos do art. 165 do Código de Processo Civil, para vocalização dos interesses da categoria. (ARE 654432, Relator(a): Min. EDSON FACHIN, Relator(a) p/ Acórdão: Min. ALEXANDRE DE MORAES, Tribunal Pleno, julgado em 05/04/2017, PROCESSO ELETRÔNICO REPERCUSSÃO GERAL – MÉRITO DJe-114 DIVULG 08-06-2018 PUBLIC 11-06-2018)

◉ **O STF entendeu que o exercício de greve é vedado a todas as carreiras policiais previstas no art. 144 da CF.**

O STF entendeu que o exercício de greve é vedado a todas as carreiras policiais previstas no art. 144, ou seja, não podem fazer greve os integrantes da: Polícia Federal; Polícia Rodoviária Federal; Polícia Ferroviária Federal; Polícia Civil; Polícia Militar e do Corpo de Bombeiros militar.

▶ **Apesar de os policiais não poderem exercer o direito de greve, é indispensável que essa categoria possa expressar as suas reivindicações de alguma forma.**

Apesar de os policiais não poderem exercer o direito de greve, é indispensável que essa categoria possa expressar as suas reivindicações de alguma forma. Por isso, no mesmo julgado, ficou estipulado que "é obrigatória a participação do Poder Público em mediação instaurada pelos órgãos classistas das carreiras de segurança pública, nos termos do art.165 do CPC, para vocalização dos interesses da categoria." Nesta mediação, os integrantes das carreiras policiais serão representados pelos respectivos órgãos classistas, como, por exemplo, sindicatos, no caso de polícia civil, federal etc. e associações, no caso de polícia militar, e o Poder Público é obrigado a participar.

◉ **O que temos visto é, na ausência da legislação específica, greves sendo praticadas em todas as esferas do serviço público. Se a greve for de âmbito nacional, o julgamento caberá ao STJ.**

O que temos visto é, na ausência da legislação específica, greves sendo praticadas em todas as esferas do serviço público. Com a aplicação analógica da legislação trabalhista, conforme reconhecida pelo STF, principalmente das disposições da Lei 7.701/1988, deverão ser feitas as respectivas adaptações quanto aos órgãos judiciários competentes para o julgamento dos chamados "dissídios de greve" dos servidores públicos. Assim, no caso dos servidores federais, se a greve for de âmbito nacional, o julgamento caberá ao STJ.

◉ **No mesmo sentido:** PROCESSUAL CIVIL E ADMINISTRATIVO. RECURSOS DE EMBARGOS DE DECLARAÇÃO NO AGRAVO REGIMENTAL NA

AÇÃO DE DISSÍDIO COLETIVO DE GREVE. MULTA DIÁRIA POR DES-
CUMPRIMENTO DE OBRIGAÇÃO DE FAZER. PERDA SUPERVENIENTE
DE OBJETO DO PLEITO PARA REALIZAÇÃO DE AUDIÊNCIA CONCILIA-
TÓRIA. INEXISTÊNCIA DE NULIDADE NO ACÓRDÃO QUE MANTEVE
O VALOR DA MULTA DIÁRIA EM CEM MIL REAIS. NÚMERO DE TRA-
BALHADORES PARA A MANTENÇA DA ESSENCIALIDADE DO SERVI-
ÇO. APLICAÇÃO ANALÓGICA DOS ARTS. 9º, 10 E 11 DA LEI N. 7.783/89.
COMPETÊNCIA DO STJ PARA JULGAR DISSÍDIO COLETIVO DE GREVE
NO SERVIÇO PÚBLICO DE ABRANGÊNCIA NACIONAL. MANDADO DE
INJUNÇÃO N. 708/DF. TERMO A QUO DA MULTA DIÁRIA POR DESCUM-
PRIMENTO DE OBRIGAÇÃO DE FAZER. ART. 632 DO CPC. 1. É ressabido
que os embargos de declaração são cabíveis quando o provimento jurisdicional padece de omissão, contradição ou obscuridade, nos ditames do art. 535, I
e II, do CPC, bem como para sanar a ocorrência de erro material. 2. No caso
sub examine, os presentes embargos declaratórios merecem parcial acolhimento, apenas para esclarecer dois pontos, quais sejam: a perda superveniente de
objeto quanto ao requerimento para realização de audiência de conciliação e a
inexistência de nulidade no acórdão que manteve o valor da multa diária em R$
100.000,00 (cem mil reais). 3. O requerimento preliminar da ASIBAMA, para
que seja realizada tentativa de conciliação, perdeu seu objeto, pois foi celebrado
acordo entre os litigantes, com o fim de fossem estabelecidos critérios de compensação para os dias não trabalhados em razão da greve, bem como porque
o movimento grevista foi extinto. 4. Não se verifica nulidade no acórdão que
manteve o valor da multa diária em R$ 100.000,00 (cem mil reais), ao julgar o
agravo regimental interposto contra o deferimento da medida liminar, em razão
desse julgado tão somente conter a ementa. Isso porque a Primeira Seção manteve, à unanimidade, a cominação das astreintes, sendo certo que as razões de
decidir desta relatoria foram chanceladas pelo órgão colegiado. A decisão singular do relator foi mantida quanto aos fundamentos do cabimento da multa,
ou seja, foi vencido parcialmente, tão somente quanto à majoração da multa.
Dessarte, o relatório e os fundamentos do voto desta relatoria integram o voto
vencedor na parte na qual não discrepam entre si. 5. A definição do número
de trabalhadores para a mantença da continuidade dos serviços essenciais deve
ser realizada à luz dos arts. 9º, 10 e 11 da Lei n. 7.783/89, aplicável à greve no
serviço público por analogia. 6. A questão da competência do STJ para julgar
dissídio coletivo de greve de abrangência nacional foi exposta no bojo do voto
do agravo regimental, que consigna o seguinte, ipsis litteris: "[p]rima facie, consoante a orientação delineada pelo egrégio Supremo Tribunal Federal ' [...] se a
paralisação for de âmbito nacional, ou abranger mais de uma região da justiça
federal, ou ainda, compreender mais de uma unidade da federação, a competência para o dissídio de greve será do Superior Tribunal de Justiça (por aplicação
analógica do art. 2º, I, "a", da Lei no 7.701/1988)' (MI 708/DF, Relator Ministro
Gilmar Mendes, Tribunal Pleno, DJ de 31 de outubro de 2008)". 7. O art. 632
do CPC é claro ao definir o termo a quo da multa diária por descumprimento
de obrigação de fazer. 8. Ambos os recursos de embargos de declaração par-

cialmente acolhidos. (EDcl no AgRg na Pet 7.883/DF, Rel. Ministro BENEDITO GONÇALVES, PRIMEIRA SEÇÃO, julgado em 23/05/2012, DJe 29/05/2012)

◉ **Se a greve for de servidores de um Estado ou de um Município, o julgamento caberá ao Tribunal de Justiça respectivo.**

DIREITO ADMINISTRATIVO. AGRAVO REGIMENTAL NO MANDADO DE SE-GURANÇA. SERVIDOR PÚBLICO ESTADUAL. MOVIMENTO GREVISTA. ATO DO PRESIDENTE DO TRIBUNAL DE JUSTIÇA QUE DETERMINA O DESCONTO DOS DIAS PARADOS. MANDADO DE SEGURANÇA. COMPETÊNCIA. TRIBUNAL DE ORIGEM. AGRAVO IMPROVIDO. 1. Nos termos do art. 105, I, "b", da Constituição Federal, compete ao Superior Tribunal de Justiça processar e julgar, originariamente, os mandados de segurança contra ato de Ministro de Estado, dos Comandantes da Marinha, do Exército e da Aeronáutica ou do próprio Tribunal. 2. "Até a devida disciplina legislativa, devem-se definir as situações provisórias de competência constitucional para a apreciação desses dissídios no contexto nacional, regional, estadual e municipal. Assim, nas condições acima especificadas, se a paralisação for de âmbito nacional, ou abranger mais de uma região da justiça federal, ou ainda, compreender mais de uma unidade da federação, a competência para o dissídio de greve será do Superior Tribunal de Justiça (...) Para o caso da jurisdição no contexto estadual ou municipal, se a controvérsia estiver adstrita a uma unidade da federação, a competência será do respectivo Tribunal de Justiça " (MI 708/DF, Rel. Min. GILMAR MENDES, Pleno do Supremo Tribunal Federal, DJ 31/10/08). 3. Agravo regimental improvido. (AgRg no MS 15.383/SP, Rel. Ministro ARNALDO ESTEVES LIMA, PRIMEIRA SEÇÃO, julgado em 25/08/2010, DJe 15/09/2010)

◉ **E como fica a questão dos descontos na folha de pagamento decorrente da greve? Pode ser feito? Como deve ser feito?**

O STF julgou a matéria em âmbito de repercussão geral, no RE 693456/RJ, e decidiu que "a administração pública deve proceder ao desconto dos dias de paralisação decorrentes do exercício do direito de greve pelos servidores públicos, em virtude da suspensão do vínculo funcional que dela decorre". Ficou estipulado também que "é permitida a compensação em caso de acordo" e, por fim, "o desconto será, contudo, incabível se ficar demonstrado que a greve foi provocada por conduta ilícita do Poder Público".

◉ **No mesmo sentido:** Recurso extraordinário. Repercussão geral reconhecida. Questão de ordem. Formulação de pedido de desistência da ação no recurso extraordinário em que reconhecida a repercussão geral da matéria. Impossibilidade. Mandado de segurança. Servidores públicos civis e direito de greve. Descontos dos dias parados em razão do movimento grevista. Possibilidade. Reafirmação da jurisprudência do Supremo Tribunal Federal. Recurso do qual se conhece em parte, relativamente à qual é provido. 1. O Tribunal, por maioria, resolveu questão de ordem no sentido de não se admitir a desistência do mandado de segurança, firmando a tese da impossibilidade de desistência de qualquer recurso ou mesmo de ação após o reconhecimento de repercussão geral da questão constitucional. 2. A deflagração de greve por servidor público civil corresponde à suspensão do trabalho e, ainda que a greve não seja abusiva, como regra, a remuneração dos dias de paralisação não deve ser paga. 3. O desconto somente não se realizará se a greve tiver sido provocada por atraso no pagamento aos servidores públicos civis ou por outras situações excepcionais que justifiquem o afastamento da premissa da suspensão da relação funcional ou de trabalho, tais como aquelas em que o ente da administração ou o empregador tenha contribuído, mediante conduta recriminável, para que a greve ocorresse ou em que haja negociação sobre a compensação dos dias parados ou mesmo o parcelamento dos descontos. 4. Fixada a seguinte tese de repercussão geral: "A administração pública deve proceder ao desconto dos dias de paralisação decorrentes do exercício do direito de greve pelos servidores públicos, em virtude da suspensão do vínculo funcional que dela decorre, permitida a compensação em caso de acordo. O desconto será, contudo, incabível se ficar demonstrado que a greve foi provocada por conduta ilícita do Poder Público". 5. Recurso extraordinário provido na parte de que a Corte conhece. (RE 693456, Relator(a): Min. DIAS TOFFOLI, Tribunal Pleno, julgado em 27/10/2016, PROCESSO ELETRÔNICO REPERCUSSÃO GERAL – MÉRITO DJe-238 DIVULG 18-10-2017 PUBLIC 19-10-2017)

◙ **E se ficar a dúvida se a greve foi ou não abusiva? De quem é a competência para aferir isso: Justiça Comum ou Justiça do Trabalho?**

É da Justiça Comum! Mesmo se tratando de servidores públicos celetistas? Sim! Foi o que decidiu o STF, no RE 846854/SP, afetado por repercussão geral, cuja tese restou fixada da seguinte forma: "A justiça comum, federal ou estadual, é competente para julgar a abusividade de greve de servidores públicos celetistas da Administração pública direta, autarquias e fundações públicas."

Tema 544 – Competência para julgamento de abusividade de greve de servidores públicos celetistas. Tese: A justiça comum, federal ou estadual, é competente para julgar a abusividade de greve de servidores públicos celetistas da Administração pública direta, autarquias e fundações públicas

RG ◙ **A justiça comum, federal ou estadual, é competente para julgar a abusividade de greve de servidores públicos celetistas da Administração pública direta, autarquias e fundações públicas**

CONSTITUCIONAL. DIREITOS SOCIAIS. COMPETÊNCIA PARA O JULGAMENTO DA LEGALIDADE DE GREVE DE SERVIDORES PÚBLICOS CELETISTAS. JUSTIÇA COMUM. FIXAÇÃO DE TESE DE REPERCUSSÃO GERAL. 1. É competência da justiça comum, federal ou estadual, conforme o caso, o julgamento de dissídio de greve promovida por servidores públicos, na linha do precedente firmado no MI 670 (Rel. Min. MAURÍCIO CORRÊA, Rel. p/ acórdão Min. GILMAR MENDES, Tribunal Pleno, DJe de 30/10/2008). 2. As Guardas Municipais executam atividade de segurança pública (art. 144, § 8º, da CF), essencial ao atendimento de necessidades inadiáveis da comunidade (art. 9º, § 1º, CF), pelo que se submetem às restrições firmadas pelo Supremo Tribunal Federal no julgamento do ARE 654.432 (Rel. Min. EDSON FACHIN, redator para acórdão Min. ALEXANDRE DE MORAES, Tribunal Pleno, julgado em 5/4/2017). 3. A essencialidade das atividades desempenhadas pelos servidores públicos conduz à aplicação da regra de competência firmada pelo Supremo Tribunal Federal no MI 670, mesmo em se tratando de servidores contratados pelo Estado sob o regime celetista. 4. Negado provimento ao recurso extraordinário e fixada a seguinte tese de repercussão geral: "A Justiça Comum Federal ou Estadual é competente para julgar a abusividade de greve de servidores públicos celetistas da administração direta, autarquias e fundações de direito público". (RE 846854, Relator(a): Min. LUIZ FUX, Relator(a) p/ Acórdão: Min. ALEXANDRE DE MORAES, Tribunal Pleno, julgado em 01/08/2017, ACÓRDÃO ELETRÔNICO REPERCUSSÃO GERAL – MÉRITO DJe-022 DIVULG 06-02-2018 PUBLIC 07-02-2018)

Tema 544 – Competência para julgamento de abusividade de greve de servidores públicos celetistas. Tese: A justiça comum, federal ou estadual, é competente para julgar a abusividade de greve de servidores públicos celetistas da Administração pública direta, autarquias e fundações públicas.

RG ▣ A justiça comum, federal ou estadual, é competente para julgar a abusividade de greve de servidores públicos celetistas da Administração pública direta, autarquias e fundações públicas.

CONSTITUCIONAL. DIREITOS SOCIAIS. COMPETÊNCIA PARA O JULGAMENTO DA LEGALIDADE DE GREVE DE SERVIDORES PÚBLICOS CELETISTAS. JUSTIÇA COMUM. FIXAÇÃO DE TESE DE REPERCUSSÃO GERAL. 1. É competência da justiça comum, federal ou estadual, conforme o caso, o julgamento de dissídio de greve promovida por servidores públicos, na linha do precedente firmado no MI 670 (Rel. Min. MAURÍCIO CORRÊA, Rel. p/ acórdão Min. GILMAR MENDES, Tribunal Pleno, DJe de 30/10/2008). 2. As Guardas Municipais executam atividade de segurança pública (art. 144, § 8º, da CF), essencial ao atendimento de necessidades inadiáveis da comunidade (art. 9º, § 1º, CF), pelo que se submetem às restrições firmadas pelo Supremo Tribunal Federal no julgamento do ARE 654.432 (Rel. Min. EDSON FACHIN, redator para acórdão Min. ALEXANDRE DE MORAES, Tribunal Pleno, julgado em 5/4/2017). 3. A essencialidade das atividades desempenhadas pelos servidores públicos conduz à aplicação da regra de competência firmada pelo Supremo Tribunal Federal no MI 670, mesmo em se tratando de servidores contratados pelo Estado sob o regime celetista. 4. Negado provimento ao recurso extraordinário e fixada a seguinte tese de repercussão geral: "A Justiça Comum Federal ou Estadual é competente para julgar a abusividade de greve de servidores públicos celetistas da administração direta, autarquias e fundações de direito público". (RE 846854, Relator(a): Min. LUIZ FUX, Relator(a) p/ Acórdão: Min. ALEXANDRE DE MORAES, Tribunal Pleno, julgado em 01/08/2017, ACÓRDÃO ELETRÔNICO REPERCUSSÃO GERAL – MÉRITO DJe-022 DIVULG 06-02-2018 PUBLIC 07-02-2018)

ART. 37, INCISO VIII, CF – RESERVA DE VAGAS PARA PORTADORTES DE DEFICIÊNCIA

VIII – A lei reservará percentual dos cargos e empregos públicos para as pessoas portadoras de deficiência e definirá os critérios de sua admissão;

◙ **O tratamento diferenciado em favor de pessoas portadoras de deficiência, tratando-se, especificamente, de acesso ao serviço público, tem suporte legitimador no próprio texto constitucional.**

CONCURSO PÚBLICO – PESSOA PORTADORA DE DEFICIÊNCIA – RESERVA PERCENTUAL DE CARGOS E EMPREGOS PÚBLICOS (CF, ART. 37, VIII) – OCORRÊNCIA, NA ESPÉCIE, DOS REQUISITOS NECESSÁRIOS AO RECONHECIMENTO DO DIREITO VINDICADO PELA PESSOA PORTADORA DE DEFICIÊNCIA – ATENDIMENTO, NO CASO, DA EXIGÊNCIA DE COMPATIBILIDADE ENTRE O ESTADO DE DEFICIÊNCIA E O CONTEÚDO OCUPACIONAL OU FUNCIONAL DO CARGO PÚBLICO DISPUTADO, INDEPENDENTEMENTE DE A DEFICIÊNCIA PRODUZIR DIFICULDADE PARA O EXERCÍCIO DA ATIVIDADE FUNCIONAL – INADMISSIBILIDADE DA EXIGÊNCIA ADICIONAL DE A SITUAÇÃO DE DEFICIÊNCIA TAMBÉM PRODUZIR "DIFICULDADES PARA O DESEMPENHO DAS FUNÇÕES DO CARGO" – PARECER FAVORÁVEL DA PROCURADORIA-GERAL DA REPÚBLICA – RECURSO DE AGRAVO IMPROVIDO. PROTEÇÃO JURÍDICO-CONSTITUCIONAL E INTERNACIONAL ÀS PESSOAS VULNERÁVEIS. LEGITIMIDADE DOS MECANISMOS COMPENSATÓRIOS QUE, INSPIRADOS PELO PRINCÍPIO FUNDAMENTAL DA DIGNIDADE PESSOAL (CF, ART. 1º, III), RECOMPÕEM, PELO RESPEITO À ALTERIDADE, À DIVERSIDADE HUMANA E À IGUALDADE DE OPORTUNIDADES, O PRÓPRIO SENTIDO DE ISONOMIA INERENTE ÀS INSTITUIÇÕES REPUBLICANAS. – O tratamento diferenciado em favor de pessoas portadoras de deficiência, tratando-se, especificamente, de acesso ao serviço público, tem suporte legitimador no próprio texto constitucional (CF, art. 37, VIII), cuja razão de ser, nesse tema, objetiva compensar, mediante ações de conteúdo afirmativo, os desníveis e as dificuldades que afetam os indivíduos que compõem esse grupo vulnerável. Doutrina. – A vigente Constituição da República, ao proclamar e assegurar a reserva de vagas em concursos públicos para os portadores de deficiência, consagrou cláusula de proteção viabilizadora de ações afirmativas em favor de tais pessoas, o que veio a ser concretizado com a edição de atos legislativos, como as Leis nº 7.853/89 e nº 8.112/90 (art. 5º, § 2º), e com a celebração da Convenção Internacional das Nações Unidas sobre os Direitos das Pessoas com Deficiência (2007), já formalmente incorporada, com força, hierarquia e eficácia constitucionais (CF, art. 5º, § 3º), ao plano do ordenamento positivo interno do Estado brasileiro. – Essa Convenção das Nações Unidas, que atribui maior densidade normativa à cláusula fundada no inciso VIII do art. 37 da Constituição da República, legitima a instituição e a implementação, pelo Poder Público, de mecanismos compensatórios destinados a corrigir as profundas desvantagens sociais que afetam as pessoas vulneráveis, em ordem a propiciar-lhes maior grau de inclusão e a viabilizar a sua efetiva participação, em condições equânimes e mais justas, na vida econômica, social e cultural do País. HERMENÊUTICA E DIREITOS HUMANOS: O PRINCÍPIO DA NORMA MAIS FAVORÁVEL COMO CRITÉRIO QUE DEVE REGER A INTERPRETAÇÃO DO PODER JUDICIÁRIO. – O Poder Judiciário, no exercício de sua atividade interpretativa, deve prestigiar, nesse processo hermenêutico, o critério da norma mais favorável (que tanto pode ser aquela prevista no tratado internacional de direitos humanos como a que se acha positivada no próprio direito interno do Estado), extraindo, em função desse postulado básico, a máxima eficácia das declarações internacionais e das proclamações constitucionais de direitos, como forma de viabilizar o acesso dos indivíduos e dos grupos sociais, notadamente os mais vulneráveis, a sistemas institucionalizados de proteção aos direitos fundamentais da pessoa humana. Precedentes: HC 93.280/SC, Rel. Min. CELSO DE MELLO, v.g.. (RMS 32732 AgR/DF, 32732/DF, Relator Min. CELSO DE MELLO, Segunda Turma, DJe 01/08/2014). (Grifos acrescidos).

▶ **É finalidade da hermenêutica constitucional garantir o máximo de efetividade da Constituição. Em se tratando de direitos fundamentais, como a isonomia e a dignidade da pessoa humana, mais cautela deve ter o hermeneuta.**

"O intérprete constitucional deve guardar vínculo com a excelência ou otimização máxima da efetividade do discurso normativo da Carta. (...) deve-se evitar, entre várias alternativas, aquelas inviabilizadoras de qualquer eficácia imediata. Do contrário estaríamos admitindo o contrassenso de norma sem eficácia alguma. (...) Os direitos fundamentais não devem ser apreendidos separada ou localizadamente, como se estivessem, todos, encartados no art. 5º da Constituição Federal. Resta forçoso vê-los disseminados pelo ordenamento (...) deve ser evitado qualquer resultado interpretativo que reduza ou debilite, sem justo motivo, a eficácia máxima dos direitos fundamentais. Neste contexto, urge que a exegese promova e concretize o princípio jurídico da dignidade da pessoa, sendo, como é, um dos pilares supremos do nosso ordenamento, apto a funcionar como vetor-mor da compreensão superior de todos os ramos do direito." (FREITAS, Juarez. O Intérprete e o poder de dar vida à Constituição. In: GRAU, Eros Roberto e GUERRA FILHO, Willis Santiago (orgs.). Direito Constitucional – Estudos em homenagem a Paulo Bonavides. São Paulo: Malheiros, 2001, p. 237-242, p. 238.)

RESERVA DE VAGA COMO AÇÃO AFIRMATIVA

▶ **A reserva de vagas é decorrente de ações afirmativas do Estado.**

Destarte, a Constituição, ao conferir primazia ao princípio da igualdade material, introduziu no sistema pátrio ação afirmativa em relação às pessoas portadoras de deficiência, quando estabelece, em seu art. 37, VIII, que a lei deve reservar percentual dos cargos e empregos públicos a serem especificamente ocupados.

▶ **No mesmo sentido:** "O sistema constitucional vigente prevê como regra que a investidura em cargo ou emprego público depende de aprovação prévia em concurso público de provas ou de provas e títulos (art. 37, 11 da Constituição Federal). A realização de certame competitivo prévia ao acesso aos cargos, empregos e funções públicas objetiva realizar princípios constitucionais, notadamente os da isonomia, democracia e eficiência. Também por imposição constitucional as pessoas portadoras de deficiência devem contar com uma reserva de vagas em todos os concursos públicos destinados ao ingresso de pessoal na Administração, como se depreende do art. 37, inc. VIII: (...) Antes de analisar o alcance do dispositivo citado, é importante ter em conta que todas as ações a cargo do Estado devem ter como escopo o atendimento dos objetivos da República, que se ligam de forma direta ou indireta ao princípio da isonomia. É há muito conhecida a máxima Aristotélica de tratar igualmente os iguais e desigualmente os desiguais, na medida em que se desigualam, caracterizando a chamada isonomia perante a lei (ou isonomia formal). (...) Assim, comprovada a ineficácia do cumprimento dos objetivos republicanos somente com a vedação de tratamentos desiguais, passou-se a exigir do Estado ações afirmativas para reduzir as desigualdades, imputando-se ao princípio da isonomia um caráter material. De acordo com o magistério de Joaquim Barbosa Gomes (2001, p. 47), ações afirmativas são políticas sociais de apoio e promoção de grupos socialmente fragilizados, visando promover sua integração social e, conseqüentemente, a igualdade material. Tais políticas objetivam conferir tratamento prioritário aos grupos discriminados, colocando-os em condições de competição similares aos que historicamente se beneficiaram de sua exclusão." (MOTTA, Fabrício, Concurso Público – Imposição Constitucional e Operacionalização. In: MOTTA, Fabrício coord. Concurso público e Constituição. Belo Horizonte: Editora Fórum, 2005, p. 185)

▶ **A chamada "reserva de vagas" constitui ação afirmativa do Estado no atendimento dos valores constitucionais.**

"No caso, trata-se de alocar um determinado percentual de vagas para promover, sob condições especiais, a inserção dos portadores de deficiência na Administração. Ressalte-se, ainda precariamente, que em se tratando de direito fundamental – consectário do direito à igualdade – a exegese deve sempre ser orientada para proporcionar-lhe a maior eficácia possível." (Comentários à Constituição do Brasil / J. J. Gomes Canotilho. [et al.]. – São Paulo: Saraiva/Almedina, 2013, p. 852)

◙ **A reparação ou compensação dos fatores de desigualdade factual com medidas de superioridade jurídica.**

A reparação ou compensação dos fatores de desigualdade factual com medidas de superioridade jurídica constitui política de ação afirmativa que se inscreve nos quadros da sociedade fraterna que se lê desde o preâmbulo da Constituição de 1988." (RMS 26.071/DF, Rel. Min. Carlos Britto. Órgão Julgador: Primeira Turma; Ementário v. 02305-02 p. 314)."

▶ **Ações afirmativas são políticas sociais de apoio e promoção de grupos social-mente fragilizados.**

"...ações afirmativas são políticas sociais de apoio e promoção de grupos socialmente fragilizados, visando promover sua integração social e, consequentemente, a igualdade material. Tais políticas objetivam conferir tratamento prioritário aos grupos discrimi-nados, colocando-os em condições de competição similares aos que historicamente se beneficiaram de sua exclusão." (GOMES, Joaquim Barbosa. Ação afirmativa & princí-pio constitucional da igualdade: o Direito como instrumento de transformação social. A experiência dos EUA. Rio de Janeiro: Renovar, 2001, p. 47.)

RESERVA DE VAGAS COMO FORMA DE ALCANÇAR A ISONOMIA MATERIAL

▶ **Tratar igualmente os iguais e desigualmente os desiguais, na medida da sua de-sigualdade.**

Quando nos referimos ao princípio da isonomia, o primeiro significado que os ope-radores do direito visualizam é em resumo tratar igualmente os iguais e desigualmente os desiguais, na medida da sua desigualdade. Demais disso, para desate do problema em questão é insuficiente recorrer a essa notória afirmação de ARISTÓTELES, bas-tante repetida, segundo a qual, a igualdade consiste em tratar igualmente os iguais e desigualmente os desiguais.

▶ **Quem são os iguais e quem são os desiguais?**

Sem contestar a inteira procedência do que nela se contém, porque como explica CELSO ANTONIO BANDEIRA DE MELO: Reconhecendo, sua validade como pon-to de partida, deve-se negar-lhe o caráter de termo de chegada, pois entre um e outro extremo serpeia um fosso de incertezas sobre a intuitiva pergunta que aflora ao espí-rito: Quem são os iguais e quem são os desiguais?

▶ **A necessidade de se responder a algumas questões sempre que se indaga acerca da igualdade: "igualdade entre quem? Igualdade em quê? E igualdade em razão de quê?**

A igualdade, como disse o jurista italiano NOBERTO BOBBIO, é uma relação que se estabelece entre distintas pessoas, coisas ou situações; aduz, assim, a necessidade de se responder a algumas questões sempre que se indaga acerca da igualdade: "igualdade entre quem? Igualdade em quê? E igualdade em razão de quê?

▶ **A igualdade é uma relação entre dois ou mais sujeitos em razão de um critério que serve a uma finalidade.**

A igualdade é uma relação entre dois ou mais sujeitos em razão de um critério que serve a uma finalidade. Quando se comparam sujeitos, esses sujeitos são necessaria-mente comparados em razão de uma medida: os sujeitos podem ser iguais com relação à idade que tem, ao salário que ganham, ao patrimônio que possuem, etc.

▶ **Os sujeitos, porém, são sempre comparados por algum motivo. Não se compara por comparar; compara-se por algum motivo.**

Os sujeitos, porém, são sempre comparados por algum motivo. Não se compara por comparar; compara-se por algum motivo. Sempre que se fala em igualdade, seguindo o mesmo entendimento de HUMBERTO ÁVILA e NOBERTO BOBBIO, aponta as seguintes perguntas: igualdade em que? Igualdade sob que perspectiva e como? E é precisamente em razão disso que se pode verificar se a medida de comparação está correta. Segundo HUMBERTO ÁVILA: "Os sujeitos, objeto de comparação, devem, no entanto, ser comparados ou medidos com referência a uma medida comum de comparação".

▶ **O princípio da igualdade reclama um fator externo à convivência humana para nivelar homens diferenciados cultural e economicamente.**

"...os homens são, por natureza, desiguais. O que existe, em termos de igualdade, é a inserção de todos na espécie humana, como indivíduos e pessoas. Todavia, a convivência polícia exige um "fator igualador" que provém de fora, podendo-se utilizar, para explicá-lo, a metáfora da moeda. A moeda é um fator externo, necessário para igualar as atividades do médico e do agricultor, na economia, por exemplo. Isso também é necessário na convivência social e política. O princípio da igualdade reclama um fator externo à convivência humana para nivelar homens diferenciados cultural e economicamente. E esse fator de igualdade humana só pode ser conferido pelo direito, correspondendo à própria lei. Logo, é a lei que iguala indivíduos das mais díspares naturezas. Diferentemente da igualdade formal, feita pela lei, a igualdade material parte do pressuposto de que os homens são realmente desiguais. O reconhecimento da desigualdade é o fundamento para programas de ações afirmativas, pelos quais se visa favorecer indivíduos concebidos como mais necessitados ou como credores de assistência do Estado." (PASSOS, Calmon. O princípio de não discriminação. Revista Dialogo Jurídico, p. 6)

▶ **Validade do critério de desequiparação. Objetividade e relevância**

"Sempre que se institui tratamento diferente entre duas pessoas, dois grupos de pessoas, ou, ainda, uma pessoa em relação a um grupo de pessoas deve existir entre eles uma diferença que o justifique: o discrimen ou critério desequiparador. Adverte Bobbio que, entre os indivíduos humanos, existem diferenças relevantes e irrelevantes, que, todavia, não se confundem com diferenças objetivas e não objetivas: entre brancos e negros, entre homens e mulheres existem, certamente, diferenças objetivas, mas nem por isso relevan tes. Assim, as diferenças adotadas como critério desequiparador devem ser, além de objetivas, relevantes. Cabe aqui um aparte para destacar que a diferença entre brancos e negros pode-se considerar objetiva em uma sociedade como a italiana de Bobbio, em que quase não existe miscigenação. Numa sociedade como a brasileira, entendemos que esse critério não pode ser considerado objetivo, nem mesmo diante de outras formas de distinção, como a autodeclaração. De qualquer modo, objetivo ou não, este não será jamais um critério válido de discriminação, pois, como ensina Bobbio, carece de relevância, ferindo o princípio da igualdade. Mas o que significa objetividade e relevância? Objetivo é tudo aquilo que é incontroverso; diz com fatos/características sobre as quais todas as pessoas têm idêntica percepção. Daí que a objetividade nunca pode decorrer de um juízo de valor, de uma impressão pessoal de quem quer que seja. O que é objetivo não deixa dúvidas. Se existe qualquer dúvida sobre a objetividade de determinado critério, é porque este não é objetivo. Determinar o que é relevante não é tão simples. Em primeiro lugar, porque a relevância de determinado critério varia conforme os valores vigentes em cada época na sociedade e, principalmente, conforme a finalidade que o tratamento diferenciado pretende atingir. Em segundo lugar, como conceito indeterminado (ou noção, como prefere Eros Grau) que é, permite uma certa margem de discricionariedade. A relevância do critério diferenciador adotado – e, conseqüentemente, sua validade – verifica-se sempre diante de sua adequação ao fim pretendido. Fins diversos exigem a utilização de critérios distintos. Tal verificação deve integrar, ainda, os postulados da razoabilidade e proporcionalidade que abordaremos mais adiante." (OLIVEIRA ROCHA, Francisco Lobello de, Regime Jurídico dos Concursos Públicos. Ed. Dialética 2006, p. 31/32).

▶ **Afronta ao princípio da igualdade por omissão**

"Até aqui, referimo-nos à igualdade como princípio, postulado e regra de não-discriminação. No entanto, é necessário contemplar o sentido oposto do princípio da igualdade; o que determina a discriminação. A igualdade neste sentido aplica-se sempre que por ação ou omissão do Estado, sujeitos iguais vierem sofrendo tratamentos desiguais. Ou ainda, quando a desigual dade merecer ser combatida para igualarem-se as oportunidades. Neste con texto inserem-se as chamadas ações afirmativas (affirmative action), que têm origem nos Estados Unidos da América. Trata-se de políticas públicas que "desigualam para igualar, especialmente no tocante a oportunidades". Sua aplicação válida pressupõe uma desigualdade prévia que se visa a combater. Um exemplo é o tratamento especial que recebem os deficientes físicos instituído pelo inc. VII, do art. 37 da Constituição Federal, e regulamentado pela Lei 8.112/90 e pelo Decreto 3.298/99, que instituem a reserva de percentual dos cargos e empregos públicos aos candidatos portadores de deficiência nos concursos públicos e o direito de gozarem de condições especiais para a realização da prova. Com tais medidas, o constituinte reconheceu a impossibilidade de tais candidatos concorrerem em condições de igualdade com os demais e instituiu tratamento diferenciado para garantir-lhes igualdade de oportunidades." (OLIVEIRA ROCHA, Francisco Lobello de, Regime Jurídico dos Concursos Públicos. Ed. Dialética 2006, p. 32/33).

▶ **Pela igualdade material, opera-se uma discriminação que a doutrina denomina discriminação inversa.**

"Alargam-se as oportunidades desses indivíduos, para inseri-los no mercado de trabalho, no serviço público e na sociedade. Pela igualdade material, opera-se uma discriminação que a doutrina denomina discriminação inversa. Ao proporcionar certos privilégios e facilidades a alguns indivíduos, nivelam-se os seres humanos, em termos de igualdade real e substancial. Por conseguinte, esses passam a poder competir com aqueles que se consideram providos de maiores recursos intelectuais, culturais, materiais e financeiros." (Fortini, Cristiana. Servidor público: estudos em homenagem ao professor Pedro Paulo de Almeida Dutra (Locais do Kindle 9705-9708). Editora Fórum. Edição do Kindle.)

▶ **A igualdade pode ser formal ou material. Quem são os iguais e os desiguais?**

"Saber quem são os iguais e os desiguais em matéria de concurso público constitui uma tarefa deveras tormentosa e um dos principais objetivos do presente estudo, visto que, infelizmente, a nossa realidade histórica ainda registra índices alarmantes de desvios e perseguições das bancas examinadoras em desfavor dos candidatos-administrados, por motivos de toda ordem, compreendendo fatores ideológicos, sociológicos, raciais, físicos, geográficos e socioeconômicos. Para alcançar tal mister, é preciso estabelecer, de logo, parâmetros objetivos para se detectar, ictu oculi, os casos de manifesta violação ao postulado da igualdade na seara da atividade administrativa dos concursos públicos, visto que uma especulação mais profunda acerca dos debates cientifico-teóricos dos limites da liberdade do legislador ou da discricionariedade legislativa nesse campo não se comportaria dentro dos acanhados limites do presente estudo. (...) A luz de tais diretivas, mencionem-se, a título de exemplo, as situações flagrantemente atentatórias ao postulado magno da igualdade descritas na justificação do Projeto de Lei do Senado n. 92/2000, que dispõe sobre normas gerais relativas a concursos públicos, verbis: " – imposição arbitraria de idades máximas para determinar dos cargos – exigências , contra a mulher, de condição de solteira ou de não ser mãe; – restrições a candidatos moradores de outros Municípios e Estados; – pontuação por tempo de serviço em determinado órgão; – utilização de critérios e equipamentos diferenciados nas examinações relativas as provas praticas; – utilização de critérios arbitrários nas provas físicas; – segregação e discriminação contra pessoas com determinadas condições físicas, malformações ou outras características pessoais." (O regime jurídico do concurso público e seu controle jurisdicional, PINHEIRO DE QUEIROZ, Ronaldo. MAIA, Márcio Barbosa, p. 25/26).

◙ **A reserva de vagas para os portadores de necessidades especiais nos concursos públicos como forma de alcançar a isonomia material**

"MANDADO DE SEGURANÇA CONCURSO PÚBLICO CANDIDATO PORTADOR DE NECESSIDADES ESPECIAIS RESERVA DE VAGAS DETERMINAÇÃO CONSTITUCIONAL AÇÃO AFIRMATIVA VOLTADA A RECOMPOR MATERIALMENTE O PRINCÍPIO DA ISONOMIA NOMEAÇÃO DE CANDIDATOS DA LISTA GERAL NÚMERO SUFICIENTE PARA ALCANÇAR A CLASSIFICAÇÃO DO IMPETRANTE NA LISTA DOS PNE AUSÊNCIA DE NOMEAÇÃO VIOLAÇÃO A DIREITO LÍQUIDO E CERTO ORDEM CONCEDIDA. 1) Em nosso ordenamento jurídico, o dever de promover a inclusão social daqueles que, porventura do destino, são portadores de alguma espécie de deficiência, deriva de nosso próprio texto constitucional que, no intuito de compensar, através de ações de conteúdo afirmativo, as dificuldades que afetam os indivíduos componentes desse grupo vulnerável, legitima o tratamento diferenciado em favor deles, determinando expressamente em seu art. 37, inc. VIII, a reserva de percentual de cargos e empregos públicos a serem providos por seus integrantes. 2) Indigitada medida afirmativa, acomodada no conceito de sociedade fraterna inscrito no preâmbulo de nossa Constituição, tem a finalidade de recompor materialmente o sentido de igualdade que anima as instituições republicanas, viabilizando aos portadores de deficiência física a faculdade de participarem do mercado de trabalho de forma digna, para que possam manter-se e ser mantenedores daqueles que deles dependem, a despeito da nítida desvantagem que a vida lhes impôs. 3) De acordo com o art. 37 do Decreto nº 3.298/1999, que regulamentou a Política Nacional para a Integração da Pessoa Portadora de Deficiência instituída pela Lei nº 7.853/1989, deve ser reservado o percentual mínimo de cinco por cento das vagas disponibilizadas em concurso público para os investidos de tal condição, elevando-se até o primeiro número inteiro subsequente, quando a aplicação de tal percentual resultar em número fracionado. 4) Dita previsão, reiterada pelo edital do concurso em voga, torna líquido e certo o direito do impetrante, uma vez que nomeados candidatos suficientes para alcançar sua classificação na lista dos portadores de necessidades especiais, sem que sua nomeação fosse realizada. 5) Segurança concedida." (TJES, Classe: Mandado de Segurança, 100170031551, Relator: ELIANA JUNQUEIRA MUNHOS FERREIRA – Relator Substituto: VICTOR QUEIROZ SCHNEIDER, Órgão julgador: TRIBUNAL PLENO, Data de Julgamento: 22/03/2018, Data da Publicação no Diário: 24/04/2018)

◉ **No mesmo sentido:** "O candidato portador de deficiência física concorre em condições de igualdade com os demais não-portadores, na medida das suas desigualdades. Caso contrário, a garantia de reserva de vagas nos concursos para provimento de cargos públicos aos candidatos deficientes não teria razão de ser." (RMS 18.669/RJ, Rel. Ministro GILSON DIPP, QUINTA TURMA, j. 07/10/2004).

▶ **No mesmo sentido:** "Antes de analisar o alcance do dispositivo, é importante ter em conta que todas as ações a cargo do Estado devem ter como escopo o atendimento dos objetivos da República, que se ligam de forma direta ou indireta ao princípio da isonomia. É há muito conhecida a máxima Aristotélica de tratar igualmente os iguais e desigualmente os desiguais, na medida em que se desigualam, caracterizando a chamada isonomia perante a lei (ou isonomia formal). Contudo, admitida a ineficácia do cumprimento dos objetivos republicanos somente com a vedação de tratamentos desiguais, passou-se a exigir do Estado ações afirmativas para reduzir as desigualdades, imputando-se ao princípio da isonomia um caráter material." (Comentários à Constituição do Brasil / J. J. Gomes Canotilho. [et al.]. – São Paulo: Saraiva/Almedina, 2013, p. 851)

▶ **O postulado isonômico assume fundamental importância no que concerne ao acesso aos cargos e empregos públicos.**

"Referido princípio, para conferir igualdade de condições a pessoas que, devido às circunstâncias sociais ou físicas, se encontram em desvantagem, autoriza o legislador a estabelecer critérios que têm por objetivo afastar a condição desfavorável de modo a permitir que as pessoas possam concorrer em igualdade de condições, ou seja, trata de forma desigual os desiguais, para prevalecer o postulado da igualdade material." (Marcondes, PEDRO CARLOS BITENCOURT. Servidor Público Teoria E Prática, Belo Horizonte, 2016, p. 37)

▶ **O tratamento diferenciado aos portadores de deficiência é uma forma jurídica para se superar o isolamento ou a diminuição social a que se acham sujeitas as minorias.**

"Em razão de circunstâncias que na maioria das vezes não podem lhes ser imputadas, os portadores de deficiência possuem dificuldades adicionais em todos os aspectos de sua vida individual e social. A prática de atos comuns, necessários à sua interação no cenário social, custa-lhes mais esforço, nem sempre com certeza de êxito. Desta maneira, o pleno exercício dos direitos fundamentais constitucionalmente assegurados depende de ações da sociedade civil e do Estado, cabendo a iniciativa e coordenação destas ações a este último. Trata-se de conceber "uma forma jurídica para se superar o isolamento ou a diminuição social a que se acham sujeitas as minorias." (ROCHA, Cármen Lúcia Antunes. Ação afirmativa: o conteúdo democrático do princípio da igualdade jurídica. Revista Trimestral de Direito Público, 15, 1996, p. 38.)

DIGNIDADE DA PESSOA HUMANA

▶ **A proteção constitucional às pessoas portadoras de deficiência e a dignidade da pessoa humana.**

"Certamente o mínimo que se espera e se exige de qualquer Estado, qualifiquem-no como "Estado-mínimo" ou "máximo", é que proporcione a todos uma vida digna. Bem por isso, o fundamento maior de nossa República é a dignidade da pessoa humana. Dignidade constitucionalmente assegurada, mas ainda não alcançada. Dignidade que compreende o direito de viver de forma crescente, do jeito de cada qual. Dignidade que contém em si uma multiplicidade de sentidos, objetivos e subjetivos, que lhe conferem um significado ímpar, de difícil tradução. A dignidade pressupõe, mais que respeito estatal, o oferecimento de oportunidades pelo Estado para o pleno desenvolvimento do ser humano, de acordo com as potencialidades, limitações e aptidões de cada um."

▶ **A dignidade da pessoa humana é princípio havido como superprincípio constitucional.**

"A constitucionalização do princípio da dignidade da pessoa humana não retrata apenas uma modificação parcial dos textos fundamentais dos Estados contemporâneos. Antes, traduz-se ali um novo momento do conteúdo do direito, o qual tem a sua vertente no valor supremo da pessoa humana considerada em sua dignidade incontornável, inquestionável e impositiva (...) a dignidade da pessoa humana é princípio havido como superprincípio constitucional, aquele no qual se fundam todas as escolhas políticas estratificadas no modelo de Direito plasmado na formulação textual da Constituição." (ROCHA, Cármen Lúcia Antunes. Ação afirmativa: o conteúdo democrático do princípio da igualdade jurídica. Revista Trimestral de Direito Público, 15, 1996, p. 38.)

▶ **A dignidade pressupõe, mais que respeito estatal, o oferecimento de oportunidades pelo Estado para o pleno desenvolvimento do ser humano, de acordo com as potencialidades, limitações e aptidões de cada qual.**

"Certamente o mínimo que se espera e se exige de qualquer Estado, qualifiquem-no como "Estado-mínimo" ou "máximo", é que proporcione a todos uma vida digna. Bem por isso, o fundamento maior de nossa República é a dignidade da pessoa humana. Dignidade constitucionalmente assegurada, mas ainda não alcançada. Dignidade que compreende o direito de viver de forma crescente, do jeito de cada qual. Dignidade que contém em si uma plêiade de sentidos, objetivos e subjetivos, que lhe conferem um significado ímpar, de difícil tradução. A dignidade pressupõe, mais que respeito estatal, o oferecimento de oportunidades pelo Estado para o pleno desenvolvimento do ser humano, de acordo com as potencialidades, limitações e aptidões de cada qual." (MOTTA, Fabrício, Concurso Público – Imposição Constitucional e Operacionalização. In: MOTTA, Fabrício coord. Concurso público e Constituição. Belo Horizonte: Editora Fórum, 2005, p. 184)

▶ **Os portadores de deficiência possuem dificuldades adicionais em todos os aspectos de sua vida individual e social.**

"Em razão de circunstâncias que na maioria das vezes não podem lhes ser imputadas, os portadores de deficiência possuem dificuldades adicionais em todos os aspectos de sua vida individual e social. A prática de atos comuns, necessários à sua ação no cenário social custa-lhes mais esforço, nem sempre com certeza de êxito. Desta maneira, o pleno exercício dos direitos fundamentais constitucionalmente assegurados depende de ações da sociedade civil e do Estado, cabendo a iniciativa e coordenação destas ações a este último. Trata-se de conceber "uma forma jurídica para se superar o isolamento ou a diminuição social a que se acham sujeitas as minorias". N a configuração e busca dos objetivos do Estado, notada- mente a realização dos princípios da isonomia e da dignidade da pessoa humana, a Constituição da República assegurou aos portadores de deficiência uma série de direitos." (MOTTA, Fabrício, Concurso Público – Imposição Constitucional e Operacionalização. In: MOTTA, Fabrício coord. Concurso público e Constituição. Belo Horizonte: Editora Fórum, 2005, p. 185)

▶ **Pessoas "portadoras" de deficiência**

Muito delicada é a questão da terminologia a ser utilizada quanto às pessoas com deficiência, pois ao mesmo tempo em que se corre o risco de estigmatizá-las ao ponto de associá-las a uma característica negativa, que é relacionada com o termo deficiência, que, em si, significa "falta", maior risco oferece a atitude de diluir as diferenças exis tentes a partir de termos tidos por "politicamente corretos", mas que não são úteis pragmaticamente para a adequação das políticas públicas setoriais, como, por exem plo, excepcionais, pois excepcional pode ser tanto alguém com certo grau de deficiên cia mental como aquele com o QI elevado (antigamente chamado de superdotado), o que não engloba a pessoa com deficiência física. A escolha constitucional foi pelo termo pessoa portadora de deficiência. Trata-se de termo inadequado, pois portar algo significa que a pessoa poderá se desvencilhar daquilo que está provisoriamente carregando, o que não é, como regra geral, a situação das "pessoas com deficiência", pois, conforme será visto, a deficiência tem caráter permanente. (NOHARA, Irene Patrícia. Constituição Federal de 1988: comentários ao capítulo da administração pública: cap. VII do título III: da organização do Estado: artigos 37 a 43 / Irene Patrícia Nohara. – São Paulo: Atlas, 2015. (Coleção direito administrativo positivo; v. 1 / Irene Patrícia Nohara, Marco Antônio Praxedes de Moraes Filho, coordenadores), p. 48)

▶ **Qualquer concurso público que se destine a preenchimento de vagas para o serviço público federal deverá conter em seu edital a previsão das vagas reservadas para os portadores de deficiência física**

"qualquer concurso público que se destine a preenchimento de vagas para o serviço público federal deverá conter em seu edital a previsão das vagas reservadas para os portadores de deficiência física". (MELO, Mônica de. O princípio da igualdade à luz das ações afirmativas: o enfoque da discriminação positiva", Cadernos de Direito Constitucional e Ciência Política, ano 6. n. 25, out.-dez./1998)

▶ **Caracterização da deficiência e definição de "portador de deficiência"**

"Em um primeiro momento, é necessário delimitar os contornos da expressão "portador de deficiência" para que então se possa abordar as questões tocantes diretamente à reserva de vagas. Costuma-se entender como deficiências as assim conceituadas na medicina especializada, de acordo com padrões mundialmente aceitos, que caracterizem inferioridade que implique em dificuldade para a integração social. A definição legal é trazida pelo art. 3º, inciso I do Decreto 3.298/99, diploma regulamentador da Lei no 7.853, de 24 de outubro de 1989, que dispõe sobre a Política Nacional para a Integração da Pessoa Portadora de Deficiência. O dispositivo considera como deficiência "toda perda ou anormalidade de uma estrutura ou função psicológica, fisiológica ou anatômica que gere incapacidade para o desempenho de atividade, dentro do padrão considerado normal para o ser humano". O Diploma, alterado pelo recente Decreto 5.296/04, considera portadora de deficiência a pessoa que se enquadra na categoria de deficiência física, auditiva, visual, mental ou múltipla, no caso de associação de deficiências." (Comentários à Constituição do Brasil / J. J. Gomes Canotilho. [et al.]. – São Paulo: Saraiva/Almedina, 2013, p. 852)

▶ **A deficiência é uma situação intermediária entre a plena capacidade e a invalidez.**

"Trata-se, na verdade, de uma situação intermediária entre a plena capacidade e a invalidez. Nessa direção, para efeito de reserva de vagas não se pode exigir que a deficiência seja tão acentuada que implique plena impossibilidade de exercer funções na Administração, fato gerador, inclusive, de aposentadoria para os servidores públicos." (Comentários à Constituição do Brasil / J. J. Gomes Canotilho. [et al.]. – São Paulo: Saraiva/Almedina, 2013, p. 852)

▶ **Como é feito o processo para o reconhecimento da deficiência do candidato em um concurso público?**

"Para a caracterização da deficiência, o órgão ou entidade responsável pela realização do concurso deverá ter a assistência de equipe multiprofissional composta de três profissionais capacitados e atuantes nas áreas das deficiências em questão, sendo um deles médico, e três profissionais integrantes da carreira almejada pelo candidato, como determina o artigo 43 do Decreto 3.298/99. É certo que a avaliação da equipe multiprofissional deverá ser fundamentada em padrões nacional e internacionalmente reconhecidos, ficando a autoridade administrativa responsável vinculada às suas conclusões técnicas, delas só podendo divergir fundada e motivadamente, nos aspectos não diretamente relacionados às questões que envolvam conhecimentos técnicos.Caso exista controvérsia quanto à caracterização da deficiência, é aconselhável reservar a vaga questionada até que a questão seja solucionada." (Comentários à Constituição do Brasil / J. J. Gomes Canotilho. [et al.]. – São Paulo: Saraiva/Almedina, 2013, p. 852)

◉ **No mesmo sentido:** "MANDADO DE SEGURANÇA. CONCURSO PÚBLICO. DEFICIENTE FÍSICO. DOENÇA CLASSIFICADA PELA OMS COMO DEFICIÊNCIA VISUAL. 1. Sendo o impetrante portador de Ambliopia, e estando essa enfermidade catalogada como deficiência visual pela Organização Mundial de Saúde, a conclusão da Junta Médica Oficial de ter essa doença como não deficiência física não se sustenta, quanto mais quando o Edital do Concurso firmou que deficiente era aquele assim conceituado pela medicina especializada e de acordo com os padrões mundialmente estabelecidos. 2. Sentença concessiva que se confirma. 3. Apelação e Remessa improvidas." (AMS 01000596937-DF. Órgão Julgador: 2ª Turma. DJ de 14/08/2000 p. 45, Relator Des. Federal Carlos Moreira Alves).

▶ **A previsão legal da reserva de vagas para portadores de deficiência.**

Na esfera federal, a Lei 8.112/1990 estabeleceu apenas que às pessoas portadoras de deficiência é assegurado o direito de se inscreverem em concurso público para provimento de cargo cujas atribuições sejam compatíveis com a deficiência de que são portadoras, sendo reservados a elas até 20% das vagas oferecidas (art. 5.º, § 2.º). Em 2015 foi finalmente editado o Estatuto da Pessoa com Deficiência (Lei 13.146) que, no entanto, não trouxe nenhuma disposição específica sobre acesso a cargos públicos, embora tenha disciplinado amplamente diversos aspectos relacionados à inclusão das pessoas portadoras de necessidades especiais. Apenas se estabeleceu, na regra mais geral do art. 34, que as pessoas jurídicas de direito público, privado ou de qualquer natureza são obrigadas a garantir ambientes de trabalho acessíveis e inclusivos (§ 1), que as pessoas com deficiência têm direito, em igualdade de condições, a condições justas e favoráveis de trabalho, incluindo igual remuneração de igual valor (§ 2º) e que é vedada a restrição ao trabalho da pessoa com deficiência e qualquer discriminação em razão de sua condição, inclusive nas etapas de recrutamento, seleção, contratação, admissão, exames admissional e periódico etc (§ 3º). Deve ser lembrado, no entanto, que o Estatuto trouxe importantes conceitos, como o de pessoa portadora de deficiência (art. 2º, caput), acessibilidade (art. 3º, I) e barreiras (art. 3º, III), que deverão ser observados na elaboração dos editais de concurso. A Lei 7.853/1989, ainda vigente, apenas estabelece que o Poder Público deve adotar uma legislação específica de reserva de mercado de trabalho aos portadores de deficiência (art. 2.º, parágrafo único, III, d). Seu regulamento, no entanto, o Decreto 3.298/1999, ao criar a Política Nacional para a Integração da Pessoa Portadora de Deficiência, dispôs sobre vários assuntos relacionados com o tema, inclusive quanto aos editais de concurso.

▶ **Quantitativo a ser reservado depende de legislação de cada ente da Federação, obedecidos os limites constitucionais.**

"Cabe ao legislador, em todos os níveis federativos, definir o percentual a ser reservado, pois a norma constitucional não é autoaplicável. Assim, na esfera da União, o Decreto no 3.298/99, que regulamenta a Lei no 7.853/89 (instituidora da Política Nacional para a Integração da Pessoa Portadora de Deficiência), assegura, a título de percentual mínimo, 5% (cinco por cento) das vagas oferecidas, sendo que, em caso de número fracionado, deve-se elevar o número de vagas até o primeiro número inteiro subsequente.52 De outro lado, a Lei no 8.112/90 estabelece a reserva de até 20% (vinte por cento) das vagas oferecidas. A Constituição do Estado de Minas Gerais prevê, nos moldes da Constituição da República, que a lei deve reservar percentual de cargos e empregos públicos para pessoas portadoras de deficiência, e, nessa seara, a Lei Mineira no 11.867/95 obriga a Administração a reservar 10% (dez por cento) dos cargos ou empregos públicos para tal desiderato. Por sua vez, o Decreto Estadual no 42.257/02 estabelece percentual mínimo de 10% (dez por cento) do total de vagas oferecidas no edital do concurso público." (Marcondes, PEDRO CARLOS BITENCOURT. Servidor Público Teoria E Prática, Belo Horizonte, 2016, p. 38)

▶ **Determinação constitucional não exclui a necessidade de cumprimento dos requisitos mínimos exigidos para a investidura no serviço público:**

"A exigência da reserva das vagas para de cientes se baseia na discriminação notada contra pessoas com necessidades especiais, com claro intuito de proteção deste segmento social. Importante frisar, todavia, que a determinação constitucional não exclui a necessidade de cumprimento dos requisitos mínimos exigidos para a investidura no serviço público. Por tal razão é que a norma confere competência ao Poder Legislativo para definir os critérios de admissão da pessoa portadora de deficiência, afim de se evitar que lhe seja assegurado exercício de cargo para o qual não haja a devida capacitação. Nesse ponto, o Supremo Tribunal Federal, em acórdão de relatoria do Ministro Celso de Mello reconheceu o direito das pessoas detentoras de necessidades especiais à investidura no serviço público, diante da aprovação prévia no concurso, desde que a "deficiência não se revele absolutamente incompatível com as atribuições funcionais inerentes ao cargo ou ao emprego público." (Marcondes, PEDRO CARLOS BITENCOURT. Servidor Público Teoria E Prática, Belo Horizonte, 2016, p. 38)

▶ **O candidato deficiente concorre em duas listas: a geral e a de deficientes**

O candidato portador de deficiência concorre a todas as vagas, em igualdade de condições com os demais candidatos, e não apenas às destinadas aos portadores de deficiência, mas tem assegurado o percentual mínimo de 5% que cabe a estes (art. 37 do Decreto). Ele só não concorrerá a cargo que exija capacitação plena do candidato (art. 38, II).

▶ **O portador de deficiência possui o direito de participar do concurso dentro das vagas reservadas, realizando todas as fases previstas, mas desde que em igualdade de condições com os demais participantes:**

"Com efeito, o portador de deficiência possui o direito de participar do concurso dentro das vagas reservadas, realizando todas as fases previstas, mas desde que em igualdade de condições com os demais participantes. Não se admite, dessa forma, adoção de critérios diferenciados para os concorrentes, que devem se submeter ao mesmo processo de avaliação, sob pena de se consagrar discriminação às avessas, em frontal desrespeito ao princípio da igualdade. A Oitava Câmara Cível do Tribunal de Justiça do Estado de Minas Gerais deu provimento a recurso de apelação para garantir ao candidato portador de deficiência que participasse de todas as etapas do certame, nas mesmas condições dos demais concorrentes. No caso, o apelante fora sumariamente eliminado do concurso para investidura em cargo de guarda municipal, por suposição da banca examinadora de que seria reprovado na avaliação física, em virtude da incompatibilidade de sua deficiência com as atribuições exigidas para o trabalho." (Marcondes, PEDRO CARLOS BITENCOURT. Servidor Público Teoria E Prática, Belo Horizonte, 2016, p. 55)

▶ **O edital deve conter as atribuições e tarefas essenciais dos cargos, o número de vagas existentes, inclusive os referentes ao percentual destinado aos portadores de deficiência, etc.**

O edital deve conter as atribuições e tarefas essenciais dos cargos, o número de vagas existentes, inclusive os referentes ao percentual destinado aos portadores de deficiência, a previsão de adaptação das provas, do curso de formação e estágio probatório, conforme a deficiência do candidato e a exigência de apresentação, pelo candidato portador de deficiência, no ato de inscrição, de laudo médico atestando a espécie e o grau ou nível de deficiência (art. 39).

▶ **O conteúdo da prova, os critérios de aprovação e de avaliação e a nota mínima exigida para aprovação devem ser os mesmos dos demais candidatos.**

O conteúdo da prova, os critérios de aprovação e de avaliação e a nota mínima exigida para aprovação devem ser os mesmos dos demais candidatos (art. 41).

▶ **Se a deficiência alegada no momento da inscrição não se confirmar quando da perícia médica oficial o candidato apenas irá disputar pela lista geral.**

Pode ocorrer que a deficiência alegada no momento da inscrição não se confirme quando da perícia médica oficial. Nesse caso, o candidato portador de deficiência só concorrerá às vagas destinadas aos candidatos que não possuam deficiência.

◉ **O que se considera "deficiência" para fins de concorrer pelas vagas destinadas aos portadores de deficiência?**

Como é de se esperar, muitos questionamentos surgem acerca do conceito de deficiência e do enquadramento de certos casos dentro da descrição feita no Decreto 3.298/1999. Um dos que mais gerou controvérsia foi o referente à visão monocular, que chegou a ser objeto de Súmula pelo STJ. Mais recentemente, a Corte enfrentou questão similar, só que referente à surdez unilateral, prevalecendo, num primeiro momento, o entendimento de que a deficiência, para restar caracterizada, não precisa corresponder à deficiência bilateral, desde que a surdez de um dos ouvidos corresponda a percentual de perda equivalente ao preconizado no Decreto 3.298/1999. Não obstante, em momento posterior, entendeu-se, com base na alteração promovida pelo Decreto 5.296/2004, que excluiu da qualificação "deficiência auditiva" os portadores de surdez unilateral, que estes últimos já não teriam mais o direito de participar do certame na qualidade de deficiente auditivo (Corte Especial, MS 18.966/DF, red. para acórdão Min. Humberto Martins, j. 2/10/2013 – Informativo STJ 535).

◙ **Visão monocular.**

"ADMINISTRATIVO. MANDADO DE SEGURANÇA. CONCURSO PÚBLICO. CANDIDATO APROVADO PARA O CARGO DE ANALISTA DO SEGURO SOCIAL DO INSTITUTO NACIONAL DO SEGURO SOCIAL – INSS. VISÃO MONOCULAR (AMBLIOPIA). DEFICIÊNCIA VISUAL CARACTERIZADA. DIREITO DE OCUPAR UMA DAS VAGAS RESERVADAS AOS PORTADORES DE DEFICIÊNCIA FÍSICA. SENTENÇA MANTIDA. 1. De acordo com a jurisprudência sedimentada no âmbito do Superior Tribunal de Justiça, o portador de visão monocular tem direito de concorrer às vagas de concurso público reservadas a deficientes físicos (Súmula 377/STJ). 2. Tendo sido o impetrante aprovado em concurso público para o cargo de Analista do Seguro Social em uma das vagas destinadas a pessoas com deficiência, possui ele direito líquido e certo de ocupar uma das vagas, na condição de deficiente visual (visão monocular), assegurada a sua nomeação e posse no cargo, observada a ordem de classificação. 3. Remessa oficial a que se nega provimento."(REOMS 0025637-55.2009.4.01.3400 / DF, Rel. DESEMBARGADOR FEDERAL NEVITON GUEDES, QUINTA TURMA, e-DJF1 de 2014-11-28)

▶ **Se o edital não fizer distinção de tratamento na prova física entre deficientes e não deficientes?**

Que poder tem o edital, mero ato administrativo normativo, de criar restrições e simplesmente sobrepor-se à normas de maior hierarquia como o Decreto, a Lei e a nosso Carta Magna! O edital, quando se diz que vincula as partes e é a lei do concurso só é aceitável esse jargão quando não conflitar com normas de maior hierarquia, sob pena de "virar de cabeça para baixo a pirâmide Kelseniana"! O edital não pode conduzir a interpretações inconstitucionais! Se o edital determinar que o candidato cometa um crime como condição de ser aprovado deve o mesmo ser obedecido? Pois aqui o contrário está ocorrendo, é o próprio edital que está cometendo um assassinato jurídico de comandos preciosos da nossa carta cidadã! Logo, se o magistrado partir desta premissa equivocada já contamina todo o resto da decisão que venha questionar tal inconstitucionalidade!

◙ **Quanto aos concursos que possuem provas físicas, estas devem ser adaptadas.**

"Disso se extrai que o teste físico a ser realizado no candidato deficiente deve avaliar se a condição física do candidato é suscetível de adaptação, de modo a possibilitar a ele o desempenho das atividades do cargo. Ou seja, não se pode admitir qualquer teste que submeta o deficiente físico, sem analisar a compatibilidade das adaptações necessárias ao desempenho das atribuições do cargo, como se ele não tivesse qualquer deficiência. O edital prevê em seu anexo as atribuições do cargo de Fiscal de Saneamento I, que consistem em "Fiscalizar, sob orientação, o cumprimento das normas e regulamentos do SAAE de Sorocaba, vistoriar residências, estabelecimentos comerciais, industriais e de prestação de serviços para verificar a ocorrência de infiltração e vazamentos de água ou esgoto e outras irregularidades; efetuar levantamento cadastral; vistoriar as instalações hidráulicas, sanitárias, reservação e captação de águas pluviais nos imóveis para concessão de habite-se; autuar, notificar e intimar os responsáveis quando da ocorrência de irregularidades nas instalações, débitos e outras. Dirigir veículos, quando necessário para o desenvolvimento de atividades de interesse público e determinado expressamente pelas chefias respectivas, observada a habilitação específica". Desse modo, não há dúvida que o fato de o impetrante ter uma perna amputada causaria dificuldades de locomoção para ele atender às diligências externas inerentes ao cargo de Fiscal de Saneamento I. Mas essa dificuldade de locomoção não o impede de atender às diligências, pois ele pode se locomover com adaptações, como por exemplo, com sua perna mecânica ou mesmo com veículo adaptado à sua condição. É possível se concluir, portanto, que o impetrante não tem as mesmas condições de desempenhar as atribuições externas do referido cargo, em comparação com os demais candidatos não deficientes, justamente pelo fato de ele ter uma deficiência física. Mas esse foi o motivo pelo qual sua inscrição foi deferida no concurso público, na condição especial de deficiente físico. Assim, respeitado o posicionamento da i. magistrada a quo, não há como utilizar desse mesmo motivo para eliminar o impetrante do certame. A Administração não pode invocar a discricionariedade para escolher "pessoas que reúnam as melhores condições" e o princípio da eficiência do serviço público como critérios de eliminação de candidatos deficientes, em comparação com os demais candidatos, pois tal prática revela-se evidentemente discriminatória e afronta as normas constitucionais e infraconstitucionais que têm por objetivo primordial a inclusão da pessoa com deficiência no serviço público." (TJSP – Apel / Reexame 1020354-47.2015.8.26.0602 – 6ª Câmara de Direito Público – j. 6/11/2017)

◙ **No mesmo sentido:** "APELAÇÃO CÍVEL. MANDADO DE SEGURANÇA. CONCURSO PÚBLICO. MUNICÍPIO DE RIO GRANDE. CANDIDATA INSCRITA NAS VAGAS DESTINADAS AOS PORTADORES DE DEFICIÊNCIA. DIREITO À ADAPTAÇÃO DA PROVA FISICA. Comprovada a incapacidade física da autora e a previsão, no edital, de reserva de vagas destinadas a candidatos portadores de deficiência, demonstrado seu direito líquido e certo em ter a avaliação adaptada física à sua limitação." (TJRS – AP REEX 70076134063 – 4.ª Câmara Cível – j. 19/9/2018 – julgado por Alexandre Mussoi Moreira.)

▶ Registre-se que 2015 foi finalmente editado o Estatuto da Pessoa com Deficiência (Lei 13.146) que estabeleceu em seu art. 34 que as pessoas jurídicas de direito público, privado ou de qualquer natureza são obrigadas a garantir ambientes de trabalho acessíveis e inclusivos (§ 1), que as pessoas com deficiência têm direito, em igualdade de condições, a condições justas e favoráveis de trabalho, incluindo igual remuneração de igual valor (§ 2º) e que é vedada a restrição ao trabalho da pessoa com deficiência e qualquer discriminação em razão de sua condição, inclusive nas etapas de recrutamento, seleção, contratação, admissão, exames admissional e periódico etc (§ 3º). Art. 34. A pessoa com deficiência tem direito ao trabalho de sua livre escolha e aceitação, em ambiente acessível e inclusivo, em igualdade de oportunidades com as demais pessoas: § 3º É vedada restrição ao trabalho da pessoa com deficiência e qualquer discriminação em razão de sua condição, inclusive nas etapas de recrutamento, seleção, contratação, admissão, exames admissional e periódico, permanência no emprego, ascensão profissional e reabilitação profissional, bem como exigência de aptidão plena.

▶ **Decreto n.º 9.508, de 24 de setembro de 2018.**

O Decreto n.º 9.508, de 24 de setembro de 2018, que disciplina a reserva de vagas às pessoas com deficiência, percentual de cargos e de empregos públicos ofertados em concursos públicos e em processos seletivos no âmbito da administração pública federal direta e indireta, dispõe em seus artigos 1º e, especialmente, o 2º: Art. 1º Fica assegurado à pessoa com deficiência o direito de se inscrever, no âmbito da administração pública federal direta e indireta e em igualdade de oportunidade com os demais candidatos, nas seguintes seleções: I – em concurso público para o provimento de cargos efetivos e de empregos públicos; e (...) Art. 2º Ressalvadas as disposições previstas em regulamento, a pessoa com deficiência participará de concurso público ou de processo seletivo de que trata a Lei nº 8.745, de 1993, em igualdade de condições com os demais candidatos no que diz respeito: I – ao conteúdo das provas; II – à avaliação e aos critérios de aprovação; III – ao horário e ao local de aplicação das provas; e IV – à nota mínima exigida para os demais candidatos. Art. 3º Para os fins do disposto neste Decreto, os editais dos concursos públicos e dos processos seletivos de que trata a Lei nº 8.745, de 1993, indicarão: I – o número total de vagas previstas e o número de vagas correspondentes à reserva para pessoas com deficiência, discriminada, no mínimo, por cargo; II – as principais atribuições dos cargos e dos empregos públicos; III – a previsão de adaptação das provas escritas, físicas e práticas, do curso de formação, se houver, e do estágio probatório ou do período de experiência, estipuladas as condições de realização de cada evento e respeitados os impedimentos ou as limitações do candidato com deficiência; Art. 4º Fica assegurada a adequação de critérios para a realização e a avaliação das provas de que trata o inciso III do art. 3º à deficiência do candidato, a ser efetivada por meio do acesso a tecnologias assistivas e a adaptações razoáveis, observado o disposto no Anexo. Art. 6º As entidades contratadas para a realização de concurso público ou de processo seletivo de que trata a Lei nº 8.745, de 1993, em qualquer modalidade, ficam obrigadas a observar o disposto neste Decreto no momento da elaboração e da execução do edital.

▶ **Inadmissibilidade de imposição de teste físico com os mesmos critérios de avaliação dos demais candidatos.**

As regras do edital do concurso público não podem ser compreendidas em prejuízo do candidato deficiente à luz das normas constitucionais e infraconstitucionais que

625

dispõem sobre o tema, cujo objetivo primordial é possibilitar a inclusão da pessoa com deficiência e a concorrência destas em igualdade de condições, na medida de suas desigualdades. Interpretação que decorre dos primados constitucionais da dignidade da pessoa humana e da isonomia. Não se pode perder de vista que a Constituição Federal estabelece que "a lei reservará percentual dos cargos e empregos públicos para as pessoas portadoras de deficiência e definirá os critérios de sua admissão" (art. 37, VIII). Essa reserva de vagas se justifica para assegurar às pessoas com deficiência o efetivo acesso ao mercado de trabalho no serviço público, em observância aos princípios da isonomia e da dignidade da pessoa humana. Nos casos em que o edital prevê que "os candidatos com deficiência participarão do concurso em igualdade de condições com os demais candidatos" e "não haverá adaptação do exame de aptidão física às condições do candidato, com deficiência física ou não" há induvidosa inconstitucionalidade.

▶ **Caso o número de aprovados nas vagas de deficiente seja quebrado deve-se arredondar para o primeiro número inteiro acima da fração.**

Atente-se que, na aplicação do percentual mínimo, caso o número obtido de vagas seja fracionado, deve-se proceder ao arredondamento para o primeiro número inteiro acima da fração, respeitado o limite máximo fixado na lei.

▶ **Há prioridade, quando das nomeações, dos deficientes em relação aos não deficientes?**

Não há! No entanto, garantia legal de que as nomeações dos candidatos com deficiência aprovados sejam feitas com prioridade em relação aos demais candidatos aprovados, sendo válidos, portanto, critérios editalícios que estabeleçam a nomeação daqueles após a nomeação de alguns destes últimos, desde que observados o limite percentual mínimo e o direito à nomeação respectiva.

▶ **Sempre o edital deverá prever vagas para deficientes nos concursos públicos?**

Questão candente é a referente à necessidade de reserva de vagas quando o número de cargos previstos no edital é pequeno. Qual o critério a ser utilizado? E se houver apenas uma ou duas vagas? Parece-nos que não se pode impor a reserva se for única a vaga oferecida, caso em que a aplicação da regra constitucional acabaria por subverter sua própria essência, resultando anti-isonômica em relação aos que não são portadores de deficiência. A jurisprudência do STF vai além, enfatizando que não se pode extrapolar o limite percentual máximo estabelecido na lei, de modo que, mesmo sendo duas as vagas oferecidas para um cargo determinado, não há como reservar-se uma das vagas a portadores de deficiência, posto que o critério de exceção acabaria por sobrepor-se ao da participação igualitária dos demais candidatos, os não deficientes, obrigando-os a disputar uma única vaga. Nessa hipótese, os candidatos portadores de deficiência estariam concorrendo a 50% das vagas, muito mais do que o percentual máximo estabelecido na lei. Dessa maneira, embora o arredondamento deva ser feito para que a fração atinja o número inteiro subsequente, garantindo-se a aplicação do percentual mínimo de 5%, o arredondamento não será possível quando, mesmo aplicado em seu limite máximo, de 20%, o número obtido não atingir um, de modo que, nesses casos, não haverá reserva de vagas para portadores de deficiência, ou seja, não se garante a reserva se o número de vagas oferecidas para determinado cargo for inferior a cinco. Não obstante, contraditoriamente, já entendeu a mesma Corte em julgamento posterior que, se houver a previsão editalícia da reserva de vaga em situações tais, a Administração Pública estará vinculada ao seu cumprimento. Observe-se, no entanto, que, mesmo reconhecida a nulidade do concurso, em vista da ausência de previsão da reserva de vagas para portadores de deficiência, não será possível a anulação do certame quando já verificada a consolidação, no tempo, dos efeitos do concurso, em razão da necessidade de se resguardar a segurança jurídica.

▶ **O edital pode proibir a participação de deficientes em algum concurso público específico?**

Matéria diversa diz respeito à situação em que o edital impede a concorrência de deficientes físicos a determinado cargo, sob a alegação de incompatibilidade com o exercício das respectivas atribuições da função pública e o candidato demonstra que a deficiência de que é portador pode ser corrigida pelo uso de prótese ou outro recurso da medicina. Nesse caso, o STJ, trabalhando com o conceito de "adaptação razoável" e invocando dispositivos do Decreto 6.949/2009, que promulgou a Convenção Internacional sobre os Direitos das Pessoas com Deficiência, entendeu válida a participação em concurso de portador de deficiência auditiva, que demonstrou capacitação para o desempenho do cargo mediante o uso de aparelho auditivo. Alguns concursos, principalmente na área policial, têm restringido a participação de candidatos portadores de deficiência sob o argumento de que as atividades do cargo são incompatíveis com a existência de qualquer deficiência. Parece-nos quase impossível ter tal conclusão de antemão, de maneira genérica, sem que se analise caso a caso a situação, o que, convenhamos, só poderia mesmo ser aferido durante o estágio probatório. Por outro lado, concordamos que postergar o exame para essa fase subverteria a lógica do próprio concurso, visto que a capacitação para o cargo deveria ser analisada antes da admissão do servidor.

▶ **O artigo 5º, § 2º, da Lei 8.112/90 exige que a deficiência seja compatível com as atribuições do cargo que será provido.**

"A avaliação da compatibilidade deve ficar a cargo da equipe multiprofissional antes referida. Uma vez mais a discricionariedade da equipe tem como parâmetro os padrões reconhecidos nacional e internacionalmente. Por outro lado, não se pode permitir que a avaliação se esvaia das raias ditadas pelo princípio da razoabilidade e se guie por critérios subjetivos." (Comentários à Constituição do Brasil / J. J. Gomes Canotilho. [et al.]. – São Paulo: Saraiva/Almedina, 2013, p. 852)

◙ **No mesmo sentido:** "CONSTITUCIONAL. ADMINISTRATIVO. CONCURSO PÚBLICO. DELEGADO DE POLÍCIA CIVIL. CANDIDATA ELIMINADA POR SER PORTADORA DE MIOPIA. INADMISSIBILIDADE. 1. Ofende o princípio constitucional da igualdade e da razoabilidade ato que inabilita concorrente ao cargo de Delegado de Polícia Civil do Distrito Federal sob o fundamento de que é portador de deficiência visual (miopia), por isso que inúmeras são as pessoas que cotidianamente ingressam no serviço público em tais condições. 2. A miopia não há de ser tida como moléstia apta a, na dicção do edital do certame (item 7.1, a), inabilitar a impetrante, pois não constitui defeito físico que implique em debilidade ou perda de sentido ou função tais que impeçam o exercício das atribuições de delegado de polícia. 3. Apelação a que se dá provimento." (TRF, 1ª Região, AMS 01000575207- DF, DJ de 04/02/2002, Rel. Juiz Marcus Vinicius Reis Bastos).

◙ **Avaliação da compatibilidade entre as atribuições do cargo e a deficiência apresentada devem, em regra, ser aferidas durante estágio probatório.**

Não tem sentido o edital prever vagas para deficientes e, no concurso público, gerar situações que inviabilizem que o candidato possa assumir o cargo público! A inviabilidade, em regra, quanto ao exercício da função deve ser verificada no estágio probatório.

> ◙ <u>No mesmo sentido:</u> MANDADO DE SEGURNAÇA. CONCURSO PÚBLI-CO. TRIBUNAL DE CONTAS DA UNIÃO (TCU). PORTADOR DE DEFICIÊN-CIA VISUAL. GLAUCOMA E CERATOCONE. POSSIBILIDADE DE DISPU-TAR VAGA DESTINADA A PORTADOR DE DEFICIÊNCIA FÍSICA. EXAME MÉDICO PRÉ-ADMISSIONAL. REPROVAÇÃO. AVALIAÇÃO DA COMPA-TIBILIDADE ENTRE AS ATRIBUIÇÕES DO CARGO E A DEFICIÊNCIA APRESENTADA A SER REALIZADA DURANTE ESTÁGIO PROBATÓRIO. CANDIDATO EXCLUÍDO DO PROCESSO SELETIVO. NOMEAÇÃO E POSSE ANTES DO TRÂNSITO EM JULGADO. APELAÇÃO E REMESSA OFICIAL. DESPROVIMENTO. 1. O impetrante, portador de deficiência visual, tem o direito de participar do concurso público para provimento de cargo de Analista de Controle Externo do TCU, concorrendo às vagas reservadas a deficiente físico, amparado por previsão constante do art. 4º, inciso III, do Decreto n. 3.298/1999. 2. A somatória do campo visual, segundo laudo produzido por instituição idônea, é inferior ao limite estabelecido pelo Decreto n. 3.298/1999, de modo que está suficientemente caracterizada a situação de deficiente visual do apelado. 3. No que se refere à posse, em diversas oportunidades, este colegiado tem manifestado entendimento de que é possível "a nomeação e posse antes do trânsito em julgado nos casos em que o acórdão do Tribunal seja unânime e o candidato tenha logrado sucesso em todas as demais fases do certame." (AC n. 0010630-75.2009.4.01.3900/PA, Relator Desembargador Federal Kassio Nunes Marques, e-DJF1 de 16.09.2016; AC n. 0056518-73.2013.4.01.3400/DF, Relator Desembargador Federal Jirair Aram Meguerian, e-DJF1 de 08.04.2016). 4. Apelação e remessa oficial, desprovidas. (AMS 0032849-30.2009.4.01.3400/DF, Rel. Desembargador Federal Daniel Paes Ribeiro, Sexta Turma, e-DJF1 p. de 30/04/2018)

▶ **O estabelecimento da reserva de vagas para portadores de deficiência depende de cada situação concreta.**

"O estabelecimento da reserva depende de cada situação concreta, cabendo ao administrador realizar as operações exegéticas cabíveis tendo como vetores o número de cargos em jogo e suas atribuições para estabelecer um percentual razoável, que não torne despido de qualquer eficácia o mandamento constitucional e, tampouco, que trilhe caminho oposto, privilegiando em demasia aqueles que já possuem uma vantagem. Outros elementos ganham importância no processo de escolha do percentual: o estudo da possibilidade de criação de novas vagas, não ofertadas no concurso, assim como a hipótese de surgimento de outras no prazo de validade do certame. Parece que a solução mais razoável seria estabelecer a reserva de vagas por cargo compatível, tendo como parâmetro o número total de cada cargo no quadro de carreira, considerando--se um determinado número, resultante da aplicação do percentual escolhido, como "vaga cativa" dos portadores de deficiência." (Comentários à Constituição do Brasil / J. J. Gomes Canotilho. [et al.]. – São Paulo: Saraiva/Almedina, 2013, p. 854)

◉ **A avaliação da compatibilidade entre as atribuições do cargo e a deficiência apresentada a ser realizada durante estágio probatório**

"MANDADO DE SEGURNAÇA. CONCURSO PÚBLICO. TRIBUNAL DE CONTAS DA UNIÃO (TCU). PORTADOR DE DEFICIÊNCIA VISUAL. GLAUCOMA E CERATOCONE. POSSIBILIDADE DE DISPUTAR VAGA DESTINADA A PORTADOR DE DEFICIÊNCIA FÍSICA. EXAME MÉDICO PRÉ-ADMISSIONAL. REPROVAÇÃO. AVALIAÇÃO DA COMPATIBILIDADE ENTRE AS ATRIBUIÇÕES DO CARGO E A DEFICIÊNCIA APRESENTADA A SER REALIZADA DURANTE ESTÁGIO PROBATÓRIO. CANDIDATO EXCLUÍDO DO PROCESSO SELETIVO. NOMEAÇÃO E POSSE ANTES DO TRÂNSITO EM JULGADO. APELAÇÃO E REMESSA OFICIAL. DESPROVIMENTO. . 1. O impetrante, portador de deficiência visual, tem o direito de participar do concurso público para provimento de cargo de Analista de Controle Externo do TCU, concorrendo às vagas reservadas a deficiente físico, amparado por previsão constante do art. 4º, inciso III, do Decreto n. 3.298/1999. 2. A somatória do campo visual, segundo laudo produzido por instituição idônea, é inferior ao limite estabelecido pelo Decreto n. 3.298/1999, de modo que está suficientemente caracterizada a situação de deficiente visual do apelado. 3. No que se refere à posse, em diversas oportunidades, este colegiado tem manifestado entendimento de que é possível "a nomeação e posse antes do trânsito em julgado nos casos em que o acórdão do Tribunal seja unânime e o candidato tenha logrado sucesso em todas as demais fases do certame." (AC n. 0010630-75.2009.4.01.3900/PA, Relator Desembargador Federal Kassio Nunes Marques, e-DJF1 de 16.09.2016; AC n. 0056518-73.2013.4.01.3400/DF, Relator Desembargador Federal Jirair Aram Meguerian, e-DJF1 de 08.04.2016). 4. Apelação e remessa oficial, desprovidas." (AMS 0032849-30.2009.4.01.3400/DF, Rel. Desembargador Federal Daniel Paes Ribeiro, Sexta Turma, e-DJF1 p. de 30/04/2018)

◉ **Ilegalidade de eliminação do candidato PCD no exame de saúde pelo motivo de sua deficiência.**

"ADMINISTRATIVO. CONCURSO PÚBLICO. POLÍCIA RODOVIÁRIA FEDERAL. REPROVAÇÃO EM EXAME DE APTIDÃO FÍSICA. VISÃO MONOCULAR. CANDIDATO PORTADOR DE DEFICIÊNCIA FÍSICA. VERIFICAÇÃO DA (IN) COMPATIBILIDADE ENTRE A DEFICIÊNCIA APRESENTADA E O EXERCÍCIO

DO CARGO. MOMENTO. ESTÁGIO PROBATÓRIO. POSSE E NOMEAÇÃO. SEN-TENÇA MANTIDA. I – Em se tratando de concurso público promovido pelo Departamento de Polícia Rodoviária Federal, órgão integrante de sua estrutura administrativa, a União é parte legitima para figurar no polo passivo da lide. Preliminar Rejeitada. II – Nos termos do § 2º do art. 43 do Decreto nº 3.298/99, a (in)compatibilidade da deficiência apresentada, no caso de candidatos deficientes físicos, será verificada apenas por ocasião do estágio probatório, findo o qual, a teor do edital que rege o certame objeto dos autos, será exonerado o servidor caso se constate não haver compatibilidade. Dessa forma, ilegal a conduta da banca examinadora de declarar inapto o impetrante, candidato deficiente físico, na fase de exame de saúde, quando, em verdade, há momento próprio para tanto. III – Precedente no sentido de não inviabilizar a visão monocular o exercício de atividade policial. IV – Recursos de apelação e remessa oficial aos quais se nega provimento." (AC 0035361-35.2013.4.01.3500 / GO, Rel. DESEMBARGADOR FEDERAL JIRAIR ARAM MEGUERIAN, SEXTA TURMA, e-DJF1 de 2016-10-24)

▶ **Como é feito o cálculo do número de vagas a serem reservadas aos deficientes?**

"Para atender ao mandamento constitucional, a regra é que o administrador público está adstrito a reservar percentual das vagas para preenchimento por portadores de deficiência em todos os concursos públicos. Constitui, desta maneira, dever legal da autoridade responsável pela elaboração do instrumento convocatório e abertura do certame a previsão, de acordo com critérios que serão posteriormente analisados, de vagas reservadas para os portadores de deficiência. Por se tratar de dever, a ausência de previsão acarreta a responsabilização do agente público. Como assentou recentemente o Superior Tribunal de Justiça "a inércia do administrador público em não reservar percentual de vagas destinadas a deficiente físico, providência determinada pelo artigo 37, VIII, da Constituição Federal e regulamentado pelo artigo 5º, § 2º, da Lei n. 8.112/90, não pode obstar o cumprimento do mandamento constitucional e afastar o direito assegurado aos candidatos de concurso portadores de deficiência." (Comentários à Constituição do Brasil / J. J. Gomes Canotilho. [et al.]. – São Paulo: Saraiva/ Almedina, 2013, p. 852-853)

▶ **A quantidade de vagas que deve ser reservada, deve ser fixada em atendimento ao percentual ditado pela lei, como se depreende da análise do art. 37, IX da Constituição.**

"Inicialmente, calha observar que a lei referida deve ser editada em cada ente federativo para disciplinar a aplicação em cada esfera administrativa. No plano federal, a Lei 8.112/90 (Estatuto dos Servidores Públicos Civis da União) determina em seu art. 5º, § 2º: "Art. 5º (...) § 2º Às pessoas portadoras de deficiência é assegurado o direito de se inscrever em concurso público para provimento de cargo cujas atribuições sejam compatíveis com a deficiência de que são portadoras; para tais pessoas serão reservadas até 20% (vinte por cento) das vagas oferecidas no concurso." (Comentários à Constituição do Brasil / J. J. Gomes Canotilho. [et al.]. – São Paulo: Saraiva/Almedina, 2013, p. 853)

▶ **O Decreto n. 3.298, de 20 de dezembro de 1999 determina em seu art. 37, §
1º que deve ser reservado no mínimo o percentual de cinco por cento das vagas.**

"Por sua vez, o já referido Decreto n. 3.298, de 20 de dezembro de 1999 determina em seu art. 37, § 1º que deve ser reservado no mínimo o percentual de cinco por cento das vagas. Não há dúvidas, em princípio, quanto ao percentual de reserva que deve ser estabelecido nos concursos levados a cabo na administração pública federal: no mínimo 5% e no máximo 20%, de acordo com os dispositivos referidos. A escolha do percentual exato, certamente feita de forma motivada, deve ficar a cargo do administrador. É certo que se trata de ato marcado pela discricionariedade, que deve ser balizada pelo princípio da razoabilidade, neste caso atuando como forma de concretizar o mandamento constitucional. Nesse sentido, deve o administrador responsável, de acordo com o número de vagas disponíveis e com as funções que serão exercidas, estabelecer uma reserva que possibilite o real atendimento aos portadores de deficiência, agindo afirmativamente para possibilitar sua integração social, desta feita tendo como intermediária a Administração. Calha destacar que o citado Decreto 3.298/99 determina que caso a aplicação do percentual escolhido resulte em número fracionado, este deverá ser elevado até o primeiro número inteiro subsequente (art. 37, § 2º)." (Comentários à Constituição do Brasil / J. J. Gomes Canotilho. [et al.]. – São Paulo: Saraiva/Almedina, 2013, p. 853)

▶ **Se em um certame o percentual de reserva foi baixo e o quantitativo de vagas apresentadas também. Como fica a situação?**

O entendimento inicial do Supremo Tribunal Federal seguia a linha de determinar a reserva de no mínimo uma vaga, sempre que houver mais de uma em jogo, em havendo compatibilidade da função a ser exercida:

◉ **No mesmo sentido:** "ADMINISTRATIVO. CONCURSO PÚBLICO. RESERVA DE VAGAS PARA PORTADORES DE DEFICIÊNCIA. ARTIGO 37, INCISO VIII, DA CONSTITUIÇÃO FEDERAL. A exigência constitucional de reserva de vagas para portadores de deficiência em concurso público se impõe ainda que o percentual legalmente previsto seja inferior a um, hipótese em que a fração deve ser arredondada. Entendimento que garante a eficácia do artigo 37, inciso VIII, da Constituição Federal, que, caso contrário, restaria violado. Recurso extraordinário conhecido e provido." (RE 227.299/MG, Rel. Min. Ilmar Galvão, DJ 06-10-2000)

◉ **No mesmo sentido:** "CONCURSO PÚBLICO – CANDIDATOS – TRATAMENTO IGUALITÁRIO. A regra é a participação dos candidatos, no concurso público, em igualdade de condições. CONCURSO PÚBLICO – RESERVA DE VAGAS – PORTADOR DE DEFICIÊNCIA – DISCIPLINA E VIABILIDADE. Por encerrar exceção, a reserva de vagas para portadores de deficiência faz-se nos limites da lei e na medida da viabilidade consideradas as existentes, afastada a possibilidade de, mediante arredondamento, majorarem-se as percentagens mínima e máxima previstas". (MS 26.310/DF, Rel. Min. Marco Aurélio, Órgão Julgador: Tribunal Pleno, DJ 31-10-2007, p. 78.)

631

▶ **Deverão ser reservadas, no mínimo, 5% das vagas ofertadas em concurso público às pessoas com deficiência e, caso a aplicação do referido percentual resulte em número fracionado, este deverá ser elevado até o primeiro número inteiro subsequente, desde que respeitado o limite máximo de 20% das vagas ofertadas, conforme art. 37, §§ 1º e 2º, do Decreto 3.298/1999, e art. 5º, § 2º, da Lei 8.112/1990**

De acordo com o art. 37, inc. VIII, da Constituição Federal de 1988, "a lei reservará percentual dos cargos e empregos públicos para as pessoas portadoras de deficiência e definirá os critérios de sua admissão". O artigo 5º, § 2º, da Lei Federal 8.112/1990 assegurou às pessoas com deficiência "o direito de se inscrever em concurso público", sendo-lhes reservadas "até 20% (vinte por cento) das vagas oferecidas". Já o Decreto 3.298/1999 (Política Nacional para a Integração da Pessoa Portadora de Deficiência), em seu art. 37, §§ 1º e 2º, fixou o percentual mínimo de 5 % (cinco por cento) "em face da classificação obtida", bem como o arredondamento para "o primeiro número inteiro subsequente" quando a aplicação desse percentual resultar em número fracionado.

▶ **No mesmo sentido:** "A interpretação desses diplomas normativos tem sido realizada pelos tribunais superiores brasileiros de modo a assentar o entendimento de que as frações mencionadas no art. 37, § 2º, do Decreto 3.298/1999 devem ser arredondadas para o primeiro número inteiro subsequente, respeitando-se o limite máximo previsto na Lei 8.112/1990 de 20% das vagas oferecidas no concurso. Em termos ilustrativos, se tivermos 20 vagas oferecidas em um concurso público para determinado cargo, às pessoas com deficiência deverão ser reservadas, no mínimo, uma vaga (5% do total) e, no máximo, quatro vagas (20% do total), a critério do edital. O Superior Tribunal de Justiça tem reconhecido a aplicação desse entendimento a diversos concursos públicos. Mas, nem sempre a observância a essa regra é feita de modo simples. Nas situações, por exemplo, em que um edital de concurso ofereça uma, duas, três ou quatro vagas no total, as frações resultantes da aplicação da regra do percentual mínimo de 5%, se arredondadas, acabariam por ultrapassar o percentual máximo previsto legalmente de 20% das vagas. Com frequência, o STJ, na esteira do entendimento firmado pela Corte Suprema, considerou como desproporcional o arredondamento das frações obtidas em tais casos, pois acabaria por trazer, como resultado, a reserva de uma vaga às pessoas com deficiência para cada vaga disponibilizada à ampla concorrência. Já nas situações, por exemplo, em que, um edital defina a aplicação da reserva de vagas para pessoas com deficiência no seu percentual mínimo legal, preveja a abertura de um número igual ou menor que quatro, e, dentro do prazo de validade do concurso, abre novas vagas, chegando ao número de cinco, o STJ, seguindo o entendimento do STF, tem sido favorável ao entendimento de que a nomeação da primeira pessoa com deficiência que figura na lista de candidatos aprovados no concurso deva ser realizada a partir da quinta vaga disponível no concurso, como meio de se garantir o real cumprimento da exigência de percentual mínimo de vagas em concursos públicos para pessoas com deficiência. No entanto, a segunda vaga para pessoas com deficiência, em tais casos, será a vigésima quinta vaga aberta no mesmo concurso." (Teses Jurídicas dos Tribunais Superiores. Direito Administrativo I, Coordenação Maria

Sylvia Di Pietro e Irene Patrícia Nohara, São Paulo, RT, 2017, capítulo escrito por: SEVERI, Fabiana Cristina, p. 669/670)

◉ **No mesmo sentido:** "PROCESSUAL. ADMINISTRATIVO. CONCURSO PÚBLICO. VAGAS RESERVADAS A PORTADORES DE NECESSIDADES ESPECIAIS. ARREDONDAMENTO. POSSIBILIDADE DESDE QUE OBSERVADO O LIMITE DE 20% DAS VAGAS OFERTADAS. 1. Os portadores de necessidades especiais têm direito a, no mínimo, 5% das vagas ofertadas em concurso público; caso a aplicação do referido percentual resulte em número fracionado, este deverá ser elevado até o primeiro número inteiro subsequente, desde que respeitado o limite máximo de 20% das vagas ofertadas. 2. Oferecidas 5 (cinco) vagas de ampla concorrência durante o prazo de validade do concurso, como é o caso dos autos, o arredondamento da fração para o primeiro número subsequente, a fim de atender a pretensão do segundo colocado como portador de necessidades especiais à nomeação, desrespeita o limite legal e constitucional máximo de 20% das vagas oferecidas no certame. 3. Agravo regimental improvido." (AgRg no REsp 1.137.619/RJ, Rel. Ministra Regina Helena Costa, 5ª Turma, julgado em 12/11/2013, DJe 19/11/2013.)

◉ **No mesmo sentido:** "ADMINISTRATIVO. RECURSO EM MANDADO DE SEGURANÇA. CONCURSO PÚBLICO. CANDIDATO PORTADOR DE NECESSIDADES ESPECIAIS. RESERVA DA ÚNICA VAGA. LIMITES ESTABELECIDOS NO ART. 37, §§ 1º E 2º, DO DECRETO 3.298/1999 E NO ART. 5º, § 2º, DA LEI 8.112/1990. PERCENTUAL MÍNIMO DE 5% DAS VAGAS. NÚMERO FRACIONADO. ARREDONDAMENTO PARA O PRIMEIRO NÚMERO INTEIRO SUBSEQUENTE. OBSERVÂNCIA DO LIMITE MÁXIMO DE 20% DAS VAGAS OFERECIDAS. 1. Trata-se de recurso ordinário em mandado de segurança em que se discute a legalidade da nomeação de candidato portador de deficiência para a única vaga prevista no edital (Técnico do Ministério Público – especialidade em direito – Comarca de Lavras). 2. O Tribunal a quo denegou a segurança sob o argumento de que "o item 11.4 do edital do concurso assegura nomeação preferencial aos candidatos portadores de deficiência, razão pela qual a Administração Pública, ao garantir a única vaga prevista para a Comarca de Lavras à candidata portadora de deficiência classificada em 1º lugar, nada mais fez do que dar cumprimento efetivo às regras do certame". 3. A partir da análise do art. 37, §§ 1º e 2º, do Decreto 3.298/1999 e do art. 5º, § 2º, da Lei 8112/1990, conclui-se que deverá ser reservado, no mínimo, 5% das vagas ofertadas em concurso público aos portadores de necessidades especiais e, caso a aplicação do referido percentual resulte em número fracionado, este deverá ser elevado até o primeiro número inteiro subsequente, desde que respeitado o limite máximo de 20% das vagas ofertadas. 4. Na hipótese dos autos, o Ministério Público Estadual, em seu concurso, previu a reserva de dez por cento das vagas ofertadas aos portadores de deficiência (item 3.5 do edital). Para o cargo em questão (Técnico do Ministério Público – especialidade em direito – Comarca de Lavras) havia apenas 1 (uma) vaga. Dessa forma, como o edital oferece apenas 1 (uma) vaga para a área que concorrem a impetrante e o deficiente físico litisconsorte, a aplicação da regra editalícia de reserva de 10% das vagas implicaria no resultado de 0,10 vagas, o que não é razoável. Como no caso foi disponibilizada apenas 1 vaga, resta evidente que a reserva desta única vaga ofertada ultrapassaria o percentual de 20%, perfazendo 100%. 5. Recurso ordinário provido." (RMS 38.595/MG, Rel. Ministro Mauro Campbell Marques, 2ª Turma, julgado em 05/11/2013, DJe 12/11/2013)

▶ **Premissas errôneas que devem ser afastadas.**

"A primeira, que o percentual é estanque e não pode ser arredondado em casos determinados para privilegiar os valores constitucionalmente consagrados; a segunda, a consideração de que a Administração está sendo prejudicada com a admissão de portadores de deficiência, que não possuiriam a mesma capacidade de trabalho que as pessoas que não contam com tais dificuldades. Deve ser relembrado que não se trata de benesse concedida pelo Poder Público (em nada se assemelha, v.g., à pensão concedida por invalidez) e que, como destacado, o admitido demonstrou seus conhecimentos ao ser aprovado em concurso público, e deverá ainda comprovar possuir plenas condições para exercer as atribuições inerentes ao cargo." (Comentários à Constituição do Brasil / J. J. Gomes Canotilho. [et al.]. – São Paulo: Saraiva/Almedina, 2013, p. 854)

ART. 37, INCISO, IX, CF – CONTRATAÇÃO POR TEMPO DETERMINADO PARA ATENDER A NECESSIDADE TEMPORÁRIA DE EXCEPCIONAL INTERESSE PÚBLICO;

IX – A lei estabelecerá os casos de contratação por tempo determinado para atender a necessidade temporária de excepcional interesse público;

▶ **Introdução**

Embora a regra geral estabelecida na Constituição Federal, para acesso ao serviço público como servidor, seja a aprovação prévia em concurso público, regra válida tanto para empregos públicos quanto para cargos públicos, existem exceções a essa modalidade de admissão, previstas na própria Constituição, como os cargos em comissão ou de confiança e as contratações de servidores temporários.

▶ **A contratação de servidores temporários, por prazo determinado, não tem, em princípio, relação com as hipóteses de contratos por prazo certo estabelecidas na legislação trabalhista.**

A contratação de servidores temporários, por prazo determinado, não tem, em princípio, relação com as hipóteses de contratos por prazo certo estabelecidas na legislação trabalhista (safrista rural, de experiência, trabalhadores temporários da Lei 6.019/1974 etc.). A contratação temporária aqui aludida é própria da Administração Pública e tem assento constitucional, com seus requisitos definidos no art. 37, IX, que dispõe: "a lei estabelecerá os casos de contratação por tempo determinado para atender a necessidade temporária de excepcional interesse público".

▶ **A lei estabelecerá os casos de contratação por tempo determinado para atender a necessidade temporária de excepcional interesse público**

Em princípio, embora não haja explicitação constitucional, essa autorização se direciona mais para a Administração direta, autárquica e fundacional, pois as empresas estatais já podem proceder a contratações por prazo determinado conforme disposições da legislação trabalhista.

▶ **Requisitos para contratação temporária.**

Como dito, os requisitos dessa contratação estão firmados na Constituição, sendo os seguintes: – previsão legal dos casos; – prazo determinado da contratação; – necessidade temporária; – excepcional interesse público.

▶ **É importante manter essa possibilidade de contratação, pois corriqueiramente a Administração Pública se vê na contingência de proceder à admissão de pessoal de maneira extraordinária, a ser feita com urgência e por prazo certo, geralmente curto, o que não aconselharia a realização de um concurso público.**

É importante manter essa possibilidade de contratação, pois corriqueiramente a Administração Pública se vê na contingência de proceder à admissão de pessoal de maneira extraordinária, a ser feita com urgência e por prazo certo, geralmente curto, o que não aconselharia a realização de um concurso público, que demandaria um lapso temporal para sua realização que poderia acarretar prejuízo à prestação do serviço.

▶ **Muitas vezes os temporários estão servindo como uma clara e evidente válvula de escape à regra do concurso em muitos entes da federação**

Por outro lado, os temporários, em muitos locais denominados de DTs (designados temporariamente ou de designação temporária), conquanto o termo "designação" não seja muito apropriado, estão servindo como uma clara e evidente válvula de escape à regra do concurso em muitos entes da federação, sendo frequentes as contratações nulas, eivadas de inconstitucionalidade, que se perpetuam no tempo e em situações que não se enquadram nos requisitos constitucionais.

▶ **Previsão legal dos casos de contratação por tempo determinado**

Cabe à lei estabelecer os casos de contratação por prazo determinado, conforme previsto no art. 37, IX, da CF/1988.

▶ **São inconstitucionais, por violarem o art. 37, IX, da CF/88, a autorização legislativa genérica para contratação temporária e a permissão de prorrogação indefinida do prazo de contratações temporárias."**

Inclusive, recentemente, o STF deixou claro no julgamento da ADI 3662/MT, "que são inconstitucionais, por violarem o art. 37, IX, da CF/88, a autorização legislativa genérica para contratação temporária e a permissão de prorrogação indefinida do prazo de contratações temporárias."

▶ **A lei federal, no âmbito da União e de suas autarquias e fundações, estabeleceu os casos mais comuns de contratação e os prazos máximos dos contratos.**

A lei federal, no âmbito da União e de suas autarquias e fundações, estabeleceu os casos mais comuns de contratação e os prazos máximos dos contratos.

▶ **Os contratos terão de ser por prazo determinado.**

A Lei 8.745/1993, por exemplo, estabeleceu todos os prazos de contratação temporária em seu art. 4.º. Esses prazos variam de seis meses a quatro anos, conforme a hipótese da contratação. Só é admitida a prorrogação nas hipóteses previstas no parágrafo único do referido artigo. Os casos mais comuns, como os de admissão de professor substituto e de agente de recenseamento, têm prazo máximo fixado em um ano, podendo haver a prorrogação para até três anos, no primeiro caso, e para até dois anos, no segundo caso (art. 2º, III e IV c/c art. 4º, II e parágrafo único, incisos I e II, da Lei 8.745/1993). O caso que seria o mais evidente a justificar esse tipo de contratação, o de assistência a situações de calamidade pública, mas nem por isso o mais comum, tem prazo máximo de seis meses, podendo, no entanto, haver prorrogação pelo prazo necessário à superação da situação de calamidade pública, desde que não se exceda o prazo de dois anos (art. 2º, I c/c art. 4º, I e parágrafo único, VI).

▶ **A necessidade temporária e o excepcional interesse público são os elementos centrais que justificam a contratação extraordinária.**

Primeiro, a necessidade é, por natureza, temporária, posto que, para situações permanentes, as necessidades da Administração Pública devem ser atendidas de modo permanente, por pessoal com vínculo estatutário ou celetista.

▶ **A necessidade temporária está geralmente ligada a uma questão emergencial, embora não necessariamente.**

A necessidade temporária está geralmente ligada a uma questão emergencial, embora não necessariamente. Assim, por exemplo, ações urgentes, de defesa civil, podem ser atendidas por pessoal permanente da Administração Pública. Agora, se a dimensão da catástrofe extrapola a previsibilidade do Poder Público, demandando pessoal extraordinário, por tempo determinado, justificada estará a contratação pelo art. 37, IX, da Carta Magna. O STF, no entanto, já decidiu pela inconstitucionalidade de lei estadual que autorizava a contratação de policiais temporários, por entender que é vedada a contratação para os serviços ordinários permanentes do Estado e que devem estar sob o espectro das contingências normais da Administração. Situações mais prosaicas podem justificar a contratação temporária, como, por exemplo, a necessidade de o Poder Público assumir um serviço que estava nas mãos de particular, para o qual aquele não detém estrutura de pessoal, como ocorre, por exemplo, com a encampação de serviço municipal de coleta de lixo, embora o mais lógico seria a contratação emergencial de outra empresa prestadora de serviço, o que nem sempre é possível.

▶ **Não basta, no entanto, que a necessidade seja temporária, a contratação extraordinária só se justifica se, aliado a isso, houver excepcional interesse público.**

Não basta, no entanto, que a necessidade seja temporária, a contratação extraordinária só se justifica se, aliado a isso, houver excepcional interesse público. Temos que o excepcional interesse público está ligado à satisfação de necessidades da população, essenciais ou, ao menos, relevantes. Assim, ainda que temporária a necessidade, não se justificará a contratação se o serviço respectivo não for essencial ou relevante, mas apenas secundário, o que pode justificar a sua postergação para posterior execução por pessoal permanente da Administração.

◉ **Para fazer a contratação temporária é necessário a comprovação de seu caráter indispensável, excepcional e transitório, sob pena de violar a regra do concurso público.**

"(...) A Contratação Temporária possui contornos próprios, cuja validade, por conseguinte, vincula-se ao preenchimento de determinados pressupostos, sobretudo no que concerne ao seu caráter indispensável, excepcional e transitório, daí por que se revela de todo imprescindível que a Administração Pública demonstre, de forma clara e precisa, o atendimento desses requisitos básicos e em que contexto e por quais razões afastou-se, mesmo que provisoriamente, da regra geral do concurso público obrigatório (artigo 37, incisos II e IX, da Constituição Federal). (...)" (TJES, Classe: Apelação / Remessa Necessária, 058170000333, Relator: NAMYR CARLOS DE SOUZA FILHO, Órgão julgador: SEGUNDA CÂMARA CÍVEL, Data de Julgamento: 24/04/2018, Data da Publicação no Diário: 04/05/2018).

◙ **No mesmo sentido:** "1 – A Constituição Federal determina ser a regra para ingresso no serviço público a anterior aprovação em concurso público. Todavia, excepcionalmente é possível a contratação temporária de servidores, sem aprovação em concurso, desde que seja para atender necessidade temporária de excepcional interesse público, conforme especificação legal. 2- Forçoso, portanto, identificar que a contratação do autor extrapolou os limites proporcionais da excepcionalidade e provisoriedade inerentes ao ingresso temporário no serviço público, deixando claro que o instituto da contratação temporária foi utilizado indevidamente, em flagrante violação às regras insculpidas pela CF/88. (...)" (TJES, Classe: Apelação / Remessa Necessária, 048140287706, Relator: WALACE PANDOLPHO KIFFER, Órgão julgador: QUARTA CÂMARA CÍVEL, Data de Julgamento: 12/03/2018, Data da Publicação no Diário: 16/04/2018)

◙ **No mesmo sentido:** "- O artigo 37, II, da Constituição Federal, estabelece como regra para a investidura em cargo ou emprego público a aprovação prévia em concurso público de provas ou de provas e títulos. A exceção a tal regra é a nomeação para o exercício de cargo em comissão (CF, art. 37, II, parte final) e a contratação temporária (CF, art. 37, IX). 2. – Nos termos do artigo 37, IX, da Constituição Federal, a contratação temporária deve ser (I) definida em lei; (II) por tempo determinado, (III) para atender à necessidade temporária; e (IV) ser de excepcional interesse público." (TJES, Classe: Apelação / Remessa Necessária, 024151394269, Relator: DAIR JOSÉ BREGUNCE DE OLIVEIRA – Relator Substituto: RODRIGO FERREIRA MIRANDA, Órgão julgador: TERCEIRA CÂMARA CÍVEL , Data de Julgamento: 12/12/2017, Data da Publicação no Diário: 19/12/2017)

◙ **Preterição por contratados temporariamente.**

O STF possui orientação no sentido de que a contratação em caráter precário, para o exercício das mesmas atribuições do cargo para o qual foi promovido concurso público, implica em preterição de candidato habilitado, quando ainda subsiste a plena vigência do referido concurso, o que viola o direito do concorrente aprovado à respectiva nomeação. Precedentes (STF, 2.ª T., AgRg no ARE 788628-GO, rel. Min. Ricardo Lewandowski, j. 16.10.2012, DJUE 8.11.2012). No mesmo sentido: Mandado de segurança impetrado em prol da nomeação de candidata aprovada na 9ª (nona) colocação, fora das (3) três vagas do Edital (fl. 39). A recorrente alega preterição em razão da comprovada contratação de 16 (dezesseis) temporários para o suprimento de cargos vagos, nos termos de portaria. Não há falar em litisconsórcio passivo necessário com os demais 5 (cinco) aprovados em colocação superior, pois a outorga do direito pedido não usurparia vaga de outrem, já que o número de contratadostemporários – 16 (dezesseis) – supera em muito a quantidade de candidatos no cadastro de reserva – 6 (seis) – no caso concreto. A jurisprudência do Supremo Tribunal Federal já pacificou que a contratação temporária não pode ser realizada para o suprimento de cargos efetivos e, sim, apenas para atender ao excepcional interesse público, previsto em lei, nos termos do CF 37 IX. Precedentes (STJ, 2.ª T., RMS 41687-MT, rel. Min. Humberto Martins, j. 4.2.2016, DJUE 12.2.2016).

▶ "Ocorre quando a Administração, dentro do prazo de validade do concurso, ao invés de aproveitar o cadastro de reserva, contrata pessoas com base no artigo 37, IX, da CF, por meio de designação temporária, sem observar seus pressupostos legais e constitucionais. Tornam-se, porém, "incompatíveis, conforme regramento legal específico (no âmbito federal, Lei 8.745/93), com a permanência da pessoa contratada na Administração Pública." (DI PIETRO, Maria Sylvia Zanella. Tratado do Direito Administrativo: administração pública e servidores públicos / Fabrício Motta e Maria Sylvia Zanella Pietro- São Paulo, Ed. Revista dos Tribunais, 2014, Volume 2, 2014, p. 16)"

◙ **No mesmo sentido:** "ADMINISTRATIVO. RECURSO EM MANDADO DE SEGURANÇA. CONCURSO PÚBLICO. CANDIDATA APROVADA FORA DO NÚMERO DE VAGAS. CONTRATAÇÃO TEMPORÁRIA. PRETERIÇÃO CONFIGURADA. 1. O mandado de segurança possui, como requisito inarredável, a comprovação inequívoca de direito líquido e certo pela parte impetrante, mediante a chamada prova pré-constituída, inexistindo espaço, nesta via, para a dilação probatória. Para a demonstração do direito líquido e certo, é necessário que, no momento da sua impetração, seja facilmente aferível a extensão do direito alegado e que seja prontamente exercido. Precedentes. 2. O Supremo Tribunal Federal, em julgamento submetido ao rito da repercussão geral (RE 837.311/PI), fixou a orientação de que o surgimento de novas vagas ou a abertura de novo concurso para o mesmo cargo, durante o prazo de validade do certame anterior, não gera automaticamente o direito à nomeação dos candidatos aprovados fora das vagas previstas no edital, ressalvadas as hipóteses de preterição arbitrária e imotivada por parte da administração, caracterizadas por comportamento tácito ou expresso do Poder Público capaz de revelar a inequívoca necessidade de nomeação do aprovado durante o período de validade do certame, a ser demonstrada de forma cabal pelo candidato. 3. No caso, a impetrante, embora não classificada dentro do número de vagas, preencheu os requisitos exigidos pelo referido julgado, pois, por meio dos documentos coligidos aos autos, comprovou sua preterição, uma vez que demonstrou a existência de vagas em quantidade suficiente para atingir a sua posição na lista de classificação e a contratação de pessoal de forma precária, durante a validade do certame, o que indica a necessidade inequívoca da administração pública em preencher essas vagas. 4. Recurso em mandado de segurança a que se dá provimento." (RMS 57.075/MG, Rel. Ministro OG FERNANDES, SEGUNDA TURMA, julgado em 07/08/2018, DJe 13/08/2018)

◙ **A ocupação precária, por comissão, terceirização ou contratação temporária, para o exercício das mesmas atribuições do cargo para o qual foi realizado concurso público configura desvio de finalidade e caracteriza burla à exigência constitucional do concurso público.**

"A jurisprudência do STF e deste Tribunal Superior firmou-se no sentido de que a ocupação precária, por comissão, terceirização ou contratação temporária, para o exercício das mesmas atribuições do cargo para o qual foi realizado concurso público configura desvio de finalidade e caracteriza burla à exigência constitucional do concurso público, convolando a expectativa de direito do candidato aprovado no certame vigente em direito subjetivo à nomeação, em decorrência de sua preterição, por força da contratação precária, hipótese dos autos. Agravo de instrumento conhecido e não provido." (TST – AIRR: 01318385020155130003, Relator: DORA MARIA DA COSTA, OITAVA TURMA, Data de Publicação: 19/05/2017)".

◙ **No mesmo sentido:** "ADMINISTRATIVO. CONCURSO PÚBLICO. APROVAÇÃO DENTRO DO NÚMERO DE VAGAS DO EDITAL. NOMEAÇÃO DENTRO DA VALIDADE DO CONCURSO. DIREITO LÍQUIDO E CERTO, SALVO SITUAÇÕES EXCEPCIONAIS. CONTRATAÇÃO DE SERVIDOR EM CARÁTER TEMPORÁRIO. MESMA FUNÇÃO DO CARGO DEFINITIVO. PRETERIÇÃO CONFIGURADA. 1. Trata-se de Mandado de Segurança impetrado, com fundamento no art. 105, I, "b", da Constituição da República, contra o Ministro de Estado do Planejamento, Orçamento e Gestão e o Ministro de Estado da Saúde, que não teriam nomeado e empossado Nilton César Mendes Pereira no cargo de Analista de Gestão em Pesquisa e Investigação Biomédica em Saúde Pública. 2. O impetrante foi aprovado em primeiro lugar para o cargo de Analista de Gestão em Pesquisa e Investigação Biomédica em Saúde Pública, área de atuação específica Processamento Técnico, Disseminação da Informação, Editoração e Impacto da Produção Científica (fl.93), tendo o edital 68/2010 previsto cinco vagas para o referido cargo (fl. 23). 3. Não obstante deva ser considerado que ocorreu a nomeação dos candidatos menos bem classificados um ano após a nomeação do impetrante por medida liminar no presente processo, há necessidade do pronunciamento judicial para legitimação da nomeação precária, sob pena de o ingresso do impetrante no cargo carecer de base jurídica. 4. O Supremo Tribunal Federal decidiu, em julgado exarado sob o rito da Repercussão Geral, que os candidatos aprovados dentro do número de vagas previstas no Edital de abertura de concurso público para provimento de cargos têm direito subjetivo à nomeação e que a Administração tem o dever de nomear até o prazo final de validade do concurso, salvo situações excepcionais devidamente motivadas. A propósito: RE 598.099 (Repercussão Geral), Rel. Ministro Gilmar Mendes, Tribunal Pleno, DJe 3.10.2011. 5. Na presente hipótese, o impetrante foi aprovado dentro de número de vagas, mas o Mandado de Segurança foi impetrado no curso de validade do concurso público, o que afasta o direito líquido e certo à nomeação com base no entendimento exarado pelo STF. 6. Por outro lado, o STJ possui entendimento sedimentado de que a contratação de servidor em caráter temporário em detrimento de candidato aprovado em concurso público para provimento definitivo gera o direito líquido e certo à nomeação deste. Nesse sentido: MS 20.658/DF, Rel. Ministro Og Fernandes, Primeira Seção, DJe 30.9.2015; MS 17.413/DF, Rel. Ministra Eliana Calmon, Rel. p/ Acórdão Ministro Mauro Campbell Marques, Primeira Seção, DJe 18.12.2015); MS 18.881/DF, Rel. Ministro Napoleão Nunes Maia Filho, Primeira Seção, DJe 5.12.2012; e MS 19.227/DF. Rel. Ministro Arnaldo Esteves Lima, Primeira Seção, DJe 30.04.2013. 7. O impetrante comprovou que ele próprio está exercendo, como terceirizado, as mesmas funções do cargo para o qual foi aprovado em primeiro lugar (fls. 96 e seguintes). 8. Segurança Concedida. Agravo Regimental da União prejudicado." (MS 18.685/DF, Rel. Ministro HERMAN BENJAMIN, PRIMEIRA SEÇÃO, julgado em 08/02/2017, DJe 09/08/2017)

◉ **No mesmo sentido:** "ADMINISTRATIVO. CONCURSO PÚBLICO. SERVIDOR APROVADO FORA DO NÚMERO DE VAGAS. SURGIMENTO DE NOVAS VAGAS. NOMEAÇÃO DE TEMPORÁRIOS. DIREITO À NOMEAÇÃO. 1. Trata-se de mandado de segurança, com pedido de liminar, impetrado ao propósito de determinar ao Exmo. Sr. Ministro de Estado da Ciência e Tecnologia a prorrogação do concurso para provimento de cargos de Assistente em Ciência e Tecnologia 1 – Tema VII, Apoio Administrativo e Apoio Técnico/MCTI/ AC, bem como a reserva de vagas – e posterior aproveitamento, ao final da demanda – a José Alan Alves de Macedo e outros. 2. "A legitimidade passiva da Ministra de Estado do Planejamento, Orçamento e Gestão também encontra--se devidamente configurada, uma vez que, nos termos do art. 10 do Decreto n. 6.944, de 21/8/2009, c/c a Portaria/MPOG 350, de 4/8/2010, cabe ao titular daquela Pasta autorizar o provimento dos cargos relativos ao concurso público ora sob análise" (MS 19.227/DF, Rel. Ministro Arnaldo Esteves Lima, Primeira Seção, DJe 30/4/2013). 3. A jurisprudência do STJ também reconhece que a classificação e aprovação do candidato, ainda que fora do número mínimo de vagas previstas no edital do concurso, confere-lhe o direito subjetivo à nomeação para o respectivo cargo se, durante o prazo de validade do concurso, surgirem as novas vagas, seja por criação de lei ou por força de vacância. Ressalta-se que há a aplicação de tal entendimento mesmo que não haja previsão editalícia para o preenchimento das vagas que vierem a surgir durante o prazo de validade do certame. (AgRg no RMS 20.658/DF, Rel. Min. Herman Benjamin, DJe 10/9/2015). 4. Excepciona-se esse entendimento, contudo, se houver efetiva demonstração pelo ente público da impossibilidade de contratar em virtude de situações excepcionais e imprevisíveis e para respeitar os limites de gastos com folha de pessoal, nos termos da legislação de regência, o que não ocorreu na espécie. 5. A contratação de servidor em caráter temporário para vaga em que há candidato aprovado em cadastro de reserva também gera o direito à nomeação. 6. Documentalmente comprovada a existência de vagas do Ministério de Estado do Planejamento, Orçamento e Gestão, bem como a contratação de servidores temporários, justifica-se a nomeação dos impetrantes. 6. Ordem concedida para determinar que seja autorizada a nomeação e efetivada a posse dos impetrantes." (STJ, MS 20.658/DF, Rel. Ministro OG FERNANDES, PRIMEIRA SEÇÃO, julgado em 23/09/2015, DJe 30/09/2015)

641

◙ **No mesmo sentido:** "REMESSA NECESSÁRIA E APELAÇÃO CÍVEL CON-CURSO PÚBLICO APROVAÇÃO DENTRO DO NÚMERO DE VAGAS OFE-RECIDAS CONTRATAÇÃO DE SERVIDORES TEMPORÁRIOS NO PRAZO DE VALIDADE DO CERTAME COMPROVADA A EXISTÊNCIA DE VAGAS PROCEDÊNCIA DOS PEDIDOS SENTENÇA MANTIDA RECURSO CONHE-CIDO, MAS NÃO PROVIDO PREJUDICADA A REMESSA NECESSÁRIA. 1 A jurisprudência deste sodalício tem reverberado o entendimento de que, [...]o Supremo Tribunal Federal, em julgamento do REsp nº 837.311/PI (Tema 784), por relatoria do Ministro Luiz Fux, fixou entendimento no sentido de que o candidato deixa de ter mera expectativa de direito, passando a adquirir direito subjetivo a nomeação nas seguintes hipóteses: (i) quando há aprovação dentro do número de vagas previstas no edital; (ii) em caso de preterição na nomea-ção por não observância da ordem de classificação; (iii) quando surgirem novas vagas, ou for aberto novo concurso durante a validade do certame anterior, e ocorrer a preterição de candidatos aprovados fora das vagas de forma arbitrá-ria e imotivada por parte da administração nos termos acima.[...] (TJES, Clas-se: Apelação/Remessa Necessária 0017979-41.2014.8.08.0048 (048140172742), Relator: EWERTON SCHWAB PINTO JUNIOR, Órgão julgador: PRIMEIRA CÂMARA CÍVEL, Data de Julgamento: 10/10/2017, Data da Publicação no Diário: 19/10/2017) 2 No caso dos autos, a própria municipalidade confirmou que a impetrante foi aprovada na primeira colocação para a única vaga ofereci-da pelo concurso público regido pelo Edital nº 02/2014 para o cargo de Médi-co Geriatra, bem como que essa única vaga estava sendo ocupada pela própria requerente, em regime de contratação temporária. 3 Apelação Cível conhecida, mas não provida. Prejudicada a remessa necessária." (TJES, Classe: Apelação / Remessa Necessária, 069170014877, Relator: JANETE VARGAS SIMÕES – Re-lator Substituto: VICTOR QUEIROZ SCHNEIDER, Órgão julgador: PRIMEI-RA CÂMARA CÍVEL, Data de Julgamento: 03/04/2018, Data da Publicação no Diário: 12/04/2018)

◙ **As vagas ofertadas para provimento de cargos efetivos devem observar a regra prevista no art. 37, II, da CF/88, que exige a realização de concurso público de pro-vas e títulos e não a realização de singelo processo seletivo simplificado para con-tratação temporária.**

"REMESSA NECESSÁRIA AÇÃO CIVIL PÚBLICA – CONTRATAÇÃO TEM-PORÁRIA PARA SUPRIR CARGO VAGO EFETIVO COM BASE EM PORTARIA IMPOSSIBILIDADE NECESSIDADE DE PREVISÃO LEGAL. PRINCÍPIOS DA PU-BLICIDADE E DA EFETIVIDADE VIOLADOS – SENTENÇA CONFIRMADA. 1. As vagas ofertadas pelo Edital SEMSSA nº 001/2016 são correspondentes a cargos de provimento efetivo, motivo pelo qual deveria ter sido observada a regra prevista no art. 37, II, da CF/88, que exige a realização de concurso público de provas e títulos e não a realização de singelo processo seletivo simplificado e, ainda que estivéssemos diante da possibilidade de excepcional contratação temporária prevista no art. 37, IX, da CF/88, far-se-ia necessária a prévia previsão legal, como já definido pela jurisprudência pátria. 2. A restrição da publicação do Edital SEMSSA nº 001/2016 apenas aos limites do próprio Município de Alegre viola o princípio da publicidade, pois impede que seja conferida a mais ampla divulgação do certame e, consequentemente, fere o princípio da eficiência, ao impedir seja possibilitada a mais ampla competitividade entre os candidatos, violando, assim, o disposto no art. 37 da Constituição Federal. 3. Comprovadas as violações de ordem constitucional que inquinam de nulidade todo o procedimento e os atos que derivam do Edital SEMSSA nº 001/2016, confirma-se a sentença de base, que declarou nulos todos os atos administrativos referentes e decorrentes do processo seletivo simplificado regido pelo referido edital. ACÓRDÃO Vistos, relatados e discutidos estes autos, ACORDA a c. 2ª Câmara Cível, na conformidade da ata da sessão, à unanimidade de votos, em reexame necessário, CONFIRMAR a sentença, nos termos do voto do relator. Vitória (ES), 22 de maio de 2018. DES. PRESIDENTE DES. RELATOR." (TJES, Classe: Remessa Necessária, 002160012619, Relator : CARLOS SIMÕES FONSECA, Órgão julgador: SEGUNDA CÂMARA CÍVEL, Data de Julgamento: 22/05/2018, Data da Publicação no Diário: 30/05/2018)

RG ◙ A contratação por tempo determinado para atendimento de necessidade temporária de excepcional interesse público realizada em desconformidade com os preceitos do art. 37, IX, da Constituição Federal não gera quaisquer efeitos jurídicos válidos em relação aos servidores contratados, com exceção do direito à percepção dos salários referentes ao período trabalhado e, nos termos do art. 19-A da Lei 8.036/1990, ao levantamento dos depósitos efetuados no Fundo de Garantia do Tempo de Serviço – FGTS.

Ementa: EMBARGOS DE DECLARAÇÃO. SERVIDOR CONTRATADO POR TEMPO DETERMINADO PARA ATENDER A NECESSIDADE TEMPORÁRIA DE EXCEPCIONAL INTERESSE PÚBLICO. NULIDADE DO VÍNCULO. DIREITO AOS DEPÓSITOS DO FGTS. JURISPRUDÊNCIA REAFIRMADA. INEXISTÊNCIA DE VÍCIOS DE FUNDAMENTAÇÃO NO ACÓRDÃO EMBARGADO. REJEIÇÃO. 1. O acórdão embargado contém fundamentação apta e suficiente a resolver todos os pontos do recurso que lhe foi submetido. 2. A aplicação do art. 19-A da Lei 8.036/1990 aos servidores irregularmente contratados na forma do art. 37, IX, da CF/88 não se restringe a relações regidas pela Consolidação das Leis do Trabalho. 3. Ausentes omissão, contradição, obscuridade ou erro material no julgado, não há razão para qualquer reparo. 4. Pedido de ingresso de amicus curiae indeferido. Embargos de declaração rejeitados. (RE 765320 ED, Relator(a): Min. ALEXANDRE DE MORAES, Tribunal Pleno, julgado em 11/09/2017, PROCESSO ELETRÔNICO DJe-214 DIVULG 20-09-2017 PUBLIC 21-09-2017)

RG ◙ Nos termos do art. 37, IX, da Constituição Federal, para que se considere válida a contratação temporária de servidores públicos, é preciso que: a) os casos excepcionais estejam previstos em lei; b) o prazo de contratação seja predeterminado; c) a necessidade seja temporária; d) o interesse público seja excepcional; e) a contratação seja indispensável, sendo vedada para os serviços ordinários permanentes do Estado que estejam sob o espectro das contingências normais da Administração.

Ementa Recurso extraordinário. Repercussão geral reconhecida. Ação direta de inconstitucionalidade de lei municipal em face de trecho da Constituição do Estado de Minas Gerais que repete texto da Constituição Federal. Recurso processado pela Corte Suprema, que dele conheceu. Contratação temporária por tempo determinado para atendimento a necessidade temporária de excepcional interesse público. Previsão em lei municipal de atividades ordinárias e regulares. Definição dos conteúdos jurídicos do art. 37, incisos II e IX, da Constituição Federal. Descumprimento dos requisitos constitucionais. Recurso provido. Declarada a inconstitucionalidade da norma municipal. Modulação dos efeitos. 1. O assunto corresponde ao Tema nº 612 da Gestão por Temas da Repercussão Geral do portal do STF na internet e trata, "à luz dos incisos II e IX do art. 37 da Constituição Federal, [d]a constitucionalidade de lei municipal que dispõe sobre as hipóteses de contratação temporária de servidores públicos". 2. Prevalência da regra da obrigatoriedade do concurso público (art. 37, inciso II, CF). As regras que restringem o cumprimento desse dispositivo estão previstas na Constituição Federal e devem ser interpretadas restritivamente. 3. O conteúdo jurídico do art. 37, inciso IX, da Constituição Federal pode ser resumido, ratificando-se, dessa forma, o entendimento da Corte Suprema de que, para que se considere válida a contratação temporária, é preciso que: a) os casos excepcionais estejam previstos em lei; b) o prazo de contratação seja predeterminado; c) a necessidade seja temporária; d) o interesse público seja excepcional; e) a necessidade de contratação seja indispensável, sendo vedada a contratação para os serviços ordinários permanentes do Estado, e que devam estar sob o espectro das contingências normais da Administração. 4. É inconstitucional a lei municipal em comento, eis que a norma não respeitou a Constituição Federal. A imposição constitucional da obrigatoriedade do concurso público é peremptória e tem como objetivo resguardar o cumprimento de princípios constitucionais, dentre eles, os da impessoalidade, da igualdade e da eficiência. Deve-se, como em outras hipóteses de reconhecimento da existência do vício da inconstitucionalidade, proceder à correção da norma, a fim de atender ao que dispõe a Constituição Federal. 5. Há que se garantir a instituição do que os franceses denominam de la culture de gestion, a cultura de gestão (terminologia atualmente ampliada para 'cultura de gestão estratégica') que consiste na interiorização de um vetor do progresso, com uma apreensão clara do que é normal, ordinário, e na concepção de que os atos de administração devem ter a pretensão de ampliar as potencialidades administrativas, visando à eficácia e à transformação positiva. 6. Dá-se provimento ao recurso extraordinário para o fim de julgar procedente a ação e declarar a inconstitucionalidade do art. 192, inciso III, da Lei nº 509/1999 do Município de Bertópolis/MG, aplicando-se à espécie o efeito ex nunc, a fim de garantir o cumprimento do princípio da segurança jurídica e o atendimento do excepcional interesse social. (RE 658026, Relator(a): Min. DIAS TOFFOLI, Tribunal Pleno, julgado em 09/04/2014, ACÓRDÃO ELETRÔNICO REPERCUSSÃO GERAL – MÉRITO DJe-214 DIVULG 30-10-2014 PUBLIC 31-10-2014)

ART. 37, X, DA CF – REMUNERAÇÃO E SUBSÍDIO DOS AGENTES PÚBLICOS E REVISÃO GERAL ANUAL.

*X – A remuneração dos servidores públicos e o subsídio de que trata o §
4º do art. 39 somente poderão ser fixados ou alterados por lei específica,
observada a iniciativa privativa em cada caso, assegurada revisão geral
anual, sempre na mesma data e sem distinção de índices.*

▶ **A remuneração dos servidores públicos e o subsídio somente poderão ser
fixados ou alterados por lei específica, observada a iniciativa privativa em cada
caso, assegurada revisão geral anual, sempre na mesma data e sem distinção de
índices**

A redação originária desse dispositivo constitucional estabelecia vinculação entre
a remuneração de servidores civis e militares, garantindo-lhes paridade nas eventuais
revisões remuneratórias, que necessariamente deveriam estar dispostas em lei (princípio da reserva legal – art. 61, § 1º, II, "a", CR) (BRASIL. Supremo Tribunal Federal. ADI 3.369-MC, Rel. Min. Carlos Velloso, DJ 1.2.2005). Com base nele, o STF
reconheceu aos servidores civis da União (Poder Executivo) a extensão do percentual de 28,86% dado aos militares pelas Leis 8.622/1993 e 8.627/1993, entendimento
que restou consolidado pela Súmula n. 672, STF: "O reajuste de 28,86%, concedido aos servidores militares pelas Leis 8.622/93 e 8.627/93, estende-se aos servidores
civis do Poder Executivo, observadas as eventuais compensações decorrentes dos
reajustes diferenciados concedidos pelos mesmos diplomas legais". Ainda com fundamento nesse preceito, a Suprema Corte fixou orientação segundo a qual a paridade
por ele estabelecida não ia ao ponto de garantir data-base e assegurar revisão geral
anual aos servidores, prescrevendo apenas a unicidade de índice e de data na revisão remuneratória (BRASIL. Supremo Tribunal Federal. MS 22.439, Rel. Min. Maurício Corrêa, DJ 11.04.03; BRASIL. Supremo Tribunal Federal. RE 412.275-AgR, Rel.
Min. Sepúlveda Pertence, DJ 8.10.2004). A promulgação da Emenda Constitucional
n. 18, de 05.02.1998, estabeleceu distinção entre servidores públicos – que passaram
a ser apenas os antigos servidores civis – e militares, que desde então constituem
extrato próprio de agentes do Estado. O advento da Emenda Constitucional n. 19,
de 04.06.1998, produziu alteração significativa na redação e no conteúdo da regra,
passando a dispor que "a remuneração dos servidores públicos e o subsídio de que
trata o § 4º do art. 39 somente poderão ser fixados ou alterados por lei específica, observada a iniciativa privativa em cada caso, assegurada a revisão geral anual,
sempre na mesma data e sem distinção de índices". Dois são seus comandos atuais:
fixação e alteração de remuneração e subsídio, e revisão geral anual. (Comentários
à Constituição do Brasil – Série Idp. Mendes, Gilmar Ferreira; Streck, Lenio Luiz;
Sarlet, Ingo Wolfgang; Leoncy, Léo Ferreira; Canotilho, J. J. Gomes. Editora Saraiva,
1ª Edição, São Paulo, 2013, p. 857)

▶ **Fixação e alteração de remuneração e subsídio**

Importante, nessa matéria, é observar a iniciativa legislativa. Como a fixação de remuneração de servidores públicos de cada Poder está muito diretamente atrelada à organização interna de cada um, temos um *sistema de iniciativa reservada*, de modo que a fixação de vencimentos dos servidores do Poder Executivo deve partir de projeto encaminhado pelo Chefe desse Poder (art. 61, § 1.º, II, *a*, da CF/1988, no caso do Presidente da República), e o projeto de fixação de vencimentos dos servidores do Judiciário deve partir dos respectivos tribunais superiores ou tribunais de justiça, conforme o caso (art. 96, II, *b*, da CF/1988). A CF/1988 também prevê para o Ministério Público a prerrogativa de encaminhar o respectivo projeto ao Poder Legislativo (art. 127, § 2.º), embora, quanto a este, utilize a expressão "podendo propor", dando a entender que a iniciativa não é exclusiva do chefe do MP. É antigo, no entanto, o entendimento do STF no sentido de que ao Ministério Público também se assegurou a autonomia financeira, apesar de não estar explicitada no art. 127 da CF/1988, dele decorrendo, inclusive, essa prerrogativa da iniciativa legislativa remuneratória. Nesse sentido, vide ADI 153/MG, Pleno, Rel. Min. Néri da Silveira, j. 30.03.1995, quando se reconheceu a constitucionalidade de dispositivo da Constituição do Estado de Minas Gerais que fazia alusão expressa à dita autonomia.

> ▶ **No mesmo sentido:** O primeiro comando do dispositivo determina que a fixação ou alteração da remuneração e do subsídio depende de lei específica (de cada entidade da Federação), observada a iniciativa privativa (do processo legislativo) em cada caso. A necessidade de lei para a fixação ou alteração dos valores pagos pelo exercício de cargo público tornou-se explícita (princípio da reserva legal), pois é certo que descabe aos demais Poderes, que não têm função legislativa, aumentar vencimentos de servidores públicos (Súmula 339, STF). (Comentários à Constituição do Brasil – Série Idp. Mendes, Gilmar Ferreira; Streck, Lenio Luiz; Sarlet, Ingo Wolfgang; Leoncy, Léo Ferreira; Canotilho, J. J. Gomes. Editora Saraiva, 1ª Edição, São Paulo, 2013, p. 858)

▶ **Remuneração, vencimento e subsídio**

É tradicional a distinção, encontrada na legislação, dos termos vencimento e remuneração. De acordo com a Lei 8.112/1990 (art. 40), o vencimento "é a retribuição pecuniária pelo exercício do cargo público, com valor fixado em lei". Já a remuneração, de acordo com a mesma Lei (art. 41, caput), "é o vencimento do cargo efetivo, acrescido das vantagens pecuniárias permanentes estabelecidas em lei". Assim, o vencimento é o valor referência ou padrão atribuído ao cargo, o qual, acrescido de outras vantagens, como gratificações e adicionais, constituirá o valor total recebido pelo servidor, que se denomina remuneração. Em sede doutrinária e, por vezes, na própria legislação, é comum, também, utilizar-se a expressão "vencimentos", no plural, como sinônimo de remuneração, o que, no entanto, não encontra respaldo na Lei 8.112/1990. A Lei 8.852/1994, no entanto, ao regulamentar os antigos "tetos constitucionais", utilizava as três expressões, cada uma com um sentido próprio. (COUTINHO, Alessandro Dantas,

KRUGER, Ronald Rodor. Manual de Direito Administrativo: Volume Único. 2ª edição, Editora Juspodivm, Salvador, 2018, p. 331)

▶ **No mesmo sentido:** A EC 19/1998 trouxe modificações significativas no sistema remuneratório dos servidores públicos. Além de excluir do art. 39 o princípio da isonomia de vencimentos, introduziu, ao lado do atual regime, o regime de subsídios para determinadas categorias de agentes públicos. A Constituição de 1988, seguindo a tradição das Constituições anteriores, fala ora em remuneração, ora em vencimentos para referir-se à contraprestação pecuniária paga aos servidores públicos pelas entidades da Administração Pública Direta ou Indireta. A legislação infraconstitucional incumbe-se de dar o conceito legal. A regra que tem prevalecido, em todos os níveis de governo, é a de que os estipêndios dos servidores públicos compõem-se de uma parte fixa, representada pelo padrão estabelecido em lei, e uma parte que varia de um servidor para outro, em função de condições especiais de prestação do serviço, em razão do tempo de serviço e outras circunstâncias previstas nos estatutos funcionais e que são denominadas, genericamente, de vantagens pecuniárias; elas compreendem, basicamente, adicionais, gratificações e verbas indenizatórias. A Lei 8.112/1990 distingue remuneração de vencimento. Nos termos do art. 40, "vencimento é a retribuição pecuniária pelo exercício de cargo público, com valor fixado em lei". Pelo art. 41, "remuneração é o vencimento do cargo efetivo, acrescido das vantagens pecuniárias permanentes estabelecidas em lei". (DI PIETRO, Maria Sylvia Zanella, Tratado de Direito Administrativo – Volume 2, Editora Revista dos Tribunais, São Paulo, Edição 2015, p. 402/403)

▶ **A retribuição pecuniária aos agentes públicos pode se dar por remuneração ou subsídio.**

Remuneração, do latim remunerado, de *remunerare*, originariamente indica qualquer tipo de retribuição monetária correlata à prestação dos serviços efetuada. O termo, em sentido amplo, corresponde a toda e qualquer verba contra prestativa atribuída aos agentes do Estado em virtude do seu labor. Mas, stricto sensu, tal como empregado no artigo 37, X, da Constituição, remuneração é sinônimo de vencimentos do servidor, correspondendo ao somatório do vencimento – retribuição em dinheiro pelo exercício de cargo ou função pública com valor fixado em lei e das demais vantagens inerentes ao cargo ou aos seus respectivos ocupantes (vantagens de caráter individual). **Subsídio**, por sua vez, tem raiz etimológica em *subsidium*, o que, não olvidamos de mencionar, corresponderia gramaticalmente a auxílio, reforço, subvenção ou ajuda. O termo, todavia, assumiu significação própria e lamentável a partir da EC n2 19/1998, passando a designar a forma de remuneração de determinados agentes públicos. Segundo o § 4a do artigo 39 da Constituição, o membro de Poder, o detentor de mandado eletivo, os Ministros de Estado e os Secretários Estaduais e Municipais serão remunerados exclusivamente por subsídio fixado em parcela única, vedado o acréscimo de qualquer gratificação, adicional, abono, prêmio, verba de representação ou outra espécie remuneratória, obedecido, em qualquer caso, o disposto no artigo 37, X e XI. (DI PIETRO,

Maria Sylvia Zanella, MOTTA, Fabrício, FERRAZ, Luciano de Araújo. Servidores públicos na Constituição Federal. 3ª. ed. – São Paulo: Atlas, 2015, p. 113)

▶ **As regras constitucionais, estabelecidas para o âmbito federal, têm aplicação às demais esferas da Federação, por decorrência do princípio da simetria.**

As regras constitucionais, estabelecidas para o âmbito federal, têm aplicação às demais esferas da Federação, por decorrência do princípio da simetria, já tendo o STF declarado a inconstitucionalidade de dezenas de leis estaduais de iniciativa parlamentar sobre vencimentos e remuneração de servidores dos respectivos Executivos.

> AÇÃO DIRETA DE INCONSTITUCIONALIDADE. LEI 6.065, DE 30 DE DEZEMBRO DE 1999, DO ESTADO DO ESPÍRITO SANTO, QUE DÁ NOVA REDAÇÃO À LEI 4.861, DE 31 DE DEZEMBRO DE 1993. ART. 4º E TABELA X QUE ALTERAM OS VALORES DOS VENCIMENTOS DE CARGOS DO QUADRO PERMANENTE DO PESSOAL DA POLÍCIA CIVIL. INADMISSIBILIDADE.INCONSTITUCIONALIDADE FORMAL RECONHECIDA. OFENSA AO ART. 61, § 1º, II, A e C, da CF. OBSERVÂNCIA DO PRINCÍPIO DA SIMETRIA. ADI JULGADA PROCEDENTE. I – É da iniciativa privativa do Chefe do Poder Executivo lei de criação de cargos, funções ou empregos públicos na administração direta e autárquica ou aumento de sua remuneração, bem como que disponha sobre regime jurídico e provimento de cargos dos servidores públicos. II – Afronta, na espécie, ao disposto no art. 61, § 1º, II, a e c, da Constituição de 1988, o qual se aplica aos Estados-membros, em razão do princípio simetria. III – Ação julgada procedente. (ADI 2192, Relator(a): Min. RICARDO LEWANDOWSKI, Tribunal Pleno, julgado em 04/06/2008, DJe-112 DIVULG 19-06-2008 PUBLIC 20-06-2008 EMENT VOL-02324-01 PP-00158 RTJ VOL-00206-01 PP-00117 LEXSTF v. 30, n. 360, 2008, p. 31-39)

▶ **A fixação dos respectivos valores é feita por meio de leis específicas, para cada carreira ou cargos isolados da Administração Pública.**

A fixação dos respectivos valores é feita por meio de leis específicas, para cada carreira ou cargos isolados da Administração Pública. Devem ser observadas, também, as normas de direito financeiro previstas na CF/1988, mormente as estabelecidas no art. 169, § 1.º e incisos, como a prévia autorização específica na Lei de Diretrizes Orçamentárias. Os valores de remuneração dos cargos em comissão são pagos conforme disposições especiais, com fundamento nos *arts. 41, § 1.º, e 62 da Lei 8.112/1990*, estando regidos, hoje, na esfera federal, na *Lei 11.526/2007*.

▶ **A fixação ou alteração da remuneração e do subsídio depende de lei específica**

O primeiro comando do dispositivo determina que a fixação ou alteração da remuneração e do subsídio depende de lei específica (de cada entidade da federação), observada a iniciativa privativa (do processo legislativo) em cada caso. A necessidade de lei para a fixação ou alteração dos valores pelo exercício de cargo público tornou--se explícita (princípio da reserva legal), pois é certo que descabe aos demais Poderes, que não têm função legislativa, aumentar vencimentos de servidores públicos (ver Súmula n2 339, do STF, convertida na Súmula Vinculante n2 37, do STF). (DI PIETRO, Maria Sylvia Zanella, MOTTA, Fabrício, FERRAZ, Luciano de Araújo. Servidores públicos na Constituição Federal. 3ª. ed. – São Paulo: Atlas, 2015, p. 112)

▶ **Para compensar os efeitos da inflação sobre os valores recebidos pelos servidores públicos, a EC 19/1998, ao alterar a redação do inc. X do art. 37, previu o mecanismo de revisão anual para o funcionalismo público, sem distinção de índices, ou seja, sem que fossem adotados critérios diferenciados entre os Poderes ou carreiras**

Para compensar os efeitos da inflação sobre os valores recebidos pelos servidores públicos, a EC 19/1998, ao alterar a redação do inc. X do art. 37, previu o mecanismo de revisão anual para o funcionalismo público, sem distinção de índices, ou seja, sem que fossem adotados critérios diferenciados entre os Poderes ou carreiras. Não se consignou, no entanto, que o valor real das remunerações tenha de ser mantido, apenas se estabelecendo uma revisão anual, que, em tese, pode ser deferida em qualquer percentual, mesmo que abaixo da inflação. Em alguns dos anos que se seguiram a 1998, aliás, a regra constitucional foi solenemente desconsiderada, não tendo os servidores públicos conseguido, na Justiça, sua aplicação efetiva. O próprio STF tem precedentes no sentido de que haveria discricionariedade do Chefe do Poder Executivo em encaminhar o respectivo projeto de lei, não sendo devida qualquer indenização pela omissão. A matéria, no entanto, será objeto de análise pelo Pleno do Tribunal no RE 565.089/SP, que teve repercussão geral reconhecida, tendo-se enfatizado a inobservância reiterada da cláusula constitucional em questão. A Lei 10.331/2001 foi editada com o fim de regulamentar a matéria no âmbito federal, tendo estabelecido que a revisão seria feita para todo o funcionalismo federal, sem distinção de índices, no mês de janeiro de cada ano. Para o ano de 2002, por exemplo, foi concedida a revisão geral de 3,5%. Depois disso, a Lei 10.697/2003 concedeu o reajuste de 1%, a partir de janeiro de 2003, não tendo havido, após, qualquer outra iniciativa, no âmbito federal, de se dar cumprimento à Constituição. (COUTINHO, Alessandro Dantas, KRUGER, Ronald Rodor. Manual de Direito Administrativo: Volume Único. 2ª edição, Editora Juspodivm, Salvador, 2018, p. 336)

▶ **A iniciativa do processo legislativo respectivo é do Chefe do Poder Executivo por abranger uniformemente os agentes públicos da entidade federativa.**

A iniciativa do processo legislativo respectivo é do Chefe do Poder Executivo por abranger uniformemente os agentes públicos da entidade federativa. Nessa linha, foi a decisão do Supremo Tribunal Federal, no julgamento da ADI 2.061/DF, proposta pelo Partido dos Trabalhadores – PT, ao reconhecer a mora do Presidente da República em enviar ao Congresso Nacional o projeto de lei respectivo: "norma constitucional que impõe ao Presidente da República o dever de desencadear o processo de elaboração da lei anual de revisão geral da remuneração dos servidores da União, prevista no dispositivo constitucional em destaque, na qualidade de titular exclusivo da competência para iniciativa da espécie, na forma do art. 61, § l2, II, a, da CF". (DI PIETRO, Maria Sylvia Zanella, MOTTA, Fabrício, FERRAZ, Luciano de Araújo. Servidores públicos na Constituição Federal. 3ª. ed. – São Paulo: Atlas, 2015, p. 116)

◙ **Tema 24. Tese: I – O art. 37, XIV, da Constituição Federal, na redação dada pela Emenda Constitucional 19/98, é autoaplicável; II – Não há direito adquirido a regime jurídico, notadamente à forma de composição da remuneração de servidores públicos, observada a garantia da irredutibilidade de vencimentos.**

RG ◙ Não há direito adquirido a regime jurídico, notadamente à forma de composição da remuneração de servidores públicos, observada a garantia da irredutibilidade de vencimentos.

RECURSO EXTRAORDINÁRIO. ADMINISTRATIVO. SERVIDOR PÚBLICO. INEXISTÊNCIA DE DIREITO ADQUIRIDO À REGIME JURÍDICO. BASE DE CÁLCULO DE VANTAGENS PESSOAIS. EFEITO CASCATA: PROIBIÇÃO CONSTITUCIONAL. PRECEDENTES. IMPOSSIBILIDADE DE REDUÇÃO DOS VENCIMENTOS. PRINCÍPIO DA IRREDUTIBILIDADE DOS VENCIMENTOS. RECURSO AO QUAL SE DÁ PARCIAL PROVIMENTO. (RE 563708, Relator(a): Min. CÁRMEN LÚCIA, Tribunal Pleno, julgado em 06/02/2013, ACÓRDÃO ELETRÔNICO REPERCUSSÃO GERAL – MÉRITO DJe-081 DIVULG 30-04-2013 PUBLIC 02-05-2013)

◙ **Tema 0686, Tese Fixada: I – Há reserva de iniciativa do Chefe do Poder Executivo para edição de normas que alterem o padrão remuneratório dos servidores públicos (art. 61, § 1º, II, a, da CF); II – São formalmente inconstitucionais emendas parlamentares que impliquem aumento de despesa em projeto de lei de iniciativa reservada do Chefe do Poder Executivo (art. 63, I, da CF).**

RG ◙ Há reserva de iniciativa do Chefe do Poder Executivo para edição de normas que alterem o padrão remuneratório dos servidores públicos (art. 61, § 1º, II, a, da CF);

Recurso extraordinário. Repercussão geral da questão constitucional reconhecida. 2. Direito Administrativo. Servidor público. 3. Extensão, por meio de emenda parlamentar, de gratificação ou vantagem prevista pelo projeto do Chefe do Poder Executivo. Inconstitucionalidade. Vício formal. Reserva de iniciativa do Chefe do Poder Executivo para edição de normas que alterem o padrão remuneratório dos servidores públicos. Art. 61, § 1º, II, "a", da Constituição Federal. 4. Regime Jurídico Único dos Servidores Públicos Civis da Administração Direta, das Autarquias e das Fundações Públicas do Estado do Pará (Lei 5.810/1994). Artigos 132, inciso XI, e 246. Dispositivos resultantes de emenda parlamentar que estenderam gratificação, inicialmente prevista apenas para os professores, a todos os servidores que atuem na área de educação especial. Inconstitucionalidade formal. Artigos 2º e 63, I, da Constituição Federal. 5. Recurso extraordinário provido para declarar a inconstitucionalidade dos artigos 132, XI, e 246 da Lei 5.810/1994, do Estado do Pará. Reafirmação de jurisprudência. (RE 745811 RG, Relator(a): Min. GILMAR MENDES, julgado em 17/10/2013, ACÓRDÃO ELETRÔNICO REPERCUSSÃO GERAL – MÉRITO DJe-219 DIVULG 05-11-2013 PUBLIC 06-11-2013)

RG ◙ Tema 0005, Tese Fixada: I – Ao editar a Lei 8.880/1994, a União legislou sobre o sistema monetário e exerceu a sua competência prevista no art. 22, VI, da Constituição de 1988. Assim, qualquer lei, seja ela estadual ou municipal, que dis-

cipline a conversão da moeda Cruzeiro Real em URV no que tange à remuneração de seus servidores de uma forma incompatível com a prevista na Lei nº 8.880/94 será inconstitucional, mormente quando acarretar redução de vencimentos; II – O término da incorporação, na remuneração do servidor, do percentual devido em razão da ilegalidade na conversão de Cruzeiros Reais em URV deve ocorrer no momento em que a carreira do servidor passa por uma restruturação remuneratória. RE 56183621/03/2013

◙ **Tema 0015:Tese Fixada: Não viola a Constituição o estabelecimento de remuneração inferior ao salário mínimo para as praças prestadoras de serviço militar inicial.**

RG ◙ Não viola a Constituição o estabelecimento de remuneração inferior ao salário mínimo para as praças prestadoras de serviço militar inicial.

CONSTITUCIONAL. SERVIÇO MILITAR OBRIGATÓRIO. SOLDO. VALOR INFERIOR AO SALÁRIO MÍNIMO. VIOLAÇÃO AOS ARTS. 1º, III, 5º, CAPUT, E 7º, IV, DA CF. INOCORRÊNCIA. RE DESPROVIDO. I – A Constituição Federal não estendeu aos militares a garantia de remuneração não inferior ao salário mínimo, como o fez para outras categorias de trabalhadores. II – O regime a que submetem os militares não se confunde com aquele aplicável aos servidores civis, visto que têm direitos, garantias, prerrogativas e impedimentos próprios. III – Os cidadãos que prestam serviço militar obrigatório exercem um múnus público relacionado com a defesa da soberania da pátria. IV – A obrigação do Estado quanto aos conscritos limita-se a fornecer-lhes as condições materiais para a adequada prestação do serviço militar obrigatório nas Forças Armadas. V – Recurso extraordinário desprovido. (RE 570177, Relator(a): Min. RICARDO LEWANDOWSKI, Tribunal Pleno, julgado em 30/04/2008, REPERCUSSÃO GERAL – MÉRITO DJe-117 DIVULG 26-06-2008 PUBLIC 27-06-2008 EMENT VOL-02325-09 PP-01737)

◙ **Tema 0041, Tese Fixada: I – Não há direito adquirido a regime jurídico, desde que respeitado o princípio constitucional da irredutibilidade de vencimentos; II – A Lei complementar 203/2001, do Estado do Rio Grande do Norte, no ponto que alterou a forma de cálculo de gratificações e, consequentemente, a composição da remuneração de servidores públicos, não ofende a Constituição da República de 1988, por dar cumprimento ao princípio da irredutibilidade da remuneração. RE 563965**

RG ◙ Não há direito adquirido a regime jurídico, desde que respeitado o princípio constitucional da irredutibilidade de vencimentos.

DIREITOS CONSTITUCIONAL E ADMINISTRATIVO. ESTABILIDADE FINANCEIRA. MODIFICAÇÃO DE FORMA DE CÁLCULO DA REMUNERAÇÃO. OFENSA À GARANTIA CONSTITUCIONAL DA IRREDUTIBILIDADE DA REMUNERAÇÃO: AUSÊNCIA. JURISPRUDÊNCIA. LEI COMPLEMENTAR N. 203/2001 DO ESTADO DO RIO GRANDE DO NORTE: CONSTITUCIONALIDADE. 1. O Supremo Tribunal Federal pacificou a sua jurisprudência sobre a constitucionalidade do instituto da estabilidade financeira e sobre a ausência de direito adquirido a regime jurídico. 2. Nesta linha, a Lei Complementar n. 203/2001, do Estado do Rio Grande do Norte, no ponto que alterou a forma de cálculo de gratificações e, conseqüentemente, a composição da remuneração de servidores públicos, não ofende a Constituição da República de 1988, por dar cumprimento ao princípio da irredutibilidade da remuneração. 3. Recurso extraordinário ao qual se nega provimento. (RE 563965, Relator(a): Min. CÁRMEN LÚCIA, Tribunal Pleno, julgado em 11/02/2009, REPERCUSSÃO GERAL – MÉRITO DJe-053 DIVULG 19-03-2009 PUBLIC 20-03-2009 EMENT VOL-02353-06 PP-01099 RTJ VOL-00208-03 PP-01254)

◙ **Tema 0054: Tese Fixada I – A Gratificação de Desempenho de Atividade de Ciência e Tecnologia – GDACT, instituída pela Medida Provisória 2.048/2000, apesar de originalmente concebida como gratificação pro labore faciendo, teve caráter geral e foi estendida aos inativos até a sua regulamentação pelo Decreto 3.762/2001, quando passou a constituir gratificação paga em razão do efetivo exercício de cargo; II – É constitucional o art. 60-A acrescentado pela Lei 10.769/2003 à MP 2.229- 43/2001, dado que não implicou redução indevida, visto que, após o Decreto 3.762/2001, deixou de existir o direito dos inativos à percepção da GDACT nas mesmas condições em que concedida aos servidores em atividade. RE 572884**

RG ◙ **A Gratificação de Desempenho de Atividade de Ciência e Tecnologia – GDACT, instituída pela Medida Provisória 2.048/2000, apesar de originalmente concebida como gratificação pro labore faciendo, teve caráter geral e foi estendida aos inativos até a sua regulamentação pelo Decreto 3.762/2001, quando passou a constituir gratificação paga em razão do efetivo exercício de cargo**

RECURSO EXTRAORDINÁRIO. CONSTITUCIONAL. GRATIFICAÇÃO DE DESEMPENHO DE ATIVIDADE DE CIÊNCIA E TECNOLOGIA – GDACT. CARÁTER PRO LABORE FACIENDO. EXTENSÃO AOS INATIVOS E PENSIONISTAS EM SEU GRAU MÁXIMO. INADMISSIBILIDADE. GARANTIA DE PERCENTUAL AOS INATIVOS. POSSIBILIDADE. RECURSO EXTRAORDINÁRIO PROVIDO. I – A Gratificação de Desempenho de Atividade de Ciência e Tecnologia – GDACT, instituída pelo art. 19 da Medida Provisória 2.048-26, de 29 de junho de 2000, por ocasião de sua criação, tinha o caráter gratificação pessoal, pro labore faciendo, e, por esse motivo, não foi estendida, automaticamente, aos já aposentados e pensionistas. II – O art. 60-A, acrescentado pela Lei 10.769/2003 à MP 2.229-43/2001, estendeu aos inativos a GDACT, no valor correspondente a trinta por cento do percentual máximo aplicado ao padrão da classe em que o servidor estivesse posicionado. III – Dessa forma, não houve redução indevida, pois, como visto, a GDACT é gratificação paga em razão do efetivo exercício do cargo e não havia percentual mínimo assegurado ao servidor em exercício. IV – Recurso extraordinário provido. (RE 572884, Relator(a): Min. RICARDO LEWANDOWSKI, Tribunal Pleno, julgado em 20/06/2012, ACÓRDÃO ELETRÔNICO REPERCUSSÃO GERAL – MÉRITO DJe-034 DIVULG 20-02-2013 PUBLIC 21-02-2013)

◙ **Tema 0141, Tese Fixada: O cálculo de gratificações e outras vantagens do servidor público não incide sobre o abono utilizado para se atingir o salário mínimo.**

RG ◙ O cálculo de gratificações e outras vantagens do servidor público não incide sobre o abono utilizado para se atingir o salário mínimo

CONSTITUCIONAL. SERVIDOR PÚBLICO. VENCIMENTOS. SALÁRIO MÍNIMO. COMPLEMENTAÇÃO POR ABONO. CÁLCULO DE GRATIFICAÇÕES E OUTRAS VANTAGENS SOBRE O ABONO UTILIZADO PARA SE ATINGIR O SALÁRIO MÍNIMO. IMPOSSIBILIDADE. I – Questão de ordem. Matéria de mérito pacificada no STF. Repercussão geral reconhecida. Confirmação da jurisprudência. Denegação da distribuição dos recursos que versem sobre o mesmo tema. Devolução desses RE à origem para adoção dos procedimentos previstos no art. 543-B, § 3º, do CPC. Precedentes: RE 579.431-QO/RS, RE 582.650-QO/BA, RE 580.108-QO/SP, Rel. Min. Ellen Gracie; RE 591.068-QO/PR, Rel. Min. Gilmar Mendes; RE 585.235-QO/MG, Rel. Min. Cezar Peluso. II – Julgamento de mérito conforme precedentes. III – Recurso desprovido.(RE 572921 QO-RG, Relator(a): Min. RICARDO LEWANDOWSKI, julgado em 13/11/2008, REPERCUSSÃO GERAL – MÉRITO DJe-025 DIVULG 05-02-2009 PUBLIC 06-02-2009 EMENT VOL-02347-12 PP-02302)

◙ Tema 0142, Tese Fixada: Os artigos 7º, IV, e 39, § 3º (redação da EC 19/1998), da Constituição referem-se ao total da remuneração percebida pelo servidor público. RE 582019, 13/11/2008

RG ◙ Os artigos 7º, IV, e 39, § 3º (redação da EC 19/1998), da Constituição referem-se ao total da remuneração percebida pelo servidor público

CONSTITUCIONAL. SERVIDOR PÚBLICO. SALÁRIO-BASE INFERIOR AO SALÁRIO MÍNIMO. POSSIBILIDADE. ARTS. 7º, IV, E 39, § 3º (redação dada pela EC 19/98), DA CONSTITUIÇÃO. I – Questão de ordem. Matéria de mérito pacificada no STF. Repercussão geral reconhecida. Confirmação da jurisprudência. Denegação da distribuição dos recursos que versem sobre o mesmo tema. Devolução desses RE à origem para adoção dos procedimentos previstos no art. 543-B, § 3º, do CPC. Precedentes: RE 579.431-QO/RS, RE 582.650-QO/BA, RE 580.108-QO/SP, Rel. Min. Ellen Gracie; RE 591.068-QO/PR, Rel. Min. Gilmar Mendes; RE 585.235-QO/MG, Rel. Min. Cezar Peluso. II – Julgamento de mérito conforme precedentes. III – Recurso provido. (RE 582019 QO-RG, Relator(a): Min. RICARDO LEWANDOWSKI, julgado em 13/11/2008, REPERCUSSÃO GERAL – MÉRITO DJe-030 DIVULG 12-02-2009 PUBLIC 13-02-2009 EMENT VOL-02348-05 PP-01023 LEXSTF v. 31, n. 362, 2009, p. 257-265)

◙ Tema 0156, Tese Fixada: I – As vantagens remuneratórias legítimas e de caráter geral conferidas a determinada categoria, carreira ou, indistintamente, a servidores públicos, por serem vantagens genéricas, são extensíveis aos servidores inativos e pensionistas; II – Nesses casos, a extensão alcança os servidores que tenham ingressado no serviço público antes da publicação das Emendas Constitucionais 20/1998 e 41/2003 e se aposentado ou adquirido o direito à aposentadoria antes da EC 41/2003; III – Com relação àqueles servidores que se aposentaram após a EC 41/2003, deverão ser observados os requisitos estabelecidos na regra de transição contida no seu art. 7º, em virtude da extinção da paridade integral entre ativos e

inativos contida no art. 40, § 8°, da CF para os servidores que ingressaram no serviço público após a publicação da referida emenda; IV – Por fim, com relação aos servidores que ingressaram no serviço público antes da EC 41/2003 e se aposentaram ou adquiriram o direito à aposentadoria após a sua edição, é necessário observar a incidência das regras de transição fixadas pela EC 47/2005, a qual estabeleceu efeitos retroativos à data de vigência da EC 41/2003, conforme decidido nos autos do RE 590.260/SP, Plenário, Rel. MIN. RICARDO LEWANDOWSKI, julgado em 24/6/2009. RE 596962, 22/08/2014

RG ▣ As vantagens remuneratórias legítimas e de caráter geral conferidas a determinada categoria, carreira ou, indistintamente, a servidores públicos, por serem vantagens genéricas, são extensíveis aos servidores inativos e pensionistas;

Recurso extraordinário. Repercussão geral reconhecida. Direito Administrativo e Constitucional. Mandado de segurança. Pretendida extensão a servidora inativa de gratificação atribuída a professores em efetivo exercício da docência na rede pública estadual de ensino. Possibilidade de extensão da verba aos servidores inativos, por ser ela dotada de caráter geral. Inteligência do art. 40, § 8°, da Constituição Federal. Precedentes do Supremo Tribunal Federal aplicáveis ao caso. Fixação das teses. Recurso não provido. 1. A Verba de Incentivo de Aprimoramento à Docência, instituída pela LC n° 159, de 18/3/04, do Estado de Mato Grosso, constitui vantagem remuneratória concedida indistintamente aos professores ativos, sendo, portanto, extensível aos professores inativos e pensionistas, nos termos do art. 40, § 8°, da CF. 2. A recorrida, na condição de professora aposentada antes da EC n° 41/2003, preencheu os requisitos constitucionais para que seja reconhecido o seu direito ao percebimento dessa verba. 3. Recurso extraordinário a que se nega provimento. 4. Fixação das teses do julgado, para que gerem efeitos *erga omnes* e para que os objetivos da tutela jurisdicional especial alcancem de forma eficiente os seus resultados jurídicos, nos seguintes termos: i) as vantagens remuneratórias legítimas e de caráter geral conferidas a determinada categoria, carreira ou, indistintamente, a servidores públicos, por serem vantagens genéricas, são extensíveis aos servidores inativos e pensionistas; ii) nesses casos, a extensão alcança os servidores que tenham ingressado no serviço público antes da publicação das Emendas Constitucionais n°s 20/1998 e 41/2003 e se aposentado ou adquirido o direito à aposentadoria antes da EC n° 41/2003; iii) com relação àqueles servidores que se aposentaram após a EC n° 41/2003, deverão ser observados os requisitos estabelecidos na regra de transição contida no seu art. 7°, em virtude da extinção da paridade integral entre ativos e inativos contida no art. 40, § 8°, da CF para os servidores que ingressaram no serviço público após a publicação da referida emenda; iv) por fim, com relação aos servidores que ingressaram no serviço público antes da EC n° 41/2003 e se aposentaram ou adquiriram o direito à aposentadoria após a sua edição, é necessário observar a incidência das regras de transição fixadas pela EC n° 47/2005, a qual estabeleceu efeitos retroativos à data de vigência da EC n° 41/2003, conforme decidido nos autos do RE n° 590.260/SP, Plenário, Rel. Min. Ricardo Lewandowski, julgado em 24/6/09. (RE 596962, Relator(a): Min. DIAS TOFFOLI, Tribunal Pleno, julgado em 21/08/2014, ACÓRDÃO ELETRÔNICO REPERCUSSÃO GERAL – MÉRITO DJe-213 DIVULG 29-10-2014 PUBLIC 30-10-2014)

◙ **Tema 0351, Tese Fixada: A Gratificação de Desempenho do Plano Geral de Cargos do Poder Executivo – GDPGPE, prevista na Lei nº 11.357/2006, estende-se aos inativos e pensionistas, no patamar de oitenta pontos, até o implemento da avaliação dos servidores em atividade. RE 631389, 25/09/2013**

RG ◙ **A Gratificação de Desempenho do Plano Geral de Cargos do Poder Executivo – GDPGPE, prevista na Lei nº 11.357/2006, estende-se aos inativos e pensionistas, no patamar de oitenta pontos, até o implemento da avaliação dos servidores em atividade.**

GRATIFICAÇÃO DE DESEMPENHO DO PLANO GERAL DE CARGOS DO PODER EXECUTIVO – GDPGPE – LEI Nº 11.357/06. Homenageia o tratamento igualitário decisão que, até a avaliação dos servidores em atividade, implica a observância da mesma pontuação – 80 – no tocante a inativos e pensionistas. (RE 631389, Relator(a): Min. MARCO AURÉLIO, Tribunal Pleno, julgado em 25/09/2013, ACÓRDÃO ELETRÔNICO REPERCUSSÃO GERAL – MÉRITO DJe-106 DIVULG 02-06-2014 PUBLIC 03-06-2014)

◙ **Tema 0440, Tese Fixada: A redução da Gratificação Especial de Retorno à Atividade – GERA não implica violação ao princípio da irredutibilidade de vencimentos, se o ingresso ou o reingresso aos quadros do Corpo Voluntário de Militares Estaduais Inativos (CVMI) se deu após a edição da Lei Estadual 10.916/1997. ARE 637607, 24/06/2011**

RG ◙ **A redução da Gratificação Especial de Retorno à Atividade – GERA não implica violação ao princípio da irredutibilidade de vencimentos, se o ingresso ou o reingresso aos quadros do Corpo Voluntário de Militares Estaduais Inativos (CVMI) se deu após a edição da Lei Estadual 10.916/1997.**

RECURSO. Agravo convertido em Extraordinário. Gratificação Especial de Retorno à Atividade – GERA. Redução legal. Vigência da lei redutora. Reingresso de servidores públicos. Repercussão geral reconhecida. Precedentes. Reafirmação da jurisprudência. Recurso improvido. É compatível com a Constituição a redução da Gratificação Especial de Retorno à Atividade – GERA, se o ingresso ou reingresso dos servidores públicos, aos quadros do CVMI, ocorreu após a edição da Lei Estadual 10.916/1997. (ARE 637607 RG, Relator(a): Min. MINISTRO PRESIDENTE, julgado em 23/06/2011, REPERCUSSÃO GERAL – MÉRITO DJe-171 DIVULG 05-09-2011 PUBLIC 06-09-2011 EMENT VOL-02581-02 PP-00300)

◙ **Tema 0483, Tese Fixada: É legítima a publicação, inclusive em sítio eletrônico mantido pela Administração Pública, dos nomes dos seus servidores e do valor dos correspondentes vencimentos e vantagens pecuniárias. ARE 652777, 23/04/2015**

RG ◙ **É legítima a publicação, inclusive em sítio eletrônico mantido pela Administração Pública, dos nomes dos seus servidores e do valor dos correspondentes vencimentos e vantagens pecuniárias.**

CONSTITUCIONAL. PUBLICAÇÃO, EM SÍTIO ELETRÔNICO MANTIDO PELO MUNICÍPIO DE SÃO PAULO, DO NOME DE SEUS SERVIDORES E DO VALOR

DOS CORRESPONDENTES VENCIMENTOS. LEGITIMIDADE. 1. É legítima a publicação, inclusive em sítio eletrônico mantido pela Administração Pública, dos nomes dos seus servidores e do valor dos correspondentes vencimentos e vantagens pecuniárias. 2. Recurso extraordinário conhecido e provido. (ARE 652777, Relator(a): Min. TEORI ZAVASCKI, Tribunal Pleno, julgado em 23/04/2015, ACÓRDÃO ELETRÔNICO RE-PERCUSSÃO GERAL – MÉRITO DJe-128 DIVULG 30-06-2015 PUBLIC 01-07-2015)

◙ **Tema 0494, Tese Fixada: A sentença que reconhece ao trabalhador ou servidor o direito a determinado percentual de acréscimo remuneratório deixa de ter eficácia a partir da superveniente incorporação definitiva do referido percentual nos seus ganhos. RE 596663, 24/09/2014**

RG ◙ A sentença que reconhece ao trabalhador ou servidor o direito a determinado percentual de acréscimo remuneratório deixa de ter eficácia a partir da superveniente incorporação definitiva do referido percentual nos seus ganhos.

Ementa: CONSTITUCIONAL. PROCESSUAL CIVIL. SENTENÇA AFIRMANDO DIREITO À DIFERENÇA DE PERCENTUAL REMUNERATÓRIO, INCLUSIVE PARA O FUTURO. RELAÇÃO JURÍDICA DE TRATO CONTINUADO. EFICÁCIA TEMPORAL. CLÁUSULA REBUS SIC STANTIBUS. SUPERVENIENTE INCORPORAÇÃO DEFINITIVA NOS VENCIMENTOS POR FORÇA DE DISSÍDIO COLETIVO. EXAURIMENTO DA EFICÁCIA DA SENTENÇA. 1. A força vinculativa das sentenças sobre relações jurídicas de trato continuado atua rebus sic stantibus: sua eficácia permanece enquanto se mantiverem inalterados os pressupostos fáticos e jurídicos adotados para o juízo de certeza estabelecido pelo provimento sentencial. A superveniente alteração de qualquer desses pressupostos (a) determina a imediata cessação da eficácia executiva do julgado, independentemente de ação rescisória ou, salvo em estritas hipóteses previstas em lei, de ação revisional, razão pela qual (b) a matéria pode ser alegada como matéria de defesa em impugnação ou em embargos do executado. 2. Afirma-se, nessa linha de entendimento, que a sentença que reconhece ao trabalhador ou servidor o direito a determinado percentual de acréscimo remuneratório deixa de ter eficácia a partir da superveniente incorporação definitiva do referido percentual nos seus ganhos. 3. Recurso extraordinário improvido. (RE 596663, Relator(a): Min. MARCO AURÉLIO, Relator(a) p/ Acórdão: Min. TEORI ZAVASCKI, Tribunal Pleno, julgado em 24/09/2014, ACÓRDÃO ELETRÔNICO REPERCUSSÃO GERAL – MÉRITO DJe-232 DIVULG 25-11-2014 PUBLIC 26-11-2014)

◙ **Tema 0664, Tese Fixada: O termo inicial do pagamento diferenciado das gratificações de desempenho entre servidores ativos e inativos é o da data da homologação do resultado das avaliações, após a conclusão do primeiro ciclo de avaliações, não podendo a Administração retroagir os efeitos financeiros a data anterior. RE 662406, 11/12/2014**

RG ◙ O termo inicial do pagamento diferenciado das gratificações de desempenho entre servidores ativos e inativos é o da data da homologação do resultado das avaliações, após a conclusão do primeiro ciclo de avaliações, não podendo a Administração retroagir os efeitos financeiros a data anterior.

Ementa: DIREITO ADMINISTRATIVO. GRATIFICAÇÃO DE DESEMPENHO DE ATIVIDADE TÉCNICA DE FISCALIZAÇÃO AGROPECUÁRIA – GDATFA. TERMO FINAL DO DIREITO À PARIDADE REMUNERATÓRIA ENTRE SERVIDORES ATIVOS E INATIVOS. DATA DA REALIZAÇÃO DA AVALIAÇÃO DO PRIMEIRO CICLO. 1. O termo inicial do pagamento diferenciado das gratificações de desempenho entre servidores ativos e inativos é o da data da homologação do resultado das avaliações, após a conclusão do primeiro ciclo de avaliações, não podendo a Administração retroagir os efeitos financeiros a data anterior. 2. É ilegítima, portanto, nesse ponto, a Portaria MAPA 1.031/2010, que retroagiu os efeitos financeiros da Gratificação de Desempenho de Atividade Técnica de Fiscalização Agropecuária – GDAFTA ao início do ciclo avaliativo. 3. Recurso extraordinário conhecido e não provido. (RE 662406, Relator(a): Min. TEORI ZAVASCKI, Tribunal Pleno, julgado em 11/12/2014, PROCESSO ELETRÔNICO REPERCUSSÃO GERAL – MÉRITO DJe-031 DIVULG 13-02-2015 PUBLIC 18-02-2015)

◙ **Súmula Vinculante 51 – O reajuste de 28,86%, concedido aos servidores militares pelas Leis 8.622/1993 e 8.627/1993, estende-se aos servidores civis do Poder Executivo, observadas as eventuais compensações decorrentes dos reajustes diferenciados concedidos pelos mesmos diplomas legais.**

◙ **Súmula Vinculante 37. Não cabe ao poder Judiciário, que não tem função legislativa, aumentar vencimentos de servidores públicos sob o fundamento de isonomia.**

◙ **Súmula Vinculante 4 do STF: Salvo nos casos previstos na Constituição, o salário mínimo não pode ser usado como indexador de base de cálculo de vantagem de servidor público ou de empregado, nem ser substituído por decisão judicial.**

◙ **Súmula Vinculante 42 – É inconstitucional a vinculação do reajuste de vencimentos de servidores estaduais ou municipais a índices federais de correção monetária.**

◙ **Súmula Vinculante 16 do STF: Os artigos 7.º, IV, e 39, § 3.º (redação dada pela EC 19/1998), da Constituição, referem-se ao total da remuneração percebida pelo servidor público.**

◙ **Súmula 682. Não ofende a Constituição a correção monetária no pagamento com atraso dos vencimentos de servidores públicos.**

◙ **Súmula 679. A fixação de vencimentos dos servidores públicos não pode ser objeto de convenção coletiva.**

◙ **Súmula 339 – Não cabe ao Poder Judiciário, que não tem função legislativa, aumentar vencimentos de servidores públicos sob fundamento de isonomia.**

ART. 37, XI DA CF – TETO CONSTITUCIONAL

XI – A remuneração e o subsídio dos ocupantes de cargos, funções e empregos públicos da administração direta, autárquica e fundacional, dos membros de qualquer dos poderes da união, dos estados, do distrito federal e dos municípios, dos detentores de mandato eletivo e dos demais agentes políticos e os proventos, pensões ou outra espécie remuneratória, percebidos cumulativamente ou não, incluídas as vantagens pessoais ou de qualquer outra natureza, não poderão exceder o subsídio mensal, em espécie, dos ministros do supremo tribunal federal, aplicando-se como limite, nos municípios, o subsídio do prefeito, e nos estados e no distrito federal, o subsídio mensal do governador no âmbito do poder executivo, o subsídio dos deputados estaduais e distritais no âmbito do poder legislativo e o subsídio dos desembargadores do tribunal de justiça, limitado a noventa inteiros e vinte e cinco centésimos por cento do subsídio mensal, em espécie, dos ministros do supremo tribunal federal, no âmbito do poder judiciário, aplicável este limite aos membros do ministério público, aos procuradores e aos defensores públicos;

▶ **A EC 19/1998, resgatando uma antiga tradição brasileira, trouxe de volta o chamado regime de subsídios, devido aos membros de Poder e outras autoridades, em substituição ao vencimento e inúmeros penduricalhos que constituíam a remuneração desses agentes.**

A EC 19/1998, resgatando uma antiga tradição brasileira, trouxe de volta o chamado regime de subsídios, devido aos membros de Poder e outras autoridades, em substituição ao vencimento e inúmeros penduricalhos que constituíam a remuneração desses agentes. O *art. 39, § 4.º*, da CF/1988 passou a ter a seguinte redação com a EC 19/1998: "O membro de Poder, o detentor de mandato eletivo, os Ministros de Estado e os Secretários Estaduais e Municipais serão remunerados exclusivamente por subsídio fixado em parcela única, vedado o acréscimo de qualquer gratificação, adicional, abono, prêmio, verba de representação ou outra espécie remuneratória, obedecido, em qualquer caso, o disposto no art. 37, X e XI". Assim, a regra alcançaria, inicialmente: a) magistrados em geral; b) Presidente da República, governadores e prefeitos, além dos vices; c) deputados federais e estaduais, vereadores e senadores; d) ministros de Estado e secretários estaduais, distritais e municipais. (COUTINHO, Alessandro Dantas, KRUGER, Ronald Rodor. Manual de Direito Administrativo: Volume Único. 2ª edição, Editora Juspodivm, Salvador, 2018, p. 332)

▶ **A extensão da regra do subsídio.**

A própria Constituição Federal, no entanto, no art. 135, estende o regime de subsídio para as carreiras da Advocacia Pública (AGU e Procuradorias estaduais) e da Defensoria Pública (DPU e Defensorias estaduais). Também houve a extensão do regime aos membros do Ministério Público, por força do disposto no art. 128, § 5.º, I, "c", que fala em irredutibilidade de subsídio. Para os membros dos tribunais de contas, pela simetria existente com o Judiciário, também se aplica o regime (arts. 73, § 3.º, e 75 da CF/1988). Para servidores da carreira policial (Polícia Federal, Rodoviária Federal, da ainda inexistente Ferroviária Federal, Civil e Militar), também houve a previsão do regime de subsídio, conforme disposto no art. 144, § 9.º, da Carta Magna. Por fim, o § 8.º do art. 39 previu a possibilidade de que qualquer servidor organizado em carreira pode ter a remuneração fixada em regime de subsídios. Nesse caso, existe apenas a opção pela adoção do regime. No âmbito federal, esse regime facultativo de remuneração por subsídio tem sido cada vez mais adotado. (COUTINHO, Alessandro Dantas, KRUGER, Ronald Rodor. Manual de Direito Administrativo: Volume Único. 2ª edição, Editora Juspodivm, Salvador, 2018, p. 332)

▶ **Com a adoção do subsídio ficam incorporadas todas as outras parcelas remuneratórias, como gratificações e adicionais, além do vencimento básico, exceto as parcelas com conteúdo indenizatório.**

Com a adoção do subsídio ficam incorporadas todas as outras parcelas remuneratórias, como gratificações e adicionais, além do vencimento básico. Não obstante, a jurisprudência exclui do conceito de subsídio as parcelas com conteúdo indenizatório. (COUTINHO, Alessandro Dantas, KRUGER, Ronald Rodor. Manual de Direito Administrativo: Volume Único. 2ª edição, Editora Juspodivm, Salvador, 2018, p. 333)

▶ **São exemplos de parcelas de conteúdo indenizatório:**

As diárias, indenização para mudança, auxílio-reclusão, auxílio-funeral, auxílio-alimentação e outros, já que estas não são simplesmente uma contraprestação pelo serviço prestado. No âmbito do Judiciário, a matéria foi disciplinada na Resolução 14/2006 do CNJ, alterada pela Resolução 42/2007. (COUTINHO, Alessandro Dantas, KRUGER, Ronald Rodor. Manual de Direito Administrativo: Volume Único. 2ª edição, Editora Juspodivm, Salvador, 2018, p. 333)

▶ **As parcelas remuneratórias que têm previsão constitucional e que são devidas a todos os trabalhadores, também devem ser pagas a tais servidores públicos abrangidos pelo regime de subsídio.**

Observe-se que é entendimento predominante o de que determinadas parcelas remuneratórias que têm previsão constitucional e que são devidas a todos os trabalhadores, também devem ser pagas a tais servidores públicos, abrangidos pelo regime de subsídio, notadamente, o décimo terceiro salário (gratificação natalina) e o adicional de férias (terço constitucional). Inclusive chegou ao STF, onde foi julgado pela sistemática de repercussão geral, a questão sobre a constitucionalidade de pagamento de terço de férias e 13º salário ao Prefeito e Vice-Prefeito. Se viola ou não o art. 39, § 4º da Constituição Federal? O STF entendeu que não e fixou a seguinte tese: o art. 39, § 4º, da Constituição Federal não é incompatível com o pagamento de terço de férias e décimo terceiro salário. O entendimento majoritário foi no sentido que o regime de subsídio é incompatível apenas com o pagamento de outras parcelas remuneratórias de natureza mensal, o que não é o caso do décimo terceiro e das férias, que são verbas pagas a todos os trabalhadores e servidores, com periodicidade anual. (COUTINHO, Alessandro Dantas, KRUGER, Ronald Rodor. Manual de Direito Administrativo: Volume Único. 2ª edição, Editora Juspodivm, Salvador, 2018, p. 333)

▶ **Verba de representação aos prefeitos e vice-prefeitos. Inconstitucionalidade.**

No mesmo julgado, foi analisado a questão da constitucionalidade do pagamento da verba de representação aos prefeitos e vice-prefeitos. Quanto a esta verba, por não ser um valor pago a todos os trabalhadores e servidores, entendeu-se, portanto, que não haveria razão para que fosse excepcionada do regime de subsídio, que é parcela única, e, neste ponto, o STF julgou inconstitucional o pagamento desta "verba de representação". (COUTINHO, Alessandro Dantas, KRUGER, Ronald Rodor. Manual de Direito Administrativo: Volume Único. 2ª edição, Editora Juspodivm, Salvador, 2018, p. 333)

▶ **Critica-se a atribuição de subsídio a agentes públicos que se organizam em carreira.**

Particularmente, critica-se a atribuição de subsídio a agentes públicos que se organizam em carreira (v. g., magistrados, membros do Ministério Público, policiais, servidores em geral), cujo vínculo com o Estado é permanente. É que a ascensão funcional deve servir de estímulo aos agentes, que na expectativa de se movimentarem na carreira exercem com afinco suas funções, visando ao acréscimo pecuniário correspondente. A atribuição do subsídio a esses agentes somente teria razão de ser se fosse possível, numa mesma carreira, atribuir subsídios diversos conforme o patamar em que se localizassem ditos agentes. Nesse caso, contudo, a noção de subsídio seria parelha à de vencimentos do cargo, incluindo a contraprestação básica fixada em lei (vencimento), acrescida das vantagens inerentes ao seu exercício (do cargo), excluindo-se apenas as vantagens de natureza individual que são próprias de cada agente. (DI PIETRO, Maria Sylvia Zanella, MOTTA, Fabrício, FERRAZ, Luciano de Araújo. Servidores públicos na Constituição Federal. 3ª. ed. – São Paulo: Atlas, 2015, p. 115)

▶ **O § 8.º do art. 39 previu a possibilidade de que qualquer servidor organizado em carreira pode ter a remuneração fixada em regime de subsídios.**

Por fim, o § 8.º do art. 39 previu a possibilidade de que qualquer servidor organizado em carreira pode ter a remuneração fixada em regime de subsídios. Nesse caso, existe apenas a opção pela adoção do regime. No âmbito federal, esse regime facultativo de remuneração por subsídio tem sido cada vez mais adotado. Lei 11.776/2008 adotou o regime de subsídio para as carreiras da ABIN (art. 24). Lei 11.890/2008, ao incluir o art. 2º-A no texto da Lei 10.910/2004, adotou o regime de subsídio para as carreiras de Auditoria da Receita Federal do Brasil e Auditoria-Fiscal do Trabalho, e ao adotar o art. 9º-A na Lei 9.650/1998, adotou o subsídio para as carreiras de Analista e Técnico do Banco Central. A Lei 11.890/2008 também adotou o mesmo regime remuneratório para as carreiras de Gestão Governamental (art. 10), carreira de Diplomata (art. 25), carreiras do Plano de Cargos e Salários da SUSEP, desde que de nível superior (art. 46), carreiras de Analista e Inspetor da CVM (art. 81) e carreiras de Planejamento e Pesquisa do IPEA (art. 114). Lei 12.775/2012 adotou o regime de subsídio para as carreiras de Oficial de Chancelaria e Assistente de Chancelaria (art. 1º) e Fiscal Federal Agropecuário (art. 10). A *Lei 11.358/2006* fixou os subsídios das seguintes carreiras: a) Procurador da Fazenda Nacional; b) Advogado da União; c) Procurador Federal; d) Defensor Público da União, hoje Defensor Público Federal; e)

Procurador do Banco Central do Brasil; f) Carreira Policial Federal; g) Carreira Policial Rodoviária Federal. A *Lei 13.092/2015* fixou o subsídio do Procurador-Geral da República, que serve de parâmetro para todos os membros do Ministério Público da União (MPF, MPT, MPM e MPDFT), conforme escalonamento previsto no art. 1º, § 3º da Lei 10.477/2002. Já a *Lei 13.091/2015* fixou o subsídio dos Ministros do STF, que serve de parâmetro para toda a magistratura da União, conforme escalonamento previsto no art. 1º, § 2º, da Lei 10.474/2002.

◙ **RG Tema 0510, Tese Fixada: A expressão "Procuradores", contida na parte final do inciso XI do art. 37 da Constituição da República, compreende os Procuradores Municipais, uma vez que estes se inserem nas funções essenciais à Justiça, estando, portanto, submetidos ao teto de noventa inteiros e vinte e cinco centésimos por cento do subsídio mensal, em espécie, dos Ministros do Supremo Tribunal Federal. RE 663696, 28/02/2019**

RG ◙ A expressão "Procuradores", contida na parte final do inciso XI do art. 37 da Constituição da República, compreende os Procuradores Municipais, uma vez que estes se inserem nas funções essenciais à Justiça, estando, portanto, submetidos ao teto de noventa inteiros e vinte e cinco centésimos por cento do subsídio mensal, em espécie, dos Ministros do Supremo Tribunal Federal.

O Tribunal, por maioria, apreciando o tema 510 da repercussão geral, deu provimento ao recurso extraordinário, nos termos do voto do Relator, vencidos os Ministros Teori Zavascki e Rosa Weber. Em seguida, fixou-se a seguinte tese: "A expressão "Procuradores", contida na parte final do inciso XI do art. 37 da Constituição da República, compreende os Procuradores Municipais, uma vez que estes se inserem nas funções essenciais à Justiça, estando, portanto, submetidos ao teto de noventa inteiros e vinte e cinco centésimos por cento do subsídio mensal, em espécie, dos Ministros do Supremo Tribunal Federal". Impedido o Ministro Roberto Barroso. Não votou o Ministro Alexandre de Moraes por suceder o Ministro Teori Zavascki. Ausentes, justificadamente, os Ministros Celso de Mello, que já havia votado em assentada anterior, e Dias Toffoli (Presidente). Presidência do Ministro Luiz Fux (Vice-Presidente). Plenário, 28.2.2019. (RE 663696, Tema 510)

▶ **Como era antes da EC n. 41/2003:**

a) **Poder Executivo** – o limite máximo ou teto correspondia a remuneração paga a ministro de Estado; b) **Poder Legislativo** – o limite máximo ou teto correspondia a remuneração paga aos membros do Congresso Nacional; e c) **Poder Judiciário** – o limite máximo ou teto correspondia a remuneração paga a ministro do Supremo Tribunal Federal. (BULOS, Uadi Lammêgo. *Constituição Federal Anotada*. 12ª. ed. rev. e atual. São Paulo: Saraiva. 2017, p. 730)

◙ TETO CONSTITUCIONAL – VANTAGENS PESSOAIS. Na dicção da ilustrada maioria, entendimento em relação ao qual guardo reservas, votando vencido, não se incluem no cotejo próprio para saber-se da observância do teto as vantagens pessoais. CONTROLE CONCENTRADO DE CONSTITUCIONA-

LIDADE – REMISSÃO A LEIS – IMPROPRIEDADE. Na dicção da ilustrada maioria, entendimento em relação ao qual guardo reservas, votando vencido, constando do dispositivo legal atacado mediante ação direta de inconstitucionalidade remissão a outros preceitos de leis diversas, descabe o controle concentrado de constitucionalidade. (ADI 2116 MC, Relator(a): Min. MARCO AURÉLIO, Tribunal Pleno, julgado em 16/02/2000, DJ 29-11-2002 PP-00017 EMENT VOL-02093-01 PP-00133)

◙ Tema 257. Tese: Computam-se para efeito de observância do teto remuneratório do art. 37, XI, da Constituição da República, também os valores percebidos anteriormente à vigência da Emenda Constitucional nº 41/2003 a título de vantagens pessoais pelo servidor público, dispensada a restituição dos valores recebidos em excesso e de boa-fé até o dia 18 de novembro de 2015.

RG ◙ Computam-se para efeito de observância do teto remuneratório do art. 37, XI, da Constituição da República, também os valores percebidos anteriormente à vigência da Emenda Constitucional nº 41/2003 a título de vantagens pessoais pelo servidor público, dispensada a restituição dos valores recebidos em excesso e de boa-fé até o dia 18 de novembro de 2015.

RECURSO EXTRAORDINÁRIO. DIREITO ADMINISTRATIVO E CONSTITUCIONAL. SERVIDORES PÚBLICOS. REMUNERAÇÃO. INCIDÊNCIA DO TETO DE RETRIBUIÇÃO. VANTAGENS PESSOAIS. VALORES PERCEBIDOS ANTES DO ADVENTO DA EMENDA CONSTITUCIONAL Nº 41/2003. INCLUSÃO. ART. 37, XI e XV, DA CONSTITUIÇÃO DA REPÚBLICA. 1. Computam-se para efeito de observância do teto remuneratório do art. 37, XI, da Constituição da República também os valores percebidos anteriormente à vigência da Emenda Constitucional nº 41/2003 a título de vantagens pessoais pelo servidor público, dispensada a restituição dos valores recebidos em excesso de boa-fé até o dia 18 de novembro de 2015. 2. O âmbito de incidência da garantia de irredutibilidade de vencimentos (art. 37, XV, da Lei Maior) não alcança valores excedentes do limite definido no art. 37, XI, da Constituição da República. 3. Traduz afronta direta ao art. 37, XI e XV, da Constituição da República a exclusão, da base de incidência do teto remuneratório, de valores percebidos, ainda que antes do advento da Emenda Constitucional nº 41/2003, a título de vantagens pessoais. 4. Recurso extraordinário conhecido e provido. (RE 606358, Relator(a): Min. ROSA WEBER, Tribunal Pleno, julgado em 18/11/2015, PROCESSO ELETRÔNICO REPERCUSSÃO GERAL – MÉRITO DJe-063 DIVULG 06-04-2016 PUBLIC 07-04-2016)

▶ Na redação originária da Constituição de 1988 a ideia subjacente à inclusão do teto de remuneração era a de estabelecer limites remuneratórios no âmbito do serviço público de todas as esferas (União, Estados, Distrito Federal e Municípios).

Na redação originária da Constituição de 1988 a ideia subjacente à inclusão do teto de remuneração era a de estabelecer limites remuneratórios no âmbito do serviço público de todas as esferas (União, Estados, Distrito Federal e Municípios): o dispositivo original autorizava a fixação, pelo legislador de cada entidade federativa, de teto remuneratório para seus servidores, além de disciplinar a relação entre a maior e a menor remuneração de cada qual (a menor não poderia ser inferior ao salário mínimo – art. 7º, IV, CR). Para essa fixação, dever-se-ia observar como limite máximo dentro dos Poderes (teto), a remuneração percebida pelos membros do Congresso Nacional (Legislativo), Ministros de Estado (Executivo), Ministros do Supremo Tribunal Federal (Judiciário), e seus correspondentes nos Estados, no Distrito Federal e Territórios, e, nos Municípios, a remuneração, em espécie, percebida pelo Prefeito. Em outras palavras, a Constituição originária estabelecia tetos (para todas as esferas e Poderes), e autorizava que o legislador de cada entidade impusesse subtetos, cabendo a iniciativa do processo legislativo às autoridades competentes para a edição de ato normativo com eficácia equivalente para fixação da remuneração dos respectivos servidores: na União, o Presidente da República para os servidores do Executivo (art. 61, § 1º, II, "a"), a Câmara e o Senado Federal para os servidores do Legislativo (art. 51, IV e art. 52, XIII), o Supremo Tribunal Federal e os Tribunais Superiores para os servidores do Judiciário (art. 96, II, "b"); o Procurador-Geral da República, para os servidores do Ministério Público Federal (art. 127, § 2º); o Tribunal de Contas da União, para seus servidores; nos Estados, respectivamente, os Governadores, as Assembleias Legislativas, os Tribunais de Justiça, os Procuradores Gerais de Justiça, os Tribunais de Contas; nos Municípios, os Prefeitos e as Câmaras Municipais. Na União Federal, apenas o Poder Executivo tomou a iniciativa de assegurar a definição do subteto para os vencimentos dos seus servidores. O primeiro redutor (10%) foi estabelecido pela Lei nº 8.852, de 04.02.1994 (art. 2º), e foi posteriormente ampliado (20%), mediante sucessivas medidas provisórias, até a conversão da Medida Provisória nº 1.480-40 na Lei nº 9.624, de 08.04.1998 (art. 10). Os demais Poderes não apresentaram projeto de lei com vistas à definição de limite máximo de remuneração abaixo do patamar constitucional permitido. (Fortini, Cristiana. Servidor público: estudos em homenagem ao professor Pedro Paulo de Almeida Dutra . Editora Fórum. Edição do Kindle.)

▶ **No inc. XI do art. 37 da CF/1988 foi previsto o chamado teto constitucional remuneratório.**

No inc. XI do art. 37 da CF/1988 foi previsto o chamado teto constitucional remuneratório. Na regra original havia um teto para cada Poder, sendo a remuneração dos ministros do STF o teto do Judiciário; a dos ministros de Estado, o do Poder Executivo; e a dos membros do Congresso Nacional, o do Poder Legislativo. Previa-se, ainda, a possibilidade de tetos nos Estados, sem vinculação com os tetos federais, adotando-se os vencimentos dos respectivos congêneres federais (desembargadores, secretários de Estado e deputados estaduais). Para os Municípios, o teto, que também não precisava ter vinculação com os demais, era a remuneração do prefeito. Essa disposição, exatamente por não possuir um teto único, de âmbito nacional, não foi levada muito a sério, e era completamente desvirtuada pelas legislações locais. Aliás, no próprio âmbito federal, a Lei 8.448/1992, que discriminou as parcelas não contidas no teto, em seu art. 3.º, já revogado, excepcionava tantas vantagens que tornava a regra constitucional letra morta. (COUTINHO, Alessandro Dantas, KRUGER, Ronald Rodor. Manual de Direito Administrativo: Volume Único. 2ª dição, Editora Juspodivm, Salvador, 2018, p. 339)

▶ **O STF, desde o julgamento da ADI 14 (Rel. Min. Célio Borja, j. 13.09.1989), entendia válida a exclusão do teto das parcelas de natureza individual.**

O *STF*, desde o julgamento da *ADI 14* (Rel. Min. Célio Borja, j. 13.09.1989), *entendia válida a exclusão do teto das parcelas de natureza individual*. Para dar maior efetividade à norma, *a EC 19/1998* alterou a regra para instituir um *teto único*, nacional, que tinha como parâmetro o *subsídio de ministro do STF*, e que incluía as parcelas de natureza pessoal. O problema é que essa mesma Emenda condicionou a vigência desse dispositivo a uma formalidade inexequível, a de que a lei instituidora do teto, que fixaria o subsídio dos Ministros do STF, teria de ser de iniciativa conjunta do Presidente da República e dos presidentes da Câmara, do Senado e do STF (art. 48, XV, da CF/1988, na redação da EC 19/1998). A resistência ao teto, principalmente do Legislativo, foi enorme, e tal lei jamais foi editada. Finalmente, com a *EC 41/2003*, foi suprimida a exigência da tal lei conjunta, bastando *lei de iniciativa do STF para fixação do teto nacional* (redação atual do art. 48, XV). (COUTINHO, Alessandro Dantas, KRUGER, Ronald Rodor. Manual de Direito Administrativo: Volume Único. 2ª dição, Editora Juspodivm, Salvador, 2018, p. 340)

> ▶ **No mesmo sentido:** No julgamento da ADI nº 14, Rel. Min. Célio Borja, o Supremo Tribunal Federal apreciou a constitucionalidade do art. 2º, § 2º, da Lei nº 7.721, de 06.01.89, que dispunha: "A remuneração dos Ministros do Supremo Tribunal Federal, considerado o básico, a verba de representação e vantagens pessoais (adicionais por tempo de serviço), não poderá ultrapassar o limite previsto no art. 37, XII, da Constituição Federal". Como se vê, o dispositivo impugnado mencionava o inciso XII (os vencimentos dos cargos do Poder Legislativo e do Poder Judiciário não poderão ser superiores aos pagos pelo Poder Executivo) e não o inciso XI do art. 37 da Constituição da República (a matriz do teto remuneratório), sendo que o voto condutor do Acórdão, da lavra do relator, ao fundamento de que existia diferença substancial entre os termos remuneração e vencimentos do cargo (o que de fato existe), concluiu pela inconstitucionalidade da expressão "[...] e vantagens pessoais (adicionais por tempo de serviço)", prevista no § 2º do art. 2º da Lei nº 7.721, por entendê-la excluída do conceito de vencimentos (do cargo), nos termos dos artigos 37, XII, e 39, § 1º, CR. (Fortini, Cristiana. Servidor público: estudos em homenagem ao professor Pedro Paulo de Almeida Dutra. Editora Fórum. Edição do Kindle.)

▶ **Desde a entrada em vigor da Constituição de 1988 existe a preocupação de estabelecer um teto para a remuneração dos servidores públicos.**

A primeira norma nesse sentido veio no art. 37, XI, da Constituição, que não obteve grande sucesso. Esse dispositivo, na redação original, estabelecia tetos diferenciados para os três níveis de governo e para os três Poderes, salvo no âmbito municipal, em que o teto era representado pela remuneração do Prefeito. Além disso, a Constituição permitia que cada ente federativo estabelecesse subteto, desde que respeitado o limite máximo fixado pela Constituição. Essa regra nunca foi inteiramente aplicada, seja porque a jurisprudência se firmou no sentido de que se excluíam do teto as vantagens pessoais e as inerentes ao cargo, seja porque leis ordinárias criavam determinadas vantagens pecuniárias, expressamente excluindo-as do teto. A EC 19/1998, com o intuito de corrigir os vícios da redação original, alterou o art. 37, XI, fixando nova norma sobre o teto, que passaria a ser representado pelo subsídio dos Ministros do STF, igual para todos os servidores, federais, estaduais e municipais. Ficou excluída a possibilidade de fixação de subteto. No entanto, a norma nunca foi cumprida, em decorrência de decisão administrativa do próprio STF que, entendendo não ser autoaplicável o dispositivo, surpreendentemente, mandou aplicar o teto anterior, que já havia desaparecido porque a norma constitucional que o estabelecera não mais existia. A dificuldade para aplicação do teto decorria do art. 48, XV, da Constituição, com redação dada pela Emenda 19/1998, que exigia lei de iniciativa conjunta do Presidente da República, do Presidente do Senado, do Presidente da Câmara dos Deputados e do Presidente do STF para a fixação dos subsídios de Ministro do STF. Com a EC 41/2003, tenta-se novamente impor um teto, devolvendo-se ao Congresso Nacional, com a sanção do Presidente da República, a competência para fixar os subsídios dos Ministros do STF (art. 48, XV), e alterando-se, mais uma vez, o art. 37, XI. (DI PIETRO, Maria Sylvia Zanella Di Pietro, Tratado de Direito Administrativo – Volume 1, Editora Revista dos Tribunais, São Paulo, Edição 2015, p. 417)

▶ **A regra do artigo 17 do ADCT da Constituição.**

De qualquer forma, a concepção inaugural do art. 37, XI, CR, para além de possibilitar estabelecer-se limite interno entre a maior e a menor remuneração, atrelava-se ao art. 17 do ADCT da Constituição, de modo a permitir reduções remuneratórias sem malferimento à regra da irredutibilidade (art. 37, XV, CR), e sem que contra tais medidas pudessem os agentes públicos atingidos invocar o direito adquirido, haja vista tratar-se de regra concebida pelo constituinte originário. Com efeito, o art. 17 do ADCT, inalterado até o momento, dispõe que "os vencimentos, a remuneração, as vantagens e os adicionais, bem como os proventos de aposentadoria que estejam sendo percebidos em desacordo com a Constituição serão imediatamente reduzidos aos limites dela decorrentes, não se admitindo, neste caso, invocação de direito adquirido ou percepção de excesso a qualquer título". (Fortini, Cristiana. Servidor público: estudos em homenagem ao professor Pedro Paulo de Almeida Dutra . Editora Fórum. Edição do Kindle.)

▶ **A Emenda Constitucional nº 19/1998 e o pseudo novo teto remuneratório.**

O novo texto do inciso XI do art. 37 (proporcionado pela EC nº 19/98), além de retirar a menção aos limites internos, mínimo e máximo, de remuneração dos servidores (que passou a constar do art. 39, § 5º, CR), dispôs que a remuneração e o subsídio dos ocupantes de cargos, funções e empregos públicos da administração direta, autárquica e fundacional, dos membros de qualquer dos Poderes da União, dos Estados, do Distrito Federal e dos Municípios, dos detentores de mandato eletivo e dos demais agentes políticos e os proventos, pensões ou outra espécie remuneratória, percebidos cumulativamente ou não, incluídas as vantagens pessoais ou de qualquer outra natureza, não poderão exceder o subsídio mensal, em espécie, dos Ministros do Supremo Tribunal Federal. A EC nº 19/98 modificou também o art. 93, V, CR, para determinar que o subsídio dos Ministros dos Tribunais Superiores corresponderá a 95% do subsídio mensal fixado para os Ministros do Supremo Tribunal Federal e os subsídios dos demais magistrados serão fixados em lei e escalonados, em nível federal e estadual, conforme as respectivas categorias da estrutura judiciária nacional, não podendo a diferença entre uma e outra ser superior a 10% ou inferior a 5%, nem exceder a 95% do subsídio mensal dos Ministros dos Tribunais Superiores, obedecido, em qualquer caso, o disposto nos artigos 37, XI, e 39, § 4º. Ocorre que o Supremo Tribunal Federal, em decisão administrativa prolatada na 3ª Sessão Administrativa, de 24.06.1998, por maioria de votos (7 a 4), vencidos os Ministros Sepúlveda Pertence, Carlos Velloso, Marco Aurélio e Ilmar Galvão, fixou entendimento no sentido de que, mesmo com a alteração determinada pela EC nº 19/98, o art. 37, XI, não seria autoaplicável, por força da exigência prevista no art. 48, XV, CR (incluído pela EC nº 19/98), de lei de iniciativa conjunta dos Presidentes da República, da Câmara dos Deputados, do Senado Federal e do próprio Supremo Tribunal, para a fixação do subsídio dos Ministros do STF. Na mesma assentada, o Supremo Tribunal Federal entendeu que a redação revogada do dispositivo (art. 37, XI, CR) – e consequentemente sua interpretação – continuaria em vigor até posterior regulamentação. O mesmo se diga quanto ao art. 93, V, CR. Esse entendimento foi sufragado pelo Supremo Tribunal Federal também em sede jurisdicional, o que impediu – a bem da verdade – que o teto remuneratório fixado pela emenda produzisse a eficácia desejada. (Fortini, Cristiana. Servidor público: estudos em homenagem ao professor Pedro Paulo de Almeida Dutra . Editora Fórum. Edição do Kindle.)

⊚ **No mesmo sentido:** CONSTITUCIONAL. APOSENTADORIA DE SERVIDOR PÚBLICO. APLICAÇÃO DE 'REDUTOR CONSTITUCIONAL' SOBRE O BENEFÍCIO PREVIDENCIÁRIO POR RESOLUÇÃO DO PRESIDENTE DO TRIBUNAL. IMPOSSIBILIDADE. SOMENTE LEI PODERÁ ESTABELECER O TETO CONSTITUCIONAL – ART. 37, XI, DA CF, COM REDAÇÃO DA EC/19 –. AUSENTE A LEI, VIGENTE O SISTEMA ORIGINAL DA CF, QUE EXCLUI DO LIMITE AS VANTAGENS DE CARÁTER PESSOAL. PRECEDENTES. SEGURANÇA DEFERIDA EM PARTE. (AO 524, Relator(a): Min. NELSON JOBIM, Tribunal Pleno, julgado em 14/02/2001, DJ 20-04-2001 PP-00105 EMENT VOL-02027-01 PP-00206)

▶ **Como ficou depois da EC n. 41/2003. Nos municípios.**

Com o advento da EC n. 41/2003, foi instituído o regime de subtetos. Subteto é o regime remuneratório dos agentes públicos dos Estados, Distrito Federal e Municípios. Ao pé da letra subteto significa quantia remuneratória aferida aos agentes públicos, inferior ao subsídio mensal pago ao Ministro do Supremo Tribunal Federal. Nos municípios, prevalece a seguinte regra remuneratória: Regra única tanto no Executivo como no Legislativo, o subteto equivale a remuneração paga ao Prefeito. Observe-se que a fraseologia do inciso XI do art.37 não especifica se os membros do Poder Legislativo se submetem ao teto salarial do Alcaide. Mesmo assim, numa exegese ampla da mensagem normada, afigura-se induvidosa tal inclusão. Do contrário estar-se-ia estimulando o locupletamento ilícito. Ora, seria um inusitado absurdo admitir-se a figura dos "vereadores marajás". O princípio da moralidade administrativa veda incursões nesse sentido (art.37, caput), até porque a democracia representativa é contrária ao enriquecimento sem causa (art.1º, parágrafo único). (BULOS, Uadi Lammêgo. *Constituição Federal Anotada*. 12ª. ed. rev. e atual. São Paulo: Saraiva. 2017, p. 731)

▶ **Como ficou depois da EC n. 41/2003. Nos Estados.**

Nos Estados e Distrito Federal, esfloraram três regras remuneratórias: 1ª Regra: No âmbito do Executivo, o teto equivale a remuneração paga ao Governador; 2ª Regra: Na órbita do Poder Legislativo, prevalece o teto remuneratório dos Deputados Estaduais e Distritais; 3ª Regra: Na esfera do Poder Judiciário, o teto prevalecente é o subsídio dos Desembargadores do Tribunal de Justiça, limitado a 90,25% do subsídio mensal, em espécie, dos Ministros do Supremo Tribunal Federal. Os membros do Ministério Público, Procuradores e Defensores Públicos sujeitam-se ao teto dos Desembargadores. (BULOS, Uadi Lammêgo. *Constituição Federal Anotada*. 12ª. ed. rev. e atual. São Paulo: Saraiva. 2017, p. 731)

▶ **A EC 41/2003, dando nova redação ao inc. XI do art. 37, criou, também, subtetos.**

Não obstante, a *EC 41/2003*, dando nova redação ao inc. XI do art. 37, *criou, também, subtetos*, sendo o subsídio do Prefeito o subteto municipal; o subsídio dos governadores, o subteto estadual e distrital do Executivo; o subsídio dos deputados estaduais e distritais, o subteto estadual e distrital do Legislativo; o subsídio dos desembargadores, o subteto estadual e distrital do Judiciário. Para o Judiciário dos Estados e do DF foi criada, ainda, uma regra específica, limitando o subsídio mensal dos desembargadores a 90,25% do subsídio mensal dos ministros do STF, o que corresponderia ao escalonamento do art. 93, V, da CF.

▶ **No mesmo sentido:** Já referimos a latere em alguns momentos deste capítulo ao teto remuneratório, que corresponde ao valor máximo que pode ser percebido por qualquer servidor, de todos os Poderes e todos os entes federativos (art. 37, XI). Abrange todos os servidores da Administração Direta, Autarquias e Fundações, aposentados e pensionistas; e todos os casos em que a acumulação, de qualquer espécie remuneratória e de proventos, seja permitida (art. 37, XVI); incide também sobre todas as vantagens, inclusive as de caráter pessoal, ressalvadas as de natureza indenizatória, como diárias e auxílios para mudança de domicílio (art. 37, § 11, e art. 4º da EC n. 47/05); qualquer que seja o regime adotado, celetista ou estatutário. Não se aplica o teto apenas às empresas públicas, sociedades de economia mista e subsidiárias ditas "não dependentes", que não receberem recursos do ente da Federação a que estão vinculadas (art. 37, § 9º).Discutiu-se quanto à possibilidade de estabelecimento de subtetos pelos Estados e Municípios, posição que, com base na antiga redação dos arts. 39, § 5º, e art. 37, XII, c/c arts. 27, § 2º, 28, § 2º, e 29, V e VI, acabou por prevalecer. Hoje, com a redação dada à segunda parte do inciso XI do art. 37, CF, pela EC n. 41/03, os subtetos passaram a ser obrigatórios, sendo os seguintes: (a) No Município, o subteto é o subsídio do Prefeito; (b) Nos Estados, dependerá do Poder: (b.1) No Executivo, o teto é o subsídio do Governador; (b.2) No Legislativo, o subsídio dos deputados estaduais; e (b.3) No Tribunal de Justiça (magistrados e demais servidores), promotores e procuradores de justiça, procuradores do Estado, defensores públicos estaduais, conselheiros dos tribunais de contas estaduais (em relação a estes arg ex art. 73, § 3º), o subteto é o subsídio dos desembargadores, limitado a 90,25% do subsídio dos ministros do STF.

▶ **O § 12 do art. 37, acrescido pela EC n. 47/05, prevê a opção de os Estados e Municípios estabelecerem um único teto em seu seio, desde que instituído por emenda à Constituição Estadual ou à Lei Orgânica Municipal e equivalerá ao teto dos desembargadores.**

Todavia, o § 12 do art. 37, acrescido pela EC nº. 47/05, prevê a opção de os Estados e Municípios estabelecerem um único teto em seu seio, excetuados apenas os deputados e vereadores, que se manteriam submetidos ao teto acima especificado para eles. **O teto único, desde que instituído por emenda à Constituição Estadual ou à Lei Orgânica Municipal, equivalerá ao teto acima mencionado dos desembargadores.**

▶ **Com a edição das sucessivas emendas constitucionais visando a implementar o teto remuneratório, discutiu-se sobre sua incidência imediata aos servidores que já recebessem acima do teto.**

Com a edição das sucessivas emendas constitucionais visando a implementar o teto remuneratório, discutiu-se sobre sua incidência imediata aos servidores que já recebessem acima do teto. Note-se que a irredutibilidade da remuneração foi expressamente excepcionada para fins de aplicação do teto (art. 37, V, in fine, e art. 9º, EC n. 41/03). Mas como ela, juntamente com o direito adquirido, são direitos individuais – cláusula pétrea (art. 60, § 4º, IV) –, sustentou-se que tal aplicabilidade imediata, ainda que determinada pelo Constituinte derivado, seria inconstitucional. A posição que prevaleceu no STF foi a de, conciliando as reformas constitucionais com a garantia de irredutibilidade, não reduzir nominalmente a remuneração, mas congelá-la até que o teto a alcance. Nenhuma nova vantagem, reajuste ou revisão salarial incide enquanto o teto (ou subteto) e o valor da remuneração daquele determinado servidor não forem igualados. É possível falar-se também em um piso remuneratório dos servidores públicos, equivalente ao salário-mínimo nacional (art. 39, § 3º, c/c art. 7º, IV). Nos casos em que a remuneração total do servidor for menor que esse valor, é-lhe concedido um abono para alcançá-lo, abono que não servirá como base de cálculo de incidência de outras vantagens e adicionais (STF, Súmulas Vinculantes n. 14 e 15). Além dos limites remuneratórios individuais, há também os limites gerais de despesas com pessoal, nos termos do art. 169, CF, e arts. 19 a 23 da Lei de Responsabilidade Fiscal, devendo também ser observadas as restrições temporais da legislação eleitoral (ex.: art. 73, VIII, Lei n. 9.504/97).

▶ Os vencimentos, a remuneração, as vantagens e os adicionais, bem como os proventos de aposentadoria que estejam sendo percebidos em desacordo com a Constituição serão imediatamente reduzidos aos limites dela decorrentes, não se admitindo, neste caso, invocação de direito adquirido ou percepção de excesso a qualquer título

A fim de elucidar a força normativa do dispositivo em tela e evitar hesitações no momento de adequação das remunerações e proventos ao teto, o Constituinte Originário teve a cautela de, no art. 17 do ADCT, dispor que "os vencimentos, a remuneração, as vantagens e os adicionais, bem como os proventos de aposentadoria que estejam sendo percebidos em desacordo com a Constituição serão imediatamente reduzidos aos limites dela decorrentes, não se admitindo, neste caso, invocação de direito adquirido ou percepção de excesso a qualquer título".

▶ **Conclusões a que se podem chegar analisando a regra sobre o teto remuneratório.**

a) o teto abrange tanto os servidores que continuam sob o regime remuneratório como os que passaram para o regime de subsídio;

b) abrange os servidores públicos ocupantes de cargos, funções e empregos públicos, o que significa que o teto independe do regime jurídico, estatutário ou trabalhista, a que se submete o servidor;

c) alcança os servidores da Administração Direta, autárquica e fundacional; quanto às empresas públicas, às sociedades de economia mista e às subsidiárias, estas somente serão alcançadas pelo teto se receberem recursos da União, dos Estados, do Distrito Federal ou dos Municípios para pagamento de despesas de pessoal ou de custeio em geral, conforme decorre do § 9.º do art. 37;

d) o teto, no âmbito federal, é o mesmo para todos os servidores, correspondendo ao subsídio dos Ministros do STF; no âmbito estadual, é diferenciado para os servidores de cada um dos três Poderes do Estado, sendo representado pelos subsídios dos Deputados, do Governador e dos Desembargadores, incluindo-se no teto destes últimos algumas categorias de servidores do Executivo (membros do Ministério Público, Procuradores e Defensores Públicos); pela EC 47/2005, foi acrescentado o § 12 ao art. 37, permitindo que, para fins do teto previsto no inc. XI do caput, os Estados e o Distrito Federal fixem, por emenda à Constituição e lei orgânica, como limite único, o subsídio dos Desembargadores do respectivo Tribunal de Justiça, limitado a 90,25% do subsídio mensal dos Ministros do STF, não se aplicando o disposto nesse parágrafo aos subsídios dos Deputados Estaduais e Distritais e dos Vereadores; no âmbito municipal, o teto é igual para todos os servidores, sendo representado pelo subsídio de Prefeito;

e) para os parlamentares dos Estados e Municípios, a norma do art. 37, XI, tem que ser combinada com as dos arts. 27, § 2.º, e 29, VI, que estabelecem para Deputados Estaduais e Vereadores limite inferior para os subsídios. Para os primeiros, o subsídio não pode ultrapassar o limite de 75% do estabelecido para os Deputados Federais; a partir de 01.01.2001, data da entrada em vigor da EC 25, de 14.02.2000, que altera o art. 29, VI, da Constituição, o limite máximo, para os Vereadores, varia entre 20%,

30%, 40%, 50%, 60% e 75% do subsídio dos Deputados Estaduais, em função do número de habitantes do Município. Há de se observar, também, que os Municípios sofrem limitações maiores no que diz respeito às despesas com subsídios dos Vereadores, tendo em vista que, pelo inciso VII do art. 29, o total da despesa com a remuneração dos Vereadores não poderá ultrapassar o montante de 5% da receita do Município, e, pelo art. 29-A, acrescentado pela mesma Emenda, o Poder Legislativo Municipal está sujeito a limite total de despesa, fixado em percentuais que incidem sobre a receita tributária e as transferências previstas no § 5.º do art. 153 e nos arts. 158 e 159 e que variam em função do número de habitantes do Município, não podendo a despesa com folha de pagamento da Câmara Municipal ultrapassar o limite de 70% de sua receita. Vale dizer que o limite máximo dos subsídios, fixado no inciso VI do art. 29, só pode prevalecer enquanto não contrariar o limite máximo de despesa com folha de pagamento, previsto no art. 29-A, § 1.º, sob pena de crime de responsabilidade do Prefeito;

f) para os membros da Magistratura, a norma do art. 37, XI, tem que ser combinada com o art. 93, V, que estabelece, para os Ministros dos Tribunais Superiores, o montante dos subsídios em 95% do subsídio mensal fixado para os Ministros do STF; para os demais magistrados, a fixação será feita em lei, observado um escalonamento, nos âmbitos federal e estadual, conforme as respectivas categorias da estrutura judiciária nacional, não podendo a diferença entre uma e outra ser superior a 10% ou inferior a 5%, nem exceder 95% do subsídio mensal dos Ministros dos Tribunais Superiores; o STF entendeu, no entanto, que os membros da magistratura devem submeter-se a teto único, independentemente da esfera da federação à qual pertençam, ao considerar inconstitucionais, em sede cautelar, o art. 2.º da Res. 13/2006, e o art. 1.º, parágrafo único, da Res. 14/2006, ambas do Conselho Nacional de Justiça. De acordo com o voto do relator, "essa ostensiva distinção de tratamento, constante do art. 37, inc. XI, da Constituição da República, entre as situações dos membros das magistraturas federal (a) e estadual (b), parece vulnerar a regra primária da isonomia (CF/1988, art. 5.º, caput e inc. I). Pelas mesmas razões, a interpretação do art. 37, § 12, acrescido pela EC 47/2005, ao permitir aos Estados e ao Distrito Federal fixar, como limite único de remuneração, nos termos do inc. XI do caput, o subsídio mensal dos Desembargadores do respectivo Tribunal de Justiça, limitado a noventa inteiros e vinte e cinco centésimos por cento do valor do subsídio dos Ministros desta Corte, também não pode alcançar-lhes os membros da magistratura".

g) o teto atinge os proventos dos aposentados e a pensão devida aos dependentes do servidor falecido;

h) o servidor que esteja em regime de acumulação está sujeito a um teto único que abrange a soma da dupla retribuição pecuniária; a mesma ideia repete-se com a redação dada ao inc. XVI do art. 37, que manda observar, em qualquer caso de acumulação permitida, "o disposto no inc. XI"; e também com a redação dada ao § 11 do art. 40 pela EC 20, a norma é repetida com relação à acumulação de proventos; a Res. 13, de 21.03.2006, do Conselho Nacional de Justiça, que dispõe sobre a aplicação do teto remuneratório constitucional e do subsídio mensal dos membros da magistratura, excluiu do teto remuneratório, com base em decisão administrativa do STF adotada em 05.02.2004 (Processo 319269), "remuneração ou provento decorrente do exercício do

magistério, nos termos do art. 95, parágrafo único, inc. I, da Constituição Federal".
Vale dizer que, para os magistrados, o exercício cumulativo de suas atribuições com uma de magistério não impede a percepção das retribuições correspondentes aos dois cargos, ainda que sua soma supere o teto; o princípio da razoabilidade e o princípio do ubi eadem est ratio, eadem est jus dispositio (onde existe a mesma razão, deve reger a mesma disposição legal) exigem que a mesma interpretação seja adotada em relação aos servidores que acumulam cargos ou proventos com base no art. 37, XVI, da Constituição;

i) na aplicação do teto, serão consideradas todas as importâncias percebidas pelo servidor, "incluídas as vantagens pessoais ou de qualquer outra natureza"; com a referência a essa expressão, o objetivo foi o de afastar a interpretação, adotada no âmbito do Poder Judiciário, em face da redação original do art. 37, XI, de que as vantagens pessoais e as relativas à natureza ou ao local de trabalho ficavam fora do teto; pelo § 11 do art. 37, introduzido pela EC 47, de 0507.2005 (que tem efeito retroativo a 30 de dezembro de 2003, data da entrada em vigor da EC 41), "não serão computadas, para efeito dos limites remuneratórios de que trata o inc. XI do caput deste artigo, as parcelas de caráter indenizatório previstas em lei"; em consonância com o art. 4.º da mesma Emenda 47, "enquanto não editada a lei a que se refere o § 11 do art. 37 da CF/1988, não será computada, para efeito dos limites remuneratórios de que trata o inc. XI do caput do mesmo artigo, qualquer parcela de caráter indenizatório, assim definida pela legislação em vigor na data de publicação da EC 41, de 2003"; é o caso, por exemplo, das indenizações garantidas ao servidor federal para fins de ajuda de custo, diárias e transporte, conforme art. 51 da Lei 8.112, de 11.12.1990; note-se que, como a Emenda 47 tem efeito retroativo a 30.12.2003, todos os descontos efetuados, para fins de aplicação do teto salarial, têm que ser revistos, para devolução, ao servidor, de valores correspondentes a verbas indenizatórias, eventualmente glosadas pela Administração Pública. (DI PIETRO, Maria Sylvia Zanella. Tratado do Direito Administrativo: administração pública e servidores públicos / Fabrício Motta e Maria Sylvia Zanella Pietro. São Paulo, Ed. Revista dos Tribunais, 2014, Volume 2, 2014, p.418/419)

▶ **Subsídios dos deputados e vereadores**

Esses dispositivos tratam dos subsídios dos deputados e vereadores. Quanto aos primeiros, o limite do que percebem não pode ultrapassar 75% daquele estabelecido, em espécie, para deputados federais. No tocante aos segundos – os vereadores – o limite de suas remunerações não pode exceder 75% do valor fixado para deputados estaduais. (BULOS, Uadi Lammêgo. *Constituição Federal Anotada.* 12ª. ed. rev. e atual. São Paulo: Saraiva. 2017, p. 730)

▶ **A EC 47/2005 acrescentou ao art. 37 o § 11 para excluir do teto as chamadas parcelas de caráter indenizatório, previstas em lei.**

A *EC 47/2005*, no entanto, acrescentou ao art. 37 o § 11, para *excluir do teto as chamadas parcelas de caráter indenizatório*, previstas em lei. Esse conceito é distinto do referente a parcelas de natureza pessoal ou individual, sendo mais restrito, posto só abranger parcelas de caráter eventual ou transitório que visam recompor o patrimônio do servidor por despesas feitas em razão do serviço, como as diárias, ajuda de custo e indenização de transporte, conquanto venha sendo dada, a nosso ver, uma exagerada ampliação em seu enquadramento, para o fim de incluir como tendo natureza indenizatória parcelas que nitidamente não têm esse feitio, como os auxílios moradia, creche e alimentação. Ressalvou-se, dessa forma, certas parcelas que não são remuneratórias, como as diárias, por exemplo. Ao mesmo tempo, abriu-se a possibilidade de a lei, como em outras ocasiões, ampliar demasiadamente as exceções, tornando o teto, novamente, uma ficção. (COUTINHO, Alessandro Dantas, KRUGER, Ronald Rodor. Manual de Direito Administrativo: Volume Único. 2ª dição, Editora Juspodivm, Salvador, 2018, p. 340)

▶ **Essa mesma Emenda criou, ainda, a possibilidade de se ter um subteto estadual ou distrital único, tomando por base o subsídio dos desembargadores (art. 37, § 12), respeitado o limite de 90,25% do subsídio dos Ministros do STF.**

Essa mesma Emenda criou, ainda, a possibilidade de se ter um subteto estadual ou distrital único, tomando por base o subsídio dos desembargadores (art. 37, § 12), respeitado o limite de 90,25% do subsídio dos Ministros do STF, ressalvado o direito dos parlamentares, que continuariam tendo um subteto independente. Aparentemente, essa regra, muito mal redigida, também poderia servir de subteto único para os Municípios, vez que há ressalva, quanto aos parlamentares, também do subsídio dos vereadores. A primeira investida contra o teto nacional, com reflexo direto nos subtetos, foi a interpretação conforme à Constituição, dada ao inc. XI e ao § 12 do art. 37, pelo STF na *MC na ADI 3.854/DF*, para *afastar a limitação do subsídio dos desembargadores ao percentual previsto nos referidos dispositivos (90,25%)*.(COUTINHO, Alessandro Dantas, KRUGER, Ronald Rodor. Manual de Direito Administrativo: Volume Único. 2ª dição, Editora Juspodivm, Salvador, 2018, p. 340/341)

◙ **Neste sentido:** "MAGISTRATURA. REMUNERAÇÃO. LIMITE OU TETO REMUNERATÓRIO CONSTITUCIONAL. FIXAÇÃO DIFERENCIADA PARA OS MEMBROS DA MAGISTRATURA FEDERAL E ESTADUAL. INADMISSIBILIDADE. Caráter nacional do Poder Judiciário. Distinção arbitrária. Ofensa à regra constitucional da igualdade ou isonomia. Interpretação conforme dada ao art. 37, inc. XI, e § 12, da CF. Aparência de inconstitucionalidade do art. 2.º da Resolução n.º 13/2006 e do art. 1.º, § único, da Resolução n.º 14/2006, ambas do Conselho Nacional de Justiça. Ação direta de inconstitucionalidade. Liminar deferida. Voto vencido em parte. Em sede liminar de ação direta, aparentam inconstitucionalidade normas que, editadas pelo Conselho Nacional da Magistratura, estabelecem tetos remuneratórios diferenciados para os membros da magistratura estadual e os da federal" (STF, Pleno, ADI 3.854 MC/DF, Rel. Min. Cezar Peluso, j. 28.02.2007)

▶ **Em setembro de 2011, o STF reconheceu que a discussão do abate teto previsto na EC 41/2003 tem repercussão geral, admitindo a análise do tema pelo plenário da Corte nos autos do RE 609.381/GO. Em 02 de outubro de 2014, o referido recurso foi julgado, tendo prevalecido o entendimento de que o teto é aplicável de imediato, inclusive atingindo aqueles servidores que recebiam valores superiores ao máximo permitido na Constituição.**

Após pouco mais de cinco anos de vigência efetiva do teto nacional, o que se pôde verificar, até o momento, é que parece ter havido o corte dos supersalários, alguns de valores realmente astronômicos, existentes em Estados e Municípios, ao mesmo tempo em que as pressões de diversas categorias acabaram por acarretar o efeito de transformar o teto numa meta alcançável por todos, de forma que inúmeras categorias, hoje, ganham valores, em final de carreira, muito próximas do teto. Quanto aos supersalários, o STF, num primeiro momento, concedeu inúmeras suspensões de segurança e de tutela antecipada, proibindo a vulneração ao teto, para evitar o que chamou de efeito multiplicador (*v.g.*, AgRg na SS 2.964/SP, Rel. Min. Ellen Gracie, j. 11.10.2007); no entanto, era razoável esperar que, na apreciação do mérito, a Corte viesse a autorizar exceções, nos casos em que a remuneração ou proventos já superavam o teto antes de sua adoção. Nesses casos, o STF teria de decidir sobre a constitucionalidade do art. 9.º da EC 41/2003, que determina a imediata submissão ao teto constitucional, invocando, no pormenor, o disposto no art. 17 do ADCT, que já determinava tal submissão quando da promulgação da CF/1988, embora naquela ocasião ainda não existisse, como visto, um teto único. Em setembro de 2011, o STF reconheceu que a discussão do abate teto previsto na EC 41/2003 tem repercussão geral, admitindo a análise do tema pelo plenário da Corte nos autos do *RE 609.381/GO*. Em 02 de outubro de 2014, o referido recurso foi julgado, tendo prevalecido o entendimento de que o teto é aplicável de imediato, inclusive atingindo aqueles servidores que recebiam valores superiores ao máximo permitido na Constituição, mesmo que fixados anteriormente à emenda, não havendo que se falar em direito adquirido nestes casos (*Informativo* 761, Rel. Teori Zavascki). (COUTINHO, Alessandro Dantas, KRUGER, Ronald Rodor. Manual de Direito Administrativo: Volume Único. 2ª dição, Editora Juspodivm, Salvador, 2018, p. 341/342)

◙ **Neste sentido:** CONSTITUCIONAL E ADMINISTRATIVO. TETO DE RETRIBUIÇÃO. EMENDA CONSTITUCIONAL 41/03. EFICÁCIA IMEDIATA DOS LIMITES MÁXIMOS NELA FIXADOS. EXCESSOS. PERCEPÇÃO NÃO RESPALDADA PELA GARANTIA DA IRREDUTIBILIDADE. 1. O teto de retribuição estabelecido pela Emenda Constitucional 41/03 possui eficácia imediata, submetendo às referências de valor máximo nele discriminadas todas as verbas de natureza remuneratória percebidas pelos servidores públicos da União, Estados, Distrito Federal e Municípios, ainda que adquiridas de acordo com regime legal anterior. 2. A observância da norma de teto de retribuição representa verdadeira condição de legitimidade para o pagamento das remunerações no serviço público. Os valores que ultrapassam os limites pré-estabelecidos para cada nível federativo na Constituição Federal constituem excesso cujo pagamento não pode ser reclamado com amparo na garantia da irredutibilidade de vencimentos. 3. A incidência da garantia constitucional da irredutibilidade exige a presença cumulativa de pelo menos dois requisitos: (a) que o padrão remuneratório nominal tenha sido obtido conforme o direito, e não de maneira ilícita, ainda que por equívoco da Administração Pública; e (b) que o padrão remuneratório nominal esteja compreendido dentro do limite máximo pré-definido pela Constituição Federal. O pagamento de remunerações superiores aos tetos de retribuição de cada um dos níveis federativos traduz exemplo de violação qualificada do texto constitucional. 4. Recurso extraordinário provido. (RE 609381, Relator(a): Min. TEORI ZAVASCKI, Tribunal Pleno, julgado em 02/10/2014, ACÓRDÃO ELE-TRÔNICO REPERCUSSÃO GERAL – MÉRITO DJe-242 DIVULG 10-12-2014 PUBLIC 11-12-2014)

▶ **A CF/1988 só submete ao teto as empresas públicas e sociedades de economia mista, e respectivas subsidiárias, que recebem recursos da União, dos Estados, do Distrito Federal ou dos Municípios para pagamento de despesas de pessoal ou de custeio em geral.**

É importante lembrar, por fim, que a CF/1988 só submete ao teto as empresas públicas e sociedades de economia mista, e respectivas subsidiárias, que recebem recursos da União, dos Estados, do Distrito Federal ou dos Municípios para pagamento de despesas de pessoal ou de custeio em geral (art. 37, § 9.º). As que não recebem tais recursos não estão sujeitas ao teto, e essa exclusão se justifica pela necessidade de se instrumentalizar tais entidades de quadros de direção de nível equivalente ao das empresas privadas, sendo necessário, por vezes, que os pagamentos sejam igualmente equivalentes aos vigentes nestas últimas.

◙ **Neste sentido:** REGULAMENTO – BALIZAS – SUSTAÇÃO – EXECUTIVO VERSUS LEGISLATIVO. Mostra-se constitucional decreto legislativo que implique sustar ato normativo do Poder Executivo exorbitante do poder regulamentar. TETO – APLICAÇÃO – LEI E REGULAMENTO. O regulamento pressupõe a observância do objeto da lei. Extravasa-a quando, prevista a aplicação do teto de remuneração de servidores considerada a administração direta, autárquica e fundacional, viabiliza a extensão às sociedades de economia mista e empresas públicas. (ADI 1553, Relator(a): Min. MARCO AURÉLIO, Tribunal Pleno, julgado em 13/05/2004, DJ 17-09-2004 PP-00052 EMENT VOL-02164-01 PP-00129 LEXSTF v. 27, n. 313, 2005, p. 61-84)

◙ **A concessão de qualquer benefício remuneratório a servidores públicos exige lei específica, nos termos do art. 37, X, da CF.**

Processo Administrativo 16.117/1991 do TJDFT. URPS de julho de 1987 a novembro de 1989. Concessão por decisão administrativa. Impossibilidade. Direito adquirido. Inexistência. Procedência da ação direta. A concessão de qualquer benefício remuneratório a servidores públicos exige lei específica, nos termos do art. 37, X, da CF. Precedentes. De acordo com a jurisprudência do STF, não há direito adquirido ao reajuste de 26,06% (Plano Bresser). [ADI 1.352, rel. min. Edson Fachin, j. 3-3-2016, P, DJE de 12-5-2016.]

◙ **A extensão da gratificação contrariou o inciso X do art. 37 da Constituição da República, pela inobservância de lei formal.**

Decisão administrativa do TJRN [Tribunal de Justiça do Rio Grande do Norte] (...). Extensão de concessão de gratificação de 100% aos agravantes aos servidores do

Tribunal de Justiça. (...) A extensão da gratificação contrariou o inciso X do art. 37 da Constituição da República, pela inobservância de lei formal, promovendo equiparação remuneratória entre servidores, contrariando o art. 37, XIII, da Constituição da República. [ADI 3.202, rel. min. Cármen Lúcia, j. 5-2-2014, P, DJE de 21-5-2014.]

◎ **Em tema de remuneração dos servidores públicos, estabelece a Constituição o princípio da reserva de lei**

Em tema de remuneração dos servidores públicos, estabelece a Constituição o princípio da reserva de lei. É dizer, em tema de remuneração dos servidores públicos, nada será feito senão mediante lei, lei específica. CF, art. 37, X; art. 51, IV; art. 52, XIII. Inconstitucionalidade formal do Ato Conjunto 1, de 5-11-2004, das Mesas do Senado Federal e da Câmara dos Deputados. [ADI 3.369 MC, rel. min. Carlos Velloso, j. 16-12-2004, P, DJ de 1º-2-2005.]

◎ **O inciso X do art. 37 da CF autoriza a concessão de aumentos reais aos servidores públicos, *lato sensu*, e determina a revisão geral anual das respectivas remunerações.**

O inciso X do art. 37 da CF autoriza a concessão de aumentos reais aos servidores públicos, lato sensu, e determina a revisão geral anual das respectivas remunerações. Sem embargo da divergência conceitual entre as duas espécies de acréscimo salarial, inexiste óbice de ordem constitucional para que a lei ordinária disponha, com antecedência, que os reajustes individualizados no exercício anterior sejam deduzidos da próxima correção ordinária. A ausência de compensação importaria desvirtuamento da reestruturação aprovada pela União no decorrer do exercício, resultando acréscimo salarial superior ao autorizado em lei. Implicaria, por outro lado, necessidade de redução do índice de revisão anual, em evidente prejuízo às categorias funcionais que não tiveram qualquer aumento. Espécies de reajustamento de vencimentos que são inter-relacionadas, pois dependem de previsão orçamentária própria, são custeadas pela mesma fonte de receita e repercutem na esfera jurídica dos mesmos destinatários. Razoabilidade da previsão legal. [ADI 2.726, rel. min. Maurício Corrêa, j. 5-12-2002, P, DJ de 29-8-2003.]

◎ **Constitui fraude aos mandamentos isonômicos dos arts. 37, X, e 39 e § 1º da Constituição a dissimulação, mediante reavaliações arbitrárias, de verdade do simples reajuste monetário dos vencimentos de partes do funcionalismo e exclusão de outras.**

O art. 37, X, da Constituição, corolário do princípio fundamental da isonomia, não é, porém, um imperativo de estratificação da escala relativa de remuneração dos servidores públicos existentes no dia da promulgação da Lei Fundamental: não impede, por isso, a nova avaliação por lei, a qualquer tempo, dos vencimentos reais a atribuir a carreiras ou cargos específicos, com a ressalva única da irredutibilidade. (...) Constitui fraude aos mandamentos isonômicos dos arts. 37, X, e 39 e § 1º da Constituição a dissimulação, mediante reavaliações arbitrárias, de verdade do simples reajuste monetário dos vencimentos de partes do funcionalismo e exclusão de outras. (...) Plausibilidade da alegação de que, tanto a regra de igualdade de índices na revisão geral (CF, art. 37, X), quanto as de isonomia de vencimentos para cargos similares e sujeitos a regime único (CF, art. 39 e § 1º) não permitem discriminação entre os servidores da administração direta e os das entidades públicas da administração indireta da União (autarquias e fundações autárquicas). [ADI 525 MC, rel. min. Sepúlveda Pertence, j. 12-6-1991, P, DJ de 2-4-2004.] = ARE 672.424 AgR, rel. min. Ricardo Lewandowski, j. 27-3-2012, 2ª T, DJE de 12-4-2012, Vide ARE 672.428 AgR, rel. min. Rosa Weber, j. 15-10-2013, 1ª T, DJE de 29-10-20138

◙ **Incompatibilidade entre a opção pela definição de um subteto único, nos termos do art. 37, § 12, CF, e definição de "subteto do subteto", em valor diferenciado e menor, para os servidores do Judiciário.**

No que respeita ao subteto dos servidores estaduais, a Constituição estabeleceu a possibilidade de o Estado optar entre: a definição de um subteto por poder, hipótese em que o teto dos servidores da Justiça corresponderá ao subsídio dos desembargadores do Tribunal de Justiça (art. 37, XI, CF, na redação da EC 41/2003); e a definição de um subteto único, correspondente ao subsídio mensal dos desembargadores do Tribunal de Justiça, para todo e qualquer servidor de qualquer poder, ficando de fora desse subteto apenas o subsídio dos deputados (art. 37, § 12, CF, conforme redação da EC 47/2005). Inconstitucionalidade da desvinculação entre o subteto dos servidores da Justiça e o subsídio mensal dos desembargadores do Tribunal de Justiça. Violação ao art. 37, XI e § 12, CF. Incompatibilidade entre a opção pela definição de um subteto único, nos termos do art. 37, § 12, CF, e definição de "subteto do subteto", em valor diferenciado e menor, para os servidores do Judiciário. Tratamento injustificadamente mais gravoso para esses servidores. Violação à isonomia. [ADI 4.900, rel. p/ o ac. min. Roberto Barroso, j. 11-2-2015, P, DJE de 20-4-2015.]

◙ **Tema 0639, Tese Fixada: Subtraído o montante que exceder o teto e o subteto previsto no art. 37, inciso XI, da Constituição, tem-se o valor para base de cálculo para a incidência do imposto de renda e da contribuição previdenciária.**

RG ◙ **Subtraído o montante que exceder o teto e o subteto previsto no art. 37, inciso XI, da Constituição, tem-se o valor para base de cálculo para a incidência do imposto de renda e da contribuição previdenciária.**

RECURSO EXTRAORDINÁRIO. CONSTITUCIONAL. ART. 37, INC. XI, DA CONSTITUIÇÃO DA REPÚBLICA, ALTERADO PELA EMENDA CONSTITUCIONAL N. 41/2003. A BASE DE CÁLCULO PARA A INCIDÊNCIA DO TETO REMUNERATÓRIO PREVISTO NO ART. 37, INC. IX, DA CONSTITUIÇÃO É A RENDA BRUTA DO SERVIDOR PÚBLICO PORQUE: A) POR DEFINIÇÃO A REMUNERAÇÃO/PROVENTOS CORRESPONDEM AO VALOR INTEGRAL/BRUTO RECEBIDO PELO SERVIDOR; B) O VALOR DO TETO CONSIDERADO COMO LIMITE REMUNERATÓRIO É O VALOR BRUTO/INTEGRAL RECEBIDO PELO AGENTE POLÍTICO REFERÊNCIA NA UNIDADE FEDERATIVA (PRINCÍPIO DA RAZOABILIDADE). A ADOÇÃO DE BASE DE CÁLCULO CORRESPONDENTE À REMUNERAÇÃO/PROVENTOS DO SERVIDOR PÚBLICO ANTES DO DESCONTO DO

IMPOSTO DE RENDA E DAS CONTRIBUIÇÕES PREVIDENCIÁRIAS CONTRARIA O FUNDAMENTO DO SISTEMA REMUNERATÓRIO INSTITUÍDO NO SISTEMA CONSTITUCIONAL VIGENTE. RECURSO AO QUAL SE NEGA PROVIMENTO. (RE 675978, Relator(a): Min. CÁRMEN LÚCIA, Tribunal Pleno, julgado em 15/04/2015, ACÓRDÃO ELETRÔNICO REPERCUSSÃO GERAL – MÉRITO DJe-125 DIVULG 26-06-2015 PUBLIC 29-06-2015)

◉ **Tema 0257, Tese Fixada: Computam-se, para efeito de observância do teto remuneratório do art. 37, XI, da Constituição da República, também os valores percebidos anteriormente à vigência da Emenda Constitucional 41/2003 a título de vantagens pessoais pelo servidor público, dispensada a restituição dos valores recebidos em excesso e de boa-fé até o dia 18 de novembro de 2015.**

RG ◉ Computam-se, para efeito de observância do teto remuneratório do art. 37, XI, da Constituição da República, também os valores percebidos anteriormente à vigência da Emenda Constitucional 41/2003 a título de vantagens pessoais pelo servidor público, dispensada a restituição dos valores recebidos em excesso e de boa-fé até o dia 18 de novembro de 2015

RECURSO EXTRAORDINÁRIO. DIREITO ADMINISTRATIVO E CONSTITUCIONAL. SERVIDORES PÚBLICOS. REMUNERAÇÃO. INCIDÊNCIA DO TETO DE RETRIBUIÇÃO. VANTAGENS PESSOAIS. VALORES PERCEBIDOS ANTES DO ADVENTO DA EMENDA CONSTITUCIONAL Nº 41/2003. INCLUSÃO. ART. 37, XI e XV, DA CONSTITUIÇÃO DA REPÚBLICA. 1. Computam-se para efeito de observância do teto remuneratório do art. 37, XI, da Constituição da República também os valores percebidos anteriormente à vigência da Emenda Constitucional nº 41/2003 a título de vantagens pessoais pelo servidor público, dispensada a restituição dos valores recebidos em excesso de boa-fé até o dia 18 de novembro de 2015. 2. O âmbito de incidência da garantia de irredutibilidade de vencimentos (art. 37, XV, da Lei Maior) não alcança valores excedentes do limite definido no art. 37, XI, da Constituição da República. 3. Traduz afronta direta ao art. 37, XI e XV, da Constituição da República a exclusão, da base de incidência do teto remuneratório, de valores percebidos, ainda que antes do advento da Emenda Constitucional nº 41/2003, a título de vantagens pessoais. 4. Recurso extraordinário conhecido e provido. (RE 606358, Relator(a): Min. ROSA WEBER, Tribunal Pleno, julgado em 18/11/2015, PROCESSO ELETRÔNICO REPERCUSSÃO GERAL – MÉRITO DJe-063 DIVULG 06-04-2016 PUBLIC 07-04-2016)

◉ <u>No mesmo sentido:</u> REMUNERAÇÃO – SERVIDOR DO EXECUTIVO ESTADUAL – TETO – EMENDA CONSTITUCIONAL Nº 19/98 – EFICÁCIA PROJETADA NO TEMPO – ARTIGO 37, INCISO XI, DA CONSTITUIÇÃO FEDERAL, NA REDAÇÃO PRIMITIVA – SUBSISTÊNCIA DO TETO REVELADO PELA REMUNERAÇÃO DE SECRETÁRIO DE ESTADO. A eficácia do inciso XI do artigo 37 da Constituição Federal, na redação decorrente da Emenda Constitucional nº 19/98, ficou jungida à fixação, por lei de iniciativa conjunta do Presidente da República, do Presidente do Supremo, do Presidente da Câmara e do Presidente do Senado, do subsídio, persistindo a vigência do texto primitivo da Carta, no que contemplado o teto por Poder, consideradas as esferas federal e estadual. (RE 424053, Relator(a): Min. MARCO AURÉLIO, Tribunal Pleno, julgado em 24/06/2010, REPERCUSSÃO GERAL – MÉRITO DJe-185 DIVULG 30-09-2010 PUBLIC 01-10-2010 EMENT VOL-02417-04 PP-00750 RDECTRAB v. 17, n. 197, 2010, p. 265-272)

◙ **Tema 0377, Tese Fixada: Nos casos autorizados constitucionalmente de acumulação de cargos, empregos e funções, a incidência do art. 37, inciso XI, da Constituição Federal pressupõe consideração de cada um dos vínculos formalizados, afastada a observância do teto remuneratório quanto ao somatório dos ganhos do agente público. (A mesma tese foi fixada para o Tema 384) RE 612975, 27/04/2017**

RG ◙ **Nos casos autorizados constitucionalmente de acumulação de cargos, empregos e funções, a incidência do art. 37, inciso XI, da Constituição Federal pressupõe consideração de cada um dos vínculos formalizados, afastada a observância do teto remuneratório quanto ao somatório dos ganhos do agente público**

TETO CONSTITUCIONAL – ACUMULAÇÃO DE CARGOS – ALCANCE. Nas situações jurídicas em que a Constituição Federal autoriza a acumulação de cargos, o teto remuneratório é considerado em relação à remuneração de cada um deles, e não ao somatório do que recebido. (RE 612975, Relator(a): Min. MARCO AURÉLIO, Tribunal Pleno, julgado em 27/04/2017, ACÓRDÃO ELETRÔNICO REPERCUSSÃO GERAL – MÉRITO DJe-203 DIVULG 06-09-2017 PUBLIC 08-09-2017)

◙ **Tema 0380, Tese Fixada: O art. 17 do ADCT alcança as situações jurídicas cobertas pela coisa julgada.**

RG ◙ **O art. 17 do ADCT alcança as situações jurídicas cobertas pela coisa julgada.**

SENTENÇA TRANSITADA EM JULGADO ANTERIORMENTE À CONSTITUIÇÃO. INCIDÊNCIA DO ART. 17 DO ADCT. RATIFICAÇÃO DA JURISPRUDÊNCIA DESTA CORTE. EXISTÊNCIA DE REPERCUSSÃO GERAL. (RE 600658 RG, Relator(a): Min. ELLEN GRACIE, julgado em 07/04/2011, REPERCUSSÃO GERAL – MÉRITO DJe-115 DIVULG 15-06-2011 PUBLIC 16-06-2011 EMENT VOL-02545-01 PP-00104)

◙ **Tema 0480, Tese Fixada: O teto de retribuição estabelecido pela Emenda Constitucional 41/03 possui eficácia imediata, submetendo às referências de valor máximo nele discriminadas todas as verbas de natureza remuneratória percebidas pelos servidores públicos da União, Estados, Distrito Federal e Municípios, ainda que adquiridas de acordo com regime legal anterior. Os valores que ultrapassam os limites estabelecidos para cada nível federativo na Constituição Federal constituem excesso cujo pagamento não pode ser reclamado com amparo na garantia da irredutibilidade de vencimentos.**

RG ◙ **O teto de retribuição estabelecido pela Emenda Constitucional 41/03 possui eficácia imediata, submetendo às referências de valor máximo nele discriminadas**

todas as verbas de natureza remuneratória percebidas pelos servidores públicos da União, Estados, Distrito Federal e Municípios, ainda que adquiridas de acordo com regime legal anterior. Os valores que ultrapassam os limites estabelecidos para cada nível federativo na Constituição Federal constituem excesso cujo pagamento não pode ser reclamado com amparo na garantia da irredutibilidade de vencimentos

CONSTITUCIONAL E ADMINISTRATIVO. TETO DE RETRIBUIÇÃO. EMENDA CONSTITUCIONAL 41/03. EFICÁCIA IMEDIATA DOS LIMITES MÁXIMOS NELA FIXADOS. EXCESSOS. PERCEPÇÃO NÃO RESPALDADA PELA GARANTIA DA IRREDUTIBILIDADE. 1. O teto de retribuição estabelecido pela Emenda Constitucional 41/03 possui eficácia imediata, submetendo às referências de valor máximo nele discriminadas todas as verbas de natureza remuneratória percebidas pelos servidores públicos da União, Estados, Distrito Federal e Municípios, ainda que adquiridas de acordo com regime legal anterior. 2. A observância da norma de teto de retribuição representa verdadeira condição de legitimidade para o pagamento das remunerações no serviço público. Os valores que ultrapassam os limites pré-estabelecidos para cada nível federativo na Constituição Federal constituem excesso cujo pagamento não pode ser reclamado com amparo na garantia da irredutibilidade de vencimentos. 3. A incidência da garantia constitucional da irredutibilidade exige a presença cumulativa de pelo menos dois requisitos: (a) que o padrão remuneratório nominal tenha sido obtido conforme o direito, e não de maneira ilícita, ainda que por equívoco da Administração Pública; e (b) que o padrão remuneratório nominal esteja compreendido dentro do limite máximo pré-definido pela Constituição Federal. O pagamento de remunerações superiores aos tetos de retribuição de cada um dos níveis federativos traduz exemplo de violação qualificada do texto constitucional. 4. Recurso extraordinário provido. (RE 609381, Relator(a): Min. TEORI ZAVASCKI, Tribunal Pleno, julgado em 02/10/2014, ACÓRDÃO ELETRÔNICO REPERCUSSÃO GERAL – MÉRITO DJe-242 DIVULG 10-12-2014 PUBLIC 11-12-2014)

RG ◙ Extensão aos inativos e pensionistas da GDACT em seu grau máximo

RECURSO EXTRAORDINÁRIO. CONSTITUCIONAL. GRATIFICAÇÃO DE DESEMPENHO DE ATIVIDADE DE CIÊNCIA E TECNOLOGIA – GDACT. CARÁTER PRO LABORE FACIENDO. EXTENSÃO AOS INATIVOS E PENSIONISTAS EM SEU GRAU MÁXIMO. INADMISSIBILIDADE. GARANTIA DE PERCENTUAL AOS INATIVOS. POSSIBILIDADE. RECURSO EXTRAORDINÁRIO PROVIDO. I – A Gratificação de Desempenho de Atividade de Ciência e Tecnologia – GDACT, instituída pelo art. 19 da Medida Provisória 2.048-26, de 29 de junho de 2000, por ocasião de sua criação, tinha o caráter gratificação pessoal, *pro labore faciendo*, e, por esse motivo, não foi estendida, automaticamente, aos já aposentados e pensionistas. II – O art. 60-A, acrescentado pela Lei 10.769/2003 à MP 2.229-43/2001, estendeu aos inativos a GDACT, no valor correspondente a trinta por cento do percentual máximo aplicado ao padrão da classe em que o servidor estivesse posicionado. III – Dessa forma, não houve redução indevida, pois, como visto, a GDACT é gratificação paga em razão do efetivo exercício do cargo e não havia percentual mínimo assegurado ao servidor em exercício. IV – Recurso extraordinário provido. (RE 572884, Relator(a): Min. RICAR-

DO LEWANDOWSKI, Tribunal Pleno, julgado em 20/06/2012, ACÓRDÃO ELETRÔ-
NICO REPERCUSSÃO GERAL – MÉRITO DJe-034 DIVULG 20-02-2013 PUBLIC
21-02-2013)

**RG ◙ Não encontra amparo constitucional a pretensão de acumular, no cargo de
magistrado ou em qualquer outro, a vantagem correspondente a "quintos", a que o
titular fazia jus quando no exercício de cargo diverso.**

CONSTITUCIONAL. ADMINISTRATIVO. INCORPORAÇÃO DE "QUINTOS".
PRETENSÃO DE CONTINUAR PERCEBENDO A VANTAGEM REMUNERATÓRIA
NO EXERCÍCIO DE CARGO DE CARREIRA DIVERSA. INVIABILIDADE. 1. A garantia de preservação do direito adquirido, prevista no art. 5º, XXXVI, da Constituição Federal, assegura ao seu titular também a faculdade de exercê-lo. Mas de exercê-lo
sob a configuração com que o direito foi formado e adquirido e no regime jurídico
no âmbito do qual se desenvolveu a relação jurídica correspondente, com seus suje-
tos ativo e passivo, com as mútuas obrigações e prestações devidas. 2. As vantagens
remuneratórias adquiridas no exercício de determinado cargo público não autoriza o
seu titular, quando extinta a correspondente relação funcional, a transportá-las para o
âmbito de outro cargo, pertencente a carreira e regime jurídico distintos, criando, assim, um direito de tertium genus, composto das vantagens de dois regimes diferentes.
3. Por outro lado, considerando a vedação constitucional de acumulação remunerada de cargos públicos, não será legítimo transferir, para um deles, vantagem somente
devida pelo exercício do outro. A vedação de acumular certamente se estende tanto
aos deveres do cargo (= de prestar seus serviços) como aos direitos (de obter as vantagens remuneratórias). 4. Assim, não encontra amparo constitucional a pretensão de
acumular, no cargo de magistrado ou em qualquer outro, a vantagem correspondente
a "quintos", a que o titular fazia jus quando no exercício de cargo diverso. 5. Recurso
extraordinário a que se dá parcial provimento. (RE 587371, Relator(a): Min. TEORI
ZAVASCKI, Tribunal Pleno, julgado em 14/11/2013, ACÓRDÃO ELETRÔNICO RE-
PERCUSSÃO GERAL – MÉRITO DJe-122 DIVULG 23-06-2014 PUBLIC 24-06-2014)

**RG ◙ As vantagens remuneratórias legítimas e de caráter geral conferidas a deter-
minada categoria, carreira ou, indistintamente, a servidores públicos, por serem
vantagens genéricas, são extensíveis aos servidores inativos e pensionistas;**

Recurso extraordinário. Repercussão geral reconhecida. Direito Administrativo e
Constitucional. Mandado de segurança. Pretendida extensão a servidora inativa de
gratificação atribuída a professores em efetivo exercício da docência na rede pública
estadual de ensino. Possibilidade de extensão da verba aos servidores inativos, por ser
ela dotada de caráter geral. Inteligência do art. 40, § 8º, da Constituição Federal. Precedentes do Supremo Tribunal Federal aplicáveis ao caso. Fixação das teses. Recurso
não provido. 1. A Verba de Incentivo de Aprimoramento à Docência, instituída pela
LC nº 159, de 18/3/04, do Estado de Mato Grosso, constitui vantagem remuneratória
concedida indistintamente aos professores ativos, sendo, portanto, extensível aos professores inativos e pensionistas, nos termos do art. 40, § 8º, da CF. 2. A recorrida, na
condição de professora aposentada antes da EC nº 41/2003, preencheu os requisitos

constitucionais para que seja reconhecido o seu direito ao percebimento dessa verba. 3. Recurso extraordinário a que se nega provimento. 4. Fixação das teses do julgado, para que gerem efeitos erga omnes e para que os objetivos da tutela jurisdicional especial alcancem de forma eficiente os seus resultados jurídicos, nos seguintes termos: i) as vantagens remuneratórias legítimas e de caráter geral conferidas a determinada categoria, carreira ou, indistintamente, a servidores públicos, por serem vantagens genéricas, são extensíveis aos servidores inativos e pensionistas; ii) nesses casos, a extensão alcança os servidores que tenham ingressado no serviço público antes da publicação das Emendas Constitucionais nºs 20/1998 e 41/2003 e se aposentado ou adquirido o direito à aposentadoria antes da EC nº 41/2003; iii) com relação àqueles servidores que se aposentaram após a EC nº 41/2003, deverão ser observados os requisitos estabelecidos na regra de transição contida no seu art. 7º, em virtude da extinção da paridade integral entre ativos e inativos contida no art. 40, § 8º, da CF para os servidores que ingressaram no serviço público após a publicação da referida emenda; iv) por fim, com relação aos servidores que ingressaram no serviço público antes da EC nº 41/2003 e se aposentaram ou adquiriram o direito à aposentadoria após a sua edição, é necessário observar a incidência das regras de transição fixadas pela EC nº 47/2005, a qual estabeleceu efeitos retroativos à data de vigência da EC nº 41/2003, conforme decidido nos autos do RE nº 590.260/SP, Plenário, Rel. Min. Ricardo Lewandowski, julgado em 24/6/09. (RE 596962, Relator(a): Min. DIAS TOFFOLI, Tribunal Pleno, julgado em 21/08/2014, ACÓRDÃO ELETRÔNICO REPERCUSSÃO GERAL – MÉRITO DJe-213 DIVULG 29-10-2014 PUBLIC 30-10-2014)

RG ⊚ O teto de retribuição estabelecido pela Emenda Constitucional 41/03 possui eficácia imediata, submetendo às referências de valor máximo nele discriminadas todas as verbas de natureza remuneratória percebidas pelos servidores públicos da União, Estados, Distrito Federal e Municípios, ainda que adquiridas de acordo com regime legal anterior.

CONSTITUCIONAL E ADMINISTRATIVO. TETO DE RETRIBUIÇÃO. EMENDA CONSTITUCIONAL 41/03. EFICÁCIA IMEDIATA DOS LIMITES MÁXIMOS NELA FIXADOS. EXCESSOS. PERCEPÇÃO NÃO RESPALDADA PELA GARANTIA DA IRREDUTIBILIDADE. 1. O teto de retribuição estabelecido pela Emenda Constitucional 41/03 possui eficácia imediata, submetendo às referências de valor máximo nele discriminadas todas as verbas de natureza remuneratória percebidas pelos servidores públicos da União, Estados, Distrito Federal e Municípios, ainda que adquiridas de acordo com regime legal anterior. 2. A observância da norma de teto de retribuição representa verdadeira condição de legitimidade para o pagamento das remunerações no serviço público. Os valores que ultrapassam os limites pré-estabelecidos para cada nível federativo na Constituição Federal constituem excesso cujo pagamento não pode ser reclamado com amparo na garantia da irredutibilidade de vencimentos. 3. A incidência da garantia constitucional da irredutibilidade exige a presença cumulativa de pelo menos dois requisitos: (a) que o padrão remuneratório nominal tenha sido obtido conforme o direito, e não de maneira ilícita, ainda que por equívoco da Administração Pública; e (b) que o padrão remuneratório nominal esteja compreendido dentro do limite máximo pré-definido pela Constituição Federal. O pagamento de remunerações superiores aos tetos de retribuição de cada um dos níveis federativos traduz exemplo de violação qualificada do texto constitucional. 4. Recurso extraordinário provido. (RE 609381, Relator(a): Min. TEORI ZAVASCKI, Tribunal Pleno, julgado em 02/10/2014, ACÓRDÃO ELETRÔNICO REPERCUSSÃO GERAL – MÉRITO DJe-242 DIVULG 10-12-2014 PUBLIC 11-12-2014)

RG ◙ A ampliação de jornada de trabalho sem alteração da remuneração do servidor consiste em violação da regra constitucional da irredutibilidade de vencimentos

Recurso extraordinário. Repercussão geral reconhecida. Servidor público. Odontologistas da rede pública. Aumento da jornada de trabalho sem a correspondente retribuição remuneratória. Desrespeito ao princípio constitucional da irredutibilidade de vencimentos. 1. O assunto corresponde ao Tema nº 514 da Gestão por Temas da Repercussão Geral do portal do Supremo Tribunal Federal na internet e está assim descrito: "aumento da carga horária de servidores públicos, por meio de norma estadual, sem a devida contraprestação remuneratória". 2. Conforme a reiterada jurisprudência do Supremo Tribunal Federal, não tem o servidor público direito adquirido a regime jurídico remuneratório, exceto se da alteração legal decorrer redução de seus rendimentos, que é a hipótese dos autos. 3. A violação da garantia da irredutibilidade de vencimentos pressupõe a redução direta dos estipêndios funcionais pela diminuição pura e simples do valor nominal do total da remuneração ou pelo decréscimo do valor do salário-hora, seja pela redução da jornada de trabalho com adequação dos vencimentos à nova carga horária, seja pelo aumento da jornada de trabalho sem a correspondente retribuição remuneratória. 4. Não há divergência, nos autos, quanto ao fato de que os odontologistas da rede pública vinham exercendo jornada de trabalho de 20 horas semanais, em respeito às regras que incidiam quando das suas respectivas investiduras, tendo sido compelidos, pelo Decreto estadual nº 4.345/2005 do Paraná, a cumprir jornada de 40 horas semanais sem acréscimo remuneratório e, ainda, sob pena de virem a sofrer as sanções previstas na Lei estadual nº 6.174/70. 5. No caso, houve inegável redução de vencimentos, tendo em vista a ausência de previsão de pagamento pelo aumento da carga horária de trabalho, o que se mostra inadmissível, em razão do disposto no art. 37, inciso XV, da Constituição Federal. 6. Recurso extraordinário provido para se declarar a parcial inconstitucionalidade do § 1º do art. 1º do Decreto estadual nº 4.345, de 14 de fevereiro de 2005, do Estado do Paraná, sem redução do texto, e, diante da necessidade de que sejam apreciados os demais pleitos formulados na exordial, para se determinar que nova sentença seja prolatada após a produção de provas que foi requerida pelas partes. 7. Reafirmada a jurisprudência da Corte e fixadas as seguintes teses jurídicas: i) a ampliação de jornada de trabalho sem alteração da remuneração do servidor consiste em violação da regra constitucional da irredutibilidade de vencimentos; ii) no caso concreto, o § 1º do art. 1º do Decreto estadual nº 4.345, de 14 de fevereiro de 2005, do Estado do Paraná não se aplica aos servidores elencados em seu caput que, antes de sua edição, estavam legitimamente submetidos a carga horária semanal inferior a quarenta horas. (ARE 660010, Relator(a): Min. DIAS TOFFOLI, Tribunal Pleno, julgado em 30/10/2014, ACÓRDÃO ELETRÔNICO REPERCUSSÃO GERAL – MÉRITO DJe-032 DIVULG 18-02-2015 PUBLIC 19-02-2015)

RG ◙ Não cabe ao Poder Judiciário, que não tem a função legislativa, aumentar vencimentos de servidores públicos sob o fundamento de isonomia.

Recurso extraordinário com repercussão geral reconhecida. Administrativo. Servidor Público. Extensão de gratificação com fundamento no princípio da Isonomia. Vedação. Enunciado 339 da Súmula desta Corte. Recurso extraordinário provido. (RE 592317, Relator(a): Min. GILMAR MENDES, Tribunal Pleno, julgado em 28/08/2014, PROCESSO ELETRÔNICO REPERCUSSÃO GERAL – MÉRITO DJe-220 DIVULG 07-11-2014 PUBLIC 10-11-2014)

RG ◙ Computam-se para efeito de observância do teto remuneratório do art. 37, XI, da Constituição da República, também os valores percebidos anteriormente à vigência da Emenda Constitucional nº 41/2003 a título de vantagens pessoais pelo servidor público, dispensada a restituição dos valores recebidos em excesso e de boa-fé até o dia 18 de novembro de 2015.

RECURSO EXTRAORDINÁRIO. DIREITO ADMINISTRATIVO E CONSTITUCIONAL. SERVIDORES PÚBLICOS. REMUNERAÇÃO. INCIDÊNCIA DO TETO DE RETRIBUIÇÃO. VANTAGENS PESSOAIS. VALORES PERCEBIDOS ANTES DO ADVENTO DA EMENDA CONSTITUCIONAL Nº 41/2003. INCLUSÃO. ART. 37, XI e XV, DA CONSTITUIÇÃO DA REPÚBLICA. 1. Computam-se para efeito de observância do teto remuneratório do art. 37, XI, da Constituição da República também os valores percebidos anteriormente à vigência da Emenda Constitucional nº 41/2003 a título de vantagens pessoais pelo servidor público, dispensada a restituição dos valores recebidos em excesso de boa-fé até o dia 18 de novembro de 2015. 2. O âmbito de incidência da garantia de irredutibilidade de vencimentos (art. 37, XV, da Lei Maior) não alcança valores excedentes do limite definido no art. 37, XI, da Constituição da República. 3. Traduz afronta direta ao art. 37, XI e XV, da Constituição da República a exclusão, da base de incidência do teto remuneratório, de valores percebidos, ainda que antes do advento da Emenda Constitucional nº 41/2003, a título de vantagens pessoais. 4. Recurso extraordinário conhecido e provido. (RE 606358, Relator(a): Min. ROSA WEBER, Tribunal Pleno, julgado em 18/11/2015, PROCESSO ELETRÔNICO REPERCUSSÃO GERAL – MÉRITO DJe-063 DIVULG 06-04-2016 PUBLIC 07-04-2016)

RG ◙ É legítimo o pagamento do abono de permanência previsto no art. 40, § 19, da Constituição Federal ao servidor público que opte por permanecer em atividade após o preenchimento dos requisitos para a concessão da aposentadoria voluntária especial

ADMINISTRATIVO E PREVIDENCIÁRIO. RECURSO EXTRAORDINÁRIO COM AGRAVO. SERVIDOR PÚBLICO EM ATIVIDADE APÓS O PREENCHIMENTO DOS REQUISITOS PARA A CONCESSÃO DE APOSENTADORIA VOLUNTÁRIA ESPECIAL. CONCESSÃO DO ABONO DE PERMANÊNCIA. LEGITIMIDADE. 1. É legítimo o pagamento do abono de permanência previsto no art. 40, § 19, da Constituição Federal ao servidor público que opte por permanecer em atividade após o preenchimento dos requisitos para a concessão da aposentadoria voluntária especial (art. 40, § 4º, da Carta Magna). 2. Agravo conhecido para negar provimento ao recurso extraordinário, com o reconhecimento da repercussão geral do tema e a reafirmação da jurisprudência sobre a matéria. (ARE 954408 RG, Relator(a): Min. TEORI ZAVASCKI, julgado em 14/04/2016, ACÓRDÃO ELETRÔNICO REPERCUSSÃO GERAL – MÉRITO DJe-077 DIVULG 20-04-2016 PUBLIC 22-04-2016)

◙ **Tema 0915, ARE 909437 – Tese Fixada: Não é devida aos servidores do Poder Judiciário do Estado do Rio de Janeiro a extensão do reajuste concedido pela Lei nº 1.206/1987, dispensando-se a devolução das verbas eventualmente recebidas até 01º.09.2016 (data da conclusão deste julgamento).Julgamento 02/09/2016**

RG ◙ Não é devida aos servidores do Poder Judiciário do Estado do Rio de Janeiro a extensão do reajuste concedido pela Lei nº 1.206/1987, dispensando-se a devolução das verbas eventualmente recebidas até 01º.09.2016

DIREITO CONSTITUCIONAL E ADMINISTRATIVO. AGRAVO EM RECURSO EXTRAORDINÁRIO. REAJUSTE DE 24% PARA OS SERVIDORES DO JUDICIÁRIO DO ESTADO DO RIO DE JANEIRO. LEI Nº 1.206/1987. ISONOMIA. REPERCUSSÃO GERAL. REAFIRMAÇÃO DE JURISPRUDÊNCIA. 1. Não cabe ao Poder Judiciário, que não tem função legislativa, aumentar vencimentos de servidores públicos sob fundamento de isonomia. Súmula 339/STF e Súmula Vinculante 37. 2. Reconhecimento da repercussão geral da questão constitucional, com reafirmação da jurisprudência da Corte, para assentar a seguinte tese: "Não é devida a extensão, por via judicial, do reajuste concedido pela Lei nº 1.206/1987 aos servidores do Poder Judiciário do Estado do Rio de Janeiro, dispensando-se a devolução das verbas recebidas até 01º.09.2016 (data da conclusão deste julgamento)". 3. Recurso conhecido e provido. (ARE 909437 RG, Relator(a): Min. ROBERTO BARROSO, julgado em 01/09/2016, PROCESSO ELETRÔNICO REPERCUSSÃO GERAL – MÉRITO DJe-217 DIVULG 10-10-2016 PUBLIC 11-10-2016)

◙ **Tema 0315, RE 592317 – Tese Fixada: Não cabe, ao Poder Judiciário, que não tem a função legislativa, aumentar vencimentos de servidores públicos sob o fundamento de isonomia.**

RG ◙ Não cabe, ao Poder Judiciário, que não tem a função legislativa, aumentar vencimentos de servidores públicos sob o fundamento de isonomia Recurso extraordinário com repercussão geral reconhecida. Administrativo. Servidor Público. Extensão de gratificação com fundamento no princípio da Isonomia. Vedação. Enunciado 339 da Súmula desta Corte. Recurso extraordinário provido. (RE 592317, Relator(a): Min. GILMAR MENDES, Tribunal Pleno, julgado em 28/08/2014, PROCESSO ELETRÔNICO REPERCUSSÃO GERAL – MÉRITO DJe-220 DIVULG 07-11-2014 PUBLIC 10-11-2014)

◙ **Tema 0340, RE 584313 – Tese Fixada – Estende-se o reajuste de 28,86% aos servidores militares contemplados com índices inferiores pelas Leis 8.622/1993 e 8.627/1993, já que se trata de revisão geral dos servidores públicos, observadas, en-**

tretanto, as compensações dos reajustes concedidos e a limitação temporal da Medida Provisória 2.131/2000, atual Medida Provisória 2.215-10/2001. Julgado 06/10/2010

RG ◙ Estende-se o reajuste de 28,86% aos servidores militares contemplados com índices inferiores pelas Leis 8.622/1993 e 8.627/1993, já que se trata de revisão geral dos servidores públicos, observadas, entretanto, as compensações dos reajustes concedidos e a limitação temporal da Medida Provisória 2.131/2000, atual Medida Provisória 2.215-10/2001

Questão de ordem. Recurso Extraordinário. 2. Alegação de ofensa aos artigos 5º e 37, X, da Constituição Federal. Inexistência. 3. Há de estender-se o reajuste de 28,86% aos servidores militares contemplados com índices inferiores pelas Leis 8.622/93 e 8.627/93, já que se trata de revisão geral dos servidores públicos, observadas, entretanto, as compensações dos reajustes concedidos e a limitação temporal da Medida Provisória n.º 2.131, de 28.12.2000, atual Medida Provisória n.º 2.215-10, de 15.9.2001. 4. Questão de ordem acolhida para: (1) reconhecer a repercussão geral quanto à extensão do reajuste de 28,86% aos servidores civis e militares; (2) reafirmar a jurisprudência do Tribunal; (3) prover parcialmente o recurso, apenas para limitar as diferenças devidas à data em que entrou em vigor a Medida Provisória n.º 2.131, de 28.12.2000, atual Medida Provisória n.º 2.215-10, de 15.9.2001, que reestruturou as carreiras e a remuneração dos servidores militares; e (4) para autorizar a adoção dos procedimentos relacionados à repercussão geral. (RE 584313 QO-RG, Relator(a): Min. GILMAR MENDES, julgado em 06/10/2010, REPERCUSSÃO GERAL – MÉRITO DJe-200 DIVULG 21-10-2010 PUBLIC 22-10-2010 EMENT VOL-02420-05 PP-01041 LEXSTF v. 32, n. 382, 2010, p. 176-181 LEXSTF v. 32, n. 383, 2010, p. 238-243)

◙ Tema 0377/ RE 612975 – Tese fixada Nos casos autorizados constitucionalmente de acumulação de cargos, empregos e funções, a incidência do art. 37, inciso XI, da Constituição Federal pressupõe consideração de cada um dos vínculos formalizados, afastada a observância do teto remuneratório quanto ao somatório dos ganhos do agente público. (A mesma tese foi fixada para o Tema 384) Julgamento 27/04/2017

RG ◙ Nos casos autorizados constitucionalmente de acumulação de cargos, empregos e funções, a incidência do art. 37, inciso XI, da Constituição Federal pressupõe consideração de cada um dos vínculos formalizados, afastada a observância do teto remuneratório quanto ao somatório dos ganhos do agente público.

TETO CONSTITUCIONAL – ACUMULAÇÃO DE CARGOS – ALCANCE. Nas situações jurídicas em que a Constituição Federal autoriza a acumulação de cargos, o teto remuneratório é considerado em relação à remuneração de cada um deles, e não ao somatório do que recebido. (RE 612975, Relator(a): Min. MARCO AURÉLIO, Tribunal Pleno, julgado em 27/04/2017, ACÓRDÃO ELETRÔNICO REPERCUSSÃO GERAL – MÉRITO DJe-203 DIVULG 06-09-2017 PUBLIC 08-09-2017)

◙ Tema 0257, RE 606358 – Tese Fixada: Computam-se, para efeito de observância do teto remuneratório do art. 37, XI, da Constituição da República, também os valores percebidos anteriormente à vigência da Emenda Constitucional 41/2003 a título de vantagens pessoais pelo servidor público, dispensada a restituição dos valores recebidos em excesso e de boa-fé até o dia 18 de novembro de 2015. Julgado em 18/11/2015

RG ◙ Computam-se, para efeito de observância do teto remuneratório do art. 37, XI, da Constituição da República, também os valores percebidos anteriormente à vigência da Emenda Constitucional 41/2003 a título de vantagens pessoais pelo servidor público, dispensada a restituição dos valores recebidos em excesso e de boa-fé até o dia 18 de novembro de 2015

EMENTA RECURSO EXTRAORDINÁRIO. DIREITO ADMINISTRATIVO E CONSTITUCIONAL. SERVIDORES PÚBLICOS. REMUNERAÇÃO. INCIDÊNCIA DO TETO DE RETRIBUIÇÃO. VANTAGENS PESSOAIS. VALORES PERCEBIDOS ANTES DO ADVENTO DA EMENDA CONSTITUCIONAL Nº 41/2003. INCLUSÃO. ART. 37, XI e XV, DA CONSTITUIÇÃO DA REPÚBLICA. 1. Computam-se para efeito de observância do teto remuneratório do art. 37, XI, da Constituição da República também os valores percebidos anteriormente à vigência da Emenda Constitucional nº 41/2003 a título de vantagens pessoais pelo servidor público, dispensada a restituição dos valores recebidos em excesso de boa-fé até o dia 18 de novembro de 2015. 2. O âmbito de incidência da garantia de irredutibilidade de vencimentos (art. 37, XV, da Lei Maior) não alcança valores excedentes do limite definido no art. 37, XI, da Constituição da República. 3. Traduz afronta direta ao art. 37, XI e XV, da Constituição da República a exclusão, da base de incidência do teto remuneratório, de valores percebidos, ainda que antes do advento da Emenda Constitucional nº 41/2003, a título de vantagens pessoais. 4. Recurso extraordinário conhecido e provido. (RE 606358, Relator(a): Min. ROSA WEBER, Tribunal Pleno, julgado em 18/11/2015, PROCESSO ELETRÔNICO REPERCUSSÃO GERAL – MÉRITO DJe-063 DIVULG 06-04-2016 PUBLIC 07-04-2016)

◙ Tema 0639, RE 675978 Tese Fixada: Subtraído o montante que exceder o teto e o subteto previsto no art. 37, inciso XI, da Constituição, tem-se o valor para base de cálculo para a incidência do imposto de renda e da contribuição previdenciária.15/04/2015

RG ◙ Subtraído o montante que exceder o teto e o subteto previsto no art. 37, inciso XI, da Constituição, tem-se o valor para base de cálculo para a incidência do imposto de renda e da contribuição previdenciária.

EMENTA: RECURSO EXTRAORDINÁRIO. CONSTITUCIONAL. ART. 37, INC. XI, DA CONSTITUIÇÃO DA REPÚBLICA, ALTERADO PELA EMENDA CONSTITUCIONAL N. 41/2003. A BASE DE CÁLCULO PARA A INCIDÊNCIA DO TETO REMUNERATÓRIO PREVISTO NO ART. 37, INC. IX, DA CONSTITUIÇÃO É A RENDA BRUTA DO SERVIDOR PÚBLICO PORQUE: A) POR DEFINIÇÃO A REMUNERAÇÃO/PROVENTOS CORRESPONDEM AO VALOR INTEGRAL/BRUTO RECEBIDO PELO SERVIDOR; B) O VALOR DO TETO CONSIDERADO COMO LIMITE REMUNERATÓRIO É O VALOR BRUTO/INTEGRAL RECEBIDO PELO

AGENTE POLÍTICO REFERÊNCIA NA UNIDADE FEDERATIVA (PRINCÍPIO DA RAZOABILIDADE). A ADOÇÃO DE BASE DE CÁLCULO CORRESPONDENTE À REMUNERAÇÃO/PROVENTOS DO SERVIDOR PÚBLICO ANTES DO DESCONTO DO IMPOSTO DE RENDA E DAS CONTRIBUIÇÕES PREVIDENCIÁRIAS CONTRARIA O FUNDAMENTO DO SISTEMA REMUNERATÓRIO INSTITUÍDO NO SISTEMA CONSTITUCIONAL VIGENTE. RECURSO AO QUAL SE NEGA PROVIMENTO. (RE 675978, Relator(a): Min. CÁRMEN LÚCIA, Tribunal Pleno, julgado em 15/04/2015, ACÓRDÃO ELETRÔNICO REPERCUSSÃO GERAL – MÉRITO DJe-125 DIVULG 26-06-2015 PUBLIC 29-06-2015)

◙ **Tema 0480   RE 609381 – Tese Fixada: O teto de retribuição estabelecido pela Emenda Constitucional 41/03 possui eficácia imediata, submetendo às referências de valor máximo nele discriminadas todas as verbas de natureza remuneratória percebidas pelos servidores públicos da União, Estados, Distrito Federal e Municípios, ainda que adquiridas de acordo com regime legal anterior. Os valores que ultrapassam os limites estabelecidos para cada nível federativo na Constituição Federal constituem excesso cujo pagamento não pode ser reclamado com amparo na garantia da irredutibilidade de vencimentos. 02/10/2014**

RG ◙ O teto de retribuição estabelecido pela Emenda Constitucional 41/03 possui eficácia imediata, submetendo às referências de valor máximo nele discriminadas todas as verbas de natureza remuneratória percebidas pelos servidores públicos da União, Estados, Distrito Federal e Municípios, ainda que adquiridas de acordo com regime legal anterior. Os valores que ultrapassam os limites estabelecidos para cada nível federativo na Constituição Federal constituem excesso cujo pagamento não pode ser reclamado com amparo na garantia da irredutibilidade de vencimentos.

CONSTITUCIONAL E ADMINISTRATIVO. TETO DE RETRIBUIÇÃO. EMENDA CONSTITUCIONAL 41/03. EFICÁCIA IMEDIATA DOS LIMITES MÁXIMOS NELA FIXADOS. EXCESSOS. PERCEPÇÃO NÃO RESPALDADA PELA GARANTIA DA IRREDUTIBILIDADE. 1. O teto de retribuição estabelecido pela Emenda Constitucional 41/03 possui eficácia imediata, submetendo às referências de valor máximo nele discriminadas todas as verbas de natureza remuneratória percebidas pelos servidores públicos da União, Estados, Distrito Federal e Municípios, ainda que adquiridas de acordo com regime legal anterior. 2. A observância da norma de teto de retribuição representa verdadeira condição de legitimidade para o pagamento das remunerações no serviço público. Os valores que ultrapassam os limites pré-estabelecidos para cada nível federativo na Constituição Federal constituem excesso cujo pagamento não pode ser reclamado com amparo na garantia da irredutibilidade de vencimentos. 3. A incidência da garantia constitucional da irredutibilidade exige a presença cumulativa de pelo menos dois requisitos: (a) que o padrão remuneratório nominal tenha sido obtido conforme o direito, e não de maneira ilícita, ainda que por equívoco da Administração Pública; e (b) que o padrão remuneratório nominal esteja compreendido dentro do limite máximo pré-definido pela Constituição Federal. O pagamento de remunerações superiores aos tetos de retribuição de cada um dos níveis federativos traduz exemplo de violação qualificada do texto constitucional. 4. Recurso extraordinário provido. (RE 609381, Relator(a): Min. TEORI ZAVASCKI, Tribunal Pleno, julgado em 02/10/2014, ACÓRDÃO ELETRÔNICO REPERCUSSÃO GERAL – MÉRITO DJe-242 DIVULG 10-12-2014 PUBLIC 11-12-2014)

◙ **Ausência de decadência em relação à repetição de valores – auxílio moradia – de servidor que os recebia de má fé.**

MANDADO DE SEGURANÇA. TRIBUNAL DE CONTAS DA UNIÃO. JULGA-MENTO QUE APONTA IRREGULARIDADES NO PAGAMENTO DE AUXÍLIO--MORADIA A SERVIDORA QUE JÁ RESIDIA EM BRASÍLIA. DETERMINAÇÃO PARA QUE O ÓRGÃO INSTAURE PROCEDIMENTO DE TOMADA DE CONTAS ESPECIAL PARA A COBRANÇA DO DÉBITO. DECADÊNCIA. NÃO VERIFICAÇÃO. BOA-FÉ NÃO DEMONSTRADA. AUSÊNCIA DE DIREITO LÍQUIDO E CERTO. SEGURANÇA NEGADA. 1. No caso concreto, não se denota a decadência do direito do Tribunal de Contas da União em apreciar a regularidade do pagamento de auxílio--moradia à servidora, determinando ao Ministério da Ciência, Tecnologia e inovação que inicie os procedimentos para a restituição dos valores indevidamente percebidos. 2. Ausente demonstração, de plano, da boa-fé alegada pela servidora para a percepção da verba impugnada, não se configura o direito líquido e certo alegado, restando o *mandamus* via inadequada para essa discussão. 3. Segurança denegada, com revoga-ção da medida cautelar anteriormente concedida. Agravo regimental da União preju-dicado. (MS 32569, Relator(a): Min. MARCO AURÉLIO, Relator(a) p/ Acórdão: Min. EDSON FACHIN, Primeira Turma, julgado em 10/11/2015, PROCESSO ELETRÔNI-CO DJe-027 DIVULG 09-02-2017 PUBLIC 10-02-2017)

◙ **Não cabe ao Poder Judiciário, que não tem função legislativa, aumentar venci-mentos de servidores públicos sob o fundamento de isonomia.**

Não cabe ao Poder Judiciário, que não tem função legislativa, aumentar vencimentos de servidores públicos sob o fundamento de isonomia. Com base nesse entendimento, a Primeira Turma, por maioria, deu provimento a agravo regimental em reclamação (...). No caso, a agravante insurgira contra decisão de turma recursal que, ao apreciar o art. 6º da Lei 13.317/2016, concluíra pelo direito do servidor do Judiciário Federal ao reajuste de 13,23%. O Colegiado reputou haver ofensa ao Enunciado 37 da Súmula Vinculante. Assentou que a lei posterior nada mais fez do que tentar dar um bypass em outras leis de 2003. [Rcl 24.965 AgR, rel. p/ o ac. min. Alexandre de Moraes, j. 28-11-2017, 1ª T, Informativo 886.]

◙ **Não se pode conceber a possibilidade de recebimento de verba de serviço ex-traordinário por membro da magistratura, ainda que em período anterior à Re-solução 13/2006 do CNJ, a qual estabeleceu expressamente as parcelas contidas no subsídio dos magistrados para efeito do teto constitucional imposto pelo art. 37, XI, da Carta da República.**

Não se pode conceber a possibilidade de recebimento de verba de serviço extraor-dinário por membro da magistratura, ainda que em período anterior à Resolução 13/2006 do CNJ, a qual estabeleceu expressamente as parcelas contidas no subsídio dos magistrados para efeito do teto constitucional imposto pelo art. 37, XI, da Carta da República. O rol taxativo do art. 65 da Loman não prevê a concessão de hora extra aos magistrados nacionais, tendo vedado, em seu § 2º, a concessão de adicionais ou vantagens pecuniárias nela não instituídos. Sendo os magistrados regidos pela Loman, não é possível fundamentar o direito à percepção de horas extras em normas destinadas aos servidores do Poder Judiciário Estadual. [MS 32.979 AGR, rel. min. Edson Fachin, j. 29-6-2018, 2ª T, DJE de 1º-8-2018.]

◉ **A acumulação de função comissionada com vencimento de cargo efetivo no âmbito de um mesmo órgão público deve estar em conformidade com o teto constitucional, consoante dispõe o art. 37, XI, da Carta Magna.**

A acumulação de função comissionada com vencimento de cargo efetivo no âmbito de um mesmo órgão público deve estar em conformidade com o teto constitucional, consoante dispõe o art. 37, XI, da Carta Magna. [MS 32.492 AgR, rel. min. Dias Toffoli, j. 17-11-2017, 2ª T, DJE de 1º-12-2017.]

◉ **Incide o art. 37, XI, da CF na base de cálculo de verba indenizatória e não no valor total devido.**

Incide o art. 37, XI, da CF na base de cálculo de verba indenizatória e não no valor total devido. [SS 5.011 AgR, rel. min. Ricardo Lewandowski, j. 17-6-2015, P, DJE de 1º-10-2015.] Vide RE 675.978, rel. min. Cármen Lúcia, j. 15-4-2015, P, DJE de 29-6-2015, Tema 639

◉ **A norma prevista no art. 37, XI, da CF, com a redação dada pela EC 41/2003, é autoaplicável.**

Registre-se (...) que a norma prevista no art. 37, XI, da CF, com a redação dada pela EC 41/2003, é autoaplicável. [RE 372.369 AgR, voto do rel. min. Gilmar Mendes, j. 14-2-2012, 2ª T, DJE de 5-3-2012.]

◉ **É legítimo o ato da Administração que promove o desconto dos dias não trabalhados pelos servidores públicos participantes de movimento grevista.**

PROCESSUAL CIVIL. ADMINISTRATIVO. SERVIDOR PÚBLICO FEDERAL. GREVE. DESCONTOS DOS DIAS PARADOS. CABIMENTO, SALVO SE HOUVER ACORDO DE COMPENSAÇÃO DO TRABALHO. OCORRÊNCIA. I – Nos termos da jurisprudência desta Corte, havendo compensação dos dias parados, decorrente de acordo com a Administração, é indevido o desconto dos dias não trabalhados em razão de participação em greve. II – No que se refere à compensação da jornada, deve prevalecer o poder discricionário da Administração, a quem cabe definir pelo desconto, compensação ou outras maneiras de administrar o conflito, sem que isso implique qualquer ofensa aos princípios da proporcionalidade ou razoabilidade. III – Agravo interno improvido. (AgInt nos EDcl na Pet 11.478/DF, Rel. Ministro FRANCISCO FALCÃO, PRIMEIRA SEÇÃO, julgado em 13/12/2017, DJe 19/12/2017)

◙ **É indevida a devolução ao erário de valores recebidos de boa-fé, por servidor público ou pensionista, em decorrência de erro administrativo operacional ou nas hipóteses de equívoco ou má interpretação da lei pela administração pública. (Tese julgada sob o rito do art. 543-C do CPC/73 – Tema 531)**

ADMINISTRATIVO. SERVIDOR PÚBLICO. RECURSO ORDINÁRIO EM MANDADO DE SEGURANÇA. VALORES RECEBIDOS INDEVIDAMENTE POR ERRO OPERACIONAL DA ADMINISTRAÇÃO. BOA-FÉ DO ADMINISTRADO. REPETIÇÃO. DESCABIMENTO. 1. De acordo com a jurisprudência pacífica do Superior Tribunal de Justiça, é incabível a devolução de valores percebidos de boa-fé por servidor ou pensionista em decorrência de erro operacional da administração, que é a hipótese dos autos. Precedente: MS 19.260/DF, Rel. Ministro Herman Benjamin, Corte Especial, julgado em 3/9/2014, DJe 11/12/2014. 2. Recurso ordinário em mandado de segurança provido. (RMS 47.797/GO, Rel. Ministro OG FERNANDES, SEGUNDA TURMA, julgado em 20/10/2016, DJe 27/10/2016)

◙ **Não compete ao Poder Judiciário equiparar ou reajustar os valores do auxílio-alimentação dos servidores públicos.**

ADMINISTRATIVO. AÇÃO CIVIL PÚBLICA. SINDICATO. SINTRAFESC. SERVIDORES PÚBLICOS. AUXÍLIO-ALIMENTAÇÃO. EQUIPARAÇÃO COM OS SERVIDORES DO TRIBUNAL DE CONTAS DA UNIÃO. TCU. ALEGAÇÃO DE VIOLAÇÃO DO ART. 535 DO CPC/73. INEXISTÊNCIA. INCIDÊNCIA DO ENUNCIADO N. 339 DA SÚMULA DO STF. CONSONÂNCIA COM A JURISPRUDÊNCIA DO STJ. INCIDÊNCIA DO ENUNCIADO N. 83 DA SÚMULA DO STJ. I – Não há a alegada violação do art. 535 do CPC/73, pois a prestação jurisdicional foi dada na medida da pretensão deduzida, como se depreende da leitura do acórdão recorrido, que enfrentou e decidiu, motivadamente, a controvérsia posta em debate. II – O Tribunal de origem ainda cuidou de refutar a existência da alegada omissão, conforme se extrai do trecho do voto do acórdão que apreciou os embargos (fls. 245-246). III – Vê-se, pois, na verdade, que no presente caso a questão foi decidida de maneira fundamentada e completa, mas não conforme objetivava a recorrente, uma vez que foi aplicado entendimento diverso. IV – Esta Corte já possui entendimento sobre o assunto, no sentido de que a concessão pelo Judiciário de equiparação ou reajuste dos valores do auxílio-alimentação do funcionalismo público encontra óbice no enunciado n. 339 da Súmula do STF, por implicar invasão da função legislativa: Precedentes: AgRg no REsp 1456791/PE, Rel. Ministro OLINDO MENEZES (DESEMBARGADOR CONVOCADO DO TRF 1ª REGIÃO), PRIMEIRA TURMA, julgado em 23/02/2016, DJe 02/03/2016; AgRg no REsp 1.530.574/RS, Rel. Ministro HERMAN BENJAMIN, SEGUNDA TURMA, julgado em 17/09/2015, DJe 09/11/2015. IV – Agravo interno improvido. (AgInt no AREsp 925.233/SC, Rel. Ministro FRANCISCO FALCÃO, SEGUNDA TURMA, julgado em 16/11/2017, DJe 22/11/2017)

◙ **Não devolução de verbas recebidas de boa fé por erro da Administração**

ADMINISTRATIVO. RECURSO ORDINÁRIO EM MANDADO DE SEGURANÇA. SERVIDOR PÚBLICO TEMPORÁRIO. PAGAMENTO INDEVIDO POR ERRO

691

DA ADMINISTRAÇÃO NO ENQUADRAMENTO. VALORES RECEBIDOS DE BOA-FÉ. INDEVIDA A RESTITUIÇÃO. PROVIMENTO DO RECURSO. 1. A Corte Especial do Superior Tribunal de Justiça, "ao julgar o MS 19.260/DF, no dia 03/09/2014, da relatoria do Min. Herman Benjamin, decidiu, por unanimidade, ser descabida a devolução ao Erário de valores recebidos pelo servidor, nos casos em que o pagamento reputado indevido se deu por erro de cálculo ou operacional da Administração, o que evidencia a boa-fé objetiva do servidor no recebimento da verba alimentar" (AgRg no AREsp 766.220/DF, Rel.Ministro MAURO CAMPBELL MARQUES, SEGUNDA TURMA, DJe 12/11/2015). 2. No presente caso, verifica-se a existência de erro exclusivamente da Administração, consubstanciado no equivocado enquadramento da recorrente na Classe C, Nível I, da Tabela de Cargos e Salários de Professores do SECITEC, equiparando, por consequência, seu salário à remuneração de professor portador do título de mestre. Descabida, portanto, a devolução dos valores recebidos de boa-fé pela recorrente. 3. "O elemento configurador da boa-fé objetiva é a inequívoca compreensão, pelo beneficiado, do caráter legal e definitivo do pagamento" (REsp 1.657.330/RS, Rel. Ministro HERMAN BENJAMIN, SEGUNDA TURMA, DJe 25/04/2017). 4. Recurso ordinário provido. (RMS 55.045/MT, Rel. Ministro SÉRGIO KUKINA, PRIMEIRA TURMA, julgado em 20/03/2018, DJe 10/04/2018)

◙ **É de 200 horas mensais o divisor adotado como parâmetro para o pagamento de horas extras aos servidores públicos federais, cujo cálculo é obtido dividindo-se as 40 horas semanais (art. 19 da Lei n. 8.112/90) por 6 dias úteis e multiplicando-se o resultado por 30 (total de dias do mês).**

ADMINISTRATIVO. VIOLAÇÃO DO ART. 535 DO CPC PREJUDICADA. ANÁLISE DO MÉRITO. SERVIDOR PÚBLICO FEDERAL. ADICIONAL DE HORAS EXTRAS. AUSÊNCIA DE MATÉRIA CONSTITUCIONAL. PRECEDENTES. ESCALA DE REVEZAMENTO. 24X72 HORAS. DIVISOR. 200 HORAS MENSAIS. ART. 19 DA LEI N. 8.112/90. PRECEDENTES. TOTAL DE HORAS MENSAIS INFERIOR. RECURSO ESPECIAL PROVIDO. I – Recurso especial provido para afastar o pagamento de horas extras aos servidores públicos. II – O Supremo Tribunal Federal já se manifestou sobre a inexistência de matéria constitucional em relação ao pagamento de horas extras a servidor público submetido a regime de plantão, o que afasta a exigência de interposição de recurso extraordinário. Precedentes: RE 597.761 AgR, Relator(a): Min. Roberto Barroso, Primeira Turma, julgado em 28/4/2015, Acórdão Eletrônico DJe-096 Divulg 21/5/2015 PUBLIC 22/5/2015; ARE 866847 AgR, Relator(a): Min. Dias Toffoli, Segunda Turma, julgado em 28/4/2015, Acórdão Eletrônico DJe-108 Divulg 5/6/2015 Public 8/6/2015; e ARE 825545 AgR, Relator(a): Min. Cármen Lúcia, Segunda Turma, julgado em 14/10/2014, Acórdão Eletrônico DJe-209 Divulg 22/10/2014 Public 23/10/2014. III – Nos termos do art. 19 da Lei n. 8.112/90, a jornada máxima de trabalho dos servidores públicos federais corresponde a 40 horas semanais. Nesse contexto, e conforme a jurisprudência consolidada desta Corte, o divisor adotado no cálculo do adicional decorrente do serviço extraordinário é de 200 horas mensais. Precedentes: AgRg no REsp 1227587/RS, Rel. Ministro Napoleão Nunes Maia Filho, Primeira Turma, julgado em 2/8/2016, DJe 12/8/2016; AgRg no REsp 1132421/RS, Rel. Ministro Ericson Maranho (desembargador Convocado do TJ/SP), Sexta Turma, julgado em 13/10/2015,

DJe 3/2/2016; REsp 805.437/RS, Rel. Ministra Laurita Vaz, Quinta Turma, julgado em 24/3/2009, DJe 20/4/2009; e REsp 1019492/RS, Rel. Ministra Maria Thereza de Assis Moura, Sexta Turma, julgado em 3/2/2011, DJe 21/2/2011. IV – Ocorre que escalas de trabalho em regime de revezamento de 24 horas de trabalho por 72 horas de descanso perfazem, quando muito, 8 (oito) dias de trabalho mensal, o que multiplicado por 24 horas equivale a apenas 196 (cento e noventa e seis) horas de trabalho ao logo do mês, ou seja, número inferior ao divisor de 200 (duzentas) horas mensais relativas aos servidores públicos federais regidos pela Lei n. 8.112/90, o que afasta a pretensão de percepção de horas extras. V – Agravo interno improvido. (AgInt nos EDcl no REsp 1553781/RS, Rel. Ministro FRANCISCO FALCÃO, SEGUNDA TURMA, julgado em 01/03/2018, DJe 06/03/2018)

ADMINISTRATIVO. AGRAVO REGIMENTAL NO RECURSO ESPECIAL. SERVIDOR PÚBLICO. VIGILANTE. JORNADA ESPECIAL DE TRABALHO. SERVIÇO QUE EXIGE ATIVIDADE CONTÍNUA. POSSIBILIDADE DE ADOÇÃO DE REGIME DE TURNO ININTERRUPTO DE REVEZAMENTO. ART. 2º. DO DECRETO 1.590/95. PRECEDENTES DESTA CORTE: AGRG NO RESP 1.132.421/RS, REL. MIN. ERICSON MARANHO, DJE 3.2.2016 E RESP 1.019.492/RS, REL. MIN. MARIA THEREZA DE ASSIS MOURA, DJE 21.2.2011. AGRAVO REGIMENTAL DE PAULO CÉSAR PEREIRA DESPROVIDO. 1. Nos termos do art. 19 da Lei 8.112/90, a jornada máxima de trabalho dos Servidores Públicos Federais corresponde a 40 horas semanais. Nesse contexto, na esteira da jurisprudência consolidada desta Corte, o divisor adotado no cálculo do adicional decorrente do serviço extraordinário é de 200 horas mensais. 2. No caso em tela o número de horas trabalhadas pelo recorrente ao longo do mês é inferior ao divisor de 200 (horas mensais, motivo pelo qual não faz jus ao percebimento das horas extras pleiteadas. 3. Agravo Regimental a que se nega provimento. (AgRg no REsp 1227587/RS, Rel. Ministro NAPOLEÃO NUNES MAIA FILHO, PRIMEIRA TURMA, julgado em 02/08/2016, DJe 12/08/2016)

◙ **O pagamento do adicional de penosidade (art. 71 da Lei n. 8.112/90) depende de regulamentação do Executivo Federal.**

ADMINISTRATIVO. AGRAVO INTERNO NO RECURSO ESPECIAL. SERVIDOR PÚBLICO. GRATIFICAÇÃO ESPECIAL DE LOCALIDADE – GEL. EXTINÇÃO PELA LEI 9.527/1997. TRANSFORMAÇÃO EM VPNI, EM CARÁTER TRANSITÓRIO. ADICIONAL DE PENOSIDADE. ART. 71 DA LEI 8.112/1990. AUSÊNCIA DE REGULAMENTAÇÃO. ALEGADA AFRONTA AO PRINCÍPIO DE PROIBIÇÃO DE RETROCESSO SOCIAL. OFENSA REFLEXA. EXAME DE MATÉRIA CONSTITUCIONAL. IMPOSSIBILIDADE. 1. Os recursos interpostos com fulcro no CPC/1973 sujeitam-se aos requisitos de admissibilidade nele previstos, conforme diretriz contida no Enunciado Administrativo 2 do Plenário do STJ. 2. O art. 71 da Lei 8.112/1990 possui eficácia limitada, de modo que a concessão do adicional de atividade penosa demanda a existência de regulamentação, sendo inviável a aplicação, por analogia, de regulamento de carreira distinta daquela ocupada pela parte ora agravante. Precedentes: AgInt no AREsp 1.020.717/RS, Rel. Ministro Mauro Campbell Marques, Segunda Turma, DJe 2/5/2017; REsp 1.574.922/RS, Rel. Ministra Regina Helena Costa, DJe 22/3/2017; REsp 1.617.067/RS, Rel. Ministro Sérgio Kukina, DJe 29/8/2016. 3. A jurisprudência desta Corte firmou-se no sentido de que "a Gratificação Especial de Localidade – GEL foi instituída pelo art. 17 da Lei n. 8.270/91, regulamentada pelo Decreto 493/92 e extinta pelo art. 2º da Lei n. 9.527/97, tendo sido transformada em VPNI apenas em caráter transitório" (AgRg no REsp 1.213.965/RS, Rel. Ministro Og Fernandes, Segunda Turma, DJe 25/6/2014). Nesse mesmo sentido: AREsp 1.034.454/RS, Rel. Ministro Napoleão Nunes Maia Filho, DJe 23/08/2017; AREsp 994.721/RS, Rel. Ministro Sérgio Kukina, DJe 11/10/2016. 4. Em recurso especial é vedado o exame de ofensa reflexa a lei ou a tratado federal, bem como de matéria constitucional. Nesse sentido, mutatis mutandis: REsp 1338038/RS, Rel. Ministro Benedito Gonçalves, Primeira Turma, DJe 5/12/2013. 5. Agravo interno não provido. (AgInt no REsp 1572782/PR, Rel. Ministro BENEDITO GONÇALVES, PRIMEIRA TURMA, julgado em 03/10/2017, DJe 07/11/2017)

◙ **Os efeitos do Decreto n. 493/92, que regulamentou o pagamento da Gratificação Especial de Localidade – GEL, devem retroagir à data em que se encerrou o prazo de 30 (trinta) dias previsto no art. 17 da Lei n. 8.270/91.**

ADMINISTRATIVO E PROCESSUAL CIVIL. AGRAVO INTERNO NOS EMBARGOS DE DECLARAÇÃO NO RECURSO ESPECIAL. SERVIDOR PÚBLICO FEDERAL. GRATIFICAÇÃO ESPECIAL DE LOCALIDADE – GEL. EFEITOS FINANCEIROS. LEI 8.270/91 E DECRETO 493/92. SUCUMBÊNCIA RECÍPROCA. AGRAVO INTERNO IMPROVIDO. I. Agravo interno aviado contra decisão publicada em 18/10/2016, que, por sua vez, julgara recurso interposto contra acórdão publicado na vigência do CPC/73. II. A respeito da vigência do novel diploma processual, observando o disposto na Lei 810/49 e na Lei Complementar 95/98, o Plenário do Superior Tribunal de Justiça, na sessão realizada dia 02/03/2016 (ata de julgamento publicada em 08/03/2016), por unanimidade, aprovou o Enunciado Administrativo 01, firmando posição no sentido de que a vigência do novo Código de Processo Civil, instituído pela Lei 13.105, de 16 de março de 2015, iniciou-se em 18 de março de 2016. III. De igual modo, na sessão realizada em 09/03/2016, em homenagem ao princípio tempus regit actum – inerente aos comandos processuais -, o Plenário do STJ também sedimentou o entendimento de que a lei a reger o recurso cabível e a forma de sua interposição é aquela vigente à data da publicação da decisão impugnada, ocasião em que o sucumbente tem a ciência exata dos fundamentos do provimento jurisdicional que pretende combater. IV. Na forma da jurisprudência do STJ, "o Decreto 493/92, que regulamentou o pagamento da Gratificação Especial de Localidade – GEL, deve produzir efeitos desde quando se encerrou o prazo de 30 (trinta) dias a que se refere o art. 17 da Lei 8.270/91, para que fosse efetuada a regulamentação" (AgInt no AREsp 838.546/MS, Rel. Ministro HERMAN BENJAMIN, SEGUNDA TURMA, DJe de 05/09/2016). V. Em virtude da sucumbência recíproca, impõe-se a compensação dos honorários advocatícios e custas processuais, na forma do art. 21 do CPC/73. Precedentes do STJ (EDcl no AgRg no REsp 1.557.040/SC, Rel. Ministro RAUL ARAÚJO, QUARTA TURMA, DJe de 22/04/2016; EDcl nos EDcl no AgRg no Ag 1.414.327/PR, Rel. Ministro HERMAN BENJAMIN, SEGUNDA TURMA, DJe de 08/05/2013). VI. Agravo interno improvido. (AgInt nos EDcl no REsp 1564235/MS, Rel. Ministra ASSUSETE MAGALHÃES, SEGUNDA TURMA, julgado em 18/04/2017, DJe 26/04/2017)

◉ **É legítimo o tratamento diferenciado entre professores ativos e inativos, no que tange à percepção da Gratificação de Estímulo à Docência – GED, instituída pela Lei n. 9.678/1998, tendo em vista a natureza da gratificação, cujo percentual depende da produtividade do servidor em atividade.**

PROCESSUAL CIVIL. EMBARGOS DE DECLARAÇÃO NO RECURSO ESPECIAL. GRATIFICAÇÃO DE ESTÍMULO À DOCÊNCIA – GED. ART. 535 DO CPC/1973. VÍCIO DE FUNDAMENTAÇÃO. AUSÊNCIA. 1. Os embargos de declaração, conforme dispõe o art. 535 do CPC/1973, destinam-se a suprir omissão, afastar obscuridade ou eliminar contradição existente no julgado, o que não ocorre na hipótese em apreço. 2. Ademais, mesmo que superada a questão relativa ao conhecimento do recurso especial, a pretensão deduzida no apelo não possui guarida na jurisprudência do STJ, que consagrou o entendimento segundo o qual "é legítimo o tratamento diferenciado entre professores ativos e inativos, no que tange à percepção da Gratificação de Estímulo à Docência – GED, instituída pela Lei 9.678/1998, tendo em vista a natureza da gratificação, cujo percentual depende da produtividade do servidor em atividade", sendo que "a Lei 11.087/2005, resultante da conversão da Medida Provisória 208/2004, não modificou a natureza pro labore faciendo da GED, porquanto trouxe apenas alteração nos pontos a serem atribuídos a ativos e inativos, preservando-se a diferenciação estabelecida na Lei 9.7984/1998, inclusive quanto aos servidores docentes cedidos." (PET 9.600/RS, Rel. Min. Mauro Campbell Marques, Primeira Seção, Julgado: 26/8/2016, DJe 9/12/2016). 3. Embargos de declaração rejeitados. (EDcl no REsp 1240221/RS, Rel. Ministro OG FERNANDES, SEGUNDA TURMA, julgado em 05/10/2017, DJe 11/10/2017)

◉ **A lei que cria nova gratificação ao servidor sem promover reestruturação ou reorganização da carreira não tem aptidão para absorver índice de reajuste geral.**

PROCESSUAL CIVIL. ADMINISTRATIVO. SERVIDOR PÚBLICO. REAJUSTE DE 3, 17%. ALEGAÇÃO EM EMBARGOS DE DECLARAÇÃO. COISA JULGADA. AUSÊNCIA DE REESTRUTURAÇÃO DA CARREIRA. POLICIAL RODOVIÁRIO FEDERAL. 1. É devido aos servidores públicos federais o resíduo de 3,17%, a partir de janeiro de 1995, incidente sobre seus vencimentos, conforme o disposto nos arts. 28 e 29 da Lei 8.880/1994. Em 5/9/2001, foi publicada a Medida Provisória 2.225-45, de 4/9/2001, na qual se reconheceu o equívoco cometido na interpretação dos referidos dispositivos em relação aos servidores civis do Poder Executivo Federal, concedendo--lhes, portanto, o reajuste em referência, extensivo aos proventos da inatividade e às pensões. 2.A Lei 9.654/1998, que estipulou o pagamento de três novas gratificações, não reestruturou a carreira de Policial Rodoviário Federal, portanto a lei que cria nova gratificação sem promover reestruturação ou reorganização da carreira não tem aptidão para absorver índice de reajuste geral. (AgRg no REsp 1.573.343/RS, Rel. Ministra Assusete Magalhães, Segunda Turma, DJe 17/3/2016). 3. O entendimento do Tribunal local está em consonância com a orientação atual do STJ, que se firmou, por ocasião do julgamento do Resp 1.235.513-AL, de relatoria do Ministro Castro Meira, Primeira

Seção, processado segundo o regime do art. 543-C do CPC, no sentido de que "nos embargos à execução, a compensação só pode ser alegada se não pôde ser objetada no processo de conhecimento. Se a compensação baseia-se em fato que já era passível de ser invocado no processo cognitivo, estará a matéria protegida pela coisa julgada". 4. Recurso Especial não provido. (REsp 1666394/AL, Rel. Ministro HERMAN BENJAMIN, SEGUNDA TURMA, julgado em 13/06/2017, DJe 20/06/2017)

◉ **A fixação ou alteração do sistema remuneratório e a supressão de vantagem pecuniária são atos comissivos únicos e de efeitos permanentes, que modificam a situação jurídica do servidor e não se renovam mensalmente.**

ADMINISTRATIVO. MANDADO DE SEGURANÇA. SERVIDORES PÚBLICOS MUNICIPAIS. PRAZO DECADENCIAL PARA A PROPOSITURA DO MANDADO DE SEGURANÇA. ATO ÚNICO. SUPRESSÃO DA VANTAGEM. PRAZO DE 120 DIAS. DEFICIÊNCIA DA ALEGAÇÃO DE DIVERGÊNCIA JURISPRUDENCIAL. I – Consoante entendimento do Superior Tribunal de Justiça, a supressão de vantagem de vencimentos ou proventos dos servidores públicos, por força de lei, não configura relação de trato sucessivo, mas ato único de efeitos concretos e permanentes, devendo este ser o marco inicial para a contagem do prazo decadencial de 120 (cento e vinte) dias previsto para a impetração do mandamus. No mesmo sentido: AgRg no REsp 1309578 / AM, Segunda Turma, Relator Ministro Mauro Campbell Marques, julgamento 18/11/2014, DJe 24/11/2014; AgRg no RMS 49665/BA, Segunda Turma, Relator Ministro Humberto Martins, julgamento 12/04/2016, DJe 19/04/2016. II – Conforme a previsão do art. 255, § 1º, do RISTJ, é de rigor a caracterização das circunstâncias que identifiquem os casos confrontados, cabendo a quem recorre demonstrar tais circunstâncias, com indicação da similitude fática e jurídica entre os julgados, apontando o dispositivo legal interpretado nos arestos em cotejo, com a transcrição dos trechos necessários para tal demonstração. Em face de tal deficiência recursal, aplica-se, por analogia, o constante do enunciado n. 284 da Súmula do STF. III – Ademais, a análise do recurso especial, observa-se que os acórdãos confrontados não possuem a mesma similitude fática e jurídica, uma vez que enquanto o acórdão recorrido trata de supressão de vantagem remuneratória, os acórdãos paradigmas cuidam de "omissão da Administração em efetuar corretamente determinado pagamento" e "reestruturação de Plano de Carreira". IV – Agravo interno improvido. (AgInt no AREsp 1130000/PE, Rel. Ministro FRANCISCO FALCÃO, SEGUNDA TURMA, julgado em 01/03/2018, DJe 06/03/2018)

◉ **A contagem do prazo decadencial para a impetração de mandado de segurança contra ato que fixa ou altera sistema remuneratório ou suprime vantagem pecuniária de servidor público inicia-se com a ciência do ato impugnado.**

ADMINISTRATIVO. MANDADO DE SEGURANÇA. SERVIDORES PÚBLICOS MUNICIPAIS. PRAZO DECADENCIAL PARA A PROPOSITURA DO MANDADO DE SEGURANÇA. ATO ÚNICO. SUPRESSÃO DA VANTAGEM. PRAZO DE 120 DIAS. DEFICIÊNCIA DA ALEGAÇÃO DE DIVERGÊNCIA JURISPRUDENCIAL. I – Consoante entendimento do Superior Tribunal de Justiça, a supressão de vantagem de vencimentos ou proventos dos servidores públicos, por força de lei, não configura relação de trato sucessivo, mas ato único de efeitos concretos e permanentes, devendo este ser o marco inicial para a contagem do prazo decadencial de 120 (cento e vinte) dias previsto para a impetração do mandamus. No mesmo sentido: AgRg no REsp 1309578 / AM, Segunda Turma, Relator Ministro Mauro Campbell Marques, julgamento 18/11/2014, DJe 24/11/2014; AgRg no RMS 49665/BA, Segunda Turma, Relator Ministro Humberto Martins, julgamento 12/04/2016, DJe 19/04/2016. II – Conforme a previsão do art. 255, § 1º, do RISTJ, é de rigor a caracterização das circunstâncias que identifiquem os casos confrontados, cabendo a quem recorre demonstrar tais circunstâncias, com indicação da similitude fática e jurídica entre os julgados, apontando o dispositivo legal interpretado nos arestos em cotejo, com a transcrição dos trechos necessários para tal demonstração. Em face de tal deficiência recursal, aplica-se, por analogia, o constante do enunciado n. 284 da Súmula do STF. III – Ademais, a análise do recurso especial, observa-se que os acórdãos confrontados não possuem a mesma similitude fática e jurídica, uma vez que enquanto o acórdão recorrido trata de supressão de vantagem remuneratória, os acórdãos paradigmas cuidam de "omissão da Administração em efetuar corretamente determinado pagamento" e "reestruturação de Plano de Carreira". IV – Agravo interno improvido. (AgInt no AREsp 1130000/PE, Rel. Ministro FRANCISCO FALCÃO, SEGUNDA TURMA, julgado em 01/03/2018, DJe 06/03/2018)

◙ **Não cabe o pagamento da ajuda de custo prevista no art. 53 da Lei n. 8.112/90 ao servidor público que participou de concurso de remoção.**

ADMINISTRATIVO. RECURSO EM MANDADO DE SEGURANÇA. SERVIDOR. REDISTRIBUIÇÃO A PEDIDO. EQUIPARAÇÃO À REMOÇÃO A PEDIDO. AJUDA DE CUSTO. IMPOSSIBILIDADE. 1. A tese do recorrente/impetrante está firmada no sentido de que a redistribuição realizada entre servidores, com lotações em localidades distintas, seria exceção à vedação do § 3º do artigo 53 da Lei n. 8.112/1990, possibilitando, assim, a concessão da ajuda de custo. 2. O § 1º do artigo 37 da Lei n. 8.112/1990, ao disciplinar o preceito legal, estabelece textualmente que a "redistribuição dar-se-á exclusivamente para ajustamento de quadros de pessoal às necessidades dos serviços", para equilibrar a lotação e ocorrerá ex officio. Situação diversa do caso concreto. 3. Na espécie, o ato administrativo submete-se à remoção a pedido, onde o interesse da Administração Pública é apenas indireto. Dessa forma, não há falar em qualquer tipo de indenização às partes envolvidas na "permuta". 4. Consoante jurisprudência do STJ, é indevido o pagamento de ajuda de custo a servidor público quando se trata de remoção a pedido, a qual equiparo à redistribuição a pedido para fins de análise da matéria aqui posta. Precedente: AgInt no REsp 1.596.636/PR, Rel. Ministro Napoleão Nunes Maia Filho, Primeira Turma, DJe 22/9/2016. 5. Recurso em mandado de segurança a que se nega provimento. (RMS 50.308/RJ, Rel. Ministro BENEDITO GONÇALVES, PRIMEIRA TURMA, julgado em 03/04/2018, DJe 17/04/2018)

◙ **É devida ao servidor público aposentado a conversão em pecúnia da licença-prêmio não gozada, ou não contada em dobro para aposentadoria, sob pena de enriquecimento ilícito da administração.**

PROCESSUAL CIVIL. AGRAVO INTERNO NOS EMBARGOS DE DECLARAÇÃO NO AGRAVO EM RECURSO ESPECIAL. ENUNCIADO ADMINISTRATIVO

3/STJ. SERVIDOR PÚBLICO FEDERAL. MILITAR. LICENÇA-PRÊMIO NÃO GOZA-DA. CONVERSÃO EM PECÚNIA. TERMO DE OPÇÃO. CONTAGEM DO TEMPO PARA FINS DE ADICIONAL POR TEMPO DE SERVIÇO. REVISÃO DO JULGADO. IMPOSSIBILIDADE. NECESSÁRIO REEXAME DO CONJUNTO PROBATÓRIO. SÚ-MULA 7/STJ. AGRAVO INTERNO NÃO PROVIDO. 1. A Corte de origem ao apre-ciar a presente controvérsia, com base nos documentos acostados ao autos, assentou que o cômputo em dobro das licenças especiais não gozadas gerou benefícios a parte recorrente, eis que "ao optar por computar em dobro as referidas licenças, passou a contar com tempo de serviço de 22 anos, 07 meses e 05 dias até 29/12/2000, para fins de adicional de tempo de serviço, o que fez aumentar a respectiva gratificação para 23%, ao invés de 21%, nos termos do art. 56, parágrafo único, do Estatuto dos Mili-tares, e passou a receber o adicional de permanência de 5%, previsto na Tabela VI da MP 2.215-10, de 31/08/2001". 2. Com efeito, a revisão das conclusões adotadas pelo acórdão recorrido, a fim de verificar se o período de licença especial não gozada gerou ou não benefício ao recorrente, demandaria o necessário reexame do conjunto fático--probatório, o que é vedado pela via estreita do recurso especial, por força do óbice da Súmula 7/STJ. 3. Agravo interno não provido. (AgInt nos EDcl no AREsp 1070358/RS, Rel. Ministro MAURO CAMPBELL MARQUES, SEGUNDA TURMA, julgado em 15/05/2018, DJe 18/05/2018)

◙ **O prazo prescricional de cinco anos para converter em pecúnia licença-prêmio não gozada ou utilizada como lapso temporal para jubilamento tem início no dia posterior ao ato de registro da aposentadoria pelo Tribunal de Contas.**

PROCESSUAL CIVIL. ADMINISTRATIVO. AGRAVO INTERNO NOS EMBAR-GOS DE DECLARAÇÃO NO RECURSO ESPECIAL. LICENÇA PRÊMIO. CON-VERSÃO EM PECÚNIA. PRESCRIÇÃO. TERMO INICIAL. CONCESSÃO DA APOSENTADORIA. I – Verifica-se que a decisão de fls. 607-610 rejeitou os embar-gos de declaração opostos pela União, manifestando-se no sentido de que não caberia a alegação de omissão quanto ao entendimento no âmbito do recurso especial repeti-tivo (REsp n. 1.254.456/PE), considerando que o presente ato de aposentadoria é um ato complexo e depende da homologação do tribunal de contas para se aperfeiçoar. II – Todavia, o entendimento outrora firmado quanto ao tema espelhou-se no julgamen-to da Corte Especial do STJ, no MS 17.406/DF, de relatoria da Ministra Maria There-za de Assis Moura, julgado em 15/8/2012, no qual emitiu pronunciamento a respeito do termo a quo do prazo prescricional da pretensão de converter em pecúnia a licen-ça-prêmio não gozada. III – Atendendo-se à melhor análise da matéria, tem-se que a solução adotada pela Corte Especial no MS 17.406/DF, pautou-se na especificidade do caso concreto, a qual foi determinante para a Corte Especial. IV – Entendo que o termo a quo do prazo prescricional para o requerimento de conversão de licença prê-mio não gozada em pecúnia é a data em que ocorreu a aposentadoria do servidor pú-blico. No mesmo sentido: EDcl no REsp 1634035/RS, Rel.Ministro OG FERNANDES, SEGUNDA TURMA, julgado em 20/03/2018, DJe 23/03/2018.V – Por essa razão, não deve ser superada a orientação firmada pela Primeira Seção, na forma do art. 543-C do CPC/1973, no julgamento do REsp 1.254.456/PE. VI – Extrai-se do acórdão re-corrido que a autora jubilou-se em 1996, tendo sido revista a sua aposentadoria através da Portaria n. 392, publicada em 02 de outubro de 2013 (fls. 64), ocasião em que nasceu para a autora o direito de desaverbar as licenças-prêmio diante da desnecessidade de contá-las em dobro para a aposentadoria integral. VII – Não se verifica que decorreu o prazo de 05 anos entre a data da revisão da aposentadoria e o ajuizamento do feito, cuja interposição ocorreu em 14/01/2014, não havendo que se falar em prescrição. VIII – Verifica-se que não decorreu o prazo de 05 anos entre a data da revisão da aposentadoria e o ajuizamento do feito, não havendo que se falar em prescrição da ação. IX – Ante o exposto, supro o julgamento anterior para alterar-lhe a fundamentação pertinente ao termo inicial do prazo prescricional, mantendo o seu dispositivo, que negou provimento ao recurso especial da União. Ficam prejudicados os embargos de declaração. X – Agravo interno improvido. (AgInt nos EDcl no REsp 1598870/RS, Rel. Ministro FRANCISCO FALCÃO, SEGUNDA TURMA, julgado em 24/04/2018, DJe 30/04/2018)

◉ **Os efeitos da sentença trabalhista, quanto ao reajuste de 84,32%, referente ao IPC Índice de Preços ao Consumidor de março de 1990, têm por limite temporal a Lei n. 8.112/90, que promoveu a transposição do regime celetista para o estatutário.**

AGRAVO INTERNO NO RECURSO ESPECIAL. ADMINISTRATIVO. SERVIDOR PÚBLICO FEDERAL. REAJUSTE 84,32%. IPC DE MARÇO DE 1990. RECONHECIMENTO PELA JUSTIÇA TRABALHISTA. LIMITE TEMPORAL. ADVENTO DA LEI N. 8.112/1990. INEXISTÊNCIA DE OFENSA À COISA JULGADA E AO DIREITO ADQUIRIDO. VIOLAÇÃO AO PRINCÍPIO DA IRREDUTIBILIDADE DE VENCIMENTOS. INOCORRÊNCIA. AGRAVO INTERNO DESPROVIDO. 1. A jurisprudência do Superior Tribunal de Justiça, secundando a orientação do Supremo Tribunal Federal, firmou-se no sentido de que os efeitos da sentença trabalhista, quanto ao reajuste de 84,32%, referente ao IPC de março de 1990, têm por limite temporal a data do advento da Lei n. 8.112/1990, com a transposição do regime celetista de trabalho para o estatutário, inexistindo violação à coisa julgada, ao direito adquirido ou ao princípio da irredutibilidade de vencimentos. 2. Agravo interno desprovido. (AgInt no REsp 1097314/RS, Rel. Ministro ANTONIO SALDANHA PALHEIRO, SEXTA TURMA, julgado em 21/06/2016, DJe 29/06/2016)

◉ **O termo inicial da prescrição do direito de pleitear a indenização por férias não gozadas é o ato de aposentadoria do servidor.**

ADMINISTRATIVO. AGRAVO REGIMENTAL NO AGRAVO EM RECURSO ESPECIAL. SERVIDOR PÚBLICO. COBRANÇA DE FÉRIAS VENCIDAS E NÃO GOZADAS. NÃO OCORRÊNCIA DA PRESCRIÇÃO. PRAZO PRESCRICIONAL QUE SE INICIA NO ATO DA APOSENTADORIA. INDENIZAÇÃO DEVIDA A SERVIDORES ATIVOS E INATIVOS. AGRAVO REGIMENTAL DO ESTADO DO RIO DE JANEIRO DESPROVIDO. 1. O colendo Supremo Tribunal Federal já pacificou o entendimento de que tanto o Servidor aposentado quanto o ainda em atividade fazem jus à indenização por férias não gozada, uma vez que deixaram de usufruir, no período adequado, seu direito a férias por vontade da própria Administração. 2. A própria Administração optou em privar o Servidor por período superior ao permitido na legislação estadual do gozo de suas férias anuais, comprometendo sua saúde e desvirtuando a finalidade do instituto. Assim, embora ainda se possa desfrutar do direito, não se pode negar que a saúde física, psíquica e mental do Servidor ficou afetada, sobretudo pela quantidade de períodos acumulados em prol da Administração, devendo, portanto, ser indenizado. 3. Conforme orientação jurisprudencial desta Corte Superior, não tendo a Administração negado expressamente o direito pleiteado pelo Servidor, o termo inicial do prazo prescricional para pleitear férias não gozadas se inicia somente por ocasião da aposentadoria, mesmo que ele ainda se encontre em atividade. 4. Agravo Regimental do ESTADO DO RIO DE JANEIRO desprovido. (AgRg no AREsp 509.554/RJ, Rel. Ministro NAPOLEÃO NUNES MAIA FILHO, PRIMEIRA TURMA, julgado em 13/10/2015, DJe 26/10/2015)

◙ **A Vantagem Pecuniária Individual VPI possui natureza jurídica de Revisão Geral Anual, devendo ser estendida aos Servidores Públicos Federais o índice de aproximadamente 13,23%, decorrente do percentual mais benéfico proveniente do aumento impróprio instituído pelas Leis n. 10.697/2003 e 10.698/2003.**

PROCESSUAL CIVIL E ADMINISTRATIVO. SERVIDOR PÚBLICO FEDERAL. LEI 10.698/2003. DIFERENÇA ENTRE O ÍNDICE DE 14,23% E AQUELE PAGO A TÍTULO DE VPNI. EXTENSÃO DO ÍNDICE DE 13,23%. DECISÃO DO SUPREMO TRIBUNAL FEDERAL NA RECLAMAÇÃO 25.528/RS. REVISÃO DA JURISPRUDÊNCIA DO STJ. RECURSO ESPECIAL NÃO PROVIDO. 1. A controvérsia de fundo versa sobre o pagamento a servidores públicos federais do Poder Executivo da diferença do índice de 14, 23% e aquele efetivamente pago a título de Vantagem Pecuniária Individual – VPI pela Lei 10.698/2003. 2. O Tribunal de origem rejeitou a pretensão deduzida, sob o fundamento de que não cabe ao Poder Judiciário atuar como legislador positivo para conceder reajuste salarial de 13,23% dependente de lei de iniciativa do Presidente da República (Súmula 339/STF). 3. A Primeira e a Segunda Turma do STJ tinham o entendimento de que "a Vantagem Pecuniária Individual (VPI) possui natureza jurídica de Revisão Geral Anual, devendo ser estendido aos Servidores Públicos Federais o índice de aproximadamente 13,23%, decorrente do percentual mais benéfico proveniente do aumento impróprio instituído pelas Leis 10.697/2003 e 10.698/2003" (RMS 52.978/DF, Rel. Ministro Herman Benjamin, Segunda Turma, julgado em 6/4/2017, DJe 27/4/2017). Nesse sentido: AgInt no AgRg no REsp 1.571.827/SC, Rel. Ministro Humberto Martins, Segunda Turma, DJe 8/6/2016; REsp 1.536.597/DF, Rel. Ministro Napoleão Nunes Maia Filho, Primeira Turma, julgado em 23/6/2015, DJe 4/8/2015, e AgInt no AgRg no REsp 1.546.955/SC, Rel. Ministro Herman Benjamin, Segunda Turma, DJe 30/11/2016. 4. Em recente decisão da Primeira Turma, entretanto, exarada após julgamento pelo STF da Reclamação 25.528/RS, houve revisão da orientação anterior, para consignar: "em cumprimento à decisão emanada na Reclamação 25.528/RS, declara-se indevida a extensão, pelo Poder Judiciário, do reajuste de 13,23% incidente sobre o vencimento dos Servidores Públicos filiados ao Sindicato dos Servidores Federais do Rio Grande do Sul-SIND-SERF/RS, sob pena de afronta à Súmula Vinculante 37/STF" (EDcl no AgRg no REsp 1.293.208/RS, Rel. Ministro Napoleão Nunes Maia Filho, Primeira Turma, julgado em 20/6/2017, DJe 28/6/2017). 5. O entendimento mais recente do STJ está alinhado com a jurisprudência do STF sobre a matéria: Rcl 23.443 AgR, Relator Min. Luiz Fux, Primeira Turma, julgado em 5/5/2017; Rcl 24.272 AgR, Relator Min. Celso de Mello, Segunda Turma, julgado em 17/3/2017; Rcl 24.343 AgR, Relator Min. Gilmar Mendes, Segunda Turma, julgado em 2/12/2016. 6. Encontra-se em tramitação no STF proposta de Súmula Vinculante (PSV nº 128) nos seguintes termos: "É inconstitucional a concessão, por decisão administrativa ou judicial, do chamado 'reajuste de 13, 23%' aos servidores públicos federais, ante a falta de fundamento legal na Lei 10.698/2003 e na Lei 13.317/2016." 7. Agravo Interno não provido. (AgRg no AREsp 771.955/PE, Rel. Ministro HERMAN BENJAMIN, SEGUNDA TURMA, julgado em 05/04/2018, DJe 25/05/2018)

◉ **Os candidatos aprovados em concurso público para os cargos da Polícia Civil do DF e da Polícia Federal fazem jus, durante o programa de formação, à percepção de 80% dos vencimentos da classe inicial da categoria.**

PROCESSUAL CIVIL. ADMINISTRATIVO. AGRAVO INTERNO NO RECURSO ESPECIAL. CÓDIGO DE PROCESSO CIVIL DE 2015. APLICABILIDADE. ARGUMENTOS INSUFICIENTES PARA DESCONSTITUIR A DECISÃO ATACADA. VIOLAÇÃO AO ART. 535 DO CPC. INOCORRÊNCIA. AUSÊNCIA DE PREQUESTIONAMENTO DA MATÉRIA RELACIONADA A PRESCRIÇÃO. INCIDÊNCIA, POR ANALOGIA, DA SÚMULA N. 282/STF. CONCURSO PÚBLICO. CURSO DE FORMAÇÃO. SERVIDOR PÚBLICO FEDERAL. POLICIAL FEDERAL. PERCEPÇÃO DE 80% DOS VENCIMENTOS DA CLASSE INICIAL DA CARREIRA. POSSIBILIDADE. ART. 1º DO DECRETO-LEI N. 2.179/84. ART. 8º DA LEI N. 4.878/65. INCIDÊNCIA DA SÚMULA N. 83/STJ. I – Consoante o decidido pelo Plenário desta Corte na sessão realizada em 09.03.2016, o regime recursal será determinado pela data da publicação do provimento jurisdicional impugnado. Assim sendo, in casu, aplica-se o Código de Processo Civil de 2015. II – A Corte de origem apreciou todas as questões relevantes apresentadas com fundamentos suficientes, mediante apreciação da disciplina normativa e cotejo ao posicionamento jurisprudencial aplicável à hipótese. Inexistência de omissão, contradição ou obscuridade. III – É entendimento pacífico desta Corte que a ausência de enfrentamento da questão objeto da controvérsia pelo Tribunal a quo impede o acesso à instância especial, porquanto não preenchido o requisito constitucional do prequestionamento, nos termos da Súmula n. 282 do Supremo Tribunal Federal. IV – É pacífico o entendimento no Superior Tribunal de Justiça segundo o qual os candidatos que participam de curso de formação para os cargos das carreiras da Polícia Federal fazem jus ao recebimento de 80% do vencimento fixado para a primeira referência da classe inicial da categoria, a título de auxílio financeiro. V – O recurso especial, interposto pelas alíneas a e/ou c do inciso III do art. 105 da Constituição da República, não merece prosperar quando o acórdão recorrido encontra-se em sintonia com a jurisprudência desta Corte, a teor da Súmula n. 83/STJ. VI – A Agravante não apresenta, no agravo, argumentos suficientes para desconstituir a decisão recorrida. VII – Agravo Interno improvido. (AgInt no REsp 1390038/RS, Rel. Ministra REGINA HELENA COSTA, PRIMEIRA TURMA, julgado em 13/09/2016, DJe 20/09/2016)

▶ **O princípio da irredutibilidade de vencimentos diz respeito ao padrão de cada cargo, emprego ou função e às vantagens pecuniárias já incorporadas.**

O princípio da irredutibilidade de vencimentos diz respeito ao padrão de cada cargo, emprego ou função e às vantagens pecuniárias já incorporadas; não abrange as vantagens transitórias, somente devidas em razão de trabalho que está sendo executado em condições especiais; cessado este, suspende-se o pagamento do acréscimo correspondente ao cargo, emprego ou função. (DI PIETRO, Maria Sylvia Zanella, Tratado de Direito Administrativo – Volume 2, Editora Revista dos Tribunais, São Paulo, Edição 2015, p. 409)

▶ **Os vencimentos do servidor público (empregada a palavra em sentido amplo, para abranger também as vantagens pecuniárias) têm caráter alimentar e, por isso mesmo, não podem ser objeto de penhora, arresto ou sequestro.**

Os vencimentos do servidor público (empregada a palavra em sentido amplo, para abranger também as vantagens pecuniárias) têm caráter alimentar e, por isso mesmo, não podem ser objeto de penhora, arresto ou sequestro, consoante arts. 649, IV, 821 e 823 do CPC. Pela mesma razão, o art. 100 da Constituição e o art. 33 de suas disposições transitórias, ao excluírem os créditos de natureza alimentar do processo especial de execução contra a Fazenda Pública, sempre foram interpretados de modo a incluir, na ressalva, os vencimentos devidos aos servidores públicos. Esse entendimento foi adotado, no Estado de São Paulo, pelo Dec. 29.463, de 19.12.1988, e pelo art. 57, § 3.º, de sua Constituição. Agora, a matéria faz parte de preceito constitucional contido no art. 100, § 1.º, da Constituição, com a redação dada pela EC 62/2009; ficou expresso que "os débitos de natureza alimentícia compreendem aqueles decorrentes de salários, vencimentos, proventos, pensões e suas complementações, benefícios previdenciários e indenizações por morte ou invalidez, fundadas na responsabilidade civil, em virtude de sentença transitada em julgado".(DI PIETRO, Maria Sylvia Zanella, Tratado de Direito Administrativo – Volume 2, Editora Revista dos Tribunais, São Paulo, Edição 2015, p. 409/410)

ART. 37, XII DA CF –
VENCIMENTO E ISONOMIA

XII – Os vencimentos dos cargos do poder legislativo e do poder judiciário não poderão ser superiores aos pagos pelo poder executivo

▶ **Os vencimentos dos cargos do Poder Legislativo e do Judiciário não podem ser superiores aos pagos pelo Poder Executivo.**

O artigo 37, XII, da CF/1988 estabeleceu que os vencimentos dos cargos do Poder Legislativo e do Judiciário não podem ser superiores aos pagos pelo Poder Executivo. É a chamada regra da isonomia, pela qual se tentou equiparar os servidores do Executivo, em geral pior remunerados, aos dos demais poderes. Na prática, nunca se conseguiu ver grandes resultados na aplicação desse dispositivo, salvo quando para invocar a equiparação dos vencimentos dos servidores mais bem pagos de todos, os membros dos próprios Poderes. É que a norma, por evidente, só terá aplicação quando se tratar de cargos com atribuições idênticas ou assemelhadas, o que é improvável de se ter entre os diferentes Poderes. As funções mais singelas, de auxílio geral, que poderiam existir em todos os Poderes com basicamente as mesmas atribuições (motoristas, auxiliares, de portaria, limpeza e conservação etc), foram em sua grande parte terceirizadas. (COUTINHO, Alessandro Dantas, KRUGER, Ronald Rodor. Manual de Direito Administrativo: Volume Único. 2ª edição, Editora Juspodivm, Salvador, 2018, p. 337)

▶ **O dispositivo em exame ligava-se ao antigo § 1º do art. 39 da Constituição originária.**

Com efeito, o dispositivo em exame ligava-se ao antigo § 1º do art. 39 da Constituição originária (suprimido pela Emenda Constitucional n. 19/98), segundo o qual a lei asseguraria aos servidores da administração direta (também das autarquias e fundações públicas), isonomia de vencimentos para cargos de atribuições iguais ou assemelhados do mesmo Poder ou entre servidores dos Poderes Executivo, Legislativo e Judiciário, ressalvadas as vantagens de caráter individual e as relativas à natureza ou ao local de trabalho.

▶ **Nesse sentido foi a decisão do Supremo Tribunal Federal, no julgamento da ADI n. 14-4/DF, Rel. Min. Célio Borja, DJ de 11.12.89.**

"em ambos os dispositivos, a Constituição toma as expressões vencimentos do cargo com vista a um mesmo fim e no contexto de um só tema que é a isonomia de vencimentos dos cargos do mesmo Poder ou entre servidores do Legislativo, Judiciário e Executivo (art. 39, § 1º), sob o paradigma dos vencimentos pagos por este último (art. 37, XII)", não havendo, pois, de se "confundir tal contexto com o do inciso XI do artigo 37 da Constituição".

▶ **A despeito de a regra do inciso XII silenciar, a isonomia dependeria, portanto, da constatação da igualdade ou similitude das atribuições dos cargos.**

A despeito de a regra do inciso XII silenciar, para fins da isonomia prescrita, quanto à necessidade de verificação do cargo em si, de suas atribuições e dos cargos ditos assemelhados, a pertinência temática com o § 1º do art. 39 deixava ver que o constituinte elegera como parâmetro para a verificação da isonomia as atribuições típicas de cada cargo: a isonomia dependeria, portanto, da constatação da igualdade ou similitude das atribuições dos cargos (SILVA, José Afonso da. Curso de Direito Constitucional Positivo. São Paulo: RT, 1991), seja no âmbito de um determinado Poder, seja entre cargos pertencentes a Poderes distintos (paridade). Em suma: entre cargos desiguais não se legitimava a isonomia.

> ◙ **No mesmo sentido:** ADMINISTRATIVO. MANDADO DE SEGURANÇA. ISONOMIA DE VENCIMENTOS ENTRE ATENDENTE JUDICIARIO E OFICIAL DE JUSTIÇA. IMPOSSIBILIDADE, ARTS.37, XII E 39, PAR. 1., CF.- A ISONOMIA DE VENCIMENTOS CONFERIDA PELA CONSTITUIÇÃO FEDERAL OCORRE ENTRE CARGOS DE ATRIBUIÇOES IGUAIS OU ASSEMELHADOS, SENDO VEDADA A EQUIPARAÇÃO DE VENCIMENTOS PARA OS CARGOS DESIGUAIS. – PRECEDENTE. (RMS 1.500/MG, Rel. Ministro AMÉRICO LUZ, SEGUNDA TURMA, julgado em 07/12/1994, DJ 20/02/1995, p. 3168)

▶ **A necessidade de verificação da similitude de atribuições dos cargos afastava a possibilidade de cogitação de isonomia entre cargos com atribuições peculiares no mesmo Poder, bem como entre cargos cujas atribuições não se encontravam amiúde nos demais Poderes.**

A necessidade de verificação da similitude de atribuições dos cargos afastava a possibilidade de cogitação de isonomia entre cargos com atribuições peculiares no mesmo Poder, bem como entre cargos cujas atribuições não se encontravam amiúde nos demais Poderes, pois, "existindo cargos no Poder Legislativo (ou no Poder Judiciário) sem similar no Poder Executivo, não se há de cogitar de igualdade de vencimentos por ausência de paradigma"

> ◙ **No mesmo sentido:** 1. Cômputo, em dobro, de tempo de serviço, para fins de incorporação, aos vencimentos, de vantagens decorrentes do exercício de cargos em comissão (parágrafo único do art. 6º da Lei estadual fluminense nº 1.649-90, com a redação dada pela de nº 1.696-90). 2. Arguição de afronta ao princípio da isonomia, rejeitada por unanimidade, quanto aos ocupantes de cargos de Secretário de Estado. 3. Ação direta de que, por maioria, não se conhece, por falta de elementos suficientes para aferir a razoabilidade da discriminação ditada em benefício dos detentores dos demais cargos, cuja remuneração é vinculada à dos Secretários. (ADI 489, Relator(a): Min. OCTAVIO GALLOTTI, Tribunal Pleno, julgado em 02/05/1996, DJ 28-08-1998 PP-00002 EMENT VOL-01920-01 PP-00014)

O STF, por meio do Plenário Virtual, assentou que "não se admite a paridade de proventos entre categorias diversas ou entre servidores efetivos e agentes políticos, porquanto é uníssona a jurisprudência da Corte quanto à impossibilidade de vinculação de vencimentos de cargos distintos.

▶ **Essa isonomia, entenda-se, não tem relação com aquela mais comum, decorrente de pretensões de equiparação entre pessoas que desempenham as mesmas atribuições, dentro da mesma carreira.**

Essa isonomia, entenda-se, não tem relação com aquela mais comum, decorrente de pretensões de equiparação entre pessoas que desempenham as mesmas atribuições, dentro da mesma carreira. Aqui, são carreiras diferentes, existentes em diferentes Poderes, mas com atribuições semelhantes. A única coisa que se viu de mais concreto sobre a matéria foi a edição da Lei 8.448/1992, que continha uma regra de equivalência no parágrafo único de seu art. 1.º, já revogado, mas que só beneficiava os titulares dos mais altos cargos da República (membros do Congresso Nacional, Ministros de Estado e Ministros do STF). Essa regra já tinha perdido o sentido com a fixação do subsídio dos Ministros do STF como novo teto constitucional. De um modo geral, o STF nunca reconheceu a possibilidade de o Judiciário conceder tais equiparações, por aplicação de sua jurisprudência consolidada na Súmula 339 ("não cabe ao Poder Judiciário, que não tem função legislativa, aumentar vencimentos de servidores públicos sob fundamento de isonomia"). Pela importância do tema, a Suprema Corte acabou por adotar o referido entendimento jurisprudencial, como sua Súmula Vinculante 37. (COUTINHO, Alessandro Dantas, KRUGER, Ronald Rodor. Manual de Direito Administrativo: Volume Único. 2ª edição, Editora Juspodivm, Salvador, 2018, p. 337)

◉ **Súmula Vinculante 37: Não cabe ao Poder Judiciário, que não tem função legislativa, aumentar vencimentos de servidores públicos sob o fundamento de isonomia.**

▶ **Impende salientar, entretanto, que, por meio da Lei 9.367/1996, foi previsto um processo de implementação da isonomia de vencimentos entre os servidores dos diferentes Poderes, do TCU e do MPU.**

Impende salientar, entretanto, que, por meio da Lei 9.367/1996, foi previsto um processo de implementação da isonomia de vencimentos entre os servidores dos diferentes Poderes, do TCU e do MPU, a ser feito de forma gradativa, mas que apenas alcançava o vencimento básico. Já foi visto que a EC 19 excluiu do art. 39, § 1.º, a regra que assegurava isonomia de vencimentos para cargos de atribuições iguais ou assemelhados do mesmo Poder ou entre servidores dos Poderes Executivo, Legislativo e Judiciário. Isso, contudo, não impedirá que os servidores pleiteiem o direito à isonomia, com fundamento no art. 5.º, caput e inc. I. (COUTINHO, Alessandro Dantas, KRUGER, Ronald Rodor. Manual de Direito Administrativo: Volume Único. 2ª edição, Editora Juspodivm, Salvador, 2018, p. 337)

▶ **Mantém-se a norma do art. 37, inc. XII, segundo a qual "os vencimentos dos cargos do Poder Legislativo e do Poder Judiciário não poderão ser superiores aos pagos pelo Poder Executivo".**

Além disso, mantém-se a norma do art. 37, inc. XII, segundo a qual "os vencimentos dos cargos do Poder Legislativo e do Poder Judiciário não poderão ser superiores aos pagos pelo Poder Executivo". É a antiga regra da paridade de vencimentos, que vem do art. 98 da Constituição de 1967, com a redação dada pela EC 1/1969. Essa regra era interpretada no sentido de igualdade de remuneração para os servidores dos três Poderes. No entanto, o STF fixou o entendimento de que "o que o inc. XII, art. 37, da Constituição cria é um limite, não uma relação de igualdade. Ora, esse limite reclama, para implementar-se, intervenção legislativa, uma vez que já não havendo paridade, antes do advento da Constituição, nem estando, desse modo, contidos os vencimentos, somente por redução dos que são superiores aos pagos pelo Executivo seria alcançável a parificação prescrita." (DI PIETRO, Maria Sylvia Zanella, Tratado de Direito Administrativo – Volume 2, Editora Revista dos Tribunais, São Paulo, Edição 2015, p. 404)

> "com efeito, não seria possível cogitar-se do estabelecimento automático da paridade, sem que houvesse a determinação, mediante lei (de cada esfera da Federação), do patamar de vencimentos dos cargos do Poder Executivo que serviriam de paradigma para os demais Poderes. Mesmo assim, de se perceber que os antigos ocupantes desses cargos, desde que já percebessem valores além do teto fixado como paradigma, não poderiam sofrer redução no montante total que percebem, por força do princípio da irredutibilidade dos vencimentos (art. 37, XIV, CF/1988)." (Isonomia remuneratória. In: DI PIETRO, Maria Sylvia Zanella; MOTTA, Fabrício; FERRAZ, Luciano de Araújo. Servidores públicos na Constituição de 1988, cit. p. 113.)
>
> **E continua:** "embora se reconheça que, com as alterações do inc. XI do art. 37, determinadas pelas Emendas Constitucionais 19/1998 e 41/2003, o dispositivo em exame possa ter sua aplicabilidade questionada, é possível que as entidades da Federação, mediante lei, estabeleçam, para o futuro, a paridade almejada, editando regras de transição para acomodar, com respeito aos direitos adquiridos e ao princípio da segurança jurídica, as situações pretéritas aos novos comandos legislativos editados".(Isonomia remuneratória. In: DI PIETRO, Maria Sylvia Zanella; MOTTA, Fabrício; FERRAZ, Luciano de Araújo. Servidores públicos na Constituição de 1988, cit. p. 113.)

▶ **A isonomia era assegurada também aos inativos e aos pensionistas (dependentes do servidor falecido), como se constatava pelo § 8.º do art. 40, com a redação dada pela EC 20/1998.**

O dispositivo exigia revisão dos proventos de aposentadoria e pensão, na mesma proporção e na mesma data, sempre que se modificasse a remuneração dos servidores em atividade, sendo também estendidos aos inativos e aos pensionistas quaisquer benefícios ou vantagens posteriormente concedidos aos servidores em atividade, inclusive quando decorrentes da transformação ou reclassificação do cargo ou função em que se desse a aposentadoria. (DI PIETRO, Maria Sylvia Zanella, Tratado de Direito Administrativo – Volume 2, Editora Revista dos Tribunais, São Paulo, Edição 2015, p. 404)

▶ **Em relação aos pensionistas, o tratamento isonômico ainda decorria do § 7.º do art. 40, acrescentado pela mesma Emenda.**

Em relação aos pensionistas, o tratamento isonômico ainda decorria do § 7.º do art. 40, acrescentado pela mesma Emenda, em cujos termos "lei disporá sobre a concessão do benefício da pensão por morte, que será igual ao valor dos proventos do servidor falecido ou ao valor dos proventos a que teria direito o servidor em atividade na data de seu falecimento, observado o disposto no § 3º. Pela EC 41, de 19.12.2003, os §§ 7.º e 8.º foram alterados. Com relação aos inativos, o § 8.º apenas assegura "o reajustamento dos benefícios para preservar-lhes, em caráter permanente, o valor real, conforme critérios estabelecidos em lei". Vale dizer que não se mantém a isonomia ou a paridade com os servidores em atividade. E, para os pensionistas, o § 7.º assegura benefício correspondente ao valor da totalidade dos proventos do servidor falecido ou da remuneração do servidor no cargo efetivo em que se deu o falecimento, até o limite estabelecido para o regime geral de previdência social de que trata o art. 201, acrescido de 70% da parcela excedente a este limite. Vale dizer que não se mantém a isonomia ou a paridade dos proventos e da pensão com os vencimentos ou subsídios dos servidores em atividade. (DI PIETRO, Maria Sylvia Zanella, Tratado de Direito Administrativo – Volume 2, Editora Revista dos Tribunais, São Paulo, Edição 2015, p. 405)

▶ **Manutenção da regra da isonomia e paridade. Regra excecional.**

No entanto, o art. 7.º da mesma Emenda manteve a isonomia ou a paridade, nos mesmos termos em que era assegurada pelos §§ 7.º e 8.º, na redação anterior, para os servidores aposentados e os pensionistas que já recebiam a pensão na data da publicação da Emenda, bem como para os servidores e seus dependentes que, na mesma data, tivessem cumprido os requisitos para concessão dos benefícios, conforme previsto no art. 3.º. A EC 47/2005 estende o mesmo benefício aos que ingressaram no serviço público até 16.12.1998 (data da entrada em vigor da Emenda 20/1998) e que tenham cumprido os requisitos previstos no art. 6.º da EC 41/2003 ou no art. 3.º da EC 47/2005. (DI PIETRO, Maria Sylvia Zanella, Tratado de Direito Administrativo – Volume 2, Editora Revista dos Tribunais, São Paulo, Edição 2015, p. 405/406)

◙ **Tema 0315, Tese Fixada: Não cabe, ao Poder Judiciário, que não tem a função legislativa, aumentar vencimentos de servidores públicos sob o fundamento de isonomia. RE 592317, 28/08/2014**

RG ◙ Não cabe, ao Poder Judiciário, que não tem a função legislativa, aumentar vencimentos de servidores públicos sob o fundamento de isonomia

Recurso extraordinário com repercussão geral reconhecida. Administrativo. Servidor Público. Extensão de gratificação com fundamento no princípio da Isonomia. Vedação. Enunciado 339 da Súmula desta Corte. Recurso extraordinário provido. (RE 592317, Relator(a): Min. GILMAR MENDES, Tribunal Pleno, julgado em 28/08/2014, PROCESSO ELETRÔNICO REPERCUSSÃO GERAL – MÉRITO DJe-220 DIVULG 07-11-2014 PUBLIC 10-11-2014)

ART. 37, XIII DA CF – VEDAÇÃO À VINCULAÇÃO OU EQUIPARAÇÃO DE QUAISQUER ESPÉCIES REMUNERATÓRIAS PARA O EFEITO DE REMUNERAÇÃO DE PESSOAL DO SERVIÇO PÚBLICO

XIII – É vedada a vinculação ou equiparação de quaisquer espécies remuneratórias para o efeito de remuneração de pessoal do serviço público

▶ **Ao mesmo tempo em que a CF/1988 contém regra no sentido de garantir a isonomia entre cargos de atribuições assemelhadas dos diferentes Poderes, ela proíbe, em sentido oposto, a vinculação ou equiparação de remunerações entre diferentes carreiras ou cargos (art. 37, XIII).**

Ao mesmo tempo em que a CF/1988 contém regra no sentido de garantir a isonomia entre cargos de atribuições assemelhadas dos diferentes Poderes, ela proíbe, em sentido oposto, a vinculação ou equiparação de remunerações entre diferentes carreiras ou cargos (art. 37, XIII). (COUTINHO, Alessandro Dantas, KRUGER, Ronald Rodor. Manual de Direito Administrativo: Volume Único. 2ª edição, Editora Juspodivm, Salvador, 2018, p. 337)

▶ **Não é válida a pretensão, ainda que legislativa, de se vincular aumentos ou reestruturações de uma carreira a outra, evitando-se, com isso, os indesejáveis efeitos em cascata.**

Isso significa que não é válida a pretensão, ainda que legislativa, de se vincular aumentos ou reestruturações de uma carreira a outra, evitando-se, com isso, os indesejáveis efeitos em cascata. Essa proibição pressupõe, ao lado do disposto no inc. XI do art. 37, por óbvio, a inaplicabilidade da regra constante do inc. XII do mesmo artigo. (COUTINHO, Alessandro Dantas, KRUGER, Ronald Rodor. Manual de Direito Administrativo: Volume Único. 2ª edição, Editora Juspodivm, Salvador, 2018, p. 337)

◙ **Sobre a matéria, confirmando a proibição constitucional, são inúmeros os precedentes do STF.**

AÇÃO DIRETA DE INCONSTITUCIONALIDADE. JULGAMENTO CONJUNTO DAS ADI'S 4.009 E 4.001. LEGITIMIDADE AD CAUSAM DA REQUERENTE --- ADEPOL. LEI COMPLEMENTAR N. 254, DE 15 DE DEZEMBRO DE 2003, COM A REDAÇÃO QUE LHE FOI CONFERIDA PELA LEI COMPLEMENTAR N. 374, DE 30 DE JANEIRO DE 2007, AMBAS DO ESTADO DE SANTA CATARINA. ESTRUTURA ADMINISTRATIVA E REMUNERAÇÃO DOS PROFISSIONAIS DO SISTEMA DE SEGURANÇA PÚBLICA ESTADUAL. ARTIGO 106, § 3º, DA CONSTITUIÇÃO CATARINENSE. LEIS COMPLEMENTARES NS. 55 E 99, DE 29 DE MAIO DE 1.992 E 29 DE NOVEMBRO DE 1.993, RESPECTIVAMENTE. VINCULAÇÃO OU EQUIPARAÇÃO

DE ESPÉCIES REMUNERATÓRIAS DOS POLICIAIS CIVIS E MILITARES À REMU-
NERAÇÃO DOS DELEGADOS. ISONOMIA, PARIDADE E EQUIPARAÇÃO DE VEN-
CIMENTOS. JURISPRUDÊNCIA DO STF: VIOLAÇÃO DO DISPOSTO NOS ARTIGOS
37, INCISO XIII; 61, § 1º, INCISO II, ALÍNEA "A", E 63, INCISO I, DA CONSTITUI-
ÇÃO DO BRASIL. PROIBIÇÃO DE VINCULAÇÃO E EQUIPARAÇÃO ENTRE RE-
MUNERAÇÕES DE SERVIDORES PÚBLICOS. PEDIDO JULGADO PARCIALMENTE
PROCEDENTE. MODULAÇÃO DOS EFEITOS DA DECISÃO DE INCONSTITUCIO-
NALIDADE. 1. A legitimidade ad causam da requerente foi reconhecida por esta Corte
em oportunidade anterior --- entidade de classe de âmbito nacional, com homogeneidade
em sua representação, que congrega Delegados de Carreira das Polícias Federal, Estaduais
e do Distrito Federal. 2. O objeto desta ação direta diz com a possibilidade de equiparação ou vinculação de remunerações de servidores públicos estaduais integrados em carreiras distintas. 3. A jurisprudência desta Corte é pacífica no que tange ao não-cabimento
de qualquer espécie de vinculação entre remunerações de servidores públicos [artigo 37,
XIII, da CB/88]. Precedentes. 4. Violação do disposto no artigo 61, § 1º, inciso II, alínea
a, da Constituição do Brasil – "são de iniciativa privativa do presidente da República as
leis que: [...]; II – disponham sobre: a) criação de cargos, funções ou empregos públicos
na administração direta e autárquica ou aumento de sua remuneração". 5. Afronta ao
disposto no artigo 63, inciso I, da Constituição do Brasil – "não será admitido aumento
de despesa prevista: I – nos projetos de iniciativa exclusiva do Presidente da República,
ressalvados o disposto no art. 166, §§ 3º e 4º". 6. É expressamente vedado pela Constituição do Brasil o atrelamento da remuneração de uns servidores públicos à de outros,
de forma que a majoração dos vencimentos do grupo paradigma consubstancie aumento
direto dos valores da remuneração do grupo vinculado. 7. Afrontam o texto da Constituição do Brasil os preceitos da legislação estadual que instituem a equiparação e vinculação de remuneração. 8. Ação direta julgada parcialmente procedente para declarar a
inconstitucionalidade: [i] do trecho final do § 3º do artigo 106 da Constituição do Estado
de Santa Catarina: "de forma a assegurar adequada proporcionalidade de remuneração
das diversas carreiras com a de delegado de polícia"; [ii] do seguinte trecho do artigo
4º da LC n. 55/92 "[...], assegurada a adequada proporcionalidade das diversas carreiras
com a do Delegado Especial"; [iii] do seguinte trecho do artigo 1º da LC 99: "mantida a
proporcionalidade estabelecida em lei que as demais classes da carreira e para os cargos
integrantes do Grupo Segurança Pública – Polícia Civil"; e, [iv] por arrastamento, do §
1º do artigo 10 e os artigos 11 e 12 da LC 254/03, com a redação que lhe foi conferida
pela LC 374, todas do Estado de Santa Catarina. 9. Modulação dos efeitos da decisão de
inconstitucionalidade. Efeitos prospectivos, a partir da publicação do acórdão. 10. Aplicam-se à ADI n. 4.001 as razões de decidir referentes à ADI n. 4.009. (ADI 4009, Re-
lator(a): Min. EROS GRAU, Tribunal Pleno, julgado em 04/02/2009, DJe-099 DIVULG
28-05-2009 PUBLIC 29-05-2009 EMENT VOL-02362-05 PP-00861)

▶ **Não se admite qualquer tipo de vinculação a índices de atualização monetária
utilizados por outras unidades da Federação.**

Também não se admite qualquer tipo de vinculação a índices de atualização monetária utilizados por outras unidades da Federação, devendo cada entidade, em seu
próprio âmbito, determinar o valor da revisão ou reajuste tendo em conta a inflação

passada e o momento histórico em que se procede. Resguarda-se, assim, a autonomia municipal e estadual de determinar o fator de reajuste em matéria que é de seu peculiar interesse. (COUTINHO, Alessandro Dantas, KRUGER, Ronald Rodor. Manual de Direito Administrativo: Volume Único. 2ª edição, Editora Juspodivm, Salvador, 2018, p. 338)

◙ **Súmula Vinculante n.º 42 – É inconstitucional a vinculação do reajuste de vencimentos de servidores estaduais ou municipais a índices federais de correção monetária".**

▶ **Proibição da incidência de acréscimos como base de cálculo de outros acréscimos**

Com vistas a evitar situações absurdas, ocorridas principalmente em esfera estadual e municipal, na qual servidores incorporavam vantagens que, posteriormente, serviam como base de cálculo para novas vantagens, gerando um efeito cascata interminável e possibilitando remunerações verdadeiramente astronômicas, a CF/1988 proibiu expressamente que acréscimos pecuniários percebidos pelo servidor público sejam computados ou acumulados para concessão de acréscimos ulteriores (art. 37, XIV). Assim, por exemplo, se o servidor incorpora a seus vencimentos ou remuneração o valor percentual correspondente ao exercício de uma função de confiança ou cargo em comissão, não poderá esse mesmo valor ser considerado como base de cálculo de uma posterior e nova incorporação, que deverá incidir sobre o total da remuneração, excluído o valor da primeira incorporação. A aplicação dessa regra, por si só, não conseguiu evitar os "marajás" do serviço público, tendo sido necessária a adoção de um teto constitucional, conforme será visto mais à frente. (COUTINHO, Alessandro Dantas, KRUGER, Ronald Rodor. Manual de Direito Administrativo: Volume Único. 2ª edição, Editora Juspodivm, Salvador, 2018, p. 8)

▶ **O objetivo da regra sempre foi o de evitar que os acréscimos pecuniários outorgados aos servidores públicos incidissem sobre todas as parcelas que lhes compusessem a remuneração – o chamado "efeito-repicão" ou "repiquíssimo"**

"o inciso XIV tem que ver com a necessidade de planejamento dos gastos de pessoal. Seu objetivo sempre foi o de evitar que os acréscimos pecuniários outorgados aos servidores públicos incidissem sobre todas as parcelas que lhes compusessem a remuneração – o chamado "efeito-repição" ou "repiquíssimo" (MORAES, Alexandre de. Direito Constitucional Administrativo. São Paulo: Atlas, 2002, p. 192; SILVA, José Afonso da. Curso de Direito Constitucional Positivo. São Paulo: RT, 1991, p. 573), ou ainda que os adicionais e vantagens concedidos sob o mesmo título e fundamento (duplicidade) fossem sucessivamente acumulados, produzindo aumentos em "cascata" (BRASIL. Supremo Tribunal Federal – MS 22.891, Rel. Min. Carlos Velloso, DJ de 7.11.03). Pretendia-se impedir duas práticas: primeira, a de tomar como base de cálculo dos novos acréscimos a retribuição básica aduzida dos acréscimos preexistentes; segunda, a de que um mesmo acréscimo fosse repetidamente computado para fins de concessões posteriores (BANDEIRA DE MELLO, Celso Antônio. Curso de Direito Administrativo. 19. ed. São Paulo: Malheiros, 2006). Todavia, a redação original do preceito, ao prescrever que a cascata dos acréscimos somente seria vedada quando fossem concedidos "sob o mesmo título ou idêntico fundamento", restringiu seu campo de abrangência, permitindo a concessão de vantagens nominalmente diferentes, que se tornavam realidade apenas porque concedidas sob rótulo diverso (BRASIL. Supremo Tribunal Federal – RE 206.117, Rel. Min. Sepúlveda Pertence, DJ de 28-4-00) (Comentários à Constituição do Brasil – Série Idp. Mendes, Gilmar Ferreira; Streck, Lenio Luiz; Sarlet, Ingo Wolfgang; Leoncy, Léo Ferreira; Canotilho, J. J. Gomes. Editora Saraiva, 2ª Edição, São Paulo, 2018, p. 935)

▶ **No mesmo sentido:** No inciso XIV do art. 37, o Constituinte, mais uma vez, a exemplo do que fizera no inciso anterior, procurou impedir o chamado efeito cascata. Para tanto, consignou que os acréscimos pecuniários recebidos pelo servidor não podem ser computados nem acumulados para fins de concessão de acréscimos ulteriores. O que o mandamento deixa claro é que, se o servidor faz jus a determinado acréscimo pecuniário, deve ele incidir sobre a parcela que constitui seu vencimento-base (ou vencimento-padrão), não se podendo considerar, para tanto, outros acréscimos já acoplados ao referido vencimento. Em outras palavras, é o vencimento-base (ou equivalente) que serve de base de cálculo para a inclusão de vantagens pecuniárias, e não o somatório dele com vantagens existentes anteriormente. (CARVALHO FILJO, José dos Santos, Constituição Federal Comentada / Alexandre de Moraes ... [et al.] ; [organização Equipe Forense]. – 1. ed. – Rio de Janeiro: Forense, 2018. p. 534)

▶ **No mesmo sentido:** Enfim, a norma pretende evitar o que também é conhecido como repicão, em que cada acréscimo vai incidindo sobre o total de ganhos, algo que culmina em valores estratosféricos e imorais (SILVA, José Afonso da. Curso de direito constitucional positivo. 20ª ed. São Paulo: Malheiros, 2002, p. 666).

▶ **Com a nova redação dada pela Emenda Constitucional n.º 19/98 ficou estabelecido que os acréscimos pecuniários percebidos por servidor público não serão computados nem acumulados para fins de concessão de acréscimos ulteriores.**

A Emenda Constitucional n. 19/98 alterou a redação do dispositivo, excluindo a restrição e passando a dispor que "os acréscimos pecuniários percebidos por servidor público não serão computados nem acumulados para fins de concessão de acréscimos ulteriores". A nova redação tornou mais abrangente a norma constitucional, vedando cumulatividade de toda e qualquer adição remuneratória para fins de cálculo da remuneração, independentemente de seu fundamento. É dizer: a base de cálculo para acréscimos ulteriores passa a ser exclusivamente o vencimento básico do servidor, excluindo-se adicionais, vantagens do cargo e vantagens pessoais (MINAS GERAIS. Tribunal de Justiça. Acórdão n. 1.0024.05.680930-4/001, Rel. Armando Freire, j. 4.12.07). (Comentários à Constituição do Brasil – Série Idp. Mendes, Gilmar Ferreira; Streck, Lenio Luiz; Sarlet, Ingo Wolfgang; Leoncy, Léo Ferreira; Canotilho, J. J. Gomes. Editora Saraiva, 2ª Edição, São Paulo, 2018, p. 936)

▶ **Existem algumas parcelas remuneratórias que são concedidas com incorporação ao vencimento do cargo, passando, com isso, a integrar a base de cálculo para a incidência das demais.**

De toda sorte, se determinadas parcelas remuneratórias são concedidas com incorporação ao vencimento do cargo, passarão a integrar a base de cálculo para a incidência das demais, tal como se depreende da orientação firmada pelo STF: "Remuneração. Servidor público paulista. Sexta-parte. A parcela não caracteriza gratificação por tempo de serviço, mas melhoria de vencimento alcançada com implemento de condição temporal, integrando-o e servindo de base a outras parcelas" (AI 820.974-AgR, Rel. Min. Marco Aurélio, julgamento em 13.12.2011, Primeira Turma, DJe de 15.2.2012). Na mesma direção: "a decisão recorrida está em consonância com a jurisprudência desta Corte, a qual entende que as vantagens pessoais incidem na gratificação de produtividade porque compõem o vencimento do servidor" (AI 414.610-AgR, Rel. Min. Ellen Gracie, julgamento em 25.8.2009 Segunda Turma, DJe de 18.9.2009). No mesmo sentido: RE 262.398-AgR, Rel. Min. Dias Toffoli, julgamento em 21.8.2012, Primeira Turma, DJe de 6.9.2012. Vide: RE 206.117, Rel. Min. Sepúlveda Pertence, julgamento em 21.3.2000, Primeira Turma, DJ de 28.4.2000. Note-se que a regra somente abrange os servidores que não são remunerados pela sistemática do subsídio. Isto porque o subsídio se compõe de parcela única, o que afasta a possibilidade de aplicação dos limites previstos no dispositivo. (Comentários à Constituição do Brasil – Série Idp. Mendes, Gilmar Ferreira; Streck, Lenio Luiz; Sarlet, Ingo Wolfgang; Leoncy, Léo Ferreira; Canotilho, J. J. Gomes. Editora Saraiva, 2ª Edição, São Paulo, 2018, p. 936)

▶ **O mesmo sentido:** A despeito da evidência da norma, ainda se encontram, aqui e ali, vantagens que incidem sobre o vencimento somado a outras vantagens. Trata-se de flagrante inconstitucionalidade, mas que, lamentavelmente, se perpetua pela total falta de controle das autoridades governamentais, ainda mais em se tratando de remuneração de servidor, normalmente uma verdadeira caixa-preta. (CARVALHO FILJO, José dos Santos, Constituição Federal Comentada / Alexandre de Moraes ... [et al.] ; [organização Equipe Forense]. – 1. ed. – Rio de Janeiro: Forense, 2018. p. 533)

▶ **Distinção entre paridade e equiparação.**

"**Paridade** é um tipo especial de isonomia, é igualdade de vencimentos atribuídos a cargos de atribuições iguais ou assemelhadas **pertencentes a quadros de Poderes diferentes. Equiparação** é a comparação de cargos de denominação e atribuições diversas, considerando-os iguais para fins de se lhes conferirem os mesmos vencimentos; é igualação jurídico-formal de cargos ontologicamente desiguais, para o efeito de se lhes darem vencimentos idênticos, de tal sorte que, ao aumentar-se o padrão do cargo-paradigma, automaticamente o do outro ficará também majorado na mesma proporção". (SILVA, José Afonso da, Curso de Direito Constitucional Positivo., 37a ed., São Paulo, Malheiros Editores, 2014, p. 697)

▶ **Na redação original, o dispositivo mencionava a vedação de vinculações e equiparações relativamente aos vencimentos (do cargo), ressalvando a paridade do inciso XII e a isonomia do § 1º do art. 39, CR.**

A Emenda Constitucional nº. 19/98 ampliou essa vedação a quaisquer espécies remuneratórias – continuam excluídas as parcelas indenizatórias –, de modo a abarcar vencimentos (também o vencimento básico – STF – AI 218.095-AgR, Rel. Min. Octavio Gallotti, DJ 5.2.99), adicionais, vantagens, subsídios. Supera-se, a partir dessa Emenda, discussão acerca da extensão do obstáculo do preceito aos agentes políticos, entendimento este que já foi objeto de anterior posicionamento do Supremo Tribunal Federal, segundo o qual a referência contida no inciso XIII do art. 37 à remuneração de pessoal do serviço público restringia o preceito aos servidores em geral (BRASIL. Supremo Tribunal Federal. RE 181.715, Rel. Min. Marco Aurélio, DJ de 7.2.97). A vinculação estabelece elo vertical-hierárquico entre cargos de maior retribuição pecuniária com outros de menor retribuição, em ordem a que o aumento concedido ao cargo paradigma traga reflexo automático para os demais situados em nível inferior de hierarquia; a equiparação, por sua vez, estabelece elo horizontal de igualação remuneratória entre cargos ontologicamente desiguais, para o efeito de lhes darem encimentos idênticos, de tal sorte que, ao aumentar-se o padrão do cargo paradigma automaticamente o do outro ficará também majorado na mesma proporção (SILVA, José Afonso da. Curso de Direito Constitucional Positivo. São Paulo: RT, 1991). Note-se que o inciso XIII do art. 37 direciona-se ao legislador (de cada entidade da Federação), que fica impedido de editar leis que tragam em seu bojo as figuras constitucionalmente vedadas. Isso porque se ressalvam da vedação "as hipóteses expressamente autorizadas em sede constitucional" (BRASIL. Supremo Tribunal Federal. ADI 507/AM, Rel. Min. Celso de Mello, DJ de 8.8.03). (Comentários à Constituição do Brasil – Série Idp. Mendes, Gilmar Ferreira; Streck, Lênio Luiz; Sarlet, Ingo Wolfgang; Leoncy, Léo Ferreira; Canotilho, J. J. Gomes. Editora Saraiva, 2ª Edição, São Paulo, 2018, p. 934)

◉ **A jurisprudência do STF e do STJ, com base no inciso XIII do art. 37, entende ser INCONSTITUCIONAL os seguintes casos:**

a) vinculação do reajuste de vencimentos de servidores estaduais e municipais a índices federais de correção monetária (Súmula 681 do STF);

b) vinculação de cargos de último grau na carreira da Advocacia Pública, com seu dirigente máximo (BRASIL. Supremo Tribunal Federal. ADI 955, Rel. Min. Sepúlveda Pertence, DJ de 25.8.06);

c) fixação de vencimentos de cargos comissionados por meio de equivalência com outros cargos (BRASIL. Supremo Tribunal Federal. ADI 1227, Rel. Min. Maurício Corrêa, DJ de 29.11.02);

d) reajuste automático de vencimentos dos servidores públicos, vinculado mensalmente ao coeficiente de crescimento nominal de arrecadação de tributo (BRASIL. Supremo Tribunal Federal. AO 317/SC, Rel. Min. Maurício Corrêa, DJ de 15.12.95);

e) vinculação de vencimentos de cargos efetivos ao salário mínimo vigente (BRASIL. Supremo Tribunal Federal. RE 210.682, Rel. Min. Ilmar Galvão, DJ de 28.8.98);

f) equiparação de categorias de agentes públicos pertencentes a carreiras distintas (BRASIL. Superior Tribunal de Justiça. RMS 16253/RO, Rel. Min. Paulo Medina. DJ de 02.04.07; BRASIL. Superior Tribunal de Justiça. RMS 12565/SP, Rel. Min. Maria Thereza de Assis Moura, DJ 26.11.07).

◉ **Hipóteses que o Supremo Tribunal Federal entende não haver violação do aludido preceito relacionado à vinculação. (art. 37, XIII, CF)**

a) estabilização financeira (apostilamento) de servidores públicos, haja vista que a parcela outorgada aos beneficiários tem natureza de vantagem pessoal (BRASIL. Supremo Tribunal Federal. RE 303.673, Rel. Min. Moreira Alves, DJ 14.6.02; RE 226.462, Rel. Min. Sepúlveda Pertence, DJ 25.5.01);

b) percepção dos vencimentos de cargo distinto, pela circunstância de ter o servidor exercido as funções correspondentes (BRASIL. Supremo Tribunal Federal. RE 222.656, Rel. Min. Otávio Galloti, DJ 16.6.00);

c) equiparação legislativa de vencimentos para cargos, pertencentes à mesma carreira, com atribuições iguais (BRASIL. Supremo Tribunal Federal. RE 201.458, Rel. Min. Octavio Gallotti, DJ 17.9.99).

▶ **Isonomia, paridade e equiparação de vencimentos**

"é igualdade de espécies remuneratórias entre cargos de atribuições iguais ou assemelhadas. Paridade é um tipo especial de isonomia, é igualdade de vencimentos atribuídos a cargos de atribuições iguais ou assemelhadas pertencentes a quadros de Poderes diferentes. Equiparação é a comparação de cargos de denominação e atribuições diversas, considerando-os iguais para fins de se lhes conferirem os mesmos vencimentos; é igualação jurídico-formal de cargos ontologicamente desiguais, para o efeito de se lhes darem vencimentos idênticos, de tal sorte que, ao aumentar-se o padrão do cargo-paradigma, automaticamente o do outro ficará também majorado na mesma proporção". SILVA, José Afonso da, Curso de Direito Constitucional Positivo., 37a ed., São Paulo, Malheiros Editores, 2014, p. 697.)

▶ **Proibição de vinculação ou equiparação entre espécies remuneratórias**

Ao mesmo tempo em que a CF/1988 contém regra no sentido de garantir a isonomia entre cargos de atribuições assemelhadas dos diferentes Poderes, ela proíbe, em sentido oposto, a vinculação ou equiparação de remunerações entre diferentes carreiras ou cargos (art. 37, XIII). Isso significa que não é válida a pretensão, ainda que legislativa, de se vincular aumentos ou reestruturações de uma carreira a outra, evitando-se, com isso, os indesejáveis efeitos em cascata. Essa proibição pressupõe, ao lado do disposto no inc. XI do art. 37, por óbvio, a inaplicabilidade da regra constante do inc. XII do mesmo artigo. Sobre a matéria, confirmando a proibição constitucional, são inúmeros os precedentes do STF. STF, ADI 4.009/SC, Pleno, Rel. Min. Eros Grau, j. 04.02.2009. Nessa ação, foi reconhecida a inconstitucionalidade de dispositivo da Constituição do Estado e de lei complementar estadual que previa a vinculação, em termos proporcionais, da remuneração de policiais civis e militares com a de delegado de polícia.

▶ **Também não se admite qualquer tipo de vinculação a índices de atualização monetária utilizados por outras unidades da Federação.**

Também não se admite qualquer tipo de vinculação a índices de atualização monetária utilizados por outras unidades da Federação, devendo cada entidade, em seu próprio âmbito, determinar o valor da revisão ou reajuste tendo em conta a inflação passada e o momento histórico em que se procede. Resguarda-se, assim, a autonomia municipal e estadual de determinar o fator de reajuste em matéria que é de seu peculiar interesse.

▶ **Para os pensionistas, o § 7º assegura benefício correspondente ao valor da totalidade dos proventos do servidor falecido ou da remuneração do servidor no cargo efetivo em que se deu o falecimento, até o limite estabelecido para o regime geral de previdência social de que trata o artigo 201, acrescido de 70% da parcela excedente a este limite.**

No entanto, o artigo 7º da mesma Emenda manteve a isonomia ou paridade, nos mesmos termos em que era assegurada pelos §§ 7º e 8º, na redação anterior, para os servidores já aposentados e os pensionistas que já recebiam a pensão na data da publicação da Emenda, bem como para os servidores e seus dependentes que, na mesma data, já tinham cumprido os requisitos para concessão dos benefícios, conforme previsto no artigo 3º. A Emenda Constitucional no 47/05 estende o mesmo benefício aos que ingressaram no serviço público até 16-12-98 (data da entrada em vigor da Emenda no 20/98) e que tenham cumprido os requisitos previstos no artigo 6º da Emenda Constitucional no 41/03 ou no artigo 3º da Emenda Constitucional no 47/05.

▶ **Não se mantém a isonomia ou paridade dos proventos e da pensão com os vencimentos ou subsídios dos servidores em atividade.**

Vale dizer que não se mantém a isonomia ou paridade dos proventos e da pensão com os vencimentos ou subsídios dos servidores em atividade. (DI PIETRO, Maria Sylvia Zanella. Direito Administrativo. 32. ed. São Paulo: Atlas, 2018. p.)

◉ **Inconstitucionalidade da vinculação entre os subsídios dos membros do Ministério Público e da Magistratura**

A jurisprudência desta Corte é firme quanto à inconstitucionalidade da vinculação entre os subsídios dos membros do Ministério Público e da Magistratura, em afronta ao art. 37, XIII, da Constituição. [ADI 1.756, rel. min. Roberto Barroso, j. 7-10-2015, P, DJE de 4-11-2015.]

◉ **Não cabimento de qualquer espécie de vinculação da remuneração de servidores públicos**

A jurisprudência da Corte é pacífica no que tange ao não cabimento de qualquer espécie de vinculação da remuneração de servidores públicos, repelindo, assim, a vinculação da remuneração de servidores do Estado a fatores alheios à sua vontade e ao seu controle; seja às variações de índices de correção editados pela União; seja aos pisos salariais profissionais.[ADI 668, rel. min. Dias Toffoli, j. 19-2-2014, P, DJE de 28-3-2014.

◉ **A equiparação de regime, inclusive o remuneratório, que se aperfeiçoa pela equiparação de vencimentos, é prática vedada pelo art. 37, XIII, da CF.**

A norma questionada aponta para a possibilidade de serem equiparados os servidores de toda e qualquer fundação privada, instituída ou mantida pelo Estado, aos das fundações públicas. Sendo diversos os regimes jurídicos, diferentes são os direitos e os deveres que se combinam e formam os fundamentos da relação empregatícia firmada. A equiparação de regime, inclusive o remuneratório, que se aperfeiçoa pela equiparação de vencimentos, é prática vedada pelo art. 37, XIII, da Constituição brasileira e contrária à Súmula 339 do STF. [ADI 191, rel. min. Cármen Lúcia, j. 29-11-2007, P, DJE de 7-3-2008.]

◙ **Previsão de reajuste dos valores fixados referentes às vantagens nominalmente identificáveis para os cargos de provimento em comissão de direção e de gerência superior, na mesma proporção.**

Previsão de reajuste dos valores fixados referentes às vantagens nominalmente identificáveis para os cargos de provimento em comissão de direção e de gerência superior, na mesma proporção. Configurada situação de pagamento de vantagem pessoal, na qual se enquadra o princípio da "estabilidade financeira", e não da proibição constitucional de vinculação de espécies remuneratórias vedada pelo art. 37, XIII, da Constituição da República. Previsão legal que não iguala ou equipara vencimentos, apenas reconhece o direito dos que exerceram cargos ou funções comissionadas por certo período de tempo em continuar percebendo esses valores como vantagem pessoal. [ADI 1.264, rel. min. Cármen Lúcia, j. 29-11-2007, P, DJE de 15-2-2008.]

◙ **Vincular a alteração dos subsídios do governador, do vice-governador e dos secretários de Estado às propostas de refixação dos vencimentos dos servidores públicos em geral, ofende o inciso XIII do art. 37 e o inciso VIII do art. 49 da CF de 1988.**

A Lei Maior impôs tratamento jurídico diferenciado entre a classe dos servidores públicos em geral e o membro de Poder, o detentor de mandato eletivo, os ministros de Estado e os secretários estaduais e municipais. Esses agentes públicos, que se situam no topo da estrutura funcional de cada poder orgânico da União, dos Estados, do Distrito Federal e dos Municípios, são remunerados exclusivamente por subsídios, cuja fixação ou alteração é matéria reservada à lei específica, observada, em cada caso, a respectiva iniciativa (incisos X e XI do art. 37 da CF/1988). O dispositivo legal impugnado, ao vincular a alteração dos subsídios do governador, do vice-governador e dos secretários de Estado às propostas de refixação dos vencimentos dos servidores públicos em geral, ofendeu o inciso XIII do art. 37 e o inciso VIII do art. 49 da CF de 1988. [ADI 3.491, rel. min. Ayres Britto, j. 27-9-2006, P, DJ de 23-3-2007.] = RE 759.518 RG, rel. min. Gilmar Mendes, j. 29-5-2014, P, DJE de 24-11-2014, Tema 737

◙ **É inconstitucional a vinculação ou equiparação de quaisquer espécies remuneratórias para o efeito de remuneração do serviço público, exceto algumas situações previstas no próprio Texto Constitucional**

Esta Corte firmou entendimento no sentido de que é inconstitucional a vinculação ou equiparação de quaisquer espécies remuneratórias para o efeito de remuneração do serviço público, exceto algumas situações previstas no próprio Texto Constitucional. [ADI 2.831 MC, rel. min. Maurício Corrêa, j. 11-3-2004, P, DJ de 28-5-2004.] = RE 709.685 AgR, rel. min. Cármen Lúcia, j. 27-11-2012, 2ª T, DJE de 18-12-2012

◙ **Mostra-se inconstitucional a equiparação de vencimentos entre servidores estaduais e federais**

Conforme reiterada jurisprudência desta Corte, mostra-se inconstitucional a equiparação de vencimentos entre servidores estaduais e federais, por ofensa aos arts. 25 e 37, XIII, da CF. [ADI 196, rel. min. Ellen Gracie, j. 15-8-2002, P, DJ de 20-9-2002.]

◙ **É vedada a equiparação remuneratória entre militares das Forças Armadas e policiais e bombeiros militares do Distrito Federal, visto que a Constituição Federal de 1988, em seu art. 37, XIII, coíbe a vinculação ou equiparação de quaisquer espécies remuneratórias no âmbito do serviço público.**

É improcedente a demanda visando ao pagamento dos soldos dos integrantes das Forças Armadas no mesmo patamar da remuneração devida aos militares do Distrito Federal. Isso porque a pretensão fundamenta-se no art. 24 do DL 667/1969, que, reproduzindo vedação constante do art. 13, § 4º, da Constituição de 1967, na redação da EC 1/1969, proíbe o pagamento de remuneração superior à fixada para os postos e graduações correspondentes no Exército ao pessoal das Polícias Militares e Corpo de Bombeiros Militares das Unidades da Federação. Salienta-se que o impedimento do art. 13, § 4º, da Constituição de 1967, na redação da EC 1/1969, não foi mantido na Constituição de 1988, cujos arts. 42, § 1º, e 142, § 3º, X, limitam-se a conferir aos Estados a competência para fixar, mediante lei estadual específica, a remuneração dos militares integrantes dos quadros das suas Polícias Militares e Corpo de Bombeiros Militares. Já os arts. 42, § 1º, e 142, § 3º, X, da Carta Magna não se aplicam ao Distrito Federal, cujas Polícias Civil e Militar e Corpo de Bombeiros Militar, por disposição do art. 21, XIV, da CF/1988, são organizadas e mantidas pela União, a quem compete privativamente legislar sobre o vencimento dos integrantes de seus respectivos quadros. A propósito, há entendimento sumulado: "compete privativamente à União legislar sobre vencimentos dos membros das Polícias Civil e Militar do Distrito Federal" (Súmula 647/STF, cuja orientação foi recentemente adotada pela Súmula Vinculante 39). O art. 37, XIII, da CF/1988 coíbe a vinculação ou equiparação de quaisquer espécies remuneratórias no âmbito do serviço público. Destarte, a pretensão dos recorrentes se afigura evidentemente incompatível com a CF de 1988, uma vez que importa a equiparação de vencimentos entre os integrantes das Forças Armadas e os militares do Distrito Federal. [ARE 665.632 RG, rel. min. Teori Zavascki, j. 16-4-2015, P, DJE de 28-4-2015, Tema 806.]

◙ **Inconstitucionalidade da vinculação entre os subsídios dos membros do Ministério Público e da Magistratura**

A jurisprudência desta Corte é firme quanto à inconstitucionalidade da vinculação entre os subsídios dos membros do Ministério Público e da Magistratura, em afronta ao art. 37, XIII, da Constituição. [ADI 1.756, rel. min. Roberto Barroso, j. 7-10-2015, P, DJE de 4-11-2015.]

◉ **Não cabimento de qualquer espécie de vinculação da remuneração de servidores públicos**

A jurisprudência da Corte é pacífica no que tange ao não cabimento de qualquer espécie de vinculação da remuneração de servidores públicos, repelindo, assim, a vinculação da remuneração de servidores do Estado a fatores alheios à sua vontade e ao seu controle; seja às variações de índices de correção editados pela União; seja aos pisos salariais profissionais. [ADI 668, rel. min. Dias Toffoli, j. 19-2-2014, P, DJE de 28-3-2014.]

◉ **A equiparação de regime, inclusive o remuneratório, que se aperfeiçoa pela equiparação de vencimentos, é prática vedada pelo art. 37, XIII, da CF.**

A norma questionada aponta para a possibilidade de serem equiparados os servidores de toda e qualquer fundação privada, instituída ou mantida pelo Estado, aos das fundações públicas. Sendo diversos os regimes jurídicos, diferentes são os direitos e os deveres que se combinam e formam os fundamentos da relação empregatícia firmada. A equiparação de regime, inclusive o remuneratório, que se aperfeiçoa pela equiparação de vencimentos, é prática vedada pelo art. 37, XIII, da Constituição brasileira e contrária à Súmula 339 do STF. [ADI 191, rel. min. Cármen Lúcia, j. 29-11-2007, P, DJE de 7-3-2008.]

◉ **É inconstitucional norma que vincula pensões e proventos de aposentadoria de servidores públicos efetivos a subsídios de agentes políticos.**

(...) é pacífico o entendimento do STF no sentido de que as normas que alteram o padrão remuneratório são de iniciativa privativa do chefe do Poder Executivo. Assim, é inafastável a inconstitucionalidade formal do art. 273 da Constituição do Estado de Alagoas. Ressalta-se que esta questão já foi enfrentada por este Tribunal, na sistemática da repercussão geral, no julgamento do RE 745.811, de minha relatoria. (...) Ademais, também é uníssona a jurisprudência desta Corte quanto à impossibilidade de vinculação de vencimentos de cargos distintos. Dessa forma, ao vincular a remuneração de servidores de cargo efetivo com subsídios de agentes políticos, isto é, com o maior cargo em comissão na estrutura de Poder, na espécie, de secretário de Estado, a norma em comento também é materialmente inconstitucional. [RE 759.518 RG, voto do rel. min. Gilmar Mendes, j. 29-5-2014, P, DJE de 24-11-2014, Tema 737.] = ADI 3.491, rel. min. Ayres Britto, j. 27-9-2006, P, DJ de 23-3-2007

◉ **Tema 0139, RE 590260 – Tese Fixada: Os servidores que ingressaram no serviço público antes da EC 41/2003, mas que se aposentaram após a referida emenda, possuem direito à paridade remuneratória e à integralidade no cálculo de seus proventos, desde que observadas as regras de transição especificadas nos arts. 2º e 3º da EC 47/2005. Julgado em 24/06/2009**

RG ◉ Os servidores que ingressaram no serviço público antes da EC 41/2003, mas que se aposentaram após a referida emenda, possuem direito à paridade remuneratória e à integralidade no cálculo de seus proventos, desde que observadas as regras de transição especificadas nos arts. 2º e 3º da EC 47/2005

RECURSO EXTRAORDINÁRIO. ADMINISTRATIVO E PREVIDENCIÁRIO. SERVIDOR PÚBLICO. GRATIFICAÇÃO POR ATIVIDADE DE MAGISTÉRIO, INSTITUÍDA PELA LEI COMPLEMENTAR 977/2005, DO ESTADO DE SÃO PAULO. DIREITO INTERTEMPORAL. PARIDADE REMUNERATÓRIA ENTRE SERVIDORES ATIVOS E INATIVOS QUE INGRESSARAM NO SERVIÇO PÚBLICO ANTES DA EC 41/2003 E SE APOSENTARAM APÓS A REFERIDA EMENDA. POSSIBILIDADE. ARTS. 6º E 7º DA EC 41/2003, E ARTS. 2º E 3º DA EC 47/2005. REGRAS DE TRANSIÇÃO. REPERCUSSÃO GERAL RECONHECIDA. RECURSO PARCIALMENTE PROVIDO. I – Estende-se aos servidores inativos a gratificação extensiva, em caráter genérico, a todos os servidores em atividade, independentemente da natureza da função exercida ou do local onde o serviço é prestado (art. 40, § 8º, da Constituição). II – Os servidores que ingressaram no serviço público antes da EC 41/2003, mas que se aposentaram após a referida emenda, possuem direito à paridade remuneratória e à integralidade no cálculo de seus proventos, desde que observadas as regras de transição especificadas nos arts. 2º e 3º da EC 47/2005. III – Recurso extraordinário parcialmente provido. (RE 590260, Relator(a): Min. RICARDO LEWANDOWSKI, Tribunal Pleno, julgado em 24/06/2009, REPERCUSSÃO GERAL – MÉRITO DJe-200 DIVULG 22-10-2009 PUBLIC 23-10-2009 EMENT VOL-02379-09 PP-01917 RJTJRS v. 45, n. 278, 2010, p. 32-44)

◉ **É aplicável a Súmula Vinculante 42 a execuções de títulos judiciais formados anteriormente à publicação do verbete, caso este se remeta a julgamentos anteriores ao trânsito em julgado do ato exequendo.**

É aplicável a Súmula Vinculante 42 a execuções de títulos judiciais formados anteriormente à publicação do verbete, caso este se remeta a julgamentos anteriores ao trânsito em julgado do ato exequendo. [RE 977.068 AgR, rel. min. Edson Fachin, j. 17-11-2017, 2ª T, DJE de 5-12-2017.]

▶ **Com a nova redação dada pela Emenda 19, o dispositivo veda a vinculação ou equiparação de quaisquer espécies remuneratórias para o efeito de remuneração de pessoal do serviço público.**

O que se visa impedir, com esse dispositivo, são os reajustes automáticos de vencimentos, o que ocorreria se, para fins de remuneração, um cargo ficasse vinculado a outro, de modo que qualquer acréscimo concedido a um beneficiaria a ambos automaticamente; isso também ocorreria se os reajustes de salários ficassem vinculados a determinados índices, como o de aumento do salário mínimo, o de aumento da arrecadação, o de títulos da dívida pública ou qualquer outro. Não é por outra razão que o STF, na Súmula 681, definiu que "é inconstitucional a vinculação do reajuste de vencimento de servidores estaduais ou municipais a índices federais de correção monetária". Também, pela mesma razão, o STF aprovou a Súmula Vinculante 4, segundo a qual "salvo nos casos previstos na Constituição, o salário mínimo não pode ser usado como indexador de base de cálculo de vantagem de servidor público ou de empregado, nem ser substituído por decisão judicial".

◙ **Fixação de vencimentos de cargos comissionados por meio de equivalência com outros cargos.**

AÇÃO DIRETA DE INCONSTITUCIONALIDADE. LEI ESTADUAL. VENCI-MENTOS DE CARGOS EM COMISSÃO. VINCULAÇÃO. IMPOSSIBILIDADE. CF, ARTIGO 37, XIII. EC 19/98. 1. Dispositivos legais editados antes da Constituição Federal. Inadmissível o controle concentrado de constitucionalidade. Eventual contrarie-dade resolve-se pela revogação. 2. Remuneração. Serviço Público. Vinculação vedada pelo inciso XIII do artigo 37 da Constituição Federal. Postulado que, no ponto, não teve sua essência alterada pela Emenda Constitucional 19/98. Prejudicialidade inexis-tente. 3. Lei estadual que fixa remuneração de cargos em comissão por meio de equi-valência salarial com outros cargos. Inadmissibilidade. Vinculação inconstitucional. Precedentes. Ação direta de constitucionalidade conhecida em parte e , nesta, julga-da procedente. (ADI 1227, Relator(a): Min. MAURÍCIO CORRÊA, Tribunal Pleno, julgado em 02/10/2002, DJ 29-11-2002 PP-00018 EMENT VOL-02093-01 PP-00067)

◙ **Vinculação de cargos de último grau na carreira da Advocacia Pública, com seu dirigente máximo**

I. Servidor público: equiparação, por norma constitucional estadual, de vencimen-tos de Procuradores do Estado de classe especial e do Procurador-Geral do Estado: inconstitucionalidade (CF, art. 37, XIII). II. Ação direta de inconstitucionalidade julga-da procedente, em parte, para declarar a inconstitucionalidade da expressão "atribuin-do-se à classe de grau mais elevado remuneração não inferior à do Procurador-Geral do Estado constante no inciso VI do artigo 136 da Constituição do Estado da Paraí-ba". (ADI 955, Relator(a): Min. SEPÚLVEDA PERTENCE, Tribunal Pleno, julgado em 26/04/2006, DJ 25-08-2006 PP-00014 EMENT VOL-02244-01 PP-00046 RTJ VOL-00201-01 PP-00029 LEXSTF v. 28, n. 333, 2006, p. 24-31)

◙ **Vinculação de vencimentos de cargos efetivos ao salário mínimo vigente.**

VENCIMENTOS – ESCALONAMENTO – SALÁRIO-MÍNIMO. Exsurge incons-titucional, porque conflitante com o inciso IV do artigo 7º e com o inciso XIII do ar-tigo 37, lei estadual que prevê o escalonamento dos vencimentos da polícia civil – a partir de um por cento para o vencimento do agente de presídio de 1ª categoria e, no topo, de sete e meio por cento para o vencimento de delegado de polícia de categoria especial. Além de tratar-se de vinculação, tem-se que, ficando o vencimento do cargo situado na base da pirâmide aquém do salário-mínimo, ocorre automática complemen-tação que acaba por repercutir em todos os demais vencimentos, tornando a oscilação do salário-mínimo fator genérico de indexação. (RE 201729, Relator(a): Min. MARCO AURÉLIO, Segunda Turma, julgado em 16/12/1997, DJ 20-03-1998 PP-00018 EMENT VOL-01903-06 PP-01174)

◙ **Equiparação de categorias de agentes públicos pertencentes a carreiras distintas.**

RECURSO ORDINÁRIO EM MANDADO DE SEGURANÇA – EXTENSÃO DE PARCELA AUTÔNOMA AOS MEMBROS DO MINISTÉRIO PÚBLICO JUNTO AO

TRIBUNAL DE CONTAS DO ESTADO DE RONDÔNIA – PLEITO DE CONCES-
SÃO DE VANTAGEM CONCEDIDA AOS MEMBROS DO MINISTÉRIO PÚBLICO
JUNTO AO PODER JUDICIÁRIO ESTADUAL – CARREIRAS DISTINTAS – INE-
XISTÊNCIA DE ISONOMIA PARA FINS DE FIXAÇÃO DO REGIME REMUNE-
RATÓRIO – VEDAÇÃO EXPRESSA NO ART. 37, XIII, CR/88 – INCIDÊNCIA DA
SÚMULA 339 DO STF – RECURSO DESPROVIDO. 1. Os membros do Ministério
Público do Tribunal de Contas do Estado de Rondônia e os membros do Ministério
Público Estadual, junto ao Poder Judiciário, são órgãos distintos, com carreiras autô-
nomas e separadas, porém equiparadas pelo art. 130, CR/88, para efeitos de direitos,
vedações e forma de investidura, previstos na Seção I, Capítulo IV, da Constituição. 2.
Não se pode atribuir vantagem remuneratória concedida aos membros do Ministério
Público junto ao Poder Judiciário do Estado de Rondônia, aos membros do Ministério
Público junto ao Tribunal de Contas do mesmo Estado, por expressa vedação do art.
37, XIII, CR/88, e dada a incidência do enunciado 339 da Súmula do STF. 3. Recurso ordinário desprovido. (RMS 16.253/RO, Rel. Ministro PAULO MEDINA, SEXTA
TURMA, julgado em 21/03/2006, DJ 02/04/2007, p. 305)

▶ **Justificativa para a proibição contida no inc. XIII**

A justificativa para a proibição contida no inc. XIII do art. 37 é clara, pois a Administração Pública, para pagar seus servidores, além de depender da existência de recursos orçamentários, sofre limitações, em especial a do art. 169, em conformidade com a
qual "a despesa com pessoal ativo e inativo da União, dos Estados, do Distrito Federal
e dos Municípios não poderá exceder os limites estabelecidos em lei complementar".

▶ **Outra limitação com a qual poderia conflitar também o reajuste automático de
vencimentos é a contida no § 1.º do art. 169.**

Outra limitação com a qual poderia conflitar também o reajuste automático de
vencimentos é a contida no § 1.º do art. 169, com redação dada pela EC 19, em cujos
termos, "a concessão de qualquer vantagem ou aumento de remuneração, a criação
de cargos, empregos e funções ou alteração de estrutura de carreiras, bem como a admissão ou contratação de pessoal, a qualquer título, pelos órgãos e entidades da Administração Direta ou Indireta, inclusive fundações instituídas e mantidas pelo Poder
Público, só poderão ser feitas: I – se houver prévia dotação orçamentária suficiente
para atender às projeções de despesa de pessoal e aos acréscimos dela decorrentes; II
– se houver autorização específica na lei de diretrizes orçamentárias, ressalvadas as
empresas públicas e as sociedades de economia mista."

◙ **"Estabilidade financeira", é diferente de vinculação de espécies remuneratórias
vedada pelo art. 37, XIII da CF**

Previsão de reajuste dos valores fixados referentes às vantagens nominalmente identificáveis para os cargos de provimento em comissão de direção e de gerência superior,
na mesma proporção. Configurada situação de pagamento de vantagem pessoal, na qual
se enquadra o princípio da "estabilidade financeira", e não da proibição constitucional
de vinculação de espécies remuneratórias vedada pelo art. 37, XIII, da Constituição da

República. Previsão legal que não iguala ou equipara vencimentos, apenas reconhece o direito dos que exerceram cargos ou funções comissionadas por certo período de tempo em continuar percebendo esses valores como vantagem pessoal. [ADI 1.264, rel. min. Cármen Lúcia, j. 29-11-2007, P, DJE de 15-2-2008.]

◉ **Tema 0806, ARE 665632 – Tese Fixada: É vedada a equiparação remuneratória entre militares das Forças Armadas e policiais e bombeiros militares do Distrito Federal, visto que a Constituição Federal de 1988, em seu art. 37, XIII, coíbe a vinculação ou equiparação de quaisquer espécies remuneratórias no âmbito do serviço público. Julugado em 17/04/2015**

RG ◉ **É vedada a equiparação remuneratória entre militares das Forças Armadas e policiais e bombeiros militares do Distrito Federal, visto que a Constituição Federal de 1988, em seu art. 37, XIII, coíbe a vinculação ou equiparação de quaisquer espécies remuneratórias no âmbito do serviço público**

É improcedente a demanda visando ao pagamento dos soldos dos integrantes das Forças Armadas no mesmo patamar da remuneração devida aos militares do Distrito Federal. Isso porque a pretensão fundamenta-se no art. 24 do DL 667/1969, que, reproduzindo vedação constante do art. 13, § 4º, da Constituição de 1967, na redação da EC 1/1969, proíbe o pagamento de remuneração superior à fixada para os postos e graduações correspondentes no Exército ao pessoal das Polícias Militares e Corpo de Bombeiros Militares das Unidades da Federação. Salienta-se que o impedimento do art. 13, § 4º, da Constituição de 1967, na redação da EC 1/1969, não foi mantido na Constituição de 1988, cujos arts. 42, § 1º, e 142, § 3º, X, limitam-se a conferir aos Estados a competência para fixar, mediante lei estadual específica, a remuneração dos militares integrantes dos quadros das suas Polícias Militares e Corpo de Bombeiros Militares. Já os arts. 42, § 1º, e 142, § 3º, X, da Carta Magna não se aplicam ao Distrito Federal, cujas Polícias Civil e Militar e Corpo de Bombeiros Militar, por disposição do art. 21, XIV, da CF/1988, são organizadas e mantidas pela União, a quem compete privativamente legislar sobre o vencimento dos integrantes de seus respectivos quadros. A propósito, há entendimento sumulado: "compete privativamente à União legislar sobre vencimentos dos membros das Polícias Civil e Militar do Distrito Federal" (Súmula 647/STF, cuja orientação foi recentemente adotada pela Súmula Vinculante 39). O art. 37, XIII, da CF/1988 coíbe a vinculação ou equiparação de quaisquer espécies remuneratórias no âmbito do serviço público. Destarte, a pretensão dos recorrentes se afigura evidentemente incompatível com a CF de 1988, uma vez que importa a equiparação de vencimentos entre os integrantes das Forças Armadas e os militares do Distrito Federal. [ARE 665.632 RG, rel. min. Teori Zavascki, j. 16-4-2015, P, DJE de 28-4-2015, Tema 806.]

◉ **Tema 0984, RE 976610 – Tese Fixada: O Supremo Tribunal Federal veda o aumento de vencimentos pelo Poder Judiciário com base no princípio da isonomia, na equiparação salarial ou a pretexto da revisão geral anual, não sendo devida, portanto, a extensão do maior reajuste concedido pela Lei estadual nº 7.622/2000 aos soldos de toda a categoria dos policiais militares do Estado da Bahia, dispensada** a devolução de valores eventualmente recebidos de boa-fé até a data de conclusão do presente julgamento no Plenário Virtual desta Corte.

RG ◙ O Supremo Tribunal Federal veda o aumento de vencimentos pelo Poder Judiciário com base no princípio da isonomia, na equiparação salarial ou a pretexto da revisão geral anual

REPERCUSSÃO GERAL. SERVIDORES PÚBLICOS. REESTRUTURAÇÃO DA CARREIRA DOS MILITARES DO ESTADO DA BAHIA. LEI ESTADUAL Nº 7.622/2000. CONCESSÃO DE REAJUSTES DIFERENCIADOS. VIOLAÇÃO DO PRINCÍPIO DA ISONOMIA E DO ART. 37, INC. X, DA CF/88. NÃO OCORRÊNCIA. RECONHECIMENTO DE REPERCUSSÃO GERAL E REAFIRMAÇÃO DE JURISPRUDÊNCIA. (RE 976610 RG, Relator(a): Min. DIAS TOFFOLI, julgado em 15/02/2018, PROCESSO ELETRÔNICO REPERCUSSÃO GERAL – MÉRITO DJe-036 DIVULG 23-02-2018 PUBLIC 26-02-2018)

◙ Tema 737 – Possibilidade de vinculação de pensões e de proventos de aposentadoria de servidores públicos efetivos com subsídios de agentes políticos. Tese: É inconstitucional norma que vincula pensões e proventos de aposentadoria de servidores públicos efetivos a subsídios de agentes políticos.

RG ◙ É inconstitucional norma que vincula pensões e proventos de aposentadoria de servidores públicos efetivos a subsídios de agentes políticos.

Repercussão geral da questão constitucional reconhecida. Reafirmação de jurisprudência. 2. Direito Administrativo e Direito Previdenciário. Vinculação de pensões e proventos de aposentadoria de servidores públicos efetivos a subsídios de agentes políticos. Impossibilidade. 3. Alteração de padrão remuneratório. Matéria de iniciativa privativa do chefe do Poder Executivo. Inconstitucionalidade formal. 4. Impossibilidade de vinculação de vencimentos de cargos distintos. Inconstitucionalidade material. 5. Declarada a inconstitucionalidade do artigo 273 da Constituição do Estado de Alagoas, tanto na sua redação atual como na original. Recurso extraordinário provido. (RE 759518 RG, Relator(a): Min. GILMAR MENDES, julgado em 29/05/2014, PROCESSO ELETRÔNICO REPERCUSSÃO GERAL – MÉRITO DJe-230 DIVULG 21-11-2014 PUBLIC 24-11-2014)

◙ Tema 806 – Equiparação de vencimentos entre militares das Forças Armadas e policiais e bombeiros militares do Distrito Federal. Tese: É vedada a equiparação remuneratória entre militares das Forças Armadas e policiais e bombeiros militares do Distrito Federal, visto que a Constituição Federal de 1988, em seu art. 37, XIII, coíbe a vinculação ou equiparação de quaisquer espécies remuneratórias no âmbito do serviço público.

RG ◙ É vedada a equiparação remuneratória entre militares das Forças Armadas e policiais e bombeiros militares do Distrito Federal, visto que a Constituição Federal de 1988, em seu art. 37, XIII, coíbe a vinculação ou equiparação de quaisquer espécies remuneratórias no âmbito do serviço público

ADMINISTRATIVO. RECURSO EXTRAORDINÁRIO COM AGRAVO. MILITA-RES DAS FORÇAS ARMADAS E DO DISTRITO FEDERAL (POLICIAIS E BOMBEIROS MILITARES). EQUIPARAÇÃO DE VENCIMENTOS. ILEGITIMIDADE. VEDAÇÃO DO ART. 37, XIII, DA CF/88. PRECEDENTES. REPERCUSSÃO GERAL CONFIGURADA. REAFIRMAÇÃO DA JURISPRUDÊNCIA SOBRE A MATÉRIA. 1. É improcedente a demanda visando ao pagamento dos soldos dos integrantes das Forças Armadas no mesmo patamar da remuneração devida aos militares do Distrito Federal. Isto porque, a pretensão fundamenta-se no art. 24 do Decreto-Lei 667/69 que, reproduzindo vedação constante do art. 13, § 4º, da Constituição de 1967, na redação da EC 1/69, proíbe o pagamento de remuneração superior à fixada para os postos e graduações correspondentes no Exército ao pessoal das Polícias Militares e Corpo de Bombeiros Militares das Unidades da Federação. 2. Salienta-se que o impedimento do art. 13, § 4º, da Constituição de 1967, na redação da EC 1/69, não foi mantido na Constituição de 1988, cujos arts. 42, § 1º, e 142, § 3º, X, limitam-se a conferir aos Estados a competência para fixar, mediante lei estadual específica, a remuneração dos militares integrantes dos quadros das suas Polícias Militares e Corpo de Bombeiros Militares. 3. Já os arts. 42, § 1º, e 142, § 3º, X, da Carta Magna não se aplicam ao Distrito Federal, cujas Polícias Civil e Militar e Corpo de Bombeiros Militar, por disposição do art. 21, XIV, da CF/88, são organizadas e mantidas pela União, a quem compete privativamente legislar sobre o vencimento dos integrantes de seus respectivos quadros. A propósito, há entendimento sumulado: "compete privativamente à União legislar sobre vencimentos dos membros das Polícias Civil e Militar do Distrito Federal" (Súmula 647/STF, cuja orientação foi recentemente adotada pela Súmula Vinculante 39). 4. O art. 37, XIII, da CF/88 coíbe a vinculação ou equiparação de quaisquer espécies remuneratórias no âmbito do serviço público. Destarte, a pretensão dos recorrentes se afigura evidentemente incompatível com a Constituição Federal de 1988, uma vez que importa a equiparação de vencimentos entre os integrantes das Forças Armadas e os militares do Distrito Federal. Precedentes de ambas as Turmas em casos idênticos: ARE 652.202-AgR, Rel. Min. ROSA WEBER, Primeira Turma, DJe de 17/9/2014; ARE 651.415-AgR, Rel. Min. GILMAR MENDES, Segunda Turma, DJe de 25/4/2012. 5. Agravo conhecido para negar provimento ao recurso extraordinário, com o reconhecimento da repercussão geral do tema e a reafirmação da jurisprudência sobre a matéria. (ARE 665632 RG, Relator(a): Min. TEORI ZAVASCKI, julgado em 16/04/2015, ACÓRDÃO ELETRÔNICO REPERCUSSÃO GERAL – MÉRITO DJe-078 DIVULG 27-04-2015 PUBLIC 28-04-2015)

◙ **Tema 0025, Tese Fixada: Salvo nos casos previstos na Constituição, o salário mínimo não pode ser usado como indexador de base de cálculo de vantagem de servidor público ou de empregado, nem ser substituído por decisão judicial.**

RG ◙ Salvo nos casos previstos na Constituição, o salário mínimo não pode ser usado como indexador de base de cálculo de vantagem de servidor público ou de empregado, nem ser substituído por decisão judicial

EMENTA: CONSTITUCIONAL. ART. 7º, INC. IV, DA CONSTITUIÇÃO DA REPÚBLICA. NÃO-RECEPÇÃO DO ART. 3º, § 1º, DA LEI COMPLEMENTAR PAU-

LISTA N. 432/1985 PELA CONSTITUIÇÃO DE 1988. INCONSTITUCIONALIDADE DE VINCULAÇÃO DO ADICIONAL DE INSALUBRIDADE AO SALÁRIO MÍNIMO: PRECEDENTES. IMPOSSIBILIDADE DA MODIFICAÇÃO DA BASE DE CÁLCULO DO BENEFÍCIO POR DECISÃO JUDICIAL. RECURSO EXTRAORDINÁRIO AO QUAL SE NEGA PROVIMENTO. 1. O sentido da vedação constante da parte final do inc. IV do art. 7º da Constituição impede que o salário-mínimo possa ser aproveitado como fator de indexação; essa utilização tolheria eventual aumento do salário-mínimo pela cadeia de aumentos que ensejaria se admitida essa vinculação (RE 217.700, Ministro Moreira Alves). A norma constitucional tem o objetivo de impedir que aumento do salário-mínimo gere, indiretamente, peso maior do que aquele diretamente relacionado com o acréscimo. Essa circunstância pressionaria reajuste menor do salário-mínimo, o que significaria obstaculizar a implementação da política salarial prevista no art. 7º, inciso IV, da Constituição da República. O aproveitamento do salário-mínimo para formação da base de cálculo de qualquer parcela remuneratória ou com qualquer outro objetivo pecuniário (indenizações, pensões, etc.) esbarra na vinculação vedada pela Constituição do Brasil. Histórico e análise comparativa da jurisprudência do Supremo Tribunal Federal. Declaração de não-recepção pela Constituição da República de 1988 do Art. 3º, § 1º, da Lei Complementar n. 432/1985 do Estado de São Paulo. 2. Inexistência de regra constitucional autorizativa de concessão de adicional de insalubridade a servidores públicos (art. 39, § 1º, inc. III) ou a policiais militares (art. 42, § 1º, c/c 142, § 3º, inc. X). 3. Inviabilidade de invocação do art. 7º, inc. XXIII, da Constituição da República, pois mesmo se a legislação local determina a sua incidência aos servidores públicos, a expressão adicional de remuneração contida na norma constitucional há de ser interpretada como adicional remuneratório, a saber, aquele que desenvolve atividades penosas, insalubres ou perigosas tem direito a adicional, a compor a sua remuneração. Se a Constituição tivesse estabelecido remuneração do trabalhador como base de cálculo teria afirmado adicional sobre a remuneração, o que não fez. 4. Recurso extraordinário ao qual se nega provimento. (RE 565714, Relator(a): Min. CÁRMEN LÚCIA, Tribunal Pleno, julgado em 30/04/2008, REPERCUSSÃO GERAL – MÉRITO DJe-147 DIVULG 07-08-2008 PUBLIC 08-08-2008 REPUBLICAÇÃO: DJe-211 DIVULG 06-11-2008 PUBLIC 07-11-2008 EMENT VOL-02340-06 PP-01189 RTJ VOL-00210-02 PP-00884)

ART. 37, XIV DA CF – OS ACRÉSCIMOS PECUNIÁRIOS PERCEBIDOS POR SERVIDOR PÚBLICO NÃO SERÃO COMPUTADOS NEM ACUMULADOS PARA FINS DE CONCESSÃO DE ACRÉSCIMOS ULTERIORES;

XIV – Os acréscimos pecuniários percebidos por servidor público não serão computados nem acumulados para fins de concessão de acréscimos ulteriores;

▶ **A CF/1988 proibiu expressamente que acréscimos pecuniários percebidos pelo servidor público sejam computados ou acumulados para concessão de acréscimos ulteriores**

Com vistas a evitar situações absurdas, ocorridas principalmente em esfera estadual e municipal, na qual servidores incorporavam vantagens que, posteriormente, serviam como base de cálculo para novas vantagens, gerando um efeito cascata interminável e possibilitando remunerações verdadeiramente astronômicas, a CF/1988 proibiu expressamente que acréscimos pecuniários percebidos pelo servidor público sejam computados ou acumulados para concessão de acréscimos ulteriores (art. 37, XIV). Assim, por exemplo, se o servidor incorpora a seus vencimentos ou remuneração o valor percentual correspondente ao exercício de uma função de confiança ou cargo em comissão, não poderá esse mesmo valor ser considerado como base de cálculo de uma posterior e nova incorporação, que deverá incidir sobre o total da remuneração, excluído o valor da primeira incorporação. A aplicação dessa regra, por si só, não conseguiu evitar os "marajás" do serviço público, tendo sido necessária a adoção de um teto constitucional, conforme será visto mais à frente.

◉ **RG Tema 0024, Tese Fixada: I – O art. 37, XIV, da Constituição Federal, na redação dada pela Emenda Constitucional 19/98, é autoaplicável; II – Não há direito adquirido a regime jurídico, notadamente à forma de composição da remuneração de servidores públicos, observada a garantia da irredutibilidade de vencimentos. RE 563708, 06/02/2013**

RG ◉ I – O art. 37, XIV, da Constituição Federal, na redação dada pela Emenda Constitucional 19/98, é autoaplicável; II – Não há direito adquirido a regime jurídico, notadamente à forma de composição da remuneração de servidores públicos, observada a garantia da irredutibilidade de vencimentos.

EMENTA: RECURSO EXTRAORDINÁRIO. ADMINISTRATIVO. SERVIDOR PÚBLICO. INEXISTÊNCIA DE DIREITO ADQUIRIDO À REGIME JURÍDICO. BASE DE CÁLCULO DE VANTAGENS PESSOAIS. EFEITO CASCATA: PROIBIÇÃO CONSTITUCIONAL. PRECEDENTES. IMPOSSIBILIDADE DE REDUÇÃO DOS VENCIMENTOS. PRINCÍPIO DA IRREDUTIBILIDADE DOS VENCIMENTOS. RECURSO AO QUAL SE DÁ PARCIAL PROVIMENTO. (RE 563708, Relator(a): Min. CÁRMEN

LÚCIA, Tribunal Pleno, julgado em 06/02/2013, ACÓRDÃO ELETRÔNICO REPER-
CUSSÃO GERAL – MÉRITO DJe-081 DIVULG 30-04-2013 PUBLIC 02-05-2013)

▶ **Pretendia-se impedir duas práticas**

Pretendia-se impedir duas práticas: primeira, a de tomar como base de cálculo dos
novos acréscimos a retribuição básica aduzida dos acréscimos preexistentes; segunda, a de que um mesmo acréscimo fosse repetidamente computado para fins de concessões posteriores. (DI PIETRO, Maria Sylvia Zanella, MOTTA, Fabrício, FERRAZ,
Luciano de Araújo. Servidores públicos na Constituição Federal. 3ª. ed. – São Paulo:
Atlas, 2015, p. 127)

▶ **A redação original do inciso e sua alteração pela EC 19/98.**

Todavia, a redação original do preceito, ao prescrever que a cascata dos acréscimos
somente seria vedada quando fossem concedidos "sob o mesmo título ou idêntico fundamento", restringiu seu campo de abrangência, permitindo a concessão de vantagens
nominalmente diferentes, que se tornavam realidade apenas porque concedidas sob
rótulo diverso. A Emenda Constitucional nº 19/1998 alterou a redação do dispositivo,
excluindo a restrição e passando a dispor que "os acréscimos pecuniários percebidos
por servidor público não serão computados nem acumulados para fins de concessão
de acréscimos ulteriores". A nova redação tomou mais abrangente a norma constitucional, vedando cumulatividade de toda e qualquer adição remuneratória para fins de
cálculo da remuneração, independentemente de seu fundamento. E dizer: a base de
cálculo para acréscimos ulteriores passa a ser exclusivamente o vencimento básico do
servidor, excluindo-se adicionais, vantagens do cargo e vantagens pessoais, porém "se a
norma não fixa a base de cálculo, o percentual incidirá sobre o vencimento básico do
servidor, porque a relação estabelecida entre as partes não tem natureza celetista, e o
artigo 37, XIV da CF, veda o cômputo de acréscimos pecuniários percebidos para fins
de concessão de acréscimos ulteriores." . (DI PIETRO, Maria Sylvia Zanella, MOTTA,
Fabrício, FERRAZ, Luciano de Araújo. Servidores públicos na Constituição Federal.
3ª. ed. – São Paulo: Atlas, 2015, p. 128)

◉ **No mesmo sentido:** Vantagens funcionais em "cascata": vedação constitucional
que, conforme o primitivo art. 37, XIV, da Constituição (hoje alterado pela EC
19/99), só alcançava as vantagens concedidas "sob o mesmo título ou idêntico
fundamento": não incidência, ao tempo, da proibição no caso concreto (cálculo de vantagens pessoais sobre "gratificação de produtividade", que, no Espírito
Santo, embora variável conforme o acréscimo ou decréscimo da receita do Estado, independe do desempenho pessoal de cada servidor). (RE 206117, Rela-
tor(a): Min. SEPÚLVEDA PERTENCE, Primeira Turma, julgado em 21/03/2000,
DJ 28-04-2000 PP-00098 EMENT VOL-01988-05 PP-00924)

◉ **No mesmo sentido:** AGRAVO REGIMENTAL NO RECURSO EXTRAORDI-
NÁRIO. ADMINISTRATIVO. SERVIDOR PÚBLICO. ADICIONAL DE INSALU-
BRIDADE. LEI ORGÂNICA MUNICIPAL OMISSA. BASE DE CÁLCULO. IN-
CIDÊNCIA SOBRE A REMUNERAÇÃO OU SALÁRIO BASE DO SERVIDOR.

IMPOSSIBILIDADE. ACÓRDÃO RECORRIDO EM DIVERGÊNCIA COM O ENTENDIMENTO DESTA CORTE (RE N° 565.714-RG). SÚMULA VINCULANTE N° 4 DO SUPREMO TRIBUNAL FEDERAL. 1. No julgamento do RE n. 565.714, Relatora a Ministra Cármen Lúcia, DJ de 08.08.08, o Plenário do STF decidiu não ser legítimo o cálculo do adicional de insalubridade com base no valor da remuneração ou salário base percebido pelo servidor. Apesar de reconhecer a proibição constitucional da vinculação de qualquer vantagem ao salário mínimo, entendeu que o Judiciário não poderia substituir a base de cálculo do benefício, sob pena de atuar como legislador positivo. (Precedentes: RE n. 675.551, Relatora a Ministra Cármen Lúcia, DJe de 28.05.12; RE n. 674.967, Relator o Ministro Ricardo Lewandowski, DJe de 20.08.12; RE n. 672.687, Relator o Ministro Joaquim Barbosa, DJe de 20.08.12; RE n. 561.869-AgR, Relator o Ministro Cezar Peluso, 2ª Turma, DJ de 21.11.08; AI n. 469.332-AgR, Relatora a Ministra Ellen Gracie, 2ª Turma, DJe de 09.1.09; AI n. 847.527-AgR, Relator o Ministro Luiz Fux, 1ª Turma, DJe de 23.04.12, entre outros). 2. A Súmula Vinculante n° 4 do STF tem o seguinte teor, verbis: "salvo os casos previstos na Constituição, o salário mínimo não pode ser usado como indexador de base de cálculo de vantagem de servidor público ou de empregado, nem ser substituído por decisão judicial". 3. In casu, o acórdão originariamente recorrido assentou: "EMENTA: APELAÇÃO CÍVEL – SERVIDORA PÚBLICA – MUNICÍPIO DE IPATINGA – ADICIONAL DE INSALUBRIDADE – LEI ORGÂNICA MUNICIPAL OMISSA – BASE DE CÁLCULO – CLT – INAPLICABILIDADE – INCIDÊNCIA SOBRE O VENCIMENTO BÁSICO – REFLEXOS DAS PARCELAS QUE TENHAM POR BASE DE CÁLCULO A REMUNERAÇÃO – FÉRIAS E DÉCIMO TERCEIRO SALÁRIO – CORREÇÃO MONETÁRIA – PAGAMENT A MENOR – JUROS – CITAÇÃO – SENTENÇA REFORMADA. Os servidores que trabalham com habitualidade em locais insalubres e perigosos, fazem jus a adicional sobre o vencimento do cargo conforme estabelecido na Lei Orgânica do Município de Ipatinga. Contudo, se a norma não fixa a base de cálculo, o percentual incidirá sobre o vencimento básico do servidor, porque a relação estabelecida entre as partes não tem natureza celetista, e o artigo 37, XIV da CF veda o cômputo de acréscimos pecuniários percebidos para fins de concessão de acréscimos ulteriores. O adicional de insalubridade incide sobre o vencimento básico, e gera reflexos em todas as parcela que tenham este valor como base de cálculo." 4. Agravo Regimental a que se nega provimento. (RE 706357 AgR, Relator(a): Min. LUIZ FUX, Primeira Turma, julgado em 16/10/2012, ACÓRDÃO ELETRÔNICO DJe-226 DIVULG 16-11-2012 PUBLIC 19-11-2012)

◉ **Com base nisso, o STF entendeu que sequer parcelas obtidas em juízo se opõem à incidência da vedação, não podendo "ser oposta à administração pública, para efeito de impedir redução de excesso na percepção de adicionais e sexta-parte, calculados com influência recíproca, coisa julgada material formada antes do início de vigência da atual Constituição da República".**

SERVIDOR PÚBLICO. Vencimentos. Vantagens pecuniárias. Adicionais por Tempo de Serviço e Sexta-Parte. Cálculo. Influência recíproca. Cumulação. Excesso. Inadmissibilidade. Redução por ato da administração. Coisa julgada material anterior ao início de vigência da atual Constituição da República. Direito adquirido. Não oponibilidade. Ação julgada improcedente. Embargos de divergência conhecidos e acolhidos para esse fim. Interpretação do art. 37, XIV, da CF, e do art. 17, caput, do ADCT. Voto vencido. Não pode ser oposta à administração pública, para efeito de impedir redução de excesso na percepção de adicionais e sexta-parte, calculados com influência recíproca, coisa julgada material formada antes do início de vigência da atual Constituição da República. (RE 146331 EDv, Relator(a): Min. CEZAR PELUSO, Tribunal Pleno, julgado em 23/11/2006, DJ 20-04-2007 PP-00087 EMENT VOL-02272-02 PP-00250 RTJ VOL-00201-01 PP-00328)

◙ **Firmou-se a jurisprudência da Corte no sentido de que parcelas remuneratórias que compõem o vencimento básico do servidor – como em alguns casos a gratificação de produtividade – servem de base de cálculo para a incidência de vantagens pessoais.**

Por outro lado, firmou-se a jurisprudência da Corte no sentido de que parcelas remuneratórias que compõem o vencimento básico do servidor – como em alguns casos a gratificação de produtividade – servem de base de cálculo para a incidência de vantagens pessoais.

◙ **No mesmo sentido:** CONSTITUCIONAL. ADMINISTRATIVO. AGRAVO REGIMENTAL EM AGRAVO DE INSTRUMENTO. GRATIFICAÇÃO DE PRODUTIVIDADE. GRUPO TAF. VANTAGENS PESSOAIS. INCIDÊNCIA. ART. 37, XIV, CF/88 E 17, ADCT/88. 1. A decisão recorrida está em consonância com a jurisprudência desta Corte, a qual entende que as vantagens pessoais incidem na gratificação de produtividade porque compõem o vencimento do servidor. 2. Precedentes. 3. Agravo regimental improvido. (AI 414610 AgR, Relator(a): Min. ELLEN GRACIE, Segunda Turma, julgado em 25/08/2009, DJe-176 DIVULG 17-09-2009 PUBLIC 18-09-2009 EMENT VOL-02374-03 PP-00605)

◙ **No mesmo sentido:** REMUNERAÇÃO – SERVIDOR PÚBLICO PAULISTA – SEXTA-PARTE. A parcela não caracteriza gratificação por tempo de serviço, mas melhoria de vencimento alcançada com implemento de condição temporal, integrando-o e servindo de base a outras parcelas. (AI 820974 AgR, Relator(a): Min. MARCO AURÉLIO, Primeira Turma, julgado em 13/12/2011, ACÓRDÃO ELETRÔNICO DJe-033 DIVULG 14-02-2012 PUBLIC 15-02-2012)

◙ **Mais recentemente, o STF compreendeu que o dispositivo do artigo 37, XIV não proíbe a concessão de mais de uma vantagem sob o mesmo fundamento, desde que calculadas de forma singela sobre o vencimento básico.**

AGRAVO REGIMENTAL NO RECURSO EXTRAORDINÁRIO. CONSTITUCIONAL. SERVIDOR PÚBLICO MUNICIPAL. ADICIONAL POR TEMPO DE SERVIÇO. CÁLCULO SOBRE O VENCIMENTO BASE. OFENSA AO ART. 37, XIV (REDAÇÃO DA EC 19/1998), DA CONSTITUIÇÃO FEDERAL. INOCORRÊNCIA. POSSIBILIDADE DE CONCESSÃO DE MAIS DE UMA VANTAGEM SOB O MESMO FUNDA-

MENTO. AGRAVO IMPROVIDO. I – O art. 37, XIV, da Constituição Federal, redação da EC 19/1998, veda o cômputo de vantagem recebida no cálculo de vantagem posterior (cálculo em cascata ou efeito repique), porém não proíbe a concessão de mais de uma vantagem sob o mesmo fundamento, desde que calculadas de forma singela sobre o vencimento básico. II – Agravo regimental improvido. (RE 633077 AgR, Relator(a): Min. RICARDO LEWANDOWSKI, Segunda Turma, julgado em 05/03/2013, ACÓRDÃO ELETRÔNICO DJe-051 DIVULG 15-03-2013 PUBLIC 18-03-2013)

▶ **A regra do artigo 37, XIV somente abrange os servidores que não são remunerados pela sistemática do subsídio.**

Note-se que a regra somente abrange os servidores que não são remunerados pela sistemática do subsídio. À medida que o subsídio se compõe de parcela única, qualquer acréscimo ulterior incidirá sobre o todo (a parcela única), nela se incorporando, sob pena de quebra da unicidade do subsídio, o que afasta a possibilidade de aplicação do dispositivo. (DI PIETRO, Maria Sylvia Zanella, MOTTA, Fabrício, FERRAZ, Luciano de Araújo. Servidores públicos na Constituição Federal. 3ª. ed. – São Paulo: Atlas, 2015, p. 129)

ART. 37, XV DA CF- IRREDUTIBILIDADE DOS VENCIMENTOS E SUBSÍDIOS

XV – O subsídio e os vencimentos dos ocupantes de cargos e empregos públicos são irredutíveis, ressalvado o disposto nos incisos XI e XIV deste artigo e nos arts. 39, § 4º, 150, II, 153, III, E 153, § 2º, I

▶ **A CF/1988, em seu art. 37, XV, garantiu a irredutibilidade de subsídio e vencimentos (aqui utilizado como sinônimo de remuneração) dos ocupantes de cargos e empregos públicos.**

A CF/1988, em seu art. 37, XV, garantiu a irredutibilidade de subsídio e vencimentos (aqui utilizado como sinônimo de remuneração) dos ocupantes de cargos e empregos públicos, se preocupando em ressalvar a incidência do imposto de renda e das contribuições previdenciárias incidentes sobre tais verbas. Para os juízes, a irredutibilidade continua sendo prevista como garantia da própria magistratura (art. 95, III). Devemos lembrar que essa garantia, mais remotamente, não era assegurada a todos os servidores, razão pela qual o STF chegou a editar, em meados dos anos 1960, sua *Súmula 27* ("Os servidores públicos não têm vencimentos irredutíveis, prerrogativa dos membros do Poder Judiciário e dos que lhes são equiparados".). Esse entendimento, hoje, *não tem mais qualquer respaldo na Constituição* e já foi de há muito superado pela própria Corte. (COUTINHO, Alessandro Dantas, KRUGER, Ronald Rodor. Manual de Direito Administrativo: Volume Único. 2ª edição, Editora Juspodivm, Salvador, 2018, p. 335)

◉ **Não obstante, a irredutibilidade se refere ao *valor nominal da remuneração*, não tendo relação com a correção do montante, para manutenção de seu valor real, em face do fenômeno inflacionário.**

Não há direito adquirido do servidor estatutário ao regime jurídico de composição de vencimentos, revestindo-se de caráter nominal a garantia da irredutibilidade. (RE 194317, Relator(a): Min. OCTAVIO GALLOTTI, Primeira Turma, julgado em 08/02/2000, DJ 08-09-2000 PP-00021 EMENT VOL-02003-03 PP-00605)

▶ **Consequência lógica desse entendimento é que, resguardado o valor nominal, não existe impedimento jurídico para que a Administração Pública promova reestruturações remuneratórias, extinguindo vantagens, mas criando novas ou elevando outras já existentes.**

Consequência lógica desse entendimento é que, resguardado o valor nominal, não existe impedimento jurídico para que a Administração Pública promova reestruturações remuneratórias, extinguindo vantagens, mas criando novas ou elevando outras já existentes. Como o STF decide reiteradamente, não existe direito adquirido a regime jurídico remuneratório, não servindo o princípio da irredutibilidade como fundamento para a manutenção de vantagens absorvidas por outras. (COUTINHO, Alessandro Dantas, KRUGER, Ronald Rodor. Manual de Direito Administrativo: Volume Único. 2ª dição, Editora Juspodivm, Salvador, 2018, p. 335)

◉ **Nesse sentido:** "AGRAVO REGIMENTAL EM RECURSO EXTRAORDINÁ-RIO. SERVIDOR PÚBLICO FEDERAL. LEI 8.270/1991. MODIFICAÇÃO DOS CRITÉRIOS DE CONCESSÃO DO ADICIONAL DE INSALUBRIDADE. INEXISTÊNCIA DE DIREITO ADQUIRIDO À MANUTENÇÃO DA FORMA DE CÁLCULO DA REMUNERAÇÃO. VIOLAÇÃO À GARANTIA DE IRREDUTIBILIDADE DE VENCIMENTOS. NÃO OCORRÊNCIA. 1. Consoante a firme jurisprudência do Supremo Tribunal Federal, os servidores públicos não têm direito adquirido a regime jurídico, isto é, à forma de composição da sua remuneração. 2. Não se constata ofensa à garantia da irredutibilidade de vencimentos quando preservado o valor nominal do total da remuneração do servidor. 3. Agravo Regimental desprovido" (STF, AgRg no RE 420.769/RS, 2.ª T., Rel. Min. Ayres Brito, j. 31.08.2010).

▶ **Mesmo quando há mudança de regime jurídico celetista para estatutário deve-se garantir a remuneração global anterior, pelo seu valor nominal, não se admitindo sua redução, ainda que o novo regime possa ofertar vantagens de outra natureza.**

Por outro lado, mesmo quando há mudança de regime jurídico celetista para estatutário, deve-se garantir a remuneração global anterior, pelo seu valor nominal, não se admitindo sua redução, ainda que o novo regime possa ofertar vantagens de outra natureza, como regime previdenciário diferenciado. (COUTINHO, Alessandro Dantas, KRUGER, Ronald Rodor. Manual de Direito Administrativo: Volume Único. 2ª dição, Editora Juspodivm, Salvador, 2018, p. 335)

◉ **Nesse sentido:** ADMINISTRATIVO. ESTADO DE MINAS GERAIS. FUNCIONÁRIO PÚBLICO. CONVERSÃO COMPULSÓRIA DO REGIME CONTRATUAL EM ESTATUTÁRIO. REDUÇÃO VERIFICADA NA REMUNERAÇÃO. ART. 7º, VI, C/C ART. 39, § 2º, DA CONSTITUIÇÃO. Situação incompatível com o princípio da irredutibilidade que protegia os salários e protege os vencimentos do servidor, exsurgindo, como solução razoável para o impasse, o enquadramento do servidor do nível mais alto da categoria funcional que veio a integrar, convertido, ainda, eventual excesso remuneratório verificado em vantagem pessoal a ser absorvida em futuras concessões de aumento real ou específico. Recurso conhecido e provido. (RE 212131, Relator(a): Min. ILMAR GALVÃO, Primeira Turma, julgado em 03/08/1999, DJ 29-10-1999 PP-00019 EMENT VOL-01969-03 PP-00474)

▶ **Considera-se haver ofensa ao princípio da irredutibilidade o aumento da carga horária de trabalho do servidor, sem que haja, em contrapartida, aumento remuneratório.**

Entretanto, considera-se haver ofensa ao princípio da irredutibilidade o aumento da carga horária de trabalho do servidor, sem que haja, em contrapartida, aumento remuneratório. Evidente, posto que a consequência prática disso seria a diminuição do valor da hora de trabalho, em termos nominais. (COUTINHO, Alessandro Dantas,

KRUGER, Ronald Rodor. Manual de Direito Administrativo: Volume Único. 2ª dição, Editora Juspodivm, Salvador, 2018, p. 335)

RG ◙ A ampliação de jornada de trabalho sem alteração da remuneração do servidor consiste em violação da regra constitucional da irredutibilidade de vencimentos; II – No caso concreto, o § 1º do art. 1º do Decreto estadual 4.345, de 14 de fevereiro de 2005, do Estado do Paraná não se aplica aos servidores elencados em seu caput que, antes de sua edição, estavam legitimamente submetidos a carga horária semanal inferior a quarenta horas

Recurso extraordinário. Repercussão geral reconhecida. Servidor público. Odontologistas da rede pública. Aumento da jornada de trabalho sem a correspondente retribuição remuneratória. Desrespeito ao princípio constitucional da irredutibilidade de vencimentos. 1. O assunto corresponde ao Tema nº 514 da Gestão por Temas da Repercussão Geral do portal do Supremo Tribunal Federal na internet e está assim descrito: "aumento da carga horária de servidores públicos, por meio de norma estadual, sem a devida contraprestação remuneratória". 2. Conforme a reiterada jurisprudência do Supremo Tribunal Federal, não tem o servidor público direito adquirido a regime jurídico remuneratório, exceto se da alteração legal decorrer redução de seus rendimentos, que é a hipótese dos autos. 3. A violação da garantia da irredutibilidade de vencimentos pressupõe a redução direta dos estipêndios funcionais pela diminuição pura e simples do valor nominal do total da remuneração ou pelo decréscimo do valor do salário-hora, seja pela redução da jornada de trabalho com adequação dos vencimentos à nova carga horária, seja pelo aumento da jornada de trabalho sem a correspondente retribuição remuneratória. 4. Não há divergência, nos autos, quanto ao fato de que os odontologistas da rede pública vinham exercendo jornada de trabalho de 20 horas semanais, em respeito às regras que incidiam quando das suas respectivas investiduras, tendo sido compelidos, pelo Decreto estadual nº 4.345/2005 do Paraná, a cumprir jornada de 40 horas semanais sem acréscimo remuneratório e, ainda, sob pena de virem a sofrer as sanções previstas na Lei estadual nº 6.174/70. 5. No caso, houve inegável redução de vencimentos, tendo em vista a ausência de previsão de pagamento pelo aumento da carga horária de trabalho, o que se mostra inadmissível, em razão do disposto no art. 37, inciso XV, da Constituição Federal. 6. Recurso extraordinário provido para se declarar a parcial inconstitucionalidade do § 1º do art. 1º do Decreto estadual nº 4.345, de 14 de fevereiro de 2005, do Estado do Paraná, sem redução do texto, e, diante da necessidade de que sejam apreciados os demais pleitos formulados na exordial, para se determinar que nova sentença seja prolatada após a produção de provas que foi requerida pelas partes. 7. Reafirmada a jurisprudência da Corte e fixadas as seguintes teses jurídicas: i) a ampliação de jornada de trabalho sem alteração da remuneração do servidor consiste em violação da regra constitucional da irredutibilidade de vencimentos; ii) no caso concreto, o § 1º do art. 1º do Decreto estadual nº 4.345, de 14 de fevereiro de 2005, do Estado do Paraná não se aplica aos servidores elencados em seu caput que, antes de sua edição, estavam legitimamente submetidos a carga horária semanal inferior a quarenta horas. (ARE 660010, Relator(a): Min. DIAS TOFFOLI, Tribunal Pleno, julgado em 30/10/2014, ACÓRDÃO ELETRÔNICO REPERCUSSÃO GERAL – MÉRITO DJe-032 DIVULG 18-02-2015 PUBLIC 19-02-2015)

◙ **Tema 0514, Tese Fixada: I – A ampliação de jornada de trabalho sem alteração da remuneração do servidor consiste em violação da regra constitucional da irredutibilidade de vencimentos; II – No caso concreto, o § 1º do art. 1º do Decreto estadual 4.345, de 14 de fevereiro de 2005, do Estado do Paraná não se aplica aos servidores elencados em seu caput que, antes de sua edição, estavam legitimamente submetidos a carga horária semanal inferior a quarenta horas. ARE 660010, 30/10/2014**

RG ◙ **A ampliação de jornada de trabalho sem alteração da remuneração do servidor consiste em violação da regra constitucional da irredutibilidade de vencimentos**

Recurso extraordinário. Repercussão geral reconhecida. Servidor público. Odontologistas da rede pública. Aumento da jornada de trabalho sem a correspondente retribuição remuneratória. Desrespeito ao princípio constitucional da irredutibilidade de vencimentos. 1. O assunto corresponde ao Tema nº 514 da Gestão por Temas da Repercussão Geral do portal do Supremo Tribunal Federal na internet e está assim descrito: "aumento da carga horária de servidores públicos, por meio de norma estadual, sem a devida contraprestação remuneratória". 2. Conforme a reiterada jurisprudência do Supremo Tribunal Federal, não tem o servidor público direito adquirido a regime jurídico remuneratório, exceto se da alteração legal decorrer redução de seus rendimentos, que é a hipótese dos autos. 3. A violação da garantia da irredutibilidade de vencimentos pressupõe a redução direta dos estipêndios funcionais pela diminuição pura e simples do valor nominal do total da remuneração ou pelo decréscimo do valor do salário-hora, seja pela redução da jornada de trabalho com adequação dos vencimentos à nova carga horária, seja pelo aumento da jornada de trabalho sem a correspondente retribuição remuneratória. 4. Não há divergência, nos autos, quanto ao fato de que os odontologistas da rede pública vinham exercendo jornada de trabalho de 20 horas semanais, em respeito às regras que incidiam quando das suas respectivas investiduras, tendo sido compelidos, pelo Decreto estadual nº 4.345/2005 do Paraná, a cumprir jornada de 40 horas semanais sem acréscimo remuneratório e, ainda, sob pena de virem a sofrer as sanções previstas na Lei estadual nº 6.174/70. 5. No caso, houve inegável redução de vencimentos, tendo em vista a ausência de previsão de pagamento pelo aumento da carga horária de trabalho, o que se mostra inadmissível, em razão do disposto no art. 37, inciso XV, da Constituição Federal. 6. Recurso extraordinário provido para se declarar a parcial inconstitucionalidade do § 1º do art. 1º do Decreto estadual nº 4.345, de 14 de fevereiro de 2005, do Estado do Paraná, sem redução do texto, e, diante da necessidade de que sejam apreciados os demais pleitos formulados na exordial, para se determinar que nova sentença seja prolatada após a produção de provas que foi requerida pelas partes. 7. Reafirmada a jurisprudência da Corte e fixadas as seguintes teses jurídicas: i) a ampliação de jornada de trabalho sem alteração da remuneração do servidor consiste em violação da regra constitucional da irredutibilidade de vencimentos; ii) no caso concreto, o § 1º do art. 1º do Decreto estadual nº 4.345, de 14 de fevereiro de 2005, do Estado do Paraná não se aplica aos servidores elencados em seu caput que, antes de sua edição, estavam legitimamente submetidos a carga horária semanal inferior a quarenta horas. (ARE 660010, Relator(a): Min. DIAS TOFFOLI, Tribunal Pleno, julgado em

30/10/2014, ACÓRDÃO ELETRÔNICO REPERCUSSÃO GERAL – MÉRITO DJe-032 DIVULG 18-02-2015 PUBLIC 19-02-2015)

◙ **A garantia constitucional da irredutibilidade não garante ao servidor o direito de manter o recebimento de verbas acima do teto constitucional, mesmo que deferidas anteriormente à EC 41/2003.**

Como decidido no RE 606.358/SP (Pleno, rel. Min. Rosa Weber, j. 18/11/2015 – **INFORMATIVO STF 808**), a garantia constitucional da irredutibilidade não garante ao servidor o direito de manter o recebimento de verbas acima do teto constitucional, mesmo que deferidas anteriormente à EC 41/2003.

> Neste sentido: RECURSO EXTRAORDINÁRIO. DIREITO ADMINISTRATIVO E CONSTITUCIONAL. SERVIDORES PÚBLICOS. REMUNERAÇÃO. INCIDÊNCIA DO TETO DE RETRIBUIÇÃO. VANTAGENS PESSOAIS. VALORES PERCEBIDOS ANTES DO ADVENTO DA EMENDA CONSTITUCIONAL Nº 41/2003. INCLUSÃO. ART. 37, XI e XV, DA CONSTITUIÇÃO DA REPÚBLICA. 1. Computam-se para efeito de observância do teto remuneratório do art. 37, XI, da Constituição da República também os valores percebidos anteriormente à vigência da Emenda Constitucional nº 41/2003 a título de vantagens pessoais pelo servidor público, dispensada a restituição dos valores recebidos em excesso de boa-fé até o dia 18 de novembro de 2015. 2. O âmbito de incidência da garantia de irredutibilidade de vencimentos (art. 37, XV, da Lei Maior) não alcança valores excedentes do limite definido no art. 37, XI, da Constituição da República. 3. Traduz afronta direta ao art. 37, XI e XV, da Constituição da República a exclusão, da base de incidência do teto remuneratório, de valores percebidos, ainda que antes do advento da Emenda Constitucional nº 41/2003, a título de vantagens pessoais. 4. Recurso extraordinário conhecido e provido. (RE 606358, Relator(a): Min. ROSA WEBER, Tribunal Pleno, julgado em 18/11/2015, PROCESSO ELETRÔNICO REPERCUSSÃO GERAL – MÉRITO DJe-063 DIVULG 06-04-2016 PUBLIC 07-04-2016)

▶ **Aos servidores públicos civis se aplica a disposição do art. 7.º, IV, da CF/1988, por expressa remissão de seu art. 39, § 3.º. Dessa forma, nenhum servidor pode receber remuneração inferior ao salário mínimo, fixado em lei, nacionalmente unificado.**

Aos servidores públicos civis se aplica a disposição do art. 7.º, IV, da CF/1988, por expressa remissão de seu art. 39, § 3.º. Dessa forma, nenhum servidor pode receber remuneração inferior ao salário mínimo, fixado em lei, nacionalmente unificado.

▶ **O valor que não pode ser inferior ao mínimo é *o valor global da remuneração*, e não do vencimento padrão ou básico.**

O valor que não pode ser inferior ao mínimo é *o valor global da remuneração*, e não do vencimento padrão ou básico, conforme entendimento sufragado na *Súmula Vinculante 16 do STF*. Esse valor global, no entanto, leva em consideração somente as vantagens de caráter permanente, e não aquelas que são meramente eventuais, recebidas transitoriamente.

▶ **A CF/1988, no art. 7.º, IV, veda a vinculação do salário mínimo para qualquer fim, impedindo, dessa forma, que seu valor seja usado como indexador econômico.**

A própria CF/1988, no art. 7.º, IV, veda a vinculação do salário mínimo para qualquer fim, impedindo, dessa forma, que seu valor seja usado como indexador econômico, alimentando o fenômeno inflacionário, em detrimento, principalmente, dos trabalhadores que o recebem. Essa proibição é levada tão a sério que a jurisprudência a aplica, até mesmo, para impedir que o salário mínimo seja utilizado como base de cálculo de outras vantagens remuneratórias, não previstas expressamente na própria CF/1988. É claro que, se o servidor recebe o valor mínimo, vantagens como décimo terceiro salário e férias, previstas expressamente no texto constitucional tendo como base a própria remuneração, serão calculadas sobre aquele valor. Mas outras vantagens, instituídas em lei, como uma gratificação de desempenho, não poderão ser indexadas ao salário mínimo. Mesmo outras vantagens previstas na Constituição, mas sem base de cálculo definida, como os adicionais noturno, de periculosidade e de insalubridade, não podem ter como indexação o salário mínimo. (COUTINHO, Alessandro Dantas, KRUGER, Ronald Rodor. Manual de Direito Administrativo: Volume Único. 2ª dição, Editora Juspodivm, Salvador, 2018, p. 339)

ART. 37, XVI E XVII. VEDAÇÃO DE ACUMULAÇÃO REMUNERADA DE CARGOS COMO REGRA

XVI – é vedada a acumulação remunerada de cargos públicos, exceto, quando houver compatibilidade de horários, observado em qualquer caso o disposto no inciso XI: a) a de dois cargos de professor; b) a de um cargo de professor com outro técnico ou científico c) a de dois cargos ou empregos privativos de profissionais de saúde, com profissões regulamentadas; XVII – a proibição de acumular estende-se a empregos e funções e abrange autarquias, fundações, empresas públicas, sociedades de economia mista, suas subsidiárias, e sociedades controladas, direta ou indiretamente, pelo poder público;

▶ **Regra geral, a Constituição Federal é proibitiva da acumulação remunerada de cargos públicos.**

Regra geral, a Constituição Federal é proibitiva da acumulação remunerada de cargos públicos (art. 37, XVI), tendo em vista a necessidade de concentrar os esforços e o trabalho do servidor numa única atividade. Secundariamente, permite-se o maior acesso das pessoas aos cargos públicos, pois estes não estarão sendo acumulados por um quadro reduzido de servidores.

▶ **A proibição de acumulação se estende também aos empregos e às funções públicas, abrangendo toda a Administração Indireta, inclusive empresas públicas, sociedades de economia mista e respectivas subsidiárias**

A proibição de acumulação se estende também aos empregos e às funções públicas, abrangendo toda a Administração Indireta, inclusive empresas públicas, sociedades de economia mista e respectivas subsidiárias (art. 37, XVII).

▶ **Permite-se a acumulação, no entanto, nas seguintes hipóteses excepcionais (art. 37, XVI, a, b, c):**

a) dois cargos de professor;

b) um cargo de professor com outro, técnico ou científico;

c) dois cargos ou empregos privativos de profissionais de saúde, com profissões regulamentadas.

◉ **Em qualquer caso, essas acumulações somente são possíveis se houver compatibilidade de horários.**

Em qualquer caso, essas acumulações somente são possíveis se houver compatibilidade de horários. Ainda assim, mesmo quando existente a compatibilidade formal de horários, a jurisprudência do STJ, com base no princípio da eficiência, tem admitido que a Administração Pública imponha limite máximo de horas de trabalho no somatório dos cargos acumulados, a fim de evitar que o servidor supere uma carga de trabalho que seja considerada como razoável e, por consequência, tenha redução em seu desempenho (1ª Seção, MS 22.002/DF, MS 19.300/DF e MS 19.336/DF, rel. Min. Mauro Campbell Marques, j. 09/12/2015, 10/12/2015 e 26/12/2014, respectivamente).

◉ **Diante da aposentadoria do Servidor em ambos os cargos ocupados não há que se falar em "carga horária"**

ADMINISTRATIVO. AGRAVO INTERNO NO AGRAVO EM RECURSO ESPE-CIAL. SERVIDOR PÚBLICO. ACUMULAÇÃO DE DOIS CARGOS PÚBLICOS PRI-VATIVOS DE PROFISSIONAIS DA ÁREA DA SAÚDE. ART. 37 DA CARTA MAGNA E ART. 118 DA LEI 8.112/1990. FUNDAMENTOS PARA A LIMITAÇÃO DA CARGA HORÁRIA QUE DESAPARECEM, DIANTE DA APOSENTADORIA DO SERVIDOR EM AMBOS OS CARGOS. AGRAVO INTERNO DO SERVIDOR PROVIDO PARA DECLARAR A PERDA DO OBJETO DO AGRAVO EM RECURSO ESPECIAL DA UFRJ. 1. O art. 37 da Constituição Federal, bem como o art. 118 da Lei 8.112/1990, preveem a acumulação remunerada de dois cargos ou empregos privativos de Profis-sionais de Saúde, desde que haja compatibilidade de horários e os ganhos acumulados não excedam o teto remuneratório previsto no art. 37, XI da Lei Maior. 2. Ocorre que esta Corte Superior, levando em consideração (a) os limites constitucionais relativos à dignidade humana e aos valores sociais do trabalho; (b) a proteção do trabalhador, bem como a do paciente; e (c) a possibilidade de que a realização de plantões suces-sivos e intensos coloque em risco a segurança do trabalho e a saúde dos profissionais e dos pacientes por eles atendidos, tem manifestado entendimento de que, a ausência de fixação da jornada máxima para a acumulação de cargos não significa que tal acú-mulo esteja desvinculado de qualquer limitação, não legitimando, portanto, o exercí-cio de jornadas de trabalho ilimitadas ou excessivas. 3. No caso em comento, diante da aposentadoria do Servidor em ambos os cargos ocupados, os fundamentos acima elencados, adotados para a limitação da sua carga horária, o que acarretou o provimen-to do Agravo em Recurso Especial manejado pela União, caem por terra. Ora, diante das aposentadorias, não há que se falar em risco aos pacientes e/ou ao trabalhador, bem como no desempenho de jornada de trabalho excessiva ou desumana. Preceden-tes: EDcl no AgInt no AgRg no AREsp. 163.967/RJ, Rel. Min. NAPOLEÃO NUNES MAIA FILHO, DJe 12.5.2017 e AgRg no REsp. 1.438.988/PB, Rel. Min. HUMBERTO MARTINS, DJe 5.5.2014. 4. Agravo Interno do Servidor a que se dá provimento para decretar a perda superveniente do objeto do Agravo em Recurso Especial da UFRJ. (AgInt no AREsp 1101121/RJ, Rel. Ministro NAPOLEÃO NUNES MAIA FILHO, PRI-MEIRA TURMA, julgado em 11/12/2018, DJe 04/02/2019)

▶ **A acumulação ilegal de cargos ou empregos públicos pode acarretar a demissão do servidor do cargo acumulado ilegalmente.**

A acumulação ilegal de cargos ou empregos públicos pode acarretar a demissão do servidor do cargo acumulado ilegalmente (art. 132, XII, da Lei 8.112/1990). Antes disso, no entanto, procede-se à notificação do servidor para fazer a opção, na forma do art. 133 da referida Lei, o que é, em geral, repetido nas legislações estaduais e municipais. O Estatuto federal garante que a opção, até o último dia do prazo, presume a boa-fé do servidor, hipótese em que se converte automaticamente em pedido de exoneração do outro cargo (art. 133, § 5.º).

▶ **O TCU já firmou entendimento, em que pese a CF apenas se referir à acumulação remunerada, no sentido de que a inacumulatividade existirá mesmo quando o servidor está licenciado de um cargo, sem receber vencimentos.**

Por fim, diga-se que o TCU já firmou entendimento, em que pese a CF apenas se referir à acumulação remunerada, no sentido de que a inacumulatividade existirá mesmo quando o servidor está licenciado de um cargo, sem receber vencimentos (Súmula 246), "pois que o instituto da acumulação de cargos se dirige à titularidade de cargos, empregos e funções públicas, e não apenas à percepção de vantagens pecuniárias".

◎ **Súmula TCU nº 246: O fato de o servidor licenciar-se, sem vencimentos, do cargo público ou emprego que exerça em órgão ou entidade da administração direta ou indireta não o habilita a tomar posse em outro cargo ou emprego público, sem incidir no exercício cumulativo vedado pelo artigo 37 da Constituição Federal, pois que o instituto da acumulação de cargos se dirige à titularidade de cargos, empregos e funções públicas, e não apenas à percepção de vantagens pecuniárias.**

◎ **As regras sobre a acumulação devem ser interpretadas levando-se em conta a proteção do trabalhador, bem como a do paciente. Não se deve perder de vista, assim, que a realização de plantões sucessivos e intensos coloca em risco a segurança do trabalho, bem como a saúde dos profissionais e dos pacientes por eles atendidos.**

ADMINISTRATIVO. AGRAVO REGIMENTAL NO AGRAVO REGIMENTAL NO AGRAVO EM RECURSO ESPECIAL. ACUMULAÇÃO DE DOIS CARGOS PÚBLICOS PRIVATIVOS DE PROFISSIONAIS DA ÁREA DA SAÚDE. ART. 37 DA CARTA MAGNA E ART. 118 DA LEI 8.112/1990. EXEGESE JUDICIAL DAS LEIS ESCRITAS. FINALIDADE E ADEQUAÇÃO DO ESFORÇO INTERPRETATIVO. PREVALÊNCIA DOS ASPECTOS FACTUAIS RELATIVOS À PROTEÇÃO E À SEGURANÇA DOS PROFISSIONAIS E PACIENTES. POSSIBILIDADE DE OPÇÃO POR UM DOS CARGOS OU PELA REDUÇÃO DA JORNADA, ACASO HAJA POSSIBILIDADE. AGRAVO REGIMENTAL DA UNIÃO DESPROVIDO. 1. Nos termos dos arts. 37 da Constituição Federal e 118 da Lei 8.112/1990, é vedada a acumulação remunerada de cargos públicos, ressalvados os casos tipicamente previstos no art. 37, XVI da CF, dentre eles o de dois cargos ou empregos privativos de Profissionais de Saúde, desde que haja compatibilidade de horários e os ganhos acumulados não excedam o teto remuneratório previsto no art. 37, XI da Lei Maior. 2. A ausência de fixação da carga horária máxima para a cumulação de cargo não significa que o acúmulo de cargo esteja desvinculado de qualquer carga horária, não legitimando, portanto, o acúmulo de jornadas de trabalhos ilimitadas, ainda que haja compatibilidade de horários, uma vez que não se deve perder de vista os limites constitucionais relativos à dignidade humana e aos valores sociais do trabalho, previstos no art. 1º., III e IV da CF. 3. O legislador infraconstitucional fixou para o servidor público a jornada de trabalho de, no máximo, 40 horas semanais, com a possibilidade de 2 horas de trabalho extras por jornada. Tomando-se como base esse preceito legal, impõe-se reconhecer que o Acórdão TCU 2.133/2005 e o Parecer GQ 145/1998, ao fixarem o limite de 60 horas semanais para que o Servidor se submeta a dois ou mais regimes de trabalho, devem ser prestigiados, uma vez que atendem ao princípio da razoabilidade e proporcionalidade. 4. As citadas disposições constitucionais e legais devem ser interpretadas levando-se em conta a proteção do trabalhador, bem como a do paciente. Não se deve perder de vista, assim, que a realização de plantões sucessivos e intensos coloca em risco a segurança do trabalho, bem como a saúde dos profissionais e dos pacientes por eles atendidos. Trata-se, portanto, de direito fundamental que, como sabido, não pode ser objeto de livre disposição por seu titular. 5. Assim, a análise da compatibilidade de horários não deve ser apreciada com a simples ausência de choque de horários de exercício efetivo do trabalho, mas com o cuidado de garantir ao trabalhador o tempo para refeição, deslocamento e descanso necessários e suficientes para a sua adequada recuperação, a fim de não comprometer a qualidade do serviço por ele prestado, especialmente considerando tratar-se de profissional da área da saúde, que executa tarefa notoriamente exaustiva. 6. A exegese judicial das leis escritas não deve conduzir o Juiz a proclamar a supremacia absoluta ou tirânica da sua dicção, deixando de levar em conta os efeitos de tal postura cognitiva do ordenamento normativo, como se a solução das disputas e dissensos encontrasse resposta cem por cento elaborada no ditado das leis; pelo contrário, cabe ao Julgador verificar, criteriosamente, se a aplicação automática e a crítica do dispositivo legal não se mostra nociva, perversa ou geradora de danos ou prejuízos, cabendo-lhe evitar essa solução quando tal resultado se mostra visível e inevitável. 7. No presente caso, a Servidora Pública exerce em concomitância dois cargos públicos privativos da área da Saúde, com carga horária que ultrapassa 60 horas semanais, com sacrifício dos intervalos de repouso e lazer, o que lhe vêm em desfavor da sua própria saúde e põe em risco de dano involuntário a segurança dos pacientes. 8. Fixadas tais premissas, não se mostra desarrazoado assegurar-se ao Servidor o direito de opção pela redução da jornada no cargo que melhor lhe aprouver, acaso seja possível, a fim de ajustar o limite máximo de 60 horas semanais ou, ainda, optar por um dos cargos, afastando-se a eventual nota de má-fé ou de improbidade na precedente acumulação. 9. Agravo Regimental da União a que se nega provimento. (AgRg no AgRg no AREsp 490.060/RJ, Rel. Ministro NAPOLEÃO NUNES MAIA FILHO, PRIMEIRA TURMA, julgado em 06/12/2018, DJe 19/12/2018)

RG ◙ STF, no julgamento do RE 602.043, afetado pela sistemática de repercussão geral, enfrentou o tema sobre a possibilidade de a acumulação lícita de cargos, empregos e funções ultrapassar o teto constitucional.

TETO CONSTITUCIONAL – ACUMULAÇÃO DE CARGOS – ALCANCE. Nas situações jurídicas em que a Constituição Federal autoriza a acumulação de cargos, o teto remuneratório é considerado em relação à remuneração de cada um deles, e não ao somatório do que recebido. (RE 612975, Relator(a): Min. MARCO AURÉLIO, Tribunal Pleno, julgado em 27/04/2017, ACÓRDÃO ELETRÔNICO REPERCUSSÃO GERAL – MÉRITO DJe-203 DIVULG 06-09-2017 PUBLIC 08-09-2017)

▶ A somatória dos valores, ao final, poderia ultrapassar o limite do artigo 37, XI, da CFO entendimento foi no sentido de que "nos casos autorizados constitucionalmente de acumulação de cargos, empregos e funções, a incidência do art. 37, XI, da Constituição Federal pressupõe consideração de cada um dos vínculos formalizados, afastada a observância do teto remuneratório quanto ao somatório dos ganhos do agente público". Por outras palavras: em uma interpretação literal da CF chega-se à conclusão que a soma das remunerações dos dois cargos não pode ser superior ao teto. Todavia, o entendimento jurisprudencial é que o limite do teto deverá ser considerado separadamente para cada um dos vínculos. Assim, a remuneração de cada cargo não pode ser superior ao teto, sendo possível que a somatória dos dois ultrapasse esse limite.

◉ **Apesar de não ocuparem efetivo cargo público, a função exercida pelos titulares de serventias extrajudiciais possui inegável natureza pública, sendo a vedação prevista no inciso XVII do art. 37 da CF que estipula a proibição de cumulação aplicável.**

EMENTA: CONSTITUCIONAL. MANDADO DE SEGURANÇA CONTRA ATO DO PROCURADOR-GERAL DA REPÚBLICA. PORTARIA N. 286/2007. ALTERAÇÃO DAS ATRIBUIÇÕES DE CARGO PÚBLICO POR MEIO DE PORTARIA. IMPOSSIBILIDADE. PRECEDENTES. SEGURANÇA CONCEDIDA. 1. Contraria direito líquido e certo do servidor público a alteração, por meio de portaria, das atribuições do cargo que ocupa. 2. A inexistência de direito adquirido a regime jurídico não autoriza a reestruturação de cargos públicos por outra via que não lei formal. 3. Segurança concedida. (MS 26955, Relator(a): Min. CÁRMEN LÚCIA, Tribunal Pleno, julgado em 01/12/2010, DJe-070 DIVULG 12-04-2011 PUBLIC 13-04-2011 EMENT VOL-02502-01 PP-00010)

◉ **É vedada a percepção simultânea de proventos de aposentadoria decorrentes do art. 40 ou dos arts. 42 e 142 com a remuneração de cargo, emprego ou função pública, ressalvados os cargos acumuláveis na forma desta Constituição, os cargos eletivos e os cargos em comissão declarados em lei de livre nomeação e exoneração.**

JULGAMENTOS DO SUPREMO TRIBUNAL FEDERAL EM CONTROLE CONCENTRADO DE CONSTITUCIONALIDADE. Readmissão de empregados de empresas públicas e sociedades de economia mista. Acumulação de proventos e vencimentos. (...) É inconstitucional o § 1º do art. 453 da CLT, com a redação dada pela Lei 9.528/1997, quer porque permite, como regra, a acumulação de proventos e vencimentos – vedada pela jurisprudência do STF –, quer porque se funda na ideia de que a aposentadoria espontânea rompe o vínculo empregatício.[ADI 1.770, rel. min. Joaquim Barbosa, j. 11-10-2006, P, DJ de 1º-12-2006.] = RE 679.645 AgR, rel. min. Cármen Lúcia, j. 11-2-2014, 2ª T, DJE de 21-2-2014

   ◉ **No mesmo sentido:** O dispositivo impugnado, ao estabelecer indistintamente que os proventos da inatividade não serão considerados para efeito de acumulação de cargos, afronta o art. 37, XVI, da CF, na medida em que amplia o rol das exceções à regra da não cumulatividade de proventos e vencimentos, já expressamente previstas no Texto Constitucional. Impossiblidade de acumulação de proventos com vencimentos quando envolvidos cargos inacumuláveis na atividade. [ADI 1.328, rel. min. Ellen Gracie, j. 12-5-2004, P, DJ de 18-6-2004.] = RE 415.974 AgR, rel. min. Cármen Lúcia, j. 1º-2-2011, 1ª T, DJE de 23-2-2011

◙ **Tema 0377. Tese fixada: Nos casos autorizados constitucionalmente de acumulação de cargos, empregos e funções, a incidência do art. 37, inciso XI, da Constituição Federal pressupõe consideração de cada um dos vínculos formalizados, afastada a observância do teto remuneratório quanto ao somatório dos ganhos do agente público. (A mesma tese foi fixada para o Tema 384) Julgamento 27/04/2017**

RG ◙ **Nos casos autorizados constitucionalmente de acumulação de cargos, empregos e funções, a incidência do art. 37, inciso XI, da Constituição Federal pressupõe consideração de cada um dos vínculos formalizados, afastada a observância do teto remuneratório quanto ao somatório dos ganhos do agente público**

TETO CONSTITUCIONAL – ACUMULAÇÃO DE CARGOS – ALCANCE. Nas situações jurídicas em que a Constituição Federal autoriza a acumulação de cargos, o teto remuneratório é considerado em relação à remuneração de cada um deles, e não ao somatório do que recebido. (RE 612975, Relator(a): Min. MARCO AURÉLIO, Tribunal Pleno, julgado em 27/04/2017, ACÓRDÃO ELETRÔNICO REPERCUSSÃO GERAL – MÉRITO DJe-203 DIVULG 06-09-2017 PUBLIC 08-09-2017) [ARE 848.993 RG, voto do rel. min. Gilmar Mendes, j. 6-10-2016, P, DJE de 23-3-2017, Tema 921.]

◙ **Tema: 921.Tese: É vedada a cumulação tríplice de vencimentos e/ou proventos, ainda que a investidura nos cargos públicos tenha ocorrido anteriormente à EC 20/1998.**

RG ◙ **Impossibilidade da acumulação tríplice de cargos públicos, ainda que os provimentos nestes tenham ocorrido antes da vigência da EC 20/1998.**

Recurso extraordinário com agravo. 2. Percepção de provento de aposentadoria cumulado com duas remunerações decorrentes de aprovação em concursos públicos. Anterioridade à EC 20/98. Acumulação tríplice de remunerações e/ou proventos públicos. Impossibilidade. Precedentes. 3. Repercussão geral reconhecida com reafirmação da jurisprudência desta Corte. 4. Recurso extraordinário provido. (ARE 848993 RG, Relator(a): Min. GILMAR MENDES, julgado em 06/10/2016, PROCESSO ELETRÔNICO REPERCUSSÃO GERAL – MÉRITO DJe-056 DIVULG 22-03-2017 PUBLIC 23-03-2017)

◙ **Tema 162. Tese: É inconstitucional a percepção cumulativa de duas pensões estatutárias pela morte de servidor aposentado que reingressara no serviço público, por meio de concurso, antes da edição da EC 20/1998 e falecera após o seu advento.**

RG ◉ É inconstitucional a percepção cumulativa de duas pensões estatutárias pela morte de servidor aposentado que reingressara no serviço público, por meio de concurso, antes da edição da EC 20/1998 e falecera após o seu advento

CONSTITUCIONAL. SERVIDOR PÚBLICO APOSENTADO. REINGRESSO NO SERVIÇO PÚBLICO ANTES DA EDIÇÃO DA EC 20/98 E FALECIMENTO POSTERIOR À EMENDA. DUPLA ACUMULAÇÃO DE PENSÕES POR MORTE. IMPOSSIBILIDADE. PRECEDENTES. RECURSO IMPROVIDO. I – A Carta de 1988 veda a percepção simultânea de proventos de aposentadoria com remuneração de cargo, emprego ou função pública, ressalvadas hipóteses – inocorrentes na espécie – de cargos acumuláveis na forma da Constituição, cargos eletivos e cargos em comissão (art. 37, § 10, da Constituição). II – Mesmo antes da EC 20/1998, a acumulação de proventos e vencimentos somente era admitida quando se tratasse de cargos, funções ou empregos acumuláveis na atividade, na forma permitida pela CF. III – Com o advento da EC 20/98, que preservou a situação daqueles servidores que retornaram ao serviço público antes da sua promulgação, proibiu, em seu art. 11, a percepção de mais de uma aposentadoria pelo regime de previdência a que se refere o art. 40 da Constituição. IV – Se era proibida a percepção de dupla aposentadoria estatutária não há é possível cogitar-se de direito à segunda pensão, uma vez que o art. 40, § 7º, da Constituição subordinava tal benefício ao valor dos proventos a que o servidor faria jus. V – Recurso extraordinário conhecido e improvido. (RE 584388, Relator(a): Min. RICARDO LEWANDOWSKI, Tribunal Pleno, julgado em 31/08/2011, REPERCUSSÃO GERAL – MÉRITO DJe-185 DIVULG 26-09-2011 PUBLIC 27-09-2011 EMENT VOL-02595-02 PP-00171 RTJ VOL-00223-01 PP-00577)

◉ Servidor público em situação de acumulação ilícita de cargos ou empregos pode se valer da oportunidade prevista no art. 133, § 5º, da Lei 8.112/1990 para apresentar proposta de solução, comprovando o desfazimento dos vínculos, de forma a se enquadrar nas hipóteses de cumulação lícita.

Servidor público em situação de acumulação ilícita de cargos ou empregos pode se valer da oportunidade prevista no art. 133, § 5º, da Lei 8.112/1990 para apresentar proposta de solução, comprovando o desfazimento dos vínculos, de forma a se enquadrar nas hipóteses de cumulação lícita. Contudo, o art. 133, § 5º, da Lei 8.112/1990 não autoriza que o servidor prolongue indefinidamente a situação ilegal, esperando se valer do dispositivo legal para caracterizar, como sendo de boa-fé, a proposta de solução apresentada com atraso. [RMS 26.929, rel. min. Joaquim Barbosa, j. 19-10-2010, 2ª T, DJE de 11-11-2010.]

◉ A acumulação de proventos e vencimentos somente é permitida quando se tratar de cargos, funções ou empregos acumuláveis na atividade.

A acumulação de proventos e vencimentos somente é permitida quando se tratar de cargos, funções ou empregos acumuláveis na atividade, na forma permitida pela Constituição. Precedente do Plenário – RE 163.204. [RE 141.376, rel. min. Néri da Silveira, j. 2-10-2001, 2ª T, DJ de 22-2-2002.] = RE 613.399 AgR, rel. min. Ricardo Lewandowski, j. 14-8-2012, 2ª T, DJE de 27-8-2012

◙ **É impertinente a exigência de compatibilidade de horários como requisito para a percepção simultânea de um provento de aposentadoria no cargo de professor com a remuneração pelo exercício efetivo de outro cargo de magistério.**

AGRAVO REGIMENTAL NO RECURSO EXTRAORDINÁRIO. PERCEPÇÃO SI-MULTÂNEA DE UM PROVENTO DE APOSENTADORIA COM A REMUNARAÇÃO DE UM CARGO PÚBLICO. DOIS CARGOS DE PROFESSOR. COMPATIBILIDADE DE HORÁRIOS. IMPERTINÊNCIA DO REQUISITO NO CASO. AGRAVO IMPRO-VIDO. I – É impertinente a exigência de compatibilidade de horários como requisito para a percepção simultânea de um provento de aposentadoria no cargo de professor com a remuneração pelo exercício efetivo de outro cargo de magistério. II – Agravo regimental improvido. (RE 701999 AgR, Relator(a): Min. RICARDO LEWANDOWS-KI, Segunda Turma, julgado em 02/10/2012, PROCESSO ELETRÔNICO DJe-207 DI-VULG 19-10-2012 PUBLIC 22-10-2012)

◙ **O STF tem reconhecido a presunção de má-fé do servidor que, embora notifica-do, não faz a opção que lhe compete.**

EMENTA: RECURSO ORDINÁRIO EM MANDADO DE SEGURANÇA. ACÓR-DÃO PROFERIDO PELA TERCEIRA SEÇÃO DO SUPERIOR TRIBUNAL DE JUSTI-ÇA, QUE DENEGOU MANDADO DE SEGURANÇA IMPETRADO CONTRA ATO DO MINISTRO DE ESTADO DA PREVIDÊNCIA E ASSISTÊNCIA SOCIAL. DEMIS-SÃO DO CARGO DE MÉDICO DO QUADRO DE PESSOAL DO INSS. ACUMU-LAÇÃO ILEGAL DE EMPREGO PÚBLICO EM TRÊS CARGOS. PRESUNÇÃO DE MÁ-FÉ, APÓS REGULAR NOTIFICAÇÃO. RECURSO IMPROVIDO I. O acórdão recorrido entendeu que o servidor público que exerce três cargos ou empregos públicos de médico – um no INSS, outro na Secretaria Estadual de Saúde e Meio Ambiente e outro junto a hospital controlado pela União, incorre em acumulação ilegal de cargos. II. O Supremo Tribunal Federal tem reconhecido a presunção de má-fe do servidor que, embora notificado, não faz a opção que lhe compete. III. Demissão do recorrente que se assentou em processo administrativo regular, verificada a ocorrência dos requisitos do art. 133, § 6º, da Lei 8.112/90. IV. Precedentes desta Corte em situações semelhan-tes: RMS 24.249/DF, Rel. Min. Eros Grau e MS 25.538/DF, Rel. Min. Cezar Peluso. V. Recurso improvido. (RMS 23917, Relator(a): Min. RICARDO LEWANDOWSKI, Pri-meira Turma, julgado em 02/09/2008, DJe-177 DIVULG 18-09-2008 PUBLIC 19-09-2008 EMENT VOL-02333-01 PP-00139)

◙ **A acumulação de proventos e vencimentos somente é permitida quando se tra-tar de cargos, funções ou empregos acumuláveis na atividade, na forma permitida pela Constituição.**

AGRAVO REGIMENTAL EM AGRAVO DE INSTRUMENTO. ADMINISTRATI-VO. SERVIDOR PÚBLICO. MAGISTÉRIO. DE ACUMULAÇÃO DE PROVENTOS DE DOIS CARGOS DE PROFESSOR COM VENCIMENTOS DE UM TERCEIRO CARGO. ART. 11, DA EC 20/98. INAPLICABILIDADE. AGRAVO IMPROVIDO. I – Somente se admite a acumulação de proventos e vencimentos quando se tratar de cargos, empregos ou funções acumuláveis em atividade, na forma prevista pela Constituição Federal. Precedentes. II – Não é permitida a acumulação de proventos de duas aposentadorias com os vencimentos de cargo público, ainda que proveniente de aprovação em concurso público antes da EC 20/98. Precedentes. III – Agravo regimental improvido. (AI 529499 AgR, Relator(a): Min. RICARDO LEWANDOWSKI, Primeira Turma, julgado em 19/10/2010, DJe-220 DIVULG 16-11-2010 PUBLIC 17-11-2010 EMENT VOL-02432-01 PP-00033 LEXSTF v. 32, n. 384, 2010, p. 22-27)

◉ **É possível a acumulação de um cargo de professor com um emprego (celetista) de professor. Interpretação harmônica dos incisos XVI e XVII do art. 37 da CF.**

EMENTA: – CONSTITUCIONAL. SERVIDOR PÚBLICO. ACUMULAÇÃO: CARGOS E EMPREGOS. C.F., art. 37, XVI e XVII. I. – É possível a acumulação de um cargo de professor com um emprego (celetista) de professor. Interpretação harmônica dos incisos XVI e XVII do art. 37 da Constituição Federal. II. – R.E. não conhecido. (RE 169807, Relator(a): Min. CARLOS VELLOSO, Segunda Turma, julgado em 24/06/1996, DJ 08-11-1996 PP-43213 EMENT VOL-01849-05 PP-00944)

◉ **A existência de norma infraconstitucional que estipula limitação de jornada semanal não constitui óbice ao reconhecimento do direito à acumulação prevista no art. 37, XVI, c, da Constituição, desde que haja compatibilidade de horários para o exercício dos cargos a serem acumulados.**

AGRAVO REGIMENTAL NO RECURSO ORDINÁRIO EM MANDADO DE SEGURANÇA. PARECER GQ 145/1998/AGU. LIMITE MÁXIMO DE 60 HORAS SEMANAIS EM CASOS DE ACUMULAÇÃO DE CARGOS OU EMPREGOS PÚBLICOS. IMPOSSIBILIDADE. PRECEDENTES. COMPATIBILIDADE DAS JORNADAS DE TRABALHO DA IMPETRANTE. COMPROVAÇÃO. AGRAVO A QUE SE NEGA PROVIMENTO, COM APLICAÇÃO DE MULTA. I – A existência de norma infraconstitucional que estipula limitação de jornada semanal não constitui óbice ao reconhecimento do direito à acumulação prevista no art. 37, XVI, c, da Constituição, desde que haja compatibilidade de horários para o exercício dos cargos a serem acumulados. Precedentes. II – Agravo regimental a que se nega provimento, com aplicação da multa prevista no art. 1.021, § 4º, do CPC. (RMS 34257 AgR, Relator(a): Min. RICARDO LEWANDOWSKI, Segunda Turma, julgado em 29/06/2018, PROCESSO ELETRÔNICO DJe-157 DIVULG 03-08-2018 PUBLIC 06-08-2018)

◉ **No mesmo sentido:** ADMINISTRATIVO. AGRAVO INTERNO NO AGRAVO EM RECURSO ESPECIAL. SERVIDOR PÚBLICO. ACUMULAÇÃO DE DOIS CARGOS PÚBLICOS PRIVATIVOS DE PROFISSIONAIS DA ÁREA DA SAÚDE. ART. 37 DA CARTA MAGNA E ART. 118 DA LEI 8.112/1990. FUNDAMENTOS PARA A LIMITAÇÃO DA CARGA HORÁRIA QUE DESAPARECEM, DIANTE DA APOSENTADORIA DO SERVIDOR EM AMBOS OS CARGOS. AGRAVO INTERNO DO SERVIDOR PROVIDO PARA DECLARAR A PERDA DO OBJETO DO AGRAVO EM RECURSO ESPECIAL DA UFRJ. 1. O art. 37 da Constituição Federal, bem como o art. 118 da Lei 8.112/1990, preveem a acumulação remunerada de dois cargos ou empregos privativos de Profissionais de Saúde, desde que haja compatibilidade de horários e os ganhos acumulados não excedam o teto remuneratório previsto no art. 37, XI da Lei Maior. 2. Ocorre que esta Corte Superior, levando em consideração (a) os limites constitucionais relativos à dignidade humana e aos valores sociais do trabalho; (b) a proteção do trabalhador, bem como a do paciente; e (c) a possibilidade de que a realização de plantões sucessivos e intensos coloque em risco a segurança do trabalho e a saúde dos profissionais e dos pacientes por eles atendidos, tem manifestado entendimento de que, a ausência de fixação da jornada máxima para a acumulação de cargos não significa que tal acúmulo esteja desvinculado de qualquer limitação, não legitimando, portanto, o exercício de jornadas de trabalho ilimitadas ou excessivas. 3. No caso em comento, diante da aposentadoria do Servidor em ambos os cargos ocupados, os fundamentos acima elencados, adotados para a limitação da sua carga horária, o que acarretou o provimento do Agravo em Recurso Especial manejado pela União, caem por terra. Ora, diante das aposentadorias, não há que se falar em risco aos pacientes e/ou ao trabalhador, bem como no desempenho de jornada de trabalho excessiva ou desumana. Precedentes: EDcl no AgInt no AgRg no AREsp. 163.967/RJ, Rel. Min. NAPOLEÃO NUNES MAIA FILHO, DJe 12.5.2017 e AgRg no REsp. 1.438.988/PB, Rel. Min. HUMBERTO MARTINS, DJe 5.5.2014. 4. Agravo Interno do Servidor a que se dá provimento para decretar a perda superveniente do objeto do Agravo em Recurso Especial da UFRJ. (AgInt no AREsp 1101121/RJ, Rel. Ministro NAPOLEÃO NUNES MAIA FILHO, PRIMEIRA TURMA, julgado em 11/12/2018, DJe 04/02/2019)

ART. 37, § 7º – REQUISITOS E AS RESTRIÇÕES AO OCUPANTE DE CARGO OU EMPREGO DA ADMINISTRAÇÃO DIRETA E INDIRETA QUE POSSIBILITE O ACESSO A INFORMAÇÕES PRIVILEGIADAS

Art. 37, § 7º A lei disporá sobre os requisitos e as restrições ao ocupante de cargo ou emprego da administração direta e indireta que possibilite o acesso a informações privilegiadas

▶ **Regulamentando a matéria, foi promulgada a Lei n. 12.813/13, que dispõe sobre o conflito de interesses no exercício de cargo ou emprego do Poder Executivo federal e impedimentos posteriores ao exercício do cargo ou emprego.**

A norma estabelece requisitos e restrições aos servidores da Administração Pública Federal que tenham acesso a informações privilegiadas. Além de conceituar o que seriam informações privilegiadas – como sendo aquelas que dizem respeito a assuntos sigilosos ou relevantes ao processo de decisão no âmbito do Poder Executivo Federal e que tenham repercussões econômicas, sem constituírem fatos de conhecimento público –, a lei exige o agir profilático do ocupante de cargo ou emprego público, no sentido de resguardar a informação relevante. (Comentários à Constituição do Brasil – Série Idp. Mendes, Gilmar Ferreira; Streck, Lênio Luiz; Sarlet, Ingo Wolfgang; Leoncy, Léo Ferreira; Canotilho, J. J. Gomes. Editora Saraiva, 2ª Edição, São Paulo, 2018, p. 1000)

▶ **Conflito de interesses é a situação gerada pelo confronto dos interesses públicos e privados, que possa comprometer o interesse coletivo**

Salienta, ainda, o disposto no art. 3º do projeto que se conceitua "conflito de interesses" como a situação gerada pelo confronto dos interesses públicos e privados, que possa comprometer o interesse coletivo. Neste ponto, o art. 5º refere que a divulgação ou o uso de informação privilegiada, em proveito próprio ou de terceiros, obtida em razão das atividades exercidas, constitui conflito de interesses e que, mesmo após o exercício de cargo ou emprego no âmbito do Poder Executivo Federal, o dever de não publicizar tais informações ou de fazer uso delas permanece por tempo indeterminado. (Comentários à Constituição do Brasil – Série Idp. Mendes, Gilmar Ferreira; Streck, Lênio Luiz; Sarlet, Ingo Wolfgang; Leoncy, Léo Ferreira; Canotilho, J. J. Gomes. Editora Saraiva, 2ª Edição, São Paulo, 2018, p. 1000/1001)

▶ **Resta evidente a preocupação em buscar mecanismos legais que aumentem os padrões de integridade dos agentes públicos no desempenho de suas funções**

Da análise da citada lei, resta evidente a preocupação em buscar mecanismos legais que aumentem os padrões de integridade dos agentes públicos no desempenho de suas funções, tendo em vista exatamente a crescente preocupação dos países da comunidade internacional no que toca a prevenções de corrupção ou de vazamento de informações que possam prejudicar a área econômica e financeira do país, de outro lado, visando também à proteção dos dados pessoais de cada indivíduo. A atenção do Poder Público voltada para a eficiência na prestação de seus serviços demonstra, acima de tudo, o necessário empenho no atendimento das regras de prevenção e combate de práticas abusivas ou ilícitas. (Comentários à Constituição do Brasil – Série Idp. Mendes, Gilmar Ferreira; Streck, Lênio Luiz; Sarlet, Ingo Wolfgang; Leoncy, Léo Ferreira; Canotilho, J. J. Gomes. Editora Saraiva, 2ª Edição, São Paulo, 2018, p. 1001)

▶ **Ocorre que a lei acabou por restringir demasiadamente o alcance de sua proteção, representando medida para resguardar apenas aquelas informações que tenham "repercussão econômica ou financeira".**

Tal ressalva não parece adequada à tutela proposta, pois existem informações que, em princípio, não apresentariam cunho pecuniário, mas que, dependendo do tratamento dado, poderão repercutir imensamente na seara financeira. Assim, se informação que o agente da administração tem acesso refere-se a ideologias político-partidárias ou a dados médicos que um determinado cidadão quer preservar em segredo, poder-se-ia afirmar que, em um primeiro momento, tais dados não constituiriam informação privilegiada. Entretanto, é evidente que a má utilização destes dados pessoais – como a sua publicização, por exemplo – poderá sim adquirir importância econômica, o que, gize-se, dará margem a posterior dever de reparação por parte do Estado. (Comentários à Constituição do Brasil – Série Idp. Mendes, Gilmar Ferreira; Streck, Lênio Luiz; Sarlet, Ingo Wolfgang; Leoncy, Léo Ferreira; Canotilho, J. J. Gomes. Editora Saraiva, 2ª Edição, São Paulo, 2018, p. 1001)

ART. 37 § 9º APLICAÇÃO DA REGRA ÀS EMPRESAS PÚBLICAS E ÀS SOCIEDADES DE ECONOMIA MISTA, E SUAS SUBSIDIÁRIAS, QUE RECEBEREM RECURSOS DO PODER PÚBLICO

ART. 37 § 9º O disposto no inciso xi aplica-se às empresas públicas e às sociedades de economia mista, e suas subsidiárias, que receberem recursos da união, dos estados, do distrito federal ou dos municípios para pagamento de despesas de pessoal ou de custeio em geral.

▶ **Antes da alteração proporcionada pela EC 19/98, discutia-se se o teto remuneratório previsto no art. 37, inciso XI, da Constituição da República aplicar-se-ia às empresas públicas, sociedades de economia mista e suas subsidiárias.**

Sustentava-se, por um lado, que o art. 173, § 1º, CR, ao submeter ditas entidades ao regime jurídico próprio das empresas privadas, estaria a excluí-las da incidência do teto remuneratório, e, por outro lado, que pelo fato de integrarem a Administração Indireta submeter-se-iam ao aludido teto. (Comentários à Constituição do Brasil – Série Idp. Mendes, Gilmar Ferreira; Streck, Lênio Luiz; Sarlet, Ingo Wolfgang; Leoncy, Léo Ferreira; Canotilho, J. J. Gomes. Editora Saraiva, 2ª Edição, São Paulo, 2018, p. 1004)

▶ **O acréscimo do § 9º afeta parcialmente essa orientação jurisprudencial, na medida em que dispõe ser o teto remuneratório dirigido a empresas estatais e suas subsidiárias, que dependam de recursos públicos da União, dos Estados, do Distrito Federal e dos Municípios, para a realização de despesas de custeio em geral, incluídas as de pessoal**

O entendimento pacificado pelo Supremo Tribunal Federal STF, ADIMC-1033/DF, Rel. Ministro Ilmar Galvão, DJde 16.09.94) e pelo Tribunal Superior do Trabalho (OJ n. 339 da SDI-1) foi o de que as empresas estatais estariam submetidas ao teto previsto no art. 37, XI, CR. O acréscimo do § 9º afeta parcialmente essa orientação jurisprudencial, na medida em que dispõe ser o teto remuneratório dirigido a empresas estatais e suas subsidiárias, que dependam de recursos públicos da União, dos Estados, do Distrito Federal e dos Municípios, para a realização de despesas de custeio em geral, incluídas as de pessoal (empresas estatais dependentes – art. 2º, III, da Lei Complementar n. 101/00 – Lei Responsabilidade Fiscal). (Comentários à Constituição do Brasil – Série Idp. Mendes, Gilmar Ferreira; Streck, Lênio Luiz; Sarlet, Ingo Wolfgang; Leoncy, Léo Ferreira; Canotilho, J. J. Gomes. Editora Saraiva, 2ª Edição, São Paulo, 2018, p. 1004)

ART. 37, § 10. VEDADAÇÃO DE PERCEPÇÃO SIMULTÂNEA DE PROVENTOS DE APOSENTADORIA

Art. 37, § 10. É vedada a percepção simultânea de proventos de aposentadoria decorrentes do art. 40 ou dos arts. 42 e 142 com a remuneração de cargo, emprego ou função pública, ressalvados os cargos acumuláveis na forma desta constituição, os cargos eletivos e os cargos em comissão declarados em lei de livre nomeação e exoneração.

▶ **A norma estabelecida pela Emenda Constitucional n. 20 veio consolidar entendimento jurisprudencial e pôr fim às dúvidas porventura existentes a respeito da possibilidade de recebimento conjunto de proventos e remuneração.**

Nesse sentido, mesmo durante a vigência da redação original da Constituição, ou seja, sem proibição expressa de acumulação de remuneração e proventos, sedimentou-se na jurisprudência do Supremo Tribunal Federal o entendimento de que "a) a acumulação a que se refere a Constituição não é de cargos, mas de vínculos jurídicos, os quais não se rompem, apenas mudam de configuração ao passar o servidor para a inatividade, máxime quando aquele elo jurídico-funcional estiver estabilizado na forma constitucionalmente prevista; b) desde que haja uma remuneração, qualquer que seja o seu fator determinante – estar na ativa ou nela ter estado pelo período constitucionalmente previsto para a aquisição do direito à aposentadoria –, há acumulação para os efeitos da regra constitucional proibitiva" (Comentários à Constituição do Brasil – Série Idp. Mendes, Gilmar Ferreira; Streck, Lênio Luiz; Sarlet, Ingo Wolfgang; Leoncy, Léo Ferreira; Canotilho, J. J. Gomes. Editora Saraiva, 2ª Edição, São Paulo, 2018, p. 1006)

◉ **Prevaleceu no STF o entendimento de que:** "[...] A acumulação de proventos e vencimentos somente é permitida quando se tratar de cargos, funções ou empregos acumuláveis na atividade, na forma permitida pela Constituição. C.F., art. 37, XVI, XVII; art. 95, parágrafo único, I. Na vigência da Constituição de 1946, art. 185, que continha norma igual à que está inscrita no art. 37,XVI, CF/88, a jurisprudência do Supremo Tribunal Federal era no sentido da impossibilidade da acumulação de proventos com vencimentos, salvo se os cargos de que decorrem essas remunerações fossem acumuláveis. (RE 163204 Relator: Min. Carlos Velloso, Julgamento em 09/11/1994, DJde31.03.1999).

A nova regra proibitiva abrange proventos de aposentadoria dos servidores públicos civis titulares de cargos efetivos (art. 40), militares dos Estados e Distrito Federal (art.42) e membros das Forças Armadas (art. 142). As exceções à proibição remetem aos cargos, empregos e funções acumuláveis nos termos do art. 37, XVI. (Comentários à Constituição do Brasil – Série Idp. Mendes, Gilmar Ferreira; Streck, Lênio Luiz;

Sarlet, Ingo Wolfgang; Leoncy, Léo Ferreira; Canotilho, J. J. Gomes. Editora Saraiva, 2ª Edição, São Paulo, 2018, p. 1004)

▶ **Ao fazer menção à remuneração de cargo, emprego ou função pública, a regra alcança também os agentes vinculados às entidades da Administração com personalidade de direito privado.**

Ao fazer menção à remuneração de cargo, emprego ou função pública, a regra alcança também os agentes vinculados às entidades da Administração com personalidade de direito privado. (Comentários à Constituição do Brasil – Série Idp. Mendes, Gilmar Ferreira; Streck, Lênio Luiz; Sarlet, Ingo Wolfgang; Leoncy, Léo Ferreira; Canotilho, J. J. Gomes. Editora Saraiva, 2ª Edição, São Paulo, 2018, p. 1006)

◉ **Ao apreciar a arguição de inconstitucionalidade de dispositivo que permitia a acumulação de proventos e vencimentos em empresas públicas e sociedades de economia mista, decidiu o Supremo Tribunal Federal:**

"AÇÃO DIRETA DE INCONSTITUCIONALIDADE. READMISSÃO DE EMPREGADOS DE EMPRESAS PÚBLICAS E SOCIEDADES DE ECONOMIAMISTA. Acumulação de proventos e vencimentos. Extinção do vínculo empregatício por aposentadoria espontânea. Não conhecimento. Inconstitucionalidade. Lei9.528/1997, que dá nova redação ao § 1º do art. 453 da Consolidação das Leis do Trabalho – CLT –, prevendo a possibilidade de readmissão de empregado de empresa pública e sociedade de economia mista aposentado espontaneamente. Art. 11 da mesma lei, que estabelece regra de transição. Não se conhece de ação direta de inconstitucionalidade na parte que impugna dispositivos cujos efeitos já se exauriram no tempo, no caso, o art. 11 e parágrafos. É inconstitucional o § 1º do art. 453 da CLT, com a redação dada pela Lei 9.528/1997, quer porque permite, como regra, a acumulação de proventos e vencimentos – vedada pela jurisprudência do Supremo Tribunal Federal –, quer porque se funda na ideia de que a aposentadoria espontânea rompe o vínculo empregatício. Pedido não conhecido quanto ao art. 11, e parágrafos, da Lei n. 9.528/1997. Ação conhecida quanto ao § 1º do art. 453 da Consolidação das Leis do Trabalho, na redação dada pelo art. 3º da mesma Lei 9.528/1997, para declarar sua inconstitucionalidade" (ADI 1770, Relator: Min. Joaquim Barbosa, Julgamento em11/10/2006, PublicaçãoDJ01-12-2006, p. 00065).

◉ **Tema 921. Tese: É vedada a cumulação tríplice de vencimentos e/ou proventos, ainda que a investidura nos cargos públicos tenha ocorrido anteriormente à EC 20/1998.**

RG ◉ **É vedada a cumulação tríplice de vencimentos e/ou proventos, ainda que a investidura nos cargos públicos tenha ocorrido anteriormente à EC 20/1998.**

Recurso extraordinário com agravo. 2. Percepção de provento de aposentadoria cumulado com duas remunerações decorrentes de aprovação em concursos públicos. Anterioridade à EC 20/98. Acumulação tríplice de remunerações e/ou proventos públicos. Impossibilidade. Precedentes. 3. Repercussão geral reconhecida com reafirmação da jurisprudência desta Corte. 4. Recurso extraordinário provido. (ARE 848993

RG, Relator(a): Min. GILMAR MENDES, julgado em 06/10/2016, PROCESSO ELE-TRÔNICO REPERCUSSÃO GERAL – MÉRITO DJe-056 DIVULG 22-03-2017 PU-BLIC 23-03-2017)

◙ **Tema 162. Tese: É inconstitucional a percepção cumulativa de duas pensões estatutárias pela morte de servidor aposentado que reingressara no serviço público, por meio de concurso, antes da edição da EC 20/1998 e falecera após o seu advento.**

RG ◙ É inconstitucional a percepção cumulativa de duas pensões estatutárias pela morte de servidor aposentado que reingressara no serviço público, por meio de concurso, antes da edição da EC 20/1998 e falecera após o seu advento.

CONSTITUCIONAL. SERVIDOR PÚBLICO APOSENTADO. REINGRESSO NO SERVIÇO PÚBLICO ANTES DA EDIÇÃO DA EC 20/98 E FALECIMENTO POSTE-RIOR À EMENDA. DUPLA ACUMULAÇÃO DE PENSÕES POR MORTE. IMPOS-SIBILIDADE. PRECEDENTES. RECURSO IMPROVIDO. I – A Carta de 1988 veda a percepção simultânea de proventos de aposentadoria com remuneração de cargo, emprego ou função pública, ressalvadas hipóteses – inocorrentes na espécie – de cargos acumuláveis na forma da Constituição, cargos eletivos e cargos em comissão (art. 37, § 10, da Constituição). II – Mesmo antes da EC 20/1998, a acumulação de proventos e vencimentos somente era admitida quando se tratasse de cargos, funções ou empregos acumuláveis na atividade, na forma permitida pela CF. III – Com o advento da EC 20/98, que preservou a situação daqueles servidores que retornaram ao serviço público antes da sua promulgação, proibiu, em seu art. 11, a percepção de mais de uma aposentadoria pelo regime de previdência a que se refere o art. 40 da Constituição. IV – Se era proibida a percepção de dupla aposentadoria estatutária não há é possível cogitar-se de direito à segunda pensão, uma vez que o art. 40, § 7º, da Constituição subordinava tal benefício ao valor dos proventos a que o servidor faria jus. V – Recurso extraordinário conhecido e improvido. (RE 584388, Relator(a): Min. RICARDO LEWANDOWSKI, Tribunal Pleno, julgado em 31/08/2011, REPERCUSSÃO GERAL – MÉRITO DJe-185 DIVULG 26-09-2011 PUBLIC 27-09-2011 EMENT VOL-02595-02 PP-00171 RTJ VOL-00223-01 PP-00577)

ART. 37, § 11. PARCELAS DE CARÁTER INDENIZATÓRIO PREVISTAS EM LEI E TETO CONSTITUCIONAL

Art. 37, § 11. Não serão computadas, para efeito dos limites remuneratórios de que trata o inciso xi do caput deste artigo, as parcelas de caráter indenizatório previstas em lei.

▶ **A despeito de recorrente o tema nos tribunais, mormente cuidando-se de matéria tributária no questionamento sobre incidência de imposto de renda, para interpretação deste dispositivo constitucional a analogia vem em bom tempo**

Para dar a essa verdadeira brecha constitucional o teto remuneratório, vale aqui reproduzir as palavras do Ministro Gilmar Mendes na sessão plenária de 10.08.2017, quando a presidente da corte, Ministra Cármen Lúcia, abria a discussão acerca de reajuste no subsídio dos ministros do STF; Gilmar Mendes, após apresentar dados de que, em 2017 no Estado de São Paulo, a média salarial dos desembargadores foi de R$ 70 mil, portanto acima do teto constitucional de R$ 33 mil, afirmou: "Temos que parar para refletir sobre isso. Hoje, há juízes que ganham mais do que desembargadores e desembargadores que ganham mais do que ministro do STF. Não há um teto mais furado do que esse". Com efeito, relativamente às parcelas de caráter indenizatório e sua influência no limite remuneratório cuidamos ao tratar do disposto no art. 37, XI, contudo, convém reforçar o conceito do que seja caráter indenizatório. A despeito de recorrente o tema nos tribunais, mormente cuidando-se de matéria tributária no questionamento sobre incidência de imposto de renda, para interpretação deste dispositivo constitucional a analogia vem em bom tempo; isso porque tanto a renda como a remuneração levam a um acréscimo patrimonial, e a indenização também pode fazê-lo, desde que essa se dê em compensação a um direito não precisamente material, como é o caso, v. g., de indenização por dano moral (que neste ponto não nos interessa discutir). Mas, na interpretação da presente norma constitucional, trazem luzes aquelas discussões judiciais, porque nelas deixa-se claro que renda não se confunde com indenização, tampouco aqui se confunde com remuneração; a indenização pressupõe a recomposição de um direito subjetivo alheio por aquele que lhe tolheu ou compensação pela renúncia de um direito; já a renda – ou aqui mais precisamente a remuneração – corresponde à contraprestação financeira pelo trabalho realizado. Daí porque a norma constitucional acrescentada pela Emenda n. 47/2005 deixa às escâncaras que as verbas de caráter indenizatório, desde que previstas em lei, não se computam para efeito dos limites remuneratórios. (Constituição Federal interpretada: artigo por artigo. Parágrafo por parágrafo/COSTA MACHADO. organizador; Ana Cândida da Cunha Ferraz: Coordenadora, 9ª. ed.- Barueri, SP: Manole, 2018. P. 290/291)

▶ **A regra constante do dispositivo, mesmo antes de consagrada no texto constitucional, já era encarecida pela doutrina na interpretação do art. 37, inciso XI, que estabeleceu limite para a remuneração dos cargos, empregos e funções públicas.**

Cite-se, como exemplo, o correto magistério de Paulo Modesto, exposto antes da Emenda Constitucional n. 47/05: "[...] As indenizações não poderão ser consideradas no limite constitucional de remuneração por razões singelas: a) em razão do princípio da igualdade, pois se despesas adicionais e trabalho adicional não autorizarem ressarcimento ou compensações, haveria desequilíbrio de situações jurídicas (ex.: direito de utilização de apartamento funcional e direito a ressarcimento de despesa com moradia se inexiste apartamento funcional disponível; despesas de diária, locomoção etc.); b) pela razão de que as parcelas indenizatórias não integram, a todo rigor, a remuneração do agente público, constituindo valores pagos em caráter eventual (ex.:diárias de viagem), não devendo integrar os limites constitucionais de remuneração. (Comentários à Constituição do Brasil – Série Idp. Mendes, Gilmar Ferreira; Streck, Lênio Luiz; Sarlet, Ingo Wolfgang; Leoncy, Léo Ferreira; Canotilho, J. J. Gomes. Editora Saraiva, 2ª Edição, São Paulo, 2018, p. 1007)

▶ **O conceito de indenização não é elástico, vago ou fluido na medida do conceito das famosas 'vantagens pessoais'.**

As indenizações são valores ou vantagens pecuniárias que apresentam as seguintes características definitórias: a) são eventuais (não são necessárias, ou inerentes, ao exercício do cargo público, mas decorrentes de fatos ou acontecimentos especiais previstos na norma); b) são isoladas, não se incorporando ou integrando aos vencimentos, subsídios ou proventos para qualquer fim; c) são compensatórias, pois estão sempre relacionadas a acontecimentos, atividade sou despesas extraordinárias feitas pelo servidor ou agente pelo exercício da função; d) são referenciadas a fatos, e não à pessoa do servidor". (Comentários à Constituição do Brasil – Série Idp. Mendes, Gilmar Ferreira; Streck, Lênio Luiz; Sarlet, Ingo Wolfgang; Leoncy, Léo Ferreira; Canotilho, J. J. Gomes. Editora Saraiva, 2ª Edição, São Paulo, 2018, p. 1007)

▶ **Verbas indenizatórias possuem natureza de ressarcimento de gastos efetuados em decorrência do exercício de cargos, empregos e funções públicas. São valores fixados, como regra, em lei, e percebidos em caráter eventual e transitório.**

Não se trata de vantagem ou privilégio, mas simplesmente de recompor o patrimônio do agente público em razão de dispêndios realizados para o exercício de suas atribuições públicas. A Lei 8.112/90, por exemplo, em seus arts. 51 e seguintes, estabelece como verbas indenizatórias: ajuda de custo, diárias, transporte e auxílio-moradia. De acordo com o diploma, a ajuda de custo destina-se a compensar as despesas de instalação do servidor que, no interesse do serviço, passar a ter exercício em nova sede, com mudança de domicílio em caráter permanente. A diária é devida ao servidor que, a serviço, afastar-se da sede em caráter eventual ou transitório para outro ponto do território nacional ou para o exterior. A indenização de transporte, por seu turno, é devida ao servidor que realizar despesas com a utilização de meio próprio de locomoção para a execução de serviços externos, por força das atribuições próprias do cargo. Por fim, o auxílio-moradia consiste no ressarcimento das despesas comprovadamente realizadas pelo servidor com aluguel de moradia ou com meio de hospedagem administrado por empresa hoteleira, sendo devido em situações especificamente delimitadas. Percebe-se que todas as hipóteses ligam-se diretamente ao atendimento do interesse público. Em última análise, trata-se de acudir despesas que são de responsabilidade do Estado e que foram custeadas pelo agente. (Comentários à Constituição do Brasil – Série Idp. Mendes, Gilmar Ferreira; Streck, Lênio Luiz; Sarlet, Ingo Wolfgang; Leoncy, Léo Ferreira; Canotilho, J. J. Gomes. Editora Saraiva, 2ª Edição, São Paulo, 2018, p. 1007)

◙ **A remuneração pelo exercício de função de confiança ou cargo em comissão está sujeita ao teto remuneratório constitucional em qualquer situação**

A remuneração pelo exercício de função de confiança ou cargo em comissão está sujeita ao teto remuneratório constitucional em qualquer situação, e não apenas se superar, por si só, aquele limite. Teto constitucional Base de cálculo 17/07/2018 AC-6710/18-1 JOSÉ MUCIO MONTEIRO

◙ **Deve incidir o limite constitucional do teto sobre cada um dos vínculos, assim considerados de forma isolada**

O servidor público faz jus a receber concomitantemente vencimentos ou proventos decorrentes de acumulação de cargos autorizada pelo art. 37, inciso XVI, da Constituição Federal, estando ou não envolvidos entes federados, fontes ou Poderes distintos, ainda que a soma resulte em montante superior ao teto especificado no art. 37, inciso XI, da Carta Magna, devendo incidir o limite constitucional sobre cada um dos vínculos, assim considerados de forma isolada, com contagem separada para fins de teto remuneratório. Teto constitucional Acumulação de cargo público 08/05/2018 AC-4419/18-1 BRUNO DANTAS

◙ **Na apuração do teto remuneratório, devem ser incluídas na base de cálculo as vantagens pessoais de qualquer natureza**

Na apuração do teto remuneratório, devem ser incluídas na base de cálculo as vantagens pessoais de qualquer natureza, a exemplo de representação mensal, opção, incorporação de quintos e adicional por tempo de serviço, e excluídas somente as verbas de caráter indenizatório. Teto constitucional Base de cálculo 06/11/2018 AC-14041/18-1 JOSÉ MUCIO MONTEIRO

◙ **Nas situações em que houver acumulação de proventos de inatividade ou acumulação de proventos com remuneração de cargo público, aplica-se à soma dos rendimentos o teto remuneratório**

Nas situações em que houver acumulação de proventos de inatividade ou acumulação de proventos com remuneração de cargo público, aplica-se à soma dos rendimentos o teto remuneratório fixado no art. 37, inciso XI, da Constituição Federal, em todas as hipóteses de acumulação constitucionalmente previstas, inclusive as referentes a magistrados e membros do Ministério Público, tendo em vista o disposto no art. 40, § 11, do texto constitucional. Teto constitucional Acumulação de cargo público 31/01/2017 AC-0359/17-1 BENJAMIN ZYMLER

▣ **Na acumulação envolvendo vencimentos de cargo na atividade e proventos de aposentadoria, a glosa da parcela extra teto deverá incidir necessariamente sobre os proventos**

Na acumulação envolvendo vencimentos de cargo na atividade e proventos de aposentadoria, a glosa da parcela extra teto deverá incidir necessariamente sobre os proventos, dada a índole previdenciária da restrição imposta pela Constituição Federal; em se tratando de acumulação envolvendo apenas proventos, a glosa deverá ser efetuada na concessão mais recente. Teto constitucional Acumulação de cargo público 14/03/2017 AC-1587/17-1 BENJAMIN ZYMLER

▣ **Nas situações em que houver acumulação de proventos de inatividade ou acumulação de proventos com remuneração de cargo público, aplica-se à soma dos rendimentos o teto remuneratório fixado no art. 37, inciso XI, da CF**

Nas situações em que houver acumulação de proventos de inatividade ou acumulação de proventos com remuneração de cargo público, aplica-se à soma dos rendimentos o teto remuneratório fixado no art. 37, inciso XI, da CF, em todas as hipóteses de acumulação constitucionalmente previstas, inclusive nas referentes a magistrados e procuradores que exercem o magistério público, tendo em vista o disposto no art. 40, § 11, da CF. Teto constitucional Acumulação de cargo público 22/11/2016 AC-7238/16-1 BENJAMIN ZYMLER

▣ **Na apuração do teto remuneratório, devem ser incluídas na base de cálculo as vantagens pessoais de qualquer natureza**

Na apuração do teto remuneratório, devem ser incluídas na base de cálculo as vantagens pessoais de qualquer natureza, a exemplo das rubricas representação mensal, opção e vantagens pessoais decorrentes da incorporação de quintos e do adicional por tempo de serviço, e excluídas as parcelas de caráter indenizatório previstas em lei. Teto constitucional Base de cálculo 29/07/2014 AC-4203/14-1 WEDER DE OLIVEIRA

> ▣ Na apuração do teto remuneratório, para fins de pagamento de proventos, inclui-se na base de cálculo as vantagens pessoais de qualquer natureza, a exemplo das rubricas Representação Mensal, Opção e Vantagens Pessoais decorrentes da incorporação de quintos e do Adicional por Tempo de Serviço, e exclui-se as parcelas de caráter indenizatório previstas em lei. Teto constitucional Base de cálculo 22/04/2014 AC-1394/14-1 BENJAMIN ZYMLER

▣ **O teto constitucional não incide sobre o valor resultante da acumulação de benefício de pensão com remuneração de cargo efetivo ou em comissão, ou sobre o montante resultante da acumulação de benefício de pensão com proventos de inatividade, por decorrerem de fatos geradores distintos**

O teto constitucional não incide sobre o valor resultante da acumulação de benefício de pensão com remuneração de cargo efetivo ou em comissão, ou sobre o montante resultante da acumulação de benefício de pensão com proventos de inatividade, por decorrerem de fatos geradores distintos (arts. 37, inciso XI, e 40, § 11, da Constituição Federal). Teto constitucional Pensão 02/04/2019 AC-2341/19-2 RAIMUNDO CARREIRO

◉ **O teto constitucional não incide sobre o valor resultante da acumulação de benefício de pensão com remuneração de cargo efetivo ou em comissão**

O teto constitucional não incide sobre o valor resultante da acumulação de benefício de pensão com remuneração de cargo efetivo ou em comissão, ou sobre o montante resultante da acumulação de benefício de pensão com proventos de inatividade, por decorrerem de fatos geradores distintos (arts. 37, inciso XI, e 40, § 11, da Constituição Federal). Teto constitucional Pensão 24/05/2016 AC-6225/16-2 ANDRÉ DE CARVALHO

◉ **Computam-se para efeito de observância do teto remuneratório constitucional também os valores percebidos anteriormente à vigência da EC 41/2003**

Computam-se para efeito de observância do teto remuneratório constitucional também os valores percebidos anteriormente à vigência da EC 41/2003, a exemplo da vantagem prevista no art. 184, inciso III, da Lei 1.711/1952 (aposentadoria-prêmio). Teto constitucional Base de cálculo 04/04/2018 AC-0713/18-P AROLDO CEDRAZ

◉ **O servidor público faz jus a receber concomitantemente vencimentos ou proventos decorrentes de acumulação de cargos autorizada pelo art. 37, inciso XVI, da Constituição Federal, estando ou não envolvidos entes federados, fontes ou Poderes distintos, ainda que a soma resulte em montante superior ao teto especificado no art. 37, inciso XI, CF**

O servidor público faz jus a receber concomitantemente vencimentos ou proventos decorrentes de acumulação de cargos autorizada pelo art. 37, inciso XVI, da Constituição Federal, estando ou não envolvidos entes federados, fontes ou Poderes distintos, ainda que a soma resulte em montante superior ao teto especificado no art. 37, inciso XI, da Carta Magna, devendo incidir o referido limite constitucional sobre cada um dos vínculos, assim considerados de forma isolada, com contagem separada para fins de teto remuneratório. Teto constitucional Acumulação de cargo público 14/03/2018 AC-0504/18-P MARCOS BEMQUERER

ART. 37, § 12. POSSIBILIDADE DOS ESTADOS E DISTRITO FEDERAL INSTITUIR O SISTEMA DE SUBSÍDIOS A OUTRAS CARREIRAS

ART. 37, § 12. Para os fins do disposto no inciso xi do caput deste artigo, fica facultado aos estados e ao distrito federal fixar, em seu âmbito, mediante emenda às respectivas constituições e lei orgânica, como limite único, o subsídio mensal dos desembargadores do respectivo tribunal de justiça, limitado a noventa inteiros e vinte e cinco centésimos por cento do subsídio mensal dos ministros do supremo tribunal federal, não se aplicando o disposto neste parágrafo aos subsídios dos deputados estaduais e distritais e dos vereadores

▶ **Em relação ao subteto dos servidores estaduais a Constituição estabeleceu duas possibilidades de fixação de limites.**

No que respeita ao subteto dos servidores estaduais, a Constituição estabeleceu a possibilidade de o Estado optar entre: a definição de um subteto por poder, hipótese em que o teto dos servidores da Justiça corresponderá ao subsídio dos desembargadores do Tribunal de Justiça (art. 37, XI, CF, na redação da EC 41/2003); e a definição de um subteto único, correspondente ao subsídio mensal dos desembargadores do Tribunal de Justiça, para todo e qualquer servidor de qualquer poder, ficando de fora desse subteto apenas o subsídio dos deputados (art. 37, § 12, CF, conforme redação da EC 47/2005). Inconstitucionalidade da desvinculação entre o subteto dos servidores da Justiça e o subsídio mensal dos desembargadores do Tribunal de Justiça. Violação ao art. 37, XI e § 12, CF. Incompatibilidade entre a opção pela definição de um subteto único, nos termos do art. 37, § 12, CF, e definição de "subteto do subteto", em valor diferenciado e menor, para os servidores do Judiciário. Tratamento injustificadamente mais gravoso para esses servidores. Violação à isonomia. [ADI 4.900, rel. p/ o ac. min. Roberto Barroso, j. 11-2-2015, P, DJE de 20-4-2015.]

▶ **Ao reformar suas Constituições, lançando mão do poder decorrente, devem, todavia, os Estados e o Distrito Federal se abster de aplicar tais regras aos deputados e vereadores, que respectivamente se submetem àquelas ditadas pelos arts. 27, § 2º, e 29, VI, da CF**

Em complemento ao exposto no comentário ao inciso XI do caput deste artigo, vem este parágrafo, trazido pela EC n. 47/2005, facultar aos Estados e ao Distrito Federal seus respectivos tetos remuneratórios por meio de emendas às suas Constituições e leis orgânicas respectivas. Destaque-se o respeito que este dispositivo reservou ao poder de auto-organização próprio da autonomia que o art. 18 da CF estabeleceu entre os entes federados, sem, contudo, abrir mão do poder de estabelecer normas de caráter nacional, especialmente tratando-se de princípios gerais que regem toda a Administração Pública e a magistratura nacional, ao ratificar como paradigma o subsídio dos Ministros da Suprema Corte. Ao reformar suas Constituições, lançando mão do poder decorrente, devem, todavia, os Estados e o Distrito Federal se abster de aplicar tais regras aos deputados e vereadores, que respectivamente se submetem àquelas ditadas pelos arts. 27, § 2º, e 29, VI, da CF (ver comentários aos arts. 37, X e XI, e 39, § 4º). (Constituição Federal interpretada: artigo por artigo. Parágrafo por parágrafo/ COSTA MACHADO. organizador; Ana Cândida da Cunha Ferraz: Coordenadora, 9ª. ed.- Barueri, SP: Manole, 2018. P. 291)

ART. 38. SERVIDOR PÚBLICO E MANDATO ELETIVO

Art. 38. Ao servidor público da administração direta, autárquica e fundacional, no exercício de mandato eletivo, aplicam-se as seguintes disposições: i – tratando-se de mandato eletivo federal, estadual ou distrital, ficará afastado de seu cargo, emprego ou função; ii – investido no mandato de prefeito, será afastado do cargo, emprego ou função, sendo-lhe facultado optar pela sua remuneração; iii – investido no mandato de vereador, havendo compatibilidade de horários, perceberá as vantagens de seu cargo, emprego ou função, sem prejuízo da remuneração do cargo eletivo, e, não havendo compatibilidade, será aplicada a norma do inciso anterior; iv – em qualquer caso que exija o afastamento para o exercício de mandato eletivo, seu tempo de serviço será contado para todos os efeitos legais, exceto para promoção por merecimento; v – para efeito de benefício previdenciário, no caso de afastamento, os valores serão determinados como se no exercício estivesse.

▶ **Escopo da norma constitucional**

O dispositivo em comento tem como objetivo primordial a garantia da independência necessária ao exercício do mandato político. Seria inadequado, e paradoxal até, que o servidor investido em mandato eletivo permanecesse submetido integralmente às regras de seu regime jurídico, quando, no exercício de funções políticas, poderá ser responsável pela orientação geral das atividades da Administração Pública – no caso dos mandatos executivos – ou ainda ser o titular de amplo poder de fiscalização sobre a burocracia estatal, no caso dos mandatos legislativos. Os deveres de obediência e lealdade que orientam o servidor na estrutura hierarquizada da Administração acabariam por dificultar o exercício das atividades típicas do mandato, com prejuízos ao próprio regime democrático. Por outro lado, as garantias expressas nos incisos IV e V do art. 38 caracterizam incentivos à participação política do servidor público. (Comentários à Constituição do Brasil – Série Idp. Mendes, Gilmar Ferreira; Streck, Lênio Luiz; Sarlet, Ingo Wolfgang; Leoncy, Léo Ferreira; Canotilho, J. J. Gomes. Editora Saraiva, 2ª Edição, São Paulo, 2018, p. 1011)

▶ **Este artigo tem como finalidade disciplinar o exercício do cargo público, emprego ou função com o exercício do mandato eletivo; cuida-se, pois, de compatibilizar a investidura política com a investidura administrativa.**

Com efeito, se o servidor ou o empregado público mantém intactos seus direitos políticos durante o exercício do cargo, emprego ou função públicos, nada o impede de se candidatar a cargo político e ser eleito, devendo aqui serem traçadas as regras de compatibilização de tais funções, inclusive no que toca à remuneração do agente. Não são aplicadas as regras dispostas neste artigo àqueles que exercem funções nas paraestatais (empresas públicas e sociedades de economia mista). (Constituição Federal interpretada: artigo por artigo. Parágrafo por parágrafo/COSTA MACHADO. organizador; Ana Cândida da Cunha Ferraz: Coordenadora, 9ª. ed.- Barueri, SP: Manole, 2018. P. 292)

▶ **Uma vez empossado, inicia-se o exercício do mandato, que pode, todavia, interromper-se por licença concedida pela Casa (art. 56, II, da CRFB) ou por investidura nos cargos previstos no art. 56, I, da CF.**

Uma vez empossado, inicia-se o exercício do mandato, que pode, todavia, interromper-se por licença concedida pela Casa (art. 56, II, da CRFB) ou por investidura nos cargos previstos no art. 56, I, da CF; nessas hipóteses, ainda que detentor de mandato eletivo, não está em seu exercício. (Constituição Federal interpretada: artigo por artigo. Parágrafo por parágrafo/COSTA MACHADO. organizador; Ana Cândida da Cunha Ferraz: Coordenadora, 9ª. ed.- Barueri, SP: Manole, 2018. P. 292)

▶ **A regra do artigo 38 não se aplica aos Militares.**

Observe-se mais uma vez que não cuidou este dispositivo dos militares, federais, estaduais ou distritais, e o que dele consta, portanto, a esses não se aplica, ficando sujeitos às normas especiais (veja-se comentário ao§ 1º do art. 42 desta Constituição). (Constituição Federal interpretada: artigo por artigo. Parágrafo por parágrafo/COSTA MACHADO. organizador; Ana Cândida da Cunha Ferraz: Coordenadora, 9ª. ed.- Barueri, SP: Manole, 2018. P. 292)

▶ **Diferença entre o instituto da diplomação e o da posse**

A diplomação, ato de responsabilidade dos órgãos da Justiça Eleitoral, conforme estabelecido nos arts. 215 a 218 da Lei n. 4.737, de 13.07.1965 (Código Eleitoral), é o início do vú1cu1º jurídico entre o eleito e seus eleitores, de caráter meramente declaratório do resu1tado do pleito, já que é este último o real ato constitutivo da vitória eleitoral; **A posse**, no entanto, é a efetiva ocupação e exercício do cargo conquistado pelo agente político já diplomado. Em analogia, ao servidor público, a diplomação corresponde à nomeação, posto que ambos são atos de investidura, a primeira política e a outra administrativa; tanto o é que antes da posse não há provimento do cargo, nem também do mandato, já que para ser provido o cargo ou o mandato precisam estar desocupados. Acentuada diferenciação teórica entre a diplomação e a efetiva posse é de se notar na própria norma constitucional quando no art. 54 se enumeram os impedimentos relativos aos deputados federais e senadores, alguns a partir da diplomação e outros da posse. (Constituição Federal interpretada: artigo por artigo. Parágrafo por parágrafo/COSTA MACHADO. organizador; Ana Cândida da Cunha Ferraz: Coordenadora, 9ª. ed.- Barueri, SP: Manole, 2018. P. 292)

▶ **Âmbito de aplicação do dispositivo**

Após a promulgação da Constituição de 1988, houve discussão acerca das categorias de servidores que estariam submetidos ao regime de afastamentos do art. 38, se servidores das administrações direta e indireta como um todo ou se somente os que mantivessem com o poder público um vínculo estatutário, ou seja os detentores de cargo público, excluindo-se os empregados públicos. A corrente majoritária formou-se em torno do entendimento de que a expressão "servidor público" constante do caput da versão original do art. 38 compreenderia todos os tipos de vínculo com a Administração Pública, seja por meio de cargo ou emprego público (nesse sentido, entre outros, Manoel Gonçalves Ferreira Filho, Adilson Dallari e Celso Ribeiro Bastos). Houve, ainda, aqueles que defenderam a incompatibilidade do regime celetista com as normas previstas artigo em questão. Tal polêmica, entretanto, dissipou-se com a edição da EC n. 19/98, que, alterando a redação original do art. 38, fez constar de seu caput a expressão "servidor público da administração direta, autárquica e fundacional". Ou seja, as regras em questão são aplicáveis aos servidores da administração direta como um todo e a uma parcela dos servidores da administração indireta, quais sejam, os vinculados às autarquias e às fundações públicas. A mesma EC n. 19/98, por outro lado, tentou acabar com o regime jurídico único previsto na redação original do caput do art. 39 da CF, tornando possível que servidores das administrações direta, autárquica e fundacional fossem regidos pela Consolidação das Leis do Trabalho. (Comentários à Constituição do Brasil – Série Idp. Mendes, Gilmar Ferreira; Streck, Lênio Luiz; Sarlet, Ingo Wolfgang; Leoncy, Léo Ferreira; Canotilho, J. J. Gomes. Editora Saraiva, 2ª Edição, São Paulo, 2018, p. 1011)

▶ **Com a decisão do STF na MC ADI 2.135242, suspendeu-se a eficácia do mencionado dispositivo, trazendo de volta à vigência a norma do texto original da Constituição, impondo-se mais uma vez o regime jurídico único, excluindo os empregados públicos do raio normativo do artigo 38.**

Registre-se, todavia, a existência de opiniões que defendem, mesmo após a EC n. 19/98, a aplicação das regras do art. 38 aos empregados públicos das empresas públicas e sociedades de economia mista, tendo em vista o princípio da isonomia. Cuida-se, contudo, de interpretação contrária à letra expressa do texto constitucional e que despreza a manifesta vontade do constituinte derivado, o qual optou por uma restrição clara da dicção da norma em relação à versão original. (Comentários à Constituição do Brasil – Série Idp. Mendes, Gilmar Ferreira; Streck, Lênio Luiz; Sarlet, Ingo Wolfgang; Leoncy, Léo Ferreira; Canotilho, J. J. Gomes. Editora Saraiva, 2ª Edição, São Paulo, 2018, p. 1011)

▶ **As normas do art. 38 da CF operam efeitos distintos sobre a situação funcional dos servidores titulares de cargos efetivos e a dos ocupantes de cargos em comissão.**

Isso porque o afastamento se dá somente no caso dos efetivos, enquanto que o exercício do mandato eletivo impede a permanência do comissionado no cargo, impondo a exoneração. Aqueles voltam a seus cargos ao final do mandato eletivo ou neles permanecem no caso de compatibilidade com a vereança, na forma do inciso III do art.38 da CF; enquanto estes não retornarão aos cargos ocupados antes do exercício do mandato – salvo se forem novamente nomeados pela autoridade competente –, nem poderão acumulá-los no caso de mandato de vereador, tendo em vista as incompatibilidades parlamentares (art. 54 c/c art. 29, IX, da CF). (Comentários à Constituição do Brasil – Série Idp. Mendes, Gilmar Ferreira; Streck, Lênio Luiz; Sarlet, Ingo Wolfgang; Leoncy, Léo Ferreira; Canotilho, J. J. Gomes. Editora Saraiva, 2ª Edição, São Paulo, 2018, p. 1012)

◉ **É inconstitucional a garantia da disponibilidade remunerada ao ex-detentor de mandato eletivo, com a opção pelo retorno ou não às atividades, se servidor público, após o encerramento da atividade parlamentar. Não conformidade com o Texto**

Magno, por ofensa ao regime constitucional da disponibilidade do servidor público (art. 41, §§ 2º e 3º, CF/1988) e à regra de afastamento do titular de cargo público para o exercício de mandato eletivo (art. 38, CF/1988).

Ação direta de inconstitucionalidade. Artigos e expressões da Constituição do Estado de Rondônia, promulgada em 28 de setembro de 1989, e das suas Disposições Constitucionais Transitórias. Parcial prejudicialidade. Alteração substancial. Eficácia exaurida. Procedência parcial do pedido. Autonomia financeira do Tribunal de Contas. Disponibilidade remunerada a ex-detentor de mandato eletivo. Representação de inconstitucionalidade em âmbito estadual. 1. Os arts. 101 e 102 da Constituição do Estado, os quais delineavam as competências e as prerrogativas do Ministério Público local e de seus membros, sofreram substanciais alterações com a Emenda Constitucional estadual nº 20/2001, de forma que restaram descaracterizadas as previsões originalmente neles contidas, ocorrendo, assim, a prejudicialidade do exercício do controle abstrato de normas. Precedentes. 2. O art. 37 do ADCT da Constituição do Estado de Rondônia, por meio do qual foi anistiada a dívida da Assembleia Legislativa em relação ao Instituto de Previdência do Estado de Rondônia (IPERON), referente à contribuição previdenciária dos servidores daquela Assembleia consolidada até o mês de março de 1989, já produziu todos os seus efeitos jurídicos, tratando-se de norma de eficácia exaurida. Precedentes. 3. O autor ataca trecho do art. 50 da Carta estadual que outorgou ao Tribunal de Contas do Estado, além da capacidade de autogestão, a autonomia de caráter financeiro. Constitucionalidade decorrente da outorga à Corte de Contas das mesmas garantias dadas ao Poder Judiciário (arts. 73 e 96 da CF/88), o que inclui a autonomia financeira. 4. É inconstitucional a garantia da disponibilidade remunerada ao ex-detentor de mandato eletivo, com a opção pelo retorno ou não às atividades, se servidor público, após o encerramento da atividade parlamentar. Não conformidade com o Texto Magno, por ofensa ao regime constitucional da disponibilidade do servidor público (art. 41, §§ 2º e 3º, CF/88) e à regra de afastamento do titular de cargo público para o exercício de mandato eletivo (art. 38, CF/88). No caso específico do Estado de Rondônia, a Corte já declarou a inconstitucionalidade de preceito similar inserido na Constituição estadual pela Emenda nº 3/92 (ADI nº 1.255/RO, Tribunal Pleno, Relator o Ministro Ilmar Galvão, DJ de 6/9/01). 5. Não é inconstitucional norma da Constituição do Estado que atribui ao procurador da Assembleia Legislativa ou, alternativamente, ao procurador-geral do Estado, a incumbência de defender a constitucionalidade de ato normativo estadual questionado em controle abstrato de constitucionalidade na esfera de competência do Tribunal de Justiça. Previsão que não afronta a Constituição Federal, já que ausente o dever de simetria para com o modelo federal, que impõe apenas a pluralidade de legitimados para a propositura da ação (art. 125, § 2º, CF/88). Ausência de ofensa ao art. 132 da Carta Política, que fixa a exclusividade de representação do ente federado pela Procuradoria-Geral do Estado, uma vez que nos feitos de controle abstrato de constitucionalidade nem sequer há partes processuais propriamente ditas, inexistindo litígio na acepção técnica do termo. 6. Ação direta de inconstitucionalidade julgada parcialmente procedente. (ADI 119, Relator(a): Min. DIAS TOFFOLI, Tribunal Pleno, julgado em 19/02/2014, ACÓRDÃO ELETRÔNICO DJe-062 DIVULG 27-03-2014 PUBLIC 28-03-2014)

ART. 39. REGIME JURÍDICO ÚNICO

ART. 39. Regime jurídico único e planos de carreira para os servidores da administração pública direta, das autarquias e das fundações públicas.

▶ **Até a Constituição Federal de 1988 não havia qualquer imposição no sentido de que a contratação ou admissão de servidores públicos fosse restrita a esse ou aquele regime jurídico.**

Até a Constituição Federal de 1988 não havia qualquer imposição no sentido de que a contratação ou admissão de servidores públicos fosse restrita a esse ou aquele regime jurídico. Na prática, era comum que as entidades de Administração Indireta, mesmo as de natureza pública, como as autarquias, optassem pela contratação por regime trabalhista, ficando para a Administração Direta a admissão de servidores mediante vínculo estatutário. Na esfera federal, por exemplo, a Lei 1.711/1952, antigo estatuto federal, se aplicava somente aos funcionários da União e Territórios federais, não sendo adotado para as fundações públicas e autarquias. Mesmo no âmbito da Administração Direta, no entanto, era comum a contratação de pessoal, sem vínculo permanente, denominados "extranumerários".

▶ **Com a Constituição Federal de 1988, intentou-se acabar com a balbúrdia antes existente, estabelecendo-se, para toda a Administração Pública de uma mesma entidade federativa, a obrigatoriedade de um único regime jurídico, a que se designou de RJU.**

Havia, é certo, dúvidas quanto à exata compreensão do chamado RJU, defendendo, alguns, que tal regime só poderia ser o administrativo estatutário. Outros, no entanto, defendiam a tese de que poderia ser qualquer um, desde que, uma vez escolhido, fosse único para todas as entidades da Administração direta, autárquica e fundacional. Os trabalhadores das empresas públicas e sociedades de economia mista, em vista da natureza privada destas, continuariam regidos, no entanto, sempre pelo regime trabalhista celetista, não se lhes aplicando a regra do art. 39. Por outro lado, mesmo adotando-se o regime trabalhista como único, o que foi feito por vários municípios, é certo que determinados servidores, por estarem sujeitos a *regimes estatutários especiais*, estabelecidos diretamente na Constituição Federal, jamais poderiam se sujeitar às regras trabalhistas. Não se conceberia, portanto, que magistrados, policiais, membros de corpos diplomáticos etc. fossem submetidos ao regime meramente contratual. Na prática, raramente se verificou a ocorrência de tais possíveis incongruências, pois todos os Estados da Federação, assim como a União (Lei 8.112/1990), optaram pelo regime estatutário como seu regime único.

◉ **Feita a opção do Regime, qualquer outra solução intermediária não poderia ser admitida.**

Feita tal opção, qualquer outra solução intermediária não poderia ser admitida, valendo lembrar que o STF reconheceu a inconstitucionalidade do art. 251 da própria Lei

8.112/1990 (posteriormente revogado pela Lei 9.527/1997), na parte em que estabelecia que o pessoal do Banco Central fosse admitido pelas regras da CLT.

> CONSTITUCIONAL. ADMINISTRATIVO. SERVIDOR PÚBLICO. BANCO CENTRAL DO BRASIL: AUTARQUIA: REGIME JURÍDICO DO SEU PESSOAL. Lei 8.112, de 1990, art. 251: INCONSTITUCIONALIDADE. I. – O Banco Central do Brasil é uma autarquia de direito público, que exerce serviço público, desempenhando parcela do poder de polícia da União, no setor financeiro. Aplicabilidade, ao seu pessoal, por força do disposto no art. 39 da Constituição, do regime jurídico da Lei 8.112, de 1990. II. – As normas da Lei 4.595, de 1964, que dizem respeito ao pessoal do Banco Central do Brasil, foram recebidas, pela CF/88, como normas ordinárias e não como lei complementar. Inteligência do disposto no art. 192, IV, da Constituição. III. – O art. 251 da Lei 8.112, de 1990, é incompatível com o art. 39 da Constituição Federal, pelo que é inconstitucional. IV. – ADIn julgada procedente. (ADI 449, Relator(a): Min. CARLOS VELLOSO, Tribunal Pleno, julgado em 29/08/1996, DJ 22-11-1996 PP-45683 EMENT VOL-01851-01 PP-00060 RTJ VOL-00162-02 PP-00420)

▶ **Ocorre que a Constituição Federal, em 1998, foi alterada pela** *Emenda Constitucional 19*, **que, modificando a redação do art. 39,** *suprimiu de seu texto a exigência do RJU.*

Essa alteração, inoportuna, só podia ser entendida como uma forma de limitar a quantidade de servidores estatutários nos quadros da Administração Pública, mormente para prevenir as repercussões financeiras no âmbito dos chamados regimes próprios de previdência, embora a maior razão da situação deficitária desses regimes decorresse exatamente dos "trens da alegria" promovidos pelos próprios governos, como aquele que possibilitou a claramente inconstitucional conversão dos antigos empregos públicos em cargos públicos no âmbito federal (art. 243 da Lei 8.112/1990). O fim da exigência do RJU permitiu, inicialmente, que a própria legislação federal fosse modificada para admitir contratações, pela Administração Direta, autarquias e fundações públicas, na forma do regime trabalhista.

▶ **A matéria foi, inclusive, regulamentada, em termos gerais,** *pela Lei 9.962/2000*, **que tratou de garantir alguns direitos essenciais aos empregados públicos da esfera federal.**

No âmbito das *agências reguladoras*, inclusive, essa solução passou a ser, momentaneamente, a regra, conforme dispunha o *art. 1.º da Lei 9.986/2000*.

◙ **O STF, no entanto, já sinalizava no sentido de que, mesmo ausente o RJU, algumas funções essenciais estatais não poderiam ser exercidas por servidores submetidos ao regime jurídico privado.**

DECISÃO – LIMINAR AGÊNCIAS REGULADORAS – PESSOAL – ARREGIMENTAÇÃO – CLT – PESSOAL DA TELEBRÁS – APROVEITAMENTO – IMPROPRIEDADE – LIMINAR DEFERIDA – AD REFERENDUM DO PLENÁRIO. 1. O Partido dos Trabalhadores ajuíza esta ação direta de inconstitucionalidade visando a fulminar os artigos 1º, 2º e parágrafo único, 12, caput e § 1º, 13 e parágrafo único, 15, 24, caput e inciso I, 27, 30 e 33 da Lei nº 9.986/2000, do seguinte teor: Art. 1º As Agências Reguladoras terão suas relações de trabalho regidas pela Consolidação das Leis do Trabalho, aprovada pelo Decreto-Lei nº 5.452, de 1º de maio de 1943, e legislação trabalhista correlata, em regime de emprego público. Art. 2º Ficam criados, para exercício exclusivo nas Agências Reguladoras, os empregos públicos de nível superior de Regulador, de Analista de Suporte à Regulação, os empregos de nível médio de Técnico em Regulação e de Técnico de Suporte à Regulação, os cargos efetivos de nível superior de Procurador, os Cargos Comissionados de Direção – CD, de Gerência Executiva – CGE, de Assessoria – CA e de Assistência – CAS, e os Cargos Comissionados Técnicos – CCT, constantes do Anexo I. Parágrafo único. É vedado aos empregados, aos requisitados, aos ocupantes de cargos comissionados e aos dirigentes das Agências Reguladoras o exercício de outra atividade profissional, inclusive gestão operacional de empresa, ou direção político- partidária, excetuados os casos admitidos em lei. .... Art. 12. A investidura nos empregos públicos do Quadro de Pessoal Efetivo das Agências dar-se-á por meio de concurso público de provas ou de provas e títulos, conforme disposto em regulamento próprio de cada Agência, com aprovação e autorização pela instância de deliberação máxima da organização. § 1º O concurso público poderá ser realizado para provimento efetivo de pessoal em classes distintas de um mesmo emprego público, conforme disponibilidade orçamentária e de vagas. .... Art. 13. Os Cargos Comissionados Técnicos são de ocupação privativa de servidores e empregados do Quadro de Pessoal Efetivo, do Quadro de Pessoal Específico e do Quadro de Pessoal em Extinção de que trata o art. 19 e de requisitados de outros órgãos e entidades da Administração Pública. Parágrafo único. Ao ocupante de Cargo Comissionado Técnico será pago um valor acrescido ao salário ou vencimento, conforme tabela constante do Anexo II. Art. 15. Regulamento próprio de cada Agência disporá sobre as atribuições específicas, a estruturação, a classificação e o respectivo salário dos empregos públicos de que trata o art. 2º, respeitados os limites remuneratórios definidos no Anexo III. Art. 24. Cabe às Agências, no âmbito de suas competências: I – administrar os empregos públicos e os cargos comissionados de que trata esta Lei; e .... Art. 27. As Agências que vierem a absorver, no Quadro de Pessoal em Extinção de que trata o art. 19 desta Lei, empregados que sejam participantes de entidades fechadas de previdência privada poderão atuar como suas patrocinadoras na condição de sucessoras de entidades às quais esses empregados estavam vinculados, observada a exigência de paridade entre a contribuição da patrocinadora e a contribuição do participante, de acordo com os arts. 5º e 6º da Emenda Constitucional nº 20, de 15 de dezembro de 1998. Parágrafo único. O conjunto de empregados de que trata o caput constituirá massa fechada. Art. 30. Fica criado, no âmbito exclusivo da ANATEL, dentro do limite de cargos fixados no Anexo I, o Quadro Especial em Extinção, no regime da Consolidação das Leis do Trabalho, com a finalidade de absorver empregados da Telecomunicações Brasileiras S.A. – TELEBRÁS, que se encontrarem cedidos àquela Agência na data da publicação desta Lei. § 1º Os empregados da TELEBRÁS cedidos ao Ministério das Comunicações, na data da publicação desta Lei, poderão integrar o Quadro Especial em Extinção. § 2º As tabelas salariais a serem aplicadas aos empregados do Quadro Especial em Extinção de que trata o caput são as estabelecidas nos Anexos IV e V. § 3º Os valores remuneratórios percebidos pelos empregados que integrarem o Quadro Especial em Extinção, de que trata o caput, não sofrerão alteração, devendo ser mantido o desenvolvimento na carreira conforme previsão no Plano de Cargos e Salários em que estiver enquadrado. § 4º A diferença da remuneração a maior será considerada vantagem pessoal nominalmente identificada. § 5º A absorção de empregados estabelecida no caput será feita mediante sucessão trabalhista, não caracterizando rescisão contratual. § 6º A absorção do pessoal no Quadro Especial em Extinção dar-se-á mediante manifestação formal de aceitação por parte do empregado, no prazo máximo de quarenta e cinco dias da publicação desta Lei. Art. 33. Os Procuradores Autárquicos regidos pela Lei nº 8.112, de 1990, poderão ser redistribuídos para as Agências, sem integrar o Quadro de Pessoal Específico, desde que respeitado o número de empregos públicos de Procurador correspondentes fixado no Anexo I (folhas 3 e 4). Em síntese, argúi o Requerente a impossibilidade de haver empregos públicos nas agências reguladoras, fazendo-o, primordialmente, com base no entendimento de que o exercício de função de fiscalização, inerente à atividade precípua do Estado, pressupõe prerrogativas não agasalhadas pelo contrato de trabalho, tal como previsto na Consolidação das Leis do Trabalho. Articula com o fato de esta ação direta de inconstitucionalidade estar ligada à de nº 2.135, na qual, juntamente com o Partido Democrático Trabalhista, o Partido Comunista do Brasil – PC do B e o Partido Socialista do Brasil – PSB, questionou a validade da Emenda Constitucional nº 19, de 4 de junho de 1998. Sob tal ângulo, informa o defeito do processo legislativo, ressaltando, mais, a reintrodução, no cenário jurídico, da multiplicidade de regimes quanto à prestação de serviços à Administração Pública. Aponta vulnerados, pelo diploma legal em exame, os artigos 5º, 37, II e X, 39, § 1º, I, II e III, bem como o § 2º, 68, §§ 2º e 3º, 174, 175, parágrafo único e incisos I, II, III e IV, 247, caput e parágrafo único, todos da Constituição Federal. São apresentadas várias teses com fundamento nas seguintes premissas: a – da inconstitucionalidade da adoção do regime da Consolidação das Leis do Trabalho em autarquias executoras de serviços públicos típicos. Consoante o sustentado, as autarquias especiais – Agência Nacional de Telecomunicações – ANATEL, Agência Nacional de Vigilância Sanitária – ANVS, Agência Nacional de Energia Elétrica – ANEEL, Agência Nacional de Petróleo – ANP e Agência Nacional de Saúde Suplementar – ANS – desenvolvem atividade a envolver o poder de polícia, exercendo, ainda, função de agente normativo e regulador da atividade econômica, conforme depreende-se das Leis nºs 9.427/96-ANEEL; 9.472/97-ANATEL; 9.478/97-ANP; 9.782/99-ANVS; 9.961/2000-ANS (Agência Nacional de Saúde Suplementar). Ter-se-ia a contrariedade ao princípio da legalidade e da reserva legal, levando em conta direitos e deveres dos servidores públicos. Mencionam-se os votos proferidos pelos Ministros Carlos Velloso e Celso de Mello na Ação Direta de Inconstitucionalidade nº 492/DF, trazendo-se à balha lição de Celso Antônio Bandeira de Mello, em "Regime dos Servidores da Administração Direta e Indireta" e de Adilson Abreu Dallari, em "Regime Constitucional dos Servidores Públicos", sobre a supremacia da Administração Pública na relação mantida com os servidores. A óptica externada é no sentido de que as atividades exclusivas de Estado não podem ser atribuídas a prestadores de serviços submetidos à Consolidação das Leis do Trabalho, devendo haver a subordinação a estatuto próprio. Remete-se ao voto do Ministro Ilmar Galvão, na Ação Direta de Inconstitucionalidade nº 492, sobre o alcance do artigo 114 da Constituição Federal. É que funções de fiscalização e outras relativas ao serviço diplomático, desenvolvidas por delegados de polícia, por membros do Ministério Público e pela magistratura estariam a pressupor o regime estatutário, objetivando conferir, na dicção de Adilson Abreu Dallari, a autonomia funcional indispensável ao respectivo exercício; b – da inconstitucionalidade da investidura em classe distinta da inicial. Na visão do Requerente, o artigo 12, § 1º, da Lei nº 9.986/2000 prevê o provimento de classes distintas de um mesmo emprego público, conforme disponibilidade orçamentária e de vagas. O preceito esvaziaria a carreira, contrariando, por isso mesmo, o teto dos artigos 39, § 1º, e 37, II, da Constituição Federal. Evoca-se o que decidido no julgamento do Recurso Extraordinário nº 163.715; c – da inconstitucionalidade do aproveitamento de servidores da extinta Telebrás. Assevera-se que houve o provimento derivado de cargos ou empregos públicos sem o concurso respectivo, em divergência com o inciso II do artigo 37 da Constituição Federal. Evoca-se o que decidido quando do julgamento da Ação Direta de Inconstitucionalidade nº 231-92 e do Recurso Extraordinário nº 163.715; d – da inconstitucionalidade da delegação para fixar a remuneração. Afirma-se que a norma do artigo 15 da Lei nº 9.986, de 28 de julho de 2000, conflita com os artigos 37, X, e 68 da Constituição Federal. Citaram-se os precedentes relativos às Ações Diretas de Inconstitucionalidade nºs 2.094 e 2.098 e ao Mandado de Segurança nº 21.662. É requerida a concessão de liminar que implique o afastamento da eficácia dos preceitos, mencionando-se o concurso dos requisitos próprios – o risco de manter-se com plena eficácia os dispositivos e a relevância da articulação, porquanto o artigo 30, § 6º, da lei impugnada estaria a viabilizar, no prazo máximo de quarenta e cinco dias, a opção dos servidores pelo quadro especial da Agência Nacional de Telecomunicações – ANATEL. À inicial juntaram-se os documentos de folha 32 à 35. Ocorreram os pronunciamentos prévios, na forma das peças de folhas 43 e 50, remetendo a informações acostadas. A manifestação do Legislativo é pela inexistência da relevância jurídica e do risco alegados, indicando-se apoio na lição de Ronaldo Poletti sobre a excepcionalidade da liminar no controle concentrado, sempre a pressupor a difícil reparação do quadro resultante da lei atacada. Alude-se à presunção de constitucionalidade que milita em prol de todo e qualquer diploma, citando-se o magistério de Paulo Fernando Silveira. Segundo a peça elaborada pelo advogado do Senado Federal, com a subscrição da Advogada-Geral – Dr. José Alexandre Lima Gazineo e Dra. Josefina Valle de Oliveira Pinha -, a Constituição Federal admite a existência de empregos públicos no âmbito autárquico, conforme depreende-se do inciso XI do artigo 37 dela constante. As informações do Presidente da República reportam-se à peça da Advocacia-Geral da União. Sublinha-se o fato de a Constituição anterior haver previsto incumbir ao Presidente da República, observado o disposto nos artigos 97, § 1º, e 108, § 2º, definir o regime jurídico dos servidores públicos da União, do Distrito Federal e dos Territórios. À luz do artigo 109 da Constituição de 1967, a par de contar-se com o Estatuto dos Funcionários públicos da União e dos Territórios – Lei nº 1.711/52 -, editara-se a Lei nº 6.185/74, estabelecendo a dualidade de regime jurídico para os servidores da Administração Federal direta e das autarquias, em razão das atribuições de que se incumbiam as categorias. Evoca-se recente alteração da Carta Federal, no que veio a ser afastado o critério do Regime Jurídico Único, passando a ter-se apenas a previsão no sentido de a União, os Estados, o Distrito Federal e os Municípios instituírem conselho de política de administração e remuneração de pessoal integrado por servidores designados pelos respectivos Poderes. A teor do artigo 61, § 1º, item III, alínea "c", da Constituição Federal, dera-se o encaminhamento do projeto que resultara na lei em análise, oportunidade na qual não se tinha como de observância necessária o regime estatutário. O fato de tratar-se de atividades exclusivas de Estado não seria suficiente a infirmar a propriedade do regime trabalhista, ante o silêncio da Constituição Federal, no que apenas remete o trato da matéria a lei ordinária. Frisa-se que o próprio artigo 247 da Constituição Federal argüido pelo Requerente viabiliza a perda do cargo público pelo servidor estável. O artigo 19 do Ato das Disposições Constitucionais Transitórias beneficiara com a estabilidade todos os servidores, inclusive os submetidos ao regime laboral. O Legislativo teria optado pelo regime mais adequado à situação concreta. Esclarece-se que o vocábulo "cargo" e as expressões "cargo de confiança" e "cargo efetivo" não são de uso exclusivo, considerado o regime estatutário. A Constituição Federal, ao aludir a emprego, estaria a contemplar a possibilidade de adoção do regime da Consolidação das Leis do Trabalho. Alude-se a lições doutrinárias – Diógenes Gasparini, Ivan Barbosa Rigolin, Toshio Mukai, Eurípedes Carvalho Pimenta e Celso Antônio Bandeira de Mello -, todos mencionados por Celso Ribeiro Bastos, em "Comentários à Constituição do Brasil". Também a Lei nº 9.962/2000 revelara a subordinação dos servidores públicos da Administração Federal direta, das autarquias e das fundações públicas ao referido regime. Esta Corte examinara situações concretas em que os servidores públicos não impugnaram a adoção do regime da Consolidação das Leis do Trabalho. Quanto ao ingresso em classes distintas de um mesmo emprego público, refuta-se a assertiva sobre o princípio da carreira. É que restara respeitado o artigo 37 da Constituição Federal, porquanto realizado o concurso público. A previsão impugnada respaldar-se-ia na premência de recrutar-se profissionais especializados e de notável experiência, o que não acontece no degrau primeiro do emprego público. Enfatiza-se que o ingresso ocorre na forma determinada em lei e, no caso, inexistiria norma discrepante da Constituição Federal. Relativamente à absorção de servidores da Telebrás na Anatel, diz-se do ajustamento funcional, bem como da necessidade de não se ter a ampliação em demasia dos quadros funcionais, onerando ainda mais os cofres públicos. Nas informações, cita-se a Lei nº 9.421, de 1966, criadora das carreiras dos servidores do Poder Judiciário, que viabilizou a transformação dos cargos, enquadrando-se os servidores de acordo com as respectivas atribuições e requisitos de formação profissional, fazendo-se a correlação entre a situação existente e a nova. Remete- se à definição de cargo de que cuida a Lei nº 3.780, de 1960, bem como a outros dispositivos, no que contemplada a transformação, em si. No julgamento da Ação Direta de Inconstitucionalidade nº 266-0- RJ, esta Corte admitira, em princípio, a transposição, conforme voto condutor do julgamento, da lavra do Ministro Octavio Gallotti, tal como quando da apreciação da Ação Direta de Inconstitucionalidade nº 1.591-5/RS. Ter-se-ia a colocação dos servidores aproveitados em quadro especial em extinção, adotando-se, assim, a cautela relativa à modificação verificada. No tocante à delegação almejando obter os parâmetros remuneratórios dos empregos das agências reguladoras – artigo 15 da Lei nº 9.986/2000 -, indica-se a impropriedade da alusão ao artigo 68 da Constituição Federal, no que versa sobre a elaboração de leis delegadas pelo Presidente da República. O artigo 15 estaria a reportar-se à remuneração estipulada em lei, especialmente considerados os limites, cabendo à agência apenas definir em regulamento a forma de definição, dadas as atribuições, estruturação e classificação próprias ao emprego. A lei seria "exigida para fixar ou alterar a remuneração dos servidores públicos (art. 37, X, da CF), todavia não se vedou a autorização legislativa com parâmetros estipendiários naquela estabelecidos". Estes autos vieram-me conclusos, para exame, em 26 de setembro. Neles lancei visto, determinando a anexação da folha do relatório de andamento da Ação Direta de Inconstitucionalidade nº 2.135 e a ciência do Requerente e dos Requeridos, em 8 subsequente (folha 77), designando, como data provável de julgamento o dia 18 de outubro. 2. Ante a passagem do tempo após a liberação dos autos visando ao crivo do Plenário e em face da urgência, passo ao exame monocrático do pedido de concessão de medida acauteladora. A preliminar arguida na inicial não repercute na apreciação do pedido de concessão de liminar. É que o cotejo da Lei nº 9.986, de 18 de julho de 2000, há de ser feito com a Constituição Federal, tal como em vigor, ou seja, com a alteração advinda da Emenda Constitucional nº 19, de 4 de junho de 1998. A Ação Direta de Inconstitucionalidade de nº 2.135, por meio da qual se ataca a citada Emenda, ainda não foi objeto de exame, não se podendo, pelo simples fato de haver sido ajuizada, sobrestar o andamento de todas as ações diretas de inconstitucionalidade que versem sobre o conflito de norma ordinária com os textos dela advindos. Enquanto não suspensa a eficácia da Emenda Constitucional nº 19, o teor respectivo obriga a todos, inclusive a esta Corte no exame de ações que lhe digam respeito. Muito embora não haja pedido efetivo de sobrestamento, consigno essa óptica, tendo em conta haver-se inserido, na inicial, item com o título de "PRELIMINAR – A ADIN 2.135". Conforme salientado na inicial à folha 16, a definição da possibilidade de ter-se a Consolidação das Leis do Trabalho como regedora das relações jurídicas entre as agências reguladoras e os respectivos prestadores de serviços surge como matéria prejudicial, tendo em conta o exame dos demais dispositivos da Lei nº 9.986/2000 a ela ligados. Inegavelmente, as agências reguladoras atuam com poder de polícia, fiscalizando, cada qual em sua área, atividades reveladoras de serviço público, a serem desenvolvidas pela iniciativa privada. Confira-se com os diplomas legais que as criaram, em que pese a própria razão de ser dessa espécie de autarquia. A problemática não se resolve pelo abandono, mediante alteração constitucional – Emenda 19/98 -, do sistema de regime jurídico único. Cumpre indagar a harmonia, ou não, da espécie de contratação, ante a importância da atividade e, portanto, o caráter indispensável de certas garantias que, em prol de uma atuação eqüidistante, devem se fazer presentes, considerados os prestadores de serviços. O tema não é novo e vem, de há muito, merecendo a atenção de constitucionalistas e administrativistas. A Constituição Federal encerra dualidade. Ao lado da investidura em cargo, prevê aquela direcionada ao preenchimento de emprego público, jungindo ambas à aprovação prévia em concurso público de provas ou de provas e títulos, de acordo com a natureza e a complexidade do cargo ou emprego, na forma prevista em lei – inciso II do artigo 37 da Constituição Federal. Despiciendo é dizer da aplicabilidade do preceito às autarquias, no que integram a Administração indireta, sendo que, no tocante às sociedades de economia mista, às empresas públicas e às fundações de direito privado, não se pode falar na existência de cargo público. A razão é única: são pessoas jurídicas de direito privado. A dualidade prevista na Carta não coloca as investiduras em idêntico patamar, nem sugere a escolha a livre discrição. Nota-se a referência a emprego público apenas nas disposições gerais do Capítulo VII, voltado aos parâmetros da Administração Pública. Na Seção II desse Capítulo, tem-se disciplina a revelar, como regra, a adoção do regime de cargo público, ocupando o tema os artigos 39 a 41. Vê-se, mesmo, a distinção entre cargo público e emprego público, no que se previu, no artigo 39, § 3º, a extensão, aos servidores ocupantes do primeiro, do disposto no artigo 7º, mais precisamente nos incisos IV, VII, VIII, IX, XII, XIII, XV, XVI, XVII, XVIII, XIX, XX, XXII e XXX, enquanto em relação aos empregos públicos, a incidência faz-se de forma linear, ante a aplicação do próprio regime da Consolidação das Leis do Trabalho. Conforme ressaltado pela melhor doutrina – Celso Antônio Bandeira de Mello, em "Curso de Direito Administrativo", 12ª edição, página 260 -, "(...) o regime normal dos servidores públicos teria mesmo de ser o estatutário, pois este (ao contrário do regime trabalhista) é o concebido para atender a peculiaridades de um vínculo no qual não estão em causa tão-só interesses empregatícios, mas onde avultam interesses públicos básicos, visto que os servidores públicos são os próprios instrumentos da atuação do Estado". Realmente, o cargo público, como ressaltado pelo consagrado mestre, propicia "desempenho técnico isento, imparcial e obediente tão-só a diretrizes político-administrativas inspiradas no interesse público...", sobressaindo a estabilidade para os concursados. Sim, a teor do artigo 41 da Constituição Federal, preceito que não se encontra nas disposições gerais, mas nas alusivas aos servidores públicos estrito senso, o instituto da estabilidade, alcançável após três anos de efetivo exercício, está jungido a cargo de provimento efetivo em virtude de concurso público, cuja perda pressupõe sentença judicial transitada em julgado (I), processo administrativo em que seja assegurado ao servidor ampla defesa (II) e procedimento de avaliação periódica de desempenho, na forma de lei complementar, também assegurada ampla defesa (III). Nítidas são as balizas, sob o ângulo de direitos e deveres, do cargo público e do emprego público, notando-se que a disponibilidade só diz respeito ao primeiro, e que a aposentadoria é diversa, sendo a do servidor, ocupante de cargo público, norteada pelo que percebido em atividade, enquanto o detentor de emprego público está sujeito ao regime geral de previdência, conforme dispõe o artigo 40, § 11, da Constituição Federal. É certo estar o detentor de emprego público em patamar superior àquele dos empregados em geral. Todavia, isso decorre do princípio da legalidade, que submete a Administração como um todo. Vale dizer, não fica o servidor ocupante de emprego público sujeito ao rompimento do vínculo por livre iniciativa da Administração Pública, devendo o ato, como todo e qualquer ato administrativo, ser motivado. Alfim a premissa resulta de não se ter, em tal campo, a amplitude própria ao princípio da autonomia da manifestação da vontade. Então, cumpre examinar a espécie. Os servidores das agências reguladoras hão de estar, necessariamente, submetidos ao regime de cargo público, ou podem, como previsto na lei em exame, ser contratados para empregos públicos? Ninguém coloca em dúvida o objetivo maior das agências reguladoras, no que ligado à proteção do consumidor, sob os mais diversos aspectos negativos – ineficiência, domínio do mercado, concentração econômica, concorrência desleal e aumento arbitrário dos lucros. Hão de estar as decisões desses órgãos imunes a aspectos políticos, devendo fazer-se presente, sempre, o contorno técnico. É isso o exigível não só dos respectivos dirigentes – detentores de mandato -, mas também dos servidores – reguladores, analistas de suporte à regulação, procuradores, técnicos em regulação e técnicos em suporte à regulação – Anexo I da Lei nº 9.986/2000 – que, juntamente com os primeiros, hão de corporificar o próprio Estado nesse mister da mais alta importância, para a efetiva regulação dos serviços. Prescindir, no caso, da ocupação de cargos públicos, com os direitos e garantias a eles inerentes, é adotar flexibilidade incompatível com a natureza dos serviços a serem prestados, igualizando os servidores das agências a prestadores de serviços subalternos, dos quais não se exige, até mesmo, escolaridade maior, como são serventes, artífices, mecanógrafos, entre outros. Atente-se para a espécie. Está-se diante de atividade na qual o poder de fiscalização, o poder de polícia fazem-se com envergadura ímpar, exigindo, por isso mesmo, que aquele que a desempenhe sinta-se seguro, atue sem receios outros, e isso pressupõe a ocupação de cargo público, a estabilidade prevista no artigo 41 da Constituição Federal. Aliás, o artigo 247 da Lei Maior sinaliza a conclusão sobre a necessária adoção do regime de cargo público relativamente aos servidores das agências reguladoras. Refere-se o preceito àqueles que desenvolvam atividades exclusivas de Estado, e a de fiscalização o é. Em suma, não se coaduna com os objetivos precípuos das agências reguladoras, verdadeiras autarquias, embora de caráter especial, a flexibilidade inerente aos empregos públicos, impondo-se a adoção da regra que é a revelada pelo regime de cargo público, tal como ocorre em relação a outras atividades fiscalizadoras – fiscais do trabalho, de renda, servidores do Banco Central, dos Tribunais de Conta, etc. Este enfoque presta-se ao deslinde da problemática concernente ao aproveitamento dos empregados da Telebrás – Telecomunicações Brasileiras S.A. Sociedade de economia mista, vinha contando com prestadores de serviços submetidos à Consolidação das Leis do Trabalho. Daqueles contratados ainda sob a égide da Constituição de 1969, não se exigiu a aprovação em concurso público, já que o artigo 97, § 1º, apenas o previa para a investidura em cargo público. Nem se diga haverem sido beneficiados com a estabilidade, isso considerada a Constituição em vigor. O artigo 19 do Ato das Disposições Transitórias apenas contemplou os servidores públicos civis da União, dos Estados, do Distrito Federal e dos Municípios, vinculados à Administração direta, autárquica e às fundações públicas, ficando excluídos, assim, do instituto da estabilidade, os empregados das sociedades de economia mista, das empresas públicas e das fundações de direito privado. A esta altura, integrá-los a uma autarquia, muito embora em quadro especial, implica, sob o ângulo da adoção obrigatória do regime de cargo, o acesso a este sem o concurso público e a aquisição de estabilidade. Também não procede o argumento de que permaneceriam detentores de empregos, já agora de natureza pública. Em primeiro lugar, como asseverado, o emprego público é incompatível com a atividade a ser desenvolvida. Em segundo lugar, ter-se-ia, de qualquer modo, o deslocamento do emprego comum, submetido apenas às regras da Consolidação das Leis do Trabalho e a algumas da Constituição Federal, como é o caso da alusiva à acumulação e ao rompimento motivado de relação jurídica para a espécie "emprego público", desprezando-se o concurso previsto no artigo 37, inciso II, da Constituição Federal. O aproveitamento, tratado como "absorção", é uma verdadeira transferência. Embora possuindo considerável conotação social, conflita com a natureza, em si, da atividade a ser

777

desenvolvida, a demandar investidura em cargo público, e, também, com a exigência constitucional do concurso público para ocupar-se cargo ou emprego público diverso do inicial, o que se dirá quando este é comum, porque existente em sociedade de economia mista. Aliás, para efeito de perceber-se a extensão do desvirtuamento, considere-se o quadro da Anatel, segundo o Anexo I da Lei em exame. Composto de 1496 servidores, apenas serão preenchidos, por concurso e segundo edital publicado, cerca de 500 cargos, ou seja, menos da metade. Os demais serão ocupados mediante o que se denominou de absorção e que nada mais é do que transferência, tanto assim que os favorecidos não levam consigo cargos. Ao primeiro exame, a persistir esse quadro normativo, forçoso é concluir que as agências reguladoras estão começando muito mal, haja vista as abordagens feitas pela mídia e a notícia de o Ministério Público vir a atuar para coibir abusos. O Globo de 14 de outubro de 2000 noticiou na página 29: Procuradores vão entrar com ação contra agências. São questionadas contratação na Anatel e concurso na Aneel. O Correio Braziliense de 14 de outubro de 2000 também o fez: Ministério Público acusa Agência de Telecomunicações de contratar 354 pessoas sem concurso público. Guerreiro pode ser acusado de improbidade administrativa. Justiça apura contratações da Anatel – página 3. Por tais razões, ou seja, considerada a impropriedade da adoção do sistema de empregos públicos, defiro a liminar na extensão pretendida, suspendendo a eficácia dos artigos 1º, 2º e parágrafo único, 12 e § 1º, 13 e parágrafo único, 15, 24 e inciso I, 27 e 30 da Lei nº 9.986/2000. Deixo de fazê-lo no tocante ao artigo 33, porquanto se alude a Procuradores Autárquicos regidos pela Lei nº 8.112/90 e não pela Consolidação das Leis do Trabalho. Tendo em vista o princípio da eventualidade, examino os dispositivos atacados no que versada matéria desvinculada da problemática relacionada com o envolvimento de empregos públicos. Sob o ângulo da investidura em classe distinta da inicial, dispõe o artigo 12 e § 1º da Lei nº 9.986, de 18 de julho de 2000, que se quer fulminada: Art. 12. A investidura nos empregos públicos do Quadro de Pessoal Efetivo das Agências dar-se-á por meio de concurso público de provas ou de provas e títulos, conforme disposto em regulamento próprio de cada Agência, com aprovação e autorização pela instância de deliberação máxima da organização. § 1º O concurso público poderá ser realizado para provimento efetivo de pessoal em classes distintas de um mesmo emprego público, conforme disponibilidade orçamentária e de vagas (folha 3). Os anexos da lei em exame revelam níveis (classes) remuneratórios diversos. Tal fato atende ao fator "esperança de progressão"; contribui para o aperfeiçoamento profissional dos servidores; evita a estagnação, a acomodação do servidor, conduzindo-o a uma maior dedicação profissional. A partir do momento em que níveis remuneratórios mais atraentes são destinados ao público externo, considerado idêntico emprego público, mitiga-se elemento indispensável à carreira, inviabilizando-se, assim, a salutar movimentação horizontal. O preceito não vincula sequer o acesso direto a níveis mais elevados a certa necessidade. Isso, implica campo de atuação livre, podendo, até mesmo, ser levado em conta, por exemplo, tempo de formado, como consta de editais de concursos já anunciados. É sabido que esse dado não demonstra nem mesmo experiência. Quantas e quantas vezes, candidato com tempo de formado menor possui domínio técnico e prático maior do que aqueles qualificados – aspecto formal – de há muito. Em síntese, tem-se norma aberta, passível de ser manuseada pelo administrador em detrimento de instituto que a

Carta da República quer observado. A legislação ordinária não pode conflitar com os parâmetros regedores da carreira. A alteração constitucional decorrente da Emenda nº 19/98, em vez de olvidá-la, veio a introduzir a obrigatoriedade de a União, os Estados e o Distrito Federal manterem escolas de governo para a formação e o aperfeiçoamento dos servidores públicos, jungindo as promoções à feitura de cursos – § 2º do artigo 39 da Constituição Federal. Esvazia-se o mandamento constitucional a partir do momento em que são retiradas do acesso, via carreira, via promoção, classes melhor aquinhoadas "de um mesmo emprego público, conforme disponibilidade orçamentária e de vagas" – § 1º do artigo 12 da Lei nº 9.986/2000. Nada recomenda a adoção da prática nas agências reguladoras, criando entre servidores antagonismo que não contribui para o aprimoramento dos serviços. Discrepa a previsão do que acontece na administração pública em geral. As classes relativas quer a um certo cargo público, quer a um emprego público hão de estar dentro da carreira, sendo dado ao servidor que nela ingresse almejar, por meio de aperfeiçoamento em cursos e com a passagem do tempo, a movimentação. No sensível campo de atuação das agências reguladoras, toda e qualquer inovação que exclua a participação normal dos servidores há de ser tomada com reserva. A par do acesso direto ora em exame, verifica-se que a Lei nº 9.986/2000 é pródiga ao prever número de "cargos de confiança" próximo dos empregos públicos criados, sem jungir os comissionados de direção, de gerência executiva, de assessoria e de assistência ao público interno – artigo 3º. Admite-se a ocupação por requisitados e público interno – artigo 13 – dos cargos comissionados técnicos, diversos dos primeiros no tocante à remuneração, bem menos substancial. Levem-se em conta os cargos comissionados, ao lado de empregos públicos – o que já é um paradoxo – da Aneel e Anatel. Para, respectivamente, 385 e 1.496 empregos públicos, existem 225 e 512 cargos comissionados, com remuneração que oscila de R$ 528,60 a R$ 8.000,00. Vale dizer que tais cargos, por sinal vinculados à melhor remuneração, serão preenchidos de forma livre e, portanto, sem que, necessariamente, o ato seja precedido de concurso público. No caso, ter-se-á casta privilegiada de servidores, persistindo, assim, distorção, sem considerar-se, de forma objetiva, o critério de mérito, somente aferível, legitimamente e no campo democrático, mediante concurso público. Todavia, esse tema não compõe o pedido desta ação direta de inconstitucionalidade, ficando apenas o registro. Concedo a liminar para suspender a eficácia do § 1º do artigo 12 da Lei nº 9.986/2000. Resta a última matéria, tomada pelo autor como reveladora de delegação. Preceitua o artigo 15 da Lei nº 9.986/2000: Art. 15. Regulamento próprio de cada Agência disporá sobre as atribuições específicas, a estruturação, a classificação e o respectivo salário dos empregos públicos de que trata o art. 2º, respeitados os limites remuneratórios definidos no Anexo III. Vê-se, desde logo, que a previsão não encerra, em si, ato contrário ao teor do artigo 68 da Constituição Federal. Versa esse artigo sobre as leis delegadas, cuja elaboração cabe ao Presidente da República. Sobre o princípio da legalidade, considerado especialmente o disposto no inciso X do artigo 37 da Constituição Federal – a remuneração dos servidores públicos e o subsídio de que trata o § 4º do artigo 39 somente poderão ser fixados ou alterados por lei específica, observada a iniciativa privativa em cada caso, assegurada a revisão geral ou anual, sempre na mesma data e sem distinção de índices –, constate-se a submissão dos valores ao Anexo III da citada lei. O quadro revelado sob a nomenclatura "Anexo III" está dividido em dois níveis – superior e médio -, abrangendo pisos e tetos a eles aplicáveis. Mais do que isso, seguem-se os Anexos IV e V, contendo níveis salariais, respectivamente, de um a vinte e sete e de um a vinte e nove, considerados os níveis médio e superior. Em síntese, os valores mostram-se estabelecidos por lei, somente sendo dado à agência distribuí-los conforme as atribuições específicas, a estruturação e a classificação dos empregos públicos. Em momento algum, olvidou-se a regra do inciso X do artigo 37 da Constituição Federal, já que – repita-se – piso e teto, bem como os diversos níveis salariais, contemplando valores em pecúnia, foram fixados. Submeto este ato ao Colegiado, fazendo-o na forma regimental. 3. Dê-se conhecimento ao Requerente e Requeridos. 4. Publique-se. Brasília, 19 de dezembro de 2000. Ministro MARCO AURÉLIO Relator (ADI 2310 MC, Relator(a): Min. MARCO AURÉLIO, julgado em 19/12/2000, publicado em DJ 01/02/2001 P – 00005)

> Com a *Lei 10.871/2004*, no entanto, modificou-se a regulamentação da matéria, revogando-se os dispositivos impugnados e estabelecendo-se, em contrapartida, como regra geral de admissão, o regime estatutário, embora tenha sido mantida a regra do art. 14, que faz alusão a "quantitativos de empregos públicos de cada Agência", que serão estabelecidos em lei. Por consequência dessa alteração, a ADI 2.310 acabou sendo julgada prejudicada.

◙ **Não obstante isso, o STF, quando do julgamento da *ADI-MC 2.135/DF*, apreciando questão referente à *inconstitucionalidade formal da própria Emenda Constitucional 19/1998*, suspendeu os efeitos desta, inviabilizando, por consequência, a partir desse julgamento, procedido em agosto de 2007, a aplicação das disposições legais acima mencionadas, permissivas da contratação, pelo regime trabalhista, de servidores da Administração Direta, autárquica e fundacional da esfera federal.**

"Medida cautelar em ação direta de inconstitucionalidade. Poder Constituinte reformador. Processo legislativo. Emenda Constitucional 19, de 04.06.1998. Art. 39, caput, da Constituição Federal. Servidores públicos. Regime jurídico único. Proposta de implementação, durante a atividade constituinte derivada, da figura do contrato de emprego público. Inovação que não obteve a aprovação da maioria de três quintos dos membros da Câmara dos Deputados quando da apreciação, em primeiro turno, do destaque para votação em separado (DVS) n.º 9. Substituição, na elaboração da proposta levada a segundo turno, da redação original do caput do art. 39 pelo texto inicialmente previsto para o parágrafo 2.º do mesmo dispositivo, nos termos do substitutivo aprovado. Supressão, do texto constitucional, da expressa menção ao sistema de regime jurídico único dos servidores da Administração Pública. Reconhecimento, pela maioria do Plenário do Supremo Tribunal Federal, da plausibilidade da alegação de vício formal por ofensa ao art. 60, § 2.º, da Constituição Federal. Relevância jurídica das demais alegações de inconstitucionalidade formal e material rejeitada por unanimidade. 1. A matéria votada em destaque na Câmara dos Deputados no DVS n.º 9 não foi aprovada em primeiro turno, pois obteve apenas 298 votos e não os 308 necessários. Manteve-se, assim, o então vigente caput do art. 39, que tratava do regime jurídico único, incompatível com a figura do emprego público. 2. O deslocamento do texto do § 2.º do art. 39, nos termos do substitutivo aprovado, para o caput desse mesmo dispositivo representou, assim, uma tentativa de superar a não aprovação do DVS n.º 9 e evitar a permanência do regime jurídico único previsto na redação original suprimida, circunstância que permitiu a implementação do contrato de emprego público ainda que à revelia da regra constitucional que exige o quorum de três quintos para aprovação de qualquer mudança constitucional. 3. Pedido de medida cautelar deferido, dessa forma, quanto ao caput do art. 39 da Constituição Federal, ressalvando-se, em decorrência dos efeitos ex nunc da decisão, a subsistência, até o julgamento definitivo da ação, da validade dos atos anteriormente praticados com base em legislações eventualmente editadas durante a vigência do dispositivo ora suspenso. 4. Ação direta julgada prejudicada quanto ao art. 26 da EC 19/98, pelo exaurimento do prazo estipulado para sua vigência. 5. Vícios formais e materiais dos demais dispositivos constitucionais impugnados, todos oriundos da EC 19/98, aparentemente inexistentes ante a constatação de que as mudanças de redação promovidas no curso do processo legislativo não alteraram substancialmente o sentido das proposições ao final aprovadas e de que não há direito adquirido à manutenção de regime jurídico anterior. 6. Pedido de medida cautelar parcialmente deferido" (Pleno, ADI-MC 2.135/DF, Rel. Min. Néri da Silveira, Rel. p/ acórdão Min. Ellen Gracie, j. 02.08.2007).

◙ **No mesmo sentido:** A ADI 2.135/DF ainda pende de julgamento final, e, até que este ocorra, eventuais contratações fora do RJU previsto na Lei 8.112/1990, que tenham sido feitas anteriormente à decisão do STF, com base na Lei 9.962/2000, são consideradas válidas. Dessa forma, conquanto tenha havido a modificação do art. 39 da CF/1988 pela Emenda Constitucional 19/1998, continua existindo, por força da decisão proferida pelo STF na ADI-MC 2.135/DF, o RJU, sendo este, na esfera federal, o estatutário, previsto na Lei 8.112/1990, sem prejuízo da aplicação do regime de emprego público para os trabalhadores das empresas públicas e sociedades de economia mista e para aqueles que, excepcionalmente, foram contratados em regime de emprego, pelas agências reguladoras, após a EC 19/1998 e até a decisão proferida pelo STF na ADI-MC 2.135.

◙ **Vício formal de inconstitucionalidade da EC 19/98 que alterou o caput do artigo 39 da Constituição Federal**

MEDIDA CAUTELAR EM AÇÃO DIRETA DE INCONSTITUCIONALIDADE. PODER CONSTITUINTE REFORMADOR. PROCESSO LEGISLATIVO. EMENDA CONSTITUCIONAL 19, DE 04.06.1998. ART. 39, CAPUT, DA CONSTITUIÇÃO FEDERAL. SERVIDORES PÚBLICOS. REGIME JURÍDICO ÚNICO. PROPOSTA DE IMPLEMENTAÇÃO, DURANTE A ATIVIDADE CONSTITUINTE DERIVADA, DA FIGURA DO CONTRATO DE EMPREGO PÚBLICO. INOVAÇÃO QUE NÃO OBTEVE A APROVAÇÃO DA MAIORIA DE TRÊS QUINTOS DOS MEMBROS DA CÂMARA DOS DEPUTADOS QUANDO DA APRECIAÇÃO, EM PRIMEIRO TURNO, DO DESTAQUE PARA VOTAÇÃO EM SEPARADO (DVS) Nº 9. SUBSTITUIÇÃO, NA ELABORAÇÃO DA PROPOSTA LEVADA A SEGUNDO TURNO, DA REDAÇÃO ORIGINAL DO CAPUT DO ART. 39 PELO TEXTO INICIALMENTE PREVISTO PARA O PARÁGRAFO 2º DO MESMO DISPOSITIVO, NOS TERMOS DO SUBSTITUTIVO APROVADO. SUPRESSÃO, DO TEXTO CONSTITUCIONAL,

DA EXPRESSA MENÇÃO AO SISTEMA DE REGIME JURÍDICO ÚNICO DOS SER-VIDORES DA ADMINISTRAÇÃO PÚBLICA. RECONHECIMENTO, PELA MAIO-RIA DO PLENÁRIO DO SUPREMO TRIBUNAL FEDERAL, DA PLAUSIBILIDADE DA ALEGAÇÃO DE VÍCIO FORMAL POR OFENSA AO ART. 60, § 2º, DA CONS-TITUIÇÃO FEDERAL. RELEVÂNCIA JURÍDICA DAS DEMAIS ALEGAÇÕES DE INCONSTITUCIONALIDADE FORMAL E MATERIAL REJEITADA POR UNANI-MIDADE. 1. A matéria votada em destaque na Câmara dos Deputados no DVS nº 9 não foi aprovada em primeiro turno, pois obteve apenas 298 votos e não os 308 ne-cessários. Manteve-se, assim, o então vigente caput do art. 39, que tratava do regime jurídico único, incompatível com a figura do emprego público. 2. O deslocamento do texto do § 2º do art. 39, nos termos do substitutivo aprovado, para o caput desse mes-mo dispositivo representou, assim, uma tentativa de superar a não aprovação do DVS nº 9 e evitar a permanência do regime jurídico único previsto na redação original su-primida, circunstância que permitiu a implementação do contrato de emprego público ainda que à revelia da regra constitucional que exige o quorum de três quintos para aprovação de qualquer mudança constitucional. 3. Pedido de medida cautelar deferi-do, dessa forma, quanto ao caput do art. 39 da Constituição Federal, ressalvando-se, em decorrência dos efeitos ex nunc da decisão, a subsistência, até o julgamento defi-nitivo da ação, da validade dos atos anteriormente praticados com base em legislações eventualmente editadas durante a vigência do dispositivo ora suspenso. 4. Ação direta julgada prejudicada quanto ao art. 26 da EC 19/98, pelo exaurimento do prazo esti-pulado para sua vigência. 5. Vícios formais e materiais dos demais dispositivos cons-titucionais impugnados, todos oriundos da EC 19/98, aparentemente inexistentes ante a constatação de que as mudanças de redação promovidas no curso do processo legis-lativo não alteraram substancialmente o sentido das proposições ao final aprovadas e de que não há direito adquirido à manutenção de regime jurídico anterior. 6. Pedido de medida cautelar parcialmente deferido. (STF – ADI-MC: 2135 DF, Relator: NÉRI DA SILVEIRA, Data de Julgamento: 02/08/2007, Tribunal Pleno, Data de Publicação: DJe-041 DIVULG 06-03-2008 PUBLIC 07-03-2008 EMENT VOL-02310-01 PP-00081)

◙ **Regime jurídico dos agentes públicos das autarquias**

LIMINAR AGÊNCIAS REGULADORAS – PESSOAL -ARREGIMENTAÇÃO – CLT – PESSOAL DA TELEBRÁS – APROVEITAMENTO -IMPROPRIEDADE – LIMINAR DEFERIDA- AD REFERENDUM DO PLENÁRIO.1. O Partido dos Trabalhadores ajuí-za esta ação direta de inconstitucionalidade visando a fulminar os artigos 1º, 2º e pa-rágrafo único, 12, § 1º, 13 e parágrafo único, 15, 24,caput e inciso I, 27, 30 e 33 da Lei nº 9.986/2000, do seguinte teor: Art. 1º As Agências Reguladoras terão suas relações de trabalho regidas pela Consolidação das Leis do Trabalho, aprovada pelo Decreto--Lei nº 5.452,de 1º de maio de 1943, e legislação trabalhista correlata, em regime de emprego público. Art. 2º Ficam criados, para exercício exclusivo nas Agências Regu-ladoras, os empregos públicos de nível superior de Regulador, de Analista de Suporte à Regulação, os empregos de nível médio de Técnico em Regulação e de Técnico de Suporte à Regulação, os cargos efetivos de nível superior de Procurador, os Cargos Comissionados de Direção – CD, de Gerência Executiva – CGE, de Assessoria – CA e de Assistência – CAS, e os Cargos Comissionados Técnicos- CCT, constantes do

Anexo I. Parágrafo único. É vedado aos empregados, aos requisitados, aos ocupantes de cargos comissionados e aos dirigentes das Agências Reguladoras o exercício de outra atividade profissional, inclusive gestão operacional de empresa, ou direção político-partidária, excetuados os casos admitidos em lei.................................Art. 12. A investidura nos empregos públicos do Quadro de Pessoal Efetivo das Agências dar-se-á por meio de concurso público de provas ou de provas e títulos, conforme disposto em regulamento próprio de cada Agência, com aprovação e autorização pela instância de deliberação máxima da organização.§ 1º O concurso público poderá ser realizado para provimento efetivo de pessoal em classes distintas de um mesmo emprego público, conforme disponibilidade orçamentária e de vagas................Art. 13. Os Cargos Comissionados Técnicos são de ocupação privativa de servidores e empregados do Quadro de Pessoal Efetivo, do Quadro de Pessoal Específico e do Quadro de Pessoal em Extinção de que trata o art. 19 e de requisitados de outros órgãos e entidades da Administração Pública. Parágrafo único. Ao ocupante de Cargo Comissionado Técnico será pago um valor acrescido ao salário ou vencimento, conforme tabela constante do Anexo II.Art. 15. Regulamento próprio de cada Agência disporá sobre as atribuições específicas, a estruturação, a classificação e o respectivo salário dos empregos públicos de que trata o art. 2º,respeitados os limites remuneratórios definidos no Anexo III.Art. 24. Cabe às Agências, no âmbito de suas competências: I – administrar os empregos públicos e os cargos comissionados de que trata esta Lei; e..........Art. 27. As Agências que vierem a absorver, no Quadro de Pessoal em Extinção de que trata o art. 19 desta Lei, empregados que sejam participantes de entidades fechadas de previdência privada poderão atuar como suas patrocinadoras na condição de sucessoras de entidades às quais esses empregados estavam vinculados, observada a exigência de paridade entre a contribuição da patrocinadora e a contribuição do participante, de acordo com os arts. 5º e 6º da Emenda Constitucional nº 20, de 15 de dezembro de 1998.Parágrafo único. O conjunto de empregados de que trata o caput constituirá massa fechada. Art. 30. Fica criado, no âmbito exclusivo da ANATEL, dentro do limite de cargos fixados no Anexo I,o Quadro Especial em Extinção, no regime da Consolidação das Leis do Trabalho, com a finalidade de absorver empregados da Telecomunicações Brasileiras S.A. – TELEBRÁS, que se encontrarem cedidos àquela Agência na data da publicação desta Lei.§ 1º Os empregados da TELEBRÁS cedidos ao Ministério das Comunicações, na data da publicação desta Lei, poderão integrar o Quadro Especial em Extinção.§ 2º As tabelas salariais a serem aplicadas aos empregados do Quadro Especial em Extinção de que trata o caput são as estabelecidas nos Anexos IV e V.§ 3º Os valores remuneratórios percebidos pelos empregados que integrarem o Quadro Especial em Extinção, de que trata o caput, não sofrerão alteração, devendo ser mantido o desenvolvimento na carreira conforme previsão no Plano de Cargos e Salários em que estiver enquadrado.§ 4º A diferença da remuneração a maior será considerada vantagem pessoal nominalmente identificada.§ 5º A absorção de empregados estabelecida no caput será feita mediante sucessão trabalhista, não caracterizando rescisão contratual.§ 6º A absorção do pessoal no Quadro Especial em Extinção dar-se-á mediante manifestação formal de aceitação por parte do empregado, no prazo máximo de quarenta e cinco dias da publicação desta Lei. Art. 33. Os Procuradores Autárquicos regidos pela Lei nº 8.112, de 1990, poderão ser redistribuídos para as Agências, sem integrar o Quadro de Pessoal Específico, desde que respeitado o número de empregos públicos de Procurador correspondentes fixado no Anexo I (folhas 3 e 4).Em síntese, argúi o Requerente a impossibilidade de haver empregos públicos nas agências reguladoras, fazendo-o, primordialmente, com base no entendimento de que o exercício de função de fiscalização, inerente à atividade precípua do Estado, pressupõe prerrogativas não agasalhadas pelo contrato de trabalho, tal como previsto na Consolidação das Leis do Trabalho. Articula com o fato de esta ação direta de inconstitucionalidade estar ligada à de nº 2.135, na qual, juntamente com o Partido Democrático Trabalhista, o Partido Comunista do Brasil – PC do B e o Partido Socialista do Brasil – PSB, questionou a validade da Emenda Constitucional nº 19, de 4 de junho de 1998. Sob tal ângulo, informa o defeito do processo legislativo, ressaltando, mais, a reintrodução, no cenário jurídico, da multiplicidade de regimes quanto à prestação de serviços à Administração Pública. Aponta vulnerados, pelo diploma legal em exame, os artigos 5º, 37, II e X,39, § 1º, I, II e III, bem como o § 2º, 68, §§ 2º e 3º, 174, 175, parágrafo único e incisos I, II, III e IV, 247, parágrafo único, todos da Constituição Federal. São apresentadas várias teses com fundamento nas seguintes premissas: a – da inconstitucionalidade da adoção do regime da Consolidação das Leis do Trabalho em autarquias executoras de serviços públicos típicos. Consoante o sustentado, as autarquias especiais – Agência Nacional de Telecomunicações – ANATEL, Agência Nacional de Vigilância Sanitária – ANVS, Agência Nacional de Energia Elétrica – ANEEL, Agência Nacional de Petróleo – ANP e Agência Nacional de Saúde Suplr – ANS – desenvolvem atividade a envolver o poder de polícia, exercendo, ainda, função de agente normativo e regulador da atividade econômica, conforme depreende-se das Leis nºs 9.427/96-ANEEL; 9.472/97-ANATEL; 9.478/97-ANP;9.782/99-ANVS; 9.961/2000-ANS (Agência Nacional de Saúde Suplementar). Ter-se-ia a contrariedade ao princípio da legalidade e da reserva legal, levando em conta direitos e deveres dos servidores públicos. Mencionam-se os votos proferidos pelos Ministros Carlos Velloso e Celso de Mello na Ação Direta de Inconstitucionalidade nº 492/DF, trazendo-se à balha lição de Celso Antônio Bandeira de Mello, em "Regime dos Servidores da Administração Direta e Indireta" e de Adilson Abreu Dallari, em "Regime Constitucional dos Servidores Públicos", sobre a supremacia da Administração Pública na relação mantida com os servidores. A óptica externada é no sentido de que as atividades exclusivas de Estado não podem ser atribuídas a prestadores de serviços submetidos à Consolidação das Leis do Trabalho, devendo haver a subordinação a estatuto próprio. Remete-se ao voto do Ministro Ilmar Galvão, na Ação Direta de Inconstitucionalidade nº 492, sobre o alcance do artigo 114 da Constituição Federal. É que funções de fiscalização e outras relativas ao serviço diplomático, desenvolvidas por delegados de polícia, por membros do Ministério Público e pela magistratura estariam a pressupor o regime estatutário, objetivando conferir, na dicção de Adilson Abreu Dallari, a autonomia funcional indispensável ao respectivo exercício; b – da inconstitucionalidade da investidura em classe distinta da inicial. Na visão do Requerente, o artigo 12, § 1º, da Lei nº 9.986/2000 prevê o provimento de classes distintas de um mesmo emprego público, conforme disponibilidade orçamentária e de vagas. O preceito esvaziaria a carreira, contrariando, por isso mesmo, o teto dos artigos 39, § 1º, e 37, II, da Constituição Federal. Evoca-se o que decidido no julgamento do Recurso Extraordinário nº 163.715; c – da inconstitucionalidade do aproveitamento de servidores da extinta Telebrás. Assevera-se que houve o provimento derivado de cargos ou empregos públicos sem o concurso respectivo, em divergência com o inciso II do artigo 37 da Constituição Federal. Evoca-se o que decidido quando do julgamento da Ação Direta de Inconstitucionalidade nº 231-92 e do Recurso Extraordinário nº 163.715; d – da inconstitucionalidade da delegação para fixar a remuneração. Afirma-se que a norma do artigo 15 da Lei nº 9.986, de 28 de julho de 2000, conflita com os artigos 37, X, e 68 da Constituição Federal. Citaram-se os precedentes relativos às Ações Diretas de Inconstitucionalidade nºs 2.094 e 2.098 e ao Mandado de Segurança nº 21.662.É requerida a concessão de liminar que implique o afastamento da eficácia dos preceitos, mencionando-se o concurso dos requisitos próprios – o risco de manter-se com plena eficácia os dispositivos e a relevância da articulação, porquanto o artigo 30, § 6º, da lei impugnada estaria a viabilizar, no prazo máximo de quarenta e cinco dias, a opção dos servidores pelo quadro especial da Agência Nacional de Telecomunicações – ANATEL. À inicial juntaram-se os documentos de folha 32 à 35. Ocorreram os pronunciamentos prévios, na forma das peças de folhas 43 e 50, remetendo a informações acostadas. A manifestação do Legislativo é pela inexistência da relevância jurídica e do risco alegados, indicando-se apoio na lição de Ronaldo Poletti sobre a excepcionalidade da liminar no controle concentrado, sempre a pressupor a difícil reparação do quadro resultante da lei atacada. Alude-se à presunção de constitucionalidade que milita em prol de todo e qualquer diploma, citando-se o magistério de Paulo Fernando Silveira. Segundo a peça elaborada pelo advogado do Senado Federal, com a subscrição da Advogada-Geral – Dr. José Alexandre Lima Gazineo e Dra. Josefina Valle de Oliveira Pinha -, a Constituição Federal admite a existência de empregos públicos no âmbito autárquico, conforme depreende-se do inciso XI do artigo 37 dela constante. As informações do Presidente da República reportam-se à peça da Advocacia-Geral da União. Sublinha-se o fato de a Constituição anterior haver previsto incumbir ao Presidente da República, observado o disposto nos artigos 97, § 1º, e 108, § 2º,definir o regime jurídico dos servidores públicos da União, do Distrito Federal e dos Territórios. À luz do artigo 109 da Constituição de 1967, a par de contar-se com o Estatuto dos Funcionários públicos da União e dos Territórios – Lei nº 1.711/52 -, editara-se a Lei nº 6.185/74, estabelecendo a dualidade de regime jurídico para os servidores da Administração Federal direta e das autarquias, em razão das atribuições de que se incumbiam as categorias. Evoca-se recente alteração da Carta Federal, no que veio a ser afastado o critério do Regime Jurídico Único, passando a ter-se apenas a previsão no sentido de a União, os Estados, o Distrito Federal e os Municípios instituírem conselho de política de administração e remuneração de pessoal integrado por servidores designados pelos respectivos Poderes. A teor do artigo 61, § 1º, item III, alínea c, da Constituição Federal, dera-se o encaminhamento do projeto que resultara na lei em análise, oportunidade na qual não se tinha como de observância necessária o regime estatutário. O fato de tratar-se de atividades exclusivas de Estado não seria suficiente a infirmar a propriedade do regime trabalhista, ante o silêncio da Constituição Federal, no que apenas remete o trato da matéria a lei ordinária. Frisa-se que o próprio artigo 247 da Constituição Federal argüido pelo Requerente viabiliza a perda do cargo público pelo servidor estável. O artigo 19 do Ato das Disposições Constitucionais Transitórias beneficiara com a estabilidade todos os ser-

785

vidores, inclusive os submetidos ao regime laboral. O Legislativo teria optado pelo regime mais adequado à situação concreta. Esclarece-se que o vocábulo "cargo" e as expressões "cargo de confiança" e "cargo efetivo" não são de uso exclusivo, considerado o regime estatutário. A Constituição Federal, ao aludir a emprego, estaria a contemplar a possibilidade de adoção do regime da Consolidação das Leis do Trabalho. Alude-se a lições doutrinárias – Diógenes Gasparini, Ivan Barbosa Rigolin, Toshio Mukai, Eurípedes Carvalho Pimenta e Celso Antônio Bandeira de Mello-, todos mencionados por Celso Ribeiro Bastos, em "Comentários à Constituição do Brasil". Também a Lei nº 9.962/2000 revelara a subordinação dos servidores públicos da Administração Federal direta, das autarquias e das fundações públicas ao referido regime. Esta Corte examinara situações concretas em que os servidores públicos não impugnaram a adoção do regime da Consolidação das Leis do Trabalho. Quanto ao ingresso em classes distintas de um mesmo emprego público, refuta-se a assertiva sobre o princípio da carreira. É que restara respeitado o artigo 37 da Constituição Federal, porquanto realizado o concurso público. A previsão impugnada respaldar-se-ia na premência de recrutar-se profissionais especializados e de notável experiência, o que não acontece no degrau primeiro do emprego público. Enfatiza-se que o ingresso ocorre na forma determinada em lei e, no caso, inexistiria norma discrepante da Constituição Federal. Relativamente à absorção de servidores da Telebrás na Anatel, diz-se do ajustamento funcional, bem como da necessidade de não se ter a ampliação em demasia dos quadros funcionais, onerando ainda mais os cofres públicos. Nas informações, cita-se a Lei nº 9.421, de 1966, criadora das carreiras dos servidores do Poder Judiciário, que viabilizou a transformação dos cargos, enquadrando-se os servidores de acordo com as respectivas atribuições e requisitos de formação profissional, fazendo-se a correlação entre a situação existente e a nova. Remete-se à definição de cargo de que cuida a Lei nº 3.780, de 1960, bem como a outros dispositivos, no que contemplada a transformação, em si. No julgamento da Ação Direta de Inconstitucionalidade nº 266-0-RJ, esta Corte admitira, em princípio, a transposição, conforme voto condutor do julgamento, da lavra do Ministro Octavio Gallotti, tal como quando da apreciação da Ação Direta de Inconstitucionalidade nº 1.591-5/RS. Ter-se-ia a colocação dos servidores aproveitados em quadro especial em extinção, adotando-se, assim, a cautela relativa à modificação verificada. No tocante à delegação almejando obter os parâmetros remuneratórios dos empregos das agências reguladoras -artigo 15 da Lei nº 9.986/2000 -, indica-se a impropriedade da alusão ao artigo 68 da Constituição Federal, no que versa sobre a elaboração de leis delegadas pelo Presidente da República. O artigo 15 estaria a reportar-se à remuneração estipulada em lei, especialmente considerados os limites, cabendo à agência apenas definir em regulamento a forma de definição, dadas as atribuições, estruturação e classificação próprias ao emprego. A lei seria "exigida para fixar ou alterar a remuneração dos servidores públicos (art. 37, X, da CF), todavia não se vedou a autorização legislativa com parâmetros estipendiários naquela estabelecidos". Estes autos vieram-me conclusos, para exame, em 26 de setembro. Neles lancei visto, determinando a anexação da folha do relatório de andamento da Ação Direta de Inconstitucionalidade nº 2.135 e a ciência do Requerente e dos Requeridos, em 8 subseqüente (folha 77), designando, como data provável de julgamento o dia 18 de outubro.2. Ante a passagem do tempo após a liberação dos autos visando ao crivo do Plenário e em face da urgência, passo ao exame monocrático do pedido de concessão de medida acauteladora. A preliminar argüida na inicial não repercute na apreciação do pedido de concessão de liminar. É que o cotejo da Lei nº 9.986, de 18 de julho de 2000, há de ser feito com a Constituição Federal, tal como em vigor, ou seja, com a alteração advinda da Emenda Constitucional nº 19, de 4 de junho de 1998. A Ação Direta de Inconstitucionalidade de nº 2.135, por meio da qual se ataca a citada Emenda, ainda não foi objeto de exame, não se podendo, pelo simples fato de haver sido ajuizada, sobrestar o andamento de todas as ações diretas de inconstitucionalidade que versem sobre o conflito de norma ordinária com os textos dela advindos. Enquanto não suspensa a eficácia da Emenda Constitucional nº 19, o teor respectivo obriga a todos, inclusive a esta Corte no exame de ações que lhe digam respeito. Muito embora não haja pedido efetivo de sobrestamento, consigno essa óptica, tendo em conta haver-se inserido, na inicial, item com o título de "PRELIMINAR – A ADIN 2.135". Conforme salientado na inicial à folha 16, a definição da possibilidade de ter-se a Consolidação das Leis do Trabalho como regedora das relações jurídicas entre as agências reguladoras e os respectivos prestadores de serviços surge como matéria prejudicial, tendo em conta o exame dos demais dispositivos da Lei nº 9.986/2000 a ela ligados. Inegavelmente, as agências reguladoras atuam com poder de polícia, fiscalizando, cada qual em sua área, atividades reveladoras de serviço público, a serem desenvolvidas pela iniciativa privada. Confira-se com os diplomas legais que as criaram, em que pese a própria razão de ser dessa espécie de autarquia. A problemática não se resolve pelo abandono, mediante alteração constitucional – Emenda 19/98 -, do sistema de regime jurídico único. Cumpre indagar a harmonia, ou não, da espécie de contratação, ante a importância da atividade e, portanto, o caráter indispensável de certas garantias que, em prol de uma atuação eqüidistante, devem se fazer presentes, considerados os prestadores de serviços. O tema não é novo e vem, de há muito, merecendo a atenção de constitucionalistas e administrativistas. A Constituição Federal encerra dualidade. Ao lado da investidura em cargo, prevê aquela direcionada ao preenchimento de emprego público, jungindo ambas à aprovação prévia em concurso público de provas ou de provas e títulos, de acordo com a natureza e a complexidade do cargo ou emprego, na forma prevista em lei -inciso II do artigo 37 da Constituição Federal. Despiciendo é dizer da aplicabilidade do preceito às autarquias, no que integram a Administração indireta, sendo que, no tocante às sociedades de economia mista, às empresas públicas e às fundações de direito privado, não se pode falar na existência de cargo público. A razão é única: são pessoas jurídicas de direito privado. A dualidade prevista na Carta não coloca as investiduras em idêntico patamar, nem sugere a escolha a livre discrição. Nota-se a referência a emprego público apenas nas disposições gerais do Capítulo VII, voltado aos parâmetros da Administração Pública. Na Seção II desse Capítulo, tem-se disciplina a revelar, como regra, a adoção do regime de cargo público, ocupando o tema os artigos 39 a 41. Vê-se, mesmo, a distinção entre cargo público e emprego público, no que se previu, no artigo 39, § 3º, a extensão, aos servidores ocupantes do primeiro, do disposto no artigo 7º, mais precisamente nos incisos IV, VII, VIII, IX, XII, XIII, XV, XVI, XVII, XVIII, XIX, XX, XXII e XXX, enquanto em relação aos empregos públicos, a incidência faz-se de forma linear, ante a aplicação do próprio regime da Consolidação das Leis do Trabalho. Conforme ressaltado pela melhor doutrina

787

– Celso Antônio Bandeira de Mello, em "Curso de Direito Administrativo", 12ª edição, página 260 -, "(...) o regime normal dos servidores públicos teria mesmo de ser o estatutário, pois este (ao contrário do regime trabalhista) é o concebido para atender a peculiaridades de um vínculo no qual não estão em causa tão-só interesses empregatícios, mas onde avultam interesses públicos básicos, visto que os servidores públicos são os próprios instrumentos da atuação do Estado". Realmente, o cargo público, como ressaltado pelo consagrado mestre, propicia "desempenho técnico isento, imparcial e obediente tão-só a diretrizes político-administrativas inspiradas no interesse público...", sobressaindo a estabilidade para os concursados. Sim, a teor do artigo 41 da Constituição Federal, preceito que não se encontra nas disposições gerais, mas nas alusivas aos servidores públicos estrito senso, o instituto da estabilidade, alcançável após três anos de efetivo exercício, está jungido a cargo de provimento efetivo em virtude de concurso público, cuja perda pressupõe sentença judicial transitada em julgado (I), processo administrativo em que seja assegurado ao servidor ampla defesa (II) e procedimento de avaliação periódica de desempenho, na forma de lei complementar, também assegurada ampla defesa (III). Nítidas são as balizas, sob o ângulo de direitos e deveres, do cargo público e do emprego público, notando-se que a disponibilidade só diz respeito ao primeiro, e que a aposentadoria é diversa, sendo a do servidor, ocupante de cargo público, norteada pelo que percebido em atividade, enquanto o detentor de emprego público está sujeito ao regime geral de previdência, conforme dispõe o artigo 40, § 11, da Constituição Federal. É certo estar o detentor de emprego público em patamar superior àquele dos empregados em geral. Todavia, isso decorre do princípio da legalidade, que submete a Administração como um todo. Vale dizer, não fica o servidor ocupante de emprego público sujeito ao rompimento do vínculo por livre iniciativa da Administração Pública, devendo o ato, como todo e qualquer ato administrativo, ser motivado. Alfim a premissa resulta de não se ter, em tal campo, a amplitude própria ao princípio da autonomia da manifestação da vontade. Então, cumpre examinar a espécie. Os servidores das agências reguladoras hão de estar, necessariamente, submetidos ao regime de cargo público, ou podem, como previsto na lei em exame, ser contratados para empregos públicos? Ninguém coloca em dúvida o objetivo maior das agências reguladoras, no que ligado à proteção do consumidor, sob os mais diversos aspectos negativos – ineficiência, domínio do mercado, concentração econômica, concorrência desleal e aumento arbitrário dos lucros. Hão de estar as decisões desses órgãos imunes a aspectos políticos, devendo fazer-se presente, sempre, o contorno técnico. É isso o exigível não só dos respectivos dirigentes – detentores de mandato -, mas também dos servidores – reguladores, analistas de suporte à regulação, procuradores, técnicos em regulação e técnicos em suporte à regulação – Anexo I da Lei nº 9.986/2000 – que, juntamente com os primeiros, hão de corporificar o próprio Estado nesse mister da mais alta importância, para a efetiva regulação dos serviços. Prescindir, no caso, da ocupação de cargos públicos, com os direitos e garantias a eles inerentes, é adotar flexibilidade incompatível com a natureza dos serviços a serem prestados, igualizando os servidores das agências a prestadores de serviços subalternos, dos quais não se exige, até mesmo, escolaridade maior, como são serventes, artífices, mecanógrafos, entre outros. Atente-se para a espécie. Está-se diante de atividade na qual o poder de fiscalização, o poder de polícia fazem-se com envergadura ímpar, exigindo, por isso mesmo, que aquele que a desempenhe sinta-se seguro, atue sem receios outros, e isso pressupõe a ocupação de cargo público, a estabilidade prevista no artigo 41 da Constituição Federal. Aliás, o artigo 247 da Lei Maior sinaliza a conclusão sobre a necessária adoção do regime de cargo público relativamente aos servidores das agências reguladoras. Refere-se o preceito àqueles que desenvolvam atividades exclusivas de Estado, e a de fiscalização o é. Em suma, não se coaduna com os objetivos precípuos das agências reguladoras, verdadeiras autarquias, embora de caráter especial, a flexibilidade inerente aos empregos públicos, impondo-se a adoção da regra que é a revelada pelo regime de cargo público, tal como ocorre em relação a outras atividades fiscalizadoras – fiscais do trabalho, de renda, servidores do Banco Central, dos Tribunais de Conta, etc. Este enfoque presta-se ao deslinde da problemática concernente ao aproveitamento dos empregados da Telebrás – Telecomunicações Brasileiras S.A. Sociedade de economia mista, vinha contando com prestadores de serviços submetidos à Consolidação das Leis do Trabalho. Daqueles contratados ainda sob a égide da Constituição de 1969, não se exigiu a aprovação em concurso público, já que o artigo 97, § 1º, apenas o previa para a investidura em cargo público. Nem se diga haverem sido beneficiados com a estabilidade, isso considerada a Constituição em vigor. O artigo 19 do Ato das Disposições Transitórias apenas contemplou os servidores públicos civis da União, dos Estados, do Distrito Federal e dos Municípios, vinculados à Administração direta, autárquica e às fundações públicas, ficando excluídos, assim, do instituto da estabilidade, os empregados das sociedades de economia mista, das empresas públicas e das fundações de direito privado. A esta altura, integrá-los a uma autarquia, muito embora em quadro especial, implica, sob o ângulo da adoção obrigatória do regime de cargo, o acesso a este sem o concurso público e a aquisição de estabilidade. Também não procede o argumento de que permaneceriam detentores de empregos, já agora de natureza pública. Em primeiro lugar, como asseverado, o emprego público é incompatível com a atividade a ser desenvolvida. Em segundo lugar, ter-se-ia, de qualquer modo, o deslocamento do emprego comum, submetido apenas às regras da Consolidação das Leis do Trabalho e a algumas da Constituição Federal, como é o caso da alusiva à acumulação e ao rompimento motivado de relação jurídica para a espécie "emprego público", desprezando-se o concurso previsto no artigo 37, inciso II, da Constituição Federal. O aproveitamento, tratado como "absorção", é uma verdadeira transferência. Embora possuindo considerável conotação social, conflita com a natureza, em si, da atividade a ser desenvolvida, a demandar investidura em cargo público, e, também, com a exigência constitucional do concurso público para ocupar-se cargo ou emprego público diverso do inicial, o que se dirá quando este é comum, porque existente em sociedade de economia mista. Aliás, para efeito de perceber-se a extensão do desvirtuamento, considere-se o quadro da Anatel, segundo o Anexo I da Lei em exame. Composto de 1496 servidores, apenas serão preenchidos, por concurso e segundo edital publicado, cerca de 500 cargos, ou seja, menos da metade. Os demais serão ocupados mediante o que se denominou de absorção e que nada mais é do que transferência, tanto assim que os favorecidos não levam consigo cargos. Ao primeiro exame, a persistir esse quadro normativo, forçoso é concluir que as agências reguladoras estão começando muito mal, haja vista as abordagens feitas pela mídia e a notícia de o Ministério Público vir a atuar para coibir abusos. O Globo de 14 de outubro de 2000 noticiou na página 29: Procuradores vão entrar com ação contra agências. São questionadas contratação na Anatel e concurso na Aneel. O Correio Braziliense de 14 de outubro de 2000 também o fez: Ministério Público acusa Agência de Telecomunicações de contratar 354 pessoas sem concurso público. Guerreiro pode ser acusado de improbidade administrativa. Justiça apura contratações da Anatel – página 3.Por tais razões, ou seja, considerada a impropriedade da adoção do sistema de empregos públicos, defiro a liminar na extensão pretendida, suspendendo a eficácia dos artigos 1º, 2º e parágrafo único, 12 e § 1º, 13 e parágrafo único, 15, 24 e inciso I,27 e 30 da Lei nº 9.986/2000. Deixo de fazê-lo no tocante ao artigo 33, porquanto se alude a Procuradores Autárquicos regidos pela Lei nº 8.112/90 e não pela Consolidação das Leis do Trabalho. Tendo em vista o princípio da eventualidade, examino os dispositivos atacados no que versada matéria desvinculada da problemática relacionada com o envolvimento de empregos públicos. Sob o ângulo da investidura em classe distinta da inicial, dispõe o artigo 12 e § 1º da Lei nº 9.986, de 18 de julho de 2000, que se quer fulminada: Art. 12. A investidura nos empregos públicos do Quadro de Pessoal Efetivo das Agências dar-se-á por meio de concurso público de provas ou de provas e títulos, conforme disposto em regulamento próprio de cada Agência, com aprovação e autorização pela instância de deliberação máxima da organização.§ 1º O concurso público poderá ser realizado para provimento efetivo de pessoal em classes distintas de um mesmo emprego público, conforme disponibilidade orçamentária e de vagas (folha 3).Os anexos da lei em exame revelam níveis (classes) remuneratórios diversos. Tal fato atende ao fator "esperança de progressão"; contribui para o aperfeiçoamento profissional dos servidores; evita a estagnação, a acomodação do servidor, conduzindo-o a uma maior dedicação profissional. A partir do momento em que níveis remuneratórios mais atraentes são destinados ao público externo, considerado idêntico emprego público, mitiga-se elemento indispensável à carreira, inviabilizando-se, assim, a salutar movimentação horizontal. O preceito não vincula sequer o acesso direto a níveis mais elevados a certa necessidade. Isso, implica campo de atuação livre, podendo, até mesmo, ser levado em conta, por exemplo, tempo de formado, com o consta de editais de concursos já anunciados. É sabido que esse dado não demonstra nem mesmo experiência. Quantas e quantas vezes, candidato com tempo de formado menor possui domínio técnico e prático maior do que aqueles qualificados – aspecto formal – de há muito. Em síntese, tem-se norma aberta, passível de ser manuseada pelo administrador em detrimento de instituto que a Carta da Republica quer observado. A legislação ordinária não pode conflitar com os parâmetros regedores da carreira. A alteração constitucional decorrente da Emenda nº 19/98, em vez de olvidá-la, veio a introduzir a obrigatoriedade de a União, os Estados e o Distrito Federal manterem escolas de governo para a formação e o aperfeiçoamento dos servidores públicos, jungindo as promoções à feitura de cursos – § 2º do artigo 39 da Constituição Federal. Esvazia-se o mandamento constitucional a partir do momento em que são retiradas do acesso, via carreira, via promoção, classes melhor aquinhoadas "de um mesmo emprego público, conforme disponibilidade orçamentária e de vagas" – § 1º do artigo 12 da Lei nº 9.986/2000. Nada recomenda a adoção da prática nas agências reguladoras, criando entre servidores antagonismo que não contribui para o aprimoramento dos serviços. Discrepa a previsão do que acontece na administração pública em geral. As classes relativas quer a um certo cargo público, quer a um emprego público hão de estar dentro da carreira, sendo dado ao servidor que nela ingresse almejar, por meio de aperfeiçoamento em cursos e com a passagem do tempo, a movimentação. No sensível campo de atuação das agências reguladoras, toda e qualquer inovação que exclua a participação normal dos servidores há de ser tomada com reserva. A par do acesso direto ora em exame, verifica-se que a Lei nº 9.986/2000 é pródiga ao prever número de "cargos de confiança" próximo dos empregos públicos criados, sem jungir os comissionados de direção, de gerência executiva, de assessoria e de assistência ao público interno -artigo 3º. Admite-se a ocupação por requisitados e público interno- artigo 13 – dos cargos comissionados técnicos, diversos dos primeiros no tocante à remuneração, bem menos substancial. Levem-se em conta os cargos comissionados, ao lado de empregos públicos – o que já é um paradoxo – da Aneel e Anatel. Para, respectivamente, 385 e 1.496 empregos públicos, existem 225 e 512 cargos comissionados, com remuneração que oscila de R$ 528,60 a R$ 8.000,00. Vale dizer que tais cargos, por sinal vinculados à melhor remuneração, serão preenchidos de forma livre e, portanto, sem que, necessariamente, o ato seja precedido de concurso público. No caso, ter-se-á casta privilegiada de servidores, persistindo, assim, distorção, sem considerar-se, de forma objetiva, o critério de mérito, somente aferível, legitimamente e no campo democrático, mediante concurso público. Todavia, esse tema não compõe o pedido desta ação direta de inconstitucionalidade, ficando apenas o registro. Concedo a liminar para suspender a eficácia do § 1º do artigo 12 da Lei nº 9.986/2000.Resta a última matéria, tomada pelo autor como reveladora de delegação. Preceitua o artigo 15 da Lei nº 9.986/2000:Art. 15. Regulamento próprio de cada Agência disporá sobre as atribuições específicas, a estruturação, a classificação e o respectivo salário dos empregos públicos de que trata o art. 2º, respeitados os limites remuneratórios definidos no Anexo III. Vê-se, desde logo, que a previsão não encerra, em si, ato contrário ao teor do artigo 68 da Constituição Federal. Versa esse artigo sobre as leis delegadas, cuja elaboração cabe ao Presidente da República. Sobre o princípio da legalidade, considerado especialmente o disposto no inciso X do artigo 37 da Constituição Federal – a remuneração dos servidores públicos e o subsídio de que trata o § 4º do artigo 39 somente poderão ser fixados ou alterados por lei específica, observada a iniciativa privativa em cada caso, assegurada a revisão geral ou anual, sempre na mesma data e sem distinção de índices -, constate-se a submissão dos valores ao Anexo III da citada lei. O quadro revelado sob a nomenclatura "Anexo III" está dividido em dois níveis – superior e médio -, abrangendo pisos e tetos a eles aplicáveis. Mais do que isso, seguem-se os Anexos IV e V, contendo níveis salariais, respectivamente, de um a vinte e sete e de um a vinte e nove, considerados os níveis médio e superior. Em síntese, os valores mostram-se estabelecidos por lei, somente sendo dado à agência distribuí-los conforme as atribuições específicas, a estruturação e a classificação dos empregos públicos. Em momento algum, olvidou-se a regra do inciso X do artigo 37 da Constituição Federal, já que -repita-se – piso e teto, bem como os diversos níveis salariais, contemplando valores em pecúnia, foram fixados. Submeto este ato ao Colegiado, fazendo-o na forma regimental.3. Dê-se conhecimento ao Requerente e Requeridos.4. Publique-se. Brasília, 19 de dezembro de 2000.Ministro MARÇO AURÉLIO. ADI 2310 DF.

791

ART. 40. REGIME DE PREVIDÊNCIA PRÓPRIO DOS SERVIDORES EFETIVOS

> *ART. 40. Aos servidores titulares de cargos efetivos da união, dos estados, do distrito federal e dos municípios, incluídas suas autarquias e fundações, é assegurado regime de previdência de caráter contributivo e solidário, mediante contribuição do respectivo ente público, dos servidores ativos e inativos e dos pensionistas, observados critérios que preservem o equilíbrio financeiro e atuarial e o disposto neste artigo. (REDAÇÃO DADA PELA EMENDA CONSTITUCIONAL Nº 41, 19.12.2003)*

▶ **Regime previdenciário público**

Um regime previdenciário público, instituto essencial para a realização destes direitos predominantemente prestacionais, pode ser entendido como o conjunto de normas que disciplinam as relações jurídicas entre a instituição responsável pela concessão e manutenção das prestações previdenciárias e o grupo de sujeitos amparados (beneficiários). (Comentários à Constituição do Brasil – Série Idp. Mendes, Gilmar Ferreira; Streck, Lênio Luiz; Sarlet, Ingo Wolfgang; Leoncy, Léo Ferreira; Canotilho, J. J. Gomes. Editora Saraiva, 2ª Edição, São Paulo, 2018, p. 1033)

▶ **Existem vários regimes próprios.**

Na verdade, existem vários regimes próprios, um para os militares e outro para os servidores civis. Da mesma forma, os servidores federais são regidos por um regime próprio específico, tendo cada Estado, igualmente, um regime próprio específico. Os Municípios poderão ter seus regimes próprios conforme adotem sistemas previdenciários específicos para seus servidores.

▶ **Servidores abrangidos pelos Regimes Próprios de Previdência Social (RPPS)**

A partir da Emenda Constitucional 20/1998, o regime próprio passou a ser adotado *exclusivamente* para os militares e servidores públicos civis *titulares de cargos efetivos da Administração direta, autárquica e fundacional*. Essa restrição foi mantida pela EC 41/2003. Com isso, não se admite mais que servidores públicos ocupantes de cargos em comissão, sem vínculo efetivo, e os temporários, referidos no art. 37, IX, da CF/1988, sejam incluídos em regime próprio, devendo eles contribuir para o Regime Geral de Previdência Social, como os demais trabalhadores. Nesse aspecto, *a Lei 9.717/1998*, ao regulamentar a organização e o funcionamento dos regimes próprios, é enfática ao *restringir a cobertura* de tais regimes aos servidores públicos titulares de cargos efetivos e militares, e respectivos dependentes (art. 1.º, V). Na verdade, a EC 20/1998, não bastasse a alteração promovida no *caput* do art. 40 da CF/1998, ainda incluiu a regra do § 13, que é ainda mais expressa: "Ao servidor ocupante, exclusivamente, de cargo em comissão declarado em lei de livre nomeação e exoneração bem como outro cargo temporário ou de emprego público, aplica-se o regime geral de previdência social".

▶ **Os regimes próprios são caracterizados pela natureza contributiva e solidária, o que significa dizer que os benefícios que deles decorrem não têm natureza assistencial, dependendo de contribuição por parte dos servidores para sua implantação.**

Os regimes próprios são caracterizados pela natureza contributiva e solidária. Significa dizer que os benefícios que deles decorrem não têm natureza assistencial, dependendo de contribuição por parte dos servidores para sua implantação. Essas contribuições incidem, em princípio, sobre o total da remuneração ou subsídio percebido pelo servidor, com a exceção das parcelas de natureza indenizatória, geralmente identificadas pela lei. Atualmente, tais contribuições são conhecidas pelo designativo *Plano de Seguridade do Servidor Público – PSS*. No âmbito federal, por exemplo, a contribuição social atualmente vigente é prevista no *art. 4.º da Lei 10.887/2004*, tratando este de discriminar, inclusive, as parcelas que não integram a base de cálculo da contribuição (§ 1º), como diárias, ajuda de custo para viagens, auxílio-creche, auxílio-alimentação etc. O percentual da contribuição foi fixado pelo art. 4.º, *caput*, da Lei, sendo de 11%, incidente sobre a totalidade da base de contribuição, para os servidores que ingressaram antes da instituição do regime de previdência complementar, e que não aderiram a este (redação dada pela Lei 12.618/2012). A União, suas autarquias e fundações, por evidente, também devem contribuir para a manutenção do regime, como o fazem os empregadores no Regime Geral, devendo pagar contribuição equivalente ao dobro da contribuição do servidor ativo (art. 8.º), cabendo à União a cobertura de eventuais insuficiências financeiras do regime.

▶ **O caráter solidário do regime atribui a ele natureza diversa dos chamados regimes de capitalização.**

O caráter solidário do regime atribui a ele natureza diversa dos chamados regimes de capitalização. O servidor não contribui para formar uma poupança própria, que irá financiar sua aposentadoria. Apesar de contribuir sobre seus vencimentos e de seus proventos serem calculados sobre tais contribuições, ele pode ser beneficiado pelas contribuições dos outros servidores, e aquelas pagas pelo próprio ente que mantém o regime, na medida em que este preencha os requisitos necessários à concessão de qualquer benefício. Assim, um servidor acidentado, mesmo com poucos anos de contribuição, pode vir a ser aposentado, e a manutenção de sua aposentadoria, por período superior ao de contribuição, só é possível graças a essa natureza solidária do regime. Por outro lado, é essa característica de solidariedade que justifica a incidência de contribuição sobre os proventos daqueles que já são aposentados, como veremos a seguir.

§ 1º Os servidores abrangidos pelo regime de previdência de que trata este artigo serão aposentados, calculados os seus proventos a partir dos valores fixados na forma dos §§ 3º e 17: (Redação dada pela Emenda Constitucional nº 41, 19.12.2003)

▶ **Hipóteses de inativação**

De acordo com a nova redação do art. 40, § 1.º, da CF/1988, na redação dada pela EC 41/2003, com a alteração pontual promovida pela EC 88/2015, o servidor público tem direito à inativação ou à aposentadoria nas seguintes situações: a) por *invalidez permanente*, com proventos proporcionais ao tempo de contribuição, exceto se aquela for decorrente de acidente em serviço, moléstia profissional ou doença grave, contagiosa ou incurável, na forma da lei; b) *compulsoriamente, aos 70 anos de idade, com proventos proporcionais ao tempo de contribuição, ou aos 75 anos de idade, na forma da lei complementar* (parte final acrescida pela EC 88/2015); c) *voluntariamente*, desde que cumprido o tempo mínimo de dez anos de efetivo serviço público e cinco anos em cargo efetivo em que se dará a aposentadoria, aos *60 anos de idade e 35 anos de contribuição, se homem, e 55 anos de idade e 30 de contribuição, se mulher*; d) *voluntariamente*, desde que cumprido o tempo mínimo de dez anos de efetivo serviço público e cinco anos em cargo efetivo em que se dará a aposentadoria, aos *65 anos de idade, se homem, e 60 anos de idade, se mulher, com proventos proporcionais ao tempo de contribuição.*

I – por invalidez permanente, sendo os proventos proporcionais ao tempo de contribuição, exceto se decorrente de acidente em serviço, moléstia profissional ou doença grave, contagiosa ou incurável, na forma da lei; (Redação dada pela Emenda Constitucional nº 41, 19.12.2003)

▶ **Quanto à aposentadoria por invalidez, as doenças graves, contagiosas ou incuráveis, no âmbito federal, estão elencadas no art. 186, § 1.º, da Lei 8.112/1990.**

Quanto à aposentadoria por invalidez, as doenças graves, contagiosas ou incuráveis, no âmbito federal, estão elencadas no art. 186, § 1.º, da Lei 8.112/1990, sendo as seguintes: a) tuberculose ativa; b) alienação mental; c) esclerose múltipla; d) neoplasia maligna; e) cegueira posterior ao ingresso no serviço público; f) hanseníase; g) cardiopatia grave; h) doença de Parkinson; i) paralisia irreversível e incapacitante; j) espondiloartrose anquilosante; k) nefropatia grave; l) estados avançados do mal de Paget (osteíte deformante); m) Síndrome de Imunodeficiência Adquirida (AIDS); n) outras que a lei indicar, com base na medicina especializada.

◙ **Tema 0524, Tese Fixada: A concessão de aposentadoria de servidor público por invalidez com proventos integrais exige que a doença incapacitante esteja prevista em rol taxativo da legislação de regência.**

RG ◙ A concessão de aposentadoria de servidor público por invalidez com proventos integrais exige que a doença incapacitante esteja prevista em rol taxativo da legislação de regência

CONSTITUCIONAL. ADMINISTRATIVO. SERVIDOR PÚBLICO. APOSENTADORIA POR INVALIDEZ COM PROVENTOS INTEGRAIS. ART. 40, § 1º, I, DA CF. SUBMISSÃO AO DISPOSTO EM LEI ORDINÁRIA. 1. O art. 40, § 1º, I, da Constituição Federal assegura aos servidores públicos abrangidos pelo regime de previdência nele estabelecido o direito a aposentadoria por invalidez com proventos proporcionais ao tempo de contribuição. O benefício será devido com proventos integrais quando a invalidez for decorrente de acidente em serviço, moléstia profissional ou doença grave, contagiosa ou incurável, "na forma da lei". 2. Pertence, portanto, ao domínio normativo ordinário a definição das doenças e moléstias que ensejam aposentadoria por invalidez com proventos integrais, cujo rol, segundo a jurisprudência assentada pelo STF, tem natureza taxativa. 3. Recurso extraordinário a que se dá provimento. (RE 656860, Relator(a): Min. TEORI ZAVASCKI, Tribunal Pleno, julgado em 21/08/2014, ACÓRDÃO ELETRÔNICO REPERCUSSÃO GERAL – MÉRITO DJe-181 DIVULG 17-09-2014 PUBLIC 18-09-2014)

▶ **Nas hipóteses de invalidez, o servidor deve ser submetido à junta médica oficial, que irá atestar a existência ou não de incapacidade.**

Nas hipóteses de invalidez, o servidor deve ser submetido à junta médica oficial, que irá atestar a existência ou não de incapacidade (art. 186, § 3.º, da Lei 8.112/1990). Na esfera federal, é previsto que a aposentadoria por invalidez deve ser precedida de licença para tratamento de saúde por período não excedente a 24 meses (art. 188, § 1.º, da Lei 8.112/1990). Superado esse prazo, se o servidor não estiver restabelecido, ele deve ser aposentado (art. 188, § 2.º, do Estatuto). Claro que a necessidade de licença para tratamento de saúde depende da causa da incapacidade, sendo totalmente dispensável em alguns casos, conquanto a lei contenha uma regra impositiva.

II – compulsoriamente, com proventos proporcionais ao tempo de contribuição, aos 70 (setenta) anos de idade, ou aos 75 (setenta e cinco) anos de idade, na forma de lei complementar; (Redação dada pela Emenda Constitucional nº 88, de 2015)

▶ **Aposentadoria compulsória por implemento de idade**

A CF/1988 prevê que todo servidor público deve ser aposentado compulsoriamente aos 75 anos de idade, deixando o vínculo existente com a Administração Pública (art. 40, § 1.º, II). A lógica dessa restrição é a necessidade de se renovar os quadros da Administração, dotando-a de servidores mais novos, em tese, mais capacitados fisicamente para dar continuidade aos serviços administrativos. Nos cargos de provimento em carreira, essa renovação também é importante para fazer com que as promoções ocorram com maior frequência. Por outro lado, a regra constitucional original parecia ter ficado desatualizada em vista da sempre crescente expectativa de vida do brasileiro, sendo, também, um fator com efeito negativo nas contas dos regimes próprios de previdência, uma vez que impunha a aposentadoria a servidores que, talvez, ainda optassem por permanecer, alguns anos mais, no serviço ativo.

▶ **Ao texto constitucional permanente se inseriu cláusula alternativa pela qual manteve-se o limite etário de 70 (setenta) anos, com a possibilidade, no entanto, de elevação até os 75 (setenta e cinco) anos, conforme disposto em lei complementar.**

No que se refere à alteração promovida pela EC 88/2015, observa-se que ao texto constitucional permanente se inseriu cláusula alternativa pela qual manteve-se o limite etário de 70 (setenta) anos, com a possibilidade, no entanto, de elevação até os 75 (setenta e cinco) anos, conforme disposto em lei complementar. A EC 88, que enquanto tramitava no Congresso Nacional recebeu a pejorativa designação de "PEC da bengala", instituiu, também, uma regra casuística, supostamente para evitar novas nomeações pelo Governo que então estava no poder e a fim de atender os interesses pessoais de algumas autoridades, acrescentando ao ADCT o art. 100, pelo qual se estabeleceu que, independentemente da lei complementar, a regra do limite etário de 75 anos já valeria para ministros de tribunais superiores e do TCU.

◎ **Curiosamente, o texto do aludido art. 100 contém expressão de difícil compreensão, localizada em sua parte final, que estabeleceu o direito à vigência imediata do limite etário para as autoridades elencadas no artigo "*nas condições do art. 52 da Constituição Federal*".**

O STF, ao analisar a ADI 5.316/DF-MC, entendeu que se pretendia, com tal inclusão, submeter as autoridades referidas a uma nova sabatina perante o Senado Federal, concluindo pela aparente inconstitucionalidade da expressão inserida no dispositivo, por ofensa ao princípio da separação dos Poderes. Nesse mesmo julgamento, a Corte fixou interpretação conforme à Constituição, no sentido de que para os magistrados, seria necessária lei complementar de iniciativa do STF para tratar da aposentadoria compulsória.

> MEDIDA CAUTELAR NA AÇÃO DIRETA DE INCONSTITUCIONALIDA-DE. EMENDA CONSTITUCIONAL Nº 88/2015. CUMULAÇÃO DE AÇÕES EM PROCESSO OBJETIVO. POSSIBILIDADE. ART. 292 DO CÓDIGO DE PROCESSO CIVIL. APLICAÇÃO SUBSIDIÁRIA. MÉRITO. APOSENTADO-RIA COMPULSÓRIA AOS 75 ANOS DE IDADE DE MEMBROS DOS TRIBU-NAIS SUPERIORES E DO TRIBUNAL DE CONTAS DA UNIÃO. NECESSI-DADE DE NOVA SABATINA PERANTE O SENADO FEDERAL (CRFB, ART. 52). VIOLAÇÃO À SEPARAÇÃO DOS PODERES (CRFB, ART. 60, § 4º, III). ULTRAJE À INDEPENDÊNCIA E À IMPARCIALIDADE DO PODER JUDI-CIÁRIO. INCONSTITUCIONALIDADE DA EXPRESSÃO "NAS CONDIÇÕES DO ART. 52 DA CONSTITUIÇÃO FEDERAL" DO ARTIGO 100 DO ADCT. SENTIDO DA EXPRESSÃO "LEI COMPLEMENTAR" NA NOVA REDAÇÃO DO ART. 40, § 1º, II, CRFB. DISCUSSÃO RESTRITA AOS MEMBROS DO PODER JUDICIÁRIO. ART. 93, VI, DA CRFB. NECESSIDADE DE LEI COM-PLEMENTAR NACIONAL DE INICIATIVA DO STF. INVALIDADE DE LEIS ESTADUAIS QUE DISPONHAM SOBRE APOSENTADORIA DE MAGISTRA-DOS. EXISTÊNCIA DE REGRA DE APOSENTADORIA ESPECÍFICA PARA MEMBROS DE TRIBUNAL SUPERIOR. PRINCÍPIOS DA ISONOMIA E DA UNIDADE DO PODER JUDICIÁRIO. ALEGADA VIOLAÇÃO. NÃO OCOR-RÊNCIA. PEDIDO CAUTELAR DEFERIDO. 1. O princípio constitucional da separação dos Poderes (CRFB, art. 2º), cláusula pétrea inscrita no art. 60, § 4º, III, da Constituição República, revela-se incompatível com arranjos institucio-nais que comprometam a independência e a imparcialidade do Poder Judiciá-rio, predicados necessários à garantia da justiça e do Estado de Democrático de Direito. 2. A expressão "nas condições do art. 52 da Constituição Federal" con-tida no art. 100 do ADCT, introduzido pela EC nº 88/2015, ao sujeitar à con-fiança política do Poder Legislativo a permanência no cargo de magistrados do Supremo Tribunal Federal, dos Tribunais Superiores e de membros do Tribunal de Contas da União, vulnera as condições materiais necessárias ao exercício im-

parcial e independente da função jurisdicional. 3. A aposentadoria compulsória de magistrados é tema reservado à lei complementar nacional, de iniciativa do Supremo Tribunal Federal, nos termos da regra expressa contida no artigo 93, VI, da Constituição da República, não havendo que se falar em interesse local, ou mesmo qualquer singularidade que justifique a atuação legiferante estadual em detrimento da uniformização. 4. A unidade do Poder Judiciário nacional e o princípio da isonomia são compatíveis com a existência de regra de aposentadoria específica para integrantes do Supremo Tribunal Federal e dos Tribunais Superiores, cujos cargos também apresentam peculiaridades para o seu provimento. 5. É inconstitucional todo pronunciamento judicial ou administrativo que afaste, amplie ou reduza a literalidade do comando previsto no art. 100 do ADCT e, com base em neste fundamento, assegure a qualquer agente público o exercício das funções relativas a cargo efetivo ou vitalício após ter completado setenta anos de idade. 6. A cumulação simples de pedidos típicos de ADI e de ADC é processualmente cabível em uma única demanda de controle concentrado de constitucionalidade, desde que satisfeitos os requisitos previstos na legislação processual civil (CPC, art. 292). 7. Pedido cautelar deferido.(ADI 5316 MC, Relator(a): Min. LUIZ FUX, Tribunal Pleno, julgado em 21/05/2015, PROCESSO ELETRÔNICO DJe-154 DIVULG 05-08-2015 PUBLIC 06-08-2015)

▶ **O Congresso Nacional aprovou a Lei Complementar 152/2015, regulamentando a alteração constitucional e elevando o limite etário para inativação compulsória de todos os servidores públicos, inclusive magistrados.**

Em tempo recorde, de qualquer modo, o Congresso Nacional aprovou a Lei Complementar 152/2015, regulamentando a alteração constitucional e elevando o limite etário para inativação compulsória de todos os servidores públicos, inclusive magistrados. A regra, aliás, vale para todas as esferas da Federação. Criou-se apenas uma regra de transição para o pessoal do Serviço Exterior Brasileiro (parágrafo único do art. 1º). Como se vê, não se respeitou a interpretação dada pela Suprema Corte na decisão liminar proferida na ADI 5.316/DF-MC. Havia, no entanto, indicativo, pelo próprio STF, após o julgamento cautelar referido, e que teria sido levado a efeito em decisão administrativa, de que a lei complementar geral poderia tratar do tema. Decisão tomada após imensa pressão feita por membros de tribunais de segunda instância, diretamente interessados na rápida alteração do limite etário. Seguramente, a lei complementar prevista na nova redação do art. 40, § 1º, II, é de caráter geral, mas, ao mesmo tempo, parece-nos equivocada a adoção de limite etário que não abra a possibilidade de qualquer tipo de ressalva, conforme a natureza da atividade desenvolvida pelo servidor público. Basta imaginar servidores policiais que desenvolvem atividades predominantemente físicas e de risco, como os agentes de polícia. O simples deslocamento desses servidores para atividades burocráticas, pelo reconhecimento de sua incapacidade física para as atividades que antes desempenhavam, pode não constituir uma solução adequada, posto não serem essas as atividades necessárias ou prioritárias dos órgãos de segurança pública em dado momento.

▶ **A interessante questão dos magistrados.**

Quanto ao imbróglio que envolve os interesses dos magistrados, não sendo a elevação etária promovida pela LC 152 de interesse dos juízes do primeiro grau de jurisdição, posto postergar-lhes o acesso aos Tribunais, a discussão sobre o vício de iniciativa da referida lei foi levada ao STF na ADI 5.430/DF, pendente de julgamento. Nesta ação impugna-se o inciso II, do art. 1º da LC. Já na ADI 5.490/DF (rel. Ministra Cármen Lúcia), também pendente de julgamento, impugna-se o inciso III, que trata dos membros do Ministério Público.

◙ **O STF tem firme jurisprudência no sentido de que as regras constitucionais sobre aposentadorias e pensões dos servidores públicos são de adoção obrigatória pelos Estados, não sendo possível a mudança do limite etário da aposentadoria compulsória por Constituição estadual.**

Não sem razão, existiam diversas propostas de alteração da regra na Constituição Federal, o que acabou sendo feito com o advento da EC 88/2015. Por outro lado, o STF tem firme jurisprudência no sentido de que as regras constitucionais sobre aposentadorias e pensões dos servidores públicos são de adoção obrigatória pelos Estados, não sendo possível a mudança do limite etário da aposentadoria compulsória por Constituição estadual.

> "AÇÃO DIRETA DE INCONSTITUCIONALIDADE. MEDIDA CAUTELAR. ART. 57, § 1.º, II, DA CONSTITUIÇÃO DO ESTADO DO PIAUÍ, NA REDAÇÃO DADA PELA EC 32, DE 27/10/2011. IDADE PARA O IMPLEMENTO DA APOSENTADORIA COMPULSÓRIA DOS SERVIDORES PÚBLICOS ESTADUAIS E MUNICIPAIS ALTERADA DE SETENTA PARA SETENTA E CINCO ANOS. PLAUSIBILIDADE JURÍDICA DA ALEGAÇÃO DE OFENSA AO ART. 40, § 1.º, II, DA CF. PERICULUM IN MORA IGUALMENTE CONFIGURADO. CAUTELAR DEFERIDA COM EFEITO EX TUNC. I – É firme a jurisprudência desta Corte no sentido de que as normas constitucionais federais que dispõem a respeito da aposentadoria dos servidores públicos são de absorção obrigatória pelas Constituições dos Estados. Precedentes. II – A Carta Magna, ao fixar a idade para a aposentadoria compulsória dos servidores das três esferas da Federação em setenta anos (art. 40, § 1.º, II), não deixou margem para a atuação inovadora do legislador constituinte estadual, pois estabeleceu, nesse sentido, norma central categórica, de observância obrigatória para Estados e Municípios. III – Mostra-se conveniente a suspensão liminar da norma impugnada, também sob o ângulo do perigo na demora, dada a evidente situação de insegurança jurídica causada pela vigência simultânea e discordante entre si dos comandos constitucionais federal e estadual. IV – Medida cautelar concedida com efeito ex tunc" (STF, Pleno, ADI-MC 4.696/DF, Rel. Min. Ricardo Lewandowski, j. 01.12.2011).

▶ **Com a Emenda Constitucional 20/1988, o entendimento da Corte passou a ser o de que não é mais aplicável aos titulares dos serviços notariais e de registros públicos as regras sobre aposentadoria dos servidores públicos, inclusive quanto à aposentadoria compulsória.**

Com a Emenda Constitucional 20/1988, o entendimento da Corte passou a ser o de que não é mais aplicável aos referidos agentes as regras sobre aposentadoria dos servidores públicos, inclusive quanto à aposentadoria compulsória (STF, Pleno, ADI 2.602/DF, Rel. Min. Joaquim Barbosa, j. 24.11.2005).

> AÇÃO DIRETA DE INCONSTITUCIONALIDADE. PROVIMENTO N. 055/2001 DO 0CORREGEDOR-GERAL DE JUSTIÇA DO ESTADO DE MINAS GERAIS. NOTÁRIOS E REGISTRADORES. REGIME JURÍDICO DOS SERVIDORES PÚBLICOS. INAPLICABILIDADE. EMENDA CONSTITUCIONAL N. 20/98. EXERCÍCIO DE ATIVIDADE EM CARÁTER PRIVADO POR DELEGAÇÃO DO PODER PÚBLICO. INAPLICABILIDADE DA APOSENTADORIA COMPULSÓRIA AOS SETENTA ANOS. INCONSTITUCIONALIDADE. 1. O artigo 40, § 1º, inciso II, da Constituição do Brasil, na redação que lhe foi conferida pela EC 20/98, está restrito aos cargos efetivos da União, dos Estados-membros , do Distrito Federal e dos Municípios --- incluídas as autarquias e fundações. 2. Os serviços de registros públicos, cartorários e notariais são exercidos em caráter privado por delegação do Poder Público --- serviço público não-privativo. 3. Os notários e os registradores exercem atividade estatal, entretanto não são titulares de cargo público efetivo, tampouco ocupam cargo público. Não são servidores públicos, não lhes alcançando a compulsoriedade imposta pelo mencionado artigo 40 da CB/88 --- aposentadoria compulsória aos setenta anos de idade. 4. Ação direta de inconstitucionalidade julgada procedente. (ADI 2602, Relator(a): Min. JOAQUIM BARBOSA, Relator(a) p/ Acórdão: Min. EROS GRAU, Tribunal Pleno, julgado em 24/11/2005, DJ 31-03-2006 PP-00006 EMENT VOL-02227-01 PP-00056)

◉ **Todavia foi ressalvado a plena aplicabilidade do entendimento anterior, quanto àqueles que implementaram a idade da compulsória anteriormente à vigência da aludida emenda constitucional.**

Notários e oficiais de registro: sujeição ou não à aposentadoria compulsória por idade, à vista da nova redação do art. 40 CF, cf. EC 20/98: impertinência da questão aos titulares que completaram setenta anos antes da emenda constitucional. 1. A resistência dos titulares dos serviços notariais e de registro à aposentadoria compulsória por idade – à qual os entendia sujeitos a jurisprudência do STF -, se tem reputado plausível à vista da nova redação do art. 40 e § 1º da Constituição, ditada pela EC 20/98. 2. A norma constitucional – ainda quando o possa ser – não se presume retroativa: só alcança situações anteriores, de direito ou de fato, se o dispuser expressamente. 3. Assim, a eventual conclusão no sentido de que a EC 20/98 haja liberado os titulares de serventias da aposentadoria compulsória aos 70 anos de idade não beneficiaria os que os tiverem completado antes de sua promulgação. (Pet 2915 QO, Relator(a): Min. SEPÚLVEDA PERTENCE, Primeira Turma, julgado em 15/04/2003, DJ 16-05-2003 PP-00109 EMENT VOL-02110-02 PP-00233)

◉ **Tema 71. Tese: Não se aplica a aposentadoria compulsória prevista no artigo 40, parágrafo 1º, inciso II, da Constituição Federal aos titulares de serventias judiciais não estatizadas, desde que não sejam ocupantes de cargo público efetivo e não recebam remuneração proveniente dos cofres públicos.**

RG ◙ Não se aplica a aposentadoria compulsória prevista no artigo 40, parágrafo 1º, inciso II, da Constituição Federal aos titulares de serventias judiciais não estatizadas, desde que não sejam ocupantes de cargo público efetivo e não recebam remuneração proveniente dos cofres públicos.

Recurso extraordinário. Repercussão Geral. 2. Preliminar. A Perda superveniente do interesse de agir não impede o julgamento da tese. Relevância da questão constitucional. 3. Mérito. Titulares de serventia judicial não estatizada. Aposentadoria compulsória. 4. Não se aplica a aposentadoria compulsória prevista no art. 40, § 1º, II, da CF aos titulares de serventias judiciais não estatizadas, desde que não sejam ocupantes de cargo público efetivo e não recebam remuneração proveniente dos cofres públicos. 5. Negado provimento ao recurso extraordinário. (RE 647827, Relator(a): Min. GILMAR MENDES, Tribunal Pleno, julgado em 15/02/2017, ACÓRDÃO ELETRÔNICO REPERCUSSÃO GERAL – MÉRITO DJe-018 DIVULG 31-01-2018 PUBLIC 01-02-2018)

▶ **Se a serventia, não obstante não ser estatizada, ela for ocupada por servidor púbico de cargo público efetivo e receber remuneração proveniente dos cofres públicos, se aplica a regra da aposentadoria compulsória.**

Veja-se que não é toda serventia judicial não estatizada que foge à regra da aposentadoria compulsória. Se a serventia, não obstante não ser estatizada, ela for ocupada por servidor púbico de cargo público efetivo e receber remuneração proveniente dos cofres públicos, se aplica a regra da aposentadoria compulsória. Isso porque, mesmo trabalhando em uma serventia não estatizada, ele é servidor público. Em sendo serventia judicial oficializada, não há dúvidas! Se aplica, normalmente, as regras de aposentadoria compulsória. Deve ser enfatizado que a aposentadoria compulsória *incide de maneira automática quando se perfaz o requisito etário*. O ato declaratório posterior tem vigência a partir do dia imediato àquele em que o servidor atingir a idade limite de permanência no serviço ativo (art. 187 da Lei 8.112/1990).

◙ **Tema 0763, Tese Fixada: 1. Os servidores ocupantes de cargo exclusivamente em comissão não se submetem à regra da aposentadoria compulsória prevista no art. 40, § 1º, II, da Constituição Federal, a qual atinge apenas os ocupantes de cargo de provimento efetivo, inexistindo, também, qualquer idade limite para fins de nomeação a cargo em comissão; 2. Ressalvados impedimentos de ordem infraconstitucional, não há óbice constitucional a que o servidor efetivo aposentado compulsoriamente permaneça no cargo comissionado que já desempenhava ou a que seja nomeado para cargo de livre nomeação e exoneração, uma vez que não se trata de continuidade ou criação de vínculo efetivo com a Administração. RE 786540, 15/12/2016**

RG ◙ Os servidores ocupantes de cargo exclusivamente em comissão não se submetem à regra da aposentadoria compulsória prevista no art. 40, § 1º, II, da Constituição Federal, a qual atinge apenas os ocupantes de cargo de provimento efetivo, inexistindo, também, qualquer idade limite para fins de nomeação a cargo em comissão;

Direito constitucional e previdenciário. Servidor público ocupante exclusivamente de cargo em comissão. Não submissão à aposentadoria compulsória prevista no art.

40, § 1º, inciso II, da Constituição Federal. Compulsoriedade que se impõe apenas aos servidores efetivos. Nomeação de servidor efetivo aposentado compulsoriamente para exercício de cargo em comissão. Possibilidade. Recurso extraordinário a que se nega provimento. 1. Sujeitam-se à aposentadoria compulsória apenas os servidores públicos efetivos. Inteligência do art. 40, caput e § 1º, inciso II, da Constituição Federal. 2. Os servidores ocupantes exclusivamente de cargo em comissão, em virtude do disposto no art. 40, § 13 da Lei Maior, não estão obrigados a passar à inatividade ao atingirem a idade limite, tampouco encontram-se proibidos de assumir cargo em comissão em razão de terem ultrapassado essa idade. 3. Reafirmada a jurisprudência da Corte e fixadas as seguintes teses jurídicas: 1) Os servidores ocupantes de cargo exclusivamente em comissão não se submetem à regra da aposentadoria compulsória prevista no art. 40, § 1º, inciso II, da Constituição Federal, a qual atinge apenas os ocupantes de cargo de provimento efetivo, inexistindo, também, qualquer idade limite para fins de nomeação a cargo em comissão. 2) Ressalvados impedimentos de ordem infraconstitucional, inexiste óbice constitucional a que o servidor efetivo aposentado compulsoriamente permaneça no cargo comissionado que já desempenhava ou a que seja nomeado para outro cargo de livre nomeação e exoneração, uma vez que não se trata de continuidade ou criação de vínculo efetivo com a Administração. 4. Recurso extraordinário a que se nega provimento. (RE 786540, Relator(a): Min. DIAS TOFFOLI, Tribunal Pleno, julgado em 15/12/2016, PROCESSO ELETRÔNICO REPERCUSSÃO GERAL – MÉRITO DJe-289 DIVULG 14-12-2017 PUBLIC 15-12-2017)

III – voluntariamente, desde que cumprido tempo mínimo de dez anos de efetivo exercício no serviço público e cinco anos no cargo efetivo em que se dará a aposentadoria, observadas as seguintes condições: (Redação dada pela Emenda Constitucional nº 20, de 15/12/98) a) sessenta anos de idade e trinta e cinco de contribuição, se homem, e cinqüenta e cinco anos de idade e trinta de contribuição, se mulher; (Redação dada pela Emenda Constitucional nº 20, de 15/12/98) b) sessenta e cinco anos de idade, se homem, e sessenta anos de idade, se mulher, com proventos proporcionais ao tempo de contribuição. (Redação dada pela Emenda Constitucional nº 20, de 15/12/98) § 2º – Os proventos de aposentadoria e as pensões, por ocasião de sua concessão, não poderão exceder a remuneração do respectivo servidor, no cargo efetivo em que se deu a aposentadoria ou que serviu de referência para a concessão da pensão. (Redação dada pela Emenda Constitucional nº 20, de 15/12/98) § 3º Para o cálculo dos proventos de aposentadoria, por ocasião da sua concessão, serão consideradas as remunerações utilizadas como base para as contribuições do servidor aos regimes de previdência de que tratam este artigo e o art. 201, na forma da lei. (Redação dada pela Emenda Constitucional nº 41, 19.12.2003)

▶ **A partir da *EC 41/2003*, a *integralidade foi substituída por um cálculo semelhante ao vigente para as aposentadorias do RGPS*, devendo considerar as contribuições do servidor para os regimes de previdência, tanto próprio como geral.**

A partir da *EC 41/2003*, a *integralidade foi substituída por um cálculo semelhante ao vigente para as aposentadorias do RGPS*, devendo considerar as contribuições do servidor para os regimes de previdência, tanto próprio como geral (art. 40, § 3.º, da CF/1988).

▶ **Já a paridade foi substituída por regra mais geral de garantia do valor real, conforme critérios estabelecidos em lei (art. 40, § 8.º), semelhantemente ao que já existia para o RGPS.**

Já a paridade foi substituída por regra mais geral de garantia do valor real, conforme critérios estabelecidos em lei (art. 40, § 8.º), semelhantemente ao que já existia para o RGPS.

▶ **A partir da EC 41/2003, teoricamente, aposentadorias e pensões de servidores públicos passaram a ser calculadas considerando as contribuições do servidor e não apenas sua última remuneração.**

Assim, a partir da EC 41/2003, teoricamente, aposentadorias e pensões de servidores públicos passaram a ser calculadas considerando as contribuições do servidor, e não apenas sua última remuneração; bem como os valores dos benefícios passaram a ser reajustados conforme critérios definidos em lei, e não conforme índices e percentuais aplicados às remunerações do pessoal da ativa. Dessa forma, *para as novas aposentadorias e pensões não se aplica mais a disposição do art. 189 da Lei 8.112/1990*, valendo o mesmo para as legislações estaduais e municipais que contenham disposições semelhantes. Não obstante, seria necessário, ainda, regulamentar as disposições da emenda constitucional quanto à integralidade e à paridade. A *Lei 10.887/2004* instituiu, em seu art. 1.º, regra de caráter nacional, que manda considerar a *média aritmética simples das maiores remunerações*, utilizadas como base para as contribuições do servidor aos regimes de previdência a que estiver vinculado, correspondentes a 80% de todo o período contributivo desde a competência julho de 1994 ou desde a do início da contribuição, se posterior àquela competência. Equiparou-se, portanto, a forma de cálculo da renda inicial dos proventos de aposentadoria dos servidores públicos estatutários à regra vigente no RGPS desde 1999, instituída com a Lei 9.876. Quanto à paridade, a Lei 10.887/2004, em seu art. 15, apenas dizia que a correção seria feita nas mesmas datas vigentes para o RGPS, nada dispondo sobre os índices aplicáveis. Com a Medida Provisória 431/2008, posteriormente convertida na Lei 11.784/2008, finalmente, foi modificado aquele dispositivo, para se vincular às correções aos *mesmos índices adotados para o RGPS*. Essa disposição, no entanto, é contestada na ADI 4.582/RS (Rel. Min. Marco Aurélio), no que tange à obrigatoriedade de sua observância pelos Estados e Municípios, tendo o STF deferido medida cautelar para restringir a aplicação da regra aos servidores federais.

> ◙ **No mesmo sentido:** PROVENTOS – SERVIDORES ESTADUAIS – REVISÃO. Surge relevante pedido de concessão de medida acauteladora no que ato emanado da União veio a disciplinar a forma de manutenção do poder aquisitivo de proventos e pensões alusivos a servidor do Estado.(ADI 4582 MC, Relator(a): Min. MARCO AURÉLIO, Tribunal Pleno, julgado em 28/09/2011, PROCESSO ELETRÔNICO DJe-028 DIVULG 08-02-2012 PUBLIC 09-02-2012)

▶ **Tempo de contribuição e contagem recíproca**

O tempo de contribuição é relevante para o direito à inativação, pois se constitui no requisito fundamental para a concessão da aposentadoria por tempo de contribuição e, ao mesmo tempo, corresponde à base de cálculo de todas as demais aposentadorias, com exceção, exclusivamente, da aposentadoria por invalidez com proventos integrais.

§ 4º É vedada a adoção de requisitos e critérios diferenciados para a concessão de aposentadoria aos abrangidos pelo regime de que trata este artigo, ressalvados, nos termos definidos em leis complementares, os casos de servidores: (Redação dada pela Emenda Constitucional nº 47, de 2005) I portadores de deficiência; (Incluído pela Emenda Constitucional nº 47, de 2005) II que exerçam atividades de risco; (Incluído pela Emenda Constitucional nº 47, de 2005) III cujas atividades sejam exercidas sob condições especiais que prejudiquem a saúde ou a integridade física. (Incluído pela Emenda Constitucional nº 47, de 2005)

▶ **Aposentadoria especial de servidores públicos policiais e Lei Complementar 144/2014 e a Lei Complementar 152/2015**

Regulamentando o art. 100, § 2.º, da Constituição Federal de 1967, na redação dada pela Emenda Constitucional 1/1969, foi editada em 1985 a Lei Complementar 51, tratando da aposentadoria especial do "funcionário policial", de maneira que a este se garantia o direito à aposentadoria, voluntária, com proventos integrais, após 30 anos de serviço, desde que contasse, pelo menos, com 20 anos de exercício em cargo de natureza estritamente policial. Mais remotamente, a Lei 3.313/1957 disciplinava a aposentadoria dos servidores do extinto Departamento Federal de Segurança Pública, prevendo a aposentadoria destes, com proventos integrais, ao completarem 25 anos de serviço. Essa norma era compatível com o disposto no art. 191, § 4.º, da Constituição de 1946. Com a nova redação dada à Constituição Federal de 1988 pela EC 20/1998, ficou claramente sem aplicação as disposições da aludida lei complementar, visto que o § 4.º do art. 40 da Carta Magna somente autorizava a concessão de aposentadoria mediante critérios e requisitos diferenciados para os casos de atividades "exercidas exclusivamente sob condições especiais que prejudiquem a saúde ou a integridade física, definidos em lei complementar". No entanto, com a Emenda Constitucional 47/2005, o dispositivo foi alterado, prevendo-se também a possibilidade de aposentadorias diferenciadas para "portadores de deficiência" e para aqueles que "exerçam atividades de risco".É indubitável que a atividade policial é uma atividade de risco, enquadrando-se na ressalva prevista no inc. II do § 4.º do art. 40 da Magna Carta, na redação dada pela Emenda Constitucional 47. Nessa senda, a Lei Complementar 144, decorrente de forte pressão dos setores corporativos interessados, foi editada em 2014, dando nova redação à Lei Complementar 51, posteriormente alterada pela LC 152/2015 e prevendo novamente a aposentadoria especial para servidores policiais, nos seguintes moldes:

a) voluntariamente, com proventos integrais, aos 30 anos de contribuição, desde que conte, pelo menos, com 20 anos de exercício em cargo de natureza estritamente policial, se homem;

b) voluntariamente, com proventos integrais, aos 25 anos de contribuição, desde que conte, pelo menos, com 15 anos de exercício em cargo de natureza estritamente policial, se mulher;

c) compulsoriamente, com proventos proporcionais ao tempo de contribuição, aos 75 anos de idade (LC 152/15).

A primeira observação a ser feita é que a expressão "servidor público policial", atribuída pela lei complementar, a nosso sentir, não abrange os policiais militares dos Estados, uma vez que estes, desde a Emenda Constitucional 18/1998, passaram a ter um regime jurídico completamente desvinculado daquele atribuído aos servidores públicos civis, inclusive deixando a Constituição Federal de utilizar-se da expressão "servidor" para designar os militares. Assim, o âmbito de abrangência da lei complementar compreende as carreiras policiais federais, incluindo a rodoviária, e as policiais civis dos Estados e do Distrito Federal. Quanto aos policiais militares, nem haveria mesmo razão para lei específica quanto ao tema, visto que a inativação destes já deve ser objeto de lei especial, conforme regra de remissão do art. 42, § 1.º ao art. 142, § 3.º, X, ambos da Carta Magna. Estabelecido isso, deve-se questionar a razão pela qual o Constituinte derivado mitigou, pela EC 47, a restrição anterior quanto à concessão de aposentadoria especial, uma vez que, considerada a atividade tipicamente policial, poder-se-ia imaginar que todos os policiais, indistintamente, seriam beneficiados com essa modalidade de inativação. Na prática, não é bem assim, posto que a atividade policial, embora envolva riscos inerentes à profissão, como a de ser vítima de retaliação por parte de criminosos, a de morrer ou ser gravemente ferido em confronto armado com bandidos ou até mesmo o estresse permanente a que se está submetido no desempenho das atividades, não necessariamente poderá estar ligada à exposição de agentes nocivos à saúde. Por isso, parece ter andado bem, o Constituinte derivado, ao criar a categoria "atividades de risco" para excepcionar a rigidez do regramento constitucional sobre aposentadoria especial. Claro que a lógica do sistema só se manterá íntegra, conforme a interpretação que se dê ao termo "cargo de natureza estritamente policial", que, infelizmente, a lei complementar não se deu ao trabalho de definir, permitindo que os Estados, e mesmo a administração pública federal, criem interpretações que podem ser por demais ampliativas, envolvendo, por exemplo, atividades meramente burocráticas ou auxiliares da força policial. (DANTAS, Alessandro, KRUGER, Ronald Rodor. Manual de Direito Administrativo: Volume Único. 2ª edição, Editora Juspodivm, Salvador, 2018, p. 356)

◙ **Tema 26 Tese: O inciso I do artigo 1º da Lei complementar 51/1985 foi recepcionado pela Constituição Federal de 1988.**

RG ◙ O inciso I do artigo 1º da Lei complementar 51/1985 foi recepcionado pela Constituição Federal de 1988.

RECURSO EXTRAORDINÁRIO. CONSTITUCIONAL. PREVIDENCIÁRIO. RECEPÇÃO CONSTITUCIONAL DO ART. 1º, INC. I, DA LEI COMPLEMENTAR N. 51/1985. ADOÇÃO DE REQUISITOS E CRITÉRIOS DIFERENCIADOS PARA A CONCESSÃO DE APOSENTADORIA A SERVIDORES CUJAS ATIVIDADES NÃO SÃO EXERCIDAS EXCLUSIVAMENTE SOB CONDIÇÕES ESPECIAIS QUE PREJU-

DIQUEM A SAÚDE OU A INTEGRIDADE FÍSICA. 1. Reiteração do posicionamento assentado no julgamento da Ação Direta de Inconstitucionalidade n. 3.817, Relatora a Ministra Cármen Lúcia, da recepção do inc. I do art. 1O da Lei Complementar n. 51/1985 pela Constituição. 2. O Tribunal a quo reconheceu, corretamente, o direito do Recorrido de se aposentar na forma especial prevista na Lei Complementar 51/1985, por terem sido cumpridos todos os requisitos exigidos pela lei. 3. Recurso extraordinário ao qual se nega provimento. (RE 567110, Relator(a): Min. CÁRMEN LÚCIA, Tribunal Pleno, julgado em 13/10/2010, REPERCUSSÃO GERAL – MÉRITO DJe-068 DIVULG 08-04-2011 PUBLIC 11-04-2011 EMENT VOL-02500-02 PP-00298)

▶ A EC 20/1998 proibiu, ainda, a concessão de qualquer aposentadoria, ainda que prevista em lei, que não tivesse por fundamento o exercício de atividades sob condições especiais que prejudiquem a saúde ou a integridade física, conforme rol a ser definido em lei complementar.

A EC 20/1998 proibiu, ainda, a concessão de qualquer aposentadoria, ainda que prevista em lei, que não tivesse por fundamento o exercício de atividades sob condições especiais que prejudiquem a saúde ou a integridade física, conforme rol a ser definido em lei complementar.

▶ A EC 88//2015 foi regulamentada pela Lei Complementar nº 152, de 3.12.2015, que aplicou o novo limite de 75 de idade para aposentadoria compulsória.

Para regulamentar o dispositivo, foi editada a Lei Complementar nº 152, de 3.12.2015, que aplicou o novo limite de 75 anos de idade para: (a) servidores titulares de cargos efetivos da União, dos Estados, do Distrito Federal e dos Municípios, inclusive os de autarquias e fundações; (b) os membros do Poder Judiciário; (c) os membros do Ministério Público; (d) os membros das Defensorias Públicas; (e) os membros dos Tribunais e dos Conselhos de Contas. (CARVALHO FILHO, José dos Santos Manual de direito administrativo / José dos Santos Carvalho Filho. – 31. ed. rev., atual. e ampl. – São Paulo: Atlas, 2017, p. 748)

▶ Ante a omissão do Congresso Nacional, o STF foi obrigado a se manifestar sobre o tema, principalmente em vista daqueles casos em que servidores públicos atuam, anos a fio, em atividades perigosas ou insalubres.

Na mesma linha que havia adotado para a questão envolvendo o direito de greve no serviço público, *a Corte Suprema reconheceu o direito à aposentadoria especial do servidor público*, conforme decisão proferida no *Mandado de Injunção 1.083/DF, adotando-se as regras definidas para os trabalhadores em geral na legislação previdenciária do RGPS*, em especial os arts. 57 e 58 da Lei 8.213/1991.

MANDADO DE INJUNÇÃO – NATUREZA. Conforme disposto no inciso LXXI do artigo 5º da Constituição Federal, conceder-se-á mandado de injunção quando necessário ao exercício dos direitos e liberdades constitucionais e das prerrogativas inerentes à nacionalidade, à soberania e à cidadania. Há ação mandamental e não simplesmente declaratória de omissão. A carga de declaração não é objeto da impetração, mas premissa da ordem a ser formalizada. MANDADO DE INJUNÇÃO – DECISÃO – BALIZAS. Tratando-se de processo subjetivo, a decisão possui eficácia considerada a relação jurídica nele revelada. APOSENTADORIA – TRABALHO EM CONDIÇÕES ESPECIAIS – PREJUÍ-ZO À SAÚDE DO SERVIDOR – INEXISTÊNCIA DE LEI COMPLEMENTAR – ARTIGO 40, § 4º, DA CONSTITUIÇÃO FEDERAL. Inexistente a disciplina específica da aposentadoria especial do servidor, impõe-se a adoção, via pronunciamento judicial, daquela própria aos trabalhadores em geral – artigo 57, § 1º, da Lei nº 8.213/91. APOSENTADORIA ESPECIAL – SERVIDOR PÚBLICO – TRABALHO EM AMBIENTE INSALUBRE – PARÂMETROS. Os parâmetros alusivos à aposentadoria especial, enquanto não editada a lei exigida pelo texto constitucional, são aqueles contidos na Lei nº 8.213/91, não cabendo mesclar sistemas para, com isso, cogitar-se de idade mínima.(MI 1083, Relator(a): Min. MARCO AURÉLIO, Tribunal Pleno, julgado em 02/08/2010, DJe-164 DIVULG 02-09-2010 PUBLIC 03-09-2010 EMENT VOL-02413-01 PP-00157 RT v. 99, n. 902, 2010, p. 116-121)

◉ **Essas disposições legais continuarão vigorando até a edição da lei complementar que regulamentará o direito à aposentadoria especial, em vista do disposto no art. 15 da EC 20/1998. Sacramentando esse posicionamento, a Corte acabou por baixar a *Súmula Vinculante 33*.**

   ◉ Súmula Vinculante 33: Aplicam-se ao servidor público, no que couber, as regras do Regime Geral de Previdência Social sobre aposentadoria especial de que trata o artigo 40, parágrafo 4.º, inciso III, da Constituição Federal, até edição de lei complementar específica.

   § 5º – Os requisitos de idade e de tempo de contribuição serão reduzidos em cinco anos, em relação ao disposto no § 1º, III, "a", para o professor que comprove exclusivamente tempo de efetivo exercício das funções de magistério na educação infantil e no ensino fundamental e médio. (Redação dada pela Emenda Constitucional nº 20, de 15/12/98)

◉ **Aposentadorias especiais referentes ao § 5º, do artigo 40, da CF**

   Com a EC 20/1998, foram extintas as aposentadorias especiais de magistrados, membros do Ministério Público e de tribunais de contas, que se aposentavam, com proventos integrais, aos 30 anos de serviço. Essa regra, aliás, era discriminatória em todos os sentidos, pois só beneficiava os homens, já que as mulheres, pela regra geral de inativação, já possuíam o direito à aposentadoria, com proventos integrais, com o referido tempo de serviço. Também foi extinta a aposentadoria especial para os professores do ensino superior, mantida, no entanto, a aposentadoria especial para professores do ensino médio e fundamental e da educação infantil (art. 40, § 5.º, da CF/1988). Essa aposentadoria especial pressupõe o exercício efetivo em funções de magistério, não se admitindo a contagem de outras atividades, ainda que desempenhadas em escolas e instituições de ensino, como cargos de direção escolar. Seria necessário, assim, o exercício exclusivo da chamada regência de classe. O STF, no entanto, a partir do julgamento da ADI 3.772/DF, passou a admitir a contagem, como função de magistério, das atribuições de direção, coordenação e assessoramento pedagógico, desde que exercidas por professores de carreira, excluídos os especialistas em educação.

> "AÇÃO DIRETA DE INCONSTITUCIONALIDADE MANEJADA CONTRA O ART. 1.º DA LEI FEDERAL 11.301/2006, QUE ACRESCENTOU O § 2.º AO ART. 67 DA LEI 9.394/1996. CARREIRA DE MAGISTÉRIO. APOSENTADORIA ESPECIAL PARA OS EXERCENTES DE FUNÇÕES DE DIREÇÃO, COORDENAÇÃO E ASSESSORAMENTO PEDAGÓGICO. ALEGADA OFENSA AOS ARTS. 40, § 5.º, E 201, § 8.º, DA CONSTITUIÇÃO FEDERAL. INOCORRÊNCIA. AÇÃO JULGADA PARCIALMENTE PROCEDENTE, COM INTERPRETAÇÃO CONFORME. I – A função de magistério não se circunscreve apenas ao trabalho em sala de aula, abrangendo também a preparação de aulas, a correção de provas, o atendimento aos pais e alunos, a coordenação e o assessoramento pedagógico e, ainda, a direção de unidade escolar. II – As funções de direção, coordenação e assessoramento pedagógico integram a carreira do magistério, desde que exercidos, em estabelecimentos de ensino básico, por professores de carreira, excluídos os especialistas em educação, fazendo jus aqueles que as desempenham ao regime especial de aposentadoria estabelecido nos arts. 40, § 5.º, e 201, § 8.º, da Constituição Federal. III – Ação direta julgada parcialmente procedente, com interpretação conforme, nos termos supra" (STF, ADI 3.772/DF, Red. p/ acórdão Min. Ricardo Lewandowski, j. 29.10.2008 – vide Informativos STF 502 e 526).

§ 6º – Ressalvadas as aposentadorias decorrentes dos cargos acumuláveis na forma desta Constituição, é vedada a percepção de mais de uma aposentadoria à conta do regime de previdência previsto neste artigo. (Redação dada pela Emenda Constitucional nº 20, de 15/12/98)

▣ **Tema 921: É vedada a cumulação tríplice de vencimentos e/ou proventos, ainda que a investidura nos cargos públicos tenha ocorrido anteriormente à EC 20/1998.**

RG ▣ **É vedada a cumulação tríplice de vencimentos e/ou proventos, ainda que a investidura nos cargos públicos tenha ocorrido anteriormente à EC 20/1998.**

Recurso extraordinário com agravo. 2. Percepção de provento de aposentadoria cumulado com duas remunerações decorrentes de aprovação em concursos públicos. Anterioridade à EC 20/98. Acumulação tríplice de remunerações e/ou proventos públicos. Impossibilidade. Precedentes. 3. Repercussão geral reconhecida com reafirmação da jurisprudência desta Corte. 4. Recurso extraordinário provido. (ARE 848993 RG, Relator(a): Min. GILMAR MENDES, julgado em 06/10/2016, PROCESSO ELETRÔNICO REPERCUSSÃO GERAL – MÉRITO DJe-056 DIVULG 22-03-2017 PUBLIC 23-03-2017)

§ 7º Lei disporá sobre a concessão do benefício de pensão por morte, que será igual: (Redação dada pela Emenda Constitucional nº 41, 19.12.2003) I – ao valor

da totalidade dos proventos do servidor falecido, até o limite máximo estabelecido para os benefícios do regime geral de previdência social de que trata o art. 201, acrescido de setenta por cento da parcela excedente a este limite, caso aposentado à data do óbito; ou (Incluído pela Emenda Constitucional nº 41, 19.12.2003) II – ao valor da totalidade da remuneração do servidor no cargo efetivo em que se deu o falecimento, até o limite máximo estabelecido para os benefícios do regime geral de previdência social de que trata o art. 201, acrescido de setenta por cento da parcela excedente a este limite, caso em atividade na data do óbito. (Incluído pela Emenda Constitucional nº 41, 19.12.2003) § 8º É assegurado o reajustamento dos benefícios para preservar-lhes, em caráter permanente, o valor real, conforme critérios estabelecidos em lei. (Redação dada pela Emenda Constitucional nº 41, 19.12.2003)

§ 9º – O tempo de contribuição federal, estadual ou municipal será contado para efeito de aposentadoria e o tempo de serviço correspondente para efeito de disponibilidade. (Incluído pela Emenda Constitucional nº 20, de 15/12/98)

▶ Quanto à contagem recíproca do serviço público prestado em diferentes regimes, bem como aquele prestado no RGPS, não se trata, propriamente, de uma novidade, pois tem suas origens na Lei 6.226/1975, para os servidores federais, e na Lei 6.864/1980, para os servidores municipais e estaduais.

Quanto à *contagem recíproca do serviço público prestado em diferentes regimes, bem como aquele prestado no RGPS*, não se trata, propriamente, de uma novidade, pois tem suas origens na Lei 6.226/1975, para os servidores federais, e na Lei 6.864/1980, para os servidores municipais e estaduais. O atual art. 40, § 9.º, da CF/1988 assegura a contagem do tempo de contribuição federal, estadual ou municipal tão somente. Mas o art. 201, § 9.º, garante a contagem recíproca também para o RGPS, prevendo, contudo, a compensação financeira entre os regimes previdenciários, matéria regulamentada *na Lei 9.796/1999 e no Decreto 3.112/1999*. Interessante notar que a contagem recíproca referida na CF/1988 sempre considerou o *tempo de contribuição*, e não tempo de serviço, de modo que só é possível a contagem quando vertidas contribuições previdenciárias para o respectivo regime de origem. Não se admite, assim, que o servidor queira contar como tempo de contribuição a atividade rural, desenvolvida por ele, sem recolhimento de contribuições.

◙ **No mesmo sentido:** APOSENTADORIA – SERVIDOR PÚBLICO – TEMPO DE TRABALHO RURAL – CONTAGEM RECÍPROCA – CONTRIBUIÇÕES. Conforme disposto no § 9º do artigo 201 da Constituição Federal, a contagem recíproca do tempo de serviço rural pressupõe ter havido o recolhimento das contribuições. (MS 26919, Relator(a): Min. MARCO AURÉLIO, Tribunal Pleno, julgado em 14/04/2008, DJe-092 DIVULG 21-05-2008 PUBLIC 23-05-2008 EMENT VOL-02320-02 PP-00292)

§ 10 – A lei não poderá estabelecer qualquer forma de contagem de tempo de contribuição fictício. (Incluído pela Emenda Constitucional nº 20, de 15/12/98)

▶ **A EC 20/1998 acabou com um verdadeiro sorvedouro de dinheiro público, proibindo, expressamente, a contagem do chamado tempo de contribuição fictício.**

A EC 20/1998 acabou com um verdadeiro sorvedouro de dinheiro público, *proibindo*, expressamente, *a contagem do chamado tempo de contribuição fictício* (art. 40, § 10, da CF/1988). Com isso, não é mais possível que a legislação ordinária autorize a contagem em dobro, para fins de aposentadoria, de licenças não gozadas, férias não tiradas e assim por diante, expedientes que eram, até certo ponto, comuns na legislação ordinária. Nesse sentido, não tem mais aplicação a regra do art. 222, § 3.º, d, da Lei Complementar 75/1993, que permitia a contagem em dobro, para fins de aposentadoria, do período de licença-prêmio não gozada. Regra, aliás, que já se revelava absurdamente imoral.

§ 11 – Aplica-se o limite fixado no art. 37, XI, à soma total dos proventos de inatividade, inclusive quando decorrentes da acumulação de cargos ou empregos públicos, bem como de outras atividades sujeitas a contribuição para o regime geral de previdência social, e ao montante resultante da adição de proventos de inatividade com remuneração de cargo acumulável na forma desta Constituição, cargo em comissão declarado em lei de livre nomeação e exoneração, e de cargo eletivo. (Incluído pela Emenda Constitucional nº 20, de 15/12/98) § 12 – Além do disposto neste artigo, o regime de previdência dos servidores públicos titulares de cargo efetivo observará, no que couber, os requisitos e critérios fixados para o regime geral de previdência social. (Incluído pela Emenda Constitucional nº 20, de 15/12/98) § 13 – Ao servidor ocupante, exclusivamente, de cargo em comissão declarado em lei de livre nomeação e exoneração bem como de outro cargo temporário ou de emprego público, aplica-se o regime geral de previdência social. (Incluído pela Emenda Constitucional nº 20, de 15/12/98) § 14 – A União, os Estados, o Distrito Federal e os Municípios, desde que instituam regime de previdência complementar para os seus respectivos servidores titulares de cargo efetivo, poderão fixar, para o valor das aposentadorias e pensões a serem concedidas pelo regime de que trata este artigo, o limite máximo estabelecido para os benefícios do regime geral de previdência social de que trata o art. 201. (Incluído pela Emenda Constitucional nº 20, de 15/12/98)

▶ **A EC 20/1998 também acrescentou ao texto constitucional o § 14 ao art. 40, para prever a possibilidade de criação de *teto dos proventos*, equivalente ao existente no RGPS, desde que a entidade respectiva instituísse regime de previdência complementar.**

A EC 20/1998 também acrescentou ao texto constitucional o § 14 ao art. 40, para prever a possibilidade de criação de *teto dos proventos*, equivalente ao existente no RGPS, desde que a entidade respectiva instituísse regime de previdência complementar. A aplicação da regra, no entanto, dependeria de aquiescência do próprio servidor, caso este já tivesse ingressado no serviço público (art. 40, § 16). Essas regras nunca saíram do papel e acabaram perdendo completamente sua importância com a posterior edição da EC 41/2003. A partir dessa última Emenda, promoveu-se uma profunda alteração no art. 40 da CF/1988, aproximando-se os regimes próprios do RGPS. Com efeito, a primeira medida foi acabar com as regras da integralidade e paridade.

§ 15. O regime de previdência complementar de que trata o § 14 será instituí-do por lei de iniciativa do respectivo Poder Executivo, observado o disposto no art. 202 e seus parágrafos, no que couber, por intermédio de entidades fechadas de previdência complementar, de natureza pública, que oferecerão aos respectivos participantes planos de benefícios somente na modalidade de contribuição defini-da. (Redação dada pela Emenda Constitucional nº 41, 19.12.2003) § 16 – Somente mediante sua prévia e expressa opção, o disposto nos §§ 14 e 15 poderá ser apli-cado ao servidor que tiver ingressado no serviço público até a data da publicação do ato de instituição do correspondente regime de previdência complementar. (In-cluído pela Emenda Constitucional nº 20, de 15/12/98) § 17. Todos os valores de remuneração considerados para o cálculo do benefício previsto no § 3° serão de-vidamente atualizados, na forma da lei. (Incluído pela Emenda Constitucional nº 41, 19.12.2003) § 18. Incidirá contribuição sobre os proventos de aposentadorias e pensões concedidas pelo regime de que trata este artigo que superem o limite má-ximo estabelecido para os benefícios do regime geral de previdência social de que trata o art. 201, com percentual igual ao estabelecido para os servidores titulares de cargos efetivos. (Incluído pela Emenda Constitucional nº 41, 19.12.2003)

▶ Com a EC 41/2003, foi acrescentado ao texto constitucional o § 18 do art. 40, para prever a possibilidade de contribuição sobre proventos de aposentadorias e pensões.

As contribuições, no entanto, não incidem em qualquer hipótese, mas apenas nos casos em que *os proventos superam o limite máximo estabelecido em lei para os benefícios do RGPS*, no mesmo percentual estabelecido para os servidores titu-lares de cargos efetivos. No caso da União, a contribuição para o Plano de Segu-ridade Social do servidor (PSS) é de 11% sobre o valor da parcela dos proventos de aposentadorias e pensões que superam o limite máximo acima referido (art. 5.º da Lei 10.887/2004).

▶ A incidência dessa contribuição, uma inovação no direito brasileiro, se justifica juridicamente pelo princípio da solidariedade, que caracteriza os regimes previden-ciários nacionais, conquanto ainda não exista equivalente contribuição no RGPS.

A incidência dessa contribuição, uma inovação no direito brasileiro, se justifica ju-ridicamente pelo princípio da solidariedade, que caracteriza os regimes previdenciá-rios nacionais, conquanto ainda não exista equivalente contribuição no RGPS. O STF entendeu, também, não ser invocável a garantia constitucional do direito adquirido, visto que não existe direito adquirido a determinado regime jurídico, tampouco direito perpétuo à não incidência tributária. Assim, quando do julgamento das *ADI's 3.105/ DF e 3.128/DF, o STF considerou constitucional a instituição da contribuição*, inclusive com relação aos servidores já na inatividade e respectivos pensionistas.

"1. INCONSTITUCIONALIDADE. SEGURIDADE SOCIAL. SERVIDOR PÚ-BLICO. VENCIMENTOS. PROVENTOS DE APOSENTADORIA E PENSÕES. SUJEIÇÃO À INCIDÊNCIA DE CONTRIBUIÇÃO PREVIDENCIÁRIA. OFEN-SA A DIREITO ADQUIRIDO NO ATO DE APOSENTADORIA. NÃO OCOR-RÊNCIA. CONTRIBUIÇÃO SOCIAL. EXIGÊNCIA PATRIMONIAL DE NA-

TUREZA TRIBUTÁRIA. INEXISTÊNCIA DE NORMA DE IMUNIDADE TRIBUTÁRIA ABSOLUTA. EMENDA CONSTITUCIONAL N.º 41/2003 (ART. 4.º, CAPUT). REGRA NÃO RETROATIVA. INCIDÊNCIA SOBRE FATOS GE-RADORES OCORRIDOS DEPOIS DO INÍCIO DE SUA VIGÊNCIA. PRECE-DENTES DA CORTE. INTELIGÊNCIA DOS ARTS. 5.º, XXXVI, 146, III, 149, 150, I E III, 194, 195, CAPUT, II E § 6.º, DA CF, E ART. 4.º, CAPUT, DA EC N.º 41/2003. No ordenamento jurídico vigente, não há norma, expressa nem sis-temática, que atribua à condição jurídico-subjetiva da aposentadoria de servidor público o efeito de lhe gerar direito subjetivo como poder de subtrair ad aeternum a percepção dos respectivos proventos e pensões à incidência de lei tributária que, anterior ou ulterior, os submeta à incidência de contribuição previdencial. Noutras palavras, não há, em nosso ordenamento, nenhuma norma jurídica váli-da que, como efeito específico do fato jurídico da aposentadoria, lhe imunize os proventos e as pensões, de modo absoluto, à tributação de ordem constitucional, qualquer que seja a modalidade do tributo eleito, donde não haver, a respeito, direito adquirido com o aposentamento. 2. Inconstitucionalidade. Ação direta. Seguridade social. Servidor público. Vencimentos. Proventos de aposentadoria e pensões. Sujeição à incidência de contribuição previdenciária, por força de Emenda Constitucional. Ofensa a outros direitos e garantias individuais. Não ocorrência. Contribuição social. Exigência patrimonial de natureza tributária. Inexistência de norma de imunidade tributária absoluta. Regra não retroativa. Instrumento de atuação do Estado na área da previdência social. Obediência aos princípios da solidariedade e do equilíbrio financeiro e atuarial, bem como aos objetivos constitucionais de universalidade, equidade na forma de participação no custeio e diversidade da base de financiamento. Ação julgada improcedente em relação ao art. 4.º, caput, da EC n.º 41/2003. Votos vencidos. Aplicação dos arts. 149, caput, 150, I e III, 194, 195, caput, II e § 6.º, e 201, caput, da CF. Não é inconstitucional o art. 4.º, caput, da Emenda Constitucional n.º 41, de 19 de dezembro de 2003, que instituiu contribuição previdenciária sobre os proventos de aposentadoria e as pensões dos servidores públicos da União, dos Estados, do Distrito Federal e dos Municípios, incluídas suas autarquias e fundações. 3. Inconstitucionalidade. Ação direta. Emenda Constitucional (EC n.º 41/2003, art. 4.º, § único, I e II). Servidor público. Vencimentos. Proventos de aposentadoria e pensões. Sujeição à incidência de contribuição previdenciária. Bases de cálcu-lo diferenciadas. Arbitrariedade. Tratamento discriminatório entre servidores e pensionistas da União, de um lado, e servidores e pensionistas dos Estados, do Distrito Federal e dos Municípios, de outro. Ofensa ao princípio constitucio-nal da isonomia tributária, que é particularização do princípio fundamental da igualdade. Ação julgada procedente para declarar inconstitucionais as expres-sões 'cinquenta por cento do' e 'sessenta por cento do', constante do art. 4.º, § único, I e II, da EC n.º 41/2003. Aplicação dos arts. 145, § 1.º, e 150, II, cc. art. 5.º, caput e § 1.º, e 60, § 4.º, IV, da CF, com restabelecimento do caráter geral da regra do art. 40, § 18. São inconstitucionais as expressões 'cinquenta por cento do' e 'sessenta por cento do', constantes do § único, incisos I e II, do art. 4.º da Emenda Constitucional n.º 41, de 19 de dezembro de 2003, e tal pronúncia restabelece o caráter geral da regra do art. 40, § 18, da Constituição da República, com a redação dada por essa mesma Emenda" (STF, Pleno, ADI 3.105/DF, Rel. p/ acórdão Min. Cézar Peluso, j. 18.08.2004).

▶ **Regra de transição estabelecida no art. 4.º da EC 41/2003 aplicável aos inativos e pensionistas em gozo de benefício na data de publicação da Emenda.**

Havia, também, uma regra de transição, estabelecida no art. 4.º da EC 41/2003, aplicável aos inativos e pensionistas em gozo de benefício na data de publicação da Emenda, bem como àqueles que já faziam jus à concessão dos benefícios respectivos, conforme previsão do próprio art. 3.º da EC. Por essa regra, os inativos e pensionistas dos Estados, do Distrito Federal e Municípios pagariam contribuição sobre o que ultrapassasse os 50% do limite máximo estabelecido para os benefícios do RGPS, e para os inativos e pensionistas da União, 60% desse mesmo limite. Essa regra, por ser claramente anti-isonômica, diferenciando os servidores da União em relação aos dos demais entes federativos, foi declarada inconstitucional pelo STF quando do julgamento das AD's 3.105/DF e 3.128/DF.

1. INCONSTITUCIONALIDADE. SEGURIDADE SOCIAL. SERVIDOR PÚBLICO. VENCIMENTOS. PROVENTOS DE APOSENTADORIA E PENSÕES. SUJEIÇÃO À INCIDÊNCIA DE CONTRIBUIÇÃO PREVIDENCIÁRIA. OFENSA A DIREITO ADQUIRIDO NO ATO DE APOSENTADORIA. NÃO OCORRÊNCIA. CONTRIBUIÇÃO SOCIAL. EXIGÊNCIA PATRIMONIAL DE NATUREZA TRIBUTÁRIA. INEXISTÊNCIA DE NORMA DE IMUNIDADE TRIBUTÁRIA ABSOLUTA. EMENDA CONSTITUCIONAL Nº 41/2003 (ART. 4º, CAPUT). REGRA NÃO RETROATIVA. INCIDÊNCIA SOBRE FATOS GERADORES OCORRIDOS DEPOIS DO INÍCIO DE SUA VIGÊNCIA. PRECEDENTES DA CORTE. INTELIGÊNCIA DOS ARTS. 5º, XXXVI, 146, III, 149, 150, I E III, 194, 195, CAPUT, II E § 6º, DA CF, E ART. 4º, CAPUT, DA EC Nº 41/2003. No ordenamento jurídico vigente, não há norma, expressa nem sistemática, que atribua à condição jurídico-subjetiva da aposentadoria de servidor público o efeito de lhe gerar direito subjetivo como poder de subtrair ad aeternum a percepção dos respectivos proventos e pensões à incidência de lei tributária que, anterior ou ulterior, os submeta à incidência de contribuição previdencial. Noutras palavras, não há, em nosso ordenamento, nenhuma norma jurídica válida que, como efeito específico do fato jurídico da aposentadoria, lhe imunize os proventos e as pensões, de modo absoluto, à tributação de ordem constitucional, qualquer que seja a modalidade do tributo eleito, donde não haver, a respeito, direito adquirido com o aposentamento. 2. Inconstitucionalidade. Ação direta. Seguridade social. Servidor público. Vencimentos. Proventos de aposentadoria e pensões. Sujeição à incidência de contribuição previdenciária, por força de Emenda Constitucional. Ofensa a outros direitos e garantias individuais. Não ocorrência. Contribuição social. Exigência patrimonial de natureza tributária. Inexistência de norma de imunidade tributária absoluta. Regra não retroativa. Instrumento de atuação do Estado na área da previdência social. Obediência aos princípios da solidariedade e do equilíbrio financeiro e atuarial, bem como aos

objetivos constitucionais de universalidade, equidade na forma de participação no custeio e diversidade da base de financiamento. Ação julgada improcedente em relação ao art. 4º, caput, da EC nº 41/2003. Votos vencidos. Aplicação dos arts. 149, caput, 150, I e III, 194, 195, caput, II e § 6º, e 201, caput, da CF. Não é inconstitucional o art. 4º, caput, da Emenda Constitucional nº 41, de 19 de dezembro de 2003, que instituiu contribuição previdenciária sobre os proventos de aposentadoria e as pensões dos servidores públicos da União, dos Estados, do Distrito Federal e dos Municípios, incluídas suas autarquias e fundações. 3. Inconstitucionalidade. Ação direta. Emenda Constitucional (EC nº 41/2003, art. 4º, § únic, I e II). Servidor público. Vencimentos. Proventos de aposentadoria e pensões. Sujeição à incidência de contribuição previdenciária. Bases de cálculo diferenciadas. Arbitrariedade. Tratamento discriminatório entre servidores e pensionistas da União, de um lado, e servidores e pensionistas dos Estados, do Distrito Federal e dos Municípios, de outro. Ofensa ao princípio constitucional da isonomia tributária, que é particularização do princípio fundamental da igualdade. Ação julgada procedente para declarar inconstitucionais as expressões "cinquenta por cento do" e "sessenta por cento do", constante do art. 4º, § único, I e II, da EC nº 41/2003. Aplicação dos arts. 145, § 1º, e 150, II, cc. art. 5º, caput e § 1º, e 60, § 4º, IV, da CF, com restabelecimento do caráter geral da regra do art. 40, § 18. São inconstitucionais as expressões "cinqüenta por cento do" e "sessenta por cento do", constantes do § único, incisos I e II, do art. 4º da Emenda Constitucional nº 41, de 19 de dezembro de 2003, e tal pronúncia restabelece o caráter geral da regra do art. 40, § 18, da Constituição da República, com a redação dada por essa mesma Emenda. (ADI 3105, Relator(a): Min. EL-LEN GRACIE, Relator(a) p/ Acórdão: Min. CEZAR PELUSO, Tribunal Pleno, julgado em 18/08/2004, DJ 18-02-2005 PP-00004 EMENT VOL-02180-02 PP-00123 RTJ VOL-00193-01 PP-00137 RDDT n. 140, 2007, p. 202-203)

1. INCONSTITUCIONALIDADE. SEGURIDADE SOCIAL. SERVIDOR PÚBLICO. VENCIMENTOS. PROVENTOS DE APOSENTADORIA E PENSÕES. SUJEIÇÃO À INCIDÊNCIA DE CONTRIBUIÇÃO PREVIDENCIÁRIA. OFENSA A DIREITO ADQUIRIDO NO ATO DE APOSENTADORIA. NÃO OCORRÊNCIA. CONTRIBUIÇÃO SOCIAL. EXIGÊNCIA PATRIMONIAL DE NATUREZA TRIBUTÁRIA. INEXISTÊNCIA DE NORMA DE IMUNIDADE TRIBUTÁRIA ABSOLUTA. EMENDA CONSTITUCIONAL Nº 41/2003 (ART. 4º, CAPUT). REGRA NÃO RETROATIVA. INCIDÊNCIA SOBRE FATOS GERADORES OCORRIDOS DEPOIS DO INÍCIO DE SUA VIGÊNCIA. PRECEDENTES DA CORTE. INTELIGÊNCIA DOS ARTS. 5º, XXXVI, 146, III, 149, 150, I E III, 194, 195, CAPUT, II E § 6º, DA CF, E ART. 4º, CAPUT, DA EC Nº 41/2003. No ordenamento jurídico vigente, não há norma, expressa nem sistemática, que atribua à condição jurídico-subjetiva da aposentadoria de servidor público o efeito de lhe gerar direito subjetivo como poder de subtrair ad aeternum a percepção dos respectivos proventos e pensões à incidência de lei tributária que, anterior ou ulterior, os submeta à incidência de contribuição previdencial. Noutras palavras, não há, em nosso ordenamento, nenhuma norma jurídica válida que, como efeito específico do fato jurídico da aposentadoria, lhe imunize os

proventos e as pensões, de modo absoluto, à tributação de ordem constitucional, qualquer que seja a modalidade do tributo eleito, donde não haver, a respeito, direito adquirido com o aposentamento. 2. Inconstitucionalidade. Ação direta. Seguridade social. Servidor público. Vencimentos. Proventos de aposentadoria e pensões. Sujeição à incidência de contribuição previdenciária, por força de Emenda Constitucional. Ofensa a outros direitos e garantias individuais. Não ocorrência. Contribuição social. Exigência patrimonial de natureza tributária. Inexistência de norma de imunidade tributária absoluta. Regra não retroativa. Instrumento de atuação do Estado na área da previdência social. Obediência aos princípios da solidariedade e do equilíbrio financeiro e atuarial, bem como aos objetivos constitucionais de universalidade, equidade na forma de participação no custeio e diversidade da base de financiamento. Ação julgada improcedente em relação ao art. 4º, caput, da EC nº 41/2003. Votos vencidos. Aplicação dos arts. 149, caput, 150, I e III, 194, 195, caput, II e § 6º, e 201, caput, da CF. Não é inconstitucional o art. 4º, caput, da Emenda Constitucional nº 41, de 19 de dezembro de 2003, que instituiu contribuição previdenciária sobre os proventos de aposentadoria e as pensões dos servidores públicos da União, dos Estados, do Distrito Federal e dos Municípios, incluídas suas autarquias e fundações. 3. Inconstitucionalidade. Ação direta. Emenda Constitucional (EC nº 41/2003, art. 4º, § únic, I e II). Servidor público. Vencimentos. Proventos de aposentadoria e pensões. Sujeição à incidência de contribuição previdenciária. Bases de cálculo diferenciadas. Arbitrariedade. Tratamento discriminatório entre servidores e pensionistas da União, de um lado, e servidores e pensionistas dos Estados, do Distrito Federal e dos Municípios, de outro. Ofensa ao princípio constitucional da isonomia tributária, que é particularização do princípio fundamental da igualdade. Ação julgada procedente para declarar inconstitucionais as expressões "cinquenta por cento do" e "sessenta por cento do", constante do art. 4º, § único, I e II, da EC nº 41/2003. Aplicação dos arts. 145, § 1º, e 150, II, cc. art. 5º, caput e § 1º, e 60, § 4º, IV, da CF, com restabelecimento do caráter geral da regra do art. 40, § 18. São inconstitucionais as expressões "cinqüenta por cento do" e "sessenta por cento do", constantes do § único, incisos I e II, do art. 4º da Emenda Constitucional nº 41, de 19 de dezembro de 2003, e tal pronúncia restabelece o caráter geral da regra do art. 40, § 18, da Constituição da República, com a redação dada por essa mesma Emenda. (ADI 3128, Relator(a): Min. ELLEN GRACIE, Relator(a) p/ Acórdão: Min. CEZAR PELUSO, Tribunal Pleno, julgado em 18/08/2004, DJ 18-02-2005 PP-00004 EMENT VOL-02180-03 PP-00450 RDDT n. 135, 2006, p. 216-218)

§ 19. O servidor de que trata este artigo que tenha completado as exigências para aposentadoria voluntária estabelecidas no § 1º, III, a, e que opte por permanecer em atividade fará jus a um abono de permanência equivalente ao valor da sua contribuição previdenciária até completar as exigências para aposentadoria compulsória contidas no § 1º, II. (Incluído pela Emenda Constitucional nº 41, 19.12.2003)
§ 20. Fica vedada a existência de mais de um regime próprio de previdência social para os servidores titulares de cargos efetivos, e de mais de uma unidade gestora

do respectivo regime em cada ente estatal, ressalvado o disposto no art. 142, § 3º, X. (Incluído pela Emenda Constitucional nº 41, 19.12.2003) § 21. A contribuição prevista no § 18 deste artigo incidirá apenas sobre as parcelas de proventos de aposentadoria e de pensão que superem o dobro do limite máximo estabelecido para os benefícios do regime geral de previdência social de que trata o art. 201 desta Constituição, quando o beneficiário, na forma da lei, for portador de doença incapacitante. (Incluído pela Emenda Constitucional nº 47, de 2005)

▶ A EC 47/2005 criou uma regra mais benéfica de contribuição para os aposentados e pensionistas que forem portadores de doenças incapacitantes.

Por fim, diga-se que a EC 47/2005 criou uma regra mais benéfica de contribuição para os aposentados e pensionistas que forem portadores de doenças incapacitantes, de forma que estes somente contribuirão sobre a parcela que exceder o dobro do limite máximo estabelecido para o RGPS (art. 40, § 21, da CF/1988).

◉ Tema 0055, Tese Fixada: I – Os Estados membros possuem competência apenas para a instituição de contribuição voltada ao custeio do regime de previdência de seus servidores. Falece-lhes, portanto, competência para a criação de contribuição ou qualquer outra espécie tributária destinada ao custeio de serviços médicos, hospitalares, farmacêuticos e odontológicos prestados aos seus servidores; II – Não há óbice constitucional à prestação, pelos Estados, de serviços de saúde a seus servidores, desde que a adesão a esses "planos" seja facultativa.

RG ◉ Os Estados membros possuem competência apenas para a instituição de contribuição voltada ao custeio do regime de previdência de seus servidores. Falece-lhes, portanto, competência para a criação de contribuição ou qualquer outra espécie tributária destinada ao custeio de serviços médicos, hospitalares, farmacêuticos e odontológicos prestados aos seus servidores

CONTRIBUIÇÃO PARA O CUSTEIO DOS SERVIÇOS DE ASSISTÊNCIA MÉDICA, HOSPITALAR, ODONTOLÓGICA E FARMACÊUTICA. ART. 85 DA LEI COMPLEMENTAR Nº 62/2002, DO ESTADO DE MINAS GERAIS. NATUREZA TRIBUTÁRIA. COMPULSORIEDADE. DISTRIBUIÇÃO DE COMPETÊNCIAS TRIBUTÁRIAS. ROL TAXATIVO. INCOMPETÊNCIA DO ESTADO-MEMBRO. INCONSTITUCIONALIDADE. RECURSO EXTRAORDINÁRIO NÃO PROVIDO. I – É nítida a natureza tributária da contribuição instituída pelo art. 85 da Lei Complementar nº 64/2002, do Estado de Minas Gerais, haja vista a compulsoriedade de sua cobrança. II – O art. 149, caput, da Constituição atribui à União a competência exclusiva para a instituição de contribuições sociais, de intervenção no domínio econômico e de interesse das categorias profissionais e econômicas. Essa regra contempla duas exceções, contidas no arts. 149, § 1º, e 149-A da Constituição. À exceção desses dois casos, aos Estados-membros não foi atribuída competência para a instituição de contribuição, seja qual for a sua finalidade. III – A competência, privativa ou concorrente, para legislar sobre determinada matéria não implica automaticamente a competência para a instituição de tributos. Os entes federativos somente podem instituir os impostos e as contribuições que lhes foram expressamente outorgados pela Constituição. IV – Os Estados-membros podem instituir apenas contribuição que tenha por finalidade o custeio do regime de previdência de seus servidores. A expressão "regime previdenciário" não abrange a prestação de serviços médicos, hospitalares, odontológicos e farmacêuticos. (RE 573540, Relator(a): Min. GILMAR MENDES, Tribunal Pleno, julgado em 14/04/2010, REPERCUSSÃO GERAL – MÉRITO DJe-105 DIVULG 10-06-2010 PUBLIC 11-06-2010 EMENT VOL-02405-04 PP-00866 RTJ VOL-00217-01 PP-00568 RT v. 99, n. 900, 2010, p. 175-184)

◙ **Tema 0070, Tese Fixada: Na sistemática de cálculo dos benefícios previdenciários, não é lícito ao segurado conjugar as vantagens do novo sistema com aquelas aplicáveis ao anterior, porquanto inexiste direito adquirido a determinado regime jurídico.**

RG ◙ **Na sistemática de cálculo dos benefícios previdenciários, não é lícito ao segurado conjugar as vantagens do novo sistema com aquelas aplicáveis ao anterior, porquanto inexiste direito adquirido a determinado regime jurídico.**

INSS. APOSENTADORIA. CONTAGEM DE TEMPO. DIREITO ADQUIRIDO. ART. 3º DA EC 20/98. CONTAGEM DE TEMPO DE SERVIÇO POSTERIOR A 16.12.1998. POSSIBILIDADE. BENEFÍCIO CALCULADO EM CONFORMIDADE COM NORMAS VIGENTES ANTES DO ADVENTO DA REFERIDA EMENDA. INADMISSIBILIDADE. RE IMPROVIDO. I – Embora tenha o recorrente direito adquirido à aposentadoria, nos termos do art. 3º da EC 20/98, não pode computar tempo de serviço posterior a ela, valendo-se das regras vigentes antes de sua edição. II – Inexiste direito adquirido a determinado regime jurídico, razão pela qual não é lícito ao segurado conjugar as vantagens do novo sistema com aquelas aplicáveis ao anterior. III – A superposição de vantagens caracteriza sistema híbrido, incompatível com a sistemática de cálculo dos benefícios previdenciários. IV – Recurso extraordinário improvido. (RE 575089, Relator(a): Min. RICARDO LEWANDOWSKI, Tribunal Pleno, julgado em 10/09/2008, REPERCUSSÃO GERAL – MÉRITO DJe-202 DIVULG 23-10-2008 PUBLIC 24-10-2008 EMENT VOL-02338-09 PP-01773 RB v. 20, n. 541, 2008, p. 23-26 RT v. 98, n. 880, 2009, p. 122-129)

◙ **Tema 0076, Tese Fixada: Não ofende o ato jurídico perfeito a aplicação imediata do art. 14 da Emenda Constitucional 20/1998 e do art. 5º da Emenda Constitucional 41/2003 aos benefícios previdenciários limitados a teto do regime geral de previdência estabelecido antes da vigência dessas normas, de modo a que passem a observar o novo teto constitucional.**

RG ◙ **Não ofende o ato jurídico perfeito a aplicação imediata do art. 14 da Emenda Constitucional 20/1998 e do art. 5º da Emenda Constitucional 41/2003 aos benefícios previdenciários limitados a teto do regime geral de previdência estabelecido antes da vigência dessas normas, de modo a que passem a observar o novo teto constitucional**

DIREITOS CONSTITUCIONAL E PREVIDENCIÁRIO. REVISÃO DE BENEFÍCIO. ALTERAÇÃO NO TETO DOS BENEFÍCIOS DO REGIME GERAL DE PREVI-

DÊNCIA. REFLEXOS NOS BENEFÍCIOS CONCEDIDOS ANTES DA ALTERAÇÃO. EMENDAS CONSTITUCIONAIS N. 20/1998 E 41/2003. DIREITO INTERTEMPORAL: ATO JURÍDICO PERFEITO. NECESSIDADE DE INTERPRETAÇÃO DA LEI INFRACONSTITUCIONAL. AUSÊNCIA DE OFENSA AO PRINCÍPIO DA IRRETROATIVIDADE DAS LEIS. RECURSO EXTRAORDINÁRIO A QUE SE NEGA PROVIMENTO. 1. Há pelo menos duas situações jurídicas em que a atuação do Supremo Tribunal Federal como guardião da Constituição da República demanda interpretação da legislação infraconstitucional: a primeira respeita ao exercício do controle de constitucionalidade das normas, pois não se declara a constitucionalidade ou inconstitucionalidade de uma lei sem antes entendê-la; a segunda, que se dá na espécie, decorre da garantia constitucional da proteção ao ato jurídico perfeito contra lei superveniente, pois a solução de controvérsia sob essa perspectiva pressupõe sejam interpretadas as leis postas em conflito e determinados os seus alcances para se dizer da existência ou ausência da retroatividade constitucionalmente vedada. 2. Não ofende o ato jurídico perfeito a aplicação imediata do art. 14 da Emenda Constitucional n. 20/1998 e do art. 5º da Emenda Constitucional n. 41/2003 aos benefícios previdenciários limitados a teto do regime geral de previdência estabelecido antes da vigência dessas normas, de modo a que passem a observar o novo teto constitucional. 3. Negado provimento ao recurso extraordinário. (RE 564354, Relator(a): Min. CÁRMEN LÚCIA, Tribunal Pleno, julgado em 08/09/2010, REPERCUSSÃO GERAL – MÉRITO DJe-030 DIVULG 14-02-2011 PUBLIC 15-02-2011 EMENT VOL-02464-03 PP-00487)

◉ **Tema 0139, Tese Fixada: Os servidores que ingressaram no serviço público antes da EC 41/2003, mas que se aposentaram após a referida emenda, possuem direito à paridade remuneratória e à integralidade no cálculo de seus proventos, desde que observadas as regras de transição especificadas nos arts. 2º e 3º da EC 47/2005.**

RG ◉ Os servidores que ingressaram no serviço público antes da EC 41/2003, mas que se aposentaram após a referida emenda, possuem direito à paridade remuneratória e à integralidade no cálculo de seus proventos, desde que observadas as regras de transição especificadas nos arts. 2º e 3º da EC 47/2005

RECURSO EXTRAORDINÁRIO. ADMINISTRATIVO E PREVIDENCIÁRIO. SERVIDOR PÚBLICO. GRATIFICAÇÃO POR ATIVIDADE DE MAGISTÉRIO, INSTITUÍDA PELA LEI COMPLEMENTAR 977/2005, DO ESTADO DE SÃO PAULO. DIREITO INTERTEMPORAL. PARIDADE REMUNERATÓRIA ENTRE SERVIDORES ATIVOS E INATIVOS QUE INGRESSARAM NO SERVIÇO PÚBLICO ANTES DA EC 41/2003 E SE APOSENTARAM APÓS A REFERIDA EMENDA. POSSIBILIDADE. ARTS. 6º E 7º DA EC 41/2003, E ARTS. 2º E 3º DA EC 47/2005. REGRAS DE TRANSIÇÃO. REPERCUSSÃO GERAL RECONHECIDA. RECURSO PARCIALMENTE PROVIDO. I – Estende-se aos servidores inativos a gratificação extensiva, em caráter genérico, a todos os servidores em atividade, independentemente da natureza da função exercida ou do local onde o serviço é prestado (art. 40, § 8º, da Constituição). II – Os servidores que ingressaram no serviço público antes da EC 41/2003, mas que se aposentaram após a referida emenda, possuem direito à paridade remuneratória e à integralidade no cálculo de seus proventos, desde que observadas as regras de transição especificadas nos arts. 2º e 3º da EC 47/2005. III – Recurso extraordinário parcialmente provido. (RE 590260, Relator(a): Min. RICARDO LEWANDOWSKI, Tribunal Pleno, julgado em 24/06/2009, REPERCUSSÃO GERAL – MÉRITO DJe-200 DIVULG 22-10-2009 PUBLIC 23-10-2009 EMENT VOL-02379-09 PP-01917 RJTJRS v. 45, n. 278, 2010, p. 32-44)

◙ **Tema 0162, Tese Fixada: É inconstitucional a percepção cumulativa de duas pensões estatutárias pela morte de servidor aposentado que reingressara no serviço público, por meio de concurso, antes da edição da EC 20/1998 e falecera após o seu advento.**

RG ◙ **É inconstitucional a percepção cumulativa de duas pensões estatutárias pela morte de servidor aposentado que reingressara no serviço público, por meio de concurso, antes da edição da EC 20/1998 e falecera após o seu advento**

CONSTITUCIONAL. SERVIDOR PÚBLICO APOSENTADO. REINGRESSO NO SERVIÇO PÚBLICO ANTES DA EDIÇÃO DA EC 20/98 E FALECIMENTO POSTERIOR À EMENDA. DUPLA ACUMULAÇÃO DE PENSÕES POR MORTE. IMPOSSIBILIDADE. PRECEDENTES. RECURSO IMPROVIDO. I – A Carta de 1988 veda a percepção simultânea de proventos de aposentadoria com remuneração de cargo, emprego ou função pública, ressalvadas hipóteses – inocorrentes na espécie – de cargos acumuláveis na forma da Constituição, cargos eletivos e cargos em comissão (art. 37, § 10, da Constituição). II – Mesmo antes da EC 20/1998, a acumulação de proventos e vencimentos somente era admitida quando se tratasse de cargos, funções ou empregos acumuláveis na atividade, na forma permitida pela CF. III – Com o advento da EC 20/98, que preservou a situação daqueles servidores que retornaram ao serviço público antes da sua promulgação, proibiu, em seu art. 11, a percepção de mais de uma aposentadoria pelo regime de previdência a que se refere o art. 40 da Constituição. IV – Se era proibida a percepção de dupla aposentadoria estatutária não há é possível cogitar-se de direito à segunda pensão, uma vez que o art. 40, § 7º, da Constituição subordinava tal benefício ao valor dos proventos a que o servidor faria jus. V – Recurso extraordinário conhecido e improvido. (RE 584388, Relator(a): Min. RICARDO LEWANDOWSKI, Tribunal Pleno, julgado em 31/08/2011, REPERCUSSÃO GERAL – MÉRITO DJe-185 DIVULG 26-09-2011 PUBLIC 27-09-2011 EMENT VOL-02595-02 PP-00171 RTJ VOL-00223-01 PP-00577)

◙ **Tema 0396, Tese Fixada: Os pensionistas de servidor falecido posteriormente à EC 41/2003 têm direito à paridade com servidores em atividade (EC 41/2003, art. 7º), caso se enquadrem na regra de transição prevista no art. 3º da EC 47/2005. Não tem, contudo, direito à integralidade (CF, art. 40, § 7º, inciso I). RE 603580, 20/05/2015**

RG ◙ **Os pensionistas de servidor falecido posteriormente à EC 41/2003 têm direito à paridade com servidores em atividade (EC 41/2003, art. 7º), caso se enquadrem na regra de transição prevista no art. 3º da EC 47/2005. Não tem, contudo, direito à integralidade (CF, art. 40, § 7º, inciso I).**

RECURSO EXTRAORDINÁRIO. CONSTITUCIONAL. PREVIDENCIÁRIO. PENSÃO POR MORTE. INSTITUIDOR APOSENTADO ANTES DA EMENDA CONSTITUCIONAL 41/2003, PORÉM FALECIDO APÓS SEU ADVENTO. DIREITO DO PENSIONISTA À PARIDADE. IMPOSSIBILIDADE. EXCEÇÃO: ART. 3º DA EC 47/2005. RECURSO EXTRAORDINÁRIO A QUE SE DÁ PARCIAL PROVIMENTO. I – O benefício previdenciário da pensão por morte deve ser regido pela lei vigente à época do óbito de seu instituidor. II – Às pensões derivadas de óbito de servidores aposentados nos termos do art. 3º da EC 47/2005 é garantido o direito à paridade. III – Recurso extraordinário a que se dá parcial provimento. (RE 603580, Relator(a): Min. RICARDO LEWANDOWSKI, Tribunal Pleno, julgado em 20/05/2015, ACÓRDÃO ELETRÔNICO REPERCUSSÃO GERAL – MÉRITO DJe-152 DIVULG 03-08-2015 PUBLIC 04-08-2015)

◙ Tema 0571, Tese Fixada: Não se aplica a aposentadoria compulsória prevista no artigo 40, parágrafo 1º, inciso II, da Constituição Federal aos titulares de serventias judiciais não estatizadas, desde que não sejam ocupantes de cargo público efetivo e não recebam remuneração proveniente dos cofres públicos.

RG ◙ Não se aplica a aposentadoria compulsória prevista no artigo 40, parágrafo 1º, inciso II, da Constituição Federal aos titulares de serventias judiciais não estatizadas, desde que não sejam ocupantes de cargo público efetivo e não recebam remuneração proveniente dos cofres públicos

Recurso extraordinário. Repercussão Geral. 2. Preliminar. A Perda superveniente do interesse de agir não impede o julgamento da tese. Relevância da questão constitucional. 3. Mérito. Titulares de serventia judicial não estatizada. Aposentadoria compulsória. 4. Não se aplica a aposentadoria compulsória prevista no art. 40, § 1º, II, da CF aos titulares de serventias judiciais não estatizadas, desde que não sejam ocupantes de cargo público efetivo e não recebam remuneração proveniente dos cofres públicos. 5. Negado provimento ao recurso extraordinário. (RE 647827, Relator(a): Min. GILMAR MENDES, Tribunal Pleno, julgado em 15/02/2017, ACÓRDÃO ELETRÔNICO REPERCUSSÃO GERAL – MÉRITO DJe-018 DIVULG 31-01-2018 PUBLIC 01-02-2018)

◙ Os servidores aposentados e pensionistas do extinto DNER fazem jus aos efeitos financeiros decorrentes do enquadramento de servidores ativos que, provindos deste órgão, passaram a gozar dos benefícios e vantagens resultantes do Plano Especial de Cargos do DNIT, instituído pela Lei 11.171/2005.

RG ◙ Os servidores aposentados e pensionistas do extinto DNER fazem jus aos efeitos financeiros decorrentes do enquadramento de servidores ativos que, provindos deste órgão, passaram a gozar dos benefícios e vantagens resultantes do Plano Especial de Cargos do DNIT, instituído pela Lei 11.171/2005.

Recurso extraordinário. Repercussão geral reconhecida. 1. Administrativo. 2. Paridade. Art. 40, § 8º (redação dada pela EC 20/1998). 3. **Servidores inativos e pensionistas do extinto DNER possuem direito aos efeitos financeiros decorrentes do enquadramento de servidores ativos no Plano Especial de Cargos do DNIT.** 4. Recurso extraordinário não provido. (RE 677730, Relator(a): Min. GILMAR MENDES, Tribunal Pleno, julgado em 28/08/2014, PROCESSO ELETRÔNICO REPERCUSSÃO GERAL – MÉRITO DJe-210 DIVULG 23-10-2014 PUBLIC 24-10-2014)

◙ **Tema 480. Tese: O teto de retribuição estabelecido pela Emenda Constitucional 41/03 possui eficácia imediata, submetendo às referências de valor máximo nele discriminadas todas as verbas de natureza remuneratória percebidas pelos servidores públicos da União, Estados, Distrito Federal e Municípios, ainda que adquiridas de acordo com regime legal anterior. Os valores que ultrapassam os limites estabelecidos para cada nível federativo na Constituição Federal constituem excesso cujo pagamento não pode ser reclamado com amparo na garantia da irredutibilidade de vencimentos**

RG ◙ O teto de retribuição estabelecido pela Emenda Constitucional 41/03 possui eficácia imediata, submetendo às referências de valor máximo nele discriminadas todas as verbas de natureza remuneratória percebidas pelos servidores públicos.

CONSTITUCIONAL E ADMINISTRATIVO. TETO DE RETRIBUIÇÃO. EMENDA CONSTITUCIONAL 41/03. EFICÁCIA IMEDIATA DOS LIMITES MÁXIMOS NELA FIXADOS. EXCESSOS. PERCEPÇÃO NÃO RESPALDADA PELA GARANTIA DA IRREDUTIBILIDADE. 1. O teto de retribuição estabelecido pela Emenda Constitucional 41/03 possui eficácia imediata, submetendo às referências de valor máximo nele discriminadas todas as verbas de natureza remuneratória percebidas pelos servidores públicos da União, Estados, Distrito Federal e Municípios, ainda que adquiridas de acordo com regime legal anterior. 2. A observância da norma de teto de retribuição representa verdadeira condição de legitimidade para o pagamento das remunerações no serviço público. Os valores que ultrapassam os limites pré-estabelecidos para cada nível federativo na Constituição Federal constituem excesso cujo pagamento não pode ser reclamado com amparo na garantia da irredutibilidade de vencimentos. 3. A incidência da garantia constitucional da irredutibilidade exige a presença cumulativa de pelo menos dois requisitos: (a) que o padrão remuneratório nominal tenha sido obtido conforme o direito, e não de maneira ilícita, ainda que por equívoco da Administração Pública; e (b) que o padrão remuneratório nominal esteja compreendido dentro do limite máximo pré-definido pela Constituição Federal. O pagamento de remunerações superiores aos tetos de retribuição de cada um dos níveis federativos traduz exemplo de violação qualificada do texto constitucional. 4. Recurso extraordinário provido. (RE 609381, Relator(a): Min. TEORI ZAVASCKI, Tribunal Pleno, julgado em 02/10/2014, ACÓRDÃO ELETRÔNICO REPERCUSSÃO GERAL – MÉRITO DJe-242 DIVULG 10-12-2014 PUBLIC 11-12-2014)

◙ **Tema 639. Tese: Subtraído o montante que exceder o teto e o subteto previsto no art. 37, inciso XI, da Constituição, tem-se o valor para base de cálculo para a incidência do imposto de renda e da contribuição previdenciária.**

RG ◙ Subtraído o montante que exceder o teto e o subteto previsto no art. 37, inciso XI, da Constituição, tem-se o valor para base de cálculo para a incidência do imposto de renda e da contribuição previdenciária.

RECURSO EXTRAORDINÁRIO. CONSTITUCIONAL. ART. 37, INC. XI, DA CONSTITUIÇÃO DA REPÚBLICA, ALTERADO PELA EMENDA CONSTITUCIONAL N. 41/2003. A BASE DE CÁLCULO PARA A INCIDÊNCIA DO TETO REMUNERATÓRIO PREVISTO NO ART. 37, INC. IX, DA CONSTITUIÇÃO É A RENDA BRUTA DO SERVIDOR PÚBLICO PORQUE: A) POR DEFINIÇÃO A REMUNERAÇÃO/PROVENTOS CORRESPONDEM AO VALOR INTEGRAL/BRUTO RECEBIDO PELO SERVIDOR; B) O VALOR DO TETO CONSIDERADO COMO LIMITE REMUNERATÓRIO É O VALOR BRUTO/INTEGRAL RECEBIDO PELO AGENTE POLÍTICO REFERÊNCIA NA UNIDADE FEDERATIVA (PRINCÍPIO DA RAZOABILIDADE). A ADOÇÃO DE BASE DE CÁLCULO CORRESPONDENTE À REMUNERAÇÃO/PROVENTOS DO SERVIDOR PÚBLICO ANTES DO DESCONTO DO IMPOSTO DE RENDA E DAS CONTRIBUIÇÕES PREVIDENCIÁRIAS CONTRARIA O FUNDAMENTO DO SISTEMA REMUNERATÓRIO INSTITUÍDO NO SISTEMA CONSTITUCIONAL VIGENTE. RECURSO AO QUAL SE NEGA PROVIMENTO. (RE 675978, Relator(a): Min. CÁRMEN LÚCIA, Tribunal Pleno, julgado em 15/04/2015, ACÓRDÃO ELETRÔNICO REPERCUSSÃO GERAL – MÉRITO DJe-125 DIVULG 26-06-2015 PUBLIC 29-06-2015)

◙ **Tema 377. Tese: Nos casos autorizados constitucionalmente de acumulação de cargos, empregos e funções, a incidência do art. 37, inciso XI, da Constituição Federal pressupõe consideração de cada um dos vínculos formalizados, afastada a observância do teto remuneratório quanto ao somatório dos ganhos do agente público.**

RG ◙ Nos casos autorizados constitucionalmente de acumulação de cargos, empregos e funções, a incidência do art. 37, inciso XI, da Constituição Federal pressupõe consideração de cada um dos vínculos formalizados, afastada a observância do teto remuneratório quanto ao somatório dos ganhos do agente público

TETO CONSTITUCIONAL – ACUMULAÇÃO DE CARGOS – ALCANCE. Nas situações jurídicas em que a Constituição Federal autoriza a acumulação de cargos, o teto remuneratório é considerado em relação à remuneração de cada um deles, e não ao somatório do que recebido.(RE 612975, Relator(a): Min. MARCO AURÉLIO, Tribunal Pleno, julgado em 27/04/2017, ACÓRDÃO ELETRÔNICO REPERCUSSÃO GERAL – MÉRITO DJe-203 DIVULG 06-09-2017 PUBLIC 08-09-2017)

◙ **Tema 0410, Tese Fixada: É compatível com a Constituição a extensão, aos servidores públicos inativos, dos critérios de cálculo da Gratificação de Desempenho de Atividade Técnico-Administrativa e de Suporte – GDPGTAS estabelecidos para os servidores públicos em atividade. RE 633933, 10/06/2011**

RG ◙ É compatível com a Constituição a extensão, aos servidores públicos inativos, dos critérios de cálculo da Gratificação de Desempenho de Atividade Técnico-Administrativa e de Suporte – GDPGTAS estabelecidos para os servidores públicos em atividade

Extraordinário. Gratificação de Desempenho de Atividade Técnico-Administrativa e de Suporte – GDPGTAS. Critérios de cálculo. Extensão. Servidores públicos inativos.

Repercussão geral reconhecida. Precedentes. Reafirmação da jurisprudência. Recurso improvido. É compatível com a Constituição a extensão, aos servidores públicos inativos, dos critérios de cálculo da Gratificação de Desempenho de Atividade Técnico--Administrativa e de Suporte – GDPGTAS estabelecidos para os servidores públicos em atividade. (RE 633933 RG, Relator(a): Min. MINISTRO PRESIDENTE, julgado em 09/06/2011, PROCESSO ELETRÔNICO REPERCUSSÃO GERAL – MÉRITO DJe-168 DIVULG 31-08-2011 PUBLIC 01-09-2011)

◉ **Tema 0754, Tese Fixada: Os efeitos financeiros das revisões de aposentadoria concedidas com base no art. 6º-A da Emenda Constitucional nº 41/2003, introduzido pela Emenda Constitucional nº 70/2012, somente se produzirão a partir da data de sua promulgação (30.3.2012).**

RG ◉ **Os efeitos financeiros das revisões de aposentadoria concedidas com base no art. 6º-A da Emenda Constitucional nº 41/2003, introduzido pela Emenda Constitucional nº 70/2012, somente se produzirão a partir da data de sua promulgação (30.3.2012). RE 924456, 05/04/2017**

CONSTITUCIONAL. APOSENTADORIA POR INVALIDEZ DECORRENTE DE DOENÇA GRAVE ESPECIFICADA EM LEI. CF, ART. 40, § 1º, I. INTEGRALIDADE DOS PROVENTOS. CÁLCULO NA FORMA DO ART. 1º DA LEI 10.887/2004. EMENDA CONSTITUCIONAL 70/2012. CORRESPONDÊNCIA DOS PROVENTOS À REMUNERAÇÃO DO CARGO. EFEITOS FINANCEIROS PROSPECTIVOS. 1. Os proventos de aposentadoria por invalidez decorrente de doença grave ou acidente de trabalho (art. 40, § 1º, I, da Constituição Federal) correspondiam à integralidade da remuneração percebida pelo servidor no momento da aposentação, até o advento da EC 41/2003, a partir de quando o conceito de proventos integrais deixou de ter correspondência com a remuneração recebida em atividade e foi definida pela Lei 10.887/2004 como a média aritmética de 80% da melhores contribuições revertidas pelo servidor ao regime previdenciário. 2. A Emenda Constitucional 70/2012 inovou no tratamento da matéria ao introduzir o art. 6º-A no texto da Emenda Constitucional 41/2003. A regra de transição pela qual os servidores que ingressaram no serviço público até a data de promulgação da EC 41/2003 terão direito ao cálculo de suas aposentadorias com base na remuneração do cargo efetivo foi ampliada para alcançar os benefícios de aposentadoria concedidos a esses servidores com fundamento no art. 40, § 1º, I, CF, hipótese que, até então, submetia-se ao disposto nos §§ 3º, 8º e 17 do art. 40 da CF. 3. Por expressa disposição do art. 2º da EC 70/2012, os efeitos financeiros dessa metodologia de cálculo somente devem ocorrer a partir da data de promulgação dessa Emenda, sob pena, inclusive, de violação ao art. 195, § 5º, CF, que exige indicação da fonte de custeio para a majoração de benefício previdenciário. 4. Recurso provido, com afirmação de tese de repercussão geral: "Os efeitos financeiros das revisões de aposentadoria concedidas com base no art. 6º-A da Emenda Constitucional 41/2003, introduzido pela Emenda Constitucional 70/2012, somente se produzirão a partir da data de sua promulgação (30/2/2012)".(RE 924456, Relator(a): Min. DIAS TOFFOLI, Relator(a) p/ Acórdão: Min. ALEXANDRE DE MORAES, Tribunal Pleno, julgado em

05/04/2017, ACÓRDÃO ELETRÔNICO REPERCUSSÃO GERAL – MÉRITO DJe-203 DIVULG 06-09-2017 PUBLIC 08-09-2017)

◙ **Tema 0153, Tese Fixada: A fixação da GDATA e da GDASST em relação aos servidores inativos deve obedecer aos critérios a que estão submetidos os servidores em atividade de acordo com a sucessão de leis de regência.**

RG ◙ **A fixação da GDATA e da GDASST em relação aos servidores inativos deve obedecer aos critérios a que estão submetidos os servidores em atividade de acordo com a sucessão de leis de regência. RE 597154, 20/02/2009**

1. Questão de ordem. Repercussão Geral. Recurso Extraordinário. 2. GDATA e GDASST. 3. Servidores inativos. Critérios de cálculo. Aplicação aos servidores inativos dos critérios estabelecidos aos ativos, de acordo com a sucessão de leis de regência. 4. Jurisprudência pacificada na Corte. 5. Questão de ordem acolhida para reconhecer a repercussão geral, reafirmar a jurisprudência do tribunal, desprover o recurso, autorizar a devolução aos tribunais de origem dos recursos extraordinários e agravos de instrumento que versem sobre o mesmo tema e autorizar as instâncias de origem à adoção dos procedimentos do art. 543-B, § 3º, do Código de Processo Civil. (RE 597154 QO-RG, Relator(a): Min. MINISTRO PRESIDENTE, julgado em 19/02/2009, REPERCUSSÃO GERAL – MÉRITO DJe-099 DIVULG 28-05-2009 PUBLIC 29-05-2009 EMENT VOL-02362-09 PP-01686)

RG ◙ **As vantagens remuneratórias legítimas e de caráter geral conferidas a determinada categoria, carreira ou, indistintamente, a servidores públicos, por serem vantagens genéricas, são extensíveis aos servidores inativos e pensionistas; II – Nesses casos, a extensão alcança os servidores que tenham ingressado no serviço público antes da publicação das Emendas Constitucionais 20/1998 e 41/2003 e se aposentado ou adquirido o direito à aposentadoria antes da EC 41/2003; III – Com relação àqueles servidores que se aposentaram após a EC 41/2003, deverão ser observados os requisitos estabelecidos na regra de transição contida no seu art. 7º, em virtude da extinção da paridade integral entre ativos e inativos contida no art. 40, § 8º, da CF para os servidores que ingressaram no serviço público após a publicação da referida emenda; IV – Por fim, com relação aos servidores que ingressaram no serviço público antes da EC 41/2003 e se aposentaram ou adquiriram o direito à aposentadoria após a sua edição, é necessário observar a incidência das regras de transição fixadas pela EC 47/2005, a qual estabeleceu efeitos retroativos à data de vigência da EC 41/2003, conforme decidido nos autos do RE 590.260/SP, Plenário**

Recurso extraordinário. Repercussão geral reconhecida. Direito Administrativo e Constitucional. Mandado de segurança. Pretendida extensão a servidora inativa de gratificação atribuída a professores em efetivo exercício da docência na rede pública estadual de ensino. Possibilidade de extensão da verba aos servidores inativos, por ser ela dotada de caráter geral. Inteligência do art. 40, § 8º, da Constituição Federal. Precedentes do Supremo Tribunal Federal aplicáveis ao caso. Fixação das teses. Recurso não provido. 1. A Verba de Incentivo de Aprimoramento à Docência, instituída pela

LC nº 159, de 18/3/04, do Estado de Mato Grosso, constitui vantagem remuneratória concedida indistintamente aos professores ativos, sendo, portanto, extensível aos professores inativos e pensionistas, nos termos do art. 40, § 8º, da CF. 2. A recorrida, na condição de professora aposentada antes da EC nº 41/2003, preencheu os requisitos constitucionais para que seja reconhecido o seu direito ao percebimento dessa verba. 3. Recurso extraordinário a que se nega provimento. 4. Fixação das teses do julgado, para que gerem efeitos erga omnes e para que os objetivos da tutela jurisdicional especial alcancem de forma eficiente os seus resultados jurídicos, nos seguintes termos: i) as vantagens remuneratórias legítimas e de caráter geral conferidas a determinada categoria, carreira ou, indistintamente, a servidores públicos, por serem vantagens genéricas, são extensíveis aos servidores inativos e pensionistas; ii) nesses casos, a extensão alcança os servidores que tenham ingressado no serviço público antes da publicação das Emendas Constitucionais nºs 20/1998 e 41/2003 e se aposentado ou adquirido o direito à aposentadoria antes da EC nº 41/2003; iii) com relação àqueles servidores que se aposentaram após a EC nº 41/2003, deverão ser observados os requisitos estabelecidos na regra de transição contida no seu art. 7º, em virtude da extinção da paridade integral entre ativos e inativos contida no art. 40, § 8º, da CF para os servidores que ingressaram no serviço público após a publicação da referida emenda; iv) por fim, com relação aos servidores que ingressaram no serviço público antes da EC nº 41/2003 e se aposentaram ou adquiriram o direito à aposentadoria após a sua edição, é necessário observar a incidência das regras de transição fixadas pela EC nº 47/2005, a qual estabeleceu efeitos retroativos à data de vigência da EC nº 41/2003, conforme decidido nos autos do RE nº 590.260/SP, Plenário, Rel. Min. Ricardo Lewandowski, julgado em 24/6/09. (RE 596962, Relator(a): Min. DIAS TOFFOLI, Tribunal Pleno, julgado em 21/08/2014, ACÓRDÃO ELETRÔNICO REPERCUSSÃO GERAL – MÉRITO DJe-213 DIVULG 29-10-2014 PUBLIC 30-10-2014)

◙ **Tema 0163, Tese Fixada: Não incide contribuição previdenciária sobre verba não incorporável aos proventos de aposentadoria do servidor público, tais como terço de férias, serviços extraordinários, adicional noturno e adicional de insalubridade. RE 593068, 11/10/2018**

RG ◙ Não incide contribuição previdenciária sobre verba não incorporável aos proventos de aposentadoria do servidor público, tais como terço de férias, serviços extraordinários, adicional noturno e adicional de insalubridade.

CONSTITUCIONAL. REPERCUSSÃO GERAL. TRIBUTÁRIO. SERVIDOR PÚBLICO FEDERAL. REGIME PREVIDENCIÁRIO. CONTRIBUIÇÃO. BASE DE CÁLCULO. TERÇO CONSTITUCIONAL DE FÉRIAS. GRATIFICAÇÃO NATALINA (DÉCIMO-TERCEIRO SALÁRIO). HORAS EXTRAS. OUTROS PAGAMENTOS DE CARÁTER TRANSITÓRIO. LEIS 9.783/1999 E 10.887/2004. CARACTERIZAÇÃO DOS VALORES COMO REMUNERAÇÃO (BASE DE CÁLCULO DO TRIBUTO). ACÓRDÃO QUE CONCLUI PELA PRESENÇA DE PROPÓSITO ATUARIAL NA INCLUSÃO DOS VALORES NA BASE DE CÁLCULO DO TRIBUTO (SOLIDARIEDADE DO SISTEMA DE CUSTEIO). 1. Recurso extraordinário em que se discute a exigibilidade da contribuição previdenciária incidente sobre adicionais e gratificações temporárias, tais como 'terço de férias', 'serviços extraordinários', 'adicional noturno', e 'adicional de insalubridade'. Discussão sobre a caracterização dos valores como remuneração, e, portanto, insertos ou não na base de cálculo do tributo. Alegada impossibilidade de criação de fonte de custeio sem contrapartida de benefício direto ao contribuinte. Alcance do sistema previdenciário solidário e submetido ao equilíbrio atuarial e financeiro (arts. 40, 150, IV e 195, § 5º da Constituição). 2. Encaminhamento da questão pela existência de repercussão geral da matéria constitucional controvertida. (RE 593068 RG, Relator(a): Min. JOAQUIM BARBOSA, julgado em 07/05/2009, DJe-094 DIVULG 21-05-2009 PUBLIC 22-05-2009 EMENT VOL-02361-08 PP-01636 LEXSTF v. 31, n. 365, 2009, p. 285-295)

◙ **Tema 0343, Tese Fixada: É devida a devolução aos pensionistas e inativos, perante o Juízo competente para a execução, da contribuição previdenciária indevidamente recolhida no período entre a EC 20/1998 e a EC 41/2003, sob pena de enriquecimento ilícito do ente estatal.**

RG ◙ **É devida a devolução aos pensionistas e inativos, perante o Juízo competente para a execução, da contribuição previdenciária indevidamente recolhida no período entre a EC 20/1998 e a EC 41/2003, sob pena de enriquecimento ilícito do ente estatal.**

Questão de ordem. 2. É devida a devolução aos pensionistas e inativos de contribuição previdenciária indevidamente recolhida no período entre a EC 20/98 e a EC 41/03, sob pena de enriquecimento ilícito do ente estatal. Precedentes. 3. Jurisprudência pacificada na Corte. Repercussão Geral. Aplicabilidade. 4. Questão de ordem acolhida para reconhecer a repercussão geral, reafirmar a jurisprudência do Tribunal, negar provimento ao recurso, autorizar a devolução aos tribunais de origem dos recursos extraordinários e agravos de instrumento que versem sobre o mesmo tema, autorizando as instâncias de origem a adotar procedimentos do art. 543-B, § 3º, do Código de Processo Civil. (RE 580871 QO-RG, Relator(a): Min. GILMAR MENDES, julgado em 17/11/2010, REPERCUSSÃO GERAL – MÉRITO DJe-241 DIVULG 10-12-2010 PUBLIC 13-12-2010 EMENT VOL-02449-01 PP-00247)

◙ **Tema 0431, Tese Fixada: É incompatível com a Constituição norma que institui contribuição à saúde incidente sobre o valor de proventos e pensões de servidores públicos, no interregno das Emendas Constitucionais 20/1998 e 41/2003.**

RG ◙ **É incompatível com a Constituição norma que institui contribuição à saúde incidente sobre o valor de proventos e pensões de servidores públicos, no interregno das Emendas Constitucionais 20/1998 e 41/2003.**

Agravo de instrumento convertido em Extraordinário. Proventos e pensões. Contribuição. Assistência à saúde. Servidores Públicos. Interregno das EC nº 20/98 e nº 41/03. Repercussão geral reconhecida. Precedentes. Reafirmação da jurisprudência. Recurso improvido. É incompatível com a Constituição norma que institui contribuição à saúde incidente sobre o valor de proventos e pensões de servidores públicos, no interregno das Emendas Constitucionais n. 20/98 e n. 41/03. (AI 831223 RG, Relator(a): Min. MI-

NISTRO PRESIDENTE, julgado em 16/06/2011, REPERCUSSÃO GERAL – MÉRITO DJe-192 DIVULG 05-10-2011 PUBLIC 06-10-2011 EMENT VOL-02602-01 PP-00161)

◙ **Tema 0439, Tese Fixada: Desde que mantida a irredutibilidade, não tem o servidor inativo, embora aposentado na última classe da carreira anterior, o direito de perceber proventos correspondentes aos da última classe da nova carreira, reestruturada por lei superveniente.**

RG ◙ **Desde que mantida a irredutibilidade, não tem o servidor inativo, embora aposentado na última classe da carreira anterior, o direito de perceber proventos correspondentes aos da última classe da nova carreira, reestruturada por lei superveniente.**

CONSTITUCIONAL. ADMINISTRATIVO. EXTENSÃO, A SERVIDORES APOSENTADOS, DE VANTAGENS CONCEDIDAS A SERVIDORES ATIVOS. REESTRUTURAÇÃO DE CARREIRA. ARTIGO 40, § 8º, DA CONSTITUIÇÃO (REDAÇÃO ANTERIOR À EC 41/03). INEXISTÊNCIA DE DIREITO ADQUIRIDO A REGIME JURÍDICO. PECULIARIDADES DA REESTRUTURAÇÃO DA CARREIRA DECORRENTE DA LEI 13.666/02 DO ESTADO DO PARANÁ. RECURSO EXTRAORDINÁRIO PARCIALMENTE PROVIDO. 1. Segundo a jurisprudência firmada em ambas as Turmas do STF, não há direito adquirido a regime jurídico. Assim, desde que mantida a irredutibilidade, não tem o servidor inativo, embora aposentado na última classe da carreira anterior, o direito de perceber proventos correspondentes aos da última classe da nova carreira, reestruturada por lei superveniente. Precedentes. 2. Todavia, relativamente à reestruturação da carreira disciplinada pela Lei 13.666/02, do Estado do Paraná, assegura-se aos servidores inativos, com base no artigo 40, § 8º, da Constituição Federal (redação anterior à da EC 41/03), o direito de ter seus proventos ajustados, em condições semelhantes aos servidores da ativa, com base nos requisitos objetivos decorrentes do tempo de serviço e da titulação, aferíveis até a data da inativação. 3. Recurso extraordinário a que se dá parcial provimento. (RE 606199, Relator(a): Min. TEORI ZAVASCKI, Tribunal Pleno, julgado em 09/10/2013, ACÓRDÃO ELETRÔNICO REPERCUSSÃO GERAL – MÉRITO DJe-026 DIVULG 06-02-2014 PUBLIC 07-02-2014)

◙ **Tema 0447, Tese Fixada: É compatível com a Constituição a extensão, aos servidores públicos inativos e pensionistas, dos critérios de cálculo da Gratificação de Desempenho de Atividade Técnico-Administrativa do Meio Ambiente – GDAMB estabelecidos para os servidores públicos em atividade. ARE 642827, 24/06/2011**

RG ◙ **É compatível com a Constituição a extensão, aos servidores públicos inativos e pensionistas, dos critérios de cálculo da Gratificação de Desempenho de Atividade Técnico-Administrativa do Meio Ambiente – GDAMB estabelecidos para os servidores públicos em atividade**

Agravo convertido em Extraordinário. Gratificação de Desempenho de Atividade Técnico-Administrativa do Meio Ambiente – GDAMB. Critérios de cálculo. Extensão. Servidores públicos inativos e pensionistas. Precedentes. Repercussão geral reconhecida. Reafirmação da jurisprudência. Recurso improvido. É compatível com a Constituição a extensão, aos servidores públicos inativos e pensionistas, dos critérios de cálculo da Gratificação de Desempenho de Atividade Técnico-Administrativa do Meio Ambiente – GDAMB estabelecidos para os servidores públicos em atividade. (ARE 642827 RG, Relator(a): Min. MINISTRO PRESIDENTE, julgado em 23/06/2011, REPERCUSSÃO GERAL – MÉRITO DJe-167 DIVULG 30-08-2011 PUBLIC 31-08-2011 EMENT VOL-02577-02 PP-00282)

◙ **Tema 0522, Tese Fixada: A imposição de restrições, por legislação local, à contagem recíproca do tempo de contribuição na administração pública e na atividade privada para fins de concessão de aposentadoria viola o art. 202, § 2º, da Constituição Federal, com redação anterior à EC 20/98.**

RG ◙ A imposição de restrições, por legislação local, à contagem recíproca do tempo de contribuição na administração pública e na atividade privada para fins de concessão de aposentadoria viola o art. 202, § 2º, da Constituição Federal, com redação anterior à EC 20/98.

Recurso extraordinário. Questão de ordem. 2. A imposição de restrições, por legislação local, à contagem recíproca do tempo de contribuição na administração pública e na atividade privada para fins de concessão de aposentadoria viola o art. 202, § 2º, da Constituição Federal, com redação anterior à EC 20/98. Precedentes. A Lei n. 1.109/81 do Município de Franco da Rocha/SP não foi recepcionada pela Constituição Federal de 1988. 3. Jurisprudência pacificada pela Corte. Repercussão Geral. Aplicabilidade. 4. Questão de ordem acolhida para reconhecer a repercussão geral, reafirmar a jurisprudência do Tribunal e dar parcial provimento ao recurso extraordinário para determinar à Administração Municipal que examine o pedido de aposentadoria do recorrente considerando a contagem recíproca do tempo de contribuição na administração pública e na atividade privada a o fim de sua concessão. 5. Aplicação dos procedimentos previstos no art. 543-B, § 3º, do Código de Processo Civil. (RE 650851 QO, Relator(a): Min. GILMAR MENDES, Tribunal Pleno, julgado em 01/10/2014, ACÓRDÃO ELETRÔNICO REPERCUSSÃO GERAL – MÉRITO DJe-244 DIVULG 11-12-2014 PUBLIC 12-12-2014)

◙ **Tema 0561, Tese Fixada: O Ministério Público é parte legítima para o ajuizamento de ação coletiva que visa anular ato administrativo de aposentadoria que importe em lesão ao patrimônio público.**

RG ◙ O Ministério Público é parte legítima para o ajuizamento de ação coletiva que visa anular ato administrativo de aposentadoria que importe em lesão ao patrimônio público

DIREITO CONSTITUCIONAL E ADMINISTRATIVO. LEGITIMIDADE. MINISTÉRIO PÚBLICO. ALEGAÇÃO DE DANO AO PATRIMÔNIO PÚBLICO. AÇÃO CIVIL PÚBLICA. MANIFESTAÇÃO PELA REPERCUSSÃO GERAL. (RE 409356 RG, Relator(a): Min. LUIZ FUX, julgado em 03/08/2012, ACÓRDÃO ELETRÔNICO DJe-163 DIVULG 17-08-2012 PUBLIC 20-08-2012)

◙ **Tema 0594, Tese Fixada: As regras dos parágrafos 4º e 5º do artigo 40 da Constituição Federal, na redação anterior à EC 20/1998, não se aplicam ao servidor submetido ao regime da Consolidação das Leis do Trabalho que se aposentou ou faleceu antes do advento da Lei nº 8.112/1990. RE 627294, 21/09/2012**

RG ◙ **As regras dos parágrafos 4º e 5º do artigo 40 da Constituição Federal, na redação anterior à EC 20/1998, não se aplicam ao servidor submetido ao regime da Consolidação das Leis do Trabalho que se aposentou ou faleceu antes do advento da Lei nº 8.112/1990.**

RECURSO EXTRAORDINÁRIO. CONSTITUCIONAL. PREVIDENCIÁRIO. PENSÃO. SERVIDOR PÚBLICO. FALECIMENTO ANTES DA PROMULGAÇÃO DA CARTA DE 1988, CONSEQUENTEMENTE, ANTES DA EDIÇÃO DA LEI 8.112/90. REVISÃO DE PROVENTOS. EQUIVALÊNCIA. ARTIGO 40, § 4º, NA REDAÇÃO ANTERIOR À EC 20/98. IMPOSSIBILIDADE. MANIFESTAÇÃO PELA REPERCUSSÃO GERAL. REAFIRMAÇÃO DA JURISPRUDÊNCIA. PROVIMENTO DO RECURSO. (RE 627294 RG, Relator(a): Min. LUIZ FUX, julgado em 20/09/2012, ACÓRDÃO ELETRÔNICO REPERCUSSÃO GERAL – MÉRITO DJe-195 DIVULG 03-10-2012 PUBLIC 04-10-2012)

◙ **Tema 0602, Tese Fixada: Os servidores aposentados e pensionistas do extinto DNER fazem jus aos efeitos financeiros decorrentes do enquadramento de servidores ativos que, provindos deste órgão, passaram a gozar dos benefícios e vantagens resultantes do Pleno Especial de Cargos do DNIT, instituído pela Lei 11.171/2005. RE 677730, 28/08/2014**

RG ◙ **Os servidores aposentados e pensionistas do extinto DNER fazem jus aos efeitos financeiros decorrentes do enquadramento de servidores ativos que, provindos deste órgão, passaram a gozar dos benefícios e vantagens resultantes do Pleno Especial de Cargos do DNIT, instituído pela Lei 11.171/2005**

Recurso extraordinário. Repercussão geral reconhecida. 1. Administrativo. 2. Paridade. Art. 40, § 8º (redação dada pela EC 20/1998). 3. Servidores inativos e pensionistas do extinto DNER possuem direito aos efeitos financeiros decorrentes do enquadramento de servidores ativos no Plano Especial de Cargos do DNIT. 4. Recurso extraordinário não provido. (RE 677730, Relator(a): Min. GILMAR MENDES, Tribunal Pleno, julgado em 28/08/2014, PROCESSO ELETRÔNICO REPERCUSSÃO GERAL – MÉRITO DJe-210 DIVULG 23-10-2014 PUBLIC 24-10-2014)

◙ **Tema 0664, Tese Fixada: O termo inicial do pagamento diferenciado das gratificações de desempenho entre servidores ativos e inativos é o da data da homologação do resultado das avaliações, após a conclusão do primeiro ciclo de avaliações, não podendo a Administração retroagir os efeitos financeiros a data anterior.**

RG ◙ **O termo inicial do pagamento diferenciado das gratificações de desempenho entre servidores ativos e inativos é o da data da homologação do resultado das ava-**

liações, após a conclusão do primeiro ciclo de avaliações, não podendo a Administração retroagir os efeitos financeiros a data anterior.

DIREITO ADMINISTRATIVO. GRATIFICAÇÃO DE DESEMPENHO DE ATIVIDADE TÉCNICA DE FISCALIZAÇÃO AGROPECUÁRIA – GDATFA. TERMO FINAL DO DIREITO À PARIDADE REMUNERATÓRIA ENTRE SERVIDORES ATIVOS E INATIVOS. DATA DA REALIZAÇÃO DA AVALIAÇÃO DO PRIMEIRO CICLO. 1. O termo inicial do pagamento diferenciado das gratificações de desempenho entre servidores ativos e inativos é o da data da homologação do resultado das avaliações, após a conclusão do primeiro ciclo de avaliações, não podendo a Administração retroagir os efeitos financeiros a data anterior. 2. É ilegítima, portanto, nesse ponto, a Portaria MAPA 1.031/2010, que retroagiu os efeitos financeiros da Gratificação de Desempenho de Atividade Técnica de Fiscalização Agropecuária – GDAFTA ao início do ciclo avaliativo. 3. Recurso extraordinário conhecido e não provido. (RE 662406, Relator(a): Min. TEORI ZAVASCKI, Tribunal Pleno, julgado em 11/12/2014, PROCESSO ELETRÔNICO REPERCUSSÃO GERAL – MÉRITO DJe-031 DIVULG 13-02-2015 PUBLIC 18-02-2015)

◙ **Tema 0691, Tese Fixada: Incide contribuição previdenciária sobre os rendimentos pagos aos exercentes de mandato eletivo, decorrentes da prestação de serviços à União, a estados e ao Distrito Federal ou a municípios, após o advento da Lei nº 10.887/2004, desde que não vinculados a regime próprio de previdência.**

RG ◙ Incide contribuição previdenciária sobre os rendimentos pagos aos exercentes de mandato eletivo, decorrentes da prestação de serviços à União, a estados e ao Distrito Federal ou a municípios, após o advento da Lei nº 10.887/2004, desde que não vinculados a regime próprio de previdência.

Recurso extraordinário. Repercussão geral. Tributário. Contribuição previdenciária. Imunidade recíproca. Inexistência. Artigo 195, I, a, e II, da CF, na versão da EC nº 20/98. Lei nº 10.887/04. Exercentes de mandato eletivo. Agentes políticos. Condição de segurado do RGPS. Incidência das contribuições previdenciárias do segurado e do patrão. Possibilidade. 1. A imunidade recíproca do art. 150, VI, a, da Constituição alcança tão somente a espécie tributária imposto. Na ADI nº 2.024/DF, Rel. Min. Sepúlveda Pertence, quando decidiu sobre a incidência da contribuição previdenciária sobre a remuneração paga pelos entes da Federação aos exercentes de cargo em comissão, a Corte assentou, mais uma vez, que a imunidade encerrada no art. 150, VI, a, da Constituição não pode ser invocada na hipótese de contribuição previdenciária. 2. No julgamento do RE nº 351.717/PR, a Corte entendeu que a Lei nº 9.506/97 teria criado uma nova figura de segurado obrigatório da previdência, uma vez que, na dicção do art. 195, II, da Constituição, em sua redação original, "trabalhador" seria todo aquele que prestasse serviço a entidade de direito privado ou mesmo de direito público, desde que abrangido pelo regime celetista. 3. A partir da nova redação dada ao art. 195, I, a, e II, da Constituição pela Emenda Constitucional nº 20/1998, há previsão de incidência da contribuição previdenciária sobre a folha de salários e demais rendimentos do trabalho pagos ou creditados, a qualquer título, a pessoa física que preste serviço à

União, aos estados ou aos municípios, mesmo sem vínculo empregatício. Não se verifica, ademais, a restrição de se considerar como segurado obrigatório da Previdência Social somente o "trabalhador", já que o texto constitucional se refere também a "demais segurados da Previdência Social". 4. A EC nº 20/98 passou a determinar a incidência da contribuição sobre qualquer segurado obrigatório da Previdência Social e, especificamente no § 13 – introduzido no art. 40 da Constituição –, submeteu todos os ocupantes de cargos temporários ao regime geral da Previdência, o que alcança os exercentes de mandato eletivo. 5. A Lei nº 10.887/04, editada após a EC nº 20/98, ao incluir expressamente o exercente de mandado eletivo no rol dos segurados obrigatórios, desde que não vinculado a regime próprio de previdência, tornou possível a incidência da contribuição previdenciária sobre a remuneração paga ou creditada pelos entes da federação, a qualquer título, aos exercentes de mandato eletivo, os quais prestam serviço ao Estado. Nega-se provimento ao recurso extraordinário. Tese proposta para o tema 691: ""Incide contribuição previdenciária sobre os rendimentos pagos aos exercentes de mandato eletivo decorrentes da prestação de serviços à União, a estados e ao Distrito Federal ou a municípios após o advento da Lei nº 10.887/2004, desde que não vinculados a regime próprio de previdência." (RE 626837, Relator(a): Min. DIAS TOFFOLI, Tribunal Pleno, julgado em 25/05/2017, ACÓRDÃO ELETRÔNICO REPERCUSSÃO GERAL – MÉRITO DJe-018 DIVULG 31-01-2018 PUBLIC 01-02-2018)

◙ **Tema 0737, Tese Fixada: É inconstitucional norma que vincula pensões e proventos de aposentadoria de servidores públicos efetivos a subsídios de agentes políticos.**

RG ◙ **É inconstitucional norma que vincula pensões e proventos de aposentadoria de servidores públicos efetivos a subsídios de agentes políticos.**

Recurso extraordinário. Repercussão geral da questão constitucional reconhecida. Reafirmação de jurisprudência. 2. Direito Administrativo e Direito Previdenciário. Vinculação de pensões e proventos de aposentadoria de servidores públicos efetivos a subsídios de agentes políticos. Impossibilidade. 3. Alteração de padrão remuneratório. Matéria de iniciativa privativa do chefe do Poder Executivo. Inconstitucionalidade formal. 4. Impossibilidade de vinculação de vencimentos de cargos distintos. Inconstitucionalidade material. 5. Declarada a inconstitucionalidade do artigo 273 da Constituição do Estado de Alagoas, tanto na sua redação atual como na original. Recurso extraordinário provido. (RE 759518 RG, Relator(a): Min. GILMAR MENDES, julgado em 29/05/2014, PROCESSO ELETRÔNICO REPERCUSSÃO GERAL – MÉRITO DJe-230 DIVULG 21-11-2014 PUBLIC 24-11-2014)

◙ **Rateio de pensão entre companheira e viúva.**

DIREITO CIVIL E ADMINISTRATIVO. MANDADO DE SEGURANÇA. REGISTRO DE PENSÃO POR MORTE PELO TCU. RATEIO ENTRE COMPANHEIRA E VIÚVA DE SERVIDOR PÚBLICO. EXIGÊNCIA DE RECONHECIMENTO JUDICIAL DE UNIÃO ESTÁVEL E SEPARAÇÃO DE FATO. 1. É possível o reconhecimento de união estável de pessoa casada que esteja separada judicialmente ou de fato (CC, art. 1.723, § 1º). 2. O reconhecimento da referida união estável pode se dar administrativamente, não se exigindo necessariamente decisão judicial para configurar a situação de separação de fato. 3. No caso concreto, embora comprovada administrativamente a separação de fato e a união estável, houve negativa de registro de pensão por morte, fundada unicamente na necessidade de separação judicial. 4. Segurança concedida. (MS 33008, Relator(a): Min. ROBERTO BARROSO, Primeira Turma, julgado em 03/05/2016, PROCESSO ELETRÔNICO DJe-196 DIVULG 13-09-2016 PUBLIC 14-09-2016)

◙ **Momento em que os proventos de aposentadoria são calculados.**

PROVENTOS – REGÊNCIA. Os proventos da aposentadoria são calculados considerada a legislação em vigor na data em que implementados os requisitos necessários à inatividade – verbete nº 359 da Súmula da Jurisprudência Predominante do Supremo. (MS 32726, Relator(a): Min. ROBERTO BARROSO, Relator(a) p/ Acórdão: Min. MARCO AURÉLIO, Primeira Turma, julgado em 07/02/2017, PROCESSO ELETRÔNICO DJe-098 DIVULG 10-05-2017 PUBLIC 11-05-2017 REPUBLICAÇÃO: DJe-114 DIVULG 30-05-2017 PUBLIC 31-05-2017)

◙ **O tempo de serviço prestado às empresas públicas e sociedades de economia mista somente pode ser computado para efeitos de aposentadoria e disponibilidade.**

PROCESSUAL CIVIL. AGRAVO INTERNO NO RECURSO ESPECIAL. CÓDIGO DE PROCESSO CIVIL DE 2015. APLICABILIDADE. SERVIÇO PRESTADO EM EMPRESA PÚBLICA OU SOCIEDADE DE ECONOMIA. CÔMPUTO DE TEMPO PARA OBTENÇÃO DE ADICIONAL POR TEMPO DE SERVIÇO. IMPOSSIBILIDADE. ARGUMENTOS INSUFICIENTES PARA DESCONSTITUIR A DECISÃO ATACADA. I – Consoante o decidido pelo Plenário desta Corte na sessão realizada em 09.03.2016, o regime recursal será determinado pela data da publicação do provimento jurisdicional impugnado. Assim sendo, in casu, aplica-se o Código de Processo Civil de 2015. II – O tempo de serviço prestado em empresa pública ou sociedade de economia mista deve ser contado apenas para fins de aposentadoria ou disponibilidade, não servido para obtenção de adicional por tempo de serviço, consoante entendimento firmado no âmbito desta Corte. III – A Agravante não apresenta, no agravo, argumentos suficientes para desconstituir a decisão recorrida. IV – Agravo Interno improvido. (AgInt no RMS 39.854/MS, Rel. Ministra REGINA HELENA COSTA, PRIMEIRA TURMA, julgado em 14/03/2017, DJe 22/03/2017)

◙ **A pensão por morte do servidor público federal é devida até a idade limite de 21 (vinte e um) anos do dependente, salvo se inválido, não cabendo postergar o benefício para os universitários com idade até 24 (vinte e quatro) anos, ante a ausência de previsão normativa.**

PROCESSUAL CIVIL. ADMINISTRATIVO. SERVIDOR PÚBLICO FEDERAL. PENSÃO POR MORTE. MAIOR DE 21 ANOS. ESTUDANTE UNIVERSITÁRIO. AUSÊNCIA DE PREVISÃO LEGAL NA LEI 8.112/90. REDAÇÃO DA LEI 13.345/2015. INEXISTÊNCIA DE MUDANÇA NO PANORAMA LEGAL. JURISPRUDÊNCIA PACÍFICA. AUSÊNCIA DE DIREITO LÍQUIDO E CERTO. 1. Mandado de segurança impetrada por filho de servidor público federal falecido e que percebia pensão por morte; ao alcançar a idade de 21 (vinte e um) anos, o impetrante indica que perderá o benefício em questão e postula a ordem para afastar a aplicação dos artigos 217, IV, "a", e 222, IV, ambos da Lei 8112/90 e, assim, defender o seu direito à percepção da pensão até os 24 (vinte e quatro) anos. 2. A Lei 8.112/90 é clara ao definir que a pensão por morte do servidor público federal somente será devida até os 21 (vinte e um) anos de idade, nos termos dos artigos. 217, IV, "a", e 222, IV, com o advento da Lei 13.135/2015; mesmo na redação anterior, tal benefício previdenciário não era devido aos maiores de 21 (vinte e um) anos: "(...) a Lei 8.112/90 prevê, de forma taxativa, quem são os benefi-ciários da pensão temporária por morte de servidor público civil, não reconhecendo o benefício a dependente maior de 21 anos, salvo no caso de invalidez; assim, a ausência de previsão normativa, aliada à jurisprudência em sentido contrário, levam à ausência de direito líquido e certo a amparar a pretensão do impetrante, estudante universitá-rio, de estender a concessão do benefício até 24 anos (...)"(MS 12.982/DF, Rel. Minis-tro Teori Albino Zavascki, Corte Especial, DJe 31.3.2008). No mesmo sentido: AgRg no REsp 1.479.964/PB, Rel. Ministro Mauro Campbell Marques, Segunda Turma, DJe 30.3.2015; AgRg no REsp 831.470/RN, Rel. Ministro Og Fernandes, Sexta Turma, DJe 30.11.2009; e REsp 1.008.866/PR, Rel. Ministro Arnaldo Esteves Lima, Quinta Turma, DJe 18.5.2009. Segurança denegada. (MS 22.160/DF, Rel. Ministro HUMBERTO MAR-TINS, PRIMEIRA SEÇÃO, julgado em 13/04/2016, DJe 19/04/2016)

◙ **O termo inicial para o pagamento dos proventos integrais devidos na conversão da aposentadoria proporcional por tempo de serviço em aposentadoria integral por invalidez é a data do requerimento administrativo.**

ADMINISTRATIVO E PROCESSUAL CIVIL. AGRAVO REGIMENTAL EM AGRAVO EM RECURSO ESPECIAL. SERVIDOR PÚBLICO. APOSENTADORIA POR INVALIDEZ COM PROVENTOS INTEGRAIS. TERMO INICIAL. LAUDO MÉDICO NÃO PODE SER USADO PARA FIXAR O MARCO INICIAL DA AQUISIÇÃO DE DIREITOS. TERMO INICIAL NA DATA DO REQUERIMENTO ADMINISTRATI-VO. IMPOSSIBILIDADE DE INOVAÇÃO EM SEDE DE AGRAVO REGIMENTAL. AGRAVO REGIMENTAL DA UNIÃO DESPROVIDO. 1. O laudo pericial norteia so-mente o livre convencimento do juiz quanto aos fatos alegados pelas partes, portanto, não serve como parâmetro para fixar termo inicial de aquisição de direitos (AgRg no Ag 1.189.010/SP, 5T, Rel. Min. JORGE MUSSI, DJe 12.4.2010). 2. Não prospera a in-surgência da agravante quanto à fixação do termo inicial da aposentadoria na data do requerimento administrativo, na medida em que o tema não foi invocado quando da interposição do Recurso Especial, configurando-se inovação, o que é defeso na opor-tunidade do Agravo Regimental. 3. Agravo Regimental da União desprovido. (AgRg no AREsp 46.173/DF, Rel. Ministro NAPOLEÃO NUNES MAIA FILHO, PRIMEIRA TURMA, julgado em 19/06/2012, DJe 29/06/2012)

◙ **A concessão de aposentadoria especial aos servidores públicos será regulada pela Lei n. 8.213/91, enquanto não editada a lei complementar prevista no art. 40, § 4º, da CF/88.**

PROCESSUAL CIVIL. RECURSO ESPECIAL. ALEGADA OFENSA AOS ARTS. 472 E 485, II E V, DO CÓDIGO DE PROCESSO CIVIL, E 5º, PARÁGRAFO ÚNI-

CO, DA LEI 9.717/1998. AUSÊNCIA DE PREQUESTIONAMENTO. SÚMULA 211/ STJ. SERVIDOR PÚBLICO. MANDADO DE INJUNÇÃO. ACÓRDÃO A QUO COM FUNDAMENTAÇÃO CONSTITUCIONAL. REEXAME. IMPOSSIBILIDADE. APO- SENTADORIA ESPECIAL. AUSÊNCIA DE LEI COMPLEMENTAR. APLICAÇÃO ANALÓGICA DA LEI 8.213/1991. 1. A alegação de afronta aos arts. 472 e 485, II e V, do CPC, e 5º, parágrafo único, da Lei 9.717/1998, a despeito da oposição de Em- bargos Declaratórios, não foi apreciada pelo Tribunal a quo. Incide a Súmula 211/ STJ porque é indispensável também a emissão de juízo de valor sobre a matéria. 2. A controvérsia acerca da eficácia e aplicabilidade do art. 57 da Lei 8.213/1991, antes do advento da Lei Complementar prevista no art. 40, inciso III, § 4º, da Constituição Fe- deral, bem como o suprimento da omissão legislativa por meio de Mandado de Injun- ção, possui status constitucional, cuja apreciação compete exclusivamente ao Supremo Tribunal Federal, conforme dispõe o art. 102, III, do permissivo constitucional. 3. O STJ já se pronunciou acerca da controvérsia e, com entendimento alinhado com a Su- prema Corte, entende que, enquanto não editada a Lei Complementar a que se refere o art. 40, § 4º, da Constituição, a concessão de aposentadoria especial aos servidores públicos é regulada pela Lei 8.213/1991. 4. Recurso Especial não conhecido. (REsp 1667767/SP, Rel. Ministro HERMAN BENJAMIN, SEGUNDA TURMA, julgado em 13/06/2017, DJe 29/06/2017)

◙ **Súmulas do TCU sobre o tema.**

◙ **Súmula TCU nº 146: É legítimo o gozo paralelo dos proventos da dupla apo- sentadoria de ferroviário, uma a cargo do Tesouro Nacional e outra da autarquia de previdência social, desde que preenchidos de "per si" os requisitos necessários a ambas as concessões, notadamente, para a primeira, o "status" de funcionário da Administração Direta da União.**

◙ **Súmula TCU nº 221: Com o advento da Lei nº 6.701, de 24/10/79, cabe, a par- tir de sua vigência, ao servidor que se aposentar ou já estiver aposentado volunta- riamente, com tempo de serviço fixado em lei, a vantagem prevista no art. 184, da Lei nº 1.711, de 28/10/52, sem prejuízo – caso não amparado pelo art. 177, § 1º, da Constituição de 1967, na sua redação originária – do limite fixado no § 2º do art. 102 da Constituição (redação atual).**

◙ **Súmula TCU nº 220: Com o advento da Lei nº 6.481, de 05/12/77, cabe, a partir de sua vigência, a vantagem prevista no art. 180 da Lei nº 1.711, de 28/10/52, para servidor que se aposentar ou já estiver aposentado voluntariamente, com redução, por lei, do tempo de serviço necessário.**

◙ **Súmula TCU nº 217: Vigora, a partir da data de início de vigência da Lei de Anis- tia, sob nº 6.683, de 28/08/79 (efeitos *"ex tunc"*), a concessão de aposentadoria (ou o restabelecimento desta), do servidor anistiado que, no prazo fixado, não requereu o retorno ou a reversão à atividade, ou, se o pleiteou, estava impedido de retornar ao serviço ativo, ante o disposto no § 4º do art. 3º, da Lei nº 6.683, cit.; e, a partir da data do indeferimento pela autoridade administrativa competente (efeitos "ex** nunc"), a do servidor anistiado que, havendo pleiteado o retorno ou a reversão à atividade, teve seu requerimento denegado.

◉ Súmula TCU nº 213: Prevalece, no cálculo da Gratificação de Produtividade – instituída pelo art. 10 do Decreto-lei nº 1.445, de 13/02/76, e a ser incorporada ao provento de aposentadoria – a média dos percentuais percebidos pelos servidores em atividade, de igual categoria, nos doze (12) últimos meses imediatamente anteriores à aposentadoria (incluído o mês em que publicado o ato concessório), com a incidência daquela vantagem sobre o valor da referência de vencimentos a que corresponder o provento, quando aplicável o disposto no art. 184, I, da Lei nº 1.711, de 28/10/52, sem prejuízo do limite fixado no § 2º do art. 102 da Constituição.

◉ Súmula TCU nº 212: A Gratificação de Produtividade instituída pelo art. 10 do Decreto-lei nº 1.445, de 13/02/76, não se incorpora aos proventos dos servidores aposentados anteriormente à data de início de vigência do Decreto-lei nº 1.709, de 31/10/79 (artigos 5º e 8º), salvo os amparados pela Lei nº 1.050, de 03/01/50, aos quais se assegura a percepção daquela vantagem a partir de 01/01/80 (art. 7º do Decreto-lei nº 1.709 cit.).

◉ Súmula TCU nº 211: A Gratificação de Atividade, instituída pelo art. 10 do Decreto-lei nº 1.445, de 13/02/76, não se incorpora aos proventos dos servidores aposentados anteriormente à data de início de vigência do Decreto-lei nº 1.709, de 31/10/79 (artigos 5º e 8º), salvo os amparados pela Lei nº 1.050, de 03/01/50, aos quais se assegura a percepção daquela vantagem a partir de 01/01/80 (art. 7º do Decreto-lei nº 1.709 cit.).

◉ Súmula TCU nº 202: Com o advento do Decreto-lei nº 1.746, de 27/12/79 (arts. 2º e 3º), reconhece-se, a partir de sua vigência, o direito de os funcionários – aposentados na forma do art. 180, da Lei nº 1.711, de 28/10/52, o que tenha optado posteriormente por esta vantagem – terem os seus proventos revistos, para ser incorporado o valor da Gratificação de Representação instituída pelo art. 3º do Decreto-lei nº 1.445, de 13/02/76, desde que tenha exercido, durante, pelo menos 2 (dois) anos, cargo de que essa representação fosse ou viesse a ser parte componente da respectiva remuneração na atividade.

◉ Súmula TCU nº 198: Desde que satisfaça o requisito legal de um mínimo de dois (2) anos é irrelevante a circunstância de ser ou não em substituição o exercício de cargo em comissão ou função de confiança, para efeito da aposentadoria com base no art. 180 da Lei nº 1.711, de 28/10/52.

◉ Súmula TCU nº 188: Por força dos princípios constitucionais da irredutibilidade de vencimentos e do direito adquirido, a investidura federal, como magistrado, durante a vigência da Lei nº 3.414, de 20/06/58, coloca o aposentado sob amparo do seu art. 12, quanto ao cálculo da gratificação adicional, sem incidência de restrições feitas por legislação superveniente.

◙ Súmula TCU nº 174: A aposentadoria, sob regime especial, dos titulares de ofícios de justiça que, na atividade, não recebem vencimentos dos cofres públicos, é calculada segundo padrões fornecidos pela retribuição de cargos da Secretaria do Supremo Tribunal Federal, sem incidir na proibição insculpida no art. 98, parágrafo único, da Constituição.

◙ Súmula TCU nº 147: Quando o funcionário, ao requerer aposentadoria, estava em gozo de licença especial, na forma da Lei, sem perceber como seria lícito a gratificação de atividade ou de produtividade, inerente ao cargo efetivo que exercia, cabe, também, a atribuição da vantagem prevista no art. 184 da Lei nº 1.711, de 28/10/52.

◙ Súmula TCU nº 144: A supressão determinada pelo Decreto-lei nº 1.445, de 13/02/76, no seu art. 27, § 6º, só abrange as vantagens da atividade, não alcançando a prevista no art. 184, da Lei nº 1.711, de 28/10/52 que se vincula ao Regime de aposentadoria e se compatibiliza com o Plano de Classificação de Cargos instituído pela Lei nº 5.645, de 10/12/70, embora sujeita a sua aplicação ao limite fixado no art. 102, § 2º, da Constituição (Emenda nº 1, de 17/10/69), quando o funcionário completou 35 anos de serviço, após 15/03/68.

◙ Súmula TCU nº 138: Os inativos, sob amparo da Lei nº 1.050, de 03/01/50 (Lei nº 1.711, de 28/10/52, art. 182, alínea "b"), terão, em decorrência do Plano de Classificação de Cargos instituído pela Lei nº 5.645, de 10/12/70, os seus proventos atualizados, como se em atividade estivessem, na base do valor da referência de vencimentos em que seriam enquadrados, a partir de 01/11/74, data da implantação do Plano (para os anteriormente amparados pela Lei nº 1.050 citada) ou da aposentadoria (para os que ficam amparados no momento da inativação e ainda não estejam até então incluídos na nova sistemática).

◙ Súmula TCU nº 60: Não é computável, como de serviço público, ainda que para fim de aposentadoria, o tempo de emprego em partido político.

◙ Súmula TCU nº 48: Faz jus à concessão das vantagens previstas no art. 180 da Lei nº 1.711, de 28/10/52, o servidor que tenha completado, na data da aposentadoria, trinta e quatro anos e meio de serviço público, em face do disposto no art. 78, § 2º, da Lei nº1.711 citada.

◙ Súmula TCU nº 46: A funcionária aposentada a pedido, com 30 anos de serviço, não faz jus às vantagens previstas para a aposentadoria com mais de 35 anos de serviço.

◙ Súmula TCU nº 34: O tempo de exercício de mandato administrativo não é computável para efeito do disposto no art. 180 da Lei nº 1.711, de 28/10/52.

◙ Súmula TCU nº 32: Não se incluem nos proventos da aposentadoria as gratificações de representação, salvo dispositivo de lei que o autorize com expressa menção às referidas vantagens.

◉ **Súmula TCU nº 29:** Aplicam-se aos servidores civis e militares amparados pela Lei nº 1.050, de 03/01/50, os reajustes de vencimentos da atividade, ainda que decorrentes de reclassificações de cargos ou de modificações dos níveis de retribuição processadas após a aposentadoria ou reforma.

◉ **Súmula TCU nº 17:** A redução, pela Constituição ou pela lei, do tempo de serviço necessário à concessão de aposentadoria, não acarreta o direito às vantagens cuja aquisição é subordinada a período maior de exercício.

◉ **Súmula TCU nº 4:** A reclassificação de cargos não aproveita ao servidor aposentado, a menos que lei expressa o autorize.

◉ **Súmula TCU nº 273:** A aposentadoria por invalidez só poderá prosperar após a conclusão, por junta médica oficial, no sentido de que o servidor esteja incapacitado definitivamente para o exercício do cargo que ocupa e haja a impossibilidade de ser readaptado em cargo de atribuições e responsabilidades compatíveis com a respectiva limitação, nos termos do art. 24 da Lei nº 8.112/1990.

◉ **Súmula TCU nº 58:** Nas aposentadorias concedidas a partir de 1973, por doença grave, contagiosa ou incurável, especificada em lei, é indispensável a indicação, no laudo médico ou no parecer da Divisão Nacional de Perícias Médicas, do nome e da natureza da moléstia, desde que não haja correspondência entre a nomenclatura do Código Internacional de Doenças e a referida na lei brasileira.

◉ **Súmula TCU nº 38:** Admite-se a redução dos proventos do servidor aposentado por doença especificada em lei, quando, ao ser submetido a nova inspeção médica, for declarado capaz e optar pela permanência na inatividade.

◉ **Súmula TCU 37:** Não é admissível a redução de proventos do servidor aposentado por doença especificada em lei, se, ao ser submetido a nova inspeção médica e declarado capaz, já contar com a idade de 60 anos ou mais de 30 anos de serviço, incluído o período de inatividade.

ACUMULAÇÃO DE APOSENTADORIAS E APLICAÇÃO DO TETO CONSTITUCIONAL

▶ **A CF/1988 *veda a acumulação de aposentadorias dentro de regimes próprios* (art. 40, § 6.º), ressalvados apenas os casos em que é permitida a acumulação de cargos.**

A CF/1988 *veda a acumulação de aposentadorias dentro de regimes próprios* (art. 40, § 6.º), ressalvados apenas os casos em que é permitida a acumulação de cargos. O art. 37, § 10, ademais, impede a acumulação de proventos entre regime próprio civil e regime próprio de militares.

▶ **O § 10 do art. 37, no entanto, acrescentado pela EC 20/1998, abriu a possibilidade de que o servidor aposentado *acumule seus proventos com os valores percebidos como remuneração pelo exercício de cargo em comissão*.**

O § 10 do art. 37, no entanto, acrescentado pela EC 20/1998, abriu a possibilidade de que o servidor aposentado *acumule seus proventos com os valores percebidos como remuneração pelo exercício de cargo em comissão*. Com isso, permite-se que servidores aposentados voltem ao serviço ativo na condição de ocupantes de cargos em comissão, de livre nomeação e exoneração, oferecendo-lhes um atrativo que, se inexistente, dificilmente os motivaria a assumir tais funções.

▶ **Como a regra é a vedação à acumulação, o *Decreto 2.027/1996* exige, na esfera federal, que o servidor aposentado, quando nomeado para cargo efetivo não acumulável, faça a opção pela sua remuneração, sob pena de não poder tomar posse.**

Como a regra é a vedação à acumulação, o *Decreto 2.027/1996* exige, na esfera federal, que o servidor aposentado, quando nomeado para cargo efetivo não acumulável, faça a opção pela sua remuneração, sob pena de não poder tomar posse.

▶ **Não há, no entanto, vedação à acumulação de uma aposentadoria no regime próprio e outra no RGPS, desde que se tratem, por óbvio, de atividades diversas.**

Não há, no entanto, vedação à acumulação de uma aposentadoria no regime próprio e outra no RGPS, desde que se tratem, por óbvio, de atividades diversas. Assim, o servidor pode ter uma aposentadoria como professor e outra em cargo técnico, no regime próprio, uma vez que permitida a acumulação de tais cargos, e ainda ter direito a uma terceira aposentadoria, também como professor, referente a emprego desempenhado na iniciativa privada. Pressupõe-se, é claro, a compatibilidade de horários.

▶ **O teto constitucional previsto no art. 37, XI, da CF/1988 *é igualmente aplicado aos valores de proventos*, na forma do disposto no art. 40, § 11, da Carta Magna, mesmo em se tratando de acumulação de cargos ou empregos públicos.**

Já o teto constitucional previsto no art. 37, XI, da CF/1988 *é igualmente aplicado aos valores de proventos*, na forma do disposto no art. 40, § 11, da Carta Magna, mesmo em se tratando de acumulação de cargos ou empregos públicos.

▶ **Nos casos autorizados constitucionalmente de acumulação de cargos, empregos e funções, a incidência do art. 37, XI, da Constituição Federal pressupõe consideração de cada um dos vínculos formalizados, afastada a observância do teto remuneratório quanto ao somatório dos ganhos do agente público**

Lembrando que o STF, ao analisar a matéria em Repercussão Geral, entendeu que "nos casos autorizados constitucionalmente de acumulação de cargos, empregos e funções, a incidência do art. 37, XI, da Constituição Federal pressupõe consideração de cada um dos vínculos formalizados, afastada a observância do teto remuneratório quanto ao somatório dos ganhos do agente público". Por outras palavras: em uma interpretação literal da CF chega-se à conclusão que a soma das remunerações dos dois cargos não pode ser superior ao teto. Todavia, o entendimento jurisprudencial é que o limite do teto deverá ser considerado separadamente para cada um dos vínculos. Assim, a remuneração de cada cargo não pode ser superior ao teto, sendo possível que a soma dos dois ultrapasse esse limite.

▶ **A EC 20/1998 também incluiu ao texto constitucional o art. 248, para limitar ao teto geral os benefícios**

A EC 20/1998 também incluiu ao texto constitucional o art. 248, para limitar ao teto geral os benefícios, à conta do Tesouro Nacional, que sejam pagos pelo regime geral de previdência social, quando já não limitados pelo teto nele vigente. É que, ao longo do tempo, a União assumiu a responsabilidade financeira pelo pagamento de proventos de determinadas categorias, outrora servidores públicos, de setores que foram posteriormente privatizados, como no caso dos ferroviários servidores públicos que foram cedidos à já extinta Rede Ferroviária Federal S/A (vide Decreto-lei 956/1969).

◉ **60 horas semanais é o limite para fins de acumulação de cargo.**

EMBARGOS DE DECLARAÇÃO NO MANDADO DE SEGURANÇA. SERVIDOR PÚBLICO. ACUMULAÇÃO DE DOIS CARGOS PÚBLICOS PRIVATIVOS DE PROFISSIONAIS DA ÁREA DA SAÚDE. ART. 37 DA CARTA MAGNA E ART. 118 DA LEI 8.112/1990. EXEGESE JUDICIAL DAS LEIS ESCRITAS. FINALIDADE E ADEQUAÇÃO DO ESFORÇO INTERPRETATIVO. PREVALÊNCIA DOS ASPECTOS FACTUAIS RELATIVOS À PROTEÇÃO E À SEGURANÇA DOS PROFISSIONAIS E PACIENTES. INEXISTÊNCIA DE OMISSÃO, CONTRADIÇÃO OU OBSCURIDADE. EMBARGOS DA SERVIDORA REJEITADOS. 1. A teor do disposto no art. 1.022 do Código FUX, os Embargos de Declaração destinam-se a suprir omissão, afastar obscuridade ou eliminar contradição existente no julgado, o que não se verifica no caso dos autos, porquanto o acórdão embargado dirimiu todas as questões postas de maneira clara, suficiente e fundamentada. 2. Na hipótese, inexiste a omissão apontada, afastada, desde já, qualquer possibilidade de alteração do acórdão embargado, que concluiu que a Lei 8.112/1990, em seu art. 19, fixou para o Servidor Público a jornada de trabalho de, no máximo, 40 horas semanais, com a possibilidade de duas horas de trabalho extras por jornada. Tomando-se como base esse preceito legal, impõe-se reconhecer que o acórdão TCU 2.133/2005 e o Parecer GQ 145/1998, ao fixarem o limite de 60 horas semanais para que o Servidor se submeta a dois ou mais regimes de trabalho, devem ser prestigiados, uma vez que atendem aos Princípios da Razoabilidade e Proporcionalidade. 3. Embargos de Declaração da Servidora rejeitados. (EDcl no MS 21.427/RJ, Rel. Ministro NAPOLEÃO NUNES MAIA FILHO, PRIMEIRA SEÇÃO, julgado em 13/02/2019, DJe 20/02/2019)

DESAPOSENTAÇÃO

▶ **A desaposentação seria, assim, a renúncia ao direito de aposentadoria anteriormente concedida, permitindo ao segurado requerer novo benefício, fundado em novo tempo de contribuição.**

Dentro das regras atualmente vigentes no Regime Geral de Previdência Social (RGPS), resta consignado que o segurado aposentado que retorna ao trabalho é contribuinte obrigatório da Previdência Social (art. 12, § 4.º, da Lei de Custeio da Seguridade Social – Lei 8.212/1991). À exceção do salário-família e do serviço de reabilitação, mesmo assim devidos apenas ao segurado empregado, não há qualquer contrapartida para o segurado aposentado que retorna ao trabalho e que volta a contribuir (art. 18, § 2.º, da Lei 8.213/1991), sendo que a partir da edição da Lei 9.876/1999, e consequente criação do fator previdenciário como elemento de cálculo das rendas mensais iniciais das aposentadorias por tempo de contribuição e idade, começaram a surgir inúmeros questionamentos quanto à possibilidade de contagem do tempo de contribuição posterior à inativação para fins de recálculo do benefício.

▶ **O fator previdenciário foi criado como mecanismo de desestímulo às aposentadorias precoces, servindo de limitador do cálculo do salário de benefício**

O fator previdenciário foi criado como mecanismo de desestímulo às aposentadorias precoces, servindo de limitador do cálculo do salário de benefício. Sua adoção está consagrada no art. 29, I, e §§ 7.º a 9.º da Lei de Benefícios da Previdência Social – Lei 8.213/1991, conforme sistemática adotada pela Lei 9.876/1999. Na redação original da Lei de Benefícios, havia a previsão de benefício chamado "pecúlio", que nada mais era do que a devolução, ao aposentado, dos valores recolhidos a título de contribuição previdenciária em sua nova atividade laboral (art. 81, II). Este último benefício, no entanto, restou extinto pela Lei 8.870/1994. A Lei 13.183/2015 inseriu uma nova regra de cálculo da renda inicial das aposentadorias por tempo de contribuição, que considera a soma deste último com a idade, numa fórmula, chamada 85/95, que é alternativa à aplicação do fator previdenciário. Como se vê, trata-se de mais uma regra paliativa que não resolve o problema do déficit crescente dos sistemas previdenciários brasileiros e que só será equacionado com a instituição definitiva, para o RGPS, de uma idade mínima para as aposentadorias por tempo de contribuição.

▶ **Ante a vedação expressa do art. 18, § 2.º, da Lei de Benefícios da Previdência Social, desenvolveu-se, alternativamente, corrente doutrinária, rapidamente adotada em instâncias inferiores da Justiça Federal, no sentido de que a aposentadoria seria um direito renunciável.**

Ante a vedação expressa do art. 18, § 2.º, da Lei de Benefícios da Previdência Social, desenvolveu-se, alternativamente, corrente doutrinária, rapidamente adotada em instâncias inferiores da Justiça Federal, no sentido de que a aposentadoria seria um direito renunciável, de modo que poderia o segurado aposentado, caso quisesse, renunciar ao benefício que estivesse gozando, para, desta forma, sem importar em malferimento à vedação legal, requerer uma nova contagem do seu tempo de contribuição e, desta forma, ter deferida uma nova aposentadoria. Assim, não se trataria, propriamente, de recálculo da aposentadoria anteriormente concedida.

◙ **O STJ acabou por sufragar o entendimento quanto à validade e correção de tal procedimento, mesmo com a objeção do INSS**

O STJ acabou por sufragar o entendimento quanto à validade e correção de tal procedimento, mesmo com a objeção do INSS, tendo pacificado a questão, no âmbito da Corte, a partir do julgamento do REsp 1.334.488/SC (1ª Seção, Rel. Min. Herman Benjamin, j. 08.05.2013, na sistemática de recursos repetitivos).

RECURSO ESPECIAL. MATÉRIA REPETITIVA. ART. 543-C DO CPC E RESO-LUÇÃO STJ 8/2008. RECURSO REPRESENTATIVO DE CONTROVÉRSIA. DESAPO-SENTAÇÃO E REAPOSENTAÇÃO. RENÚNCIA A APOSENTADORIA. CONCESSÃO DE NOVO E POSTERIOR JUBILAMENTO. DEVOLUÇÃO DE VALORES. DESNE-CESSIDADE. 1. Trata-se de Recursos Especiais com intuito, por parte do INSS, de declarar impossibilidade de renúncia a aposentadoria e, por parte do segurado, de dispensa de devolução de valores recebidos de aposentadoria a que pretende abdicar. 2. A pretensão do segurado consiste em renunciar à aposentadoria concedida para computar período contributivo utilizado, conjuntamente com os salários de contribuição da atividade em que permaneceu trabalhando, para a concessão de posterior e nova aposentação. 3. Os benefícios previdenciários são direitos patrimoniais disponíveis e, portanto, suscetíveis de desistência pelos seus titulares, prescindindo-se da devolução dos valores recebidos da aposentadoria a que o segurado deseja preterir para a concessão de novo e posterior jubilamento. Precedentes do STJ. 4. Ressalva do entendimento pessoal do Relator quanto à necessidade de devolução dos valores para a reaposentação, conforme votos vencidos proferidos no REsp 1.298.391/RS; nos Agravos Regimentais nos REsps 1.321.667/PR, 1.305.351/RS, 1.321.667/PR, 1.323.464/RS, 1.324.193/PR, 1.324.603/RS, 1.325.300/SC, 1.305.738/RS; e no AgRg no AREsp 103.509/PE. 5. No caso concreto, o Tribunal de origem reconheceu o direito à desaposentação, mas condicionou posterior aposentadoria ao ressarcimento dos valores recebidos do benefício anterior, razão por que deve ser afastada a imposição de devolução. 6. Recurso Especial do INSS não provido, e Recurso Especial do segurado provido. Acórdão submetido ao regime do art. 543-C do CPC e da Resolução 8/2008 do STJ. (REsp 1334488/SC, Rel. Ministro HERMAN BENJAMIN, PRIMEIRA SEÇÃO, julgado em 08/05/2013, DJe 14/05/2013)

▶ **Toda a celeuma criada sobre a desaposentação pode ser discutida também na esfera dos regimes próprios de previdência social.**

A princípio, toda a celeuma criada sobre a desaposentação pode ser discutida também na esfera dos regimes próprios de previdência social. Observe-se, no entanto, que é natural ainda existir, quanto a estes, um número muito menor de demandas, visto que a garantia da integralidade, existente no texto constitucional até a EC 41/2003, tornava sem sentido qualquer pretensão que tivesse como intuito, tão somente, o aumento dos proventos de aposentadoria, ressalvada, talvez, a situação dos que se aposentaram por tempo de serviço proporcional, conforme regras vigentes na redação original do art. 40 da CF/88, ou conforme as regras de transição existentes na EC 20/1998.

◉ **De qualquer modo, o STF acabou por sepultar a tese da "desaposentação" ao julgar o RE 381.367/RS, red. p/acórdão Min. Dias Toffoli, ocasião em que assentou:**

Direito Constitucional. Direito Previdenciário. Desaposentação. Revisão da aposentadoria. Constitucionalidade do § 2º do art. 18 da Lei nº 8.213/91. Rejeição da tese da interpretação conforme para admitir a revisão do valor da aposentadoria. Recurso extraordinário a que se nega provimento. 1. Recurso extraordinário interposto contra acórdão proferido pelo Tribunal Regional Federal da 4ª Região, a qual rejeitou a pretensão dos recorrentes de que fossem recalculados seus proventos de aposentadoria com base nos 36 últimos salários de contribuição, com o consequente reconhecimento da inconstitucionalidade do § 2º do art. 18 da Lei nº 8.213/91. 2. Nosso regime previdenciário possui, já há algum tempo, feição nitidamente solidária e contributiva. 3. Não se vislumbra nenhuma inconstitucionalidade na aludida norma do art. 18, § 2º, da Lei nº 8.213/91, que veda aos aposentados que permaneçam em atividade, ou a essa retornem, o recebimento de qualquer prestação adicional em razão disso, exceto salário-família e reabilitação profissional. 4. A Constituição Federal dispõe que ficam remetidas à legislação ordinária, as hipóteses em que as contribuições vertidas ao sistema previdenciário repercutem, de forma direta, na concessão dos benefícios. 5. Recurso extraordinário que é julgado em conjunto com o RE nº 827833 e o RE nº 66125. Aprovada pelo Plenário da Suprema Corte a seguinte tese de repercussão geral: "No âmbito do Regime Geral de Previdência Social (RGPS), somente lei pode criar benefícios e vantagens previdenciárias, não havendo, por ora, previsão legal do direito à 'desaposentação', sendo constitucional a regra do art. 18, § 2º, da Lei nº 8213/91". 6. Recurso extraordinário a que se nega provimento.

ESTABILIDADE

Art. 41. São estáveis após três anos de efetivo exercício os servidores nomeados para cargo de provimento efetivo em virtude de concurso público

▶ Os servidores do vínculo estatutário adquirem o direito à estabilidade após um *período mínimo de exercício*, fixado no art. 41, *caput*, da CF/1988, que é denominado de *estágio probatório*.

O período compreendido entre o início do exercício e a aquisição da estabilidade é denominado de estágio probatório. Esse período compreendido entre o início do exercício e a aquisição da estabilidade é denominado de estágio probatório e tem por finalidade apurar se o servidor apresenta condições para o exercício do cargo, referentes à assiduidade, disciplina, eficiência e outros requisitos exigidos para o exercício do cargo. Desse modo, o servidor, depois de aprovado no concurso, nomeado e empossado no cargo, torna-se efetivo. Porém, só pode adquirir a estabilidade depois de cumpridos os três anos de efetivo exercício. Daí a afirmação corrente de que a efetividade é requisita para aquisição da estabilidade. (Comentários à Constituição do Brasil – Série Idp. Mendes, Gilmar Ferreira; Streck, Lênio Luiz; Sarlet, Ingo Wolfgang; Leoncy, Léo Ferreira; Canotilho, J. J. Gomes. Editora Saraiva, 2ª Edição, São Paulo, 2018, p. 1.066)

> ▶ No mesmo sentido: Esse período compreendido entre o início do exercício e a aquisição da estabilidade é denominado de estágio probatório e tem por finalidade apurar se o servidor apresenta condições para o exercício do cargo, referentes à assiduidade disciplina, eficiência e outros requisitos exigidos para o exercício do cargo. Desse modo, o servidor, depois de aprovado no concurso, nomeado e empossado no cargo, torna-se efetivo. Porém, só pode adquirir a estabilidade depois de cumpridos os três anos de efetivo exercício. Daí a afirmação corrente de que a efetividade é requisito para aquisição da estabilidade. (DI PIETRO, Maria Sylvia Zanella, MOTTA, Fabrício, FERRAZ, Luciano de Araújo. Servidores públicos na Constituição Federal. 3ª. ed. – São Paulo: Atlas, 2015, p. 159-160)

▶ O que vem a ser a estabilidade?

A estabilidade é o direito do servidor ocupante de cargo efetivo de só perder o cargo nas hipóteses específicas previstas na CF/1988. Na redação original do texto constitucional, significava a perda do cargo por decisão proferida em processo administrativo, assegurada ampla defesa, ou por sentença judicial transitada em julgado. Logo, só na hipótese de ato infracional ou criminoso, que resultasse em processo administrativo disciplinar, com aplicação da pena de demissão, ou de processo judicial, visando à mesma punição, como a ação civil pública por improbidade administrativa, ou tendo como consectário lógico tal punição (efeito da sentença penal condenatória transitada em julgado – art. 92, I, do Código Penal), é que se teria a possibilidade de quebra da estabilidade. A EC 19/1998, no entanto, na linha do princípio da eficiência da Administração Pública, passou a prever outras duas hipóteses de perda do cargo. Com efeito, o art. 41, § 1.º, III, instituiu a possibilidade de *perda do cargo por reprovação em procedimento de avaliação periódica de desempenho*, conforme previsão em lei complementar, assegurada ampla defesa. Essa hipótese, no entanto, até o momento, não vem sendo aplicada, posto *não ter sido editada*, até a presente data, a *lei complementar regulamentadora*, conquanto seja comum a avaliação de desempenho periódica para outras finalidades, como progressão funcional.

▶ **O estágio probatório é o período de avaliação do servidor estatutário a fim de verificar se este se encontra apto à aquisição da estabilidade.**

Na verdade, objetivamente falando, a estabilidade decorre do lapso temporal, e, dentro desse lapso temporal deve ser feita a avaliação do servidor, para considerá-lo apto ou não à aquisição daquela. Essa pequena distinção motivou, muito provavelmente, as equivocadas interpretações de que o estágio probatório não coincidiria com o período trienal previsto no art. 41, *caput*, da Carta Magna. É que a CF/1988, em sua redação original, estabelecia que a estabilidade seria adquirida após dois anos de exercício efetivo no cargo (de provimento efetivo, óbvio). A EC 19/1998 alterou o requisito, ampliando-o para três anos. Manteve-se apenas uma regra de transição, prevista no art. 28 da EC 19/1998, garantindo o prazo de dois anos de efetivo exercício para os servidores que já se encontravam em estágio probatório na data da promulgação da Emenda. As Administrações em geral, então, interpretaram que o direito à estabilidade seria adquirido, a partir da Emenda, com o interstício trienal, mas o estágio probatório continuaria sendo feito, no âmbito federal, em dois anos, na forma do art. 20 da Lei 8.112/1990. Nada mais equivocado.

◙ **O estágio está indissociavelmente ligado à aquisição da estabilidade, de forma que, enquanto não alcançada esta, estará o servidor em período de prova.**

O estágio está indissociavelmente ligado à aquisição da estabilidade, de forma que, enquanto não alcançada esta, estará o servidor em período de prova. Por questão meramente operacional, por evidente, o procedimento de avaliação, que deverá indicar estar o servidor apto ou não à estabilidade, deve ser concluído antes dos três anos, por isso ser razoável que o relatório final da comissão ou autoridade responsável pela avaliação seja entregue e avaliado alguns meses antes daquele prazo final. No entanto, e isso é importante, o período de prova continua, de forma que qualquer infração cometida dentro dele, e que a apuração tenha dentro dele sido iniciada, poderá importar na reprovação do estágio, mesmo que superado o período de três anos. Anos depois de solene descumprimento do preceito constitucional pelas Administrações Públicas em geral, finalmente, em 2009, o STJ, por meio de sua 3.ª Seção, decidiu o óbvio, no sentido de que *o estágio coincide com o período necessário à aquisição da estabilidade*, ainda que se tratem de institutos jurídicos distintos, entendimento reafirmado em julgamentos posteriores (6ª T., RMS 23.689/RS, rel. Min. Maria Thereza de Assis Moura, j. 18/05/2010 – vide *Informativo STJ 435;* 3ª Seção, MS 14.396/DF, rel. Min. Jorge Mussi, j. 26/11/2014).

No mesmo sentido: Vale dizer que o período de três anos a que se refere o artigo 41 corresponde ao chamado estágio probatório. Caso contrário, haveria dois períodos com o mesmo termo inicial e duração diferenciada com idêntico objetivo. Ter-se-ia que admitir que o período de avaliação, correspondente aos dois anos de estágio probatório, previsto na legislação ordinária, esgotaria o objetivo do instituto, ficando sem qualquer justificativa a exigência de mais um ano para aquisição da estabilidade. A jurisprudência vem se alterando para adotar esse entendimento. Em julgamento de mandado de segurança, o Superior Tribunal de Justiça reformulou o entendimento anterior e considerou que os institutos do estágio probatório e da estabilidade são indissociáveis, não havendo sentido na existência de prazo distinto para os dois institutos. Sendo assim, aquela Corte entendeu ser imediatamente aplicável o artigo 41 da Constituição e reafirmou que o prazo para aquisição da estabilidade é de três anos, durante os quais o servidor encontra-se em estágio probatório, mesmo diante da previsão do prazo de dois anos constante do artigo 20 da Lei n. 8.112/90 (MS 12.523-DF, Rel. Min. Felix Fischer, j. em 22.4.09). No mesmo sentido, acórdão do Supremo Tribunal Federal no AI 754802 ED-AgR/DF, rel. Min. Gilmar Mendes, j. 7.6.11. (Comentários à Constituição do Brasil – Série Idp. Mendes, Gilmar Ferreira; Streck, Lenio Luiz; Sarlet, Ingo Wolfgang; Leoncy, Léo Ferreira; Canotilho, J. J. Gomes. Editora Saraiva, 2ª Edição, São Paulo, 2018, p. XX)

◙ **No mesmo sentido:** "MANDADO DE SEGURANÇA. SERVIDOR PÚBLICO CIVIL. ESTABILIDADE. ART. 41 DA CF. EC N.º 19/98. PRAZO. ALTERAÇÃO. ESTÁGIO PROBATÓRIO. OBSERVÂNCIA. I – Estágio probatório é o período compreendido entre a nomeação e a aquisição de estabilidade no serviço público, no qual são avaliadas a aptidão, a eficiência e a capacidade do servidor para o efetivo exercício do cargo respectivo. II – Com efeito, o prazo do estágio probatório dos servidores públicos deve observar a alteração promovida pela Emenda Constitucional n.º 19/98 no art. 41 da Constituição Federal, no tocante ao aumento do lapso temporal para a aquisição da estabilidade no serviço público para 3 (três) anos, visto que, apesar de institutos jurídicos distintos, encontram-se pragmaticamente ligados. III – Destaque para a redação do artigo 28 da Emenda Constitucional n.º 19/98, que vem a confirmar o raciocínio de que a alteração do prazo para a aquisição da estabilidade repercutiu no prazo do estágio probatório, senão seria de todo desnecessária a menção aos atuais servidores em estágio probatório; bastaria, então, que se determinasse a aplicação do prazo de 3 (três) anos aos novos servidores, sem qualquer explicitação, caso não houvesse conexão entre os institutos da estabilidade e do estágio probatório. Procurador federal. Promoção e progressão na carreira. Portaria PGF 468/2005. Requisito. Conclusão. Estágio probatório. Direito líquido e certo. Inexistência. IV – Desatendido o requisito temporal de conclusão do estágio probatório, eis que não verificado o interstício de 3 (três) anos de efetivo exercício da impetrante no cargo de Procurador Federal, inexiste direito líquido e certo de figurar nas listas de promoção e progressão funcional, regulamentadas pela Portaria PGF n.º 468/2005. Ordem denegada" (STJ, MS 12.523/DF, 3.ª Seção, Rel. Min. Felix Fischer, j. 22.04.2009).

◙ **O STF acabou, ao fim, ratificando esse entendimento, quando do julgamento do *AgRg na Suspensão de Tutela Antecipada 269/DF*, inclusive reconhecendo a incompatibilidade do art. 22 da Lei Complementar 73/1993 com o novo regramento constitucional.**

"Agravo regimental em suspensão de tutela antecipada. 2. Estágio confirmatório de dois anos para Advogados da União de acordo com o artigo 22 da Lei Complementar n.º 73/1993. 3. Vinculação entre o instituto da estabilidade, definida no art. 41 da Constituição Federal, e o instituto do estágio probatório. 4. Aplicação de prazo comum de três anos a ambos os institutos. 5. Agravo Regimental desprovido" (STF, Pleno, AgRg na STA 269, Rel. Min. Gilmar Mendes, j. 04.02.2010).

▶ **É importante realçar que o tempo somente conta, para fins de estabilidade, se o servidor se mantiver no efetivo exercício do cargo nesse período**

Ainda com relação ao período de três anos, é importante realçar que ele somente conta, para fins de estabilidade, se o servidor se mantiver no efetivo exercício do cargo nesse período. Se ele se afastar para exercer outra função, e se período não pode ser computado, já que não haveria como demonstrar que possui as qualidades exigidas para o exercício das funções próprias do cargo de que é titular. Nas palavras de Cármen Lúcia Antunes Rocha, na obra citada, "o servidor pode estar habilitado para um cargo e não estar para outro, pelo que não é admissível o seu afastamento das funções inerentes ao cargo no qual se investiu para exercer outras nas quais não poderá ser avaliado, e comprovada, então, a sua aptidão, pois as funções que lhe foram cometidas referem-se ao cargo para o quanto se preparou e se ofereceu à Administração no concurso público". (DI PIETRO, Maria Sylvia Zanella, MOTTA, Fabrício, FERRAZ, Luciano de Araújo. Servidores públicos na Constituição Federal. 3ª. ed. – São Paulo: Atlas, 2015, p. 162)

▶ **Existem algumas hipóteses de exercício ficto, ou seja, de situações em que o servidor, embora sem trabalhar, é considerado como se estivesse em efetivo exercício.**

A legislação estatutária normalmente contém as normas que definem as regras sobre contagem de tempo de serviço, prevendo inclusive algumas hipóteses de exercício ficto, ou seja, de situações em que o servidor, embora sem trabalhar, é considerado como se estivesse em efetivo exercício. É evidente que essas hipóteses têm que ser estabelecidas de modo a não frustrar os objetivos do constituinte ao exigir o período de três anos como requisito para aquisição de estabilidade. (DI PIETRO, Maria Sylvia Zanella, MOTTA, Fabrício, FERRAZ, Luciano de Araújo. Servidores públicos na Constituição Federal. 3ª. ed. – São Paulo: Atlas, 2015, p. 162)

§ 1º O servidor público estável só perderá o cargo:

I – Em virtude de sentença judicial transitada em julgado;

▶ Perda do cargo em razão de sentença judicial transitada em julgado

Esta hipótese ocorre se o servidor praticar crime que possa levar à perda do cargo, o que está disciplinado pelo artigo 92 do Código Penal, com a redação dada pela Lei n.9.268, de 1º-4-96. Segundo esse dispositivo, a perda do cargo, função pública ou mandato eletivo pode ocorrer em duas hipóteses: (a) quando aplicada pena privativa de liberdade por tempo igual ou superior a um ano nos crimes praticados com abuso de poder ou violação de dever para com a Administração Pública; (b) quando for aplicada pena privativa de liberdade por tempo superior a quatro anos nos demais casos. O efeito da sentença não é automático, devendo ser nela declarado motivadamente, conforme parágrafo único do mesmo dispositivo do Código Penal. A perda do cargo, por sentença judicial, ainda pode decorrer da prática de ato de improbidade administrativa, com base no artigo 37, § 4º, da Constituição Federal, disciplinado pela Lei n. 8.429, de 2-6-92. A perda da função pública é uma das penalidades previstas no dispositivo constitucional. (Comentários à Constituição do Brasil – Série Idp. Mendes, Gilmar Ferreira; Streck, Lenio Luiz; Sarlet, Ingo Wolfgang; Leoncy, Léo Ferreira; Canotilho, J. J. Gomes. Editora Saraiva, 2ª Edição, São Paulo, 2018, p. 1067)

II – Mediante processo administrativo em que lhe seja assegurada ampla defesa;

▶ A reprovação em estágio probatório, no entanto, deve se dar após regular notificação do interessado para defesa, em procedimento próprio de avaliação, devidamente regulamentado.

A reprovação em estágio probatório, no entanto, deve se dar após regular notificação do interessado para defesa, em procedimento próprio de avaliação, devidamente regulamentado. A precariedade do vínculo não autoriza desrespeito à ampla defesa e ao contraditório, sendo muito antiga a jurisprudência do STF que impõe o respeito a esses postulados.

> ▶ No mesmo sentido: Não confirmados os requisitos, caberá exoneração ex officio, desde que assegurado ao interessado o direito de defesa, consoante entendimento consagrado pelo Supremo Tribunal Federal na Súmula n. 21:"Funcionário em estágio probatório não pode ser exonerado nem demitido sem inquérito ou sem as formalidades legais de apuração de sua capacidade". Esse entendimento, bastante antigo, ficou reforçado e inteiramente amoldado à norma do artigo 5º, LV, da Constituição, que assegura o contraditório e a ampla defesa, com os meios e recursos a ela inerentes, em qualquer situação em que haja litígio ou acusados nos processos judicial e administrativo. Não é necessária, no entanto, a instauração de processo administrativo disciplinar para exoneração do servidor em estágio probatório, sendo suficiente a abertura de sindicância, desde que assegurados os princípios da ampla defesa e do contraditório; esse foi o entendimento adotado pelo Superior Tribunal de Justiça no RMS 22.567-MT, em que foi Relator o Min. Og Fernandes, conforme acórdão publicado no DJede 11-5-11. (Comentários à Constituição do Brasil – Série Idp. Mendes, Gilmar Ferreira; Streck, Lenio Luiz; Sarlet, Ingo Wolfgang; Leoncy, Léo Ferreira; Canotilho, J. J. Gomes. Editora Saraiva, 2ª Edição, São Paulo, 2018, p. 1066)

◉ A mera reprovação no estágio probatório do servidor público não autoriza, por si só, a sua exoneração por insuficiência de desempenho profissional sem a observância do devido processo legal, já que deve ser oportunizada a ampla defesa quanto às avaliações negativas.

MANDADO DE SEGURANÇA. ADMINISTRATIVO. SERVIDOR PÚBLICO. ESTÁGIO PROBATÓRIO. REPROVAÇÃO. EXONERAÇÃO. CERCEAMENTO DE DEFESA. VIOLAÇÃO À AMPLA DEFESA E AO CONTRADITÓRIO. 1. "É cediço que o estágio probatório é o período de exercício do servidor durante o qual é observada e apurada pela administração da conveniência ou não de sua permanência no serviço público, mediante a verificação dos requisitos estabelecidos em lei, dentre os quais assiduidade, disciplina, capacidade de iniciativa, produtividade e responsabilidade. Uma vez submetido à avaliação de desempenho durante o estágio probatório, e tendo sido constatado que o servidor não está apto para ser efetivado no cargo ao qual foi empossado, estará o servidor sujeito à exoneração do seu cargo, nos termos do art. 20, § 2º da Lei 8.112/90. Contudo, a mera reprovação no estágio probatório do servidor público não autoriza, por si só, a sua exoneração por insuficiência de desempenho profissional sem a observância do devido processo legal, já que deve ser oportunizada a ampla defesa quanto às avaliações negativas. Precedentes do TRF – 1ª Região, STJ e STF" (REO 0032242-83.2006.4.01.3800 / MG, Rel. DESEMBARGADOR FEDERAL FRANCISCO DE ASSIS BETTI, Rel. Conv. JUIZ FEDERAL CLEBERSON JOSÉ ROCHA (CONV.), SEGUNDA TURMA, e-DJF1 p.1059 de 17/03/2015). 2. In casu, como bem observado pelo representante do MPF (fls. 188/189), "observa-se que as avaliações, sem exceção, não foram assinadas pelo servidor impetrante, sendo que, as duas primeiras, também não apresentam a assinatura do Chefe do Distrito. Quanto às 3 últimas, não foram datadas. Ademais, as datas da 1ª e 2ª avaliações são, respectivamente, 10 e 16 de janeiro de 2007, ou seja, aproximadamente 24 (vinte e quatro) meses após o início do efetivo exercício no cargo, o que contraria o item 6.1.3 do Manual, que exige a realização de avaliação no 6º mês de atividade. (...) A esse respeito, têm-se que, aos 07/02/08, foi enviado um memorando ao impetrante, solicitando seu comparecimento para tomar ciência das suas 5 (cinco) avaliações. Como sabido, um dos objetivos da Avaliação do Estágio Probatório é o de desenvolver e adequar o servidor para o efetivo desempenho do cargo; todavia, no caso em análise, o servidor foi privado de exercer o contraditório e ampla defesa, impedindo, de fato, assumisse novo comportamento, apto ao cargo". 3. Reexame necessário não provido. (REOMS 0023731-64.2008.4.01.3400 / DF, Rel. JUIZA FEDERAL RAQUEL SOARES CHIARELLI, PRIMEIRA TURMA, e-DJF1 de 2016-05-19)

◉ Anulação de certame, em caso de servidor já nomeado e ainda em estágio probatório, deve ser precedido de processo administrativo.

PROCESSUAL CIVIL. ADMINISTRATIVO. SERVIDOR PÚBLICO. CONCURSO PÚBLICO. HOMOLOGAÇÃO. NOMEAÇÃO. POSSE. ANULAÇÃO DO CERTAME. EXONERAÇÃO. NECESSIDADE DE PRÉVIO PROCESSO ADMINISTRATIVO. INOBSERVÂNCIA DOS PRINCÍPIOS DO CONTRADITÓRIO E DA AMPLA DEFESA. IMPOSSIBILIDADE. MATÉRIA FÁTICO-PROBATÓRIA. SÚMULA 7/STJ.

RECURSO ESPECIAL. ALÍNEA "C". NÃO DEMONSTRAÇÃO DA DIVERGÊNCIA. RECURSO ESPECIAL NÃO CONHECIDO. 1. Cuida-se, na origem, de Mandado de Segurança impetrado por Elialdo Oliveira da Silva contra ato da Prefeita do Município de Camocim, objetivando a sua nomeação para o cargo para qual fora aprovado dentro do número de vagas, em concurso público realizado pela Prefeitura no ano de 2012. 2. O Juiz de primeiro grau concedeu a segurança. 3. O Tribunal a quo negou provimento à Apelação do ora recorrente, e assim consignou na sua decisão: "Assim, em razão de o concurso público ter sido anulado pelo ente municipal após a situação jurídica do impetrante já estar estabilizada, constata-se que foram gerados efeitos concretos atingir esfera de direitos, razão pela qual anulação do certame não enseja na perda do objeto da presente ação. (...) Ademais, nesses casos, de acordo com entendimento pacífico dos tribunais superiores, é imprescindível a observância do devido processo legal para se anular ato administrativo eivado de ilegalidade quando afetar direito de terceiro, o que implica a observância do princípio do contraditório e da ampla defesa, o que não ocorreu no caso em comento. (...) De fronte a estes fatos, resta evidente a possibilidade do Poder Judiciário, através do princípio da legalidade, controlar o mérito administrativo e aplicar a heterotutela. Enfim, para a anulação de concurso público devidamente homologado é imprescindível a instauração de procedimento em que sejam assegurados o contraditório e a ampla defesa dos candidatos classificados, corolários do devido processo legal, o que não ocorreu na lide em comento. (...) Desta maneira, nota-se de forma clara que a anulação do certame através de um decreto do Chefe do Poder Executivo sem o processo administrativo cabível, a ampla defesa e o contraditório configura evidente violação à Constituição e à legislação infraconstitucional, o que torna este ato anulatório nulo. Na mesma trilha, segue o Tribunal de Justiça do Estado do Ceará, como se vê no acórdão a seguir transcrito: (...) Por todo o exposto, em consonância com os excertos jurisprudenciais acima transcritos, conheço da Remessa Necessária e da Apelação Cível para lhes negar provimento, mantendo incólume a sentença vergastada. (...) É como voto." (fls. 314-319, grifei em itálico). 4. O STJ, como bem destacado pelo Parquet federal no seu parecer, consolidou entendimento de que a exoneração de servidores concursados e nomeados para cargo efetivo, ainda que em estágio probatório, deve ser efetuada com observância do devido processo legal e do princípio da ampla defesa. Nesse sentido: REsp 1.685.839/PR, Rel. Ministro Herman Benjamin, Segunda Turma, DJe 13/9/2017. 5. Ademais, modificar a conclusão a que chegou a Corte de origem, de modo a acolher a tese do recorrente, demanda reexame do acervo fático-probatório dos autos, o que é inviável em Recurso Especial, sob pena de violação da Súmula 7 do STJ. 6. Por fim, não fez o recorrente o devido cotejo analítico. Assim, não demonstrou as circunstâncias que identificam ou assemelham os casos confrontados, com indicação da similitude fática e jurídica entre eles. 7. Recurso Especial não conhecido. (REsp 1693940/CE, Rel. Ministro HERMAN BENJAMIN, SEGUNDA TURMA, julgado em 24/10/2017, DJe 19/12/2017)

III – mediante procedimento de avaliação periódica de desempenho, na forma de lei complementar, assegurada ampla defesa.

▶ **Ao lado da capacitação técnica deve o servidor demonstrar que pode desempenhar as atribuições afetas ao cargo (Estágio probatório).**

O servidor público, quando concursado, submete-se a determinado prazo de comprovação de suas aptidões funcionais. Através do concurso demonstra sua qualificação profissional. O edital de concurso estipula requisitos de capacitação que necessitam de demonstração do atendimento de qualificação técnica. Aprovado em concurso, está apto a exercer suas atividades. No entanto, ao lado da capacitação técnica, tem que demonstrar que pode desempenhar as atribuições afetas ao cargo. Há uma aferição sobre seu comportamento, trato com o usuário, competência funcional etc. Passados três anos, adquire a estabilidade, que lhe garante a não exoneração, salvo nos casos estabelecidos na Constituição (art. 41).

▶ **No curso do prazo é imprescindível que se instaure procedimento administrativo para que, desatendidos os requisitos legalmente previstos, seja exonerado.**

No curso do prazo é imprescindível que se instaure procedimento administrativo para que, desatendidos os requisitos legalmente previstos, seja exonerado. A exoneração não é sanção. No entanto, no procedimento administrativo abre-se possibilidade para que, eventualmente, formule o funcionário razões de divergência. Tomando-se prescindível o servidor, é ele exonerado. No caso de ter cometido infração funcional, instaura-se processo administrativo, assegurada ampla defesa, vindo o servidor a ser demitido. (OLIVEIRA, Regis Fernandes. Servidores Públicos. Editora Malheiros, 3ª edição, São Paulo, 2015, p. 62/63)

◙ **Critérios para o servidor ser aprovado no estágio probatório.**

ADMINISTRATIVO. SERVIDOR PÚBLICO. TÉCNICO JUDICIÁRIO AUXILIAR DO TJSC. ESTÁGIO PROBATÓRIO. CRITÉRIOS DE AVALIAÇÃO. OFENSA AOS PRINCÍPIOS DA PROPORCIONALIDADE E DA RAZOABILIDADE. AUSÊNCIA. DESEMPENHO INSATISFATÓRIO. EXONERAÇÃO. LEGALIDADE. 1. A aquisição da estabilidade no serviço público ocorre após o implemento de 3 anos no cargo e a aprovação na avaliação de estágio probatório. 2. A avaliação do servidor deve levar em consideração o desempenho durante todo o período de três anos, em atenção aos princípios da proporcionalidade e da razoabilidade. 3. Hipótese em que foram realizadas 12 avaliações em períodos trimestrais e subsequentes, sendo que, em sete delas (3ª, 4ª, 5ª, 6ª, 9ª, 10ª e 12ª), o recorrente não obteve grau satisfatório em pelo menos um dos quatro quesitos, notadamente disciplina e/ou eficiência, fatores estes suficientes para afastar o bom desempenho obtido nas demais avaliações, ocorridas no 1º, 2º, 7º, 8º e 11º períodos. 4. Agravos regimentais providos para negar provimento ao recurso ordinário. (AgRg no RMS 49.850/SC, Rel. Ministro NAPOLEÃO NUNES MAIA FILHO, Rel. p/ Acórdão Ministro GURGEL DE FARIA, PRIMEIRA TURMA, julgado em 09/05/2017, DJe 30/05/2017)

▶ **O art. 20 da Lei 8.112/1990 fixa importante disposição sobre o estágio probatório no âmbito federal, estabelecendo o que nele serão apuradas:**

a) assiduidade;

b) disciplina;

c) capacidade de iniciativa;

d) produtividade;

e) responsabilidade.

▶ **O relatório do estágio será submetido à avaliação e homologação da autoridade competente, quatro meses antes de findo o período**

A própria Lei federal, que deve ter sua redação, referente ao prazo, adaptada ao novo texto constitucional, prevê que o relatório do estágio será submetido à avaliação e homologação da autoridade competente, quatro meses antes de findo o período.

§ 2º Invalidada por sentença judicial a demissão do servidor estável, será ele reintegrado, e o eventual ocupante da vaga, se estável, reconduzido ao cargo de origem, sem direito a indenização, aproveitado em outro cargo ou posto em disponibilidade com remuneração proporcional ao tempo de serviço. (Redação dada pela Emenda Constitucional nº 19, de 1998)

§ 3º Extinto o cargo ou declarada a sua desnecessidade, o servidor estável ficará em disponibilidade, com remuneração proporcional ao tempo de serviço, até seu adequado aproveitamento em outro cargo. (Redação dada pela Emenda Constitucional nº 19, de 1998)

▶ **Em que consiste a disponibilidade?**

Disponibilidade consiste na suspensão temporária do exercício pelo servidor de suas atividades em virtude da ausência de cargo público, mediante o recebimento de remuneração proporcional ao tempo de serviço. (JUSTEN FILHO, Marçal. Curso de direito, 13.ed. Editora Revista dos Tribunais, São Paulo, 2018, p. 816)

▶ **Há inúmeras hipóteses em que se prevê a disponibilidade.**

Há inúmeras hipóteses em que se prevê a disponibilidade. A mais usual é a extinção do cargo, sem possibilidade de aproveitamento do ocupante em cargo equivalente. Mas também se prevê a disponibilidade para a hipótese em que a promoção, demissão ou exoneração venham a ser desfeitas, impondo-se a reposição dos fatos no estado anterior. Isso poderá encontrar obstáculos intransponíveis. Suponha-se que seja extinto o cargo do qual um sujeito ("Pedro") fora indevidamente demitido. Sobrevém ordem judicial determinando a reintegração do sujeito e se verifica que o antigo cargo não mais existe. A solução é a disponibilidade de "Pedro". (JUSTEN FILHO, Marçal. Curso de direito, 13.ed. Editora Revista dos Tribunais, São Paulo, 2018, p. 816)

▶ **No atual regime constitucional, a disponibilidade não apresenta natureza punitiva nem pode ser aplicada sob fundamento de conduta inadequada ou defeituosa do sujeito.**

A disponibilidade é um afastamento temporário, e o sujeito poderá retornar à atividade quando se verificar a existência de cargo para sua investidura. O tempo de disponibilidade será considerado para efeito de aposentadoria. Preenchidos os requisitos necessários, o sujeito poderá obter a aposentadoria, mesmo encontrando-se em disponibilidade. (JUSTEN FILHO, Marçal. Curso de direito, 13.ed. Editora Revista dos Tribunais, São Paulo, 2018, p. 817)

▶ **O art. 41, § 3.º, da CF/1988 estabelece que, extinto o cargo ou declarada a sua desnecessidade, o servidor estável ficará em disponibilidade, com *remuneração proporcional ao tempo de serviço*, até seu adequado aproveitamento em outro cargo.**

O § 3º do artigo 41 prevê, entre as garantias asseguradas ao servidor estável, o direito à disponibilidade, com remuneração proporcional ao tempo de serviço, em caso de seu cargo ser extinto ou declarado desnecessário. (Comentários à Constituição do Brasil – Série Idp. Mendes, Gilmar Ferreira; Streck, Lênio Luiz; Sarlet, Ingo Wolfgang; Leoncy, Léo Ferreira; Canotilho, J. J. Gomes. Editora Saraiva, 2ª Edição, São Paulo, 2018, p. 1069)

> **No mesmo sentido:** No entanto, se houver estabilidade, o sujeito deverá ser colocado em disponibilidade, até que seja possível o seu aproveitamento em cargo de atribuições e remuneração compatíveis com o anteriormente ocupado (tal como disposto no art. 30 da Lei8.112/1990). Na disponibilidade, o sujeito percebe a remuneração correspondente ao cargo que ocupara, proporcional ao tempo de serviço necessário à aposentadoria. Essa solução deriva da redação dada pela EC 19 para o art. 41, § 3.º, da Constituição. Ficou, desse modo, superada a orientação consagrada na Súmula STF 358: "O servidor público em disponibilidade tem direito aos vencimentos integrais do cargo". (JUSTEN FILHO, Marçal. Curso de direito, 13.ed. Editora Revista dos Tribunais, São Paulo, 2018, p. 816)

▶ **A disponibilidade corresponde à garantia de inatividade remunerada, só assegurada ao servidor que tenha adquirido estabilidade.**

A disponibilidade corresponde à garantia de inatividade remunerada, só assegurada ao servidor que tenha adquirido estabilidade. Se o servidor está em estágio probatório, ele não faz jus a esse benefício, conforme decidido desde longa data pelo Supremo Tribunal Federal, em entendimento consagrado na Súmula n. 22, pela qual "o estágio probatório não protege o funcionário contra a extinção do cargo". (Comentários à Constituição do Brasil – Série Idp. Mendes, Gilmar Ferreira; Streck, Lênio Luiz; Sarlet, Ingo Wolfgang; Leoncy, Léo Ferreira; Canotilho, J. J. Gomes. Editora Saraiva, 2ª Edição, São Paulo, 2018, p. 1069)

▶ **Coaduna o instituto com o princípio da eficiência a redistribuição de cargos, com a remoção dos seus respectivos ocupantes ao invés de realizar novos concursos sempre que houver modificação na estrutura administrativa.**

A necessidade de aprovação em concurso público para a investidura em cargo ou emprego público vedou a ocorrência, em nossos dias, do instituto da transferência, do acesso e quaisquer outros que importem em investidura com transgressão a regra constitucional do art. 37, II. Mas a redistribuição de cargos, com a remoção dos seus respectivos ocupantes, não foi objeto dessa vedação. Coaduna o instituto com o princípio da eficiência, pois se a cada modificação na estrutura administrativa, em que se redefinisse as atribuições dos órgãos que compõem a atividade estatal, fosse necessário colocar os servidores de qualquer atribuição transferida para outro órgão em disponibilidade e realizar novos concursos, certamente haveriam altos custos para a atividade estatal, tanto pela perda da experiencia desses servidores, quanto pelas despesas diretamente decorrentes da necessidade de adoção dessas medidas. (OLIVEIRA, Antônio Flavio de, Servidor público: remoção, cessão, enquadramento e redistribuição. 2. ed. rev. e ampl. Belo Horizonte: Fórum, 2005 p. 190)

> Ainda: Seria insustentável, sob o ponto de vista da Economicidade, que ao se criar uma nova Secretaria de Estado todos os servidores daquela anteriormente extinta, com atribuições perfeitamente compatíveis com a nova estrutura, tivessem que ser colocados em disponibilidade remunerada e realizado novo concurso para o provimento de vagas da nova secretaria criada. Também não ha razão que ampare ser necessária e adequada a providência de por servidores existentes em disponibilidade e realizar concurso para a admissão de outros com funções idênticas simplesmente porque ocorreu mudança na estrutura organizacional da Administração. (OLIVEIRA, Antônio Flavio de. Servidor público: remoção, cessão, enquadramento e redistribuição. 2. ed. rev. e ampl. Belo Horizonte: Fórum, 2005 p. 192/193)

▶ **Como é feita a extinção de cargo?**

A extinção de cargo pressupõe lei, pois é por lei que ele é criado, mas a CF/1988, a partir da EC 32/2001, passou a admitir que, no âmbito do Executivo Federal, o Presidente da República decrete a extinção, quando o cargo já estiver vago (art. 84, VI, *b*).

▶ **A extinção do cargo ou a declaração de sua desnecessidade inserem-se no âmbito de discricionariedade da Administração Pública, mas tem que ser devidamente justificada.**

A extinção do cargo ou a declaração de sua desnecessidade inserem-se no âmbito de discricionariedade da Administração Pública, mas tem que ser devidamente justificada, até pelas consequências danosas que produz, seja para o servidor, que ficará em inatividade, experimentando redução em seus proventos, seja para os cofres públicos, que terão que arcar com o pagamento de proventos a quem não está trabalhando. A consequência ainda pode ser mais danosa para o servidor não estável, porque ele não faz jus à disponibilidade, podendo vir a ser exonerado ex officio, ainda que tenha sido nomeado mediante concurso público. (Comentários à Constituição do Brasil – Série Idp. Mendes, Gilmar Ferreira; Streck, Lênio Luiz; Sarlet, Ingo Wolfgang; Leoncy, Léo Ferreira; Canotilho, J. J. Gomes. Editora Saraiva, 2ª Edição, São Paulo, 2018, p. 1069)

▶ **No âmbito federal, o *Decreto 3.151/1999* disciplina a prática dos atos de extinção e declaração de desnecessidade de cargos públicos, prevendo que esta última ocorrerá apenas nos casos de extinção ou de reorganização de órgãos ou entidades.**

No âmbito federal, o *Decreto 3.151/1999* disciplina a prática dos atos de extinção e declaração de desnecessidade de cargos públicos, prevendo que esta última ocorrerá apenas nos casos de extinção ou de reorganização de órgãos ou entidades. Assim, em vez de se redistribuir os cargos para outros órgãos ou entidades, ou extingui-los, procede-se à declaração de sua desnecessidade.

▶ **A declaração de desnecessidade não importa na extinção do cargo, mas apenas no reconhecimento de que não é necessário seu preenchimento, o que pressuporá, dessa forma, que o cargo fique vago enquanto tal condição permanecer.**

O art. 41, § 3.º, da CF/1988 estabelece que, extinto o cargo ou declarada a sua desnecessidade, o servidor estável ficará em disponibilidade, com *remuneração proporcional ao tempo de serviço*, até seu adequado aproveitamento em outro cargo. A declaração de desnecessidade não importa na extinção do cargo, mas apenas no reconhecimento de que não é necessário seu preenchimento, o que pressuporá, dessa forma, que o cargo fique vago enquanto tal condição permanecer. (DI PIETRO, Maria Sylvia Zanella. Tratado do Direito Administrativo: administração pública e servidores públicos / Fabrício Motta e Maria Sylvia Zanella Pietro. São Paulo, Ed. Revista dos Tribunais, 2014, Volume 2, 2014, p. 501)

▶ **Critérios a serem observados na escolha dos cargos sujeitos à declaração de desnecessidade de cargos públicos.**

O art. 3.º do Decreto prevê critérios a serem observados na escolha dos cargos sujeitos à declaração de desnecessidade, pertinentes à situação pessoal dos respectivos ocupantes, para fins de disponibilidade. São eles: a) menor tempo de serviço; b) maior remuneração; c) idade menor; d) menor número de dependentes.

▶ **Delegação aos Ministros de Estado e ao Advogado-Geral da União da prática dos atos de declaração de desnecessidade de cargos públicos e de colocação em disponibilidade remunerada dos respectivos servidores**

O Decreto 3.151/1999 previu, ainda, a delegação aos Ministros de Estado e ao Advogado-Geral da União da prática dos atos de declaração de desnecessidade de cargos públicos e de colocação em disponibilidade remunerada dos respectivos servidores, vedada a subdelegação (art. 10).

▶ **Sem a extinção ou declaração de desnecessidade do cargo, não pode haver a colocação do servidor em disponibilidade.**

Sem a extinção ou declaração de desnecessidade do cargo, não pode haver a colocação do servidor em disponibilidade, já tendo o STF decidido pela manutenção de condenação de Prefeito municipal, por improbidade administrativa, por assim ter atuado.

▶ **Quanto à forma de contagem desse tempo, o artigo 40, § 9º, da Constituição determina que "o tempo de contribuição federal, estadual ou municipal será contado para efeito de aposentadoria e o tempo de serviço correspondente para efeito de disponibilidade".**

Quanto à forma de contagem desse tempo, o artigo 40, § 9º, da Constituição determina que "o tempo de contribuição federal, estadual ou municipal será contado para efeito de aposentadoria e o tempo de serviço correspondente para efeito de disponibilidade". A diversidade de redação no que se refere à contagem para aposentadoria e para disponibilidade permite a conclusão de que, para a primeira, só pode ser computado o tempo de contribuição e, para a segunda, o tempo de serviço público, independentemente de contribuição. A distinção se justifica porque a aposentadoria passou a ser benefício de natureza previdenciária, o mesmo não ocorrendo com a disponibilidade, que constitui garantia do servidor estável, com proventos pagos pelo ente político com o qual o servidor mantém o vínculo funcional. Para fins de disponibilidade, a Constituição não assegura a contagem do tempo de contribuição na atividade privada, que é prevista apenas para fins de aposentadoria (art. 209, § 9º).

▶ **Há entendimento que a Súmula 39 do Supremo Tribunal Federal ("À falta de lei, funcionário em disponibilidade não pode exigir, judicialmente, o seu aproveitamento, que fica subordinado ao critério de conveniência da administração") encontra-se superada**

Essa orientação era compatível com a sistemática anterior e se conjugava com o entendimento de que o sujeito tinha direito, na disponibilidade, à remuneração integral do cargo. Na medida em que tal entendimento foi modificado por efeito de emenda à Constituição, a disponibilidade produz efeitos redutores da remuneração do particular. Logo, tem ele direito a retornar à atividade tão logo isso seja possível. Se a Administração entender que o sujeito não preenche os requisitos para tanto, deverá adotar uma solução adequada. Manter o sujeito em disponibilidade em virtude de pretensos defeitos pessoais corresponde à consagração do desvio de finalidade. Enfim, se a colocação em disponibilidade é uma solução vinculada, não é possível admitir que o aproveitamento do sujeito em disponibilidade reflita uma competência discricionária. (JUSTEN FILHO, Marçal. Curso de direito, 13.ed. Editora Revista dos Tribunais, São Paulo, 2018, p. 817)

Neste sentido: "(...) 1. A Emenda Constitucional 19/1998 alterou substancialmente parte do art. 41, § 3.º, da CF/1988, o qual figura como paradigma de controle na ação. (...) 2. A imposição do prazo de um ano para aproveitamento do servidor em disponibilidade ofende materialmente a Carta Federal, pois consiste em obrigação criada pelo Poder Legislativo que não decorre direta ou indiretamente dos pressupostos essenciais à aplicação do instituto da disponibilidade definidos na Constituição Federal de 1988 (art. 41, § 3.º), e, principalmente, porque não condiz com o postulado da independência dos Poderes instituídos, ainda que em sede do primeiro exercício do poder constituinte decorrente. 3.O art. 41, § 3.º, da CF/1988, na sua redação originária, era silente em relação ao quantum da remuneração que seria devida ao servidor posto em disponibilidade. Esse vácuo normativo até então existente autorizava os estados a legislar sobre a matéria, assegurando a integralidade remuneratória aos seus servidores. Contudo, a modificação trazida pela EC 19/1998 suplantou a previsão contida na Carta estadual, pois passou a determinar, expressamente, que a remuneração do servidor em disponibilidade seria proporcional ao tempo de serviço. 4. Ação direta julgada parcialmente procedente" (STF – ADI 239, Pleno, rel. Min. Dias Toffoli, j.19.02.2014, DJe 30.10.2014).

◙ **Súmula n.º 10 do STF- O tempo de serviço militar conta-se para efeito de disponibilidade e aposentadoria do servidor público estadual.**

◙ **Súmula n.º 11 do STF – A vitaliciedade não impede a extinção do cargo, ficando o funcionário em disponibilidade, com todos os vencimentos.**

◙ **Súmula n.º 22 do STF – O estágio probatório não protege o funcionário contra a extinção do cargo.**

◙ **Súmula nº 39 do STF – À falta de lei, funcionário em disponibilidade não pode exigir, judicialmente, o seu aproveitamento, que fica subordinado ao critério de conveniência da administração.**

◙ **Súmula n.º 567 do STF – A constituição, ao assegurar, no § 3º do art. 102, a contagem integral do tempo de serviço público federal, estadual ou municipal para os efeitos de aposentadoria e disponibilidade não proíbe à União, aos Estados e aos Municípios mandarem contar, mediante lei, para efeito diverso, tempo de serviço prestado a outra pessoa de direito público interno**

APROVEITAMENTO

O servidor que foi colocado em disponibilidade pode retornar, após um tempo, ao serviço público. Como a disponibilidade, na maioria das vezes, decorre da extinção do cargo, não haverá a possibilidade de retorno ao mesmo cargo anteriormente ocupado, razão pela qual será feito o "aproveitamento" do servidor em cargo de atribuições e vencimentos compatíveis com o anteriormente ocupado (art. 30 da Lei 8.112/1990). Em tese, na hipótese de declaração de desnecessidade do cargo, como não há, propriamente, a extinção deste, o aproveitamento pode ser no mesmo cargo. Uma hipótese de aproveitamento, reconhecida na jurisprudência como possível, foi a dos fiscais do extinto Instituto do Açúcar e do Álcool (IAA), com o cargo de Auditor Fiscal do Tesouro Nacional (atual Auditor Fiscal da Receita Federal do Brasil).

◙ **O Supremo Tribunal Federal considerou ser devido o enquadramento dos antigos fiscais de tributos do Instituto do Açúcar e do Álcool na carreira da auditoria fiscal do tesouro nacional, tendo o entendimento sido adotado pela Terceira Seção do STJ.**

AGRAVO REGIMENTAL. RECURSO ESPECIAL. PENSIONISTA DE FALECIDO FISCAL DE TRIBUTOS DO AÇÚCAR E DO ÁLCOOL. ENQUADRAMENTO NO CARGOS DE AUDITOR FISCAL DO TESOURO NACIONAL. ART. 30 DA LEI 8.112/1990.RECURSO ESPECIAL A QUE SE NEGA SEGUIMENTO. AGRAVO REGIMENTAL A QUE SE NEGA PROVIMENTO. 1. O Supremo Tribunal Federal considerou ser devido o enquadramento dos antigos fiscais de tributos do Instituto do Açúcar e do Álcool na carreira da auditoria fiscal do tesouro nacional, tendo o entendimento sido adotado pela Terceira Seção do STJ. 2. Assentada a compatibilidade entre o extinto cargo de Fiscal do Álcool e do Açúcar com a de Auditor Fiscal do Tesouro Nacional, não há óbice ao aproveitamento, sem necessidade de concurso. 3. O tema relativo à legitimidade ativa ad causam está intrinsicamente ligado ao direito pleiteado e reconhecido. Assim como delimitado pelo Tribunal a quo: a preliminar articulada não merece prosperar, pois, em verdade, o que pretende a autora não é o reenquadramento puro e simples do servidor falecido, mas, sim, como sua pensionista, o reenquadramento para fins de percepção do valor correto de sua pensão. 4. Agravo regimental a que se nega provimento. (AgRg no REsp 1145897/DF, Rel. Ministro CELSO LIMONGI (DESEMBARGADOR CONVOCADO DO TJ/SP), SEXTA TURMA, julgado em 17/05/2011, DJe 25/05/2011)

◉ **O aproveitamento de servidor público deve ser realizado em cargo de atribuições e vencimentos compatíveis com o anteriormente ocupado.**

ADMINISTRATIVO. AGRAVO REGIMENTAL NO AGRAVO DE INSTRUMENTO. INSPETORES DE CAFÉ DO EXTINTO INSTITUTO BRASILEIRO DO CAFÉ – IBC. PEDIDO DE ENQUADRAMENTO NO CARGO DE AUDITOR-FISCAL DA RECEITA FEDERAL. IMPOSSIBILIDADE, TENDO EM VISTA A AUSÊNCIA DE COMPATIBILIDADE ENTRE AS FUNÇÕES DESEMPENHADAS. A DISCUSSÃO ACERCA DA EXISTÊNCIA OU NÃO DE IDENTIDADE ENTRE AS FUNÇÕES DESEMPENHADAS REQUER O REEXAME DE FATOS E PROVA, O QUE ENCONTRA ÓBICE NO ENUNCIADO 7 DA SÚMULA DO STJ. AGRAVO DESPROVIDO. 1. Nos termos do art. 30 da Lei 8.112/90, o aproveitamento de servidor público deve ser realizado em cargo de atribuições e vencimentos compatíveis com o anteriormente ocupado. 2. Constata-se, da análise da legislação pertinente, que as atribuições do cargo de Inspetor de Café, previstas na Portaria 214/84, não podem ser consideradas similares com aquelas peculiares ao cargo de Auditor Fiscal da Receita Federal do Brasil, constantes da Lei 10.593/2002. 3. Para se acolher a tese dos ora Agravantes de que, na hipótese dos autos, verifica-se a similitude entre as atribuições por eles exercidas e aquelas atinentes ao cargo de Auditor-Fiscal da Receita Federal, seria necessário o reexame do conjunto fático-probatório delineado nas instâncias ordinárias, tendo em vista que pelo mero confronto das legislações aplicáveis, não se pode aferir a alegada compatibilidade. No entanto, tal providência se mostra inviável, em Recurso Especial, tendo em vista o disposto no enunciado 7 da Súmula do STJ. Precedentes. 4. Agravo Regimental desprovido. (AgRg no Ag 997.773/RJ, Rel. Ministro NAPOLEÃO NUNES MAIA FILHO, QUINTA TURMA, julgado em 30/10/2008, DJe 01/12/2008)

◉ **Independe de concurso o aproveitamento de servidor público em disponibilidade por força de extinção do cargo na carreira encarregada das atribuições exercidas anteriormente por sua categoria.**

ADMINISTRATIVO. SERVIDOR PÚBLICO EM DISPONIBILIDADE POR FORÇA DE EXTINÇÃO DO CARGO. APROVEITAMENTO. CONCURSO. INEXIGI-

BILIDADE. DISSÍDIO JURISPRUDENCIAL. AUSÊNCIA. DEMONSTRAÇÃO. 1. O entendimento pretoriano, capitaneado pelo Supremo Tribunal Federal é no sentido que independe de concurso o aproveitamento de servidor público em disponibilidade por força de extinção do cargo na carreira encarregada das atribuições exercidas anteriormente por sua categoria. 2. Assentada a compatibilidade entre a situação dos antigos Fiscais de Tributos do Álcool e do Açúcar com a de Auditor Fiscal do Tesouro Nacional não há óbice ao aproveitamento, sem necessidade do concurso. Precedentes do STF. 3. Malgrado a tese de dissídio jurisprudencial, há necessidade, diante das normas legais regentes da matéria (art. 541, parágrafo único do CPC c/c o art. 255 do RISTJ), de confronto, que não se satisfaz com a simples transcrição de ementas, entre trechos do acórdão recorrido e das decisões apontadas como divergentes, mencionando-se as circunstâncias que identifiquem ou assemelhem os casos confrontados. Ausente a demonstração analítica do dissenso, incide o óbice da súmula 284 do Supremo Tribunal Federal. 4. Recurso especial não conhecido. (REsp 449.005/PE, Rel. Ministro FERNANDO GONÇALVES, SEXTA TURMA, julgado em 08/10/2002, DJ 28/10/2002, p. 365)

◙ **Não ofende o ato jurídico perfeito a aplicação imediata do art. 14 da Emenda Constitucional 20/1998 e do art. 5º da Emenda Constitucional 41/2003 aos benefícios previdenciários limitados a teto do regime geral de previdência estabelecido antes da vigência dessas normas, de modo a que passem a observar o novo teto constitucional.**

DIREITOS CONSTITUCIONAL E PREVIDENCIÁRIO. REVISÃO DE BENEFÍCIO. ALTERAÇÃO NO TETO DOS BENEFÍCIOS DO REGIME GERAL DE PREVIDÊNCIA. REFLEXOS NOS BENEFÍCIOS CONCEDIDOS ANTES DA ALTERAÇÃO. EMENDAS CONSTITUCIONAIS N. 20/1998 E 41/2003. DIREITO INTERTEMPORAL: ATO JURÍDICO PERFEITO. NECESSIDADE DE INTERPRETAÇÃO DA LEI INFRACONSTITUCIONAL. AUSÊNCIA DE OFENSA AO PRINCÍPIO DA IRRETROATIVIDADE DAS LEIS. RECURSO EXTRAORDINÁRIO A QUE SE NEGA PROVIMENTO. 1. Há pelo menos duas situações jurídicas em que a atuação do Supremo Tribunal Federal como guardião da Constituição da República demanda interpretação da legislação infraconstitucional: a primeira respeita ao exercício do controle de constitucionalidade das normas, pois não se declara a constitucionalidade ou inconstitucionalidade de uma lei sem antes entendê-la; a segunda, que se dá na espécie, decorre da garantia constitucional da proteção ao ato jurídico perfeito contra lei superveniente, pois a solução de controvérsia sob essa perspectiva pressupõe sejam interpretadas as leis postas em conflito e determinados os seus alcances para se dizer da existência ou ausência da retroatividade constitucionalmente vedada. 2. Não ofende o ato jurídico perfeito a aplicação imediata do art. 14 da Emenda Constitucional n. 20/1998 e do art. 5º da Emenda Constitucional n. 41/2003 aos benefícios previdenciários limitados a teto do regime geral de previdência estabelecido antes da vigência dessas normas, de modo a que passem a observar o novo teto constitucional. 3. Negado provimento ao recurso extraordinário. (RE 564354, Relator(a): Min. CÁRMEN LÚCIA, Tribunal Pleno, julgado em 08/09/2010, REPERCUSSÃO GERAL – MÉRITO DJe-030 DIVULG 14-02-2011 PUBLIC 15-02-2011 EMENT VOL-02464-03 PP-00487)

◙ **Os benefícios concedidos entre 05.10.1988 e 05.04.1991 (período do buraco ne-gro) não estão, em tese, excluídos da possibilidade de readequação segundo os tetos instituídos pelas EC´s nº 20/1998 e 41/2003, a ser aferida caso a caso, conforme os parâmetros definidos no julgamento do RE 564.354, em regime de repercussão geral.**

Direito previdenciário. Recurso extraordinário. Readequação de benefício concedido entre 05.10.1988 e 05.04.1991 (buraco negro). Aplicação imediata dos tetos instituídos pe-las EC´s nº 20/1998 e 41/2003. Repercussão geral. Reafirmação de jurisprudência. 1. Não ofende o ato jurídico perfeito a aplicação imediata dos novos tetos instituídos pelo art. 14 da EC nº 20/1998 e do art. 5º da EC nº 41/2003 no âmbito do regime geral de pre-vidência social (RE 564.354, Rel. Min. Cármen Lúcia, julgado em regime de repercussão geral). 2. Não foi determinado nenhum limite temporal no julgamento do RE 564.354. Assim, os benefícios concedidos entre 05.10.1988 e 05.04.1991 (buraco negro) não estão, em tese, excluídos da possibilidade de readequação, segundo os tetos instituídos pelas EC´s nº 20/1998 e 41/2003. O eventual direito a diferenças deve ser aferido caso a caso, conforme os parâmetros já definidos no julgamento do RE 564.354. 3. Repercussão geral reconhecida, com reafirmação de jurisprudência, para assentar a seguinte tese: "os bene-fícios concedidos entre 05.10.1988 e 05.04.1991 (período do buraco negro) não estão, em tese, excluídos da possibilidade de readequação segundo os tetos instituídos pelas EC´s nº 20/1998 e 41/2003, a ser aferida caso a caso, conforme os parâmetros definidos no julgamento do RE 564.354, em regime de repercussão geral".(RE 937595 RG, Relator(a): Min. ROBERTO BARROSO, julgado em 02/02/2017, PROCESSO ELETRÔNICO RE-PERCUSSÃO GERAL – MÉRITO DJe-101 DIVULG 15-05-2017 PUBLIC 16-05-2017)

◙ **O tempo de serviço prestado às empresas públicas e sociedades de economia mis-ta somente pode ser computado para efeitos de aposentadoria e disponibilidade.**

PROCESSUAL CIVIL E ADMINISTRATIVO. RECURSO ORDINÁRIO EM MAN-DADO DE SEGURANÇA. ADMINISTRATIVO. SERVIDOR PÚBLICO CELETISTA QUE PASSOU A SER ESTATUTÁRIO. CONTAGEM DO TEMPO DE SERVIÇO ANTE-RIOR, PRESTADO A EMPRESAS PÚBLICAS ESTADUAIS, PARA TODOS OS EFEITOS. IMPOSSIBILIDADE. CONTAGEM APENAS PARA EFEITO DE APOSENTADORIA E DISPONIBILIDADE. ILEGALIDADE NÃO CONFIGURADA. DIREITO LÍQUIDO E CERTO NÃO DEMONSTRADO. 1. Na origem, trata-se de Mandado de Segurança, im-petrado por servidor público estadual, contra ato do Secretário de Produção e Agricul-tura Familiar – SEPAF que em processo administrativo considerou o período trabalhado sob o regime celetista, tanto para a Empresa de Pesquisa, Assistência Técnica e Extensão Rural de Mato Grosso do Sul – EMPAER, quanto para a AGRAER, como tempo de ser-viço privado para efeitos de aposentadoria. 2. No enfrentamento da matéria, o Tribunal de origem lançou os seguintes fundamentos (fls. 102-103, e-STJ): " O que importa, para o deslinde da questão, é a qual regime previdenciário o Impetrante encontrava-se vinculado durante esse período, e, como ele mesmo confirmou, era ao regime celetista. É por esse motivo que o tempo de serviço na atividade privada só é contado para fins de aposenta-doria e disponibilidade, pois os demais benefícios previdenciários do regime próprio têm relação com a própria natureza pública do serviço. (...) Desse modo, não se pode conside-rar como público o tempo em que o Impetrante laborou no serviço privado, contribuindo exclusivamente para o Regime Geral da Previdência Social". 3. O tempo de serviço prestado em sociedades de economia mista e em empresas públicas estaduais pode – como ocorreu no caso concreto – ser averbado para fins de aposentadoria e de disponibilidade, não sendo possível, no entanto, seu uso como "efetivo serviço público", em sintonia com o que está firmado na jurisprudência do Superior Tribunal de Justiça. Precedentes: AgInt no RMS 48.575/MS, Rel. Ministro Og Fernandes, Segunda Turma, DJe 27/03/2017; AgRg no RMS 46.853/MS, Rel. Ministra Assusete Magalhães, Segunda Turma, DJe 24/6/2015; RMS 46.070/MS, Rel. Ministro Og Fernandes, Segunda Turma, DJe 10/9/2014; AgRg no RMS 45.157/MS, Rel. Ministro Herman Benjamin, Segunda Turma, DJe 15/8/2014. 4. In casu, o tempo de serviço prestado em empresas públicas não pode ser considerado para obtenção de aposentadoria com as regras integrais asseguradas somente aos servidores públicos efetivos estatutários, pois não se configura como "tempo de serviço público" para todos os efeitos, ao contrário do que pleiteia a parte recorrente. 5. Recurso Ordinário a que se nega provimento. (RMS 55.312/MS, Rel. Ministro HERMAN BENJAMIN, SEGUNDA TURMA, julgado em 28/11/2017, DJe 19/12/2017)

§ 4º Como condição para a aquisição da estabilidade, é obrigatória a avaliação especial de desempenho por comissão instituída para essa finalidade. (Incluído pela Emenda Constitucional nº 19, de 1998)

▶ **O § 4.º do art. 41 da Carta Magna, na redação dada pela EC 19/1998, exige expressamente avaliação especial de desempenho por comissão constituída para essa finalidade, como condição para aquisição da estabilidade.**

A exigência de avaliação especial de desempenho por comissão instituída para essa finalidade, como requisito para aquisição de estabilidade, consta do § 4º do artigo 41, introduzido pela Emenda Constitucional n. 19/98. A possibilidade de ser feita avaliação de desempenho sempre existiu e está implícita na ideia de estágio probatório. Só que agora a avaliação por comissão instituída para essa finalidade tornou-se obrigatória. Trata-se de imposição voltada para a Administração Pública, no sentido de que depende de providência a ser por ela adotada. Se não o fizer, a omissão não poderá prejudicar a aquisição da estabilidade pelo servidor. Cumpridos os três anos de efetivo exercício, o servidor se tornará estável, com ou sem avaliação. Interpretação diversa poderia significar um incentivo à omissão da autoridade que, por alguma razão alheia ao objetivo do estágio probatório, quisesse impedir a aquisição da estabilidade. Por isso mesmo, a exigência é, de certa forma, inócua, já que o não cumprimento da mesma nenhuma consequência negativa poderá acarretar para o servidor. A autoridade que se omitir é que poderá responder administrativa e judicialmente pela omissão. (Comentários à Constituição do Brasil – Série Idp. Mendes, Gilmar Ferreira; Streck, Lenio Luiz; Sarlet, Ingo Wolfgang; Leoncy, Léo Ferreira; Canotilho, J. J. Gomes. Editora Saraiva, 2ª Edição, São Paulo, 2018, p. 1067)

◙ **A avaliação da compatibilidade entre as atribuições do cargo e a deficiência do candidato somente deve ser feita por equipe multiprofissional durante o estágio probatório**

ADMINISTRATIVO. SERVIDOR PÚBLICO. CONCURSO PÚBLICO. ELIMINAÇÃO DE CANDIDATA IMPETRANTE EM EXAME MÉDICO. AVALIAÇÃO DA

COMPATIBILIDADE ENTRE AS ATRIBUIÇÕES DO CARGO E A DEFICIÊNCIA DO CANDIDATO QUE SOMENTE DEVERIA SER FEITA POR EQUIPE MULTI-PROFISSIONAL DURANTE O ESTÁGIO PROBATÓRIO. ART. 43 DO DECRETO N. 3.298/99. CONFIGURAÇÃO DO DIREITO LÍQUIDO E CERTO. I – Na origem, trata-se de mandado de segurança com pedido de liminar, contra ato do Presidente da Comissão Examinadora do Concurso Público para Provimento de Cargo de Escrevente Técnico Judiciário do TJSP, que a considerou a parte impetrante inapta em exame médico por ser portadora de distonia focal, deficiência incompatível com o exercício do cargo. II – Parecer do Ministério Público Federal pelo desprovimento do recurso ordinário. III – O Tribunal Estadual concluiu que "as questões fáticas relativas aos laudos produzidos no período de avaliação não podem ser elucidadas no Mandado de Segurança, em virtude de seu rito sumário especial que não admite dilação probatória (fl. 208). IV – A perícia, que, concluiu que a deficiência da Impetrante é incompatível com a função a ser desempenhada, foi anterior à nomeação e posse do cargo público, o que ocasionou sua exclusão do concurso. V – Ocorre que, de acordo com as disposições do Decreto n. 3.298, de 20 de dezembro de 1999, a avaliação da compatibilidade entre as atribuições do cargo e a deficiência do candidato somente deveria ser feita por equipe multiprofissional durante o estágio probatório. VI – A parte impetrante alega afronta ao art. 43 do decreto 3.298/99, desde as razões na exordial (fl. 7), no tocante à equipe multidisciplinar, cuja avaliação a seu cargo, acerca da compatibilidade com as atribuições do cargo, deve ocorrer durante o estágio probatório, conforme disciplina o referido artigo. VII – Configurado o direito líquido e certo da parte impetrante, deve ser dado provimento o recurso em mandado de segurança, para determinar a reinserção da impetrante na lista especial e geral de aprovados, sem prejuízo da avaliação quanto à compatibilidade entre as atribuições do cargo e a deficiência durante o estágio probatório. VIII – Agravo interno improvido. (AgInt no RMS 51.307/SP, Rel. Ministro FRANCISCO FALCÃO, SEGUNDA TURMA, julgado em 21/11/2017, DJe 27/11/2017)

▶ **Havendo reprovação no estágio probatório, o servidor não adquirirá a estabilidade, devendo ser exonerado do cargo.**

Pelo § 4º, acrescentado ao artigo 41 pela Emenda Constitucional n. 19, além do cumprimento do período de três anos, deve o servidor, para adquirir estabilidade, submeter-se a avaliação especial de desempenho por comissão instituída para essa finalidade (requisito a ser comentado no item subsequente). (Comentários à Constituição do Brasil – Série Idp. Mendes, Gilmar Ferreira; Streck, Lenio Luiz; Sarlet, Ingo Wolfgang; Leoncy, Léo Ferreira; Canotilho, J. J. Gomes. Editora Saraiva, 2ª Edição, São Paulo, 2018, p. 1067)

▶ **Avaliação de desempenho.**

A possibilidade de ser feita avaliação de desempenho sempre existiu e está implícita na ideia de estágio probatório. Só que agora a avaliação por comissão instituída para essa finalidade tornou-se obrigatória. Trata-se de imposição voltada para a Administração Pública, no sentido de que depende de providência a ser por ela adotada. Se não o fizer, a omissão não poderá prejudicar a aquisição da estabilidade pelo servidor. Cumpridos os três anos de efetivo exercício, o servidor se tornará estável, com ou sem avaliação. Interpretação diversa poderia significar um incentivo à omissão da autoridade que, por alguma razão alheia ao objetivo do estágio probatório, quisesse impedir a aquisição da estabilidade. Por isso mesmo, a exigência é, de certa forma, inócua, já que o não cumprimento da mesma nenhuma consequência negativa poderá acarretar para o servidor. A autoridade que se omitir é que poderá responder administrativa e judicialmente pela omissão. (DI PIETRO, Maria Sylvia Zanella, MOTTA, Fabrício, FERRAZ, Luciano de Araújo. Servidores públicos na Constituição Federal. 3ª. ed. – São Paulo: Atlas, 2015, p. 163)

◉ **Não pode a Administração federal, estadual ou municipal ampliar o prazo fixado pelo Texto Constitucional, porque estaria restringindo direito do servidor público; mas também não pode diminuí-lo ou estendê-lo a outros servidores que não os nomeados por concurso, porquanto estaria renunciando a prerrogativas constitucionais consideradas essenciais na relação Estado-agente administrativo.**

RECURSO EXTRAORDINÁRIO. ADMINISTRATIVO. SERVIDOR ADMITIDO SEM PRESTAÇÃO DE CONCURSO PÚBLICO EM DATA ANTERIOR A 05.10.83. SUPERVENIENTE APROVAÇÃO EM CONCURSO PÚBLICO E NOMEAÇÃO PARA O CARGO QUE EXERCIA. POSSE: CONDITIO JURIS PARA O EXERCÍCIO DA FUNÇÃO PÚBLICA. PROCESSO DE ESTÁGIO PROBATÓRIO. INEXISTÊNCIA DE POSSE NO CARGO PARA O QUAL FORA O SERVIDOR NOMEADO. AUSÊNCIA DE DIREITOS E DEVERES A SEREM APURADOS E CONSEQÜENTE IMPOSSIBILIDADE DE AVALIAÇÃO FUNCIONAL. INSUBSISTÊNCIA DO PROCESSO PROBATÓRIO. ESTABILIDADE CONFERIDA À LUZ DA LEGISLAÇÃO MUNICIPAL, QUE FIXA PERÍODO AQUEM DAQUELE ESTATUÍDO NA CONSTITUIÇÃO FEDERAL ENTÃO VIGENTE. IMPOSSIBILIDADE. ARTIGO 19 DO ADCT. DIREITO SUPERVENIENTE E SIMULTÂNEO À INTERPOSIÇÃO DO EXTRAORDINÁRIO. APLICAÇÃO DO ART. 462 DO CPC. DECLARAÇÃO EX-OFFICIO DA ESTABILIDADE DO SERVIDOR NO CARGO QUE ERA EXERCIDO HÁ PELO MENOS CINCO ANOS ANTES DA PROMULGAÇÃO DA CONSTITUIÇÃO DE 1988. RECURSO EXTRAORDINÁRIO NÃO CONHECIDO. 1. Servidor Público que, exercendo, por contrato, a função de auxiliar de contabilidade desde 1981, é aprovado em concurso público para esse mesmo cargo e, uma vez nomeado, não é empossado porque já em exercício na função. Conseqüência. 1.1 A nomeação é ato de provimento de cargo, que se completa com a posse e o exercício. A investidura do servidor no cargo ocorre com a posse, que é "conditio juris" para o exercício da função pública, tanto mais que por ela se conferem ao funcionário ou ao agente político as prerrogativas, os direitos e deveres do cargo ou do mandato. Sem a posse o provimento não se completa, nem pode haver exercício da função pública. 2. É a posse que marca o início dos direitos e deveres funcionais, como, também, gera as restrições, impedimentos e incompatibilidades para o desempenho de outros cargos, funções ou mandatos. Com a posse, o cargo fica provido e não poderá ser ocupado por outrem, mas o provimento só se completa com a entrada em exercício do nomeado, momento em que o servidor passa a desempenhar legalmente sua funções e adquire as vantagens do cargo e a contraprestação pecuniária devida pelo Poder Público. 3. Servidor que exercera, sem concurso público, por mais de cinco anos, antes da promulgação da Constituição Federal, a função de Auxiliar de Contabilidade. Nomeação, em razão de concurso público, para o referido cargo. Ausência de posse. Processo de Estágio Probatório. 3.1 A estabilidade é a garantia constitucional de permanência no serviço público outorgada ao servidor que, nomeado por concurso público em caráter efetivo, tenha transposto o estágio probatório de dois anos (art. 100, EC-01/69; art. 41 da CF/88). O estágio, pois, é o período de exercício do funcionário durante o qual é observada e apurada pela Administração a conveniência ou não de sua permanência no serviço público, mediante a verificação dos requisitos estabelecidos em lei para a aquisição da estabilidade. Para esse estágio só se conta o tempo de nomeação efetiva na mesma Administração, não sendo computável o tempo de serviço prestado em outra unidade estatal, nem o período de exercício de função pública a título provisório. Esta aferição não pode se dar se não houve posse, pois, inexistindo, é evidente que não se deu o início do exercício da função pública; não há direitos a serem conferidos nem deveres a serem apurados, porque o servidor não tomara posse no cargo, não era detentor da função pública, na sua forma efetiva. A estabilidade, nos termos da EC-01/69, não ocorrera, pois o nomeado não fora empossado nem entrada no exercício da função pública. Não há, portanto, que se falar em inaptidão para o cargo, nem em processo de estágio probatório. 4. Disposição de Lei Municipal que assegura, para fins de estágio probatório, a contagem do tempo de serviço na interinidade, no mesmo cargo, ou o tempo de serviço prestado em outros cargos de provimento efetivo, desde que não tenha havido solução de continuidade (Estatuto dos Funcionários Públicos Municipais de Congonhal – Lei nº 90, de 26 de novembro de 1958). Autonomia constitucional das entidades estatais. Norma discrepante com os preceitos inscritos na EC-01/69, então vigente. 4.1 A competência do Município para organizar seu quadro de pessoal é consectária da autonomia administrativa de que dispõe. Atendidas as normas constitucionais aplicáveis ao servidor público, bem como aos preceitos das leis de caráter complementar, pode o Município elaborar o estatuto de seus servidores, segundo as conveniências e peculiaridades locais. Nesse campo é inadmissível a extensão das normas estatutárias federais ou estaduais aos servidores municipais no que tange ao regime de trabalho e de remuneração, e somente será possível a aplicação do estatuto da União ou do Estado-membro se a lei municipal assim o determinar expressamente. 4.2. Todavia, embora em razão da autonomia constitucional as entidades estatais sejam competentes para organizar e manter seu funcionalismo, criando cargos e funções, instituindo carreiras e classes, fazendo provimento e lotações, estabelecendo vencimentos e vantagens, delimitando os deveres e direitos dos servidores e fixando regras disciplinares, as disposições estatutárias dos entes federados não podem contrariar o estabelecido na Constituição da República, porque normas gerais de observância obrigatória pela federação. Assim, o instituto da estabilidade, que, a par de um direito, para o servidor, de permanência no serviço público enquanto bem servir, representa para a Administração a garantia de que nenhum servidor nomeado por concurso poderá subtrair-se ao estágio probatório de dois anos. Por isto, não pode a Administração federal, estadual ou municipal ampliar o prazo fixado pelo Texto Constitucional, porque estaria restringindo direito do servidor público; mas também não pode diminuí-lo ou estendê-lo a outros servidores que não os nomeados por concurso, porquanto estaria renunciando a prerrogativas constitucionais consideradas essenciais na relação Estado-agente administrativo. Não sendo lícito ao ente federado renunciar a essas prerrogativas, nula e de nenhum efeito disposição estatutária em desacordo com o preceito constitucional. 5. *Jus superveniens* e simultâneo à interposição do extraordinário: art. 19 do ADCT. Aplicação do art. 462 do CPC. Hipótese em que o servidor exercera por cinco anos ininterruptos, antes da promulgação da Constituição Federal de 1988, e, por força de liminar concedida, continua exercendo a mesma função pública. Superveniência de fato novo constitutivo capaz de influir no julgamento da lide. Declaração, *"ex-officio"*, de estabilidade do servidor no cargo que era exercido há pelo menos cinco anos antes da promulgação da Constituição de 1988. Recurso extraordinário não conhecido. (RE 120133, Relator(a): Min. MAURÍCIO CORRÊA, Segunda Turma, julgado em 27/09/1996, DJ 29-11-1996 PP-47175 EMENT VOL-01852-03 PP-00447)

◙ **O Supremo Tribunal Federal possui precedente em que reconheceu a aquisição do direito à estabilidade mesmo sem a realização de avaliação formal**

"[...] tem-se por evidente que o servidor ora impetrante foi aprovado em seu estágio probatório, ainda que não conste em seus assentamentos funcionais a avaliação formal. Ademais, a conduta omissiva da Administração em proceder a avaliação formal do servidor não pode ser alegada como óbice à aquisição da estabilidade após três anos de efetivo exercício em cargo provido por concurso público" (MS 24543/DF, Relator: Min. CARLOS VELLOSO, Órgão Julgador: Tribunal Pleno, Publicação DJ 12-9-2003, p. 29).

◙ **Não se deve admitir que Servidores não estáveis integrem a Comissão de Avaliação de Estágio Probatório.**

Não se deve admitir que Servidores não estáveis integrem a Comissão de Avaliação de Estágio Probatório, a fim de assegurar ao examinado, ou ao Servidor que está sendo avaliado no seu desempenho funcional, o máximo possível de isenção da Comissão, tendo em vista a suposição do que geralmente acontece, de que o Servidor não estável, por ele mesmo achar-se em estágio probatório, tem uma vocação irresistível, uma tendência irrefreável de fazer aquilo que o seu superior hierárquico deseja" (STJ, RMS 35905/MG, Rei. Min. Sérgio Kukina. Órgão Julgador: Ia Turma. Publicação: DJe 16-5-2013).

▶ **Não se confunde a avaliação do estágio, que está relacionada com o desempenho nas funções, com prática de atos infracionais.**

Em princípio, não se confunde a avaliação do estágio, que está relacionada com o desempenho nas funções, com prática de atos infracionais. Estes, para nós, devem ser apurados em procedimento administrativo disciplinar, que possui regras próprias.

▶ **Como o estágio probatório, necessário à aquisição da estabilidade, importa em exercício efetivo, as licenças e afastamentos, de um modo geral, acarretarão a suspensão do período de avaliação.**

Como o estágio probatório, necessário à aquisição da estabilidade, importa em exercício efetivo, as licenças e afastamentos, de um modo geral, acarretarão a suspensão do período de avaliação (art. 20, § 5.º, da Lei 8.112/1990), sendo proibidas licenças para assuntos de interesse particular do estagiário (art. 20, § 4.º). A jurisprudência, aliás, reconhece até mesmo a possibilidade de suspensão do período de prova em qualquer hipótese de afastamento do servidor, mesmo quando não há indicação na lei, como nas licenças para tratamento de saúde. De um modo geral, no entanto, é estabelecido nas regulamentações administrativas um período máximo para estas últimas, findo o qual, ocorre a suspensão do prazo.

▶ **O mesmo sentido:** Ainda com relação ao período de três anos, é importante realçar que ele somente conta, para fins de estabilidade, se o servidor se manter no efetivo exercício do cargo nesse período. Se ele se afastar para exercer outra função, esse período não pode ser computado, já que não haveria como demonstrar que possui as qualidades exigidas para o exercício das funções próprias do cargo de que é titular. (Comentários à Constituição do Brasil – Série Idp. Mendes, Gilmar Ferreira; Streck, Lenio Luiz; Sarlet, Ingo Wolfgang; Leoncy, Léo Ferreira; Canotilho, J. J. Gomes. Editora Saraiva, 2ª Edição, São Paulo, 2018, p. 1067)

▶ **Se tiver adquirido a estabilidade em cargo anterior, e tiver requerido vacância por posse em cargo inacumulável, terá direito a ser reconduzido ao cargo anteriormente ocupado.**

Se tiver adquirido a estabilidade em cargo anterior, e tiver requerido vacância por posse em cargo inacumulável, terá direito a ser reconduzido ao cargo anteriormente ocupado.

▶ **Exoneração de servidores em razão de se ultrapassar os limites de despesa de pessoal.**

A outra nova hipótese está elencada no art. 169, § 4.º, da CF/1988, e diz respeito a regras de direito financeiro, com reflexos na administração de pessoal. A CF/1988 estabelece *limites de despesa com pessoal* ativo e inativo para todos os entes da Federação, conforme disposições previstas em lei complementar. A matéria foi regulamentada inicialmente pelas Leis Complementares 82/1995 e 96/1999, e, atualmente, é regida pelos *arts. 18 a 23 da Lei Complementar 101/2000*, conhecida como Lei de Responsabilidade Fiscal. A CF/1988 estabelece que a lei complementar fixará os limites de despesa com pessoal (art. 169, *caput*). A Lei Complementar 101/2000 diz que esses limites correspondem a 50% da receita corrente líquida, para a União, e 60% dessa receita para Estados e Municípios (art. 19, *caput* e incisos), descontadas determinadas despesas do conceito (§ 1.º). A apuração da despesa com pessoal é feita anualmente, observando-se o regime de competência (art. 18, § 2.º, da LC 101/2000), mas a apuração do cumprimento dos limites é quadrimestral (art. 22 da LC 101/2000). A CF/1988 estabeleceu, ainda, que, para o cumprimento dos limites fixados na lei complementar, devem ser adotados, inicialmente, dois procedimentos (art. 169, § 3.º): a) redução dos cargos em comissão e funções de confiança em pelo menos 20%; b) exoneração de servidores não estáveis.

▶ **No mesmo sentido:** A perda do cargo, nesse caso, só poderá ocorrer depois que houver a redução de 20% das despesas com cargos em comissão e funções de confiança e exoneração dos servidores não estáveis, assim entendidos "aqueles admitidos na administração direta, autárquica e fundacional sem concurso público de provas ou de provas e títulos após o dia 5 de outubro de1983" (art. 33 da Emenda n. 19). Adotadas essas medidas, se as mesmas se revelarem insuficientes para reduzir a despesa aos limites previstos em lei complementar, aí sim poderá ser exonerado o servidor que tenha adquirido estabilidade mediante concurso; nesse caso, a exoneração dependerá de que "ato normativo motivado de cada um dos Poderes especifique a atividade funcional, o órgão ou unidade administrativa objeto da redução de pessoal" (art. 169, § 4º); o servidor fará jus a indenização correspondente a um mês de remuneração por ano de serviço (art. 169, § 5º) e o cargo objeto da redução será considerado extinto, vedada a criação de cargo, emprego ou função com atribuições iguais ou assemelhadas pelo prazo de quatro anos (art. 169, § 6º). Essa hipótese de perda do cargo está disciplinada pela Lei n. 9.801, de 14-6-99, aplicável a todos os níveis de governo, já que tem a natureza de norma geral, conforme previsto no artigo 169, § 7º. (Comentários à Constituição do Brasil – Série Idp. Mendes, Gilmar Ferreira; Streck, Lenio Luiz; Sarlet, Ingo Wolfgang; Leoncy, Léo Ferreira; Canotilho, J. J. Gomes. Editora Saraiva, 2ª Edição, São Paulo, 2018, p. 1068)

▶ **A LC 101/2000, extrapolando por completo os parâmetros constitucionais, previu, também, a possibilidade de redução dos valores dos cargos e funções, bem como a redução temporária da jornada de trabalho.**

A LC 101/2000, extrapolando por completo os parâmetros constitucionais, previu, também, a possibilidade de redução dos valores dos cargos e funções, bem como a redução temporária da jornada de trabalho (art. 23, §§ 1.º e 2.º), razão pela qual tais disposições foram suspensas pelo STF no julgamento da *MC na ADI 2.238/DF*.

▶ **A CF/1988 remete à lei federal disciplinar as normas gerais para aplicação do disposto no art. 169, § 4.º**

A CF/1988 remete à lei federal disciplinar as normas gerais para aplicação do disposto no art. 169, § 4.º (§ 7.º do mesmo artigo), constando do art. 247 do texto constitucional, acrescentado pela EC 19/1998, disposição no sentido de que aos servidores estáveis que desenvolvem atividades exclusivas de Estado serão estabelecidos critérios e garantias especiais. A matéria foi regulamentada pela *Lei 9.801/1999*, que estabelece os critérios formais, mediante publicação de ato normativo, que visam fundamentar a exoneração de servidores estáveis por excesso de despesa (art. 1.º, § 1.º), inclusive fazendo referência a critérios impessoais de identificação dos exoneráveis, como menor tempo de serviço público, maior remuneração e menor idade.

▶ **Em cumprimento ao disposto no art. 247 da Carta Magna, o art. 3.º da referida Lei fixa critérios especiais para a exoneração de servidor estável que desenvolve atividades exclusivas de Estado, embora não especifique quais são elas.**

Para estes últimos, só se admite exoneração pelo fundamento de excesso de despesa, quando a exoneração de servidores dos demais cargos do órgão ou unidade administrativa objeto de redução tenha alcançado, pelo menos, 30% do total desses cargos. Ademais, só poderão ser reduzidos em, no máximo, 30% o número dos servidores que desenvolvam atividades exclusivas de Estado.

◙ *Súmula 21 do STF* – **Funcionário em estágio probatório não pode ser exonerado nem demitido sem inquérito ou sem as formalidades legais de apuração de sua capacidade.**

◙ *Súmula 246 do STJ* – **O fato de o servidor licenciar-se, sem vencimentos, do cargo público ou emprego que exerça em órgão ou entidade da administração direta ou indireta não o habilita a tomar posse em outro cargo ou emprego público, sem incidir no exercício cumulativo vedado pelo artigo 37 da Constituição Federal, pois que o instituto da acumulação de cargos se dirige à titularidade de cargos, empregos e funções públicas, e não apenas à percepção de vantagens pecuniárias**

◙ **Tema 0497, RE 629053- Tese fixada: A incidência da estabilidade prevista no art. 10, inc. II, do ADCT, somente exige a anterioridade da gravidez à dispensa sem justa causa.**

RG ◙ **A incidência da estabilidade prevista no art. 10, inc. II, do ADCT, somente exige a anterioridade da gravidez à dispensa sem justa causa**

DIREITO À MATERNIDADE. PROTEÇÃO CONSTITUCIONAL CONTRA DISPENSA ARBITRÁRIA DA GESTANTE. EXIGÊNCIA UNICAMENTE DA PRESENÇA DO REQUISITO BIOLÓGICO. GRAVIDEZ PREEXISTENTE À DISPENSA ARBITRÁRIA. MELHORIA DAS CONDIÇÕES DE VIDA AOS HIPOSSUFICIENTES, VISANDO À CONCRETIZAÇÃO DA IGUALDADE SOCIAL. DIREITO À INDENIZAÇÃO. RECURSO EXTRAORDINÁRIO DESPROVIDO. 1. O conjunto dos Direitos sociais foi consagrado constitucionalmente como uma das espécies de direitos fundamentais, se caracterizando como verdadeiras liberdades positivas, de observância obrigatória em um Estado Social de Direito, tendo por finalidade a melhoria das condições de vida aos hipossuficientes, visando à concretização da igualdade social, e são consagrados como fundamentos do Estado democrático, pelo art. 1º, IV, da Constituição Federal. 2. A Constituição Federal proclama importantes direitos em seu artigo 6º, entre eles a proteção à maternidade, que é a ratio para inúmeros outros direitos sociais instrumentais, tais como a licença-gestante e, nos termos do inciso I do artigo 7º, o direito à segurança no emprego, que compreende a proteção da relação de emprego contra despedida arbitrária ou sem justa causa da gestante. 3. A proteção constitucional somente exige a presença do requisito biológico: gravidez preexistente a dispensa arbitrária, independentemente de prévio conhecimento ou comprovação. 4. A proteção contra dispensa arbitrária da gestante caracteriza-se como importante direito social instrumental protetivo tanto da mulher, ao assegurar-lhe o gozo de outros preceitos constitucionais – licença maternidade remunerada, princípio da paternidade responsável –; quanto da criança, permitindo a efetiva e integral proteção ao recém-nascido, possibilitando sua convivência integral com a mãe, nos primeiros meses de vida, de maneira harmônica e segura – econômica e psicologicamente, em face da garantia de estabilidade no emprego –, consagrada com absoluta prioridade, no artigo 227 do texto constitucional, como dever inclusive da sociedade (empregador). 5. Recurso Extraordinário a que se nega provimento com a fixação da seguinte tese: A incidência da estabilidade prevista no art. 10, inc. II, do ADCT, somente exige a anterioridade da gravidez à dispensa sem justa causa. (RE 629053, Relator(a): Min. MARCO AURÉLIO, Relator(a) p/ Acórdão: Min. ALEXANDRE DE MORAES, Tribunal Pleno, julgado em 10/10/2018, ACÓRDÃO ELETRÔNICO DJe-040 DIVULG 26-02-2019 PUBLIC 27-02-2019)

◙ Direito de brasileiro contratado no exterior como "auxiliar local", antes da Constituição Federal de 1988, ao regime jurídico estabelecido pela Lei 8.112/90

Recurso Extraordinário. 2. Missão Diplomática no Exterior. 3. Contratação de Auxiliar Local anteriormente à Constituição de 1988. 4. Acórdão recorrido que concede a ordem em mandado de segurança para determinar o enquadramento da recorrida em cargo compatível com as funções que exerce. 5. Interpretação do art. 19, parágrafo 2º, do Ato das Disposições Constitucionais Transitórias (ADCT) para identificar existência ou não de óbice à estabilidade. 6. Tema que alcança relevância econômica, política e jurídica que ultrapassa os interesses subjetivos da causa. Questão que reclama pronunciamento jurisdicional deste Supremo Tribunal Federal. Repercussão Geral reconhecida. (RE 652229 RG, Relator(a): Min. GILMAR MENDES, julgado em 29/09/2011, DJe-204 DIVULG 21-10-2011 PUBLIC 24-10-2011 EMENT VOL-02613-03 PP-00443)

◙ **Direito à promoção funcional, independentemente de apuração própria ao estágio probatório, quando reconhecida eficácia retroativa do direito à nomeação**

CONCURSO PÚBLICO – NOMEAÇÃO – ORDEM JUDICIAL – PROMOÇÕES. A nomeação tardia de candidatos aprovados em concurso público, por meio de ato judicial, à qual atribuída eficácia retroativa, não gera direito às promoções ou progressões funcionais que alcançariam houvesse ocorrido, a tempo e modo, a nomeação. (RE 629392, Relator(a): Min. MARCO AURÉLIO, Tribunal Pleno, julgado em 08/06/2017, ACÓRDÃO ELETRÔNICO REPERCUSSÃO GERAL – MÉRITO DJe-018 DIVULG 31-01-2018 PUBLIC 01-02-2018)

ESTABILIDADE EXTRAORDINÁRIA – ADCT ART 19

▶ **Estabilidade extraordinária (art. 19 do ADCT)**

O Legislador Constituinte de 1988, ainda apegado a práticas pretéritas, não rompeu completamente com a imoralidade decorrente das contratações e admissões sem concurso público, instituindo, no art. 19 do Ato das Disposições Constitucionais Transitórias – ADCT, uma verdadeira benesse, estendendo o direito à estabilidade aos servidores públicos civis da União, dos Estados, do Distrito Federal e dos Municípios, da administração direta, autárquica e das fundações públicas, em exercício na data da promulgação da Constituição há pelo menos cinco anos continuados e admitidos sem concurso. Somente não se estendeu o direito aos ocupantes de cargos ou empregos de confiança ou em comissão, o que seria mesmo um extremo absurdo (art. 19, § 2.º).

▶ **Destinatários da norma**

Pela redação do *caput* do artigo 19, ora comentado, o dispositivo constitucional somente beneficiou os servidores públicos civis da União, dos Estados, do Distrito Federal e dos Municípios, da administração direta, autárquica e das fundações públicas. Como não fez qualquer distinção quanto ao tipo de vínculo que une o servidor ao Estado, alcançou os servidores celetistas, assim chamados porque contratados sob o regime da CLT. Note-se que, na Constituição anterior, a exigência de concurso público somente se aplicava à investidura em cargo público e não em emprego público (art. 97,§ 1º, na redação dada pela Emenda n. 1/69). Em consequência, havia, no quadro de servidores públicos, a categoria dos chamados servidores celetistas. Essa concessão de estabilidade não acarretou a mudança de regime jurídico, pois tais servidores continuaram submetidos à legislação trabalhista, porém, agora, com o benefício da estabilidade. Para esse fim, ficaram implicitamente equiparados aos servidores nomeados mediante concurso público, na forma do artigo 41 da Constituição. Vale dizer que ficaram protegidos com a mesma garantia de permanência no serviço público prevista para os servidores concursados: perda do cargo somente mediante sentença judicial transitada em julgado, processo administrativo em que seja assegurada ampla defesa, procedimento de avaliação de desempenho (art. 41, § 1º) e em decorrência de excesso de despesa com pessoal (art. 169, § 4º). (Comentários à Constituição do Brasil – Série Idp. Mendes, Gilmar Ferreira; Streck, Lenio Luiz; Sarlet, Ingo Wolfgang; Leoncy, Léo Ferreira; Canotilho, J. J. Gomes. Editora Saraiva, 2ª Edição, São Paulo, 2018, p. 2.315)

▶ **Os servidores das empresas estatais não foram beneficiados pela estabilidade extraordinária (empresas públicas, sociedades de economia e outras entidades sob controle direto ou indireto das entidades políticas), nem os servidores das fundações com personalidade de direito privado.**

Como o dispositivo comentado somente faz referência à administração direta, autarquias e fundações públicas, não foram beneficiados os servidores das empresas estatais (empresas públicas, sociedades de economia e outras entidades sob controle direto ou indireto das entidades políticas), nem os servidores das fundações com personalidade de direito privado. Embora o dispositivo fale em fundações públicas, entende-se que a referência é às fundações instituídas com personalidade de direito público, excluídas as instituídas como pessoas jurídicas de direito privado. Essa conclusão impõe-se pelo fato de que o artigo 39 da Constituição, na redação original, previu a instituição de regime jurídico único para os servidores da administração direta, autarquias e fundações públicas, o que se justifica exatamente pelo ponto comum entre todos esses servidores: o vínculo funcional estabelecido com pessoas jurídicas de direito público. É para essas entidades que se justifica o regime estatutário; para as entidades integrantes da administração indireta, com personalidade de direito privado, não se justifica a aplicação do regime estatutário, até porque elas nem mesmo dispõem de cargos públicos e sim de empregos públicos. A consequência lógica é a concessão de estabilidade aos servidores não concursados integrantes apenas das entidades públicas, como é o caso das autarquias e fundações com personalidade de direito público. (Comentários à Constituição do Brasil – Série Idp. Mendes, Gilmar Ferreira; Streck, Lenio Luiz; Sarlet, Ingo Wolfgang; Leoncy, Léo Ferreira; Canotilho, J. J. Gomes. Editora Saraiva, 2ª Edição, São Paulo, 2018, p. 2.315)

◙ **No mesmo sentido:** AÇÃO DIRETA DE INCONSTITUCIONALIDADE. ARGÜIÇÃO DE INCONSTITUCIONALIDADE DO ART. 41, XVI, DA CONSTITUIÇÃO DO ESTADO DA BAHIA, BEM ASSIM DOS ARTS. 1., 12, 14, 19 E 22 DO ATO DAS DISPOSIÇÕES CONSTITUCIONAIS TRANSITORIAS DA MESMA CONSTITUIÇÃO, E, AINDA, NO ART. 3. DE SEU ADCT, DAS EXPRESSÕES: "A CUJOS PROCURADORES AUTARQUICOS E FUNDACIONAIS E SERVIDORES ESTADUAIS, BACHAREIS EM DIREITO, QUE ALI EXERCAM ATRIBUIÇÕES DE NATUREZA JURÍDICA NA DATA DA PROMULGAÇÃO DESTA CONSTITUIÇÃO, E GARANTIDA, SEMPRE, ISONOMIA DE VENCIMENTOS E VANTAGENS COM OS PROCURADORES DO ESTADO"; BEM COMO, NO ART. 8., DO REFERIDO ADCT, DAS EXPRESSÕES: "RELATIVO AS CARREIRAS DISCIPLINADAS NO CAPITULO IV DO TÍTULO IV DESTA CONSTITUIÇÃO". 2. INCONSTITUCIONALIDADE DO INCISO XVI DO ART. 41 DA CONSTITUIÇÃO BAIANA. NÃO E POSSIVEL, NO ÂMBITO DA LEGISLAÇÃO ESTADUAL, ASSEGURAR AOS FUNCIONÁRIOS PUBLICOS "RECONHECIMENTO DAS CONVENÇÕES E ACORDOS COLETIVOS DE TRABALHO", POR SE TRATAR DE DIREITO RESERVADO AOS TRABALHADORES PRIVADOS QUE A CONSTITUIÇÃO FEDERAL, NÃO QUIS, DE EXPRESSO, INCLUIR NO ROL DOS DIREITOS DOS TRABALHADORES CONSTANTES DE SEU ART. 7., APLICAVEIS AOS FUNCIONÁRIOS PUBLICOS CIVIS DA UNIÃO, ESTADOS, DISTRITO FEDERAL E MUNICÍPIOS, NOS TERMOS DO PARAGRAFO 2. DO ART. 39 DA LEI MAIOR. CONSTITUIÇÃO FEDERAL, ARTS. 37; 61, PAR. 1., INCISO II, LETRAS "A" E "C", E ART. 169, PARAGRAFO ÚNICO, INCISOS I E II. 3. INCONSTITUCIONALIDADE DO ART. 1. DO ADCT DA CARTA BAIANA, AO DISPOR SOBRE ESTABILIDADE DE EMPREGADOS DAS EMPRESAS PUBLICAS E SOCIEDADES DE ECONOMIA MISTA. OFENSA AOS ARTS. 22, I, E 37, II,

DA CONSTITUIÇÃO FEDERAL. O ART. 19 DO ADCT DA CONSTITUIÇÃO DE 1988 TEM ABRANGENCIA LIMITADA AOS SERVIDORES CIVIS DA UNIÃO, DOS ESTADOS, DO DISTRITO FEDERAL E DOS MUNICÍPIOS, ENTRE ELES NÃO SE COMPREENDENDO OS EMPREGADOS DE EMPRESAS PUBLICAS E SOCIEDADES DE ECONOMIA MISTA. CONSTITUIÇÃO FEDERAL, ARTS. 39 E 173, PAR. 1.. 4. INCONSTITUCIONALIDADE DO ART. 12 DO ADCT DA CONSTITUIÇÃO DA BAHIA, AO ASSEGURAR AOS SERVIDORES ESTADUAIS ESTAVEIS, EM DESVIO DE FUNÇÃO, ENQUADRAMENTO NO CARGO CORRESPONDENTE A ATIVIDADE QUE DE FATO VENHAM DESEMPENHANDO, HÁ MAIS DE DOIS ANOS, DESDE QUE TENHAM QUALIFICAÇÃO, INCLUSIVE DIPLOMA, QUANDO NECESSARIO, PARA O EXERCÍCIO. OFENSA AO ART. 37, II, DA CONSTITUIÇÃO FEDERAL. DISTINÇÃO ENTRE ESTABILIDADE E EFETIVIDADE. O SÓ FATO DE O FUNCIONÁRIO PÚBLICO, DETENTOR DE UM CARGO, SER ESTAVEL NÃO E SUFICIENTE PARA O PROVIMENTO EM OUTRO CARGO, SEM CONCURSO PÚBLICO. 5. INCONSTITUCIONALIDADE DO ART. 14 DO ADCT DA CONSTITUIÇÃO DA BAHIA. A MATÉRIA RELATIVA AO PROVIMENTO DE SERVIDORES, BACHAREIS EM DIREITO, NO EXERCÍCIO DE FUNÇÕES DE DEFENSOR PÚBLICO, EM CARGO DA CARREIRA DESSA DENOMINAÇÃO, PREVISTA NO PARAGRAFO ÚNICO DO ART. 134 DA CONSTITUIÇÃO FEDERAL, ESTA REGULADA, QUANTO A EXCEPCIONALIDADE QUE O CONSTITUINTE ENTENDEU DE CONFERIR-LHE, NO ART. 22 DO ATO DAS DISPOSIÇÕES CONSTITUCIONAIS TRANSITORIAS, DA CARTA POLITICA DE 1988. NÃO E POSSIVEL A CONSTITUIÇÃOESTADUAL DAR-LHE COMPREENSAO MAIS AMPLA. CONSTITUIÇÃO FEDERAL, ART. 37, II. NÃO CABERIA, TAMBÉM, A MERA EQUIPARAÇÃO DOS SERVIDORES PREVISTOS NA NORMA IMPUGNADA AOS DEFENSORES PUBLICOS, PARA EFEITO DE REMUNERAÇÃO, DIANTE DA NORMA DO ART. 37, XIII, DA LEI MAGNA DA REPÚBLICA. 6. INVALIDADE DO ART. 19 DO ADCT DA CONSTITUIÇÃO DA BAHIA. OFENSA AO ART. 37, II, E 236 E PARAGRAFO 3., DA CONSTITUIÇÃO FEDERAL. PROVIMENTO DE CARGOS DE TITULAR DE ESCRIVANIAS JUDICIAIS E EXTRAJUDICIAIS. INVIABILIDADE DE EQUIPARAÇÃO DE VENCIMENTOS, A TEOR DO ART. 37, XIII, DA CONSTITUIÇÃO FEDERAL, SALVO NAS HIPÓTESES NELA PREVISTAS. 7.INCONSTITUCIONALIDADE DO ART. 22 DO ADCT DA CONSTITUIÇÃO DA BAHIA. NÃO CABE A LEGISLAÇÃO ESTADUAL DISPOR SOBRE A EXTENSAO DA ISONOMIA DAS CARREIRAS A QUE SE REFERE O ART. 135 DA CONSTITUIÇÃO FEDERAL. EXEGESE DESSA NORMA CONSTITUCIONAL ADOTADA PELO SUPREMO TRIBUNAL FEDERAL, A PARTIR DO JULGAMENTO DA ADIN N. 171-MG. CONSTITUIÇÃO FEDERAL, ART. 37, XIII. 8. INCONSTITUCIONALIDADE DAS EXPRESSÕES DESTACADAS DO ART. 3. DO ADCT DA CONSTITUIÇÃO DA BAHIA. OFENSA AOS ARTS. 37, XIII, E 61, PAR. 1., INCISO II, LETRA "C", AMBOS DA CONSTITUIÇÃO FEDERAL. EQUIPARAÇÃO VEDADA DE VENCIMENTOS. NÃO CABE, TAMBÉM, A CONSTITUIÇÃO ESTADUAL

ESTABELECER NORMA QUE, SE FOSSE MATERIALMENTE VALIDA, SE-RIA DE INICIATIVA PRIVATIVA DO CHEFE DO PODER EXECUTIVO. 9. INVALIDADE DAS EXPRESSÕES DESTACADAS CONSTANTES DO ART. 8. DO ADCT DA CONSTITUIÇÃO DA BAHIA. ISONOMIA VEDADA DE CARGOS DE PERITOS CRIMINALISTICOS E MEDICOS-LEGAIS COM AS CARREIRAS JURIDICAS DO MINISTÉRIO PÚBLICO, PROCURADORES DO ESTADO, DEFENSORES PUBLICOS E DELEGADOS DE POLÍCIA. OFENSA AO ART. 37, XIII, DA CONSTITUIÇÃO. 10. AÇÃO DIRETA DE INCONS-TITUCIONALIDADE PROCEDENTE. (ADI 112, Relator(a): Min. NÉRI DA SILVEIRA, Tribunal Pleno, julgado em 24/08/1994, DJ 09-02-1996 PP-02102 EMENT VOL-01815-01 PP-00001)

▶ **Embora sejam estáveis, esses servidores não são efetivos, como se depreende do § 1.º do aludido art. 19 do ADCT.**

Embora sejam estáveis, esses servidores não são efetivos, como se depreende do § 1.º do aludido art. 19 do ADCT, por mais difícil que seja compreender essa noção. É que a maioria desses servidores foi admitida no regime trabalhista/celetista, razão pela qual a concessão do direito à estabilidade não se estende à efetividade, e, logo, aos direitos concernentes aos estatutários, previstos nas respectivas leis.

> ▶ **No mesmo sentido:** Como se verifica pela redação do artigo 19 das disposições transitórias, os servidores referidos pelo dispositivo foram considerados "estáveis no serviço público". Se alguma dúvida houvesse quanto à estabilidade constituir garantia de permanência no cargo ou no serviço público, no caso do artigo 19 essa dúvida desapareceria por diferentes razões: (a) em primeiro lugar, pela interpretação literal do dispositivo, que se refere à estabilidade no serviço público; (b) em segundo lugar, porque o § 1º do dispositivo permite que o tempo de serviço seja contado quando tais servidores prestarem "concurso para fins de efetivação", significando, com isto, que o servidor recebe a garantia da estabilidade, mas nem por isso se torna efetivo no cargo; (c) se o servidor é contratado pelo regime da CLT, ele não ocupa cargo público, razão pela qual a estabilidade não poderia ocorrer em cargo que não existe. (Comentários à Constituição do Brasil – Série Idp. Mendes, Gilmar Ferreira; Streck, Lenio Luiz; Sarlet, Ingo Wolfgang; Leoncy, Léo Ferreira; Canotilho, J. J. Gomes. Editora Saraiva, 2ª Edição, São Paulo, 2018, p. 2015)

> ▶ **No mesmo sentido:** "Deu-se estabilidade a quem não fizera concurso público. Estabilidade– frise-se bem –, não efetividade. Aquela significa que o servidor não pode ser demitido do serviço público sem processo administrativo; é uma garantia constitucional do funcionário que se estendeu ao servidor beneficiado; é vínculo ao serviço público, não ao cargo. A efetividade é vínculo do funcionário ao cargo: diz respeito à titularidade de atribuições e responsabilidades específicas de um cargo. A Constituição deu o geral: estabilidade, mas não deu o específico: efetividade. Nesse particular, a norma é plenamente eficaz e de aplicabilidade imediata: não precisa lei para verificar-se o direito conferido. O servidor não deixou de ser servidor, só ganhou estabilidade com as conse-

quências a ela inerentes: não poder ser demitido ou dispensado sem as garantias do processo administrativo em que se lhe assegure ampla defesa. (SILVA, José Afonso da, *Aplicabilidade das normas constitucionais*. São Paulo: Revista dos Tribunais, 1968, p. 193-194.)

◙ **No mesmo sentido:** "Efetividade e estabilidade. Não há que confundir efetividade com estabilidade. Aquela é atributo do cargo, designando o funcionário desde o instante da nomeação; a estabilidade é aderência, é integração no serviço público, depois de preenchidas determinadas condições fixadas em lei, e adquirida pelo decurso de tempo. Estabilidade: art. 41 da CF e art. 19 do ADCT. A vigente Constituição estipulou duas modalidades de estabilidade no serviço público: a primeira, prevista no art. 41 (...). A nomeação em caráter efetivo constitui-se em condição primordial para a aquisição da estabilidade, que é conferida ao funcionário público investido em cargo, para o qual foi nomeado em virtude de concurso público. A segunda, prevista no art. 19 do ADCT, é um favor constitucional conferido àquele servidor admitido sem concurso público a pelo menos cinco anos da promulgação da Constituição. Preenchidas as condições insertas no preceito transitório, o servidor é estável, mas não é efetivo, e possui somente o direito de permanência no serviço público no cargo em que fora admitido, todavia sem incorporação na carreira, não tendo direito à progressão funcional nela, ou a desfrutar de benefícios que sejam privativos de seus integrantes. O servidor que preenchera as condições exigidas pelo art. 19 do ADCT-CF/1988 é estável no cargo para o qual fora contratado pela administração pública, mas não é efetivo. Não é titular do cargo que ocupa, não integra a carreira e goza apenas de uma estabilidade especial no serviço público, que não se confunde com aquela estabilidade regular disciplinada pelo art. 41 da CF. Não tem direito a efetivação, a não ser que se submeta a concurso público, quando, aprovado e nomeado, fará jus à contagem do tempo de serviço prestado no período de estabilidade excepcional, como título.[RE 167.635, rel. min. Maurício Corrêa, j. 17-9-1996, 2ª T, DJ de 7-2-1997.]

◙ **A norma do art. 19 do ADCT encerra simples estabilidade, ficando afastada a transposição de servidores considerados cargos públicos integrados a carreiras distintas, pouco importando encontrarem-se prestando serviços em cargo e órgão diversos da administração pública.**

SERVIDOR PÚBLICO – ESTABILIDADE – ARTIGO 19 DO ATO DAS DISPOSIÇÕES CONSTITUCIONAIS TRANSITÓRIAS – ALCANCE. A norma do artigo 19 do Ato das Disposições Constitucionais Transitórias encerra simples estabilidade, ficando afastada a transposição de servidores considerados cargos públicos integrados a carreiras distintas, pouco importando encontrarem-se prestando serviços em cargo e órgão diversos da Administração Pública. (ADI 351, Relator(a): Min. MARCO AURÉLIO, Tribunal Pleno, julgado em 14/05/2014, ACÓRDÃO ELETRÔNICO DJe-150 DIVULG 04-08-2014 PUBLIC 05-08-2014)

◙ **O STF, em relação a leis e constituições estaduais, já se manifestou no sentido de que não podem estas criar ou ampliar estabilidades excepcionais para além dos limites do art. 19 do ADCT.**

I. Servidor Público: estabilidade extraordinária (ADCT/CF/88, art. 19). O Tribunal tem afirmado a sujeição dos Estados-membros às disposições da Constituição Federal relativas aos servidores públicos, não lhes sendo dado, em particular, restringir ou ampliar os limites da estabilidade excepcional conferida no artigo 19 do ato federal das disposições transitórias. II. Estabilidade excepcional (Art. 19 ADCT): não implica efetividade no cargo, para a qual é imprescindível o concurso público (v.g. RE 181.883, 2ª T., Corrêa, DJ 27.02.98; ADIns. 88-MG, Moreira, DJ 08.09.00; 186-PR, Rezek, DJ 15.09.95; 2433-MC, Corrêa, DJ 24.8.01). III. Concurso público: exigência incontornável para que o servidor seja investido em cargo de carreira diversa. 1. Reputa-se ofensiva ao art. 37, II, CF, toda modalidade de ascensão de cargo de uma carreira ao de outra, a exemplo do "aproveitamento" de que cogita a norma impugnada. 2. Incidência da Súmula/STF 685 ("É inconstitucional toda modalidade de provimento que propicie ao servidor investir-se, sem prévia aprovação em concurso público destinado ao seu provimento, em cargo que não integra a carreira na qual anteriormente investido"). IV. Ação direta de inconstitucionalidade julgada procedente, para declarar a inconstitucionalidade dos artigos 25, 26, 29 e 30 do Ato das Disposições Constitucionais Transitórias da Constituição do Estado do Ceará. (ADI 289, Relator(a): Min. SEPÚLVEDA PERTENCE, Tribunal Pleno, julgado em 09/02/2007, DJ 16-03-2007 PP-00019 EMENT VOL-02268-01 PP-00001 LEXSTF v. 29, n. 340, 2007, p. 17-28)

◙ **A garantia inscrita no art. 10, II, a, ADCT, estabilidade provisória do empregado eleito para o cargo de membro de CIPA -- Comissão Interna de Prevenção de Acidentes -- abrange tanto o membro titular quanto o suplente.**

CONSTITUCIONAL. TRABALHO. CIPA: MEMBRO SUPLENTE: ESTABILIDADE PROVISÓRIA. ADCT, art. 10, II, a. I. – A garantia inscrita no art. 10, II, a, ADCT, estabilidade provisória do empregado eleito para o cargo de membro de CIPA -- Comissão Interna de Prevenção de Acidentes -- abrange tanto o membro titular quanto o suplente. II. – Precedentes do STF: RREE 213.473-SP, 216.506-SP e 220.519-SP, Galvão, Plenário, 20.5.98. III. – Agravo não provido. (RE 225713 AgR, Relator(a): Min. CARLOS VELLOSO, Segunda Turma, julgado em 06/10/1998, DJ 13-11-1998 PP-00012 EMENT VOL-01931-07 PP-01471)

◙ **O termo "continuado" (art. 19 do ADCT) é geralmente interpretado como exercício ininterrupto.**

▶ O termo "continuado" (art. 19 do ADCT) é geralmente interpretado como exercício ininterrupto, conquanto não se considere descaracterizada a hipótese constitucional pelo fato de ter sido prestado em caráter de substituição, ou interrompido, no caso de professores, em virtude de ter havido recesso escolar, ou ainda que o requisito temporal sem interrupção seja considerado como necessariamente sendo imediatamente anterior à CF/88.

◙ **Veja:** DIREITO ADMINISTRATIVO. ESTABILIDADE EXCEPCIONAL DO ART. 19, § 2º, DO ADCT. SERVIDOR SUBSTITUTO. 1. A Constituição de 1988 estabeleceu que a investidura em cargo depende da aprovação em concurso público. Essa regra garante o respeito a vários princípios constitucionais de direito administrativo, entre eles, o da impessoalidade e o da isonomia. O constituinte, todavia, inseriu norma transitória criando a estabilidade excepcional para servidores não concursados da União, dos Estados, do Distrito Federal e dos Municípios que, ao tempo da promulgação da Carta Federal, contassem com, no mínimo, cinco anos ininterruptos de serviço público. 2. O fato de a servidora estar no exercício de substituição não lhe retira o direito à estabilidade. As únicas exceções previstas para a aquisição da estabilidade, nessa situação, dizem respeito "aos ocupantes de cargos, funções e empregos de confiança ou em comissão" ou "aos que a lei declare de livre exoneração" (art. 19, § 2º, do ADCT). 3. Recurso conhecido e desprovido. (RE 319156, Relator(a): Min. ELLEN GRACIE, Segunda Turma, julgado em 25/10/2005, DJ 25-11-2005 PP-00034 EMENT VOL-02215-03 PP-00576 LEXSTF v. 28, n. 325, 2006, p. 282-285)

◙ **veja:** ESTABILIDADE ANÔMALA. ART. 19 DO ADCT DE 1988. PROFESSOR. PRECEDENTES DA CORTE. 1. A Corte Suprema assentou que na situação peculiar dos professores as interrupções decorrentes de encerramento do ano letivo, provocadas pela própria administração, estão ao abrigo do artigo 19 do ADCT, o mesmo devendo ser aplicado quando as interrupções ocorrem em virtude de substituições que se destinam a assegurar a continuidade do período letivo, comprovada a existência do serviço no período de cinco anos. 2. Recurso extraordinário desprovido. (RE 171141, Relator(a): Min. MENEZES DIREITO, Primeira Turma, julgado em 15/04/2008, DJe-097 DIVULG 29-05-2008 PUBLIC 30-05-2008 EMENT VOL-02321-02 PP-00235 RTJ VOL-00206-02 PP-00851 LEXSTF v. 30, n. 359, 2008, p. 199-205)

◙ **veja:** RECURSO EXTRAORDINÁRIO. ADMINISTRATIVO. SERVIDOR ADMITIDO SEM PRESTAÇÃO DE CONCURSO PÚBLICO EM DATA ANTERIOR A 05.10.83. SUPERVENIENTE APROVAÇÃO EM CONCURSO PÚBLICO E NOMEAÇÃO PARA O CARGO QUE EXERCIA. POSSE: CONDITIO JURIS PARA O EXERCÍCIO DA FUNÇÃO PÚBLICA. PROCESSO DE ESTÁGIO PROBATÓRIO. INEXISTÊNCIA DE POSSE NO CARGO PARA O QUAL FORA O SERVIDOR NOMEADO. AUSÊNCIA DE DIREITOS E DEVERES A SEREM APURADOS E CONSEQÜENTE IMPOSSIBILIDADE DE AVALIAÇÃO FUNCIONAL. INSUBSISTÊNCIA DO PROCESSO PROBATÓRIO. ESTABILIDADE CONFERIDA À LUZ DA LEGISLAÇÃO MUNICIPAL, QUE FIXA PERÍODO AQUEM DAQUELE ESTATUÍDO NA CONSTITUIÇÃO FEDERAL ENTÃO VIGENTE. IMPOSSIBILIDADE. ARTIGO 19 DO ADCT. DIREITO SUPERVENIENTE E SIMULTÂNEO À INTERPOSIÇÃO DO EXTRAORDINÁRIO. APLICAÇÃO DO ART. 462 DO CPC. DECLARAÇÃO EX-OFFICIO DA ESTABILIDADE DO SERVIDOR NO CARGO QUE ERA EXERCIDO HÁ PELO MENOS CINCO ANOS ANTES DA PROMULGAÇÃO DA CONSTITUIÇÃO DE 1988. RECURSO EXTRAORDINÁRIO NÃO CONHECIDO. 1. Servidor Público que, exercendo, por contrato, a função de auxiliar de contabilidade desde 1981, é aprovado em concurso público para esse mesmo cargo e, uma vez nomeado, não é empossado porque já em exercício na função. Consequência. 1.1 A nomeação é ato de provimento de cargo, que se completa com a posse e o exercício. A investidura do servidor no cargo ocorre com a posse, que é "conditio juris" para o exercício da função pública, tanto mais que por ela se conferem ao funcionário ou ao agente político as prerrogativas, os direitos e deveres do cargo ou do mandato. Sem a posse o provimento não se completa, nem pode haver exercício da função pública. 2. É a posse que marca o início dos direitos e deveres funcionais, como, também, gera as restrições, impedimentos e incompatibilidades para o desempenho de outros cargos, funções ou mandatos. Com a posse, o cargo fica provido e não poderá ser ocupado por outrem, mas o provimento só se completa com a entrada em exercício do nomeado, momento em que o servidor passa a desempenhar legalmente suas funções e adquire as vantagens do cargo e a contraprestação pecuniária devida pelo Poder Público. 3. Servidor que exercera, sem concurso público, por mais de cinco anos, antes da promulgação da Constituição Federal, a função de Auxiliar de Contabilidade. Nomeação, em razão de concurso público, para o referido cargo. Ausência de posse. Processo de Estágio Probatório. 3.1 A estabilidade é a garantia constitucional de permanência no serviço público outorgada ao servidor que, nomeado por concurso público em caráter efetivo, tenha transposto o estágio probatório de dois anos (art. 100, EC-01/69; art. 41 da CF/88). O estágio, pois, é o período de exercício do funcionário durante o qual é observada e apurada pela Administração a conveniência ou não de sua permanência no serviço público, mediante a verificação dos requisitos estabelecidos em lei para a aquisição da estabilidade. Para esse estágio só se conta o tempo de nomeação efetiva na mesma Administração, não sendo computável o tempo de serviço prestado em outra unidade estatal, nem o período de exercício de função pública a título provisório. Esta aferição não pode se dar se não houve posse, pois, inexistindo, é evidente que não se deu o início do exercício da função pública; não há direitos a serem conferidos nem deveres a serem apurados, porque o servidor não tomara posse no cargo, não era detentor da função pública, na sua forma efetiva. A estabilidade, nos termos da EC-01/69, não ocorrera, pois o nomeado não fora empossado nem entrada no exercício da função pública. Não há, portanto, que se falar em inaptidão para o cargo, nem em processo de estágio probatório. 4. Disposição de Lei Municipal que assegura, para fins de estágio probatório, a contagem do tempo de serviço na interinidade, no mesmo cargo, ou o tempo de serviço prestado em outros cargos de provimento efetivo, desde que não tenha havido solução de continuidade (Estatuto dos Funcionários Públicos Municipais de Congonhal – Lei nº 90, de 26 de novembro de 1958). Autonomia constitucional das entidades estatais. Norma discrepante com os preceitos inscritos na EC-01/69, então vigente. 4.1 A competência do Município para organizar seu quadro de pessoal é consectária da autonomia administrativa de que dispõe. Atendidas as normas constitucionais aplicáveis ao servidor público, bem como aos preceitos das leis de caráter complementar, pode o Município elaborar o estatuto de seus servidores, segundo as conveniências e peculiaridades locais. Nesse campo é inadmissível a extensão das normas estatutárias federais ou estaduais aos servidores municipais no que tange ao regime de trabalho e de remuneração, e somente será possível a aplicação do estatuto da União ou do Estado-membro se a lei municipal assim o determinar expressamente. 4.2. Todavia, embora em razão da autonomia constitucional as entidades estatais sejam competentes para organizar e manter seu funcionalismo, criando cargos e funções, instituindo carreiras e classes, fazendo provimento e lotações, estabelecendo vencimentos e vantagens, delimitando os deveres e direitos dos servidores e fixando regras disciplinares, as disposições estatutárias dos entes federados não podem contrariar o estabelecido na Constituição da República, porque normas gerais de observância obrigatória pela federação. Assim, o instituto da estabilidade, que, a par de um direito, para o servidor, de permanência no serviço público enquanto bem servir, representa para a Administração a garantia de que nenhum servidor nomeado por concurso poderá subtrair-se ao estágio probatório de dois anos. Por isto, não pode a Administração federal, estadual ou municipal ampliar o prazo fixado pelo Texto Constitucional, porque estaria restringindo direito do servidor público; mas também não pode diminuí-lo ou estendê-lo a outros servidores que não os nomeados por concurso, porquanto estaria renunciando a prerrogativas constitucionais consideradas essenciais na relação Estado-agente administrativo. Não sendo lícito ao ente federado renunciar a essas prerrogativas, nula e de nenhum efeito disposição estatutária em desacordo com o preceito constitucional. 5. *Jus superveniens* e simultâneo à interposição do extraordinário: art. 19 do ADCT. Aplicação do art. 462 do CPC. Hipótese em que o servidor exercera por cinco anos ininterruptos, antes da promulgação da Constituição Federal de 1988, e, por força de liminar concedida, continua exercendo a mesma função pública. Superveniência de fato novo constitutivo capaz de influir no julgamento da lide. Declaração, "ex-officio", de estabilidade do servidor no cargo que era exercido há pelo menos cinco anos antes da promulgação da Constituição de 1988. Recurso extraordinário não conhecido. 3 (RE 120133, Relator(a): Min. MAURÍCIO CORRÊA, Segunda Turma, julgado em 27/09/1996, DJ 29-11-1996 PP-47175 EMENT VOL-01852-03 PP-00447)

◉ **A norma do art. 19 do ADCT encerra simples estabilidade, ficando afastada a transposição de servidores considerados cargos públicos integrados a carreiras distintas.**

A norma do art. 19 do ADCT encerra simples estabilidade, ficando afastada a transposição de servidores considerados cargos públicos integrados a carreiras distintas, pouco importando encontrarem-se prestando serviços em cargo e órgão diversos da administração pública. [ADI 351, rel. min. Marco Aurélio, j. 14-5-2014, P, DJE de 5-8-2014.]

◉ **A norma do art. 19 do ADCT da Constituição brasileira possibilita o surgimento das seguintes situações.**

A norma do art. 19 do ADCT da Constituição brasileira possibilita o surgimento das seguintes situações: a) o servidor é estável por força do art. 19 do ADCT e não ocupa cargo de provimento efetivo; b) o servidor que se tornou estável nos termos do art. 19 do ADCT ocupa cargo de provimento efetivo após ter sido aprovado em concurso público para o provimento deste cargo; c) o servidor ocupa cargo de provimento efetivo em razão de aprovação em concurso público e é estável nos termos do art. 41 da Constituição da República. O STF já se manifestou sobre essas hipóteses e, quanto às listadas nos itens a e b, firmou o entendimento de que, independentemente da estabilidade, a efetividade no cargo será obtida pela imprescindível observância do art. 37, II, da Constituição da República. [ADI 114, voto da rel. min. Cármen Lúcia, j. 26-11-2009, P, DJE de 3-10-2011.]

◉ **A jurisprudência desta Corte tem considerado inconstitucionais normas estaduais que ampliam a exceção à regra da exigência de concurso para o ingresso no serviço público já estabelecida no ADCT federal.**

A exigência de concurso público para a investidura em cargo garante o respeito a vários princípios constitucionais de direito administrativo, entre eles, o da impessoalidade e o da isonomia. O constituinte, todavia, inseriu no art. 19 do ADCT norma transitória criando uma estabilidade excepcional para servidores não concursados da União, dos Estados, do Distrito Federal e dos Municípios que, quando da promulgação da CF, contassem com, no mínimo, cinco anos ininterruptos de serviço público. A jurisprudência desta Corte tem considerado inconstitucionais normas estaduais que ampliam a exceção à regra da exigência de concurso para o ingresso no serviço público já estabelecida no ADCT federal. [ADI 100, rel. min. Ellen Gracie, j. 9-9-2004, P, DJ de 1º-10-2004.]

◉ **Equiparação de vantagens dos servidores públicos estatutários aos então celetistas que adquiriram estabilidade por força da CF. Ofensa ao art. 37, II, da CF.**

Artigo do ADCT da Constituição do Estado do Rio Grande do Sul que assegura aos servidores públicos civis estabilizados, nos termos do art. 19 do ADCT/CF, a organização em quadro especial em extinção. Equiparação de vantagens dos servidores públicos estatutários aos então celetistas que adquiriram estabilidade por força da CF. Ofensa ao art. 37, II, da CF. [ADI 180, rel. min. Nelson Jobim, j. 3-4-2003, P, DJ de 27-6-2003.]

◉ **O art. 19 do ADCT da Constituição de 1988 tem abrangência limitada aos servidores civis da União, dos Estados, do Distrito Federal e dos Municípios, entre eles não se compreendendo os empregados de empresas públicas e sociedades de economia mista.**

O art. 19 do ADCT da Constituição de 1988 tem abrangência limitada aos servidores civis da União, dos Estados, do Distrito Federal e dos Municípios, entre eles não se compreendendo os empregados de empresas públicas e sociedades de economia mista. CF, arts. 39 e 173, § 1º. [ADI 112, rel. min. Néri da Silveira, j. 24-8-1994, P, DJ de 9-2-1996.] = ADI 1.808, rel. min. Gilmar Mendes, j. 18-9-2014, P, DJE de 10-11-2014.

◉ **Os auxiliares de cartório, os escreventes juramentados e os oficiais substitutos não fazem jus à concessão da estabilidade prevista no art. 19 do ADCT.**

AGRAVO INTERNO. RECURSO EXTRAORDINÁRIO. ATIVIDADE NOTARIAL E DE REGISTRO. ESTABILIDADE. ART. 19 DO ADCT. IMPOSSIBILIDADE. PRE-

CEDENTES. 1. A jurisprudência deste SUPREMO TRIBUNAL sedimentou o entendimento de que os auxiliares de cartório, os escreventes juramentados e os oficiais substitutos não fazem jus à concessão da estabilidade prevista no art. 19 do ADCT. 2. Agravo Interno a que se nega provimento. (RE 896737 AgR, Relator(a): Min. ALEXANDRE DE MORAES, Primeira Turma, julgado em 17/08/2018, ACÓRDÃO ELETRÔNICO DJe-179 DIVULG 29-08-2018 PUBLIC 30-08-2018)

◉ **Impossibilidade de servidores públicos detentores da estabilidade excepcional do art. 19 do ADCT serem incluídos no regime próprio de previdência social.**

Agravo regimental no recurso extraordinário com agravo. Administrativo. Servidores públicos detentores da estabilidade excepcional do art. 19 do ADCT. Inclusão no regime próprio de previdência social. Impossibilidade. Precedentes. 1. Os servidores abrangidos pela estabilidade excepcional prevista no art. 19 do ADCT não se equiparam aos servidores efetivos, os quais foram aprovados em concurso público. Aqueles possuem somente o direito de permanecer no serviço público nos cargos em que foram admitidos, não tendo direito aos benefícios privativos dos servidores efetivos. 2. Conforme consta do art. 40 da Constituição Federal, com a redação dada pela EC nº 42/2003, pertencem ao regime próprio de previdência social tão somente os servidores titulares de cargos efetivos da União, dos Estados, do Distrito Federal e dos municípios, incluídas suas autarquias e fundações. 3. Agravo regimental não provido. 4. Majoração da verba honorária em valor equivalente a 10% (dez por cento) do total daquela já fixada (art. 85, §§ 2º, 3º e 11, do CPC), observada a eventual concessão do benefício da gratuidade da justiça. (ARE 1069876 AgR, Relator(a): Min. DIAS TOFFOLI, Segunda Turma, julgado em 27/10/2017, PROCESSO ELETRÔNICO DJe-257 DIVULG 10-11-2017 PUBLIC 13-11-2017)

◉ **O STF, ao julgar procedentes ações diretas de inconstitucionalidade que impugnavam normas legais que efetivavam em cargos públicos servidores que não se submeteram ao prévio e necessário concurso público, ressalvou dessas decisões, exclusivamente para efeitos de aposentadoria, os servidores que já estavam inativados e também aqueles servidores que, até a data de publicação da ata desses julgamentos, já tivessem preenchido os requisitos para a aposentadoria.**

AGRAVO REGIMENTAL NO RECURSO EXTRAORDINÁRIO. ADMINISTRATIVO. CONCURSO PÚBLICO. ANULAÇÃO DE ATO DE NOMEAÇÃO E POSSE APÓS MAIS DE QUINZE ANOS DE EXERCÍCIO NO CARGO. APOSENTADORIA HOMOLOGADA PELO TRIBUNAL DE CONTAS DA UNIÃO. MANUTENÇÃO. POSSIBILIDADE. PRECEDENTES. 1. O Supremo Tribunal Federal, ao julgar procedentes ações diretas de inconstitucionalidade que impugnavam normas legais que efetivavam em cargos públicos servidores que não se submeteram ao prévio e necessário concurso público, ressalvou dessas decisões, exclusivamente para efeitos de aposentadoria, os servidores que já estavam inativados e também aqueles servidores que, até a data de publicação da ata desses julgamentos, já tivessem preenchido os requisitos para a aposentadoria. 2. Agravo regimental não provido. 3. Inaplicável o art. 85, § 11, do Código de Processo Civil, haja vista tratar-se, na origem, de mandado de segurança (art. 25 da Lei nº 12.016/09). (RE 828048 AgR, Relator(a): Min. DIAS TOFFOLI, Segunda Turma, julgado em 24/11/2017, PROCESSO ELETRÔNICO DJe-283 DIVULG 07-12-2017 PUBLIC 11-12-2017)

◙ **A regra da estabilidade excepcional não se aplica aos ocupantes de cargos, funções e empregos de confiança ou em comissão, nem aos que a lei declare de livre exoneração.**

Mandado de segurança. Servidores sem vínculo efetivo com a Câmara dos Deputados, contratados sob o regime da CLT, antes da vigência da Constituição de 1988. Ato da Mesa da Câmara dos Deputados que indeferiu pedidos de enquadramento como servidores efetivos. 2. Situação dos impetrantes que não logrou enquadramento no art. 19 do ADCT de 1988, posto não se aplicar aos ocupantes de cargos, funções e empregos de confiança ou em comissão. Precedentes: MS 20.933 e MS 23.061. 3. Mandado de segurança indeferido. (MS 23118, Relator(a): Min. NÉRI DA SILVEIRA, Tribunal Pleno, julgado em 14/03/2002, DJ 19-04-2002 PP-00050 EMENT VOL-02065-03 PP-00452)

◙ **Tema: Estabilidade excepcional do artigo 19 em pleito trabalhista e pretensão de estabilidade no emprego público.**

EMENTA DIREITO DO TRABALHO E CONSTITUCIONAL. AÇÃO TRABALHISTA. SERVIDOR DA FUNDAÇÃO PADRE ANCHIETA QUE DEMANDA O RECONHECIMENTO DE SUA ESTABILIDADE NO EMPREGO, EM RAZÃO DO DISPOSTO NO ART. 19 DO ATO DAS DISPOSIÇÕES CONSTITUCIONAIS TRANSITÓRIAS. DISCUSSÃO ACERCA DO ALCANCE DA REFERIDA NORMA CONSTITUCIONAL. MATÉRIA PASSÍVEL DE REPETIÇÃO EM INÚMEROS PROCESSOS, A REPERCUTIR NA ESFERA DE INTERESSE DE INÚMEROS TRABALHADORES. PRESENÇA DE REPERCUSSÃO GERAL. (ARE 659039 RG, Relator(a): Min. DIAS TOFFOLI, julgado em 24/05/2012, ACÓRDÃO ELETRÔNICO DJe-156 DIVULG 08-08-2012 PUBLIC 09-08-2012 RDECTRAB v. 19, n. 218, 2012, p. 36-40)

ASPECTO INFRACONSTITUCIONAL DO TEMA SERVIDORES PÚBLICOS.

ANÁLISE DE DISPOSITIVOS DA LEI 8.112/90, OS DECRETOS QUE A REGULAMENTAM E DIVERSAS OUTRAS NORMAS SOBRE SERVIDORES PÚBLICOS.

◉ **Aplicabilidade da norma ao Distrito Federal e limites de cognição judicial. A Lei Federal n. 8.112/1990, aplicável aos servidores públicos do Distrito Federal por força da Lei Distrital n. 197/1991, é materialmente local, atraindo, por analogia, o óbice do Enunciado Sumular n. 280 do STF.**

PROCESSUAL CIVIL. ADMINISTRATIVO. TERMO DE OCUPAÇÃO DE IMÓVEL RESIDENCIAL FUNCIONAL. SINDICÂNCIA. OCUPAÇÃO IRREGULAR. REVISÃO DE FATOS E PROVAS. SÚMULA N. 7/STJ. LEIS N. 8.112/90 E 9.784/99, APLICADAS A SERVIDORES DO DISTRITO FEDERAL, POR FORÇA, RESPECTIVAMENTE, DAS LEIS DISTRITAIS N. 197/91 E 2.834/2001. NATUREZA DE LEI LOCAL. LEI ORGÂNICA DO DISTRITO FEDERAL. DIREITO LOCAL. INCIDÊNCIA DA SÚMULA N. 280/STF. ANÁLISE DE DISPOSITIVOS CONSTITUCIONAIS. COMPETÊNCIA DO STF. I – O presente feito decorre de ação objetivando a manutenção do autor na posse de imóvel descrito na inicial, bem como a declaração de nulidade da conclusão da sindicância quanto ao processo administrativo em curso contra o autor. Na sentença, julgou-se improcedente o pedido. No Tribunal de Justiça do Distrito Federal e dos Territórios, a sentença foi mantida. II – Consoante se verifica dos excertos colacionados do aresto recorrido, o Tribunal a quo, com base nos elementos fáticos carreados aos autos, concluiu ser patente a ocupação irregular do imóvel funcional pela filha do recorrente, tendo ela declarado, no recadastramento realizado pelo DER-DF, ser a titular da propriedade, de modo que, para se deduzir diversamente, na forma pretendida no apelo nobre, implicaria, necessariamente, revolvimento do mesmo acervo probatório já analisado, procedimento esse impossível por via de recurso especial, ante a incidência do óbice da Súmula n. 7/STJ. III – A respeito da alegada violação do art. 143 da Lei n. 8.112/1990, constata-se da impossibilidade da análise do referido dispositivo, vez que, consoante a jurisprudência desta Corte, a Lei Federal n. 8.112/1990, aplicável aos servidores públicos do Distrito Federal por força da Lei Distrital n. 197/1991, é materialmente local, atraindo, por analogia, o óbice do Enunciado Sumular n. 280 do STF. Nesse sentido: AgRg no AREsp n. 347.948/DF, Relator Ministro Benedito Gonçalves, Primeira Turma, Julgamento em 23/9/2014, DJe 30/9/2014. IV – Mesmo que superado tal óbice, o recurso também não reuniria condições de conhecimento nesse ponto, uma vez que o acórdão recorrido sustenta ter existido processo administrativo disciplinar, no qual foi garantido o contraditório ao recorrente, enquanto ele sustenta não ter havido processo administrativo. À hipótese, incidiria o Óbice Sumular n. 7/STJ. V – No que concerne à apontada violação do art. 5º, LV, da Constituição Federal, é forçoso ressaltar que, em via de recurso especial, é vedada a análise de dispositivos constitucionais, sob pena de usurpação da competência atribuí-da ao Supremo Tribunal Federal. VI – Agravo interno improvido. (AgInt no AREsp 1328891/DF, Rel. Ministro FRANCISCO FALCÃO, SEGUNDA TURMA, julgado em 12/02/2019, DJe 15/02/2019)

FORMAS DE PROVIMENTO PREVISTAS NA LEI 8.112/1990

▶ **"Prover" significa preencher cargo, ao passo em que "provimento" é ato pelo qual há investidura no exercício de cargo, emprego ou função, observados pressu-postos previstos em lei.**

"Prover" significa preencher cargo, ao passo em que "provimento" é ato pelo qual há investidura no exercício de cargo, emprego ou função, observados pressupostos previstos em lei (p. ex., normalmente nacionalidade brasileira, gozo de direitos políticos, quitação de obrigações militares e eleitorais, nível de escolaridade, idade mínima de 18 anos, e aptidão física e mental). Há várias maneiras de classificar os provimentos relacionados a cargos, dentre elas quanto à existência de vínculo (originário e derivado), quanto à movimentação em cargos (vertical e horizontal), quanto ao motivo (nomeação, promo-ção, readaptação, reversão, aproveitamento, reintegração e recondução) e quanto à du-ração (efetivo, vitalício e em comissão). (Comentários à Constituição do Brasil – Série Idp. Mendes, Gilmar Ferreira; Streck, Lênio Luiz; Sarlet, Ingo Wolfgang; Leoncy, Léo Ferreira; Canotilho, J. J. Gomes. Editora Saraiva, 2ª Edição, São Paulo, 2018, p. 1.359)

▶ **Tanto o provimento do cargo quanto a investidura de um servidor contêm-se no mesmo ato.**

"O cargo é provido e o agente é investido na condição de seu titular. Tanto o pro-vimento do cargo quanto a investidura de um servidor contêm-se no mesmo ato (ou procedimento); é que a dissociação entre eles não se faz senão pelo desdobramento dos dados e dos elementos que nele se contêm, havendo composição jurídica única em sua elaboração e em sua formalização". (ROCHA. Princípios constitucionais dos servidores públicos, p. 173.)

▶ **O provimento dos cargos públicos far-se-á mediante ato da autoridade compe-tente de cada Poder**

Segundo o disposto no art. 6.º da Lei 8.112/1990, "o provimento dos cargos públicos far-se-á mediante ato da autoridade competente de cada Poder". No âmbito do Poder Executivo federal, o provimento é ato de competência do Presidente da República, passí-vel de delegação para ministros de estado. (FRANÇA, Vladimir da Rocha. Considerações sobre a nomeação, a posse e o exercício em cargo público na Lei 8.112/1990, Revista de Direito Administrativo Contemporâneo | vol. 3/2013 | p. 111 – 130 | Out – Dez / 2013)

▶ **A nomeação para o cargo de provimento efetivo é restrita a candidato apro-vado em concurso público ainda vigente, observada a ordem de classificação dele constante.**

A nomeação para o cargo de provimento efetivo é restrita a candidato aprovado em concurso público ainda vigente, observada a ordem de classificação dele constante. Recorde-se que o titular deste cargo público terá, observados os requisitos constitucionais, o direito à estabilidade e será submetido a um regime previdenciário especial, sem prejuízo de outras garantias constitucionais que lhes são específicas. (FRANÇA, Vladimir da Rocha. Considerações sobre a nomeação, a posse e o exercício em cargo público na Lei 8.112/1990, Revista de Direito Administrativo Contemporâneo | vol. 3/2013 | p. 111 – 130 | Out – Dez / 2013)

▶ **O provimento de cargo público far-se-á mediante ato da autoridade competente de cada Poder.**

O provimento de cargos do Poder Executivo é da competência privativa do Presidente da República, que poderá delegá-la aos Ministros de Estado, ao Procurador-Geral da República ou ao Advogado-Geral da União, observados os limites traçados nas respectivas delegações. Cabe, ainda, ao Presidente da República nomear os Ministros de Estado; o presidente e os diretores do Banco Central; o Advogado-Geral da União e os membros do Conselho da República; os Ministros do STF e dos Tribunais Superiores; os Governadores de Territórios e o Procurador-Geral da República, após aprovação pelo Senado Federal os Ministros do TCU e os magistrados, nos casos previstos na Constituição . Compete às respectivas Casas, Câmara dos Deputados e Seriado Federal, prover os cargos, empregos ou funções dos seus serviços administrativos. É atribuição privativa dos tribunais prover os cargos de juiz de carreira da respectiva jurisdição e prover, por concurso público de provas, ou de provas e títulos, obedecido o disposto no art. 169, parágrafo único, da CF, os cargos necessários à administração da Justiça, exceto os de confiança assim definidos em lei. O provimento de cargos no Tribunal de Contas é da competência do seu Presidente, e no Ministério Público Federal, do Procurador-Geral da República.

▶ **Provimento originário ou autônomo se verifica quando o cargo é ocupado pela primeira vez ou quando o futuro ocupante não tem vínculo com a administração pública.**

Provimento originário ou autônomo se verifica quando o cargo é ocupado pela primeira vez ou quando o futuro ocupante não tem vínculo com a administração pública, de modo que esse provimento se efetua mediante ato administrativo denominado nomeação ou contratação (conforme o regime jurídico pelo qual se estabelece o vínculo), que, por sua vez, leva à posse (que consiste na assinatura de termo pelo qual o ocupante do cargo assume atribuições, responsabilidades e direitos do cargo) e ao início do exercício das atribuições do cargo, emprego ou função com lotação do servidor em determinado órgão. (Comentários à Constituição do Brasil – Série Idp. Mendes, Gilmar Ferreira; Streck, Lênio Luiz; Sarlet, Ingo Wolfgang; Leoncy, Léo Ferreira; Canotilho, J. J. Gomes. Editora Saraiva, 2ª Edição, São Paulo, 2018, p. 1.359)

◉ **Uma vez nomeado, não tomando posse o candidato, é tornado sem efeito o ato de nomeação.**

ADMINISTRATIVO. AGRAVO INTERNO EM MANDADO DE SEGURANÇA. CONCURSO PÚBLICO. NOMEAÇÃO TORNADA SEM EFEITO POR FALTA DE

POSSE TEMPESTIVA. LEGALIDADE. MEIOS DE CIÊNCIA E ACOMPANHAMEN-TO DO CERTAME REGULARMENTE ASSEGURADOS. DEVER DE DILIGÊNCIA DO CANDIDATO. 1. O edital é a lei do concurso, sendo certo que suas cláusulas obrigam tanto à Administração quanto aos candidatos, em razão do princípio da vinculação do certame ao instrumento convocatório. Precedentes. 2. A nomeação do candidato foi tornada sem efeito porque não houve a posse no prazo legal, pelo que se mostra hígido o ato impetrado, pelo qual o Ministro de Estado tão somente deu fiel cumprimento ao comando contido no art. 13, § 6.o, da Lei n. 8.112/1990 e ao previsto na cláusula 9.15 do subjacente edital. 3. No caso, a Administração deu satisfatória publicidade aos seus atos, por isso que cabia ao candidato, nos termos do edital, o dever de acompanhar a evolução das etapas do certame nos sítios eletrônicos da banca examinadora e do Ministério da Agricultura, devendo, ainda, obter, junto ao MAPA, todas as informações que julgasse necessárias para assegurar sua tempestiva nomeação e posse. Cuidava-se, portanto, do dever de diligenciar em defesa de seus próprios interesses, do que descurou o impetrante. 4. A notificação pessoal para a posse de candidato aprovado em concurso público somente se mostra obrigatória nas hipóteses em que exista expressa previsão editalícia ou nos casos em que verificado longo tempo entre a homologação do resultado e a convocação dos aprovados, situações inocorrentes na espécie. Precedentes das duas Turmas que compõem a 1.ª Seção do STJ. 5. Agravo interno a que se nega provimento. (AgInt no MS 21.467/DF, Rel. Ministro SÉRGIO KUKINA, PRIMEIRA SEÇÃO, julgado em 08/08/2018, DJe 18/09/2018)

▶ **Provimento derivado pressupõe a existência de vínculo presente ou passado do servidor com a administração pública.**

Provimento derivado pressupõe a existência de vínculo presente ou passado do servidor com a administração pública, efetivando-se após iniciada a atividade funcional mediante acesso, promoção, readaptação, aproveitamento, reversão, reintegração e recondução. (Comentários à Constituição do Brasil – Série Idp. Mendes, Gilmar Ferreira; Streck, Lênio Luiz; Sarlet, Ingo Wolfgang; Leoncy, Léo Ferreira; Canotilho, J. J. Gomes. Editora Saraiva, 2ª Edição, São Paulo, 2018, p. 1.360)

▶ **Provimento vertical e provimento horizontal.**

No provimento vertical há movimentação a cargo normalmente mais elevado (por merecimento ou antiguidade) dentro da própria carreira para a qual o servidor fez concurso, ao passo em que, no provimento horizontal, a investidura do servidor se dá em cargo de atribuições e responsabilidades compatíveis com outro que ocupava. Nos termos do art. 37, II, da Constituição, o acesso a cargo ou emprego público depende de concurso, tanto de investidura originária quanto de derivada (salvo nomeações para cargo em comissão previsto em lei de livre nomeação e exoneração), embora não seja exigido concurso em se tratando de função pública (para a qual há nomeações com base em confiança e para serviços temporários, consoante os incisos V e IX do mesmo art. 37). Não mais são admitidos os institutos da readmissão (ato discricionário pelo qual funcionário exonerado ou demitido podia reingressar nos quadros do serviço público), da transposição ou ascensão funcional (ato pelo qual servidor passava de um cargo para outro de conteúdo diverso, ainda que mais elevado, visando a melhor adequação dos recursos humanos, normalmente mediante concursos "internos"), da transferência (passagem de servidor estável de cargo efetivo para outro de igual denominação, pertencente a quadro de pessoal diverso, de órgão ou instituição do mesmo Poder) e de qualquer outro modo pelo qual há provimento sem concurso público. (Comentários à Constituição do Brasil--Série Idp. Mendes, Gilmar Ferreira; Streck, LênioLuiz; Sarlet, Ingo Wolfgang; Leoncy, Léo Ferreira; Canotilho, J. J.Gomes. Editora Saraiva, 2ª Edição, São Paulo, 2018, p. 1.360)

▶ **Necessidade de existir prévia dotação orçamentária suficiente para atender às projeções de despesa de pessoal e aos acréscimos dela decorrentes e autorização específica na lei de diretrizes orçamentárias.**

Convém lembrar que, por determinação constitucional, a admissão ou contratação de pessoal, a qualquer título, pelos órgãos e entidades da Administração direta ou indireta, inclusive fundações instituídas e mantidas pelo poder público, só poderá ser feita se houver prévia dotação orçamentária suficiente para atender às projeções de despesa de pessoal e aos acréscimos dela decorrentes e autorização específica na lei de diretrizes orçamentárias, ressalvadas as empresas públicas e as sociedades de economia mista. (BRANDÃO, Júlio Cezar Lima. Comentários ao estatuto do servidor público federal: direitos, deveres, proibições, vantagens, processo disciplinar, seguridade social e aposentadoria. 3ª edição. Curitiba, Juruá. 2016., p. 40)

▶ **São requisitos básicos para a investidura em cargo público.**

1) nacionalidade brasileira; 2) o gozo dos direitos políticos; 3) a quitação com as obrigações militares e eleitorais; 4) o nível de escolaridade exigido para o exercício do cargo; 5) a idade mínima de dezoito anos; 5) e a aptidão física e mental.

▶ **Nacionalidade brasileira**

Para ocupar cargo público é preciso ser brasileiro, nato ou naturalizado, ou português equiparado. **Nacionalidade é o vínculo jurídico que une um indivíduo a determinado Estado.** O art. 20 da Convenção Americana de Direitos Humanos, assinada em São José da Costa Rica, em 22.11.1969, e promulgada pelo Decreto 678, de 06.11.1992, preconiza que toda pessoa tem direito a uma nacionalidade e à nacionalidade do Estado em cujo território houver nascido, se não tiver direito a outra. Perante o Estado, o indivíduo ou é nacional ou estrangeiro. Nacional é o sujeito natural do Estado. Estrangeiro, por exclusão, é aquele a quem o direito do Estado não atribui a qualidade de nacional, sujeitando-se a outro Estado, de acordo com as regras de Direito Internacional. (BRANDÃO, Júlio Cezar Lima. Comentários ao estatuto do servidor público federal: direitos, deveres, proibições, vantagens, processo disciplinar, seguridade social e aposentadoria. 3ª edição. Curitiba, Juruá. 2016., p. 41)

▶ **Gozo dos direitos políticos**

Direito político é a possibilidade jurídica de o cidadão votar, ser votado e desempenhar funções em quaisquer dos Poderes da República. Compreende "o conjunto de regras destinadas a regular o exercício da soberania popular e que diz respeito "ao direito de participação no processo político como um todo, ao direito ao sufrágio universal e ao voto periódico, livre, direto, secreto e igual, à autonomia de organização do sistema partidário, à igualdade de oportunidade dos partidos. (BRANDÃO, Júlio Cezar Lima. Comentários ao estatuto do servidor público federal: direitos, deveres, proibições, vantagens, processo disciplinar, seguridade social e aposentadoria. 3ª edição. Curitiba, Juruá. 2016., p. 44)

▶ **Quitação com as obrigações militares e eleitorais**

O serviço militar é obrigatório, por determinação do art. 143 da CF. A Constituição determina, ainda, que às Forças Armadas compete, na forma da lei, atribuir serviço alternativo aos que, em tempo de paz, após alistados, alegarem imperativo de consciência, entendendo-se como tal o decorrente de crença religiosa e de convicção filosófica ou política, para se eximirem de atividades de caráter essencialmente militar, e isenta do serviço militar obrigatório em tempo de paz, as mulheres e os eclesiásticos, sujeitando-os, porém, a outros encargos que a lei lhes atribuir. No ato da posse o candidato deverá apresentar o seu certificado de reservista ou o certificado de dispensa de incorporação. Já o alistamento eleitoral e o voto são obrigatórios para os maiores de dezoito anos e facultativos para os analfabetos, maiores de setenta anos e para os maiores de dezesseis e menores de dezoito anos. Não podem alistar-se como eleitores os estrangeiros e, durante o período do serviço militar obrigatório, os conscritos. (BRANDÃO, Júlio Cezar Lima. Comentários ao estatuto do servidor público federal: direitos, deveres, proibições, vantagens, processo disciplinar, seguridade social e aposentadoria. 3ª edição. Curitiba, Juruá. 2016., p. 45)

▶ **Nível de escolaridade exigido para o exercício do cargo**

Para ser investido em cargo público o cidadão aprovado em concurso público deverá comprovar que possui a escolaridade necessária para o exercício cargo, mediante apresentação de certificado ou diploma de conclusão de curso. Essa comprovação, no entanto, será exigida Rela Administração na posse e não no momento da inscrição em concurso público.

▶ **Idade mínima de dezoito anos**

A lei exige a idade mínima de dezoito anos para que o cidadão possa ser titular de cargo público, cuja comprovação será feita no ato de posse e não no momento da inscrição, tendo em vista que a idade mínima é requisito para o exercício do cargo e não de inscrição em concurso público!

▶ **Aptidão física e mental e exame psicotécnico**

Exige-se, ainda, de quem pretende investir-se em cargo público, a aptidão física e mental. Alguns cargos públicos – das polícias de um modo geral – exigem do candidato boas condições físicas e psicológicas, o que legitima a exigência de testes físico e psicológico. Avaliação psicológica – denominação utilizada em substituição à expressão "exame psicotécnico", a partir do advento do Decreto 7.308, de 22.09.2010, que alterou o Decreto 6.944, de 21.08.2009 – é o emprego de procedimentos científicos destinados a aferir a compatibilidade das características psicológicas do candidato com as atribuições do cargo. Se durante a avaliação médica for constatada a existência de doença grave, incurável ou contagiosa, indicada no art. 186, § 1°, desta Lei, o candidato não poderá ser empossado. Por isso que se entende como nula de pleno direito, por exemplo, a investidura de alienado mental em cargo público. (BRANDÃO, Júlio Cezar Lima. Comentários ao estatuto do servidor público federal: direitos, deveres, proibições, vantagens, processo disciplinar, seguridade social e aposentadoria. 3ª edição. Curitiba, /Juruá. 2016., p. 47/48)

▶ **O provimento dos cargos públicos far-se-á mediante ato da autoridade competente de cada Poder, o que vai variar de autoridade para autoridade,**

O provimento dos cargos públicos far-se-á mediante ato da autoridade competente de cada Poder, o que vai variar de autoridade para autoridade tendo em vista a grande estratificação da União Federal (desconcentração administrativa), a qual existe também nas pessoas que compõe a Administração Indireta ou Descentralizada (descentralização administrativa – Art. 37, XIX, CF) que sejam pessoas jurídicas de direito público, que, no caso, são as Autarquias e Fundações Públicas de direito público.

▶ **Competência para prover cargos públicos.**

Registre-se que a competência para prover cargos pode estar na Constituição Federal ou nas Constituições Estaduais, nas Leis Orgânicas, leis ordinárias e, ainda, é possível e bem comum na prática, a delegação desta atribuição. (Vide art. 84, CF; Art. 11 a 13 da Lei 9.784/99).

▶ **Uma vez nomeado, o candidato precisa assumir o cargo. Trata-se do ato de posse!**

Uma vez nomeado, o candidato precisa assumir o cargo. Trata-se do ato de posse! A investidura em cargo público ocorrerá com a posse (Art. 7°). A posse dar-se-á pela assinatura do respectivo termo, no qual deverão constar: (Art. 13) a) as atribuições, b)os deveres, c) as responsabilidades e d) os direitos inerentes ao cargo ocupado,

▶ **Impossibilidade de alteração unilateral**

Nada disso pode ser alterado unilateralmente, por qualquer das partes, ressalvados os atos de ofício previstos em lei.

▶ **A posse ocorrerá no prazo de trinta dias contados da publicação do ato de provimento**

A posse ocorrerá no prazo de trinta dias contados da publicação do ato de provimento. (Art. 13, § 1°). Este ato de posse pode ser feito diretamente pelo servidor nomeado, como também poderá dar-se mediante procuração específica. (Art. 13, § 3°).

▶ **Declaração de bens e valores.**

Neste ato, seja o servidor, seja aquele a quem foi conferida procuração, deverá ser apresentada declaração de bens e valores que constituem o patrimônio do servidor e declaração quanto ao exercício ou não de outro cargo, emprego ou função pública. (Art. 13, § 5º).

▶ **Só haverá posse nos casos de provimento de cargo por nomeação. (Art. 13, § 4º).**

Veremos que existem vários tipos de provimento, ou seja, formas de preenchimento dos cargos públicos, porém só haverá posse nos casos de provimento de cargo por nomeação. (Art. 13, § 4º).

▶ **A posse em cargo público dependerá de prévia inspeção médica oficial.**

Outro detalhe importante: a posse em cargo público dependerá de prévia inspeção médica oficial, sendo que apenas poderá ser empossado aquele servidor que for julgado apto física e mentalmente para o exercício do cargo. (Art. 14)

▶ **Caso o servidor não assuma o cargo no prazo legal caducará seu direito à posse.**

Como dito, o prazo para que o servidor, diretamente ou representado por procuração, tomar posse é de 30 dias, contados do ato de nomeação do mesmo. Caso o servidor não assuma o cargo caducará seu direito. Por outras palavras: será tornado sem efeito o ato de provimento se a posse não ocorrer no prazo legal.

▶ **Investidura e provimento: divergências doutrinárias.**

"Não há consenso entre os doutrinadores na definição de investidura. José dos Santos Carvalho Filho, baseando-se na lição de José Cretella Júnior, entende que a investidura "retrata uma operação complexa, constituída de atos do Estado e do interessado, para permitir o legítimo provimento do cargo público". Ela exige o provimento, a posse e o exercício. Hely Lopes Meirelles fala apenas em investidura, sem qualquer referência a provimento. Para o autor, "todo agente público vincula-se ao Estado por meio de ato ou procedimento legal a que se denomina investidura, variável na forma e nos efeitos, segundo a natureza do cargo, do emprego, da função ou do mandato que se atribui ao investido". O jurista distingue diferentes modalidades de investidura: administrativa (que vincula o agente a cargo, função ou mandato administrativo) e política (a que se realiza, em regra, por eleição direta ou indireta, mediante sufrágio universal); originária (que vincula inicialmente o agente ao Estado, como ocorre com a nomeação) e derivada (que decorre de vínculo anterior com a Administração, como ocorre com a promoção, a transferência, a remoção, a reintegração etc.); vitalícia (que tem caráter perpétuo e cuja destituição depende de sentença judicial), efetiva (que tem pressuposto de definitividade, para tornar o agente estável no serviço público e cuja destituição depende de processo administrativo ou sentença judicial) e em comissão (de natureza transitória, para cargos ou funções de confiança, sendo o agente exonerável ad nutum). Como se verifica, o autor utiliza o vocábulo investidura no mesmo sentido que outros falam em provimento. Para Cármen Lúcia Antunes Rocha, investidura "é o ato pelo qual o servidor se imite na condição de titular de cargo público para o qual foi nomeado ou ao qual ascendeu". Ainda segundo a autora, "a investidura decorre do ato de provimento, e é ele que aperfeiçoa o vínculo que ata, funcionalmente, o servidor à entidade estatal que tem, em sua administração, o cargo para o qual se dá a suprir e a ter as suas funções desenvolvidas". Segundo a autora, a investidura ocorre quando o servidor, depois de praticado o ato de provimento, toma posse do cargo. Em outro ponto da obra, ela distingue o provimento da investidura, dizendo que o primeiro diz respeito ao cargo e o segundo, ao agente: "o cargo é provido e o agente é investido na condição de seu titular". Para ela, "o provimento de cargo, função ou emprego público tem dupla face em sua caracterização jurídico-administrativa: pelo lado do agente, traduz ou determina a outorga que lhe é feita de desempenhar o conjunto de atribuições inerentes ao cargo, função ou emprego público; vislumbrando-se a partir do cargo ou do emprego, significa a definição administrativa daquele agente que o titulariza, quer dizer, que se põe como seu titular para o desenvolvimento das atividades que lhe são inerentes na forma da lei." (DI PIETRO, Maria Sylvia Zanella. Tratado de Direito Administrativo, Volume 2, 1ª edição, Editora Revista dos Tribunais, 2015, p. 381)

▶ **Distinção entre os institutos.**

"Pelo ato de provimento (nomeação ou promoção, por exemplo), é designado o servidor que vai ocupar o cargo; pela investidura (posse e exercício), o servidor público passa a ocupar o cargo, vinculando-se à entidade estatal que praticou o ato de provimento. Essa distinção decorre, implicitamente, dos conceitos adotados na Lei 8.112, de 11.12.1990. Pelo art. 6.º, "o provimento dos cargos públicos far-se-á mediante ato da autoridade competente de cada Poder". Pelo art. 7.º, "a investidura em cargo público ocorrerá com a posse". Portanto, o provimento é ato do Poder Público, enquanto a investidura é ato do servidor." (DI PIETRO, Maria Sylvia Zanella. Tratado de Direito Administrativo, Volume 2, 1ª edição, Editora Revista dos Tribunais, 2015, p. 382)

> ▶ **No mesmo sentido:** "é o ato através do qual o servidor ingressa no exercício do cargo, emprego ou função. O provimento originário é o ingresso no serviço público sem existência de vínculo anterior. O derivado decorre de ruptura da relação e retorno do servidor. (OLIVEIRA, Régis Fernandes de. Servidores públicos. 2ª. ed. São Paulo: Malheiros, 2008, p. 98.)

▶ **A investidura pode ser em caráter efetivo, vitalício e em comissão.**

"Tanto a investidura como o provimento podem ser qualificados como efetivos (feitos por concurso público, dando direito à estabilidade se cumpridos os requisitos exigidos para o estágio probatório, com a garantia de que a perda do cargo depende de procedimentos previstos na Constituição), vitalícios (por concurso ou sem ele, nas hipóteses previstas na Constituição, com a garantia de que a destituição somente ocorrerá por sentença judicial transitada em julgado) ou em comissão (quando provido sem concurso público e sem qualquer garantia de permanência no cargo, uma vez que a exoneração pode ser feita a critério da Administração). Os três qualificativos somente se aplicam ao provimento ou à investidura em cargos e não aos empregos (porque nestes, embora providos por concurso público, não dão direito à estabilidade), nem às funções (já que não dependem de concurso público nem dão direito à estabilidade)."

(DI PIETRO, Maria Sylvia Zanella. Tratado de Direito Administrativo, Volume 2, 1ª edição, Editora Revista dos Tribunais, 2015, p. 382/383)

▶ **Embora os autores em geral tratem da investidura e do provimento em relação ao cargo, na realidade, o dispositivo fala em investidura no cargo ou emprego público.**

"Embora os autores em geral tratem da investidura e do provimento em relação ao cargo, na realidade, o dispositivo fala em investidura no cargo ou emprego público. E também não há razão para deixar de falar em investidura em função. A norma do art. 37, II, não se refere a função porque para esta não há exigência de concurso público. Contudo, nas três situações, existe um ato de provimento e um ato de investidura, abrangendo a posse e o exercício. O que muda é o tipo de ato de provimento que designa o servidor: pode ser a nomeação (para cargo), a contratação (para o emprego público e para a função temporária) e a designação ou outro ato semelhante (para a função de confiança)." (DI PIETRO, Maria Sylvia Zanella. Tratado de Direito Administrativo, Volume 2, 1ª edição, Editora Revista dos Tribunais, 2015, p. 382)

▶ **O inc. II do art. 37 menciona investidura em cargo ou emprego, omitindo função pública.**

"Ficaria estranho, ante o espírito da Constituição Federal e os princípios da Administração aí consagrados, que a investidura em função escapasse à exigência de concurso. Surgiu entendimento no sentido de que só existiria função no caso de contrato por tempo determinado para atender a necessidade temporária de excepcional interesse público, prevista no inc. IX do art. 37; portanto, o acesso a essa contratação independeria de aprovação em concurso público. Todos os demais vínculos seriam cargos e empregos, com investidura condicionada à aprovação em concurso público, ressalvados os cargos em comissão. No entanto, há casos de contratos de pessoal que não são regidos pela CLT, nem se inserem no referido inc. IX; trabalho realizado em virtude desses contratos qualifica-se como função pública, sem dúvida; e, ante os princípios da igualdade e da moralidade administrativa, tais contratações só podem se efetuar com pessoas habilitadas em concurso público." (MEDAUAR, Odete. Direito Administrativo Moderno, 20ª edição, Editora Revista dos Tribunais, São Paulo, 2016, p. 324)

▶ **Há várias maneiras de classificar os provimentos relacionados a cargos.**

Há várias maneiras de classificar os provimentos relacionados a cargos, dentre elas quanto à existência de vínculo (originário e derivado), quanto à movimentação em cargos (vertical e horizontal), quanto ao motivo (nomeação, promoção, readaptação, reversão, aproveitamento, reintegração e recondução) e quanto à duração (efetivo, vitalício e em comissão). (Comentários à Constituição do Brasil – Série Idp. Mendes, Gilmar Ferreira; Streck, Lênio Luiz; Sarlet, Ingo Wolfgang; Leoncy, Léo Ferreira; Canotilho, J. J. Gomes. Editora Saraiva, 2ª Edição, São Paulo, 2018, p. 1.359)

NOMEAÇÃO

A nomeação já foi estudada em detalhes em capítulos anteriores, ocasião em que pudemos analisar, também, a inconstitucionalidade de outras formas de provimento originário ou derivado vertical. Existem outras formas de provimento derivado, no entanto, que não se afiguram inconstitucionais, pois dizem respeito, tão somente, ao *retorno do servidor ao seu antigo cargo* (reversão, recondução e reintegração), ao *prosseguimento da função pública em cargo integrante da própria carreira* (promoção), ou à ocupação de cargo diverso, *mas decorrente de causa que tem fundamento na própria Constituição Federal* (aproveitamento e readaptação).

▶ **Nomeação é a primeira forma de provimento do cargo público.**

A primeira forma de provimento é a nomeação, que, pode ser feita em condições diversas, como veremos. Nomeação é o ato formal pelo qual o poder público atribui determinado cargo a uma pessoa estranha aos seus quadros. É o ato que cria, na expressão de D'ALESSIO, a relação jurídica denominada de emprego público, e que estabelece o círculo jurídico entre o funcionário e o Estado. Alguns autores costumam confundir a natureza do ato da nomeação com a da relação entre o funcionário e o Estado. esquecendo-se que a nomeação é apenas o ato formal que cria essa relação. (CAVALCANTI, Themistocles Brandão. O funcionário público e o seu regime jurídico: Comentário ao Estatuto dos Funcionários Públicos, Editor Borsoi, Rio de Janeiro, 1958, p. 145)

> ▶ **No mesmo sentido:** Por esse ato a autoridade competente nomeia alguém para prover cargo público, seja em caráter permanente (cargos efetivos), seja em caráter precário (cargos em comissão). Pela nomeação o cidadão ingressa no serviço público ativo: esse é o ato, por excelência, que o entroniza no quadro do pessoal do serviço público, neste caso, federal. A palavra serve indistintamente para cargos efetivos e cargos em comissão, para os quais o cidadão é nomeado. (RIGOLIN, Ivan Barbosa, Comentários ao regime único dos servidores públicos civis. – 7. ed. rev. E atual. – São Paulo: Saraiva, 2012, p. 72)

▶ **A nomeação é materializada, regra geral, pela publicação do nome do cidadão na imprensa oficial (Diário Oficial)**

A nomeação é materializada, regra geral, pela publicação do nome do cidadão na imprensa oficial (Diário Oficial), para em prazo certo tomar posse, pena de desistência. E pela posse se investirá o nomeado no cargo público. Observa-se outra vez a íntima relação entre os três institutos ventilados nos arts. 7º e 8º, I. (RIGOLIN, Ivan Barbosa, Comentários ao regime único dos servidores públicos civis. – 7. ed. rev. E atual. – São Paulo: Saraiva, 2012, p. 72)

▶ **Os cargos de provimento efetivo podem ser isolados ou constituir-se em carreiras.**

Cargo isolado é aquele que não compõe carreira com qualquer outro, pela natureza das atribuições respectivas, as quais não guardam similaridade com as de nenhum outro cargo. Exemplo clássico de cargo isolado é o de Secretário Administrativo; trata-se de um datilógrafo qualificado, com funções de secretariar a autoridade, adotar-lhe a agenda e os compromissos, cuidar do bom andamento dos ser viços a cargo daquela autoridade. Tais atribuições, logo se percebe, são absolutamente isoladas, não guardando nenhuma relação com quaisquer atribuições de cargos dispostos em carreiras. Inversamente, cargo de carreira é aquele disposto ou situado em alguma sucessão coordenada e certa com outros, cujas atribuições sejam similares, porém crescentemente complexas e exigentes, de modo a possibilitar a evolução natural do ocupante pelo simples ganho das novas escolaridades correlatas, e da experiência nos postos inferiores. (RIGOLIN, Ivan Barbosa, Comentários ao regime único dos servidores públicos civis. – 7. ed. rev. E atual. – São Paulo: Saraiva, 2012, p. 76/77)

▶ **Nomeação é, como se examinou, a forma por excelência originária de provimento de qualquer cargo público. Pode ser procedida, conforme a separação clássica no direito brasileiro, para cargo de provimento efetivo ou para cargo de confiança (ou em comissão).**

Nomeação é, como se examinou, a forma por excelência originária de provimento de qualquer cargo público. Pode ser procedida, conforme a separação clássica no direito brasileiro, para cargo de provimento efetivo ou para cargo de confiança (ou em comissão). A nomeação para cargo efetivo mereceu o inc. I do art. 9º, e aquela em comissão, o inc. II do mesmo artigo. A redação do inc. I, que não foi das mais felizes, deixa claro que existe uma nomeação para cargos onde o servidor, após confirmado em estágio probatório, se estabiliza no serviço público, que são aqueles cargos denominados efetivos, de caráter efetivo, de natureza efetiva, ou, mesmo, de provimento efetivo. (RIGOLIN, Ivan Barbosa, Comentários ao regime único dos servidores públicos civis. – 7. ed. rev. E atual. – São Paulo: Saraiva, 2012, p. 76)

▶ **O ato que nomeia servidor é em geral portaria, que é o ato administrativo mais adequado a produzir efeitos individuais.**

O ato que nomeia servidor é em geral portaria, que é o ato administrativo mais adequado a produzir efeitos individuais. Pode, entretanto, este ato ser um decreto, o que ocorre sempre que se trate de altos cargos nos três Poderes da União, eventualmente em autarquias ou em fundações públicas. Decretos são atos de competência privativa do chefe do Executivo, neste caso o Presidente da República, enquanto portarias são atos de hierarquia inferior, podendo ser expedidos por Ministros de Estado, ou presidentes de autarquias ou fundações, conforme disciplinamento interno de cada entidade. A L. 8.112 não discrimina, e dificilmente o faria, quais os cargos que serão providos por decretos, e quais aqueles que podem ser providos por portaria; são outras leis, ou mesmo atos infralegais que os devem estabelecer. (RIGOLIN, Ivan Barbosa, Comentários ao regime único dos servidores públicos civis. – 7. ed. rev. E atual. – São Paulo: Saraiva, 2012, p. 76)

▶ **A Constituição Federal no art. 84 fixa, no inc. I, que compete ao Presidente da República nomear e exonerar os Ministros de Estado.**

A Constituição Federal no art. 84 fixa, no inc. I, que compete ao Presidente da República nomear e exonerar os Ministros de Estado; os incs. XIV a XVII do mesmo art. 84 estabelecem a competência do Presidente da República para, evidentemente também por decreto, nomear Ministros dos Tribunais Superiores, do Tribunal de Contas da União, dos Juízes nos casos previstos na CF, do Advogado-Geral da União e dos membros do Conselho da República. São atos que exigem decreto, e, além desses, todos os demais poderão, na forma da lei, ser delegados a auxiliares diretos, que evidentemente não expedirão decretos, mas portarias ou outros atos inferiores. A natureza de todos estes altos cargos mencionados no art. 84 da CF é, por outro lado, híbrida, não se podendo considerar seus ocupantes meros servidores públicos, dada a alta representatividade política das funções. (RIGOLIN, Ivan Barbosa, Comentários ao regime único dos servidores públicos civis. – 7. ed. rev. E atual. – São Paulo: Saraiva, 2012, p. 76/77)

▶ **Nomeações para cargos em comissão são aquelas ao dispor da autoridade para prover cargos descritos na lei como de confiança, ou em comissão**

Nomeações para cargos em comissão são aquelas ao dispor da autoridade para prover cargos descritos na lei como de confiança, ou em comissão. Esses são os cargos de Ministros e os de direção e assessoramento superiores, de chefia ou encarregatura superiores, de presidência ou diretoria de autarquias e fundações, e aqueles demais cargos descritos na lei (ou, em caso de fundações ou autarquias, nos atos de constituição do quadro) como de direção superior, com forte representatividade da autoridade nomeadora. Tais cargos, após o advento da EC n. 19/98, que alterou o inc. V do art. 37 constitucional, apenas poderão ter como atribuições funções de chefia, direção e assessoramento, não mais se prestando a abrigar quaisquer atribuições que em verdade, mesmo que admitidas no passado, nunca exigiram a confiança pessoal da autoridade, como era usual ocorrer. Também, pela nova redação constitucional, uma parte dos cargos em comissão (e das funções de confiança) deverá, na criação, ser destinada à prata da casa, ou seja, ao provimento por quem seja servidor efetivo do respectivo quadro. Nenhum desses assuntos, porém, é nato para a L. 8.112, e deve cada qual ser resolvido dentro da legislação própria, em cada Poder da União, como também, separadamente, no âmbito das autarquias e nas fundações. (RIGOLIN, Ivan Barbosa, Comentários ao regime único dos servidores públicos civis. – 7. ed. rev. E atual. – São Paulo: Saraiva, 2012, p. 77)

▶ **Os cargos em comissão, na sua essência, exigem habilidades especiais dos seus ocupantes, que não estão ao dispor de qualquer funcionário de carreira.**

Os cargos em comissão, na sua essência, exigem habilidades especiais dos seus ocupantes, que não estão ao dispor de qualquer funcionário de carreira, pois grande parte da representatividade política da autoridade nomeadora eles detêm, e precisarão, em maior ou menor grau, representar em seu âmbito aquela autoridade, decidir por ela, monitorar, orientar, organizar, assessorar, como uma *longa manus* do nomeador. A lei pode e em boa técnica deve exigir, para qualquer cargo em comissão, nível e natureza de escolaridade específica, sem a qual não pode a autoridade nomear cidadão algum. (RIGOLIN, Ivan Barbosa, Comentários ao regime único dos servidores públicos civis. – 7. ed. rev. E atual. – São Paulo: Saraiva, 2012, p. 77)

▶ **Quem é livremente nomeado é também livremente exonerado**

Quem é livremente nomeado é também livremente exonerado, ao alvedrio da autoridade que antes nomeou, bastando para isso que o nomeado decaia da sua confiança, ou que o nomeador, sem declinar suas razões, destitua quem antes escolheu. Não gozam os servidores em comissão, evidentemente, de garantia de qualquer estabilidade ou permanência em cargo daquela natureza, essencialmente transitória. (RIGOLIN, Ivan Barbosa, Comentários ao regime único dos servidores públicos civis. – 7. ed. rev. E atual. – São Paulo: Saraiva, 2012, p. 78)

PROMOÇÃO

Já vimos anteriormente que os cargos podem ser estruturados em carreira. Quando isso ocorre, o provimento dos cargos de nível intermediário ou superior se dará, usualmente, por promoção daqueles servidores que ocupam os cargos de nível inicial ou antecedente.

▶ **Promoção é modalidade de provimento derivado vertical mediante o qual o servidor é alçado ao cargo mais elevado (por merecimento ou antiguidade) dentro da própria carreira para a qual ingressou por concurso.**

Promoção é modalidade de provimento derivado vertical mediante o qual o servidor é alçado ao cargo mais elevado (por merecimento ou antiguidade) dentro da própria carreira para a qual ingressou por concurso (é a movimentação do servidor do último e mais elevado padrão de uma classe para o primeiro padrão da classe seguinte e superior, sempre da mesma carreira, com maiores atribuições e relevância). A promoção se distingue da progressão funcional (movimentação do servidor de um padrão para o seguinte, dentro de uma mesma classe de uma mesma carreira, observado interstício mínimo e avaliação formal de desempenho e demais requisitos previstos em lei) e da transposição (mudança de cargo ocupacional que não tem a mesma natureza de trabalho). O art. 39, § 2º, da Constituição (na redação dada pela Emenda Constitucional 19/1998) prevê que União, Estados-Membros e Distrito Federal manterão escolas de governo para formação e aperfeiçoamento dos servidores públicos, constituindo-se a participação nos cursos um dos requisitos para a promoção na carreira, facultada a celebração de convênios ou contratos entre os entes federados. (Comentários à Constituição do Brasil – Série Idp. Mendes, Gilmar Ferreira; Streck, Lênio Luiz; Sarlet, Ingo Wolfgang; Leoncy, Léo Ferreira; Canotilho, J. J. Gomes. Editora Saraiva, 2ª Edição, São Paulo, 2018, p. 1.360)

▶ **É sempre voluntária a ascensão na carreira, uma vez que a promoção (ou o acesso) é sempre um direito e nunca um dever do profissional**

Galgam-se os vários graus da carreira através de mecanismos frequentemente denominados "promoção", ou "acesso", ou ainda outras denominações que variam conforme a lei ou a norma instituidora da carreira e do mecanismo de ascensão nela. Ressalte-se que é sempre voluntária a ascensão na carreira, uma vez que a promoção (ou o acesso) é sempre um direito e nunca um dever do profissional; fosse obrigatória a promoção, transformar-se-ia, naturalmente, em dever. E, de resto, não tem o menor sentido conceber-se obrigar alguém a ser promovido, ou a subir na carreira. (Tratado de direito administrativo, 2 / coordenadores Adilson Abreu Dallari, Carlos Valder do Nascimento, Ives Gandra da Silva Martins. – São Paulo: Saraiva, 2013. Vários autores, p. 164.)

▶ **Adotado o sistema de promoção, é comum que esta seja feita de maneira alternada, uma por merecimento e outra por antiguidade, embora a Constituição Federal somente imponha esse sistema para os magistrados e membros do Ministério Público**

Adotado o sistema de promoção, é comum que esta seja feita de maneira alternada, uma por merecimento e outra por antiguidade, embora a Constituição Federal somente imponha esse sistema para os magistrados e membros do Ministério Público. Nada impede, portanto, que o legislador, para outras carreiras, adote critério único, só merecimento ou só antiguidade. A título de exemplo, podemos citar a sistemática de promoções do Serviço Exterior Brasileiro (art. 51 da Lei 11.440/2006), que só prevê promoção por merecimento aos cargos de Ministro de Primeira Classe, Ministro de Segunda Classe, Conselheiro e Primeiro-Secretário, ao passo que a promoção a Segundo-Secretário só ocorre por antiguidade. O ingresso na carreira, por concurso, é para o cargo de Terceiro-Secretário. Ambos os sistemas têm vantagens e desvantagens. O merecimento afere melhor a produtividade e o desempenho do servidor no exercício da função, embora possa ser contaminado pela pessoalidade caso não seja muito criteriosa a forma de avaliação. A antiguidade preserva a valorização da experiência e do tempo prestado no serviço público, embora possa engessar, por outro lado, a movimentação da carreira e ser motivo de desestímulo do servidor em se empenhar nela.

▶ **No mesmo sentido:** Para ascender na carreira horizontal a norma vai indicar os critérios; o ideal é que, tal qual na vertical, leve em conta o merecimento do servidor, mas aqui já se admite, em razão das deficiências inerentes a esse tipo de carreira, que também a antiguidade do servidor constitua fator de aquilatação, para efeito de promoção. O ideal em verdade, nesse tipo de carreira, é obter-se uma combinação desses dois fatores ou critérios, antiguidade e merecimento, para apenas pela satisfação desses dois fatores efetuarem-se as promoções. Recomenda-se que as carreiras sejam instituídas dentro de cada departamento (ou secretaria, se for o caso), quer dizer, dentro de cada unidade administrativa maior, na estrutura da organização. Com isto se visa impedir que cada uma dessas unidades seja eventualmente desarticulada com a saída de servidores nela lotados, rumo a novos postos, por promoção em carreira, situados em unidade diversa. Por vezes até mesmo dentro de cada uma dessas unidades devem-se compartimentar as carreiras por unidades menores, tal a desorganização que o deslocamento de servidores, para postos em outras unidades (menores), poderia ensejar. O porte e a organização particular de cada estrutura de órgão público é que deverão determinar até que grau ou nível devem ser separadas, por unidades, as várias carreiras. Para os postos de trabalho que não puderem constituir-se em carreiras, sendo, portanto, isolados, o plano de carreiras poderá em boa técnica instituir mecanismos diversos de evolução funcional, como, por exemplo, a já mencionada carreira horizontal. O que se precisa sempre procurar, antes de se estabelecerem carreiras, volta-se a dizer, é o nexo de similaridade ou o denominador comum, ou o traço de semelhança entre os empregos ou cargos dispostos em carreira; sem este nexo estar-se-á pretendendo instituir uma falsa carreira, que, conforme se vai observar, constituirá burla ao princípio constitucional da igualdade. (Tratado de direito administrativo, 2 / coordenadores Adilson Abreu Dallari, Carlos Valder do Nascimento, Ives Gandra da Silva Martins. – São Paulo: Saraiva, 2013. Vários autores, p. 168.)

▶ **Promoção é evolução na carreira.**

Frequentemente se empregam sinônimos, nas leis de organização de pessoal, da palavra promoção, como, por exemplo, acesso, ascensão ou ainda outras, sendo que basicamente todas têm significado parecido, importando a definição que a cada caso a lei dê a cada instituto. Existem atualmente decretos sobre esses institutos. (RIGOLIN, Ivan Barbosa, Comentários ao regime único dos servidores públicos civis. – 7. ed. rev. E atual. – São Paulo: Saraiva, 2012, p. 73)

▶ **Possibilidade de concurso interno como requisito de promoção.**

Existe ainda hoje a possibilidade de realização de concursos internos, e eles acontecem quando a norma que instituiu as carreiras o exija, quer para a hipótese de vários servidores, habilitados, disputarem a vaga, quer havendo apenas um habilitado. Nesse último caso, o concurso interno apuraria suficiência técnica mínima, como requisito para a promoção. (Tratado de direito administrativo, 2 / coordenadores Adilson Abreu Dallari, Carlos Valder do Nascimento, Ives Gandra da Silva Martins. – São Paulo: Saraiva, 2013. Vários autores, p. 167.)

▶ **Promoção significa subida, desenvolvimento, progressão, e não pode existir tecnicamente promoção se não existir, previamente instituída pela lei, a carreira que a permita.**

Promoção fora da carreira tem o mesmo sentido de um trem fora de seus trilhos; os trilhos, ou a carreira, são condição indispensável à configuração do instituto: a passagem de um grau da carreira para outro superior, dentro da mesma carreira, é o que a caracteriza. (RIGOLIN, Ivan Barbosa, Comentários ao regime único dos servidores públicos civis. – 7. ed. rev. E atual. – São Paulo: Saraiva, 2012, p. 73)

▶ **A lei que mencione promoção, ou que a institua, deverá indicar as carreiras respectivas onde poderá ocorrer; a periodicidade da promoção; as condições em que ela deve ou pode ocorrer; os requisitos exigidos do servidor candidato à promoção; quem a promove, se a autoridade etc.**

A lei que mencione promoção, ou que a institua, deverá indicar as carreiras respectivas onde poderá ocorrer; a periodicidade da promoção; as condições em que ela deve ou pode ocorrer; os requisitos exigidos do servidor candidato à promoção; quem a promove, se a autoridade, se uma comissão; existindo comissão, como se compõe; qual o mandato e a forma de eleição de seus membros, e como se dissolve; e todos os demais elementos indispensáveis à exequibilidade da promoção devem constar basicamente da lei, e suplementarmente de regulamento, que muitas vezes adota o nome regimento de promoções. (RIGOLIN, Ivan Barbosa, Comentários ao regime único dos servidores públicos civis. – 7. ed. rev. E atual. – São Paulo: Saraiva, 2012, p. 73)

▶ **Especificamente com relação aos servidores públicos em geral, a Lei 8.112/1990 remeteu às leis instituidoras das respectivas carreiras a disciplina das promoções (art. 10, parágrafo único).**

Na prática, essas mesmas leis costumam relegar o detalhamento da matéria a atos normativos inferiores. Tome-se, por exemplo, o disposto no art. 41, § 2.º, da Lei 11.890/2008, que remete ao Executivo regulamentar as promoções do Plano de Carreiras e Cargos da SUSEP (Superintendência de Seguros Privados), autarquia federal que fiscaliza as empresas que comercializam seguros. Não obstante, a Lei fixou alguns critérios para progressões, tidos como pré-requisitos mínimos (art. 43).

▶ **Nem todas as carreiras são compostas de grupos de cargos distintos, denominados classe.**

É de se lembrar, no entanto, que, conforme já assinalado, nem todas as carreiras são compostas de grupos de cargos distintos, denominados *classe*. Em muitas, o que existe é a *simples criação de padrões de vencimentos*, estando o servidor enquadrado em algum dos ditos padrões, conforme o seu tempo de serviço. Em outras, como a que foi citada, podemos ter as duas situações, *com padrões dentro de uma mesma classe e a existência de mais de uma classe*.

▶ **A passagem do servidor por esses diferentes padrões é denominada de *progressão funcional*, instituto diverso da promoção, pois não há mudança de cargo, apenas de padrão de vencimentos, conforme o tempo no cargo.**

A passagem do servidor por esses diferentes padrões é denominada de *progressão funcional*, instituto diverso da promoção, pois não há mudança de cargo, apenas de padrão de vencimentos, conforme o tempo no cargo. A *promoção*, propriamente dita, pressupõe *mudança de classe*, passando o servidor *de uma categoria de cargos para outra, embora na mesma carreira*. Essa mudança, é óbvio, geralmente é acompanhada de alteração de vencimentos.

O STJ já decidiu, por fim, que servidor exonerado de cargo público e que reingressa na mesma carreira, tempos depois, não tem direito a computar seu tempo anterior para fins de antiguidade. Na prática, o rompimento do vínculo anterior faz com que o segundo seja considerado como novo, para todos os efeitos.

READAPTAÇÃO

A Lei 8.112/1990 (art. 24, *caput*) definiu a readaptação como "a investidura do servidor em cargo de atribuições e responsabilidades compatíveis com a limitação que tenha sofrido em sua capacidade física ou mental verificada em inspeção médica". Algumas vezes, o servidor, por motivo de acidente ou doença, se vê impossibilitado de exercer as atividades do cargo que ocupava, mesmo após o gozo de licença médica. Sua condição de saúde, no entanto, não impossibilita o exercício de todo e qualquer trabalho, caso em que o servidor pode ser readaptado para função compatível com o tipo de limitação que possui.

▶ **São condições, pois, para ocorrer a readaptação.**

a) que as atribuições e responsabilidades sejam compatíveis com a limitação do readaptando; b) que a limitação física ou mental seja consignada em laudo produzido por junta medica oficial composta de três médicos; c) na readaptação há que se respeitar a habilitação exigida para o exercício do novo cargo; d) seja efetivada em cargo de atribuições afins; e) ocorrera independentemente de vaga, e, na hipótese de inexistência de vaga, o servidor ficara como excedente até que ocorra vaga; f) o provimento deverá ser feito em cargo do mesmo nível, classe e padrão e que tenha a mesma carga horaria. (DINIZ, Paulo de Matos F. Lei 8 112/1990 comentada. Regime jurídico dos servidores públicos civis da União e legislação complementar, Ed. Método 11ª edição, Forense São Paulo, 2014, p. 147)

◙ **O instituto da readaptação é aplicável somente aos servidores efetivos, não se estendendo aos comissionados.**

AGRAVO REGIMENTAL. ADMINISTRATIVO. SERVIDOR PÚBLICO OCUPANTE DE CARGO COMISSIONADO SEM VÍNCULO EFETIVO COM A ADMINISTRAÇÃO PÚBLICA.READAPTAÇÃO. IMPOSSIBILIDADE. 1. A readaptação, conceituada como sendo "a investidura do servidor em cargo de atribuições e responsabilidades compatíveis com a limitação que tenha sofrido em sua capacidade física ou mental verificada em inspeção médica" é instituto que se destina apenas aos servidores efetivos, não se estendendo aos ocupantes de função comissionada, sem vínculo com a Administração Pública Federal.2. Agravo improvido. (AgRg no REsp 749.852/DF, Rel. Ministro PAULO GALLOTTI, SEXTA TURMA, julgado em 09/02/2006, DJ 27/03/2006, p. 375)

▶ **Readaptação é o provimento em outro cargo compatível com o estado físico do agente.**

Readaptação é o provimento em outro cargo compatível com o estado físico do agente. Sendo motorista (agente de segurança) e tendo perdido um braço, pode ser readaptado para cargo de vigilante (STJ, RDA, 128/145). Estas são as formas de provimento derivado a que alude o Estatuto dos Servidores Públicos Civis da União, das Autarquias e das Fundações Federais (Lei n. 8.112/90, art. 8º). Caso postule o readaptando determinado cargo, onde possa melhor desenvolver sua atividade, não há direito de obtê-lo. À Administração caberá dizer qual o cargo que deverá ser ocupado, desde que compatível. (Tratado de direito administrativo, 2 / coordenadores Adilson Abreu

Dallari, Carlos Valder do Nascimento, Ives Gandra da Silva Martins. – São Paulo: Saraiva, 2013. Vários autores, p. 216)

◉ **Não se admite a readaptação em virtude do desvio de função.**

ADMINISTRATIVO E CONSTITUCIONAL. SERVIDOR PÚBLICO. READAPTAÇÃO COM BASE EM DESVIO DE FUNÇÃO. LEI 5.645/70, ART. 14. IMPOSSIBILIDADE. ART. 37, II, DA CONSTITUIÇÃO FEDERAL. PRINCÍPIO DA LEGALIDADE. SENTENÇA MANTIDA. 1. Desde o advento da Lei nº 5.645/70 não se admite mais a figura da readaptação com base no desvio de função, em razão do que dispõe o art. 14 da mencionada norma. Precedentes deste Tribunal (Cf.: AC 96.01.23182-0 /DF, Relator Juiz Federal Manoel José Ferreira Nunes (Conv.), Primeira Turma Suplementar, DJ de 22.05.2003, p. 86; AC 1998.01.00.049583-3/RO, Juiz Manoel José Ferreira Nunes, DJ de 12.9.2002; AC 95.01.06323-2/DF, DJ de 1º.10.2001; AC 94.01.13930-0/MG, DJ de 4.6.1998; AC 89.01.23857-8/MG, DJ de 16.11.1992 e AC 90.01.01431-3/BA, DJ de 9.12.1993). 2. Incidência da vedação contida no art. 37, II, da CF/88, já que a investidura em cargos públicos demanda a prévia submissão a concurso público. 3. A atividade administrativa é regida pelo princípio da legalidade e inexiste qualquer amparo legal para o acolhimento do pedido. 4. Apelação a que se nega provimento. (AC 0019496-84.1999.4.01.0000 / DF, Rel. JUIZ FEDERAL MANOEL JOSE FERREIRA NUNES (CONV.), PRIMEIRA TURMA SUPLEMENTAR (INATIVA), DJ de 2004-03-18)

◉ **Readaptação é diferente de remoção.**

ADMINISTRATIVO. SERVIDOR PÚBLICO. PROBLEMAS DE SAÚDE. READAPTAÇÃO. REMOÇÃO. NOVO LOCAL DE TRABALHO. DESEMPENHO DE ATIVIDADES DIVERSAS. ANÁLISE DO MÉRITO DESNECESSÁRIA. APELAÇÃO DESPROVIDA. **1. À vista do disposto na Lei n. 8.112/90, é possível verificar que a readaptação – investidura do servidor em cargo de atribuições e responsabilidades compatíveis com a limitação que tenha sofrido em sua capacidade física ou mental (art. 24) – é instituto inteiramente diverso da remoção, definida como o deslocamento do servidor, a pedido ou de ofício, no âmbito do mesmo quadro, com ou sem mudança de sede (art. 36).** 2. No caso dos autos, a parte ré promoveu a remoção do demandante, o que não configurou o reconhecimento do pedido, pois requerida a readaptação. Contudo, tendo o próprio autor afirmado que a remoção se deu para local que compatibiliza o exercício de suas funções com os problemas de saúde, solicitando, inclusive, a desmarcação da perícia designada (fl. 102), desnecessária a análise do mérito. 3. Apelação desprovida. (AC 0024320-59.2004.4.01.3800 / MG, Rel. JUIZA FEDERAL ADVERCI RATES MENDES DE ABREU, 3ª TURMA SUPLEMENTAR, e-DJF1 de 2012-09-21)

◉ **A readaptação tem como pressuposto inafastável a limitação da capacidade física ou mental do servidor que o impeça de continuar exercendo as atribuições do cargo que ocupa.**

ADMINISTRATIVO. SERVIDOR. APOSENTADORIA POR INVALIDEZ. READAPTAÇÃO. INOVAÇÃO RECURSAL. IMPOSSIBILIDADE. SEQUELA CONSOLI-

DADA. PERDA PARCIAL DA CAPACIDADE LABORATIVA. 1. No que se refere à liberação dos exames físicos no concurso de delegado, é evidente a inovação petitória por ocasião da interposição do recurso, prática vedada no ordenamento jurídico brasileiro por configurar supressão de instância. Precedentes: AC 0067207-70.2008.4.01.0000/GO, AC 0030903-81.2012.4.01.9199/MG. 2. À vista do disposto na Lei n. 8.112/90, a aposentadoria por invalidez tem lugar quando o servidor for declarado incapaz para o serviço público, sem possibilidade de ser readaptado. A readaptação, por sua vez, consiste em investidura do servidor em cargo de atribuições e responsabilidades compatíveis com a limitação que tenha sofrido em sua capacidade física ou mental. 3. Mesmo com debilidade física, o autor não foi considerado incapaz definitivamente para o serviço público, tendo a Junta Médica Oficial afirmado a perda de apenas 30% da capacidade laborativa e a aptidão plena para atividades administrativas inerentes ao cargo.4. Neste contexto, sequer se faz necessária a readaptação do servidor, bastando a observância das limitações impostas à saúde do obreiro em decorrência das sequelas causadas pelo acidente. 5. Se as limitações físicas consolidadas, à luz da avaliação da Administração, não inibem a utilidade do servidor para os serviços afetos ao cargo que ocupa, é descabida a concessão de aposentadoria por invalidez. 6. Sentença mantida. 7. Apelação não provida. (AC 0017324-38.2005.4.01.3500 / GO, Rel. JUIZ FEDERAL EMMANUEL MASCENA DE MEDEIROS, PRIMEIRA TURMA, e-DJF1 de 2016-06-09)

◉ **A servidora não compareceu à perícia designada e, por isso, não conseguiu provar a relação de causalidade entre a doença acometida e a sua atividade profissional.**

PROCESSUAL CIVIL E ADMINISTRATIVO. SERVIDOR PÚBLICO. READAPTAÇÃO. DOENÇA "OLHO SECO". AUSÊNCIA DE PERÍCIA. NEXO DE CAUSALIDADE NÃO COMPROVADO. REEXAME DO CONTEXTO FÁTICO-PROBATÓRIO. IMPOSSIBILIDADE. SÚMULA 7/STJ. 1. Na hipótese dos autos, o Tribunal de origem, ao decidir a vexata quaestio, consignou que, "na oportunidade processual em que teve para realizar laudo pericial ela não compareceu à perícia designada (fl. 116). Com isso não ficou comprovada nos autos – pelo exame pericial – a relação de causalidade entre a doença acometida e a sua atividade profissional. (...) Logo, diante da ausência de comprovação da existência de nexo de causalidade não subsiste a possibilidade de exame relacionado ao pedido de readaptação. Sem a necessária comprovação referente à existência da doença e a sua relação causal com a atividade profissional desempenhada pela autora, mostra-se impossível a condenação do Distrito Federal. Portanto, não há elementos para o acolhimento do apelo da autora. " (fls. 181-183, e-STJ). 2. Extrai-se do acórdão vergastado e das razões de Recurso Especial que o acolhimento da pretensão recursal demanda o reexame do contexto fático-probatório, o que não se admite ante o óbice da Súmula 7/STJ. 3. Recurso Especial não conhecido. (REsp 1688510/DF, Rel. Ministro HERMAN BENJAMIN, SEGUNDA TURMA, julgado em 03/10/2017, DJe 11/10/2017)

◉ **É indispensável que a administração atue com bom senso no processo de readaptação. O STJ reconheceu a ocorrência de dano moral sofrido por servidor ocupante de cargo de guarda municipal que, em virtude de problemas psiquiátricos, foi readaptado e lotado em cemitério público para exercer a função de coveiro!**

ADMINISTRATIVO. AGRAVO REGIMENTAL EM AGRAVO EM RECUR-SO ESPECIAL.GUARDA MUNICIPAL DE CAXIAS DO SUL/RS. READAPTAÇÃO. LOTAÇÃO DO SERVIDOR COM LIMITAÇÃO DE ORDEM PSIQUIÁTRICA EM CE-MITÉRIO PÚBLICO PARA EXERCER A FUNÇÃO DE COVEIRO. RECONHECIDO PELO TRIBUNAL LOCAL O EFETIVO DANO MORAL PASSÍVEL DE INDENIZA-ÇÃO E A RESPONSABILIDADE DA ADMINISTRAÇÃO PÚBLICA MUNICIPAL. INVIÁVEL O REEXAME DE FATOS E PROVAS. SÚMULA 7/STJ. AGRAVO REGI-MENTAL DESPROVIDO. 1. O Tribunal a quo, com esteio nas provas dos autos, re-conheceu que o ato fugiu à normalidade das situações cotidianas, causando ao autor abalo psicológico e acarretando-lhe prejuízos subjetivos, caracterizando, assim, o dano moral decorrente de conduta indiligente da Administração Pública Municipal. A alte-ração dessas conclusões, na forma pretendida, demandaria necessariamente a incursão no acervo fático-probatório da causa; contudo, tal medida encontra óbice na Súmula 7/ STJ. 2. Agravo Regimental do MUNICÍPIO DE CAXIAS DO SUL desprovido. (AgRg no AREsp 262.788/RS, Rel. Ministro NAPOLEÃO NUNES MAIA FILHO, PRIMEIRA TURMA, julgado em 16/04/2013, DJe 22/04/2013)

▶ **Readaptação é a investidura do servidor em cargo – naturalmente dentro do mesmo quadro de pessoal, o que a lei omite – de atribuições afins com a limitação funcional que tenha sofrido no exercício de seu cargo de origem, conforme apura-da em perícia médica oficial, na forma do art. 24 da Lei n. 8.112/90.**

Readaptação é a investidura do servidor em cargo – naturalmente dentro do mes-mo quadro de pessoal, o que a lei omite – de atribuições afins com a limitação fun-cional que tenha sofrido no exercício de seu cargo de origem, conforme apurada em perícia médica oficial, na forma do art. 24 da Lei n. 8.112/90. Instituto de difícil ope-racionalização por vezes, já que nem sempre a Administração dispõe do segundo car-go em seu quadro, pois esse tem de ter não apenas atribuições compatíveis com as do primeiro, senão também remuneração equivalente, não cabendo jamais reduzir-se o valor básico. (Tratado de direito administrativo, 2 / coordenadores Adilson Abreu Dallari, Carlos Valder do Nascimento, Ives Gandra da Silva Martins. – São Paulo: Sa-raiva, 2013. Vários autores, p. 171)

▶ **Caso postule o readaptando determinado cargo, onde possa melhor desenvolver sua atividade, não há direito de obtê-lo.**

Caso postule o readaptando determinado cargo, onde possa melhor desenvolver sua atividade, não há direito de obtê-lo. À Administração caberá dizer qual o cargo que deverá ser ocupado, desde que compatível. Curiosa a Súmula 566 do Supremo Tribu-nal Federal, que assim dispõe: "Enquanto pendente, o pedido de readaptação, fundado em desvio funcional não gera direitos para o servidor, relativamente ao cargo pleitea-do". Remoção não é forma de provimento. É mero deslocamento do servidor, a pedido ou de ofício, no âmbito interno dos quadros administrativos, com ou sem mudança de sede. Sendo de ofício, há o interesse da Administração Pública que independe da concordância do servidor. O embasamento será sempre o interesse da Administração. Pode ensejar o chamado desvio de poder, se vier motivada por intenção maldosa do chefe imediato para punir o servidor. Jamais pode vir calcada em perseguição funcional. A competência é atribuída para o atingimento de finalidades públicas; jamais para perseguição de interesses subalternos. (Tratado de direito administrativo, 2 / coordenadores Adilson Abreu Dallari, Carlos Valder do Nascimento, Ives Gandra da Silva Martins. – São Paulo: Saraiva, 2013. Vários autores, p. 217)

▶ **A readaptação é o provimento do sujeito em cargo diverso do que ocupava, em virtude de limitação superveniente incompatível com as competências e atribuições correspondentes.**

A readaptação é o provimento do sujeito em cargo diverso do que ocupava, em virtude de limitação superveniente incompatível com as competências e atribuições correspondentes, tal como disciplinado no art. 24 da Lei 8.112/1990.

▶ **Trata-se de hipótese excepcional, cuja ocorrência depende de diversas circunstâncias.**

Trata-se de hipótese excepcional, cuja ocorrência depende de diversas circunstâncias. A primeira consiste na alteração das condições pessoais físicas ou mentais do servidor, em virtude de um evento superveniente natural ou não. A segunda é a incompatibilidade entre as novas condições do sujeito e as atribuições próprias do cargo que ocupava. A terceira é a compatibilidade entre as novas condições do sujeito e outro cargo. Se o indivíduo for julgado incapaz de exercer qualquer atividade administrativa, será aposentado.

▶ **A vacância do cargo em virtude da modificação do vínculo com o sujeito**

Há duas hipóteses em que a alteração no relacionamento jurídico mantido entre o particular e o Estado produz a vacância do cargo até então ocupado: promoção e readaptação (art. 33, III e VI, Lei 8.112/1990). Esses institutos, já estudados anteriormente, apresentam dupla carga de efeitos jurídicos. Em ambos os casos, há a vacância do cargo ocupado em virtude de o sujeito ser provido em outro. No caso da promoção, trata-se de provimento em cargo mais elevado da carreira. Na hipótese de readaptação, verifica-se o provimento em cargo mais adequado em virtude de limitação na capacidade física ou mental do servidor.

▶ **A promoção e a readaptação são, além de formas de provimento de cargo público, formas de vacância de outros cargos públicos, uma vez que expressamente elencadas no rol do art. 33, que cuida da vacância.**

É importantíssimo observar que a promoção e a readaptação são, além de formas de provimento de cargo público, formas de vacância de outros cargos públicos, uma vez que expressamente elencadas no rol do art. 33, que cuida da vacância. Natural que ao servidor promovido equivalha um cargo vago, que ele deixou, o mesmo se dizendo ao servidor readaptado. Sempre que a Administração processa uma promoção, ocupa um cargo por provimento e faz vagar outro, ocorrendo o mesmo na readaptação de servidor. Tal não ocorre, evidentemente, no caso da nomeação nem nos de reversão, aproveitamento, reintegração e recondução, modalidades de provimento expressamente excluídas do rol do art. 33, pois nenhuma delas implica a vacância de cargo algum, conforme se evidencia observando a natureza de cada uma dessas formas de provimento, as quais serão todas, a seu tempo, objeto de comentário. (RIGOLIN, Ivan Barbosa, Comentários ao regime único dos servidores públicos civis. – 7. ed. rev. E atual. – São Paulo: Saraiva, 2012, p. 74)

▶ **A readaptação é a reabilitação do sistema previdenciário do RGPS, só se diferenciando, basicamente, pelo nome.**

A readaptação é a reabilitação do sistema previdenciário do RGPS, só se diferenciando, basicamente, pelo nome. No entanto, no serviço público, naturalmente, será mais difícil de ocorrer, posto que a readaptação deverá ser feita em cargo com *atribuições afins* ao anteriormente ocupado, o que, de certa forma, limita seu alcance. Essa restrição se deve pela necessidade de adaptar o instituto à exigência constitucional do concurso público

▶ **O art. 24, § 2.º, da Lei 8.112/1990 impõe essa limitação, assim como determina que seja observada e respeitada a habilitação exigida, o nível de escolaridade e equivalência de vencimentos.**

O art. 24, § 2.º, da Lei 8.112/1990 impõe essa limitação, assim como determina que seja observada e respeitada a habilitação exigida, o nível de escolaridade e equivalência de vencimentos. Não havendo cargo vago nessas condições, o servidor fica como excedente no quadro até a ocorrência de vaga.

◉ **A readaptação é instituto que se destina apenas aos servidores efetivos, não se estendendo aos ocupantes de função comissionada.**

AGRAVO REGIMENTAL. ADMINISTRATIVO. SERVIDOR PÚBLICO OCUPANTE DE CARGO COMISSIONADO SEM VÍNCULO EFETIVO COM A ADMINISTRAÇÃO PÚBLICA. READAPTAÇÃO. IMPOSSIBILIDADE. 1. A readaptação, conceituada como sendo "a investidura do servidor em cargo de atribuições e responsabilidades compatíveis com a limitação que tenha sofrido em sua capacidade física ou mental verificada em inspeção médica" é instituto que se destina apenas aos servidores efetivos, não se estendendo aos ocupantes de função comissionada, sem vínculo com a Administração Pública Federal. 2. Agravo improvido. (AgRg no REsp 749.852/DF, Rel. Ministro PAULO GALLOTTI, SEXTA TURMA, julgado em 09/02/2006, DJ 27/03/2006, p. 375)

◉ **A readaptação, ainda que provisória, em cargo de remuneração inferior ao originário, não retira da professora o direito de perceber a Gratificação de Estímulo à Regência de Classe, sob pena de violação ao princípio da irredutibilidade de vencimentos.**

ADMINISTRATIVO. READAPTAÇÃO. PROFESSORA. SUPRESSÃO DE GRATIFICAÇÃO. ILEGALIDADE. OCORRÊNCIA.1 – A readaptação, ainda que provisória, em cargo de remuneração inferior ao originário, não retira da professora o direito de perceber a Gratificação de Estímulo à Regência de Classe, sob pena de violação ao princípio da irredutibilidade de vencimentos.2 – Recurso ordinário provido. (RMS 9.545/SC, Rel. Ministro FERNANDO GONÇALVES, SEXTA TURMA, julgado em 20/11/2001, DJ 04/02/2002, p. 541)

◙ **Contagem do tempo de serviço prestado fora de sala de aula. Readaptação. Possibilidade.**

Segundo agravo regimental no agravo de instrumento. Servidor público. Magistério. Aposentadoria especial. Contagem do tempo de serviço prestado fora de sala de aula. Readaptação. Possibilidade. Precedente. 1. O Plenário desta Corte, no julgamento da ADI nº 3.772, consolidou o entendimento de que a aposentadoria especial deve ser concedida aos professores ainda que esses não desenvolvam a atividade de magistério exclusivamente em sala de aula, estando também abrangidas atividades outras, inclusive administrativas, tais como funções de direção, coordenação e assessoramento pedagógico, desde que desempenhadas em estabelecimento de ensino. 2. Agravo regimental não provido. (AI 623097 AgR-segundo, Relator(a): Min. DIAS TOFFOLI, Primeira Turma, julgado em 30/10/2012, ACÓRDÃO ELETRÔNICO DJe-029 DIVULG 13-02-2013 PUBLIC 14-02-2013)

◙ **Readaptação: direito adquirido anteriormente à CF/88, que deve ser respeitado.**

CONSTITUCIONAL. ADMINISTRATIVO. SERVIDOR PÚBLICO: READAPTAÇÃO: DIREITO ADQUIRIDO. CF, art. 5º, XXXVI. I. – Servidor público: readaptação: direito adquirido anteriormente à CF/88, que deve ser respeitado por esta: CF, art. 5º, XXXVI. II. – RE conhecido e provido. Agravo não provido. (RE 364757 AgR, Relator(a): Min. CARLOS VELLOSO, Segunda Turma, julgado em 08/03/2005, DJ 08-04-2005 PP-00025 EMENT VOL-02186-3 PP-00480 RTJ VOL-00194-01 PP-00367)

APROVEITAMENTO

O servidor que foi colocado em disponibilidade pode retornar, após um tempo, ao serviço público. Como a disponibilidade, na maioria das vezes, decorre da extinção do cargo, não haverá a possibilidade de retorno ao mesmo cargo anteriormente ocupado, razão pela qual será feito o "aproveitamento" do servidor em cargo de atribuições e vencimentos compatíveis com o anteriormente ocupado (art. 30 da Lei 8.112/1990). Em tese, na hipótese de declaração de desnecessidade do cargo, como não há, propriamente, a extinção deste, o aproveitamento pode ser no mesmo cargo. Uma hipótese de aproveitamento, reconhecida na jurisprudência como possível, foi a dos fiscais do extinto Instituto do Açúcar e do Álcool (IAA), com o cargo de Auditor Fiscal do Tesouro Nacional (atual Auditor Fiscal da Receita Federal do Brasil).

O STF também entendeu possível o aproveitamento do extinto cargo de Promotor de Justiça de Território Federal na carreira de promotor de Justiça do Distrito Federal e Territórios (MS 22.492/DF, Rel. Min. Carlos Velloso, Pleno, j. 23.04.2003). O aproveitamento também pode ocorrer na hipótese do art. 29, parágrafo único, da Lei 8.112/1990, quando o servidor reconduzido já teve seu cargo originário ocupado.

REINTEGRAÇÃO

O *art. 28*, caput, *da Lei 8.112/1990* define a reintegração como "a reinvestidura do servidor estável no cargo anteriormente ocupado, ou no cargo resultante de sua transformação, quando invalidada sua demissão por decisão administrativa ou judicial, com ressarcimento de todas as vantagens".

▶ **A reintegração, portanto, ocorre quando é invalidada a demissão, seja por decisão administrativa ou judicial.**

A reintegração, portanto, ocorre quando é invalidada a demissão, seja por decisão administrativa ou judicial, e essa invalidação pode decorrer de nulidades do próprio procedimento administrativo disciplinar, como pode decorrer do reconhecimento da inocência do servidor acusado. O *cargo em comissão*, cujo ocupante pode ser exonerado *ad nutum* pelo administrador, também pode *restar vago em decorrência de penalidade equivalente ao da demissão*, caso reconhecida alguma infração disciplinar praticada pelo respectivo servidor. Na *esfera federal deu-se a essa penalidade nome próprio, destituição (art. 135 da Lei 8.112/1990)*. Pois bem, essa penalidade, quando aplicada, pode ser anulada, administrativa ou judicialmente. Ainda assim, a lei não fala em reintegração, pois, em princípio, o direito do servidor se restringiria à convolação da destituição em exoneração.

◉ **O STF já decidiu ser incompatível o pleito de reintegração com a natureza do cargo em comissão,**

O STF já decidiu ser incompatível o pleito de reintegração com a natureza do cargo em comissão (MS 21.680/DF, Pleno, Rel. Min. Sepúlveda Pertence, j. 10.08.1994), embora não tenha sido abordada, nesse precedente, a questão da nulidade do procedimento demissionário, e sim o próprio direito à efetividade no caso particular (assessor parlamentar), o qual não foi reconhecido pela natureza precária da ocupação do cargo.

◉ **Neste sentido:** ASSESSOR TÉCNICO DO SENADO FEDERAL: EMPREGO DE CONFIANÇA, QUE, TRANSFORMADO EM CARGO EM COMISSÃO (L. 8.112/90, ART. 243, PAR. 2.), PORTANTO, DE LIVRE EXONERABILIDADE "AD NUTUM", ILIDE AS PRETENSÕES DE EFETIVIDADE E ESTABILIDADE E O PEDIDO DE REINTEGRAÇÃO DE SEU ANTIGO OCUPANTE. 1. O contrato de trabalho por prazo indeterminado era o instrumento adequado para o provimento de empregos públicos de confiança, pois o caráter temporário da investidura do seu ocupante não equivale a temporariedade da função. 2. A identificação do predicado "de confiança" do cargo ou emprego público independente de que como tal seja expressamente denominado, mas resulta, ao contrário, do regime normativo aplicável ao provimento e desprovimento dele. 3. Era de confiança o emprego de Assessor Técnico do Senado Federal, contratado por indicação do Senador a cujo gabinete se destinasse, para o exercício de funções de assessoramento direto e pessoal e cuja dispensa se daria, ao final do mandato do titular proponente ou, a qualquer tempo, por vontade deste: consequentemente, ainda que transformado em cargo em comissão, por força do

909

art. 243, par. 2., L. 8.112/90, não invalida a dispensa do antigo ocupante. (MS 21680, Relator(a): Min. SEPÚLVEDA PERTENCE, Tribunal Pleno, julgado em 10/08/1994, DJ 23-09-1994 PP-25327 EMENT VOL-01759-03 PP-00404)

▶ **A reintegração pode ser determinada por decisão liminar, caso em que se garante ao servidor o imediato retorno à sua atividade; no entanto, determinada em caráter definitivo, garantem-se a ele, também, todas as vantagens pecuniárias que deixaram de ser percebidas no período de afastamento, inclusive a contagem do tempo de serviço para todos os efeitos.**

A reintegração pode ser determinada por decisão liminar, caso em que se garante ao servidor o imediato retorno à sua atividade; no entanto, determinada em caráter definitivo, garantem-se a ele, também, todas as vantagens pecuniárias que deixaram de ser percebidas no período de afastamento, inclusive a contagem do tempo de serviço para todos os efeitos. O STJ, no entanto, já entendeu que vantagem *prolabore*, como a incorporação de quintos, não pode ser estendida ao servidor relativamente ao período em que esteve demitido, ainda que posteriormente reintegrado no cargo.

▶ **A Lei 8.112/1990 restringe o instituto da reintegração aos servidores estáveis, pressupondo que o direito decorra apenas das situações de ofensa à estabilidade.**

Curiosamente, a Lei 8.112/1990 restringe o instituto da reintegração aos servidores estáveis, pressupondo que o direito decorra apenas das situações de ofensa à estabilidade. No entanto, o servidor em estágio probatório, irregularmente exonerado, pode pedir, por evidente, sua reintegração no cargo, não pelo fundamento da estabilidade em si, que ainda não possui ou adquiriu, mas por alegado vício no procedimento de avaliação.

◉ **Neste sentido:** RECURSO EXTRAORDINÁRIO. MUNICÍPIO. DECLARAÇÃO DE DESNECESSIDADE DE CARGO. SERVIDOR PÚBLICO OCUPANTE DE CARGO EFETIVO, EM ESTÁGIO PROBATÓRIO. EXONERAÇÃO AD NUTUM E SEM CRITÉRIOS OBJETIVOS. IMPOSSIBILIDADE. O servidor público ocupante de cargo efetivo, ainda que em estágio probatório, não pode ser exonerado ad nutum, com base em decreto que declara a desnecessidade do cargo, sob pena de ofensa à garantia do devido processo legal, do contraditório e da ampla defesa. Incidência da Súmula 21 do STF. Recurso a que se dá provimento, para determinar a reintegração dos autores no quadro de pessoal da Prefeitura Municipal de Bicas (MG).(RE 378041, Relator(a): Min. CARLOS BRITTO, Primeira Turma, julgado em 21/09/2004, DJ 11-02-2005 PP-00013 EMENT VOL-02179-03 PP-00407 RTJ VOL-00195-02 PP-00677 RIP v. 6, n. 29, 2005, p. 293-295 LEXSTF v. 27, n. 315, 2005, p. 257-262 RMP n. 27, 2008, p. 375-378)

◉ **A reintegração de servidor público decorrente de ilegalidade de demissão, implicando sua anulação, implica o pagamento dos reflexos financeiros correlatos.**

ADMINISTRATIVO. REINTEGRAÇÃO AO CARGO. POLÍCIA MILITAR. DIREITO AO RECEBIMENTO DAS VANTAGENS DO PERÍODO EM QUE FICOU

AFASTADO. ART. 28, CAPUT, DA LEI N. 8.112/90. ACÓRDÃO EM CONFRONTO COM A JURISPRUDÊNCIA DESTA CORTE. I – A parte autora, ora agravante, ajuizou ação anulatória com o objetivo de obter provimento jurisdicional para declaração da nulidade da portaria que instaurou processo administrativo disciplinar, a reintegração aos quadros da Polícia Militar e a condenação ao pagamento dos valores que não percebeu, a título de soldo, desde janeiro de 2007 até a data da reintegração. Na sentença julgou-se parcialmente procedente o pedido. A sentença foi mantida no Tribunal a quo. II – Consoante jurisprudência do STJ, a reintegração de servidor público decorrente de ilegalidade de demissão, implicando sua anulação, implica o pagamento dos reflexos financeiros correlatos. Precedentes: AgRg no AgRg no REsp n. 1.355.978/SE, Rel. Min. Napoleão Nunes Maia Filho, Primeira Turma, DJe 10/5/2017 e AgInt no REsp n. 1.699.141/RJ, Rel. Min. Francisco Falcão, Segunda Turma, DJe 21/3/2018; AgInt no AREsp n. 1.315.326/CE, Rel. Ministro Benedito Gonçalves, Primeira Turma, julgado em 11/12/2018, DJe 4/2/2019. III – Tendo a parte recorrente efetivamente tomado posse e entrado em exercício, e posteriormente exonerada por ato considerado ilegal, deve ser reintegrada com direito ao pagamento de todos os reflexos financeiros correlatos relativos ao período em que ficou indevidamente afastada, nos termos do art. 28, caput, da Lei n. 8.112/90, segundo o qual: "A reintegração é a reinvestidura do servidor estável no cargo anteriormente ocupado, ou no cargo resultante de sua transformação, quando invalidada a sua demissão por decisão administrativa ou judicial, com ressarcimento de todas as vantagens." IV – Assim, deve ser provido o agravo interno para dar provimento ao recurso especial a fim de cassar o acórdão e reconhecer o direito da parte autora a todos os reflexos financeiros correlatos relativos ao período em que ficou indevidamente afastada. V – Agravo interno provido nos termos da fundamentação. (AgInt no AREsp 874.230/MG, Rel. Ministro FRANCISCO FALCÃO, SEGUNDA TURMA, julgado em 12/03/2019, DJe 18/03/2019)

◙ **Reintegração decorrente de demissão ilegal e marco inicial do prazo para efeitos financeiros.**

PROCESSUAL CIVIL. EMBARGOS DE DECLARAÇÃO NO MANDADO DE SEGURANÇA. OMISSÃO. SERVIDOR PÚBLICO FEDERAL. DEMISSÃO. ORDEM CONCEDIDA PARA ANULAR O PROCESSO ADMINISTRATIVO DISCIPLINAR (PAD). REINTEGRAÇÃO. EFEITOS FINANCEIROS. TERMO INICIAL. ENUNCIADO SUMULAR N. 271/STF. EXPLICITAÇÃO. I – Conforme entendimento consolidado desta Corte, reintegrado servidor público por ordem mandamental, o termo inicial dos efeitos patrimoniais deve coincidir com a impetração, reservando-se às vias ordinárias a cobrança de eventuais diferenças remuneratórias. Aplicação do verbete sumular n. 271/STF. II – Embargos de Declaração acolhidos para, sem atribuição de efeitos infringentes, explicitar que os efeitos financeiros deverão retroagir à data da impetração. (EDcl no MS 20.331/DF, Rel. Ministra REGINA HELENA COSTA, PRIMEIRA SEÇÃO, julgado em 12/08/2015, DJe 03/09/2015)

◙ **Legitimidade para ser polo passivo em demanda de reintegração de servidor decorrente de omissão estatal.**

911

ADMINISTRATIVO. MANDADO DE SEGURANÇA. ANISTIA. LEI N. 8.878/1994. SERVIDOR PÚBLICO. ATO OMISSIVO. INÉRCIA DA ADMINISTRAÇÃO EM EFE-TIVAR A REINTEGRAÇÃO DO IMPETRANTE NO SERVIÇO PÚBLICO. LEGITIMI-DADE PASSIVA DO MINISTRO DE ESTADO DO PLANEJAMENTO, ORÇAMENTO E GESTÃO. INTELIGÊNCIA DO ART. 2º DO DECRETO N. 6.077/2007 E DO ART. 2º DA ORIENTAÇÃO NORMATIVA N. 04/2008, MPOG/RH. AUSÊNCIA DE EXA-ME DOS REQUISITOS DO ART. 3º, IV, DO DECRETO N. 6.077/2007. PRECEDEN-TES DA PRIMEIRA SEÇÃO DO SUPERIOR TRIBUNAL DE JUSTIÇA. SEGURANÇA CONCEDIDA EM PARTE. 1. Trata-se de mandado de segurança impetrado contra ato omissivo do Ministro de Estado do Planejamento, Orçamento e Gestão, consubstan-ciado na não efetivação do retorno do impetrante ao serviço público. 2. O Ministro de Estado do Planejamento, Orçamento e Gestão possui legitimidade passiva para respon-der ao mandado de segurança em que o impetrante objetiva, diante da inércia prolon-gada da administração, a expedição e publicação da portaria anistiadora, porquanto o art. 1º do Decreto n. 6.077/1997 e o art. 2º da Orientação Normativa n. 04/2008 do MPOG/RH dispõem que competirá à referida autoridade deferir e providenciar a pu-blicação, no Diário Oficial da União, do ato de retorno ao serviço dos servidores ou empregados cuja anistia tenha sido reconhecida pelas Comissões instituídas pelos De-cretos n. 1.498 e 1.499 de 1995, 3.363/2000 e 5.115/2004. 3. Segundo a dicção do art. 3º do Decreto n. 6.077/2007, o retorno ao serviço depende de ato da Comissão Espe-cial Interministerial, constituída para análise dos pleitos de anistia, bem como de ato do Ministro de Estado do Planejamento, Orçamento e Gestão, a quem cabe deferir e providenciar a publicação no DOU do referido ato de retorno, desde que preenchi-dos os requisitos previstos no art. 3º do Decreto n. 6.077/2007: necessidade da admi-nistração; comprovação da existência de disponibilidade orçamentária e financeira; e estimativa do impacto orçamentário e financeiro no exercício em que deva ocorrer o retorno dos servidores ou empregados. 4. Na hipótese, embora tenha sido deferida ao impetrante, em 23/7/2014, a condição de anistiado, nos termos da Ata CEI 06/2014 e na forma da Lei n. 8.878/1994, até o presente momento não há informações de que a autoridade coatora tenha cumprido o seu mister, procedendo à edição e publicação da portaria anistiadora no Diário Oficial da União, de forma a conferir efeitos ao ato administrativo que concedeu a anistia. 5. Destaque-se que o fato de a Eletrobrás in-formar que os serviços prestados pela Light não foram assumidos pela Eletrobrás e que, nesse sentido, não poderiam enviar planilhas de impacto financeiro, tampouco a empresa teria interesse no aproveitamento dos anistiados listados no Ofício n. 711/ CEI/2014, não é suficiente, por si só, para justificar a omissão por lapso de tempo de quase dois anos, o que se mostra desarrazoado, além de violar o direito líquido e cer-to do impetrante de ter expedida e publicada sua portaria anistiadora e poder retor-nar ao serviço público. 6. Tendo em vista que o Poder Judiciário não pode substituir a administração pública, não há como, desde já, avaliar o preenchimento dos requisi-tos orçamentários e financeiros estipulados na legislação e determinar a publicação da portaria, para, de imediato, determinar a readmissão do impetrante. Precedentes: MS 15.210/DF, Rel. Ministro Benedito Gonçalves, Primeira Seção, julgado em 8/6/2011, DJe 17/6/2011; MS 15.211/DF, Rel. Ministro Castro Meira, Primeira Seção, julgado em 9/2/2011, DJe 22/2/2011. 7. Segurança concedida parcialmente, a fim de determinar à autoridade coatora que adote as providências necessárias ao cumprimento do art. 3º, IV, do Decreto n. 6.077/2007, no prazo de sessenta dias. (MS 22.599/DF, Rel. Ministro OG FERNANDES, PRIMEIRA SEÇÃO, julgado em 26/04/2017, DJe 03/05/2017)

◉ É cabível a impetração de Mandado de Segurança objetivando a estipulação de prazo para a Administração efetivar a reintegração do impetrante no serviço público.

"ADMINISTRATIVO. MANDADO DE SEGURANÇA. ANISTIA. LEI N. 8.878/1994. SERVIDOR PÚBLICO. ATO OMISSIVO. INÉRCIA DA ADMINISTRAÇÃO EM EFE-TIVAR A REINTEGRAÇÃO DO IMPETRANTE NO SERVIÇO PÚBLICO. LEGITIMI DIDA. 1. É induvidoso que o controle dos atos administrativos é medida impositiva quando há a atuação do Estado em confronto com os princípios e os valores que norteiam o ordenamento jurídico, notadamente nas hipóteses em que a prática de determinado ato se distancia dos seus pressupostos intrínsecos ou, como assinala a literatura majoritária, dos seus elementos constitutivos. 2. A despeito das discrepâncias doutrinárias e jurisprudenciais acerca de quais elementos comporiam ou constituiriam o ato administrativo, mostra-se incontroverso, como pressuposto de fato e, para alguns, também de direito, que o motivo integra sua estrutura de validade. 3. Nessa perspectiva, se o motivo, pela própria natureza de discricionariedade, vier explicitado por meio de fundamentação, é possível a atuação jurisdicional quando tais fundamentos destoarem da razoabilidade e da própria realidade que circunscreve o ato administrativo. 4. Mostra-se açodada a determinação da Administração Pública para que seja demitido servidor quando o procedimento administrativo disciplinar é lastreado em substrato fático cuja ilegalidade reconhecida por ela é objeto de discussão judicial ainda pendente, o que se evidencia ainda mais se, ao término do processo, conclui o órgão jurisdicional ser legal o afastamento para estudos por parte do impetrante. 5. Nesse cenário, não há como coexistir a manutenção de decisões – uma no âmbito administrativo disciplinar e outra em processo judicial – absolutamente incompatíveis pela valoração da premissa fática. Reconhecida a legalidade do afastamento do servidor, para frequentar curso no exterior, mostra-se sem amparo jurídico o processo administrativo disciplinar que culminou com a demissão do paciente, que somente continua no exercício por força de liminar concedida neste mandado de segurança, ainda em 2006. 5. Mandado de segurança concedido a fim de determinar a reintegração definitiva do impetrante ao cargo de Auditor Fiscal da Receita Federal. Prejudicado o agravo regimental interposto pela União." (MS 11.382/DF, Rel. Ministro ROGERIO SCHIETTI CRUZ, TERCEIRA SEÇÃO, julgado em 24/05/2017, DJe 30/05/2017)

◉ É cabível a impetração de Mandado de Segurança objetivando a estipulação de prazo para a Administração efetivar a reintegração do impetrante no serviço público.

"ADMINISTRATIVO. MANDADO DE SEGURANÇA. ANISTIA. LEI N. 8.878/1994. SERVIDOR PÚBLICO. ATO OMISSIVO. INÉRCIA DA ADMINIS-TRAÇÃO EM EFETIVAR A REINTEGRAÇÃO DO IMPETRANTE NO SERVIÇO PÚBLICO. LEGITIMIDADE PASSIVA DO MINISTRO DE ESTADO DO PLANE-JAMENTO, ORÇAMENTO E GESTÃO. INTELIGÊNCIA DO ART. 2º DO DECRE-TO N. 6.077/2007 E DO ART. 2º DA ORIENTAÇÃO NORMATIVA N. 04/2008,

MPOG/RH. AUSÊNCIA DE EXAME DOS REQUISITOS DO ART. 3º, IV, DO DE-CRETO N. 6.077/2007. PRECEDENTES DA PRIMEIRA SEÇÃO DO SUPERIOR TRIBUNAL DE JUSTIÇA. SEGURANÇA CONCEDIDA EM PARTE. 1. Trata-se de mandado de segurança impetrado contra ato omissivo do Ministro de Estado do Planejamento, Orçamento e Gestão, consubstanciado na não efetivação do re-torno do impetrante ao serviço público. 2. O Ministro de Estado do Planejamento, Orçamento e Gestão possui legitimidade passiva para responder ao mandado de segurança em que o impetrante objetiva, diante da inércia prolongada da admi-nistração, a expedição e publicação da portaria anistiadora, porquanto o art. 1º do Decreto n. 6.077/1997 e o art. 2º da Orientação Normativa n. 04/2008 do MPOG/RH dispõem que competirá à referida autoridade deferir e providenciar a publi-cação, no Diário Oficial da União, do ato de retorno ao serviço dos servidores ou empregados cuja anistia tenha sido reconhecida pelas Comissões instituídas pelos Decretos n. 1.498 e 1.499 de 1995, 3.363/2000 e 5.115/2004. 3. Segundo a dicção do art. 3º do Decreto n. 6.077/2007, o retorno ao serviço depende de ato da Co-missão Especial Interministerial, constituída para análise dos pleitos de anistia, bem como de ato do Ministro de Estado do Planejamento, Orçamento e Gestão, a quem cabe deferir e providenciar a publicação no DOU do referido ato de retorno, desde que preenchidos os requisitos previstos no art. 3º do Decreto n. 6.077/2007: necessidade da administração; comprovação da existência de disponibilidade orça-mentária e financeira; e estimativa do impacto orçamentário e financeiro no exer-cício em que deva ocorrer o retorno dos servidores ou empregados. 4. Na hipótese, embora tenha sido deferida ao impetrante, em 23/7/2014, a condição de anistia-do, nos termos da Ata CEI 06/2014 e na forma da Lei n. 8.878/1994, até o pre-sente momento não há informações de que a autoridade coatora tenha cumprido o seu mister, procedendo à edição e publicação da portaria anistiadora no Diário Oficial da União, de forma a conferir efeitos ao ato administrativo que concedeu a anistia. 5. Destaque-se que o fato de a Eletrobrás informar que os serviços pres-tados pela Light não foram assumidos pela Eletrobrás e que, nesse sentido, não poderiam enviar planilhas de impacto financeiro, tampouco a empresa teria inte-resse no aproveitamento dos anistiados listados no Ofício n. 711/CEI/2014, não é suficiente, por si só, para justificar a omissão por lapso de tempo de quase dois anos, o que se mostra desarrazoado, além de violar o direito líquido e certo do impetrante de ter expedida e publicada sua portaria anistiadora e poder retornar ao serviço público. 6. Tendo em vista que o Poder Judiciário não pode substituir a administração pública, não há como, desde já, avaliar o preenchimento dos requisi-tos orçamentários e financeiros estipulados na legislação e determinar a publicação da portaria, para, de imediato, determinar a readmissão do impetrante. Precedentes: MS 15.210/DF, Rel. Ministro Benedito Gonçalves, Primeira Seção, julgado em 8/6/2011, DJe 17/6/2011; MS 15.211/DF, Rel. Ministro Castro Meira, Primeira Se-ção, julgado em 9/2/2011, DJe 22/2/2011. 7. Segurança concedida parcialmente, a fim de determinar à autoridade coatora que adote as providências necessárias ao cumprimento do art. 3º, IV, do Decreto n. 6.077/2007, no prazo de sessenta dias." (MS 22.599/DF, Rel. Ministro OG FERNANDES, PRIMEIRA SEÇÃO, julgado em 26/04/2017, DJe 03/05/2017.

◙ **Súmula 173 do STJ: – Compete a justiça federal processar e julgar o pedido de reintegração em cargo público federal, ainda que o servidor tenha sido dispensado antes da instituição do regime jurídico único.**

◙ **Sendo o servidor demitido ou exonerada por ato considerado ilegal, deve o mesmo ser reintegrado com direito ao pagamento de todos os reflexos financeiros correlatos relativos ao período em que ficou indevidamente afastado.**

ADMINISTRATIVO. REINTEGRAÇÃO AO CARGO. POLÍCIA MILITAR. DIREITO AO RECEBIMENTO DAS VANTAGENS DO PERÍODO EM QUE FICOU AFASTADO. ART. 28, CAPUT, DA LEI N. 8.112/90. ACÓRDÃO EM CONFRONTO COM A JURISPRUDÊNCIA DESTA CORTE. I – A parte autora, ora agravante, ajuizou ação anulatória com o objetivo de obter provimento jurisdicional para declaração da nulidade da portaria que instaurou processo administrativo disciplinar, a reintegração aos quadros da Polícia Militar e a condenação ao pagamento dos valores que não percebeu, a título de soldo, desde janeiro de 2007 até a data da reintegração. Na sentença julgou-se parcialmente procedente o pedido. A sentença foi mantida no Tribunal a quo. II – Consoante jurisprudência do STJ, a reintegração de servidor público decorrente de ilegalidade de demissão, implicando sua anulação, implica o pagamento dos reflexos financeiros correlatos. Precedentes: AgRg no AgRg no REsp n. 1.355.978/SE, Rel. Min. Napoleão Nunes Maia Filho, Primeira Turma, DJe 10/5/2017 e AgInt no REsp n. 1.699.141/RJ, Rel. Min. Francisco Falcão, Segunda Turma, DJe 21/3/2018; AgInt no AREsp n. 1.315.326/CE, Rel. Ministro Benedito Gonçalves, Primeira Turma, julgado em 11/12/2018, DJe 4/2/2019. III – Tendo a parte recorrente efetivamente tomado posse e entrado em exercício, e posteriormente exonerada por ato considerado ilegal, deve ser reintegrada com direito ao pagamento de todos os reflexos financeiros correlatos relativos ao período em que ficou indevidamente afastada, nos termos do art. 28, caput, da Lei n. 8.112/90, segundo o qual: "A reintegração é a reinvestidura do servidor estável no cargo anteriormente ocupado, ou no cargo resultante de sua transformação, quando invalidada a sua demissão por decisão administrativa ou judicial, com ressarcimento de todas as vantagens." IV – Assim, deve ser provido o agravo interno para dar provimento ao recurso especial a fim de cassar o acórdão e reconhecer o direito da parte autora a todos os reflexos financeiros correlatos relativos ao período em que ficou indevidamente afastada. V – Agravo interno provido nos termos da fundamentação. (AgInt no AREsp 874.230/MG, Rel. Ministro FRANCISCO FALCÃO, SEGUNDA TURMA, julgado em 12/03/2019, DJe 18/03/2019)

RECONDUÇÃO

Conforme dicção do art. 29 da Lei 8.112/1990, a recondução é o retorno do servidor estável ao cargo anteriormente ocupado e decorrerá de inabilitação em estágio probatório relativo a outro cargo ou reintegração do anterior ocupante.

▶ **São duas as hipóteses de recondução:**

a) o servidor prestou outro concurso, foi nomeado, tomou posse e entrou em exercício nele, mas foi reprovado no estágio probatório, hipótese em que se abre a possibilidade de retorno ao seu antigo cargo, por meio de recondução. Supõe--se, nesse caso, que ele não tenha requerido sua exoneração do primeiro cargo, mas sim, que seja declarada sua vacância por posse em outro cargo inacumulável. Observe-se que a lei não fala na faculdade de o servidor se arrepender e querer voltar ao seu cargo dentro do período de estágio, mas sim, tão somente, na hipótese de inabilitação no estágio, devendo o servidor, caso tenha optado por tomar posse em outro cargo, arcar com as consequências de sua escolha. Esse entendimento, no entanto, vem sendo mitigado no âmbito da Administração Pública, que considera ser possível o servidor desistir do segundo cargo durante o estágio probatório, o que é apoiado em alguns precedentes do STF; b) o servidor foi nomeado ou promovido para cargo vago, em decorrência da demissão de outro servidor, mas esse ato punitivo foi, posteriormente, anulado, reintegrando-se o servidor demitido, hipótese em que se garante o direito de recondução ao seu cargo anterior ao nomeado ou promovido para o cargo em que haverá a reintegração. Veja-se que nas duas hipóteses pode acontecer de o cargo originário do servidor a ser reconduzido já estar ocupado por outro, caso em que ele passa a ter direito ao aproveitamento (art. 29, parágrafo único).

▶ **A situação concreta pode ser, no entanto, mais complicada do que a prevista pelo legislador, pois pode ocorrer de não ser possível o imediato aproveitamento do servidor que deveria ser reconduzido.**

A situação concreta pode ser, no entanto, mais complicada do que a prevista pelo legislador, pois pode ocorrer de não ser possível o imediato aproveitamento do servidor que deveria ser reconduzido, hipótese em que as únicas soluções possíveis seriam sua lotação como excedente, ainda que sem cargo, se se entender possível tal situação, ou sua colocação em disponibilidade, o que seria, inegavelmente, uma tremenda injustiça com o servidor, na hipótese de recondução decorrente de reintegração do que foi demitido, pois tal situação decorreria única e exclusivamente do equívoco administrativo de ter procedido uma demissão nula. Por uma questão de justiça, nesse caso, deveria ser possível a disponibilidade com proventos integrais.

▶ **Outra situação complicada, à qual a lei não dá solução, é a hipótese de o servidor ocupante do cargo em que haverá a reintegração não possuir vínculo anterior com a Administração Pública, hipótese em que não será possível a recondução.**

Outra situação complicada, à qual a lei não dá solução, é a hipótese de o servidor ocupante do cargo em que haverá a reintegração não possuir vínculo anterior com a Administração Pública, hipótese em que não será possível a recondução. Nesse caso, ou se anula a nomeação, o que poderia trazer inúmeros transtornos, menores ou maiores, a depender do tempo em que tiver havido o exercício do cargo, ou se coloca o servidor em disponibilidade. Por derradeiro, pode ocorrer de o estatuto de determinado ente da Federação não prever esse instituto da recondução, no caso de inabilitação no estágio probatório de outro cargo público, diferentemente do estatuto federal (art. 29, I). Nesse caso, não há direito à recondução, não sendo possível a aplicação por analogia do instituto da Lei 8.112/90, conforme já decidido pelo STJ.

◙ **Neste sentido:** CONSTITUCIONAL. ADMINISTRATIVO. PROCESSUAL. CIVIL. SERVIDOR PÚBLICO ESTADUAL. RECONDUÇÃO. VACÂNCIA. DEFINIÇÃO. OMISSÃO NA LEGISLAÇÃO DO ESTADO. PLEITO DE ANALOGIA. PARCIMÔNIA. INDICAÇÃO DE DIREITO CONSTITUCIONAL DE CUNHO AUTOAPLICÁVEL. DISPOSITIVOS GERAIS. NÃO REALIZAÇÃO. IMPOSSIBILIDADE NO CASO EM TELA. AUSÊNCIA DE DIREITO LÍQUIDO E CERTO. 1. Cuida-se de recurso ordinário interposto contra o acórdão que negou provimento ao pleito mandamental impetrado em prol do direito de recondução de ex-servidor estadual que havia se exonerado de cargo em meio ao estágio probatório. O recorrente alega que a legislação estadual seria omissa e, portanto, deveria ser aplicado o art. 29 da Lei n. 8.112/90 (Regime Jurídico Único dos Servidores Públicos Civis da União, RJU), por analogia. 2. Não existe no ordenamento jurídico estadual o instituto da recondução, tal como previsto no art. 29, I, da Lei n. 8.112/90. No caso do diploma federal, em sendo evidenciada a publicação de ato de vacância, por decorrência de posse em outro cargo federal inacumulável (art. 33, VIII da Lei n. 8.112/90), fica evidenciada a manutenção de vínculo com o serviço público federal que autoriza a outorga de vários direitos previstos em lei, como a recondução e outros, de cunho personalíssimo. 3. É incontroverso que não existe previsão legal na legislação estadual aplicável ao recorrente (Lei Complementar n. 59/2001 e Lei n. 869/1952). 4. A analogia das legislações estaduais e municipais com a Lei n. 8.112/90 somente é possível se houver omissão no tocante a direito de cunho constitucional, que seja autoaplicável, bem como que a situação não dê azo ao aumento de gastos; em suma, ela precisa ser avaliada caso a caso e com parcimônia. 5. A pretensão do recorrente não encontra guarida nos dispositivos gerais da Constituição Federal, indicados como violados – artigos 1º, III e IV, 3º, IV, 4º, V e 5º, 'caput' – e, assim, não permite a realização da analogia postulada. Tem-se situação muito diversa do caso do art. 226 da Constituição Federal, tal como mobilizado no precedente indicado (RMS 34.630/AC, Rel. Ministro Humberto Martins, Segunda Turma, DJe 26.10.2011). 6. Não há falar em direito líquido e certo, uma vez que não se vê direito local aplicável, tampouco a possibilidade de analogia com a Lei n. 8.112/90, uma vez que não existe o direito constitucional autoaplicável que seria necessário para suprir a omissão da legislação estadual. Recurso ordinário improvido. (RMS 46.438/MG, Rel. Ministro HUMBERTO MARTINS, SEGUNDA TURMA, julgado em 16/12/2014, DJe 19/12/2014) (RMS 46.438/MG, 2ª T., rel. Min. Humberto Martins, j. 19/12/2014 – *Informativo STJ 553*)

◙ **Não é possível aplicar, por analogia, o instituto da recondução, previsto no art. 29, I, da Lei n. 8.112/1990, a servidor público estadual se a legislação local não prevê esse direito.**

ADMINISTRATIVO. RECURSO ORDINÁRIO EM MANDADO DE SEGURANÇA. SERVIDOR ESTADUAL. APROVAÇÃO EM CONCURSO PÚBLICO. IMPOSSIBILIDADE DE CUMULAÇÃO. VACÂNCIA. RECONDUÇÃO. NÃO PREVISÃO NA LEGISLAÇÃO ESTADUAL. IMPOSSIBILIDADE DE APLICAÇÃO DO ART. 29 DA LEI N. 8.112/1990. CONVERSÃO DA RECONDUÇÃO EM EXONERAÇÃO EX OF-

FICIO. IMPOSSIBILIDADE. INOBSERVÂNCIA DO CONTRADITÓRIO E AMPLA DEFESA. I. O Acórdão recorrido encontra-se em consonância com o entendimento firmado por esta Corte Superior, porque considera não ser possível aplicar, por analogia, o instituto da recondução, previsto no art. 29, I, da Lei n. 8.112/1990, a servidor público estadual se a legislação local não prevê esse direito (RMS n. 46.438/MG, Rel. Min. Humberto Martins, julgado em 16/12/2014.) II. Constata-se que, diante da impossibilidade de recondução, a Administração Local converteu ex officio o pedido de recondução em exoneração, não conferindo ao servidor o direito ao contraditório e ampla defesa. III. Recurso ordinário em mandado de segurança parcialmente provido para anular o ato de exoneração e determinar a instauração de processo administrativo disciplinar, assegurando ao servidor o direito ao contraditório e ampla defesa e eventual opção pelo cargo que deseje ocupar, caso a Administração mantenha a decisão quanto ao pedido de vacância. (RMS 52.922/MG, Rel. Ministro FRANCISCO FALCÃO, SEGUNDA TURMA, julgado em 05/02/2019, DJe 14/02/2019)

◙ **Não se deve impor ao servidor público federal abrir mão do cargo no qual se encontra estável, quando empossado em outro cargo público inacumulável de outro regime jurídico, antes de alcançada a nova estabilidade.**

MANDADO DE SEGURANÇA. SERVIDOR PÚBLICO FEDERAL ESTÁVEL. ESTÁGIO PROBATÓRIO EM OUTRO CARGO PÚBLICO DE REGIME JURÍDICO DISTINTO. RECONDUÇÃO AO CARGO ANTERIORMENTE OCUPADO. POSSIBILIDADE. 1. Da leitura dos dispositivos relacionados à vacância (art. 33) e à recondução (art. 29) de servidor público na Lei n. 8.112/1990, verifica-se que a redação da norma não faz referência ao regime jurídico do novo cargo em que empossado o agente público. 2. O servidor público federal somente faz jus a todos os benefícios e prerrogativas do cargo após adquirir a estabilidade, cujo prazo – após a alteração promovida pela EC n. 19/2008, passou a ser de 3 anos – repercute no do estágio probatório. 3. O vínculo jurídico com o serviço público originário somente se encerra com a aquisição da estabilidade no novo regime jurídico. 4. A Administração tem a obrigação de agir com dever de cuidado perante o administrado, não lhe sendo lícito infligir a ele nenhuma obrigação ou dever que não esteja previsto em lei e que não tenha a finalidade ou motivação de atender ao interesse público, corolário da ponderação dos princípios constitucionais da supremacia do interesse público, da legalidade, da finalidade, da moralidade, da boa-fé objetiva e da razoabilidade. 5. Não se deve impor ao servidor público federal abrir mão do cargo no qual se encontra estável, quando empossado em outro cargo público inacumulável de outro regime jurídico, antes de alcançada a nova estabilidade, por se tratar de situação temerária, diante da possibilidade de não ser o agente público aprovado no estágio probatório referente ao novo cargo. 6. Para evitar essa situação – que em nada atende ao interesse público, mas que representa um prejuízo incomensurável ao cidadão que, ao optar por tomar posse em cargo de outro regime jurídico, não logra aprovação no estágio probatório ou desiste antes do encerramento do período de provas, ficando sem quaisquer dos cargos -, deve prevalecer a orientação de que o vínculo permanece até a nova estabilidade, permitindo a aplicação dos institutos da vacância e da recondução. 7. A doutrina de José dos Santos Carvalho Filho é no sentido de admitir a possibilidade de o servidor público federal estável, após se submeter a estágio probatório em cargo de outro regime, requerer sua recondução ao cargo federal, antes do encerramento do período de provas, ou seja, antes de adquirida a estabilidade no novo regime. 8. O servidor público federal, diante de uma interpretação sistemática da Lei n. 8.112/1990, mormente em face do texto constitucional, tem direito líquido e certo à vacância quando tomar posse em cargo público, independentemente do regime jurídico do novo cargo, não podendo, em razão disso, ser exonerado antes da estabilidade no novo cargo. 9. Uma vez reconhecido o direito à vacância (em face da posse em novo cargo não acumulável), deve ser garantido ao agente público, se vier a ser inabilitado no estágio probatório ou se dele desistir, a recondução ao cargo originariamente investido. 10. O direito de o servidor, aprovado em concurso público, estável, que presta novo concurso e, aprovado, é nomeado para cargo outro, retornar ao cargo anterior ocorre enquanto estiver sendo submetido ao estágio probatório no novo cargo: Lei 8.112/90, art. 20, § 2º. É que, enquanto não confirmado no estágio do novo cargo, não estará extinta a situação anterior (MS n. 24.543/DF, Ministro Carlos Velloso, Tribunal Pleno, DJU 12/9/2003). 11. No âmbito interno da Advocacia-Geral da União, controvérsia análoga foi resolvida administrativamente, com deferimento da pretensão de recondução. 12. O Consultor-Geral da União proferiu despacho no sentido do deferimento da recondução, por entender ser despicienda a análise do regime jurídico do novo cargo em que o agente público federal está se submetendo a estágio probatório, remetendo a questão ao Advogado-Geral da União para, após aprovação, encaminhar ao Presidente da República para alterar a orientação normativa, de modo a vincular toda a Administração Pública Federal. 13. A ação judicial proposta pela Procuradora Federal requerente no processo administrativo objeto do despacho acima referido foi julgada parcialmente procedente, e a apelação interposta pela Advocacia-Geral da União para o Tribunal Regional Federal da 1ª Região não foi apreciada, tendo em conta o pedido de desistência feito pela União (recorrente). 14. Diante da nova interpretação a respeito dos institutos da vacância (pela posse em cargo público inacumulável) e da recondução, previstas na Lei n. 8.112/1990, considerando-se, inclusive, que há orientação normativa no âmbito da Advocacia-Geral da União admitindo o direito à recondução de agente público federal que tenha desistido de estágio probatório de cargo estadual inacumulável, aprovada pela Presidência da República, é nítido o direito líquido e certo do ora impetrante. 15. Segurança concedida. (MS 12.576/DF, Rel. Ministro SEBASTIÃO REIS JÚNIOR, TERCEIRA SEÇÃO, julgado em 26/02/2014, DJe 03/04/2014)

◙ **No mesmo sentido:** CONSTITUCIONAL. ADMINISTRATIVO. SERVIDOR PÚBLICO. ESTÁGIO PROBATÓRIO. Lei 8.112/90, art. 20, § 2º. C.F., art 41. I.- O direito de o servidor, aprovado em concurso público, estável, que presta novo concurso e, aprovado, é nomeado para cargo outro, retornar ao cargo anterior ocorre enquanto estiver sendo submetido ao estágio probatório no novo cargo: Lei 8.112/90, art. 20, § 2º. É que, enquanto não confirmado no estágio do novo cargo, não estará extinta a situação anterior. II.- No caso, o servidor somente requereu a sua recondução ao cargo antigo cerca de três anos e cinco meses após a sua posse e exercício neste, quando, inclusive, já estável: C.F., art. 41. III.- M.S. indeferido. (MS 24543, Relator(a): Min. **CARLOS VELLOSO**, Tribunal Pleno, julgado em 21/08/2003, DJ 12-09-2003 PP-00036 EMENT VOL-02123-02 PP-00349)

◉ **Recondução de servidor estável em outro cargo. Momento.**

CONSTITUCIONAL. ADMINISTRATIVO. SERVIDOR PÚBLICO. ESTÁGIO PROBATÓRIO. Lei 8.112/90, art. 20, § 2º. C.F., art 41. I.- O direito de o servidor, aprovado em concurso público, estável, que presta novo concurso e, aprovado, é nomeado para cargo outro, retornar ao cargo anterior ocorre enquanto estiver sendo submetido ao estágio probatório no novo cargo: Lei 8.112/90, art. 20, § 2º. É que, enquanto não confirmado no estágio do novo cargo, não estará extinta a situação anterior. II.- No caso, o servidor somente requereu a sua recondução ao cargo antigo cerca de três anos e cinco meses após a sua posse e exercício neste, quando, inclusive, já estável: C.F., art. 41. III.- M.S. indeferido. (MS 24543, Relator(a): Min. CARLOS VELLOSO, Tribunal Pleno, julgado em 21/08/2003, DJ 12-09-2003 PP-00029 EMENT VOL-02123-02 PP-00349)

REVERSÃO

▶ **A reversão, classicamente, consiste no** *retorno à atividade do servidor aposentado por invalidez, quando reconhecida a insubsistência dos motivos da aposentadoria* (**art. 25, I, da Lei 8.112/1990**), **o que deve ser atestado por junta médica oficial. Como a aposentadoria por invalidez tem natureza condicional, se ficar atestado que as condições para sua manutenção cessaram, nada mais natural do que o retorno do servidor à atividade. Se porventura o antigo cargo estiver ocupado, o servidor fica nos quadros como excedente, até a abertura da vaga respectiva (art. 25, § 3.º).**

▶ A reversão dar-se-á:

I – Quando cessada a invalidez, por declaração de junta médica oficial, que torne insubsistentes os motivos da aposentadoria; ou II – no interesse da administração, desde que seja certificada pelo órgão ou entidade a aptidão física e mental do servidor para o exercício das atribuições inerentes ao cargo. Encontrando-se provido o cargo, o servidor exercerá suas atribuições como excedente de lotação.

▶ A reversão no interesse da administração somente poderá ocorrer mediante solicitação do servidor e desde que:

a) a aposentadoria tenha sido voluntária e ocorrida nos cinco anos anteriores à solicitação; b) estável quando na atividade; e c) haja cargo vago.

▶ Em que órgão poderá ocorrer a reversão?

A reversão poderá ocorrer em qualquer órgão ou entidade da Administração Pública Federal direta, autárquica e fundacional, desde que seja no mesmo cargo, nível, classe e padrão em que ocorreu a aposentadoria ou em outro cargo, quando reorganizado ou transformado.

▶ **A reversão, no interesse da administração, fica sujeita à existência de dotação orçamentária e financeira.**

A reversão, no interesse da administração, fica sujeita à existência de dotação orçamentária e financeira, devendo ser observado o disposto na Lei Complementar n° 101, de 4 de maio de 2000.

▶ **A quem compete a prática do ato de reversão em âmbito do Poder Executivo Federal?**

Compete ao Ministro de Estado ou à autoridade por ele delegada que deverá: I – publicar previamente, no Diário Oficial da União, o quantitativo das vagas dos cargos que se destinam à reversão, no interesse da administração; II – expedir o ato de reversão, que deverá ser publicado no Diário Oficial da União; e III – baixar instruções complementares relativas à execução da reversão, de acordo com a especificidade de cada órgão ou entidade. Efetivada a reversão, o servidor será lotado conforme as necessidades do órgão.

▶ **A Lei 11.907/2009 incluiu o § 5º ao art. 29 da Lei 8.112/1990, para permitir, como já admitido no âmbito das aposentadorias por invalidez do RGPS, exames periódicos de aferição das condições que ensejaram o benefício.**

Deve ser observado que a Lei 11.907/2009 incluiu o § 5º ao art. 29 da Lei 8.112/1990, para permitir, como já admitido no âmbito das aposentadorias por invalidez do RGPS, exames periódicos de aferição das condições que ensejaram o benefício. Para o STJ, o prazo para eventual determinação, pela Administração Pública, de reversão do servidor, é considerado a partir da ciência, pela primeira, da insubsistência dos motivos que deram origem à aposentadoria (RMS 47.553/SC, 2ª T., rel. Min. Mauro Campbell Marques, j. 02/02/2016). No entanto, devemos considerar que se há determinação de prazos específicos para que as aferições sejam feitas pela Administração Pública, e ela deixa de fazê-las, a decadência para eventual reversão, nos parece claro, deve ser computada a partir daí.

▶ **A Medida Provisória 2.225-45/2001 criou uma segunda hipótese de reversão, de constitucionalidade para lá de duvidosa, que consiste no retorno voluntário do aposentado que tenha solicitado a reversão de seu ato de aposentadoria.**

Na esteira da reforma administrativa, no entanto, a Medida Provisória 2.225-45/2001 criou uma segunda hipótese de reversão, de constitucionalidade para lá de duvidosa, que consiste no retorno voluntário do aposentado que tenha solicitado a reversão de seu ato de aposentadoria. Só é possível essa reversão se o servidor era estável quando na atividade, a aposentadoria tenha ocorrido nos cinco anos anteriores à solicitação e exista cargo vago (art. 25, II, da Lei 8.112/1990).

▶ **O pressuposto da lei é que a aposentadoria é um direito disponível e que é interesse da Administração ter o servidor de volta em vez de ter de pagar a aposentadoria a ele e ainda ter de contratar outro para o lugar daquele.**

O pressuposto da lei é que a aposentadoria é um direito disponível e que é interesse da Administração ter o servidor de volta em vez de ter de pagar a aposentadoria a ele e ainda ter de contratar outro para o lugar daquele. Ocorre, no entanto, que, para todos os efeitos, com a aposentadoria voluntária, o vínculo anterior foi desfeito e o retorno do servidor só poderia ocorrer por novo concurso.

▶ **A reversão do art. 25, II, de qualquer modo, não se aplica àqueles que foram aposentados compulsoriamente, visto que já adimpliram o limite etário para ficarem na Administração Pública.**

A reversão do art. 25, II, de qualquer modo, não se aplica àqueles que foram aposentados compulsoriamente, visto que já adimpliram o limite etário para ficarem na Administração Pública. Da mesma forma, se o servidor completou a idade após a aposentadoria, ficará vedada sua reversão (art. 27), em vista do mesmo impedimento.

▶ **Com a reversão feita no interesse da Administração, o servidor terá substituídos seus proventos de aposentadoria pela remuneração do cargo, inclusive com as vantagens de natureza pessoal que percebia anteriormente à aposentadoria.**

Com a reversão feita no interesse da Administração, o servidor terá substituídos seus proventos de aposentadoria pela remuneração do cargo, inclusive com as vantagens de natureza pessoal que percebia anteriormente à aposentadoria (art. 25, § 4.º). O Decreto 3.644/2000 regulamentou as disposições da Lei 8.112 sobre o instituto da reversão e estabeleceu, em seu art. 9º, que o servidor que reverter à atividade, no interesse da administração, somente terá nova aposentadoria com os proventos calculados com base nas regras atuais, se permanecer em atividade por, no mínimo, cinco anos.

◙ **Ocorrendo reversão do servidor aposentado por invalidez, esta se fará no mesmo cargo ou naquele resultante de sua transformação.**

ADMINISTRATIVO. APOSENTADORIA POR INVALIDEZ. CESSAÇÃO DOS MOTIVOS. REVERSÃO. POSSIBILIDADE. TRANSFORMAÇÃO. CARGOS BACEN. REGIME CELETISTA EM ESTATUTÁRIO. ENQUADRAMENTO DO SERVIDOR NO RJU. CABIMENTO. 1. Cuida-se, na origem, de Mandado de Segurança impetrado por Hélio de Andrade Carvalho, ex-funcionário do Bacen, aprovado no Concurso Público 6608215552, de 21.8.1966, e aposentado por invalidez em 1976, visando retornar ao serviço público por meio de reversão de sua aposentadoria. 2. O Tribunal a quo consignou ter o recorrido passado por junta médica oficial, a qual atestou sua aptidão física para o trabalho. Assim, não pode o STJ rever tal entendimento com base na Súmula 7/STJ. 3. Na hipótese, por se tratar de aposentadoria por invalidez, no qual o afastamento do serviço se deu independentemente da vontade do servidor (por moléstia grave), e havendo expressa determinação legal de retorno às atividades normais (cessado o motivo da aposentadoria e após aprovação de junta médica), não há como concluir diversamente da natureza provisória desse afastamento. 4. Ocorrendo reversão do servidor aposentado por invalidez, esta se fará no mesmo cargo ou naquele resultante de sua transformação. In casu, o cargo que o recorrido ocupava, antes regido pela CLT, foi transformado, por determinação constitucional (art. 39 da CF), em estatutário com o advento da Lei 8.112/1990. É nessa nova situação funcional que o servidor deve ser enquadrado. 5. Recurso Especial não provido. (REsp 1253093/DF, Rel. Ministro HERMAN BENJAMIN, SEGUNDA TURMA, julgado em 20/10/2011, DJe 24/10/2011)

◎ **Reversão de aposentadoria compulsória de membro septuagenário do Ministério Público da União. Impossibilidade.**

Agravo interno em mandado de segurança. Reversão de aposentadoria compulsória de membro septuagenário do Ministério Público da União. Impossibilidade (art. 25, II, b, da Lei nº 8.112/90). Inaplicabilidade da LC nº 152/2015 (aposentadoria compulsória aos 75 anos). Tempus Regit Actum. Não ocorrência de desconstituição de ato jurídico perfeito ou de afronta ao princípio constitucional da isonomia. Artigo 100 do ADCT. Agravo interno não provido. 1. Pretensão de reversão de aposentadoria compulsória de membro septuagenário do Ministério Público da União, aposentado compulsoriamente antes do advento da LC nº 152/2015. 2. A singularidade do instituto da reversão, prevista na Seção VIII do Capítulo I do Título II da Lei nº 8.112/90, não se presta para satisfazer a pretensão de retorno à atividade de servidores já aposentados compulsoriamente. 3. A jurisprudência da Suprema Corte é sólida no sentido de que a aposentadoria é regida pela legislação vigente ao tempo em que reunidos os requisitos necessários à obtenção do benefício. Precedentes. 4. A mudança de parâmetro etário trazida pela EC nº 88/2015 não retira a condição de ato jurídico perfeito de aposentação compulsória, levada a efeito em momento pretérito. Precedentes. 5. Não há falar em afronta ao princípio constitucional da isonomia pelo art. 100 do ADCT (incluído pela EC nº 88/2015), visto que o Supremo Tribunal Federal já assentou que a unidade do Poder Judiciário nacional e o princípio da isonomia são compatíveis com a existência de regra de aposentadoria específica para integrantes do Supremo Tribunal Federal e dos Tribunais Superiores, cujos cargos apresentam peculiaridades para seu provimento (ADI nº 5.316/DF). 6. A inexistência de argumentação apta a infirmar o julgamento monocrático conduz à manutenção da decisão recorrida. 7. Agravo interno não provido. (MS 34407 AgR, Relator(a): Min. DIAS TOFFOLI, Segunda Turma, julgado em 01/09/2017, PROCESSO ELETRÔNICO DJe-210 DIVULG 15-09-2017 PUBLIC 18-09-2017)

◎ **Súmula 685 do STF – é inconstitucional toda modalidade de provimento que propicie ao servidor investir-se, sem prévia aprovação em concurso público destinado ao seu provimento, cargo que não integra a carreira na qual anteriormente investido".**

◎ **Tema A nomeação tardia de candidatos aprovados em concurso público, por meio de ato judicial, à qual atribuída eficácia retroativa, não gera direito às promoções ou progressões funcionais que alcançariam houvesse ocorrido, a tempo e modo, a nomeação.**

CONCURSO PÚBLICO – NOMEAÇÃO – ORDEM JUDICIAL – PROMOÇÕES. A nomeação tardia de candidatos aprovados em concurso público, por meio de ato judicial, à qual atribuída eficácia retroativa, não gera direito às promoções ou progressões funcionais que alcançariam houvesse ocorrido, a tempo e modo, a nomeação. (RE 629392, Relator(a): Min. MARCO AURÉLIO, Tribunal Pleno, julgado em 08/06/2017, ACÓRDÃO ELETRÔNICO REPERCUSSÃO GERAL – MÉRITO DJe-018 DIVULG 31-01-2018 PUBLIC 01-02-2018)

◙ **A ocupação de novo cargo dentro da estrutura do Poder Judiciário, pelo titular do abono de permanência, não implica a cessação do benefício**

PODER JUDICIÁRIO – CARGOS – DESLOCAMENTO – ABONO DE PERMA-NÊNCIA. A ocupação de novo cargo dentro da estrutura do Poder Judiciário, pelo titular do abono de permanência, não implica a cessação do benefício. (MS 33424, Relator(a): Min. MARCO AURÉLIO, Primeira Turma, julgado em 28/03/2017, PRO-CESSO ELETRÔNICO DJe-073 DIVULG 07-04-2017 PUBLIC 10-04-2017)

◙ **É vedado o cômputo do tempo do curso de formação para efeito de promoção do servidor público, sendo, contudo, considerado tal período para fins de progressão na carreira.**

PROCESSUAL CIVIL E ADMINISTRATIVO. ILEGITIMIDADE DA FENAPRF (FEDERAÇÃO NACIONAL DOS POLICIAIS RODOVIÁRIOS FEDERAIS). MATÉRIA NÃO PREQUESTIONADA. SÚMULA 211/STJ. AGRAVO QUE DEIXA DE ATACAR OS FUNDAMENTOS DA DECISÃO AGRAVADA. SÚMULA 182/STJ. CATEGORIA "CLASSE ESPECIAL", COMPOSTA DOS INSPETORES DA POLÍCIA RODOVIÁRIA FEDERAL, REGULARMENTE REPRESENTADA PELO SINIPRF-BRASIL (SINDI-CATO NACIONAL DOS INSPETORES DA POLÍCIA RODOVIÁRIA FEDERAL DO BRASIL). LEGITIMIDADE COMPROVADA. SUCESSÃO SINDICAL. PRECEDEN-TE. EXTINÇÃO DO PROCESSO SEM EXAME DE MÉRITO. DESCABIMENTO. SÚMULA 284/STF. CURSO DE FORMAÇÃO. TEMPO. CONTAGEM PARA PRO-GRESSÃO NA CARREIRA. POSSIBILIDADE. 1. Na hipótese dos autos, em que pese a alegação da União, de que a Federação Nacional dos Policiais Rodoviários Federais – FENAPRF, só possui legitimidade para atuar em juízo em nome de sindicatos, por força de seu Estatuto Social, e não em nome dos servidores públicos (policiais rodo-viários federais), o que violaria o disposto no art. 267, VI, do CPC, tal questão não foi submetida à apreciação do Sodalício a quo em momento oportuno. Incidência da Súmula 21/STJ. 2. A agravante não se pronunciou sobre a ausência de prequestiona-mento suscitada no decisum objurgado. Dessa maneira, também é aplicável a Súmu-la 182/STJ, que dispõe ser "inviável o agravo do art. 545 do CPC que deixa de atacar especificamente os fundamentos da decisão agravada". Nesse sentido: AG 961.515/RJ, Segunda Turma, Relator Ministro Castro Meira, DJ de 19/12/2007 e AG 945.531/RS, Segunda Turma, Relator Ministro Humberto Martins, DJ de 12/12/2007. 3. A categoria de policiais rodoviários federais denominada "Classe Especial", constituída pelos Ins-petores da Polícia Rodoviária Federal, encontra-se devidamente representada no pro-cesso pelo Sindicato Nacional dos Inspetores da Polícia Rodoviária Federal do Brasil (SINIPRF-BRASIL), de base territorial nacional, o qual, por força de sucessão, passou a integrar de forma regular a relação jurídica processual. 4. A própria agravante, con-quanto aduza em Agravo a ilegitimidade da FENAPRF, reconhece o SINIPRF como representante de parte da categoria, qual seja, a da "Classe Especial" (fl. 472/e-STJ), o que per se stante torna incabível o pedido de extinção do processo sem exame de mérito por ilegitimidade, atraindo o óbice da Súmula 284/STF. 5. Quanto ao mérito, O Superior Tribunal de Justiça possui o entendimento de que é vedado o cômputo do tempo do curso de formação para efeito de promoção do policial rodoviário federal, sendo, contudo, considerado tal período para fins de progressão na carreira. 6. Agravo Regimental não provido. (AgRg no REsp 1485900/DF, Rel. Ministro HERMAN BEN-JAMIN, SEGUNDA TURMA, julgado em 15/03/2016, DJe 31/05/2016)

◙ **Servidor demitido em outro cargo distinto do qual respondeu o PAD. Impossibilidade**

ADMINISTRATIVO. MANDADO DE SEGURANÇA. SERVIDOR PÚBLICO. PROCESSO ADMINISTRATIVO DISCIPLINAR. PENALIDADE DE DEMISSÃO, COM BASE NO ART. 132, VI DA LEI 8.112/90, DO CARGO DE AGENTE EXECUTIVO DA COMISSÃO DE VALORES MOBILIÁRIOS-CVM (CARGO NÃO MAIS OCUPADO PELO SERVIDOR). PORTARIA, ORA IMPUGNADA, CUJO CONTEÚDO FOI A DEMISSÃO DO CARGO CONTEMPORANEAMENTE OCUPADO PELO IMPETRANTE NA ANP (ANALISTA ADMINISTRATIVO). PARECER DO MPF PELA CONCESSÃO PARCIAL DA ORDEM. ORDEM CONCEDIDA PARA DETERMINAR A IMEDIATA REINTEGRAÇÃO DO IMPETRANTE AO CARGO DE ANALISTA ADMINISTRATIVO, CLASSE A, PADRÃO III, NO QUADRO DE PESSOAL DA AGÊNCIA NACIONAL DO PETRÓLEO, GÁS NATURAL E BIOCOMBUSTÍVEIS. 1. Conforme bem ressaltado pelo ilustre Ministro SÉRGIO KUKINA, em esclarecedor voto vista ao qual adiro, de fato, recebendo os autos com a recomendação de demissão do cargo não mais ocupado pelo Servidor processado (Agente Executivo), o Ministro de Estado das Minas e Energia acabou por expedir a Portaria ora impugnada, cujo conteúdo foi a penalidade de demissão do cargo contemporaneamente ocupado pelo impetrante na ANP (Analista Administrativo). 2. Aí residiu o nuclear vício em que incidiu a autoridade impetrada, haja vista que, nesse contexto, o resultado do ato importou em violação de lei (art. 2º., parágrafo único, alínea c da Lei 4.717/1965), inquinando o ato sancionador de nulidade, por vício de objeto, pois não havia registro de nenhuma conduta desviante do então Servidor no exercício de suas atividades junto à ANP (sua falta funcional, repita-se, ocorrera anteriormente, enquanto no exercício do cargo de Agente Executivo da CVM – hipótese do art. 132, VI, da Lei 8.112/1990, ou seja, insubordinação grave em serviço). Por isso que tal demissão, à toda vista, revestiu-se de remarcada ilegalidade e abusividade, justificando, pelo menos quanto a esse aspecto, a concessão do writ. 3. Ordem concedida para determinar a anulação da Portaria demissional 639, de 17 de novembro de 2011, do Ministério das Minas e Energia (ato coator), com a imediata reintegração do impetrante ao cargo de Analista Administrativo, Classe A, padrão III, no Quadro de Pessoal da Agência Nacional do Petróleo, Gás Natural e Biocombustíveis, com efeitos funcionais desde seu desligamento. Os efeitos financeiros retroagirão à data da impetração, nos termos das Súmulas 269 e 271/STF. (MS 17.918/DF, Rel. Ministro NAPOLEÃO NUNES MAIA FILHO, PRIMEIRA SEÇÃO, julgado em 13/09/2017, DJe 02/02/2018)

◙ **Valoração equivocada das provas que gerou a demissão do servidor aliado a decisão não respaldada em prévia comissão processante. Ilegalidade.**

SANCIONADOR. MANDADO DE SEGURANÇA. TÉCNICO DO INSS. PROCESSO ADMINISTRATIVO DISCIPLINAR. DEMISSÃO APLICADA POR DECISÃO

MINISTERIAL NÃO RESPALDADA EM PRÉVIA MANIFESTAÇÃO DA COMISSÃO PROCESSANTE. SERVIDORA PÚBLICA ACUSADA DE SE VALER DO CARGO PARA LOGRAR PROVEITO PESSOAL. NÃO DEMONSTRAÇÃO DA OBTENÇÃO DE QUALQUER VANTAGEM, BENESSE OU PREBENDA ILÍCITA. CONCESSÃO INDEVIDA DE APENAS 12 BENEFÍCIOS PREVIDENCIÁRIOS AO LONGO DE 27 ANOS DE SERVIÇO PRESTADOS DE MANEIRA EXEMPLAR, SENDO 12 NO PRÓPRIO INSS. DOLO OU MÁ-FÉ NA CONDUTA DA SERVIDORA NÃO COM-PROVADOS. MERO ERRO PROCEDIMENTAL, CONSISTENTE NA VALORAÇÃO EQUIVOCADA DAS PROVAS MATERIAIS APRESENTADAS PELO SEGURADO PARA OBTENÇÃO DE BENEFÍCIO PREVIDENCIÁRIO. A EVENTUAL FRAUDE NA PRODUÇÃO DA DOCUMENTAÇÃO APRESENTADA NÃO PODE SER IMPU-TADA Á SERVIDORA IMPETRANTE, QUE, ALIÁS, DETINHA CONCEITO FUN-CIONAL IRREPREENSÍVEL. CONFIGURADA AFRONTA AOS PRINCÍPIOS DA INOCÊNCIA, DA PROPORCIONALIDADE E DA RAZOABILIDADE. PENA DISSO-NANTE DAS PREMISSAS DO DIREITO SANCIONADOR. SEGURANÇA CONCE-DIDA, PARA DETERMINAR A IMEDIATA REINTEGRAÇÃO DA SERVIDORA NO SEU CARGO DESDE A IMPETRAÇÃO DA SEGURANÇA. RESSALVA DO PONTO DE VISTA DO RELATOR QUANTO AOS EFEITOS FINANCEIROS. 1. A atividade administrativa sancionadora, em face do seu conteúdo materialmente jurisdicional, deve se revestir, sob a pena de nulidade, do respeito religioso a todos os princípios regentes da processualística contemporânea. Não se dispensa do promovente da impu-tação o ônus de provar a ocorrência justificadora da sanção pretendida, ônus esse que abrange todos os elementos da conduta infracional, inclusive, a produção de lesão e a inspiração dolosa: sem isso o ato reputado infracional não existe no mundo empíri-co. 2. Por força dos princípios da proporcionalidade, da dignidade da pessoa humana e da não-culpabilidade, aplicáveis ao regime jurídico disciplinar, não há juízo de dis-cricionariedade no ato administrativo que impõe sanção a Servidor Público, em razão de infração disciplinar. Dest'arte, o controle jurisdicional é amplo, de modo a conferir garantia a todos os Servidores contra eventual arbítrio, não se limitando, portanto, so-mente aos aspectos formais, como algumas correntes doutrinárias ainda defendem. 3. O Poder Judiciário pode e deve sindicar amplamente, em Mandado de Segurança, o ato administrativo que aplica a sanção de demissão a Servidor Público, para verificar (i) a efetiva ocorrência dos ilícitos imputados ao Servidor e (ii) mensurar a adequação da reprimenda à gravidade da infração disciplinar. 4. Cuida-se de Mandado de Segu-rança impetrado por Servidora do INSS, acusada de conceder equivocadamente 12 benefícios previdenciários, a Trabalhadores Rurais ou seus dependentes, contrariando a legislação previdenciária aplicável ao caso. 5. Da leitura dos depoimentos prestados pelos segurados supostamente beneficiados, verifica-se que as doze testemunhas ou-vidas são categóricas em afirmar que sequer conheciam a Servidora, não tendo qual-quer natureza de relacionamento com a imputada, relatando, tão somente, terem sido atendidos por ela na Agência do INSS. 6. Igualmente, verifica-se dos processos de re-visão realizados pelo INSS que em todos os casos de deferimento do benefício, havia início de prova material e entrevista do Segurado, não ficando evidente nenhum erro flagrante ou teratológico; ressalte-se que a eventualidade de fraude na elaboração ou na produção dos documentos apresentados ao INSS, para a obtenção do benefício, não pode ser imputada à Servidora Previdenciária, até mesmo porque os seus vícios – a caso existentes – não eram identificáveis à primeira vista. A convicção íntima da autoridade sancionadora, por mais veemente que seja não basta para dar suporte a qualquer tipo de punição, pois, para tanto, se exige a prova perfeita da infração e do seu praticante. 7. Se, de um lado, é inegável que a impetrante efetivamente concedeu de maneira equivocada 12 benefícios previdenciários a Trabalhadores Rurais, de outro, a própria Comissão Processante reconheceu que não ficou comprovada má-fé ou dolo na conduta da Servidora, além de pontuar que em 27 anos de carreira pública não havia qualquer ocorrência que desabonasse a sua conduta. É inaceitável as alegadas fraudes documentais, quaisquer que sejam, possam ser imputadas a quem efetivamente não as praticou, no caso, a Servidora do INSS, ora impetrante. 8. Registre-se, ainda, que em todos os 12 casos examinados pela Comissão Processante os benefícios concedidos irregularmente relacionavam-se a Trabalhadores Rurais, ou seja, beneficiários especiais do sistema previdenciário. 9. Ora, até mesmo a prática judiciária previdenciária nos mostra o quão subjetiva e controversa pode ser a análise do preenchimento dos requisitos para a caracterização do segurado especial. Não sendo difícil supor que a apresentação de determinados documentos poderia firmar a convicção da Servidora para concessão do benefício. 10. Todo esse cenário, sobretudo a falta de comprovação de má-fé ou dolo nas concessões administrativas, deve ser levado em consideração no caso sob apreço, em que a Servidora foi severamente punida, em razão de ter concedido equivocadamente 12 benefícios previdenciários. 11. Neste aspecto, merece destaque o fato de que em sua agência de trabalho havia apenas mais um Servidor, o que torna claro que a demanda de trabalho deveria ser muito grande, não sendo as inconsistências detectadas um desvio flagrante de conduta. Aponto, a título de esclarecimento, que à época dos fatos o Estado do Mato Grosso do Sul possuía apenas 18 agências do INSS (atualmente são 37), assim, não é difícil imaginar a demanda de serviço na agência em que a Servidora atuava. 12. Na hipótese dos autos, fica fácil perceber que a conduta da impetrante não estava caracterizada pelo elemento doloso de malferir a legalidade, tampouco causar danos a terceiros ou beneficiar-se, porquanto todas as testemunhas foram categóricas em afirmar que não lhe repassaram qualquer valor para a concessão do benefício. 13. Neste contexto, revela-se acintosamente desproporcional e desarrazoada a pena de demissão impingida à impetrante pela Autoridade Impetrada, dissonante dos princípios jurídicos que devem nortear a aplicação das normas do Direito Sancionador, diante dos meandros circunstanciais em que a conduta foi praticada, bem como suas razões e consequências. 14. Segurança concedida, para determinar reintegração da Servidora impetrante nos quadros funcionais, bem como o pagamento imediato das parcelas vencidas, desde a impetração da Segurança. (MS 15.783/DF, Rel. Ministro NAPOLEÃO NUNES MAIA FILHO, PRIMEIRA SEÇÃO, julgado em 24/05/2017, DJe 30/06/2017)

◙ **Servidor Público estável que assume outro cargo de regime jurídico distinto. Vínculo permanece até a nova estabilidade, permitindo a aplicação dos institutos da vacância e da recondução.**

MANDADO DE SEGURANÇA. SERVIDOR PÚBLICO FEDERAL ESTÁVEL. ESTÁGIO PROBATÓRIO EM OUTRO CARGO PÚBLICO DE REGIME JURÍDICO

DISTINTO. RECONDUÇÃO AO CARGO ANTERIORMENTE OCUPADO. POS-
SIBILIDADE. 1. Da leitura dos dispositivos relacionados à vacância (art. 33) e à recondução (art. 29) de servidor público na Lei n. 8.112/1990, verifica-se que a redação
da norma não faz referência ao regime jurídico do novo cargo em que empossado o
agente público. 2. O servidor público federal somente faz jus a todos os benefícios e
prerrogativas do cargo após adquirir a estabilidade, cujo prazo – após a alteração promovida pela EC n. 19/2008, passou a ser de 3 anos – repercute no do estágio probatório. 3. O vínculo jurídico com o serviço público originário somente se encerra com
a aquisição da estabilidade no novo regime jurídico. 4. A Administração tem a obrigação de agir com dever de cuidado perante o administrado, não lhe sendo lícito infligir a ele nenhuma obrigação ou dever que não esteja previsto em lei e que não tenha
a finalidade ou motivação de atender ao interesse público, corolário da ponderação
dos princípios constitucionais da supremacia do interesse público, da legalidade, da
finalidade, da moralidade, da boa-fé objetiva e da razoabilidade. 5. Não se deve impor
ao servidor público federal abrir mão do cargo no qual se encontra estável, quando
empossado em outro cargo público inacumulável de outro regime jurídico, antes de
alcançada a nova estabilidade, por se tratar de situação temerária, diante da possibilidade de não ser o agente público aprovado no estágio probatório referente ao novo
cargo. 6. Para evitar essa situação – que em nada atende ao interesse público, mas que
representa um prejuízo incomensurável ao cidadão que, ao optar por tomar posse em
cargo de outro regime jurídico, não logra aprovação no estágio probatório ou desiste antes do encerramento do período de provas, ficando sem quaisquer dos cargos -,
deve prevalecer a orientação de que o vínculo permanece até a nova estabilidade, permitindo a aplicação dos institutos da vacância e da recondução. 7. A doutrina de José
dos Santos Carvalho Filho é no sentido de admitir a possibilidade de o servidor público federal estável, após se submeter a estágio probatório em cargo de outro regime,
requerer sua recondução ao cargo federal, antes do encerramento do período de provas, ou seja, antes de adquirida a estabilidade no novo regime. 8. O servidor público
federal, diante de uma interpretação sistemática da Lei n. 8.112/1990, mormente em
face do texto constitucional, tem direito líquido e certo à vacância quando tomar posse em cargo público, independentemente do regime jurídico do novo cargo, não podendo, em razão disso, ser exonerado antes da estabilidade no novo cargo. 9. Uma vez
reconhecido o direito à vacância (em face da posse em novo cargo não acumulável),
deve ser garantido ao agente público, se vier a ser inabilitado no estágio probatório
ou se dele desistir, a recondução ao cargo originariamente investido. 10. O direito de
o servidor, aprovado em concurso público, estável, que presta novo concurso e, aprovado, é nomeado para cargo outro, retornar ao cargo anterior ocorre enquanto estiver
sendo submetido ao estágio probatório no novo cargo: Lei 8.112/90, art. 20, § 2º. É
que, enquanto não confirmado no estágio do novo cargo, não estará extinta a situação
anterior (MS n. 24.543/DF, Ministro Carlos Velloso, Tribunal Pleno, DJU 12/9/2003).
11. No âmbito interno da Advocacia-Geral da União, controvérsia análoga foi resolvida administrativamente, com deferimento da pretensão de recondução. 12. O Consultor-Geral da União proferiu despacho no sentido do deferimento da recondução, por
entender ser despicienda a análise do regime jurídico do novo cargo em que o agente
público federal está se submetendo a estágio probatório, remetendo a questão ao Ad-

vogado-Geral da União para, após aprovação, encaminhar ao Presidente da República para alterar a orientação normativa, de modo a vincular toda a Administração Pública Federal. 13. A ação judicial proposta pela Procuradora Federal requerente no processo administrativo objeto do despacho acima referido foi julgada parcialmente procedente, e a apelação interposta pela Advocacia-Geral da União para o Tribunal Regional Federal da 1ª Região não foi apreciada, tendo em conta o pedido de desistência feito pela União (recorrente). 14. Diante da nova interpretação a respeito dos institutos da vacância (pela posse em cargo público inacumulável) e da recondução, previstas na Lei n. 8.112/1990, considerando-se, inclusive, que há orientação normativa no âmbito da Advocacia-Geral da União admitindo o direito à recondução de agente público federal que tenha desistido de estágio probatório de cargo estadual inacumulável, aprovada pela Presidência da República, é nítido o direito líquido e certo do ora impetrante. 15. Segurança concedida. (MS 12.576/DF, Rel. Ministro SEBASTIÃO REIS JÚNIOR, TERCEIRA SEÇÃO, julgado em 26/02/2014, DJe 03/04/2014)

NOMEAÇÃO, POSSE E EXERCÍCIO EM CARGO PÚBLICO

▶ **"Prover" significa preencher cargo, ao passo em que "provimento" é ato pelo qual há investidura no exercício de cargo, emprego ou função, observados pressupostos previstos em lei.**

"Prover" significa preencher cargo, ao passo em que "provimento" é ato pelo qual há investidura no exercício de cargo, emprego ou função, observados pressupostos previstos em lei (p. ex., normalmente nacionalidade brasileira, gozo de direitos políticos, quitação de obrigações militares e eleitorais, nível de escolaridade, idade mínima de 18 anos, e aptidão física e mental). Há várias maneiras de classificar os provimentos relacionados a cargos, dentre elas quanto à existência de vínculo (originário e derivado), quanto à movimentação em cargos (vertical e horizontal), quanto ao motivo (nomeação, promoção, readaptação, reversão, aproveitamento, reintegração e recondução) e quanto à duração (efetivo, vitalício e em comissão). (Comentários à Constituição do Brasil – Série Idp. Mendes, Gilmar Ferreira; Streck, Lênio Luiz; Sarlet, Ingo Wolfgang; Leoncy, Léo Ferreira; Canotilho, J. J. Gomes. Editora Saraiva, 2ª Edição, São Paulo, 2018, p. 1.359)

▶ **Tanto o provimento do cargo quanto a investidura de um servidor contêm-se no mesmo ato.**

"O cargo é provido e o agente é investido na condição de seu titular. Tanto o provimento do cargo quanto a investidura de um servidor contêm-se no mesmo ato (ou procedimento); é que a dissociação entre eles não se faz senão pelo desdobramento dos dados e dos elementos que nele se contêm, havendo composição jurídica única em sua elaboração e em sua formalização". (ROCHA. Princípios constitucionais dos servidores públicos, p. 173.)

▶ **O provimento dos cargos públicos far-se-á mediante ato da autoridade competente de cada Poder**

Segundo o disposto no art. 6.º da Lei 8.112/1990, "o provimento dos cargos públicos far-se-á mediante ato da autoridade competente de cada Poder". No âmbito do Poder Executivo federal, o provimento é ato de competência do Presidente da República, passível de delegação para ministros de estado. (FRANÇA, Vladimir da Rocha. Considerações sobre a nomeação, a posse e o exercício em cargo público na Lei 8.112/1990, Revista de Direito Administrativo Contemporâneo | vol. 3/2013 | p. 111 – 130 | Out – Dez / 2013)

▶ **Nomeação se efetivará quando a autoridade competente para tanto incute alguém no serviço público.**

Nomeação se efetivará quando a autoridade competente para tanto, praticando ato administrativo, através da nomeação, incute alguém no serviço público, fazendo-

-o servidor, sendo neste caso cabível, tanto para cargos efetivos quanto para cargos em comissão. E a nomeação verdadeiramente de forma de provimento originário de cargo público, isto porque é através dela que o cidadão ingressa pela primeira vez na estrutura da Administração Pública. (Lei n.º 8.112/90) à luz da constituição e da jurisprudência, 2- Edição, Revista e ampliada, Sao Paulo, Editora Atlas S.A. – 2011, p. 17)

▶ **A nomeação para o cargo de provimento efetivo é restrita a candidato aprovado em concurso público ainda vigente, observada a ordem de classificação dele constante.**

A nomeação para o cargo de provimento efetivo é restrita a candidato aprovado em concurso público ainda vigente, observada a ordem de classificação dele constante. Recorde-se que o titular deste cargo público terá, observados os requisitos constitucionais, o direito à estabilidade e será submetido a um regime previdenciário especial, sem prejuízo de outras garantias constitucionais que lhes são específicas. (FRANÇA, Vladimir da Rocha. Considerações sobre a nomeação, a posse e o exercício em cargo público na Lei 8.112/1990, Revista de Direito Administrativo Contemporâneo | vol. 3/2013 | p. 111 – 130 | Out – Dez / 2013)

▶ **Atualmente, há controvérsia quanto à natureza vinculada ou discricionária da competência para expedir a nomeação.**

"..para oferecer um posicionamento quanto a essa questão, faz-se necessário dissecar a estrutura desse ato administrativo. Com amparo na estrutura proposta em trabalho anterior,17 visualiza-se a nomeação do seguinte modo: (i) quanto aos elementos: (i.a) a nomeação deve ter como conteúdo uma regra individual que designa uma pessoa natural para ser titular de um cargo público, portadora de todo um conjunto requisitos constitucionais e legais; (i.b) a nomeação tem usualmente como forma a escrita, sendo publicada na imprensa oficial desprovida de maior motivação, quando ela consta do ato; (ii) quanto aos pressupostos de existência: (ii.a) a nomeação guarda natural pertinência com a função administrativa, haja vista se tratar de ato que cuida da designação de alguém para a titularidade de cargo na administração pública; (ii.b) a nomeação atende à possibilidade do objeto, sem sombra de dúvida; (ii.c) a nomeação, para ser reconhecida como tal, precisa atender à publicidade; (iii) quanto aos pressupostos de validade: (iii.a) a nomeação tem como sujeito a autoridade competente de cada poder do estado, como já visto, definido na própria Constituição ou na lei que lhe seja pertinente; (iii.b) o motivo da nomeação compreende a existência de cargo público válido (motivo legal) e vago (motivo material), a viabilidade jurídica (motivo legal) e financeira (motivo material) de sua ocupação sob a perspectiva fiscal, assim como a conveniência e oportunidade de seu preenchimento (material); (iii.c) os requisitos procedimentais da nomeação consistem nos atos jurídicos que devem preceder a sua expedição; (iii.d) a finalidade da nomeação é a preservação ou restauração da eficiência administrativa; (iii.e) a causa da nomeação abrange a relação – já exaustivamente delineada em lei – entre o conteúdo do ato e seu motivo, à luz da finalidade legal; e, por fim, (iii.f) a formalização da nomeação impõe, para que esse ato seja publicado na imprensa oficial, sendo sua motivação facultativa ou obrigatória, sumária ou densa, consoante a natureza do cargo público a ser ocupado e a circunstâncias do caso concreto. Feitas essas considerações, mostra-se possível examinar a presença ou não de discricionariedade na nomeação. (FRANÇA, Vladimir da Rocha. Considerações sobre a nomeação, a posse e o exercício em cargo público na Lei 8.112/1990, Revista de Direito Administrativo Contemporâneo | vol. 3/2013 | p. 111 – 130 | Out – Dez / 2013)

▶ **No caso da nomeação, há espaço para discricionariedade administrativa nos seguintes aspectos.**

Em regra, o momento para a expedição da nomeação fica sujeito ao juízo de oportunidade da autoridade competente. Em se tratando da nomeação para cargo de provimento em comissão, reconhece-se expressamente, no art. 37, II, da CF/1988,30 espaço para o juízo de oportunidade do gestor público, haja visa o disposto na parte final desse enunciado constitucional. Entretanto, a lei pode estabelecer requisitos específicos para o provimento desses cargos – como a exigência de formação profissional adequada – para atender princípios constitucionais como a moralidade, a razoabilidade e a eficiência administrativa. (FRANÇA, Vladimir da Rocha. Considerações sobre a nomeação, a posse e o exercício em cargo público na Lei 8.112/1990, Revista de Direito Administrativo Contemporâneo | vol. 3/2013 | p. 111 – 130 | Out – Dez / 2013)

▶ **A questão se torna mais complexa quando se cuida dos cargos de provimento efetivo, haja vista sua vinculação necessária com o concurso público.**

Em primeiro lugar, o cargo efetivo que compõe o objeto da nomeação deve ter sido posto em disputa em concurso público vigente. Noutro giro: a pessoa natural somente pode ser nomeada para o cargo efetivo ao qual disputou no certame vigente em que foi regularmente aprovada. Todavia, por imperativo do princípio da responsabilidade fiscal, a nomeação para cargo de provimento efetivo pode ser proibida diante de descalabro financeiro. (FRANÇA, Vladimir da Rocha. Considerações sobre a nomeação, a posse e o exercício em cargo público na Lei 8.112/1990, Revista de Direito Administrativo Contemporâneo | vol. 3/2013 | p. 111 – 130 | Out – Dez / 2013)

▶ **É de cinco anos o prazo prescricional para o ajuizamento de demanda pleiteando a nomeação, contado da data do ato ou fato da quebra da juridicidade, não sendo necessário que tenha havido o ajuizamento da ação durante o prazo de vigência do concurso público.**

Pondere-se que a violação do direito de nomeação do candidato decorrente de concurso público está sujeito a prazo prescricional de cinco anos, contado da data do ato ou fato da quebra da juridicidade, não sendo necessário que tenha havido o ajuizamento da ação durante o prazo de vigência do concurso público. Logo, é perfeitamente possível a nomeação por decisão judicial decorrente de ação interposta após o prazo constante do art. 37, III, da CF/1988. Entender o contrário, com a devida vênia, seria esvaziar a garantia fundamental da tutela jurisdicional, assegurada no art. 5º, XXXV, da CF/1988. (FRANÇA, Vladimir da Rocha. Considerações sobre a nomeação, a posse e o exercício em cargo público na Lei 8.112/1990, Revista de Direito Administrativo Contemporâneo | vol. 3/2013 | p. 111 – 130 | Out – Dez / 2013)

▶ **A nomeação é ato de provimento de cargo, que se completa com a posse e o exercício.**

"A nomeação é ato de provimento de cargo, que se completa com a posse e o exercício. A investidura do servidor no cargo ocorre com a posse, que é conditio juris para o exercício da função pública, tanto mais que por ela se conferem ao funcionário ou ao agente político as prerrogativas, os direitos e deveres do cargo ou do mandato. Sem a posse o provimento não se completa, nem pode haver exercício da função pública. É a posse que marca o início dos direitos e deveres funcionais, como, também, gera as restrições, impedimentos e incompatibilidade para o desempenho de outros cargos, funções ou mandatos. Com a posse, o cargo fica provido e não poderá ser ocupado por outrem, mas o provimento só se completa com a entrada em exercício do nomeado, momento em que o servidor passa a desempenhar legalmente suas funções e adquire as vantagens do cargo e a contraprestação pecuniária devida pelo Poder Público. (OLIVEIRA, Régis Fernandes de. Servidores Públicos, 2ª edição, Editora Malheiros, 2008, p. 126)

▶ **Distinção entre nomeação e posse.**

"Pelo ato de provimento (nomeação ou promoção, por exemplo), é designado o servidor que vai ocupar o cargo; pela investidura (posse e exercício), o servidor público passa a ocupar o cargo, vinculando-se à entidade estatal que praticou o ato de provimento. Essa distinção decorre, implicitamente, dos conceitos adotados na Lei 8.112, de 11.12.1990. Pelo art. 6.º, "o provimento dos cargos públicos far-se-á mediante ato da autoridade competente de cada Poder". Pelo art. 7.º, "a investidura em cargo público ocorrerá com a posse". Portanto, o provimento é ato do Poder Público, enquanto a investidura é ato do servidor." (DI PIETRO, Maria Sylvia Zanella. Tratado de Direito Administrativo, Volume 2, 1ª edição, Editora Revista dos Tribunais, 2015, p. 382)

▶ **A posse é um ato jurídico expedido pelo administrado, no exercício da autonomia privada, mediante qual aceita a sua designação para o cargo e assume o compromisso de bem servir o interesse público, após a comprovação de que preenche todos os requisitos legais para seu provimento.**

A posse é um ato jurídico expedido pelo administrado, no exercício da autonomia privada, mediante qual aceita a sua designação para o cargo e assume o compromisso de bem servir o interesse público, após a comprovação de que preenche todos os requisitos legais para seu provimento e de que se encontra no gozo de saúde compatível para o exercício das competências que lhe serão confiadas. (FRANÇA, Vladimir da Rocha. Considerações sobre a nomeação, a posse e o exercício em cargo público na Lei 8.112/1990, Revista de Direito Administrativo Contemporâneo | vol. 3/2013 | p. 111 – 130 | Out – Dez / 2013)

▶ **Formalização da posse.**

Segundo o art. 13, caput, da Lei 8.112/1990, a posse se faz pela assinatura do respectivo termo, no qual deverão constar as atribuições, os deveres, as responsabilidades e os direitos inerentes ao cargo ocupado, que não poderão ser alterados unilateralmente, por qualquer das partes, ressalvados os atos de ofício previstos em lei. (FRANÇA, Vladimir da Rocha. Considerações sobre a nomeação, a posse e o exercício em cargo público na Lei 8.112/1990, Revista de Direito Administrativo Contemporâneo | vol. 3/2013 | p. 111 – 130 | Out – Dez / 2013)

▶ **A investidura pode ser em caráter efetivo, vitalício e em comissão.**

"Tanto a investidura como o provi   mento podem ser qualificados como efetivos (feitos por concurso público, dando direito à estabilidade se cumpridos os requisitos exigidos para o estágio probatório, com a garantia de que a perda do cargo depende de procedimentos previstos na Constituição), vitalícios (por concurso ou sem ele, nas hipóteses previstas na Constituição, com a garantia de que a destituição somente ocorrerá por sentença judicial transitada em julgado) ou em comissão (quando provido sem concurso público e sem qualquer garantia de permanência no cargo, uma vez que a exoneração pode ser feita a critério da Administração). Os três qualificativos somente se aplicam ao provimento ou à investidura em cargos e não aos empregos (porque nestes, embora providos por concurso público, não dão direito à estabilidade), nem às funções (já que não dependem de concurso público nem dão direito à estabilidade)." (DI PIETRO, Maria Sylvia Zanella. Tratado de Direito Administrativo, Volume 2, 1ª edição, Editora Revista dos Tribunais, 2015, p. 382/383)

▶ **Embora os autores em geral tratem da investidura e do provimento em relação ao cargo, na realidade, o dispositivo fala em investidura no cargo ou emprego público.**

"Embora os autores em geral tratem da investidura e do provimento em relação ao cargo, na realidade, o dispositivo fala em investidura no cargo ou emprego público. E também não há razão para deixar de falar em investidura em função. A norma do art. 37, II, não se refere a função porque para esta não há exigência de concurso público. Contudo, nas três situações, existe um ato de provimento e um ato de investidura, abrangendo a posse e o exercício. O que muda é o tipo de ato de provimento que designa o servidor: pode ser a nomeação (para cargo), a contratação (para o emprego público e para a função temporária) e a designação ou outro ato semelhante (para a função de confiança)." (DI PIETRO, Maria Sylvia Zanella. Tratado de Direito Administrativo, Volume 2, 1ª edição, Editora Revista dos Tribunais, 2015, p. 382)

▶ **Feita a nomeação, o candidato aprovado em concurso, em se tratando de cargo de provimento efetivo, ou a pessoa escolhida, em se tratando de cargo em comissão, estará apta a tomar posse.**

A posse habilita a pessoa a exercer as atribuições do cargo, sendo o *ato formal da investidura no cargo* (art. 7.º do Estatuto do Servidor Público Federal) e, segundo a mesma Lei 8.112/1990 (art. 13, *caput*), dá-se pela "assinatura do respectivo termo, no qual deverão constar as atribuições, deveres, as responsabilidades e os direitos inerentes ao cargo ocupado, que não poderão ser alterados unilateralmente, por qualquer das partes, ressalvados os atos de ofício previstos em lei". No âmbito federal, *só se dá posse aos cargos providos por nomeação* (art. 13, § 4.º, da Lei 8.112/1990), o que significa dizer que, nos casos de promoção, em se tratando de cargos de carreira, a habilitação para exercício do novo cargo se dá apenas e tão somente com a publicação do respectivo ato de promoção.

▶ **A posse do nomeado em cargo de provimento em comissão constitui uma expectativa de direito do nomeado, uma vez que a nomeação pode ser extinta antes da posse por razões de conveniência e oportunidade.**

A posse do nomeado em cargo de provimento em comissão constitui uma expectativa de direito do nomeado, uma vez que a nomeação pode ser extinta antes da posse por razões de conveniência e oportunidade. O ato administrativo adequado para tal providência é a revogação. Para tanto, a revogação do provimento deve ser motivada com amparo em fato posterior à expedição do ato revogado e que torne inconveniente e inoportuna a sua permanência no sistema do direito positivo. (FRANÇA, Vladimir da Rocha. Considerações sobre a nomeação, a posse e o exercício em cargo público na Lei 8.112/1990, Revista de Direito Administrativo Contemporâneo | vol. 3/2013 | p. 111 – 130 | Out – Dez / 2013)

▶ **Este artigo prevê o modo de o aprovado em concurso, ou aquele cidadão convidado para ocupar cargo em comissão, assumir o seu cargo: ele o assume através da posse. Por esse ato empossa-se no cargo, ou dele toma posse.**

Fixa o artigo que a posse se dá pela assinatura do respectivo termo. Este termo pode assumir qualquer forma escrita, desde que dele constem as atribuições do cargo, ou seja, as competências, as tarefas, os afazeres inerentes ao cargo; os deveres e as responsabilidades do servidor que toma posse, ou seja, as obrigações, os encargos e as penas previstas pelo descumprimento; e, por fim, os direitos inerentes ao cargo, aí se incluindo as vantagens de toda natureza, as licenças, os adicionais e todos os demais direitos previstos na L. 8.112, em outras leis que a suplementem, em regulamentos e em instruções – sendo que apenas a lei cria direitos novos, cabendo aos outros diplomas enunciar as condições e o modo da sua concessão. (RIGOLIN, Ivan Barbosa, Comentários ao regime único dos servidores públicos civis. – 7. ed. rev. E atual. – São Paulo: Saraiva, 2012, p. 90)

▶ **Prevê ainda o caput que não podem ser alterados unilateralmente os deveres, as responsabilidades, os direitos e as atribuições dos cargos por qualquer das partes, ressalvados os atos de ofício previstos em lei**

. Trata-se de uma disposição profundamente estranhável, extraordinariamente bizarra e insólita. Significa quase a confissão, procedida pela Administração, de que o regime da L. 8.112 não é estatutário, mas contratual, pois, com efeito, apenas num regime contratual é proibido a qualquer das partes alterar unilateralmente as condições do pactuado. A principal característica do regime estatutário do serviço público é exatamente a alterabilidade unilateral das condições relativas ao cargo pela Administração, e isto desde tempo imemorial no Brasil. Apenas os mínimos constitucionais evidentemente se impõem à Administração enquanto admissora de pessoal; um desses mínimos, por exemplo, é aquele previsto no inc. XV do art. 37: irredutibilidade de vencimentos de servidores públicos. (RIGOLIN, Ivan Barbosa, Comentários ao regime único dos servidores públicos civis. – 7. ed. rev. E atual. – São Paulo: Saraiva, 2012, p. 90)

▶ **A posse deve ocorrer, de acordo com o art. 13, § 1.º, do Estatuto federal no prazo de 30 dias, a contar da publicação do respectivo ato de provimento, ou seja, da nomeação.**

A posse deve ocorrer, de acordo com o art. 13, § 1.º, do Estatuto federal no *prazo de 30 dias*, a contar da publicação do respectivo ato de provimento, ou seja, da nomeação. Esse prazo pode ser diferente na esfera estadual ou municipal, tendo cada entidade da Federação total competência e liberdade para legislar sobre o assunto. Em âmbito federal, não há previsão de pedido de prorrogação do prazo para tomar posse. (RIGOLIN, Ivan Barbosa, Comentários ao regime único dos servidores públicos civis. – 7. ed. rev. E atual. – São Paulo: Saraiva, 2012, p. 90)

▶ **A posse ocorrerá em trinta dias da publicação do ato de provimento, prazo esse tornado improrrogável por força da Lei n. 9.527/97, que modificando este artigo suprimiu a anterior prorrogabilidade.**

Qualquer que seja o provimento, o ato precisa ser publicado no Diário Oficial da União. Tão logo saia publicado o ato do provimento abre-se o prazo de trinta dias corridos, descontado o da publicação e incluído o último, para que o interessado acorra à Administração para tomar posse. (RIGOLIN, Ivan Barbosa, Comentários ao regime único dos servidores públicos civis. – 7. ed. rev. E atual. – São Paulo: Saraiva, 2012, p. 91)

◉ **Sobre o descaso da Administração quanto à comunicação de prazos aos candidatos aprovados em concursos, assim deliberou o TRF-1a Região.**

"Embora dispondo do prazo de 30 (trinta) dias para a posse, depois da nomeação, não pode ser prejudicado candidato que, por descaso da administração, somente foi comunicado da nomeação no último dia do prazo para a posse, tendo comparecido à repartição no dia imediato para justificar-se" (REO n. 1246340-AM, 2a Turma, DJ, 19-9-1994).

▶ **É concedido ao servidor que esteja licenciado ou legalmente afastado por qualquer dos motivos elencados na lei de contar o prazo para tomar posse a partir do término do seu afastamento.**

É concedido ao servidor que esteja licenciado ou legalmente afastado por qualquer dos motivos elencados no parágrafo de contar o prazo para tomar posse a partir do término do seu afastamento. Não precisa o servidor afastado, portanto, tomando ciência de sua nomeação no Diário Oficial, submeter-se aos mesmos prazos do § 1º, mas apenas após o término previsto de seu afastamento aqueles mesmos prazos passarão a fluir. Mas é evidente que de tudo isso precisará estar cientificada a Administração, ou de outro modo arrisca-se o servidor a ser havido por negligente ou desinteressado em tomar posse de seu cargo, com as consequências de se esperar, sobretudo as do § 6º deste art. 13.

▶ **É permitido que o servidor a ser empossado constitua procurador especificamente para em seu nome assinar o termo de posse**

O § 3º permite que o servidor a ser empossado constitua procurador especificamente para em seu nome assinar o termo de posse. É particularmente útil esse direito àquele servidor que se encontre afastado do País, ou impedido por doença (não licenciado), de cumprir o prazo do § 1º deste art. 13.Para que a sua ausência não seja considerada desistência, pode o servidor nomear procurador para que por ele tome posse, municiando-o com procuração para aquele efeito específico.

◙ **A posse, a celebração do contrato de trabalho ou o efetivo exercício não precisam ocorrer dentro do prazo de validade do concurso público, mas apenas a convocação do aprovado, nos termos do art. 37, inciso IV, da Constituição Federal.**

A posse, a celebração do contrato de trabalho ou o efetivo exercício não precisam ocorrer dentro do prazo de validade do concurso público, mas apenas a convocação do aprovado, nos termos do art. 37, inciso IV, da Constituição Federal. (Acórdão 4724/2018-Segunda Câmara | Relator: JOSÉ MUCIO MONTEIRO)

▶ **Um ponto específico muito pouco explorado e que merece atenção é: e se o ato de nomeação for publicado em uma sexta feira! Quando começa a contar o prazo?**

A resposta a esta pergunta se extrai da interpretação lógica de alguns artigos da Lei 8.112/91, da Lei 9.784/99 e do CPC. Vejamos! Art. 13. A posse dar-se-á pela assinatura do respectivo termo, no qual deverão constar as atribuições, os deveres, as responsabilidades e os direitos inerentes ao cargo ocupado, que não poderão ser alterados unilateralmente, por qualquer das partes, ressalvados os atos de ofício previstos em lei. § 1º A posse ocorrerá no prazo de trinta dias contados da publicação do ato de provimento. [...] Perceba que o artigo 13 prevê o prazo de 30 (trinta) dias para a pessoa nomeada tomar posse. Mas como é a contagem deste prazo? O artigo 238 da Lei n.º 8.112/90 enuncia, quanto à contagem dos prazos, que: Art. 238. Os prazos previstos nesta Lei serão contados em dias corridos, **excluindo-se o dia do começo e incluindo-se o do vencimento**, ficando prorrogado, para o primeiro dia útil seguinte, o prazo vencido em dia em que não haja expediente.

▶ **Quanto ao prazo final, se cair em dia não útil, prorroga para o primeiro dia útil.**

Quanto ao prazo final, se cair em dia não útil, prorroga para o primeiro dia útil. Por exemplo, o prazo que termina no sábado é prorrogado para segunda! A questão é: e quando o ato é publicado na sexta, quando começa a contar o prazo: sábado ou segunda? Observe-se que a Lei 8.112/90 foi silente quanto ao termo inicial do prazo. Contudo, em razão da semelhança fundamental dos prazos com os prazos do processo civil, sobretudo pela presença da mesma *ratio legis*, de que os prazos só devem começar a fluir em dias úteis, quando o interessado efetivamente pode praticar algum ato perante a Administração Pública ou consultá-la para sanar quaisquer dúvidas acerca dos atos que deve praticar, é que sempre se aplicou o § 1º do artigo 184 do CPC de 1973, hoje, no novo *codex de ritos,* o artigo 224, §

1º. Assim, excluído o dia do início (no caso, o da publicação), os prazos da Lei no 8.112/90 só começam a fluir no primeiro dia útil subsequente, afirmação que decorre da analogia. Desse modo, publicada a nomeação em uma sexta-feira, o prazo somente começa a fluir na segunda-feira, que é o primeiro dia útil subsequente. Inclusive, o artigo 66 da Lei nº 9.784/99, que trata da Lei Federal de Processo Administrativo possui disposição quase que idêntica à da Lei nº 8.112/91, dispondo que: Art. 66. Os prazos começam a correr a partir da data da cientificação oficial, excluindo-se da contagem o dia do começo e incluindo-se o do vencimento. § 1º Considera-se prorrogado o prazo até o primeiro dia útil seguinte se o vencimento cair em dia em que não houver expediente ou este for encerrado antes da hora normal. § 2º Os prazos expressos em dias contam-se de modo contínuo. § 3º Os prazos fixados em meses ou anos contam-se de data a data. Se no mês do vencimento não houver o dia equivalente àquele do início do prazo, tem-se como termo o último dia do mês.

▶ **A Lei também é omissa quanto ao termo inicial do prazo.**

Traz-se à lume, por exemplo, os ensinamentos de **Luiz Eduardo Pascuim**: Em face dessa exclusão do dia do começo na contagem do prazo, este, quando em dia que não haja expediente, passará a influir do primeiro dia útil. Nesse diapasão, uma intimação realizada na sexta-feira terá como início do prazo a próxima segunda-feira. Caso não haja expediente (feriado, ponto facultativo, etc.), iniciar-se-á a contagem na terça-feira. (grifo nosso)

▶ **É obrigatória, no ato da posse, a apresentação de declaração de bens e valores que constituem o patrimônio do empossando.**

Quanto à *obrigação de entrega de declaração patrimonial*, a *Lei 8.730/1993* estendeu-a para abranger, com relação às autoridades indicadas nos diversos incisos de seu art. 1.º, a apresentação também ao final de cada exercício financeiro, no término da gestão ou mandato e nas hipóteses de exoneração, renúncia ou afastamento definitivo. Referida Lei, inclusive, determina que a não apresentação dessa declaração, por ocasião da posse, implica a não realização do ato, ou sua nulidade, se celebrado sem esse requisito (art. 3.º). Ainda de acordo com a Lei, cópia dessa declaração deve ser remetida ao TCU (art. 1.º, § 2.º). Na prática, a declaração anual de ajuste do IRPF é entregue à Administração responsável, que dá o encaminhamento respectivo, inclusive, ao TCU. Mais recentemente, com base no Decreto 5.483/2005, optou-se por procedimento ainda mais simplificado, pelo qual o servidor dá autorização para que o próprio TCU tenha acesso direto, mediante convênio com a Receita Federal, às respectivas declarações anuais de ajuste.

▶ <u>**No mesmo sentido:**</u> O § 5º do art. 13 obriga ao servidor que tome posse apresentar declaração dos bens e valores que constituem seu patrimônio, bem como que declare se exerce ou não outro cargo, outro emprego ou outra função pública. A declaração de bens visa permitir à Administração que conheça a situação patrimonial do servidor que está empossando, para que ao cabo de sua vida funcional possa ter elementos, para si ou para informar, quanto ao seu enriquecimento. Trata-se de um modo relativamente eficaz de a Administração coibir o peculato, ou seja, a apropriação de valores da Administração de modo criminoso pelo seu servidor; sabendo este que a Administração conhece sua situação patrimonial antes do ingresso, e sabendo que, ao fim da relação de trabalho, ele precisará apresentar nova declaração, este controle talvez o coíba de aumentar o seu patrimônio ilegitimamente, à custa do patrimônio da Administração. Contesta-se a absoluta valia do procedimento, uma vez que se sabe da extraordinária capacidade humana de sonegar informações, impostos e prestações devidas, sobre que será supérfluo insistir. De qualquer modo temos aí uma forma de controle da Administração sobre seus servidores. Quanto à declaração de que o empossado exerce ou não outro cargo, outro emprego ou outra função pública, é evidente que aí se pretende evitar a acumulação inconstitucional de postos de trabalho, na Administração, pelo mesmo servidor. Existem no serviço público comissões de servidores e repartições incumbidas institucionalmente de examinar, para cada servidor, o eventual exercício simultâneo de diversos cargos públicos, e, nesse passo, caso positivo, a sua legitimidade. No início do atual governo federal, a Administração, em atitude pouco comum na história do serviço público brasileiro, procedeu a uma vasta triagem dos casos de acumulação entre os servidores federais, e determinou que os acumuladores de modo inconstitucional renunciassem a um dos postos de trabalho. Com esse fim específico está a previsão da parte final do § 5º do art. 13. (RIGOLIN, Ivan Barbosa, Comentários ao regime único dos servidores públicos civis. – 7. ed. rev. E atual. – São Paulo: Saraiva, 2012, p. 93)

▶ **Para tomar posse, o nomeado deve se submeter à inspeção médica prévia.**

Para tomar posse, o nomeado deve se submeter à inspeção médica prévia (art. 14 da Lei 8.112/1990), e, julgado apto física e mentalmente, poderá ser empossado. O art. 14 fixa que apenas após inspeção médica oficial poderá o servidor tomar posse. A exigência já constava subentendida do inc. VI do art. 5º da L. 8.112, e aqui é minimamente disciplinada. Após a nomeação, o servidor precisará submeter-se a exame médico, por junta médica da União, que verificará sua aptidão física e mental para o desempenho do cargo para o qual foi nomeado. Este exame deverá ocorrer dentro do prazo previsto no § 1º do art. 13, o qual por isso tem sua razão de ser. O exame médico atestará a suficiência do nomeado em termos de condição física e de capacidade mental para o desempenho das atribuições do cargo respectivo. (RIGOLIN, Ivan Barbosa, Comentários ao regime único dos servidores públicos civis. – 7. ed. rev. E atual. – São Paulo: Saraiva, 2012, p. 95)

▶ **Essa avaliação é de extrema importância tendo em vista que a posse pode ser anulada se o servidor omitir informações a respeito de sua real condição de saúde.**

Antes de tomar posse em cargo público o servidor é obrigado a submeter-se a inspeção médica oficial, cujo propósito é avaliar se tem, ou não, condições físicas e mentais para o exercício do cargo público para o qual foi aprovado. Essa avaliação é de extrema importância tendo em vista que a posse pode ser anulada se o servidor omitir informações a respeito de sua real condição de saúde. Não é necessário que o exame médico tenha previsão expressa na lei que discipline a carreira, haja vista que se cuida, por força do artigo em comento, de exigência geral direcionada a todos os cargos públicos federais. Diferentemente do teste físico ou psicológico que se constitui exigência específica "para o desempenho de determinados cargos" e, por isso, deve possuir previsão em lei específica. (BRANDÃO, Júlio Cezar Lima. Comentários ao estatuto do servidor público federal: direitos, deveres, proibições, vantagens, processo disciplinar, seguridade social e aposentadoria, 3ª edição. Curitiba: Juruá, 2016, p. 76)

▶ **Somente os considerados física e mentalmente aptos para o exercício das atribuições do cargo poderão ser nomeados.**

O parágrafo único do art. 14 complementa o sentido do caput, fixando que somente os considerados física e mentalmente aptos para o exercício das atribuições do cargo poderão ser nomeados. Após o exame, a junta médica oficiará, ou informará nos autos do expediente de nomeação, a qualificação positiva ou negativa no exame físico e mental obtida pelo examinado. Pode acontecer, já se observa, que um candidato aprovado em concurso venha a ser considerado inapto por razões físicas ou mentais para o exercício, e nesse caso não poderá tomar posse. (RIGOLIN, Ivan Barbosa, Comentários ao regime único dos servidores públicos civis. – 7. ed. rev. E atual. – São Paulo: Saraiva, 2012, p. 95)

▶ **O concurso, por mais acurado e extensivo que tenha sido, é de fato incapaz de assegurar só por si que todos os aprovados detenham capacidade física e sanidade mental.**

O concurso, por mais acurado e extensivo que tenha sido, é de fato incapaz de assegurar só por si que todos os aprovados detenham capacidade física e sanidade mental – nem sempre de fácil apuração – exigidas para o cargo. E às vezes o próprio exame médico também o é, restando ao estágio probatório oferecer maiores informações sobre o servidor. (RIGOLIN, Ivan Barbosa, Comentários ao regime único dos servidores públicos civis. – 7. ed. rev. E atual. – São Paulo: Saraiva, 2012, p. 95)

◉ **Exame médico e doença preexistente,**

Sobre exame médico e doença preexistente assim decidiu o TR – 1a Região: "1. Correta a sentença que concedeu a segurança para garantir que servidor público, aprovado em todas as fases do concurso público, inclusive cargo de Agente da Polícia Federal, por não estar demonstrada sua ciência inequívoca de doença preexistente ao ato de admissão (tumor), bem como em razão da ausência de caráter maligno da neoplastia, conforme apurado em biópsia posterior à posse. 2. Apelação e remessa oficial a que se nega provimento" (AMS n. 2000.34.00.014485-9-DF, 6a Turma, DJ, 20-11-2002).

▶ **A regra do art. 14 evidentemente é incompatível com aquela prevista no § 2º do art. 5º, que diz respeito aos deficientes físicos.**

A regra do art. 14 evidentemente é incompatível com aquela prevista no § 2º do art. 5º, que diz respeito aos deficientes físicos, os quais terão direito a ser empossados em cargos públicos determinados, conforme disponha o edital de cada cargo que possibilite a compatibilização do exercício com determinadas deficiências físicas que explicitar. Não é apenas o edital, evidentemente, que irá disciplinar por inteiro questão tão ampla, delicada e complexa, mas também regulamentos, e eventualmente até mesmo a lei. (RIGOLIN, Ivan Barbosa, Comentários ao regime único dos servidores públicos civis. – 7. ed. rev. E atual. – São Paulo: Saraiva, 2012, p. 95)

▶ **A posse, quando não é tomada junto à autoridade nomeante, é tomada, mais comumente, junto ao chefe da repartição em que o servidor terá sua lotação.**

A posse, quando não é tomada junto à autoridade nomeante, é tomada, mais comumente, junto ao chefe da repartição em que o servidor terá sua lotação. Para alguns cargos de mais alta relevância, como magistratura e Ministério Público, é comum a realização de cerimônia de posse, deixando a Administração Pública para promover o empossamento de modo coletivo, até para que não ocorram discussões quanto à posição dos empossados na respectiva lista de antiguidade.

◉ **Não havendo posse no prazo legal, *é tornado sem efeito o ato de nomeação* (art. 13, § 6.º).**

O § 6º é um dos raros casos de cominação, na lei, de nulidade de ato administrativo, e se refere ao prazo previsto no § 1º deste art. 13, fixando que será tornado sem efeito o ato de posse procedido fora do prazo do § 1º. Não seria necessária a previsão, uma vez que um ato ilegal há de ser tornado sem efeito, tão logo constatado pela Administração; mas é útil, particularmente num país que tanto menospreza as cominações da lei. Assim, não pode ser mantido empossado um servidor que perca o prazo, de trinta dias, do § 1º, deixando de tomar posse naquele prazo e fazendo-o após vencido; volta-se a cominação, como se percebe, antes à Administração, proibindo-a de empossar servidor fora do prazo legal. Já decidiu sobre este tema o STJ: "Embora ressentindo-se da falta de assinatura da autoridade competente, o termo de compromisso lavrado por servidor subalterno, atestando o comparecimento do funcionário nomeado para o cargo, em caráter efetivo, com a declaração de que foi empossado solenemente e fez a promessa legal, leva a conclusão de que a posse se consumou. Concretizando o ato de posse, esta só poderia ser desfeita mediante processo administrativo, garantido o direito de ampla defesa (Súmula n. 20, do Supremo Tribunal Federal). Diante de fatos incontroversos, independentemente do exame das provas, o recurso especial comporta conhecimento, para ser provido" (REsp n. 16.069/RS, 2a Turma, DJ, 1º-8-1994).

▶ **O Ato administrativo que torna "sem efeito" a nomeação do nomeado que permaneceu inerte durante o referido prazo decadencial, tem natureza declaratória.**

Também merece destaque que o ato administrativo que torna "sem efeito" a nomeação do nomeado que permaneceu inerte durante o referido prazo decadencial, tem natureza declaratória. Em seu conteúdo, há uma regra individual que: (i) em seu antecedente, contém o fato jurídico da decadência, onde se declara o evento formado pela existência do ato de nomeação, o decurso do prazo decadencial e a inércia do nomeado em tomar posse; e, (ii) em seu consequente, a obrigação de todos de recusar eficácia jurídica de ato à nomeação que caducou, desde sua publicação. Logo, o ato administrativo expedido com base no art. 13, § 6.º, da Lei 8.112/1990, limita-se a afirmar a preexistência de uma dada situação jurídica: a extinção do direito potestativo à posse do nomeado para o cargo ao qual foi designado, decorrente do decurso do prazo decadencial fixado por lei para o seu exercício. Além do mais, configurando-se a extinção do direito potestativo à posse pela decadência, impõe-se ao gestor público declará-la de ofício, tal como o juiz deve fazê-lo na atividade jurisdicional. Portanto, trata-se de ato administrativo integralmente vinculado, ou seja, cuja expedição é obrigatória para a Administração Pública Estadual diante da configuração de seus pressupostos de fato e de direito, sem qualquer espaço para o emprego de critério de conveniência e oportunidade. Afinal, como justificar o emprego do juízo de oportunidade desta matéria, quando se trata da apreciação concreta da ocorrência ou não de um evento jurídico, exaustivamente tipificado pela lei? (FRANÇA, Vladimir da Rocha. Considerações sobre a nomeação, a posse e o exercício em cargo público na Lei 8.112/1990, Revista de Direito Administrativo Contemporâneo | vol. 3/2013 | p. 111 – 130 | Out – Dez / 2013)

▶ **Procedida à posse, o servidor está habilitado a entrar em exercício, que nada mais é do que o efetivo desempenho das atribuições do cargo público ou da função de confiança (art. 15, *caput*, da Lei 8.112/1990).**

Procedida à posse, o servidor está habilitado a entrar em exercício, que nada mais é do que o efetivo desempenho das atribuições do cargo público ou da função de confiança (art. 15, *caput*, da Lei 8.112/1990).

▶ **No mesmo sentido:** Mediante o exercício, o servidor empossado coloca-se à disposição da administração pública federal para o desempenho das competências inerentes ao cargo para o qual foi designado. Caso não o faça dentro do prazo legal, ele deve ser exonerado de ofício, na forma da lei. Como se trata de ato que afeta negativamente interesse do administrado, impõe-se o devido processo legal para essa providência. (FRANÇA, Vladimir da Rocha. Considerações sobre a nomeação, a posse e o exercício em cargo público na Lei 8.112/1990, Revista de Direito Administrativo Contemporâneo | vol. 3/2013 | p. 111 – 130 | Out – Dez / 2013)

▶ **A autoridade competente para dar o devido exercício ao servidor empossado deve se abster de omitir essa conduta ou dificultá-la.**

Mas não se pode perder de vista que a autoridade competente para dar o devido exercício ao servidor empossado deve se abster de omitir essa conduta ou dificultá-la. De certo modo, o servidor empossado tem o direito subjetivo ao exercício, perfeitamente tutelável por meio do controle jurisdicional da administração pública federal. O exercício somente pode ser obstaculizado pela autoridade competente caso haja a invalidação da nomeação, observado o devido processo legal. Como a posse é ato jurídico privado, faz-se necessária a invalidação judicial para impedir o exercício. Recorde-se que a invalidação administrativa se restringe aos atos da própria administração pública. Logo, a recusa ao exercício fundada em invalidade do ato de posse pressupõe decisão judicial que declare este vício. (FRANÇA, Vladimir da Rocha. Considerações sobre a nomeação, a posse e o exercício em cargo público na Lei 8.112/1990, Revista de Direito Administrativo Contemporâneo | vol. 3/2013 | p. 111 – 130 | Out – Dez / 2013)

▶ **O Estatuto federal fixa em 15 dias o prazo para o servidor empossado em cargo público entrar em exercício, contados da posse.**

O Estatuto federal fixa em 15 dias o prazo para o servidor empossado em cargo público entrar em exercício, contados da posse (art. 15, § 1.º), prazo este que, vale lembrar, pode ser diferente nas outras esferas da Federação, conforme disposições de cada entidade. De acordo com essa Lei, cabe à autoridade competente do órgão ou entidade para onde for nomeado ou designado o servidor dar-lhe exercício (art. 15, § 3.º).

▶ **Registro do exercício**

O início, a suspensão, a interrupção e o reinício do exercício são informações importantes porque é o exercício que confere o direito a retribuição pecuniária pelo desempenho das atribuições do cargo e a contagem de tempo mínimo de exercício de cargo público para fins de aposentadoria, por exemplo. O efetivo exercício é, ainda, indispensável para a aquisição da estabilidade (art. 41 da CF), e do direito à licença capacitação (art. 87). (BRANDÃO, Júlio Cezar Lima. Comentários ao estatuto do servidor público federal: direitos, deveres, proibições, vantagens, processo disciplinar, seguridade social e aposentadoria, 3ª edição. Curitiba: Juruá, 2016, p. 78)

▶ **No assentamento individual do servidor são registrados todos os fatos importantes de sua vida funcional.**

No assentamento individual do servidor são registrados, ainda, todos os fatos importantes de sua vida funcional como os elogios e promoções, e até mesmo aqueles de repercussão negativa, como a aplicação de penalidades disciplinares. Ao entrar em exercício, o servidor apresentará ao órgão competente os elementos necessários ao seu assentamento individual, como certidão de nascimento e casamento, certidão de nascimento dos filhos etc.; A recusa de atualizar dados cadastrais quando solicitado pela Administração constitui proibição prevista no art. 117, XIX, desta Lei, e sujeita o servidor a pena de advertência, na forma estabelecida pelo art. 129 deste diploma legal. (BRANDÃO, Júlio Cezar Lima. Comentários ao estatuto do servidor público federal: direitos, deveres, proibições, vantagens, processo disciplinar, seguridade social e aposentadoria, 3ª edição. Curitiba: Juruá, 2016, p. 79)

▶ **Ausências consideradas como de efetivo exercício**

Além das ausências ao serviço por motivo de doação de sangue, alistamento eleitoral, casamento, falecimento de cônjuge, companheiro, pais, madrasta ou padrasto, filhos, enteados, menor sob a guarda ou tutela e irmãos, são também considerados como efetivo exercício os afastamentos previstos no art. 102 desta Lei. (BRANDÃO, Júlio Cezar Lima. Comentários ao estatuto do servidor público federal: direitos, deveres, proibições, vantagens, processo disciplinar, seguridade social e aposentadoria, 3ª edição. Curitiba: Juruá, 2016, p. 78)

◙ **O gozo de licença maternidade é considerado como de efetivo exercício do cargo.**

ADMINISTRATIVO. MANDADO DE SEGURANÇA. CONCURSO PÚBLICO. UNIVERSIDADE FEDERAL DE RORAIMA. PROCESSO CONSULTIVO PARA COORDENADOR DO CURSO DE ENFERMAGEM. INDEFERIMENTO DA INSCRIÇÃO. LICENÇA MATERNIDADE. EFETIVO EXERCÍCIO DO CARGO. SENTENÇA MANTIDA. I – Edital exige, como requisitos para inscrição, tão somente: ser servidor docente do quadro permanente, com 40 horas ou em regime de dedicação exclusiva, no efetivo exercício do cargo no Departamento Didático para o qual deseja concorrer; e apresentar um plano de trabalho resumido. II – A impetrante comprovou ser docente da IES, bem como estar em efetivo exercício do cargo, situação que não se altera pelo fato de encontrar-se em gozo de licença maternidade, considerado tal período como de efetivo exercício (Lei nº 8.112/90, art. 102, VII, "a"). III – Remessa oficial à qual se nega provimento. Sentença Mantida. (REOMS 0010443-64.2014.4.01.4200 / RR, Rel. DESEMBARGADOR FEDERAL JIRAIR ARAM MEGUERIAN, SEXTA TURMA, e-DJF1 de 2017-08-28)

▶ **Não havendo exercício no prazo legal, procede-se à exoneração do servidor do cargo (*exoneração ex officio*) ou torna-se sem efeito sua designação para função de confiança.**

Não havendo exercício no prazo legal, procede-se à exoneração do servidor do cargo (*exoneração ex officio*) ou torna-se sem efeito sua designação para função de confiança (art. 15, § 2.º).

▶ **A falta de preparo para o desempenho das atribuições é responsável por boa parte dos processos administrativos instaurados contra os servidores públicos.**

A falta de preparo para o desempenho das atribuições é responsável por boa parte dos processos administrativos instaurados contra os servidores públicos. É incrível que no Brasil não exista uma preparação prévia para o exercício do cargo. O candidato submete-se ao concurso e, uma vez aprovado, toma posse mediante lançamento do ato em livro próprio e entra em exercício. A legalidade da nomeação é aferida pelo Tribunal de Contas competente (inciso III do art. 70). Mas, observe-se, não há uma escola anterior à posse. Tem, com certeza, porque o demonstrou através de provas, qualificação técnica para o desempenho das atribuições que lhe serão afetas. No entanto, nada indica que tenha habilidade no tratamento com as demais pessoas. Isso deve ser ensinado ao servidor antes que entre no exercício de suas atribuições. (Tratado de direito administrativo, 2 / coordenadores Adilson Abreu Dallari, Carlos Valder do Nascimento, Ives Gandra da Silva Martins. – São Paulo : Saraiva, 2013. Vários autores, p. 212)

▶ **O dispositivo constitucional faz referência à lei, não admitindo o estabelecimento de exigências por ato normativo inferior.**

"Não obstante, parece claro que o dispositivo constitucional faz referência à lei, não admitindo o estabelecimento de exigências por ato normativo inferior. Ainda que os regulamentos, editais de concurso público e outros atos normativos possam debulhar os conceitos legais e estabelecer regras procedimentais, não se admite que possam trazer exigências ou requisitos que exorbitem das prescrições legais." (Comentários à Constituição do Brasil / J. J. Gomes Canotilho. [et al.]. – São Paulo: Saraiva/Almedina, 2013, p. 826)

> ▶ **No mesmo sentido:** "Reza o art. 37, I, da CF/88 que "os cargos, empregos e funções públicas são acessíveis aos brasileiros que preencham os requisitos estabelecidos em lei, assim como aos estrangeiros, na forma da lei". Veja-se que, por força do mandamento constitucional acima transcrito, a lei deverá estabelecer os requisitos para o acesso aos cargos, empregos e funções públicas. O art. 37, II, da CF188, à sua vez, estabelece que o concurso público é ato-condição para a investidura nos cargos e empregos públicos. Da interpretação conjugada dos incisos I e II do art. 37 da Constituição da República chega-se à conclusão de que, em linha de princípio, os requisitos deverão ser exigidos por ocasião da investidura, a qual se aperfeiçoa com a posse, em se tratando de cargos, ou no momento da contratação, no caso de empregos públicos, visto que são condições de ingresso no serviço público, a não ser que a sua implementação prévia constitua pressuposto para a própria realização do concurso, que é o antecedente lógico-jurídico para o acesso profissional do cidadão ao Poder Público." (Celso Antônio Bandeira de Mello, Curso de Direito Administrativo. 29. ed. São Paulo: Malheiros, 2012. p. 98)

▶ **Há delegação disfarçada de competência quando se transfere o poder de criar os requisitos de acesso ao cargo ao administrador público.**

É interessante notar que delegar ao edital a possibilidade de impor os requisitos de acesso ao cargo é, muitas vezes e de forma transversa, participar ativamente da criação do cargo por meio deste instrumento, o que é uma verdadeira arbitrariedade e inversão de valores. Veja-se que o cargo público deve ser criado por lei (ou ato de igual idoneidade). Não se cria cargo por meio de decreto, editais ou outros atos administrativos normativos. Quando o cargo é criado o certo é já dizer quais são suas atribuições (competências do agente após assumir o cargo) e os requisitos de acesso ao mesmo (escolaridade, quitação com as obrigações eleitorais, etc.). É muito comum ter-se uma carreira disciplinada por meio de lei e muitas vezes dali também se extraírem algumas competências. Ou, ainda, uma primeira lei cria o cargo, suas atribuições, requisitos e novas leis apenas aumentam o quantitativo. Mas, perceba: teve uma lei que criou o cargo e disciplinou quais são os requisitos necessários para que alguém possa assumir o mesmo! Desta maneira, a título de exemplo, caso uma lei não exija pós-graduação como condição para que o candidato aprovado em concurso tome posse, não pode, sob nenhum aspecto, o edital fazer esta previsão. Mesmo que o gestor não concorde com essas exigências, esta não é a maneira de solucionar o problema. Não se busca solucionar um problema utilizando-se de um mecanismo ilegal! Atualmente as exigências para provimento de determinado cargo devem ser maiores? Ótimo! Que se faça um projeto de lei e submeta o mesmo ao devido processo legislativo para que isso, democraticamente, passe a valer e para todos! Mas, sob nenhum aspecto, há embasamento para estipulação de requisitos de acesso aos cargos por meio de editais, por mais conveniente que isso seja à Administração. A conveniência/oportunidade administrativa tem vários limites e um é bem claro e intransponível que é a Lei e o Poder Judiciário não pode, sob nenhum aspecto, compactuar com esta ilegalidade, caso contrário, ao invés de estar fazendo um bem à sociedade, está estimulando o Poder Público se acostumar com a "inércia da omissão", de um Judiciário paterno.

◙ **Os requisitos para tomar posse no cargo devem estar na lei, não podendo o edital ampliá-los.**

"ADMINISTRATIVO. CONCURSO PÚBLICO. CARGO DE PROFESSOR NÍVEL 3. PÓS-GRADUAÇÃO. EXIGÊNCIA. AUSÊNCIA DE PREVISÃO NA LEGISLAÇÃO ESTADUAL. 1. Trata-se de recurso ordinário em que se discute a ilegalidade do Edital nº 002/GDRH/SEAD/2010 ao exigir diploma de pós-graduação em área de tecnologias ou informática, para o cargo de Professor Nível 3 – Multimídias integradas – da Secretaria de Estado da Educação de Rondônia, uma vez que a lei da educação estadual – Lei Complementar nº 420/2008 – prevê apenas a exigência de diploma em ensino superior. 2. Dispõe o art. 5º, inciso III, da Lei Complementar Estadual nº 420/08, que cuida do Plano de Carreira, Cargos e Remuneração dos Profissionais da Educação Básica do Estado de Rondônia que para o cargo de Professor Nível 3 é necessário "formação em curso superior de licenciatura plena, Normal Superior ou outra graduação correspondente à áreas de conhecimento específicas, do currículo escolar, em nível de bacharelado com licenciatura plena; Habilitação pedagógica nas áreas de administração escolar, supervisão escolar, orientação educacional e magistério superior Indígena." 3. O edital do certame exigiu para o Cargo de Professor Nível 3 – Multimídias Integradas – formação em curso superior de graduação em pedagogia ou outra licenciatura ou bacharel com complementação pedagógica' em qualquer área da educação com Pós-Graduação específica da área de Tecnologias ou Informática reconhecidos pelo MEC. 4. Comparando-se o texto da Lei Complementar Estadual nº 420/2008 e o edital do certame, verifica-se que a exigência de Pós-Graduação não encontra previsão na legislação estadual, não podendo ser cobrada para a admissão no referido cargo. 5. Recurso ordinário provido." (RMS 33.478/RO, Rel. Ministro MAURO CAMPBELL MARQUES, SEGUNDA TURMA, julgado em 21/03/2013, DJe 01/04/2013)

◙ **Neste sentido:** "APELAÇÃO CÍVEL CONCURSO PÚBLICO CARGO DE CIRURGIÃO DENTISTA DESCLASSIFICAÇÃO DO APELANTE – EXIGÊNCIA DE ESPECIALIDADE REQUISITO NÃO PREVISTO NA LEI INSTITUIDORA DO CARGO OU REGULAMENTADORA DA PROFISSÃO IMPOSSIBILIDADE PRINCÍPIO DA LEGALIDADE CF, ART. 37, INC. I – RECURSO CONHECIDO E PROVIDO. 1) Embora o Edital nº 001/2011, em seu Anexo I, indique como escolaridade exigida para a função de cirurgião dentista/buco-maxilo, além de curso superior completo em Odontologia e registro no Conselho Regional de Classe, o título de especialista na área a que concorre (fl. 39), esta última exigência não encontra ressonância na legislação federal e municipal que disciplina a matéria. 2) A Lei Municipal nº 1.824/1995, que estabelece o plano de carreira e vencimentos dos servidores do Município da Serra, ao instituir o cargo de Técnico de Nível Superior, predestinou-o a executar atividades de exigência de formação especializada em nível superior nos termos da legislação e das normas relacionadas a sua atividade profissional , no âmbito da administração pública municipal, responsabilizando-se tecnicamente pelo serviço inerente a sua função , ao passo que a Lei Federal nº 5.081/1966, que regulamenta o exercício da Odontologia em território nacional, assegura aos cirurgiões-dentistas habilitados em curso superior e inscritos no Conselho Regional de Odontologia sob cuja jurisdição se achar o local de sua atividade, a prerrogativa de praticar todos os atos pertinentes a Odontologia, decorrentes de conhecimentos adquiridos em curso regular ou em cursos de pós-graduação (art. 6º, inciso I). 3) O cargo público, como nos esclarece José dos Santos Carvalho Filho , é o lugar dentro da organização funcional da Administração Direta e de suas autarquias e fundações públicas que, ocupado por servidor público, tem funções específicas e remuneração fixadas em lei ou diploma a ela equivalente . 4) Essa necessidade dos requisitos de acesso aos cargos públicos virem expressamente previstos em lei, além de ínsita ao princípio republicano, é expressão direta dos princípios da legalidade e da impessoalidade, pois se a res é pública e a todos pertencem, em idêntica proporção, somente aos titulares do poder, através de seus legítimos representantes, é dado estabelecer as condições de ingresso no serviço público, sob pena de se outorgar ao administrador discricionariedade incompatível com as vigas mestras de nossa ordem constitucional e com a previsão contida no art. 37, inc. I, de nossa Carta Maior. 5) Não estivessem os requisitos de acesso previamente delineados em lei da entidade a quem pertença o cargo, o administrador estaria liberto de peias jurídicas para estabelecê-los no edital do certame, podendo, ainda que a pretexto de escolher o candidato mais qualificado, recrudescer de tal forma as exigências que o universo de possíveis candidatos restasse plenamente identificável, em descompasso com o princípio da impessoalidade. 6) Como a legislação que regulamenta a matéria não contempla a exigência que justificou a desclassificação do apelante para o cargo no qual ele restou aprovado, falece o instrumento convocatório do certame ou qualquer outro ato normativo subalterno da prerrogativa de instituir validamente dita exigência, sob pena de invadir competência privativa alheia, reservada ao legislador ordinário. Precedentes desta egrégia Corte. 7) Uma vez que a exigência administrativa não encontra suporte na lei instituidora do cargo e nem naquela que regulamento o exercício da profissão no território nacional, não se tem dúvidas em proclamar sua nulidade, na esteira da orientação deste egrégio Tribunal, determinando a nomeação do apelante, aprovado dentro do número de vagas disponibilizado pelo Edital nº 001/2011. 8) Recurso conhecido e provido. 1. in Manual de Direito Administrativo. 31ª ed., São Paulo: Atlas, 2017, p 406." (TJES, Classe: Apelação, 048120017511, Relator : ELIANA JUNQUEIRA

MUNHOS FERREIRA, Órgão julgador: TERCEIRA CÂMARA CÍVEL , Data de Julgamento: 24/04/2018, Data da Publicação no Diário: 04/05/2018)

◙ **A nomeação ou a convocação para determinada fase de concurso público após considerável lapso temporal entre uma fase e outra, sem a notificação pessoal do interessado, viola os princípios da publicidade e da razoabilidade, não sendo suficiente a publicação no Diário Oficial.**

"ADMINISTRATIVO. PROCESSUAL CIVIL. CONCURSO PÚBLICO. DECADÊNCIA DO DIREITO DE IMPETRAÇÃO DO WRIT. INOCORRÊNCIA. CONVOCAÇÃO PARA POSSE POR PUBLICAÇÃO NO DIÁRIO OFICIAL, SEM NOTIFICAÇÃO PESSOAL. IMPOSSIBILIDADE. ACÓRDÃO RECORRIDO EM CONSONÂNCIA COM A JURISPRUDÊNCIA DESTA CORTE. SÚMULA 83/STJ. 1. No caso dos autos, não há falar em decadência, já que o mandado de segurança foi impetrado após um mês da ciência pessoal do ato coator, portanto antes dos 120 (cento e vinte) dias do prazo decadencial para a impetração do writ. 2. A nomeação em concurso público após considerável lapso temporal da homologação do resultado final, sem a notificação pessoal do interessado, viola o princípio da publicidade e da razoabilidade, não sendo suficiente a convocação para a fase posterior do certame por meio do Diário Oficial, conforme recente jurisprudência desta Corte. Súmula 83/STJ. Agravo regimental improvido. " (AgRg no AREsp 345.191/PI, Rel. Ministro HUMBERTO MARTINS, SEGUNDA TURMA, julgado em 05/09/2013, DJe 18/09/2013)

◙ No mesmo sentido: "ADMINISTRATIVO. RECURSO ESPECIAL. CONCURSO PÚBLICO. NOMEAÇÃO. PUBLICAÇÃO NA IMPRENSA OFICIAL E DIVULGAÇÃO NA INTERNET. LONGO LAPSO TEMPORAL ENTRE A HOMOLOGAÇÃO DO RESULTADO FINAL DO CONCURSO E A NOMEAÇÃO. PRINCÍPIO DA RAZOABILIDADE. 1. Trata-se na origem de mandado de segurança impetrado pela ora recorrente objetivando o seu direito de tomar posse no cargo público de Educadora Infantil para o qual concorreu, ao argumento de que foi nomeada, contudo, por não ter sido comunicada pessoalmente, só tomou conhecimento de tal ato quando transcorrido o prazo para a apresentação dos documentos. 2. É incontroverso que a nomeação da recorrente foi publicada no sítio www.natal.rn.gov.br/sme, na internet, e no Diário Oficial do Município, órgão de divulgação dos atos do Poder Executivo Municipal, conforme previa o Edital do concurso. Ocorre que transcorreu mais de um ano entre a nomeação (1º.1.2009 – fl. 29) e a data em que foi publicada a homologação do resultado final do certame (28.12.2007 – fl. 29). 3. Ora, caracteriza violação ao princípio da razoabilidade a convocação para determinada fase de concurso público, mediante publicação do chamamento em diário oficial e pela internet, quando passado considerável lapso temporal entre a homologação final do certame e a publicação da nomeação, uma vez que é inviável exigir que o candidato acompanhe, diariamente, durante longo lapso temporal, as publicações no Diário Oficial e na internet. 4. E mesmo não havendo previsão expressa no edital do certame de intimação pessoal do candidato acerca de sua nomeação, em observância aos princípios constitucionais da publicidade e da razoabilidade, a Administração Pública deveria, mormente em face do longo lapso temporal decorrido entre as fases do concurso (mais de 1 ano), comunicar pessoalmente o candidato sobre a nova fase, para que pudesse exercer, se fosse de seu interesse, o exame médico. 5. Recurso especial provido." (REsp 1308588/RN, Rel. Ministro MAURO CAMPBELL MARQUES, SEGUNDA TURMA, julgado em 16/08/2012, DJe 22/08/2012).

◙ **O exercício da autotutela para anular a nomeação necessita de ser precedido de processo administrativo que garanta o devido processo legal e oportunize ao servidor o exercício da ampla defesa e o do contraditório.**

Por fim, com a posse, há um incremento no patrimônio jurídico daquela pessoa, de modo que, por mais que o ato seja ilegal, o exercício da autotutela para anulá-lo necessita de ser precedido de processo administrativo que garanta o devido processo legal e oportunize ao servidor o exercício da ampla defesa e o do contraditório.

"PROCESSUAL CIVIL E ADMINISTRATIVO. AGRAVO REGIMENTAL. PENSÃO DE SERVIDOR PÚBLICO. ILEGALIDADE. AUTOTUTELA. SUPRESSÃO DOS PROVENTOS. DEVIDO PROCESSO LEGAL. AMPLA DEFESA E CONTRADITÓRIO. OBRIGATORIEDADE. PRECEDENTES DO STJ. 1. Esta Corte Superior, de fato, perfilha entendimento no sentido de que a Administração, à luz do princípio da autotutela, tem o poder de rever e anular seus próprios atos, quando detectada a sua ilegalidade. 2. *Todavia, quando os referidos atos implicarem invasão da esfera jurídica dos interesses individuais de seus administrados, é obrigatória a instauração de prévio processo administrativo, no qual seja observado o devido processo legal e os corolários da ampla defesa e do contraditório.* 3. Agravo regimental não provido" (STJ, AgRg no REsp 1.253.044/RS 2011/0107591-6, 2.ª T., Rel. Min. Mauro Campbell Marques, j. 20.03.2012, *DJe* 26.03.2012).

◙ "AGRAVO REGIMENTAL EM RECURSO EXTRAORDINÁRIO. PODER DE AUTOTUTELA DA ADMINISTRAÇÃO. SERVIDOR PÚBLICO. REVISÃO DE APOSENTADORIA E SUPRESSÃO DE VALORES. NECESSIDADE DE OBSERVÂNCIA DO PROCEDIMENTO ADMINISTRATIVO, ASSEGURADOS O CONTRADITÓRIO E A AMPLA DEFESA. O Plenário do Supremo Tribunal Federal entendeu ser necessária a prévia instauração de procedimento administrativo, assegurados o contraditório e a ampla defesa, sempre que a Administração, exercendo seu poder de autotutela, anula atos administrativos que repercutem na esfera de interesse do administrado (RE 594.296-RG, Rel. Min. Dias Toffoli). Agravo regimental a que se nega provimento" (STF, RE 542.960/RS, 1.ª T., Rel. Min. Roberto Barroso, j. 04.02.2014, DJe-035, Divulg. 19.02.2014, Public. 20.02.2014).

◙ **Cabe ao Estado a demonstração efetiva a existência de situação de excepcionalidade (limites de gastos impostos pela Lei de Responsabilidade Fiscal) que inviabilize a nomeação e posse de candidato aprovado dentro do número de vagas ofertadas pelo edital.**

"APELAÇÃO CÍVEL. MANDADO DE SEGURANÇA. ABANDONO DO AU-TOR NÃO CONFIGURADO. SENTENÇA ANULADA. APLICAÇÃO DA TEORIA DA CAUSA MADURA. ART. 1.013, § 3º, CPC. PRELIMINAR DE ILEGITIMIDADE ATIVA. REJEITADA. MÉRITO. CONCURSO PÚBLICO. CANDIDATA APROVA-DA DENTRO DO NÚMERO DE VAGAS. DIREITO SUBJETIVO À NOMEAÇÃO. NÃO DEMONSTRADA SITUAÇÃO DE EXCEPCIONALIDADE QUE INVIABILIZE A NOMEAÇÃO DO CANDIDATO APROVADO. RECURSO CONHECIDO E PRO-VIDO PARA ANULAR A SENTENÇA. SEGURANÇA CONCEDIDA. 1. O art. 267, inciso III, § 1º do CPC/73, vigente quando da prolação da sentença recorrida, prescre-ve em seu artigo 267, III e § 1º, que quando, por não promover os atos e diligências que lhe competir, o autor abandonar a causa por mais de 30 (trinta) dias, o processo será extinto se a parte, intimada pessoalmente, não suprir a falta em 48 (quarenta e oito) horas. 2. No caso, extrai-se dos autos que a impetrante promoveu todas as dili-gências que lhe competia, tendo se manifestado no prazo legal, quando instada pelo Magistrado Singular, ainda que não tenha se pronunciado especificamente quanto a eventual ilegitimidade ativa arguida pela autoridade coatora, razão pela qual não resta configurado o abandono da causa e não se justifica intimação pessoal para movimen-tar o processo sob pena de extinção sem resolução do mérito. 3. Impõe-se, portanto, a anulação da sentença recorrida, porquanto procedeu o Juiz Singular em error in pro-cedendo . 4. Anulada a sentença, possível a aplicação da teoria da causa madura, cuja regra encontra-se insculpida no art. 1.013, § 3º, do CPC, a fim de proceder o julga-mento de mérito do presente mandamus , eis que devidamente instruído na origem, encontrando-se em condições de imediato julgamento. 5. Preliminar de Ilegitimidade Ativa. Rejeitada. Analisando as provas coligidas aos autos e fazendo um cotejo entre os documentos apresentados pela impetrante e pelas autoridades coatoras é de fácil elucidação a divergência acerca da identidade da impetrante, que após a decretação do divórcio passou a utilizar o nome de solteira, ao passo que à época da realização do concurso público apresentou-se ainda com o nome de casado. 6. Mérito. O Supremo Tribunal Federal firmou entendimento no sentido de que Uma vez publicado o edital do concurso com número específico de vagas, o ato da Administração que declara os candidatos aprovados no certame cria um dever de nomeação para a própria Adminis-tração e, portanto, um direito à nomeação titularizado pelo candidato aprovado den-tro desse número de vagas. (RE 598099, Relator(a): Min. GILMAR MENDES, Tribunal Pleno, julgado em 10/08/2011, REPERCUSSÃO GERAL MÉRITO DJe-189 DIVULG 30-09-2011 PUBLIC 03-10-2011 EMENT VOL-02599-03 PP-00314 RTJ VOL-00222-01 PP-00521) 7. Na hipótese em apreço, a impetrante logrou êxito em comprovar que foi aprovada para o cargo de secretário escolar dentro das oito vagas previstas no ins-trumento de abertura do certame, visto ter sido classificada, após homologação do re-sultado final (Edital n.º 01/2012 Prefeitura de Sooretama), na 6º (sexta) colocação. 8. Inclusive, a impetrante/apelante foi convocada para tomar posse, o que se denota do Edital de Convocação acostado aos autos, o que acabou por não se efetivar. 9. Em-bora o Município apelado afirme que ainda não houve o ato de posse da impetrante, em face dos limites de gastos impostos pela Lei de Responsabilidade Fiscal, não de-monstrou de forma efetiva a existência de situação de excepcionalidade que inviabilize a nomeação da candidata aprovada dentro do número de vagas ofertadas pelo edital.

10. Por tais fundamentos, é inequívoco o direito líquido e certa da impetrante a ser nomeada para o cargo de Secretário Escolar, porquanto devidamente aprovada dentro do número de vagas do certame. 11. Recurso conhecido e provido, para anular a sentença, e por força da teoria da causa madura (art. 1.013, § 3º, CPC), conceder a segurança. VISTOS , relatados e discutidos, estes autos em que estão as partes acima indicadas. ACORDA a Egrégia Segunda Câmara Cível, na conformidade da ata e notas taquigráficas que integram este julgado, à unanimidade de votos, conhecer do presente recurso para dar-lhe provimento, anulando a sentença e, por força da teoria da causa madura, conceder a segurança, nos termos do voto proferido pelo E. Relator. Vitória, 21 de agosto de 2018. DES. PRESIDENTE DES. RELATOR." (TJES, Classe: Apelação, 030130014480, Relator: ÁLVARO MANOEL ROSINDO BOURGUIGNON – Relator Substituto : RAIMUNDO SIQUEIRA RIBEIRO, Órgão julgador: SEGUNDA CÂMARA CÍVEL, Data de Julgamento: 21/08/2018, Data da Publicação no Diário: 29/08/2018)

◙ **A nomeação e posse tardia de candidatos aprovados em concurso público, por meio de ato judicial, à qual atribuída eficácia retroativa, não gera direito às promoções ou progressões funcionais. Repercussão Geral conhecida e julgada o mérito.**

"A nomeação tardia de candidatos aprovados em concurso público, por meio de ato judicial, à qual atribuída eficácia retroativa, não gera direito às promoções ou progressões funcionais que alcançariam houvesse ocorrido, a tempo e modo, a nomeação." [STF – RE 629.392, rel. min. Marco Aurélio, j. 8-6-2017, P, DJE de 1º-2-2018, Tema 454.]

"PROCESSUAL CIVIL E ADMINISTRATIVO. CONCURSO PÚBLICO. NOMEAÇÃO TARDIA EM VIRTUDE DE DECISÃO JUDICIAL. INDENIZAÇÃO E VANTAGENS. DESCABIMENTO. CORREÇÃO DE PROVAS. INEXISTÊNCIA DE ILEGALIDADE. REVISÃO. SÚMULA 7 DO STJ. INOVAÇÃO RECURSAL. PRECLUSÃO CONSUMATIVA. 1. Conforme estabelecido pelo Plenário do STJ, "aos recursos interpostos *com* fundamento no CPC/1973 (relativos a decisões publicadas até 17 de março de 2016) devem ser exigidos os requisitos de admissibilidade na forma nele prevista, com as interpretações dadas até então pela jurisprudência do Superior Tribunal de Justiça" (Enunciado Administrativo n. 2). 2. A Corte Especial do STJ, no julgamento dos EREsp 1.117.974/RS (DJe 19/12/2011), consolidou posicionamento no sentido de que "o retardamento não configura preterição ou ato ilegítimo da Administração Pública a justificar uma contrapartida indenizatória". 3. Em igual sentido, o Supremo Tribunal Federal, ao apreciar a repercussão geral (Tema 454) no RE 629.392/MT, Rel. Ministro Marco Aurélio (DJe 19/06/2017), firmou orientação de que "a nomeação tardia de candidatos aprovados em concurso público, por meio de ato judicial, à qual atribuída eficácia retroativa, não gera direito às promoções ou progressões funcionais que alcançariam houvesse ocorrido, a tempo e modo, a nomeação". 4. O acórdão recorrido consignou expressamente que não houve ilegalidade ou arbitrariedade por parte da municipalidade na correção das provas do certame público, sendo inviável divergir da conclusão a que chegou a Corte de origem, por implicar inevitável revolver de aspectos fático-probatórios, vedado nos termos da Súmula 7 do STJ. 5. A matéria que não foi veiculada no recurso especial, mas, somente em sede de agravo interno, configura inovação recursal, incabível em razão da preclusão consumativa. 6. Agravo interno desprovido." (AgInt no REsp 1501335/PB, Rel. Ministro GURGEL DE FARIA, PRIMEIRA TURMA, julgado em 24/10/2017, DJe 19/12/2017)

▶ **Surgimento de vagas, aliado a demonstração de necessidade de contratação de pessoal, à preterição arbitrária e imotivada gera direito de nomeação e posse ao candidato. Repercussão Geral reconhecida e julgada. Entendimento atual.**

Entender que o mero surgimento de vagas gera automaticamente o direito à nomeação retira completamente o poder discricionário do gestor público, subtrai a essência da gestão frente às peculiaridades concretas vivenciadas pelo administrador, fora um total descontrole orçamentário que será criado. O Judiciário admitindo este direito de forma automática estaria, sem dúvidas, deixando de julgar e passaria a administrar, ferindo, com isso, o magno princípio da separação dos poderes. Todavia, e isso é importante ficar claro, a inexistência de direito à nomeação pelo surgimento de novas vagas é a regra quando analisado como fato isolado, porém, adicionados alguns temperos fáticos que ocorrem na gestão pública, pode-se dizer que seria possível excepcionar tal regra.

▶ "No momento em que a Administração manifesta, sob qualquer forma, o inequívoco interesse de prover o cargo, a mera expectativa de direito do candidato aprovado se convola em direito subjetivo à nomeação e respectiva posse no cargo." (MAIA, Márcio Barbosa, QUEIROZ, Ronaldo Pinheiro de. O Regime Jurídico do Concurso Público e o seu controle Jurisdicional. São Paulo: Saraiva, 2007, p. 225.)

◙ "EMENTA: RECURSO EXTRAORDINÁRIO. CONSTITUCIONAL E ADMINISTRATIVO. REPERCUSSÃO GERAL RECONHECIDA. TEMA 784 DO PLENÁRIO VIRTUAL. CONTROVÉRSIA SOBRE O DIREITO SUBJETIVO À NOMEAÇÃO DE CANDIDATOS APROVADOS ALÉM DO NÚMERO DE VAGAS PREVISTAS NO EDITAL DE CONCURSO PÚBLICO NO CASO DE SURGIMENTO DE NOVAS VAGAS DURANTE O PRAZO DE VALIDADE DO CERTAME. MERA EXPECTATIVA DE DIREITO À NOMEAÇÃO. ADMINISTRAÇÃO PÚBLICA. SITUAÇÕES EXCEPCIONAIS. IN CASU, A ABERTURA DE NOVO CONCURSO PÚBLICO FOI ACOMPANHADA DA DEMONSTRAÇÃO INEQUÍVOCA DA NECESSIDADE PREMENTE E INADIÁVEL DE PROVIMENTO DOS CARGOS. INTERPRETAÇÃO DO ART. 37, IV, DA CONSTITUIÇÃO DA REPÚBLICA DE 1988. ARBÍTRIO. PRETERIÇÃO. CONVOLAÇÃO EXCEPCIONAL DA MERA EXPECTATIVA EM DIREITO SUBJETIVO À NOMEAÇÃO. PRINCÍPIOS DA EFICIÊNCIA, BOA-FÉ, MORALIDADE, IMPESSOALIDADE E DA PROTEÇÃO DA CONFIANÇA. FORÇA NORMATIVA DO CONCURSO PÚBLICO. INTERESSE DA SOCIEDADE. RESPEITO À ORDEM DE APROVAÇÃO. ACÓRDÃO RECORRIDO EM SINTONIA COM A TESE ORA DELIMITADA. RECURSO EXTRAORDINÁRIO A QUE SE NEGA PROVIMENTO. 1. O postulado do concurso público traduz-se na necessidade essencial de o Estado conferir efetividade a diversos princípios constitucionais, corolários do merit system, dentre eles o de que todos são iguais perante a lei, sem distinção de qualquer natureza (CRFB/88, art. 5º, caput). 2. O edital do concurso com número específico de vagas, uma vez publicado, faz exsurgir um dever de nomeação para a própria Administração e um direito à nomeação titularizado pelo candidato aprovado dentro desse número de vagas. Precedente do Plenário: RE 598.099 – RG, Relator Min. Gilmar Mendes, Tribunal Pleno, DJe 03-10-2011. 3. O Estado Democrático de Direito republicano impõe à Administração Pública que exerça sua discricionariedade entrincheirada não, apenas, pela sua avaliação unilateral a respeito da conveniência e oportunidade de um ato, mas, sobretudo, pelos direitos fundamentais e demais normas constitucionais em um ambiente de perene diálogo com a sociedade. 4. O Poder Judiciário não deve atuar como "Administrador Positivo", de modo a aniquilar o espaço decisório de titularidade do administrador para decidir sobre o que é melhor para a Administração: se a convocação dos últimos colocados de concurso público na validade ou a dos primeiros aprovados em um novo concurso. Essa escolha é legítima e, ressalvadas as hipóteses de abuso, não encontra obstáculo em qualquer preceito constitucional. 5. Consectariamente, é cediço que a Administração Pública possui discricionariedade para, observadas as normas constitucionais, prover as vagas da maneira que melhor convier para o interesse da coletividade, como verbi gratia, ocorre quando, em função de razões orçamentárias, os cargos vagos só possam ser providos em um futuro distante, ou, até mesmo, que sejam extintos, na hipótese de restar caracterizado que não mais serão necessários. 6. A publicação de novo edital de concurso público ou o surgimento de novas vagas durante a validade de outro anteriormente realizado não caracteriza, por si só, a necessidade de provimento imediato dos cargos. É que, a despeito da vacância dos cargos e da publicação do novo edital durante a validade do concurso, podem surgir circunstâncias e legítimas razões de interesse público que justifiquem a inocorrência da nomeação no curto prazo, de modo a obstaculizar eventual pretensão de reconhecimento do direito subjetivo à nomeação dos aprovados em colocação além do número de vagas. Nesse contexto, a Administração Pública detém a prerrogativa de realizar a escolha entre a prorrogação de um concurso público que esteja na validade ou a realização de novo certame. 7. A tese objetiva assentada em sede desta repercussão geral é a de que o surgimento de novas vagas ou a abertura de novo concurso para o mesmo cargo, durante o prazo de validade do certame anterior, não gera automaticamente o direito à nomeação dos candidatos aprovados fora das vagas previstas no edital, ressalvadas as hipóteses de preterição arbitrária e imotivada por parte da administração, caracterizadas por comportamento tácito ou expresso do Poder Público capaz de revelar a inequívoca necessidade de nomeação do aprovado durante o período de validade do certame, a ser demonstrada de forma cabal pelo candidato. Assim, a discricionariedade da Administração quanto à convocação de aprovados em concurso público fica reduzida ao patamar zero (Ermessensreduzierung auf Null), fazendo exsurgir o direito subjetivo à nomeação, verbi gratia, nas seguintes hipóteses excepcionais: i) Quando a aprovação ocorrer dentro do número de vagas dentro do edital (RE 598.099); ii) Quando houver preterição na nomeação por não observância da ordem de classificação (Súmula 15 do STF); iii) Quando surgirem novas vagas, ou for aberto novo concurso durante a validade do certame anterior, e ocorrer a preterição de candidatos aprovados fora das vagas de forma arbitrária e imotivada por parte da administração nos termos acima. 8. In casu, reconhece-se, excepcionalmente, o direito subjetivo à nomeação aos candidatos devidamente aprovados no concurso público, pois houve, dentro da validade do processo seletivo e, também, logo após expirado o referido prazo, manifestações inequívocas da Administração piauiense acerca da existência de vagas e, sobretudo, da necessidade de chamamento de novos Defensores Públicos para o Estado. 9. Recurso Extraordinário a que se nega provimento." (RE 837311, Relator(a): Min. LUIZ FUX, Tribunal Pleno, julgado em 09/12/2015, PROCESSO ELETRÔNICO REPERCUSSÃO GERAL – MÉRITO DJe-072 DIVULG 15-04-2016 PUBLIC 18-04-2016)

◉ **O diploma ou habilitação legal para o exercício do cargo deve ser exigido na posse e não na inscrição para o concurso público. (Súmula n. 266/STJ)**

"...3. A jurisprudência desta Corte entende que, em tema de concurso público, o preenchimento dos requisitos exigidos para o exercício do cargo deve ser comprovado na ocasião da posse e, não, no momento da inscrição, nos termos da Súmula 266/STJ. Precedentes. 4. Em razão de a autora estar habilitada para o exercício do cargo de professora da Secretaria de Estado do Distrito Federal no ato da posse, deve ela ser reintegrada, com todos os direitos e vantagens garantidos no lapso temporal do exercício do aludido cargo. 5. Agravo regimental não provido." (AgRg no AREsp 414.912/DF, Rel. Ministro MAURO CAMPBELL MARQUES, SEGUNDA TURMA, julgado em 10/12/2013, DJe 16/12/2013)

◉ **Súmula 16 do STF: O Funcionário nomeado por concurso tem direito à posse.**

◉ **Nos concursos públicos para ingresso na Magistratura ou no Ministério Público a comprovação dos requisitos exigidos deve ser feita na inscrição definitiva e não na posse. (Repercussão geral reconhecida com mérito julgado)**

"EMENTA: INGRESSO NA CARREIRA DA MAGISTRATURA. ART. 93, I, CRFB. EC 45/2004. TRIÊNIO DE ATIVIDADE JURÍDICA PRIVATIVA DE BACHAREL EM DIREITO. REQUISITO DE EXPERIMENTAÇÃO PROFISSIONAL. MOMENTO DA COMPROVAÇÃO. INSCRIÇÃO DEFINITIVA. CONSTITUCIONALIDADE DA EXIGÊNCIA. ADI 3.460. REAFIRMAÇÃO DO PRECEDENTE PELA SUPREMA CORTE. PAPEL DA CORTE DE VÉRTICE. UNIDADE E ESTABILIDADE DO DIREITO. VINCULAÇÃO AOS SEUS PRECEDENTES. STARE DECISIS. PRINCÍPIOS DA SEGURANÇA JURÍDICA E DA ISONOMIA. AUSÊNCIA DOS REQUISITOS DE SUPERAÇÃO TOTAL (OVERRULING) DO PRECEDENTE. 1. A exigência de comprovação, no momento da inscrição definitiva (e não na posse), do triênio de atividade jurídica privativa de bacharel em Direito como condição de ingresso nas carreiras da magistratura e do ministério público (arts. 93, I e 129, § 3º, CRFB – na redação da Emenda Constitucional n. 45/2004) foi declarada constitucional pelo STF na ADI 3.460. 2. Mantidas as premissas fáticas e normativas que nortearam aquele julgamento, reafirmam-se as conclusões (ratio decidendi) da Corte na referida ação declaratória. 3. O papel de Corte de Vértice do Supremo Tribunal Federal impõe-lhe dar unidade ao direito e estabilidade aos seus precedentes. 4. Conclusão corroborada pelo Novo Código de Processo Civil, especialmente em seu artigo 926, que ratifica a adoção – por nosso sistema – da regra do stare decisis, que "densifica a segurança jurídica e promove a liberdade e a igualdade em uma ordem jurídica que se serve de uma perspectiva lógico-argumentativa da interpretação". (MITIDIERO, Daniel. Precedentes: da persuasão à vinculação. São Paulo: Revista dos Tribunais, 2016). 5. A vinculação vertical e horizontal decorrente do stare decisis relaciona-se umbilical-mente à segurança jurídica, que "impõe imediatamente a imprescindibilidade de o direito ser cognoscível, estável, confiável e efetivo, mediante a formação e o respeito aos precedentes como meio geral para obtenção da tutela dos direitos". (MITIDIE-RO, Daniel. Cortes superiores e cortes supremas: do controle à interpretação, da ju-risprudência ao precedente. São Paulo: Revista do Tribunais, 2013). 6. Igualmente, a regra do stare decisis ou da vinculação aos precedentes judiciais "é uma decorrên-cia do próprio princípio da igualdade: onde existirem as mesmas razões, devem ser proferidas as mesmas decisões, salvo se houver uma justificativa para a mudança de orientação, a ser devidamente objeto de mais severa fundamentação. Daí se dizer que os precedentes possuem uma força presumida ou subsidiária." (ÁVILA, Humberto. Segurança jurídica: entre permanência, mudança e realização no Direito Tributário. São Paulo: Malheiro, 2011). 7. Nessa perspectiva, a superação total de precedente da Suprema Corte depende de demonstração de circunstâncias (fáticas e jurídicas) que indiquem que a continuidade de sua aplicação implicam ou implicarão inconstitu-cionalidade. 8. A inocorrência desses fatores conduz, inexoravelmente, à manuten-ção do precedente já firmado. 9. Tese reafirmada: "é constitucional a regra que exige a comprovação do triênio de atividade jurídica privativa de bacharel em Direito no momento da inscrição definitiva". 10. Recurso extraordinário desprovido." (RE 655265, Relator(a): Min. LUIZ FUX, Relator(a) p/ Acórdão: Min. EDSON FACHIN, Tribunal Pleno, julgado em 13/04/2016, ACÓRDÃO ELETRÔNICO REPERCUSSÃO GERAL – MÉRITO DJe-164 DIVULG 04-08-2016 PUBLIC 05-08-2016)

◉ "RECURSO ORDINÁRIO EM MANDADO DE SEGURANÇA. CONCURSO PÚBLICO. JUIZ SUBSTITUTO. TRÊS ANOS DE ATIVIDADE JURÍDICA. REQUI-SITO PREVISTO NO ART. 93, I DA CF E NA RESOLUÇÃO 75/2009 DO CNJ. TERMO INICIAL DA CONTAGEM: COLAÇÃO DE GRAU. TEMPO DE ATIVI-DADE JURÍDICA COMPROVADA. RECURSO ORDINÁRIO DO PARTICULAR A A QUE SE DÁ PROVIMENTO, PARA CONSIDERAR CUMPRIDO O REQUISITO DE TRÊS ANOS DE ATIVIDADE JURÍDICA PELO CANDIDATO, COM OS EFE-TOS DAÍ DECORRENTES. 1. A exigência dos três anos de atividade jurídica para a aprovação em concurso de Magistratura, a que se refere a Resolução 75/2009/CNJ, devem ser contados da data da conclusão do Curso de Direito e o momento da com-provação desse requisito deve ocorrer na data da inscrição definitiva no concurso. 2. O art. 59 da Resolução 75/2009/CNJ não exige como termo inicial para a conta-gem da atividade jurídica a inscrição na OAB, como entendeu o acórdão recorrido, mas sim a data da obtenção do Grau de Bacharel em Direito. No caso, a conclusão do Curso de Direito ocorreu em 24.10.2013, sendo este o termo inicial para a contagem dos três anos de prática jurídica. 3. No caso, considerando que o impetrante colou grau em 24 de outubro de 2013, e a inscrição definitiva no concurso de Juiz Substituto do Tribunal de Justiça do Estado do Pará foi realizada em 25 de outubro de 2016 e tendo havido a comprovação da atividade jurídica nesse interstício, é evidente que o requisito do prazo mínimo de três anos foi cumprido pelo candidato, já que este possuía três anos de formado. 4. Recurso Ordinário do Particular a que se dá provimento para considerar cumprido o requisito de três anos de atividade jurídica pelo candidato, com os efeitos daí decorrentes." (RMS 55.677/SE, Rel. Ministro NAPOLEÃO NUNES MAIA FILHO, PRIMEIRA TURMA, julgado em 12/06/2018, DJe 19/06/2018)

◉ **Posse em cargo público por menor de idade**

"Ainda que o requisito da idade mínima de 18 anos conste em lei e no edital de concurso público, é possível que o candidato menor de idade aprovado no concurso tome posse no cargo de auxiliar de biblioteca no caso em que ele, possuindo 17 anos e 10 meses na data da sua posse, já havia sido emancipado voluntariamente por seus pais há 4 meses." (STJ. 2ª Turma. REsp 1.462.659-RS, Rel. Min. Herman Benjamin, julgado em 1º/12/2015 (Info 576)

◉ **Convocação para apresentação de documentos que não se confunde com a data da posse.**

"MANDADO DE SEGURANÇA – Concurso Público – Exigência editalícia de idade mínima de 18 anos completos até a data da posse para assunção do cargo – Candidata convocada para apresentação de documentos 12 dias antes de atingir a maioridade civil – Possibilidade de nomeação – Convocação para apresentação de documentos que não se confunde com a data da posse – Princípio da razoabilidade bem aplicado pelo Juízo de primeiro grau – Sentença de concessão da ordem mantida – Reexame necessário e recurso voluntário desprovidos." (TJSP; Apelação / Remessa Necessária 1000450-23.2017.8.26.0456; Relator (a): Moreira de Carvalho; Órgão Julgador: 9ª Câmara de Direito Público; Foro de Pirapozinho – 1ª Vara Judicial; Data do Julgamento: 16/08/2018; Data de Registro: 16/08/2018)

◉ **Possibilidade de tomar posse sub judice**

ADMINISTRATIVO. PROCESSUAL CIVIL. AGRAVO EM RECURSO ESPECIAL. ENUNCIADO ADMINISTRATIVO 3/STJ. CONCURSO PÚBLICO. CLASSIFICAÇÃO DENTRO DAS VAGAS OFERECIDAS. PRETENSÃO DE NOMEAÇÃO. PRETERIÇÃO POR CONTRATAÇÃO TEMPORÁRIA. VIOLAÇÃO A NORMATIVOS FEDERAIS. INEXISTÊNCIA DE VEDAÇÃO LEGAL À NOMEAÇÃO. DESNECESSIDADE DE FORMAÇÃO DE LITISCONSÓRCIO. JURISPRUDÊNCIA DO STJ. 1. As vedações contidas nos arts. 1.º e 2.º-B da Lei 9.494/1997, no art. 7.º, § 2.º, da Lei 12.016/2009, e no art. 1º da Lei 8.437/1992, aplicam-se apenas às hipóteses descritas em cada um dos aludidos preceitos, os quais não tratam, contudo, de matéria relacionada a concurso público nem ao provimento de cargo. Precedentes. 2. O Superior Tribunal de Justiça tem jurisprudência consolidada no sentido da desnecessidade de formação de litisconsórcio necessário em situação na qual se discuta o direito de candidato aprovado dentro das vagas previstas em edital ser nomeado para o cargo em disputa, isso porque os demais participantes não comungam dos mesmos interesses e a decisão não lhes afetará o patrimônio jurídico. 3. Agravo conhecido para negar provimento ao recurso especial. (AREsp 1244080 / PI AGRAVO EM RECURSO ESPECIAL 2018/0020093-0 Relator(a) Ministro MAURO CAMPBELL MARQUES (1141) Órgão Julgador T2 – SEGUNDA TURMA Data do Julgamento 10/04/2018 Data da Publicação/Fonte DJe 16/04/2018).

◙ **Ilegalidade de negar posse a candidato que não apresentou comprovante de revalidação do seu diploma de mestrado não obstante ter feito o pedido de revalidação em momento anterior à data limite de sua apresentação faculdade.**

ADMINISTRATIVO. MANDADO DE SEGURANÇA. CONCURSO PÚBLICO. UNIVERSIDADE FEDERAL DO OESTE DA BAHIA. UFOB. PROFESSOR DO MAGISTÉRIO SUPERIOR. APROVAÇÃO. NEGATIVA DE POSSE. AUSÊNCIA DE VALIDAÇÃO DE DIPLOMA OBTIDO NO ESTRANGEIRO. COMPROVAÇÃO POSTERIOR DE REVALIDAÇÃO DO DIPLOMA. MANUTENÇÃO DA SENTENÇA QUE CONCEDEU A SEGURANÇA. 1. Remessa oficial em face contra sentença que, em ação mandamental, concedeu a segurança para determinar que a Universidade Federal do Oeste da Bahia – UFOB proceda à posse do impetrante no cargo de professor do magistério superior, classe assistente A, nível 1, caso não exista outro óbice, derivado de fato alheio à discussão tratada neste processo. 2. O impetrante foi aprovado no concurso público para o cargo de professor do magistério superior da Universidade Federal do Oeste da Bahia -- UFOB, regido pelo Edital 1/2013, e tendo sido nomeado compareceu com os documentos exigidos, mas teve sua posse obstada por não portar o comprovante de revalidação do seu diploma de mestrado obtido em Portugal. 3. Conforme os documentos juntados aos autos o impetrante ingressou com o pedido de revalidação, em momento anterior à data limite de sua apresentação na UFOB, pelo que não se afigura razoável impedir a sua nomeação e posse no cargo. 4. Além disso, durante a tramitação do presente feito, o impetrante juntou aos autos o termo de apostila de reconhecimento de diploma, emitido em 3/12/2015, pela Universidade Estadual de Campinas, no qual está consignado o reconhecimento do título de Mestre em Ciência Política do impetrante, atendendo, assim, aquele requisito tido por descumprido, que obstava a nomeação e a posse no cargo público no qual obteve aprovação. 5. Remessa oficial a que se nega provimento. (REOMS 0003331-82.2015.4.01.3303 / BA, Rel. DESEMBARGADOR FEDERAL NEVITON GUEDES, QUINTA TURMA, e-DJF1 de 2016-10-13)

◙ **Se o transcurso do prazo referente à posse teve por motivo fato específico e exclusivo da Administração Pública não há razão suficiente para que se impeça o candidato devidamente aprovado no concurso público em ser provido no cargo.**

ADMINISTRATIVO. MANDADO DE SEGURANÇA. CONCURSO PÚBLICO. TRANSCURSO TRINTÍDIO LEGAL. CIRCUNSTÂNCIAS ALHEIAS À VONTADE

DA CANDIDATA. POSSE ASSEGURADA. **I – Se o transcurso do prazo referente à posse teve por motivo fato específico e exclusivo da Administração Pública, não há razão suficiente para que se impeça a candidata, devidamente aprovada no concurso público e obedecida a ordem de classificação, o exercício pleno desse direito à nomeação e posse no cargo conquistado.** II – Remessa oficial desprovida. Sentença confirmada. (REOMS 0006531-18.2016.4.01.3803 / MG, Rel. DESEMBARGADOR FEDERAL SOUZA PRUDENTE, QUINTA TURMA, e-DJF1 de 2017-09-11)

◎ **Não é crível admitir que o acometimento da doença preexistente do candidato, qual seja, o câncer de mama, seja motivo impeditivo para permitir sua posse em cargo público, ainda que estivesse previsto no edital do certame.**

"EMENTA APELAÇÃO CÍVEL. MANDADO DE SEGURANÇA. SERVIDOR MUNICIPAL DE VIANA. ANULAÇÃO DE POSSE. DOENÇA PREEXISTENTE. INEXISTÊNCIA DE INAPTIDÃO LABORAL. RECURSO CONHECIDO E PROVIDO. SEGURANÇA CONCEDIDA. I – Seja em razão da proteção da dignidade humana, do princípio da igualdade, ou mesmo em nome da não discriminação e do direito ao trabalho, não é crível admitir que o acometimento da doença preexistente da apelante, qual seja, o câncer de mama, seja motivo impeditivo para permitir sua posse em cargo público, ainda que estivesse previsto no edital do certame. II Neste aspecto, somente a inaptidão de candidato, seja portador de qualquer tipo de doença preexistente, devidamente comprovada e fundamentada sob a ótica da incapacidade laboral para o cargo no qual obteve aprovação é capaz de legitimar impedimento para tomar posse em cargo decorrente de concurso público. III – Tendo a apelante colacionado ao mandamus prova cabal de sua aptidão para desempenhar as funções inerentes ao cargo para o qual foi aprovada, merece reforma a sentença vergastada para conceder a segurança pleiteada, de modo a tornar sem efeito o ato de anulação de posse da apelante (Decreto de Anulação de Posse nº 127/2016), e por consequência, determinar-se sua reintegração ao cargo de professor MaPP Supervisão do Município de Viana. IV Apelação conhecida e provida. ACÓRDÃO Vistos, relatados e discutidos estes autos, acordam os Desembargadores da Terceira Câmara Cível, por unanimidade, conhecer e dar provimento à apelação, nos termos do voto do Relator. Vitória/ES, de de 2018. PRESIDENTE RELATOR." (TJES, Classe: Apelação, 050160044330, Relator: JORGE HENRIQUE VALLE DOS SANTOS, Órgão julgador: TERCEIRA CÂMARA CÍVEL, Data de Julgamento: 29/05/2018, Data da Publicação no Diário: 08/06/2018)

◎ **Possibilidade de preferência de lotação de acordo com a classificação no concurso.**

"CONSTITUCIONAL E ADMINISTRATIVO. CONCURSO PÚBLICO. POLÍCIA FEDERAL. FRACIONAMENTO DO CURSO DE FORMAÇÃO. CLASSIFICAÇÃO. NOTA DA PRIMEIRA FASE DO CERTAME. PREFERÊNCIA PARA ESCOLHA DE LOTAÇÃO EM RELAÇÃO AOS CANDIDATOS DE POSTERIORES CURSOS DE FORMAÇÃO DO MESMO CONCURSO. POSSIBILIDADE. I – Prolatada a sentença de mérito, resta prejudicado o agravo retido interposto contra a decisão interlocutória que concedeu parcialmente a liminar requerida, visto que já não mais subsiste tal decisão, sendo integralmente substituída pela sentença de mérito ulteriormente proferida. II – Na espécie dos autos, não merece reforma a sentença recorrida, na medida em que se encontra em sintonia com o entendimento jurisprudencial dominante neste egrégio Tribunal Regional Federal da 1ª Região, no sentido de que "É de ser resguardado, pois, o direito dos candidatos com melhor classificação na primeira fase do concurso e que, por isso mesmo, realizaram antes o curso de formação, à preferência na escolha das vagas oferecidas em relação aos candidatos de posteriores cursos de formação do mesmo concurso." (AMS 2008.34.00.037161-2/DF, Rel. Desembargador Federal Fagundes De Deus, Quinta Turma, e-DJF1 p.177 de 16/09/2011). III – Agravo retido da União Federal prejudicado. Apelação desprovida. Sentença confirmada." (AC 0033382-91.2006.4.01.3400/DF, Rel. Desembargador Federal Souza Prudente, Quinta Turma,e-DJF1 p. de 11/04/2018)

◉ **Posse em outro cargo passível de acumulação.**

"APELAÇÃO CÍVEL – MANDADO DE SEGURANÇA – Médico I aprovado em concurso público para o cargo de Médico Legista da Superintendência da Polícia Técnico-Científica do Estado de São Paulo – Posse obstada – Alegação de acúmulo indevido de cargos públicos – Inocorrência – Inteligência do artigo 37, inciso XVI, alínea "c", da Constituição Federal – Existência de permissivo constitucional a amparar a cumulação – O artigo 44, inciso III, da Lei Complementar Estadual n.º 207/79 não foi recepcionado pela Lei Maior, razão pela qual não pode ser aplicado à hipótese sub judice – Ademais, o Decreto Estadual n.º 42.847/98, que regulamentou a Superintendência da Polícia Técnico-Científica, desvinculou algumas carreiras da Polícia Civil, de modo a esgotar a discussão sobre a incompatibilidade das regras impostas aos policiais civis à hipótese vertente – Nomeação para o cargo público – Direito à posse – Segurança concedida – Manutenção da sentença – Reexame necessário e recurso de apelação não providos." (TJSP; Apelação / Remessa Necessária 1049527-46.2017.8.26.0053; Relator (a): Osvaldo de Oliveira; Órgão Julgador: 12ª Câmara de Direito Público; Foro Central – Fazenda Pública/Acidentes – 8ª Vara de Fazenda Pública; Data do Julgamento: 28/08/2018; Data de Registro: 28/08/2018)

▶ **A teoria do fato consumado não se aplica aos candidatos que tomaram posse precariamente.**

"Os concursos públicos atraem grande número de aspirantes a ocupar cargos e empregos públicos, com enorme competitividade entre eles. Por tal razão, são comuns as demandas judiciais envolvendo os concorrentes, situações que rendem ensejo a decisões que, não raro, determinam o prosseguimento do candidato no certame de forma precária. É usual que sejam nomeados para os cargos ou empregos sem que haja decisão definitiva, circunstância que gera o exercício das funções inerentes por longos períodos. Diante disso, é corriqueiro que, mesmo após julgamento desfavorável, os candidatos nomeados provisoriamente pretendam a posse definitiva no cargo ou emprego, com arrimo na teoria do fato consumado. A teoria do fato consumado surgiu no direito administrativo no intuito de equilibrar, considerando o transcurso de considerável lapso temporal, os princípios da legalidade e da igualdade com a necessidade de estabilização das relações sociais – segurança jurídica. Nessa ponderação de princípios, o ponto de equilíbrio desloca-se em relação de proporção com o tempo: quanto maior a distância entre o início de produção de efeitos do ato irregular e a sua retirada do sistema, maior peso atribui-se à segurança jurídica; inversamente, quanto menor o tempo decorrido, maior o peso da legalidade e da igualdade, a determinar o desfazimento do ato contrário ao ordenamento. Invocando a aplicação dessa teoria, em caso excepcional, o Superior Tribunal de Justiça, a despeito de ressalvar o desacerto de decisão judicial precária que atacou a legitimidade do ato administrativo de desclassificação de candidato, não a revogou, em virtude de os seus efeitos se haverem postergado no tempo, resultando no exercício das funções inerentes ao cargo pelo interessado por mais de 10 anos. (...) "Sucede que esse mesmo Sodalício, colocando em relevo o princípio da isonomia, passou a rever a possibilidade de incidência da teoria do fato consumado em casos semelhantes. Isso porque sua aplicação resulta na instituição de situação de desigualdade inadmissível, haja vista que o ingresso do candidato nos quadros da Administração causou prejuízo para os demais que concorreram cumprindo todos os requisitos e etapas indispensáveis para o acesso ao cargo pleiteado. Por outro lado, não se pode perder de vista que a provisoriedade constitui característica intrínseca das medidas antecipatórias de tutela, que, além de correrem por conta e risco de quem as requer, podem ser revogadas a qualquer tempo, com automático efeito retroativo (ex tunc). Exatamente por isso, sua concessão não se revela hábil a conferir qualquer segurança ou estabilidade à relação a que se refere. Seguindo essa linha, o Supremo Tribunal Federal, recentemente, negou provimento a recurso extraordinário, com repercussão geral reconhecida – o que implica a vinculação da tese para os demais órgãos do Poder Judiciário –, consignando que "a posse ou o exercício em cargo público por força de decisão judicial de caráter provisório não implica a manutenção, em definitivo, do candidato que não atende a exigência de prévia aprovação em concurso público", não podendo, dessa forma, ser alegado o princípio da confiança legítima, em virtude da provisoriedade da decisão judicial, que, na visão da Corte Suprema, deve ser, por curso natural, revogada." (Marcondes, PEDRO CARLOS BITENCOURT. Servidor Público Teoria E Prática, Belo Horizonte, 2016, p. 29/30)

▶ **É possível que o candidato seja nomeado mediante decisão judicial não transitada em julgado, ou seja, ainda passível de alteração e, por isso, precária?**

Não obstante muitos julgadores indeferirem o pleito de nomeação liminar ou mesmo na sentença sob o fundamento de que é necessário o trânsito em julgado, o fato é que este argumento, repetido muitas vezes sem uma melhor e maior reflexão, não tem um sólido fundamento. Em recente julgamento sobre o tema, que ocorreu em 21/11/2017, a 1ª Turma do STJ, nos autos do AgInt em REsp n.º 1.590.185, cuja relatoria coube ao Min. Benedito Gonçalves, mantendo decisão liminar dada em sentença determinado a posse do candidato, assentou de forma expressa que:

◙ "2. A jurisprudência do STJ é uníssona no sentido de que a vedação inserida no art. 2º-B da Lei n. 9.494/1997 não incide na hipótese de nomeação e posse em razão de aprovação em concurso público, como no presente caso, observada a ordem de classificação. Precedentes: AgInt no REsp 1.622.299/PI, Primeira Turma, Minha Relatoria, DJe 11/4/2017; REsp 1.315.739/DF, Rel. Min. Og Fernandes, DJ 14/6/2017; AgRg no REsp 1.279.161/DF, Primeira Turma, Rel. Min. Napoleão Nunes Maia Filho, DJe 16/11/2016; AgRg no AREsp 151.813/GO, Primeira Turma, Rel. Min. Napoleão Nunes Maia Filho, DJe 11/4/2016; EDcl nos EDcl no RMS 27.311/AM, Quinta Turma, Rel. Ministro Jorge Mussi, DJe 14/2/2014; AgRg no REsp 1.183.448/DF, Sexta Turma, Rel. Min. Maria Thereza de Assis Moura, DJe 27/2/2012."

▶ **Os Tribunais Superiores excepcionam a regra do artigo 2º-B, da Lei n.º 9.494/97, no que diz respeito à vedação de nomeação de candidato *sub judice*.**

Basta olhar o diário oficial que o que mais se verá são posses precárias! É um grande equívoco repetir o argumento, sem qualquer reflexão, de que é vedada a nomeação sub judice. Vejamos alguns argumentos que embasam a possibilidade de nomeação de candidato sub judice. 1 – O STF e o STJ têm entendimento pacífico no sentido de que não se aplica a teoria do fato consumado aos concursos públicos. Esse entendimento, a contrário sensu, significa que é possível a nomeação sub judice, pois, caso a decisão não se mantenha, o candidato perde o cargo; 2 – – O STF tem súmula (n.º 16) no sentido de que o candidato nomeado tem direito à posse. Se ele for nomeado e por um motivo ilegal for obstado de tomar posse, a pergunta é: pode o Judiciário determinar a posse dele? Sim! E qual a diferença em relação à nomeação? Nenhuma! Ambos fazem parte da investidura do candidato no cargo e a posse não deixa de ser precária. Nota-se que não tem sentido a restrição quanto à nomeação! 3 – Condicionar resultado ao trânsito em julgado é uma opção legislativa mais comum para atos mais gravemente restritivos de direitos, como, por exemplo, suspensão dos direitos políticos e perda do cargo público, a exemplo do artigo 15 da lei de improbidade administrativa. 4 – O trânsito em julgado é fenômeno processual que leva anos para ocorrer, principalmente pelo excesso de recursos existentes e pela quantidade de demandas que o Judiciário possui. Pergunta-se: é justo condicionar um direito, mesmo que reconhecido provisoriamente, a tal fenômeno?

◙ "PROCESSUAL CIVIL E ADMINISTRATIVO. CONCURSO PÚBLICO. CONTADOR. CANDIDATA CLASSIFICADA FORA DO NÚMERO DE VAGAS PREVISTO NO EDITAL. NOMEAÇÃO. PRETERIÇÃO ARBITRÁRIA RECONHECIDA PELO TRIBUNAL DE ORIGEM. REEXAME DE PROVAS. IMPOSSIBILIDADE. SÚMULA 7/STJ. EXECUÇÃO PROVISÓRIA DE SENTENÇA. NOMEAÇÃO E POSSE DE CANDIDATO EM CARGO PÚBLICO EFETIVO. POSSIBILIDADE. 1. O STJ firmou a orientação de que o candidato não classificado dentro do número de vagas deve demonstrar cumulativamente, durante a validade do concurso em que obteve aprovação, a existência de vaga a ser preenchida e a necessidade inequívoca da Administração Pública em preenchê-la, configurando preterição arbitrária e imotivada praticada pela Administração não proceder à sua nomeação. Precedentes: AgRg no RMS 46.249/PA, Rel. Ministro Sérgio Kukina, Primeira Turma, DJe 22/4/2016; MS 17.147/DF, Rel. Ministro Benedito Gonçalves, Primeira Seção, DJe 1º/8/2012. 2. Na hipótese dos autos, o Tribunal de origem reconheceu expressamente a existência de preterição (fl. 237, e-STJ): "Assim, tendo sido demonstrados nos autos que foram criadas novos cargos durante o prazo de validade do concurso regido pelo Edital n.01/2012, que foi aberto novo certame (Edital n. 026/2013) dentro do prazo de validade do primeiro com vistas ao preenchimento dos cargos criados, a necessidade de contratação como motivo para a abertura de novo concurso pela Administração, a existência de candidatos aprovados no certame anterior, provado ficou o direito de a Impetrante ser nomeada e empossada no cargo pretendido, devendo ser mantida a sentença que reconheceu o seu direito, conforme entendimento o jurisprudencial transcrito". 3. A alteração das conclusões adotadas pela Corte de origem, como defendida nas razões recursais, demanda novo exame do acervo fático-probatório constante dos autos, providência vedada em Recurso Especial, conforme o óbice previsto na Súmula 7/STJ. 4. Quanto à suposta violação dos arts. 7º, § 2º, e 14, § 3º, da Lei 12.016/2009, o acórdão recorrido está em consonância com orientação do STJ no sentido de que é cabível a execução provisória de sentença que garante a nomeação e posse de candidato a cargo público efetivo antes do trânsito em julgado, porquanto, nesse caso, não há pagamentos pretéritos, mas apenas a retribuição pelo efetivo serviço prestado. 5. Recurso Especial não conhecido." (REsp 1705490/AM, Rel. Ministro HERMAN BENJAMIN, SEGUNDA TURMA, julgado em 05/12/2017, DJe 01/02/2018)

◙ "PROCESSUAL CIVIL. ADMINISTRATIVO. AGRAVO INTERNO NO RECURSO ESPECIAL. CÓDIGO DE PROCESSO CIVIL DE 2015. APLICABILIDADE. CONCURSO PÚBLICO. NOMEAÇÃO DE CANDIDATO SUB JUDICE ANTES DO TRÂNSITO EM JULGADO. POSSIBILIDADE. EXCEPCIONALIDADE AO ART. 2º-B DA LEI N. 9.494/1997. PRECEDENTES DO STF E STJ. ARGUMENTOS INSUFICIENTES PARA DESCONSTITUIR A DECISÃO ATACADA. AGRAVO INTERNO CONTRA DECISÃO FUNDAMENTADA NAS SÚMULAS 83 E 568/STJ (PRECEDENTE JULGADO SOB O REGIME DA REPERCUSSÃO GERAL, SOB O RITO DOS RECURSOS REPETITIVOS OU QUANDO HÁ JURISPRUDÊNCIA PACÍFICA SOBRE O TEMA). MANIFESTA IMPROCEDÊNCIA. APLICAÇÃO DE MULTA. ART. 1.021, § 4º, DO CÓDIGO DE PROCESSO CIVIL DE 2015. CABIMENTO. I – Consoante o decidido pelo Plenário desta Corte na sessão realizada em 09.03.2016, o regime recursal será determinado pela data da publicação do provimento jurisdicional impugnado. In casu, aplica-se o Código de Processo Civil de 2015. II – O acórdão recorrido adotou a orientação pacífica desta Corte, segundo a qual a vedação inserida no art. 2º-B da Lei n. 9.494/97 não incide na hipótese de nomeação e posse em razão de aprovação em concurso público, observada a ordem de classificação, porquanto, nesses casos, o pagamento representa apenas uma consequência lógica da investidura no cargo. III – Não apresentação de argumentos suficientes para desconstituir a decisão recorrida. IV – Em regra, descabe a imposição da multa prevista no art. 1.021, § 4º, do Código de Processo Civil de 2015 em razão do mero improvimento do Agravo Interno em votação unânime, sendo necessária a configuração da manifesta inadmissibilidade ou improcedência do recurso a autorizar sua aplicação. V – Considera-se manifestamente improcedente e enseja a aplicação da multa prevista no art. 1.021, § 4º, do Código de

Processo Civil de 2015 nos casos em que o Agravo Interno foi interposto contra decisão fundamentada em precedente julgado sob o regime da Repercussão Geral, sob o rito dos Recursos Repetitivos ou quando há jurisprudência pacífica da 1ª Seção acerca do tema (Súmulas ns. 83 e 568/STJ). VI – Agravo Interno improvido, com aplicação de multa de 5% (cinco por cento) sobre o valor atualizado da causa." (AgInt no REsp 1692759/PI, Rel. Ministra REGINA HELENA COSTA, PRIMEIRA TURMA, julgado em 05/12/2017, DJe 13/12/2017)

◙ "ADMINISTRATIVO E PROCESSUAL CIVIL. AGRAVO INTERNO NO AGRAVO EM RECURSO ESPECIAL. MANDADO DE SEGURANÇA. CONCURSO PÚBLICO PARA PROFESSOR CLASSE "E", ZONA URBANA, COM LOTAÇÃO NO MUNICÍPIO DE CORONEL JOSÉ DIAS-PI. CONTRATAÇÕES TEMPORÁRIAS. PRETERIÇÃO DA IMPETRANTE, OBSERVADA A ORDEM DE SUA CLASSIFICAÇÃO NO CERTAME. SEGURANÇA CONCEDIDA, PARA DETERMINAR A SUA NOMEAÇÃO PARA O CARGO. EXECUÇÃO PROVISÓRIA CONTRA A FAZENDA PÚBLICA, ANTES DO TRÂNSITO EM JULGADO DO DECISUM. ALEGADA OFENSA AO ART. 535 DO CPC/73. INEXISTÊNCIA. ARTS. 7º, §§ 2º e 5º, DA LEI 12.016/2009 E 2º-B DA LEI 9.494/97. NOMEAÇÃO E POSSE EM CARGO PÚBLICO. POSSIBILIDADE DE EXECUÇÃO DO JULGADO, QUE CONCEDEU A SEGURANÇA. PRECEDENTES DO STJ. AGRAVO INTERNO IMPROVIDO. I. Agravo interno aviado contra decisão monocrática publicada em 10/03/2017, que, por sua vez, julgou recurso interposto contra decisão que inadmitira Recurso Especial, manejado contra decisum publicado na vigência do CPC/73. II. Discute-se, no presente recurso, a possibilidade de execução, antes do trânsito em julgado, de segurança concedida para assegurar a nomeação da impetrante para o cargo público para o qual fora aprovada e classificada em 2º lugar, em face de contratações temporárias, com preterição de seu direito, observada a ordem de sua classificação. III. Não há falar, na hipótese, em violação ao art. 535 do CPC/73, porquanto a prestação jurisdicional foi dada na medida da pretensão deduzida, de vez que os votos condutores do acórdão recorrido e do acórdão proferido em sede de Embargos de Declaração apreciaram fundamentadamente, de modo coerente e completo, as questões necessárias à solução da controvérsia, dando-lhes, contudo, solução jurídica diversa da pretendida. IV. No caso, "fundamentada a decisão agravada no sentido de que o acórdão recorrido está em sintonia com o atual entendimento do STJ, deveria a recorrente demonstrar que outra é a positivação do direito na jurisprudência do STJ" (STJ, AgRg no REsp 1.374.369/RS, Rel. Ministro HERMAN BENJAMIN, DJe de 26/06/2013), com a indicação de precedentes contemporâneos ou supervenientes aos referidos na decisão agravada, o que não ocorreu, no caso. V. Firme é a jurisprudência do Superior Tribunal de Justiça, no sentido de que "é cabível a execução provisória de sentença que garante a nomeação e posse de candidato a cargo público efetivo antes do trânsito em julgado, porquanto, nesse caso, não há pagamentos pretéritos, mas apenas a retribuição pelo efetivo serviço prestado" (STJ, AgInt no REsp 1.392.498/DF, Rel. Ministra REGINA HELENA COSTA, PRIMEIRA TURMA, DJe de 05/05/2017). Nesse sentido: STJ, AgRg no REsp 1.259.941/DF,

Rel. Ministro HERMAN BENJAMIN, SEGUNDA TURMA, DJe de 19/12/2012; MS 19.227/DF, Rel. Ministro ARNALDO ESTEVES LIMA, PRIMEIRA SEÇÃO, DJe de 30/04/2013; AgRg no REsp 1.279.161/DF, Rel. Ministro NAPOLEÃO NUNES MAIA FILHO, PRIMEIRA TURMA, DJe de 16/11/2016; AgInt no REsp 1.622.299/PI, Rel. Ministro BENEDITO GONÇALVES, PRIMEIRA TURMA, DJe de 11/04/2017. VI. Agravo interno improvido." (AgInt no AREsp 740.852/PI, Rel. Ministra ASSUSETE MAGALHÃES, SEGUNDA TURMA, julgado em 05/12/2017, DJe 13/12/2017)

◙ "...Este Tribunal possui entendimento firmado no sentido de que, reconhecido o direito do candidato de prosseguir no concurso público, uma vez aprovado em todas as suas fases, não se afigura razoável exigir o trânsito em julgado da decisão para se proceder à sua nomeação e posse, mormente quando a questão sub judice tenha sido reiteradamente decidida e o acórdão seja unânime, ao confirmá-la. (AC 00070854220094013400, Desemb. Federal CARLOS MOREIRA ALVES, 5ª Turma, e-DJF1: 12/03/2018; AC 00125522120134013801, Desemb. Federal DANIEL PAES RIBEIRO, 6ª Turma, e-DJF1: 19/12/2017) 3. Apelação a que se dá provimento, por fundamentos diversos." (AC 0026635-67.2016.4.01.3500/GO, Rel. Desembargadora Federal Daniele Maranhão Costa, Quinta Turma, e-DJF1 p. de 30/04/2018)

◙ **Distinção entre nomeação antes do trânsito em julgado e inaplicabilidade da teoria do fato consumado em matéria de concurso público.**

"PROCESSUAL CIVIL. APELAÇÃO CÍVEL. DEVOLUÇÃO DOS AUTOS PELO EXMO. PRESIDENTE DA CORTE. ART. 1.040, II, DO CPC. CONCURSO PÚBLICO. NOMEAÇÃO POR DECISÃO JUDICIAL NÃO TRANSITADA EM JULGADO. PROCESSUAL CIVIL. APELAÇÃO CÍVEL. DEVOLUÇÃO DOS AUTOS PELO EXMO. PRESIDENTE DA CORTE. ART. 1.040, II, DO CPC. 1. Processo devolvido ao exame da Turma para fim de retratação, com base no art. 1040, II, do CPC, em razão da decisão proferida pelo STF no julgamento do RE 608.482. 2. Acórdão da Turma que, ratificando parcialmente a sentença, manteve a nomeação e posse de candidato em concurso público no cargo pretendido em sede de tutela antecipada. 3. Inexistência de divergência entre os acórdãos cotejados. No RE 608.482 o STF decidiu apenas pela impossibilidade de aplicação da teoria do fato consumado na hipótese de reforma da decisão que assegurou, precariamente, a posse do candidato, não vedando a efetivação da posse antes do esgotamento das vias recursais. 4. Acórdão mantido." (AC 0009976-41.2006.4.01.3400/DF, Rel. Desembargadora Federal Daniele Maranhão Costa, Quinta Turma, e-DJF1 p. de 16/04/2018)

◙ **Reversão judicial da decisão que concedeu a posse precária a servidor não depende de ulterior processo administrativo conferindo a ele o direito de ampla defesa e contraditório.**

"... CONTRADITÓRIO E AMPLA DEFESA E O CUMPRIMENTO ADMINISTRATIVO DE DECISÃO JUDICIAL 4. A presente hipótese revela situação em que a controvérsia relativa à nomeação de candidato estava judicializada, de forma que o cumprimento do que decidido na esfera judicial é de execução imediata, não havendo falar em violação dos princípios do contraditório e da ampla defesa pela Administração, pois tais pilares constitucionais foram observados no curso da ação judicial. Não há falar em exercício da autotutela administrativa, pois, como já frisado, o ato administrativo não resulta da revisão, pela Administração, dos seus próprios atos, mas de simplesmente efetivar comando judicial. Em relação a esse tema há precedente específico desta Primeira Seção em sentido contrário ao que exposto, que merece, com todas as vênias, ser superado (MS 15.469/DF, Rel. Ministro Castro Meira, Rel. p/ Acórdão Ministro Arnaldo Esteves Lima, Primeira Seção, DJe 20.9.2011). 5. Deve ser considerado o fato superveniente de que houve o trânsito em julgado da ação que julgou improcedente a ação apresentada pelo ora impetrante e que fundamentou o ato apontado como coator. Não há como exigir que a Administração proporcione novo contraditório e ampla defesa quando se trata de simplesmente cumprir decisão judicial transitada em julgado, sem prejuízo da possibilidade de amplo controle de legalidade do citado ato administrativo. (...)" (MS 18.002/DF, Rel. Ministro HERMAN BENJAMIN, PRIMEIRA SEÇÃO, julgado em 23/11/2016, DJe 08/05/2017).

◙ **No mesmo sentido:** "ADMINISTRATIVO. MANDADO DE SEGURANÇA. SERVIDOR PÚBLICO. CONTINUIDADE NO CERTAME POR FORÇA DE MEDIDA LIMINAR. APROVAÇÃO. POSSE E EXERCÍCIO HÁ MAIS DE QUATORZE ANOS. ANULAÇÃO DO ATO DE NOMEAÇÃO. PROCESSO ADMINISTRATIVO. CONTRADITÓRIO E AMPLA DEFESA. NECESSIDADE. SÚMULA VINCULANTE Nº 3/STF. SEGURANÇA CONCEDIDA. 1. Mandado de segurança impetrado contra ato que, catorze anos após a nomeação e posse da Impetrante no cargo de Auditor-Fiscal do Trabalho e quatro anos após o trânsito em julgado de decisão que denegou a ordem em mandado de segurança em que fora deferida liminar para participação na segunda etapa do concurso público, tornou sem efeito a sua nomeação sem que lhe fosse assegurado o direito ao contraditório e à ampla defesa. 2. Consoante inteligência da Súmula 473/STF, a Administração, com fundamento no seu poder de autotutela, pode anular seus próprios atos, desde que ilegais. Ocorre que, quando tais atos produzem efeitos na esfera de interesses individuais, mostra-se necessária a prévia instauração de processo administrativo, garantindo-se a ampla defesa e o contraditório, nos termos do art. 5º, LV, da Constituição Federal, 2º da Lei 9.784/99 e 35, II, da Lei 8.935/94. 3. Considerando-se a existência, na esfera da Administração Pública Federal, de situação similar envolvendo concurso público para o Departamento de Polícia Federal, onde se encontrou, após anos de investiduras por via judicial, adequada solução administrativa para as respectivas situações funcionais, mostra-se inviável reconhecer, de antemão, uma suposta inutilidade de reabertura do processo administrativo contra a Impetrante, sem que lhe sejam assegurados o contraditório e ampla defesa. 4. Segurança concedida para anular o ato impugnado, restaurando-se o status quo ante, por afronta aos princípios constitucionais da ampla defesa e do contraditório, Custas ex lege. Sem condenação ao pagamento de honorários advocatícios, nos termos da Súmula 105/STJ." (MS 15.474/DF, Rel. Ministro ARNALDO ESTEVES LIMA, PRIMEIRA SEÇÃO, julgado em 13/03/2013, DJe 17/04/2013).

◉ **Reversão judicial da decisão que concedeu a posse precária a servidor depende de ulterior processo administrativo conferindo a ele o direito de ampla defesa e contraditório.**

"ADMINISTRATIVO. PROCESSUAL CIVIL. AUDITOR FISCAL DO TRABALHO. CONCURSO PÚBLICO. ANULAÇÃO DE ATO DE NOMEAÇÃO E POSSE APÓS MAIS DE QUINZE ANOS DE EXERCÍCIO NO CARGO. AUSÊNCIA DE INTIMAÇÃO DO SERVIDOR. VIOLAÇÃO AOS PRINCÍPIOS DA AMPLA DEFESA E DO CONTRADITÓRIO. PRECEDENTES. 1. Cuida-se de writ impetrado contra ato administrativo da lavra do Ministro do Trabalho e Emprego que tornou sem efeito a nomeação da impetrante para o cargo de auditor-fiscal do trabalho, após mais de quinze anos da data da posse o do exercício; a motivação do ato impugnado é o cumprimento de decisão judicial na qual houve a reversão de provimento favorável quando da realização do concurso público. 2. A Primeira Seção já apreciou o tema e acordou que é necessária a atenção aos princípios da ampla defesa e do contraditório no âmbito dos processos administrativos que ensejam restrição de direito, em casos idênticos aos presentes nos autos, de servidores relacionados com o mesmo concurso público. Precedentes: MS 15.472/DF, Rel. Ministro Benedito Gonçalves, DJe 30.3.2012; MS 15.475/DF, Rel. Ministro Herman Benjamin, DJe 30.8.2011; e MS 15.469/DF, Rel. Ministro Castro Meira, Rel. p/ Acórdão Ministro Arnaldo Esteves Lima, DJe 20.9.2011. 3. Em linha de consequência, não cabe apreciar a aplicação da teoria do fato consumado ao caso neste momento, uma vez que a realização do regular exercício de defesa no processo administrativo pode resultar em decisão diversa da que deu ensejo ao ato coator, como bem indicado em caso similar. Precedente: MS 15.474/DF, Rel. Ministro Arnaldo Esteves Lima, Primeira Seção, DJe 17.4.2013. Segurança concedida em parte. Agravo regimental prejudicado." (MS 15.473/DF, Rel. Ministro HUMBERTO MARTINS, PRIMEIRA SEÇÃO, julgado em 11/09/2013, DJe 23/09/2013)

▶ **Exercício é o início do desempenho das atribuições que ao servidor foram estabelecidas.**

Exercício é o início do desempenho das atribuições que ao servidor foram estabelecidas. É o começo do trabalho. O prazo é de 15 dias, contados da posse. Não iniciando o exercício, será o servidor exonerado, tomando sem efeito o ato de nomeação. Toda a vida do servidor será lançada em assentamento individual, e na oportunidade do início apresentará todos os documentos necessários para identificação, conhecimento de sua vida pregressa e evolução funcional. Qualquer alteração funcional, seja transferência, promoção, mudança de sede, tudo deve ser lançado em tal assentamento. O início do exercício serve de termo a quo para contagem do prazo para aquisição da estabilidade. Inicia-se aí o período de estágio probatório, no qual terá que demonstrar ter condições para obtenção da estabilidade. A lei traça os requisitos para sua aquisição (art. 20 do Estatuto). (OLIVEIRA, Régis Fernandes de. Servidores Públicos, 2ª edição, Editora Malheiros, 2008, p. 126)

▶ **Posteriormente a posse, deve o servidor entrar em exercício, que nada mais é que o efetivo desempenho das atribuições do cargo público ou da função de confiança.**

Posteriormente a posse, deve o servidor entrar em exercício, que nada mais é que o efetivo desempenho das atribuições do cargo público ou da função de confiança. (Art. 15) É de quinze dias o prazo para o servidor empossado em cargo público entrar em exercício, contados da data da posse. O servidor será exonerado do cargo ou será tornado sem efeito o ato de sua designação para função de confiança, se não entrar em exercício nos prazos estabelecidos.

▶ **ATENÇÃO: há hipóteses em que o prazo para a entrada em exercício pode ser maior, porém, em regra, o servidor já possui um vínculo com o Poder Público.**

ATENÇÃO: há hipóteses em que o prazo para a entrada em exercício pode ser maior, porém, em regra, o servidor já possui um vínculo com o Poder Público. Vejamos o que enuncia o artigo 18º da Lei 8.112/90: o servidor que deva ter exercício em outro município em razão de ter sido removido, redistribuído, requisitado, cedido ou posto em exercício provisório terá, no mínimo, dez e, no máximo, trinta dias de prazo, contados da publicação do ato, para a retomada do efetivo desempenho das atribuições do cargo, incluído nesse prazo o tempo necessário para o deslocamento para a nova sede.

▶ **Percebe-se desde já que tal dispositivo não se aplica, em regra, aos servidores cujo exercício decorra de nomeação e posse imediatamente precedente, pois bem incomum que entre a posse e o exercício o servidor seja removido, haja redistribuição do cargo, ou seja o servidor requisitado, cedido ou posto em exercício provisório em outro órgão.**

Percebe-se desde já que tal dispositivo não se aplica, em regra, aos servidores cujo exercício decorra de nomeação e posse imediatamente precedente, pois bem incomum que entre a posse e o exercício o servidor seja removido, haja redistribuição do cargo, ou seja o servidor requisitado, cedido ou posto em exercício provisório em outro órgão. Logo, por este comando enunciativo, só podemos extrair a exegese no sentido de que este prazo se aplica para servidores que já possuem vínculo com o poder público e, por isso, já estão em exercício, porém, em razão dos fatores acima que geram a mobilidade funcional do servidor (remoção, redistribuição, cessão ou requisição), haverá um prazo de 10 (dez) a 30 (trinta) dias para que o referido servidor assuma (entre em exercício) em sua nova unidade de lotação. Portanto, salvo raríssimas exceções, será de 15 (quinze) dias o prazo para que o servidor nomeado e empossado entre em exercício.

▶ **Uma vez nomeado, caso o mesmo não tome posse, ocorre a caducidade do ato e é tornado sem efeito a nomeação.**

Uma vez nomeado, caso o mesmo não tome posse, ocorre a caducidade do ato e é tornado sem efeito a nomeação. Bem comum achar tais hipóteses no Diário Oficial. A nomeação e após o prazo legal o ato que torna sem efeito a mesma. Por outro lado, caso ele tome posse, porém não entre em exercício, não se tratará mais de tornar sem efeito a nomeação, mas de promover a exoneração do servidor. Em se tratando de assumir uma função de confiança, caso não entre em exercício, como ele já é efetivo e já tomou posse e entrou em exercício no cargo originário, aqui, neste caso, não há que se falar em exoneração do mesmo, mas em tornar sem efeito o ato que o designou para a função de confiança.

▶ **Situações possíveis:**

Foi nomeado e não tomou posse: é tornado sem efeito seu ato de nomeação.; Foi nomeado, tomou posse, porém não entrou em exercício: é exonerado o servidor, Em se tratando de não entrar em exercício em função de confiança que lhe foi atribuída: é tornado sem efeito o ato que o designou para a referida função.

▶ **Uma vez empossado, o servidor irá se dirigir no prazo legal (15 dias em se tratando de provimento originário) ao órgão ou entidade para onde for nomeado ou designado, onde à autoridade competente irá dar-lhe exercício.**

Uma vez empossado, o servidor irá se dirigir no prazo legal (15 dias em se tratando de provimento originário) ao órgão ou entidade para onde for nomeado ou designado, onde à autoridade competente irá dar-lhe exercício.

▶ **Em se tratando de exercício de função de confiança, o início do exercício coincidirá com a data de publicação do ato de designação, salvo quando o servidor estiver em licença ou afastado por qualquer outro motivo legal.**

Para o início do exercício em cargo efetivo, viu-se que o servidor tem 15 dias para se apresentar à autoridade competente que realizará o ato. Atenção ao detalhe, pois em se tratando de exercício de função de confiança, o início do exercício coincidirá com a data de publicação do ato de designação, salvo quando o servidor estiver em licença ou afastado por qualquer outro motivo legal, hipótese em que recairá no primeiro dia útil após o término do impedimento, que não poderá exceder a trinta dias da publicação. (Art. 15). Ao entrar em exercício, o servidor apresentará ao órgão competente os elementos necessários ao seu assentamento individual. (Art. 16, p. u)

▶ **Efetividade é a característica do provimento de certos cargos estatutários acessíveis por concurso público e nos quais o servidor adquire estabilidade se aprovado em estágio probatório de três anos de exercício (CF, art. 41) no cargo concursado.**

Não se confundem estabilidade com efetividade, institutos radicalmente diversos como são. Efetividade é a característica do provimento de certos cargos estatutários acessíveis por concurso público e nos quais o servidor adquire estabilidade se aprovado em estágio probatório de três anos de exercício (CF, art. 41) no cargo concursado – jamais em outro que não esse. Não existem empregos pela CLT que tenham efetividade, ainda que sejam permanentes, porque efetividade é um apanágio exclusivo de cargos estatutários criados pela lei com tal característica. (Tratado de direito administrativo, 2 / coordenadores Adilson Abreu Dallari, Carlos Valder do Nascimento, Ives Gandra da Silva Martins. – São Paulo: Saraiva, 2013. Vários autores, p. 172)

▶ **São consideradas de efetivo exercício.**

São consideradas de efetivo exercício: férias, exercício de cargo em comissão, participação em programa de treinamento, exercício de mandato eletivo, serviço de júri, desempenho de missão de estudos no exterior, quando autorizado o afastamento (incisos I a VI do art. 102 do Estatuto dos Servidores federais). Também são consideradas como de efetivo exercício as licenças: à gestante, paternidade, à adotante, para tratamento de saúde, por motivo de acidente ou moléstia profissional, para capacitação profissional e convocação para o serviço militar (alíneas a a f do inciso VIII do art. 102 do Estatuto já mencionado). De igual maneira e diante de expressa previsão legal, o afastamento por deslocamento de sede (inciso IX), participação em competição desportiva nacional (inciso X) ou para servir em organismo internacional (inciso XI). (Tratado de direito administrativo, 2 / coordenadores Adilson Abreu Dallari, Carlos Valder do Nascimento, Ives Gandra da Silva Martins. – São Paulo: Saraiva, 2013. Vários autores, p. 223)

▶ **O início, a suspensão, a interrupção e o reinício do exercício serão registrados no assentamento individual do servidor. (Art. 16)**

Registre-se que o início, a suspensão, a interrupção e o reinício do exercício serão registrados no assentamento individual do servidor. (Art. 16)

▶ **Ao entrar em exercício, o servidor nomeado para cargo de provimento efetivo ficará sujeito a estágio probatório por período 3 (três) anos, durante o qual a sua aptidão e capacidade serão objeto de avaliação para o desempenho do cargo, observados os seguintes fatores**

Ao entrar em exercício, o servidor nomeado para cargo de provimento efetivo ficará sujeito a estágio probatório por período 3 (três) anos, durante o qual a sua aptidão e capacidade serão objeto de avaliação para o desempenho do cargo, observados os seguintes fatores: (Art. 20). a) assiduidade; b) disciplina; c) capacidade de iniciativa; d) produtividade; e) responsabilidade.

▶ **Faltando 4 (quatro) meses para findar o período do estágio probatório, será submetida à homologação da autoridade competente a avaliação do desempenho do servidor, realizada por comissão constituída para essa finalidade.**

Faltando 4 (quatro) meses para findar o período do estágio probatório, será submetida à homologação da autoridade competente a avaliação do desempenho do servidor, realizada por comissão constituída para essa finalidade, de acordo com o que dispuser a lei ou o regulamento da respectiva carreira ou cargo, sem prejuízo da continuidade de apuração dos fatores enumerados acima (assiduidade; disciplina; c) capacidade de iniciativa; produtividade; responsabilidade) neste período de homologação.

▶ **Nesta avaliação o servidor poderá ser aprovado ou reprovado.**

Aqui, ou o servidor será aprovado em seu estágio probatório, sendo homologada pela autoridade competente a avaliação do desempenho do servidor, que, como visto, foi feita ao longo de seu estágio probatório por uma comissão constituição para esta finalidade, obtendo, de acordo com o artigo 41 da CF/88, a estabilidade. Vejamos a força imperativa do comando constitucional "são estáveis após três anos de efetivo exercício os servidores nomeados para cargo de provimento efetivo em virtude de concurso público". OU, caso a comissão entenda que o servidor submetido ao estágio probatório não atendeu adequadamente aos critérios de avalição a que estava submetido (assiduidade; disciplina; c) capacidade de iniciativa; produtividade; responsabilidade), o relatório da mesma será no sentido de não aprovação no estágio probatório, hipótese em que a autoridade superior, irá homologar o ato de reprovação daquele servidor no estágio probatório, o que culminará na exoneração do referido servidor.

▶ **Não passando no estágio probatório, o servidor será exonerado!**

Atenção! Não passando no estágio probatório, o servidor será exonerado!

▶ **Todavia, a depender da situação fática a qual se encontra o servidor, haverá rumos diferentes para o mesmo.**

Todavia, a depender da situação fática a qual se encontra o servidor, haverá rumos diferentes para o mesmo. Como assim? Há casos em que o servidor sujeito ao estágio probatório está sob análise em seu primeiro vínculo com o Poder Público e há outros que, não obstante no cargo em que estava sendo avaliado no estágio probatório, o referido servidor já manteve um vínculo com o Poder Público em outro cargo efetivo, porém, por se tratar de cargo inacumulável, "saiu" do mesmo para assumir o novel cargo, o qual, para continuarmos o raciocínio, vamos pressupor que o mesmo não tenha passado no estágio probatório. Neste último caso, ou seja, de servidor que já possuía um vínculo com o Poder Público, pode ocorrer duas situações distintas a depender do status que o servidor tinha em relação ao vínculo funcional anterior. a)   Se ele era efetivo e já estável no cargo, ou seja, já tivesse passado pelo estágio probatório, neste caso, em não sendo aprovado no estágio probatório do novo cargo, o mesmo será exonerado deste último cargo, porém possui o direito de ser reconduzido ao cargo ao qual era efetivo e estável. **Exemplo**: João era servidor efetivo e estável no cargo de técnico da receita federal, porém foi aprovado no concurso de auditor da Receita Federal e, no estágio probatório deste novo cargo, o mesmo foi reprovado e exonerado. Neste caso João terá direito à recondução ao cargo de técnico da receita federal. b)   Se ele era efetivo, porém ainda não tinha obtido a estabilidade no cargo anterior, ou seja, ainda estava sob avaliação do estágio probatório, neste caso, em não sendo aprovado no estágio probatório do novo cargo, o mesmo será exonerado deste último cargo, porém, aqui, o referido servidor não possui o direito de ser reconduzido ao cargo ao qual era efetivo, pois a recondução requer, como pressuposto, a estabilidade do servidor. **Exemplo**: João era servidor efetivo, porém ainda se encontrava em estágio probatório no cargo de técnico da receita federal. Antes de findar o prazo de três anos de avaliação ele foi aprovado no concurso de auditor da Receita Federal e, no estágio probatório deste novo cargo, o mesmo foi reprovado e exonerado. Neste caso João não terá direito à recondução ao cargo de técnico da receita federal, pois ainda não tinha passado no estágio probatório deste último cargo.

▶ **O instituto da recondução é, também, uma forma de provimento de cargo**

Para que os conceitos não fiquem soltos, o instituto da recondução é, também, uma forma de provimento de cargo, porém, classificado pela doutrina como uma espécie de "provimento derivado", pois o servidor já mantinha ou manteve algum vínculo com o Poder Público no tocante à classe funcional daquele cargo. Segundo o artigo 29 da Lei 8.112/90 a recondução é o retorno do servidor estável ao cargo anteriormente ocupado e decorrerá de: I – inabilitação em estágio probatório relativo a outro cargo; II – reintegração do anterior ocupante.

▶ **Caso o servidor seja inabilitado em estágio probatório relativo a outro cargo, terá ele direito à recondução.**

Logo, e o que nos interessa aqui é a primeira hipótese, caso o servidor seja inabilitado em estágio probatório relativo a outro cargo, terá ele direito à recondução. Importante registrar que a doutrina e a jurisprudência já avançaram neste tema admitindo a possibilidade de o servidor ser reconduzido também na hipótese de ele mesmo, por vontade própria, não se adaptar ao novo cargo e pretender voltar ao cargo de origem.

▶ **E se neste espaço temporal entre a inabilitação no estágio probatório no novo cargo e a recondução ao cargo a que o servidor deveria ser reconduzido ele estiver provido, ou seja, ocupado?**

Porém, o fato é que quando o servidor saiu do cargo para assumir outro, e para ficar mais fácil a elucidação vamos trabalhar com o exemplo citado acima, ou seja, era Técnico da Receita Federal e foi aprovado e assumiu como Auditor da Receita Federal, quando ele assumiu o cargo de Auditor da Receita Federal, tal fato (fato administrativo) gerou a vacância do cargo até então ocupado por ele de técnico da Receita Federal. Por outras palavras: o cargo até então preenchido ficou vazio, tornou-se vago e susceptível a ser preenchido por outro servidor. Inclusive o artigo 33, inciso VIII, da Lei 8.112/90, expressamente prescreve esta hipótese de vacância. Art. 33. A vacância do cargo público decorrerá de: VIII – posse em outro cargo inacumulável. A questão é: e se neste espaço temporal entre a inabilitação no estágio probatório no novo cargo e a recondução ao cargo a que o servidor deveria ser reconduzido ele estiver provido, ou seja, ocupado? Apenas para registro, o provimento, que, como visto, é forma de preenchimento do cargo, cuja nomeação é uma das hipóteses, também pode decorrer por outros institutos, conforme previsto no artigo 8º do Estatuto dos Servidores Federais. Art. 8º São formas de provimento de cargo público: I – nomeação; II – promoção; V – readaptação; VI – reversão; VII – aproveitamento; VIII – reintegração; IX – recondução. Veja que a recondução, da mesma forma que a nomeação, são formas de provimento do cargo público, mas, além destas, existem a promoção, a readaptação, a reversão, o aproveitamento e a reintegração. Então, voltando à pergunta: e se o cargo de Técnico da Receita Federal, que era ocupado por aquele servidor que assumiu o cargo de Auditor da Receita Federal, estiver provido, como fica a situação funcional deste servidor que faz jus à recondução? Neste caso, encontrando provido o cargo de origem, (ou seja, o de Técnico da Receita Federal) o servidor (João) será aproveitado (outra forma de provimento) em outro cargo de atribuições e vencimentos compatíveis com o anteriormente ocupado (Art. 30), como, por exemplo, Técnico do Seguro Social.

▶ **Quanto ao servidor em estágio probatório existem alguns limites!**

Quanto ao servidor em estágio probatório existem alguns limites! Ele poderá exercer quaisquer cargos de provimento em comissão ou funções de direção, chefia ou assessoramento no órgão ou entidade de lotação, e somente poderá ser cedido a outro órgão ou entidade para ocupar cargos de Natureza Especial, cargos de provimento em comissão do Grupo-Direção e Assessoramento Superiores – DAS, de níveis 6, 5 e 4, ou equivalentes. Logo, a cessão, não pode ser para qualquer cargo! (Art. 20 § 3º). Esclarecendo: O servidor em estágio probatório pode exercer cargo em comissão? Sim! O servidor em estágio probatório pode exercer funções de direção, chefia ou assessoramento? Sim! O servidor em estágio probatório pode ser cedido a outro órgão ou entidade? Depende: a) Primeiro: só é possível a cessão para órgão e entidades federais; b) Segundo: a cessão só será possível se for para o servidor ocupar cargos de provimento em comissão do Grupo-Direção e Assessoramento Superiores – DAS, de níveis 6, 5 e 4, ou equivalentes. Apenas para que não haja perda de informação, O Grupo – Direção e Assessoramento Superiores, designado pelo código DAS-100, compreende os cargos de provimento em comissão a que sejam inerentes atividades de planejamento, orientação, coordenação e controle, no mais alto nível da hierarquia administrativa dos órgãos da administração Federal direta das Autarquias federais, com vistas a formulação de programas, normas e critérios que deverão ser observados pelos demais escalões hierárquicos. De acordo com o Decreto nº 5.497, de 21 de julho de 2005, serão ocupados exclusivamente por servidores de carreira os seguintes cargos em comissão do Grupo-Direção e Assessoramento Superiores – DAS da administração pública federal direta, autárquica e fundacional: I – cinquenta por cento do total de cargos em comissão DAS, níveis 1, 2, 3 e 4; e II – sessenta por cento do total de cargos em comissão DAS, níveis 5 e 6.

RG ◙ **Não é compatível com o regime constitucional de acesso aos cargos públicos a manutenção no cargo, sob fundamento de fato consumado, de candidato não aprovado que nele tomou posse em decorrência de execução provisória de medida liminar ou outro provimento judicial de natureza precária, supervenientemente revogado ou modificado.**

CONSTITUCIONAL. ADMINISTRATIVO. CONCURSO PÚBLICO. CANDIDATO REPROVADO QUE ASSUMIU O CARGO POR FORÇA DE LIMINAR. SUPERVENIENTE REVOGAÇÃO DA MEDIDA. RETORNO AO STATUS QUO ANTE. "TEORIA DO FATO CONSUMADO", DA PROTEÇÃO DA CONFIANÇA LEGÍTIMA E DA SEGURANÇA JURÍDICA. INAPLICABILIDADE. RECURSO PROVIDO. 1. Não é compatível com o regime constitucional de acesso aos cargos públicos a manutenção no cargo, sob fundamento de fato consumado, de candidato não aprovado que nele tomou posse em decorrência de execução provisória de medida liminar ou outro provimento judicial de natureza precária, supervenientemente revogado ou modificado. 2. Igualmente incabível, em casos tais, invocar o princípio da segurança jurídica ou o da proteção da confiança legítima. É que, por imposição do sistema normativo, a execução provisória das decisões judiciais, fundadas que são em títulos de natureza precária e revogável, se dá, invariavelmente, sob a inteira responsabilidade de quem a requer, sendo certo que a sua revogação acarreta efeito ex tunc, circunstâncias que evidenciam sua inaptidão para conferir segurança ou estabilidade à situação jurídica a que se refere. 3. Recurso extraordinário provido. (RE 608482, Relator(a): Min. TEORI ZAVASCKI, Tribunal Pleno, julgado em 07/08/2014, ACÓRDÃO ELETRÔNICO RE-PERCUSSÃO GERAL – MÉRITO DJe-213 DIVULG 29-10-2014 PUBLIC 30-10-2014)

◉ **RG Tema 0476: Tese Fixada: Não é compatível com o regime constitucional de acesso aos cargos públicos a manutenção no cargo, sob fundamento de fato consumado, de candidato não aprovado que nele tomou posse em decorrência de execução provisória de medida liminar ou outro provimento judicial de natureza precária, supervenientemente revogado ou modificado. 07/08/2014**

◉ **Na hipótese de posse em cargo público determinada por decisão judicial, o servidor não faz jus a indenização, sob fundamento de que deveria ter sido investido em momento anterior, salvo situação de arbitrariedade flagrante.**

ADMINISTRATIVO. RESPONSABILIDADE CIVIL DO ESTADO. INVESTIDURA EM CARGO PÚBLICO POR FORÇA DE DECISÃO JUDICIAL. 1. Tese afirmada em repercussão geral: na hipótese de posse em cargo público determinada por decisão judicial, o servidor não faz jus a indenização, sob fundamento de que deveria ter sido investido em momento anterior, salvo situação de arbitrariedade flagrante. 2. Recurso extraordinário provido. (RE 724347, Relator(a): Min. MARCO AURÉLIO, Relator(a) p/ Acórdão: Min. ROBERTO BARROSO, Tribunal Pleno, julgado em 26/02/2015, ACÓRDÃO ELETRÔNICO REPERCUSSÃO GERAL – MÉRITO DJe-088 DIVULG 12-05-2015 PUBLIC 13-05-2015)

◉ **RG Tema 0671- Tese Fixada: Na hipótese de posse em cargo público determinada por decisão judicial, o servidor não faz jus a indenização, sob fundamento de que deveria ter sido investido em momento anterior, salvo situação de arbitrariedade flagrante. 26/02/2015**

RG ◉ Para a concessão da aposentadoria especial de que trata o art. 40, § 5º, da Constituição, conta-se o tempo de efetivo exercício, pelo professor, da docência e das atividades de direção de unidade escolar e de coordenação e assessoramento pedagógico, desde que em estabelecimentos de educação infantil ou de ensino fundamental e médio.

CONSTITUCIONAL E ADMINISTRATIVO. RECURSO EXTRAORDINÁRIO. APOSENTADORIA ESPECIAL DOS PROFESSORES (CONSTITUIÇÃO, ART. 40, § 5º). CONTAGEM DE TEMPO EXERCIDO DENTRO DA ESCOLA, MAS FORA DA SALA DE AULA. 1. Revela especial relevância, na forma do art. 102, § 3º, da Constituição, a questão acerca do cômputo do tempo de serviço prestado por professor na escola em funções diversas da docência para fins de concessão da aposentadoria especial prevista no art. 40, § 5º, da Constituição. 2. Reafirma-se a jurisprudência dominante desta Corte nos termos da seguinte tese de repercussão geral: Para a concessão da aposentadoria especial de que trata o art. 40, § 5º, da Constituição, conta-se o tempo de efetivo exercício, pelo professor, da docência e das atividades de direção de unidade escolar e de coordenação e assessoramento pedagógico, desde que em estabelecimentos de educação infantil ou de ensino fundamental e médio. 3. Repercussão geral da matéria reconhecida, nos termos do art. 1.035 do CPC. Jurisprudência do SUPREMO TRIBUNAL FEDERAL reafirmada, nos termos do art. 323-A do Regimento Interno. (RE 1039644 RG, Relator(a): Min. ALEXANDRE DE MORAES, julgado em 12/10/2017, PROCESSO ELETRÔNICO REPERCUSSÃO GERAL – MÉRITO DJe-257 DIVULG 10-11-2017 PUBLIC 13-11-2017)

◉ **RG Tema 0965 – Tese Fixada: Para a concessão da aposentadoria especial de que trata o art. 40, § 5º, da Constituição, conta-se o tempo de efetivo exercício, pelo professor, da docência e das atividades de direção de unidade escolar e de coordenação e assessoramento pedagógico, desde que em estabelecimentos de educação infantil ou de ensino fundamental e médio. 13/10/2017**

RG ◉ A Gratificação de Desempenho de Atividade de Ciência e Tecnologia – GDACT, instituída pela Medida Provisória 2.048/2000, apesar de originalmente concebida como gratificação pro *labore faciendo*, teve caráter geral e foi estendida aos inativos até a sua regulamentação pelo Decreto 3.762/2001, quando passou a constituir gratificação paga em razão do efetivo exercício de cargo

RECURSO EXTRAORDINÁRIO. CONSTITUCIONAL. GRATIFICAÇÃO DE DESEMPENHO DE ATIVIDADE DE CIÊNCIA E TECNOLOGIA – GDACT. CARÁTER PRO LABORE FACIENDO. EXTENSÃO AOS INATIVOS E PENSIONISTAS EM SEU GRAU MÁXIMO. INADMISSIBILIDADE. GARANTIA DE PERCENTUAL AOS INATIVOS. POSSIBILIDADE. RECURSO EXTRAORDINÁRIO PROVIDO. I – A Gratificação de Desempenho de Atividade de Ciência e Tecnologia – GDACT, instituída pelo art. 19 da Medida Provisória 2.048-26, de 29 de junho de 2000, por ocasião de sua criação, tinha o caráter gratificação pessoal, *pro labore faciendo*, e, por esse motivo, não foi estendida, automaticamente, aos já aposentados e pensionistas. II – O art. 60-A, acrescentado pela Lei 10.769/2003 à MP 2.229-43/2001, estendeu aos inativos a GDACT, no valor correspondente a trinta por cento do percentual máximo aplicado ao padrão da classe em que o servidor estivesse posicionado. III – Dessa forma, não houve redução indevida, pois, como visto, a GDACT é gratificação paga em razão do efetivo exercício do cargo e não havia percentual mínimo assegurado ao servidor em exercício. IV – Recurso extraordinário provido. (RE 572884, Relator(a): Min. RICARDO LEWANDOWSKI, Tribunal Pleno, julgado em 20/06/2012, ACÓRDÃO ELETRÔNICO REPERCUSSÃO GERAL – MÉRITO DJe-034 DIVULG 20-02-2013 PUBLIC 21-02-2013)

◉ **RG Tema 0054:- Tese Fixada: I – A Gratificação de Desempenho de Atividade de Ciência e Tecnologia – GDACT, instituída pela Medida Provisória 2.048/2000, apesar de originalmente concebida como gratificação pro labore faciendo, teve caráter geral e foi estendida aos inativos até a sua regulamentação pelo Decreto**

3.762/2001, quando passou a constituir gratificação paga em razão do efetivo exercício de cargo; II – É constitucional o art. 60-A acrescentado pela Lei 10.769/2003 à MP 2.229- 43/2001, dado que não implicou redução indevida, visto que, após o Decreto 3.762/2001, deixou de existir o direito dos inativos à percepção da GDACT nas mesmas condições em que concedida aos servidores em atividade.

RG ◙ A administração pública deve proceder ao desconto dos dias de paralisação decorrentes do exercício do direito de greve pelos servidores públicos, em virtude da suspensão do vínculo funcional que dela decorre, permitida a compensação em caso de acordo. O desconto será, contudo, incabível se ficar demonstrado que a greve foi provocada por conduta ilícita do Poder Público.

Recurso extraordinário. Repercussão geral reconhecida. Questão de ordem. Formulação de pedido de desistência da ação no recurso extraordinário em que reconhecida a repercussão geral da matéria. Impossibilidade. Mandado de segurança. Servidores públicos civis e direito de greve. Descontos dos dias parados em razão do movimento grevista. Possibilidade. Reafirmação da jurisprudência do Supremo Tribunal Federal. Recurso do qual se conhece em parte, relativamente à qual é provido. 1. O Tribunal, por maioria, resolveu questão de ordem no sentido de não se admitir a desistência do mandado de segurança, firmando a tese da impossibilidade de desistência de qualquer recurso ou mesmo de ação após o reconhecimento de repercussão geral da questão constitucional. 2. A deflagração de greve por servidor público civil corresponde à suspensão do trabalho e, ainda que a greve não seja abusiva, como regra, a remuneração dos dias de paralisação não deve ser paga. 3. O desconto somente não se realizará se a greve tiver sido provocada por atraso no pagamento aos servidores públicos civis ou por outras situações excepcionais que justifiquem o afastamento da premissa da suspensão da relação funcional ou de trabalho, tais como aquelas em que o ente da administração ou o empregador tenha contribuído, mediante conduta recriminável, para que a greve ocorresse ou em que haja negociação sobre a compensação dos dias parados ou mesmo o parcelamento dos descontos. 4. Fixada a seguinte tese de repercussão geral: "A administração pública deve proceder ao desconto dos dias de paralisação decorrentes do exercício do direito de greve pelos servidores públicos, em virtude da suspensão do vínculo funcional que dela decorre, permitida a compensação em caso de acordo. O desconto será, contudo, incabível se ficar demonstrado que a greve foi provocada por conduta ilícita do Poder Público". 5. Recurso extraordinário provido na parte de que a Corte conhece. (RE 693456, Relator(a): Min. DIAS TOFFOLI, Tribunal Pleno, julgado em 27/10/2016, PROCESSO ELETRÔNICO REPERCUSSÃO GERAL – MÉRITO DJe-238 DIVULG 18-10-2017 PUBLIC 19-10-2017)

◙ RG Tema 0531- Tese Fixada: A administração pública deve proceder ao desconto dos dias de paralisação decorrentes do exercício do direito de greve pelos servidores públicos, em virtude da suspensão do vínculo funcional que dela decorre, permitida a compensação em caso de acordo. O desconto será, contudo, incabível se ficar demonstrado que a greve foi provocada por conduta ilícita do Poder Público.

◉ **É entendimento consolidado no âmbito do STJ que é legítimo o ato da Administração que promove o desconto dos dias não trabalhados pelos servidores públicos participantes de movimento grevista.**

ADMINISTRATIVO E PROCESSUAL CIVIL. EMBARGOS DE DECLARAÇÃO RECEBIDOS COMO AGRAVO INTERNO. RECURSO EM MANDADO DE SEGURANÇA. SERVIDOR PÚBLICO. DIREITO DE GREVE. DESCONTO DOS DIAS PARALISADOS. LEGALIDADE. AGRAVO INTERNO DO SINDICATO A QUE SE NEGA PROVIMENTO. 1. É entendimento consolidado no âmbito do STJ que é legítimo o ato da Administração que promove o desconto dos dias não trabalhados pelos servidores públicos participantes de movimento grevista, diante da suspensão do contrato de trabalho, nos termos da Lei 8.112/1990, salvo a existência de acordo entre as partes para que haja compensação dos dias paralisados. Ressalta-se que não consta nos autos que foi feita compensação dos dias parados (REsp. 1.616.801/AP, Rel. Min. HERMAN BENJAMIN, DJe 13.9.2016). 2. Agravo Interno do Sindicato a que se nega provimento. (EDcl no RMS 46.957/DF, Rel. Ministro NAPOLEÃO NUNES MAIA FILHO, PRIMEIRA TURMA, julgado em 27/11/2018, DJe 06/12/2018)

◉ **A comprovação do triênio de atividade jurídica exigida para o ingresso no cargo de juiz substituto, nos termos do inciso I do art. 93 da Constituição Federal, deve ocorrer no momento da inscrição definitiva no concurso público.**

INGRESSO NA CARREIRA DA MAGISTRATURA. ART. 93, I, CRFB. EC 45/2004. TRIÊNIO DE ATIVIDADE JURÍDICA PRIVATIVA DE BACHAREL EM DIREITO. REQUISITO DE EXPERIMENTAÇÃO PROFISSIONAL. MOMENTO DA COMPROVAÇÃO. INSCRIÇÃO DEFINITIVA. CONSTITUCIONALIDADE DA EXIGÊNCIA. ADI 3.460. REAFIRMAÇÃO DO PRECEDENTE PELA SUPREMA CORTE. PAPEL DA CORTE DE VÉRTICE. UNIDADE E ESTABILIDADE DO DIREITO. VINCULAÇÃO AOS SEUS PRECEDENTES. STARE DECISIS. PRINCÍPIOS DA SEGURANÇA JURÍDICA E DA ISONOMIA. AUSÊNCIA DOS REQUISITOS DE SUPERAÇÃO TOTAL (OVERRULING) DO PRECEDENTE. 1. A exigência de comprovação, no momento da inscrição definitiva (e não na posse), do triênio de atividade jurídica privativa de bacharel em Direito como condição de ingresso nas carreiras da magistratura e do ministério público (arts. 93, I e 129, § 3º, CRFB – na redação da Emenda Constitucional n. 45/2004) foi declarada constitucional pelo STF na ADI 3.460. 2. Mantidas as premissas fáticas e normativas que nortearam aquele julgamento, reafirmam-se as conclusões (ratio decidendi) da Corte na referida ação declaratória. 3. O papel de Corte de Vértice do Supremo Tribunal Federal impõe-lhe dar unidade ao direito e estabilidade aos seus precedentes. 4. Conclusão corroborada pelo Novo Código de Processo Civil, especialmente em seu artigo 926, que ratifica a adoção – por nosso sistema – da regra do stare decisis, que "densifica a segurança jurídica e promove a liberdade e a igualdade em uma ordem jurídica que se serve de uma perspectiva lógico-argumentativa da interpretação". (MITIDIERO, Daniel. Precedentes: da persuasão à vinculação. São Paulo: Revista dos Tribunais, 2016). 5. A vinculação vertical e horizontal decorrente do stare decisis relaciona-se umbilicalmente à segurança jurídica, que "impõe imediatamente a imprescindibilidade de o direito ser cognoscível, estável, confiável e efetivo, mediante a formação e o respeito aos precedentes como meio geral para obtenção da tutela dos direitos". (MITIDIERO, Daniel. Cortes superiores e cortes supremas: do controle à interpretação, da jurisprudência ao precedente. São Paulo: Revista do Tribunais, 2013). 6. Igualmente, a regra do stare decisis ou da vinculação aos precedentes judiciais "é uma decorrência do próprio princípio da igualdade: onde existirem as mesmas razões, devem ser proferidas as mesmas decisões, salvo se houver uma justificativa para a mudança de orientação, a ser devidamente objeto de mais severa fundamentação. Daí se dizer que os precedentes possuem uma força presumida ou subsidiária." (ÁVILA, Humberto. Segurança jurídica: entre permanência, mudança e realização no Direito Tributário. São Paulo: Malheiro, 2011). 7. Nessa perspectiva, a superação total de precedente da Suprema Corte depende de demonstração de circunstâncias (fáticas e jurídicas) que indiquem que a continuidade de sua aplicação implicam ou implicarão inconstitucionalidade. 8. A inocorrência desses fatores conduz, inexoravelmente, à manutenção do precedente já firmado. 9. Tese reafirmada: "é constitucional a regra que exige a comprovação do triênio de atividade jurídica privativa de bacharel em Direito no momento da inscrição definitiva". 10. Recurso extraordinário desprovido. (RE 655265, Relator(a): Min. LUIZ FUX, Relator(a) p/ Acórdão: Min. EDSON FACHIN, Tribunal Pleno, julgado em 13/04/2016, ACÓRDÃO ELETRÔNICO REPERCUSSÃO GERAL – MÉRITO DJe-164 DIVULG 04-08-2016 PUBLIC 05-08-2016)

◉ **Tema n.º 509. Tese Fixada: A comprovação do triênio de atividade jurídica exigida para o ingresso no cargo de juiz substituto, nos termos do inciso I do art. 93 da Constituição Federal, deve ocorrer no momento da inscrição definitiva no concurso público.**

◉ **Súmula 16 do STF: Funcionário nomeado por concurso tem direito à posse.**

◉ **Súmula 17 do STF: A nomeação de funcionário sem concurso pode ser desfeita antes da posse.**

◉ **Súmula 266 do STJ – O diploma ou habilitação legal para o exercício do cargo deve ser exigido na posse e não na inscrição para o concurso público.**

FORMAS DE VACÂNCIA DOS CARGOS PÚBLICOS

É importante que se faça distinção entre vaga, decorrente da vacância, e cargo vago na lotação, ainda não provido. A vacância decorre de uma das situações mencionadas nos incisos I a IX. O cargo encontrava-se provido e em decorrência de uma destas situações ocorrerá a vaga. As características de cada uma das modalidades de vacância serão analisadas nos respectivos artigos. A Lei 8.112/1990 prevê, atualmente, em seu art. 33, sete hipóteses de vacância de cargos públicos, a saber:

EXONERAÇÃO

▶ **A exoneração é a extinção do vínculo estatutário a pedido do servidor ou, quando cabível, em virtude de avaliação discricionária da autoridade competente.**

Pode ocorrer tanto no caso de cargo em comissão quanto no caso de cargo de provimento efetivo. A natureza não contratual do vínculo estatutário impede que o particular lhe ponha fim por meio de um ato voluntário próprio. Cabe ao Estado produzir um ato unilateral, ainda que em decorrência de manifestação do particular. Como regra, a exoneração a pedido pode ocorrer a qualquer tempo, e seu deferimento se constitui em um dever do Estado. A recusa em promover a exoneração requerida pelo servidor pode configurar violação a direito líquido e certo. (JUSTEN FILHO, *Curso de direito administrativo*, Marçal. 12ª, Editora dos Tribunais, São Paulo, 2016. p. 848)

> **No mesmo sentido:** A exoneração, em regra, é o pedido voluntário do servidor ocupante de cargo efetivo de desligamento do cargo público (art. 34, caput, da Lei 8.112/1990), mas pode ocorrer também por solicitação de ocupante de cargo em comissão (art. 35, II).

▶ **Restrições à exoneração a pedido.**

Mas pode haver restrições à exoneração a pedido. Tais restrições podem derivar da natureza do próprio vínculo com o Estado ou de circunstâncias peculiares. Assim, por exemplo, o art. 95, § 2.º, da Lei 8.112/1990, estabelece que o servidor não poderá obter exoneração senão depois de período igual ao do afastamento que houver fruído para o estudo ou missão no estrangeiro (ressalvada a hipótese de ressarcimento da despesa havida com tal afastamento). Outro exemplo consta do art. 172 do mesmo diploma, que estabelece que o servidor que responder a processo disciplinar apenas poderá ser exonerado a pedido depois da conclusão do processo e do cumprimento da penalidade eventualmente aplicada.

▶ **A exoneração independente de pedido do interessado será mais plausível no âmbito dos cargos em comissão.**

A exoneração independente de pedido do interessado será mais plausível no âmbito dos cargos em comissão, cujo provimento e exoneração são praticados no exercício de competência discricionária (dita, usualmente, ad nutum).

▶ **A exoneração do ocupante de cargo de provimento efetivo ocorrerá quando o sujeito não entrar em exercício, depois de tomar posse, ou quando não forem satisfeitas as condições do estágio probatório.**

A exoneração do ocupante de cargo de provimento efetivo ocorrerá quando o sujeito não entrar em exercício, depois de tomar posse, ou quando não forem satisfeitas as condições do estágio probatório (art. 34, parágrafo único, I e II, da Lei 8.112/1990). Esta última hipótese foi objeto de várias ressalvas, supra.

▶ **Segundo o art. 20, § 2.º, da Lei 8.112/1990, o servidor público não aprovado no estágio probatório deverá ser exonerado ou reconduzido ao cargo anteriormente ocupado.**

O dispositivo merece interpretação conforme à Constituição. É evidente a ilegalidade de promover a exoneração do sujeito, de modo direto e imediato, em vista de um relatório de avaliação. Afinal, o provimento com efetividade importa a garantia de um processo legal, desenvolvido com observância das garantias de ampla defesa e contraditório, como pressuposto de exoneração. Logo, a exoneração do servidor, durante o estágio probatório, segue as regras próprias dos atos administrativos, sendo inconstitucional reputar que poderia verificar-se sem a observância do devido processo legal.

▶ **O desligamento de cargo público deve seguir uma tramitação legal.**

É importante observar que o desligamento de cargo público deve seguir uma tramitação legal, sob pena de o servidor, em tese, responder até mesmo pelo crime de abandono de função (art. 323 do Código Penal).

▶ **Exoneração do servidor ocupante de cargo efetivo por ato de ofício**

A Lei 8.112/1990, no entanto, prevê também a hipótese de exoneração do servidor ocupante de cargo efetivo por ato de ofício (ex officio) da Administração Pública (art. 34, parágrafo único). Isso ocorre em duas situações, a saber: a) quando não satisfeitas as condições do estágio probatório, ou seja, havendo inabilitação no estágio probatório e, por consequência, não aquisição da estabilidade; b) quando o servidor, embora tendo tomado posse, não entra em exercício no prazo legal para tanto.

◉ **O ato de exoneração não tem caráter punitivo**

"(...) o ato de exoneração não tem caráter punitivo, mas se baseia no interesse da Administração na dispensa do servidor que, durante o estágio probatório, não realiza um bom desempenho do cargo" (RMS 32.257/SP, 2.ª T., rel. Min. Mauro Campbell Marques, j. 10.05.2011, DJe 16.05.2011).

◉ *Servidor público federal que assume titularidade para atividades notariais não possui direito à declaração de vacância pela "posse em outro cargo".*

PROCESSUAL CIVIL E ADMINISTRATIVO. AGRAVO INTERNO NO RECURSO EM MANDADO DE SEGURANÇA. ENUNCIADO ADMINISTRATIVO N. 3/STJ. MA-

GISTRADA DO TJDFT QUE INICIOU EXERCÍCIO EM ATIVIDADES NOTARIAIS. PEDIDO DE VACÂNCIA POR POSSE EM CARGO EM OUTRO CARGO INACUMU-LÁVEL. IMPOSSIBILIDADE. JURISPRUDÊNCIA DO STF: NOTÁRIOS E REGISTRA-DORES NÃO SÃO TITULARES DE CARGO PÚBLICO. INAPLICABILIDADE DO ART. 33, VIII, DA LEI N. 8.112/1990 PARA SERVIDORES QUE SE TORNAM NOTÁRIOS OU REGISTRADORES. AGRAVO INTERNO NÃO PROVIDO. 1. A recorrente, uma vez titular de cargo de Juiz de Direito no TJDFT, logrou aprovação no Concurso Público para Outorga de Delegação de Serventias Extrajudiciais de Notas e de Registro do Distrito Federal. Ao entrar em exercício na atividade delegada, solicitou vacância do cargo de juiz de direito substituto nos termos do art. 33, VIII, da Lei n. 8.112/1990 e do art. 50 da Lei n. 11.697/2008. O pedido administrativo foi indeferido. A recorrente impetrou mandado de segurança no TJDFT, o qual foi improvido sob o fundamento de que notários e registradores não são titulares de cargo público e nem se submetem a estágio probatório. 2. O art. 50 da Lei n. 11.697/2008 determina a aplicação subsidiária do Regime Jurídico dos Servidores Públicos Civis da União (atual Lei n. 8.112/1990) aos magistrados do Distrito Federal e dos Territórios. Por essa razão, TJDFT não negou a possibilidade de vacância para os magistrados em caráter geral, mas apenas quando o desligamento do quadro ocorrer para titularização de atividades notariais. 3. O STF fixou o entendimento de que o cargo de notário não se submete a estágio probatório e está sujeito a regime jurídico de caráter privado, essencialmente distinto da exercida por servidores públicos. Precedentes. 4. Se (I) a vacância do art. 33, VIII, da Lei n. 8.112/1990 pressupõe que o servidor público tome posse em outro cargo, e (II) a titularidade em atividade notarial não decorre de cargo público, nos termos jurisprudenciais do STF; logo, o servidor público federal que assume titularidade para atividades notariais não possui direito à declaração de vacância pela "posse em outro cargo". 5. A vacância no cargo de Juiz de Direito, no caso dos autos decorre legitimamente a partir do pedido de exoneração previsto no art. 33, I, c/c art. 34, caput, ambos da Lei n. 8.112/1990. Consequentemente, a recorrente não terá direito à recondução, caso vier a desejar. 6. Agravo interno não provido. (AgInt no RMS 55.041/DF, Rel. Ministro MAURO CAMPBELL MARQUES, SEGUNDA TURMA, julgado em 16/08/2018, DJe 21/08/2018)

DEMISSÃO

▶ **A demissão é o afastamento do servidor público do cargo decorrente de prática de infração disciplinar**

A demissão é o afastamento do servidor público do cargo decorrente de prática de infração disciplinar, apurada em Processo Disciplinar Administrativo, assegurada, ao acusado ampla defesa, em obediência ao princípio do contraditório, e exoneração do cargo, por insuficiência de desempenho a ser apurado por procedimento de avaliação periódica, na forma a ser regulamentada por Lei Complementar (Art. 41 da CF. Emenda Constitucional n.º 19, de 1998, da Reforma Administrativa). A destituição de cargo em comissão exercido por não ocupante de cargo efetivo será aplicada nos casos de prática de ilícitos sujeitos às penalidades de suspensão e de demissão. Na hipótese de o servidor já estar exonerado e for constatada prática no exercício do cargo de ilícitos sujeito a essas penalidades, a exoneração será convertida em destituição de cargo em comissão. (DINIZ, Paulo de Matos F. Lei 8.112/1990 comentada: Regime jurídico dos servidores públicos civis da União e legislação complementar, 11ª Edição, Rio de Janeiro, Forense, São Paulo MÉTODO, 2014, p. 167)

PROMOÇÃO

A promoção e a readaptação, como vimos, também importam em formas de provimento dos cargos públicos. É que, na medida em que o servidor é promovido ou readaptado, ele deixa o cargo anteriormente ocupado para passar a exercer outro

APOSENTADORIA

A *aposentadoria* também importa em vacância do cargo público, pois haverá o rompimento do vínculo mantido com o servidor que estava, até então, em atividade. Pouco importa o tipo de aposentadoria, valendo lembrar apenas que, no caso da aposentadoria por invalidez, pode vir a ocorrer a reversão para o cargo de origem, caso verificada a cessação das causas que motivaram a inativação.

POSSE EM OUTRO CARGO INACUMULÁVEL

O servidor público federal que obtiver aprovação em concurso para outro cargo, deverá declarar esta sua condição e solicitar que seja declarado vago o cargo que ocupa para tomar posse em outro cargo inacumulável.

O servidor público federal que obtiver aprovação em concurso para outro cargo, deverá declarar esta sua condição e solicitar que seja declarado vago o cargo que ocupa para tomar posse em outro cargo inacumulável. O órgão ou entidade expedirá portaria declarando vago o cargo, mediante a seguinte expressão: por tomar posse em outro cargo inacumulável. O servidor tomará posse no outro cargo, submetendo-se ao estágio probatório. Caso o servidor não seja aprovado neste estágio será exonerado, também por portaria. O servidor, se estável, solicitará sua recondução ao órgão ou entidade de origem que a formalizará por portaria. Estes procedimentos poderão ser simplificados. O servidor, ao ser classificado num concurso público para outro cargo, deverá declarar sua situação de ocupar cargo inacumulável. Ao ser publicada a portaria de nomeação no novo cargo, o órgão de pessoal de origem do servidor tomará conhecimento. A vista desta publicação, expedirá ato de declaração de vacância com fundamento no inciso VIII do art. 33. Com esta declaração publicada no Diário Oficial da União o servidor tomará posse no novo cargo. Ao final do estágio probatório, o seu resultado será publicado. Caso o servidor não obtenha aprovação, será exonerado. A vista da portaria de exoneração, o servidor, se estável, será automaticamente reconduzido ao seu cargo, conforme dispõe o art. 29 desta Lei. A vacância para tomar posse em cargo inacumulável tem o condão de permitir que o servidor leve para o outro cargo alguns direitos: ao gozo de férias, ou completar os doze meses do período aquisitivo; valor da gratificação natalina, vantagem pessoal nominalmente identificada VPNI (DINIZ, Paulo de Matos F. Lei 8.112/1990 comentada: Regime jurídico dos servidores públicos civis da União e legislação complementar, 11ª Edição, Rio de Janeiro, Forense, São Paulo MÉTODO, 2014, p. 164 e 165)

FALECIMENTO

O *falecimento*, como não poderia deixar de ser, também importa na vacância do cargo, ficando este, a partir do óbito do servidor, disponível para preenchimento por outra pessoa. É comum, de qualquer modo, que a Administração, nesses casos, edite ato declarando o cargo vago, embora a vacância não ocorra só a partir daí, mas desde o óbito do servidor.

◉ **É constitucional o art. 31 da Lei 8.880/1994, que prevê indenização adicional equivalente a 50% da última remuneração recebida na hipótese de demissão imotivada de empregado durante a vigência da Unidade Real de Valor (URV).**

Recurso extraordinário. Repercussão geral da questão constitucional reconhecida. Reafirmação de jurisprudência. 2. Artigo 31 da Lei 8.880/94. Indenização adicional decorrente de demissão imotivada de empregado. Medida legislativa emergencial. Norma de ajustamento do sistema monetário. Implementação do Plano Real. Competência privativa da União. 3. Inexistência de inconstitucionalidade formal. 4. Recurso extraordinário provido. (RE 806190 RG, Relator(a): Min. GILMAR MENDES, julgado em 12/06/2014, ACÓRDÃO ELETRÔNICO REPERCUSSÃO GERAL – MÉRITO DJe-124 DIVULG 25-06-2014 PUBLIC 27-06-2014)

◉ **Possibilidade do CNJ declarar inconstitucionalidade de Lei e determinar exoneração de servidores de cargos comissionados que deveriam ser concursados.**

MANDADO DE SEGURANÇA. LEI N. 8.223/2007 DA PARAÍBA. CRIAÇÃO LEGAL DE CARGOS EM COMISSÃO NO TRIBUNAL DE JUSTIÇA ESTADUAL (ART. 5º DA LEI N. 82.231/2007 DA PARAÍBA): ASSISTENTES ADMINISTRATIVOS. ATO DO CONSELHO NACIONAL DE JUSTIÇA. EXONERAÇÃO DETERMINADA. AÇÃO ANULATÓRIA: ALEGAÇÃO DE INCOMPETÊNCIA DO CNJ PARA DECLARAR INCONSTITUCIONALIDADE DE LEI. MANDADO DE SEGURANÇA DENEGADO. 1. Atuação do órgão de controle administrativo, financeiro e disciplinar da magistratura nacional nos limites da respectiva competência, afastando a validade dos atos administrativos e a aplicação de lei estadual na qual embasados e reputada pelo Conselho Nacional de Justiça contrária à regra constitucional de ingresso no serviço público por concurso público, pela ausência dos requisitos caracterizadores do cargo comissionado. 2. Insere-se entre as competências constitucionalmente atribuídas ao Conselho Nacional de Justiça a possibilidade de afastar, por inconstitucionalidade, a aplicação de lei aproveitada como base de ato administrativo objeto de controle, determinando aos órgãos submetidos a seu espaço de influência a observância desse entendimento, por ato expresso e formal tomado pela maioria absoluta dos membros dos Conselho. 3. Ausência de desrespeito ao contraditório: sendo exoneráveis ad nutum e a exoneração não configurando punição por ato imputado aos servidores atingidos pela decisão do Conselho Nacional de Justiça, mostra-se prescindível a atuação de cada qual dos interessados no processo administrativo, notadamente pela ausência de questão de natureza subjetiva na matéria discutida pelo órgão de controle do Poder Judiciário. 4. Além dos indícios de cometimento de ofensa ao decidido na Ação Direta de Inconstitucionalidade n. 3.233/PB, a leitura das atribuições conferidas ao cargo criado pelo art. 5º da Lei n. 8.223/2007, da Paraíba, evidencia burla ao comando constitucional previsto no inc. V do art. 37 da Constituição da República: declaração incidental de inconstitucionalidade. 5. Mandado de segurança denegado. (MS 28112, Relator(a): Min. CÁRMEN LÚCIA, Tribunal Pleno, julgado em 19/12/2016, ACÓRDÃO ELETRÔNICO DJe-168 DIVULG 31-07-2017 PUBLIC 01-08-2017)

◉ **Ilegalidade de exoneração decorrente de suposto nepotismo. Reconhecimento de não existência e anulação do ato**

Mandado de segurança. Ato do Conselho Nacional de Justiça. Competência reconhecida para fiscalizar os princípios que regem a Administração Pública. Servidor não efetivo ocupante de cargo de nomeação e exoneração "ad nutum" que é cônjuge, companheiro ou parente até o terceiro grau, inclusive, de servidor efetivo do mesmo órgão. Ausência de prova concreta de subordinação entre os dois servidores ou entre a autoridade nomeante e o servidor de referência para a configuração objetiva do nepotismo. Nepotismo não configurado. Segurança concedida. 1. Competência do Conselho Nacional de Justiça para promover a fiscalização dos princípios constitucionais da Administração Pública consagrados pelo art. 37, caput, da Constituição Federal, entre eles os princípios da moralidade e da impessoalidade, os quais regem a vedação ao nepotismo. 2. A norma depreendida do art. 37, caput, da CF/88 para a definição de nepotismo – em especial os princípios da moralidade, da impessoalidade e da eficiência – não tem o condão de diferenciar as pessoas tão somente em razão de relação de matrimônio, união estável ou parentesco com servidor efetivo do poder público, seja para as selecionar para o exercício de cargos de direção, chefia ou assessoramento no âmbito da Administração Pública, seja para excluir sua aptidão para o desempenho dessas funções. 3. Ausência de prova concreta de subordinação entre os dois servidores ou entre a autoridade nomeante e o servidor de referência para a configuração objetiva do nepotismo. 4. Segurança concedida para anular a decisão do CNJ na parte em que determinou a exoneração da impetrante. (MS 28485, Relator(a): Min. DIAS TOFFOLI, Primeira Turma, julgado em 11/11/2014, ACÓRDÃO ELETRÔNICO DJe-238 DIVULG 03-12-2014 PUBLIC 04-12-2014)

◉ **Conversão de exoneração em destituição do cargo comissionado.**

PROCESSO ADMINISTRATIVO DISCIPLINAR. CONVERSÃO DE EXONERAÇÃO EM DESTITUIÇÃO DO CARGO COMISSIONADO. PRESCRIÇÃO DA PRETENSÃO PUNITIVA NÃO CONFIGURADA. CGU. ATRIBUIÇÃO PARA INS-

TAURAR OU AVOCAR PROCESSOS E APLICAR SANÇÕES ADMINISTRATIVAS. DANO AO ERÁRIO. MÉRITO ADMINISTRATIVO. IMPOSSIBILIDADE DE EXAME PELO JUDICIÁRIO. TERMO DE INDICIAMENTO. DESCRIÇÃO DOS FATOS E PROVAS, POSSIBILITANDO A APRESENTAÇÃO DE DEFESA PELO INDICIADO. OFENSA À AMPLA DEFESA E AO CONTRADITÓRIO NÃO CONSTATADA. A LEITURA DA PEÇA INAUGURAL E DOS DOCUMENTOS CARREADAS AOS AUTOS NÃO FORAM SUFICIENTES PARA COMPROVAR DE PLANO AS ALEGAÇÕES DE FALTA DE PROVA E INCONGRUÊNCIA DA PENALIDADE APLICADA. ORDEM DENEGADA, RESSALVADA AS VIAS ORDINÁRIAS. 1. No que diz respeito à competência do Ministro de Estado da Controladoria-Geral da União para processar e aplicar penalidade contra Servidor Público do Ministério da Integração Nacional, defendo que o Servidor Público a quem se impute a prática de ato infracional tem o direito subjetivo de ser regularmente processado na instância administrativa inicial própria, ou seja, tem o direito ao justo processo administrativo, perante o órgão originalmente competente para essa atividade, isto é, o de sua lotação funcional, lugar onde teria ocorrido o alegado ilícito. 2. A meu ver, o poder ou a atribuição funcional de instaurar o procedimento de apuração da ocorrência de infração administrativa não se acha disseminado nas instâncias administrativas, como que competisse difusamente a qualquer autoridade a sua promoção, pois é imperativo se observar as regras de competência, não se admitindo, também nesse terreno, que uma autoridade exerça as atribuições de outra, como é dogma do Direito Público. 3. Contudo, ressalvo o meu ponto de vista, para seguir o entendimento firmado por esta Corte de que incumbe à CGU instaurar sindicâncias, procedimentos e processos administrativos disciplinares, em razão: a) da inexistência de condições objetivas para sua realização no órgão ou entidade de origem; b) da complexidade e relevância da matéria; c) da autoridade envolvida; ou d) do envolvimento de servidores de mais de um órgão ou entidade. 4. Não há que se falar em prescrição da pretensão punitiva quando se verifica que a Portaria que culminou na exoneração do impetrante foi publicada em 4.6.2013, antes de decorrido o prazo prescricional quinquenal, contado a partir da ciência da autoridade dos fatos objeto do PAD (11.12.2008). 5. Não merece prosperar, igualmente, a alegação de inépcia da acusação, uma vez que, ao contrário do que alega o impetrante, o termo de indiciamento do Processo Administrativo Disciplinar revela integralmente os fatos imputados a ele e os fundamentos jurídicos do pedido condenatório. 6. É firme a orientação desta Corte de que a ampliação da acusação ou mesmo mudança da tipificação da conduta infracional não determina a invalidade do procedimento porquanto, como cediço, o indiciado se defende dos fatos que lhe são imputados e não de sua classificação legal. A descrição dos fatos ocorridos, desde que feita de modo a viabilizar a defesa do acusado, afasta a alegação de ofensa ao princípio da ampla defesa, exatamente como se deu no caso em tela. 7. Em virtude do seu perfil de remédio constitucional de eficácia prontíssima contra ilegalidades e abusos, o Mandado de Segurança não comporta instrução ou dilação probatória, por isso a demonstração objetiva e segura do ato vulnerador ou ameaçador de direito subjetivo há de vir prévia e documentalmente apensada ao pedido inicial, sem o que a postulação não poderá ser atendida na via expressa do writ of mandamus. 8. In casu, a leitura da peça inaugural e dos documentos carreadas aos autos não foram suficientes para comprovar de plano as alegações de falta de prova e de incongruência da penalidade aplicada, neste contexto, alterar a conclusão da autoridade julgadora, para decidir que não houve a prática daquelas infrações demandaria dilação probatória, insuscetível na via eleita. 9. O material probatório colhido no decorrer do Processo Administrativo Disciplinar autoriza – do ponto de vista estritamente formal – a aplicação da sanção de destituição do cargo comissionado, uma vez que decorreu de atividade administrativa disciplinar a qual aparenta regularidade procedimental, não se evidenciando desproporcional ou despida de razoabilidade a punição aplicada, sem embargo de sua ulterior avaliação em sede processual de largas possibilidades instrutórias. 10. Ordem denegada, com ressalva das vias ordinárias. (MS 20.529/DF, Rel. Ministro NAPOLEÃO NUNES MAIA FILHO, PRIMEIRA SEÇÃO, julgado em 13/12/2017, DJe 02/02/2018)

◉ **Impossibilidade de exonerar servidor empossado precariamente quando o mesmo se aposenta ao longo do prazo de eficácia da decisão judicial. Situação especialíssima.**

ADMINISTRATIVO E PROCESSUAL CIVIL. SERVIDOR PÚBLICO. EXONERAÇÃO COM BASE EM DECISÃO JUDICIAL. PROCEDIMENTO ADMINISTRATIVO. CONTRADITÓRIO E AMPLA DEFESA. DESNECESSIDADE. SITUAÇÃO CONSOLIDADA NO CASO CONCRETO. IDENTIFICAÇÃO DA CONTROVÉRSIA 1. Trata-se de Mandado de Segurança impetrado, com fundamento no art. 105, I, "b", da Constituição da República, contra ato do Ministro de Estado da Fazenda (Portaria MF 548/2011 – DOU 12.12.2011) que exonerou o impetrante com base em decisão de improcedência da ação não transitada em julgado, em que anteriormente havia sido garantida a participação do ora impetrante no concurso público de Auditor Fiscal da Receita Federal. 2. Nos autos principais, o Tribunal Regional Federal da 3ª Região (AC 2004.03.99.009403-3) declarou o pedido do ora impetrante improcedente, contra o que foram interpostos Recursos Especial e Extraordinário. O Recurso Especial tomou o número 1.260.653 e dele não se conheceu (Relator Ministro Mauro Campbell Marques, Segunda Turma). Já o Recurso Extraordinário não foi admitido na origem e o ora impetrante apresentou Agravo de Instrumento (AI 798.142), o qual teve provimento negado pelo Supremo Tribunal Federal. 3. Não obstante a decisão de improcedência da ação principal ter transitado em julgado posteriormente ao ajuizamento da presente ação, o que se debate na presente hipótese é se a autoridade impetrada poderia, com base em decisão judicial não transitada em julgado, exonerar o impetrante sem proporcionar previamente o contraditório e a ampla defesa. CONTRADITÓRIO E AMPLA DEFESA E O CUMPRIMENTO ADMINISTRATIVO DE DECISÃO JUDICIAL 4. A presente hipótese revela situação em que a controvérsia relativa à nomeação de candidato estava judicializada, de forma que o cumprimento do que decidido na esfera judicial é de execução imediata, não havendo falar em violação dos princípios do contraditório e da ampla defesa pela Administração, pois tais pilares constitucionais foram observados no curso da ação judicial. Não há falar em exercício da autotutela administrativa, pois, como já frisado, o ato administrativo não resulta da revisão, pela Administração, dos seus próprios atos, mas de simplesmente efetivar comando judicial. Em relação a esse tema há precedente específico desta Primeira Seção em sentido contrário ao que exposto, que merece, com todas as vênias, ser superado (MS 15.469/DF, Rel. Ministro Castro Meira, Rel. p/ Acórdão Ministro Arnaldo Esteves Lima, Primeira Seção, DJe 20.9.2011). 5. Deve ser considerado o fato superveniente de que houve o trânsito em julgado da ação que julgou improcedente a ação apresentada pelo ora impetrante e que fundamentou o ato apontado como coator. Não há como exigir que a Administração proporcione novo contraditório e ampla defesa quando se trata de simplesmente cumprir decisão judicial transitada em julgado, sem prejuízo da possibilidade de amplo controle de legalidade do citado ato administrativo. SITUAÇÃO EXCEPCIONALÍSSIMA DE CONSOLIDAÇÃO FÁTICO-JURÍDICA NO CASO CONCRETO – APOSENTADORIA. 6. Apesar da compreensão acima exarada, o impetrante foi nomeado, já sob amparo de decisão judicial liminar, em 23.9.2003 permanecendo sob essa condição até o momento de sua aposentadoria (23.12.2013). 7. Não obstante o vínculo de trabalho fosse precário, o vínculo previdenciário, após as contribuições previdenciárias ao regime próprio, consolidou-se com a reunião dos requisitos para a concessão de aposentadoria. 8. A legislação federal apenas estabelece a cassação da aposentadoria nos casos de demissão do servidor público e de acumulação ilegal de cargos (arts. 133, § 6º, e 134 da Lei 8.112/1990), não havendo, portanto, respaldo legal para impor a mesma penalização quando o exercício do cargo é amparado por decisões judiciais precárias e o servidor se aposenta por tempo de contribuição durante esse exercício após legítima contribuição ao sistema. 9. Segurança parcialmente concedida para manter a aposentadoria do impetrante. Agravo Regimental da União prejudicado. (MS 18.002/DF, Rel. Ministro HERMAN BENJAMIN, PRIMEIRA SEÇÃO, julgado em 23/11/2016, DJe 08/05/2017)

REMOÇÃO

▶ **A remoção é a mudança do servidor dentro do quadro a que pertence, com ou sem a alteração da sede de seu local de trabalho, com o objetivo de preencher claro na lotação.**

Trata-se a remoção da mudança do servidor, dentro do quadro a que pertence, com ou sem a alteração da sede de seu local de trabalho, com o objetivo de preencher claro na lotação. (OLIVEIRA, Antônio Flavio de. Servidor público: remoção, cessão, enquadramento e redistribuição. 2ª. Edição. rev. e ampl. Belo Horizonte: Fórum, 2005, p. 51)

▶ **A remoção é uma forma de movimentação do servidor dentro do seu quadro e de sua carreira não importando em nova investidura.**

É, portanto, a remoção forma de movimentação do servidor dentro do seu quadro e de sua carreira, não importando em nova investidura, mas apenas em movimentação física, às vezes com resultados que implicam em evolução vertical ou horizontal do servidor. (OLIVEIRA, Antônio Flavio de. Servidor público: remoção, cessão, enquadramento e redistribuição. 2ª. Edição. rev. e ampl. Belo Horizonte: Fórum, 2005, p. 51)

▶ **A "remoção", ainda que para cargo idêntico, mas pertencente ao quadro de outro órgão ou entidade, porque configura nova investidura, não pode ser realizada validamente, pois o art. 37, § 2º da CF impõe à transgressão pena de nulidade.**

Caracteriza-se, pois, como fenômeno jurídico-administrativo, com repercussão apenas na esfera interna da Administração, que implica na movimentação do servidor no âmbito do órgão em que se encontra lotado. Dessa movimentação não irá resultar investidura em outro cargo, porque deverá se dar apenas dentro do quadro do órgão a que pertence o servidor. A "remoção", ainda que para cargo idêntico, mas pertencente ao quadro de outro órgão ou entidade, porque configura nova investidura, não pode ser realizada validamente, pois o art. 37, § 2º da CF impõe à transgressão pena de nulidade. Portanto, remoção constitui mero deslocamento do servidor na esfera do órgão de sua vinculação, sem que disso decorra qualquer alteração no liame que se estabeleceu entre ele e a Administração Pública por ocasião de sua investidura. (OLIVEIRA, Antônio Flavio de. Servidor público: remoção, cessão, enquadramento e redistribuição. 2ª. Edição. rev. e ampl. Belo Horizonte: Fórum, 2005, p. 51)

▶ **A remoção é o deslocamento do servidor, a pedido ou de ofício, no âmbito do mesmo quadro, com ou sem mudança de sede.**

A Lei 8.112/1990 define a *remoção* em seu art. 36, dizendo ser "o deslocamento do servidor, a pedido ou de ofício, no âmbito do mesmo quadro, com ou sem mudança de sede". Portanto, pode ocorrer remoção com ou sem mudança de sede. Haverá mudança de sede se o servidor necessitar alterar o município de sua lotação. Por outro lado, ele pode se remover para unidade diversa daquela onde esteja lotado, mas situada na mesma sede, como ocorre, por exemplo, com um analista judiciário que tem sua lotação alterada de uma para outra vara da mesma localidade.

▶ **Essa remoção pode ser feita a pedido do servidor ou pode ocorrer de ofício, por determinação da Administração.**

Essa remoção pode ser feita a pedido do servidor ou pode ocorrer de ofício, por determinação da Administração, nos casos em que esta necessita preencher cargos em locais onde é maior a necessidade. A remoção a pedido, no entanto, deve ser analisada pela Administração, pois deve atender, também, o interesse desta, daí por que a Lei diz que será a pedido, *mas a critério da Administração* (art. 36, parágrafo único, II).

▶ **É comum em algumas carreiras haver "concursos de remoção", oportunidade em que se abre a todos os servidores a chance de formularem seus pleitos, geralmente seguindo o critério de antiguidade no cargo.**

É comum em algumas carreiras haver "concursos de remoção", oportunidade em que se abre a todos os servidores a chance de formularem seus pleitos, geralmente seguindo o critério de antiguidade no cargo. Independentemente dos concursos, ou nos casos em que eles não ocorrem, poderá ser requerida a remoção individual, a ser examinada em processo próprio. É possível, também, que a remoção se dê com permuta, mediante troca de lotações entre dois servidores. Em qualquer caso, a Administração deverá justificar, fundamentadamente, a eventual negativa.

▶ **Nos casos de remoção de ofício, *deverá ser motivada a razão da medida*, evitando-se, assim, que eventuais interesses não institucionais interfiram no mecanismo**

Com muito mais razão, nos casos de remoção de ofício, *deverá ser motivada a razão da medida*, evitando-se, assim, que eventuais interesses não institucionais interfiram no mecanismo. É comum que em Administrações Públicas menos sérias o instituto seja usado como forma de perseguição de servidores que não são bem vistos pelo administrador de plantão, em evidente desvio de finalidade do ato administrativo.

> ◉ **No mesmo sentido:** ADMINISTRATIVO. SERVIDOR PÚBLICO. LEI ESTADUAL Nº 5.360/91, ART. 8º, INCISO I. INAMOVIBILIDADE. INCONSTITUCIONALIDADE INEXISTENTE. ATO DE REMOÇÃO. NÃO INDICAÇÃO DO MOTIVO. NULIDADE. I – Não há nenhuma inconstitucionalidade presente no art. 8º, inciso I, da Lei Estadual nº 5.360/91, haja vista que a exigência de que o ato de remoção deva simplesmente indicar o motivo não se confunde com a hipótese da garantia de inamovibilidade conferida pela Constituição Federal. II – O ato de remoção dos servidores do fisco estadual deve, objetivamente, indicar a sua razão de ser, sob pena de nulidade. Recurso provido. (RMS 12.855/PB, Rel. Ministro FELIX FISCHER, QUINTA TURMA, julgado em 04/11/2003, DJ 15/12/2003, p. 320)

▶ **Existem dois casos na esfera federal, no entanto, em que, embora seja feita a pedido, a *Lei impõe a remoção à Administração Pública* (art. 36, parágrafo único, III).**

Na verdade, são três, mas o terceiro é exatamente aquele referido "concurso de remoção", caso em que, tendo a Administração aberto a vaga à remoção, e tendo o servidor concorrido a ela e, conforme os critérios previamente divulgados, obtido êxito em conquistá-la, estará obrigada a Administração a cumprir a remoção. Os outros dois casos são os seguintes: a) *para acompanhar cônjuge ou companheiro,* também servidor público civil ou militar, de qualquer dos Poderes da União, dos Estados, do Distrito Federal e dos Municípios, que foi deslocado no interesse da Administração; b) *por motivo de saúde do servidor, cônjuge, companheiro ou dependente* que viva às suas expensas e conste do seu assentamento funcional, condicionada à comprovação por junta médica oficial.

◙ **Casamento realizado posteriormente à posse com cônjuge servidor público não dá direito à remoção, pois o matrimônio se deu por mera liberalidade dos servidores.**

ADMINISTRATIVO – SERVIDOR PÚBLICO FEDERAL – REMOÇÃO A PEDIDO – ART.36, PARÁGRAFO ÚNICO, III, "A", DA LEI N. 8.112/90 – REQUISITOS NÃO PREENCHIDOS – CARÊNCIA DE DIREITO SUBJETIVO – INDEFERIMENTO 1. Conforme o art. 36, parágrafo único, III, da Lei n. 8.112/90, a remoção, quando preenchidos todos os requisitos legais, constitui direito subjetivo do servidor, independente do interesse da Administração e independente da existência de vaga, como forma de preservação da unidade familiar, constitucionalmente resguardada. 2. A remoção para acompanhar cônjuge ou companheiro exige, obrigatoriamente, que este tenha sido deslocado para outra localidade, no interesse da Administração, inadmitida qualquer outra forma de alteração de domicílio, como a voluntária. 3. O casamento realizado posteriormente à posse com o cônjuge servidor público de unidade da federação não dá ensejo à remoção, pois o matrimônio se deu por mera liberalidade dos nubentes, inexistindo deslocamento por interesse da Administração. 4. A teoria do fato consumado visa preservar não só interesses jurídicos, mas interesses sociais já consolidados, não se aplicando, contudo, em hipóteses contrárias à lei, principalmente quando amparadas em provimento judicial de natureza precária. 5. Recurso especial não provido. (REsp 1189485/RJ, Rel. Ministra ELIANA CALMON, SEGUNDA TURMA, julgado em 17/06/2010, DJe 28/06/2010) (REsp 1.189.485/RJ, 2.ª T., Rel. Min. Eliana Calmon, j. 17.06.2010);

◙ **A primeira investidura em concurso público elide a invocação do instituto da remoção para acompanhar cônjuge, em razão do prévio conhecimento às regras do certame, as quais vinculam candidatos e administração.**

AGRAVO REGIMENTAL. RECURSO ESPECIAL. CONSTITUCIONAL E ADMINISTRATIVO. REMOÇÃO PARA ACOMPANHAR CÔNJUGE. ART. 36 DA LEI N.º 8.112/90. REQUISITOS NÃO PREENCHIDOS. INDEFERIMENTO. INADEQUADA, NA VIA ESPECIAL, INSURGÊNCIA COM TEOR CONSTITUCIONAL. STF. REVOLVIMENTO DE MATÉRIA FÁTICO-PROBATÓRIA. ENUNCIADOS 7 E 83, AMBOS DA SÚMULA DO STJ. 1. A primeira investidura em concurso público elide a invocação do instituto da remoção para reintegração da unidade familiar, em razão do prévio conhecimento das normas expressas no edital do certame, as quais vinculam candidatos e Administração, cuja atuação reflete a observância da preservação do interesse público, mediante critérios de conveniência e oportunidade (Enunciado 83 da Súmula do

STJ). 2. O *decisum* exarado pelo Tribunal de origem e os argumentos da insurgência em análise se firmaram em matéria fático-probatória, logo, para se verificar a suposta retaliação da Administração vertida no ato de nomeação do ora agravante para local distante de sua residência, ter-se-ia de reexaminar o acervo de provas dos autos, o que é incabível em tema de recurso especial, a teor do Enunciado 7 da Súmula do STJ. 3. Irresignação recursal em relação a preceitos, a princípios ou a dispositivos constitucionais não configura objeto de análise por meio da via especial. 4. Agravo regimental a que se nega provimento. (AgRg no REsp 676.430/PB, Rel. Ministro CELSO LIMONGI (DESEMBARGADOR CONVOCADO DO TJ/SP), SEXTA TURMA, julgado em 24/11/2009, DJe 14/12/2009)

◙ **Em que pese o ponto de vista dominante quanto à inexistência do direito nas hipóteses de primeiro provimento, se a remoção tiver sido deferida por força de liminar e a situação estiver consolidada no tempo, sem prejuízo para a Administração, mantém-se a remoção já deferida.**

DIREITO ADMINISTRATIVO. PROCESSUAL CIVIL. AGRAVO REGIMENTAL NO AGRAVO DE INSTRUMENTO. SERVIDOR PÚBLICO. LICENÇA PARA ACOMPANHAR CÔNJUGE QUE MUDA SEU DOMICÍLIO PARA TOMAR POSSE EM CARGO PÚBLICO. PREVISÃO LEGAL. INEXISTÊNCIA. SITUAÇÃO CONSOLIDADA NO TEMPO. ART. 226 DA CONSTITUIÇÃO FEDERAL. PROTEÇÃO À FAMÍLIA. NECESSIDADE. AGRAVO IMPROVIDO. 1. Conforme recente jurisprudência do STF e deste Tribunal, não se aplica a teoria do fato consumado quando, por força de decisão liminar, o agravado alcançou o objetivo almejado. 2. Hipótese em que, por força de liminar, foi concedido ao agravado o direito de ser removido da Alfândega do Aeroporto Internacional de São Paulo/SP para a Delegacia da Receita Federal em São José do Rio Preto/SP, para acompanhar sua esposa que mudou seu domicílio para tomar posse em cargo público. 3. Nos termos dos arts. 226 e seguintes da Constituição Federal, foi a família reconhecida como base da sociedade, razão pela qual deve receber proteção do Estado, o que deve ser observado pela Administração e pelo Poder Judiciário. 4. Não é razoável que, após 8 anos de serviço público prestado em São José do Rio Preto/SP, seja determinado o retorno do agravado ao órgão de origem, com a consequente mudança de domicílio e afastamento de sua família, mormente quando sua manutenção naquela cidade não acarreta nenhum prejuízo à Administração, e, ainda que não houvesse ocorrido o provimento judicial, certamente já teria o servidor conseguido administrativamente sua remoção. 5. Agravo regimental improvido. (AgRg no Ag 1008736/DF, Rel. Ministro ARNALDO ESTEVES LIMA, QUINTA TURMA, julgado em 29/05/2008, DJe 25/08/2008)

◙ **Em sentido contrário:** ADMINISTRATIVO. AGRAVO REGIMENTAL NO AGRAVO EM RECURSO ESPECIAL. SERVIDOR PÚBLICO FEDERAL. REMOÇÃO. PARTICULARIDADES DO CASO CONCRETO. PRESERVAÇÃO DA UNIDADE FAMILIAR. REQUISITOS DO ART. 36, PARÁGRAFO ÚNICO, III DA LEI 8.112/1990. POSSIBILIDADE DE MITIGAÇÃO. SITUAÇÃO SOBRE A QUAL O TEMPO ESTENDEU O AMPLO MANTO DA SUA JUSTA IMODIFICABILIDADE. JURISPRUDÊNCIA CONSOLIDADA PELA PRIMEIRA SEÇÃO

NO JULGAMENTO DO ERESP 1.247.360/RJ, REL. MIN. BENEDITO GON-
ÇALVES, DJE 29.11.2017. AGRAVO DA UNIÃO A QUE SE DÁ PROVIMEN-
TO, COM RESSALVA DO PONTO DE VISTA DO RELATOR. 1. Na hipóte-
se vertente, a situação fática está consolidada no tempo, haja vista que a parte
requerente teve deferida sua lotação em Porto Alegre-RS, por meio de decisão
judicial, no ano de 2012, ressalte-se que o referido provimento não foi liminar,
e sim proferido quando do julgamento da Apelação pela Corte a quo. Ademais,
a transferência, por si só, não implica prejuízos para a Administração, pois a
autora continua a prestar seus serviços à Superintendência no Estado do Rio
Grande do Sul. Destarte, de acordo com entendimento do Superior Tribunal de
Justiça, em respeito aos princípios da razoabilidade e proporcionalidade, implícitos no ordenamento jurídico, a regra do art. 36, parágrafo único, III da Lei
8.112/1990, deve ser mitigada. 2. Sendo assim, este é um caso excepcional, em
que a restauração da estrita legalidade ocasionaria mais danos sociais do que a
manutenção da situação consolidada. Precedentes: AREsp. 883.574/MS, Rel. Min.
NAPOLEÃO NUNES MAIA FILHO, DJe 19.10.2017; AgRg no AREsp. 445.860/
MG, Rel. Min. OG FERNANDES, DJe 28.3.2014 e AgRg no Ag 1.397.693/SP,
Rel. Min. BENEDITO GONÇALVES, DJe 23.3.2012. 3. Aplicação da orientação
doutrinária do Jusfilósofo alemão, Professor KARL ENGISCH (1899-1990), reportando lição do Professor HANS REICHEL (1892-1958) que, nos idos de 1915,
asseverou que o Juiz é obrigado, por força do seu cargo, a afastar-se conscientemente de uma disposição legal, quando essa disposição de tal modo contraria o sentimento ético da generalidade das pessoas que, pela sua observância, a
autoridade do Direito e da Lei correria um perigo mais grave do que através da
sua inobservância (Introdução do Pensamento Jurídico. Tradução de J.Baptista
Machado. Lisboa: Gulbenkian, 1965, p. 272). 4. Ademais, em atenção ao princípio insculpido no art. 226 da Constituição Federal, insta reconhecer que tem
o Estado interesse na preservação da família, considerada base sobre a qual se
assenta a sociedade. Outrossim, não se olvida que aludido princípio não pode
ser aplicado de forma indiscriminada, merecendo cada caso concreto uma análise acurada de suas particularidades. 5. Entretanto, em atenção à função uniformizadora desta Corte Superior, a qual, pela sua Primeira Seção, consolidou
entendimento de que não há direito à remoção para acompanhar cônjuge em
casos como o dos autos (EREsp 1.247.360/RJ, Rel. Min. BENEDITO GONÇAL-
VES, DJe 29.11.2017), dá-se provimento ao Agravo Regimental da União, com
ressalva do ponto de vista do Relator. (AgRg no AREsp 672.435/RS, Rel. Ministro NAPOLEÃO NUNES MAIA FILHO, PRIMEIRA TURMA, julgado em
21/03/2019, DJe 28/03/2019)

◉ **Em sentido contrário:** EMBARGOS DE DIVERGÊNCIA EM RECURSO ES-
PECIAL. DIREITO ADMINISTRATIVO. SERVIDOR PÚBLICO. REMOÇÃO.
RESISTÊNCIA DA ADMINISTRAÇÃO PÚBLICA. TEORIA DO FATO CON-
SUMADO. INAPLICABILIDADE. 1. Não se aplica a "Teoria do Fato Consumado" em relação a atos praticados sob contestação das pessoas envolvidas, que o
reputam irregular e manifestam a existência da irregularidade nas vias adequadas, ainda que, pela demora no transcurso do procedimento destinado à apura-

ção da legalidade do ato, este gere efeitos no mundo concreto. 2. Verificada ou confirmada a ilegalidade, o ato deve ser desfeito, preservando-se apenas aquilo que, pela consolidação fática irreversível, não puder ser restituído ao status quo ante. 3. Na espécie, nunca houve em relação à remoção do embargante aquiescência pela Administração Pública, que se manteve em permanente resistência no plano processual, sempre apontando a ilegalidade no ato de lotação do servidor em localidade diversa daquela em que tomou posse por conta do concurso público. 4. Impossibilidade de aplicação da teoria do fato consumado. Embargos de divergência providos. (EREsp 1157628/RJ, Rel. Ministro RAUL ARAÚJO, CORTE ESPECIAL, julgado em 07/12/2016, DJe 15/02/2017)

◙ **Em sentido contrário:** AGRAVO REGIMENTAL NO RECURSO EXTRAORDINÁRIO. CONSTITUCIONAL E PROCESSUAL CIVIL. CONCURSO PÚBLICO. 1. Lotação inicial em desacordo com as regras do edital. Inexistência de contrariedade ao art. 226 da Constituição da República. Precedentes. 2. Inaplicabilidade da teoria do fato consumado. Precedentes. 3. Agravo regimental ao qual se nega provimento. (RE 587934 AgR, Relator(a): Min. CÁRMEN LÚCIA, Segunda Turma, julgado em 12/03/2013, ACÓRDÃO ELETRÔNICO DJe-068 DIVULG 12-04-2013 PUBLIC 15-04-2013)

◙ **Não há interesse da Administração quando a remoção do cônjuge do servidor ocorre a pedido, por meio de concurso interno de remoção, mas somente quando o cônjuge é transferido de ofício pela Administração**

A Primeira Seção deste Tribunal Superior, ao julgar o EREsp nº 1.247.360/RJ, firmou o entendimento de que não há interesse da Administração quando a remoção do cônjuge do servidor ocorre a pedido, por meio de concurso interno de remoção, mas somente quando o cônjuge é transferido de ofício pela Administração, ou seja, na hipótese prevista no art. 36, I, da Lei nº 8.112/90. 2. Inviável a modulação dos efeitos prevista no art. 927, § 3º, do CPC/2015 para manter a lotação da recorrente na cidade de Campina Grande/PB, uma vez que a matéria era controvertida nos Tribunais quando o cônjuge da recorrente participou do concurso interno de remoção promovido no ano de 2014 pela Seção Judiciária da Paraíba (Edital de Remoção Interna nº 07/2014-SJ/PB), inexistindo alteração da jurisprudência dominante sobre a questão. 3. Recurso especial não provido. (REsp 1787795/PB, Rel. Ministro MAURO CAMPBELL MARQUES, SEGUNDA TURMA, julgado em 19/02/2019, DJe 26/02/2019)

◙ **Com relação à questão da *lotação inicial*, o STF também já entendeu não haver direito à remoção, sendo inviável a mera invocação da garantia de unidade familiar, com base no art. 226 da CF/1988.**

AGRAVO REGIMENTAL NO RECURSO EXTRAORDINÁRIO. REMOÇÃO. SERVIDOR PÚBLICO. ARTIGO 226 DA CONSTITUIÇÃO DO BRASIL. CONCURSO PÚBLICO. LOTAÇÃO INICIAL. O Supremo Tribunal Federal, em caso análogo ao presente, afastou a incidência do art. 226 da Constituição do Brasil como fundamento da concessão de remoção de servidor público quando o feito, como ocorre nestes autos, refere-se não à remoção para acompanhar cônjuge ou companheiro e sim à lotação inicial de candidato aprovado em concurso público, cujo edital previa expressamente a possibilidade de sua lotação em outros Estados da Federação. Precedente. Agravo regimental a que se nega provimento. (RE 587260 AgR, Relator(a): Min. EROS GRAU, Segunda Turma, julgado em 29/09/2009, DJe-200 DIVULG 22-10-2009 PUBLIC 23-10-2009 EMENT VOL-02379-09 PP-01895 RT v. 99, n. 891, 2010, p. 229-234)

◉ **A Excelsa Corte também entendeu que a transferência do cônjuge, de ofício, por ordem do empregador, dá direito ao servidor público federal à remoção para acompanhá-lo, pouco importando que o removido de ofício não seja também servidor regido pela Lei 8.112/1990, podendo ser empregado público.**

MANDADO DE SEGURANÇA. REMOÇÃO DE OFÍCIO PARA ACOMPANHAR O CÔNJUGE, INDEPENDENTEMENTE DA EXISTÊNCIA DE VAGAS. ART. 36 DA LEI 8.112/90. DESNECESSIDADE DE O CÔNJUGE DO SERVIDOR SER TAMBÉM REGIDO PELA LEI 8112/90. ESPECIAL PROTEÇÃO DO ESTADO À FAMÍLIA (ART. 226 DA CONSTITUIÇÃO FEDERAL). 1. Em mandado de segurança, a União, mais do que litisconsorte, é de ser considerada parte, podendo, por isso, não apenas nela intervir para esclarecer questões de fato e de direito, como também juntar documentos, apresentar memoriais e, ainda, recorrer (parágrafo único do art. 5º da Lei nº 9.469/97). Rejeição da preliminar de inclusão da União como litisconsorte passivo. 2. Havendo a transferência, de ofício, do cônjuge da impetrante, empregado da Caixa Econômica Federal, para a cidade de Fortaleza/CE, tem ela, servidora ocupante de cargo no Tribunal de Contas da União, direito líquido e certo de também ser removida, independentemente da existência de vagas. Precedente: MS 21.893/DF. 3. A alínea "a" do inciso III do parágrafo único do art. 36 da Lei 8.112/90 não exige que o cônjuge do servidor seja também regido pelo Estatuto dos servidores públicos federais. A expressão legal "servidor público civil ou militar, de qualquer dos Poderes da União, dos Estados, do Distrito Federal e dos Municípios" não é outra senão a que se lê na cabeça do art. 37 da Constituição Federal para alcançar, justamente, todo e qualquer servidor da Administração Pública, tanto a Administração Direta quanto a Indireta. 4. O entendimento ora perfilhado descansa no regaço do art. 226 da Constituição Federal, que, sobre fazer da família a base de toda a sociedade, a ela garante "especial proteção do Estado". Outra especial proteção à família não se poderia esperar senão aquela que garantisse à impetrante o direito de acompanhar seu cônjuge, e, assim, manter a integridade dos laços familiares que os prendem. 5. Segurança concedida. (MS 23058, Relator(a): Min. CARLOS BRITTO, Tribunal Pleno, julgado em 18/09/2008, DJe-216 DIVULG 13-11-2008 PUBLIC 14-11-2008 EMENT VOL-02341-02 PP-00194 RTJ VOL-00208-03 PP-01070)

◉ **O fato de não constar no assentamento funcional da Servidora seu genitor como dependente econômico não pode ser um fator impeditivo para sua remoção, uma vez que a dependência familiar não pode se restringir somente a aspectos econômicos, devendo levar em consideração outros fatores, tais como a gravidade da doença, a necessidade de acompanhamento, bem como o sofrimento psicoemocional que envolve tanto o Servidor quanto seu dependente.**

ADMINISTRATIVO. AGRAVO INTERNO NO AGRAVO EM RECURSO ESPECIAL. REMOÇÃO DE SERVIDOR PÚBLICO FEDERAL. ART. 36, III DA LEI 8.112/1990. GENITOR EM ESTADO GRAVE DE SAÚDE. A DEPENDÊNCIA FAMILIAR NÃO PODE SE RESTRINGIR TÃO SOMENTE A FATORES ECONÔMICOS. GARANTIA CONSTITUCIONAL DE PROTEÇÃO À SAÚDE E À FAMÍLIA. REQUISITOS AUTORIZADORES DA REMOÇÃO POR MOTIVO DE SAÚDE DO SERVIDOR OU DE SEUS DEPENDENTES RECONHECIDOS PELA CORTE DE ORIGEM. AGRAVO INTERNO DO ESTADO DO MARANHÃO A QUE SE NEGA PROVIMENTO. 1. O fato de não constar no assentamento funcional da Servidora seu genitor como dependente econômico não pode ser um fator impeditivo para sua remoção, uma vez que a dependência familiar não pode se restringir somente a aspectos econômicos, devendo levar em consideração outros fatores, tais como a gravidade da doença, a necessidade de acompanhamento, bem como o sofrimento psicoemocional que envolve tanto o Servidor quanto seu dependente. 2. Agravo Interno do ESTADO DO MARANHÃO a que se nega provimento. (AgInt no AREsp 1118941/MA, Rel. Ministro NAPOLEÃO NUNES MAIA FILHO, PRIMEIRA TURMA, julgado em 21/02/2019, DJe 26/02/2019)

◙ **Inaplicabilidade, aos militares, do regime jurídico dos servidores civis (Lei 8.112/90)**

ADMINISTRATIVO. MANDADO DE SEGURANÇA. MILITAR. REMOÇÃO DE CÔNJUGE DE OFÍCIO. AUSÊNCIA DE DIREITO À REMOÇÃO PARA ACOMPANHAMENTO DE CÔNJUGE. INAPLICABILIDADE DO ESTATUTO DOS SERVIDORES CIVIS. 1. Hipótese em que a impetrante, militar temporária, alega ter direito líquido e certo à remoção para o fim de acompanhar cônjuge, também militar, removido de ofício. 2. Inaplicabilidade, aos militares, do regime jurídico dos servidores civis (Lei 8.112/90). 3. A proteção que o Estado deve conferir à família (art. 226 da Constituição da República) deve ser compreendida conjuntamente com outros preceitos provenientes da mesma Constituição de 1988, dentre eles aquele que trata da destinação das Forças Armadas e de sua hierarquia e disciplina (art. 142). 4. O Estatuto dos Militares (Lei 6.880/80) não prevê o direito à remoção com o fim de acompanhar cônjuge deslocado de ofício pela Administração Pública, previsto para os servidores públicos civis da União (art. 36, III, "a", da Lei 8.112/90). 5. Segurança denegada. (MS 24.555/DF, Rel. Ministro BENEDITO GONÇALVES, PRIMEIRA SEÇÃO, julgado em 12/12/2018, DJe 17/12/2018)

◙ **É indevido o pagamento de ajuda de custo nas hipóteses do art. 36, parágrafo único, II e III, da Lei 8.112/1990, ou seja, a ajuda de custo somente é devida aos servidores que, no interesse da Administração.**

ADMINISTRATIVO. SERVIDOR PÚBLICO. REMOÇÃO A PEDIDO. AJUDA DE CUSTO. DESCABIMENTO. DECISÃO EM DISSONÂNCIA COM A JURISPRUDÊNCIA DO STJ. RECURSO PROVIDO. 1. Não ocorre afronta ao art. 489 e 1.022 do CPC/2015, quando a matéria objeto do Recurso foi enfrentada pelo Tribunal a quo, na medida em que explicitou os fundamentos pelos quais não proveu a pretensão da recorrente. Não caracteriza omissão ou falta de fundamentação a adoção de posicionamento contrário ao interesse da parte. 2. Na hipótese, o Tribunal de origem consignou que a remoção do servidor se deu a pedido. Ajuda de custo descabida. Precedentes do STJ. 3. Com efeito, nos termos da jurisprudência do STJ, é indevido o pagamento de ajuda de custo nas hipóteses do art. 36, parágrafo único, II e III, da Lei 8.112/1990, ou seja, a ajuda de custo somente é devida aos servidores que, no interesse da Administração, forem removidos ex officio (art. 36, parágrafo único, I, da Lei 8.112/1990). 4. Recurso Especial provido. (REsp 1770316/SP, Rel. Ministro HERMAN BENJAMIN, SEGUNDA TURMA, julgado em 13/11/2018, DJe 21/11/2018)

◙ **A jurisprudência desta Corte orienta-se no sentido de que, para fins de aplicação do artigo 36 da Lei 8.112/1990, o cargo de professor de Universidade Federal deve ser interpretado como pertencente a um quadro único, vinculado ao Ministério da Educação.**

PROCESSUAL CIVIL E ADMINISTRATIVO. AGRAVO INTERNO NO RECURSO ESPECIAL. SERVIDOR PÚBLICO. REMOÇÃO POR MOTIVO DE SAÚDE. INSTITUIÇÕES FEDERAIS DE ENSINO DIVERSAS. POSSIBILIDADE. 1. A jurisprudência desta Corte orienta-se no sentido de que, para fins de aplicação do artigo 36 da Lei 8.112/1990, o cargo de professor de Universidade Federal deve ser interpretado como pertencente a um quadro único, vinculado ao Ministério da Educação. Precedentes. 2. Agravo interno não provido. (AgInt no REsp 1563661/SP, Rel. Ministro BENEDITO GONÇALVES, PRIMEIRA TURMA, julgado em 10/04/2018, DJe 23/04/2018)

◙ **O deferimento do direito à remoção prevista no inciso III do art. 36 da Lei n. 8.112/1990 não impõe como requisito indispensável a coabitação entre os cônjuges.**

PROCESSUAL CIVIL. ADMINISTRATIVO. AGRAVO INTERNO NO RECURSO ESPECIAL. SERVIDOR PÚBLICO. REMOÇÃO. COABITAÇÃO ENTRE OS CÔNJUGES. REQUISITO DISPENSÁVEL. JURISPRUDÊNCIA DO STJ. 1. O acórdão recorrido encontra-se em consonância com a jurisprudência desta Corte Superior, no sentido de que o deferimento do direito à remoção, prevista no inciso III do art. 36 da Lei n. 8.112/1990, não impõe como requisito indispensável a coabitação entre os cônjuges. Precedentes. 2. Agravo interno a que se nega provimento. (AgInt no REsp 1603404/PR, Rel. Ministro SÉRGIO KUKINA, PRIMEIRA TURMA, julgado em 20/02/2018, DJe 06/03/2018)

◙ **O fato de não constar no assentamento funcional da Servidora seu genitor como dependente econômico é fator impeditivo para sua remoção**

ADMINISTRATIVO. AGRAVO INTERNO NO AGRAVO EM RECURSO ESPECIAL. REMOÇÃO DE SERVIDOR PÚBLICO FEDERAL. ART. 36, III DA LEI 8.112/1990. GENITOR EM ESTADO GRAVE DE SAÚDE. A DEPENDÊNCIA FAMILIAR NÃO PODE SE RESTRINGIR TÃO SOMENTE A FATORES ECONÔMICOS. GARANTIA CONSTITUCIONAL DE PROTEÇÃO À SAÚDE E À FAMÍLIA. REQUISITOS AUTORIZADORES DA REMOÇÃO POR MOTIVO DE SAÚDE DO SERVIDOR OU DE SEUS DEPENDENTES RECONHECIDOS PELA CORTE DE

ORIGEM. AGRAVO INTERNO DO ESTADO DO MARANHÃO A QUE SE NEGA PROVIMENTO. 1. O fato de não constar no assentamento funcional da Servidora seu genitor como dependente econômico não pode ser um fator impeditivo para sua remoção, uma vez que a dependência familiar não pode se restringir somente a aspectos econômicos, devendo levar em consideração outros fatores, tais como a gravidade da doença, a necessidade de acompanhamento, bem como o sofrimento psicoemocional que envolve tanto o Servidor quanto seu dependente. 2. Agravo Interno do ESTADO DO MARANHÃO a que se nega provimento. (AgInt no AREsp 1118941/MA, Rel. Ministro NAPOLEÃO NUNES MAIA FILHO, PRIMEIRA TURMA, julgado em 21/02/2019, DJe 26/02/2019)

◙ **Remoção x princípio da unidade familiar.**

AGRAVO REGIMENTAL NO RECURSO EXTRAORDINÁRIO. ADMINISTRATIVO. SERVIDOR PÚBLICO FEDERAL. DIREITO À REMOÇÃO. PROTEÇÃO DO ESTADO À FAMÍLIA. RESTABELECIMENTO DA UNIDADE FAMILIAR. ARTIGO 226 DA CONSTITUIÇÃO DA REPÚBLICA. AGRAVO INTERNO DESPROVIDO. (RE 860484 AgR, Relator(a): Min. LUIZ FUX, Primeira Turma, julgado em 22/03/2019, ACÓRDÃO ELETRÔNICO DJe-064 DIVULG 29-03-2019 PUBLIC 01-04-2019)

> ◙ **No mesmo sentido:** Agravo regimental no recurso extraordinário com agravo. Administrativo. Servidor público federal. Remoção. Circunstâncias fáticas que nortearam a decisão do Tribunal a quo em prol do princípio da proteção à família. Fatos e provas. Reexame. Impossibilidade. Precedentes. 1. A Corte de origem concluiu, em razão de circunstâncias fáticas específicas, que o princípio da proteção à família deveria prevalecer em relação ao princípio da supremacia do interesse público, ante o evidente prejuízo que a não remoção acarretaria para a unidade familiar. 2. Ponderação de interesses que, in casu, não prescinde do reexame do conjunto fático-probatório da causa, o qual é inadmissível em recurso extraordinário. Incidência da Súmula nº 279/STF. 3. Agravo regimental não provido. 4. Inaplicável o art. 85, 11, do CPC, pois os agravados não apresentaram contrarrazões. (ARE 992000 AgR, Relator(a): Min. DIAS TOFFOLI, Segunda Turma, julgado em 31/03/2017, PROCESSO ELETRÔNICO DJe-087 DIVULG 26-04-2017 PUBLIC 27-04-2017)

◙ **Impossibilidade de pleito de lotação inicial para acompanhar cônjuge. Figura distinta da remoção. Inaplicabilidade do princípio da unidade familiar.**

DIREITO ADMINISTRATIVO. AGRAVO REGIMENTAL EM RECURSO EXTRAORDINÁRIO COM AGRAVO. SERVIDOR PÚBLICO. PEDIDO DE REMOÇÃO. INEXISTÊNCIA DE OFENSA AO PRINCÍPIO DO JUIZ NATURAL. 1. É firme a jurisprudência desta Corte de que a convocação de juiz para compor órgão colegiado dos Tribunais locais não viola o princípio do juiz natural. Precedentes. 2. A jurisprudência do Supremo Tribunal Federal é firme em afastar a incidência do art. 226 da Constituição Federal como fundamento para concessão de remoção de servidor público na hipótese em que não se pleiteia a remoção para acompanhar cônjuge, mas sim a lotação inicial de candidato aprovado em concurso público. 3. Agravo regimental a que se nega provimento. (ARE 893961 AgR, Relator(a): Min. ROBERTO BARROSO, Primeira Turma, julgado em 19/04/2016, PROCESSO ELETRÔNICO DJe-101 DIVULG 17-05-2016 PUBLIC 18-05-2016)

◙ **O direito de transferência ex officio entre instituições de ensino congêneres conferido a servidor público federal da administração direta se estende aos empregados públicos integrantes da administração indireta.**

ADMINISTRATIVO. EMPREGADO PÚBLICO. VIOLAÇÃO O ART. 535 DO CPC/1973 NÃO CONFIGURADA. ENSINO SUPERIOR. MUDANÇA DE DOMICÍLIO EM RAZÃO DE DESIGNAÇÃO PARA CARGO EM COMISSÃO. TRANSFERÊNCIA ENTRE UNIVERSIDADES. IMPOSSIBILIDADE. 1. No que se refere à alegada afronta ao disposto no art. 535, inciso II, do CPC, o julgado recorrido não padece de omissão, porquanto decidiu fundamentadamente a quaestio trazida à sua análise, não podendo ser considerado nulo tão somente porque contrário aos interesses da parte. 2. No que se refere à alegação de que o direito de transferência ex officio de instituição de ensino se restringe a servidor público federal da administração direta, autarquias e fundações, esta não encontra respaldo na jurisprudência do STJ, que é firme no entendimento do alcance do direito também aos empregados públicos integrantes da Administração indireta, como é o caso do empregado de sociedade de economia mista. 3. No caso dos autos, o cônjuge da recorrida foi transferido para exercer cargo comissionado em outra cidade (fl. 165, e-STJ). De fato, o entendimento pacífico do STJ é de que o servidor público federal que muda de domicílio para ocupar cargo público, função ou cargo comissionados não possui direito à transferência de uma universidade para outra, mas limita-se às transferências ex officio no interesse da própria Administração. 4. Recurso Especial parcialmente provido. (REsp 1615185/MG, Rel. Ministro HERMAN BENJAMIN, SEGUNDA TURMA, julgado em 23/08/2016, DJe 13/09/2016)

◙ **Remoção para acompanhar cônjuge transferido de ofício.**

ADMINISTRATIVO. MANDADO DE SEGURANÇA. SERVIDORA PÚBLICA DA UNIVERSIDADE FEDERAL DA BAHIA. REMOÇÃO PARA ACOMPANHAR CÔNJUGE, SERVIDOR DA MARINHA DO BRASIL, TRANSFERIDO EX OFFICIO. ART. 36, III, A DA LEI 8.112/90. REQUISITOS ATENDIDOS. PARECER DO MPF PELA CONCESSÃO DA ORDEM. ORDEM CONCEDIDA. 1. O Regime Jurídico dos Servidores Públicos Federais previu três situações que permitem o deslocamento do Servidor, a pedido, no âmbito do mesmo quadro funcional, independentemente do interesse da Administração: (a) para acompanhar cônjuge ou companheiro, também Servidor Público, que foi deslocado no interesse da Administração; (b) por motivo de saúde do Servidor, cônjuge, companheiro ou dependente que viva às suas expensas; e (c) em virtude de processo seletivo promovido, na hipótese em que o número de interessados for superior ao número de vagas. Fora essas hipóteses, a remoção fica a critério do interesse da Administração. 2. Tem-se, pois, que, a teor do art. 36 da Lei 8.112/90, nas hipóteses dos incisos I e II do art. 36 da Lei 8.112/90, a concessão de remoção é ato discricionário da Administração, ao passo que, nos casos enquadrados no inciso III, o instituto passa a ser direito subjetivo do Servidor, de modo que, uma vez preenchidos os requisitos, a Administração tem o dever jurídico de promover o deslocamento horizontal do Servidor dentro do mesmo quadro de pessoal. 3. No caso dos autos, restou comprovada a união estável estabelecida entre a Impetrante e seu companheiro (fls. 17), bem como o deslocamento deste último no interesse da Administração (fls. 19), não havendo razão para o indeferimento da remoção pretendida. 4. Ordem concedida, em conformidade com o parecer do Ministério Público Federal, para reconhecer o direito da Impetrante de ser removida definitivamente para acompanhar seu cônjuge, nos termos do art. 36, parág. único, inciso III, alínea a da Lei 8.112/90, confirmando a liminar anteriormente deferida. (MS 22.283/DF, Rel. Ministro NAPOLEÃO NUNES MAIA FILHO, PRIMEIRA SEÇÃO, julgado em 10/08/2016, DJe 22/08/2016)

> **No mesmo sentido:** ADMINISTRATIVO. MANDADO DE SEGURANÇA. SER-VIDORA PÚBLICA. REMOÇÃO A PEDIDO PARA ACOMPANHAR CÔNJU-GE. MILITAR TRANSFERIDO EX OFFICIO. LEI N. 8112/90, ART. 36, III, "A". 1. A impetrante é ocupante do cargo de Professor do Ensino Básico, Técnico e Tecnológico do Instituto Federal de Educação, Ciência e Tecnologia da Bahia – IFBA e pretende a remoção de Salvador/BA para Florianópolis/SC para acompanhar o esposo militar transferido ex officio em 25 de fevereiro de 2010. 2. De acordo com o art. 36, III, alínea "a" da Lei nº 8.112/90 é possível a remoção de servidor, independentemente do interesse da Administração, para acompanhar cônjuge deslocado no interesse do serviço, situação configurada nos autos, restando evidente que a ruptura da unidade familiar não foi uma opção pessoal da impetrante, mas decorreu de fato alheio à sua vontade. 3. Ainda, na hipótese, há que se considerar o entendimento do Superior Tribunal de Justiça – STJ, em situação que se assemelha a dos autos, que é no sentido de que "o cargo de professora de Universidade Federal pode e deve ser interpretado, ainda que unicamente para fins de aplicação do art. 36, § 2º, da Lei nº 8.112/90, como pertencente a um quadro de professores federais, vinculado ao Ministério da Educação" (AgRg no AgRg no REsp 206.716/AM). 4. Remessa oficial improvida. (REOMS 0010960-92.2010.4.01.3300 / BA, Rel. DESEMBARGADORA FEDERAL GILDA SIGMARINGA SEIXAS, PRIMEIRA TURMA, e-DJF1 de 2015-04-22)

◙ **O ato de remoção deve ser motivado, sob pena de nulidade.**

ADMINISTRATIVO. PROCESSUAL CIVIL. AUSÊNCIA DE VIOLAÇÃO DO ART. 535 DO CPC. MILITAR. REMOÇÃO. INTERESSE PÚBLICO. ARTS. 2º E 50, VIII, DA LEI 9.784/99. MOTIVAÇÃO DO ATO ADMINISTRATIVO. ALTERAÇÃO DO JULGADO. REEXAME DE FATOS E PROVAS. SÚMULA 7/STJ. IMPOSSIBILIDADE. 1. Não há violação do art. 535 do CPC quando a prestação jurisdicional é dada na medida da pretensão deduzida, com enfrentamento e resolução das questões abordadas no recurso. 2. Nos termos da jurisprudência pacífica do STJ, o ato administrativo de remoção deve ser motivado. 3. Hipótese em que, para revisão do julgado como requer o recorrente, a fim de que seja reconhecida a alegada ofensa do artigo 50, inciso VIII, da Lei n. 9.784/99, é indispensável o reexame de fatos e provas, o que é vedado ao STJ, por esbarrar no óbice da Súmula 7/STJ. Agravo regimental improvido. (AgRg no REsp 1376747/PE, Rel. Ministro HUMBERTO MARTINS, SEGUNDA TURMA, julgado em 28/05/2013, DJe 05/06/2013)

◙ **Prevalência de deslocamento de servidor decorrente de concurso de remoção sobre nomeação de novos servidores para o mesmo lugar.**

MANDADO DE SEGURANÇA. ADMINISTRATIVO. SERVIDOR PÚBLICO. CONCURSO DE REMOÇÃO. INTERESSE PÚBLICO. 1. Realizado o concurso de remoção, em virtude de processo seletivo promovido (art. 36, III, "c", da Lei n. 8.112/90), afasta-se a Administração de qualquer juízo de discricionariedade, devendo-se efetivar as remoções homologadas antes de qualquer ato de nomeação de novos aprovados em concurso público de provas e títulos, sobretudo quando tal nomeação se dá para a mesma região da remoção. 2. A Administração, ao oferecer vaga a ser ocupada por critério de remoção, acaba revelando que tal preenchimento é de interesse público, pois tem por objetivo adequar o quantitativo de servidores às necessidades dos órgãos e unidades administrativas. Precedentes do STJ. 3. Vislumbra-se, portanto, direito líquido e certo a amparar a pretensão mandamental. 4. Segurança concedida. (MS 21.631/DF, Rel. Ministro OG FERNANDES, PRIMEIRA SEÇÃO, julgado em 24/06/2015, DJe 01/07/2015)

◙ **Obtenção de remoção tendo em vista a comprovação nos autos de indícios de violência doméstica sofrida pela parte impetrante.**

ADMINISTRATIVO E CONSTITUCIONAL. MANDADO DE SEGURANÇA. SERVIDOR PÚBLICO FEDERAL. REMOÇÃO. VIOLÊNCIA DOMÉSTICA. ART. 9º, § 2º, I, DA LEI 11.340/06. HIPÓTESE ANÁLOGA À PREVISTA NO ART. 36, III, "B" DA LEI 8.112/90. PROTEÇÃO À FAMÍLIA. ART. 226, § 8º DA CF/88. SENTENÇA CONCESSIVA. REMESSA OFICIAL NÃO PROVIDA. 1. Sentença que concedeu a segurança para reconhecer o direito à remoção de Professora efetiva na Área de Enfermagem do Instituto Federal da Bahia – IFBA, do campus de Barreiras/BA, para o campus de Salvador/BA, tendo em vista a comprovação nos autos de indícios de violência doméstica sofrida pela parte impetrante. 2. O ato de remoção no caso sub judice terá como fim a preservação do direito à vida, à integridade física, à segurança, ao trabalho e à família. Os bens jurídicos a serem aqui protegidos mostram-se mais importantes do que aqueles tutelados pela Lei nº 8.112/90, que permite a remoção independentemente do interesse da Administração. 3. Com base no princípio constitucional de proteção à família (art. 226, § 8º da CF/88) e no quanto previsto no art. 9º, § 2º, I, da Lei nº 11.340/06, o pedido de remoção da servidora configura hipótese análoga àquela prevista no art. 36, III, "b" da Lei nº 8.112/90, que trata de pedido de remoção a pedido, para outra localidade, independentemente do interesse da Administração. 4. Consoante proclama o STJ (REsp nº 577.229/AL), em sede de remessa oficial, confirma-se a sentença se não há qualquer questão de fato ou de direito, referente ao mérito ou ao processo, matéria constitucional ou infraconstitucional, direito federal ou não, ou princípio, que a desabone. 5. Ausentes apelos voluntários, o que reforça a higidez da decisão (dada a aparente ausência de ulterior resistência e/ou o próprio cumprimento voluntário do "decisum"), e considerando a ampla e adequada fundamentação da sentença proferida (sem notícia, de lá até aqui, de qualquer inovação no quadro fático-jurídico), e sopesando as reduzidas cargas de densidade da controvérsia e mínima complexidade jurídica, mais decorrendo o ajuizamento da demora no exame administrativo e na satisfação imediata da pretensão do direito, adiante judicialmente revelado procedente, não há qualquer óbice ao regular decurso do prazo para trânsito em julgado, ante a exatidão do decidido. 6. Remessa oficial não provida. (REOMS 0006686-12.2015.4.01.3300 / BA, Rel. DESEMBARGADORA FEDERAL GILDA SIGMARINGA SEIXAS, PRIMEIRA TURMA, e-DJF1 de 2017-04-20)

◎ **Mitigação da regra da remoção em casos excepcionalíssimos**

ADMINISTRATIVO. AGRAVO REGIMENTAL NO AGRAVO EM RECURSO ESPECIAL. SERVIDOR PÚBLICO FEDERAL. REMOÇÃO. PARTICULARIDADES DO CASO CONCRETO. PRESERVAÇÃO DA UNIDADE FAMILIAR. REQUISITOS DO ART. 36, PARÁGRAFO ÚNICO, III DA LEI 8.112/1990. POSSIBILIDADE DE MITIGAÇÃO. SITUAÇÃO SOBRE A QUAL O TEMPO ESTENDEU O AMPLO MANTO DA SUA JUSTA IMODIFICABILIDADE. JURISPRUDÊNCIA CONSOLIDADA PELA PRIMEIRA SEÇÃO NO JULGAMENTO DO ERESP 1.247.360/RJ, REL. MIN. BENEDITO GONÇALVES, DJE 29.11.2017. AGRAVO DA UNIÃO A QUE SE DÁ PROVIMENTO, COM RESSALVA DO PONTO DE VISTA DO RELATOR. 1. Na hipótese vertente, a situação fática está consolidada no tempo, haja vista que a parte requerente teve deferida sua lotação em Porto Alegre-RS, por meio de decisão judicial, no ano de 2012, ressalte-se que o referido provimento não foi liminar, e sim proferido quando do julgamento da Apelação pela Corte a quo. Ademais, a transferência, por si só, não implica prejuízos para a Administração, pois a autora continua a prestar seus serviços à Superintendência no Estado do Rio Grande do Sul. Destarte, de acordo com entendimento do Superior Tribunal de Justiça, em respeito aos princípios da razoabilidade e proporcionalidade, implícitos no ordenamento jurídico, a regra do art. 36, parágrafo único, III da Lei 8.112/1990, deve ser mitigada. 2. Sendo assim, este é um caso excepcional, em que a restauração da estrita legalidade ocasionaria mais danos sociais do que a manutenção da situação consolidada. Precedentes: AREsp. 883.574/MS, Rel. Min. NAPOLEÃO NUNES MAIA FILHO, DJe 19.10.2017; AgRg no AREsp. 445.860/MG, Rel. Min. OG FERNANDES, DJe 28.3.2014 e AgRg no Ag 1.397.693/SP, Rel. Min. BENEDITO GONÇALVES, DJe 23.3.2012. 3. Aplicação da orientação doutrinária do Jusfilósofo alemão, Professor KARL ENGISCH (1899-1990), reportando lição do Professor HANS REICHEL (1892-1958) que, nos idos de 1915, asseverou que o Juiz é obrigado, por força do seu cargo, a afastar-se conscientemente de uma disposição legal, quando essa disposição de tal modo contraria o sentimento ético da generalidade das pessoas que, pela sua observância, a autoridade do Direito e da Lei correria um perigo mais grave do que através da sua inobservância (Introdução do Pensamento Jurídico. Tradução de J. Baptista Machado. Lisboa: Gulbenkian, 1965, p. 272). 4. Ademais, em atenção ao princípio insculpido no art. 226 da Constituição Federal, insta reconhecer que tem o Estado interesse na preservação da família, considerada base sobre a qual se assenta a sociedade. Outrossim, não se olvida que aludido princípio não pode ser aplicado de forma indiscriminada, merecendo cada caso concreto uma análise acurada de suas particularidades. 5. Entretanto, em atenção à função uniformizadora desta Corte Superior, a qual, pela sua Primeira Seção, consolidou entendimento de que não há direito à remoção para acompanhar cônjuge em casos como o dos autos (EREsp 1.247.360/RJ, Rel. Min. BENEDITO GONÇALVES, DJe 29.11.2017), dá-se provimento ao Agravo Regimental da União, com ressalva do ponto de vista do Relator. (AgRg no AREsp 672.435/RS, Rel. Ministro NAPOLEÃO NUNES MAIA FILHO, PRIMEIRA TURMA, julgado em 21/03/2019, DJe 28/03/2019)

REDISTRIBUIÇÃO

▶ **Redistribuição é o deslocamento de cargo de provimento efetivo, ocupado ou vago no âmbito do quadro geral de pessoal, para outro órgão ou entidade do mesmo Poder**

De acordo com o *art. 37 da Lei 8.112/1990*, a "redistribuição é o deslocamento de cargo de provimento efetivo, ocupado ou vago no âmbito do quadro geral de pessoal, para outro órgão ou entidade do mesmo Poder, com prévia apreciação do órgão central do SIPEC (Sistema de Pessoal Civil, mantido pela Secretaria de Recursos Humanos do Ministério do Planejamento. Esse sistema é aplicável ao pessoal do Poder Executivo Federal). A redistribuição ocorre dentro do mesmo Poder e é referente a cargos de provimento efetivo podendo estes estar vagos ou ocupados.

▶ **A redistribuição não é feita com servidores, mas sim com os cargos.**

A redistribuição não é feita com servidores, mas sim com os cargos. Não obstante, estando o cargo ocupado, é evidente que o ato vai afetar seu ocupante, equivalendo, para ele, a uma verdadeira remoção de ofício, embora com nome diverso.

▶ **Critérios para a redistribuição**

Os **critérios para a redistribuição** são fixados nos diferentes incisos do art. 37, a saber: a) interesse da administração; b) equivalência de vencimentos; c) manutenção da essência das atribuições do cargo; d) vinculação entre os graus de responsabilidade e complexidade das atividades; e) mesmo nível de escolaridade, especialidade ou habilitação profissional; f) compatibilidade entre as atribuições do cargo e as finalidades institucionais do órgão ou entidade.

▶ **A justificação da redistribuição, em princípio, é a necessidade do cargo em certo órgão e a existência ociosa deste em outro, contrapondo-se déficit de um lado e superávit do outro.**

Na prática, o que se tem visto cada vez mais frequentemente é a chamada *redistribuição por reciprocidade*, que ocorre com o deslocamento simultâneo de cargos entre órgãos do mesmo Poder. Parece meio óbvio que esse tipo de redistribuição vem servindo para contornar as dificuldades impostas pela jurisprudência quanto à figura da transposição, outrora existente. No âmbito da Administração Pública Federal, no entanto, ela vem sendo admitida e até mesmo regulamentada.

◙ **A jurisprudência repele, de qualquer forma, redistribuições com claro intuito de burla ao instituto do concurso público.**

O STJ, por exemplo, já considerou ilegal a redistribuição de cargo de assessor técnico de fundação pública federal para universidade federal onde seria considerado como cargo de procurador, por não haver qualquer correspondência entre eles.

PROCESSUAL CIVIL E ADMINISTRATIVO. OFENSA AO ART. 535 DO CPC NÃO CONFIGURADA. AÇÃO CIVIL PÚBLICA. SERVIDOR. REDISTRIBUIÇÃO. ILEGALIDADE. COMPATIBILIDADE DE CARGOS NÃO CONFIGURADA. SÚMULA 7/STJ. INGRESSO NO SERVIÇO PÚBLICO SEM CONCURSO. IMPOSSIBILIDADE. RESSARCIMENTO DO SALÁRIO PERCEBIDO DE BOA-FÉ. IMPOSSIBILIDADE. 1. O Ministério Público Federal propôs Ação Civil Pública por ato de improbidade administrativa, com pedido de liminar, contra a Universidade Federal do Rio de Janeiro – UFRJ, José Henrique Vilhena de Paiva (então Reitor da UFRJ) e Luiz Cláudio de Lima Malaquias, para que se suspendesse o pagamento dos vencimentos do terceiro réu, ocupante do cargo de Procurador Federal da UFRJ, e fosse determinado seu retorno ao cargo de Assessor Técnico, Nível Superior, Classe A, Padrão III, que ocupava na Fundação Roquete Pinto, em virtude da ilegalidade na investidura naquele cargo. 2. É notório que ao Superior Tribunal de Justiça, Corte uniformizadora das normas infraconstitucionais pátrias, descabe examinar o contexto fático-probatório delineado nos autos, limitando-se a analisar as questões que aqui aportam, com base nos liames já delimitados pelos Tribunais de origem. 3. O Tribunal a quo concluiu que o recorrente Luis Cláudio de Lima Malaquias exercia, na Fundação Roquete Pinto, cargo de nível superior (Assessor Técnico). Esse cargo, porém, era privativo de detentor de curso de Ciências Exatas (Contabilidade, no caso); por essa razão ele não podia ter sido redistribuído e enquadrado no cargo de Advogado da UFRJ, e, por conseqüência, ter alçado o cargo de Procurador Federal da UFRJ, em posterior reenquadramento. 4. Diante das provas colhidas nos autos, constatou-se que a referida redistribuição do servidor para a UFRJ não observou a manutenção da essência das atribuições destes cargos, a especialidade ou a habilitação profissional do servidor, bem como a inexistência de compatibilidade entre as atribuições dos cargos. 5. Não há como o STJ afastar as premissas estabelecidas pelo acórdão a quo, a fim de verificar a tese defendida no Recurso Especial, nos termos da Súmula 7/STJ. 6. A redistribuição é forma de provimento que não enseja investidura em nenhum cargo, somente deslocamento do servidor para quadro diverso, continuando este na titularidade de seu cargo. In casu, não ocorreu deslocamento de cargo; ao contrário, o servidor deixou o cargo de Assessor Técnico para assumir o de Advogado, sem observar a necessidade do concurso público. 7. O ingresso em outra carreira sem concurso público fere os princípios da igualdade, moralidade, impessoalidade e competição, que norteiam tal instituto administrativo, constitucionalmente previsto no art. 37 da Carta Magna. 8. Tendo o servidor percebido seus vencimentos conforme o serviço prestado, com inequívoca boa-fé, não há falar em devolução aos cofres públicos da quantia percebida, sob pena de enriquecimento ilícito da Administração Pública. Precedentes do STJ. 9. Recursos Especiais não providos. (REsp 1191888/RJ, Rel. Ministro HERMAN BENJAMIN, SEGUNDA TURMA, julgado em 07/06/2011, DJe 15/06/2011)

◙ **Inconstitucionalidade de leis estaduais que autorizam redistribuição de servidores em órgãos da administração pública sem concurso público.**

DIREITO CONSTITUCIONAL E ADMINISTRATIVO. AÇÃO DIRETA DE INCONSTITUCIONALIDADE. LEIS ESTADUAIS QUE AUTORIZAM REDISTRI-

BUIÇÃO DE SERVIDORES EM ÓRGÃOS DA ADMINISTRAÇÃO PÚBLICA SEM CONCURSO PÚBLICO. SÚMULA VINCULANTE Nº 43. **1. O artigo 4º, caput, §§ 1º, 2º e 3º, da Lei Complementar nº 233, de 17.04.2002, bem como a Lei Complementar nº 244, de 12.12.2002, ambas do Estado do Rio Grande do Norte, ao autorizarem a redistribuição de servidores do Sistema Financeiro BANDERN e do Banco de Desenvolvimento do Rio Grande do Norte S.A BDRN para órgãos ou entidades da Administração Direta, autárquica e fundacional do mesmo Estado, violam o art. 37, II, da Constituição Federal.** 2. Os mesmos atos normativos afrontam igualmente a Súmula Vinculante 43: "É inconstitucional toda modalidade de provimento que propicie ao servidor investir-se, sem prévia aprovação em concurso público destinado ao seu provimento, em cargo que não integra a carreira na qual anteriormente investido". 3. Ação direta de inconstitucionalidade cujo pedido se julga procedente. (ADI 3552, Relator(a): Min. ROBERTO BARROSO, Tribunal Pleno, julgado em 17/03/2016, ACÓRDÃO ELETRÔNICO DJe-069 DIVULG 13-04-2016 PUBLIC 14-04-2016)

◉ **Redistribuição. Ato discricionário. Restrito controle jurisdicional.**

MANDADO DE SEGURANÇA. SERVIDOR. ATO DE REDISTRIBUIÇÃO. DISCRICIONARIEDADE ADMINISTRATIVA. I – O ato de redistribuição de servidor público é instrumento de política de pessoal da Administração, que deve ser realizada no estrito interesse do serviço, levando em conta a conveniência e oportunidade da transferência do servidor para as novas atividades. II – O controle judicial dos atos administrativos discricionários deve-se limitar ao exame de sua legalidade, eximindo-se o Judiciário de adentrar na análise de mérito do ato impugnado. Precedentes. Segurança denegada. (MS 12.629/DF, Rel. Ministro FELIX FISCHER, TERCEIRA SEÇÃO, julgado em 22/08/2007, DJ 24/09/2007, p. 244)

◉ **A redistribuição do cargo não implica alteração da competência da comissão processante instaurada no âmbito de Processo Administrativo Disciplinar anteriormente instaurado.**

(...) 5. O advento da Lei nº 11.457/2007, que, ao criar a Secretaria da Receita Federal do Brasil, redistribuiu o cargo ocupado pelo impetrante do Ministério da Previdência Social para o Ministério da Fazenda, não implica alteração da competência da comissão processante instaurada no âmbito do MPAS. O que se modifica é a autoridade julgadora do processo, que, no caso, passou a ser o Ministro de Estado da Fazenda, de quem, efetivamente, emanou o ato tido por coator. 6. "Ocorrendo a transgressão, fixa-se imediatamente a competência da autoridade responsável pela apuração dos ilícitos, independentemente de eventuais modificações de lotação dentro da estrutura da Administração Pública" (MS 16.530, Rel. Min. CASTRO MEIRA, PRIMEIRA SEÇÃO, DJe 30/6/2011). 7. Segurança denegada. (MS 14.797/DF, Rel. Ministro OG FERNANDES, TERCEIRA SEÇÃO, julgado em 28/03/2012, DJe 07/05/2012)

DIREITOS E VANTAGENS PREVISTOS NA LEI 8.112/1990

DIREITOS E VANTAGENS REFERENTES À REMUNERAÇÃO

▶ Além das garantias previstas na Constituição Federal, a Lei 8.112/1990 estabelece algumas outras garantias referentes aos vencimentos ou remuneração, a saber:

a) proibição de qualquer desconto, salvo por imposição legal ou mandado judicial (art. 45, *caput*);

b) possibilidade de repor ou indenizar o erário mediante pagamento parcelado, desde que o valor da parcela não seja inferior a 10% da remuneração, provento ou pensão (art. 46, *caput* e § 1.º);

c) impossibilidade de arresto, sequestro ou penhora do vencimento, remuneração ou provento, exceto nos casos de prestação de alimentos resultantes de decisão judicial (art. 48).

▶ **Impenhorabilidade do vencimento, remuneração ou proventos**

Quanto à impenhorabilidade do vencimento, remuneração ou proventos, está ela prevista, também, no art. 833, IV, do Código de Processo Civil/2015, que introduziu importante ressalva em relação ao CPC/1973, uma vez que admite a penhora de valores acima de cinquenta salários mínimos mensais (§ 2º do art. 833).

◉ **Entendimento prevalecente no STJ é de que a impenhorabilidade diz respeito ao salário ou vencimentos do mês do pagamento, e não quanto a eventuais saldos em conta ou aplicações decorrentes de salários ou vencimentos de meses anteriores.**

Deve ser recordado, ademais, que o entendimento prevalecente no STJ é de que a impenhorabilidade diz respeito ao salário ou vencimentos do mês do pagamento, e não quanto a eventuais saldos em conta ou aplicações decorrentes de salários ou vencimentos de meses anteriores (2ª Seção, EREsp 1.330.567/RS, rel. Min. Luís Felipe Salomão, j. 10/12/2014, – *Informativo STJ 554*), embora deva ser igualmente observada a possibilidade de o caso concreto se enquadrar em outra hipótese de impenhorabilidade, notadamente a do inciso X do aludido art. 833.

◉ **No que respeita à reposição de verbas recebidas, a jurisprudência, de um modo geral, diferencia as situações em que houve o recebimento de boa-fé dos demais casos.**

Se o recebimento foi feito de boa-fé, como nos casos em que o pagamento é feito pela própria Administração Pública, por seguimento a entendimento seu sobre determinada matéria, sem que para tanto o servidor tenha contribuído, é comum se considerar irrepetível o valor recebido.

◙ **Súmula 106 do TCU: O julgamento, pela ilegalidade, das concessões de reforma, aposentadoria e pensão, não implica por si só a obrigatoriedade da reposição das importâncias já recebidas de boa-fé, até a data do conhecimento da decisão pelo órgão competente.**

◙ **Súmula 249 do TCU: É dispensada a reposição de importâncias indevidamente percebidas, de boa-fé, por servidores ativos e inativos, e pensionistas, em virtude de erro escusável de interpretação de lei por parte do órgão/entidade, ou por parte de autoridade legalmente investida em função de orientação e supervisão, à vista da presunção de legalidade do ato administrativo e do caráter alimentar das parcelas salariais.**

▶ **O direito de parcelar a indenização devida ao Erário.**

O direito de parcelar a indenização devida ao Erário, previsto no art. 46, *caput* e § 1.º, do Estatuto Federal deve ser interpretado em consonância com o disposto no art. 122, § 1.º, da mesma Lei, de forma que o parcelamento só é aplicável quando não envolver ato ilícito causado dolosamente pelo servidor, ou seja, quando o dano à Administração decorrer de ato ou omissão culposos. Do contrário, a indenização será liquidada com os bens do servidor, salvo se este não os possuir. A lei, ao final, acaba até criando uma exceção, embora mitigada, à regra processual da impenhorabilidade dos vencimentos e proventos do servidor.

▶ **O legislador permite que o servidor público dê como garantia de financiamento seu próprio salário, limitado a determinado percentual, o que é normalmente designado como "consignação em folha".**

Atendendo às necessidades comuns de facilitação de acesso ao crédito mais barato, notadamente o bancário, o legislador permite que o servidor público dê como garantia de financiamento seu próprio salário, limitado a determinado percentual, o que é normalmente designado como "consignação em folha" (art. 45, § 1º da Lei 8.112/90). No âmbito federal, alteração recente, promovida pela Lei 13.172/2015, permitiu que o servidor público comprometa até 35% (trinta e cinco por cento) de sua remuneração mensal com as chamadas consignações facultativas. Exclui-se do percentual, portanto, as obrigatórias, como a consignação decorrente de determinação judicial para pagamento de prestação alimentícia.

▶ **A soma mensal das consignações (empréstimos consignados) não excederá 35% (trinta e cinco por cento) do valor da remuneração, do subsídio, do salário, do provento ou da pensão do consignado, sendo cinco por cento reservados exclusivamente para:**

I – a amortização de despesas contraídas por meio de cartão de crédito; ou II – a utilização com a finalidade de saque por meio de cartão de crédito. Para empregados, além dos percentuais previstos na regra, poderão ser acrescidos cinco pontos percentuais para consignações que não envolvam ou incluam pagamento de empréstimos, financiamentos, cartões de crédito e operações de arrendamento mercantil concedidos por instituições financeiras e sociedades de arrendamento mercantil. Pelo Decreto n.º 8.690/2018, considera-se remuneração a soma dos vencimentos com os adicionais de caráter individual e demais vantagens, nestas compreendidas as relativas à natureza ou ao local de trabalho, aquela prevista no art. 62-A da Lei nº 8.112, de 1990, ou outra paga sob o mesmo fundamento, excluídos: I – diárias; II – ajuda de custo; III – indenização de transporte a servidor que realizar despesas com a utilização de meio próprio de locomoção para execução de serviços externos, por força de atribuições próprias do cargo; IV – salário-família; V – gratificação natalina; VI – auxílio-natalidade; VII – auxílio-funeral; VIII – adicional de férias; IX – adicional pela prestação de serviço extraordinário; X – adicional noturno; XI – adicional de insalubridade, de periculosidade ou de atividades penosas; e XII – outro auxílio ou adicional de caráter indenizatório. As consignações também poderão incidir sobre verbas rescisórias devidas pelo empregador, se assim previsto no contrato de empréstimo, de financiamento, de cartão de crédito ou de arrendamento mercantil.

▶ **Não importa quantas "consignações" serão feitas no contracheque do servidor, mas sim que elas não ultrapassem o percentual indicado na lei.**

Não importa quantas "consignações" serão feitas no contracheque do servidor, mas sim que elas não ultrapassem o percentual indicado na lei, por isso que todo financiamento nessa modalidade deve ser precedido de verificação anterior da "margem consignável" da remuneração do servidor. O Decreto 8.690/2016 dispõe sobre a gestão das consignações em folha de pagamento no âmbito do sistema de gestão de pessoas do Poder Executivo Federal. Nos termos do referido Decreto, considera-se: **I – desconto** – valor deduzido de remuneração, subsídio, provento, pensão ou salário, **compulsoriamente, por determinação legal ou judicial; II – consignação** – valor deduzido de remuneração, subsídio, provento, pensão ou salário, **mediante autorização prévia e expressa do consignado; III – consignado** – aquele cuja folha de pagamento seja processada pelo sistema de gestão de pessoas do Poder Executivo federal e que tenha estabelecido com consignatário relação jurídica que autorize consignação; e **IV – consignatário** – destinatário de créditos resultantes de consignação, em decorrência de relação jurídica que a autorize. O Decreto considera como descontos: a) contribuição para o Plano de Seguridade Social do Servidor Público; b) contribuição para o Regime Geral de Previdência Social; c) obrigações decorrentes de lei ou de decisão judicial; d) imposto sobre renda e proventos de qualquer natureza; e) reposição e indenização ao erário; e) custeio parcial de benefícios e auxílios, concedidos pela administração pública federal direta e indireta, cuja folha de pagamento seja processada pelo sistema de gestão de pessoas do Poder Executivo federal; f) contribuição normal para entidade fechada de previdência complementar a que se refere o art. 40, § 15, da Constituição , observado o limite máximo estabelecido em lei; g) contribuição normal de empregado da administração pública federal indireta e do seu patrocinador para entidade fechada de previdência complementar, conforme estabelecido no plano de benefícios, observado o limite legal máximo da contribuição patronal; h) taxa de uso de imóvel funcional em favor da administração pública federal direta, autárquica e fundacional; e i) taxa relativa a aluguel de imóvel residencial da União, nos termos do Decreto-Lei nº 9.760, de 5 de setembro de 1946.

◉ **No mesmo sentido:No caso dos militares, limite dos descontos em folha é de no máximo 70% (setenta por cento) de sua remuneração, aí incluídos os descontos obrigatórios.**

ADMINISTRATIVO. CIVIL. EMPRÉSTIMO CONSIGNADO. MILITAR DAS FORÇAS ARMADAS. MEDIDA PROVISÓRIA 2.215-10/2001. NORMA ESPECÍFICA. LIMITE DE DESCONTO DE 70% DA REMUNERAÇÃO OU PROVENTOS, INCLUÍDOS DESCONTOS OBRIGATÓRIOS E AUTORIZADOS. 1. A jurisprudência desta Corte tem aplicado aos servidores públicos o entendimento de que "os arts. 2º, § 2º, inc. I, da Lei n. 10.820/2003, e 45, parágrafo único, da Lei n. 8.112/1990, estabelecem que a soma dos descontos em folha de pagamento referentes às prestações de empréstimos, financiamentos e operações de arrendamento mercantil não poderá exceder 30% da remuneração do servidor" (AgRg no REsp 1.182.699/RS, Rel. Ministro OG FERNANDES, SEXTA TURMA, julgado em 06/08/2013, DJe 02/09/2013). 2. Contudo, no que diz respeito às controvérsias relativas a empréstimos consignados em folha de pagamento dos militares das Forças Armadas, deve ser aplicada a Medida Provisória 2.215-10/2001, que é o diploma específico da matéria. 5. Desse modo, ao contrário do que estabelecem as leis que regulam o tema em relação ao trabalhadores vinculados ao regime da CLT (Lei 10.820/2003) e aos servidores públicos civis (Lei 8.112/90 e Decreto 6.386/2008), a legislação aplicável aos militares não fixou um limite específico para empréstimos consignados em folha de pagamento, mas, antes, limitou-se a estipular que, aplicados os descontos obrigatórios e autorizados, o integrante das Forças Armadas não poderá perceber quantia inferior a trinta por cento da sua remuneração ou proventos. 6. Assim, o limite dos descontos em folha do militar das Forças Armadas corresponde ao máximo 70% (setenta por cento) de sua remuneração, aí incluídos os descontos obrigatórios (artigo 15 da Medida Provisória nº 2.215-10/2001) e os descontos autorizados (definidos, pelo artigo 16 da mesma MP, como aqueles efetuados em favor de entidades consignatárias ou de terceiros, conforme regulamentação de cada força). 7. Em suma, a parcela da remuneração disponível para empréstimos consignados será aferida, em cada caso, após o abatimento dos descontos considerados obrigatórios, de modo que o militar das Forças Armadas não perceba quantia inferior a trinta por cento da sua remuneração ou proventos. 8. Conclui-se, portanto, que, em relação aos descontos facultativos em folha de pagamento dos militares das Forças Armadas, deve ser observada a regra específica prevista no artigo 14, § 3º, da Medida Provisória 2.215-10/2001. 9. Agravo interno não provido. (AgInt no AREsp 1386648/RJ, Rel. Ministro SÉRGIO KUKINA, PRIMEIRA TURMA, julgado em 18/03/2019, DJe 25/03/2019)

DIREITOS E VANTAGENS REFERENTES A INDENIZAÇÕES

INDENIZAÇÕES

A Lei 8.112/1990 prevê, em seu art. 51, quatro tipos de indenização aos servidores públicos federais por ela regidos. São elas: a) ajuda de custo; b) diárias; c) transporte; d) auxílio-moradia.

AJUDA DE CUSTO

▶ **A ajuda de custo é destinada a "compensar as despesas de instalação do servidor que, no interesse do serviço, passa a ter exercício em nova sede, com mudança de domicílio em caráter permanente.**

A **ajuda de custo** é destinada a "compensar as despesas de instalação do servidor que, no interesse do serviço, passa a ter exercício em nova sede, com mudança de domicílio em caráter permanente, vedado o duplo pagamento de indenização, a qualquer tempo, no caso de o cônjuge ou companheiro que detenha também a condição de servidor, vier a ter exercício na mesma sede" (art. 53, *caput*). Portanto, a ajuda de custo se destina a indenizar o servidor pela mudança de domicílio, o que acontecerá, via de regra, nos casos de *remoção com mudança de sede*. Além da ajuda de custo propriamente dita, que é paga ao servidor, a Administração também arca com as despesas de transporte, compreendendo passagem, bagagem e bens pessoais do servidor e de sua família (art. 53, § 1.º). A Lei também garante, dentro do prazo de um ano, contado do óbito, uma ajuda de custo e transporte para os familiares do servidor, caso ele faleça na nova localidade, e aqueles resolvam retornar ao local de origem (art. 53, § 2.º).

▶ **O cálculo da ajuda de custo é feito sobre a remuneração do servidor, não podia superar a importância equivalente a três meses daquela (art. 54). Com a edição da MP 805/2017 o valor foi restringido ao de um mês de remuneração apenas**

O cálculo da ajuda de custo é feito sobre a remuneração do servidor, não podia superar a importância equivalente a três meses daquela (art. 54). Com a edição da MP 805/2017 o valor foi restringido ao de um mês de remuneração apenas. A Lei prevê a hipótese de restituição do valor, caso o servidor não se apresente, injustificadamente, na nova sede no prazo de 30 dias (art. 57). Também é previsto o pagamento da ajuda de custo a quem, não sendo servidor da União, for nomeado para cargo em comissão, com mudança de domicílio (art. 56, *caput*).

▶ **No âmbito federal, a matéria foi regulamentada pelo *Decreto 4.004/2001*. De acordo com o art. 2.º, § 2.º, do Regulamento, a ajuda de custo corresponderá a uma remuneração, caso o servidor possua até um dependente; a duas remunera-**

ções, caso o servidor possua mais de um dependente, e a três remunerações, caso o servidor possua três ou mais dependentes.

No âmbito federal, a matéria foi regulamentada pelo *Decreto 4.004/2001*. De acordo com o art. 2.º, § 2.º, do Regulamento, a ajuda de custo corresponderá a uma remuneração, caso o servidor possua até um dependente; a duas remunerações, caso o servidor possua mais de um dependente, e a três remunerações, caso o servidor possua três ou mais dependentes.

> De acordo com o referido Decreto: Ao servidor público civil regido pela Lei no 8.112, de 11 de dezembro de 1990, que, no interesse da administração, for mandado servir em nova sede, com mudança de domicílio em caráter permanente, conceder-se-á: I – ajuda de custo, para atender às despesas de viagem, mudança e instalação; II – transporte, preferencialmente por via aérea, inclusive para seus dependentes; III – transporte de mobiliário e bagagem, inclusive de seus dependentes. Caberá ao órgão em que tiver exercício o servidor nomeado para os cargos de que trata o parágrafo anterior efetuar o pagamento das indenizações referidas neste artigo. Não será concedida ajuda de custo ao servidor que se afastar do cargo ou reassumi-lo em virtude de mandato eletivo. O valor da ajuda de custo de que trata o inciso I do art. 1º será calculado com base na remuneração de origem, percebida pelo servidor no mês em que ocorrer o deslocamento para a nova sede. É facultado ao servidor requisitado para o exercício dos cargos em comissão de que trata o § 1º do art. 1º optar pela ajuda de custo em valor equivalente à remuneração integral do respectivo cargo. A ajuda de custo corresponderá a uma remuneração, caso o servidor possua um dependente, a duas remunerações, caso o servidor possua dois dependentes e a três remunerações, caso o servidor possua três ou mais dependentes.

◙ **O STJ já entendeu que tais despesas são presumidas, conforme o número de dependentes do servidor, sendo desnecessária a comprovação daquelas.**

Esse entendimento, no entanto, deve ser adotado com cautela, sendo lícito à Administração, por evidente, proceder à apuração de eventual descumprimento da regra, por parte do servidor que tenha recebido a indenização majorada, mas não tenha procedido a mudança com seus dependentes.

> DIREITO ADMINISTRATIVO. PROCESSUAL CIVIL. RECURSO ESPECIAL. SERVIDOR PÚBLICO FEDERAL. AJUDA DE CUSTO. REMOÇÃO PARA OUTRO MUNICÍPIO. DESPESAS. EXISTÊNCIA. PRESUNÇÃO LEGAL. COMPROVAÇÃO. DESNECESSIDADE. RECURSO ESPECIAL CONHECIDO E PROVIDO. 1. Faz jus à ajuda de custo o servidor que, no interesse da Administração, passa a ter exercício em nova sede, com mudança de domicílio em caráter permanente, sendo desnecessária a comprovação das despesas realizadas, que serão presumidas de acordo com o número de seus dependentes. Inteligência do art. 53, caput, da Lei 8.112/90 c.c 2º, § 2º, do Decreto 4.004/01. 2. Recurso especial conhecido e provido. (REsp 904.183/RN, Rel. Ministro ARNALDO ESTEVES LIMA, QUINTA TURMA, julgado em 05/02/2009, DJe 09/03/2009)

▶ **Não é mais devida a ajuda de custo na hipótese em que o servidor pede a remoção**

Deve ser acrescido, no entanto, que a Lei 12.998/2014 alterou o art. 53, § 3.º, da Lei 8.112/1990, deixando expresso, agora, que não é mais devida a ajuda de custo na hipótese em que o servidor pede a remoção. O STJ, já dentro desse novo regime jurídico, decidiu que o servidor, mesmo que tenha participado de "concurso de remoção", não fará jus ao direito, ainda que o procedimento revele interesse da Administração Pública, visto que a ajuda só deve ser deferida nas hipóteses de remoção de ofício.

> ADMINISTRATIVO. PROCESSUAL CIVIL. SERVIDOR PÚBLICO FEDERAL. REMOÇÃO E PROCESSO SELETIVO. ART. 36, § ÚNICO, III, 'C' DA LEI 8.112/90. AJUDA DE CUSTO. ART. 53 DA LEI 8.112/90. INCABÍVEL. INCIDENTE DE UNIFORMIZAÇÃO. LEI 10.259/2001. DIVERGÊNCIA DA TNU EM RELAÇÃO À JURISPRUDÊNCIA DO STJ. PROCEDÊNCIA. 1. A Turma Nacional de Uniformização consignou que há o direito à percepção da ajuda de custo, para servidores removidos a pedido, em razão do entendimento firmado pelo Superior Tribunal de Justiça (AgRg no RESP 779.276/SC, Sexta turma, Rel. Min. Desembargador convocado Celso Limongi, DJ 18.5.2009; AgRg no RESP 714.297/SC, Sexta Turma, Rel. Min. Desembargadora convocada Jane Silva, DJ 1.12.2008). 2. A parte requerente alega que deveria ser aplicado o entendimento esposado no RESP 387.189/SC (Rel. Ministro Arnaldo Esteves Lima, Quinta Turma, DJ 1º.8.2006) e, assim, não seria devido pagamento da ajuda de custo, na hipótese de remoção por força da alínea 'c' do inciso III do parágrafo único do art. 36 da Lei n. 8.112/90. 3. No caso da remoção de servidor, com fulcro na hipótese da alínea 'c' do inciso III do parágrafo único do art. 36, é evidente o descabimento do pagamento de ajuda de custo na forma do art. 53, todos da Lei n. 8.112/90 , uma vez que a oferta de vagas pela administração pública somente tem por objetivo racionalizar os interesses particulares dos servidores que, de forma contumaz, entram em conflito no que se refere à escolha de lotação; não há portanto, falar, nesse caso, em "interesse de serviço". Pedido de uniformização julgado procedente. Pedido de liminar prejudicado. (Pet 8.345/SC, Rel. Ministro HUMBERTO MARTINS, PRIMEIRA SEÇÃO, julgado em 08/10/2014, DJe 12/11/2014)

◉ **Ajuda de custo e cargo comissionado. Possibilidade em casos específicos.**

> ADMINISTRATIVO. AJUDA DE CUSTO. CARGO EM COMISSÃO. DESLOCAMENTO. LEGITIMIDADE DA LIMITAÇÃO TEMPORAL. LEI QUE AUTORIZA FIXAÇÃO DE "CONDIÇÕES" EM REGULAMENTOS. PRINCÍPIOS DA MORALIDADE ADMINISTRATIVA, DA RAZOABILIDADE, DA IMPESSOALIDADE, DA EFICIÊNCIA E DA ECONOMICIDADE DA GESTÃO PÚBLICA. PRECEDENTES EM OUTROS SISTEMAS. INAPLICABILIDADE DOS PRECEDENTES REFERIDOS NO APELO. RECURSO ESPECIAL NÃO PROVIDO. RECURSO EXAMINADO PELO REGIME DO ART. 543-C DO CPC. 1. Trata-se de Ação Ordinária movida por ex--servidor público sem vínculo em cargo em comissão, pleiteando ajuda de custo (cujo valor atualizado monta aproximadamente R$ 8 mil), administrativamente indeferida,

para retornar à sua cidade de origem após exoneração. Reformou-se em acórdão a sentença de procedência. 2. O recurso foi remetido ao STJ como representativo de controvérsia, nos seguintes termos: "Com suporte no art. 543-C, § 1º do CPC, admito o presente recurso especial (representativo de controvérsia). Encaminhem-se os autos ao Superior Tribunal de Justiça, ficando suspensos os demais recursos até pronunciamento definitivo da Corte. O debate foi delimitado pelo relator desta Corte nos seguintes termos: "ajuda de custo a servidores públicos, prevista no art. 51, I, da Lei 8.112/1990, e a legalidade da limitação temporal a sua concessão quando fixada em norma regulamentadora (art. 7º, Resolução CJF 461/2005, art. 101 da Resolução CJF 4/2008 ou norma superveniente de igual conteúdo)". 3. A matéria é regulada pelos arts. 51 e 56 da Lei 8.112/1990 (que possibilitam a concessão de ajuda de custo) e pelos arts. 7º da Resolução do Conselho da Justiça Federal – CJF 461/2005 (ulteriormente revogada pela Resolução CJF 4/2008, sem alteração do preceito, repetido no art. 101, III, da referida norma) e 6º do Ato da Presidência do Tribunal Regional Federal da 5ª Região 801/2005 (que restringe a concessão do benefício àquele que já tenha recebido vantagem idêntica a esse título, no período de doze meses). 4. Afirmou-se na petição inicial: "O fundamento das decisões que indeferiram a citada concessão de ajuda de custo se sustentam, em síntese, no argumento de que a Resolução n. 461/2005 (art. 7º, III) do e. Conselho da Justiça Federal (doc. 06) e o Ato n. 801/2005 (art. 6º, III) do e. Tribunal Regional Federal da 5ª Região (doc. 07) impõem o limite temporal de 12 meses para o recebimento de nova ajuda de custo, limite este não previsto em Lei. Conforme será demonstrado nas linhas seguintes, o legislador administrativo não pode impor limites não previstos em Lei, com vistas a retirar do raio de incidência legal situações que, de fato, são abrangidas pela Lei (sentido estrito). (...) A questão discutida, então, resume-se à seguinte indagação: poderia o legislador administrativo impor limite de tempo para a concessão de ajuda de custo, a qual se encontra prevista na Lei 8.112/90 sem nenhuma limitação". 5. Logo, o resultado da presente demanda se projeta para toda e qualquer regulamentação executiva do art. 56 da Lei 8.112/1990. Ainda que não se peça na exordial a declaração da nulidade dos atos administrativos normativos, a presente decisão é claramente incompatível com seus termos – porque os debate em tese à luz de suposta extrapolação de competência -, o que provoca a manifesta incompatibilidade de tais normas e de todas as outras previstas em outros órgãos, conforme se verá adiante. 6. A Lei 8.112/1990 expressamente autoriza que os critérios para conceder ajuda de custo sejam regulamentados por norma infralegal. O art. 52, em sua redação original, determinava: "os valores das indenizações, assim como as condições para a sua concessão, serão estabelecidos em regulamento". A Medida Provisória 301/2006 alterou o texto nos seguintes termos: "os valores das indenizações estabelecidas nos incisos I a III do art. 51, assim como as condições para a sua concessão, serão estabelecidos em regulamento". A Lei 11.355/2006 fez pequena alteração e consolidou a redação atual do dispositivo: "os valores das indenizações estabelecidas nos incisos I a III do art. 51 desta Lei, assim como as condições para a sua concessão, serão estabelecidos em regulamento". A despeito das reformas legislativas, o tratamento dado pela norma a situações como a dos autos jamais se alterou. Os valores e as condições para a concessão do auxílio-moradia sempre foram fixados em regulamento.4 7. Ao estabelecer "condições" (que o vernáculo entende, entre outros sentidos, como antecedente necessário), a Lei permite restrições/limitações que nada mais são que requisitos que qualificam o servidor para o recebimento da indenização – e tal regulamentação não é de competência exclusiva do Presidente da República (Precedentes do STF). 8. Os princípios não se exaurem em escopos obtusos, inserem-se num sistema vaso comunicante, permeável por uma interpretação evolutiva, voltada a proporcionar decisão justa e ponderada, na qual prevalecem valores maiores e consentâneos com a coesão sistêmica. Nessa linha, a medida limitadora tem seu espectro inserido nos princípios da moralidade administrativa, da razoabilidade, da impessoalidade, da eficiência e da economicidade da gestão pública.9. Questionar os termos em que fixado o limite temporal exige invasão do mérito do Ato Administrativo e da Resolução em comento, o que é permitido apenas em hipótese excepcional de flagrante ilegalidade (cfr. AgRg no Ag 1.298.842/RJ, Segunda Turma, Relator Ministro Castro Meira, DJe 29.6.2010 e AgRg nos EDcl no REsp 902.419/RS, Segunda Turma, Relator Ministro Humberto Martins, DJe 15.2.2008), ausente no caso concreto. 10. O Conselho Nacional de Justiça – CNJ já tratou do tema, porque relacionado com pedido de ajuda de custo deduzido por magistrado, no paradigma constante dos Pedidos de Providência 2007.10000007809 e 2007.10000011825. Afirmou-se: "Observo ainda que os decretos regulamentadores da ajuda de custo, no plano federal, limitam a concessão da ajuda de custo a um ano, ou seja, o magistrado não pode receber em período inferior a um ano mais de uma ajuda de custo. Esta regra deve ser seguida nas concessões de ajuda de custo, sob pena de conversão dos magistrados em peregrinos, contrariando inclusive a própria natureza da ajuda de custo, com o que a ajuda de custo somente é devida em remoções que ocorrerem em prazo superior a um ano" (grifo acrescentado). 11. A Resolução 382/2008 do STF, por sua vez, dispõe sobre a concessão de ajuda de custo no âmbito daquele Tribunal e assevera que "não será concedida ajuda de custo ao Ministro ou ao servidor que: I – tiver recebido indenização dessa espécie no período correspondente aos doze meses imediatamente anteriores, ressalvada a hipótese de retorno de ofício, de que trata o § 6º do art. 3º" (grifo acrescentado). 12. Os precedentes do STJ citados no Especial não guardam similitude fática com a matéria em debate, examinada sob a ótica das normas que disciplinam o fator tempo no pedido de ajuda de custo. 13. Estabelecida a seguinte tese para efeito do art. 543-C do CPC: "A fixação de limitação temporal para o recebimento da indenização prevista no art. 53, I, da Lei 8112/1990, por meio de normas infralegais, não ofende o princípio da legalidade". 14. Recurso Especial não provido. (REsp 1257665/CE, Rel. Ministro HERMAN BENJAMIN, PRIMEIRA SEÇÃO, julgado em 08/10/2014, DJe 17/09/2015)

DESPESAS DE TRANSPORTE

▶ **É devida ao servidor que realizar despesas com a utilização de meio próprio de locomoção para a execução de serviços externos por força das atribuições próprias do cargo.**

Já a indenização de transporte é prevista no art. 60 da Lei 8.112/1990 como a "indenização de transporte ao servidor que realizar despesas com a utilização de meio próprio de locomoção para a execução de serviços externos, por força das atribuições próprias do cargo". É o caso clássico, no âmbito do Poder Judiciário, do Oficial de Justiça. Na esfera federal a matéria é regulamentada pelo Decreto 3.184/1999, com as alterações do Decreto 7.132/2010.

▶ **Regras sobre a indenização de transporte de acordo com o Decreto 3.184/1999.**

Conceder-se-á indenização de transporte ao servidor que, por opção, e condicionada ao interesse da administração, realizar despesas com utilização de meio próprio de locomoção para execução de serviços externos inerentes às atribuições próprias do cargo que ocupa, efetivo ou comissionado, atestados pela chefia imediata. Somente fará jus à indenização de transporte o servidor que estiver no efetivo desempenho das atribuições do cargo, efetivo ou comissionado, vedado o cômputo das ausências e afastamentos, ainda que considerados em lei como de efetivo exercício. Para efeito de concessão da indenização de transporte, considerar-se-á meio próprio de locomoção o veículo automotor particular utilizado à conta e risco do servidor, não fornecido pela administração e não disponível à população em geral. É vedada a incorporação do auxílio a que se refere este artigo aos vencimentos, remuneração, provento ou pensão e a caracterização como salário-utilidade ou prestação salarial in natura. A indenização de transporte corresponderá ao valor máximo diário de R$ 17,00 (dezessete reais). O pagamento da indenização de transporte será efetuado pelo Sistema Integrado de Administração de Recursos Humanos – SIAPE, no mês seguinte ao da utilização do meio próprio de locomoção. A indenização de transporte não será devida cumulativamente com passagens, auxílio-transporte ou qualquer outra vantagem paga sob o mesmo título ou idêntico fundamento. A concessão da indenização de transporte, precedida do atestado a que se refere o art. 1º, far-se-á mediante ato do dirigente do órgão setorial ou seccional do Sistema de Pessoal Civil da Administração Federal – SIPEC, publicado em boletim interno no mês em que for efetuado o seu pagamento, que indicará obrigatoriamente o cargo efetivo e a descrição sintética dos serviços externos executados pelo servidor. O ato de concessão praticado em desacordo com o disposto neste Decreto deverá ser declarado nulo e a autoridade que tiver ciência da irregularidade deverá apurar, de imediato, responsabilidades por intermédio de processo administrativo disciplinar, com vistas à aplicação da penalidade administrativa correspondente e à reposição ao erário dos valores percebidos indevidamente, sem prejuízo das sanções penais cabíveis. Os órgãos e as entidades da Administração pública direta, autárquica e fundacional deverão rever os valores dos contratos de prestação de serviços de terceiros, dos quais decorram despesas relacionadas com o transporte de servidores que executem serviços externos, por força das atribuições próprias do cargo, em face das concessões de indenização de transporte efetuadas.

▶ **Regras sobre a indenização de transporte de acordo com o Decreto 4004/2001.**

O servidor que, atendido o interesse da Administração, utilizar condução própria no deslocamento para a nova sede, fará jus à indenização da despesa do transporte, correspondente a quarenta por cento do valor da passagem de transporte aéreo no mesmo percurso, acrescida de vinte por cento do referido valor por dependente que o acompanhe, até o máximo de três dependentes. Quando os dependentes do servidor não se utilizarem do meio de deslocamento previsto neste artigo, a repartição fornecerá passagens rodoviárias ou aéreas para os que, comprovadamente, se utilizarem destes meios.

DIÁRIAS

▶ **As diárias são devidas ao servidor que, a serviço, se afasta da sede em caráter eventual ou transitório para outro ponto do território nacional ou para o exterior.**

As **diárias** são devidas ao servidor que, a serviço, se afasta da sede em caráter eventual ou transitório para outro ponto do território nacional ou para o exterior. As diárias se destinam a indenizar as parcelas de despesas extraordinárias com pousada, alimentação e locomoção urbana (art. 58, *caput*). Ela é concedida por dia de afastamento, sendo devida pela metade quando o deslocamento não exigir o pernoite fora da sede, ou quando a União custear, por meio diverso, as despesas extraordinárias cobertas por diárias (art. 58, § 1.º).

▶ **Distinção entre diárias e ajuda de custo.**

Veja-se que não podemos confundir diárias com ajuda de custo: aquelas são devidas ao servidor que presta serviço fora de sua sede, mas sem deslocamento definitivo, ao passo que a segunda só será devida com a remoção do servidor para nova sede. No âmbito do Poder Executivo federal, as diárias são regulamentadas pelo *Decreto 5.992/2006*, com os valores atualmente fixados conforme disposições do Decreto 6.907/2009. As *diárias no exterior* ainda são reguladas pelo *Decreto 71.733/1973*, com os valores atualizados pelo Decreto 6.576/2008. Se os deslocamentos para fora da sede forem uma *exigência permanente do cargo*, o servidor *não fará jus a diárias (art. 58, § 2.º)*. Em compensação, a *Lei 8.216/1991 (art. 16)* criou uma espécie de indenização, geralmente denominada de "indenização de campo", para servidores que não fazem jus a diárias, mas que tenham de se afastar de seu local de trabalho para efetuar execução de trabalhos de campo, tais como combate a endemias; marcação, inspeção e manutenção de marcos decisórios; topografia, pesquisa, saneamento básico, inspeção e fiscalização de fronteiras internacionais.

▶ **Regras sobre as DIÁRIAS de acordo com o Decreto 5.992/06.**

O servidor civil da administração federal direta, autárquica e fundacional que se deslocar a serviço, da localidade onde tem exercício para outro ponto do território nacional, ou para o exterior, fará jus à percepção de diárias segundo as disposições deste Decreto. § 1º Os valores das diárias no País são os constantes do Anexo a este Decreto. § 2º Os valores das diárias no exterior são os constantes do Anexo III do Decreto no 71.733, de 18 de janeiro de 1973, que serão pagos em dólares norte-americanos, ou, por solicitação do servidor, por seu valor equivalente em moeda nacional ou em euros. **O disposto neste artigo não se aplica:** *I – aos casos em que o deslocamento da sede constitua exigência permanente do cargo ou ocorra dentro da mesma região metropolitana; e II – aos servidores nomeados ou designados para ser-*

vir no exterior. As diárias serão concedidas por dia de afastamento da sede do serviço, destinando-se a indenizar o servidor por despesas extraordinárias com pousada, alimentação e locomoção urbana. **O servidor fará jus somente à metade do valor da diária nos seguintes casos**: *I – nos deslocamentos dentro do território nacional:* a) quando o afastamento não exigir pernoite fora da sede; b) no dia do retorno à sede de serviço; c) quando a União custear, por meio diverso, as despesas de pousada; d) quando o servidor ficar hospedado em imóvel pertencente à União ou que esteja sob administração do Governo brasileiro ou de suas entidades; ou e) quando designado para compor equipe de apoio às viagens do Presidente ou do Vice-Presidente da República; *II – **nos deslocamentos para o exterior:*** a) quando o deslocamento não exigir pernoite fora da sede; b) no dia da partida do território nacional, quando houver mais de um pernoite fora do país, c) no dia da chegada ao território nacional; d) quando a União custear, por meio diverso, as despesas de pousada; e) quando o servidor ficar hospedado em imóvel pertencente à União ou que esteja sob administração do Governo brasileiro ou de suas entidades; f) quando o governo estrangeiro ou organismo internacional de que o Brasil participe ou com o qual coopere custear as despesas com alimentação ou pousada. O servidor ocupante de cargo efetivo da administração pública federal investido em cargo comissionado ou em função de confiança poderá optar entre perceber diária no valor fixado para o cargo efetivo ou no valor aplicável para o cargo comissionado ou função de confiança que ocupe. Nos casos de afastamento da sede do serviço para acompanhar, na qualidade de assessor, titular de cargo de natureza especial ou dirigente máximo de autarquia ou fundação pública federal, o servidor fará jus a diárias no mesmo valor atribuído à autoridade acompanhada.

◙ **Policiais Federais e diárias.**

O Tribunal de origem, com base no conjunto probatório dos autos, consignou que "os policiais federais desempenham atividades de bastante relevância em todo o território nacional, o que enseja o constante deslocamento de tais servidores da área de sua lotação para outros locais, no intuito de cumprirem missões específicas atinentes à sua função, uma vez que possuem o seu quadro funcional bastante defasado. Todavia, referidos deslocamentos podem ensejar despesas extraordinárias referentes à hospedagem, alimentação e locomoção, as quais, se efetivamente ocorridas, devem ser arcadas pela União Federal, nos moldes dos artigos 51, inciso II e 58 da Lei n.º 8.112/90.(...)" (REsp 1778716/SP, Rel. Ministro HERMAN BENJAMIN, SEGUNDA TURMA, julgado em 04/12/2018, DJe 19/12/2018)

AUXÍLIO-MORADIA

Por fim, temos o **auxílio-moradia**, incluído na Lei 8.112/1990 pela Lei 11.355/2006. Esse benefício consiste no ressarcimento das despesas comprovadamente realizadas pelo servidor com aluguel de moradia ou com meio de hospedagem administrado por empresa hoteleira, no prazo de dois meses após a comprovação da despesa pelo servidor.

▶ **A concessão do benefício pressupõe a inexistência de imóvel funcional disponível para uso do servidor (art. 60-B, I), e só tem sentido para servidores que vão ocupar, temporariamente, cargos de confiança em locais distantes de sua moradia, como os assessores parlamentares.**

A concessão do benefício pressupõe a inexistência de imóvel funcional disponível para uso do servidor (art. 60-B, I), e só tem sentido para servidores que vão ocupar, temporariamente, cargos de confiança em locais distantes de sua moradia, como os assessores parlamentares. Assim sendo, não terá direito o servidor que tenha sido proprietário, promitente comprador, cessionário ou promitente cessionário de imóvel no Município onde for exercer o cargo, nos 12 meses que antecederem a sua nomeação (art. 60-B, III).

▶ **A Lei prevê que o benefício terá um valor mensal limitado a 25% (vinte e cinco por cento) do valor do cargo em comissão, função comissionada ou cargo de Ministro de Estado ocupado (art. 60-D, *caput*).**

A Lei prevê que o benefício terá um valor mensal limitado a 25% (vinte e cinco por cento) do valor do cargo em comissão, função comissionada ou cargo de Ministro de Estado ocupado (art. 60-D, *caput*). No caso de falecimento, exoneração, colocação de imóvel funcional à disposição do servidor ou aquisição de imóvel, o auxílio-moradia continuará a ser pago por um mês (art. 60-E).

DIREITOS E VANTAGENS REFERENTES A GRATIFICAÇÕES E ADICIONAIS

A Lei 8.112/1990, em seu art. 61, estabelece que, além do vencimento e das demais vantagens nela previstas, são devidas aos servidores as retribuições denominadas de gratificações e adicionais.

▶ **Diferença gratificações e adicionais**

"*Adicionais*: são vantagens pecuniárias que a Administração concede aos servidores em razão do tempo de exercício (adicional de tempo de serviço) ou em face da natureza peculiar da função, que exige conhecimentos especializados ou um regime próprio de trabalho (adicionais de função). Os adicionais destinam-se a melhor retribuir os exercentes de funções técnicas, científicas e didáticas, ou a recompensar os que se mantiveram por longo tempo no exercício do cargo". (MEIRELLES, Hely Lopes. *Direito Administrativo Brasileiro*, Editora Malheiros, 42ª edição, São Paulo, 2016: p. 604)

(...) "Gratificações: são vantagens pecuniárias atribuídas precariamente aos servidores que estão prestando serviços comuns da função em condições anormais de segurança, salubridade ou onerosidade (gratificações de serviço), ou concedida como ajuda aos servidores que reúnam as condições pessoais que a lei especifica." (MEIRELLES, Hely Lopes. Direito Administrativo Brasileiro, Editora Malheiros, 42ª edição, São Paulo, 2016: p. 608)

▶ **Os adicionais se destinam a compensar encargos decorrentes de funções especiais, que se apartam da atividade administrativa ordinária. Já as gratificações visam compensar riscos ou ônus de serviços comuns realizados em condições extraordinárias, tais como os trabalhos executados em perigo de vida e saúde, ou no período noturno, ou além do expediente normal da repartição, ou fora da sede.**

"Como já vimos precedentemente, as gratificações distinguem-se dos adicionais porque estes se destinam a compensar encargos decorrentes de funções especiais, que se apartam da atividade administrativa ordinária, e aquelas – as gratificações – visam compensar riscos ou ônus de serviços comuns realizados em condições extraordinárias, tais como os trabalhos executados em perigo de vida e saúde, ou no período noturno, ou além do expediente normal da repartição, ou fora da sede, etc. (...) Não há confundir, portanto, gratificação com adicional, pois são vantagens pecuniárias distintas, com finalidades diversas, concedidas por motivos diferentes. A gratificação é retribuição de um serviço comum prestado em condições especiais; o adicional é retribuição de uma função especial exercida em condições comuns". (MEIRELLES, Hely Lopes. Direito Administrativo Brasileiro, Editora Malheiros, 42ª edição, São Paulo, 2016: p. 609)

▶ Como se pode ver pela rápida leitura do texto da Lei 8.112/1990, o legislador não levou em conta a tradicional distinção doutrinária, não deixando claro, também, que tipo de critério veio a adotar. O enquadramento desta ou daquela parcela em alguma das categorias jurídicas em causa foi absolutamente arbitrário.

Resta evidente, pela leitura do rol dos incs. II a VII do art. 61, que a distinção entre adicional e gratificação é puramente convencional, e quase mesmo arbitrária. O que a lei define como gratificação não é adicional, e o que define como adicional não é gratificação apenas porque assim dispôs. Não é possível estabelecer nenhum denominador comum às gratificações da L. 8.112 que as afaste dos adicionais, como não o é com relação aos adicionais. Observou-se para a divisão, antes, uma tênue tradição do que motivo técnico objetivo. Tanto isso é verdade que a Seção II do Capítulo II do Título III se refere genericamente a gratificações e adicionais, quando, fossem diferentes as naturezas, teria separado os institutos, diferentemente denominados, em Seções diversas, como foi a sistemática que empregou. (RIGOLIN, Ivan Barbosa. *Comentários ao regime único dos servidores públicos civis.*7ª. ed. rev. e atual. – São Paulo: Editora Saraiva, 2012, p. 204 e 205)

▶ Foram classificadas como gratificações

a) a retribuição por exercício de função de direção, chefia ou assessoramento, objeto de lei específica quanto à determinação dos respectivos valores; b) a gratificação natalina (ou décimo terceiro salário); c) a gratificação por encargo de curso ou concurso (art. 76-A).

▶ Foram classificados como adicionais

a) o adicional por tempo de serviço (art. 67, já revogado); b) os adicionais de insalubridade, periculosidade e de atividades penosas (art. 68); c) o adicional por serviço extraordinário (art. 73); d) o adicional noturno (art. 75); e) o adicional de férias (art. 76).

GRATIFICAÇÕES

▶ A retribuição por exercício de função de direção, chefia ou assessoramento, objeto de lei específica quanto à determinação dos respectivos valores;

Este artigo foi profundamente modificado, tendo sido revogado o seu antigo § 1º pela Lei n. 9.527/97, e os §§ 2º a 5º pela Medida Provisória n. 968, de 12-4-1995. A redação atual foi dada pela Lei n. 9.527/97, e com isso as referidas MPs deixaram de incidir sobre o artigo. Pela redação atual, reza o caput simplesmente que o servidor efetivo receberá retribuição específica se vier a exercer cargo em comissão, ou função de direção, chefia ou assessoramento, ou cargo de natureza especial. Tal seria se a lei o obrigasse a exercer de graça tais funções, ou se o obrigasse a exercê-las continuando a receber pelo cargo efetivo: isso seria rigorosamente inadmissível, uma vez que realidades ocupacionais diversas exigem tratamento remuneratório equivalentemente diverso. Em verdade o que pretendeu a Lei n. 9.527/97, ao dar esta redação ao artigo, foi apenas substituir a palavra "gratificação", originária, e que tanta celeuma e confusão ensejou no serviço público federal em face da sua discutidíssima incorporabilidade (a questão dos "quintos" e dos "décimos", que ainda enseja ações judiciais em curso, aparentemente intermináveis), pela genérica retribuição, que novidade alguma constitui. Retribuição é pagamento pelo trabalho, e nada além disso, e teria sido o mesmo dizer que aquelas funções mereceriam "remuneração" pelo seu exercício, a lei chovendo no molhado. Dentre interminável jurisprudência produzida sobre o tema, e especificamente sobre os "décimos", já decidiu o STJ que "I. O art. 5º da Lei n. 9.624/98, resguardou aos servidores o cômputo do tempo residual referente ao exercício de função comissionada até 10 de novembro de 1997, para a concessão da próxima parcela de décimo. II. A incorporação da parcela de décimo prevista no art. 5º da Lei n. 9.624/98 tem como termo final a data específica em que o servidor complete o interstício de 365 dias em exercício de Função Comissionada, de acordo com a sistemática definida na redação original do art. 3º da Lei n. 8.911/94 (Precedente do Conselho de Administração desta Corte). III. In casu, tendo o recorrente preenchido os requisitos do art. 5º da Lei n. 9.624/98, e completado o interstício de 365 dias de exercício de Função Comissionada em 10.11.1998, faz jus a incorporação de uma parcela de décimo, e não de quintos como pleiteado. Recurso parcialmente provido" (REsp n. 432.986-RN, 5a Turma, DJ, 24-11-2003). A L. 8.112 não define função de direção, chefia ou assessoramento. Apenas diferencia essas funções, e de maneira clara, dos cargos em comissão, sejam de natureza especial ou não, e daqueles de provimento efetivo, e especifica neste art. 62 que ao servidor que nessas funções for investido será devida uma retribuição pelo seu exercício. Sobre os cargos ditos de natureza especial, foram já comentados em artigos anteriores da L. 8.112. A própria Constituição Federal, no art. 37, V (com a redação dada pela EC n. 19/98), aliás, já deixa muito clara a diferença entre cargo em comissão e função de confiança, uma vez que se refere a esses dois institutos de forma inteiramente separada. (RIGOLIN, Ivan Barbosa. *Comentários ao regime único dos servidores públicos civis*. 7ª. ed. rev. e atual. – São Paulo: Editora Saraiva, 2012, p. 206/207)

▶ **Gratificação natalina (ou décimo terceiro salário)**

Gratificação natalina é o 13º salário. Ele existe para o trabalhador da iniciativa privada desde a edição da Lei n. 4.090, de 13-7-1962. A União Federal estabeleceu, por lei, também o 13º salário para o servidor público, e ele vinha sendo regularmente pago até a promulgação da CF/88. Com a nova Carta, o 13º salário tornou-se um direito de todo e qualquer trabalhador brasileiro, seja servidor público, seja empregado da iniciativa privada. A L. 8.112 nada fez neste art. 63 senão traduzir, para dentro do âmbito legal e para o plano estatutário federal, este direito constitucional do trabalhador brasileiro. Significa aquela gratificação a ser paga ao servidor proporcionalmente, dentro de cada exercício, ao número de meses trabalhados, considerando-se cada fração igual ou superior a quinze dias como sendo um mês completo. O servidor admitido, por exemplo, no dia 20 de junho, e, portanto, com seis meses e dez dias de exercício até o final do ano, merecerá seis doze avos da gratificação natalina, ao final do mesmo ano. Se tivesse sido admitido e iniciado seu exercício em 10 de junho, mereceria sete doze avos. A remuneração a que se refere o artigo é sempre aquela devida no mês de dezembro, e esta previsão tem muita razão de ser, sabendo-

-se que, tradicionalmente no Brasil, tanto os empregados da iniciativa privada quanto os servidores públicos eram beneficiados por diversos aumentos de remuneração dentro de cada ano, devidos à reparação da corrosão do poder aquisitivo dos seus salários ou vencimentos, provocada pela inflação e costumeiramente procedidos pela Administração. Não seria razoável, assim, pagar gratificação natalina em dezembro de um ano tomando por base a remuneração de janeiro desse mesmo ano, ocasião em que seu valor aquisitivo estaria irremediavelmente comprometido, segundo a regra normal da escalada inflacionária corrente do Brasil. (RIGOLIN, Ivan Barbosa. *Comentários ao regime único dos servidores públicos civis.* 7ª. ed. rev. e atual. – São Paulo: Editora Saraiva, 2012, p. p. 209/210)

▶ **O servidor exonerado perceberá sua gratificação natalina, proporcionalmente aos meses de exercício, calculada sobre a remuneração do mês da exoneração.**

Este artigo complementa idealmente a sistemática de pagamento da gratificação natalina a servidores federais, focando a hipótese do servidor exonerado. Exoneração, conforme se examinou, jamais constitui punição. Seja qual for sua forma, dentre aquelas previstas nos arts. 34 e 35, o servidor exonerado tem direito a receber gratificação natalina, proporcionalmente, dentro do ano em que foi desligado, ao número de meses trabalhados, considerada mês integral a fração igual ou superior a quinze dias. É importante frisar que mesmo o servidor ocupante de cargo em comissão, à falta de discriminação na L. 8.112, tem direito a gratificação natalina, como qualquer servidor por ela regido. (RIGOLIN, Ivan Barbosa. *Comentários ao regime único dos servidores públicos civis.* 7ª. ed. rev. e atual. – São Paulo: Editora Saraiva, 2012, p. 211)

▶ **A gratificação natalina não será considerada para cálculo de qualquer vantagem pecuniária.**

Fixa este artigo que sobre a gratificação natalina não se calculará qualquer outra vantagem pecuniária. Não será jamais somada a gratificação natalina às demais remunerações mensais percebidas pelo servidor, para nenhum efeito. Não se poderá assim cogitar da "remuneração média" do servidor computando-se a gratificação natalina, como é comum quanto aos empregados regidos pela CLT. Se interessar saber a remuneração média paga no ano ao servidor, a teor do art. 66 apenas doze pagamentos no máximo serão computados, ficando excluído o 13º salário ou gratificação natalina daquele total. Com esta disposição visou o legislador federal evitar repetir-se para o âmbito da Administração direta, autárquica e fundacional pública federal o que ocorre no plano do direito do trabalho, junto às empresas privadas, na relação com seus empregados contratados pela CLT. Ali a remuneração anual média, computado o 13º salário, é considerada para inúmeros e importantes efeitos, como o cálculo de indenizações; esta hipótese inexiste para o servidor regido pela L. 8.112. Nada na Constituição obriga a comportamento diverso da lei federal, de modo que parece constitucional e jurídica esta disposição, e novamente não se lhe adentra o mérito. (RIGOLIN, Ivan Barbosa. *Comentários ao regime único dos servidores públicos civis.* 7ª. ed. rev. e atual. – São Paulo: Editora Saraiva, 2012, p. 211)

ADICIONAIS

▶ **Adicionais de insalubridade, periculosidade e de atividades penosas (art. 68);**

Os adicionais decorrentes de trabalho em condições de insalubridade, periculosidade e penosidade estão expressamente previstos no art. 7.º, XXIII, da CF/1988, mas estranhamente foram retirados da regra de remissão dos servidores públicos, existente no art. 39, § 3.º, da Carta Magna, pela EC 19/1998. Não obstante, o art. 68 do Estatuto do Servidor Público federal resguarda o direito, desde que o trabalho seja prestado com habitualidade, ou seja, não ocorra a exposição de maneira simplesmente eventual ou acidental.

▶ **Esses adicionais têm ampla e pormenorizada regulamentação na legislação trabalhista (arts. 189 a 197 da CLT e Normas Regulamentadoras do Ministério do Trabalho e Emprego).**

<u>O de insalubridade</u> é devido pelo trabalho executado mediante exposição a agentes nocivos à saúde, tais como poeira, insolação ou calor extremo, frio intenso, ruído etc., variando o percentual conforme o tempo de exposição e as medidas tomadas para a redução ou mitigação da insalubridade. <u>O de periculosidade</u> decorre da exposição a agentes considerados perigosos à saúde, ou seja, que podem ser letais, independentemente da adoção de medidas individuais ou coletivas de proteção, como é o caso de pessoas que trabalham com combustíveis, explosivos, expostas a radiações ionizantes e eletricidade e que trabalham em situação de exposição permanente a roubos ou outras espécies de violência física nas atividades profissionais de segurança pessoal ou patrimonial (art. 193 da CLT), sendo difícil, em relação a estes, a compreensão do sentido de eliminação dos riscos, prevista no art. 68, § 2.º, do Estatuto federal. Havendo exposição concomitante a agentes insalubres e perigosos, o servidor deve optar por um dos adicionais (art. 68, § 1.º).

◙ **O adicional de insalubridade, ou seja, aquele devido aos servidores que trabalham com habitualidade em locais insalubres ou em contato permanente com substâncias tóxicas, radioativas ou com risco de vida, tem eficácia plena.**

O STJ já decidiu que o art. 68 da Lei 8.112/1990 é regra de eficácia imediata e plena, que não necessita de regulamentação, determinando que o adicional de insalubridade ou periculosidade será calculado sobre o vencimento do cargo efetivo, conforme entendimento expresso no REsp 378.953/RS, Rel. Min. José Arnaldo da Fonseca, Quinta Turma, DJ 13/5/2002. . Recurso Especial parcialmente provido. (REsp 1755087/RS, Rel. Ministro HERMAN BENJAMIN, SEGUNDA TURMA, julgado em 02/04/2019, DJe 22/04/2019)

◙ **O pagamento do adicional de insalubridade e periculosidade ao servidor tem como termo inicial a data do laudo pericial e não o período anterior à formalização do mesmo.**

PEDIDO DE UNIFORMIZAÇÃO DE JURISPRUDÊNCIA. ADICIONAL DE INSALUBRIDADE. RECONHECIMENTO PELA ADMINISTRAÇÃO. RETROAÇÃO DOS

EFEITOS DO LAUDO. IMPOSSIBILIDADE. PRECEDENTES DO STJ. INCIDEN-
TE PROVIDO. 1. Cinge-se a controvérsia do incidente sobre a possibilidade ou não
de estender o pagamento do adicional de insalubridade e periculosidade ao servidor
em período anterior à formalização do laudo pericial. 2. O artigo 6º do Decreto n.
97.458/1989, que regulamenta a concessão dos adicionais de insalubridades, estabelece textualmente que "[a] execução do pagamento somente será processada à vista de
portaria de localização ou de exercício do servidor e de portaria de concessão do adicional, bem assim de laudo pericial, cabendo à autoridade pagadora conferir a exatidão esses documentos antes de autorizar o pagamento." 3. A questão aqui trazida não
é nova. Isso porque, em situação que se assemelha ao caso dos autos, o Superior Tribunal de Justiça tem reiteradamente decidido no sentido de que "o pagamento de insalubridade está condicionado ao laudo que prova efetivamente as condições insalubres a
que estão submetidos os Servidores. Assim, não cabe seu pagamento pelo período que
antecedeu a perícia e a formalização do laudo comprobatório, devendo ser afastada a
possibilidade de presumir insalubridade em épocas passadas, emprestando-se efeitos
retroativos a laudo pericial atual" (REsp 1.400.637/RS, Rel. Ministro Humberto Martins,
Segunda Turma, DJe 24.11.2015). No mesmo sentido: REsp 1.652.391/RS, Rel. Ministro
Herman Benjamin, Segunda Turma, DJe 17.5.2017; REsp 1.648.791/SC, Rel. Ministro
Herman Benjamin, Segunda Turma, DJe 24.4.2017; REsp 1.606.212/ES, Rel. Ministro
Og Fernandes, Segunda Turma, DJe 20.9.2016; EDcl no AgRg no REsp 1.2844.38/SP,
Rel. Ministro Napoleão Nunes Maia Filho, Primeira Turma, DJe 31.8.2016. 4. O acór-
dão recorrido destoa do atual entendimento do STJ, razão pela qual merece prosperar
a irresignação. 5. Pedido julgado procedente, a fim de determinar o termo inicial do
adicional de insalubridade à data do laudo pericial. (PUIL 413/RS, Rel. Ministro BE-
NEDITO GONÇALVES, PRIMEIRA SEÇÃO, julgado em 11/04/2018, DJe 18/04/2018)

◙ **O Superior Tribunal de Justiça consolidou orientação de que a norma prevista
no art. 71 da Lei n. 8.112/1990 é de eficácia limitada, de modo que se faz necessária regulamentação para a concessão do adicional de atividade penosa.**

PROCESSUAL CIVIL. AUSÊNCIA DE OMISSÃO. ART. 535, II, DO CPC. EM-
BARGOS À EXECUÇÃO. FALTA DE PREQUESTIONAMENTO. SÚMULA 211 DO
STJ. SERVIDOR PÚBLICO DO PODER JUDICIÁRIO. ADICIONAL DE ATIVIDADE
PENOSA. ZONA DE FRONTEIRA. AUSÊNCIA DE REGULAMENTAÇÃO. PRECE-
DENTE. 1. Não se configura a ofensa ao art. 535 do Código de Processo Civil, uma
vez que o Tribunal a quo julgou integralmente a lide e solucionou a controvérsia, tal
como lhe foi apresentada. 2. A indicada afronta do art. 17 da Lei 8.270/1991; do art.
2º do Decreto 226/1996; do art. 26 do Decreto 678/1992 e do art. 2º da Lei 9.527/1997
não pode ser analisada, pois o Tribunal de origem não emitiu juízo de valor sobre esse
dispositivo legal. O Superior Tribunal de Justiça entende ser inviável o conhecimento
do Recurso Especial quando os artigos tidos por violados não foram apreciados pelo
Tribunal a quo, a despeito da oposição de Embargos de Declaração, haja vista a ausência do requisito do prequestionamento. Incide, na espécie, a Súmula 211/STJ. 3. O
TRF decidiu em consonância com o entendimento do STJ no sentido de que a norma
de eficácia condicionada à prévia regulamentação não pode obrigar a União a conceder a vantagem pleiteada pelos autores, porquanto não existem parâmetros para a sua

percepção. Dessa forma, não cabe aos recorrentes, Servidores Públicos da Justiça Federal da Subseção Judiciária de Foz do Iguaçu, o recebimento do adicional de atividade penosa. REsp 1495287/RS, Rel. Ministro Mauro Campbell Marques, Segunda Turma, DJe 7/5/2015). 4. Recurso Especial parcialmente conhecido e, nessa parte, não provido. (REsp 1.550.710/PR, Rel. Ministro HERMAN BENJAMIN, SEGUNDA TURMA, julgado em 22/9/2015, DJe 3/2/2016)

> PROCESSUAL CIVIL. AGRAVO REGIMENTAL NO RECURSO ESPECIAL. ENUNCIADO ADMINISTRATIVO N. 02/STJ. SERVIDOR PÚBLICO FEDERAL. LEGITIMIDADE RECURSAL DO MINISTÉRIO PÚBLICO. INTELIGÊNCIA DA SÚMULA 99/STJ E ART. 499, § 2°, DO CPC/1973. PRECEDENTES DO STF E DO STJ. PRETENSÃO DE RECEBIMENTO DO ADICIONAL DE ATIVIDADE PENOSA DESDE O INÍCIO DO EXERCÍCIO NA LOCALIDADE. ART. 71 DA LEI 8.112/1990. IMPOSSIBILIDADE. NORMA QUE CARECE DE EFICÁCIA PLENA E IMEDIATA. NECESSIDADE DE REGULAMENTAÇÃO. PRETENSÃO DE ATRIBUIÇÃO DE EFEITOS RETROATIVOS À PORTARIA PGR/MPU 633/2010. MALVERSAÇÃO DE PRECEITO NÃO ENQUADRADO NO CONCEITO DE TRATADO OU LEI FEDERAL. IMPOSSIBILIDADE. PRECEDENTES. AGRAVO REGIMENTAL NÃO PROVIDO. 1. É firme o entendimento no âmbito do STJ no sentido de que o Ministério Público tem legitimidade para recorrer nos processos em que oficiou como custos legis, ainda que se trata de controvérsia relativa a direitos individuais disponíveis e as partes estejam devidamente representadas por advogados. Inteligência do Enunciado da Súmula 99/STJ e do art. 499, § 2°, do CPC/1973. Precedentes do STF e do STJ. Preliminar de ilegitimidade recursal do Parquet rejeitada. 2. Busca o autor, servidor público do quadro de pessoal do Ministério Público Federal, o reconhecimento do seu direito à percepção do adicional de atividade penosa, previsto no art. 71 da Lei 8.112/1990, durante o período em que ainda não existia regulamentação específica no âmbito daquele órgão acerca de tal vantagem. 3. O art. 71 da Lei 8.112/1990, ao regulamentar o direito ao adicional de atividade penosa, dispõe que "o adicional de atividade penosa será devido aos servidores em exercício em zonas de fronteira ou em localidades cujas condições de vida o justifiquem, nos termos, condições e limites fixados em regulamento". Desse modo, conclui-se que o suporte fático necessário para a garantia do adicional de penosidade vai muito além do trabalho em zona de fronteira ou em localidades que o justifiquem, dependendo de termos, condições e limites previstos em regulamento. Portanto, ao passo em que a Lei 8.112/1990 garante o adicional de penosidade para todos os servidores em exercício em local que o justifique, essa mesma Lei não possui todas as condições normativas para a imediata concessão desse adicional, de modo que tal vantagem não pode ser concedida apenas com base na Lei 8.112/1990. 4. Não cabe ao STJ, na via do recurso especial, proceder à análise das disposições da Portaria PGR/MPU 633/2010, porquanto tal ato não se enquadra no conceito de tratado ou lei federal prevista no permissivo constitucional. 5. Não há disposições na Lei 8.112/1990 pela retroação dos efeitos consequentes da normatização do adicional de penosidade. A Lei 8.112/1990: i) criou o adicional de atividade penosa; ii) o garantiu aos servidores que traba-

lhem em local que o justifique; e iii) asseverou que as condições para o deferimento do adicional serão regulamentas especificamente. Tendo em vista essas disposições, não se encontram omissões legislativas no presente caso, mas sim opção de condicionar o adicional de penosidade à observação de regulamento específica. 6. O Superior Tribunal de Justiça, em hipótese semelhante, já se manifestou pela impossibilidade dos servidores públicos receberem valores retroativos decorrentes da regulamentação de regimes jurídicos ao asseverar que: i) normas de eficácia condicionada (limitada) não são auto-aplicáveis; ii) não é possível conceder eficácia retroativa à regulamentação quando inexistente norma legal; iii) a Administração Pública só pode realizar o que lhe é permitido por lei. Precedente: RMS 20.118/RJ, Rel. Ministro GILSON DIPP, QUINTA TURMA, julgado em 19/06/2007, DJ 06/08/2007, p. 539. 7. Agravo regimental não provido. (AgRg no REsp 1.491.890/RS, Rel. Ministro MAURO CAMPBELL MARQUES, SEGUNDA TURMA, julgado em 9/8/2016, DJe 19/8/2016)

◙ **O adicional de atividade penosa depende de termos, condições e limites previstos em regulamento, ou seja, não possui eficácia plena.**

ADMINISTRATIVO E PROCESSUAL CIVIL. RECURSO ESPECIAL REPRESENTATIVO DE CONTROVÉRSIA DE NATUREZA REPETITIVA. SERVIDOR PÚBLICO FEDERAL. INDENIZAÇÃO POR TRABALHO EM LOCALIDADES ESTRATÉGICAS, VINCULADAS À PREVENÇÃO, CONTROLE, FISCALIZAÇÃO E REPRESSÃO DE DELITOS TRANSFRONTEIRIÇOS. ART. 1º, § 2º, DA LEI 12.855/2013. AUSÊNCIA DE REGULAMENTAÇÃO. NECESSIDADE DE ATO NORMATIVO REGULAMENTADOR. PRECEDENTES DO STJ E DO STF. ALEGADA VIOLAÇÃO AO ART. 12, XXV, DA LEI 13.080/2015. INCIDÊNCIA DA SÚMULA 211/STJ. TESE FIRMADA SOB O RITO DOS RECURSOS ESPECIAIS REPETITIVOS. RECURSO ESPECIAL CONHECIDO, EM PARTE, E, NESSA PARTE, PARCIALMENTE PREJUDICADO, E, QUANTO AO REMANESCENTE, IMPROVIDO. (...) II. A controvérsia ora em apreciação, submetida ao rito dos recursos especiais representativos de controvérsia, nos termos dos arts. 1.036 a 1.041 do CPC/2015, cinge-se em estabelecer se a Lei 12.855/2013 – que prevê, em seu art. 1º, indenização destinada aos servidores públicos federais mencionados em seu § 1º, em exercício em unidades situadas em localidades estratégicas, vinculadas à prevenção, controle, fiscalização e repressão dos delitos transfronteiriços – tem eficácia imediata, ou, se para a percepção da aludida indenização, há necessidade de ato normativo regulamentador de seu art. 1º, § 2º, a fim de definir tais localidades estratégicas. III. Da leitura do art. 1º da Lei 12.855/2013 observa-se que, de forma clara, instituiu ela uma indenização a ser paga a servidores públicos da União, pertencentes às Carreiras e aos Planos Especiais de Cargos nela indicados, cujas atribuições estejam relacionadas à prevenção, controle, fiscalização e repressão aos delitos transfronteiriços, e desde que esses servidores se encontrem em exercício em localidades estratégicas, a serem definidas em ato do Poder Executivo, por Município, devendo ser considerados, para tanto, os seguintes critérios: (i) a localização dos Municípios em região de fronteira e (ii) a dificuldade de fixação de efetivo (art. 1º, § 2º, I e IV, da Lei 12.855/2013). IV. Assim, apesar de a Lei 12.855/2013 ter vinculado o direito indenizatório aos servidores nela mencionados, que estivessem em exercício em localidade estratégica vinculada à prevenção, controle, fiscalização e repressão dos delitos transfronteiriços, deixou para a norma regulamentadora posterior, do Poder Executivo, a definição de tais localidades estratégicas, devendo ser levados em conta, para tal, dois critérios cumulativos, ou seja, a localização dos Municípios em região de fronteira, bem como a dificuldade de fixação de pessoal nessas localidades. V. Com efeito, houve veto presidencial aos incisos II e III do § 2º do art. 1º do PL 4.264/2012, que originou a Lei 12.855/2013 – normas que previam, como critério para a definição de "localidade estratégica", também a "existência de postos de fronteira, ou de portos e aeroportos de ou para outros países" (inciso II) e a "existência de unidades a partir das quais seja exercido comando operacional sobre os postos de fronteira" (inciso III) -, e ao art. 5º do referido Projeto de Lei, que determinava que a Lei entraria em vigor "na data de sua publicação, produzindo efeitos a partir de 1º de janeiro de 2013". VI. O exame das razões do veto presidencial aos aludidos dispositivos legais conduz à exegese de que a teleologia da norma era a de privilegiar conjuntamente, na definição de "localidade estratégica", os critérios de localização do Município em região de fronteira e de dificuldade de fixação de pessoal, além da necessidade de regulamentação da matéria por ato do Poder Executivo, que definisse as localidades estratégicas nas quais seria devida a indenização, aos servidores efetivos das Carreiras e Planos Especiais de Cargos na Lei mencionados, com exercício nas referidas localidades. De fato, os incisos II e III do § 2º do art. 1º do PL 4.264/2012 foram vetados, pelo Presidente da República, ao fundamento de que, "da forma como redigidos, os dispositivos ampliam os critérios para a definição das localidades estratégicas para fins de pagamento de parcela indenizatória, possibilitando a inclusão de áreas onde não haja dificuldade de fixação de servidores, o que representaria um desvirtuamento do objetivo original da medida, focada, sobretudo, nas regiões efetivamente fronteiriças". De igual modo, restou vetado o art. 5º do PL 4.264/2012, porque "em contrariedade ao interesse público", pois ignoraria "a necessidade de regulamentação da matéria, quanto às localidades estratégicas abrangidas, assim como sua natureza indenizatória".VII. A Lei 12.855/2013 contém norma de eficácia limitada, a depender, por conseguinte, de regulamentação. Na lição de HELY LOPES MEIRELLES, normas de eficácia limitada são "as leis que trazem a recomendação de serem regulamentadas, não são exequíveis antes da expedição do decreto regulamentar, porque esse ato é conditio juris da atuação normativa da lei. Em tal caso, o regulamento opera como condição suspensiva da execução da norma legal, deixando os seus efeitos pendentes até a expedição do ato do Executivo" (in Direito Administrativo Brasileiro. RT, 14ª ed., 1989, p. 108). VIII. Em situação assemelhada – e respeitadas as especificidades -, esta Corte, ao tratar do Adicional de Atividade Penosa, em razão de desempenho de atividades em zona de fronteira, firmou a compreensão no sentido de que "a concessão do Adicional de Atividade Penosa aos servidores públicos federais depende de 'termos, condições e limites previstos em regulamento', evidenciado, assim, o caráter de norma de eficácia limitada do art. 71 da Lei 8.112/1990, porquanto a concessão da referida vantagem aos servidores públicos federais depende de regulamentação" (STJ, REsp 1.495.287/RS, Rel. Ministro MAURO CAMPBELL MARQUES, SEGUNDA TURMA, DJe de 07/05/2015). IX. No que respeita à alegada autoaplicabilidade da aludida Lei

12.855/2013, "este e. STJ já firmou entendimento no sentido de que 'a indenização prevista na Lei 12.855/2013 ainda depende de regulamentação pelo Poder Executivo, de modo que não cabe ao Poder Judiciário, que não tem função legislativa, fixar o rol de servidores que a ela farão jus nem atribuir-lhes vantagem ou indenização correlatas'" (STJ, AgInt no AREsp 1.020.717/RS, Rel. Ministro MAURO CAMPBELL MARQUES, SEGUNDA TURMA, DJe de 02/05/2017). Nesse sentido: STJ, AgInt no REsp 1.583.665/RS, Rel. Ministro HERMAN BENJAMIN, SEGUNDA TURMA, DJe de 12/09/2016; AgRg no AREsp 826. 658/RS, Rel. Ministro HERMAN BENJAMIN, SEGUNDA TURMA, DJe de 25/05/2016; AgInt no REsp 1.617.046/PR, Rel. Ministro SÉRGIO KUKINA, PRIMEIRA TURMA, DJe de 22/11/2016; STF, AgRg no ARE 1.021.861, Rel. Ministro EDSON FACHIN, SEGUNDA TURMA, DJe de 20/10/2017; AgRg no ARE 988.452, Rel. Ministro RICARDO LEWANDOWSKI, SEGUNDA TURMA, DJe de 04/04/2017. X. A corroborar tal compreensão, verifica-se que o Poder Executivo, em 06/12/2017 (DOU de 07/12/2017), regulamentou a Lei 12.855/2013, por meio dos Decretos 9.224 (Carreira de Policial Federal e Plano Especial de Cargos do Departamento da Polícia Federal), 9.225 (Carreira de Auditoria-Fiscal do Trabalho), 9.226 (Carreira de Fiscal Federal Agropecuário), 9.227 (Carreira Tributária e Aduaneira da Receita Federal e Plano Especial de Cargos do Ministério da Fazenda) e 9.228 (Carreira de Policial Rodoviário Federal e Plano Especial de Cargos do Departamento da Polícia Rodoviária Federal), tendo sido publicadas, em 20/12/2017, as correspondentes Portarias 455, 458, 457, 459 e 456, de 19/12/2017, do Ministério do Planejamento, Desenvolvimento e Gestão, relacionando os Municípios que foram definidos, como localidades estratégicas, para fins da percepção da aludida indenização, todos os referidos atos normativos com vigência a partir de sua publicação. Noticia o Sindicato autor que, em consequência, foi implantada, em folha de pagamento dos substituídos, a partir de janeiro de 2018, a Indenização por Trabalho em Localidade Estratégica, com o pagamento dos valores referentes aos dias trabalhados em dezembro de 2017 e janeiro de 2018. XI. Na inicial, a parte autora formulou, no mérito, os pedidos de condenação da União a implantar, em folha de pagamento dos substituídos – Agentes, Escrivães e Papiloscopistas da Polícia Federal, lotados e em exercício na Delegacia de Polícia Federal de Foz do Iguaçu -, a Indenização por Trabalho em Localidade Estratégica, prevista na Lei 12.855/2013, bem como a pagar os valores retroativos da aludida vantagem, desde a entrada em vigor da referida Lei 12.855/2013, com os acréscimos legais. XII. Quanto ao pedido de implantação, em folha de pagamento dos substituídos, da aludida Indenização por Trabalho em Localidade Estratégica, a pretensão perdeu o seu objeto e o Recurso Especial restou prejudicado, no particular, com a regulamentação da matéria, em dezembro de 2017, e o pagamento das diferenças remuneratórias, a partir da aludida data, incluindo a referida Portaria 455, de 19/12/2017, o Município de Foz do Iguaçu como localidade estratégica, para os fins da mencionada Lei 12.855/2013. XIII. A tese de violação ao art. 12, XXV, da Lei 13.080/2015 não merece ser conhecida, por falta de prequestionamento, incidindo, no caso, a Súmula 211/STJ. XIV. Tese jurídica firmada: "A Lei 12.855/2013, que instituiu a Indenização por Trabalho em Localidade Estratégica, é norma de eficácia condicionada à prévia regulamentação, para definição das localidades consideradas estratégicas, para fins de pagamento da referida vantagem". XV. Caso concreto: Recurso Especial conhecido, em parte, e, nessa parte, parcialmente prejudicado, e, quanto ao remanescente, improvido. XVI. Recurso julgado sob a sistemática dos recursos especiais representativos de controvérsia (art. 1.036 e seguintes do CPC/2015 e art. 256-N e seguintes do RISTJ). (REsp 1617086/PR, Rel. Ministra ASSUSETE MAGALHÃES, PRIMEIRA SEÇÃO, julgado em 28/11/2018, DJe 01/02/2019)

◙ **Zona de fronteira – Faixa de fronteira – Região de fronteira. Distinção**

RESP – ADMINISTRATIVO – GEL – A legislação aplicada à espécie precisa ser interpretada lógica e finalisticamente; a gratificação só se justifica, reunidas características da região em que o servidor trabalha. Não é mera questão geográfica. Tanto assim, o Decreto nº 493, de 10 de abril de 1992 – Regulamenta a Gratificação Especial de Localidade – relacionou os locais para tal efeito, tidos como "zonas de fronteiras ou localidades referidas no Anexo a este Decreto". (REsp 203.958/RS, Rel. Ministro LUIZ VICENTE CERNICCHIARO, SEXTA TURMA, julgado em 20/05/1999, DJ 01/07/1999, p. 217)

◙ **Inexistência de direito líquido e certo ao recebimento retroativamente a 11 de novembro de 2002, dos efeitos financeiros da aplicação da Lei Estadual 3.893/2002**

ADMINISTRATIVO – SERVIDOR PÚBLICO ESTADUAL INATIVO. IMPLANTAÇÃO DO REGIME DA LEI ESTADUAL Nº 3.893/2002. REGULAMENTAÇÃO POSTERIOR. PAGAMENTO RETROATIVO À DATA DA VIGÊNCIA DA LEI. IMPOSSIBILIDADE. DIPLOMA LEGAL CONDICIONADO À REGULAMENTAÇÃO. PRINCÍPIO DA LEGALIDADE ESTRITA. OBEDIÊNCIA. INEXISTÊNCIA DE DIREITO LÍQUIDO E CERTO – RECURSO DESPROVIDO. I – A Lei Estadual nº 3.893/2002 ao dispor sobre a unificação e a reestruturação dos quadros de pessoal e instituir a carreira de serventuário do Poder Judiciário do Estado do Rio de Janeiro, determinou em seu art. 17 formação de Comissão Paritária para regulamentação e fixou no art. 21 vacatio legis de 90 (noventa) dias, para sua entrada em vigor. II – Tratando-se de norma de eficácia condicionada à edição de regulamento, não há que se falar na auto-aplicabilidade da referida Lei estadual, a partir de sua entrada em vigor, muito menos em imprimir efeitos retroativos aos valores da reestruturação posteriormente regulamentada em junho de 2003, sem expressa previsão legal. III – No direito público vigora o princípio da legalidade estrita, segundo a qual "...na Administração Pública só é permitido fazer o que a lei autoriza." IV – Inexistência de direito líquido e certo ao recebimento retroativamente a 11 de novembro de 2002, dos efeitos financeiros da aplicação da Lei Estadual 3.893/2002, V Recurso conhecido e desprovido. (RMS 20.118/RJ, Rel. Ministro GILSON DIPP, QUINTA TURMA, julgado em 19/06/2007, DJ 06/08/2007, p. 539)

◙ **Impende salientar que o STJ já decidiu que a gratificação de raio X, instituída pela Lei 1.234/1950, não se confunde com o adicional de periculosidade por exposição à radiação, podendo haver cumulação de ambos.**

ADMINISTRATIVO. AGRAVO REGIMENTAL NO RECURSO ESPECIAL. SERVIDORES PÚBLICOS. CIRURGIÕES-DENTISTAS. ADICIONAL DE INSALUBRI-

DADE. GRATIFICAÇÃO DE RAIO X. ACUMULAÇÃO. POSSIBILIDADE. AGRAVO IMPROVIDO. 1. É possível a percepção cumulativa do adicional de insalubridade e da gratificação de raio X, pois o que o art. 68, § 1º, da Lei 8.112/90 proíbe é a cumulação dos adicionais de insalubridade e periculosidade, nada prevendo quanto à cumulação de gratificações e adicionais, vantagens que não podem ser confundidas. Precedentes do STJ. 2. Agravo regimental improvido. (AgRg no REsp 951.633/RS, Rel. Ministro ARNALDO ESTEVES LIMA, QUINTA TURMA, julgado em 04/12/2008, DJe 02/02/2009)

▶ **Na esfera federal, complementando as disposições da Lei 8.112/1990, a Lei 8.270/1991, em seu art. 12, fixou os percentuais dos adicionais de insalubridade e periculosidade, remetendo à legislação aplicável aos trabalhadores em geral a respectiva base de cálculo e hipóteses de incidência. O Decreto 97.458/1989 contém algumas disposições regulamentares sobre o assunto, especificamente quanto aos servidores públicos federais.**

Os servidores civis da União, das autarquias e das fundações públicas federais perceberão adicionais de insalubridade e de periculosidade, nos termos das normas legais e regulamentares pertinentes aos trabalhadores em geral e calculados com base nos seguintes percentuais:

I – **cinco, dez e vinte por cento**, no caso de **INSALUBRIDADE** nos graus **mínimo, médio e máximo**, respectivamente;

II – **dez por cento**, no de **PERICULOSIDADE**.

▶ **Regras do Decreto 97.458/1989 sobre o tema.**

O adicional de irradiação ionizante será concedido nos percentuais de cinco, dez e vinte por cento, conforme se dispuser em regulamento. A gratificação por trabalhos com Raios X ou substâncias radioativas será calculada com base no percentual de dez por cento. Os percentuais fixados neste artigo incidem sobre o vencimento do cargo efetivo. O adicional de periculosidade percebido pelo exercício de atividades nucleares é mantido a título de vantagem pessoal, nominalmente identificada, e sujeita aos mesmos percentuais de revisão ou antecipação dos vencimentos. Os valores referentes a adicionais ou gratificações percebidos sob os mesmos fundamentos deste artigo, superiores aos aqui estabelecidos, serão mantidos a título de vantagem pessoal, nominalmente identificada, para os servidores que permaneçam expostos à situação de trabalho que tenha dado origem à referida vantagem, aplicando-se a esses valores os mesmos percentuais de revisão ou antecipação de vencimentos.

O STJ já entendeu que o adicional é devido ao servidor público federal não a partir da data da elaboração do respectivo laudo pericial, mas sim a partir do advento da Lei 8.270/1991, que regulamentou a matéria no âmbito da Administração Pública Federal, pressupondo que a respectiva atividade estivesse incluída nos quadros do Ministério do Trabalho e que o servidor público já a exercesse anteriormente à confecção do laudo (REsp 712.952/AL, 5.ª T., Rel. Min. Laurita Vaz, j. 01.03.2005)

▶ **Adicional por serviço extraordinário (art. 73)**

Este artigo fixa a remuneração do serviço extraordinário prestado à Administração federal por servidor regido pela L. 8.112. A lei aqui observou a garantia constitucional mínima fixada no inc. XVI do art. 7º, estabelecendo que será de 50% com relação à hora normal de trabalho o acréscimo a ser pago, por hora de trabalho extraordinário, ao servidor federal. Hora extraordinária de trabalho é aquela que excede a carga horária semanal do cargo, prescrita na lei. A L. 8.112 fixou no art. 19 a carga horária semanal normal de trabalho como de quarenta horas, salvo quando outra lei estabelecer duração diversa. Seja qual for a carga fixada para o trabalho, todo serviço exigido do servidor que exceda aquela carga horária legal deve ser classificado como extraordinário, para ensejar o pagamento de horas extraordinárias na forma do art. 73. (RIGOLIN, Ivan Barbosa. *Comentários ao regime único dos servidores públicos civis*. 7ª. ed. rev. e atual. – São Paulo : Saraiva, 2012, p. 219/220)

> **Decidiu sobre essa matéria o STJ:** "Sendo o Adicional de Serviço Extraordinário uma contraprestação *propter laborem*, cessado o trabalho que lhe dá causa ou desaparecido o motivo excepcional e transitório que o justifica, extingue-se a razão de seu pagamento. Logo, não há como este ser incorporado à remuneração de servidor aposentado, porquanto ele somente é devido 'para atender a situações excepcionais e temporárias, respeitando o limite máximo de 2 (duas) horas diárias'. Inteligência do art. 104, da Lei Delegada n. 36/69 c/c art. 193, da Lei n. 6.107/94" (ROMS n. 11613-MA, 5a Turma, DJ, 19-11-2001).

▶ **O problema surge quanto aos cargos em comissão.**

Quanto aos cargos de provimento efetivo, nenhuma novidade nem dificuldade de compreensão oferecem estas disposições. O problema surge quanto aos cargos em comissão, que foram objeto do parágrafo único do art. 19. Ali, conforme já se viu, está fixado que o servidor em comissão está sujeito, além de a outros deveres, àquela carga horária de quarenta horas semanais. Conhecendo-se a realidade no serviço público, de todo âmbito, referente ao horário dos servidores em comissão, quase se pode classificar a previsão do parágrafo único do art. 19 como modalidade de "hipocrisia legal". A lei naquele momento cuidou, com efeito, apenas de aparência, porque aquela obrigação é muitas vezes impossível de ser cumprida e francamente anacrônica, quando não de todo inconveniente ao serviço público. Seja como for, para dar exequibilidade ao art. 73, considerando-se a redação do parágrafo único do art. 19, precisará a Administração federal controlar e fiscalizar rigorosamente o cumprimento do horário dos servidores ocupantes de cargos em comissão, remunerando como hora extraordinária, com o acréscimo devido, todo aquele trabalho que exceder quarenta horas semanais ou a carga horária diferente que lhes foi fixada em outras leis que não a L. 8.112. A vantagem que este controle ou esta fiscalização possa acarretar ao serviço público é algo tão inexplicável quanto o ingresso de Pilatos no Credo, sendo mesmo que até sua real factibilidade é algo sumamente polêmico. Somente seria plenamente exercitável o pagamento de horas extraordinárias aos servidores ocupantes de cargos em comissão se fosse efetivamente rígido o controle das horas que trabalhassem a cada dia, durante a semana e por todo o mês. Não o sendo prejudicada restará qualquer tentativa de aplicação estrita da previsão do art. 73. (RIGOLIN, Ivan Barbosa. Comentários ao regime único dos servidores públicos civis.7ª. ed. rev. e atual. – São Paulo : Saraiva, 2012, p. 220/221)

▶ **Regras sobre o adicional por serviço extraordinário previsto no art. 73 regulamentadas pelo Decreto n º 948, de 5 de outubro de 1993.**

O pagamento do adicional por serviço extraordinário previsto no art. 73, da Lei nº 8.112, de 11 de dezembro de 1990, será efetuado juntamente com a remuneração do mês em que ocorrer este serviço. **A execução do serviço extraordinário será previamente autorizada, pelo dirigente de recursos humanos do órgão ou entidade interessados a quem compete identificar a situação excepcional e temporária de que trata o art. 74, da Lei nº 8.112, de 11 de dezembro de 1990.** A proposta do serviço extraordinário será acompanhada da relação nominal dos servidores que o executará. A duração do serviço extraordinário não excederá a duas horas por jornada de trabalho, obedecidos os limites de quarenta e quatro horas mensais e noventa horas anuais, consecutivas ou não. O limite anual poderá ser acrescido de quarenta e quatro horas, mediante autorização do Ministério do Planejamento, Orçamento e Gestão, por solicitação do órgão ou entidade interessados. O Presidente da República, em caráter excepcional, para atender situação de risco à saúde ou segurança de pessoas, poderá acrescer o número de horas de que trata o parágrafo anterior em até setenta e seis horas.

▶ **Adicional por tempo de serviço**

Quanto ao adicional por tempo de serviço, era previsto, na redação original do art. 67 da Lei, na proporção de 1% por ano de efetivo serviço, daí por que era denominado de **anuênio**. Com a Lei 9.527/1997, passou a ser devido à razão de 5% a cada cinco anos de serviço público efetivo prestado à União, às autarquias e às fundações públicas federais, observado o limite máximo de 35%. Passou, portanto, a ser devido como **quinquênio**.

▶ **Medida Provisória 2.225-45/2001, ainda em vigor, que suspendeu a eficácia do art. 67 da Lei 8.112/1990, de modo que o direito em questão não é mais devido aos servidores públicos federais.**

Antes, porém, do implemento do primeiro período quinquenal, foi editada a Medida Provisória 2.225-45/2001, ainda em vigor, que suspendeu a eficácia do art. 67 da Lei 8.112/1990, de modo que o direito em questão não é mais devido aos servidores públicos federais, salvo quanto aos percentuais já incorporados nas respectivas remunerações.

▶ **Não obstante, diversos estatutos estaduais e municipais mantêm a previsão e o pagamento de tal adicional, sendo ele um forte estímulo salarial à permanência do servidor no cargo público.**

Não obstante, diversos estatutos estaduais e municipais mantêm a previsão e o pagamento de tal adicional, sendo ele um forte estímulo salarial à permanência do servidor no cargo público.

▶ **Servidores regidos pelo sistema de subsídios e adicionais e gratificações.**

Para os servidores regidos pelo regime de subsídios não são devidos quaisquer desses adicionais ou gratificações, à exceção do terço de férias, da gratificação por encargo em curso ou concurso e da gratificação natalina. Entretanto, na linha de pensamento de que nenhum trabalho adicional deve ser gratuito, no âmbito do Poder Judiciário da União, foram aprovadas diversas leis criando a gratificação por acúmulo de jurisdição (GAJU), para juízes federais (Lei 13.093/2015), juízes do trabalho (Lei 13.095/2015, juízes de direito do Distrito Federal e Territórios (Lei 13.094/2015) e juízes auditores da União (Lei 13.096/2015)

▶ **Para os servidores que não são remunerados por meio de subsídio.**

Para os servidores que não são remunerados por meio de subsídio, outras gratificações podem ser criadas por leis especiais, muitas deles normalmente compondo a remuneração pelo simples exercício das atividades do próprio cargo, no que pouco diferem, substancialmente, do próprio vencimento básico.

▶ **Adicional noturno (art. 75)**

De inspiração nitidamente trabalhista, este art. 75 observou, de resto, a previsão do inc. IX do art. 7º da CF/88, estabelecendo que aquele serviço prestado desde as 22 horas de um dia até as 5 horas do dia seguinte será considerado noturno, e o seu prestador fará jus ao acréscimo horário de 25% sobre a hora diurna de serviço. Além disso, cada hora noturna é menor do que a diurna, contendo, em vez dos 60 minutos que tem qualquer hora, apenas 52 minutos e 30 segundos. Tradição antiga no direito brasileiro, a remuneração maior da hora noturna se deve à compreensível maior dificuldade que sua prestação acarreta ao servidor. É evidentemente mais difícil e penoso trabalhar à noite, varando a madrugada, do que à luz do dia. Certos serviços, entretanto, como se sabe, exigem o trabalho ininterrupto de servidores, dia e noite, sem feriado, domingo ou folga. Tal não significa que o servidor não folgue nunca, mas apenas que o serviço não pode cessar. No caso presente, cada 52 minutos e 30 segundos de serviço noturno valerão uma hora e 15 minutos de remuneração, considerada a hora normal de trabalho. Além do acréscimo remuneratório à hora normal, a hora, como se disse, é menor: por hora noturna, menor que a normal, paga-se mais que à hora diurna normal de trabalho, ao servidor regido pela L. 8.112. (RIGOLIN, Ivan Barbosa. *Comentários ao regime único dos servidores públicos civis.*7ª. ed. rev. e atual. – São Paulo : Saraiva, 2012, p. 222/223)

◉ **O adicional noturno e o serviço extraordinário deve ser calculado com base no divisor de 200 (duzentas) horas mensais, tendo em conta que a jornada máxima de trabalho dos servidores públicos federais passou a ser de 40 (quarenta) horas semanais.**

ADMINISTRATIVO. AGRAVO REGIMENTAL NO AGRAVO REGIMENTAL NO RECURSO ESPECIAL. SERVIDOR PÚBLICO. ADICIONAL NOTURNO. SERVIÇO EXTRAORDINÁRIO. BASE DE CÁLCULO. 200 HORAS MENSAIS. 1. A jurisprudência desta Corte firmou-se no sentido de que o adicional noturno e o serviço extraordinário deve ser calculado com base no divisor de 200 (duzentas) horas mensais, tendo em conta que a jornada máxima de trabalho dos servidores públicos federais passou a ser de 40 (quarenta) horas semanais, nos termos do art. 19, da Lei n.º 8.112/90. Precedentes. 2. Agravo regimental não provido. (AgRg no AgRg no REsp 1531976/ SC, Rel. Ministro SÉRGIO KUKINA, PRIMEIRA TURMA, julgado em 14/08/2018, DJe 23/08/2018)

▶ **Tratando-se de serviço extraordinário, somam-se os adicionais, ou seja: serviço extraordinário prestado das 22 horas às 5 horas da manhã vale 75% mais do que o serviço diurno normal, e cada hora do serviço noturno, extraordinário ou não, contém apenas 52 minutos e 30 segundos.**

Semelhante privilégio do trabalhador, em horário extraordinário e noturno ao mesmo tempo, é também facilmente explicável. Não é tarefa simples, após trabalhar a jornada completa de trabalho, prosseguir à noite prestando serviço excepcional. A evidente sobrecarga de dificuldade faz merecer a compensação financeira. Observa-se, entretanto, que o art. 75 emprega, no parágrafo único, a palavra "remuneração" com sentido genérico de paga por serviço executado, e não com aquele estrito sentido técnico previsto na L. 8.112, no art. 41. Adicional noturno e por serviço extraordinário com efeito não constituem nem podem constituir vantagens permanentes, pois, devidos apenas enquanto o servidor excepcionalmente os merece trabalhando ativamente naquela condição, não se podem incorporar ao vencimento nem se transmitir à aposentadoria ou à disponibilidade. (RIGOLIN, Ivan Barbosa. *Comentários ao regime único dos servidores públicos civis.*7ª. ed. rev. e atual. – São Paulo : Saraiva, 2012, p. 223)

▶ **Adicional de férias (art. 76).**

O art. 76 verte para o plano da lei a disposição do inc. XVII do art. 7º da CF/88, que garante ao servidor público, por força do § 2º do art. 39 da Constituição, um adicional referente às férias anuais, correspondente a um terço da remuneração do período de férias. As férias do servidor estão cuidadas nos arts. 77 a 80 da L. 8.112. Caso o servidor exerça função de direção, chefia ou assessoramento, ou ainda ocupe cargo em comissão, o adicional de férias levará em conta, para o respectivo cálculo, o valor da função ou do cargo em comissão. Significa a disposição que, independentemente da vontade do servidor, e de qualquer requerimento seu à Administração, esta lhe adiantará *ex officio*, antes de sair em gozo de férias, juntamente à remuneração do período de férias, um adicional sobre ela calculado, correspondente a um terço daquele valor. Esta evidente prodigalidade com o dinheiro público se deveu a uma ordem constitucional, e não poderia a L. 8.112, que precisaria abordar o assunto, senão repeti-la no seu texto. É este mais um dos incontáveis direitos dos trabalhadores brasileiros, incluídos os servidores públicos, numa Constituição que praticamente a eles só assegura direitos, esquecendo-se de que normalmente um trabalhador tem também obrigações. Constitui forte incentivo à inatividade, como tantos outros dispositivos constitucionais e legais. Mas não cabe ao legislador federal, agora, indagar do seu mérito, pois enquanto mantida na Constituição esta garantia ao servidor público a lei não pode dele subtraí-la. É, portanto, proibido ao servidor sair de férias sem antes receber a remuneração respectiva – entenda-se: é proibido à Administração determiná-lo —, que inclui o adicional de um terço sobre o valor correspondente ao período de férias considerado singularmente. A disposição do parágrafo único é correta, pois não poderia a Administração desconsiderar, para este efeito de férias, o desempenho do servidor no cargo em comissão ou na função, se o considera para os demais efeitos na sua relação profissional. Assim, servidor ocupante de cargo em comissão tem o terço de acréscimo às férias calculado sobre a respectiva remuneração, o mesmo se dando quanto ao servidor que desempenhe função de direção, chefia ou assessoramento. (RIGOLIN, Ivan Barbosa. *Comentários ao regime único dos servidores públicos civis.*7ª. ed. rev. e atual. – São Paulo : Saraiva, 2012, p. 223/224)

◙ **Mandado de segurança. Gratificação de desempenho de atividade técnica de fiscalização agropecuária – GDATFA. Extensão aos servidores inativos na forma em que paga aos servidores em atividade. Gratificação de natureza jurídica híbrida. A paridade deve ser observada enquanto não forem estabelecidos os critérios que permitem a diferenciação.**

"MANDADO DE SEGURANÇA. SERVIDOR PÚBLICO. GRATIFICAÇÃO DE DE-SEMPENHO DE ATIVIDADE TÉCNICA DE FISCALIZAÇÃO AGROPECUÁRIA – GDATFA. EXTENSÃO AOS SERVIDORES INATIVOS NA FORMA EM QUE PAGA AOS SERVIDORES EM ATIVIDADE. GRATIFICAÇÃO DE NATUREZA JURÍDICA HÍBRIDA. A PARIDADE DEVE SER OBSERVADA ENQUANTO NÃO FOREM ESTABELECIDOS OS CRITÉRIOS QUE PERMITEM A DIFERENCIAÇÃO. PRECEDENTES ESPECÍFICOS DO STF E DO STJ. INCIDÊNCIA DA SÚMULA VINCULANTE 20. 1. Voltando-se a impetração contra a omissão sucessiva da autoridade de estender aos servidores inativos os patamares fixados para os ativos, referentes ao pagamento da GDATFA, não há falar em aplicação da Súmula 266/STF, por não se tratar de mandado de segurança impetrado contra lei em tese. 2. As normas que embasam a impetração estão diretamente relacionadas às atribuições tanto do Ministro do Planejamento, Orçamento e Gestão, quanto do Ministro da Agricultura, Pecuária e Abastecimento, os quais possuem competência de viabilizar a efetivação do postulado da isonomia, mediante a regulamentação e adequada aplicação da legislação, podendo, inclusive, sanar as apontadas ilegalidades. Por conseguinte, o Ministro da Agricultura, Pecuária e Abastecimento tem legitimidade passiva ad causam para figurar no polo passivo da impetração. 3. Nos termos do art. 105, I, "b", da Constituição Federal, compete ao Superior Tribunal de Justiça processar e julgar, originariamente, os mandados de segurança contra ato de Ministro de Estado, dos Comandantes da Marinha, do Exército e da Aeronáutica ou do próprio Tribunal [...] (AgRg no MS n. 20.625/SP, Ministro Ribeiro Dantas, Terceira Seção, DJe 1º/2/2016), motivo pelo qual o Coordenador-Geral de Recursos Humanos do Ministério da Agricultura, Pecuária e Abastecimento não tem legitimidade passiva ad causam no presente mandamus. 4. Há interesse de agir no writ, uma vez que a pretensão busca a extensão da GDATFA aos inativos, na forma em que paga aos ativos, sob pena de ofensa ao princípio da paridade, considerando que o texto constitucional garante que toda e qualquer gratificação genérica paga aos servidores em atividade, deve ser estendida aos inativos. 5. A GDAT-

FA foi criada possuindo, em sua essência, uma nítida natureza propter laborem, decorrente da necessidade de o valor ser calculado adotando a avaliação de desempenho individual, cujos critérios estariam previstos em atos do Poder Público, conforme dispõe o art. 3º, parágrafo único, da Lei n. 10.484/2002, o que inviabilizaria, numa análise perfunctória, a sua extensão aos inativos e pensionistas. 6. O disposto no art. 5º, caput, e parágrafo único, da Lei n. 10.484/2002, expressamente impõe à Administração o pagamento da GDATFA aos seus servidores já aposentados e aos pensionistas, desde o momento da publicação da referida Lei. 7. É da exegese dos arts. 3º e 6º da Lei n. 10.484/2002 que até à edição de regulamento disciplinando os critérios de avaliação e de pagamento, a gratificação seria paga, de forma geral e independentemente de avaliação, no patamar de 40 (quarenta) pontos, aos servidores ocupantes de cargos efetivos ou cargos e funções comissionadas e de confiança a que ela fazem jus. 8. Com a edição da Medida Provisória n. 216, de 23 de setembro de 2004, posteriormente convertida na Lei n. 11.090, de 7 de janeiro de 2005, foi determinado que até a definição dos critérios de avaliação de desempenho das atividades de fiscalização agropecuária, a GDATFA deveria ser paga aos servidores da ativa no valor correspondente a 80 (oitenta) pontos, independentemente de avaliações, nos termos do art. 31 da referida MP. 9. Tal pontuação foi garantida a todos os servidores em atividade, indistintamente, até a edição do Decreto n. 7.133, de 19/3/2010, que regulamentou os procedimentos de apuração do desempenho individual e institucional, necessários para o cálculo da gratificação. Diante disso, a Terceira Seção concluiu, naquela assentada (MS n. 11.236/DF) que, no tocante aos servidores inativos dos cargos de Agente de Atividades Agropecuárias, bem como aos respectivos pensionistas, no período compreendido entre a publicação da MP n. 216, de 23/9/2004, até a edição do Decreto n. 7.133, de 19/3/2010, deve ser assegurado o direito de receberem a referida vantagem no valor correspondente a 80 (oitenta) pontos, em razão do caráter geral da gratificação, vinculada tão somente ao cargo. 10. Após o referido decreto, o pagamento deverá ser feito nos termos do art. 5º da Lei n. 10.484/2002, cuja disposição é no sentido de que a GDATFA é devida no valor de 50% (cinquenta por cento) do valor máximo do respectivo nível (redação conferida pela Lei n. 11.784, de 22/9/2008). 11. A quaestio iuris concernente à GDATFA também foi objeto de apreciação pelo Supremo Tribunal Federal, quando do julgamento do RE n. 665.406/AL, que resultou, inclusive, em tese confirmada com natureza de repercussão A GDATFA foi criada possuindo, em sua essência, uma nítida natureza propter laborem, decorrente da necessidade de o valor ser calculado adotando a avaliação de desempenho individual, cujos critérios estariam previstos em atos do Poder Público, conforme dispõe o art. 3º, parágrafo único, da Lei n. 10.484/2002, o que inviabilizaria, numa análise perfunctória, a sua extensão aos inativos e pensionistas. 6. O disposto no art. 5º, caput, e parágrafo único, da Lei n. 10.484/2002, expressamente impõe à Administração o pagamento da GDATFA aos seus servidores já aposentados e aos pensionistas, desde o momento da publicação da referida Lei. 7. É da exegese dos arts. 3º e 6º da Lei n. 10.484/2002 que até à edição de regulamento disciplinando os critérios de avaliação e de pagamento, a gratificação seria paga, de forma geral e independentemente de avaliação, no patamar de 40 (quarenta) pontos, aos servidores ocupantes de cargos efetivos ou cargos e funções comissionadas e de confiança a que ela fazem jus. 8. Com a edição da Medida Provisória n. 216, de 23 de setembro de 2004, posteriormente convertida na Lei n. 11.090, de 7 de janeiro de 2005, foi determinado que até a definição dos critérios de avaliação de desempenho das atividades de fiscalização agropecuária, a GDATFA deveria ser paga aos servidores da ativa no valor correspondente a 80 (oitenta) pontos, independentemente de avaliações, nos termos do art. 31 da referida MP. 9. Tal pontuação foi garantida a todos os servidores em atividade, indistintamente, até a edição do Decreto n. 7.133, de 19/3/2010, que regulamentou os procedimentos de apuração do desempenho individual e institucional, necessários para o cálculo da gratificação. Diante disso, a Terceira Seção concluiu, naquela assentada (MS n. 11.236/DF) que, no tocante aos servidores inativos dos cargos de Agente de Atividades Agropecuárias, bem como aos respectivos pensionistas, no período compreendido entre a publicação da MP n. 216, de 23/9/2004, até a edição do Decreto n. 7.133, de 19/3/2010, deve ser assegurado o direito de receberem a referida vantagem no valor correspondente a 80 (oitenta) pontos, em razão do caráter geral da gratificação, vinculada tão somente ao cargo. 10. Após o referido decreto, o pagamento deverá ser feito nos termos do art. 5º da Lei n. 10.484/2002, cuja disposição é no sentido de que a GDATFA é devida no valor de 50% (cinquenta por cento) do valor máximo do respectivo nível (redação conferida pela Lei n. 11.784, de 22/9/2008). 11. A quaestio iuris concernente à GDATFA também foi objeto de apreciação pelo Supremo Tribunal Federal, quando do julgamento do RE n. 665.406/AL, que resultou, inclusive, em tese confirmada com natureza de repercussão geral, no sentido de garantir a extensão aos inativos no mesmo patamar pago aos ativos, enquanto não fossem definidos os critérios de avaliação individual e institucional pela Administração Pública. 12. A Corte Suprema afirmou que o termo inicial do pagamento diferenciado das gratificações de desempenho entre servidores ativos e inativos é o da data da homologação das avaliações, não podendo a Administração retroagir os efeitos financeiros à data anterior, considerando ilegítima a portaria do MAPA que fazia retroagir a limitação aos efeitos financeiros da gratificação. 13. O entendimento sufragado pelo Pretório Excelso reconhece o direito dos servidores inativos ao recebimento da gratificação em comento no patamar em que efetivamente pago aos servidores em atividade, enquanto não houver critério definido pela Administração Pública para apuração da GDATFA de forma específica e diferenciada para os servidores ativos, que somente se deu com a Portaria MAPA n. 1.031/2010. 14. No presente caso, vejo que a impetrante representa os servidores inativos dos cargos de Agente de Inspeção Sanitária e Industrial de Produtos de Origem Animal e de Agente de Atividades Agropecuárias do Ministério da Agricultura, Pecuária e Abastecimento – MAPA, bem como de Auxiliar de Laboratório e Técnico de Laboratório do Quadro de Pessoal do MAPA, todos lotados na Comissão Executiva do Plano da Lavoura Cacaueira. 15. Em relação aos aposentados nos referidos cargos de agente, a GDATFA deve ser paga nos limites em que definidos pelo Supremo Tribunal Federal, ou seja, desde a edição da Lei n. 10.484/2002 até a data da homologação dos resultados das avaliações. 16. Considerando que o acórdão proferido nos autos do MS n. 11.236/DF está em conformidade com o entendimento Pretoriano, adoto os lapsos então definidos, com as adaptações que o presente caso requer, decorrentes dos cargos dos representados, também vinculados ao quadro de pessoal do MAPA. 17. No tocante aos ocupantes dos cargos de Técnico e Auxiliar de Laboratório do quadro de pessoal do MAPA, representados pela impetrante, os limites devem ser fixados considerando outros lapsos, notadamente por que tais cargos somente passaram a ser beneficiados com a previsão de pagamento da GDATFA após a edição da MP n. 295, de 29/5/2006, que expressamente determinou sua extensão. 18. Tratando-se de ação de mandado de segurança, a jurisprudência desta Corte de Justiça orienta-se no sentido de que os efeitos financeiros decorrentes da concessão da segurança devem retroagir à data de sua impetração, de modo que os valores atinentes ao período pretérito devem ser reclamados pela via judicial própria (EDcl no MS n. 14.959/DF, Ministro Nefi Cordeiro, Terceira Seção, DJe 5/3/2015). 19. Segurança parcialmente concedida para reconhecer aos representados da impetrante o direito líquido e certo de perceberem a GDATFA na forma em que paga aos servidores em atividade, até a data da homologação dos resultados das avaliações funcionais e institucionais, considerando-se os lapsos e critérios expostos na fundamentação do presente voto em relação ao cálculo da gratificação e que os efeitos financeiros decorrentes da concessão da segurança não podem retroagir à data anterior à impetração do mandamus, em respeito às Súmulas 269 e 271 do STF." (MS 12.216/DF, Rel. Ministro SEBASTIÃO REIS JÚNIOR, TERCEIRA SEÇÃO, julgado em 09/08/2017, DJe 16/08/2017)

◎ **RG Tema 686. Tese: I – Há reserva de iniciativa do Chefe do Poder Executivo para edição de normas que alterem o padrão remuneratório dos servidores públicos (art. 61, § 1º, II, a, da CF);II – São formalmente inconstitucionais emendas parlamentares que impliquem aumento de despesa em projeto de lei de iniciativa reservada do Chefe do Poder Executivo (art. 63, I, da CF).**

RG ◎ Há reserva de iniciativa do Chefe do Poder Executivo para edição de normas que alterem o padrão remuneratório dos servidores públicos. São formalmente inconstitucionais emendas parlamentares que impliquem aumento de despesa em projeto de lei de iniciativa reservada do Chefe do Poder Executivo

Recurso extraordinário. Repercussão geral da questão constitucional reconhecida. 2. Direito Administrativo. Servidor público. 3. Extensão, por meio de emenda parlamentar, de gratificação ou vantagem prevista pelo projeto do Chefe do Poder Executivo. Inconstitucionalidade. Vício formal. Reserva de iniciativa do Chefe do Poder Executivo para edição de normas que alterem o padrão remuneratório dos servidores públicos. Art. 61, § 1º, II, "a", da Constituição Federal. 4. Regime Jurídico Único dos Servidores Públicos Civis da Administração Direta, das Autarquias e das Fundações Públicas do Estado do Pará (Lei 5.810/1994). Artigos 132, inciso XI, e 246. Dispositivos resultantes de emenda parlamentar que estenderam gratificação, inicialmente prevista apenas para os professores, a todos os servidores que atuem na área de educação especial. Inconstitucionalidade formal. Artigos 2º e 63, I, da Constituição Federal. 5. Recurso extraordinário provido para declarar a inconstitucionalidade dos artigos 132, XI, e 246 da Lei 5.810/1994, do Estado do Pará. Reafirmação de jurisprudência. (RE 745811 RG, Relator(a): Min. GILMAR MENDES, julgado em 17/10/2013, ACÓRDÃO ELETRÔNICO REPERCUSSÃO GERAL – MÉRITO DJe-219 DIVULG 05-11-2013 PUBLIC 06-11-2013)

◙ **RG Tema 67. Tese: A Gratificação de Desempenho de Atividade de Seguridade Social e do Trabalho -GDASST deve ser estendida aos inativos nas mesmas condições em que concedida aos servidores em atividade, ou seja, no valor de 60 (sessenta) pontos, a partir do advento da Medida Provisória 198/2004, convertida na Lei 10.971/2004, que alterou a sua base de cálculo. Isso porque, embora de natureza pro labore faciendo, a falta de regulamentação das avaliações de desempenho transmudou a GDASST em uma gratificação de natureza genérica, extensível aos servidores inativos.**

RG ◙ **A Gratificação de Desempenho de Atividade de Ciência e Tecnologia – GDACT, instituída pela Medida Provisória 2.048/2000, apesar de originalmente concebida como gratificação pro *labore faciendo*, teve caráter geral e foi estendida aos inativos até a sua regulamentação pelo Decreto 3.762/2001, quando passou a constituir gratificação paga em razão do efetivo exercício de cargo;**

RECURSO EXTRAORDINÁRIO. CONSTITUCIONAL. GRATIFICAÇÃO DE DE-SEMPENHO DE ATIVIDADE DE CIÊNCIA E TECNOLOGIA – GDACT. CARÁTER PRO LABORE FACIENDO. EXTENSÃO AOS INATIVOS E PENSIONISTAS EM SEU GRAU MÁXIMO. INADMISSIBILIDADE. GARANTIA DE PERCENTUAL AOS INA-TIVOS. POSSIBILIDADE. RECURSO EXTRAORDINÁRIO PROVIDO. I – **A Grati-ficação de Desempenho de Atividade de Ciência e Tecnologia – GDACT, instituída pelo art. 19 da Medida Provisória 2.048-26, de 29 de junho de 2000, por ocasião de sua criação, tinha o caráter gratificação pessoal, pro labore faciendo, e, por esse motivo, não foi estendida, automaticamente, aos já aposentados e pensionistas. II – O art. 60-A, acrescentado pela Lei 10.769/2003 à MP 2.229-43/2001, estendeu aos inativos a GDACT, no valor correspondente a trinta por cento do percentual máxi-mo aplicado ao padrão da classe em que o servidor estivesse posicionado. III – Des-sa forma, não houve redução indevida, pois, como visto, a GDACT é gratificação paga em razão do efetivo exercício do cargo e não havia percentual mínimo asse-gurado ao servidor em exercício. IV – Recurso extraordinário provido.** (RE 572884, Relator(a): Min. RICARDO LEWANDOWSKI, Tribunal Pleno, julgado em 20/06/2012, ACÓRDÃO ELETRÔNICO REPERCUSSÃO GERAL – MÉRITO DJe-034 DIVULG 20-02-2013 PUBLIC 21-02-2013)

◙ **Tema 447. Tese: É compatível com a Constituição a extensão, aos servidores públi-cos inativos e pensionistas, dos critérios de cálculo da Gratificação de Desempenho de Atividade Técnico-Administrativa do Meio Ambiente – GDAMB estabelecidos para os servidores públicos em atividade.**

RG ◙ **É compatível com a Constituição a extensão, aos servidores públicos inativos e pensionistas, dos critérios de cálculo da Gratificação de Desempenho de Ativi-dade Técnico-Administrativa do Meio Ambiente – GDAMB estabelecidos para os servidores públicos em atividade.**

Agravo convertido em Extraordinário. Gratificação de Desempenho de Atividade Técnico-Administrativa do Meio Ambiente – GDAMB. Critérios de cálculo. Extensão.

Servidores públicos inativos e pensionistas. Precedentes. Repercussão geral reconhecida. Reafirmação da jurisprudência. Recurso improvido. É compatível com a Constituição a extensão, aos servidores públicos inativos e pensionistas, dos critérios de cálculo da Gratificação de Desempenho de Atividade Técnico-Administrativa do Meio Ambiente – GDAMB estabelecidos para os servidores públicos em atividade.(ARE 642827 RG, Relator(a): Min. MINISTRO PRESIDENTE, julgado em 23/06/2011, REPERCUSSÃO GERAL – MÉRITO DJe-167 DIVULG 30-08-2011 PUBLIC 31-08-2011 EMENT VOL-02577-02 PP-00282)

◙ **Tema 440. Tese: A redução da Gratificação Especial de Retorno à Atividade – GERA não implica violação ao princípio da irredutibilidade de vencimentos, se o ingresso ou o reingresso aos quadros do Corpo Voluntário de Militares Estaduais Inativos (CVMI) se deu após a edição da Lei Estadual 10.916/1997.**

RG ◙ A redução da Gratificação Especial de Retorno à Atividade – GERA não implica violação ao princípio da irredutibilidade de vencimentos, se o ingresso ou o reingresso aos quadros do Corpo Voluntário de Militares Estaduais Inativos (CVMI) se deu após a edição da Lei Estadual 10.916/1997.

A redução da Gratificação Especial de Retorno à Atividade – GERA não implica violação ao princípio da irredutibilidade de vencimentos, se o ingresso ou o reingresso aos quadros do Corpo Voluntário de Militares Estaduais Inativos (CVMI) se deu após a edição da Lei Estadual 10.916/1997.Agravo convertido em Extraordinário. Gratificação Especial de Retorno à Atividade – GERA. Redução legal. Vigência da lei redutora. Reingresso de servidores públicos. Repercussão geral reconhecida. Precedentes. Reafirmação da jurisprudência. Recurso improvido. É compatível com a Constituição a redução da Gratificação Especial de Retorno à Atividade – GERA, se o ingresso ou reingresso dos servidores públicos, aos quadros do CVMI, ocorreu após a edição da Lei Estadual 10.916/1997.(ARE 637607 RG, Relator(a): Min. MINISTRO PRESIDENTE, julgado em 23/06/2011, REPERCUSSÃO GERAL – MÉRITO DJe-171 DIVULG 05-09-2011 PUBLIC 06-09-2011 EMENT VOL-02581-02 PP-00300)

◙ **Tema 409. Tese: É compatível com a Constituição a extensão, aos servidores públicos inativos, dos critérios de cálculo da Gratificação de Desempenho da Carreira da Previdência, Saúde e Trabalho – GDPST estabelecidos para os servidores públicos em atividade.**

RG ◙ É compatível com a Constituição a extensão, aos servidores públicos inativos, dos critérios de cálculo da Gratificação de Desempenho da Carreira da Previdência, Saúde e Trabalho – GDPST estabelecidos para os servidores públicos em atividade.

Extraordinário. Gratificação de Desempenho da Carreira da Previdência, da Saúde e do Trabalho – GDPST. Critérios de cálculo. Extensão. Servidores públicos inativos. Repercussão geral reconhecida. Precedentes. Reafirmação da jurisprudência. Recurso improvido. É compatível com a Constituição a extensão, aos servidores públicos inativos, dos critérios de cálculo da GDPST estabelecidos para os servidores públicos em atividade. (RE 631880 RG, Relator(a): Min. MINISTRO PRESIDENTE, julgado em

09/06/2011, REPERCUSSÃO GERAL – MÉRITO DJe-167 DIVULG 30-08-2011 PUBLIC 31-08-2011 EMENT VOL-02577-01 PP-00114)

◙ **Tema 67. Tese: A Gratificação de Desempenho de Atividade de Seguridade Social e do Trabalho -GDASST deve ser estendida aos inativos nas mesmas condições em que concedida aos servidores em atividade, ou seja, no valor de 60 (sessenta) pontos, a partir do advento da Medida Provisória 198/2004, convertida na Lei 10.971/2004, que alterou a sua base de cálculo. Isso porque, embora de natureza pro labore faciendo, a falta de regulamentação das avaliações de desempenho transmudou a GDASST em uma gratificação de natureza genérica, extensível aos servidores inativos.**

RG ◙ **A Gratificação de Desempenho de Atividade de Seguridade Social e do Trabalho -GDASST deve ser estendida aos inativos nas mesmas condições em que concedida aos servidores em atividade, ou seja, no valor de 60 (sessenta) pontos, a partir do advento da Medida Provisória 198/2004, convertida na Lei 10.971/2004, que alterou a sua base de cálculo. Isso porque, embora de natureza *pro labore faciendo*, a falta de regulamentação das avaliações de desempenho transmudou a GDASST em uma gratificação de natureza genérica, extensível aos servidores inativos**

RECURSO EXTRAORDINÁRIO. GRATIFICAÇÃO DE DESEMPENHO DE ATIVIDADE DE SEGURIDADE SOCIAL E DO TRABALHO – GDASST, INSTITUÍDA PELA LEI 10.483/2002. EXTENSÃO. SERVIDORES INATIVOS. POSSIBILIDADE. RECURSO DESPROVIDO. I – Gratificação de desempenho que deve ser estendida aos inativos no valor de 60 (sessenta) pontos, a partir do advento da Medida Provisória 198/2004, convertida na Lei 10.971/2004, que alterou a sua base de cálculo. II – Embora de natureza *pro labore faciendo*, a falta de regulamentação das avaliações de desempenho, transmuda a GDASST em uma gratificação de natureza genérica, extensível aos servidores inativos. III – Inocorrência, na espécie, de violação ao princípio da isonomia. IV – Recurso extraordinário desprovido. (RE 572052, Relator(a): Min. RICARDO LEWANDOWSKI, Tribunal Pleno, julgado em 11/02/2009, REPERCUSSÃO GERAL – MÉRITO DJe-071 DIVULG 16-04-2009 PUBLIC 17-04-2009 EMENT VOL-02356-12 PP-02372 RTJ VOL-00210-02 PP-00917)

◙ **Tema 351. Tese: A Gratificação de Desempenho do Plano Geral de Cargos do Poder Executivo – GDPGPE, prevista na Lei nº 11.357/2006, estende-se aos inativos e pensionistas, no patamar de oitenta pontos, até o implemento da avaliação dos servidores em atividade.**

RG ◙ **A Gratificação de Desempenho do Plano Geral de Cargos do Poder Executivo – GDPGPE, prevista na Lei nº 11.357/2006, estende-se aos inativos e pensionistas, no patamar de oitenta pontos, até o implemento da avaliação dos servidores em atividade.**

A Gratificação de Desempenho do Plano Geral de Cargos do Poder Executivo – GDPGPE, prevista na Lei nº 11.357/2006, estende-se aos inativos e pensionistas, no patamar de oitenta pontos, até o implemento da avaliação dos servidores em atividade. (RE 631389, Relator(a): Min. MARCO AURÉLIO, Tribunal Pleno, julgado em

25/09/2013, ACÓRDÃO ELETRÔNICO REPERCUSSÃO GERAL – MÉRITO DJe-106 DIVULG 02-06-2014 PUBLIC 03-06-2014)

◙ **Tema 983. Tese: I – O termo inicial do pagamento diferenciado das gratificações de desempenho entre servidores ativos e inativos é o da data da homologação do resultado das avaliações, após a conclusão do primeiro ciclo; II – A redução, após a homologação do resultado das avaliações, do valor da gratificação de desempenho paga aos inativos e pensionistas não configura ofensa ao princípio da irredutibilidade de vencimentos.**

RG ◙ **O termo inicial do pagamento diferenciado das gratificações de desempenho entre servidores ativos e inativos é o da data da homologação do resultado das avaliações, após a conclusão do primeiro ciclo. A redução, após a homologação do resultado das avaliações, do valor da gratificação de desempenho paga aos inativos e pensionistas não configura ofensa ao princípio da irredutibilidade de vencimentos.**

CONSTITUCIONAL E ADMINISTRATIVO. RECURSO EXTRAORDINÁRIO COM AGRAVO. GRATIFICAÇÕES FEDERAIS DE DESEMPENHO. TERMO FINAL DO PAGAMENTO EQUIPARADO ENTRE ATIVOS E INATIVOS. REDUÇÃO DO VALOR PAGO AOS APOSENTADOS E PENSIONISTAS E PRINCÍPIO DA IRREDUTIBILIDADE DE VENCIMENTOS. 1. Revelam especial relevância, na forma do art. 102, § 3º, da Constituição, duas questões concernentes às chamadas gratificações federais de desempenho: (I) qual o exato momento em que as gratificações deixam de ter feição genérica e assumem o caráter *pro labore faciendo*, legitimando o pagamento diferenciado entre servidores ativos e inativos; (II) a redução do valor pago aos aposentados e pensionistas, decorrente da supressão, total ou parcial, da gratificação, ofende, ou não, o princípio da irredutibilidade de vencimentos. 2. Reafirma-se a jurisprudência dominante desta Corte nos termos da seguinte tese de repercussão geral: (I) O termo inicial do pagamento diferenciado das gratificações de desempenho entre servidores ativos e inativos é o da data da homologação do resultado das avaliações, após a conclusão do primeiro ciclo; (II) A redução, após a homologação do resultado das avaliações, do valor da gratificação de desempenho paga aos inativos e pensionistas não configura ofensa ao princípio da irredutibilidade de vencimentos. 3. Essas diretrizes aplicam-se a todas as gratificações federais de desempenho que exibem perfil normativo semelhante ao da Gratificação de Desempenho da Carreira da Previdência, da Saúde e do Trabalho (GDPST), discutida nestes autos. A título meramente exemplificativo, citam-se: Gratificação de Desempenho de Atividade do Seguro Social – GDASS; Gratificação de Desempenho de Atividade de Apoio Técnico-Administrativo à Polícia Rodoviária Federal – GDATPRF; Gratificação de Desempenho de Atividade Médico-Pericial – GDAMP; Gratificação de Desempenho de Atividade de Perícia Médica Previdenciária – GDAPMP; Gratificação de Desempenho de Atividade Técnica de Fiscalização Agropecuária – GDATFA; Gratificação de Efetivo Desempenho em Regulação – GEDR; Gratificação de Desempenho do Plano Geral de Cargos do Poder Executivo – GDPGPE; Gratificação de Desempenho de Atividade Previdenciária – GDAP ; Gratificação de Desempenho de Atividade Técnico-Administrativa – GDATA; Gratificação de Desempenho de Atividade Fazendária – GDAFAZ. 4. Repercussão geral da matéria reconhecida, nos termos do art. 1.035 do CPC. Jurisprudência do SUPRE-MO TRIBUNAL FEDERAL reafirmada, nos termos do art. 323-A do Regimento Interno. (ARE 1052570 RG, Relator(a): Min. ALEXANDRE DE MORAES, julgado em 15/02/2018, PROCESSO ELETRÔNICO REPERCUSSÃO GERAL – MÉRITO DJe-042 DIVULG 05-03-2018 PUBLIC 06-03-2018)

◙ **Tema 473. Tese: Não encontra amparo constitucional a pretensão de acumular, no cargo de magistrado ou em qualquer outro, a vantagem correspondente a "quintos", a que o titular fazia jus quando no exercício de cargo diverso.**

RG ◙ Não encontra amparo constitucional a pretensão de acumular, no cargo de magistrado ou em qualquer outro, a vantagem correspondente a "quintos", a que o titular fazia jus quando no exercício de cargo diverso.

CONSTITUCIONAL. ADMINISTRATIVO. INCORPORAÇÃO DE "QUINTOS". PRETENSÃO DE CONTINUAR PERCEBENDO A VANTAGEM REMUNERATÓRIA NO EXERCÍCIO DE CARGO DE CARREIRA DIVERSA. INVIABILIDADE. 1. <u>A garantia de preservação do direito adquirido, prevista no art. 5º, XXXVI, da Constituição Federal, assegura ao seu titular também a faculdade de exercê-lo. Mas de exercê-lo sob a configuração com que o direito foi formado e adquirido e no regime jurídico no âmbito do qual se desenvolveu a relação jurídica correspondente, com seus sujeitos ativo e passivo, com as mútuas obrigações e prestações devidas. 2. As vantagens remuneratórias adquiridas no exercício de determinado cargo público não autoriza o seu titular, quando extinta a correspondente relação funcional, a transportá-las para o âmbito de outro cargo, pertencente a carreira e regime jurídico distintos, criando, assim, um direito de *tertium genus*, composto das vantagens de dois regimes diferentes.</u> 3. Por outro lado, considerando a vedação constitucional de acumulação remunerada de cargos públicos, não será legítimo transferir, para um deles, vantagem somente devida pelo exercício do outro. A vedação de acumular certamente se estende tanto aos deveres do cargo (= de prestar seus serviços) como aos direitos (de obter as vantagens remuneratórias). 4. <u>Assim, não encontra amparo constitucional a pretensão de acumular, no cargo de magistrado ou em qualquer outro, a vantagem correspondente a "quintos", a que o titular fazia jus quando no exercício de cargo diverso</u>. 5. Recurso extraordinário a que se dá parcial provimento. (RE 587371, Relator(a): Min. TEORI ZAVASCKI, Tribunal Pleno, julgado em 14/11/2013, ACÓRDÃO ELETRÔNICO REPERCUSSÃO GERAL – MÉRITO DJe-122 DIVULG 23-06-2014 PUBLIC 24-06-2014)

◙ **Tema 315. Tese: Não cabe, ao Poder Judiciário, que não tem a função legislativa, aumentar vencimentos de servidores públicos sob o fundamento de isonomia.**

RG ◙ Não cabe ao Poder Judiciário, que não tem a função legislativa, aumentar vencimentos de servidores públicos sob o fundamento de isonomia.

Recurso extraordinário com repercussão geral reconhecida. Administrativo. Servidor Público. Extensão de gratificação com fundamento no princípio da Isonomia. Vedação. Enunciado 339 da Súmula desta Corte. Recurso extraordinário provido. (RE

592317, Relator(a): Min. GILMAR MENDES, Tribunal Pleno, julgado em 28/08/2014, PROCESSO ELETRÔNICO REPERCUSSÃO GERAL – MÉRITO DJe-220 DIVULG 07-11-2014 PUBLIC 10-11-2014)

◙ **Tema 163. Tese: Não incide contribuição previdenciária sobre verba não incorporável aos proventos de aposentadoria do servidor público, tais como terço de férias, serviços extraordinários, adicional noturno e adicional de insalubridade.**

RG ◙ Não incide contribuição previdenciária sobre verba não incorporável aos proventos de aposentadoria do servidor público, tais como terço de férias, serviços extraordinários, adicional noturno e adicional de insalubridade.

CONSTITUCIONAL. REPERCUSSÃO GERAL. TRIBUTÁRIO. SERVIDOR PÚBLICO FEDERAL. REGIME PREVIDENCIÁRIO. CONTRIBUIÇÃO. BASE DE CÁLCULO. TERÇO CONSTITUCIONAL DE FÉRIAS. GRATIFICAÇÃO NATALINA (DÉCIMO-TERCEIRO SALÁRIO). HORAS EXTRAS. OUTROS PAGAMENTOS DE CARÁTER TRANSITÓRIO. LEIS 9.783/1999 E 10.887/2004. CARACTERIZAÇÃO DOS VALORES COMO REMUNERAÇÃO (BASE DE CÁLCULO DO TRIBUTO). ACÓRDÃO QUE CONCLUI PELA PRESENÇA DE PROPÓSITO ATUARIAL NA INCLUSÃO DOS VALORES NA BASE DE CÁLCULO DO TRIBUTO (SOLIDARIEDADE DO SISTEMA DE CUSTEIO). 1. Recurso extraordinário em que se discute a exigibilidade da contribuição previdenciária incidente sobre adicionais e gratificações temporárias, tais como 'terço de férias', 'serviços extraordinários', 'adicional noturno', e 'adicional de insalubridade'. Discussão sobre a caracterização dos valores como remuneração, e, portanto, insertos ou não na base de cálculo do tributo. Alegada impossibilidade de criação de fonte de custeio sem contrapartida de benefício direto ao contribuinte. Alcance do sistema previdenciário solidário e submetido ao equilíbrio atuarial e financeiro (arts. 40, 150, IV e 195, § 5º da Constituição). 2. Encaminhamento da questão pela existência de repercussão geral da matéria constitucional controvertida. (RE 593068 RG, Relator(a): Min. JOAQUIM BARBOSA, julgado em 07/05/2009, DJe-094 DIVULG 21-05-2009 PUBLIC 22-05-2009 EMENT VOL-02361-08 PP-01636 LEXSTF v. 31, n. 365, 2009, p. 285-295)

◙ **Tema 139. Tese: Os servidores que ingressaram no serviço público antes da EC 41/2003, mas que se aposentaram após a referida emenda, possuem direito à paridade remuneratória e à integralidade no cálculo de seus proventos, desde que observadas as regras de transição especificadas nos arts. 2º e 3º da EC 47/2005.**

RG ◙ Extensão da Gratificação por Atividade de Magistério aos servidores inativos que ingressaram no serviço público até a publicação da Emenda Constitucional nº 41/2003.

CONSTITUCIONAL. ADMINISTRATIVO. SERVIDOR PÚBLICO. DIREITO INTERTEMPORAL. EC 41/03, ART. 6º E 7º, E EC 47/05, ART. 2º. Paridade entre os vencimentos dos servidores da ativa e os proventos dos inativos que ingressaram no serviço público antes da EC 41/03 e se aposentaram após a referida emenda. existência de relevância jurídica e política. repercussão geral reconhecida. (RE 590260 RG, Relator(a): Min. RICARDO LEWANDOWSKI, julgado em 20/11/2008, DJe-232 DIVULG 04-12-2008 PUBLIC 05-12-2008 EMENT VOL-02344-05 PP-01084)

◙ **Tema 141. Tese: O cálculo de gratificações e outras vantagens do servidor público não incide sobre o abono utilizado para se atingir o salário mínimo.**

RG ◙ O cálculo de gratificações e outras vantagens do servidor público não incide sobre o abono utilizado para se atingir o salário mínimo.

CONSTITUCIONAL. SERVIDOR PÚBLICO. VENCIMENTOS. SALÁRIO MÍNIMO. COMPLEMENTAÇÃO POR ABONO. CÁLCULO DE GRATIFICAÇÕES E OUTRAS VANTAGENS SOBRE O ABONO UTILIZADO PARA SE ATINGIR O SALÁRIO MÍNIMO. IMPOSSIBILIDADE. I – Questão de ordem. Matéria de mérito pacificada no STF. Repercussão geral reconhecida. Confirmação da jurisprudência. Denegação da distribuição dos recursos que versem sobre o mesmo tema. Devolução desses RE à origem para adoção dos procedimentos previstos no art. 543-B, § 3º, do CPC. Precedentes: RE 579.431-QO/RS, RE 582.650-QO/BA, RE 580.108-QO/SP, Rel. Min. Ellen Gracie; RE 591.068-QO/PR, Rel. Min. Gilmar Mendes; RE 585.235-QO/MG, Rel. Min. Cezar Peluso. II – Julgamento de mérito conforme precedentes. III – Recurso desprovido. (RE 572921 QO-RG, Relator(a): Min. RICARDO LEWANDOWSKI, julgado em 13/11/2008, REPERCUSSÃO GERAL – MÉRITO DJe-025 DIVULG 05-02-2009 PUBLIC 06-02-2009 EMENT VOL-02347-12 PP-02302)

◙ **Tema 30. Tese: I – O direito individual às férias é adquirido após o período de doze meses trabalhados, sendo devido o pagamento do terço constitucional independente do exercício desse direito; II – A ausência de previsão legal não pode restringir o direito ao pagamento do terço constitucional aos servidores exonerados de cargos comissionados que não usufruíram férias.**

RG ◙ O direito individual às férias é adquirido após o período de doze meses trabalhados, sendo devido o pagamento do terço constitucional independente do exercício desse direito. A ausência de previsão legal não pode restringir o direito ao pagamento do terço constitucional aos servidores exonerados de cargos comissionados que não usufruíram férias.

DIREITOS CONSTITUCIONAL E ADMINISTRATIVO. SERVIDOR PÚBLICO ESTADUAL. CARGO COMISSIONADO. EXONERAÇÃO. FÉRIAS NÃO GOZADAS: PAGAMENTO ACRESCIDO DO TERÇO CONSTITUCIONAL. PREVISÃO CONSTITUCIONAL DO BENEFÍCIO. AUSÊNCIA DE PREVISÃO EM LEI. JURISPRUDÊNCIA DESTE SUPREMO TRIBUNAL. RECURSO AO QUAL SE NEGA PROVIMENTO. 1. <u>O direito individual às férias é adquirido após o período de doze meses trabalhados, sendo devido o pagamento do terço constitucional independente do exercício desse direito. 2. A ausência de previsão legal não pode restringir o direito ao pagamento do terço constitucional aos servidores exonerados de cargos comissionados que não usufruíram férias. 3. O não pagamento do terço constitucional àquele que não usufruiu o direito de férias é penalizá-lo duas vezes: primeiro por não ter se valido de seu direito ao descanso, cuja finalidade é preservar a saúde física e</u>

psíquica do trabalhador; segundo por vedar-lhe o direito ao acréscimo financeiro que teria recebido se tivesse usufruído das férias no momento correto. 4. Recurso extraordinário não provido. (RE 570908, Relator(a): Min. CÁRMEN LÚCIA, Tribunal Pleno, julgado em 16/09/2009, REPERCUSSÃO GERAL – MÉRITO DJe-045 DIVULG 11-03-2010 PUBLIC 12-03-2010 EMENT VOL-02393-04 PP-00872 RJTJRS v. 46, n. 279, 2011, p. 29-33)

◙ **Tema 448. Tese: É incompatível com a Constituição a extensão, aos policiais militares inativos e pensionistas, do adicional de insalubridade instituído pela Lei Complementar 432/1985 do Estado de São Paulo.**

RG ◙ **É incompatível com a Constituição a extensão, aos policiais militares inativos e pensionistas, do adicional de insalubridade instituído pela Lei Complementar 432/1985 do Estado de São Paulo**

Extraordinário. Adicional de insalubridade. Lei Complementar Estadual nº 432/1985. Extensão. Policiais militares inativos. Precedentes. Repercussão geral reconhecida. Reafirmação da jurisprudência. Recurso improvido. É incompatível com a Constituição a extensão, aos policiais militares inativos e pensionistas, do adicional de insalubridade instituído pela Lei Complementar 432/1985 do Estado de São Paulo. (RE 642682 RG, Relator(a): Min. MINISTRO PRESIDENTE, julgado em 23/06/2011, REPERCUSSÃO GERAL – MÉRITO DJe-171 DIVULG 05-09-2011 PUBLIC 06-09-2011 EMENT VOL-02581-02 PP-00370)

◙ **Tema 934.Constitucionalidade da vinculação de receita arrecadada com multas tributárias para o pagamento de adicional de produtividade fiscal. PENDENTE DE JULGAMENTO**

RG ◙ **Constitucionalidade da vinculação de receita arrecadada com multas tributárias para o pagamento de adicional de produtividade fiscal. Pendente de julgamento.**

RECURSO EXTRAORDINÁRIO. REPERCUSSÃO GERAL. ADMINISTRATIVO. AUDITORES FISCAIS. ADICIONAL DE PRODUTIVIDADE FISCAL. MULTAS. PARTICIPAÇÃO NOS VALORES ARRECADADOS. PROIBIÇÃO DE VINCULAÇÃO DE RECEITAS DE IMPOSTOS A ORGÃO, FUNDO OU DESPESA. QUESTÃO CONSTITUCIONAL QUE ULTRAPASSA OS INTERESSES DAS PARTES. RELEVÂNCIA JURÍDICA, SOCIAL E ECÔNOMICA. I – Possui repercussão geral a controvérsia referente ao exame da constitucionalidade de norma que vincula parte da arrecadação de multas tributárias para o pagamento de auditores fiscais. II – Repercussão geral reconhecida. (RE 835291 RG, Relator(a): Min. RICARDO LEWANDOWSKI, julgado em 23/02/2017, PROCESSO ELETRÔNICO DJe-049 DIVULG 14-03-2017 PUBLIC 15-03-2017)

◙ **Tema 690: Direito de magistrados aposentados continuarem percebendo o adicional de 20% previsto no art. 184, II, da Lei 1.711/1952 após a adoção do subsídio como forma remuneratória. PENDENTE DE JULGAMENTO.**

RG ◙ Direito de magistrados aposentados continuarem percebendo o adicional de 20% previsto no art. 184, II, da Lei 1.711/1952 após a adoção do subsídio como forma remuneratória. *Pendente de julgamento.*

PROVENTOS – ARTIGO 184, INCISO II, DA LEI Nº 1.711/52 – MAGISTRADOS – ACRÉSCIMO ADMITIDO NA ORIGEM – RECURSO EXTRAORDINÁRIO – REPERCUSSÃO GERAL CONFIGURADA. Possui repercussão geral a controvérsia relativa à manutenção, nos proventos de magistrados, da vantagem prevista no artigo 184, inciso II, da Lei nº 1.711/52, somada ao subsídio. (RE 597396 RG, Relator(a): Min. MARCO AURÉLIO, julgado em 24/10/2013, ACÓRDÃO ELETRÔNICO DJe-237 DIVULG 02-12-2013 PUBLIC 03-12-2013)

◙ Tema 223. Tese: É inconstitucional, por afrontar a iniciativa privativa do Chefe do Poder Executivo, a normatização de direitos dos servidores públicos em lei orgânica do Município.

RG ◙ É inconstitucional, por afrontar a iniciativa privativa do Chefe do Poder Executivo, a normatização de direitos dos servidores públicos em lei orgânica do Município.

CONTROLE DE CONSTITUCIONALIDADE – TRIBUNAL DE JUSTIÇA – ATUAÇÃO – REVISÃO. Ante a possibilidade de vir à balha entendimento que possua ligação com a Constituição Federal, como ocorre quanto aos preceitos sensíveis, de adoção obrigatória pela Carta estadual, admissível é o recurso extraordinário – Recurso Extraordinário nº 199.293/SP, de minha relatoria, e Questão de Ordem na Ação Direta de Inconstitucionalidade nº 1.529/MT, da relatoria do ministro Octavio Gallotti. LEI ORGÂNICA DE MUNICÍPIO – SERVIDORES – DIREITOS. Descabe, em lei orgânica de município, a normatização de direitos dos servidores, porquanto a prática acaba por afrontar a iniciativa do Chefe do Poder Executivo – Ações Diretas de Inconstitucionalidade nº 2.944/PR, relatada pela ministra Cármen Lúcia, 3.176/AP, 3.295/AM, relatadas pelo ministro Cezar Peluso, e 3.362/BA, de minha relatoria. (RE 590829, Relator(a): Min. MARCO AURÉLIO, Tribunal Pleno, julgado em 05/03/2015, ACÓRDÃO ELETRÔNICO REPERCUSSÃO GERAL – MÉRITO DJe-061 DIVULG 27-03-2015 PUBLIC 30-03-2015)

◙ Tema 163. Tese: Não incide contribuição previdenciária sobre verba não incorporável aos proventos de aposentadoria do servidor público, tais como terço de férias, serviços extraordinários, adicional noturno e adicional de insalubridade.

RG ◙ Não incide contribuição previdenciária sobre verba não incorporável aos proventos de aposentadoria do servidor público, tais como terço de férias, serviços extraordinários, adicional noturno e adicional de insalubridade.

Direito previdenciário. Recurso Extraordinário com repercussão geral. Regime próprio dos Servidores públicos. Não incidência de contribuições previdenciárias sobre parcelas não incorporáveis à aposentadoria. 1. O regime previdenciário próprio, aplicável aos servidores públicos, rege-se pelas normas expressas do art. 40 da Constituição, e por dois vetores sistêmicos: (a) o caráter contributivo; e (b) o princípio da solidariedade. 2. A leitura dos §§ 3º e 12 do art. 40, c/c o § 11 do art. 201 da CF, deixa claro que somente devem figurar como base de cálculo da contribuição previdenciária as remunerações/ganhos habituais que tenham "repercussão em benefícios". Como consequência, ficam excluídas as verbas que não se incorporam à aposentadoria. 3. Ademais, a dimensão contributiva do sistema é incompatível com a cobrança de contribuição previdenciária sem que se confira ao segurado qualquer benefício, efetivo ou potencial. 4. Por fim, não é possível invocar o princípio da solidariedade para inovar no tocante à regra que estabelece a base econômica do tributo. 5. À luz das premissas estabelecidas, é fixada em repercussão geral a seguinte tese: "Não incide contribuição previdenciária sobre verba não incorporável aos proventos de aposentadoria do servidor público, tais como 'terço de férias', 'serviços extraordinários', 'adicional noturno' e 'adicional de insalubridade." 6. Provimento parcial do recurso extraordinário, para determinar a restituição das parcelas não prescritas. (RE 593068, Relator(a): Min. ROBERTO BARROSO, Tribunal Pleno, julgado em 11/10/2018, PROCESSO ELETRÔNICO DJe-056 DIVULG 21-03-2019 PUBLIC 22-03-2019)

◙ **Tema 25. Tese: Salvo nos casos previstos na Constituição, o salário mínimo não pode ser usado como indexador de base de cálculo de vantagem de servidor público ou de empregado, nem ser substituído por decisão judicial.**

RG ◙ Salvo nos casos previstos na Constituição, o salário mínimo não pode ser usado como indexador de base de cálculo de vantagem de servidor público ou de empregado, nem ser substituído por decisão judicial.

CONSTITUCIONAL. ART. 7º, INC. IV, DA CONSTITUIÇÃO DA REPÚBLICA. NÃO-RECEPÇÃO DO ART. 3º, § 1º, DA LEI COMPLEMENTAR PAULISTA N. 432/1985 PELA CONSTITUIÇÃO DE 1988. INCONSTITUCIONALIDADE DE VINCULAÇÃO DO ADICIONAL DE INSALUBRIDADE AO SALÁRIO MÍNIMO: PRECEDENTES. IMPOSSIBILIDADE DA MODIFICAÇÃO DA BASE DE CÁLCULO DO BENEFÍCIO POR DECISÃO JUDICIAL. RECURSO EXTRAORDINÁRIO AO QUAL SE NEGA PROVIMENTO. 1. O sentido da vedação constante da parte final do inc. IV do art. 7º da Constituição impede que o salário-mínimo possa ser aproveitado como fator de indexação; essa utilização tolheria eventual aumento do salário-mínimo pela cadeia de aumentos que ensejaria se admitida essa vinculação (RE 217.700, Ministro Moreira Alves). A norma constitucional tem o objetivo de impedir que aumento do salário-mínimo gere, indiretamente, peso maior do que aquele diretamente relacionado com o acréscimo. Essa circunstância pressionaria reajuste menor do salário-mínimo, o que significaria obstaculizar a implementação da política salarial prevista no art. 7º, inciso IV, da Constituição da República. O aproveitamento do salário-mínimo para formação da base de cálculo de qualquer parcela remuneratória ou com qualquer outro objetivo pecuniário (indenizações, pensões, etc.) esbarra na vinculação vedada pela Constituição do Brasil. Histórico e análise comparativa da jurisprudência do Supremo Tribunal Federal. Declaração de não-recepção pela Constituição da República de 1988 do Art. 3º, § 1º, da Lei Complementar n. 432/1985 do Estado de São Paulo. 2. Inexistência de regra constitucional autorizativa de concessão de adicional de insalubridade a servidores públicos (art. 39, § 1º, inc. III) ou a policiais militares (art. 42, § 1º, c/c 142, § 3º, inc. X). 3. Inviabilidade de invocação do art. 7º, inc. XXIII, da Constituição da República, pois mesmo se a legislação local determina a sua incidência aos servidores públicos, a expressão adicional de remuneração contida na norma constitucional há de ser interpretada como adicional remuneratório, a saber, aquele que desenvolve atividades penosas, insalubres ou perigosas tem direito a adicional, a compor a sua remuneração. Se a Constituição tivesse estabelecido remuneração do trabalhador como base de cálculo teria afirmado adicional sobre a remuneração, o que não fez. 4. Recurso extraordinário ao qual se nega provimento. (RE 565714, Relator(a): Min. CÁRMEN LÚCIA, Tribunal Pleno, julgado em 30/04/2008, REPERCUSSÃO GERAL – MÉRITO DJe-147 DIVULG 07-08-2008 PUBLIC 08-08-2008 REPUBLICAÇÃO: DJe-211 DIVULG 06-11-2008 PUBLIC 07-11-2008 EMENT VOL-02340-06 PP-01189 RTJ VOL-00210-02 PP-00884)

◙ **Tema 24. Tese: I – O art. 37, XIV, da Constituição Federal, na redação dada pela Emenda Constitucional 19/98, é autoaplicável; II – Não há direito adquirido a regime jurídico, notadamente à forma de composição da remuneração de servidores públicos, observada a garantia da irredutibilidade de vencimentos.**

RG ◙ Não há direito adquirido a regime jurídico, notadamente à forma de composição da remuneração de servidores públicos, observada a garantia da irredutibilidade de vencimentos.

RECURSO EXTRAORDINÁRIO. ADMINISTRATIVO. Servidor público. Inexistência de direito adquirido à regime jurídico. Base de cálculo de vantagens pessoais. Efeito cascata: proibição constitucional. Precedentes. Impossibilidade de redução dos vencimentos. Princípio da irredutibilidade dos vencimentos. Recurso ao qual se dá parcial provimento. (RE 563708, Relator(a): Min. CÁRMEN LÚCIA, Tribunal Pleno, julgado em 06/02/2013, ACÓRDÃO ELETRÔNICO REPERCUSSÃO GERAL – MÉRITO DJe-081 DIVULG 30-04-2013 PUBLIC 02-05-2013)

◙ **Jornada de trabalho especial para profissões regulamentadas em lei que disciplinam regras diferentes. Odontólogos. Prevalência da legislação específica.**

Mandado de segurança. Tribunal de Contas da União (TCU). Jornada de trabalho de analistas judiciários das áreas de medicina e odontologia. Prevalência de norma especial sobre a geral. Previsão de jornada reduzida não alcança ocupantes de cargo em comissão ou função comissionada. *Mandamus* do qual se conhece. Ordem concedida. 1. Diante do silêncio da Lei nº 11.416/06 acerca da jornada de trabalho dos servidores do Poder Judiciário e existindo legislação que discipline a jornada de ocupantes de cargos públicos das áreas de medicina e odontologia, aplica-se a norma de caráter especial em detrimento da regra geral inserta no caput do artigo 19 da Lei nº 8.112/90. Inteligência do Decreto-Lei nº 1.445/76, c/c a Lei nº 9.436/97, revogada pela Lei nº 12.702/12 (relativamente aos servidores médicos), e do Decreto-Lei nº 2.140/1984 (relativamente aos servidores odontólogos). Precedentes. 2. Mandado de segurança do qual se conhece. Ordem concedida. (MS 33853, Relator(a): Min. DIAS TOFFOLI, Segunda Turma, julgado em 13/06/2017, PROCESSO ELETRÔNICO DJe-222 DIVULG 28-09-2017 PUBLIC 29-09-2017)

◙ **Jornada de trabalho especial para profissões regulamentadas em lei que disciplinam regras diferentes. Médicos. Prevalência da legislação específica.**

SERVIDOR PÚBLICO – TRIBUNAL DE CONTAS DA UNIÃO – CARGA HORÁRIA SEMANAL – MÉDICO – LEI Nº 10.356/2001. **Os médicos do Tribunal de Contas da União admitidos após a vigência da Lei nº 10.356/2001 a ela se sujeitam.** Precedente: mandado de segurança nº 25.875, de minha relatoria, Pleno, acórdão publicado no Diário da Justiça de 16 de dezembro de 2014. (MS 25861, Relator(a): Min. MARCO AURÉLIO, Primeira Turma, julgado em 08/05/2018, PROCESSO ELETRÔNICO DJe-098 DIVULG 18-05-2018 PUBLIC 21-05-2018)

◙ **Gratificação de natureza genérica deve ser estendida aos inativos.**

PROCESSUAL CIVIL E ADMINISTRATIVO. AGRAVO REGIMENTAL NO RECURSO ESPECIAL. SERVIDOR PÚBLICO FEDERAL. GRATIFICAÇÃO DE INCREMENTO DA FISCALIZAÇÃO E DA ARRECADAÇÃO – GIFA. LEI 10.910/2004 E DECRETO 5.190/2004. NATUREZA GENÉRICA. EXTENSÃO AOS INATIVOS. POSSIBILIDADE. PRECEDENTES. AGRAVO REGIMENTAL NÃO PROVIDO. 1. É firme o entendimento do STJ no sentido de que a Gratificação de Incremento da Fiscalização e Arrecadação (GIFA), criada pela Lei 10.910/2004 e regulamentada pelo Decreto 5.190/2004, possui natureza genérica, devendo estendida aos aposentados e pensionistas no mesmo percentual concedido aos servidores em atividade. (...) (AgRg no REsp 1525391/PR, Rel. Ministro MAURO CAMPBELL MARQUES, SEGUNDA TURMA, julgado em 21/05/2015, DJe 28/05/2015)

◙ **As parcelas incorporadas aos vencimentos dos servidores cedidos a outro Poder devem observar o valor da função efetivamente exercida, sendo vedada a redução dos valores incorporados sob o fundamento de ser necessário efetuar a correlação entre as funções dos diferentes Poderes.**

RECURSO ESPECIAL REPETITIVO. ART. 105, III, ALÍNEA A DA CF. ART. 543-C DO CPC. RESOLUÇÃO 8/08 DO STJ. DIREITO ADMINISTRATIVO. SERVIDOR PÚBLICO DO PODER EXECUTIVO FEDERAL. EXERCÍCIO DE FUNÇÃO COMISSIONADA JUNTO AO PODER JUDICIÁRIO. INCORPORAÇÃO DE QUINTOS. OBSERVÂNCIA DA FUNÇÃO EFETIVAMENTE EXERCIDA. RECURSO ESPECIAL DA UNIÃO FEDERAL DESPROVIDO. 1. Com o advento da Medida Provisória 2.225-45/2001, que acrescentou o art. 62-A à Lei 8.112/90, reportando-se ao conteúdo normativo dos arts. 3º. e 10 da Lei 8.911/94 e 3º. da Lei 9.624/98, permitiu-se a compreensão de que foi elastecido o prazo de incorporação dos chamados quintos, passando a vigorar até 05 de setembro de 2001, data do início de sua vigência. 2. O entendimento firmado no âmbito desta Corte Superior é o de que as parcelas incorporadas aos vencimentos dos servidores cedidos a outro Poder deve observar o valor da função efetivamente exercida, sendo vedada a redução dos valores incorporados sob o fundamento de ser necessário efetuar a correlação entre as funções dos diferentes Poderes. 3. Recurso Especial da UNIÃO FEDERAL desprovido, com os efeitos previstos no art. 543-C do CPC e na Resolução 8/2008-STJ, de acordo com os precedentes do STJ: AgRg no REsp. 1.159.467/DF, Rel. Min. CELSO LIMONGI, DJe 25.5.2011; AgRg no REsp. 942.868/DF, Rel. Min. MARIA THEREZA DE ASSIS MOURA, DJe 8.6.2009; REsp. 1.089.886/DF, Rel. Min. MARIA THEREZA DE ASSIS MOURA, DJe 15.12.2008; AgRg no REsp. 913.225/DF, Rel. Min. JORGE MUSSI, DJe 2.2.2009. (REsp 1230532/ DF, Rel. Ministro NAPOLEÃO NUNES MAIA FILHO, PRIMEIRA SEÇÃO, julgado em 12/12/2012, DJe 19/12/2012)

◙ **Caracterizada a renúncia tácita da prescrição quando há o reconhecimento administrativo do direito à incorporação.**

ADMINISTRATIVO. PROCESSUAL CIVIL. INEXISTÊNCIA DE VIOLAÇÃO DO ART. 535 DO CPC. SERVIDOR PÚBLICO. INCORPORAÇÃO DE QUINTOS. PRES-CRIÇÃO. HONORÁRIOS ADVOCATÍCIOS. 1. Inexiste violação do art. 535 do CPC quando a prestação jurisdicional é dada na medida da pretensão deduzida. 2. Caracterizada a renúncia tácita da prescrição quando há o reconhecimento administrativo do direito a incorporação. 3. A jurisprudência desta Corte é pacífica ao reconhecer o direito à incorporação de quintos por servidores públicos em exercício de função comissionada, no período de 8 de abril de 1998 – data do início da vigência da Lei n. 9.624/98 – até 5 de setembro de 2001 – data do início da vigência da Medida Provisória n. 2.225-45/2001. 4. A fixação dos honorários advocatícios quando vencida a Fazenda Pública não está adstrita aos limites percentuais de 10% e 20%, podendo ser adotado como base de cálculo o valor dado à causa ou à condenação, nos termos do art. 20, § 4º, do CPC. Agravo regimental improvido. (AgRg no REsp 1220157/RS, Rel. Ministro HUMBERTO MARTINS, SEGUNDA TURMA, julgado em 15/02/2011, DJe 22/02/2011)

◙ **O ato administrativo que reconhece a existência de dívida interrompe a contagem do prazo prescricional, recomeçando este a fluir apenas a partir do último ato do processo que causou a interrupção. Inteligência do art. 202, VI, e parágrafo único, do Código Civil**

ADMINISTRATIVO. PROCESSUAL CIVIL. INEXISTÊNCIA DE VIOLAÇÃO DO ART.535 DO CPC. SERVIDOR PÚBLICO. INCORPORAÇÃO DE QUINTOS. PRES-CRIÇÃO. HONORÁRIOS ADVOCATÍCIOS. 1. Inexiste violação do art. 535 do CPC quando a prestação jurisdicional é dada na medida da pretensão deduzida. 2. Caracterizada a renúncia tácita da prescrição quando há o reconhecimento administrativo do direito a incorporação. 3. A jurisprudência desta Corte é pacífica ao reconhecer o direito à incorporação de quintos por servidores públicos em exercício de função comissionada, no período de 8 de abril de 1998 – data do início da vigência da Lei n. 9.624/98 – até 5 de setembro de 2001 – data do início da vigência da Medida Provisória n. 2.225-45/2001. 4. A fixação dos honorários advocatícios quando vencida a Fazenda Pública não está adstrita aos limites percentuais de 10% e 20%, podendo ser adotado como base de cálculo o valor dado à causa ou à condenação, nos termos do art. 20, § 4º, do CPC. Agravo regimental improvido. (AgRg no REsp 1220157/RS, Rel.

Ministro HUMBERTO MARTINS, SEGUNDA TURMA, julgado em 15/02/2011, DJe 22/02/2011)

◉ **O requerimento administrativo suspende o lapso prescricional, nos termos do art. 4.º do Decreto n.º 20.910/32, reiniciando a contagem do prazo na data da negativa do pedido.**

PROCESSUAL CIVIL E ADMINISTRATIVO. SERVIDOR PÚBLICO. PRESCRIÇÃO. REQUERIMENTO ADMINISTRATIVO. SUSPENSÃO DO PRAZO. ART. 4º, PARÁGRAFO ÚNICO, DO DECRETO N.º 20.910/32. 1. O requerimento administrativo suspende o lapso prescricional, nos termos do art. 4.º do Decreto n.º 20.910/32, reiniciando a contagem do prazo na data da negativa do pedido. Precedentes. 2. Agravo regimental não provido. (AgRg no REsp 1308900/SP, Rel. Ministro CASTRO MEIRA, SEGUNDA TURMA, julgado em 07/08/2012, DJe 21/08/2012)

FÉRIAS

▶ **O servidor fará jus a trinta dias de férias, que podem ser acumuladas, até o máximo de dois períodos.**

O servidor fará jus a trinta dias de férias, que podem ser acumuladas, até o máximo de dois períodos, no caso de necessidade do serviço, ressalvadas as hipóteses em que haja legislação específica.

▶ **Período aquisitivo e parcelamento das férias.**

Para o primeiro período aquisitivo de férias serão exigidos 12 (doze) meses de exercício. É vedado levar à conta de férias qualquer falta ao serviço. As férias poderão ser parceladas em até três etapas, desde que assim requeridas pelo servidor, e no interesse da administração pública.

▶ **Regras sobre pagamento, interrupção e exoneração do servidor no período de férias.**

O pagamento da remuneração das férias será efetuado até 2 (dois) dias antes do início do respectivo período. O servidor exonerado do cargo efetivo, ou em comissão, perceberá indenização relativa ao período das férias a que tiver direito e ao incompleto, na proporção de um doze avos por mês de efetivo exercício, ou fração superior a quatorze dias. A indenização será calculada com base na remuneração do mês em que for publicado o ato exoneratório. Em caso de parcelamento, o servidor receberá o valor adicional previsto no inciso XVII do art. 7º da Constituição Federal quando da utilização do primeiro período. As férias somente poderão ser interrompidas por motivo de calamidade pública, comoção interna, convocação para júri, serviço militar ou eleitoral, ou por necessidade do serviço declarada pela autoridade máxima do órgão ou entidade.

◙ **Conversão de férias não gozadas em indenização pecuniária, por aqueles que não mais podem delas usufruir, seja por conta do rompimento do vínculo com a Administração, seja pela inatividade, tendo em vista a vedação do enriquecimento sem causa pela Administração.**

Recurso extraordinário com agravo. 2. Administrativo. Servidor Público. 3. Conversão de férias não gozadas – bem como outros direitos de natureza remuneratória – em indenização pecuniária, por aqueles que não mais podem delas usufruir. Possibilidade. Vedação do enriquecimento sem causa da Administração. 4. Repercussão Geral reconhecida para reafirmar a jurisprudência desta Corte. (ARE 721001 RG, Relator(a): Min. GILMAR MENDES, julgado em 28/02/2013, ACÓRDÃO ELETRÔNICO REPERCUSSÃO GERAL – MÉRITO DJe-044 DIVULG 06-03-2013 PUBLIC 07-03-2013)

◙ **Nas férias teria direito o servidor à percepção do auxílio alimentação?**

E nas férias, teria direito o servidor à percepção do referido auxílio? Há dois entendimentos!

Um no sentido que há o direito, pois as férias são consideradas como período de efetivo exercício.

PROCESSUAL CIVIL E ADMINISTRATIVO. OFENSA AO ART. 535 DO CPC NÃO CONFIGURADA. SERVIDOR PÚBLICO. AUXÍLIO-ALIMENTAÇÃO. FÉRIAS. LICENÇAS. AFASTAMENTOS. DESCONTO. NÃO OCORRÊNCIA. NECESSIDADE DE REEXAME DE MATÉRIA FÁTICO-PROBATÓRIA. SÚMULA 7/STJ. 1. A solução integral da controvérsia, com fundamento suficiente, não caracteriza ofensa ao art. 535 do CPC. 2. O acórdão recorrido consignou que "o IBAMA contestou o feito alegando a falta de interesse processual, uma vez que a Administração não efetua qualquer desconto do auxílio-alimentação nos períodos de afastamento considerados, legalmente, como de efetivo exercício, a teor do art. 102, da Lei nº 8.112/90, tais como férias, licença para capacitação, entre outros, situação corroborada pela informação oriunda do Ofício nº 165/2012" (fl. 241, e-STJ) e que "o sindicato não demonstrou, sequer por amostragem, a prefalada ilegalidade relativamente a um ou alguns dos substituídos, de forma a comprovar o alegado desconto do auxílio-alimentação nas hipóteses referidas" (fl. 242, e-STJ) 3. É inviável analisar a tese defendida no Recurso Especial – de que Administração, no caso o Ibama, efetua desconto do auxílio-alimentação durante as férias, licença-prêmio por assiduidade e afastamentos para estudo/aperfeiçoamento – , a qual busca afastar as premissas fáticas estabelecidas pelo acórdão recorrido, pois inarredável a revisão do conjunto probatório dos autos. Aplica-se o óbice da Súmula 7/STJ. 4. Ademais, a Administração Pública está atuando em sintonia com o atual entendimento do Superior Tribunal de Jutiça, no sentido de que o auxílio-alimentação é devido por dia de trabalho no efetivo desempenho do cargo, incluindo as férias e licenças, nos termos do art. 102 da Lei 8.112/1090. 5. Agravo Regimental não provido. (AgRg no REsp 1528084/RS, Rel. Ministro HERMAN BENJAMIN, SEGUNDA TURMA, julgado em 06/08/2015, DJe 04/09/2015)

Já o outro, em sentido contrário, sob o fundamento que por ter caráter indenizatório, o auxílio-alimentação é devido apenas aos servidores que estejam no efetivo exercício do cargo.

ADMINISTRATIVO. RECURSO ORDINÁRIO EM MANDADO DE SEGURANÇA. SERVIDOR PÚBLICO. AUXÍLIO-ALIMENTAÇÃO. PERCEPÇÃO EM PERÍODO DE FÉRIAS E LICENÇA. NÃO CABIMENTO. VERBA DE CARÁTER INDENIZATÓRIO. AUSÊNCIA DE DIREITO LÍQUIDO E CERTO.I – Consoante o decidido pelo Plenário desta Corte na sessão realizada em 09.03.2016, o regime recursal será determinado pela data da publicação do provimento jurisdicional impugnado. In casu, aplica-se o Código de Processo Civil de 1973.II – É consolidado nesta Corte o entendimento segundo o qual, em virtude de seu caráter indenizatório, o auxílio-alimentação é devido apenas aos servidores que estejam no efetivo exercício do cargo. Precedentes. III – Recurso Ordinário não provido. (RMS 47.664/SP, Rel. Ministra REGINA HELENA COSTA, PRIMEIRA TURMA, julgado em 06/06/2017, DJe 12/06/2017)

Registre-se, no entanto, que, neste último precedente, a 1ª Turma não analisou o art. 102, I, da Lei nº 8.112/90. Ao que parece, pensamos que o entendimento majoritário continua sendo no sentido que é devido o pagamento de auxílio-alimentação durante as férias do servidor.

LICENÇAS, AFASTAMENTOS E CONCESSÕES

◉ **A jurisprudência desta Corte consolidou o entendimento de que o tempo de serviço público federal prestado sob o pálio do extinto regime celetista deve ser computado para todos os efeitos, inclusive para anuênios e licença-prêmio por assiduidade, nos termos dos arts. 67 e 100, da Lei n. 8.112/90.**

ADMINISTRATIVO. RECURSO ESPECIAL. SERVIDOR PÚBLICO FEDERAL. TEMPO DE SERVIÇO PRESTADO SOB A ÉGIDE DA CLT. CONTAGEM PARA TODOS OS EFEITOS. LICENÇA-PRÊMIO NÃO GOZADA. CONVERSÃO EM PECÚNIA. PRESCRIÇÃO. TERMO A QUO. DATA DA APOSENTADORIA. RECURSO SUBMETIDO AO REGIME PREVISTO NO ARTIGO 543-C DO CPC. 1. A discussão dos autos visa definir o termo a quo da prescrição do direito de pleitear indenização referente a licença-prêmio não gozada por servidor público federal, ex-celetista, alçado à condição de estatutário por força da implantação do Regime Jurídico Único. 2. Inicialmente, registro que a jurisprudência desta Corte consolidou o entendimento de que o tempo de serviço público federal prestado sob o pálio do extinto regime celetista deve ser computado para todos os efeitos, inclusive para anuênios e licença-prêmio por assiduidade, nos termos dos arts. 67 e 100, da Lei n. 8.112/90. Precedentes: AgRg no Ag 1.276.352/RS, Rel. Min. Laurita Vaz, Quinta Turma, DJe 18/10/10; AgRg no REsp 916.888/SC, Sexta Turma, Rel. Min. Celso Limongi (Desembargador Convocado do TJ/SP), DJe de 3/8/09; REsp 939.474/RS, Quinta Turma, Rel. Min. Arnaldo Esteves Lima, DJe de 2/2/09; AgRg no REsp 957.097/SP, Quinta Turma, Rel. Min. Laurita Vaz, Quinta Turma, DJe de 29/9/08. 3. Quanto ao termo inicial, a jurisprudência desta Corte é uníssona no sentido de que a contagem da prescrição quinquenal relativa à conversão em pecúnia de licença-prêmio não gozada e nem utilizada como lapso temporal para a aposentadoria, tem como termo a quo a data em que ocorreu a aposentadoria do servidor público. Precedentes: RMS 32.102/DF, Rel. Min. Castro Meira, Segunda Turma, DJe 8/9/10; AgRg no Ag 1.253.294/RJ, Rel. Min. Hamilton Carvalhido, Primeira Turma, DJe 4/6/10; AgRg no REsp 810.617/SP, Rel. Min. Og Fernandes, Sexta Turma, DJe 1/3/10; MS 12.291/DF, Rel. Min. Haroldo Rodrigues (Desembargador convocado do TJ/CE), Terceira Seção, DJe 13/11/09; AgRg no RMS 27.796/DF, Rel. Min. Napoleão Nunes Maia Filho, Quinta Turma, DJe 2/3/09; AgRg no Ag 734.153/PE, Rel. Min. Arnaldo Esteves Lima, Quinta Turma, DJ 15/5/06. 4. Considerando que somente com a aposentadoria do servidor tem inicio o prazo prescricional do seu direito de pleitear a indenização referente à licença-prêmio não gozada, não há que falar em ocorrência da prescrição quinquenal no caso em análise, uma vez que entre a aposentadoria, ocorrida em 6/11/02, e a propositura da presente ação em 29/6/07, não houve o decurso do lapso de cinco anos. 5. Recurso afetado à Seção, por ser representativo de controvérsia, submetido a regime do artigo 543-C do CPC e da Resolução 8/STJ. 6. Recurso especial não provido. (REsp 1254456/PE, Rel. Ministro BENEDITO GONÇALVES, PRIMEIRA SEÇÃO, julgado em 25/04/2012, DJe 02/05/2012)

◉ **Prazo prescricional para pleitear e conversão de pecúnia da licença prêmio não usufruída.**

PROCESSUAL CIVIL. ADMINISTRATIVO. AGRAVO INTERNO NOS EMBARGOS DE DECLARAÇÃO NO RECURSO ESPECIAL. LICENÇA PRÊMIO. CONVERSÃO EM PECÚNIA. PRESCRIÇÃO. TERMO INICIAL. CONCESSÃO DA APOSENTADORIA. (...) IV – Entendo que o termo a quo do prazo prescricional para o requerimento de conversão de licença prêmio não gozada em pecúnia é a data em que ocorreu a aposentadoria do servidor público. No mesmo sentido: EDcl no REsp 1634035/RS, Rel. Ministro OG FERNANDES, SEGUNDA TURMA, julgado em 20/03/2018, DJe 23/03/2018. V – Por essa razão, não deve ser superada a orientação firmada pela Primeira Seção, na forma do art. 543-C do CPC/1973, no julgamento do REsp 1.254.456/PE. (...) (AgInt nos EDcl no REsp 1598870/RS, Rel. Ministro FRANCISCO FALCÃO, SEGUNDA TURMA, julgado em 24/04/2018, DJe 30/04/2018)

◉ **Impossibilidade de concessão de licença especial a servidores oriundos do regime celetista, ante a ausência do atributo efetividade**

SERVIDOR – TEMPO DE SERVIÇO CELETISTA – CÔMPUTO – LICENÇA ESPECIAL – CONCESSÃO – IMPOSSIBILIDADE. Inviável a concessão de licença especial a servidores oriundos do regime celetista, ante a ausência do atributo efetividade. Precedente: ação direta de inconstitucionalidade nº 1.695, relator o ministro Maurício Corrêa, acórdão publicado no Diário da Justiça de 28 de maio de 2004. (RE 354859 ED-AgR, Relator(a): Min. MARCO AURÉLIO, Primeira Turma, julgado em 15/08/2017, ACÓRDÃO ELETRÔNICO DJe-198 DIVULG 01-09-2017 PUBLIC 04-09-2017)

LICENÇA POR MOTIVO DE DOENÇA EM PESSOA DA FAMÍLIA

▶ **Estabelece a faculdade de a Administração conceder licença ao servidor por motivo de doença na pessoa de seu cônjuge ou companheiro, ou dos seus pais, ou dos seus filhos, ou do padrasto, da madrasta ou de enteado, ou ainda de dependente que viva às expensas do servidor e que conste do seu assentamento funcional, tudo conforme necessidade atestada por perícia médica oficial.**

De início, a prova do parentesco, da afinidade ou da dependência pode ser produzida por qualquer documentação admissível em direito. Observa-se que não apenas o marido ou a mulher formalmente casados ensejam a concessão da licença, mas também o cônjuge informalmente constituído, dito na lei companheiro, a faz merecer, caso se adoente e perícia médica oficial o ateste. Além do cônjuge ou companheiro, também enseja a licença doença dos pais do servidor, como de seus filhos de qualquer condição, como ainda de seu padrasto ou de sua madrasta, bem como de qualquer seu dependente assim registrado em seu assentamento funcional, e como ainda de quaisquer enteados que tenha (filhos adotivos ou naturais, filhos de criação), tudo atestado por perícia médica oficial.

▶ **A licença apenas será deferida caso os associados que a lei elenca sejam efetivamente dependentes da assistência direta do servidor**

Pelo § 1º, a licença apenas será deferida caso os associados que a lei elenca sejam efetivamente dependentes da assistência direta do servidor, e essa assistência comprovadamente não possa ser prestada, nem sequer com compensação de horário, caso o servidor não se licencie.

▶ **Ato vinculado ou discricionário?**

Observa-se que, por mais vinculante que a lei pareça, na verdade é discricionário o julgamento, pela perícia médica sobretudo mas também pela autoridade competente para licenciar, da verdadeira dependência que o parente doente mantém com relação ao servidor. Nunca é inteiramente objetivo o julgamento dessa dependência, dele participando, por menos que se deseje, fatores íntimos, pessoais, da autoridade superior, porém sobretudo da junta médica envolvida na perícia. **Tudo isso configura uma faculdade da Administração, aquela de conceder ou não a licença, convencida ou não da legitimidade dos seus motivos.** Para o servidor, a única possibilidade de obtê-la é demonstrando cabalmente que seu parente ou afim, doente, dele depende durante o horário de expediente na repartição, de modo a tornar impossível o exercício e a assistência simultâneos nem mesmo com horários alterados a serem compensados.

▶ **A licença de que trata o artigo tem prazo máximo predeterminado, que é de 60 (sessenta) dias com remuneração integral**

Pelo § 2º, com redação dada pela Lei n. 12.269/2010, a licença de que trata o artigo tem prazo máximo predeterminado, que é de 60 (sessenta) dias com remuneração integral conforme inc. I deste § 2º, e de 90 (noventa) dias, conforme inc. II, sem remuneração. Mudou a redação anterior para uma forma pouco compreensível, só parecendo fazer sentido a leitura de que, se a licença for de até 60 dias, consecutivos ou não (somando-se nesse caso os períodos inferiores a 60 até se totalizar esse número), a licença será remunerada, e o que exceder esses 60, até no máximo mais 30 dias, não terá remuneração. Lida de outro modo a regra, parece que, se o servidor gozar 61 dias, não terá remuneração alguma, o que carece por completo de sentido quando a lei lhe assegura que os primeiros 60 dias serão remunerados.

▶ **Não será concedida nem prorrogada para além de 90 dias, devendo o servidor, nesse caso, decorrido esse prazo máximo, retornar ao exercício, pena de processo administrativo por inassiduidade habitual ou até por abandono de cargo, na forma da lei.**

Não será concedida nem prorrogada para além de 90 dias, devendo o servidor, nesse caso, decorrido esse prazo máximo, retornar ao exercício, pena de processo administrativo por inassiduidade habitual ou até por abandono de cargo, na forma da lei. Mudou outra vez o direito anterior, que já havia sido radicalmente alterado. Anteriormente à Lei n. 12.269/2010, não se concedia licença por motivo de doença em pessoa da família de servidor ocupante de cargo em comissão, por expressa proibição do § 2º do art. 83, porém essa distinção caiu com a nova lei de 2010, e também os servidores em comissão se beneficiam desta licença. A lei deixou portanto de restringir esse direito a ocupantes de cargos de provimento efetivo, numa manobra sem dúvida humanitária mas que exigirá da Administração agilidade na substituição do servidor em comissão licenciado, eis que o cargo permanece juridicamente ocupado e não vago, não permitindo nova nomeação durante a licença, mas tão só, como se disse, substituição, ou então designação "interina" de alguém para responder pelo cargo em comissão.

▶ **O § 3º do artigo foi alterado pela Lei n. 12.269/2010, e prescreve que o interstício de doze meses se inicia na data do deferimento da primeira licença concedida, ou seja, delimita o marco inicial daquele interstício, que de outro modo poderia ser tido como sendo o dia do fim de alguma licença dentro do período, leitura essa que a nova lei de pronto afasta.**

Mesmo com a alteração deste art. 83 pela Lei n. 12.269/2010, foi mantida a regra de que não será concedida nova licença – naturalmente a licença a que se refere o caput, e não de outra espécie ou natureza, pois o art. 83 cuida de apenas uma específica licença, e não espraiou seus efeitos para além dela —, antes de decorridos doze meses, desta vez, do início de alguma idêntica que tenha sido concedida dentro do período ânuo. Trata-se de um dispositivo limitador da repetição incondicionada desta licença específica, que inexistia no direito remotamente anterior.

▶ **E condição para a concessão desta licença que o servidor seja indispensável para a prestação da assistência e que esta não possa ser prestada simultaneamente com o exercício das atribuições do cargo.**

Trata o art. 83 da concessão de licença a servidor por motivo de doença em pessoa de sua família. por perícia médica oficial. E condição para a concessão desta licença que o servidor seja indispensável para a prestação da assistência e que esta não possa ser prestada simultaneamente com o exercício das atribuições do cargo. Ha que ser avaliado se o servidor e a pessoa da família mais adequada a prestar esta assistência. (DINIZ, Paulo de Matos F. Lei 8 112/1990 comentada. Regime jurídico dos servidores públicos civis da União e legislação complementar, Ed. Método 11ª edição, Forense São Paulo, 2014, p. 370)

▶ **Esta licença, incluídas as prorrogáveis, poderá ser concedida a cada período de doze meses nas seguintes condições.**

Esta licença, incluídas as prorrogáveis, poderá ser concedida a cada período de doze meses nas seguintes condições: I – por ate sessenta dias, consecutivos ou não, mantida a remuneração do servidor; e II – por ate noventa dias, consecutivos ou não. sem remuneração. (DINIZ, Paulo de Matos F. Lei 8 112/1990 comentada. Regime jurídico dos servidores públicos civis da União e legislação complementar, Ed. Método 11ª edição, Forense São Paulo, 2014, p. 370)

▶ **O início do interstício de doze meses será contado a partir da data do deferimento da primeira licença concedida.**

O início do interstício de doze meses será contado a partir da data do deferimento da primeira licença concedida. A soma das licenças remuneradas e das licenças não remuneradas, incluídas as respectivas prorrogações, concedidas em um mesmo período de doze meses, observado o disposto no § 3°, não poderá ultrapassar os limites estabelecidos nos incisos I e II do § 2°, isto e 150 dias. (DINIZ, Paulo de Matos F. Lei 8 112/1990 comentada. Regime jurídico dos servidores públicos civis da União e legislação complementar, Ed. Método 11ª edição, Forense São Paulo, 2014, p. 370)

▶ **Distinção entre licença para tratar da própria saúde e por motivo de doença em pessoa da família.**

Diferentemente da licença para tratamento da própria saúde, que é limitado até 24 meses ao longo da vida profissional do servidor, isto vale dizer com vários CIDs (alínea "b", do inciso VIII, do art. 102, da Lei n° 8.112/1990, esta licença será concedida desde que atendidas as condições estabelecidas neste artigo. No caso do art. 102, VIII, "b", não é contado como efetivo exercício. Este tempo e contado apenas para aposentadoria. No mesmo CID, ao cabo dos 24 meses, o servidor será submetido a um novo laudo médico que concluirá por seu retomo, readaptação ou aposentadoria por invalidez. Atendidos os pressupostos do deste, poderão ser concedidas licenças sem nenhuma limitação. (DINIZ, Paulo de Matos F. Lei 8 112/1990 comentada. Regime jurídico dos servidores públicos civis da União e legislação complementar, Ed. Método 11ª edição, Forense São Paulo, 2014, p. 371)

◉ **NOTA TÉCNICA N° 237/2016-MP: Permite-se contagem, para fins de progressão e promoção, do período de até 30 dias de licença para tratamento de saúde de pessoa da família, desde a vigência do art. 23 da Lei n° 12.269, de 2010.**

◉ **NOTA TÉCNICA N° 157/2014/CGNOR/DENOP/SEGEP/MP: Não há impedimento para que a licença seja concedida a mais de um servidor para acompanhar a mesma pessoa doente na família, desde que atendidos os requisitos da lei para a indicação de dependente e que a perícia oficial em saúde ateste a necessidade.**

◉ **NOTA INFORMATIVA N° 126/2014/CGNOR/DENOP/SEGEP/MP: Aplicam-se aos servidores ocupantes de cargo comissionado sem vínculo as mesmas regras dispostas para os servidores de cargo efetivo, para fins de concessão de licença por motivo de doença em pessoa da família.**

◉ **NOTA INFORMATIVA N° 255/2013/CGNOR/DENOP/SEGEP/MP: Os períodos de licença por motivo de doença em pessoa da família utilizados pelo servidor, cuja duração máxima, em cada período de 12 (doze) meses a contar da data da primeira licença gozada, seja de até 30 dias, devem ser considerados como de efetivo exercício, a partir da vigência dos arts. 23 e 24 da Lei n° 12.269, de 2010, atos anteriores a esta Lei não estão sujeitos à revisão.**

◙ **NOTA TÉCNICA Nº 690/2010/COGES/DENOP/SRH/MP:** A licença por motivo de doença em pessoa da família e suas prorrogações poderão ser concedidas ao servidor por um período de até 60 dias, consecutivos ou não, com percepção da remuneração, e por até noventa dias, consecutivos ou não, sem percepção de remuneração, não sendo possível ultrapassar o limite estabelecido nos incisos I e II do § 2º do art. 83 da Lei nº 8.112, de 1990.

LICENÇA POR MOTIVO DE AFASTAMENTO DO CÔNJUGE OU COMPANHEIRO QUE FOI DESLOCADO PARA OUTRO PONTO DO TERRITÓRIO NACIONAL, PARA O EXTERIOR OU PARA O EXERCÍCIO DE MANDATO ELETIVO DOS PODERES EXECUTIVO E LEGISLATIVO

▶ **Duplo objetivo.**

A licença tem duplo objetivo: a) possibilitar ao servidor manter seu cargo no serviço público; b) manter a integridade familiar, com forte inspiração no princípio constitucional da proteção à família inserto no caput do art. 226 da CF. A licença dar-se-á: a) sem remuneração; e b) com remuneração, mediante exercício provisório. Ambas dar-se-ão por tempo indeterminado. Ao servidor em estágio probatório será deferida a licença por motivo de afastamento do cônjuge. Contudo, durante o período do afastamento o estágio probatório ficará suspenso, exceto se a licença for deferida com remuneração, mediante exercício provisório. Nesta última hipótese, a avaliação de desempenho será efetuada pelo órgão ou entidade no qual o servidor estiver em exercício. (Fonte: Júlio Cezar Lima Brandão, Comentários ao Estatuto do Servidor Público Federal – Teoria e Prática, 3ª Edição –Revista e Atualizada, Juruá Editora, 2016, p. 205, ID:24506)

▶ **Na expressão deslocamento, o legislador não impôs nenhuma condição a não ser que tenha sido transferido.**

É condição para caracterização deste tipo de licença que o cônjuge ou companheiro tenha sido transferido pela Administração para outro ponto do território nacional, ou para o exterior, ou ainda para o exercício de mandato eletivo dos Poderes Executivo e Legislativo. Na expressão deslocamento, o legislador não impôs nenhuma condição a não ser que tenha sido transferido. O simples exercício da atividade em localidade diversa da do cônjuge ou companheiro, é o bastante para que ocorra o deslocamento. E mais ainda, é necessário que haja um ato administrativo determinando a transferência do servidor para que caracterize o direito de o cônjuge acompanhá-lo. (DINIZ, Paulo de Matos F. Lei 8 112/1990 comentada. Regime jurídico dos servidores públicos civis da União e legislação complementar, Ed. Método 11ª edição, Forense São Paulo, 2014, p. 373)

▶ **É condição de ser também servidor público civil, de qualquer um dos Poderes da União, dos Estados, do Distrito Federal e dos Municípios para ter exercício provisório.**

Esta licença será por prazo indeterminado, com ou sem remuneração. É condição de ser também servidor público civil, de qualquer um dos Poderes da União, dos Estados, do Distrito Federal e dos Municípios para ter exercício provisório, em repartição da Administração Federal, direta, autárquica ou fundacional, ou militar (§ 3.0, do art.

142, CF), desde que exista compatibilidade de atribuições com a do seu cargo. E nestas condições a licença será com remuneração. (DINIZ, Paulo de Matos F. Lei 8 112/1990 comentada. Regime jurídico dos servidores públicos civis da União e legislação complementar, Ed. Método 11ª edição, Forense São Paulo, 2014, p. 373)

▶ **A concessão desta licença atende ao imperativo constitucional de proteção ao núcleo familiar.**

A concessão desta licença atende ao imperativo constitucional que reconhece a união estável entre o homem e a mulher como entidade familiar, desde que o servidor, por vontade própria, decida por uma possível mudança de domicílio, para tomar posse em outro cargo efetivo, abre mão desta proteção. (DINIZ, Paulo de Matos F. Lei 8 112/1990 comentada. Regime jurídico dos servidores públicos civis da União e legislação complementar, Ed. Método 11ª edição, Forense São Paulo, 2014, p. 373)

▶ **Licença não remunerada**

Para a concessão da licença sem remuneração basta que o cônjuge ou companheiro, servidor público ou não, tenha sido deslocado para outro ponto do território nacional, para o exterior ou para o exercício de mandato eletivo dos Poderes Executivo e Legislativo. A licença também será concedida, por exemplo, para acompanhar cônjuge que se deslocou para realização de curso de pós-graduação. Não se exige que o deslocamento seja *ex officio* e tampouco comprovação de relação de emprego. Contudo, há entendimento contrário, no sentido de que o art. 84 em comento se refere à licença para acompanhar cônjuge ou companheiro que seja servidor público, não aquele que se desloca para ocupar emprego particular. Ocorre que o caput do art. 84 não exige que o cônjuge afastado também ostente a condição de servidor público, como o faz o § 2º. Assim, como diz o velho brocardo: "onde a lei não distingue, não cabe ao intérprete distinguir". A concessão da licença encerra um poder-dever da Administração, pois, uma vez preenchidos os requisitos legais, não há como ser negada (Fonte: Júlio Cezar Lima Brandão, Comentários ao Estatuto do Servidor Público Federal – Teoria e Prática, 3ª Edição –Revista e Atualizada, Juruá Editora, 2016, p. 206, ID:24506)

"Da análise do artigo, extrai-se que o requisito fulcral para a concessão da licença pleiteada é tão somente o deslocamento do cônjuge para outro ponto do território nacional ou exterior, ou ainda, para exercício de mandato eletivo dos Poderes Executivo e Legislativo. Ou seja, o simples exercício de atividade em localidade diversa por parte do cônjuge ou companheiro é o suficiente para a configuração do deslocamento. Importa, tão-somente, que haja o afastamento do cônjuge ou companheiro, seja ele servidor público ou não. Também não se exige que o ato seja ex officio, nem comprovação de relação de emprego, podendo ser o deslocamento decorrente de atividade profissional, inclusive, liberal, pois ao falar em 'deslocado', não diz 'mandado servir'. Ademais, o prazo da licença é indeterminado, porquanto o deslocamento é do cônjuge ou do companheiro, e não do servidor que a requer. Ora, está-se diante de uma norma permissiva, cuja interpretação mais adequada é a de que o dispositivo transcrito carrega um poder-dever por parte da Administração. Nesse sentido, observa-se que ônus algum recai sobre o Erário, vez que o § 1º do dispositivo em discussão prevê a ausência de remuneração durante todo o período da licença. Esse argumento, aliás, deve ser tomado como básico para que interpretação dada ao art. 84 da Lei 8.112/90 não seja a mesma do art. 36 do Estatuto. No caso descrito por esse último dispositivo, o servidor removido continua recebendo seus proventos, mesmo quando a remoção para acompanhar cônjuge ou companheiro se dá independentemente do interesse da Administração – consoante inciso II, alínea 'a' do supracitado dispositivo. Além de todo o mais, vale lembrar que o art. 84 da Lei 8.112/90 está situado em seu Título III, qual seja 'Dos Direitos e Vantagens'. Note-se que a norma contida em todos os demais dispositivos que se encontram nesse mesmo título diz respeito a direitos dos servidores, sobre os quais a Administração possui pouco ou nenhum poder discricionário. O legislador, pelo menos no capítulo em que tratou de concessão de licenças, quando quis empregar caráter discricionário, o fez expressamente. É o que se verifica no caso de licença para tratar de interesses particulares, cuidada pelo art. 91 do mesmo Diploma Legal" (STJ – REsp 422.437 – Rel. Min. Gilson Dipp – DJ 04.04.2005). No mesmo sentido: STJ – AgRg no Ag 1.157.234 – Rel. Min. Celso Limongi – DJe 06.12.2010. (Fonte: Júlio Cezar Lima Brandão, Comentários ao Estatuto do Servidor Público Federal – Teoria e Prática, 3ª Edição –Revista e Atualizada, Juruá Editora, 2016, p. 206, ID:24506)

▶ **A concessão da licença por motivo de afastamento do cônjuge ou companheiro, sem remuneração e por prazo indeterminado, é ato vinculado, e não discricionário.**

A concessão da licença por motivo de afastamento do cônjuge ou companheiro, sem remuneração e por prazo indeterminado, é ato vinculado, e não discricionário, e, uma vez concedida, não pode ser revogada unilateralmente pela administração, sob pena de violação ao § 1º do art. 84 em evidência. Entretanto, o fato de o cônjuge já estar afastado antes do matrimônio desautoriza a concessão da licença, na medida em que "interesses pessoais não podem prevalecer sobre o interesse público". Assegura-se ao servidor afastado sem remuneração a manutenção da vinculação ao regime do Plano de Seguridade Social do Servidor Público, na forma preconizada pelo § 3º do art. 183 desta Lei. (Fonte: Júlio Cezar Lima Brandão, Comentários ao Estatuto do Servidor Público Federal – Teoria e Prática, 3ª Edição –Revista e Atualizada, Juruá Editora, 2016, p. 207, ID:24506)

No mesmo sentido: ADMINISTRATIVO – RECURSO ESPECIAL – SERVIDORA PÚBLICA – CONCESSÃO DE LICENÇA PARA ACOMPANHAMENTO DE CÔNJUGE – ART. 84, § 2º, DA LEI 8.112/90 – PREVISÃO LEGAL – ATO VINCULADO – AUSÊNCIA DO PODER DISCRICIONÁRIO – PREENCHIMENTO DOS REQUISITOS NECESSÁRIOS – MANUTENÇÃO DO DEFERIMENTO. 1 – Tendo a servidora, ora recorrida, preenchido os requisitos necessários à concessão da licença, não há porquê se falar infringência à lei federal, já que a norma contida no art. 84, da Lei nº 8.112/90 não se enquadra no poder discricionário da Administração, mas sim nos direitos elencados do servidor. 2 – As considerações feitas pelo v. acórdão a quo, são suficientes, por si só, à embasar a decisão. 3 – Recurso conhecido, porém, desprovido. (REsp 287.867/PE, Rel. Ministro JORGE SCARTEZZINI, QUINTA TURMA, julgado em 07/08/2003, DJ 13/10/2003, p. 398)

▶ **Trata-se de um dever-poder da Administração**

Independentemente do termo posto aqui, que numa análise superficial nos leva a crer que a concessão da licença ficaria subordinada ao talante discricionário do administrador, com o que não se concorda, porquanto, desde que preenchidos os requisitos para concessão da mesma, não poderá ser negada,'" tratando-se sim de um dever-poder da Administração. Ao contrário da licença para tratar de interesses particulares (artigo 91), que impõe taxativamente ser "a critério da Administração", "não estar em estágio probatório" e por "prazo de até três anos consecutivos", **a licença para acompanhar o cônjuge não impõe restrição, mas sugere o exercício do direito, quando implementado, no caso, com o DESLOCAMENTO.**

A jurisprudência da Corte Superior é no sentido de que a licença por motivo de afastamento de cônjuge configura direito do Servidor, com fruição vinculada estritamente ao preenchimento dos requisitos elencados no art. 84 da Lei 8.112/90, não cabendo à autoridade administrativa a realização de qualquer juízo de conveniência e oportunidade.

Neste sentido: PROCESSUAL CIVIL E ADMINISTRATIVO. AGRAVO REGIMENTAL NO RECURSO ESPECIAL. SERVIDOR PÚBLICO. LICENÇA PARA ACOMPANHAR CÔNJUGE. PREENCHIMENTO DOS REQUISITOS DO ARTIGO 84 DA LEI 8.112/90. CABIMENTO. 1. A jurisprudência desta Corte firmou-se no sentido de que a licença para acompanhar cônjuge, prevista no art. 84 da Lei 8.112/90, trata-se de um direito assegurado ao servidor público, de sorte que, preenchidos os requisitos legais, não há falar em discricionariedade da Administração quanto à sua concessão. Precedentes: REsp 422.437/MG, Rel. Ministro Gilson Dipp, Quinta Turma, DJ 4/4/2005; e REsp 287.867/PE, Rel. Ministro Jorge Scartezzini, Quinta Turma, DJ 13/10/2003; AgRg no REsp 1.195.954/DF, Rel. Ministro Castro Meira, Segunda Turma, DJe 30/8/2011; AgRg no Ag 1.157.234/RS, Rel. Ministro Celso Limongi (Desembargador convocado do TJ/SP), Sexta Turma, DJe 6/12/2010; REsp 960.332/RS, Rel. Ministro Jorge Mussi, Quinta Turma, DJe 3/8/2009. 2. No caso sub examine, constata-se o atendimento aos requisitos necessários à concessão da licença pleiteada, pois a norma de regência não exige a qualidade de servidor público do cônjuge do servidor que pleiteia a licença e, tampouco, que o deslocamento daquele tenha sido atual. Se o legislador não condicionou a concessão da licença a tais requisitos, não cabe ao intérprete faze-lo. 3. Agravo regimental não provido (AgRg no REsp. 1.243.276/PR, Rel. Min. BENEDITO GONÇALVES, DJe 8.2.2013).

No mesmo sentido: ADMINISTRATIVO. PROCESSUAL CIVIL. AGRAVO REGIMENTAL NO RECURSO ESPECIAL. SERVIDOR PÚBLICO FEDERAL. EXERCÍCIO PROVISÓRIO EM LOCALIDADE DIVERSA DE SUA LOTAÇÃO. ART. 84, CAPUT, E § 2º, DA LEI 8.112/90. REQUISITOS. PREENCHIMEN-

TO. RECURSO ESPECIAL PROVIDO. PROCEDÊNCIA DO PEDIDO. AGRA-VO NÃO PROVIDO. 1. Dispõe o art. 84, caput, da Lei 8.112/90 que poderá ser concedida licença ao servidor para acompanhar cônjuge ou companheiro que foi deslocado para outro ponto do território nacional, para o exterior ou para o exercício de mandato eletivo dos Poderes Executivo e Legislativo". Seu parágrafo segundo, por sua vez, estabelece que, "No deslocamento de servidor cujo cônjuge ou companheiro também seja servidor público, civil ou militar, de qualquer dos Poderes da União, dos Estados, do Distrito Federal e dos Municípios, poderá haver exercício provisório em órgão ou entidade da Administração Federal direta, autárquica ou fundacional, desde que para o exercício de atividade compatível com o seu cargo. **2. O Superior Tribunal de Justiça, ao interpretar o referido dispositivo legal, firmou a conclusão no sentido de que ele não dispõe acerca de um mero poder discricionário da Administração, e sim de direito subjetivo do servidor público, desde que preenchidos os requisitos legais pertinentes.** Nesse sentido: AgRg no REsp 1.217.201/SC, Rel. Min. HERMAN BENJAMIN, Segunda Turma, DJe 25/4/11. **3. Se a norma não distingue a forma de deslocamento do cônjuge do servidor para ensejar a licença, se a pedido ou por interesse da Administração, não cabe ao intérprete fazê-la, sendo de rigor a aplicação da máxima inclusio unius alterius exclusio** (AgRg no REsp 1.195.954/DF, Rel. Min. CASTRO MEIRA, Segunda Turma, DJe 30/8/11. 4. Também é irrelevante perquirir qual o eventual impacto que a ausência do autor ocasionaria ao seu órgão de origem, tendo em vista que, não bastasse se tratar de critério não elencado no art. 84, § 2º, da Lei 8.112/90, a própria Administração deferiu em parte o pedido administrativo por ele formulado, concedendo-lhe licença não remunerada. 5. Da mesma forma, não há no art. 84, § 2º, da Lei 8.112/90, nenhuma menção à necessidade de existência de cargos vagos no órgão de destino, mas apenas que o servidor exerça atividades compatíveis com seu cargo efetivo. 6. Agravo regimental improvido (AgRg no REsp. 1.283.748/RS, Rel. Min. ARNALDO ESTEVES LIMA, DJe 25.2.2013).

No mesmo sentido: ADMINISTRATIVO. SERVIDORA PÚBLICA. LICENÇA PARA ACOMPANHAR CÔNJUGE NO EXTERIOR. ARTIGO 84 DA LEI 8.112/90. PODER-DEVER DA ADMINISTRAÇÃO. **AUSÊNCIA DE DISCRICIONARIEDADE. INEXISTÊNCIA DE INTERESSE PÚBLICO, FACE A AUSÊNCIA DE REMUNERAÇÃO. PREENCHIDOS OS REQUISITOS A LICENÇA DEVE SER CONCEDIDA. RECURSO CONHECIDO E DESPROVIDO.** I – *O requisito fulcral para a concessão da licença pleiteada é tão somente o deslocamento do cônjuge para outro ponto do território nacional ou exterior, ou ainda, para exercício de mandato eletivo dos Poderes Executivo e Legislativo.* II – Ônus algum recai sobre o Erário, vez que o parágrafo 1º do dispositivo em discussão prevê a ausência de remuneração durante todo o período da licença. Assim, a interpretação dada ao art. 84 da Lei nº 8.112/90 não deve ser a mesma do art. 36 do Estatuto. III – Ademais, o art. 84 do Estatuto dos Servidores está situado em seu Título III, qual seja "Dos Direitos e Vantagens". A norma contida em todos os demais dispositivos que se encontram nesse mesmo título diz respeito a direitos dos servidores, sobre os quais a Administração possui pouco ou nenhum poder discricionário. O legislador, pelo menos no capítulo em que tratou de concessão de licenças, quando quis empregar caráter discricionário, o fez expressamente, como no art. 91 do mesmo Diploma Legal. IV – O art. 84 da Lei nº 8.112/90 contém norma permissiva, cuja interpretação mais adequada é a de que carrega um poder-dever por parte da Administração. Logo, preenchendo-se os requisitos, o requerente faz jus à licença requerida. V – Recurso especial conhecido e desprovido (REsp. 422.437/MG, Rel. Ministro GILSON DIPP, DJ 4.4.2005, p. 335).

◉ **No mesmo sentido:** Vejamos recente decisão do Superior Tribunal de Justiça sobre caso absolutamente idêntico ao que ora se passa: (STJ – REsp: 1677230 RS 2017/0136427-6, Relator: Ministro BENEDITO GONÇALVES, Data de Publicação: DJ 25/04/2018)

No mesmo sentido: Emerge dos autos que a ora recorrida, servidora pública federal, via ação ordinária com pedido de antecipação de tutela, pleiteou a concessão de licença sem vencimentos para acompanhar o companheiro no exterior, **em razão de o mesmo, professor da Universidade Federal de Santa Maria, ter sido autorizado a participar de um curso de Pós-Doutorado na Universidade da Flórida,** nos Estados Unidos, no período de 1.6.2015 a 31.5.2016.O Juízo a quo concedeu a antecipação da tutela, confirmada em sentença de procedência do pedido e, em sede de apelação, o Tribunal de origem manteve dita decisão. **Infere-se que o acórdão recorrido encontra-se em consonância com a jurisprudência desta Corte a qual já se firmou no sentido de que a licença para acompanhar cônjuge, prevista no art. 84 da Lei 8.112/1990, trata-se de um direito assegurado ao servidor público, de sorte que, preenchidos os requisitos legais, não há falar em discricionariedade da Administração quanto à sua concessão. Nesse sentido: REsp 422.437/MG, Rel. Ministro Gilson Dipp, Quinta Turma, DJ 4/4/2005; REsp 287.867/PE, Rel. Ministro Jorge Scartezzini, Quinta Turma, DJ 13/10/2003.** Com efeito, o artigo 84, caput e § 1º, da Lei 8.112/1990, estabelece o direito à licença para o servidor público afastar-se de suas atribuições, por prazo indeterminado e sem remuneração, com o fim de acompanhar cônjuge ou companheiro, sendo este servidor público ou não. No caso sub examine, constata-se que a recorrente atendeu aos requisitos necessários à concessão da licença pleiteada. Desse modo, atendidos os requisitos necessários, deve a licença ser concedida, na linha dos seguintes precedentes sobre o tema: PROCESSUAL CIVIL E ADMINISTRATIVO. AGRAVO REGIMENTAL NO RECURSO ESPECIAL. SERVIDOR PÚBLICO. LICENÇA PARA ACOMPANHAR CÔNJUGE. PREENCHIMENTO DOS REQUISITOS DO ARTIGO 84 DA LEI 8.112/90. CABIMENTO. **1.** A jurisprudência desta Corte firmou-se no sentido de que a licença para acompanhar cônjuge, prevista no art. 84 da Lei 8.112/90, trata-se de um direito assegurado ao servidor público, de sorte que, preenchidos os requisitos legais, não há falar em discricionariedade da Administração quanto à sua concessão. Precedentes: REsp 422.437/MG, Rel. Ministro Gilson Dipp, Quinta Turma, DJ 4/4/2005; e REsp 287.867/PE, Rel. Ministro Jorge Scartezzini, Quinta Turma, DJ 13/10/2003; AgRg no REsp 1.195.954/

1069

DF, Rel. Ministro Castro Meira, Segunda Turma, DJe 30/8/2011; AgRg no Ag 1.157.234/RS, Rel. Ministro Celso Limongi (Desembargador convocado do TJ/SP), Sexta Turma, DJe 6/12/2010; REsp 960.332/RS, Rel. Ministro Jorge Mussi, Quinta Turma, DJe 3/8/2009. **2.** No caso sub examine , constata-se o atendimento aos requisitos necessários à concessão da licença pleiteada, pois a norma de regência não exige a qualidade de servidor público do cônjuge do servidor que pleiteia a licença e, tampouco, que o deslocamento daquele tenha sido atual. Se o legislador não condicionou a concessão da licença a tais requisitos, não cabe ao intérprete faze-lo.

Ainda: "...A Corte de origem apreciou a demanda de modo suficiente, pronunciando-se acerca de todas as questões relevantes ao deslinde da controvérsia. Emerge dos autos que a ora recorrida, servidora pública federal, via ação ordinária com pedido de antecipação de tutela, pleiteou a concessão de licença sem vencimentos para acompanhar o companheiro no exterior, em razão de o mesmo, professor da Universidade Federal de Santa Maria, ter sido autorizado a participar de um curso de Pós-Doutorado na Universidade da Flórida, nos Estados Unidos, no período de 1.6.2015 a 31.5.2016. O Juízo a quo concedeu a antecipação da tutela, confirmada em sentença de procedência do pedido e, em sede de apelação, o Tribunal de origem manteve dita decisão. Infere-se que o acórdão recorrido encontra-se em consonância com a jurisprudência desta Corte a qual já se firmou no sentido de que a licença para acompanhar cônjuge, prevista no art. 84 da Lei 8.112/1990, trata-se de um direito assegurado ao servidor público, de sorte que, preenchidos os requisitos legais, não há falar em discricionariedade da Administração quanto à sua concessão. Nesse sentido: REsp 422.437/MG, Rel. Ministro Gilson Dipp, Quinta Turma, DJ 4/4/2005; REsp 287.867/PE, Rel. Ministro Jorge Scartezzini, Quinta Turma, DJ 13/10/2003. Com efeito, o artigo 84, caput e § 1º, da Lei 8.112/1990, estabelece o direito à licença para o servidor público afastar-se de suas atribuições, por prazo indeterminado e sem remuneração, com o fim de acompanhar cônjuge ou companheiro, sendo este servidor público ou não. No caso sub examine, constata-se que a recorrente atendeu aos requisitos necessários à concessão da licença pleiteada. Desse modo, atendidos os requisitos necessários, deve a licença ser concedida, na linha dos seguintes precedentes sobre o tema: PROCESSUAL CIVIL E ADMINISTRATIVO. AGRAVO REGIMENTAL NO RECURSO ESPECIAL. SERVIDOR PÚBLICO. LICENÇA PARA ACOMPANHAR CÔNJUGE. PREENCHIMENTO DOS REQUISITOS DO ARTIGO 84 DA LEI 8.112/90. CABIMENTO. 1. A jurisprudência desta Corte firmou-se no sentido de que a licença para acompanhar cônjuge, prevista no art. 84 da Lei 8.112/90, trata-se de um direito assegurado ao servidor público, de sorte que, preenchidos os requisitos legais, não há falar em discricionariedade da Administração quanto à sua concessão. Precedentes: REsp 422.437/MG, Rel. Ministro Gilson Dipp, Quinta Turma, DJ 4/4/2005; e REsp 287.867/PE, Rel. Ministro Jorge Scartezzini, Quinta Turma, DJ 13/10/2003; AgRg no REsp 1.195.954/DF, Rel. Ministro Castro Meira, Segunda Turma, DJe 30/8/2011; AgRg no Ag 1.157.234/RS, Rel. Ministro Celso Limongi (Desembargador convocado do TJ/SP), Sexta Turma, DJe 6/12/2010;

REsp 960.332/RS, Rel. Ministro Jorge Mussi, Quinta Turma, DJe 3/8/2009. 2. No caso sub examine, constata-se o atendimento aos requisitos necessários à concessão da licença pleiteada, pois a norma de regência não exige a qualidade de servidor público do cônjuge do servidor que pleiteia a licença e, tampouco, que o deslocamento daquele tenha sido atual. Se o legislador não condicionou a concessão da licença a tais requisitos, não cabe ao intérprete faze-lo. 3. Agravo regimental não provido. (AgRg no REsp 1.243.276/PR, Relator Ministro Benedito Gonçalves, Primeira Turma, DJe 8/2/2013) ADMINISTRATIVO. AGRAVO REGIMENTAL. RECURSO ESPECIAL. MANDADO DE SEGURANÇA. SERVIDOR PÚBLICO. LICENÇA. EXERCÍCIO PROVISÓRIO. DESLOCAMENTO DE CÔNJUGE SERVIDOR. ARTIGO 84, § 2º, DA LEI 8.112/90. REQUISITOS. 1. A agravante aduz que a licença para acompanhar cônjuge com exercício provisório, modalidade pleiteada pela servidora, tem como requisito inarredável o deslocamento do cônjuge no interesse da Administração Pública. Assevera, ainda, que "devem ser atribuídas ao art. 84 as mesmas restrições presentes no art. 36 do Estatuto, que disciplina hipóteses de remoção no serviço público federal, quais sejam, que o cônjuge do servidor seja também servidor e que este venha a ser removido de ofício por parte da Administração". 2. O caput do artigo 84 da Lei nº 8.112/90 estabelece o direito à licença para o servidor público afastar-se de suas atribuições, por prazo indeterminado e sem remuneração, com o fim de acompanhar cônjuge ou companheiro, sendo este servidor público ou não. Já o § 2º estabelece a possibilidade de o servidor, civil ou militar, "de qualquer dos Poderes da União, dos Estados, do Distrito Federal e dos Municípios", exercer provisoriamente "atividade compatível com o seu cargo" em órgão ou entidade "da Administração Federal direta, autárquica ou fundacional" de outra localidade, mas desde que o seu cônjuge deslocado seja servidor público. Precedentes. 3. Se a norma não distingue a forma de deslocamento do cônjuge do servidor para ensejar a licença, se a pedido ou por interesse da Administração, não cabe ao intérprete fazê-la, sendo de rigor a aplicação da máxima inclusio unius alterius exclusio. 4. Agravo regimental não provido (AgRg no REsp 1.195.954/DF, Rel. Ministro Castro Meira, Segunda Turma, DJe 30/8/2011). AGRAVO REGIMENTAL. AGRAVO DE INSTRUMENTO. RECURSO ESPECIAL. LICENÇA ACOMPANHAMENTO CÔNJUGE PREVISTA NO ART. 84 DA LEI 8.112/90. PREENCHIMENTO DOS REQUISITOS. CABIMENTO. PODER-DEVER POR PARTE DA ADMINISTRAÇÃO. AGRAVO REGIMENTAL AO QUAL SE NEGA PROVIMENTO. 1. A jurisprudência desta Corte assentou o entendimento de que o artigo 84 do Estatuto do Servidor Público Federal tem caráter de direito subjetivo, uma vez que se encontra no título específico dos direitos e vantagens, não cabendo, assim, juízo de conveniência e oportunidade por parte da Administração. 2. Basta que o servidor comprove que seu cônjuge deslocou-se, seja em função de estudo, saúde, trabalho, inclusive na iniciativa privada, ou qualquer outro motivo, para que lhe seja concedido o direito à licença por motivo de afastamento de cônjuge. 3. Agravo regimental ao qual se nega provimento (AgRg no Ag 1.157.234/RS, Rel. Ministro Celso Limongi (Desembargador convocado do TJ/SP), Sexta Turma, DJe 6/12/2010). PROCESSUAL CIVIL E ADMINIS-

TRATIVO. ART. 535 DO CPC. NEGATIVA DE PRESTAÇÃO JURISDICIONAL. FUNDAMENTAÇÃO DEFICIENTE. SÚMULA N. 284/STF. LICENÇA PARA ACOMPANHAMENTO DE CÔNJUGE. CONCESSÃO. ATO VINCULADO. PREENCHIMENTO. REQUISITOS. 1. A afirmação genérica de que ocorreu ofensa ao art. 535, II, do CPC, por negativa de prestação jurisdicional, atrai a Súmula n. 284/STF. 2. O requisito primordial para a concessão da licença para acompanhamento de cônjuge é o deslocamento para outro ponto do território nacional ou exterior, ou ainda, para exercício de mandato eletivo dos Poderes Executivo e Legislativo. 3. Preenchidos os requisitos estabelecidos no art. 84 da Lei n. 8.112/90, a licença deve ser concedida, pois se trata de direito do servidor, em que a Administração não realiza juízo de conveniência e oportunidade. Precedentes. 4. Recurso especial improvido (REsp 960.332/RS, Rel. Ministro Jorge Mussi, Quinta Turma, DJe 3/8/2009). Majoro em 10% os honorários advocatícios fixados anteriormente, observados os limites e parâmetros dos §§ 2º, 3º e 11 do artigo 85 do CPC/2015 e eventual Gratuidade da Justiça (artigo 98, § 3º, CPC/2015). Diante do exposto, nego provimento ao recurso especial. Publique-se. Intimem-se. Brasília (DF), 19 de abril de 2018. MINISTRO BENEDITO GONÇALVES Relator

Este também é o ATUAL entendimento do SUPREMO TRIBUNAL FEDERAL.

No mesmo sentido: Trata-se de recurso extraordinário interposto em face de acórdão cuja ementa segue transcrita: ADMINISTRATIVO. SERVIDOR. LICENÇA ACOMPANHAMENTO CÔNJUGE PREVISTA NO ART. 84 DA LEI 8.112/90. PREENCHIMENTO DOS REQUISITOS. CABIMENTO. PODER-DEVER POR PARTE DA ADMINISTRAÇÃO. 1. O artigo 84 do Estatuto do Servidor Público Federal tem caráter de direito subjetivo, uma vez que se encontra no título específico dos direitos e vantagens, não cabendo, assim, juízo de conveniência e oportunidade por parte da Administração. 2. Basta que o servidor comprove que seu cônjuge deslocou-se, seja em função de estudo, saúde, trabalho, inclusive na iniciativa privada, ou qualquer outro motivo, para que lhe seja concedido o direito à licença por motivo de afastamento de cônjuge. 3. Se a norma não distingue a forma de deslocamento do cônjuge do servidor para ensejar a licença, se a pedido ou por interesse da Administração, não cabe ao intérprete fazê-la, sendo de rigor a aplicação da máxima inclusio unius alterius exclusio. (precedentes STJ (...) 2): O artigo 84 da Lei 8.112, dispõe: Art. 84. Poderá ser concedida licença ao servidor para acompanhar cônjuge ou companheiro que foi deslocado para outro ponto do território nacional, para o exterior ou para o exercício de mandato eletivo dos Poderes Executivo e Legislativo. § 1º A licença será por prazo indeterminado e sem remuneração. § 2º No deslocamento de servidor cujo cônjuge ou companheiro também seja servidor público, civil ou militar, de qualquer dos Poderes da União, dos Estados, do Distrito Federal e dos Municípios, poderá haver exercício provisório em órgão ou entidade da Administração Federal direta, autárquica ou fundacional, desde que para o exercício de atividade compatível com o seu cargo. (Redação dada pela Lei nº 9.527, de 10.12.97). **Consoante entendimento do Superior Tribunal de**

Justiça, a licença para acompanhamento de cônjuge é direito assegurado ao servidor público, de modo que não há falar em discricionariedade da Administração quanto à concessão...." (STF – RE: 1136132 RS – RIO GRANDE DO SUL 5050878-07.2015.4.04.7100, Relator: Min. RICARDO LEWANDOWSKI, Data de Julgamento: 15/06/2018, Data de Publicação: DJe-121 19/06/2018)

LICENÇA PARA O SERVIÇO MILITAR

▶ **O artigo 85 da Lei 8.112/90 prescreve que: ao servidor convocado para o serviço militar será concedida licença, na forma e condições previstas na legislação específica. Parágrafo único. Concluído o serviço militar, o servidor terá até 30 (trinta) dias sem remuneração para reassumir o exercício do cargo.**

Extremamente lacônico e despreocupado, este art. 85 apenas estabelece que, quando o servidor for convocado para prestar serviço militar, ou para qualquer obrigação militar que daquela forma possa ser denominada, ser-lhe-á obrigatoriamente concedida a licença, remetendo no mais a lei todas as condições pertinentes à legislação específica, que disciplina a prestação do serviço militar obrigatório no País. Natural que, sendo o serviço militar um dever do cidadão brasileiro, não lhe prive a Administração federal de seu cargo quando e se, já servidor, for o cidadão convocado para cumpri-lo. O parágrafo único do art. 85 fixa o prazo máximo de trinta dias, sem remuneração enquanto durar, deferido ao servidor para que reassuma o exercício do cargo tão logo encerre a prestação do serviço militar que ensejou o afastamento. Dali se entende que a remuneração do servidor afastado para prestar serviço militar será paga se e como estabelecido na legislação militar específica, disso se desonerando a Administração direta, autárquica ou fundacional pública federal. O interesse do servidor que se desligue do serviço militar, portanto, parece ser o de retornar o quanto antes para a ativa, pois somente então voltará a perceber a remuneração do cargo. Não o reassumindo naquele prazo trintidial, sujeitar-se-á o servidor a ver-se processado por abandono de cargo, na forma da L. 8.112, se transcorridos outros trinta dias (faltas ao serviço, nesse caso), cf. art. 138. (RIGOLIN, Ivan Barbosa. *Comentários ao regime único dos servidores públicos civis.*7ª. ed. rev. e atual. – São Paulo : Saraiva, 2012, p. 244)

◉ **A licença para acompanhamento de cônjuge ou companheiro de que trata o § 2º do art. 84 da Lei nº 8.112/90 não se aplica em caso de provimento originário de cargo público**

Mandado de segurança. Conselho Nacional de Justiça. Procedimento de controle administrativo. Legitimidade ativa. Exaurimento da instância. Desnecessidade. Inexistência de violação à garantia do devido processo legal. Licença para acompanhar cônjuge. Provimento originário de cargo público. Ilegalidade. 1. Qualquer pessoa é parte legítima para representar ilegalidades perante o Conselho Nacional de Justiça. Apuração que é de interesse público. 2. Não há necessidade de exaurimento da instância administrativa ordinária para a atuação do CNJ. Competência concorrente, e não subsidiária. Precedente: ADI nº 4.638-MC-REF. 3. Foram devidamente respeitadas, no procedimento de controle administrativo, as garantias constitucionais do devido processo legal, do contraditório e da ampla defesa. 4. A licença para acompanhamento de cônjuge ou companheiro de que trata o § 2º do art. 84 da Lei nº 8.112/90 não se aplica em caso de provimento originário de cargo público. 5. Segurança denegada. (MS 28620, Relator(a): Min. DIAS TOFFOLI, Primeira Turma, julgado em 23/09/2014, ACÓRDÃO ELETRÔNICO DJe-196 DIVULG 07-10-2014 PUBLIC 08-10-2014)

◉ O provimento originário não se enquadra no conceito de deslocamento para fins de concessão da licença para acompanhar cônjuge.

PROCESSUAL CIVIL. AGRAVO INTERNO NO RECURSO ESPECIAL. CÓDIGO DE PROCESSO CIVIL DE 2015. APLICABILIDADE. SERVIDOR PÚBLICO. LICENÇA PARA ACOMPANHAR CÔNJUGE. PROVIMENTO ORIGINÁRIO. IMPOSSIBILIDADE. ARGUMENTOS INSUFICIENTES PARA DESCONSTITUIR A DECISÃO ATACADA. I – Consoante o decidido pelo Plenário desta Corte na sessão realizada em 09.03.2016, o regime recursal será determinado pela data da publicação do provimento jurisdicional impugnado. Assim sendo, in casu, aplica-se o Código de Processo Civil de 2015. II – O provimento originário não se enquadra no conceito de deslocamento para fins de concessão da licença para acompanhar cônjuge, nos termos do art. 84, § 2º, da Lei n. 8.112/90. III – A Agravante não apresenta, no agravo, argumentos suficientes para desconstituir a decisão recorrida. IV – Agravo Interno improvido. (AgInt nos EDcl no REsp 1516021/RS, Rel. Ministra REGINA HELENA COSTA, PRIMEIRA TURMA, julgado em 21/03/2017, DJe 29/03/2017)

LICENÇA PARA ATIVIDADE POLÍTICA

▶ A regra do artigo 86 da Lei 8.112/90

Institui este artigo, modificado como foi pela Lei n. 9.527/97, duas diferentes espécies de licença para o servidor envolvido em atividade política: uma se refere ao período limitado entre a escolha do servidor em convenção partidária e o registro de sua candidatura (caput); a outra diz respeito ao período compreendido desde o registro da candidatura do servidor até o décimo dia das eleições a que houver concorrido (§ 2º). De outro prisma, pelo contraste entre caput e § 2º de um lado e § 1º de outro, fica evidente que os primeiros se referem a licença aos servidores efetivos indiscriminadamente considerados, enquanto o § 1º se refere em parte aos ocupantes de cargos em comissão (direção, chefia ou assessoramento), e em parte a ocupantes de determinados e específicos cargos efetivos (de fiscalização e arrecadação). Compreende-se a diferenciação, pois decerto supôs a lei que os cargos, mesmo que efetivos, de arrecadação e de fiscalização, dada a natureza das suas ocupações e os interesses financeiros muito importantes com que se relacionam, poderiam comportar o denominado tráfico de influência por seus ocupantes junto a contribuintes-eleitores na localidade onde atua e na qual vai concorrer a mandato, fazendo-o exatamente com fins eleitorais, como por exemplo em fiscalizações atenuadas ou indevidamente complacentes, em troca de votos. Daí o discrímen legal entre tais cargos efetivos e os demais cargos também efetivos, que não detêm semelhante poder junto à população e ao eleitorado da localidade, nem de localidade alguma. A primeira espécie de licença, que é referida no caput e diz respeito ao período entre a escolha do servidor efetivo, que não aquele referido no § 1º, em convenção partidária e à véspera do registro de sua candidatura na Justiça Eleitoral, ocorre sem remuneração, e assim é porque a lei seguramente entendeu que, enquanto não registrado como candidato na Justiça Eleitoral o servidor público, não se tendo garantia de que irá realmente concorrer a algum cargo eletivo, não merece ele permanecer afastado com remuneração. Com essa previsão de licença não remunerada a lei não prestigia nem estimula aventuras eleitoreiras, que de outro modo poderiam ser intentadas pelos servidores federais apenas com o intuito de se afastar remuneradamente do trabalho por algum tempo. (RIGOLIN, Ivan Barbosa. *Comentários ao regime único dos servidores públicos civis.*7ª. ed. rev. e atual. – São Paulo: Saraiva, 2012, p. 245/246)

▶ **A segunda espécie de licença está prevista no § 2º do artigo, também somente para servidores efetivos, e se dá com a remuneração equivalente aos vencimentos do cargo efetivo, porém limitadamente a três meses.**

Ainda de acordo com o § 2º, essa segunda espécie de licença, que é remunerada, se dá a partir do dia subsequente ao registro da candidatura do servidor, e até o décimo dia seguinte à data de realização da eleição, porém apenas por três meses, restrição essa que inexistia sob a forma anterior da lei. Assim, três meses é a duração máxima desta licença. Aqui, § 2º, a hipótese é diferente da do caput, pois o servidor já conseguiu registrar sua candidatura às eleições, o que lhe assegura o direito de concorrer, e, assim, dele exige integral dedicação à sua campanha política. Como agora existe a real possibilidade de sua eleição para mandato político, entendeu a lei que esse servidor efetivo merece por algum tempo afastar-se, sem prejuízo de seus vencimentos. O § 1º, por outro lado, estabelece regra relativa a servidor que desempenhe cargo de direção, chefia, assessoramento, arrecadação ou fiscalização, sejam esses cargos efetivos ou em comissão como já se assinalou, estabelecendo que, se for candidato a cargo eletivo na localidade onde desempenhe suas funções, será desse cargo afastado a partir do dia subsequente ao do registro de sua candidatura, e até o décimo dia posterior à eleição. A palavra localidade parece estar indicando no máximo o Município onde o servidor exerça suas funções; é difícil admitir que estivesse se referindo ao Estado ou à região, a L. 8.112, pela simples menção ao vocábulo localidade. Nesse sentido foi empregada a expressão interesse local, no inc. I do art. 30 da Constituição Federal (que aí estabeleceu a competência legislativa para os Municípios, de legislar sobre assuntos de interesse local). Se assim é, parece que o afastamento a que se refere o § 1º se dará obrigatoriamente apenas se o servidor federal ocupante de algum dos cargos a que se refere o mesmo § 1º for candidato a cargos eletivos municipais, sejam de Prefeito, Vice-Prefeito ou Vereador, ou de outro modo não será candidato "na localidade onde desempenha suas funções". Ainda que também esta situação enseje a licença sem remuneração, como no caput, bem diferente é este caso, portanto, com relação ao do servidor efetivo indiscriminadamente considerado, previsto no caput e no § 2º. A natureza dos cargos explica a diferença legal de tratamento. (RIGOLIN, Ivan Barbosa. *Comentários ao regime único dos servidores públicos civis.*7ª. ed. rev. e atual. – São Paulo: Saraiva, 2012, p. 246)

▶ **A eleição a que se refere todo o artigo, por fim, é, evidentemente, para qualquer mandato eletivo existente no País, de qualquer nível.**

A eleição a que se refere todo o artigo, por fim, é, evidentemente, para qualquer mandato eletivo existente no País, de qualquer nível: Vereador, Prefeito, Deputado Estadual, Governador de Estado, Deputado Federal, Presidente da República ou Senador, além de Governador, Senador ou Deputado do Distrito Federal, e a vice-mandatário executivo de qualquer nível. Qualquer desses cargos eletivos, assim entendeu o legislador, merece igual deferência, pela União Federal, no que diz respeito a propiciar licença remunerada aos servidores que a eles concorram, ainda que limitadamente a três meses. Quanto à questão da indevida devolução dos vencimentos pelo servidor licenciado, decidiu o STJ: "A Lei Complementar n. 64/90 não prevê a restituição de vencimentos percebidos pelos servidores fazendários, quando do seu afastamento, prévia e regularmente deferido pela Administração, para a candidatura a cargo eletivo. Precedentes" (REsp n. 44.076-RS, 6a Turma, DJ, 11-11-2002). (RIGOLIN, Ivan Barbosa. *Comentários ao regime único dos servidores públicos civis.*7ª. ed. rev. e atual. – São Paulo: Saraiva, 2012, p. 24)

LICENÇA PARA CAPACITAÇÃO

A preocupação, própria de instituições públicas ou privadas sérias e preocupadas com a qualidade do serviço que prestam, apenas merece elogio, e o anseio de que seja exercitada com frequência e não constitua apenas longínqua e inerte possibilidade. Apenas o ocupante de cargo de provimento efetivo merece a concessão desta vantagem, a licença para capacitação. Pode ocorrer de esse servidor ocasionalmente ocupar cargo em comissão: continua a merecê-la, apenas que calculada sobre o vencimento de seu cargo efetivo. Tal se depreende da leitura da parte final do caput, de onde se denota, também, que apenas quem detenha situação efetiva pode ser contemplado, pois cidadão que ocupe apenas cargo em comissão, não tendo vencimento de cargo efetivo, não teria base para cálculo da vantagem. É compreensivelmente remunerada a vantagem, sem qualquer prejuízo dos itens permanentes que integram a remuneração, e aí vale o conceito que a L. 8.112 empresta a essa palavra, no art. 41. Vantagens essencialmente transitórias, como adicionais por insalubridade ou periculosidade, não poderiam integrar a remuneração desta licença, se durante a sua vigência não existe exercício da atividade insalubre ou perigosa. O interesse público milita em favor da remuneração de uma licença, limitada no tempo, pela qual o servidor se aperfeiçoe em seu serviço. A duração máxima dessa licença é de três meses, podendo ser menor, e será deferida apenas após consultado o interesse da Administração, após no mínimo cada quinquênio de efetivo exercício de cargo efetivo. O conceito de efetivo exercício é o de trabalho real e presencial no cargo, ou de afastamento por alguma das razões elencadas nos arts. 97 e 102. Sendo facultativamente deferível pela Administração, não está ela nunca obrigada a conceder tal licença ao servidor, sendo corrente existirem programações fixas de cursos e eventos que ensejam políticas de licenças para capacitação, variáveis de Poder para Poder, de órgão para órgão, de entidade para entidade. O que se precisaria perquirir talvez, e por fim, é se pode a Administração impor ao servidor essa licença, e toda a lógica das licenças indica em sentido contrário, que não pode – ou de outro modo não se estará diante de licença, mas de programas oficiais de treinamento e de aperfeiçoamento, compulsórios, como atividade normal do trabalho. (RIGOLIN, Ivan Barbosa. *Comentários ao regime único dos servidores públicos civis.*7ª. ed. rev. e atual. – São Paulo: Saraiva, 2012, p. 248/249)

◉ **No mesmo sentido:** ADMINISTRATIVO. MANDADO DE SEGURANÇA. SERVIDOR PÚBLICO FEDERAL. LICENÇA PARA ATIVIDADE POLÍTICA. LEI COMPLEMENTAR 64/90. LEI 8.112/90. CANDIDATURA. REGISTRO. POSSIBILIDADE. SENTENÇA MANTIDA. 1. O impetrante objetiva assegurar o direito a gozar licença para exercício de atividade política com a percepção dos vencimentos integrais, pelo prazo previsto na Lei 8.112/90. 2. A Lei complementar n. 64/90 fixou em 06 (seis) meses o prazo para a desincompatibilização do cargo, cujo descumprimento enseja a inelegibilidade. 3. De acordo com a Lei n. 8.112/90, art. 86, § 2º, o impetrante comprovou o requisito básico à concessão da licença remunerada, pelo período de 3 (três) meses, qual seja, o registro de sua candidatura, razão pela qual faz jus a concessão da licença remunerada. 4. O prazo de desincompatibilização para concorrer ao mandato de deputado estadual mostra-se desinfluente para o deferimento do pedido de licença requerida, posto que compete a Justiça Eleitoral verificar se o candidato servidor é inelegível ou não, conforme prescreve o artigo 2º da LC n. 64/90. 5. Remessa oficial desprovida. (REOMS 0003619-79.2006.4.01.4100 / RO, Rel. DESEMBARGADOR FEDERAL FRANCISCO DE ASSIS BETTI, SEGUNDA TURMA, e-DJF1 de 2016-02-26)

◉ **No mesmo sentido:** ADMINISTRATIVO E CONSTITUCIONAL. MANDADO DE SEGURANÇA. POLICIAL RODOVIÁRIO FEDERAL. LICENÇA PARA ATIVIDADE POLÍTICA. LEI COMPLEMENTAR 64/90. LICENÇA REMUNERADA NOS TRÊS ÚLTIMOS MESES ANTERIORES ÀS ELEIÇÕES. DIREITO À PERCEPÇÃO DOS VENCIMENTOS INTEGRAIS. IMPOSSIBILIDADE DE DESCONTO DE VALORES PAGOS NO PERÍODO. REMESSA OFICIAL NÃO PROVIDA. 1. "A Lei Complementar nº 64/90, em seu art. 1º, inciso II, alínea "l", garante os vencimentos integrais do servidor público nos três meses anteriores ao pleito, independentemente de tal prazo abarcar período anterior ao registro da candidatura, prevalecendo sobre o disposto na Lei n. 8.112/90, que apenas prevê o recebimento da remuneração a partir do referido registro, visto que a lei ordinária não pode restringir o direito garantido por lei complementar, por ser norma de hierarquia inferior. Precedentes desta Corte e do STJ." (TRF1, AC 2004.35.00.021896-8 / GO, Relator Desembargador Federal Antônio Sávio de Oliveira Chaves, Relatora Convocada Juíza Federal Sônia Diniz Viana, Primeira Turma, Data da Decisão: 22/10/2008, Data da Publicação: 12/11/2008). 2. "É lícita a percepção de vencimentos durante o período em que o autor esteve afastado para candidatura em cargo eletivo, não cabendo restituição dos valores recebidos". Ademais, "não é passível de reposição impositiva ao erário a verba salarial recebida de boa-fé pelo servidor em virtude de erro ou mudança de entendimento da Administração, valorizando-se em tal hipótese a confiança que ele teve na regularidade do pagamento, bem assim a natureza alimentar da prestação recebida" (TRF1, REO 2007.38.07.000713-2 / MG, Relator Desembargador Federal Cândido Moraes, Segunda Turma, Data da Decisão: 27/08/2014, Data da Publicação: 16/09/2014). 3. Remessa oficial não provida. (REOMS 0007600-84.2008.4.01.3700 / MA, Rel. JUIZA FEDERAL RAQUEL SOARES CHIARELLI, PRIMEIRA TURMA, e-DJF1 de 2016-01-14)

▶ **O servidor efetivo pode ser dispensado da função comissionada quando estiver em gozo de licença para tratamento de saúde ou em licença para capacitação?**

Entendo que sim, que pode ser dispensado da função comissionada durante o período de licença. A função comissionada é de livre nomeação e livre exoneração, o fato de estar em licença médica não impede que aquele que o nomeou expresse a sua vontade, podendo exonerar. Tanto a admissão quanto a exoneração do servidor para cargo ou função comissionada tem caráter discricionário. (SAYD, Jamile (Org.). Servidor público: questões polemicas. Belo Horizonte: Fórum, 2006, p. 58/59)

◎ **Faz jus o servidor às férias nos períodos correspondentes ao afastamento para participação em programa de pós-graduação stricto sensu no país ou de licença para capacitação, até porque tais períodos são considerados como de efetivo exercício, nos termos do art. 102, IV e VIII, e, da Lei n. 8.112/90.**

ADMINISTRATIVO. MANDADO DE SEGURANÇA. SENTENÇA CONCESSIVA. REMESSA OFICIAL NÃO PROVIDA. 1. Segurança concedida para reconhecer o direito às férias da impetrante, servidora pública federal do IFET/MT, com os efeitos pecuniários decorrentes, no período de seu afastamento integral, concedido pela Portaria n. 921/2012 que autorizou o seu afastamento integral em seu favor, sem perda de vencimentos, pelo período de 24/09/2012 a 24/09/2015, a fim de cursar Pós-Graduação – Doutorado na área de Linguística aplicada, na Pontifícia Universidade Católica de São Paulo. 2. "O STJ, em tema idêntico, decidiu que faz jus o servidor às férias nos períodos correspondentes ao afastamento para participação em programa de pós-graduação stricto sensu no país ou de licença para capacitação, até porque tais períodos são considerados como de efetivo exercício, nos termos do art. 102, IV e VIII, e, da Lei n. 8.112/90." (AGRESP 201301007285, HUMBERTO MARTINS, STJ – SEGUNDA TURMA, DJE DATA:28/06/2013) 3. Em sede de remessa oficial, confirma-se a sentença se não há quaisquer questões de fato ou de direito, referente ao mérito ou ao processo, matéria constitucional ou infraconstitucional, direito federal ou não ou princípio, que a desabone. 4. Ausentes apelos voluntários, o que reforça a higidez da decisão, dada a aparente ausência de ulterior resistência e/ou o próprio cumprimento voluntário do decisum; considerando a ampla e adequada fundamentação da sentença proferida, sem notícia de qualquer inovação no quadro fático-jurídico; sopesando as reduzidas cargas de densidade da controvérsia e mínima complexidade jurídica e decorrendo o ajuizamento da demora no exame administrativo e na satisfação imediata da pretensão do direito, adiante judicialmente revelado procedente, não há qualquer óbice ao regular decurso do prazo para trânsito em julgado, ante a exatidão do decidido. 5. Remessa oficial não provida. (REOMS 0004131-63.2013.4.01.3600 / MT, Rel. DESEMBARGADORA FEDERAL GILDA SIGMARINGA SEIXAS, QUARTA SEÇÃO, e-DJF1 de 2016-05-31)

◉ **Ausência de razoabilidade do ato administrativo de indeferimento do pedido de afastamento estudo no exterior e consequente ilegalidade de demissão por abandono de cargo.**

"PROCESSUAL CIVIL E ADMINISTRATIVO. MANDADO DE SEGURANÇA. SERVIDOR PÚBLICO. PROCESSO ADMINISTRATIVO DISCIPLINAR. DEMISSÃO POR ABANDONO DE CARGO. ESTUDO NO EXTERIOR. AUSÊNCIA DE RAZOABILIDADE DO ATO ADMINISTRATIVO DE INDEFERIMENTO DO PEDIDO DE AFASTAMENTO. RECONHECIMENTO EM AÇÃO PRÓPRIA AJUIZADA PELO PACIENTE. MANUTENÇÃO DA DEMISSÃO. ILEGALIDADE. SEGURANÇA CONCEDIDA. 1. É induvidoso que o controle dos atos administrativos é medida impositiva quando há a atuação do Estado em confronto com os princípios e os valores que norteiam o ordenamento jurídico, notadamente nas hipóteses em que a prática de determinado ato se distancia dos seus pressupostos intrínsecos ou, como assinala a literatura majoritária, dos seus elementos constitutivos. 2. A despeito das discrepâncias doutrinárias e jurisprudenciais acerca de quais elementos comporiam ou constituiriam o ato administrativo, mostra-se incontroverso, como pressuposto de fato e, para alguns, também de direito, que o motivo integra sua estrutura de validade. 3. Nessa perspectiva, se o motivo, pela própria natureza de discricionariedade, vier explicitado por meio de fundamentação, é possível a atuação jurisdicional quando tais fundamentos destoarem da razoabilidade e da própria realidade que circunscreve o ato administrativo. 4. Mostra-se açodada a determinação da Administração Pública para que seja demitido servidor quando o procedimento administrativo disciplinar é lastreado em substrato fático cuja ilegalidade reconhecida por ela é objeto de discussão judicial ainda pendente, o que se evidencia ainda mais se, ao término do processo, conclui o órgão jurisdicional ser legal o afastamento para estudos por parte do impetrante. 5. Nesse cenário, não há como coexistir a manutenção de decisões – uma no âmbito administrativo disciplinar e outra em processo judicial – absolutamente incompatíveis pela valoração da premissa fática. Reconhecida a legalidade do afastamento do servidor, para frequentar curso no exterior, mostra-se sem amparo jurídico o processo administrativo disciplinar que culminou com a demissão do paciente, que somente continua no exercício por força de liminar concedida neste mandado de segurança, ainda em 2006. 5. Mandado de segurança concedido a fim de determinar a reintegração definitiva do impetrante ao cargo de Auditor Fiscal da Receita Federal. Prejudicado o agravo regimental interposto pela União." (MS 11.382/DF, Rel. Ministro ROGERIO SCHIETTI CRUZ, TERCEIRA SEÇÃO, julgado em 24/05/2017, DJe 30/05/2017)

▶ **O servidor efetivo, ocupante de cargo comissionado, quando em gozo de licença capacitação, perde o direito a remuneração do cargo comissionado?**

Não, porque o servidor sai de licença com a "respectiva remuneração", conforme disposto na própria Lei n° 8.112/90, o que inclui o valor pago em razão do cargo em comissão, que integra o conceito de remuneração. Ao contrário do que ocorria com a licença-prêmio, em que a respectiva norma estabelecia expressamente que o servidor receberia a remuneração do cargo efetivo. Além disso, na licença-capacitação, o servidor está saindo para se capacitar, para trazer o retorno profissional para o órgão, não havendo motivo para que seja penalizado por isso. (SAYD, Jamile (Org.). Servidor público: questões polemicas. Belo Horizonte: Fórum, 2006, p. 254)

◙ **Possibilidade de afastamento de servidor em estágio probatório para realização de curso de formação profissional.**

CONSTITUCIONAL E ADMINISTRATIVO. REMESSA OFICIAL. MANDADO DE SEGURANÇA. SERVIDOR PÚBLICO. ESTÁGIO PROBATÓRIO. AFASTAMENTO EXERCÍCIO DO CARGO. CURSO DE FORMAÇÃO PROFISSIONAL. POSSIBILIDADE. SEGURANÇA CONCEDIDA EM SENTENÇA. REMESSA OFICIAL NÃO PROVIDA. 1. A sentença de fls. 280/285 concedeu a segurança para, confirmando os efeitos da liminar, determinar que a autoridade impetrada se abstenha de impedir o afastamento do impetrante para participação no curso de formação profissional relativo ao processo seletivo regido pelo Edital nº 1/PETROBRÁS/PSP – RH – 1/2004, nos termos do art. 20, § 4º, da Lei nº. 8.112/90. 2. Em sede de remessa oficial, confirma-se a sentença se não há quaisquer questões de fato ou de direito, referentes ao mérito ou ao processo, matéria constitucional ou infraconstitucional, direito federal ou não, ou princípio, que a desabone. 3. Ausentes apelos voluntários, o que reforça a higidez da decisão, dada a aparente ausência de ulterior resistência e/ou o próprio cumprimento voluntário do decisum; considerando a adequada fundamentação da sentença proferida, sem notícia de qualquer inovação no quadro fático-jurídico; sopesando as reduzidas cargas de densidade da controvérsia e mínima complexidade jurídica e decorrendo o ajuizamento da demora na satisfação imediata da pretensão do direito, adiante judicialmente revelado procedente, não há qualquer óbice ao regular decurso do prazo para trânsito em julgado, ante a exatidão do decidido. 4. Sentença mantida. Remessa oficial a que se nega provimento. (REOMS 0009014-18.2006.4.01.3400 / DF, Rel. JUIZA FEDERAL MARA LINA SILVA DO CARMO, PRIMEIRA TURMA, e-DJF1 de 2016-07-27)

◙ **Decisão que conferiu licença para o servidor participar de fase de concurso público.**

"MANDADO DE SEGURANÇA – IMPETRAÇÃO CONTRA ATO DO E. PROCURADOR-GERAL DE JUSTIÇA, QUE INDEFERIU AFASTAMENTO, COM PREJUÍZO DA REMUNERAÇÃO, DE ANALISTA DO MINISTÉRIO PÚBLICO, EM RAZÃO DE APROVAÇÃO EM CONCURSO PÚBLICO DE PROVAS E TÍTULOS PARA O CARGO DE DELEGADO DE POLÍCIA DO ESTADO DO MATO GROSSO DO SUL – LIMINAR INICIALMENTE INDEFERIDA, OBJETO DE POSTERIOR RECONSIDERAÇÃO, PARA CONCEDER A LICENÇA NO PERÍODO COMPREENDIDO ENTRE OS DIAS 18 DE ABRIL DE 2018 E 27 DE JUNHO DE 2018 – DE FATO, NORMA DE REGÊNCIA DO REGIME JURÍDICO DOS SERVIDORES PÚBLICOS DO ESTADO DE SÃO PAULO, LEI NO 10.261/68, NÃO PREVÊ O AFASTAMEN-

TO PLEITEADO – OCORRE QUE O LIVRE ACESSO A CARGOS, EMPREGOS E FUNÇÕES PÚBLICAS É DIREITO CONSTITUCIONALMENTE P REVISTO E, EM RAZÃO DA FORÇA NORMATIVA DA CONSTITUIÇÃO, POSSIBILITA A APLICAÇÃO ANALÓGICA DA LEI FEDERAL NO 8.112/90, QUE DISPÕE SOBRE OS SERVIDORES PÚBLICOS DA UNIÃO, E PREVÊ A HIPÓTESE SOB ANÁLISE – ART. 37, INC. I, DA CONSTITUIÇÃO DA REPÚBLICA – PRECEDENTES DESTE C. ÓRGÃO ESPECIAL – LIMINAR CONFIRMADA, CONCEDIDA A LICENÇA PARA O PERÍODO COMPREENDIDO ENTRE 18 DE ABRIL DE 2018 E 27 DE JUNHO DE 2018 – SEGURANÇA PARCIALMENTE CONCEDIDA." (TJSP; Mandado de Segurança 2083912-31.2018.8.26.0000; Relator (a): Francisco Casconi; Órgão Julgador: Órgão Especial; Tribunal de Justiça de São Paulo – N/A; Data do Julgamento: 12/09/2018; Data de Registro: 13/09/2018)

PARA TRATAR DE INTERESSES PARTICULARES

▶ **A critério da Administração, poderão ser concedidas ao servidor ocupante de cargo efetivo, desde que não esteja em estágio probatório, licenças para o trato de assuntos particulares pelo prazo de até 3 (três) anos consecutivos, sem remuneração.**

Trata-se de mera faculdade conferida à Administração, que pode a qualquer tempo, entendendo interessante ao serviço, indeferir o pedido de licença. Tanto é facultativa a concessão que, pelo parágrafo único, é dado à Administração prescrever a qualquer momento sua interrupção, determinando o retorno do servidor à ativa. Pode também o servidor requerer sua interrupção, devendo nesse caso a Administração aceitá-lo de volta ao serviço antes do término previsto do afastamento, o qual não precisa, evidentemente, ser fixado no prazo máximo, podendo ser prefixado em período menor. O que não se admite é a falta daquela previsão. Tratando-se de liberalidade da Administração, no interesse exclusivo do servidor, é natural que o tempo de fruição não seja considerado para nenhum efeito junto ao serviço público, e que não seja remunerado. (RIGOLIN, Ivan Barbosa. Comentários ao regime único dos servidores públicos civis.7ª. ed. rev. e atual. – São Paulo : Saraiva, 2012, p. 250)

▶ **Assuntos particulares, para efeito da L. 8.112, são com efeito todos aqueles que não digam respeito à própria L. 8.112**

Assuntos particulares a que se refere a L. 8.112 são quaisquer assuntos ou interesses possíveis, entregues à escolha e ao alvedrio do servidor, que podem até mesmo referir-se a eventual contratação pela CLT do mesmo servidor, por exemplo, em entidade paraestatal federal. Assuntos particulares, para efeito da L. 8.112, são com efeito todos aqueles que não digam respeito à própria L. 8.112, mas que contenham fundamento em outra legislação, ou cujo fundamento legal simplesmente não exista, como no caso de o servidor querer por sua conta viajar ao exterior, a lazer. Essa última situação evidentemente não enseja regime jurídico alicerçado em lei alguma; é considerado assunto particular, como no primeiro exemplo, apenas porque não está vinculado a qualquer disposição da L. 8.112. (RIGOLIN, Ivan Barbosa. Comentários ao regime único dos servidores públicos civis. 7ª. ed. rev. e atual. – São Paulo : Saraiva, 2012, p. 250)

PARA DESEMPENHO DE MANDATO CLASSISTA.

◙ **O licenciamento do servidor para cumprimento de mandato classista afasta o direito à percepção de auxílio-alimentação e vale transporte**

(...)

1. O licenciamento do servidor para cumprimento de mandato classista afasta o direito à percepção de auxílio-alimentação e vale transporte, os quais, por possuírem caráter indenizatório, são devidos somente a quem efetivamente exerça cargo público, vedado o pagamento àquele que se encontre na inatividade ou afastado de suas funções, nos termos das Resoluções Legislativas nº 652/2012 e 308/2012. Precedentes. (....) 3. Agravo interno a que se nega provimento. (AgInt no RMS 55.406/MA, Rel. Ministro SÉRGIO KUKINA, PRIMEIRA TURMA, julgado em 05/04/2018, DJe 18/04/2018)

◙ **Servidor público. Exercício do mandato classista. Supressão de gratificação**

AGRAVO REGIMENTAL NO RECURSO EXTRAORDINÁRIO COM AGRAVO. PROCESSUAL CIVIL E ADMINISTRATIVO. APLICAÇÃO DA SISTEMÁTICA DA REPERCUSSÃO GERAL NA ORIGEM: AUSÊNCIA DE PREVISÃO LEGAL DE RECURSO PARA O SUPREMO TRIBUNAL FEDERAL. SERVIDOR PÚBLICO. EXERCÍCIO DO MANDATO CLASSISTA. SUPRESSÃO DE GRATIFICAÇÃO: SÚMULA 280 DO SUPREMO TRIBUNAL FEDERAL. VERBA HONORÁRIA MAJORADA EM 1%, PERCENTUAL QUE SE SOMA AO FIXADO NA ORIGEM, OBEDECIDOS OS LIMITES DOS §§ 2º, 3º E 11 DO ART. 85 DO CÓDIGO DE PROCESSO CIVIL, RESSALVADA EVENTUAL CONCESSÃO DO BENEFÍCIO DA JUSTIÇA GRATUITA, E MULTA APLICADA NO PERCENTUAL DE 1%, CONFORME O § 4º DO ART. 1.021 DO CÓDIGO DE PROCESSO CIVIL. AGRAVO REGIMENTAL AO QUAL SE NEGA PROVIMENTO. (ARE 1088498 AgR, Relator(a): Min. CÁRMEN LÚCIA (Presidente), Tribunal Pleno, julgado em 23/02/2018, PROCESSO ELETRÔNICO DJe-049 DIVULG 13-03-2018 PUBLIC 14-03-2018)

◙ **Licença para o cumprimento de mandado classista. Percepção de auxílio-alimentação e vale-transporte. Vedação**

ADMINISTRATIVO. PROCESSUAL CIVIL. AGRAVO INTERNO NO RECURSO EM MANDADO DE SEGURANÇA. SERVIDOR DA ASSEMBLEIA LEGISLATIVA DO ESTADO DO MARANHÃO. LICENÇA PARA O CUMPRIMENTO DE MANDADO CLASSISTA. PERCEPÇÃO DE AUXÍLIO-ALIMENTAÇÃO E VALE-TRANSPORTE. VEDAÇÃO. RESOLUÇÕES LEGISLATIVAS NºS. 652/2012 E 308/2012. DESPROVIMENTO. 1. O licenciamento do servidor para cumprimento de mandato classista afasta o direito à percepção de auxílio-alimentação e vale transporte, os quais, por possuírem caráter indenizatório, são devidos somente a quem efetivamente exerça cargo público, vedado o pagamento àquele que se encontre na inatividade ou afastado de suas funções, nos termos das Resoluções Legislativas nº 652/2012 e 308/2012. Precedentes. 2. A opção pelo mandado de segurança requer prévia demonstração da liquidez e certeza do direito vindicado, pelo que não prospera, nessa via angusta, a alegação de que a Resolução Legislativa nº 652/2012, estaria em conflito com a Lei Estadual nº 6.107/1994, não só porque o hipotético conflito de normas, acaso existente, não se traduziria em direito líquido e certo do recorrente, mas também porque o dispositivo invocado da aludida Lei Estadual, o seu art. 170, não regula a concessão dos benefícios buscados. 3. Agravo interno a que se nega provimento. (AgInt no RMS 55.406/MA, Rel. Ministro SÉRGIO KUKINA, PRIMEIRA TURMA, julgado em 05/04/2018, DJe 18/04/2018)

CONCESSÕES

A Lei 8.112/1990 prevê a possibilidade de afastamento do servidor do trabalho, com ou sem prejuízo da remuneração, nos casos que especifica.

▶ **As concessões são meras ausências, afastamentos curtos, de poucos dias, sem prejuízo da remuneração, ocorrentes em situações bem específicas.**

Este dispositivo tem inspiração nitidamente trabalhista, e permite ao servidor ausentar-se do serviço, sem prejuízo de qualquer natureza, caso ocorram quatro motivos diversos: doação de sangue, alistamento como eleitor, casamento, e falecimento do cônjuge, companheiro, pais, madrasta ou padrasto, filhos, enteados ou menores sob guarda ou tutela, ou ainda irmãos. (RIGOLIN, Ivan Barbosa. Comentários ao regime único dos servidores públicos civis.7ª. ed. rev. e atual. – São Paulo: Saraiva, 2012, p. 268)

▶ **Um dia para doação de sangue;**

No caso de doação de sangue, apenas um dia é-lhe deferido para ausentar-se; deverá, neste caso, como nos outros, fazer prova de que praticou o ato (ou de que lhe ocorreu o fato previsto na lei, como na hipótese de, dirigindo-se à entidade receptora do sangue, por algum demonstrável motivo não ser aceito como doador), para obter da Administração o registro da ausência admitida pela L. 8.112; esse registro ficará, a partir de então, constando do prontuário do mesmo servidor. (RIGOLIN, Ivan Barbosa. Comentários ao regime único dos servidores públicos civis.7ª. ed. rev. e atual. – São Paulo: Saraiva, 2012, p. 269)

▶ **Dois dias para alistamento ou recadastramento eleitoral;**

É de dois dias o prazo dado para alistamento como eleitor, e de oito dias consecutivos o deferido em razão de casamento ou falecimento de qualquer daqueles parentes ou afins elencados na alínea b do inc. III do artigo. A prova do casamento é a respectiva certidão, e a de qualquer falecimento, o atestado de óbito, em xerocópia autenticada. Os dias previstos no artigo, como nas demais hipóteses da L. 8.112, são corridos. A L. 8.112 eliminou para esta hipótese as frequentes expressões "faltas abonadas" e "faltas justificadas", e com boa técnica, já que elas apenas confusão e incertezas acarretam, sem qualquer benefício sensível à Administração. Tratou essas ausências simplesmente por "concessões", que é titulação genérica, porém apropriada à natureza desses institutos. (RIGOLIN, Ivan Barbosa. Comentários ao regime único dos servidores públicos civis. 7ª. ed. rev. e atual. – São Paulo: Saraiva, 2012, p. 269)

▶ **O direito do servidor estudante de requerer que seu trabalho seja desempenhado em horário especial**

Também está garantido como concessão, o direito do servidor estudante de requerer que seu trabalho seja desempenhado em horário especial, quando houver incompatibilidade entre o horário escolar e o de funcionamento da repartição. Nesse caso, deverá ser feita a devida compensação, respeitada a duração semanal do trabalho (art. 98, *caput*, § 1.º). O horário especial de trabalho também é garantido ao servidor público federal portador de deficiência, quando comprovada a necessidade por junta médica oficial, caso em que não será necessária a compensação de horário (art. 98, § 2.º). Ao servidor que tenha cônjuge, filho ou dependente portador de deficiência física, também se garante o direito ao horário especial, mas com compensação de horários (art. 98, § 3.º). Por fim, também foi resguardado o direito ao horário especial ao servidor que desenvolve as atividades elencadas no art. 76-A, I e II, só que nesses casos a compensação de horários é imposta, devendo ser feita no prazo de um ano (art. 98, § 4.º).

AFASTAMENTOS

▶ **O que são?**

Já os **afastamentos**, propriamente ditos, são de duração mais longa, mas também são feitos sem prejuízo da remuneração, ou, quando com prejuízo desta, pressupõem o pagamento de valor diverso, por outro órgão público ao qual estará temporariamente vinculado o servidor, como no afastamento para servir a outro órgão ou entidade.

▶ **São quatro os tipos de afastamento previstos na Lei 8.112/1990 (Capítulo V).**

a) para servir a outro órgão ou entidade, que, na verdade, se confunde com o instituto da cessão de servidor, podendo ocorrer entre os Poderes da União, ou para Estados, Distrito Federal e Municípios; b) *para cumprimento de mandato eletivo*, o que já foi visto anteriormente; c) *para estudo ou missão no exterior*; d) *para participação em programa de pós-graduação stricto sensu no País*.

▶ **Cessão de servidores. Conceito.**

A cessão de servidores indica o ato pelo qual, temporariamente, um determinado órgão cede servidor do seu quadro para prestar serviço em outra esfera de governo ou órgão, no intuito de colaboração entre as administrações. Nessa ótica, a cessão de servidores seria o empréstimo de servidor feito entre entes estatais ou entre estes e as organizações sociais, também conhecidas como organizações não governamentais – ONGs, com o intuito oferecer serviços até então inexistentes e de elevar a qualidade daqueles que já vinham sendo prestados, seja pela condução de esforços comuns em atividades comuns, seja para a transferência de conhecimento técnico. (p. 105)

▶ **Somente haverá cessão de servidor no interesse da Administração.**

Diversamente do que ocorre com a remoção, a cessão possui apenas duas variações, cuja definição de características fica por conta da atribuição da responsabilidade pelo pagamento da remuneração do servidor cedido. Portanto, não há que se falar em cessão por interesse do servidor, ou por interesse da Administração. Somente haverá cessão de servidor no interesse da Administração. Para a cessão, deve-se, todavia, invariavelmente buscar uma finalidade pública. (p. 109)

▶ **A cessão de servidor sem ônus para o órgão cedente**

A maioria dos estatutos de servidores prevê que a cessão de servidores se dará com a transferência do ônus decorrente de sua remuneração e encargos ao cessionário. Mas não é incomum que se depare com situação diversa. (p. 109)

▶ **Elementos do ato administrativo de cessão**

a) Competência – E competente para a prática do ato, destinado à cessão de servidor, a autoridade administrativa designada na lei destinada à disciplina da matéria, em geral no estatuto ou no piano de cargos e salários.

b) Finalidade – Na cessão, como vem a cada dia se firmando em relação a quaisquer atos administrativos, é necessária a observância estrita da finalidade pública. Isso significa que o interesse por traz da cessão de servidor deve ser o interesse coletivo primário, o interesse social.

c) Forma – A forma de que se reveste o ato que concretiza a cessão pode ser a de um decreto ou de uma portaria, isto dependendo de quem é a autoridade com poder para a prática do ato, se Chefe de Poder – decreto; se Secretário ou Ministro – portaria.

d) Motivo – Por se tratar de ato de colaboração entre governos ou entre órgãos, a motivação da cessão deve encontrar-se inserida em convênio firmado entre os participes, o que não impede de que seja expressa "também" no ato administrativo que a efetiva.

e) Objeto – O objeto da cessão é a colaboração entre esferas de governo ou órgãos, destinada ao atingimento de objetivos comuns, como, p. ex., a arrecadação de tributos, transferência de conhecimento técnico administrativo etc. (p.114/115)

▶ **As CESSÕES. Decreto 9.144/2017.**

As **cessões** são regulamentadas na esfera federal pelo Decreto 9.144, de 22 de agosto de 2017 , que a define como "é o ato autorizativo pelo qual o agente público, sem suspensão ou interrupção do vínculo funcional com a origem, passa a ter exercício fora da unidade de lotação ou da estatal empregadora " (art. 2º). Sendo a cessão feita a Estados, Distrito Federal ou Municípios, cabe a estes o ônus da remuneração (art. 93, § 1.º, da Lei 8.112/1990).

▶ **Regras sobre as cessões em âmbito federal.**

- A cessão é o ato autorizativo pelo qual o agente público, sem suspensão ou interrupção do vínculo funcional com a origem, passa a ter exercício fora da unidade de lotação ou da estatal empregadora.

- Não haverá cessão sem o pedido do cessionário, a concordância do cedente e a concordância do agente público cedido.

- A cessão é realizada para a ocupação de cargo em comissão ou de função de confiança em outro órgão ou entidade dos Poderes da União, dos Estados, do Distrito Federal e dos Municípios, incluídas as empresas públicas e as sociedades de economia mista. A cessão será concedida por prazo indeterminado.

- A cessão poderá ser encerrada a qualquer momento por ato unilateral do cedente, do cessionário ou do agente público cedido.

- O retorno do agente público ao órgão ou à entidade de origem, quando requerido pelo cedente, será realizado por meio de notificação ao cessionário.

- Na hipótese de cessão em curso há mais de um ano, o cessionário poderá exigir a manutenção da cessão, no interesse da administração pública, pelo prazo de até um mês, contado da data de recebimento da notificação do cedente ou do requerimento do agente público.

- Não atendida a notificação pelo cessionário no prazo estabelecido, o agente público será notificado, diretamente, para se apresentar ao órgão ou à entidade de origem no prazo máximo de um mês, contado da data de recebimento da notificação, sob pena de caracterização de ausência imotivada.

- A cessão para outros Poderes ou entes federativos somente ocorrerá para o exercício de cargo em comissão ou função de confiança com graduação mínima equivalente ao nível 4 do Grupo-DAS.

- No âmbito da administração pública federal, direta e indireta, a competência para autorizar a cessão é do Ministro de Estado ou da autoridade máxima da entidade a que pertencer o agente público, ressalvada a hipótese prevista no § 4º do art. 93 da Lei nº 8.112, de 1990. Na hipótese de cessão para outro Poder ou outro ente federativo, a competência será do Ministro de Estado, permitida a delegação apenas às autoridades mencionadas no Decreto nº 8.851, de 20 de setembro de 2016.

▶ **REQUISIÇÃO As REQUISIÇÕES. Decreto 9.144/2017.**

- Na requisição, não há necessidade de concordância do órgão ou da entidade de origem.

- A requisição implica a transferência do exercício do agente público, sem alteração da lotação no órgão de origem. Exceto se houver disposição em contrário, aplicam-se à requisição todas as regras sobre cessão constantes deste Decreto.

- A requisição não pode ser encerrada por ato unilateral do cedente.

PARA CUMPRIMENTO DE MANDATO ELETIVO

▶ O afastamento é imediato e independe de requerimento do eleito e de ato declaratório da autoridade competente, mas é recomendável a comunicação ao órgão ou entidade a que pertence o servidor para fins de prontuário.

O art. 94 em evidência repete, *ipsis litteris*, a disposição contida no art. 38 da CF que assegura o afastamento de servidor público da Administração direta, autárquica e fundacional para o exercício de mandato eletivo. Tratando-se de mandato eletivo federal, estadual ou distrital, o servidor ficará afastado de seu cargo, emprego ou função. O afastamento é imediato e independe de requerimento do eleito e de ato declaratório da autoridade competente, mas é recomendável a comunicação ao órgão ou entidade a que pertence o servidor para fins de prontuário. (BRANDÃO, Júlio Cezar Lima, Comentários ao Estatuto do Servidor Público Federal – Teoria e Prática, 3ª Edição – Revista e Atualizada, Juruá Editora, 2016, p. 229)

▶ O servidor investido no mandato de Prefeito, será afastado do cargo, emprego ou função, sendo-lhe facultado optar pela sua remuneração ou pelo subsídio do mandato

Dar-se-á o afastamento com prejuízo dos vencimentos, uma vez que não há autorização constitucional para fazer a opção entre a remuneração e o subsídio do mandato. O servidor investido no mandato de Prefeito, será afastado do cargo, emprego ou função, sendo-lhe facultado optar pela sua remuneração ou pelo subsídio do mandato. Ao servidor público investido no mandato de Vice-Prefeito aplicam-se-lhe, por analogia, as disposições contidas no art. 38, II, da CF. (BRANDÃO, Júlio Cezar Lima, Comentários ao Estatuto do Servidor Público Federal – Teoria e Prática, 3ª Edição – Revista e Atualizada, Juruá Editora, 2016, p. 229)

▶ Investido no mandato de Vereador, havendo compatibilidade de horários, o servidor perceberá as vantagens de seu cargo, emprego ou função, sem prejuízo do subsídio do cargo eletivo.

Investido no mandato de Vereador, havendo compatibilidade de horários, o servidor perceberá as vantagens de seu cargo, emprego ou função, sem prejuízo do subsídio do cargo eletivo, e não havendo compatibilidade optará pela remuneração de seu cargo ou pelo subsídio do mandato. O afastamento em virtude de desempenho de mandato eletivo federal, estadual, distrital ou municipal é considerado como de efetivo exercício, exceto para promoção por merecimento, e o tempo correspondente ao desempenho de mandato eletivo federal, estadual, municipal ou distrital, anterior ao ingresso no serviço público federal, contar-se-á apenas para efeito de aposentadoria e disponibilidade. (BRANDÃO, Júlio Cezar Lima, Comentários ao Estatuto do Servidor Público Federal – Teoria e Prática, 3ª Edição –Revista e Atualizada, Juruá Editora, 2016, p. 229)

▶ **Ao servidor em estágio probatório será concedido afastamento para exercício de mandato eletivo. Contudo, a concessão do afastamento não suspende o estágio probatório**

Ao servidor em estágio probatório será concedido afastamento para exercício de mandato eletivo. Contudo, a concessão do afastamento não suspende o estágio probatório (BRANDÃO, Júlio Cezar Lima, Comentários ao Estatuto do Servidor Público Federal – Teoria e Prática, 3ª Edição –Revista e Atualizada, Juruá Editora, 2016, p. 229)

PARA ESTUDO OU MISSÃO NO EXTERIOR

▶ **Para se afastar para estudo ou missão no exterior o servidor necessita de autorização de Chefe do Poder (Executivo Legislativo ou Judiciário) ao qual se acha vinculado.**

Para se afastar para estudo ou missão no exterior o servidor necessita de autorização de Chefe do Poder (Executivo Legislativo ou Judiciário) ao qual se acha vinculado. Contudo, é preciso ressaltar que: a) é discricionário o ato que concede ou não o afastamento do servidor público para estudo no exterior; e b) o disposto neste artigo não se aplica aos servidores da carreira diplomática, visto que, na maioria das vezes, o exercício de seus cargos ocorre no exterior. (BRANDÃO, Júlio Cezar Lima, Comentários ao Estatuto do Servidor Público Federal – Teoria e Prática, 3ª Edição –Revista e Atualizada, Juruá Editora, 2016, p. 230)

▶ **Ao servidor beneficiado não será concedida exoneração ou licença para tratar de interesse particular antes de decorrido período igual ao do afastamento, ressalvada a hipótese de ressarcimento da despesa havida com seu afastamento.**

Por determinação do artigo em comento, ao servidor beneficiado não será concedida exoneração ou licença para tratar de interesse particular antes de decorrido período igual ao do afastamento, ressalvada a hipótese de ressarcimento da despesa havida com seu afastamento.

"[...] 3. É exigível o reembolso das despesas decorrentes de bolsa de estudo concedida a professor universitário que, durante o afastamento, venha a prestar os seus serviços em outra instituição de ensino superior, consoante disposição contida no Decreto n. 94.664/87, art. 47, inciso I, parágrafo 3º. 4. Apelação improvida" (TRF 1ª R. – AC 1998.01.00.081878-3/RO – Rel. Juiz Federal Wilson de Souza – DJ 24.04.2003). No mesmo sentido: "Administrativo. Servidor público. Afastamento para curso: exoneração após relatório. Decreto 94.664/87. 1. Servidor que se afasta para estudo fora da área de seu trabalho, quando autorizado, está obrigado a trabalhar, no mínimo por igual período. 2. Exoneração ante tempus enseja indenização à Universidade empregadora. 3. Recurso improvido" (TRF 1ª R. – AC 1998.01.00.062483-3 – Relª. Juíza Eliana Calmon – DJ 19.03.1999). (Fonte: Júlio Cezar Lima Brandão, Comentários ao Estatuto do Servidor Público Federal – Teoria e Prática, 3ª Edição –Revista e Atualizada, Juruá Editora, 2016, p. 231, ID:24506)

Importa adicionar que o "[o] dever de indenizar imposto ao servidor não possui caráter de sanção, e sim de ressarcimento ao erário daquilo que foi gasto em sua formação sem que tenha havido integral contraprestação por parte dele, em razão de seu desligamento do serviço público".

▶ **O servidor em estágio probatório pode, no entanto, se afastar para missão no exterior ou para servir em organismo internacional de que o Brasil participe ou com o qual coopere.**

O servidor em estágio probatório pode, no entanto, se afastar para missão no exterior ou para servir em organismo internacional de que o Brasil participe ou com o qual coopere. Na primeira hipótese, o afastamento não suspende o estágio probatório; na segunda, sim, e o estágio probatório deverá ser retomado a partir do término do impedimento. Os afastamentos em virtude de estudo ou missão no exterior, quando autorizados, são considerados como de efetivo exercício e, por isto, é devido o pagamento do auxílio-alimentação. (BRANDÃO, Júlio Cezar Lima, Comentários ao Estatuto do Servidor Público Federal – Teoria e Prática, 3ª Edição –Revista e Atualizada, Juruá Editora, 2016, p. 231)

OUTROS BENEFÍCIOS DO PLANO DE SEGURIDADE SOCIAL DO SERVIDOR

Além dos benefícios de aposentadoria, pensão, licença-maternidade, licença-paternidade e salário-família, examinados com as regras constitucionais aplicadas aos servidores, a Lei 8.112/1990 prevê outros direitos para o servidor público federal como decorrência do plano de seguridade social a eles aplicado.

AUXÍLIO-NATALIDADE

▶ **O auxílio-natalidade é devido à servidora por motivo de nascimento do filho, em quantia equivalente ao menor vencimento do serviço público, ou seja, um salário mínimo.**

O auxílio-natalidade é devido à servidora por motivo de nascimento do filho, em quantia equivalente ao menor vencimento do serviço público, ou seja, um salário mínimo, inclusive no caso de natimorto (art. 196). O servidor homem também tem direito ao benefício, quando cônjuge ou companheiro de parturiente que não seja servidora pública (art. 196, § 2.º). Não se confunde esse benefício com a chamada assistência pré-escolar, instituída no âmbito federal pelo Decreto 977/1993, com fundamento na obrigação constante do artigo 54, IV, do Estatuto da Criança e do Adolescente (Lei 8.069/1990). A assistência pré-escolar, que não tem previsão na Lei 8.112, se destina a atender aos dependentes do servidor na faixa etária compreendida entre o nascimento até os seis anos de idade, e pode ser na modalidade de assistência direta, na forma de creche própria, e indireta, o mais comum, através do pagamento do auxílio pré-escolar.

LICENÇA PARA TRATAMENTO DE SAÚDE

▶ **A licença para tratamento de saúde do servidor equivale, no regime próprio, ao auxílio-doença do RGPS.**

No entanto, cabe à Administração arcar com o afastamento do servidor, independentemente de sua duração. Se for inferior a 15 dias, a lei diz que pode ser dispensada a perícia médica, desde que seja o único no prazo de um ano (art. 204). Essa licença, quando exceder o prazo de 120 dias no período de um ano a contar do primeiro afastamento, deve ser concedida mediante avaliação por junta médica oficial (art. 203, § 4.º). Se o afastamento for decorrente de acidente em serviço, será necessário produzir prova deste (art. 214). A relevância de se saber se a causa foi acidente em serviço diz respeito ao cálculo de uma possível aposentadoria por invalidez, de resto, esta última licença terá a mesma disciplina da licença para tratamento de saúde. Acidente em serviço, na dicção do Estatuto dos Servidores Públicos Federais, é o dano físico ou mental sofrido pelo servidor, que se relacione, mediata ou imediatamente, com as atribuições do cargo exercido (art. 212, caput). A Lei garante, no art. 213, que o servidor acidentado que necessite de tratamento especializado poderá ser tratado em instituição privada, à conta dos recursos públicos. É considerado acidente em serviço, por equiparação, o decorrente de agressão sofrida e não provocada pelo servidor no exercício do cargo e aquele sofrido no percurso de residência para o trabalho e vice-versa (art. 212). Importante lembrar que a licença para fins de tratamento de saúde, no âmbito federal, é computada como tempo de serviço (hoje contribuição), para fins de disponibilidade e aposentadoria, independentemente de seu prazo (art. 103, VII, da Lei 8.112/1990). Entendimento que vem de longa data, conforme Súmula 109 do TCU. Mas, a partir da Lei 9.527/1997, ficou claro que para outros efeitos a licença em questão só é considerada se limitada ao prazo máximo de vinte e quatro meses (art. 102, VIII, b).

◙ **Possibilidade de exoneração de servidor designado em caráter precário no curso de licença-saúde.**

MANDADO DE SEGURANÇA. SERVIDOR PÚBLICO DO EXECUTIVO ESTADUAL. CARGO COMISSIONADO. EXONERAÇÃO DURANTE LICENÇA-SAÚDE. POSSIBILIDADE. ART. 37, II, DA CONSTITUIÇÃO FEDERAL. PRECEDENTES. DIREITO LÍQUIDO E CERTO NÃO CONFIGURADO. – Este Tribunal tem decidido ser possível a exoneração de servidor designado em caráter precário no curso de licença-saúde, com fulcro no art. 37, II, da Constituição Federal, redação dada pela Emenda Constitucional n. 19/98. Precedentes. Segurança denegada. (MS 10.818/DF, Rel. Ministro ERICSON MARANHO (DESEMBARGADOR CONVOCADO DO TJ/SP), TERCEIRA SEÇÃO, julgado em 26/08/2015, DJe 08/09/2015)

◙ **Para fazer jus ao gozo da licença para tratamento de saúde sem prejuízo da remuneração, a lei exige inspeção por médico ou junta médica oficial que pode ser realizada, inclusive, na residência do servidor quando necessário, podendo ainda ser aceito, alternativamente, atestado passado por médico particular, desde que homologado pelo setor médico.**

RECURSO ORDINÁRIO EM MANDADO DE SEGURANÇA. SERVIDOR PÚBLICO. AFASTAMENTO PARA TRATAMENTO DE SAÚDE. ATESTADO PARTICULAR. PRAZO PARA APRESENTAÇÃO. VALIDADE. DESCONTO DOS DIAS NÃO TRABALHADOS. PROCESSO DISCIPLINAR. DESCABIMENTO. 1. Para fazer jus ao gozo da licença para tratamento de saúde sem prejuízo da remuneração, a lei exige inspeção por médico ou junta médica oficial que pode ser realizada, inclusive, na residência do servidor quando necessário, podendo ainda ser aceito, alternativamente, atestado passado por médico particular, desde que homologado pelo setor médico. 2. Não se mostra desarrazoada ou exorbitante dos limites do poder regulamentar a resolução que, à falta de norma disciplinadora da lei federal à época, fixa prazo para a apresentação do atestado médico particular para homologação, sob risco de que já tenha terminado o tratamento de saúde quando vier a ser concedido o afastamento ao servidor. 3. Deixando de apresentar atempadamente o atestado particular para homologação, não é ilegal ou abusivo o ato que importou no desconto dos dias em que o servidor não compareceu ao serviço, nem justificou sua falta, nos estritos limites do artigo 44 da Lei nº 8.112/90. 4. É descabida a instauração de Processo Administrativo Disciplinar quando não se colima a aplicação de sanção disciplinar de qualquer natureza, mas o mero desconto da remuneração pelos dias não trabalhados, pena de enriquecimento sem causa por parte do servidor público. 5. Recurso ordinário improvido. (RMS 28.724/RS, Rel. Ministra MARIA THEREZA DE ASSIS MOURA, SEXTA TURMA, julgado em 22/05/2012, DJe 04/06/2012)

AUXÍLIO-FUNERAL

O auxílio-funeral é devido à família do servidor falecido na atividade ou aposentado, em valor equivalente a um mês da remuneração ou provento. Havendo acumulação legal de cargos, o auxílio é pago somente em razão do cargo de maior remuneração (art. 226).

AUXÍLIO-RECLUSÃO

O auxílio-reclusão é devido à família de servidor ativo, durante o afastamento do trabalho, por motivo de prisão em flagrante ou preventiva, ou por condenação, em sentença definitiva, enquanto perdurar a prisão ou cumprimento de pena que não determine a perda do cargo (art. 229). Na prisão em flagrante ou preventiva o valor do auxílio é de 2/3 da remuneração, no caso de cumprimento de pena é de 1/2 da remuneração. O art. 13 da EC 20/1998, no entanto, restringiu o direito do auxílio-reclusão aos servidores com renda bruta mensal de R$ 360,00, corrigidos, a partir da Emenda, pelos mesmos índices aplicados aos benefícios do RGPS. Embora pareça óbvio que o critério a ser considerado devesse ser o da renda da família, visto que é ela que depende da renda e não o servidor que está preso, o STF, ao analisar a questão no âmbito do RGPS, considerou constitucionais a limitação e o parâmetro da renda do servidor (no caso, segurado).

ASSISTÊNCIA À SAÚDE

Já a **assistência à saúde do servidor**, ativo ou inativo, e de sua família, é um direito previsto no art. 230 do Estatuto, compreendendo assistência médica, hospitalar, odontológica, psicológica e farmacêutica, tendo como diretriz básica o implemento de ações preventivas voltadas para a promoção da saúde e será prestada pelo SUS, diretamente pelo órgão ou entidade ao qual estiver vinculado ao servidor, ou mediante contrato ou convênio, ou ainda na forma de auxílio, mediante ressarcimento parcial do valor despendido pelo servidor, ativo ou inativo, e seus dependentes ou pensionistas com planos ou seguros privados de assistência à saúde na forma estabelecida em regulamento. O mais comum é que essa assistência seja prestada na forma de um subsídio dado pelo órgão ou entidade no sentido de contratação de plano de saúde, com um desconto, do servidor, de valor bem inferior àquele que normalmente seria pago numa contratação privada.

Eventualmente, caso o servidor opte pela contratação privada, ele recebe um reembolso, na forma de auxílio-saúde. Esse procedimento, de contratação de um plano de saúde corporativo, é expressamente regulado no art. 230, § 3.º, do Estatuto. No âmbito do Poder Executivo federal, a matéria foi regulamentada pelo Decreto 4.978/2004, o qual optou pela prestação mediante convênios com entidades fechadas de autogestão, sem fins lucrativos, ou por meio de contratos, respeitadas as disposições da Lei de Licitações.

◙ **Tema 89. Tese: Segundo decorre do art. 201, IV, da Constituição Federal, a renda do segurado preso é a que deve ser utilizada como parâmetro para a concessão do auxílio-reclusão e não a de seus dependentes.**

RG ◙ A renda do segurado preso é que a deve ser utilizada como parâmetro para a concessão do benefício e não a de seus dependentes.

PREVIDENCIÁRIO. CONSTITUCIONAL. RECURSO EXTRAORDINÁRIO. AUXÍLIO-RECLUSÃO. ART. 201, IV, DA CONSTITUIÇÃO DA REPÚBLICA. LIMITAÇÃO DO UNIVERSO DOS CONTEMPLADOS PELO AUXÍLIO-RECLUSÃO. BENEFÍCIO RESTRITO AOS SEGURADOS PRESOS DE BAIXA RENDA. RESTRIÇÃO INTRODUZIDA PELA EC 20/1998. SELETIVIDADE FUNDADA NA RENDA DO SEGURADO PRESO. RECURSO EXTRAORDINÁRIO PROVIDO. I – Segundo decorre do art. 201, IV, da Constituição, a renda do segurado preso é que a deve ser utilizada como parâmetro para a concessão do benefício e não a de seus dependentes. II – Tal compreensão se extrai da redação dada ao referido dispositivo pela EC 20/1998, que restringiu o universo daqueles alcançados pelo auxílio-reclusão, a qual adotou o critério da seletividade para apurar a efetiva necessidade dos beneficiários. III – Diante disso, o art. 116 do Decreto 3.048/1999 não padece do vício da inconstitucionalidade. IV – Recurso extraordinário conhecido e provido. (RE 587365, Relator(a): Min. RICARDO LEWANDOWSKI, Tribunal Pleno, julgado em 25/03/2009, REPERCUSSÃO GERAL – MÉRITO. DJe-084 DIVULG 07-05-2009 PUBLIC 08-05-2009 EMENT VOL-02359-08 PP-01536)

◙ **Tema 388. Tese: É inviável a aplicação retroativa da majoração prevista na Lei nº 9.032/1995 aos benefícios de auxílio-acidente concedidos em data anterior à sua vigência.**

RG ◙ É inviável a aplicação retroativa da majoração prevista na Lei nº 9.032/1995 aos benefícios de auxílio-acidente concedidos em data anterior à sua vigência.

DIREITO PREVIDENCIÁRIO. REVISÃO DE BENEFÍCIO. AUXÍLIO-ACIDENTE. LEI Nº 9.032/95. Benefícios concedidos antes de sua vigência. Inaplicabilidade. Jurisprudência pacificada na corte. Matéria com repercussão geral. Reafirmação da jurisprudência do supremo tribunal federal. (RE 613033 RG, Relator(a): Min. DIAS TOFFOLI, julgado em 14/04/2011, REPERCUSSÃO GERAL – MÉRITO DJe-110 DIVULG 08-06-2011 PUBLIC 09-06-2011 EMENT VOL-02540-02 PP-00284)

◙ **Limite do auxílio reclusão para servidores.**

ADMINISTRATIVO. SERVIDOR PÚBLICO. AUXÍLIO-RECLUSÃO. LIMITAÇÃO EM DECORRÊNCIA DA RENDA BRUTA MENSAL. INAPLICABILIDADE DO ART.

13 DA EC N. 20/98 AOS SERVIDORES PÚBLICOS ESTATUTÁRIOS. I – A jurisprudência deste Superior Tribunal de Justiça, seguindo entendimento consolidado no Supremo Tribunal Federal, é firme no sentido de que o art. 13 da Emenda Constitucional n. 20/98, relativamente à limitação da renda mensal bruta, não deve ser aplicado aos servidores públicos estatutários. Isso porque o referido dispositivo legal foi dirigido apenas aos servidores públicos vinculados ao Regime Geral da Previdência Social – RGPS. Neste sentido: AgRg no REsp 1510425/RJ, Rel. Ministro HUMBERTO MARTINS, SEGUNDA TURMA, julgado em 16/04/2015, DJe 22/04/2015; REsp 1421533/PB, Rel. Ministro OG FERNANDES, SEGUNDA TURMA, julgado em 09/09/2014, DJe 25/09/2014. II – Agravo interno improvido. (AgInt no REsp 1669817/SP, Rel. Ministro FRANCISCO FALCÃO, SEGUNDA TURMA, julgado em 17/05/2018, DJe 28/05/2018)

◙ **Valores do Auxílio Reclusão**

ADMINISTRATIVO. SERVIDOR PÚBLICO ESTATUTÁRIO. AUXÍLIO-RECLUSÃO. ART. 229 DA LEI N. 8.112/90. LIMITAÇÃO IMPOSTA PELA EC N. 20/98. INAPLICABILIDADE. 1. É assegurado auxílio-reclusão à família do servidor ativo nos seguintes valores: dois terços da remuneração, quando afastado por motivo de prisão, em flagrante ou preventiva, determinada pela autoridade competente, enquanto perdurar a prisão; ou metade da remuneração, durante o afastamento, em virtude de condenação, por sentença definitiva, a pena que não determine a perda de cargo. 2. É inaplicável a limitação de renda bruta mensal prevista no art. 13 da EC n. 20/1998 sobre os servidores ocupantes de cargo público de provimento efetivo. O limite se impõe sobre os servidores vinculados ao Regime Geral de Previdência Social (empregados públicos, contratados temporariamente e exclusivamente titulares de cargos comissionados). 3. Recurso especial a que se dá provimento. (REsp 1421533/PB, Rel. Ministro OG FERNANDES, SEGUNDA TURMA, julgado em 09/09/2014, DJe 25/09/2014)

◙ **Impossibilidade de concessão de licença por acidente em serviço para servidor inativo.**

ADMINISTRATIVO. RECURSO ESPECIAL. SERVIDOR PÚBLICO FEDERAL. BACEN. APOSENTADORIA POR INVALIDEZ. ACIDENTE EM SERVIÇO. TRATAMENTO ESPECIALIZADO EM INSTITUIÇÃO PRIVADA, À CONTA DE RECURSOS PÚBLICOS. LEI 8.112/90, ART. 213. DIREITO PREVISTO APENAS A SERVIDORES DA ATIVA LICENCIADOS POR ACIDENTE EM SERVIÇO. 1. Trata-se de demanda ajuizada por servidor aposentado em decorrência de invalidez resultante de acidente de trabalho em que se postula pagamento de tratamento especializado em instituição privada, à custa dos cofres públicos, em caráter permanente. 2. Com razão o recorrente (Banco Central do Brasil) quando sustenta a inexistência do direito postulado, na medida em que o benefício previsto no art. 213 da Lei 8.112/1990 decorre de licença por acidente em serviço, sendo pago apenas aos servidores da ativa. 3. Recurso especial provido. (REsp 1402920/RJ, Rel. Ministro MAURO CAMPBELL MARQUES, SEGUNDA TURMA, julgado em 11/02/2014, DJe 18/02/2014)

LICENÇA À GESTANTE

◙ **Tema 782. Tese: Os prazos da licença adotante não podem ser inferiores aos prazos da licença gestante, o mesmo valendo para as respectivas prorrogações. Em relação à licença adotante, não é possível fixar prazos diversos em função da idade da criança adotada.**

RG ◙ **Os prazos da licença adotante não podem ser inferiores aos prazos da licença gestante, o mesmo valendo para as respectivas prorrogações. Em relação à licença adotante, não é possível fixar prazos diversos em função da idade da criança adotada.**

DIREITO CONSTITUCIONAL. RECURSO EXTRAORDINÁRIO. REPERCUSSÃO GERAL. EQUIPARAÇÃO DO PRAZO DA LICENÇA-ADOTANTE AO PRAZO DE LICENÇA-GESTANTE. 1. A licença maternidade prevista no artigo 7º, XVIII, da Constituição abrange tanto a licença gestante quanto a licença adotante, ambas asseguradas pelo prazo mínimo de 120 dias. Interpretação sistemática da Constituição à luz da dignidade da pessoa humana, da igualdade entre filhos biológicos e adotados, da doutrina da proteção integral, do princípio da prioridade e do interesse superior do menor. 2. As crianças adotadas constituem grupo vulnerável e fragilizado. Demandam esforço adicional da família para sua adaptação, para a criação de laços de afeto e para a superação de traumas. Impossibilidade de se lhes conferir proteção inferior àquela dispensada aos filhos biológicos, que se encontram em condição menos gravosa. Violação do princípio da proporcionalidade como vedação à proteção deficiente. 3. Quanto mais velha a criança e quanto maior o tempo de internação compulsória em instituições, maior tende a ser a dificuldade de adaptação à família adotiva. Maior é, ainda, a dificuldade de viabilizar sua adoção, já que predomina no imaginário das famílias adotantes o desejo de reproduzir a paternidade biológica e adotar bebês. Impossibilidade de conferir proteção inferior às crianças mais velhas. Violação do princípio da proporcionalidade como vedação à proteção deficiente. 4. Tutela da dignidade e da autonomia da mulher para eleger seus projetos de vida. Dever reforçado do Estado de assegurar-lhe condições para compatibilizar maternidade e profissão, em especial quando a realização da maternidade ocorre pela via da adoção, possibilitando o resgate da convivência familiar em favor de menor carente. Dívida moral do Estado para com menores vítimas da inepta política estatal de institucionalização precoce. Ônus assumido pelas famílias adotantes, que devem ser encorajadas. 5. Mutação constitucional. Alteração da realidade social e nova compreensão do alcance dos direitos do menor adotado. Avanço do significado atribuído à licença parental e à igualdade entre filhos, previstas na Constituição. Superação de antigo entendimento do STF. 6. Declaração da inconstitucionalidade do art. 210 da Lei nº 8.112/1990 e dos parágrafos 1º e 2º do artigo 3º da Resolução CJF nº 30/2008. 7. Provimento do recurso extraordinário, de forma a deferir à recorrente prazo remanescente de licença parental, a fim de que o tempo total de fruição do benefício, computado o período já gozado, corresponda a 180 dias de afastamento remunerado, correspondentes aos 120 dias de licença previstos no art. 7º, XVIII,CF, acrescidos de 60 dias de prorrogação, tal como estabelecido pela legislação em favor da mãe gestante. 8. Tese da repercussão geral: "Os prazos da licença adotante não podem ser inferiores aos prazos da licença gestante, o mesmo valendo para as respectivas prorrogações. Em relação à licença adotante, não é possível fixar prazos diversos em função da idade da criança adotada". (RE 778889, Relator(a): Min. ROBERTO BARROSO, Tribunal Pleno, julgado em 10/03/2016, ACÓRDÃO ELETRÔNICO REPERCUSSÃO GERAL – MÉRITO DJe-159 DIVULG 29-07-2016 PUBLIC 01-08-2016)

◎ **A obtenção de licença à gestante não tem o condão de interromper as férias, caso a gestante esteja no gozo da mesma.**

PROCESSUAL CIVIL. RECURSO ORDINÁRIO EM MANDADO DE SEGURANÇA. INÍCIO DE LICENÇA À GESTANTE. INTERRUPÇÃO DE FÉRIAS. NÃO OCORRÊNCIA. APLICAÇÃO SUBSIDIÁRIA DO ART. 80 DA LEI N° 8.112/90. 1. Hipótese em que servidora pretende excluir das férias que gozava, o período coincidente com a licença-gestante. 2. Ausente norma específica na legislação própria da magistratura e no Estatuto dos Servidores estaduais, aplicável à espécie a regra geral de interrupção das férias prevista no artigo 80 da Lei n° 8.112/90. 3. A interrupção de férias ocorre somente por motivo de calamidade pública, comoção interna, convocação para júri, serviço militar ou eleitoral, ou por necessidade de serviço. 4. A palavra "somente" no comando estrito do artigo 80 da Lei n° 8.112/90 limita a consideração de outras hipóteses de interrupção, e não possibilita eventuais aplicações extensivas. Precedente. 5. Agravo regimental não provido. (AgRg no RMS 39.563/PE, Rel. Ministro MAURO CAMPBELL MARQUES, SEGUNDA TURMA, julgado em 06/08/2015, DJe 18/08/2015)

◎ **A licença à gestante não pode ser considerada como tempo ficto para fins de estágio probatório e de efetivação no cargo ocupado.**

ADMINISTRATIVO. SERVIDORES PÚBLICOS ESTADUAIS DE SANTA CATARINA. REGIME JURÍDICO PRÓPRIO. LICENÇA À GESTANTE. CONTAGEM PARA EFEITOS DE ESTÁGIO PROBATÓRIO E AQUISIÇÃO DA ESTABILIDADE. IMPOSSIBILIDADE. 1. Em razão do modelo federativo adotado pela vigente Constituição Federal, cabe à União legislar unicamente sobre o regime jurídico dos servidores a ela vinculados (CF, art. 61, § 1.º, II, 'c'), pelo que não parece razoável admitir que o regime jurídico da Lei n. 8.112/1990 seja, por decisão judicial, estendido aos Estados-membros e seus respectivos agentes, sob pena de inaceitável violação do princípio federativo. 2. O legislador catarinense, em harmonia com a garantia constitucional, reconheceu à gestante o direito de licença para repouso, de onde sua expressa inserção no respectivo estatuto dos servidores estaduais (Lei Estadual n. 6.745/1985). Entretanto, por expressa opção do mesmo diploma doméstico, dita licença não terá seu tempo fictamente considerado para fins de estágio probatório e de efetivação no cargo ocupado pela servidora gestante. 3. Não se pode, à míngua de amparo legal, chancelar judicialmente a dispensa do efetivo labor nos três anos necessários à aferição dos requisitos ensejadores da efetivação ou estabilidade no serviço público estadual. 4. Recurso ordinário não provido. (RMS 48.388/SC, Rel. Ministro NAPOLEÃO NUNES MAIA FILHO, Rel. p/ Acórdão Ministro SÉRGIO KUKINA, PRIMEIRA TURMA, julgado em 03/05/2018, DJe 26/06/2018)

VANTAGENS NÃO EXTENSIVAS AOS INATIVOS

▶ **Mesmo considerando o sistema precedente da paridade, não se garante ao inativo o recebimento de vantagens que são pagas exclusivamente aos servidores ativos, pelo exercício mesmo da atividade laboral.**

Assim, seria ilógico imaginar que a paridade garantiria aos servidores aposentados o direito a perceber adicionais como insalubridade, de risco, periculosidade, de hora extraordinária ou de hora noturna, visto que aqueles não se submetem, estando em inatividade, a nenhuma dessas condições.

▶ **Nem sempre, no entanto, a solução é tão evidente assim. O auxílio-alimentação, por exemplo, foi objeto de intensa discussão nos tribunais, até a matéria ser pacificada no STF com a edição da Súmula 680 (já convertida na Súmula Vinculante nº 55.**

Nem sempre, no entanto, a solução é tão evidente assim. O auxílio-alimentação, por exemplo, foi objeto de intensa discussão nos tribunais, até a matéria ser pacificada no STF com a edição da *Súmula 680* (já convertida na ***Súmula Vinculante nº 55)***, *in verbis*:

"O direito ao auxílio-alimentação não se estende aos servidores inativos".

Entendeu-se que a referida parcela tinha natureza remuneratória e se destinava precipuamente a cobrir custos de refeição devida exclusivamente ao servidor que está em atividade, uma conclusão que, convenhamos, não é muito convincente, pois sabemos que esse direito é atribuído de modo absolutamente genérico aos servidores, sem nenhum cálculo efetivo de custo de refeições por região do país.

◉ **E nas férias, teria direito o servidor à percepção do auxílio alimentação?**

E nas férias, teria direito o servidor à percepção do referido auxílio? Há dois entendimentos!

Um no sentido que há o direito, pois as férias são consideradas como período de efetivo exercício.

PROCESSUAL CIVIL E ADMINISTRATIVO. OFENSA AO ART. 535 DO CPC NÃO CONFIGURADA. SERVIDOR PÚBLICO. AUXÍLIO-ALIMENTAÇÃO. FÉRIAS. LICENÇAS. AFASTAMENTOS. DESCONTO. NÃO OCORRÊNCIA. NECESSIDADE DE REEXAME DE MATÉRIA FÁTICO-PROBATÓRIA. SÚMULA 7/STJ. 1. A solução integral da controvérsia, com fundamento suficiente, não caracteriza ofensa ao art. 535 do CPC. 2. O acórdão recorrido consignou que "o IBAMA contestou o feito alegando a falta de interesse processual, uma vez que a Administração não efetua qualquer desconto do auxílio-alimentação nos períodos de afastamento considerados, legalmente, como de efetivo exercício, a teor do art. 102, da Lei nº 8.112/90, tais como férias, licença para capacitação, entre outros, situação corroborada pela informação oriunda do Ofício nº 165/2012" (fl. 241, e-STJ) e que "o sindicato não demonstrou, sequer por amostragem, a prefalada ilegalidade relativamente a um ou alguns dos substituídos, de forma a comprovar o alegado desconto do auxílio-alimentação nas hipóteses referidas" (fl. 242, e-STJ) 3. É inviável analisar a tese defendida no Recurso Especial – de que Administração, no caso o Ibama, efetua desconto do auxílio-alimentação durante as férias, licença-prêmio por assiduidade e afastamentos para estudo/aperfeiçoamento –, a qual busca afastar as premissas fáticas estabelecidas pelo acórdão recorrido, pois inarredável a revisão do conjunto probatório dos autos. Aplica-se o óbice da Súmula 7/STJ. 4. Ademais, a Administração Pública está atuando em sintonia com o atual entendimento do Superior Tribunal de Jutiça, no sentido de que o auxílio-alimentação é devido por dia de trabalho no efetivo desempenho do cargo, incluindo as férias e licenças, nos termos do art. 102 da Lei 8.112/1090. 5. Agravo Regimental não provido. (AgRg no REsp 1528084/RS, Rel. Ministro HERMAN BENJAMIN, SEGUNDA TURMA, julgado em 06/08/2015, DJe 04/09/2015)

Já o outro, em sentido contrário, sob o fundamento que por ter caráter indenizatório, o auxílio-alimentação é devido apenas aos servidores que estejam no efetivo exercício do cargo.

ADMINISTRATIVO. RECURSO ORDINÁRIO EM MANDADO DE SEGURANÇA. SERVIDOR PÚBLICO. AUXÍLIO-ALIMENTAÇÃO. PERCEPÇÃO EM PERÍODO DE FÉRIAS E LICENÇA. NÃO CABIMENTO. VERBA DE CARÁTER INDENIZATÓRIO. AUSÊNCIA DE DIREITO LÍQUIDO E CERTO.I – Consoante o decidido pelo Plenário desta Corte na sessão realizada em 09.03.2016, o regime recursal será determinado pela data da publicação do provimento jurisdicional impugnado. In casu, aplica-se o Código de Processo Civil de 1973.II – É consolidado nesta Corte o entendimento segundo o qual, em virtude de seu caráter indenizatório, o auxílio-alimentação é devido apenas aos servidores que estejam no efetivo exercício do cargo. Precedentes. III – Recurso Ordinário não provido. (RMS 47.664/SP, Rel. Ministra REGINA HELENA COSTA, PRIMEIRA TURMA, julgado em 06/06/2017, DJe 12/06/2017)

> Registre-se, no entanto, que, neste último precedente, a 1ª Turma não analisou o art. 102, I, da Lei nº 8.112/90. Ao que parece, pensamos que o entendimento majoritário continua sendo no sentido que é devido o pagamento de auxílio-alimentação durante as férias do servidor.

▶ **Uma questão que sempre gera controvérsia é a referente às gratificações de desempenho.**

Se a gratificação, realmente, se dá pelo desempenho ou produtividade, é óbvio que não é possível estendê-la ao inativo. No entanto, nos últimos anos, sobretudo no âmbito federal, foram criadas, em profusão, inúmeras gratificações de desempenho sem que se tenha, em contrapartida, criado critérios de aferição do desempenho, o que acarretou a atribuição, genericamente, do mesmo valor percentual da gratificação a todos os servidores. Hora, na medida em que adota esse procedimento capenga, concedendo, na verdade, um disfarçado aumento indireto aos servidores, o Poder Público passa a se ver obrigado a estender tal direito aos servidores inativos.

◎ **Súmula Vinculante 20: "A Gratificação de Desempenho de Atividade Técnico-Administrativa – GDATA, instituída pela Lei n.º 10.404/2002, deve ser deferida aos inativos nos valores correspondentes a 37,5 (trinta e sete vírgula cinco) pontos no período de fevereiro a maio de 2002 e, nos termos do art. 5.º, parágrafo único, da Lei n.º 10.404/2002, no período de junho de 2002 até a conclusão dos efeitos do último ciclo de avaliação a que se refere o artigo 1.º da Medida Provisória 198/2004, a partir da qual passa a ser de 60 (sessenta) pontos".**

◎ **Súmula Vinculante 34: "A Gratificação de Desempenho de Atividade de Seguridade Social e Trabalho – GDASST, instituída pela Lei nº 10.483/2002, deve ser estendida aos inativos no valor correspondente a 60 (sessenta) pontos, desde o advento da Medida Provisória 198/2004, convertida na Lei 10.971/2004, quando tais inativos façam jus à paridade constitucional (EC 20/1998, 41/2003 e 47/2005)".**

▶ **Fixados os critérios da avaliação de desempenho, e procedida esta, não terá mais aplicação a alegação de paridade.**

Fixados os critérios da avaliação de desempenho, e procedida esta, não terá mais aplicação a alegação de paridade. Já para os servidores inativos que não aposentaram com direito à paridade, a discussão não tem relevância.

REGRAS DE TRANSIÇÃO APLICÁVEIS ÀS APOSENTADORIAS

▶ Para adequar a situação dos servidores que já estavam em atividade, foi necessário que as diferentes Emendas Constitucionais que modificaram o sistema previdenciário dos servidores públicos criassem uma série de regras transitórias, algumas das quais ainda vigorarão por muito tempo, salvo as previsíveis novas e futuras reformas.

A EC 20/1998, já vimos, extinguiu a aposentadoria por tempo de contribuição com proventos proporcionais, assim como criou o requisito etário para a integral, não existindo mais, na verdade, uma aposentadoria, no setor público, só por tempo de contribuição. Para os que já perfaziam o direito à inativação, a EC 20/1998 ressalvou o direito adquirido, uma obviedade que, em rigor, nem precisaria constar do texto (art. 3.º). Para os que já estavam no sistema, mas ainda não tinham adimplido os requisitos necessários à concessão dos benefícios, foram criadas duas regras de transição, pelas quais se incluiu um *requisito adicional de contribuição*, denominado *pedágio*, e um *requisito etário*, como já visto no título atinente à aposentadoria por tempo de contribuição com proventos proporcionais. Essas regras estavam contidas no art. 8.º da EC 20/1998, já revogado. Com a EC 41/2003, as mudanças foram ainda mais significativas, pondo-se fim às garantias da integralidade e paridade. A EC 41/2003, além da óbvia regra de ressalva a direitos adquiridos (art. 3.º) com relação à concessão de benefícios, também garantiu o direito à manutenção da paridade de reajustamentos e revisões aos servidores e pensionistas que já estivessem recebendo benefícios ou tivessem direito ao recebimento na data da promulgação da Emenda (art. 7.º). Com relação ao direito à concessão de benefícios, a EC 41/2003 revogou o art. 8.º da EC 20/1998, não mais prevendo a regra de transição das aposentadorias por tempo de contribuição com proventos proporcionais. No entanto, o *art. 2.º da EC 41/2003 repetiu, em seu* caput, *a regra transitória referente às aposentadorias por tempo de contribuição, com proventos integrais, fazendo alusão, inclusive, à data de promulgação da EC 20/1998.*

▶ De acordo com o art. 2.º da EC 41/2003, o servidor terá direito à aposentadoria por tempo de contribuição, com proventos integrais, se:

   a) tiver completado 53 anos de idade, se homem, ou 48, se mulher;

   b) tiver completado cinco anos de efetivo exercício no cargo em que se der a aposentadoria;

   c) contar com tempo de contribuição igual, no mínimo, à soma de 35 anos, se homem, e 30, se mulher;

   d) contar com um período adicional (pedágio) de contribuição equivalente a 20% do tempo que, na data da publicação da EC 20/1998, faltava para atingir o tempo do inciso anterior.

▶ **A EC 41/2003, no entanto, criou um limitador (art. 2.º, § 1.º) que não existia no texto da EC 20/1998, prevendo a redução do valor do benefício, proporcionalmente, para cada ano antecipado na aposentadoria.**

A EC 41/2003, no entanto, criou um limitador (art. 2.º, § 1.º) que não existia no texto da EC 20/1998, prevendo a redução do valor do benefício, proporcionalmente, para cada ano antecipado na aposentadoria, em relação aos limites de idade da regra permanente do texto constitucional (60 anos, homem, e 55 anos, mulher).

▶ **A EC 41/2003 ainda criou uma segunda regra de transição (art. 6.º), especificamente para garantia do direito à integralidade, válida para aqueles que tivessem ingressado no serviço público até a publicação de seu texto (31.12.2003), respeitados os seguintes requisitos:**

> a) ter o servidor completado 60 anos de idade, se homem, e 55 anos de idade, se mulher;
>
> b) ter o servidor completado 35 anos de contribuição, se homem, e 30 anos de contribuição, se mulher;
>
> c) ter o servidor completado 20 anos de efetivo exercício no serviço público;
>
> d) ter o servidor completado 10 anos de carreira e 5 anos de efetivo exercício no cargo em que se der a aposentadoria.

▶ **Esse mesmo art. 6.º, em seu parágrafo único, garantia também, aos que se aposentassem com base nele, o direito à paridade.**

Esse mesmo art. 6.º, em seu parágrafo único, garantia também, aos que se aposentassem com base nele, o direito à paridade. O Congresso Nacional, no entanto, tratou de mitigar os efeitos da EC 41/2003, criando *nova regra de transição (a terceira!) por meio da EC 47/2005*. A EC 47/2005, de início, revogou o parágrafo único do art. 6.º da EC 41/2003, mas, ao mesmo tempo, garantiu, para os servidores beneficiados pela respectiva regra, o direito à paridade (art. 2.º), ao fazer remissão à norma do art. 7.º da última emenda. Ou seja, nesse aspecto, não alterou rigorosamente nada.

▶ **No entanto, *a EC 47/2005 ampliou o direito à integralidade*, restringindo o alcance da reforma introduzida pela EC 41/2003 e a própria aplicação prática da regra transitória contida no art. 6.º desta última. Com efeito, *o art. 3.º da EC 47/2005 garantiu a integralidade e a paridade conforme o atendimento dos seguintes requisitos*:**

> a) ter completado 35 anos de contribuição, se homem, e 30 anos de contribuição, se mulher;
>
> b) ter completado 25 anos de efetivo exercício no serviço público, 15 anos de carreira e 5 anos no cargo em que se der a aposentadoria;
>
> c) idade mínima resultante da redução, relativamente aos limites do art. 40, § 1.º, III, *a*, da CF, de um ano de idade para cada ano de contribuição que exceder a condição prevista no item *a* acima;
>
> d) ter ingressado no serviço público até a publicação da EC 20/1998 (16.12.1998).

▶ O requisito etário, no entanto, pode ser inferior, desde que o servidor tenha mais de 35 anos de contribuição, se homem, e 30, se mulher, na proporção de menos um ano de idade do limite constante do texto do art. 40, § 1.º, III, a, da CF/1988 para cada ano adicional de contribuição.

De início, a regra parece não ter sentido, pois os requisitos tempo de serviço público e tempo de carreira são piores do que os previstos no art. 6.º da EC 20/1998. O *requisito etário, no entanto, pode ser inferior*, desde que o servidor tenha mais de 35 anos de contribuição, se homem, e 30, se mulher, na proporção de menos um ano de idade do limite constante do texto do art. 40, § 1.º, III, *a*, da CF/1988 para cada ano adicional de contribuição. Assim, a servidora que ingressou em 1997 no serviço público, com a idade de 20 anos, poderá se aposentar antes dos 55 anos de idade, por exemplo, aos 53 anos de idade, se contar 33 anos de contribuição, o que não seria possível pela regra do art. 6.º da EC 41/2003. Em todas as situações é permitido ao servidor optar pela regra do texto permanente da CF/1988, em geral, menos benéfica.

▶ Em um prazo de apenas 20 anos, foram feitas três amplas alterações na previdência dos servidores públicos, havendo indicativos claros de que outras virão em breve.

Como se vê, num prazo de apenas 20 anos, foram feitas três amplas alterações na previdência dos servidores públicos, havendo indicativos claros de que outras virão em breve. Embora nos pareça justa a unificação de todos os regimes previdenciários, mostra-se injusta a imputação, exclusivamente ao servidor público da ativa, de todos os percalços que o sistema enfrenta atualmente. O déficit bilionário decorre de vários fatores, como os trens da alegria anteriores, que passaram para os regimes próprios pessoas que contribuíam para o regime geral, sem a devida compensação, a falta de repasse das contribuições das entidades públicas, como empregadoras, o desvio de recursos da Seguridade para outras finalidades orçamentárias, a demora em se instituir o requisito etário para as aposentadorias por tempo de contribuição, ainda inexistente no RGPS, e, claro, a corrupção.

RG ◙ Nos casos autorizados constitucionalmente de acumulação de cargos, empregos e funções, a incidência do art. 37, inciso XI, da Constituição Federal pressupõe consideração de cada um dos vínculos formalizados, afastada a observância do teto remuneratório quanto ao somatório dos ganhos do agente público.

TETO CONSTITUCIONAL – ACUMULAÇÃO DE CARGOS – ALCANCE. Nas situações jurídicas em que a Constituição Federal autoriza a acumulação de cargos, o teto remuneratório é considerado em relação à remuneração de cada um deles, e não ao somatório do que recebido. (RE 602043, Relator(a): Min. MARCO AURÉLIO, Tribunal Pleno, julgado em 27/04/2017, ACÓRDÃO ELETRÔNICO REPERCUSSÃO GERAL – MÉRITO DJe-203 DIVULG 06-09-2017 PUBLIC 08-09-2017)

RG ◙ É vedada a cumulação tríplice de vencimentos e/ou proventos, ainda que a investidura nos cargos públicos tenha ocorrido anteriormente à EC 20/1998.

Recurso extraordinário com agravo. 2. Percepção de provento de aposentadoria cumulado com duas remunerações decorrentes de aprovação em concursos públicos.

Anterioridade à EC 20/98. Acumulação tríplice de remunerações e/ou proventos públicos. Impossibilidade. Precedentes. 3. Repercussão geral reconhecida com reafirmação da jurisprudência desta Corte. 4. Recurso extraordinário provido. (ARE 848993 RG, Relator(a): Min. GILMAR MENDES, julgado em 06/10/2016, PROCESSO ELETRÔNICO REPERCUSSÃO GERAL – MÉRITO DJe-056 DIVULG 22-03-2017 PUBLIC 23-03-2017)

RG ▣ Desde que mantida a irredutibilidade, não tem o servidor inativo, embora aposentado na última classe da carreira anterior, o direito de perceber proventos correspondentes aos da última classe da nova carreira, reestruturada por lei superveniente.

CONSTITUCIONAL. ADMINISTRATIVO. EXTENSÃO, A SERVIDORES APOSENTADOS, DE VANTAGENS CONCEDIDAS A SERVIDORES ATIVOS. REESTRUTURAÇÃO DE CARREIRA. ARTIGO 40, § 8º, DA CONSTITUIÇÃO (REDAÇÃO ANTERIOR À EC 41/03). INEXISTÊNCIA DE DIREITO ADQUIRIDO A REGIME JURÍDICO. PECULIARIDADES DA REESTRUTURAÇÃO DA CARREIRA DECORRENTE DA LEI 13.666/02 DO ESTADO DO PARANÁ. RECURSO EXTRAORDINÁRIO PARCIALMENTE PROVIDO. 1. Segundo a jurisprudência firmada em ambas as Turmas do STF, não há direito adquirido a regime jurídico. Assim, desde que mantida a irredutibilidade, não tem o servidor inativo, embora aposentado na última classe da carreira anterior, o direito de perceber proventos correspondentes aos da última classe da nova carreira, reestruturada por lei superveniente. Precedentes. 2. Todavia, relativamente à reestruturação da carreira disciplinada pela Lei 13.666/02, do Estado do Paraná, assegura-se aos servidores inativos, com base no artigo 40, § 8º, da Constituição Federal (redação anterior à da EC 41/03), o direito de ter seus proventos ajustados, em condições semelhantes aos servidores da ativa, com base nos requisitos objetivos decorrentes do tempo de serviço e da titulação, aferíveis até a data da inativação. 3. Recurso extraordinário a que se dá parcial provimento. (RE 606199, Relator(a): Min. TEORI ZAVASCKI, Tribunal Pleno, julgado em 09/10/2013, ACÓRDÃO ELETRÔNICO REPERCUSSÃO GERAL – MÉRITO DJe-026 DIVULG 06-02-2014 PUBLIC 07-02-2014)

RG ▣ A concessão de aposentadoria de servidor público por invalidez com proventos integrais exige que a doença incapacitante esteja prevista em rol taxativo da legislação de regência.

CONSTITUCIONAL. ADMINISTRATIVO. SERVIDOR PÚBLICO. APOSENTADORIA POR INVALIDEZ COM PROVENTOS INTEGRAIS. ART. 40, § 1º, I, DA CF. SUBMISSÃO AO DISPOSTO EM LEI ORDINÁRIA. 1. O art. 40, § 1º, I, da Constituição Federal assegura aos servidores públicos abrangidos pelo regime de previdência nele estabelecido o direito a aposentadoria por invalidez com proventos proporcionais ao tempo de contribuição. O benefício será devido com proventos integrais quando a invalidez for decorrente de acidente em serviço, moléstia profissional ou doença grave, contagiosa ou incurável, "na forma da lei". 2. Pertence, portanto, ao domínio normativo ordinário a definição das doenças e moléstias que ensejam aposentadoria por invalidez com proventos integrais, cujo rol, segundo a jurisprudência assentada pelo

STF, tem natureza taxativa. 3. Recurso extraordinário a que se dá provimento. (RE 656860, Relator(a): Min. TEORI ZAVASCKI, Tribunal Pleno, julgado em 21/08/2014, ACÓRDÃO ELETRÔNICO REPERCUSSÃO GERAL – MÉRITO DJe-181 DIVULG 17-09-2014 PUBLIC 18-09-2014)

RG ◙ Os pensionistas de servidor falecido posteriormente à EC nº 41/2003 têm direito à paridade com servidores em atividade (EC nº 41/2003, art. 7º), caso se enquadrem na regra de transição prevista no art. 3º da EC nº 47/2005. Não tem, contudo, direito à integralidade (CF, art. 40, § 7º, inciso I).

RECURSO EXTRAORDINÁRIO. CONSTITUCIONAL. PREVIDENCIÁRIO. PENSÃO POR MORTE. INSTITUIDOR APOSENTADO ANTES DA EMENDA CONSTITUCIONAL 41/2003, PORÉM FALECIDO APÓS SEU ADVENTO. DIREITO DO PENSIONISTA À PARIDADE. IMPOSSIBILIDADE. EXCEÇÃO: ART. 3º DA EC 47/2005. RECURSO EXTRAORDINÁRIO A QUE SE DÁ PARCIAL PROVIMENTO. I – O benefício previdenciário da pensão por morte deve ser regido pela lei vigente à época do óbito de seu instituidor. II – Às pensões derivadas de óbito de servidores aposentados nos termos do art. 3º da EC 47/2005 é garantido o direito à paridade. III – Recurso extraordinário a que se dá parcial provimento. (RE 603580, Relator(a): Min. RICARDO LEWANDOWSKI, Tribunal Pleno, julgado em 20/05/2015, ACÓRDÃO ELETRÔNICO REPERCUSSÃO GERAL – MÉRITO DJe-152 DIVULG 03-08-2015 PUBLIC 04-08-2015)

RG ◙ Os servidores ocupantes de cargo exclusivamente em comissão não se submetem à regra da aposentadoria compulsória prevista no art. 40, § 1º, II, da Constituição Federal, a qual atinge apenas os ocupantes de cargo de provimento efetivo, inexistindo, também, qualquer idade limite para fins de nomeação a cargo em comissão.

Direito constitucional e previdenciário. Servidor público ocupante exclusivamente de cargo em comissão. Não submissão à aposentadoria compulsória prevista no art. 40, § 1º, inciso II, da Constituição Federal. Compulsoriedade que se impõe apenas aos servidores efetivos. Nomeação de servidor efetivo aposentado compulsoriamente para exercício de cargo em comissão. Possibilidade. Recurso extraordinário a que se nega provimento. 1. Sujeitam-se à aposentadoria compulsória apenas os servidores públicos efetivos. Inteligência do art. 40, caput e § 1º, inciso II, da Constituição Federal. 2. Os servidores ocupantes exclusivamente de cargo em comissão, em virtude do disposto no art. 40, § 13 da Lei Maior, não estão obrigados a passar à inatividade ao atingirem a idade limite, tampouco encontram-se proibidos de assumir cargo em comissão em razão de terem ultrapassado essa idade. 3. Reafirmada a jurisprudência da Corte e fixadas as seguintes teses jurídicas: 1) Os servidores ocupantes de cargo exclusivamente em comissão não se submetem à regra da aposentadoria compulsória prevista no art. 40, § 1º, inciso II, da Constituição Federal, a qual atinge apenas os ocupantes de cargo de provimento efetivo, inexistindo, também, qualquer idade limite para fins de nomeação a cargo em comissão. 2) Ressalvados impedimentos de ordem infraconstitucional, inexiste óbice constitucional a que o servidor efetivo aposentado compulsoriamente permaneça no cargo comissionado que já desempenhava ou a que seja nomeado para outro cargo de livre nomeação e exoneração, uma vez que não se trata de continuidade ou criação de vínculo efetivo com a Administração. 4. Recurso extraordinário a que se nega provimento. (RE 786540, Relator(a): Min. DIAS TOFFOLI, Tribunal Pleno, julgado em 15/12/2016, PROCESSO ELETRÔNICO REPERCUSSÃO GERAL – MÉRITO DJe-289 DIVULG 14-12-2017 PUBLIC 15-12-2017)

RG ◙ No âmbito do Regime Geral de Previdência Social (RGPS), somente lei pode criar benefícios e vantagens previdenciárias, não havendo, por ora, previsão legal do direito à 'desaposentação', sendo constitucional a regra do art. 18, § 2º, da Lei nº 8.213/91.

Constitucional. Previdenciário. Parágrafo 2º do art. 18 da Lei 8.213/91. Desaposentação. Renúncia a anterior benefício de aposentadoria. Utilização do tempo de serviço/ contribuição que fundamentou a prestação previdenciária originária. Obtenção de benefício mais vantajoso. Julgamento em conjunto dos RE nºs 661.256/sc (em que reconhecida a repercussão geral) e 827.833/sc. Recursos extraordinários providos. 1. Nos RE nºs 661.256 e 827.833, de relatoria do Ministro Luís Roberto Barroso, interpostos pelo INSS e pela União, pugna-se pela reforma dos julgados dos Tribunais de origem, que reconheceram o direito de segurados à renúncia à aposentadoria, para, aproveitando-se das contribuições vertidas após a concessão desse benefício pelo RGPS, obter junto ao INSS regime de benefício posterior, mais vantajoso. 2. A Constituição de 1988 desenhou um sistema previdenciário de teor solidário e distributivo. inexistindo inconstitucionalidade na aludida norma do art. 18, § 2º, da Lei nº 8.213/91, a qual veda aos aposentados que permaneçam em atividade, ou a essa retornem, o recebimento de qualquer prestação adicional em razão disso, exceto salário-família e reabilitação profissional. 3. Fixada a seguinte tese de repercussão geral no RE nº 661.256/SC: "[n] o âmbito do Regime Geral de Previdência Social (RGPS), somente lei pode criar benefícios e vantagens previdenciárias, não havendo, por ora, previsão legal do direito à 'desaposentação', sendo constitucional a regra do art. 18, § 2º, da Lei nº 8213/91". 4. Providos ambos os recursos extraordinários (RE nºs 661.256/SC e 827.833/SC). (RE 661256, Relator(a): Min. ROBERTO BARROSO, Relator(a) p/ Acórdão: Min. DIAS TOFFOLI, Tribunal Pleno, julgado em 27/10/2016, PROCESSO ELETRÔNICO RE-PERCUSSÃO GERAL – MÉRITO DJe-221 DIVULG 27-09-2017 PUBLIC 28-09-2017)

◙ **Vantagens não concedidas aos inativos**

ADMINISTRATIVO. SERVIDOR PÚBLICO ESTADUAL. INATIVO. PRINCÍPIO DA ISONOMIA E DA PARIDADE DE VENCIMENTOS. BOLSA DE DESEMPENHO. DECRETO ESTADUAL Nº 35.726/05 E LEI ESTADUAL Nº 9.383/2011. INCORPORAÇÃO. IMPOSSIBILIDADE. PROIBIÇÃO NORMATIVA EXPRESSA. INEXISTÊNCIA DE DIREITO LÍQUIDO E CERTO. 1. A Bolsa de Desempenho instituída pela Lei nº 9.383/2011, regulamentada pelo Decreto nº 35.726 de 2015, não foi concedida a toda a categoria de profissionais, mas, unicamente, aos Policiais Civis que estejam efetivamente exercendo suas atividade junto ao Poder Executivo (art. 3º, caput), daí a impossibilidade de extensão da verba remuneratória aos inativos e pensionistas. 2. Aplicáveis à espécie os verbetes da Súmula nº 339 e da Súmula Vinculante nº 37 do

Supremo Tribunal Federal, segundo as quais "não cabe ao poder judiciário, que não tem função legislativa, aumentar vencimentos de servidores públicos, sob fundamento de isonomia". 3. A redação do artigo 3º da norma instituidora do benefício (Lei nº 9.383/2011) dispõem, de modo expresso, que "a Bolsa de Desempenho Profissional não se incorporará ao vencimento ou salário do servidor para qualquer efeito e não poderá ser utilizado como base de cálculo para contribuição previdenciária ou quaisquer outras vantagens, inclusive para fins de cálculo dos proventos da aposentadoria e das pensões", exsurgindo daí, também por proibição legal, a inexistência de direito. 4. Agravo regimental não provido. (AgRg no RMS 49.402/PB, Rel. Ministro MAURO CAMPBELL MARQUES, SEGUNDA TURMA, julgado em 15/12/2015, DJe 18/12/2015)

◉ **Impossibilidade de extensão a inativos de vantagens de natureza *propter laborem* devidas aos servidores, em razão de trabalho a ser realizado.**

ADMINISTRATIVO. PROCESSUAL CIVIL. SERVIDOR PÚBLICO. EXTENSÃO DA GDPGPE AOS INATIVOS. IMPOSSIBILIDADE. REGULAMENTAÇÃO GERAL. DECRETO N. 7.133/2010. AVALIAÇÃO COM EFEITO FINANCEIRO RETROATIVO POR FORÇA DA PRÓPRIA LEI. NATUREZA PRO LABORE FACIENDO. 1. A jurisprudência do STJ já se consolidou no sentido da impossibilidade de extensão a inativos de vantagens de natureza propter laborem devidas aos servidores, em razão de trabalho a ser realizado. 2. "O Superior Tribunal de Justiça já entendeu que é incogitável, no caso da GDPGPE, pagamento linear, e que, consequentemente, não subsiste base legal para equiparação entre ativos e inativos. [...] A GDPGPE é devida no patamar de 80% de seu valor máximo até a regulamentação da matéria e implementação dos efeitos da primeira avaliação de desempenho dos servidores, que retroagem a 1º de janeiro de 2009, de forma que não há falar em caráter de generalidade da gratificação em período posterior" (EDcl no AREsp 429.853/PE, Rel. Ministro HERMAN BENJAMIN, SEGUNDA TURMA, julgado em 20/3/2014, DJe 27/3/2014). Agravo regimental improvido. (AgRg no AREsp 580.543/SE, Rel. Ministro HUMBERTO MARTINS, SEGUNDA TURMA, julgado em 16/10/2014, DJe 28/10/2014)

FIXAÇÃO DO TETO DO VALOR DO BENEFÍCIO E REGIME PÚBLICO COMPLEMENTAR DE PREVIDÊNCIA

▶ **Introdução**

Embora originalmente prevista pela Emenda Constitucional 20/1998, com a inclusão do § 14 ao art. 40 da Constituição Federal, o estabelecimento do valor teto para as aposentadorias e pensões dos regimes próprios de previdência, igual ao do já previsto para o Regime Geral de Previdência Social, de que trata o art. 201 da CF/1988, demorou muito tempo para entrar realmente em vigor. Isso porque dependia, para sua plena aplicabilidade, da criação do correspondente Regime de Previdência Complementar pelos respectivos entes públicos (União, Estados, Distrito Federal e Municípios).

▶ **Esse regime complementar não tem nenhuma relação com aquele previsto na Lei Complementar 109/2001.**

Esse regime complementar não tem nenhuma relação com aquele previsto na Lei Complementar 109/2001, pois não se trata de regime privado de previdência, embora se reconheça a possibilidade de as entidades públicas, eventualmente, se relacionarem com as respectivas entidades de previdência privada, uma vez que é comum que empregados públicos, principalmente em empresas estatais, sejam contribuintes de planos privados fechados de previdência complementar, razão pela qual outra lei complementar, de n.º 108/2001, se preocupa em disciplinar tais relações jurídicas. ▶ **Entretanto, aqui estamos a tratar de um *regime complementar público de previdência*, destinado apenas aos servidores públicos vinculados aos regimes próprios de previdência.**

Com a criação do regime complementar, o teto do valor de benefício (proventos e pensões) deixa de ser o teto geral remuneratório (subsídio de ministro do STF), passando a ser um valor bem inferior, equivalente ao vigente no RGPS. Para receber acima desse valor, o servidor será obrigado a contribuir com o regime complementar, embora público.

▶ **Por diversas razões de caráter político, a matéria levou anos até ser regulamentada, ao menos no plano federal, pela Lei 12.618, de 30 de abril de 2012.**

Por diversas razões de caráter político, a matéria levou anos até ser regulamentada, ao menos *no plano federal*, pela *Lei 12.618, de 30 de abril de 2012*. A partir dessa lei, os servidores públicos federais, ocupantes de cargos efetivos, que tenham ingressado após sua vigência, se quiserem receber proventos acima do teto estabelecido para o RGPS, deverão aderir ao seu plano de benefícios, só tendo garantidos, pelo RPPS, o valor teto do RGPS. Para recebimento acima do valor teto, serão consideradas as contribuições pagas para a previdência complementar.

▶ **Foi resguardada a facultatividade de adesão para aqueles servidores que já haviam ingressado no serviço público (art. 1.º, § 1º, da lei).**

Foi resguardada a facultatividade de adesão para aqueles servidores que já haviam ingressado no serviço público (art. 1.º, § 1º, da lei). A garantia da facultatividade de adesão a quem já havia ingressado no serviço público antes da plena vigência da lei não decorre de uma benesse do legislador, mas sim da própria disposição constitucional, estabelecida no § 16 do art. 40 da CF/1988, incluído pela EC 20/1998.

▶ **Também por força do dispositivo constitucional, previu-se a criação de entidades de previdência públicas (art. 4.º da Lei 12.618/2012), para o fim de administrar e executar os planos de caráter previdenciário do regime complementar.**

Em respeito ao § 15 do referido art. 40, aplicam-se ao regime complementar público as regras gerais do regime complementar privado, daí por que a própria lei federal regulamentadora da primeira repete conceitos como "patrocinador", "participante" e "assistido". Não obstante, também por força do dispositivo constitucional, previu-se a criação de entidades de previdência públicas (art. 4.º da Lei 12.618/2012), para o fim de administrar e executar os planos de caráter previdenciário do regime complementar. No plano federal, foi prevista a criação da Fundação de Previdência Complementar do Servidor Público Federal do Poder Executivo (*Funpresp-Exe*), da Fundação de Previdência Complementar do Servidor Público Federal do Poder Legislativo (*Funpresp-Leg*) e da Fundação de Previdência Complementar do Servidor Público Federal do Poder Judiciário (*Funpresp-Jud*), todas estruturadas na forma de fundação, de natureza pública, com personalidade jurídica de direito privado (art. 4.º, § 1.º). Observe-se que as referidas entidades são fiscalizadas pelo mesmo órgão que fiscaliza as entidades fechadas de previdência complementar (art. 20 da Lei 12.618/2012), cujas atribuições são objeto de regulação nos arts. 41 a 43 da Lei Complementar 109/2001. Essa atribuição, hoje, é da Superintendência Nacional de Previdência Complementar – SNPC, vinculada ao Ministério do Trabalho e da Previdência Social. A Funpresp-Exe foi efetivamente criada com a edição do Decreto presidencial 7.808, de 20 de setembro de 2012, ao passo que a Funpresp-Jud foi criada com a edição da Resolução 496, de 26 de outubro de 2012, do presidente do Supremo Tribunal Federal, sendo patrocinadores os órgãos do Poder Judiciário da União, e por adesão, o TJDFT. Havia, na própria Lei 12.618/2012 (art. 31), a determinação de que as referidas entidades fossem criadas num prazo máximo de 180 dias sob pena, inclusive, de considerar-se, o descumprimento injustificado dessa previsão temporal, ato de improbidade (art. 32). O art. 26 da Lei 12.618/2012, no entanto, estabeleceu que o efetivo funcionamento das entidades de previdência complementar públicas dar-se-ia em até 240 dias, a partir da publicação de autorização de funcionamento concedida pelo órgão fiscalizador.

▶ **Outra questão importante diz respeito à adesão dos servidores federais que ingressaram no serviço público após a aprovação da Lei 12.618.**

Outra questão importante diz respeito à adesão dos servidores federais que ingressaram no serviço público após a aprovação da Lei 12.618. Num primeiro momento, não sendo a lei clara quanto à situação destes, nos parecia ser correto afirmar que a adesão era facultativa, de forma que o servidor poderia contribuir ou não para o sistema complementar. Observe-se, no entanto, que a Lei 13.183/2015 acrescentou o § 2º ao art. 1º da Lei 12.618 para estabelecer a inscrição automática dos servidores que ingressarem no serviço público federal após o início de vigência do regime de previdência complementar, desde que recebam remuneração acima do teto do RGPS.

PENSÕES

▶ **Aos seus dependentes, os servidores efetivos podem deixar pensões quando do falecimento.**

Aos seus dependentes, os servidores efetivos podem deixar pensões quando do falecimento. A pensão constitui um benefício de prestação continuada que visa garantir aos familiares do servidor falecido uma renda equivalente ou aproximada da remuneração que era percebida pelo *de cujus*.

▶ **A integralidade, no entanto, não é mais absoluta. Na verdade, deixou de ser a regra geral, após a EC 41/2003, para somente ser aplicada em determinadas situações.**

A pensão, na redação original do texto constitucional (art. 40, § 5.º), era devida no mesmo valor e bases da remuneração recebida pelo servidor, ou de seus proventos, caso já estivesse inativo, o que é tradicionalmente denominado de integralidade. Às pensões se garantia, também, a paridade, de modo que, havendo reajustamentos ou reestruturações no valor dos vencimentos ou remuneração dos servidores da ativa, as pensões teriam seus valores alterados na mesma proporção. Não é por outra razão que o art. 215 da Lei 8.112/1990 estabelecia, em sua redação original, que, "por morte do servidor, os dependentes fazem jus a uma pensão mensal de valor correspondente ao da respectiva remuneração ou provento, a partir da data do óbito". Da mesma forma, o art. 224 da referida Lei diz que "as pensões serão automaticamente atualizadas na mesma data e na mesma proporção dos reajustes dos vencimentos dos servidores".

▶ **Conforme dicção do art. 40, § 7.º, da CF/1988, na redação dada pela EC 41/2003, o valor da pensão será:**

> *a) integral*, até o limite máximo estabelecido para os benefícios do regime geral de previdência social de que trata o art. 201, no valor dos proventos do servidor inativo falecido;
>
> *b) integral*, até o limite máximo estabelecido para os benefícios do regime geral de previdência social de que trata o art. 201, considerado o valor da remuneração do servidor em exercício de cargo efetivo quando de seu falecimento;
>
> c) integral até os referidos limites, acrescidos de uma parcela de 70% da parcela excedente.

▶ **Importante a diferenciação entre a garantia do valor integral sobre proventos e sobre remuneração, pois, como a CF/1988 não garante mais a paridade, os valores de proventos podem sofrer decréscimo, ao longo do tempo, em relação à remuneração dos servidores da ativa.**

Portanto, a partir da EC 41/2003 e, mais especificamente, da publicação da Lei 10.887/2004, em 21.06.2004, que regulamentou a matéria em seu art. 2.º, os valores de pensão por morte no serviço público só são integrais até o teto do valor de benefício do RGPS. Acima desse valor, a parcela excedente, correspondente ao que seria a remuneração do servidor falecido se estivesse ocupando o respectivo cargo público, só é garantida ao pensionista na proporção de 70%. Para exemplificar, se a remuneração do servidor fosse de R$ 10.000,00, (dez mil reais), ao pensionista se garantiria a integralidade do teto fixado para os benefícios do RGPS, que consideraremos hipoteticamente como sendo de R$ 5.000,00 (cinco mil reais), e mais 70% do valor excedente dessa parcela, ou seja, 70% de R$ 5.000,00 (cinco mil), correspondente a R$ 3.500,00 (três mil e quinhentos reais). A pensão, então, teria o valor de R$ 8.500,00 (oito mil e quinhentos reais), em vez de R$ 10.000,00.

▶ **Em 30 de dezembro de 2014, foi editada a Medida Provisória 664, já convertida na Lei 13.135/2015, que promoveu profundas alterações no regime das pensões previdenciárias, tanto do RGPS, regidas na Lei 8.213/1991, quanto do Regime Próprio do servidor público federal, regido na Lei 8.112/1991.**

Em 30 de dezembro de 2014, foi editada a Medida Provisória 664, já convertida na Lei 13.135/2015, que promoveu profundas alterações no regime das pensões previdenciárias, tanto do RGPS, regidas na Lei 8.213/1991, quanto do Regime Próprio do servidor público federal, regido na Lei 8.112/1991. Quanto a esta última, o art. 215 foi alterado para ser adaptado à nova sistemática introduzida pela EC 41/2003. Mais do que isso, a MP alterou seu parágrafo único para introduzir regra de carência, antes inexistente, para a concessão do benefício, de forma que apenas se o servidor contasse com 24 contribuições mensais o benefício seria devido, ressalvando-se os casos de acidente do trabalho, doença profissional ou doença do trabalho.

▶ **Na conversão da MP em lei, no entanto, a imposição do requisito da carência foi deslocado para o art. 222, VII, e reduzido para os períodos de quatro meses ou dezoito meses, conforme enquadramento nas alíneas a ou b do inciso.**

Na conversão da MP em lei, no entanto, a imposição do requisito da carência foi deslocado para o art. 222, VII, e reduzido para os períodos de quatro meses ou dezoito meses, conforme enquadramento nas alíneas *a* ou *b* do inciso. Mais importante de tudo, a grande inovação introduzida pela Medida Provisória, e mantida no projeto de conversão, foi a criação de uma regra de escalonamento temporal para o recebimento das pensões por parte dos companheiros e cônjuges dos servidores públicos federais, de forma que, quanto maior a idade do beneficiário, maior o tempo de recebimento da pensão, que poderá variar de três a vinte anos, ou mesmo ser vitalícia, conforme o caso.

▶ **O § 3º do art. 222 estabeleceu, entretanto, a possibilidade de revisão das idades mínimas no escalonamento, conforme aja incremento na expectativa de sobrevida da população brasileira ao nascer, e desde que respeitado o tempo mínimo de três anos da vigência da lei.**

O intuito dessas alterações foi, claramente, reduzir os gastos com pensões, posto que insustentável a manutenção de sistema que despenda recursos com pagamento de benefícios a dependentes, às vezes por várias décadas, quando estes detêm, ainda, plena capacidade laboral. Além do gasto em si com o pagamento do benefício, em volume muito superior ao total vertido pelo servidor a título de contribuição, tem-se o efeito secundário de manter fora do sistema contributivo o próprio pensionista, que muitas vezes opta por não trabalhar, por conta da renda já garantida, decorrente do benefício previdenciário.

▶ **Já a qualificação de quem é ou não dependente do servidor público é matéria a ser disciplinada em cada estatuto.**

Na *Lei 8.112/1990 os dependentes estão arrolados no art. 217.* Essa lei fazia uma distinção entre as pensões, qualificando-as como vitalícia ou temporária (art. 216), mas a regra foi revogada pela Lei 13.135/2015, que, como visto, passou a prever um escalonamento temporal para recebimento das pensões.

▶ **Não há prescrição do direito à pensão, prescrevendo apenas as parcelas vencidas há mais de cinco anos (art. 219).**

Não há prescrição do direito à pensão, prescrevendo apenas as parcelas vencidas há mais de cinco anos (art. 219). Pode haver, entretanto, a exclusão do beneficiário, caso haja posterior habilitação de beneficiário com preferência no recebimento do benefício. A exclusão, nesse caso, não importa na devolução dos valores recebidos até a habilitação do outro beneficiário. Caso não haja preferência entre os beneficiários, a pensão é dividida em cotas iguais.

▶ **A Lei 8.112/1990 contém regra que veda o direito à percepção cumulativa de pensão deixada por mais de um cônjuge, companheiro ou companheira, e de mais de duas pensões (art. 225), ressalvando, no entanto, o direito de opção.**

A Lei 8.112/1990 contém regra que veda o direito à percepção cumulativa de pensão deixada por mais de um cônjuge, companheiro ou companheira, e de mais de duas pensões (art. 225), ressalvando, no entanto, o direito de opção.

▶ **Já a acumulação de até duas pensões no regime próprio é possível nas mesmas hipóteses em que a Constituição Federal autoriza a acumulação de cargos (art. 37, XVI).**

Já a acumulação de até duas pensões no regime próprio é possível nas mesmas hipóteses em que a Constituição Federal autoriza a acumulação de cargos (art. 37, XVI). Se o servidor falecido acumulava um cargo público e um emprego público ou uma função pública (art. 37, XVII), nos casos em que a acumulação não é proibida, a segunda pensão será também devida aos dependentes do servidor, caso já estivesse aposentado ou já tivesse direito à aposentadoria, só que será paga no âmbito do RGPS.

▶ **A acumulação de uma pensão do regime próprio com uma pensão do RGPS também é possível, e com mais razão, se o segundo vínculo do servidor falecido era mantido na iniciativa privada.**

A acumulação de uma pensão do regime próprio com uma pensão do RGPS também é possível, e com mais razão, se o segundo vínculo do servidor falecido era mantido na iniciativa privada. Não haverá óbice, inclusive, à acumulação de duas pensões

1117

estatutárias, no caso de acumulação lícita de cargos, empregos ou funções públicas, e uma terceira, mantida junto ao RGPS, desde que ao segurado fosse possível o exercício concomitante das três atividades e para as três tenha contribuído.

▶ **Dentro dos regimes próprios, no entanto, a regra é a da inacumulatividade, seguindo-se para as pensões o mesmo raciocínio estipulado no art. 37, § 10, da CF/1988 com relação à acumulação pelo servidor de proventos de aposentadoria com remuneração de cargo.**

Dentro dos regimes próprios, no entanto, a regra é a da inacumulatividade, seguindo-se para as pensões o mesmo raciocínio estipulado no art. 37, § 10, da CF/1988 com relação à acumulação pelo servidor de proventos de aposentadoria com remuneração de cargo. Outrossim, o simples reingresso do servidor no serviço público, depois de já ter sido aposentado, não confere o direito a seus dependentes de receber uma segunda pensão por morte, se não era possível, constitucionalmente, a acumulação de cargos.

RG ◙ É inconstitucional a percepção cumulativa de duas pensões estatutárias pela morte de servidor aposentado que reingressara no serviço público, por meio de concurso, antes da edição da EC 20/1998 e falecera após o seu advento.

CONSTITUCIONAL. SERVIDOR PÚBLICO APOSENTADO. REINGRESSO NO SERVIÇO PÚBLICO ANTES DA EDIÇÃO DA EC 20/98 E FALECIMENTO POSTERIOR À EMENDA. DUPLA ACUMULAÇÃO DE PENSÕES POR MORTE. IMPOSSIBILIDADE. PRECEDENTES. RECURSO IMPROVIDO. I – A Carta de 1988 veda a percepção simultânea de proventos de aposentadoria com remuneração de cargo, emprego ou função pública, ressalvadas hipóteses – inocorrentes na espécie – de cargos acumuláveis na forma da Constituição, cargos eletivos e cargos em comissão (art. 37, § 10, da Constituição). II – Mesmo antes da EC 20/1998, a acumulação de proventos e vencimentos somente era admitida quando se tratasse de cargos, funções ou empregos acumuláveis na atividade, na forma permitida pela CF. III – Com o advento da EC 20/98, que preservou a situação daqueles servidores que retornaram ao serviço público antes da sua promulgação, proibiu, em seu art. 11, a percepção de mais de uma aposentadoria pelo regime de previdência a que se refere o art. 40 da Constituição. IV – Se era proibida a percepção de dupla aposentadoria estatutária não há é possível cogitar-se de direito à segunda pensão, uma vez que o art. 40, § 7º, da Constituição subordinava tal benefício ao valor dos proventos a que o servidor faria jus. V – Recurso extraordinário conhecido e improvido. (RE 584388, Relator(a): Min. RICARDO LEWANDOWSKI, Tribunal Pleno, julgado em 31/08/2011, REPERCUSSÃO GERAL – MÉRITO DJe-185 DIVULG 26-09-2011 PUBLIC 27-09-2011 EMENT VOL-02595-02 PP-00171 RTJ VOL-00223-01 PP-00577)

RG ◙ Os pensionistas de servidor falecido posteriormente à EC 41/2003 têm direito à paridade com servidores em atividade (EC 41/2003, art. 7º), caso se enquadrem na regra de transição prevista no art. 3º da EC 47/2005. Não tem, contudo, direito à integralidade (CF, art. 40, § 7º, inciso I).

RECURSO EXTRAORDINÁRIO. CONSTITUCIONAL. PREVIDENCIÁRIO. PENSÃO POR MORTE. INSTITUIDOR APOSENTADO ANTES DA EMENDA CONS-

TITUCIONAL 41/2003, PORÉM FALECIDO APÓS SEU ADVENTO. DIREITO DO PENSIONISTA À PARIDADE. IMPOSSIBILIDADE. EXCEÇÃO: ART. 3º DA EC 47/2005. RECURSO EXTRAORDINÁRIO A QUE SE DÁ PARCIAL PROVIMENTO. I – O benefício previdenciário da pensão por morte deve ser regido pela lei vigente à época do óbito de seu instituidor. II – Às pensões derivadas de óbito de servidores aposentados nos termos do art. 3º da EC 47/2005 é garantido o direito à paridade. III – Recurso extraordinário a que se dá parcial provimento. (RE 603580, Relator(a): Min. RICARDO LEWANDOWSKI, Tribunal Pleno, julgado em 20/05/2015, ACÓRDÃO ELETRÔNICO REPERCUSSÃO GERAL – MÉRITO DJe-152 DIVULG 03-08-2015 PUBLIC 04-08-2015)

◙ **Quanto à cessação de cota pela maioridade, considerada a idade de 21 anos (art. 222, IV, da Lei 8.112/1990), e não aquela estabelecida na lei civil, já se entendeu ser indevida a pretensão de extensão do direito à pensão até a idade de 24 anos, sob invocação da legislação do imposto de renda.**

Quanto à cessação de cota pela maioridade, considerada a idade de 21 anos (art. 222, IV, da Lei 8.112/1990), e não aquela estabelecida na lei civil, já se entendeu ser indevida a pretensão de extensão do direito à pensão até a idade de 24 anos, sob invocação da legislação do imposto de renda (idade presumida de conclusão de curso universitário), visto que não há correspondência entre as matérias, não havendo previsão legal para tal extensão (*Súmula 37 da TNU* – Turma Nacional de Uniformização dos Juizados Especiais Federais e STJ – 5.ª Turma, REsp 1.074.181/PB, Rel. Min. Jorge Mussi, j. 23.06.2009).

◙ **No mesmo sentido:** ADMINISTRATIVO. PENSÃO TEMPORÁRIA. TERMO FINAL. FILHO MAIOR DE 21 ANOS. PRORROGAÇÃO. CONCLUSÃO DO CURSO UNIVERSITÁRIO. IMPOSSIBILIDADE. 1. O art. 222, IV, da Lei n. 8.112/90 fixou como termo final para a pensão temporária a data em que o dependente atinge a maioridade, apresentado-se como única exceção a invalidez. 2. Em face da ausência de previsão legal, mostra inviável a pretendida prorrogação do benefício previdenciário até que filho maior complete 24 anos de idade ou conclua o estudo universitário. 3. Recurso especial provido. (REsp 1074181/PB, Rel. Ministro JORGE MUSSI, QUINTA TURMA, julgado em 23/06/2009, DJe 03/08/2009)

◙ **A dependência econômica do companheiro é presumida, não sendo necessária sua prova material**

REMESSA NECESSÁRIA. ADMINISTRATIVO. PENSÃO POR MORTE. COMPANHEIRO. RECONHECIMENTO ADMINISTRATIVO. ART. 217, I, "C", DA LEI Nº 8.112/90. UNIÃO ESTÁVEL. 1. Remessa necessária contra sentença que julgou procedente o pedido para condenar a União ao pagamento de valores em atraso da pensão por morte concedida administrativamente ao companheiro de servidora pública. 2. A exigência de designação expressa do companheiro como beneficiário da pensão vitalícia é prescindível diante da comprovação da união estável por outros meios (TRF2,

5ª Turma Especializada, APELREEX 0016850-14.2010.4.02.5101, E-DJF2R 11.6.2018).
3. A dependência econômica do companheiro é presumida, não sendo necessária sua
prova material (TRF2, 5ª Turma Especializada, APELREEX 0144627-40.2014.4.02.5101,
E-DJF2R 11.1.20184; e TRF2, 5ª Turma Especializada, REO 0128279-44.2014.4.02.5101,
E-DJF2R 23.5.2017). 4. Remessa necessária não provida. (5ª TURMA ESPECIALIZA-
DA, Rel. RICARDO PERLINGEIRO, Data de disponibilização: 16/10/2018)

◙ **Possibilidade de cumular à pensão por morte de seu genitor com os proventos
de aposentadoria por invalidez, visto que houve prova da condição de inválido.**

PROCESSUAL CIVIL. ADMINISTRATIVO. VIOLAÇÃO DOS ARTS. 458 E 535 DO
CPC. ALEGAÇÃO GENÉRICA. SÚMULA 284/STF. INADEQUAÇÃO DA VIA ELEI-
TA.SÚMULA 7/STJ. PENSÃO POR MORTE. FILHO MAIOR. INVALIDEZ. DEPEN-
DÊNCIA ECONÔMICA. PRESCINDIBILIDADE. CUMULAÇÃO DE PENSÃO COM
APOSENTADORIA POR INVALIDEZ. POSSIBILIDADE. PRECEDENTES. SÚMULA
83/STJ.1. A alegação genérica de violação do artigo 535 do Código de Processo Civil,
sem explicitar os pontos em que teria sido omisso o acórdão recorrido, atrai a aplicação do disposto na Súmula 284/STF.2. O mandado de segurança é via inadequada a
pretensão que demanda dilação probatória, cabendo ao impetrante instruir o writ com
a documentação prévia necessária para aferição imediata de seu direito líquido e certo. 3. No caso dos autos, o Tribunal de origem reconheceu o direito líquido e certo do
impetrante em cumular à pensão por morte de seu genitor com os proventos de aposentadoria por invalidez, visto que houve prova da condição de inválido. A revisão do
julgado esbarra no óbice da Súmula 7/STJ. 4. Nos termos do art. 217 da Lei n. 8.112/90,
a prova de dependência econômica somente é exigível, nas pensões vitalícias, da mãe,
do pai, da pessoa maior de 60 anos, ou da pessoa portadora de deficiência. Quanto às
pensões temporárias, a prova da dependência é exigida restritivamente do irmão órfão
ou da pessoa designada, em qualquer caso até 21 anos ou enquanto perdurar eventual
invalidez. Com efeito, a norma não exige a prova de dependência econômica do filho
inválido em relação ao de cujos. 5. Conforme jurisprudência do STJ, a cumulação de
pensão por morte com aposentadoria por invalidez é possível, pois possuem naturezas distintas, com fatos geradores diversos. Precedentes. Súmula 83/STJ. Recurso especial conhecido em parte e improvido. (REsp 1440855/PB, Rel. Ministro HUMBERTO
MARTINS, SEGUNDA TURMA, julgado em 03/04/2014, DJe 14/04/2014)

◙ No mesmo sentido: PREVIDENCIÁRIO. PENSÃO POR MORTE. FILHA
APOSENTADA POR INVALIDEZ. CUMULAÇÃO. POSSIBILIDADE. DEPEN-
DÊNCIA ECONÔMICA RECONHECIDA PELO TRIBUNAL A QUO. REEXA-
ME DE MATÉRIA PROBATÓRIA. SÚMULA N.º 7 DO STJ. RECURSO ESPE-
CIAL CONHECIDO EM PARTE E DESPROVIDO. 1. Nos termos do art. 16, §
4º, da Lei n.º 8.213/91, a dependência econômica de filho inválido (inciso I do
mesmo dispositivo legal) é presumida. 2. In casu, o acórdão recorrido, em face
das provas documentais e testemunhais trazidas aos autos, reconheceu que a Autora, mesmo recebendo o benefício por invalidez, era dependente econômica de
seu pai, razão pela qual a pretendida inversão do julgado demandaria, necessariamente, o reexame do conjunto fático-probatório. Incidência da Súmula n.º 7

do STJ. 3. É perfeitamente possível acumulação de pensão por morte com aposentadoria por invalidez, por possuírem naturezas distintas, com fatos geradores diversos. 4. Recurso especial conhecido em parte e desprovido. (REsp 486.030/ES, Rel. Ministra LAURITA VAZ, QUINTA TURMA, julgado em 25/03/2003, DJ 28/04/2003, p. 259)

◙ **A pensão por morte é devida tão somente ao servidor em efetivo exercício ou aposentado, razão pela qual incabível a sua concessão no caso de demissão – a bem do serviço público**

ADMINISTRATIVO E PREVIDENCIÁRIO. RECURSO ESPECIAL. PENSÃO POR MORTE. CONCESSÃO A DEPENDENTE DE SERVIDOR DEMITIDO A BEM DO SERVIÇO PÚBLICO. IMPOSSIBILIDADE. ROMPIMENTO DO VÍNCULO COM A ADMINISTRAÇÃO PÚBLICA. INAPLICABILIDADE DO § 5º DO ART. 40 DA CF E DO ART. 217 DA LEI N. 8.112/90. I – A pensão por morte é devida tão somente ao servidor em efetivo exercício ou aposentado, razão pela qual incabível a sua concessão no caso de demissão – a bem do serviço público – daquele que antes seria considerado o instituidor do benefício, em razão do rompimento completo do vínculo com a Administração Pública. Inaplicabilidade do art. 40, § 5º, da Constituição Federal, e do art. 217 da Lei n. 8.112/90. II – Recurso especial improvido. (REsp 1085134/RJ, Rel. Ministro NEFI CORDEIRO, SEXTA TURMA, julgado em 18/12/2014, DJe 12/02/2015)

◙ **O STF, em repercussão geral, firmou entendimento de que o direito fundamental ao benefício previdenciário pensão por morte pode ser pleiteado a qualquer tempo, sem que se atribua qualquer consequência negativa à inércia do beneficiário, reconhecendo que inexiste prazo decadencial para a concessão inicial de benefício previdenciário.**

PREVIDENCIÁRIO E ADMINISTRATIVO. EMBARGOS DE DIVERGÊNCIA EM RECURSO ESPECIAL. PRESCRIÇÃO DO FUNDO DE DIREITO. CONCESSÃO DE PENSÃO POR MORTE DE SERVIDOR PÚBLICO ESTADUAL. RELAÇÃO DE TRATO SUCESSIVO QUE ATENDE NECESSIDADE DE CARÁTER ALIMENTAR. INEXISTINDO NEGATIVA EXPRESSA E FORMAL DA ADMINISTRAÇÃO, INCIDE A SÚMULA 85/STJ. SUPERAÇÃO DA ORIENTAÇÃO ADVERSA ORIUNDA DE JULGAMENTO DA CORTE ESPECIAL DO SUPERIOR TRIBUNAL DE JUSTIÇA, EM RECURSO FUNDADO EM DIVERGÊNCIA ENTRE A PRIMEIRA E A TERCEIRA SEÇÕES DO STJ. ULTERIOR CONCENTRAÇÃO, MEDIANTE EMENDA REGIMENTAL, DA COMPETÊNCIA PARA JULGAR A MATÉRIA NO PRIMEIRA SEÇÃO. EMBARGOS DO PARTICULAR E DO MPF ACOLHIDOS. 1. O Supremo Tribunal Federal, no julgamento do RE 626.489/SE, Rel. Min. ROBERTO BARROSO. DJe 23.9.2014, com repercussão geral reconhecida, firmou entendimento de que o direito fundamental ao benefício previdenciário pode ser exercido a qualquer tempo, sem que se atribua qualquer consequência negativa à inércia do beneficiário, reconhecendo que inexiste prazo decadencial para a concessão inicial de benefício previdenciário. 2. De fato, o benefício previdenciário constitui direito fundamental da pessoa humana, dada a sua natureza alimentar e vinculada à preservação da vida. Por essa razão, não é admissível considerar extinto o direito à concessão do benefício pelo seu não exercício em tempo que se julga oportuno. A compreensão axiológica dos Direitos Fundamentais não cabe na estreiteza das regras do processo clássico, demandando largueza intelectual que lhes possa reconhecer a máxima efetividade possível. Portanto, no caso dos autos, afasta-se a prescrição de fundo de direito e aplica-se a quinquenal, exclusivamente em relação às prestações vencidas antes do ajuizamento da ação. 3. Não se pode admitir que o decurso do tempo legitime a violação de um direito fundamental. O reconhecimento da prescrição de fundo de direito à concessão de um benefício de caráter previdenciário excluirá seu beneficiário da proteção social, retirando-lhe o direito fundamental à previdência social, ferindo o princípio da dignidade da pessoa humana e da garantia constitucional do mínimo existencial. 4. Essa salutar orientação já foi acolhida no Supremo Tribunal Federal, no julgamento do RE 626.489/SE, Rel. Min. ROBERTO BARROSO. DJe 23.9.2014, de modo que não se faz necessária, em face desse acolhimento, qualquer manifestação de outros órgãos judiciais a respeito do tema, porquanto se trata de matéria já definida pela Suprema Corte. Ademais, sendo o direito à pensão por morte uma espécie de direito natural, fundamental e indisponível, não há eficácia de norma infraconstitucional que possa cortar a fruição desse mesmo direito. Os direitos humanos e fundamentais não estão ao alcance de mudanças prejudiciais operadas pelo legislador comum. 5. Assim, o pedido de concessão do benefício de pensão por morte deve ser tratado como uma relação de trato sucessivo, que atende necessidades de caráter alimentar, razão pela qual a pretensão à obtenção de um benefício é imprescritível. Assim, não havendo óbice legal a que se postule o benefício pretendido em outra oportunidade, o beneficiário pode postular sua concessão quando dele necessitar. Sendo inadmissível a imposição de um prazo para a proteção judicial que lhe é devida pelo Estado. 6. Mesmo nas hipóteses em que tenha havido o indeferimento administrativo, não se reconhece a perda do direito em razão do transcurso de tempo. Isso porque a Administração tem o dever de orientar o administrado para que consiga realizar a prova do direito requerido, não havendo, assim, que se falar na caducidade desse direito em razão de um indeferimento administrativo que se revela equivocado na esfera judicial. 7. Tal compreensão tem sido adotada pelas Turmas que compõem a Primeira Seção quando da análise de recursos relacionados a Segurados vinculados ao Regime Geral de Previdência Social, reconhecendo-se que as prestações previdenciárias tem características de direitos indisponíveis, que incorpora-se ao patrimônio jurídico do interessado, daí porque o benefício previdenciário em si não prescreve, somente as prestações não reclamadas no lapso de cinco anos é que prescreverão, uma a uma, em razão da inércia do beneficiário, nos exatos termos do art. 3º. do Decreto 20.910/32. Precedentes: AgRg no REsp. 1.429.237/MA, Rel. Min. NAPOLEÃO NUNES MAIA FILHO, DJe 5.10.2015; AgRg no REsp. 1.534. 861/PB, Rel. Min. HUMBERTO MARTINS, DJe 25.8.2015; AgRg no AREsp. 336.322/PE, Rel. Min. BENEDITO GONÇALVES, DJe 8.4.2015; AgRg no AREsp. 493.997/PR, Rel. Min. MAURO CAMPBELL MARQUES, DJe 9.6.2014. 7. Impõe-se, assim, estender tal compreensão às demandas que envolvem o pleito de benefícios previdenciários de Servidores vinculados ao Regime Próprio de Previdência, uma vez que, embora vinculados a regimes diversos, a natureza fundamental dos benefícios é a mesma 8. Nestes termos, deve-se reconhecer que não ocorre a prescrição do fundo de direito no pedido de concessão de pensão por morte, estando prescritas apenas as prestações vencidas no quinquênio que precedeu à propositura da ação. 9. Não é demais pontuar que no âmbito da Lei 8.112/90, o art. 219 confere esse tratamento distinto àquele que tem legítimo interesse ao benefício previdenciário, reconhecendo que só ocorre a prescrição das prestações exigíveis há mais de 5 anos, uma vez que a lei permite o requerimento da pensão a qualquer tempo. 10. Embargos de Divergência do particular e do MPF acolhidos, a fim de prevalecer o entendimento de que não há que se falar em prescrição de fundo de direito, nas ações em que se busca a concessão do benefício de pensão por morte. (EREsp 1269726/MG, Rel. Ministro NAPOLEÃO NUNES MAIA FILHO, PRIMEIRA SEÇÃO, julgado em 13/03/2019, DJe 20/03/2019)

◉ **O pedido de concessão do benefício de pensão por morte deve ser tratado como uma relação de trato sucessivo, que atende necessidades de caráter alimentar, razão pela qual a pretensão à obtenção de um benefício é imprescritível**

o pedido de concessão do benefício de pensão por morte deve ser tratado como uma relação de trato sucessivo, que atende necessidades de caráter alimentar, razão pela qual a pretensão à obtenção de um benefício é imprescritível. Assim, não havendo óbice legal a que se postule o benefício pretendido em outra oportunidade, o beneficiário pode postular sua concessão quando dele necessitar. Sendo inadmissível a imposição de um prazo para a proteção judicial que lhe é devida pelo Estado. 6. Mesmo nas hipóteses em que tenha havido o indeferimento administrativo, não se reconhece a perda do direito em razão do transcurso de tempo. Isso porque a Administração tem o dever de orientar o administrado para que consiga realizar a prova do direito requerido, não havendo, assim, que se falar na caducidade desse direito em razão de um indeferimento administrativo que se revela equivocado na esfera judicial. 7. Tal compreensão tem sido adotada pelas Turmas que compõem a Primeira Seção quando da análise de recursos relacionados a Segurados vinculados ao Regime Geral de Previdência Social, reconhecendo-se que as prestações previdenciárias tem características de direitos indisponíveis, que incorpora-se ao patrimônio jurídico do interessado, daí porque o benefício previdenciário em si não prescreve, somente as prestações não reclamadas no lapso de cinco anos é que prescreverão, uma a uma, em razão da inércia do beneficiário, nos exatos termos do art. 3º. do Decreto 20.910/32. Precedentes: AgRg no REsp. 1.429.237/MA, Rel. Min. NAPOLEÃO NUNES MAIA FILHO, DJe 5.10.2015; AgRg no REsp. 1.534. 861/PB, Rel. Min. HUMBERTO MARTINS, DJe 25.8.2015; AgRg no AREsp. 336.322/PE, Rel. Min. BENEDITO GONÇALVES, DJe 8.4.2015; AgRg no AREsp. 493.997/PR, Rel. Min. MAURO CAMPBELL MARQUES, DJe 9.6.2014.

◉ **Nos casos de pensão por morte só ocorre a prescrição das prestações exigíveis há mais de 5 anos**

Embargos de Divergência do particular e do MPF acolhidos, a fim de prevalecer o entendimento de que não há que se falar em prescrição de fundo de direito, nas ações em que se busca a concessão do benefício de pensão por morte. (EREsp 1269726/MG, Rel. Ministro NAPOLEÃO NUNES MAIA FILHO, PRIMEIRA SEÇÃO, julgado em 13/03/2019, DJe 20/03/2019)

◎ **O Superior Tribunal de Justiça já pacificou o entendimento quanto à impossibilidade de restituição de valores recebidos por força de tutela antecipada posteriormente revogada**

PREVIDENCIÁRIO. PROCESSUAL CIVIL. AGRAVO REGIMENTAL NO AGRAVO NO RECURSO ESPECIAL. PENSÃO POR MORTE. VALORES RECEBIDOS POR FORÇA DE TUTELA ANTECIPADA POSTERIORMENTE REVOGADA. DEVOLUÇÃO. IMPOSSIBILIDADE. ENTENDIMENTO DA TERCEIRA SEÇÃO. AGRAVO NÃO PROVIDO. 1. O Superior Tribunal de Justiça já pacificou o entendimento quanto à impossibilidade de restituição de valores recebidos por força de tutela antecipada posteriormente revogada. 2. A Sexta Turma deste Superior Tribunal, no julgamento do AgRg no REsp 1.054.163/RS, se manifestou no sentido deu que o "art. 115 da Lei 8.213/91 regulamenta a hipótese de desconto administrativo, sem necessária autorização judicial, nos casos em que a concessão a maior se deu por ato administrativo do Instituto agravante, não agraciando os casos majorados por força de decisão judicial" (Rel. Min. MARIA THEREZA DE ASSIS MOURA, DJe 30/6/08). 3. Agravo regimental não provido. (AgRg no AREsp 102.008/MT, Rel. Ministro ARNALDO ESTEVES LIMA, PRIMEIRA TURMA, julgado em 11/12/2012, DJe 17/12/2012)

◎ **Quando a Administração Pública interpreta erroneamente uma lei, resultando em pagamento indevido ao servidor, cria-se uma falsa expectativa de que os valores recebidos são legais e definitivos, impedindo, assim, que ocorra desconto dos mesmos, ante a boa-fé do servidor público. (Repetitivo)**

ADMINISTRATIVO. RECURSO ESPECIAL. SERVIDOR PÚBLICO. ART. 46, CAPUT, DA LEI N. 8.112/90 VALORES RECEBIDOS INDEVIDAMENTE POR INTERPRETAÇÃO ERRÔNEA DE LEI. IMPOSSIBILIDADE DE RESTITUIÇÃO. BOA-FÉ DO ADMINISTRADO. RECURSO SUBMETIDO AO REGIME PREVISTO NO ARTIGO 543-C DO CPC. 1. A discussão dos autos visa definir a possibilidade de devolução ao erário dos valores recebidos de boa-fé pelo servidor público, quando pagos indevidamente pela Administração Pública, em função de interpretação equivocada de lei. 2. O art. 46, caput, da Lei n. 8.112/90 deve ser interpretado com alguns temperamentos, mormente em decorrência de princípios gerais do direito, como a boa-fé. 3. Com base nisso, quando a Administração Pública interpreta erroneamente uma lei, resultando em pagamento indevido ao servidor, cria-se uma falsa expectativa de que os valores recebidos são legais e definitivos, impedindo, assim, que ocorra desconto dos mesmos, ante a boa-fé do servidor público. 4. Recurso afetado à Seção, por ser representativo de controvérsia, submetido a regime do artigo 543-C do CPC e da Resolução 8/STJ. 5. Recurso especial não provido. (REsp 1244182/PB, Rel. Ministro BENEDITO GONÇALVES, PRIMEIRA SEÇÃO, julgado em 10/10/2012, DJe 19/10/2012)

◎ **A inscrição em dívida ativa não é a forma de cobrança adequada para os valores indevidamente recebidos a título de benefício previdenciário previstos no art. 115, II, da Lei n. 8.213/91 que devem submeter-se a ação de cobrança por enriquecimento ilícito para apuração da responsabilidade civil**

PROCESSUAL CIVIL E TRIBUTÁRIO. RECURSO ESPECIAL REPRESENTATIVO DA CONTROVÉRSIA (ART. 543-C, DO CPC). BENEFÍCIO PREVIDENCIÁRIO INDEVIDAMENTE PAGO QUALIFICADO COMO ENRIQUECIMENTO ILÍCITO. ART. 154, § 2º, DO DECRETO N. 3.048/99 QUE EXTRAPOLA O ART. 115, II, DA LEI N. 8.213/91. IMPOSSIBILIDADE DE INSCRIÇÃO EM DÍVIDA ATIVA POR AUSÊNCIA DE LEI EXPRESSA. NÃO INCLUSÃO NO CONCEITO DE DÍVIDA ATIVA NÃO TRIBUTÁRIA. EXECUÇÃO FISCAL. IMPOSSIBILIDADE. NECESSIDADE DE AJUIZAMENTO DE AÇÃO PRÓPRIA. 1. Não cabe agravo regimental de decisão que afeta o recurso como representativo da controvérsia em razão de falta de previsão legal. Caso em que aplicável o princípio da taxatividade recursal, ausência do interesse em recorrer, e prejuízo do julgamento do agravo regimental em razão da inexorável apreciação do mérito do recurso especial do agravante pelo órgão colegiado. 2. À mingua de lei expressa, a inscrição em dívida ativa não é a forma de cobrança adequada para os valores indevidamente recebidos a título de benefício previdenciário previstos no art. 115, II, da Lei n. 8.213/91 que devem submeter-se a ação de cobrança por enriquecimento ilícito para apuração da responsabilidade civil. Precedentes: REsp. nº 867.718 – PR, Primeira Turma, Rel. Min. Teori Albino Zavascki, julgado em 18.12.2008; REsp. nº 440.540 – SC, Primeira Turma, Rel. Min. Humberto Gomes de Barros, julgado em 6.11.2003; AgRg no AREsp. n. 225.034/BA, Segunda Turma, Rel. Min. Humberto Martins, julgado em 07.02.2013; AgRg no AREsp. 252.328/CE, Segunda Turma, Rel. Min. Humberto Martins, julgado em 18.12.2012; REsp. 132.2051/RO, Segunda Turma, Rel. Min. Herman Benjamin, julgado em 23.10.2012; AgRg no AREsp 188047/AM, Primeira Turma, Rel. Min. Benedito Gonçalves, julgado em 04.10.2012; AgRg no REsp. n. 800.405 – SC, Segunda Turma, Rel. Min. Mauro Campbell Marques, julgado em 01.12.2009. 3. Situação em que a Procuradoria-Geral Federal – PGF defende a possibilidade de inscrição em dívida ativa de benefício previdenciário indevidamente recebido por particular, qualificado na certidão de inscrição em dívida ativa na hipótese prevista no art. 115, II, da Lei n. 8.213/91, que se refere a benefício pago além do devido, art. 154, § 2º, do Decreto n. 3.048/99, que se refere à restituição de uma só vez nos casos de dolo, fraude ou má-fé, e artigos 876, 884 e 885, do CC/2002, que se referem a enriquecimento ilícito. 4. Não há na lei própria do INSS (Lei n. 8.213/91) dispositivo legal semelhante ao que consta do parágrafo único do art. 47, da Lei n. 8.112/90. Sendo assim, o art. 154, § 4º, II, do Decreto n. 3.048/99 que determina a inscrição em dívida ativa de benefício previdenciário pago indevidamente não encontra amparo legal. 5. Recurso especial não provido. Acórdão submetido ao regime do art. 543-C do CPC e da Resolução STJ 08/2008. (REsp 1350804/PR, Rel. Ministro MAURO CAMPBELL MARQUES, PRIMEIRA SEÇÃO, julgado em 12/06/2013, DJe 28/06/2013)

◉ **A moderna jurisprudência desta Corte tem reiteradamente se posicionado no sentido de que o lapso prescricional, nos casos em que se discute o direito à pensão por morte, como o destes autos, é quinquenal**

PROCESSUAL. PENSÃO POR MORTE. PRAZO DE PRESCRIÇÃO. QUINQUENAL. 1. A moderna jurisprudência desta Corte tem reiteradamente se posicionado no sentido de que o lapso prescricional, nos casos em que se discute o direito à pensão por morte, como o destes autos, é quinquenal. 2. O disposto no art. 206, parágrafo 2º, do CC/2002, o qual prescreve que o prazo prescricional será de dois anos quando se tratar de prestação alimentar, regula prescrição de prestação de alimentos devidos em razão da relação de parentesco e, portanto, não se confunde com a prestação alimentar ora discutida – proventos de pensão por morte – pois não decorre daquela relação, possuindo apenas o caráter alimentar. 3. Não há, no caso, norma específica mais benéfica a ensejar a aplicação do art. 10 do Decreto 20.910/32. A lei que regula a prescrição sobre a matéria em epígrafe é o art. 103, parágrafo único, da Lei 8.213/91, o qual dispõe que o lapso prescricional é o mesmo do art. 1º do Decreto 20.910/32 – quinquenal. 4. Agravo regimental não provido. (AgRg no Ag 1352918/RS, Rel. Ministro CASTRO MEIRA, SEGUNDA TURMA, julgado em 13/09/2011, DJe 27/09/2011)

◙ **É firme o entendimento nesta Corte de que o menor que esteja sob a guarda judicial de Servidor Público no momento de seu falecimento e dele dependa economicamente tem direito à pensão de que trata o art. 217, II, b da Lei 8.112/1990.**

ADMINISTRATIVO E PROCESSUAL CIVIL. AGRAVO INTERNO NO AGRAVO EM RECURSO ESPECIAL. PENSÃO POR MORTE. SOBRINHA. DEPENDÊNCIA ECONÔMICA.POSSIBILIDADE. RECURSO ESPECIAL REPRESENTATIVO DA CONTROVÉRSIA. RESP. 1.411.258/RS, REL. MIN. NAPOLEÃO NUNES MAIA FILHO, PRIMEIRA SEÇÃO, DJe 22.6.2018. ART. 33, § 3º. DO ECA. PREVALÊNCIA. SÚMULA 83/STJ. AGRAVO INTERNO DA UNIÃO A QUE SE NEGA PROVIMENTO. 1. A parte agravante alega que, com o advento do art. 5º. da Lei 9.717/1998, o menor sob guarda não tem mais direito à percepção de pensão por morte, uma vez que revogou o art. 217, II, b da Lei 8.112/1990. 2. É firme o entendimento nesta Corte de que o menor que esteja sob a guarda judicial de Servidor Público no momento de seu falecimento e dele dependa economicamente tem direito à pensão de que trata o art. 217, II, b da Lei 8.112/1990. 3. A Primeira Seção desta Corte Superior também reconheceu esse direito, por ocasião do julgamento do REsp. 1.411.258/RS, em regime de Recurso Especial Representativo da Controvérsia, de minha relatoria, Dje 22.6.2018. 4. Dessa forma, o acórdão recorrido encontra-se em consonância com o entendimento adotado por esta Corte, atraindo o óbice da Súmula 83/STJ. 5. Ante o exposto, nega-se provimento ao Agravo Interno da União. (AgInt no AREsp 826.858/RS, Rel. Ministro NAPOLEÃO NUNES MAIA FILHO, PRIMEIRA TURMA, julgado em 13/12/2018, DJe 04/02/2019)

ENTENDIMENTO DO TRIBUNAL DE CONTAS DA UNIÃO SOBRE O TEMA

ENUNCIADO	DATA	ACÓRDÃO	AUTOR DA TESE
É indevido o pagamento cumulativo de pensões civis regidas pela Lei 8.112/1990 com a do montepio civil facultativo que exceda o subsídio mensal, em espécie, dos ministros do Supremo Tribunal Federal.	27/02/2018	AC-1529/18-1	WALTON ALENCAR RODRIGUES
O montepio civil facultativo dos magistrados não é uma entidade fechada de previdência complementar, mas sim uma pensão especial, regulada por leis próprias, de natureza pública. É legal a percepção cumulativa do benefício pensional decorrente de montepio civil com benefício decorrente de pensão estatutária, desde que observado o teto remuneratório, previsto na Constituição Federal.	29/07/2014	AC-4184/14-1	JOSÉ MUCIO MONTEIRO
A acumulação de pensões civis somente é permitida quando se tratar de cargos, funções ou empregos acumuláveis na atividade, na forma permitida pela Constituição.	04/12/2012	AC-7490/12-1	JOSÉ MUCIO MONTEIRO
É indevido o pagamento cumulativo de pensões de civis regidas pela Lei 8.112/1990 com a do montepio civil facultativo que exceda o subsídio mensal, em espécie, dos Ministros do Supremo Tribunal Federal.	06/09/2011	AC-7882/11-1	WALTON ALENCAR RODRIGUES
A partir da edição da MP 2.215-10/2001, de 31/08/2001, os limites de acumulação de pensão militar (art. 29 da Lei 3.765/1960) são: I – uma pensão militar com os proventos de disponibilidade, reforma, vencimentos ou aposentadoria; II – uma pensão militar com a de outro regime, observado o teto constitucional (art. 37, inciso XI, da Constituição Federal) .	14/08/2018	AC-7449/18-2	MARCOS BEMQUERER
O benefício previdenciário do INSS é considerado para fins de apuração da acumulação de pensão militar (art. 29 da Lei 3.765/1960) , haja vista que, em se tratando de pensão civil, quer seja previdenciária quer seja estatutária, a acumulação de benefícios recebidos dos cofres públicos deve ser entendida de maneira restritiva.	31/07/2018	AC-6904/18-2	MARCOS BEMQUERER

ENUNCIADO	DATA	ACÓRDÃO	AUTOR DA TESE
A partir da edição da MP 2.215-10/2001, de 31/08/2001, os limites de acumulação de pensão militar (art. 29 da Lei 3.765/1960) são: I – uma pensão militar com os proventos de disponibilidade, reforma, vencimentos ou aposentadoria; II – uma pensão militar com a de outro regime, observado o teto constitucional (art. 37, inciso XI, da Constituição Federal) .	26/09/2017	AC-8721/17-2	MARCOS BEMQUERER
O benefício previdenciário do INSS é considerado para fins de apuração da acumulação de pensão militar (art. 29 da Lei 3.765/1960) , haja vista que, em se tratando de pensão civil, quer seja previdenciária quer seja estatutária, a acumulação de benefícios recebidos dos cofres públicos deve ser entendida de maneira restritiva.	26/09/2017	AC-8721/17-2	MARCOS BEMQUERER
É legal a percepção de duas pensões civis derivadas da acumulação de proventos de aposentadorias, ainda que derivadas de cargos não acumuláveis na atividade, desde que os requisitos de aposentação tenham sido preenchidos antes da entrada em vigor da EC 20/1998.	20/09/2016	AC-10819/16-2	RAIMUNDO CARREIRO
O benefício previdenciário do INSS é considerado para fins de apuração da acumulação de pensão militar (art. 29 da Lei 3.765/1960) , haja vista que, em se tratando de pensão civil, quer seja previdenciária quer estatutária, a acumulação de benefícios recebidos dos cofres públicos deve ser entendida de maneira restritiva.	31/03/2015	AC-1337/15-2	MARCOS BEMQUERER
A pensão do regime geral da previdência social também deve ser considerada no limite permitido de acumulação de pensão militar (art. 29 da Lei 3.765/1960) , haja vista que, em se tratando de pensão civil, quer seja previdenciária, quer estatutária, a acumulação de benefícios recebidos dos cofres públicos deve ser entendida de maneira restritiva.	18/11/2014	AC-7108/14-2	MARCOS BEMQUERER

ENUNCIADO	DATA	ACÓRDÃO	AUTOR DA TESE
A partir da edição da Medida Provisória 2.215-10, de 31/08/2001, os limites de acumulação de pensão militar (art. 29 da Lei 3.765/1960) são: I – uma pensão militar com os proventos de disponibilidade, reforma, vencimentos ou aposentadoria; II – uma pensão militar com a de outro regime, observado o teto constitucional (art. 37, inciso XI, da Constituição Federal) .	18/11/2014	AC-7108/14-2	MARCOS BEMQUERER
É vedada a acumulação de pensão de ex--combatente com pensão militar, pois o servidor militar que participou de operações bélicas na Segunda Guerra Mundial e continuou no serviço militar não faz jus ao enquadramento como ex-combatente.	01/07/2014	AC-3141/14-2	MARCOS BEMQUERER
A acumulação de pensões civis somente é permitida quando se tratar de cargos, funções ou empregos acumuláveis na atividade, na forma permitida pela Constituição.	02/08/2011	AC-5468/11-2	JOSÉ JORGE
A acumulação de pensões civis somente é permitida quando se tratar de cargos, funções ou empregos acumuláveis na atividade, na forma permitida pela Constituição.	08/11/2011	AC-10947/11-2	JOSÉ JORGE
É permitida a acumulação de uma pensão militar com os proventos de disponibilidade, reforma, vencimento ou aposentadoria; ou uma pensão militar com a de outro regime, nos termos do art. 29 da Lei 3.765/1960, com a redação dada pela Medida Provisória 2.215-10, de 31/08/2001. O benefício previdenciário do INSS é considerado para fins dos limites dispostos no mencionado artigo, haja vista que, em se tratando de pensão civil, quer seja previdenciária quer seja estatutária, a acumulação de benefícios recebidos dos cofres públicos deve ser entendida de maneira restritiva.	10/10/2018	AC-2365/18-P	MARCOS BEMQUERER

REGIME DISCIPLINAR
DO SERVIDOR PÚBLICO FEDERAL

▶ O regime disciplinar do servidor público federal é objeto de todo um título da Lei 8.112/1990, no qual são traçados seus deveres e proibições, as penalidades que podem ser impostas, bem como regras sobre processo administrativo disciplinar.

Esse regime disciplinar pode ser qualificado como geral ou comum, aplicável aos servidores públicos federais em geral, tendo correspondentes, muito semelhantes, nos âmbitos municipal e estadual. Existem regime disciplinares especiais, por assim dizer, no âmbito de certas categorias de servidores, como os militares, os magistrados e os membros do Ministério Público. De acordo com José Armando da Costa, o regime disciplinar é o "conjunto de normas referentes aos vários institutos do Direito Disciplinar e constantes de um regulamento autônomo ou de uma seção especial de um determinado estatuto do servidor". Já o Direito Disciplinar corresponde ao "conjunto de princípios e normas que objetivam, através de vários institutos próprios, condicionar e manter a normalidade do Serviço Público".

▶ Poder disciplinar

Com a precisão de sempre DE PLÁCIDO E SILVA ensinava que o poder disciplinar "compreende a competência que é regularmente atribuída às autoridades administrativas de hierarquia superior, ou aos representantes dos órgãos administrativos, para que possam impor penas disciplinares aos empregados ou funcionários sob sua direção ou subordinação, pelas faltas cometidas em questões de serviço ou pelas transgressões aos deveres funcionais, que escapem à sanção legal" (Vocabulário jurídico. 29. ed. Rio de Janeiro: Forense, 2012. Atualizado por Nagib Slaibe Filho e Priscila Pereira Vasques Gomes, p. 1048).

No mesmo sentido: "O direito tem por escopo trazer a paz social, a tranquilidade, a estabilidade das relações jurídicas, o que se reflete sobre o estabelecimento de prazos para que a Administração Pública puna seus servidores quando estes praticam faltas funcionais, porquanto é objetivo do poder disciplinar a promoção da regularidade do serviço público, com a correção do comportamento dos transgressores dos deveres e proibições capitulados no estatuto de disciplina, também como exemplo para os outros funcionários faltosos, mas dentro de um lapso temporal próximo ao cometimento da falta, sob pena de ineficácia e descrédito das punições administrativas tardiamente infligidas" (Manual de processo administrativo disciplinar e sindicância. 3. ed. Belo Horizonte: Fórum, p. 123 e 1.095).

DEVERES DO SERVIDOR

▶ Exercer com zelo e dedicação as atribuições do cargo;

"dever de deferência ao cargo e à relação especial de sujeição para com a Administração Pública", a tipificação em comento encontra-se prevista na maioria dos estatutos modernos. (DEZAN, Sandro. *Ilícito Administrativo Disciplinar em Espécie: comentários às infrações previstas na lei 8.112/90*, 2012, Ed. Juruá, Curitiba, p. 110.)

▶ **No mesmo sentido:** O vocábulo "zelo" significa "cuidado" e "dedicação", representando as ações de atenção, preocupação, afeto, amor, desvelo e devoção. (Dicionário Houaiss: sinónimos e antónimos. 2. ed. São Paulo: Publifolha, 2008.)

▶ **No mesmo sentido:** "como o escrúpulo no cumprimento dos deveres, atenção no exercício das funções, cuidado especial ao resolver os inúmeros problemas, procurando dar-lhes a mesma dose de vigilância que daria aos próprios negócios, zelando pelos interesses do Estado do mesmo modo que um *bonus pater* famílias zelaria por seus interesses particulares" (JUNIOR, José Cretella. *Direito administrativo do Brasil. Regime jurídico dos funcionários públicos*. São Paulo: Revista dos Tribunais, 1964. p. 468.)

▶ **No mesmo sentido:** O foco do dever acima descrito está na maneira como o servidor desempenha suas atividades dentro dos limites da função pública, sendo observados requisitos quantitativos e qualitativos, associando-se rendimento à eficiência na elaboração dos trabalhos.

▶ **O que se entende por "dedicação"?**

O vocábulo "dedicação" comumente consiste em sinónimo de zelo, refletindo também os conceitos de cuidado, preocupação, afeto, amor, desvelo e devoção a alguma coisa ou a alguém, podendo, no entanto, em certos casos, ir além dessas balizas, para exprimir a noção de melhor empenho ou esforço para o contínuo aprimoramento de atividades e tarefas, impondo ao agente a obrigação de exercício com atenção, responsabilidade, conhecimento das normas e primor no exercício das atribuições cotidianas do cargo para o qual foi investido. Apresenta estreita conotação com o princípio constitucional da eficiência, que deve ser buscado e concretamente realizado pela Administração Pública. (DEZAN, Sandro. Ilícito Administrativo Disciplinar em Espécie: comentários às infrações previstas na lei 8.112/90, 2012, Ed. Juruá, Curitiba, p. 110.)

▶ **A ausência de zelo ou dedicação ao cargo pode ser entendida como uma forma de desídia, porém atenuada.**

A ausência de zelo ou dedicação ao cargo pode ser entendida como uma forma de desídia, porém atenuada, posto que residual ao ilícito mais grave originário, previsto no art. 117, XV, da Lei 8.112/90, e não caracterizada, destarte, como, ao contrário do ilícito mais grave, ilícito continuado, uma vez que, para sua constatação, não se faz imperioso ser a conduta reiterada, de forma a demonstrar continuamente o não exercício com zelo ou dedicação. Uma única ação ou omissão desabalizada com o que requer o cargo apresenta o condão de configurar o ilícito em questão, podendo, todavia, configurar também, em concurso formal ou material, o não atendimento das disposições legais ou regulamentares. (DEZAN, Sandro. Ilícito Administrativo Disciplinar em Espécie: comentários às infrações previstas na lei 8.112/90, 2012, Ed. Juruá, Curitiba, p. 111.)

▶ **A prescrição da pretensão punitiva para a Administração iniciar os trabalhos de apuração é de 180 dias, contados da data do conhecimento do fato pela Administração.**

"A prescrição da pretensão punitiva ocorre, por força do art. 142, III, da lei de regência, em 180 dias, contados da data do conhecimento do fato pela Administração, considerado este o ingresso formal do documento, com caráter de notícia de infração, no âmbito da repartição pública.

▶ **O ingresso no ente ou órgão público de documento contendo informações sobre infração disciplinar velada ou não direcionada à apreciação do órgão correicional, sem sentido formal de notícia, ou seja, sem a intenção de informar à Administração a ocorrência de uma falta administrativa, não se considera marco inicial da contagem do prazo prescricional.**

Imprescindível, assim, que a notícia de ilícito seja endereçada à corregedoria ou a outro órgão ou autoridade com atribuições disciplinares e contenha pedido de apreciação das informações ou, ainda, seja essa análise correicional uma obrigação decorrente da própria essência do documento em trâmite na repartição. A entrega formal de denúncia ou notícia no setor responsável pelo recebimento de documentos em geral (os conhecidos setores de protocolo) configura o marco inicial da contagem prescricional, tendo em consideração que esse órgão tem o dever de dar pronto encaminhamento à autoridade responsável pela apuração infracional". (DEZAN, Sandro. *Ilícito Administrativo Disciplinar em Espécie: comentários às infrações previstas na lei 8.112/90*, 2012, Ed. Juruá, Curitiba, p. 111.)

▶ **Bem jurídico protegido pela norma disciplinar.**

"a objetividade jurídica, bem jurídico protegido pela norma disciplinar, é a regularidade e a continuidade da prestação do serviço público e, em caráter macro, a eficiência desse serviço, denotando aí a referida relação com o princípio da eficiência acima mencionado e previsto no art. 37, caput, da CF/88. (DEZAN, Sandro. *Ilícito Administrativo Disciplinar em Espécie: comentários às infrações previstas na lei 8.112/90*, 2012, Ed. Juruá, Curitiba, p. 112.)

▶ **Sujeito ativo, passivo e prejudicado do tipo infracional.**

O sujeito ativo é o servidor público que age ou se omite, ao menos com culpa, com ofensa ao padrão razoável de responsabilidade, exigido para a função que lhe foi incumbida. O sujeito passivo imediato é a Administração Pública. O sujeito passivo mediato, constante e vago é o corpo social, destinatário dos serviços públicos e legitimador do interesse público. O sujeito prejudicado é o particular administrado que eventualmente tenha sofrido dano ou mora no atendimento de seus direitos, frente ao Estado-administração, facultando-se lhe, nessa qualidade e a par de seu direito de representação à Administração para a apuração do ilícito disciplinar, buscar a reparação jurisdicional em instância cível ou penal competente. (DEZAN, Sandro. *Ilícito Administrativo Disciplinar em Espécie: comentários às infrações previstas na lei 8.112/90*, 2012, Ed. Juruá, Curitiba, p. 112.)

▶ **A conduta do agente, elemento objetivo, prende-se à ação ou à omissão, dolosa ou culposa (negligência, imperícia ou imprudência), contrária às normas de condução dos serviços.**

A conduta do agente, elemento objetivo, prende-se à ação ou à omissão, dolosa ou culposa (negligência, imperícia ou imprudência), contrária às normas de condução dos serviços, pautada na desatenção, descaso, desleixo, despreocupação ou mesmo na intenção deliberada de faltar com o devido zelo ou dedicação. Não obstante, mesmo sem ofensa direta à legislação, considera-se ocorrida a infração quando a conduta se afaste do razoável e proporcional à tutela do interesse público, comprometendo o bom andamento do serviço ou tarefa específica designada. (DEZAN, Sandro. *Ilícito Administrativo Disciplinar em Espécie: comentários às infrações previstas na lei 8.112/90*, 2012, Ed. Juruá, Curitiba, p. 113.)

▶ **Trata-se de tipificação demasiadamente aberta.**

No entanto, a nosso ver, trata-se de tipificação demasiadamente aberta, que não permite ao servidor, em alguns casos, delimitar o liame entre a licitude e a ilicitude de sua conduta, do permitido e do proibido. Por se tratar, também em alguns casos, de análise da razoabilidade e da proporcionalidade da conduta do servidor, pode dar azo a sua equivocada aplicação, refletindo ofensa à segurança jurídica. (DEZAN, Sandro. *Ilícito Administrativo Disciplinar em Espécie: comentários às infrações previstas na lei 8.112/90*, 2012, Ed. Juruá, Curitiba, p. 113.)

> ▶ **No mesmo sentido:** "Em tema de competência disciplinar, os diversos Estatutos dos Servidores Públicos apresentam um rol de condutas tipificadas como ilícitas a partir de conceitos genéricos. Nesse sentido, cabe citar alguns dispositivos da Lei 8112/90: "insubordinação grave ao serviço" (art 132, inc. VI), "incontinência pública e conduta escandalosa, na repartição" (art. 132, inc. V), "corrupção" (art. 132, inc. XI), dever de "exercer com zelo e dedicação as atribuições do cargo" (art. 116, inc. I). Como qualificar escândalo, zelo ou dedicação? (*Processo Administrativo Disciplinar*. BACELLAR FILHO, Romeu Felipe. Ed. Max Liminad, 2003, p. 173)

▶ **O elemento subjetivo da conduta infracional disciplinar.**

O elemento subjetivo compreende o dolo, direto ou indireto, este alternativo ou eventual, e a culpa, não somente na modalidade de negligência, que foi empregada na expressão tipológica do estatuto do policial federal, mas também nas de imprudência e de imperícia. (DEZAN, Sandro. *Ilícito Administrativo Disciplinar em Espécie: comentários às infrações previstas na lei 8.112/90*, 2012, Ed. Juruá, Curitiba, p. 113.)

▶ **O elemento normativo atinente ao tipo infracional.**

O elemento normativo encontra-se na expressão "atribuições" e "cargo". O termo "cargo", segundo o art. 3º da Lei 8.112/90, corresponde ao "conjunto de atribuições e responsabilidades previstas na estrutura organizacional que devem ser cometidas a um servidor" e nessa linha, contém a expressão "função", compreendida como o rol de tarefas, rotinas ou atribuições, vinculadas ordinariamente ao cargo. "Atribuição", no serviço público, significa tarefa designada por lei ou por regulamento, ou por qualquer ato infralegal. (DEZAN, Sandro. *Ilícito Administrativo Disciplinar em Espécie: comentários às infrações previstas na lei 8.112/90*, 2012, Ed. Juruá, Curitiba, p. 113.)

▶ **Por se tratar de tipo vago, é necessário, por meio da fundamentação da autoridade julgadora e dentro de uma análise de razoabilidade, juízo de valor atribuído ao encarregado pela interpretação e aplicação da norma.**

Os vocábulos "zelo" e "dedicação" (assim como o vocábulo "mal", contido no preceptivo do estatuto policial federal) constituem, par do elemento normativo, um plus – com característica de verdadeiro elemento vago, aberto, plurissignificativo- complementável por meio da fundamentação da autoridade julgadora e dentro de uma análise de razoabilidade, juízo de valor atribuído ao encarregado pela interpretação e aplicação da norma. (DEZAN, Sandro. *Ilícito Administrativo Disciplinar em Espécie: comentários às infrações previstas na lei 8.112/90*, 2012, Ed. Juruá, Curitiba, p. 114.)

▶ **A infração não admite a forma tentada.**

A infração não admite a forma tentada (posto ser, naturalisticamente, de mera conduta), uma vez que o exercício com zelo e dedicação não se vincula ao resultado eventualmente produzido, e ainda, caracterizando ilícito unissubsistente, posto não se conceber a partição dos atos executórios, ao ponto de propiciar sua interrupção sem que o resultado se produza. Deste modo, caracteriza-se como ilícito unissubsistente e desvinculado do resultado danoso, sendo classificado quanto ao resultado jurídico e à vista desse fator como ilícito de perigo abstrato. (DEZAN, Sandro. *Ilícito Administrativo Disciplinar em Espécie: comentários às infrações previstas na lei 8.112/90*, 2012, Ed. Juruá, Curitiba, p. 114.) Mesmo que se tratasse de conduta plurissubsistente, com a possibilidade de partição e identificação delimitada do iter *illicitus*, e punível somente quando dolosa, não se poderia falar em punição da tentativa, por não haver disposição legal prevendo essa modalidade de sanção e também por não existir disposição legal específica acerca da dosagem da punição disciplinar para esse caso. Por se tratar de norma restritiva de direito, a punição da tentativa de ilícito disciplinar somente poderia ser levada a efeito se existisse previsão legal. Com isso, a tentativa de prática de infração disciplinar verte-se em fato atípico. (DEZAN, Sandro. *Ilícito Administrativo Disciplinar em Espécie: comentários às infrações previstas na lei 8.112/90*, 2012, Ed. Juruá, Curitiba, p. 114.)

▶ **A consumação efetiva-se independentemente da ocorrência de danos ao erário.**

A consumação efetiva-se independentemente da ocorrência de danos ao erário. Por outro lado, a par de se considerar ilícito unissubsistente, em sua modalidade culposa, também impossível a tentativa, posto que incompatível o *conatus* para as condutas pautadas na imperícia, imprudência ou negligência. (DEZAN, Sandro. *Ilícito Administrativo Disciplinar em Espécie: comentários às infrações previstas na lei 8.112/90*, 2012, Ed. Juruá, Curitiba, p. 114.)

▶ **Trata-se de ilícito de mera conduta.**

Quanto ao resultado naturalístico, afere-se tratar de ilícito de mera conduta, uma vez que ou o servidor comporta-se (age ou omite-se) com ausência de zelo e de dedicação e, com isso, o ilícito consuma-se, independente de qualquer resultado, ou não se tratará de conduta típica. (DEZAN, Sandro. *Ilícito Administrativo Disciplinar em Espécie: comentários às infrações previstas na lei 8.112/90*, 2012, Ed. Juruá, Curitiba, p. 114.)

▶ **A infração se perfaz com conduta única**

Ressalte-se que não é necessário que o servidor habitualmente exerça de forma desleixada suas atribuições para a caracterização de ofensa ao dever acima descrito, uma vez que a infração se perfaz com conduta única, ainda que nos assentamentos funcionais do servidor constem elogios ou menções honrosas. (Manual de Processo Administrativo Disciplinar da CGU, ano 2015, p. 200)

▶ **Trata-se de Ilícito disciplinar próprio ou puro**

"existem condutas que são consideradas infrações somente pela legislação administrativa estatutária, **ilícito administrativo puro sem** qualquer conotação com outros ramos do direito, mormente o fato de o direito penal ser abalizado pelo princípio da última *ratio*, incriminando somente as condutas que os outros ramos do Direito não foram capazes de reprimir, bem como o direito civil ser vinculado à seara privada, afeta aos direitos subjetivos, individuais ou de grupos de indivíduos identificados ou identificáveis, bem como indivíduos conquanto membros do corpo social. Considerem-se as tipificações contidas nos arts. 16 e 117 da Lei 8.112/90, que assim, como exemplo de um rol não taxativo, prescrevem os deveres de "exercer com zelo e dedicação as atribuições do cargo", de "ser leal às instituições a que servir", de "zelar pela economia do material e a conservação do património público", de "manter conduta compatível com a moralidade pública", de "ser assíduo e pontual ao serviço" e a proibição de "ausentar-se do serviço durante o expediente, sem prévia autorização do chefe imediato". (DEZAN, Sandro. *Ilícito Administrativo Disciplinar em Espécie: comentários às infrações previstas na lei 8.112/90*, 2012, Ed. Juruá, Curitiba, p. 67.)

> ▶ **No mesmo sentido:** Tais infrações, se contidas dentro da definição (sem embargo de inconstitucionalidades por vagueza de alguns dos tipos referidos), não ultrapassam as "fronteiras" do Direito Administrativo, considerando-se, assim, infrações administrativas disciplinares próprias ou puras.

▶ **A comissão observar se as atividades desempenhadas pelos demais servidores se compatibilizam com aquela apurada em sede disciplinar**

Ressalte-se que, ao ser avaliada a conduta supostamente violadora de dever funcional, cumpre à comissão observar se as atividades desempenhadas pelos demais servidores se compatibilizam com aquela apurada em sede disciplinar. Por vezes, o colegiado entende que o servidor deveria ter sido mais diligente em suas atividades, sendo que esta exigência importaria em um desempenho extraordinário por parte do acusado, excedendo a conduta normal exigível. (Manual de Processo Administrativo Disciplinar da CGU, ano 2015, p. 200)

▶ **Ser leal às instituições a que servir; observar as normas legais e regulamentares; cumprir as ordens superiores, exceto quando manifestamente ilegais; atender com presteza, zelar pela economia do material e a conservação do patrimônio público; guardar sigilo sobre assunto da repartição; manter conduta compatível com a moralidade administrativa; ser assíduo e pontual ao serviço; tratar com urbanidade as pessoas; representar contra ilegalidade, omissão ou abuso de poder.**

Sugere-se esta classificação para que se possa avaliar, ao longo da vida do servidor, se estes deveres estão sendo ou não cumpridos, e, assim, atribuir-lhes consequência. A experiência tem demonstrado que apenas a assiduidade e a pontualidade são motivos de observação por servidores e suas chefias. O seu não atendimento poderá implicar em perdas pecuniárias pelo servidor, na forma do art. 44 e § 2.0 do art. 130. A não observância destes deveres sujeitará o servidor à penalidade de advertência, na forma do art. 129, em sua parte final, além de ser considerado como fator de desempenho negativo. (DINIZ, Paulo de Matos F. Lei 8 112/1990 comentada. Regime jurídico dos servidores públicos civis da União e legislação complementar, Ed. Método 11ª edição, Forense São Paulo, 2014, p. 517)

▶ **Encaminhamento da representação pelo servidor**

Na medida do estatuído no diploma disciplinar, consubstancia o dever de não somente levar ao conhecimento das autoridades públicas responsáveis – nas searas extra disciplinares: cível e penal as irregularidades de que tomou conhecimento no exercício de suas funções, quanto às omissões, às ilegalidades ou aos abusos de poder, mas sim o de agir de forma proativa para se fazer cessar tais condutas reprováveis. A Constituição Federal assinala, reproduzindo preceitos de nossa primeira Constituição Republicana, que é direito individual, independentemente do pagamento de taxa o direito de petição aos Poderes Públicos, para defesa de direitos ou contra ilegalidade ou abuso de poder. Para o servidor público, esse direito estatuído de petição convola-se em dever, qual seja o de representação, em razão de ser de interesse público que a Administração não permaneça inerte, quando constatada por ela própria qualquer omissão, ilegalidade ou abuso de poder. No entanto, a representação, por força do parágrafo único do art. 116 do Estatuto Geral dos Servidores Públicos Federais deverá ser encaminhada pela via hierárquica e apreciada pela autoridade superior àquela contra a qual é formulada, assegurando-se ao representando ampla defesa. (DEZAN, Sandro. *Ilícito Administrativo Disciplinar em Espécie: comentários às infrações previstas na lei 8.112/90*, 2012, Ed. Juruá, Curitiba, p. 145.)

▶ **A omissão da representação constitui infração administrativa disciplinar prevista na Lei 8.112/90 e sujeita a sanção de advertência.**

A omissão da representação constitui infração administrativa disciplinar prevista na Lei 8.112/90 e sujeita a sanção de advertência. Com efeito, apresenta natureza jurídica branda quanto à gravidade dessa sanção e, por isso, recebe a classificação de infração leve. (DEZAN, Sandro. *Ilícito Administrativo Disciplinar em Espécie: comentários às infrações previstas na lei 8.112/90*, 2012, Ed. Juruá, Curitiba, p. 145.)

▶ **A prescrição da pretensão punitiva ocorre, por força do art. 142, III, da lei de regência, em 180 dias, contados da data do conhecimento do fato, pela Administração.**

A prescrição da pretensão punitiva ocorre, por força do art. 142, III, da lei de regência, em 180 dias, contados da data do conhecimento do fato, pela Administração. Pode apresentar-se como infração levíssima, passível, conforme legislação especial sobre o tema, de termo de ajustamento de conduta e transação disciplinar, ou de Teimo Circunstanciado Administrativo, este nos moldes da Instrução Normativa 04/2009-CGU, se cometida sem dolo e o eventual dano dele decorrente não exceder ao valor previsto para a dispensa de licitação, previsto no art. 24, II, da Lei 8.666/93, consubstanciando medida de caráter não disciplinar, com vista à pronta resposta administrativa, reparação do dano e retomada da ordem interna do serviço. (DEZAN, Sandro. *Ilícito Administrativo Disciplinar em Espécie: comentários às infrações previstas na lei 8.112/90*, 2012, Ed. Juruá, Curitiba, p. 145.)

▶ **A objetividade jurídica do tipo infracional.**

A objetividade jurídica é o dever de não lesão afeto à Administração Pública e, também, a regularidade e a continuidade da prestação do serviço público. Em caráter macro é a eficiência desse serviço, denotando relação com o princípio da eficiência, previsto no art. 37, caput, da CF/88. (DEZAN, Sandro. *Ilícito Administrativo Disciplinar em Espécie: comentários às infrações previstas na lei 8.112/90*, 2012, Ed. Juruá, Curitiba, p. 146)

▶ **Sujeito ativo, passivo e prejudicado do tipo infracional.**

O sujeito ativo é o servidor público que se omite na formulação da representação exigida. O sujeito passivo imediato é a Administração Pública. O sujeito passivo mediato, constante, é o corpo social, destinatário dos serviços públicos e legitimador do interesse público. O sujeito prejudicado é o administrado que eventualmente tenha sofrido dano ou mora no atendimento de seus direitos frente ao Estado-administração. (DEZAN, Sandro. *Ilícito Administrativo Disciplinar em Espécie: comentários às infrações previstas na lei 8.112/90*, 2012, Ed. Juruá, Curitiba, p. 146.)

▶ **Elemento objetivo do tipo.**

A conduta do agente, elemento objetivo, prende-se à omissão, dolosa ou culposa, diante da constatação de atos comissivos ou omissivos ilegais, ofensas à legislação ou abuso de poder, cometidos pela própria Administração ou mesmo por outros Poderes da República. (DEZAN, Sandro. *Ilícito Administrativo Disciplinar em Espécie: comentários às infrações previstas na lei 8.112/90*, 2012, Ed. Juruá, Curitiba, p. 146.)

▶ **Elemento subjetivo do tipo.**

O elemento subjetivo compreende o dolo, direto ou indireto alternativo ou eventual, e a culpa, nas modalidades de imprudência ou negligência. (DEZAN, Sandro. Ilícito Administrativo Disciplinar em Espécie: comentários às infrações previstas na lei 8.112/90, 2012, Ed. Juruá, Curitiba, p. 146.)

▶ **Tipo que não se admite forma tentada.**

Por se tratar de conduta omissiva, não admite a forma tentada, uma vez que ou o agente se omite no dever e assim se consuma o ilícito, ou formula o ato de representação e a conduta toma-se atípica. Mesmo que não se tratasse de conduta omissiva ou se constituísse em conduta plurissubsistente, com a possibilidade de partição e identificação delimitada do *iter illicitus*, não se poderia falar em punição da tentativa, por não haver disposição legal prevendo essa modalidade de sanção e também não existir disposição legal específica acerca da dosagem da punição disciplinar nesse caso. Por se tratar de norma restritiva de direito, a punição pela tentativa de ilícito disciplinar somente poderia ser levada a efeito se existisse previsão legal. Com efeito, a tentativa de prática de infração disciplinar é fato atípico. (DEZAN, Sandro. Ilícito Administrativo Disciplinar em Espécie: comentários às infrações previstas na lei 8.112/90, 2012, Ed. Juruá, Curitiba, p. 146.)

▶ **Trata-se de ilícito de mera conduta.**

Quanto ao resultado naturalístico, caracteriza-se como ilícito de mera conduta, uma vez que se omitindo estará configurado o ilícito, independente de qualquer resultado danoso produzido. (DEZAN, Sandro. Ilícito Administrativo Disciplinar em Espécie: comentários às infrações previstas na lei 8.112/90, 2012, Ed. Juruá, Curitiba, p. 146.)

PROIBIÇÕES

▶ **Toda e qualquer proibição é objetiva, na medida em que o seu descumprimento pode ensejar tipificação ou enquadramento penal do infrator, conforme se observa do disposto nos arts. 129, 132, 137**

Se a lista de deveres prevista no art. 116 é longa, maior ainda é esta, referente às proibições impostas pela L. 8.112 aos servidores federais. Ocorre, entretanto, aqui, uma diferença fundamental: toda e qualquer proibição é objetiva, na medida em que o seu descumprimento pode ensejar tipificação ou enquadramento penal do infrator, conforme se observa do disposto nos arts. 129, 132, 137, que são específicos, da L. 8.112, além de em outros artigos, genéricos, porém indicativos de coerção contra procedimentos do servidor que afrontem as proibições funcionais contidas neste art. 117. Em primeiro lugar deve ser recordado que, tratando-se de cerceamento de direito, os dezenove incisos do art. 117 constituem um rol taxativo, final, fechado, exaustivo, *numerus clausus*. Deve-se interpretá-lo como contendo todos os procedimentos que ao servidor é proibido ter, à exceção de qualquer outro, salvo se previsto expressamente em outro momento da lei. Sendo dispositivos que restringem direitos, somente restritivamente podem ser lidos e aplicados, nos exatos termos escritos na lei, sem a menor possibilidade de se sujeitar a interpretações ampliativas, analógicas, sistemáticas, teleológicas ou finalísticas, históricas, generalizantes ou difusas. Não pode ser lido ampliativamente, di-lo com todas as letras a melhor doutrina e a mais pacífica jurisprudência, qualquer dispositivo legal que restrinja direito, que cerceie conduta, que delimite campo de atuação, que impeça procedimento. A própria palavra "interpretação", para casos assim, é de duvidosa propriedade, pois apenas se interpreta o texto que não está meridianamente claro e objetivo, e essa objetividade absoluta é simplesmente obrigatória nas regras jurídicas que restringem direitos. Com efeito, não teria qualquer garantia de segurança, no desempenho de suas atribuições regulares, qualquer servidor público que sem o saber estivesse proibido de inúmeras atitudes, não escritas na lei mas apenas subsumidas ou presumidas na ideia de seus superiores hierárquicos, ou de quem quer que fosse. Assim ocorre também na vida civil, quanto às disposições penais que limitam a atuação do cidadão comum. (RIGOLIN, Ivan Barbosa. Comentários ao regime único dos servidores públicos civis / Ivan Barbosa Rigolin. – 7. ed. rev. E atual. – São Paulo : Saraiva, 2012, p. 300)

▶ **Ausentar-se do serviço durante o expediente, sem prévia autorização do chefe imediato;**

O servidor tem o dever de ser assíduo e pontual e está obrigado a permanecer no local de serviço durante toda a jornada de trabalho, dele não podendo se ausentar sem a prévia autorização do chefe imediato. (BRANDÃO, Júlio Cezar Lima, Comentários ao Estatuto do Servidor Público Federal – Teoria e Prática, 3ª Edição –Revista e Atualizada, Juruá Editora, 2016, p. 246)

▶ **Retirar, sem prévia anuência da autoridade competente, qualquer documento ou objeto da repartição;**

Para retirar qualquer objeto ou documento da repartição o servidor necessita de anuência da autoridade competente e a retirada "deve obedecer a um propósito legar. A infração pressupõe a intenção de restituir. Caso contrário, isto é, se o servidor age sem o ânimo de devolver, sua conduta pode ser caracterizada, por exemplo, como lesão aos cofres públicos ou dilapidação do patrimônio nacional, na forma do art. 132, X, desta Lei. (BRANDÃO, Júlio Cezar Lima, Comentários ao Estatuto do Servidor Público Federal – Teoria e Prática, 3ª Edição –Revista e Atualizada, Juruá Editora, 2016, p. 246)

▶ **Recusar fé a documentos públicos;**

O art. 19, II, da CF, veda à União, aos Estados, ao Distrito Federal e aos Municípios recusar fé aos documentos públicos. No entanto, se o documento estiver "manifestamente adulterado ou falsificado", o servidor pode recusar o seu recebimento. (BRANDÃO, Júlio Cezar Lima, Comentários ao Estatuto do Servidor Público Federal – Teoria e Prática, 3ª Edição –Revista e Atualizada, Juruá Editora, 2016, p. 246)

▶ **Opor resistência injustificada ao andamento de documento e processo ou execução de serviço;**

Não pode o servidor, a teor do inc. IV, opor resistência injustificada ao andamento de documento e processo ou execução de serviço, vale dizer: sem justificativa plausível e expressa, veda-se ao servidor denegar seguimento a documento, mas principalmente a processo, ou a execução de serviço a sua conta, sabendo-se que, para esta prestação, existe o próprio servidor. Sendo seu papel institucional dar andamento a tais procedimentos, sem explicar e bem fundamentar as razões de sua negativa em fazê-lo, é-lhe naturalmente proibida esta atitude. (RIGOLIN, Ivan Barbosa. Comentários ao regime único dos servidores públicos civis / Ivan Barbosa Rigolin. – 7. ed. rev. E atual. – São Paulo: Saraiva, 2012, p. 300/301)

▶ **Promover manifestação de apreço ou desapreço no recinto da repartição;**

Guarda relação o inc. V com o inc. VII deste artigo. É proibido ao servidor manifestar-se publicamente a favor ou em desfavor de alguém ou alguma causa, dentro da repartição (inc. V); é-lhe também proibido (inc. VII) realizar proselitismo político, aliciando subordinados para que se filiem a entidades profissionais, sindicais ou político-partidárias, e desta vez a lei nem sequer restringe a norma proibitiva ao âmbito da repartição, generalizando-a para fora dela. Visa com esses dois dispositivos impedir ao superior que exerça qualquer sorte de pressão ideológica ou coerção sobre seu subordinado no local onde se encontre, restringindo-lhe a escolha de agremiações a que pretenda pertencer, e tolhendo-lhe o livre-arbítrio com que deve conduzir sua vida inteira. . (RIGOLIN, Ivan Barbosa. Comentários ao regime único dos servidores públicos civis / Ivan Barbosa Rigolin. – 7. ed. rev. E atual. – São Paulo: Saraiva, 2012, p. 301)

▶ **Cometer a pessoa estranha à repartição, fora dos casos previstos em lei, o desempenho de atribuição que seja de sua responsabilidade ou de seu subordinado;**

Constitui infração sujeita à sanção de advertência o cometimento de desempenho de atribuições, concernentes à autoridade administrativa ou a seus subordinados, a pessoas estranhas à repartição pública, salvo nos casos previstos em lei, tais como, exempli gratia, no caso de estado de necessidade, para prestar socorro, ou em casos de calamidade pública. O conceito de atribuição pode ser entendido como o rol .de responsabilidades e tarefas previstas em lei ou em regulamento e a cargo do agente público, regularmente investido e em exercício, posto que essencialmente decorrentes das funções desempenhadas no cargo. O superior hierárquico administrativo, embora tenha o dever de gerir a repartição sob sua responsabilidade, não possui o condão de, mesmo a pretexto de visar ao interesse público, cometer a terceiros estranhos ao ambiente administrativo, mesmo que momentaneamente, as atribuições que seriam de sua responsabilidade ou de seus subordinados. Mesmo que se trate de servidores públicos lotados em outras unidades, repartições, órgãos ou instituições públicas, federais, estaduais ou municipais, se acaso não necessariamente lotados no órgão de exercício- salvo, por exemplo, em casos de cessão, missões legais específicas, exercício de cargo em comissão ou função de confiança etc – não estarão legitimados ao desempenho de funções de outros servidores locais.

▶ **Coagir ou aliciar subordinados no sentido de filiarem-se a associação profissional ou sindical, ou a partido político;**

O verbo "coagir" exprime a noção de imposição, ameaça, pressão ou constrangimento. O vocábulo "aliciar" significa encorajar, incitar. Ações que podem ser praticadas pelo servidor que exerce ascensão hierárquica e dizem respeito à limitação ou à deturpação

1141

da autonomia de vontade de servidores subordinados, para fazerem ou deixarem de fazer o que lhes aprouver, quanto às atividades de classe ou partidos políticos. O conceito de associação profissional é auferido da combinação do art. 53 do Código Civil com o art. 511 da Consolidação das Leis do Trabalho – CLT, na medida em que o primeiro diploma define associação como sendo a união de pessoas que se organizam para fins não econômicos e a CLT define associação profissional, dos trabalhadores, e associação econômica, dos empregadores, considerando-as, assim, quando constituídas para fins de estudo, de defesa e de coordenação dos seus interesses, desde que os interessados exerçam as mesmas atividades ou profissões, similares ou conexas. São, na essência do conceito, entidades não sindicais. Entidade sindical ou sindicato é, distintamente da associação, o órgão que representa a categoria dos trabalhadores, independentemente de ser o indivíduo filiado ou não, e, por isso, possui uma série de prerrogativas a exemplo da capacidade de celebração de acordos e convenções coletivas de trabalho trabalhistas, vinculativas para todos da categoria. A coação ou aliciamento de associação ou filiação constitui-se em infração administrativa disciplinar prevista na Lei 8.112/90 e sujeita à sanção de advertência. Apresenta natureza jurídica branda quanto à gravidade dessa sanção e, por isso, recebe a classificação de infração leve. Pelo fato de o elemento subjetivo ser somente o dolo, não se permite a confecção de confecção de Termo Circunstanciado Administrativo – TCA, nos termos da Instrução Normativa 04/09 – Controladoria Geral da União – CGU (DEZAN, Sandro Lucio, Ilícito Administrativo Disciplinar em Espécie, 2ª Edição – Revista e Atualizada, Juruá Editora, 2014, p. 206)

▶ **Manter sob sua chefia imediata, em cargo ou função de confiança, cônjuge, companheiro ou parente até o segundo grau civil;**

O inc. VIII do artigo impede ao servidor manter sob sua chefia imediata, desempenhando cargo ou função de confiança, cônjuge, companheiro ou parente até o segundo grau civil. Este dispositivo visa proibir o denominado nepotismo no serviço público, que se traduz pela nomeação de parente ou afim, com evidente vista apenas ao engordamento da economia doméstica à custa do erário, como contrapartida o "parente", regra geral que comporta exceções, oferecendo o pior serviço imaginável. A chancela de "parente" costuma significar a pior qualificação dentro do que se observa no serviço público. Este dispositivo deve estar se dirigindo apenas às mais altas autoridades na organização do serviço público federal, pois só estes detêm a livre nomeação de cidadãos para cargos ou funções de confiança. Não é qualquer servidor que terá à sua disposição cargos ou funções abertas, para que indique o escolhido. Trata-se de um dispositivo moralizador, recentemente implementado de forma eficaz no Poder Judiciário e não por força da L. 8.112, que precisa ter a aplicação estreitamente vigiada. (RIGOLIN, Ivan Barbosa. Comentários ao regime único dos servidores públicos civis / Ivan Barbosa Rigolin. – 7. ed. rev. E atual. – São Paulo: Saraiva, 2012, p. 301/302)

▶ **Valer-se do cargo para lograr proveito pessoal ou de outrem, em detrimento da dignidade da função pública;**

A presente tipificação de natureza gravíssima e sujeita à sanção de demissão refere-se à utilização da função pública ou do cargo público para, indevidamente, lograr proveito pessoal ou de interposta pessoa, em detrimento da dignidade da função pública. Contrapõe em forma de ilícito disciplinar a subversão ilícita do interesse particular suplantador do interesse público. Não se concebe o agente público obrando com o deferimento de supremacia de interesses particulares sobre o interesse público tutelado pela Administração. Não se permite que, pelo simples fato de gozar de uma relação especial de sujeição para com o Estado, ostentando o status de servidor público, possa auferir privilégios ou benesses distintas das permitidas ou ofertadas ao particular. Em muitos casos inclusive se impõe que não usufrua sequer das facilidades atribuídas ao público em geral, primando-se, ao extremo, pela boa fama e moral da Administração. O cerne da questão tipológica prende-se ao elemento normativo "proveito", espécie de vantagem que se refere a ganho, a benefício, a lucro, ilegais e não extensíveis aos particulares, a pretexto de ostentar o status de servidor público, e distinguem-se da propina, do presente e da comissão, uma vez que estas vantagens específicas constituem-se em elemento da infração prevista no art. 117, XII, da Lei 8.112/90 e reportam-se a vantagens em decorrência do exercício do cargo público, como espécie de gratificações paralelas às remunerações e subsídios, porém indevidas. Com efeito, se o proveito pessoal ou de outrem for considerado propina, presente, vantagem ou comissão a subsunção ocorre no tipo previsto no art. 117, XII, da Lei 8.112/90. Apresenta-se também como elemento normativo a expressão "dignidade da função pública" a qual representa a imagem institucional e a moralidade administrativa. A expressão "em detrimento da dignidade da função pública" reporta-se à noção de que a conduta do servidor, com o intuito de lograr proveito, não recebe albergue, guarida, do rol de atribuições componentes do cargo ou função e seja de tal gravidade que venha a macular de modo grave e incisivo a moralidade administrativa. Em razão da necessidade de elevada gravidade da conduta, a ponto de nitidamente ofender a dignidade da função pública, as condutas imorais que supostamente perfaçam o tipo em comento, porém de mínima gravidade, devem ser capituladas não nesta tipificação, mas sim nos preceitos do art. 116, IX, da Lei 8.112/90, qual seja não "manter conduta compatível com a moralidade pública", passível de sanção não de demissão, mas sim de advertência. A vista do exposto, o servidor público policial ou fiscal, ou mesmo servidor de qualquer outra classificação, que venha a apresentar a sua identidade funcional para adentrar em cinema ou em casa noturna e, com isso, ficar isento da cobrança do bilhete de ingresso não incide no tipo do art. 117, IX, mas sim no tipo do art. 116, IX. Neste caso, considerando a pequena gravidade da conduta, conclui-se que não houve a realização da tipificação em questão de "valer-se do cargo para lograr proveito pessoal ou de outrem, em detrimento da dignidade da função pública", mas sim a de não "manter conduta compatível com a moralidade pública". (DEZAN, Sandro. Ilícito Administrativo Disciplinar em Espécie: comentários às infrações previstas na lei 8.112/90, 2012, Ed. Juruá, Curitiba, p. 176/177.)

◙ **No mesmo sentido:** PROCESSUAL CIVIL E ADMINISTRATIVO. MANDADO DE SEGURANÇA INDIVIDUAL. SERVIDOR PÚBLICO FEDERAL. TECNOLOGISTA DE PESQUISA GEOGRÁFICA E ESTATÍSTICA E TÉCNICO DE ESTUDO E PESQUISA DO QUADRO DE PESSOAL DO INSTITUTO BRASILEIRO DE GEOGRAFIA E ESTATÍSTICA – IBGE. PROCESSO ADMINISTRATIVO DISCIPLINAR. PENA DE DEMISSÃO. ART. 117, IX, DA LEI

8.112/1990. CONTROLE JURISDICIONAL DO PROCESSO ADMINISTRATI-
VO DISCIPLINAR. EXAME DA REGULARIDADE DO PROCEDIMENTO E
DA LEGALIDADE DO ATO. IMPOSSIBILIDADE DE INCURSÃO DO MÉRI-
TO DO ATO ADMINISTRATIVO. EXAME DA PROPORCIONALIDADE DA
PENALIDADE APLICADA. POSSIBILIDADE. PRECEDENTES. PENA DEMIS-
SÓRIA QUE SE REVELA ADEQUADA E PROPORCIONAL À INFRAÇÃO
ADMINISTRATIVA PRATICADA. SEGURANÇA DENEGADA. 1. Pretendem
os impetrantes, ex-Técnologista de Pesquisa Geográfica e Estatística e ex-Téc-
nico de Estudo e Pesquisa, ambos do Quadro de Pessoal do Instituto Brasileiro de Geografia e Estatística – IBGE, a concessão da segurança para anular o
ato coator que lhe impôs a pena de demissão, com base no art. 117, IX, da Lei
8.112/1990, ao fundamento de que teria sido observada a regra do art. 128 da
Lei 8.112/1990 e que o conjunto probatório seria insuficiente para o reconhecimento da infração disciplinar. 2. É firme o entendimento no âmbito do STJ no
sentido de que a atuação do Poder Judiciário no controle jurisdicional do Processo Administrativo Disciplinar – PAD limita-se ao exame da regularidade do
procedimento e a legalidade do ato, à luz dos princípios do contraditório, da
ampla defesa e do devido processo legal, sendo-lhe vedada qualquer incursão
no mérito administrativo a impedir a análise e valoração das provas constantes no processo disciplinar. Precedentes. 3. Tendo a Comissão Disciplinar concluído que restou comprovada a conduta irregular dos impetrantes no sentido
de que os impetrantes "valeram-se de seus cargos para lograr proveito pessoal,
face a participação ativa destes, como sócios-cotistas, nos trabalhos desenvolvidos pela Empresa TOPCHART – Serviços de Topografia e Cartografia Ltda.
de forma comprometedora e imprópria ao desempenho da função pública, bem
como a cooptação de clientes nas dependências do IBGE, fartamente caracterizado o conflito de interesses infringido, desta forma, o inciso IX, do art. 117,
da Lei 8.112 de 11 de Dezembro de 1990, tudo, como robustamente comprovado no bojo deste processo", não cabe ao STJ rever tal entendimento posto que
é inviável o exame da alegação de que o conjunto probatório seria insuficiente
para o reconhecimento da infração disciplinar, vez que seu exame exige a revisão do conjunto fático-probatório apurado no PAD, com a incursão no mérito
administrativo, questões estas estranhas ao cabimento do writ e à competência
do Judiciário. 4. A jurisprudência do STJ admite o exame da proporcionalidade e da razoabilidade da penalidade imposta ao servidor, porquanto se encontra relacionada com a própria legalidade do ato administrativo. Precedentes. 5.
No caso a pena de demissão imposta aos impetrantes atendeu aos princípios da
razoabilidade e da proporcionalidade, diante da gravidade das condutas perpe-
tradas pelos impetrantes, que se utilizavam do status de servidores públicos do
IBGE para, dentro da própria repartição pública, captar clientes para sociedade
empresária da qual eram sócios-cotistas, em prejuízo à dignidade do IBGE, ainda
mais quando os contratantes acreditariam que os serviços seriam prestados pelo
IBGE; atribuírem à pessoa estranha aos quadros do IBGE função precípua de
servidor público, utilizando-se de recursos públicos para desenvolver atividades
da empresa TOPCHART, com "intenso trânsito e participação de pessoas que

trabalhavam na TOPCHART, que atuavam na cooptação de clientes, na supervisão dos trabalhos de campo, ou na administração na referida pessoa jurídica, dentro da UE/CE – IBGE" (e-STJ, fl. 109); acumulavam a função pública e o exercício de atividade privada em evidente conflite de interesses, gerando confusão entre as Prefeituras contratadas, em relação ao trabalho executado pela TOPCHART e às funções institucionais do IBGE, posto que "os Prefeitos que contratavam a TOPCHART sabiam que o Sr. Marcelo era servidor da UE/CE – IBGE e que, ainda, supervisionava em certa medida, com o servidor Audy, as atividades da TOPCHART", hipótese em que "os serviços prestados pela TOPCHART às Prefeituras repercutiam sensivelmente no trabalho do IBGE, reduzindo a sua credibilidade junto a certas entidades e ao público em geral" (e-STJ, fl. 110), não havendo que se falar em violação do art. 128 da Lei 8.112/1990. 6. Segurança denegada. Decisão Vistos, relatados e discutidos esses autos em que são partes as acima indicadas, acordam os Ministros da PRIMEIRA SEÇÃO do Superior Tribunal de Justiça, na conformidade dos votos e das notas taquigráficas, o seguinte resultado de julgamento: "A Seção, por unanimidade, denegou a segurança, nos termos do voto do Sr. Ministro Relator." Os Srs. Ministros Benedito Gonçalves, Assusete Magalhães, Sérgio Kukina, Regina Helena Costa, Humberto Martins, Napoleão Nunes Maia Filho e Og Fernandes votaram com o Sr. Ministro Relator. Ausente, justificadamente, o Sr. Ministro Olindo Menezes (Desembargador Convocado do TRF 1ª Região). Presidiu o julgamento o Sr. Ministro Herman Benjamin. (MS 20348 / DF)

▶ **Participar de gerência ou administração de sociedade privada, personificada ou não personificada, exercer o comércio, exceto na qualidade de acionista, cotista ou comanditário.**

O inc. X, na redação dada pela Lei n. 11.784/08, veda ao servidor "participar de gerência ou administração de sociedade privada, exercer o comércio, exceto na qualidade de acionista, cotista ou comanditário". Observa-se que a regra estabelece proibições e em seguida abre exceções, tudo no inc. X. Após isso, o novo parágrafo único do artigo, com seus incs. I e II, declara inaplicáveis as vedações do inc. X em duas hipóteses. Nessa tortuosa técnica de proibir, excepcionar e depois declarar inaplicáveis as proibições em algumas hipóteses, ou seja, dispor negativamente, inverter e reinverter, torna-se preciso emprestar bastante cuidado à aplicação. Seja como for, após a modificação havida em maio de 2008, simplificaram-se as proibições que existiam na forma anterior do inc. X – que, a seu turno, já não era originária da lei, pois fora dada pela Lei n. 11.094, de 13-1-2005. O que além do texto atual constava do inc. X passou agora a figurar, com pouca diferença, do parágrafo único e seus incs. I e II, que a Lei n. 11.784/2008 introduziu neste artigo. E, como o referido parágrafo único, com seus incs. I e II, se refere ao inc. X, então todos merecem comentário neste momento, em seu conjunto. Registre-se em primeiro lugar que, com a Lei n. 11.784/2008, a L. 8.112, neste momento, deixou de se referir a sociedades privadas "personificadas ou não personificadas", atentando, ao que parece, a outra recomendação constante da edição anterior, onde dissemos que: "Não deixa de ser curiosa a menção a sociedades privadas não personificadas, porque com isso a lei pretende proibir o servidor de exercer qualquer atividade econômica, mesmo que informalmente, como numa fabriqueta de fundo de quintal, o que não deixa de ser ridículo, a par de incontrolável". Pois bem: a Lei n. 11.784/2008 suprimiu aquela estranha referência a sociedades não personificadas, e com isso a L. 8.112 não mais se refere àquilo – e outra vez somente se pode elogiar a intervenção do Executivo. Pelo novo inc. X, como se viu, o servidor regido pela L. 8.112 em princípio e prima facie está proibido de "participar de gerência ou administração de sociedade privada, exercer o comércio, exceto na qualidade de acionista, cotista ou comanditário". Assim, se não se encontrar n'alguma das exceções finais a lei veda que integre aqueles órgãos, ou desempenhe aquelas funções nas entidades que menciona. Portanto, se como comerciante for apenas cotista, acionista ou comanditário, então nenhum impedimento existirá com relação ao exercício de seu cargo público. Quanto à gerência ou administração, o impedimento, entretanto, é evidente, pois que essas são funções autônomas e que em nada dependem de ser a pessoa cotista, comanditária ou gerente. Ao final do rol de incisos, no entanto, o parágrafo único do art. 117 excepciona a proibição do inc. X (que já tinha sofrido exceções ao final do texto do inciso) em mais dois casos: 1º) "participação nos conselhos de administração e fiscal de empresas ou entidades em que a União detenha, direta ou indiretamente, participação no capital social ou em sociedade cooperativa constituída para prestar serviços a seus membros" (inc. I), e 2º) o servidor fruir licença para tratar interesses particulares, na forma do art. 91 – com um curioso adendo: "observada a legislação sobre conflito de interesses", algo que jamais constara da lei (inc. II). Nesses casos todos (incs. I e II do par. ún. do art. 117), portanto, não vale contra o servidor regido pela L. 8.112 a proibição constante do caput deste art. 117. Agora, pelo novo parágrafo único, inc. I, está liberada a participação do servidor, mesmo que remunerada, em conselhos de administração e em conselhos fiscais de empresas estatais federais, ou de empresas direta ou indiretamente controladas pela União, assim como em quaisquer cooperativas (e não mais apenas nas de servidores públicos, como antes da Lei n. 11.784/08) constituídas para prestar serviços a seus membros. E pelo inc. II do mesmo parágrafo único está liberada a participação mesmo da gerência e administração referidas como vedadas no inc. X, na hipótese de o servidor se achar em gozo de licença para tratar interesses particulares (cf. art. 91), mas nesse momento a lei pioneiramente manda observar a legislação relativa a conflitos de interesses. É absolutamente lógico que o servidor licenciado para tratar de interesses particulares possa fazer o que bem entenda, ou trabalhar no que lhe pareça conveniente se se tratar de atividade lícita e não vedada pela lei, e não haveria sentido em a lei dizer diverso, pois que simplesmente estaria a negar o livre exercício de profissões e ofícios, direito garantido constitucionalmente pelo art. 5º, inc. XIII, da Carta de 1988. Até aí a lei apenas diz o óbvio. O que chama a atenção é a ressalva legal, do inc. II, quanto a fazer o servidor licenciado observar a legislação sobre conflito de interesses, sendo porém perfeitamente legítima essa ressalva, uma vez que não se concebe um servidor, mesmo que licenciado para "cuidar da vida", nesse período passar a patrocinar interesse contrário ao da Administração, sua empregadora. Um só exemplo clareia um tal panorama: o servidor que ocupa cargo de advogado ou procurador – regido pela L. 8.112 – licencia-se para tratar de interesses particulares, e nesse período passa a advogar contra a mesma Administração que o emprega. Se por diversas razões já seria natural, e eticamente inadmissível tal conduta, mais que isso, a própria lei regedora da profissão de advogado expressamente o proíbe, como se lê no Estatuto da Ordem dos Advogados do Brasil, a Lei n. 8.906, de 4-7-1994, art. 30, I, além de no Código de Ética da profissão, art. 20. É substantivamente o que a parte final do inc. II, do parágrafo único, do art. 117, da L. 8.112 determina, de modo rigorosamente jurídico e regular. Por fim, e visto em seu conjunto, o inc. X é um dispositivo de arcaica e vetusta inspiração, sempre suscetível de algum questionamento quanto à constitucionalidade por limitar a vida profissional do servidor público apenas ao exercício de seu cargo ou de sua função, sem lhe permitir gerenciar ou administrar empresas privadas, salvo nas exceções que enuncia. Mesmo com a simplificadora e racional, e veramente evolucional, alteração da L. 8.112 pela Lei n. 11.784/08, o fato é que ainda restou no texto algum casuísmo, o qual talvez ainda faça alguém entrever restrição ao constitucional direito de livre exercício de qualquer trabalho, ofício e profissão, como assegurado no referido inc. XIII do art. 5º da Constituição Federal. Se é sempre inadmissível que o Estatuto interfira na vida particular do seu servidor enquanto não estiver em jogo nenhum prejuízo ao desempenho de seu cargo, sobretudo o horário de trabalho, entretanto é igualmente certo que se tornou sensivelmente mais remota a possibilidade – que denunciáramos na edição anterior, sob a redação antiga do inc. X – de agora, sob a nova redação dada em maio de 2008, vir a triunfar uma tal alegação pelo servidor contra a Administração – pois que a lei efetivamente melhorou com aquela alteração. (RIGOLIN, Ivan Barbosa. Comentários ao regime único dos servidores públicos civis / Ivan Barbosa Rigolin. – 7. ed. rev. E atual. – São Paulo: Saraiva, 2012, p. 302/303)

▶ **Atuar, como procurador ou intermediário, junto a repartições públicas, salvo quando se tratar de benefícios previdenciários ou assistenciais de parentes até o segundo grau, e de cônjuge ou companheiro;**

A o princípio da isonomia, impessoalidade, e a regularidade do exercício das atribuições públicas ditam a necessidade da prescrição ora versada. A atuação de servidor público como procurador ou intermediário junto a outras repartições públicas pode vir a tumultuar o andamento ordinário de suas rotinas e, não obstante, preterir direitos de particulares que tenham regular e legal precedência no atendimento de seus interesses. O servidor, valendo-se de seu prestígio, ou das facilidades de contatos com entes, órgãos e autoridades administrativas e conhecedor das rotinas e burocracias do serviço público, quando aquilata preferência de pleitos particulares, representando-os como mandatário, mesmo informal, perante a Administração Pública de qualquer seara do Governo (Federal, Estadual, Distrital ou Municipal), pode provocar desordem nos desempenhos das tarefas administrativas e, disso, a deficiência da prestação de todo o serviço público a cargo da repartição. A tipificação apresenta duas prescrições proibitivas, ou seja, dois ilícitos administrativos disciplinares alternativos: (i) a atuação como procurador e (ii) a atuação como intermediário. A expressão "procurador" "deriva do latim *procurato* (tratar de negócio alheio, administrar negócio de outrem, procurar) e em sentido geral designa toda pessoa que trata ou administra negócios de outrem, em virtude de mandato escrito, que lhe foi conferido pelo mesmo". Denota infração continuada e para a subsunção faz-se necessária a demonstração de existência de mandato ou procuração, que decline a outorga escrita à atuação do servidor, não bastando somente o agir, representando ou defendendo interesses de particulares, semelhantemente a um procurador, o que caracterizaria a segunda figura típica descrita como a atuação como intermediário. A intermediação denota infração instantânea, que se satisfaz com apenas uma única conduta e, não obstante, certa informalidade do ato de procurar, não necessitando, por isso, de qualquer mandato escrito ou verbal, mas sim de interposição, até mesmo de forma discreta ou velada, reservada ou dissimulada e mesmo o sem a autorização ou ciência do interessado legal, para tutela de interesses alheios. A demonstração de ocorrência dessa segunda tipificação dispensa a prova de outorga de mandato escrito do particular ao servidor público, conformando-se somente com a demonstração verossímil da atuação do servidor com vista a defender ou representar interesse alheio. Com efeito, para a configuração desta segunda infração sequer há a necessidade de conhecimento pelo particular de que o servidor age ou se omite em seu nome e com o fim de tutelar seus interesses. Dispensa-se, assim, a comprovação de união de desígnios entre o particular interessado nos serviços administrativos e o servidor público que atua como intermediário de seus direitos. (DEZAN, Sandro. Ilícito Administrativo Disciplinar em Espécie: comentários às infrações previstas na lei 8.112/90, 2012, Ed. Juruá, Curitiba, p. 189/190.)

▶ **Receber propina, comissão, presente ou vantagem de qualquer espécie, em razão de suas atribuições;**

O inc. XII proíbe a prática de corrupção administrativa, consignada na lei como o recebimento de propina, comissão, presente ou vantagem de qualquer espécie pelo servidor, em razão de sua mera atribuição. Tal significa que não pode o servidor federal receber subornos, peitas, gorjetas, participações em negócios da Administração, brindes, mimos, lembranças ou quaisquer outras oferendas, simplesmente porque, com este objetivo ou não, pelo só desempenho de sua função favoreceu alguém. A regra é necessária, pela sua evidente função moralizante, e porque seria inadmissível o silêncio da lei em tema semelhante. (DEZAN, Sandro. Ilícito Administrativo Disciplinar em Espécie: comentários às infrações previstas na lei 8.112/90, 2012, Ed. Juruá, Curitiba, p. 189/190.)

▶ **Aceitar comissão, emprego ou pensão de estado estrangeiro;**

O aceite, no entendimento de Rocha, Lucarelli e Machado, constitui "menosprezo pela nacionalidade e instituições pátrias". Ferreira observa que nas Constituições anteriores (de 1946. art. 130. 11; de 1967, art. 141, II; e na Emenda 1/69, art. 146, II) essa proibição constituía "forma de perda da nacionalidade. A atual Constituição, contudo, deixou de mencionar este fato como motivador de perda da nacionalidade" Para Duarte Neto "[não se trata de vedação xenofóbica, como possa fazer crer e sim regra que zela pela segurança jurídica nacional, haja vista que inúmeros servidores públicos contam com informações sigilosas que se vazadas a organismos ou entidades estrangeiras prejudicariam em muito o escorreito caminhar da Administração Pública. É bom relembrar, contudo, que o art. 5º da Lei 10.539, de 23.09.2002, permite a cessão de servidor público federal para fundação, organismo ou entidade internacional ou multilateral de que o Brasil seja integrante ou participe, mediante autorização expressa do Presidente da República. (BRANDÃO, Júlio Cezar Lima. Comentários ao estatuto do servidor público federal: direitos, deveres, proibições, vantagens, processo disciplinar, seguridade social e aposentadoria. 3ª edição. Curitiba, Juruá. 2016. p. 253/254

▶ **Praticar usura sob qualquer de suas formas;**

O inc. XIV deste art. 117 constitui um dos mais ridículos, e a palavra é esta, dispositivos de todo o texto: é proibido ao servidor federal emprestar dinheiro a juros, para quem quer que seja. Não merece muito comentário, assim como não o mereceria dispositivo que o proibisse de assistir a filmes pornográficos, entoar canções indecorosas enquanto toma banho, ou fraudar seus companheiros no jogo de baralho. Se a questão é de conduta irregular, sua matéria é para o Código Penal, ou talvez a Lei de Contravenções, mas nunca, jamais, para um estatuto de servidores. Se usura constitui delito, não o é no plano administrativo, com o qual nada tem que ver, mas diretamente no plano penal ou contravencional, de maneira que este arcaico e risível preceito jamais mereceria figurar na L. 8.112, como constava do antigo estatuto. (RIGOLIN, Ivan Barbosa. Comentários ao regime único dos servidores públicos civis / Ivan Barbosa Rigolin. – 7. ed. rev. E atual. – São Paulo: Saraiva, 2012, p. 305)

▶ **Proceder de forma desidiosa;**

O vocábulo "desídia" significa desleixo, descaso, descuido, indiferença, negligência, preguiça, indolência, inércia. Segundo De Plácido e Silva, "deriva do latim *desídia*, de *desidere* (estar ocioso), ê tido, na terminologia do Direito Trabalhista, como o desleixo, a desatenção, a indolência, com que o empregado executa os serviços que lhes estão afetos" A desídia se constitui em infração administrativa disciplinar prevista na Lei 8.112/90 e sujeita a sanção de demissão. Apresenta natureza jurídica gravíssima, com a prescrição da pretensão punitiva ocorrendo, por força do art. 142,1, da lei de regência, em 5 anos, contados da data do conhecimento do fato, pela Administração. Impõe ao servidor público o dever de exercício de suas funções com atenção, responsabilidade, primor e dedicação, afinco e interesse, refletindo na necessidade de eficiência demandada do Estado. Difere do dever de zelo justamente por aquela, a desídia, requerer habitualidade para sua caracterização, ou seja, diversos atos de desleixo, ou de descaso, descuido, indiferença, negligência, preguiça, inércia. O simples cumpri ou desempenhar mal uma tarefa que foi atribuída ao servidor não caracteriza a desídia e sim, à vista do caso concreto, infração ao dever de zelo. A consumação somente ocorrerá com a reiterada ação ou omissão de modo negligente, preguiçoso, indolente. (DEZAN, Sandro. Ilícito Administrativo Disciplinar em Espécie: comentários às infrações previstas na lei 8.112/90, 2012, Ed. Juruá, Curitiba, p. 201/202.)

◙ **Neste sentido**: PROCESSUAL CIVIL E ADMINISTRATIVO. MANDADO DE SEGURANÇA INDIVIDUAL. SERVIDOR PÚBLICO FEDERAL. MÉDICO--PERICIAL DO QUADRO DE PESSOAL DO INSTITUTO NACIONAL DO SEGURO SOCIAL. DEMISSÃO. INFRAÇÃO DISCIPLINAR. PROCEDER DE FORMA DESIDIOSA. DESCUMPRIMENTO E JORNADA DIÁRIA DE TRABALHO. ART. 117, XV C/C ART. 132, XIII E 137, DA LEI 8.112/1990. INADEQUAÇÃO DA VIA ELEITA. INOCORRÊNCIA. ALEGADA IRREGULAR FORMAÇÃO DA COMISSÃO PROCESSANTE. LEGALIDADE DOS ATOS

ADMINISTRATIVOS. ÔNUS DA PROVA DO ADMINISTRADO. NÃO COM-
PROVAÇÃO. NULIDADES NO PROCESSO ADMINISTRATIVO DISCIPLI-
NAR E DE CERCEAMENTO DO DIREITO DE DEFESA. INOCORRÊNCIA.
ALEGADA INEXISTÊNCIA DE CONDUTA DESIDIOSA. INADEQUAÇÃO
DA VIA ELEITA. NECESSIDADE DE DILAÇÃO PROBATÓRIA. PROPOR-
CIONALIDADE DA PENA DEMISSÓRIA. SEGURANÇA DENEGADA. 1. Pre-
tende o impetrante, ex-Supervisor Médico-Pericial do Quadro de Pessoal do
Instituto Nacional do Seguro Social, a concessão da segurança para anular a
Portaria 688, de 08 de dezembro de 2011, do Ministro de Estado da Previdência Social, que lhe impôs pena de demissão, em razão da prática de infração
disciplinar tipificada no art. 117, XV ("proceder de forma desidiosa") c/c art.
132, XIII ("transgressão dos incisos IX a XVI do art. 117" e 137, da Lei 8.112/1990.
2. Da alegada inadequação da via eleita: Tratando-se de infração disciplinar capitulada pela Comissão Processante na hipótese do art. 117, XV, da Lei 8.112/1990,
e tratando-se de ilícito sujeito à pena de demissão, na forma do art. 132, XIII,
da Lei 8.112/1990, a via adequada para a sua apuração é o Processo Administrativo Disciplinar, consoante reza o art. 146 da Lei 8.112/1990. 3. Da alegada
nulidade do PAD em razão da irregular designação dos Presidentes da CPAD:
O reconhecimento de nulidade do PAD pressupõe a efetiva comprovação do vício, sendo insuficiente mera alegação em tal sentido, sem qualquer amparo em
prova, ainda mais na via estreita do mandado de segurança, o qual pressupõe a
existência de provas pré-constituídas, porquanto inadmissível dilação probatória. Limitando-se o impetrante a sustentar que o Presidente do CPAD ocuparia
cargo de nível médio de escolaridade, sem qualquer prova em tal sentido, revela-se incabível reconhecer eventual nulidade do PAD apenas com base em meras suposições, sem qualquer demonstração efetiva em tal sentido, hipótese em
que caberia ao impetrante demonstrar que o referido servidor não possuiria nível superior de escolaridade, ainda mais quando os atos administrativos gozam
de atributos da presunção de legitimidade e veracidade, pelos quais os atos administrativos presumem-se verdadeiros e legais até que se prove o contrário,
cabendo ao seu destinatário do ato o encargo de provar que o agente administrativo agiu de forma ilegítima. Outrossim, a autoridade coatora nas informações prestadas foi categórica ao afirmar que "o servidor Euclides Paulino da Silva Neto, [...], presidente da Primeira Comissão Processante, possuí nível superior
de escolaridade, conforme se constata da cópia do Diploma do referido servidor,
ora acostada aos autos do presente mandamuns. [...] Quanto ao servidor Vagner Barroso de Souza, [...], responsável por conduzir a segunda Comissão Processante, consta às fls. 323 do Processo Administrativo Disciplinar despacho da
Sra. Corregedora Regional do INSS, informando que o mencionado servidor,
detém nível superior. Ademais, para fins de comprovação ao art. 149 da Lei nº
8.112, de 1990, juntamos aos autos cópia do diploma de Bacharelado em Direito do servidor Vagner. [...] Desse modo, não há que se falar em nulidade do
feito, tendo em vista que ambos os servidores atenderam aos requisitos elencados pelo art. 149 da Lei nº 8.112, de 1990, para integrarem as Comissões Disciplinares na qualidade de Presidentes" (e-STJ, fl. 998), tudo a evidenciar a ine-

xistência de nulidade na designação dos Presidentes das Comissões Processantes, tendo em vista a observância do requisito do art. 149 da Lei 8.112/1990. 4. Do alegado cerceamento do direito de defesa: Compete à Comissão Processante indeferir os pedidos de prova considerados impertinentes, meramente protelatórios, que não tenham nenhum interesse para o esclarecimento dos fatos e quando a comprovação do fato independer de conhecimento especial de perito, consoante reza o § 1º do art. 156 da Lei 8.112/1990. Precedentes. 5. Da alegada nulidade do PAD em razão da ausência de intimação do relatório final do PAD: É firme o entendimento jurisprudencial no âmbito do Superior Tribunal de Justiça no sentido de que "não ocorre a nulidade do processo administrativo disciplinar que resultou na imposição de pena de demissão a policial civil na hipótese de falta de intimação do acusado acerca do relatório final da comissão processante, tendo em vista que o rito procedimental previsto pela Lei 8.112/1990 não traz qualquer determinação de intimação do acusado após a apresentação do relatório final pela comissão, nem a possibilidade de impugnação de seus termos, devendo o processo ser imediatamente remetido à autoridade competente para julgamento" (RMS 32.641/DF, Rel. Ministro Napoleão Nunes Maia Filho, Rel. p/ Acórdão Ministro Benedito Gonçalves, Primeira Turma, julgado em 08/11/2011, DJe 11/11/2011). 6. Da alegada inobservância do princípio da impessoalidade: Inexistem nos autos provas pré-constituídas acerca de eventual perseguição contra a sua pessoa, de forma que inexistindo indícios de perseguição não há como se acolher a alegada ofensa ao princípio da impessoalidade. Prececentes. Além do mais, o debate que o impetrante quer inaugurar na via mandamental, acerca da violação do princípio da impessoalidade, desborda dos limites de cognição impostos nessa via, pois demandariam uma incursão aprofundada na situação fática. 7. Do alegado cerceamento de defesa em razão da impossibilidade de produção de outros meios de prova: Do exame do farto conjunto probatório acostado aos autos verifica-se que foi devidamente assegurado ao impetrante o direito ao contraditório e a ampla defesa. 8. Da alegada ausência de conduta desidiosa: É firme o entendimento no âmbito do Supremo Tribunal Federal e desse Superior Tribunal de Justiça no sentido de que o mandado de segurança não é a via adequada para o exame da suficiência do conjunto fático-probatório constante do Processo Administrativo Disciplinar – PAD, a fim de verificar se o impetrante praticou ou não os atos que foram a ele imputados e que serviram de base para a imposição de penalidade administrativa, porquanto exige prova pré-constituída e inequívoca do direito líquido e certo invocado. Outrossim, o controle jurisdicional do PAD restringe--se ao exame da regularidade do procedimento e a legalidade do ato, à luz dos princípios do contraditório, da ampla defesa e do devido processo legal, sendo--lhe defesa qualquer incursão no mérito administrativo, a impedir a análise e valoração das provas constantes no processo disciplinar. Desse modo, tendo a Comissão Processante concluído, com base nos registros de frequência, pela responsabilização do impetrante por, no período de outubro de 2009 a 24/06/2011, ter se ausentado do trabalho continua, injustificada e desautorizadas vezes, antes do final de sua jornada laboral diária, mediante saídas intra jornada no turno da manhã, além de utilizar-se indevidamente do Sistema de Frequência, vez que praticava saídas intra jornada, mas registrada a sua saída apenas quando do seu regresso ao local de trabalho, como se tivesse permanecido ali durante todo o período, perfazendo quase 1.000 horas não trabalhadas, tudo a caracterizar a prática de comportamento desidioso enquarável na infração disciplinar prevista no inciso XV do art. 117 da Lei 8.112/1990, conforme consta do relatório final do PAD acostado às fls. 870/913-e, e limitando-se o impetrante a sustentar a inocorrência de conduta desidiosa, deixando, entretanto, de colacionar aos autos provas inequívocas e pré-constituídas em tal sentido, revela-se inadequada a via eleita, por demandar dilação probatória, devendo ser postulada na via própria. 9. Da alegada desproporcionalidade da penalidade: A jurisprudência do STJ admite o exame da proporcionalidade e da razoabilidade da penalidade imposta ao servidor, porquanto se encontra relacionada com a própria legalidade do ato administrativo. In casu, do exame do Relatório Final do PAD e do Parecer da Consultoria Jurídica acostados, respectivamente, às fls. 870/913-e e 918/933-e, verifica-se que foi atribuída ao impetrante infração disciplinar por ter se ausentado continuamente e injustificadamente por diversas horas do local de trabalho antes de finda a sua jornada de trabalho, no período de outubro de 2009 a junho de 2011, sem que possuísse autorização da chefia imediata para tanto, perfazendo quase 1.000 horas não trabalhadas, a caracterizar a prática de comportamento desidioso enquarável na infração disciplinar prevista no inciso XV do art. 117 da Lei 8.112/1990. Assim, a pena demissória imposta ao impetrante atendeu aos princípios da razoabilidade e da proporcionalidade, não havendo que se falar em violação do art. 128 da Lei 8.112/1990, porquanto há adequação entre o instrumento (processo administrativo disciplinar) e o fim (aplicação da pena), e a medida é exigível e necessária, diante da gravidade da conduta perpetrada pelo impetrante, que deixava o seu posto de trabalho no meio do expediente e antes de concluída a sua carga horária diária, gerando prejuízos ao andamento dos trabalhos na instituição, ainda mais tratando-se de servidor lotado em Agência do Instituto Nacional do Seguro Social, sendo de conhecimento público e notório as grandes filas e demora nos atendimentos no referido órgão público, em que pesem os esforços de seus servidores e gestores, sendo inadmissível que um médico perito deixe o seu posto de trabalho as 9:30hs alegando uma pausa para o lanche e retorne apenas no horário de almoço, agindo assim por mais de 01 (um) ano, furtando-se de laborar por mais de 1.000 horas, o que evidencia a prática da infração disciplinar capitulada no art. 117, XV da Lei 8.112/1990, e o acerto da pena aplicada, ainda mais quando inexiste outro meio legal para se chegar ao mesmo resultado e tampouco a medida é excessiva ou se traduz em resultado indesejado pelo sistema jurídico. 10. Segurança denegada. Decisão Vistos, relatados e discutidos esses autos em que são partes as acima indicadas, acordam os Ministros da PRIMEIRA SEÇÃO do Superior Tribunal de Justiça, na conformidade dos votos e das notas taquigráficas, o seguinte resultado de julgamento: "A Seção, por maioria, vencido parcialmente o Sr. Ministro Napoleão Nunes Maia Filho, denegou a segurança, nos termos do voto do Sr. Ministro Relator." A Sra. Ministra Assusete Magalhães e os Srs.

Ministros Sérgio Kukina, Regina Helena Costa, Gurgel de Faria, Francisco Falcão e Og Fernandes votaram com o Sr. Ministro Relator. Ausente, ocasionalmente, o Sr. Ministro Benedito Gonçalves. Presidiu o julgamento o Sr. Ministro Herman Benjamin. (MS 18229 / DF)

▶ **Utilizar pessoal ou recursos materiais da repartição em serviços ou atividades/ particulares;**

O inciso seguinte do rol deste artigo, o XVI, prevê a infração, de índole mais penal do que administrativa, que se costuma denominar peculato de uso, ainda que este título não esteja previsto ou tipificado no Código Penal, que apenas refere o peculato, de valor ou dinheiro. O efeito do peculato de uso é o mesmo daquele de valor ou dinheiro, pois causa lesão patrimonial ao Estado, sendo correlatas as figuras. De qualquer modo, o castigo para tal infração é a demissão, com fulcro no art. 132. (RIGOLIN, Ivan Barbosa. Comentários ao regime único dos servidores públicos civis / Ivan Barbosa Rigolin. – 7. ed. rev. E atual. – São Paulo: Saraiva, 2012, p. 306)

▶ **Cometer a outro servidor atribuições estranhas ao cargo que ocupa, exceto em situações de emergência e transitórias;**

O inc. XVII inicia de modo lógico e termina de modo temerário. É evidentemente irregular que um superior hierárquico atribua a seu subordinado funções próprias de outro subordinado, ou mesmo funções estranhas às atribuições normais do mesmo subordinado. Vale dizer: é proibido ao chefe exigir do servidor atribuições estranhas ao cargo deste último. O inciso, entretanto, abre perigosa exceção, referente a situações de emergência, transitórias, quando estabelece que pode o superior designar atribuições estranhas ao cargo do seu subordinado. Para que não se revista a determinação das chefias de arbitrariedade ou abuso de poder, é necessário plena justificativa, escrita e expressa, a cada caso de exercício da faculdade excepcional prevista no final do dispositivo, por qualquer autoridade pública: a emergência ou a transitoriedade da situação precisam estar declaradas, antes que qualquer servidor seja obrigado a desempenhar atribuições diversas das descritas para seu cargo (sempre que, naturalmente, exista a descrição...) . (RIGOLIN, Ivan Barbosa. Comentários ao regime único dos servidores públicos civis / Ivan Barbosa Rigolin. – 7. ed. rev. E atual. – São Paulo: Saraiva, 2012, p. 306)

▶ **Exercer quaisquer atividades que sejam incompatíveis com o exercício do cargo ou função e com o horário de trabalho;**

O inc. XVIII proíbe ao servidor exercer quaisquer atividades incompatíveis com o exercício de seu cargo e com o horário de trabalho. Tal significa que não se lhe admite executar trabalho estranho às atribuições de seu cargo, voltado a interesses particulares ou meramente de lazer, o qual, se exercido, reduzirá as horas de serviço efetivamente prestadas pelo servidor, interferindo com isso no seu horário de trabalho. Nada pode ser mais necessário à Administração que exigir do servidor integral cumprimento das atribuições de seu cargo, impedindo-o de dedicar-se senão a elas durante o horário de expediente, e reprimindo conduta que não coadune com esse natural cerceamento. Tal não justifica, no entanto, rigor excessivo contra servidor algum desbordante de um senso médio de exigibilidade. (RIGOLIN, Ivan Barbosa. Comentários ao regime único dos servidores públicos civis / Ivan Barbosa Rigolin. – 7. ed. rev. E atual. – São Paulo: Saraiva, 2012, p. 306)

▶ **Recusar-se a atualizar seus dados cadastrais quando solicitado.**

O último inciso, XIX, introduzido pela Lei n. 9.527/97, proíbe ao servidor negar-se a atualizar seus dados cadastrais quando "solicitado". Duas observações são o máximo de que se precisa: Primeira: se os dados são apenas solicitados e não requeridos ou requisitados, então o servidor deveria poder negar-se a atender à solicitação, como pode negar qualquer solicitação em sua vida, pois solicitação é pedido, que como tal sempre comporta recusa. O que alguém está obrigado a fazer não precisa ser simplesmente solicitado, mas pode ser exigido, requerido ou requisitado. Já é hora de o legislador aprender a diferença entre requerer e solicitar. A palavra foi infeliz, e pode ensejar resistências judiciais a essa proibição, pelo servidor, de recusar-se a atualizar seus dados cadastrais. O que se pretende com esta advertência não é subverter o sentido organizativo da lei, que se reconhece, porém reclamar do legislador que aprenda a escrever as leis. Segunda: um assunto de tão microscópica importância como esse, a respeito do qual o legislador nem mesmo se preocupou em utilizar o verbo requerer, que daria efetivo direito à Administração contra o servidor, tal insignificância mereceria figurar na lei do regime jurídico do servidor federal, o seu estatuto laboral? A resposta é não, e a Lei n. 9.527/97 outra vez produziu algum estrago na já suficientemente bombardeada L. 8.112. (RIGOLIN, Ivan Barbosa. Comentários ao regime único dos servidores públicos civis / Ivan Barbosa Rigolin. – 7. ed. rev. E atual. – São Paulo: Saraiva, 2012, p. 307)

O SERVIDOR RESPONDE CIVIL, PENAL E ADMINISTRATIVAMENTE PELO EXERCÍCIO IRREGULAR DE SUAS ATRIBUIÇÕES

▶ **O servidor público, ao praticar ato contrário ao direito, está sujeito à responsabilidade civil, administrativa e penal, dependendo do ilícito cometido.**

"A responsabilidade, em sentido amplo, indica o dever de satisfazer uma obrigação: aquela originariamente posta pelo direito, ou a sanção pelo seu descumprimento. Muito frequentemente, em direito, utiliza-se o termo responsabilidade apenas nesse segundo sentido, ou seja, como dever de suportar sanções pelo descumprimento de normas. É nesse contexto que trataremos da tese em foco. A responsabilidade civil é essencialmente reparatória, visando à restauração de patrimônio lesado. As responsabilidades penal e administrativa apresentam em comum a natureza punitiva, tendo como objetivo direcionar ou alterar os comportamentos das pessoas, em prol dos valores sociais, por meio de sanções. A responsabilidade administrativa decorre do descumprimento de deveres funcionais do servidor. Tais condutas "apresentam os mesmos elementos básicos do ilícito civil: ação ou omissão contrária à lei, culpa ou dolo e dano". (Teses Jurídicas dos Tribunais Superiores: Direito Administrativo I, Coordenação Maria Sylvia Zanella Di Pietro e Irene Patrícia Nohara – São Paulo, Editora Revista dos Tribunais, 2017, vários autores. Tese: É possível haver discrepância entre a penalidade sugerida pela comissão disciplinar e a aplicada pela autoridade julgadora desde que a conclusão lançada no relatório final não guarde sintonia com as provas dos autos e a sanção imposta esteja devidamente motivada, p. 187)

▶ **De acordo com o art. 121 da Lei 8.112/1990, o servidor público responde "civil, penal e administrativamente pelo exercício irregular de suas atribuições".**

Como se vê, adota-se, no Brasil, o sistema de "independência das instâncias de responsabilização". Esporadicamente, a decisão tomada na esfera penal terá reflexo obrigatório nas esferas civil e administrativa. Aliás, a própria Lei 8.112/1990 contém disposição nesse sentido, na hipótese de absolvição criminal que negue a existência de fato ou sua autoria (art. 126). Em decorrência dessa sistemática, a Lei dispõe, em seu art. 125, que "as sanções civis, penais e administrativas poderão cumular-se, sendo independentes entre si". A *responsabilidade civil* decorre de ato omissivo ou comissivo do servidor, doloso ou culposo, que importe em prejuízo ao erário ou a terceiros (art. 122). Quando obrigada a ressarcir o dano, a Fazenda Pública disporá de direito regressivo contra o servidor (art. 122, § 2.º). Essa é uma concepção que, na verdade, decorre diretamente da CF/1988 (art. 37, § 6.º), sendo apenas reiterada na legislação ordinária.

▶ **Questão interessante é a que se refere à possibilidade de acionamento pessoal do servidor por parte do terceiro que teve prejuízo decorrente de ação ou omissão dolosa ou culposa daquele**

Sobre esse tema, a 1.ª Turma do STF, ao julgar o *RE 327.904/SP (Informativo 436)*, Rel. Min. Carlos Ayres Brito, j. 15.08.2006, concluiu *não ser possível tal acionamento direto*, constituindo-se, a disposição do art. 37, § 6.º, da CF/1988, numa dupla garantia, tanto do administrado, que conta com a responsabilização objetiva da Administração Pública, quanto para o servidor, que só poderá ser acionado regressivamente, pela própria Administração:

> ◉ **No mesmo sentido:** "Recurso extraordinário. Administrativo. Responsabilidade objetiva do Estado: § 6.º do art. 37 da Magna Carta. Ilegitimidade passiva *ad causam*. Agente público (ex-prefeito). Prática de ato próprio da função. Decreto de intervenção. O § 6.º do artigo 37 da Magna Carta autoriza a proposição de que somente as pessoas jurídicas de direito público, ou as pessoas jurídicas de direito privado que prestem serviços públicos, é que poderão responder, objetivamente, pela reparação de danos a terceiros. Isto por ato ou omissão dos respectivos agentes, agindo estes na qualidade de agentes públicos, e não como pessoas comuns. Esse mesmo dispositivo constitucional consagra, ainda, dupla garantia: uma, em favor do particular, possibilitando-lhe ação indenizatória contra a pessoa jurídica de direito público, ou de direito privado que preste serviço público, dado que bem maior, praticamente certa, a possibilidade de pagamento do dano objetivamente sofrido. Outra garantia, no entanto, em prol do servidor estatal, que somente responde administrativa e civilmente perante a pessoa jurídica a cujo quadro funcional se vincular. Recurso extraordinário a que se nega provimento".

Importante observar que a Segunda Turma da Suprema Corte também aderiu a esse entendimento quando do julgamento do *AgRg no RE 470.996/RO*, Rel. Min. Eros Grau, j. 18.08.2009. Sendo a ação proposta em face da entidade pública, tem-se como *não obrigatória a denunciação à lide* do servidor público responsável pelo ato causador do dano (art. 125 do CPC/2015), ficando resguardado, de qualquer modo, o direito de regresso do Poder Público.

▶ **Supremacia do juízo penal**

"a) Princípio de ordem pública. O princípio da ordem pública é bem mais presente e intenso na matéria penal do que nas questões civis e disciplinares; b) Gravidade das consequências. São bem mais drásticos os efeitos oriundos da instância penal; c) Exigência probatória. O juízo penal, em matéria de instrução e prova, é bem mais exigente do que as instâncias civil e disciplinar. (COSTA, José Armando da. Teoria e prática do processo administrativo disciplinar. São Paulo: Saraiva, 1987.)

▶ **A regra da independência entre a instância penal e a administrativa é aplicável de forma quase absoluta, enquanto a regra da prevalência da decisão criminal é apenas relativa.**

Quanto ao primeiro aspecto, a Administração Pública não precisa aguardar o término do processo criminal para instaurar o processo administrativo, ou para concluir pela absolvição ou condenação do servidor. Ela instaura o processo, colhe as provas, assegura o direito de defesa e o contraditório, e decide pela absolvição ou condenação, em consonância com as normas que disciplinam a matéria. No entanto, se o mesmo réu for absolvido na esfera criminal, com fundamento na inexistência do fato ou da autoria, a Administração Pública, necessariamente, terá que rever a sua decisão, anulando-a, e reintegrar o servidor no cargo anteriormente ocupado do qual tenha sido demitido no processo disciplinar. A mesma conclusão se aplica se a absolvição se der pelo reconhecimento das circunstâncias excludentes de responsabilidade, referidas no art. 65 do CPP. Igualmente, se a Administração absolveu o réu, mas este foi condenado na esfera criminal, não poderá prevalecer a decisão administrativa, já que na sentença condenatória há o reconhecimento do fato e de sua autoria. (Teses Jurídicas dos Tribunais Superiores: Direito Administrativo I, Coordenação Maria Sylvia Zanella Di Pietro e Irene Patrícia Nohara – São Paulo, Editora Revista dos Tribunais, 2017, vários autores. Tese: As instâncias administrativa e penal são independentes entre si, salvo quando reconhecida a inexistência do fato ou a negativa de autoria na esfera criminal, DI PIETRO, Maria Sylvia Zanella. p.49)

▶ **Entre as hipóteses em que a decisão criminal repercute na esfera cível e na administrativa, é necessário distinguir aquelas em que houve a condenação daquelas em que houve absolvição.**

"Em caso de condenação do réu na esfera criminal, a Administração Pública não pode absolvê-lo, porque, se a sentença foi condenatória, é porque ela reconheceu que o fato existiu e o réu foi o seu autor, aplicando-se em sua inteireza a tese do STJ." (Teses Jurídicas dos Tribunais Superiores: Direito Administrativo I, Coordenação Maria Sylvia Zanella Di Pietro e Irene Patrícia Nohara – São Paulo, Editora Revista dos Tribunais, 2017, vários autores. Tese: As instâncias administrativa e penal são independentes entre si, salvo quando reconhecida a inexistência do fato ou a negativa de autoria na esfera criminal, DI PIETRO, Maria Sylvia Zanella. p.49)

> <u>No mesmo sentido:</u> O que interessa mais diretamente para nós é a *responsabilidade administrativa* do servidor, referente a ato comissivo ou omissivo praticado no desempenho do cargo ou função (art. 124), que tenha reflexo direto com seus deveres e proibições, ou seja, com seu regime disciplinar, importando na aplicação de alguma das penalidades descritas no tópico seguinte. Embora se admita, excepcionalmente, a comunicabilidade entre as instâncias de responsabilização, é importante frisar que eventual falta administrativa, que não tenha sido examinada na esfera de responsabilidade penal, não será afetada por decisão proferida nessa esfera, mesmo que na hipótese de ocorrência de absolvição pelo reconhecimento da inexistência do fato ou negativa da autoria. Nesse sentido, o STF assentou, em sua *Súmula 18*, que: "Pela falta residual, não compreendida na absolvição pelo juízo criminal, é admissível a punição administrativa do servidor público".

Para melhor exemplificação, sobre esse tema, vale citar o decidido pelo STJ ao julgar o *REsp 1.042.510/SP* (Rel. Min. Arnaldo Lima, 5.ª T., j. 18.08.2009), quando a Corte entendeu aplicável o enunciado da Súmula 18 do STF, reconhecendo que policial militar, embora absolvido criminalmente, por negativa de autoria, do crime de homicídio, fora corretamente punido disciplinarmente com a pena de demissão por ter se omitido em relatar aos seus superiores hierárquicos os fatos perpetrados por colegas de farda e por ele presenciados

▶ **E se o réu foi absolvido na esfera criminal?**

Se o réu foi absolvido na esfera criminal, há várias hipóteses, dependendo do fundamento da absolvição, dentre os mencionados no art. 386 do CPP, com a redação dada pela Lei 11.690/2008, assim redigido: Art. 386. O juiz absolverá o réu, mencionando a causa na parte dispositiva, desde que reconheça: I – estar provada a inexistência do fato; II – não haver prova da existência do fato; III – não constituir o fato infração penal; IV – estar provado que o réu não concorreu para a infração penal; V – não existir prova de ter o réu concorrido para a infração penal; VI – existirem circunstâncias que excluam o crime ou isentem o réu de pena (arts. 20, 21, 22, 23, 26 e § 1º do art. 28, todos do Código Penal), ou mesmo se houver fundada dúvida sobre sua existência; VII – não existir prova suficiente para a condenação. (Teses Jurídicas dos Tribunais Superiores: Direito Administrativo I, Coordenação Maria Sylvia Zanella Di Pietro e Irene Patrícia Nohara – São Paulo, Editora Revista dos Tribunais, 2017, vários autores. Tese: As instâncias administrativa e penal são independentes entre si, salvo quando reconhecida a inexistência do fato ou a negativa de autoria na esfera criminal, DI PIETRO, Maria Sylvia Zanella. p.50)

▶ **Se restar provada a inexistência do fato ou que o réu não concorreu para a infração penal a absolvição necessariamente repercutirá na esfera administrativa.**

Nas hipóteses dos incs. I e IV, a absolvição necessariamente repercutirá na esfera administrativa, porque se trata de hipóteses em que foi reconhecida a inexistência do fato e de sua autoria. Tem aplicação, no caso, o art. 935 do Código Civil, bem como a tese do STJ, ora comentada.

▶ **Nas absolvições fundadas não haver prova da existência do fato, na inexistência de prova de ter o réu concorrido para a infração penal e da inexistência de prova suficiente para a condenação a sentença não repercute na esfera administrativa, já que fundada na ausência de prova.**

São situações em que não houve reconhecimento categórico da existência ou não do fato e de sua autoria.

▶ **Outra situação em que pode haver repercussão da sentença criminal na esfera administrativa é aquela em que o réu é processado na esfera criminal por fato que constitui crime mas não corresponde a ilícito administrativo.**

Nesse caso, a absolvição repercute na esfera administrativa, porque a competência para decidir sobre a prática de crime é exclusiva do Poder Judiciário. O servidor só poderá ser punido pela Administração se, além daquele fato em que foi absolvido na esfera criminal, houver outra irregularidade que constitua infração administrativa, ou seja, a falta residual referida na Súmula 18 do STF: "pela falta residual, não compreendida na absolvição pelo juízo criminal, é admissível a punição administrativa do servidor público". (Teses Jurídicas dos Tribunais Superiores: Direito Administrativo I, Coordenação Maria Sylvia Zanella Di Pietro e Irene Patrícia Nohara – São Paulo, Editora Revista dos Tribunais, 2017, vários autores. Tese: As instâncias administrativa e penal são independentes entre si, salvo quando reconhecida a inexistência do fato ou a negativa de autoria na esfera criminal, DI PIETRO, Maria Sylvia Zanella. p.50)

▶ **Se não houver falta residual, enquadrada na legislação estatutária como ilícito administrativo, a absolvição na esfera criminal tem que ser reconhecida pela Administração Pública.**

Sem embargo, acentue-se que toda sentença penal absolutória repercute na instância disciplinar quando a falta funcional, em sua definição legal, se escudar exata e precisamente num tipo penal. Nesses casos, o decisório criminal definitivo, qualquer que seja o seu fundamento, constituirá *res judicata* no âmbito disciplinar. (COSTA, José Armando da. Teoria e prática do processo administrativo disciplinar. São Paulo: Saraiva, 1987.)

▶ **A responsabilidade civil decorre de ato omissivo ou comissivo, doloso ou culposo, que resulte em prejuízo ao erário ou a terceiros.**

A responsabilidade civil do servidor público consiste no ressarcimento dos prejuízos causados à Administração Pública ou a terceiros em decorrência de ato omissivo ou comissivo, doloso ou culposo, no exercício de suas atribuições (art. 122 da Lei nº 8.112/90 e art. 37, § 6º, da Constituição Federal). A responsabilidade civil do servidor público perante a Administração é subjetiva e depende da prova da existência do dano, do nexo de causalidade entre a ação e o dano e da culpa ou do dolo da sua conduta. O dano pode ser material ou moral. A Lei nº 8.112/90 estabelece duas situações em que o servidor poderá ser chamado a ressarcir os prejuízos causados ao erário. Na primeira, quando causar danos diretamente à Administração Pública. Na segunda, quando causar danos a terceiros no exercício da função pública. Na hipótese de dano causado à Administração Pública, prevê o art. 46 da Lei nº 8.112/90 que a indenização do prejuízo financeiro causado pelo servidor poderá ocorrer ainda no âmbito administrativo, mediante desconto autorizado do valor devido em folha de pagamento, após regular processo administrativo cercado de todas as garantias de defesa do servidor, conforme prevê o art. 5º, inciso LV, da Constituição Federal. A indenização ao erário será previamente comunicada ao servidor para pagamento, no prazo máximo de 30 (trinta) dias, podendo ser parcelada. O valor de cada parcela não poderá ser superior a 10% (dez por cento) da sua remuneração. Quando o pagamento indevido houver ocorrido no mês anterior ao do processamento da folha, a reposição será feita imediatamente, em única parcela. (Manual de Processo Administrativo Disciplinar. Presidência da República: Controladoria-Geral da União. 2015, p. 20/21)

▶ **A responsabilidade penal abrange os crimes e contravenções imputadas ao servidor, nessa qualidade.**

A responsabilidade do servidor na esfera penal deve ser definida pelo Poder Judiciário, com a aplicação das respectivas sanções cabíveis, que poderão ser, conforme o caso, privação de liberdade, restrição de direitos ou multa (art. 32, incisos I, II e III, do Código Penal). Para fins penais, o conceito de servidor público é mais amplo e, de acordo com o art. 327 do Código Penal, considera-se funcionário público "quem, embora transitoriamente ou sem remuneração, exerce cargo, emprego ou função pública". Por sua vez, o parágrafo 1º do art. 327 do Código Penal equipara a funcionário público "quem exerce cargo, emprego ou função em entidade paraestatal, e quem trabalha para empresa prestadora de serviço contratada ou conveniada para a execução de atividade típica da Administração Pública". Os principais crimes funcionais contra a Administração Pública estão tipificados nos arts. 312 a 326, bem como nos art. 359-A ao 359-H do Código Penal, cujas sanções variam de acordo com o grau de lesividade aos princípios e interesses administrativos, e são processados mediante ação penal pública incondicionada, proposta pelo Ministério Público perante o Poder Judiciário. Embora a maioria das condutas delituosas contra a Administração Pública figure nos artigos supracitados do Código Penal, isso não significa que outras transgressões do tipo não possam se somar àquelas. Nesse sentido, cita-se a Lei Federal nº 4.898, de 9 de dezembro de 1965, como exemplo, que disciplina o abuso de autoridade (ou abuso de poder) que configure crime. Nessa mesma esteira, merece menção a Lei nº 8.666, de 21 de junho de 1993 (lei das licitações e contratos administrativos), tendo em vista que nos artigos 89 a 98 há tipificação de determinadas condutas consideradas criminosas. O procedimento de responsabilização criminal dos servidores públicos está previsto nos arts. 513 a 518 do Código de Processo Penal, destacando-se nesse rito especial a possibilidade de resposta por escrito do servidor público antes de o juiz decidir quanto ao recebimento da denúncia (arts. 514 e 516). Recebida a denúncia pelo juiz, o processo seguirá seu curso pelo rito ordinário. Quando a infração disciplinar estiver capitulada como crime, o respectivo processo deverá ser remetido ao Ministério Público para instauração da ação penal cabível, conforme arts. 154, parágrafo único e 171 da Lei nº 8.112/90. A remessa do processo disciplinar ao Ministério Público Federal deve ocorrer após a conclusão, em decorrência da observância dos princípios da legalidade, do devido processo legal e da presunção de inocência. Nada obstante, o processo disciplinar pode ser encaminhado pela comissão disciplinar a qualquer momento à autoridade instauradora, para que esta, se entender cabível, e o caso assim o exigir, remeta ao Ministério Público Federal. (Manual de Processo Administrativo Disciplinar. Presidência da República: Controladoria-Geral da União. 2015, p. 22)

▶ **A responsabilidade tridimensionada. as sanções civis, penais e administrativas poderão cumular-se, sendo independentes entre si.**

Muitas vezes o ordenamento jurídico regulamenta a mesma conduta por regras diferentes. É o que ocorre, por exemplo, quanto às infrações. Muitas infrações que são tipificadas como infrações administrativas disciplinares também o são como tipos penais e atos de improbidade administrativa. Por isso, é possível que a mesma conduta, por exemplo, a fraude a uma licitação, enseje a instauração de três processos diferentes para apurar e punir o mesmo fato: um processo penal, um processo de improbidade e um processo disciplinar. Isso porque as instâncias penal, civil e administrativa são independentes, podendo cada uma delas apurar e punir autonomamente, nos termos de sua regulamentação. O que não é inadmissível, registre-se, é uma segunda punição disciplinar ao servidor público baseada no mesmo processo em que se fundou a primeira, conforme enuncia a Súmula 19 do STF. O processo administrativo é, sem dúvida, o que vai ser encerrado mais rapidamente e, como consequência, pode o servidor ser demitido, ou, se comissionado, ser destituído do cargo em comissão que titularizado muito antes de qualquer conclusão na esfera judicial. Por fim, o ato punitivo disciplinar deve decorrer de um processo administrativo, com ampla defesa (art. 5, LV, CF), conforme enuncia a Súmula 20 do STF, o que não necessita, todavia, que o servidor seja representado por advogado. Nesse sentido a Súmula Vinculante 5 a qual enuncia que *"a falta de defesa técnica por advogado no processo administrativo disciplinar não ofende a Constituição"*. E, apesar de a lei estabelecer prazos para sua conclusão, o excesso de prazo só causará a nulidade do PAD se houver demonstração de prejuízo à defesa, conforme recente Súmula 592 do STJ.

▶ **A repercussão dos efeitos da sentença penal absolutória no processo disciplinar**

Ocorre que no processo penal, no qual está em jogo o valor mais caro ao ser humano, que é sua liberdade, há uma produção probatória muito mais robusta que no processo disciplinar. Por isso, caso no futuro o réu seja absolvido, é possível que a sentença penal absolutória (ou seja, aquela que absolve o réu) possa repercutir efeitos sobre a decisão adotada no processo disciplinar. Segundo o art. 386 do Código de Processo Penal, a sentença absolutória pode ser motivada por: "Art. 386. O juiz absolverá o réu, mencionando a causa na parte dispositiva, desde que reconheça: I – estar provada a inexistência do fato; II – não haver prova da existência do fato; III – não constituir o fato infração penal; IV – estar provado que o réu não concorreu para a infração penal; V – não existir prova de ter o réu concorrido para a infração penal; VI – existirem circunstâncias que excluam o crime ou isentem o réu de pena (arts. 20, 21, 22, 23, 26 e § 1.º do art. 28, todos do Código Penal), ou mesmo se houver fundada dúvida sobre sua existência; VII – não existir prova suficiente para a condenação".

▶ **No caso de absolvição pelo motivo previsto no inc. I do art. 386 do Código de Processo Penal, ou seja, inexistência material do fato, a decisão afetará o resultado do processo administrativo disciplinar, por interpretação a *contrario sensu* do que dispõe o art. 66 do CPP**

No caso de absolvição pelo motivo previsto no inc. I do art. 386 do Código de Processo Penal, ou seja, inexistência material do fato, a decisão afetará o resultado do processo administrativo disciplinar, por interpretação a *contrario sensu* do que dispõe o art. 66 do CPP, *in verbis*: "Art. 66. Não obstante a sentença absolutória no juízo criminal, a ação civil poderá ser proposta quando não tiver sido, categoricamente, reconhecida a inexistência material do fato".

▶ **É necessário verificar se ainda existirá, na esfera administrativa, alguma falta residual a ser apurada e sancionada**

No caso de absolvição por comprovação de não participação do servidor no fato tido por delituoso (art. 386, IV, do CPP), é necessário verificar se ainda existirá, na esfera administrativa, alguma falta residual a ser apurada e sancionada, ou seja, se a infração penal imputada ao servidor deixou de abarcar algum fato que possa ser considerado, autonomamente, como infração administrativa. Com relação aos mesmos fatos apurados em ambas as instâncias, penal e administrativa, não há como deixar de entender que a sentença penal também repercutirá seus efeitos na esfera administrativa, por aplicação analógica do disposto no art. 935 do Código Civil. Em relação aos fatos que deem origem a uma falta residual, no entanto, a punição administrativa ainda poderá ser possível.

▶ **A conclusão quanto à "falta residual" também pode ser entendida de outra forma.**

A conclusão quanto à "falta residual" também pode ser entendida de outra forma, qual seja, que a absolvição penal decorra de entendimento no sentido de que o fato em si investigado não constitui ilícito penal, por não conter todas as elementares correspondentes do tipo, o que não necessariamente acarretará a conclusão de que não se possa ter a responsabilização administrativa, por constituir o mesmo fato um ilícito administrativo. É o caso, por exemplo, de responsabilização do servidor por eventual dano culposo, que não constitui ilícito penal, visto que nossa legislação só tipifica o dano doloso (art. 160 do CP), mas que pode ser considerado como ilícito administrativo, conforme o grau de negligência com que o servidor tratou a coisa pública. É por essa razão que a legislação ressalva a responsabilização civil, e, por decorrência, também a administrativa, quando a sentença penal absolutória se limita a reconhecer que o fato não constitui crime (art. 67, III, do CPP), visto que aqui não se nega a existência do fato, mas sim apenas se reconhece que ele não é um ilícito penal. O reconhecimento dessas situações especiais de comunicabilidade entre a instância penal e a cível, e, por consequência, também a administrativa, se dá pelo fato de que no processo penal a instrução probatória tem, em regra, maior amplitude, se fundando, inclusive, no princípio da verdade real, e não meramente na verdade formal.

▶ **Se constatado e provado que o servidor não foi o autor do fato ou que a conduta imputada a ele não ocorreu, tem-se por reconhecido que, pela mesma imputação, não pode ser ele punido administrativamente.**

Se constatado e provado que o servidor não foi o autor do fato ou que a conduta imputada a ele não ocorreu, tem-se por reconhecido que, pela mesma imputação, não pode ser ele punido administrativamente, sendo ilegal eventual sanção aplicada.

▶ **A aplicação da teoria dos motivos determinantes**

Se o servidor foi absolvido na ação penal por motivo de inexistência de autoria ou de fato, ficou provado que ele não praticou o ato ou não houve a conduta imputada, razão pela qual o fundamento que ensejou a aplicação da penalidade administrativa é falso e, por isso, uma vez que os motivos apresentados são determinantes à validade do ato, este será nulo e o servidor terá direito à reintegração ou restabelecimento de vínculo com a Administração, bem como à necessária anulação da penalidade, pelo manejo da teoria dos motivos determinantes. Todavia, atenção, se a absolvição penal for por ausência de provas de fato ou de autoria, o que decorre da aplicação do princípio do in dubio pro reo, nesse caso, a decisão não influencia no processo administrativo e não terá o condão de afastar a penalidade administrativa aplicada, pois não há prova inequívoca de que os motivos não ocorreram. Da mesma forma, a simples extinção da punibilidade, comum nos casos de prescrição da persecução penal, ou o arquivamento das peças investigatórias, como o inquérito policial, não acarretará a impossibilidade de responsabilização administrativa, por aplicação extensiva do disposto no art. 67, I e II, do CPP.

▶ **A reintegração ou restabelecimento de vínculo em razão de demissão ilegal**

Por isso, em casos como o tratado no tópico anterior, poderá o servidor demitido ilegalmente propor ação judicial e pleitear sua reintegração, caso, na data da demissão, tivesse o status de servidor efetivo e estável, ou restabelecimento de vínculo, caso não gozasse de estabilidade.

▶ **O cabimento de indenização em razão da demissão ilegal**

Comprovada a demissão ilegal, poderá o servidor, além de postular os efeitos funcionais correspondentes, postular indenização por perdas e danos. Veja-se, nesse sentido, recente decisão do Superior Tribunal de Justiça:

> ◉ **No mesmo sentido:** "Processual civil. Administrativo. Concurso público. Curso reconhecido pelo MEC. Reintegração de servidora pública. Direito aos vencimentos relativos ao período em que ficou afastada. 1. Discute-se no presente recurso os efeitos financeiros da decisão que anula o ato administrativo que havia excluído a servidora do cargo estadual de professora para o qual já havia sido nomeada, empossada e encontrava-se em exercício regular há mais de um ano quando foi instaurado o processo administrativo. 2. A anulação do ato que excluiu a servidora do cargo que ocupava tem como consequência lógica a sua reintegração com o restabelecimento do status quo ante, incluída a recomposição integral de seus direitos, inclusive o de receber os vencimentos que deveriam ter sido pagos durante o período em que esteve afastada do serviço público. Precedentes: REsp 1.169.029/PR, Rel. Ministro Herman Benjamin, Segunda Turma, DJe 15/3/2011; AgRg nos EmbExeMS 14.081/DF, Rel. Ministra Maria Thereza de Assis Moura, Terceira Seção, DJe 17/04/2012; AgRg no AgRg no REsp 826.829/RJ, Rel. Ministro Hamilton Carvalhido, Sexta Turma, DJe 17/3/2008; AgRg no Ag 640.138/BA, Rel. Ministra Laurita Vaz, Quinta Turma, DJ 16/5/2005; REsp 5.955/SP, Rel. Ministro Humberto Gomes de Barros, Primeira Turma, DJ 21/9/1992. Agravo regimental provido" (STJ, Rel. Min. Humberto Martins, 2.ª T., j. 19.09.2013).

◉ **A responsabilidade administrativa do servidor será afastada no caso de absolvição criminal que negue a existência do fato ou sua autoria.**

"Ora, essa sentença repeliu o fato tido como criminoso. Não era possível que o inquérito administrativo subsistisse com a acusação de um desfalque, que o Juiz repeliu. Não sobrou resíduo algum para imposição da pena de demissão" (MATTOS. Lei nº 8.112/90 –Interpretada e comentada, p. 621.)

◉ **No mesmo sentido:** ADMINISTRATIVO. SERVIDOR PÚBLICO. AUDITOR FISCAL DA RECEITA FEDERAL. PAD. DEMISSÃO. FATO SUPERVENIENTE. ABSOLVIÇÃO NO JUÍZO PENAL. NEGATIVA DE EXISTÊNCIA DO FATO. AUSÊNCIA DE FALTA DISCIPLINAR RESIDUAL. MANIFESTAÇÃO DO MINISTÉRIO PÚBLICO PELA CONCESSÃO DA ORDEM. ORDEM CONCEDIDA. 1. O impetrante foi demitido do cargo de Auditor Fiscal da Receita Federal, em razão da conclusão do processo administrativo disciplinar de que ele teria classificado terminais de captação de apostas, cuja importação é proibida, como produto de informática, de importação permitida. A conduta foi enquadrada nos arts. 117, IX, e 132, IV, da Lei n. 8.112/1990. 2. O processo administrativo disciplinar não é dependente da instância penal, porém, nos termos do art. 126, da Lei n. 8.112/1990, a responsabilidade administrativa do servidor será afastada no caso de o Juízo Criminal proferir sentença absolutória que negue a existência do fato ou sua autoria, exceto se houver falta disciplinar residual não englobada pela sentença penal (Súmula n. 18/STF). 3. In casu, os fatos expostos na sentença da Ação Penal movida contra o impetrante são os mesmos tratados no PAD e não há resíduo punível, pois na esfera criminal foi absolvido por inexistência do fato delituoso, nos termos do art. 386, I, do CPP. 4. Ordem concedida. (MS 14.717/DF, Rel. Ministro ANTONIO SALDANHA PALHEIRO, TERCEIRA SEÇÃO, julgado em 28/11/2018, DJe 01/02/2019)

◉ **Por força dos princípios da proporcionalidade, da dignidade da pessoa humana e da não-culpabilidade, aplicáveis ao regime jurídico disciplinar, não há juízo de discricionariedade no ato administrativo que impõe sanção a Servidor Público, em razão de infração disciplinar.**

"MANDADO DE SEGURANÇA. PROCESSO ADMINISTRATIVO DISCIPLINAR. DEMISSÃO. NÃO DEMONSTRAÇÃO DA OBTENÇÃO DE QUALQUER VANTAGEM, BENESSE OU PREBENDA ILÍCITA. DEVOLUÇÃO DO VALOR NÃO DEPOSITADO A TÍTULO DE FIANÇA (R$ 620,00). CONFIGURADA AFRONTA AOS PRINCÍPIOS DA PROPORCIONALIDADE E DA RAZOABILIDADE. PENA DISSONANTE DAS PREMISSAS DO DIREITO SANCIONADOR. SEGURANÇA CONCEDIDA, PARA DETERMINAR A IMEDIATA REINTEGRAÇÃO DA SERVIDORA NO SEU CARGO DESDE A IMPETRAÇÃO DA SEGURANÇA. 1. Agente da Polícia Federal que não deposita o valor da fiança em Instituição financeira. Devolução integral do valor de R$ 620,00. Não demonstração das condutas a ele atribuídas. 2. Por força dos princípios da proporcionalidade, da dignidade da pessoa humana e da não-culpabilidade, aplicáveis ao regime jurídico disciplinar, não há juízo de discricionariedade no ato administrativo que impõe sanção a Servidor Público, em razão de infração disciplinar. 3. A falta de comprovação de má-fé ou dolo deve ser levado em consideração no caso sob apreço, em que o Servidor foi severamente punido, sem que tenha se caracterizado elemento doloso de malferir a legalidade, tampouco causar danos a terceiros ou beneficiar-se, tendo inclusive devolvido o valor de R$ 620,00, referente a duas fianças. revelando-se desproporcional e desarrazoada a pena de demissão impingida ao impetrante pela Autoridade Impetrada, diante dos meandros circunstanciais em que a conduta foi praticada, bem como suas razões e consequências. 4. Segurança concedida, para determinar reintegração da Servidor impetrante nos quadros funcionais, bem como o pagamento imediato das parcelas vencidas, desde a impetração da Segurança." (MS 22.390/DF, Rel. Ministro BENEDITO GONÇALVES, PRIMEIRA SEÇÃO, julgado em 13/09/2017, DJe 22/09/2017)

A DEMISSÃO SERÁ APLICADA NOS SEGUINTES CASOS:

▶ **Crime contra a administração pública**

DIREITO ADMINISTRATIVO. SERVIDOR PÚBLICO. PENALIDADE DE DEMISSÃO. LEI 8.112/90. INFRAÇÃO DE NATUREZA GRAVE DEVIDAMENTE COMPROVADA EM PROCESSO ADMINISTRATIVO. AUSÊNCIA DE NULIDADE DO ATO ADMINISTRATIVO. A punição levada a efeito, por autoridade administrativa competente, só pode ser afastada, pelo Poder Judiciário, na hipótese de vício de ilegalidade no ato, seja quanto ao procedimento em seu aspecto formal, seja no âmbito material da pena ali aplicada. O exame dos autos revela que a imputação ao autor da prática da infração disciplinar relacionada à inobservância do dever funcional previsto no inciso VI, do artigo 116, da Lei n. 8.112/90, decorreu de Processo Administrativo Disciplinar, no qual lhe foi assegurada ampla defesa, atendendo, assim, aos preceitos constitucionais insertos no artigo 5º, LV, da Constituição Federal/88. A conduta praticada pelo apelante é fato típico previsto no art. 320 do Código Penal, configurando o crime de condescendência criminosa. Por conseguinte, correta a sanção aplicada ao autor, visto que o art. 132, I, da Lei n. 8.112/90 estabelece que, em caso de crime praticado contra a Administração Pública, deverá ser aplicada a pena de demissão. A Constituição Federal sujeita os atos administrativos ao controle judicial. No entanto, esse controle se limita à legalidade do ato praticado pela Administração, para impedir a aplicação de penalidades arbitrárias ou mediante procedimento ilegal, cabendo ao Poder Judiciário, somente, verificar se a apuração das infrações se deu à luz dos princípios que norteiam o devido processo legal, especialmente, o contraditório e a ampla defesa, sendo-lhe vedada, em sede de processo disciplinar, ingerência no mérito administrativo, pois a emissão de juízos de conveniência e oportunidade são próprios e exclusivos da autoridade administrativa. Apelação desprovida. (AC 0022224-19.2004.4.01.3300 / BA, Rel. JUIZA FEDERAL ADVERCI RATES MENDES DE ABREU, 3ª TURMA SUPLEMENTAR, e-DJF1 de 2012-09-21)

PROCESSUAL PENAL E PENAL. PECULATO (CP, ART. 312). CRIME CONTRA A ADMINISTRAÇÃO PÚBLICA. PRINCÍPIO DA INSIGNIFICÂNCIA. INAPLICABILIDADE. JUSTIÇA TRABALHISTA. DEMISSÃO. AUSÊNCIA DE JUSTA CAUSA. INDEPENDÊNCIA DAS INSTÂNCIAS TRABALHISTA E PENAL. SENTENÇA CONDENATÓRIA. CONFIRMAÇÃO. 1. Cuidando-se a hipótese de crime de peculato (artigo 312, CP) cujo objeto jurídico é a proteção da Administração Pública no tocante ao interesse não só patrimonial (preservação do erário público), mas, também, moral (fidelidade e probidade dos agentes do poder), não se mostra desprezível o resultado, por isso que a infringência do dever de probidade e de fidelidade para com a Administração, revela o desvalor da conduta, afastando a aplicação do princípio da insignificância. 2. A desconstituição da demissão do réu no âmbito da Justiça Trabalhista, não vincula o Juízo Criminal, em face da independência dessas esferas, mormente quando o fundamento da referida sentença não enfrenta os fatos narrados na denúncia. 4. Recurso de Apelação improvido. (ACR 0000526-08.2006.4.01.3810 / MG, Rel. DESEMBARGADOR FEDERAL MARIO CESAR RIBEIRO, QUARTA TURMA, e-DJF1 de 2010-06-04)

▶ **abandono de cargo**

◉ **O Superior Tribunal de Justiça possui entendimento firmado de que, para se concluir pelo abandono de cargo e aplicar a pena de demissão, a Administração Pública deve verificar o *animus abandonandi* do servidor, elemento indispensável para a caracterização do mencionado ilícito administrativo.**

"PROCESSUAL CIVIL E ADMINISTRATIVO. MANDADO DE SEGURANÇA. SERVIDOR PÚBLICO CIVIL. DEMISSÃO. ABANDONO DE CARGO. ANIMUS ABANDONANDI. AUSÊNCIA. PEDIDO DE LICENÇA-MÉDICA. PRORROGAÇÃO. 1. Trata-se de Mandado de Segurança impetrado, com fundamento no art. 105, I, "b", da Constituição da República, contra ato do Ministro de Estado da Justiça que demitiu o impetrante, Policial Rodoviário Federal, com base nos arts. 116, III e XI, e 132, II, da Lei 8.112/1990. 2. Sustenta o impetrante, no que diz respeito aos dias que não compareceu ao serviço, que não houve abandono de cargo, pois estava afastado para tratamento de saúde. 3. Em se tratando de ato demissionário consistente no abandono de emprego ou na inassiduidade ao trabalho, impõe-se averiguar o animus específico do servidor, a fim de avaliar o seu grau de desídia. 4. O Superior Tribunal de Justiça possui entendimento firmado de que, para se concluir pelo abandono de cargo e aplicar a pena de demissão, a Administração Pública deve verificar o *animus abandonandi* do servidor, elemento indispensável para a caracterização do mencionado ilícito administrativo. (RMS 13.108/SP, Rel. Ministro Felix Fischer, Quinta Turma, julgado em 2/12/2003, DJ 19/12/2003, p. 494). 5. No caso dos autos, é incontroverso que o impetrante apresentou à Administração Pública, especificamente à Divisão de Saúde e Assistência Social (DISAS/CGRH), três atestados médicos sucessivos, devidamente assinados por médico credenciado, com o escopo de justificar sua ausência ao serviço e obter prorrogação de sua licença médica, conforme certificado pelo próprio Chefe da referida Divisão (fls. 100; 188 e 295/e-STJ). 6. Outrossim, é incontroverso que o ora impetrante compareceu a pelo menos duas perícias médicas, designadas para os dias 14.9.2010 e 16.11.2010, conforme relatado no Parecer 022/2012/ACS/CAD/CONJUR--MJ/CGU/AGU (fls. 847-849/e-STJ). 7. Finalmente, o impetrante buscou ser diligente ao comunicar à Coordenação de Recursos Humanos da DPRF seu comparecimento à junta médica (fl. 430/e-STJ). 8. Nesse quadro, não se verifica o animus abandonandi, requisito necessário à aplicação da pena de demissão. 9. No que diz respeito à não apresentação dos atestados no prazo estabelecido no Decreto 7.003/2009, o servidor deve ser punido com a perda da remuneração equivalente aos dias das faltas, aplicando-se o disposto no art. 4º, §§ 4º e 5º, do referido Decreto, combinado com o art. 44, I, da Lei 8.112/91; enquanto que o não comparecimento do impetrante às perícias designadas para 18.11.2010 e 18.1.2011 são punidas com a pena suspensão, a teor do que dispõe o art. 130, § 1º, da Lei 8.112/91. Incabível, contudo, a pena de demissão. 10. Segurança concedida." (MS 18.936/DF, Rel. Ministro HERMAN BENJAMIN, PRIMEIRA SEÇÃO, julgado em 14/09/2016, DJe 23/09/2016)

◙ **No mesmo sentido:** ADMINISTRATIVO. MANDADO DE SEGURANÇA. SERVIDOR PÚBLICO FEDERAL. AUDITOR DA RECEITA FEDERAL. DEMISSÃO POR ABANDONO DE CARGO PÚBLICO. AUSÊNCIA DO ANIMUS DELERINQUENDI. ORDEM CONCEDIDA. OMISSÃO QUANTO AOS EFEITOS DA CONCESSÃO DA SEGURANÇA. EMBARGOS DE DECLARAÇÃO DA UNIÃO REJEITADOS. EMBARGOS DE DECLARAÇÃO DO SERVIDOR ACOLHIDOS EM PARTE, SEM EFEITOS INFRINGENTES, PARA DETERMINAR O PAGAMENTO DAS PARCELAS VENCIDAS, DESDE A IMPETRAÇÃO DA SEGURANÇA ATÉ A SUA REINTEGRAÇÃO, GARANTIDA A CONTAGEM DE TEMPO DE SERVIÇO PARA TODOS OS EFEITOS. 1. Os Embargos de Declaração destinam-se a suprir omissão, afastar obscuridade ou eliminar contradição existente no julgado. 2. Excepcionalmente, o Recurso Aclaratório pode servir para amoldar o julgado à superveniente orientação jurisprudencial do Pretório Excelso, quando dotada de efeito vinculante, em atenção à instrumentalidade das formas, de modo a garantir a celeridade e a eficácia da prestação jurisdicional e a reverência ao pronunciamento superior, hipótese diversa da apresentada nos presentes autos. 3. O acórdão de forma clara reconheceu que o ato administrativo pode ser objeto do controle jurisdicional quando ferir o princípio da legalidade, não havendo que se falar em invasão ao mérito administrativo. Entendendo as provas carreadas aos autos suficientes para o exame da controvérsia, não havendo que se falar em inadequação da via eleita. 4. Concedida a Segurança para determinar a reintegração do Servidor, impõe-se determinar o pagamento das parcelas vencidas, desde a impetração da Segurança até a sua reintegração, garantida a contagem de tempo de serviço para todos os efeitos, conforme orienta a jurisprudência desta Corte Superior. 5. Embargos de Declaração da UNIÃO rejeitados e do Servidor parcialmente acolhidos, sem efeitos infringentes, para esclarecer os efeitos decorrentes da concessão da ordem de reintegração. (EDcl no MS 21.645/DF, Rel. Ministro NAPOLEÃO NUNES MAIA FILHO, PRIMEIRA SEÇÃO, julgado em 26/09/2018, DJe 18/10/2018)

◙ **Possibilidade de citação por edital nos termos do artigo 163 da Lei 8.112/90 e demissão do servidor por abandono de cargo.**

ADMINISTRATIVO. SERVIDOR PÚBLICO CIVIL. ABANDONO DE CARGO. PROCESSO ADMINISTRATIVO DISCIPLINAR. DEMISSÃO. CITAÇÃO POR EDITAL. LEGALIDADE. SUMULA 7/STJ. 1. O Recurso Especial não merece prosperar, pois a ausência de argumentos hábeis para alterar os fundamentos da decisão ora recorrida (os óbices das Súmulas 7, 83 e 211 do STJ; 282 e 356 do STF), torna incólume o entendimento nela firmado, não havendo falar em reparo na decisão. 2. Ao contrário do que defende a autora, a sua citação por edital foi realizada com observância às disposições legais (art. 163 da Lei 8.112/1990). Foram esgotados todos os meios disponíveis pela Administração para localização da servidora. 3. O Tribunal de origem, alicerçado nas provas coligidas aos autos, afastou a alegação de nulidade do processo, uma vez que, esgotadas as diligências para localização da demandada, realizou a citação por edital, publicando duas vezes, após o que foi nomeado defensor dativo, o qual apresentou defesa fundamentada. Diante desse quadro, rever as conclusões da origem violaria o disposto na Súmula 7/STJ. 4. Recurso Especial não conhecido. (REsp 1754912/RS, Rel. Ministro HERMAN BENJAMIN, SEGUNDA TURMA, julgado em 13/12/2018, DJe 19/12/2018)

▶ **inassiduidade habitual**

◙ **A apuração da prática da infração disciplinar de inassiduidade habitual segue o procedimento sumário descrito no art. 133 da Lei n. 8.112/1990, que prevê que a comissão processante será composta por dois servidores estáveis**

ADMINISTRATIVO. SERVIDOR PÚBLICO. INASSIDUIDADE HABITUAL. DEMISSÃO. ALEGAÇÃO DE NULIDADE DO PAD. AUSÊNCIA DE DIREITO LÍQUIDO E CERTO. ORDEM DENEGADA. 1. A impetrante foi demitida do cargo de Agente de Portaria do Ministério da Saúde por inassiduidade habitual. 2. A apuração da prática da infração disciplinar de inassiduidade habitual segue o procedimento sumário descrito no art. 133 da Lei n. 8.112/1990, que prevê que a comissão processante será composta por dois servidores estáveis. 3. Nos termos da Súmula vinculante n. 5 do Supremo Tribunal Federal, a ausência de advogado constituído não importa em nulidade do PAD, desde que seja dada ao acusado a oportunidade de pleno exercício do contraditório e da ampla defesa, como no caso. 4. A Lei n. 8.112/1990 fixa, em seu art. 142, o prazo prescricional de 5 anos para os casos de cometimento de falta grave, contados do conhecimento dos fatos pela Administração. Além disso, determina que a abertura de sindicância ou a instauração do procedimento administrativo interromperá a contagem do prazo. 5. In casu, a infração tornou-se conhecida da Administração em 14/8/2001 e em 15/4/2002 foi publicada a portaria de instauração de PAD. Tendo o ato punitivo sido publicado em 15/2/2007, afasta-se a alegação de ocorrência da prescrição. 6. O material probatório colhido no decorrer do processo administrativo disciplinar (oitiva de quatro testemunhas, diligências e apreciação da defesa escrita da ora impetrante) e a motivação das razões da punição autorizam a aplicação da sanção de demissão, sendo certo que o procedimento punitivo aparenta regularidade procedimental. Além disso, não se evidencia desproporcional ou despida de razoabilidade a punição aplicada, já que a conduta praticada se enquadra na hipótese dos arts. 127, III, 132, III, e 139 da Lei n. 8.112/1990. 7. Ordem denegada. (MS 12.869/DF, Rel. Ministro ANTONIO SALDANHA PALHEIRO, TERCEIRA SEÇÃO, julgado em 28/11/2018, DJe 11/12/2018)

◙ **A intencionalidade é um requisito essencial para a caracterização do abandono do cargo.**

A existência de motivos pessoais ou de foro íntimo não elide a intencionalidade de ausências ao serviço. A ausência ao serviço será intencional quando não tiver sido causada por força maior, caso fortuito ou outro motivo que se configure insuperável para o servidor faltoso. Abandono de cargo Caracterização 08/12/2010   AC-3366/10-P BENJAMIN ZYMLER

▶ **Improbidade administrativa**

ADMINISTRATIVO. CONSTITUCIONAL. MANDADO DE SEGURANÇA. DEMISSÃO DE SERVIDOR PÚBLICO. PROCESSO ADMINISTRATIVO DISCIPLINAR. ATO DE IMPROBIDADE. INDEPENDÊNCIA ENTRE AS SANÇÕES DISCIPLINARES E AQUELAS PREVISTAS NA LEI 8.429/92. UTILIZAÇÃO DE PROVA EMPRESTADA. POSSIBILIDADE. OBSERVÂNCIA À AMPLA DEFESA E AO CONTRADITÓRIO. PROVAS SUFICIENTES. EVOLUÇÃO PATRIMONIAL INCOMPATÍVEL COM A RENDA AUFERIDA. ADEQUAÇÃO DA PENA. ART. 132, IV DA LEI 8.112/90. ORDEM DENEGADA. 1. À luz do disposto no art. 12 da Lei 8.429/90 e nos arts. 37, § 4º e 41 da CF/88, as sanções disciplinares previstas na Lei 8.112/90 são independentes em relação às penalidades previstas na LIA, daí porque não há necessidade de aguardar-se o trânsito em julgado da ação por improbidade administrativa para que seja editado o ato de demissão com base no art. 132, IV, do Estatuto do Servidor Público Federal. Precedente do STF: RMS 24.194/DF, Rel. Min. Luiz Fux, Primeira Turma, DJe 07/10/2011. 2. Inexiste vício na motivação da portaria inaugural do processo administrativo disciplinar, quando a autoridade competente explicita adequadamente as razões que ensejaram a instauração do feito. In casu, destacou-se a desproporcionalidade entre o patrimônio e a renda auferida pelo servidor público, assim como o fato de que essa evolução patrimonial decorreu de doações realizadas por pessoas aparentemente sem vínculo com o Auditor da Receita Federal. 3. De acordo com a jurisprudência pátria, é possível a utilização de prova emprestada no âmbito do processo administrativo disciplinar, desde que obedecidos os princípios do contraditório e da ampla defesa. 4. Na espécie, o servidor foi acompanhado durante todo o feito por defensor constituído, tendo sido regularmente notificado de cada fase processual, com oportunidade de requerer a produção de provas, contraditar os documentos juntados aos autos e pedir, por diversas vezes, dilação de prazos, sendo-lhe resguardado, em sua plenitude, o contraditório e o exercício do direito de defesa. 5. Consoante o princípio do pas de nullité sans grief, não se declara a nulidade sem a demonstração de efetivo prejuízo para a parte que a invoca. Logo, não havendo indícios de que as provas supostamente ilícitas embasaram o ato decisório e a aplicação da pena, deve-se afastar a pretensão anulatória. 6. Não se cogita de indevida quebra do sigilo bancário quando a aferição da evolução patrimonial vale-se das informações contidas nas próprias declarações de bens e de renda prestadas anualmente pelo servidor à Administração, nos termos do art. 1º da Lei 8.730/93. 7. A conclusão do processo disciplinar não está atrelada ao encerramento do procedimento fiscal. Isso porque são procedimentos distintos, regidos por normativos próprios e com finalidades específicas. 8. Eventual decadência do poder de constituir o crédito tributário não atinge o procedimento disciplinar, cujo marco prescritivo é contado a partir da ciência pela Administração dos fatos examinados. 9. O ato impugnado está adequadamente fundamentado e ampara-se em vasto acervo probatório, não se cogitando de falta de proporcionalidade e razoabilidade da sanção, considerando-se a gravidade da conduta (enriquecimento ilícito), a sua incompatibilidade com as atividades desempenhadas pelo Auditor da Receita Federal e o fato de que a demissão, nessa hipótese, é providência expressamente reclamada pelo art. 132, IV, da Lei 8.112/90, ressalvadas as vias ordinárias. 10. Ordem denegada. (MS 15848/ DF, Rel. Ministro Castro Meira, 1ª Seção, julgado em 24/04/2013, DJe 16/08/2013)

◙ **No mesmo sentido:** ADMINISTRATIVO E PROCESSUAL CIVIL. IMPRO-BIDADE ADMINISTRATIVA. LEI 8.429/1992. VIOLAÇÃO AO DEVIDO PRO-CESSO LEGAL. INÉPCIA DA INICIAL. NÃO OCORRÊNCIA. RECEBIMENTO INDEVIDO DE VANTAGENS NO EXERCÍCIO DO CARGO DE POLICIAL RODOVIÁRIO FEDERAL. 1. É cabível o ajuizamento de ação civil pública para apurar ato de improbidade administrativa, pelo que não há se falar em afron-ta ao princípio do devido processo legal. 2. Não merece amparo a alegação de inépcia da inicial, considerando que o ato imputado ao apelante foi devida-mente descrito na inicial. 3. Propositura de ação de improbidade administra-tiva em decorrência de os requeridos terem recebido vantagens indevidas para não multar veículo que transportava mercadorias desacompanhadas de notas fiscais e sem a devida observância às normas sanitárias. 4. À vista dos docu-mentos e provas produzidas nos autos do processo administrativo disciplinar, que culminou na demissão dos requeridos, e da ação penal, na qual foram con-denados pelo crime de corrupção passiva, observa-se que o apelante praticou ato de improbidade administrativa ao receber, no exercício do cargo de Policial Rodoviário Federal, vantagem indevida para a liberação de veículo que trans-portava mercadoria em situação irregular, caracterizando a conduta prevista no art. 9º, X, da Lei 8.429/1992. 5. Presença do dolo genérico exigido para o reco-nhecimento dos atos ímprobos, porquanto o recebimento das quantias deu-se de forma consciente para obter vantagem econômica indevida. 6. Evidenciados o enriquecimento ilícito, a conduta dolosa, a correlação entre o recebimento e o exercício de cargo, mandato, ou função, caracterizado está o ato de improbi-dade administrativa a ensejar a condenação do apelante nas penas do art. 12, I, da Lei 8.429/1992. 7. Apelação não provida. (AC 0003577-73.2009.4.01.3502 / GO, Rel. DESEMBARGADORA FEDERAL MONICA SIFUENTES, TERCEIRA TURMA, e-DJF1 de 2016-05-06)

▶ **Incontinência pública e conduta escandalosa, na repartição;**

Trata-se de tipificação disciplinar demasiadamente vaga, aberta, plurissignificativa, deixando a cargo do colegiado processante e da autoridade julgadora a sua comple-mentação enunciativa (complementação do tipo ilícito), com vista à subsunção do fato à norma216. O tipo sob análise apresenta duas condutas passíveis de sanção, quais se-jam: a incontinência pública e a conduta escandalosa, desde que praticadas na repar-tição. Por repartição se deve entender não somente o ambiente fechado, no interior dos prédios ou salas, onde os serviços são prestados, mas também o local público ou aberto ao público, ou mesmo o recinto particular, em que o agente exerce suas ati-vidades. O conceito do termo "repartição" engloba a noção de local de exercício das atividades e, assim, abarca as condutas de servidores que, por exemplo, executam suas funções em vias públicas, tais como: fiscais, policiais, agentes de trânsitos, ou destacados para atuação em recintos privados, a exemplo de servidores fiscais ou de vigilância sanitária, em atividades de visita a estabelecimentos comerciais ou residências. Disso denota-se a amplitude do termo "repartição", que abarca todo e qualquer local onde legalmente se desenvolva o exercício de funções públicas. O termo incontinência provém do latim *incontinentia* e corresponde à ação com excesso ou desmedida, sem limites morais, inconveniente, denotando certa e grave degradação de comportamentos e costumes, "pela imoderação de hábitos ou gestos". No entanto, por mais que o termo imprima a ideia de degradação que se protrai no tempo, para a caracterização do tipo, basta apenas uma conduta incontinente. À vista dessas colocações, que indicam um comportamento comissivo, ativo, não há que se falar em conduta omissiva que perfaça o conceito de incontinência. Destarte, somente a conduta comissiva é abarcada pelo preceptivo e, assim, considerada ilícita, referindo-se ao servidor que demonstre publicamente e no ambiente da repartição (conceito extensível a todo e qualquer local de exercício das funções) uma perceptível, conquanto relevante, degradação de hábitos e costumes que venha a ofender a moral administrativa. O tipo em comento também proíbe a conduta escandalosa na repartição, representando está também uma ação (não omissão) do servidor público que venha a afrontar, com palavras, gestos, atitudes ou comportamento a ordem pública e os bons costumes. Reporta-se, assim, ao agir que dê azo à subversão dos valores éticos e morais que devem permear os recintos da Administração, locais públicos ou particulares, abertos, ou não, ao público administrado. (DEZAN, Sandro Lucio, Ilícito Administrativo Disciplinar em Espécie, 2ª Edição – Revista e Atualizada, Juruá Editora, 2014, p. 293)

▶ -Insubordinação grave em serviço;

Como afirmado alhures, a hierarquia, como escalonamento de direitos e prerrogativas ascendentes de mando e de decisão entre entes, órgãos e agentes públicos, é inerente à estrutura organizacional da Administração. Está presente nas relações entre cargos e funções de um mesmo órgão ou entre entes públicos, pessoas jurídicas, primando pela funcionalidade da prestação dos serviços públicos e pelo atendimento do princípio da eficiência. O poder hierárquico compreende o direito de mando, afeto ao superior hierárquico, e o dever de obediência, atinente ao servidor subalterno. O serviço público é desempenhado sobre bases hierárquicas e de deferência à disciplina, com vista, justamente, à regularidade e à continuidade desse mister, qual seja a prestação organizada, contínua e adequada dos serviços de interessa da coletividade. Para tanto, atribuições, funções e cargos compartilham, de modo escalonado, tarefas e rotinas, vinculando-se legal, técnica e organicamente uns aos outros. As ordens dentro do serviço público são, em última instância, a emanação concreta da lei e da vontade da Administração, para o alcance dos fins públicos. Daí decorre o dever de submissão do servidor às ordens legais provenientes dos superiores hierárquicos, que ocupam posição em funções ou órgãos de comando e coordenação. O termo subordinação refere-se à dependência, sujeição, obediência, docilidade, resignação, respeito. Com efeito, insubordinação prende-se à noção de independência, desobediência, indocilidade, desrespeito, insubmissão e, no controle interno da disciplina do serviço público, reporta-se à contrariedade para com os deveres inerentes ao cargo ou função. Não obstante, para a subsunção ao tipo infracional em comento, o fato deve ser grave, com potencial de subversão da ordem interna da repartição, a ponto de provocar danos a terceiros ou à própria Administração ou de comprometer a organização, a regularidade, ou, ainda, a continuidade do serviço público. O simples descumprimento de ordens superiores, sem maiores gravidades, ou sem afronta direta à autoridade que emanou a ordem, ou sem ocorrência de danos de elevada monta, reporta subsunção não ao tipo em comento, mas sim, ao previsto no art. 116, IV, do estatuto federal de regência, qual seja: deixar o servidor de "cumprir as ordens superiores, exceto quando manifestamente ilegais". (DEZAN, Sandro Lucio, Ilícito Administrativo Disciplinar em Espécie, 2ª Edição – Revista e Atualizada, Juruá Editora, 2014, p. 295)

▶ **Ofensa física, em serviço, a servidor ou a particular, salvo em legítima defesa própria ou de outrem;**

O inc. VII do artigo prescreve como falta grave, punível com demissão, a ofensa física em serviço a servidor ou a particular, salvo em legítima defesa, própria ou alheia. Não poderia ser diferente, pois é virtualmente inadmissível que servidor público, em pleno serviço, graciosamente agrida colega ou particular, sem que esteja sendo ele próprio agredido. A legítima defesa própria ou alheia evidentemente não constitui sequer infração, mas direito de todo cidadão, e, bem configurada, afasta por completo a antijuridicidade da abordagem física. A matéria é toda de natureza penal, e muitíssimo frequente na vida daquele direito. (RIGOLIN, Ivan Barbosa. Comentários ao regime único dos servidores públicos civis / Ivan Barbosa Rigolin. – 7. ed. rev. E atual. – São Paulo: Saraiva, 2012, p. 325)

▶ **Aplicação irregular de dinheiros públicos;**

A aplicação irregular de dinheiros públicos, prevista no inc. VIII, constitui antes mesmo o crime de emprego irregular de verbas ou rendas públicas, tipificado no Código Penal, art. 315. Ao servidor que custodie ou guarde dinheiro impede-lhe a lei, evidentemente, de malbaratá-lo, aplicando-o de modo irregular, ainda que disso não tire proveito pessoal, ou de correlato. O simples fato de esse servidor dar destinação indevida a verba pública sob sua guarda constitui a um só tempo crime e infração administrativa, esta última punível com demissão. Outro tipo infracional administrativo é a revelação de segredo funcional, arrolado no inc. IX deste artigo, mas este constitui também o crime de violação de sigilo funcional, previsto no Código Penal, art. 325. Não pode o servidor notificar terceiro, ou fazer público fato de natureza sigilosa que em razão de seu cargo conheça. Tal grave cometimento pode prejudicar de maneira decisiva a Administração, razão por que se coíbe a atitude tanto criminal quanto administrativamente. (RIGOLIN, Ivan Barbosa. Comentários ao regime único dos servidores públicos civis / Ivan Barbosa Rigolin. – 7. ed. rev. E atual. – São Paulo: Saraiva, 2012, p. 325)

▶ **Revelação de segredo do qual se apropriou em razão do cargo;**

PROCESSUAL CIVIL E ADMINISTRATIVO. MANDADO DE SEGURANÇA. SERVIDOR PÚBLICO FEDERAL. PROCESSO ADMINISTRATIVO DISCIPLINAR. DEMISSÃO. REVELAÇÃO DE SEGREDOS DOS QUAIS TINHA CONHECIMENTO

EM RAZÃO DO CARGO QUE OCUPAVA. INFRAÇÕES AO ARTIGO 117, IX E 132, IX, DA LEI N. 8.112/90. INOBSERVÂNCIA DO DEVIDO PROCESSO LEGAL. AUSÊNCIA DE NULIDADE. NULIDADE POR FALTA DE CORRELAÇÃO ENTRE ACUSAÇÃO E CONDENAÇÃO. IMPROCEDÊNCIA. CORREÇÃO DA TIPIFICA-ÇÃO, COM EXERCÍCIO DE AMPLA DEFESA OBSERVADA. PENALIDADE DE DEMISSÃO APLICADA NÃO APENAS POR IMPROBIDADE ADMINISTRATIVA, MAS POR FUNDAMENTOS INDEPENDENTES E NÃO ATACADOS. AUSÊNCIA DE DIREITO LÍQUIDO E CERTO. 1. Trata-se de mandado de segurança, impetrado contra ato de Ministro de Estado que, em decorrência do constante de Processo Administrativo Disciplinar, determinou a demissão do impetrante do cargo que ocupava na Administração Pública Federal, por revelar segredos dos quais tinha conhecimento em razão do cargo que ocupava na Receita Federal, em detrimento da dignidade da função. 2. Alegação de inobservância do devido processo legal, por não haver sido feita requisição ao superior hierárquico do impetrante para que autorizasse seu afastamento do trabalho para participar de atos de instrução do PAD. Não há exigência legal para que fosse feita tal requisição. De qualquer sorte, havia sido feita comunicação ao superior hierárquico acerca da abertura do PAD e o impetrante havia sido cientificado dos direitos de acompanhar o processo e realizar sua defesa. Ausência de prejuízo. 3. Alegação de inobservância do devido processo legal, por haver sido indeferida no PAD a inquirição de uma das testemunhas arroladas pelo impetrante. Indeferimento fundamentado na impertinência da prova. Ausência de prejuízo. 4. Alegação de falta de correlação entre acusação e condenação. Caso em que a acusa-ção da prática do ilícito consistente em revelar segredos que o impetrante tinha em razão do cargo foi desde o início feita. Posteriormente, na pendência do PAD, a ade-quação típica foi corrigida, permitindo-se ao impetrante manifestação, regularmente efetuada através de advogado constituído. Ausência de nulidade. 5. A alegação de que a autoridade administrativa não poderia punir o impetrante por improbidade admi-nistrativa não tem pertinência no presente caso, em que a pena de demissão poderia se sustentar independentemente de estar caracterizada a improbidade administrati-va (art. 132, IV, da Lei 8.112/90), uma vez que o impetrante incidiu em "revelação de segredo do qual se apropriou em razão do cargo" (art. 132, IX, da Lei 8.112/90) e transgrediu a proibição constante do art. 117, IX, da Lei 8.112 ("valer-se do cargo para lograr proveito pessoal ou de outrem, em detrimento da dignidade da função pública"), de modo que a demissão era aplicável também por força do disposto no art. 132, XIII da Lei 8.112 ("transgressão dos incisos IX a XVI do art. 117"). 6. Man-dado de segurança denegado. Decisão Vistos, relatados e discutidos os autos em que são partes as acima indicadas, acordam os Ministros da Primeira Seção do Superior Tribunal de Justiça, por unanimidade, denegar a segurança, nos termos do voto do Sr. Ministro Relator. A Sra. Ministra Assusete Magalhães e os Srs. Ministros Sérgio Kukina, Regina Helena Costa, Gurgel de Faria, Francisco Falcão, Napoleão Nunes Maia Filho, Og Fernandes e Mauro Campbell Marques votaram com o Sr. Ministro Relator. (Título MS 18155 / DF, Data 08/03/2017)

▶ **Lesão aos cofres públicos e dilapidação do patrimônio nacional; Corrupção;**

▶ **Acumulação ilegal de cargos, empregos ou funções públicas;**

◙ **A notificação prévia à instauração do procedimento sumário é prevista apenas para o caso de acumulação ilegal de cargos, de forma a possibilitar que o servidor apresente opção por um dos cargos ocupados.**

MANDADO DE SEGURANÇA. ADMINISTRATIVO. SERVIDOR PÚBLICO FEDERAL. ABANDONO DE CARGO POR PERÍODO SUPERIOR A 75 DIAS. PROCEDIMENTO SUMÁRIO. PREVISÃO LEGAL. COMISSÃO DISCIPLINAR COMPOSTA POR DOIS SERVIDORES. LEGALIDADE. CERCEAMENTO DE DEFESA. NÃO OCORRÊNCIA. APLICAÇÃO DA SÚMULA VINCULANTE Nº 5/STF. ALEGAÇÃO DE AUSÊNCIA DE INTENÇÃO DE ABANDONO DE CARGO. NÃO COMPROVAÇÃO. 1. A notificação prévia à instauração do procedimento sumário é prevista apenas para o caso de acumulação ilegal de cargos, de forma a possibilitar que o servidor apresente opção por um dos cargos ocupados (art. 133, Lei nº 8.112/90), não sendo aplicável para o caso de abandono de cargo. 2. A Lei nº 8.112/90 determina a adoção do procedimento sumário para apuração de abandono de cargo, com a notificação de dois servidores estáveis para compor a Comissão Processante, nos termos do artigo 133, I, da Lei nº 8.112/90. 3. Não há falar em cerceamento de defesa, por falta de publicidade, considerando que, além de ter havido a notificação do servidor por edital, mediante publicação em jornal de grande circulação, houve o envio, pela Administração, de cópia integral do processo disciplinar ao impetrante por via eletrônica. 4. Tendo sido oportunizada no processo disciplinar a participação do servidor, que optou por realizar sua própria defesa, não há falar em ocorrência de nulidade ante a falta de nomeação de defensor dativo pela Administração. Aplicação da Súmula Vinculante nº 5/STF. 5. A juntada aos autos de declarações de que o servidor estaria em tratamento contra drogadição em período posterior às faltas objeto do processo disciplinar por abandono de cargo não servem para provar a ausência do *animus abandonandi* do servidor que, em sua defesa apresentada à Administração, expressamente reconheceu que teria abandonado o cargo de Assistente em Administração na UFPR por período superior a 75 (setenta e cinco) dias. 6. Segurança denegada. (MS 11.222/DF, Rel. Ministra MARIA THEREZA DE ASSIS MOURA, TERCEIRA SEÇÃO, julgado em 13/05/2009, DJe 28/05/2009)

◙ **É ilegal a demissão de servidor por acúmulo de cargo quando não é oportunizada ao mesmo exercer seu direito de opção por um dos cargos acumulados, na forma prevista no art. 133 da Lei n° 8.112/90**

ADMINISTRATIVO E PROCESSUAL CIVIL. AGRAVO INTERNO NO RECURSO ESPECIAL. ACUMULAÇÃO DE CARGOS. ART. 133 DA LEI 8.112/90. INEXISTÊNCIA DE NOTIFICAÇÃO PRÉVIA RECONHECIDA, PELA INSTÂNCIA ORDINÁRIA, À LUZ DO ACERVO PROBATÓRIO DOS AUTOS. IMPOSSIBILIDADE DE REVISÃO. INCIDÊNCIA DA SÚMULA 7/STJ. AGRAVO INTERNO IMPROVIDO. I. Agravo interno aviado contra decisão que julgara recurso interposto contra decisum publicado na vigência do CPC/73. II. Na origem, trata-se de "ação em face do INSTITUTO NACIONAL DO SEGURO SOCIAL, objetivando a anulação do ato que o impossibilitou de exercer o cargo de médico perito, de modo que seja notificado a manifestar opção na forma do art. 113 da Lei nº 8.112/90, além da condenação do Réu ao pagamento, a título de lucros cessantes, de todos os vencimentos que deixou de receber desde então, e de indenização por danos morais". III. A jurisprudência do STJ é firme no sentido de que "a notificação prévia à instauração do procedimento sumário é prevista apenas para o caso de acumulação ilegal de cargos, de forma a possibilitar que o servidor apresente opção por um dos cargos ocupados (art. 133, Lei nº 8.112/90)" (STJ, MS 11.222/DF, Rel. Ministra MARIA THEREZA DE ASSIS MOURA, TERCEIRA SEÇÃO, DJe de 28/05/2009). Sendo assim, "não pode a Administração simplesmente omitir-se em seu dever de expressamente convocar o servidor a exercer o seu direito de opção, como ocorrera *in casu*, em que não houve qualquer aviso nesse sentido, sequer implicitamente" (STJ, RMS 18.203/AM, Rel. Ministra LAURITA VAZ, QUINTA TURMA, DJU de 03/10/2005). IV. No caso, o Tribunal de origem, à luz da realidade fática dos autos, concluiu que o autor fora nomeado e empossado no cargo e que "não foi oportunizado ao Apelante exercer seu direito de opção por um dos cargos acumulados, na forma prevista no art. 133 da Lei nº 8.112/90". IV. Diante desse contexto, o acolhimento da pretensão recursal, em sentido contrário ao que fora decidido, demandaria a alteração das premissas fático-probatórias estabelecidas pelo acórdão recorrido, com o revolvimento das provas carreadas aos autos, o que é vedado, em sede de Recurso Especial, nos termos da Súmula 7 do STJ. V. Agravo interno improvido. (AgInt no REsp 1650443/RJ, Rel. Ministra ASSUSETE MAGALHÃES, SEGUNDA TURMA, julgado em 17/05/2018, DJe 24/05/2018)

▶ **Transgressão dos incisos IX a XVI do art. 117.**

PROCESSUAL CIVIL E ADMINISTRATIVO. MANDADO DE SEGURANÇA. SERVIDOR PÚBLICO FEDERAL. PROCESSO ADMINISTRATIVO DISCIPLINAR (PAD). CASSAÇÃO DE APOSENTADORIA. PRÁTICA DA INFRAÇÃO DO ARTIGO 117, IX, DA LEI N. 8.112/90. PENALIDADE PREVISTA NO ARTIGO 132, XIII, DA LEI N. 8.112/90. COMISSÃO DISCIPLINAR. APLICAÇÃO SUBSIDIÁRIA DO ART. 149 DA LEI Nº 8.112/90. CERCEAMENTO DE DEFESA POR INDEFERIMENTO DE ACAREAÇÃO ENTRE ACUSADOS E DE FORMULAÇÃO DE REPERGUNTAS NO INTERROGATÓRIO DE OUTRO ACUSADO. INEXISTÊNCIA DE DIREITO SUBJETIVO. INDEFERIMENTO DEVIDAMENTE FUNDAMENTADO. CONTROLE JURISDICIONAL DAS CONCLUSÕES DO PROCESSO ADMINISTRATIVO DISCIPLINAR. EXAME DA REGULARIDADE DO PROCEDIMENTO E DA LEGALIDADE DO ATO. IMPOSSIBILIDADE DE INCURSÃO DO MÉRITO DO ATO ADMINISTRATIVO. REGULARIDADE DO PAD. APLICAÇÃO DE PENA DESPROPORCIONAL E EXCESSIVA NÃO VERIFICADA. AUSÊNCIA DE DIREITO LÍQUIDO E CERTO A ABSOLVIÇÃO OU A RECEBER PENALIDADE DIVERSA DA APLICADA. 1. Trata-se de mandado de segurança, impetrado contra ato de Ministro de Estado que, em decorrência do constante de Processo Administrativo Disciplinar, determinou a cassação da aposentadoria do impetrante, por valer-se do cargo de médico perito do INSS em prejuízo da dignidade da função, por haver conscientemente colaborado com organização criminosa que agia com a finalidade de burlar o agendamento aleatório de perícias médicas do INSS e influenciar seus resultados. 2. Nos termos do artigo 149 da Lei nº 8.112/90, o processo administrativo será conduzido por comissão composta de três servidores, exigindo-se que o Presidente ocupe cargo efetivo superior ou de mesmo nível ou tenha nível de escolaridade igual ou superior ao do indiciado, hipótese que foi observada no presente caso. Exigências alternativas. Precedentes. 3. A acareação entre os acusados, prevista no parágrafo primeiro do art. 159 da Lei 8.112/90, é meio do qual se poderá lançar mão se os depoimentos colidirem e a Comissão Processante não dispor de outros meios para apuração dos fatos. Caso em que o impetrante nem mesmo aponta divergências entre as versões apresentadas nos interrogatórios. Adequada fundamentação da Comissão Processante para o indeferimento. Ausência de cerceamento de defesa. Precedentes. 4. Não tem o servidor acusado em PAD o direito a formular reperguntas no interrogatório de outro acusado. Previsão legal de que os acusados sejam inquiridos separadamente. Art. 159, parágrafo primeiro, da Lei 8.112/90. Interrogatório, ademais, que funciona como meio de defesa dos acusados. 5. Processo Administrativo Disciplinar que observou a ampla defesa e concluiu fundamentadamente que as provas reunidas faziam prova da imputação feita ao impetrante. Alegações do impetrante, de que vivenciava momento profissional particularmente atribulado em razão de greve do INSS, fundamentadamente rechaçadas pela Comissão Processante. 6. A simples consumação do tipo do artigo 117, IX, da Lei n. 8.112/90 já seria suficiente para a aplicação da pena de demissão, nos termos do artigo 132, XIII, do mesmo estatuto legal. Ademais, o valimento do cargo que se considerou praticado pelo impetrante consiste em típica hipótese descrita pela proibição legal contida no artigo 117, IX, da Lei n. 8.112/90. Caso em que não houve desvio de finalidade que merecesse censura na via jurisdicional. 7. Segurança denegada. (MS 20.300/DF, Rel. Ministro BENEDITO GONÇALVES, PRIMEIRA SEÇÃO, julgado em 08/03/2017, DJe 31/03/2017)

PRESCRIÇÃO DO PODER DISCIPLINAR

◉ **Em sede de processo administrativo disciplinar, o marco inicial da prescrição da pretensão punitiva estatal coincide com a data do conhecimento do fato pela autoridade com poderes para determinar a abertura do PAD, e não com a posterior data em que a autoridade vier a identificar o caráter ilícito do fato apurado.**

"MANDADO DE SEGURANÇA. PROCESSO ADMINISTRATIVO DISCIPLINAR. SERVIDORA FEDERAL. PRESCRIÇÃO DA PRETENSÃO PUNITIVA. MARCO INICIAL. DATA DO CONHECIMENTO DO FATO E NÃO A DATA EM QUE A AUTORIDADE VIER A IDENTIFICAR O CARÁTER ILÍCITO DO FATO APURADO. INTELIGÊNCIA DO ART. 142 DA LEI N. 8.112/1990. ORDEM CONCEDIDA. 1. – Em sede de processo administrativo disciplinar, o marco inicial da prescrição da pretensão punitiva estatal coincide com a data do conhecimento do fato pela autoridade com poderes para determinar a abertura do PAD, e não com a posterior data em que a autoridade vier a identificar o caráter ilícito do fato apurado. Precedentes. 2. – No caso dos autos, entre a data da prática do ato posteriormente tido por ilícito (24 de janeiro de 1997) e a data de instauração da Comissão de Inquérito de cujos trabalhos resultou a demissão (27 de maio de 2011), transcorreram mais de catorze anos, pelo que é inafastável a conclusão de que os trabalhos da Comissão processante, base da demissão aplicada à autora, foram iniciados após o limite temporal imposto pelo art. 142, I, da Lei n. 8.112/1190. 3. – Ordem concedida para anular a demissão e determinar a reintegração da servidora." (MS 21.050/DF, Rel. Ministro SÉRGIO KUKINA, PRIMEIRA SEÇÃO, julgado em 26/09/2018, DJe 03/10/2018)

◙ **Quando o fato objeto da ação punitiva da administração também constituir crime e enquanto não houver sentença penal condenatória transitada em julgado, a prescrição do poder disciplinar reger-se-á pelo prazo previsto na lei penal para pena cominada em abstrato.**

"IV – "Os prazos de prescrição previstos na lei penal aplicam-se às infrações também capituladas como crime" (art. 142, § 2º, da Lei nº 8.112/90). V – Denunciado o impetrante pela prática do delito de concussão (art. 316, CP), cuja pena máxima in abstrato é estabelecida em 8 (oito) anos de reclusão, o prazo prescricional é de 12 (doze) anos (conf. art. 109, inciso III, CP). VI – Na espécie, não há que se falar em prescrição, pois a infração funcional data de 27/2/1997 e a portaria demissória de 12/5/2008. Ordem denegada." (MS 13.640/DF, Rel. Ministro FELIX FISCHER, TERCEIRA SEÇÃO, julgado em 15/12/2008, DJe 13/02/2009)

> ◙ **No mesmo sentido:** ADMINISTRATIVO. MANDADO DE SEGURANÇA. SERVIDOR PÚBLICO. PROCESSO ADMINISTRATIVO DISCIPLINAR. DEMISSÃO. CONDUTA TAMBÉM TIPIFICADA COMO CRIME. PRESCRIÇÃO. INOCORRÊNCIA. OFENSA AO PRINCÍPIO DA AMPLA DEFESA. NÃO OCORRÊNCIA. 1. Mandado de segurança impetrado contra ato do Ministro de Estado da Justiça que demitiu o impetrante do cargo de Agente de Polícia Federal, por meio da Portaria 4.031, de 14 de dezembro de 2010, em face do enquadramento em infrações previstas no inciso IX do art. 43 da Lei 4.878 e inciso IV do art. 132 da Lei 8.112/90.2. A Lei 8.112/90, em seu art. 142, § 2º, dispositivo que regula os prazos de prescrição, remete à lei penal as situações em que as infrações disciplinares constituam também condutas tipificadas como crime – o que ocorre na hipótese, haja vista que as infrações administrativas imputadas ao impetrante, em especial o recebimento de vantagem financeira em troca do fornecimento de informações privilegiadas a pessoa investigada (art. IX do art. 43 da Lei 4.878/65) também se configura como crime de corrupção passiva (art. 317 do CP). Precedentes: MS 16567/ DF, Rel. Min. Mauro Campbell Marques, 1ª Seção, DJe 18/11/11; MS 15462/ DF, Rel. Min. Humberto Martins, 1ª Seção, DJe 22/3/11; MS 14040/ DF, Rel. Min. Maria Thereza de Assis, 3ª Seção, DJe 23/8/11. 3. Assim, fazendo o cotejo do art. 317 do CP com o art. 109 do CP, segundo o qual a prescrição, antes de proferida a sentença condenatória, é regulado pela pena máxima cominada para o delito, o prazo prescricional em abstrato atinge 16 anos. Nesse contexto, ainda que considerado o conhecimento dos fatos imputados ao impetrante em 2000, não se pode afirmar a ocorrência da prescrição da pretensão punitiva disciplinar, uma vez que a mesma somente se esgotaria em 2016. 4. O indicia-

do se defende dos fatos contra ele imputados, não importando a classificação legal inicial, mas sim a garantia da ampla defesa e do contraditório. Por isso, a modificação na tipificação das condutas pela Autoridade Administrativa não importa nem em nulidade do PAD, nem no cerceamento de defesa. Precedentes: REsp 1216473/PR, Rel. Min. Arnaldo Esteves Lima, 1ª Turma, DJe 9/5/11; MS 14.045/DF, Rel. Min. Napoleão Nunes Maia Filho, 3ª Seção, DJe 29/4/10. 5. Segurança denegada. (MS 16.075/DF, Rel. Ministro Benedito Gonçalves, 1ª Seção, julgado em 29/02/2012, DJe 21/03/2012)

◙ **No mesmo sentido:** ADMINISTRATIVO E PROCESSUAL CIVIL. AGRAVO REGIMENTAL NO MANDADO DE SEGURANÇA. PROCESSO ADMINISTRATIVO DISCIPLINAR. APLICAÇÃO AO SERVIDOR DA PENALIDADE DE SUSPENSÃO POR 45 DIAS. PRAZO PRESCRICIONAL INTERROMPIDO PELA INSTAURAÇÃO DE SINDICÂNCIA DE CARÁTER PUNITIVO. PRESCRIÇÃO DA PRETENSÃO PUNITIVA DISCIPLINAR CONFIGURADA. AGRAVO REGIMENTAL DA UNIÃO A QUE SE NEGA PROVIMENTO. 1. O termo inicial da prescrição para apuração disciplinar é contado da data do conhecimento do fato pela autoridade administrativa (Art. 142, § 1º. da Lei 8.112/90). A prescrição é interrompida com a instauração do referido procedimento (art. 142, § 3º. da Lei 8.112/90), não sendo definitiva, visto que após o prazo de 140 dias – prazo máximo para conclusão e julgamento (art. 152 c/c art. 167 da Lei 8.112/90) – o prazo prescricional recomeça a correr por inteiro. Precedentes: AgRg no MS 13.977/DF, Rel. Min. NEFI CORDEIRO, DJe 2.10.2015; MS 12.153/DF, Rel. Min. ERICSON MARANHO, DJe 8.9.2015. 2. O ponto que restou controvertido está relacionado à natureza que teve a Sindicância que precedeu o Processo Administrativo Disciplinar ensejador da penalidade, defendendo o Impetrante que o procedimento foi punitivo e, portanto, marco interruptivo para a prescrição. Já a Autoridade Coatora, ora Agravante, afirma ter sido o procedimento meramente investigatório, pelo que a prescrição só teria restado interrompida com a instauração posterior do PAD. 3. De partida, deve-se destacar que os objetos, para serem apreendidos pelo Direito, devem ser analisados por seus caracteres essenciais e indecomponíveis, e não a partir dos nomes de que se revestem. Em filosofia jurídica, que se estabelece sob o signo de prescrever condutas, o essencialismo, caracterísitca do real, se sobrepõe ao puro nominalismo, porque a simples atribuição de rótulos às coisas não tem o condão de tomar aquilo que é pelo que não é. 4. Nestes termos, embora a jurisprudência desta Corte afirme que somente a sindicância instaurada com caráter punitivo tem o condão de interromper o prazo prescricional, e não aquelas meramente investigatórias ou preparatórias de um processo disciplinar (precedente: MS 12.153/DF, Rel. Min. ERICSON MARANHO, DJe 8.9.2015), é inadmissível admitir que a nomenclatura conferida à Sindicância tenha o condão de alterar a sua natureza. 5. Toda sindicância é promovida com objetivo de justificar a abertura do processo disciplinar punitivo, com intenção de investigar possíveis condutas irregulares praticadas por Servidores. De certo, nem sempre o resultado final da Sindicância resultará em abertura de Processo Administrativo, mas seu resultado em nada desnatura a sua finalidade, que é a investigação para possível punição de Servidor infrator. 6. A mesma conclusão sobre o caráter punitivo do procedimento advém da própria condução da Sindicância com concessão de ampla defesa e contraditório, onde se verifica que não há mera apuração dos fatos, mas, sim, a averiguação de fatos que poderão levar ao indiciamento do Servidor, com abertura de prazo para a apresentação de Defesa, a oferta de Defesa Prévia, a oitiva de testemunhas e a efetivação de diligências requeridas pela Defesa, culminando a instrução com relatório conclusivo da Comissão Sindicante para fins de abertura de Processo Administrativo Disciplinar. 7. No caso dos autos, a Portaria que efetivamente instaurou a Sindicância se valeu de expressões amplas e genéricas, que não indicaram a natureza do procedimento; contudo a feição punitiva é evidenciada pelas manifestações que subsidiaram a instauração, expressas ao concluir pela instalação de sindicância punitiva, considerando a natureza dos fatos e entendendo não ser necessária a colheita prévia de informações. 8. Assim, no caso concreto, a prescrição começou a correr com o conhecimento dos fatos pela Administração, dado em 2.8.2007, sendo interrompida pela instauração da Sindicância de caráter punitivo em 25.9.2007. Considerando que o julgamento da Sindicância ocorreu tão só em 22.7.2008, o recomeço da contagem do prazo prescricional interrompido se deu antes, com o escoamento do prazo legal para a conclusão do procedimento – máximo de 140 dias. 9. Tendo em vista que a penalidade ao final imputada ao Servidor foi a suspensão, cuja aplicação se encontra na legislação – prazo prescricional de 2 anos -, conclui-se, em forma simplificada de cálculo, que a Administração tinha 2 anos e 140 dias a partir de 25.9.2007 para aplicar a penalidade, prazo extrapolado, já que a Portaria punitiva foi exarada somente em 31.3.2010 e publicada em 1º.4.2010, operando-se assim a prescrição. 10. Agravo Regimental da UNIÃO desprovido. (AgRg no MS 15.280/DF, Rel. Ministro NAPOLEÃO NUNES MAIA FILHO, PRIMEIRA SEÇÃO, julgado em 28/11/2018, DJe 19/12/2018)

◉ **O prazo prescricional interrompido com a abertura do Processo Administrativo Disciplinar (PAD) voltará a correr por inteiro após 140 dias, uma vez que esse é o prazo legal para o encerramento do procedimento.**

"2. À luz da legislação que rege a matéria – Lei 8.112/90, o termo inicial da prescrição é a data do conhecimento do fato pela autoridade competente para instaurar o Processo Administrativo Disciplinar – PAD (art. 142, § 1º). A prescrição é interrompida desde a publicação do primeiro ato instauratório válido, seja a abertura de sindicância ou a instauração de processo disciplinar, até a decisão final proferida pela autoridade competente (art. 142, § 3º). Esta interrupção não é definitiva, visto que, após o prazo de 140 dias – prazo máximo para conclusão e julgamento do PAD a partir de sua instauração (art. 152 c/c art. 167), o prazo prescricional recomeça a correr por inteiro, segundo a regra estabelecida no art. 142, § 4º, da legislação em referência." (AgRg no MS 19.488/DF, Rel. Ministro Mauro Campbell Marques, 1ª Seção, julgado em 27/02/2013, DJe 06/03/2013)

SINDICÂNCIA E PROCESSO ADMINISTRATIVO DISCIPLINAR

▶ **O que é sindicância?**

"Conceitualmente, sindicância corresponde ao procedimento pelo qual se reúnem informações tendentes a fornecer elementos esclarecedores de determinados atos ou fatos, cuja apuração se faz no interesse superior e segundo a decisão da autoridade própria" (GONZALEZ, ERNOMAR OCTAVIANO ÁTILA J. Sindicância e processo administrativo. 12. ed. São Paulo: Leud, 2012, p. 28).

▶ **A sindicância enquadra-se no chamado poder de inspeção ou de fiscalização**

"a sindicância enquadra-se no chamado poder de inspeção ou de fiscalização, pelo exercício do qual o superior hierárquico se informa sobre como decorrem ou funcionam os serviços na sua dependência" (M. LEAL HENRIQUES, Procedimento disciplinar: função pública, outros estatutos, regime de férias, faltas e licenças. 5. ed. Lisboa: Rei dos Livros, 2007, p. 486).

▶ **Sindicância também pode ser empregada como investigação preliminar.**

Mas, segundo a legislação em vigor, a sindicância também assume, dentre outras, a função de investigação preliminar e também a de instrumento adequado para a aplicação de penas de menor potencialidade. (STOCO, Rui. Processo administrativo disciplinar na administração pública, no conselho nacional de justiça e nos tribunais.1ª Edição, São Paulo, RT, 2015, p. 47)

> ▶ **No mesmo sentido:** "sindicância quer dizer investigação, procedimento para esclarecer fatos, para coleta de elementos de informação, a fim de elucidar questões não suficientemente claras para a adoção de providências imediatas do ponto de vista disciplinar" (CARVALHO, ANTONIO CARLOS ALENCAR. *Manual de processo administrativo disciplinar e sindicância*. 3. ed. Belo Horizonte: Ed. Fórum, 2012, p. 453).

> ▶ **No mesmo sentido:** "A sindicância é o procedimento investigativo, com prazo de conclusão não excedente de 30 dias (prorrogáveis pela autoridade superior por igual período), ao cabo do qual, se a conclusão não for pelo arquivamento do processo ou pela aplicação de penalidade de advertência ou suspensão até 30 dias, assegurada ampla defesa, será instaurado processo disciplinar, o qual é obrigatório sempre que o ilícito praticado ensejar sanção mais grave" (BANDEIRA DE MELLO, Celso Antônio, Curso de direito administrativo. 18. ed. São Paulo: Malheiros, 2005, p. 113).

▶ **Sob o aspecto funcional ou disciplinar, a sindicância poderá assumir duplo caráter.**

a) Ser promovida com feição e objetivo precípuo de procedimento investigatório voltado à apuração de irregularidade funcional em determinado órgão público e consequente imposição de sanção de menor gravidade, e também de somenos importância, aos agentes públicos e servidores ou, ainda: b) Assumir a forma de fase investigativa preparatória ou antecedente necessário e preliminar de apuração prévia de atos cometidos por agentes públicos *in genere,* ou seja, servidores lotados em qualquer dos três poderes ou nas empresas públicas, sociedades de economia pública, por magistrados, serventuários e servidores públicos do Poder Judiciário, visando a eventual instauração de processo administrativo disciplinar, e que possa conduzir à imposição de pena mais grave. Nesta hipótese os autos de sindicância integrarão o processo disciplinar, como peça informativa da instrução. (STOCO, Rui. Processo administrativo disciplinar na administração pública, no conselho nacional de justiça e nos tribunais.1ª Edição, São Paulo, RT, 2015, p. 58)

▶ **Sindicância investigatória objetiva obter indícios de materialidade e a autoria de falta funcional ou de irregularidade administrativa que não estejam devidamente configuradas.**

"(…) as punições disciplinares devem ser precedidas de sindicância ou processo administrativo", acrescentando: "Cabe a abertura de sindicância, como preliminar do processo administrativo, ou como meio autônomo de investigação. Sob o primeiro aspecto, a sindicância se instaura quando não haja elementos suficientes para se admitir a existência da falta ou de sua autoria ou, ainda, quando o processo deva ser iniciado em virtude de denúncia de pessoa estranha à Administração; quanto ao segundo, nos casos em que não seja obrigatório o processo administrativo propriamente dito, isto é, não se trate de pena grave" (BARROS JÚNIOR, Carlos S. de. Do poder disciplinar na Administração Pública. São Paulo: Ed. RT, 1972, p. 168).

▶ **O prazo da conclusão da sindicância é de 30 dias e pode concluir pelo arquivamento, pela aplicação de penalidade de advertência ou suspensão até 30 dias, assegurada ampla defesa ou ensejar a instauração de processo disciplinar.**

"A sindicância é o procedimento investigativo, com prazo de conclusão não excedente de 30 dias (prorrogáveis pela autoridade superior por igual período), ao cabo do qual, se a conclusão não for pelo arquivamento do processo ou pela aplicação de penalidade de advertência ou suspensão até 30 dias, assegurada ampla defesa, será instaurado processo disciplinar, o qual é obrigatório sempre que o ilícito praticado ensejar sanção mais grave" (Curso de direito administrativo. 18. ed. São Paulo: Malheiros, 2005, p. 113).

▶ **Instaurado o competente processo administrativo disciplinar, fica superado o exame de eventuais irregularidades ocorridas durante a sindicância.**

"..a sindicância é como um instrumento prévio e unilateral de a Administração examinar a viabilidade de dar início a um procedimento administrativo disciplinar, no qual toda a apuração se dará dialeticamente perante o servidor, garantidos a ampla defesa e o contraditório, não pode apresentar vícios com gravidade suficiente a justificar falar-se em nulidade. Isso porque, considerando-a como mera coleta unilateral de dados que serão submetidos ao contraditório no procedimento disciplinar posterior, não há prejuízo potencial possível ao servidor. Afinal, no PAD o servidor poderá impugnar todos os dados coletados na sindicância anteriormente, além de nele produzir provas que impeçam sejam tais dados considerados como base de eventual punição, pelo que não há fundamento a amparar qualquer pretensão de nulidade da sindicância por informação ou conduta nela tomada, mormente em face da máxima *pas de nullité sans grief.* (Teses Jurídicas dos Tribunais Superiores: Direito Administrativo I, Coordenação Maria Sylvia Zanella Di Pietro e Irene Patrícia Nohara – São Paulo, Editora Revista dos Tribunais, 2017, vários autores. Tese: Instaurado o competente processo administrativo disciplinar, fica superado o exame de eventuais irregularidades ocorridas durante a sindicância, URBANO DE CARVALHO, Raquel Melo. p.92)

◉ **No mesmo sentido:** "a instauração de sindicância, como medida preparatória, não prejudica o agente público" (MS 25.191/SP, rel. Min. Carmén Lúcia, Pleno do STF, j. 19/11/2007, DJe 13/12/2007) e fixava que a sindicância como "procedimento preparatório inquisitivo e unilateral" não exige ampla defesa e contraditório, ambas garantias desnecessárias "na sindicância que funcione apenas como investigação preliminar tendente a coligir, e maneira inquisitorial, elementos bastantes à imputação de falta ao servidor, em processo disciplinar subsequente" (MS 22.791/MS, rel. Min. Cezar Peluso, Pleno do STF, j. 13/11/2003, DJU 19/12/2003, p. 50)

No mesmo sentido: "Por conseguinte, considerando a sindicância fase meramente inquisitorial que precede ao processo disciplinar, as irregularidades e os vícios nela presentes devem ser desconsiderados na hipótese de instauração de processo disciplinar no qual se impõe observar o contraditório e ampla defesa." (Teses Jurídicas dos Tribunais Superiores: Direito Administrativo I, Coordenação Maria Sylvia Zanella Di Pietro e Irene Patrícia Nohara – São Paulo, Editora Revista dos Tribunais, 2017, vários autores. Tese: Instaurado o competente processo administrativo disciplinar, fica superado o exame de eventuais irregularidades ocorridas durante a sindicância, URBANO DE CARVALHO, Raquel Melo. p.93)

◉ **No mesmo sentido:** "O procedimento que antecedeu a instauração do PAD, independentemente do nome que lhe seja dado, nada mais é do que uma sindicância, cujo objetivo é o de colher indícios sobre a existência da infração funcional e sua autoria. Trata-se de procedimento preparatório, não litigioso, em que o princípio da publicidade é atenuado." (MS 23187/RJ, rel. Min. Eros Grau, Pleno do STF, j. 27.05.2010, DJe 05/08/2010)

▶ **Sindicância também pode ser empregada como investigação preliminar.**

Mas, segundo a legislação em vigor, a sindicância também assume, dentre outras, a função de investigação preliminar e também a de instrumento adequado para a aplicação de penas de menor potencialidade. (STOCO, Rui. Processo administrativo disciplinar na administração pública, no conselho nacional de justiça e nos tribunais.1ª Edição, São Paulo, RT, 2015, p. 47)

No mesmo sentido: "sindicância quer dizer investigação, procedimento para esclarecer fatos, para coleta de elementos de informação, a fim de elucidar questões não suficientemente claras para a adoção de providências imediatas do ponto de vista disciplinar" (CARVALHO, ANTONIO CARLOS ALENCAR. *Manual de processo administrativo disciplinar e sindicância*. 3. ed. Belo Horizonte: Ed. Fórum, 2012, p. 453).

▶ **Sob o aspecto funcional ou disciplinar, a sindicância poderá assumir duplo caráter.**

a) Ser promovida com feição e objetivo precípuo de procedimento investigatório voltado à apuração de irregularidade funcional em determinado órgão público e consequente imposição de sanção de menor gravidade, e também de somenos importância, aos agentes públicos e servidores ou, ainda: b) Assumir a forma de fase investigativa preparatória ou antecedente necessário e preliminar de apuração prévia de atos cometidos por agentes públicos in genere, ou seja, servidores lotados em qualquer dos três poderes ou nas empresas públicas, sociedades de economia pública, por magistrados, serventuários e servidores públicos do Poder Judiciário, visando a eventual instauração de processo administrativo disciplinar, e que possa conduzir à imposição de pena mais grave. Nesta hipótese os autos de sindicância integrarão o processo disciplinar, como peça informativa da instrução. II – A Lei 8.112, de 11.12.1990 (dispõe sobre o regime jurídico dos servidores públicos da União, das autarquias e das fundações públicas federais) ao mesmo tempo em que abre a Seção I do Capítulo III com o título de "Inquérito", logo a seguir, no art. 154 dessa Seção faz referência expressa aos "autos de sindicância", traduzida em "peça informativa da instrução". Todavia a substância é a mesma, pois tanto na Sindicância como no Inquérito Administrativo deve-se assegurar ao servidor o direito de acompanhar o processo pessoalmente ou por procurador (art. 156 da Lei 8.112/1990). Na hipótese de sindicância meramente investigativa e preparatória não se exige a garantia do contraditório e da ampla defesa, até porque não tem vida própria e destina-se apenas a elucidar fatos, com finalidade de subsidiar a abertura de processo administrativo disciplinar ou o arquivamento dos autos, se não configurada a existência de falta administrativa ou de sua autoria. É o que se infere do art. 154 da Lei 8.112/1990 ao dispor que "Os autos de sindicância integração o processo disciplinar como peça informativa da instrução". (STOCO, Rui. Processo administrativo disciplinar na administração pública, no conselho nacional de justiça e nos tribunais.1ª Edição, São Paulo, RT, 2015, p. 58)

▶ **Arquivamento do processo;**

Da sindicância poderá resultar o arquivamento do processo de sindicância – só pode ser esse o efeito pretendido pelo legislador. É de má técnica misturar conceitos como sindicância e processo, tratando a lei de "processo" ora com um sentido, ora com outro. No caso do inc. I deste artigo, do procedimento de sindicância poderá, como primeiro resultado, ocorrer seu arquivamento, evidentemente por falta de indício suficiente para instauração do processo disciplinar, que poderia ser cabível. Só assim faz sentido o inciso. (RIGOLIN, Ivan Barbosa. Comentários ao regime único dos servidores públicos civis / Ivan Barbosa Rigolin. – 7. ed. rev. E atual. – São Paulo: Saraiva, 2012, p. 352)

▶ **Instauração de processo disciplinar.**

"Não se abre processo disciplinar para verificar irregularidades cuja existência (materialidade) ou autoria são desconhecidas, porquanto o pressuposto da instauração do feito é uma acusação inicial definida sobre fato certo, em tese constitutivo de falta funcional, cometido por servidor público individualizado, a fim de confirmar, ou não a procedência do libelo vestibular, após o desforço defensório e a coleta de provas complementares pelo conselho oficial designado, certificando-se, ou não, a responsabilidade do agente público acusado" (CARVALHO, ANTONIO CARLOS ALENCAR ob. cit., p. 457).

▶ **É possível a aplicação da Lei 9.784/99 de forma subsidiária, desde que não haja conflito de normas.**

Todavia, a Lei 8.112, de 11.12.1990 (dispõe sobre o regime jurídico dos servidores públicos civis da União, das Autarquias e das Fundações Públicas Federais) e a Lei 9.784, de 29.01.1999 (regula o processo administrativo no âmbito da Administração Pública Federal) – cabe reiterar – poderão assumir aplicação subsidiária, desde que não haja conflito de normas. Significa – melhor esclarecendo – que, sendo omissa a legislação de regência no âmbito nacional, estadual ou municipal, aplicam-se, subsidiariamente, as leis referidas, exceto se houver dissidência entre elas. É o que se infere d art. 69 da Lei 9.784/1999.

▶ **A competência para instauração será do chefe da repartição ou da autoridade que seja titular do órgão da Administração Pública onde ocorreram os fatos.**

"Nada obsta que a autoridade administrativa superior àquela em cujos serviços tenham sucedido as apontadas irregularidades avoque a competência para instaurar sindicância, sempre que o recomendar a gravidade dos fatos ou ante o risco de interferência de possíveis envolvidos no bom termo dos trabalhos investigatórios, ocasião em que pode convir a designação de servidores de outros Estados ou mesmo de órgãos diversos, a fim de prevenir corporativismo ou embaraços aos ofícios sindicantes" (ANTONIO CARLOS ALENCAR CARVALHO ob. cit., p. 458-459).

▶ **É obrigatória a instauração do procedimento administrativo quando preenchidos seus requisitos, sob pena de prevaricação da Autoridade responsável pela prática do ato.**

Sob pena de prevaricação, é obrigatória a instauração do procedimento administrativo, quando a falta disciplinar, por sua natureza e gravidade, puder determinar a aplicação de uma das penas previstas na legislação de regência, inclusive a pena de demissão, devendo ser precedida de sindicância ou inquérito – segundo a dicção do art. 153 da Lei 8.112/1990 –, quando não houver elementos suficientes para se concluir pela existência da falta ou de sua autoria.(STOCO, Rui. Processo administrativo disciplinar na administração pública, no conselho nacional de justiça e nos tribunais.1ª Edição, São Paulo, RT, 2015, p. 58)

▶ **Caso a comissão possua elementos para a não indiciação de um dos acusados, como ela devera proceder?**

O art. 161 da Lei n° 8.112/90 afirma que, "tipificada a infração disciplinar, será formulada a indiciação do servidor, a especificação dos fatos a ele imputados e das respectivas provas". Por outro lado, havendo elementos probatórios que isentem um ou mais dos acusados de responsabilidade pelo ilícito administrativo, a comissão deve promover o arquivamento do inquérito ou procedimento em relação ao acusado inocente, prosseguindo em relação aos demais. Não agindo desta forma, eventual indiciação do servidor acusado padecera de falta de justa causa, podendo ser questionada judicialmente em face do constrangimento que provoca com a este. (SAYD, Jamile Servidor Público: Questões Polêmicas, Belo Horizonte, Editora Forum, 2006, p. 314)

DO PROCESSO DISCIPLINAR

COMISSÃO PROCESSANTE

◉ O processo disciplinar será conduzido por comissão composta de três servidores estáveis designados pela autoridade competente, observado o disposto no § 3º do art. 143, que indicará, dentre eles, o seu presidente, que deverá ser ocupante de cargo efetivo superior ou de mesmo nível, ou ter nível de escolaridade igual ou superior ao do indiciado.

DMINISTRATIVO. POLICIAL FEDERAL. PAD. APLICAÇÃO DA PENALIDADE DE SUSPENSÃO. COMISSÃO TEMPORÁRIA. NULIDADE. PARECER DO MINISTÉRIO PÚBLICO PELA CONCESSÃO DA ORDEM. ORDEM CONCEDIDA. 1. Nos termos da orientação jurisprudencial desta Corte, a designação de comissão temporária para promover processo administrativo disciplinar contra servidor policial federal viola os princípios do juiz natural e da legalidade, a teor do art. 53, § 1º, da Lei n. 4.878/1965, lei especial que exige a condução do procedimento por Comissão Permanente de Disciplina. 2. Ordem concedida. (MS 14.576/DF, Rel. Ministro ANTONIO SALDANHA PALHEIRO, TERCEIRA SEÇÃO, julgado em 28/11/2018, DJe 01/02/2019)

▶ Nomeação de comissão permanente

A Lei 8.112/1990 não oferece parâmetros objetivos para a escolha dos integrantes da comissão. Trata-se de competência discricionária. Essa circunstância, associada à da constituição de comissões disciplinares somente por ocasião do processamento (ou seja, comissões provisórias), produz o risco de que a nomeação da comissão seja orientada à condenação ou à absolvição, em desobediência à garantia do juiz natural e com prejuízo da imparcialidade. A questão pode ser solucionada com a instituição de comissões permanentes, tal como defendido por Romeu Felipe Bacellar Filho. O autor não se compadece do caráter provisório da comissão da Lei 8.112/1990 e indica que "já é tempo de as comissões serem designadas em caráter permanente e a investidura de seus componentes anteceder ao acontecimento tido por irregular. Essa providência, compatível com o princípio do juiz natural, a um lado, diminuiria a suscitação de impedimentos e suspeições e, por outro, evitaria as designações dirigidas com o intuito preconcebido de punir ou absolver". **O STJ entende que, se a legislação determina a instituição de comissão permanente (é o que ocorre, por exemplo, com a referida Lei 4.878/1965), a desobediência à determinação, mediante instituição de comissão provisória ou ad hoc, inquina o processo de nulidade, por violação ao princípio da legalidade e à garantia do juiz natural.**

◉ No mesmo sentido: "A instauração de comissão provisória, nas hipóteses em que a legislação de regência prevê expressamente que as transgressões disciplinares serão apuradas por comissão permanente, inquina de nulidade o respectivo processo administrativo por inobservância dos princípios da legalidade e

AGENTES PÚBLICOS – *Doutrina e jurisprudência para utilização profissional*

do juiz natural (MS 10.585/DF, Min. Paulo Gallotti, 3.ª Seção, DJ 26.02.2007)"
(MS 13.148/DF, 3.ª Seção, rel. Min. Sebastião Reis Júnior, j. 23.05.2012) DJe
01.06.2012).

▶ **Nomeação de servidores**

A nomeação dos integrantes da comissão deve recair sobre "servidores". A assertiva
deve ser bem interpretada. De acordo com o art. 2.º da Lei 8.112/1990, "servidor é a
pessoa legalmente investida em cargo público". Tradicionalmente, opõe-se ao servidor,
ocupante de cargo público, o agente político, que exerce função política e se subordina
ao regime dos crimes de responsabilidade. O tema foi apreciado pelo STJ em situação
na qual o recorrente alegou designação de agente político (magistrado) para compor
a comissão, o que configuraria ilegalidade. O STJ rejeitou o entendimento da parte,
tendo aderido à tese de que o magistrado não é agente político, mas servidor público
de regime especial. Logo, conferiu interpretação ao art. 149, caput, da Lei 8.112/1990,
no sentido de que servidores em regimes especiais podem integrar comissão de processo disciplinar, pois "são servidores públicos, no sentido mais amplo" (RMS 34.004/
RJ, 2.ª T., rel. Min. Humberto Martins, j. 10.04.2012, DJe 19.04.2012; ver também RMS
34.575/ES, 2.ª T., rel. Min. Eliana Calmon, j. 14.05.2013, DJe 20.05.2013).

▶ **Nomeação de servidores estáveis**

O art. 149, caput, da Lei 8.112/1990 estabelece que o processo será conduzido por
comissão "composta de três servidores estáveis designados pela autoridade competente"
. A regra da estabilidade dos servidores foi objeto de discussões doutrinárias e jurisprudenciais. A dúvida paira sobre a exigência de servidores estáveis no cargo ocupado ou no "serviço público" .

> ◙ **No mesmo sentido:** Assim, como explica o Min. Napoleão Nunes Maia Filho,
> "surge a questão de se saber se o requisito da estabilidade se refere ao Serviço
> Público, ou ao cargo ocupado pelo Servidor designado para integrar a Comis-
> são Disciplinar, e essa discussão não é de pequena monta, porque diz respeito
> à correta ou justa formação do órgão estratégico do processo sancionador, nas
> instâncias administrativas; aliás, o art. 150 da Lei 8.112/1990 expressa a opor-
> tuna providência do legislador em resguardar a Comissão Disciplinar de injun-
> ções que possam tisnar a sua independência e imparcialidade, de modo que
> esse objetivo deve ser considerado quando se faz a crítica da sua composição".

◙ **Exige-se que o Presidente da Comissão Processante deverá ocupar cargo efetivo
superior ou de mesmo nível, ou ter nível de escolaridade igual ou superior ao do
indiciado e não todos os demais membros.**

"Conforme o disposto no art. do art. 149 da Lei n. 8.112/90, o processo administrativo disciplinar será conduzido por comissão composta de três servidores estáveis
designados pela autoridade competente, exigindo-se que o Presidente deverá ocupar
cargo efetivo superior ou de mesmo nível, ou ter nível de escolaridade igual ou supe-

1186

rior ao do indiciado" (AgRg no REsp 1.540.701/RO, Rel. Ministro Humberto Martins, Segunda Turma, DJe 23/9/2015).

▶ **A discussão se põe em vista da possibilidade de um servidor, em estágio pro-batório no cargo ocupado, ser designado para compor comissão disciplinar, sob a alegação de que já ocupou, anteriormente, cargo público, no qual obteve estabilidade. A 1.ª Seção do STJ manifestou-se sobre o tema em pelo menos duas oportunidades, quando prolatou acórdãos com entendimentos conflitantes.**

No mandado de segurança 17.583/DF, ficou vencido o Min. rel. Napoleão Nunes Maia Filho, cujo primoroso voto, fundamentado em abalizadas doutrina e jurisprudência, consignou: *"tem-se que a melhor interpretação para o disposto no art. 149 do RJU repousa na necessidade de que todos os Servidores dessa Comissão sejam estáveis nos cargos que atualmente ocupam, e não no Serviço Público".* Essa seria a única interpretação compatível com o resguardo da imparcialidade do servidor, haja vista que não temeria represália de sua chefia, pela estabilidade que sua posição lhe confere. O Ministro admitiu apenas excepcionalmente a participação de servidor não estável em comissão, *"nos casos de inexistência de outros Servidores que preencham os requisitos necessários".* Em tudo foi acompanhado pelo Min. Humberto Martins. Prevaleceu, no entanto, o voto do Min. Mauro Campbell Marques, fundado na diferença entre estabilidade e estágio probatório (questão também referida pelo Min. Napoleão, mas afastada). Para o Ministro, *"a estabilidade no serviço público e o estágio probatório do servidor são institutos jurídicos distintos, porque aquela se refere ao serviço público e é adquirida pelo decurso do tempo, enquanto que o estágio probatório é imposto ao servidor para aferição de sua aptidão vocacional e sua capacidade para ocupar determinado cargo. Tanto é que o servidor não aprovado no estágio probatório para determinado cargo, se já estiver garantido a sua estabilidade para o serviço público, será reconduzido ao cargo anteriormente ocupado, consoante dispõe o § 2.º do art. 20 da mencionada Lei 8.112/1990")*

◙ **A 1.ª Seção do STJ, portanto, reputou suficiente a estabilidade no serviço público,**

A 1.ª Seção do STJ, portanto, reputou suficiente a estabilidade no serviço público, com fundamento, ao que se infere, na ausência de temor do servidor de ser exonerado ou demitido, em vista da possibilidade de recondução ao cargo em que adquiriu estabilidade. É que o art. 20, § 2.º, da Lei 8.112/1990, estabelece que "o servidor não aprovado no estágio probatório será exonerado ou, se estável, reconduzido ao cargo anteriormente ocupado, observado o disposto no parágrafo único do art. 29". E o art. 29 conceitua a recondução, que "é o retorno do servidor estável ao cargo anteriormente ocupado", que poderá decorrer de "I – inabilitação em estágio probatório relativo a outro cargo". O Ministro Revisor concluiu que "o caput do art. 149 da Lei 8112/1990, ao estabelecer que a Comissão de Inquérito deve ser composta de três servidores estáveis, a fim de assegurar maior imparcialidade na instrução, fez referência a servidores que tenham garantido a sua permanência no serviço público após a sua nomeação em virtude de aprovação em concurso público, nos termos do art. 41 da atual Carta Magna, ou seja, que tenham garantido a estabilidade no serviço público, e não no cargo ocupado à época de sua designação para compor a comissão processante" (MS 17583/DF, 1.ª Seção, rel. Min. Napoleão Nunes Maia Filho, rel. p/ acórdão Min. Mauro Campbell Marques, j. 12.09.2012, DJe 03.10.2012).

◙ **Possibilidade de atuação de membro de comissão processante em mais de um processo administrativo disciplinar envolvendo o mesmo investigado.**

"...Esta Corte orienta-se no sentido de que a participação do membro da comissão em mais de um processo administrativo disciplinar, envolvendo o mesmo investigado, não configura ausência de imparcialidade quando tratar-se de apuração de fatos distintos.". (MS 21.859/DF, Rel. Ministra REGINA HELENA COSTA, PRIMEIRA SEÇÃO, julgado em 28/11/2018, DJe 19/12/2018)

◙ **A constatação de impedimento ou suspeição de membro de Comissão Processante reclama a comprovação da prolação no processo administrativo disciplinar de prévio juízo valorativo quanto às irregularidades imputadas ao Acusado**

"...Este Tribunal Superior perfilha entendimento no sentido de que a constatação de impedimento ou suspeição de membro de Comissão Processante, reclama a comprovação da prolação, no processo administrativo disciplinar, de prévio juízo valorativo quanto às irregularidades imputadas ao Acusado, o que não ocorreu no caso em análise. Precedentes. VII – A impetração de mandado de segurança pressupõe a existência de direito líquido e certo, comprovado mediante prova pré-constituída. VIII – Segurança denegada. (MS 17.815/DF, Rel. Ministra REGINA HELENA COSTA, PRIMEIRA SEÇÃO, julgado em 28/11/2018, DJe 06/02/2019)

◙ **A oitiva de membro da Comissão Processante, da Autoridade julgadora ou da Autoridade instauradora como testemunha ou informante no bojo de outro processo administrativo ou até mesmo penal não enseja, por si só, quebra da imparcialidade.**

PROCESSUAL CIVIL E ADMINISTRATIVO. MANDADO DE SEGURANÇA INDIVIDUAL. SERVIDOR PÚBLICO FEDERAL. POLICIAL RODOVIÁRIO FEDERAL. PROCESSO ADMINISTRATIVO DISCIPLINAR. PENA DE DEMISSÃO. [...]. MEMBROS DA COMISSÃO QUE SÃO OUVIDOS COMO TESTEMUNHA NO BOJO DE AÇÃO PENAL. NÃO COMPROVAÇÃO DA EMISSÃO DE JUÍZO DE VALOR OU PREJULGAMENTO. [...] 6. O reconhecimento da quebra do princípio da imparcialidade, com a consequente impedimento ou suspeição de servidor para atuar no bojo do processo administrativo disciplinar, em razão de ter prestado depoimento como testemunha em outro procedimento, pressupõe a comprovação de que o depoimento prestado tenha sido carregado de juízo de valor ou prejulgamento do indicado. [...] 9. A simples oitiva de membro da CPAD como testemunha ou informante no bojo de outro processo administrativo ou até mesmo penal, por si só, não tem condão de, automaticamente, ensejar o reconhecimento da quebra da imparcialidade, sob pena de reconhecer-se que bastaria ao investigado arrolar os membros da Comissão Processante como testemunhas no bojo de outro procedimento a fim de lograr o reconhecimento de parcialidade destes membros e, consequente, a nulidade do próprio Processo Admi-

nistrativo Disciplinar. [...] (MS 20.994/DF, Rel. Ministro MAURO CAMPBELL MAR-
QUES, PRIMEIRA SEÇÃO, julgado em 25/05/2016, DJe 06/06/2016)

▶ **Comissão com quatro integrantes. O art. 149, caput, da Lei 8.112/1990 trata de
comissão composta por servidores em número de três. O § 1.º do art. 149 acrescenta que "a comissão terá como secretário servidor designado pelo seu presidente,
podendo a indicação recair em um de seus membros".**

A interpretação sistemática dos dispositivos levou a jurisprudência do STJ a concluir
pelo cabimento de comissão com quatro integrantes, desde que um dos integrantes figure na comissão na qualidade de secretário. A conclusão deriva do acréscimo feito
pelo § 1.º do art. 149, que confere ao presidente a faculdade de indicar como secretário um quarto servidor, que não os três membros originais da comissão ("podendo a
indicação recair em um de seus membros").

> ◉ No mesmo sentido: "Não há óbice legal a que a comissão seja composta por
> quatro servidores, desde que três deles a integrem na qualidade de membro e
> um na qualidade de secretário. Inteligência do art. 149 da Lei 8.112/1990" (MS
> 8146/DF, 3.ª Seção, rel. Min. Hamilton Carvalhido, j. 12.02.2003, DJ 17.03.2003,
> p. 175).

◉ **O STJ reiterou a conclusão pelo cabimento de comissão com quatro integrantes,
inclusive sob o aspecto da ausência de prejuízo ao investigado:**

"A exigência legal é para que constem três servidores, não havendo qualquer irregularidade no fato de a Comissão haver sido composta por quatro servidores. Aliás,
aplicável também o princípio do 'pas de nullité sans grief', sendo certo tendo que não
houve a comprovação de prejuízo" (MS 8297/DF, 3.ª Seção, rel. Min. Gilson Dipp, j.
10.12.2003, DJ 16.02.2004, p. 201).

INSTAURAÇÃO

▶ **O processo disciplinar se desenvolve nas seguintes fases: I – instauração, com
a publicação do ato que constituir a comissão. O ato de nomeação dos integrantes da comissão**

O art. 151, I, da Lei 8.112/1990 estabelece que o processo administrativo disciplinar instaura-se "com a publicação do ato que constituir a comissão". Esse evento marca também o início da contagem do prazo para a conclusão do processo, que é de 70
dias, prorrogáveis por igual período (art. 152). O ato que constitui a comissão toma
em geral a forma de portaria. A lei não exige forma específica, mas é prática administrativa que o órgão competente emita "portaria inaugural", indicando os nomes dos
integrantes da comissão. Esse ato e a própria atividade material de escolha dos integrantes submetem-se a determinados condicionamentos, para garantir independência
e imparcialidade da comissão. Assim, por exemplo, o ato deve ser emitido por autoridade competente, a nomeação deve recair sobre servidores estáveis, as causas de impe-

dimento e suspeição devem ser avaliadas etc. Tais condicionamentos serão examinados adiante. Cabe desde logo frisar que seu desrespeito produzirá nulidade do processo correspondente, que " será sempre uma nulidade insanável, absoluta, impassível de ser relevada".4 Daí a importância do estudo.

◙ **Possibilidade de instauração de PAD com base em denúncia anônima.**

PROCESSUAL CIVIL E ADMINISTRATIVO. AGRAVO REGIMENTAL NO RECURSO ESPECIAL. SERVIDOR PÚBLICO FEDERAL. AÇÃO RESCISÓRIA. ART. 485, V, DO CPC. PROCESSO ADMINISTRATIVO DISCIPLINAR INSTAURADO COM BASE EM DENÚNCIA ANÔNIMA. POSSIBILIDADE. ACÓRDÃO RECORRIDO EM SINTONIA COM A JURISPRUDÊNCIA DO STJ. PRECEDENTES. AGRAVO REGIMENTAL NÃO PROVIDO. 1. Consoante jurisprudência do STJ, não é toda e qualquer violação à lei que pode comprometer a coisa julgada, dando ensejo à ação rescisória nos termos do inciso V do art. 485 do CPC. Para justificar a procedência da demanda rescisória, a violação à lei deve ser de tal modo evidente que afronte o dispositivo legal em sua literalidade. A causa de rescindibilidade reclama violação à lei, por isso, interpretar não é violar. 2. O acórdão ora recorrido se mostra em sintonia com a jurisprudência do STJ no sentido de que não há ilegalidade na instauração de processo administrativo com fundamento em denúncia anônima, por conta do poder-dever de autotutela imposto à Administração e, por via de consequência, ao administrador público. Precedentes: EDcl no REsp 1.096.274/RJ, Sexta Turma, Min. Maria Thereza de Assis Moura, DJe 5/2/2013; MS 15.517/DF, Primeira Seção, Min. Benedito Gonçalves, DJe 18/2/2011; REsp 867.666/DF, Quinta Turma, Min. Arnaldo Esteves Lima, DJe 25/5/2009; MS 12.385/DF, Terceira Seção, Min. Paulo Gallotti, DJe 5/9/2008.3. Agravo regimental não provido. AgRg no REsp 1.307.503/RR, Rel. Ministro Mauro Campbell Marques, 2ª Turma, julgado em 06/08/2013, DJe 13/08/2013

▶ **Nomeação por autoridade competente**

A Lei 8.112/1990 não define uma regra de competência para a instauração do processo administrativo disciplinar. Limita-se a estabelecer que "a autoridade que tiver ciência de irregularidade no serviço público é obrigada a promover sua apuração imediata, mediante sindicância ou processo administrativo disciplinar, assegurada ao acusado ampla defesa" (art. 143). E que essa competência poderá ser exercida por autoridade diversa " mediante competência específica para tal finalidade, delegada em caráter permanente ou temporário pelo Presidente da República, pelos presidentes das Casas do Poder Legislativo e dos Tribunais Federais e pelo Procurador-Geral da República, no âmbito do respectivo Poder, órgão ou entidade, preservadas as competências para o julgamento que se seguir à apuração" (art. 143, § 3.º). A regra de competência somente pode ser desvendada mediante avaliação conjunta de outros dispositivos. Assim, o art. 166 diz que a autoridade julgadora será aquela que determinou a instauração do processo disciplinar. E o art. 141 elenca as autoridades julgadoras, em vista de cada espécie de penalidade.5 Pressupõe-se então que tais autoridades é que serão competentes para a instauração do processo, em cada caso. Mas nem sempre assim se passará, uma vez que o art. 145, III, estabelece que "da sindicância poderá resultar

(...) III – instauração de processo disciplinar", vale dizer, a instauração de processo disciplinar poderá ser uma decorrência da conclusão a que se chegou em sindicância. De uma forma ou de outra, a violação à regra de competência para constituição da comissão implica nulidade do processo. Assim decidiu o STJ em questão submetida à Lei 4.878/1965 (que dispõe sobre o regime jurídico peculiar dos servidores policiais civis da União e do Distrito Federal), mas cuja conclusão pode ser aplicada no âmbito da Lei 8.112/1990, por analogia:

◙ **No mesmo sentido:** "Direito administrativo. Agente da polícia federal. Processo administrativo disciplinar. Designação dos membros da comissão processante por autoridade incompetente. Nulidade reconhecida" (REsp 886.293/PR, 5.ª T., rel. Min. Arnaldo Esteves Lima, j. 27.11.2007, DJ 07.02.2008, p. 1).

▶ **Primeira fase do processo**

A primeira fase do processo, denominada instauração, se instrumentaliza com a publicação da portaria pela autoridade instauradora designando os membros para comporem a comissão, dispondo sobre o prazo de conclusão, o processo que contém o objeto de apuração, bem como a possibilidade de serem apurados fatos conexos. (Manual de Processo Administrativo Disciplinar da Controladoria Geral da União, 2015, p. 67)

▶ **Funções da portaria instauradora.**

"a) designar os membros da comissão processante, com indicação de seu presidente, informando os respectivos cargos, órgãos de lotação e matrícula funcional; b) identificar o tipo de procedimento que está sendo instaurado (processo administrativo disciplinar ou sindicância contraditória); c) determinar o prazo de duração dos trabalhos da comissão processante; d) delimitar o objeto da apuração, com remissão genérica aos fatos ou ao número do processo que contém a documentação pertinente, sendo recomendável que se indique também a possibilidade de apuração dos fatos conexos que emergirem no decorrer dos trabalhos." . *(Manual prático de processo administrativo disciplinar e sindicância Corregedoria-Geral da Advocacia da União*, 1ª edição, 2015, p. 16).

◙ **A descrição minuciosa dos fatos se faz necessária apenas quando do indiciamento do servidor, após a fase instrutória, na qual são efetivamente apurados, e não na portaria de instauração.**

ADMINISTRATIVO. MANDADO DE SEGURANÇA. SERVIDOR PÚBLICO FEDERAL. POLICIAL RODOVIÁRIO. PROCESSO ADMINISTRATIVO DISCIPLINAR. DEMISSÃO. AUSÊNCIA DE INDICAÇÃO MINUCIOSA DOS FATOS INVESTIGADOS E CAPITULAÇÃO NA PORTARIA INAUGURAL. DESNECESSIDADE. USO DE PROVA EMPRESTADA. INTERCEPTAÇÃO TELEFÔNICA. POSSIBILIDADE. Não oitiva de duas das testemunhas arroladas pela defesa. Omissão que não ostenta a propriedade de elidir as outras provas constantes do processo administrativo disciplinar. Legalidade. Formação de conjunto probatório suficiente. Respeito aos princípios do contraditório e ampla defesa. Direito líquido e certo não demonstrado. 1. Mandado de segurança contra ato do Sr. Ministro de Estado da Justiça, que implicou na demissão do impetrante dos quadros de pessoal do Departamento de Polícia Rodoviária Federal, em decorrência de apuração da prática das condutas descritas nos artigos 116, I, III, IX, XII; e 131, IV e XI da Lei n. 8.112/90, no âmbito de processo administrativo disciplinar. 2. Esta Corte Superior de Justiça possui entendimento consolidado no sentido de que a descrição minuciosa dos fatos se faz necessária apenas quando do indiciamento do servidor, após a fase instrutória, na qual são efetivamente apurados, e não na portaria de instauração ou na citação inicial do processo administrativo. Precedentes: RMS 23.974/ES, Rel. Min. Maria Thereza de Assis Moura, Sexta Turma, DJe 01/06/2011; RMS 24.138/PR, Rel. Min. Laurita Vaz, Quinta Turma, DJe 03/11/2009; MS 13.518/DF, Rel. Min. Napoleão Nunes Maia Filho, Terceira Seção, DJe 19/12/2008; MS 12.369/DF, Rel. Min. Feliz Fischer, Terceira Seção, DJ 10/09/2007. 3. É firme o entendimento desta Corte que, respeitado o contraditório e a ampla defesa, é admitida a utilização no processo administrativo de "prova emprestada" devidamente autorizada na esfera criminal. Precedentes: MS 10128/DF, Rel. Ministro Og Fernandes, Terceira Seção, DJe 22/02/2010, MS 13.986/DF, Rel. Ministro Napoleão Nunes Maia Filho, Terceira Seção, DJe 12/02/2010, MS 13.501/DF, Rel. Ministro Felix Fischer, Terceira Seção, DJe 09/02/2009, MS 12.536/DF, Rel. Ministra Laurita Vaz, Terceira Seção, DJe 26/09/2008, MS 10.292/DF, Rel. Ministro Paulo Gallotti, Terceira Seção, DJ 11/10/2007. 4. A não oitiva de apenas de duas das testemunhas arroladas pela defesa não ostenta a propriedade de infirmar todos os outros depoimentos, assim como as interceptações telefônicas, provas essas que levaram à comissão processante (fls. 669-808) e a Advocacia-Geral da União a sugerirem a aplicação da pena de demissão. Posteriormente o parecer da AGU foi acolhido pela autoridade impetrada (fl. 848). 5. No caso dos autos, considerando que: i) a conduta do servidor foi devidamente especificada no despacho de indiciamento, ii) a interceptação telefônica foi concretizada nos exatos termos da Lei 9.296/96, iii) as decisões judiciais que autorizaram e prorrogaram as escutas foram devidamente motivadas, e iv) o impetrante foi regularmente notificado da instauração do processo administrativo e para o ato do interrogatório e apresentou defesa, regular e oportunamente, é de se concluir que o PAD em questão observou todos os princípios processuais e os requisitos legais, não existindo nulidade a ser declarada. 6. O writ não reúne condições de prosperar, dado que o impetrante não logrou demonstrar a ilegalidade do ato apontado como coator, sendo certo que esta Corte já se manifestou no sentido da independência entre as instâncias penal e administrativa e da possibilidade de utilização de provas colhidas em outros processos. Precedentes: MS 15823/DF, Relator Ministro Benedito Gonçalves, Primeira Seção, DJe 18/8/2011; MS 15.786/DF, Relator Ministro Castro Meira, Primeira Seção, DJe 11/5/2011; e MS 15.207/DF, Relator Ministro Benedito Gonçalves, Primeira Seção, DJe 14/9/2010. 7. Segurança denegada. (STJ-MS 15.787/DF, Rel. Ministro Benedito Gonçalves, 1ª Seção, julgado em 09/05/2012, DJe 06/08/2012.)

◙ **No mesmo sentido:** "Na linha da jurisprudência desta Corte, a portaria inaugural do processo disciplinar está livre de descrever detalhes sobre os fatos da causa, tendo em vista que somente ao longo das investigações é que os atos ilícitos, a exata tipificação e os seus verdadeiros responsáveis serão revelados." (STJ, MS nº 16.815/DF. Relator: Ministro Cesar Asfor Rocha, julgamento em 11.04.2012, DJE, 18.04.2012)

▶ **No mesmo sentido:** A portaria instauradora não deverá mencionar o nome do servidor acusado, a conduta supostamente ilícita nem o respectivo enquadramento legal. *(Manual prático de processo administrativo disciplinar e sindicância Corregedoria-Geral da Advocacia da União,* 1ª edição, 2015, p. 15).

▶ **Limitações da portaria instauradora.**

"Deve-se abster de indicar expressamente quais são os fatos sob apuração, bem como o nome dos investigados, a fim de se evitar limitação inadequada ao escopo apuratório e garantir o respeito à imagem dos acusados." (Manual de Processo Administrativo Disciplinar da Controladoria Geral da União, 2015, p. 67)

▶ **No ato de designação da comissão de inquérito, não devem ser consignadas as infrações a serem apuradas, os dispositivos infringidos e os nomes dos possíveis responsáveis.**

(...) No ato de designação da comissão de inquérito, não devem ser consignadas as infrações a serem apuradas, os dispositivos infringidos e os nomes dos possíveis responsáveis." (Parecer AGU GQ-12, de 7 de fevereiro de 1994, vinculante para os órgãos da Administração Federal, nos termos do art.40 da LC nº 73, de 10 de fevereiro de 1993, publicado no DOU de 10/02/1994, vol.2, p. 35)

▶ **A quem compete a instauração do procedimento?**

A instauração do processo administrativo disciplinar cabe à autoridade competente e ocorre com a publicação do ato que constituir a comissão (art. 151, inc. I, da Lei nº 8.112, de 1990). *(Manual prático de processo administrativo disciplinar e sindicância Corregedoria-Geral da Advocacia da União,* 1ª edição, 2015, p. 15).

▶ **Em regra, a instauração do PAD é instruída com documentos preliminares referentes à denúncia, representação e/ou outros expedientes relacionados ao caso.**

Costumeiramente, antes da instauração do processo administrativo disciplinar, os respectivos autos são instruídos com documentos preliminares referentes à denúncia, representação e/ou outros expedientes relacionados ao caso. Contudo, o marco a ser considerado como ato de instauração do processo administrativo disciplinar ocorre efetivamente com a publicação da portaria instauradora. *(Manual prático de processo administrativo disciplinar e sindicância Corregedoria-Geral da Advocacia da União,* 1ª edição, 2015, p. 15).

▶ **A instauração do processo é um poder dever da Administração.**

A instauração de sindicância administrativa ou de processo administrativo disciplinar para apuração de irregularidades no serviço público constitui-se em direito-dever da Administração e, em tese, não agride o direito líquido e certo de servidor. Por isso, o artigo em estudo obriga a toda e qual quer autoridade administrativa que tiver ciência de irregularidade no serviço público a promover a sua imediata apuração. (BRANDÃO, Júlio César Lima. *Comentários ao Estatuto do Servidor Público Federal atualizado. Lei 8.112/90: Direitos, deveres, proibições, vantagens, seguridade social e aposentadoria.* 2ª edição, Ed. Juruá, 2012, p. 327)

▶ **É dever do servidor público comunicar à autoridade superior as irregularidades de que tiver ciência em razão do cargo.**

é dever do servidor público comunicar à autoridade superior as irregularidades de que tiver ciência em razão do cargo, bem como representar contra ilegalidade, omissão ou abuso de poder. (BRANDÃO, Júlio César Lima. *Comentários ao Estatuto do Servidor Público Federal atualizado. Lei 8.112/90: Direitos, deveres, proibições, vantagens, seguridade social e aposentadoria.* 2ª edição, Ed. Juruá, 2012, p. 328)

◉ **A omissão da autoridade configura desídia. ilícito administrativo previsto no art. 117, XV, desta Lei além de condescendência criminosa, tipificada no art. 320 do Código Penal.**

ADMINISTRATIVO. MANDADO DE SEGURANÇA. SERVIDOR PÚBLICO. PENA DE ADVERTÊNCIA. PRESCRIÇÃO DA PRETENSÃO PUNITIVA. OCORRÊNCIA. CONTAGEM DO PRAZO. TERMO A QUO. ART. 142, § 1.º, DA LEI N.º 8.112/90. DATA DO CONHECIMENTO DO FATO PELA ADMINISTRAÇÃO. 1. O art. 142, § 1.º, da Lei n.º 8.112/90 prescreve que: "O prazo de prescrição começa a correr da data em que o fato se tornou conhecido", portanto, na data em que a Administração tomou ciência dos fatos. 2. Por outro lado, conforme o disposto no art. 143 da Lei n.º 8.112/90, a autoridade administrativa que tomar conhecimento de irregularidades no serviço público deverá proceder à sua apuração ou comunicá-la à autoridade que tiver competência para promover os atos apuratórios, sob pena de responder pelo delito de condescendência criminosa. 3. Depreende-se da leitura dos autos, bem como das próprias informações prestadas pela autoridade coatora, que a Corregedora-Geral do INSS – Substituta, por meio do ofício que lhe fora encaminhado pelo Delegado de Polícia Federal, teve conhecimento inequívoco das irregularidades imputadas à impetrante em 1º/9/2005. 4. Verifica-se, ainda, que a portaria inaugural do procedimento disciplinar somente foi publicada em 24/3/2006, isto é, após o decurso de 206 (duzentos e seis) dias a contar da ciência, pela Administração, das irregularidades imputadas à impetrante. 5. Desse modo, configurada a ciência inequívoca dos fatos pela autoridade administrativa competente em 1º/9/2005, e sendo de 180 (cento e oitenta) dias o prazo para o exercício da pretensão punitiva do Estado, nos termos do art. 142, inc. III, da Lei n.º 8.112/90, operou-se, no caso dos autos, a prescrição, na medida em que o processo administrativo disciplinar que culminou com a aplicação da pena de advertência à impetrante somente foi instaurado em 24/3/2006. 6. Segurança que se concede para, reconhecida a ocorrência da prescrição, declarar a nulidade da Portaria n.º 41, do Ministério da Previdência Social, publicada no DOU de 31 de janeiro de 2007, que determinou a aplicação da pena de advertência à ora impetrante. Prejudicialidade do exame dos demais fundamentos da impetração. (MS 12.645/DF, Rel. Ministro OG FERNANDES, TERCEIRA SEÇÃO, julgado em 11/05/2011, DJe 20/05/2011).

▶ **Dupla competência para instauração de processo administrativo.**

Em âmbito do Poder Executivo Federal, o Ministro de Estado da Transparência e Controladoria-Geral da União pode instaurar procedimentos e processos administrativos a seu cargo, constituir comissões, e requisitar a instauração daqueles que venham sendo injustificadamente retardados pela autoridade responsável, conforme o artigo 67, II, da Lei 13.502/2017.

◙ **Súmula 611 do STJ: Desde que devidamente motivada e com amparo em investigação ou sindicância, é permitida a instauração de processo administrativo disciplinar com base em denúncia anônima, em face do poder-dever de autotutela imposto à Administração.**

▶ **Fundamento de abertura de PAD com base em denúncia anônima no poder-dever de autotutela imposto à Administração.**

"O principal argumento utilizado na jurisprudência para barrar a alegação de inconstitucionalidade do uso da denúncia anônima se encontra no poder de autotutela administrativa. A Administração pode e deve, em inúmeras circunstâncias, agir de ofício (ex officio), isto é, sem a necessidade de provocação." (Teses Jurídicas dos Tribunais Superiores: Direito Administrativo I, Coordenação Maria Sylvia Zanella Di Pietro e Irene Patrícia Nohara – São Paulo, Editora Revista dos Tribunais, 2017, vários autores. Tese: *É possível a instauração de processo administrativo com base em denúncia anônima*, NOHARA, Irene Patrícia, p. 78)

◙ **No mesmo sentido:** (...)

"Pode-se partir do seguinte raciocínio: se a Administração Pública pode, caso se depare com indícios de materialidade e autoria do cometimento de uma infração disciplinar, instaurar de ofício, sem a necessidade de provocação, um processo administrativo disciplinar, ela não depende de provocação para agir. Logo, ao tomar conhecimento pela via da denúncia anônima do ilícito, ela deve apurar." (Teses Jurídicas dos Tribunais Superiores: Direito Administrativo I, Coordenação Maria Sylvia Zanella Di Pietro e Irene Patrícia Nohara – São Paulo, Editora Revista dos Tribunais, 2017, vários autores. Tese: É possível a instauração de processo administrativo com base em denúncia anônima, NOHARA, Irene Patrícia, p. 79)

◙ **No mesmo sentido:** [...] O acórdão ora recorrido se mostra em sintonia com a jurisprudência do STJ no sentido de que não há ilegalidade na instauração de processo administrativo com fundamento em denúncia anônima, por conta do poder-dever de autotutela imposto à Administração e, por via de consequência, ao administrador público. [...] (AgRg no REsp 1307503 RR, Rel. Ministro MAURO CAMPBELL MARQUES, SEGUNDA TURMA, julgado em 06/08/2013, DJe 13/08/2013)

◙ **No mesmo sentido:** [...] É firme o entendimento no âmbito do STJ no sentido de que inexiste ilegalidade na instauração de sindicância investigativa e processo administrativo disciplinar com base em denúncia anônima, por conta do poder-dever de autotutela imposto à Administração (art.143 da Lei 8.112/1990), ainda mais quando a denúncia decorre de Ofício do próprio Diretor do Foro e é acompanhada de outros elementos de prova que denotariam a conduta irregular praticada pelo investigado, como no presente casu. Precedentes. [...] (RMS 44298 PR, Rel. Ministro MAURO CAMPBELL MARQUES, SEGUNDA TURMA, julgado em 18/11/2014, DJe 24/11/2014)

◙ **A abertura de PAD com base em denúncia anônima não deve expor a imagem do denunciado e não pode servir de motivo para perseguições.**

[...] A investigação preliminar para averiguar a materialidade dos fatos e sua veracidade, desde que não exponha a imagem do denunciado e não sirva de motivo para perseguições, deve ser feita e é inerente ao poder-dever de autotutela da Administração Pública, admitindo-se o anonimato do denunciante com certa cautela e razoabilidade, pois a sua vedação, de forma absoluta, serviria de escudo para condutas deletérias contra o erário. [...] (MS 15517 DF, Rel. Ministro BENEDITO GONÇALVES, PRIMEIRA SEÇÃO, julgado em 09/02/2011, DJe 18/02/2011)

▶ **A Convenção das Nações Unidas contra Corrupção, de 31.12.2003, incorporada no Brasil por meio do Decreto 5.687/2006, reconhece a denúncia anônima como instrumento adequado de combate à corrupção.**

Art. 13 – Cada Estado-Parte adotará medidas apropriadas para garantir que o público tenha conhecimento dos órgãos pertinentes de luta contra corrupção mencionados na presente Convenção, e facilitará o acesso a tais órgãos, quando proceder, para denúncia, inclusive anônima, de quaisquer incidentes que possam ser considerados constitutivos de um delito qualificado de acordo com a presente Convenção.

▶ **A denúncia anônima deve ser analisada pela autoridade competente com prudência.**

"A denúncia anônima deve ser analisada pela autoridade competente com prudência, pois, segundo enfatiza Marcos Salles Teixeira, ela pode ocultar aspectos de animosidade e de pessoalidade. Pode acontecer inclusive de, em virtude de perseguição e vontade de prejudicar (animus laedendi), algum servidor formule denúncia anônima falsa contra colega de repartição." (Teses Jurídicas dos Tribunais Superiores: Direito Administrativo I, Coordenação Maria Sylvia Zanella Di Pietro e Irene Patrícia Nohara – São Paulo, Editora Revista dos Tribunais, 2017, vários autores. Tese: É possível a instauração de processo administrativo com base em denúncia anônima, NOHARA, Irene Patrícia, p. 77)

▶ **Necessidade de justa causa para a instauração do PAD.**

"princípios da boa fé e da segurança jurídica e, ainda, a repercussão negativa na esfera funcional, familiar e pessoal do servidor público, mostra-se indispensável a necessidade de justa causa para a abertura de sindicância ou processo disciplinar". (BRANDÃO, Júlio César Lima. *Comentários ao Estatuto do Servidor Público Federal atualizado. Lei*

8.112/90: Direitos, deveres, proibições, vantagens, seguridade social e aposentadoria. 2ª edição, Ed. Juruá, 2012, p. 327)

◙ **A portaria de instauração do processo disciplinar prescinde de minuciosa descrição dos fatos imputados, sendo certo que a exposição, pormenorizada dos acontecimentos, se mostra necessária somente quando do indiciamento do servidor.**

MANDADO DE SEGURANÇA. PROCESSO ADMINISTRATIVO DISCIPLINAR. TÉCNICOS DO IBAMA. PRESCRIÇÃO. INFRAÇÃO TIPIFICADA COMO CRIME. ART. 142, § 2º, DA LEI 8.112/1990. PORTARIA DE INSTAURAÇÃO DO PAD. DESCRIÇÃO CONTIDA NO INDICIAMENTO. AUSÊNCIA DE NULIDADE. CONDENAÇÃO FUNDAMENTADA. ORDEM DENEGADA. 1. Os impetrantes, técnicos ambientais, foram investigados por serem responsáveis "por laudos de vistorias falsos; pagamentos de ATPF's feitos por servidores, às empresas, com uso de contas bancárias próprias; recebimento de propina; liberações indevidas de caminhões; alterações indevidas de dados do SISMAD; utilizações de empresas paralisadas para emitir ATPF's, concessões e emissões de autorizações irregulares de Plano de Manejo; adulterações nos livros de protocolo, emissões de ofícios de cancelamento de averbação de Plano de Manejo junto ao Cartório de Registro Civil, sem o devido processo e emissão irregular de ATPF's. O PAD instaurado resultou em demissão". 2. O § 2º do art. 142 da Lei 8.112/1990 estabelece que "os prazos de prescrição previstos na lei penal aplicam-se às infrações disciplinares capituladas também como crime". Não houve prescrição da pretensão punitiva. Precedentes do STJ. **3. A Portaria de instauração do Processo Administrativo dispensa a descrição minuciosa da imputação, feita apenas no termo de indiciamento, viabilizando o exercício do contraditório e da ampla defesa. Precedentes do STJ.** 4. O Relatório Final da Comissão Processante e o Parecer da Consultoria Jurídica do Ministério do Meio Ambiente individualizam de forma consistente as condutas e os tipos legais utilizados para embasar a sugestão de pena de demissão. Nulidade afastada. 5. Segurança denegada. (MS 16.582/DF, Rel. Ministro Herman Benjamin, 1ª Seção, julgado em 12/12/2012, DJe 01/02/2013)

◙ **Não é necessária a publicação da portaria em Diário Oficial da União, bastando a publicação em Boletim Interno.**

Não é necessária a publicação da portaria em Diário Oficial da União, bastando a publicação em Boletim Interno (MS 9.344/DF, Rel. Ministro Jorge Scartezzini, Terceira Seção, julgado em 25/02/2004, DJ 26/04/2004, p. 143).

◙ **Caso o servidor tenha cometido o ato infracional disciplinar enquanto cedido ao Poder Legislativo não afasta o poder disciplinar do órgão de origem do servidor, até mesmo porque o insurgente não perdeu seu vínculo com o Poder Executivo Federal.**

"...4. O fato de o impetrante encontrar-se cedido à época dos fatos para a Câmara dos Deputados não afasta o poder disciplinar do órgão de origem do servidor, até mesmo porque o insurgente não perdeu seu vínculo com o Poder Executivo Federal." (MS 19.994/DF, Rel. Ministro BENEDITO GONÇALVES, PRIMEIRA SEÇÃO, julgado em 23/05/2018, DJe 29/06/2018)

◙ **No mesmo sentido:** ADMINISTRATIVO. MANDADO DE SEGURANÇA. EMPREGADO DA ECT. SINDICÂNCIA NA EMPRESA PÚBLICA E SIGILO TELEFÔNICO E DE DADOS AUTORIZADOS JUDICIALMENTE. ATOS NÃO RELACIONADOS AO PRATICADO PELA AUTORIDADE IMPETRADA. NÃO CABIMENTO DA IMPETRAÇÃO NESSA PARTE. ENTES DA ADMINISTRAÇÃO INDIRETA DA UNIÃO. COMPETÊNCIA CORREICIONAL DA CGU. POSSIBILIDADE. AUSÊNCIA DE ILEGALIDADE. 3. A Controladoria-Geral da União é o órgão central do Sistema de Correição do Poder Executivo Federal, incumbindo-lhe, dentre outras atribuições, instaurar sindicâncias, procedimentos e processos administrativos disciplinares, em razão: a) da inexistência de condições objetivas para sua realização no órgão ou entidade de origem; b) da complexidade e relevância da matéria; c) da autoridade envolvida; ou d) do envolvimento de servidores de mais de um órgão ou entidade (arts. 2º, caput e 4º, inciso VIII, do Decreto 5.480/2005). 4. As normas que definem a competência correicional da Controladoria-Geral da União, em diversas passagens, se referem aos "órgãos ou entidades da Administração Pública Federal" (arts. 18, § 1º e § 4º, e 20, parágrafo único, ambos da Lei 10.683/2003; arts. 4º, incisos VIII, XII e XIII e §§ 3º e 5º, inciso VII, e 7º, parágrafo único, todos do Decreto 5.480/2005), o que evidencia abrangidos os entes da administração indireta da União. Precedentes. 5. Segurança denegada. (MS 13.699/DF, Rel. Ministro Benedito Gonçalves, Primeira Seção, DJe 19/03/2014);

◙ **No mesmo sentido:** MANDADO DE SEGURANÇA. ADMINISTRATIVO. SERVIDOR PÚBLICO. PROCESSO ADMINISTRATIVO DISCIPLINAR. AUTORIDADE IMPETRADA. COMPETÊNCIA. DIREITO LÍQUIDO E CERTO NÃO COMPROVADO. DILAÇÃO PROBATÓRIA. INADEQUAÇÃO DA VIA ELEITA. 1. A Controladoria-Geral da União, como órgão central do sistema correicional, tem competência para instaurar processos administrativos contra os servidores vinculados ao Poder Executivo Federal, nos termos do artigo 18 da Lei n. 10.683/2003. 2. Em decorrência, compete ao Ministro de Estado do Controle e da Transparência o julgamento dos respectivos processos, quando se tratar da aplicação das penalidades de demissão, suspensão superior a trinta dias, cassação de aposentadoria e destituição de cargo, conforme artigo 4º do Decreto n. 5.480/2005, que regulamentou a Lei n. 10.683/2003. 4. Segurança denegada, cassando-se a liminar, julgando prejudicado o agravo regimental. (MS 12.273/DF, Rel. Ministra Alderita Ramos de Oliveira (Desembargadora convocada do TJ/PE), Terceira Seção, DJe 19/06/2013).

INQUÉRITO ADMINISTRATIVO

◙ **Prova emprestada no PAD.**

O Superior Tribunal de Justiça firmou o entendimento pela legalidade da utilização da prova emprestada do processo penal nos processos administrativos disciplinares. *Vide*: MS 10.292/DF, rel. Min. Paulo Gallotti, 3ª Seção, DJ 11/10/2007; MS 11.965/

DF, rel. Min. Paulo Medina, rel. p/ Acórdão Min. Arnaldo Esteves Lima, 3ª Seção, DJ 18/10/2007; MS 12.536/DF, rel. Min. Laurita Vaz, 3ª Seção, DJe 26/09/2008; MS 13.501/ DF, rel. Min. Felix Fischer, 3ª Seção, DJe 09/02/2009; AgRg na APn 536/BA, rel. Min. Eliana Calmon, Corte Especial, DJe 14/05/2009; MS 13.986/DF, rel. Min. Napoleão Nunes Maia Filho, 3ª Seção, DJe 12/02/2010; MS 10.128/DF, rel. Min. Og Fernandes, 3ª Seção, DJe 22/02/2010; MS 14.405/DF, rel. Min. Napoleão Nunes Maia Filho, 3ª Seção, DJe 02/08/2010; MS 15.411/DF, rel. Min. Arnaldo Esteves Lima, 1ª Seção, DJe 03/11/2010; EDcl no REsp 1.163.499/MT, rel. Min. Mauro Campbell Marques, 2ª T., DJe 25/11/2010; REsp 1.122.177/MT, rel. Min. Herman Benjamin, 2ª T., DJe 27/04/2011; MS 16.122/DF, rel. Min. Castro Meira, 1ª Seção, DJe 24/05/2011; RMS 33.738/RJ, rel. Min. Humberto Martins, DJe 21/06/2011; MS 15.823/DF, rel. Min. Benedito Gonçalves, 1ª Seção, DJe 18/08/2011; MS 13.099/DF, rel. Min. Laurita Vaz, 3ª Seção, DJe 24/02/2012; MS 17.472/DF, rel. Min. Arnaldo Esteves Lima, 1ª Seção, DJe 22/06/2012; MS 15.787/DF, rel. Min. Benedito Gonçalves, 1ª Seção, j. 09/05/2012, DJe 06/08/2012; MS 14.140/DF, rel. Min. Laurita Vaz, 3ª Seção, DJe 08/11/2012; MS 14.226/DF, rel. p/ Acórdão Min. Alderita Ramos de Oliveira, 3ª Seção, DJe 28/11/2012; RMS 33.628/PE, rel. Min. Humberto Martins, 2ª T., DJe 12/04/2013; MS 15.848/DF, rel. Min. Castro Meira, 1ª Seção, DJe 16/08/2013; MS 16.146/DF, rel. Min. Eliana Calmon, 1ª Seção, j. 22/05/2013, DJe 29/08/2013.

◉ **No mesmo sentido:** ADMINISTRATIVO – MANDADO DE SEGURANÇA – PROCESSO ADMINISTRATIVO DISCIPLINAR – UTILIZAÇÃO DE PROVA EMPRESTADA DE PROCEDIMENTO CRIMINAL – INTERCEPTAÇÃO TELEFÔNICA – AUTORIZAÇÃO E CONTROLE JUDICIAL – PROVA ADMITIDA – PENA DE DEMISSÃO – CONCLUSÃO DA COMISSÃO BASEADA NA PRODUÇÃO DE VÁRIAS PROVAS – SEGURANÇA DENEGADA. 1. A jurisprudência desta Corte pacificou-se no sentido de considerar possível se utilizar, no processo administrativo disciplinar, interceptação telefônica emprestada de procedimento penal, desde que devidamente autorizada pelo juízo criminal. 2. Não há desproporcionalidade excessivamente gravosa a justificar a intervenção do Poder Judiciário quanto ao resultado do Processo Administrativo Disciplinar originário, em que a autoridade administrativa concluiu pelo devido enquadramento dos fatos e aplicação da pena de demissão, nos moldes previstos pelo estatuto jurídico dos policiais civis da União. 3. Segurança denegada. MS 16.146/DF, Rel. Ministra Eliana Calmon, 1ª Seção, julgado em 22/05/2013, DJe 29/08/2013

▶ **Se uma prova já foi produzida em um processo criminal e interessa para a instrução de um processo administrativo, não haveria razões para não utilizar diretamente a prova produzida no âmbito processual penal.**

Apesar de não haver autorização expressa em dispositivo legal permitindo a utilização da prova emprestada no âmbito dos processos disciplinares (ao menos não nos casos citados acima), o entendimento é o de que essa possibilidade surge como meio de "facilitar" a fase probatória dos processos administrativos. A lógica é, de fato, bastante simples: à primeira vista, se uma prova já foi produzida em um processo criminal e interessa para a instrução de um processo administrativo, não haveria razões para não utilizar diretamente a prova produzida no âmbito processual penal. (Teses Jurídicas dos Tribunais Superiores: Direito Administrativo I, Coordenação Maria Sylvia Zanella Di Pietro e Irene Patrícia Nohara – São Paulo, Editora Revista dos Tribunais, 2017, vários autores. Tese: É possível a utilização de prova emprestada no processo administrativo disciplinar, devidamente autorizada na esfera criminal, desde que produzida com observância do contraditório e do devido processo legal. BACELLAR FILHO, Romeu Felipe. p. 59/60)

▶ **Todavia, a prova que se pretende emprestar deve ter sido produzida no processo criminal com a observância dos princípios do contraditório e da ampla defesa.**

As decisões do Superior Tribunal de Justiça citadas acima fazem a ressalva de que, para ser admitida no processo administrativo disciplinar, a prova que se pretende emprestar deve ter sido produzida no processo criminal com a observância dos princípios do contraditório e da ampla defesa. Esse é o grande requisito exigido pela Corte Superior para atestar a legalidade desse mecanismo – aliado aos fatos de que o empréstimo da prova tenha sido autorizado pelo Juízo Criminal e que a prova trate dos mesmos fatos e pessoas investigadas no processo administrativo disciplinar. Nesse ponto, não há o que se questionar a jurisprudência do STJ, que, ao impor tal requisito, nada mais faz senão exigir o respeito aos direitos fundamentais descritos no art. 5º, LV, da Constituição Federal. Vale frisar que o constituinte, nesse dispositivo, elevou a disciplina do processo administrativo à hierarquia constitucional, afirmando que "aos litigantes, em processo judicial ou administrativo, e aos acusados em geral são assegurados o contraditório e ampla defesa, com os meios e recursos a ela inerentes". (Teses Jurídicas dos Tribunais Superiores: Direito Administrativo I, Coordenação Maria Sylvia Zanella Di Pietro e Irene Patrícia Nohara – São Paulo, Editora Revista dos Tribunais, 2017, vários autores. Tese: É possível a utilização de prova emprestada no processo administrativo disciplinar, devidamente autorizada na esfera criminal, desde que produzida com observância do contraditório e do devido processo legal. BACELLAR FILHO, Romeu Felipe. p. 59/60)

◉ ADMINISTRATIVO. CONSTITUCIONAL. MANDADO DE SEGURANÇA. DEMISSÃO DE SERVIDOR PÚBLICO. PROCESSO ADMINISTRATIVO DISCIPLINAR. ATO DE IMPROBIDADE. INDEPENDÊNCIA ENTRE AS SANÇÕES DISCIPLINARES E AQUELAS PREVISTAS NA LEI 8.429/92. UTILIZAÇÃO DE PROVA EMPRESTADA. POSSIBILIDADE. OBSERVÂNCIA À AMPLA DEFESA E AO CONTRADITÓRIO. PROVAS SUFICIENTES. EVOLUÇÃO PATRIMONIAL INCOMPATÍVEL COM A RENDA AUFERIDA. ADEQUAÇÃO DA PENA. ART. 132, IV DA LEI 8.112/90. ORDEM DENEGADA. 1. À luz do disposto no art. 12 da Lei 8.429/90 e nos arts. 37, § 4º e 41 da CF/88, as sanções disciplinares previstas na Lei 8.112/90 são independentes em relação às penalidades previstas na LIA, daí porque não há necessidade de aguardar-se o trânsito em julgado da ação por improbidade administrativa para que seja editado o ato de demissão com base no art. 132, IV, do Estatuto do Servidor Público Federal. Precedente do STF: RMS 24.194/DF, Rel. Min.

Luiz Fux, Primeira Turma, DJe 7/10/2011. 2. Inexiste vício na motivação da portaria inaugural do processo administrativo disciplinar, quando a autoridade competente explicita adequadamente as razões que ensejaram a instauração do feito. In casu, destacou-se a desproporcionalidade entre o patrimônio e a renda auferida pelo servidor público, assim como o fato de que essa evolução patrimonial decorreu de doações realizadas por pessoas aparentemente sem vínculo com o Auditor da Receita Federal. 3. De acordo com a jurisprudência pátria, é possível a utilização de prova emprestada no âmbito do processo administrativo disciplinar, desde que obedecidos os princípios do contraditório e da ampla defesa. 4. Na espécie, o servidor foi acompanhado durante todo o feito por defensor constituído, tendo sido regularmente notificado de cada fase processual, com oportunidade de requerer a produção de provas, contraditar os documentos juntados aos autos e pedir, por diversas vezes, dilação de prazos, sendo-lhe resguardado, em sua plenitude, o contraditório e o exercício do direito de defesa. 5. Consoante o princípio do pas de nulitté sans grief, não se declara a nulidade sem a demonstração de efetivo prejuízo para a parte que a invoca. Logo, não havendo indícios de que as provas supostamente ilícitas embasaram o ato decisório e a aplicação da pena, deve-se afastar a pretensão anulatória. 6. Não se cogita de indevida quebra do sigilo bancário quando a aferição da evolução patrimonial vale-se das informações contidas nas próprias declarações de bens e de renda prestadas anualmente pelo servidor à Administração, nos termos do art. 1º da Lei 8.730/93. 7. A conclusão do processo disciplinar não está atrelada ao encerramento do procedimento fiscal. Isso porque são procedimentos distintos, regidos por normativos próprios e com finalidades específicas. 8. Eventual decadência do poder de constituir o crédito tributário não atinge o procedimento disciplinar, cujo marco prescritivo é contado a partir da ciência pela Administração dos fatos examinados. 9. O ato impugnado está adequadamente fundamentado e ampara-se em vasto acervo probatório, não se cogitando de falta de proporcionalidade e razoabilidade da sanção, considerando-se a gravidade da conduta (enriquecimento ilícito), a sua incompatibilidade com as atividades desempenhadas pelo Auditor da Receita Federal e o fato de que a demissão, nessa hipótese, é providência expressamente reclamada pelo art. 132, IV, da Lei 8.112/90, ressalvadas as vias oridinárias. 10. Ordem denegada. MS 15.848/DF, Rel. Ministro Castro Meira, 1ª Seção, julgado em 24/04/2013, DJe 16/08/2013

◙ **O STF pacificou o entendimento – seguido pelo STJ – de que as informações obtidas através de interceptação telefônica, autorizada em processo penal, podem ser utilizadas como prova emprestada em processos administrativos disciplinares.**

Um dos casos que o STJ mais se viu obrigado a decidir nos julgados relacionados acima diz respeito à possibilidade de utilização de prova obtida através de interceptação telefônica, autorizada em processo penal, para fundamentar a condenação de um servidor em um processo administrativo disciplinar. O tema perpassa pela análise do inc. XII do art. 5º da Constituição Federal, que determina ser "inviolável o sigilo (...)

das comunicações telefônicas, salvo (...) por ordem judicial, nas hipóteses e na forma que a lei estabelecer para fins de investigação criminal ou instrução processual penal".

◙ **No mesmo sentido:** Criticar a posição do STJ nesse ponto é, também, criticar a posição do Supremo Tribunal Federal, pois é na jurisprudência da Suprema Corte que os Ministros do STJ se baseiam para legitimar o empréstimo de provas obtidas através de interceptações telefônicas. Com efeito, apesar de o dispositivo constitucional ser bastante claro no sentido de que os dados apanhados de interceptações telefônicas só podem ser utilizados com o objetivo de investigação criminal ou de instruir processos penais, o STF nos seguintes julgados pacificou o entendimento – seguido pelo STJ – de que as informações obtidas por esses meios podem ser utilizadas como prova emprestada em processos administrativos disciplinares: QO no Inq 2.424/RJ, rel. Min. Cezar Peluso, DJU 24/08/2007; MS 24.803, rel. Min. Joaquim Barbosa, Tribunal Pleno, j. 29/10/2008, DJe 05/06/2009; RMS 24.124/DF, rel. Min. Luiz Fux, DJe 07/10/2011; HC 102.293/RS, rel. Min. Ayres Britto, 2ª T., DJe 19/12/2011. (Teses Jurídicas dos Tribunais Superiores: Direito Administrativo I, Coordenação Maria Sylvia Zanella Di Pietro e Irene Patrícia Nohara – São Paulo, Editora Revista dos Tribunais, 2017, vários autores. Tese: É possível a utilização de prova emprestada no processo administrativo disciplinar, devidamente autorizada na esfera criminal, desde que produzida com observância do contraditório e do devido processo legal. BACELLAR FILHO, Romeu Felipe. p. 62)

◙ **No mesmo sentido:** ADMINISTRATIVO. MANDADO DE SEGURANÇA. SERVIDOR PÚBLICO FEDERAL. POLICIAL RODOVIÁRIO. PROCESSO ADMINISTRATIVO DISCIPLINAR. DEMISSÃO. AUSÊNCIA DE INDICAÇÃO MINUCIOSA DOS FATOS INVESTIGADOS E CAPITULAÇÃO NA PORTARIA INAUGURAL. DESNECESSIDADE. USO DE PROVA EMPRESTADA. INTERCEPTAÇÃO TELEFÔNICA. POSSIBILIDADE. NÃO OITIVA DE DUAS DAS TESTEMUNHAS ARROLADAS PELA DEFESA. OMISSÃO QUE NÃO OSTENTA A PROPRIEDADE DE ELIDIR AS OUTRAS PROVAS CONSTANTES DO PROCESSO ADMINISTRATIVO DISCIPLINAR. LEGALIDADE. FORMAÇÃO DE CONJUNTO PROBATÓRIO SUFICIENTE. RESPEITO AOS PRINCÍPIOS DO CONTRADITÓRIO E AMPLA DEFESA. DIREITO LÍQUIDO E CERTO NÃO DEMONSTRADO. 1. Mandado de segurança contra ato do Sr. Ministro de Estado da Justiça, que implicou na demissão do impetrante dos quadros de pessoal do Departamento de Polícia Rodoviária Federal, em decorrência de apuração da prática das condutas descritas nos artigos 116, I, III, IX, XII; e 131, IV e XI da Lei n. 8.112/90, no âmbito de processo administrativo disciplinar. 2. Esta Corte Superior de Justiça possui entendimento consolidado no sentido de que a descrição minuciosa dos fatos se faz necessária apenas quando do indiciamento do servidor, após a fase instrutória, na qual são efetivamente apurados, e não na portaria de instauração ou na citação inicial do processo administrativo. Precedentes: RMS 23.974/ES, Rel. Min. Maria Thereza de Assis Moura, Sexta Turma, DJe 01/06/2011; RMS 24.138/PR, Rel. Min. Laurita Vaz, Quinta Turma, DJe 03/11/2009; MS 13.518/DF, Rel. Min. Napoleão Nunes Maia Filho, Terceira Seção, DJe 19/12/2008; MS 12.369/DF, Rel. Min. Feliz Fischer, Terceira Seção, DJ 10/09/2007. 3. É firme o entendimento desta Corte que, respeitado o contraditório e a ampla defesa, é admitida a utilização no processo administrativo de "prova emprestada" devidamente autorizada na esfera criminal. Precedentes: MS 10128/DF, Rel. Ministro Og Fernandes, Terceira Seção, DJe 22/02/2010, MS 13.986/DF, Rel. Ministro Napoleão Nunes Maia Filho, Terceira Seção, DJe 12/02/2010, MS 13.501/DF, Rel. Ministro Felix Fischer, Terceira Seção, DJe 09/02/2009, MS 12.536/DF, Rel. Ministra Laurita Vaz, Terceira Seção, DJe 26/09/2008, MS 10.292/DF, Rel. Ministro Paulo Gallotti, Terceira Seção, DJ 11/10/2007. 4. A não oitiva de apenas de duas das testemunhas arroladas pela defesa não ostenta a propriedade de infirmar todos os outros depoimentos, assim como as interceptações telefônicas, provas essas que levaram à comissão processante (fls. 669-808) e a Advocacia-Geral da União a sugerirem a aplicação da pena de demissão. Posteriormente o parecer da AGU foi acolhido pela autoridade impetrada (fl. 848). 5. No caso dos autos, considerando que: i) a conduta do servidor foi devidamente especificada no despacho de indiciamento, ii) a interceptação telefônica foi concretizada nos exatos termos da Lei 9.296/96, iii) as decisões judiciais que autorizaram e prorrogaram as escutas foram devidamente motivadas, e iv) o impetrante foi regularmente notificado da instauração do processo administrativo e para o ato do interrogatório e apresentou defesa, regular e oportunamente, é de se concluir que o PAD em questão observou todos os princípios processuais e os requisitos legais, não existindo nulidade a ser declarada. 6. O writ não reúne condições de prosperar, dado que o impetrante não logrou demonstrar a ilegalidade do ato apontado como coator, sendo certo que esta Corte já se manifestou no sentido da independência entre as instâncias penal e administrativa e da possibilidade de utilização de provas colhidas em outros processos. Precedentes: MS 15823/DF, Relator Ministro Benedito Gonçalves, Primeira Seção, DJe 18/8/2011; MS 15.786/DF, Relator Ministro Castro Meira, Primeira Seção, DJe 11/5/2011; e MS 15.207/DF, Relator Ministro Benedito Gonçalves, Primeira Seção, DJe 14/9/2010. 7. Segurança denegada. MS 15.787/DF, Rel. Ministro Benedito Gonçalves, 1ª Seção, julgado em 09/05/2012, DJe 06/08/2012.

◙ **O Supremo Tribunal Federal adota orientação segundo a qual, é possível a utilização, como prova emprestada, de interceptações telefônicas derivadas de processo penal, com autorização judicial, no processo administrativo disciplinar, desde que seja assegurada a garantia do contraditório.**

DIREITO ADMINISTRATIVO. MANDADO DE SEGURANÇA. PROCESSO ADMINISTRATIVO DISCIPLINAR. AUDITOR-FISCAL DA RECEITA FEDERAL. PROVAS EMPRESTADAS DE INQUÉRITO POLICIAL. NULIDADE. INOCORRÊNCIA. INTERCEPTAÇÕES TELEFÔNICAS TIDAS POR ILÍCITAS EM HABEAS CORPUS. ACUSADO QUE NELE NÃO FIGURA COMO PACIENTE. FUNDAMENTAÇÃO DA DECISÃO DISCIPLINAR EM OUTRAS PROVAS. PRESIDENTE DA COMISSÃO PROCESSANTE. SUSPEIÇÃO. AUSÊNCIA DE JUÍZO DE VALOR. NÃO COMPRO-

VAÇÃO. NULIDADE. INOCORRÊNCIA. DESCABIMENTO DA REINTEGRAÇÃO AO CARGO PÚBLICO. SEGURANÇA DENEGADA. I – O Supremo Tribunal Federal adota orientação segundo a qual, é possível a utilização, como prova emprestada, de interceptações telefônicas derivadas de processo penal, com autorização judicial, no processo administrativo disciplinar, desde que seja assegurada a garantia do contraditório. Precedentes. II – Extrai-se dos autos ter sido franqueado ao Impetrante, pela comissão processante, acesso às provas colhidas por meio da interceptação telefônica, no bojo do Inquérito Policial n. 077/2006, encaminhadas pela Justiça Federal, após requisição da Corregedoria. III – O Acusado não figura como paciente no Habeas Corpus n. 117. 437/AP, não comprovando que os efeitos do acórdão proferido por esta Corte, tenham sido a ele estendidos. Ademais, tal writ diz respeito à Ação Penal n. 2007.31.00.001954-2, e não à Ação Penal n. 2007.31. 00.001033-7, na qual é réu o ora Impetrante. IV – A autoridade julgadora fundamentou sua decisão em outros meios probatórios, como ouvida de testemunhas e a própria confissão do Indiciado, quanto ao cometimento do ilícito de valimento do cargo público, consubstanciado no pedido de empregos a pessoas por ele indicadas, à empresário do Estado do Amapá, transgressão disciplinar punível com demissão, a teor dos arts. 117, IX, e 132, XIII, da Lei n. 8.112/90. V – Funcionando como Chefe-Substituto do Escritório da Corregedoria, o Presidente da Comissão Processante não exarou qualquer juízo de valor a respeito das provas ou dos eventos atribuídos ao Impetrante, executando meros atos de expediente, destinados tão somente ao andamento processual, sem qualquer carga decisória, e, mesmo atuando no PAD, não foi a autoridade julgadora. VI – Este Tribunal Superior perfilha entendimento no sentido de que a constatação de impedimento ou suspeição de membro de Comissão Processante, reclama a comprovação da prolação, no processo administrativo disciplinar, de prévio juízo valorativo quanto às irregularidades imputadas ao Acusado, o que não ocorreu no caso em análise. Precedentes. VII – A impetração de mandado de segurança pressupõe a existência de direito líquido e certo, comprovado mediante prova pré-constituída. VIII – Segurança denegada. (MS 17.815/DF, Rel. Ministra REGINA HELENA COSTA, PRIMEIRA SEÇÃO, julgado em 28/11/2018, DJe 06/02/2019)

◙ **O STJ já aceitou a utilização dos dados obtidos através de escuta telefônica realizada na fase de inquérito como prova emprestada em processos administrativos disciplinares.**

Salvou-se nesse julgamento o Ministro Napoleão Nunes Maia Filho, o qual, sendo voto vencido, asseverou que a migração de prova produzida no âmbito criminal para processos administrativos é possível "desde que não se trate de prova produzida com quebra de sigilo". Afinal, "é claro que a prova penal serve para qualquer processo, mas não a prova penal produzida em regime de excepcionalidade; é a prova comum ou a prova ordinária". A partir do momento em que se aceita a utilização, em processos administrativos disciplinares, de provas colhidas durante o inquérito, a situação fica ainda pior quando se imagina a possibilidade de servidores serem condenados exclusivamente com base nessa prova. O art. 155 do Código de Processo Penal veda expressamente essa prática, mas, diante de tantos absurdos presenciados na prática forense, não seria surpreendente uma comissão de processo administrativo disciplinar adotar essa prática.

◉ **No mesmo sentido:** PROCESSUAL CIVIL E ADMINISTRATIVO. AUSÊN-CIA DE PREQUESTIONAMENTO. SÚMULA 282/STF. IMPROBIDADE. PES-SOA JURÍDICA. LEGITIMIDADE PASSIVA. RECEBIMENTO DA PETIÇÃO INICIAL. INTERCEPTAÇÃO TELEFÔNICA. PROVA EMPRESTADA. SE-QÜESTRO CAUTELAR DOS BENS. POSSIBILIDADE. DIVERGÊNCIA JU-RISPRUDENCIAL NÃO CONFIGURADA. SÚMULA 83/STJ. 1. A recorrente insurge-se contra acórdão do Tribunal Regional Federal, que manteve recebimento da petição inicial de Ação Civil Pública por improbidade administrativa relacionada a suposto esquema de corrupção constatado na Procuradoria do INSS de Mato Grosso, envolvendo o favorecimento de advogados e empresas devedoras da referida autarquia com a emissão indevida de certidões negativas de débito, ou positivas com efeitos negativos. 2. Não se conhece de Recurso Especial quanto a matéria não especificamente enfrentada pelo Tribunal de origem, dada a ausência de prequestionamento. Incidência, por analogia, da Súmula 282/STF. 3. Descabe analisar a alegada violação do princípio constitucional do juiz natural, em virtude de composição de Turma julgadora majoritariamente formada por juízes convocados, sob pena de usurpação da competência do STF. Precedente do STJ. 4. As pessoas jurídicas que participem ou se beneficiem dos atos de improbidade sujeitam-se à Lei 8.429/1992. 5. A Lei da Improbidade Administrativa exige que a petição inicial seja instruída com, alternativamente, "documentos" ou "justificação" que "contenham indícios suficientes do ato de improbidade" (art. 17, § 6°). Trata-se, como o próprio dispositivo legal expressamente afirma, de prova indiciária, isto é, indicação pelo autor de elementos genéricos de vinculação do réu aos fatos tidos por caracterizadores de improbidade. 6. O objetivo do contraditório prévio (art. 17, § 7°) é tão-só evitar o trâmite de ações, clara e inequivocamente, temerárias, não se prestando para, em definitivo, resolver – no preâmbulo do processo e sem observância ao princípio in dubio pro societate – tudo o que haveria de ser apurado na instrução. Precedentes do STJ. 7. Se não se convencer da inexistência do ato de improbidade administrativa, da flagrante improcedência da ação ou da inadequação da via eleita, o magistrado deve receber a petição inicial (art. 17, § 8°). 8. Inexiste ilegalidade na propositura da Ação de Improbidade com base nas apurações feitas em inquérito policial, as quais deverão ser submetidas ao contraditório durante a fase instrutória. 9. Embora a determinação judicial de interceptação telefônica somente caiba no âmbito de inquérito ou instrução criminal (Lei 9.296/1996), isso não impede que, a partir da sua realização, haja pertinente utilização como prova emprestada em Ações de Improbidade que envolvem os mesmos fatos, assegurado o direito à ampla defesa e ao contraditório. 10. Entendimento que segue a mesma lógica da jurisprudência do STJ e do STF, que admitem o aproveitamento da interceptação telefônica em processos administrativos disciplinares. 11. A decisão do Juízo de 1° grau especificou a determinação de sequestro de bens apenas do Procurador do INSS que figura como réu, faltando interesse recursal pela empresa recorrente nesse ponto. 12. Em obiter dictum, tal medida insere-se no poder geral de cautela do magistrado e está expressamente prevista no art. 16 da Lei 8.429/1992, podendo ser determinada incidentalmente e antes mesmo do recebimento da petição inicial, se verificada a presença dos seus requisitos. Precedentes do STJ. 13. "Não se conhece do recurso especial pela divergência, quando a orientação do Tribunal se firmou no mesmo sentido da decisão recorrida" (Súmula 83/STJ). 14. Recurso Especial parcialmente conhecido e, nessa parte, não provido. REsp 1.122.177/MT, Rel. Ministro Herman Benjamin, 2ª Turma, julgado em 03/08/2010, DJe 27/04/2011

JULGAMENTO

◉ **O indiciado se defende dos fatos que lhe são imputados, e não de sua classificação legal, de sorte que a posterior alteração da capitulação legal da conduta não tem o condão de inquinar de nulidade o Processo Administrativo Disciplinar; a descrição dos fatos ocorridos, desde que feita de modo a viabilizar a defesa do acusado, afasta a alegação de ofensa ao princípio da ampla defesa.**

DIREITO ADMINISTRATIVO. MANDADO DE SEGURANÇA INDIVIDUAL. SERVIDOR PÚBLICO DO EXTINTO TERRITÓRIO FEDERAL DE RONDÔNIA. PROCESSO ADMINISTRATIVO DISCIPLINAR. PENA DE DEMISSÃO. ALTERAÇÃO DA CAPITULAÇÃO LEGAL. AUSÊNCIA DE NULIDADE. PRESCRIÇÃO DA PRETENSÃO PUNITIVA DA ADMINISTRAÇÃO. INEXISTÊNCIA. INVESTIGAÇÃO RELATIVAMENTE À IMPROBIDADE ADMINISTRATIVA. POSSIBILIDADE EM PROCEDIMENTO DISCIPLINAR. AUSÊNCIA DE DOLO NA ESPÉCIE. ATO PRATICADO EM RAZÃO DAS CIRCUNSTÂNCIAS QUE CERCAVAM O CASO CONCRETO. SEGURANÇA PARCIALMENTE CONCEDIDA. I. Mandado de segurança contra ato praticado pela Sra. Ministra de Estado do Planejamento, consubstanciado na Portaria n. 10, de 10 de fevereiro de 2011, que o demitiu do Cargo de Engenheiro Civil do Quadro de Pessoal Ativo do Extinto Território Federal de Rondônia, pela prática de ato de improbidade administrativa, conforme apurado no Processo Administrativo Disciplinar n. 029/2010, o qual tramitou no âmbito da Secretaria de Estado de Administração do Estado de Rondônia, tendo em vista que o servidor era cedido àquele ente federativo. II. É pacífico, no âmbito desta Corte, o entendimento de que "o indiciado se defende dos fatos que lhe são imputados, e não de sua classificação legal, de sorte que a posterior alteração da capitulação legal da conduta não tem o condão de inquinar de nulidade o Processo Administrativo Disciplinar; a descrição dos fatos ocorridos, desde que feita de modo a viabilizar a defesa do acusado, afasta a alegação de ofensa ao princípio da ampla defesa." (MS 14.045/DF, Terceira Seção, Rel. Ministro Napoleão Nunes Maia Filho, DJe 29.04.2010). III. Não houve prescrição na espécie, porquanto a Administração Federal tomou conhecimento do fato em 21.10.08, por meio do Memorando n. 836/GAB/CGA/2008 (fl. 45e), sendo que o procedimento disciplinar foi instaurado em 13.07.10 (fl. 43e) e a penalidade aplicada em 10.02.11 (fls. 38/39e). IV. No âmbito do processo administrativo disciplinar, é possível a aplicação da pena de demissão por ato de improbidade administrativa praticado por servidor público, hipótese que não se confunde com a perda da função pública prevista no art. 12 da Lei n. 8.429/92, esta sim da competência exclusivamente da autoridade judiciária. V. Admite-se, na via do mandado de segurança, valorar a congruência entre a conduta apurada no procedimento disciplinar e a capitulação legal utilizada pela autoridade julgadora para aplicar a pena de demissão – na espécie, art. 132, IV, da Lei n. 8.112/90, combinado com art. 11, inciso I, da Lei n. 8.429/92 -, buscando, dessa forma, preservar a correta aplicação do princípio da legalidade. VI. Esta Corte possui entendimento consolidado segundo o qual, para a configuração de ato de improbidade administrativa, é necessária a análise do elemento subjetivo, qual seja, dolo nas condutas tipificadas nos arts. 9º e 11 ou, ao menos, culpa, quanto às condutas do art. 10 da Lei n. 8.429/92. Precedentes. VII. Na espécie, embora tenha existido reprovável irregularidade na assinatura de documento atestando a conclusão da obra, porquanto o indiciado, ora Impetrante, não havia efetivamente vistoriado a obra, cuja conclusão certificou, não poderia a Administração fazer o enquadramento do ato infracional, classificando-o como ímprobo, sem levar em consideração as circunstâncias que envolviam o caso concreto. VIII. As peculiaridades do caso sugerem não ter havido dolo na conduta do Impetrante – requisito essencial para o reconhecimento do ato de improbidade por violação dos princípios da Administração Pública (art. 11 da Lei n. 8.429/92) -, o qual agiu induzido pelo excesso momentâneo de trabalho, e confiando na vistoria realizada por seu colega, cujo erro não pode a ele prejudicar de forma tão severa. IX. Segurança parcialmente concedida. (MS 17.151/DF, Rel. Ministra REGINA HELENA COSTA, PRIMEIRA SEÇÃO, julgado em 13/02/2019, DJe 11/03/2019)

◙ **O prazo para a conclusão do processo disciplinar não excederá 60 (sessenta) dias, contados da data de publicação do ato que constituir a comissão, admitida a sua prorrogação por igual prazo, quando as circunstâncias o exigirem. O excesso de prazo para conclusão do processo administrativo disciplinar só pode ser causa de nulidade se demonstrado prejuízo à defesa**

ADMINISTRATIVO. MANDADO DE SEGURANÇA. PROCESSO ADMINISTRATIVO DISCIPLINAR. PENA DE DEMISSÃO. INEXISTÊNCIA DE VÍCIOS FORMAIS. DESPROPORCIONALIDADE NÃO CONFIGURADA. SEGURANÇA DENEGADA.1. A prova produzida em ação penal pode ser usada como prova emprestada em processo disciplinar, inclusive interceptações telefônicas válidas.2. Em processo disciplinar, estando o servidor representado por advogado, é dispensável a sua intimação pessoal do ato de demissão, sendo bastante a intimação pelo DO (precedente desta Corte – MS 8.213/DF – DJe 19/12/2008).3. O excesso de prazo para conclusão do processo administrativo disciplinar só pode ser causa de nulidade se demonstrado prejuízo à defesa. Precedentes.4. A sentença proferida no âmbito criminal somente repercute na esfera administrativa quando reconhecida a inexistência material do fato ou a negativa de sua autoria.5. Os pedidos de indeferimento de provas ou providências pelo presidente da comissão processante devem ser fundamentados. Aplicação do disposto no § 1º do art. 156 da Lei 8.112/90. 6. Autoria e materialidade da conduta comprovadas, em perfeita subsunção dos fatos às normas proibitivas (art. 117, IX e X, e 132, XIII, da Lei 8.112/90), aplicando-se a pena indicada no dispositivo legal, sem chance de discricionariedade. 7. Em mandado de segurança sendo a prova pré-constituída, não se admite dilação probatória. 8. Segurança denegada. § 1º Sempre que necessário, a comissão dedicará tempo integral aos seus trabalhos, ficando seus membros dispensados do ponto, até a entrega do relatório final. § 2º As reuniões da comissão serão registradas em atas que deverão detalhar as deliberações adotadas. MS 19.823/DF, Rel. Ministra Eliana Calmon, 1ª Seção, julgado em 14/08/2013, DJe 23/08/2013

◙ **No mesmo sentido:** 4. A jurisprudência do STF e do STJ é firme no sentido de que o excesso de prazo para a conclusão do processo administrativo disciplinar, por si só, não acarreta em sua nulidade, especialmente quando o interessado, como no caso dos autos, não demonstra de que forma tal fato causou prejuízos à sua defesa. Precedentes: (STF) MS 22.888, Relator: Min. Nelson Jobim, Tribunal Pleno, julgado em 18/02/1998, DJ 20/02/2004; (STJ) MS 16.815/DF, Rel. Ministro Cesar Asfor Rocha, Primeira Seção, julgado em 11/04/2012, DJe 18/04/2012; MS 15.810/DF, Rel. Ministro Humberto Martins, 1ª Seção, julgado em 29/02/2012, DJe 30/03/2012; RMS 29.290/MG, Rel. Ministro Arnaldo Esteves Lima, 5ª Turma, julgado em 18/02/2010, DJe 15/03/2010.

◙ **Mandado de segurança. Processo Administrativo Disciplinar. Demissão aplicada por decisão ministerial não respaldada em prévia manifestação da comissão processante. Ilegalidade.**

"SANCIONADOR. MANDADO DE SEGURANÇA. TÉCNICO DO INSS. PROCESSO ADMINISTRATIVO DISCIPLINAR. DEMISSÃO APLICADA POR DECISÃO MINISTERIAL NÃO RESPALDADA EM PRÉVIA MANIFESTAÇÃO DA COMISSÃO PROCESSANTE. SERVIDORA PÚBLICA ACUSADA DE SE VALER DO CARGO PARA LOGRAR PROVEITO PESSOAL. NÃO DEMONSTRAÇÃO DA OBTENÇÃO DE QUALQUER VANTAGEM, BENESSE OU PREBENDA ILÍCITA. CONCESSÃO INDEVIDA DE APENAS 12 BENEFÍCIOS PREVIDENCIÁRIOS AO LONGO DE 27 ANOS DE SERVIÇO PRESTADOS DE MANEIRA EXEMPLAR, SENDO 12 NO PRÓPRIO INSS. DOLO OU MÁ-FÉ NA CONDUTA DA SERVIDORA NÃO COMPROVADOS. MERO ERRO PROCEDIMENTAL, CONSISTENTE NA VALORAÇÃO EQUIVOCADA DAS PROVAS MATERIAIS APRESENTADAS PELO SEGURADO PARA OBTENÇÃO DE BENEFÍCIO PREVIDENCIÁRIO. A EVENTUAL FRAUDE NA PRODUÇÃO DA DOCUMENTAÇÃO APRESENTADA NÃO PODE SER IMPUTADA Á SERVIDORA IMPETRANTE, QUE, ALIÁS, DETINHA CONCEITO FUNCIONAL IRREPREENSÍVEL. CONFIGURADA AFRONTA AOS PRINCÍPIOS DA INOCÊNCIA, DA PROPORCIONALIDADE E DA RAZOABILIDADE. PENA DISSONANTE DAS PREMISSAS DO DIREITO SANCIONADOR. SEGURANÇA CONCEDIDA, PARA DETERMINAR A IMEDIATA REINTEGRAÇÃO DA SERVIDORA NO SEU CARGO DESDE A IMPETRAÇÃO DA SEGURANÇA. RESSALVA DO PONTO DE VISTA DO RELATOR QUANTO AOS EFEITOS FINANCEIROS. 1. A atividade administrativa sancionadora, em face do seu conteúdo materialmente jurisdicional, deve se revestir, sob a pena de nulidade, do respeito religioso a todos os princípios regentes da processualística contemporânea. Não se dispensa do promovente da imputação o ônus de provar a ocorrência justificadora da sanção pretendida, ônus esse que abrange todos os elementos da conduta infracional, inclusive, a produção de lesão e a inspiração dolosa: sem isso o ato reputado infracional não existe no mundo empírico. 2. Por força dos princípios da proporcionalidade, da dignidade da pessoa humana e da não-culpabilidade, aplicáveis ao regime jurídico disciplinar, não há juízo de discricionariedade no ato administrativo que impõe sanção a Servidor Público, em razão de infração disciplinar. Dest'arte, o controle jurisdicional é amplo, de modo a conferir garantia a todos os Servidores contra eventual arbítrio, não se limitando, portanto, somente aos aspectos formais, como algumas correntes doutrinárias ainda defendem. 3. O Poder Judiciário pode e deve sindicar amplamente, em Mandado de Segurança, o ato administrativo que aplica a sanção de demissão a Servidor Público, para verificar (i) a efetiva ocorrência dos ilícitos imputados ao Servidor e (ii) mensurar a adequação da reprimenda à gravidade da infração disciplinar. 4. Cuida-se de Mandado de Segurança impetrado por Servidora do INSS, acusada de conceder equivocadamente 12 benefícios previdenciários, a Trabalhadores Rurais ou seus dependentes, contrariando a legislação previdenciária aplicável ao caso. 5. Da leitura dos depoimentos prestados pelos segurados supostamente beneficiados, verifica-se que as doze testemunhas ouvidas são categóricas em afirmar que sequer conheciam a Servidora, não tendo qualquer natureza de relacionamento com a imputada, relatando, tão somente, terem sido atendidos por ela na Agência do INSS. 6. Igualmente, verifica-se dos processos de revisão realizados pelo INSS que em todos os casos de deferimento do benefício, havia início de prova material e entrevista do Segurado, não ficando evidente nenhum erro flagrante ou teratológico; ressalte-se que a eventualidade de fraude na elaboração ou na produção dos documentos apresentados ao INSS, para a obtenção do benefício, não pode ser imputada à Servidora Previdenciária, até mesmo porque os seus vícios – a caso existentes – não eram identificáveis à primeira vista. A convicção íntima da autoridade sancionadora, por mais veemente que seja não basta para dar suporte a qualquer tipo de punição, pois, para tanto, se exige a prova perfeita da infração e do seu praticante. 7. Se, de um lado, é inegável que a impetrante efetivamente concedeu de maneira equivocada 12 benefícios previdenciários a Trabalhadores Rurais, de outro, a própria Comissão Processante reconheceu que não ficou comprovada má-fé ou dolo na conduta da Servidora, além de pontuar que em 27 anos de carreira pública não havia qualquer ocorrência que desabonasse a sua conduta. É inaceitável as alegadas fraudes documentais, quaisquer que sejam, possam ser imputadas a quem efetivamente não as praticou, no caso, a Servidora do INSS, ora impetrante. 8. Registre-se, ainda, que em todos os 12 casos examinados pela Comissão Processante os benefícios concedidos irregularmente relacionavam-se a Trabalhadores Rurais, ou seja, benefíciários especiais do sistema previdenciário. 9. Ora, até mesmo a prática judiciária previdenciária nos mostra o quão subjetiva e controversa pode ser a análise do preenchimento dos requisi jurisdicional é amplo, de modo a conferir garantia a todos os Servidores contra eventual arbítrio, não se limitando, portanto, somente aos aspectos formais, como algumas correntes doutrinárias ainda defendem. 3. O Poder Judiciário pode e deve sindicar amplamente, em Mandado de Segurança, o ato administrativo que aplica a sanção de demissão a Servidor Público, para verificar (i) a efetiva ocorrência dos ilícitos imputados ao Servidor e (ii) mensurar a adequação da reprimenda à gravidade da infração disciplinar. 4. Cuida-se de Mandado de Segurança impetrado por Servidora do INSS, acusada de conceder equivocadamente 12 benefícios previdenciários, a Trabalhadores Rurais ou seus dependentes, contrariando a legislação previdenciária aplicável ao caso. 5. Da leitura dos depoimentos prestados pelos segurados supostamente beneficiados, verifica-se que as doze testemunhas ouvidas são categóricas em afirmar que sequer conheciam a Servidora, não tendo qualquer natureza de relacionamento com a imputada, relatando, tão somente, terem sido atendidos por ela na Agência do INSS. 6. Igualmente, verifica-se dos processos de revisão realizados pelo INSS que em todos os casos de deferimento do benefício, havia início de prova material e entrevista do Segurado, não ficando evidente nenhum erro flagrante ou teratológico; ressalte-se que a eventualidade de fraude na elaboração ou na produção dos documentos apresentados ao INSS, para a obtenção do benefício, não pode ser imputada à Servidora Previdenciária, até mesmo porque os seus vícios – a caso existentes – não eram identificáveis à primeira vista. A convicção íntima da autoridade sancionadora, por mais veemente que seja não basta para dar suporte a qualquer tipo de punição, pois, para tanto, se exige a prova perfeita da infração e do seu praticante. 7. Se, de um lado, é inegável que a impetrante efetivamente concedeu de maneira equivocada 12 benefícios previdenciários a Trabalhadores Rurais, de outro, a própria Comissão Processante reconheceu que não ficou comprovada má-fé ou dolo na conduta da Servidora, além de pontuar que em 27 anos de carreira pública não havia qualquer ocorrência que desabonasse a sua conduta. É inaceitável as alegadas fraudes documentais, quaisquer que sejam, possam ser imputadas a quem efetivamente não as praticou, no caso, a Servidora do INSS, ora impetrante. 8. Registre-se, ainda, que em todos os 12 casos examinados pela Comissão Processante os benefícios concedidos irregularmente relacionavam-se a Trabalhadores Rurais, ou seja, beneficiários especiais do sistema previdenciário. 9. Ora, até mesmo a prática judiciária previdenciária nos mostra o quão subjetiva e controversa pode ser a análise do preenchimento dos requisitos para a caracterização do segurado especial. Não sendo difícil supor que a apresentação de determinados documentos poderia firmar a convicção da Servidora para concessão do benefício. 10. Todo esse cenário, sobretudo a falta de comprovação de má-fé ou dolo nas concessões administrativas, deve ser levado em consideração no caso sob apreço, em que a Servidora foi severamente punida, em razão de ter concedido equivocadamente 12 benefícios previdenciários. 11. Neste aspecto, merece destaque o fato de que em sua agência de trabalho havia apenas mais um Servidor, o que torna claro que a demanda de trabalho deveria ser muito grande, não sendo as inconsistências detectadas um desvio flagrante de conduta. Aponto, a título de esclarecimento, que à época dos fatos o Estado do Mato Grosso do Sul possuía apenas 18 agências do INSS (atualmente são 37), assim, não é difícil imaginar a demanda de serviço na agência em que a Servidora atuava. 12. Na hipótese dos autos, fica fácil perceber que a conduta da impetrante não estava caracterizada pelo elemento doloso de malferir a legalidade, tampouco causar danos a terceiros ou beneficiar-se, porquanto todas as testemunhas foram categóricas em afirmar que não lhe repassaram qualquer valor para a concessão do benefício. 13. Neste contexto, revela-se acintosamente desproporcional e desarrazoada a pena de demissão impingida à impetrante pela Autoridade Impetrada, dissonante dos princípios jurídicos que devem nortear a aplicação das normas do Direito Sancionador, diante dos meandros circunstanciais em que a conduta foi praticada, bem como suas razões e consequências. 14. Segurança concedida, para determinar reintegração da Servidora impetrante nos quadros funcionais, bem como o pagamento imediato das parcelas vencidas, desde a impetração da Segurança." (MS

15.783/DF, Rel. Ministro NAPOLEÃO NUNES MAIA FILHO, PRIMEIRA SEÇÃO, julgado em 24/05/2017, DJe 30/06/2017)

◉ **Quando o relatório da comissão contrariar as provas dos autos, a autoridade julgadora poderá, motivadamente, agravar a penalidade proposta, abrandá-la ou isentar o servidor de responsabilidade.**

ADMINISTRATIVO. SERVIDOR PÚBLICO. PAD. DESTITUIÇÃO DE CARGO EM COMISSÃO. POSSIBILIDADE DE AGRAVAMENTO DA PENALIDADE SUGE-RIDA PELA COMISSÃO PROCESSANTE. DECISÃO DA AUTORIDADE JULGADO-RA DEVIDAMENTE MOTIVADA. AUSÊNCIA DE DIREITO LÍQUIDO E CERTO. PARECER DO MINISTÉRIO PÚBLICO PELA DENEGAÇÃO DA ORDEM. ORDEM DENEGADA. 1. Foi aplicada a pena de destituição de cargo em comissão ao impe-trante, por ter sido apurado em processo administrativo disciplinar seu envolvimento em irregularidades em licitações e em pagamentos de contratos de obras e serviços de engenharia no âmbito da Superintendência Federal de Agricultura no Ceará (SFA/CE). 2. Conforme orientação jurisprudencial desta Corte, é possível que a autoridade jul-gadora aplique penalidade diversa da sugerida pela Comissão processante, desde que apresente fundamentos jurídicos suficientes para amparar a penalidade ao final impos-ta, como no caso. 3. A ação mandamental não se revela meio juridicamente adequado à reapreciação do material probatório colhido no decorrer do processo administrativo, que, ponderado pela autoridade competente, embasou o juízo censório da adminis-tração pública. 4. Ordem denegada. (MS 14.058/DF, Rel. Ministro ANTONIO SAL-DANHA PALHEIRO, TERCEIRA SEÇÃO, julgado em 28/11/2018, DJe 11/12/2018)

◉ **No Processo Administrativo Disciplinar (PAD), a alteração da capitulação legal imputada ao acusado não enseja nulidade, uma vez que o indiciado se defende dos fatos nele descritos e não dos enquadramentos legais.**

"O indiciado se defende dos fatos que lhe são imputados e não de sua classifica-ção legal, de sorte que a posterior alteração da capitulação legal da conduta não tem o condão de inquinar de nulidade o processo". Precedentes: (MS 14.045/DF, Rel. Min. Napoleão Nunes Maia Filho, 3ª Seção, DJe 29.4.2010; MS 10.128/DF, Rel. Min. Og Fernandes, 3ª Seção, DJe 22.2.2010; MS 12.386/DF, Rel. Min. Felix Fischer, 3ª Seção, DJ 24.9.2007, p. 244).

◉ **No mesmo sentido:** MANDADO DE SEGURANÇA. AUXILIAR OPERA-CIONAL DE SERVIÇOS GERAIS DA RECEITA FEDERAL DO BRASIL. PRO-CESSO ADMINISTRATIVO DISCIPLINAR. DEMISSÃO. IMPROBIDADE ADMINISTRATIVA. USO DO CARGO PARA OBTENÇÃO DE VANTAGEM INDEVIDA. INDEFERIMENTO DO PEDIDO DE DILIGÊNCIAS DEVIDA-MENTE FUNDAMENTADO. CARÁTER PROTELATÓRIO. OBSERVÂNCIA CRITERIOSA DO RITO PROCEDIMENTAL PREVISTO NAS LEIS 8.112/90 E 9.784/99. SEGURANÇA DENEGADA.1. O indiciado se defende dos fatos que lhe são imputados e não de sua classificação legal, de sorte que a posterior alte-ração da capitulação legal da conduta, não tem o condão de inquinar de nulida-de o Processo Administrativo Disciplinar; a descrição dos fatos ocorridos, desde que feita de modo a viabilizar a defesa do acusado, afasta a alegação de ofensa ao princípio da ampla defesa. 2. A situação exposta nesta impetração ajusta-se à orientação deste Colegiado acerca da possibilidade de o Presidente da Comissão denegar pedidos de produção de provas considerados impertinentes, meramente protelatórios, ou de nenhum interesse para o esclarecimento dos fatos; a Comissão Processante fundamentou apropriadamente a rejeição do pedido, explicitando a desnecessidade de se oficiar aos Correios, já que o fato que se busca provar em momento algum foi utilizado como fundamento da peça acusatória, assim como não se mostrou necessária a oitiva de representantes de BV Financeira em razão das informações escritas prestadas pela entidade serem idôneas e suficientes.3. Imposta a partir de elementos convincentes da postura desprestigiosa do impetrante em relação à ética funcional, aferidos em procedimento realizado em harmonia com os princípios embasadores da atividade sancionadora da Administração, não há qualquer ilegalidade na penalização do impetrante; ao contrário, sua demissão evidencia-se coerente, inclusive, com os postulados da proporcionalidade e razoabilidade, elementos integrativos da extensão da legalidade do ato disciplinar.4. Segurança denegada, em conformidade com o parecer ministerial. Agravo Regimental prejudicado. (MS 014.045/DF, Rel. Ministro Napoleão Nunes Maia Filho, 3ª Seção, julgado em 14/04/2010, DJe 29/04/2010)

◙ **A autoridade julgadora pode aplicar sanção diversa daquela sugerida pela Comissão Processante, agravando ou abrandando a penalidade, ou até mesmo isentar o servidor da responsabilidade, desde que apresente a devida fundamentação.**

"PROCESSUAL CIVIL. MANDADO DE SEGURANÇA. AGRAVAMENTO DA PENALIDADE IMPOSTA PELA COMISSÃO PROCESSANTE. AUSÊNCIA DE JUSTIFICAÇÃO. NÃO OBSERVÂNCIA DO QUE DISPÕE O ART. 168, PARÁGRAFO ÚNICO, DA LEI 8.112/90. 1. Trata-se de Agravo de Instrumento de decisão que concedeu parcialmente a segurança contra ato do Sr. Ministro de Estado do Planejamento, Orçamento e Gestão, anulando a Portaria que demitiu o impetrante do cargo de Analista em Tecnologia da Informação. 2. Alegou o impetrante, em Mandado de Segurança, ofensa aos princípios do devido processo legal, do contraditório e da ampla defesa. Sustentou que a pena de demissão foi desproporcional e que não houve fundamentação para agravamento da penalidade imposta pela Comissão Disciplinar processante, com violação ao art. 168, parágrafo único, da Lei 8.112/90. 3. In casu há discrepância entre o entendimento da Comissão Processante e o da autoridade coatora com relação à sanção a ser aplicada em razão dos fatos apurados. Enquanto a Comissão, após esmerada análise do processo, decidiu que o caso não se enquadraria na hipótese de improbidade administrativa, a autoridade coatora promoveu tal enquadramento sem apresentar justificativa. 4. Extrai-se das decisões cotejadas que os fatos são os mesmos, dessarte caberia à autoridade coatora, minimamente, indicar na sua decisão as razões pelas quais resolvera reconhecer a existência de improbidade administrativa e agravar a penalidade imposta ao impetrante. 5. Ao contrário do que alega a parte agravante, a autoridade coatora não fez menção sobre se houvera adotado, ou não, o Parecer da AGU, ou outro documento, para decidir pelo agravamento da pena (fl. 734/e-STJ). 6.

O Superior Tribunal de Justiça possui pacífico entendimento de que, nos termos do artigo 168 da Lei 8.112/90, a autoridade julgadora pode aplicar sanção diversa daquela sugerida pela Comissão Processante, agravando ou abrandando a penalidade, ou até mesmo isentar o servidor da responsabilidade, desde que apresente a devida fundamentação, o que não ocorreu no caso dos autos. (MS 19.992/DF, Rel. Ministro Benedito Gonçalves, Primeira Seção, julgado em 26/2/2014, DJe 19/3/2014). 7. Agravo Interno não provido." (AgInt no MS 21.957/DF, Rel. Ministro HERMAN BENJAMIN, PRIMEIRA SEÇÃO, julgado em 14/12/2016, DJe 02/02/2017)

◉ **Verificada a ocorrência de vício insanável, a autoridade que determinou a instauração do processo ou outra de hierarquia superior declarará a sua nulidade, total ou parcial, e ordenará, no mesmo ato, a constituição de outra comissão para instauração de novo processo.**

A Primeira Seção desta Corte Superior de Justiça, todavia, em inúmeras oportunidades, já se posicionou, majoritariamente, pela necessidade da comprovação do prejuízo para a decretação da nulidade, nesses casos, em reverência ao princípio pas de nullité sans grief. REsp. 1.034.511/CE, Rel. Min. Eliana Calmon, DJe 22.09.2009, EDcl no REsp. 1.194.009/SP, Rel. Min. Arnaldo Esteves Lima, DJe 30/05/2012, REsp. 1.252.755/RJ, Rel. Min. Benedito Gonçalves, DJe 12.08.2013, REsp. 1.321.495/PR, Rel. Min. Mauro Campbell Marques, DJe 08.08.2013 e AREsp. 157.646/RJ, Rel. Min. Eliana Calmon, DJe 12.08.2013 e REsp. 1.174.721/SP, Rel. Min. Herman Benjamin, DJe 29.06.2010.

◉ **O julgamento fora do prazo legal não implica nulidade do processo.**

"Não obstante o § 7º do art. 133 da Lei 8.112/90 prever que "O prazo para a conclusão do processo administrativo disciplinar submetido ao rito sumário não excederá trinta dias (...)" e admitir a prorrogação formal por até quinze dias "(...) quando as circunstâncias o exigirem", tais preceitos devem ser interpretados cum grano salis. Não há falar em nulidade do PAD tão só pelo excesso de prazo, conforme dispõe o § 1º do art. 169 da Lei 8.112/90. Ademais, para o reconhecimento dessa nulidade, deve-se demonstrar o efetivo prejuízo, o que não ocorreu no caso dos autos. Nesse sentido: MS 13.340/DF, Rel. Ministro Napoleão Nunes Maia Filho, 3ª Seção, DJe 04/06/2009. 5. Não se observa a violação do direito à ampla defesa ou ao contraditório; ao revés, a Administração manifestou-se pela ilicitude na acumulação por diversas vezes, tendo sido oportunizado à impetrante a opção pelo cargo público federal também por diversas vezes, todavia esta permaneceu trabalhando no INSS e para o Município do Guarujá/SP até o momento da demissão. (MS 15.768/DF, Rel. Ministro Benedito Gonçalves, 1ª Seção, julgado em 29/02/2012, DJe 06/03/2012)

◉ **Em caso de inobservância de prazo razoável para a conclusão do processo administrativo disciplinar, não há falar em ilegalidade na concessão de aposentadoria ao servidor investigado. Art. 172**

ADMINISTRATIVO. SERVIDOR PÚBLICO. APOSENTADORIA. PROCESSO DISCIPLINAR. PENDÊNCIA. PRAZO. EXCESSO. 1. Consoante o entendimento desta Corte, em caso de inobservância de prazo razoável para a conclusão do processo administrativo disciplinar, não há falar em ilegalidade na concessão de aposentadoria ao servidor investigado. 2. Reconhecida ao final do processo disciplinar a prática pelo servidor de infração passível de demissão, poderá a Administração cassar sua aposentadoria, nos termos do art. 134 da Lei n. 8.112/1990. 3. Agravo interno desprovido. (AgInt no AREsp 1061958/SP, Rel. Ministro GURGEL DE FARIA, PRIMEIRA TURMA, julgado em 21/03/2019, DJe 03/04/2019)

DA REVISÃO DO PROCESSO

◙ **Revisão do processo em decorrência do surgimento de fatos novos ou circunstâncias suscetíveis de justificar a inocência do punido ou a inadequação da penalidade aplicada.**

ADMINISTRATIVO. SERVIDOR PÚBLICO. AUDITOR FISCAL DA RECEITA FEDERAL. PAD. DEMISSÃO. FATO SUPERVENIENTE. ABSOLVIÇÃO NO JUÍZO PENAL. NEGATIVA DE EXISTÊNCIA DO FATO. AUSÊNCIA DE FALTA DISCIPLINAR RESIDUAL. MANIFESTAÇÃO DO MINISTÉRIO PÚBLICO PELA CONCESSÃO DA ORDEM. ORDEM CONCEDIDA. 1. O impetrante foi demitido do cargo de Auditor Fiscal da Receita Federal, em razão da conclusão do processo administrativo disciplinar de que ele teria classificado terminais de captação de apostas, cuja importação é proibida, como produto de informática, de importação permitida. A conduta foi enquadrada nos arts. 117, IX, e 132, IV, da Lei n. 8.112/1990. 2. O processo administrativo disciplinar não é dependente da instância penal, porém, nos termos do art. 126, da Lei n. 8.112/1990, a responsabilidade administrativa do servidor será afastada no caso de o Juízo Criminal proferir sentença absolutória que negue a existência do fato ou sua autoria, exceto se houver falta disciplinar residual não englobada pela sentença penal (Súmula n. 18/STF). 3. In casu, os fatos expostos na sentença da Ação Penal movida contra o impetrante são os mesmos tratados no PAD e não há resíduo punível, pois na esfera criminal foi absolvido por inexistência do fato delituoso, nos termos do art. 386, I, do CPP.4. Ordem concedida. (MS 14.717/DF, Rel. Ministro ANTONIO SALDANHA PALHEIRO, TERCEIRA SEÇÃO, julgado em 28/11/2018, DJe 01/02/2019)

NULIDADES NO PAD

◙ **Não observância do prazo de 3 dias úteis entre a notificação do indiciado e a realização da prova ou diligência ordenada, nos termos do art. 41 da Lei 9.784/99, sendo evidenciado o prejuízo à defesa.**

"PROCESSUAL CIVIL E ADMINISTRATIVO. MANDADO DE SEGURANÇA INDIVIDUAL. AGENTES PENITENCIÁRIOS FEDERAIS. PROCESSO ADMINISTRATIVO DISCIPLINAR – PAD. PENA DE DEMISSÃO. INDEFERIMENTO MOTIVADO DE PROVAS. AUSÊNCIA DE CERCEAMENTO DE DEFESA. INTIMAÇÃO PARA OITIVA DE TESTEMUNHA. INOBSERVÂNCIA DOS 3 (TRÊS) DIAS ÚTEIS ENTRE A INTIMAÇÃO DOS INDICIADOS E A REALIZAÇÃO DO ATO. ART. 41 DA LEI

N. 9.784/99. PREJUÍZO EVIDENCIADO. ORDEM CONCEDIDA PARCIALMENTE. I. Trata-se de mandado de segurança impetrado por oito agentes penitenciários federais contra atos praticados pelo Sr. Ministro de Estado da Justiça, que demitiu os Impetrantes do cargo, em razão de agressões praticadas contra internos da Penitenciária Federal de Catanduvas, conforme apurado no Processo Administrativo Disciplinar n. 08016.000526/2010-11. II. Nos termos do art. 156, §§ 1º e 2º, da Lei n. 8.112/1990, o indeferimento do pedido de produção de provas pela comissão disciplinar, desde que devidamente motivado, não causa a nulidade do processo administrativo. Precedentes. III. Esta Corte orienta-se no sentido de que, em processo disciplinar, deve-se respeitar o prazo de 3 dias úteis entre a notificação do indiciado e a realização da prova ou diligência ordenada, nos termos do art. 41 da Lei 9.784/99, sendo evidenciado o prejuízo à defesa. Precedentes. IV – Com efeito, devem ser anuladas as ouvidas de testemunha nas quais não tenha sido observado o prazo de 3 (três) dias úteis entre a intimação de cada um dos Impetrantes e a realização do ato, e, por consequência, considerados nulos os atos delas decorrentes. V. Ordem concedida parcialmente, para declarar a nulidade das ouvidas de testemunha nas quais não tenha sido observado o prazo de 3 (três) dias úteis entre a intimação de cada um dos Impetrantes e a realização do ato, e, por consequência, dos atos delas decorrentes, determinando a imediata reintegração dos Impetrantes, com todos os efeitos funcionais e financeiros, estes a partir da impetração." (MS 17.543/DF, Rel. Ministra REGINA HELENA COSTA, PRIMEIRA SEÇÃO, julgado em 10/05/2017, DJe 15/05/2017)

◉ **Indeferimento pela comissão processante do requerimento de produção de provas com base em fundamentação inidônea gerando cerceamento de defesa.**

"CONSTITUCIONAL E ADMINISTRATIVO. MANDADO DE SEGURANÇA. POLICIAL RODOVIÁRIO FEDERAL. PROCESSO ADMINISTRATIVO DISCIPLINAR. FORMAÇÃO INSUFICIENTE DO CONJUNTO PROBATÓRIO. REQUERIMENTO DE PRODUÇÃO DE PROVAS. INDEFERIMENTO PELA COMISSÃO PROCESSANTE. FUNDAMENTAÇÃO INIDÔNEA. CERCEAMENTO DE DEFESA. OCORRÊNCIA. PENA DE DEMISSÃO APLICADA BASEADA NA DECLARAÇÃO PESSOAL E NO DEPOIMENTO DAS TESTEMUNHAS DE ACUSAÇÃO. PRINCÍPIO DA PROPORCIONALIDADE NÃO OBSERVADO. PRECEDENTES DESTA CORTE. SEGURANÇA CONCEDIDA. 1. Hipótese em que ao impetrante foi aplicada a penalidade de demissão, em virtude do cometimento de infração disciplinar, consistente em suposto pedido de propina para não lavrar auto de infração de trânsito. 2. A pena de demissão imposta a servidor público submetido a processo administrativo disciplinar deve encontrar fundamento em provas convincentes que demonstrem a prática da infração pelo acusado, razão pela qual a falta administrativa deve ser comprovada de maneira cabal e indubitável (RMS 19.498/SP, Rel. Ministra LAURITA VAZ, QUINTA TURMA, julgado em 23/02/2010). 3. No caso em apreço, verifica-se que a Comissão Processante concluiu pela ocorrência da conduta ilícita do impetrante, baseada apenas no depoimento da vítima, de seus irmãos e amigo, todas suas testemunhas. Lado outro, a referida comissão indeferiu os requerimentos pleiteados pela defesa, seja de ouvida de testemunha, seja na obtenção de prova material (esclarecimentos do Núcleo de Multas e Penalidades a respeito dos Autos de Infração realizados no dia dos fatos e a cópia do auto de infração), sob o fundamento de que os sucessivos pedidos e adiamentos poderiam levar a uma iminente prescrição da pretensão punitiva. 4. A imposição da sanção máxima no serviço público fundamentada em prova isolada – declaração pessoal e depoimento das testemunhas de acusação – sem nenhuma prova documental, mostra-se desarrazoada e vicia a própria motivação do ato administrativo, sendo, portanto, passível de anulação. 5. Além disso, a apenação aplicada foi desmesurada, não pelo valor supostamente recebido a título de propina (R$ 65,00), mas sim diante do insuficiente acervo probante exposto nos autos, que não formou evidência convincente, em face da pena imposta. Portanto, restam comprometidas a razoabilidade e proporcionalidade da referida sanção administrativa. Precedentes. 6. Cabe à Comissão Processante assegurar ao acusado ampla defesa, com a utilização de meios e recursos admitidos no direito, objetivando coletar provas de modo a permitir a completa elucidação dos fatos. 7. A imputação feita ao impetrante foi de solicitação e recebimento de propina no valor de R$ 65,00, para se furtar da obrigação funcional e legal de autuar o depoente, por não portar habilitação para conduzir veículo automotor. Todavia, mostra-se controvertido se efetivamente o impetrante teria obtido proveito pessoal que denotasse a ocorrência da conduta ilícita (improbidade administrativa e corrupção passiva), uma vez que houve a lavratura do auto de infração. 8. No caso em exame, evidencia-se a ocorrência de cerceamento de defesa na recusa da Comissão Processante em não apurar se todos os autos de infração emitidos no dia 7/5/2003 foram devidamente enviados e processados no Núcleo de Multas e Penalidades da Polícia Rodoviária Federal, ou se apenas os autos emitidos pelo acusado não tiveram o correto trâmite procedimental, visto que o impetrante apresentou a 2ª via do auto de infração por ele emitido, sendo que, em nosso ordenamento jurídico, presume-se a boa-fé. 9. Cumpre à Administração Pública, que formula a acusação, provar o que alega para a correta motivação do ato demissório, pois exigir do impetrante prova de fato negativo, ou seja, de que não forjou o auto de infração para escapar de eventual penalidade, é impor o ônus da prova que não lhe cabe. 10. Segurança concedida." (MS 15.096/DF).

◉ **Indeferimento pela comissão processante do requerimento de produção de provas com base em fundamentação inidônea gerando cerceamento de defesa.**

"CONSTITUCIONAL E ADMINISTRATIVO. MANDADO DE SEGURANÇA. POLICIAL RODOVIÁRIO FEDERAL. PROCESSO ADMINISTRATIVO DISCIPLINAR. FORMAÇÃO INSUFICIENTE DO CONJUNTO PROBATÓRIO. REQUERIMENTO DE PRODUÇÃO DE PROVAS. INDEFERIMENTO PELA COMISSÃO PROCESSANTE. FUNDAMENTAÇÃO INIDÔNEA. CERCEAMENTO DE DEFESA. OCORRÊNCIA. PENA DE DEMISSÃO APLICADA BASEADA NA DECLARAÇÃO PESSOAL E NO DEPOIMENTO DAS TESTEMUNHAS DE ACUSAÇÃO. PRINCÍPIO DA PROPORCIONALIDADE NÃO OBSERVADO. PRECEDENTES DESTA CORTE. SEGURANÇA CONCEDIDA. 1. Hipótese em que ao impetrante foi aplicada a penalidade de demissão, em virtude do cometimento de infração disciplinar, consistente em suposto pedido de propina para não lavrar auto de infração de trânsito. 2. A pena de demissão imposta a servidor público submetido a processo administrativo disciplinar deve encontrar fundamento em provas convincentes que demonstrem a prática da infração pelo acusado, razão pela qual a falta administrativa deve ser comprovada de maneira cabal e indubitável (RMS 19.498/SP, Rel. Ministra LAURITA VAZ, QUINTA TURMA, julgado em 23/02/2010). 3. No caso em apreço, verifica-se que a Comissão Processante concluiu pela ocorrência da conduta ilícita do impetrante, baseada apenas no depoimento da vítima, de seus irmãos e amigo, todas suas testemunhas. Lado outro, a referida comissão indeferiu os requerimentos pleiteados pela defesa, seja de ouvida de testemunha, seja na obtenção de prova material (esclarecimentos do Núcleo de Multas e Penalidades a respeito dos Autos de Infração realizados no dia dos fatos e a cópia do auto de infração), sob o fundamento de que os sucessivos pedidos e adiamentos poderiam levar a uma iminente prescrição da pretensão punitiva. 4. A imposição da sanção máxima no serviço público fundamentada em prova isolada – declaração pessoal e depoimento das testemunhas de acusação – sem nenhuma prova documental, mostra-se desarrazoada e vicia a própria motivação do ato administrativo, sendo, portanto, passível de anulação. 5. Além disso, a apenação aplicada foi desmesurada, não pelo valor supostamente recebido a título de propina (R$ 65,00), mas sim diante do insuficiente acervo probante exposto nos autos, que não formou evidência convincente, em face da pena imposta. Portanto, restam comprometidas a razoabilidade e proporcionalidade da referida sanção administrativa. Precedentes. 6. Cabe à Comissão Processante assegurar ao acusado ampla defesa, com a utilização de meios e recursos admitidos no direito, objetivando coletar provas de modo a permitir a completa elucidação dos fatos. 7. A imputação feita ao impetrante foi de solicitação e recebimento de propina no valor de R$ 65,00, para se furtar da obrigação funcional e legal de autuar o depoente, por não portar habilitação para conduzir veículo automotor. Todavia, mostra-se controvertido se efetivamente o impetrante teria obtido proveito pessoal que denotasse a ocorrência da conduta ilícita (improbidade administrativa e corrupção passiva), uma vez que houve a lavratura do auto de infração. 8. No caso em exame, evidencia-se a ocorrência de cerceamento de defesa na recusa da Comissão Processante em não apurar se todos os autos de infração emitidos no dia 7/5/2003 foram devidamente enviados e processados no Núcleo de Multas e Penalidades da Polícia Rodoviária Federal, ou se apenas os autos emitidos pelo acusado não tiveram o correto trâmite procedimental, visto que o impetrante apresentou a 2ª via do auto de infração por ele emitido, sendo que, em nosso ordenamento jurídico, presume-se a boa-fé. 9. Cumpre à Administração Pública, que formula a acusação, provar o que alega para a correta motivação do ato demissório, pois exigir do impetrante prova de fato negativo, ou seja, de que não forjou o auto de infração para escapar de eventual penalidade, é impor o ônus da prova que não lhe cabe. 10. Segurança concedida." (MS 15.096/DF, Rel. Ministro RIBEIRO DANTAS, TERCEIRA SEÇÃO, julgado em 10/10/2018, DJe 18/10/2018)

◙ **Em sede de processo administrativo disciplinar, o marco inicial da prescrição da pretensão punitiva estatal coincide com a data do conhecimento do fato pela autoridade com poderes para determinar a abertura do PAD, e não com a posterior data em que a autoridade vier a identificar o caráter ilícito do fato apurado.**

"MANDADO DE SEGURANÇA. PROCESSO ADMINISTRATIVO DISCIPLINAR. SERVIDORA FEDERAL. PRESCRIÇÃO DA PRETENSÃO PUNITIVA. MARCO INICIAL. DATA DO CONHECIMENTO DO FATO E NÃO A DATA EM QUE A AU-

TORIDADE VIER A IDENTIFICAR O CARÁTER ILÍCITO DO FATO APURADO. INTELIGÊNCIA DO ART. 142 DA LEI N. 8.112/1990. ORDEM CONCEDIDA. 1. – Em sede de processo administrativo disciplinar, o marco inicial da prescrição da pretensão punitiva estatal coincide com a data do conhecimento do fato pela autoridade com poderes para determinar a abertura do PAD, e não com a posterior data em que a autoridade vier a identificar o caráter ilícito do fato apurado. Precedentes. 2. – No caso dos autos, entre a data da prática do ato posteriormente tido por ilícito (24 de janeiro de 1997) e a data de instauração da Comissão de Inquérito de cujos trabalhos resultou a demissão (27 de maio de 2011), transcorreram mais de catorze anos, pelo que é inafastável a conclusão de que os trabalhos da Comissão processante, base da demissão aplicada à autora, foram iniciados após o limite temporal imposto pelo art. 142, I, da Lei n. 8.112/1190. 3. – Ordem concedida para anular a demissão e determinar a reintegração da servidora." (MS 21.050/DF, Rel. Ministro SÉRGIO KUKINA, PRIMEIRA SEÇÃO, julgado em 26/09/2018, DJe 03/10/2018)

◙ **Demissão em cargo distinto do qual foi praticada a falta disciplinar.**

"ADMINISTRATIVO. MANDADO DE SEGURANÇA. SERVIDOR PÚBLICO. PROCESSO ADMINISTRATIVO DISCIPLINAR. PENALIDADE DE DEMISSÃO, COM BASE NO ART. 132, VI DA LEI 8.112/90, DO CARGO DE AGENTE EXECUTIVO DA COMISSÃO DE VALORES MOBILIÁRIOS-CVM (CARGO NÃO MAIS OCUPADO PELO SERVIDOR). PORTARIA, ORA IMPUGNADA, CUJO CONTEÚDO FOI A DEMISSÃO DO CARGO CONTEMPORANEAMENTE OCUPADO PELO IMPETRANTE NA ANP (ANALISTA ADMINISTRATIVO). PARECER DO MPF PELA CONCESSÃO PARCIAL DA ORDEM. ORDEM CONCEDIDA PARA DETERMINAR A IMEDIATA REINTEGRAÇÃO DO IMPETRANTE AO CARGO DE ANALISTA ADMINISTRATIVO, CLASSE A, PADRÃO III, NO QUADRO DE PESSOAL DA AGÊNCIA NACIONAL DO PETRÓLEO, GÁS NATURAL E BIOCOMBUSTÍVEIS. 1. Conforme bem ressaltado pelo ilustre Ministro SÉRGIO KUKINA, em esclarecedor voto vista ao qual adiro, de fato, recebendo os autos com a recomendação de demissão do cargo não mais ocupado pelo Servidor processado (Agente Executivo), o Ministro de Estado das Minas e Energia acabou por expedir a Portaria ora impugnada, cujo conteúdo foi a penalidade de demissão do cargo contemporaneamente ocupado pelo impetrante na ANP (Analista Administrativo). 2. Aí residiu o nuclear vício em que incidiu a autoridade impetrada, haja vista que, nesse contexto, o resultado do ato importou em violação de lei (art. 2º., parágrafo único, alínea c da Lei 4.717/1965), inquinando o ato sancionador de nulidade, por vício de objeto, pois não havia registro de nenhuma conduta desviante do então Servidor no exercício de suas atividades junto à ANP (sua falta funcional, repita-se, ocorrera anteriormente, enquanto no exercício do cargo de Agente Executivo da CVM – hipótese do art. 132, VI, da Lei 8.112/1990, ou seja, insubordinação grave em serviço). Por isso que tal demissão, à toda vista, revestiu-se de remarcada ilegalidade e abusividade, justificando, pelo menos quanto a esse aspecto, a concessão do writ. 3. Ordem concedida para determinar a anulação da Portaria demissional 639, de 17 de novembro de 2011, do Ministério das Minas e Energia (ato coator), com a imediata reintegração do impetrante ao cargo de Analista Administrativo, Classe A, padrão III, no Quadro de Pessoal da Agência Nacional do

Petróleo, Gás Natural e Biocombustíveis, com efeitos funcionais desde seu desligamento. Os efeitos financeiros retroagirão à data da impetração, nos termos das Súmulas 269 e 271/STF." (MS 17.918/DF, Rel. Ministro NAPOLEÃO NUNES MAIA FILHO, PRIMEIRA SEÇÃO, julgado em 13/09/2017, DJe 02/02/2018)

◙ **A autoridade julgadora pode aplicar sanção diversa daquela sugerida pela Comissão Processante, agravando ou abrandando a penalidade, ou até mesmo isentar o servidor da responsabilidade, desde que apresente a devida fundamentação.**

"PROCESSUAL CIVIL. MANDADO DE SEGURANÇA. AGRAVAMENTO DA PENALIDADE IMPOSTA PELA COMISSÃO PROCESSANTE. AUSÊNCIA DE JUSTIFICAÇÃO. NÃO OBSERVÂNCIA DO QUE DISPÕE O ART. 168, PARÁGRAFO ÚNICO, DA LEI 8.112/90. 1. Trata-se de Agravo de Instrumento de decisão que concedeu parcialmente a segurança contra ato do Sr. Ministro de Estado do Planejamento, Orçamento e Gestão, anulando a Portaria que demitiu o impetrante do cargo de Analista em Tecnologia da Informação. 2. Alegou o impetrante, em Mandado de Segurança, ofensa aos princípios do devido processo legal, do contraditório e da ampla defesa. Sustentou que a pena de demissão foi desproporcional e que não houve fundamentação para agravamento da penalidade imposta pela Comissão Disciplinar processante, com violação ao art. 168, parágrafo único, da Lei 8.112/90. 3. In casu há discrepância entre o entendimento da Comissão Processante e o da autoridade coatora com relação à sanção a ser aplicada em razão dos fatos apurados. Enquanto a Comissão, após esmerada análise do processo, decidiu que o caso não se enquadraria na hipótese de improbidade administrativa, a autoridade coatora promoveu tal enquadramento sem apresentar justificativa. 4. Extrai-se das decisões cotejadas que os fatos são os mesmos, dessarte caberia à autoridade coatora, minimamente, indicar na sua decisão as razões pelas quais resolvera reconhecer a existência de improbidade administrativa e agravar a penalidade imposta ao impetrante. 5. Ao contrário do que alega a parte agravante, a autoridade coatora não fez menção sobre se houvera adotado, ou não, o Parecer da AGU, ou outro documento, para decidir pelo agravamento da pena (fl. 734/e-STJ). 6. O Superior Tribunal de Justiça possui pacífico entendimento de que, nos termos do artigo 168 da Lei 8.112/90, a autoridade julgadora pode aplicar sanção diversa daquela sugerida pela Comissão Processante, agravando ou abrandando a penalidade, ou até mesmo isentar o servidor da responsabilidade, desde que apresente a devida fundamentação, o que não ocorreu no caso dos autos. (MS 19.992/DF, Rel. Ministro Benedito Gonçalves, Primeira Seção, julgado em 26/2/2014, DJe 19/3/2014). 7. Agravo Interno não provido." (AgInt no MS 21.957/DF, Rel. Ministro HERMAN BENJAMIN, PRIMEIRA SEÇÃO, julgado em 14/12/2016, DJe 02/02/2017)

◙ **Admite-se o exame da proporcionalidade e da razoabilidade da penalidade imposta ao servidor, porquanto se encontra relacionada com a própria legalidade do ato administrativo**

"..ADMINISTRATIVO E PROCESSUAL CIVIL. AGRAVO INTERNO EM MANDADO DE SEGURANÇA. SERVIDOR PÚBLICO FEDERAL. PROCESSO ADMINISTRATIVO DISCIPLINAR (PAD). IMPOSSIBILIDADE DE INCURSÃO NO MÉRITO

ADMINISTRATIVO. PROPORCIONALIDADE DA PENA APLICADA. AUSÊNCIA DE DIREITO LÍQUIDO E CERTO. 1. A jurisprudência consolidada no Superior Tribunal de Justiça é no sentido de que não cabe o exame da alegação de que o conjunto probatório seria insuficiente para o reconhecimento da infração disciplinar, vez que seu exame exige a revisão do conjunto fático-probatório apurado no PAD, com a incursão no mérito administrativo, questões estas estranhas ao cabimento do writ e à competência do Judiciário. 2. Admite-se o exame da proporcionalidade e da razoabilidade da penalidade imposta ao servidor, porquanto se encontra relacionada com a própria legalidade do ato administrativo. Precedentes. 3. No caso a pena de demissão imposta ao impetrante atendeu aos princípios da razoabilidade e da proporcionalidade, diante da gravidade da conduta perpetrada pelo impetrante. Precedente: MS 20.348/DF, Rel. Ministro MAURO CAMPBELL MARQUES, Primeira Seção, julgado em 12/08/2015, DJe 03/09/2015; AgRg no RMS 40.969/MG, Rel. Min. Herman Benjamin, Segunda Turma, julgado em 02.06.2015, DJe 30.06.2015. 4. Agravo interno não provido." (AgInt no MS 20.515/DF, Rel. Ministro BENEDITO GONÇALVES, PRIMEIRA SEÇÃO, julgado em 28/06/2017, DJe 01/08/2017)

◉ **Processo disciplinar. Inocência proclamada. Condenação em processo penal. Novo PAD. Fatos que embasaram a condenação compreendidos no processo administrativo anterior. Bis in idem. Segurança concedida**

"ADMINISTRATIVO. PROCESSO DISCIPLINAR. INOCÊNCIA PROCLAMADA. CONDENAÇÃO EM PROCESSO PENAL. NOVO PAD. FATOS QUE EMBASARAM A CONDENAÇÃO COMPREENDIDOS NO PROCESSO ADMINISTRATIVO ANTERIOR. BIS IN IDEM. SEGURANÇA CONCEDIDA. HISTÓRICO DA DEMANDA 1. O impetrante respondeu a Processo Administrativo-Disciplinar instaurado em 2002, em que foi absolvido por decisão prolatada no mesmo ano. Posteriormente, veio a ser condenado em processo criminal que teve curso na 3ª Vara Federal de Porto Velho/RO, com início também em 2002, mas cuja sentença foi proferida em 2008. Em decorrência da condenação penal, cuja sentença transitou em julgado, em 2010 a Administração instaurou novo PAD, em que o servidor foi demitido. 2. O ex-servidor sustenta que não poderia ser condenado pelos mesmos fatos pelos quais já havia sido absolvido no PAD de 2002 e prescrição. A Administração, por sua vez, alega que não há bis in idem, pois o objeto do novo PAD não são as irregularidades apuradas no processo anterior, mas a condenação penal transitada em julgado que lhe foi imputada, além de que o fato apurado no processo criminal seria diverso daquele apurado no primeiro processo disciplinar. Quanto à prescrição, a Administração sustenta que seu termo inicial seria a data em que ela teve conhecimento da condenação penal transitada em julgado. O QUE SE PUNE NÃO É O FATO DO SERVI DOR SER CONDENADO CRIMINALMENTE, MAS AS CONDUTAS QUE LEVARAM A ESSA CONDENAÇÃO 3. O art. 132, I, da Lei 8.112/90 não determina que ser condenado por crime contra a Administração Pública é uma irregularidade administrativa, mas que as infrações praticadas contra a Administração que também constituam crime devem ser necessariamente punidas com a pena de demissão. 4. Entendimento em contrário levaria a que, por ter praticado uma determinada conduta, o servidor poderia receber uma penalidade administrativa e, após ser condenado penalmente, receber uma segunda punição administrativa. VEDAÇÃO ABSTRATA À EXISTÊNCIA DE BIS IN IDEM 5. O STJ entende que, julgado um Processo Administrativo Disciplinar instaurado contra servidor público federal, a revisão da conclusão só poderá acontecer em duas hipóteses: a) existência de vício insanável no PAD, que o torne nulo; e b) surgimento de fatos novos que justifiquem o abrandamento da penalidade ou a declaração da inocência do servidor. 6. O art. 174 da Lei 8.112/90 só prevê a revisão do PAD "quando se aduzirem fatos novos ou circunstâncias suscetíveis de justificar a inocência do punido ou a inadequação da penalidade aplicada" e o parágrafo único do art. 182 é explícito em que "da revisão do processo não poderá resultar agravamento de penalidade". 7. Nesse sentido: MS 17.370/DF, Rel. Ministro Arnaldo Esteves Lima, Primeira Seção, DJe 10/09/2013; MS 10.950/DF, Rel. Ministro Og Fernandes, Terceira Seção, DJe 01/06/2012. ALEGAÇÃO DE BIS IN IDEM NO CASO CONCRETO 8. Procede a alegação de bis in idem, pois as infrações pelas quais o servidor foi condenado criminalmente e que seriam a base da demissão aplicada no PAD instaurado em 2010 estavam compreendidas no objeto do PAD anterior, de 2002, em que o impetrante havia sido absolvido. 9. A própria Controladoria-Geral da União reconheceu a identidade de fatos, afirmando que "a leitura da sentença condenatória permitiu verificar que os acusados foram condenados pelos mesmos fatos apurados por meio do PAD nº 172/AER/CAC/2002". PRESCRIÇÃO 10. Ainda que não houvesse o bis in idem, teria ocorrido a prescrição. Sendo a a infração administrativa capitulada como crime, a prescrição rege-se pelas regras do Direito Penal e, no caso, seria de 8 anos, por aplicação do art. 109, IV, do Código Penal, já que a pena-base aplicada foi de 3 anos e 8 meses de reclusão. Tendo o primeiro PAD sido instaurado em 17.4.2002, nesta data ocorreu a interrupção do prazo prescricional que, todavia, voltou a correr após 140 dias (STF, RMS 23.436/DF), tendo termo final em 2010, antes da aplicação da penalidade, que só ocorreu em 2011. CONCLUSÃO 11. Segurança concedida para anular o ato de demissão do impetrante, com pagamento da remuneração devida desde a data do ajuizamento." (MS 17.994/DF, Rel. Ministro HERMAN BENJAMIN, PRIMEIRA SEÇÃO, julgado em 14/12/2016, DJe 17/04/2017)

◙ **Discussão acerca da possibilidade de anulação parcial de processo findo, com sanção já cumprida, para aplicação de penalidade de demissão pelos mesmos fatos. IMPOSSIBILIDADE.**

MANDADO DE SEGURANÇA. ADMINISTRATIVO. SERVIDOR PÚBLICO FEDERAL.PROCESSO ADMINISTRATIVO DISCIPLINAR. CUMPRIMENTO DA PENA DE SUSPENSÃO POR TRINTA DIAS, CONVERTIDA EM MULTA (ART. 130, § 2º, DA LEI 8.112/90). POSTERIOR REVISÃO DO PROCESSO. APLICAÇÃO DA PENA DE DEMISSÃO PELOS MESMOS FATOS. OCORRÊNCIA DE REFORMATIO IN PEJUS. SEGURANÇA CONCEDIA. 1. Discussão acerca da possibilidade de anulação parcial de processo findo, com sanção já cumprida, para aplicação de penalidade de demissão pelos mesmos fatos. 2. Rejeito a tese da preliminar de decadência do direito à impetração suscitada pela autoridade coatora, referendada pelo Parquet, pois, entre a publicação da Portaria Retificadora, ocorrida em 15 de fevereiro de 2006 (e-STJ fl. 80), e a impetração do writ (26.4.2006) não transcorreu o prazo do art. 23 da Lei 12.016/2009. 3. O que se tem aqui é anulação de processo findo, com sanção já cumprida, ou seja, uma revisão com reformatio in pejus, a qual está em sentido contrário à jurisprudência do STJ que

1221

proíbe o agravamento da penalidade imposta a servidor, após o encerramento do respectivo processo disciplinar, com o julgamento definitivo pela autoridade competente, como no caso dos autos em que já tinha sido cumprida a pena de suspensão, convertida em multa, quando veio nova reprimenda (demissão). Dentre outros precedentes: MS 11.554/DF, Rel. Ministro Og Fernandes, Terceira Seção, DJe 01/10/2013; MS 17.370/DF, Rel. Ministro Arnaldo Esteves Lima, Primeira Seção, DJe 10/09/2013; MS 10.950/DF, Rel. Ministro Og Fernandes, Terceira Seção, DJe 01/06/2012. 4. Incide, na espécie, o verbete sumular n. 19/STF: "[é] inadmissível segunda punição de servidor público, baseada no mesmo processo em que se fundou a primeira". 5. Segurança concedida para anular as Portarias n. 1.511 e 1.512, publicadas no D.O.U de 15 de fevereiro de 2006, do Ministro da Integração Nacional, e, por conseguinte, determinar a reintegração dos impetrantes no cargo que ocupavam antes da demissão, com repercussão financeira a partir da impetração. (MS 11.749/DF, Rel. Ministro BENEDITO GONÇALVES, PRIMEIRA SEÇÃO, julgado em 11/06/2014, DJe 20/06/2014)

DISPOSIÇÕES TRANSITÓRIAS E FINAIS DA LEI 8.112/90

◙ **Alteração do regime funcional com a edição da lei 8.112/90.**

Disposição da regra do artigo 243: Ficam submetidos ao regime jurídico instituído por esta Lei, na qualidade de servidores públicos, os servidores dos Poderes da União, dos ex-Territórios, das autarquias, inclusive as em regime especial, e das fundações públicas, regidos pela Lei nº 1.711, de 28 de outubro de 1952 – Estatuto dos Funcionários Públicos Civis da União, ou pela Consolidação das Leis do Trabalho, aprovada pelo Decreto-Lei nº 5.452, de 1º de maio de 1943, exceto os contratados por prazo determinado, cujos contratos não poderão ser prorrogados após o vencimento do prazo de prorrogação. § 1º Os empregos ocupados pelos servidores incluídos no regime instituído por esta Lei ficam transformados em cargos, na data de sua publicação. § 2º As funções de confiança exercidas por pessoas não integrantes de tabela permanente do órgão ou entidade onde têm exercício ficam transformadas em cargos em comissão, e mantidas enquanto não for implantado o plano de cargos dos órgãos ou entidades na forma da lei. § 3º As Funções de Assessoramento Superior – FAS, exercidas por servidor integrante de quadro ou tabela de pessoal, ficam extintas na data da vigência desta Lei. § 5º O regime jurídico desta Lei é extensivo aos serventuários da Justiça, remunerados com recursos da União, no que couber. § 6º Os empregos dos servidores estrangeiros com estabilidade no serviço público, enquanto não adquirirem a nacionalidade brasileira, passarão a integrar tabela em extinção, do respectivo órgão ou entidade, sem prejuízo dos direitos inerentes aos planos de carreira aos quais se encontrem vinculados os empregos. § 7º Os servidores públicos de que trata o caput deste artigo, não amparados pelo art. 19 do Ato das Disposições Constitucionais Transitórias, poderão, no interesse da Administração e conforme critérios estabelecidos em regulamento, ser exonerados mediante indenização de um mês de remuneração por ano de efetivo exercício no serviço público federal. (Incluído pela Lei nº 9.527, de 10.12.97) § 8º Para fins de incidência do imposto de renda na fonte e na declaração de rendimentos, serão considerados como indenizações isentas os pagamentos efetuados a título de indenização prevista no parágrafo anterior. (Incluído pela Lei nº 9.527, de 10.12.97) § 9º Os cargos vagos em decorrência da aplicação do disposto no § 7º poderão ser extintos pelo Poder Executivo quando considerados desnecessários. (Incluído pela Lei nº 9.527, de 10.12.97)

◉ **É firme o entendimento do STJ de que, definido em decisão trabalhista transitada em julgado, que o Servidor ocupava emprego público quando da entrada em vigor da Lei 8. 112/1990, impõe-se reconhecer o seu direito à transmudação para o regime estatutário,**

RECURSO ESPECIAL. SERVIDORES PÚBLICOS DO EXTINTO INPS. VÍNCULO EMPREGATÍCIO RECONHECIDO POR SENTENÇA TRABALHISTA. TRANSMUDAÇÃO PARA O REGIME ESTATUTÁRIO. APLICABILIDADE DO ART. 243 DA LEI 8.112/1990. RECURSO ESPECIAL DO SINDICATO PROVIDO. 1. É firme o entendimento do STJ de que, definido em decisão trabalhista transitada em julgado, que o Servidor ocupava emprego público quando da entrada em vigor da Lei 8. 112/1990, impõe-se reconhecer o seu direito à transmudação para o regime estatutário, na forma do art. 243 da Lei 8.112/1990 (AgRg no REsp. 1.484.727/RN, Rel. Min. MAURO CAMPBELL MARQUES, DJe 19.12. 2014). No mesmo sentido: REsp. 1.009.437/MG, Rel. Min. ARNALDO ESTEVES LIMA, DJe 14.9.2009 e REsp. 967.506/SE, Rel. Min. ARNALDO ESTEVES LIMA, DJe 16.3.2009. 2. In casu, conforme bem ressaltado pelo ilustre Ministro GURGEL DE FARIA, em esclarecedor voto vista proferido no caso em comento, deve-se considerar que, à época da edição da Lei 8. 112/1990, estavam válidos os contratos de trabalho por prazo indeterminado entre o INAMPS e os Servidores substituídos, motivo pelo qual deveriam ter sido alcançados pelo regime jurídico único então estabelecido. Note-se que nem todos os substituídos estavam acorbertados pela estabilidade prevista no art. 19 do ADCT, como consignou o Magistrado singular (fls. 323). Não obstante, como anteriormente explicitado, todos, estáveis ou não, deveriam ter sido submetidos ao regime jurídico instituído pela Lei 8.112/1990, a partir de sua publicação, o que não ocorreu, já que foram enquadrados no regime da Consolidação das Leis do Trabalho. Assim, assiste razão ao ora recorrente quanto à necessidade de alteração do enquadramento dos Servidores em comento. 3. Recurso Especial do Sindicato provido para para, cassando o aresto recorrido, reconhecer o direito dos substituídos de serem enquadrados no regime jurídico da Lei 8.112/1990, determinando o retorno dos autos à origem para que o Tribunal a quo analise os demais pleitos decorrentes do referido direito. (REsp 1546818/SC, Rel. Ministro NAPOLEÃO NUNES MAIA FILHO, PRIMEIRA TURMA, julgado em 19/03/2019, DJe 28/03/2019)

◉ **Nas hipóteses de enquadramento e reenquadramento, a jurisprudência desta Corte firmou-se no sentido de que, transcorrido o prazo quinquenal entre o pretendido reenquadramento funcional de servidor e a propositura da ação, a prescrição atinge igualmente o fundo de direito e as prestações decorrentes do enquadramento devido**

PROCESSUAL CIVIL E ADMINISTRATIVO. SERVIDORES CONTRATADOS PELA CLT QUE MIGRARAM PARA O REGIME JURÍDICO ÚNICO (LEI 8.112/90). ENQUADRAMENTO DOS CARGOS ANTERIORES EM CARGOS SIMILARES DE

OUTRAS CARREIRAS APENAS PARA FINS DE PAGAMENTO. PEDIDO DE PROGRESSÃO FUNCIONAL NA NOVA CARREIRA QUE PRESSUPÕE O PRÉVIO ENQUADRAMENTO EM PLANO DE CLASSIFICAÇÃO DE CARGOS. LEIS 5.645/70 E 8.270/91. PRESCRIÇÃO DO FUNDO DE DIREITO. 1. Se o que os autores da ação pretendem é o reconhecimento de todos os direitos decorrentes da inclusão no Plano de Classificação de Cargos da Lei n. 5.645/70, dentre os quais a progressão funcional na carreira, é evidente que seu pedido pressupõe sua prévia inclusão no PCC. 2. Situação em que, a despeito de terem migrado para o Regime Jurídico Único, em dezembro/1990, com a entrada em vigor da Lei 8.112/90, somente protocolaram requerimento em out/1997 e em junho/2001, junto ao Comando da 3ª Região Militar, solicitando esclarecimentos sobre o motivo de não terem ainda obtido progressão funcional em sua nova carreira estatutária. Em resposta, foram informados de que não faziam jus a progressão funcional porque não pertenciam ao Plano de Classificação de Cargos (PCC) da Lei 5.645/70, tendo sido enquadrados em cargos previstos no referido Plano apenas para fins de pagamento. 3. "O enquadramento ou o reenquadramento de servidor público é ato único de efeitos concretos, o qual não reflete uma relação de trato sucessivo. Nesses casos, a pretensão envolve o reconhecimento de uma nova situação jurídica fundamental, e não os simples consectários de uma posição jurídica já definida. A prescrição, portanto, atinge o próprio fundo de direito, sendo inaplicável o disposto na Súmula 85/STJ" (EREsp 1.422.247/PE, Rel. Ministro OG FERNANDES, PRIMEIRA SEÇÃO, julgado em 28/09/2016, DJe de 19/12/2016). 4. Nas hipóteses de enquadramento e reenquadramento, a jurisprudência desta Corte firmou-se no sentido de que, transcorrido o prazo quinquenal entre o pretendido reenquadramento funcional de servidor e a propositura da ação, a prescrição atinge igualmente o fundo de direito e as prestações decorrentes do enquadramento devido. Precedentes. 5. No caso concreto, o enquadramento dos autores poderia ter ocorrido desde o momento em que passaram a ter suas relações funcionais regidas pelo Regime Jurídico único, seja dizer, a partir da entrada em vigor da Lei 8.112, de 11/12/1990. No entanto, como os requerimentos administrativos pleiteando progressão funcional somente foram efetuados pelos autores em 1997 e 2001, e a presente demanda somente foi proposta em 19/09/2002, todos eles mais de cinco anos após a data da entrada em vigor da Lei 8.112/90, está evidenciada a fluência do lustro prescricional, nos termos do art. 1º do Decreto 20.910/32, sendo de rigor reconhecer que a prescrição, na hipótese, fulmina o próprio fundo de direito. 6. Agravo regimental a que se nega provimento. (AgInt nos EDcl nos EDcl nos EDcl no REsp 1171254/RS, Rel. Ministro REYNALDO SOARES DA FONSECA, QUINTA TURMA, julgado em 06/12/2018, DJe 19/12/2018)

SÚMULAS VINCULANTES DO SUPREMO TRIBUNAL FEDERAL SOBRE SERVIDORES PÚBLICOS

◙ **Súmula Vinculante n.º 3. Nos processos perante o Tribunal de Contas da União asseguram-se o contraditório e a ampla defesa quando da decisão puder resultar anulação ou revogação de ato administrativo que beneficie o interessado, excetuada a apreciação da legalidade do ato de concessão inicial de aposentadoria, reforma e pensão.**

◙ Súmula Vinculante n.º 4. Salvo nos casos previstos na Constituição, o salário mínimo não pode ser usado como indexador de base de cálculo de vantagem de servidor público ou de empregado, nem ser substituído por decisão judicial.

◙ Súmula Vinculante n.º 5. A falta de defesa técnica por advogado no processo administrativo disciplinar não ofende a Constituição.

◙ Súmula Vinculante n.º 6. Não viola a Constituição o estabelecimento de remuneração inferior ao salário mínimo para as praças prestadoras de serviço militar inicial.

◙ Súmula Vinculante n.º 13. A nomeação de cônjuge, companheiro ou parente em linha reta, colateral ou por afinidade, até o terceiro grau, inclusive, da autoridade nomeante ou de servidor da mesma pessoa jurídica investido em cargo de direção, chefia ou assessoramento, para o exercício de cargo em comissão ou de confiança ou, ainda, de função gratificada na administração pública direta e indireta em qualquer dos Poderes da União, dos Estados, do Distrito Federal e dos Municípios, compreendido o ajuste mediante designações recíprocas, viola a Constituição Federal.

◙ Súmula Vinculante n.º 15. O cálculo de gratificações e outras vantagens do servidor público não incide sobre o abono utilizado para se atingir o salário mínimo.

◙ Súmula Vinculante n.º 16. Os artigos 7º, IV, e 39, § 3º (redação da EC 19/1998), da Constituição, referem-se ao total da remuneração percebida pelo servidor público.

◙ Súmula Vinculante n.º 17. Durante o período previsto no parágrafo 1º do artigo 100 da Constituição, não incidem juros de mora sobre os precatórios que nele sejam pagos.

◙ Súmula Vinculante n.º 20. A Gratificação de Desempenho de Atividade Técnico-administrativa – GDATA, instituída pela Lei 10.404/2002, deve ser deferida aos inativos nos valores correspondentes a 37,5 (trinta e sete vírgula cinco) pontos no período de fevereiro a maio de 2002 e, nos termos do artigo 5º, parágrafo único, da Lei 10.404/2002, no período de junho de 2002 até a conclusão dos efeitos do último ciclo de avaliação a que se refere o artigo 1º da Medida Provisória 198/2004, a partir da qual passa a ser de 60 (sessenta) pontos.

◙ Súmula Vinculante n.º 33. Aplicam-se ao servidor público, no que couber, as regras do regime geral da previdência social sobre aposentadoria especial de que trata o artigo 40, § 4º, inciso III da Constituição Federal, até a edição de lei complementar específica.

◙ Súmula Vinculante n.º 34. A Gratificação de Desempenho de Atividade de Seguridade Social e do Trabalho – GDASST, instituída pela Lei 10.483/2002, deve ser estendida aos inativos no valor correspondente a 60 (sessenta) pontos, desde o advento da Medida Provisória 198/2004, convertida na Lei 10.971/2004, quando tais inativos façam jus à paridade constitucional (EC 20/1998, 41/2003 e 47/2005).

◙ **Súmula Vinculante n.º 37.** Não cabe ao Poder Judiciário, que não tem função legislativa, aumentar vencimentos de servidores públicos sob o fundamento de isonomia.

◙ **Súmula Vinculante n.º 39.** Compete privativamente à União legislar sobre vencimentos dos membros das polícias civil e militar e do corpo de bombeiros militar do Distrito Federal.

◙ **Súmula Vinculante 40 (antiga Súmula 666 do STF):** "A contribuição confederativa de que trata o art. 8.º, IV, da Constituição, só é exigível dos filiados ao sindicato respectivo"

◙ **Súmula Vinculante n.º 42.** É inconstitucional a vinculação do reajuste de vencimentos de servidores estaduais ou municipais a índices federais de correção monetária.

◙ **Súmula Vinculante n.º 44.** Só por lei se pode sujeitar a exame psicotécnico a habilitação de candidato a cargo público.

◙ **Súmula Vinculante n.º 46.** A definição dos crimes de responsabilidade e o estabelecimento das respectivas normas de processo e julgamento são da competência legislativa privativa da União.

◙ **Súmula Vinculante n.º 51.** O reajuste de 28,86%, concedido aos servidores militares pelas Leis 8622/1993 e 8627/1993, estende-se aos servidores civis do poder executivo, observadas as eventuais compensações decorrentes dos reajustes diferenciados concedidos pelos mesmos diplomas legais.

◙ **Súmula Vinculante n.º 55.** O direito ao auxílio-alimentação não se estende aos servidores inativos.

SÚMULAS DO SUPREMO TRIBUNAL FEDERAL
SOBRE SERVIDORES PÚBLICOS

◙ **Súmula n.º 10.** O tempo de serviço militar conta-se para efeito de disponibilidade e aposentadoria do servidor público estadual.

◙ **Súmula n.º 11.** A vitaliciedade não impede a extinção do cargo, ficando o funcionário em disponibilidade, com todos os vencimentos.

◙ **Súmula n.º 12.** A vitaliciedade do professor catedrático não impede o desdobramento da cátedra.

◙ **Súmula n.º 13.** A equiparação de extranumerário a funcionário efetivo, determinada pela Lei 2.284, de 09.08.1954, não envolve reestruturação, não compreendendo, portanto, os vencimentos.

◉ Súmula n.º 18. Pela falta residual, não compreendida na absolvição pelo juízo criminal, é admissível a punição administrativa do servidor público.

◉ Súmula n.º 19. É inadmissível segunda punição de servidor público, baseada no mesmo processo em que se fundou a primeira.

◉ Súmula n.º 20. É necessário processo administrativo com ampla defesa, para demissão de funcionário admitido por concurso.

◉ Súmula n.º 21. Funcionário em estágio probatório não pode ser exonerado nem demitido sem inquérito ou sem as formalidades legais de apuração de sua capacidade.

◉ Súmula n.º 22. O estágio probatório não protege o funcionário contra a extinção do cargo.

◉ Súmula n.º 24 Funcionário interino substituto é demissível, mesmo antes de cessar a causa da substituição.

◉ Súmula n.º 25. A nomeação a termo não impede a livre demissão pelo Presidente da República, de ocupante de cargo dirigente de autarquia.

◉ Súmula n.º 27 Os servidores públicos não têm vencimentos irredutíveis, prerrogativa dos membros do Poder Judiciário e dos que lhes são equiparados.

◉ Súmula n.º 29. Gratificação devida a servidores do "sistema fazendário" não se estende aos dos Tribunais de Contas.

◉ Súmula n.º 31. Para aplicação da Lei 1.741, de 22.11.1952, soma-se o tempo de serviço ininterrupto em mais de um cargo em comissão.

◉ Súmula n.º 32. Para aplicação da Lei 1.741, de 22.11.1952, soma-se o tempo de serviço ininterrupto em cargo em comissão e em função gratificada.

◉ Súmula n.º 33. A Lei 1.741, de 22.11.1952, é aplicável às autarquias federais.

◉ Súmula n.º 34. No Estado de São Paulo, funcionário eleito vereador fica licenciado por toda a duração do mandato.

◉ Súmula n.º 36. Servidor vitalício está sujeito à aposentadoria compulsória, em razão da idade.

◉ Súmula n.º 37. Não tem direito de se aposentar pelo Tesouro Nacional o servidor que não satisfizer as condições estabelecidas na legislação do serviço público federal, ainda que aposentado pela respectiva instituição previdenciária, com direito, em tese, a duas aposentadorias.

◙ **Súmula n.º 38.** Reclassificação posterior à aposentadoria não aproveita ao servidor aposentado.

◙ **Súmula n.º 39.** À falta de lei, funcionário em disponibilidade não pode exigir, judicialmente, o seu aproveitamento, que fica subordinado ao critério de conveniência da administração.

◙ **Súmula n.º 41.** Juízes preparadores ou substitutos não têm direito aos vencimentos da atividade fora dos períodos de exercício.

◙ **Súmula n.º 43.** Não contraria a Constituição Federal o art. 61 da Constituição de São Paulo, que equiparou os vencimentos do Ministério Público aos da Magistratura.

◙ **Súmula n.º 45.** A estabilidade dos substitutos do Ministério Público Militar não confere direito aos vencimentos da atividade fora dos períodos de exercício.

◙ **Súmula n.º 47.** Reitor de universidade não é livremente demissível pelo Presidente da República durante o prazo de sua investidura.

◙ **Súmula n.º 50.** A lei pode estabelecer condições para a demissão de extranumerário.

◙ **Súmula n.º 51.** Militar não tem direito a mais de duas promoções na passagem para a inatividade, ainda que por motivos diversos.

◙ **Súmula n.º 52.** A promoção de militar, vinculada à inatividade, pode ser feita, quando couber, a posto inexistente no quadro.

◙ **Súmula n.º 54.** A reserva ativa do magistério militar não confere vantagens vinculadas à efetiva passagem para a inatividade.

◙ **Súmula n.º 55.** Militar da reserva está sujeito à pena disciplinar.

◙ **Súmula n.º 57.** Militar inativo não tem direito ao uso do uniforme fora dos casos previstos em lei ou regulamento.

◙ **Súmula n.º 358.** O servidor público em disponibilidade tem direito aos vencimentos integrais do cargo.

◙ **Súmula n.º 339.** Não cabe ao Poder Judiciário, que não tem função legislativa, aumentar vencimentos de servidores públicos sob fundamento de isonomia.

◙ **Súmula n.º 373.** Servidor nomeado após aprovação no curso de capacitação policial, instituído na Polícia do Distrito Federal, em 1941, preenche o requisito da nomeação por concurso a que se referem as Leis 705, de 16.05.1949, e 1.639, de 14.07.1952.

◉ Súmula n.º 384. A demissão de extranumerário do serviço público federal, equiparado a funcionário de provimento efetivo para efeito de estabilidade, é da competência do Presidente da República.

◉ Súmula n.º 679. A fixação de vencimentos dos servidores públicos não pode ser objeto de convenção coletiva.

◉ Súmula n.º 680. O direito ao auxílio-alimentação não se estende aos servidores inativos.

◉ Súmula n.º 681. É inconstitucional a vinculação do reajuste de vencimentos de servidores estaduais ou municipais a índices federais de correção monetária.

◉ Súmula n.º 683. O limite de idade para a inscrição em concurso público só se legitima em face do art. 7º, XXX, da Constituição, quando possa ser justificado pela natureza das atribuições do cargo a ser preenchido.

◉ Súmula n.º 684. É inconstitucional o veto não motivado à participação de candidato a concurso público

◉ Súmula n.º 685. É inconstitucional toda modalidade de provimento que propicie ao servidor investir-se, sem prévia aprovação em concurso público destinado ao seu provimento, em cargo que não integra a carreira na qual anteriormente investido.

◉ Súmula n.º 686. Só por lei se pode sujeitar a exame psicotécnico a habilitação de candidato a cargo público

◉ Súmula n.º 703. A extinção do mandato do prefeito não impede a instauração de processo pela prática dos crimes previstos no art. 1º do Dl. 201/67.

◉ Súmula n.º 722. São da competência legislativa da União a definição dos crimes de responsabilidade e o estabelecimento das respectivas normas de processo e julgamento.

SÚMULAS DO SUPERIOR TRIBUNAL DE JUSTIÇA SOBRE SERVIDORES PÚBLICOS

◉ Súmula n.º 97. Compete a justiça do trabalho processar e julgar reclamação de servidor público relativamente a vantagens trabalhistas anteriores a instituição do regime jurídico único.

◉ Súmula n.º 137. Compete a justiça comum estadual processar e julgar ação de servidor público municipal, pleiteando direitos relativos ao vinculo estatutário.

◙ Súmula n.º 147. Compete à Justiça Federal processar e julgar os crimes praticados contra funcionário público federal, quando relacionados com o exercício da função.

◙ Súmula n.º 173. Compete à Justiça Federal processar e julgar o pedido de reintegração em cargo público federal, ainda que o servidor tenha sido dispensado antes da instituição do Regime Jurídico Único.

◙ Súmula n.º 218. Compete à Justiça dos Estados processar e julgar ação de servidor estadual decorrente de direitos e vantagens estatutárias no exercício de cargo em comissão.

◙ Súmula n.º 266 – O diploma ou habilitação legal para o exercício do cargo deve ser exigido na posse e não na inscrição para o concurso público.

◙ Súmula n.º 343 – É obrigatória a presença de advogado em todas as fases do processo administrativo disciplinar.

◙ Súmula n.º 346 – É vedada aos militares temporários, para aquisição de estabilidade, a contagem em dobro de férias e licenças não-gozadas.

◙ Súmula n.º 377 – O portador de visão monocular tem direito de concorrer, em concurso público, às vagas reservadas aos deficientes.

◙ Súmula n.º 378. Reconhecido o desvio de função, o servidor faz jus às diferenças salariais decorrentes.

◙ Súmula n.º 447. Os Estados e o Distrito Federal são partes legítimas na ação de restituição de imposto de renda retido na fonte proposta por seus servidores.

◙ Súmula n.º 552 – "O portador de surdez unilateral não se qualifica como pessoa com deficiência para o fim de disputar as vagas reservadas em concursos públicos

◙ Súmula n.º 591. É permitida a prova emprestada no processo administrativo disciplinar, desde que devidamente

◙ Súmula n.º 592. O excesso de prazo para a conclusão do processo administrativo disciplinar só causa nulidade se houver demonstração de prejuízo à defesa.

◙ Súmula n.º 611. Desde que devidamente motivada e com amparo em investigação ou sindicância, é permitida a instauração de processo administrativo disciplinar com base em denúncia anônima, em face do poder-dever de autotutela imposto à Administração.

◙ Súmula n.º 624 – É possível cumular a indenização do dano moral com a reparação econômica da Lei n. 10.559/2002

TODAS AS REPERCUSSÕES GERAIS RELACIONADAS A AGENTES PÚBLICOS JÁ JULGADAS PELO SUPREMO TRIBUNAL FEDERAL

TEMA	LEADING CASE	RELATOR	TÍTULO	SITUAÇÃO DO TEMA	TESE	DATA DA TESE
510	RE 663696	MIN. LUIZ FUX	Teto remuneratório de procuradores municipais.	Mérito julgado	A expressão "Procuradores", contida na parte final do inciso XI do art. 37 da Constituição da República, compreende os Procuradores Municipais, uma vez que estes se inserem nas funções essenciais à Justiça, estando, portanto, submetidos ao teto de noventa inteiros e vinte e cinco centésimos por cento do subsídio mensal, em espécie, dos Ministros do Supremo Tribunal Federal.	28/02/2019
973	RE 1058333	MIN. LUIZ FUX	Possibilidade de remarcação do teste de aptidão física de candidata grávida à época de sua realização, independentemente de haver previsão expressa nesse sentido no edital do concurso público.	Mérito julgado	É constitucional a remarcação do teste de aptidão física de candidata que esteja grávida à época de sua realização, independentemente da previsão expressa em edital do concurso público.	21/11/2018
163	RE 593068	MIN. ROBERTO BARROSO	Contribuição previdenciária sobre o terço constitucional de férias, a gratificação natalina, os serviços extraordinários, o adicional noturno e o adicional de insalubridade.	Trânsito em Julgado	Não incide contribuição previdenciária sobre verba não incorporável aos proventos de aposentadoria do servidor público, tais como terço de férias, serviços extraordinários, adicional noturno e adicional de insalubridade.	11/10/2018

TEMA	LEADING CASE	RELATOR	TÍTULO	SITUAÇÃO DO TEMA	TESE	DATA DA TESE
739	ARE 791932	MIN. ALEXANDRE DE MORAES	Possibilidade de recusa de aplicação do art. 94, II, da Lei 9.472/1997 em razão da invocação da Súmula 331 do Tribunal Superior do Trabalho, sem observância da regra de reserva de plenário.	Trânsito em Julgado	É nula a decisão de órgão fracionário que se recusa a aplicar o art. 94, II, da Lei 9.472/1997, sem observar a cláusula de reserva de Plenário (CF, art. 97), observado o art. 949 do Código de Processo Civil.	11/10/2018
497	RE 629053	MIN. MARCO AURÉLIO	Proteção objetiva da estabilidade de empregada gestante, em virtude de rescisão imotivada do contrato de trabalho.	Trânsito em Julgado	A incidência da estabilidade prevista no art. 10, inc. II, do ADCT, somente exige a anterioridade da gravidez à dispensa sem justa causa.	10/10/2018

TEMA	LEADING CASE	RELATOR	TÍTULO	SITUAÇÃO DO TEMA	TESE	DATA DA TESE
1010	RE 1041210	MIN. DIAS TOFFOLI	Controvérsia relativa aos requisitos constitucionais (art. 37, incs. II e V, da Constituição da República) para a criação de cargos em comissão.	Mérito julgado	a) A criação de cargos em comissão somente se justifica para o exercício de funções de direção, chefia e assessoramento, não se prestando ao desempenho de atividades burocráticas, técnicas ou operacionais; b) tal criação deve pressupor a necessária relação de confiança entre a autoridade nomeante e o servidor nomeado; c) o número de cargos comissionados criados deve guardar proporcionalidade com a necessidade que eles visam suprir e com o número de servidores ocupantes de cargos efetivos no ente federativo que os criar; e d) as atribuições dos cargos em comissão devem estar descritas, de forma clara e objetiva, na própria lei que os instituir.	28/09/2018
1009	RE 1133146	MIN. LUIZ FUX	Realização de novo exame psicotécnico em candidato que teve o primeiro teste anulado por ausência de objetividade dos critérios de correção estabelecidos no edital.	Trânsito em Julgado	No caso de declaração de nulidade de exame psicotécnico previsto em lei e em edital, é indispensável a realização de nova avaliação, com critérios objetivos, para prosseguimento no certame.	21/09/2018
57	RE 601580	MIN. EDSON FACHIN	Possibilidade de servidor público militar transferido ingressar em universidade pública, na falta de universidade privada congênere à de origem.	Mérito julgado	É constitucional a previsão legal que assegure, na hipótese de transferência ex officio de servidor, a matrícula em instituição pública, se inexistir instituição congênere à de origem.	19/09/2018

TEMA	LEADING CASE	RELATOR	TÍTULO	SITUAÇÃO DO TEMA	TESE	DATA DA TESE
149	RE 594435	MIN. MARCO AURÉLIO	Competência para processar e julgar causa que envolve contribuição previdenciária instituída pelo Estado membro incidente sobre complementação de proventos e de pensões por ele paga.	Acórdão de mérito publicado	Compete à Justiça comum o julgamento de conflito de interesses a envolver a incidência de contribuição previdenciária, considerada a complementação de proventos.	24/05/2018
832	RE 865401	MIN. DIAS TOFFOLI	Direito de vereador, enquanto parlamentar e cidadão, a obter diretamente do chefe do Poder Executivo informações e documentos sobre a gestão municipal.	Trânsito em Julgado	O parlamentar, na condição de cidadão, pode exercer plenamente seu direito fundamental de acesso a informações de interesse pessoal ou coletivo, nos termos do art. 5º, inciso XXXIII, da CF e das normas de regência desse direito.	25/04/2018
983	ARE 1052570	MIN. ALEXANDRE DE MORAES	Gratificações federais de desempenho: (I) termo final do pagamento equiparado entre ativos e inativos e (II) redução do valor pago aos aposentados e pensionistas e princípio da irredutibilidade de vencimentos.	Trânsito em Julgado	I – O termo inicial do pagamento diferenciado das gratificações de desempenho entre servidores ativos e inativos é o da data da homologação do resultado das avaliações, após a conclusão do primeiro ciclo; II – A redução, após a homologação do resultado das avaliações, do valor da gratificação de desempenho paga aos inativos e pensionistas não configura ofensa ao princípio da irredutibilidade de vencimentos.	16/02/2018

TEMA	LEADING CASE	RELATOR	TÍTULO	SITUAÇÃO DO TEMA	TESE	DATA DA TESE
984	RE 976610	MIN. DIAS TOFFOLI	Natureza jurídica dos reajustes concedidos aos servidores da carreira militar pela Lei n. 7.622/2000, do Estado da Bahia.	Acórdão de mérito publicado	O Supremo Tribunal Federal veda o aumento de vencimentos pelo Poder Judiciário com base no princípio da isonomia, na equiparação salarial ou a pretexto da revisão geral anual, não sendo devida, portanto, a extensão do maior reajuste concedido pela Lei estadual nº 7.622/2000 aos soldos de toda a categoria dos policiais militares do Estado da Bahia, dispensada a devolução de valores eventualmente recebidos de boa-fé até a data de conclusão do presente julgamento no Plenário Virtual desta Corte.	16/02/2018
965	RE 1039644	MIN. ALEXANDRE DE MORAES	Aposentadoria especial prevista no art. 40, § 5º, da Constituição: cômputo do tempo de serviço prestado por professor na escola em funções diversas da docência.	Trânsito em Julgado	Para a concessão da aposentadoria especial de que trata o art. 40, § 5º, da Constituição, conta-se o tempo de efetivo exercício, pelo professor, da docência e das atividades de direção de unidade escolar e de coordenação e assessoramento pedagógico, desde que em estabelecimentos de educação infantil ou de ensino fundamental e médio.	13/10/2017
403	RE 635648	MIN. EDSON FACHIN	Requisitos para contratação de professor substituto no âmbito de instituições federais de ensino superior.	Trânsito em Julgado	É compatível com a Constituição Federal a previsão legal que exija o transcurso de 24 (vinte e quatro) meses, contados do término do contrato, antes de nova admissão de professor temporário anteriormente contratado.	14/06/2017

1235

TEMA	LEADING CASE	RELATOR	TÍTULO	SITUAÇÃO DO TEMA	TESE	DATA DA TESE
454	RE 629392	MIN. MARCO AURÉLIO	Direito à promoção funcional, independentemente de apuração própria ao estágio probatório, quando reconhecida eficácia retroativa do direito à nomeação.	Trânsito em Julgado	A nomeação tardia de candidatos aprovados em concurso público, por meio de ato judicial, à qual atribuída eficácia retroativa, não gera direito às promoções ou progressões funcionais que alcançariam houvesse ocorrido, a tempo e modo, a nomeação.	08/06/2017
544	RE 846854	MIN. LUIZ FUX	Competência para julgamento de abusividade de greve de servidores públicos celetistas.	Trânsito em Julgado	A justiça comum, federal ou estadual, é competente para julgar a abusividade de greve de servidores públicos celetistas da Administração pública direta, autarquias e fundações públicas.	25/05/2017
377	RE 612975	MIN. MARCO AURÉLIO	Incidência do teto remuneratório no caso de acumulação de cargos públicos	Trânsito em Julgado	Nos casos autorizados constitucionalmente de acumulação de cargos, empregos e funções, a incidência do art. 37, inciso XI, da Constituição Federal pressupõe consideração de cada um dos vínculos formalizados, afastada a observância do teto remuneratório quanto ao somatório dos ganhos do agente público. (A mesma tese foi fixada para o Tema 384)	27/04/2017
384	RE 602043	MIN. MARCO AURÉLIO	Incidência do teto remuneratório a servidores já ocupantes de dois cargos públicos antes da vigência da Emenda Constitucional 41/2003.	Trânsito em Julgado	Nos casos autorizados constitucionalmente de acumulação de cargos, empregos e funções, a incidência do art. 37, inciso XI, da Constituição Federal pressupõe consideração de cada um dos vínculos formalizados, afastada a observância do teto remuneratório quanto ao somatório dos ganhos do agente público. (A mesma tese foi fixada para o Tema 377)	27/04/2017

TEMA	LEADING CASE	RELATOR	TÍTULO	SITUAÇÃO DO TEMA	TESE	DATA DA TESE
541	ARE 654432	MIN. EDSON FACHIN	Exercício do direito de greve por policiais civis.	Trânsito em Julgado	1 – O exercício do direito de greve, sob qualquer forma ou modalidade, é vedado aos policiais civis e a todos os servidores públicos que atuem diretamente na área de segurança pública. 2 – É obrigatória a participação do Poder Público em mediação instaurada pelos órgãos classistas das carreiras de segurança pública, nos termos do art. 165 do CPC, para vocalização dos interesses da categoria	05/04/2017
754	RE 924456	MIN. DIAS TOFFOLI	Eficácia temporal do art. 6º-A da Emenda Constitucional 41/2003, incluído pela Emenda Constitucional 70/2012, que reestabeleceu a integralidade e a paridade de proventos para os servidores públicos aposentados por invalidez permanente decorrente de doença grave.	Trânsito em Julgado	Os efeitos financeiros das revisões de aposentadoria concedidas com base no art. 6º-A da Emenda Constitucional nº 41/2003, introduzido pela Emenda Constitucional nº 70/2012, somente se produzirão a partir da data de sua promulgação (30.3.2012).	05/04/2017
246	RE 760931	MIN. ROSA WEBER	Responsabilidade subsidiária da Administração Pública por encargos trabalhistas gerados pelo inadimplemento de empresa prestadora de serviço.	Acórdão de mérito publicado	O inadimplemento dos encargos trabalhistas dos empregados do contratado não transfere automaticamente ao Poder Público contratante a responsabilidade pelo seu pagamento, seja em caráter solidário ou subsidiário, nos termos do art. 71, § 1º, da Lei nº 8.666/93.	30/03/2017

TEMA	LEADING CASE	RELATOR	TÍTULO	SITUAÇÃO DO TEMA	TESE	DATA DA TESE
571	RE 647827	MIN. GILMAR MENDES	Aposentadoria compulsória de titular de serventia judicial não estatizada.	Trânsito em Julgado	Não se aplica a aposentadoria compulsória prevista no artigo 40, parágrafo 1º, inciso II, da Constituição Federal aos titulares de serventias judiciais não estatizadas, desde que não sejam ocupantes de cargo público efetivo e não recebam remuneração proveniente dos cofres públicos.	15/02/2017
930	RE 937595	MIN. ROBERTO BARROSO	Os benefícios concedidos entre 5.10.1988 e 5.4.1991 não estão, em tese, excluídos da possibilidade de readequação aos tetos instituídos pelas Emendas Constitucionais ns. 20/1998 e 41/2003. Eventual direito a diferenças deve ser aferido no caso concreto, conforme os parâmetros já definidos no julgamento do RE n. 564.354.	Trânsito em Julgado	Os benefícios concedidos entre 05.10.1988 e 05.04.1991 (período do buraco negro) não estão, em tese, excluídos da possibilidade de readequação segundo os tetos instituídos pelas EC's nº 20/1998 e 41/2003, a ser aferida caso a caso, conforme os parâmetros definidos no julgamento do RE 564.354, em regime de repercussão geral.	03/02/2017
484	RE 650898	MIN. MARCO AURÉLIO	a) Legitimidade de tribunal de justiça para atuar em controle concentrado de constitucionalidade de lei municipal contestada em face da Constituição Federal; b) Possibilidade de concessão de gratificação natalina, ou de outras espécies remuneratórias, a detentor de mandato eletivo remunerado por subsídio.	Trânsito em Julgado	1) Tribunais de Justiça podem exercer controle abstrato de constitucionalidade de leis municipais utilizando como parâmetro normas da Constituição Federal, desde que se trate de normas de reprodução obrigatória pelos Estados; e 2) O art. 39, § 4º, da Constituição Federal não é incompatível com o pagamento de terço de férias e décimo terceiro salário.	01/02/2017

TEMA	LEADING CASE	RELATOR	TÍTULO	SITUAÇÃO DO TEMA	TESE	DATA DA TESE
763	RE 786540	MIN. DIAS TOFFOLI	Possibilidade de aplicação da aposentadoria compulsória ao servidor público ocupante exclusivamente de cargo em comissão, assim como a possibilidade de o servidor efetivo aposentado compulsoriamente vir a assumir cargos ou funções comissionadas.	Trânsito em Julgado	1. Os servidores ocupantes de cargo exclusivamente em comissão não se submetem à regra da aposentadoria compulsória prevista no art. 40, § 1º, II, da Constituição Federal, a qual atinge apenas os ocupantes de cargo de provimento efetivo, inexistindo, também, qualquer idade limite para fins de nomeação a cargo em comissão; 2. Ressalvados impedimentos de ordem infraconstitucional, não há óbice constitucional a que o servidor efetivo aposentado compulsoriamente no cargo comissionado que já desempenhava ou a que seja nomeado para cargo de livre nomeação e exoneração, uma vez que não se trata de continuidade ou criação de vínculo efetivo com a Administração.	15/12/2016
928	ARE 1001075	MIN. GILMAR MENDES	Competência da Justiça do Trabalho para processar e julgar ação que discute verbas trabalhistas, referentes a período regido pela CLT, supostamente devidas a empregados públicos que migraram, posteriormente, para o regime estatutário.	Trânsito em Julgado	Compete à Justiça do Trabalho processar e julgar ações relativas às verbas trabalhistas referentes ao período em que o servidor mantinha vínculo celetista com a Administração, antes da transposição para o regime estatutário.	09/12/2016

TEMA	LEADING CASE	RELATOR	TÍTULO	SITUAÇÃO DO TEMA	TESE	DATA DA TESE
394	RE 553710	MIN. DIAS TOFFOLI	Pagamento imediato de reparação econômica a anistiados políticos.	Acórdão de mérito publicado	1) – Reconhecido o direito à anistia política, a falta de cumprimento de requisição ou determinação de providências por parte da União, por intermédio do órgão competente, no prazo previsto nos arts. 12, § 4º, e 18, caput e parágrafo único, da Lei nº 10.599/02, caracteriza ilegalidade e violação de direito líquido e certo; 2) – Havendo rubricas no orçamento destinadas ao pagamento das indenizações devidas aos anistiados políticos e não demonstrada a ausência de disponibilidade de caixa, a União há de promover o pagamento do valor ao anistiado no prazo de 60 dias; 3) – Na ausência ou na insuficiência de disponibilidade orçamentária no exercício em curso, cumpre à União promover sua previsão no projeto de lei orçamentária imediatamente seguinte.	17/11/2016
531	RE 693456	MIN. DIAS TOFFOLI	Desconto nos vencimentos dos servidores públicos dos dias não trabalhados em virtude de greve.	Trânsito em Julgado	A administração pública deve proceder ao desconto dos dias de paralisação decorrentes do exercício do direito de greve pelos servidores públicos, em virtude da suspensão do vínculo funcional que dela decorre, permitida a compensação em caso de acordo. O desconto será, contudo, incabível se ficar demonstrado que a greve foi provocada por conduta ilícita do Poder Público.	27/10/2016

TEMA	LEADING CASE	RELATOR	TÍTULO	SITUAÇÃO DO TEMA	TESE	DATA DA TESE
503	RE 661256	MIN. ROBERTO BARROSO	Conversão de aposentadoria proporcional em aposentadoria integral por meio do instituto da desaposentação.	Acórdão de mérito publicado	No âmbito do Regime Geral de Previdência Social – RGPS, somente lei pode criar benefícios e vantagens previdenciárias, não havendo, por ora, previsão legal do direito à 'desaposentação', sendo constitucional a regra do art. 18, § 2º, da Lei nº 8.213/91.	26/10/2016
921	ARE 848993	MIN. GILMAR MENDES	Tríplice acumulação de vencimentos e proventos decorrentes de ingressos em cargos públicos anteriores à EC n. 20/1998.	Acórdão de mérito publicado	É vedada a cumulação tríplice de vencimentos e/ou proventos, ainda que a investidura nos cargos públicos tenha ocorrido anteriormente à EC 20/1998.	07/10/2016
916	RE 765320	MIN. TEORI ZAVASCKI	Efeitos jurídicos do contrato temporário firmado em desconformidade com o art. 37, IX, da Constituição Federal.	Trânsito em Julgado	A contratação por tempo determinado para atendimento de necessidade temporária de excepcional interesse público realizada em desconformidade com os preceitos do art. 37, IX, da Constituição Federal não gera quaisquer efeitos jurídicos válidos em relação aos servidores contratados, com exceção do direito à percepção dos salários referentes ao período trabalhado e, nos termos do art. 19-A da Lei 8.036/1990, ao levantamento dos depósitos efetuados no Fundo de Garantia do Tempo de Serviço – FGTS.	16/09/2016
915	ARE 909437	MIN. ROBERTO BARROSO	Extensão, por via judicial, aos servidores do Poder Judiciário do Estado do Rio de Janeiro do reajuste concedido pela Lei estadual 1.206/1987.	Trânsito em Julgado	Não é devida aos servidores do Poder Judiciário do Estado do Rio de Janeiro a extensão do reajuste concedido pela Lei nº 1.206/1987, dispensando-se a devolução das verbas eventualmente recebidas até 01º.09.2016 (data da conclusão deste julgamento).	02/09/2016

TEMA	LEADING CASE	RELATOR	TÍTULO	SITUAÇÃO DO TEMA	TESE	DATA DA TESE
838	RE 898450	MIN. LUIZ FUX	Constitucionalidade da proibição, contida em edital de concurso público, de ingresso em cargo, emprego ou função pública para candidatos que tenham certos tipos de tatuagem em seu corpo.	Trânsito em Julgado	Editais de concurso público não podem estabelecer restrição a pessoas com tatuagem, salvo situações excepcionais em razão de conteúdo que viole valores constitucionais.	17/08/2016
157	RE 729744	MIN. GILMAR MENDES	Competência exclusiva da Câmara Municipal para o julgamento das contas de Prefeito.	Acórdão de mérito publicado	O parecer técnico elaborado pelo Tribunal de Contas tem natureza meramente opinativa, competindo exclusivamente à Câmara de Vereadores o julgamento das contas anuais do Chefe do Poder Executivo local, sendo incabível o julgamento ficto das contas por decurso de prazo.	10/08/2016
835	RE 848826	MIN. ROBERTO BARROSO	Definição do órgão competente, se o Poder Legislativo ou o Tribunal de Contas, para julgar as contas de Chefe do Poder Executivo que age na qualidade de ordenador de despesas.	Acórdão de mérito publicado	Para os fins do art. 1º, inciso I, alínea "g", da Lei Complementar 64, de 18 de maio de 1990, alterado pela Lei Complementar 135, de 4 de junho de 2010, a apreciação das contas de prefeitos, tanto as de governo quanto as de gestão, será exercida pelas Câmaras Municipais, com o auxílio dos Tribunais de Contas competentes, cujo parecer prévio somente deixará de prevalecer por decisão de 2/3 dos vereadores.	10/08/2016

TEMA	LEADING CASE	RELATOR	TÍTULO	SITUAÇÃO DO TEMA	TESE	DATA DA TESE
888	ARE 954408	MIN. TEORI ZAVASCKI	Direito de servidores públicos abrangidos pela aposentadoria especial ao abono de permanência.	Trânsito em Julgado	É legítimo o pagamento do abono de permanência previsto no art. 40, § 19, da Constituição Federal ao servidor público que opte por permanecer em atividade após o preenchimento dos requisitos para a concessão da aposentadoria voluntária especial (art. 40, § 4º, da Carta Magna).	15/04/2016
509	RE 655265	MIN. LUIZ FUX	Momento de comprovação do triênio de atividade jurídica para ingresso no cargo de juiz substituto.	Acórdão de mérito publicado	A comprovação do triênio de atividade jurídica exigida para o ingresso no cargo de juiz substituto, nos termos do inciso I do art. 93 da Constituição Federal, deve ocorrer no momento da inscrição definitiva no concurso público.	13/04/2016
204	RE 598572	MIN. EDSON FACHIN	Contribuição adicional de 2,5% sobre a folha de salários de instituições financeiras instituída pela Lei nº 8.212/91.	Trânsito em Julgado	É constitucional a previsão legal de diferenciação de alíquotas em relação às contribuições previdenciárias incidentes sobre a folha de salários de instituições financeiras ou de entidades a elas legalmente equiparáveis, após a edição da Emenda Constitucional nº 20/1998.	30/03/2016
666	RE 669069	MIN. TEORI ZAVASCKI	Imprescritibilidade das ações de ressarcimento por danos causados ao erário, ainda que o prejuízo não decorra de ato de improbidade administrativa.	Trânsito em Julgado	É prescritível a ação de reparação de danos à Fazenda Pública decorrente de ilícito civil.	03/02/2016

TEMA	LEADING CASE	RELATOR	TÍTULO	SITUAÇÃO DO TEMA	TESE	DATA DA TESE
257	RE 606358	MIN. ROSA WEBER	Inclusão das vantagens pessoais no teto remuneratório estadual após a Emenda Constitucional nº 41/2003.	Trânsito em Julgado	Computam-se, para efeito de observância do teto remuneratório do art. 37, XI, da Constituição da República, também os valores percebidos anteriormente à vigência da Emenda Constitucional 41/2003 a título de vantagens pessoais pelo servidor público, dispensada a restituição dos valores recebidos em excesso e de boa-fé até o dia 18 de novembro de 2015.	18/11/2015
856	ARE 914045	MIN. EDSON FACHIN	a) Necessidade de submissão de demanda judicial à regra da reserva de plenário na hipótese em que a decisão judicial estiver fundada em jurisprudência do Plenário do Supremo Tribunal Federal ou em Súmula deste Tribunal; b) Constitucionalidade de restrições impostas pelo Estado ao livre exercício de atividade econômica ou profissional, quando aquelas forem utilizadas como meio de cobrança indireta de tributos.	Trânsito em Julgado	I – É desnecessária a submissão à regra da reserva de plenário quando a decisão judicial estiver fundada em jurisprudência do Plenário ou em Súmula deste Supremo Tribunal Federal; II – É inconstitucional a restrição ilegítima ao livre exercício de atividade econômica ou profissional, quando imposta como meio de cobrança indireta de tributos.	16/10/2015

TEMA	LEADING CASE	RELATOR	TÍTULO	SITUAÇÃO DO TEMA	TESE	DATA DA TESE
784	RE 837311	MIN. LUIZ FUX	Direito à nomeação de candidatos aprovados fora do número de vagas previstas no edital de concurso público no caso de surgimento de novas vagas durante o prazo de validade do certame.	Trânsito em Julgado	O surgimento de novas vagas ou a abertura de novo concurso para o mesmo cargo, durante o prazo de validade do certame anterior, não gera automaticamente o direito à nomeação dos candidatos aprovados fora das vagas previstas no edital, ressalvadas as hipóteses de preterição arbitrária e imotivada por parte da administração, caracteriza-da por comportamento tácito ou expresso do Poder Público capaz de revelar a inequívoca necessidade de nomeação do aprovado durante o período de validade do certame, a ser demonstrada de forma cabal pelo candidato. Assim, o direito subjetivo à nomeação do candidato aprovado em concurso público exsurge nas seguintes hipóteses: I – Quando a aprovação ocorrer dentro do número de vagas dentro do edital; II – Quando houver preterição na nomeação por não observância da ordem de classificação; III – Quando surgirem novas vagas, ou for aberto novo concurso durante a validade do certame anterior, e ocorrer a preterição de candidatos de forma arbitrária e imotivada por parte da administração nos termos acima.	14/10/2015
853	ARE 906491	MIN. TEORI ZAVASCKI	Competência da Justiça do Trabalho para processar e julgar reclamação trabalhis-ta, fundada em contrato de trabalho regido pela CLT, na qual figura o Poder Público no polo passivo.	Trânsito em Julgado	Compete à Justiça do Trabalho processar e julgar demandas visando a obter prestações de natureza trabalhista, ajuizadas contra órgãos da Administração Pública por servidores que ingressaram em seus quadros, sem concurso público, antes do advento da CF/88, sob regime da Consolidação das Leis do Trabalho – CLT.	02/10/2015

TEMA	LEADING CASE	RELATOR	TÍTULO	SITUAÇÃO DO TEMA	TESE	DATA DA TESE
367	RE 631102	MIN. JOAQUIM BARBOSA	Inelegibilidade em razão de renúncia a mandato.	Trânsito em Julgado	A Lei Complementar 135/2010 não é aplicável às eleições gerais de 2010, em face do princípio da anterioridade eleitoral (art. 16 da Constituição Federal).	28/05/2015
396	RE 603580	MIN. RICARDO LEWANDOWSKI	Direito adquirido aos critérios da paridade e integralidade no pagamento de pensão por morte de servidor aposentado antes do advento da Emenda Constitucional nº 41/2003, mas falecido durante sua vigência.	Trânsito em Julgado	Os pensionistas de servidor falecido posteriormente à EC 41/2003 têm direito à paridade com servidores em atividade (EC 41/2003, art. 7º), caso se enquadrem na regra de transição prevista no art. 3º da EC 47/2005. Não tem, contudo, direito à integralidade (CF, art. 40, § 7º, inciso I).	20/05/2015
152	RE 590415	MIN. ROBERTO BARROSO	Renúncia genérica a direitos mediante adesão a plano de demissão voluntária.	Trânsito em Julgado	A transação extrajudicial que importa rescisão do contrato de trabalho, em razão de adesão voluntária do empregado a plano de dispensa incentivada, enseja quitação ampla e irrestrita de todas as parcelas objeto do contrato de emprego, caso essa condição tenha constado expressamente do acordo coletivo que aprovou o plano, bem como dos demais instrumentos celebrados com o empregado.	30/04/2015
483	ARE 652777	MIN. TEORI ZAVASCKI	Divulgação, em sítio eletrônico oficial, de informações alusivas a servidores públicos, inclusive seus nomes e correspondentes remunerações.	Trânsito em Julgado	É legítima a publicação, inclusive em sítio eletrônico mantido pela Administração Pública, dos nomes dos seus servidores e do valor dos correspondentes vencimentos e vantagens pecuniárias.	23/04/2015

TEMA	LEADING CASE	RELATOR	TÍTULO	SITUAÇÃO DO TEMA	TESE	DATA DA TESE
485	RE 632853	MIN. GILMAR MENDES	Controle jurisdicional do ato administrativo que avalia questões em concurso público.	Trânsito em Julgado	Não compete ao Poder Judiciário substituir a banca examinadora para reexaminar o conteúdo das questões e os critérios de correção utilizados, salvo ocorrência de ilegalidade ou de inconstitucionalidade.	23/04/2015
806	ARE 665632	MIN. TEORI ZAVASCKI	Equiparação de vencimentos entre militares das Forças Armadas e policiais e bombeiros militares do Distrito Federal.	Trânsito em Julgado	É vedada a equiparação remuneratória entre militares das Forças Armadas e policiais e bombeiros militares do Distrito Federal, visto que a Constituição Federal de 1988, em seu art. 37, XIII, coíbe a vinculação ou equiparação de quaisquer espécies remuneratórias no âmbito do serviço público.	17/04/2015
639	RE 675978	MIN. CÁRMEN LÚCIA	Definição do montante remuneratório recebido por servidores públicos, para fins de incidência do teto constitucional.	Trânsito em Julgado	Subtraído o montante que exceder o teto e o subteto previsto no art. 37, inciso XI, da Constituição, tem-se o valor para base de cálculo para a incidência do imposto de renda e da contribuição previdenciária.	15/04/2015
223	RE 590829	MIN. MARCO AURÉLIO	Competência do Poder Legislativo municipal para estabelecer vantagens, benefícios e adicionais em favor de servidores municipais.	Trânsito em Julgado	É inconstitucional, por afrontar a iniciativa privativa do Chefe do Poder Executivo, a normatização de direitos dos servidores públicos em lei orgânica do Município.	07/04/2015
395	RE 638115	MIN. GILMAR MENDES	Incorporação de quintos decorrentes do exercício de funções comissionadas e/ou gratificadas.	Acórdão de mérito publicado	Ofende o princípio da legalidade a decisão que concede a incorporação de quintos pelo exercício de função comissionada no período de 8/4/1998 até 4/9/2001, ante a carência de fundamento legal.	23/03/2015

TEMA	LEADING CASE	RELATOR	TÍTULO	SITUAÇÃO DO TEMA	TESE	DATA DA TESE
671	RE 724347	MIN. MARCO AURÉLIO	Direito de candidatos aprovados em concurso público a indenização por danos materiais em razão de alegada demora na nomeação, efetivada apenas após o trânsito em julgado de decisão judicial que reconheceu o direito à investidura.	Trânsito em Julgado	Na hipótese de posse em cargo público determinada por decisão judicial, o servidor não faz jus a indenização, sob fundamento de que deveria ter sido investido em momento anterior, salvo situação de arbitrariedade flagrante.	26/02/2015
29	RE 570392	MIN. CÁRMEN LÚCIA	Vício de iniciativa de lei municipal, proposta pelo Poder Legislativo local, que veda a contratação de parentes de 1º e 2º graus do Prefeito e Vice-Prefeito para ocuparem cargos comissionados.	Trânsito em Julgado	Leis que tratam dos casos de vedação a nepotismo não são de iniciativa exclusiva do Chefe do Poder Executivo.	11/12/2014
664	RE 662406	MIN. TEORI ZAVASCKI	Extensão da GDATFA aos servidores inativos no mesmo patamar pago aos servidores em atividade. Fixação do termo final dessa equiparação.	Trânsito em Julgado	O termo inicial do pagamento diferenciado das gratificações de desempenho entre servidores ativos e inativos é o da data da homologação do resultado das avaliações, após a conclusão do primeiro ciclo de avaliações, não podendo a Administração retroagir os efeitos financeiros a data anterior.	11/12/2014

TEMA	LEADING CASE	RELATOR	TÍTULO	SITUAÇÃO DO TEMA	TESE	DATA DA TESE
279	RE 602381	MIN. CÁRMEN LÚCIA	Natureza das leis n. 2.123/93 e 4.069/62 que garantem aos procuradores federais direito a férias de sessenta dias por ano.	Trânsito em Julgado	Os procuradores federais têm o direito às férias de 30 dias, por força do que dispõe o art. 5º da Lei 9.527/1997, porquanto não recepcionados com natureza de leis complementares o art. 1º da Lei 2.123/1953 e o art. 17, parágrafo único, da Lei 4.069/1962.	20/11/2014
514	ARE 660010	MIN. DIAS TOFFOLI	Aumento da carga horária de servidores públicos, sem a devida contraprestação remuneratória.	Trânsito em Julgado	I – A ampliação de jornada de trabalho sem alteração da remuneração do servidor consiste em violação da regra constitucional da irredutibilidade de vencimentos; II – No caso concreto, o § 1º do art. 1º do Decreto estadual 4.345, de 14 de fevereiro de 2005, do Estado do Paraná não se aplica aos servidores elencados em seu caput que, antes de sua edição, estavam legitimamente submetidos a carga horária semanal inferior a quarenta horas.	30/10/2014
772	ARE 703550	MIN. GILMAR MENDES	Possibilidade de conversão de tempo de serviço especial prestado na atividade de magistério em tempo de serviço comum, após a Emenda Constitucional 18/1981.	Trânsito em Julgado	É vedada a conversão de tempo de serviço especial em comum na função de magistério após a EC 18/1981.	03/10/2014

TEMA	LEADING CASE	RELATOR	TÍTULO	SITUAÇÃO DO TEMA	TESE	DATA DA TESE
480	RE 609381	MIN. TEORI ZAVASCKI	Incidência do teto constitucional remuneratório sobre proventos percebidos em desacordo com o disposto no art. 37, XI, da Constituição Federal.	Trânsito em Julgado	O teto de retribuição estabelecido pela Emenda Constitucional 41/03 possui eficácia imediata, submetendo às referências de valor máximo nele discriminadas todas as verbas de natureza remuneratória percebidas pelos servidores públicos da União, Estados, Distrito Federal e Municípios, ainda que adquiridas de acordo com regime legal anterior. Os valores que ultrapassam os limites estabelecidos para cada nível federativo na Constituição Federal constituem excesso cujo pagamento não pode ser reclamado com amparo na garantia da irredutibilidade de vencimentos.	02/10/2014
522	RE 650851	MIN. GILMAR MENDES	Contagem recíproca do tempo de contribuição na administração pública e na atividade privada para fins de concessão de aposentadoria.	Trânsito em Julgado	A imposição de restrições, por legislação local, à contagem recíproca do tempo de contribuição na administração pública e na atividade privada para fins de concessão de aposentadoria viola o o art. 202, § 2º, da Constituição Federal, com redação anterior à EC 20/98.	01/10/2014
569	RE 789874	MIN. TEORI ZAVASCKI	Concurso público para a contratação de empregados por pessoa jurídica que integra o chamado "Sistema S".	Trânsito em Julgado	Os serviços sociais autônomos integrantes do denominado Sistema "S" não estão submetidos à exigência de concurso público para contratação de pessoal, nos moldes do art. 37, II, da Constituição Federal.	17/09/2014

TEMA	LEADING CASE	RELATOR	TÍTULO	SITUAÇÃO DO TEMA	TESE	DATA DA TESE
308	RE 705140	MIN. TEORI ZAVASCKI	Efeitos trabalhistas decorrentes de contratação pela Administração Pública de empregado não submetido à prévia aprovação em concurso público.	Trânsito em Julgado	A Constituição de 1988 comina de nulidade as contratações de pessoal pela Administração Pública sem a observância das normas referentes à indispensabilidade da prévia aprovação em concurso público (CF, art. 37, § 2º), não gerando, essas contratações, quaisquer efeitos jurídicos válidos em relação aos empregados contratados, a não ser o direito à percepção dos salários referentes ao período do trabalhado e, nos termos do art. 19-A da Lei 8.036/90, ao levantamento dos depósitos efetuados no Fundo de Garantia por Tempo de Serviço – FGTS.	28/08/2014
315	RE 592317	MIN. GILMAR MENDES	Aumento de vencimentos e extensão de vantagens e gratificações pelo Poder Judiciário e pela Administração Pública.	Trânsito em Julgado	Não cabe, ao Poder Judiciário, que não tem a função legislativa, aumentar vencimentos de servidores públicos sob o fundamento de isonomia.	28/08/2014
602	RE 677730	MIN. GILMAR MENDES	Extensão, a servidores aposentados e pensionistas, dos efeitos financeiros decorrentes do enquadramento de servidores ativos do extinto DNER no Plano Especial de Cargos do DNIT.	Trânsito em Julgado	Os servidores aposentados e pensionistas do extinto DNER fazem jus aos efeitos financeiros decorrentes do enquadramento de servidores ativos que, providos deste órgão, passaram a gozar dos benefícios e vantagens resultantes do Pleno Especial de Cargos do DNIT, instituído pela Lei 11.171/2005.	28/08/2014

TEMA	LEADING CASE	RELATOR	TÍTULO	SITUAÇÃO DO TEMA	TESE	DATA DA TESE
156	RE 596962	MIN. DIAS TOFFOLI	Extensão da verba de incentivo de aprimoramento à docência prevista no art. 3º da Lei Complementar nº 159/2004 do Estado de Mato Grosso a professores inativos.	Trânsito em Julgado	I – As vantagens remuneratórias legítimas e de caráter geral conferidas a determinada categoria, carreira ou, indistintamente, a servidores públicos, por serem vantagens genéricas, são extensíveis aos servidores inativos e pensionistas; II – Nesses casos, a extensão alcança os servidores que tenham ingressado no serviço público antes da publicação das Emendas Constitucionais 20/1998 e 41/2003 e se aposentado ou adquirido o direito à aposentadoria antes da EC 41/2003; III – Com relação àqueles servidores que se aposentaram após a EC 41/2003, deverão ser observados os requisitos estabelecidos na regra de transição contida no seu art. 7º, em virtude da extinção da paridade integral entre ativos e inativos contida no art. 40, § 8º, da CF para os servidores que ingressaram no serviço público após a publicação da referida emenda; IV – Por fim, com relação aos servidores que ingressaram no serviço público antes da EC 41/2003 e se aposentaram ou adquiriram o direito à aposentadoria após a sua edição, é necessário observar a incidência das regras de transição fixadas pela EC 47/2005, a qual estabeleceu efeitos retroativos à data de vigência da EC 41/2003, conforme decidido nos autos do RE 590.260/SP, Plenário, Rel. MIN. RICARDO LEWANDOWSKI, julgado em 24/6/2009.	22/08/2014

TEMA	LEADING CASE	RELATOR	TÍTULO	SITUAÇÃO DO TEMA	TESE	DATA DA TESE
524	RE 656860	MIN. TEORI ZAVASCKI	Aposentadoria integral de servidor portador de doença grave não especificada em lei.	Trânsito em Julgado	A concessão de aposentadoria de servidor público por invalidez com proventos integrais exige que a doença incapacitante esteja prevista em rol taxativo da legislação de regência.	22/08/2014
652	RE 717424	MIN. MARCO AURÉLIO	Possibilidade de nomeação de membro do Ministério Público Especial para o cargo de Conselheiro do Tribunal de Contas estadual, ainda que a vaga devesse ser reservada à escolha da Assembleia Legislativa, a fim de se garantir a representatividade do Ministério Público.	Trânsito em Julgado	É inconstitucional a nomeação, pelo Chefe do Executivo, de membro do Ministério Público especial para preenchimento de cargo vago de Conselheiro de Tribunal de Contas local quando se tratar de vaga reservada à escolha da Assembleia Legislativa, devendo-se observar a regra constitucional de divisão proporcional das indicações entre os Poderes Legislativo e Executivo.	22/08/2014
476	RE 608482	MIN. TEORI ZAVASCKI	Manutenção de candidato investido em cargo público por força de decisão judicial de caráter provisório pela aplicação da teoria do fato consumado.	Trânsito em Julgado	Não é compatível com o regime constitucional de acesso aos cargos públicos a manutenção no cargo, sob fundamento de fato consumado, de candidato não aprovado que nele tomou posse em decorrência de execução provisória de medida liminar ou outro provimento judicial de natureza precária, supervenientemente revogado ou modificado.	07/08/2014

TEMA	LEADING CASE	RELATOR	TÍTULO	SITUAÇÃO DO TEMA	TESE	DATA DA TESE
737	RE 759518	MIN. GILMAR MENDES	Possibilidade de vinculação de pensões e de proventos de aposentadoria de servidores públicos efetivos com subsídios de agentes políticos.	Trânsito em Julgado	É inconstitucional norma que vincula pensões e proventos de aposentadoria de servidores públicos efetivos a subsídios de agentes políticos.	30/05/2014
724	ARE 799908	MIN. GILMAR MENDES	Promoção ao oficialato dos militares anistiados que integraram os quadros de praças.	Trânsito em Julgado	As promoções dos anistiados se restringem ao quadro a que pertencia o militar na ativa.	02/05/2014
722	RE 726035	MIN. LUIZ FUX	Competência para julgar mandado de segurança impetrado contra ato de dirigente de sociedade de economia mista federal.	Trânsito em Julgado	Compete à justiça federal comum processar e julgar mandado de segurança quando a autoridade apontada como coatora for autoridade federal, considerando-se como tal também os dirigentes de pessoa jurídica de direito privado investidos de delegação concedida pela União.	25/04/2014
612	RE 658026	MIN. DIAS TOFFOLI	Constitucionalidade de lei municipal que dispõe sobre as hipóteses de contratação temporária servidores públicos.	Trânsito em Julgado	Nos termos do art. 37, IX, da Constituição Federal, para que se considere válida a contratação temporária de servidores públicos, é preciso que: a) os casos excepcionais estejam previstos em lei; b) o prazo de contratação seja predeterminado; c) a necessidade seja temporária; d) o interesse público seja excepcional; e) a contratação seja indispensável, sendo vedada para os serviços ordinários permanentes do Estado que estejam sob o espectro das contingências normais da Administração.	11/04/2014

TEMA	LEADING CASE	RELATOR	TÍTULO	SITUAÇÃO DO TEMA	TESE	DATA DA TESE
376	RE 635739	MIN. GILMAR MENDES	Cláusulas de barreira ou afunilamento em concurso público	Trânsito em Julgado	É constitucional a regra inserida no edital de concurso público, denominada cláusula de barreira, com o intuito de selecionar apenas os candidatos mais bem classificados para prosseguir no certame.	19/02/2014
473	RE 587371	MIN. TEORI ZAVASCKI	Incorporação de quintos por exercício de função comissionada anteriormente ao ingresso na magistratura.	Trânsito em Julgado	Não encontra amparo constitucional a pretensão de acumular, no cargo de magistrado ou em qualquer outro, a vantagem correspondente a "quintos", a que o titular fazia jus quando no exercício de cargo diverso.	14/11/2013
169	RE 600817	MIN. RICARDO LEWANDOWSKI	Aplicação retroativa do § 4º do art. 33 da Lei nº 11.343/2006 sobre pena cominada com base na Lei nº 6.368/76.	Trânsito em Julgado	I – É inadmissível a aplicação da causa de diminuição prevista no art. 33, § 4º, da Lei 11.343/2006 à pena relativa à condenação por crime cometido na vigência da Lei 6.368/1976; II – Não é possível a conjugação de partes mais benéficas das referidas normas, para criar-se uma terceira lei, sob pena de violação aos princípios da legalidade e da separação de Poderes; III – O juiz, contudo, deverá, no caso concreto, avaliar qual das mencionadas leis é mais favorável ao réu e aplicá-la em sua integralidade.	07/11/2013

1255

TEMA	LEADING CASE	RELATOR	TÍTULO	SITUAÇÃO DO TEMA	TESE	DATA DA TESE
686	RE 745811	MIN. GILMAR MENDES	Emenda parlamentar que implica aumento de despesa em projeto de iniciativa privativa do chefe do Poder Executivo.	Trânsito em Julgado	I – Há reserva de iniciativa do Chefe do Poder Executivo para edição de normas que alterem o padrão remuneratório dos servidores públicos (art. 61, § 1º, II, a, da CF); II – São formalmente inconstitucionais emendas parlamentares que impliquem aumento de despesa em projeto de lei de iniciativa reservada do Chefe do Poder Executivo (art. 63, I, da CF).	18/10/2013
682	ARE 743480	MIN. GILMAR MENDES	Reserva de iniciativa de leis que impliquem redução ou extinção de tributos ao Chefe do Poder Executivo.	Trânsito em Julgado	Inexiste, na Constituição Federal de 1988, reserva de iniciativa para leis de natureza tributária, inclusive para as que concedem renúncia fiscal.	11/10/2013
439	RE 606199	MIN. TEORI ZAVASCKI	Direito adquirido de servidores públicos estaduais aposentados à permanência em determinada classe, não obstante o advento de lei estadual que, ao promover a reclassificação de cargos, reenquadra-os em classe inferior.	Trânsito em Julgado	Desde que mantida a irredutibilidade, não tem o servidor inativo, embora aposentado na última classe da carreira anterior, o direito de perceber proventos correspondentes aos da última classe da nova carreira, reestruturada por lei superveniente.	09/10/2013
351	RE 631389	MIN. MARCO AURÉLIO	Extensão a inativos e pensionistas da Gratificação de Desempenho do Plano Geral de Cargos do Poder Executivo – GDPGPE.	Trânsito em Julgado	A Gratificação de Desempenho do Plano Geral de Cargos do Poder Executivo – GDPGPE, prevista na Lei nº 11.357/2006, estende-se aos inativos e pensionistas, no patamar de oitenta pontos, até o implemento da avaliação dos servidores em atividade.	25/09/2013

TEMA	LEADING CASE	RELATOR	TÍTULO	SITUAÇÃO DO TEMA	TESE	DATA DA TESE
335	RE 630733	MIN. GILMAR MENDES	Remarcação de teste de aptidão física em concurso público.	Trânsito em Julgado	Inexiste direito dos candidatos em concurso público à prova de segunda chamada nos teste de aptidão física, salvo contrária disposição editalícia, em razão de circunstâncias pessoais, ainda que de caráter fisiológico ou de força maior, mantida a validade das provas de segunda chamada realizadas até 15/5/2013, em nome da segurança jurídica.	16/05/2013
131	RE 589998	MIN. RICARDO LEWANDOWSKI	Despedida imotivada de empregados de Empresa Pública.	Trânsito em Julgado	A Empresa Brasileira de Correios e Telégrafos – ECT tem o dever jurídico de motivar, em ato formal, a demissão de seus empregados.	21/03/2013
635	ARE 721001	MIN. GILMAR MENDES	Direito de servidores públicos ativos à conversão de férias não gozadas em indenização pecuniária.	Acórdão de mérito publicado	É assegurada ao servidor público inativo a conversão de férias não gozadas, ou de outros direitos de natureza remuneratória, em indenização pecuniária, dada a responsabilidade objetiva da Administração Pública em virtude da vedação ao enriquecimento sem causa. Obs.: após a oposição de embargos de declaração o STF decidiu permitir o processamento do recurso extraordinário para julgar a questão em relação aos servidores públicos em atividade.	01/03/2013
334	RE 630501	MIN. ELLEN GRACIE	Direito a cálculo de benefício de aposentadoria de acordo com legislação vigente à época do preenchimento dos requisitos exigidos para sua concessão.	Trânsito em Julgado	Para o cálculo da renda mensal inicial, cumpre observar o quadro mais favorável ao beneficiário, pouco importando o decesso remuneratório ocorrido em data posterior ao implemento das condições legais para a aposentadoria, respeitadas a decadência do direito à revisão e a prescrição quanto às prestações vencidas.	21/02/2013

TEMA	LEADING CASE	RELATOR	TÍTULO	SITUAÇÃO DO TEMA	TESE	DATA DA TESE
24	RE 563708	MIN. CÁRMEN LÚCIA	Base de cálculo do adicional por tempo de serviço de servidor público admitido antes da Emenda Constitucional n° 19/98.	Trânsito em Julgado	I – O art. 37, XIV, da Constituição Federal, na redação dada pela Emenda Constitucional 19/98, é autoaplicável; II – Não há direito adquirido a regime jurídico, notadamente à forma de composição da remuneração de servidores públicos, observada a garantia da irredutibilidade de vencimentos.	06/02/2013
594	RE 627294	MIN. LUIZ FUX	Aplicação das regras previstas nos §§ 4° e 5° do art. 40 da Constituição Federal (redação originária) a servidor celetista aposentado ou falecido antes do advento da Lei 8.112/90.	Trânsito em Julgado	As regras dos parágrafos 4° e 5° do artigo 40 da Constituição Federal, na redação anterior à EC 20/1998, não se aplicam ao servidor submetido ao regime da Consolidação das Leis do Trabalho que se aposentou ou faleceu antes do advento da Lei n° 8.112/1990.	21/09/2012
565	ARE 691306	MIN. CEZAR PELUSO	Possibilidade de exclusão de policial militar da corporação mediante processo administrativo	Trânsito em Julgado	É possível a exclusão, em processo administrativo, de policial militar que comete faltas disciplinares, independentemente do curso de ação penal instaurada em razão da mesma conduta.	24/08/2012

TEMA	LEADING CASE	RELATOR	TÍTULO	SITUAÇÃO DO TEMA	TESE	DATA DA TESE
564	RE 637485	MIN. GILMAR MENDES	Candidatura de prefeito reeleito à chefia do Poder Executivo em Municipalidade diversa e aplicação imediata de modificação jurisprudencial da Justiça Eleitoral	Trânsito em Julgado	I – O art. 14, § 5º, da Constituição deve ser interpretado no sentido de que a proibição da segunda reeleição é absoluta e torna inelegível para determinado cargo de Chefe do Poder Executivo o cidadão que já exerceu dois mandatos consecutivos (reeleito uma única vez) em cargo da mesma natureza, ainda que em ente da Federação diverso; II – As decisões do Tribunal Superior Eleitoral – TSE que, no curso do pleito eleitoral ou logo após o seu encerramento, impliquem mudança de jurisprudência não têm aplicabilidade imediata.	01/08/2012
54	RE 572884	MIN. RICARDO LEWANDOWSKI	Extensão aos inativos e pensionistas da GDACT em seu grau máximo.	Trânsito em Julgado	I – A Gratificação de Desempenho de Atividade de Ciência e Tecnologia – GDACT, instituída pela Medida Provisória 2.048/2000, apesar de originalmente concebida como gratificação pro labore faciendo, teve caráter geral e foi estendida aos inativos até a sua regulamentação pelo Decreto 3.762/2001, quando passou a constituir gratificação paga em razão do efetivo exercício de cargo; II – É constitucional o art. 60-A acrescentado pela Lei 10.769/2003 à MP 2.229–43/2001, dado que não implicou redução indevida, visto que, após o Decreto 3.762/2001, deixou de existir o direito dos inativos à percepção da GDACT nas mesmas condições em que concedida aos servidores em atividade.	20/06/2012

TEMA	LEADING CASE	RELATOR	TÍTULO	SITUAÇÃO DO TEMA	TESE	DATA DA TESE
116	RE 581160	MIN. RICARDO LEWANDOWSKI	Direito a honorários advocatícios nas ações que visam obter expurgos inflacionários de FGTS.	Trânsito em Julgado	É inconstitucional o art. 29-C da Lei 8.036/1990, introduzido pelo art. 9º da MP 2.164-41/2001, que veda a condenação em honorários advocatícios nas ações entre o FGTS e os titulares de contas vinculadas, bem como naquelas em que figuram os respectivos representantes ou substitutos processuais.	20/06/2012
191	RE 596478	MIN. ELLEN GRACIE	Recolhimento de FGTS na contratação de servidor público sem a prévia aprovação em concurso público.	Trânsito em Julgado	É constitucional o art. 19-A da Lei 8.036/1990, que dispõe ser devido o depósito do Fundo de Garantia do Tempo de Serviço – FGTS na conta de trabalhador cujo contrato com a Administração Pública seja declarado nulo por ausência de prévia aprovação em concurso público, desde que mantido o direito ao salário.	13/06/2012
203	RE 597285	MIN. RICARDO LEWANDOWSKI	Sistema de reserva de vagas, como forma de ação afirmativa de inclusão social, estabelecido por universidade.	Acórdão de mérito publicado	É constitucional o uso de ações afirmativas, tal como a utilização do sistema de reserva de vagas ("cotas") por critério étnico-racial, na seleção para ingresso no ensino superior público.	09/05/2012
453	RE 549560	MIN. RICARDO LEWANDOWSKI	Manutenção de prerrogativa de foro a magistrados aposentados.	Trânsito em Julgado	O foro especial por prerrogativa de função não se estende a magistrados aposentados.	22/03/2012
518	RE 660933	MIN. JOAQUIM BARBOSA	Compatibilidade da contribuição destinada ao custeio da educação básica com as Constituições de 1969 e de 1988.	Trânsito em Julgado	Nos termos da Súmula 732 do STF, é constitucional a cobrança da contribuição do salário-educação.	03/02/2012

TEMA	LEADING CASE	RELATOR	TÍTULO	SITUAÇÃO DO TEMA	TESE	DATA DA TESE
87	RE 586482	MIN. DIAS TOFFOLI	Exigibilidade do PIS e da CO-FINS sobre os valores das vendas a prazo inadimplidas.	Trânsito em Julgado	As vendas inadimplidas não podem ser excluí-das da base de cálculo da contribuição ao PIS e da COFINS, visto que integram a receita da pessoa jurídica.	23/11/2011
159	RE 586789	MIN. RICARDO LEWANDOWSKI	Competência para processar e julgar mandado de segu-rança contra decisão de juiz federal no exercício de ju-risdição de juizado especial federal.	Trânsito em Julgado	Compete às Turmas Recursais o julgamento de mandado de segurança utilizado como substitutivo recursal contra decisão de juiz federal no exercício de jurisdição do Juizado Especial Federal.	16/11/2011
241	RE 603583	MIN. MARCO AURÉLIO	Exigência da prévia aprova-ção no exame da OAB para exercício da advocacia.	Trânsito em Julgado	O Exame, inicialmente previsto no artigo 48, inciso III, da Lei nº 4.215/63 e hoje no arti-go 8º, inciso IV, da Lei nº 8.906/94, mostra--se consentâneo com a Constituição Federal. Com ela é compatível a prerrogativa confe-rida à Ordem dos Advogados do Brasil para aplicação do exame de suficiência relativo ao acesso à advocacia.	26/10/2011
63	RE 561485	MIN. RICARDO LEWANDOWSKI	Termo final de vigência do crédito-prêmio do IPI ins-tituído pelo Decreto-lei nº 491/69.	Trânsito em Julgado	O crédito-prêmio de IPI, incentivo fiscal de natureza setorial instituído pelo art. 1º do Decreto-Lei 491/1969, deixou de vigorar em 5/10/1990 ante a ausência de sua confirma-ção por lei no prazo de dois anos após a pu-blicação da Constituição de 1988, conforme definido no § 1º do art. 41 do Ato das Dis-posições Constitucionais Transitórias – ADCT.	27/09/2011

TEMA	LEADING CASE	RELATOR	TÍTULO	SITUAÇÃO DO TEMA	TESE	DATA DA TESE
478	RE 640139	MIN. DIAS TOFFOLI	Alcance do princípio da autodefesa frente ao crime de falsa identidade	Trânsito em Julgado	O princípio constitucional da autodefesa (art. 5º, LXIII, da CF/88) não alcança aquele que atribui falsa identidade perante autoridade policial com o intento de ocultar maus antecedentes; sendo, portanto, típica a conduta praticada pelo agente (art. 307 do CP).	23/09/2011
88	RE 583834	MIN. AYRES BRITTO	Aplicação do art. 29 da Lei nº 8.213/91, com a redação dada pela Lei nº 9.876/99, a benefícios concedidos antes da respectiva vigência.	Trânsito em Julgado	Em razão do caráter contributivo do regime geral de previdência (CF/1988, art. 201, caput), o art. 29, § 5º, da Lei nº 8.213/1991 não se aplica à transformação de auxílio-doença em aposentadoria por invalidez, mas apenas a aposentadorias por invalidez precedidas de períodos de auxílio-doença intercalados com intervalos de atividade, sendo válido o art. 36, § 7º, do Decreto nº 3.048/1999, mesmo após a Lei nº 9.876/1999.	21/09/2011
138	RE 594296	MIN. DIAS TOFFOLI	Anulação de ato administrativo pela Administração, com reflexo em interesses individuais, sem a instauração de procedimento administrativo.	Trânsito em Julgado	Ao Estado é facultada a revogação de atos que repute ilegalmente praticados; porém, se de tais atos já tiverem decorrido efeitos concretos, seu desfazimento deve ser precedido de regular processo administrativo.	21/09/2011
162	RE 584388	MIN. RICARDO LEWANDOWSKI	Acumulação de pensões por morte, no caso de o servidor aposentado ter reingressado no serviço público, por meio de concurso, antes da edição da Emenda Constitucional nº 20/98, e ter falecido em data posterior ao seu advento.	Trânsito em Julgado	É inconstitucional a percepção cumulativa de duas pensões estatutárias pela morte de servidor aposentado que reingressara no serviço público, por meio de concurso, antes da edição da EC 20/1998 e falecera após o seu advento.	31/08/2011

TEMA	LEADING CASE	RELATOR	TÍTULO	SITUAÇÃO DO TEMA	TESE	DATA DA TESE
161	RE 598099	MIN. GILMAR MENDES	Nomeação de candidato classificado entre as vagas previstas no edital de concurso público.	Trânsito em Julgado	O candidato aprovado em concurso público dentro do número de vagas previsto no edital possui direito subjetivo à nomeação.	10/08/2011
4	RE 566621	MIN. ROSA WEBER	Termo a quo do prazo prescricional da ação de repetição de indébito relativa a tributos sujeitos a lançamento por homologação e pagos antecipadamente.	Trânsito em Julgado	É inconstitucional o art. 4º, segunda parte, da Lei Complementar 118/2005, de modo que, para os tributos sujeitos a homologação, o novo prazo de 5 anos para a repetição ou compensação de indébito aplica-se tão somente às ações ajuizadas após o decurso da vacatio legis de 120 dias, ou seja, a partir de 9 de junho de 2005.	04/08/2011
202	RE 596177	MIN. RICARDO LEWANDOWSKI	Cobrança de contribuição a ser recolhida pelo empregador rural pessoa física sobre receita bruta proveniente da comercialização de sua produção.	Trânsito em Julgado	É inconstitucional a contribuição, a ser recolhida pelo empregador rural pessoa física, incidente sobre a receita bruta proveniente da comercialização de sua produção, prevista no art. 25 da Lei 8.212/1991, com a redação dada pelo art. 1º da Lei 8.540/1992.	01/08/2011

TEMA	LEADING CASE	RELATOR	TÍTULO	SITUAÇÃO DO TEMA	TESE	DATA DA TESE
302	RE 603191	MIN. ELLEN GRACIE	Natureza jurídica da retenção de 11% sobre os valores brutos dos contratos de prestação de serviço por empresas tomadoras de serviços.	Trânsito em Julgado	É constitucional a substituição tributária prevista no art. 31 da Lei 8.212/1991, com redação dada pela Lei 9.711/98, que determinou a retenção de 11% do valor bruto da nota fiscal ou fatura de prestação de serviço.	01/08/2011
451	RE 635729	MIN. DIAS TOFFOLI	Remissão aos fundamentos adotados na sentença impugnada nos termos do § 5º do art. 82 da Lei nº 9.099/95.	Trânsito em Julgado	Não afronta a exigência constitucional de motivação dos atos decisórios a decisão de Turma Recursal de Juizados Especiais que, em consonância com a Lei 9.099/1995, adota como razões de decidir os fundamentos contidos na sentença recorrida.	01/07/2011
440	ARE 637607	MINISTRO PRESIDENTE	Redução legal do valor de gratificação para servidores que ingressaram, ou reingressaram no quadro, após a entrada em vigor da lei redutora.	Trânsito em Julgado	A redução da Gratificação Especial de Retorno à Atividade – GERA não implica violação ao princípio da irredutibilidade de vencimentos, se o ingresso ou o reingresso aos quadros do Corpo Voluntário de Militares Estaduais Inativos (CVMI) se deu após a edição da Lei Estadual 10.916/1997.	24/06/2011

TEMA	LEADING CASE	RELATOR	TÍTULO	SITUAÇÃO DO TEMA	TESE	DATA DA TESE
447	ARE 642827	MINISTRO PRESIDENTE	Extensão, em relação aos servidores inativos e pensionistas, dos critérios de cálculo da GDAMB estabelecidos para os servidores em atividade.	Trânsito em Julgado	É compatível com a Constituição a extensão, aos servidores públicos inativos e pensionistas, dos critérios de cálculo da Gratificação de Desempenho de Atividade Técnico-Administrativa do Meio Ambiente – GDAMB estabelecidos para os servidores públicos em atividade.	24/06/2011
448	RE 642682	MINISTRO PRESIDENTE	Extensão do adicional de insalubridade aos policiais militares inativos em razão de previsão em Lei Complementar Estadual.	Trânsito em Julgado	É incompatível com a Constituição a extensão, aos policiais militares inativos e pensionistas, do adicional de insalubridade instituído pela Lei Complementar 432/1985 do Estado de São Paulo.	24/06/2011
431	AI 831223	MINISTRO PRESIDENTE	Contribuição para assistência à saúde incidente sobre proventos e pensões dos servidores públicos no interregno das EC n. 20/98 e n. 41/03.	Trânsito em Julgado	É incompatível com a Constituição norma que institui contribuição à saúde incidente sobre o valor de proventos e pensões de servidores públicos, no interregno das Emendas Constitucionais 20/1998 e 41/2003.	17/06/2011
409	RE 631880	MINISTRO PRESIDENTE	Extensão, em relação aos servidores inativos, dos critérios de cálculo da GDPST estabelecidos para os servidores em atividade.	Trânsito em Julgado	É compatível com a Constituição a extensão, aos servidores públicos inativos, dos critérios de cálculo da Gratificação de Desempenho da Carreira da Previdência, Saúde e Trabalho – GDPST estabelecidos para os servidores públicos em atividade.	10/06/2011
410	RE 633933	MINISTRO PRESIDENTE	Extensão, em relação aos servidores inativos, dos critérios de cálculo da GDPGTAS estabelecidos para os servidores em atividade.	Trânsito em Julgado	É compatível com a Constituição a extensão, aos servidores públicos inativos, dos critérios de cálculo da Gratificação de Desempenho de Atividade Técnico-Administrativa e de Suporte – GDPGTAS estabelecidos para os servidores públicos em atividade.	10/06/2011

TEMA	LEADING CASE	RELATOR	TÍTULO	SITUAÇÃO DO TEMA	TESE	DATA DA TESE
380	RE 600658	MIN. ELLEN GRACIE	Aplicação do art. 17 do ADCT a vantagens protegidas pela garantia da coisa julgada	Acórdão de mérito publicado	O art. 17 do ADCT alcança as situações jurídicas cobertas pela coisa julgada.	08/04/2011
387	RE 633703	MIN. GILMAR MENDES	Aplicabilidade imediata da Lei Complementar nº 135/2010, que prevê novas hipóteses de inelegibilidade, às eleições de 2010.	Trânsito em Julgado	A Lei Complementar 135/2010 não é aplicável às eleições gerais de 2010, em face do princípio da anterioridade eleitoral (art. 16 da Constituição Federal).	24/03/2011
121	RE 600885	MIN. CÁRMEN LÚCIA	Reserva legal para fixação de limite de idade para ingresso nas Forças Armadas.	Trânsito em Julgado	Não foi recepcionada pela Constituição da República de 1988 a expressão "nos regulamentos da Marinha, do Exercito e da Aeronáutica" do art. 10 da Lei 6.880/1980, dado que apenas lei pode definir os requisitos para ingresso nas Forças Armadas, notadamente o requisito de idade, nos termos do art. 142, § 3º, X, da Constituição de 1988. Descabe, portanto, a regulamentação por outra espécie normativa, ainda que por delegação legal.	09/02/2011
343	RE 580871	MIN. GILMAR MENDES	Devolução de contribuição previdenciária cobrada de servidor inativo ou pensionista, no período compreendido entre a EC 20/98 e a EC 41/2003.	Trânsito em Julgado	É devida a devolução aos pensionistas e inativos, perante o Juízo competente para a execução, da contribuição previdenciária indevidamente recolhida no período entre a EC 20/1998 e a EC 41/2003, sob pena de enriquecimento ilícito do ente estatal.	17/11/2010
26	RE 567110	MIN. CÁRMEN LÚCIA	Concessão de aposentadoria especial a policiais civis nos termos da Lei Complementar nº 51/1985.	Trânsito em Julgado	O inciso I do artigo 1º da Lei complementar 51/1985 foi recepcionado pela Constituição Federal de 1988.	13/10/2010

TEMA	LEADING CASE	RELATOR	TÍTULO	SITUAÇÃO DO TEMA	TESE	DATA DA TESE
340	RE 584313	MIN. GILMAR MENDES	Extensão do índice de reajuste de 28,86% aos militares.	Trânsito em Julgado	Estende-se o reajuste de 28,86% aos servidores militares contemplados com índices inferiores pelas Leis 8.622/1993 e 8.627/1993, já que se trata de revisão geral dos servidores públicos, observadas, entretanto, as compensações dos reajustes concedidos e a limitação temporal da Medida Provisória 2.131/2000, atual Medida Provisória 2.215-10/2001.	06/10/2010
76	RE 564354	MIN. CÁRMEN LÚCIA	Teto da renda mensal dos benefícios previdenciários concedidos anteriormente à vigência das Emendas Constitucionais nos 20/98 e 41/2003.	Trânsito em Julgado	Não ofende o ato jurídico perfeito a aplicação imediata do art. 14 da Emenda Constitucional 20/1998 e do art. 5º da Emenda Constitucional 41/2003 aos benefícios previdenciários limitados a teto do regime geral de previdência estabelecido antes da vigência dessas normas, de modo a que passem a observar o novo teto constitucional.	08/09/2010
282	RE 424053	MIN. MARCO AURÉLIO	Subsistência, após a Emenda Constitucional nº 19/98, dos subtetos salariais criados com amparo na redação original do art. 37, XI, da Constituição Federal.	Trânsito em Julgado	A eficácia do inciso XI do artigo 37 da Constituição Federal, decorrente da redação da Emenda Constitucional nº 19/1998, condiciona-se à fixação do subsídio, mediante lei de iniciativa conjunta do Presidente da República, do Presidente do Supremo, do Presidente da Câmara e do Presidente do Senado, persistindo a vigência do texto primitivo da Carta, no que definido o teto por Poder, consideradas as esferas federal e estadual.	24/06/2010
338	AI 758533	MIN. GILMAR MENDES	Exigência do exame psicotécnico em concurso público, sem previsão em lei, e critérios de avaliação.	Trânsito em Julgado	A exigência do exame psicotécnico em concurso depende de previsão em lei e no edital, e deve seguir critérios objetivos.	23/06/2010

TEMA	LEADING CASE	RELATOR	TÍTULO	SITUAÇÃO DO TEMA	TESE	DATA DA TESE
55	RE 573540	MIN. GILMAR MENDES	Reserva de lei complementar estadual de contribuição compulsória para custeio de assistência médico-hospitalar.	Trânsito em Julgado	I – Os Estados membros possuem competência apenas para a instituição de contribuição voltada ao custeio do regime de previdência de seus servidores. Falece-lhes, portanto, competência para a criação de contribuição ou qualquer outra espécie tributária destinada ao custeio de serviços médicos, hospitalares, farmacêuticos e odontológicos prestados aos seus servidores; II – Não há óbice constitucional à prestação, pelos Estados, de serviços de saúde a seus servidores, desde que a adesão a esses "planos" seja facultativa.	14/04/2010
30	RE 570908	MIN. CÁRMEN LÚCIA	Direito de servidor comissionado exonerado receber férias não gozadas acrescidas de um terço.	Trânsito em Julgado	I – O direito individual às férias é adquirido após o período de doze meses trabalhados, sendo devido o pagamento do terço constitucional independente do exercício desse direito; II – A ausência de previsão legal não pode restringir o direito ao pagamento do terço constitucional aos servidores exonerados de cargos comissionados que não usufruíram férias.	16/09/2009
139	RE 590260	MIN. RICARDO LEWANDOWSKI	Extensão da Gratificação por Atividade de Magistério aos servidores inativos que ingressaram no serviço público até a publicação da Emenda Constitucional nº 41/2003.	Trânsito em Julgado	Os servidores que ingressaram no serviço público antes da EC 41/2003, mas que se aposentaram após a referida emenda, possuem direito à paridade remuneratória e à integralidade no cálculo de seus proventos, desde que observadas as regras de transição especificadas nos arts. 2º e 3º da EC 47/2005.	24/06/2009

TEMA	LEADING CASE	RELATOR	TÍTULO	SITUAÇÃO DO TEMA	TESE	DATA DA TESE
153	RE 597154	MINISTRO PRESIDENTE	Extensão, em relação aos servidores inativos, dos critérios de cálculo da GDATA e da GDASST estabelecidos para os servidores em atividade.	Trânsito em Julgado	A fixação da GDATA e da GDASST em relação aos servidores inativos deve obedecer aos critérios a que estão submetidos os servidores em atividade de acordo com a sucessão de leis de regência.	20/02/2009
41	RE 563965	MIN. CÁRMEN LÚCIA	Direito adquirido à forma de cálculo de parcelas incorporadas à remuneração.	Trânsito em Julgado	I – Não há direito adquirido a regime jurídico, desde que respeitado o princípio constitucional da irredutibilidade de vencimentos; II – A Lei complementar 203/2001, do Estado do Rio Grande do Norte, no ponto que alterou a forma de cálculo de gratificações e, consequentemente, a composição da remuneração de servidores públicos, não ofende a Constituição da República de 1988, por dar cumprimento ao princípio da irredutibilidade da remuneração.	11/02/2009
67	RE 572052	MIN. RICARDO LEWANDOWSKI	Extensão aos inativos da GDASST em 60 pontos a partir da Medida Provisória nº 198/94, convertida na Lei nº 10.971/2004.	Trânsito em Julgado	A Gratificação de Desempenho de Atividade de Seguridade Social e do Trabalho -GDASST deve ser estendida aos inativos nas mesmas condições em que concedida aos servidores em atividade, ou seja, no valor de 60 (sessenta) pontos, a partir do advento da Medida Provisória 198/2004, convertida na Lei 10.971/2004, que alterou a sua base de cálculo. Isso porque, embora de natureza pro labore faciendo, a falta de regulamentação das avaliações de desempenho transmudou a GDASST em uma gratificação de natureza genérica, extensível aos servidores inativos.	11/02/2009

TEMA	LEADING CASE	RELATOR	TÍTULO	SITUAÇÃO DO TEMA	TESE	DATA DA TESE
48	RE 577025	MIN. RICARDO LEWANDOWSKI	Reserva legal para a criação de cargos e reestruturação de órgão.	Trânsito em Julgado	A Constituição da República não oferece guarida à possibilidade de o Governador do Distrito Federal criar cargos e reestruturar órgãos públicos por meio de simples decreto.	11/12/2008
141	RE 572921	MIN. RICARDO LEWANDOWSKI	Cálculo de vantagens pessoais incidentes sobre o abono garantidor da percepção de um salário-mínimo.	Trânsito em Julgado	O cálculo de gratificações e outras vantagens do servidor público não incide sobre o abono utilizado para se atingir o salário mínimo.	13/11/2008
142	RE 582019	MIN. RICARDO LEWANDOWSKI	Pagamento a servidor público de salário-base inferior ao mínimo constitucional.	Trânsito em Julgado	Os artigos 7º, IV, e 39, § 3º (redação da EC 19/1998), da Constituição referem-se ao total da remuneração percebida pelo servidor público.	13/11/2008
70	RE 575089	MIN. RICARDO LEWANDOWSKI	Possibilidade de conjugar vantagens de dois regimes previdenciários distintos para cálculo do benefício de aposentadoria.	Trânsito em Julgado	Na sistemática de cálculo dos benefícios previdenciários, não é lícito ao segurado conjugar as vantagens do novo sistema com aquelas aplicáveis ao anterior, porquanto inexiste direito adquirido a determinado regime jurídico.	10/09/2008

TEMA	LEADING CASE	RELATOR	TÍTULO	SITUAÇÃO DO TEMA	TESE	DATA DA TESE
43	RE 573202	MIN. RICARDO LEWANDOWSKI	Competência para julgar reclamações de empregados temporários submetidos a regime especial disciplinado em lei local editada antes da Constituição de 1988.	Trânsito em Julgado	Compete à Justiça comum processar e julgar causas instauradas entre o Poder Público e seus servidores submetidos a regime especial disciplinado por lei local editada antes da Constituição Federal de 1988, com fundamento no artigo 106 da Constituição de 1967, na redação que lhe deu a Emenda Constitucional 1/1969.	21/08/2008
66	RE 579951	MIN. RICARDO LEWANDOWSKI	Reserva de lei para a vedação de nepotismo no âmbito dos Poderes Executivo e Legislativo.	Trânsito em Julgado	A vedação ao nepotismo não exige a edição de lei formal para coibir a prática, dado que essa proibição decorre diretamente dos princípios contidos no art. 37, caput, da Constituição Federal.	20/08/2008
15	RE 570177	MIN. RICARDO LEWANDOWSKI	Direito de praça à remuneração não inferior a um salário-mínimo.	Trânsito em Julgado	Não viola a Constituição o estabelecimento de remuneração inferior ao salário mínimo para as praças prestadoras de serviço militar inicial.	30/04/2008
25	RE 565714	MIN. CÁRMEN LÚCIA	Vinculação do adicional de insalubridade ao salário mínimo.	Trânsito em Julgado	Salvo nos casos previstos na Constituição, o salário mínimo não pode ser usado como indexador de base de cálculo de vantagem de servidor público ou de empregado, nem ser substituído por decisão judicial.	30/04/2008

TODAS AS REPERCUSSÕES GERAIS RELACIONADAS A AGENTES PÚBLICOS PENDENTES DE JULGAMENTO DE MÉRITO PELO SUPREMO TRIBUNAL FEDERAL

TEMA	PROCESSO	MIN	TÍTULO	SITUAÇÃO DO TEMA
19	RE 565089	MIN. MARCO AURÉLIO	Indenização pelo não-encaminhamento de projeto de lei de reajuste anual dos vencimentos de servidores públicos.	Acórdão de Repercussão Geral publicado
22	RE 560900	MIN. ROBERTO BARROSO	Restrição à participação em concurso público de candidato que responde a processo criminal.	Acórdão de Repercussão Geral publicado
72	RE 576967	MIN. ROBERTO BARROSO	Inclusão do salário-maternidade na base de cálculo da Contribuição Previdenciária incidente sobre a remuneração.	Acórdão de Repercussão Geral publicado
106	RE 590880	MIN. RICARDO LEWANDOWSKI	a) Competência para, após o advento da Lei nº 8.112/90, julgar os efeitos de decisão anteriormente proferida pela Justiça do Trabalho. b) Extensão do reajuste de 84,32%, relativo ao IPC do mês de março de 1990 (Plano Collor), concedido pela Justiça Federal em decisão transitada em julgado, a outros servidores.	Acórdão de Repercussão Geral publicado
160	RE 596701	MIN. EDSON FACHIN	Contribuição previdenciária sobre pensões e proventos e militares inativos entre a Emenda Constitucional nº 20/98 e a Emenda Constitucional nº 41/2003.	Acórdão de Repercussão Geral publicado
221	RE 593448	MIN. EDSON FACHIN	Competência legislativa municipal para restringir direito de férias de servidores municipais.	Acórdão de Repercussão Geral publicado

TEMA	PROCESSO	MIN	TÍTULO	SITUAÇÃO DO TEMA
293	RE 612358	MIN. ELLEN GRACIE	Contagem especial de tempo de serviço, prestado sob condições insalubres, em período anterior à instituição do Regime Jurídico Único.	Acórdão de Repercussão Geral publicado
317	RE 630137	MIN. ROBERTO BARROSO	Auto aplicabilidade da imunidade relativa à contribuição sobre os proventos de aposentadorias e pensões dos servidores públicos, prevista no art. 40, § 21, da Constituição Federal, quando o beneficiário for portador de doença incapacitante.	Acórdão de Repercussão Geral publicado
359	RE 602584	MIN. MARCO AURÉLIO	Incidência do teto constitucional remuneratório sobre o montante decorrente da acumulação de proventos e pensão.	Acórdão de Repercussão Geral publicado
386	RE 611874	MIN. DIAS TOFFOLI	Realização de etapas de concurso público em datas e locais diferentes dos previstos em edital por motivos de crença religiosa do candidato.	Acórdão de Repercussão Geral publicado
445	RE 636553	MIN. GILMAR MENDES	Incidência do prazo decadencial previsto no art. 54 da Lei 9.784/1999 para a Administração anular ato de concessão de aposentadoria.	Acórdão de Repercussão Geral publicado

TEMA	PROCESSO	MIN	TÍTULO	SITUAÇÃO DO TEMA
457	RE 659424	MIN. CELSO DE MELLO	Requisitos legais diferenciados para a concessão de pensão por morte em relação a cônjuges homens e mulheres de ex-servidores públicos.	Acórdão de Repercussão Geral publicado
465	RE 642890	MIN. CELSO DE MELLO	Alteração da fórmula do cálculo do auxílio-invalidez para os servidores militares.	Acórdão de Repercussão Geral publicado
481	RE 652229	MIN. GILMAR MENDES	Direito de brasileiro contratado no exterior como "auxiliar local", antes da Constituição Federal de 1988, ao regime jurídico estabelecido pela Lei 8.112/90.	Acórdão de Repercussão Geral publicado
493	RE 523086	MIN. GILMAR MENDES	Promoção de professor à classe superior a que pertence.	Acórdão de Repercussão Geral publicado
505	RE 595326	MIN. MARCO AURÉLIO	Aplicação imediata EC nº 20/98 quanto à competência da Justiça do Trabalho para execução de contribuições previdenciárias decorrentes de sentenças anteriores à sua promulgação.	Acórdão de Repercussão Geral publicado
542	RE 842844	MIN. LUIZ FUX	Direito de gestante, contratada pela Administração Pública por prazo determinado ou ocupante de cargo em comissão demissível ad nutum, ao gozo de licença-maternidade e à estabilidade provisória.	Acórdão de Repercussão Geral publicado

TEMA	PROCESSO	MIN	TÍTULO	SITUAÇÃO DO TEMA
543	RE 657989	MIN. MARCO AURÉLIO	Direito adquirido ao recebimento de salário-família em face de alteração promovida pela EC 20/98.	Acórdão de Repercussão Geral publicado
545	RE 716378	MIN. DIAS TOFFOLI	Extensão da estabilidade excepcional do art. 19 do ADCT a empregados de fundação privada.	Acórdão de Repercussão Geral publicado
548	RE 1008166	MIN. LUIZ FUX	Dever estatal de assegurar o atendimento em creche e pré-escola às crianças de zero a 5 (cinco) anos de idade.	Acórdão de Repercussão Geral publicado
551	RE 1066677	MIN. MARCO AURÉLIO	Extensão de direitos dos servidores públicos efetivos aos servidores e empregados públicos contratados para atender necessidade temporária e excepcional do setor público.	Acórdão de Repercussão Geral publicado
553	RE 682934	MIN. LUIZ FUX	Transposição de Assistente Jurídico aposentado anteriormente à Lei 9.028/1995 para o cargo de Advogado da União.	Acórdão de Repercussão Geral publicado

TEMA	PROCESSO	MIN	TÍTULO	SITUAÇÃO DO TEMA
574	RE 680871	MIN. LUIZ FUX	Desligamento voluntário do serviço militar, antes do cumprimento de lapso temporal legalmente previsto, de oficial que ingressa na carreira por meio de concurso público.	Acórdão de Repercussão Geral publicado
576	RE 976566	MIN. ALEXANDRE DE MORAES	Processamento e julgamento de prefeitos, por atos de improbidade administrativa, com base na Lei 8.429/92.	Acórdão de Repercussão Geral publicado
578	RE 662423	MIN. DIAS TOFFOLI	Aplicação do lapso temporal da Emenda Constitucional 20/98 a integrante de carreira pública escalonada em classes que pleiteia aposentadoria, com proventos relativos ao cargo ao qual promovido, ante o implemento dos requisitos, no cargo originalmente ocupado, antes do advento da emenda em questão.	Acórdão de Repercussão Geral publicado
599	RE 687813	MIN. LUIZ FUX	Acumulação da aposentadoria por invalidez com o benefício suplementar, previsto no art. 9º da Lei 6.367/76, incorporado pela normatização do atual auxílio-acidente, a teor do que dispunha o art. 86 da Lei 8.213/91, na sua redação primitiva.	Acórdão de Repercussão Geral publicado
600	RE 710293	MIN. LUIZ FUX	Equiparação do auxílio-alimentação de servidores públicos pertencentes a carreiras distintas, com fundamento no princípio da isonomia.	Acórdão de Repercussão Geral publicado

TEMA	PROCESSO	MIN	TÍTULO	SITUAÇÃO DO TEMA
606	RE 655283	MIN. MARCO AURÉLIO	a) reintegração de empregados públicos dispensados em face da concessão de aposentadoria espontânea e consequente possibilidade de acumulação de proventos com vencimentos; b) competência para processar e julgar a ação em que se discute a reintegração de empregados públicos dispensados em face da concessão de aposentadoria espontânea e consequente possibilidade de acumulação de proventos com vencimentos	Acórdão de Repercussão Geral publicado
616	RE 639856	MIN. GILMAR MENDES	Incidência do fator previdenciário (Lei 9.876/99) ou das regras de transição trazidas pela EC 20/98 nos benefícios previdenciários concedidos a segurados filiados ao Regime Geral até 16/12/1998.	Acórdão de Repercussão Geral publicado
624	RE 843112	MIN. LUIZ FUX	Papel do Poder Judiciário na concretização do direito à revisão geral anual da remuneração dos servidores públicos, diante do reconhecimento da mora do Poder Executivo.	Acórdão de Repercussão Geral publicado
627	RE 658999	MIN. LUIZ FUX	Acumulação de pensão decorrente de cargo de médico militar com outra pensão oriunda de cargo de médico civil.	Acórdão de Repercussão Geral publicado
632	RE 699535	MIN. LUIZ FUX	Segurança jurídica e decadência para o Instituto Nacional do Seguro Social proceder à revisão do critério de reajuste de aposentadoria e pensão por morte, em virtude de alegado erro da Administração.	Acórdão de Repercussão Geral publicado

TEMA	PROCESSO	MIN	TÍTULO	SITUAÇÃO DO TEMA
667	RE 642895	MIN. MARCO AURÉLIO	Legitimidade da reestruturação de quadro funcional por meio de aglutinação, em uma única carreira, de cargos anteriormente providos em carreiras diferenciadas, sem a observância do concurso público.	Acórdão de Repercussão Geral publicado
668	RE 669196	MIN. DIAS TOFFOLI	Declaração de inconstitucionalidade de norma prevista em resolução do Comitê Gestor do Programa de Recuperação Fiscal – que regulamentou a forma de notificação de contribuinte sobre sua exclusão do Refis – após julgamento do Supremo Tribunal Federal que concluiu pela natureza infraconstitucional da controvérsia.	Acórdão de Repercussão Geral publicado
670	RE 719870	MIN. MARCO AURÉLIO	Nulidade de acórdão, proferido em controle abstrato de constitucionalidade estadual, por falta de fundamentação quanto à compatibilidade dos cargos em comissão, criados por lei municipal, com as atribuições de direção, chefia e assessoramento.	Acórdão de Repercussão Geral publicado
672	RE 638307	MIN. MARCO AURÉLIO	Recebimento, por ex-vereadores, de pensão vitalícia estabelecida por lei municipal anterior à Constituição de 1988.	Acórdão de Repercussão Geral publicado
683	RE 766304	MIN. MARCO AURÉLIO	Reconhecimento de direito à nomeação de candidato preterido, quando ajuizada a ação após o prazo de validade do concurso.	Acórdão de Repercussão Geral publicado

TEMA	PROCESSO	MIN	TÍTULO	SITUAÇÃO DO TEMA
697	RE 740008	MIN. MARCO AURÉLIO	Constitucionalidade de lei que, ao aumentar a exigência de escolaridade de em cargo público, para o exercício das mesmas funções, determina a gradual transformação de cargos de nível médio em cargos de nível superior e assegura isonomia remuneratória aos ocupantes dos cargos em extinção, sem a realização de concurso público.	Acórdão de Repercussão Geral publicado
698	RE 684612	MIN. RICARDO LEWANDOWSKI	Limites do Poder Judiciário para determinar obrigações de fazer ao Estado, consistentes na realização de concursos públicos, contratação de servidores e execução de obras que atendam o direito social da saúde, ao qual a Constituição da República garante especial proteção.	Acórdão de Repercussão Geral publicado
703	RE 603116	MIN. DIAS TOFFOLI	Reserva de lei para instituir sanções de detenção e prisão disciplinares aplicáveis aos militares.	Acórdão de Repercussão Geral publicado
709	RE 791961	MIN. DIAS TOFFOLI	Possibilidade de percepção do benefício da aposentadoria especial na hipótese em que o segurado permanece no exercício de atividades laborais nocivas à saúde.	Acórdão de Repercussão Geral publicado
779	RE 808202	MIN. DIAS TOFFOLI	Aplicabilidade do teto constitucional à remuneração de substitutos (interinos) designados para o exercício de função notarial e registral em serventias extrajudiciais.	Acórdão de Repercussão Geral publicado
840	RE 683621	MIN. MARCO AURÉLIO	Definição do alcance do art. 53, V, do ADCT, notadamente da expressão "serviço efetivo, em qualquer regime jurídico", considerada a garantia do direito adquirido.	Acórdão de Repercussão Geral publicado

TEMA	PROCESSO	MIN	TÍTULO	SITUAÇÃO DO TEMA
847	RE 887671	MIN. MARCO AURÉLIO	Definição dos limites à atuação do Poder Judiciário quanto ao preenchimento de cargo de defensor público em localidades desamparadas.	Acórdão de Repercussão Geral publicado
864	RE 905357	MIN. ALEXANDRE DE MORAES	Existência, ou não, de direito subjetivo a revisão geral da remuneração dos servidores públicos por índice previsto apenas na Lei de Diretrizes Orçamentárias, sem correspondente dotação orçamentária na Lei Orçamentária do respectivo ano.	Acórdão de Repercussão Geral publicado
900	RE 964659	MIN. DIAS TOFFOLI	Possibilidade de recebimento de remuneração em valor inferior ao salário mínimo por servidor público que trabalha em regime de carga horária reduzida.	Acórdão de Repercussão Geral publicado
901	RE 956304	MIN. DIAS TOFFOLI	Momento no qual deve cessar o pagamento do benefício de abono de permanência: se do protocolo do pedido de aposentadoria ou do aperfeiçoamento do ato de jubilação.	Acórdão de Repercussão Geral publicado
940	RE 1027633	MIN. MARCO AURÉLIO	Responsabilidade civil subjetiva do agente público por danos causados a terceiros, no exercício de atividade pública.	Acórdão de Repercussão Geral publicado
941	RE 972598	MIN. ROBERTO BARROSO	Possibilidade de afastar-se o prévio procedimento administrativo disciplinar – PAD, ou suprir sua eventual deficiência técnica, na hipótese de oitiva do condenado em audiência de justificação no juízo da execução penal, realizada na presença do ministério público ou defensor.	Acórdão de Repercussão Geral publicado

TEMA	PROCESSO	MIN	TÍTULO	SITUAÇÃO DO TEMA
942	RE 1014286	MIN. LUIZ FUX	Possibilidade de aplicação das regras do regime geral de previdência social para a averbação do tempo de serviço prestado em atividades exercidas sob condições especiais, nocivas à saúde ou à integridade física de servidor público, com conversão do tempo especial em comum, mediante contagem diferenciada.	Acórdão de Repercussão Geral publicado
951	RE 1023750	MIN. MARCO AURÉLIO	Direito dos servidores federais às diferenças relacionadas ao reajuste de 47,11% sobre a parcela denominada adiantamento do PCCS (adiantamento pecuniário) após a mudança para o regime estatutário.	Acórdão de Repercussão Geral publicado
964	RE 1037926	MIN. MARCO AURÉLIO	Precedência da promoção por antiguidade sobre a remoção de magistrados estaduais.	Acórdão de Repercussão Geral publicado
966	RE 1059466	MIN. ALEXANDRE DE MORAES	Isonomia entre as carreiras da magistratura e do Ministério Público: direito dos juízes do Poder Judiciário da União à licença-prêmio (ou à indenização por sua não fruição).	Acórdão de Repercussão Geral publicado
974	ARE 1054490	MIN. ROBERTO BARROSO	Possibilidade de candidaturas avulsas para pleitos majoritários.	Analisada Preliminar de Repercussão Geral
975	RE 1167842	MIN. GILMAR MENDES	Possibilidade de aplicação do teto constitucional à verba decorrente da conversão em pecúnia de licença-prêmio não usufruída.	Acórdão de Repercussão Geral publicado
976	RE 968646	MIN. ALEXANDRE DE MORAES	Equiparação do valor das diárias devidas a membros do Ministério Público e do Poder Judiciário.	Acórdão de Repercussão Geral publicado

TEMA	PROCESSO	MIN	TÍTULO	SITUAÇÃO DO TEMA
992	RE 960429	MIN. GILMAR MENDES	Discussão quanto à competência para processar e julgar controvérsias nas quais se pleiteiam questões afetas à fase pré-contratual de seleção e de admissão de pessoal e eventual nulidade do certame, em face de pessoa jurídica de direito privado.	Acórdão de Repercussão Geral publicado
994	RE 1089282	MIN. GILMAR MENDES	Controvérsia relativa à competência para processar e julgar demandas nas quais se discutem o recolhimento e o repasse de contribuição sindical de servidores públicos regidos pelo regime estatutário, questão não abrangida pela ADI n. 3.395.	Acórdão de Repercussão Geral publicado
1000	RE 1133118	MIN. LUIZ FUX	Discussão quanto à constitucionalidade de norma que prevê a possibilidade de nomeação de cônjuge, companheiro ou parente, em linha reta colateral ou por afinidade, até o terceiro grau, inclusive, da autoridade nomeante, para o exercício de cargo político.	Acórdão de Repercussão Geral publicado
1001	RE 910552	MIN. CÁRMEN LÚCIA	Limites da competência legislativa municipal em matéria de contratação pública e âmbito de incidência da vedação constitucional ao nepotismo (restrita à contratação de mão de obra pela Administração Pública ou extensiva à celebração de contratos administrativos).	Acórdão de Repercussão Geral publicado
1015	RE 886131	MIN. ROBERTO BARROSO	Constitucionalidade da exigência de um período de carência para candidatos a cargos públicos que tenham se recuperado de doença grave.	Acórdão de Repercussão Geral publicado

TEMA	PROCESSO	MIN	TÍTULO	SITUAÇÃO DO TEMA
1019	RE 1162672	MIN. LUIZ FUX	Direito de servidor público que exerça atividades de risco de obter, independentemente da observância das regras de transição das Emendas Constitucionais nºs 41/03 e 47/05, aposentadoria especial com proventos calculados com base na integralidade e na paridade.	Acórdão de Repercussão Geral publicado
1021	ARE 1099099	MIN. EDSON FACHIN	Dever do administrador público de disponibilizar obrigação alternativa para servidor em estágio probatório cumprir deveres funcionais a que está impossibilitado em virtude de sua crença religiosa.	Acórdão de Repercussão Geral publicado
1022	RE 688267	MIN. ALEXANDRE DE MORAES	Dispensa imotivada de empregado de empresa pública e de sociedade de economia mista admitido por concurso público	Acórdão de Repercussão Geral publicado
1038	RE 970823	MIN. MARCO AURÉLIO	Reconhecimento de adicional noturno constante da legislação civil a servidores militares estaduais, sem previsão expressa do direito na Constituição Federal.	Acórdão de Repercussão Geral publicado

TODOS OS RECURSOS REPRESENTATIVOS DE CONTROVÉRSIA NO SUPERIOR TRIBUNAL DE JUSTIÇA SOBRE SERVIDORES PÚBLICOS

1. Recurso Especial Representativo de Controvérsia Recurso Especial Representativo de Controvérsia Resp1.318.315 Mauro Campbell Marques 11/09/2013

◉ *RECURSO ESPECIAL REPETITIVO – Representativo de Controvérsia – Auditor fiscal – Reajuste sobre a RAV.*

2. Recurso Especial Representativo de Controvérsia Recurso Especial Representativo de Controvérsia Resp1.353.801 Mauro Campbell Marques 14/08/2013

◉ *Possibilidade de sobrestamento da ação individual em razão do ajuizamento de ação civil pública pelo Ministério Público. Implementação do piso nacional do magistério.*

3. Recurso Especial Representativo de Controvérsia Recurso Especial Representativo de Controvérsia Resp1.356.120 Castro Meira 14/08/2013

◉ *SERVIDOR PÚBLICO. Verbas remuneratórias devidas pela Fazenda Pública. Juros moratórios regidos pelo art. 1.º-F da Lei 9.494/1997. Incidência desde a citação. Termo inicial dos juros de mora. Correção monetária. Cálculo com base no IPCA. Incidência desde o evento lesivo. Admissibilidade.*

4. Recurso Especial Representativo de Controvérsia Recurso Especial Representativo de Controvérsia Resp1.270.439 Castro Meira 26/06/2013

Recurso especial representativo de Controvérsia . Ação de cobrança. Incorporação de quintos por servidor público federal. Interesse de agir. Reconhecimento do direito pela Administração Pública. Prazo prescricional suspenso durante o processo administrativo.

◉ *Servidor público. Verbas remuneratórias. Correção monetária e juros devidos pela Fazenda Pública. Declaração de inconstitucionalidade, pela Excelsa Corte, por arrastamento. Condenação de natureza não tributária. Aplicação do art. 1º-F da Lei 9.494/1997.*

5. Resp1.336.213 Antônio Herman de Vasconcellos e Benjamin 12/06/2013

◉ *RECURSO REPRESENTATIVO DE CONTROVÉRSIA. Servidor público. Parcela Autônoma do Magistério – PAM. Reajustes.*

6. Resp1.343.128 Mauro Campbell Marques 12/06/2013

◉ *ADMINISTRATIVO. SERVIDOR PÚBLICO FEDERAL. CARREIRA DO MAGISTÉRIO DE ENSINO BÁSICO, TÉCNICO E TECNOLÓGICO. LEI 11.784/08. PROGRESSÃO FUNCIONAL.*

7. Recurso Especial Representativo de Controvérsia Recurso Especial Representativo de Controvérsia Resp1.239.203 Mauro Campbell Marques 12/12/2012

◙ *Recurso especial. Tributário. Servidor público federal. Contribuição do Plano de Seguridade do Servidor Público (PSS). Não incidência de contribuição social sobre os juros de mora. Verba de natureza indenizatória. Recurso não provido.*

8. Recurso Especial Representativo de Controvérsia Recurso Especial Representativo de Controvérsia Resp1.230.532 Napoleão Nunes Maia Filho 12/12/2012

◙ *RECURSO ESPECIAL REPETITIVO. ART. 105, III, ALÍNEA A DA CF. ART. 543-C DO CPC. RESOLUÇÃO 8/08 DO STJ. DIREITO ADMINISTRATIVO. SERVIDOR PÚBLICO DO PODER EXECUTIVO FEDERAL. EXERCÍCIO DE FUNÇÃO COMISSIONADA JUNTO AO PODER JUDICIÁRIO. INCORPORAÇÃO DE QUINTOS. OBSERVÂNCIA DA FUNÇÃO EFETIVAMENTE EXERCIDA. RECURSO ESPECIAL DA UNIÃO FEDERAL DESPROVIDO.*

9. Resp1.343.065 Mauro Campbell Marques 28/11/2012

◙ *RECURSO REPETITIVO. Servidores públicos. Gratificação de Atividade – GAE. Incorporação aos vencimentos básicos dos ocupantes de cargos do Ministério da Fazenda. Inteligência da Lei 11.907/2009.*

10. Recurso Especial Representativo de Controvérsia Recurso Especial Representativo de Controvérsia Resp1.261.020 Mauro Campbell Marques 24/10/2012

◙ *Servidor público federal. Matéria controversa. Incorporação de "quintos" aos vencimentos recebidos por servidores públicos federais que exerciam função de direção, chefia ou assessoramento no período de 08.04.1988 a 05.09.2001. Possibilidade.*

11. Recurso Especial Representativo de Controvérsia Recurso Especial Representativo de Controvérsia Resp1.244.182 Benedito Gonçalves 10/10/2012

◙ *Valores recebidos de boa-fé por servidor público. Erro exclusivo da administração. Impossibilidade de devolução ao erário.*

12. Recurso Especial Representativo de Controvérsia Recurso Especial Representativo de Controvérsia Resp1.211.676 Arnaldo Esteves Lima 08/08/2012

◙ *RECURSO ESPECIAL REPRESENTATIVO DE CONTROVÉRSIA. PENSIONISTAS. FERROVIÁRIOS. COMPLEMENTAÇÃO DE PENSÃO. LEI 8.186/91.*

13. Recurso Especial Representativo de Controvérsia Recurso Especial Representativo de Controvérsia Resp1.235.513 Castro Meira 27/06/2012

◉ *RECURSO ESPECIAL REPRESENTATIVO DE CONTROVÉRSIA. Servidores públicos. Equiparação de índice de reajuste de categoria específica. Execução de sentença. Título judicial transitado em julgado sem qualquer limitação ao pagamento integral. Alegação, por meio de embargos, de compensação com reajustes das Leis 8.622/93 e 8.627/93. Impossibilidade, sob pena de ofender-se a coisa julgada.*

14. Resp1.254.456 Benedito Gonçalves 25/04/2012

◉ *PRESCRIÇÃO – Termo a quo – Indenização – Servidor público federal ex-celetista – Conversão em pecúnia de licença-prêmio não usufruída – Prazo que se inicia na data da aposentadoria do trabalhador.*

15. Recurso Especial Representativo de Controvérsia Recurso Especial Representativo de Controvérsia Resp1.205.946 Benedito Gonçalves 19/10/2011

◉ *LEI – Incidência imediata, aos processos em curso, a partir de sua vigência – Ocorrência – Diploma normativo que altera as formas de cálculo da correção monetária e dos juros de mora, nas condenações impostas à Fazenda Pública – Normas regendo os consectários da condenação que possuem natureza eminentemente processual – Aplicação do art. 1.º-F da Lei 9.494/1997, com as alterações promovidas pela Lei 11.960/2009 – Nova orientação abonada pelo Superior Tribunal de Justiça, em sede de recurso repetitivo, que se impõe.*

16. Resp1.164.017 Castro Meira 24/03/2010

◉ *LEGITIMIDADE ATIVA AD CAUSAM – Ação interposta por Câmara de Vereadores em que se pretende discutir a validade de contribuições previdenciárias incidentes sobre a folha de pagamento – Inadmissibilidade – Órgão legislativo que possui apenas personalidade judiciária – Legitimação restrita à defesa de prerrogativas institucionais.*

17. Recurso Especial Representativo de Controvérsia Recurso Especial Representativo de Controvérsia Resp1.133.815 Benedito Gonçalves 09/12/2009

◉ *RECURSO ESPECIAL – Representativo de Controvérsia – Servidor público estadual – Militar inativo – Contribuição previdenciária – Restituição – Aposentadoria – Juros de mora – Recurso provido.*

18. Recurso Especial Representativo de Controvérsia Recurso Especial Representativo de Controvérsia Resp1.112.114 Arnaldo Esteves Lima 09/09/2009

◉ *RECURSO REPETITIVO – Representativo de Controvérsia – Servidor estadual – Atualização monetária – Fatores – Prazo prescricional interrompido – Juros de mora – Base de cálculo.*

19. Recurso Especial Representativo de Controvérsia Recurso Especial Representativo de Controvérsia Resp1.101.726 Maria Thereza de Assis Moura 13/05/2009

◉ *RECURSO REPETITIVO – Representativo da Controvérsia – Violação de dispositivo Federal – Falta de fundamentação – Divergência jurisprudencial – Vencimentos de servidores municipais – Conversão em URV – Compensação.*

20. Resp1.086.944 Maria Thereza de Assis Moura 11/05/2009

◉ *RECURSO REPETITIVO – Representativo de Controvérsia – Juros de mora – Débitos – Remuneração de servidores públicos.*

TODAS AS CAUSAS QUE O SUPREMO TRIBUNAL FEDERAL NÃO RECONHECEU A REPERCUSSÃO GERAL DO TEMA.

2. Repercussão Geral no Recurso Extraordinário com Agravo Repercussão Geral no Recurso Extraordinário com Agravo Repercussão Geral no RE com Ag1.048.686 Alexandre de Moraes 20/06/2017

◙ *PROCESSUAL CIVIL. RECURSO EXTRAORDINÁRIO COM AGRAVO . SERVIDORES PÚBLICOS. PROMOÇÃO. EFEITOS RETROATIVOS. MATÉRIA INFRACONSTITUCIONAL. AUSÊNCIA DE REPERCUSSÃO GERAL.*

3. Repercussão Geral no Recurso Extraordinário com Agravo Repercussão Geral no Recurso Extraordinário com Agravo Repercussão Geral no RE com Ag995.539 Teori Albino Zavascki 08/12/2016

◙ *SERVIDOR PÚBLICO. Juros de mora sobre parcela remuneratória atrasada. Reconhecimento administrativo. Ausência de repercussão geral.*

4. Repercussão Geral no Recurso Extraordinário com Agravo Repercussão Geral no Recurso Extraordinário com Agravo Repercussão Geral no RE com Ag965.627 Teori Albino Zavascki 16/06/2016

◙ *POLICIAL MILITAR. Verba devida em razão da prestação de serviço Extraordinário. Reajuste. Matéria infraconstitucional. Ausência de repercussão geral.*

5. Repercussão Geral no Recurso Extraordinário Repercussão Geral no Recurso Extraordinário Repercussão Geral no RE844.252 Teori Albino Zavascki 07/04/2016

◙ *SERVIDOR PÚBLICO. Remoção ex officio. Competência. Ausência de repercussão geral.*

6. Repercussão Geral no Recurso Extraordinário com Agravo Repercussão Geral no Recurso Extraordinário com Agravo Repercussão Geral no RE com Ag953.478 Teori Albino Zavascki 07/04/2016

◙ *SERVIDOR PÚBLICO. Bases de cálculo do décimo terceiro salário e do adicional de férias. Inclusão da gratificação de incentivo à eficientização dos serviços. Matéria infraconstitucional. Ausência de repercussão geral.*

7. Repercussão Geral no Recurso Extraordinário com Agravo Repercussão Geral no Recurso Extraordinário com Agravo Repercussão Geral no RE com Ag928.167 Teori Albino Zavascki 17/03/2016

◉ *OBRIGAÇÃO DE TRATO SUCESSIVO. Prescrição. Reposições salariais. Matérias infraconstitucionais. Ausência de repercussão geral.*

8. Repercussão Geral no Recurso Extraordinário com Agravo Repercussão Geral no Recurso Extraordinário com Agravo Repercussão Geral no RE com Ag915.880 Teori Albino Zavascki 18/02/2016

◉ *NATUREZA JURÍDICA DE VERBA. "Auxílio- alimentação". Ausência de repercussão geral.*

9. Repercussão Geral no Recurso Extraordinário com Agravo Repercussão Geral no Recurso Extraordinário com Agravo Repercussão Geral no RE com Ag921.694 Teori Albino Zavascki 03/12/2015

◉ *SERVIDOR PÚBLICO. Gratificação de difícil acesso. Base de cálculo. Matéria infraconstitucional. Ausência de repercussão geral.*

10. Repercussão Geral no Recurso Extraordinário com Agravo Repercussão Geral no Recurso Extraordinário com Agravo Repercussão Geral no RE com Ag903.171 Teori Albino Zavascki 17/09/2015

◉ *SERVIDOR PÚBLICO. Lei estadual 18.975/2010. Estabelecimento do regime de subsídio. Opção pelo regime remuneratório anterior. Direito ao aumento de 5% (cinco por cento). Matéria infraconstitucional. Ausência de repercussão geral.*

11. Repercussão Geral no Recurso Extraordinário com Agravo Repercussão Geral no Recurso Extraordinário com Agravo Repercussão Geral no RE com Ag881.383 Teori Albino Zavascki 14/05/2015

◉ *DECESSO REMUNERATÓRIO. Diminuição de proventos de servidora inativa. Cargo de professora com carga horária de 40 horas. Alteração do regime do magistério estadual e enquadramento da parte no cargo de professor com carga horária de 30 horas. Ausência de repercussão geral da questão suscitada.*

12. Repercussão Geral no Recurso Extraordinário com Agravo Repercussão Geral no Recurso Extraordinário com Agravo Repercussão Geral no RE com Ag876.982 Teori Albino Zavascki 14/05/2015

◉ *SERVIDOR PÚBLICO. Gratificação de insalubridade. Base de cálculo. Matéria infraconstitucional. Ausência de repercussão geral.*

13. Repercussão Geral no Recurso Extraordinário com Agravo Repercussão Geral no Recurso Extraordinário com Agravo Repercussão Geral no RE com Ag871.499 Teori Albino Zavascki 09/04/2015

◙ *SERVIDOR PÚBLICO. Reajuste. Natureza de revisão geral anual. Matéria infraconstitucional. Ausência de repercussão geral.*

14. Repercussão Geral no Recurso Extraordinário com Agravo Repercussão Geral no Recurso Extraordinário com Agravo Repercussão Geral no RE com Ag870.776 Teori Albino Zavascki 09/04/2015

◙ *PARIDADE REMUNERATÓRIA. Policiais militares inativos do antigo Distrito Federal e seus pensionistas. Matéria infraconstitucional. Ausência de repercussão geral.*

15. Repercussão Geral no Recurso Extraordinário com Agravo Repercussão Geral no Recurso Extraordinário com Agravo Repercussão Geral no RE com Ag849.397 Teori Albino Zavascki 06/02/2015

◙ *REPERCUSSÃO GERAL. Ausência. Incorporação de 50% da "parcela autônoma" ao vencimento básico dos servidores públicos. Eventual ofensa à Carta Magna se dê de forma indireta ou reflexa.*

16. Repercussão Geral no Recurso Extraordinário com Agravo Repercussão Geral no Recurso Extraordinário com Agravo Repercussão Geral no RE com Ag837.041 Teori Albino Zavascki 30/10/2014

◙ *MANDADO DE INJUNÇÃO. Regulamentação do pagamento de adicional noturno para servidores públicos. Ausência de repercussão geral quando não há matéria constitucional.*

17. Repercussão Geral no Recurso Extraordinário Repercussão Geral no Recurso Extraordinário Repercussão Geral no RE770.821 Teori Albino Zavascki 25/09/2014

◙ *PRINCÍPIO DA IRREDUTIBILIDADE DE VENCIMENTOS. Violação. Absorção do vencimento básico complementar. Ausência de repercussão geral quando não há matéria constitucional.*

18. Repercussão Geral no Recurso Extraordinário com Agravo Repercussão Geral no Recurso Extraordinário com Agravo Repercussão Geral no RE com Ag820.903 Luís Roberto Barroso 25/09/2014

◙ *ADICIONAL NOTURNO. Magistério público. Ausência de regulamentação. Aplicação das regras do Estatuto dos Servidores Públicos Civis do Estado. Inexistência de repercussão geral.*

19. Repercussão Geral no Recurso Extraordinário Repercussão Geral no Recurso Extraordinário Repercussão Geral no RE630.643 Enrique Ricardo Lewandowski 11/09/2014

◙ *PAGAMENTO DE QUINQUÊNIOS. Servidores estatutários do extinto departamento de correios e telégrafos optantes do regime celetista. Ação ordinária ajuizada antes da constituição de 1988. Competência para julgamento. Questão de natureza residual. Limitação temporal. Matéria restrita aos interesses subjetivos da causa. Inexistência de repercussão geral.*

20. Repercussão Geral no Recurso Extraordinário com Agravo Repercussão Geral no Recurso Extraordinário com Agravo Repercussão Geral no RE com Ag808.997 Luiz Fux 26/06/2014

◙ *APOSENTADORIA PROPORCIONAL. Servidor público. Gratificação. Cálculo. Valor integral. Inexistência de repercussão geral.*

21. Repercussão Geral no Recurso Extraordinário Repercussão Geral no Recurso Extraordinário Repercussão Geral no RE731.333 Teori Albino Zavascki 19/06/2014

◙ *ADICIONAL DE LOCAL DE EXERCÍCIO. Policial militar. Incorporação. Matéria infraconstitucional. Ausência de repercussão geral.*

22. Repercussão Geral no Recurso Extraordinário Repercussão Geral no Recurso Extraordinário Repercussão Geral no RE764.620 Enrique Ricardo Lewandowski 12/06/2014

◙ *AUXÍLIO ALIMENTAÇÃO. Servidores públicos da Justiça Federal. Isonomia com servidores dos Tribunais Superiores. Inexistência de repercussão geral.*

23. Repercussão Geral no Recurso Extraordinário Repercussão Geral no Recurso Extraordinário Repercussão Geral no RE774.927 Teori Albino Zavascki 22/05/2014

◙ *SERVIDOR PÚBLICO. Vantagem decorrente de serviços prestados em regime de plantão. Base de cálculo. Matéria infraconstitucional. Ausência de repercussão geral.*

24. Repercussão Geral no Recurso Extraordinário com Agravo Repercussão Geral no Recurso Extraordinário com Agravo Repercussão Geral no RE com Ag800.721 Teori Albino Zavascki 17/04/2014

◙ *VANTAGEM PECUNIÁRIA INDIVIDUAL. Controvérsia relativa à incorporação, a vencimento de servidor, de reajuste. Matéria de natureza infraconstitucional. Ausência de repercussão geral.*

25. Repercussão Geral no Recurso Extraordinário com Agravo Repercussão Geral no Recurso Extraordinário com Agravo Repercussão Geral no RE com Ag800.721 Teori Albino Zavascki 15/04/2014

◉ *PROCESSUAL CIVIL. RECURSO EXTRAORDINÁRIO COM AGRAVO . LEI 10.698/03. CONCESSÃO DE "VANTAGEM PECUNIÁRIA INDIVIDUAL". OFENSA AO ART. 37, X, DA CF. MATÉRIA INFRACONSTITUCIONAL. AUSÊNCIA DE RE-PERCUSSÃO GERAL.*

26. Repercussão Geral no Recurso Extraordinário Repercussão Geral no Recurso Extraordinário Repercussão Geral no RE764.332 Presidente 25/02/2014

◉ *ADMINISTRATIVO. SERVIDOR PÚBLICO ESTADUAL. QUINQUÊNIO. INCI-DÊNCIA SOBRE OS VENCIMENTOS INTEGRAIS, INCLUINDO OS ADICIONAIS E AS GRATIFICAÇÕES REPUTADOS COMO DE NATUREZA PERMANENTE. INTER-PRETAÇÃO DE LEGISLAÇÃO ESTADUAL. MATÉRIA DE ÍNDOLE INFRACONSTITU-CIONAL. ATRIBUIÇÃO DOS EFEITOS DA AUSÊNCIA DE REPERCUSSÃO GERAL. RECURSO EXTRAORDINÁRIO NÃO CONHECIDO.*

27. Repercussão Geral no Recurso Extraordinário Repercussão Geral no Recurso Extraordinário Repercussão Geral no RE742.578 Enrique Ricardo Lewandowski 06/06/2013

◉ *REPERCUSSÃO GERAL – Não reconhecimento – Direito de membro do Ministério Público da União ao recebimento de ajuda de custo nos casos de remoção a pedido.*

28. Repercussão Geral no Recurso Extraordinário com Agravo Repercussão Geral no Recurso Extraordinário com Agravo Repercussão Geral no RE com Ag686.664 Carlos Ayres Britto 25/10/2012

◉ *REPERCUSSÃO GERAL – Não reconhecimento – Incorporação de gratificação de função à remuneração de empregados públicos.*

29. Repercussão Geral no Recurso Extraordinário com Agravo Repercussão Geral no Recurso Extraordinário com Agravo Repercussão Geral no RE com Ag685.053 Carlos Ayres Britto 18/10/2012

◉ *REPERCUSSÃO GERAL – Não reconhecimento – Percepção da Gratificação de Atividade e da Gratificação de Habilitação pelos Policiais Militares do Estado da Bahia.*

30. Repercussão Geral no Recurso Extraordinário com Agravo Repercussão Geral no Recurso Extraordinário com Agravo Repercussão Geral no RE com Ag694.450 Enrique Ricardo Lewandowski 18/10/2012

◉ *REPERCUSSÃO GERAL – Não reconhecimento – Fixação de soldo em valor inferior a vencimento básico de referência.*

31. Repercussão Geral no AgIn Repercussão Geral no AgIn Repercussão Geral no AgIn855.810 Antônio Cezar Peluso 14/09/2012

◉ *REPERCUSSÃO GERAL – Não reconhecimento – Necessidade de lei em sentido formal para a fixação do valor de gratificações mensais pagas a chefes de cartório e escrivães eleitorais.*

32. Repercussão Geral no Recurso Extraordinário com Agravo Repercussão Geral no Recurso Extraordinário com Agravo Repercussão Geral no RE com Ag675.153 Marco Aurélio Mendes de Farias Mello 10/08/2012

◉ *ADMINISTRATIVO. ADICIONAL DE "SEXTA-PARTE". SERVIDOR PÚBLICO ESTADUAL ESTATUTÁRIO. MATÉRIA DE ÍNDOLE INFRACONSTITUCIONAL. AUSÊNCIA DE REPERCUSSÃO GERAL.*

33. Repercussão Geral no Recurso Extraordinário Repercussão Geral no Recurso Extraordinário Repercussão Geral no RE630.152 Enrique Ricardo Lewandowski 14/06/2012

◉ *REPERCUSSÃO GERAL – Não reconhecimento – Contagem de pontos por tempo de gerenciamento de equipes decorrente de designação formal como critério para promoção de servidores públicos municipais.*

34. Repercussão Geral no Recurso Extraordinário Repercussão Geral no Recurso Extraordinário Repercussão Geral no RE661.941 Enrique Ricardo Lewandowski 31/05/2012

◉ *REPERCUSSÃO GERAL – Não reconhecimento – Participação de escrivão de paz em concurso de remoção para serventias notariais ou registrais.*

35. Repercussão Geral no Recurso Extraordinário Repercussão Geral no Recurso Extraordinário Repercussão Geral no RE631.444 Carlos Ayres Britto 12/04/2012

◉ *REPERCUSSÃO GERAL – Não reconhecimento – Conversão monetária de vencimentos de servidores públicos estaduais, sem intermédio de URV.*

36. Repercussão Geral no RE com Ag642.841 Marco Aurélio Mendes de Farias Mello 05/08/2011

◉ *REPERCUSSÃO GERAL – Não reconhecimento – Extensão aos inativos do Prêmio de Produção concedido aos servidores ativos do Quadro Permanente de Tributação, Fiscalização e Arrecadação do Estado de Minas Gerais.*

37. Repercussão Geral no AgIn Repercussão Geral no AgIn Repercussão Geral no AgIn834.262 Marco Aurélio Mendes de Farias Mello 05/08/2011

◙ *REPERCUSSÃO GERAL – Não reconhecimento – Descontos previdenciários de militares estaduais ativos com base na Lei nº 7.672/82.*

38. Repercussão Geral no AgIn Repercussão Geral no AgIn Repercussão Geral no AgIn846.912 Marco Aurélio Mendes de Farias Mello 05/08/2011

◙ *REPERCUSSÃO GERAL – Não reconhecimento – Extensão, em relação aos servidores inativos e pensionistas, da Gratificação de Atividade Policial Militar – GAPM.*

39. Repercussão Geral no Recurso Extraordinário com Agravo Repercussão Geral no Recurso Extraordinário com Agravo Repercussão Geral no RE com Ag640.182 Marco Aurélio Mendes de Farias Mello 16/06/2011

◙ *REPERCUSSÃO GERAL – Não reconhecimento – Extensão a servidor público inativo do Adicional de Local de Exercício – ALE definido como vantagem de caráter geral.*

40. Repercussão Geral no AgIn Repercussão Geral no AgIn Repercussão Geral no AgIn844.143 Marco Aurélio Mendes de Farias Mello 16/06/2011

◙ *REPERCUSSÃO GERAL – Não reconhecimento – Extensão do reajuste de 10% concedido pelo Decreto Estadual nº 36.829/1995 aos servidores da FUNED.*

41. Repercussão Geral no AgIn Repercussão Geral no AgIn Repercussão Geral no AgIn839.496 Marco Aurélio Mendes de Farias Mello 16/06/2011

◙ *REPERCUSSÃO GERAL – Não reconhecimento – Incidência do adicional de "sexta parte" sobre a integralidade dos vencimentos de servidor estadual celetista.*

42. Repercussão Geral no Recurso Extraordinário com Agravo Repercussão Geral no Recurso Extraordinário com Agravo Repercussão Geral no RE com Ag641.543 Marco Aurélio Mendes de Farias Mello 16/06/2011

◙ *REPERCUSSÃO GERAL – Não reconhecimento – Extensão a outros servidores públicos militares em atividade da Gratificação de Encargos Especiais-GEE.*

43. Repercussão Geral no AgIn Repercussão Geral no AgIn Repercussão Geral no AgIn843.753 Marco Aurélio Mendes de Farias Mello 09/06/2011

◙ *REPERCUSSÃO GERAL – Não reconhecimento – Compensação do reajuste de 28,86% sobre a RAV com as reposições salariais posteriores ao reajustamento concedido pelas Leis 8.622/1993 e 8.627/1993.*

44. Repercussão Geral no AgIn Repercussão Geral no AgIn Repercussão Geral no AgIn843.751 Marco Aurélio Mendes de Farias Mello 09/06/2011

◉ *REPERCUSSÃO GERAL – Não reconhecimento – Extensão de progressão salarial a servidores efetivados por Lei Estadual.*

45. Repercussão Geral no Recurso Extraordinário Repercussão Geral no Recurso Extraordinário Repercussão Geral no RE633.843. Antônio Cezar Peluso 26/05/2011

◉ *REPERCUSSÃO GERAL – Não reconhecimento – Cobrança de contribuição previdenciária dos servidores estaduais ativos de São Paulo.*

47. Repercussão Geral no Recurso Extraordinário Repercussão Geral no Recurso Extraordinário Repercussão Geral no RE632.767 Enrique Ricardo Lewandowski 24/03/2011

◉ *REPERCUSSÃO GERAL – Não reconhecimento – Reajustes de vencimentos de servidores públicos do Município de São Paulo com base em leis municipais.*

48. Repercussão Geral no Recurso Extraordinário Repercussão Geral no Recurso Extraordinário Repercussão Geral no RE627.637 Enrique Ricardo Lewandowski 23/09/2010

◉ *REPERCUSSÃO GERAL – Não reconhecimento – Extensão da vantagem denominada Prêmio de Incentivo à Qualidade – PIQ a servidores inativos.*

49. Repercussão Geral no RE611.162 Ellen Gracie Northfleet 13/08/2010

◉ *REPERCUSSÃO GERAL – Não reconhecimento – Pagamento de diferenças em razão de reenquadramento de servidor público do Município de Santos. .*

50. Repercussão Geral no AgIn Repercussão Geral no AgIn Repercussão Geral no AgIn746.996 Dias Toffoli 06/05/2010

◉ *REPERCUSSÃO GERAL – Não reconhecimento – Direito de servidores públicos do Poder Judiciário do Estado do Rio Grande do Norte à Gratificação Especial de Técnico de Nível Superior – GTNS.*

51. Repercussão Geral no Recurso Extraordinário com Agravo Repercussão Geral no Recurso Extraordinário com Agravo Repercussão Geral no RE com Ag783.172 Dias Toffoli 06/05/2010

◉ *REPERCUSSÃO GERAL – Não reconhecimento – Adicional noturno para policiais civis que trabalham sob o regime de plantão.*

52. Repercussão Geral no RE610.223 Ellen Gracie Northfleet 29/04/2010

◉ *REPERCUSSÃO GERAL – Não reconhecimento – Direito de servidores inativos da extinta FEPASA à extensão de vantagens salariais concedidas em dissídios e acordos coletivos aos ferroviários em atividade.*

53. Repercussão Geral no RE610.220 Ellen Gracie Northfleet 29/04/2010

◉ *REPERCUSSÃO GERAL – Não reconhecimento – Direito de filha de ex-servidor, solteira e maior de 21 anos, receber pensão.*

54. Repercussão Geral no Recurso Extraordinário Repercussão Geral no Recurso Extraordinário Repercussão Geral no RE609.466 Ellen Gracie Northfleet 29/04/2010

◉ *REPERCUSSÃO GERAL – Não reconhecimento – Direito de militar mineiro reformado do Estado de Minas Gerais receber o adicional trintenário.*

55. Repercussão Geral no Recurso Extraordinário com Agravo Repercussão Geral no Recurso Extraordinário com Agravo Repercussão Geral no RE com Ag915.880 Teori Albino Zavascki 18/02/2016

◉ *NATUREZA JURÍDICA DE VERBA. "Auxílio- alimentação". Ausência de repercussão geral.*

56. Repercussão Geral no Recurso Extraordinário com Agravo Repercussão Geral no Recurso Extraordinário com Agravo Repercussão Geral no RE com Ag921.694 Teori Albino Zavascki 03/12/2015

◉ *SERVIDOR PÚBLICO. Gratificação de difícil acesso. Base de cálculo. Matéria infraconstitucional. Ausência de repercussão geral.*

57. Repercussão Geral no Recurso Extraordinário com Agravo Repercussão Geral no Recurso Extraordinário com Agravo Repercussão Geral no RE com Ag903.171 Teori Albino Zavascki 17/09/2015

◉ *SERVIDOR PÚBLICO. Lei estadual 18.975/2010. Estabelecimento do regime de subsídio. Opção pelo regime remuneratório anterior. Direito ao aumento de 5% (cinco por cento). Matéria infraconstitucional. Ausência de repercussão geral.*

58. Repercussão Geral no Recurso Extraordinário com Agravo Repercussão Geral no Recurso Extraordinário com Agravo Repercussão Geral no RE com Ag881.383 Teori Albino Zavascki 14/05/2015

◉ *DECESSO REMUNERATÓRIO. Diminuição de proventos de servidora inativa. Cargo de professora com carga horária de 40 horas. Alteração do regime do magistério* estadual e enquadramento da parte no cargo de professor com carga horária de 30 horas. Ausência de repercussão geral da questão suscitada.

59. Repercussão Geral no Recurso Extraordinário com Agravo Repercussão Geral no Recurso Extraordinário com Agravo Repercussão Geral no RE com Ag876.982 Teori Albino Zavascki 14/05/2015

◉ *SERVIDOR PÚBLICO. Gratificação de insalubridade. Base de cálculo. Matéria infraconstitucional. Ausência de repercussão geral.*

60. Repercussão Geral no Recurso Extraordinário com Agravo Repercussão Geral no Recurso Extraordinário com Agravo Repercussão Geral no RE com Ag871.499 Teori Albino Zavascki 09/04/2015

◉ *SERVIDOR PÚBLICO. Reajuste. Natureza de revisão geral anual. Matéria infraconstitucional. Ausência de repercussão geral.*

61. Repercussão Geral no Recurso Extraordinário com Agravo Repercussão Geral no Recurso Extraordinário com Agravo Repercussão Geral no RE com Ag870.776 Teori Albino Zavascki 09/04/2015

◉ *PARIDADE REMUNERATÓRIA. Policiais militares inativos do antigo Distrito Federal e seus pensionistas. Matéria infraconstitucional. Ausência de repercussão geral.*

62. Repercussão Geral no Recurso Extraordinário com Agravo Repercussão Geral no Recurso Extraordinário com Agravo Repercussão Geral no RE com Ag849.397 Teori Albino Zavascki 06/02/2015

◉ *REPERCUSSÃO GERAL. Ausência. Incorporação de 50% da "parcela autônoma" ao vencimento básico dos servidores públicos. Eventual ofensa à Carta Magna se dê de forma indireta ou reflexa.*

63. Repercussão Geral no Recurso Extraordinário com Agravo Repercussão Geral no Recurso Extraordinário com Agravo Repercussão Geral no RE com Ag837.041 Teori Albino Zavascki 30/10/2014

◉ *MANDADO DE INJUNÇÃO. Regulamentação do pagamento de adicional noturno para servidores públicos. Ausência de repercussão geral quando não há matéria constitucional.*

46. Repercussão Geral no Recurso Extraordinário Repercussão Geral no Recurso Extraordinário Repercussão Geral no RE770.821 Teori Albino Zavascki 25/09/2014

◉ *PRINCÍPIO DA IRREDUTIBILIDADE DE VENCIMENTOS. Violação. Absorção do vencimento básico complementar. Ausência de repercussão geral quando não há matéria constitucional.*

65. Repercussão Geral no Recurso Extraordinário com Agravo Repercussão Geral no Recurso Extraordinário com Agravo Repercussão Geral no RE com Ag820.903 Luís Roberto Barroso 25/09/2014

◉ *ADICIONAL NOTURNO. Magistério público. Ausência de regulamentação. Aplicação das regras do Estatuto dos Servidores Públicos Civis do Estado. Inexistência de repercussão geral.*

66. Repercussão Geral no Recurso Extraordinário Repercussão Geral no Recurso Extraordinário Repercussão Geral no RE630.643 Enrique Ricardo Lewandowski 11/09/2014

◉ *PAGAMENTO DE QUINQUÊNIOS. Servidores estatutários do extinto departamento de correios e telégrafos optantes do regime celetista. Ação ordinária ajuizada antes da constituição de 1988. Competência para julgamento. Questão de natureza residual. Limitação temporal. Matéria restrita aos interesses subjetivos da causa. Inexistência de repercussão geral.*

67. Repercussão Geral no Recurso Extraordinário com Agravo Repercussão Geral no Recurso Extraordinário com Agravo Repercussão Geral no RE com Ag808.997 Luiz Fux 26/06/2014

◉ *APOSENTADORIA PROPORCIONAL. Servidor público. Gratificação. Cálculo. Valor integral. Inexistência de repercussão geral.*

68. Repercussão Geral no Recurso Extraordinário Repercussão Geral no Recurso Extraordinário Repercussão Geral no RE731.333 Teori Albino Zavascki 19/06/2014

◉ *ADICIONAL DE LOCAL DE EXERCÍCIO. Policial militar. Incorporação. Matéria infraconstitucional. Ausência de repercussão geral.*

69. Repercussão Geral no Recurso Extraordinário Repercussão Geral no Recurso Extraordinário Repercussão Geral no RE764.620 Enrique Ricardo Lewandowski 12/06/2014

◉ *AUXÍLIO ALIMENTAÇÃO. Servidores públicos da Justiça Federal. Isonomia com servidores dos Tribunais Superiores. Inexistência de repercussão geral.*

70. Repercussão Geral no Recurso Extraordinário Repercussão Geral no Recurso Extraordinário Repercussão Geral no RE774.927 Teori Albino Zavascki 22/05/2014

◉ *SERVIDOR PÚBLICO. Vantagem decorrente de serviços prestados em regime de plantão. Base de cálculo. Matéria infraconstitucional. Ausência de repercussão geral.*

71. Repercussão Geral no Recurso Extraordinário com Agravo Repercussão Geral no Recurso Extraordinário com Agravo Repercussão Geral no RE com Ag800.721 Teori Albino Zavascki 17/04/2014

◉ *VANTAGEM PECUNIÁRIA INDIVIDUAL. Controvérsia relativa à incorporação, a vencimento de servidor, de reajuste. Matéria de natureza infraconstitucional. Ausência de repercussão geral.*

72. Repercussão Geral no Recurso Extraordinário com Agravo Repercussão Geral no Recurso Extraordinário com Agravo Repercussão Geral no RE com Ag800.721 Teori Albino Zavascki 15/04/2014

◉ *PROCESSUAL CIVIL. RECURSO EXTRAORDINÁRIO COM AGRAVO. LEI 10.698/03. CONCESSÃO DE "VANTAGEM PECUNIÁRIA INDIVIDUAL". OFENSA AO ART. 37, X, DA CF. MATÉRIA INFRACONSTITUCIONAL. AUSÊNCIA DE REPERCUSSÃO GERAL.*

73. Repercussão Geral no Recurso Extraordinário Repercussão Geral no Recurso Extraordinário Repercussão Geral no RE764.332 Presidente 25/02/2014

◉ *ADMINISTRATIVO. SERVIDOR PÚBLICO ESTADUAL. QUINQUÊNIO. INCIDÊNCIA SOBRE OS VENCIMENTOS INTEGRAIS, INCLUINDO OS ADICIONAIS E AS GRATIFICAÇÕES REPUTADOS COMO DE NATUREZA PERMANENTE. INTERPRETAÇÃO DE LEGISLAÇÃO ESTADUAL. MATÉRIA DE ÍNDOLE INFRACONSTITUCIONAL. ATRIBUIÇÃO DOS EFEITOS DA AUSÊNCIA DE REPERCUSSÃO GERAL. RECURSO EXTRAORDINÁRIO NÃO CONHECIDO.*

74. Repercussão Geral no Recurso Extraordinário Repercussão Geral no Recurso Extraordinário Repercussão Geral no RE688.001 Teori Albino Zavascki 03/10/2013

◉ *REPERCUSSÃO GERAL – Não reconhecimento – Incidência do imposto de renda sobre os valores recebidos por servidor público a título de abono de permanência.*

75. Repercussão Geral no Recurso Extraordinário Repercussão Geral no Recurso Extraordinário Repercussão Geral no RE742.578 Enrique Ricardo Lewandowski 06/06/2013

◉ *REPERCUSSÃO GERAL – Não reconhecimento – Direito de membro do Ministério Público da União ao recebimento de ajuda de custo nos casos de remoção a pedido.*

76. Repercussão Geral no Recurso Extraordinário com Agravo Repercussão Geral no Recurso Extraordinário com Agravo Repercussão Geral no RE com Ag686.664 Carlos Ayres Britto 25/10/2012

◉ *REPERCUSSÃO GERAL – Não reconhecimento – Incorporação de gratificação de função à remuneração de empregados públicos.*

77. Repercussão Geral no Recurso Extraordinário com Agravo Repercussão Geral no Recurso Extraordinário com Agravo Repercussão Geral no RE com Ag685.053 Carlos Ayres Britto 18/10/2012

◙ *REPERCUSSÃO GERAL – Não reconhecimento – Percepção da Gratificação de Atividade e da Gratificação de Habilitação pelos Policiais Militares do Estado da Bahia.*

78. Repercussão Geral no Recurso Extraordinário com Agravo Repercussão Geral no Recurso Extraordinário com Agravo Repercussão Geral no RE com Ag694.450 Enrique Ricardo Lewandowski 18/10/2012

◙ *REPERCUSSÃO GERAL – Não reconhecimento – Fixação de soldo em valor inferior a vencimento básico de referência.*

79. Repercussão Geral no AgIn Repercussão Geral no AgIn Repercussão Geral no AgIn855.810 Antônio Cezar Peluso 14/09/2012

◙ *REPERCUSSÃO GERAL – Não reconhecimento – Necessidade de lei em sentido formal para a fixação do valor de gratificações mensais pagas a chefes de cartório e escrivães eleitorais.*

80. Repercussão Geral no Recurso Extraordinário com Agravo Repercussão Geral no Recurso Extraordinário com Agravo Repercussão Geral no RE com Ag652.235 Antônio Cezar Peluso 23/08/2012

◙ *REPERCUSSÃO GERAL – Não reconhecimento – Realinhamento salarial de servidores públicos inativos, em face de modificações no regime próprio de previdência social.*

81. Repercussão Geral no Recurso Extraordinário com Agravo Repercussão Geral no Recurso Extraordinário com Agravo Repercussão Geral no RE com Ag675.153 Marco Aurélio Mendes de Farias Mello 10/08/2012

◙ *ADMINISTRATIVO. ADICIONAL DE "SEXTA-PARTE". SERVIDOR PÚBLICO ESTADUAL ESTATUTÁRIO. MATÉRIA DE ÍNDOLE INFRACONSTITUCIONAL. AUSÊNCIA DE REPERCUSSÃO GERAL.*

82. Repercussão Geral no Recurso Extraordinário Repercussão Geral no Recurso Extraordinário Repercussão Geral no RE630.152 Enrique Ricardo Lewandowski 14/06/2012

◙ *REPERCUSSÃO GERAL – Não reconhecimento – Contagem de pontos por tempo de gerenciamento de equipes decorrente de designação formal como critério para promoção de servidores públicos municipais.*

83. Repercussão Geral no Recurso Extraordinário com Agravo Repercussão Geral no Recurso Extraordinário com Agravo Repercussão Geral no RE com Ag646.000 Marco Aurélio Mendes de Farias Mello 31/05/2012

◙ *REPERCUSSÃO GERAL – Ocorrência – Extensão de direitos concedidos aos servidores públicos efetivos aos servidores e empregados públicos contratados para atender necessidade temporária e excepcional do setor público.*

84. Repercussão Geral no Recurso Extraordinário Repercussão Geral no Recurso Extraordinário Repercussão Geral no RE661.941 Enrique Ricardo Lewandowski 31/05/2012

◙ *REPERCUSSÃO GERAL – Não reconhecimento – Participação de escrivão de paz em concurso de remoção para serventias notariais ou registrais.*

85. Repercussão Geral no Recurso Extraordinário Repercussão Geral no Recurso Extraordinário Repercussão Geral no RE631.444 Carlos Ayres Britto 12/04/2012

◙ *REPERCUSSÃO GERAL – Não reconhecimento – Conversão monetária de vencimentos de servidores públicos estaduais, sem intermédio de URV.*

86. Repercussão Geral no RE com Ag642.841 Marco Aurélio Mendes de Farias Mello 05/08/2011

◙ *REPERCUSSÃO GERAL – Não reconhecimento – Extensão aos inativos do Prêmio de Produção concedido aos servidores ativos do Quadro Permanente de Tributação, Fiscalização e Arrecadação do Estado de Minas Gerais.*

87. Repercussão Geral no AgIn Repercussão Geral no AgIn Repercussão Geral no AgIn834.262 Marco Aurélio Mendes de Farias Mello 05/08/2011

◙ *REPERCUSSÃO GERAL – Não reconhecimento – Descontos previdenciários de militares estaduais ativos com base na Lei nº 7.672/82.*

88. Repercussão Geral no AgIn Repercussão Geral no AgIn Repercussão Geral no AgIn846.912 Marco Aurélio Mendes de Farias Mello 05/08/2011

◙ *REPERCUSSÃO GERAL – Não reconhecimento – Extensão, em relação aos servidores inativos e pensionistas, da Gratificação de Atividade Policial Militar – GAPM.*

89. Repercussão Geral no Recurso Extraordinário com Agravo Repercussão Geral no Recurso Extraordinário com Agravo Repercussão Geral no RE com Ag640.182 Marco Aurélio Mendes de Farias Mello 16/06/2011

◙ *REPERCUSSÃO GERAL – Não reconhecimento – Extensão a servidor público inativo do Adicional de Local de Exercício – ALE definido como vantagem de caráter geral.*

90. Repercussão Geral no AgIn Repercussão Geral no AgIn Repercussão Geral no AgIn844.143 Marco Aurélio Mendes de Farias Mello 16/06/2011

◙ *REPERCUSSÃO GERAL – Não reconhecimento – Extensão do reajuste de 10% concedido pelo Decreto Estadual nº 36.829/1995 aos servidores da FUNED.*

91. Repercussão Geral no AgIn Repercussão Geral no AgIn Repercussão Geral no AgIn839.496 Marco Aurélio Mendes de Farias Mello 16/06/2011

◙ *REPERCUSSÃO GERAL – Não reconhecimento – Incidência do adicional de "sexta parte" sobre a integralidade dos vencimentos de servidor estadual celetista.*

92. Repercussão Geral no Recurso Extraordinário com Agravo Repercussão Geral no Recurso Extraordinário com Agravo Repercussão Geral no RE com Ag641.543 Marco Aurélio Mendes de Farias Mello 16/06/2011

◙ *REPERCUSSÃO GERAL – Não reconhecimento – Extensão a outros servidores públicos militares em atividade da Gratificação de Encargos Especiais-GEE.*

93. Repercussão Geral no AgIn Repercussão Geral no AgIn Repercussão Geral no AgIn843.753 Marco Aurélio Mendes de Farias Mello 09/06/2011

◙ *REPERCUSSÃO GERAL – Não reconhecimento – Compensação do reajuste de 28,86% sobre a RAV com as reposições salariais posteriores ao reajustamento concedido pelas Leis 8.622/1993 e 8.627/1993.*

94. Repercussão Geral no AgIn Repercussão Geral no AgIn Repercussão Geral no AgIn843.751 Marco Aurélio Mendes de Farias Mello 09/06/2011

◙ *REPERCUSSÃO GERAL – Não reconhecimento – Extensão de progressão salarial a servidores efetivados por Lei Estadual.*

95. Repercussão Geral no Recurso Extraordinário Repercussão Geral no Recurso Extraordinário Repercussão Geral no RE633.843. Antônio Cezar Peluso 26/05/2011

◙ *REPERCUSSÃO GERAL – Não reconhecimento – Cobrança de contribuição previdenciária dos servidores estaduais ativos de São Paulo.*

96. Repercussão Geral no Recurso Extraordinário Repercussão Geral no Recurso Extraordinário Repercussão Geral no RE632.767 Enrique Ricardo Lewandowski 24/03/2011

◙ *REPERCUSSÃO GERAL – Não reconhecimento – Reajustes de vencimentos de servidores públicos do Município de São Paulo com base em leis municipais.*

97. Repercussão Geral no Recurso Extraordinário Repercussão Geral no Recurso Extraordinário Repercussão Geral no RE627.637 Enrique Ricardo Lewandowski 23/09/2010

◙ *REPERCUSSÃO GERAL – Não reconhecimento – Extensão da vantagem denominada Prêmio de Incentivo à Qualidade – PIQ a servidores inativos.*

98. Repercussão Geral no RE611.162 Ellen Gracie Northfleet 13/08/2010

◙ *REPERCUSSÃO GERAL – Não reconhecimento – Pagamento de diferenças em razão de reenquadramento de servidor público do Município de Santos. .*

99. Repercussão Geral no AgIn Repercussão Geral no AgIn Repercussão Geral no AgIn746.996 Dias Toffoli 06/05/2010

◙ *REPERCUSSÃO GERAL – Não reconhecimento – Direito de servidores públicos do Poder Judiciário do Estado do Rio Grande do Norte à Gratificação Especial de Técnico de Nível Superior – GTNS.*

100. Repercussão Geral no Recurso Extraordinário com Agravo Repercussão Geral no Recurso Extraordinário com Agravo Repercussão Geral no RE com Ag783.172 Dias Toffoli 06/05/2010

◙ *REPERCUSSÃO GERAL – Não reconhecimento – Adicional noturno para policiais civis que trabalham sob o regime de plantão. .*

101. Repercussão Geral no RE610.223 Ellen Gracie Northfleet 29/04/2010

◙ *REPERCUSSÃO GERAL – Não reconhecimento – Direito de servidores inativos da extinta FEPASA à extensão de vantagens salariais concedidas em dissídios e acordos coletivos aos ferroviários em atividade.*

102. Repercussão Geral no RE610.220 Ellen Gracie Northfleet 29/04/2010

◙ *REPERCUSSÃO GERAL – Não reconhecimento – Direito de filha de ex-servidor, solteira e maior de 21 anos, receber pensão.*

103. Repercussão Geral no Recurso Extraordinário Repercussão Geral no Recurso Extraordinário Repercussão Geral no RE609.466 Ellen Gracie Northfleet 29/04/2010

◙ *REPERCUSSÃO GERAL – Não reconhecimento – Direito de militar mineiro reformado do Estado de Minas Gerais receber o adicional trintenário.*

104. Repercussão Geral no Recurso Extraordinário Repercussão Geral no Recurso Extraordinário Repercussão Geral no RE605.993 Dias Toffoli 18/03/2010

◉ *REPERCUSSÃO GERAL – Não reconhecimento – Extensão aos inativos da Gratificação de Desempenho de Atividade Jurídica – GDAJ.*

105. Repercussão Geral no Recurso Extraordinário Repercussão Geral no Recurso Extraordinário Repercussão Geral no RE569.066 Ellen Gracie Northfleet 11/03/2010

◉ *REPERCUSSÃO GERAL – Não reconhecimento – Extensão de Gratificação Especial a cargos equivalentes ao de técnico de nível superior.*

106. Repercussão Geral no AgIn Repercussão Geral no AgIn Repercussão Geral no AgIn776.522 Dias Toffoli 12/02/2010

◉ *REPERCUSSÃO GERAL – Não reconhecimento – Extensão de regra mais benéfica concernente a férias prevista no Estatuto do Magistério estadual a professores contratados sob o regime temporário.*

107. Repercussão Geral no Recurso Extraordinário Repercussão Geral no Recurso Extraordinário Repercussão Geral no RE586.620 Ellen Gracie Northfleet 06/10/2009

◉ *REPERCUSSÃO GERAL – Não reconhecimento – Exigibilidade da contribuição para o Fundo de Saúde dos Militares.*

108. Repercussão Geral no Recurso Extraordinário Repercussão Geral no Recurso Extraordinário Repercussão Geral no RE593.448 Enrique Ricardo Lewandowski 02/10/2009

◉ *REPERCUSSÃO GERAL – Ocorrência – Competência legislativa municipal para restringir direito de férias de servidores municipais.*

109. Repercussão Geral no Recurso Extraordinário Repercussão Geral no Recurso Extraordinário Repercussão Geral no RE598.259 Enrique Ricardo Lewandowski 02/10/2009

◉ *REPERCUSSÃO GERAL – Ocorrência – Competência do Poder Legislativo municipal para estabelecer vantagens, benefícios e adicionais em favor de servidores municipais.*

110. Repercussão Geral no AgIn Repercussão Geral no AgIn Repercussão Geral no AgIn743.681-0 Antônio Cezar Peluso 10/09/2009

◉ *RECURSO. Extraordinário. Incognoscibilidade. Servidor público. Vantagem pecuniária. Verba denominada "indenização de campo". Reajuste. Matéria infraconstitucio-*

nal. Ausência de repercussão geral. Recurso não conhecido. Não apresenta repercussão geral o recurso Extraordinário que, tendo por objeto o reajuste da vantagem pecuniária denominada "indenização de campo, no mesmo percentual pago a título de reajuste de diárias, versa sobre matéria infraconstitucional.

111. Repercussão Geral no Recurso Extraordinário Repercussão Geral no Recurso Extraordinário Repercussão Geral no RE588.944 Marco Aurélio Mendes de Farias Mello 06/07/2009

◙ *REPERCUSSÃO GERAL – Não reconhecimento – Restituição de valores descontados da remuneração de servidores públicos estaduais mediante aplicação de redutor salarial.*

112. Repercussão Geral no Recurso Extraordinário Repercussão Geral no Recurso Extraordinário Repercussão Geral no RE593.388-1 Carlos Alberto Menezes Direito 27/11/2008

◙ *REPERCUSSÃO GERAL – Não reconhecimento – Extensão da Gratificação de Atividade Institucional Autônoma – GAIA, concedida aos Procuradores do Estado de Minas Gerais, aos Procuradores da Fazenda Estadual, referente a período anterior à unificação das carreiras.*

113. Repercussão Geral no Recurso Extraordinário Repercussão Geral no Recurso Extraordinário Repercussão Geral no RE576.121-5 Enrique Ricardo Lewandowski 23/10/2008

◙ *REPERCUSSÃO GERAL – Não reconhecimento – Limitação temporal dos efeitos da condenação ao reajuste salarial de 84,32% aos servidores do Distrito Federal.*

114. Repercussão Geral no Recurso Extraordinário Repercussão Geral no Recurso Extraordinário Repercussão Geral no RE575.526-6 Cármen Lúcia 26/09/2008

◙ *DIREITO ADMINISTRATIVO. SERVIDOR PÚBLICO. ALTERAÇÃO DO REGIME CELETISTA PARA O ESTATUTÁRIO. DIREITO PREVISTO NO ESTATUTO DOS SERVIDORES PÚBLICOS. AUSÊNCIA DE TRANSCENDÊNCIA DE INTERESSES. RECURSO EXTRAORDINÁRIO RECUSADO.*

115. Repercussão Geral no Recurso Extraordinário Repercussão Geral no Recurso Extraordinário Repercussão Geral no RE586.166-0 Ellen Gracie Northfleet 04/09/2008

◙ *REPERCUSSÃO GERAL – Não reconhecimento – Direito de servidor público federal cedido a Município, nos termos da Lei nº 8.270/91, receber gratificação instituída por lei municipal.*

116. Repercussão Geral no RE576.336-6 Enrique Ricardo Lewandowski 07/05/2008

◉ *REPERCUSSÃO GERAL – Não reconhecimento – Estorno na remuneração de auditores fiscais do Estado de Rondônia com base no subsídio do Governador.*

117. Repercussão Geral no Recurso Extraordinário Repercussão Geral no Recurso Extraordinário Repercussão Geral no RE578.657-9 Carlos Alberto Menezes Direito 24/04/2008

◉ *REPERCUSSÃO GERAL – Não reconhecimento – Direito de servidor à diferença de remuneração em virtude de desvio de função.*

LEGISLAÇÃO INFRACONSTITUCIONAL E INFRALEGAL QUE REGULAMENTA O TEMA DE AGENTES PÚBLICOS

Lei n.º 8.745, de 9 de dezembro de 1993.

Dispõe sobre a contratação por tempo determinado para atender a necessidade temporária de excepcional interesse público, nos termos do inciso IX do art. 37 da Constituição Federal, e dá outras providências.

Decreto nº 4.748, de 16 de junho de 2003.

Regulamenta o processo seletivo simplificado a que se refere o § 3º do art.

Lei nº 8.730, de 10 de novembro de 1993.

Estabelece a obrigatoriedade da declaração de bens e rendas para o exercício de cargos, empregos e funções nos Poderes Executivo, Legislativo e Judiciário, e dá outras providências.

Decreto n º 1.590, de 10 de agosto de 1995.

Dispõe sobre a jornada de trabalho dos servidores da Administração Pública Federal direta, das autarquias e das fundações públicas federais, e dá outras providências.

Decreto nº 2.027, de 11 de outubro de 1996.

Dispõe obre a nomeação para cargo ou emprego efetivo na Administração Pública Federal direta e indireta do servidor público civil aposentado ou servidor público militar reformato ou da reserva remunerada.

Lei nº 11.357, de 19 de outubro de 2006.

Dispõe sobre a criação do Plano Geral de Cargos do Poder Executivo – PGPE.

Decreto n º 5.497, de 21 de julho de 2005.

Dispõe sobre o provimento de cargos em comissão do Grupo-Direção e Assessoramento Superiores – DAS, níveis 1 a 4, por servidores de carreira, no âmbito da administração pública federal.

Decreto nº 5.500, de 29 de julho de 2005.

Dispõe sobre adoção de planos de reposição de trabalho para compensar faltas ao serviço em decorrência da participação de servidores em paralisação de serviços públicos, e dá outras providências.

Decreto nº 980, de Z11 de novembro 1993.

Dispõe sobre a cessão de uso e a administração de imóveis residenciais de propriedade da União a agentes políticos e servidores públicos federais, e dá outras providências.

Decreto nº 1.309, de 11 de novembro de 1994.

Estabelece o Recadastramento Nacional dos Servidores Públicos Civis da Administração Federal direta, autárquica e fundacional, e dá outras providências.

Decreto nº 4.334, de 12 de agosto de 2002.

Dispõe sobre as audiências concedidas a particulares por agentes públicos em exercício na Administração Pública Federal direta, nas autarquias e fundações públicas federais

Lei n º 9.801, de 14 de junho de 1999.

Dispõe sobre as normas gerais para perda de cargo público por excesso de despesa e dá outras providências.

Decreto nº 1.867, de 17 de abril de 1996.

Dispõe sobre instrumento de registro de assiduidade e pontualidade dos servidores públicos federais da Administração Pública Federal direta, autárquica e fundacional, e dá outras providências.

Lei n º 11.440, de 29 de dezembro de 2006 (excertos)

Institui o Regime Jurídico dos Servidores do Serviço Exterior Brasileiro, altera a Lei no 8.829, de 22 de dezembro de 1993, que cria, no Serviço Exterior Brasileiro, as Carreiras de Oficial de Chancelaria e de Assistente de Chancelaria, altera a Lei no 8.829, de 22 de dezembro de 1993; revoga as Leis nos 7.501, de 27 de junho de 1986, 9.888, de 8 de dezembro de 1999, e 10.872, de 25 de maio de 2004, e dispositivos das Leis nos 8.028, de 12 de abril de 1990, 8.745, de 9 de dezembro de 1993, e 8.829, de 22 de dezembro de 1993; e dá outras providências.

Decreto nº 3.644, de 30 de outubro de 2000.

Regulamenta o instituto da reversão de que trata o art. 25 da Lei nº 8.112, de 11 de dezembro de 1990.

Lei Complementar nº 29, de 5 de julho de 1976

Permite aposentadoria voluntária, nas condições que especifica, aos funcionários incluídos em Quadros Suplementares ou postos em disponibilidade.

Decreto nº 3.151, de 23 de agosto de 1999.

Disciplina a prática dos atos de extinção e de declaração de desnecessidade de cargos públicos, bem assim a dos atos de colocação em disponibilidade remunerada e de aproveitamento de servidores públicos em decorrência da extinção ou da reorganização de órgãos ou entidades da Administração Pública Federal direta, autárquica e fundacional.

Decreto nº 474, de 10 de março de 1992.

Dispõe sobre o aproveitamento dos servidores em disponibilidade.

Lei nº 10.331, de 18 de dezembro de 2001.

Regulamenta o inciso X do art. 37 da Constituição, que dispõe sobre a revisão geral e anual das remunerações e subsídios dos servidores públicos federais dos Poderes Executivo, Legislativo e Judiciário da União, das autarquias e fundações públicas federais.

Lei n 8.852, de 4 de fevereiro de 1994.

Dispõe sobre a aplicação dos arts. 37, incisos XI e XII, e 39, § 1º, da Constituição Federal, e dá outras providências.

Decreto n º 948, de 5 de outubro de 1993.

Dispõe sobre a aplicação dos arts. 73 e 74 da Lei nº 8.112, de 11 de dezembro de 1990

Decreto n º 1.238, de 12 de setembro de 1994.

Regulamenta o art. 60 da Lei nº 8.112, de 11 de dezembro de 1990, e dá outras providências.

Decreto no 3.184, de 27 de setembro de 1999.

Dispõe sobre a concessão de indenização de transporte aos servidores públicos da Administração direta, autárquica e fundacional do Poder Executivo da União

Decreto n º 5.992, de 19 de dezembro de 2006.

Dispõe sobre a concessão de diárias no âmbito da administração federal direta, autárquica e fundacional, e dá outras providências.

Decreto n º 4.004, de 8 de novembro de 2001.

Dispõe sobre a concessão de ajuda de custo e de transporte aos servidores públicos civis da União, das autarquias e das fundações públicas federais, e dá outras providências.

Decreto n º 8.690, de 11 de março de 2016

Dispõe sobre a gestão das consignações em folha de pagamento no âmbito do sistema de gestão de pessoas do Poder Executivo federal.

Decreto n º 4.004, de 8 de novembro de 2001.

Dispõe sobre a concessão de ajuda de custo e de transporte aos servidores públicos civis da União, das autarquias e das fundações públicas federais, e dá outras providências.

Decreto n º 3.114, de 6 de julho de 1999.

Dispõe sobre a execução de serviços extraordinários de que tratam os arts. 73 e 74 da Lei no 8.112, de 11 de dezembro de 1990

Decreto n º 6.114, de 15 de maio de 2007.

Regulamenta o pagamento da Gratificação por Encargo de Curso ou Concurso de que trata o art. 76-A da Lei no 8.112, de 11 de dezembro de 1990.

Lei n º 9.717, de 27 de novembro de 1998.

Dispõe sobre regras gerais para a organização e o funcionamento dos regimes próprios de previdência social dos servidores públicos da União, dos Estados, do Distrito Federal e dos Municípios, dos militares dos Estados e do Distrito Federal e dá outras providências.

Lei Complementar n º 152, de 3 de dezembro de 2015

Dispõe sobre a aposentadoria compulsória por idade, com proventos proporcionais, nos termos do inciso II do § 1º do art. 40 da Constituição Federal.

Lei nº 10.887, de 18 de junho de 2004. (excertos)

Dispõe sobre a aplicação de disposições da Emenda Constitucional no 41, de 19 de dezembro de 2003, altera dispositivos das Leis nos 9.717, de 27 de novembro de 1998, 8.213, de 24 de julho de 1991, 9.532, de 10 de dezembro de 1997, e dá outras providências.

Lei nº 9.796, de 5 de maio de 1999.

Dispõe sobre a compensação financeira entre o Regime Geral de Previdência Social e os regimes de previdência dos servidores da União, dos Estados, do Distrito Federal e dos Municípios, nos casos de contagem recíproca de tempo de contribuição para efeito de aposentadoria, e dá outras providências.

Decreto n. 3.112, de 6 de julho de 1999.

Dispõe sobre a regulamentação da Lei nº 9.796, de 5 de maio de 1999, que versa sobre compensação financeira entre o Regime Geral de Previdência Social e os regimes próprios de previdência dos servidores da União, dos Estados, do Distrito Federal e dos Municípios, na contagem recíproca de tempo de contribuição para efeito de aposentadoria, e dá outras providências.

Lei nº 12.618, de 30 de abril de 2012.

Institui o regime de previdência complementar para os servidores públicos federais titulares de cargo efetivo, inclusive os membros dos órgãos que menciona; fixa o limite máximo para a concessão de aposentadorias e pensões pelo regime de previdência de que trata o art. 40 da Constituição Federal; autoriza a criação de 3 (três) entidades fechadas de previdência complementar, denominadas Fundação de Previdência Complementar do Servidor Público Federal do Poder Executivo (Funpresp-Exe), Fundação de Previdência Complementar do Servidor Público Federal do Poder Legislativo (Funpresp-Leg) e Fundação de Previdência Complementar do Servidor Público Federal do Poder Judiciário (Funpresp-Jud); altera dispositivos da Lei no 10.887, de 18 de junho de 2004; e dá outras providências.

Lei complementar n 109, de 29 de maio de 2001

Dispõe sobre o Regime de Previdência Complementar e dá outras providências.

Lei nº 10.887, de 18 de junho de 2004.

Dispõe sobre a aplicação de disposições da Emenda Constitucional no 41, de 19 de dezembro de 2003, altera dispositivos das Leis nos 9.717, de 27 de novembro de 1998, 8.213, de 24 de julho de 1991, 9.532, de 10 de dezembro de 1997, e dá outras providências.

Lei nº 9.717, de 27 de novembro de 1998.

Dispõe sobre regras gerais para a organização e o funcionamento dos regimes próprios de previdência social dos servidores públicos da União, dos Estados, do Distrito Federal e dos Municípios, dos militares dos Estados e do Distrito Federal e dá outras providências.

Lei n 8.647, de 13 de abril de 1993.

Dispõe sobre a vinculação do servidor público civil, ocupante de cargo em comissão sem vínculo efetivo com a Administração Pública Federal, ao Regime Geral de Previdência Social e dá outras providências.

Decreto n 7.003, de 9 de novembro de 2009.

Regulamenta a licença para tratamento de saúde, de que tratam os arts. 202 a 205 da Lei no 8.112, de 11 de dezembro de 1990, e dá outras providências.

Decreto nº 4.978, de 3 de fevereiro de 2004.

Regulamenta o art. 230 da Lei nº 8.112, de 11 de dezembro de 1990, que dispõe sobre a assistência à saúde do servidor, e dá outras providências.

Decreto nº 6.856, de 25 de maio de 2009.

Regulamenta o art. 206-A da Lei no 8.112, de 11 de dezembro de 1990 – Regime Jurídico Único, dispondo sobre os exames médicos periódicos de servidores.

Decreto nº 8.737, de 3 de maio de 2016

Institui o Programa de Prorrogação da Licença Paternidade para os servidores regidos pela Lei nº 8.112, de 11 de dezembro de 1990.

Decreto nº 1.171, de 22 de junho de 1994

Aprova o Código de Ética Profissional do Servidor Público Civil do Poder Executivo Federal.

Lei nº 12.527, de 18 de novembro de 2011.

Regula o acesso a informações previsto no inciso XXXIII do art. 5º, no inciso II do § 3º do art. 37 e no § 2º do art. 216 da Constituição Federal; altera a Lei no 8.112, de 11 de dezembro de 1990; revoga a Lei no 11.111, de 5 de maio de 2005, e dispositivos da Lei no 8.159, de 8 de janeiro de 1991; e dá outras providências.

Decreto nº 7.724, de 16 de maio de 2012

Regulamenta a Lei no 12.527, de 18 de novembro de 2011, que dispõe sobre o acesso a informações previsto no inciso XXXIII do caput do art. 5º, no inciso II do § 3º do art. 37 e no § 2º do art. 216 da Constituição.

Lei n 4.717, de 29 de junho de 1965.

Regula a ação popular.

Lei n 4.898, de 9 de dezembro de 1965.

Regula o Direito de Representação e o processo de Responsabilidade Administrativa Civil e Penal, nos casos de abuso de autoridade.

Lei n 8.730, de 10 de novembro de 1993.

Estabelece a obrigatoriedade da declaração de bens e rendas para o exercício de cargos, empregos e funções nos Poderes Executivo, Legislativo e Judiciário, e dá outras providências.

Decreto n 4.081, de 11 de janeiro de 2002

Institui o Código de Conduta Ética dos Agentes Públicos em exercício na Presidência e Vice-Presidência da República.

Lei nº 12.813, de 16 de maio de 2013.

Dispõe sobre o conflito de interesses no exercício de cargo ou emprego do Poder Executivo federal e impedimentos posteriores ao exercício do cargo ou emprego; e revoga dispositivos da Lei no 9.986, de 18 de julho de 2000, e das Medidas Provisórias nos 2.216-37, de 31 de agosto de 2001, e 2.225-45, de 4 de setembro de 2001.

Decreto nº 6.906, de 21 de julho de 2009.

Estabelece a obrigatoriedade de prestação de informações sobre vínculos familiares pelos agentes públicos que especifica.

Decreto-lei n 4.657, de 4 de setembro de 1942.

Lei de Introdução às normas do Direito Brasileiro

ÍNDICE ALFABÉTICO-REMISSIVO

» Acumulação Remunerada-Somente é permitida quando se tratar de cargos, funções ou empregos acumuláveis na atividade – *746*

» Acumulação-Posse em outro cargo passível de acumulação – *960*

» Adicionais-A gratificação natalina não será considerada para cálculo de qualquer vantagem pecuniária – *1027*

» Adicionais-Gratificação de raio X não se confunde com o adicional de periculosidade por exposição à radiação – *1033*

» Adicionais-O adicional de atividade penosa não possui eficácia plena – *1030*

» Adicionais-O adicional de insalubridade tem eficácia plena – *1027*

» Adicionais-O pagamento do adicional de insalubridade e periculosidade ao servidor tem como termo inicial a data do laudo pericial – *1027*

» Adicionais-Os adicionais se destinam a compensar encargos decorrentes de funções especiais – *1023*

» Adicionais-São vantagens pecuniárias que a Administração concede aos servidores em razão do tempo de exercício ou em face da natureza peculiar da função, que exige conhecimentos especializados ou um regime próprio de trabalho – *1023*

» Adicional-Caracterizada a renúncia tácita da prescrição quando há o reconhecimento administrativo do direito à incorporação – *1055*

» Adicional-Cargos em comissão – *1035*

» Adicional-De férias – *1038*

» Adicional-Decreto n º 948, de 5 de outubro de 1993 – *1036*

» Adicional-Extensão, aos servidores públicos inativos e pensionistas, dos critérios de cálculo da Gratificação – *1043*

» Adicional-Não incide contribuição previdenciária sobre verba não incorporável aos proventos de aposentadoria do servidor público – *1048*

» Adicional-Noturno – *1037*

» Adicional-O adicional noturno e o serviço extraordinário deve ser calculado com base no divisor de 200 (duzentas) horas mensais – *1037*

» Adicional-Por serviço extraordinário – *1035*

» Adicional-Por tempo de serviço – *1036*

» Adicional-Reserva de iniciativa do Chefe do Poder Executivo para edição de normas que alterem o padrão remuneratório dos servidores públicos – *1042*

» Adicional-Servidores que não são remunerados por meio de subsídio – *1037*

» Adicional-Servidores regidos pelo sistema de subsídios – *1037*

» Afastamentos-Quatro os tipos de afastamento previstos na Lei 8.112/1990 – *1084*

» Agentes políticos- competência-julgamento de crimes de responsabilidade – *14*

» Agentes políticos- prerrogativas e responsabilidades – *5*

» Agentes políticos-a Constituição traz uma série de normas próprias aos agentes políticos – *10*

» Agentes políticos-ampla discricionariedade – *5*

» Agentes políticos-atuação voltada à definição de objetivos, à eleição de meios e instrumentos adequados à consecução do interesse público – *6*

» Agentes políticos-competência para legislar sobre crimes de responsabilidade – *11*

» Agentes políticos-competência para legislar sobre nepotismo – *14*

» Agentes políticos-controle político das ações estatais – *8*

» Agentes políticos-está diretamente ligado à função política – *6*

» Agentes políticos-exercem os mais altos cargos do escalão governamental – *5*

» Agentes políticos-ficam a cargo dos órgãos governamentais – *7*

» Agentes políticos-fixação das estratégias de ação – *6*

» Agentes políticos-função política – *6*

C

D

G

H

N

O

P

» Princípio da Moralidade-Está ligado ao dever de conhecer as fronteiras do lícito e do ilícito, do justo e do injusto, do honesto e do desonesto – *115*

» Princípio da Moralidade-Infringe a moralidade administrativa o administrador que, para atuar, foi determinado por fins imorais ou desonestos – *115*

» Princípio da Moralidade-São inconfundíveis os princípios da legalidade e da moralidade administrativa – *113*

» Princípio da Moralidade-Seguir a lei não significa, necessariamente, que agiu com moralidade – *113*

» Princípio da Motivação-A ausência ou imperfeição é considerada vício de forma insanável – *132*

» Princípio da Motivação-A descrição de todos os dados, motivo de fato, indicação do artigo legal, da penalidade, a congruência vinculada ou discricionária da sanção aplicada, constitui o que a doutrina nomina de 2motivaçãom – *130*

» Princípio da Motivação-A exigibilidade da motivação como o controle – *132*

» Princípio da Motivação-A motivação do ato deve ser explícita, clara e congruente, podendo consistir em declaração de concordância com fundamentos de anteriores pareceres, informações, decisões ou propostas – *136*

» Princípio da Motivação-A motivação é marco de ruptura com o antigo modelo de Administração Pública – *131*

» Princípio da Motivação-Ausência de motivação do ato administrativo. Nulidade – *135*

» Princípio da Motivação-Conceitos jurídicos indeterminados – *134*

» Princípio da Motivação-Está relacionado à narrativa escrita dos fatos que ensejaram sua prática – *131*

» Princípio da Motivação-Incide até mesmo na dispensa de servidor celetista – *133*

» Princípio da Motivação-Incide em ato relacionado à promoção de agente público por merecimento – *133*

» Princípio da Motivação-Irrelevante a natureza do ato porque a motivação constitui a regra – *132*

» Princípio da Motivação-Se entrosa ao combate do desvio de poder e à exigência da proporcionalidade – *131*

» Princípio da Motivação-Teoria do silêncio eloquente – *134*

» Princípio da Motivação-Teoria dos motivos determinantes – *136*

» Princípio da Publicidade-A publicidade do ato, da conduta, da atividade é condição de eficácia dos mesmos – *123*

» Princípio da Publicidade-As Bancas Examinadoras não podem negar publicidade de seus atos, sob pena de nulidade dos mesmos – *123*

» Princípio da Publicidade-Como são julgados os recursos em matéria de concurso público – *122*

» Princípio da Publicidade-Constitui o pressuposto lógico para a eficácia e a efetividade dos demais princípios e regras jurídicas – *130*

» Princípio da Publicidade-Constitui um dever da Administração Pública e, ao mesmo tempo, um direito subjetivo da comunidade – *120*

» Princípio da Publicidade-Desponta como aquele que determina ao gestor prestar contas com a coletividade, ser transparente – *119*

» Princípio da Publicidade-Direito de saber quem elaborou as questões em concurso público – *121*

» Princípio da Publicidade-É uma defesa dos cidadãos contra os favoritismos ou protecionismos – *124*

» Princípio da Publicidade-Está ligado a uma atuação transparente, sem ocultações de atos e muito menos sigilo em relação aos mesmos. – *119*

» Princípio da Publicidade-Impõe a divulgação dos critérios levados em consideração na correção das provas – *124*

» Princípio da Publicidade-Não fica restrita ao edital que regulamenta o concurso – *124*

R

V

EDITORA
*Jus*PODIVM

www.editorajuspodivm.com.br

Impressão e acabamento: BMF Gráfica e Editora